立法工作者编写·权威版本

中华人民共和国民法典
立法精解

—— 上 ——

主 编

石 宏

（全国人民代表大会常务委员会法制工作委员会民法室副主任）

撰稿人

黄 薇　杨明仑　杜 涛　石 宏　段京连　庄晓泳

孙娜娜　李恩正　朱书龙　宋江涛　孙艺超　马吾叶

罗鑫煌　魏超杰　王 灯　朱虎龙　龙 俊　许 灿

中国检察出版社

图书在版编目（CIP）数据

中华人民共和国民法典立法精解：上中下 / 石宏主编 . —北京：
中国检察出版社，2020.7

ISBN 978-7-5102-2434-8

Ⅰ．①中… Ⅱ．①石… Ⅲ．①民法—法典—立法—研究—中国
Ⅳ．① D923.04

中国版本图书馆 CIP 数据核字（2020）第 076180 号

中华人民共和国民法典立法精解（上中下）

石　宏　主编

出版发行：中国检察出版社

社　　　址：北京市石景山区香山南路 109 号（100144）

网　　　址：中国检察出版社（www.zgjccbs.com）

编辑电话：（010）86423752

发行电话：（010）86423726　86423727　86423728

　　　　　（010）86423730　68650016

经　　　销：新华书店

印　　　刷：保定市中画美凯印刷有限公司

开　　　本：710mm×960mm　16 开

印　　　张：107.75

字　　　数：1860 千字

版　　　次：2020 年 7 月第一版　2020 年 7 月第一次印刷

书　　　号：ISBN 978-7-5102-2434-8

定　　　价：360.00 元（上中下）

总　目　录

目　录（上）

第一编

总 则

第一章 基本规定

第一条 【立法目的和依据】

为了保护民事主体的合法权益，调整民事关系，维护社会和经济秩序，适应中国特色社会主义发展要求，弘扬社会主义核心价值观，根据宪法，制定本法。

【立法背景】

立法目的是制定法律的根本目标和宗旨。在法律的第一条规定立法的目的和宗旨，符合我国立法的惯例。《民法通则》第1条规定的立法目的包括保障公民和法人的合法民事权益、正确调整民事关系、适应社会主义现代化建设事业发展的需要。

【条文精解】

民法典的立法目的可以说是对原来各民事单行法律基本原则的归纳与概括。本条根据各方面意见，在民法通则规定的立法目的基础上，规定了五个方面的立法目的：

一是保护民事主体的合法权益。民事主体的合法权益包括人身权利、财产权利、兼具人身和财产性质的知识产权等权利，以及其他合法权益。保护公民的各项基本权利是宪法的基本原则和要求，保护民事主体的合法权益是民法典的首要目的，也是落实和体现宪法精神的表现。

二是调整民事关系。民法典调整的仅仅是民事关系，民事关系就是平等主体之间的权利和义务关系。民事关系根据权利义务内容性质的不同，可以分为人身关系、财产关系等，民法典通过各种具体制度、规则调整民事主体之间的相互关系，最终的目的就是促进和实现民事主体之间生活秩序的和谐。

三是维护社会和经济秩序。民法典保护单个主体的民事权利，调整民事主体之间的关系，从而确立并维护整个社会的民事生活秩序。民法典确立维护婚姻、家庭等社会秩序，使民事主体之间的社会关系处于稳定有序的状态。

四是适应中国特色社会主义发展要求。法律是上层建筑，由经济基础决定，并与经济基础相适应。新中国成立以来，特别是改革开放以来，中国特色社会主义建设取得了举世瞩目的成就，中国特色社会主义法律体系也已形成。随着改革开放的深入推进，市场经济不断发展，人民群众对于提高权利保障的法治化水平的期望越来越高。编纂民法典就是为了满足人民群众的新法治需求，适应我国社会主要矛盾的变化。

五是弘扬社会主义核心价值观。社会主义核心价值观是民族精神和时代精神的高度凝练，是中国特色社会主义法治的价值内核，是中国特色社会主义法治建设的灵魂，是坚持中国特色社会主义法治发展道路的基本遵循。弘扬社会主义核心价值观，体现的是法治与德治并重的治国理念。

宪法是国家的根本法，是母法，是其他法律制定的依据。"根据宪法，制定本法"的规定明确了民法典的立法依据。宪法是民法典的立法根据，民法典的规定必须体现宪法精神，落实宪法的要求，不得违背宪法。

第二条 【调整范围】

民法调整平等主体的自然人、法人和非法人组织之间的人身关系和财产关系。

【立法背景】

法律的调整范围就是法律所规范的社会关系类型。一个国家的法律体系总是由不同的法律部门组成，不同的法律部门规制不同的社会关系。法律部门之间分工配合，从而形成有机统一的法律体系。中国特色社会主义法律体系也是如此，是由宪法及宪法相关法、民法、行政法、经济法、社会法、刑法等不同的法律部门共同组成的。

【条文精解】

在民法典的开篇就明确规定调整范围，可以让人民群众很直观地知道民法典的功能和定位。本条规定，民法调整平等主体的自然人、法人和非法人组织之间的人身关系和财产关系。

民事主体是民事关系的参与者、民事权利的享有者、民事义务的履行者和民事责任的承担者。本条首先列举了民事主体的具体类型，包括自然人、法人和非法人组织三类。自然人、法人、非法人组织之间的社会关系多种多样，并非所有社会关系都由民法调整。民法仅调整他们之间的民事关系，即作为平等主体之间自然人、法人、非法人组织之间发生的社会关系。例如，行政机关在从事行政管理活动时，会与自然人或法人形成行政法律关系，这种行政法律关系双方的地位是不平等的，不属于民法调整。行政机关从事民事活动，如因购买商品而与公司签订买卖合同，民法要求其必须以机关法人的身份进行，此时机关法人与其他民事主体之间的法律地位是平等的，这种买卖合同关系则由民法调整。

民法所调整的民事关系根据权利义务所涉及的内容不同可以分为两大类，即民事主体之间的财产关系和人身关系。人身关系，是指民事主体之间基于人格和身份形成的无直接物质利益因素的民事法律关系。人身关系有的与民事主体的人格利益相关，有的与民事主体的特定身份相关，如配偶之间的婚姻关系，父母子女之间的抚养和赡养关系。财产关系，是指民事主体之间基于物质利益而形成的民事法律关系。财产关系包括静态的财产支配关系，如所有权关系，还包括动态的财产流转关系，如债权债务关系等。就财产关系所涉及的权利内容而言，财产关系包括物权关系、债权关系等。

第三条 【民事权益受保护】

民事主体的人身权利、财产权利以及其他合法权益受法律保护，任何组织或者个人不得侵犯。

【立法背景】

民事权利及其他合法权益受法律保护是民法的基本精神。民事主体的民事权利及其他合法权益受法律保护的要求在我国诸多法律中都有规定。如《宪法》第13条规定，公民的合法的私有财产不受侵犯，国家依照法律规定保护公民的私有财产权和继承权。

【条文精解】

民事权利及其他合法权益受法律保护是民法的基本精神，也是民事立法的出发点和落脚点。民法总则制定过程中，曾将本条内容规定在第9条中，在审议过程中，普遍认为，民事权利及其他合法权益受法律保护是民法的基本精神，统领整部民法典和各民商事特别法，应当进一步突出民事权利受法律保护的理念，将本条的内容规定在前面，以充分体现权利本位、权利导向的立法宗旨。经研究，最终将本条内容移至第3条，以突出强调民事权利及其他合法权益受法律保护的基本精神和重要地位。总则编对该条规定仍保持不变。

《民法典》第 109 条规定："自然人的人身自由、人格尊严受法律保护。"总则编还规定保护民事主体的各种人身权利、财产权利以及其他合法权益。人身权利包括生命权、健康权、姓名权、肖像权、名誉权、荣誉权、隐私权、婚姻自主权、监护权等，财产权利包括所有权、用益物权、担保物权、股权等。民法除保护人身权利和财产权利外，兼具有人身和财产性质的知识产权、继承权等也受法律保护。除列明的民事权利外，总则编还规定保护其他合法权益，原因在于，有些民事权益法律并未明确规定，但确有必要予以保护的，法律也应当予以保护。民事权利及其他合法权益受法律保护，就要求任何组织或者个人不得侵犯。不得侵犯就是任何组织或者个人不得非法侵占、限制、剥夺他人的民事权利及其他合法权益，也不得干涉他人正常行使民事权利及其他合法权益。当然，这并非意味着民事主体的民事权利可以毫无限制，是绝对自由的。相反，民事主体行使民事权利是要受到法律、公序良俗的约束，民事主体不得滥用民事权利，且国家基于公共利益的需要，在法律权限范围内经法定程序，在给予公平合理补偿的前提下，可以对民事主体的财产予以征收或者征用。

第四条 【平等原则】

民事主体在民事活动中的法律地位一律平等。

【立法背景】

平等原则，是指民事主体，不论是自然人、法人还是非法人组织，不论法人规模大小、经济实力雄厚与否，不论自然人是男、女、老、少、贫、富，不论非法人组织经营什么业务，在从事民事活动时，他们相互之间在法律地位上都是平等的，他们的合法权益受到法律的平等保护。平等原则是民事法律关系区别于行政法律关系特有的原则，也是发展社会主义市场经济的客观要求。

【条文精解】

总则编作为民法典各分编和民商事单行法的统率性规定，在继承民法通则规定的基础上，总结吸收各民商事单行法的立法经验，在本条中规定了平等原则。民事主体的法律地位一律平等，首先，体现为自然人的权利能力一律平等。权利能力就是自然人享有民事权利、承担民事义务的法律资格，这种法律资格，不因自然人的出身、身份、职业、性别、年龄、民族、种族等而不同，所有自然人从法律人格上而言都是平等的、没有差别的。其次，体现为所有民事主体在从事民事活动时双方的法律地位平等。虽然国家行政机关在从事行政管理时，作为管理者与被管理的行政相对人的地位是不平等的，存在隶属关系或管理与被管理的关系，但当机关法人与其他民事主体包括自然人、法人或者非法人组织从事交易时，二者的法律地位则是平等的。民法为了维护和实现民事主体之间法律地位的平等性，确保民事主体之间能平等协商交易条款，还规定当事人一方利用优势地位强加给另一方的不公平的"霸王条款"无效。最后，平等原则的平等还体现为所有民事主体的合法权益受到法律的平等保护。平等保护就是民事主体在法律上都是一视同仁受到保护的。平等保护还意味着民事主体的权利受到侵害时，在法律适用上是平等的，能够获得同等的法律救济。正因如此，我国民事诉讼法规定，民事诉讼当事人有平等的诉讼权利，人民法院审理民事案件对当事人在适用法律上一律平等。

平等原则是民法的前提和基础，是国家立法规范民事法律关系的逻辑起点。民事主体法律地位的平等是民事主体自愿参与民事活动，自主决定民事活动的权利义务内容，实现意思自治的前提。只有民事活动的当事人之间的法律地位是平等的，当事人之间才能相互尊重对方的自由和意志，进而在平等对话、自由协商的基础上达成共识，实现公平交易。规定平等原则就是要确认所有民事主体法律地位的这种平等性，以排除特权，防止和避免民事活动当事人一方利用某种地位上的优势威胁、限制、压制交易相对方。民事主体之间如果没有平等的法律地位，就不可能有真正的自愿，更遑论实现公平交易。当事人之间地位平等是民法区别于其他法律部门的最为重要的特征。

第五条 【自愿原则】

民事主体从事民事活动，应当遵循自愿原则，按照自己的意思设立、变更、终止民事法律关系。

【立法背景】

《民法通则》第4条规定了自愿原则，不少民商事单行法也将自愿原则规定为基本原则。在法律起草过程中，有的意见提出，意思自治是实施民事法律行为、构建民事法律关系的核心，自愿只是意思自治的一个方面，意思自治比自愿原则的内涵更丰富，应该将自愿原则修改为意思自治原则。还有的意见提出，自愿原则已经深入人心，应该继续沿用民法通则规定的自愿原则。考虑到民法通则以及其他民商事单行法规定的都是自愿原则，自愿原则已经为广大人民群众普遍认识和接受，民法总则继续沿用了自愿原则的用法，自愿原则相当于意思自治原则。结合各方面意见，本条规定，民事主体从事民事活动，应当遵循自愿原则，按照自己的意思设立、变更和终止民事法律关系，强调民事主体从事民事活动，不仅形式上要自愿，在实质内容上也要自愿。

【条文精解】

自愿原则，也称意思自治原则，就是民事主体有权根据自己的意愿，自愿从事民事活动，按照自己的意思自主决定民事法律关系的内容及其设立、变更和终止，自觉承受相应的法律后果。自愿原则体现了民事活动最基本的特征。自愿原则，可以从以下四个方面来理解：首先，民事主体有权自愿从事民事活动。民事主体参加或不参加某一民事活动由其自己根据自身意志和利益自由决定，其他民事主体不得干预，更不能强迫其参加。其次，民事主体有权自主决定民事法律关系的内容。民事主体决定参加民事活动后，可以根据自己的利益和需要，决定与谁建立民事法律关系，并决定具体的权利、义务内容，以及民事活动的行为方式。再次，民事主体有权自主决定民事法律关系的变动。民事法律关系的产生、变更、终止应由民事主体自己根据本人意志自主决定。最后，民事主体应当自觉承受相应法律后果。与民事主体自愿参加民事活动、自主决定民事法律关系相伴的是，民事主体需要自觉承受相应法律后果。自愿或者说意思自治的必然要求就是，每个人对自己的行为负责。自愿原则要求民事主体在行使权利的同时自觉履行约定或法定的义务，并承担相应的法律后果。

平等原则是民法的前提和基础，自愿原则即意思自治原则则是民法的核心。民法之所以称为"民"法，不仅是因为民法是根据人民的集体意志制定的法律，而且根据民法确立的自愿原则，民事主体在参加民事活动过程中有权根据个人意思确定民事法律关系的内容，且所决定的内容对民事活动的当事人而言具有法律约束力，是民事主体自己为自己定的"法"。可以说，不仅民法的制定要以人民的集体意志为基础，民法的实施同样也需要依赖于人民群众的个体意志才能实现。正因如此，民法上的大量规定都属于任意性规范，民事主体可以根据自己的需要而设定与法律任意性规定不同的具体权利和义务内容，民事主体根据自愿原则确定的民事权利义务关系，对当事人是具有法律效力的，当事人必须执行。民法学上的民事主体，在经济学领域被称为理性人。理性人意味着民事主体具有认知事物及其规律，并为自己利益作出理性判断的能力，意味着民事主体具有在经济社会生活中与他人和平共处的理性和能力。民事主体的理性意味着民事主体作为民事活动的参与者是"三位一体"的，即民事主体是民事权利的享有者、民事义务的履行者、民事责任的承担者。

第六条　【公平原则】

民事主体从事民事活动，应当遵循公平原则，合理确定各方的权利和义务。

【立法背景】

我国法律中，不少民商事单行法都规定了公平原则。如《民法通则》第4条规定，民事活动应当遵循公平原则。在法律起草过程中，曾有意见提出，公平原则是法律的最高价值目标，是所有法律的基本原则，且公平原则由于弹性过大在实践中容易被滥用，不必在总则编中规定。有的意见提出，公平原则仅适用于民事主体之间的财产关系，不适用于民事主体之间的人身关系，不宜作为民法的基本原则。公平正义是人类共同追求的基本价值，也是法律追求的基本价值，公平应当成为民法的基本原则。同时，民法的各项基本原则是相互补充、相辅相成的，如果不规定公平原则，民法的基本原则就不周延。正因如此，民法通则将其规定为基本原则，合同法、劳动合同法、信托法、反不正当竞争法等民商事单行法也规定公平原则为基本原则。结合各方面意见，仍将公平原则作为民法的基本原则，规定民事主体从事民事活动，应当遵循公平原则，合理确定各方的权利和义务。

【条文精解】

公平原则要求民事主体从事民事活动时要秉持公平理念，公正、平允、合理地确定各方的权利和义务，并依法承担相应的民事责任。公平原则体现了民法促进社会公平正义的基本价值，对规范民事主体的行为发挥着重要作用。公平原则首先要求民事主体在从事民事活动时，按照公平观念行使权利、履行义务，特别是对于双方民事法律行为，要求一方的权利和义务应当相适应，双方之间的权利和义务应当对等，不能一方只承担义务另一方只享有权利，也不能一方享受的权利和承担的义务相差悬殊。公平原则的这种要求在合同编中得到充分体现，如《民法典》第496条第2款等。公平原则还要求民事主体合理承担民事责任，在通常情况下适用过错责任，要求责任与过错的程度相适应，特殊情况下，也可以根据公平原则合理分担责任，如《民法典》第1186条。

公平原则作为民法的基本原则，不仅仅是民事主体从事民事活动应当遵守的基本行为准则，也是人民法院审理民事纠纷应当遵守的基本裁判准则。

第七条 【诚信原则】

民事主体从事民事活动，应当遵循诚信原则，秉持诚实，恪守承诺。

【立法背景】

诚信原则是民法通则规定的基本原则之一。《民法通则》第4条规定，民事活动应当遵循诚实信用的原则。此后，大部分民商事单行法律都将诚信原则规定为基本原则之一。诚信原则也是大多数国家和地区民法规定的基本原则，有的在总则中规定诚信原则，有的则在分则相关编章中规定诚实信用的要求。《瑞士民法典》第1条第1款规定，任何人都必须以诚实、信用的方式行使其权利和履行其义务。《日本民法典》第1条第2款规定，行使权利及履行义务时，应恪守信义、诚实履行。

本条规定，民事主体从事民事活动，应当遵循诚信原则，秉持诚实，恪守承诺。

【条文精解】

诚信原则要求所有民事主体在从事任何民事活动时，包括行使民事权利、履行民事义务、承担民事责任时，都应当秉持诚实、善意，信守自己的承诺。诚实信用原则要求民事主体在行使权利、履行义务过程中，讲诚实、重诺言、守信用。这对建设诚信社会、规范经济秩序、引领社会风尚具有重要意义。

诚信原则作为民法最为重要的基本原则，被称为民法的"帝王条款"，是各国民法公认的基本原则。通常认为，诚实信用原则要求民事主体从事民事活动应当讲诚实、守信用，以善意的方式行使权利、履行义务，不诈不欺，言行一致，信守诺言。具体而言，民事主体应当从以下几个方面遵循诚信原则：民事主体在着手与他人开展民事活动时即应当讲诚实，如实告知交易相对方自己的相关信息，表里如一，不弄虚作假。如合同编上规定的缔约过失责任，针对的就是缔结合同时的不诚实的行为；民事主体在与他人建立民事法律关系后，应当信守诺言、恪守信用，按照自己作出的承诺行使权利、履行义务，言而有信；民事主体应当本着善意的原则，相互配合，保护对方的合理期待与信赖；民事主体应当尊重他人的合法权益，尊重社会公共利益；民事主体应当善意行使权利，不得滥用权利；民事主体不得规避法律，不得故意曲解合同条款；等等。诚信原则的内涵和外延都是概括性的、抽象的，因此诚信原则有很大的适用性，民事主体从事任何民事活动都应当遵守该原则，不论民事主体自己行使权利，还是在与他人建立民事法律关系之前、之中、之后都必须始终贯彻诚信原则，按照诚信原则的要求善意行事。诚信原则在其他各编中也有相应的规定。如《民法典》第509条第2款规定，当事人应当遵循诚信原则，根据合同的性质、目的和交易习惯履行通知、协助、保密等义务。

第八条 【守法与公序良俗原则】
民事主体从事民事活动，不得违反法律，不得违背公序良俗。

【立法背景】

守法和公序良俗原则也是现代民法的一项重要基本原则。《民法通则》第6条规定，"民事活动必须遵守法律，法律没有规定的，应当遵守国家政策"；第7条规定，"民事活动应当尊重社会公德，不得损害社会公共利益，扰乱社会经济秩序"。此外，大多数单行民事法律也都规定有守法和公序良俗原则。公序良俗原则在大多数国家和地区的民法中也有规定。《法国民法典》第6条规定，任何人均不得以特别约定违反涉及公共秩序和善良风俗的法律。我国台湾地区"民法典"第72条规定，法律行为，有悖于公共秩序或善良风俗者，无效；第71条规定，法律行为违反强制或禁止之规定者，无效。民法总则规定，民事主体从事民事活动，不得违反法律，不得违背公序良俗。总则编保留了这一个规定。

【条文精解】

公序良俗，是指公共秩序和善良习俗。守法和公序良俗原则要求自然人、法人和非法人组织在从事民事活动时，不得违反各种法律的强制性规定，不违背公共秩序和善良习俗。

守法和公序良俗原则又可以细分为两项具体要求：

一是民事主体从事民事活动不得违反法律。不得违反法律中的法律不仅包括民事法律，还包括其他部门法。所谓不得违反法律，就是要求不违反法律的强制性规定。民事主体在从事民事活动时，只要法律未明文禁止，又不违背公序良俗，就可以根据自己的利益和需要创设权利、义务内容。民事主体在从事民事活动时享有较大的自主空间，实现充分的意思自治。由于民法的基本原则之一就是意思自治，民法在通常情况下不会干预民事主体的行为自由。民法的大多数规范都是任意性规范，对于任意性规范，民事主体可以结合自身的利益需要，决定是否纳入自己的意思自治范围。但是，任何人的自由并非毫无限制的，民法同样需要维护社会的基本的生产、生活秩序，需要维护国家的基本价值追求，法律的强制性规范就是为了实现这一目的而制定的，民事主体在从事民事活动时，应当遵守法律的强制性规定。

二是民事主体从事民事活动不得违背公序良俗。不得违背公序良俗原则，就是不得违背公共秩序和善良习俗。公共秩序，是指政治、经济、文化等领域的基本秩序和根本理念，是与国家和社会整体利益相关的基础性原则、价值和秩序，在以往的民商事立法中被称为社会公共利益，在英美法系中被称为公共政策。善良习俗，是指基于社会主流道德观念的习俗，也被称为社会公共道德，是全体社会成员所普遍认可、遵循的道德准则。善良习俗具有一定的时代性和地域性，随着社会成员的普遍道德观念的改变而改变。公共秩序强调的是国家和社会层面的价值理念，善良习俗突出的则是民间的道德观念，二者相辅相成，互为补充。

守法和公序良俗原则中两项不同要求之间，首先要求民事主体从事民事活动不得违反法律。民事主体从事任何民事活动均需要遵守法律的强制性规定，对于民法的任意性规定，民事主体是否按照任意性规定从事民事活动，法律并不强制要求，民事主体可以根据自己的利益作出相应的选择和判断。由于民事活动复杂多样，法律不可能预见所有损害社会公共利益、公共道德秩序的行为而作出详尽的禁止性规定。因此，有必要辅之以公序良俗原则，并明确规定违背公序良俗的民事法律行为无效，以弥补法律禁止性规定的不足，实现对民事主体意思自治的必要限制；以弘扬社会公共道德、维护社会公共秩序，实现民事主体的个体利益与社会公共利益的平衡。

第九条 【绿色原则】

民事主体从事民事活动，应当有利于节约资源、保护生态环境。

【立法背景】

节约资源、保护生态环境的要求，在我国宪法和许多法律中都有规定。如《宪法》第9条第2款规定："国家保障自然资源的合理利用，保护珍贵的动物和植物。禁止任何组织或者个人用任何手段侵占或者破坏自然资源。"《民法通则》第124条规定："违反国家保护环境防止污染的规定，污染环境造成他人损害的，应当依法承担民事责任。"

绿色原则是贯彻宪法关于保护环境的要求，同时也是落实党中央关于建设生态文明、实现可持续发展理念的要求，将环境资源保护上升至民法基本原则的地位，具有鲜明的时代特征，将全面开启环境资源保护的民法通道，有利于构建生态时代下人与自然的新型关系，顺应绿色立法潮流。

【条文精解】

本条规定的绿色原则与其他原则的表述上有所不同，其他原则使用了"应当遵循""不得违反"等表述，而本条使用的是"应当有利于"的表述。尽管有这种不同，但作为民法的基本原则，仍具有重要作用：一是确立国家立法规范民事活动的基本导向，即要以节约资源、保护生态环境作为重要的考量因素；二是要求民事主体本着有利于节约资源、保护生态环境的理念从事民事活动，树立可持续发展的观念；三是司法机关在审判民事案件，适用民事法律规定时，要加强对节约资源、保护生态环境的民事法律行为的保护。

绿色原则作为民法典新增的一项基本原则，在民法典各编中都得到了贯彻。如《民法典》第346条规定："设立建设用地使用权，应当符合节约资源、保护生态环境的要求，遵守法律、行政法规关于土地用途的规定，不得损害已经设立的用益物权。"《民法典》第509条第3款规定，"当事人在履行合同过程中，应当避免浪费资源、污染环境和破坏生态"；第625条规定，"依照法律、行政法规的规定或者按照当事人的约定，标的物在有效使用年限届满后应予回收的，出卖人负有自行或者委托第三人对标的物予以回收的义务"。特别是在侵权责任编"环境污染和生态破坏责任"一章中，更是对环境污染和生态破坏的民事法律责任作了详细规定。

第十条 【法律渊源】

处理民事纠纷，应当依照法律；法律没有规定的，可以适用习惯，但是不得违背公序良俗。

【立法背景】

处理民事纠纷的依据，就是人民法院、仲裁机构在处理民事纠纷时据以作出裁判的规则。

不少国家和地区的民法都会对处理民事纠纷的裁判依据作出规定，以便为裁判机关提供指南。如《瑞士民法典》第1条"法律的适用"规定：（1）凡依本法文字或释义有相应规定的任何法律问题，一律适用本法。（2）无法从本法得出相应规定时，法官应依据习惯法裁判；如无习惯法时，依据自己如作为立法者应提出的规则裁判。（3）在前一款的情况下，法官应依据公认的学理和惯例。我国台湾地区"民法典"第1条和第2条也对民法的法律渊源作了规定，民事法律所未规定者，依习惯；无习惯者，依法理；民事所适用之习惯，以不悖于公共秩序或善良风俗者为限。

在法律起草过程中，关于如何规定处理民事纠纷的依据的意见比较集中，主要是围绕处理民事纠纷的依据包括哪些，应当如何规定展开讨论，其中包括："法律"的范围，即法律是否包括法律解释、行政法规、地方性法规、自治条例和单行条例、规章等；是否要规定习惯作为民法的法律渊源；是否应当规定法理作为判案的依据；是否保留国家政策的规定等。综合各方面意见，本条规定，处理民事纠纷，应当依照法律；法律没有规定的，可以适用习惯，但是不得违背公序良俗。

【条文精解】

本条是法律适用规则。在条文形成过程中，曾一度将"民事纠纷"修改为"处理民事关系"，最终条文又改回"民事纠纷"。这是考虑本条规定旨在为人民法院、仲裁机构等在处理民事纠纷时提供法律适用规则。至于民事主体之间处理民事法律关系，基于意思自治原则，当事人有很大的自主权，且民法规定很多为任意性规定，法律并未强制要求当事人适用。如《合同法》第12条规定，合同的内容一般包括当事人的名称或者姓名和住所，标的，数量，质量，价款或者报酬，履行期限、地点和方式，违约责任，解决争议的方法。至于当事人是否必须在合同中全部载明这些内容，并无硬性要求，合同的内容由当事人约定。在特定交易环境下，当事人甚至可以约定交易习惯优先于法律的适用。因此，处理民事法律关系的范围比处理民事纠纷的范围广阔许多，法律适用规则也不是完全一样的。

本条规定，人民法院、仲裁机构等在处理民事纠纷时，首先应当依照法律。这里的法律是指广义的法律，包括全国人大及其常委会制定的法律和国务院制定的行政法规，也不排除地方性法规、自治条例和单行条例等。根据《立法法》第8条第8项规定，民事基本制度只能由全国人民代表大会及其常委会制定的法律规定。行政法规可以根据法律的规定或经法律的授权，针对特定领域的民事关系作出具体的细化规定。此外，有的法律授权地方性法规对某种特定的民事关系作出具体规定。如《农村土地承包法》第68条规定："各省、自治区、直辖市人民代表大会常务委员会可以根据本法，结合本行政区域的实际情况，制定实施办法。"

本条还规定，法律没有规定的，可以适用不违背公序良俗的习惯。习惯，是指在一定地域、行业范围内长期为一般人确信并普遍遵守的民间习惯或者商业惯例。适用习惯受到两个方面的限制：一是适用习惯的前提是法律没有规定。所谓法律没有规定，就是相关的法律、行政法规、地方性法规对特定民事纠纷未作出规定。二是所适用的习惯不得违背公序良俗。因此，并非所有的习惯都可以用作处理民事纠纷的依据，只有不违背公序良俗的习惯才可以适用，当然适用习惯也不得违背法律的基本原则。在特定民事领域需要遵从和适用习惯的规定，在其他各编中也有相应的规定。

第十一条　【一般法与特别法】

其他法律对民事关系有特别规定的，依照其规定。

【立法背景】

关于一般法与特别法的关系，立法法对此有专门规定。《立法法》第92条规定，同一机关制定的法律，特别规定与一般规定不一致的，适用特别规定。在法律起草过程中，有意见提出，立法法已经对特别法与一般法之间的关系作了规定，建议删除本条。但考虑到我国制定了诸多民商事单行法，对特定领域的民事法律关系作出了规范，民法典出台后将作为一般法，各民商事单行法作为特别法，根据立法法的规定，特别法的规定将优先适用。本条明确强调特别法优先的法律适用规则，也有助于减少认识上的分歧。

【条文精解】

对于民法典的规范适用问题，需要注意的是：首先，总则编与物权编、合同编、人格权编、婚姻家庭编、继承编、侵权责任编之间的关系。总则编也是一般性规定，其他各分编中对相同问题有特殊规定的，也应当先适用其他各分编的规定。比如，关于民事法律行为的效力问题，《民法典》第153条规定："违反法律、行政法规的强制性规定的民事法律行为无效。但是，该强制性规定不导致该民事法律行为无效的除外。违背公序良俗的民事法律行为无效。"第154条规定："行为人与相对人恶意串通，损害他人合法权益的民事法律行为无效。"《民法典》第497条规定："有下列情形之一的，该格式条款无效：（一）具有本法第一编第六章第三节和本法第五百零六条规定的无效情形；（二）提供格式条款一方不合理地免除或者减轻其责任、加重对方责任、限制对方主要权利；（三）提供格式条款一方排除对方主要权利。"由于《民法典》第153条、第154条属于一般规定，《民法典》第497条属于特别规定，对于格式合同条款的效力问题，则应当优先适用《民法典》第497条的规定。其次，物权编、合同编、人格权编、婚姻家庭编、继承编、侵权责任编与其他民事单行法律的关系。相对于其他民事单行法律而言，民法典的各分编则属于一般性规定，在民事单行法律有特别规定时，需要优先适用民事单行法律。比如，《民法典》第188条第1款规定："向人民法院请求保护民事权利的诉讼时效期间为三年。法律另有规定的，依照其规定。"最后，民法典中物权编、合同编、人格权编、婚姻家庭编、继承编、侵权责任编之间的相互关系，需要根据民法典的规定来确定适用的法律规范。比如，《民法典》第464条第2款规定："婚姻、收养、监护等有关身份关系的协议，适用有关该身份关系的法律规定；没有规定的，可以根据其性质参照适用本编规定。"《民法典》第1001条规定："对自然人因婚姻家庭关系等产生的身份权利的保护，适用本法第一编、第五编和其他法律的相关规定；没有规定的，可以根据其性质参照适用本编人格权保护的有关规定。"

第十二条 【效力范围】

中华人民共和国领域内的民事活动，适用中华人民共和国法律。法律另有规定的，依照其规定。

【条文精解】

民法的地域效力范围，是指民法在什么空间领域内适用。本条规定，在中华人民共和国领域内的民事活动，适用中华人民共和国法律。中华人民共和国领域包括中华人民共和国领土、领空、领海，以及根据国际法视为我国领域的我国驻外使馆，国籍为中国的船舶、航空器等。在中华人民共和国领域内的民事活动一般来说须得适用我国法律。

本条的但书规定，法律另有规定的，依照其规定。其中最为重要的就是涉外民事关系的法律适用问题，关于涉外民事关系的法律适用，涉外民事关系法律适用法有专门的规定。除此之外，有些单行民事法律也对涉外民事关系的法律适用进行了规定。根据这些涉外民事关系适用的特别规定，在中华人民共和国领域内的涉外民事活动，应当根据特定的民事法律关系类型不同而具体适用相应的法律规范，并非一概必须适用中国法律。在法律起草过程中，有意见提出，应该规定在中华人民共和国领域外的民事活动，也可以适用中华人民共和国法律。对于中华人民共和国领域外的民事活动是否适用中华人民共和国法律，由于涉及国际私法的法律适用问题，各国国际私法具有相应的规定，且不同的民事法律关系所适用的法律有不同规定，法律适用情况比较复杂。故本条未对此作出规定，但这并不意味着在中华人民共和国领域外的民事活动，就不能适用中华人民共和国法律，需要根据具体情况和所在国法律的具体规定确定。

第二章　自然人

第一节　民事权利能力和民事行为能力

第十三条 【自然人民事权利能力】

自然人从出生时起到死亡时止，具有民事权利能力，依法享有民事权利，承担民事义务。

【立法背景】

民事权利能力，是指民事主体参与民事法律关系，享有民事权利、承担民事义务的法律资格。法律规定了自然人的民事权利能力，也就确认了自然人的民事主体地位，这是自然人参与民事法律关系，依法享有民事权利、承担民事义务的前提。自然人的民事权利能力既包括自然人享有民事权利的资格，也包括自然人承担民事义务的资格。

通常认为，民事权利能力具有不可剥夺的特征。民事权利能力始于出生，终于死亡。自然人生存期间，其民事权利能力不会丧失、消灭。法律不会对自然人的民事权利能力进行限制或者剥夺。自然人受到刑事处罚、丧失民事行为能力，即使在监狱服刑，或者被判处剥夺政治权利，也并不导致民事权利能力的减损或者消灭，自然人的民事权利能力这一法律资格不受影响。

【条文精解】

依据本条规定，自然人的民事权利能力始于出生，终于死亡。出生是自然人脱离母体并生存的法律事实。一般认为，出生须具备两项要件：一是胎儿与母体分离，与母体分离之前为胎儿，分离之后即成为法律上的人。二是与母体分离之际保有生命。胎儿与母体分离之际无生命的，是死体。分离之际保有生命的，即是"出生"，而不论其出生后生命延续的时间长短。如何判断"出生"，学说上有全部露出说、断脐带说、初啼说、独立呼吸说等。关于"死亡"的判断，也存在不同的学说，有呼吸停止说、脉搏停止说、心脏跳动停止说、脑死亡说等。实践中，具体如何判断"出生"和"死亡"，涉及医学理论和医学实践发展等问题，本法对此没有规定统一的判断标准。

第十四条 【自然人民事权利能力平等】

自然人的民事权利能力一律平等。

【立法背景】

自然人民事权利能力平等原则经过了漫长的历史发展演变，是人类法律文明进步的结果。在近现代之前，并不是所有的自然人都具有民事权利能力，往往因家族血缘、性别等身份因素的不同而存在差异，例如，女性在很多情况下没有资格作为独立的民事主体，不能从事缔结合同等民事活动。现代国家普遍认可自然人的民事权利能力一律平等。

【条文精解】

自然人的民事权利能力一律平等，是一种法律资格的平等，指自然人的民事权利能力不因民族、种族、性别、职业、家庭出身、宗教信仰等而有差别。

第十五条 【自然人出生时间和死亡时间】

　　自然人的出生时间和死亡时间，以出生证明、死亡证明记载的时间为准；没有出生证明、死亡证明的，以户籍登记或者其他有效身份登记记载的时间为准。有其他证据足以推翻以上记载时间的，以该证据证明的时间为准。

【立法背景】

　　出生和死亡均是法律事件，能够引起一定的法律关系的产生、变更或者消灭。出生时间和死亡时间的确定具有重要的法律意义。例如，被继承人的死亡时间直接决定继承开始的时间，影响遗产的范围、继承人的范围等。

【条文精解】

　　本条将出生证明、死亡证明记载的时间作为确定自然人出生时间、死亡时间的最基本依据。出生证明，即出生医学证明，记载有新生儿的姓名、性别、出生时间、父母亲姓名等。出生医学证明由国家卫生与计划生育部门统一印制，以省、自治区、直辖市为单位统一编号。出生证明是记载出生时间的原始凭证，具有证明出生时间的准确性和规范性，因此本条将出生证明记载的时间作为确定自然人出生时间的最基本的依据。

　　死亡证明，是指有关单位出具的证明自然人死亡的文书。主要包括以下几类：公民死于医疗单位的，由医疗单位出具死亡医学证明书；公民正常死亡但无法取得医院出具的死亡证明的，由社区、村（居）委会或者基层卫生医疗机构出具证明；公民非正常死亡或者卫生部门不能确定是否属于正常死亡的，由公安司法部门出具死亡证明；死亡公民已经火化的，由殡葬部门出具火化证明。死亡证明是记载死亡时间的原始凭证，具有证明死亡时间的准确性和规范性，因此本条将死亡证明记载的时间作为确定自然人死亡时间的最基本的依据。

　　依据本条规定，没有出生证明、死亡证明的，以户籍登记或者其他有效身份登记记载的时间为准。户籍登记是国家公安机关按照国家户籍管理法律法规，对公民的身份信息进行登记记载的制度。办理户籍登记应当遵循严格的法定程序，户籍登记记载的出生时间因此具有较强的法律效力。本条将户籍登记记载的出生时间，作为确定自然人出生时间的重要依据，没有出生证明的，以户籍登记记载的出生时间为准。

关于死亡登记，根据我国户籍管理制度，自然人死亡后，户主、亲属等应当在规定的时间内向公安机关申报死亡登记，注销户口。办理户籍登记应当遵循严格的法定程序，户籍登记记载的死亡时间因此具有较强的法律效力。本条将户籍登记记载的死亡时间，作为确定自然人死亡时间的重要依据，没有死亡证明的，以户籍登记记载的死亡时间为准。

本条规定的户籍登记以外的其他有效身份登记，包括我国公民居住证、港澳同胞回乡证、台湾居民的有效旅行证件、外国人居留证等。

出生证明、死亡证明以及户籍登记或者其他有效身份登记记载的时间由于各种原因，也有可能出现记载错误的情况。如果有其他证据足以推翻出生证明、死亡证明以及户籍登记或者其他有效身份登记记载的时间的，应以该证据证明的时间为准。

第十六条 【胎儿利益保护】

涉及遗产继承、接受赠与等胎儿利益保护的，胎儿视为具有民事权利能力。但是，胎儿娩出时为死体的，其民事权利能力自始不存在。

【立法背景】

自然人的民事权利能力始于出生，胎儿尚未与母体分离，不是独立的自然人，不能依据民事权利能力的一般规定进行保护。法律有必要对胎儿利益的保护作出特别规定。

在民法典出台以前，只在继承事项上对胎儿利益的保护作出规定。如《继承法》第28条规定："遗产分割时，应当保留胎儿的继承份额。胎儿出生时是死体的，保留的份额按法定继承办理。"除了继承事项之外，我国法律没有对胎儿利益保护的其他规定。

【条文精解】

1. 胎儿利益保护与赋予民事权利能力

本条从法律上明确规定胎儿在特定情形下视为具有民事权利能力。依据本条规定，涉及遗产继承、接受赠与等胎儿利益保护的，胎儿视为具有民事权利能力。采用"视为"一词主要是与《民法典》第13条的规定相对应。《民法典》第13条规定:"自然人从出生时起到死亡时止,具有民事权利能力,依法享有民事权利,承担民事义务。"自然人的民事权利能力始于出生,胎儿尚未出生,本不具有民事权利能力,但又有必要在一定情形下对胎儿的利益进行保护,赋予胎儿民事权利能力,因此本条采用"视为"具有民事权利能力的表述。

2. 胎儿利益的保护范围

本条将胎儿利益保护的范围规定为"涉及遗产继承、接受赠与等胎儿利益保护的"。在这些情形下,胎儿视为具有民事权利能力。此处的"遗产继承"不仅包括法定继承,也包括遗嘱继承、遗赠。胎儿是法定继承人的,按照法定继承取得相应的遗产份额;有遗嘱的,胎儿按照遗嘱继承取得遗嘱确定的份额。胎儿不是法定继承人的,被继承人也可以立遗嘱将个人财产赠给胎儿,将来按遗赠办理,胎儿取得遗产继承权。接受赠与,是指赠与人可以将财产赠与胎儿,胎儿此时视为具有民事权利能力,享有接受赠与的权利。除了遗产继承和接受赠与,实践中还有其他涉及胎儿利益保护的情况,因此本条用了一个"等"字,没有限定在继承范围以内,原则上也包括侵权等其他需要保护胎儿利益的情形。

3. 胎儿享有民事权利能力的条件

关于胎儿享有民事权利能力的条件,民法理论上存在两种不同的观点:

一是认为,胎儿在母亲怀胎期间,并无民事权利能力,在胎儿活着出生后,再向前追溯至怀胎期间具有民事权利能力。二是认为,胎儿在母亲怀胎期间即具有民事权利能力,但是胎儿出生时为死体的,其民事权利能力则自始不存在。

本条的规定也经历了一些变化。在《民法总则(草案)》提交全国人大常委会进行初次审议之前,曾以征求意见稿的形式征求意见。征求意见稿的规定采用了上述第一种观点。征求意见稿第15条规定:"涉及胎儿利益保护,胎儿出生时为活体的,其出生前即视为具有民事权利能力。"有意见提出,将"胎儿出生时为活体的"作为胎儿享有民事权利能力的必要条件,就要等待胎儿活着出生之后才可以向法院起诉。为了更周延地保护胎儿利益,胎儿自母亲怀孕之时起就应当被视为具有民事权利能力,无须待到其出生之时,即可行使继承权等。建议采用上述第二种观点,规定胎儿在母亲怀胎期间即具有民事权利能力,将"胎儿将来出生时为死体"作为溯及怀胎期间消灭其民事权利能力的条件。随后提交全国人大常委会初次审议的《民法总则(草案)》在一定程度上吸收了上述建议，对征求意见稿的规定作了修改。《民法总则（草案）》一审稿第16条规定："涉及遗产继承、接受赠与等胎儿利益的保护，胎儿视为具有民事权利能力。但是，胎儿出生时未存活的，其民事权利能力自始不存在。"此后基本维持了这一规定，只是作了相关文字修改。民法典继续维持这一规定。

第十七条【成年人与未成年人年龄标准】

十八周岁以上的自然人为成年人。不满十八周岁的自然人为未成年人。

【立法背景】

在民法中区分成年人与未成年人的法律意义主要有以下几个方面：一是判断民事法律行为的效力。成年人可以独立实施民事法律行为，未成年人只可以独立实施部分民事法律行为，实施其他民事法律行为要经过法定代理人的同意或者追认。二是确定婚姻家庭关系中的权利义务。本法规定了父母、祖父母、外祖父母或者兄姐等近亲属对未成年人的抚养义务。例如，《民法典》第1074条第1款规定："有负担能力的祖父母、外祖父母，对于父母已经死亡或者父母无力抚养的未成年孙子女、外孙子女，有抚养的义务。"三是设立监护。为了保护未成年人的人身、财产权利及其他合法权益，对未成年人应当设立监护人。父母是未成年人的监护人，未成年人的父母已经死亡或者没有监护能力的，依法由其他有监护能力的人担任监护人。但法律只对丧失或者部分丧失民事行为能力的成年人设立监护，依法确定监护人。

【条文精解】

随着年龄的增长，成年人已经具有了一定的阅历，也积累了较丰富的社会经验和知识，识别、判断能力较强，并能够充分预见到自己的行为后果，已经可以独立生活和工作。成年不仅意味着其可以独立行使更多的权利，更意味着要独立承担更多的义务，拥有更大自主权的同时，也要对自己的行为后果独立负责。各个国家或者地区根据人们的生理、智力发育情况和社会生活状况等，对成年人年龄标准的规定各不相同。成年人年龄标准并不是随意确定的，既需要考虑人们的身心发育情况，也需要考虑社会的接受度等各方面因素。我国民法通则将成年人的年龄下限确定为18周岁，这次仍然沿袭了民法通则的规定，将成年人年龄确定为18周岁。这也与我国宪法的相关规定一致。我国宪法将选举权和被选举权这一重要的政治权利，赋予年满18周岁的公民。《宪法》第34条规定："中华人民共和国年满十八周岁的公民，不分民族、种族、性别、职业、家庭出身、宗教信仰、教育程度、财产状况、居住期限，都有选举权和被选举权；但是依照法律被剥夺政治权利的人除外。"

与"成年人"概念相对的是"未成年人"，不满18周岁的自然人为未成年人。未成年人的身体、心智发育还没有完全成熟，各个国家或者地区均对未成年人从法律上予以特殊保护，促进其健康成长。我国为了保护未成年人的身心健康，保障未成年人的合法权益，促进未成年人在品德、智力、体质等方面全面发展，制定了一系列关于未成年人保护的法律法规，如未成年人保护法等。国家、社会、学校和家庭都有义务促进未成年人健康成长，保障未成年人的合法权益不受侵犯。

第十八条 【完全民事行为能力人】

成年人为完全民事行为能力人，可以独立实施民事法律行为。

十六周岁以上的未成年人，以自己的劳动收入为主要生活来源的，视为完全民事行为能力人。

【立法背景】

民事行为能力，是指民事主体独立参与民事活动，以自己的行为取得民事权利或者承担民事义务的法律资格。民事行为能力与民事权利能力不同，民事权利能力是民事主体从事民事活动的前提，民事行为能力是民事主体从事民事活动的条件。所有的自然人都有民事权利能力，但不一定都有民事行为能力。自然人一经出生即当然享有民事权利能力，但要独立从事民事活动，实施民事法律行为，还必须要具有相应的民事行为能力。自然人的辨识能力因年龄、智力、精神健康等因素不同而有差异。现有规定延续了民法通则的做法，根据自然人辨识能力的不同，将自然人的民事行为能力分为完全民事行为能力、限制民事行为能力和无民事行为能力，学理上称之为"三分法"。完全民事行为能力人具有健全的辨识能力，可以独立进行民事活动；限制民事行为能力人只能独立进行与其辨识能力相适应的民事活动；无民事行为能力人应当由其法定代理人代理实施民事活动。

【条文精解】

依据本条第 1 款规定，成年人，即年满 18 周岁的自然人，具有完全民事行为能力，为完全民事行为能力人，可以独立实施民事法律行为，并独立对民事法律行为的后果负责。例如，成年人可以独立签订房屋租赁合同，行使合同约定的权利，履行合同约定的义务。但是，本条规定的成年人，是指辨认识别能力正常的成年人，对于辨认识别能力不足的成年人则根据具体情况的不同归为限制民事行为能力人或者无民事行为能力人，不属于本条规定的范围。

依据本条第 2 款规定，16 周岁以上的未成年人，如果以自己的劳动收入为主要生活来源的，表明其已经具备成年人的辨识能力，可以独立实施民事法律行为，独立承担民事法律行为的后果，因此可以视为完全民事行为能力人。

第十九条 【限制民事行为能力的未成年人】

八周岁以上的未成年人为限制民事行为能力人，实施民事法律行为由其法定代理人代理或者经其法定代理人同意、追认；但是，可以独立实施纯获利益的民事法律行为或者与其年龄、智力相适应的民事法律行为。

【立法背景】

本条将限制民事行为能力的未成年人的年龄下限标准由民法通则规定的 10 周岁下调为 8 周岁。

【条文精解】

依据本条规定，8 周岁以上的未成年人为限制民事行为能力人，心智发育仍然不够成熟，实施民事法律行为一般应当由其法定代理人代理，或者经其法定代理人同意、追认。同意，是指事前同意，即限制民事行为能力的未成年人实施民事法律行为要经法定代理人的事前同意；追认，是指事后追认，即限制民事行为能力的未成年人实施的民事法律行为要经过法定代理人的事后追认，才能对该未成年人发生效力。但是，8 周岁以上的未成年人已经具有一定的辨认识别能力，法律应当允许其独立实施一定的民事法律行为。可以独立实施的民事法律行为包括两类：一类是纯获利益的民事法律行为，例如，接受赠与等。限制民事行为能力的未成年人通常不会因这类行为遭受不利益，可以独立实施。另一类是与其年龄、智力相适应的民事法律行为，例如，8 周岁的儿童购买学习用品等。限制民事行为能力的未成年人对实施这类行为有相应的认知能力，可以独立实施。

第二十条 【无民事行为能力的未成年人】

不满八周岁的未成年人为无民事行为能力人，由其法定代理人代理实施民事法律行为。

【立法背景】

在本条起草过程中，对8周岁以下的未成年人是否可以独立实施纯获利益的民事法律行为，有意见建议明确未成年人可以独立实施纯获利益的民事法律行为，在本条增加但书规定"但纯获利益的民事法律行为除外"。也有意见认为，8周岁以下的未成年人辨认识别能力仍然非常欠缺，即使是纯获利益的民事法律行为，如接受赠与的行为，也是需要对该行为以及行为后果有充分认识和判断的。

经反复研究讨论，从有利于保护未成年人合法权益的角度，本条没有规定8周岁以下的未成年人可以独立实施纯获利益的行为。

【条文精解】

无民事行为能力，是指不具有以自己的行为取得民事权利或者承担民事义务的资格。8周岁以下的未成年人，生理、心理发育仍然很不成熟，对自己行为的辨认识别能力以及行为后果的预见能力仍然非常不够，为了避免他们的权益受到损害，法律将其规定为无民事行为能力人。

依据本条规定，8周岁以下的未成年人不具有独立从事民事法律行为的资格，要由其法定代理人代理实施民事法律行为。例如，儿童购买玩具行为，都需要由父母等法定代理人代理实施。

第二十一条 【无民事行为能力的成年人】

不能辨认自己行为的成年人为无民事行为能力人，由其法定代理人代理实施民事法律行为。

八周岁以上的未成年人不能辨认自己行为的，适用前款规定。

【立法背景】

民法通则规定的无民事行为能力或者限制民事行为能力的成年人的范围

为"精神病人"。最高人民法院《关于贯彻执行〈中华人民共和国民法通则〉若干问题的意见（试行）》[1]第5条对"精神病人"的范围作了扩张解释，明确将"痴呆症人"纳入"精神病人"的范围。

【条文精解】

有的自然人虽已年满18周岁，达到成年人的年龄，但因先天、疾病等原因，辨认识别能力不足，也不能正常预见自己行为的法律后果。为了保护这些辨认识别能力不足的成年人的合法权益，法律有必要对其实施民事法律行为作出特别规定。本法根据认识判断能力的不同，对这些成年人作了进一步的区分，分为两类：一是不能辨认自己行为的成年人；二是不能完全辨认自己行为的成年人。不能辨认自己行为的成年人，是指对普通的事物和行为欠缺基本的认识判断能力，也不能正常预见自己行为的法律后果的成年人。不能完全辨认自己行为的成年人，是指对比较复杂的行为不能作出正确的认识判断，也不能完全预见到自己行为的法律后果的成年人。第一类成年人即为无民事行为能力人，由本条第1款作出规定。第二类成年人为限制民事行为能力人，由《民法典》第22条作出规定。

本条第2款规定的不能辨认自己行为的8周岁以上的未成年人，是指患有智力障碍、精神障碍或者因其他疾病等原因导致心智不能正常发育，辨识能力严重不足的未成年人。这些未成年人如果按照正常的年龄以及心智发育程度，可以归入限制民事行为能力人，但因其对自己行为欠缺基本的辨认识别能力，为了防止其合法权益受到侵害，本条第2款将其归入无民事行为能力人的范畴。

本条第1款和第2款规定的无民事行为能力人因对普通的事物和行为欠缺基本的认识判断能力，也不能正常预见自己行为的法律后果，不能独立实施民事法律行为，应当由其法定代理人代理实施民事法律行为。

【实践中需要注意的问题】

需要注意的是，本条第1款中的"不能辨认自己行为"和《民法典》第22条中的"不能完全辨认自己行为"，是指辨认识别能力不足处于一种持续的状态，不能是暂行性或者短暂的状态，例如，因酗酒、滥用麻醉用品或者精神药品，对自己的行为暂时没有辨认识别能力的成年人，不属于本法所称的无民事行为能力人或者限制民事行为能力人。

---

[1] 依据最高人民法院《关于废止2007年底以前发布的有关司法解释（第七批）的决定》，该意见第88条、第94条、第115条、第117条、第118第、第177条已被废止，即部分失效，但第5条仍有效。——编者注，下同

第二十二条 【限制民事行为能力的成年人】

不能完全辨认自己行为的成年人为限制民事行为能力人，实施民事法律行为由其法定代理人代理或者经其法定代理人同意、追认；但是，可以独立实施纯获利益的民事法律行为或者与其智力、精神健康状况相适应的民事法律行为。

【立法背景】

就可以独立从事的民事法律行为的范围来看，限制民事行为能力的成年人与限制民事行为能力的未成年人既有相同之处，又有不同之处。相同之处在于，这两类限制民事行为能力的自然人均可以独立实施纯获利益的民事法律行为。不同之处在于，限制民事行为能力的未成年人可以独立实施与其年龄、智力相适应的民事法律行为，限制民事行为能力的成年人可以独立实施与其智力、精神健康状况相适应的民事法律行为。未成年人的年龄直接影响其社会阅历和知识能力，智力仍处于正常发育阶段，还没有完全发育成熟，年龄、智力这两个因素是影响未成年人认知能力的两个最重要因素。与未成年人处于正常的智力发育阶段不同，限制民事行为能力的成年人实施民事法律行为需要考虑的智力因素，包括先天的智力障碍，在正常的智力发育期由于各种原因导致的智力低下，以及智力发育成熟后，由于疾病、意外事故等各种原因引起的智力损伤和老年期的智力明显衰退导致的痴呆等。限制民事行为能力的成年人实施民事法律行为需要考虑的精神健康因素主要指因精神疾病引起的认知判断能力不足的情况，不能正常参与民事活动，从事较为复杂的民事法律行为。

【条文精解】

因智力障碍、精神障碍以及其他疾病导致不能完全辨认自己行为的成年人，均为限制民事行为能力人。限制民事行为能力的成年人对普通的事物和行为有基本的认识判断能力，但对于比较复杂的事物或者比较重大的行为缺乏判断能力和自我保护能力，并且不能预见其行为后果。限制民事行为能力的成年人实施民事法律行为一般由其法定代理人代理，或者经其法定代理人同意、追认，但也可以独立实施一定的民事法律行为。

关于"与其智力、精神健康状况相适应"的认定，应当结合限制民事行为能力的成年人的智力、精神健康状况、行为的性质、标的数额等因素综合判断，具体情况具体分析，没有统一的标准。如果该成年人所从事的民事法律行为与其智力、精神健康状况不相适应，需经其法定代理人事前同意或者事后追认；如果该成年人所从事的民事法律行为与其智力、精神健康状况相适应，不需经其法定代理人同意或者追认，即为有效。

第二十三条 【无民事行为能力人、限制民事行为能力人的法定代理人】
无民事行为能力人、限制民事行为能力人的监护人是其法定代理人。

【立法背景】

法律对具有监护资格的人、监护人的选任、监护的设立方式、监护职责等都作出了严格、明确的规定。将无民事行为能力人、限制民事行为能力人的监护人规定为法定代理人，有利于保护无民事行为能力人、限制民事行为能力人的人身、财产及其他合法权益。

【条文精解】

代理无民事行为能力人、限制民事行为能力人实施民事法律行为，是监护人履行监护职责的重要内容。监护人在保护被监护人的身心健康，照顾被监护人的生活，管理和保护被监护人的财产过程中，都必不可少要代理被监护人从事一些民事法律行为，如签订合同等。赋予监护人法定代理人资格，方便监护人更好地履行监护职责，同时也可以对这种代理行为依照本法关于代理的规定加以规范，更好地保护无民事行为能力人、限制民事行为能力人的利益。

第二十四条 【认定或者恢复某种民事行为能力状态的相关法定程序】
不能辨认或者不能完全辨认自己行为的成年人，其利害关系人或者有关组织，可以向人民法院申请认定该成年人为无民事行为能力人或者限制民事行为能力人。

被人民法院认定为无民事行为能力人或者限制民事行为能力人的，经本人、利害关系人或者有关组织申请，人民法院可以根据其智力、精神健康恢复的状况，认定该成年人恢复为限制民事行为能力人或者完全民事行为能力人。

本条规定的有关组织包括：居民委员会、村民委员会、学校、医疗机构、妇女联合会、残疾人联合会、依法设立的老年人组织、民政部门等。

【立法背景】

本条规定针对的是不能辨认或者不能完全辨认自己行为的成年人。未成年人虽然也有无民事行为能力人或者限制民事行为能力人，但未成年人辨认识别能力不足主要是年龄的原因，随着年龄的增长，社会阅历和知识会不断增加，到了18周岁自然就成为完全民事行为能力人。无民事行为能力或者限制民事行为能力的成年人辨认识别能力不足，往往是因为先天因素或者疾病、事故原因造成的，短时期内难以恢复，有的甚至是不可逆转的。将不能辨认或者不能完全辨认自己行为的成年人，认定为无民事行为能力人或者限制民事行为能力人，一是对该成年人就可以依照法定程序选任监护人，保护其人身权益、财产权益及其他合法权益。二是法定代理人可以通过主张该成年人所实施的民事法律行为无效，或者撤销该民事法律行为，避免该成年人的权益受到损害。三是有利于保护交易安全。交易相对人可以事先决定是否与该成年人进行交易。如果在不知情的情况下进行了交易，相对人也可以通过催告法定代理人及时予以追认或者依法撤销该民事法律行为，尽快确定民事法律行为的效力。

【条文精解】

依据本条规定，该认定需要向法院提出申请，并需要由法院作出判决，主要原因是无民事行为能力或者限制民事行为能力的认定对成年人的权益影响重大。将成年人认定为无民事行为能力人或者限制民事行为能力人，既是对辨认识别能力不足的成年人的保护，也是对这些成年人自由实施民事法律行为的限制，因此必须通过法定程序进行。此外，这些成年人辨认识别能力缺失的程度也有所不同，一般人难以认定，宜由法院综合各方面情况作出判断。

关于申请主体的范围，本条规定了两类人：

1.利害关系人

利害关系人的情况比较复杂，其具体范围无法通过立法明确规定，应当具体情况具体分析。一般而言，对于本条第1款规定的"利害关系人"的范围，主要包括本人的近亲属、债权债务人等。对于本条第2款规定的"利害关系人"的范围，主要包括本人的监护人、债权债务人等。但具体案件中，这些主体是否都有资格向法院提出申请，也要在个案中根据实际情况作出判断。认定利害关系人是否是适格的申请主体，需要看本人的民事行为能力状况对其是否有重要意义或者影响。例如，本人的债务人如果不是为了确定民事法律行为的效力，也不得向法院申请认定其为无民事行为能力人、限制民事行为能力人。

2. 有关组织

本条第 3 款对"有关组织"的范围作出了规定，包括居民委员会、村民委员会、学校、医疗机构、妇女联合会、残疾人联合会、依法设立的老年人组织、民政部门等。这些组织往往具有向法院申请认定成年人民事行为能力状况的意愿、能力或者条件。其中，居民委员会、村民委员会是基层群众性自治组织，负责办理本村或者本居住地区居民的公共事务和公益事业；妇女联合会、残疾人联合会是分别代表和维护妇女权益、残疾人权益的组织；一些依法设立的老年人组织也致力于维护老年人合法权益，这些组织具有保护相关辨识能力不足的成年人合法权益的意愿、能力；学校、医疗机构往往能及时发现了解学生、患者的智力、精神健康现状，具备向法院提出申请的条件，有些情况下，也具有向法院提出申请的意愿；民政部门作为政府重要职能部门，一个重要的职责就是负责社会救助和社会福利方面的工作，由民政部门提出申请符合其部门职责。

第二十五条 【自然人住所】

自然人以户籍登记或者其他有效身份登记记载的居所为住所；经常居所与住所不一致的，经常居所视为住所。

【立法背景】

住所，是指民事主体进行民事活动的中心场所或者主要场所。自然人的住所一般指自然人长期居住、较为固定的居所。自然人的住所对婚姻登记、宣告失踪、宣告死亡、债务履行地、司法管辖、诉讼送达等具有重要的法律意义。例如，甲与乙发生民间借贷纠纷，甲方一般应当向乙方住所地人民法院提起诉讼，乙方住所地直接决定案件的管辖法院。居所，是指自然人实际居住的一定处所，其与住所的区别是，一个自然人可以同时有两个或者多个居所，但只能有一个住所。一般的居所都是自然人临时居住，为暂时性的，住所则为长期固定的。

【条文精解】

依据本条规定，自然人以户籍登记或者其他有效身份登记记载的居所为住所。户籍登记是国家公安机关按照国家户籍管理法律法规，对公民的身份信息进行登记记载的制度。依据《户口登记条例》的规定，公民应当在经常居住地的公安机关进行户籍登记，户籍登记记载的居所即是其长期居住、较为固定的居所。

本条中的"其他有效身份登记"主要包括居住证和外国人的有效居留证件等。依据《居住证暂行条例》的规定，居住证的持有人往往都在相关城市工作、生活居住半年以上。居住证记载的居住地住址也可以作为公民住所，这有利于促进公民正常从事民事活动，在出现民事纠纷时，便利公民起诉应诉。此外，对外国人、无国籍人等在中国的住所，可以根据我国主管机关遵循法定程序签发的有效居留证件等进行判断。

第二节 监 护

第二十六条 【父母子女之间法律义务】

父母对未成年子女负有抚养、教育和保护的义务。

成年子女对父母负有赡养、扶助和保护的义务。

【立法背景】

父母基于身份关系对未成年子女进行教养、保护等权利义务的总和称作"亲权"。这是大陆法系国家或者地区普遍采用的制度。亲权既是父母的权利，父母作为亲权人可以自主决定、处理有关保护教养子女的事项；同时，亲权又是父母的法定义务，父母抚养、教育和保护未成年子女的义务不得抛弃。而监护的适用前提是亲权人死亡或者亲权人丧失管理权。

【条文精解】

尊老爱幼是中华民族的传统美德，本条从弘扬中华民族的传统美德出发，根据宪法，在婚姻法、未成年人保护法、老年人权益保障法等法律有关规定的基础上，将父母子女之间的法律义务进一步明确化、法定化，强调了家庭责任，有利于促进家庭关系的和睦，从法律上倡导和落实社会主义核心价值观。

依据本条规定，父母对未成年子女的抚养、教育和保护义务，主要包括进行生活上的照料，保障未成年人接受义务教育，以适当的方式、方法管理和教育未成年人，保护未成年人的人身、财产不受到侵害，促进未成年人的身心健康发展等。婚姻法、未成年人保护法等对此作出了较为具体的规定。成年子女对父母的赡养、扶助和保护义务，主要包括子女对丧失劳动能力或生活困难的父母，要进行生活上的照料和经济上供养，从精神上慰藉父母，保护父母的人身、财产权益不受侵害。本法婚姻家庭编、老年人权益保障法等对此作出了较为具体的规定。

第二十七条 【未成年人的监护人】

父母是未成年子女的监护人。

未成年人的父母已经死亡或者没有监护能力的，由下列有监护能力的人按顺序担任监护人：

（一）祖父母、外祖父母；

（二）兄、姐；

（三）其他愿意担任监护人的个人或者组织，但是须经未成年人住所地的居民委员会、村民委员会或者民政部门同意。

【立法背景】

本条在起草过程中，有的意见提出，监护一节多次提到"监护能力"一词，而且将监护能力作为是否具有担任监护人资格的重要标准，但是没有对"监护能力"作出明确的界定，在具体认定上可能会出现争议，建议明确监护能力的认定标准。

经研究认为，具有监护能力首先要具有完全民事行为能力，至于如何判断是否具有监护能力的其他条件，在实践中情况较为复杂，需要综合考虑多种因素，法律可不一一作出界定，在实践中根据具体情况进行判断。最高人民法院《关于贯彻执行〈中华人民共和国民法通则〉若干问题的意见（试行）》第11条对此作出了相关规定，即"认定监护人的监护能力，应当根据监护人的身体健康状况、经济条件，以及与被监护人在生活上的联系状况等因素确定"。

【条文精解】

本条第 1 款规定，父母是未成年人的监护人。父母具有抚养、教育和保护未成年子女的法定义务，与未成年子女的关系最为密切，对未成年人的健康成长至关重要。基于此，父母无条件成为未成年人的法定监护人。只有在父母死亡或者没有监护能力的情况下，才可以由其他个人或者有关组织担任监护人。

本条第 2 款对父母之外的其他个人或者组织担任监护人作出规定。第 2 款在民法通则相关规定的基础上，主要从两个方面进行了完善：一是规定父母之外具有监护能力的人"按顺序"担任监护人；二是增加有关"组织"担任监护人的规定。

1. 关于"按顺序"担任监护人

实践中，有些情况下具有监护资格的人互相推脱，都不愿意担任监护人，导致监护无从设立，无民事行为能力人或者限制民事行为能力人的权益得不到保护。针对以上问题，本条明确具有监护资格的人按照顺序担任监护人，主要目的在于防止具有监护资格的人之间互相推卸责任。如果两个或者两个以上具有监护资格的人都愿意担任监护人，也可以按照本条规定的顺序确定监护人，或者依照《民法典》第 30 条规定进行协商；协商不成的，按照《民法典》第 31 条规定的监护争议解决程序处理，由居民委员会、村民委员会、民政部门或者人民法院按照最有利于被监护人的原则指定监护人，不受本条规定的"顺序"的限制，但仍可作为依据。

依照本条规定的顺序，应当担任监护人的个人认为自己不适合担任监护人，或者认为其他具有监护资格的人更适合担任监护人的，可以依照《民法典》第 30 条规定进行协商；协商不成的，通过《民法典》第 31 条规定的监护争议解决程序处理，由居民委员会、村民委员会、民政部门或者人民法院综合各方面情况，按照最有利于被监护人的原则在依法具有监护资格的人中指定监护人。例如，未成年人的祖父母作为第一顺位的监护人，认为自己年事已高，未成年人的姐姐各方面条件更好，由其姐姐担任监护人更有利于未成年人成长，可以先与其姐姐进行协商，协商不成的，依法通过监护争议程序解决。但在法院依法指定监护人前，未成年人的祖父母不得拒绝履行监护职责。

2. 关于"愿意担任监护人的组织"担任监护人

随着我国公益事业的发展，有监护意愿和能力的社会组织不断增多，由社会组织担任监护人是家庭监护的有益补充，也可以缓解国家监护的压力。

本条第2款第3项以及第28条第4项规定的"愿意担任监护人的组织"即指这类社会组织。但是，监护不同于简单的生活照顾，还要对被监护人的财产进行管理和保护，代理被监护人实施民事法律行为，对未成年被监护人的侵权行为承担责任等，自愿担任监护人的社会组织要具有良好信誉、有一定的财产和工作人员等，这些条件都需要在实践中严格掌握，由未成年人住所地的居民委员会、村民委员会或者民政部门根据实际情况作出判断。

本条第2款第3项将民法通则规定的自愿担任监护人的"关系密切的其他亲属、朋友"修改为愿意担任监护人的"个人"，进一步扩大了监护人的范围，尽量避免无人担任监护人的情况。依据本法规定，"愿意担任监护人的个人"成为监护人，也必须经过未成年人住所地的居民委员会、村民委员会或者民政部门同意，要具有监护能力，有利于未成年人健康成长。

第二十八条 【无民事行为能力或者限制民事行为能力的成年人的监护人】

无民事行为能力或者限制民事行为能力的成年人，由下列有监护能力的人按顺序担任监护人：

（一）配偶；

（二）父母、子女；

（三）其他近亲属；

（四）其他愿意担任监护人的个人或者组织，但是须经被监护人住所地的居民委员会、村民委员会或者民政部门同意。

【立法背景】

本条在民法通则规定的基础上，增加了具有监护资格的人"按顺序"担任监护人、"愿意担任监护人的组织"担任监护人的规定，并将愿意担任监护人的"关系密切的其他亲属、朋友"修改为愿意担任监护人的"个人"，扩大了监护人的范围。具体说明可以参见《民法典》第27条的条文精解。

【条文精解】

本条规定的需要设立监护人的成年人为无民事行为能力人或者限制民事行为能力人，包括因智力、精神障碍以及因年老、疾病等各种原因，导致辨识能力不足的成年人。对成年人监护，要正确区分失能与失智的区别。失能是失去生活自理能力，失智即辨识能力不足。失能的成年人未必需要监护，只有失智的成年人需要监护。此外，还应当区分长期照护（护理）和监护的区别：从对象上看，照护的对象既包括失智成年人；也包括失能成年人，监护的对象针对失智成年人。从内容上看，照护仅限于生活上的照料和安全上的保护，不涉及人身权益保护的安排、财产的管理等事项；监护是对失智成年人人身、财产等各方面权益的保护和安排。

本条规定的前三项具有监护资格的人，都是成年被监护人的近亲属。近亲属往往与被监护人具有血缘关系、密切的生活联系和良好的情感基础，更有利于被监护人的身心健康，也更有利于尽职尽责地保护被监护人的合法权益，因此适宜担任监护人。依据本条规定，具有监护资格的人有以下几类：

一是配偶。成年男女达到法定婚龄，通过结婚登记程序，缔结婚姻关系，产生法律权利义务关系。《民法典》第1059条第1款规定："夫妻有相互扶养的义务。"夫妻共同生活，具有相互的扶养义务，对共同的财产享有支配权，具有良好的感情基础，由配偶担任监护人有利于保护被监护人的人身、财产及其他合法权益。

二是父母、子女。父母子女之间既具有天然的情感，又具有法定的抚养、赡养关系，适宜担任监护人。

三是其他近亲属。这包括祖父母、外祖父母、孙子女、外孙子女、兄弟姐妹。本条将"其他近亲属"列为具有监护资格的范围，主要是基于血缘关系、生活联系，以及情感基础等因素，有利于保护被监护人的合法权益。

四是其他愿意担任监护人的个人或者组织，但是须经被监护人住所地的居民委员会、村民委员会或者民政部门同意。"愿意担任监护人的组织"主要指公益组织，其能否担任监护人，在实践中由被监护人住所地的居民委员会、村民委员会或者民政部门根据该组织的设立宗旨、社会声誉、财产或者经费、专职工作人员等情况进行判断。

第二十九条　【遗嘱监护】

被监护人的父母担任监护人的，可以通过遗嘱指定监护人。

【立法背景】

父母与子女之间血缘关系最近，情感最深厚，父母最关心子女的健康成长与权益保护，应当允许父母选择自己最信任的、对于保护子女最有利的人担任监护人。遗嘱监护制度有助于满足实践中一些父母在生前为其需要监护的子女作出监护安排的要求，体现了对父母意愿的尊重，也有利于更好地保护被监护人的利益，立法应当予以认可。

【条文精解】

依据本条规定，被监护人（包括未成年人、无民事行为能力或者限制民事行为能力的成年人）的父母可以通过立遗嘱的形式为被监护人指定监护人，但前提是被监护人的父母正在担任着监护人，如果父母因丧失监护能力没有担任监护人，或者因侵害被监护人合法权益被撤销监护人资格等不再担任监护人的，父母已不宜再通过立遗嘱的形式为被监护人指定监护人。

本条规定的遗嘱指定监护与其他国家和地区立法例有相同点，也有不同点。相同点是，有权以遗嘱的形式指定监护人的主体仅限于父母，其他任何人都不能以遗嘱的形式指定监护人。不同之处在于，其他国家和地区立法例仅限于为未成年子女指定监护人，但依据本条规定，父母既可以为未成年子女指定监护人，也可以为成年子女指定监护人。《民法总则（草案）》一审稿、二审稿均将遗嘱监护限定于为未成年人指定监护人。在调研中，有的意见提出，现实生活中，对无民事行为能力及限制民事行为能力的成年人，也存在由父母立遗嘱为其指定监护人的情形和立法需求，建议扩大遗嘱监护的适用范围，允许父母通过遗嘱为无民事行为能力及限制民事行为能力的成年人指定监护人。经研究，吸收了该意见。民法典继续维持这一规定。

第三十条 【协议确定监护人】

依法具有监护资格的人之间可以协议确定监护人。协议确定监护人应当尊重被监护人的真实意愿。

【立法背景】

协议监护是确定监护人的方式之一，具有一定的司法实践基础。本条在吸收司法实践经验的基础上，对协议监护制度作出规定。《民法典》第27条、第28条分别对未成年人、无民事行为能力和限制民事行为能力的成年人规定了具有监护资格的人的范围。在法律已对具有监护资格的人作了严格限定的前提下，允许具有监护资格的人之间协议确定监护人，不会损害被监护人的合法权益。《民法典》第27条、第28条规定了担任监护人的顺序，主要目的在于防止具有监护资格的监护人推卸责任，导致监护人缺位的情况出现。协议监护可以不按照第27条、第28条规定的顺序确定监护人。具有监护资格的人之间可以根据各自与被监护人的生活联系状况、经济条件、能够提供的教育条件或者生活照料措施等，在尊重被监护人意愿的基础上，经过充分协商，选择合适的监护人。这既是对具有监护资格的人共同意愿的尊重，也有利于保护被监护人的合法权益。法律对协议监护制度予以认可，既是对实践需求的回应，也有利于进一步规范协议监护制度。

【条文精解】

依据本条规定，协议监护具有以下几个特点：第一，协议主体必须是依法具有监护资格的人，即《民法典》第27条、第28条规定的具有监护资格的人。未成年人的父母有监护能力的，不得与其他人签订协议，确定由其他人担任监护人，推卸自身责任。对于未成年人，协议监护只限于父母死亡或者没有监护能力的情况，协议的主体为：（1）祖父母、外祖父母；（2）兄、姐；（3）经未成年人住所地的居民委员会、村民委员会或者民政部门同意的其他愿意担任监护人的个人或者有关组织。对于父母丧失监护能力的，父母可以不作为协议监护的主体，但对协议确定监护人也可以提出自己的意见，具有监护资格的人在协议确定未成年人的监护人时，从有利于保护被监护人的利益出发，应当尽量予以尊重。对于无民事行为能力或者限制民事行为能力的成年人，协议的主体为：（1）配偶；（2）父母、子女；（3）其他近亲属；（4）经该成年人住所地的居民委员会、村民委员会或者民政部门同意的其他愿意担任监护人的个人或者有关组织。第二，协议确定的监护人必须从具有监护资格的人中间产生，不得在法律规定的具有监护资格的人之外确定监护人。在具有监护资格的人之外确定监护人的，协议监护无效。第三，协议监护是具有监护资格的人合意的结果，合意产生后，由协议确定的监护人担任监护人，履行监护职责。监护人一旦确定，即不得擅自变更，否则要承担相应的法律责任。

协议确定监护人对被监护人的利益影响重大，应当充分尊重被监护人的真实意愿。被监护人都是无民事行为能力人或者限制民事行为能力人，"尊重被监护人的真实意愿"不是简单地征求被监护人的意见，要结合多种情况进行综合考量判断，探求其内心真实的愿望。限制民事行为能力的未成年人和成年人已经具备了一定的认知判断能力以及较强的表达能力，协议确定监护人应当直接听取其意见，并对其意见是否反映其真实意愿，结合其他一些因素，如是否受到胁迫等进行判断。无民事行为能力的被监护人，不具有独立的认知判断能力，但这不意味着这些被监护人没有真实意愿。对于无民事行为能力的被监护人，也应当结合各种情况，例如，被监护人与哪一个具有监护资格的人生活联系最为密切等因素，去发现并充分尊重被监护人的真实意愿，这对于保护被监护人的身心健康，具有重要意义。

第三十一条 【监护争议解决程序】

对监护人的确定有争议的，由被监护人住所地的居民委员会、村民委员会或者民政部门指定监护人，有关当事人对指定不服的，可以向人民法院申请指定监护人；有关当事人也可以直接向人民法院申请指定监护人。

居民委员会、村民委员会、民政部门或者人民法院应当尊重被监护人的真实意愿，按照最有利于被监护人的原则在依法具有监护资格的人中指定监护人。

依照本条第一款规定指定监护人前，被监护人的人身权利、财产权利以及其他合法权益处于无人保护状态的，由被监护人住所地的居民委员会、村民委员会、法律规定的有关组织或者民政部门担任临时监护人。

监护人被指定后，不得擅自变更；擅自变更的，不免除被指定的监护人的责任。

【立法背景】

本条规定不再保留民法通则规定的诉前指定程序。民法通则之所以规定由未成年人父母所在单位或者成年被监护人所在单位指定监护人，是因为当时个人与所在工作单位的关系较为稳定，所在工作单位比较了解本单位工作人员的家庭情况。但随着我国经济社会的发展，情况已经发生了很大变化。实践中，就业人员的流动越来越频繁，就业人员与单位的关系并不稳定，且这些单位与职工之间主要是劳动合同关系，这些单位一般也不了解职工的家庭情况、社会关系等，往往缺乏指定监护人的意愿和能力，已不适宜承担指定监护人的职责。同时，未成年人的父、母的所在单位（成年被监护人的所在单位）、居民委员会、村民委员会不愿指定、迟迟不指定监护人的情况较为常见，导致监护人长期不确定，诉讼程序难以启动，给妥善解决监护争议增加了难度，不利于保护被监护人的权益。鉴于此，本法不再规定监护诉讼的指定前置程序。对监护人的确定有争议的，民法典规定，由被监护人住所地的居民委员会、村民委员会或者民政部门指定监护人，有关当事人对指定不服的，可以向人民法院申请指定监护人。但有关当事人也可以不经指定，直接向人民法院提出申请，由人民法院指定。

【条文精解】

本条共4款。第1款规定了对监护人的确定有争议情况下的两种解决途径：一是由被监护人住所地的居民委员会、村民委员会或者民政部门指定监护人。该指定并没有终局效力。有关当事人对该指定不服的，可以向法院提出申请，由法院指定监护人。法院的指定具有终局效力，被指定的监护人应当履行监护职责，不得推卸。二是有关当事人可以不经居民委员会、村民委员会或者民政部门的指定，直接向法院提出申请，由法院指定监护人。本款规定的"对监护人的确定有争议的"既包括争当监护人的情况，也包括推卸拒不担当监护人的情况，主要包括以下几类情形：一是具有监护资格的人均认为自己适合担任监护人，争当监护人；二是按照《民法典》第27条、第28条规定的顺序应当担任监护人的，认为自己没有监护能力，无法履行监护职责或者认为其他具有监护资格的人更适宜担任监护人的；三是后一顺序具有监护资格的人要求前一顺序具有监护资格的人依法履行监护职责的；四是具有监护资格的人均推卸监护职责，拒不担当监护人的情况。对此，居民委员会、村民委员会或者民政部门应当介入，切实履行起指定监护的职责，依法指定监护人。本款中的两处"有关当事人"指对监护人的确定有争议的当事人。

第2款规定了居民委员会、村民委员会、民政部门或者人民法院指定监护人的原则：一是应当尊重被监护人的真实意愿；二是要按照最有利于被监护人的原则指定。按照最有利于被监护人的原则指定，是指居民委员会、村民委员会、民政部门或者人民法院指定监护人并不需要遵照《民法典》第27条第2款、第28条规定的顺序，而应当结合具有监护资格的人与被监护人的生活情感联系、有无利害冲突，具有监护资格的人的品行、身体状况、经济条件以及能够为被监护人提供的教育水平或者生活照料措施等，综合进行判断，并尊重被监护人的真实意愿，选择最有利于被监护人健康成长或者健康恢复、最利于保护被监护人合法权益的人担任监护人。

第3款规定了临时监护制度。监护争议解决程序需要一定的时间，如果依照本条第1款规定指定监护人前，被监护人的人身权利、财产权利及其他合法权益处于无人保护状态，例如，具有监护资格的人互相推诿都不愿担任监护人，为了保护被监护人的合法权益，有必要设立临时监护制度。依据本条规定，临时监护人由被监护人住所地的居民委员会、村民委员会、法律规定的有关组织或者民政部门担任。本款中的"依照本条第一款规定指定监护人前"应当从宽理解，不能仅限于监护争议解决期间。从时间点上，应当包括以下两个期间：一是监护争议解决程序启动之后，即居民委员会、村民委员会、民政部门开始处理监护争议或者人民法院受理监护申请之后，至指定监护人之前的期间；二是监护争议解决程序启动之前，只要发现因无人履行监护职责，被监护人的合法权益处于无人保护状态的，就由本条规定的居民委员会、村民委员会、法律规定的有关组织或者民政部门担任临时监护人，随后再依法启动监护争议解决程序，指定监护人。

对于第 3 款规定的担任临时监护人的主体"法律规定的有关组织"，主要是指符合法定条件的公益组织。实践中，有监护意愿和能力的公益组织不断增多，为了吸引更多的主体参与监护事业，更好保护被监护人的合法权益，法律有必要为实践的发展留下一定的空间。当被监护人的合法权益处于无人保护状态出现时，临时监护人要能及时承担起监护职责，并充分履行好监护职责，因此有资格担任临时监护人的公益组织应当相对固定，并符合较高的履职条件。至于应当符合哪些具体条件，哪些公益组织有资格担任临时监护人，可以在将来由法律根据实践发展情况作出规定。

第 4 款规定了指定监护的法律效力。依照监护争议解决程序，由居民委员会、村民委员会、民政部门或者人民法院指定监护人后，被指定的监护人应当履行监护职责，不得推卸，不得擅自变更。如果擅自变更为由其他人担任监护人的，不免除被指定的监护人的责任。被监护人侵害他人的合法权益，或者被监护人自身受到损害的，被指定的监护人仍应当承担责任，擅自变更后的监护人也要根据过错程度承担相应的责任。

第三十二条 【民政部门或者居民委员会、村民委员会担任监护人】

没有依法具有监护资格的人的，监护人由民政部门担任，也可以由具备履行监护职责条件的被监护人住所地的居民委员会、村民委员会担任。

【立法背景】

实践中，没有依法具有监护资格的人的情况比较复杂，有的是父母死亡成为孤儿；有的是父母长期服刑或者一方死亡一方失踪，成为事实上的孤儿；有的精神病人的父母因年老无力监护，其他近亲属因经济条件等各种原因也无力监护；等等。随着国家经济实力的增强和治理能力的提高，国家作为社会救助和保障的最后一道防线，应当强化监护职能，在监护人缺位时由政府民政部门担任兜底监护人，保证这些人的生活得到照料，使这些人的合法权益不至于受到侵害，也避免一些没有监护人的精神障碍患者危及他人。民政部门作为负责社会救济和社会福利的主要工作部门，应承担起更多的职责。综合各方面意见，经反复研究，本条规定民政部门承担主要的兜底性监护职责。

【条文精解】

本条规定的"没有依法具有监护资格的人的"，主要指没有《民法典》第27条、第28条规定的具有监护资格的人的情况，即被监护人的父母死亡或者没有监护能力，也没有其他近亲属，或者其他近亲属都没有监护能力，而且还没有符合条件的其他愿意担任监护人的个人或者组织。如果存在具有监护资格的人，但其拒绝担任监护人的，不适用本条规定。民法通则规定，没有依法具有监护资格的人的，由未成年人的父母所在单位、成年被监护人的所在单位或者被监护人住所地的居民委员会、村民委员会或者民政部门担任监护人。本条对此作出调整：一是删去了未成年人的父母所在单位、成年被监护人所在单位担任监护人的规定；二是强化了民政部门的职责，由民政部门担任兜底性的监护人；三是规定具备履行监护职责条件的居民委员会、村民委员会也可以担任监护人。

第三十三条　【意定监护】

具有完全民事行为能力的成年人，可以与其近亲属、其他愿意担任监护人的个人或者组织事先协商，以书面形式确定自己的监护人，在自己丧失或者部分丧失民事行为能力时，由该监护人履行监护职责。

【立法背景】

我国当前人口老龄化趋势明显，单一的法定监护制度已经难以满足形势发展的需要。基于我国实际情况，并借鉴其他国家和地区立法例，本条规定了意定监护制度，有利于成年人基于自己的意愿选任监护人。

【条文精解】

意定监护是在监护领域对自愿原则的贯彻落实，是具有完全民事行为能力的成年人对自己将来的监护事务，按照自己的意愿事先所作的安排。依据本条规定，具有完全民事行为能力的成年人确定自己丧失或者部分丧失民事行为能力时的监护人，应当事先取得被选择方的认可，即经双方协商一致。意定监护对被监护人的权益影响很大，应以书面方式为宜，明确写明经双方认可的内容，对于其真实性、合法性加以保障，从根源上减少意定监护纠纷。

意定监护作为一种确定监护人的方式，是相对于法定监护来说的。意定监护是对成年人完全基于自己意愿选择监护人的尊重，自己意愿是起决定性的；法定监护是基于法律规定的条件和程序确定监护人，《民法典》第27条至第32条对此作了规定。需要注意的是，意定监护不同于《民法典》第30条规定的协议确定监护人，后者仍然属于法定监护方式，协议的主体是具有监护资格的人。一般而言，意定监护优先于法定监护予以适用。法律设立意定监护制度即是要尊重成年人自己的意愿，当然具有优先适用的地位。只有在意定监护协议无效或者因各种原因，例如，协议确定的监护人丧失监护能力，监护协议无法履行的情况下，再适用法定监护。

【实践中需要注意的问题】

本条确立了意定监护制度，但规定较为原则。在立法过程中，也有一些意见建议对意定监护监护人、如何启动监护等作出更加具体的规定。意定监护制度作为一项较新的制度，在实践中具体如何落实仍有必要进一步研究探索。

第三十四条 【监护职责内容及临时生活照料】

监护人的职责是代理被监护人实施民事法律行为，保护被监护人的人身权利、财产权利以及其他合法权益等。

监护人依法履行监护职责产生的权利，受法律保护。

监护人不履行监护职责或者侵害被监护人合法权益的，应当承担法律责任。

因发生突发事件等紧急情况，监护人暂时无法履行监护职责，被监护人的生活处于无人照料状态的，被监护人住所地的居民委员会、村民委员会或者民政部门应当为被监护人安排必要的临时生活照料措施。

【立法背景】

关于监护的性质问题，学术上存在争议，主要有"权利说""义务或者职责说""权利义务一致说"等。本条侧重于强调监护职责，同时也要保护因履行监护职责所产生的权利。

【条文精解】

本条第 1 款规定了监护人的职责。弥补被监护人民事行为能力不足是监护制度设立的重要目的，被监护人往往不能独立实施民事法律行为，这就需要由监护人代理实施。本款将"代理被监护人实施民事法律行为"从监护职责中单列出来作强调。监护人保护被监护人的人身权利、财产权利以及其他合法权益的职责，主要包括：保护被监护人的身心健康，促进未成年人的健康成长，对成年被监护人也要积极促进其健康状况的恢复；照顾被监护人的生活；管理和保护被监护人的财产；对被监护人进行教育和必要的管理；在被监护人合法权益受到侵害或者与人发生争议时，代理其进行诉讼等。相关单行法也对监护人的监护职责作出了较为具体的规定。

第 2 款规定了监护人因履行监护职责所产生的权利。监护人在履行监护职责的过程中，也会因此享有一定的权利。例如，监护人为保护被监护人的人身权益，享有医疗方案的同意权；监护人为了保护被监护人财产权益，享有财产的管理和支配权；被监护人合法权益受到侵害或者与人发生争议时，代理被监护人参加诉讼的权利等。监护人享有这些权利，是为履行监护职责所需要，目的还是保护被监护人的人身、财产权利及其他合法权益。监护人行使这些权利时，其他人不得侵害或者剥夺。相关单行法也对监护人因履行监护职责所产生的权利作出了规定。

第 3 款规定了监护人的责任。被监护人都是未成年人或者辨识能力不足的成年人，监护人是否能履行好监护职责，对被监护人权益影响很大。监护人如果不履行监护职责或者侵害被监护人合法权益的，应当承担相应的责任，主要包括两个方面：一是对被监护人的侵权行为承担责任。《民法典》第 1188 条规定，无民事行为能力人、限制民事行为能力人造成他人损害的，由监护人承担侵权责任。监护人尽到监护职责的，可以减轻其侵权责任。有财产的无民事行为能力人、限制民事行为能力人造成他人损害的，从本人财产中支付赔偿费用。不足部分，由监护人赔偿。二是监护人不履行监护职责或者侵害被监护人合法权益，造成被监护人人身、财产损害的，应当承担民事责任。《民法典》第 179 条对承担民事责任的主要方式作出规定，包括停止侵害、赔偿损失等。

第 4 款规定了临时生活照料。因发生疫情等突发事件的紧急情况，监护人因被隔离、治疗或者其他原因，暂时无法履行监护职责，此时被监护人的生活如果处于无人照料状态的，为了被监护人的利益，居民委员会、村民委员会或者政府部门就应当安排对被监护人进行临时生活照料。此次编纂民法典，在本条增加第4款规定："因发生突发事件等紧急情况，监护人暂时无法履行监护职责，被监护人的生活处于无人照料状态的，被监护人住所地的居民委员会、村民委员会或者民政部门应当为被监护人安排必要的临时生活照料措施。"这里的"突发事件"，是指突发事件应对法中规定的突然发生，造成或者可能造成严重社会危害，需要采取应急处置措施予以应对的自然灾害、事故灾难、公共卫生事件和社会安全事件。

【实践中需要注意的问题】

安排临时生活照料措施与民事监护中的临时监护制度不同。两者虽然都有临时生活照料的内容，但临时生活照料措施与临时监护制度适用的前提条件和内容存在很大差别。首先，在发生疫情等突发事件的紧急情况下，比如，在新冠肺炎疫情期间，监护人被集中隔离、治疗，监护人还存在，其监护人的资格并没有被剥夺，这与临时监护制度发生的条件不同。临时监护制度的设立前提是没有监护人，而安排临时生活照料措施是因为监护人被隔离、治疗，只时暂时无法照料被监护人，不能履行监护职责，需要安排对被监护人进行临时生活照料。其次，虽然是临时监护，临时监护人的监护职责也有保护被监护人的人身权利、财产权利以及其他合法权益等许多方面，而安排临时生活照料措施只是安排人员照料被监护人的日常生活。最后，临时监护属于监护，临时监护人涉及许多行使权利和履行义务的情况。比如，享有财产管理和支配权、代理诉讼的权利，承担因被监护人侵权引起的法律责任等。而进行临时生活照料的人员是不可能享有这些权利并承担这些义务的。

因此，临时生活照料措施主要就是对被监护人进行生活照料，而临时监护则除了照料生活之外，还有许多情况需要处理，可能涉及一些被监护人的权利义务的重大决定，这是临时生活照料措施解决不了的。采取临时生活照料措施，只是临时性生活照料，如果监护人因病去世，就应当及时确定新监护人。如果对确定新监护人发生异议难以确定，被监护人的人身、财产以及其他合法权益仍处于无人保护的状态，符合临时监护的适用条件，应由被监护人住所地的居民委员会、村民委员会、法律规定的有关组织或者民政部门担任临时监护人。

第三十五条 【履行监护职责应当遵循的原则】

监护人应当按照最有利于被监护人的原则履行监护职责。监护人除为维护被监护人利益外，不得处分被监护人的财产。

未成年人的监护人履行监护职责，在作出与被监护人利益有关的决定时，应当根据被监护人的年龄和智力状况，尊重被监护人的真实意愿。

成年人的监护人履行监护职责，应当最大程度地尊重被监护人的真实意愿，保障并协助被监护人实施与其智力、精神健康状况相适应的民事法律行为。对被监护人有能力独立处理的事务，监护人不得干涉。

【立法背景】

监护人履行监护职责涉及被监护人人身、财产等各个方面，法律难以对所有具体履行职责的行为作出规范。确立监护人履行监护职责的重要原则，有利于指导监护人履行监护职责的行为，保护好被监护人的人身、财产权利及其他合法权益。本条确立了监护人履行监护职责的两项基本原则：一是最有利于被监护人的原则；二是尊重被监护人意愿的原则。

【条文精解】

本条第1款确立了最有利于被监护人的原则。依据本款规定，对未成年人和成年被监护人的监护，均要遵循最有利于被监护人的原则，即监护人在保护被监护人的人身权利、财产权利及其他合法权益的过程中，要综合各方面因素进行权衡，选择最有利于被监护人的方案，采取最有利于被监护人的措施，使被监护人的利益最大化。例如，监护人要选择最有利于成年被监护人健康状况恢复的治疗方案、护理措施等；在将被监护人自住以外的房产出租时，选择合适的承租人，以市场价确定租金，并且租金收益归被监护人所有，监护人不得据为己有。本款还规定，除为被监护人利益外，监护人不得处分被监护人的财产。对被监护人财产的处分，必须是为维护被监护人的利益，如为了被监护人的生活、教育等，并且也要符合最有利于被监护人的原则。

第2款规定了尊重未成年人意愿的原则。本款吸收了《儿童权利公约》和未成年人保护法规定的精神，将尊重未成年人的真实意愿作为监护人履行监护职责的基本原则之一。依据本款规定，未成年人的监护人在作出与未成年人的利益有关的决定时，应当征求未成年人的意见，在未成年人提出自己的意见后，再根据未成年人的年龄、社会经验、认知能力和判断能力等，探求、尊重被监护人的真实意愿。

第3款规定了最大程度地尊重成年被监护人意愿的原则。与第2款的规定有所区别，对成年被监护人的意愿，要做到"最大程度地"尊重。最大程度地尊重被监护人的真实意愿是成年人的监护人履行监护职责的基本原则，贯穿于履行监护职责的方方面面。如果某项民事法律行为，根据被监护人的智力、精神健康状况，被监护人可以独立实施，监护人不得代理实施，要创造条件保障、支持被监护人独立实施。监护人不得干涉被监护人有能力独立处理的事务，促进被监护人按照自己的意愿独立、正常生活。

第三十六条 【撤销监护人资格】

监护人有下列情形之一的，人民法院根据有关个人或者组织的申请，撤销其监护人资格，安排必要的临时监护措施，并按照最有利于被监护人的原则依法指定监护人：

（一）实施严重损害被监护人身心健康行为；

（二）怠于履行监护职责，或者无法履行监护职责且拒绝将监护职责部分或者全部委托给他人，导致被监护人处于危困状态；

（三）实施严重侵害被监护人合法权益的其他行为。

本条规定的有关个人、组织包括：其他依法具有监护资格的人，居民委员会、村民委员会、学校、医疗机构、妇女联合会、残疾人联合会、未成年人保护组织、依法设立的老年人组织、民政部门等。

前款规定的个人和民政部门以外的组织未及时向人民法院申请撤销监护人资格的，民政部门应当向人民法院申请。

【立法背景】

为了更好地保护被监护人的合法权益，根据司法实践情况，本条对撤销监护人资格诉讼的申请主体、适用情形等内容作出明确规定，并强化了民政部门的职责。

实践中，监护人严重侵害被监护人合法权益的行为时有发生，引起社会广泛关注。例如，媒体披露的父母吸毒，孩子在家里被饿死等。本条规定根据实践情况，在民法通则、未成年人保护法、反家庭暴力法和有关司法解释、部门规章等规定的基础上，对撤销监护人资格诉讼作出进一步明确的规定。

【条文精解】

本条第 1 款规定了撤销监护人资格诉讼的适用情形。一是实施严重损害被监护人身心健康行为的，例如，性侵害、出卖、遗弃、虐待、暴力伤害被监护人等。二是怠于履行监护职责，或者无法履行监护职责且拒绝将监护职责部分或者全部委托给他人，导致被监护人处于危困状态的。例如，父母有吸毒、赌博等恶习，怠于履行监护职责，导致儿童面临严重危险等；父母外出打工，也没有将监护职责委托给他人，留下年龄较小的未成年人独立在家生活，处于危困状态等。三是兜底性规定，只要有严重侵害被监护人合法权益行为的，均可以撤销监护人资格。例如，教唆、利用未成年人实施违法犯罪行为等。

撤销监护人资格诉讼往往要持续一定的时间。在此期间，如果被监护人的人身、财产等合法权益处于无人保护状态，人民法院应当安排必要的临时监护措施。依据《民法典》第 31 条第 3 款的规定，人民法院可以指定被监护人住所地的居民委员会、村民委员会、法律规定的有关组织或者民政部门担任临时监护人。

第 2 款对有权向法院申请撤销监护人资格的主体作出规定，包括其他依法具有监护资格的人，居民委员会、村民委员会、学校、医疗机构、妇女联合会、残疾人联合会、未成年人保护组织、依法设立的老年人组织、民政部门等。

"其他依法具有监护资格的人"主要依据《民法典》第 27 条、第 28 条的规定确定。例如，配偶担任监护人的，其他依法具有监护资格的人，指《民法典》第 28 条规定的父母、子女、其他近亲属，经被监护人住所地的居民委员会、村民委员会或者民政部门同意的其他愿意担任监护人的个人或者组织。

居民委员会、村民委员会是基层群众性自治组织，负责办理本村或者本居住地区居民的公共事务和公益事业。妇女联合会、残疾人联合会是分别代表和维护妇女权益、残疾人权益的组织。未成年人保护组织成立宗旨即保护未成年人合法权益。一些依法设立的老年人组织也致力于维护老年人合法权益。以上这些组织具有保护被监护人合法权益的意愿，也具有较强的提起诉讼的能力。学校、医疗机构往往能及时发现学生、患者受到侵害的情况，有些情况下也具有向法院提起诉讼的意愿。民政部门作为政府重要职能部门，负责社会救助和社会福利方面的工作，具有保护未成年人以及无民事行为能力人、限制民事行为能力人合法权益的职责。法律赋予这些主体提起撤销监护人资格诉讼的资格，符合这些组织的设立宗旨或者职能定位，有利于发挥好这些组织保护被监护人权益的作用。

第3款对兜底性的申请主体作出规定。实践中，对于一些严重侵害被监护人合法权益的行为，第2款规定的个人和民政部门以外的组织因各种原因未及时向人民法院提出撤销监护人资格的申请，导致被监护人的合法权益无法得到保护。由于国家是社会救助和保障的最后一道防线，在这些情况下，民政部门应当承担起向法院申请撤销监护人资格的职责。要正确理解本款与第2款赋予民政部门申请主体资格的关系。民政部门只要发现具有严重侵害被监护人合法权益的情形，即可依据本条第2款规定，向法院申请撤销监护人资格，不需要等到其他个人或者组织都不向法院申请之后再行申请。如果其他个人或者组织都不向法院申请撤销监护人资格，此时，民政部门应当依照第3款规定，主动向法院提出申请。

第三十七条 【法定扶养义务人继续负担扶养费】

依法负担被监护人抚养费、赡养费、扶养费的父母、子女、配偶等，被人民法院撤销监护人资格后，应当继续履行负担的义务。

【立法背景】

实践中，监护人往往由父母、子女、配偶等法定扶养义务人担任。监护人被撤销监护人资格后，就不能再继续履行监护职责。但法定扶养义务是基于血缘等关系确立的法律义务，该义务不因监护人资格的撤销而免除。

【条文精解】

依据本条规定，在具有法定扶养义务的人担任监护人的情况下，监护人资格被撤销，不再担任监护人后，具有法定扶养义务的人，如配偶、父母、子女等，仍应继续负担抚养费、赡养费、扶养费。未成年人保护法、反家庭暴力法已经针对各自的领域作出了相同规定。与未成年人保护法、反家庭暴力法的规定相比，本条属于一般性规定，适用于所有具有法定扶养义务的人被撤销监护人资格的情形。只要具有法定扶养义务的人因严重侵害被监护人合法权益被撤销监护人资格的，均应继续履行负担抚养费、赡养费、扶养费的义务。

第三十八条 【恢复监护人资格】

被监护人的父母或者子女被人民法院撤销监护人资格后，除对被监护人实施故意犯罪的外，确有悔改表现的，经其申请，人民法院可以在尊重被监护人真实意愿的前提下，视情况恢复其监护人资格，人民法院指定的监护人与被监护人的监护关系同时终止。

【立法背景】

实践中，有的监护人在资格被撤销后，确有悔改表现，有继续担任监护人的愿望。鉴于侵害被监护人合法权益的情形较为复杂，对于是否可以恢复监护人资格，法律不宜一概否定，有必要留下一定的空间。对于未成年人的监护人资格被撤销后的恢复，司法实践已经进行了一定的探索。本条在认真总结司法实践经验的基础上，对恢复监护人资格设定了非常严格的限制。

【条文精解】

依据本条规定，恢复监护人资格必须要向法院申请，由人民法院决定是否予以恢复。父母与子女是最近的直系亲属关系，本条适用的对象仅限于被监护人的父母或者子女，其他个人或者组织的监护人资格一旦被撤销，即不再恢复。被监护人的父母或者子女被撤销监护人资格后，再恢复监护人资格还需要满足以下几个条件：一是没有对被监护人实施故意犯罪的情形，如对被监护人实施性侵害、虐待、遗弃被监护人等构成刑事犯罪的，不得恢复监护人资格。但对因过失犯罪，例如，因过失导致被监护人受到伤害等被撤销监护人资格的，则可以根据具体情况来判断是否恢复监护人资格。二是确有悔改表现，即被监护人的父母或者子女不但要有悔改的意愿，还要有实际的悔改表现，这需要由人民法院根据具体情形予以判断。三是要尊重被监护人的真实意愿，如果被监护人不愿意父母或者子女继续担任监护人的，则不得恢复监护人资格。四是即使符合以上条件，法院也还需要综合考虑各方面情况，从有利于被监护人权益保护的角度，决定是否恢复监护人资格。

第三十九条【监护关系终止的情形】

有下列情形之一的，监护关系终止：

（一）被监护人取得或者恢复完全民事行为能力；

（二）监护人丧失监护能力；

（三）被监护人或者监护人死亡；

（四）人民法院认定监护关系终止的其他情形。

监护关系终止后，被监护人仍然需要监护的，应当依法另行确定监护人。

【立法背景】

监护关系产生于监护的设立，较为明确。对未成年人或者无民事行为能力、限制民事行为能力的成年人确定了监护人，监护即设立，监护关系即产生。但监护关系终止的情形较为复杂，法律有必要予以明确。

【条文精解】

本条第1款对监护关系的终止列举了三类典型情形，并作了兜底性规定：

一是被监护人取得或者恢复完全民事行为能力。未成年人年满18周岁，成为成年人，或者年满16周岁，但以自己的劳动收入为主要生活来源，即取得完全民事行为能力。无民事行为能力或者限制民事行为能力的成年人的智力、精神健康状况恢复正常，即恢复完全民事行为能力。被监护人取得或者恢复完全民事行为能力，监护没有存在的必要，监护关系即终止，监护人不再履行监护职责。

二是监护人丧失监护能力。监护人具有监护能力，是具有监护资格的必要条件，如果丧失监护能力，也就不得再担任监护人，监护关系终止。监护人丧失监护能力的情形较为复杂，需要根据具体情况具体判断，例如，监护人因疾病成为无民事行为能力人，即丧失了监护能力。

三是被监护人或者监护人死亡。被监护人或者监护人一方死亡，监护关系即自动终止。

四是人民法院认定监护关系终止的其他情形。包括监护人资格被人民法院撤销，有正当理由向法院申请变更监护人并得到法院许可等。

依据本条第2款规定，对于有些监护关系终止的情形，例如，监护人死亡、丧失监护能力或者被撤销监护人资格等，被监护人仍然需要监护的，应当根据具体情况，依据法律的规定另行确定监护人。对于监护人死亡或者丧失监护能力等情形，可以依照《民法典》第 27 条至第 32 条规定重新确定监护人。对于撤销监护人资格的，由人民法院依照《民法典》第 36 条的规定，按照最有利于被监护人的原则依法指定监护人。

第三节　宣告失踪和宣告死亡

第四十条　【宣告失踪的条件】

　　自然人下落不明满二年的，利害关系人可以向人民法院申请宣告该自然人为失踪人。

【立法背景】

对宣告失踪和宣告死亡问题，民法通则是在第二章公民（自然人）第三节专节规定，共 6 个条文。本法延续民法通则体例，在第二章的第三节，也是专节规定宣告失踪和宣告死亡。本节内容以民法通则规定的 6 条为基础，基本制度没有大的修改，作了补充细化。主要是对司法解释多年来行之有效，为各方面普遍认可的内容加以修改完善，上升为法律，同时也反映了专家研究意见以及各方面意见和建议。

宣告失踪，是指自然人下落不明达到法定的期限，经利害关系人申请，人民法院依照法定程序宣告其为失踪人的一项制度。自然人的失踪将使与其相关的法律关系处于不确定状态，法律设立宣告失踪制度，就是为了调整这种不确定状态，保护相关当事人的利益。通过设立宣告失踪制度，由人民法院宣告自然人失踪，以结束失踪人财产无人管理以及其应当履行的义务不能得到及时履行的不确定状态，保护失踪人和利害关系人的利益，维护社会经济秩序的稳定。

【条文精解】

本条规定的宣告失踪的条件包含三个层次：

1. 自然人下落不明满两年

所谓下落不明，是指自然人持续不间断地没有音讯的状态。《民法典》第 41 条规定："自然人下落不明的时间从其失去音讯之日起计算。战争期间下落不明的，下落不明的时间自战争结束之日或者有关机关确定的下落不明之日起计算。"其他国家和地区的立法一般也都将自然人下落不明作为法律上认定该自然人失踪的条件，但有的国家并未在法律中规定下落不明必须要达到多长时间，而是交由法官根据实际情况掌握，来作出自然人失踪的推定。有的国家则对此作了明确规定，如《意大利民法典》也规定下落不明满两年作为宣告失踪的条件。考虑到1986年制定的民法通则就规定宣告失踪须具备下落不明满两年的条件，多年来司法实践适用总体上也没有出现问题，在立法过程中，各方面对这一规定基本也没有提出意见。因此，本条延续了民法通则关于宣告失踪条件的规定。

2. 利害关系人向人民法院申请

对于可以向人民法院提出申请的"利害关系人"包括哪些人，最高人民法院《关于贯彻执行〈中华人民共和国民法通则〉若干问题的意见（试行）》第24条规定："申请宣告失踪的利害关系人，包括被申请宣告失踪人的配偶、父母、子女、兄弟姐妹、祖父母、外祖父母、孙子女、外孙子女以及其他与被申请人有民事权利义务关系的人。"在立法过程中，各方面对最高人民法院这一司法解释基本没有争议，但普遍认为，为了保持灵活性，这一规定还是继续作为司法解释的内容较好。司法解释这一规定中的"包括"一词，使用得也很妥当，民事生活纷繁复杂，这样表述既明确了利害关系人的一般范围，也为特殊情况留有余地。依照《民事诉讼法》第183条的规定，公民下落不明满两年，利害关系人申请宣告其失踪的，向下落不明人住所地基层人民法院提出。申请书应当写明失踪的事实、时间和请求，并附有公安机关或者其他有关机关关于该公民下落不明的书面证明。

3. 由人民法院依据法定程序进行宣告

宣告失踪在法律效果上对自然人的财产利益产生重大影响，必须由司法机关经过严格程序来进行。因此，宣告失踪只能由人民法院作出，其他任何机关和个人无权作出宣告失踪的决定。依照民事诉讼法的规定，人民法院审理宣告失踪案件，适用特别程序。依照《民事诉讼法》第185条规定，人民法院受理宣告失踪案件后，应当发出寻找下落不明人的公告。宣告失踪的公告期间为3个月。公告期间届满，人民法院应当根据被宣告失踪的事实是否得到确认，作出宣告失踪的判决或者驳回申请的判决。最高人民法院《关于适用〈中华人民共和国民事诉讼法〉的解释》第347条规定："寻找下落不明人的公告应当记载下列内容：（一）被申请人应当在规定期间内向受理法院申报其具体地址及其联系方式。否则，被申请人将被宣告失踪、宣告死亡；（二）凡知悉被申请人生存现状的人，应当在公告期间内将其所知道情况向受理法院报告。"

第四十一条 【下落不明的时间计算】

自然人下落不明的时间自其失去音讯之日起计算。战争期间下落不明的，下落不明的时间自战争结束之日或者有关机关确定的下落不明之日起计算。

【立法背景】

《民法通则》第20条第1款规定，公民下落不明满两年的，利害关系人可以向人民法院申请宣告他为失踪人。第23条第1款第1项规定，公民下落不明满四年的，利害关系人可以向人民法院申请宣告他死亡。同时在第20条第1款和第23条第2款重复规定："战争期间下落不明的，下落不明的时间从战争结束之日起计算。"但却没有规定一般情况下自然人下落不明的时间如何计算。对此，最高人民法院《关于贯彻执行〈中华人民共和国民法通则〉若干问题的意见（试行）》作出了解释，其中第28条第1款规定："民法通则第二十条第一款、第二十三条第一款第一项中的下落不明的起算时间，从公民音讯消失之次日起算。"考虑到下落不明的持续时间是利害关系人申请宣告自然人失踪或者死亡的重要条件，也是人民法院审理宣告失踪、宣告死亡案件的重要依据，其计算标准应当作为一般规则规定在民法典中。

【条文精解】

最高人民法院所作的司法解释，大体为司法实务和民法学界普遍接受。各种专家建议稿在此处与司法解释的规定大同小异，只是具体用词上，有的与司法解释类似，表述为"音讯消失之次日起计算"，有的表述为"音讯消失之日起计算"，有的表述为"次日开始计算"，等等。《民法通则》第154条规定，民法所称的期间按照公历年、月、日、小时计算。并规定，按照日、月、年计算期间的，开始的当天不算入，从下一天开始计算。这一规定的精神应当作为我国民法表述期间起算问题的标准和传统，本法对此规定加以承继。民法通则规定，"战争期间下落不明的，下落不明的时间从战争结束之日起计算"，即战争结束的当日不算入，从下一日开始计算之意。司法解释规定的"音讯消失之次日起算"，其意可察，唯于民法通则确立的表述传统，易生次日亦不算入之歧义。故此，本条规定表述为"自然人下落不明的时间自其失去音讯之日起计算"，失去音讯之日作为起算日不算入，从下一日开始计算。

本条还规定，战争期间下落不明的，下落不明的时间自战争结束之日或者有关机关确定的下落不明之日起计算。战争期间下落不明的，由于战争状态不同于平时，兵荒马乱，失踪人的行踪难以确定，因此应从战争结束时开始计算下落不明的时间。

"有关机关确定的下落不明之日"是在《民法总则（草案）》三审后加的。原来草案的条文是"战争期间下落不明的，下落不明的时间自战争结束之日起计算"，有的代表建议，将"战争结束之日"修改为"军队组织确定的下落不明之日"。讨论这条意见的过程中，有的提出，战争期间下落不明，如果是参加军事行动的人员，这个意见有合理之处，但本条规定的范围也包括战争期间的平民。因此，经研究将这一句修改为："战争期间下落不明的，下落不明的时间自战争结束之日或者有关机关确定的下落不明之日起计算。"民法典维持民法总则的这一规定不变。

【实践中需要注意的问题】

需要说明的是，本条关于下落不明的时间如何计算的规定，虽然规定在宣告失踪条件的规定之后，但不仅适用于宣告失踪的情形，也适用于宣告死亡的情形，这是立法的本意。

第四十二条 【失踪人的财产代管人】

失踪人的财产由其配偶、成年子女、父母或者其他愿意担任财产代管人的人代管。

代管有争议，没有前款规定的人，或者前款规定的人无代管能力的，由人民法院指定的人代管。

【立法背景】

宣告失踪与宣告死亡不同，自然人被宣告为失踪人后，其民事主体资格仍然存在，尚存在返回的可能，并不产生婚姻关系解除和继承开始等法律后果。法律设立宣告失踪制度，主要目的就是结束失踪人财产无人管理以及其应当履行的义务不能得到及时履行的不确定状态，这既是对失踪人利益的保护，同时也是对失踪人的债权人等利害关系人合法权益的保护。这首先需要明确失踪人的财产由谁来代管。

【条文精解】

本条规定的"其他愿意担任财产代管人的人"，既包括《民法通则》第21条规定的"其他亲属、朋友"，也包括有关组织。

最高人民法院《关于贯彻执行〈中华人民共和国民法通则〉若干问题的意见（试行）》第30条第1款规定："人民法院指定失踪人的财产代管人，应当根据有利于保护失踪人财产的原则指定。没有民法通则第二十一条规定的代管人，或者他们无能力作代管人，或者不宜作代管人的，人民法院可以指定公民或者有关组织为失踪人的财产代管人。"第2款规定："无民事行为能力人、限制民事行为能力人失踪的，其监护人即为财产代管人。"最高人民法院《关于适用〈中华人民共和国民事诉讼法〉的解释》第343条规定："宣告失踪或者宣告死亡案件，人民法院可以根据申请人的请求，清理下落不明人的财产，并指定案件审理期间的财产管理人。公告期满后，人民法院判决宣告失踪的，应当同时依照民法通则第二十一条第一款的规定指定失踪人的财产代管人。"在立法过程中，有的意见提出，可以将最高人民法院这一司法解释的精神上升为法律，即在人民法院判决宣告失踪的同时就指定失踪人的财产代管人。第一，可以在不影响"配偶、成年子女、父母或者其他愿意担任财产代管人的人"自愿协商的前提下，使财产代管人具体明确。第二，在逻辑上也与《民法典》第44条相协调。《民法典》第44条第1款规定："财产代管人不履行代管职责、侵害失踪人财产权益或者丧失代管能力的，失踪人的利害关系人可以向人民法院申请变更财产代管人。"同时，财产代管人有正当理由的，也可以向人民法院申请变更财产代管人。如果事先未经过人民法院指定为失踪人的财产代管人，也无理由向人民法院申请变更。但这一意见最终未被采纳。

第四十三条 **【财产代管人职责】**

财产代管人应当妥善管理失踪人的财产，维护其财产权益。

失踪人所欠税款、债务和应付的其他费用，由财产代管人从失踪人的财产中支付。

财产代管人因故意或者重大过失造成失踪人财产损失的，应当承担赔偿责任。

【立法背景】

关于财产代管人的职责，《民法通则》只是在第21条第2款规定："失踪人所欠税款、债务和应付的其他费用，由代管人从失踪人的财产中支付。"本条在此基础上作了补充完善，主要参考专家建议稿的相关内容。

【条文精解】

本条第 1 款是对财产代管人维护失踪人权益的原则规定。法律规定财产代管人制度的目的之一就是保护失踪人在下落不明状态下的财产权益，因此财产代管人应当妥善保管失踪人的财产，维护失踪人的财产利益。财产代管人负有像对待自己事务一样的注意义务，来管理失踪人的财产，既包括对失踪人财产的保管，也包括作为代理人收取失踪人的到期债权。与其他有偿的法律关系不同，财产代管人管理失踪人的财产并非合同约定的，而是直接来自法律的规定，代管财产的目的也不是从中获利，该种管理财产的行为通常是无偿的。因此，本条对此规定得也较为原则，财产代管人管理失踪人的财产，只要尽到善良管理人的义务，即能够像管理自己的事务一样管理失踪人的财产，就满足了法律规定的要求。

本条第 2 款是对财产代管人履行失踪人应当履行的义务的规定。财产代管人的职责不仅仅是维护失踪人的财产权益，还包括代失踪人履行义务，即依照本条规定，从失踪人的财产中支付失踪人所欠税款、债务和应付的其他费用。最高人民法院对此处的"其他费用"作过司法解释。最高人民法院《关于贯彻执行〈中华人民共和国民法通则〉若干问题的意见（试行）》第 31 条规定，这里的"其他费用"，包括赡养费、扶养费、抚育费和因代管财产所需的管理费等必要的费用。

本条第 3 款是对财产代管人造成失踪人财产损失，应当承担赔偿责任的规定。代管人应当根据有利于保护失踪人财产的原则管好失踪人的财产，不得滥用代管权对失踪人的财产挥霍浪费、挪用谋利或者将失踪人的财产据为己有，侵犯失踪人的财产权益。由于失踪人的代管人从事的是一种无偿的行为，故本条规定，只有在代管人故意或重大过失造成失踪人的财产损害时，才应当承担赔偿责任，对于一般的过失造成的损害不承担赔偿责任。存在这种情形的，在失踪人失踪期间，失踪人的利害关系人可以向人民法院请求财产代管人承担民事责任，并可以依照《民法典》第 44 条的规定，向人民法院申请变更财产代管人。

第四十四条 【财产代管人变更】

财产代管人不履行代管职责、侵害失踪人财产权益或者丧失代管能力的，失踪人的利害关系人可以向人民法院申请变更财产代管人。

财产代管人有正当理由的，可以向人民法院申请变更财产代管人。

人民法院变更财产代管人的，变更后的财产代管人有权要求原财产代管人及时移交有关财产并报告财产代管情况。

【立法背景】

民法通则并未对财产代管人的变更问题作出规定。对此，司法解释作了规定。本条规定是在综合司法解释和专家建议稿相关内容的基础上作出的。最高人民法院《关于贯彻执行〈中华人民共和国民法通则〉若干问题的意见（试行）》第35条第1款规定："失踪人的财产代管人以无力履行代管职责，申请变更代管人的，人民法院比照特别程序进行审理。"第2款规定："失踪人的财产代管人不履行代管职责或者侵犯失踪人财产权益的，失踪人的利害关系人可以向人民法院请求财产代管人承担民事责任。如果同时申请人民法院变更财产代管人的，变更之诉比照特别程序单独审理。"

【条文精解】

财产代管人确定后，一般情况下不得变更，如果有本条第1款情况的，失踪人的利害关系人可以向人民法院申请变更财产代管人。但实践中还会出现一种情况，就是财产代管人有正当理由，比如，由于工作、学习等原因离开财产所在地，无法再继续履行财产代管职责，此时，应当允许其向人民法院申请变更财产代管人。本条第2款对此作了明确规定。

最高人民法院《关于适用〈中华人民共和国民事诉讼法〉的解释》第344条第1款规定："失踪人的财产代管人经人民法院指定后，代管人申请变更代管的，比照民事诉讼法特别程序的有关规定进行审理。申请理由成立的，裁定撤销申请人的代管人身份，同时另行指定财产代管人；申请理由不成立的，裁定驳回申请。"第2款规定："失踪人的其他利害关系人申请变更代管的，人民法院应当告知其以原指定的代管人为被告起诉，并按普通程序进行审理。"

根据本条第1款、第2款的规定，人民法院变更财产代管人后，为了方便变更后的财产代管人及时了解财产状况，更好管理失踪人的财产，本条第 3 款明确规定，其有权请求原财产代管人及时移交有关财产并报告财产代管情况。

第四十五条 【失踪宣告撤销】

失踪人重新出现，经本人或者利害关系人申请，人民法院应当撤销失踪宣告。

失踪人重新出现，有权请求财产代管人及时移交有关财产并报告财产代管情况。

【立法背景】

《民法通则》第 22 条规定："被宣告失踪的人重新出现或者确知他的下落，经本人或者利害关系人申请，人民法院应当撤销对他的失踪宣告。"本条在此基础上作了修改补充。

【条文精解】

本条第 1 款规定的是失踪宣告撤销的条件。一是失踪人重新出现。自然人因失去音讯下落不明而被宣告失踪，失踪宣告的撤销自然就要以这种状态的消除为条件。民法通则规定的是"被宣告失踪的人重新出现或者确知他的下落"，有的意见提出，确知失踪人的下落，也可以理解为失踪人重新出现。立法机关采纳了这种意见。这里失踪人重新出现的含义，即是重新得到了失踪人的音讯，从而消除了其下落不明的状态。二是经本人或者利害关系人申请。这里利害关系人的范围应当与申请宣告失踪的利害关系人范围一致，包括被申请宣告失踪人的配偶、父母、子女、兄弟姐妹、祖父母、外祖父母、孙子女、外孙子女以及其他与失踪人有民事权利义务关系的人。申请也应当向下落不明人住所地基层人民法院提出。三是撤销失踪宣告应当由人民法院作出。自然人失踪只能由人民法院依据法定程序进行宣告，因此，该宣告的撤销也应当由人民法院通过法定程序来作出。

本条第 2 款规定的是失踪人重新出现后的法律效果。这一规定是吸收专家建议稿的意见作出的。理由是宣告失踪一经撤销，原被宣告失踪的自然人本人就应当恢复对自己财产的控制，财产代管人的代管职责应当相应结束，停止代管行为，移交代管的财产并向本人报告代管情况。

第四十六条　【宣告死亡的条件】

　　自然人有下列情形之一的，利害关系人可以向人民法院申请宣告该自然人死亡：

　　（一）下落不明满四年；

　　（二）因意外事件，下落不明满二年。

　　因意外事件下落不明，经有关机关证明该自然人不可能生存的，申请宣告死亡不受二年时间的限制。

【立法背景】

　　宣告死亡是自然人下落不明达到法定期限，经利害关系人申请，人民法院经过法定程序在法律上推定失踪人死亡的一项民事制度。自然人长期下落不明会使得与其相关的财产关系和人身关系处于不稳定状态，通过宣告死亡制度，可以及时了结下落不明人与他人的财产关系和人身关系，从而维护正常的经济秩序和社会秩序。宣告自然人死亡，是对自然人死亡在法律上的推定，这种推定将产生与生理死亡基本一样的法律效果，因此，宣告死亡必须具备法律规定的条件。

【条文精解】

　　依照本条规定，宣告死亡必须具备的条件是：

　　1.自然人下落不明的时间要达到法定的长度

　　一般情况下，下落不明的时间要满4年。如果是因意外事件而下落不明，下落不明的时间要满两年。

　　《民法典》第40条规定，自然人下落不明满两年的，利害关系人可以向人民法院申请宣告该自然人为失踪人。可以看出，法律规定的宣告死亡需要满足的下落不明时间长度要求高于宣告失踪时的要求，因为在宣告失踪的情况下，只产生失踪人的财产代管以及实现债权、偿还债务等法律后果，但宣告死亡以后，还会发生继承的开始、身份关系解除等。因此，宣告死亡的条件应当比宣告失踪严格，下落不明的时间应当比宣告失踪时所要求的时间长。

　　依照本条第1款第2项的规定，自然人因意外事件下落不明满两年的，利害关系人可以向人民法院申请宣告该自然人死亡。自然人因意外事件下落不明，其生存的可能性明显小于一般情况下的下落不明，因此这种情况下宣告死亡，法律要求的下落不明时间长度应当短于一般情况下宣告死亡。

本条第 2 款是对第 1 款第 2 项的补充规定。依照这一规定，对于因意外事件下落不明的自然人，如果与该意外事件有关的机关证明该自然人不可能生存的，利害关系人就可以据此申请宣告该自然人死亡，而不必等到下落不明满两年。民法通则没有这一规定。1991 年制定的民事诉讼法就已经对这种情形作了补充，现行《民事诉讼法》第 184 条第 1 款规定："公民下落不明满四年，或者因意外事故下落不明满二年，或者因意外事故下落不明，经有关机关证明该公民不可能生存，利害关系人申请宣告其死亡的，向下落不明人住所地基层人民法院提出。"其他国家和地区也有这种立法例，如《瑞士民法典》第 34 条规定，失踪的人，只要是在使他人对其死亡确信无疑的情况下失踪的，即使未发现其尸体，亦视其死亡已得证实。

2. 必须要由利害关系人提出申请

此处所说的利害关系人，可以参考宣告失踪制度中的利害关系人范围。总的来说，这里的利害关系人应当是与被宣告人是生存还是死亡的法律后果有利害关系的人。依照《民事诉讼法》第 184 条的规定，利害关系人申请宣告其死亡的，向下落不明人住所地基层人民法院提出。申请书应当写明下落不明的事实、时间和请求，并附有公安机关或者其他有关机关关于该公民下落不明的书面证明。

3. 只能由人民法院经过法定程序，宣告自然人死亡

依照民事诉讼法的规定，人民法院审理宣告死亡案件，适用民事诉讼法关于特别程序的规定。人民法院受理宣告死亡案件后，应当发出寻找下落不明人的公告，公告期间为一年。因意外事故下落不明，经有关机关证明该公民不可能生存的，宣告死亡的公告期间为 3 个月。公告期间届满，人民法院应当根据被宣告死亡的事实是否得到确认，作出宣告死亡的判决或者驳回申请的判决。

第四十七条 【宣告死亡和宣告失踪的关系】

对同一自然人，有的利害关系人申请宣告死亡，有的利害关系人申请宣告失踪，符合本法规定的宣告死亡条件的，人民法院应当宣告死亡。

【立法背景】

民法通则没有关于本条内容的规定。最高人民法院《关于贯彻执行〈中

华人民共和国民法通则〉若干问题的意见（试行）》第29条规定："宣告失踪不是宣告死亡的必经程序。公民下落不明，符合申请宣告死亡的条件，利害关系人可以不经申请宣告失踪而直接申请宣告死亡。但利害关系人只申请宣告失踪的，应当宣告失踪；同一顺序的利害关系人，有的申请宣告死亡，有的不同意宣告死亡，则应当宣告死亡。"

【条文精解】

宣告死亡和宣告失踪都是基于自然人下落不明，为了维护社会经济关系的稳定而设立的法律制度，二者都以被宣告人下落不明达到一段法定期间为前提，都需要利害关系人提出宣告申请，并且都由人民法院作出宣告的判决。但是，宣告死亡与宣告失踪在法律后果上又存在明显差异。一般来说，宣告死亡与自然死亡的法律效力相同，不但影响被宣告人财产的处分，而且也影响与其相关的身份关系，如夫妻关系与父母子女关系，同时，其遗产继承开始，其遗嘱也发生效力；宣告失踪的法律后果是为其设定财产代管人，只发生财产方面的影响而不会影响到身份关系的变化。最高人民法院司法解释表现的精神，多年来为各方面普遍接受，即宣告死亡并不以宣告失踪为前提。其他国家和地区也有同样的立法例，如《意大利民法典》第58条第3款规定，即使没有经过宣告失踪程序也可以进行死亡宣告。因此，本条为明确宣告死亡和宣告失踪的关系，将相关司法解释的规定上升为法律。

第四十八条　【被宣告死亡的人死亡时间如何确定】

被宣告死亡的人，人民法院宣告死亡的判决作出之日视为其死亡的日期；因意外事件下落不明宣告死亡的，意外事件发生之日视为其死亡的日期。

【立法背景】

民法通则没有关于本条内容的规定。宣告死亡是人民法院经利害关系人的申请，按照法定程序推定下落不明的公民死亡的法律制度。这种推定的一项重要内容，就是推定被宣告死亡人死亡的时间。一般来说，宣告死亡与自然死亡的法律效力相同，如何推定被宣告死亡的自然人的死亡时间涉及继承的开始、身份关系解除等，如遗产的具体范围、继承人的具体范围、遗嘱效力之发生时间，以及代位继承是否发生等遗产继承有关重大事项，具有重要的法律意义，法律应当对此作出规定。

【条文精解】

最高人民法院《关于贯彻执行〈中华人民共和国民法通则〉若干问题的意见（试行）》第 36 条第 1 款规定："被宣告死亡的人，判决宣告之日为其死亡的日期。判决书除发给申请人外，还应当在被宣告死亡的人住所地和人民法院住所地公告。"有的意见提出，最高人民法院司法解释施行多年，如无重大理由，立法应当保持实务操作的延续性。而且，人民法院宣告死亡的判决具有很强的宣示性，易被接受。另外，很多情况是利害关系人多年之后才申请宣告死亡，这时如将被宣告人死亡时间推定为多年以前，物是人非，可能给相关法律关系带来不必要的扰动。因此，本条规定，被宣告死亡的人，人民法院宣告死亡的判决作出之日视为其死亡的日期。

本条分号后面一句，是在第十二届全国人民代表大会第五次会议审议《民法总则（草案）》过程中，在建议表决稿上才增加的规定。《民法总则（草案）》三审稿第 46 条规定："被宣告死亡的人，人民法院判决确定的日期视为其死亡的日期；判决未确定死亡日期的，判决作出之日视为其死亡的日期。"这一规定在提请第十二届全国人民代表大会第五次会议审议的《民法总则（草案）》中未作改动。代表审议过程中，有的提出，被宣告死亡的人死亡日期的推定事关重大，法律的规定应当具体明确，不应当赋予法院过大的自由裁量权，况且被申请宣告死亡的人生不见人死不见尸，法院行使自由裁量权本身也缺乏说服力。因此，在提交法律委员会审议的草案修改稿中曾提出过一个方案，删去前面一句，直接规定"被宣告死亡的人，人民法院宣告死亡的判决作出之日视为其死亡的日期"。又有意见提出，这样规定太过绝对，没有一点灵活性也不好。因此，正式提出的供代表再次审议的草案修改稿又恢复了原来的规定。在审议草案修改稿过程中，有的提出，对于因意外事件下落不明宣告死亡的情形，被申请宣告死亡的人真正死亡的概率很大，这一点大家是有共识的，其他一些国家和地区立法例也规定对于这种情形，法院可以联系意外事件的发生时间来作出死亡日期的推定。2015 年公布的最高人民法院《关于适用〈中华人民共和国保险法〉若干问题的解释（三）》第 24 条规定："投保人为被保险人订立以死亡为给付保险金条件的人身保险合同，被保险人被宣告死亡后，当事人要求保险人按照保险合同约定给付保险金的，人民法院应予支持。被保险人被宣告死亡之日在保险责任期间之外，但有证据证明下落不明之日在保险责任期间之内，当事人要求保险人按照保险合约定给付保险金的，人民法院应予支持。"这个规定在一定程度上也体现了这种精神。因此，草案建议表决稿就作出了本条的规定。最后，对是规定意外事件发生之日，还是规定意外事件结束之日曾有过讨论。有的意见提出，一些意外事件的过程并不止一日，应当规定意外事件结束之日。还有的意见提出，意外事件发生之日与意外事件结束之日，被申请宣告死亡的人死亡概率差别并非悬殊，如规定意外事件结束之日，对于类似马航事件这种难下结论的意外事件来说，会生出何时作为意外事件结束之日的争论。因此，最终规定意外事件发生之日视为死亡的日期。民法典维持民法总则的这一规定不变。

第四十九条 【被宣告死亡但并未死亡的自然人实施的民事法律行为效力】

自然人被宣告死亡但是并未死亡的，不影响该自然人在被宣告死亡期间实施的民事法律行为的效力。

【立法背景】

关于本条内容，《民法通则》第24条第2款规定："有民事行为能力人在被宣告死亡期间实施的民事法律行为有效。"最高人民法院《关于贯彻执行〈中华人民共和国民法通则〉若干问题的意见（试行）》第36条第2款规定："被宣告死亡和自然死亡的时间不一致的，被宣告死亡所引起的法律后果仍然有效，但自然死亡前实施的民事法律行为与被宣告死亡引起的法律后果相抵触的，则以其实施的民事法律行为为准。"

【条文精解】

宣告死亡是人民法院经利害关系人的申请，按照法定程序推定下落不明的公民死亡的法律制度，因此，自然人被宣告死亡从本质上讲是一种拟制的死亡，有可能本人并没有自然死亡或者说真正死亡。这个被宣告死亡但并未真正死亡的自然人，可能在被宣告死亡期间还在从事民事活动，包括吃穿住行等各种活动。如果因为他已经被宣告死亡了，就不承认他所从事的民事法律行为的效力，无疑是不合情理的，也不利于维护交易安全和社会经济秩序。因此，本条规定，自然人被宣告死亡但是并未死亡的，不影响该自然人在被宣告死亡期间实施的民事法律行为的效力。

如果并未死亡的自然人从事的民事活动与被宣告死亡的法律后果不相关联，没有冲突的情况，则一般不会产生法律问题。比如，自然人被宣告死亡，其财产被依法继承，而该自然人并未死亡，生活在别处，购买食物，租住房屋，这些法律关系互不相干，皆属有效。但也有可能发生的情况是产生了冲突，相互抵触。如在并未死亡的自然人被宣告死亡期间，其配偶和本人都将同一房屋或者其他财产出卖。对此，按照前述司法解释提出的办法，本人实施的民事法律行为与被宣告死亡引起的法律后果相抵触的，以其实施的民事法律行为为准。在立法过程中，在这个问题上存在争议，该问题涉及各种情况和因素，比较复杂。单就本人实施的民事法律行为与被宣告死亡引起的民事法律行为相抵触的情况来说，两种民事法律行为是否都应当有效，如果都属有效，哪一个优先，等等。有的还提出，在最高人民法院解决一般情况下一物二卖问题的有关司法解释中，涉及标的物的登记或者交付、价款的支付、合同订立的时间等多种因素，由宣告死亡引发的相关问题能否按照普通一物二卖的问题处理。鉴于对此问题争议较大，本条对此未作具体规定，留待司法实践继续总结经验。

第五十条 【撤销死亡宣告】

被宣告死亡的人重新出现，经本人或者利害关系人申请，人民法院应当撤销死亡宣告。

【立法背景】

宣告死亡本是基于自然人生死不明的情况，经利害关系人申请，人民法院通过法定程序确定的一种拟制状态。被宣告死亡属于推定的死亡，在被宣告死亡的人确定没有死亡的情况下，宣告死亡的基础即不存在，撤销对其所作的死亡宣告，乃当然之理。

【条文精解】

《民法通则》第24条第1款规定："被宣告死亡的人重新出现或者确知他没有死亡，经本人或者利害关系人申请，人民法院应当撤销对他的死亡宣告。"本条在此基础上只是作了文字修改。有的意见提出，"重新出现"已经包括了确知没有死亡的情况，从立法严谨角度无须重复规定。《民事诉讼法》第186条规定，被宣告死亡的公民重新出现，经本人或者利害关系人申请，人民法院应当作出新判决，撤销原判决。宣告死亡是人民法院经过法定程序作出的，具有宣示性和公信力，产生相应的法律后果。即使被宣告人事实没有死亡，也不能在重新出现后当然使得与其相关的民事法律关系恢复到原来的状态，而必须经本人或者利害关系人申请，同样由人民法院通过法定程序，作出新判决，撤销原判决。

第五十一条　【宣告死亡与撤销死亡宣告对婚姻关系的法律效果】

被宣告死亡的人的婚姻关系，自死亡宣告之日起消除。死亡宣告被撤销的，婚姻关系自撤销死亡宣告之日起自行恢复。但是，其配偶再婚或者向婚姻登记机关书面声明不愿意恢复的除外。

【立法背景】

关于本条内容，民法通则未作规定。最高人民法院《关于贯彻执行〈中华人民共和国民法通则〉若干问题的意见（试行）》第37条规定："被宣告死亡的人与配偶的婚姻关系，自死亡宣告之日起消灭。死亡宣告被人民法院撤销，如果其配偶尚未再婚的，夫妻关系从撤销死亡宣告之日起自行恢复；如果其配偶再婚后又离婚或者再婚后配偶又死亡的，则不得认定夫妻关系自行恢复。"最高人民法院这一司法解释精神，与其他国家和地区多数立法例一致，也符合情理。少数国家如德国，规定被宣告死亡的人与配偶的婚姻关系，并不是自死亡宣告之日起消灭，而是自配偶再婚时消灭。对于死亡宣告被撤销，而其配偶又尚未再婚的，如果不规定婚姻关系自行恢复，那么想恢复的还要再办理结婚手续，考虑到宣告死亡制度与婚姻之基础并无多大关涉，而且还有尚未再婚的情形，这样处理既不合情理，也不必要，还不如让不想恢复的去办理离婚手续。

【条文精解】

《民法总则（草案征求意见稿）》第46条基本采纳司法解释的内容，规定："被宣告死亡的人与配偶的婚姻关系，自死亡宣告之日起消灭。死亡宣告被撤销时，其配偶未再婚的，夫妻关系自撤销死亡宣告之日起自行恢复；其配偶再婚的，夫妻关系不自行恢复。"其后，有的意见提出，死亡宣告被撤销后，其配偶虽未再婚，如果日久年深，不愿意恢复婚姻关系，没有必要一定要先恢复，再去走离婚程序。因此，提请常委会审议的一审稿第47条就修改为："被宣告死亡的人与配偶的婚姻关系，自死亡宣告之日起消灭。死亡宣告被撤销，其配偶未再婚的，夫妻关系自撤销死亡宣告之日起自行恢复，任何一方不愿意自行恢复的除外；其配偶再婚的，夫妻关系不自行恢复。"二审稿略作修改，第49条规定："被宣告死亡的人的婚姻关系，自死亡宣告之日起消灭。死亡宣告被撤销的，夫妻关系自撤销死亡宣告之日起自行恢复，但其配偶再婚或者不愿意恢复的除外。"立法过程中各方面对二审稿这条规定提出一些意见，其中包括如何认定配偶不愿意恢复，很难把握，不好操作。于是三审稿第49条又修改为："被宣告死亡的人的婚姻关系，自死亡宣告之日起消灭。死亡宣告被撤销的，夫妻关系自撤销死亡宣告之日起自行恢复，但是其配偶再婚或者向婚姻登记机关声明不愿意恢复的除外。"对此，又有意见提出，婚姻登记机关没有接受这种声明的程序，如何声明，似缺乏可操作性。为了回应这一意见，将这一条中的"声明"修改为"书面声明"。民法典维持民法总则的这一规定不变。

第五十二条 【撤销死亡宣告后如何处理宣告死亡期间的收养关系】

被宣告死亡的人在被宣告死亡期间，其子女被他人依法收养的，在死亡宣告被撤销后，不得以未经本人同意为由主张收养关系无效。

【立法背景】

关于本条内容，民法通则未作规定。最高人民法院《关于贯彻执行〈中华人民共和国民法通则〉若干问题的意见（试行）》第38条规定："被宣告死亡的人在被宣告死亡期间，其子女被他人依法收养，被宣告死亡的人在死亡宣告被撤销后，仅以未经本人同意而主张收养关系无效的，一般不应准许，但收养人和被收养人同意的除外。"本条基本上就是将该司法解释的内容上升为法律。

【条文精解】

《民法典》第1111条规定："自收养关系成立之日起，养父母与养子女间的权利义务关系，适用本法关于父母子女关系的规定；养子女与养父母的近亲属间的权利义务关系，适用本法关于子女与父母的近亲属关系的规定。养子女与生父母及其他近亲属间的权利义务关系，因收养关系的成立而消除。"依法产生的收养关系受法律承认和保护，没有法定事由不得主张无效或者擅自解除。关于收养有效或无效的认定,《民法典》第 1113 条规定:"有本法第一编关于民事法律行为无效规定情形或者违反本编规定的收养行为无效。无效的收养行为自始没有法律约束力。"第 1097 条规定:"生父母送养子女,应当双方共同送养。生父母一方不明或者查找不到的,可以单方送养。"据此,父母可以未经本人同意为由主张收养关系无效。被宣告死亡的人在被宣告死亡期间,在法律上与子女的亲权关系已经消灭,已不存在经其同意的问题。因此,本条规定,被宣告死亡的人在死亡宣告被撤销后,不得以未经本人同意为由主张收养关系无效。至于司法解释规定的收养人和被收养人同意的情况,已属于另外协商的问题。

第五十三条　【撤销死亡宣告后返还财产】

被撤销死亡宣告的人有权请求依照本法第六编取得其财产的民事主体返还财产;无法返还的,应当给予适当补偿。

利害关系人隐瞒真实情况,致使他人被宣告死亡而取得其财产的,除应当返还财产外,还应当对由此造成的损失承担赔偿责任。

【立法背景】

《民法通则》第 25 条规定:"被撤销死亡宣告的人有权请求返还财产。依照继承法取得他的财产的公民或者组织,应当返还原物;原物不存在的,给予适当补偿。"本条第 1 款与民法通则的规定大体一致。

本条第 2 款源于最高人民法院《关于贯彻执行〈中华人民共和国民法通则〉若干问题的意见(试行)》第 39 条,该条规定:"利害关系人隐瞒真实情况使他人被宣告死亡而取得其财产的,除应返还原物及孳息外,还应对造成的损失予以赔偿。"

【条文精解】

《民法通则》第 25 条第一句规定,被撤销死亡宣告的人有权请求返还财产。关于在被宣告死亡的人重新出现,死亡宣告被撤销后,取得其财产的人是否应当返还财产,有的意见认为,撤销死亡宣告的法律后果当然包括财产关系应当恢复原状,不管是因为继承、受遗赠,还是其他原因取得的财产,都应当向被撤销死亡宣告的人返还财产。有的意见认为,因宣告死亡而取得财产的人并无过错,而是依照法律规定合法取得了被宣告死亡人的财产,原则上应当以不返还为原则。比如，继承编规定，继承遗产应当清偿被继承人依法应当缴纳的税款和债务，这种财产本应支付，即使死亡宣告被撤销也无返还之理。再如，第三人从继承人那里合法取得原属被宣告死亡人所有的财产的，从维护交易秩序的角度，也不应要求其返还。最高人民法院《关于贯彻执行〈中华人民共和国民法通则〉若干问题的意见（试行）》第40条规定："被撤销死亡宣告的人请求返还财产，其原物已被第三人合法取得的，第三人可不予返还。但依继承法取得原物的公民或者组织，应当返还原物或者给予适当补偿。"规定依继承法取得财产的人返还财产，主要是出于情理平衡双方的利益。一方面，被宣告死亡的人重新出现，财产可以继承的推定被推翻；另一方面，继承人乃是无偿取得财产，故而规定被撤销死亡宣告的人有权请求其返还财产。但是，进一步来说，继承人取得财产毕竟是因宣告死亡而起，属于合法取得，也自然将其作为自己的财产而使用、消费，乃至损毁，以致不能返还。如规定这种情况下继承人应当按原值折价补偿，于情理不合，甚至有的意见建议规定此时只应当返还财产的尚存利益。因此，本条第1款规定，被撤销死亡宣告的人有权请求依照本法第六编取得其财产的民事主体返还财产。无法返还的，应当给予适当补偿。

鉴于前述本条第1款规定的理由，如果自然人被宣告死亡乃是利害关系人隐瞒真实情况所导致，并且该利害关系人还因之获得利益，取得被宣告死亡人的财产，则该利害关系人存在过错，其取得财产带有非法性，不但不应受到利益上的保护，而且还应当承担相应的责任。因此，本条第2款规定，利害关系人隐瞒真实情况，致使他人被宣告死亡而取得其财产的，除应当返还财产外，还应当对由此造成的损失承担赔偿责任。

第四节　个体工商户和农村承包经营户

第五十四条　【个体工商户】

自然人从事工商业经营，经依法登记，为个体工商户。个体工商户可以起字号。

【立法背景】

个体工商户和农村承包经营户是具有中国特色的民事主体。从改革开放四十多年的实践看,规定"两户"符合中国国情,个体工商户和农村承包经营户对解放生产力、促进我国经济社会发展及扩大就业发挥了重要作用。目前,我国登记的个体工商户数量庞大,截至 2019 年底已达 8261 万户,其在经济生活中扮演着重要角色,已成为大众创业的重要主体。农村承包经营户是我国实行家庭承包经营为基础、统分结合的双层经营体制的重要载体之一,其民事主体资格问题直接涉及 2.3 亿多农户的权益,且家庭承包经营是以家庭为生产经营单位,不同于一般的自然人主体,保留农村承包经营户这一民事主体仍具有重要的制度意义和现实意义。据此,民法典中仍专节规定了个体工商户和农村承包经营户。

【条文精解】

1. 个体工商户的基本情况

截至 2019 年底,全国实有个体工商户 8261 万户,其中,本年新登记个体工商户 1621.8 万户。自 2011 年以来,全国个体工商户实现了户数、从业人员和资金的持续增长。

2. 个体工商户的登记

有经营能力的自然人,经市场监督管理部门登记,领取个体工商户营业执照,从事工商业经营的,可以成为个体工商户。

2011 年 4 月 16 日国务院公布的《个体工商户条例》和 2011 年 9 月 30 日国家工商行政管理总局公布的《个体工商户登记管理办法》对个体工商户的登记作了具体规定。

3. 从事工商业经营的范围

对个体工商户从事"工商业经营"的范围应当从广义上理解。只要是不属于法律、行政法规禁止进入的行业,个体工商户均可进入并开展经营活动。实践中个体工商户从事经营的领域主要有:批发和零售业,住宿和餐饮业,居民服务、修理和其他服务业,制造业,农、林、牧、渔业,交通运输、仓储和邮政业,租赁和商务服务业,信息传输、软件和信息技术服务业,文化、体育和娱乐业,科学研究和技术服务业,建筑业,卫生和社会工作,房地产业,教育,采矿业,电力、热力、燃气及水生产和供应业,水利、环境和公共设施管理业,金融业等行业。

4. 个体工商户的名称与字号

个体工商户可以使用名称,也可以不使用名称。个体工商户决定使用名称的,应当向登记机关提出申请,经核准登记后方可使用。一户个体工商户只能使用一个名称。

个体工商户名称由行政区划、字号、行业、组织形式依次组成。个体工商户名称中的行政区划，是指个体工商户所在县（市）和市辖区名称。行政区划之后可以缀以个体工商户经营场所所在地的乡镇、街道或者行政村、社区、市场名称。

经营者姓名可以作为个体工商户名称中的字号使用。个体工商户名称中的行业应当反映其主要经营活动内容或者经营特点。个体工商户名称组织形式可以选用"厂""店""馆""部""行""中心"等字样，但不得使用"企业""公司""农民专业合作社"字样。

第五十五条 【农村承包经营户】

农村集体经济组织的成员，依法取得农村土地承包经营权，从事家庭承包经营的，为农村承包经营户。

【立法背景】

本条规定在民法通则的基础上，根据土地承包经营权由合同性质及债权保护强化为物权性质及物权保护的演进，作了修改完善。

【条文精解】

我国对土地承包经营权保护的立法有一个发展和完善的过程。改革开放后，根据改革开放和社会经济发展的实际情况，我国于1986年制定了民法通则。这部法律第一次在民事法律中作出了土地承包经营权受法律保护的规定，即公民、集体依法对集体所有的或者国家所有由集体使用的土地、森林、山岭、草原、荒地、滩涂、水面的承包经营权，受法律保护。承包双方的权利和义务，依照法律由承包合同规定。这一内容规定在"财产所有权和与财产所有权有关的财产权"一节中，但承包双方的权利和义务，仍由承包合同约定。此后颁布的土地管理法、农业法等其他法律对土地承包经营权所作的规定，也多局限于承包合同的角度。这些法律规定，对完善土地承包经营制度，规范承包关系双方的权利义务发挥了积极作用，但也不可避免地有着历史局限性，仍不能从根本上解决合同约束效力较低所带来的承包经营权容易受到侵害的问题。

1993年，党的十四届三中全会作出了建立社会主义市场经济体制的决定。1998 年，党的十五届三中全会明确提出，"要抓紧制定确保农村土地承包关系长期稳定的法律法规，赋予农民长期而有保障的土地使用权"，为土地承包经营权保护方面的立法提供了指导方针。1999 年宪法修正案在 1993 年宪法修正案的基础上进一步明确规定："农村集体经济组织实行家庭承包经营为基础、统分结合的双层经营体制。"①2002 年 8 月，第九届全国人大常委会第二十九次会议审议通过了农村土地承包法。这部法律遵循社会主义市场经济的规律，按照党的十五届三中全会"赋予农民长期而有保障的土地使用权"的要求，以宪法为依据，从物权的角度对土地承包经营权作了规定。其内容涉及家庭承包发包方和承包方的权利和义务、承包的原则和程序、承包期限和承包合同、土地承包经营权的保护、土地承包经营权的流转，以及其他方式的承包、争议的解决和法律责任等方面。农村土地承包法的一系列规定，体现了土地承包经营权物权化的指导思想，但没有明确使用"用益物权"这个概念。

2007 年 3 月 16 日，十届全国人大五次会议审议通过《物权法》。物权法在用益物权编中专章规定了土地承包经营权，将其作为物权中的重要权利。物权法将土地承包经营权作为用益物权，土地承包经营权人依法对其承包经营的耕地、林地、草地等享有占有、使用和收益的权利，有权从事种植业、林业、畜牧业等农业生产。土地承包经营权人在集体所有的土地上，对承包地享有占有、使用和收益的权利，体现了用益物权的基本特征和土地承包经营权人的基本权利。

党的十八大以来，以习近平同志为核心的党中央对稳定和完善农村基本经营制度、深化农村集体土地制度改革，提出一系列方针政策。2013 年 7 月，习近平总书记在武汉农村综合产权交易所调研时指出，深化农村改革，完善农村基本经营制度，要好好研究农村土地所有权、承包权、经营权三者之间的关系；在 2013 年中央农村工作会议上指出，顺应农民保留土地承包权、流转土地经营权的意愿，把农民土地承包经营权分为承包权和经营权，实现承包权和经营权分置并行，这是我国农村改革的又一次重大创新。随后党中央、国务院出台了一系列关于三权分置的文件。根据中央政策精神，2018 年 12 月，第十三届全国人大常委会第七次会议通过了《关于修改〈中华人民共和国土地承包法〉的决定》，在法律中体现和落实

---

① 1999 年《宪法修正案》第 15 条规定，在《宪法》第 8 条第 1 款中增加"农村集体经济组织实行家庭承包经营为基础、统分结合的双层经营体制"的规定。——编者注

了三权分置改革的精神。

《农村土地承包法》第3条规定:"国家实行农村土地承包经营制度。农村土地承包采取农村集体经济组织内部的家庭承包方式,不宜采取家庭承包方式的荒山、荒沟、荒丘、荒滩等农村土地,可以采取招标、拍卖、公开协商等方式承包。"第5条第1款规定:"农村集体经济组织成员有权依法承包由本集体经济组织发包的农村土地。"第16条第1款规定:"家庭承包的承包方是本集体经济组织的农户。"从这些规定可以看出,家庭承包方式,是指以农村集体经济组织的每一个农户家庭全体成员为一个生产经营单位,作为承包人与发包人建立承包关系,承包耕地、林地、草地等用于农业的土地。

农村土地家庭承包的承包方是本集体经济组织的农户。农户是农村中以血缘和婚姻关系为基础组成的农村最基本的社会单位。它既是独立的生活单位,又是独立的生产单位。作为生产单位的农户,一般是依靠家庭成员的劳动进行农业生产与经营活动的。对农村土地实行家庭承包的,农户成为农村集体经济中一个独立的经营层次,是农村从事生产经营活动的基本单位。以户为生产经营单位,与一般的自然人个人作为民事主体有所区别,但又不同于非法人组织这类民事主体。因此法律对其单独进行规定,即农村集体经济组织的成员,依法取得农村土地承包经营权,从事家庭承包经营的,为农村承包经营户。

承包是以"户"为单位进行。土地承包合同由"户"的代表与发包方签订,土地承包经营权证书按户制作并颁发。在家庭承包的情况下,农户是交易活动的主体,其信用建立在家庭信用的基础上,发包方或交易相对一方也以农户家庭为对象,与其从事交易活动。农户也是以户的财产承担责任,以确保义务的履行。从这个角度讲,以户为经营单位符合我国农村的实际情况,有利于农村经济活动的进行。

需要进一步说明的是:第一,家庭承包中,是按人人有份分配承包地,按户组成一个生产经营单位作为承包方。第二,本集体经济组织的农户作为承包方的主要是针对耕地、草地和林地等适宜家庭承包的土地的承包。第三,农户内的成员分家析产的,单独成户的成员可以对原家庭承包的土地进行分别耕作,但承包经营权仍是一个整体,不能分割。

第五十六条 【个体工商户、农村承包经营户债务承担】

个体工商户的债务，个人经营的，以个人财产承担；家庭经营的，以家庭财产承担；无法区分的，以家庭财产承担。

农村承包经营户的债务，以从事农村土地承包经营的农户财产承担；事实上由农户部分成员经营的，以该部分成员的财产承担。

【立法背景】

《民法通则》第29条规定："个体工商户、农村承包经营户的债务，个人经营的，以个人财产承担；家庭经营的，以家庭财产承担。"本条在民法通则的基础上作了一定的修改和完善。

【条文精解】

1. 个体工商户的债务承担

个体工商户可以个人经营，也可以家庭经营。个体工商户的债务，个人经营的，以个人财产承担；家庭经营的，以家庭财产承担。对于实践中无法区分是个人经营还是家庭经营的，应看是个人投资还是家庭投资，是个人享用经营收益还是家庭共同享用经营收益，进而确定债务是以个人财产承担，还是以家庭财产承担，司法实践中一般有以下认定标准：一是以公民个人名义申请登记的个体工商户，用家庭共有财产投资，或者收益的主要部分供家庭成员享用的，其债务应以家庭共有财产清偿。二是夫妻关系存续期间，一方从事个体经营，其收入为夫妻共有财产，债务亦应以夫妻共有财产清偿。此外，个体工商户的债务，如以其家庭共有财产承担责任，应当保留家庭成员的生活必需品和必要的生产工具。

2. 农村承包经营户的债务承担

在承包期内，无论承包户内人口发生什么样的变化，是增是减，只要作为承包户的家庭还存在，承包户仍然是一个生产经营单位。在承包经营活动中，无论是全体家庭成员从事生产经营劳动和经营活动，还是部分家庭成员从事生产经营劳动和经营活动，另一部分家庭成员从事其他职业或者家务劳动，农户仍然是一个对外承担责任的主体。考虑到随着我国城乡经济结构的调整和城镇化的发展，农村剩余劳动力向城镇的转移会不断增加，有的家庭成员进城务工就业，分门立户，已完全不参与家庭土地承包经营，也不分享承包家庭的收益，在这种情况下，可以不再承担原所在家庭承包经营的债务。

因此本条规定，"事实上由农户部分成员经营的，以该部分成员的财产承担"。需要指出的是，在实践中，这一规定要严格掌握，防止借本条规定逃避应承担的债务。

第三章 法 人

第一节 一般规定

第五十七条 【法人定义】

法人是具有民事权利能力和民事行为能力，依法独立享有民事权利和承担民事义务的组织。

【立法背景】

法人制度是世界各国规范经济秩序和整个社会秩序的一项重要法律制度。确立法人制度，可以使具备法人条件的组织取得独立的民事主体资格，在法律上拥有独立的人格，像自然人一样有完全的民事权利能力和民事行为能力，从而有利于社会组织实现自己所承担的任务。

【条文精解】

法人，是指具有民事权利能力和民事行为能力，依法独立享有民事权利和承担民事义务的组织。

1. 法人的特点

一是法人不是自然人，属于社会组织，是一种集合体，由法律赋予该组织单独的法律人格。法人可以是人的集合体，也可以是财产的集合体。

二是具有民事权利能力和民事行为能力。法人可以以自己的名义，通过自身的行为享有和行使民事权利，设定和承担民事义务。法人的民事权利能力和民事行为能力，从法人成立时产生，到法人终止时消灭。

三是依法独立享受民事权利、承担民事义务。法人有自己独立的民事主体地位，可以自己的名义独立从事民事活动，享有民事权利，承担民事义务。

四是独立承担民事责任。法人以其全部财产独立承担民事责任，能否独立承担民事责任，是区别法人组织和非法人组织的重要标志。

2.法人的分类

根据本章的规定，法人分为营利法人、非营利法人和特别法人。以取得利益分配给股东等出资人为目的成立的法人，为营利法人，包括有限责任公司、股份有限公司和其他企业法人等。为公益目的或者其他非营利目的成立，不向出资人、设立人或者会员分配所取得利润的法人为非营利法人，包括事业单位、社会团体、基金会、社会服务机构等。机关法人、农村集体经济组织法人、城镇农村的合作经济组织法人、基层群众性自治组织法人，为特别法人。

【实践中需要注意的问题】

本章的规定在民法通则的基础上，对法人制度作了进一步完善，特别是在法人分类方面，将法人分为营利性法人、非营利性法人、特别法人三类，改变了民法通则将法人分为企业法人、机关法人、事业单位法人和社会团体法人四类的分类方式，是一个重大的进步，适应了当前我国法人制度不断发展，类型更加多样化的需要。

第五十八条 【法人成立】

法人应当依法成立。

法人应当有自己的名称、组织机构、住所、财产或者经费。法人成立的具体条件和程序，依照法律、行政法规的规定。

设立法人，法律、行政法规规定须经有关机关批准的，依照其规定。

【立法背景】

法人作为重要的民事主体，必须依法成立，才能取得法律规定的民事权利能力和民事行为能力，这是法人制度的基础。

【条文精解】

1.法人应当依法成立

一是法人的成立必须合法，其设立目的和宗旨要符合国家利益和社会公共利益的要求，其组织机构、设立宗旨、经营范围、经营方式等要符合法律、法规等的要求；二是法人成立的条件和程序应当符合法律、行政法规的规定。

2.法人应当有自己的名称、组织机构、住所、财产或者经费

（1）名称。法人应该有自己的名称，通过名称的确定使自己与其他法人相区别。有关法律、行政法规对法人的名称有明确的要求。

（2）组织机构。法人是社会组织，法人的意思表示必须依法由法人组织机构来完成，每一个法人都应该有自己的组织机构，如股份有限公司法人的组织机构依法应由三部分组成：作为权力机构的股东大会，作为执行机构的董事会，作为监督机构的监事会。

（3）住所。作为法人的住所，可以是自己所有的，也可以是租赁他人的。法人有自己的住所，主要是为了交易安全，同时也便于有关机关进行监督和管理。

（4）财产或者经费。法人应有必要的财产和经费，这是其能够独立承担民事责任的财产保障，否则，法人无法进行各种民事活动。所谓必要的财产或者经费，是指法人的财产或者经费应与法人的性质、规模等相适应。

3.法人成立的具体条件和程序，依照法律、行政法规的规定

法人成立还需要满足法律、行政法规规定的其他条件和程序。

4.设立法人，法律、行政法规规定须经有关机关批准的，依照其规定

设立法人，如果相关法律、行政法规规定须经有关机关批准的，应当依照其规定。这里规定的"批准"，是指行政许可。

【实践中需要注意的问题】

根据行政许可法的规定，地方性法规和省、自治区、直辖市人民政府规章，不得设定应当由国家统一确定的公民、法人或者其他组织的资格、资质的行政许可；不得设定企业或者其他组织的设立登记及其前置性行政许可。因此，本条规定，只有法律、行政法规可以对法人的设立设定行政许可。

第五十九条 【法人民事权利能力和民事行为能力】

法人的民事权利能力和民事行为能力，从法人成立时产生，到法人终止时消灭。

【立法背景】

法人的民事权利能力是法律赋予的，是法人作为一个独立的民事主体应

当具备的基本资格。法人的民事行为能力是法人独立地实施民事行为，行使民事权利、承担民事义务的资格。法人通过参与社会活动来实现一定经济利益或者公益目的，为确保经济秩序和交易的安全，国家要依法通过设立登记制度赋予法人以民事权利能力和民事行为能力。

【条文精解】

法人的民事权利能力是法律赋予的，是法人作为一个独立的民事主体应当具备的基本资格。法人民事权利能力的获取意味着法人作为一个独立民事主体的成立，丧失这一权利能力则意味着法人的消灭。因而，法人的权利能力从成立时发生，到法人终止时消灭。

法人的民事行为能力是法人独立地实施民事行为，行使民事权利、承担民事义务的资格。法人的民事行为能力在时间上和民事权利能力相一致，始于法人成立，终于法人消灭，在法人存续期间始终存在。法人的民事行为能力和其民事权利能力在范围上一致，法人能够以自己的行为行使权利和承担义务的范围，即民事行为能力的范围不能超出其权利能力所限定的范围。

【实践中需要注意的问题】

法人通过参与社会活动来实现一定经济利益或者公益目的，为确保经济秩序和交易的安全，国家要依法通过设立登记制度赋予法人以民事权利能力和民事行为能力。例如，企业法人设立时须经过市场监管部门登记，使企业成为独立民事主体，从而赋予其从事经营活动的能力与资格；同样，事业单位和社会团体等非营利法人的成立也应分别经编制部门、民政部门注册登记而具有法人资格，享有民事权利能力和民事行为能力。

第六十条　【法人独立承担民事责任】
法人以其全部财产独立承担民事责任。

【立法背景】

民事责任，是对民事法律责任的简称，是指民事主体在民事活动中，因实施了违法行为或者存在违约行为，根据民法所承担的对其不利的民事法律后果。民事责任属于法律责任的一种，是保障民事权利和民事义务实现的重要措施，主要是一种民事救济手段，旨在使受害人被侵犯的民事权益得以恢复。

【条文精解】

民事责任的构成要件一般来说包括四个方面：一是损害事实的客观存在。损害，是指因行为人的行为，包括作为或者不作为，使民事主体的人身权利或者财产权利遭受某种不利的影响。权利主体只有在受损害的情况下才能够请求法律上的救济。二是行为人实施了违法行为或者违约行为。三是行为人有过错。行为人的过错是行为人在实施违法行为或者违约行为时所具备的心理状态，包括故意和过失，是构成民事责任的主观要件。需要说明的是，在严格责任的归责原则下，行为人即使没有过错，也要承担责任。如本法侵权责任编规定的高度危险责任，即属于严格责任，只要是从事高度危险作业造成他人损害的，即应当承担侵权责任。四是行为人的违法行为或者违约行为与损害事实之间存在因果关系。作为构成民事责任要件的因果关系，是指行为人的违法行为或者违约行为与损害事实之间所存在的因果必然联系。

【实践中需要注意的问题】

对于法人来说，是以其全部财产独立承担民事责任。这里强调两点：一是全部财产。法人要以其全部财产承担民事责任，而不是只以部分财产承担民事责任。二是独立承担民事责任。"独立"的含义，即任何法人的债务只能由它自己承担，国家、投资者和法人组织内部的成员不对法人的债务负责。

第六十一条 【法定代表人】

依照法律或者法人章程的规定，代表法人从事民事活动的负责人，为法人的法定代表人。

法定代表人以法人名义从事的民事活动，其法律后果由法人承受。

法人章程或者法人权力机构对法定代表人代表权的限制，不得对抗善意相对人。

【立法背景】

法人的法定代表人是代表法人行使职权的负责人，是代表法人进行民事活动的自然人。法人是一个组织，需要由法定代表人代表其从事活动。法定代表人制度不仅涉及对法人和善意相对人权益的保护，也关系到交易安全。

【条文精解】

法定代表人对外以法人名义进行民事活动时，其与法人之间并非代理关系，而是代表关系，且其代表职权来自法律的明确授权，故不需要有法人的授权委托书。因此，法定代表人对外的职务行为即为法人行为，其后果由法人承担。

法人不得以法人章程等对法定代表人的内部职权限制对抗善意第三人。法人章程对法人来说非常重要，但作为法人内部的行为规范，在通常情况下不易被法人外部的人员所知道，所以在确定其外部效力方面，要考虑对善意相对人的权益保护。本条规定对法人章程的对外效力方面作了适当限制，以保护善意相对人的合法权益。

所谓善意相对人，是指对法人章程或者法人权力机构对法定代表人代表权的限制，不知情或者不应当知情的权利人。法人章程或者法人权力机构对法定代表人的对外代表权限进行了限制，但该法定代表人超越了自己的权限与相对人签订了合同，或者实施了其他法律行为的，如果相对人不知道或者不应当知道该限制规定的，则法人不得以法定代表人的行为超越了其权限而主张不承担或免除其应承担的法律责任。

【实践中需要注意的问题】

需要指出的是，判断相对方是否为善意，不仅要考量其事实上是否知道法人章程或者法人权力机构对法定代表人代表权的限制这一情况，还要考量其是否应当知道这一情况。"知道"是一种事实状况的判定，而"应当知道"则是当事人是否存在过错的判定。

第六十二条　【法定代表人职务侵权行为的民事责任承担】

法定代表人因执行职务造成他人损害的，由法人承担民事责任。

法人承担民事责任后，依照法律或者法人章程的规定，可以向有过错的法定代表人追偿。

【立法背景】

对于法定代表人因执行职务造成他人损害的，在对外承担责任的主体上，世界上主要有两种立法例：一是规定法人原则上应对受害人承担侵权责任，但法定代表人有过错的，应与法人一起对受害人承担连带赔偿责任。如日本民法典规定，法人对其理事或其他代理人因执行职务致人损害承担赔偿责任。董事执行职务有恶意或重大过失时，该董事对第三人也负连带损害赔偿责任。二是法人应与代表人对受害人承担连带赔偿责任。如我国台湾地区"民法典"规定，法人对于其董事或职员因执行职务所加于他人之损害，与该行为人连带负赔偿之责任。公司负责人，对于公司业务之执行，如有违反法令，致他人受有损害时，对他人应与公司负连带赔偿之责。本条对法人法定代表人职务侵权行为的归责原则的规定，不同于上述两种立法例，明确对外由法人单独承担民事责任，不论法定代表人本身是否有过错，对外不与法人承担连带责任。

【条文精解】

法定代表人因执行职务造成他人损害的，由法人承担民事责任。

法定代表人因执行职务造成他人损害的，属于职务侵权。法定代表人的职务侵权行为应该同时符合以下两个要素：一是法定代表人的行为构成对第三人的侵权，包括对第三人人身权和财产权的侵害。二是该侵权行为应为法定代表人执行职务的行为。例如，甲公司的法定代表人李某驾车出差途中，发生交通事故，将行人张某撞伤，即属于李某的职务侵权行为。由于法定代表人的职务行为是代表法人实施的，因而应由法人承担民事责任。但是，法定代表人的行为如果与执行职务无关，则不构成职务侵权。在上述例子中，如果作为法定代表人的李某是在自己休假旅行过程中发生交通事故，将行人张某撞伤，则不构成职务侵权，甲公司无须承担责任，要由李某本人承担责任。

法人对外承担民事责任后，在对内责任方面，可以依照法律或者法人章程的规定，向有过错的法定代表人追偿。这一规定涉及法定代表人职务侵权行为的内部职责分担问题。在一般情况下，在职务侵权行为中，行为的法律后果完全由法人承担，法定代表人无须承担该行为的民事责任，但在以下两种情况下，法人可以向有过错的法定代表人追偿：

一是法律规定。如果有关法律法规明文规定了法定代表人对职务侵权行为应该承担相应的责任，那么在此种情形下，法人可以在对外赔偿后，依据法律法规规定，向有过错的法定代表人进行追偿。

二是法人章程规定。如果法人的章程中明确规定法定代表人对职务侵权行为应该承担相应的责任，那么在此种情形下，法人可以在对外赔偿后，依据法人章程的规定，向有过错的法定代表人进行追偿。

【实践中需要注意的问题】

需要指出的是，在法人对外承担民事责任后，对内向责任人进行追偿方面，法定代表人与一般工作人员是不同的。一是对法定代表人进行追偿，必须依据有关法律的规定或者法人章程的规定，否则是不能向法定代表人进行追偿的。而法人向其他工作人员追偿，则不需要有法律的规定或者法人章程的规定这一前提，只要工作人员有故意或者重大过失都可以向其追偿。二是法定代表人和其他工作人员承担内部责任的过错程度要求不同。对法定代表人来说，只要有过错，包括故意或者过失，即便是一般过失，也要对内承担责任，法人可以向其追偿。但对其他工作人员来说，其对内承担责任的过错程度要求比较高，应为故意或者重大过失，如果只是一般过失，则无须对内承担责任，法人也不能向其追偿。

第六十三条 【法人住所】

法人以其主要办事机构所在地为住所。依法需要办理法人登记的，应当将主要办事机构所在地登记为住所。

【立法背景】

法人住所，是指法人主要办事机构所在地。确定法人的住所，对于确定法人主要办事机构所在地和诉讼管辖地、破产清算地等具有重要意义。此外，法人住所地的确定也可以在涉外法律关系上，决定准据法的适用。我国《涉外民事关系法律适用法》第14条明确规定："法人及其分支机构的民事权利能力、民事行为能力、组织机构、股东权利义务等事项，适用登记地法律。法人的主营业地与登记地不一致的，可以适用主营业地法律。法人的经常居所地，为其主营业地。"许多国家主张以法人的住所地法作为法人的属人法。因此，在这些国家处理国际民商事纠纷时，如需要适用法人的属人法，就适用法人的住所地法。

【条文精解】

目前国际上确定法人的住所地主要有以下三种标准：

一是管理中心地主义，即以管理中心地为法人的住所地。法人的管理中心地，又称为法人的主事务所所在地或主要办事机构所在地，一般是法人的董事会所在地。以管理中心地作为法人住所地的考虑是，法人的主事务所是法人的首脑机构，决定法人活动的大政方针，所以应该以法人的主事务所所在地为法人的住所。例如，日本民法典规定，法人以其主事务所所在地为住所。目前发达国家一般规定以法人的主事务所在地，即法人主要办事机构所在地区为住所。根据本条规定，我国确定法人的住所即是采取这一标准。

二是营业中心地主义，即以营业中心地为法人的住所地。营业中心地是法人进行生产、经营等活动的地方。以营业中心地作为法人住所的考虑是，法人进行营业活动的地方是其实现设立目的的地方，且相对来说比较稳定。但是，适用营业中心地主义的标准也面临一些问题，一些法人的营业范围往往涉及多个国家，因而有时难以确定其营业中心地。目前，一些发展中国家规定以营业中心所在地为法人的住所。

三是以法人章程所规定的住所地为主，管理中心地为辅。法人章程对住所有规定的，以章程规定为准；章程没有规定的，则以其管理中心地为其住所。

多数国家规定法人只能有一个住所，但也有少数国家，如德国规定法人可以有几个住所。

【实践中需要注意的问题】

依法需要办理法人登记的，应当将主要办事机构所在地登记为住所。法人设立登记是法人依法成立，取得民事主体资格的要件。企业法人、部分事业单位法人和绝大多数社会团体法人应当依法进行设立登记，登记的内容包括法人的住所这一项。根据本条规定，依法需要办理法人登记的，应当将主要办事机构所在地登记为住所。

第六十四条　【法人变更登记】

法人存续期间登记事项发生变化的，应当依法向登记机关申请变更登记。

【立法背景】

法人变更登记，是指法人存续期间登记事项发生变化的，应当依法将有关变化情况向登记机关报告，并申请办理变更手续。因登记而取得法人资格的法人，其登记事项的变更应进行变更登记，变更登记的机关为原登记机关。

【条文精解】

企业法人变更登记的事项通常包括：合并与分立，变更组织形式，增设或者撤销分支机构及法人经营范围、注册资本、住所、法定代表人、经营方式的变动等。依据《企业法人登记管理条例》及其实施细则的规定，企业法人改变名称、住所、经营场所、法定代表人、经济性质、经营范围、经营方式、注册资金、经营期限，以及增设或者撤销分支机构，应当申请办理变更登记。企业法人申请变更登记，应当在主管部门或者审批机关批准后30日内，向登记主管机关申请办理变更登记。企业法人分立、合并、迁移，应当在主管部门或者审批机关批准后30日内，向登记主管机关申请办理变更登记。

除了企业法人外，其他法人的登记事项需要变更的，也应当依法办理变更登记。例如，依据《民办非企业单位登记管理暂行条例》的规定，民办非企业单位（即社会服务机构）的登记事项需要变更的，应当自业务主管单位审查同意之日起30日内，向登记管理机关申请变更登记。民办非企业单位修改章程，应当自业务主管单位审查同意之日起30日内，报登记管理机关核准。

【实践中需要注意的问题】

对于非因登记而取得法人资格的机关法人，以及部分社会团体法人和事业单位法人，其变更则不需要登记。

第六十五条 【法人登记事项错误不能对抗善意相对人】

法人的实际情况与登记的事项不一致的，不得对抗善意相对人。

【立法背景】

法人登记是对法人参与社会活动的一项管理制度，为保障法人的构成和运行合法，保持法人状态的相对稳定和被社会知情，国家依法设立专门机关对法人进行登记并公示管理。法人登记是法人确立民事权利能力和民事行为能力，变更民事权利能力和民事行为能力，以及消灭民事权利能力的要件。法人登记的目的在于保护相对人的利益，维护交易安全，同时也有利于国家职能部门掌握情况，实施监督管理。除依法不需要进行登记的法人以外，法人登记通常包括法人的设立登记、变更登记和注销登记。

【条文精解】

一是企业法人登记事项。企业法人登记注册的事项包括企业法人名称、住所、经营场所、法定代表人、经济性质、经营范围、经营方式、注册资金、从业人数、经营期限、分支机构。

二是社会团体登记事项。社会团体登记事项包括名称、住所、宗旨、业务范围、活动地域、法定代表人、活动资金和业务主管单位。

三是事业单位法人登记事项。事业单位法人登记事项包括名称、住所、宗旨和业务范围、法定代表人、经费来源（开办资金）等。

四是民办非企业单位（即社会服务机构）登记事项。民办非企业单位登记事项包括民办非企业单位的名称、住所、宗旨和业务范围、法定代表人或者负责人、开办资金和业务主管单位。

如果法人的实际情况与上述登记的事项不一致的，不得对抗善意相对人。例如，法定代表人登记事项与实际情况不符，导致在法人内部存在的运行体制与其在登记机关公示的内容不完全相符，在此种情况下，对善意相对人不发生法律效力。因为登记有一个基本的公示功能，登记事项系对相对人的事先告知，对法人和相对人发生同等效力，推定各方当事人共同认可登记内容。如果法人实际情形与登记不一致的，发生的法律后果由法人自行承担，对相对人不发生效力。对此，德国商法典也作了类似的规定，赋予经公告的登记事项以公信力，如果官方的公告宣布某一事项已在商业登记簿中进行了登记，那么信赖这一公告的第三人将受到保护，即使官方的公告或有关的登记事项虚假不实，只要有关的相对人对此既无责任也不知情就够了。

【实践中需要注意的问题】

需要指出的是，如果法人在进行民事活动时主动告知相对人实际情形的，则相对人即不属于善意相对人，不适用本条的规定。

第六十六条　【法人登记公示】

登记机关应当依法及时公示法人登记的有关信息。

【立法背景】

法人登记公示制度是随着商业登记法律的产生而确立的一项制度，是商品经济发展到一定阶段的产物。德国于1861年颁布德国商法典，规定在地方法院设置商业登记簿，由地方法院办理。随后，日本及欧洲诸国，均加以仿效。日本于1899年3月颁布的商法，规定商业登记由商业营业所在地的法院设置商业登记簿，办理登记。就我国的情况来说，1950年颁布了新中国成立后的第一部企业登记法规《私营企业暂行条例》，1962年颁布了《工商企业登记管理试行办法》。十一届三中全会之后，又制定了一系列关于法人登记的法规，包括《企业法人登记管理条例》《公司登记管理条例》《社会团体登记管理条例》《事业单位登记管理暂行条例》《民办非企业单位登记管理暂行条例》以及有关实施细则等。

【条文精解】

法人登记事项经公示之后，即可产生两种法律效力，包括对抗力和公信力。通过赋予公示的登记事项以对抗力来保护登记人的合法权益；同时，通过赋予公示的登记事项以公信力来保护善意第三人，从而维护交易安全。

1. 对抗力

登记事项公示之后，具有对抗力。所谓对抗力，是指对于某种权利的内容，可以向第三人主张的法律效力。凡应登记及公示的事项，而未经登记和公示，则其事实存在与否，第三人很难知悉，假如没有特别的理由，法律上推定第三人不知情，那么在登记公示之前，不能对抗善意第三人。在登记公示之后，登记事项对第三人发生效力，第三人应尽注意责任，否则，即使不知情，也可与之对抗。登记及公示的对抗力，在于经公示的登记事项，可以与第三人对抗。登记与公示，是对抗力的形式要件，实为向社会宣示其权利而排斥其他权利的侵害，从而保护登记人的合法权利。

2. 公信力

所谓公信力，亦称公信原则，是指对法人登记公示的内容赋予法律上的公信力，即使该内容有瑕疵，法律对信赖该内容的第三人也将加以保护。

确立对法人登记信息的公示制度，其意义在于：一是有利于保护交易安全。法人登记公示制度对交易安全的保护，集中表现在公示的效力上，即对抗力与公信力。公示的对抗力表现为已经公示，可以对抗；未经公示，不能对抗。公示的公信力表现为一旦公示，外界即可信赖该公示的内容，即使有瑕疵，对信赖该公示的善意第三人也将加以保护。二是有利于降低社会成本。公示制度的对抗力和公信力使当事人权利义务确定化、稳定化，与之交易的第三人不必花费大量的时间和金钱去辨别公示内容的真伪。因此，公示制度大大降低了市场交易成本，即信息收集，进行谈判，订立契约并检查，监督契约实施的费用。另外，公示制度明确了当事人的责任，无论在登记过程中，还是在交易过程中均需尽注意义务，在使当事人谨慎从事的同时，也可以减少纠纷，降低整个社会的司法成本。

登记机关应当依法及时公示法人登记的有关信息。法人的相关登记机关包括：一是市场监督管理部门，即原工商行政管理部门，是企业法人的登记机关。二是编制部门，是事业单位的登记机关。三是民政部门，是社会团体和民办非企业单位，即社会服务机构的登记机关。

【实践中需要注意的问题】

根据本条规定，登记机关应当依法及时公示法人登记的有关信息。这里说的"依法"，主要是指《企业法人登记管理条例》《公司登记管理条例》《事业单位登记管理暂行条例》和《民办非企业单位登记管理暂行条例》以及有关实施细则，上述这些法规、规章对登记机关公示法人登记信息作出了具体规定，包括设立登记、变更登记和注销登记信息都要对外进行公示。

第六十七条 【法人合并分立】

法人合并的，其权利和义务由合并后的法人享有和承担。

法人分立的，其权利和义务由分立后的法人享有连带债权，承担连带债务，但是债权人和债务人另有约定的除外。

【立法背景】

法人合并，是指由两个以上的法人合并为一个新法人，是法人在组织上的一种变更。法人分立，是指一个法人分成两个或两个以上的法人，是法人在组织上的一种变更。法人发生合并、分立的，其权利和义务如何承担，需要法律作出明确规定，以利于交易安全，保护相关当事人的合法权益。

【条文精解】

法人合并分为新设合并和吸收合并。所谓新设合并，是指原法人资格随即消灭，新法人资格随即确立。所谓吸收合并，是指一个或多个法人归并到一个现存的法人中去，被合并的法人资格消灭，存续法人的主体资格仍然存在。法人发生合并，它的权利义务应当由合并后的法人享有和承担。

法人的分立分为新设式分立和派生式分立两种方式。所谓新设式分立，是指原法人分立为两个或者两个以上新的法人，原法人不复存在。所谓派生式分立，是指原法人仍然存在，但从原法人中分立出来一个新的法人，原法人的资格不变。

法人发生分立，其权利和义务由分立后的法人享有连带债权，承担连带债务，但是债权人和债务人另有约定的除外。当事人分立后，不仅原有的一切债权债务依法由分立后的法人或者其他组织承担，而且原有的财产所有权、经营权、知识产权等也都转移给分立后的企业，因此，分立后的各法人对原债权享有连带债权，对原债务承担连带债务，但是债权人和债务人另有约定的，可以依照约定处理。

【实践中需要注意的问题】

需要说明的是，关于法人合并、分立后的相关权利义务规定，公司法也作了与本条精神一致的规定。公司合并时，合并各方的债权债务应当由合并后存续的公司或者新设的公司承继。公司分立前的债务由分立后的公司承担连带责任。但是，公司在分立前与债权人就债务清偿达成的书面协议另有约定的除外。

第六十八条 【法人终止原因】

有下列原因之一并依法完成清算、注销登记的，法人终止：

（一）法人解散；

（二）法人被宣告破产；

（三）法律规定的其他原因。

法人终止，法律、行政法规规定须经有关机关批准的，依照其规定。

【立法背景】

法人终止，是指法人权利能力的终止。自然人有生就有死，法人也一样，其设立是依法设立，终止也需要依法终止。法人终止需要满足哪些条件，需要法律作出明确规定。

【条文精解】

本条第 1 款规定了法人终止的条件：

1. 具有法定事由

包括三种：一是法人解散。二是法人被宣告破产。法人不能清偿到期债务，并且资产不足以清偿全部债务或者明显缺乏清偿能力的，债权人可以向法院提出对债务人进行破产清算的申请。作为债务人的法人被法院依法宣告破产的，法人终止。从域外一些国家的立法看，也把破产作为法人终止的法定原因，如德国民法典规定，社团因破产开始，丧失权利能力。三是法律规定的其他原因。除了前两项原因外，有法律规定的其他原因，法人也要终止。

2. 依法完成清算

在上述原因发生后，法人的主体资格并不立即消灭，只有经过清算，法人主体资格才归于消灭。法人清算，是指清算组织在法人终止时，依据职权清理并消灭法人的全部财产关系的程序。清算的形式有两种：一是依破产程序进行清算；二是非按破产程序，而是依民法、民事诉讼法等有关规定清算。清算一般在法人终止时进行，但在法人负债过重时，经法人机关决定，由主管部门批准，可以自动清算。人民法院也可以根据法人的债权人或其他利害关系人的申请责令法人清算。

3. 依法进行注销登记

法人注销登记是法人依法终止，消灭其民事主体资格的要件。清算终结，应由清算组织向登记机关办理注销登记并公告，完成注销登记和公告，法人即告消灭。法人注销登记机关与设立登记机关相同，法人注销登记应提交的文件因法人种类不同而不同。如依据《企业法人登记管理条例》的规定，企业法人歇业、被撤销、宣告破产或者因其他原因终止营业，应当向登记主管机关办理注销登记。企业法人办理注销登记，应当提交法定代表人签署的申请注销登记报告、主管部门或者审批机关的批准文件、清理债务完结的证明或者清算组织负责清理债权债务的文件。经登记主管机关核准后，收缴《企业法人营业执照》、《企业法人营业执照》副本，收缴公章，并将注销登记情况告知其开户银行等。

【实践中需要注意的问题】

法人设立，法律、行政法规规定须经有关机关批准的，依照其规定。相应地，法人终止，法律、行政法规规定须经有关机关批准的，也应依照其规定。如《医疗机构管理条例》规定，医疗机构歇业，必须向原登记机关办理注销登记。经登记机关核准后，收缴《医疗机构执业许可证》。

第六十九条 【法人解散情形】

有下列情形之一的，法人解散：

（一）法人章程规定的存续期间届满或者法人章程规定的其他解散事由出现；

（二）法人的权力机构决议解散；

（三）因法人合并或者分立需要解散；

（四）法人依法被吊销营业执照、登记证书，被责令关闭或者被撤销；

（五）法律规定的其他情形。

【立法背景】

法人解散，是指已成立的法人基于一定的合法事由而使法人消灭的法律行为。法人的解散不仅涉及其自身的权益，也涉及与其有经济往来的其他民事主体的权益，所以需要法律对哪些情况下法人可以解散作出明确规定，以维护相关当事人的合法权益和交易安全。

【条文精解】

本条规定了法人解散的几种情形：

一是法人章程规定的存续期间届满或者法人章程规定的其他解散事由出现。法人章程规定了法人的存续期间，如自成立之日起10年，那么到了10年法人存续期满后，该法人即可以自行解散。此外，如果法人章程规定了其他解散事由，一旦该事由出现，则法人也可以解散。

二是法人的权力机构决议解散。根据本法的规定，营利法人应当设权力机构。权力机构行使修改法人章程，选举或者更换执行机构、监督机构成员，以及法人章程规定的其他职权。法人的权力机构，如股东大会，可以作出决议解散法人。

三是因法人合并或者分立需要解散。法人合并，两个以上的法人合并为一个新法人，被合并的法人自然也就解散了。法人分立，一个法人分立为两个以上的新法人，原法人自然也就解散了。

四是法人依法被吊销营业执照、登记证书，被责令关闭或者被撤销。在此种情况下，由于法人被依法给予行政处罚，失去了从事原活动的资格，所以法人也就被解散了。

【实践中需要注意的问题】

除了本条规定的上述四种情形外，如果符合其他法律规定的法人解散情形的，法人也应当解散。如公司法规定，公司经营管理发生严重困难，继续存续会使股东利益受到重大损失，通过其他途径不能解决的，持有公司全部股东表决权10%以上的股东，可以请求人民法院解散公司。

第七十条 【法人解散清算】

法人解散的，除合并或者分立的情形外，清算义务人应当及时组成清算组进行清算。

法人的董事、理事等执行机构或者决策机构的成员为清算义务人。法律、行政法规另有规定的，依照其规定。

清算义务人未及时履行清算义务，造成损害的，应当承担民事责任；主管机关或者利害关系人可以申请人民法院指定有关人员组成清算组进行清算。

【立法背景】

法人清算，是指在法人解散时，清算义务人成立清算组，依据职权清理并消灭法人的全部财产关系的程序。清算的任务是：清查法人财产，核实债权债务，编制资产负债表，依法或章程向有关部门移交财产，依法律规定的范围和程序清偿债务等。

【条文精解】

法人除了因合并或者分立的情形而解散，不需要清算的外，因其他情形而解散的，都要依法进行清算。法人的董事、理事等执行机构或者决策机构的成员为清算义务人。法律、行政法规另有规定的，依照其规定。

清算义务人，也称清算人，是指在法人解散后，负有清算责任的主体。清算义务人为法人的董事、理事等执行机构或者决策机构的成员。

董事，是指由法人权力机构选举产生的法人执行机构的成员，是公司内部治理的主要力量。根据公司法的规定，董事由股东大会选举产生，可以由股东或非股东担任。董事的任期，一般都是在公司内部细则中予以规定，有定期和不定期两种。定期把董事的任期限制在一定的时间内，每届任期不得超过 3 年。不定期，是指从任期之日算起，满一定年限应当进行改选，但可连选连任。董事被解聘的原因有：任期届满而未能连任、违反股东大会决议、股份转让、本人辞职、丧失行为能力，或者公司破产等。公司董事为自然人。

理事，是指在非营利法人中，由选举产生的管理法人事务的人员，是法人内部治理的主要力量，对内管理法人事务，对外代表法人进行活动。例如，根据民办教育促进法及其实施条例的规定，非营利民办学校理事会或者其他形式决策机构的负责人应当品行良好，具有政治权利和完全民事行为能力。国家机关工作人员不得担任民办学校理事会或者其他形式决策机构的成员。民办学校的理事会或者其他形式决策机构，每年至少召开一次会议。经 1/3 以上组成人员提议，可以召开理事会或者其他形式决策机构临时会议。

除了董事、理事为清算义务人外，法律、行政法规对清算义务人另有规定的，依照其规定。如根据公司法的规定，有限责任公司的清算义务人是全体股东。根据《社会团体登记管理条例》《事业单位登记管理暂行条例》和有关实施细则的规定，社会团体的清算义务人是其业务主管单位及其他有关机关；事业单位的清算义务人是其举办单位和其他有关机关。

【实践中需要注意的问题】

清算义务人未及时履行清算义务，造成损害的，应当承担民事责任；主管机关或者利害关系人可以申请人民法院指定有关人员组成清算组进行清算。

第七十一条 【法人的清算程序和清算组职权】

法人的清算程序和清算组职权，依照有关法律的规定；没有规定的，参照适用公司法律的有关规定。

【立法背景】

关于法人的清算程序和清算组职权，本条没有作具体规定，而是明确依照有关法律的规定。这里的有关法律主要是指公司法和《社会团体登记管理条例》《事业单位登记管理暂行条例》《民办非企业单位登记管理暂行条例》及有关实施细则等。

【条文精解】

1. 清算程序

公司法对公司法人的清算程序作出了明确的规定。法人应当在解散事由出现之日起 15 日内成立清算组，开始清算。有限责任公司的清算组由股东组成，股份有限公司的清算组由董事或者股东大会确定的人员组成。逾期不成立清算组进行清算的，债权人可以申请人民法院指定有关人员组成清算组进行清算。人民法院应当受理该申请，并及时组织清算组进行清算。清算组应当自成立之日起 10 日内通知债权人，并于 60 日内在报纸上公告。债权人应当自接到通知书之日起 30 日内，未接到通知书的自公告之日起 45 日内，向清算组申报其债权。债权人申报债权，应当说明债权的有关事项，并提供证明材料。清算组应当对债权进行登记。在申报债权期间，清算组不得对债权人进行清偿。

《事业单位登记管理暂行条例实施细则》规定，清算组织应当自成立之日起 10 日内通知债权人，并于 30 日内至少发布 3 次拟申请注销登记的公告。债权人应当自第一次公告之日起 90 日内，向清算组织申报其债权。此外，《民办非企业单位登记管理暂行条例》和《社会团体登记管理条例》规定，民办非企业单位、社会团体在办理注销登记前，应当在业务主管单位和其他有关机关的指导下，成立清算组织，完成清算工作。

2. 清算组职权

公司法规定，清算组在清算期间行使下列职权：一是清理公司财产，分别编制资产负债表和财产清单。清算组在清理公司财产、编制资产负债表和财产清单后，应当制定清算方案，并报股东会、股东大会或者人民法院确认。二是通知、公告债权人。三是处理与清算有关的公司未了结的业务。四是清缴所欠税款以及清算过程中产生的税款。五是清理债权、债务。六是处理公司清偿债务后的剩余财产。公司财产在分别支付清算费用、职工的工资、社会保险费用和法定补偿金，缴纳所欠税款，清偿公司债务后的剩余财产，有限责任公司按照股东的出资比例分配，股份有限公司按照股东持有的股份比例分配。七是代表公司参与民事诉讼活动。

【实践中需要注意的问题】

法律、行政法规等对公司以外的法人解散后清算的程序和清算组职权没有规定的，可以参照适用公司法的上述规定。本条规定的"参照适用公司法律的有关规定"，即是指参照适用公司法的有关规定。需要说明的是，参照适用不是全部适用，在适用公司法相关规定的基本原则的前提下，在一些具体规定上可以根据该类组织的特点作灵活处理，与公司法的规定不完全相同。

第七十二条 【清算期间法人活动要求】

清算期间法人存续，但是不得从事与清算无关的活动。

法人清算后的剩余财产，按照法人章程的规定或者法人权力机构的决议处理。法律另有规定的，依照其规定。

清算结束并完成法人注销登记时，法人终止；依法不需要办理法人登记的，清算结束时，法人终止。

【立法背景】

清算期间法人还继续存在，仍然具有民事权利能力和民事行为能力，但是其民事权利能力是受到限制的，不得从事与清算无关的活动，以保护债权人和其他人的利益。如果法人在清算期间，仍然继续从事经营活动，会产生新的债权债务关系，这势必会影响到原债权人的利益，同时在法人处于解散的状态下，再开展业务活动，对有关相对人的权益也会造成侵害。所以，清算期间法人虽然存续，但是不得从事与清算无关的活动。

【条文精解】

公司法、《社会团体登记管理条例》、《事业单位登记管理暂行条例》、《民办非企业单位登记管理暂行条例》等法律、行政法规，均规定法人在清算期间不得开展与清算无关的活动。对违反这一规定的，公司法还规定了相应的法律责任：公司在清算期间开展与清算无关的经营活动的，由公司登记机关予以警告，没收违法所得。

法人清算后的剩余财产，是指法人财产在分别支付清算费用、职工的工资、社会保险费用和法定补偿金，缴纳所欠税款，清偿公司债务后的剩余财产。对法人清算后的剩余财产，一般要根据法人章程的规定或者法人权力机构的决议来处理，但是法律另有规定的，依照其规定。如公司法规定，公司财产在分别支付清算费用、职工的工资、社会保险费用和法定补偿金，缴纳所欠税款，清偿公司债务后的剩余财产，有限责任公司按照股东的出资比例分配，股份有限公司按照股东持有的股份比例分配。因此，对有限责任公司和股份有限公司法人在清算后的剩余财产的处理，要适用公司法的规定。此外，《民法典》第95条对为公益目的成立的非营利法人剩余财产的处理也作了专门规定。

在清算程序结束后，对经过登记设立的法人，还要再经过法人注销登记程序，法人才终止。注销登记，是指登记主管机关依法对歇业、被撤销、宣告破产或者因其他原因终止营业的法人，取消法人资格的行为。根据公司法、《社会团体登记管理条例》、《事业单位登记管理暂行条例》、《民办非企业单位登记管理暂行条例》等法律、行政法规的规定，如公司清算结束后，清算组应当制作清算报告，报股东会、股东大会或者人民法院确认，并报送公司登记机关，申请注销公司登记，公告公司终止。

【实践中需要注意的问题】

有些法人设立是依法不需要经过登记程序的，如根据工会法的规定，工会社团法人资格的取得是由工会法直接规定的，依法不需要办理法人登记。对这些法人在清算结束时，不需要进行注销登记，法人即终止。

第七十三条　【法人破产终止】

法人被宣告破产的，依法进行破产清算并完成法人注销登记时，法人终止。

【立法背景】

破产，是指债务人因不能偿债或者资不抵债时，由债权人或债务人诉请法院宣告破产，并依破产程序偿还债务的一种法律制度。狭义的破产制度仅指破产清算制度，广义的破产制度还包括重整与和解制度。

【条文精解】

依据本条的规定，法人被人民法院宣告破产的，依法进行破产清算并完成法人注销登记时，法人终止。这里的"依法"，主要是指企业破产法和其他规定了法人破产清算的法律，如农民专业合作社法、民办教育促进法等。

本条规定明确了法人因破产而终止的两个程序性规定：

1. 破产清算

破产清算制度，是对债务人宣告破产、清算还债的法律制度，即在债务人丧失清偿能力时，由法院强制执行其全部财产，公平清偿全体债权人的法律制度。根据企业破产法的规定，破产清算分为破产宣告、变价和分配、破产程序的终结三个环节。

一是破产宣告。企业破产法规定，人民法院宣告债务人破产的，应当自裁定作出之日起5日内送达债务人和管理人，自裁定作出之日起10日内通知已知债权人，并予以公告。债务人被宣告破产后，债务人称为破产人，债务人财产称为破产财产，人民法院受理破产申请时对债务人享有的债权称为破产债权。

二是变价和分配。企业破产法规定，管理人应当及时拟订破产财产变价方案，提交债权人会议讨论。管理人应当按照债权人会议通过的或者人民法院依法裁定的破产财产变价方案，适时变价出售破产财产。变价出售破产财产应当通过拍卖进行。但是，债权人会议另有决议的除外。破产企业可以全部或者部分变价出售。企业变价出售时，可以将其中的无形资产和其他财产单独变价出售。按照国家规定不能拍卖或者限制转让的财产，应当按照国家规定的方式处理。

三是破产程序的终结。破产人无财产可供分配的，管理人应当请求人民法院裁定终结破产程序。管理人在最后分配完结后，应当及时向人民法院提交破产财产分配报告，并提请人民法院裁定终结破产程序。人民法院应当自收到管理人终结破产程序的请求之日起 15 日内作出是否终结破产程序的裁定。裁定终结的，应当予以公告。自破产程序终结之日起两年内，发现有依法应当追回的财产，或者破产人有应当供分配的其他财产的，债权人可以请求人民法院按照破产财产分配方案进行追加分配，但财产数量不足以支付分配费用的，不再进行追加分配，由人民法院将其上交国库。破产人的保证人和其他连带债务人，在破产程序终结后，对债权人依照破产清算程序未受清偿的债权，依法继续承担清偿责任。

2. 注销登记

企业破产法规定，管理人应当自破产程序终结之日起 10 日内，持人民法院终结破产程序的裁定，向破产人的原登记机关办理注销登记。管理人于办理注销登记完毕的次日终止执行职务。但是，存在诉讼或者仲裁未决情况的除外。

法人被人民法院宣告破产的，依据上述企业破产法的规定进行破产清算并完成法人注销登记时，法人终止。

【实践中需要注意的问题】

需要说明的是，企业破产法规定，其他法律规定企业法人以外的组织的清算，属于破产清算的，参照适用本法规定的程序。目前，农民专业合作社法和民办教育促进法已经对农民专业合作社和民办学校的破产清算作了规定，在破产财产的清偿顺序上突出了对农民和受教育者的保护。

第七十四条 【法人分支机构】

法人可以依法设立分支机构。法律、行政法规规定分支机构应当登记的，依照其规定。

分支机构以自己的名义从事民事活动，产生的民事责任由法人承担；也可以先以该分支机构管理的财产承担，不足以承担的，由法人承担。

【立法背景】

法人分支机构作为法人的组成部分，由法人依法设立，在法人主要活动地点以外的一定领域内，实现法人的全部或部分职能。分支机构以自己的名义所从事的民事活动，对法人直接产生权利义务，并构成整个法人权利义务的一部分。

【条文精解】

法人分支机构，在性质上属于法人的组成部分，不具有独立责任能力，其行为的效果仍由法人承担。公司法规定，公司可以设立分公司。设立分公司，应当向公司登记机关申请登记，领取营业执照。分公司不具有法人资格，其民事责任由所属法人承担。

法人的分支机构虽然在法人授权范围内可以对外从事各种民事活动，但法人的分支机构属于法人的组成部分，其承担责任的能力有一定的限制，因此，法人的分支机构进行民事活动所承担的责任，要由法人承担的，也可以先以该分支机构管理的财产承担，不足以承担的，由法人承担。在涉及分支机构的诉讼中，可以将法人的分支机构与法人一起列为共同被告。比如，企业法人的分支机构为他人提供担保，发生法律纠纷的，人民法院在审理过程中可以将该企业法人和分支机构列为共同被告参加诉讼。

本条规定，法人可以依法设立分支机构。这里的"依法"，主要是指依据公司法、商业银行法、保险法、证券法、《企业法人登记管理条例》《社会团体登记管理条例》《民办非企业单位登记管理暂行条例》《基金会管理条例》等法律、行政法规的规定。例如，公司法规定，公司可以设立分公司。设立分公司，应当向公司登记机关申请登记，领取营业执照。

对于非企业法人来说，依据《社会团体登记管理条例》《民办非企业单位登记管理暂行条例》《基金会管理条例》等行政法规的规定，社会团体的分支机构是社会团体的组成部分，不具有法人资格，应当按照其所属的社会团体的章程规定的宗旨和业务范围，在该社会团体授权的范围内开展活动、发展会员。社会团体的分支机构不得再设立分支机构。社会团体不得设立地域性的分支机构。民办非企业单位不得设立分支机构。基金会可以依法设立分支机构，依据基金会的授权开展活动，不具有法人资格。

【实践中需要注意的问题】

需要指出的是，关于法人设立分支机构是否需要登记，本条规定，法律、行政法规规定分支机构应当登记的，依照其规定。根据这一规定，法人设立分支机构是否需要登记，要根据相关法律、行政法规的规定。根据《企业法人登记管理条例》的规定，企业法人设立不能独立承担民事责任的分支机构，由该企业法人申请登记，经登记主管机关核准，领取营业执照，在核准登记的经营范围内从事经营活动。此外，《基金会管理条例》规定，基金会拟设立分支机构的，应当向原登记管理机关提出登记申请，并提交拟设机构的名称、住所和负责人等情况的文件。

第七十五条 【设立人责任】

设立人为设立法人从事的民事活动，其法律后果由法人承受；法人未成立的，其法律后果由设立人承受，设立人为二人以上的，享有连带债权，承担连带债务。

设立人为设立法人以自己的名义从事民事活动产生的民事责任，第三人有权选择请求法人或者设立人承担。

【立法背景】

法人的设立人，是指申请设立法人，并在法人的设立过程中承担相应民事责任的人。在公司法中，一般称法人设立人为发起人。他们的主要民事活动是认缴、实缴出资、对出资评估作价和设立组织机构。在法人的设立过程中，设立人依法筹办法人设立的各种事务，其在法人设立过程中的行为，直接影响到法人能不能成立，以及成立以后法人的状况。所以设立人对设立法人应当承担法定的责任。

【条文精解】

一是设立人为设立法人从事的民事活动，其法律后果由法人承受。设立人在法人的设立过程中，应当履行好作为设立人的责任，使法人能够顺利地成立。法人成立后，将依法继受设立过程中所产生的权利义务。但是，如果法人没有成立，在设立活动期间产生的民事责任义务，要由法人的设立人承担，因为设立中的法人还不具有民事权利能力和民事行为能力，不能承担民事责任。本条第1款规定的"法人未成立"，是指设立人未能够完成设立法人行为，法人最终没有成立。法人无论因何种原因不能成立，设立人都应当对设立行为所产生的法律后果承担法律责任。设立人为两人以上的，享有连带债权，承担连带债务。

二是设立人为设立法人以自己的名义从事民事活动，第三人有权选择请求法人或者设立人承担发起人对自己过失行为应当承担的责任。由于信息不对称，第三人往往不知道设立人的行为目的，不知道设立人以自己的名义所从事的民事法律行为，与之后成立的法人之间的关系。所以，为保护第三人的合法权益，本条规定，设立人为设立法人以自己的名义从事民事活动产生的民事责任，第三人有权选择，或者请求法人承担，或者请求设立人承担。

【实践中需要注意的问题】

设立行为所产生的债务和费用原则上应由成立后的公司承担，但当公司不能成立时，先前发生的与设立公司相关的费用及债务就失去了公司法人这一拟定的承担主体，只能改由实施设立行为的主体即发起人来承担。由于发起人之间的关系近似于合伙关系，因此各国公司立法一般都规定对此准用合伙的有关规定，即由发起人对设立行为所产生的费用和债务负连带赔偿责任。此外，公司法还规定，在公司设立过程中，由于发起人的过失致使公司利益受到损害的，应当对公司承担赔偿责任。

第二节　营利法人

第七十六条 【营利法人定义和类型】
以取得利润并分配给股东等出资人为目的成立的法人，为营利法人。
营利法人包括有限责任公司、股份有限公司和其他企业法人等。

【条文精解】

本条第 1 款规定，以取得利润并分配给股东等出资人为目的成立的法人，为营利法人。这一规定强调了营利法人的两个特征：一是成立的目的是取得利润，即以营利性为目的。二是取得利润后要分配给股东等出资人，即出资人取得利润。这两个特征同时具备是营利法人与其他法人的根本区别所在。

本条第 2 款规定，营利法人包括有限责任公司、股份有限公司和其他企业法人等。

一是有限责任公司，简称有限公司（Co., Ltd., 全拼为 Limited Liability Company）。根据公司法的规定，是指由 50 个以下的股东出资设立，每个股东以其所认缴的出资额对公司承担有限责任，公司以其全部资产对其债务承担责任的经济组织。有限责任公司包括国有独资公司以及其他有限责任公司。

二是股份有限公司（Stock corporation）。股份有限公司，是指公司资本为股份所组成的公司，股东以其认购的股份为限对公司承担责任的企业法人。股份公司产生于18世纪的欧洲，19世纪后半期广泛流行于世界各国。目前，股份公司在欧美国国家占据统治地位。公司法规定，设立股份有限公司，应当有2人以上200人以下为发起人。由于所有股份公司均须是负担有限责任的有限公司（但并非所有有限公司都是股份公司），所以一般称为"股份有限公司"。公司的资本总额平分为金额相等的股份；公司可以向社会公开发行股票筹资，股票可以依法转让；法律对公司股东人数只有最低限制，无最高人数限定性规定。股东以其所认购股份对公司承担有限责任，公司以其全部资产对公司债务承担责任；每一股有一个表决权，股东以其所认购持有的股份，享受权利，承担义务。此外，公司应当将经注册会计师审查验证过的会计报告公开。

【实践中需要注意的问题】

除了有限责任公司、股份有限公司外，营利法人还包括其他企业法人等。根据《企业法人登记管理条例》的规定，具备法人条件的下列企业，应当依照本条例的规定办理企业法人登记：（1）全民所有制企业；（2）集体所有制企业；（3）联营企业；（4）在中华人民共和国境内设立的中外合资经营企业、中外合作经营企业和外资企业（现统称为外商投资企业）；（5）私营企业；（6）依法需要办理企业法人登记的其他企业。上述这些企业法人，如果不是按照公司法成立的公司法人，没有采用公司法人的组织结构，则属于本条所规定的"其他企业法人"。

第七十七条 【营利法人登记成立】

营利法人经依法登记成立。

【立法背景】

营利法人经依法登记成立，这里的"依法"，是指公司法、《公司登记管理条例》、《企业法人登记管理条例》等法律、行政法规。公司法、《公司登记管理条例》《企业法人登记管理条例》对设立有限责任公司、股份有限公司和其他企业法人等营利法人的条件和登记程序等作了明确的规定。

【条文精解】

1.设立有限责任公司的条件

根据公司法的规定，设立有限责任公司应当具备下列条件：（1）股东符合法定人数；（2）有符合公司章程规定的全体股东认缴的出资额；（3）股东共同制定公司章程；（4）有公司名称，建立符合有限责任公司要求的组织机构；（5）有公司住所。

股东认足公司章程规定的出资后，由全体股东指定的代表或者共同委托的代理人向公司登记机关报送公司登记申请书、公司章程等文件，申请设立登记。

2.设立股份有限公司的条件

根据公司法的规定，设立股份有限公司应当具备下列条件：

（1）发起人符合法定的资格，达到法定的人数。发起人的资格，是指发起人依法取得的创立股份有限公司的资格。股份有限公司的发起人可以是自然人，也可以是法人，但发起人中须有过半数的人在中国境内有住所。设立股份有限公司，必须达到法定的人数，应有2人以上200人以下的发起人。国有企业改建为股份有限公司的，发起人可以少于5人，但应当采取募集设立方式。规定发起人的最低限额，是设立股份有限公司的国际惯例。如果发起人的最低人数限额没有规定，一则发起人太少难以履行发起人的义务；二则防止少数发起人损害其他股东的合法权益。对发起人的最高人数限额则无规定的必要。

（2）有符合公司章程规定的全体发起人认购的股本总额或者募集的实收股本总额。股份有限公司采取发起设立方式设立的，注册资本为在公司登记机关登记的全体发起人认购的股本总额。在发起人认购的股份缴足前，不得向他人募集股份。股份有限公司采取募集方式设立的，注册资本为在公司登记机关登记的实收股本总额。法律、行政法规以及国务院决定对股份有限公司注册资本实缴、注册资本最低限额另有规定的，从其规定。

（3）股份发行、筹办事项符合法律规定。股份发行、筹办事项符合法律规定，是设立股份有限公司必须遵循的原则。股份的发行，是指股份有限公司在设立时为了筹集公司资本，出售和募集股份的法律行为。这里讲的"股份发行"，是指设立发行，是设立公司的过程中，为了组建股份有限公司，筹集组建公司所需资本而发行股份的行为。设立阶段的发行分为发起设立发行和募集设立发行两种。发起设立发行即所有股份均由发起人认购，不得向社会公开招募。招募设立发行即发起人只认购股份的一部分，其余部分向社会公开招募。

（4）发起人制定公司章程，并经创立大会通过。股份有限公司的章程，是股份有限公司重要的文件，其中规定了公司最重要的事项，它不仅是设立公司的基础，也是公司及其股东的行为准则。因此，公司章程虽然由发起人制定，但以募集设立方式设立股份有限公司的，必须召开由认股人组成的创立大会，并经创立大会决议通过。

（5）有公司名称，建立符合公司要求的组织机构。名称是股份有限公司作为法人必须具备的条件。公司名称必须符合企业名称登记管理的有关规定，股份有限公司的名称还应标明"股份有限公司"字样。

股份有限公司必须有一定的组织机构，对公司实行内部管理，并对外代表公司。股份有限公司的组织机构是股东大会、董事会、监事会和经理。股东大会作出决议，董事会是执行公司股东大会决议的执行机构，监事会是公司的监督机构，依法对董事、经理和公司的活动实行监督，经理由董事会聘任，主持公司的日常生产经营管理工作，组织实施董事会决议。

（6）有公司住所。股份有限公司的设立方式主要有：一是发起设立，即所有股份均由发起人认购，不得向社会公开招募；二是募集设立，即发起人只认购股份的一部分，其余部分向社会公开招募。在不同的国家，股份有限公司的设立规定有所不同。有的国家规定，只有在全部股份均被认足时，公司才得以成立。有的国家规定，股份有限公司实行法定资本制的，以认足全部股份为成立的条件；股份有限公司实行授权资本制的，可以不认足全部股份。

3.设立企业法人的条件

根据《企业法人登记管理条例》的规定，设立企业法人应当具备下列条件：一是名称、组织机构和章程；二是固定的经营场所和必要的设施；三是符合国家规定并与其生产经营和服务规模相适应的资金数额和从业人员；四是能够独立承担民事责任；五是符合国家法律、法规和政策规定的经营范围。

4.设立登记程序

公司法明确规定，设立公司，应当依法向公司登记机关申请设立登记。符合本法规定的设立条件的，由公司登记机关分别登记为有限责任公司或者股份有限公司；不符合本法规定的设立条件的，不得登记为有限责任公司或者股份有限公司。法律、行政法规规定设立公司必须报经批准的，应当在公司登记前依法办理批准手续。公众可以向公司登记机关申请查询公司登记事项，公司登记机关应当提供查询服务。

【实践中需要注意的问题】

除了有限公司、股份有限公司外，其他企业法人的登记适用《企业法人登记管理条例》的相关规定。

第七十八条 【营利法人营业执照】

依法设立的营利法人，由登记机关发给营利法人营业执照。营业执照签发日期为营利法人的成立日期。

【立法背景】

营业执照，是指市场监督管理部门，即原工商行政管理部门发给企业等营利法人，准许其从事某项生产经营活动的凭证。营业执照的格式由国家市场监督管理总局统一规定。根据公司法的规定，公司营业执照应当载明公司的名称、住所、注册资本、经营范围、法定代表人姓名等事项。公司营业执照记载的事项发生变更的，公司应当依法办理变更登记，由公司登记机关换发营业执照。

【条文精解】

根据公司法和《公司登记管理条例》《企业法人登记管理条例》及相关实施细则的规定，企业等营利法人经登记主管机关核准登记注册，领取《企业法人营业执照》后，企业即告成立。营业执照签发日期为营利法人的成立日期。《企业法人营业执照》是企业等营利法人取得法人资格和合法经营权的凭证。企业等营利法人凭借《企业法人营业执照》可以刻制公章、开立银行账户、签订合同，进行经营活动。登记主管机关可以根据企业法人开展业务的需要，核发《企业法人营业执照》副本。

【实践中需要注意的问题】

营业执照分为正本和副本，二者具有相同的法律效力。正本应当置于公司住所或营业场所的醒目位置，营业执照不得伪造、涂改、出租、出借、转让。

第七十九条 【营利法人的法人章程】

设立营利法人应当依法制定法人章程。

【立法背景】

法人章程，是指根据法人性质、任务和业务活动需要制定的关于法人的活动范围、组织机构以及内部成员之间的权利义务等的重要文件，是法人从事生产经营活动的行为准则。

【条文精解】

公司法规定，设立公司必须依法制定公司章程。公司章程对公司、股东、董事、监事、高级管理人员具有约束力。公司的经营范围由公司章程规定，并依法登记。公司可以修改公司章程，改变经营范围，但是应当办理变更登记。

公司法规定，有限责任公司章程应当载明公司名称和住所，公司经营范围，公司注册资本，股东的姓名或者名称，股东的出资方式、出资额和出资时间，公司的机构及其产生办法、职权、议事规则，公司法定代表人，以及股东会会议认为需要规定的其他事项，股东应当在公司章程上签名、盖章。修改有限责任公司的章程，必须由股东会决定。

对于股份有限公司的章程，公司法规定应当载明下列事项：公司名称和住所，公司经营范围，公司设立方式，公司股份总数、每股金额和注册资本，发起人的姓名或者名称、认购的股份数、出资方式和出资时间，董事会的组成、职权和议事规则，公司法定代表人，监事会的组成、职权和议事规则，公司利润分配办法，公司的解散事由与清算办法，公司的通知和公告办法，股东大会会议认为需要规定的其他事项。公司章程由创立大会通过。公司法规定，发行股份的股款缴足后，必须经依法设立的验资机构验资并出具证明。发起人应当自股款缴足之日起30日内主持召开公司创立大会。创立大会由发起人、认股人组成。

【实践中需要注意的问题】

法人章程的内容可以分为绝对必要记载的事项和任意记载的事项。前者是指法律规定在章程中必须具备的内容，通常包括法人名称、住所、宗旨和经营范围、注册资金、投资数额、投资者的姓名和住所、投资者的权利义务、法人的组织机构和解散条件、利润分配和亏损承担等。章程一经登记就具有法律效力，成为法人的行为准则。

> **第八十条 【营利法人权力机构】**
>
> 营利法人应当设权力机构。
>
> 权力机构行使修改法人章程，选举或者更换执行机构、监督机构成员，以及法人章程规定的其他职权。

【立法背景】

营利法人设立权力机构是公司进行内部治理的需要，也是维护股东权益的需要。股东是公司财产的所有者，虽然他们不直接参与公司的经营管理，但对公司的经营管理，每个股东都有表达其意见的权利。股东会、股东大会就是由公司全体股东所组成的，对公司一系列重大问题发表意见，作出决议的公司最高决策机构。公司通过设立权力机构，来决定公司的重大问题，包括公司的发展方向、经营规模和盈利分配等，既有利于加强对公司的内部治理，增强公司的核心竞争力，提高公司的经营业绩，实现公司的可持续发展，也有利于确保股东等投资人的合法权益。

【条文精解】

1. 营利法人应当设权力机构

根据公司法的规定，有限责任公司的权力机构是股东会；股份有限公司的权力机构是股东大会，由全体股东组成；国有独资公司不设股东会，由国有资产监督管理机构行使股东会职权。国有资产监督管理机构可以授权公司董事会行使股东会的部分职权，决定公司的重大事项，但公司的合并、分立、解散、增加或者减少注册资本和发行公司债券，必须由国有资产监督管理机构决定；其中，重要的国有独资公司合并、分立、解散、申请破产的，应当由国有资产监督管理机构审核后，报本级人民政府批准。

2. 权力机构的职权

根据本条第2款的规定，营利法人权力机构的职权有：

（1）修改法人章程。一般由董事会提出修改建议。董事会是公司的执行机构，对公司经营情况以及章程的执行和变化情况较为了解，能够对公司章程的修改提出具有积极意义的建议。根据公司法的规定，董事会召集股东（大）会。但是修改公司章程事关公司发展的大局，不得以会间的临时动议提出。

（2）选举或者更换执行机构、监督机构成员。对于有限责任公司、股份有限公司来说，其执行机构为公司董事会，监督机构为公司监事会，不设监事会的公司，监事为公司监督机构。公司法规定，股东会选举和更换非由职工代表担任的董事、监事，决定有关董事、监事的报酬事项。股东大会选举董事、监事，可以依照公司章程的规定或者股东大会的决议，实行累积投票制。累积投票制，是指股东大会选举董事或者监事时，每一股份拥有与应选董事或者监事人数相同的表决权，股东拥有的表决权可以集中使用。

【实践中需要注意的问题】

除了修改法人章程，选举或者更换执行机构、监督机构成员以外，权力机构还行使法人章程规定的其他职权，如决定公司的经营方针和投资计划，审议批准董事会的报告，审议批准监事会或者监事的报告，审议批准公司的年度财务预算方案、决算方案，审议批准公司的利润分配方案和弥补亏损方案，对公司增加或者减少注册资本作出决议，对发行公司债券作出决议，对公司合并、分立、解散、清算或者变更公司形式作出决议等。

第八十一条 【营利法人执行机构】

营利法人应当设执行机构。

执行机构行使召集权力机构会议，决定法人的经营计划和投资方案，决定法人内部管理机构的设置，以及法人章程规定的其他职权。

执行机构为董事会或者执行董事的，董事长、执行董事或者经理按照法人章程的规定担任法定代表人；未设董事会或者执行董事的，法人章程规定的主要负责人为其执行机构和法定代表人。

【立法背景】

营利法人设立了权力机构，就必须同时设立执行机构来执行权力机构的决定，否则权力机构的决定就会落空，法人也无法正常运转。

【条文精解】

1.营利法人应当设执行机构

根据本条的规定，营利法人的执行机构包括两种模式：一是执行机构为董事会或者执行董事；二是未设董事会或者执行董事的，执行机构为法人章程规定的主要负责人。

根据公司法的规定，有限责任公司、股份有限公司的执行机构为董事会。董事会是股东会或股东大会这一权力机构的执行机构，对公司股东会或股东大会负责并报告工作。股东会或股东大会所作的决定，董事会必须执行。

2.执行机构的职权

一是召集权力机构会议。根据公司法的规定，有限责任公司设立董事会的，股东会会议由董事会召集；不设董事会的，股东会会议由执行董事召集和主持。董事会或者执行董事不能履行或者不履行召集股东会会议职责的，由监事会或者不设监事会的公司的监事召集和主持；监事会或者监事不召集和主持的，代表1/10以上表决权的股东可以自行召集和主持。

二是决定法人的经营计划和投资方案。董事会等法人执行机构，有权按照股东会或者股东大会等法人权力机构确定的法人经营的重大决策，来决定法人自身的经营计划和对外投资方案，以实现法人的经营业绩，促进法人的发展。

三是决定法人内部管理机构的设置。为加强对法人的内部管理，使法人运营更加科学、合理，董事会等执行机构有权决定法人内部管理机构的设置。

除了上述三项法定职权外，执行机构还行使法人章程规定的其他职权。

【实践中需要注意的问题】

一是营利法人的执行机构为董事会或者执行董事的，董事长、执行董事或者经理按照法人章程的规定担任法定代表人。二是营利法人未设董事会或者执行董事的，法人章程规定的主要负责人，既是其执行机构，也是其法定代表人。

第八十二条 【营利法人监督机构】

营利法人设监事会或者监事等监督机构的，监督机构依法行使检查法人财务，监督执行机构成员、高级管理人员执行法人职务的行为，以及法人章程规定的其他职权。

【立法背景】

营利法人设立监督机构旨在加强对法人执行机构的监督，防止公司董事会滥用权力，维护法人和股东的财产安全，是加强法人内部治理的重要机制。公司股东为防止董事会滥用职权，违反法律和公司章程、损害股东的利益，客观上就要求对董事会的活动及其经营管理的公司业务进行监督。但是，由于股东在管理公司方面受到知识能力和时间上的限制，需要由作为公司监督机构的监事会，代表股东大会以监督公司业务执行为其主要权限，并对股东大会负责。

【条文精解】

营利法人的监督机构为公司监事会，不设监事会的公司，监事为公司的监督机构。

监督机构的职责：

一是检查公司财务。监事会、不设监事会的公司的监事发现公司经营情况异常，可以进行调查；必要时，可以聘请会计师事务所等协助其工作，费用由公司承担。

二是对董事、高级管理人员执行公司职务的行为进行监督。监事可以列席董事会会议，并对董事会决议事项提出质询或者建议，同时对违反法律、行政法规、公司章程或者股东会决议的董事、高级管理人员提出罢免的建议。

三是法人章程规定的其他职权，包括：当董事、高级管理人员的行为损害公司的利益时，要求董事、高级管理人员予以纠正；提议召开临时股东会会议，在董事会不履行公司法规定的召集和主持股东会会议职责时，召集和主持股东会会议；向股东会会议提出提案；依法对董事、高级管理人员提起诉讼等。

【实践中需要注意的问题】

需要指出的是，营利法人设立权力机构和执行机构是法律的强制性的要求，但设立监督机构不是法律强制性的规定。这主要是考虑到营利法人的范围比较宽，除了有限责任公司、股份有限公司外，还有非公司的企业法人。这些企业法人没有实行公司的治理模式，没有设立监督机构，所以本条没有像前两条一样，规定营利法人应当设立监督机构，而是规定"营利法人设监事会或者监事等监督机构的"，监督机构依法履行相应的职责。

第八十三条　【营利法人出资人不得滥用权利】

营利法人的出资人不得滥用出资人权利损害法人或者其他出资人的利益；滥用出资人权利造成法人或者其他出资人损失的，应当依法承担民事责任。

营利法人的出资人不得滥用法人独立地位和出资人有限责任损害法人债权人的利益；滥用法人独立地位和出资人有限责任，逃避债务，严重损害法人债权人的利益的，应当对法人债务承担连带责任。

【立法背景】

公司法的法理基础，就是利用法人独立地位和出资人有限责任充分发挥其作用，提升效率，发展生产力。如果滥用法人独立地位和出资人有限责任，则应对法人债务承担连带责任，这一规则被称为"揭开公司的面纱"，又叫"法人人格否认"。这里的否认，并非否认法人资格，而是否认其独立地位，需出资人承担无限连带责任，保护债权人利益。

【条文精解】

1. 营利法人的出资人不得滥用出资人权利

营利法人的出资人，对于公司法人来说，是指有限责任公司或者股份责任有限公司的股东。股东作为股东会或者股东大会的组成人员，应当遵守公司法等法律、行政法规和公司章程的规定，依法合理行使作为出资人的权利。如果股东滥用权利，损害法人或者其他出资人，即其他股东的利益，给法人或者其他出资人造成损失的，应当依法承担民事责任。这里应当指出的是，股东滥用权利的构成要件包括：一是以损害法人或其他出资人利益为目的行使权利。比如，控股股东通过决议向关联公司输送利益，这一行为的目的在于损害法人或其他出资人利益。二是法人或其他出资人遭受了实际损失。如上述控股股东通过决议向关联公司输送利益的行为给公司和其他股东的权益造成了损失。三是因果关系。股东滥用权利的行为与法人或者其他股东权益受损之间存在因果关系。符合上述三个要素的，行为人应当承担民事责任。

2.营利法人的出资人不得滥用法人独立地位和出资人有限责任损害法人债权人的利益

法人以自己的财产独立承担民事责任。如果公司出现经济纠纷需要赔偿，或者亏损甚至因资不抵债而破产，股东的损失仅限于投资，不涉及个人和家庭的财产，这是对出资人的保护。需要指出的是，这里所说的出资不是实际出资，而是认缴的出资，也就是股东承诺的出资，写在法人章程里，是法人登记的数额，即使股东出资没有完全到位，也要按照当初承诺认缴的数额承担责任。

营利法人的出资人滥用法人独立地位和出资人有限责任，逃避债务，严重损害法人债权人的利益的，应当对法人债务承担连带责任。

【实践中需要注意的问题】

针对股东采用转移公司财产、将公司财产与本人财产混同等手段，造成公司可以用于履行债务的财产减少，严重损害公司债权人利益的行为，"揭开公司面纱"规则应运而生。公司法引入了这一规则，规定公司股东应当遵守法律、行政法规和公司章程，依法行使股东权利，不得滥用公司法人独立地位和股东有限责任损害公司债权人的利益。适用这一规则要符合以下三个要素：一是公司股东滥用公司法人独立地位和股东有限责任，逃避债务；二是债权人的利益受到严重损害；三是公司股东滥用公司法人独立地位和股东有限责任的行为与债权人的利益受到损害之间存在因果关系。符合上述三个要素的，则可认定股东滥用法人独立地位和出资人有限责任，逃避债务，严重损害法人债权人的利益，应当对法人债务承担连带责任。

第八十四条 【不得利用其关联关系损害法人利益】

营利法人的控股出资人、实际控制人、董事、监事、高级管理人员不得利用其关联关系损害法人的利益；利用关联关系造成法人损失的，应当承担赔偿责任。

【立法背景】

公司法规定，公司的控股股东、实际控制人、董事、监事、高级管理人员不得利用其关联关系损害公司利益。违反这一规定，给公司造成损失的，应当承担赔偿责任。本条在公司法的基础上，进一步明确所有的营利法人的控股出资人、实际控制人、董事、监事、高级管理人员利用关联关系给法人造成损失的，应当承担赔偿责任，以维护法人的合法权益。

【条文精解】

根据公司法的规定，控股股东，是指其出资额占有限责任公司资本总额 50% 以上或者其持有的股份占股份有限公司股本总额 50% 以上的股东，或者出资额或者持有股份的比例虽然不足 50%，但依其出资额或者持有的股份所享有的表决权已足以对股东会、股东大会的决议产生重大影响的股东。实际控制人，是指虽不是公司的股东，但通过投资关系、协议或者其他安排，能够实际支配公司行为的人。高级管理人员，是指公司的经理、副经理、财务负责人，上市公司董事会秘书和公司章程规定的其他人员。上述人员和作为公司权力机构成员的股东，以及作为公司监督机构成员的监事，不得利用其关联关系损害法人的利益。

根据公司法的规定，关联关系，是指公司控股股东、实际控制人、董事、监事、高级管理人员与其直接或者间接控制的企业之间的关系，以及可能导致公司利益转移的其他关系。但是，国家控股的企业之间不仅因为同受国家控股而具有关联关系。公司法规定，公司的控股股东、实际控制人、董事、监事、高级管理人员不得利用其关联关系损害公司利益。违反这一规定，给公司造成损失的，应当承担赔偿责任。

第八十五条　【出资人权利】

营利法人的权力机构、执行机构作出决议的会议召集程序、表决方式违反法律、行政法规、法人章程，或者决议内容违反法人章程的，营利法人的出资人可以请求人民法院撤销该决议。但是，营利法人依据该决议与善意相对人形成的民事法律关系不受影响。

【立法背景】

本条的规定旨在保护营利法人的出资人的合法权益，明确其对营利法人的权力机构、执行机构违反法律、行政法规或者违反法人章程作出的决议，有权请求人民法院予以撤销，同时也维护相关善意相对人的合法权益，保护交易安全。

【条文精解】

营利法人的权力机构、执行机构违反法律、行政法规或者违反法人章程作出的决议包括两种情况：一是程序违反法律、行政法规或者法人章程；二是内容违反法人章程。就第一种情况来说，又包括两种情形：一是作出决议的会议召集程序违反法律、行政法规或者法人章程；二是作出决议的会议表决方式违反法律、行政法规或者法人章程。

对于股东会或者股东大会、董事会的会议召集程序、表决方式违反法律、行政法规或者公司章程，或者决议内容违反公司章程的，营利法人的出资人可以请求人民法院撤销。公司法对此也作出了相应的规定：公司股东会或者股东大会、董事会的决议内容违反法律、行政法规的无效。股东会或者股东大会、董事会的会议召集程序、表决方式违反法律、行政法规或者公司章程，或者决议内容违反公司章程的，股东可以自决议作出之日起 60 日内，请求人民法院撤销。股东向法院提起撤销股东会或者股东大会、董事会的决议之诉的，人民法院可以应公司的请求，要求股东提供相应担保。公司根据股东会或者股东大会、董事会决议已办理变更登记的，人民法院宣告该决议无效或者撤销该决议后，公司应当向公司登记机关申请撤销变更登记。

【实践中需要注意的问题】

这里还需要指出两点：

第一，根据本条规定，对于营利法人的权力机构、执行机构作出决议的会议在召集程序、表决方式方面违反法律、行政法规、法人章程，或者决议内容违反法人章程的，虽然营利法人的出资人可以请求人民法院撤销该决议，但是营利法人依据该决议与善意相对人形成的民事法律关系不受影响。这一规定旨在保护善意的、不知情的相对人。如转让股权的股东会决议因未经股权所有人同意而不成立，由此产生的股权转让属无权处分行为。如果股权受让人在受让股权时尽了合理的注意义务，且支付了合理对价，则属于善意相对人，可通过善意取得制度获得转让的股权。因此，法院虽然可以撤销法人权力机构、执行机构违反公司章程作出的决议，但并不意味着对法人与善意相对人形成的民事法律关系的必然否定。

第二，在营利法人的权力机构、执行机构作出决议的内容方面，本条的规定，只针对违反法人章程规定的情况，如果所作决议的内容违反的是法律、行政法规的强制性规定，依据《民法典》第143条、第153条的规定，除了该强制性规定不导致民事法律行为无效的外，属于无效民事法律行为，不属于本条规定的可撤销的民事法律行为。

第八十六条　【营利法人社会责任】

营利法人从事经营活动，应当遵守商业道德，维护交易安全，接受政府和社会的监督，承担社会责任。

【立法背景】

营利法人从事经营活动，必须遵守法律、行政法规，遵守社会公德、商业道德，诚实守信，维持交易安全，接受政府和社会公众的监督，承担社会责任。

【条文精解】

一是应当遵守商业道德。商业道德，是指道德规范在商业活动中的具体应用，是职业道德的一种，为人们提供了判断商务活动是否符合道德规范的行为准则。商业道德的基本要求包括文明经商、礼貌待客、遵纪守法、货真价实、买卖公平、诚实无欺、诚实信用、信守契约等。

二是维护交易安全。维护交易安全，保护善意的交易相对人利益是民事主体从事经营活动的基本准则。在市场经济条件下，很多交易是在陌生人的环境中进行的，当事人几乎没有可能彼此进行深入的了解，相互之间的交易主要是建立在相互信赖的基础上。对这种信赖的保护，在法律上表现为对善意相对人利益的保护。如果善意相对人的利益不能得到很好的保护，则整个交易链可能就会断裂，交易秩序就会受到损害。所以，营利法人从事经营活动，应当注重维护交易安全，不侵害与之交易的善意相对人的权利，以维护整个交易秩序。维护交易安全同时也是民事法律制度的一个重要任务，通过民事法律规范来维护交易安全，保护善意相对人的利益，形成良好的营商法治环境。

三是接受政府和社会的监督。营利法人要自觉接受政府和社会的监督。政府的监督，更多地体现在行政监管责任上，市场监督管理等有关部门要依据法定职责，对营利法人的经营行为进行监督，发现营利法人存在违法行为，侵害国家利益、社会公共利益等的，要依法进行查处。营利法人在经营活动中也要自觉接受政府的监督，对有关部门的执法活动予以积极配合。此外，营利法人还要自觉接受社会的监督，包括新闻媒体的监督、公众的监督等。

四是承担社会责任。作为营利法人，企业不仅仅是谋取自身利益最大化的经济体，同时也是国家经济发展、社会文明进步的重要推动者。企业在发展过程中，不仅要关注自身的利益，同时也要承担好应尽的社会责任。

【实践中需要注意的问题】

一般来说，企业的社会责任可以表现为对消费者权益负责、注重生态环境保护、热心公益宣传和慈善捐助、帮助社会中需要帮助的弱势群体等。特别是在国家发生自然灾害、传染病疫情等突发事件时，能积极响应政府号召，捐款捐物，积极参加救灾抗疫活动等，都体现了企业等营利法人的社会责任。

第三节　非营利法人

第八十七条 【非营利法人定义和类型】

为公益目的或者其他非营利目的成立，不向出资人、设立人或者会员分配所取得利润的法人，为非营利法人。

非营利法人包括事业单位、社会团体、基金会、社会服务机构等。

【立法背景】

非营利法人是为公益目的或者其他非营利目的成立，不向出资人、设立人或者会员分配所取得利润的法人。看一个法人是否为非营利法人，取决于两个因素：一是成立目的的非营利性；二是不分配利润。

【条文精解】

1. 非法人组织的特征

一是成立目的的非营利性。非营利法人是为公益目的或者其他非营利目的成立的。公益目的，是指法人所从事的活动属于社会公益事业。根据公益事业捐赠法的规定，公益事业，是指非营利的下列事项：（1）救助灾害、救济贫困、扶助残疾人等困难的社会群体和个人的活动；（2）教育、科学、文化、卫生、体育事业；（3）环境保护、社会公共设施建设；（4）促进社会发展和进步的其他社会公共和福利事业。

除了公益目的外，为其他非营利目的而成立的法人也属于非营利法人。如行业协会，系社会中介组织，它的成立以谋取和增进全体会员企业的共同利益为宗旨，不属于公益目的，但属于本条规定的其他非营利目的，也属于非营利法人。

二是不分配利润。非营利法人也可以取得利润，但是不得向出资人、设立人或者会员分配所取得利润。这也是与这类法人设立的目的为非营利相一致的，因为出资人、设立人成立这类法人的目的本身不是为了赚钱，而是为了公益目的或者为会员服务，所以法人取得的利益是不能向出资人、设立人或者会员分配的。

2.非营利法人的范围

一是事业单位。事业单位，是指由政府利用国有资产设立的，从事教育、科技、文化、卫生等活动的社会服务组织，如政府举办的学校、医院、科研机构等。

二是社会团体。社会团体，是指中国公民自愿组成，为实现会员共同意愿，按照其章程开展活动的非营利性社会组织，包括行业协会以及科技、文化、艺术、慈善事业等社会群众团体。

三是基金会。基金会，是指利用自然人、法人或者其他组织捐赠的财产，以从事公益事业为目的，依法成立的非营利性法人。

四是社会服务机构。社会服务机构，也称为民办非企业单位，是指自然人、法人或者其他组织为了提供社会服务，利用非国有资产设立的非营利性法人，如民办非营利学校、民办非营利医院等。

【实践中需要注意的问题】

"社会服务机构"这一概念来自慈善法。慈善法规定，慈善组织，是指依法成立、符合慈善法规定，以面向社会开展慈善活动为宗旨的非营利性组织。慈善组织可以采取基金会、社会团体、社会服务机构等组织形式。与之相衔接，本法也沿用了"社会服务机构"这一概念，作为与事业单位、社会团体、基金会并列的一种非营利法人。

第八十八条 【事业单位法人】

具备法人条件，为适应经济社会发展需要，提供公益服务设立的事业单位，经依法登记成立，取得事业单位法人资格；依法不需要办理法人登记的，从成立之日起，具有事业单位法人资格。

【立法背景】

事业单位是国家为了为适应经济社会发展需要，提供公益服务而设立的法人组织，由国家机关举办或者其他组织利用国有资产举办，从事教育、科研、文化、卫生、体育、新闻出版等活动。事业单位具有公益性和知识密集性的特点。

【条文精解】

根据本条规定，成立事业单位在程序上分为两种：

一是具备法人条件，依法经登记取得事业单位法人资格。《事业单位登记管理暂行条例》及其实施细则对事业单位的设立条件、程序作出了明确的规定。事业单位经县级以上各级人民政府及其有关主管部门批准成立后，应当依法登记或者备案。县级以上各级人民政府机构编制管理机关所属的事业单位登记管理机构负责实施事业单位的登记管理工作。

二是具备法人条件，依法不需要办理法人登记的，从成立之日起，具有事业单位法人资格。根据《事业单位登记管理暂行条例》及其实施细则的规定，法律规定具备法人条件、自批准设立之日起即取得法人资格的事业单位，不再办理事业单位法人登记，由有关主管部门按照分级登记管理的规定向登记管理机关备案。县级以上各级人民政府设立的直属事业单位直接向登记管理机关备案。对备案的事业单位，登记管理机关应当自收到备案文件之日起30日内发给《事业单位法人证书》。

【实践中需要注意的问题】

申请事业单位法人登记，应当具备下列条件：（1）经审批机关批准设立；（2）有自己的名称、组织机构和场所；（3）有与其业务活动相适应的从业人员；（4）有与其业务活动相适应的经费来源，事业单位的经费来源包括财政补助和非财政补助两类；（5）能够独立承担民事责任。

第八十九条 【事业单位法人组织机构】

事业单位法人设理事会的，除法律另有规定外，理事会为其决策机构。事业单位法人的法定代表人依照法律、行政法规或者法人章程的规定产生。

【立法背景】

事业单位设立理事会作为其决策机构，是建立和完善事业单位法人治理结构的重要举措，有利于创新事业单位体制机制，实现管办分离。本条明确了理事会作为事业单位决策机构的法律地位，有利于加强事业单位的法人治理，进一步激发事业单位的活力，促进事业单位的健康发展。

【条文精解】

1.事业单位的决策机构

事业单位法人设理事会的，除法律另有规定外，理事会为其决策机构。根据国务院办公厅 2011 年发布的《关于建立和完善事业单位法人治理结构的意见》，理事会一般由政府有关部门、举办单位、事业单位、服务对象和其他有关方面的代表组成。直接关系人民群众切身利益的事业单位，本单位以外人员担任理事的要占多数。根据事业单位的规模、职责任务和服务对象等方面特点，兼顾代表性和效率，合理确定理事会的构成和规模。要吸收事业单位外部人员参加决策层，扩大参与事业单位决策和监督的人员范围，进一步规范事业单位的行为，确保公益目标的实现。

《关于建立和完善事业单位法人治理结构的意见》指出，面向社会提供公益服务的事业单位要探索建立和完善法人治理结构。不宜建立法人治理结构的事业单位，要继续完善现行管理模式。根据这一精神，本条对事业单位设立理事会没有作强制性的统一要求。根据本条规定，不是所有事业单位的决策机构都是理事会，只有设立理事会的，除法律另有规定的外，理事会才为其决策机构。

同时，为了加强对理事的监督，《关于建立和完善事业单位法人治理结构的意见》还规定，要明确理事的权利义务，建立理事责任追究机制，也可以探索单独设立监事会，负责监督事业单位财务和理事、管理层人员履行职责的情况。

2. 事业单位的法定代表人

事业单位法人的法定代表人依照法律、行政法规或者法人章程的规定产生。事业单位法定代表人是按照法定程序产生，代表事业单位行使民事权利、履行民事义务的责任人。事业单位法定代表人的产生，要依照有关法律、行政法规或者法人章程的规定。如高等教育法规定，高等学校的校长为高等学校的法定代表人。

【实践中需要注意的问题】

根据本条规定，有的法律已经明确规定了有关事业单位的决策机构的，要依据其规定。如高等教育法规定，国家举办的高等学校实行中国共产党高等学校基层委员会领导下的校长负责制。中国共产党高等学校基层委员会按照中国共产党章程和有关规定，统一领导学校工作。根据这一规定，国家举办的高等学校的决策机构为中国共产党高等学校基层委员会。

第九十条 【社会团体法人资格取得】

具备法人条件，基于会员共同意愿，为公益目的或者会员共同利益等非营利目的设立的社会团体，经依法登记成立，取得社会团体法人资格；依法不需要办理法人登记的，从成立之日起，具有社会团体法人资格。

【立法背景】

社会团体，是指基于会员共同意愿，为公益目的或者会员共同利益等非营利目的设立的社会组织。根据这一规定，社会团体包括两种：一是为公益目的而设立的，如中国红十字会、中华慈善总会等；二是为会员共同利益设立的，如行业协会、商会等。

【条文精解】

根据本条规定，社会团体在设立程序上分为两种：

一是经依法登记成立，取得法人资格。根据《社会团体登记管理条例》的规定，社会团体应当具备法人条件。成立社会团体，应当经其业务主管单位审查同意，并依照该条例的规定进行登记。社会团体的登记机关为民政部门。

二是依法不需要办理法人登记，一经成立即具有法人资格。对于依法不需要办理法人登记的，从成立之日起，具有社会团体法人资格。根据《社会团体登记管理条例》的规定，两类社会团体不需要办理法人登记，一经成立即具有法人资格：

第一，参加中国人民政治协商会议的人民团体。目前，参加中国人民政治协商会议的人民团体共8个，包括中华全国总工会、中国共产主义青年团、中华全国妇女联合会、中国科学技术协会、中华全国归国华侨联合会、中华全国台湾同胞联谊会、中华全国青年联合会、中华全国工商业联合会。

第二，由国务院机构编制管理机关核定，并经国务院批准免予登记的团体共14个，包括中国文学艺术界联合会、中国作家协会、中华全国新闻工作者协会、中国人民对外友好协会、中国人民外交学会、中国国际贸易促进委员会、中国残疾人联合会、宋庆龄基金会、中国法学会、中国红十字会、中国职工思想政治工作研究会、欧美同学会、黄埔军校同学会、中华职业教育社。

【实践中需要注意的问题】

需要说明两点：一是社会团体的分支机构、代表机构是社会团体的组成部分，不具有法人资格，应当按照其所属的社会团体的章程所规定的宗旨和业务范围，在该社会团体授权的范围内开展活动、发展会员。社会团体的分支机构不得再设立分支机构。二是社会团体不得设立地域性的分支机构。

第九十一条　【社会团体法人章程和组织机构】

设立社会团体法人应当依法制定法人章程。

社会团体法人应当设会员大会或者会员代表大会等权力机构。

社会团体法人应当设理事会等执行机构。理事长或者会长等负责人按照法人章程的规定担任法定代表人。

【立法背景】

章程是设立社会团体法人的法定必备文件，是调整社会团体内部关系、规范内部成员行为、明确法人活动准则的重要依据，对于社会团体法人具有重要意义。所以，本条规定设立社会团体法人应当依法制定法人章程。同时，社会团体也应当设立权力机构和执行机构，以加强其内部治理，确保社会团体的规范发展。

【条文精解】

根据《社会团体登记管理条例》的规定，社会团体的章程应当包括下列事项：（1）名称、住所；（2）宗旨、业务范围和活动地域；（3）会员资格及其权利、义务；（4）民主的组织管理制度，执行机构的产生程序；（5）负责人的条件和产生、罢免的程序；（6）资产管理和使用的原则；（7）章程的修改程序；（8）终止程序和终止后资产的处理；（9）应当由章程规定的其他事项。

社会团体法人应当设会员大会或者会员代表大会等权力机构，一般会员人数相对较少的社会团体实行会员大会制度，由全体会员组成的会员大会作为该团体的决策机构。会员人数相对较多的社会团体则实行会员代表大会制度，由全体会员选出代表他们的意志来行事的一部分人召开大会，行使会员赋予的权利，对会员负责，作为该社会团体的决策机构。

社会团体法人应当设理事会等执行机构。理事长或者会长等负责人按照法人章程的规定担任法定代表人，理事会在全体会员大会或者代表大会闭会期间执行其决议。理事会的任期及职责等由社会团体的章程规定。

社会团体的理事长或者会长等负责人按照法人章程的规定担任法定代表人。社会团体的法定代表人，不得同时担任其他社会团体的法定代表人。

【实践中需要注意的问题】

需要指出的是，在立法过程中，有的意见建议规定社会团体还应当设立监督机构，以监督理事会等执行机构依法行使职权。经研究认为，社会团体是否设立监督机构，应属其会员自治范畴，由社会团体法人自行决定，本法不必对此作出强制性的统一规定。

第九十二条 【捐助法人资格取得】

具备法人条件，为公益目的以捐助财产设立的基金会、社会服务机构等，经依法登记成立，取得捐助法人资格。

依法设立的宗教活动场所，具备法人条件的，可以申请法人登记，取得捐助法人资格。法律、行政法规对宗教活动场所有规定的，依照其规定。

【立法背景】

捐助法人是为公益目的，以捐助财产设立的非营利法人，其特点：一是为公益目的设立；二是法人的财产全部来自捐助。捐助法人的范围主要包括基金会、社会服务机构、宗教活动场所等。明确基金会、社会服务机构、宗教活动场所等的捐助法人资格，有利于这类组织更好地开展民事活动，同时也有利于加强其内部治理，促进该类组织的健康发展。

【条文精解】

基金会、社会服务机构、宗教活动场所等组织具备法人条件，经依法登记，取得捐助法人资格。

1. 基金会

根据《基金会管理条例》的规定，国务院民政部门和省、自治区、直辖市人民政府民政部门是基金会的登记管理机关。

2. 社会服务机构

社会服务机构进行法人登记，目前适用《民办非企业单位登记管理暂行条例》的规定。该条例明确规定了社会服务机构（即民办非企业单位）登记的管理机关为民政部门，同时规定了社会服务机构的设立条件和设立登记程序。

3. 宗教活动场所

宗教活动场所，是指开展宗教活动的寺院、宫观、清真寺、教堂及其他固定处所。本条第 2 款规定，依法设立的宗教活动场所，具备法人条件的，可以申请法人登记，取得捐助法人资格。目前，关于宗教场所的规定，主要是国务院的行政法规《宗教事务条例》《宗教活动场所管理条例》和国家宗教事务局制定的《宗教活动场所设立审批和登记办法》。

【实践中需要注意的问题】

这里需要指出两点：

一是宗教活动场所的法人登记以具备法人条件为前提。考虑到不同宗教的做法不同，依法设立的宗教活动场所是否登记为法人，由其自行申请。

二是法律、行政法规对宗教活动场所有规定的，依照其规定。本条的规定不影响国家依法对宗教活动场所进行规范和管理。宗教活动场所从事各类活动必须符合《宗教事务条例》《宗教活动场所管理条例》等法规的规定，接受宗教管理部门依法对其进行的监督管理。

第九十三条 【捐助法人章程和组织机构】

设立捐助法人应当依法制定法人章程。

捐助法人应当设理事会、民主管理组织等决策机构，并设执行机构。理事长等负责人按照法人章程的规定担任法定代表人。

捐助法人应当设监事会等监督机构。

【立法背景】

设立捐助法人应当依法制定法人章程。根据慈善法、《基金会管理条例》、《民办非企业单位管理暂行条例》、《宗教事务条例》的规定，设立基金会、社会服务机构、宗教活动场所应当制定章程。同时，为了加强对捐助法人的内部治理，本条规定捐助法人应当设理事会、民主管理组织等决策机构，并设执行机构、监督机构。理事长等负责人按照法人章程的规定担任法定代表人。

【条文精解】

设立捐助法人应当依法制定法人章程。基金会章程应当载明下列事项：（1）名称及住所；（2）设立宗旨和公益活动的业务范围；（3）原始基金数额；（4）理事会的组成、职权和议事规则，理事的资格、产生程序和任期；（5）法定代表人的职责；（6）监事的职责、资格、产生程序和任期；（7）财务会计报告的编制、审定制度；（8）财产的管理、使用制度；（9）基金会的终止条件、程序和终止后财产的处理。

社会服务机构（即民办非企业单位）的章程应当包括下列事项：（1）名称、住所；（2）宗旨和业务范围；（3）组织管理制度；（4）法定代表人或者负责人的产生、罢免的程序；（5）资产管理和使用的原则；（6）章程的修改程序；（7）终止程序和终止后资产的处理；（8）需要由章程规定的其他事项。

为了加强对捐助法人的内部治理，本条规定捐助法人应当设理事会、民主管理组织等决策机构，并设执行机构、监督机构。理事长等负责人按照法人章程的规定担任法定代表人。

1. 基金会

根据《基金会管理条例》的规定，基金会设理事会，是基金会的决策机构。理事为 5 人至 25 人，理事任期由章程规定，但每届任期不得超过 5 年。理事会设理事长、副理事长和秘书长，从理事中选举产生，理事长是基金会的法定代表人。

基金会设监事。监事任期与理事任期相同。监事列席理事会会议，有权向理事会提出质询和建议，并应当向登记管理机关、业务主管单位以及税务、会计主管部门反映情况。

2. 社会服务机构

目前，对社会服务机构法人的组织机构还没有统一的法律、行政法规的规定，但有的法律、行政法规对有关社会服务机构的组织机构作出了规定，如《民办教育促进法实施条例》规定，民办学校的理事会、董事会或者其他形式决策机构，每年至少召开一次会议。

3. 宗教活动场所

根据《宗教事务条例》的规定，宗教活动场所应当成立管理组织，实行民主管理。宗教活动场所管理组织的成员，经民主协商推选，并报该场所的登记管理机关备案。

【实践中需要注意的问题】

基金会的章程必须明确基金会的公益性质，不得规定使特定自然人、法人或者其他组织受益的内容。

第九十四条　【捐助人权利】

捐助人有权向捐助法人查询捐助财产的使用、管理情况，并提出意见和建议，捐助法人应当及时、如实答复。

捐助法人的决策机构、执行机构或者法定代表人作出决定的程序违反法律、行政法规、法人章程，或者决定内容违反法人章程的，捐助人等利害关系人或者主管机关可以请求人民法院撤销该决定。但是，捐助法人依据该决定与善意相对人形成的民事法律关系不受影响。

【立法背景】

捐助人出于从事慈善活动的目的，向基金会、社会服务机构、宗教活动场所等捐助法人捐赠财产，为了保护捐助人的权益和捐助财产的安全，使捐助财产真正用于慈善事业，本条明确了捐助人对所捐助财产使用、管理情况的监督权，以及捐助法人对捐助人行使这一权利的相应配合义务。

【条文精解】

1. 捐助人的监督权

捐助人有权向捐助法人查询捐助财产的使用、管理情况，并提出意见和建议。慈善法、《基金会管理条例》也作了类似的规定。

捐赠协议属于本法合同编规定的赠予合同。赠予合同是赠予人将自己的财产无偿给予受赠人，受赠人表示接受赠予的合同。赠予可以附义务，受赠人应当按照约定履行义务。如果捐赠人在捐赠协议中对捐助财产的用途提出明确的要求，受赠的捐助法人需要严格按协议的规定使用捐助的财产。如果捐助法人违反协议的规定滥用捐赠财产，属于不履行赠予合同约定义务的行为，捐助人可以向人民法院提起诉讼，要求撤销赠予，也可以依法向有关部门投诉、举报。

2. 捐助法人对捐助人行使监督权的配合义务

对于捐助人行使对所捐财产的监督权，捐助法人应当予以积极配合，包括：当捐助人查询所捐财产的使用、管理情况时，应当积极提供有关财务资料；对于捐助人提出的有关意见、建议，应当认真听取、研究，并及时作出解释、回应，对合理化建议应当及时采纳；对于捐助人的查询，应当及时如实答复，不能拖延、敷衍，更不能弄虚作假，欺骗捐助人。

3. 捐助人可以请求撤销捐助法人违法，或者违反章程规定的决定

具体分为两种情况：

一是决定程序违反法律、行政法规或者法人章程。捐助法人的决策机构、执行机构或者法定代表人作出决定的程序应当符合法律、行政法规、法人章程的规定。如基金会的理事会所作决定违反了法定的程序性规定，捐助人等利害关系人或者主管机关可以请求人民法院撤销该决定。

二是决定内容违反法人章程的规定。捐助法人的决策机构、执行机构或者法定代表人作出决定的内容应当符合法人章程的规定。法人章程是设立法人的重要依据，也是法人应当遵循的基本准则，对法人的决策机构、执行机构或者法定代表人均具有拘束力。如果捐助法人的决策机构、执行机构或者法定代表人作出决定的内容违反了章程的规定，作为捐助人等利害关系人或

者法人的主管机关是有权请求人民法院撤销该决定的，以维护所捐助财产的安全。

【实践中需要注意的问题】

这里需要指出两点：一是虽然法院依法撤销了该捐助法人所作的违法或者违反法人章程的决定，但捐助法人依据该决定与善意相对人形成的民事法律关系不受影响，这也是保护善意相对人的权益，维护交易安全的需要。二是关于捐助法人的决策机构、执行机构、法定代表人作出决定的内容方面，本条规定只针对违反法人章程规定的情况，如果所作决定的内容违反的是法律、行政法规的强制性规定，依据《民法典》第143条、第153条的规定，除该强制性规定不导致民事法律行为无效的外，属于无效民事法律行为，不属于本条规定的可撤销的民事法律行为。

第九十五条　【非营利法人终止时剩余财产处理】

为公益目的成立的非营利法人终止时，不得向出资人、设立人或者会员分配剩余财产。剩余财产应当按照法人章程的规定或者权力机构的决议用于公益目的；无法按照法人章程的规定或者权力机构的决议处理的，由主管机关主持转给宗旨相同或者相近的法人，并向社会公告。

【立法背景】

为公益目的成立的非营利法人，包括捐助法人和事业单位法人，以及部分社会团体法人。这些法人的财产，要么来自捐助财产，要么来自国有资产，所以在这些法人终止时，其剩余财产的处理是受到限制的。

【条文精解】

一是剩余财产不得向出资人、设立人或者会员分配。剩余财产，是指法人解散清算完成后所剩余的法人财产。这些财产不能向出资人、设立人或者会员分配，这是营利法人与非营利法人的重要区别。对于营利法人来说，剩余财产是可以向出资人、设立人分配的；而非营利法人，其财产来源是国有资产或者捐助财产，在存续期间还享受了国家在财政、税收、土地等方面的优惠政策，所以在终止时，其财产需要继续用于公益事业，不得向出资人、设立人或者会员分配。

二是剩余财产应当按照法人章程的规定或者权力机构的决议用于公益目的。非营利法人的剩余财产应当按照法人章程的规定或者理事会等权力机构的决议继续用于公益目的。非营利法人的章程中一般会规定法人终止后剩余财产的处理，主要是转给其他宗旨相同或者相近的非营利法人。如果法人章程中没有规定，也可以由理事会等法人权力机构作出决议，将剩余财产继续用于公益事业。

三是剩余财产无法按照法人章程的规定或者权力机构的决议处理的，由主管机关主持转给宗旨相同或者相近的法人，并向社会公告。

【实践中需要注意的问题】

需要指出的是，由于非营利法人的范围比较宽，包括捐助法人和事业单位法人，以及部分社会团体法人。对各类非营利法人剩余财产的处理，如果其他法律另有规定的，要依照其规定。另外，事业单位终止后剩余财产的处理，原则上要符合国有资产管理的有关规定。

第四节　特别法人

第九十六条　**【特别法人范围】**

本节规定的机关法人、农村集体经济组织法人、城镇农村的合作经济组织法人、基层群众性自治组织法人，为特别法人。

【立法背景】

通过特别法人制度将机关法人、基层群众性自治组织、农村集体经济组织、城镇农村的合作经济组织等涵盖在内，赋予这些组织以特别法人资格，有利于这些组织更方便地参与民事活动，保护其自身及其成员的合法权益，同时也保护与其从事民事活动的相对人的合法权益。

【条文精解】

机关法人、农村集体经济组织法人、城镇农村的合作经济组织法人、基层群众性自治组织法人这四种法人，既不同于营利法人，也不同于非营利法人，有其自身的特殊性，所以本节将其统归于特别法人。

1. 机关法人

机关法人，是指依法行使国家权力，并因行使国家权力的需要而享有相应的民事权利能力和民事行为能力的国家机关。在进行民事活动时，国家机关以法人身份出现，与作为其相对人的自然人、法人或者非法人组织一样是平等的民事主体，不是行政主体。

2. 农村集体经济组织法人

农村集体经济组织是由农民自愿联合，将其各自所有的生产资料（土地、较大型农具、耕畜）投入集体所有，由集体组织农业生产经营，农民进行集体劳动，各尽所能，按劳分配的农业社会主义经济组织。农村集体经济组织是农村集体资产经营管理的主体，依法代表农民集体行使农村集体资产所有权。农村集体经济组织作为一类特殊的组织，既有对外的营利性，又有对内的集体利益保障性；既不同于营利法人，也不同于非营利法人，属于特别法人。

3. 城镇农村的合作经济组织法人

城镇农村的合作经济组织是按照自愿互利、民主管理、协作服务原则组建的农村经济组织，主要是指供销合作社等。供销合作社地位性质特殊，具有不同于营利法人、非营利法人的特殊性，属于特别法人。

4. 基层群众性自治组织法人

基层群众性自治组织，是指在城市和农村按居民、村民的居住地区建立起来的居民委员会和村民委员会。居民委员会和村民委员会具有群众性、自治性、基层性，不同于国家政权组织和其他政治、经济等社会组织，有必要赋予其单独的一类法人资格。

【实践中需要注意的问题】

机关法人依据宪法和法律的规定，为履行法定职能而特许设立，无须经专门机构核准登记。同时，机关法人的经费纳入国家预算，由国家财政拨付。机关法人可以以法人资格与其他民事主体进行民事活动，如购置办公用品等。正是由于机关法人的上述特点，使其既不是营利法人，也不是非营利法人，属于特殊法人。在国际上，一般将机关法人称为公法人。

第九十七条 【机关法人】

有独立经费的机关和承担行政职能的法定机构从成立之日起，具有机关法人资格，可以从事为履行职能所需要的民事活动。

【立法背景】

机关法人在对外从事民事活动时必然要面临责任承担的问题，其享有独立的经费就成为其对外承担责任的基础。机关作为预算单位享有独立经费，确保其可以对外承担民事法律责任。

【条文精解】

根据本条规定，机关法人包括两类：

一是有独立经费的机关。必须有独立的经费是机关法人履行职责和对外承担民事责任的基础。机关法人的独立经费，来自国家的财政拨款。

二是有独立经费的承担行政职能的法定机构。行政职能，是指行政管理职能，一般由国家的行政机关行使，一些法定机构，依据法律、行政法规的授权也享有行政管理职能，这些法定机构在行使法定行政职能时，也享有与行政机关相同的行政主体地位，具有机关法人资格。例如，中国证券监督管理委员会、中国银行保险监督管理委员会等，依据证券法、商业银行法、保险法等法律的规定，对证券期货市场、金融、保险行业实施监督管理，这样的机构虽然性质为事业单位，但因其履行公共管理职能，因而具有机关法人资格。

机关法人可以从事为履行职能所需要的民事活动，包括两种：一种是公法意义的活动，如行政管理活动；另一种则是私法意义上的活动，即民事活动，如购买办公用品等。本条规定，机关法人从其成立之日起即具有法人资格，可以从事为履行职能所需要的民事活动。换言之，如果所从事的民事活动与该机关法人的职能不相符，就不具有合法性，是不被允许的，如机关法人不能从事经营性的活动等。

【实践中需要注意的问题】

需要指出两点：一是有独立经费的机关和承担行政职能的法定机构从成立之日起，即具有机关法人资格，不需要进行设立登记。二是本条的这一规定，相比民法通则关于机关法人的规定，在范围上作了扩大，将有独立经费的承担行政职能的法定机构也作为机关法人，适应了实践的发展需要。

第九十八条　【机关法人终止】

机关法人被撤销的，法人终止，其民事权利和义务由继任的机关法人享有和承担；没有继任的机关法人的，由作出撤销决定的机关法人享有和承担。

【立法背景】

机关法人成立后，可能会因为机构改革等原因而被撤销，这样该机关法人就在法律上终止了。法人终止后，其民事权利和民事义务由继任的机关法人享有和承担。

【条文精解】

机关法人被撤销的，法人终止。如根据最新的党和国家机构改革方案，组建国家市场监督管理总局，不再保留国家工商行政管理总局、国家质量监督检验检疫总局、国家食品药品监督管理总局。那么，国家工商行政管理总局这一机关法人终止，其民事权利、民事义务由继任的国家市场监督管理总局享有和承担。如国家工商行政管理总局在被撤销前与另一个民事主体签订了民事合同，其根据该合同享有的权利、义务均由继任的国家市场监督管理总局享有和承担。

【实践中需要注意的问题】

如果机关法人被撤销后，没有继任的机关法人的，则由作出撤销决定的机关法人享有和承担被撤销的机关法人的民事权利、义务。

第九十九条　【农村集体经济组织法人】

农村集体经济组织依法取得法人资格。

法律、行政法规对农村集体经济组织有规定的，依照其规定。

【立法背景】

由于民法通则没有明确赋予农村集体经济组织的法人资格，使得其权利义务关系不明确，不利于其对外从事民事活动。长期以来，由于性质不清，登记五花八门，我国的农村集体经济组织存在底数不清、权属不明、经营不畅等多种问题。本法赋予农村集体经济组织法人资格，有利于其以自己的名义对外从事经营等民事活动，对于发展农村经济，提高农民收入，实现乡村振兴具有重要意义。

【条文精解】

农村集体经济组织是农村集体资产经营管理的主体，依法代表农民集体行使农村集体资产所有权。明确农村集体经济组织的法人地位，有利于其更方便地从事民事活动，增强农村集体经济的发展活力。

农村集体经济组织具有自身的独特性：一是属于经济组织，具有营利性。二是具有集体利益保障性。作为农村集体组织成员的村民以承包地等资产加入农村集体经济组织，通过该组织的经营活动取得分红等收入，所以该组织具有保障成员利益的功能和责任。三是组织成员具有相对封闭性。农村集体经济组织的成员是该组织所覆盖的社区的村民，这些村民以承包地等资产加入农村集体经济组织，成为组织成员，所以集体经济组织的成员资格与村民作为土地承包经营权人的身份密不可分，具有相对封闭性，所在社区以外的人员一般不能成为农村集体经济组织的成员。

正是由于农村集体经济组织的上述特点，使得其既不同于企业法人，又不同于农民专业合作组织，亦不同于社会团体。因此，农村集体经济组织虽然已经在法律上具备了市场经济主体地位，但其只能属于特殊的法人类型，需要专门的立法加以规定。

2016年，中共中央、国务院《关于稳步推进农村集体产权制度改革的意见》指出："健全适应社会主义市场经济体制要求、以公平为核心原则的农村产权保护法律制度。抓紧研究制定农村集体经济组织方面的法律，赋予农村集体经济组织法人资格，明确权利义务关系，依法维护农村集体经济组织及其成员的权益，保证农村集体经济组织平等使用生产要素，公平参与市场竞争，同等受到法律保护。"目前，农村集体经济组织立法已经列入十三届全国人大常委会立法规划的第三类项目。本法作为民事基本法，明确了农村集体经济组织的法人地位，有关农村集体经济组织如何取得法人资格，可以通过农村集体经济组织的专项立法作出具体规定。所以，本条规定农村集体经济组织依法取得法人资格。此外，本条第2款还规定，法律、行政法规对农村集体经济组织有规定的，依照其规定。

【实践中需要注意的问题】

这里还要指出一点，即关于农村集体经济组织成员的资格问题。在立法过程中，有的意见建议，对如何认定农村集体经济组织成员资格作出具体规定，以解决实践中各地在认定农村集体经济组织成员资格方面做法不一的问题。但也有的意见提出，各地农村的情况差别很大，各农村集体经济组织的历史形成、成员构成、资产组成的情况也不相同，如果由法律统一规定成员资格的认定标准，很难适应全国各地的不同情况。经研究认为，根据中央关于农村集体产权制度改革的意见，应当按照尊重历史、兼顾现实、程序规范、群众认可的原则，统筹考虑户籍关系、农村土地承包关系、对集体积累的贡献等因素，协调平衡各方利益，确认农村集体经济组织成员身份。目前，各地正在按照这一原则和精神进行试点。可以在试点工作结束后，在总结试点经验的基础上，通过农村集体经济组织的专项立法，对农村集体经济组织成员的资格认定问题作出具体规定。

第一百条 【城镇农村的合作经济组织法人】
城镇农村的合作经济组织依法取得法人资格。
法律、行政法规对城镇农村的合作经济组织有规定的，依照其规定。

【立法背景】

城镇农村的合作经济组织是按照自愿互利、民主管理、协作服务原则组建的经济组织，主要是指供销合作社等。供销合作社是为农服务，以农民为主体的集体所有制合作经济组织，是党和政府密切联系农民群众的桥梁纽带和做好农业、农村、农民工作的重要载体。供销合作社具有特殊的法律地位，既不同于企业法人等营利法人，又不同于事业单位、社会团体等非营利法人，属于本节规定的特殊法人类型。

【条文精解】

供销合作社分为基层供销合作社，县级、市级、省级供销合作社联合社，中华全国供销合作总社。截至 2016 年底，这五级供销合作社共计 31700 个。在供销合作社系统中，上级社对下级社有指导、协调、监督、服务、教育培训等职责。

近年来，党和国家着力深化供销社改革，把这一改革作为加强党在农村基层执政基础的战略需要，也是抓好精准扶贫、实现全面小康的重要保障，是深化农业供给侧结构性改革的重要举措。2015年3月，中共中央、国务院颁布的《关于深化供销社综合改革的决定》明确提出："确立供销合作社的特定法律地位。在长期的为农服务实践中，供销合作社形成了独具中国特色的组织和服务体系，组织成分多元，资产构成多样，地位性质特殊，既体现党和政府政策导向，又承担政府委托的公益性服务，既有事业单位和社团组织的特点，又履行管理社有企业的职责，既要办成以农民为基础的合作经济组织，又要开展市场化经营和农业社会化服务，是党和政府以合作经济组织形式推动'三农'工作的重要载体，是新形势下推动农村经济社会发展不可替代、不可或缺的重要力量。为更好发挥供销合作社独特优势和重要作用，必须确立其特定法律地位，抓紧制定供销合作社条例，适时启动供销合作社法立法工作。"2019年，中共中央、国务院《关于坚持农业农村优先发展做好"三农"工作的若干意见》指出，继续深化供销合作社综合改革，制定供销合作社条例。

根据上述规定精神，供销合作社具有特殊的法律地位，既不同于企业法人等营利法人，又不同于事业单位、社会团体等非营利法人，属于本节规定的特殊法人类型，具体可以通过制定《供销合作社条例》这样的专门立法，来明确供销合作社如何取得法人资格的具体规定。

【实践中需要注意的问题】

本条第1款规定，城镇农村的合作经济组织依法取得法人资格。这里的"依法"，即是指有关供销合作社的专门立法，可以是法律，也可以是行政法规。同时，本条第2款还规定，法律、行政法规对城镇农村的合作经济组织有规定的，依照其规定。

第一百零一条 【基层群众性自治组织法人】

居民委员会、村民委员会具有基层群众性自治组织法人资格，可以从事为履行职能所需要的民事活动。

未设立村集体经济组织的，村民委员会可以依法代行村集体经济组织的职能。

【立法背景】

明确居民委员会、村民委员会具有法人资格，有助于进一步确定居民委员会、村民委员会的权、责、利，帮助其更好地开展民事活动，也有利于保护其成员和与其进行民事活动相对人的合法权益。居民委员会、村民委员如果没有法人地位，参与民事活动将十分不便，交易秩序和安全也有很大不确定性。法律明确了居民委员会、村民委员会的法人资格，有利于让它们承担更多的责任，更好地依法办事，更好地履行职能，也有助于促进基层的社会治理和经济发展。

【条文精解】

1. 居民委员会

根据城市居民委员会组织法的规定，居民委员会是居民自我管理、自我教育、自我服务的基层群众性自治组织。不设区的市、市辖区的人民政府或者它的派出机关对居民委员会的工作给予指导、支持和帮助。居民委员会协助不设区的市、市辖区的人民政府或者它的派出机关开展工作。

居民委员会根据居民居住状况，按照便于居民自治的原则，一般在 100 户至 700 户的范围内设立。居民委员会的设立、撤销、规模调整，由不设区的市、市辖区的人民政府决定。

2. 村民委员会

根据村民委员会组织法的规定，村民委员会是村民自我管理、自我教育、自我服务的基层群众性自治组织，实行民主选举、民主决策、民主管理、民主监督。村民委员会办理本村的公共事务和公益事业，调解民间纠纷，协助维护社会治安，向人民政府反映村民的意见、要求和提出建议。村民委员会向村民会议、村民代表会议负责并报告工作。

根据村民委员会组织法的规定，村民居住状况、人口多少，按照便于群众自治，有利于经济发展和社会管理的原则设立村民委员会。村民委员会的设立、撤销、范围调整，由乡、民族乡、镇的人民政府提出，经村民会议讨论同意，报县级人民政府批准。村民委员会可以根据村民居住状况、集体土地所有权关系等分设若干村民小组。

3. 居民委员会、村民委员会具有基层群众性自治组织法人资格，可以从事为履行职能所需要的民事活动

关于居民委员会、村民委员会的法人地位的问题，在立法过程中，有的部门、地方和一些基层干部群众代表提出，居民委员会、村民委员会是基层群众性自治组织，为履行其职能需要从事一些民事活动。现行法律没有规定其民事主体地位，致使其在一些情况下不能顺利从事民事活动，所以有必要明确赋予

居民委员会、村民委员会法人资格。经研究，采纳了这一意见，在本条中明确规定，居民委员会、村民委员会具有基层群众性自治组织法人资格。

【实践中需要注意的问题】

未设立村集体经济组织的，村民委员会可以依法代行村集体经济组织的职能，主要是考虑到目前还有的地方并未设立农村集体经济组织，而是由村委会代行农村集体经济组织职责。所以针对这一实际情况，本条第2款作了这样的规定。

第四章　非法人组织

第一百零二条 【非法人组织的定义和范围】

非法人组织是不具有法人资格，但是能够依法以自己的名义从事民事活动的组织。

非法人组织包括个人独资企业、合伙企业、不具有法人资格的专业服务机构等。

【立法背景】

在民事主体的分类上，民法通则采取的是公民、法人二元民事主体结构，本法在民法通则的基础上，吸纳了我国改革开放四十多年来民事立法、民事司法和民法理论研究的成果，将民事主体分为自然人、法人和非法人组织的三元民事主体结构，将非法人组织作为自然人、法人以外的第三类民事主体，是我国民事主体制度的重大创新，具有重要的理论价值和现实意义。

【条文精解】

1. 非法人组织的定义

非法人组织，是指不具有法人资格但可以以自己的名义进行民事活动的组织，亦称非法人团体。非法人组织，在日本包括非法人社团和非法人财团，在我国台湾地区称为非法人团体。

2. 非法人组织的特点

一是虽然不具有法人资格，但能够依法以自己的名义从事民事活动。这类组织没有法人资格，不能独立承担民事责任，是介于自然人和法人之间的一种社会组织。但该类组织具有民事权利能力和民事行为能力，能够以自己的名义从事民事活动。

二是依法成立。非法人组织在设立程序上须履行法定的登记手续，经有关机关核准登记，这是非法人组织的合法性要件。只有依法成立，才具有民事权利能力和民事行为能力。

三是有一定的组织机构。即拥有符合法律规定的名称、固定的从事生产经营等业务活动的场所，以及相应的组织管理机构和负责人，使之能够以该组织的名义对外从事相应的民事活动。

四是有一定的财产或经费。虽然非法人组织不能独立承担民事责任，也不要求其有独立的财产，但由于它是经依法登记的组织，可以以自己的名义对外从事民事活动，享受民事权利、承担民事义务，因此它应该有与其经营活动和经营规模相适应的财产或者经费，作为其参与民事活动，享受民事权利、承担民事义务的物质基础和财产保证。

五是不具有独立承担民事责任的能力。由于非法人组织没有独立的财产或经费，因而它不具有独立承担民事责任的能力。该类组织与法人的最大区别，就是不能独立承担民事责任，当其因对外进行民事活动而需要承担民事责任时，如其自身所拥有的财产能够承担责任，则由其自身承担；如其自身所拥有的财产不足以承担责任时，则由其出资人或设立人承担连带责任。

3. 非法人组织的范围

非法人组织的范围包括个人独资企业、合伙企业、不具有法人资格的专业服务机构等。

（1）个人独资企业。根据个人独资企业法的规定，个人独资企业，是指依照该法在中国境内设立，由一个自然人投资，财产为投资人个人所有，投资人以其个人财产对企业债务承担无限责任的经营实体。

（2）合伙企业。根据合伙企业法的规定，合伙企业分为普通合伙企业和有限合伙企业。普通合伙企业由普通合伙人组成，合伙人对合伙企业债务承担无限连带责任。法律对普通合伙人承担责任的形式有特别规定的，从其规定。有限合伙企业由普通合伙人和有限合伙人组成，普通合伙人对合伙企业债务承担无限连带责任，有限合伙人以其认缴的出资额为限对合伙企业债务承担责任。国有独资公司、国有企业、上市公司以及公益性的事业单位、社会团体不得成为普通合伙人。合伙协议依法由全体合伙人协商一致，以书面形式订立。

（3）不具有法人资格的专业服务机构，主要是指律师事务所、会计师事务所等。这类事业服务机构一般多采用合伙制，不具有法人资格，所从事的活动为提供律师、会计师等专业服务。除律师事务所、会计师事务所外，法律规定从事专业服务机构的还有资产评估机构等。资产评估法规定，评估机构应当依法采用合伙或者公司形式设立。

【实践中需要注意的问题】

需要指出的是，非法人组织的财产或经费，与法人的财产或者经费不同，即它不是独立的，是其所属法人或公民财产的组成部分，归该法人或公民所有。

第一百零三条【非法人组织设立】

非法人组织应当依照法律的规定登记。

设立非法人组织，法律、行政法规规定须经有关机关批准的，依照其规定。

【立法背景】

设立非法人组织的程序包括两种：一是设立登记，即设立非法人组织应当依法进行登记；二是设立审批，即设立非法人组织须依法经有关机关批准。如果法律、行政法规规定应当经过批准才能设立某一非法人组织，则依照其规定，经批准设立。如律师法、注册会计师法均规定，设立律师事务所、会计师事务所应当分别经作为主管部门的司法部门、财政部门的批准。

【条文精解】

1. 个人独资企业的设立程序

根据个人独资企业法的规定，设立个人独资企业，应当向负责企业登记的市场监督管理部门进行登记。申请设立个人独资企业，应当由投资人或者其委托的代理人向个人独资企业所在地的登记机关提交设立申请。

2. 合伙企业的设立程序

根据合伙企业法的规定，申请设立合伙企业，应当向企业登记机关，即市场监督管理部门提交登记申请，申请人提交的登记申请材料齐全、符合法定形式，企业登记机关能够当场登记的，应予当场登记，发给营业执照。

3. 不具有法人资格的专业服务机构的设立程序

一是律师事务所。根据律师法的规定，设立律师事务所，实行行政许可，应当经过司法部门批准后才能设立。二是会计师事务所。设立会计师事务所，与设立律师事务所一样，也实行行政许可，由国务院财政部门或者省、自治区、直辖市人民政府财政部门批准，才能设立。三是资产评估机构。设立资产评估机构应当向市场监督管理部门申请办理登记。

【实践中需要注意的问题】

合伙企业设立分支机构，应当向分支机构所在地的企业登记机关申请登记，领取营业执照。合伙企业登记事项发生变更的，执行合伙事务的合伙人应当自作出变更决定或者发生变更事由之日起 15 日内，向企业登记机关申请办理变更登记。

第一百零四条　【非法人组织责任承担】

非法人组织的财产不足以清偿债务的，其出资人或者设立人承担无限责任。法律另有规定的，依照其规定。

【立法背景】

非法人组织不具有法人资格，不能独立承担民事责任。所以，虽然非法人组织有自己的财产，但当其财产不足以对外清偿债务的，其出资人或者设立人应当以其个人或者家庭财产承担无限责任。

【条文精解】

1. 个人独资企业

根据个人独资企业法的规定，投资人以其个人财产对企业债务承担无限责任。个人独资企业财产不足以清偿债务的，投资人应当以其个人的其他财产予以清偿。个人独资企业投资人在申请企业设立登记时明确以其家庭共有财产作为个人出资的，应当依法以家庭共有财产对企业债务承担无限责任。

2. 合伙企业

根据合伙企业法的规定，普通合伙企业的合伙人对合伙企业债务承担无限连带责任。合伙企业不能清偿到期债务的，合伙人承担无限连带责任。合伙人由于承担无限连带责任，清偿数额超过法律规定的亏损分担比例的，有权向其他合伙人追偿。所谓亏损分担比例，是指合伙企业的利润分配、亏损分担，按照合伙协议的约定办理；合伙协议未约定或者约定不明确的，由合伙人协商决定；协商不成的，由合伙人按照实缴出资比例分配、分担；无法确定出资比例的，由合伙人平均分配、分担。

3. 不具有法人资格的专业服务机构

律师法、注册会计师法等法律对律师事务所、会计师事务所的民事责任承担作了规定。一是律师事务所。合伙律师事务所可以采用普通合伙或者特殊的普通合伙形式设立。合伙律师事务所的合伙人按照合伙形式对该律师事务所的债务依法承担责任。二是会计师事务所。合伙设立的会计师事务所的债务，由合伙人按照出资比例或者协议的约定，以各自的财产承担责任。合伙人对会计师事务所的债务承担连带责任。

【实践中需要注意的问题】

需要指出的是，对非法人组织的民事责任问题，如果其他法律另有规定的，要依照其规定，而不适用本条的规定。

第一百零五条 【非法人组织代表人】

非法人组织可以确定一人或者数人代表该组织从事民事活动。

【立法背景】

非法人组织代表人，是指非法人组织根据其章程、协议或者经共同决定，确定由其代表该组织对外从事民事活动的人。非法人组织的代表人可以是一个人，也可以是多个人。

【条文精解】

非法人组织代表人的职责主要是对外代表非法人组织从事民事活动，并按照组织章程的规定履行报告相关情况等义务。非法人组织代表人对外从事民事活动而产生的民事权利和民事义务由非法人组织承担。

合伙企业法规定，由一个或者数个合伙人执行合伙事务的，执行事务合伙人应当定期向其他合伙人报告事务执行情况以及合伙企业的经营和财务状况，其执行合伙事务所产生的收益归合伙企业，所产生的费用和亏损由合伙企业承担。

合伙人为了解合伙企业的经营状况和财务状况，有权查阅合伙企业会计账簿等财务资料。不执行合伙事务的合伙人有权监督执行事务合伙人执行合伙事务的情况。受委托执行合伙事务的合伙人不按照合伙协议或者全体合伙人的决定执行事务的，其他合伙人可以决定撤销该委托。

【实践中需要注意的问题】

关于非法人组织代表人对外从事民事活动而产生争议的处理，合伙企业法等法律作了规定。合伙企业法规定，合伙人分别执行合伙事务的，执行事务合伙人可以对其他合伙人执行的事务提出异议。提出异议时，应当暂停该项事务的执行。如果发生争议，按照合伙协议约定的表决办法办理。合伙协议未约定或者约定不明确的，实行合伙人一人一票并经全体合伙人过半数通过的表决办法。

第一百零六条　【非法人组织解散事由】

有下列情形之一的，非法人组织解散：

（一）章程规定的存续期间届满或者章程规定的其他解散事由出现；

（二）出资人或者设立人决定解散；

（三）法律规定的其他情形。

【立法背景】

非法人组织解散，意味着该组织民事主体资格的消灭，不再具有民事权利能力和民事行为能力。

【条文精解】

非法人组织解散的事由有：

一是章程规定的存续期间届满或者章程规定的其他解散事由出现。如果非法人组织在其章程中明确规定了该组织的存续期间，那么该期间一旦届满，组织没有继续存续的意愿，即可以解散。如章程规定了非法人组织的存续期间为自成立之日起8年，那么到了8年存续期满后，该组织可以解散。此外，如果非法人组织的章程规定了其他解散事由，一旦该事由出现，则该组织也可以解散。

二是出资人或者设立人决定解散。非法人组织的出资人或者设立人可以根据该组织的经营情况等，自行决定解散该组织，即使非法人组织章程规定的存续期间没有届满，出资人或者设立人也可以决定解散该组织。如章程规定了非法人组织的存续期间为自成立之日起8年，那么到了第5年，其出资人或者设立人不想继续经营了，也可以决定解散该组织。

【实践中需要注意的问题】

除了上述两项情形外，如果有关法律规定了非法人组织的解散情形，一旦这些法定情形出现，该组织也应解散。

第一百零七条 【非法人组织解散清算】

非法人组织解散的，应当依法进行清算。

【立法背景】

非法人组织符合《民法典》第106条规定的解散情形的，即可以解散，解散应当依法进行清算。个人独资企业法、合伙企业法等法律对个人独资企业、合伙企业的解散清算作了规定，本条规定的"应当依法进行清算"中的"依法"，即是指依据上述这些法律的规定。

【条文精解】

1. 个人独资企业

个人独资企业法规定，个人独资企业解散，由投资人自行清算或者由债权人申请人民法院指定清算人进行清算。清算期间，个人独资企业不得开展与清算目的无关的经营活动。在清偿债务前，投资人不得转移、隐匿财产。个人独资企业清算结束后，投资人或者人民法院指定的清算人应当编制清算报告，并于15日内到登记机关办理注销登记。

2. 合伙企业

合伙企业法规定，合伙企业解散，应当由清算人进行清算，清算人由全体合伙人担任；经全体合伙人过半数同意，可以自合伙企业解散事由出现后15 日内指定一个或者数个合伙人，或者委托第三人，担任清算人。自合伙企业解散事由出现之日起 15 日内未确定清算人的，合伙人或者其他利害关系人可以申请人民法院指定清算人。清算结束，清算人应当编制清算报告，经全体合伙人签名、盖章后，在 15 日内向企业登记机关报送清算报告，申请办理合伙企业注销登记。

第一百零八条　【参照适用】

非法人组织除适用本章规定外，参照适用本编第三章第一节的有关规定。

【立法背景】

非法人组织相比于法人组织，最主要的区别在于没有独立的财产或者经费，对外不能独立承担民事责任，其出资人或者设立人要对非法人组织的债务承担无限责任。有鉴于此，本节重点对非法人组织在设立、民事责任承担、解散、清算等方面作了专门规定，对非法人组织的其他方面，由于与法人组织没有大的区别，所以总体上可以参照适用法人组织的一般规定，这样处理在立法技术上比较简捷。

【条文精解】

非法人组织除了适用本节关于该类组织的专门性规定，包括设立、民事责任承担、解散、清算等的规定外，对于本节未作规定的，可以参照适用本编第三章第一节有关法人的一般规定。

【实践中需要注意的问题】

这里应当指出的是，参照适用不是完全适用，对于法人的一般性规定，非法人组织能够适用的，就适用；不能够完全适用的，可以参照相关规定的原则、精神，在适用上作灵活处理。

第五章　民事权利

第一百零九条　【人身自由、人格尊严】
自然人的人身自由、人格尊严受法律保护。

【立法背景】

人身自由，包括身体行动的自由和自主决定的自由，是自然人自主参加社会各项活动、参与各种社会关系、行使其他人身权和财产权的基本保障，是自然人行使其他一切权利的前提和基础。人格尊严，包括静态和消极的人格尊严，以及动态和积极的人格尊严，即人格形成和人格发展，涉及姓名权、名誉权、荣誉权、肖像权、隐私权等方面。人格尊严不受侵犯，是自然人作为人的基本条件之一，也是社会文明进步的一个基本标志。由于人身自由和人格尊严的含义非常广泛，所以也能够包含通常所说的人格独立和人格平等。所有的人格权都以人身自由和人格尊严为价值基础，是这两种价值的具体表现，是以维护和实现人身自由和人格尊严为目的。人身自由和人格尊严是人格权获得法律保护的价值依据，是自然人自主参加社会各项活动、参与各种社会关系、行使其他人身权和财产权的基本保障，是自然人行使其他一切权利的前提和基础。我国宪法对于人身自由、人格尊严高度重视，专门作了规定。《宪法》第37条规定："中华人民共和国公民的人身自由不受侵犯。任何公民，非经人民检察院批准或者决定或者人民法院决定，并由公安机关执行，不受逮捕。禁止非法拘禁和以其他方法非法剥夺或者限制公民的人身自由，禁止非法搜查公民的身体。"《宪法》第38条规定："中华人民共和国公民的人格尊严不受侵犯。禁止用任何方法对公民进行侮辱、诽谤和诬告陷害。"基于此，本法在民事权利一章第1条专门对此予以规定，明确"自然人的人身自由、人格尊严受法律保护"。

【条文精解】

保护自然人的人格尊严和人身自由是规定人格权制度的价值基础，理论上又将自然人享有的人格尊严权和人身自由权称为"一般人格权"，生命权、健康权、名称权、名誉权、肖像权、隐私权等所有具体人格权都是这一价值基础的具体体现，同时，其还为未来人格权的进一步具体化留下了空间。民法典以本条规定为基础，专设人格权编对人格权制度作了详细规定，将宪法规定的人身自由、人格尊严在民事领域予以具体化，围绕民事主体所享有的生命权、身体权、健康权、姓名权、名称权、肖像权、名誉权、荣誉权、隐私权和个人信息受保护这些人格权益，以及所产生的民事法律关系作出了详细规定。人格权在民法典中独立成编是我国民事立法的一个制度创新，也是我国民法典的一个亮点。人格权单独成编可以更好地体现宪法精神，更好地落实中央精神，这对于确保公民的人身自由、人格尊严不受侵犯，充分体现我国在人格权保护领域所取得的进步具有十分重要的意义。

【实践中需要注意的问题】

本条规定的实质是一般人格权，一般人格权相对比较抽象，范围边界也不易界定，其是肖像权、姓名权、隐私权等具体人格权产生的价值基础，也为未来具体人格权益产生提供了依据。但是在具体适用中，为了避免被滥用，涉及民法典人格权编已明确规定的具体人格权的，应当优先适用民法典人格权编规定的具体人格权的规则，只有在人格权编没有明确规定具体规则的情况下，才可以将本条规定的一般人格权作为裁判的依据。

第一百一十条 【具体人格权】

自然人享有生命权、身体权、健康权、姓名权、肖像权、名誉权、荣誉权、隐私权、婚姻自主权等权利。

法人、非法人组织享有名称权、名誉权、荣誉权。

【立法背景】

人格权是存在于民事主体人格上的权利，是民事主体对其特定的人格利益享有的权利，关系到每个人的人格尊严和人身自由，是民事主体最基本、最重要的权利。1986 年民法通则设专节规定了人身权，其中大部分内容都是关于人格权的规定。从人格权的主体看，民法通则区分了自然人的人格权和法人的人格权。本条继承了民法通则的规定和做法，同时根据近四十年的发展，进一步丰富了具体人格权的类型。

【条文精解】

1. 自然人的人格权

本条第1款是对自然人所享有的人格权种类的规定。依据本款规定，自然人主要享有以下人格权：

（1）生命权。生命权，是指自然人享有的以维护生命安全和生命尊严为内容的权利，其以自然人的生命安全利益为内容，以生命安全和生命维持为客体，以维护人的生命活动延续为基本内容。生命权是自然人享有的最基本的人格权。

（2）身体权。身体权，是指自然人享有的以维护身体完整和行动自由为内容的权利，其是自然人保持其身体组织完整并支配其肢体、器官和其他身体组织的权利。

（3）健康权。健康权，是指自然人享有的以维护自己的身心健康为内容的权利，其是以自然人维护其机体生理机能正常运作和功能完善发挥为内容的权利。健康是维持人体正常生命活动的基础，健康权是自然人重要的人格权。

（4）姓名权。姓名权，是指自然人享有的依法决定、使用、变更或者许可他人使用自己姓名的权利。

（5）肖像权。肖像权，是指自然人享有的依法制作、使用、公开或者许可他人使用自己肖像的权利，其体现在自然人对自己的肖像上体现的精神利益和物质利益所享有的权利。

（6）名誉权。名誉权，是指自然人、法人和非法人组织就其品德、声望、才能、信用等所获得的社会评价，所享有的保有和维护的权利，也就是说，其是自然人就其自身属性和价值所获得的社会评价，所享有的保有和维护的权利。

（7）荣誉权。荣誉权，是指民事主体对自己所获得的荣誉及其利益所享有的保持、支配的权利。

（8）隐私权。隐私权，是指自然人享有的私人生活安宁与不愿为他人知晓的私密空间、私密活动、私密信息等依法受到保护，不受他人刺探、侵扰、泄露和公开的权利。

（9）婚姻自主权。婚姻自主权，是指自然人享有的结婚、离婚自由不受他人干涉的权利。

2.法人、非法人组织的人格权

本条第 2 款是对法人、非法人组织人格权的规定。依据本款规定，法人、非法人组织主要享有以下人格权：

（1）名称权。名称权，是指法人和非法人组织享有的依法使用、变更、转让或者许可他人使用自己名称的权利。

（2）名誉权。名誉权，是指就其品德、声望、才能、信用等所获得的社会评价，所享有的保有和维护的权利。

（3）荣誉权。荣誉权，是指法人、非法人组织对其获得的荣誉及其利益所享有的保持、支配的权利。

第一百一十一条　【个人信息受法律保护】

自然人的个人信息受法律保护。任何组织或者个人需要获取他人个人信息的，应当依法取得并确保信息安全，不得非法收集、使用、加工、传输他人个人信息，不得非法买卖、提供或者公开他人个人信息。

【立法背景】

信息社会，人的存在不仅涉及生物体征方面的信息，如身高、性别等，也涉及人作为社会成员的基本社会文化信息，如姓名、职业、宗教信仰、消费倾向、生活习惯等。越来越多的人类活动都有信息形式的记录。个人信息保护成为法律关注的问题，始于 20 世纪 60 年代信息技术的广泛使用，部分西方国家于 20 世纪 70 年代陆续出台相关法律。至 20 世纪 90 年代末，随着互联网技术的进一步发展，快捷的信息处理与新的通信技术、多媒体技术相结合，个人信息呈现多元化的特点，越来越多的国际组织、国家与地区着眼于个人信息安全，相继立法。除上述以"可识别性"作为个人信息的界定标准外，还有一些国家、地区和国际组织以"隐私"作为个人信息立法的保护客体，即以"隐私"界定应受保护的个人信息，认为个人信息属于个人隐私。

个人信息权利是公民在现代信息社会享有的重要权利，明确对个人信息的保护对于保护公民的人格尊严，使公民免受非法侵扰，维护正常的社会秩序具有现实意义。据此，本法总则编在民事权利一章中单列一条，对自然人的个人信息受法律保护，和其他民事主体对自然人个人信息保护的义务作出明确规定。本法人格权编则在本条的基础上对个人信息的保护的基本原则和基本规则作了规定，为下一步个人信息保护法的制定提供了依据，奠定了基本框架。

【条文精解】

本条规定了其他民事主体对自然人个人信息保护的义务。根据本条规定，其他民事主体对自然人个人信息保护有以下义务：

一是任何组织和个人需要获取他人个人信息的，有依法取得并确保信息安全的义务。民事主体在正常的生活或者经营中不可避免地会取得一些他人的个人信息，如银行业、保险业、快递业经营者从事的经营业务以客户提供个人信息为前提。民事主体取得个人信息后，有义务采取技术措施和其他必要措施，确保信息安全，防止个人信息泄露、丢失。

二是不得非法收集、使用、加工、传输他人个人信息，不得非法买卖、提供或者公开他人个人信息。此义务既针对依法取得自然人个人信息的组织和个人，也针对非依法取得个人信息的组织和个人。没有得到法律授权或者个人信息主体同意，任何组织和个人不得收集、使用、加工、传输个人信息，不得非法买卖、提供或者公开个人信息。

第一百一十二条 【身份权受法律保护】

自然人因婚姻家庭关系等产生的人身权利受法律保护。

【立法背景】

自然人作为重要的民事主体，除了享有财产权，还享有人身权。人身权包括人格权利和身份权利。《民法典》第 109 条至第 111 条对人格权益作了概括性规定。身份权利是自然人因婚姻、家庭关系而产生的权利，包括自然人因婚姻关系产生的身份权利和因家庭关系产生的身份权利。前者是夫妻之间的身份权利。后者是因家庭关系产生的身份权利，例如，父母对子女的亲权和履行监护职责产生的权利。家庭是社会的细胞，也是社会和谐稳定的基础。自然人作为婚姻家庭中的一员，享有身份权利。保护自然人的身份权利，对于构建和睦稳定的婚姻家庭关系极为重要。基于此，本条特别强调，自然人因婚姻、家庭关系等产生的人身权利受法律保护。民法典在本条规定的基础上，还在总则编和婚姻家庭编对自然人享有的身份权利作了较为详细的规定。

【条文精解】

根据本条规定，自然人因婚姻家庭关系等产生的人身权利主要包括以下内容：

一是自然人因婚姻关系产生的人身权利。男女双方通过结婚形成婚姻关系，夫妻之间因为婚姻关系产生人身权利，如夫妻双方的扶养权利和义务。《民法典》第1059条规定："夫妻有相互扶养的义务。需要扶养的一方，在另一方不履行扶养义务时，有要求其给付扶养费的权利。"同时婚姻家庭编还规定，夫妻应当互相忠实、互相关爱；夫妻在婚姻家庭关系中地位平等。

二是自然人因家庭关系产生的人身权利。自然人因家庭关系产生人身权利，如父母对子女的亲权和履行监护职责产生的权利。《民法典》第27条第1款规定："父母是未成年子女的监护人。"第34条第2款规定："监护人依法履行监护职责产生的权利，受法律保护。"

三是自然人因收养关系产生的人身权利。收养，是指将他人未成年子女收为自己子女的行为。收养将本无血缘关系的自然人，拟制为亲子关系，因此，收养者与被收养者之间具有拟制血亲关系。收养者为养父母，被收养者为养子女。收养制度是婚姻家庭制度的重要组成部分。民法典婚姻家庭编在我国收养法的基础上，对收养的条件和程序、收养的效力等收养制度的内容作了较为详细的规定。根据婚姻家庭编的规定，自收养关系成立之日起，养父母与养子女间的权利义务关系，适用本法关于父母子女关系的规定；养子女与养父母的近亲属间的权利义务关系，适用本法关于子女与父母的近亲属关系的规定。

第一百一十三条　【财产权受平等保护】

民事主体的财产权利受法律平等保护。

【立法背景】

平等保护财产权利是民法关于财产权利保护的基本规则。该规则对于激发人们创造财富的积极性具有重要意义，正所谓"有恒产者有恒心"；对于构建以公平为核心的财产保护体系，促进社会主义市场经济健康有序也极为重要。党的十八届三中全会提出，要完善产权保护制度，公有制经济财产权不可侵犯，非公有制经济财产权同样不可侵犯。国家保护各种所有制经济的产权和合法权益，保证各种所有制经济同等受法律保护。党的十八届四中全会明确提出，要实现公民权利保障的法治化。中共中央、国务院《关于完善产权保护制度依法保护产权的意见》和中央经济工作会议明确提出，加强产权保护制度建设，平等保护各种所有制组织的财产权和自然人的财产权。我国宪法规定，公民的合法财产受法律保护。2007 年颁布的物权法明确规定，国家物权、集体物权、私人物权受法律保护。物权法从物权的角度，对物权的平等保护作了规定。但是民事主体所享有的财产权益不限于物权。根据本章的规定，民事主体还享有债权、知识产权、股权等投资性权利。对自然人所享有的这些财产权益也应当予以平等保护。为了落实了中央的要求，贯彻宪法的精神，本条在物权法规定的基础上，明确规定，民事主体的财产权利受法律平等保护。

【条文精解】

民事主体的财产权利受法律平等保护是由民法调整的社会关系的性质决定的。《民法典》第 2 条规定："民法调整平等主体的自然人、法人和非法人组织之间的人身关系和财产关系。"第 4 条规定："民事主体在民事活动中的法律地位一律平等。"平等集中反映了民事法律关系的本质属性，是民事法律关系区别于其他法律关系的主要标志。本条在本法规定平等原则的基础上，单列一条规定民事主体的财产权利受法律平等保护。

本条的核心是"平等保护"。民事主体的财产权利受法律平等保护也是市场经济的内在要求。我国宪法规定，国家实行社会主义市场经济。公平竞争、平等保护、优胜劣汰是市场经济的基本法则。在社会主义市场经济条件下，各种所有制经济形成的市场主体都处于平等地位，享有相同权利，遵守相同规则，承担相同责任。如果不对民事主体的财产权利平等保护，解决纠纷的办法、承担的法律责任不一样，就不可能发展社会主义市场经济，也不可能坚持和完善社会主义基本经济制度。如对不同民事主体的财产权利不平等保护，势必损害民事主体依法创造、积累财产的积极性，不利于民富国强、社会和谐。

【实践中需要注意的问题】

本条规定的平等保护原则是财产权保护的核心规则，是平等保护产权观念的具体体现。在实践中，对不同所有制的财产权实行差别待遇的情况还不少，这对于民营经济的发展和社会财富的创造都是不利的。无论是民事主体，还是政府机关，都必须践行本条的平等保护原则。

第一百一十四条　【物权的定义】

民事主体依法享有物权。

物权是权利人依法对特定的物享有直接支配和排他的权利，包括所有权、用益物权和担保物权。

【立法背景】

物权，是指对物的权利。物权是一种财产权，财产权主要有物权、债权、继承权和知识产权中的财产权。财产可分为有形财产和无形财产，物权是对有形财产的权利。

物权是民事主体依法享有的一项重要的财产权利。这种权利是权利人在法律规定的范围内对特定的物享有的直接支配和排他的权利。由于物权是直接支配物的权利，因而物权又被称为"绝对权"；物权的权利人享有物权，任何其他人都不得非法干预，物权的权利人以外的任何人都是物权的义务人，因此物权又被称为"对世权"。在权利性质上，物权与债权不同。债权的权利义务限于当事人之间，如合同的权利义务限于订立合同的各方当事人；债权是要求债务人作为或者不作为的权利，债权人也只能要求债务人作为或者不作为，不能要求与其债权债务关系无关的人作为或者不作为；债权依赖于债务人而存在，债权的行使要基于相对人的意思和行为。正因为如此，债权被称为"相对权""对人权"。

【条文精解】

物权的权利人对物享有直接支配的权利，是物权的主要特征之一。各种物权均以直接支配物作为其基本内容。"直接"即权利人实现其权利不必借助于他人，在法律规定的范围内，完全可以按照自己的意愿行使权利。"支配"有安排、利用的意思，包括占有、使用、收益和处分的权能总合。"直接支配"指的是对于物不需要他人的协助、配合，权利人就能自主利用。对所有权来说，权利人可以按照自己的意愿行使占有、使用、收益和处分的权利。直接支配还有排除他人干涉的含义，其他人负有不妨碍、不干涉物权人行使权利的义务。物权的排他性，是指一物之上不能有相互冲突的物权。物权包括所有权、用益物权和担保物权。

第一，所有权。所有权，是指权利人依法对自己的不动产和动产享有全面支配的权利。民法典物权编对国家所有权、集体所有权和私人所有权的内容作了较为详细的规定。

第二，用益物权。用益物权，是指权利人对他人所有的不动产或者动产，依法享有占有、使用和收益的权利。物权编在原物权法的基础上规定了土地承包经营权、建设用地使用权、宅基地使用权、地役权、居住权这几种用益物权。

第三，担保物权。担保物权是为了确保债务履行而设立的物权，当债务人不履行债务时，债权人就担保财产依法享有优先受偿的权利。担保物权对保证债权实现、维护交易秩序、促进资金融通，具有重要作用。根据物权编的规定，我国的担保物权包括抵押权、质权和留置权。物权编第四分编对我国的担保物权制度作了详细规定。

第一百一十五条 【物权的客体】

物包括不动产和动产。法律规定权利作为物权客体的，依照其规定。

【立法背景】

物权的客体是物。物是物权领域的基础性概念，物的范围直接决定物权法律制度的调整范围，明确物的范围对于构建物权法律制度极为重要。德国、日本等国家的民法典不少都对物的范围作了规定。我国2007年颁布的物权法也对物的范围作了规定。鉴于"物"这个概念的重要性，本条借鉴吸收物权法的规定，对物的范围作了规定。

【条文精解】

法律上所指的物，主要是不动产和动产。"不动产"是不可移动的物，如土地以及房屋、林木等土地附着物。"动产"是不动产以外的可移动的物，如机动车、电视机等。不动产和动产是物权法上对物的分类，之所以进行这样的分类，主要是便于根据不动产和动产各自的特点分别予以规范。物权法律制度上的物指有体物或者有形物，有体物或者有形物是物理上的物，包括固体、液体、气体，也包括电等没有形状的物。所谓有体物或者有形物，主要是与精神产品相对而言的，著作、商标、专利等是精神产品，是无体物或者无形物，精神产品通常不是物权制度规范的对象。同时，并非所有的有体物或者有形物都是物权制度规范的对象，能够作为物权制度规范对象的还必须是人力所能控制、有利用价值的物。随着科学技术的发展，一些原来无法控制且无法利用的物也可以控制和利用了，也就纳入了物权制度的调整范围，物权制度规范的物的范围也在不断扩大。

【实践中需要注意的问题】

在适用中需要注意两个问题：一是网络虚拟财产不属于物的范围。网络虚拟财产是现代网络社会的重要财产类型，对于Q币等网络虚拟财产是否属于物的范围，立法过程中争议相当大，有鉴于此，本法并没有将其纳入物的范围加以调整，但是《民法典》第127条明确规定，法律对数据、网络虚拟财产的保护有规定的，依照其规定。这为网络虚拟财产的保护提供了明确的法律依据。二是精神产品原则上不属于物权制度的调整范围，但是在有些情况下，财产权利可以作为担保物权的标的，比如，可以转让的注册商标专用权、专利权、著作权等知识产权中的财产权，可以出质作为担保物权的标的，形成权利质权，由此权利也成了物权的客体。因此，本条规定，法律规定权利作为物权客体的，依照规定。

第一百一十六条 【物权法定原则】

物权的种类和内容，由法律规定。

【立法背景】

物权是一项重要的民事权利，是一种直接支配权，被称为"绝对权""对世权"，指的是权利人不需要他人的协助、配合，就能对物自主利用。因此，物权关系的义务人不同于债权关系的义务人，债权的实现在多数情况下需要债务人的积极配合，而物权关系的义务人最基本的义务是不妨碍、不干涉物权人行使权利。只要义务人不妨碍、不干涉，物权人就能实现其权利，达到对物的利用并享受收益的目的。物权不同于债权，债权的权利义务发生在当事人之间，遵循自愿原则，具体内容由当事人约定，比如，合同是当事人之间的协议，对合同内容如何约定原则上由当事人决定。物权的权利人行使权利，对所有其他人都有约束力，物权人以外的任何人都是义务人，都有尊重物权、不干涉权利人行使物权的义务。物权调整的权利人和义务人之间的关系与合同当事人之间的权利义务关系不同，其间的权利义务不能由权利人单方面决定，也难以由某个权利人和若干个义务人决定，权利人和义务人之间的权利义务必须由法律决定，对权利人和义务人之间的规范也只能由法律规定。这就是物权法定原则。物权法定是物权法律制度的基本原则之一。我国 2007 年的物权法专门规定了该原则，本法继承了该规定。

【条文精解】

物权法定中的"法"，是指法律，即全国人大及其常委会制定的法律，除法律明确规定可以由行政法规、地方性法规规定的外，一般不包括行政法规和地方性法规。物权法定有两层含义：一是物权由法律规定，当事人不能自由创设物权；二是违背物权法定原则，所设"物权"没有法律效力。本条规定"物权的种类和内容，由法律规定"，一是设立哪些种类的物权，只能由法律规定，当事人之间不能创设。物权的大的种类分所有权、用益物权和担保物权；用益物权中还可分为土地承包经营权、建设用地使用权、宅基地使用权、居住权和地役权；担保物权中还可分为抵押权、质权和留置权。二是物权的权利内容，一般也只能由法律规定，物权的内容指物权的权利义务，如土地承包经营权的承包期多长，承包经营权何时设立，承包经营权的流转权限，承包地的调整、收回、被征收中的权利义务，等等。物权法的规定许多都是强制性规范，当事人应当严格遵守，不能由当事人约定排除，除非法律规定了"有约定的按照约定""当事人另有约定的除外"这些例外情形。

第一百一十七条 【征收征用】

为了公共利益的需要，依照法律规定的权限和程序征收、征用不动产或者动产的，应当给予公平、合理的补偿。

【立法背景】

征收是国家以行政权取得集体、单位和个人的财产所有权的行为。征收的主体是国家，通常是政府以行政决定的方式从集体、单位和个人手中取得土地、房屋等财产。在物权法律制度领域，征收是物权变动的一种特殊情形，涉及所有权人的所有权丧失。征用是国家为了抢险、救灾等公共利益需要，在紧急情况下强制性地使用单位、个人的不动产或者动产。征用的目的只在获得使用权，征用不导致所有权移转，被征用的不动产或者动产使用后，应当返还被征用人。国家对他人的财产可以实行征收、征用，是为了公共利益的需要；而给予补偿，又是对他人财产的一种保护，有利于平衡和协调他人财产保护和公共利益需要之间的关系。但是，征收、征用是政府行使行政权，属于行政关系，不属于民事关系，但由于征收、征用是对所有权或者使用权的限制，同时又是国家取得所有权或者使用权的一种方式，因此民法通常都从这一民事角度对此作原则规定。2007年《物权法》第44条、第45条对征收、征用制度作了规定，一些单行法也对此作了规定。本法在这些法律规定的基础上，对征收、征用制度的基本规则作了规定。征收和征用是两个不同的法律概念。征收，是指为了公共利益需要，国家将他人所有的财产强制地征归国有；征用，是指为了公共利益需要而强制性地使用他人的财产。征收和征用的共同之处在于，都是为了公共利益需要，都要经过法定程序，并都要给予补偿。不同之处在于，征收主要是所有权的改变，征用只是使用权的改变。征收是国家从被征收人手中直接取得所有权，其结果是所有权发生了转移；征用则主要是在紧急情况下对他人财产的强制使用，一旦紧急情况结束，被征用的财产应返还原权利人。

【条文精解】

征收、征用应当遵循严格的条件和程度。根据本条规定，征收、征用应当遵循三个原则：

1. 公共利益需要的原则

实施征收、征用，必须是出于公共利益的需要，这是征收、征用的前提条件。公共利益通常是指全体社会成员的共同利益和社会的整体利益，是不特定多数人的利益。基于公共利益的需要，是征收、征用应当遵循的一项原则，对此民法典应予规定。但公共利益的界定在不同领域、不同情形下的表现是不同的，情况复杂难以划一，对公共利益作出具体界定，宜分别由单行法律作出具体规定。

2. 依照法定程序的原则

征收、征用在一定程度上限制了他人的财产权。为了防止其滥用，平衡他人财产保护和公共利益需要之间的关系，依法保护权利人的财产权利，征收、征用必须严格依照法律规定的程序进行。相比而言，征收是所有权的改变，并且事先有较充分的准备，因此程序上要求比较严格；征用一般都是在紧急情况下采取的措施，通常是临时性的，程序上相对比较简便。

3. 依法给予补偿的原则

尽管征收和征用是为了公共利益需要，但不能采取无偿剥夺的方式，必须依法给予补偿。补偿的方式应视财产的类别而加以区别对待。征收的对象一般都是不动产，并且是所有权的改变，一般都要给予金钱补偿、相应的财产补偿或者其他形式的补偿。在征用过程中，如果是非消耗品，使用结束后，原物还存在的，应当返还原物，对于物的价值减少的部分要给予补偿；如果是消耗品，通常要给予金钱补偿。补偿的原则，宪法规定的是要依照法律规定给予补偿。本法原则规定要给予公平、合理的补偿。至于按什么标准补偿，需要在有关法律中根据不同情况作出具体规定。此外，补偿应当及时，补偿延误将给被征收、征用人造成损失。补偿是在事前给予，还是在征收、征用过程中给予，或是在事后给予，需要根据具体情况确定。即便在紧急情况下的征用，在事后给予补偿，也并不意味着可以任意拖延，而应在使用后尽快给予补偿。2016 年 11 月，中共中央、国务院《关于完善产权保护制度依法保护产权的意见》指出，完善土地、房屋等财产征收征用法律制度，合理界定征收征用适用的公共利益范围，不将公共利益扩大化，细化规范征收征用法定权限和程序。遵循及时合理补偿原则，完善国家补偿制度，进一步明确补偿的范围、形式和标准，给予被征收征用者公平合理补偿。本条规定贯彻了上述中央精神，体现了维护公共利益和对财产所有权人的保护。

【实践中需要注意的问题】

需要注意两个问题：在实践中判断是否属于社会公共利益，一要同商业利益相区别。商业利益是个人和企业获取利润的利益，商业利益直接服务于个人或者企业，不能为了商业利益的需要而强行征收、征用他人的不动产和动产。二要同部门、单位和小集体的利益相区别。部门、单位和小集体的利益，其受益人是特定的少数人，与公共利益有着本质的区别。为了谋求商业利益或者单位的利益而需要他人转让其不动产或动产的，应当通过平等协商、公平买卖的办法解决，而不是借助国家强制力来实现。

第一百一十八条 【民事主体依法享有债权】

民事主体依法享有债权。

债权是因合同、侵权行为、无因管理、不当得利以及法律的其他规定，权利人请求特定义务人为或者不为一定行为的权利。

【立法背景】

债是民事领域的一个重要概念，债权是现代社会生活中民事主体的一项重要财产权利。绝大数国家和地区的民法典都将债及债权作为一种重要的制度加以规定。本章规定的是民事权利，因此从权利角度对债作了规定。债是因合同、侵权行为、无因管理、不当得利以及法律的其他规定，在特定当事人之间发生的权利义务关系。首先，债是一种民事法律关系，是民事主体之间以权利义务为内容的法律关系。其次，债是特定当事人之间的法律关系。债的主体各方均为特定当事人。再次，债是特定当事人之间的请求为或者不为一定行为的法律关系。享有权利的人是债权人，负有义务的人是债务人。债是以请求权为特征的法律关系，债权人行使债权，只能通过请求债务人为或者不为一定行为得以实现。最后，债是因合同、侵权行为、无因管理、不当得利以及法律的其他规定而发生的法律关系。

【条文精解】

根据本条规定，债权是因合同、侵权行为、无因管理、不当得利以及法律的其他规定，权利人请求特定义务人为或者不为一定行为的权利。债的发生原因包括以下几种情况：

一是合同。合同是民事主体之间设立、变更、终止民事法律关系的协议。民法典合同编对合同之债的规则作了详细的规定。

二是侵权行为。侵权行为，是指侵害他人民事权益的行为。民法典侵权责任编对侵权行为之债作了较为详细的规定。

三是无因管理。无因管理，是指没有法定的或者约定的义务，为避免他人利益受损失进行管理的行为。民法典合同编第三分编对无因管理之债和不当得利之债的规则作了详细的规定。

四是不当得利。不当得利，是指没有法律根据，取得不当利益，造成他人损失的情形。民法典合同编第三分编对无因管理之债和不当得利之债的规则作了详细的规定。

五是法律的其他规定。合同、侵权行为、无因管理、不当得利是债的发生的主要原因，除此以外，法律的其他规定也会引起债的发生，使民事主体依法享有债权。

第一百一十九条 【合同的法律约束力】

依法成立的合同，对当事人具有法律约束力。

【立法背景】

合同是产生债权债务关系的一种重要原因。合同之债是当事人在平等基础上自愿设定的，是民事主体主动参与民事活动，积极开展各种经济交往的法律表现。合同是最常见的债的发生原因，合同之债在社会经济生活中占有重要的地位。

【条文精解】

根据自愿原则，订不订合同、与谁订合同、合同的内容如何等，由当事人自愿约定。但是，合同依法成立以后，对当事人就具有了法律约束力。所谓法律约束力，是指当事人应当按照合同的约定履行自己的义务，非依法律规定或者取得对方同意，不得擅自变更或者解除合同。如果不履行合同义务或者履行合同义务不符合约定，应当承担违约责任。只有依法成立的合同才能产生合同之债。

第一百二十条 【侵权责任的承担】

民事权益受到侵害的，被侵权人有权请求侵权人承担侵权责任。

【立法背景】

侵权责任法律制度的基本作用，一是保护被侵权人，二是减少侵权行为。保护被侵权人是建立和完善侵权责任法律制度的主要目的。本章规定了民事主体的各种人身权利、财产权利以及其他合法权益。法律规定的民事主体的民事权益受到侵害，就要通过侵权责任法律制度保护被侵权人。侵权责任编对侵权责任的具体规则作了详细规定。被侵权人在其民事权益被侵权人侵害构成侵权时，有权请求侵权人承担侵权责任。这种权利是一种请求权，所谓请求权，是指请求他人为一定行为或不为一定行为的权利。请求权人自己不能直接取得作为该权利内容的利益，必须通过他人的特定行为间接取得。在侵权人的行为构成侵权，侵害了被侵权人的民事权益时，被侵权人有权请求侵权人承担侵权责任。被侵权人可以直接向侵权人行使请求权，也可以向法院提起诉讼，请求法院保护自己的合法权益。

【条文精解】

根据本条规定，民事权益受到侵害的，被侵权人有权请求侵权人承担侵权责任。本条规定明确了以下几层意思：

一是关于保护的权益范围。被侵权人请求侵权人承担侵权责任的前提是民事权益受到了侵害。这里的"民事权益"范围很广。2009年颁布的《侵权责任法》第2条曾列举了受侵权责任法保护的18种权利。但民事主体享有的民事权益很多，一一列举难免挂一漏万，所以民法典侵权责任编未再作这样的列举。本条以及侵权责任编所保护的民事权益范围包括本章规定的人格权、身份权、物权、知识产权、股权等投资性权益、继承权等几乎所有的人身和财产权益。

二是关于请求权的主体。侵权法律关系中，在民事主体的合法权益受到侵害时，被侵权人有权请求侵权人承担侵权责任，如果进行诉讼，则为原告。这里的被侵权人，是指侵权行为损害后果的直接承受者，是因侵权行为而使民事权益受到侵害的人。被侵权人可以是所有具有民事权利能力的民事主体，只要具有实体法上的民事权利能力，又因侵权行为而使其民事权益受到侵害的人，就具有被侵权人的资格，包括自然人、法人和非法人组织。

三是关于侵权人。在侵权法律关系中，侵权人是承担侵权责任的主体，在诉讼中为被告。侵权人一般是直接加害人，直接加害人是直接实施侵权行为，造成被侵权人损害的人。直接加害人分为单独的加害人和共同的加害人，共同加害人的侵权责任根据本法共同侵权的相关规定承担。在替代责任形式的特殊侵权责任中，直接造成损害的行为人不直接承担侵权责任，承担侵权责任的主体是替代责任的责任人。如侵权责任编规定，用人单位的工作人员因执行工作任务造成他人损害的，由用人单位承担侵权责任。

四是关于侵权责任。侵权人承担侵权责任有多种方式。根据《民法典》第179条的规定，承担民事责任的方式主要有：停止侵害；排除妨碍；消除危险；返还财产；恢复原状；修理、重作、更换；继续履行；赔偿损失；支付违约金；消除影响、恢复名誉；赔礼道歉。法律规定惩罚性赔偿的，依照其规定。承担民事责任的方式，可以单独适用，也可以合并适用。

【实践中需要注意的问题】

需要注意的是，本条只是从赋权的角度规定了民事权益受到侵害的当事人有权请求侵权人承担侵权责任，但是否构成侵权责任还要根据侵权责任编的相关规定确定。例如，《民法典》第1165条第1款规定："行为人因过错侵害他人民事权益造成损害的，应当承担侵权责任。"根据该规定，一般情况下，行为人是否承担侵权责任，要满足四个构成要件：一是有侵害行为；二是行为人有过错；三是行为人的行为造成了他人的损害；四是侵害行为与损害之间有因果关系。

第一百二十一条 【无因管理】
没有法定的或者约定的义务，为避免他人利益受损失而进行管理的人，有权请求受益人偿还由此支出的必要费用。

【立法背景】

无因管理，是指没有法定的或者约定的义务，为避免他人利益受损失而进行管理的行为。管理他人事务的人为管理人，因管理人管理其事务而受益的人为受益人。无因管理制度作为债的发生原因之一，使管理人和受益人之间产生了债权债务关系。无因管理行为虽为干预他人事务，但却是以为避免他人利益受损失为目的，有利于社会的互助行为。法律为鼓励这一行为，赋予管理人请求受益人偿还因管理行为而支出的必要费用的权利。因无因管理产生的债称为无因管理之债。不少国家和地区对无因管理也有相关规定。我国1986年民法通则就对无因管理制度作了规定，本条继承了民法通则的规定，对无因管理作了原则性规定。合同编在此基础上，设专章对无因管理制度的具体规则作了规定。

【条文精解】

根据本法规定，构成无因管理，有以下几个要件：

一是管理他人事务。管理他人事务，即为他人进行管理，这是成立无因管理的首要条件。如将自己的事务误认为他人事务进行管理，即使是为他人避免损失，也不能构成无因管理。

二是为避免他人利益受损失。一般来说，在既无法定义务又无约定义务的情况下，管理他人的事务，属于干预他人事务的范畴。法律规定的无因管理，是为避免他人利益受损失而进行管理的行为，符合助人为乐、危难相助的道德准则的行为，应该得到鼓励和受到保护。

三是没有法定的或者约定的义务。无因，指没有法定的或者约定的义务。没有法定的或者约定的义务是无因管理成立的重要条件。如果行为人负有法定的或者约定的义务进行管理，则不能构成无因管理。

【实践中需要注意的问题】

根据本条规定，符合以上三个要件，构成无因管理的，无因管理发生后，管理人依法享有请求受益人偿还因管理行为支出的必要费用的权利，受益人有偿还该项费用的义务。需要注意是，符合以上三个要件的无因管理只是原则上享有费用偿还请求权，但管理人管理事务的行为不符合受益人的真实意愿的，根据本法合同编关于"无因管理"第979条的规定，管理人不享有前款规定的权利，除非受益人的真实意愿违反法律或者违背公序良俗的除外。

第一百二十二条 【不当得利】

因他人没有法律根据，取得不当利益，受损失的人有权请求其返还不当利益。

【立法背景】

不当得利，是指没有法律根据，取得不当利益，造成他人损失的情形。不当得利制度对民事主体之间的财产流转关系有调节作用，目的在于恢复民事主体之间在特定情形下所发生的非正常的利益变动。因不当得利产生的债称为不当得利之债。

【条文精解】

根据本法规定，构成不当得利，有以下几个要件：

一是民事主体一方取得利益。取得利益，是指财产利益的增加。既包括积极的增加，即财产总额的增加；也包括消极的增加，即财产总额应减少而未减少，如本应支付的费用没有支付等。

二是民事主体他方受到损失。受到损失，是指财产利益的减少。既包括积极损失，即财产总额的减少；也包括消极损失，即应当增加的利益没有增加。

三是一方取得利益与他方受到损失之间有因果关系。一方取得利益与他方受到损失之间有因果关系，是指他方的损失是因一方获得利益造成的。

四是没有法律根据。没有法律根据是构成不当得利的重要要件。如果一方取得利益和他方受到损失之间有法律根据，民事主体之间的关系就受到法律的认可和保护，不构成不当得利。

【实践中需要注意的问题】

《民法通则》第92条规定："没有合法根据，取得不当利益，造成他人损失的，应当将取得的不当利益返还受损失的人。"民法总则一审稿曾延续《民法通则》第92条的规定。在立法过程中，有的意见提出，合法根据强调是否违法性，而不当得利的适用前提是没有"法律的规定和当事人的约定"，建议将"合法根据"改为"法律根据"。有的意见提出，本章规定的是民事权利，本条从取得不当利益的人应当有返还损失的义务的角度写不妥，应当从受损失的人有权请求返还的权利角度写。因此，本条最终修改为："因他人没有法律根据，取得不当利益，受损失的人有权请求其返还不当利益。"

第一百二十三条 【知识产权】

民事主体依法享有知识产权。

知识产权是权利人依法就下列客体享有的专有的权利：

（一）作品；

（二）发明、实用新型、外观设计；

（三）商标；

（四）地理标志；

（五）商业秘密；

（六）集成电路布图设计；

（七）植物新品种；

（八）法律规定的其他客体。

【立法背景】

知识产权是国际上广泛使用的一个法律概念，是民事主体对其创造性的客体依法享有的专有权利。设立知识产权的目的在于调动人们从事智力创作和科学技术研究的积极性，从而创造出更多、更好的精神财富。民法通则将知识产权作为民事主体的基本民事权利之一予以规定，适应了我国改革开放和知识产权国际保护的需要。我国制定了多部保护知识产权的法律法规，1982 年通过《商标法》，1984 年通过《专利法》，1990 年通过《著作权法》。国务院也颁布实施了《著作权法实施条例》《专利法实施细则》《商标法实施条例》等。

【条文精解】

根据本条规定，知识产权是权利人依法就下列客体所享有的专有权利：

1. 作品

对作品的知识产权保护主要规定在著作权相关法律法规中。《著作权法》第 3 条规定："本法所称的作品，包括以下列形式创作的文学、艺术和自然科学、社会科学、工程技术等作品：（一）文字作品；（二）口述作品；（三）音乐、戏剧、曲艺、舞蹈、杂技艺术作品；（四）美术、建筑作品；（五）摄影作品；（六）电影作品和以类似摄制电影的方法创作的作品；（七）工程设计图、产品设计图、地图、示意图等图形作品和模型作品；（八）计算机软件；（九）法律、行政法规规定的其他作品。"根据著作权法的规定，著作权，是指著作权人对其作品享有的人身权和财产权，包括发表权、署名权、修改权、保护作品完整权、复制权、发行权、出租权、展览权、表演权、放映权、广播权、信息网络传播权、摄制权、改编权、翻译权、汇编权和应当由著作权人享有的其他权利。

2. 发明、实用新型、外观设计

对发明、实用新型、外观设计的知识产权保护主要规定在专利权相关法律法规中。《专利法》第 2 条规定："本法所称的发明创造是指发明、实用新型和外观设计。发明，是指对产品、方法或者其改进所提出的新的技术方案。实用新型，是指对产品的形状、构造或者其结合所提出的适于实用的新的技术方案。外观设计，是指对产品的形状、图案或者其结合以及色彩与形状、图案的结合所作出的富有美感并适于工业应用的新设计。"权利人依法就发明、实用新型、外观设计享有的专有权利是专利权。专利权，是指专利权人依法就发明、实用新型、外观设计所享有的专有权利，任何组织或者个人未经专利权人许可，不得实施其专利。

3. 商标

对商标的知识产权保护主要规定在商标权相关法律法规中。权利人依法就商标享有的专有权利即商标专用权。商标专用权是商标专用权人在核准商品上使用注册商标的专有权利。根据《商标法》第 3 条的规定，商标注册人享有商标专用权，受法律保护。

4. 地理标志

地理标志，是指标示某商品来源于某地区，该商品的特定质量、信誉或者其他特征，主要由该地区的自然因素或者人文因素所决定的标志。权利人依法就地理标志享有专有权。目前我国没有专门的法律法规对权利人依法就地理标志享有的专有权利作出规定，对地理标志享有的专有权利分散规定在商标法、农业法、《商标法实施条例》等法律法规中。

5. 商业秘密

商业秘密，是指不为公众所知悉、能为权利人带来经济利益、具有实用性并经权利人采取保密措施的技术信息和经营信息。权利人依法对商业秘密享有专有权。目前我国没有专门的法律法规对权利人依法就商业秘密享有的专有权利作出规定，对商业秘密专有权利的保护分散规定在反不正当竞争法、合同法等法律中。《民法典》第 501 条规定，当事人在订立合同过程中知悉的商业秘密，无论合同是否成立，不得泄露或者不正当地使用。泄露或者不正当地使用该商业秘密给对方造成损失的，应当承担损害赔偿责任。

6. 集成电路布图设计

集成电路布图设计，是指集成电路中至少有一个是有源元件的两个以上元件和部分或者全部互联线路的三维配置，或者为制造集成电路而准备的上述三维配置。权利人依法对集成电路布图设计享有专有权。民法典出台前，我国民事法律对权利人依法就集成电路布图设计享有的专有权利未作出规定，仅有《科学技术进步法》第 20 条第 1 款使用了"集成电路布图设计专有权"。对集成电路布图设计专有权利的保护主要由国务院集成电路布图设计保护条例规范。

7. 植物新品种

植物新品种，是指经过人工培育的或者对发现的野生植物加以开发，具备新颖性、特异性、一致性和稳定性并有适当命名的植物品种。对植物新品种的知识产权保护主要规定在种子法、农业法、《植物新品种保护条例》等相关法律法规中。

8.法律规定的其他客体

除了本条明确列举的知识产权的客体，本条第 8 项规定了"法律规定的其他客体"。本项规定实际上为未来知识产权客体的发展留出了空间。

第一百二十四条 【继承权】

自然人依法享有继承权。

自然人合法的私有财产，可以依法继承。

【立法背景】

继承权，是指自然人依照法律的规定或者被继承人生前立下的合法有效的遗嘱而取得被继承人遗产的权利。继承权是自然人的一项基本民事权利。《宪法》第 13 条第 2 款规定："国家依照法律规定保护公民的私有财产权和继承权。"宪法作为根本大法，确立了关于保护公民私有财产权和继承权的原则。《民法通则》第 76 条规定："公民依法享有财产继承权。"根据宪法规定，为保护公民的私有财产的继承权，1985 年我国出台了继承法，调整继承法律关系。我国其他法律对自然人的继承权的保护也有所规定。《物权法》第 65 条第 2 款规定："国家依照法律规定保护私人的继承权及其他合法权益。"《未成年人保护法》第 52 条第 1 款规定："人民法院审理继承案件，应当依法保护未成年人的继承权和受遗赠权。"《妇女权益保障法》第 34 条第 1 款规定："妇女享有的与男子平等的财产继承权受法律保护。在同一顺序法定继承人中，不得歧视妇女。"

【条文精解】

总则编在本章单列一条，明确规定自然人依法享有继承权。继承编以本条规定为依据，在继承法和其他法律的基础上对继承的具体规则作了详细规定。对自然人继承权的保护，是保护自然人个人财产所有权的必然要求。当自然人死亡时，将其生前个人所有的合法财产，依法转移给他的继承人，有利于提高自然人参加经济建设的积极性，为社会、家庭和个人积累财富，满足人们日益增长的物质生活和文化生活的需要。

依照我国法律规定，自然人享有继承权，自然人可以继承的被继承人的财产的范围为被继承人合法的私有财产。本条第 2 款的规定是对自然人合法的私有财产权在继承制度上的保护。《宪法》第 13 条第 1 款、第 2 款规定：

"公民的合法的私有财产不受侵犯。国家依照法律规定保护公民的私有财产权和继承权。"《民法典》第 266 条规定："私人对其合法的收入、房屋、生活用品、生产工具、原材料等不动产和动产享有所有权。"《民法典》第 267 条规定："私人合法财产受法律保护，禁止任何组织或者个人侵占、哄抢、破坏。"在自然人生存时，这主要通过对其所享有的物权、债权、知识产权、股权等一系列民事权利的保护来实现。在自然人死亡后，其合法的私有财产可以作为遗产，由继承人依法继承，实现对自然人合法私有财产保护的目的。根据《继承法》第 3 条的规定，遗产是公民死亡时遗留的个人合法财产，包括：公民的收入；公民的房屋、储蓄和生活用品；公民的林木、牲畜和家禽；公民的文物、图书资料；法律允许公民所有的生产资料；公民的著作权、专利权中的财产权利；公民的其他合法财产。考虑到自继承法实施以来，社会物质财富极大丰富，老百姓所享有的财产也越来越多样，对可继承财产进行一一列举已不可能，难免挂一漏万，基于此，民法典继承编对可以继承的财产没有再采取列举的方法，而是用概括规定的方式，明确规定，遗产是自然人死亡时遗留的个人合法财产。

第一百二十五条 【股权和其他投资性权利】

民事主体依法享有股权和其他投资性权利。

【立法背景】

在现代商业社会，股权等投资性权利是民事主体所享有的重要商事权益，明确保护这些投资性权利，对于促进民事主体进行投资性活动，繁荣经济，创造财富具有重要意义。股权等投资性权利虽然属于商事权益，但我国实行民商合一的立法体例，所以，股权等投资性权益也属于广义上的民事权益。在民法典中对此作出明确规定，既可以加强对这些投资性权利的保护，也可以为公司法、证券法、合伙企业法等商事单行法作进一步规定提供依据。

【条文精解】

根据本条规定，民事主体享有的投资性权利主要包括两类：

1. 股权

股权，是指民事主体因投资于公司成为公司股东而享有的权利。股权根据行使目的和方式的不同可分为自益权和共益权两部分。自益权，是指股东基于自身利益诉求而享有的权利，可以单独行使，包括资产收益权、剩余财产分配请求权、股份转让权、新股优先认购权等；共益权，是指股东基于全体股东或者公司的利益诉求而享有的权利，包括股东会表决权、股东会召集权、提案权、质询权、公司章程及账册的查阅权、股东会决议撤销请求权等。民事主体通过投资于公司成为公司股东后依法享有股权。根据本条规定，民事主体依法享有股权。

2.其他投资性权利

其他投资性权利，是指民事主体通过投资享有的权利。如民事主体通过购买证券、基金、保险等进行投资而享有的民事权利。根据本条规定，民事主体依法享有其他投资性权利。这些投资性权利的具体权利内容根据证券法等具体法律规定依法享有。

【实践中需要注意的问题】

根据本章规定，民事主体所享有的民事权利类型很多，这些民事权利大多数在民法典中作了较为详细的规定。但是，有些民事权利只在本章作了原则性规定，具体的保护规则由民商事特别法规定，例如，本条所规定的股权等投资性权利的具体规则就由我国公司法、证券投资基金法等特别法作了规定。所以，在实践中，涉及股权等投资性权利的保护主要适用这些特别法的规定。

第一百二十六条　【其他民事权利和利益】

民事主体享有法律规定的其他民事权利和利益。

【立法背景】

本编专章规定了民事主体的民事权利，具体规定了民事主体的人格权、身份权、物权、债权、知识产权、继承权、股权和其他投资性权利。考虑到民事权利和利益多种多样，立法中难以穷尽，而且随着社会、经济的发展，还会不断地有新的民事权益纳入法律的保护范围，因此，本条对民事主体享有的民事权利和利益作了兜底性规定。

【条文精解】

本条规定有以下几层含义：一是民事主体所享有的民事权益不限于本法规定的人格权、身份权、物权、知识产权、股权等民事权益。本法基本上将民事主体现在所享有的民事权益作了完全列举，但是随着社会的发展，新的民事权益会不断出现，为了适应社会的发展，并且为未来新的民事权益的保护提供法律依据，本条作了兜底性规定。二是民事主体所享有的其他民事权益必须由法律明确规定。人们在社会中所享有的利益种类很多，为了防止民事权益的泛化，影响民事主体的行为自由，不是所有的利益都适宜由法律加以保护。所以，本法所保护的民事权益必须是法律明确规定的民事权利和利益。

第一百二十七条 【数据和网络虚拟财产的保护】

法律对数据、网络虚拟财产的保护有规定的，依照其规定。

【立法背景】

随着互联网和大数据技术的快速发展，网络虚拟财产、数据等各种新型财产出现。但在立法过程中，对于是否规定和如何规定数据和网络虚拟财产，存在较大争议。经研究，最后本条对数据和网络虚拟财产的保护作了原则性规定，即规定"法律对数据、网络虚拟财产的保护有规定的，依照其规定"。一方面，确立了依法保护数据和网络虚拟财产的原则；另一方面，鉴于数据和网络虚拟财产的权利性质存在争议，需要对数据和网络虚拟财产的权利属性作进一步深入研究，进一步总结理论和司法实践的经验，为以后立法提供坚实基础。

【条文精解】

本条主要对两类新型的特殊财产作了规定：

1. 关于数据

随着信息技术和网络的快速发展与应用，各类数据信息迅猛增长，数据交易日益增多，各地大数据交易所应运而生。关于数据的一系列法律问题，如数据的法律属性、保护模式等引起广泛讨论。如何界定数据的内涵和外延，数据的权利属性和权利人对数据享有哪些权利都存在较大争议。根据本条规定，法律对数据的保护有规定的，依照其规定。目前存在的与数据相关联的法律概念中，联系最密切的是汇编作品和数据库。具有独创性的数据构成汇编作品受著作权法保护。我国未专门规定对数据库的保护。欧盟《关于数据库法律保护的指令》第1条规定，数据库，是指经系统或有序的安排，并可通过电子或其他手段单独加以访问的独立的作品、数据或其他材料的集合。世界知识产权组织1996年提出的《数据库知识产权条约草案》对数据库的定义与欧盟关于数据库法律保护的指令基本相同。

目前我国法律未对数据的保护作出专门规定，也未专门规定对数据库的保护。根据现有法律，对数据可以分情况依据著作权、商业秘密来保护。我国《著作权法》第14条规定了汇编作品。具有独创性是作品受著作权法保护的前提，具有独创性的数据如果构成汇编作品，受著作权法的保护。《反不正当竞争法》第9条规定了对商业秘密的保护。《反不正当竞争法》第9条第4款规定："本法所称的商业秘密，是指不为公众所知悉、具有商业价值并经权利人采取相应保密措施的技术信息、经营信息等商业信息。"符合上述条件的技术信息和经营信息等数据，可以作为商业秘密保护。

2.关于网络虚拟财产

网络虚拟财产是计算机信息技术发展的产物，随着网络的普及发展，网络与人们生活的联系越来越紧密，围绕网络虚拟财产权利义务的各种纠纷时有发生，网络虚拟财产的法律属性等问题也引起了广泛争论。

随着网络与生活的联系越来越紧密，围绕网络虚拟财产的纠纷也越来越多。目前我国网络虚拟财产纠纷主要有以下几种情况：一是网络虚拟财产被盗纠纷；二是网络虚拟财产交易纠纷；三是网络虚拟财产权属确认纠纷；四是网络游戏服务合同纠纷；五是因运营商对"外挂"等行为封号引发的玩家与运营商之间的纠纷。

【实践中需要注意的问题】

关于网络虚拟财产的法律属性，目前还有很大争议，尚无定论。主要有以下几种观点：无形财产说、知识产权说、新型财产权类型说、物权说、债权说。基于此，本条只对网络虚拟财产应当受法律保护作了规定，但没有明确其权利性质。这可以在实践中进一步探索。

第一百二十八条 【对弱势群体民事权利的特别保护】

法律对未成年人、老年人、残疾人、妇女、消费者等的民事权利保护有特别规定的，依照其规定。

【条文精解】

未成年人、老年人、残疾人、妇女、消费者等民事主体，由于其心理、生理或者市场交易地位原因，可能在民事活动中处于弱势地位。为保护整体上处于弱势地位的民事主体的民事合法权益，我国不少法律对未成年人、老年人、残疾人、妇女、消费者等特殊群体所享有的民事权利有特别保护规定。如消费者权益保护法通过规定消费者的权利和经营者的义务来保护消费者的合法权益，规定消费者的知情权、选择权等权利，规定经营者负有保障消费者安全、质量保证、告知和召回等义务。未成年人保护法、老年人权益保障法、残疾人保障法、妇女权益保障法对未成年人、老年人、残疾人、妇女的民事权利有特别保护规定。本条是对弱势群体民事权利的特别保护的衔接性规定。根据本条规定，法律对未成年人、老年人、残疾人、妇女、消费者等的民事权利有特别保护规定的，依照其规定。

第一百二十九条 【民事权利的取得方式】

民事权利可以依据民事法律行为、事实行为、法律规定的事件或者法律规定的其他方式取得。

【条文精解】

民事权利的取得，是指民事主体依据合法的方式获得民事权利。根据本条规定，民事权利可以依据以下方式取得：

1. 民事法律行为

民事法律行为，是指民事主体通过意思表示设立、变更、终止民事法律关系的行为，民法理论一般称为法律行为。如订立买卖合同的行为、订立遗嘱、放弃继承权、赠与等。总则编第六章专章规定了民事法律行为，对民事法律行为的概念、成立、效力等作了规定。民事法律行为以意思表示为核心要素，没有意思表示则没有民事法律行为。意思表示，是指行为人为了产生一定民法上的效果而将其内心意思通过一定方式表达于外部的行为。

2. 事实行为

事实行为，是指行为人主观上没有引起民事法律关系发生、变更或者消灭的意思，而依照法律的规定产生一定民事法律后果的行为。如自建房屋、拾得遗失物、无因管理行为、劳动生产等。事实行为有合法的，也有不合法的。拾得遗失物等属于合法的事实行为，侵害他人的人身、财产的侵权行为是不合法的事实行为。民事权利可以依据事实行为取得，如民事主体因无因管理行为取得对他人的无因管理债权等。

3. 法律规定的事件

法律规定的事件，是指与人的意志无关而根据法律规定能引起民事法律关系变动的客观情况，如自然人的出生、死亡，自然灾害，生产事故，果实自落以及时间经过等。民事权利可以依据法律规定的事件取得，如民事主体因出生取得继承权等。

4. 法律规定的其他方式

除了民事法律行为、事实行为、法律规定的事件，民事权利还可以依据法律规定的其他方式取得。如物权编规定，因人民法院、仲裁机构的法律文书或者人民政府的征收决定等，导致物权设立、变更、转让或者消灭的，自法律文书或者征收决定等生效时发生效力。物权编规定，为了公共利益的需要，依照法律规定的权限和程序可以征收集体所有的土地和组织、个人的房屋以及其他不动产。

第一百三十条 【民事主体按照自己的意愿依法行使民事权利】
民事主体按照自己的意愿依法行使民事权利，不受干涉。

【立法背景】

《民法典》第5条规定："民事主体从事民事活动，应当遵循自愿原则，按照自己的意思设立、变更、终止民事法律关系。"自愿原则是民法的一项基本原则，贯彻于整个民法典之中。允许权利人按照自己的意愿行使权利是对权利人最大的尊重，也是其享有民事权利的应有内涵。

【条文精解】

本条是自愿原则在行使民事权利中的体现，民事主体按照自己的意愿依法行使民事权利，不受干涉体现在：一是民事主体有权按照自己的意愿依法行使民事权利或者不行使民事权利。二是民事主体有权按照自己的意愿选择依法行使的民事权利内容。三是民事主体有权按照自己的意愿选择依法行使民事权利的方式。民事主体按照自己的意愿行使权利，任何组织和个人不得非法干涉。

我国其他法律对民事主体按照自己的意愿依法行使民事权利有相关规定。例如，《合同法》第4条规定："当事人依法享有自愿订立合同的权利，任何单位和个人不得非法干预。"《婚姻法》第5条规定："结婚必须男女双方完全自愿，不许任何一方对他方加以强迫或任何第三者加以干涉。"《民法典》第1046条继承了婚姻法的这一规定。其他国家对民事主体按照自己的意愿依法行使民事权利也有规定。例如，《俄罗斯联邦民法典》第1条第2款规定，公民（自然人）和法人以自己的意志和为自己的利益取得和行使民事权利。他们在根据合同确定自己的权利和义务方面，以及在规定任何不与立法相抵触的合同条件方面享有自由。

【实践中需要注意的问题】

需要注意的是，本条规定与《民法典》第5条的规定并不矛盾，《民法典》第5条规定了自愿原则，而本条是对自愿原则在民事权利行使领域的具体化。所以，在法律适用中，涉及行自愿行使民事权利时，应当首先适用本条的规定，不宜向第5条逃逸。

第一百三十一条 【权利义务相统一】

民事主体行使权利时，应当履行法律规定的和当事人约定的义务。

【立法背景】

民事主体有权按照自己的意愿行使自己的民事权利，但是这种权利不是绝对的，权利义务是对等的，行使权利的同时，也应当履行法律规定和当事人约定的义务。

【条文精解】

民事主体依法享有的民事权利和承担的民事义务是民事法律关系的内容。在民事法律关系中，民事权利和民事义务是相互对立、相互联系的。民事权利的内容要通过相应的民事义务表现，民事义务的内容由相应的民事权利限定。在很多情况下，民事主体享有权利的同时，负担法律规定的或者当事人约定的义务。如合同双方当事人一般相互约定各自的权利义务，一方当事人享有合同权利的同时，也负有约定的合同义务。民事主体行使权利时，应当履行法律规定的和当事人约定的义务。

第一百三十二条　【不得滥用民事权利】

民事主体不得滥用民事权利损害国家利益、社会公共利益或者他人合法权益。

【立法背景】

不得滥用民事权利，是指民事权利的行使不得损害国家利益、社会公共利益或者他人合法权益。每一个民事主体都有权行使自己所享有的权利，法律也鼓励民事主体行使自己的权利，但是权利的行使，有一定界限，行使民事权利损害国家利益、社会公共利益或者他人合法权益的，为滥用民事权利。民法一方面鼓励权利主体正当地行使权利，另一方面为权利的行使划定了明确的界限，即不得滥用民事权利损害国家利益、社会公共利益或者他人合法权益。滥用民事权利损害国家利益、社会公共利益或者他人合法权益可构成侵权。

【条文精解】

根据本条规定，构成权利滥用一般需要满足以下要件：一是民事主体享有权利。这是构成权利滥用的前提性要件。如果民事主体根本不享有权利，就不构成权利滥用。二是民事主体行使权利。民事主体只有在行使权利过程中才可能构成权利滥用，如果民事主体的行为根本就不是行使权利，则其行为不属于滥用权利，而属于侵权、违约等行为。三是民事主体行使权利的行为损害了国家利益、社会公共利益或者他人合法权益。这是构成权利滥用的后果性要件。如果民事主体的权利行使行为没有对国家利益、社会公共利益或者他人合法权益造成损害，也不构成滥用权利。在立法过程中，对于滥用权利是否要以民事主体的主观故意作为要件有不同意见。主流意见认为，构成权利滥用要以民事主体主观上具有故意为要件，即民事主体行使权利是以损害国家利益、社会公共利益或者他人合法权益为目的。

【实践中需要注意的问题】

关于不得滥用民事权利是否为行使权利的基本原则，在立法过程中有不同意见。立法过程中，本条根据各方意见不断进行修改完善。《民法总则（草案）》一审稿在第一章基本原则中规定一条，民事主体从事民事活动，应当遵守法律，不得违背公序良俗，不得损害他人合法权益。二审稿将这一条修改为，民事主体从事民事活动，不得违反法律，不得违背公序良俗，不得滥用权利损害他人合法权益。三审稿将权利不得滥用原则移至本章，规定民事主体不得滥用民事权利损害他人合法权益。最终通过的民法总则规定，民事主体不得滥用民事权利损害国家利益、社会公共利益或者他人合法权益。本条继承了民法总则的规定。

第六章　民事法律行为

第一节　一般规定

第一百三十三条　【民事法律行为的定义】

民事法律行为是民事主体通过意思表示设立、变更、终止民事法律关系的行为。

【立法背景】

理解民事法律行为，就必须先了解法律行为的概念。法律行为这个概念来源于德国民法典。其后，这一概念对其他国家和地区的民法立法产生了深远的影响，日本、意大利、荷兰、俄罗斯等国家民法典和我国台湾地区"民法典"基本上都采用了这个概念，并作为一种重要的民事制度加以规定。传统民法理论也是采用法律行为这一概念。学理上对法律行为的含义通常表述为：民事主体作出的意图发生一定法律效果的意思表示行为。1986年制定的民法通则没有采用法律行为这一表述，而是采用了民事法律行为和民事行为这两个概念。根据民法通则第四章的规定，民事法律行为是公民或者法人设立、变更、终止民事权利和民事义务的合法行为。与传统的法律行为概念相比，民法通则规定的"民事法律行为"有两个特点：一是突出了合法性，只包括合法的法律行为，不涵盖无效、可撤销和效力待定的行为。为此，民法通则还规定了一个概念"民事行为"，以涵盖无效和可撤销行为。二是没有强调法律行为中的核心要素——意思表示。

【条文精解】

民事法律行为，是指自然人、法人或者非法人组织通过意思表示设立、变更、终止民事权利和民事义务关系的行为。根据本条规定，民事法律行为具有以下几个特征：

一是民事法律行为是民事主体实施的行为。民事法律行为作为一种法律事实，其必须是由自然人、法人和非法人组织这些民事主体实施的行为，非民事主体实施的行为不是民事法律行为，如司法机关作出的裁决、行政机关作出的处罚决定等也会产生法律后果，但其不是以民事主体身份作出的行为，因而裁决和处罚决定不属于民事法律行为。

二是民事法律行为应当是以发生一定的法律效果为目的的行为。民事主体在社会生产生活中会从事各种各样的活动，但并非任何行为都是民事法律行为。根据本条规定，只有以设立、变更、终止民事法律关系为目的的行为才是民事法律行为，其最终结果是让民事主体具体地享受民事权利、承担民事义务。

三是民事法律行为是以意思表示为核心要素的行为。意思表示，是指民事主体意欲发生一定法律效果的内心意思的外在表达，是民事法律行为最为核心的内容。民事法律行为之所以能对民事主体产生法律约束力，就是因为其是民事主体按照自己的意思作出的，这也是民事法律行为与事实行为最根本的区别。民事主体在社会生活中从事的一些行为，虽然也表达于外，但由于不符合民事法律行为中意思表示的要求，所以不属于民事法律行为。

第一百三十四条【民事法律行为的成立】

民事法律行为可以基于双方或者多方的意思表示一致成立，也可以基于单方的意思表示成立。

法人、非法人组织依照法律或者章程规定的议事方式和表决程序作出决议的，该决议行为成立。

【立法背景】

依据不同的标准，民事法律行为可以有不同的分类。依据民事法律行为的行为人数的不同，可以分为单方民事法律行为、双方民事法律行为和多方民事法律行为。不同的民事法律行为，其成立要件和成立时间是不同的。

【条文精解】

本条第1款根据不同的民事法律行为类型对其不同的成立条件和成立时间作了规定：

第一，双方民事法律行为。双方民事法律行为，是指双方当事人意思表示一致才能成立的民事法律行为。双方民事法律行为是现实社会经济生活中存在最多、运用最广的民事法律行为。最为典型的双方民事法律行为是合同。双方民事法律行为与单方民事法律行为的最大区别是行为的成立需要双方的意思表示一致，仅凭一方的意思表示而没有经过对方的认可或者同意不能成立。

第二，多方民事法律行为。多方民事法律行为，是指根据两个以上的民事主体的意思表示一致而成立的行为。多方民事法律行为与双方民事法律行为的相同之处是都需要所有当事人意思表示才能成立；不同之处是双方民事法律行为的当事人只有两个，而多方民事法律行为的当事人有两个以上。订立公司章程的行为和签订合伙协议的行为就是较为典型的多方民事法律行为。

第三，单方民事法律行为。单方民事法律行为，是指根据一方的意思表示就能够成立的行为。与双方民事法律行为不同，单方民事法律行为不存在相对方，其成立不需要其他人的配合或者同意，而是依据行为人自己一方的意志就可以产生自己所期望的法律效果。在现实生活中单方民事法律行为也不少，这些民事法律行为从内容上划分，主要可以分为两类：一是行使个人权利而实施的单方行为，如所有权人抛弃所有权的行为等，这些单方民事法律行为仅涉及个人的权利变动，不涉及他人的权利变动；二是涉及他人权利变动的单方民事法律行为，如立遗嘱，授予代理权，行使撤销权、解除权、选择权等处分形成权的行为。

除本条第1款规定的多方民事法律行为、双方民事法律行为和单方民事法律行为外，本条第2款还规定了一种较为特殊的民事法律行为，即决议行为。决议行为是两个或者两个以上的当事人基于共同的意思表示意图实现一定法律效果而实施的行为，其满足民事法律行为的所有条件，是一种民事法律行为。但是与多方民事法律行为、双方民事法律行为和单方民事法律行为相比，其又具有特殊性，这种特殊性体现在三个方面：一是双方民事法律行为或者多方民事法律行为需要所有当事人意思表示一致才能成立，决议行为一般并不需要所有当事人意思表示一致才能成立，而是多数人意思表示一致就可以成立。二是双方民事法律行为或者多方民事法律行为的设立过程一般不需要遵循特定的程序，而决议行为一般需要依一定的程序才能设立，根据本条规定，决议行为的设立应当依照法律或者章程规定的议事方式和表决程序。三是双方民事法律行为或者多方民事法律行为适用的范围一般不受限制，根据本条规定，决议行为原则上仅适用于法人或者非法人组织内部的决议事项。

第一百三十五条　【民事法律行为的形式】

民事法律行为可以采用书面形式、口头形式或者其他形式；法律、行政法规规定或者当事人约定采用特定形式的，应当采用特定形式。

【立法背景】

民事法律行为的形式是民事法律行为的核心要素，即意思表示的外在表现形式。从我国的民事立法来看，对民事法律行为的形式规定也经历了一个发展变化的过程。我国已经废止的经济合同法、技术合同法和涉外经济合同法都对民事法律行为采取了较为严格的立法模式，如《经济合同法》第3条规定，经济合同，除即时清结者外，应当采用书面形式。《涉外经济合同法》第7条规定，当事人就合同条款以书面形式达成协议并签字，即为合同成立。我国参加国际公约，也往往对公约中不限定合同形式的规定予以保留。由于当时的法律对合同要求法定形式的规定中除规定采用书面形式外，没有对未采用书面形式的法律后果作出明确规定。因此，在司法实践中有不少未采用书面形式的合同被确定为无效，严重影响了交易效率，妨碍了交易活动的进行。基于此，民法通则改变了这一模式，对民事法律行为的形式采取了较为宽松的模式。《民法通则》第56条规定："民事法律行为可以采取书面形式、口头形式或者其他形式。法律规定用特定形式的，应当依照法律规定。"1999年审议通过的合同法延续了民法通则的做法，在第10条规定："当事人订立合同，有书面形式、口头形式和其他形式。法律、行政法规规定采用书面形式的，应当采用书面形式。当事人约定采用书面形式的，应当采用书面形式。"应当说，民法通则和合同法的规定既充分尊重了当事人的选择自由，适应了当事人要求交易便捷和提高交易效率的现实需要；也提倡当事人尽量采取书面形式订立民事法律行为，避免口说无凭，使订立的民事法律行为规范化。从多年的实践效果来看，这些规定是好的。基于此，本条继承了民法通则和合同法的做法，明确规定，民事法律行为可以采用书面形式、口头形式或者其他形式；法律、行政法规规定或者当事人约定采用特定形式的,应当采用特定形式。

【条文精解】

根据本条规定,民事法律行为可以采用书面形式、口头形式或者其他形式。所谓书面形式,是指以文字等可以有形形式再现民事法律行为内容的形式。书面形式明确肯定,有据可查,对于防止争议和解决纠纷、保障交易安全有积极意义。在现实生活中,对于重要的民事法律行为,为了避免争议,当事人一般愿意采用书面形式。所谓口头形式,是指当事人以面对面的谈话或者以电话交流等方式形成民事法律行为的形式。口头形式的特点是直接、简便和快捷,在现实生活中数额较小或者现款交易的民事法律行为通常都采用口头形式,如在自由市场买菜、在商店买衣服等。口头形式也是老百姓在日常生活中广泛采用的一种形式。口头形式虽然也可以适用于法人、非法人组织之间,但由于口头形式没有凭证,容易发生争议,发生争议后,难以取证,不易分清责任。除书面形式和口头形式外,本条还规定民事法律行为也可以采用其他形式。这是一个兜底性规定,主要是考虑到现实生活很复杂,民事法律行为的形式也多种多样,在有的情况下,当事人还可能采取书面形式和口头形式之外的方式形成民事法律行为。例如,在合同领域,可以根据当事人的行为或者特定情形推定合同的成立,也被称为默示合同。此类合同是指当事人未用语言或者文字明确表示成立,而是根据当事人的行为推定合同成立。这类合同在现实生活中很多,例如,租房合同的期限届满后,出租人未提出让承租人退房,承租人也未表示退房而是继续交房租,出租人也接受了租金。根据双方的行为,可以推定租赁合同继续有效。再如,乘客乘上公共汽车并到达目的时,尽管乘车人和承运人之间没有形成书面形式或者口头形式的合同,但可以依当事人的行为推定双方的运输合同成立。

第一百三十六条 【民事法律行为的生效】

民事法律行为自成立时生效,但是法律另有规定或者当事人另有约定的除外。

行为人非依法律规定或者未经对方同意,不得擅自变更或者解除民事法律行为。

【立法背景】

民事法律行为的生效,是指民事法律行为产生法律约束力。民事法律行为生效后，其法律约束力主要体现在以下三个方面：一是对当事人产生法律约束力。这种效力是民事法律行为的对内效力。一旦民事法律行为生效，当事人应当依照民事法律行为的内容，按照诚信原则正确、全面地行使权利、履行义务，不得滥用权利、违反义务。在客观情况发生变化时，当事人必须依照法律规定或者取得对方同意后，才能变更或者终止民事法律行为。二是对当事人以外的第三人产生一定的法律约束力，这种法律约束力是民事法律行为的对外效力。民事法律行为一旦生效，任何组织和个人不得侵犯当事人的权利，不得非法阻挠当事人履行义务。三是民事法律行为生效后的法律效果还表现在，当事人违反民事法律行为的，应当依法承担民事责任，必要时人民法院也可以采取强制措施要求当事人继续履行民事法律行为所规定的义务。这一点在合同领域体现得尤为明显。例如，《民法典》第577条规定："当事人一方不履行合同义务或者履行合同义务不符合约定的，应当承担继续履行、采取补救措施或者赔偿损失等违约责任。"

【条文精解】

民事法律行为何时生效呢？对于这个问题，《民法通则》第57条规定，民事法律行为从成立时具有法律拘束力。本条继承了民法通则的规定，明确规定，民事法律行为自成立时生效。也就是说，民事法律行为的生效时间与民事法律行为的成立原则上是一致的。那么民事法律行为何时成立呢？根据《民法典》第134条的规定，民事法律行为可以基于双方或者多方的意思表示一致成立，也可以基于单方的意思表示成立。法人、非法人组织依照法律或者章程规定的议事方式和表决程序作出决议的，该决议行为成立。

本条第2款规定，行为人非依法律规定或者未经对方同意，不得擅自变更或者解除民事法律行为。本款规定表达了两层意思：一是已成立生效的民事法律行为对当事人具有法律拘束力，这时的法律拘束力体现在当事人必须尊重该民事法律行为，并通过自己的行为全面履行民事法律行为所设定的义务。除非当事人另有约定或者法律另有规定，否则不允许任何一方当事人擅自解除或者变更民事法律行为。这时的法律拘束力对当事人来说既包括全面积极地履行民事法律行为所设定的义务，也包括履行不擅自解除或者变更民事法律行为的不作为义务。二是对于具备一般有效要件且成立，但还不具备特殊生效要件的民事法律行为，在特殊生效要件尚不具备前，除非当事人另有约定或者法律另有规定，否则任意一方当事人也不得擅自变更或者解除民事法律行为。

第二节　意思表示

第一百三十七条　【有相对人的意思表示生效时间】

以对话方式作出的意思表示，相对人知道其内容时生效。

以非对话方式作出的意思表示，到达相对人时生效。以非对话方式作出的采用数据电文形式的意思表示，相对人指定特定系统接收数据电文的，该数据电文进入该特定系统时生效；未指定特定系统的，相对人知道或者应当知道该数据电文进入其系统时生效。当事人对采用数据电文形式的意思表示的生效时间另有约定的，按照其约定。

【立法背景】

意思表示，是指行为人为了产生一定民法上的效果而将其内心意思通过一定方式表达于外部的行为。意思表示中的"意思"，是指设立、变更、终止民事法律关系的内心意图；"表示"，是指将内心意思以适当方式向适当对象表示出来的行为。意思表示作为民事法律行为中最为核心的要素，对于确定民事法律行为的效力具有重要作用。

意思表示的类型很多，依据是否向相对人作出，意思表示可区分为有相对人的意思表示和无相对人的意思表示。所谓有相对人的意思表示，又称为需要受领的意思表示，是指向特定对象作出的意思表示。现实生活中这类意思表示是最普遍的，如订立合同的要约和承诺、行使撤销权的意思表示、行使解除权的意思表示等。有相对人的意思表示大多数是双方或者多方民事法律行为，如合同；也有一些是单方民事法律行为，如行使撤销权的意思表示，这些意思表示的生效虽不需要特定对象的同意，但需要该意思表示被特定对象所受领。所谓无相对人的意思表示，又称为无须受领的意思表示，是指无须向特定对象作出的意思表示。现实生活中这类意思表示也较多，如悬赏广告、遗嘱、抛弃权利的意思表示等。

【条文精解】

本条是对有相对人的意思表示生效时间的规定。对于此类情况，本条又根据是否采用对话方式作了不同规定：

一是以对话方式作出的意思表示。所谓以对话方式作出的意思表示，是指采取使相对方可以同步受领的方式进行的意思表示，如面对面交谈、电话等方式。在以这种方式进行的意思表示中，表意人作出意思表示和相对人受领意思表示是同步进行的，没有时间差。因此，表意人作出意思表示并使相对人知道时即发生效力。基于此，本条第1款规定，以对话方式作出的意思表示，相对人知道其内容时生效。

二是以非对话方式作出的意思表示。以非对话方式作出的意思表示，表意人作出意思表示的时间与相对人受领意思表示的时间不同步，二者之间存在时间差。非对话的意思表示在现实生活中存在的形式多样，如传真、信函等。我国的民事立法对意思表示的生效时间的规定采用了到达主义模式。合同法规定，当事人的要约和承诺到达对方当事人时生效。本条延续了合同法的做法，规定以非对话方式作出的意思表示，到达相对人时生效。需要强调的是，这里"到达"并不意味着相对人必须亲自收到，只要进入相对人通常的地址、住所或者能够控制的地方（如信箱）即可视为到达，意思表示被相对人的代理人收到也可以视为"到达"。送达相对人时生效还意味着即使在意思表示送达相对人前相对人已经知道该意思表示内容的，该意思表示也不生效。

三是以非对话方式作出的采用数据电文形式的意思表示。随着科学技术的发展，人们除了可以采用信件等传统的非对话方式作出意思表示外，还可以采取数据电文的方式作出意思表示。本条第2款在继承合同法规定的基础上作了一定的发展，分三个层次对以数据电文形式作出的意思表示的生效时间作了规定：

第一，对以非对话方式作出的采用数据电文形式的意思表示，相对人指定特定系统接收数据电文的，该数据电文进入该特定系统时生效。这一规定与合同法的规定是一致的。第二，未指定特定系统的，相对人知道或者应当知道该数据电文进入其系统时生效。第三，当事人对采用数据电文形式的意思表示的生效时间另有约定的，按照其约定。这主要是为了尊重当事人对意思表示生效时间的约定，体现意思自治。

第一百三十八条　【无相对人的意思表示生效时间】

无相对人的意思表示，表示完成时生效。法律另有规定的，依照其规定。

【条文精解】

根据本条规定，无相对人的意思表示在完成时生效。这是无相对人意思表示生效的一般性规则。但有时法律对无相对人的意思表示的生效时间会作出特别规定，例如，继承法明确规定，遗嘱这种无相对人的意思表示自遗嘱人死亡时发生效力。所以，本条还规定，法律对无相对人意思表示的生效时间另有规定的，依照其规定。

第一百三十九条【以公告方式作出意思表示的生效时间】
　　以公告方式作出的意思表示，公告发布时生效。

【立法背景】

　　实践中，在意思表示有相对人的情况下，可能会发生意思表示的表意人不知道相对人的具体地址、相对人下落不明的情形。对表意人来说，要通过信函、邮件等方式送达相对人是困难的，其意思表示就有可能迟迟不能生效，影响其利益。例如，合同中的一方当事人根据法律或者当事人的约定行使解除权，但找不到另一方当事人，按照传统方式就很难将意思表示送达到相对人，这就会严重影响该当事人行使撤销权。对此，必须允许表意人采取特殊方式送达其意思表示。

【条文精解】

　　本条借鉴民事诉讼法关于公告送达司法文书的规定，明确规定了表意人在这种情况下可以公告方式作出意思表示。本条规定，对于以公告方式作出的意思表示，公告发布时生效。这里的"公告方式"既可以是在有关机构的公告栏，如人民法院的公告栏；也可以是在报纸上刊登公告的方式。以公告方式作出的意思表示，表意人一旦发出公告能够为社会公众所知道，就认为意思表示已经到达，即发生效力。理解本条还需要注意：本条所规定的表意人并不是在任何情况都可以采用公告方式作出意思表示，只有在表意人非因自己的过错而不知相对人的下落或者地址的情况下，才可以采用公告方式作出意思表示，否则对相对人很不公平。在表意人知道相对人下落的情况下，表意人不得采用公告方式作出意思表示，除非相对人同意。

第一百四十条 【行为人作出意思表示的方式】

行为人可以明示或者默示作出意思表示。

沉默只有在有法律规定、当事人约定或者符合当事人之间的交易习惯时，才可以视为意思表示。

【条文精解】

在现实生活中，行为人作出意思表示的方式很多，归纳起来大体上可以分为两类：一是以明示的方式作出意思表示。所谓明示的意思表示，就是行为人以作为的方式使得相对人能够直接了解到意思表示的内容。以明示方式作出的意思表示具有直接、明确、不易产生纠纷等特征。所以，实践中，明示的意思表示是运用得最为广泛的一种形式。比较典型的是表意人采用口头、书面方式直接向相对人作出的意思表示。二是以默示方式作出的意思表示。这种方式又称为行为默示，是指行为人虽没有以语言或文字等明示方式作出意思表示，但以行为的方式作出了意思表示。这种方式虽不如明示方式那么直接表达出意思表示的内容，但通过其行为可以推定出其作出一定的意思表示。在现实生活中，以默示方式作出的意思表示也比较常见。例如，某人向自动售货机投入货币的行为即可推断其作出了购买物品的意思表示。又如某人乘坐无人售票的公交车时，其投币行为就可以视为其具有缔结运输合同的意思表示。

意思表示原则上都需要以明示或者默示的方式作出。但是在现实生活中也会出现一种特殊情形，即行为人作出意思表示时既无语言等明示方式，也无行为等默示方式，在一定条件下仍可视为意思表示。这种情形就是以沉默的方式作出的意思表示。沉默是一种既无语言表示也无行为表示的纯粹的缄默，是一种完全的不作为，从法学理论上讲和其他国家和地区的立法例来看，原则上纯粹的不作为不能视为当事人有意思表示。也就是说，与明示和默示原则上可以作为意思表示的方式不同，沉默原则上不得作为意思表示的方式。只有在有法律规定、当事人约定或者符合当事人之间的交易习惯时，才可以视为意思表示。例如，《民法典》第638条第1款规定："试用买卖的买受人在试用期内可以购买标的物，也可以拒绝购买。试用期间届满，买受人对是否购买标的物未作表示的，视为购买。"在这条规定中，试用期间届满后，买受人对是否购买标的物未作表示就是一种沉默，但这种沉默就可以视为买受人作出了购买的意思表示。再如，在买卖合同订立的过程中，双方当事人约定，一方向另一方发出订立合同的要约后，只要另一方当事人在收到 3 日内没有回复的，就视为作出了接受要约内容的承诺，这种约定以沉默作出意思表示也是可以的。

第一百四十一条 【意思表示的撤回】

行为人可以撤回意思表示。撤回意思表示的通知应当在意思表示到达相对人前或者与意思表示同时到达相对人。

【立法背景】

意思表示的撤回，是指在意思表示作出之后但在发生法律效力之前，意思表示的行为人欲使该意思表示不发生效力而作出的意思表示。意思表示之所以可以撤回，是因为意思表示生效才能发生法律约束力，在其尚未生效之前，不会对意思表示的相对人产生任何影响，也不会对交易秩序产生任何影响，因此，在此阶段应当允许行为人使未发生法律效力的意思表示不产生预期的效力，这也是对行为人意思自由的充分尊重。

【条文精解】

本条规定，行为人可以撤回意思表示。行为人可以撤回意思表示，但不是在任何情况下都可以撤回其意思表示，而是有条件的。根据本条规定，撤回意思表示的通知应当在意思表示到达相对人前或者与意思表示同时到达相对人。如果撤回意思表示的通知在意思表示到达相对人之后到达的，该意思表示已经生效，是否能够使其失效，则取决于相对人是否同意。因此，行为人若要撤回意思表示，必须选择以快于意思表示作出的方式发出撤回的通知，使之能在意思表示到达之前到达相对人。如果意思表示的行为人作出意思表示以后又立即以比作出意思表示更快的方式发出撤回通知，按照通常情况，撤回的通知应当先于或者最迟会与意思表示同时到达相对人，但因为其他原因耽误了，撤回的通知在意思表示到达相对人后才到达相对人，在这种情况下，相对人应当根据诚信原则及时通知意思表示的行为人，告知其撤回的通知已经迟到，意思表示已经生效；如果相对人怠于通知行为人，行为人撤回意思表示的通知视为未迟到，仍发生撤回表示的效力。

第一百四十二条 【意思表示的解释】

有相对人的意思表示的解释，应当按照所使用的词句，结合相关条款、行为的性质和目的、习惯以及诚信原则，确定意思表示的含义。

无相对人的意思表示的解释，不能完全拘泥于所使用的词句，而应当结合相关条款、行为的性质和目的、习惯以及诚信原则，确定行为人的真实意思。

【立法背景】

任何意思表示都是通过语言、文字、行为等一定外在表现形式体现出来的，而这些外在表现形式与表意人的内心真实意思表示是否一致，常常因表意人的表达能力或者表达方式的不同而出现差异，或者意思表示不清楚、不明确。这就导致在现实生活中，对表意人作出的意思表示，不同的人可能就会产生不同理解，甚至产生争议。为了定分止争，在对意思表示的含义产生争议时，就需要人民法院或者仲裁机构对意思表示进行解释。因此，所谓意思表示的解释，是指因意思表示不清楚或者不明确发生争议时，由人民法院或者仲裁机构对意思表示进行的解释。解释的目的就是明确意思表示的真实含义。

【条文精解】

本条第1款对有相对人的意思表示的解释规则作了规定。在实践中，有相对人的意思表示主要存在于合同领域，所以对相对人的意思表示进行解释大多数情况下是对合同的解释。根据本条第1款的规定，对有相对人的意思表示的解释，应当遵循以下规则：

第一，按照意思表示所使用的词句进行解释。法理上，这种解释方法又被称为文义解释。意思表示是由词句构成的，所以，解释意思表示必须首先从词句的含义入手。这些词句是由表意人和相对人双方形成的，对有相对人的意思表示的解释又涉及对相对人信赖利益的保护，因此绝不能抛开词句对意思表示进行完全的主观解释。对词句的解释应当按照一个合理人通常的理解来进行。也就是说，法官应当考虑一个合理的人在通常情况下，对有争议的意思表示用语所能理解的含义作为解释词句含义的标准。

第二，如果按通常的理解对有相对人的意思表示所使用的词句进行解释比较困难或者不合理，则应当结合相关条款、行为的性质和目的、习惯以及诚实信用原则，确定意思表示的含义。

本条第 2 款对无相对人的意思表示的解释规则作了规定。根据本款规定，无相对人的意思表示的解释，不能完全拘泥于所使用的词句，而应当结合相关条款、行为的性质和目的、习惯以及诚实信用原则，确定行为人的真实意思。

第三节　民事法律行为的效力

第一百四十三条　【民事法律行为的有效要件】

具备下列条件的民事法律行为有效：

（一）行为人具有相应的民事行为能力；

（二）意思表示真实；

（三）不违反法律、行政法规的强制性规定，不违背公序良俗。

【立法背景】

民事法律行为效力的有效发生，是当事人实现意思自治目的的关键。但是，民事法律行为并不是在任何情况下都能具备完全有效的条件。民事法律行为的效力可能因民事主体的民事行为能力是否健全、意思表示是否真实、是否违法及违背公序良俗等情形而受影响。因此，民事法律行为除有效外，还包括无效、可撤销、效力待定等其他效力形态。我国民法通则规定了民事法律行为应当具备的条件。《民法通则》第 55 条规定："民事法律行为应当具备下列条件：（一）行为人具有相应的民事行为能力；（二）意思表示真实；（三）不违反法律或者社会公共利益。"民法通则的这一规定，清楚明确地从正面规定了民事法律行为需要具备的一般要件，为当事人通过民事法律行为实现私法目的提供了指引。从民法通则颁行以来的司法实务看，法官在遇到法律对具体案件没有特别规定的情况下，也会经常援引本条作为裁判依据。

【条文精解】

根据本条规定，民事法律行为应当具备的有效条件包括：

第一，行为人具有相应的民事行为能力。民事行为能力是行为人通过自己行为参与民事活动，享有权利和承担义务的能力。与作为法律资格的民事权利能力相比，民事行为能力是行为人实施民事法律行为的相应保证。这里的"相应"，强调行为人所实施的民事法律行为应当与其行为能力相匹配：对于完全民事行为能力人而言，可以从事一切民事法律行为，其行为能力不受限制；对于限制行为能力人而言，只能实施与其年龄、智力、精神健康状况等相适应的民事法律行为，实施其他行为需要经过法定代理人的同意或者追认；而无行为能力人由于不具备行为能力，其实施的民事法律行为是无效的。

第二，意思表示真实。意思表示作为法律行为的核心要素，其真实性对于保证行为人正确实现行为目的至关重要。应当注意，此处的真实应作扩大解释，实际上还包含了传统民法理论意思表示自由的含义。例如，在因欺诈、胁迫实施民事法律行为的情形中，受欺诈人、受胁迫人的意思表示虽然从表面看是真实的，但实际上并非其内心自由意志的体现。在意思表示不真实的情况下，民事法律行为不能具备完全有效的效力。

第三，不违反法律、行政法规的强制性规定，不违背公序良俗。关于违法与行为效力的关系，民法通则、合同法的规定不尽一致。根据《民法通则》第58条第1款第5项规定，违反法律或者社会公共利益的民事行为无效。根据《合同法》第52条第5项规定，违反法律、行政法规的强制性规定的合同无效。与民法通则将一切违法行为均认定无效的规定相比，合同法将违反任意性规范的合同排除在无效范围之外，且将民法通则中的"法律"修改为"法律、行政法规"。最高人民法院《关于适用〈中华人民共和国合同法〉若干问题的解释（二）》在合同法规定的基础上，进一步对"强制性规定"作了限定，其第14条规定："合同法第五十二条第（五）项规定的'强制性规定'，是指效力性强制性规定。"无论是从立法还是从司法的角度看，法律对于民事法律行为无效的认定越来越趋于严格。这实际上体现了民法尊重意思自治、鼓励交易自由的精神。

第一百四十四条 【无民事行为能力人实施的民事法律行为的效力】
无民事行为能力人实施的民事法律行为无效。

【立法背景】

本节是关于民事法律行为效力的规定。其中第143条从民事法律行为有效条件的角度作了正面规定。从本条开始的本节其他条文，则分别从不同角度规定了民事法律行为的效力瑕疵及其相应的法律后果。本条首先规定的是无民事行为能力人所实施的民事法律行为的效力问题，即无民事行为能力人实施的民事法律行为无效。

【条文精解】

无民事行为能力人尽管在民事权利能力方面同其他民事主体一律平等，但由于其不具备自己实施民事行为的能力，因此在法律上规定由其法定代理人代理其实施民事法律行为，而将其自身实施的民事法律行为一律规定为无效。这样规定，符合民事法律行为有效要件中"行为人具有相应的民事行为能力"的要求，也是许多国家和地区立法例的通行做法。

第一百四十五条 【限制民事行为能力人实施的民事法律行为的效力】

限制民事行为能力人实施的纯获利益的民事法律行为或者与其年龄、智力、精神健康状况相适应的民事法律行为有效；实施的其他民事法律行为经法定代理人同意或者追认后有效。

相对人可以催告法定代理人自收到通知之日起三十日内予以追认。法定代理人未作表示的，视为拒绝追认。民事法律行为被追认前，善意相对人有撤销的权利。撤销应当以通知的方式作出。

【立法背景】

根据本法总则编确定的民事行为能力的三分法，自然人的民事行为能力分为完全民事行为能力、限制民事行为能力以及无民事行为能力。其中，限制民事行为能力人，是指不能完全辨认自己行为的人，其民事行为能力介于完全民事行为能力人和无民事行为能力之间，包括8周岁以上的未成年人以及不能完全辨认自己行为的成年人。限制民事行为能力人由于具备一定的行为能力，因此法律上认可其从事一定民事法律行为的效力，而不像无民事行为能力人那样一概否定其行为效力。但是，限制民事行为能力人的行为能力又不像完全民事行为能力人那样完全、充分，因此，法律又必须对其从事的民事法律行为的效力进行一定限制，这既是对限制民事行为能力人的保护，避免其因实施与行为能力不匹配的民事法律行为而利益受损，同时也有助于维护交易安全。

【条文精解】

本条第 1 款是关于限制民事行为能力人从事的民事法律行为效力的规定，具体包括两层含义：

第一，原则上，限制民事行为能力人所从事的民事法律行为，须经法定代理人同意或者追认才能有效。对于限制民事行为能力人而言，监护人为其法定代理人。限制民事行为能力人实施的民事法律行为要具有效力，一个重要的条件就是要经过法定代理人的同意或者追认，经过同意或者追认，民事法律行为就具有法律效力。如果没有经过同意或者追认，民事法律行为即使成立，也并不实际生效，而处于效力待定状态。

第二，考虑到限制民事行为能力人并非完全没有民事行为能力，因此，除原则上规定其行为须经法定代理人同意或者追认有效之外，本条还规定了部分民事法律行为无须经法定代理人同意或者追认即可有效。这些行为主要包括两类：一是纯获利益的民事法律行为；二是与限制民事行为能力人的年龄、智力、精神健康状态相适应的民事法律行为。法律之所以认可限制民事行为能力人独立实施纯获利益或者与其年龄、智力、精神健康状况相适应的民事法律行为，是因为这些行为要么属于只给限制民事行为能力人增利获益的行为，要么属于限制民事行为能力人在其能力范围内可以独立实施、不致因行为能力欠缺而权益受损的行为。除此之外的其他民事法律行为，只有经过法定代理人的同意或者追认后，才能发生效力。

本条第 2 款是对法定代理人追认的有关规定。所谓催告，是指民事法律行为的相对人要求法定代理人在一定期限内，就是否认可限制民事行为能力人所实施民事法律行为的效力作出表示，逾期不作表示的，视为法定代理人拒绝承认行为的效力。

第一百四十六条【虚伪表示及隐藏行为的效力】

行为人与相对人以虚假的意思表示实施的民事法律行为无效。

以虚假的意思表示隐藏的民事法律行为的效力，依照有关法律规定处理。

【立法背景】

虚假意思表示又称虚伪表示，其法律概念源于德国民法，后被日本、韩国、我国台湾地区"民法典"等所采。所谓虚伪表示，是指行为人与相对人都知道自己所表示的意思并非真意，通谋作出与真意不一致的意思表示。虚伪表示的特征在于，双方当事人都知道自己所表示的意思不是真实意思，民事法律行为本身欠缺效果意思，双方均不希望此行为能够真正发生法律上的效力。一般而言，虚伪表示在结构上包括内外两层行为：外部的表面行为是双方当事人共同作出与真实意思不一致的行为，也可称作伪装行为；内部的隐藏行为则是被隐藏于表面行为之下，体现双方真实意思的行为，也可称作非伪装行为。比如，双方名为买卖实为赠与，买卖并非双方的真实意思表示，属于表面行为或伪装行为；赠与是双方的真实意思表示，属于隐藏行为或者非伪装行为。尽管隐藏行为的存在与虚伪表示联系在一起，但虚伪表示与隐藏行为并不总是一一对应。具体而言，无虚伪表示就无所谓隐藏行为，有隐藏行为也就存在虚伪表示，但存在虚伪表示，并不一定有隐藏行为。比如，以逃避债务为目的的假装财产赠与，赠与行为是虚伪表示，但并不存在隐藏行为。

【条文精解】

本条第1款是对双方以虚假意思表示作出的民事法律行为效力的规定，即行为人与相对人以虚假的意思表示实施的民事法律行为无效。这一规定的含义是：双方通过虚假的意思表示实施的民事法律行为是无效的。之所以对通过虚伪表示实施的民事法律行为的效力予以否定，是因为这一"意思表示"所指向的法律效果并非双方当事人的内心真意，双方对此相互知晓，如果认定其为有效，有悖于意思自治的原则。本款虽未明确规定行为人与相对人须通谋而为虚假的意思表示，实际上双方对虚假意思表示达成一致的结果反映出二者必须有一个意思联络的过程。这也是虚伪表示区别于真意保留的重要一点，真意保留的相对人并不知晓行为人表示的是虚假意思。

本条第2款是对隐藏行为效力的规定，行为人以虚假的意思表示隐藏的民事法律行为的效力，依照有关法律规定处理。所谓隐藏行为，又称隐匿行为，是指在虚伪表示掩盖之下行为人与相对人真心所欲达成的民事法律行为。根据虚伪表示与隐藏行为的对应关系，有虚伪表示，未必存在隐藏行为；但有隐藏行为，则一定存在虚伪表示。前者如以逃避债务为目的的假赠与，赠与行为是通过虚伪表示而实施的行为，但并不存在隐藏行为；后者如名为赠与实为买卖，赠与行为是通过虚伪表示实施的行为，而买卖则是掩盖在虚伪表示之下的隐藏行为。根据本条规定，当同时存在虚伪表示与隐藏行为时，虚伪表示无效，隐藏行为并不因此无效，其效力如何，应当依据有关法律规定处理。具体来说，如果这种隐藏行为本身符合该行为的生效要件，那么就可以生效。如在名为赠与实为买卖的行为中，赠与行为属于双方共同以虚假意思表示实施的民事法律行为，无效。而隐藏于赠与形式之后的买卖则是双方共同的真实意思表示，其效力能否成就取决于其是否符合买卖合同有关的法律规定：如果符合买卖合同生效要件的法律规定，则为有效；反之，则无效。

第一百四十七条　【基于重大误解实施的民事法律行为效力】

基于重大误解实施的民事法律行为，行为人有权请求人民法院或者仲裁机构予以撤销。

【立法背景】

重大误解，是我国民法自民法通则和合同法以来一直沿用的概念。《民法通则》第59条规定："下列民事行为，一方有权请求人民法院或者仲裁机关予以变更或者撤销：（一）行为人对行为内容有重大误解的；（二）显失公平的。被撤销的民事行为从行为开始起无效。"《合同法》第54条第1款规定："下列合同，当事人一方有权请求人民法院或者仲裁机构变更或者撤销：（一）因重大误解订立的；（二）在订立合同时显失公平的。"尽管民法通则和合同法均规定了重大误解制度，但对于如何界定重大误解，法律并未作出规定。

【条文精解】

本条规定，基于重大误解实施的民事法律行为，行为人有权请求人民法院或者仲裁机构予以撤销。立法过程中，关于这一规定的意见及考虑主要有：第一，是否参照大陆法系国家和地区立法例采用"错误"概念。经研究，重大误解的概念自民法通则创立以来，实践中一直沿用至今，已经为广大司法实务人员以及人民群众所熟知并掌握，且其内涵经司法解释进一步阐明后已与大陆法系的"错误"的内涵比较接近，在裁判实务中未显不当，可以继续维持民法通则和合同法的规定。第二，是否在条文中详细列举重大误解的情形。我们认为，最高人民法院从法律适用的角度对民法通则中"重大误解"的认定加以规定是可行的，能够更加清晰地为裁判提供指引，防止自由裁量权的滥用，统一裁判尺度。但完全将目前司法解释的规定上升为法律是否能够涵盖重大误解的所有情形，仍存在疑问。随着民事法律行为理论以及实践类型的不断发展，重大误解制度的涵摄范围会有变化，但这本质上是一个司法问题，立法可以不对其作具体限定。第三，关于重大误解撤销权的行使。经研究认为，撤销权的行使将彻底改变民事法律行为的效力，关涉当事人的重大利益，民法通则及合同法均规定撤销权须经诉讼或者仲裁，这样有利于维护正常的法律秩序，妥善保护当事人双方的合法权益。经长期实践证明，民法通则和合同法关于撤销权行使方式的规定符合中国实际，总则编予以维持。

第一百四十八条 【以欺诈手段实施的民事法律行为的效力】

一方以欺诈手段，使对方在违背真实意思的情况下实施的民事法律行为，受欺诈方有权请求人民法院或者仲裁机构予以撤销。

【立法背景】

民法中的欺诈，一般是指行为人故意欺骗他人，使对方陷入错误判断，并基于此错误判断作出意思表示的行为。欺诈的构成要件一般包括四项：一是行为人须有欺诈的故意。这种故意既包括使对方陷入错误判断的故意，也包括诱使对方基于此错误判断而作出意思表示的故意。二是行为人须有欺诈的行为。这种行为既可以是故意虚构虚假事实，也可以是故意隐瞒应当告知的真实情况等。三是受欺诈人因行为人的欺诈行为陷入错误判断，即欺诈行为与错误判断之间存在因果关系。四是受欺诈人基于错误判断作出意思表示。

【条文精解】

本条规定包括以下几点内容：第一，欺诈系由民事法律行为的一方当事人实施，而相对人因此欺诈行为陷入错误判断，并进而作出了意思表示。换言之，如果没有行为人的欺诈行为，相对人将不会作出这种意思表示，民事法律行为不会成立。第二，欺诈的构成并不需要受欺诈人客观上遭受损害后果的事实，只要受欺诈人因欺诈行为作出了实施民事法律行为的意思表示，即可成立欺诈。第三，欺诈的法律后果为可撤销，享有撤销权的是受欺诈人。关于欺诈的法律后果，民法通则规定的是无效，合同法则区分欺诈行为是否损害国家利益而分别规定，如损害国家利益，则无效；如不损害，则为可变更或者可撤销。应当说，合同法在民法通则规定的基础上，修正了凡欺诈一律无效的规定，考虑到了对受欺诈人意思自治的尊重和保护，是可取的。但其又区分合同是否损害国家利益，将欺诈的法律后果分别规定为无效和可撤销，这既与传统民法理论及世界各国立法例不符，在实践中也难以把握，甚至容易导致裁判者滥用自由裁量权随意判定民事法律行为无效的情形，反而损害特定情形下受欺诈人对民事法律行为效力的自主选择权，因此不宜采纳。同时，将欺诈行为的法律后果规定为可撤销，也是立法中的多数意见，因此总则编采纳这一意见，将欺诈的后果规定为可撤销。

> **第一百四十九条 【第三人欺诈的民事法律行为的效力】**
> 第三人实施欺诈行为，使一方在违背真实意思的情况下实施的民事法律行为，对方知道或者应当知道该欺诈行为的，受欺诈方有权请求人民法院或者仲裁机构予以撤销。

【立法背景】

民法中的欺诈，一般是指行为人故意欺骗他人，使对方陷入错误判断，并基于此错误判断作出意思表示的行为。在这一过程中，受欺诈人一定是民事法律行为的一方当事人，其由于欺诈人的欺诈行为陷入错误判断，并据此作出意思表示；但实施欺诈行为的人除民事法律行为的当事人外，还有可能是第三人。这里的第三人，一般是指民事法律行为的双方当事人之外、与一方存在某种关系的特定人。当事人之外的第三人对其中一方当事人实施欺诈的目的，有可能是仅仅为了帮助对方当事人达成交易，如得知买受人欲购买朋友的二手汽车，便极力劝说，尽管知道该车性能不好、出过事故，但谎称该车性能良好、从未出过事故，买受人遂信以为真，购买了该二手汽车。第三人实施欺诈也有可能最终为实现自己的目的，如第三人为达到使A尽快偿还所欠其债务的目的，劝说B购买A所收藏的仿真画作，谎称该画作为真品，B信以为真，购买了该画作，A用所得的价款偿还了对第三人的债务。由于第三人欺诈的行为同样对受欺诈人的利益造成了损害，因此本条对此加以规制。

【条文精解】

本条主要内容包括：第一，当事人以外的第三人对一方当事人实施了欺诈行为，并致使该当事人陷入错误判断且据此作出了意思表示。欺诈行为的具体形式,有可能是故意告知虚假信息,或者故意隐瞒真实情况,也可能存在其他不同形式,但其根本目的在于使受欺诈人陷入错误认识,作出"若了解真实情况便不会作出的"意思表示。第二,受欺诈人享有对民事法律行为的撤销权,但该撤销权行使须满足一定条件。具体来说,第三人实施欺诈行为,只有在受欺诈人的相对方非属于善意时,受欺诈人才能行使撤销权。相对方的这种非善意表现为,对于第三人的欺诈行为,其知道或者应当知道。第三,撤销权的行使仍须通过人民法院或者仲裁机构行使。

第一百五十条 【以胁迫手段实施的民事法律行为的效力】

一方或者第三人以胁迫手段,使对方在违背真实意思的情况下实施的民事法律行为,受胁迫方有权请求人民法院或者仲裁机构予以撤销。

【立法背景】

所谓胁迫,是指行为人通过威胁、恐吓等不法手段对他人思想上施加强制,由此使他人产生恐惧心理并基于恐惧心理作出意思表示的行为。在民法理论中,胁迫与欺诈一样,都属于意思表示不自由的情形。当事人因受胁迫而作出意思表示,其意思表示并没有产生错误,受胁迫人在作出符合胁迫人要求的意思表示时,清楚地意识到自己意思表示的法律后果,只是这种意思表示的作出并非基于受胁迫人的自由意志。胁迫的构成要件一般应当包括:一是胁迫人主观上有胁迫的故意,即故意实施胁迫行为使他人陷入恐惧以及基于此恐惧心理作出意思表示。二是胁迫人客观上实施了胁迫的行为,即以将要实施某种加害行为威胁受胁迫人,以此使受胁迫人产生心理恐惧。这种加害既可以是对受胁迫人自身的人身、财产权益的加害,也可以是对受胁迫人的亲友甚至与之有关的其他人的人身、财产权益的加害,客观上使受胁迫人产生了恐惧心理。三是胁迫须具有不法性,包括手段或者目的的不法性,反之则不成立胁迫。例如,出租人以向法院起诉为要挟,要求承租人按合同约定及时履行交付租金的义务,此种情形便不属于应受法律调整的胁迫行为。四是受胁迫人基于胁迫产生的恐惧心理作出意思表示。换言之,意思表示的作出与胁迫存在因果关系。此处因果关系的判断,应以受胁迫人自身而非其他人为标准。由于胁迫侵害了被胁迫人的自由意志,法律对通过胁迫手段实施的民事法律行为加以规制。

【条文精解】

本条规定包括以下内容：第一，民事法律行为的一方当事人或者第三人实施了胁迫行为。这种行为的具体方式，既可以是威胁对受胁迫人或其亲友的人身权益造成损害，如以损害受胁迫人的荣誉为要挟；也可以是威胁对受胁迫人或其亲友的财产权益造成损害，如不将房子出租给胁迫人，胁迫人就烧掉房子。实施胁迫行为的主体既包括民事法律行为的一方当事人，也可以是民事法律行为之外的第三人。第二，受胁迫人基于对胁迫行为所产生的恐惧作出了意思表示。受胁迫人尽管作出的意思表示是其真实意思的外在表达，但这种意思表示的作出系受到胁迫人胁迫行为的结果。第三，受胁迫人享有对民事法律行为的撤销权。胁迫是对受胁迫人意志自由的侵害，其效力不应得到法律的承认。从民法理论上讲，胁迫行为具有不法性，且构成对受胁迫人利益的侵害，应当认定因胁迫实施的民事法律行为无效。但考虑到民事活动的复杂性以及意思自治的民事基本原则，受胁迫人在其权益受损时，有权基于自身的利益衡量对民事法律行为的效力作出选择。因此，本条规定采世界多数国家和地区立法例，将因胁迫实施的民事法律行为效力规定为可撤销，同时赋予受胁迫人以撤销权。

第一百五十一条 【显失公平的民事法律行为的效力】

一方利用对方处于危困状态、缺乏判断能力等情形，致使民事法律行为成立时显失公平的，受损害方有权请求人民法院或者仲裁机构予以撤销。

【立法背景】

显失公平这一概念在传统民法理论及我国的现行法中均有所体现，但二者的内涵并不完全相同。传统民法理论中的显失公平，需要同时具备客观和主观两项要件。客观上，双方的权利义务要达到显失均衡的状态；主观上，这种权利义务失衡的状态系由于一方利用对方缺乏经验和判断能力、急迫、轻率等不利的情境所最终达成的结果。这种主观、客观条件须同时具备的"显失公平"又被称为暴利行为，为继受传统民法理论的部分国家和地区的立法例所采。

【条文精解】

本条所规定的显失公平，采取了与传统民法理论以及德国、我国台湾地区关于暴利行为相类似的做法，须包括两项要件：一是主观上民事法律行为的一方当事人利用了对方处于危困状态、缺乏判断能力等情形。这意味着，一方当事人主观上意识到对方当事人处于不利情境，且有利用这一不利情境之故意。所谓危困状态，一般指因陷入某种暂时性的急迫困境而对于金钱、物的需求极为迫切等。二是客观上民事法律行为成立时显失公平。此处的显失公平，是指双方当事人在民事法律行为中的权利义务明显失衡、显著不相称。至于"失衡""不相称"的具体标准，则需要结合民事法律行为的具体情形，如市场风险、交易行情、通常做法等加以判断。同时，需要说明的是，对于显失公平的判断时点，应以民事法律行为成立时为限。关于显失公平民事法律行为的效力，从尊重权益受损方意思自治的角度，本条将其规定为可撤销的民事法律行为。受损害方可以基于民事法律行为的具体情况，选择是否向法院或者仲裁机构撤销这一行为。

第一百五十二条【撤销权消灭期间】

有下列情形之一的，撤销权消灭：

（一）当事人自知道或者应当知道撤销事由之日起一年内、重大误解的当事人自知道或者应当知道撤销事由之日起九十日内没有行使撤销权；

（二）当事人受胁迫，自胁迫行为终止之日起一年内没有行使撤销权；

（三）当事人知道撤销事由后明确表示或者以自己的行为表明放弃撤销权。

当事人自民事法律行为发生之日起五年内没有行使撤销权的，撤销权消灭。

【立法背景】

民事法律行为因不同事由被撤销的，其撤销权应当在一定期间内行使。这一点是由撤销权的性质所决定的。在民法理论上，撤销权属于形成权，行为人可以通过自己的行为直接行使权利，实现权利目的。但是，撤销权的行使将使得可撤销的民事法律行为效力终局性地归于无效，这将对相对人的利益产生重大影响，因此，享有撤销权的权利人必须在一定期间内决定是否行使这一权利，从而保护相对人的利益，维护交易安全。这一期间被称为除斥期间，除斥期间经过，撤销权终局性地归于消灭，可撤销的民事法律行为自此成为完全有效的民事法律行为。

由于导致民事法律行为可撤销的事由多样，因此不同情况下除斥期间的起算以及期间的长短也应有所不同。民法关于撤销权除斥期间的规定，应当同时兼顾撤销权人与相对人的利益，不应仅仅强调一方的利益保护而忽略另一方。因此，应当在规定主观期间的同时，辅之以客观期间补充，以此实现二者利益的平衡保护。

【条文精解】

本条在民法通则和合同法规定的基础上，借鉴其他国家和地区的立法例，对撤销权的除斥期间作了以下规定：一是撤销权原则上应在权利人知道或者应当知道撤销事由之日起一年内行使，但自民事法律行为发生之日起五年内没有行使的，撤销权消灭。将期间起算的标准规定为"权利人知道或者应当知道撤销事由之日"有利于撤销权人的利益保护，防止其因不知撤销事由存在而错失撤销权的行使。同时，辅之以"自民事法律行为发生之日起五年"的客观期间，有助于法律关系的稳定，稳定交易秩序，维护交易安全。二是对于因重大误解享有撤销权的，权利人应在知道或者应当知道撤销事由之日起90日内行使，否则撤销权消灭。同欺诈、胁迫、显失公平等影响意思表示自由的情形相比，重大误解权利人的撤销事由系自己造就，不应赋予其与其他撤销事由同样的除斥期间。因此，本条将重大误解的撤销权除斥期间单独确定为90日，并仍以权利人知道或者应当知道撤销事由之日起算。三是对于因胁迫享有撤销权的，应自胁迫行为终止之日起一年内行使，否则撤销权消灭。同欺诈、重大误解等其他撤销事由相比，胁迫具有特殊性。受胁迫人在胁迫行为终止前，即使知道胁迫行为的存在，事实上仍然无法行使撤销权。考虑到这一特殊情况，本条将因胁迫享有撤销权的除斥期间起算规定为"自胁迫行为终止之日起"，期间仍为一年。四是对于权利人知道撤销事由后明确表示或者以自己的行为表明放弃撤销权的，撤销权消灭，不受一年期间的限制。权利人无论是明确表示还是通过行为表示对撤销权的放弃，均属于对自己权利的处分，依据意思自治的原则，法律予以准许。

第一百五十三条 **【违反法律、行政法规的强制性规定以及违背公序良俗的民事法律行为的效力】**

违反法律、行政法规的强制性规定的民事法律行为无效。但是，该强制性规定不导致该民事法律行为无效的除外。

违背公序良俗的民事法律行为无效。

【立法背景】

在民事法律行为有效的三项要件中，不违反法律、行政法规的强制性规定以及不违背公序良俗是其中能够体现对个人意思自治与行为限制的一项重要条件。民事法律行为虽然是彰显意思自治、保障权利实现的主要制度，但这种自由必须限定在不损害国家利益、社会公共利益的范围之内。民事主体的民事法律行为一旦超越法律和道德所容许的限度，构成对国家利益、社会公共利益的侵害，其效力就必须被否定。而法律、行政法规的强制性规定以及公共秩序和善良习俗，即是对民事主体意思自治施加的限制。

【条文精解】

本条第 1 款规定，违反法律、行政法规的强制性规定的民事法律行为无效，但是该强制性规定不导致该民事法律行为无效的除外。法律规范分为强制性规范与任意性规范。任意性规范的目的是引导、规范民事主体的行为，并不具备强制性效力，民事法律行为与任意性规范不一致的，并不影响其效力。任意性规范体现的是法律对主体实施民事法律行为的一种指引，当事人可以选择适用，也可以选择不适用。与任意性规范相对的是强制性规范，后者体现的是法律基于对国家利益、社会公共利益等的考量，对私人意思自治领域所施加的一种限制。民事主体在实施民事法律行为时，必须服从这种对行为自由的限制，否则会因对国家利益、社会公共利益等的侵害而被判定无效。但是，民事法律行为违反强制性规定无效有一种例外，即当该强制性规定本身并不导致民事法律行为无效时，民事法律行为并不无效。这里实际上涉及对具体强制性规定的性质判断问题。某些强制性规定尽管要求民事主体不得违反，但其并不导致民事法律行为无效。违反该法律规定的后果应由违法一方承担，对没有违法的当事人不应承受一方违法的后果。例如，一家经营水果的商店出售种子，农户购买了该种子，该商店违法经营种子，必须承担相应违法责任，但出于保护农户的目的，不宜认定该买卖行为无效。再如，我国台湾地区"民法典"第912条规定，典权约定期限不得逾30年，逾30年者，缩短为30年。此种情形下，如果双方约定的典权超过30年，该约定并不无效，只是缩短为30年。

本条第2款规定，违背公序良俗的民事法律行为无效。公序良俗是公共秩序和善良习俗的简称，属于不确定概念。民法学说一般采取类型化研究的方式，将裁判实务中依据公序良俗裁判的典型案件，区别为若干公序良俗违反的行为类型。法院或者仲裁机构在审理案件时，如果发现待决案件事实与其中某一个类型相符，即可判定行为无效。这些类型包括但不限于：（1）危害国家政治、经济、财政、税收、金融、治安等秩序类型；（2）危害家庭关系行为类型；（3）违反性道德行为类型；（4）违反人权和人格尊严行为类型；（5）限制经济自由行为类型；（6）违反公正竞争行为类型；（7）违反消费者保护行为类型；（8）违反劳动者保护行为类型等。同强制性规定一样，公序良俗也体现了国家对民事领域意思自治的一种限制。因此，对公序良俗的违背也构成民事法律行为无效的理由。

第一百五十四条　**【恶意串通的民事法律行为的效力】**

行为人与相对人恶意串通，损害他人合法权益的民事法律行为无效。

【立法背景】

所谓恶意串通，是指行为人与相对人互相勾结，为牟取私利而实施的损害他人合法权益的民事法律行为。恶意串通的民事法律行为在主观上要求双方有互相串通、为满足私利而损害他人合法权益的目的，客观上表现为实施了一定形式的行为来达到这一目的。比如，甲公司生产的一批产品因质量低劣卖不出去，甲公司找到乙公司负责采购的业务人员向其行贿，二者相互串通订立该产品的买卖合同，乙公司将其以合格产品买入。在该例中，甲公司与乙公司采购人员相互勾结签订合同，损害乙公司利益的行为就属于恶意串通的民事法律行为。尽管民法的基本原则中包含自愿原则，即当事人可以按照自己的意思设立、变更、终止民事法律关系，但民事主体却不得滥用民事权利损害国家利益、社会公共利益或者他人合法权益。

【条文精解】

本条规定的主要考虑是：第一，行为人恶意串通损害他人合法权益的行为，多数情况下权益受损的人当时并不知情，如果不对这种行为科以无效后果，无法体现对其合法权益的有力保护。第二，民法通则、合同法规定恶意串通行为无效以来，为司法实践提供了明确的裁判指引，本法总则编应当继续沿用这一规定。第三，虽然总则编及其他民事法律对欺诈、无权处分等具体规则作了规定，但民事生活的复杂性决定了实践中仍有可能出现现有具体规则无法解决的情形。保留恶意串通的规定可以在没有具体规则可供适用时发挥规则填补的作用。

此外，《民法典》第146条第1款规定了虚伪表示的民事法律行为无效。有的意见提出，虚伪表示和恶意串通存在重复，建议统一规定。我们认为，在虚伪表示的民事法律行为中，行为人与相对人所表示的意思均非真意，而恶意串通的双方当事人所表达的都是内心真意，二者尽管在法律后果上相同，但不可混淆。尽管在某些情况下，双方通谋的虚伪表示也表现为主观上的恶意，且同时损害了他人的合法权益，但二者的侧重点不同，不能相互替代。

第一百五十五条 【无效的或者被撤销的民事法律行为的自始无效】

无效的或者被撤销的民事法律行为自始没有法律约束力。

【立法背景】

民事法律行为的效力形态包括多种，如有效、无效、可撤销、效力待定等。对于无效和被撤销的民事法律行为来说，必然涉及其行为效力的问题。民事法律行为无效或者被撤销后，效力自然对将来不再发生。那么，这种状态是否可以溯及既往？本条即对此作出规定，无效或者被撤销的民事法律行为自始没有法律约束力。

【条文精解】

我国民法通则和合同法对于无效以及被撤销的民事法律行为效力问题都作了规定。《民法通则》第58条第2款规定："无效的民事行为，从行为开始起就没有法律约束力。"第59条第2款规定："被撤销的民事行为从行为开始起无效。"《合同法》第56条规定："无效的合同或者被撤销的合同自始没有法律约束力。合同部分无效，不影响其他部分效力的，其他部分仍然有效。"从上述规定来看，无效和被撤销的民事法律行为是自始无效的，具有溯及力。即使在身份行为当中，这一原则也在现行法律规定中得到了体现，如《民法典》第

1054 条规定，无效的或者被撤销的婚姻自始没有法律约束力，当事人不具有夫妻的权利和义务；第 1113 条第 2 款规定，无效的收养行为自始没有法律约束力。这种自始无效意味着，民事法律行为一旦无效或者被撤销后，双方的权利义务状态应当恢复到这一行为实施之前的状态，已经履行的，应当恢复原状。

【实践中需要注意的问题】

无效的民事法律行为除自始无效外，还应当是当然无效、绝对无效。所谓当然无效，是指只要民事法律行为具备无效条件，其便当然产生无效的法律后果，无须经过特定程序的确认才无效；所谓绝对无效，是指这种民事法律行为的无效是绝对而非相对的，对包括当事人在内的其他任何人而言均是无效的。

第一百五十六条 【民事法律行为的部分无效】

民事法律行为部分无效，不影响其他部分效力的，其他部分仍然有效。

【立法背景】

在传统民法理论中，根据民事法律行为无效原因与整体行为内容之间的关系，可以将民事法律行为的无效分为全部无效以及部分无效。如果无效原因及于整体的民事法律行为，则民事法律行为自然全部无效，这一点没有问题。但是，当无效原因只及于民事法律行为的部分内容时，如何处置其他部分的民事法律行为的效力问题？本条即是对此问题作出的规定。

【条文精解】

本条对此作出规定，如果民事法律行为的部分无效不影响其他部分效力，其他部分仍然有效。具体来说，民事法律行为的无效事由既可以导致其全部无效，也可以导致部分无效。在部分无效时，如果不影响其他部分的效力，其他部分仍可有效。这意味着只有在民事法律行为的内容效力可分且相互不影响的情况下，部分无效才不会导致其他部分同时无效。反之，当部分无效的民事法律行为会影响其他部分效力的，其他部分也应无效。

本条所规定的"民事法律行为部分无效不影响其他部分效力"的情形，主要包括以下几种：一是民事法律行为的标的数量超过国家法律许可的范围。

例如，借贷合同中，双方当事人约定的利息高于国家限定的最高标准，则超过部分无效，不受法律保护，但在国家所限定的最高标准以内的利息仍然有效。又如，遗嘱继承中，被继承人将其全部遗产均遗赠他人，并未给胎儿保留必要的遗产份额，违反了继承相关的法律规定。因此，在遗产的应继份范围内的那部分遗赠是无效的，但其他部分的遗赠仍然有效。二是民事法律行为的标的可分，其中一项或数项无效。比如，同一买卖合同的标的物有多个，其中一个或数个标的物因属于国家禁止流通物而无效，其他标的物的买卖仍为有效。三是民事法律行为的非根本性条款因违法或违背公序良俗而无效。例如，雇佣合同中有条款约定"工作期间发生的一切人身伤害，雇主概不负责"。这一条款因违反相关劳动法律以及公序良俗原则而无效，但雇佣合同的其他权利义务条款并不因此无效。

本条在民事法律行为无效部分与其他部分效力可分的情况下，规定部分无效在不影响其他部分效力的情况下，其他部分仍然有效。这实际上体现了民法尽可能尊重双方意思自治、承认民事法律行为效力的原则。当然，如果无效部分属于整体民事法律行为成立生效的必要条款，或者无效部分事实上与其他部分不可分割，那么这种部分无效当然会同时导致其他部分的无效，进而影响整体的行为效力。

第一百五十七条 【民事法律行为无效、被撤销以及确定不发生效力的后果】

民事法律行为无效、被撤销或者确定不发生效力后，行为人因该行为取得的财产，应当予以返还；不能返还或者没有必要返还的，应当折价补偿。有过错的一方应当赔偿对方由此所受到的损失；各方都有过错的，应当各自承担相应的责任。法律另有规定的，依照其规定。

【立法背景】

民事法律行为无效、被撤销以及确定不发生效力后，意味着民事法律行为的目的不能实现，应当恢复到民事法律行为成立或实施之前的状态，就如同这一行为未曾发生一样。这其中包括三种情况：民事法律行为无效，即民事法律行为因具备无效条件而被确定为自始无效、当然无效、绝对无效。民事法律行为被撤销，是指民事法律行为因具备撤销事由，经撤销权人行使撤销权而无效。民事法律行为被撤销前属于有效行为，撤销以后则自始没有法律约束力。民事法律行为确定不发生效力，是指民事法律行为虽已成立，但由于生效条件确定无法具备而不能生效的情况。典型的情形包括两种：一是法律、行政法规规定须经批准生效的民事法律行为，因未经批准而无法生效；二是附条件生效民事法律行为，生效条件确定无法具备。这两种情况下，民事法律行为因双方合意一致已经成立，但却不能生效，属于确定不生效。

民事法律行为无效、被撤销以及确定不发生效力后，由于其法律效果相当于这一行为未曾实施，因此，需要恢复至各方当事人在民事法律行为实施前的状态。已经履行或者部分履行的，各方需要承担相应的法律后果。

【条文精解】

本条在民法通则和合同法规定的基础上，规定了民事法律行为无效、被撤销以及确定不发生效力的如下几种法律后果：

1. 返还财产

这是指民事法律行为被确认无效、被撤销或者确定不发生效力后，行为人因民事法律行为所取得的财产应当予以返还，相对人亦享有对已交付财产的返还请求权。民事法律行为无效、被撤销或者确定不发生效力后，行为人对所取得的财产已没有合法占有的根据，双方的财产状况应当恢复到民事法律行为实施前的状态。

2. 折价补偿

本条规定，对于不能返还财产，或者没有必要返还的，应当折价补偿。民事法律行为无效、被撤销或者确定不发生效力后，返还财产应当作为恢复原状的原则做法。但是，在有些情况下，返还财产并不具备现实条件或者没有必要，此时应当通过折价补偿的方式来达到使财产关系恢复原状的目的。所谓财产不能返还，包括法律上的不能返还和事实上的不能返还。法律上的不能返还主要是指财产返还受到善意取得制度的影响，即一方当事人将通过民事法律行为取得的财产转让给第三人，第三人取得财产时符合善意取得制度的各项要件，此时该第三人因善意取得制度成为财产的所有权人，该财产又是不可替代的。民事法律行为虽事后被确认无效、被撤销或者确定不发生效力，当事人也不能实际返还财产，只能依当时市价折价补偿给对方当事人。事实上的不能返还主要是指因标的物已经灭失，造成客观上无法返还，且原物又是不可替代物。此时，取得该财产的当事人应当依据原物的市价进行折价补偿。所谓没有必要返还财产的，主要包括以下两种情况：（1）如果当事人接受的财产是劳务或者利益，在性质上不能恢复原状，应以国家规定的价格计算，以金钱返还；没有国家规定的，按照市价或者同类劳务的报酬标准计算返还。（2）如果一方当事人是通过使用对方的知识产权获得的利益，因知识产权属于无形财产，此时应折价补偿对方当事人。

3. 赔偿损失

民事法律行为无效、被撤销以及确定不发生效力后，一般而言都存在损失赔偿的问题。如果因无效、被撤销以及确定不发生效力而给对方造成损失，主观上有故意或者过失的当事人应当赔偿对方的损失；双方都有过错的，应当各自承担相应的赔偿责任。

【实践中需要注意的问题】

本条除规定以上内容外，还在条文最后作了"法律另有规定的，依照其规定"的除外规定。这种情况主要是指，民事法律行为效力被否定后，并非在任何情况下都存在返还财产、折价补偿或者赔偿损失的责任问题。如在民事法律行为因违法被宣告无效后，并不存在双方当事人相互返还财产的问题，而是需要根据相关法律、行政法规的规定对其予以没收、收缴等。以毒品买卖为例，双方签订的买卖合同显然因违反法律、行政法规的强制性规定而无效。但此时，双方因毒品交易产生的非法所得则应根据禁毒法等法律的规定予以收缴，而不是返还给一方当事人。

第四节　民事法律行为的附条件和附期限

第一百五十八条　【附条件的民事法律行为】

民事法律行为可以附条件，但是根据其性质不得附条件的除外。附生效条件的民事法律行为，自条件成就时生效。附解除条件的民事法律行为，自条件成就时失效。

【立法背景】

民事法律行为成立之后的效力问题，当事人之间可以自行约定，这也是意思自治原则的体现。民事法律行为中所附条件，是指当事人以未来客观上不确定发生的事实，作为民事法律行为效力的附款。所附条件具有以下特点：第一，条件系当事人共同约定，并作为民事法律行为的一部分内容。条件体现的是双方约定一致的意思，这是与法定条件最大的不同之处，后者是指由法律规定的、不由当事人意思决定并具有普遍约束力的条件。当事人不得以法定条件作为其所附条件。第二，条件是未来可能发生的事实。这意味着，已经过去的、现在的以及将来确定不会发生的事实不能作为民事法律行为的所附条件。如果是将来必然发生的事实，应当作为附期限。应当注意，这种条件事实发生的不确定性应当是客观存在的，如果仅仅是当事人认为事实发生与否不确定，但实际上必然发生或者不发生的，也不能作为所附条件。第三，所附条件是当事人用以限定民事法律行为效力的附属意思表示。应当将所附条件与民事法律行为中的供货条件、付款条件等相互区分，后者是民事法律行为自身内容的一部分而非决定效力的附属意思表示。第四，所附条件中的事实应为合法事实，违法事实不能作为民事法律行为的附条件。如不能约定以故意伤害他人作为合同生效的条件。

【条文精解】

以所附条件决定民事法律行为效力发生或消灭为标准，条件可以分为生效条件和解除条件。所谓生效条件，是指使民事法律行为效力发生或者不发生的条件。生效条件具备之前，民事法律行为虽已成立但未生效，其效力是否发生处于不确定状态。条件具备，民事法律行为生效；条件不具备，民事法律行为就不生效。比如，甲、乙双方签订房屋买卖合同，约定甲将所居住的房产出卖给乙，条件是甲出国定居，不在国内居住。但条件具备时，此房屋买卖合同才生效。所谓解除条件，又称消灭条件，是指对已经生效的民事法律行为，当条件具备时，该民事法律行为失效；如果该条件确定不具备，则该民事法律行为将继续有效。

在附条件的民事法律行为中，所附条件的出现与否将直接决定民事法律行为的效力状态。附生效条件的民事法律行为，自条件成就时生效。附解除条件的民事法律行为，自条件成就时失效。需要特别指出的是，附条件的民事法律行为虽然在所附条件出现时才生效或失效，但在条件尚未具备时，民事法律行为对于当事人仍然具有法律约束力，当事人不得随意变更或者撤销。因此，可以将附条件的民事法律行为的效力分为条件成就前的效力和条件成就后的效力。对于附生效条件的民事法律行为来说，条件成就前的效力表现为当事人不得随意变更、撤销民事法律行为以及对于民事法律行为生效的期待权；对于附解除条件的民事法律行为来说，条件成就前的效力表现为条件具备后民事法律行为效力归于消灭的期待权。

民事法律行为以可以附条件为原则，这是意思自治原则的体现，但对于某些行为而言，则依其性质不得附条件。这主要是指，某些民事法律行为的性质要求其应当即时、确定地发生效力，不允许效力处于不确定状态，因此不得附条件。例如，票据行为，为保障其流通性，不得附条件；撤销权、解除权等形成权的行使，本身就是为了使不确定的法律关系尽快确定，如果允许其附条件，会使本不确定的法律关系更加不确定，因此不得附条件。

第一百五十九条 【民事法律行为条件成就和不成就的拟制】

附条件的民事法律行为，当事人为自己的利益不正当地阻止条件成就的，视为条件已经成就；不正当地促成条件成就的，视为条件不成就。

【立法背景】

在附条件的民事法律行为中，条件的成就或不成就直接关系到民事法律行为的效力状况。对附生效条件的民事法律行为来说，条件成就，民事法律行为就开始生效；条件不成就，民事法律行为就确定不发生效力。对附解除条件的民事法律行为来说，条件成就，民事法律行为就失效，反之民事法律行为继续有效。尽管民事法律行为成立时，当事人可以对于民事法律行为的效力共同约定附条件，但自此之后，当事人却有可能从自己的利益出发，不正当地促成或者阻止条件成就，以达到对自己有利的结果。比如，在附生效条件的民事法律行为中，一方当事人希望行为尽快生效，就可能采取不正当手段促使条件成就；在附解除条件的民事法律行为中，一方当事人希望行为继续其效力，就可能以不正当手段阻止条件成就。在附条件的民事法律行为中，无论是生效条件还是解除条件，条件的成就与否都具有或然性。这种或然性恰恰体现了民事法律行为当事人的意思自治，应当予以尊重。当一方当事人为了自己的利益通过不正当手段人为促成或者阻止条件成就时，不仅对意思自治原则造成了侵害，更有可能损害对方当事人的利益，因此法律应当予以规范。

【条文精解】

根据本条规定，当事人为自己的利益不正当地阻止条件成就的，视为条件已成就；不正当地促成条件成就的，视为条件不成就。对本条的把握应当注意以下几点：第一，当事人主观上有为自己利益人为改变条件状态的故意。换言之，当事人从自己利益的角度考虑，主观上具有使条件成就或者不成就的故意。第二，当事人为此实施了人为改变条件成就状态的行为。民事法律行为中所附条件，其成就与否本不确定。当事人为自己利益实施了促成或阻止条件成就的行为。第三，该行为具有不正当性。这主要是指当事人的此种行为违反了诚信原则，不符合事先约定。例如，甲和乙约定，当甲不在 A 公司工作时，就把位于 A 公司附近的自住房产出卖给乙。乙为了尽快得到甲的房产，暗中找到 A 公司的经理，让其辞退甲，从而使得买卖合同生效。

第一百六十条　【附期限的民事法律行为】

民事法律行为可以附期限，但是根据其性质不得附期限的除外。附生效期限的民事法律行为，自期限届至时生效。附终止期限的民事法律行为，自期限届满时失效。

【立法背景】

当事人除可以通过附条件决定民事法律行为效力状态之外，还可通过对民事法律行为附期限的方式来决定民事法律行为的效力发生与终止，这同样体现了当事人意思自治的民事基本原则。与所附条件相比，民事法律行为所附期限具有以下特点：第一，条件的发生与否属于不确定的事实，但期限的到来则是确定发生的事实。因此，对附期限的民事法律行为来说，其生效或失效本身并不具有或然性，是将来一定能够发生的事实。第二，附期限的民事法律行为体现了当事人对民事法律行为生效或失效的期限约定，所附期限属于民事法律行为的附属意思表示，体现了双方的意思自治。第三，期限的到来是必然确定的，但到来的具体时日却未必十分确定。比如，"等到下次天下雨时，我就把那批雨伞卖给你"，下次下雨是将来必定发生的事实，但具体哪一天会下雨则不能确定。

根据所附期限决定民事法律行为的生效或失效，期限可以分为生效期限和终止期限。所谓生效期限，是指决定民事法律行为效力发生的期限。期限届至，民事法律行为生效；期限届至前，民事法律行为虽已成立但并未生效。例如，甲对乙说"下次天下雨时，从你那里购买 100 把雨伞"，"下次天下雨"是将来必定发生的事实，且期限届至时，购买雨伞的买卖合同生效，因此这一期限属于生效期限。所谓终止期限，是指决定民事法律行为效力消灭的期限。期限届至，民事法律行为失效；期限届至前，民事法律行为始终有效。例如，甲对乙说"明年 3 月 1 日，把我租给你的房屋还给我"，"明年 3 月 1

日"是必然到来的事实,且期限届至时,房屋租赁合同失效。

【条文精解】

本条根据合同法及其他国家和地区立法例,对附期限的民事法律行为作了规定。根据本条规定,附生效期限的民事法律行为,自期限届至时生效。附终止期限的民事法律行为,自期限届满时失效。关于本条,还有两点需要说明:一是附期限民事法律行为中的所附期限,不同于民事法律行为的履行期限。履行期限,是当事人对已生效民事法律行为的履行义务所施加的期限限制。这种情况下,民事法律行为已经生效,权利义务已经发生,只是由于履行期限尚未届至,当事人所负义务没有强制履行的效力。这就意味着,履行期限届至前,义务人可以不履行义务,权利人也不得强制义务人履行义务。但是,如果义务人提前履行且权利人同意,法律不作禁止。对于附生效期限的民事法律行为而言,在期限到来前,民事法律行为并未生效,权利义务尚未生成,当事人当然不存在义务履行的问题。二是同附条件的民事法律行为一样,原则上,民事法律行为均可附期限。但是,依民事法律行为的性质不得附期限的除外。这样的行为主要包括身份上的行为,如结婚、收养等。

第七章 代 理

第一节 一般规定

第一百六十一条 【代理适用范围】

民事主体可以通过代理人实施民事法律行为。

依照法律规定、当事人约定或者民事法律行为的性质,应当由本人亲自实施的民事法律行为,不得代理。

【立法背景】

代理作为一项独立的法律制度,有其特定的适用范围,对此,民法通则作了明确规定。《民法通则》第63条第1款规定:"公民、法人可以通过代理人实施民事法律行为。"第 3 款规定:"依照法律规定或者按照双方当事人约定,应当由本人实施的民事法律行为,不得代理。"本条规定在民法通则上述规定的基础上,作了进一步的完善。

【条文精解】

本条第 1 款规定,民事主体可以通过代理人实施民事法律行为。民事法律行为,是指民事主体通过意思表示设立、变更、终止民事法律关系的行为。代理的适用范围原则上限于民事法律行为。但一般认为,一些与合同密切相关的准民事法律行为、事实行为和程序行为,如要约邀请、要约撤回、订约时样品的交付和受领、办理合同公证等,也允许代理。

不是所有民事法律行为都允许代理。根据本条第 2 款的规定,下列三类民事法律行为不得代理:一是依照法律规定应当由本人亲自实施的民事法律行为。例如,《民法典》第 1049 条规定,要求结婚的男女双方必须亲自到婚姻登记机关申请结婚登记。二是依照当事人约定应当由本人亲自实施的民事法律行为。当事人双方基于某种原因,约定某一民事法律行为必须由本人亲自实施的,当事人自然应当遵守这一约定,不得通过代理人实施该民事法律行为。三是依照民事法律行为的性质,应当由本人亲自实施的民事法律行为。这主要是指具有人身性质的身份行为,如结婚、离婚、收养、遗嘱、遗赠等。这些身份行为不得代理,有的法律中已作了明确规定,如上述《民法典》第 1049 条的规定;有的法律中没有作出明确规定,但由于其人身性质不允许他人代理。因此,这次在民法通则的基础上增加规定了这一类民事法律行为不得代理。

第一百六十二条 【代理效力】

代理人在代理权限内,以被代理人名义实施的民事法律行为,对被代理人发生效力。

【立法背景】

一般民事法律行为只涉及行为人与相对人的关系。民事主体通过代理人实施了民事法律行为,由此形成的代理法律关系则存在三个主体,即被代理人(本人)、代理人和相对人。该民事法律行为的效力就与一般民事法律行为存在区别,需要在法律中作出明确规定。

【条文精解】

根据本条规定，代理人在代理权限内，以被代理人名义实施的民事法律行为，对被代理人发生效力。这里所说的"对被代理人发生效力"，是指民事法律行为产生的法律效果归属于被代理人，即代理人实施的民事法律行为所设立、变更、终止民事法律关系的一切结果都归属于被代理人。一方面，代理的民事法律行为有效时，形成的权利义务应当由被代理人承受；另一方面，代理的民事法律行为无效时，引起的赔偿损失等民事责任也应当由被代理人承担。但代理人实施的民事法律行为并不都能发生代理的效力，根据本条规定，代理行为发生代理效力必须符合下列两个条件：

一是代理人在代理权限内实施民事法律行为。代理人超越代理权限实施民事法律行为的，除符合《民法典》第172条规定的表见代理的构成要件外，为无权代理，须经被代理人追认才能对被代理人产生效力。代理分为法定代理和指定代理，法定代理中代理人的代理权限由法律直接作出规定，比如，《民法典》第34条第1款规定："监护人的职责是代理被监护人实施民事法律行为，保护被监护人的人身权利、财产权利以及其他合法权益等。"这一条就是对监护人作为法定代理人时代理权限的规定。

委托代理中代理人的权限则由被代理人在授予代理人时确定，该权限的范围原则上由被代理人自由决定。委托代理权限分为两类，即特别代理权和概括代理权。特别代理权，是指授权代理人为一项或者一类特定行为，如授权代理人转让或者出租某物，授权代理人在一定数额内买卖股票等。概括代理权，是指授权代理人为被代理人处理一切民事法律行为。如《民法典》第920条规定："委托人可以特别委托受托人处理一项或者数项事务，也可以概括委托受托人处理一切事务。"划分特别代理权和概括代理权的意义在于，使代理人能够明确自己可以从事哪些代理活动，也使第三人知道代理人的身份和权限，使之有目的、有选择地与其共同实施订立合同等民事法律行为，以防止因代理权限不明确而引起不必要的纠纷。如果发生了纠纷，也便于根据代理权限确定当事人之间的相互责任。

二是代理人必须以被代理人的名义实施民事法律行为。代理人在实施民事法律行为时，必须以被代理人的名义进行，即明确向相对人表明是替被代理人来实施该民事法律行为的。

第一百六十三条 【代理类型】

代理包括委托代理和法定代理。

委托代理人按照被代理人的委托行使代理权。法定代理人依照法律的规定行使代理权。

【立法背景】

根据代理权产生依据的不同，代理可以分为委托代理和法定代理。民法通则将代理分为委托代理、法定代理和指定代理三种类型。在立法过程中，对指定代理是否为一种单独的代理类型，争议较大。我们认为，指定代理只是法定代理的一种特殊形式，没有必要单独列为一种代理的类型，据此，本法将代理分为委托代理和法定代理两类。

【条文精解】

1.委托代理

本条第 2 款规定，委托代理人按照被代理人的委托行使代理权。根据这一规定，委托代理，是指按照被代理人的委托来行使代理权的代理，有的学者又称为"意定代理""授权代理"等。委托代理是代理的主要类型，本章设专节规定了委托代理。

2.法定代理

本条第 2 款规定，法定代理人依照法律的规定行使代理权。根据这一规定，法定代理，是指依照法律的规定来行使代理权的代理。法定代理人的代理权来自法律的直接规定，无须被代理人的授权，也只有在符合法律规定条件的情况下才能取消代理人的代理权。

民法通则将代理分为委托代理、法定代理和指定代理。本法取消了指定代理这一类型，本条规定的法定代理，涵盖了民法通则规定的法定代理和指定代理。

对委托代理，本章设专节作了规定，法定代理则没有设专节规定，主要是考虑到法定代理的内容在本法其他章节以及其他法律中已经作了明确规定，各类法定代理其内容差异较大，难以也没有必要作出概括规定。根据本法和其他法律的规定，法定代理人的类型主要有：

（1）监护人。这包括未成年人的父母，无民事行为能力人、限制民事行为能力人在父母之外的监护人。《民法典》第 23 条就明确规定："无民事行为能力人、限制民事行为能力人的监护人是其法定代理人。"

（2）失踪人的财产代管人。《民法典》第42条规定："失踪人的财产由其配偶、成年子女、父母或者其他愿意担任财产代管人的人代管。代管有争议，没有前款规定的人，或者前款规定的人无代管能力的，由人民法院指定的人代管。"

（3）清算组。《公司法》第183条规定："公司因本法第一百八十条第（一）项、第（二）项、第（四）项、第（五）项规定而解散的，应当在解散事由出现之日起十五日内成立清算组，开始清算。有限责任公司的清算组由股东组成，股份有限公司的清算组由董事或者股东大会确定的人员组成。逾期不成立清算组进行清算的，债权人可以申请人民法院指定有关人员组成清算组进行清算。人民法院应当受理该申请，并及时组织清算组进行清算。"

第一百六十四条 【代理人不当履职的民事责任及代理人和相对人恶意串通的民事责任】

代理人不履行或者不完全履行职责，造成被代理人损害的，应当承担民事责任。

代理人和相对人恶意串通，损害被代理人合法权益的，代理人和相对人应当承担连带责任。

【立法背景】

代理是意思自治的扩张和补充，代理人行使代理权，应当基于被代理人利益的考虑，忠实履行代理职责，否则，就要承担相应的民事责任。对此，《民法通则》第66条第2款、第3款已有规定："代理人不履行职责而给被代理人造成损害的，应当承担民事责任。代理人和第三人串通、损害被代理人的利益的，由代理人和第三人负连带责任。"本条在民法通则规定的基础上作了进一步的完善。

【条文精解】

本条第1款是关于代理人不当履行职责的民事责任的规定。代理人行使代理权完全是为了被代理人的利益，应当在代理权限内忠实履行代理职责，如果不履行或者不完全履行代理职责，造成被代理人的损害的，自应承担民事责任。关于代理人职责的内容，以及如何履行代理职责，在委托代理和法定代理情况下各有不同，本法没有作出统一规定。

委托代理时，被代理人对于代理事项、权限和期间等一般都有明确授权，代理人首先应当根据被代理人的授权来行使代理权，在授权范围内认真维护被代理人的合法权益，想方设法完成代理事项。有时，被代理人授予代理权的范围规定得并不十分具体明确，代理人就应当根据诚信原则来从事代理行为。法律为了保护被代理人的合法权益，还对一些滥用代理权的行为作了明确规制，代理人应当根据这些法律规定来行使代理权。比如，《民法典》第168 条规定："代理人不得以被代理人的名义与自己实施民事法律行为，但是被代理人同意或者追认的除外。代理人不得以被代理人的名义与自己同时代理的其他人实施民事法律行为，但是被代理的双方同意或者追认的除外。"

法定代理时，法律会对代理人的权限及相关职责作明确规定，代理人必须根据法律规定来行使代理权。如监护人作为法定代理人时的职责，《民法典》第 34 条第 1 款明确规定："监护人的职责是代理被监护人实施民事法律行为，保护被监护人的人身权利、财产权利以及其他合法权益等。"

本条第 2 款是关于代理人和相对人恶意串通的民事责任的规定。代理人和相对人恶意串通，损害被代理人合法权益时，代理人的行为属于本条第 1 款规制的范围，自应承担民事责任，但此时相对人也应承担责任。法律严格禁止这类损害被代理人利益的行为，据此，本条第 2 款规定，代理人和相对人应当承担连带责任。根据本款规定，代理人和相对人承担连带责任的前提是恶意串通。恶意，是指双方都明知或者应知其实施的行为会造成被代理人合法权益的损害，还故意为之。串通，是指双方在主观上有共同的意思联络。此处的恶意串通，就是双方串通在一起，共同实施某种行为来损害被代理人的合法权益。如果双方当事人或者一方当事人不知且不应知其行为的损害后果，就不构成恶意串通，不能适用本款规定，应当根据各自的行为来承担相应的民事责任。

第二节　委托代理

第一百六十五条 【授权委托书】

委托代理授权采用书面形式的，授权委托书应当载明代理人的姓名或者名称、代理事项、权限和期限，并由被代理人签名或者盖章。

【立法背景】

委托代理，是指按照被代理人的委托来行使代理权的代理。此时，代理人行使的代理权称为委托代理权，是基于被代理人的意思而产生的。被代理人授予代理人委托代理权的行为，称为授权行为。

【条文精解】

根据《民法典》第135条的规定，在法律、行政法规没有特别规定或者当事人没有约定的情况下，委托代理授权可以采取书面形式、口头形式或者其他形式中的任何一种。其中，书面形式是最主要的一种授权形式，称为授权委托书。根据本条规定，授权委托书的内容包括代理人的姓名或者名称、代理事项、代理权限、代理期限等，被代理人还应当在授权委托书上签名或者盖章。本条对授权委托书应当包括的内容作了提示性规定，目的是减少实践中产生纠纷。

第一百六十六条 【共同代理】

数人为同一代理事项的代理人的，应当共同行使代理权，但是当事人另有约定的除外。

【立法背景】

共同代理，是指数个代理人共同行使一项代理权的代理。共同代理有如下几个特征：一是有数个代理人。如果只有一个代理人，属于单独代理，而不是共同代理。二是只有一个代理权。如果数个代理人有数个代理权，属于集合代理，而不是共同代理。例如，被代理人授权甲为其购买一台电视机、乙为其购买一台电冰箱，即为集合代理。被代理人授权甲、乙一起为其购买一台电视机和一台电冰箱，才属于共同代理。三是共同行使代理权。共同行使，是指只有经过全体代理人的共同同意才能行使代理权，即数人应当共同实施代理行为，享有共同的权利义务。任何一个代理人单独行使代理权，均属于无权代理。如果数个代理人对同一个代理权可以单独行使，也属于单独代理，而不是共同代理。比如，被代理人授权甲、乙一起为其购买一台电视机和一台电冰箱，但谁买都可以，此种情况属于单独代理，而不是共同代理。

【条文精解】

共同代理应当由被代理人授权，当被代理人就同一代理权指定了数个代理人，有约定的当然按约定处理，但如果没有明确约定是共同代理还是单独代理时，应当推定为共同代理还是单独代理，不同国家和地区的立法态度存在差别：一是推定为共同代理；二是推定为单独代理；三是没有作出明确规定。我国民法通则和合同法对此都没有作出明确规定。

为更好地保护被代理人的合法权益，减少实践纠纷，本法采纳了第一种立法例。根据本条规定，除非另有约定，被代理人就同一代理事项确定了数个代理人时，法律推定为共同代理，数个代理人应当共同行使代理权，任何一个代理人都不得擅自单独实施代理行为。

第一百六十七条 【代理违法的民事责任】

代理人知道或者应当知道代理事项违法仍然实施代理行为，或者被代理人知道或者应当知道代理人的代理行为违法未作反对表示的，被代理人和代理人应当承担连带责任。

【立法背景】

被代理人、代理人利用委托代理关系从事的违法行为可分为两类：一是代理事项本身违法，如委托代理人销售假冒伪劣产品；二是代理事项不违法，但代理人实施的代理行为违法，如委托代理人销售合法产品，代理人将该产品贴上假冒商标进行销售。代理违法造成第三人损害的，自应承担民事责任，但由被代理人承担还是代理人承担应当区分不同情形加以确定。

【条文精解】

代理违法造成第三人损害的，是由被代理人承担还是代理人承担应当区分不同情形加以确定：

第一，代理事项违法，但代理人不知道或者不应当知道该代理事项违法，此时应由被代理人承担民事责任。如甲将假冒伪劣产品委托乙代为销售，但乙不知道该产品为假冒伪劣产品，则由甲承担民事责任，乙不承担责任。

第二，代理事项违法，代理人知道或者应当知道该代理事项违法仍然实施了代理行为，此时代理人与被代理人应当承担连带责任。如甲将假冒伪劣产品委托乙代为销售，乙知道该产品为假冒伪劣产品仍然对外销售，则甲和乙承担连带责任。

第三，代理事项不违法，但代理人实施了违法的代理行为，被代理人不知道或者不应当知道该行为违法，或者知道后表示反对的，此时应由代理人承担民事责任。如甲委托乙销售合法产品，乙将该产品贴上假冒商标进行销售，甲对此毫不知情，则乙承担民事责任，甲不承担责任。

第四，代理事项不违法，但代理人实施了违法的代理行为，被代理人知道或者应当知道该行为违法未作反对表示的，此时被代理人应与代理人承担连带责任。如甲委托乙销售合法产品，乙将该产品贴上假冒商标进行销售，甲知道后装作不知情，则甲和乙承担连带责任。

以上四种情形中，第一种和第三种情形下的责任承担，与一般的违法民事法律行为没有区别，无须再作出特别规定。第二种和第四种情形下的责任承担，与一般的违法民事法律行为存在区别，需要在法律中作出特别规定。《民法通则》第67条对此已有规定："代理人知道被委托代理的事项违法仍然进行代理活动的，或者被代理人知道代理人的代理行为违法不表示反对的，由被代理人和代理人负连带责任。"本条沿用了民法通则的这一规定，仅在文字表述上作了一定的修改完善。

第一百六十八条 【禁止自己代理和双方代理】

代理人不得以被代理人的名义与自己实施民事法律行为，但是被代理人同意或者追认的除外。

代理人不得以被代理人的名义与自己同时代理的其他人实施民事法律行为，但是被代理的双方同意或者追认的除外。

【立法背景】

代理人行使代理权时，应当从被代理人的利益出发，忠实履行代理职责。但在某些特定情形下，可能会存在被代理人、代理人与相对人之间的利益冲突，代理人难免会厚己薄人或者厚此薄彼，此时，法律须作出规范，以保护被代理人的合法权益。最典型的情形就是自己代理和双方代理。

【条文精解】

自己代理，是指代理人以被代理人的名义与自己实施民事法律行为。实践中，自己代理主要有两种情形：一是代理人以自己的名义向被代理人发出要约，且代理人以被代理人的名义予以承诺；二是代理人以被代理人的名义向自己发出要约，且以自己的名义予以承诺。比如，甲授权乙销售一吨钢材，乙以甲的名义将钢材卖给自己，便构成自己代理。或者，甲授权乙购买一吨钢材，乙以甲的名义向自己购买钢材，也构成自己代理。

双方代理，是指代理人同时代理被代理人和相对人实施同一民事法律行为。构成双方代理，必须符合两个条件：一是代理人必须既获得被代理人的委托代理授权，又获得相对人的委托代理授权。二是代理人同时代理双方为同一民事法律行为的当事人。比如，甲授权乙销售一吨钢材，丙授权乙购买一吨钢材，乙作为两方的代理人以甲和丙的名义签署一份钢材买卖合同，便构成双方代理。

大陆法系诸多国家和地区的立法大都明文限制自己代理和双方代理。民法通则和合同法没有对自己代理和双方代理作出规定。

在自己代理的情形下，代理人自己的利益可能会与被代理人的利益发生冲突，代理人往往更会注重自己的利益，从而损害被代理人的利益。在双方代理的情形下，一个民事法律行为的双方当事人利益难免冲突，不免会厚此薄彼，很容易损害其中一方当事人的利益。因此，法律应当对自己代理和双方代理加以规制。根据本条规定，代理人不得以被代理人的名义与自己实施民事法律行为，也不得以被代理人的名义与自己同时代理的其他人实施民事法律行为，即原则上禁止自己代理和双方代理。

但是，法律禁止自己代理的目的是保护被代理人的利益，如果被代理人觉得没有损害其利益或者愿意承受这种不利益，法律没有必要强行干预。故本条第1款同时规定，"但是被代理人同意或者追认的除外"。即如果被代理人事先同意的，或者被代理人虽然没有事先同意，但事后经权衡后，追认了代理人的自己代理行为，法律自然要尊重被代理人的选择，认可自己代理行为的效力。

同理，法律禁止双方代理的目的是保护被代理人和相对人的利益，如果这两方都觉得没有损害其利益或者愿意承受这种不利益，法律也没有必要强行干预。因此，本条第2款规定，禁止双方代理，但是被代理的双方同意或者追认的除外。

第一百六十九条 【复代理】

代理人需要转委托第三人代理的，应当取得被代理人的同意或者追认。

转委托代理经被代理人同意或者追认的，被代理人可以就代理事务直接指示转委托的第三人，代理人仅就第三人的选任以及对第三人的指示承担责任。

转委托代理未经被代理人同意或者追认的，代理人应当对转委托的第三人的行为承担责任；但是，在紧急情况下代理人为了维护被代理人的利益需要转委托第三人代理的除外。

【立法背景】

复代理，又称再代理、转代理或者次代理，是指代理人为了实施其代理权限内的行为，而以自己的名义为被代理人选任代理人的代理。与复代理相对的是本代理，或者称原代理，是指被代理人直接选任代理人而成立的代理。在复代理关系中，存在原代理人和复代理人两个代理人，存在原代理人对被代理人的代理和复代理人对被代理人的代理两层代理。

【条文精解】

1. 复代理的特征

（1）以本代理的存在为前提。必须有一个本代理，才能在其基础上产生复代理。没有本代理，复代理就无从谈起。

（2）复代理人是原代理人以自己的名义选任的代理人。原代理人以自己的名义选任复代理人是复代理的重要特征。如果是被代理人自己选任，当然就是本代理。如果原代理人以被代理人的名义选任另一个代理人，则不属于复代理，而是在该代理人与被代理人之间直接产生一个新的代理关系。

（3）复代理人行使的代理权是原代理人的代理权，但原代理人的代理权并不因此丧失。复代理人是由原代理人以自己名义选任的，其代理权直接来源于原代理人的代理权，而且权限范围不得大于原代理权的权限范围。同时，原代理人选任复代理人后，其代理权并不因此而消灭，仍然保有其代理人地位，其与被代理人之间的代理法律关系没有发生变化。如果代理人失去其代理权，而向被代理人推介他人接替自己担任代理人，则是向被代理人推介新代理人的行为，而不是选任复代理人的行为。

（4）复代理人是被代理人的代理人，而不是代理人的代理人。复代理人以被代理人的名义实施民事法律行为，其法律效果直接归属于被代理人。如果复代理人以代理人的名义实施民事法律行为，就不是复代理，而属于一般代理了。

2. 复代理的条件

在委托代理中，代理关系一般建立在被代理人对代理人一定的人身信任基础上，代理人是否合适，被代理人在委托授权时都会充分考虑。如果代理人擅自另行选任复代理人，其选任的复代理人不一定能够得到被代理人的信任，因此不能强加于被代理人。同时，如果代理人觉得自己不合适继续担任代理人，随时可以辞任，由被代理人另行选任其他代理人，而没有必要由代理人擅自选任复代理人。基于此，原则上应当不允许代理人选任复代理人。但在特殊情况下，允许代理人选任复代理人，有利于更好地保护被代理人的合法权益，不应一概否定复代理的存在。

大陆法系多数国家和地区对复代理也都原则禁止、例外允许。我国民法通则和合同法对复代理也作了规定，本条继承了民法通则和合同法的规定，明确只有在两种情况下才允许复代理：

（1）被代理人允许。被代理人的允许，包括事先同意和事后追认。本条第1款规定："代理人需要转委托第三人代理的，应当取得被代理人的同意或者追认。"有的情况下，被代理人考虑到代理人独任代理存在一些困难，准许代理人便宜行事，选任复代理人协助其实施民事法律行为；有的情况下，代理人选任复代理人的行为事先没有征得被代理人同意，但被代理人经考虑事后追认了复代理的行为。在这两种情况下，被代理人基于自己利益等考虑同意复代理，法律自无再加禁止的理由。

（2）出现紧急情况。根据本条第3款的规定，在紧急情况下代理人为维护被代理人利益的需要，可以转委托第三人代理。关于"紧急情况"，最高人民法院《关于贯彻执行〈中华人民共和国民法通则〉若干问题的意见（试行）》第80条作了一定的界定："由于急病、通讯联络中断等特殊原因，委托代理人自己不能办理代理事项，又不能与被代理人及时取得联系，如不及时转托他人代理，会给被代理人的利益造成损失或者扩大损失的，属于民法通则第六十八条中的'紧急情况'。"出现了紧急情况，从维护被代理人利益的需要出发，法律允许复代理的存在。

3. 复代理的法律效果

对被代理人和复代理人而言，一方面，代理人经被代理人同意、追认或者紧急情况下选任了复代理人，复代理人就成了被代理人的代理人，可以被代理人的名义实施民事法律行为，该民事法律行为直接对被代理人发生效力。另一方面，复代理人是被代理人的代理人，被代理人就代理事务可以越过原代理人直接指示复代理人，复代理人应当按照被代理人的指示实施民事法律行为。

对原代理人和复代理人而言，原代理人以自己的名义选任了复代理人，其可以基于自己的判断指示复代理人实施民事法律行为，即复代理人需要接受被代理人和原代理人的双重指示。当然，在被代理人和原代理人的指示不一致时，复代理人应当优先按照被代理人的指示实施民事法律行为。

对被代理人和原代理人而言，原代理人选任了复代理人后，复代理人所实施的民事法律行为的效力直接对被代理人发生，如果出现问题造成被代理人损害的，原则上原代理人不再承担任何责任。但根据本条第 2 款规定，在两种情况下原代理人仍然需要承担责任：一是原代理人在选任复代理人时存在过错，比如，明知复代理人的品德或者能力难以胜任代理工作，仍然选任其担任复代理人的；二是复代理人的行为是根据原代理人的指示来实施的。这两种情况下，原代理人也需要对被代理人承担责任。

【实践中需要注意的问题】

根据本条第 3 款的规定，在原代理人未经被代理人同意或者追认而选任复代理人时，复代理人实施的代理行为就构成无权代理，除非符合《民法典》第 172 条规定的表见代理，否则其行为对被代理人不发生效力，代理人应当对复代理人的行为承担责任。

第一百七十条 【职务代理】

执行法人或者非法人组织工作任务的人员，就其职权范围内的事项，以法人或者非法人组织的名义实施的民事法律行为，对法人或者非法人组织发生效力。

法人或者非法人组织对执行其工作任务的人员职权范围的限制，不得对抗善意相对人。

【立法背景】

职务代理，顾名思义，是指根据代理人所担任的职务而产生的代理，即执行法人或者非法人组织工作任务的人员，就其职权范围内的事项，以法人或者非法人组织的名义实施的民事法律行为，无须法人或者非法人组织的特别授权，对法人或者非法人组织发生效力。职务代理既能够弥补商事交易中法定代表人制度的不足，满足法人对外交易的需求；也能够增强交易结果的确定性和可预见性，使交易相对人能够迅速、准确地判断代理人是否有代理权，维护正常的交易秩序、降低交易成本、提高交易效率。

【条文精解】

对职务代理的法律定位，学界有几种意见：一是将职务代理纳入委托代理的范畴，视为委托代理的一种具体类型；二是将职务代理纳入法定代理的范畴，因为其代理权来自法律的直接规定；三是将职务代理与委托代理、法定代理并列，作为一种独立的代理类型。经研究认为，委托代理本质上是指基于被代理人的意思而产生的代理，这种意思既可以体现于被代理人的授权行为，也可以体现于被代理人基于其与代理人之间的雇佣、劳动关系而对代理人的默示授权。在我国法律体系下，适当拓展委托代理的范围，将职务代理纳入委托代理的范畴加以规范，不仅理论上可行，也符合实践的需要。但职务代理与一般的委托代理相比有其特殊性，理解职务代理制度，应注意以下几点：

一是被代理人须是法人或者非法人组织。法人，是指具有民事权利能力和民事行为能力，依法独立享有民事权利和承担民事义务的组织。非法人组织，是指不具有法人资格，但是能够依法以自己的名义从事民事活动的组织。法人、非法人组织作为被代理人时才能适用职务代理制度。如果被代理人是自然人，只能采用一般的委托代理。

二是代理人须是执行法人或者非法人组织工作任务的人员。执行法人或者非法人组织工作任务的人员，既包括基于劳动、雇佣关系而产生的法人、非法人组织的工作人员，如工厂采购员、商店售货员等；也包括其他执行法人或者非法人组织工作任务的人员，如劳务派遣单位派到用工单位的工作人员。

三是代理事项须是职权范围内的事项。法人或者非法人组织对执行其工作任务的人员，一般情况下都会确定一定的职权范围。超越职权范围实施民事法律行为的，就构成无权代理。职权范围有时由法律、行政法规或者规章规定，有时由法人或者非法人组织的内部规定来规定，有时法人或者非法人组织还会临时授予工作人员一定的职权。但应注意的是，本条第2款明确规定："法人或者非法人组织对执行其工作任务的人员职权范围的限制，不得对抗善意相对人。"法人或者非法人组织对执行其工作任务的人员赋予一定的职权范围，有的情况下是对社会公开的，相对人可以知悉；但有的情况下相对人难以知道该职权的具体范围，只能依据公开信息或者交易习惯来判断。如果相对人是善意的，即对法人或者非法人组织对执行其工作任务的人员职权范围的限制，不知道也不应当知道，那么法律应当对这种合理信赖予以保护，以维护其合法权益。

第一百七十一条 【无权代理】

行为人没有代理权、超越代理权或者代理权终止后，仍然实施代理行为，未经被代理人追认的，对被代理人不发生效力。

相对人可以催告被代理人自收到通知之日起三十日内予以追认。被代理人未作表示的，视为拒绝追认。行为人实施的行为被追认前，善意相对人有撤销的权利。撤销应当以通知的方式作出。

行为人实施的行为未被追认的，善意相对人有权请求行为人履行债务或者就其受到的损害请求行为人赔偿。但是，赔偿的范围不得超过被代理人追认时相对人所能获得的利益。

相对人知道或者应当知道行为人无权代理的，相对人和行为人按照各自的过错承担责任。

【立法背景】

广义上的无权代理，是指行为人（无权代理人）没有代理权仍以被代理人名义实施民事法律行为。代理权的存在是代理法律关系成立的前提，行为人只有基于代理权才能以被代理人的名义从事代理行为。一般来说，行为人没有代理权，其实施的民事法律行为对被代理人而言就不应当产生代理的效力。但实际情况错综复杂，无权代理发生的原因多种多样，简单地一概否定无权代理的效力，一方面，未必完全符合被代理人的利益；另一方面，也不能置善意地相信代理人有代理权的相对人的利益不顾，否则将对交易安全、便捷造成较大冲击。因此，各国和地区一般都区分情况，以有无代理权表象为标准，将无权代理分为表见代理和狭义上的无权代理两类，赋予其不同的法律效果。本条规定的就是狭义上的无权代理，即指行为人没有代理权，也不具有使相对人有理由相信其有代理权的外部表象的代理。下文提到的无权代理，如无特别指出，都仅指狭义上的无权代理。

【条文精解】

1. 无权代理的类型

本条将无权代理分为三种类型：

（1）没有代理权的无权代理，是指行为人根本没有得到被代理人的授权，就以被代理人名义从事的代理。比如，行为人伪造他人的公章、合同书或者授权委托书等，假冒他人的名义实施民事法律行为，就是典型的无权代理。

（2）超越代理权的无权代理，是指行为人与被代理人之间有代理关系存在，行为人有一定的代理权，但其实施的代理行为超出了代理范围的代理。例如，甲委托乙购买 300 台电视机，但是乙擅自与他人签订了购买 500 台电视机的合同；或者甲委托乙购买电视机，但是乙购买了电冰箱，这些都是超越代理权的无权代理。

（3）代理权终止后的无权代理，是指行为人与被代理人之间原本有代理关系，由于法定情形的出现使得代理权终止，但是行为人仍然从事的代理。法定情形主要指《民法典》第 173 条规定的情形，包括代理期限届满、代理事务完成或者被代理人取消委托等。

2. 无权代理行为的效力

行为人没有代理权却以被代理人的名义实施民事法律行为，不符合被代理人的意愿，法律效果不能直接及于被代理人，本当无效。但是，考虑到行为人实施的民事法律行为并非都是对被代理人不利，有些对被代理人可能是有利的；而且，既然代理行为已经完成，行为人有为被代理人实施民事法律行为的意思表示，相对人有意与被代理人缔约，如果被代理人愿意事后承认，从鼓励交易、维护交易秩序稳定以及更好地保护各方当事人利益的角度出发，也没有必要一概否定其效力。因此，法律规定了一定的条件，如果符合法定条件，则行为人实施的民事法律行为对被代理人发生效力。大陆法系各国的立法也都规定无权代理行为为效力待定的行为，即该行为是否发生效力尚未确定，有待于其他行为使之确定。我国民法通则、合同法和本法也采纳了这一做法。

根据本条规定，对于无权代理行为，被代理人可以追认该行为，使之确定地发生法律效力，也可以拒绝追认使之确定地不发生法律效力；善意相对人可以在被代理人追认前行使撤销权使之确定地不发生效力，如果相对人希

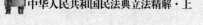

望尽早确定其效力，可以催告被代理人予以追认。

3. 被代理人的追认权和拒绝权

根据本条规定，无权代理发生后，被代理人有追认和拒绝的权利。这里的"追认"，是指被代理人对无权代理行为事后予以承认的一种单方意思表示。被代理人的追认应当以明示的意思表示向相对人作出，如果仅向行为人作出意思表示，也必须使相对人知道后才能产生法律效果。追认必须在相对人催告期限尚未届满前以及善意相对人未行使撤销权前行使。一旦被代理人作出追认，无权代理就变成有权代理，行为人实施的民事法律行为就从成立时起对被代理人产生法律效力。

追认权是被代理人的一项权利，被代理人既有权作出追认，也可以拒绝追认。被代理人行使拒绝权有两种方式：一是被代理人在知道无权代理行为后，明确地向相对人表示拒绝承认该无权代理行为；二是被代理人自收到相对人催告的通知之日起 30 日内未作表示的，则视为拒绝追认。被代理人拒绝追认后，无权代理行为便确定无效，因无权代理而实施的民事法律行为就不能对被代理人产生法律效力，由此而产生的责任应当由行为人自己承担。

4. 相对人的催告权和善意相对人的撤销权

无权代理经被代理人追认即产生效力，拒绝追认便不产生效力，这是为了更好地保护被代理人的合法权益。但同时相对人的合法权益也应当予以妥善保护，基于此，法律赋予了相对人催告权和善意相对人撤销权。

所谓催告权，是指相对人催促被代理人在一定期限内明确答复是否承认无权代理行为。根据本条第 2 款的规定，催告权的行使一般须具备以下要件：一是要求被代理人在一定的期限内作出答复，本条第 2 款规定的期限为 30 日；二是催告应当以通知的方式作出；三是催告的意思必须是向被代理人作出。

为了维护当事人之间的利益平衡，本条第 2 款还规定相对人享有撤销权。这里的撤销权，是指相对人在被代理人未追认无权代理行为之前，可撤回其对行为人所作的意思表示。相对人撤销权的行使必须满足以下条件：一是必须在被代理人作出追认之前作出，如果被代理人已经对无权代理行为作出了追认，该民事法律行为就对被代理人产生了效力，相对人就不能再撤销其意思表示了。二是相对人在行为人实施民事法律行为时必须是善意的，也就是说，相对人在作出意思表示时，并不知道对方是无权代理。如果明知对方是无权代理而仍与对方共同实施民事法律行为，那么相对人就无权撤销其意思表示。三是撤销应当以通知的方式作出。

5.行为人（无权代理人）的责任

根据本条第3款、第4款的规定，行为人承担的责任基于相对人是否善意而有所区别。

（1）相对人为善意时。本条第3款规定："行为人实施的行为未被追认的，善意相对人有权请求行为人履行债务或者就其受到的损害请求行为人赔偿。但是，赔偿的范围不得超过被代理人追认时相对人所能获得的利益。"根据本款规定，行为人实施的无权代理行为未被被代理人追认时，允许相对人选择，或者让行为人直接承担行为后果，或者让行为人承担损害赔偿责任。

需要注意的是，如果善意相对人要求行为人承担损害赔偿责任，本款对赔偿责任的范围作了一定的限制，即"赔偿的范围不得超过被代理人追认时相对人所能获得的利益"。也就是说，赔偿的范围不得超过履行利益。这主要是考虑到善意相对人对因无权代理而遭受损害也有一定的过失，不能因此而多获利益，应当对行为人的赔偿责任适当加以限制。

（2）相对人为恶意时。本条第4款规定："相对人知道或者应当知道行为人无权代理的，相对人和行为人按照各自的过错承担责任。"此时，行为人和相对人对无权代理都心知肚明，法律自无对哪一方加以保护的必要，双方应当根据各自的过错来确定相应的责任。

第一百七十二条 【表见代理】

行为人没有代理权、超越代理权或者代理权终止后，仍然实施代理行为，相对人有理由相信行为人有代理权的，代理行为有效。

【立法背景】

所谓表见代理，是指行为人虽无代理权而实施代理行为，如果相对人有理由相信其有代理权，该代理行为有效。如前所述，无权代理非经被代理人追认，不对被代理人发生效力，这是法律为了保护被代理人的合法权益，维护其意思自治，不让其承担不测之损害。但在某些情况下，相对人是善意的且无过失，如果完全尊重被代理人的意思，强令代理行为无效，置善意相对人的利益于不顾，势必影响交易安全。要求相对人在任何情况下都必须详细考察被代理人的真正意思，不仅要花费很大的成本，实际中也很难做到。因此，只要相对人对行为人有代理权形成了合理信赖，即使实际情况相反，也应保护这种信赖利益，在一定程度上牺牲被代理人的利益，而将无权代理的效果归属于被代理人，以维护交易安全。本条便是基于以上理由，规定了表见代理制度。

【条文精解】

根据本条规定，构成表见代理需要满足以下两个条件：

一是行为人并没有获得被代理人的授权，就以被代理人的名义与相对人实施民事法律行为。本条规定了没有代理权、超越代理权或者代理权终止三种情形。

二是相对人在主观上必须是善意、无过失的。所谓善意，是指相对人不知道或者不应当知道行为人实际上是无权代理；所谓无过失，是指相对人的这种不知道不是因为其大意造成的。如果相对人明知或者应知行为人没有代理权、超越代理权或者代理权已终止，而仍与行为人实施民事法律行为，则不构成表见代理，而属于无权代理。

第三节　代理终止

第一百七十三条　【委托代理终止】

有下列情形之一的，委托代理终止：

（一）代理期限届满或者代理事务完成；

（二）被代理人取消委托或者代理人辞去委托；

（三）代理人丧失民事行为能力；

（四）代理人或者被代理人死亡；

（五）作为代理人或者被代理人的法人、非法人组织终止。

【立法背景】

委托代理终止，是指被代理人与代理人之间的代理关系消灭。本条在民法通则和合同法有关规定的基础上，明确了委托代理终止的情形。

【条文精解】

根据本条规定，有下列五种情形之一的，委托代理终止：

一是代理期限届满或者代理事务完成。代理期限就是委托代理授权时确定的代理权的存续期限。如果授权时明确了具体的代理期限，期限届满，没有继续授权，委托代理就应当终止。同时，代理人完成了全部代理事务，即使代理期限没有届满，代理关系也已失去继续存在的理由，也应当终止。

二是被代理人取消委托或者代理人辞去委托。被代理人授予代理人委托代理权，该委托代理权被代理人可以依法取消，代理人也可以依法辞去，此两种情形之下，委托代理终止。当然，如果因为被代理人取消委托或者代理人辞去委托造成损失的，行为人应当依法赔偿损失。

三是代理人丧失民事行为能力。代理人要以被代理人的名义实施民事法律行为，必须具有行为能力。如果代理人丧失民事行为能力，委托代理当然终止。

四是代理人或者被代理人死亡。委托代理关系是建立在被代理人与代理人互相信任的基础之上的，具有严格的人身属性，如果代理人或者被代理人死亡，委托代理也应终止。但应注意的是，如果被代理人突然死亡，要求代理人随即停止所有的代理活动，客观上有时难以做到，而且可能会损害被代理人的继承人的利益，因此，《民法典》第174条规定了一些例外情形，在这些情形下，代理人实施的代理行为仍然有效。

五是作为代理人或者被代理人的法人、非法人组织终止。如果代理人或者被代理人是法人或者非法人组织的，该法人或者非法人组织由于种种原因终止，此时，委托代理也当然终止。

第一百七十四条 【委托代理终止例外】

被代理人死亡后，有下列情形之一的，委托代理人实施的代理行为有效：

（一）代理人不知道且不应当知道被代理人死亡；

（二）被代理人的继承人予以承认；

（三）授权中明确代理权在代理事务完成时终止；

（四）被代理人死亡前已经实施，为了被代理人的继承人的利益继续代理。

作为被代理人的法人、非法人组织终止的，参照适用前款规定。

【立法背景】

《民法典》第173条规定了委托代理终止的情形，其中规定被代理人死亡和作为被代理人的法人、非法人组织终止时，委托代理终止。但实践情况较为复杂，一概规定委托代理终止不太合理。最高人民法院《关于贯彻执行〈中华人民共和国民法通则〉若干问题的意见（试行）》第82条对此已有规定："被代理人死亡后有下列情况之一的，委托代理人实施的代理行为有效：（一）代理人不知道被代理人死亡的；（二）被代理人的继承人均予承认的；（三）被代理人与代理人约定到代理事项完成时代理权终止的；（四）在被代理人死亡前已经进行、而在被代理人死亡后为了被代理人的继承人的利益继续完成的。"本条在借鉴司法解释有益经验的基础上，对一些例外情形作了规定。

【条文精解】

根据本条第1款的规定，在下列情形下，被代理人死亡的，委托代理人实施的代理行为仍然有效：

一是代理人不知道且不应当知道被代理人死亡。被代理人突然死亡，代理人不一定能及时知道，比如，此时代理人正在外地忙于代理事务，被代理人没有继承人，被代理人的继承人不知道代理人的存在，被代理人的继承人没有及时通知代理人被代理人死亡等，种种原因使得代理人不知道并且不应当知道被代理人死亡的，此时代理人仍然在继续实施代理行为。如果令代理行为无效，对代理人和相对人不甚合理。当然，如果代理人知道或者应当知道被代理人死亡的，代理关系终止，代理人就应当立刻停止实施代理行为。

二是被代理人的继承人予以承认。被代理人死亡，其继承人知道代理人的存在后，对其代理人地位予以承认的，代理人可以继续实施代理行为。

三是授权中明确代理权在代理事务完成时终止。被代理人的委托授权中明确了代理权直到代理事务完成时才终止的，即使被代理人死亡，也应当尊重其意思，代理人可以继续从事代理活动，其实施的代理行为仍然有效。

四是被代理人死亡前已经实施，为了被代理人的继承人的利益继续代理。被代理人死亡前代理人已经实施了代理行为，被代理人死亡后，如果继续实施该代理行为有利于被代理人的继承人的利益，代理人应当完成该代理行为。

如果被代理人是法人、非法人组织，其终止类似于自然人的死亡，因此，本条第 2 款规定，作为被代理人的法人、非法人组织终止的，参照适用前款规定。

第一百七十五条　【法定代理终止】

有下列情形之一的，法定代理终止：

（一）被代理人取得或者恢复完全民事行为能力；

（二）代理人丧失民事行为能力；

（三）代理人或者被代理人死亡；

（四）法律规定的其他情形。

【立法背景】

法定代理依法律规定的情形而产生，也应依法律规定的情形而终止。本条在民法通则有关规定的基础上，明确了法定代理终止的情形。

【条文精解】

根据本条规定，有下列四种情形之一的，法定代理终止：

一是被代理人取得或者恢复完全民事行为能力。法定代理产生的一个重要原因是，被代理人为无民事行为能力人或者限制民事行为能力人，需要监护人作为其法定代理人，代理其实施民事法律行为。如果被代理人取得或者恢复完全民事行为能力，比如，未成年人年满 18 周岁，或者健康障碍患者恢复健康，法定代理就没有存在的必要，自然终止。

二是代理人丧失民事行为能力。代理人代理被代理人实施民事法律行为，当然必须具有行为能力。如果代理人丧失民事行为能力，法定代理当然终止。

三是代理人或者被代理人死亡。代理人或者被代理人死亡的，法定代理当然终止。

四是法律规定的其他情形。上述三种情形之外，法律还规定了其他一些终止情形，比如，《民法典》第 44 条第 1 款规定："财产代管人不履行代管职责、侵害失踪人财产权益或者丧失代管能力的，失踪人的利害关系人可以向人民法院申请变更财产代管人。"如果财产代管人变更，原来的财产代管人与失踪人之间的代理关系自然终止。

第八章　民事责任

第一百七十六条　【民事主体依法承担民事责任】

　　民事主体依照法律规定或者按照当事人约定，履行民事义务，承担民事责任。

【立法背景】

　　法律责任分为民事责任、行政责任和刑事责任。民事责任，是指由于违反民事义务所应承担的责任。违反民事义务包括违反法律规定的民事义务和违反当事人约定的民事义务。

　　民事责任是民法上保护民事权利的重要措施。民事主体享有广泛的民事权利，民法典总则编第五章以专章规定了自然人、法人、非法人组织享有哪些民事权利。民法保护民事主体的民事权利主要通过两个方面予以实现：一是赋予民事主体权利，使民事主体在权利受到损害的情况下依法采取自救措施，或者是请求有关部门、组织或者法院等给予保护；二是规定不依照法律规定或者当事人约定履行民事义务的民事主体承担一定的法律后果，以恢复被损害的权利。后者就是以不履行民事义务的主体承担民事责任的方式来保护民事权利。所以，民事责任是民事主体行使民事权利的保障，没有民事责任，享受民事权利就是一句空话。通过承担民事责任，使被侵害的民事权利得以恢复和赔偿，从而保护民事主体的民事权利，同时也能起到对违反民事义务的行为予以惩罚的作用。

【条文精解】

　　民事责任的基本特征包括两个方面：

　　首先，民事责任是民事主体违反民事义务所应承担的责任，是以民事义务为基础的。民事责任不同于民事义务，民事责任是违反民事义务的后果，而不是民事义务本身。

　　本条规定，民事主体依照法律规定或者当事人约定履行民事义务，根据这一规定，民事义务分为两类：

一是法律直接规定的义务。例如，《民法典》第 8 条规定："民事主体从事民事活动，不得违反法律，不得违背公序良俗。""不得违反法律，不得违背公序良俗"，就是每个民事主体的法律义务。

二是在法律允许的范围内民事主体自行约定的义务。例如，合同当事人双方在合同中约定的义务。《民法典》第 464 条第 1 款规定："合同是民事主体之间设立、变更、终止民事法律关系的协议。"第 465 条规定："依法成立的合同，受法律保护。依法成立的合同，仅对当事人具有法律约束力，但是法律另有规定的除外。"第 509 条第 1 款规定："当事人应当按照约定全面履行自己的义务。"民事主体无论违反哪一类义务都要依法承担民事责任。

其次，民事责任具有强制性。强制性是法律责任的重要特征。法律责任不同于道德责任，道德责任是社会对人们实施的不符合道德规范行为的谴责。这种谴责只能通过社会舆论和行为人自我良心的反省来实现，而不能通过国家强制力实现，因而不具有强制性。法律责任中的民事责任的强制性表现在对不履行民事义务的行为予以制裁，要求民事主体承担民事责任。因此，本条规定："民事主体依照法律规定或者按照当事人约定，履行民事义务，承担民事责任。"

第一百七十七条 【按份责任】

二人以上依法承担按份责任，能够确定责任大小的，各自承担相应的责任；难以确定责任大小的，平均承担责任。

【立法背景】

按份责任，是指责任人为多人时，各责任人按照一定的份额向权利人承担民事责任，各责任人之间无连带关系。也就是说，责任人各自承担不同份额的责任，不具有连带性，权利人只能请求属于按份责任人的责任份额。按份责任产生的前提，是两个以上的民事主体不依照法律规定或者当事人约定履行民事义务。

【条文精解】

适用本条规定应当符合下列构成要件：

一是主体的复数性。不依照法律规定或者当事人约定履行民事义务的主体应当为两个或者两个以上的民事主体，可以是自然人，也可以是法人或者非法人组织。

二是造成同一法律后果。两个或者两个以上的民事主体不依照法律规定或者当事人约定履行民事义务产生的民事责任是同一的，性质是相同的。

根据本条规定，两个或者两个以上的民事主体依法承担按份责任。每个民事主体应当承担的份额，又分两种情形：

一是能够确定责任大小的。两个或者两个以上的民事主体没有依照法律规定或者当事人的约定履行民事义务，可以根据每个民事主体对造成损害的后果的可能性来确定责任份额。

二是难以确定责任大小的。责任分配的尺度有时很难有一个可以量化的标准，在某些情形下，由于案情复杂，很难分清每一个不依照法律规定或者当事人约定履行民事义务的行为对损害后果的作用力究竟有多大。针对这种情形，本条规定，难以确定责任大小的，每个行为人平均承担民事责任。

第一百七十八条 【连带责任】

二人以上依法承担连带责任的，权利人有权请求部分或者全部连带责任人承担责任。

连带责任人的责任份额根据各自责任大小确定；难以确定责任大小的，平均承担责任。实际承担责任超过自己责任份额的连带责任人，有权向其他连带责任人追偿。

连带责任，由法律规定或者当事人约定。

【立法背景】

连带责任，是指依照法律规定或者当事人的约定，两个或者两个以上当事人对共同产生的不履行民事义务的民事责任承担全部责任，并因此引起内部债务关系的一种民事责任。连带责任是一项重要的责任承担方式。连带责任可能基于合同产生，也可能基于侵权行为产生。司法实践中，连带责任是不履行义务的行为人承担责任的一种重要方式。连带责任的意义在于增加责任主体的数量，加强对受损害人的保护，确保受损害人获得赔偿。

【条文精解】

连带责任的特征主要表现在：（1）连带责任对于违反民事义务的主体而

言是一种比较严厉的责任方式。连带责任对外是一个整体责任。连带责任中的每个主体都需要对被损害者承担全部责任。被请求承担全部责任的连带责任主体，不得因自己的过错程度而只承担自己的责任。（2）连带责任对于被损害者的保护更为充分。连带责任给了被损害者更多的选择权，被损害者可以请求一个或者数个连带责任人承担全部或者部分的赔偿责任。（3）连带责任是法定责任，连带责任人之间不能约定改变责任的性质，对于内部责任份额的约定对外不发生效力。

连带责任人对外承担了责任后，通常需要在内部确定各自的责任。责任大小一般依据如下原则确定：一是根据各自的过错。确定责任份额时，应当对每个责任主体在不履行民事义务时的过错进行比较，有故意或者有重大过失等较大过错的，承担的责任份额较大；过错较小的，如只有轻微过失的，可以承担较少的责任份额。二是对原因力进行比较。原因力也是确定连带责任人责任份额的一个方面，特别是在无过错责任的情况下，需要对各责任主体在不履行民事义务时所起的作用进行比较，所起的作用较大的，应当承担较大的责任份额；所起的作用较小的，应当承担较小的责任份额。三是平均分担责任份额。如果根据过错和原因力难以确定连带责任人责任大小，可以视为各连带责任人的过错程度和原因力大小是相当的，在这种情况下应当由连带责任人平均承担责任份额。如3名连带责任人承担连带责任，那么每人分担责任份额的1/3。需要指出的是，不能简单地、不加条件地让连带责任人平均分担责任份额，本条第2款"难以确定责任大小的，平均承担责任"的适用前提是，具有通过对过错、原因力等进行比较分析后，仍难以确定责任份额的情形。

在一个或者数个连带责任人承担了全部责任后，实际承担责任的人有权向其他连带责任人追偿。连带责任中的追偿权在连带责任的内部关系中处于重要地位，能保障连带责任人内部合理分担风险。通过行使追偿权，实际承担民事责任的连带责任人也完成了角色的转化，从对外以不履行民事义务人的身份承担民事责任，转化为对内以债权人的身份请求公平分担责任。行使追偿权的前提是连带责任人实际承担了超出自己责任的份额，没有超出自己责任的份额，不得行使追偿权。对此，本条第2款予以明确规定："实际承担责任超过自己责任份额的连带责任人，有权向其他连带责任人追偿。"

在第十二届全国人民代表大会第五次会议审议《民法总则（草案）》的过程中，有的代表提出，连带责任是两个或者两个以上的债务人共同向债权人承担民事责任，是一种较为严厉的责任方式，除当事人有约定外，宜由法律作出规定。经研究，最后增加一款："连带责任，由法律规定或者当事人约定。"民法典维持了这一规定。

> **第一百七十九条【承担民事责任方式】**
>
> 承担民事责任的方式主要有：
>
> （一）停止侵害；
>
> （二）排除妨碍；
>
> （三）消除危险；
>
> （四）返还财产；
>
> （五）恢复原状；
>
> （六）修理、重作、更换；
>
> （七）继续履行；
>
> （八）赔偿损失；
>
> （九）支付违约金；
>
> （十）消除影响、恢复名誉；
>
> （十一）赔礼道歉。
>
> 法律规定惩罚性赔偿的，依照其规定。
>
> 本条规定的承担民事责任的方式，可以单独适用，也可以合并适用。

【立法背景】

民事主体应当依照法律规定或者当事人约定履行民事义务。民事主体不履行或者不完全履行民事义务的，就要承担民事责任。承担民事责任的方式是民事责任的具体体现，没有承担民事责任的方式，民事责任就难以落实。

【条文精解】

根据本条规定，承担民事责任的方式主要有：

1. 停止侵害

这主要是要求行为人不实施某种侵害。这种责任方式能够及时制止侵害，防止侵害后果的扩大。采用这种责任方式以不履行民事义务正在进行或者仍在延续为条件，对于未发生或者已经终止的不履行义务的情形不适用。人民法院根据受害人的请求，依据案件的具体情况，可以在审理案件之前发布停止侵害令，或者在审理过程中发布停止侵害令，也可以在判决中责令行为人停止侵害。

2. 排除妨碍

这是指行为人实施的行为使他人无法行使或者不能正常行使人身、财产权益，受害人可以要求行为人排除妨碍权益实施的障碍。如果行为人不排除妨碍，受害人可以请求人民法院责令其排除妨碍。

3. 消除危险

这是指行为人的行为对他人人身、财产权益造成现实威胁，他人有权要求行为人采取有效措施消除这种现实威胁。适用这种责任方式可以有效防止现实损害的发生，充分保护他人的人身、财产安全。适用这种责任方式必须是危险确实存在，对他人人身、财产安全造成现实威胁，但尚未发生实际损害。

4. 返还财产

返还财产责任是因行为人无权占有他人财产而产生。没有法律或者合同根据占有他人财产，就构成无权占有，侵害了他人的财产权益，行为人应当返还该财产。适用返还财产责任方式的前提是该财产还存在，如果该财产已经灭失，就不可能适用该责任方式，受害人只能要求赔偿损失；该财产虽然存在，但已经损坏的，权利人可以根据自己的意愿，选择返还财产、恢复原状或者赔偿损失等责任方式。

5. 恢复原状

这是指行为人通过修理等手段使受到损坏的财产恢复到损坏发生前的状态的一种责任方式。采取恢复原状责任方式要符合以下条件：一是受到损坏的财产仍然存在且有恢复原状的可能性。受到损坏的财产不存在或者恢复原状不可能的，受害人可以请求选择其他责任方式，如赔偿损失。二是恢复原状有必要，即受害人认为恢复原状是必要的且具有经济上的合理性。恢复原状若没有经济上的合理性，就不宜适用该责任方式。如果修理后不能或者不能完全达到受损前状况的，义务人还应当对该财产价值贬损的部分予以赔偿。

6. 修理、重作、更换

这主要是违反合同应当承担的民事责任形式，是违反合同后所采取的补救措施。修理包括对产品、工作成果等标的物质量瑕疵的修补，也包括对服务质量瑕疵的改善，这是最为普遍的补救方式。在存在严重的质量瑕疵，以致不能通过修理达到约定的或者法定的质量情形下，受损害方可以选择更换或者重作的补救方式。

7. 继续履行

就是按照合同的约定继续履行义务。当事人订立合同都是追求一定的目的，这一目的直接体现在对合同标的的履行，义务人只有按照合同约定的标的履行，才能实现权利人订立合同的目的。所以，继续履行合同是当事人一方违反合同后应当负的一项重要的民事责任。对合同一方当事人不能自觉履行合同的，另一方当事人有权请求违约方继续履行合同或者请求人民法院、仲裁机构强制违约当事人继续履行合同。

8. 赔偿损失

这是指行为人向受害人支付一定数额的金钱以弥补其损失的责任方式，是运用较为广泛的一种责任方式。赔偿的目的，最基本的是补偿损害，使受到损害的权利得到救济，使受害人能恢复到未受到损害前的状态。

9. 支付违约金

违约金是当事人在合同中约定的或者由法律直接规定的一方违反合同时应向对方支付一定数额的金钱，这是违反合同可以采用的承担民事责任的方式，只适用于合同当事人有违约金约定或者法律规定违反合同应支付违约金的情形。违约金的标的物通常是金钱，但是当事人也可以约定违约金标的物为金钱以外的其他财产。违约金根据产生的依据可以分为法定违约金和约定违约金。法定违约金由法律直接规定违约的情形和应当支付违约金的数额。只要当事人一方发生法律规定的违约情况，就应当按照法律规定的数额向对方支付违约金。如果违约金是由当事人约定的，为约定违约金。

10. 消除影响、恢复名誉

这是指人民法院根据受害人的请求，责令行为人在一定范围内采取适当方式消除对受害人名誉的不利影响，以使其名誉得到恢复的一种责任方式。具体适用消除影响、恢复名誉，要根据侵害行为所造成的影响和受害人名誉受损的后果决定。

11. 赔礼道歉

这是指行为人通过口头、书面或者其他方式向受害人进行道歉，以取得谅解的一种责任方式。赔礼道歉主要适用于侵害名誉权、荣誉权、隐私权、姓名权、肖像权等人格权益的情形。赔礼道歉可以是公开的，也可以私下进行；可以口头方式进行，也可以书面方式进行，具体采用什么形式由法院依据案件的具体情况作出。

本条第 2 款规定："法律规定惩罚性赔偿的，依照其规定。"惩罚性赔偿，是指当侵权人（义务人）以恶意、故意、欺诈等的方式实施加害行为而致权利人受到损害的，权利人可以获得实际损害赔偿之外的增加赔偿。其目的是通过对义务人施以惩罚，阻止其重复实施恶意行为，并警示他人不要采取类似行为。

本条规定了 11 种承担民事责任的方式，各有特点，可以单独采用一种方式，也可以采用多种方式。例如，对单纯的财产损失，可以单独采用赔偿损失的方式；对侵害名誉权、隐私权等人格权的，既可以单独采用消除影响、恢复名誉的责任方式，也可以并用消除影响、恢复名誉和损害赔偿的责任方式。具体适用民事责任的方式应掌握的原则是，如果一种方式不足以救济权利人的，就应当同时适用其他方式。据此，本条第 3 款规定："本条规定的承担民事责任的方式，可以单独适用，也可以合并适用。"

第一百八十条　【不可抗力】

因不可抗力不能履行民事义务的，不承担民事责任。法律另有规定的，依照其规定。

不可抗力是不能预见、不能避免且不能克服的客观情况。

【立法背景】

各国立法对不可抗力概念的规定不尽相同，理论界、实务界对不可抗力的理解也莫衷一是。概括起来有"客观说""主观说"和"折中说"。"客观说"强调不能避免并不能抗拒的客观情况。"主观说"强调当事人虽尽最大努力仍不能预见的客观情况。"折中说"强调当事人尽最大谨慎也不能预见、不能防止的事件。

【条文精解】

1. 不可抗力的概念

本条第 2 款规定："不可抗力是不能预见、不能避免且不能克服的客观情况。"

对"不可抗力"的理解，应是根据现有的技术水平，一般对某事件发生没有预知能力。人们对某事件的发生的预知能力取决于当代的科学技术水平。某些事件的发生，在过去不可预见，但随着科学技术水平的发展，现在就可以预见。例如，现在对天气预报的准确率已达到了 90% 以上，人们对狂风暴雨的规避能力已大大提高。

所谓"不能避免且不能克服"，是指当事人已经尽到最大努力和采取一切可以采取的措施，仍不能避免某种事件的发生并不能克服事件所造成的后果。"不能避免且不能克服"表明某个事件的发生和事件所造成的后果具有必然性。

2. 不可抗力情形下的民事责任

不可抗力是独立于人的行为之外，不受当事人意志所支配的现象，是人力所不可抗拒的力量。行为人完全因为不可抗力不能履行民事义务，表明行为人的行为与不履行民事义务之间不存在因果关系，同时也表明行为人没有过错，如果让行为人对自己无法控制的情形承担责任，对行为人来说是不公平的。因此，很多国家和地区都将不可抗力作为免除行为人承担民事责任的事由予以规定。

通常情况下，因不可抗力不能履行民事义务的，不承担民事责任。但法律规定因不可抗力不能履行民事义务，也要承担民事责任的，则需要依法承担民事责任。故本条第 1 款规定："因不可抗力不能履行民事义务的，不承担民事责任。法律另有规定的，依照其规定。"具体什么情况下应承担民事责任、承担责任的程度等要依照法律的规定确定。

第一百八十一条 【正当防卫】

因正当防卫造成损害的，不承担民事责任。

正当防卫超过必要的限度，造成不应有的损害的，正当防卫人应当承担适当的民事责任。

【立法背景】

正当防卫，是指本人、他人的人身权利、财产权利遭受不法侵害时，行为人所采取的一种防卫措施。正当防卫作为行为人不承担责任和减轻责任的情形，其根据是，行为的正当性、合法性表明行为人主观上没有过错。正当防卫是法律赋予当事人自卫的权利，属于受法律鼓励的行为，目的是保护当事人本人、他人不受侵犯。故本条规定"因正当防卫造成损害的，不承担民事责任"。

【条文精解】

1. 正当防卫的要件

正当防卫应当同时具备以下六个要件：

（1）必须是为了使本人、他人的人身、财产权利免受不法侵害而实施的。本条规定基本沿用了民法通则与侵权责任法的规定，对正当防卫的内容没有明确规定，即没有明确规定是为了谁的利益而采取防卫行为。

我国刑法明确规定了正当防卫的内容。《刑法》第20条第1款规定："为了使国家、公共利益、本人或者他人的人身、财产和其他权利免受正在进行的不法侵害，而采取的制止不法侵害的行为，对不法侵害人造成损害的，属于正当防卫，不负刑事责任。"

本条虽然没有对正当防卫的内容作出规定，但应与我国刑法的规定一致，正当防卫应是为了保护本人或者他人的人身、财产权利而实施的行为。

（2）必须有不法侵害行为发生。所谓"不法侵害行为"，是指对某种权利或者利益的侵害为法律所明文禁止，既包括犯罪行为，也包括其他违法的侵害行为。

（3）必须是正在进行的不法侵害。正当防卫的目的是制止不法侵害，避免危害结果的发生，因此，不法侵害必须是正在进行的，而不是尚未开始，或者已经实施完毕，或者实施者确已自动停止。否则，就是防卫不适时，应当承担民事责任。

（4）必须是本人、他人的人身权利、财产权利遭受不法侵害，在来不及请求有关国家机关救助的情况下实施的防卫行为。

（5）必须是针对不法侵害者本人实行，即正当防卫行为不能对没有实施不法侵害行为的第三者（包括不法侵害者的家属）造成损害。

（6）不能明显超过必要限度造成损害。正当防卫是有益于社会的合法行为，但应受一定限度的制约，即正当防卫应以足以制止不法侵害为限。

只有同时满足以上六个要件，才能构成正当防卫，防卫人才能免予承担民事责任。

2.正当防卫造成的损害

（1）遭受损害的主体。正当防卫一般仅指造成侵权人的损害。

（2）遭受损害的客体。本条"因正当防卫造成损害的"中"造成损害"既包括对侵害人人身权利的损害，也包括对侵害人财产权利的损害。

3.防卫过当的责任

本条规定，正当防卫超过必要的限度，造成不应有的损害的，正当防卫人应当承担适当的民事责任。

如何确定和理解正当防卫的必要限度，学术界有各种各样的学说。多数意见认为，从权衡各方利益的角度考虑，既要有利于维护防卫人的权益，也要考虑到对不法行为人的合法权益的保护，防卫行为应以足以制止不法侵害为必要限度。从防卫的时间上讲，对于侵害人已经被制伏或者侵害人已经自动停止侵害行为的，防卫人不得再进行攻击行为；从防卫手段来讲，能够用较缓和的手段进行有效防卫的情况下，不允许用激烈手段进行防卫。对于没有明显危及人身、财产等重大利益的不法侵害行为，不允许采取造成重伤等手段对侵害人进行防卫。

正当防卫超过必要限度，造成侵害人不应有的损害的，正当防卫人应当承担适当的民事责任。所谓适当的民事责任，是指不对侵害人的全部损失予以赔偿，而是根据正当防卫人过错的程度，由正当防卫人在损失范围内承担一部分责任。

第一百八十二条 【紧急避险】

因紧急避险造成损害的，由引起险情发生的人承担民事责任。

危险由自然原因引起的，紧急避险人不承担民事责任，可以给予适当补偿。

紧急避险采取措施不当或者超过必要的限度，造成不应有的损害的，紧急避险人应当承担适当的民事责任。

【立法背景】

紧急避险，是指为了使本人或者他人的人身、财产权利免受正在发生的危险，不得已采取的紧急避险行为，造成损害的，不承担责任或者减轻责任的情形。危险有时来自人的行为，有时来自自然原因。不管危险来源于哪里，紧急避险人避让风险、排除危险的行为都有其正当性、合法性，因此在所有国家都是作为不承担责任和减轻责任的情形之一的。

【条文精解】

1. 紧急避险的要件

（1）必须是为了使本人、他人的人身、财产权利免受危险的损害。本条基本沿用了民法通则、侵权责任法的规定，对紧急避险的内容没有明确规定，即没有明确是为了谁的利益而采取紧急避险行为。

《刑法》第21条明确规定了紧急避险的内容，该条规定："为了使国家、公共利益、本人或者他人的人身、财产和其他权利免受正在发生的危险，不得已采取的紧急避险行为，造成损害的，不负刑事责任。紧急避险超过必要限度造成不应有的损害的，应当负刑事责任，但是应当减轻或者免除处罚。第一款中关于避免本人危险的规定，不适用于职务上、业务上负有特定责任的人。"

本条虽然没有对紧急避险的内容作出明确规定，但是应当与我国刑法的规定相一致，紧急避险应当是使本人或者他人的人身、财产和其他权利免受正在发生的危险，不得已采取的避险行为。

（2）必须是对正在发生的危险采取的紧急避险行为。倘若危险已经消除或者尚未发生，或者虽然已经发生但不会对合法权益造成损害，则不得采取紧急避险措施。某人基于对危险状况的误解、臆想而采取紧急避险措施，造成他人利益损害的，应向他人承担民事责任。

（3）必须是在不得已情况下采取避险措施。所谓不得已，是指当事人面对突然而遇的危险，不得不采取紧急避险措施，以保全更大的利益，且这个利益是法律所保护的。

（4）避险行为不能超过必要的限度。所谓不能超过必要的限度，是指在面临紧急危险时，避险人须采取适当的措施，以尽可能小的损害保全更大的利益，即紧急避险行为所引起的损害应轻于危险所可能带来的损害。

只有同时满足以上四个要件，才能构成紧急避险。行为人（避险人）免予承担民事责任。

2. 紧急避险造成的损害

（1）遭受损害的主体。紧急避险行为可能造成第三人的损害。本条规定的紧急避险行为也包括对避险人本人造成的损害。

（2）遭受损害的客体。本条第1款规定的"因紧急避险造成损害的"中"造成损害"既包括对避险者本人、第三人财产权利的损害，也包括对人身权利的损害。

3. 紧急避险人的法律责任

（1）按照本条规定，紧急避险人造成本人或者他人损害的，由引起险情发生的人承担责任。

（2）如果危险是由自然原因引起的，紧急避险人是为了他人的利益而采取了避险行为，造成第三人利益损害的，紧急避险人免予对第三人承担责任。

（3）如果危险是由自然原因引起的，紧急避险人是为了本人的利益而采取了避险行为，造成第三人利益损害的，紧急避险人本人作为受益人，应当对第三人的损害给予补偿。

（4）因紧急避险采取措施不当或者超过必要的限度，造成不应有的损害的，紧急避险人应当承担适当的责任。紧急避险采取措施不当，是指在当时的情况下能够采取可能减少或者避免损害的措施而未采取，或者采取的措施并非排除险情所必需。紧急避险超过必要的限度，是指采取紧急避险措施没有减轻损害，或者紧急避险所造成的损害大于所保全的利益。

第一百八十三条 【**因保护他人民事权益而使自己受到损害的责任承担主体**】

> 因保护他人民事权益使自己受到损害的，由侵权人承担民事责任，受益人可以给予适当补偿。没有侵权人、侵权人逃逸或者无力承担民事责任，受害人请求补偿的，受益人应当给予适当补偿。

【立法背景】

本法规定本条的目的，在于保护见义勇为者，鼓励见义勇为行为。在民法通则和侵权责任法规定的基础上，本条补充规定了没有侵权人时，受害人请求补偿的，受益人应当给予适当补偿的内容。

【条文精解】

在日常生活中，为保护他人民事权益被侵害而使自己受到损害的情况为数不少。为了弘扬社会主义核心价值观，鼓励和支持舍己为人的高尚行为，本条规定了因保护他人民事权益而受到损害者的请求权和承担民事责任的主体。

1. 因保护他人民事权益而使自己受到损害

这主要是指为了防止、制止国家、集体的财产或者他人的人身、财产权利遭受不法侵害，而使自己受到损害。在此需要强调两点：一是受到损害的人不是为了自己的民事权益，而是为了他人的民事权益不受侵害而为的行为。二是受到的损害既包括人身受到伤害，也包括财产受到损害。

2. 由侵权人承担责任，受益者可以给予适当补偿

由于受害人是为了保护他人的民事权益，防止、制止侵权人的侵权行为，因此，受害人所受到的损害，应由侵权人承担民事责任。考虑到受益人因受害人的付出，使自己的权益免受或者少受损害，对受害人因此所受到的损害，

受益人可以给予适当的补偿。

3.受益人应当给予适当补偿的情形

一是侵权人逃逸或者无力承担民事责任的情形。受害人是为了保护他人的民事权益不受非法侵害才遭受损害的，通常情况下，应当由侵权人承担民事责任。但是，有时会发生侵权人逃逸，根本找不到侵权人；或者虽然找到了侵权人，但是侵权人根本没有承担民事责任的能力等情形。为了公平起见，本条规定在侵权人逃逸或者侵权人无力承担民事责任的情况下，由受益人给受害人适当的补偿。这里需要注意以下几点：第一，侵权人逃逸确实找不到，或者侵权人确实没有承担民事责任的能力。这是受害人请求补偿的前提条件。如果侵权人没有逃逸、能够找到或者有承担民事责任的能力，受害人则不能向受益人提出补偿要求。第二，要有明确的受益人。如果没有明确的受益人，那么受害人就没有提出请求的对象。第三，受害人明确提出了受益人给予适当补偿的请求。补偿不是赔偿，赔偿一般是填平原则，即损失多少赔偿多少，而补偿仅是其中的一部分。本条规定是"给予适当的补偿"，表明要根据受害人的受损情况和受益人的受益情况等因素确定补偿的数额。按照承担民事责任的一般原理，受益人不是侵权责任人，对受害人而言不存在任何过错，对受害人所受到的损害也没有因果关系，因此不应当承担民事责任，而应当完全由侵权人承担民事责任。但是，如果不是为了受益人的利益，受害人也不会遭受损害。当侵权人逃逸、找不到或者侵权人根本无力承担民事责任时，受害人如果得不到任何赔偿或者补偿是不公平的，更不利于助人为乐、见义勇为良好社会风尚的形成，不符合公平正义精神。因此，为了较好地平衡利益、分担损失，让受益人适当给予受害人补偿是合情合理的。

二是没有侵权人的情形。因保护他人民事权益使自己受到损害的，有时并无侵权人，如舍身相救落水人员使自己受伤等。在这种情况下，受害人请求受益人给予适当补偿是合乎情理的，受益人给予适当补偿也是理所当然的。因此，本条规定体现了社会公平。目前，一些地方设立了见义勇为基金，用于鼓励见义勇为行为，也能在一定程度上弥补见义勇为者所受到的损害。

第一百八十四条 【自愿实施紧急救助行为不承担民事责任】

> 因自愿实施紧急救助行为造成受助人损害的，救助人不承担民事责任。

【立法背景】

民法总则出台前，我国法律对自愿实施紧急救助行为造成受助人损害的，救助人是否承担民事责任、如何承担民事责任没有明确规定。民法总则制定时增加了这一规定，民法典予以保留。

【条文精解】

本条规定包括以下几个方面：

1. 救助人自愿实施紧急救助行为

自愿实施紧急救助行为，是指一般所称的见义勇为或者乐于助人的行为，不包括专业救助行为。本条所称的救助人，是指非专业人员，即一般所称的见义勇为或者乐于助人的志愿人员。专业救助人员通常掌握某一领域内的专业知识、专业技能，并根据其工作性质有义务救助并专门从事救助工作。专业救助人员经过专业学习或者训练，在实施紧急救助行为时应该有知识和能力，避免因救助行为造成受助人不应有的损害。因此，为与专业救助人员实施救助行为相区别，本条明确了"自愿"的前提条件。

2. 救助人以救助为目的实施紧急救助行为

本条所称的救助行为，应是在紧急情况下，救助人实施的救助他人的行为。救助人不承担民事责任的条件之一是救助人需以"救助"受助人为行为的主观目的。当受助人由于自身健康等原因处于紧急情况需要救助时，救助人是以救助受助人为目的，为了受助人的利益实施的紧急救助行为。

3. 受助人的损害与救助人的行为有因果关系

实践中，虽然救助人是出于救助目的实施救助行为，但由于救助行为经常发生在受助人突发疾病等紧急状态，救助人一般未受过专业的救助训练，有的救助人不能很好地掌握专业救助技能，在某些情形下，可能发生因救助人的救助行为造成受助人损害的情形。适用本条规定，须受助人受到的损害与救助人的行为有因果关系，即在紧急救助过程中，因为救助人的救助行为造成受助人的损害。

4. 救助人对因救助行为造成受助人的损害不承担民事责任

根据本条规定，在紧急状况下，救助人自愿以救助为目的实施紧急救助行为，因该行为对受助人造成损害的，救助人对该损害不承担民事责任。

第一百八十五条　【侵害英雄烈士等的姓名、肖像、名誉、荣誉的民事责任】

侵害英雄烈士等的姓名、肖像、名誉、荣誉，损害社会公共利益的，应当承担民事责任。

【立法背景】

本条特别规定英雄烈士等的人格权益保护，有利于弘扬社会主义核心价值观和英雄烈士精神，培养爱国主义精神，增强民族凝聚力，维护社会公共利益。

【条文精解】

1. 本条保护的对象是英雄烈士等

本条保护的对象"英雄烈士等"，包括为了人民利益英勇斗争而牺牲，堪为楷模的人，还包括在保卫国家和国家建设中作出巨大贡献、建立卓越功勋，已经故去的人。

2. 本条是对英雄烈士等的人格利益的保护

本条的保护对象是英雄烈士等相关人格利益。民法总则出台前，我国法律未对死者人格利益的保护作出明确规定。最高人民法院《关于确定民事侵权精神损害赔偿责任若干问题的解释》第3条规定："自然人死亡后，其近亲属因下列侵权行为遭受精神痛苦，向人民法院起诉请求赔偿精神损害的，人民法院应当依法予以受理：（一）以侮辱、诽谤、贬损、丑化或者违反社会公共利益、社会公德的其他方式，侵害死者姓名、肖像、名誉、荣誉；（二）非法披露、利用死者隐私，或者以违反社会公共利益、社会公德的其他方式侵害死者隐私；（三）非法利用、损害遗体、遗骨，或者以违反社会公共利益、社会公德的其他方式侵害遗体、遗骨。"

3. 侵害英雄烈士等的姓名、肖像、名誉、荣誉，损害社会公共利益的，应当承担民事责任

根据本条规定，侵害英雄烈士等的姓名、肖像、名誉、荣誉，损害社会公共利益的，应当承担民事责任。司法实践中有侵害英雄烈士等的人格权益，应当承担民事责任的相关案例。例如，比较有名的"狼牙山五壮士"案。

2017年民法总则通过后，2018年4月第十三届全国人大常委会第二次会

议全票表决通过了《英雄烈士保护法》，在《民法总则》第185条的基础上明确规定："对侵害英雄烈士的姓名、肖像、名誉、荣誉的行为，英雄烈士的近亲属可以依法向人民法院提起诉讼。英雄烈士没有近亲属或者近亲属不提起诉讼的，检察机关依法对侵害英雄烈士的姓名、肖像、名誉、荣誉，损害社会公共利益的行为向人民法院提起诉讼。负责英雄烈士保护工作的部门和其他有关部门在履行职责过程中发现第一款规定的行为，需要检察机关提起诉讼的，应当向检察机关报告。英雄烈士近亲属依照第一款规定提起诉讼的，法律援助机构应当依法提供法律援助服务。"

第一百八十六条　【违约责任与侵权责任竞合】

　　因当事人一方的违约行为，损害对方人身权益、财产权益的，受损害方有权选择请求其承担违约责任或者侵权责任。

【立法背景】

　　如果一方当事人的违约行为侵害了对方的人身、财产权益，则同时构成侵权行为，即违约方的同一行为违反了两种法律义务。这时违约方既负有违约责任，也负有侵权责任，这就是违约责任与侵权责任的竞合。违约责任与侵权责任的竞合，是指义务人的违约行为既符合违约要件，又符合侵权要件，导致违约责任与侵权责任一并产生。从另一方面来说，受损害方既可以就违约责任行使请求权，也可以就侵权责任行使请求权。这就产生了两种请求权竞合的情况。在两种请求权同时存在的情况下，如果允许受损害方同时行使双重请求权，则使违约方承受双重责任，这对违约方来说显失公平；从受损害方说，受损害方获得双重补偿，又构成受损害方不当得利，也不合理。

【条文精解】

　　根据公平原则，本条规定，受损害方可以在两种请求权中选择行使一种请求权。这意味着受损害方只能行使一种请求权，如果受损害方选择行使一种请求权并得到实现，那么另一种请求权即告消灭。但是，如果受损害方行使一种请求权未果，而另一种请求权并未因时效而消灭，则受损害方仍可行使另一种请求权。由于合同纠纷与侵权纠纷在管辖法院和适用法律方面存在区别，允许受损害方选择有利于自己的一种诉由提起诉讼，对受损害方比较方便，也有利于对受损害方的保护。对违约方来说，这两种责任无论对方要求其承担哪一种，都是合理的。

第一百八十七条 【财产优先承担民事责任】

民事主体因同一行为应当承担民事责任、行政责任和刑事责任的，承担行政责任或者刑事责任不影响承担民事责任；民事主体的财产不足以支付的，优先用于承担民事责任。

【立法背景】

法律责任按照不同的标准可以作不同的分类，根据法律责任的类型，法律责任可以分为民事责任、行政责任和刑事责任。民事责任，是指自然人、法人或者非法人组织因违反民事法律、违约或者因法律规定的其他事由而依法承担的不利后果，包括侵权责任、违约责任等。行政责任，是指因违反行政法律或行政法规而应当承担的法定的不利后果。刑事责任，是指因违反刑事法律而应当承担的法定的不利后果。

【条文精解】

1. 民事责任和行政责任、刑事责任的竞合

法律责任竞合，是指行为人的同一行为符合两个或两个以上不同性质的法律责任的构成要件，依法应当承担多种不同性质的法律责任制度。民事责任、行政责任和刑事责任虽然是三种性质不同的法律责任，却可能因为同一法律行为而同时产生。一个行为既违反了民法又违反了行政法或者刑法，由此同时产生民事责任、行政责任或者刑事责任，即发生责任竞合。

2. 民事主体的财产优先承担民事责任

通常情况下，民事责任、行政责任和刑事责任独立存在，并行不悖。但是在特定的情况下，某一责任主体的财产不足以同时满足承担民事赔偿责任和承担罚款、罚金及没收财产等行政或刑事责任时，三种责任就发生了冲突，难以同时承担，此时就产生哪一种责任优先适用的问题。民事责任优先原则就是解决这类责任竞合时的法律原则，即某一责任主体的财产不足以同时满足民事赔偿责任与行政责任或者刑事责任中的罚款、罚金时，优先承担民事赔偿责任，这也是本条规定的要旨所在。例如，一个企业生产伪劣产品，造成消费者人身、财产损害，并构成生产伪劣产品罪，其需要同时承担对消费者的民事责任以及生产伪劣产品罪的刑事责任；如果刑事责任包含罚金，其财产不足以同时支付对受害人的赔偿以及罚金时，对受害人的民事赔偿责任优先于罚金承担。

【实践中需要注意的问题】

民事责任优先原则的适用也是有条件的。第一，责任主体所承担的民事责任须合法有效，其发生的依据或者基于法律的规定或基于约定；第二，责任主体的财产不足以同时满足民事责任、行政责任和刑事责任，如果都能满足，则三种责任并行不悖，责任人同时承担三种责任，只有在财产不足以同时满足时，才出现民事责任优先的问题。

第九章　诉讼时效

第一百八十八条　【普通诉讼时效期间及起算规则、最长权利保护期间】

向人民法院请求保护民事权利的诉讼时效期间为三年。法律另有规定的，依照其规定。

诉讼时效期间自权利人知道或者应当知道权利受到损害以及义务人之日起计算。法律另有规定的，依照其规定。但是，自权利受到损害之日起超过二十年的，人民法院不予保护，有特殊情况的，人民法院可以根据权利人的申请决定延长。

【立法背景】

在立法过程中，关于普通诉讼时效期间究竟规定多长比较合适，一直存在不同的观点和认识。经过反复研究和调研论证，将民法通则规定的普通诉讼时效期间从2年延长为3年，大部分全国人大代表、司法机关、法律专家学者等对此表示赞同。

【条文精解】

1. 普通诉讼时效期间

本条第1款规定了普通诉讼时效期间为3年，但同时明确"法律另有规定的，依照其规定"，这是允许特别法对诉讼时效作出不同于普通诉讼时效期间的规定。市场经济要求加快经济流转，通信手段和交易方式的创新使得行使权利更加便利。在商事领域可能存在需要短于普通诉讼时效期间的情形。

法律另有规定时，根据特别规定优于一般规定的原则，优先适用特别规定。

2. 普通诉讼时效期间的起算

本条第 2 款规定了普通诉讼时效期间的起算。普通诉讼时效期间的起算规则，主要有两种立法例：一种是客观主义起算规则，即从请求权可以行使时，诉讼时效期间开始起算；另一种是主观主义起算规则，即从权利人知道或者应当知道权利受侵害时，诉讼时效期间开始起算。

《民法通则》第 137 条规定，诉讼时效期间从知道或者应当知道权利被侵害时起计算。可见，民法通则采取了主观主义的起算模式。本款规定延续了民法通则的立法模式，亦采取普通诉讼时效期间的主观主义起算模式，主要有两点考虑：

一是在立法技术上，诉讼时效期间与期间起算点相互影响，二者互为牵制，突出诉讼时效制度的正当性和各价值目标的平衡。客观主义起算点可以实现诉讼时效制度追求经济效益和社会安定性的价值目标，但在权利人不知道其权利受到损害、不知道向谁主张权利时，即开始时效的起算，不能为社会公众所接受，也有悖于诉讼时效制度督促权利人及时行使权利的目的。主观主义起算点考虑权利人行使权利的可能性，能更好地保护权利人，但也存在权利义务双方的关系与法律地位过多依赖权利人的担忧，可能会削弱诉讼时效制度的可预期性与安定性。因此，各国在立法上往往采取两种组合，即采用较长普通诉讼时效期间的，配合以客观主义起算点；采用较短普通诉讼时效期间的，配合以主观主义起算点。这样能够最大程度地实现诉讼时效制度的各项目标。立法过程中，有的意见认为，3 年普通诉讼时效期间仍不够长。采取主观主义的起算模式，可以在一定程度上延长这一期间。

二是"知道或者应当知道"是一种主观状态，很多情况下，当权利受到侵害时，受害人不一定能够马上知情。我国幅员广阔，人口众多，各地区社会经济生活差异较大。立法应当从中国的实际国情出发，采取主观主义起算点是较为公平的。因此，本款规定，诉讼时效期间自权利人知道或者应当知道权利受到损害以及义务人之日起计算。这里"知道或者应当知道权利受到损害"和"知道或者应当知道义务人"两个条件应当同时具备。

3. 最长权利保护期间

采用较短普通诉讼时效期间并配合以主观主义起算点的诉讼时效制度立法模式中，考虑到如果权利人知悉权利受到损害较晚，以致诉讼时效过分迟延地不能完成，会影响制度的稳定性和宗旨。极端情况下，可能发生从权利被侵害的事实出现，到权利人知道这一事实，超过普通诉讼时效期间的情况。因此，有必要配套规定客观主义起算点的最长权利保护期间加以限制。应当指出，这种最长权利保护期间并非一种独立的期间类型，是制度设计上的一种补足，在性质上是不变期间。第2款规定的"自权利受到损害之日"即为客观主义的起算标准。20年的最长权利保护期间，在《民法通则》第137条中已经有规定。考虑到一是民法通则颁布实施30多年来，出现适用20年最长权利保护期间的情况极少；二是从民法典规定的普通诉讼时效期间长度、我国社会生活的实际及诉讼程序的客观情况，规定20年已经足够；三是第2款规定20年期间仍不够用，"人民法院可以根据权利人的申请决定延长"。因此，第2款仍然延续了民法通则的规定，将最长权利保护期规定为20年。适用延长最长权利保护期间时，需要根据当事人的申请，人民法院才能决定。

第一百八十九条 【分期履行债务诉讼时效期间起算规则】

当事人约定同一债务分期履行的，诉讼时效期间自最后一期履行期限届满之日起计算。

【立法背景】

民法理论界和司法实务界对当事人约定同一债务分期履行时诉讼时效期间从何时起算，一直有争议。有的主张，从每一期债务履行期限届满之日起算。有的主张，从最后一期债务履行期限届满之日起算。我们认为，对于这个问题，应当首先明确何为"同一债务"，即对定期履行债务和分期履行债务作出明确区分。

对非一次性完成的债务，根据发生的时间和给付方式的不同，可以分为定期履行债务和分期履行债务。

定期履行债务是当事人约定在履行过程中重复出现、按照固定的周期给付的债务，如当事人约定房租3个月支付一次、工资1个月支付一次。债务人支付的每一期租金、用人单位支付的每一个月工资，都是其在一定时期内租赁房屋、用工的对价。定期履行债务的最大特点是多个债务，各个债务都是独立的。正是因为相互独立，每一个债务的诉讼时效期间应当自每一期履行期间届满之日起分别起算。

分期履行债务是按照当事人事先约定，分批分次完成一个债务履行的情况。分期付款买卖合同是最典型的分期履行债务。例如，甲、乙签订合同买卖机床，约定：总价款 50 万元；甲先交 20 万元后乙发货；乙安装调试完成后甲再交 20 万元；甲用该机床生产出质量合格产品后，再交剩余 10 万元。在这个例子中，当事人虽然约定分三次缴付 50 万元的总价款，但实际上是一个合同的完整履行。分期履行债务具有整体性和唯一性，系本条规定的"同一债务"。

对分期履行债务诉讼时效期间的起算，最高人民法院《关于审理民事案件适用诉讼时效制度若干问题的规定》第 5 条规定："当事人约定同一债务分期履行的，诉讼时效期间从最后一期履行期限届满之日起计算。"该司法解释在实践中已经执行 12 年，系最高人民法院在法律没有明确规定又存在现实需要的情况下作出的解释，取得了较好的司法效果，为法律相关制度的设计提供了实践资料。本条规定吸收了司法解释的内容。

【条文精解】

本条规定："当事人约定同一债务分期履行的，诉讼时效期间自最后一期履行期限届满之日起计算。"这样规定的主要理由是：

一是由同一债务的特性决定的。整体性和唯一性是"同一债务"的根本特性。在"同一债务"的履行过程中，当事人可以约定分期履行的期限和数额，可以约定每次履行的时间节点和履行条件，但不论如何分期，都是一个债务履行，债务的内容和范围在债务发生时就已经确定，不因分期偿还而发生变化，诉讼时效期间自该"同一债务"履行期限届满之日起计算。

二是符合诉讼时效制度的立法目的。诉讼时效制度的立法目的在于稳定交易秩序，而不是限制甚至剥夺权利人的权利。当事人约定分期履行债务的目的在于全面履行合同约定的义务。债权人之所以同意债务人分次偿还同一债务，有可能是当事人之间存在长期友好合作关系或是比较熟悉的关系，债权人为了使债务人能够全面履行债务，给予债务人一定的宽限期；或者是债权人为了促成合同的达成与交易的顺利完成，同意债务人分期履行义务。债权人没有及时主张权利是出于与债务人之间的信赖关系，这种信赖关系能够产生经济利益。因此，法律应尽量维持当事人之间的债权债务关系和信任关系，促进双方的友好合作。如果对分期履行的每笔债务分别计算诉讼时效，有可能导致债权人因为担心债权"过期"而频繁主张权利，不仅不利于维持当事人之间债权债务关系的稳定，还可能损害信赖利益。规定从最后一期履行期限届满之日起算诉讼时效期间，可以保护权利人的合理信赖利益。

三是减少诉累，实现诉讼效率。规定诉讼时效期间从最后一期履行期限届满之日起算，符合现实中老百姓的社会认知，也符合商事交易习惯。法律的这一规定可以避免当事人为频繁主张权利而激化矛盾，避免频繁起诉，有利于节约司法资源，减少诉累，实现诉讼效率。因此，法律规定从最后一期履行期限届满之日起，计算同一债务分期履行的诉讼时效期间，具有明显的现实意义。

四是促进交易，增加社会财富。当事人订立分期履行合同，目的在于全面履行合同约定的义务。现代社会合同标的额越来越大，如房屋买卖合同，买受方很难一次性付清全部合同价款。此外，合同履行期也在不断拉长，如房屋装修合同，因装修复杂程度的不同，有的可能需要履行数月至一年的时间。因此，当事人约定同一债务分期履行，能够尽可能地促成交易达成、降低交易风险和交易成本，利用分期履行的机会检验合同履行的情况；还能够加快资金回笼，投入新一轮的生产中，这有利于市场交易的健康发展和加快社会财富的积累。法律对当事人约定同一债务分期履行的情况应当进行认可和保护，对其诉讼时效期间的起算作出明确规定。

第一百九十条 【对法定代理人请求权的诉讼时效】

无民事行为能力人或者限制民事行为能力人对其法定代理人的请求权的诉讼时效期间，自该法定代理终止之日起计算。

【立法背景】

本条规定实质上旨在保障无民事行为能力人或者限制民事行为能力人对其法定代理人行使请求权。无民事行为能力人或者限制民事行为能力人须由法定代理人代为实施法律行为及行使权利。例如，某未成年人父母死亡后，人民法院在其近亲属范围内确定了一名监护人。该近亲属成为其法定代理人，在监护过程中，侵占被监护的未成年人的父母的遗产。这时被监护人与法定代理人之间出现纠纷，根据我国法律，无民事行为能力人或者限制民事行为能力人无法自己进行诉讼，需要由其法定代理人代为进行。法定代理人有可能会不承认自己侵占被代理人财产的事实，滥用代理权损害无民事行为能力人或者限制民事行为能力人的合法权益。实践中，法定代理人与被代理人之间一般是家庭近亲属关系，如父母、祖父母、配偶或者其他监护人。他们在生活中对无民事行为能力人或者限制民事行为能力人的照管上有一定优势，这种优势一方面有利于无民事行为能力人或者限制民事行为能力人的生活，但另一方面也会造成权利人无法主张其所享有的权利。在法定代理关系存续期间，无民事行为能力人的全部民事法律行为或者限制民事行为能力人主张权利的行为，本质上都依赖于法定代理人的意志，他们自己主张权利在实际上是不可能的。此外，以诉讼方式主张请求权会妨害家庭团结及当事人之间的信赖关系，可能出现法定代理人不继续认真履行代理职责的情况，这对被代理人是不利的。当法定代理终止后开始计算诉讼时效期间，不会害及无民事行为能力人或者限制民事行为能力人的利益。因此，立法有必要对这种特殊情形的请求权的诉讼时效期间起算作出特殊规定。

【条文精解】

我国民法通则规定的诉讼时效中止制度，是时效进行过程中的中止，既不同于法国民法典中的诉讼时效开始前的中止（诉讼时效不进行），也不同于我国台湾地区的诉讼时效结束后的中止（诉讼时效不完成）。考虑到法律制度的规定是否具有迫切性、我国司法实践的发展情况以及社会公众对法律制度的接受程度等情况，民法典并未规定诉讼时效不进行、诉讼时效不完成等复杂的制度，而是继承了民法通则只规定诉讼时效进行过程中中止的制度。规定无民事行为能力人或者限制民事行为能力人对其法定代理人的请求权的诉讼时效期间，自该法定代理终止之日起计算，可以化复杂为简单，能够解决我国社会生活中存在的无民事行为能力人或者限制民事行为能力人对其法定代理人提起请求的现实问题。

《民法典》第175条规定了法定代理关系终止的主要情形：被代理人取得或者恢复完全民事行为能力；代理人丧失民事行为能力；代理人或者被代理人死亡；法律规定的其他情形。认定本条规定的法定代理终止，应当依照《民法典》第175条的规定。

第一百九十一条　【未成年人遭受性侵害的损害赔偿请求权的诉讼时效】

未成年人遭受性侵害的损害赔偿请求权的诉讼时效期间，自受害人年满十八周岁之日起计算。

【立法背景】

在2017年民法总则立法过程中，有的意见提出，当前社会存在一些未成年人遭受性侵害的情况。由于受社会传统观念影响，不少遭受性侵害的未成年人及其监护人有所顾忌，从未成年人名誉、声誉、健康成长、成年结婚等现实角度思考，往往不愿、不敢公开寻求法律保护。受害人成年之后自己寻求法律救济，却往往已超过诉讼时效期间。这种情况虽然不多，但为了突出对未成年人的保护，给受性侵害的未成年人成年后提供寻求法律保护的机会，建议规定诉讼时效起算的特殊规则。为此，在法律中特增加规定本条。

【条文精解】

理解本条规定时应注意两点：

一是诉讼时效是权利人在法定期间内不行使权利，该期间届满后，义务人拒绝履行其给付义务的法律制度，即诉讼时效期间是权利人可以行使权利的"最晚"期间。在权利受到损害后、诉讼时效期间届满前的时间范围内，权利人都可以主张权利。因此，未成年人遭受性侵害的，在年满 18 周岁之前，其法定代理人当然可以代为行使请求权。此处的请求权应当认为是法定代理人代为向人民法院的请求，人民法院依法作出的生效判决具有既判力，受害人在年满 18 周岁之后对相关处理不满意要求再次处理的，应当符合民事诉讼法等法律的规定。如果年满 18 周岁之前，其法定代理人选择与侵害人"私了"的方式解决纠纷，受害人在年满 18 周岁之后，可以依据本条的规定请求损害赔偿。

二是未成年人遭受性侵害的损害赔偿请求权的诉讼时效期间，自受害人年满 18 周岁之日起计算。其具体的诉讼时效期间，适用《民法典》第 188 条普通诉讼时效期间的规定，即从年满 18 周岁之日起计算 3 年；符合《民法典》第 194 条、第 195 条诉讼时效中止、中断情形的，可以相应中止、中断。

第一百九十二条 【诉讼时效期间届满法律效果】

诉讼时效期间届满的，义务人可以提出不履行义务的抗辩。

诉讼时效期间届满后，义务人同意履行的，不得以诉讼时效期间届满为由抗辩；义务人已经自愿履行的，不得请求返还。

【立法背景】

诉讼时效期间届满产生何种法律后果，成文法系主要国家和地区民法主要有三种立法例：一是实体权利消灭主义，即诉讼时效期间届满，实体权利义务关系消灭；二是诉权消灭主义，即诉讼时效期间届满后，实体权利义务本身仍然存在，仅诉权归于消灭，实体权利转为自然权利；三是抗辩权产生主义，即诉讼时效期间届满后，义务人取得了拒绝履行义务的抗辩权，权利人的实体权利和诉权不消灭。

诉讼时效期间届满所达至法律效果的不同立法模式及其理论，是在不同历史时期、不同的社会、不同的法律文化背景下产生的。目前，抗辩权产生主义的立法模式为大多数国家和地区所采纳。民法通则未明确规定采取何种主义。不少学者认为，最高人民法院的一系列司法解释的规定，使得我国在诉讼时效期间届满的法律效果上，实际上已经采取了抗辩权发生主义的模式。该种立法模式意味着，如果义务人援引抗辩权，权利人的权利将转化为自然权利，法院不予保护；如果义务人不援引抗辩权，权利人仍然享有完整的权利，法院予以保护。

【条文精解】

立法过程中，借鉴其他国家和地区立法的经验和考虑国内的实践情况，吸收了司法解释的有关规定。本条第 1 款规定："诉讼时效期间届满的，义务人可以提出不履行义务的抗辩。"这就意味着，权利人享有起诉权，可以向法院主张其已过诉讼时效之权利，法院应当受理。如果义务人不提出已过时效的抗辩，法院将以公权力维护权利人的利益；如果义务人行使抗辩权，法院审查后会依法保护义务人的抗辩权，不得强制义务人履行义务。但是，义务人行使时效抗辩权不得违反诚实信用原则，否则即使诉讼时效完成，义务人也不能取得时效抗辩权。例如，在诉讼时效期间届满前，义务人通过与权利人协商，营造其将履行义务的假象，及至时效完成后，立即援引时效抗辩拒绝履行义务。该种行为违反诚实信用，构成时效抗辩权的滥用，不受保护。

本条第 2 款规定："诉讼时效期间届满后，义务人同意履行的，不得以诉讼时效期间届满为由抗辩；义务人已经自愿履行的，不得请求返还。"诉讼时效期间届满后，权利人虽不能请求法律的强制性保护，但法律并不否定其权利的存在。若义务人放弃时效利益自愿履行的，权利人可以受领并保持，受领不属于不当得利，义务人不得请求返还。诉讼时效期间届满后，义务人同意履行的，不得以诉讼时效期间届满为由抗辩。这是因为诉讼时效届满后，义务人可以处分自己的时效利益。此时义务人同意履行义务，属于对时效利益的放弃。义务人放弃时效利益的行为属于单方法律行为，并且是处分行为，自义务人放弃时效利益的意思表示到达权利人时，即发生时效利益放弃的法律效果，不以权利人同意为条件。放弃的意思表示既可以是承认的明示方式，也可以是不主张时效利益的默示方式。对于义务人已自愿履行的情况，自愿履行意味着义务人自愿解除了债务的自然债务属性，恢复了原本可以获得司法强制执行的可能性，使权利人因时效完成而转化的自然权利回升为法律权利。因此，自愿履行的，不能再请求返还。

第一百九十三条 【诉讼时效援用】

人民法院不得主动适用诉讼时效的规定。

【立法背景】

我国民法通则未对诉讼时效由谁主张作出规定。司法实务界曾存在法官主动援用诉讼时效的规定进行裁判的情况。诉讼时效抗辩权本质上是义务人的一项民事权利，义务人是否行使，司法不应过多干预，这是民法意思自治原则的根本要求；义务人主张抗辩，属于自由处分权利的范畴，司法也不应过多干涉，这是民事诉讼处分原则的应有之义。因此，遵循上述意思自治原则和处分原则，在义务人不提出诉讼时效抗辩的情形下，人民法院不应主动援用时效规则进行裁判，这也与法院居中裁判的地位相适应。

【条文精解】

本法将诉讼时效产生的法律后果明确为抗辩权，诉讼时效期间届满的直接效果是义务人取得抗辩权。抗辩权属于私权的一种，可以选择行使，也可以选择不行使。义务人对时效利益的处分不违反法律的规定，也没有侵犯国家、集体及他人的合法权益，人民法院不应当主动干预。在借鉴世界有关立法例的经验和吸收最高人民法院司法解释的基础上，本法规定诉讼时效应由当事人自主选择是否行使，人民法院不得主动适用诉讼时效。

第一百九十四条 【诉讼时效中止】

在诉讼时效期间的最后六个月内，因下列障碍，不能行使请求权的，诉讼时效中止：

（一）不可抗力；

（二）无民事行为能力人或者限制民事行为能力人没有法定代理人，或者法定代理人死亡、丧失民事行为能力、丧失代理权；

（三）继承开始后未确定继承人或者遗产管理人；

（四）权利人被义务人或者其他人控制；

（五）其他导致权利人不能行使请求权的障碍。

自中止时效的原因消除之日起满六个月，诉讼时效期间届满。

【立法背景】

诉讼时效制度的目的之一是督促权利人及时行使权利，但当事人主观上没有行使权利的怠慢，却受制于客观因素无法行使权利时，如果法律规定诉讼时效期间继续进行，会导致权利人因时效经过而受损，产生不公平的结果，也与诉讼时效制度的目的相悖。各国民法时效上均设有时效中止的制度。

【条文精解】

1. 诉讼时效中止

诉讼时效中止，是指因法定事由的存在使诉讼时效停止进行，待法定事由消除后继续进行的制度。在诉讼时效进行中的某一时间内，出现了权利人主张权利的客观障碍，导致权利人无法在诉讼时效期间内行使权利，可能产生不公平的结果，因此法律规定了诉讼时效中止制度。

2. 中止时效的原因消除之后的诉讼时效期间补足

立法过程中，有意见提出，民法通则规定在中止时效原因消除后，诉讼时效继续计算。如果剩余时效期间过短，权利人行使权利仍然很仓促，这有碍于保护权利人的权利，建议补足一段必要长度的诉讼时效期间。

经研究认为，民法通则规定了时效中止仅在时效期间进行中的最后 6 个月才能发生。从中止时效的原因消除之日起，诉讼时效期间继续计算，可能面临剩余诉讼时效期间不足以充分保证权利人行使权利时，民法通则并未规定如何处理。如果妨碍权利人行使权利的障碍消除后，剩余的诉讼时效期间过短，例如，在极端情况下仅剩一天的时间，要求权利人必须在一天内依法主张权利，否则诉讼时效将届满，这对权利人未免过于苛刻。诉讼时效中止制度设立的目的，是将客观因素导致权利人无法行使权利的时间刨除在时效期间以外，从而保证权利人有足够的时间行使权利。如果因为剩余时效期间过短而无法行使权利，则要么会使诉讼时效制度空置，要么使该制度的效果打折扣。考察其他国家和地区立法情况，很多立法例都规定了导致诉讼时效中止的原因消除后，补足诉讼时效期间情况。同时，考虑到我国司法实践的情况、社会公众的法律知识及行使权利的需要，在不违背时效制度目标的前提下，尽可能给予权利人救济，对诉讼时效期间给予一定时间长度的补足。经过反复研究认为，规定自中止时效的原因消除之日起满 6 个月诉讼时效期间届满，是比较合适的，既能给权利人行使权利留下必要的准备时间，又不会造成诉讼的过分拖延和给义务人造成过分的负担。

3. 引起诉讼时效中止的障碍类型

根据本条第 1 款规定，引起诉讼时效中止的障碍类型主要有：

一是不可抗力。不可抗力，是指不能预见、不能避免并不能克服的客观情况，如自然灾害。适用本款规定应注意，只有发生不可抗力导致权利人在客观上不能行使权利，才能引起诉讼时效中止。虽然发生了不可抗力，但并没有足以影响到权利人行使权利的，诉讼时效不中止。

二是无民事行为能力人或者限制民事行为能力人没有法定代理人，或者法定代理人死亡、丧失民事行为能力、丧失代理权。因为无民事行为能力人或者限制民事行为能力人不能独立实施民事法律行为，法定代理人缺位会对其行使权利造成客观障碍，为了更好地保护无民事行为能力人或者限制民事行为能力人，使其不会因时效期间届满而利益受损，作了本项规定。

三是继承开始后未确定继承人或者遗产管理人。未确定继承人时，继承财产的权利主体没有确定，无法有效地对被继承人的债务人行使权利，被继承人的债权人也不知道向谁主张权利，被暂时划定在继承财产中的他人的财产权利也无法主张。未确定遗产管理人的，遗产的权利不能分割。这些情况都属于非因主观原因而由于权利人、义务人不存在的客观障碍导致权利无法行使，符合诉讼时效中止制度的要求。

四是权利人被义务人或者其他人控制。例如，权利人被义务人以非法拘禁等方式限制人身自由，会导致其无法主张权利，这种障碍是客观的。又如，义务人和权利人之间存在代表与被代表的关系，义务人是权利人法定代表人。权利人欲提起诉讼，需要法定代表人的签字授权或者盖取公章，但法定代表人显然不会允许对自己提起诉讼进行授权或者同意盖章。

　　五是其他导致权利人不能行使请求权的障碍。由于社会生活及司法实践的纷繁复杂，法律不可能逐一列举需要中止时效的事由。因此，法律在列举规定类型化情形的同时，规定兜底条款，为实践的发展留有余地，并赋予法官以一定的自由裁量权。

第一百九十五条　【诉讼时效中断】

　　有下列情形之一的，诉讼时效中断，从中断、有关程序终结时起，诉讼时效期间重新计算：

　　（一）权利人向义务人提出履行请求；

　　（二）义务人同意履行义务；

　　（三）权利人提起诉讼或者申请仲裁；

　　（四）与提起诉讼或者申请仲裁具有同等效力的其他情形。

【立法背景】

　　民法通则规定了诉讼时效中断制度。《民法通则》第140条规定："诉讼时效因提起诉讼、当事人一方提出要求或者同意履行义务而中断。从中断时起，诉讼时效期间重新计算。"这一规定比较原则，最高人民法院在总结司法实践经验的基础上，在最高人民法院《关于审理民事案件适用诉讼时效制度若干问题的规定》第10条、第13条至第19条分别对《民法通则》第140条的规定进行了细化。在立法过程中，对诉讼时效中断制度的设计，既继承了民法通则，又借鉴了其他国家和地区立法例，还吸收了司法解释的规定。

【条文精解】

　　诉讼时效期间中断，是指诉讼时效期间进行过程中，出现了权利人积极行使权利等法定事由，从而使已经经过的诉讼时效期间归于消灭，重新计算期间的制度。

　　1.诉讼时效中断的特征

　　权利人不行使权利是诉讼时效制度存在的事实基础，如果在诉讼时效期间内出现了与这一基础事实相反的事实，就必须使已经经过的时效期间归于无效，否则就背离了诉讼时效制度的设立宗旨。诉讼时效中断的特征表现为：一是发生于诉讼时效的进行中，诉讼时效尚未开始计算或者已经届满的情况下排除其适用；二是发生了一定的法定事由导致诉讼时效存在的基础被推翻；

三是使已经进行的诉讼时效重新起算，以前经过的期间归于消灭。

2.引起诉讼时效中断的情形

根据本条规定，引起诉讼时效中断的情形主要有：

一是权利人向义务人提出履行请求。提出履行请求本身就意味着权利人在积极行使自己的权利，应当发生诉讼时效中断的结果。请求有诉讼请求和诉外请求两种，诉讼请求主要是起诉；诉外请求是权利人对其义务人在诉外行使权利的意思表示，这种意思表示可以表现为催促义务人履行义务，也可以表现为权利人主动抵消债权、行使同时履行抗辩权等情形。规定权利人向义务人提出履行请求作为诉讼时效中止的情形，符合我国社会避讼的法律文化传统，契合我国熟人社会的社会实践，能够减轻当事人的诉累和人民法院的压力。

二是义务人同意履行义务。这是权利人在诉讼外行使权利的一种形式。义务人同意履行义务，表明义务人知道权利人权利的存在，并且主观上承认该权利，很多情况下是权利人向义务人主张权利时义务人作出的一种承诺。这种承诺是权利人积极履行权利才能取得的结果，使得权利人与义务人之间的权利义务关系重新明确、稳定下来，义务人同意履行义务，引起权利人的信赖，权利人往往给义务人必要的时间开始准备履行义务。总之，是权利人没有怠于行使权利，法律才规定该情形可以引起诉讼时效的中断。

三是权利人提起诉讼或者申请仲裁。起诉是权利人在人民法院提起诉讼，请求法院强制义务人履行义务。民商事仲裁是平等主体的公民、法人和其他组织之间请求仲裁机构裁决合同纠纷和其他财产权益纠纷。劳动仲裁是当事人向劳动仲裁委员会请求裁决处理劳动争议纠纷。农村土地承包经营纠纷仲裁是就农村土地承包经营纠纷，向农村土地承包仲裁委员会申请裁决。提起诉讼、申请仲裁是权利人行使权利最有效、最强烈的方法，足以表明权利人积极行使权利，世界上主要国家和地区均把提起诉讼作为引起诉讼时效中断的事由进行规定。

四是与提起诉讼或者申请仲裁具有同等效力的其他情形。实践是复杂的、发展的，法律无法穷尽规定所有引起诉讼时效中断的情形。除了本条第3项规定的情形外，权利人如果实施了在法律上与提起诉讼或者申请仲裁具有同样效力的其他行为，能够表明在积极行使权利而非怠于行使权利，也应当引起时效中断的效力。例如，调解是与提起诉讼或者申请仲裁具有同等效力的典型情形之一。

3. 诉讼时效期间如何重新起算

民法通则规定,"从中断时起"诉讼时效期间重新计算。在立法过程中,有的意见提出,对于权利人向义务人提出履行请求、义务人同意履行等情况,民法通则的规定是可以的。但是对提起诉讼或者申请仲裁引起诉讼时效中断的情形,该规定有些简单。诉讼或者仲裁需要较长的时间,有些诉讼从起诉之日至终审判决作出需要数年之久。究竟是从起诉之日起诉讼时效期间重新起算,还是终审判决发生效力之日起诉讼时效期间重新起算,建议法律明确规定,以便于实践操作。

经研究认为,在重新计算诉讼时效期间的起算点上,应根据不同情形区别处理。以本条第1项规定的"权利人向义务人提出履行请求"、第2项规定的"义务人同意履行义务"等方式中断诉讼时效的,一旦履行请求到达义务人,或者义务人同意履行的意思表示到达权利人,即可以发生时效中断的效果。因此,在这两款规定的情形下,诉讼时效期间从中断时起重新计算。以本条第3项规定的"权利人提起诉讼或者申请仲裁"、第4项规定的"与提起诉讼或者申请仲裁具有同等效力的其他情形"等方式中断诉讼时效的,权利人处于依据法律程序主张权利的状态。如果规定诉讼时效期间从起诉之日或者提起仲裁之日起重新计算,可能会因法律程序烦琐、所耗费的时日过长,出现法律程序尚未终结而诉讼时效期间已经届满的情况,这在我国的司法实践中并不算少见。这一情形有违诉讼时效中断制度的目的,为了避免制度上的缺陷,对这两项规定的情形,法律规定从有关程序终结时起,诉讼时效期间重新计算。

第一百九十六条 【不适用诉讼时效的情形】
下列请求权不适用诉讼时效的规定:
(一)请求停止侵害、排除妨碍、消除危险;
(二)不动产物权和登记的动产物权的权利人请求返还财产;
(三)请求支付抚养费、赡养费或者扶养费;
(四)依法不适用诉讼时效的其他请求权。

【立法背景】

关于不适用诉讼时效的请求权,在立法过程中,意见较多,多要求在法律中作出明确规定。本条参考最高人民法院的有关司法解释和社会各方面的意见,作出了明确规定。

【条文精解】

根据本条规定，不适用诉讼时效的请求权包括：

1. 请求停止侵害、排除妨碍、消除危险

请求停止侵害，是指所有权人或者其他物权人请求对物权造成侵害的人停止侵害行为或者侵害状态的权利。

请求排除妨碍，是指所有权人或者其他物权人请求妨碍人停止妨碍、去除妨碍的权利。

请求消除危险，是指所有权人或者其他物权人请求造成危险状态的人消除该危险的权利。

停止侵害、排除妨碍和消除危险是所有权和其他物权的功能，其目的是解决对物权权能的障碍、发挥物的效用、恢复权利人对权利客体的支配。根据物权理论，无论经过多长时间，法律不可能任侵害物权的行为取得合法性。如果请求停止侵害、排除妨碍、消除危险的权利适用诉讼时效，将会发生物权人必须容忍他人对其行使物权进行侵害的结果，这对权利人不公平，也违反物权法基本理论，不论是民法学界还是司法实务界，均认为这三种请求权不应适用诉讼时效。

2. 不动产物权和登记的动产物权的权利人请求返还财产

物可以分为不动产和动产，相应地，物权可以分为不动产物权和动产物权。不动产物权价值重大、事关国计民生和整个社会稳定，一般用登记作为不动产物权享有和变动的公示方法。不动产登记部门是国家设立的，不动产一经登记具有强大的公示公信力，也就意味着不动产物权的权利人请求返还财产适用诉讼时效已不可能。如在不动产登记制度条件下，仍规定已登记的物权人请求返还财产适用诉讼时效，则必然导致时效制度与不动产登记制度的自相矛盾，动摇不动产登记制度的权威性。《民法总则（草案）》一审稿至三审稿对本项的规定没有变化，均规定为"登记的物权人请求返还财产"。在《民法总则（草案）》提请第十二届全国人民代表大会第五次会议审议时，有的代表提出，目前，不少农村地区的房屋尚未办理不动产登记，为更好地保护农民的房屋产权，建议将不适用诉讼时效的范围扩大至所有不动产物权的返还请求权。法律委员会经研究，对这一项作出修改，明确不动产物权的权利人请求返还财产不适用诉讼时效。民法典维持民法总则的这一规定不变。

动产以占有和交付为所有权享有和变动的公示方法。理论上讲，他人无权占有动产后，动产即与所有人分离，动产物权的权利人如果长期不请求返还财产，他人基于占有公示产生的对抗力就越来越强，第三人随着时间推移越发相信无权占有人就是事实上物的所有人，进而基于这种信赖与之发生一定的法律关系。信赖利益是民法上的重要利益。法律对信赖利益进行保护，对维护新产生的民事法律关系的效力及整个社会经济秩序的稳定均有积极意义。但是，有的意见提出，如果规定动产物权的权利人请求返还财产一概不适用诉讼时效，在理论上似乎出现一个矛盾。例如，甲占有乙价值10元的物，又向乙借款100万元。如果规定所有的动产物权的权利人请求返还财产均不适用诉讼时效，乙对价值10元的物可以长期请求返还，但对于更大价值的100万元债权，却只能在普通诉讼时效期间的3年内主张，看似法律对价值小的法益保护更重。此外，在实践中，一律规定所有的动产物权的权利人返还财产请求权不适用诉讼时效，在操作上面临很多困难，也没有必要。一般动产价值小、流动大、易损耗，如果不适用诉讼时效的规定，多年后再提起诉讼，一是因年代久远存在举证困难，二是增加诉累，三是不利于矛盾的及时解决。综合考虑，可以规定这类普通动产适用诉讼时效。船舶、航空器和机动车等动产，价值较大，被称为"准不动产"，准用不动产管理的很多规则，这类动产多进行物权登记。《民法典》第225条规定："船舶、航空器和机动车等的物权的设立、变更、转让和消灭，未经登记，不得对抗善意第三人。"由此可见，法律对船舶、航空器和机动车等动产的登记采取登记对抗主义。如果进行了登记，与不动产登记一样，产生强有力的公示公信效力，登记动产物权的权利人请求返还财产不适用诉讼时效。

综上考虑，本条第2项规定，不动产物权和登记的动产物权的权利人请求返还财产的请求权，不适用诉讼时效的规定。

3. 请求支付抚养费、赡养费或者扶养费

抚养费，是指义务人基于抚养义务所支付的费用，支付对象一般是晚辈，如子女、孙子女、外孙子女等。赡养费，是指义务人基于赡养义务所支付的费用，支付对象一般是长辈，如父母、祖父母、外祖父母等。扶养费，是指义务人基于扶养义务所支付的费用，支付对象一般是平辈，如配偶、兄弟姐妹等。

受抚养、赡养或者扶养者一般都是年幼、年老或者缺乏劳动能力的人，抚养费、赡养费或者扶养费是这些人的生活来源，若无此等费用，将严重影响他们的生活。因此，法律规定，请求支付抚养费、赡养费或者扶养费的请求权，不适用诉讼时效的规定。

4. 依法不适用诉讼时效的其他请求权

本条第 4 项属于兜底性条款。因为无法穷尽列举所有不适用诉讼时效的情形，法律中明确规定不适用诉讼时效的请求权，均属于本项规定的情形。

第一百九十七条 【诉讼时效法定性及时效利益不得预先放弃】

诉讼时效的期间、计算方法以及中止、中断的事由由法律规定，当事人约定无效。

当事人对诉讼时效利益的预先放弃无效。

【立法背景】

诉讼时效制度关系到法律秩序的清晰稳定，是对民事权利的法定限制，其规范目的具有公益性，以牺牲罹于时效的权利人的利益为代价，为交易关系提供安全保障，关乎社会公共利益及法律秩序的统一。这要求诉讼时效期间及其计算方法明确且为社会知晓，诉讼时效的中止、中断的事由只能由法律作出明确规定，不能属于当事人自行处分的事宜，权利人和义务人不可以自行约定。

【条文精解】

1. 诉讼时效法定性

首先，诉讼时效的期间和计算方法法定。该期间由法律明确规定，当事人必须按照法律规定的期间执行，不得改动。

其次，诉讼时效中止、中断的事由法定。诉讼时效可以通过中止、中断进行法定变更，但相应情形由法律明确作出规定，当事人不可以创设法律没有规定的情形，使诉讼时效擅自变更。否则，诉讼时效便失去了确定性。

最后，诉讼时效的效果由法律明确规定。当事人违反本款规定，擅自对诉讼时效的期间、计算方法以及中止、中断的事由进行约定的，则约定无效。

2. 诉讼时效预先放弃无效

诉讼时效放弃可以分为两种：一种是时效届满前预先放弃；另一种是诉讼时效届满后放弃。诉讼时效利益不得在时效期间届满前预先放弃。如果允许预先放弃时效利益，权利人可能会利用强势地位，损害义务人的权利。从公平保护的角度，不应该允许当事人预先约定放弃时效利益，否则等于权利人可以无期限地行使权利，违反了诉讼时效制度的法定性，与诉讼时效制度设立的目的不相吻合，因此当事人对诉讼时效利益的预先放弃无效。但是，诉讼时效期间届满后，义务人取得拒绝履行义务的抗辩权。根据私法自治原则，当事人有权在法律规定的范围内，自由处分其权利或者利益，选择是否放弃诉讼时效利益。放弃诉讼时效是单方法律行为，自成立时发生法律效力；同时又是处分行为，须依意思表示为之。可以在诉讼中作出，也可以在诉讼外作出；可以明示，也可以默示。

基于公共利益考量，法律一方面需要强调诉讼时效的法定性，部分地限制意思自治原则；另一方面，如果过于强调诉讼时效的法定性，有可能会导致公权力对私权利的过分干预，进而破坏意思自治原则的根基。因此，需要尊重意思自治原则在民法体系中的重要地位，规定当事人不得预先放弃时效利益，但对时效期间届满的时效利益，是否提出诉讼时效抗辩乃是义务人的权利，可以自由处分。这种规定是立法在诉讼时效制度的法定性价值与意思自治原则的价值之间进行平衡的结果。

第一百九十八条　【仲裁时效】

法律对仲裁时效有规定的，依照其规定；没有规定的，适用诉讼时效的规定。

【立法背景】

在我国，仲裁主要包括民商事仲裁、劳动仲裁和农村土地承包经营纠纷仲裁三种。民商事仲裁是平等主体的公民、法人和其他组织之间请求仲裁机构裁决合同纠纷和其他财产权益纠纷。劳动仲裁是当事人向劳动仲裁委员会请求裁决处理劳动争议纠纷。农村土地承包经营纠纷仲裁是就农村土地承包经营纠纷，向农村土地承包仲裁委员会申请裁决。

【条文精解】

《仲裁法》第74条规定："法律对仲裁时效有规定的，适用该规定。法律对仲裁时效没有规定的，适用诉讼时效的规定。"关于仲裁时效的特别规定主要有：

一是劳动争议调解仲裁法对于劳动仲裁时效有明确规定。该法第27条规定："劳动争议申请仲裁的时效期间为一年。仲裁时效期间从当事人知道或者应当知道其权利被侵害之日起计算。前款规定的仲裁时效，因当事人一方向对方当事人主张权利，或者向有关部门请求权利救济，或者对方当事人同意履行义务而中断。从中断时起，仲裁时效期间重新计算。因不可抗力或者有其他正当理由，当事人不能在本条第一款规定的仲裁时效期间申请仲裁的，仲裁时效中止。从中止时效的原因消除之日起，仲裁时效期间继续计算。劳动关系存续期间因拖欠劳动报酬发生争议的，劳动者申请仲裁不受本条第一款规定的仲裁时效期间的限制；但是，劳动关系终止的，应当自劳动关系终止之日起一年内提出。"

二是本法合同编对仲裁时效有明确规定。《民法典》第594条规定："因国际货物买卖合同和技术进出口合同争议提起诉讼或者申请仲裁的时效期间为四年。"

三是农村土地承包经营纠纷调解仲裁法对仲裁时效有明确规定。该法第18条规定："农村土地承包经营纠纷申请仲裁的时效期间为二年，自当事人知道或者应当知道其权利被侵害之日起计算。"

除了上述规定外，没有关于仲裁时效的特别规定。因此长期以来，我国仲裁时效适用民法通则有关诉讼时效期间、中止、中断等有关规定。立法过程中，有的意见提出，这一方式在实践中得到了检验，是可行的，建议继承民法通则的立法模式。我们经过反复研究，认为该种意见可以采纳，因此明确规定，法律对仲裁时效有规定的，依照其规定；没有规定的，适用诉讼时效的规定。这一规定既为特别法对仲裁时效作规定留有接口，也为仲裁时效准用诉讼时效的规定提供依据。

第一百九十九条 【除斥期间】

法律规定或者当事人约定的撤销权、解除权等权利的存续期间，除法律另有规定外，自权利人知道或者应当知道权利产生之日起计算，不适用有关诉讼时效中止、中断和延长的规定。存续期间届满，撤销权、解除权等权利消灭。

【立法背景】

除斥期间是民法中的重要制度。但考虑到"除斥期间"的表述确实理论性较强，一般老百姓不易理解，立法没有明确使用"除斥期间"这一概念，只是将"除斥期间"的内容作原则性规定。

【条文精解】

除斥期间的起算点原则上应自权利行使无法律上的障碍时开始计算。但在权利人未必知道其权利存在的场合，法律通常规定自权利人知道其权利存在之时起开始计算。例如，《民法典》第541条的规定："撤销权自债权人知道或者应当知道撤销事由之日起一年内行使。自债务人的行为发生之日起五年内没有行使撤销权的，该撤销权消灭。"根据这一规定，债务人撤销权的行使期间自撤销权人知道或者应当知道撤销事由时起算。与诉讼时效的法定性不同，除斥期间可以由当事人进行约定，甚至在法律允许的情况下，可以由一方向对方单方提出除斥期间。例如，《民法典》第564条规定："法律规定或者当事人约定解除权行使期限，期限届满当事人不行使的，该权利消灭。法律没有规定或者当事人没有约定解除权行使期限，自解除权人知道或者应当知道解除事由之日起一年内不行使，或者经对方催告后在合理期限内不行使的，该权利消灭。"这一规定明确了合同解除可以由法律规定除斥期间，也可以由当事人直接约定除斥期间，并允许在法律没有规定或当事人未约定期限时由对方催告确定合理期间。

除斥期间是权利预设期间，以促使法律关系尽早确定为目标，为达制度目的，需要规定除斥期间经过后，权利人的权利即归于消灭，要么使原本不确定的法律关系明确固定，要么使既有的法律关系归于消灭，都会引起实体法上效果的变化。所以除斥期间没有中断的可能性，一般也不会发生中止。

【实践中需要注意的问题】

除斥期间不像诉讼时效一样可以高度抽象出共同性，因此规定比较分散。关于诉讼时效，各国一般都在法律条文中使用"诉讼时效""消灭时效"等表述，我国民事立法一贯采用"诉讼时效"的表述；而对除斥期间，虽然在法律条文中没有明确体现"除斥期间"的表述，但常常使用"撤销权消灭""作为自愿放弃权益""不行使而消灭""视为放弃""视为拒绝追认""视为权利消灭"等表述。

第十章　期间计算

第二百条　【期间的计算单位】
民法所称的期间按照公历年、月、日、小时计算。

【立法背景】

在立法过程中，有的意见建议，法律明确规定"星期"为期间的计算单位。有的意见提出，随着时间观念的变迁，在股票、期货、外汇交易等民商活动中，一分一秒都具有重大商业价值，计量时间需要精确到分和秒。我国秉持民商合一的立法体例，建议将"小时"修改为"时"，"时"可以包含小时、分、秒等单位。我们研究认为，法律规定不可能穷尽和面面俱到，需要把社会实践中最常使用的期间计算单位加以明确规定，同时在民事活动中，尊重当事人的意思自治和交易习惯，允许当事人约定期间的计算单位、计算方法。"星期"在社会生活中频繁用到，但在签订合同、履行义务、提供劳务等法律上需要计算期间时，我国社会公众很少使用"星期"作为期间计算单位使用，绝大多数情况下还是使用小时、日、月和年。而且，《民法典》第204条已经作出规定，期间的计算方法可以由当事人进行约定。这就为民商事交易活动中，确需用"星期""分""秒"等计算期间留有余地。

【条文精解】

根据本条的规定，我国民法中规定的期间计算单位共有四种，分别是年、月、日和小时。期日为不可分的特定时间点，不发生计算的问题，但期间为一定的时间段，存在计算的问题。期间计算一般采取历法计算法和自然计算法相结合的方式。在本法规定的四种期间计算单位中，年、月采用公历的历法规则，这样每年的时间差距相差不大，既符合我国的社会实际，又符合国际通用规则，便于生产生活和国际交往。日、小时采用自然计算法，1日为24小时。本条规定继承自《民法通则》第154条第1款的规定："民法所称的期间按照公历年、月、日、小时计算。"

第二百零一条 【期间起算】

按照年、月、日计算期间的，开始的当日不计入，自下一日开始计算。

按照小时计算期间的，自法律规定或者当事人约定的时间开始计算。

【立法背景】

《民法通则》第 154 条第 1 款、第 2 款规定："民法所称的期间按照公历年、月、日、小时计算。规定按照小时计算期间的，从规定时开始计算。规定按照日、月、年计算期间的，开始的当天不算入，从下一天开始计算。"本条规定在民法通则的基础上，作了一定的补充和完善。

【条文精解】

1. 按照年、月、日计算期间的，期间开始的当日不计入，自下一日开始计算

（1）按日计算期间的情况。例如，甲、乙双方 2017 年 1 月 13 日签订合同，约定第 30 日交货，则签订合同的当日即 2017 年 1 月 13 日不算入期间，期间从 2017 年 1 月 14 日开始起算，2017 年 2 月 12 日为第 30 日，即交货日期。同样的，如果甲、乙双方 2017 年 2 月 13 日签订合同，约定第 30 日交货，则 2017 年 3 月 15 日为交货日。

（2）按月计算期间的情况。例如，甲、乙双方 2017 年 1 月 13 日签订合同，约定 9 个月后交货，则期间从 2017 年 1 月 14 日开始计算 9 个月，到 2017 年 10 月 13 日为交货日。如果甲、乙双方 2017 年 12 月 31 日签订合同，约定 9 个月后交货，则期间从 2018 年 1 月 1 日起计算 9 个月，到 2018 年 9 月 30 日为交货日。

因为一年中各自然月的天数不一致，闰年与平年的 2 月份天数也不一致，所以按日计算期间的情况下，相同的期间长度在不同月份、年份可能产生不同的计算结果。

（3）按年计算期间的情况。例如，甲、乙双方 2016 年 1 月 13 日签订合同，约定 3 年后交货，则期间从 2016 年 1 月 14 日开始计算 3 年，到 2019 年 1 月 13 日为交货日；如果约定 5 年后交货，则到 2021 年 1 月 13 日为交货日。如果甲乙双方合同从 2016 年 8 月 1 日生效，约定 3 年后交货，则期间从 2016 年 8 月 2 日开始计算，至 2019 年 8 月 1 日结束。

可见，在以年为计算单位的情况下，期间计算的结果不受一年中各自然月天数、闰年与平年的影响。

2. 按照小时计算期间的，自法律规定或者当事人约定的时间开始计算

与民法通则的规定相比，本条增加了在按照小时计算期间的情况下，允许当时人约定，这是为了最大程度地尊重当事人的意思自治，尊重不同地区、不同行业的交易习惯，方便生活、促进交易。

按照小时计算期间，可以有两种起算方法：一种是自法律规定的时间开始计算，另一种是自当事人约定的时间开始计算。前一种情况下，例如，从8时开始计算3个小时，则期间应该到11时结束。又如，从8时30分开始计算26个小时，则期间应该到第二日10时30分结束。后一种情况下，可以允许当时人根据商业交易习惯或者双方都认可的方式约定期间起算方式，如整数计算法，不论期间从何时开始计算，都约定按照最近将要到达的整数时间点开始计算。8时38分达成交易合同，则从9时开始计算期间。

第二百零二条 【期间结束】

按照年、月计算期间的，到期月的对应日为期间的最后一日；没有对应日的，月末日为期间的最后一日。

【立法背景】

我国民法通则没有关于期间结束日的规定，但是《票据法》第107条第2款规定："按月计算期限的，按到期月的对日计算；无对日的，月末日为到期日。"许多其他国家和地区立法例均有这种规定。本条规定借鉴了其他国家和地区立法的经验并参考了票据法的规定。

【条文精解】

在以日定期间的情况下，算足该期间之日即为期间最后一日。在按照年、月计算期间的情况下，期间结束日根据是否按照整月计算，会有两种不同的结果。在不按照整月计算的情况下，例如，甲、乙二人于2017年1月15日签订劳务合同，约定1个月的履行期，则期间开始日为2017年1月16日，期间结束日为2017年2月15日。甲、乙二人于2017年2月15日签订劳务合同，约定1个月的履行期，则期间开始日为2017年2月16日，期间结束日为2017年3月15日。由此可见，期间最后一日总是到期月的签订合同的

对应日。在按照整月计算的情况下，如果甲、乙二人于 2017 年 1 月 31 日签订劳务合同，约定 1 个月的履行期，则期间开始日为 2017 年 2 月 1 日，期间结束日为 2017 年 2 月 28 日。如果甲、乙二人于 2017 年 2 月 28 日签订劳务合同，约定 1 个月的履行期，则期间开始日为 2017 年 3 月 1 日，期间结束日为 2017 年 3 月 31 日。由此可见，期间最后一日总是月末日。

第二百零三条　【期间结束日顺延和期间末日结束点】

　　期间的最后一日是法定休假日的，以法定休假日结束的次日为期间的最后一日。

　　期间的最后一日的截止时间为二十四时；有业务时间的，停止业务活动的时间为截止时间。

【立法背景】

　　不少其他国家和地区立法例对期间最后一日的延长、期间末日的结束点有明确规定。《民法通则》第 154 条第 3 款规定："期间的最后一天是星期日或者其他法定休假日的，以休假日的次日为期间的最后一天。"第 4 款规定："期间的最后一天的截止时间为二十四点。有业务时间的，到停止业务活动的时间截止。"本条规定借鉴了其他国家和地区立法的经验并继承了民法通则的成熟规定。

【条文精解】

　　按照《民法典》第 202 条的规定计算出期间最后一日，如果该日是法定休假日，对民事法律行为的产生、变更或者消灭会产生重大影响，因此法律规定期间顺延到法定休假日结束后的第一日届满。例如，2016 年 8 月 15 日，甲承包的鱼塘中的鱼全部死亡。同年 9 月 30 日，甲得知鱼死亡是村里造纸厂排放废水造成的，其诉讼时效期间开始起算，3 年后的 2019 年 10 月 1 日诉讼时效期间届满。但是，10 月 1 日是国庆节假期，当年国庆节放假为 10 月 1 日至 7 日。甲的诉讼时效期间从 10 月 1 日顺延到 10 月 8 日，即国庆节假期结束后的第一日届满。

　　一日共 24 个小时，24 时为一日的结束点，因此本条第 2 款规定，期间的最后一日的截止时间为 24 时。但银行、证券交易所等均有业务时间，到达业务时间，业务停止运作，在时间联系点上业务结束时间更有意义，没有必要规定到 24 时结束。因此本条第 2 款规定，有业务时间的，停止业务活动的时间为截止时间。这种规定是符合社会生活实际情况的。

第二百零四条 【期间法定或者约定】

期间的计算方法依照本法的规定，但是法律另有规定或者当事人另有约定的除外。

【立法背景】

期间的计算方法依照法律规定，目的是使得当事人按照一种方法计算期间，从而避免误会、方便生活、促进交易，稳定法律秩序。其他一些国家和地区的立法例对此也有明确规定。

【条文精解】

本法是民事领域的基本法，规定期间的计算单位、期间的起算与结束、期间结束日的顺延等基本内容。单行法对期间的计算方法如果有不同规定的，根据特殊优于一般的法理，应当适用特别法的规定。同时，民法需要充分尊重当事人的意思自治，当事人有特定交易习惯或者对期间的计算方法能够达成一致约定的，可以依照当事人的约定。例如，当事人可以约定采用周、半月等计算单位计算期间。

【实践中需要注意的问题】

本条规定与《民法典》第 201 条第 2 款的规定既有区别又有联系。第 201 条第 2 款的规定仅指在按照小时计算期间的情况下，当事人可以约定期间开始的计算点。本条的规定，是指当事人可以约定期间的计算方法，不仅是起算点，还有结束点。因此，在适用范围上，本条比第 201 条第 2 款更为广泛。

第二编

物 权

第一分编　通　则

第一章　一般规定

第二百零五条　【物权编的调整范围】

本编调整因物的归属和利用产生的民事关系。

【条文精解】

本条规定了民法典物权编规范的社会关系，也就是物权编的调整范围。物的归属，是指物的所有人是谁，确定物的归属即是确定在民事上财产权属于谁，这是对物进行利用的前提。物权编调整物的归属关系，就要确定物的归属原则，这是物权编的重要内容。所有权人对其所有物无论是自己使用还是交他人使用，都是对物的利用。物的利用是对物拥有所有权的目的所在。物权编调整因物的利用而产生的相互关系，要确定对物进行利用的规则，这也是物权编的重要内容。因物的归属和利用而产生的民事关系都适用物权编。

【实践中需要注意的问题】

物权编并不一般性地调整所有的物的归属和利用的关系，只调整平等主体之间因物的归属和利用而产生的财产关系，也就是本条规定的"民事关系"。物权编是民法典的一编，民法调整横向的社会关系。经济社会管理活动中管理者与被管理者之间的纵向关系，也涉及财产的归属和利用问题，但此类关系主要是由行政法、经济法调整，不属于物权编调整的范围。

第二百零六条 【基本经济制度】

国家坚持和完善公有制为主体、多种所有制经济共同发展，按劳分配为主体、多种分配方式并存，社会主义市场经济体制等社会主义基本经济制度。

国家巩固和发展公有制经济，鼓励、支持和引导非公有制经济的发展。

国家实行社会主义市场经济，保障一切市场主体的平等法律地位和发展权利。

【立法背景】

中国特色社会主义物权制度是由社会主义基本经济制度决定的，与资本主义物权制度有本质区别，对此必须予以明确。

【条文精解】

党的十九届四中全会通过的中共中央《关于坚持和完善中国特色社会主义制度、推进国家治理体系和治理能力现代化若干重大问题的决定》提出："公有制为主体、多种所有制经济共同发展，按劳分配为主体、多种分配方式并存，社会主义市场经济体制等社会主义基本经济制度，既体现了社会主义制度优越性，又同我国社会主义初级阶段社会生产力发展水平相适应，是党和人民的伟大创造。"作为反映我国社会主义生产关系和维护社会主义经济制度的物权编，必须全面、准确地体现现阶段我国社会主义基本经济制度，体现党中央提出的"必须毫不动摇地巩固和发展公有制经济""必须毫不动摇地鼓励、支持和引导非公有制经济发展"这两个"毫不动摇"的精神。因此，物权编把社会主义基本经济制度和两个"毫不动摇"作为物权编的基本原则，这一基本原则作为物权编的核心，贯穿于物权编的始终。实行社会主义市场经济与我国基本经济制度密切相关。发展社会主义市场经济是坚持和完善社会主义基本经济制度的必然要求。要巩固和发展公有制经济，鼓励、支持和引导非公有制经济的发展，就要提供一个共同发展的平台，这个平台就是社会主义市场经济。改革开放前，我国实行公有制基础上的计划经济，生产过程以及生产资料的配置主要靠计划与调拨来完成，所有制较为单一，只有全民所有制与集体所有制两种形式，虽然有小规模消费市场的存在，但形不成生产资料大市场，因此不是市场经济，而是计划经济。改革开放以来，实行以公有制为主体、多种所有制经济共同发展的基本经济制度，实行社会主义市场经济。实行多种所有制经济共同发展，就要相应采取市场经济体制。多种所有制经济只有在市场经济中才能得到共同发展。市场经济是人类创造的发展经济的文明成果，能够最大限度地发挥生产者的积极性，合理配置资源，创造高效率的经济效益，促进经济繁荣。因此，宪法规定，国家实行社会主义市场经济。实行社会主义市场经济最重要的一条就是要保障市场主体的平等地位和发展权利，这是实行市场经济的前提。作为规范平等主体之间因物的归属和利用而产生的财产关系的物权编，物权关系的主体具有平等的法律地位是物权编调整的平等财产关系存在的前提，这也是物权编乃至民法存在的前提。没有平等关系就没有民法，没有平等的财产关系就没有物权编。因此，物权编将实行社会主义市场经济与保障一切市场主体的平等法律地位和发展权利作为基本原则。

第二百零七条　【平等保护】

国家、集体、私人的物权和其他权利人的物权受法律平等保护，任何组织或者个人不得侵犯。

【立法背景】

平等保护物权在传统民法中并未作为一项单独的原则规定，因民法调整平等主体之间的财产关系与人身关系，平等保护为民法应有之义，不需单独作为一个原则作规定。我国是社会主义国家，以公有制经济为主体，国有经济是国民经济中的主导力量，各种所有制经济在国民经济中的地位不同。保障公有制经济的主体地位、维护国有经济的主导作用，经济法、行政法、刑法都有明确规定。同时，我国实行社会主义市场经济，市场经济要求市场主体拥有平等的法律地位和发展权利，市场主体之间的关系是平等关系。物权编调整平等主体之间的财产关系，主要是市场经济关系。物权编有必要明确规定平等保护物权的原则。

【条文精解】

民法是调整平等主体之间的财产关系和人身关系的法律，作为民法重要组成部分的物权编，调整平等主体之间因物的归属和利用而产生的财产关系。物权编平等保护各个民事主体的物权是由民法调整的社会关系的性质决定的。对于民法的平等原则，民法总则已有明确规定：民法调整平等主体的自然人、法人和非法人组织之间的人身关系和财产关系；民事主体的人身权利、财产权利以及其他合法权益受法律保护，任何组织或者个人不得侵犯；民事主体在民事活动中的法律地位一律平等；民事主体从事民事活动，应当遵循自愿、公平、诚实信用的原则。因此，本条规定了对国家、集体和私人的物权平等保护的原则。

宪法规定："国家实行社会主义市场经济。"公平竞争、平等保护、优胜劣汰是市场经济的基本法则。在社会主义市场经济条件下，各种所有制经济形成的市场主体都在统一的市场上运作并发生相互关系，各种市场主体都处于平等地位，享有相同权利，遵守相同规则，承担相同责任。马克思说，"商品是天生的平等派"。如果对各种市场主体不给予平等保护，解决纠纷的办法、承担的法律责任不一样，那就不可能发展社会主义市场经济，也不可能坚持和完善社会主义基本经济制度。为适应社会主义市场经济发展的要求，党的十六届三中全会明确要"保障所有市场主体的平等法律地位和发展权利"。党的十八届三中全会提出，要完善产权保护制度，公有制经济财产权不可侵犯，非公有制经济财产权同样不可侵犯；国家保护各种所有制经济的产权和合法权益，保证各种所有制经济同等受法律保护。中共中央、国务院《关于完善产权保护制度依法保护产权的意见》明确提出，要坚持平等保护原则，健全以公平为核心原则的产权保护制度。即使不进入市场交易的财产，宪法也明确规定："公民的合法的私有财产不受侵犯。国家依照法律规定保护公民的私有财产权和继承权。"在财产归属依法确定的前提下，作为物权主体，不论是国家的、集体的物权，还是私人的物权，都应当给予平等保护。否则，不同权利人的物权受到同样的侵害，国家的、集体的应当多赔，私人的可以少赔，势必损害群众依法创造、积累财富的积极性，不利于民富国强、社会和谐。需要说明的是，平等保护不是说不同所有制经济在国民经济中的地位和作用是相同的。依据宪法规定，公有制经济是主体，国有经济是主导力量，非公有制经济是社会主义市场经济的重要组成部分，它们在国民经济中的地位和作用是不同的。这主要体现在国家宏观调控、公共资源配置、市场准入等方面，对关系国家安全和国民经济命脉的重要行业和关键领域，必须确保国有经济的控制力，而这些在经济法、行政法中都有明确的规定。

另外需要说明的是，本条规定了"其他权利人的物权"，这是由于本条是从所有制的角度对物权主体分类规定平等保护原则的，尚有无法完全纳入"国家""集体"和"私人"的权利人，如公益性基金会等，因此规定了"其他权利人"。

第二百零八条 【物权公示】

　　不动产物权的设立、变更、转让和消灭，应当依照法律规定登记。动产物权的设立和转让，应当依照法律规定交付。

【条文精解】

　　物权公示原则是传统民法的原则，虽然具体制度的规定可能有差异，却是各国物权制度通行的原则。物权公示原则说的是两个方面的问题：第一，物权人享有物权、物权的内容变更或者物权消灭以什么方式确定。比如，买房屋或者买电视，买主什么时候拥有该房屋或者电视的所有权？以什么方式确定？某人决定将其所有的房屋与他人共有，以什么方式确定共有权？房屋出售什么时候丧失所有权？以什么方式确定？这些都是物权的设立、变更、转让和消灭的方式问题，称为物权变动。第二，由于物权是排他的"绝对权""对世权"，成千上万的义务人负有不作为的义务。因此必须让广大的义务人清楚地知道谁是权利人，不应该妨碍谁。而且，权利人转让自己的物时，也要让买主知道他有无资格转让该物。这都要求以令公众信服的特定方式确定，让大家很容易、很明白地知道该物是谁的，以维护权利人和社会公众的合法权益。这是物权的公信问题。

　　物权公示的主要方法，是不动产物权的设立、变更、转让和消灭经过登记发生效力，动产物权的设立、转让通过交付发生效力。也就是说，要获得不动产的所有权，就要进行登记；变更不动产所有权的内容，比如，一人所有变为两人所有，也要进行登记；将不动产出售，还要进行登记。登记之后不动产所有权的设立、变动或者消灭才有效。获得一个动产的所有权，要通过交付。比如，买一台电视，就要通过交付，买主才有所有权；反之，出售一台电视，要交付给买主，卖主才失去所有权。因此，物权变动的关键点，不动产就是登记，动产就是交付。这是一方面。另一方面，要了解一项不动产属于谁所有，就要查不动产登记簿；要了解动产属于谁，就看谁占有它。简单地讲，确定物的归属就是不动产看登记，动产看占有。不动产不能移动，要靠不动产登记簿标明四至界限，除登记错误需要依法更正的外，不动产登记簿上记载的人就是该不动产的权利人。不动产登记簿是公开的，有关人员都能查阅、复制。因此，不动产登记簿的公示性是最强的，最能适应市场交易安全便捷的需要，能最大限度地满足保护权利人的要求。动产可能频繁移动，动产在谁的手里，除有相反证据外，谁就是该动产的权利人。物权编有关财产归属的规定是人类文明的优秀成果，各国有关财产归属的规定大同小异，方法简单，一目了然。如果不采取这种方法，而采取别的什么方法，必然使经济秩序混乱不堪，最终影响经济的发展和社会的进步。

第二章　物权的设立、变更、转让和消灭

第一节　不动产登记

第二百零九条　【不动产物权登记生效】

　　不动产物权的设立、变更、转让和消灭，经依法登记，发生效力；未经登记，不发生效力，但是法律另有规定的除外。

　　依法属于国家所有的自然资源，所有权可以不登记。

【立法背景】

　　《民法典》第208条规定了物权公示的基本原则，不动产物权的设立、变更、转让和消灭，应当依照法律规定登记。本条的规定，是对不动产公示原则的具体体现。

　　不动产，是指土地以及房屋、林木等土地附着物，对整个社会具有重大的政治意义、经济意义。不动产物权，在各国都是物权编最重要的内容。不动产物权的重要意义和作用，又与不动产登记制度有着紧密的联系。本条规定，除法律另有规定外，不动产物权的设立、变更、转让和消灭，经依法登记，发生效力；未经登记，不发生效力。这表明，原则上不动产物权登记是不动产物权的法定公示手段，是不动产物权设立、变更、转让和消灭的生效要件，也是不动产物权依法获得承认和保护的依据。

【条文精解】

　　不动产物权登记，最基本的效力表现为，除法律另有规定外，不动产物权的设立、变更、转让和消灭，经依法登记，发生效力；未经登记，不发生效力。例如，当事人订立了合法有效的买卖房屋合同后，只有依法办理了房

屋所有权转让登记后，才发生房屋所有权变动的法律后果；不经登记，法律不认为发生了房屋所有权的变动。

本条规定："未经登记，不发生效力，但法律另有规定的除外。"这里的"法律另有规定的除外"，主要包括三方面的内容：（1）本条第2款所规定的，依法属于国家所有的自然资源，所有权可以不登记。（2）本章第三节规定的物权设立、变更、转让或者消灭的一些特殊情况，即主要是非依法律行为而发生的物权变动的情形：第一，因人民法院、仲裁委员会的法律文书，人民政府的征收决定等，导致物权设立、变更、转让或者消灭的，自法律文书生效或者人民政府的征收决定等行为生效时发生效力。第二，因继承取得物权的，自继承开始时发生效力。第三，因合法建造、拆除房屋等事实行为设立和消灭物权的，自事实行为成就时发生效力。（3）考虑到现行法律的规定以及我国的实际情况尤其是农村的实际情况，本法并没有对不动产物权的设立、变更、转让和消灭，一概规定必须经依法登记才发生效力。例如，在土地承包经营权一章中规定，"土地承包经营权自土地承包经营权合同生效时设立"。同时还规定，"土地承包经营权互换、转让的，当事人可以向登记机构申请登记；未经登记，不得对抗善意第三人"。这里规定的是"未经登记，不得对抗善意第三人"，而不是"不发生效力"。在地役权一章中规定，"地役权自地役权合同生效时设立。当事人要求登记的，可以向登记机构申请地役权登记；未经登记，不得对抗善意第三人"。在宅基地使用权一章，也没有规定宅基地使用权必须登记才发生效力，只是规定，"已经登记的宅基地使用权转让或者消灭的，应当及时办理变更登记或者注销登记"。也就是说，宅基地使用权不以登记为生效要件。

本条第2款规定，依法属于国家所有的自然资源，所有权可以不登记。本编规定，法律规定属于国家所有的财产，属于国家所有即全民所有。同时，在现行法律相关内容的基础上规定，矿藏、水流、海域属于国家所有；城市的土地，属于国家所有。法律规定属于国家所有的农村和城市郊区的土地，属于国家所有；森林、山岭、草原、荒地、滩涂等自然资源，属于国家所有，但法律规定属于集体所有的除外；野生动物资源属于国家所有。本款作这样的规定，主要是出于两方面的考虑：第一，规定不动产物权登记生效，是物权公示原则的体现。法律明确规定哪些自然资源属于国家所有，比权利记载于登记机构管理的不动产登记簿有着更强的公示力，也就无须再通过不动产登记来达到生效的法律效果。第二，不动产物权登记生效，针对的主要是当事人通过法律行为进行物权变动的情况。本款所规定的国家依照法律规定对自然资源享有所有权，不属于因法律行为而产生物权变动的情况，因此也就无须进行登记。需要说明的是，本款只是规定依法属于国家所有的自然资源，所有权可以不登记，至于在国家所有的土地、森林、海域等自然资源上设立用益物权、担保物权，则需要依法登记生效。

【实践中需要注意的问题】

关于本条第 2 款，在立法征求意见的过程中，有一种意见认为，这样规定不利于对国家所有的自然资源的管理，也不利于对自然资源的利用，建议将其修改为国家所有的自然资源也应登记，并具体规定由哪个部门登记、管理、开发和利用。应当指出，在实践中，为了加强对国有自然资源的管理和有效利用，有关管理部门对国有自然资源进行了资产性登记。一些法律法规也有这方面的规定。但这种资产性登记，与物权编规定的作为公示方法的不动产物权登记性质上是不同的，它只是管理部门为"摸清家底"而从事的一种管理行为，并不产生物权编上的效力。

第二百一十条 【不动产登记机构】

不动产登记，由不动产所在地的登记机构办理。

国家对不动产实行统一登记制度。统一登记的范围、登记机构和登记办法，由法律、行政法规规定。

【立法背景】

2007 年物权法立法过程中考虑到有关法律、法规的规定，不动产登记主要由不动产所在地的县级以上人民政府的相关不动产管理部门负责。涉及的部门主要有土地管理部门、房产管理部门、农业主管部门、林业主管部门、海洋行政主管部门、地质矿产主管部门等。在物权法立法过程中，不少部门、专家认为，登记机构特别是不动产登记机构不统一，必然出现重复登记、登记资料分散、增加当事人负担、资源浪费等弊端，不利于健全登记制度，应当统一登记机构。立法机关经研究，赞成上述意见，同时又考虑到统一登记涉及行政管理体制改革，实行统一登记需要有一个过程。因此，物权法规定"国家对不动产实行统一登记制度"的同时，又规定，"统一登记的范围、登记机构和登记办法，由法律、行政法规规定"。民法典维持了这一规定。

【条文精解】

从其他国家和地区的情况来看，一些发达国家规定在一国之内或一个统一司法区域内实行不动产统一登记的制度，即不论是土地、房屋还是其他不动产，也不论是何种不动产物权，均由统一的机构登记。至于具体的登记机构设置，不同国家和地区则不尽相同，如德国的不动产登记机构为属于地方法院的土地登记局，瑞士大多为各州的地方法院，日本为司法行政机关法务局、地方法务局及其派出所，我国台湾地区的登记机关是属于行政机构的"地政局"。

为整合不动产登记职责，规范登记行为，方便群众申请登记，保护权利人合法权益，国务院于2014年制定发布了《不动产登记暂行条例》，自2015年3月1日起施行。目前，不动产登记工作应当按照《不动产登记暂行条例》来执行。

【实践中需要注意的问题】

2018年9月7日，第十三届全国人大常委会立法规划公布，其中不动产登记法被列为一类立法项目。不动产统一登记的范围、登记机构和登记办法将是不动产登记法的重要内容。

第二百一十一条　【登记材料】

当事人申请登记，应当根据不同登记事项提供权属证明和不动产界址、面积等必要材料。

【条文精解】

关于申请登记需要向登记机构提供哪些材料这些问题，有些国家是由专门的不动产登记法规定的，如日本不动产登记法规定，申请登记，应提供申请书、证明登记原因的材料、关于登记义务人权利的登记证明书、第三人许可、同意或承诺的证明、代理人权限的证明等。物权编在此只是原则性地作出一个衔接性的规定，当事人申请登记所需要提供的具体材料，还需要专门法律法规去进一步明确。比如，《不动产登记暂行条例》第16条就明确规定："申请人应当提交下列材料，并对申请材料的真实性负责：（一）登记申请书；（二）申请人、代理人身份证明材料、授权委托书；（三）相关的不动产权属来源证明材料、登记原因证明文件、不动产权属证书；（四）不动产界址、空间界限、面积等材料；（五）与他人利害关系的说明材料；（六）法律、行政法规以及本条例实施细则规定的其他材料。"

第二百一十二条 【登记机构职责】

登记机构应当履行下列职责：

（一）查验申请人提供的权属证明和其他必要材料；

（二）就有关登记事项询问申请人；

（三）如实、及时登记有关事项；

（四）法律、行政法规规定的其他职责。

申请登记的不动产的有关情况需要进一步证明的，登记机构可以要求申请人补充材料，必要时可以实地查看。

【立法背景】

关于登记机构职责规定的意见主要集中在登记审查应当采用何种方式上，主要有形式审查和实质审查两种意见的争论。有的认为，登记机构应当对登记申请进行实质审查，以避免错误登记；有的认为，登记机构的审查主要是形式审查，实质审查是没有能力做到的。然而，对于何谓形式审查，何谓实质审查，也存在争论。

【条文精解】

本条的两款规定，既没有试图界定什么是实质审查，什么是形式审查，更不去回答物权编要求不动产登记机构进行实质审查还是形式审查。本条的规定，是在调研我国不动产登记实际情况并听取各方面意见的基础上作出的，目的是使登记机构在各自的职权范围内，充分履行职责，尽可能地保证如实、准确、及时地登记不动产物权有关事项，避免登记错误。本条内容只是物权编作出的一个原则性规定，随着行政管理体制改革和不动产统一登记制度的建立，法律还将在总结实践经验的基础上对登记机构履行职责问题上作出更为具体的规定。例如，《不动产登记暂行条例》第18条规定，不动产登记机构应当对下列事项进行查验：（1）不动产界址、空间界限、面积等材料与申请登记的不动产状况是否一致；（2）有关证明材料、文件与申请登记的内容是否一致；（3）登记申请是否违反法律、行政法规规定。《不动产登记暂行条例》第19条规定，对下列情形不动产登记机构可以对申请登记的不动产进行实地查看：（1）房屋等建筑物、构筑物所有权首次登记；（2）在建建筑物抵押权登记；（3）因不动产灭失导致的注销登记；（4）不动产登记机构认为需要实地查看的其他情形。对可能存在权属争议，或者可能涉及他人利害关系的登记申请，不动产登记机构可以向申请人、利害关系人或者有关单位进行调查。

第二百一十三条　【登记机构禁止从事的行为】

登记机构不得有下列行为：

（一）要求对不动产进行评估；

（二）以年检等名义进行重复登记；

（三）超出登记职责范围的其他行为。

【条文精解】

在前条规定登记机构应当履行的职责的基础上，又作出本条的规定，主要是针对在立法调研过程中发现的一些问题。一些地方的一些不动产登记机构，履行职责态度不端正，管理不严格，不考虑如何准确及时登记申请事项，如何为当事人提供便利，而是挖空心思，利用手中职权给当事人设置重重障碍，在为单位和个人谋取私利上做足功夫，炮制出"评估""年检"等诸多名目，收取高额费用。这些现象在抵押登记领域尤为突出，群众的意见很大。这种情况从另一面也反映出在不动产登记方面，法律法规还有待更加完善。因此，本条作出上述规定，对这些行为予以明确禁止，在明确列举"要求对不动产进行评估"和"以年检等名义进行重复登记"这两项反映较多的问题的同时，又规定了一项兜底内容，即"超出登记职责范围的其他行为"，以防止这些登记机构改头换面，钻法律的空子；同时，也为当事人在权益受到侵害时提供法律武器。

第二百一十四条　【物权登记生效时间】

不动产物权的设立、变更、转让和消灭，依照法律规定应当登记的，自记载于不动产登记簿时发生效力。

【条文精解】

本章规定，除法律另有规定外，不动产物权的设立、变更、转让和消灭，经依法登记，发生效力，未经登记，不发生效力，确立了不动产物权登记生效的原则。本条则具体明确了不动产物权设立、变更、转让和消灭登记生效的时间，即"自记载于不动产登记簿时发生效力"，也即是说，不动产物权登记，自登记机构将不动产物权有关事项记载于不动产登记簿时，始告完成。

不动产登记簿，是指法律规定的不动产物权登记机构管理的不动产物权登记档案。一般认为，根据物权公示原则的要求，不动产登记簿应当具有这样一些特征：一是统一性，一个登记区域内的不动产登记簿只能有一个，这样该区域内的不动产物权变动的各种情况才能准确地得到反映，物权交易的秩序才能良好建立；二是权威性，不动产登记簿是国家建立的档案簿册，其公信力以国家的行为担保，并依此为不动产物权变动的可信性提供保障；三是持久性，不动产登记簿将由登记机构长期保存，以便于当事人和利害关系人的利益获得长期的保障；四是公开性，不动产登记簿不应是秘密档案，登记机构不但应当允许权利人和利害关系人查阅复制，而且还要为他们的查阅复制提供便利。正因为不动产登记簿具有这些特征，不动产物权的设立、变更、转让和消灭只有在记载于不动产登记簿之后，才具有了公示力和排他力，因此，本条作出了上述规定。

第二百一十五条 【区分原则】

当事人之间订立有关设立、变更、转让和消灭不动产物权的合同，除法律另有规定或者当事人另有约定外，自合同成立时生效；未办理物权登记的，不影响合同效力。

【条文精解】

本条是关于合同效力和物权效力区分的规定。

本条规定的内容，在民法学中称为物权变动与其基础关系或者说原因关系的区分原则。区分合同效力和登记效力为我国民法学界普遍赞同。以发生物权变动为目的的基础关系，主要是合同，它属于债权法律关系的范畴，成立以及生效应该依据合同法来判断。民法学将这种合同看成物权变动的原因行为。不动产物权的变动只能在登记时生效，依法成立生效的合同也许不能发生物权变动的结果。这可能是因为物权因客观情势发生变迁，使得物权的变动成为不可能；也可能是物权的出让人"一物二卖"，其中一个买受人先行进行了不动产登记，其他的买受人便不可能取得合同约定转让的物权。有关设立、变更、转让和消灭不动产物权的合同和物权的设立、变更、转让和消灭本身是两个应当加以区分的情况。除非法律有特别规定，合同一经成立，只要不违反法律的强制性规定和社会公共利益，就可以发生效力。合同只是当事人之间的一种合意，并不必然与登记联系在一起。登记是针对民事权利的变动而设定的，它是与物权的变动联系在一起的，是一种物权变动的公示的方法。登记并不是针对合同行为，而是针对物权的变动所采取的一种公示方法，如果当事人之间仅就物权的变动达成合意，而没有办理登记，合同仍然有效。例如，当事人双方订立了房屋买卖合同之后，合同就已经生效，如果没有办理登记手续，房屋所有权就不能发生移转，但买受人基于有效合同而享有的占有权仍然受到保护。违约的合同当事人一方应该承担违约责任。依不同情形，买受人可以请求债务人实际履行合同，即请求出卖人办理不动产转让登记，或者请求债务人赔偿损失。

第二百一十六条 【不动产登记簿性质】

不动产登记簿是物权归属和内容的根据。

不动产登记簿由登记机构管理。

【条文精解】

前文已述不动产登记簿的几个特征。在确立了不动产物权登记生效的原则之后，不动产登记簿就自然应当成为不动产物权的法律根据，这是不动产物权公示原则的当然体现，也是保障物权变动安全的必要手段。本条第1款的规定，在民法学上一般称为权利正确性推定原则，即在不动产登记簿上记载某人享有某项物权时，推定该人享有该项权利，其权利的内容也以不动产登记簿上的记载为准。在建立不动产登记制度的情况下，不动产登记成为不动产物权制度的基础，不动产登记簿所记载的权利的正确性推定效力对客观、公正的不动产交易秩序的建立有着极为重要的意义。

不动产登记簿记载的权利和事实上的权利应当是一致的，法律也要求登记机构正确履行职责，如实记载登记事项，但是由于现实经济生活的复杂性，也会产生两者不相符合的情形。在实际生活中，由于当事人自己的过错或者由于登记机关的过错，可能会出现登记的权利和事实上的权利不一致的情况。因此，规定不动产登记簿的推定正确效力，对实现不动产物权变动中的客观公正有十分重要的意义，正因为登记簿有此效力，第三人依据登记簿所取得的权利才受到法律的保护，交易的安全才有了保障。由此可见，法律规定物权的归属和内容以不动产登记簿为根据，目的就是从国家公信力的角度对物权相对人的利益进行保护，从而建立一个能以客观标准衡量的公正的经济秩序，这也是物权公示原则的价值和要求。法律在为建立公正安全的交易秩序而保护相对人利益的同时，也为可能的事实权利人提供了异议登记、更正登记等救济手段。

第二百一十七条 【不动产权属证书性质】

不动产权属证书是权利人享有该不动产物权的证明。不动产权属证书记载的事项，应当与不动产登记簿一致；记载不一致的，除有证据证明不动产登记簿确有错误外，以不动产登记簿为准。

【条文精解】

不动产权属证书，即不动产的所有权证、使用权证等，是登记机关颁发给权利人作为其享有权利的证明。根据物权公示原则，完成不动产物权公示的是不动产登记，不动产物权的归属和内容应以不动产登记簿为根据。不动产物权证书只是不动产登记簿所记载内容的外在表现形式。在社会生活和交易过程中，不动产权利人为了证明自己的权利状况，可以出示权属文书。

实践中，仍存在重视不动产权属证书而轻视不动产登记簿的现象，这样将削弱不动产物权的公示性，影响不动产交易的安全。因此，本条规定，不动产权属证书是权利人享有该不动产物权的证明。不动产权属证书记载的事项，应当与不动产登记簿一致；记载不一致的，除有证据证明不动产登记簿确有错误外，以不动产登记簿为准。国外也有类似的规定，如意大利民法典规定，在不动产登记簿、复印件或证明不同的情况下，登记簿的效力优先。

第二百一十八条 【不动产登记资料查询、复制】

权利人、利害关系人可以申请查询、复制不动产登记资料，登记机构应当提供。

【立法背景】

不动产登记制度是建立和完善物权法律制度的基础。但是，究竟哪些人可以查询和复制登记资料？对此有不同的观点。有一种观点认为，任何人都可以查询和复制。持这种观点的主要基于以下三个理由：第一，物权公示的目的就是要公开登记资料，让社会公众都能够知道物权归属的状况；第二，如果权利人选择进行登记，登记行为本身也就表明他并不把所要登记的内容作为个人隐私，登记的资料就是准备要公开的，因此不属于隐私的范畴，也不属于商业秘密；第三，如果一部分人可以进行查询、复制，而另外一部分人不能进行查询、复制，就需要作出一些限制性的规定，在实际操作中所需的成本比较高。还有一种观点认为，对于享有不动产物权而不想进行交易的权利人来说，没有必要使其不动产物权登记信息被社会公众都知道。对于想要受让不动产物权的当事人来说，也无须了解所有的不动产物权登记信息，需要了解的只是对方需要出让的不动产物权信息。因此，没有必要规定不动产登记资料向全社会公众开放。对于这个问题，国外的规定也不一样，有的国家、地区允许大家都可以查询，有的则作出某种限制。

【条文精解】

物权公示本来的含义或者真正目的，不是要求全社会的人都知道特定不动产的信息。物权公示虽然是针对不特定的人，但这个不特定的人不是全社会的人。登记资料只要能够满足合同双方当事人以外或者物权权利人以外的人中可能和这个物权发生联系的这部分人的要求，就达到了登记的目的和物权公示的目的了。如果不加区别地认为所有人都可以查询、复制登记资料，实际上是一种误导，做了没有必要做的事情，甚至会带来没有必要的麻烦。因此，本条规定，权利人、利害关系人可以申请查询、复制登记资料，登记机构应当提供。

第二百一十九条　【不动产登记信息保护】

利害关系人不得公开、非法使用权利人的不动产登记资料。

【立法背景】

我国法律高度重视对自然人个人信息的保护，不断完善保护个人信息的法律规定。民法典总则编在民事权利一章明确规定："自然人的个人信息受法律保护。任何组织和个人需要获取他人个人信息的，应当依法取得并确保信息安全，不得非法收集、使用、加工、传输他人个人信息，不得非法买卖、提供或者公开他人个人信息。"此外，对个人信息的保护还涉及多部法律，如侵权责任法、消费者权益保护法、网络安全法、商业银行法、执业医师法、居民身份证法以及全国人大常委会《关于加强网络信息保护的决定》等。这些法律从不同角度对自然人个人信息进行保护，明确相关民事主体的权利义务，规定相应的民事责任以及行政责任、刑事责任。

【条文精解】

本条是编纂民法典过程中新增加的条文。明确利害关系人不得公开、非法使用权利人不动产登记资料的义务，目的是保护权利人的个人信息。依照前条的规定，在权利人之外，只有利害关系人可以申请查询、复制登记资料。如此规定已经表明，法律不认为不动产物权登记信息属于可以向社会公众开放查询的公开信息。除权利人外，登记资料只要能够满足与特定物权产生利害关系的人查询、复制的需要，就达到了物权公示的目的了。利害关系人虽然依法有资格查询、复制不动产登记资料，然而，本条仍明确，其有义务保护不动产权利人的个人信息，不得公开、非法使用权利人的不动产登记资料。

第二百二十条 【更正登记和异议登记】

权利人、利害关系人认为不动产登记簿记载的事项错误的，可以申请更正登记。不动产登记簿记载的权利人书面同意更正或者有证据证明登记确有错误的，登记机构应当予以更正。

不动产登记簿记载的权利人不同意更正的，利害关系人可以申请异议登记。登记机构予以异议登记，申请人自异议登记之日起十五日内不提起诉讼的，异议登记失效。异议登记不当，造成权利人损害的，权利人可以向申请人请求损害赔偿。

【条文精解】

更正登记与异议登记同样是保护事实上的权利人或者真正权利人以及真正权利状态的法律措施。与异议登记不同的是，更正登记是彻底地消除登记权利与真正权利不一致的状态，避免第三人依据不动产登记簿取得不动产登记簿上记载的物权。因此，也可以认为更正登记是对原登记权利的涂销登记，同时是对真正权利的初始登记。更正登记有两种方式：一种是经权利人（包括登记上的权利人和事实上的权利人）以及利害关系人申请的登记；另一种是登记机关自己发现错误后作出的更正登记。更正登记的目的是保护事实上的权利人的物权，许可真正的权利人或者利害关系人依据真正的权利状态对不动产登记簿记载的内容进行更正。但是，更正的程序可能较为费时，有时申请更正的权利人与登记簿上记载的权利人之间的争议一时难以化解，法律有必要建立异议登记制度，作为一种对真正权利人利益的临时性保护措施。

　　所谓异议登记，是指将事实上的权利人以及利害关系人对不动产登记簿记载的权利所提出的异议记入登记簿。异议登记的法律效力是，登记簿上所记载权利失去正确性推定的效力，第三人也不得主张依照登记的公信力而受到保护。由此可见，异议登记虽然可以对真正权利人提供保护，但这种保护应当是临时性的，因为它同时也给不动产物权交易造成了一种不稳定的状态。为使得不动产物权的不稳定状态早日恢复正常，法律必须对异议登记的有效期间作出限制。因此，本条规定，申请人在异议登记之日起15日内不起诉的，异议登记失效。申请人在异议登记之日起15日内不起诉，说明异议登记的申请人不积极行使其权利，为使登记簿上记载的权利人的利益和正常的交易秩序不致受到严重的影响，法律规定这时该异议登记失去其效力。

　　由于异议登记可以使登记簿上所记载权利失去正确性推定的效力，同时，异议登记的申请人在提出异议登记的申请时也无须充分证明其权利受到了损害，因此，如果申请人滥用异议登记制度，将可能给登记簿上记载的权利人的利益造成损害。所以，本条规定，异议登记不当，造成权利人损害的，权利人可以向申请人请求损害赔偿。

第二百二十一条 【预告登记】

　　当事人签订买卖房屋的协议或者签订其他不动产物权的协议，为保障将来实现物权，按照约定可以向登记机构申请预告登记。预告登记后，未经预告登记的权利人同意，处分该不动产的，不发生物权效力。

　　预告登记后，债权消灭或者自能够进行不动产登记之日起九十日内未申请登记的，预告登记失效。

【条文精解】

　　预告登记，是指为保全一项请求权而进行的不动产登记，该项请求权所要达到的目的，是在将来发生不动产物权变动。这种登记是不动产登记的特殊类型。其他的不动产登记都是对现实的不动产物权进行登记，而预告登记所登记的，不是不动产物权，而是将来发生不动产物权变动的请求权。预告登记的本质特征是，使被登记的请求权具有物权的效力，也就是说，进行了预告登记的请求权，对后来发生的与该项请求权内容相同的不动产物权的处分行为，具有对抗的效力，这样，所登记的请求权就得到了保护。

　　预告登记的功能是限制房地产开发商等债务人处分其权利，即本条规定的"预告登记后，未经预告登记的权利人同意，处分该不动产的，不发生物权效力"，以保障债权人将来实现其债权。正如有的学者所说，预告登记的实践意义在于，权利人所期待的未来发生的物权变动对自己有极为重要的意义，非要发生这种变动不可；而法律也认可这种变动对权利人的意义，并以法律予以保障。比如，老百姓购买预售的住房，它涉及公民的基本生存权利，所以法律上承认买受人获得指定的房屋的权利有特殊保护的必要。但是，因为购房人在与开发商订立预售合同后，只享有合同法上的请求权，该项权利没有排他的效力，所以购房人无法防止开发商将房屋以更高的价格出卖给他人，即"一房二卖"这种情况的发生，只能在这种情况发生时主张开发商违约要求损害赔偿，而无法获得指定的房屋。在建立了预告登记制度的情况下，购房人如果将他的这一请求权进行预告登记，因为预告登记具有物权的排他效力，所以开发商违背预告登记内容的处分行为就不能发生法律效力。这些处分行为既包括"一房二卖"，也包括在已出售的房屋上设定抵押权等行为。这样，购房者将来肯定能够获得约定买卖的房屋。因此，预告登记对解决类似商品房预售中"一房二卖"这样的社会问题有着特殊的作用。依照本条规定，预告登记不仅可以针对当事人签订买卖房屋协议的情况，还包括签订其他不动产物权协议的情况。因而，建立预告登记制度，具有广泛的保障债权实现的意义。

第二百二十二条 【登记错误赔偿责任】

当事人提供虚假材料申请登记，造成他人损害的，应当承担赔偿责任。

因登记错误，造成他人损害的，登记机构应当承担赔偿责任。登记机构赔偿后，可以向造成登记错误的人追偿。

【立法背景】

实践中，登记错误的发生主要有两种情况：一是登记机构工作人员疏忽、过失等原因造成错误；二是登记申请人等采取欺骗手段或者与登记机关的人员恶意串通造成错误。

【条文精解】

立法征求意见过程中，普遍认为，当事人提供虚假材料申请登记，给他人造成损害的，应当承担赔偿责任。对于登记错误，登记机构应当如何承担责任，有不同的意见。有的提出，因登记机构的过错，致使不动产登记发生错误，因该错误登记致当事人或者利害关系人遭受损害的，登记机关应依照国家赔偿法的相应规定承担赔偿责任。这种意见认为，我国国家赔偿法规定，国家机关及其工作人员因执行公务的过错给公民、法人造成损害的，应承担国家赔偿的责任。具体承担责任的部门，包括政府、法院和检察院等。不动产物权登记是以国家的公信力为不动产的交易提供法律基础的行为，如果登记错误是由登记机构的过错造成的，而当事人或者利害关系人因该登记受到损害，登记机关应当承担国家赔偿责任。同时认为，国家赔偿责任是过错责任，如果登记机关没有过错，则不应承担责任。如果登记错误是由登记机构和当事人、利害关系人的共同过错造成的，则他们应当承担共同责任。有的提出，因不动产登记机构登记漏登、误登造成他人损失的，应当由不动产登记机构赔偿，但不赞同适用国家赔偿法并由国家出资赔偿，而是建议设立不动产登记赔偿基金，在不动产登记业务中根据一定的标准收取一定的费用，纳入不动产登记赔偿基金，该基金只能用于不动产登记赔偿，不能挪作他用。

经研究认为，对于登记机构应当具有什么性质还有不同意见，有待于进一步明确，目前不宜规定登记机构的国家赔偿责任。不动产登记赔偿基金可否设立，应当如何设立，也还可以进一步研究，即使以后规定，也宜由不动产登记的专门法律作出。民法典作为民事基本法，对于登记错误责任问题，本条作出的只是原则性的规定。本条第 2 款规定，因登记错误，给他人造成损害的，登记机构应当承担赔偿责任。这里造成登记错误的原因，既包括登记机构工作人员故意以及疏忽大意等过错，也包括当事人提供虚假材料欺骗登记机构等情形。登记错误的受害人处于相对弱势的地位，这样规定，是为了对受害人提供更加充分的保护。登记机构赔偿后，可以向造成登记错误的人追偿。

第二百二十三条 【登记收费】

不动产登记费按件收取，不得按照不动产的面积、体积或者价款的比例收取。

【立法背景】

本条规定源自《物权法》第 22 条，作了一些修改。

【条文精解】

在 2007 年物权法立法征求意见过程中，有人提出，一段时间以来，许多地方存在不动产登记收费过高的问题，并且无论是对不动产所有权登记，还是对不动产抵押权等所谓不动产他项权利登记，普遍地按照不动产的面积作为计收登记费的标准，有的地方按照不动产转让或者抵押合同的标的额的相当比例收取登记费。一些群众对各地方的这些现象有意见，认为加重了交易负担。多数意见认为，登记机构不是营利性组织，目前我国各地的不动产登记机构，从事的登记工作一般也只是对登记申请人提供的有关材料是否符合规定的条件进行审核，在此基础上收取登记费，不宜与不动产的面积、体积或者价款的比例等因素挂钩，把这些作为计费的标准，建议在法律中予以明确。立法过程中，有的部门提出，物权法不宜对登记收费问题作规定。有的专家也认为，登记收费的问题属于具体的程序性问题，可以由将来的不动产登记法规定，物权法作为民事基本法，对此可以不作规定。立法机关经研究认为，物权法关系人民群众的切身利益，为社会各方面普遍关注，对于社会生活中反映较多，与人民群众利益较为密切的问题，应当在物权法中作出适当的规定。据此，《物权法》第 22 条规定："不动产登记费按件收取，不得按照不动产的面积、体积或者价款的比例收取。具体收费标准由国务院有关部门会同价格主管部门规定。"

在编纂民法典整合物权法过程中，有的意见提出，这一条过细，又涉及行政管理问题，规定在民法典中有欠妥当。而且，目前登记机构实际工作中，早已做到了不动产登记费按件收取，不按照不动产的面积、体积或者价款的比例收取，建议删去这一规定。但也有意见认为，这条规定当初就是在存在争议的情况下，为了保护人民群众切身利益而规定在民事基本法当中的，实践证明发挥了很好的作用。登记机构实际工作的改进与国家大法的推动关系很大。如果去掉这一规定，可能引发不正确的解读，不利于巩固工作成果。编纂民法典，是要对实践证明明显有问题的规定，或者社会生活急需、各方面意见又基本一致的规定进行修改补充，类似于本条规定这样的内容，以继承为宜。立法机关采纳了这种意见。

第二节　动产交付

第二百二十四条　【动产物权交付生效】

　　动产物权的设立和转让，自交付时发生效力，但是法律另有规定的除外。

【立法背景】

　　本编第一章规定了物权公示原则，以维护交易安全，为第三人利益提供切实保障。不动产物权以登记为公示手段，与此相对应，动产物权以占有和交付为公示手段。占有主要在静态下，即在不发生物权变动的情况下发挥动产物权的公示作用；而交付主要是在动态下，即在发生物权变动的情况下发挥动产物权的公示作用。

　　我国民法对动产物权的设立和转让何时发生效力的问题已有一些规范。民法通则规定，按照合同或者其他合法方式取得财产的，财产所有权从财产交付时起转移，法律另有规定或者当事人另有约定的除外。在民法通则颁布时，我国尚没有不动产市场，故民法通则规定的这一原则，即是为动产所有权移转确定的。合同法规定，标的物的所有权自标的物交付时起转移，但法律另有规定或者当事人另有约定的除外。

【条文精解】

　　本条规定也是继承了我国民法的有关规定。依照本条规定，"动产物权的设立和转让，自交付时发生效力"，指的是当事人通过合同约定转让动产所有权和设立动产质权两种情况。物权编上所说的交付，指的是物的直接占有的转移，即一方按照法律行为要求，将物的直接占有移转给另一方的事实。本条规定的"法律另有规定的除外"主要指的是：第一，本节中动产物权的设立和转让的一些特殊情况，如"动产物权设立和转让前，权利人已经占有该动产的，物权自民事法律行为生效时发生效力"；"动产物权设立和转让前，第三人占有该动产的，负有交付义务的人可以通过转让请求第三人返还原物的权利代替交付"；"动产物权转让时，当事人又约定由出让人继续占有该动产的，物权自该约定生效时发生效力"。第二，本章第三节对主要是非依法律行为而发生的物权变动问题所作的规定。第三，物权编第四分编"担保物权"对动产抵押权和留置权的相关规定。

第二百二十五条 【船舶、航空器和机动车等物权登记】

　　船舶、航空器和机动车等的物权的设立、变更、转让和消灭，未经登记，不得对抗善意第三人。

【立法背景】

　　现行法律对船舶、航空器的物权登记效力问题已有规定。海商法规定，船舶所有权的取得、转让和消灭，应当向船舶登记机关登记；未经登记的，不得对抗第三人。设定船舶抵押权，由抵押权人和抵押人共同向船舶登记机关办理抵押权登记；未经登记的，不得对抗第三人。民用航空法规定，民用航空器所有权的取得、转让和消灭，应当向国务院民用航空主管部门登记；未经登记的，不得对抗第三人。设定民用航空器抵押权，由抵押权人和抵押人共同向国务院民用航空主管部门办理抵押权登记；未经登记的，不得对抗第三人。

【条文精解】

　　我国的上述法律规定，为民法学界普遍认可，实践中也没有什么问题，为了保持法律的稳定性，本条延续了对这类动产登记对抗主义原则的规定。民法学上一般认为，船舶、飞行器和汽车因价值超过一般动产，在法律上被视为一种准不动产，其物权变动应当以登记为公示方法。但在登记的效力上不采用登记生效主义，这是考虑到船舶、航空器和机动车等本身具有动产的属性，其物权变动并不是在登记时发生效力，其所有权转移一般在交付时发生效力，其抵押权在抵押合同生效时设立。但是，法律对船舶、航空器和汽车等动产规定有登记制度，其物权的变动如果未在登记部门进行登记，就不产生社会公信力，不能对抗善意第三人。这里的善意第三人，就是指不知道也不应当知道物权发生了变动的物权关系相对人。

第二百二十六条 【简易交付】

　　动产物权设立和转让前，权利人已经占有该动产的，物权自民事法律行为生效时发生效力。

【立法背景】

　　本条规定的是设立或者转让动产物权时的一种特殊的情形，即物权的受让人已经占有了动产，而后又与动产的所有权人达成移转所有权或者设定质权合同的情形。例如，承租人或者借用人，依据租赁合同或者借用合同已经取得了动产的占有，而后又与动产的所有权人达成协议，购买该项动产或者在动产上设定质权。这种情况在实际生活中也经常发生，因此物权编需要加以规定。

【条文精解】

本法所规定的民事法律行为是民法学上的概念。依照总则编的规定，民事法律行为是民事主体通过意思表示设立、变更、终止民事法律关系的行为。民事法律行为可以基于双方或者多方的意思表示一致成立，也可以基于单方的意思表示成立。本条涉及的主要是前一种情况。有效的民事法律行为须具备下列条件：（1）行为人具有相应的民事行为能力；（2）意思表示真实；（3）不违反法律、行政法规的强制性规定，不违背公序良俗。民事法律行为以行为人的意思表示作为构成要素。意思表示，是指行为人追求民事法律后果（民事法律关系的设立、变更或者消灭）的内心意思用一定的方式表示于外部的活动。民事法律行为是人们有目的、有意识的行为。所以，意思表示是民事法律行为的必要组成部分。每种民事法律行为都必须存在意思表示。缺少民法所确认的意思表示的行为就不是民事法律行为。意思表示是民事法律行为的构成要素，但并不等于民事法律行为。民事法律行为能够实现行为人所预期的民事法律后果，即设立、变更或者消灭民事法律关系。民事法律行为是一种目的性行为，即以设立、变更或终止民事法律关系为目的，民事法律行为的目的与实际产生的后果是相互一致的。本条规定的民事法律行为，主要是指动产所有权人与受让人订立动产转让协议以及与质权人订立动产出质协议的行为。

在受让人已经取得对动产的占有又依据民事法律行为取得其物权的情况下，动产物权的公示已经在事先完成，物权受让人已经能够依物权的排他性行使物权。因此，物权的变动就在当事人之间的关于物权变动的协议生效时生效。

第二百二十七条 【指示交付】

动产物权设立和转让前，第三人占有该动产的，负有交付义务的人可以通过转让请求第三人返还原物的权利代替交付。

【立法背景】

不动产物权的变动是通过登记簿的记载而被外部识别的，而动产物权的变动则由交付这一行为完成。民法上，交付的原意仅指现实交付，即动产占有的现实转移。例如，甲向乙出售蔬菜5斤，蔬菜自甲手中转至乙的菜篮里，由乙获得对蔬菜的直接控制和支配，此时法律意义的交付行为完成。通过交付这一行为，动产上物权的变动能够被人们从外部加以识别。但实践中，动产的交付并非必须是由出让人之手直接交到受让人之手，本条所规定的指示交付即是一种例外情形，它与现实交付具有同等效力。关于指示交付作为现实交付的一种变通方式，大多为各国民法采纳，本法也不例外。

【条文精解】

关于现实交付的例外情形，除去本条所规定的指示交付外，本章还分别对简易交付和占有改定作了规定。在这三类例外情形中，法律关系最为复杂的当属本条所规定的指示交付，因为它不仅涉及动产物权的出让人与受让人两方主体，还牵涉一个"第三人"的问题。为了更准确地理解本条的规定，下面就指示交付的含义、适用情形以及返还请求权的性质等问题加以说明：

1. 指示交付的含义

指示交付，又称返还请求权的让与，是指让与动产物权的时候，如果出让人的动产由第三人占有，出让人可以将其享有的对第三人的返还请求权让与受让人，以代替现实交付。例如，甲将自己的自行车出租给乙使用，租期1个月，租赁期未满之时，甲又将该自行车出售给丙，由于租期未满，自行车尚由乙合法使用，此时为使得丙享有对该自行车的所有权，甲应当将自己享有的针对乙的返还原物请求权转让给丙，以代替现实交付。

2. 指示交付适用的情形以及"第三人"的范围

关于本条所规定的指示交付，其逻辑上的前提是，动产物权的出让人对其所转让的标的物不享有物理意义上直接占有和直接控制的可能，无法通过现实交付的方式使得动产物权得以变动，因此才有本条指示交付适用的余地。本条中的"第三人"，即指能够对转让标的（动产）进行物理意义上直接占有和直接控制的一方，例如，前例中根据租赁或者借用协议而占有自行车的乙，或者根据保管合同、动产质押协议等而占有动产的保管人、质权人等，都可以成为本条所规定的"第三人"。此外需要特别说明的是，在利用提单、仓单等证券进行动产物权变动时，接受货物而签发提单或者仓单的承运人或者仓储保管人都有可能成为本条中的"第三人"。

除去这一类基于合同等关系而产生的能够对动产进行直接占有和控制的"第三人"外，还有一类"第三人"也在本条的适用范围之内，即不具备法律上的正当原因而占有动产的无权占有人。例如，甲将自己收藏的古董出售给乙，买卖合同达成时甲不知该古董已被丙盗去，甲此时只能向乙转让他对于丙的返还原物请求权来代替实际交付，而丙即是本条所指的"第三人"。

3. 出让人所让与的返还请求权的性质

指示交付中要求第三人返还原物的请求权，既包括物权的返还请求权，也包括债权的返还请求权。在第三人有权占有的情形下，出让人应当将其基于与第三人之间的合同关系而产生的债法上的请求权让与受让人，此时出让人在指示交付时应当将其针对第三人享有的任何合同上的返还请求权都让与受让人。如果出让人与第三人间的合同无效，出让人还应当将自己基于不当得利的返还请求权或者基于侵权损害赔偿的请求权让与受让人。如果第三人对动产为无权占有，假设第三人从出让人处盗取该动产，出让人无法向受让人让与任何基于合同等关系而产生的返还原物请求权，那么出让人可以将其基于所有权的返还请求权让与给受让人。例如，甲将钢笔借用给乙，后又出售于丙，此时丁自乙处盗走钢笔并赠与戊，此时甲向丙转让的基于所有权的返还原物请求权足以使得丙取得该钢笔的所有权，需要说明的是，此项被让与的返还请求权不仅针对现时的无权占有人戊，对于戊将来的后手（排除善意取得的情形）也有效。

4. 指示交付的公示力

指示交付中，第三人对动产的实际占有和控制关系并未发生改变，出让人与受让人之间只是发生无形的返还请求权的转移，无论该返还请求权的转移是否采取特定的形式（对于第三人基于租赁等合同关系而占有动产的情形，出让人转让的返还请求权性质上属于债权请求权范畴，而根据债权转让的规则，出让人应当履行通知第三人的义务；但当第三人为无权占有的情形下，出让人转让的为基于所有权的物上请求权，不涉及通知的义务），都无法向外界展现物权的变动，因此此种交付方法的公示作用较弱，但由于动产善意取得制度的存在，对交易安全并未有太大障碍。

第二百二十八条【占有改定】

动产物权转让时，当事人又约定由出让人继续占有该动产的，物权自该约定生效时发生效力。

【立法背景】

占有改定，是指动产物权的出让人使受让人取得对标的物的间接占有，以代替该动产现实移转的交付。占有改定的原因在于，社会生活中，出让人虽然将其动产出卖，但是在某一段时间内仍然可能还有使用的需要；或者买受人已经取得了该动产的所有权，但是需要出让人对该动产进行暂时的保管或者改进。在德国民法中，占有改定已经成为让与担保制度的法律基础。占有改定作为现实交付的三种变通方式之一，对其效力各国民法大都作了明确规定，本法也不例外。

【条文精解】

占有改定制度的产生及发展，在于经济实践中常常发生的一种混合交易。例如，所有权人甲将一项动产出卖给买受人乙，而乙同时又将该物出租给甲，这样做的目的是使出卖人甲既可获得卖价，又可享受使用的权利，而买受人乙既可以获得动产的所有权，又可获取租金。法律为满足双方当事人的需要，将法律关系简化，确定为占有改定制度。

占有改定必须符合下列三项要件：第一，出让人与受让人达成移转动产物权的合意，一般通过买卖或者让与担保的设定，使得受让人取得动产所有权。第二，出让人与受让人之间还需具有某种使得受让人取得动产间接占有的具体法律关系，即本条所规定的由出让人继续占有该动产的双方约定。第三，出让人已经对物进行了直接占有或者间接占有，否则不能发生占有改定的适用。当出让人间接占有标的物时，出让人可以使受让人取得更上一级的间接占有，这样可能存在多层次的占有关系。例如，甲将其寄放在乙处的某物出售给丙，同时又与丙签订借用合同以代替交付，则乙为直接占有人，甲、丙都为间接占有人。

除去现实已经存在的动产，占有改定制度还适用于将来可取得的动产。例如，甲向乙购买一台尚未生产出的机器，同时双方约定该机器生产出来后由乙暂时保管。一旦该机器生产完毕，则甲取得间接占有以代替交付。

第三节　其他规定

第二百二十九条　【非依民事法律行为的物权变动】

因人民法院、仲裁机构的法律文书或者人民政府的征收决定等，导致物权设立、变更、转让或者消灭的，自法律文书或者征收决定等生效时发生效力。

【立法背景】

物权的设立、变更、转让或者消灭，依其发生根据可以分为依民事法律行为而进行的物权变动，以及非依民事法律行为而发生的物权变动。依民事法律行为进行的物权变动，是指以一方当事人的单方意思表示或双方（或者多方）当事人共同的意思表示为基础进行的物权变动。此种物权变动必须遵循物权公示的一般原则才能发生效力，例如，甲将自有的私宅出售于乙，要想使私宅的所有权由甲移转至乙，双方必须去不动产登记机构办理变更登记，否则物权移转不生效力；又如，甲将收藏的古董出售于乙，要使乙获得古董的所有权，甲必须将古董或者现实交付给乙手中，或者采取关于简易交付、指示交付或者占有改定等观念交付的方法替代现实交付，而完成所有权的移转。但无论何种情形，物权变动的效力是同公示方法密切相关的。但在本条，物权的设立、变更、转让或者消灭，并非基于原权利人的意思表示，而是在无原权利人甚至法律有意识排除原权利人意思表示的情况下发生的物权变动，此种变动遵循的不是一般性的物权公示原则，而是法律的直接规定。

【条文精解】

非依民事法律行为进行的物权变动，一般有如下几种：第一，因人民法院、仲裁机构的法律文书或者人民政府的征收决定等而发生的物权变动；第二，因继承而取得物权；第三，因合法建造、拆除房屋等事实行为设立和消灭物权。本条规定的是第一种情形，即基于公权力的行使而使物权发生变动的情形。

一是因国家司法裁判权的行使、仲裁裁决而导致物权的设立、变更、转让或者消灭。基于国家司法裁判权的行使、仲裁裁决而产生的生效法律文书，即人民法院的判决书、调解书以及仲裁机构的裁决书、调解书等法律文书的生效时间，就是当事人的物权设立、变动的时间。这里需要说明两点：第一，导致物权变动的人民法院判决或者仲裁机构的裁决等法律文书，是指直接为当事人创设或者变动物权的判决书、裁决书、调解书等。例如，离婚诉讼中确定当事人一方享有某项不动产的判决、分割不动产的判决、使原所有人恢复所有权的判决即属于本条所规定的设权、确权判决等。此类设权或者确权判决、裁决书、调解书本身，具有与登记、交付（移转占有）等公示方法相同的效力，因而依据此类判决书、裁决书、调解书而进行的物权变动，无须再进行一般的物权公示而直接发生效力。例如，甲、乙二人向法院诉请离婚，家中电脑经判决为乙所有，那么自法院判决生效时起，电脑的所有权归乙，尽管此时电脑仍处于甲的占有使用之中，未有交付（现实占有的转移）并不影响所有权的移转。第二，由于法院的判决书或者仲裁机构的裁决等，所针对的只是具体当事人而非一般人，对当事人以外的第三人来说公示力和公信力较弱，因此根据本节规定，对于依照法院判决或者仲裁裁决而享有的物权，在处分时，如果法律规定需要办理登记的，不经登记，不发生物权效力。

二是因国家行政管理权的行使而导致物权的设立、变更、转让或者消灭。因国家行政管理权的行使而导致物权变动的情况，主要指因人民政府的征收决定等而产生的物权变动。国家征收，是国家取得财产的特殊方式，按照土地管理法的规定，国家征收土地，县级以上人民政府要进行公告，这已起到了公示作用，而且集体所有土地被征收，即成为国家所有的自然资源，依照本编前述规定，依法属于国家所有的自然资源，所有权可以不登记，因此人民政府的征收决定生效之时即产生物权变动的效力。

第二百三十条 【因继承取得物权】

因继承取得物权的，自继承开始时发生效力。

【立法背景】

除去因国家公权力的行使而导致的物权变动，可以不依一般的公示原则直接发生效力外，还有一类情形也导致物权的变动直接发生效力，即因继承而取得物权的情形。继承是导致物权变动的一个重要方式，本条对继承导致物权变动的效力作了规定。

【条文精解】

根据继承编的规定，继承从被继承人死亡时开始。因此，本条所指的"继承开始"就是"被继承人死亡"之时。而此所谓"死亡"既包括自然死亡，如老死、病死、意外事故致死，也包括宣告死亡。在宣告死亡的情形，自判决所确定的死亡之时继承开始。本条所指的继承又可分为法定继承和遗嘱继承两类。法定继承，是指在被继承人没有对其遗产的处理立有遗嘱的情况下，由法律直接规定继承人的范围、继承顺序、遗产分配的原则。遗嘱，是公民生前按照自己意愿处分自己不动产物权的一种单方民事法律行为。继承编规定，自然人可以依照本法规定立遗嘱处分个人财产，可以立遗嘱将个人财产指定由法定继承人的一人或者数人继承。

继承编规定，继承开始后，继承人放弃继承的，应当在遗产处理前，以书面形式作出放弃继承的表示；没有表示的，视为接受继承。由此可见，自继承开始后，所有继承人是基于法律的直接规定而取得物权，因此取得物权的生效时间始于继承开始。与此不同，继承编规定，受遗赠人应当在知道受遗赠后60日内，作出接受或者放弃受遗赠的表示；到期没有表示的，视为放弃受遗赠。这是因为遗赠本质上属于赠与关系。合同编规定，赠与合同是赠与人将自己的财产无偿给予受赠人，受赠人表示接受赠与的合同。受赠人表示接受，赠与法律关系才成立。最后需要说明的是，根据本节规定，因继承而取得物权，如果涉及的遗产为不动产，依照法律规定需要办理登记，但继承人未办理登记的，对该不动产的处分行为不生效力。

第二百三十一条 【因事实行为设立或者消灭物权】

因合法建造、拆除房屋等事实行为设立或者消灭物权的，自事实行为成就时发生效力。

【条文精解】

能够引起物权设立或者消灭的事实行为，举例来讲，如用钢筋、水泥、砖瓦、木石建造房屋或者用布料缝制衣服，用木料制作家具，将缝制好的衣物抛弃或者将制作好的家具烧毁等。本条规定的"自事实行为成就时发生效力"，就是指房屋建成之时、衣服制成之时、书柜完成之时或者衣服被抛弃之时、书柜被烧毁之时，这些物的所有权或为设立或为消灭。这些因事实行为而导致的物权的设立或者消灭，自事实行为成就时发生效力，而不需要遵循一般的物权公示方法（不动产为登记，动产为交付）即生效力。

【实践中需要注意的问题】

我国存在许多因合法建造房屋等事实行为设立物权的情况，这种情形下的建房有些虽然缺少登记行为，但不能将这种行为形成的建筑物作为无主财产对待，对其所有权法律承认归建房人所有。比如，农民在宅基地上建造的住房，自建成之日起就取得该住房的所有权。根据本节规定，此类合法建造的房屋，固然因建造完成而取得所有权，但如果按照法律规定应当办理登记而未登记的，所有权人其后的处分行为，不发生物权效力。

第二百三十二条 【非依民事法律行为享有的不动产物权处分】

处分依照本节规定享有的不动产物权，依照法律规定需要办理登记的，未经登记，不发生物权效力。

【立法背景】

物权变动的公示方式，动产一般为交付，不动产各国立法例多采登记。

通过此种方法，物权变动可以被人们从外部察知，从而保护了交易的安全。但依照本节规定，物权的变动还可因法院判决、政府征收决定、继承以及合法建造房屋等，直接发生效力，而不必遵循依民事法律行为而进行的物权变动应当遵循的一般公示方法，这必然可能损害到交易秩序和交易安全，尤其是涉及不动产的物权变动时更甚。因此各国立法皆对此作了限制规定。

【条文精解】

考虑到对交易安全的保护，本法明确，依照本节规定享有的物权，处分该不动产物权时，依照法律规定需要办理登记的，未经登记，不发生物权效力。例如，甲乙向法院诉请离婚，法院判决原甲的房屋归乙所有，在判决生效之时，乙已经取得该房屋的所有权，但尚未去房产登记部门办理变更登记，此时乙将房屋转卖给丙，丙信赖乙出示的法院判决而与之交易，与此同时，甲将该房屋又转卖于丁，丁信赖的是登记簿上甲为所有权人的登记记录。那么乙对丙的处分行为能否发生物权效力而由丙取得房屋的所有权呢？按照本条的规定，答案是否定的。尽管乙为真正的房屋所有权人，也有权对房屋进行处分，但未经登记，该处分行为不发生所有权转移的效力，丙只能请求乙承担返还价款等违约责任。

第三章 物权的保护

第二百三十三条 【物权保护途径】

物权受到侵害的，权利人可以通过和解、调解、仲裁、诉讼等途径解决。

【条文精解】

物权受到侵害，物权人有权选择和解、调解、仲裁、诉讼途径救济。和解，是指当事人之间在没有第三者参加的情况下自愿协商，达成协议。和解属于当事人处分自己民事实体权利的一种民事法律行为。和解可以发生在诉讼以前，双方当事人互相协商，达成协议，也可以发生在诉讼过程中。《民事诉讼法》第50条规定："双方当事人可以自行和解。"调解，是通过第三人调停解决纠纷。通过调解达成的协议还可以依法申请司法确认。《人民调解法》第33条规定："经人民调解委员会调解达成调解协议后，双方当事人认为有必要的，可以自调解协议生效之日起三十日内共同向人民法院申请司法确认，人民法院应当及时对调解协议进行审查，依法确认调解协议的效力。人民法院依法确认调解协议有效，一方当事人拒绝履行或者未全部履行的，对方当事人可以向人民法院申请强制执行。人民法院依法确认调解协议无效的，当事人可以通过人民调解方式变更原调解协议或者达成新的调解协议，也可以向人民法院提起诉讼。"仲裁，是当事人协议选择仲裁机构，由仲裁庭裁决解决争端。我国仲裁法是规范仲裁法律关系的专门法律。诉讼，包括民事、行政、刑事三大诉讼，物权保护的诉讼主要指提起民事诉讼。

第二百三十四条 【物权确认请求权】

因物权的归属、内容发生争议的，利害关系人可以请求确认权利。

【条文精解】

物权确认请求权是物权保护的一项基本权利，很多立法例对此都有规定。物权归属或者内容发生争议，物权人可以请求有关行政机关、人民法院等部门确认该物权的归属或者内容。

第二百三十五条 【返还原物请求权】

无权占有不动产或者动产的，权利人可以请求返还原物。

【条文精解】

返还原物是物权请求权的一种。物权人的物被他人侵占，物权人的对物支配权受到侵害时，物权人有权请求返还原物，使物复归于物权人事实上的支配。很多其他国家和地区立法例对此都有规定。返还原物权请求权的产生，须有他人无权占有不动产或者动产的事实。无权占有，是指没有法律根据、没有合法原因的占有。一般包括两种情形：一是占有人从占有之始就没有法律根据，如占有人占有的物是盗窃物；二是占有之初本来有法律根据，但是后来该根据消灭，如租赁他人之物，租赁期限届满而不返还。享有返还原物请求权的权利人应当是物权人，包括所有权人、用益物权人等。至于占有人，无论其是否为有权占有，均应依据占有请求权行使权利，而不能依返还原物请求权行使权利。

第二百三十六条 【排除妨害、消除危险请求权】

妨害物权或者可能妨害物权的，权利人可以请求排除妨害或者消除危险。

【条文精解】

排除妨害是一种物权请求权。妨害，是指以非法的、不正当的行为，包括施加无权施加的设施，影响了特定物的权利人行使物权。例如，在他人家门口堆放物品，妨碍他人通行。排除妨害请求的目的是消除对物权的障碍或者侵害，使物权恢复圆满状态。需要注意的是，被排除的妨害需具有不法性，倘若物权人负有容忍义务，则物权人不享有排除妨害请求权。

消除危险也是一种物权请求权。消除危险请求权，是指对于某种尚未发生但确有发生可能性的危险，物权人也可以请求有关的当事人采取预防措施加以防止。例如，某人的房屋由于受到大雨冲刷随时有倒塌可能，危及邻居的房屋安全，此时邻居可以请求该房屋的所有人采取措施消除这种危险。物权人行使消除危险请求权，只需有危险存在的客观事实，而不论有关的当事人是否具有故意或者过失的主观过错。

第二百三十七条 【修理、重作、更换或者恢复原状请求权】

造成不动产或者动产毁损的，权利人可以依法请求修理、重作、更换或者恢复原状。

【条文精解】

《物权法》第36条规定："造成不动产或者动产毁损的，权利人可以请求修理、重作、更换或者恢复原状。"本条在物权法规定的基础上，增加了"依法"二字。在民法典编纂过程中，不少意见提出，返还原物请求权、排除妨害、消除危险请求权属于物权请求权。《物权法》第36条规定的修理、重作、更换或者恢复原状请求权，在性质上不属于物权法律制度上的物权请求权，而属于债权请求权。本条吸收这一意见，增加"依法"二字，以示区分。这里的"依法"，是指依照民法典侵权责任编以及其他相关法律规范的规定。这就意味着权利人行使这种权利，需要符合这些相关法律关于请求权具体要件等方面的规定。

有的意见提出，物权编应当删除债法上的修理、重作、更换或者恢复原状请求权。但也有意见认为，考虑到本章是关于物权保护的规定，为了体现保护的全面性，可以在适当修改完善的基础上继续保留。

有的意见提出，修理，是指物毁损时，通过一定的办法使其恢复到毁损之前的状态；重作，是指当物灭失、损毁到不能使用等情形时，重新作相同性质、相同用途的物，使其达到与原物相同的价值；更换，是指物毁损并且有与此物相同的种类物存在时，予以更换。修理、重作、更换都属于恢复原状。有的意见提出，修理可看作恢复原状的一种具体手段，将它与恢复原状并行规定，明显不合理。重作和更换这两种责任方式具有独特性，无法纳入恢复原状之中。还有的意见认为，"修理、重作、更换"不是法律概念，不具备法律概念应有的特性，也无法发挥法律概念的功能。"修理、重作、更换"不是一种独立的请求权，不具有民事责任的强制性，可以被其他请求权所涵盖。

也有意见认为，《民法通则》第134条就将恢复原状及修理、重作、更换并行规定为承担民事责任的方式。《民法总则》第179条规定了承担民事责任的方式，因循其例，其中第5项为恢复原状，第6项为修理、重作、更换。为保持法律的连续性、稳定性，对此以不作修改为宜。

第二百三十八条 【损害赔偿请求权】

侵害物权，造成权利人损害的，权利人可以依法请求损害赔偿，也可以依法请求承担其他民事责任。

【条文精解】

《物权法》第37条规定："侵害物权，造成权利人损害的，权利人可以请求损害赔偿，也可以请求承担其他民事责任。"本条在物权法规定的基础上，增加了"依法"二字。在民法典编纂立法过程中，不少意见提出，返还原物请求权、排除妨害、消除危险请求权属于物权请求权。而《物权法》第37条规定的损害赔偿请求权，在性质上不属于物权法律制度上的物权请求权，而属于债权请求权。本条吸收这一意见，增加"依法"二字，以示区分。这里的"依法"，是指依照民法典侵权责任编以及其他相关法律规范的规定。这就意味着权利人行使这种权利，需要符合这些相关法律关于请求权具体要件等方面的规定。

有的意见提出，物权编应当删除债法上的损害赔偿请求权。但也有意见认为，考虑到本章是关于物权保护的规定，为了体现保护的全面性，可以在适当修改完善的基础上继续保留。

赔偿损失，是指行为人向受害人支付一定额数的金钱，以弥补其损失的责任方式，是运用较为广泛的一种民事责任方式。赔偿的目的主要是补偿损害，使受到损害的权利得到救济，使受害人能恢复到未受到损害前的状态。除了赔偿损失，民法典总则编在民法通则的基础上，还规定了其他一些承担民事责任的方式，包括停止侵害、排除妨碍、消除危险、返还财产、恢复原状、修理、重作、更换、继续履行、支付违约金、消除影响、恢复名誉、赔礼道歉。这其中，有的责任方式主要适用于违约责任领域，有的主要适用于人身权侵权领域。对于物权受到侵害而言，有的责任方式本章已作规定，有的在功能上可以被物权请求权所覆盖。赔礼道歉也是承担民事责任的一种方式，物权受到侵犯，物权人有权请求赔礼道歉。赔礼道歉是将道德规范法律化，它不仅可以用于侵犯人身权利的责任承担，也可以用于侵犯财产权利的责任承担。损坏了他人心爱的东西，侵权人赔个礼，道个歉，让物权人消消气，往往有利于化干戈为玉帛。

第二百三十九条 【物权保护方式的单用和并用】

本章规定的物权保护方式，可以单独适用，也可以根据权利被侵害的情形合并适用。

【条文精解】

物权受到侵害的，当事人可以通过请求确认权利、返还原物、排除妨害、消除危险、修理、重作、更换、损害赔偿等方式保护自己的权利。上述保护方式，可以单独适用，也可以根据权利被侵害的情形合并适用。如果一种方式不足以救济权利人，就同时适用其他方式。

第二分编　所有权

第四章　一般规定

第二百四十条　【所有权权能】

所有权人对自己的不动产或者动产，依法享有占有、使用、收益和处分的权利。

【立法背景】

《民法通则》第71条对所有权规定了四项内容："财产所有权是指所有人依法对自己的财产享有占有、使用、收益和处分的权利。"

【条文精解】

理论上通常认为所有权具有四项基本权能：

1. 占有

占有，是指对于财产的实际管领或控制。拥有一个物的一般前提就是占有，这是财产所有者直接行使所有权的表现。所有人的占有受法律保护，不得非法侵犯。对于动产，除非有相反证明，占有某物即是判定占有人享有该物所有权的标准。除了前引俄罗斯联邦民法典明确规定了占有权之外，其他国家和地区民法在所有权的概念中虽然并不明确规定占有，但其所有权的内容包括这一权利是不言自明的。

2. 使用

使用是权利主体对财产的运用，以便发挥财产的使用价值。如使用机器生产产品，在土地上种植农作物。拥有物的目的一般是使用。其他国家和地区民法对于使用权一般都有明确规定。如前引日本、意大利、俄罗斯和我国台湾地区的规定。德国、瑞士虽然只有"处分"一词，但"随意处分"或者"自由处分"也当然包括使用。所有权人可以自己使用，可以授权他人使用，这些都是所有权人行使使用权的行为。

3. 收益

收益是通过财产的占有、使用等方式取得的经济效益。使用物并获益是拥有物的目的之一。对于收益权，其他国家和地区民法也有规定，如前引日本和我国台湾地区，有的国家只规定了使用权，没有明确规定收益权，这是因为其规定的使用权包括了收益权。收益通常与使用相联系，但是处分财产也可以带来收益。收益也包括孳息。孳息分为天然孳息和法定孳息。家畜生仔、果树结果等属于天然孳息；存款所得的利息、出租所得租金属于法定孳息。

4. 处分

处分，是指财产所有人对其财产在事实上和法律上的最终处置。处分权一般由所有权人行使，但在某些情况下，非所有权人也可以有处分权，如运输的货物，如果发生紧急情况，承运人也可以依法进行处分。外国民法对所有权概念的规定都包括"处分"一词。同时规定使用权的，处分不包括使用；没有规定使用权的，处分也包括了使用。

学者通常在理论上以"支配权"来定义所有权。如我国台湾地区有的学者认为，所有权谓以全面的物之支配权能为内容之权利。还有的学者认为，所有权者，指于法令限制之范围内，对物为全面支配的权利。大陆有的学者认为，所有权作为一种民事权利，是民事主体依法对其物实行占有、使用、收益和处分并独立支配的权利。

所有权与所有制密切相关。所有权是所有制在法律上的体现，所有权的本质属性是由一定社会形态的所有制决定的。但是，人们常常对所有制产生误解，将所有制也理解为所有权，因而搞不清所有制与所有权究竟是什么关系。"所有制"与"所有权"仅一字之差，但其内涵却相去甚远。由于生产资料的占有形式是生产关系的重要内容，生产资料所有制成为生产关系的集中表现，通常以所有制表述特定的生产关系。但是，所有制不仅指生产资料的占有形式，而且指总和的生产关系。马克思说："私有制不是一种简单的关系，也绝不是什么抽象概念或原理，而是资产阶级生产关系的总和。"我们说所有权是所有制在法律上的体现，这里的"所有制"指的是一定的以生产资料的占有为重要内容的生产关系。

【实践中需要注意的问题】

所有权的基本概念通常是由民法规定的，民法的所有权是一项民事权利，属于物权的一种。但是，所有权概念的使用却不限于民法，而是广泛使用于各个法律部门。或者说，规范所有权的法律不仅有民法，各个法律部门均有涉及所有权关系的法律规范。法律调整的是人与人之间的关系，不是人与物之间的关系。权利体现的是社会关系。民法的所有权是基于所有物而产生的所有权人与他人的财产关系。民法上讲所有权，不仅要讲所有权人对所有物的权利，而且主要讲所有权人与他人的关系。在行政法、经济法、刑法上也讲所有权，但这些法律调整的社会关系与民法不同，调整的所有权关系也与民法不同。由于民法调整平等主体之间的关系，因而民法上的所有权体现了平等的民事关系。行政法、经济法调整的是行政管理的关系，因而行政法、经济法上的所有权体现的是行政管理的关系。比如，国家依行政权征收集体和私人的财产，体现了行政管理的关系。

第二百四十一条 【所有权人设定他物权】

所有权人有权在自己的不动产或者动产上设立用益物权和担保物权。用益物权人、担保物权人行使权利，不得损害所有权人的权益。

【立法背景】

所有权人在自己的不动产或者动产上设立用益物权和担保物权，是所有权人行使其所有权的具体体现。所有权人的各项所有权权能可以与所有权相分离，因而可以为他人设定用益物权和担保物权。由于用益物权与担保物权都是对他人的物享有的权利，因此都称为"他物权"，与此相对应，所有权称为"自物权"。现代各国民法贯彻效益原则，已逐渐放弃了传统民法注重对物的实物支配、注重财产归属的做法，转而注重财产价值形态的支配和利用。大陆法系和英美法系这两大法系有关财产的现代法律，都充分体现了以"利用"为中心的物权观念。传统的以物的"所有"为中心的物权观念，已经被以物的"利用"为中心的物权观念所取代。但是，所有权是他物权的本源和基础。

【条文精解】

用益物权与担保物权的设定，源于所有权人对其所有权的行使。让渡对物的占有、使用，或者以物的价值为他人设定担保，正是所有权人对其所有权中诸项权能的行使。所有权人根据法律和合同，可以将使用权转移给非所有权人行使，非所有权人取得使用权、行使使用权，必须依据法律与合同的约定进行。所以，非所有人享有的使用权，不过是从所有权中分离出来的权能。所有权人根据法律或者合同用自己的物为他人债务提供担保，是对其物的所有权中处分权的行使，非所有权人取得担保物权、行使担保物权，必须依据法律与合同的规定进行。所以，他人享有的担保权利，同样也是从所有权中分离出来的权能。因此，设定他物权，是所有权人行使所有权的结果。也正因如此，用益物权人、担保物权人行使权利必须依据法律或者合同的约定进行，不得损害所有权人的权益。

设定土地承包经营权、宅基地使用权、建设用地使用权是以土地为他人设定权利。在我国，土地实行公有制，土地属于国家或者集体所有，这与西方土地私有的情况有很大不同。对于土地承包、宅基地和建设用地使用，国家有大量的法律、行政法规以及地方法规和规章，要求政府部门严格依法办事，不能损害国家、集体的利益。土地承包经营权人、宅基地使用权人、建设用地使用权人也要依据法律和合同行使权利，履行义务，不得损害国家、集体的利益。

第二百四十二条 【国家专有】

法律规定专属于国家所有的不动产和动产，任何组织或者个人不能取得所有权。

【条文精解】

国家专有，是指只能为国家所有而不能为任何其他人所拥有。国家专有的财产由于不能为他人所拥有，因此不能通过交换或者赠与等任何流通手段转移所有权，这与非专有的国家财产的性质不同。非专有的国家财产是可以流转的，如国家用于投资的财产。国家专有的财产范围很宽，各项具体的专有财产由各个相关单行法律、行政法规规定，本条只作概括性规定。

国外有"公用财产"的概念，国外的公用财产指社会公众共同使用的财产，如公共道路、公路、街道、桥梁、水库、图书馆、港口等。有的国家规定公用财产属于社会公有，不属于国家所有，但国家享有主权和管理权。公用财产不能转让，不适用取得时效。在这一点上，与我国的国家专有财产有类似的地方。

第二百四十三条 【征收】

为了公共利益的需要，依照法律规定的权限和程序可以征收集体所有的土地和组织、个人的房屋以及其他不动产。

征收集体所有的土地，应当依法及时足额支付土地补偿费、安置补助费以及农村村民住宅、其他地上附着物和青苗等的补偿费用，并安排被征地农民的社会保障费用，保障被征地农民的生活，维护被征地农民的合法权益。

征收组织、个人的房屋以及其他不动产，应当依法给予征收补偿，维护被征收人的合法权益；征收个人住宅的，还应当保障被征收人的居住条件。

任何组织或者个人不得贪污、挪用、私分、截留、拖欠征收补偿费等费用。

【立法背景】

征收，是指国家以行政权取得集体、组织和个人的财产所有权的行为。征收的主体是国家，通常是政府部门，政府以行政命令的方式从集体、组织和个人处取得土地、房屋等财产，集体、组织和个人必须服从。在物权法律制度上，征收是物权变动的一种极为特殊的情形。征收属于政府行使行政权，属于行政关系，不属于民事关系，但由于征收是所有权丧失的一种方式，是对所有权的限制，同时又是国家取得所有权的一种方式，因此外国民法通常都从这一民事角度对征收作原则规定。

【条文精解】

征收导致所有权的丧失，当然对所有权人造成损害。因此，征收虽然是被许可的行为，但通常都附有严格的法定条件的限制。征收土地是世界各国政府取得土地的常用办法，但在土地私有制国家里，征收土地的含义与我国有所不同，即表现为一种强制购买权，只有在正常收买无法取得土地时再动用征收权。其特点是：（1）只有为了公共目的，可以征收，非公共目的，不得动用征收权；（2）必须经过一定的程序，有的还需议会批准；（3）按市价予以补偿。由于征收本不属于民法规范，同时征收的情况极为复杂，因此，外国民法通常规定得较为简单，但都原则性地规定了公共利益的目的和公平补偿的内容。如法国规定，任何人不得被强制转让其所有权，但因公用并在事前受公正补偿时，不在此限。意大利规定，不得全部或部分地使任何所有权人丧失所有权，但是，为公共利益的需要，依法宣告征收并且给予合理补偿的情况不在此限。德国基本法规定，剥夺所有权只有为公共福利的目的才能被允许。剥夺所有权只有依照法律或者法律的原因进行，而且该法律对损害赔偿的方式和措施有所规定。该赔偿必须在对公共利益和当事人的利益进行公平的衡量之后确定。对损害赔偿的高低有争议时，可以向地方法院提起诉讼。

在我国，由于公共建设任务繁重而征收较多，在城市是因城市规划拆迁而征收居民房屋，在农村是因公共建设、城市规划而征收集体土地。在征收集体所有土地和城乡居民房屋的过程中，侵害群众利益的问题时有发生，社会普遍关注。在民法典物权编的立法过程中，对于征收的问题意见较多，主要集中在公共利益的目的和征收补偿两个方面。

关于公共利益。有人认为，应当明确界定公共利益的范围，以限制有的地方政府滥用征收权力，侵害群众利益。在物权法的立法过程中，曾将"为了公共利益的需要"修改为"为了发展公益事业、维护国家安全等公共利益的需要"，但有关部门和专家认为这样规定仍不清楚。经各方面反复研究，一致认为，在不同领域内，在不同情形下，公共利益是不同的，情况相当复杂，物权法难以对公共利益作出统一的具体界定，还是分别由土地管理法、城市房地产管理法等单行法律规定较为切合实际。现行有的法律如信托法、测绘法已经对公共利益的范围作了一些具体界定。本法维持了物权法的规定，没有对"公共利益"作出具体界定。

关于征收补偿。有人认为，在现实生活中，存在征收土地的补偿标准过低、补偿不到位，侵害群众利益的问题，建议对补偿问题作出具体规定。有的建议规定为"相应补偿"，有的建议规定为"合理补偿"，有的建议规定为"充分补偿"，有的建议规定为"根据市场价格予以补偿"。针对群众反映较大的问题，本条第2款、第3款就补偿原则和补偿内容作了明确规定。考虑到各地的发展很不平衡，具体的补偿标准和补偿办法，由土地管理法等有关法律依照本法规定的补偿原则和补偿内容，根据不同情况作出规定。在物权编的立法过程中，有的意见提出，深入推进农村集体产权制度改革，是党中央作出的重大决策，民法典应当对农村集体所有土地的征地补偿制度予以完善。考虑到土地管理法在2019年修改时，对农村集体所有土地的征收补偿问题作了修改完善，本条第2款在物权法基础上增加规定，征收集体所有的土地，应当依法及时足额支付农村村民住宅的补偿费用等，以与土地管理法的规定相衔接。针对现实生活中补偿不到位和侵占补偿费用的行为，本条第4款明确规定，任何组织和个人不得贪污、挪用、私分、截留、拖欠征收补偿费等费用。

第二百四十四条 【耕地保护】

国家对耕地实行特殊保护，严格限制农用地转为建设用地，控制建设用地总量。不得违反法律规定的权限和程序征收集体所有的土地。

【立法背景】

我国地少人多，耕地是宝贵的资源，且后备资源贫乏，如何保护我国宝贵的耕地资源，并合理利用，关系中华民族的生存。国家历来重视对耕地的保护，实行最严格的耕地保护制度，严格控制农用地转为建设用地，这是保障我国长远发展、经济平稳、社会安定的必然要求。为了切实加强土地调控，制止违法违规用地行为，针对现实生活中滥用征收权力、违法征地的行为，本条作了原则规定。

【条文精解】

根据土地管理法等法律、行政法规的有关规定，有关耕地保护的主要政策包括：

1. 严格控制耕地转为非耕地

国家保护耕地，严格控制耕地转为非耕地。国家实行严格的用途管制制度。通过制定土地利用总体规划，限定建设可以占用土地的区域。对各项建设用地下达土地利用年度计划，控制建设占用土地（包括占用耕地）。农用地转用要依法办理农用地转用审批手续。通过这些措施，使各项建设占用耕地的总量降到最低限度。

2. 实行占用耕地补偿制度

非农业建设经批准占用耕地的，按照"占多少，垦多少"的原则，由占用耕地的单位负责开垦与所占用耕地的数量和质量相当的耕地；没有条件开垦或者开垦的耕地不符合要求的，应当按照省、自治区、直辖市的规定缴纳耕地开垦费，专款用于开垦新的耕地。

3. 实行永久基本农田保护制度

国家实行永久基本农田保护制度，对规划为永久基本农田的耕地实行特殊保护。

宪法、土地管理法等有关法律对征收集体所有土地的权限和程序都有明确规定，包括必须是为了公共利益的需要，必须依法取得批准，必须依法进行补偿，必须向社会公开，接受监督等。

第二百四十五条 【征用】

因抢险救灾、疫情防控等紧急需要，依照法律规定的权限和程序可以征用组织、个人的不动产或者动产。被征用的不动产或者动产使用后，应当返还被征用人。组织、个人的不动产或者动产被征用或者征用后毁损、灭失的，应当给予补偿。

【条文精解】

征用是国家强制使用组织、个人的财产。强制使用就是不必得到所有权人的同意，在国家有紧急需要时即直接使用。国家需要征用组织、个人的不动产和动产的原因，是在抢险、救灾、应对突发公共卫生事件等社会整体利益遭遇危机的情况下，需要动用一切人力、物力进行紧急处理和救助。所以，法律允许在此种情况下限制单位和个人的财产所有权。

国家以行政权命令征用财产，被征用的组织、个人必须服从，这一点与征收相同。但征收是剥夺所有权，征用只是在紧急情况下强制使用组织、个人的财产，紧急情况结束后，被征用的财产要返还给被征用的组织、个人，因此征用与征收有所不同。本章规定的征收限于不动产，本条规定的征用的财产既包括不动产也包括动产。

征用在国家出现紧急情况时采用，因此国外通常在紧急状态法中规定，但也有的国家在民法中作了规定，如意大利民法典规定，在发生公共事务、军事、民事的重大紧急需求的情况下，可以对动产或者不动产进行征调。对动产或者不动产的所有权人应当给予合理补偿。考虑到征用如征收一样也是对所有权的限制，本法对征用作了规定。由于征用是对所有权的限制，并可能给所有权人造成不利的后果，因此，征用的采用亦有严格的条件限制：（1）征用的前提条件是发生紧急情况，因此征用适用于出现紧急情况时，平时不得采用；（2）征用应符合法律规定的权限和程序；（3）使用后应当将征用财产返还被征用人，并且给予补偿，但通常不及于可得利益的损失。

征用如征收一样也是较为复杂的问题，同时征用是政府行使行政权，不是民事关系，征用的具体问题应由相关的行政法规定。因此，本条仅从民事角度作了原则性规定。

第五章 国家所有权和集体所有权、私人所有权

第二百四十六条 【国家所有权的范围、性质和行使】

法律规定属于国家所有的财产，属于国家所有即全民所有。

国有财产由国务院代表国家行使所有权。法律另有规定的，依照其规定。

【条文精解】

在立法征求意见过程中，对于国有财产范围的不同意见主要是，国有财产的范围很广，如何在物权编中确定国有财产的范围，哪些应该明确写，哪些不应该写，对物的种类在文字上应该如何表述。有人认为，本法具体列举的国有财产不够全面，应当增加规定空域、航道、频道、无居民岛屿、种质资源属于国家所有。考虑到国有财产范围很宽，难以逐项列全，所提出的增加规定的有些内容是否属于物权编上的物，也有争议。因此，本条对国有财产的范围作了概括性的规定："法律规定属于国家所有的财产，属于国家所有即全民所有。"并以现行法律的规定为依据，对国家所有的财产作了列举规定。

关于国家所有权的行使，有的认为，由"国务院代表国家行使国家所有权"可操作性不强。有的提出，国有自然资源的所有权实际上有不少是由地方人民政府具体行使的，应规定地方人民政府也有权代表国家具体行使国有自然资源的所有权。有的建议，明确实践中行使所有权的地方各级政府同国务院之间的关系是委托还是授权。有的认为，应该由全国人民代表大会代表国家行使国有财产所有权。立法机关经研究认为，依据宪法规定，全国人民代表大会是最高国家权力机关，国务院是最高国家权力机关的执行机关。全国人民代表大会代表全国人民行使国家权力，体现在依法就关系国家全局的重大问题作出决定，而具体执行机关是国务院。我国的许多法律已经明确规定由国务院代表国家行使所有权，如土地管理法、矿产资源法、水法、草原

法、海域使用管理法。党的十五届四中全会报告中指出："国务院代表国家统一行使国有资产所有权，中央和地方政府分级管理国有资产，授权大型企业、企业集团和控股公司经营国有资产。"

由国务院代表国家行使所有权也是现行的管理体制。本条规定："国有财产由国务院代表国家行使所有权。法律另有规定的，依照其规定。"这样规定，既符合人民代表大会制度的特点，也体现了党的十六大关于国家要制定法律法规，建立中央政府和地方政府分别代表国家履行出资人职责，享有所有者权益的国有资产管理体制的要求。全国人民代表大会通过立法授权国务院代表国家行使国家所有权，正体现了全国人民代表大会的性质及其行使职权的特点。当然，政府代表国家行使所有权，应当依法对人大负责，受人大监督。

第二百四十七条 【矿藏、水流、海域的国家所有权】

矿藏、水流、海域属于国家所有。

【立法背景】

矿产资源是国民经济和社会发展的重要物质基础，只有严格依照宪法的规定，坚持矿藏属于国家所有，即全民所有，才能保障我国矿产资源的合理开发、利用、节约、保护和满足各方面对矿产资源日益增长的需求，适应国民经济和社会发展的需要。

水是人类生存的生命线，人类因水而生存，因水而发展。然而，21世纪人类却面临着严重的水资源问题。水资源短缺几乎成为世界性的问题。我国是水资源贫乏的国家，人均水资源仅为世界平均水平的1/4。同时，水资源在时间和地区分布上很不平衡，由于所处的独特的地理位置和气候条件，使我国面临水资源短缺、洪涝灾害频繁、水环境恶化三大水问题，对国民经济和社会发展具有全局影响。

我国是海洋大国，拥有约300万平方公里的管辖海域、18000多公里的大陆海岸线、14000多公里的岛屿岸线，蕴藏着丰富资源，包括生物资源、矿产资源、航运资源、旅游资源等。对于丰富的资源，国家有责任实施管理；对于我国辽阔的海域，需要由国家行使管理职能。这些管理，是以海域的国家所有权为法律依据的。

【条文精解】

本条规定，矿藏、水流、海域属于国家所有。

1. 矿藏属于国家所有

矿藏，主要指矿产资源，即存在于地壳内部或者地表的，由地质作用形成的，在特定的技术条件下能够被探明和开采利用的，呈固态、液态或气态的自然资源。本法依据宪法规定矿藏属于国家所有。矿藏属于国家所有，是指国家享有对矿产资源的占有、使用、收益和处分的权利。《宪法》第9条第1款规定："矿藏、水流、森林、山岭、草原、荒地、滩涂等自然资源，都属于国家所有，即全民所有；由法律规定属于集体所有的森林和山岭、草原、荒地、滩涂除外。"

国家对矿藏的所有权可以有多种行使方式。《民法通则》第81条第2款规定："国家所有的矿藏，可以依法由全民所有制单位和集体所有制单位开采，也可以依法由公民采挖。"《矿产资源法》第3条中规定："勘查、开采矿产资源，必须依法分别申请、经批准取得探矿权、采矿权，并办理登记……"《矿产资源法》第4条中规定："国家保障依法设立的矿山企业开采矿产资源的合法权益。"依照规定，民事主体可以依法取得开发和经营矿藏的权利，其性质为采矿权。取得该权利后，通过开发和经营矿藏得取得对矿藏的所有权。民事主体取得采矿权并不影响国家的所有权。国家保护合法的采矿权。但该采矿权与对矿藏的所有权不同，前者是他物权，后者是所有权。国家保障矿产资源的合理利用。

2. 水流属于国家所有

水流，指江、河等的统称，此处水流应包括地表水、地下水和其他形态的水资源。

本条规定水流属于国家所有。水流属于国家所有，是指国家享有对水流的占有、使用、收益和处分的权利。《宪法》第9条规定："矿藏、水流、森林、山岭、草原、荒地、滩涂等自然资源，都属于国家所有，即全民所有……"《水法》第3条中规定："水资源属于国家所有。水资源的所有权由国务院代表国家行使。"水流是我国最宝贵的自然资源之一，是实现可持续发展的重要物质基础。只有严格依照宪法的规定，坚持水流属于国家所有，即全民所有，才能保障我国水资源的合理开发、利用、节约、保护和满足各方面对水资源日益增长的需求，适应国民经济和社会发展的需要。

3. 海域属于国家所有

海域，是指中华人民共和国内水、领海的水面、水体、海床和底土。这是一个空间资源的概念，是对传统民法中"物"的概念的延伸与发展。内水，是指中华人民共和国领海基线向陆地一侧至海岸线的海域。领海这个概念是随公海自由原则的确立而形成的，是指沿着国家的海岸、受国家主权支配和管辖下的一定宽度的海水带。本条明确规定海域属于国家所有。《海域使用管理法》第 3 条第 1 款规定："海域属于国家所有，国务院代表国家行使海域所有权。任何单位或者个人不得侵占、买卖或者以其他形式非法转让海域。"长期以来，在海域权属问题上存在一些模糊认识，出现了一些不正常的现象。个别地方政府或者有关部门擅自将海域的所有权确定为本地所有或者某集体经济组织所有，用海单位在需要使用海域时直接向乡镇和农民集体经济组织购买或者租用；个别乡镇竟然公开拍卖海域或者滩涂；有的村民错误地认为，祖祖辈辈生活在海边，海就是村里的。这些错误的认识和行为，不仅导致海域使用秩序的混乱，而且严重地损害了国家的所有权权益。因此，法律明确规定海域属于国家所有。海域属于国家所有，是指国家享有对海域的占有、使用、收益和处分的权利。这不仅能正本清源，纠正思想上的错误认识，而且有助于树立海域国家所有的意识和有偿使用海域的观念，使国家的所有权权益能在经济上得到实现。

第二百四十八条 【无居民海岛的国家所有权】

无居民海岛属于国家所有，国务院代表国家行使无居民海岛所有权。

【条文精解】

本条为此次编纂民法典过程中在物权编中新增的条文。有的意见提出，2009 年全国人大常委会通过的《海岛保护法》第 2 条第 2 款规定："本法所称海岛，是指四面环海水并在高潮时高于水面的自然形成的陆地区域，包括有居民海岛和无居民海岛。"《海岛保护法》第 4 条规定："无居民海岛属于国家所有，国务院代表国家行使无居民海岛所有权。"为了更好地保护国家对无居民海岛的所有权，同时也为了宣示国家对无居民海岛的主权，有必要在民法典中明确规定无居民海岛属于国家所有。也有的意见认为，对于自然资源的所有权，物权编主要是从自然资源的类别角度进行规范，而非地理的自然形态。物权编已经规定了土地、矿藏、水流、森林、山岭、野生动植物等自然资源的所有权，这些自然资源也可能存在于无居民海岛上。海岛保护法规定无居民海岛属于国家所有，其角度与物权编不同，不宜将这一规定照搬到民法典物权编中。经研究，采纳了第一种意见。

本条规定无居民海岛属于国家所有，国务院代表国家行使无居民海岛所有权。有的意见提出，《民法典》第246条已经规定了"国有财产由国务院代表国家行使所有权"，因此本条不要再重复规定"国务院代表国家行使无居民海岛所有权"。也有的意见认为，《民法典》第246条第2款的规定是"国有财产由国务院代表国家行使所有权。法律另有规定的，依照其规定"，《海岛保护法》第4条的规定是"无居民海岛属于国家所有，国务院代表国家行使无居民海岛所有权"，并没有关于法律另有规定的表述。无居民海岛的所有权，也应当由国务院统一代表国家行使。经研究，采纳了第二种意见。

第二百四十九条　【国家所有的土地】

城市的土地，属于国家所有。法律规定属于国家所有的农村和城市郊区的土地，属于国家所有。

【立法背景】

土地是人类可利用的一切自然资源中最基本、最宝贵的资源。首先，它是人类赖以生存的基地，只有它存在，人类才能有立足之地，人类凭借着土地栖息繁衍，土地是人类最珍贵的自然资源；其次，在人类生活中，土地是最基本的生产资料，人们在土地上从事生产，直接或间接地获取大量的财富，土地成为财富之母；最后，土地是为人类提供食物和其他生活资料的重要源泉，一切动植物繁殖滋生的营养物质皆取自土地，由此产生出人类赖以生存发展的各类生活资料，土地养育着人类。在人与土地之间的关系中，由于土地作为自然过程的产物，具有面积有限、不可创造的特点，因此，人们必须十分珍惜土地，严格保护和合理利用每一寸土地，必须重视土地的自然属性，遵循土地的自然规律。

【条文精解】

我国实行土地的社会主义公有制。《宪法》第6条第1款中规定："中华人民共和国的社会主义经济制度的基础是生产资料的社会主义公有制，即全民所有制和劳动群众集体所有制。"土地是宝贵的自然资源，同时也是最基本的生产资料。中华人民共和国成立以后，我国土地的社会主义公有制逐步确立，形成了全民所有土地即国家所有土地和劳动群众集体所有土地即农民集体所有土地这两种基本的土地所有制形式。《土地管理法》第2条第1款规定："中华人民共和国实行土地的社会主义公有制，即全民所有制和劳动群众集体所有制。"土地所有制的法律表现形式是土地所有权，即土地所有者对其土地享有占有、使用、收益和处分的权利。

本条规定了国家所有土地的范围，国家所有的土地包括：（1）城市的土地；（2）法律规定属于国家所有的农村和城市郊区的土地。

第一，城市的土地属于国家所有。"城市的土地属于国家所有"，即指国家对于城市的土地享有所有权，且城市的土地所有权只属于国家。《宪法》第10条第1款规定："城市的土地属于国家所有。"《土地管理法》第9条第1款中规定："城市市区的土地属于国家所有。"

第二，法律规定属于国家所有的农村和城市郊区的土地属于国家所有。《宪法》第10条第2款规定："农村和城市郊区的土地，除由法律规定属于国家所有的以外，属于集体所有……"《土地管理法》第9条第2款规定："农村和城市郊区的土地，除由法律规定属于国家所有的以外，属于农民集体所有……"农村和城市郊区的土地，除法律规定属于国家所有的以外，是属于农民集体所有的。但是法律规定属于国家所有的农村和城市郊区的土地属于国家所有。这里所讲的法律，是指全国人大及其常委会通过的具有法律约束力的规范性文件，包括宪法和其他法律。《宪法》第9条第1款就规定："矿藏、水流、森林、山岭、草原、荒地、滩涂等自然资源，都属于国家所有，即全民所有；由法律规定属于集体所有的森林和山岭、草原、荒地、滩涂除外。"也就是说，国家法律未确定为集体所有的森林和山岭、草原、荒地、滩涂等，均属于国家所有。国务院颁布的《土地管理法实施条例》第2条规定，属于国家所有的土地是："（一）城市市区的土地；（二）农村和城市郊区中已经依法没收、征收、征购为国有的土地；（三）国家依法征收的土地；（四）依法不属于集体所有的林地、草地、荒地、滩涂及其他土地；（五）农村集体经济组织全部成员转为城镇居民的，原属于其成员集体所有的土地；（六）因国家组织移民、自然灾害等原因，农民成建制地集体迁移后不再使用的原属于迁移农民集体所有的土地。"

第二百五十条 【国家所有的森林、草原等自然资源】

森林、山岭、草原、荒地、滩涂等自然资源，属于国家所有，但是法律规定属于集体所有的除外。

【立法背景】

自然资源包括土地资源、水资源、矿产资源、生物资源、气候资源、海洋资源等。自然资源是国民经济与社会发展的重要物质基础。随着工业化和人口的发展，人类对自然资源的巨大需求和大规模的开采已导致资源基础的削弱、退化。以最低的环境成本确保自然资源的可持续利用，已经成为当代国家在经济、社会发展过程中面临的一大难题。自然资源的合理开发利用是人类生存和发展的必然要求和重要内容。

【条文精解】

本条有关森林、山岭、草原、荒地、滩涂等自然资源所有权的规定是依据宪法作出的。《宪法》第6条第1款中规定："中华人民共和国社会主义经济制度的基础是生产资料的社会主义公有制……"《宪法》第9条规定："矿藏、水流、森林、山岭、草原、荒地、滩涂等自然资源，都属于国家所有，即全民所有；由法律规定属于集体所有的森林和山岭、草原、荒地、滩涂除外。国家保障自然资源的合理利用，保护珍贵的动物和植物。禁止任何组织或者个人用任何手段侵占或者破坏自然资源。"我国绝大多数自然资源都属于国家所有，这是我国不同于资本主义国家经济制度的基本特征之一。本法根据宪法和有关法律的规定，对自然资源的归属作出规定，对进一步保护国有自然资源，合理开发利用国有自然资源，具有重要意义。

根据宪法，我国其他法律对自然资源的国家所有权也作出了相应的规定。《森林法》第14条第1款规定："森林资源属于国家所有，由法律规定属于集体所有的除外。"《草原法》第9条规定："草原属于国家所有，由法律规定属于集体所有的除外。国家所有的草原，由国务院代表国家行使所有权。任何单位或者个人不得侵占、买卖或者以其他形式非法转让草原。"

第二百五十一条 【国家所有的野生动植物资源】

法律规定属于国家所有的野生动植物资源，属于国家所有。

【立法背景】

野生动物是我国的一项巨大自然财富。我国野生动物资源十分丰富，不仅经济动物种类繁多，还有不少闻名世界的珍贵稀有鸟兽。野生动物作为自然生态系统的重要组成部分，是人类宝贵的自然资源，为人类的生产和生活提供了丰富的资源，对人类发展有重要的促进作用。我国也是世界上野生植物资源种类最为丰富的国家之一。野生植物是自然生态系统的重要组成部分，是人类生存和社会发展的重要物质基础，是国家重要的资源。野生植物资源作为社会经济发展中一种极为重要的资源，具有生态性、多样性、遗传性和可再生性等特点。

【条文精解】

依据《野生动物保护法》第2条第2款的规定，受保护的野生动物，即珍贵、濒危的陆生、水生野生动物和有重要生态、科学、社会价值的陆生野生动物。依据《野生植物保护条例》第2条第2款的规定，受保护的野生植物，是指原生地天然生长的珍贵植物和原生地天然生长并具有重要经济、科学研究、文化价值的濒危、稀有植物。

本条规定，野生动植物资源属于国家所有。这样规定，有利于保护我国的野生动植物资源，有利于更加合理地利用野生动植物资源。《野生动物保护法》第3条规定："野生动物资源属于国家所有。国家保障依法从事野生动物科学研究、人工繁育等保护及相关活动的组织和个人的合法权益。"1992年12月国务院批准发布的《陆生野生动物资源保护管理费收费办法》中规定："野生动物资源属于国家所有。"

第二百五十二条 【无线电频谱资源的国家所有权】

无线电频谱资源属于国家所有。

【立法背景】

几千年来，从烽火报信、快马传书、驿站梨花，到发明电报、电话、互联网，人们追求时空通信自由的努力从未停止过。人们梦想有朝一日拥有在任何时间、任何地点与任何人的无束缚通信自由。要获得这种自由，利用无线电波进行通信必不可少。随着科学技术的发展，人们对无线电频谱的利用更趋频繁。

【条文精解】

根据国际电信联盟《无线电规则》，电信定义为利用有线电、无线电、光或其他电磁系统对于符号、信号、文字、图像、声音或任何性质的信息的传输、发射或接收。无线电通信则为使用无线电波的电信。无线电波定义为频率在 3000GHz 以下，不用人工波导而在空间传播的电磁波。作为传输载体的无线电波都具有一定的频率和波长，即位于无线电频谱中的一定位置，并占据一定的宽度。无线电频谱一般指 9KHz–3000GHz 频率范围内发射无线电波的无线电频率的总称。

所有的无线电业务都离不开无线电频率，就像车辆必须行驶在道路上。无线电频率是自然界存在的一种电磁波，是一种物质，是一种各国可均等获得的看不见、摸不着的自然资源，其具有以下六种特性：第一，有限性。尽管使用无线电频谱可以根据时间、空间、频率和编码四种方式进行频率的复用，但就某一频段和频率来讲，在一定的区域、一定的时间和一定的条件下使用频率是有限的。第二，排他性。无线电频谱资源与其他资源具有共同的属性，即排他性，在一定的时间、地区和频域内，一旦被使用，其他设备是不能再用的。第三，复用性。虽然无线电频谱具有排他性，但在一定的时间、地区、频域和编码条件下，无线电频率是可以重复使用和利用的，即不同无线电业务和设备可以频率复用和共用。第四，非耗竭性。无线电频谱资源又不同于矿产、森林等资源，它是可以被人类利用，但不会被消耗掉，不使用它是一种浪费，使用不当更是一种浪费，甚至由于使用不当产生干扰而造成危害。第五，固有的传播特性。无线电波是按照一定规律传播，不受行政地域的限制，传播既无省界也无国界。第六，易污染性。如果无线电频率使用不当，就会受到其他无线电台、自然噪声和人为噪声的干扰而无法正常工作，或者干扰其他无线电台站，使其不能正常工作，无法准确、有效和迅速地传送信息。

无线电频谱资源是有限的自然资源。为了充分、合理、有效地利用无线电频谱，保证各种无线电业务的正常运行，防止各种无线电业务、无线电台站和系统之间的相互干扰，本条规定无线频谱资源属于国家所有。无线电频谱资源属于国家所有，是指国家对无线电频谱资源享有占有、使用、收益和处分的权利。《无线电管理条例》第 3 条规定："无线电频谱资源属国家所有。国家对无线电频谱实行统一规划、合理开发、有偿使用的原则。"

第二百五十三条 【国家所有的文物】

法律规定属于国家所有的文物，属于国家所有。

【立法背景】

我国是一个拥有悠久历史和灿烂文化的文明古国，拥有极为丰富的文化遗产。我们的祖先在改造自然、改造社会的长期斗争中，创造了灿烂辉煌的古代文化，为整个人类文明历史作出过重要的贡献。保存在地上地下极为丰富的祖国文物是文化遗产的重要组成部分，是中华民族历史发展的见证。它真实地反映了我国历史各个发展阶段的政治、经济、军事、文化、科学和社会生活的状况，蕴藏着各族人民的创造、智慧和崇高的爱国主义精神，蕴含着中华民族特有的精神价值、思维方式、想象力，体现着中华民族的生命力和创造力，对世世代代的中华儿女都有着强大的凝聚力和激励作用。在建设具有中国特色的社会主义的新时期，在全国各族人民坚持四项基本原则，坚持改革开放总方针的伟大实践中，保护和利用好文物，对于继承和发扬中华民族的优秀文化和革命传统，增进民族团结和维护国家统一，增强民族自信心和凝聚力，促进社会主义物质文明和精神文明建设，团结国内外同胞推进祖国统一大业，以及不断扩大我国人民同世界各国人民的文化交流和友好往来，都具有重要的意义。

【条文精解】

本条规定，法律规定属于国家所有的文物，属于国家所有。在此需要明确的是，并不是所有的文物都归国家所有，而是法律规定属于国家所有的文物，属于国家所有。文物的所有者可以是各类民事主体，民事主体可以按照法律规定享有对文物的所有权。依照《文物保护法》第5条的规定，以下文物属于国家所有：（1）中华人民共和国境内地下、内水和领海中遗存的一切文物，属于国家所有。（2）古文化遗址、古墓葬、石窟寺属于国家所有。国家指定保护的纪念建筑物、古建筑、石刻、壁画、近代现代代表性建筑等不可移动文物，除国家另有规定的以外，属于国家所有。（3）下列可移动文物，属于国家所有：第一，中国境内出土的文物，国家另有规定的除外；第二，国有文物收藏单位以及其他国家机关、部队和国有企业、事业组织等收藏、保管的文物；第三，国家征集、购买的文物；第四，公民、法人和其他组织捐赠给国家的文物；第五，法律规定属于国家所有的其他文物。《文物保护法》第 5 条中还规定："国有不可移动文物的所有权不因其所依附的土地所有权或者使用权的改变而改变……属于国家所有的可移动文物的所有权不因其保管、收藏单位的终止或者变更而改变。国有文物所有权受法律保护，不容侵犯。"国家依法享有对法律规定属于国家所有的文物的所有权，也就是国家依法享有对其所有的文物的占有、使用、收益和处分的权利。

> **第二百五十四条**　【国防资产的国家所有权以及属于国家所有的基础设施】
>
> 国防资产属于国家所有。
>
> 铁路、公路、电力设施、电信设施和油气管道等基础设施，依照法律规定为国家所有的，属于国家所有。

【条文精解】

本条第 1 款规定，国防资产属于国家所有。国防是国家生存与发展的安全保障，是维护国家安全统一，确保实现全面建设小康社会目标的重要保障。《国防法》第 37 条规定："国家为武装力量建设、国防科研生产和其他国防建设直接投入的资金、划拨使用的土地等资源，以及由此形成的用于国防目的的武器装备和设备设施、物资器材、技术成果等属于国防资产。国防资产归国家所有。"

本条第 2 款规定，铁路、公路、电力设施、电信设施和油气管道等基础设施，依照法律规定为国家所有的，属于国家所有。铁路、公路、电力设施、电信设施和油气管道等基础设施都是国家重要的基础设施，建设铁路、公路、电力设施、电信设施和油气管道等基础设施对方便人民生活、提高人民生活水平有重要意义，确保铁路、公路、电力设施、电信设施和油气管道等基础设施的安全，对于国民经济发展和保障人民群众生命财产安全意义重大。这里的基础设施不仅包括铁路、公路、电力设施、电信设施和油气管道这几种，只要是依照法律规定为国家所有的基础设施都被包括在本条之内。

【实践中需要注意的问题】

并不是所有的铁路、公路、电力设施、电信设施和油气管道等基础设施，都属于国家所有，而是依照法律规定为国家所有的基础设施才属于国家所有。

第二百五十五条 【国家机关的物权】

国家机关对其直接支配的不动产和动产，享有占有、使用以及依照法律和国务院的有关规定处分的权利。

【立法背景】

本条是国家机关对其直接支配的物享有的物权的规定，规定国家机关对其直接支配的不动产和动产，享有占有、使用以及依照法律和国务院的有关规定处分的权利。国家机关的财产也是国有资产的重要组成部分。明确国家机关对其直接支配的财产享有的权利，哪些权利必须依照法律和国务院的有关规定行使，这对保护国家机关的财产具有重要意义。

【条文精解】

本条依照民法通则关于机关法人应当具备"必要的财产或者经费""与其业务活动相适应的经费来源"和"能够独立承担民事责任"等条件，从物权角度作出了上述规定。《民法通则》第37条规定："法人应当具备下列条件：（一）依法成立；（二）有必要的财产或者经费；（三）有自己的名称、组织机构和场所；（四）能够独立承担民事责任。"《民法通则》第50条第1款规定："有独立经费的机关从成立之日起，具有法人资格。"民法典总则编与民法通则的规定大同小异，规定法人应当依法成立；法人应当有自己的名称、组织机构、住所、财产或者经费；法人成立的具体条件和程序，依照法律、行政法规的规定；法人以其全部财产独立承担民事责任。

保护国有财产权，防止国有财产流失，是我国的一项长期任务。除了物权编，还需要制定国有财产管理法，进一步完善国有财产的管理制度。国有财产权作为一种物权，有关这种权利的归属及其内容的基本规则已经在物权编中作出规定，但也要看到，国有财产的行使及其监管又具有特殊性，因而单纯依靠物权编的规定是不够的，还需要制定国有财产管理法，区分经营性财产和非经营性财产，建立不同的管理制度。依据本条规定，国家机关应当依法对其直接支配的财产行使占有、使用和处分的权利。国家机关对其占用的财产的处分必须依照法律和国务院的有关规定中的限制和程序进行，不得擅自处置国有财产。本条对国家机关对其直接支配的国有财产行使占有、使用和处分的权利作出了规定，加强了对国家机关直接占有的国有财产的保护。

第二百五十六条 【事业单位的物权】

国家举办的事业单位对其直接支配的不动产和动产，享有占有、使用以及依照法律和国务院的有关规定收益、处分的权利。

【立法背景】

国有事业单位的财产也是国有资产的重要组成部分。明确国有事业单位对其直接支配的财产享有的权利，哪些权利必须依照法律和国务院的有关规定行使，这对保护国有事业单位的财产具有重要意义。

【条文精解】

本条依照民法典总则编和《事业单位登记管理暂行条例》关于事业单位法人应当具备"必要的财产或者经费""与其业务活动相适应的经费来源"和"能够独立承担民事责任"等条件，从物权角度作出了上述规定。

《民法典》第58条规定："法人应当依法成立。法人应当有自己的名称、组织机构、住所、财产或者经费。法人成立的具体条件和程序，依照法律、行政法规的规定。设立法人，法律、行政法规规定须经有关机关批准的，依照其规定。"《民法典》第88条规定："具备法人条件，为适应经济社会发展需要，提供公益服务设立的事业单位，经依法登记成立，取得事业单位法人资格；依法不需要办理法人登记的，从成立之日起，具有事业单位法人资格。"《事业单位登记管理暂行条例》第6条规定："申请事业单位法人登记，应当具备下列条件：（一）经审批机关批准设立；（二）有自己的名称、组织机构和场所；（三）有与其业务活动相适应的从业人员；（四）有与其业务活动相适应的经费来源；（五）能够独立承担民事责任。"该条例第15条规定："事业单位开展活动，按照国家有关规定取得的合法收入，必须用于符合其宗旨和业务范围的活动。事业单位接受捐赠、资助，必须符合事业单位的宗旨和业务范围，必须根据与捐赠人、资助人约定的期限、方式和合法用途使用。"

对国家举办的事业单位占用的财产，要根据事业单位的类型、财产的特殊性对其收益和处分的权利分别处理：一是国家举办的事业单位对其占用的财产毫无处分权利，比如，故宫博物院对其占用的某些财产；二是经过审批，国家举办的事业单位对其占用的财产具有部分处分权利；三是国家举办的事业单位对其占用的财产具有完全的处分权利。这就需要通过以后制定国有财产管理法对国家举办的事业单位如何有效行使、如何处分其占用的财产作出明确规定。

国家举办的事业单位应当依法对其直接支配的财产行使占有、使用、收益和处分的权利，不得擅自处置国有财产。本条对国家举办的事业单位对其直接支配的国有财产行使占有、使用、收益和处分的权利作出规定，加强了对国家举办的事业单位直接占有的国有财产的保护。

第二百五十七条 【国有出资的企业出资人制度】

国家出资的企业，由国务院、地方人民政府依照法律、行政法规规定分别代表国家履行出资人职责，享有出资人权益。

【立法背景】

国有企业是我国国民经济的支柱。改革开放以来，国有企业迅速地发展，继续在国民经济中发挥着主导作用。但是，随着国有企业改革的不断深化，国有资产管理体制改革不断推进，国有资产管理面临的体制性障碍还未得到真正解决，政府的社会公共管理职能与国有资产出资人职能没有完全分开，一方面，造成国有资产出资人不到位，国有资产监管职能分散，权利、义务和责任不统一，管资产和管人、管事相脱节；另一方面，导致政府对企业进行行政干预，多头管理，影响了政企分开，制约了国有企业建立现代企业制度。

【条文精解】

本条根据党的有关国有资产管理体制改革的政策，对国有企业出资人制度作了规定，即"国家出资的企业，由国务院、地方人民政府依照法律、行政法规规定分别代表国家履行出资人职责，享有出资人权益"。为了更好地理解本条的含义，有以下四个问题需要解释：

第一，什么是国家出资的企业。国家出资的企业，不仅仅包括国家出资兴办的企业，如国有独资公司，也包括国家控股、参股有限责任公司和股份有限公司等。当然，国家出资的企业不仅仅是以公司形式，也包括未进行公司制改造的其他企业。

第二，谁来代表履行国有企业的出资人职权。本条规定了由国务院和地方人民政府分别代表国家履行出资人职责，享有出资人权益。我国是一个大国，地域辽阔，国有企业众多，即使经过调整、改制，目前还有十几万户分布在各地，由中央政府直接管理这么多企业是困难的。因此，适宜的做法就是通过资产的划分和权利的划分，由中央政府和地方政府分别代表国家履行出资人的职责。《企业国有资产法》第11条规定："国务院国有资产监督管理机构和地方人民政府按照国务院的规定设立的国有资产监督管理机构，根据本级人民政府的授权，代表本级人民政府对国家出资企业履行出资人职责。国务院和地方人民政府根据需要，可以授权其他部门、机构代表本级人民政府对国家出资企业履行出资人职责……"根据《企业国有资产监督管理暂行条例》的规定，国务院和地方人民政府的具体分工是："国务院代表国家对关系国民经济命脉和国家安全的大型国有及国有控股、国有参股企业，重要基础设施和重要自然资源等领域的国有及国有控股、国有参股企业，履行出资人职责。国务院履行出资人职责的企业，由国务院确定、公布。省、自治区、直辖市人民政府和设区的市、自治州级人民政府分别代表国家对由国务院履行出资人职责以外的国有及国有控股、国有参股企业，履行出资人职责。其中，省、自治区、直辖市人民政府履行出资人职责的国有及国有控股、国有参股企业，由省、自治区、直辖市人民政府确定、公布，并报国务院国有资产监督管理机构备案；其他由设区的市、自治州级人民政府履行出资人职责的国有及国有控股、国有参股企业，由设区的市、自治州级人民政府确定、公布，并报省、自治区、直辖市人民政府国有资产监督管理机构备案。"本条规定的目的是充分调动中央和地方两个积极性，使社会生产力得到进一步解放。同时，中央政府和地方政府合理分工分别代表国家履行出资人职责，这就界定了各级政府的管理国有资产的权利和责任，改变了过去中央统一管理，地方责、权、利不明确的弊端。这有助于强化管理上的激励和约束机制，克服"出资人主体虚位"的现象。

需要明确的是，国家实行国有企业出资人制度的前提是国家统一所有，国家是国有企业的出资人。中央政府与地方政府都只是分别代表国家履行出资人职责，享有出资人权益。不能把国家所有与政府所有等同起来，更不能把国家所有与地方政府所有等同。

第三，履行出资人职责的法律依据。虽然中央政府和地方政府分别代表国家履行出资人职责，享有所有者权益，但它们都必须在国家统一制定法律法规的前提下行事。有关的法律主要有宪法、公司法、企业国有资产法等，行政法规主要有《企业国有资产监督管理暂行条例》。

第四，出资人职责和权益内容是什么。简单地说，出资人职责就是股东的职能，履行出资人职责的机构代表本级人民政府对国家出资企业享有资产收益、重大决策和选择管理者等出资人权益；对国有资产保值、防止国有资产流失负监管责任。需要注意的是，中央政府和地方政府代表国家履行出资人职责时，要尊重、维护国有及国有控股企业经营自主权。《宪法》第 16 条中规定："国有企业在法律规定的范围内有权自主经营。"《企业国有资产法》第 14 条第 2 款规定："履行出资人职责的机构应当维护企业作为市场主体依法享有的权利，除依法履行出资人职责外，不得干预企业经营活动。"根据宪法等法律和国有资产管理改革所遵循的政企分开的原则，中央政府和地方政府以及其设立的国有资产管理机构不能干预国家出资的企业依法行使自主经营权。

第二百五十八条 【国有财产保护】

国家所有的财产受法律保护，禁止任何组织或者个人侵占、哄抢、私分、截留、破坏。

【立法背景】

国有财产属全民所有，是国家经济、政治、文化、社会发展的物质基础。加大对国有财产的保护力度，切实防止国有财产流失，是巩固和发展公有制经济的重要内容。《宪法》第 12 条规定："社会主义的公共财产神圣不可侵犯。国家保护社会主义的公共财产。禁止任何组织或者个人用任何手段侵占或者破坏国家的和集体的财产。"《民法通则》第 73 条规定："国家财产属于全民所有。国家财产神圣不可侵犯，禁止任何组织和个人侵占、哄抢、私分、截留、破坏。"

【条文精解】

在 2007 年物权法立法过程中，有人认为，物权法既然要体现平等保护的原则，那就不宜强调对国有财产的保护。经研究，物权法应当坚持平等保护的原则；同时，从实际情况看，目前经济领域中受侵害最严重的恰恰是国有财产，物权法就加强对国有财产的保护、切实防止国有财产流失作出有针对性的规定，是必要的。因此，物权法根据宪法和民法通则的规定，针对国有财产的特点，从物权的角度作出了保护国有财产的一般原则性规定，即

"国家所有的财产受法律保护，禁止任何单位和个人侵占、哄抢、私分、截留、破坏"。本次民法典编纂仅作个别文字修改，将"单位和"修改为"组织或者"。

"国家所有的财产"，是指依法属于全民所有的财产，不仅包括国家拥有所有权的财产，如矿藏、水流、海域、无居民海岛、国有的土地以及森林、山岭、草原、荒地、滩涂等自然资源，野生动植物资源，无线电频谱资源，依法属于国家所有的文物，国有的铁路、公路、电力设施、电信设施和油气管道等基础设施，国家机关和国家举办的事业单位依法直接支配的国有财产，而且包括国家依法投入企业的动产和不动产，同时，国家的财政收入、外汇储备和其他国有资金也属于国家所有的财产。

这里的"侵占"，是指以非法占有为目的，将其经营、管理的国有财产非法占为己有。侵占的客体是国有财产。侵占的主体一般是经营、管理国有财产的单位或者个人，如国有企业、国家举办的事业单位等。构成侵占，还有一个要件是侵占主体要有主观故意，即以非法占有国有财产为目的。

这里的"哄抢"，是指以非法占有为目的，组织、参与多人一起强行抢夺国有财产的行为。哄抢的客体是国有财产。哄抢的主体可以是任何的组织或者个人，并且还需具备非法占有国有财产的主观故意。

这里的"私分"，是指违反国家关于国有财产分配管理规定，以单位名义将国有财产按人头分配给单位内全部或者部分职工的行为。如违反国家关于国有资金与企业资金的分账比例管理制度，由单位领导班子集体决策或者由单位负责人决定并由直接责任人员经手实施，擅自将国有资金转为企业资金，进而以单位分红、单位发奖金、单位下发的节日慰问费等名义私分国有财产。私分的主体只是单位，一般指经营、管理国有财产的国家机关、国有公司、企业、事业单位、人民团体等单位。

这里的"截留"，是指违反国家关于国有资金等国有财产拨付、流转的决定，擅自将经手的有关国有财产据为己有或者挪作他用的行为。如有的政府部门将其经手的，应当向农村集体支付的土地征收补偿费不及时支付或者留下挪作他用。截留的主体一般指经手国有财产的单位或者相关责任人员。

这里的"破坏"，是指故意毁坏国有财产，影响其发挥正常功效的行为，如采取爆破的方式毁坏国有铁路，影响国家正常交通运输的行为。破坏的主体可以是任何的组织或者个人，而且需有主观上的毁坏国有财产的故意。

侵占、哄抢、私分、截留、破坏国有财产的，应当承担返还原物、恢复原状、赔偿损失等民事责任；触犯治安管理处罚法和刑法的，还应当承担相应的法律责任。有关组织的责任人也要依法追究行政责任甚至是刑事责任。

第二百五十九条 【国有财产管理法律责任】

履行国有财产管理、监督职责的机构及其工作人员，应当依法加强对国有财产的管理、监督，促进国有财产保值增值，防止国有财产损失；滥用职权，玩忽职守，造成国有财产损失的，应当依法承担法律责任。

违反国有财产管理规定，在企业改制、合并分立、关联交易等过程中，低价转让、合谋私分、擅自担保或者以其他方式造成国有财产损失的，应当依法承担法律责任。

【立法背景】

加大对国有财产的保护力度，切实防止国有财产流失，是巩固和发展公有制经济的重要内容。从国有财产流失的主要情形看，加大对国有财产的保护力度，切实防止国有财产流失，一方面要加强对国有财产的管理、监督；另一方面要明确规定造成国有财产流失的应承担的法律责任。关于国有财产的管理、监督，以及造成国有财产流失的法律责任，公司法、刑法等法律以及国有财产监管的行政法规和部门规章已经有规定。物权编着重从其调整范围对加大国有财产的保护力度，切实防止国有财产流失作出规定，并与有关国有财产监管的法律作出衔接性的规定。

【条文精解】

本条第1款对履行国有财产管理、监督职责的机构及其工作人员切实履行职责作了规定，同时第2款针对现实中存在的国有财产流失的突出问题作了规定。

1.关于国有财产管理、监督机构及其工作人员的职责

根据党的十六大和十六届二中全会关于深化国有资产管理体制改革和设立专门国有资产管理监督机构的精神，经十届人大一次会议批准，设立了国务院国有资产监督管理委员会。地方政府也组建了相应的国有资产监督管理机构。十六届三中全会决定提出："国有资产管理机构对授权监管的国有资本依法履行出资人职责，维护所有者权益，维护企业作为市场主体依法享有的各项权利，督促企业实现国有资本保值增值，防止国有资产流失。"根据

上述要求，国务院国有资产监督管理委员会除了根据国务院授权，依照公司法等法律和行政法规履行出资人职责外，还负有以下主要职责：（1）指导推进国有企业改革和重组；对所监管企业国有资产的保值增值进行监督，加强国有资产的管理工作；推进国有企业的现代企业制度建设，完善公司治理结构；推动国有经济结构和布局的战略性调整。（2）代表国家向部分大型企业派出监事会；负责监事会的日常管理工作。（3）通过法定程序对企业负责人进行任免、考核并根据其经营业绩进行奖惩；建立符合社会主义市场经济体制和现代企业制度要求的选人、用人机制，完善经营者激励和约束制度。（4）通过统计、稽核对所监管国有资产的保值增值情况进行监管；建立和完善国有资产保值增值指标体系，拟订考核标准；维护国有资产出资人的权益。（5）起草国有资产管理的法律、行政法规，制定有关规章制度；依法对地方国有资产管理进行指导和监督。还有三点需要注意：一是履行国有资产管理、监督职责的机构不仅仅是中央政府和地方政府设立的国有资产监督管理委员会（局），也包括其他机构，比如，财政部门、审计部门、水利部门、外汇管理部门等，还有国家机关和国家举办事业单位内部设立的国有财产管理部门等，都负有一定的国有财产管理、监督职责。二是国有财产监督管理机构应当支持企业依法自主经营，除履行出资人职责以外，不得干预企业的生产经营活动。三是本条强调了国有财产管理、监督职责的机构的工作人员的责任。如果滥用职权、玩忽职守，造成国有财产损失的，还要依法承担行政责任、刑事责任等。如《刑法》第397条规定，国家机关工作人员滥用职权或者玩忽职守，致使公共财产遭受重大损失的，处3年以下有期徒刑或者拘役。

2. 违反国有财产管理规定造成国有财产损失的法律责任

据了解，造成国有财产流失的，主要发生在国有企业改制、合并分立、关联交易的过程中。造成国有资产损失的常见有以下情形：（1）低价转让。有的不按规定进行国有资产评估或者压低评估价格；有的不把国家划拨的土地计入国有股；有的对专利、商标等无形资产不作评估；有的将国有资产无偿转让或者低价折股、低价出售给非国有单位或者个人；有的在经营活动中高价进、低价出。（2）违反财务制度，合谋私分侵占国有资产。有的将应收账款做成呆账、坏账，有的私设"小金库"或者设立"寄生公司"，以后再提取侵占私分。（3）擅自担保。有的根本不认真调查被担保人的资信情况，未经法定程序和公司章程规定，擅自向非国有单位或者个人担保，造成国有财产损失。本条第 2 款针对上述现实中造成国有财产流失的主要情形，规定上述违反国有财产管理规定的行为，应当依法承担法律责任，包括赔偿损失等民事责任、纪律处分等行政责任，构成犯罪的，依法追究刑事责任。根据《企业国有资产监督管理暂行条例》第 39 条的规定，对企业国有资产损失负有责任受到撤职以上纪律处分的国有及国有控股企业的企业负责人，5 年内不得担任任何国有及国有控股企业的企业负责人；造成企业国有资产重大损失或者被判处刑罚的，终身不得担任任何国有及国有控股企业的企业负责人。

第二百六十条 【集体财产范围】

集体所有的不动产和动产包括：

（一）法律规定属于集体所有的土地和森林、山岭、草原、荒地、滩涂；

（二）集体所有的建筑物、生产设施、农田水利设施；

（三）集体所有的教育、科学、文化、卫生、体育等设施；

（四）集体所有的其他不动产和动产。

【立法背景】

《宪法》第 6 条规定："中华人民共和国的社会主义经济制度的基础是生产资料的社会主义公有制，即全民所有制和劳动群众集体所有制。"集体所有根据所有人身份不同，可以分为农村集体所有和城镇集体所有。集体财产是广大人民群众多年来辛勤劳动积累的成果，是发展集体经济和实现共同富裕的重要物质基础。确认集体财产的范围，对保护集体的财产权益，维护广大集体成员的合法财产权益具有重要意义。宪法和民法通则等法律已经对集体财产的范围作了规定。物权编保护集体所有权，首先要确定集体所有权的客体，即集体财产的范围，这是维护我国基本经济制度的重要内容，也是物权编的重要内容。

【条文精解】

本条依据宪法和民法通则等有关法律的规定，以列举加概括的方式，对集体所有的不动产和动产的范围作出了规定。

1. 集体是集体财产所有权的主体

在 2007 年物权法立法过程中，曾有意见认为，集体所有的财产可以适用物权法关于共有的规定。经研究，集体所有和共有是不同的。共有是两个以上自然人、法人对一项财产享有权利，如两人出资购买一辆汽车，子女共同继承一栋房子等。共有人对共有的财产都享有占有、使用、收益和处分的权利，都有权要求分割共有财产。集体所有是公有制的一部分，集体的成员不能独自对集体财产行使权利，离开集体时不能要求分割集体财产。

2. 集体所有财产主要包括的内容

（1）法律规定属于集体所有的土地和森林、山岭、草原、荒地、滩涂。土地是人类社会生产和生活的物质基础。对广大农民来说，土地是其可以利用的一切自然资源中最基本、最宝贵的资源，是其安身立命的根本。土地公有制是我国土地制度的基础和核心，我国土地公有制的法律表现形式是国有土地所有权和集体土地所有权。《宪法》第 10 条第 2 款规定："农村和城市郊区的土地，除由法律规定属于国家所有的以外，属于集体所有；宅基地和自留地、自留山，也属于集体所有。"土地管理法也作了相同的规定。关于集体所有的土地，有两点需要说明：一是集体所有的土地的所有者只有农民集体，城镇集体没有土地的所有权。二是集体所有的土地主要包括耕地，也包括宅基地和自留地、自留山。除了土地外，根据《宪法》第 9 条第 1 款规定，森林、山岭、草原、荒地、滩涂等自然资源，根据法律规定，也可以属于集体所有。如《森林法》第 14 条规定，森林资源属于国家所有，由法律规定属于集体所有的除外。《草原法》第 9 条规定，草原属于国家所有，由法律规定属于集体所有的除外。

（2）集体所有的集体企业的厂房、仓库等建筑物；机器设备、交通运输工具等生产设施；水库、农田灌溉渠道等农田水利设施；以及集体所有的教育、科学、文化、卫生、体育等公益设施。需要说明的是，这里集体所有的财产主要有两个来源：一是集体自己出资兴建、购置的财产；二是国家拨给或者捐赠给集体的财产。

（3）除上述几种常见的集体财产外，集体财产还包括集体企业所有的生产原材料、半成品和成品，村建公路，农村敬老院等，本条不可能一一列举，因此还规定了一个兜底条款，即集体所有的其他不动产和动产，作为上述规定的补充。

第二百六十一条 【农民集体所有财产归属以及重大事项集体决定】

农民集体所有的不动产和动产，属于本集体成员集体所有。

下列事项应当依照法定程序经本集体成员决定：

（一）土地承包方案以及将土地发包给本集体以外的组织或者个人承包；

（二）个别土地承包经营权人之间承包地的调整；

（三）土地补偿费等费用的使用、分配办法；

（四）集体出资的企业的所有权变动等事项；

（五）法律规定的其他事项。

【条文精解】

本条主要有以下几个含义：

1. 本集体成员集体所有

农民集体所有的特征就是集体财产集体所有、集体事务集体管理、集体利益集体分享。只有本集体的成员才能享有这些权利。农村集体成员有两个特征：一是平等性，即不分加入集体时间长短，不分出生先后，不分贡献大小，不分有无财产投入等，其成员资格都一律平等；二是地域性和身份性。一般来说，农村集体成员往往就是当地的村民，他们所生子女，出生后自动取得该集体成员资格。此外，也有的成员是通过婚姻或收养关系迁入本集体取得成员资格，也有的是因移民迁入本集体而取得成员资格。

因下列情形，丧失农村集体成员资格：一是死亡，包括自然死亡和宣告死亡。二是因婚姻、收养关系以及因法律或政策的规定迁出本农村集体而丧失。如出嫁城里，取得城市户籍而丧失原集体经济组织成员资格。又如因被录用为国家公务员、全家户口迁入设区的市而丧失原集体成员资格。三是因国家整体征收农民集体土地或者整体移民搬迁等原因，原集体失去继续存在的条件而终止，其成员资格亦当然丧失。需要说明的是，农民只能在一个农民集体内享有成员权利，不能同时享有两个或者多个集体成员权利。

2. 农民集体所有的不动产和动产的范围

本条规定的农民集体所有的财产应当在上一条规定的集体财产范围内，最主要的就是本集体所有的土地，以及法律规定属于集体所有的森林、山岭、草原、荒地、滩涂，集体所有的建筑物、生产设施、农田水利设施以及教育、科学、文化、卫生、体育设施等不动产和动产。

3.重大事项须依法定程序经本集体成员决定

集体所有的特征就要求了民主管理集体事务，涉及集体成员重大利益的事项，必须依照法定程序经本集体成员决定。现实中，有发生少数村干部擅自决定涉及全体村民利益的大事的情况，群众对此反映十分强烈。为了维护集体成员的合法权益，促进社会的和谐与稳定，本条明确规定了须经集体成员决定的事项：

（1）土地承包方案以及将土地发包给本集体以外的组织或者个人承包。土地承包方案以及将土地发包给本集体以外的组织或者个人承包，直接关系到本集体成员的切身利益，直接关系到以家庭承包经营为基础的双层经营体制的长期稳定。根据农村土地承包法的规定，土地承包应当按照下列程序进行：首先，由本集体经济组织成员的村民会议选举产生承包工作小组；再由该承包工作小组依照法律、法规的规定拟订并公布承包方案；然后依法召开本集体经济组织成员的村民会议，讨论承包方案。承包方案必须经本集体经济组织成员的村民会议 2/3 以上成员或者 2/3 以上村民代表同意。按照农村土地承包法的规定，农民集体所有的土地由本集体经济组织以外的单位或者个人承包的，必须经本集体经济组织成员的村民会议 2/3 以上成员或者 2/3 以上村民代表的同意，并报乡（镇）人民政府批准。

（2）个别土地承包经营权人之间承包地的调整。原则上，在承包期内，发包方不得调整承包地。如果因自然灾害严重毁损承包地等特殊情形，需要适当调整的，按照农村土地承包法的规定，必须经本集体经济组织成员的村民会议 2/3 以上成员或者 2/3 以上村民代表的同意，并报乡（镇）人民政府和县级人民政府农村、林业和草原等行政主管部门批准。

（3）土地补偿费等费用的使用、分配办法。根据物权编关于征收补偿的规定，为了公共利益的需要，依照法律规定的权限和程序，可以征收农村集体所有的土地。征收集体所有的土地，应当支付土地补偿费、安置补助费以及农村村民住宅、其他地上附着物和青苗等的补偿费用。现实中，这部分费用一般支付给被征地的农村集体经济组织，其中大部分费用分配给本集体成员，补偿受影响的土地承包经营权人。因为征收集体土地直接影响被征地农民的生产生活，这部分费用的使用和分配办法必须经集体成员通过村民会议等方式决定。

（4）集体出资的企业的所有权变动等事项。实践中，很多农村集体经济组织都投资兴办企业，一方面实现共同致富，另一方面也解决了大量农业人口的就业问题。集体出资的企业收益属集体成员集体所有。如果将该企业出让或者抵押的，也要经过本集体成员讨论决定，不能由该企业负责人或者本集体管理人擅自作主。

（5）法律规定的其他事项。村民委员会组织法规定，本村享受误工补贴的人员及补贴标准；从村集体经济所得收益的使用；本村公益事业的兴办和筹资筹劳方案及建设承包方案；村集体经济项目的立项、承包方案；宅基地的使用方案；以借贷、租赁或者其他方式处分村集体财产；村民会议认为应当由村民会议讨论决定的涉及村民利益的其他事项，必须提请村民会议讨论决定。此外，土地管理法规定，集体经营性建设用地出让、出租等，应当经本集体经济组织成员的村民会议 2/3 以上成员或者 2/3 以上村民代表的同意。

第二百六十二条 【农民集体所有权的行使】

对于集体所有的土地和森林、山岭、草原、荒地、滩涂等，依照下列规定行使所有权：

（一）属于村农民集体所有的，由村集体经济组织或者村民委员会依法代表集体行使所有权；

（二）分别属于村内两个以上农民集体所有的，由村内各该集体经济组织或者村民小组依法代表集体行使所有权；

（三）属于乡镇农民集体所有的，由乡镇集体经济组织代表集体行使所有权。

【立法背景】

根据我国广大农村集体所有权基本形式，本条规定相应的主体代表集体行使所有权，这样规定与民法通则、土地管理法、农村土地承包法等现行法律的相关规定保持一致，也使得党在农村的政策具有连续性和稳定性，进而保护和调动广大农民的积极性。

【条文精解】

关于谁来行使集体所有权，本条的规定分为三种情况：

第一，属于村农民集体所有的，由村集体经济组织或者村民委员会代表集体行使所有权。这里的"村"，是指行政村，即设立村民委员会的村，而非自然村。该行政村农民集体所有的土地等集体财产，就由该行政村集体经济组织或者村民委员会代表集体行使所有权。村民委员会，是指村民委员会组织法中所规定的村民委员会（村委会）。村民委员会是在人民公社进行政社分开、建立乡政权的过程中，在全国农村逐步建立起来的农村基层群众性自治组织。农村实行家庭承包经营等责任制形式后，对以"三级所有，队为基础"的人民公社体制进行改革。在改革过程中，在原来生产大队，有的在生产小队的基础上建立了村民委员会。1985 年 2 月，生产大队管理体制的改革在全国全部完成，村民委员会在农村普遍建立起来。截至目前，全国共有 90 多万个村民委员会。

还有一点需要说明，在 2007 年物权法立法过程中，曾有意见认为，村民委员会是农村基层群众性自治组织，不能代表集体行使所有权。经研究，在实践中，许多村没有集体经济组织或者不健全，难以履行集体所有土地的经营、管理等行使所有权任务，需要由行使自治权的村民委员会来代表行使集体所有权。因此，如果有以村为单位的农村集体经济组织，就由该村集体经济组织经营、管理；如果没有以村为单位的农村集体经济组织，则由村民委员会经营、管理。而且，民法通则、土地管理法和农村土地承包法都从法律上赋予了村民委员会对村集体所有土地等财产进行经营、管理的经济职能。所以，村民委员会行使村集体所有权，不但与农村经济发展的实际情况相适应，而且也符合多年来的法律实践。民法典总则编规定，居民委员会、村民委员会具有基层群众性自治组织法人资格，可以从事为履行职能所需要的民事活动。未设立村集体经济组织的，村民委员会可以依法代行村集体经济组织的职能。

第二，分别属于村内两个以上农民集体所有的，由村内各该集体经济组织或者村民小组代表集体行使所有权。这里的"分别属于村内两个以上农民集体所有"，主要是指该农民集体所有的土地和其他财产在改革开放以前就分别属于两个以上的生产队，现在其土地和其他集体财产仍然分别属于相当于原生产队的村民小组的农民集体所有。这里的"村民小组"，是指行政村内的由村民组成的自治组织。根据村民委员会组织法的规定，村民委员会可以根据村民居住状况、集体土地所有权关系等分设若干个村民小组。目前，全国多数农村地区在原来的生产大队一级设村民委员会，在原来的生产队一级设村民小组。土地管理法和农村土地承包法都赋予了村民小组对集体土地等财产经营、管理的职能。本条也因此作了类似的规定。根据上述规定，如果村内有集体经济组织的，就由村内的集体经济组织行使所有权；如果没有村内的集体经济组织，则由村民小组来行使。

第三，属于乡镇农民集体所有的，由乡镇集体经济组织代表集体行使所有权。这种情况包括：一是改革开放以前，原来以人民公社为核算单位的土地，在公社改为乡镇以后仍然属于乡镇农民集体所有；二是在人民公社时期，公社一级掌握的集体所有的土地和其他财产仍然属于乡镇农民集体所有。上述两种情况下，由乡镇集体经济组织来行使所有权。

还需要解释的是"行使所有权"：一是行使集体所有权的客体，不仅包括集体所有的土地和森林、山岭、草原、荒地、滩涂，也包括集体所有的建筑物、生产设施、农田水利设施，集体所有的教育、科学、文化、卫生、体育等设施，以及集体所有的其他不动产和动产。二是行使所有权的内容就是对集体所有的财产享有占有、使用、收益和处分的权利，例如，对集体所有的土地进行发包，分配宅基地等。三是农村集体经济组织、村委会和村民小组不是集体财产的所有人，只是依法代表集体行使所有权，并且向所属集体负责，接受其监督。

第二百六十三条 【城镇集体财产权利】

城镇集体所有的不动产和动产，依照法律、行政法规的规定由本集体享有占有、使用、收益和处分的权利。

【立法背景】

集体所有制经济是公有制的重要组成部分，而城镇集体经济是集体所有制经济的重要形式之一。根据《宪法》第8条第2款的规定，城镇中的手工业、工业、建筑业、运输业、商业、服务业等行业的各种形式合作经济，都是社会主义劳动群众集体所有制经济。根据《城镇集体所有制企业条例》第4条的规定，城镇集体所有制企业是财产属于劳动群众集体所有、实行共同劳动、在分配方式上以按劳分配为主体的社会主义经济组织。劳动群众集体所有，依照《城镇集体所有制企业条例》的规定，是指本集体企业的劳动群众集体所有；或者是集体企业的联合经济组织范围内的劳动群众集体所有；或者是投资主体有两个或者两个以上的集体企业，并且劳动群众集体所有的财产占主导地位。

城镇集体经济在我国社会主义经济长期发展中，发挥了举足轻重的作用。物权编考虑到城镇集体经济在我国社会主义经济建设中所发挥的历史作用和现实作用，依据宪法、相关法律和法规，作出了本条规定。

【条文精解】

为了更好地理解本条的含义，有几点需要说明：

第一，本条规定的集体财产权行使的主体是本集体。集体所有、集体管理、集体经营是集体所有制的应有之义，因此，行使城镇集体财产权的只能是该集体，而不能由个别集体成员独断专行。

第二，集体财产权的客体只能是属于该城镇集体所有的不动产和动产。如果城镇集体企业已经改制了，如成为有限责任公司或者股份有限公司、个人独资企业或者合伙企业的，就不适用本条，而分别适用公司法、个人独资企业法或者合伙企业法的有关规定。

第三，城镇集体财产权的内容，包括对本集体所有财产所享有的占有、使用、收益和处分的权利。作为本集体所有财产的所有人，当然享有所有权的占有、使用、收益和处分四项权能，全面支配本集体所有的财产。

第四，行使财产权应当依照法律、行政法规的规定。法律方面主要是宪法、民法通则和本法等有关规定。行政法规目前主要是《城镇集体所有制企业条例》。今后，随着城镇集体企业改革的不断深入，在实践经验比较成熟时，还会制定或者修改相关的法律、行政法规。

第二百六十四条 【公布集体财产状况】

农村集体经济组织或者村民委员会、村民小组应当依照法律、行政法规以及章程、村规民约向本集体成员公布集体财产的状况。集体成员有权查阅、复制相关资料。

【立法背景】

集体所有的财产关系到每一个集体成员的切身利益，因此，每一个集体成员有权参与对集体财产的民主管理和民主监督。尊重集体成员的民主权利，保障集体成员的财产权益，才能调动劳动群众的积极性，推动集体经济向前发展。现实中，有的集体经济组织的管理人为政不勤，不是尽职尽责地为集体办事，而是以权谋私，挥霍浪费，造成了集体财产巨大的损失，损害了广大集体成员的权益。解决这一问题的根本在于必须建立健全民主管理、监督制度，形成有效的激励、约束、监督机制，充分调动广大集体成员的劳动积极性和创造性，促进集体经济的发展走上规范化和制度化的轨道。

【条文精解】

本条从广大集体劳动群众普遍关心的和涉及群众切身利益的实际问题入手，规定了集体经济组织等行使集体财产所有权的组织应当向本集体成员公布集体财产的状况，这是完善集体事务民主监督和民主管理的基础。

第一，本条规范的主体是行使集体财产所有权的组织，既包括农村集体经济组织，也包括代表集体行使所有权的村民委员会、村民小组。

第二，公布的内容是本集体的财产状况，包括集体所有财产总量的变化（如集体财产的收支状况、债权债务状况）、所有权变动的情况（如转让、抵押）、集体财产使用情况（如农村集体土地承包）、集体财产分配情况（征收补偿费的分配）等涉及集体成员利益的重大事项。

第三，公布的要求。本条规定，向本集体成员公布集体财产状况，应当依照法律、行政法规、章程和村规民约。此外，公布集体财产状况，还要做到以下几点：一是公布内容简洁明了，便于集体成员了解。公布的形式和方法可根据实际情况因地制宜、灵活多样，如采用张榜公布、召开集体成员大会或者代表大会等方式。二是公布要做到及时。可以采取定期的形式，也可以根据集体财产重大变动事项，可以根据进展的不同阶段随时公布。三是公布要做到内容真实。公布的内容要真实可靠，有凭有据，不得谎报、虚报、瞒报。

根据《村民委员会组织法》第31条的规定，村民委员会不及时公布应当公布的事项或者公布的事项不真实的，村民有权向乡、民族乡、镇人民政府或者县级人民政府及其有关主管部门反映。接到反映意见的有关人民政府或者主管部门，应当负责调查核实有关情况，责令村民委员会公布，对于经查证确有违法行为的，应当依法追究有关人员的责任。

第四，集体成员有权查阅、复制相关资料。物权法、村民委员会组织法规定了村民委员会实行村务公开制度，但是未明确规定集体成员是否有权主动查阅、是否有权对相关资料进行复制。为了使集体成员可以更好地监督集体财产状况，保障集体财产的安全，本条明确规定"集体成员有权查阅、复制相关资料"。

第二百六十五条 【集体财产保护】

集体所有的财产受法律保护，禁止任何组织或者个人侵占、哄抢、私分、破坏。

农村集体经济组织、村民委员会或者其负责人作出的决定侵害集体成员合法权益的，受侵害的集体成员可以请求人民法院予以撤销。

【立法背景】

集体经济是社会主义公有制的重要组成部分。集体所有的财产是劳动群众集体多年来通过辛苦劳动创造、积累的物质财富，是发展集体经济、实现共同富裕的物质基础。近年来，集体经济发展迅速，集体资产存量迅速增长，但由于集体资产的管理还相当薄弱等原因，造成集体资产的严重流失，不仅使集体经济遭受了损失，集体生产力受到破坏，而且直接损害劳动群众的切身利益，影响了社会的和谐发展。因此，依法保护集体财产是巩固和发展公有制经济的现实需要，也是物权编应有之义。

【条文精解】

本条第1款根据集体财产保护的特点，依据宪法作了规定："集体所有的财产受法律保护，禁止任何组织或者个人侵占、哄抢、私分、破坏。"

本条规定的集体所有的财产，从内容上，主要是指本法所规定的集体所有的不动产和动产，包括法律规定属于集体所有的土地和森林、山岭、草原、荒地、滩涂；集体所有的建筑物、生产设施、农田水利设施；集体所有的教育、科学、文化、卫生、体育等设施；以及集体所有的其他不动产和动产。从所有者来讲，既包括农民集体所有的财产，也包括城镇集体所有的财产。

针对损害集体财产的主要行为，本条强调了禁止任何组织或者个人侵占、哄抢、私分、破坏集体财产。侵占、哄抢、私分、破坏集体所有财产的，应当承担返还原物、恢复原状、赔偿损失等民事责任；触犯治安管理处罚法和刑法的，还应当承担相应的法律责任。有关单位的责任人也要依法承担行政甚至是刑事责任。

本条第2款规定了集体成员的撤销权。因为集体成员往往众多，集体所有的财产一般要由集体经济组织经营管理，在村农民集体所有的情况下，村民委员会也可以代表集体经营管理村集体所有的财产。因为"集体所有"的性质，集体所有的财产应当采取民主管理的模式，涉及集体成员重大利益的事项，应当依照法定程序或者章程规定，由本集体成员（或者其代表）共同决定。本集体成员有权参与集体经济组织的民主管理，监督集体经济组织的各项活动和管理人员的工作。现实中，有的集体的负责人违反法定程序或者章程规定，擅自决定或者以集体名义作出决定低价处分、私分、侵占集体所有的财产，严重侵害集体成员的财产权益。针对这种情况，本条第2款赋予了集体成员请求人民法院撤销农村集体经济组织、村民委员会或者其负责人作出的不当决定的权利。关于集体成员的撤销权，主要有以下几个内容：一是每个集体经济组织成员都可以针对农村集体经济组织（或者村民委员会）及其负责人作出的损害其权益决定，向人民法院请求撤销该决定。二是提起诉讼的事由，是农村集体经济组织、村民委员会及其负责人作出的决定，侵害了该集体成员的合法财产权益。三是行使撤销权的期间，本条没有规定。《民法典》第152条规定："有下列情形之一的，撤销权消灭：（一）当事人自知道或者应当知道撤销事由之日起一年内、重大误解的当事人自知道或者应当知道撤销事由之日起九十日内没有行使撤销权；（二）当事人受胁迫，自胁迫行为终止之日起一年内没有行使撤销权；（三）当事人知道撤销事由后明确表示或者以自己的行为表明放弃撤销权。当事人自民事法律行为发生之日起五年内没有行使撤销权的，撤销权消灭。"

第二百六十六条 【私人所有权】

私人对其合法的收入、房屋、生活用品、生产工具、原材料等不动产和动产享有所有权。

【立法背景】

改革开放以来，随着经济发展，人民生活水平不断提高，私有财产日益增加，迫切要求切实保护他们通过辛勤劳动积累的合法财产。《宪法》第11条规定："在法律规定范围内的个体经济、私营经济等非公有制经济，是社会主义市场经济的重要组成部分。国家保护个体经济、私营经济等非公有制经济的合法的权利和利益。国家鼓励、支持和引导非公有制经济的发展，并对非公有制经济依法实行监督和管理。"第13条第1款规定："公民的合法的私有财产不受侵犯。"因此，依法保护私有合法财产，既是宪法的规定和党的主张，也是人民群众普遍愿望和迫切要求。

【条文精解】

本条依据宪法的精神，参照民法通则等法律，规定了："私人对其合法的收入、房屋、生活用品、生产工具、原材料等不动产和动产享有所有权。"本条的内容主要有以下几点：

1. 所有权的主体——私人

这里的"私人"，是指与国家、集体相对应的物权主体，不仅包括我国的公民，也包括在我国合法取得财产的外国人和无国籍人；不仅包括自然人，还包括个人独资企业、个人合伙等非公有制企业。

2. 私有财产的范围

（1）收入，是指人们从事各种劳动获得的货币收入或者有价物。主要包括：第一，工资，是指定期支付给员工的劳动报酬，包括计时工资、计件工资、职务工资、级别工资、基础工资、工龄工资、奖金、津贴和补贴、加班加点工资和特殊情况下支付的报酬等；第二，从事智力创造和提供劳务所取得的物质权利，如稿费、专利转让费、讲课费、咨询费、演出费等；第三，因拥有债权、股权而取得的利息、股息、红利所得；第四，出租建筑物、土地使用权、机器设备、车船以及其他财产所得；第五，转让有价证券、股权、建筑物、土地使用权、机器设备、车船以及其他财产取得的所得；第六，得奖、中奖、中彩以及其他偶然所得；第七，从事个体经营的劳动收入、从事承包土地所获得的收益等。

（2）房屋。房屋是我国公民最主要、最基本的生活资料，既包括依法购买的城镇住宅，也包括在农村宅基地上依法建造的住宅，以及商铺、厂房等建筑物。根据我国土地管理法、城市房地产管理法以及本法的规定，房屋仅指在土地上的建筑物部分，不包括其占有的土地。城镇房屋占用的土地属于国家所有，农村宅基地属于农民集体所有。私人可以对房屋享有所有权，对该房屋占用的土地只能依法享有建设用地使用权或者宅基地使用权。

（3）生活用品，是指用于生活方面的物品，包括家用电器、私人汽车、家具和其他用品。

（4）生产工具和原材料。生产工具，是指人们在进行生产活动时所使用的器具，如机器设备、车辆、船舶等运输工具。原材料，是指生产产品所需的物质基础材料，如矿石、木材、钢铁等。生产工具和原材料是重要的生产资料，是生产所必需的基础物质。

（5）除上述外，私人财产还包括其他的不动产和动产，如图书、个人收藏品、牲畜和家禽等。

3. 合法

这里必须强调的是，私人只能对其合法获得的财产享有所有权，换句话说，本法和其他法律只保护私人的合法财产权，贪污、侵占、抢夺、诈骗、盗窃、走私等方式非法获取的财产，不但不能受到法律的保护，而且行为人还要依法承担没收、返还原物、赔偿损失等法律责任，构成犯罪的，还要依法追究刑事责任。

第二百六十七条 【私有财产保护】

私人的合法财产受法律保护，禁止任何组织或者个人侵占、哄抢、破坏。

【立法背景】

改革开放以来，随着整个国民经济高速发展，私人的财富也相应日益增长，同时个体经济、私营经济等非公有制经济也迅速发展，在社会主义市场经济建设中发挥了重要的作用。广大人民群众迫切要求保护他们获得的合法财产。

【条文精解】

本条的内容主要包括以下几个方面：

1. 私有财产的范围

这里的私有财产，是指私人拥有所有权的财产，不仅包括合法的收入、房屋、生活用品、生产工具、原材料等不动产和动产，也包括私人合法的储蓄、投资及其收益，以及上述财产的继承权。

2. 合法

私有财产受到法律保护的前提是这些财产是合法的财产，非法取得的财产不受法律保护。例如，通过侵占、贪污、盗窃国有、集体资产而取得财产，法律不但不予以保护，而且还要依法追缴。行为人构成犯罪的，还要承担刑事责任。

3. 保护内容

保护私有财产的重要内容是私人的合法财产所有权不受侵犯，如非依照法律规定的权限和程序，不得征收个人的房屋和其他不动产，也不得非法查封、扣押、冻结、没收私人合法的财产。任何组织或者个人不得侵占、哄抢、破坏私人合法的财产。侵占、哄抢、破坏私人合法财产的，应当承担返还原物、恢复原状、赔偿损失等民事责任；触犯治安管理处罚法和刑法的，还应当承担相应的行政责任、刑事责任。

第二百六十八条 【企业出资人权利】

国家、集体和私人依法可以出资设立有限责任公司、股份有限公司或者其他企业。国家、集体和私人所有的不动产或者动产投到企业的，由出资人按照约定或者出资比例享有资产收益、重大决策以及选择经营管理者等权利并履行义务。

【条文精解】

本条的含义主要有以下几项内容：

1. 出资人与出资形式

所谓出资人，是指向企业投入资本的人。在计划经济体制下，我国的所有制结构比较单一，只存在两种形式的公有制：一是国家所有制；二是集体所有制。在这种情况下，企业的出资主体只是国家和集体。同时，计划经济体制下的企业，投资结构也很单一，都是由国家和集体投资的独资企业。随着计划经济体制向市场经济体制的转变，社会投资结构发生了重大变化，由单一的国家、集体投资变为包括国家、集体、私人等多种所有制经济的投资；对企业的投资也由独资变为主体多元化的投资。

根据本条的规定，出资人可以是国家、集体，也可以是私人。国家、集体和私人出资设立企业的主要形式是公司。我国改革开放以来，特别是党的十四大提出建立社会主义市场经济体制、十四届三中全会提出建立现代企业制度以来，许多国有企业进行了公司制改革，由单一投资主体改组为独资公司，多个投资主体依法改组为有限责任公司或者股份有限公司。非国有企业也相当多地采用了公司制的组织形式。根据公司法的规定，公司是企业法人，包括有限责任公司和股份有限公司。有限责任公司，是指公司股东对公司以其认缴的出资额承担有限责任的公司；股份有限公司，是指公司的资本划分为等额股份，公司股东以其认购的股份为限承担有限责任的公司。由国家单独出资形成的国有独资公司也是一种有限责任公司。

2. 出资人的权利和义务

出资人作为股东，按照公司法的规定，依法享有资产收益、参与重大决策和选择经营管理者等权利，本条也从出资人的角度作了同样的规定。

（1）享有资产收益，是指出资人有权通过企业盈余分配从中获得红利。获得红利是出资人投资的主要目的，只要出资人按照章程或者其他约定，如期、足额地履行了出资义务，就有权向企业请求分配红利。一般而言，出资人应当按照其实缴出资比例或者股东协议、章程等约定分取红利。

（2）参与重大决策。出资人通过股东会或者股东大会等作出决议的方式决定企业的重大行为。企业的重大行为包括：企业资本的变化，如增加或者减少注册资本、利润分配和弥补亏损、公司的预算和决算事项；企业的融资行为，如发行公司债券；企业的对外投资，向他人提供担保、购置或者转让主要资产，变更主要业务等；企业的合并、分立、变更组织形式、解散、清算等；修改企业章程等。上述权利，由出资人按照章程或者法律规定的方式行使。按照公司法的规定，有限责任公司的股东会对公司增加或者减少注册资本、分立、合并、解散或者变更公司形式，必须经代表 2/3 以上表决权的股东通过。企业经营管理者必须尊重和保证出资人决定重大决策的权利，如在国家出资的企业里，国家作为出资人的，享有资产收益、重大决策以及选择经营管理者等权利，企业经营管理者无权决定依照有关法律和企业章程的规定应当由国家作为出资人决定的事项，不得擅自处分企业财产。

（3）选择经营管理者。出资人有权通过股东会或者股东大会作出决议选举或者更换公司的董事或者监事，决定董事或者监事的薪酬，通过董事会来聘任或者解聘经理等企业高级管理人员。

当然以上只是出资人享有的主要权利，除此之外，出资人还享有其他权利，如根据公司法的规定，有限责任公司的股东有权查阅本公司的章程、股东会会议记录、董事会会议决议、财务会计报告；董事、高级管理人员违反法律、行政法规或者章程的规定，损害股东利益的，股东可以向人民法院提起诉讼。

作为出资人，不但享有上述权利，还要履行相应的义务。如按照约定或者章程的规定，按期、足额地缴纳出资；不得滥用出资人的权利干涉企业正常的经营活动等。

第二百六十九条 【法人财产权】

营利法人对其不动产和动产依照法律、行政法规以及章程享有占有、使用、收益和处分的权利。

营利法人以外的法人，对其不动产和动产的权利，适用有关法律、行政法规以及章程的规定。

【条文精解】

民法典总则编规定，营利法人包括有限责任公司、股份有限公司和其他企业法人等。可见，营利法人基本上就是企业法人。依照公司法的规定，公司，是指依照公司法在中国境内设立的有限责任公司和股份有限公司。公司是企业法人，有独立的法人财产，享有法人财产权。公司以其全部财产对公司的债务承担责任。有限责任公司是股东以其出资额为限对公司承担责任，公司以其全部资产对公司债务承担责任的企业法人。股份有限公司是将其全部资本分为等额股份，股东以其所持有的股份为限对公司承担责任，公司以其全部资产对公司的债务承担责任的企业法人。有限责任公司、股份有限公司是我国法律规定的最典型的营利法人类型。公司法还规定了一人有限责任公司和国有独资公司这两种特殊的有限责任公司。此外，其他法律中规定的可以取得法人资格的企业，也属于营利法人。

具备法人条件的企业成为营利法人后，取得法律上独立的民事主体资格，成为自主经营、自负盈亏的生产者和经营者。出资人将其不动产或者动产投到营利法人后，即构成了营利法人独立的财产，营利法人享有法人财产权，即依照法律、行政法规以及章程的规定对该财产享有占有、使用、收益和处分的权利，出资人个人不能直接对其投入的资产进行支配，这是营利法人实现自主经营、自负盈亏，独立承担民事责任的物质基础。

本条第2款规定，营利法人以外的法人对其不动产和动产权利，适用有关法律、行政法规以及章程的规定。

依照民法典总则编的规定，营利法人之外的法人包括非营利法人和特别法人。为公益目的或者其他非营利目的成立，不向出资人、设立人或者会员分配所取得利润的法人，为非营利法人。非营利法人包括事业单位法人、社会团体法人和捐助法人。特别法人包括机关法人、农村集体经济组织法人、城镇农村的合作经济组织法人、基层群众性自治组织法人。

第二百七十条 【社会团体法人、捐助法人财产保护】

社会团体法人、捐助法人依法所有的不动产和动产，受法律保护。

【立法背景】

关于财产受法律保护，本章规定，国家所有的财产受法律保护，禁止任何组织或者个人侵占、哄抢、私分、截留、破坏。集体所有的财产受法律保护，禁止任何组织或者个人侵占、哄抢、私分、破坏。私人的合法财产受法律保护，禁止任何组织或者个人侵占、哄抢、破坏。同时规定，国家、集体和私人依法可以出资设立有限责任公司、股份有限公司或者其他企业。国家、集体和私人所有的不动产或者动产，投到企业的，由出资人按照约定或者出资比例享有资产收益等权利。本条规定，社会团体法人、捐助法人依法所有的不动产和动产，受法律保护。

【条文精解】

社会团体法人是非营利法人。民法典总则编规定，具备法人条件，基于会员共同意愿，为公益目的或者会员共同利益等非营利目的设立的社会团体，经依法登记成立，取得社会团体法人资格；依法不需要办理法人登记的，从成立之日起，具有社会团体法人资格。社会团体法人必须拥有会员。社会团体法人包括的范围十分广泛，既有为公益目的设立的，亦有为会员共同利益等非营利目的设立的。前者如中华慈善总会、中国红十字会等，后者如商会、行业协会等。社会团体既有依法登记成立的，也有依法不需要办理法人登记而成立的。

捐助法人也是非营利法人。捐助法人是民法总则增加的法人类型。1986年民法通则根据当时的经济社会发展状况，规定了企业法人、机关法人、事业单位法人和社会团体法人这四种法人类型。随着我国经济社会各方面蓬勃发展，这四种法人类型已不能满足经济社会发展的需求。基金会、社会服务机构无法纳入民法通则确立的法人分类。此外，寺庙等宗教活动场所也无法人资格。《民法典》第92条规定："具备法人条件，为公益目的以捐助财产设立的基金会、社会服务机构等，经依法登记成立，取得捐助法人资格。依法设立的宗教活动场所，具备法人条件的，可以申请法人登记，取得捐助法人资格。法律、行政法规对宗教活动场所有规定的，依照其规定。"

第六章　业主的建筑物区分所有权

第二百七十一条　【建筑物区分所有权】

业主对建筑物内的住宅、经营性用房等专有部分享有所有权，对专有部分以外的共有部分享有共有和共同管理的权利。

【立法背景】

在我国，随着住房制度的改革和高层建筑物的大量出现，住宅小区越来越多，业主的建筑物区分所有权已经成为私人不动产物权中的重要权利。

【条文精解】

根据本条的规定，业主的建筑物区分所有权包括对其专有部分的所有权、对建筑区划内的共有部分享有的共有和共同管理的权利。

一是业主对专有部分的所有权。即本条规定的，业主对建筑物内的住宅、经营性用房等专有部分享有所有权，有权对专有部分占有、使用、收益和处分。

二是业主对建筑区划内的共有部分的共有的权利。即本条规定的，业主对专有部分以外的共有部分如电梯、过道、楼梯、水箱、外墙面、水电气的主管线等享有共有的权利。

三是业主对建筑区划内的共有部分的共同管理的权利。本法规定，业主可以自行管理建筑物及其附属设施，也可以委托物业服务企业或者其他管理人管理。业主可以设立业主大会，选举业主委员会，共同决定制定和修改业主大会议事规则，制定和修改管理规约，选举业主委员会或者更换业主委员会成员，选聘和解聘物业服务企业或者其他管理人，使用建筑物及其附属设施的维修资金，筹集建筑物及其附属设施的维修资金，改建、重建建筑物及其附属设施，改变共有部分的用途或者利用共有部分从事经营活动等。

第二百七十二条 【业主对专有部分行使所有权】

业主对其建筑物专有部分享有占有、使用、收益和处分的权利。业主行使权利不得危及建筑物的安全，不得损害其他业主的合法权益。

【立法背景】

业主对专有部分享有的占有、使用、收益和处分的权利是业主的建筑物区分所有权的重要内容。

【条文精解】

1. 业主对建筑物专有部分的权利

业主对建筑物专有部分的权利是所有权的一种。《民法典》第240条规定："所有权人对自己的不动产或者动产，依法享有占有、使用、收益和处分的权利。"本条是对业主对建筑物专有部分享有所有权的具体权能的规定，即业主对其建筑物专有部分享有占有、使用、收益和处分的权利。按照这一规定，业主对建筑物内属于自己所有的住宅、经营性用房等专有部分可以直接占有、使用，实现居住或者营业的目的；也可以依法出租，获取收益；还可以出借，解决亲朋好友居住之难；或者在自己的专有部分上依法设定负担。

2. 对专有部分行使权利的限制

业主的专有部分是建筑物的重要组成部分，但与共有部分又不可分离。例如，没有电梯、楼道、走廊，业主就不可能出入自己的居室、经营性用房等专有部分；没有水箱、水、电等管线，业主就无法使用自己的居室、经营性用房等专有部分。因此，建筑物的专有部分与共有部分具有一体性、不可分离性，故业主对专有部分行使所有权应受到一定限制，这与建筑物区分所有权的特殊性是分不开的。对此，本条规定，业主行使专有部分所有权时，不得危及建筑物的安全，不得损害其他业主的合法权益。

一是业主行使专有部分所有权时，不得危及建筑物的安全。例如，业主在对专有部分装修时，不得拆除房屋内的承重墙，不得在专有部分内储藏、存放易燃易爆危险等物品，危及整个建筑物的安全。

二是业主行使专有部分所有权时，不得损害其他业主的合法权益。《民法典》第286条规定，业主应当遵守法律、法规以及管理规约。业主大会或者业主委员会，对任意弃置垃圾、排放污染物或者噪声、违反规定饲养动物、违章搭建、侵占通道、拒付物业费等损害他人合法权益的行为，有权依照法律、法规以及管理规约，请求行为人停止侵害、排除妨碍、消除危险、恢复原状、赔偿损失。

第二百七十三条　【业主对专有部分以外的共有部分权利义务】

业主对建筑物专有部分以外的共有部分，享有权利，承担义务；不得以放弃权利为由不履行义务。

业主转让建筑物内的住宅、经营性用房，其对共有部分享有的共有和共同管理的权利一并转让。

【立法背景】

现实中，关于业主对建筑物专有部分以外的共有部分，是否仅享有权利，不承担义务；业主是否可以以放弃对共有部分的权利为由，不履行义务；业主转让建筑物内的住宅、经营性用房，其对建筑物共有部分享有的共有和共同管理的权利是否一并转让等问题，看法不一。

【条文精解】

1.业主对共有部分，享有权利，承担义务；不得以放弃权利为由不履行义务

首先，业主对专有部分以外的共有部分享有权利，承担义务。业主对专有部分以外的共有部分的权利包括两部分内容，即共有和共同管理的权利。业主对专有部分以外的共有部分享有共有的权利，即每个业主在法律对所有权未作特殊规定的情形下，对专有部分以外的走廊、楼梯、过道、电梯、外墙面、水箱、水电气管线等共有部分，对物业管理用房、绿地、道路、公用设施以及其他公共场所等共有部分享有占有、使用、收益或者处分的权利。但是，如何行使占有、使用、收益或者处分的权利，还要依据本法及相关法律、法规和建筑区划管理规约的规定。

其次，业主不得以放弃权利为由不履行义务。由于业主对专有部分以外的共有部分既享有权利，又负有义务，有的业主就可能以放弃权利为由，不履行义务。对此，本条明确规定，业主不得以放弃权利为由不履行义务。例如，除另有约定的外，业主不得以不使用电梯为由，不交纳电梯维修费用。

2.业主转让建筑物内的住宅、经营性用房，其对共有部分享有的共有和共同管理的权利一并转让

业主的建筑物区分所有权是一个集合权，包括对专有部分享有的所有权、对建筑区划内的共有部分享有的共有和共同管理的权利，这些权利具有不可分离性。在这些权利中，业主对专有部分的所有权占主导地位，是业主对专有部分以外的共有部分享有共有和共同管理的权利的前提与基础。没有业主对专有部分的所有权，就无法产生业主对专有部分以外共有部分的共有和共同管理的权利。如果业主丧失了对专有部分的所有权，也就丧失了对共有部分的共有和共同管理的权利。因此本条规定，业主转让建筑物内的住宅、经营性用房，其对共有部分享有的共有和共同管理的权利一并转让。

第二百七十四条 【建筑区划内道路等的归属】

建筑区划内的道路，属于业主共有，但是属于城镇公共道路的除外。建筑区划内的绿地，属于业主共有，但是属于城镇公共绿地或者明示属于个人的除外。建筑区划内的其他公共场所、公用设施和物业服务用房，属于业主共有。

【立法背景】

在 2007 年物权法起草、审议和征求意见过程中，多数意见反映，目前建筑区划内的道路、绿地、公用设施、物业服务用房和其他公共场所的所有权归属不明，导致业主与开发商、业主与物业公司纠纷多、矛盾大，物权法应当对建筑区划内的道路、绿地、公用设施、物业服务用房和其他公共场所的归属作出明确规定。

【条文精解】

一是建筑区划内的道路，属于业主共有，但是属于城镇公共道路的除外。2007 年物权法制定过程中，对如何规定建筑区划内道路的归属，存在不同意见。有的认为，道路是市政设施，应当属于国家所有，业主享有使用权。有的认为，业主购房后对所购房屋拥有的所有权包括两部分：一部分是对建筑物内住宅、经营性用房等专有部分享有的专有的、独立的所有权；另一部分是对专有部分以外的道路、绿地、其他公共场所、公用设施和物业服务用房等共有部分以及建筑物的附属设施享有的共有和共同管理的权利。有的认为，建筑区划内的道路等，应当本着谁投资归谁所有的原则确定。实践中，道路有的归业主所有，有的归市政所有。经调查研究认为，建筑区划内的道路，属于业主共有，但属于城镇公共道路的除外。

二是建筑区划内的绿地，属于业主共有，但是属于城镇公共绿地或者明示属于个人的除外。

经调查研究认为，建筑区划内的绿地作为建筑物的附属设施，原则归业主共有，但是属于城镇公共绿地或者明示属于个人的除外。需要说明的是，本条规定的绿地、道路归业主所有，不是说绿地、道路的土地所有权归业主所有，而是说绿地、道路作为土地上的附着物归业主所有。

三是建筑区划内的其他公共场所、公用设施和物业服务用房，属于业主共有。

关于建筑区划内的其他公共场所、公用设施和物业服务用房的归属问题，有的认为，现实中，业主购房通常不支付物业管理用房的价款，对物业管理用房没有权利。有的认为，业主购房后对所购房屋拥有的所有权包括两部分：一部分是对建筑物内住宅、经营性用房等专有部分享有的专有的、独立的所有权；另一部分是对专有部分以外的道路、绿地、其他公共场所、公用设施和物业服务用房等共有部分以及建筑物的附属设施享有的共有和共同管理的权利。经调查研究认为，建筑区划内的其他公共场所、公用设施和物业服务用房，属于业主共有。

第二百七十五条 【车位、车库归属】

建筑区划内，规划用于停放汽车的车位、车库的归属，由当事人通过出售、附赠或者出租等方式约定。

占用业主共有的道路或者其他场地用于停放汽车的车位，属于业主共有。

【立法背景】

机动车保有量迅猛增加，住宅小区机动车乱停乱放等现象日益严重，停车难、停车乱问题突出。车位、车库作为车辆的存放点，已成为私家车主的生活必需品。关于住宅小区车位、车库的归属和停车收费的纠纷日渐增多。

【条文精解】

经对我国房地产市场的实际做法和存在的问题进行调查研究，并借鉴国外的通常做法，属于业主共有的财产，应是那些不可分割、不宜也不可能归任何业主专有的财产，如电梯等公用设施、绿地等公用场所。从房地产市场的情况看，一般来说，专门用来停放汽车的车库、车位的归属，是由当事人通过出售、附赠或者出租等方式约定归业主专有或者专用的。这样，既容易操作，也可以避免纠纷。如果规定车库、车位归业主共有，由于车库、车位和住宅的配套比例不同、业主之间享有的住宅面积不同、商品房销售的状况不同等原因，归业主共有很难操作，因此，本法区分不同的情况对车位、车库的归属作了规定：

一是建筑区划内，规划用于停放汽车的车位、车库的归属，由当事人通过出售、附赠或者出租等方式约定。建筑区划内，规划用于停放汽车的车位、车库，即开发商在开发项目前，经政府核发的建设工程规划许可证批准同意，规划用于停放汽车的车位、车库。此类车位、车库，在开发商开发后，通过出售、附赠或者出租等方式，与当事人约定车位、车库的归属和使用。

二是占用业主共有的道路或者其他场地用于停放汽车的车位，属于业主共有。规划外的占用业主共有的道路或者其他场地用于停放汽车的车位、车库，由于属于规划外，且是占用业主共有的道路或者其他场地建设的，较易形成属于业主共有的共识，属于业主共有。

【实践中需要注意的问题】

关于车位、车库的归属，一些地方性法规根据实践的发展，在物权法的基础上作出进一步的规范。如《上海市住宅物业管理规定》第61条中规定："物业管理区域内，建设单位所有的机动车停车位数量少于或者等于物业管理区域内房屋套数的，一户业主只能购买或者附赠一个停车位；超出物业管理区域内房屋套数的停车位，一户业主可以多购买或者附赠一个。占用业主共有的道路或者其他场地用于停放机动车的车位，属于业主共有。建设单位所有的机动车停车位向业主、使用人出租的，其收费标准应当在前期物业合同中予以约定。业主大会成立前，收费标准不得擅自调整；业主大会成立后，需要调整的，建设单位应当与业主大会按照公平、合理的原则协商后，向区房屋行政管理部门备案。"

第二百七十六条 【车位、车库应当首先满足业主需要】

建筑区划内，规划用于停放汽车的车位、车库应当首先满足业主的需要。

【立法背景】

现实生活中，不少小区没有车位、车库或者车位、车库严重不足，有的开发商将车位、车库高价出售给小区外的人停放，有的小区开发商公示车位、车库只售不租。为规范建筑区划内，规划用于停放汽车的车位、车库的使用，最大程度保障业主对车位、车库的需要，本条规定，建筑区划内，规划用于停放汽车的车位、车库应当首先满足业主的需要。

【条文精解】

关于"首先满足业主的需要"的含义，2007 年物权法和民法典物权编未作明确规定，其含义可以根据总结实践经验不断完善。实践中司法解释和地方性法规根据实际情况的发展作出了一些规范和解释。如最高人民法院《关于审理建筑物区分所有权纠纷案件具体应用法律若干问题的解释》第 5 条规定："建设单位按照配置比例将车位、车库，以出售、附赠或者出租等方式处分给业主的，应当认定其行为符合物权法第七十四条第一款有关'应当首先满足业主的需要'的规定。前款所称配置比例是指规划确定的建筑区划内规划用于停放汽车的车位、车库与房屋套数的比例。"《上海市住宅物业管理规定》第 62 条第 1 款规定："物业管理区域内的机动车停车位，应当提供给本物业管理区域内的业主、使用人使用。建设单位尚未出售的停车位，应当出租给业主、使用人停放车辆，不得以只售不租为由拒绝出租。停车位不得转让给物业管理区域外的单位、个人；停车位满足业主需要后仍有空余的，可以临时按月出租给物业管理区域外的单位、个人。"

第二百七十七条 【设立业主大会和选举业主委员会】

业主可以设立业主大会，选举业主委员会。业主大会、业主委员会成立的具体条件和程序，依照法律、法规的规定。

地方人民政府有关部门、居民委员会应当对设立业主大会和选举业主委员会给予指导和协助。

【立法背景】

随着我国住房制度改革的不断深入，许多居民纷纷迁入新建的高层或者多层建筑物居住，形成不同的居住小区。小区的居民如何对建筑物及其附属设施进行管理，如何行使建筑物区分所有权意见不一，希望法律作出规定。

【条文精解】

1. 业主可以设立业主大会，选举业主委员会

房屋的所有权人为业主，业主是建筑区划内的主人。业主大会是业主的自治组织，是基于业主的建筑物区分所有权的行使产生的，由全体业主组成，是建筑区划内建筑物及其附属设施的管理机构。因此，只要是建筑区划内的业主，就有权参加业主大会，行使专有部分以外共有部分的共有以及共同管理的权利，并对小区内的业主行使专有部分的所有权作出限制性规定，以维护建筑区划内全体业主的合法权益。故本条第 1 款首先规定，业主可以设立业主大会。如果建筑区划内业主人数众多的，可以设立本建筑物或者建筑区划内所有建筑物的业主委员会。

2. 业主大会、业主委员会成立的具体条件和程序，依照法律、法规的规定

在民法典物权编草案编纂过程中，有的意见提出，实践中，业主大会和业主委员会的成立比例不高，存在业主委员会成立难的问题，建议对业主大会、业主委员会成立的具体条件和程序作出规定。经研究，业主大会、业主委员会成立的具体条件和程序，可以根据各地的实际情况作出规定，不宜由法律统一规定，因此，民法典物权编对业主大会、业主委员会成立的具体条件和程序仅作出了原则性的指引规定，规定业主大会、业主委员会成立的具体条件和程序，依照法律、法规的规定。此处法规包括行政法规和地方性法规，各地可以根据实际情况作出规定。2018 年 8 月审议的民法典各分编草案根据各方意见，增加了此规定。

3. 地方人民政府有关部门、居民委员会应当对设立业主大会和选举业主委员会给予指导和协助

业主大会的设立和业主委员会的选举关系着业主如何行使自己的权利、维护自身的合法权益，关系到广大业主的切身利益，关系到建筑区划内的安定团结，甚至关系到社会的稳定。地方人民政府有关部门、居民委员会应当向准备成立业主大会的业主予以指导，提供相关的法律、法规及规章，提供已成立业主大会的成立经验，帮助成立筹备组织，提供政府部门制定的业主

大会议事规则、业主管理公约等示范文本，协调业主之间的不同意见，为业主大会成立前的相关活动提供必要的活动场所，积极主动参加业主大会的成立大会等。

第二百七十八条 【业主共同决定的重大事项及表决程序】

下列事项由业主共同决定：

（一）制定和修改业主大会议事规则；

（二）制定和修改管理规约；

（三）选举业主委员会或者更换业主委员会成员；

（四）选聘和解聘物业服务企业或者其他管理人；

（五）使用建筑物及其附属设施的维修资金；

（六）筹集建筑物及其附属设施的维修资金；

（七）改建、重建建筑物及其附属设施；

（八）改变共有部分的用途或者利用共有部分从事经营活动；

（九）有关共有和共同管理权利的其他重大事项。

业主共同决定事项，应当由专有部分面积占比三分之二以上的业主且人数占比三分之二以上的业主参与表决。决定前款第六项至第八项规定的事项，应当经参与表决专有部分面积四分之三以上的业主且参与表决人数四分之三以上的业主同意。决定前款其他事项，应当经参与表决专有部分面积过半数的业主且参与表决人数过半数的业主同意。

【立法背景】

本条在 2007 年通过的《物权法》第 76 条基础上作了修改完善：一是将使用建筑物及其附属设施的维修资金单列一项，并降低通过这一事项的表决要求；二是增加规定"改变共有部分的用途或者利用共有部分从事经营活动"为业主共同决定的重大事项；三是适当降低业主作出决议的门槛。

【条文精解】

1. 关于业主共同决定的重大事项

本条规定，下列事项由业主共同决定：

（1）制定和修改业主大会议事规则。业主可以共同决定制定和修改业主大会议事规则。业主大会议事规则是业主大会组织、运作的规程，是对业主大会宗旨、组织体制、活动方式、成员的权利义务等内容进行记载的业主自律性文件。业主大会通过业主大会议事规则建立大会的正常秩序，保证大会内业主集体意志和行为的统一。制定和修改业主大会议事规则属于有关共有和共同管理权利的重大事项，需要由业主共同决定。

（2）制定和修改管理规约。业主可以共同决定制定和修改管理规约。管理规约是业主自我管理、自我约束、自我规范的规则约定，规定建筑区划内有关建筑物及其附属设施的使用、维护、管理等事项，是业主对建筑物及其附属设施的一些重大事务的共同约定，涉及每个业主的切身利益，对全体业主具有约束力，属于有关共有和共同管理权利的重大事项，应当由业主共同制定和修改。

（3）选举业主委员会或者更换业主委员会成员。业主可以共同决定选举业主委员会或者更换业主委员会成员。业主委员会是业主大会的执行机构，具体执行业主大会决定的事项，并就建筑区划内的一般性日常事务作出决定。业主通过业主大会选举能够代表和维护自己利益的业主委员会委员，成立业主委员会。对不遵守管理规约，责任心不强，不依法履行职责的委员予以更换。选举业主委员会或者更换业主委员会成员，属于有关共有和共同管理权利的重大事项，应当由业主共同决定。

（4）选聘和解聘物业服务企业或者其他管理人。业主可以共同决定选聘和解聘物业服务企业或者其他管理人。《民法典》第284条规定："业主可以自行管理建筑物及其附属设施，也可以委托物业服务企业或者其他管理人管理。对建设单位聘请的物业服务企业或者其他管理人，业主有权依法更换。"物业服务涉及建筑物及其附属设施的使用、维护、修理、更换，公共秩序，环境卫生，小区治安等诸多方面，物业服务企业或者其他管理人的物业管理水平如何，与业主利益有直接关系。选聘和解聘物业服务企业或者其他管理人，属于有关共有和共同管理权利的重大事项，应当由业主共同决定。民法典合同编对业主与物业服务企业或者其他管理人合同解除的具体操作作了规定。

（5）使用建筑物及其附属设施的维修资金。业主可以共同决定使用建筑物及其附属设施的维修资金。《住宅专项维修资金管理办法》第2条第2款规定："本办法所称住宅专项维修资金，是指专项用于住宅共用部位、共用设施设备保修期满后的维修和更新、改造的资金。"建筑物及其附属设施的维修资金主要用于业主专有部分以外的共有部分的共用部位、共用设施设备保修期满后的维修、更新、改造、维护等，涉及业主的切身利益。使用建筑物及其附属设施的维修资金，属于有关共有和共同管理权利的重大事项，应当由业主共同决定。

（6）筹集建筑物及其附属设施的维修资金。业主可以共同决定筹集建筑物及其附属设施的维修资金。《住宅专项维修资金管理办法》对首次筹集维修资金作了规定。在专项维修资金使用部分或者全部后，为保障住宅共用部位、共用设施设备保修期满后的维修和更新、改造，就面临着再次筹集建筑物及其附属设施的维修资金的问题。筹集维修资金关系到业主的切身利益，是否筹集以及如何筹集，属于有关共有和共同管理权利的重大事项，应当由业主共同决定。

（7）改建、重建建筑物及其附属设施。业主可以共同决定改建、重建建筑物及其附属设施。建筑物及其附属设施的改建、重建，涉及业主建筑物区分所有权的行使、费用的负担，事关重大，属于有关共有和共同管理权利的重大事项，应当由业主共同决定。

（8）改变共有部分的用途或者利用共有部分从事经营活动。业主可以共同决定改变共有部分的用途或者利用共有部分从事经营活动，本项是民法典物权编编纂过程中增加规定的。在民法典物权编编纂过程中，有的意见提出，最高人民法院《关于审理建筑物区分所有权纠纷案件具体应用法律若干问题的解释》第7条规定："改变共有部分的用途、利用共有部分从事经营性活动、处分共有部分，以及业主大会依法决定或者管理规约依法确定应由业主共同决定的事项，应当认定为物权法第七十六条第一款第（七）项规定的有关共有和共同管理权利的'其他重大事项'。"这些规定扩展了常见的业主共同决定事项范围，鉴于改变共有部分的用途或者利用共有部分从事经营活动，关系到业主的切身利益，属于有关共有和共同管理权利的重大事项，应当由业主共同决定，建议民法典物权编在总结实践经验的基础上，将其增加规定为应该由业主共同决定的重大事项。2018年8月审议的民法典各分编草案在总结实践经验的基础上，增加规定了本项。

（9）有关共有和共同管理权利的其他重大事项。除上述所列事项外，对建筑区划内有关共有和共同管理权利的其他重大事项，也需要由业主共同决定。例如，如何对物业服务企业的工作予以监督，如何与居民委员会协作，维护好建筑区划内的社会治安等。

2. 关于业主共同决定的重大事项的表决程序

本条第2款规定："业主共同决定事项，应当由专有部分面积占比三分之二以上的业主且人数占比三分之二以上的业主参与表决。决定前款第六项至第八项规定的事项，应当经参与表决专有部分面积四分之三以上的业主且参与表决人数四分之三以上的业主同意。决定前款其他事项，应当经参与表决专有部分面积过半数的业主且参与表决人数过半数的业主同意。"

根据本条第 2 款的规定，业主共同决定重大事项的表决程序如下：

第一，表决程序要有专有部分面积占比 2/3 以上的业主且人数占比 2/3 以上的业主参与表决。因此，参与表决的业主需同时满足两个条件：一是参与表决的业主的专有部分面积占比 2/3 以上；二是参与表决的业主人数占比 2/3 以上。

第二，决定前款第 6 项至第 8 项规定的事项，应当经参与表决专有部分面积 3/4 以上的业主且参与表决人数 3/4 以上的业主同意。根据本条规定，这三类事项决定的作出，必须同时具备两个条件，才为有效的决定：一是经参与表决专有部分面积 3/4 以上的业主同意；二是参与表决人数 3/4 以上的业主同意。

第三，第 6 项至第 8 项外的其他重大事项，属于建筑区划内的一般性、常规性事务，其决定的作出，应当经参与表决专有部分面积过半数的业主且参与表决人数过半数的业主同意。根据这一规定，建筑区划内的一般性、常规性事务，必须同时符合如下两个条件：一是经参与表决专有部分面积过半数的业主的同意；二是参与表决人数过半数的业主同意。

第二百七十九条 【将住宅改变为经营性用房】

业主不得违反法律、法规以及管理规约，将住宅改变为经营性用房。业主将住宅改变为经营性用房的，除遵守法律、法规以及管理规约外，应当经有利害关系的业主一致同意。

【立法背景】

在 2007 年物权法起草征求意见时，许多业主和常委委员反映，目前许多新建小区的业主擅自将原本用于居住的住宅改变为商业用房，开歌厅、餐厅等，造成小区秩序乱，影响其他业主的正常生活，对这一问题，法律、法规等未作规定，造成业主之间矛盾大，物业公司也缺乏管理的法律依据，建议物权法作出规定。

【条文精解】

1. 业主不得违反法律、法规以及管理规约，将住宅改变为经营性用房

将住宅改变为经营性用房，使原本用于居住的房屋改为用于经营的房屋，住宅的性质、用途由居住变为商用。这一改变带来许多弊端，危害性大，主要表现有：一是干扰业主的正常生活，造成邻里不和，引发社会矛盾，这是当前物业小区主要矛盾之一。二是造成小区车位、电梯、水、电等公共设施使用的紧张。三是容易产生安全隐患，例如，来往小区人员过多，造成楼板的承重力过大，外来人员流动快且杂，增加了小区不安全、不安定的因素，防火防盗压力大，隐患多。四是使城市规划目标难以实现。本来某个地区的住宅原规划是用来居住的，但由于将住宅大量改为经营性用房，用于商业目的，结果造成该地区交通拥堵、人满为患。五是造成国家税费的大量流失。因此，《物业管理条例》第49条规定："物业管理区域内按照规划建设的公共建筑和共用设施，不得改变用途。业主依法确需改变公共建筑和共用设施用途的，应当在依法办理有关手续后告知物业服务企业；物业服务企业确需改变公共建筑和共用设施用途的，应当提请业主大会讨论决定同意后，由业主依法办理有关手续。"随着这方面实践经验的不断积累和完善，国家有关部门还将对这一问题作出具体的规定。另外，作为业主自我管理、自我约束、自我规范的建筑区划内有关建筑物及其附属设施的管理规约，也可以依法对此问题作出规定。

2007年通过的物权法，作为规范业主建筑物区分所有权的基本法律，明确规定，业主不得违反法律、法规以及管理规约，将住宅改变为经营性用房。据此，业主不得随意改变住宅的居住用途，是业主应当遵守的最基本的准则，也是业主必须承担的一项基本义务。

2. 业主将住宅改变为经营性用房的，除遵守法律、法规以及管理规约外，应当经有利害关系的业主一致同意

2007年通过的物权法规定，业主将住宅改变为经营性用房的，除遵守法律、法规以及管理规约外，应当经有利害关系的业主同意。即如果业主确实因生活需要，如因下岗无收入来源，生活困难，将住宅改变为经营性用房，一是必须遵守法律、法规以及管理规约的规定，如应要办理相应的审批手续，要符合国家卫生、环境保护要求等；二是在遵守法律、法规以及管理规约的前提下，还必须征得有利害关系的业主同意。这两个条件必须同时具备，才可以将住宅改变为经营性用房。2018年8月审议的民法典各分编草案将"应

当经有利害关系的业主同意"进一步明确为"应当经有利害关系的业主一致同意"。

如何确定业主为有利害关系的业主，因改变住宅为经营性用房的用途不同，影响的范围、程度不同，要具体情况具体分析。总之，不论是否是相邻或者不相邻的业主，凡是因住宅改变为经营性用房受到影响的业主，均是本条所说的有利害关系的业主。最高人民法院《关于审理建筑物区分所有权纠纷案件具体应用法律若干问题的解释》第11条规定："业主将住宅改变为经营性用房，本栋建筑物内的其他业主，应当认定为物权法第七十七条所称'有利害关系的业主'。建筑区划内，本栋建筑物之外的业主，主张与自己有利害关系的，应证明其房屋价值、生活质量受到或者可能受到不利影响。"

第二百八十条　【业主大会、业主委员会决定的效力】

业主大会或者业主委员会的决定，对业主具有法律约束力。

业主大会或者业主委员会作出的决定侵害业主合法权益的，受侵害的业主可以请求人民法院予以撤销。

【立法背景】

在2007年物权法起草征求意见时，许多业主反映，业主大会是业主的自治组织，业主委员会是业主大会的执行机构，那么业主大会、业主委员会作出的决定，业主是否必须遵守执行，如果业主大会、业主委员会作出的决定损害业主的合法权益该怎么办，建议物权法作出规定。本条在2007年通过的《物权法》第78条基础上作了修改完善，将"约束力"修改为"法律约束力"。

【条文精解】

1. 业主大会或者业主委员会的决定，对业主具有法律约束力

业主大会依据法定程序作出的决定，反映了建筑区划内绝大多数业主的意志与心声。业主委员会是由业主大会从热心公益事业、责任心强、具有一定组织能力的业主中选举产生出来的，作为业主的代表履行对建筑物及其附

属设施的具体管理职责，为全体业主服务的组织。业主委员会作为业主大会的执行机构，具体实施业主大会作出的决定。业主大会或者业主委员会作为自我管理的权力机关和执行机关，其作出的决定，对业主应当具有法律约束力。因此，本条第1款规定，业主大会或者业主委员会的决定，对业主具有法律约束力。

对业主具有法律约束力的业主大会或者业主委员会的决定，必须是依法设立的业主大会、业主委员会作出的，必须是业主大会、业主委员会依据法定程序作出的，必须是符合法律、法规及规章，不违背公序良俗，不损害国家、公共和他人利益的决定。

2.业主大会或者业主委员会作出的决定侵害业主合法权益的，受侵害的业主可以请求人民法院予以撤销

现实中，可能有的业主大会或者业主委员会不遵守法律、法规、管理规约，或者不依据法定程序作出某些决定，侵害业主的合法权益，针对这一情形，为了切实保护业主的合法权益，本条第2款规定，业主大会或者业主委员会作出的决定侵害业主合法权益的，受侵害的业主可以请求人民法院予以撤销。这一规定，赋予了业主请求人民法院撤销业主大会或者业主委员会作出的不当决定的权利。业主在具体行使这一权利时，还要依据本法、民事诉讼法等法律的规定。例如，撤销的请求，要向有管辖权的人民法院提出，要有明确的诉讼请求和事实、理由等。

第二百八十一条　【维修基金的归属、用途以及筹集与使用】

建筑物及其附属设施的维修资金，属于业主共有。经业主共同决定，可以用于电梯、屋顶、外墙、无障碍设施等共有部分的维修、更新和改造。建筑物及其附属设施的维修资金的筹集、使用情况应当定期公布。

紧急情况下需要维修建筑物及其附属设施的，业主大会或者业主委员会可以依法申请使用建筑物及其附属设施的维修资金。

【立法背景】

随着我国住房制度改革的不断深入，人民群众的生活水平不断提高，居民个人拥有住宅的比例越来越高，住宅房屋的维修管理责任也相应地由过去的国家、单位承担转移到居民个人承担。而我国的住宅多为高层或者多层的

群体建筑，又往往以住宅小区的形式开发建设，这样，建筑物及其附属设施的维修问题日益彰显。建筑物及其附属设施能否正常、及时、顺利地维修，关系到建筑物及其附属设施能否正常使用及业主的安全，关系到全体业主的切身利益，关系到社会的和谐与稳定。因此，有必要对建筑物及其附属设施的维修资金作出规定。

【条文精解】

1. 建筑物及其附属设施的维修资金的归属

针对实践中，业主疑问较多的有关建筑物及其附属设施的维修资金所有权归属问题，本条规定，建筑物及其附属设施的维修资金属于业主共有。2007 年，为加强对住宅专项维修资金的管理和保障住宅共用部位、共用设施设备的维修和正常使用，维护住宅专项维修资金所有者的合法权益，建设部和财政部联合发布《住宅专项维修资金管理办法》，该办法第 9 条规定："业主交存的住宅专项维修资金属于业主所有。从公有住房售房款中提取的住宅专项维修资金属于公有住房售房单位所有。"

2. 建筑物及其附属设施的维修资金的使用

住房建成后，随着时间的推移，必然面临着共有部分的维修、更新和改造问题，此时就需要使用建筑物及其附属设施的维修资金。关于建筑物及其附属设施的维修资金的用途以及如何使用等问题，本条规定，经业主共同决定，可以用于电梯、屋顶、外墙、无障碍设施等共有部分的维修、更新和改造。建筑物及其附属设施的维修资金的筹集、使用情况应当定期公布。

一是建筑物及其附属设施的维修资金的使用需经业主共同决定。建筑物及其附属设施的维修资金的使用涉及共有部分、共用设施设备的维修、更新、改造等，涉及业主能否正常使用建筑物及其附属设施，关系着每个业主的切身利益，因此，本条规定建筑物及其附属设施的维修资金的使用应当经业主共同决定。至于业主如何决定建筑物及其附属设施的维修资金的使用，要依据《民法典》第 278 条作出决定。

二是关于建筑物及其附属设施的维修资金的用途，本条规定，维修资金可以用于电梯、屋顶、外墙、无障碍设施等共有部分的维修、更新和改造。至于业主专有部分以外的哪些部分为共有部分，哪些设施为建筑物的附属设施，要根据每一栋建筑物、每一个建筑区划的不同情况具体分析。

　　三是为便于业主及时了解建筑物及其附属设施维修资金的筹集情况，依法监督维修资金的使用，本条还规定，建筑物及其附属设施的维修资金的筹集、使用情况应当予以公布。

　　3. 紧急情况下建筑物及其附属设施的维修资金的使用

　　在民法典编纂过程中，有的意见提出，建筑物及其附属设施的维修资金目前主要由住建部门的专门机构管理，在实践中存在的突出问题有：一是收取难；二是签字表决难；三是维修资金的使用范围难以界定；四是提取使用程序烦琐，需要提出申请，提供符合"双过三分之二"的业主签字同意证明，由管理机构抽查核对等，周期太长；五是使用监管难；六是保值增值难。实践中，目前紧急动用维修资金的一般做法是，紧急申请，紧急公示，尽快使用维修，事后再找业主补签同意。建议增加紧急情况下维修申请使用建筑物及其附属设施的维修资金的相关规定。经了解，目前一些地方性法规已经对紧急情况下维修资金的使用作了特别规定，如《上海市住宅物业管理规定》第 66 条等。

　　也有的地方规定，以专项维修资金的增值资金建立房屋应急解危专项资金，平衡紧急情况需要使用资金与业主决定使用较难的矛盾。如《天津市物业管理条例》第 55 条规定："专项维修资金的管理费用由市财政部门核定，在专项维修资金的增值资金中列支。专项维修资金增值资金除核定管理费用外，应当建立房屋应急解危专项资金，专项用于房屋应急解危支出。专项维修资金的具体管理办法，由市人民政府规定。"

　　在征求意见过程中，针对一些地方对紧急情况下维修资金的使用作的特别规定，也有的意见提出，维修资金毕竟是业主的，应当经过大多数业主的知晓并同意，坚决反对任何组织未经业主共同决定就申请使用维修资金，如果业主们真的意识到情况紧急，那么应该团结起来，在短时间内完成法定的投票数量要求，绝对不能不经过业主投票，一旦开了这个紧急的口子，将会后患无穷。

　　据此，民法典物权编草案二次审议稿增加一款规定。根据该款规定，紧急情况下需要维修建筑物及其附属设施的，业主大会或者业主委员会可以依法申请使用维修资金。此处对紧急情况下需要维修建筑物及其附属设施使用维修资金作了指引性规定，即需"依法申请"，此处的"依法"，既包括依照法律，也包括依照行政法规、部门规章和地方性法规等。

第二百八十二条 【共有部分产生收益的归属】

建设单位、物业服务企业或者其他管理人等利用业主的共有部分产生的收入，在扣除合理成本之后，属于业主共有。

【立法背景】

本条是本次民法典编纂新增加的条文。在民法典编纂过程中，有的意见建议，吸收司法解释的相关规定，增加规定："建设单位、物业服务企业或者其他管理人利用共有部分进行经营性活动的，业主可以请求行为人将扣除合理成本之后的收益用于补充专项维修资金或者业主共同决定的其他用途。"最高人民法院《关于审理建筑物区分所有权纠纷案件具体应用法律若干问题的解释》第14条规定："建设单位或者其他行为人擅自占用、处分业主共有部分、改变其使用功能或者进行经营性活动，权利人请求排除妨害、恢复原状、确认处分行为无效或者赔偿损失的，人民法院应予支持。属于前款所称擅自进行经营性活动的情形，权利人请求行为人将扣除合理成本之后的收益用于补充专项维修资金或者业主共同决定的其他用途的，人民法院应予支持。行为人对成本的支出及其合理性承担举证责任。"

民法典草案中曾规定，建设单位、物业服务企业或者其他管理人等利用业主的共有部分产生的收益，在扣除合理成本之后，属于业主共有。民法典各分编草案在征求意见过程中，有的意见提出，收益的含义本身就包含收入扣除成本的意思，为更加准确，避免实践操作中的歧义，建议将本条中的"收益"修改为"收入"。2019年4月审议的民法典物权编草案吸收了这一意见。

【条文精解】

根据本条规定，建设单位、物业服务企业或者其他管理人等利用业主的共有部分产生的收入，在扣除合理成本之后，属于业主共有。例如，很多小区会在业主的共有部分设置广告，这些广告收入，在扣除合理成本之后，应该属于业主共有。又如，占有业主共有的道路或者其他场地设置的车位，出租车位的租金收入，在扣除合理的成本之后，也应该属于业主共有。最高人民法院《关于审理建筑物区分所有权纠纷案件具体应用法律若干问题的解释》第17条规定："本解释所称建设单位，包括包销期满，按照包销合同约定的包销价格购买尚未销售的物业后，以自己名义对外销售的包销人。"《物业管理条例》第54条规定："利用物业共用部位、共用设施设备进行经营的，应当在征得相关业主、业主大会、物业服务企业的同意后，按照规定办理有关手续。业主所得收益应当主要用于补充专项维修资金，也可以按照业主大会的决定使用。"

第二百八十三条【建筑物及其附属设施费用分摊、收益分配】

建筑物及其附属设施的费用分摊、收益分配等事项，有约定的，按照约定；没有约定或者约定不明确的，按照业主专有部分面积所占比例确定。

【立法背景】

为保障业主的居住安全，保证建筑物及其附属设施能够正常运转和使用，保证业主的正常生活，有必要及时对建筑物共有部分及其附属设施进行养护和维修，那么由此产生的费用如何负担已成为广大业主特别关注的一个热点问题。

【条文精解】

关于建筑物及其附属设施费用分摊、收益分配等：

一是建筑物及其附属设施的费用分摊，有约定的，按照约定；没有约定或者约定不明确的，按照业主专有部分面积所占比例确定。

二是建筑物及其附属设施的收益分配，有约定的，按照约定；没有约定或者约定不明确的，按照业主专有部分面积所占比例确定。建筑物及其附属设施不仅存在养护、维修的问题，还存在经营收益如何分配的问题。例如，业主大会决定，将建筑物楼顶出租给企业做广告，广告收入如何分配，是居住顶层的业主多拿一些，还是业主平均分配；是作为业主大会、业主委员会的活动经费，还是作为维修资金用于建筑物及其附属设施的维修。按照本条规定，建筑物及其附属设施的收益分配，有约定的，按照约定；没有约定或者约定不明确的，按照业主专有部分面积所占比例确定。

第二百八十四条 【建筑物及其附属设施的管理】

业主可以自行管理建筑物及其附属设施，也可以委托物业服务企业或者其他管理人管理。

对建设单位聘请的物业服务企业或者其他管理人，业主有权依法更换。

【立法背景】

业主是否可以自行管理建筑物及其附属设施，是否可以更换建设单位聘请的物业服务企业，实践中矛盾大、纠纷多。

【条文精解】

1. 业主可以自行管理建筑物及其附属设施，也可以委托物业服务企业或者其他管理人管理

实践中，对建筑物及其附属设施进行管理主要有两种形式：

（1）业主可以委托物业服务企业或者其他管理人管理建筑物及其附属设施。物业服务企业，通常是指符合法律规定，依法向业主提供物业服务的民事主体（市场主体），包括物业公司以及向业主提供服务的其他组织。物业公司，是指依法设立、具有独立法人资格，从事物业服务活动的企业。根据本条规定，业主可以委托物业服务企业或者其他管理人管理建筑物及其附属设施。

（2）业主可以自行管理建筑物及其附属设施。对建筑物及其附属设施进行管理，并非必须委托物业服务企业或者其他管理人，除委托物业服务企业或者其他管理人外，也有业主自行管理的。根据本条规定，业主可以自行管理建筑物及其附属设施。这大多发生在只有一个业主或者业主人数较少的建筑区划。随着经济的发展、科技的进步，建筑领域不断出现新技术、新产品，建筑物及其附属设施的科技含量也越来越高，管理更为复杂，业主自行管理有一定难度，所以还是提倡选择专业化、市场化、社会化的物业管理公司对建筑物及其附属设施进行管理。

2. 对建设单位聘请的物业服务企业或者其他管理人，业主有权依法更换

通常情况下，一栋楼或者一个住宅小区建好后，就要对建筑物及其附属设施进行管理，但业主们是陆陆续续迁入居住的，业主大会尚未成立，不能及时委托物业管理公司。在这种情况下，只能由建设单位选聘物业管理公司对建筑物及其附属设施进行管理。《民法典》第 939 条规定："建设单位依法

与物业服务人订立的前期物业服务合同，以及业主委员会与业主大会依法选聘的物业服务人订立的物业服务合同，对业主具有法律约束力。"故本条第2款规定，对建设单位聘请的物业服务企业或者其他管理人，业主有权依法更换。

第二百八十五条　【物业服务企业或者其他管理人与业主关系及相关义务】

物业服务企业或者其他管理人根据业主的委托，依照本法第三编有关物业服务合同的规定管理建筑区划内的建筑物及其附属设施，接受业主的监督，并及时答复业主对物业服务情况提出的询问。

物业服务企业或者其他管理人应当执行政府依法实施的应急处置措施和其他管理措施，积极配合开展相关工作。

【立法背景】

目前个别小区的物业公司以业主不交纳物业费、供暖费等为由，擅自停电、停水、停暖，还有极个别小区的保安人员对业主大打出手，侵犯业主的合法权益。对此，有的业主和常委委员提出，法律应当明确业主与物业服务企业之间的关系。

【条文精解】

1. 物业服务企业或者其他管理人与业主关系

第一，业主与物业服务企业或者其他管理人之间是一种合同关系。

根据《民法典》第284条的规定，业主可以选择物业服务企业或者其他管理人对建筑区划内的建筑物及其附属设施进行管理。选聘物业服务企业或者其他管理人的办法、程序等，应当依据《民法典》第278条的规定由业主共同决定。业主选好物业服务企业或者其他管理人后，应当签订物业管理合同，将自己对建筑物及其附属设施的管理权利委托给选聘的物业服务企业或者其他管理人。

第二，物业服务企业或者其他管理人根据业主的委托，依照本法合同编有关物业服务合同的规定管理建筑区划内的建筑物及其附属设施。

物业服务企业或者其他管理人与业主签订委托合同后，应当根据业主的委托，依照本法合同编有关物业服务合同的规定和合同的约定向业主提供相应的服务。

本法以及行政法规总结实践经验，对物业服务企业或者其他管理人的管理行为作了一些规范性的规定。如本法合同编规定，物业服务人将物业服务区域内的部分专项服务事项委托给专业性服务组织或者其他第三人的，应当就该部分专项服务事项向业主负责。物业服务人不得将其应当提供的全部物业服务转委托给第三人，或者将全部物业服务支解后分别转委托给第三人。物业服务人应当按照约定和物业的使用性质，妥善维修、养护、清洁、绿化和经营管理物业服务区域内的业主共有部分，维护物业服务区域内的基本秩序，采取合理措施保护业主的人身、财产安全。对物业服务区域内违反有关治安、环保等法律法规的行为，物业服务人应当及时采取合理措施制止、向有关行政主管部门报告并协助处理。此外，本法合同编还对合同期限届满前后及合同终止如何处理作了规定。

第三，物业服务企业或者其他管理人管理建筑区划内的建筑物及其附属设施，接受业主的监督。

物业管理是否符合合同约定，涉及建筑区划内的建筑物及其附属设施能否正常有效的运转，建筑区划内的治安、环保、卫生、消防等许多方面，涉及每个业主的切身利益，关系着社会的和谐与安定，因此，在履行物业服务合同的过程中，物业服务企业或者其他管理人应当接受业主的监督。

第四，物业服务企业或者其他管理人应当及时答复业主对物业服务情况提出的询问。

在民法典编纂过程中，有的意见提出，最高人民法院《关于审理建筑物区分所有权纠纷案件具体应用法律若干问题的解释》第13条规定："业主请求公布、查阅下列应当向业主公开的情况和资料的，人民法院应予支持：（一）建筑物及其附属设施的维修资金的筹集、使用情况；（二）管理规约、业主大会议事规则，以及业主大会或者业主委员会的决定及会议记录；（三）物业服务合同、共有部分的使用和收益情况；（四）建筑区划内规划用于停放汽车的车位、车库的处分情况；（五）其他应当向业主公开的情况和资料。"建议增加业主知情权的相关规定。因此，本条第1款规定，业主有权对物业服务企业或者其他管理人询问物业服务情况，业主对物业服务情况提出询问的，物业服务企业或者其他管理人应当及时答复。

2. 物业服务企业或者其他管理人执行政府依法实施的管理措施的义务

本条第 2 款规定，物业服务企业或者其他管理人应当执行政府依法实施的应急处置措施和其他管理措施，积极配合开展相关工作。本款是 2020 年 5 月提交大会审议的民法典草案增加的内容。在新冠肺炎疫情防控中，广大物业服务企业执行政府依法实施的防控措施，承担了大量具体工作，得到了社会普遍认可，还在近期的有关地方立法中引发关注。在民法典编纂过程中，有的意见提出，应该在民法典草案中增加相关规定。2020 年 5 月《关于〈中华人民共和国民法典（草案）〉的说明》中提到，结合疫情防控工作，明确物业服务企业和业主的相关责任和义务，增加规定物业服务企业或者其他管理人应当执行政府依法实施的应急处置措施和其他管理措施，积极配合开展相关工作，业主应当依法予以配合。因此，增加本款规定。

第二百八十六条【业主义务】

业主应当遵守法律、法规以及管理规约，相关行为应当符合节约资源、保护生态环境的要求。对于物业服务企业或者其他管理人执行政府依法实施的应急处置措施和其他管理措施，业主应当依法予以配合。

业主大会或者业主委员会，对任意弃置垃圾、排放污染物或者噪声、违反规定饲养动物、违章搭建、侵占通道、拒付物业费等损害他人合法权益的行为，有权依照法律、法规以及管理规约，请求行为人停止侵害、排除妨碍、消除危险、恢复原状、赔偿损失。

业主或者其他行为人拒不履行相关义务的，有关当事人可以向有关行政主管部门报告或者投诉，有关行政主管部门应当依法处理。

【立法背景】

许多业主、物业公司及有关部门提出，任意弃置垃圾、排放污染物、施放噪声、违反规定饲养动物、违章搭建、侵占通道、拒付物业费等是当前引发邻里纠纷的一个重要因素，是居民反映最强烈的问题。对这些问题目前缺乏法律规定，导致矛盾久拖不决，群众意见大，建议作出规定。

【条文精解】

1.业主应当遵守法律、法规、管理规约以及业主的配合义务

（1）业主应当遵守法律、法规以及管理规约，相关行为应当符合节约资源、保护生态环境的要求。遵守法律、法规以及管理规约是居住于建筑区划内的业主应当履行的最基本的义务。业主首先应当遵守法律、法规，法律、法规对业主的义务作了一些规定，如《民法典》第944条规定，业主应当按照约定向物业服务人支付物业费。此外，业主还应当遵守管理规约，相关行为应当符合节约资源、保护生态环境的要求。

（2）业主对物业服务企业或者其他管理人依法实施的应急处理措施和其他管理措施的配合义务。此规定是2020年5月提交大会审议的民法典草案增加的内容。在民法典编纂过程中，有的意见提出，结合新冠肺炎疫情防控工作，社会普遍认为应该明确物业服务企业和业主的相关责任和义务，增加规定物业服务企业或者其他管理人应当执行政府依法实施的应急处置措施和其他管理措施，积极配合开展相关工作，业主应当依法予以配合。

2.业主大会或者业主委员会制止损害他人合法权益行为并追究其法律责任

关于"损害他人合法权益的行为"的界定，最高人民法院《关于审理建筑物区分所有权纠纷案件具体应用法律若干问题的解释》第15条规定："业主或者其他行为人违反法律、法规、国家相关强制性标准、管理规约，或者违反业主大会、业主委员会依法作出的决定，实施下列行为的，可以认定为物权法第八十三条第二款所称的其他'损害他人合法权益的行为'：（一）损害房屋承重结构，损害或者违章使用电力、燃气、消防设施，在建筑物内放置危险、放射性物品等危及建筑物安全或者妨碍建筑物正常使用；（二）违反规定破坏、改变建筑物外墙面的形状、颜色等损害建筑物外观；（三）违反规定进行房屋装饰装修；（四）违章加建、改建，侵占、挖掘公共通道、道路、场地或者其他共有部分。"

3.业主或者其他行为人拒不履行相关义务，有关当事人可以向有关行政主管部门报告或者投诉，有关行政主管部门应当依法处理

在民法典编纂过程中，有的意见提出，除要求行为人承担民事责任外，有关当事人还可以向有关行政主管部门投诉，建议增加相关内容。经

研究，2019 年 4 月，第十三届全国人大常委会第十次会议全国人民代表大会宪法和法律委员会《关于〈民法典物权编（草案）〉修改情况的汇报》中提到，加强对业主维权的保障，在草案第 81 条中增加一款规定：在建筑区划内违反规定饲养动物、违章搭建、侵占通道等的行为人拒不履行相关义务的，有关当事人可以向有关行政主管部门投诉，有关行政主管部门应当依法处理。例如，行为人违章搭建的，有关当事人可以依法向住建部门投诉，相关部门应当依法处理。2020 年 5 月提交大会审议的民法典草案进一步将"投诉"修改为"报告或者投诉"，并将"行为人"修改为"业主或者行为人"。

第二百八十七条　【业主维护合法权益】

业主对建设单位、物业服务企业或者其他管理人以及其他业主侵害自己合法权益的行为，有权请求其承担民事责任。

【立法背景】

在民法典编纂过程中，有的意见提出，《物权法》第 83 条规定的是业主的有关义务、业主大会和业主委员会制止损害他人合法权益行为，建议对业主侵害自己合法权益的行为作单独规定。2018 年 8 月审议的民法典各分编草案吸收了这一意见，单列一条并作了修改完善。

【条文精解】

法律及行政法规等规定了一些业主的权利，如《民法典》第 282 条规定，建设单位、物业服务企业或者其他管理人等利用业主的共有部分产生的收入，在扣除合理成本之后，属于业主共有。《物业管理条例》对业主的权利作了规定，同时也规定了一些建设单位、物业服务企业或者其他管理人以及其他业主的义务。根据本条规定，业主对建设单位、物业服务企业或者其他管理人以及其他业主侵害自己合法权益的行为，有权请求其承担民事责任。具体的民事责任，可以依据《民法典》第 179 条的相关规定。

第七章　相邻关系

第二百八十八条　【处理相邻关系原则】

　　不动产的相邻权利人应当按照有利生产、方便生活、团结互助、公平合理的原则，正确处理相邻关系。

【立法背景】

　　我国早在 1986 年通过的民法通则中就规定了处理不动产相邻关系的原则。《民法通则》第 83 条规定："不动产的相邻各方，应当按照有利生产、方便生活、团结互助、公平合理的精神，正确处理截水、排水、通行、通风、采光等方面的相邻关系。给相邻方造成妨碍或者损失的，应当停止侵害，排除妨碍，赔偿损失。"

【条文精解】

　　本条首先要回答的是"不动产的相邻权利人"的范围。这里有以下几个问题：

　　第一，相邻的不动产不仅指土地，也包括附着于土地的建筑物。相邻土地权利人之间的相邻关系的内容是非常丰富的，例如，通行、引水、排水，以及临时占用邻人土地修建建筑物等。但相邻的建筑物权利人之间的相邻关系同样也是内容丰富的，无论是在农村还是在城市，建筑物之间的通风、采光等相邻关系直接关系到人们的生活。特别是随着城市化的进一步发展，建筑物区分所有人之间的相邻关系迫切需要法律作出调整。

　　第二，不动产的相邻关系，一般指相互毗邻的不动产权利人之间的关系，但也并不尽然。例如，河流上游的权利人排水需要流经下游的土地，当事人之间尽管土地并不相互毗邻，但行使权利是相互邻接的。

　　第三，相邻的不动产权利人，不仅包括不动产的所有人，而且包括不动产的用益物权人和占有人。

　　法律设立不动产相邻关系的目的是尽可能确保相邻的不动产权利人之间

的和睦关系，解决相邻的两个或者多个不动产所有人或使用人因行使权利而发生的冲突，维护不动产相邻各方利益的平衡。在现代社会，世界各国的立法取向更加注重不动产所有权的"社会性义务"，给不动产所有权提出了更多的限制性要求。人们逐渐认识到对不动产所有权的行使不能是绝对的，为避免所有权人绝对行使权利而妨碍社会的进步和公共利益的需要，有必要对所有权的行使，特别是不动产物权的行使加以必要的限制。

【实践中需要注意的问题】

处理相邻关系的原则，不仅是人们在生产、生活中处理相邻关系应遵从的原则，也是法官审理相邻关系纠纷案件应遵从的原则。特别是在法律对相邻关系的某些类型缺乏明确规定的情况下，需要法官以处理相邻关系的一般原则评判是非。

第二百八十九条 【处理相邻关系依据】

法律、法规对处理相邻关系有规定的，依照其规定；法律、法规没有规定的，可以按照当地习惯。

【立法背景】

平等主体之间的财产关系和人身关系的种类和内容极其广泛和复杂，调整这些关系的民法是难以涵盖全部的。因此，有的民事关系在没有相应法律进行调整时，适用当地风俗习惯或者交易惯例是一种必然要求。

【条文精解】

需要用法律调整的相邻关系的种类很多，随着社会经济的发展，其范围还在不断扩大。因此，民法典物权编不可能对需要调整的相邻关系一一列举，只能择其主要，作出原则性规定。世界各国对相邻关系种类的规定也是有繁有简。但是在现实生活中，基于相邻关系发生的纠纷的种类很多，人民法院或者其他有权调解、处理的机关在处理纠纷时，又必须依据一定的规范，所以本条规定，法律、法规对处理相邻关系有规定的，依照其规定；法律、法规没有规定的，可以按照当地习惯。

处理民事关系，首先应当依照民事法律的规定。在民事法律未作规定的情况下，法官在处理民事纠纷时，依习惯作出判断。《民法典》第10条规定：

"处理民事纠纷，应当依照法律；法律没有规定的，可以适用习惯，但是不得违背公序良俗。"在法治社会里，民事主体之间发生了某种纠纷，不能说由于没有相应法律作为依据，法院就拒绝审理，这不利于社会的和谐与稳定。

在整个民法体系中，处理相邻关系需要以习惯作为依据所占的比例是比较大的。理由就是相邻关系的种类繁多且内容丰富。由于法律对相邻关系的规定比较原则和抽象，因此，更需要以习惯作为标准来判决基于相邻关系而产生的纠纷的是与非。

【实践中需要注意的问题】

作为审案依据的"习惯"必须是当地多年实施且为当地多数人所遵从和认可的习惯，这种习惯已经具有"习惯法"的作用，在当地具有类似于法律一样的约束力。同时，这种习惯以不违背公序良俗为限。因此，当邻里因为不动产的使用而发生纠纷时，如果没有相应的民事法律进行调整，在是否适用习惯作为审案的依据，以及适用何种习惯作为审案的依据问题上，法官具有自由裁量权。

第二百九十条 【用水、排水相邻关系】

不动产权利人应当为相邻权利人用水、排水提供必要的便利。

对自然流水的利用，应当在不动产的相邻权利人之间合理分配。对自然流水的排放，应当尊重自然流向。

【立法背景】

相邻的不动产权利人基于用水、排水而发生的相邻关系非常之多，需要法律对用水、排水相邻关系专门作出规定。

【条文精解】

根据水法并参考国外或地区立法例，关于水的相邻关系的内容大概有以下几项：

1. 对自然流水的规定

（1）尊重自然流水的流向及低地权利人的承水、过水义务。例如，法国、意大利、瑞士、日本和我国台湾地区"民法典"规定，从高地自然流至之水，低地权利人不得妨阻。

（2）水流地权利人变更水流或者宽度的限制。例如，日本和我国台湾地区"民法典"规定，水流地权利人，如对岸的土地属于他人时，不得变更水流或者宽度。两岸的土地均属于一个权利人时，该权利人可以变更水流或者宽度，但应给下游留出自然水路。当地对此有不同习惯的，从其习惯。

（3）对自然流水使用上的合理分配。我国对跨行政区域的河流实行水资源配置制度。《水法》第45条第1款规定："调蓄径流和分配水量，应当依据流域规划和水中长期供求规划，以流域为单元制定水量分配方案。"法国、意大利、瑞士和我国台湾地区"民法典"规定，自然流水为低地所必需的，高地权利人纵因其需要，也不得妨堵其全部。

2. 蓄水、引水、排水设施损坏而致邻地损害时的修缮义务

例如，日本和我国台湾地区"民法典"规定，土地因蓄水、引水、排水所设置的工作物破溃、阻塞，致损及他人的土地，或者有损害发生的危险时，土地权利人应以自己的费用进行必要的修缮、疏通和预防。但对费用的承担另有习惯的，从其习惯。

3. 排水权

日本和我国台湾地区"民法典"规定，高地权利人为使其浸水之地干涸，或者排泄家用、农工业用水至公共排水通道时，可以使其水通过低地。但应选择于低地损害最小的处所和方法为之。在对低地仍有损害的情况下，应给予补偿。

4. 土地权利人为引水或排水而使用邻地水利设施的权利

日本和我国台湾地区"民法典"规定，土地权利人为引水或排水，可以使用邻地的水利设施。但应按其受益的程度，负担该设施的设置及保存费用。

5. 用水权

由于我国法律规定水资源属于国家所有，所以《水法》第48条第1款规定："直接从江河、湖泊或者地下取用水资源的单位和个人，应当按照国家取水许可制度和水资源有偿使用制度的规定，向水行政主管部门或者流域管理机构申请领取取水许可证，并缴纳水资源费，取得取水权。但是，家庭生活和零星散养、圈养畜禽饮用等少量取水的除外。"

6. 水源地权利人的物上请求权

例如，瑞士和我国台湾地区"民法典"规定，他人因建筑等行为而使水源地的水资源造成损害，如使水资源减少或受到污染，无论其出于故意还是过失，水源地权利人都可以请求损害赔偿。如果该水资源属于饮用水或者利用土地所必须的，可以请求恢复原状。

7. 堰的设置与利用

日本和我国台湾地区"民法典"规定，水流地权利人有设堰的必要时，

如对岸土地属于他人的，可以使其堰附着于对岸。但对于因此而发生的损害，应支付偿金。对岸土地的权利人，可以使用此堰，但是应当按其受益程度，负担该堰的设置及保存费用。关于设堰，如法律另有规定或者当地另有习惯的，从其规定或习惯。

第二百九十一条 【不动产权利人应当提供必要的便利】

不动产权利人对相邻权利人因通行等必须利用其土地的，应当提供必要的便利。

【立法背景】

不动产权利人原则上有权禁止他人进入其土地，但他人因通行等必须利用或进入其土地的，不动产权利人不能阻挠，而应当提供必要的便利。

【条文精解】

他人因通行等必须利用或进入其土地的，不动产权利人应当提供必要的便利。这些情形是：

第一，他人有通行权的。不动产权利人必须为相邻袋地的权利人提供通行便利。从国外某些规定来看，土地被他人土地包围，与公路没有适宜的联络，致使不能正常使用的，土地权利人可以通行周围的土地以到达公路。但应选择损害最小的处所及方法通行，仍有损害的，应支付补偿金。

袋地的形成如是因土地的分割或者一部分的让与而至不通公路时，袋地的权利人只能通行受让人或者让与人的土地，而且无须支付补偿金。

第二，依当地习惯，许可他人进入其未设围障的土地刈取杂草，采集枯枝、枯干，采集野生植物，或放牧牲畜等。

第三，他人物品或者动物偶然失落于其土地时，应允许他人进入其土地取回。

第二百九十二条 【利用相邻土地】

不动产权利人因建造、修缮建筑物以及铺设电线、电缆、水管、暖气和燃气管线等必须利用相邻土地、建筑物的，该土地、建筑物的权利人应当提供必要的便利。

相邻不动产权利人难免需要临时或长期利用邻地，调节这种因利用邻地而产生的权利义务关系，是相邻关系的重要内容。如果没有法律去规范邻里之间这种行为，极易在邻里之间产生纠纷。

【条文精解】

本条规定的使用邻地包括两种情形：

1. 因建造、修缮建筑物而临时使用邻地

土地权利人因建造、修缮建筑物暂时而且有必要使用相邻的土地、建筑物的，相邻的土地、建筑物的权利人应当提供必要的便利。例如，甲要在自己的建设用地使用权范围内建筑自己的房屋，有必要将脚手架临时搭在相邻的乙的土地范围内，乙不能阻拦，而应提供必要的便利。

2. 在邻地上安设管线

从建筑工程学角度上讲，土地权利人非经过邻人的土地而不能安设电线、水管、煤气管等管线，而此等管线又为土地权利人所必需，该土地权利人有权通过邻人土地安设，但应选择损害最小的处所及方法安设，仍有损害的，应支付补偿金。

第二百九十三条【通风、采光和日照】

建造建筑物，不得违反国家有关工程建设标准，不得妨碍相邻建筑物的通风、采光和日照。

【立法背景】

通风、采光和日照是衡量一个人居住质量的重要标准之一。随着城市化的发展，在现代都市，建筑物的通风、采光和日照问题日益成为社会关注的问题之一。

【条文精解】

有些国家在民法典中规定建造建筑物的一些具体标准，例如，意大利、瑞士和日本民法典规定，不动产权利人建造建筑物时，应与相邻建筑物保持适当的距离，并且限制其适当的高度，不得妨碍相邻建筑物的通风和采光。《意大利民法典》第 873 条规定，相邻土地上的建筑物不是一体的，应保持不少于 3 米的距离。

由于我国地域辽阔，各地经济发展很不平衡，所以在民法典物权编中很难规定具体的标准。又由于不同社会发展阶段，对建设工程标准的要求也有所不同，因此不宜在民法典物权编中规定具体的标准。所以本条只是原则规定："建造建筑物，不得违反国家有关工程建设标准，不得妨碍相邻建筑物的通风、采光和日照。"2001 年建设部颁布《建筑采光设计标准》，2002 年建设部发布《城市居住区规划设计规范》，按照该规范规定，旧区改造住宅日照标准按照大寒日的日照不低于 1 小时执行。

第二百九十四条 【相邻不动产之间排放、施放污染物】

不动产权利人不得违反国家规定弃置固体废物，排放大气污染物、水污染物、土壤污染物、噪声、光辐射、电磁辐射等有害物质。

【立法背景】

在现代社会，人们生活环境的质量日益受到社会的重视，各国政府都在加大环境保护的力度，其中重要的举措就是加强有关环境保护方面的立法。但是保护环境不能只靠环境保护法，在与环境有关的相邻关系，以及侵害环境的民事责任等方面进行规定，则是民法的重要任务之一。

【条文精解】

相邻关系中的容忍义务，即遭受来自相邻不动产的污染物侵害时，此种侵害如果是轻微的，或者按地方习惯认为不构成损害的，则应当容忍，不能阻止相邻不动产排放或施放污染物。只有此种侵害超过必要的限度或者可容忍的限度时，才可以通过法律途径要求相邻不动产权利人停止侵害、消除危险、排除妨害以及赔偿损失。这样规定的目的是维持相邻不动产之间的和睦关系，因为一个人不可能生活在真空里，来自相邻不动产的污染物的侵入是不可避免的，但这种侵害不能超过一个合理的度。

本条规定的大气污染物，主要包括燃煤的煤烟污染；废气、粉尘和恶臭污染；机动车船的尾气污染等。

水是一种基本的环境因素，也是重要的资源。随着工业生产的增长和城市的发展，排向江河、湖泊的污水量不断增加，特别是未经处理的工业废水带入大量的有毒、有害污染物质，排放到自然水体，造成了水体污染，破坏了生态平衡。我国水污染防治法和《环境保护法》第42条作了相关规定。

在相邻关系中，不动产向相邻不动产施放噪声是难免的，但是要控制施放噪声的分贝以及施放噪声的时间，不得影响相邻不动产正常的生产、生活。随着城市化的发展，高层建筑的玻璃幕墙造成的光污染，以及霓虹灯等造成的光污染越来越多。解决此类纠纷，一是要求建筑单位在建筑物设计上，要考虑相邻不动产可能遭受的损害；二是要给受损害的相邻不动产充分、合理的补偿。

随着近代无线电技术的发展，电磁波污染日益受到社会的重视。我国《广播电视设施保护条例》第11条规定："广播电视信号发射设施的建设，应当符合国家有关电磁波防护和卫生标准；在已有发射设施的场强区内，兴建机关、工厂、学校、商店、居民住宅等设施的，除应当遵守本条例有关规定外，还应当符合国家有关电磁波防护和卫生标准。"

第二百九十五条　【维护相邻不动产安全】

不动产权利人挖掘土地、建造建筑物、铺设管线以及安装设备等，不得危及相邻不动产的安全。

【立法背景】

不动产权利人有权在自己具有使用权的土地范围内进行工程建设，但是要注意相邻不动产的安全，避免使相邻不动产造成不应有的损害。

【条文精解】

所谓"不得危及相邻不动产的安全"，主要包括以下几个方面：

第一，在自己的土地上开挖地基时，要注意避免使相邻土地的地基发生动摇或有动摇之危险，致使相邻土地上的建筑物受到损害。

第二，在与相邻不动产的疆界线附近处埋设水管时，要预防土沙崩溃、水或污水渗漏到相邻不动产。《日本民法典》第238条对此有规定。

第三，不动产权利人在自己的土地范围内种植的竹木根枝伸延，危及另一方建筑物的安全和正常使用时，应当消除危险，恢复原状。

第四，不动产权利人在相邻土地上的建筑物有倒塌的危险，从而危及自己土地及建筑物安全时，有权要求相邻不动产权利人消除危险。

第二百九十六条 【使用相邻不动产时避免损害】

不动产权利人因用水、排水、通行、铺设管线等利用相邻不动产的，应当尽量避免对相邻的不动产权利人造成损害。

【条文精解】

从使用一方来讲，在行使相邻权的同时，也要负尽量避免对被使用的相邻不动产的权利人造成损害的义务。

利用相邻土地引水、排水可能无法避免给相邻土地的权利人造成损失，但应选择损害最小的处所或方法进行引水或者排水，仍有损害的情况下，要给予相邻土地的权利人以补偿。参照我国台湾地区"民法典"的规定，关于用水、排水的补偿有以下几项：

一是高地所有人，因使浸水之地干涸，或排泄家用、农工业用之水，以至河渠或沟道，得使其水通过低地。但应择于低地损害最少之处所及方法为之。前项情形，高地所有人对于低地所受之损害，应支付偿金（我国台湾地区"民法典"第779条）。

二是土地所有人，因使其土地之水通过，得使用高地或低地所有人所设之工作物。但应按其受益之程度，负担该工作物设置及保存之费用（我国台湾地区"民法典"第780条）。

三是水源地或井之所有人，对于他人因工事杜绝、减少或污秽其水者，得请求损害赔偿。如其水为饮用，或利用土地所必要者，并得请求恢复原状；但不能恢复原状者，不在此限（我国台湾地区"民法典"第782条）。

四是土地所有人因其家用或利用土地所必要，非以过巨之费用及劳力不能得水者，得支付偿金，对邻地所有人，请求给予有余之水（我国台湾地区"民法典"第783条）。

第八章　共　有

第二百九十七条 【共有概念和共有形式】

不动产或者动产可以由两个以上组织、个人共有。共有包括按份共有和共同共有。

【立法背景】

共有属于传统民法的内容，我国 1986 年民法通则对共有仅有一条规定，即第 78 条规定："财产可以由两个以上的公民、法人共有。共有分为按份共有和共同共有。按份共有人按照各自的份额，对共有财产分享权利，分担义务。共同共有人对共有财产享有权利，承担义务。"

【条文精解】

1. 关于共有的概念

共有，是指多个权利主体对一物共同享有所有权。共有的主体称为共有人，客体称为共有财产或共有物。各共有人之间因财产共有形成的权利义务关系，称为共有关系。

财产的所有形式可分为单独所有和共有两种形式。单独所有，是指财产所有权的主体是单一的，即一个人单独享有对某项财产的所有权。所谓共有，是指某项财产由两个或两个以上的权利主体共同享有所有权，换言之，是指多个权利主体对一物共同享有所有权。例如，两个人共同所有一艘船舶。《海商法》第 10 条规定："船舶由两个以上的法人或者个人共有的，应当向船舶登记机关登记；未经登记的，不得对抗第三人。"

在共有的概念中要区分共有与公有的关系问题。共有和公有不同。公有，是指社会经济制度，即公有制。就公有财产权来说，它和共有在法律性质上的不同，主要表现在：第一，共有财产的主体是多个共有人，而公有财产的主体是单一的，在我国为国家或集体组织。全民所有的财产属于国家所有，集体所有的财产则属于某集体组织成员集体所有。第二，公有财产已经脱离个人而存在，它既不能实际分割为个人所有，也不能由个人按照一定的份额享有财产权利。在法律上，任何个人都不能成为公有财产的权利主体。所以，有人认为，集体所有是一种共同共有的观点是不对的，集体所有是一种抽象的概念，集体所有的财产不能量化到集体经济组织的成员。而在共有的情况下，特别是在公民个人的共有关系中，财产并没有脱离共有人而存在。共有财产在归属上为共有人所有，是共有人的财产。所以，单个公民退出或加入公有组织并不影响公有财产的完整性，但是，公民退出或加入共有组织（如合伙），就会对共有财产发生影响。

2. 关于共有的形式

根据本条规定，共有包括按份共有和共同共有。按份共有和共同共有的区别在于，按份共有人对共有的不动产或者动产按照其份额享有所有权，共同共有人对共有的不动产或者动产共同享有所有权。

第二百九十八条 【按份共有】

按份共有人对共有的不动产或者动产按照其份额享有所有权。

【立法背景】

大陆法系各国民法都对按份共有作详细规定，因为按份共有基本是按约定设立，在现代经济生活、社会生活中出现的频率越来越高，法律有必要对其作出较全面的规定。

【条文精解】

按份共有，又称分别共有，是与共同共有相对应的一项制度，是指数人按应有份额对共有物共同享有权利和分担义务的共有。

在按份共有中，各共有人对共有物享有不同的份额。各共有人的份额，又称应有份，其具体数额一般是由共有人约定明确的。例如，甲、乙合购一辆汽车，甲出资 3 万元，乙出资 2 万元，甲、乙各按出资的份额对汽车享有权利、分担义务。在按份共有中，各共有人的应有份必须是明确的，如果按份共有人对共有的不动产或者动产享有的份额，没有约定或者约定不明确的，依照《民法典》第 309 条规定，按照出资额确定；不能确定出资额的，视为等额享有。

在按份共有中，每个共有人对共有财产享有的权利和承担的义务，是依据其不同的份额确定的。共有人的份额决定了其权利义务的范围。共有人对共有物持有多大的份额，就对共有物享有多大权利和承担多大义务，份额不同，共有人对共有财产的权利义务也不同。

按份共有与分别所有是不同的。在按份共有中，各个共有人的权利不是局限在共有财产的某一部分上，或就某一具体部分单独享有所有权，而是各共有人的权利均及于共有财产的全部。当然，在许多情况下，按份共有人的份额可以产生和单个所有权一样的效力，如共有人有权转让其份额，但是各个份额并不是一个完整的所有权，如果各共有人分别单独享有所有权，则共有也就不复存在了。

第二百九十九条　【共同共有】

共同共有人对共有的不动产或者动产共同享有所有权。

【立法背景】

经查大陆法系国家或地区的民法中，规定共同共有的不多，瑞士和我国台湾地区"民法典"明确规定了共同共有，只是我国台湾地区"民法典"称其为"公同共有"。我国 1986 年制定的《民法通则》第 78 条把共有区分为两种形式，即按份共有和共同共有。因此，从我国民事立法的传统上早就规定了共同共有。

【条文精解】

共同共有，是指两个或两个以上的民事主体，根据某种共同关系而对某项财产不分份额地共同享有权利并承担义务。共同共有的特征是：第一，共同共有根据共同关系而产生，以共同关系的存在为前提，如夫妻关系、家庭关系；第二，在共同共有关系存续期间内，共有财产不分份额，这是共同共有与按份共有的主要区别；第三，在共同共有中，各共有人平等地对共有物享受权利和承担义务。

关于共同共有的形式，我国学界普遍认为共同共有包括"夫妻共有""家庭共有"和"遗产分割前的共有"。

1. 夫妻共有

共同共有最典型的形式就是夫妻共有。《民法典》第 1062 条规定："夫妻在婚姻关系存续期间所得的下列财产，为夫妻的共同财产，归夫妻共同所有：（一）工资、奖金、劳务报酬；（二）生产、经营、投资的收益；（三）知识产权的收益；（四）继承或者受赠的财产，但是本法第一千零六十三条第三项规定的除外；（五）其他应当归共同所有的财产。夫妻对共同财产，有平等的处理权。"

2. 家庭共有

家庭共有财产，是指家庭成员在家庭共同生活关系存续期间，共同创造、共同所得的财产。例如，家庭成员交给家庭的财产，家庭成员共同受赠的财产，以及在此基础上购置和积累起来的财产等。概言之，家庭共有财产是家庭成员的共同劳动收入和所得。家庭共有财产和家庭财产的概念是不同的。家庭财产，是指家庭成员共同所有和各自所有的财产的总和，包括家庭成员共同所有的财产、夫妻共有财产和夫妻个人财产、成年子女个人所有的财产、其他家庭成员各自所有的财产等。家庭共有财产则不包括家庭成员各自所有的财产。

3. 遗产分割前的共有

《民法典》第1121条第1款规定："继承从被继承人死亡时开始。"被继承人死亡的，其遗产无论在谁的占有之下，在法律上皆作为遗产由继承人所有，但有数个继承人且在遗产未分割前，理论上由其继承人共有。因遗产分割前，不能确定各继承人对遗产的份额，理论上认为该共有为共同共有。

第三百条 【共有物管理】

共有人按照约定管理共有的不动产或者动产；没有约定或者约定不明确的，各共有人都有管理的权利和义务。

【立法背景】

多人共有一物的，对共有物的管理是事关各共有人的大事，所以也是关于共有的法律规范中的重要内容。只有明确了各共有人之间在管理共有物方面的权利和义务关系，才能减少共有人之间发生纠纷的可能性，使共有物更大地发挥其作用和价值，为全体共有人服务。

【条文精解】

1. 按份共有人对共有物的管理

（1）按份共有人对共有物的保存。对共有物的保存，是指以维持共有物的现状为目的，保持共有物的完好状态，通过相应的管理措施，避免共有物的毁损、灭失。

（2）按份共有人对共有物的使用方法。按份共有人对共有物的使用与按份共有人决定对共有物的使用方法是两个性质不同的问题。按份共有人对共有物的使用及收益分配是《民法典》第298条调整的内容，即各共有人按照其份额对共有物享有所有权。而按份共有人商定对共有物的使用方法则属于对共有物管理的内容，因为对共有物的使用方法决定着共有物的状态及使用寿命。

（3）按份共有人对共有物的简易修缮。对共有物的简易修缮与对共有物的重大修缮不同。对共有物的简易修缮是出于对共有物的保存目的，即保持共有物现有的状态。对共有物的重大修缮，往往需费过巨，依照《民法典》第301条的规定，需要在按份共有人中间实行多数决定通过。而对共有物的简易修缮，往往需费甚少，按本条规定，只需共有人按约定办理。如果没有约定或者约定不明确的，各共有人都有义务对共有物作简易修缮。

2. 共同共有人对共有物的管理

共同共有人对共有物享有共同的权利，承担共同的义务。在对共有物的管理上，也主要体现在以下三个方面：

第一，在对共有物的保存上，有约定的按约定办理，没有约定或者约定不明确的，各共有人都有妥善保存的权利和义务。所谓对共有物保存的约定，主要是对共有物保存方式的约定，使共有物处于良好状态，以使共有物对全体共有人发挥更大的功效。例如，夫妻可以对共有的汽车商定如何保养、存放，以避免汽车毁损、灭失。有约定的依约定，没有约定的，夫妻当中主要使用汽车的一方要妥善保存。

第二，在对共有物的使用方法上，也要遵循有约定的依约定，没有约定的，共有人在各自使用时，要尽合理的注意义务，以避免共有物毁损。

第三，在对共有物简易修缮问题上，共有人要商量确定。商量不通的，各共有人都有权利和义务进行修缮。因为共有物的有些小毛病如不及时修理，可能导致损失进一步扩大，对全体共有人都是不利的。

第三百零一条 【共有物处分或者重大修缮、变更性质或者用途】

处分共有的不动产或者动产以及对共有的不动产或者动产作重大修缮、变更性质或者用途的，应当经占份额三分之二以上的按份共有人或者全体共同共有人同意，但是共有人之间另有约定的除外。

【立法背景】

在按份共有中，大陆法系多数国家或地区对共有物的处分规定了严格的条件，即实行"一致决"的原则。而我国是在 21 世纪制定物权法的，对这个传统民法规定"一致决"的原则自有新的考量，有必要予以明确规定。

【条文精解】

本条区分按份共有和共同共有，对共有物的处分或者重大修缮、变更性质或者用途问题作出了不同的规定。

1. 对按份共有物的处分或者重大修缮、变更性质或者用途

根据本条规定，处分按份共有的不动产或者动产以及对共有的不动产或者动产重大修缮、变更性质或者用途的，应当经占份额 2/3 以上的按份共有人同意，但是共有人之间另有约定的除外。

（1）对按份共有物的处分。

本法在对按份共有物的处分问题上兼顾效益原则和公平原则，实行"多数决"原则，即占份额 2/3 以上的按份共有人同意，即可处分共有物。传统民法从公平原则出发，规定只有在全体按份共有人同意的前提下，才能对共有物进行处分。因此，物权法在对按份共有的共有物处分问题上采用"多数决"的原则。但如果按份共有人约定对共有物的处分应经全体共有人一致同意，则应当依照约定行事。本次民法典编纂沿用了物权法的规定，未作修改。

为了提高共有物的使用效率，按份共有人可以转让其在共有物上的财产份额，当然可以用自己在共有物上的份额设定负担。

（2）对按份共有物的重大修缮、变更性质或者用途。

按份共有人对共有物的重大修缮，在我国台湾地区被称为对共有物的改良。对共有物的重大修缮或称改良行为，是在不改变共有物性质的前提下，提高共有物的效用或者增加共有物的价值。例如，甲、乙、丙兄弟三人决定

将共有的房屋重建。由于对共有物的重大修缮较对共有物的保存而言需费较大，需要各共有人按照自己所占共有物份额的比例支付重大修缮费用，因此，为维护多数共有人的利益，本法对共有物作重大修缮的行为规定实行"多数决"的原则，即占共有物 2/3 以上份额的共有人同意，才能对共有物作重大修缮。对按份共有物变更性质或者用途对共有人的利益影响重大，也应经占共有物 2/3 以上份额的共有人同意。

2. 对共同共有物的处分或者重大修缮、变更性质或者用途

根据本条规定，处分共同共有的不动产或者动产以及对共有的不动产或者动产重大修缮、变更性质或者用途的，应当经全体共同共有人同意，但是共有人之间另有约定的除外。

（1）对共同共有物的处分。

共同共有根据共同关系而产生，以共同关系的存在为前提。共同共有最重要的特征之一，就是各共有人平等地对共有物享受权利和承担义务。因此，处分共有物必须经全体共同共有人同意。法律规定对共有物的处分须经全体共同共有人同意，但共有人另有约定的除外。

（2）对共同共有物的重大修缮、变更性质或者用途。

无论是夫妻共有财产，还是家庭共有财产，对共有财产作重大修缮、变更性质或者用途，特别是对价值较大的共有财产作重大修缮、变更性质或者用途，往往事关各共有人的利益，一般需要从共有财产中支付费用，还可能基于修缮而使共有人在一段时间内不能使用，或者影响共有物所创造的价值。所以本条规定，对共有物作重大修缮、变更性质或者用途的，须经全体共同共有人一致同意，但共有人另有约定的除外。

（3）关于对共同共有物规定"一致决"的理论基础。

共同共有以法律规定的或者合同约定的共同关系为前提，而这种共有关系的当事人之间在多数情况下具有一定的人身关系，如婚姻关系或者亲属关系。家庭是社会的细胞，家庭成员之间除具有人身关系之外，还具有一定的财产关系，而共同共有则属于家庭财产的一个常态。法律为了维护家庭关系的稳定，有必要对夫妻共有、家庭共有等共有形式的共有人之间的权利义务作出明确规定，在保护各共有人利益的同时，也维护共有人之间的和睦。

共同共有最重要的特征之一，就是各共有人平等地对共有物享受权利和

承担义务。《民法典》第 1062 条第 2 款规定："夫妻对共同财产,有平等的处理权。"

第三百零二条 【共有物管理费用负担】

共有人对共有物的管理费用以及其他负担,有约定的,按照其约定;没有约定或者约定不明确的,按份共有人按照其份额负担,共同共有人共同负担。

【立法背景】

《民法典》第 300 条规定了对共有物的管理,无论是对共有物的保存还是简易修缮等方面,都需要各共有人负担费用;《民法典》第 301 条规定了对共有物的重大修缮,对重大修缮所带来的费用,更是需要在共有人之间合理负担。

【条文精解】

对共有物的管理费用主要包括以下几项:

第一,对共有物的保存费用,即为保持共有物免予毁损、灭失,处于良好安全状态或使用状态而支付的费用。例如,对共有的汽车在一年中支付的保险费、养路费、车船使用税、保养费、存放费等。

第二,对共有物作简易修缮或者重大修缮所支出的费用,如修理共有的电视机所支付的修理费,装修共有的房屋所支付的费用。

对共有物的其他负担,例如,共有的房屋倒塌造成他人损害,而向受害人赔偿的医疗费、误工损失费等。

在按份共有中,对共有物的管理费用以及其他负担,有约定的,按照约定;没有约定或者约定不明确的,按份共有人按照其份额负担。

在共同共有中,对共有物的管理费用以及其他负担,原则上由共同共有人共同负担,即从其他的共有财产,如共有的积蓄中支付。但是共同共有人另有约定的,依照其约定。我国婚姻法允许夫妻约定财产制,夫妻可以把家庭财产,部分约定为共同所有,部分约定为各自所有。

第三百零三条 【共有财产分割原则】

共有人约定不得分割共有的不动产或者动产，以维持共有关系的，应当按照约定，但是共有人有重大理由需要分割的，可以请求分割；没有约定或者约定不明确的，按份共有人可以随时请求分割，共同共有人在共有的基础丧失或者有重大理由需要分割时可以请求分割。因分割造成其他共有人损害的，应当给予赔偿。

【立法背景】

在 2007 年物权法起草征求意见时，有的部门和同志反映，在共有人对共有财产的分割问题没有约定或者约定不明确的情况下，如何分割共有的财产，实践中认识不一。如果共有人约定不得分割共有的财产，那么遇有某些特殊情况，共有人是否可以分割共有财产。

【条文精解】

关于分割共有财产的基本原则，本条规定有如下三个原则：

1. 依据共有人约定分割的原则

无论是按份共有，还是共同共有，共有人对共有财产的分割有约定的依其约定。共有人约定不得分割共有的不动产或者动产，以维持共有关系的，应当按照约定，但共有人有重大理由需要分割的，可以请求分割。

2. 依法分割的原则

共有人对共有财产是否可以分割、在什么情况下可以分割没有约定，或者约定不明确的，应当依据本法的规定予以分割。即本条规定的，按份共有人可以随时请求分割，共同共有人在共有的基础丧失或者有重大理由需要分割时可以请求分割。

（1）按份共有人可以随时请求分割。按份共有，是指各共有人按照确定的份额对共有财产享有权利、承担义务的共有。按份共有人对其应有份额享有相当于分别所有的权利。因此，按份共有关系存续期间，按份共有人有权请求从共有财产中分割出属于自己的份额。这种请求不需要征得其他共有人的同意，只要共有人提出请求，就会产生分割的后果。

（2）共同共有人在共有的基础丧失或者有重大理由需要分割时，可以请求分割。共同共有，是指共有人对全部共有财产不分份额地享有权利、承担义务的共有。在共有关系存续期间，各共有人对共有财产没有确定的份额，无论在权利的享有上还是在义务的负担上都无份额比例之分。那么，在共有人对共有财产的分割没有约定的情况下，通常共有人只有在共同共有关系消灭时才能协商确定各自的财产份额，对共有财产予以分割。因此，本条规定，共同共有人在共有的基础丧失或者有重大理由需要分割时，可以请求分割共有财产。共同共有人共有的基础丧失，如夫妻财产的共同共有，因婚姻关系的解除而失去了共有的基础，在这种情况下，夫或者妻一方可以请求分割共有的财产；有重大理由需要分割，如在婚姻关系存续期间，夫妻二人约定由原来的夫妻共同财产制，改变为夫妻分别财产制，在这种情况下，夫或者妻一方也可以请求分割共有的财产。本次民法典编纂还增加规定了婚姻关系存续期间，夫妻一方可以向人民法院请求分割共同财产的情形。《民法典》第1066条增加规定了婚姻关系存续期间，夫妻一方可以向人民法院请求分割共同财产的情形。

3. 损害赔偿的原则

共有财产关系的客体为一项特定的统一的财产，如图书馆，其功能、作用、价值是确定的。因某些法定的特殊原因，共有人分割共有财产，会使共有财产的功能丧失或者削弱，降低它的价值，有可能给其他共有人造成损害，因此本条规定，因分割对其他共有人造成损害的，应当给予赔偿。

第三百零四条 【共有物分割方式】

共有人可以协商确定分割方式。达不成协议，共有的不动产或者动产可以分割且不会因分割减损价值的，应当对实物予以分割；难以分割或者因分割会减损价值的，应当对折价或者拍卖、变卖取得的价款予以分割。

共有人分割所得的不动产或者动产有瑕疵的，其他共有人应当分担损失。

【立法背景】

关于共有物的分割方式，瑞士、日本和我国台湾地区"民法典"都作了详细规定。共有物的分割首先应当尊重各方共有人的意思自治，同时本着发挥物的最大效用，尽可能避免减损其价值的原则进行。

【条文精解】

1. 关于共有物的分割方式

分割共有的不动产或者动产，可以采取各共有人间协商确定的方式。协商的内容，由共有人自由决定，当然须得共有人全体的同意。当无法达成协议时，共有人可提请法院进行裁判分割。裁判分割应遵循本条关于实物分割、变价分割或者折价赔偿的原则规定：（1）实物分割。在不影响共有物的使用价值和特定用途时，可以对共有物进行实物分割。（2）变价分割。如果共有物无法进行实物分割，例如，甲乙共有一头牛或者一辆汽车，实物分割将减损物的使用价值或者改变物的特定用途时，应当将共有物进行拍卖或者变卖，对所得价款进行分割。还有一种情形，也适用变价分割的方式，即各共有人都不愿接受共有物，这时也可采取将共有物出卖，分割价金的方式。（3）折价赔偿。折价赔偿的分割方式主要存在于以下情形，即对于不可分割的共有物或者分割将减损其价值的，如果共有人中的一人愿意取得共有物，可以由该共有人取得共有物，并由该共有人向其他共有人作价赔偿。

2. 共有人分割所得的不动产或者动产有瑕疵的，其他共有人应当分担损失

本条第 2 款规定，共有人分割所得的不动产或者动产有瑕疵的，其他共有人应当分担损失，即所谓瑕疵担保责任，包括权利的瑕疵担保责任和物的瑕疵担保责任。前者指共有人应担保第三人就其他共有人分得之物不得主张任何权利；后者指共有人对其他共有人应担保其分得部分于分割前未隐含瑕疵。本款的规定是为了防止共有物分割后，共有人发现权利或者利益受到侵害而得不到赔偿的情况发生。此种瑕疵担保责任，应同于合同法中出卖人对买受人所负的瑕疵担保责任。

第三百零五条 【按份共有人的优先购买权】

> 按份共有人可以转让其享有的共有的不动产或者动产份额。其他共有人在同等条件下享有优先购买的权利。

【立法背景】

关于共有人转让其份额时其他共有人享有优先购买权，其他国家和地区有类似的立法例。《俄罗斯联邦民法典》第 250 条规定，在向他人出售共有财产份额时，按份共有财产的其他共有人有按出售价格和其他同等条件优先购买所售份额的权利，但公开拍卖的情况除外。我国台湾地区"土地法"第 34 条规定："共有人出卖其应有部分时，其他共有人得以同一价格共同或单独优先承买。"

【条文精解】

1. 按份共有人可以转让其享有的共有份额

本条第一句规定了在共有关系存续期间，按份共有人有权转让其享有的共有的不动产或者动产份额。《民法通则》第 78 条第 3 款规定，按份共有财

产的每个共有人有权要求将自己的份额分出或者转让。

规定各共有人有权处分其份额有如下原因：一是按份共有中各共有人的所有权可划分为份额，各共有人拥有其份额，自然有权将其份额进行处分，这是买卖自由原则的体现，也是所有权的本质所决定的；二是我国现行法的规定也未限制共有人处分其份额的权利；三是其他国家和地区有同样的立法例。

共有人转让共有份额后，受让人可能继续与其他原共有人共有，或者分割共有份额。共有人请求分割共有物的行为是一种单方法律行为，一经作出即生效力。分割共有物的方法依据当事人约定，如果当事人没有约定或约定不明时，则按照以下方法加以分割：（1）如果共有物能够分割，则将共有物按照共有人各自的份额加以分配；（2）如果共有物不适合分割，如分割会减少共有物的价值，则可以将共有物拍卖或变卖而分割其价金，或者共有人之一取得共有物，向其他共有人按照各自的份额支付相应的对价。

在一般情况下，按份共有人转让其享有的共有份额，无须得到其他共有人同意。但各共有人不得侵害其他共有人的利益，并受法律的限制。法律有特别规定的，共有人处分其份额应遵守法律的规定。如《海商法》第16条第1款规定："船舶共有人就共有船舶设定抵押权，应当取得持有三分之二以上份额的共有人的同意，共有人之间另有约定的除外。"此外，在共有关系中有禁止共有人出让其份额的约定的，对共有人应当具有约束力。共有人之一不按照约定处分自己应有份额的，应当无效。但是这种约定是对所有关系的特别限制，不能对抗善意第三人，如果第三人受让其份额为善意无过失，发生共有份额所有权转移的后果。

2. 共有人转让其份额时其他共有人享有优先购买权

本条第二句规定了共有人转让其份额时，其他共有人在同等条件下享有优先购买权。根据本条规定，按份共有人行使优先购买权有以下条件：

首先，行使优先购买权应是在"同等条件"下。其次，行使优先购买权需作出购买的民事法律行为。此处"同等条件"，是指其他共有人就购买该份额所给出的价格等条件与欲购买该份额的非共有人相同。即当其他共有人与此外的其他人出价相同时，其他共有人有优先购买的权利。物权法出台后，最高人民法院《关于适用〈中华人民共和国物权法〉若干问题的解释（一）》对如何判断"同等条件"作了规定。该解释第10条规定："物权法第一百零一条所称的'同等条件'，应当综合共有份额的转让价格、价款履行方式及期限等因素确定。"

此外，本条仅规定按份共有人将其享有的共有的不动产或者动产份额转让给按份共有人之外的人时，其他共有人在同等条件下享有优先购买的权利，未规定按份共有人之间转让其享有的共有份额的，其他共有人是否也在同等条件下享有优先购买的权利。物权法实施后，相关司法解释对此作了规定。最高人民法院《关于适用〈中华人民共和国物权法〉若干问题的解释（一）》第13条规定："按份共有人之间转让共有份额，其他按份共有人主张根据物权法第一百零一条规定优先购买的，不予支持，但按份共有人之间另有约定的除外。"

第三百零六条　【按份共有人的优先购买权的行使】

按份共有人转让其享有的共有的不动产或者动产份额的，应当将转让条件及时通知其他共有人。其他共有人应当在合理期限内行使优先购买权。

两个以上其他共有人主张行使优先购买权的，协商确定各自的购买比例；协商不成的，按照转让时各自的共有份额比例行使优先购买权。

【立法背景】

本条规定是编纂民法典时新增加的条文，物权法未规定本条内容。在民法典编纂过程中，有的意见提出，《物权法》第101条规定了按份共有人的优先购买权，但对按份共有人如何行使共有权，以及如果有两个以上共有人都主张行使优先购买权，如何行使优先购买权问题没有明确规定，实践中有需求，建议增加相关规定予以明确。

【条文精解】

1.按份共有人优先购买权的行使

首先，按份共有人转让其享有的共有的不动产或者动产份额的，应当将转让条件及时通知其他共有人。按份共有人欲转让其享有的共有的不动产或者动产份额的，其他共有人决定是否行使同等条件下的优先购买权，前提是其知道欲转让份额的按份共有人的转让条件，这是按份共有人可以行使优先购买权的前提条件。因此，根据本条规定，按份共有人首先应当将转让条件及时通知其他共有人。

其次，其他共有人应当在合理期限内行使优先购买权。根据本条规定，其他共有人知道了转让条件后，应当在合理期限内行使优先购买权。因具体的行使期限情况比较复杂，本条未规定具体的期限，只规定了其他共有人应当在"合理期限"内行使优先购买权，实践中如何确定"合理期限"，可以参考司法解释的相关规定。最高人民法院《关于适用〈中华人民共和国物权法〉若干问题的解释（一）》第11条规定："优先购买权的行使期间，按份共有人之间有约定的，按照约定处理；没有约定或者约定不明的，按照下列情形确定：（一）转让人向其他按份共有人发出的包含同等条件内容的通知中载明行使期间的，以该期间为准；（二）通知中未载明行使期间，或者载明的期间短于通知送达之日起十五日的，为十五日；（三）转让人未通知的，为其他按份共有人知道或者应当知道最终确定的同等条件之日起十五日；（四）转让人未通知，且无法确定其他按份共有人知道或者应当知道最终确定的同等条件的，为共有份额权属转移之日起六个月。"

2. 两个以上共有人主张行使优先购买权

如果三人以上按份共有，其中一个按份共有人欲转让其享有的共有的不动产或者动产份额，其他两个以上共有人都主张行使优先购买权的，如何处理。根据本条第2款的规定，两个以上其他共有人主张行使优先购买权的，协商确定各自的购买比例；如果协商不成的，按照转让时各自的共有份额比例行使优先购买权。最高人民法院《关于适用〈中华人民共和国物权法〉若干问题的解释（一）》第14条规定："两个以上按份共有人主张优先购买且协商不成时，请求按照转让时各自份额比例行使优先购买权的，应予支持。"

第三百零七条 【因共有财产产生的债权债务关系的效力】

因共有的不动产或者动产产生的债权债务，在对外关系上，共有人享有连带债权、承担连带债务，但是法律另有规定或者第三人知道共有人不具有连带债权债务关系的除外；在共有人内部关系上，除共有人另有约定外，按份共有人按照份额享有债权、承担债务，共同共有人共同享有债权、承担债务。偿还债务超过自己应当承担份额的按份共有人，有权向其他共有人追偿。

【立法背景】

因共有财产产生的债权债务关系的对外效力，我国法律对此有类似规定，如《民法通则》第35条、《合伙企业法》第39条。关于共有人内部的追偿权，其他国家有类似的立法例。

【条文精解】

1.因共有财产产生的债权债务关系的对外效力

本条第一句中规定了因共有财产产生的债权债务关系的对外效力。按照本条规定，不论是按份共有还是共同共有，只要是因共有的不动产或者动产产生的债权债务，在对外关系上，共有人对债权债务享有连带债权、承担连带债务，但法律另有规定或者第三人知道共有人不具有连带债权债务关系的除外。连带的方法，是共有人享有连带债权时，任一共有人都可向第三人主张债权；共有人承担连带债务时，第三人可向任一共有人主张债权。

本条对因共有财产产生的债权债务关系的对外效力不区分按份共有和共同共有，是为了保护善意第三人的权益，对于第三人来说，很难获知共有人的共有关系的性质，此种情形下若不使各共有人承担连带义务，很容易发生共有人推托履行义务的可能，对债权人不利。在第三人不知道共有人内部关系的情况下，法律规定共有人对其享有连带债权、承担连带债务，第三人可向共有人中的任何一共有人主张其债权，保护了善意第三人的权利。

但是，当法律另有规定或者第三人知道共有人不具有连带债权债务关系时，共有人不用承担连带责任，而是按照约定或者共有人享有的份额各自享有债权、承担债务。

2.因共有财产产生的债权债务关系的对内效力

本条第一句还规定了因共有财产产生的债权债务关系的对内效力。按照本条规定，因共有财产产生的债权债务关系，在共有人内部关系上，除共有人另有约定外，按份共有人按照份额享有债权、承担债务，共同共有人共同享有债权、承担债务。

按份共有人按照其份额对共有的物享有所有权，在内部关系上，除共有人另有约定外，按份共有人按照其份额享有权利，承担义务；共同共有人共同对共有的物享有所有权，在内部关系上，共同共有人共同享有权利、承担义务。

3.共有人的追偿权

偿还债务超过自己应当承担份额的按份共有人，有权向其他共有人追偿。这样规定的理论基础是按份共有人在内部关系上是按照其份额承担义务的。《合伙企业法》第40条规定："合伙人由于承担无限连带责任，清偿数额超过本法第三十三条第一款规定的其亏损分担比例的，有权向其他合伙人追偿。"

第三百零八条 【共有关系不明时对共有关系性质推定】

共有人对共有的不动产或者动产没有约定为按份共有或者共同共有，或者约定不明确的，除共有人具有家庭关系等外，视为按份共有。

【立法背景】

在 2007 年物权法征求意见过程中，有人认为，按照传统民法，共有人对共有的不动产或动产没有约定为按份共有或者共同共有，或者约定不明确的，应视为共同共有。有人建议，删除"除共有人具有家庭关系等外"中的"等"字，不宜将推定的共同共有范围扩大到家庭关系之外的其他社会关系。

【条文精解】

共同共有，是指共有人对全部共有财产不分份额地享受权利和承担义务的共有。共同共有的共有人只有在共有关系消灭时，才能协商确定各自的份额。当共有人对共有的不动产或动产没有约定为按份共有或者共同共有，或者约定不明确的，如果推定为共同共有，共有人对共有财产的份额还是不明确的。因此，本条规定："共有人对共有的不动产或者动产没有约定为按份共有或者共同共有，或者约定不明确的，除共有人具有家庭关系等外，视为按份共有。"这样规定，在共有人对共有的不动产或者动产没有约定为按份共有或者共同共有，或者约定不明确时，就能很明确地确定各共有人享有的份额。

第三百零九条 【按份共有人份额不明时份额确定原则】

按份共有人对共有的不动产或者动产享有的份额，没有约定或者约定不明确的，按照出资额确定；不能确定出资额的，视为等额享有。

【立法背景】

关于按份共有人份额不明时份额的确定原则，很多国家和地区都有类似的立法例。《德国民法典》第 742 条规定，在发生疑问时，应认为各共有人享有均等的份额。《意大利民法典》第 1101 条规定，推定共有人按均等份额享有共有财产。共有人根据各自享有的财产份额按比例享有利益，承担负担。

【条文精解】

按份共有，是指数人按照各自的份额，对共有财产分享权利，分担义务。

按份共有的主体须为二人以上，称为共有人；客体须为物，称为共有物；共有人所享有的权利，为所有权。但此处的所有权不是数个，而是一个。即数个所有权人对一个物共同享有一个所有权。

所谓份额，在我国台湾地区"民法典"中称作应有部分，在日本称作持分，即各共有人对其所有权在分量上应享有的比例。这个份额是抽象的，并不是指共有物具体的或实体的部分，既不是对共有物在量上的划分，也不是就共有物划分使用部分。份额是对共有物的所有权在观念上的划分，只是确定各共有人行使权利的比例或者范围而已。各按份共有人有权依其应有份额，对共有物的全部行使权利。

按份共有人对共有的不动产或者动产享有的份额，有约定时，按照其约定确定份额；没有约定或者约定不明确时，首先按照出资额确定按份共有人享有的份额，在不能确定出资额的情况下，推定为等额享有。按份共有依共有人意思而成立，共有人应有份额依共有人的约定而定；没有特别约定，但共有关系基于有偿行为而发生的，按其出资比例而确定。既然共有关系的成立是当事人意思自治的结果，那么各共有人应有份额也应贯彻同样原则，即由当事人约定，当事人没有约定应有份额时则依出资比例确定共有份额，在不能确定出资额的情况下，推定为等额享有，不仅易于操作，且能简化当事人之间的法律关系，符合社会生活中最基本的公平正义。

第三百一十条　【用益物权和担保物权的准共有】

两个以上组织、个人共同享有用益物权、担保物权的，参照适用本章的有关规定。

【立法背景】

民法典物权编中的共有制度是专为所有权的共有而规定的，但实际生活中，并非只有所有权才能共有，其他财产权，如他物权、知识产权等财产权均可共有。比如，二人以上共同享有一块土地的建设用地使用权。此种情况就是两个以上的主体共同享有用益物权。本条对用益物权和担保物权的准共有作出了规定。两个以上的主体共同享有用益物权和担保物权的按份共有或共同共有，在性质上与对所有权的共有没有差别，为了条文的简约以及对实践中这种情况的处理，本条规定两个以上单位、个人共同享有用益物权、担保物权的，参照本章规定。

【条文精解】

所谓准共有，是指数人按份共有，或者共同共有数人共同共有所有权以外的财产权。准共有有以下特征：（1）准共有的标的物是所有权之外的财产权，包括用益物权、担保物权等。（2）准共有即准用共有的有关规定，各人就所有权之外的财产究竟是准用共同共有还是按份共有，应当视其共有关系而定。（3）准共有准用按份共有或共同共有的前提，是规范该财产权的法律没有特别规定。如果有，则应首先适用该特别规定。

第九章　所有权取得的特别规定

第三百一十一条　【善意取得】

　　无处分权人将不动产或者动产转让给受让人的，所有权人有权追回；除法律另有规定外，符合下列情形的，受让人取得该不动产或者动产的所有权：

　　（一）受让人受让该不动产或者动产时是善意；

　　（二）以合理的价格转让；

　　（三）转让的不动产或者动产依照法律规定应当登记的已经登记，不需要登记的已经交付给受让人。

　　受让人依据前款规定取得不动产或者动产的所有权的，原所有权人有权向无处分权人请求损害赔偿。

　　当事人善意取得其他物权的，参照适用前两款规定。

【立法背景】

善意取得是所有权特别取得的重要方式，许多立法例对此都有规定。例如，《德国民法典》第932条规定无权利人的善意取得，物虽不属于让与人，受让人也得因第929条规定的让与成为所有人，但在其依此规定取得所有权的当时为非善意者，不在此限。在《德国民法典》第十二章第29条第3款规定的情况下，仅在受让人从让与人取得占有时，始适用本条规定。

【条文精解】

善意取得，是指受让人以财产所有权转移为目的，善意、对价受让且占有该财产，即使出让人无转移所有权的权利，受让人仍取得其所有权。善意取得既适用于动产，又可适用于不动产。

1.善意取得制度的适用条件

根据本条第1款的规定，无处分权人将不动产或者动产转让给受让人的，所有权人有权追回；除法律另有规定外，符合本法规定的条件的，受让人取得该不动产或者动产的所有权。即根据本条善意取得制度的规定，即使处分物的处分人为无处分权人，其将不动产或者动产转让的，所有权人有权追回该不动产或者动产，但是如果符合本条规定的条件，此时，除法律另有规定的外，由受让人取得该不动产或者动产的所有权。根据本条规定，产生善意取得的法律后果，需同时符合以下条件，三项条件必须同时具备，否则不构成善意取得：

（1）受让人受让该不动产或者动产时是善意。

适用善意取得制度，首先受让人受让该不动产或者动产时须是善意的，即受让人受让该不动产或者动产时不知道出让人是无处分权人，否则不构成善意取得。关于如何认定"善意"，最高人民法院《关于适用〈中华人民共和国物权法〉若干问题的解释（一）》第15条（善意取得中受让人善意的认定）规定："受让人受让不动产或者动产时，不知道转让人无处分权，且无重大过失的，应当认定受让人为善意。真实权利人主张受让人不构成善意的，应当承担举证证明责任。"第16条（不动产善意取得中受让人非善意的认定）规定："具有下列情形之一的，应当认定不动产受让人知道转让人无处分权：（一）登记簿上存在有效的异议登记；（二）预告登记有效期内，未经预告登记的权利人同意；（三）登记簿上已经记载司法机关或者行政机关依法裁定、决定查封或者以其他形式限制不动产权利的有关事项；（四）受让人知道登记簿上记载的权利主体错误；（五）受让人知道他人已经依法享有不动产物权。真实权利人有证据证明不动产受让人应当知道转让人无处分权的，应当认定受让人具有重大过失。"第17条（动产善意取得中受让人重大过失的认定）规定："受让人受让动产时，交易的对象、场所或者时机等不符合交易习惯的，应当认定受让人具有重大过失。"关于如何认定"受让该不动产或者动产时"，最高人民法院《关于适用〈中华人民共和国物权法〉若干问题的解释（一）》第18条（善意取得中善意的判断时间）规定："物权法第一百零六条第一款第一项所称的'受让人受让该不动产或者动产时',是指依法完成不动产物权转移登记或者动产交付之时。当事人以物权法第二十五条规定的方式交付动产的,转让动产法律行为生效时为动产交付之时;当事人以物权法第二十六条规定的方式交付动产的,转让人与受让人之间有关转让返还原物请求权的协议生效时为动产交付之时。法律对不动产、动产物权的设立另有规定的,应当按照法律规定的时间认定权利人是否为善意。"

（2）以合理的价格转让。

适用善意取得制度,第二个条件是以合理的价格转让,即受让人是以合理的价格,以符合一般人认知的正常的市场价格受让该不动产或者动产。因为建立善意取得制度的意义之一是保障正常的市场秩序,降低交易成本,善意取得制度可以通过制度保证受让人在善意、对价受让时取得交易物。关于如何认定"合理的价格",最高人民法院《关于适用〈中华人民共和国物权法〉若干问题的解释（一）》第19条（善意取得中合理价格的认定）规定:"物权法第一百零六条第一款第二项所称'合理的价格',应当根据转让标的物的性质、数量以及付款方式等具体情况,参考转让时交易地市场价格以及交易习惯等因素综合认定。"

（3）转让的不动产或者动产依照法律规定应当登记的已经登记,不需要登记的已经交付给受让人。

适用善意取得制度,第三个条件是转让的不动产或者动产依照法律规定应当登记的已经登记,不需要登记的已经交付给受让人,即交易的不动产或者动产已经依法发生了物权变动的效力。《民法典》第209条第1款规定:"不动产物权的设立、变更、转让和消灭,经依法登记,发生效力;未经登记,不发生效力,但是法律另有规定的除外。"第224条规定:"动产物权的设立和转让,自交付时发生效力,但是法律另有规定的除外。"最高人民法院《关于适用〈中华人民共和国物权法〉若干问题的解释（一）》对特殊动产如何适用善意取得也作了规定,其第20条规定:"转让人将物权法第二十四条规定的船舶、航空器和机动车等交付给受让人的,应当认定符合物权法第一百零六条第一款第三项规定的善意取得的条件。"

善意取得既可适用于动产,又可适用于不动产。当事人出于善意,从无处分权人手中购买了房屋并登记过户,善意人取得房屋所有权。善意取得制度常被认为仅适用于动产,其实不然,不动产也适用善意取得制度。

2.受让人依据善意取得规定取得不动产或者动产的所有权的，原所有权人有权向无处分权人请求损害赔偿

受让人依照善意取得制度的规定取得不动产或者动产的所有权的，原所有权人会因为无权处分人的处分行为丧失不动产或者动产的所有权，那么此时，如何处理原所有权人与无权处分人之间的关系？如何保护原所有权人的权利？本条第2款规定，受让人依据善意取得规定取得不动产或者动产的所有权的，原所有权人有权向无处分权人请求损害赔偿。

3.当事人善意取得其他物权的，参照适用前两款规定

本条第3款规定，当事人善意取得其他物权的，参照适用前两款规定。根据本条规定，当事人可以参照适用本条第1款、第2款的规定，善意取得其他物权。

第三百一十二条 【遗失物的善意取得】

所有权人或者其他权利人有权追回遗失物。该遗失物通过转让被他人占有的，权利人有权向无处分权人请求损害赔偿，或者自知道或者应当知道受让人之日起二年内向受让人请求返还原物；但是，受让人通过拍卖或者向具有经营资格的经营者购得该遗失物的，权利人请求返还原物时应当支付受让人所付的费用。权利人向受让人支付所付费用后，有权向无处分权人追偿。

【立法背景】

遗失物的善意取得是善意取得的特殊问题，现实中有此立法例，例如，《德国民法典》第935条规定对丢失的物无善意取得，即（1）从所有权人处盗窃的物、由所有权人遗失或者因其他原因丢失的物，不发生根据第932条到第934条的规定取得的所有权。所有权人为间接占有人的，物为占有人所丢失时，亦同。（2）对于金钱或者无记名证券以及以公开拍卖方式出让的物，不适用上述规定。

【条文精解】

动产的善意取得亦受限制。出让人让与的动产若是货币或者无记名有价证券之外的遗失物，遗失人有权向善意取得人请求返还原物。善意取得人应当返还，善意取得人返还后可以向让与人追偿。倘若该遗失物是由善意取得

人在拍卖市场、公共市场或者在贩卖与其物同类之物的商人处购得的，遗失人须偿还其购买之价金，方能取回其物。遗失物若是货币或者无记名有价证券，遗失人无权向善意取得人请求返还原物，只能向出让人请求返还同种类物或者请求其他赔偿。

对善意取得的一种意见，是认为应当规定盗赃物的善意取得。本法不规定盗赃物的善意取得，立法考虑是，对被盗、被抢的财物，所有权人主要通过司法机关依照刑法、刑事诉讼法、治安管理处罚法等有关法律的规定追缴后退回。在追赃过程中，如何保护善意受让人的权益，维护交易安全和社会经济秩序，可以通过进一步完善有关法律规定解决，2007年的物权法对此未作规定。本次民法典编纂对此未作修改。

第三百一十三条 【善意受让人取得动产后的原有权利消灭】

善意受让人取得动产后，该动产上的原有权利消灭。但是，善意受让人在受让时知道或者应当知道该权利的除外。

【立法背景】

善意受让人取得动产后，该动产上的原有权利消灭，现实中有此立法例，例如，《德国民法典》第936条规定第三人权利的消灭，即（1）在出让物上设定第三人权利的，该项权利因取得所有权而消灭。但在第929条第二句规定的情况下，上述规定仅在受让人从出让人处取得占有时，始得适用之。根据第929条a或者第930条的规定进行出让时，或者根据第931条的规定出让的物是由出让人间接占有时，第三人的权利仅在受让人基于出让而取得物的占有时，始行消灭。（2）如果受让人于本条第1款规定的时间内，对该项权利非出于善意时，第三人的权利不消灭。（3）在第931条规定的情形下，权利属于第三占有人的，该项权利即使对善意受让人也不消灭。

【条文精解】

善意受让人取得动产后，该动产上的原有权利消灭。例如，该动产上有抵押的权利，抵押权消灭。但是，善意受让人取得动产时，知道该动产已被抵押的，抵押权不消灭。

第三百一十四条 【拾得遗失物返还】

拾得遗失物，应当返还权利人。拾得人应当及时通知权利人领取，或者送交公安等有关部门。

【立法背景】

拾得遗失物应当返还，有许多此立法例。例如，《德国民法典》第 965 条规定了拾得人的通知义务，即（1）拾得并占有遗失物者，应立即通知遗失人或所有人或其他有权受领的人。（2）拾得人不认识有权受领的人或不知其所在者，应立即将遗失物及有可能对查明有权受领人有关的重要的情事报告主管官署。遗失物的价值不超过 10 马克者，不需要报告。《德国民法典》第 967 条规定了交付义务，即拾得人有权，并依主管官署的命令有义务将遗失物或其拍卖所得价金交付于主管官署。

【条文精解】

遗失物是非故意抛弃而丢失的物品。遗失物与废弃物不同，废弃物是故意抛弃之物。丢失遗失物的人，称遗失物丢失人。拾得遗失物，是发现并占有遗失物。拾得遗失物的人，称拾得人。

拾得人拾得遗失物，知道遗失物所有人的，应当及时通知其领取，或者送交遗失物。

拾得人拾得遗失物，不知道遗失物丢失人的，可以张贴招领告示，寻找遗失物丢失人；也可以将遗失物上缴公安机关或者有关单位。例如，学生将捡到的手套交给学校。

第三百一十五条 【收到遗失物的处理】

有关部门收到遗失物，知道权利人的，应当及时通知其领取；不知道的，应当及时发布招领公告。

【立法背景】

有关部门收到遗失物的处理，现实中也有此立法例。例如，《日本遗失物法》第 1 条第 2 项规定了拾得物的处置，即将物件提交给警察署长后，警察署长应将其返还给应接受返还者。如应受返还者的姓名或居所不明，应依命令所定进行公告。

【条文精解】

有关单位收到遗失物，应当查找遗失物丢失人，请其认领。无人认领的，上缴公安机关。

公安机关收到遗失物，应当查找遗失物丢失人，请其认领。或者存放遗失物品招领处，待人认领。自公安机关收到遗失物发布招领公告之日起一年内无人认领的，遗失物归国家所有。公安机关可以拍卖、变卖遗失物，所得价金上缴国库。

第三百一十六条 【遗失物保管】

拾得人在遗失物送交有关部门前，有关部门在遗失物被领取前，应当妥善保管遗失物。因故意或者重大过失致使遗失物毁损、灭失的，应当承担民事责任。

【立法背景】

对遗失物的保管，现实中有许多此立法例。例如，《德国民法典》第966条规定了保管义务，即拾得人有保管遗失物的义务。

【条文精解】

拾得人拾得遗失物，在返还失主或者送交有关部门前，应当妥善保管遗失物。有关部门收到遗失物后在遗失物被领取前，也应当妥善保管遗失物。拾得人或者有关部门因故意或者重大过失致使遗失物损坏灭失的，应当承担民事责任。

遗失物不易保管或者保管费用过高的，公安机关可以及时拍卖、变卖，保存价金。拾得人和有关单位不能自行拍卖、变卖遗失物。

第三百一十七条 【拾金不昧】

权利人领取遗失物时，应当向拾得人或者有关部门支付保管遗失物等支出的必要费用。

权利人悬赏寻找遗失物的，领取遗失物时应当按照承诺履行义务。

拾得人侵占遗失物的，无权请求保管遗失物等支出的费用，也无权请求权利人按照承诺履行义务。

【立法背景】

对返还遗失物是拾金不昧还是获取报酬，现实中有不同立法例。例如，《德国民法典》第970条规定了偿还费用，即拾得人出于保管或保存遗失物的目的，或出于查明有权受领人的目的而支出拾得人依当时情况认为必要支付的费用者，得向有权受领人请求偿还之。拾金不昧是中华美德，遗失物立法要对此规定。

【条文精解】

1.权利人领取遗失物时，应当向拾得人或者有关部门支付保管遗失物等支出的必要费用

拾得人拾得遗失物，有人主张拾得人应获得报酬，遗失物所有人不支付酬金的，拾得人享有留置权。2007年制定的物权法未采纳这种意见。路不拾遗、拾金不昧是崇高的道德风尚，立法要有价值取向，弘扬中华传统美德。拾得人因拾得遗失物、寻找遗失物丢失人、保管遗失物而实际支付的费用，可以按无因管理请求遗失物所有人偿还。无人认领的，由公安机关在上缴国库前支付。因此，本条第1款规定，权利人领取遗失物时，应当向拾得人或者有关部门支付保管遗失物等支出的必要费用。

2.权利人悬赏寻找遗失物的，领取遗失物时应当按照承诺履行义务

本条第2款规定，权利人悬赏寻找遗失物的，领取遗失物时应当按照承诺履行义务。例如，甲丢失一贵重物品，登报承诺如果有人拾得该物并归还，愿意支付人民币5000元作为报酬，此时，如有人拾得该物并归还，其应当按照承诺履行支付人民币5000元的义务。《民法典》第499条规定："悬赏人以公开方式声明对完成特定行为的人支付报酬的，完成该行为的人可以请求其支付。"

3.拾得人侵占遗失物的，无权请求保管遗失物等支出的费用，也无权请

求权利人按照承诺履行义务

拾得人隐匿遗失物据为己有的，构成侵犯所有权。遗失物所有人可以请拾得人偿还，公安机关可以责令拾得人交出。拾得人丧失报酬和费用请求权。拾得人将数额较大的遗失物占为己有，拒不交出的，构成犯罪，依刑法惩处。

第三百一十八条 【无人认领的遗失物归国家所有】

遗失物自发布招领公告之日起一年内无人认领的，归国家所有。

【立法背景】

无人认领的遗失物归国家所有，现实中有许多立法例。例如，《法国民法典》第 713 条规定，无主财产属于国家。《法国民法典》第 714 条规定，不属于任何人之物，得为公众共同使用。《民事诉讼法》第 192 条规定，人民法院受理申请后，经审查核实，应当发出财产认领公告。公告满一年无人认领的，判决认定财产无主，收归国家或者集体所有。

【条文精解】

公安机关收到遗失物，应当查找遗失物丢失人，请其认领。或者存放遗失物品招领处，待人认领。自公安机关收到遗失物发布招领公告之日起一年内无人认领的，遗失物归国家所有。公安机关可以拍卖、变卖遗失物，所得价金缴国库。

《物权法》第 113 条规定："遗失物自发布招领公告之日起六个月无人认领的，归国家所有。"在民法典编纂过程中，有的意见提出，6 个月的时间过短，不利于物归还主，建议延长。2018 年 8 月提交审议的民法典各分编草案将本条中的"六个月"修改为"一年"。

第三百一十九条 【拾得漂流物、发现埋藏物或者隐藏物】

拾得漂流物、发现埋藏物或者隐藏物的，参照适用拾得遗失物的有关规定。法律另有规定的，依照其规定。

【立法背景】

漂流物、埋藏物和隐藏物的现实问题非常复杂，考虑到同现行法律的衔接和统一，同时参考外国立法例，本法规定拾得漂流物、发现埋藏物或者隐藏物的，参照拾得遗失物的有关规定。对这一原则立法过程中不存在太大争议。但是由于漂流物、埋藏物和隐藏物的概念在外延上同"文物"的概念存在交叉，在如何处理涉及文物的埋藏物和隐藏物上，有的意见认为，埋藏物和隐藏物的问题复杂，近期的埋藏物、隐藏物可视为遗失物处理，但历史上的埋藏物，属于文物。根据文物保护法的规定，中华人民共和国境内地下、内水和领海中遗存的一切文物，属于国家所有，任何单位或者个人非经报批不得私自发掘，非以发掘为目的的基本建设工程或者农业生产活动中，任何单位或者个人发现文物，应立即报告当地文化行政管理部门。

考虑到文物保护法中对构成文物的物（包括漂流物、埋藏物和隐藏物）的权属及处理程序作了详细规定，因此对于文物的处理不宜笼统参照拾得遗失物的有关规定，所以本条规定但书"法律另有规定的，依照其规定"。

【条文精解】

关于拾得漂流物、发现埋藏物或者隐藏物的处理，外国立法例及我国法律法规均有不少规定，如《日本遗失物法》第12条规定，准遗失物，关于因错误而占有的物品，他人遗忘的物品，或者逃逸的家畜，准用该法及《日本民法典》第240条的规定；但关于因错误而占有的物品，不得请求第3条的费用及第4条的酬劳金。

漂流物、埋藏物和隐藏物的现实问题非常复杂，应当区别情况分别处理：

第一，拾得漂流物或者失散的饲养动物，应当归还失主，因此而支出的费用由失主偿还。拾得漂流物、失散的饲养动物，可参照拾得遗失物的相关规定。漂流物，是指漂流在水上的遗失物。失散的饲养动物，是指走失的他人饲养的动物。

第二，发现埋藏物。埋藏物，是指埋藏于地下的物品。埋藏物品的人，称埋藏人；发现埋藏物的人，称发现人。发现人发现埋藏物，可视情况分别处理：一是能够判定埋藏人，且埋藏物不易为他人发现，发现人可以不挖取埋藏物，并将埋藏物继续掩埋好，且将发现情况告知埋藏人。二是能够判定埋藏人，且埋藏物易为他人发现，发现人可依前种情形处理，也可以将埋藏物挖出，交还埋藏人。三是不能判定埋藏人，且埋藏物不易为他人发现，发现人可以不挖取埋藏物，并将埋藏物继续掩埋好。发现人可以将发现情况告知有关单位或者公安机关。四是不能判定埋藏人，且埋藏物易为他人发现，发现人可依前种情形处理，也可以挖取埋藏物，按拾得不知遗失物丢失人的遗失物的办法处理。发现人发现的埋藏物倘若是文物，应依文物保护法处理。

第三，发现隐藏物。隐藏物是隐藏于他物之中的物品，如隐藏于夹墙中的物品。隐藏物品的人，称隐藏人；发现隐藏物的人，称发现人。发现隐藏物适用发现埋藏物的相关规定。

第四，漂流物、埋藏物、隐藏物同文物保护法的适用。由于遗失物、漂流物、埋藏物和隐藏物的概念在外延上同"文物"的概念存在交叉，无论是遗失物、漂流物、埋藏物或者隐藏物，只要构成"文物"，文物保护法的规定将优先适用。

第三百二十条 【从物随主物转让】

主物转让的，从物随主物转让，但是当事人另有约定的除外。

【立法背景】

主物与从物的划分规则，是指在两个以上的物发生互相附着或者聚合而且在经济上发生密切的关联之后，当物上的权利发生变动时，为确定物的归属所适用的规则。物的主从关系的划分并非人为拟制，而是经济实践的反映。现实中的物常常是由许多单一物结合在一起组成的物。当物上的权利发生变动时，必须考虑各部分是否也随之发生权利的变动，因此制定主物与从物之间的关系规则非常必要。

【条文精解】

要准确把握本条关于主物转让的，从物随主物转让的一般规则，需要首先对主物和从物的概念进行理解。主物、从物的概念不同于物的整体与其重要成分之间的关系。物的重要成分是物的组成部分，而主物和从物在聚合之前分别为独立的物。例如，自行车与车锁，在聚合之前为独立的物，在聚合之后，根据它们的作用可以决定主从关系，并决定权利的变动。但物的重要成分与物的整体本身就是一个物。例如，汽车与其发动机，如果没有发动机的作用，汽车就不称之为汽车，也就无法发挥物的整体的效用。因此法律上的规则是，不许可在物的整体上和该物的重要成分上分设两个独立的权利；而主物、从物之间的关系却不同，在从物随主物转让的一般规则下，均承认当事人例外约定的效力。例如，甲将自行车出售给乙，完全可以约定自行车车锁不售，仍由甲所有。

正是基于对主物、从物仍为两物的认识，各国立法例均作出规定，许可原权利人依特别的约定对从物进行处分。这一考虑的基本原因在于：主物和从物毕竟是两个物，从物附着于主物一般也有其可分性，从物与主物的分离并不妨碍主物的经济效用的发挥。

【实践中需要注意的问题】

在主物和从物的关系中，必须有从物附着于主物的事实，即主物和从物必须发生空间上的联系，并且从物对主物须发挥辅助性的作用。

第三百二十一条　【天然孳息及法定孳息归属】

天然孳息，由所有权人取得；既有所有权人又有用益物权人的，由用益物权人取得。当事人另有约定的，按照其约定。

法定孳息，当事人有约定的，按照约定取得；没有约定或者约定不明确的，按照交易习惯取得。

【立法背景】

天然孳息是原物的出产物，一方面，人们占有使用原物并对其进行生产劳动，其目的就是获得出产物、收获物，因此法律规定天然孳息的归属，实际上就是对劳动的保护；另一方面，日常生活中也常发生原物在脱离所有人的情况下而产生孳息的情形，因此确定孳息的归属尤显必要。法定孳息，是指依一定的法律关系由原物所生的物，是原物的所有权人进行租赁、投资等特定的民事法律活动而应当获得的合法收益，如房屋出租所得的租金，依股本金所得的股息等。在德国民法中，法定孳息被称为权利的孳息，确定法定孳息的归属，是对产生法定孳息的民事法律关系的承认和保护。因此，本法对天然孳息及法定孳息的归属作了明确规定。

【条文精解】

孳息是与原物相对而言的，是指由原物而产生的物，包括天然孳息与法定孳息。

1.天然孳息的概念和归属

天然孳息，是指依物的自然属性所产生的物。天然孳息的范围非常广，主要来源于种植业和养殖业，如耕作土地获得粮食和其他出产物，种植果树产生果实，包括竹木的枝根，养殖牲畜获得各种子畜和奶产品等。天然孳息，自从与原物脱离后，会立即产生归属的问题，但是天然孳息的处理原则，民法中甚为复杂。对天然孳息，罗马法的处理原则是"生根的植物从属于土地"，即原物的所有权人取得孳息的权利，但是法律允许其他人提出可以对抗原物所有权人的抗辩。考察德国、日本及我国台湾地区立法例，关于天然孳息归属的基本规则，是在承认原物的所有权人有取得权利的大前提下，同时许可他人享有排斥原物所有权人的取得权利。他人的这一权利可以基于物权产生，如基于用益物权；也可因债权产生，如因当事人约定而取得孳息。因此，本法明确规定，天然孳息，由所有权人取得；既有所有权人又有用益物权人的，由用益物权人取得；当事人另有约定的，按照约定。

2.法定孳息的概念和归属

法定孳息（利息、租金等），按照一般的交易规则，利息应由债权人取得，租金应由出租人取得，但也不排除其他情形的存在。因此关于法定孳息的归属，原则更为变通。本法规定，当事人有约定的，按照约定取得；没有约定或者约定不明确的，按照交易习惯取得。

第三百二十二条 【添附】

因加工、附合、混合而产生的物的归属，有约定的，按照约定；没有约定或者约定不明确的，依照法律规定；法律没有规定的，按照充分发挥物的效用以及保护无过错当事人的原则确定。因一方当事人的过错或者确定物的归属造成另一方当事人损害的，应当给予赔偿或者补偿。

【立法背景】

民法典出台前，我国法律没有关于添附制度的规定。最高人民法院《关于贯彻执行〈中华人民共和国民法通则〉若干问题的意见（试行）》第86条规定："非产权人在使用他人的财产上增添附属物，财产所有人同意添附，并就财产返还时附属物如何处理有约定的，按约定处理；没有约定或协商不成，能够拆除的，可以责令拆除；不能拆除的，也可以折价归财产所有人，造成财产所有人的损失的，应当负责赔偿。"2007年物权法立法过程中，虽几经修改，但最终未规定添附制度。

【条文精解】

本条是本次民法典编纂新增加的规定。

1. 添附的含义

加工、附合、混合统称添附，是指不同所有人的物被结合、混合在一起成为一个新物，或者利用别人之物加工成为新物的事实状态。其中，附合、混合为物与物相结合，加工为劳力与他人之物相结合。添附的发生有的基于人的行为，也有的基于自然的偶然因素。添附包括三种情况：

一是加工。加工，是指将他人的物加工制造成新物。加工是一种事实行为，是劳动与动产的结合，包括劳力、知识技术与时间的投入。比如，在他人的纸张上作画成为艺术品，或将他人的树根进行雕刻成为根雕艺术品等。值得注意的是，本条中的加工是一种事实行为，加工他人材料制造成新物，不包括存在加工承揽合同的情况。

关于加工物的归属问题，有材料主义与加工主义两种观点。材料主义认为，有材料才能加工，加工后虽形式发生改变，但材料的本质并未变化，因此应由材料所有人取得加工物的所有权。加工主义认为，加工物的形成是加工人劳动的成果，应由加工人取得所有权。其他国家和地区有两种立法例，一种是以材料主义为原则，以加工主义为例外，如法国、日本和我国台湾地区；另一种是以加工主义为原则，以材料主义为例外，如德国和瑞士。

二是附合。附合，是指不同所有人的物密切结合在一起而成为一种新物。比如，误将他人的漆刷了自己的墙。

三是混合。混合，是指不同所有人的物掺合、融合在一起而成为新物。比如，误将两人的米混合在一起、误将两人的油混合在一起等。无法识别，或者虽有办法识别分离，但识别分离经济上不合理。混合和附合的不同在于，混合后各所有人的原物已达不能凭视觉识别的程度。

2. 因添附产生的物的归属

添附是所有权取得的一种方式，在多数国家立法例中，法律通常规定由一人取得添附物的所有权，或共有合成物，目的在于防止对物进行不经济的分离。

（1）因添附产生的物的归属的确定。根据本条规定，因加工、附合、混合而产生的物的归属，按照以下原则确定：

首先，有约定的，按照约定。当事人之间如果就因添附产生的物的归属有约定的，确定因添附产生的物的归属时，先按照当事人的约定。

其次，没有约定或者约定不明确的，依照法律规定。如果当事人未就因添附产生的物的归属事先作约定，或者事先约定了，但约定不明确的，依照法律规定确定物的归属。

最后，法律没有规定的，按照充分发挥物的效用以及保护无过错当事人的原则确定。如果当事人未就因添附产生的物的归属事先作出约定，也没有相应的法律规定的，按照两个原则确定物的归属：

一是充分发挥物的效用原则。法律把添附作为取得所有权的一种根据，其原因就在于添附发生后，要恢复各物之原状事实上已不可能，或者虽有可能但经济上很不合理，因此有必要使添附物归一方所有或各方共有。确定添附物的归属时，应以充分发挥物的效用为原则。一般情况下，加工他人的动产的，加工物的所有权属于材料的所有权人。但是，因加工致使其价值显著大于原材料价值的，可以由加工人取得该加工物的所有权。动产因附合而成为不动产的重要成分，可以由不动产所有权人取得该动产的所有权。

二是保护无过错当事人原则。在考虑充分发挥物的效用确定添附物的同时，还需考虑当事人是否有过错。如一般情况下，加工他人的动产的，加工物的所有权属于材料的所有权人。但是，因加工致使其价值显著大于原材料价值的，可以由加工人取得该加工物的所有权。如果加工人明知被加工的物是他人之物，故意对原材料进行加工，即使加工价值显著大于原材料价值，也可以综合考虑充分发挥物的效用和保护无过错当事人原则，将添附物判决由材料的所有权人所有。

（2）当事人之间的赔偿或者补偿。将添附物确定归一方所有，会造成另一方的损害。根据本条规定，因一方当事人的过错或者确定物的归属造成另一方当事人损害的，应当给予赔偿或者补偿。例如，加工的情况下，确定添附物归加工人所有的，所有人应支付材料的原所有者相当的价款；确定添附物归材料所有人所有的，所有人应支付给加工人其加工的劳动报酬。又如，误将他人的漆刷了房屋的墙，此种情况下，漆的所有权只能归房屋所有人，但应支付他人漆的价款。一方当事人有过错，造成另一方当事人损害的，应当给予赔偿；一方当事人无过错，因确定物的归属造成另一方当事人损害的，应当给予补偿。

第三分编 用益物权

第十章 一般规定

第三百二十三条 【用益物权人享有的基本权利】

用益物权人对他人所有的不动产或者动产，依法享有占有、使用和收益的权利。

【立法背景】

用益物权，是指权利人对他人所有的不动产，依法享有占有、使用和收益的权利。用益物权是以对他人所有的物为使用、收益的目的而设立的，因而被称作"用益"物权。用益物权制度是物权法律制度中一项非常重要的制度，与所有权制度、担保物权制度等一同构成了物权制度的完整体系。

【条文精解】

1.用益物权人的基本权利

依照本条规定，用益物权人对他人所有的不动产或者动产，依照法律规定享有占有、使用和收益的权利。

（1）占有的权利。"占有"是对物的实际控制。用益物权作为以使用、收益为目的的物权，自当以权利人对物的实际占有为必要。利用他人之物为使用、收益，必然要对物予以实际支配。没有占有就不可能实现对物的直接利用。

（2）使用、收益的权利。"使用"是依物的自然属性、法定用途或者约定的方式，对物进行实际上的利用。"收益"是通过对物的利用而获取经济上的收入或者其他利益。用益物权的设立目的是对物的使用和收益。比如在他人的土地上自建房屋以供居住；在他人的土地上耕种、畜牧以供自用或出售而获得收益；在他人土地上建造楼宇用以出售、出租以取得收益等。

2. 用益物权的特征

作为物权体系的重要组成部分，用益物权具备物权的一般特征，同时还具有自身的特性，除了以对物的实际占有为前提，以使用、收益为目的以外，还有以下几个方面的特征：

（1）用益物权是由所有权派生的物权。所有权是权利人对自己的不动产或者动产，依法享有占有、使用、收益和处分的权利，包括在自己的财产上设立用益物权或担保物权的权利。用益物权则是在他人所有的财产上设立的权利，即对他人的财产享有占有、使用和收益的权利。因此，用益物权被作为"他物权"，以相对于所有权的"自物权"。

（2）用益物权是受限制的物权。相对于所有权而言，用益物权是不全面的、受一定限制的物权。因此，用益物权属于"定限物权"，以区别于所有权的"完全物权"。其一，所有权是物权权利种类中最完全，也是最充分的权利。所有权的权利人对自己的财产，依法享有完全的直接支配力，包括占有、使用、收益和处分。而用益物权只具有所有权权能的一部分，其权利人享有的是对财产占有、使用和收益的权利。虽然权利人依法可以将其享有的用益物权予以转让、抵押等，但不具有对财产的所有权进行处分的权利。其二，所有权具有恒久性，只要所有物存在，所有权人对所有物便享有永久的权利。而用益物权则具有期限性。虽然设定的期限往往较长，但不是永久期限，期限届满时，用益物权人应将占有、使用之物返还于所有权人。其三，用益物权人必须根据法律的规定及合同的约定正确行使权利。用益物权人应当保护和合理利用所有权人的不动产或者动产，按照设定权利时约定的用途和使用方法利用所有权人的财产，不得损害所有权人的权益。

（3）用益物权是一项独立的物权。用益物权是对所有权有所限制的物权。用益物权虽由所有权派生，以所有权为权源，并属于"他物权""定限物权"，但用益物权一经设立，便具有独立于所有权而存在的特性。所有权对物的支配力受到约束，对物占有、使用和收益的权能由用益物权人行使，所有权人不得干涉。所有权人不得随意收回其财产，不得妨碍用益物权人依法行使权利。用益物权具有对物的直接支配性和排他性，可以对抗所有权人的干涉。同时，用益物权的义务人包括任何第三人，用益物权可以对抗所有第三人的侵害，包括干预、占有和使用客体物等。因此，用益物权是一项独立的物权。

（4）用益物权一般以不动产为客体。用益物权多以不动产尤其是土地为使用、收益的对象。由于不动产特别是土地的稀缺性、不可替代性且价值较高，以及土地所有权依法不可移转性，使在土地等不动产上设立用益物权成为经济、社会发展的必然要求。而动产的特性决定了通常可以采用购买、租用等方式获得其所有权和使用权。

3.用益物权的权利类型

用益物权的权利类型，在不同的国家有不同的制度安排，这主要是根据一国的政治、经济、历史和文化的不同背景而决定的。通常来说，以传统民法上的地上权、地役权和永佃权最具代表性。我国的用益物权制度，是根据我国的社会主义基本经济制度决定的。民法典物权编专章规定的用益物权种类有土地承包经营权、建设用地使用权、宅基地使用权、居住权和地役权。

第三百二十四条 【国有和集体所有的自然资源，组织和个人可以取得用益物权】

国家所有或者国家所有由集体使用以及法律规定属于集体所有的自然资源，组织、个人依法可以占有、使用和收益。

【立法背景】

在我国，国家对土地等资源实行公有制，它是我国生产资料社会主义公有制的重要组成部分。《宪法》第10条第1款、第2款规定："城市的土地属于国家所有。农村和城市郊区的土地，除由法律规定属于国家所有的以外，属于集体所有；宅基地和自留地、自留山，也属于集体所有。"根据宪法的规定，土地公有制有两种形式：一是国家所有；二是集体所有。土地等自然资源的公有制，决定了组织、个人利用土地等资源，必然要在国家所有或者集体所有的土地等资源上取得用益物权。

【条文精解】

物权制度具有较强的本土性，与一国的基本经济制度密切相关。用益物权制度也概莫能外。从国外的法律规定看，凡实行计划经济体制的国家，其民法典上没有物权法编，没有用益物权制度，仅规定所有权制度且非常简单。这是因为，实行计划经济体制的国家，一般运用行政手段组织经济运行。国有土地的使用关系采取无偿的划拨方式，作为国有土地所有者的国家将国有土地划拨给国有企业无偿使用。农村土地则由作为所有者的集体自己使用，农户在集体所有的土地上进行生产劳动，按劳取酬，不发生所有权与使用权的分离。无论是国有土地还是集体所有的土地的使用，都不采取设立用益物权的方式，因而不需要用益物权制度。实行市场经济体制的国家，其民法典上都有物权法编，都规定了完备的所有权制度和用益物权制度。建立较为完备的所有权、用益物权等物权制度，也是实行社会主义市场经济的基本法律保障。

民法典物权编上的用益物权，是不动产所有权与不动产使用权分离的法律形式。凡实行市场经济体制的国家，均有用益物权制度。但用益物权制度所发挥的作用及其意义，又因实行土地公有制或者土地私有制，而有程度的差别。在资本主义的市场经济国家，土地归私人所有，土地所有者自己使用土地，是土地使用关系的主要形式；土地所有者自己不使用而交给他人使用，是土地使用关系的次要形式。我国是在土地公有制基础上实行社会主义市场经济，城市土地归国家所有，农村土地归集体所有。作为土地所有者的国家自己不使用土地而交给各类企业等使用，是国有土地使用关系的主要形式；作为土地所有者的农民集体自己不使用土地而交给农户使用，是农村土地使用关系的主要形式。因此，用益物权制度，对于实行社会主义市场经济的我国所具有的意义和所发挥的作用，要远远超过对于实行资本主义市场经济的国家所具有的意义和所发挥的作用。

民法典物权编根据我国的基本经济制度，以及建立和完善社会主义市场经济体制的要求，在用益物权分编中设专章分别规定了土地承包经营权、建设用地使用权、宅基地使用权等用益物权。

第三百二十五条 【自然资源有偿使用制度】

国家实行自然资源有偿使用制度，但是法律另有规定的除外。

【立法背景】

对于土地、矿产、水等主要自然资源，我国已经建立起以有偿使用为原则、无偿使用为例外的自然资源使用制度。土地管理法、矿产资源法、水法等相关法律以及国务院有关行政法规中对此都已经有了明确规定。

【条文精解】

对他人所有的土地等不动产的使用和收益一直是世界各国用益物权制度的主要内容。随着社会经济的发展，土地、矿产、水等自然资源的使用和收益问题日益成为现代用益物权制度的重要课题。

土地等自然资源一方面是整个社会赖以存续的共同物质基础，具有社会性；另一方面又只能在具体的使用中实现价值，使用权属必须确定。在资本主义制度下，通过用益物权制度，所有权人之外的权利人也可以就土地等自然资源进行使用和分享收益，这在一定程度上克服了私有制的狭隘局限，有利于物尽其用。我国是社会主义公有制国家，自然资源主要归国家所有，即全民所有。国家通过自然资源的有偿使用制度，适应社会主义市场经济发展的客观要求，为合理利用资源打下了基础。

1. 我国的自然资源使用制度

我国的自然资源使用制度是建立在社会主义公有制基础上，适应社会主义市场经济发展的，按照土地管理法、矿产资源法、水法等法律以及国务院的有关规定，对自然资源实行有偿使用为原则、无偿使用为例外的制度。

（1）自然资源的有偿使用制度。自然资源有偿使用制度，是指国家以自然资源所有者和管理者的双重身份，为实现所有者权益，保障自然资源的可持续利用，向使用自然资源的组织和个人收取自然资源使用费的制度。目前，法律规定了土地资源、矿产资源、水资源等自然资源的有偿使用制度，例如，《土地管理法》第 2 条第 5 款规定："国家依法实行国有土地有偿使用制度。但是，国家在法律规定的范围内划拨国有土地使用权的除外。"

（2）自然资源的无偿使用。土地管理法、水法等法律同时规定了自然资源的无偿使用作为有偿使用基本原则的例外。例如，《土地管理法》第 2 条，《水法》第 7 条的例外条款。无偿使用作为自然资源使用制度中的例外和补充，其适用范围和条件是受到严格限制的。以划拨取得土地使用权为例：《土地管理法》第 54 条对划拨土地明确规定了四种情形。

2. 自然资源使用制度和用益物权制度的关系

以有偿使用为基本原则，以无偿使用为例外和补充的自然资源使用制度是物权法用益物权制度的重要基础。用益物权编中，对建设用地使用权、探矿权、采矿权、取水权等用益物权的规定与已经颁布实施多年的土地管理法、矿产资源法、水法等法律中有关自然资源使用制度的规定是一致的。要准确把握自然资源使用制度和用益物权制度的关系还应当注意以下几点：

（1）自然资源使用制度与用益物权制度的基础是一致的。它们都建立在社会主义公有制基础上，并且服务于社会主义市场经济的发展。

（2）尽管自然资源使用制度和用益物权制度是相通的，但是他们分属不同的法律部门，有各自独特的领域。自然资源使用制度属于经济法的范畴，用益物权制度中除了与自然资源使用制度相关的权利，还有地役权这样独有的权利类型。自然资源使用制度和用益物权制度在各自的领域内，按照各自的内在规律发挥作用并且互相协调，才能全面调整相应的社会关系。

第三百二十六条　【用益物权人的权利行使】

　　用益物权人行使权利，应当遵守法律有关保护和合理开发利用资源、保护生态环境的规定。所有权人不得干涉用益物权人行使权利。

【立法背景】

土地、矿产、水资源等自然资源，具有不可再生性或者稀缺匮乏性。

【条文精解】

本条分别从用益物权人和所有权人的角度，规定了两个方面的内容：

1. 用益物权人行使权利，应当遵守法律有关保护和合理开发利用资源、保护生态环境的规定

在我国，用益物权多为在国家所有或者集体所有的土地上设立建设用地使用权、农村土地承包经营权和宅基地使用权，以及行使对国家所有的矿产资源、水资源等自然资源开发利用的权利。用益物权人在行使权利的同时，应当履行遵守法律有关保护和合理开发利用土地等资源的规定的义务。

对保护和合理开发利用资源、保护生态环境，我国相关法律都作出了明确规定。比如土地管理法规定，十分珍惜、合理利用土地和切实保护耕地是我国的基本国策。各级人民政府应当采取措施，全面规划，严格管理，保护、开发土地资源，制止非法占用土地的行为。使用土地的单位和个人必须严格按照土地利用总体规划确定的用途使用土地。国家保护耕地，严格控制耕地转为非耕地。非农业建设必须节约使用土地，可以利用荒地的，不得占用耕地；可以利用劣地的，不得占用好地。禁止占用耕地建窑、建坟或者擅自在耕地上建房、挖砂、采石、采矿、取土等；禁止占用永久基本农田发展林果业和挖塘养鱼。

作为相关的用益物权人，在享有权利的同时，应当严格遵守有关法律，积极保护和合理开发利用自然资源。

2.所有权人不得干涉用益物权人行使权利

所有权人不得干涉用益物权人行使权利，是由所有权与用益物权、所有权人与用益物权人之间的关系决定的。用益物权虽由所有权派生，但它是一项独立的物权，当事人依法取得用益物权后对所有人的不动产或动产享有占有、使用、收益和依法转让该用益物权的权利。用益物权具有直接支配性和排他性，可以依法直接行使权利，不受第三人的侵害和所有权人的干涉。比如农村土地承包经营权人依法享有承包地使用、收益和土地承包经营权流转的权利，有权自主组织生产经营和处置产品。发包人应当尊重承包人的生产经营自主权，不得干涉承包人依法进行正常的生产经营活动。土地承包经营权流转的主体是承包人，承包人有权依法自主决定土地承包经营权是否流转和流转的方式。承包期内发包人不得调整承包地。因自然灾害严重毁损承包地等特殊情形，需要适当调整承包的耕地和草地的，应当依照农村土地承包法等法律规定办理。承包期内发包人不得收回承包地。农村土地承包法等法律另有规定的依照其规定。

所有权人不得干涉用益物权人行使权利，是用益物权人正常行使权利的基本保障。当然，如果用益物权人在行使权利时存在违背法律规定、未合理利用和保护资源等损害所有权人权益的行为，所有权人有权依法制止，并要求其赔偿损失。

第三百二十七条 【用益物权人因征收、征用有权获得补偿】

因不动产或者动产被征收、征用致使用益物权消灭或者影响用益物权行使的，用益物权人有权依据本法第二百四十三条、第二百四十五条的规定获得相应补偿。

【立法背景】

用益物权虽由所有权派生出来，但它是一项独立的物权。用益物权人是对他人所有的物享有占有、使用和收益的权利人，虽然不是物的所有权人，但也是具有独立物权地位的权利人。在他人的不动产被征收、征用，致使所有权消灭或者影响所有权行使时，应当依法给予用益物权人补偿。

【条文精解】

《宪法》第10条第3款规定："国家为了公共利益的需要，可以依照法律规定对土地实行征收或者征用并给予补偿。"这一规定表明征收和征用，应当遵循三个原则：一是公共利益需要的原则；二是依照法定程序的原则；三是依法给予补偿的原则。征收主要是针对不动产，而不动产中又以征收集体所有的土地最具代表性，因此，对征收集体土地，如何对所有权人即农民集体和用益物权人即承包经营权人给予补偿，就显得尤为重要。

《民法典》第243条第2款规定："征收集体所有的土地，应当依法及时足额支付土地补偿费、安置补助费以及农村村民住宅、其他地上附着物和青苗等的补偿费用，并安排被征地农民的社会保障费用，保障被征地农民的生活，维护被征地农民的合法权益。"该款明确规定了要给予集体所有土地的用益物权人补偿。而具体补偿范围和标准，则要根据土地管理法的规定办理。在适用《土地管理法》第48条的规定时，应当把握以下几点：

一是征地补偿和安置补助的原则是征收土地应当给予公平、合理的补偿，保障被征地农民原有生活水平不降低、长远生计有保障。

二是征收土地应当依法及时足额支付土地补偿费、安置补助费以及农村村民住宅、其他地上附着物和青苗等的补偿费用，并安排被征地农民的社会保障费用。

三是征收农用地的土地补偿费、安置补助费标准由省、自治区、直辖市通过制定公布区片综合地价确定。制定区片综合地价应当综合考虑土地原用途、土地资源条件、土地产值、土地区位、土地供求关系、人口以及经济社会发展水平等因素，并至少每三年调整或者重新公布一次。

四是征收农用地以外的其他土地、地上附着物和青苗等的补偿标准，由省、自治区、直辖市制定。对其中的农村村民住宅，应当按照先补偿后搬迁、居住条件有改善的原则，尊重农村村民意愿，采取重新安排宅基地建房、提供安置房或者货币补偿等方式给予公平、合理的补偿，并对因征收造成的搬迁、临时安置等费用予以补偿，保障农村村民居住的权利和合法的住房财产权益。

五是县级以上地方人民政府应当将被征地农民纳入相应的养老等社会保障体系。被征地农民的社会保障费用主要用于符合条件的被征地农民的养老保险等社会保险缴费补贴。被征地农民社会保障费用的筹集、管理和使用办法，由省、自治区、直辖市制定。

《民法典》第245条规定："因抢险救灾、疫情防控等紧急需要，依照法律规定的权限和程序可以征用组织、个人的不动产或者动产。被征用的不动产或者动产使用后，应当返还被征用人。组织、个人的不动产或者动产被征用或者征用后毁损、灭失的，应当给予补偿。"根据这一规定，组织、个人的不动产或者动产被征用或者征用后毁损、灭失，致使用益物权消灭，或者影响用益物权行使的，应当对用益物权人给予补偿。

第三百二十八条 【海域使用权】

依法取得的海域使用权受法律保护。

【立法背景】

海洋被称为"蓝色国土"，在人类文明的发展史上起着重要的作用。根据《民法典》第247条的规定，海域属于国家所有。国家是海域所有权的唯一主体。

【条文精解】

海域使用权，是指组织或者个人依法取得对国家所有的特定海域排他性使用权。组织和个人使用海域，必须依法取得海域使用权。海域使用权取得的方式主要有三种：一是组织和个人向海洋行政主管部门申请；二是招标；三是拍卖。有关组织和个人使用海域的申请被批准或者通过招标、拍卖方式取得海域使用权后，海域使用权人应当办理登记手续。依照法律规定属于国务院批准用海的，由国务院海洋行政主管部门登记造册，向海域使用权人颁发海域使用权证书；属于地方人民政府批准用海的，由地方人民政府登记造册，向海域使用权人颁发海域使用权证书。根据使用海域不同的用途，海域使用权最高期限分别为：养殖用海15年；拆船用海20年；旅游、娱乐用海25年；盐业、矿业用海30年；公益事业用海40年；港口、修造船厂等建设工程用海50年。海域作为国家重要的自然资源实行有偿使用制度。组织和个人使用海域，应当按照国务院的规定缴纳海域使用金。为了切实保护养殖用海渔民的利益，目前海域主管部门在实际工作中对有争议的海域、海洋自然保护区、渔业资源保护区、传统赶海区等涉及公共利益的海域不进行招标和拍卖。同时，对于专业渔民使用海域从事养殖生产的，可以在规定的面积内减缴或者免缴海域使用金。海域使用权作为一项重要的财产权利，可以依法转让、继承。

海域使用管理法颁布后，海域使用权制度日趋完善。截至2006年底，全国累计发放海域使用权证书 39395 本，确权海域面积 113 万公顷。海域使用权制度在维护海域使用权人的合法权益，规范海洋开发利用秩序，促进海域的合理开发和海洋产业的健康发展等方面取得了良好的效果。海域使用权已成为与建设用地使用权等性质相同的用益物权。

第三百二十九条 【探矿权等受法律保护】

依法取得的探矿权、采矿权、取水权和使用水域、滩涂从事养殖、捕捞的权利受法律保护。

【立法背景】

我国对自然资源实行有偿使用制度。矿产资源法、水法、渔业法分别对组织和个人利用自然资源的权利作出了规定。

【条文精解】

1. 探矿权、采矿权

1986 年颁布的《矿产资源法》规定："勘查矿产资源，必须依法登记。开采矿产资源，必须依法申请取得采矿权。" 但是在当时计划经济体制下，探矿权人、采矿权人是无偿取得探矿权和采矿权的。之后修改的矿产资源法规定国家实行探矿权、采矿权有偿使用的制度。根据矿产资源法的规定，勘查、开采矿产资源，必须依法分别申请、经批准取得探矿权、采矿权，并办理登记。《矿产资源法》第 5 条规定："国家实行探矿权、采矿权有偿取得的制度；但是，国家对探矿权、采矿权有偿取得的费用，可以根据不同情况规定予以减缴、免缴。具体办法和实施步骤由国务院规定。开采矿产资源，必须按照国家有关规定缴纳资源税和资源补偿费。"

2. 取水权

1988 年颁布的水法对取水权作出了规定。当时主要是从资源配置和行政管理的角度规范取水权制度的。修改后的水法，进一步明确了国家对水资源实行有偿使用制度，并完善了取水许可制度。对水利用的方式主要有三种：一是直接从江河、湖泊或者地下取用水资源的组织和个人，应当按照国家取水许可制度和水资源有偿使用制度的规定，向水行政主管部门或者流域管理机构申请领取取水许可证，并缴纳水资源费，取得取水权。但是，家庭生活和零星散养、圈养畜禽饮用等少量取水的除外。二是农村集体经济组织及其成员使用本集体经济组织的水塘、水库中的水的，不需要申请取水许可。三是家庭生活和零星散养、圈养畜禽饮用等少量取水，不需要申请取水许可。国务院水行政主管部门负责全国取水许可制度和水资源有偿使用制度的组织实施。

3. 从事养殖、捕捞的权利

我国渔业法对从事养殖和捕捞的权利作出了规定。根据渔业法的规定，国家对水域利用进行统一规划，确定可以用于养殖业的水域和滩涂。组织和个人使用国家规划确定用于养殖业的全民所有的水域、滩涂的，使用者应当向县级以上地方人民政府渔业行政主管部门提出申请，由本级人民政府核发养殖证，许可其使用该水域、滩涂从事养殖生产。核发养殖证的具体办法由国务院规定。

从以上规定可以看到，矿产资源法、水法、渔业法等单行法律对相关的权利都作了较为全面的规定。但是，由于这些法律多是从行政管理的角度对权利进行规范的，这些权利的物权属性并不明确，财产权利的内容并不完善，更缺少对这些权利相应的民事救济措施。因此，实践中也出现了一些侵犯权利人合法权益的行为，比如内水的传统捕捞区被改变用途后，从事捕捞的渔民无法得到相应的补偿和安置。所以，民法典物权编有必要作出衔接性的规定，明确这些权利受物权以及相关法律的保护。

第十一章　土地承包经营权

第三百三十条　【双层经营体制】

农村集体经济组织实行家庭承包经营为基础、统分结合的双层经营体制。

农民集体所有和国家所有由农民集体使用的耕地、林地、草地以及其他用于农业的土地，依法实行土地承包经营制度。

【立法背景】

长期稳定和不断完善以家庭承包经营为基础、统分结合的双层经营体制，是党在农村的基本政策。农村集体经济组织实行家庭承包经营为基础、统分结合的双层经营体制，是我国宪法确立的农村集体经济组织的经营体制。

【条文精解】

1.家庭承包经营为基础、统分结合的双层经营体制

"双层经营"包含了两个经营层次：一是家庭分散经营层次。家庭分散经营，是指农村集体经济组织的每一个农户家庭全体成员为一个生产经营单位，承包集体农村土地后，以家庭为单位进行的农业生产经营。二是集体统一经营层次。集体统一经营就是农村集体经济组织以村或者村民小组（或者乡镇）为生产经营单位，对集体所有的土地、房屋等集体资产享有、行使集体所有权，并组织本集体经济组织成员开展统一的生产经营。需要注意的是，双层经营的基础是家庭承包，但必须统分结合，不能因为家庭经营而忽略集体经营，特别是必须强调对农村土地的集体所有权，承包方享有的仅仅是对农村土地的用益物权。

2.农村土地承包的方式

土地承包经营权作为一种用益物权，属于他物权，这种他物权是针对特定对象而设定的，即农民集体所有和国家所有由农民集体使用的农村土地。农村土地，是指农民集体所有和国家所有依法由农民集体使用的耕地、林地、草地，以及其他依法用于农业的土地。因此，能够设立土地承包经营权的土地仅仅是农村土地，排除了城市的国有建设用地。根据农村土地承包法的规定，能够设定土地承包经营权的土地只能是农业用地，主要包括以下几种类型：一是农民集体所有的耕地、林地、草地。二是国家所有依法由农民集体使用的耕地、林地、草地。三是其他依法用于农业的土地。用于农业的土地，主要有耕地、林地和草地，还有一些其他依法用于农业的土地，如养殖水面等。此外，还有荒山、荒丘、荒沟、荒滩等"四荒地"。

【实践中需要注意的问题】

根据农村土地承包法的规定，对于不同的农村土地，应采取的承包方式是不同的。农村土地承包经营制度，包括两种承包方式，即家庭经营方式的承包和以招标、拍卖、公开协商等方式的承包，第一种就是农村集体经济组织内部的家庭承包方式，第二种就是其他方式的承包。由于有些农业用地并不是本集体经济组织成员都能均分，如菜地、养殖水面等由于数量少，在本

集体经济组织内做不到人人有份，只能由少数农户来承包；有的"四荒地"虽多，但本集体经济组织成员有的不愿承包，有的根据自己的能力承包的数量不同。这些不宜采取家庭承包方式的农村土地，可以采取招标、拍卖、公开协商等方式承包。不论是采取哪种方式承包，都必须按照农村土地承包法规定的原则、程序和方式进行。

第三百三十一条 【承包人的权利】

土地承包经营权人依法对其承包经营的耕地、林地、草地等享有占有、使用和收益的权利，有权从事种植业、林业、畜牧业等农业生产。

【立法背景】

物权编将农村土地承包经营权规定为用益物权，体现了党中央加强产权保护的理念。在农村土地承包法颁布之前，人们对土地承包经营权大多是从债权的角度即承包合同的角度来认识的。2002年颁布的农村土地承包法将土地承包经营权作为用益物权，但未明确使用"用益物权"的概念。物权法制定时，即根据物权的特征和土地承包经营权的实际状况，将土地承包经营权确立为用益物权，这样更有利于保护土地承包经营权人的利益。

【条文精解】

本条进一步明确了土地承包经营权的物权性质，明确规定了土地承包经营权人依法对其承包经营的耕地、林地、草地等享有占有、使用和收益的权利，有权从事种植业、林业、畜牧业等农业生产。

1. 依法享有对承包地占有的权利

占有的权利是土地承包经营权人对本集体所有的土地直接支配和排他的权利。土地承包经营权是在集体或国家所有由集体使用的土地上使用、收益的权利，为实现其使用、收益的目的，必然以对土地占有为前提。

2. 依法享有对承包地使用的权利

农村土地承包经营权设立的目的，就在于让承包人在集体的土地上进行耕作、养殖或者畜牧等农业生产。因此，承包人在不改变土地的农业用途的前提下，有权对其承包的土地进行合理且有效的使用。至于从事农业生产的方式、种类等均由承包人自行决定，其他任何第三人都无权进行干涉。

3.依法获取承包地收益的权利

收益权是承包人获取承包地上产生的收益的权利，这种收益主要是从承包地上种植的农林作物以及畜牧中所获得的利益。承包方对承包地享有的收益权是农村集体土地家庭承包制度的重要内容。对承包人的收益权应当依法保护，使其得到充分的实现。

承包经营权人的上述权利，体现了作为用益物权的承包经营权的最基本的权利，还有一些权利内容也体现了承包经营权的物权性质。这些权利有的是在物权编规定，有些则在农村土地承包法中有进一步的明确规定。主要包括以下内容：（1）承包期及承包期届满后的延期。（2）依法互换、转让土地承包经营权。承包方承包土地后，可以行使承包经营权自己经营，也可以将承包地依法互换、转让。（3）依法流转土地经营权。（4）承包期内，发包人不得收回承包地。（5）承包地被依法征收、征用、占用的，有权依法获得相应的补偿。（6）法律、行政法规规定的其他权利。其他法律、行政法规对土地承包经营权人所享有的权利作了规定的，土地承包经营权人即享有这些权利。例如《农村土地承包法》第32条规定："承包人应得的承包收益，依照继承法的规定继承。林地承包的承包人死亡，其继承人可以在承包期内继续承包。"此外，农业法、渔业法、草原法、森林法等法律也对土地承包经营权人所享有的权利作了规定。

第三百三十二条 【承包期限】

耕地的承包期为三十年。草地的承包期为三十年至五十年。林地的承包期为三十年至七十年。

前款规定的承包期限届满，由土地承包经营权人依照农村土地承包的法律规定继续承包。

【立法背景】

承包期限对于农户的土地承包经营权而言至关重要。土地承包期限的长短，应考虑到我国农村的实际情况，根据农业生产经营的特点，农业经济的发展趋势以及当前的农业承包经营政策等因素确定。2002年制定农村土地承包法时，将耕地的承包期规定为30年，符合当时有关法律的规定和农村的实际做法，同当时国家政策的规定也是一致的。

党的十八大以来，党中央在诸多文件中一再强调要"稳定承包权"，并强调"保持土地承包关系稳定并长久不变"。党的十九大提出，保持土地承包关系稳定并长久不变，第二轮土地承包到期后再延长30年。为了贯彻落实党的十九大精神，修改后的农村土地承包法增加规定"前款规定的耕地承包期届满后再延长30年"，即第二轮土地承包到期后再延长30年。

【条文精解】

土地承包经营权是一种他物权，他物权与所有权相比的一个差别就是，他物权一般都是有期限的物权，本条规定的就是土地承包经营权的期限，即承包期限。承包期限，是指农村土地承包经营权存续的期间，在这个期间内，承包方享有土地承包经营权，依照法律的规定和合同的约定，行使权利，承担义务。

本条规定与修改后的农村土地承包法的规定保持了一致，与《物权法》第126条的规定相比，主要是删除了第1款中"特殊林木的林地承包期，经国务院林业行政主管部门批准可以延长"的规定，并对第2款作了衔接性修改。

1. 耕地、草地、林地的承包期

我国对土地实行用途管理制度。土地管理法按照土地的用途，将土地划分为农用地、建设用地和未利用地，其中的农用地又包括耕地、林地、草地、农田水利用地和养殖水面等。

耕地，是指种植农作物的土地，包括灌溉水田、望天田（又称天水田）、水浇地、旱地和菜地。耕地的承包期为30年。

草地，是指以生长草本植物为主，用于畜牧业的土地，包括天然草地、改良草地和人工草地。林地，是指生长乔木、竹类、灌木、沿海红树林的土地，包括有林地、灌木林地、疏林地、未成林造林地等。对于草地、林地的承包期限，在2002年制定农村土地承包法之前，其他法律没有明确规定。2002年制定的《农村土地承包法》第20条对草地和林地的承包期作出了规定，即草地的承包期为30年至50年；林地的承包期为30年至70年；特殊林木的林地承包期，经国务院林业行政主管部门批准可以延长。

物权编根据农村土地承包法修改情况，对物权法的规定也作了相应的修改，即本条第1款规定"耕地的承包期为三十年。草地的承包期为三十年至五十年。林地的承包期为三十年至七十年"。

2. 土地承包期届满后的延长

本条第2款规定，前款规定的承包期限届满，由土地承包经营权人依照农村土地承包的法律规定继续承包。本款规定，主要是为了与修改后的农村土地承包法相衔接。

根据本条第 2 款规定，所谓"依照农村承包的法律规定"，是指农村土地承包法的有关规定，继续承包就是承包期限的延长。

第三百三十三条【土地承包经营权设立和登记】

土地承包经营权自土地承包经营权合同生效时设立。

登记机构应当向土地承包经营权人发放土地承包经营权证、林权证等证书，并登记造册，确认土地承包经营权。

【立法背景】

在物权编起草过程中，关于土地承包经营权设立的时间有不同的意见。一些地方、单位和学者提出，土地承包经营权的设立应采取采登记生效要件主义，当事人必须登记，承包经营权自登记之日起成立，在程序上也应当是先登记后发证。也有的意见认为，我国目前的土地承包经营权一般都是在订立合同后就取得的，土地承包经营权证和林权证等证书也是由人民政府有关机构事后向承包方颁发的，是为了对承包人的土地承包经营权予以确认，要求对所有承包人的承包经营权都进行登记发证不符合现实，同时还可能进一步加重农民的负担。

【条文精解】

本条第 1 款规定，土地承包经营权自土地承包经营权合同生效时设立。根据本款规定，土地承包经营权的设立，不以登记为生效的要件，土地经营权的设立以土地承包合同生效为准。

要确定取得土地承包经营权的时间，就必须根据承包合同的生效时间判断。农村土地承包法明确规定土地承包合同应当采用书面形式。因此，承包合同成立的时间应当是当事人签名、盖章或者按手印之时。对于合同的生效时间，农村土地承包法的规定与总则编关于民事法律行为的生效时间、合同编关于合同生效时间的规定是一致的规定，即承包合同自成立之日起生效。

物权法上的登记制度，是土地等不动产物权公示的方法。物权编根据修改后农村土地承包法的规定，再次明确登记机构应当向承包方颁发土地承包经营权证或者林权证等证书，并登记造册，对土地承包经营权予以确认。

土地承包经营权证书、林权证等证书，是承包方享有土地承包经营权的法律凭证。承包方签订承包合同，取得土地承包经营权后，登记机构应当颁发土地承包经营权证或者林权证等证书，并登记造册，将土地的使用权属、用途、面积等情况登记在专门的簿册上，以确认土地承包经营权。

第三百三十四条 【土地承包经营权互换、转让】

土地承包经营权人依照法律规定，有权将土地承包经营权互换、转让。未经依法批准，不得将承包地用于非农建设。

【立法背景】

在一些地方，农民为了耕作方便或者出于其他考虑，通过互换土地承包经营权的方式，达到资源的最佳配置。2014年，中共中央办公厅、国务院办公厅《关于引导农村土地经营权有序流转发展农业适度规模经营的意见》中也明确提出："鼓励农民在自愿前提下采取互换并地方式解决承包地细碎化问题。"

【条文精解】

根据本条规定，土地承包经营权人有权将土地承包经营权互换、转让，但是必须依照法律规定，且不得将承包地用于非农建设。这里的依照法律规定，主要就是依照农村土地承包法的相关规定。《农村土地承包法》第33条、第34条对土地承包经营权的互换、转让作了明确规定。因此，理解本条的规定，需要结合农村土地承包法的相关规定。

1. 土地承包经营权的互换

土地承包经营权互换，是指土地承包经营权人将自己的土地承包经营权交换给他人行使，自己行使从他人处换来的土地承包经营权。互换从表面上看是地块的交换，但从性质上看，是由交换承包的土地引起的权利本身的交换。权利交换后，原有的发包方与承包方的关系，变为发包方与互换后的承包方的关系，双方的权利义务同时作出相应的调整。互换土地承包经营权，是农户在自愿的基础上，在同一集体经济组织内部，对人人有份的承包经营权进行的交换。该种交换改变了原有的权利分配，涉及承包义务的履行，因此，应当报发包方备案。由于土地承包经营权互换通常都是对等的，也未剥夺互换双方的土地承包经营权，因此，只要不违反法律，侵害他人的合法权益，发包方就不应干涉。

2.土地承包经营权的转让

土地承包经营权转让，是指土地承包经营权人将其拥有的未到期的土地承包经营权以一定的方式和条件移转给他人的行为。《农村土地承包法》第34条规定："经发包方同意，承包方可以将全部或者部分的土地承包经营权转让给本集体经济组织的其他农户，由该农户同发包方确立新的承包关系，原承包方与发包方在该土地上的承包关系即行终止。"土地承包经营权转让不同于土地承包经营权互换。互换土地承包经营权，承包方与发包方的关系虽有变化，但互换土地承包经营权的双方只不过是对土地承包经营权进行了置换，并未丧失该权利。而转让土地承包经营权，承包方与发包方的土地承包关系即行终止，转让方也不再享有土地承包经营权。

3.未经依法批准，不得将承包地用于非农建设

土地承包经营权转让，应当按照土地的原有用途使用土地，不得改变承包地的原有用途。承包地应当用于种植业等农业生产，不得改变农用土地的用途，将其用于非农业建设。比如不得在承包地上建窑、建坟或者擅自在承包地上建房、挖砂、采石、取土等。

第三百三十五条 【互换、转让的登记】

土地承包经营权互换、转让的，当事人可以向登记机构申请登记；未经登记，不得对抗善意第三人。

【立法背景】

本条对于土地承包经营权的互换、转让采用登记对抗主义，也就是说，当事人签订土地承包经营权的互换、转让合同，并经发包方备案或者同意后，该合同即发生法律效力，不强制当事人登记。这样规定，一方面，是从中国农村的实际出发，农民承包的是本集体经济组织所有的土地，承包方案又是经村民会议通过的，聚集而居的农户对于自己和本集体经济组织的其他农户的承包地的情况应当是清楚的，实际上已经起到公示作用。另一方面，考虑到在某些情况下，土地承包经营权互换、转让后，如果并未将变动的事实通过登记的方式予以公示，他人比较难以了解到土地承包经营权发生了变动，会由此受到损害。因此，本法将登记的决定权交给农民，当事人要求登记的，可以登记。未经登记，不能对抗善意第三人。也就是说，不登记将产生不利于土地承包经营权受让人的法律后果。

【条文精解】

对土地承包经营权的互换、转让进行登记，是指互换、转让土地承包经营权的当事人，申请国家有关登记部门将土地承包经营权互换、转让的事项记载于不动产登记簿上。登记的主要目的在于将土地承包经营权变动的事实予以公示，使他人明确土地承包经营权的权利人。

根据本条规定，土地承包经营权互换、转让的，当事人要求登记的，应当向登记机构申请办理登记。申请登记时，应当提交土地变更登记申请书及相关资料，内容包括：转让人与受让人的姓名、住所，土地坐落、面积、用途，土地承包合同、土地承包经营权转让或者互换合同、土地承包经营权证书，以及登记部门要求提供的其他文件。登记部门收到变更登记的申请及上述文件后，经调查、审核，符合变更登记规定的，变更注册登记，更换或者更改土地承包经营权证书。

第三百三十六条　【承包地调整】

承包期内发包人不得调整承包地。

因自然灾害严重毁损承包地等特殊情形，需要适当调整承包的耕地和草地的，应当依照农村土地承包的法律规定办理。

【立法背景】

我国农村人多地少，在相当长的时期内，土地不仅是农民的基本生产资料，而且是农民最主要的生活保障。以家庭联产承包为主的责任制和统分结合的双层经营体制，是我国农村经济的一项基本制度。保持土地承包关系稳定并长久不变，是党和国家农村政策的核心内容，多年来，党中央在这个问题上的政策没有变化。赋予农民长期而有保障的土地使用权，保持农村土地承包关系的长期稳定，是将土地承包经营权物权化的立法宗旨和指导思想。不论是物权法，还是农村土地承包法都明确规定，承包期内发包方不得调整承包地。2019 年 11 月，中共中央、国务院《关于保持土地承包关系稳定并长久不变的意见》再次明确要求，农户承包地要保持稳定，发包方及其他经济组织和个人不得违法调整。

【条文精解】

物权编保留了农村土地承包法和物权法的规定，再次明确承包期内发包方不得调整承包地。发包方在承包期内不得调整承包地：一是发包方不得单方要求调整承包地。发包方一般不得以任何理由要求承包方调整承包地。当然，如果承包方自己有合理理由，请求发包方适当调整，只要符合有关规定，发包方是可以调整的。二是在承包期内，发包方不得调整承包地。这里的承包期即包括二轮承包期，也包括根据法律规定延长后的承包期。三是发包方只有在符合法律规定的情形下，根据第 2 款的规定才可以适当调整承包地。

但是，考虑到在几十年的承包期内，农村的情况会发生很大的变化，完全不允许调整承包地也难以做到。如果出现个别农户因自然灾害严重毁损承包地等特殊情形，仍然不允许对承包地进行小调整，将使一部分农民失去土地。使这部分农民失去最基本的生活来源，既有悖于社会公平，也不利于社会稳定。因此，在特殊情形下，应当允许按照法律规定的程序对个别农户之间的承包地进行必要的小调整。

本条第 2 款规定，因自然灾害严重毁损承包地等特殊情形，需要适当调整承包的耕地和草地的，应当依照农村土地承包的相关法律规定办理。《农村土地承包法》第 28 条第 2 款的规定："承包期内，因自然灾害严重毁损承包地等特殊情形对个别农户之间承包的耕地和草地需要适当调整的，必须经本集体经济组织成员的村民会议三分之二以上成员或者三分之二以上村民代表的同意，并报乡（镇）人民政府和县级人民政府农业农村、林业和草原等主管部门批准。承包合同中约定不得调整的，按照其约定。"

第三百三十七条 【承包地收回】

承包期内发包人不得收回承包地。法律另有规定的，依照其规定。

【立法背景】

党的十八大以来，中央提出到 2020 年实现约一亿农民转移人口落户城镇的目标，出台了推进户籍制度改革、实施居住证等举措。在加快户籍制度改革，促进农业转移人口市民化的过程中，要充分尊重农民意愿，让他们自己选择，切实维护好广大农民群众的合法权益。

【条文精解】

本条首先规定，承包期内发包方不得收回承包地。这一规定对保持土地承包关系稳定并长久不变具有重要意义。赋予农民长期而有保障的土地使用权，维护农村土地承包关系的长期稳定，是土地承包经营权立法的重要指导思想。在中国特色社会主义进入新时代的关键时期，全面贯彻党的十九大和十九届二中、三中全会精神，应保持土地承包关系稳定并长久不变，赋予农民更加充分而有保障的土地权利。继续明确发包方不得随意收回承包地对推动实施乡村振兴战略、保持农村社会和谐稳定均具有重大意义。根据本条规定，除法律对承包地的收回有特别规定外，在承包期内，无论承包方发生什么样的变化，只要作为承包方的家庭还存在，发包方均不得收回承包地。如承包方家庭中的一人或者数人死亡的；子女升学、参军或者在城市就业的；妇女结婚，在新居住地未取得承包地的；承包方在农村从事各种非农产业的等，只要作为承包方的农户家庭没有消亡，发包方都不得收回其承包地。但因家庭成员全部死亡而导致承包方消亡的，发包方应当收回承包地，另行发包。

当然，承包地并非一律不得收回，根据有关规定，在符合法律规定的情形下，也是可以收回的。根据农村土地承包法的规定，承包农户即使全家都进城落户，不管是否纳入城镇住房和社会保障体系，也不管是否丧失农村集体经济组织成员身份，其进城落户前所取得的农村土地承包经营权仍然受国家保护。在农户进城落户的问题上，一定要强调自愿原则，充分尊重农民意愿，让他们自己选择，不能强迫命令"逼"农民进城，特别是不得以退出土地承包经营权作为农户进城落户的条件。农民不管是进城落户前还是落户后，是否保留土地承包经营权，应由农民选择。

第三百三十八条 【承包地征收】

承包地被征收的，土地承包经营权人有权依据本法第二百四十三条的规定获得相应补偿。

【立法背景】

随着我国城镇化进程的推进，越来越多的农村集体土地被征收为国有土地。在征收过程中，如何处理集体所有权和承包人的农村土地承包经营权？征收补偿的范围是否包括土地承包经营权？这些都是立法需要解决的问题。本条即对此作出针对性的规定。

【条文精解】

土地承包经营权是在集体所有的土地上派生出来的用益物权，土地承包经营权人是享有用益物权的权利人。农村土地承包法规定，承包方的权利之一就是，承包地被依法征收、征用、占用的，有权依法获得相应的补偿。因此，承包人对承包的土地依法享有在承包期内占有、使用、收益等权利，承包地被依法征收的，承包人有权依法获得相应的补偿。

我国宪法规定，国家为了公共利益的需要，可以依照法律规定对土地实行征收或者征用并给予补偿。本条明确规定，承包地被征收的，土地承包经营权人有权依据《民法典》第 243 条的规定获得相应补偿。相应的补偿包括哪些呢？既需要结合第 243 条和土地管理法的相关规定判断。第 243 条第 1 款、第 2 款规定："为了公共利益的需要，依照法律规定的权限和程序可以征收集体所有的土地和组织、个人的房屋以及其他不动产。征收集体所有的土地，应当依法及时足额支付土地补偿费、安置补助费以及农村村民住宅、其他地上附着物和青苗等的补偿费用，并安排被征地农民的社会保障费用，保障被征地农民的生活，维护被征地农民的合法权益。"关于补偿的标准，土地管理法有相应的规定。《土地管理法》第 48 条第 1 款至第 3 款规定："征收土地应当给予公平、合理的补偿，保障被征地农民原有生活水平不降低、长远生计有保障。征收土地应当依法及时足额支付土地补偿费、安置补助费以及农村村民住宅、其他地上附着物和青苗等的补偿费用，并安排被征地农民的社会保障费用。征收农用地的土地补偿费、安置补助费标准由省、自治区、直辖市通过制定公布区片综合地价确定。制定区片综合地价应当综合考虑土地原用途、土地资源条件、土地产值、土地区位、土地供求关系、人口以及经济社会发展水平等因素，并至少每三年调整或者重新公布一次。"因此，征地补偿的具体标准，由各省、自治区、直辖市根据当地的具体情况制定。

第三百三十九条 【土地经营权流转】

土地承包经营权人可以自主决定依法采取出租、入股或者其他方式向他人流转土地经营权。

【立法背景】

随着我国工业化、信息化、城镇化和农业现代化进程，农村劳动力大量转移，农业物质技术装备水平不断提高，农户承包地流转明显加快。正是在这种背景下，党中央提出探索"三权分置"改革。根据党中央、国务院出台的一系列关于"三权分置"的文件精神，"三权"分别是指集体所有权、农户承包权和土地经营权。"三权分置"就是要落实集体所有权，稳定农户承包权，放活土地经营权，充分发挥"三权"的各自功能和整体效用，形成层次分明、结构合理、平等保护的格局。

【条文精解】

"三权分置"改革的核心问题是家庭承包的承包户在经营方式上发生转变，即由农户自己经营，转变为将承包地流转给他人经营，实现土地承包经营权和土地经营权的分离。"三权分置"是农村土地经营方式在改革过程中两次"两权"分离的结果：第一次"两权"分离，农户通过家庭承包的方式，从集体土地所有权中分离出土地承包经营权，实现了集体统一经营向承包方家庭经营的转变；第二次"两权"分离，承包方通过出租（转包）、入股等方式，将承包地流转给他人经营，从土地承包经营权中分离出土地经营权，实现了从承包方直接经营到交由他人经营的转变。

承包方取得土地承包经营权这种用益物权后，最为直接的目的就是占有并使用承包地。承包方除自己经营外，还可以通过与他人签订合同，将土地经营权流转给他人，由他人经营。土地经营权是从土地承包经营权中派生出来的新的权利。承包方采取出租（转包）、入股或者其他方式流转土地经营权后，受让方即获得土地经营权。土地经营权人有权在合同约定的期限内占有农村土地，自主开展农业生产经营并取得收益。

土地经营权作为一种新的权利类型，不是凭空产生的，需要特定主体通过一定民事法律行为，依照法律规定的原则和方式，按照法律程序设立。

1.土地经营权设立的主体。土地经营权流转有双方当事人，一方是作为出让方的土地承包经营权人；另一方是作为受让方的土地经营权人，就是通过流转获得土地经营权的个人或者组织。设立土地经营权的主体就是承包方和受让方，双方经过协商一致以合同方式设立土地经营权。

2.土地经营权设立的客体。土地经营权的客体就是农村土地。农村的建设用地，比如宅基地则不能成为土地经营权的客体。

3.土地经营权设立的原则。土地承包经营权是设立土地经营权的前提和基础，设立土地经营权的原则就是应当由承包方自主决定、依法设立。

4.土地经营权流转的方式。根据本条规定，承包方可以采取出租、入股或者其他方式向他人流转土地经营权。具体而言，土地经营权流转的方式主要有三种：

第一种是出租。出租就是承包方以与非本集体经济组织成员的受让方签订租赁合同的方式设立土地经营权，由受让方在合同期限内占有、使用承包地，并按照约定向承包方支付租金。

第二种是入股。入股就是承包方将土地经营权作为出资方式，投入农民专业合作社、农业公司等，并按照出资协议约定取得分红。承包方以土地经营权入股后，即成为农民专业合作社的成员或者公司的股东，享有法律规定的合作社成员或公司股东的权利，可以参与合作社、公司的经营管理，与其他成员、股东一道共担风险、共享收益。

第三种为其他方式。其他方式就是出租、入股之外的方式，比如根据《农村土地承包法》第47条规定，承包方可以用承包地的土地经营权向金融机构融资担保。这也是一种设立土地经营权的方式。在当事人以土地经营权设定担保物权时，一旦债务人未能偿还到期债务，担保物权人就有权就土地经营权优先受偿。

第三百四十条 【土地经营权人的权利】

土地经营权人有权在合同约定的期限内占有农村土地，自主开展农业生产经营并取得收益。

【立法背景】

土地经营权的权利主体就是根据土地经营权流转合同取得土地经营权的自然人或者组织。土地经营权的客体就是农村土地。土地经营权是由承包方通过一定的民事法律行为设立的，这种民事法律行为就是与受让方签订土地经营权流转合同。根据农村土地承包法的规定，土地经营权流转的期限不得超过承包期的剩余期限。

【条文精解】

本条规定，土地经营权人有权在合同约定的期限内占有农村土地，自主开展农业生产经营并取得收益。根据物权编及农村土地承包法等相关法律规定，土地经营权人的权利具体包括以下几个方面：（1）占有权。是指土地经营权人取得土地经营权后，即有权占有承包方的承包地。（2）使用权。是指按照物的属性和功能，不损毁或改变物的性质，对物加以生产或生活上的利用。（3）收益权。土地经营权人占有、使用流转取得的承包地，最终目的就是为了取得农业生产经营的收益。（4）改良土壤、建设附属设施的权利。《农村土地承包法》第43条规定："经承包方同意，受让方可以依法投资改良土壤，建设农业生产附属、配套设施，并按照合同约定对其投资部分获得合理补偿。"（5）再流转的权利。《农村土地承包法》第46条规定："经承包方书面同意，并向本集体经济组织备案，受让方可以再流转土地经营权。"根据此规定，土地经营权人可以再次流转其土地经营权。（6）以土地经营权融资担保的权利。根据《农村土地承包法》第47条的规定，土地经营权人可以以土地经营权提供担保向金融机构融资。需要注意的是，土地经营权人以土地经营权设定担保同样要征得承包方的书面同意，并且向发包方备案。（7）其他权利。土地经营权人还可以根据法律规定或者合同约定享有其他权利。

第三百四十一条 【土地经营权设立与登记】

流转期限为五年以上的土地经营权，自流转合同生效时设立。当事人可以向登记机构申请土地经营权登记；未经登记，不得对抗善意第三人。

【立法背景】

土地经营权设立需要双方就流转事项达成一致，这种一致的意思需要通过一定的载体予以体现，这就是土地经营权流转合同。土地经营权流转合同涉及在农村土地上设定权利义务，事关重大，且大多土地经营权流转期限较长。采用书面形式签订土地承包经营权流转合同，有利于明确记载双方的权利义务，便于事后留存证据备查，能够有效避免因合同内容而引发的纠纷。根据农村土地承包法的有关规定，土地经营权流转还需要报发包方备案，因此，双方当事人签订土地经营权流转合同后，还应当报送作为发包方的本集体经济组织或者村民委员会备案。

【条文精解】

根据本条规定，流转期限为5年以上的土地经营权，自流转合同生效时设立。一般而言，合同成立之时即生效，因此，一旦双方当事人签订的土地经营权流转合同成立并生效，此时，土地经营权即设立。

在"三权分置"改革实践中，不同类型的土地经营权人对于土地经营权的需求存在差异。因此，本条规定，土地经营权流转期限为5年以上的，当事人可以向登记机构申请土地经营权登记。

本条规定，土地经营权未经登记不得对抗善意第三人。根据本条规定，土地经营权登记后，可以对抗任何人，包括善意第三人。所谓善意第三人，就是不知道也不应当知道承包地上设有土地经营权的人。物权具有排他效力、优先效力。所谓排他效力，是指在同一标的物上不得同时成立两个以上不相容的物权。物权的优先效力，是指物权优先于债权的效力，以及物权相互之间也有的优先效力。对于土地经营权而言，受让方一旦在流转的承包地上申请土地经营权登记后，其他人就不得再在同一地块上申请土地经营权登记，包括土地承包经营权人本人。登记后的土地经营权相对于债权而言同样具有优先效力。

流转期限5年以上的未登记的土地经营权能够对抗恶意第三人，即可以对抗知情第三人。比如甲与乙签订土地经营权流转合同，后甲又与丙串通签订土地经营权流转合同并申请土地经营权登记。由于丙明知乙已经取得土地经营权，属于恶意第三人。此时，乙的土地经营权仍可以对抗丙。未申请登记的土地经营权受侵权责任法的保护。根据《农村土地承包法》第56条规定，任何组织和个人侵害土地经营权的，应当承担民事责任。

第三百四十二条【以其他方式的承包取得的土地经营权流转】

通过招标、拍卖、公开协商等方式承包农村土地，经依法登记取得权属证书的，可以依法采取出租、入股、抵押或者其他方式流转土地经营权。

【立法背景】

根据农村土地承包法的规定，我国的农村土地承包制度包括"农村集体经济组织内部的家庭承包方式"和"其他方式的承包"，以家庭方式取得的承包地的承包方，可以自主决定依法采取出租、入股或者其他方式向他人流转土地经营权；以其他方式承包农村土地的，承包方取得土地经营权。这两种土地经营权存在诸多区别，法律在其流转的规定方面也有较大不同。

【条文精解】

根据农村土地承包法的规定，通过家庭承包方式取得土地承包经营权后，登记机构应当向承包方颁发土地承包经营权证或者林权证等证书，并登记造册，确认土地承包经营权。承包方在此基础上，可以直接向他人流转土地经营权。但是，以招标、拍卖、公开协商等方式取得的土地经营权，承包方有的与发包人是债权关系，比如承包菜地，约定承包期为 3 年，其间是一种合同关系。而承包"四荒地"，由于期限较长，投入又大，双方需要建立一种物权关系，以便更好地得到保护。因此应当依法登记，取得权属证书。在此前提下，土地经营权才具备流转的基础，承包方才可以依法向他人流转土地经营权。需要注意的是，通过其他方式的承包所取得的土地经营权是通过市场化的行为并支付一定的对价获得的，其流转无须向发包人备案或经发包人同意，对受让方也没有特别限制，接受流转的一方可以是本集体经济组织以外的个人、农业公司等。

第三百四十三条 【国有农用地的承包经营】

国家所有的农用地实行承包经营的，参照适用本编的有关规定。

【立法背景】

我国宪法和法律相关规定，森林、山岭、草原、荒地、滩涂等自然资源，属于国家所有，但法律规定属于集体所有的除外。法律规定属于国家所有的农村和城市郊区的土地，属于国家所有。土地管理法规定，国家所有依法用于农业的土地可以由单位或者个人承包经营，从事种植业、林业、畜牧业、渔业生产。

【条文精解】

本条规定，国家所有的农用地实行承包经营的，参照本法的有关规定。

对于国家所有用于农业的土地，有的由农民集体长期使用，实行农村土地承包经营制度；有的由单位（包括集体）或者个人承包经营；有的通过组建国有农场、林场等进行生产经营；有的还没有完全开发利用。对交由农民集体使用以外的国有农用地实行承包经营的，可以根据实际情况，在承包方式、承包期限、承包的权利义务等方面参照本法的有关规定执行，以促进国有农用地资源的合理开发利用，维护承包人的合法权益。

第十二章 建设用地使用权

第三百四十四条 【建设用地使用权人享有的权利】

建设用地使用权人依法对国家所有的土地享有占有、使用和收益的权利，有权利用该土地建造建筑物、构筑物及其附属设施。

【立法背景】

本次民法典编纂沿用了物权法的规定，本章主要是规定当事人如何通过出让和划拨方式取得建设用地使用权，以及取得建设用地使用权后的权利和义务，同时也对集体土地作为建设用地的问题作出了原则性规定。

【条文精解】

建设用地使用权是用益物权中的一项重要权利。出让人通过设立建设用地使用权，使建设用地使用权人对国家所有的土地享有了占有、使用和收益的权利，建设用地使用权人可以利用该土地建造建筑物、构筑物及其附属设施。建设用地包括住宅用地、公共设施用地、工矿用地、交通水利设施用地、旅游用地、军事设施用地等。本条中的建筑物，是指住宅、写字楼、厂房等；构筑物，是指不具有居住或者生产经营功能的人工建造物，比如道路、桥梁、隧道、水池、水塔、纪念碑等；附属设施，是指附属于建筑物、构筑物的一些设施。

建设用地使用权类似于大陆法系国家和地区民法中的地上权制度，但也有所区别。地上权主要是指在他人土地上建造建筑物而取得使用该土地的权利。一些国家和地区的地上权还包括在他人土地上种植竹木的权利。我国的建设用地使用权仅包括在国家所有的土地上建造建筑物、筑构物和其他附属物的权利。另外，在土地私有的国家，土地所有权可以进行流转，设立地上权主要是以地上权人使用为目的。而我国的土地所有权不允许流转，建设用地使用权可以流转。

第三百四十五条 【建设用地使用权分层设立】

建设用地使用权可以在土地的地表、地上或者地下分别设立。

【立法背景】

土地资源具有稀缺性和不可再生性，如何充分地发掘土地的价值，是各国共同面临的课题。

【条文精解】

我国城市的土地属于国家所有，农村的土地属于集体所有。土地的性质决定了土地上下空间的所有权属于国家和集体，当事人只能通过设定建设用地使用权等用益物权的方式取得对土地以及上下空间的使用。目前，集体土地需要征收为国家所有后才能出让，国家在出让建设用地使用权时，只要对建筑物的四至、高度、建筑面积和深度作出明确的规定，那么该建筑物占用的空间范围是可以确定的。根据《民法典》第348条第2款第3项的规定，建设用地使用权出让时，应当在合同中明确规定建设物、构筑物以及附属设施占用的空间，这样建设用地使用权人对其取得的建设用地的范围就能界定清楚。比如，同一块土地地下10米至地上70米的建设用地使用权出让给甲公司建写字楼；地下20至40米的建设用地使用权出让给乙公司建地下商场。在分层出让建设用地使用权时，不同层次的权利人是按照同样的规定取得土地使用权的，在法律上他们的权利和义务是相同的，只不过其使用权所占用的空间范围有所区别。所以，建设用地使用权的概念完全可以解决对不同空间土地的利用问题，物权法没有引入空间利用权的概念。本次民法典编纂沿用了物权法的规定。因此，本条规定，建设用地使用权可以在土地的地表、地上或者地下分别设立。

第三百四十六条 【设立建设用地使用权】

设立建设用地使用权，应当符合节约资源、保护生态环境的要求，遵守法律、行政法规关于土地用途的规定，不得损害已经设立的用益物权。

【立法背景】

本条在2007年通过的《物权法》第136条第二句的基础上作了修改完

善，在"新设立的建设用地使用权，不得损害已设立的用益物权"的基础上，增加规定"设立建设用地使用权应当符合节约资源、保护生态环境的要求，应当遵守法律、行政法规关于土地用途的规定"。

【条文精解】

1.设立建设用地使用权应当符合节约资源、保护生态环境的要求

节约资源、保护生态环境的要求，在我国宪法和许多法律中都有规定。如《宪法》第9条第2款规定："国家保障自然资源的合理利用，保护珍贵的动物和植物。禁止任何组织或者个人用任何手段侵占或者破坏自然资源。"本法侵权责任编第七章专门规定了环境污染和生态破坏的民事法律责任，对举证责任分配、第三人过错等内容进行了明确规定。《环境保护法》第6条规定："一切单位和个人都有保护环境的义务。地方各级人民政府应当对本行政区域的环境质量负责。企业事业单位和其他生产经营者应当防止、减少环境污染和生态破坏，对所造成的损害依法承担责任。公民应当增强环境保护意识，采取低碳、节俭的生活方式，自觉履行环境保护义务。"

2.设立建设用地使用权应当遵守法律、行政法规关于土地用途的规定

我国法律、行政法规中有很多关于土地用途的规定，如《土地管理法》第4条规定："国家实行土地用途管制制度。国家编制土地利用总体规划，规定土地用途，将土地分为农用地、建设用地和未利用地。严格限制农用地转为建设用地，控制建设用地总量，对耕地实行特殊保护。前款所称农用地是指直接用于农业生产的土地，包括耕地、林地、草地、农田水利用地、养殖水面等；建设用地是指建造建筑物、构筑物的土地，包括城乡住宅和公共设施用地、工矿用地、交通水利设施用地、旅游用地、军事设施用地等；未利用地是指农用地和建设用地以外的土地。使用土地的组织和个人必须严格按照土地利用总体规划确定的用途使用土地。"

3.设立建设用地使用权，不得损害已设立的用益物权

在土地分层出让的情况下，不同层次的建设用地使用权人之间应当适用相邻关系的规定。如果建设用地使用权人一方需要利用另一方的建设用地，同样可以通过设定地役权来解决。《民法典》第378条规定："土地所有权人享有地役权或者负担地役权的，设立土地承包经营权、宅基地使用权等用益物权时，该用益物权人继续享有或者负担已设立的地役权。"总之，本法所有适用于"横向"不动产之间的相邻关系和地役权等规定都适用于"纵向"不动产之间。新设立的建设用地使用权，不得损害已设立的用益物权。

第三百四十七条 【建设用地使用权出让方式】

设立建设用地使用权，可以采取出让或者划拨等方式。

工业、商业、旅游、娱乐和商品住宅等经营性用地以及同一土地有两个以上意向用地者的，应当采取招标、拍卖等公开竞价的方式出让。

严格限制以划拨方式设立建设用地使用权。

【立法背景】

随着我国经济的发展和人口的增加，土地的存量和需求量之间的矛盾越来越突出。实行最严格的土地管理制度，不仅是由我国人多地少的国情决定的，也是贯彻落实科学发展观，保证经济社会可持续发展的必然要求。

【条文精解】

1. 设立建设用地使用权，可以采取出让或者划拨等方式

建设用地使用权出让的方式主要有两种：有偿出让和无偿划拨。有偿出让是建设用地使用权出让的主要方式，是指出让人将一定期限的建设用地使用权出让给建设用地使用权人使用，建设用地使用权人向出让人支付一定的出让金。有偿出让的方式主要包括拍卖、招标和协议等。划拨是无偿取得建设用地使用权的一种方式，是指县级以上人民政府依法批准，在建设用地使用权人缴纳补偿、安置等费用后将该幅土地交付其使用，或者将建设用地使用权无偿交付给建设用地使用权人使用的行为。划拨土地没有期限的规定。

2. 采取招标、拍卖等公开竞价的方式出让

招标、拍卖等公开竞价的方式，具有公开、公平和公正的特点，能够充分体现标的物的市场价格，是市场经济中较为活跃的交易方式。我国土地资源的稀缺性，决定了采取公开竞价的方式能够最大程度体现土地的市场价值。从保护土地资源和国家土地收益的大局看，采取公开竞价的方式不仅是必要的，而且其适用范围应当不断扩大。《城市房地产管理法》第13条规定："土地使用权出让，可以采取拍卖、招标或者双方协议的方式。商业、旅游、娱乐和豪华住宅用地，有条件的，必须采取拍卖、招标方式；没有条件，不能采取拍卖、招标方式的，可以采取双方协议的方式。采取双方协议方式出让土地使用权的出让金不得低于按国家规定所确定的最低价。"近年来，由于建设用地总量增长过快，工业用地问题日益突出，低成本工业用地过度扩张，违法违规用地、滥占耕地的现象屡禁不止。2004年10月，国务院在颁布的《关于深化改革严格土地管理的决定》中提出，工业用地也要创造条件逐步实行招

标、拍卖、挂牌出让。2006年8月，国务院发布的《关于加强土地调控有关问题的通知》规定，国家根据土地等级、区域土地利用政策等，统一制订并公布各地工业用地出让最低价标准。工业用地出让最低价标准不得低于土地取得成本、土地前期开发成本和按规定收取的相关费用之和。工业用地必须采用招标、拍卖、挂牌方式出让，其出让价格不得低于公布的最低价标准。低于最低价标准出让土地，或以各种形式给予补贴或返还的，属非法低价出让国有土地使用权的行为，要依法追究有关人员的法律责任。本条根据现行法律的规定，并结合现实中土地出让的新情况，进一步扩大了采取公开竞价出让建设用地的范围，从"豪华住宅"扩大到"商品住宅"，并把"工业用地"纳入公开竞价出让方式的范围，同时明确对于同一土地有两个以上意向用地者的，一律采取公开竞价的方式。该规定已发展了现行城市房地产管理的规定，符合国家利用土地的政策。

第三百四十八条 【建设用地使用权出让合同内容】

通过招标、拍卖、协议等出让方式设立建设用地使用权的，当事人应当采用书面形式订立建设用地使用权出让合同。

建设用地使用权出让合同一般包括下列条款：

（一）当事人的名称和住所；

（二）土地界址、面积等；

（三）建筑物、构筑物及其附属设施占用的空间；

（四）土地用途、规划条件；

（五）建设用地使用权期限；

（六）出让金等费用及其支付方式；

（七）解决争议的方法。

【立法背景】

以出让方式设立建设用地使用权的，不论是采取拍卖、招标等公开竞价的方式，还是采取协议的方式，双方当事人应当签订建设用地使用权出让合同，以明确双方当事人的权利和义务。建设用地使用权出让合同属于民事合同，虽然各级人民政府代表国家，以土地所有人的身份与建设用地使用权人签订出让合同，但是该合同属于国家以民事主体的身份与其他主体从事的交易行为。

【条文精解】

建设用地使用权出让合同的内容主要包括：

1. 当事人的名称和住所

当事人的名称和住所是合同中最基本的要件。如果不写明当事人，合同由谁履行就不明确，当事人的权利和义务更无从谈起。虽然出让的土地属于国家所有，但是在出让合同中，国家并不列为出让人。目前，一般是由市、县人民政府土地行政主管部门代表国家作为出让人。实践中，曾出现过经济开发区管理委员会作为出让人的情况，根据 2005 年最高人民法院《关于审理涉及国有土地使用权合同纠纷案件适用法律问题的解释》的规定，开发区管理委员会作为出让人与受让方签订的出让合同在该司法解释实施后是无效的。

2. 土地界址、面积等

建设用地出让合同中应当明确标明出让建设用地的具体界址、面积等基本的用地状况。为了准确界定建设用地的基本数据，建设用地使用权合同一般会附"出让宗地界址图"，标明建设用地的位置、四至范围等，该附件须经双方当事人确认。

3. 建筑物、构筑物及其附属设施占用的空间

根据《民法典》第 345 条的规定，建设用地使用权可以在土地的地表、地上或者地下分别设立。因此，在分层设立建设用地使用权的情况下，必须界定每一建设用地使用权具体占用的空间，即标明建设用地占用的面积和四至，建筑物、构筑物以及附属设施的高度和深度，使建设用地使用权人行使权利的范围得以确定。

4. 土地用途、规划条件

土地用途是建设用地使用权合同的重要内容。土地用途可以分为工业、商业、娱乐、住宅等用途。我国对建设用地实行用途管制，不同用途的建设用地的使用期限是不同的。为了保证建设用地使用权人按照约定的用途使用建设用地，在合同期限内，建设用地使用权人不得擅自改变建设用地的用途；需要改变建设用地使用权用途的，应当征得出让人的同意并经土地行政主管部门和城市规划行政主管部门批准，重新签订或者更改原有的建设用地使用权出让合同，调整土地出让金，并办理相应的登记。

5. 建设用地使用权期限

以出让方式设立的建设用地使用权都有期限的规定。比如，居住用地 70 年；工业用地 50 年；教育、科技、文化、卫生、体育用地 50 年；商业、旅

游、娱乐用地40年；综合或者其他用地50年。建设用地使用权出让的期限自出让人向建设用地使用权人实际交付土地之日起算，原划拨土地使用权补办出让手续的，出让年限自合同签订之日起算。

6. 出让金等费用及其支付方式

以出让方式取得建设用地使用权是有偿的，建设用地使用权人应当按照约定支付出让金等费用。出让金等费用及其支付方式，土地管理法和城市房地产管理法对此都作了规定，明确规定当按照国务院规定的标准和办法，缴纳土地使用权出让金等土地有偿使用费和其他费用后，方可使用土地。

7. 解决争议的方法

因履行建设用地使用权合同发生争议的，出让人和建设用地使用权人可以双方协商解决，协商不成的，提交双方当事人指定的仲裁委员会仲裁，或者依法向人民法院起诉。

第三百四十九条 【建设用地使用权登记】

设立建设用地使用权的，应当向登记机构申请建设用地使用权登记。建设用地使用权自登记时设立。登记机构应当向建设用地使用权人发放权属证书。

【立法背景】

建设用地使用权适用登记生效的原则。建设用地使用权从办理建设用地使用权登记时设立。

【条文精解】

建设用地使用权登记，是指县级以上人民政府将土地的权属、用途、面积等基本情况登记在登记簿上，并向建设用地使用权人颁发使用权证书。设立建设用地使用权，建设用地使用权人应当向登记机构申请建设用地使用权登记，登记机构应当向建设用地使用权人发放权属证书。建设用地使用权适用登记生效的原则，经登记生效。根据土地管理法的规定，我国目前的建设用地使用权是由县级以上人民政府登记造册，核发证书。

以划拨方式设立建设用地使用权的，根据目前的规定当事人不需要签订合同，而是通过"国有土地划拨决定书"的形式，将建设用地使用权交给建设用地使用权人使用。但是，划拨土地也应当按照以下规定办理登记手续：

新开工的大中型建设项目使用划拨国有土地的，建设用地使用权人应当在接到县级以上人民政府发给的建设用地批准书之日起 30 日内，持建设用地批准书申请土地预告登记，建设项目竣工验收后，建设单位应当在该建设项目竣工验收之日起 30 日内，持建设项目竣工验收报告和其他有关文件申请建设用地使用权登记；其他项目使用划拨国有土地的，建设用地使用权人应当在接到县级以上人民政府批准用地文件之日起 30 日内，持批准用地文件申请建设用地使用权登记。

目前，我国的土地登记是以宗地为基本单元的。使用两宗以上建设用地的建设用地使用权人应当分宗申请登记。两个以上建设用地使用权人共同使用一宗建设用地的，应当分别申请登记。跨县级行政区划使用土地的，应当分别向建设用地所在地县级以上地方人民政府土地管理部门申请登记。

> **第三百五十条 【土地用途】**
> 建设用地使用权人应当合理利用土地，不得改变土地用途；需要改变土地用途的，应当依法经有关行政主管部门批准。

【立法背景】

土地资源的重要性和稀缺性要求建设用地使用权人必须合理地利用土地。加强对土地用途的管制，是我国土地管理的重要内容。现行有关土地管理的法律、法规以及规范性文件，都对土地用途有着相关的规定。加强对土地用途的管制，也一直是我国土地行政主管部门对土地市场进行整治的内容之一。物权法作为民事基本法律，对土地的用途也作出了明确的规定。

【条文精解】

建设用地使用权人应当严格依照其用途使用土地。以出让方式设立的建设用地使用权，不同的土地用途其出让金是不同的。建设用地使用权出让合同中需要对土地用途作出明确的规定，擅自改变约定的土地用途不仅是一种违约行为，而且也是违法行为。

建设用地使用权人以无偿或者有偿方式取得建设用地使用权后，确需改变土地用途的，应当向土地行政主管部门提出申请。土地行政主管部门经过审查后，认为改变的土地用途仍符合规划，同意对土地用途作出调整的，根据目前的规定，还需要报市、县人民政府批准，然后出让人和建设用地使用权人应当重新签订建设用地使用权出让合同或者变更合同相应的条款，并按照规定补交不同用途和容积率的土地差价。如果是将以划拨方式取得的建设用地使用权改为有偿使用方式的，在改变土地用途后，建设用地使用权人还应当补缴出让金。以变更合同条款的形式改变土地用途的，要依法到登记机构办理变更登记，签订新的建设用地使用权合同的，应办理登记手续。

第三百五十一条 【建设用地使用权人支付出让金等费用的义务】

建设用地使用权人应当依照法律规定以及合同约定支付出让金等费用。

【立法背景】

我国实行土地公有制，土地使用以有偿使用制度为原则，由具体的使用权人使用国家所有的土地，国家收取相应的土地出让金。我国土地制度既体现着社会主义公有制，又包含了改革的成果，并且已经被土地管理法和城市房地产管理法确定下来，成为我国社会主义法治体系中的重要制度。本条关于土地出让金的规定是我国土地制度在民事领域的体现，与土地管理法、城市房地产管理法的规定是统一的。

【条文精解】

1. 应当支付土地出让金等费用的情形

（1）在取得建设用地使用权时，采用出让等有偿使用方式的，应当支付出让金等费用。《土地管理法》第2条第5款规定："国家依法实行国有土地有偿使用制度。但是，国家在法律规定的范围内划拨国有土地使用权的除外。"

（2）在建设用地使用权转让时，通过划拨取得的建设用地使用权应当补缴出让金。《城市房地产管理法》第40条规定："以划拨方式取得土地使用权的，转让房地产时，应当按照国务院规定，报有批准权的人民政府审批。有批准权的人民政府准予转让的，应当由受让方办理土地使用权出让手续，并依照国家有关规定缴纳土地使用权出让金。以划拨方式取得土地使用权的，转让房地产报批时，有批准权的人民政府按照国务院规定决定可以不办理土地使用权出让手续的，转让方应当按照国务院规定将转让房地产所获收益中的土地收益上缴国家或者作其他处理。"

2. 支付土地出让金等费用的意义

出让金等费用的本质是应当归国家所有的土地收益。这一本质是由我国的土地有偿使用制度决定的。在过去很长一段时期内，国有土地是由国家以行政手段无偿交给用地单位使用的。这种土地使用制度有很多弊端：（1）土地资源配置效益差，利用效率低，土地资源浪费严重，国家却缺乏调节余缺的机制。（2）国有土地收益大量流失，土地收益留在了用地者的手中，国家的土地所有权虚置。（3）市场机制缺失，土地作为生产力要素其价值得不到正常体现，导致市场主体实际上的不平等地位。由于不同企业都从政府无偿得到不同位置和数量的土地，拥有较多土地且位置优越的企业，与缺乏土地或位置较差的企业，实际上处于不平等的竞争地位。

3. 不交纳出让金等费用的法律责任

正是因为交纳出让金等费用对国家和社会意义重大，法律、行政法规对不交纳出让金等费用的行为规定了相应的法律责任。例如，《城市房地产管理法》第 67 条规定："违反本法第四十条第一款的规定转让房地产的，由县级以上人民政府土地管理部门责令缴纳土地使用权出让金，没收违法所得，可以并处罚款。"在有出让合同的情况下，不支付出让金的行为同时还是一种违约行为。因此除了行政法上的责任，法律、行政法规还规定了相应的违约责任。例如，《城市房地产管理法》第 16 条规定："土地使用者必须按照出让合同约定，支付土地使用权出让金；未按照出让合同约定支付土地使用权出让金的，土地管理部门有权解除合同，并可以请求违约赔偿。"

总之，通过支付出让金等费用，向国家上缴土地收益，是国家土地有偿使用制度的重要内容，也是土地管理法、城市房地产管理法等有关法律、行政法规中规定的法定义务。《民法典》第 348 条已经将出让金等费用及其支付方式列为建设用地使用权出让合同的条款之一，按时、足额支付出让金，更是建设用地使用权人的合同义务，应当一秉诚实信用，认真履行。

第三百五十二条 【建设用地使用权人建造的建筑物等设施的权属】

建设用地使用权人建造的建筑物、构筑物及其附属设施的所有权属于建设用地使用权人，但是有相反证据证明的除外。

【立法背景】

地上物往往具有独立于土地的性质，如何协调地上物归属与土地权利的关系，是物权制度中的一个比较重要的问题。

【条文精解】

关于建筑物、构筑物及其附属设施的归属，土地私有制的国家一般通过土地权利吸收地上物权利的原则来解决。例如，在德国，在地上权范围内建造的建筑物、构筑物及其附属设施被视为地上权的组成部分，在地上权消灭时，满足法定条件，建筑物、构筑物及其附属设施作为土地的添附，转归土地所有权人。我国是社会主义公有制国家，建筑物、构筑物及其附属设施的所有权具有相对独立性。建设用地使用权人依法取得国有土地的使用权后，就有权利用该土地建造建筑物、构筑物及其附属设施。根据《民法典》第231条的规定，合法建造房屋的，自事实行为成就时取得建筑物的所有权。在多数情况下，建设用地使用权人建造的建筑物、构筑物及其附属设施的所有权属于建设用地使用权人。

建设用地使用权人建造的建筑物、构筑物及其附属设施由建设用地使用权人所有作为通常情况，但仍然存在例外：一部分市政公共设施，是通过开发商和有关部门约定，由开发商在房地产项目开发中配套建设的，但是所有权归国家。这部分设施，其性质属于市政公用，其归属就应当按照有充分的证据证明的事先约定来确定，而不是当然地归建设用地使用权人。后续通过房地产交易成为建设用地使用权人的权利人也应当尊重这种权属划分。

第三百五十三条 【建设用地使用权流转方式】

　　建设用地使用权人有权将建设用地使用权转让、互换、出资、赠与或者抵押，但是法律另有规定的除外。

【立法背景】

建设用地使用权的流转及其限制，在有关法律、行政法规中已经有了比较完备的规定，本条的规定与相关法律规定是统一的，这是对已有立法成果的巩固和发展。

【条文精解】

1. 关于建设用地使用权流转的法律依据

同支付出让金等费用一样，建设用地使用权的依法流转，也是我国土地有偿使用制度的重要内容。有关法律、行政法规对此已经有了明确的规定，例如，《土地管理法》第2条第3款规定："任何单位和个人不得侵占、买卖或者以其他形式非法转让土地。土地的使用权可以依法转让。"《城市房地产管理法》第37条规定："房地产转让，是指房地产权利人通过买卖、赠与或者其他合法方式将其房地产转移给他人的行为。"第48条规定："依法取得的房屋所有权连同该房屋占用范围内的土地使用权，可以设定抵押权。以出让方式取得的土地使用权，可以设定抵押权。"根据这些法律、行政法规的规定，建设用地使用权可以依法转让、互换、出资、赠与或者抵押。

2. 关于对建设用地使用权流转的限制

法律、行政法规还规定了对建设用地使用权流转的限制。对于划拨取得的建设用地使用权，其流转受到一定限制。本条规定的除外条款所指的就是这些限制性规定。

（1）关于划拨取得的建设用地的流转。根据法律、行政法规的规定，对于划拨取得的建设用地，其流转要通过行政审批，并交纳相应土地出让金或者土地收益。例如，《城市房地产管理法》第40条规定："以划拨方式取得土地使用权的，转让房地产时，应当按照国务院规定，报有批准权的人民政府审批。有批准权的人民政府准予转让的，应当由受让方办理土地使用权出让手续，并依照国家有关规定缴纳土地使用权出让金。以划拨方式取得土地使用权的，转让房地产报批时，有批准权的人民政府按照国务院规定决定可以不办理土地使用权出让手续的，转让方应当按照国务院规定将转让房地产所获收益中的土地收益上缴国家或者作其他处理。"第51条规定："设定房地产抵押权的土地使用权是以划拨方式取得的，依法拍卖该房地产后，应当从拍卖所得的价款中缴纳相当于应缴纳的土地使用权出让金的款额后，抵押权人方可优先受偿。"此外，《城镇国有土地使用权出让和转让暂行条例》中也有相应的规定。

（2）关于以出让方式取得的建设用地使用权流转的限制。根据法律和行政法规的规定，即便是以出让方式取得的建设用地使用权，在有些情况下也是不能直接进入流转的。例如，《城市房地产管理法》第38条规定："下列房地产，不得转让：（一）以出让方式取得土地使用权的，不符合本法第三十九条规定的条件的；（二）司法机关和行政机关依法裁定、决定查封或者以其他形式限制房地产权利的；（三）依法收回土地使用权的；（四）共有房地产，未经其他共有人书面同意的；（五）权属有争议的；（六）未依法登记领取权属证书的；（七）法律、行政法规规定禁止转让的其他情形。"第39条规定："以出让方式取得土地使用权的，转让房地产时，应当符合下列条件：（一）按照出让合同约定已经支付全部土地使用权出让金，并取得土地使用权证书；（二）按照出让合同约定进行投资开发，属于房屋建设工程的，完成开发投资总额的百分之二十五以上，属于成片开发土地的，形成工业用地或者其他建设用地条件。转让房地产时房屋已经建成的，还应当持有房屋所有权证书。"总之，建设用地使用权的流转及其限制，在有关法律、行政法规中已经有了比较完备的规定。在本条的贯彻和执行中要注意吸取已有规定在贯彻实施中的成果和经验，使建设用地使用权的流转更为有序，实现地尽其利。

第三百五十四条 【处分建设用地使用权的合同形式和期限】

建设用地使用权转让、互换、出资、赠与或者抵押的，当事人应当采用书面形式订立相应的合同。使用期限由当事人约定，但是不得超过建设用地使用权的剩余期限。

【立法背景】

本条的规定与相关法律中的已有规定一致，也符合国际通行做法。

关于合同形式，在合同法理论上，必须采取书面形式的合同属于一种要式合同，要式合同一般适用于交易复杂，涉及利益巨大的情形。

关于使用期限，建设用地使用权本身就是一种有时限的权利，从理论上说，建设用地使用权人不可能超过自己的权利范围流转权利。在我国，现实中也不允许用益物权人这样扩张权利，侵害作为所有人的国家的利益。所以，在建设用地使用权期间确定的情况下，建设用地使用权的流转也必须受到这一期间的限制。

【条文精解】

1. 建设用地使用权的流转应当采用书面形式

《城市房地产管理法》第 15 条第 1 款规定："土地使用权出让，应当签订书面出让合同。"根据《城市房地产管理法》第 15 条以及有关法律法规的规定，土地使用权出让应当采用书面合同。本条规定，建设用地使用权转让、互换、出资、赠与或者抵押的，当事人应当采用书面形式订立相应的合同。

建设用地使用权流转之所以必须采用书面形式的要式合同，是因为建设用地使用权涉及对土地这一重要自然资源的利用，关系到国家、社会和用地人的重大利益，要求采用书面形式可以有效地明确权利、义务，避免潜在争议。不仅我国现有法律作了这样的规定，其他国家和地区关于土地等不动产的交易也都要求采用书面形式。本条规定不但与我国的现有规定是一致的，也符合国际通行做法。

2. 建设用地使用权流转的使用期限不得超过建设用地使用权的剩余期限

这也是符合现有法律规定的。《城市房地产管理法》第43条规定："以出让方式取得土地使用权的，转让房地产后，其土地使用权的使用年限为原土地使用权出让合同约定的使用年限减去原土地使用者已经使用年限后的剩余年限。"其他国家关于地上权的规定中也有类似的时间限制。之所以作出这样的限制，是因为，建设用地使用权本身就是一种有时限的权利，从理论上说，建设用地使用权人不能超出自己的权利范围流转权利。现实中也不允许用益物权人这样扩张权利，侵害作为所有权人的国家的利益。所以在建设用地使用权期限确定的情况下，建设用地使用权的流转也必须受到这一期限的限制。

> **第三百五十五条** 【建设用地使用权流转后变更登记】
>
> 　　建设用地使用权转让、互换、出资或者赠与的，应当向登记机构申请变更登记。

【立法背景】

《民法典》第214条规定："不动产物权的设立、变更、转让和消灭，依照法律规定应当登记的，自记载于不动产登记簿时发生效力。"建设用地使用权作为重要的用益物权，不但其取得需要登记，其流转也需要及时变更登记。否则该流转行为就无法发生法律效力，权利人的利益就得不到充分保障。

【条文精解】

根据国土资源部颁布的《不动产登记操作规范（试行）》，已经登记的国有建设用地使用权及房屋所有权，因下列情形导致权属发生转移的，当事人可以申请转移登记：（1）买卖、互换、赠与的；（2）继承或受遗赠的；（3）作价出资（入股）的；（4）法人或其他组织合并、分立等导致权属发生转移的；（5）共有人增加或者减少以及共有份额变化的；（6）分割、合并

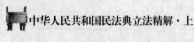

导致权属发生转移的;(7)因人民法院、仲裁委员会的生效法律文书等导致国有建设用地使用权及房屋所有权发生转移的;(8)法律、行政法规规定的其他情形。国有建设用地使用权及房屋所有权转移登记,提交的材料包括:(1)不动产登记申请书;(2)申请人身份证明;(3)不动产权属证书;(4)国有建设用地使用权及房屋所有权转移的材料;(5)已经办理预告登记的,提交不动产登记证明;(6)划拨国有建设用地使用权及房屋所有权转移的,还应当提交有批准权的人民政府的批准文件;(7)依法需要补交土地出让价款、缴纳税费的,应当提交土地出让价款缴纳凭证、税费缴纳凭证;(8)法律、行政法规以及《不动产登记暂行条例实施细则》规定的其他材料。

第三百五十六条 【建筑物等设施随建设用地使用权的流转而一并处分】

建设用地使用权转让、互换、出资或者赠与的,附着于该土地上的建筑物、构筑物及其附属设施一并处分。

【立法背景】

在我国,建筑物、其他附着物的归属虽然具有相对独立性,但在转让中必须实行"房地一致"原则,以避免出现"空中楼阁"的尴尬局面。实行"房随地走",作为实现房地一致的方式之一,已经在法律实践和社会生活中得到普遍接受。本条规定与已有法律制度是一致的,也符合社会生活实际。

【条文精解】

根据法律、行政法规的规定,建设用地使用权流转时,其地上建筑物和其他附着物同时流转。《城市房地产管理法》第32条规定:"房地产转让、抵押时,房屋的所有权和该房屋占用范围内的土地使用权同时转让、抵押。"《城镇国有土地使用权出让和转让暂行条例》第23条规定:"土地使用权转让时,其地上建筑物、其他附着物所有权随之转让。"第33条第1款规定:"土地使用权抵押时,其地上建筑物、其他附着物随之抵押。"

第三百五十七条 【建设用地使用权随建筑物等设施的流转而一并处分】

建筑物、构筑物及其附属设施转让、互换、出资或者赠与的，该建筑物、构筑物及其附属设施占用范围内的建设用地使用权一并处分。

【立法背景】

实现"房地一致"有两种方式：一种是"房随地走"；另一种是"地随房走"。两种方式都已经被法律实践和社会生活普遍接受。《民法典》第356条对"房随地走"作了规定，第357条相应地对"地随房走"作出规定。

【条文精解】

根据法律和行政法规的规定，地上建筑物和其他附着物所有权流转时，其使用范围内的建设用地使用权随之流转。《民法典》第397条第1款规定："以建筑物抵押的，该建筑物占用范围内的建设用地使用权一并抵押。以建设用地使用权抵押的，该土地上的建筑物一并抵押。"第398条规定："乡镇、村企业的建设用地使用权不得单独抵押。以乡镇、村企业的厂房等建筑物抵押的，其占用范围内的建设用地使用权一并抵押。"

在理解和适用本条规定时，要特别注意和《民法典》第356条的衔接，这两条实际上作为一个整体，只要建设用地使用权和地上房屋有一个发生了转让，另外一个就要相应转让。从法律后果上说，不可能也不允许把"房"和"地"分别转让给不同的主体。此外，本条中所讲的附属设施占用范围内的建设用地使用权可能是一宗单独的建设用地使用权，也有可能是共同享有的建设用地使用权中的份额，特别是在建筑物区分所有的情况下。转让占用范围内的建设用地使用权，不可能也不应该导致对业主共同享有的建设用地使用权的分割。在这种情况下，除本条外，还要依据业主的建筑物区分所有权的有关规定，才能全面确定当事人的权利义务。

第三百五十八条 【建设用地使用权提前收回及其补偿】

建设用地使用权期限届满前，因公共利益需要提前收回该土地的，应当依据本法第二百四十三条的规定对该土地上的房屋以及其他不动产给予补偿，并退还相应的出让金。

【立法背景】

以出让方式设立的建设用地使用权都有期限。建设用地使用权期间届满前，出让人能否收回建设用地使用权，是建设用地使用权人非常关注的一个问题。虽然现行法律对提前收回建设用地使用权的问题作出了规定，但是本条从物权的角度，区分了在提前收回建设用地使用权时，土地和土地上的房屋等不动产不同的性质：因为公共利益提前收回土地上的房屋以及其他不动产的适用征收的有关规定；对于建设用地而言，其性质不是征收，属于提前收回建设用地使用权。

【条文精解】

根据《土地管理法》第58条的规定，为了公共利益需要使用土地的，由有关人民政府自然资源主管部门报经原批准用地的人民政府或者有批准权的人民政府批准，可以收回国有土地使用权，并应当对土地使用权人给予适当补偿。在实践中，当事人一般也在建设用地使用权出让合同中对提前收回的情况作出约定。原国土资源部和原国家工商局制定的出让合同示范文本①就有提前收回建设用地的内容："根据社会公共利益需要提前收回土地使用权的，出让人应当依照法定程序报批，并根据收回时地上建筑物、其他附着物的价值和剩余年期土地使用权价格给予受让人相应的补偿。"本条对提前收回的补偿标准作了更细化的规定。首先，对于建设用地上的房屋及其他不动产，应当依据征收的规定给予补偿。《民法典》第243条第1款规定："为了公共利益的需要，依照法律规定的权限和程序可以征收集体所有的土地和组织、个人的房屋以及其他不动产。"第3款规定："征收组织、个人的房屋以及其他不动产，应当依法给予征收补偿，维护被征收人的合法权益；征收个人住宅的，还应当保障被征收人的居住条件。"因此，有关征收的规定是补偿的依据。其次，对于房屋所占用的建设用地，不适用征收的规定。征收是国家把集体所有的土地和单位、个人的不动产变为国有的财产，是一种改变所有权的法律

---

① 现已失效。

行为。我国城市的土地属于国家所有，建设用地使用权人取得的是对土地使用的权利，国家收回本来就属于自己的建设用地，不适用有关征收的规定。但是，为了公共利益的需要，国家可以提前收回建设用地使用权。由于建设用地使用权人是按照建设用地的使用期限交纳出让金的，因此，提前收回建设用地使用权的，出让人还应当向建设用地使用权人退还相应的出让金。

第三百五十九条 【建设用地使用权续期及土地上的房屋及其他不动产归属】

　　住宅建设用地使用权期限届满的，自动续期。续期费用的缴纳或者减免，依照法律、行政法规的规定办理。

　　非住宅建设用地使用权期限届满后的续期，依照法律规定办理。该土地上的房屋以及其他不动产的归属，有约定的，按照约定；没有约定或者约定不明确的，依照法律、行政法规的规定办理。

【立法背景】

　　国家通过出让的方式，使建设用地使用权人获得一定期限内利用土地的权利。根据《城镇国有土地使用权出让和转让暂行条例》的规定，土地使用权出让的最高年限为：居住用地70年；工业用地50年；教育、科技、文化、卫生、体育用地50年；商业、旅游、娱乐用地40年、综合或者其他用地50年。

【条文精解】

　　建设用地使用权期限届满后，面临建设用地使用权如何续期的问题。《城市房地产管理法》第22条第1款规定："土地使用权出让合同约定的使用年限届满，土地使用者需要继续使用土地的，应当至迟于届满前一年申请续期，除根据社会公共利益需要收回该幅土地的，应当予以批准。经批准准予续期的，应当重新签订土地使用权出让合同，依照规定支付土地使用权出让金。"2007年制定物权法时，曾经根据现行法律的规定，对建设用地使用权的续期作出了规定。但是，《物权法（草案）》向全社会征求意见后，一些部门和群众对建设用地使用权续期的规定提出了不同的意见。有人提出，一幢公寓多户居住，建设用地使用权期间届满，是由住户个人申请续期还是业主委员会统一申请续期，意见不一致时怎么办，需要明确。建设用地使用权续期的问题，确实和老百姓的利益息息相关，应当保障老百姓安居乐业，使有恒产者有恒心。如果规定住宅建设用地需要申请续期，要求成千上万的住户办理续期手续，不仅难以操作，加重了老百姓的负担，也增加了行政管理的成本，不利于社会的安定。在听取各方面的意见后，《物权法（草案）》对住宅建设用地使用权和非住宅建设用地使用权的续期分别作出了规定，明确规定住宅建设用地使用权期间届满的，自动续期。续期的期限、土地使用费支付的标准和办法，由国务院规定。"住宅建设用地使用权自动续期"的规定得到了普遍的赞成。同时，有人提出，住户买房时已经支付了土地出让金，续期后不应再交费。有的认为，续期的应交少量的土地使用费。考虑到住宅建设用地使用权续期后是否支付土地使用费，关系到广大群众切身利益。绝大多数住宅建设用地使用权的期限为70年，如何科学地规定建设用地使用权人届时应当承担的义务，目前还缺少足够的科学依据，应当慎重研究，物权法以不作规定为宜。而且物权法不作规定，也不影响国务院根据实际情况作出相关的规定。因此，2007年制定的物权法对建设用地使用权期间届满后是否支付土地使用费的问题未作规定。

有人担心，住宅建设用地使用权自动续期会影响城市规划和建设。《物权法》第148条规定，建设用地使用期间届满前，因公共利益需要提前收回该土地的，应当依照有关征收的规定对该土地上的房屋及其他不动产给予补偿。在建设用地使用权续期后，因为公共利益需要收回的，也可以适用同样的原则。

2018年8月，第十三届全国人大常委会第五次会议《关于〈民法典各分编（草案）〉的说明》中提到关于住宅建设用地使用权期间届满续期问题。2016年11月，中共中央、国务院《关于完善产权保护制度依法保护产权的意见》提出，要研究住宅建设用地等土地使用权到期后续期的法律安排，推动形成全社会对公民财产长久受保护的良好和稳定预期。根据党中央批准的有关工作安排，该项工作由国务院有关部门研究，提出方案后，国务院提出法律修改议案，修改城市房地产管理法或者物权法。目前，国务院有关部门尚未正式提出方案和修法议案。《物权编（草案）》根据《物权法》第149条、《城市房地产管理法》第22条规定，对此先作出一个原则性规定，即住宅建设用地使用权期间届满的，自动续期。续期费用的缴纳或者减免，依照法律、行政法规的规定。国务院正式提出修改有关法律的议案后，再进一步做好衔接。之后，对本款作了个别文字修改。

为什么非住宅建设用地使用权没有采取自动续期的规定？这是因为非住

宅建设用地和住宅建设用地有较大的区别。非住宅建设用地的使用期限相对比较短，使用用途也各不相同。有的建设用地使用权人仅需要在特定的期限内使用建设用地，过了该期限，就没有使用该土地的必要了。因此，不宜将自动续期作为非住宅建设用地使用权适用的一般原则，是否续期应当由建设用地使用权人自己决定。根据本条规定，非住宅建设用地使用权的续期，按照法律规定办理，即建设用地使用权可以在建设用地使用权期限届满前一年申请续期。只要建设用地使用权人提出续期的要求，出让人就应当同意，只有在公共利益需要使用该建设用地的情况下，出让人才有权拒绝建设用地使用权人续期的要求，收回该土地。

第三百六十条 【建设用地使用权注销登记】

　　建设用地使用权消灭的，出让人应当及时办理注销登记。登记机构应当收回权属证书。

【立法背景】

　　建设用地使用权消灭的情况主要包括：建设用地使用权期限届满、建设用地使用权提前收回以及因自然灾害等原因造成建设用地使用权灭失等情形。建设用地使用权消灭后，出让人应当及时办理注销登记。

【条文精解】

　　根据国土资源部颁布的《不动产登记操作规范（试行）》，已经登记的国有建设用地使用权及房屋所有权，有下列情形之一的，当事人可以申请办理注销登记：（1）不动产灭失的；（2）权利人放弃权利的；（3）因依法被没收、征收、收回导致不动产权利消灭的；（4）因人民法院、仲裁委员会的生效法律文书致使国有建设用地使用权及房屋所有权消灭的；（5）法律、行政法规规定的其他情形。申请国有建设用地使用权及房屋所有权注销登记，提交的材料包括：（1）不动产登记申请书；（2）申请人身份证明；（3）不动产权属证书；（4）国有建设用地使用权及房屋所有权消灭的材料；（5）法律、行政法规以及《不动产登记暂行条例实施细则》规定的其他材料。

　　考虑到出让人全面掌握建设用地使用权消灭的情形，所以，本条规定，注销登记由出让人及时办理。建设用地使用权注销后，登记机构应当收回权属证书。

第三百六十一条 【集体所有的土地作为建设用地的法律适用】

集体所有的土地作为建设用地的，应当依照土地管理的法律规定办理。

【立法背景】

我国 2004 年修正的土地管理法规定，农民集体所有的土地的使用权不得出让、转让或者出租用于非农业建设。除耕地外，农民集体所有的土地只能用于乡镇村企业、乡镇村公共设施和公益事业以及农民住宅建设。因此，2019 年修改土地管理法修改前，农民集体还不能直接出让自己的土地使用权，使集体所有的土地使用权直接进入土地一级市场。农民集体所有的土地必须经过征收才能变为建设用地。随着我国土地制度改革不断深化，国务院先后出台了一系列涉及农村集体建设用地的规定。2019 年土地管理法修改，增加了集体经营性建设用地的相关规定。

【条文精解】

2007 年制定物权法时，考虑到我国土地制度改革正在深化，各地的情况差异较大，土地行政主管部门正在进行土地制度试点和研究，尚待总结实践经验，并在此基础上规范和完善。而且，集体建设用地制度如何改革，还需要通过修改土地管理法等法律从根本上解决这个问题，物权法对此作出规定的时机还不成熟。但是，作为民事基本法律的物权法，还是有必要作出原则且灵活的规定。因此，本条对建设用地使用集体所有的土地的情况仅作了原则性规定，明确集体所有的土地作为建设用地的，应当按照土地管理的法律规定办理。

2019 年土地管理法修改，增加了集体经营性建设用地的相关规定。该法第 23 条规定："各级人民政府应当加强土地利用计划管理，实行建设用地总量控制。土地利用年度计划，根据国民经济和社会发展计划、国家产业政策、土地利用总体规划以及建设用地和土地利用的实际状况编制。土地利用年度计划应当对本法第六十三条规定的集体经营性建设用地作出合理安排。土地利用年度计划的编制审批程序与土地利用总体规划的编制审批程序相同，一经审批下达，必须严格执行。"

第十三章 宅基地使用权

第三百六十二条 【宅基地使用权的权利内容】

宅基地使用权人依法对集体所有的土地享有占有和使用的权利，有权依法利用该土地建造住宅及其附属设施。

【立法背景】

宅基地使用权是一种带有社会福利性质的权利，是农民的安身之本。它和土地承包经营权一样，由作为集体成员的农民无偿取得，无偿使用。宅基地使用权是农民基于集体成员身份而享有的福利保障。在我国社会保障体系尚无法覆盖广大农村的现实下，土地承包经营权解决了农民的基本衣食来源，宅基地使用权解决了农民的基本居住问题。这两项制度以其鲜明的福利色彩成了维护农业、农村稳定的重要制度。正是因为保障功能依然是宅基地使用权制度的首要功能，关于宅基地使用权取得、行使和转让的规定，必须尊重这一现实，以利于保护农民利益，构建和谐社会。

【条文精解】

1. 宅基地归集体所有

这是宅基地使用权能够成为用益物权的前提。《宪法》第 10 条第 2 款规定，宅基地和自留地、自留山一样，属于集体所有。《土地管理法》第 9 条规定："城市市区的土地属于国家所有。农村和城市郊区的土地，除由法律规定属于国家所有的以外，属于农民集体所有；宅基地和自留地、自留山，属于农民集体所有。"因此，农民使用宅基地是对集体所有的土地的使用。

2. 宅基地的用途是建造住宅及其附属设施

根据土地管理法和国家的有关规定，土地的利用必须符合国家对土地的用途管制。我国人多地少，只有严格地管制土地用途，控制建设用地总量，保护耕地，才能有效地保护资源，实现优化配置。因此农民取得宅基地，必须依法办理有关手续，不得超量多占，也不得违反有关规划，改变土地用途。对于有的地方存在的多占宅基地，造成土地浪费的情况应当予以纠正。

第三百六十三条 【宅基地使用权的取得、行使和转让适用法律的衔接性规定】

宅基地使用权的取得、行使和转让，适用土地管理的法律和国家有关规定。

【立法背景】

本条是 2007 年通过的《物权法》第 153 条的规定，本次民法典编纂对本条仅作了个别文字修改。

【条文精解】

1. 有关宅基地使用权取得、行使和转让的规定

土地管理法对宅基地使用权作了规定。《土地管理法》第 62 条规定："农村村民一户只能拥有一处宅基地，其宅基地的面积不得超过省、自治区、直辖市规定的标准。人均土地少、不能保障一户拥有一处宅基地的地区，县级人民政府在充分尊重农村村民意愿的基础上，可以采取措施，按照省、自治区、直辖市规定的标准保障农村村民实现户有所居。农村村民建住宅，应当符合乡（镇）土地利用总体规划、村庄规划，不得占用永久基本农田，并尽量使用原有的宅基地和村内空闲地。编制乡（镇）土地利用总体规划、村庄规划应当统筹并合理安排宅基地用地，改善农村村民居住环境和条件。农村村民住宅用地，由乡（镇）人民政府审核批准；其中，涉及占用农用地的，依照本法第四十四条的规定办理审批手续。农村村民出卖、出租、赠与住宅后，再申请宅基地的，不予批准。国家允许进城落户的农村村民依法自愿有偿退出宅基地，鼓励农村集体经济组织及其成员盘活利用闲置宅基地和闲置住宅。国务院农业农村主管部门负责全国农村宅基地改革和管理有关工作。"

此外，中共中央、国务院通过有关文件，多次强调农村居民建住宅要严格按照所在的省、自治区、直辖市规定的标准，依法取得宅基地。农村居民每户只能有一处不超过标准的宅基地，多出的宅基地，要依法收归集体所有。同时禁止城镇居民在农村购置宅基地。

2. 2007 年物权法对本条规定内容的主要考虑

为准确体现国家土地管理制度的有关内容，2007 年的物权法关于宅基地使用权的取得和行使的规定经过了反复研究，多次修改，立法考虑主要是：

（1）关于宅基地使用权的取得。宅基地使用权的取得主要涉及国家土地管理制度。土地管理法以及有关法规中已经对宅基地使用权的取得及其必要限制作出了明确规定。实际中遇到的问题应当依照这些规定处理。有关法律法规实施中出现的问题，可以通过国家土地管理制度的进一步发展完善，逐步解决。物权法作为调整平等主体间财产关系的民事法律，对国家土地管理制度的具体内容可以不作重复规定，只作出必要的衔接性规定即可。

（2）关于宅基地使用权的转让和抵押。我国地少人多，必须实行最严格的土地管理制度。目前，我国农村社会保障体系尚未全面建立，宅基地使用权是农民基本生活保障和安身立命之本。从全国范围看，放开宅基地使用权转让和抵押的条件尚不成熟。特别是农民一户只有一处宅基地，这一点与城市居民是不同的。农民一旦失去住房及其宅基地，将丧失基本生存条件，影响社会稳定。为了维护现行法律和现阶段国家有关农村土地政策，也为今后修改有关法律或者调整有关政策留有余地，本法的规定应当与土地管理的法律规定保持一致。

我国的土地管理制度正在改革，有关法律法规也正在完善。对于宅基地使用权的转让和抵押问题，为适应未来发展的需要，给进一步深化改革留有空间，2007 年物权法对宅基地使用权的转让和抵押问题作出衔接性的规定是必要的。本次民法典编纂对本条仅作了个别文字修改。

第三百六十四条 【宅基地灭失后重新分配】

宅基地因自然灾害等原因灭失的，宅基地使用权消灭。对失去宅基地的村民，应当依法重新分配宅基地。

【立法背景】

宅基地使用权是农民基于集体成员身份享有的一种保障性的权利。作为基本保障，宅基地使用权制度不但要考虑到一般情况下的农民的生活需要，还要保证自然灾害等特殊情况下的基本居住。在发生自然灾害导致农民原有的宅基地被毁的情况下，应当按照国家有关规定，对丧失基本居住条件的农民重新分配宅基地。

【条文精解】

一是重新分配宅基地的客观原因是自然灾害导致宅基地的灭失。虽然从物理属性上讲，土地是不可能消灭的，但是从用途角度上说，自然灾害等原因可能使土地不再适用某种用途。例如，由于河流改道，原来的住宅和宅基地有可能完全被淹没；又如，由于山体滑坡，原来住宅所在的土地不能再建房居住。在发生这类自然灾害，原有宅基地不可能再用于建设住宅的情况下，就必须对丧失居住条件的集体的成员提供新的宅基地以维持生计。

二是可以享受重新分配宅基地的权利人应当是因此而丧失宅基地的集体的成员。作为基本保障，宅基地使用权不应当流转到集体之外，也不应当无限扩大，变相侵占集体土地，特别是耕地。因此，因自然灾害等原因重新分配宅基地时，应当按照规定的标准分配给仍然属于本集体且丧失基本居住条件的村民。对于多占的宅基地的情况，要予以纠正，不应当把多占的宅基地的村民也纳入到重新分配宅基地的村民中。

第三百六十五条【宅基地使用权的变更登记和注销登记】

已经登记的宅基地使用权转让或者消灭的，应当及时办理变更登记或者注销登记。

【立法背景】

宅基地使用权涉及国家对土地资源的管理，更是一种重要的用益物权。从长远发展上看，对宅基地使用权的设立、变更和消灭进行登记，既有利于加强土地管理，又有利于表彰物权的状态，从而减少争端。目前有的地方的宅基地使用权的登记制度不够完善，有的宅基地使用权还没有登记。这一现状尽管还没有引发大的矛盾和纠纷，然而，在宅基地使用权发生变动时就有可能带来潜在的风险。本条考虑到我国广大农村的实际情况以及登记制度的现状，虽然没有明确要求所有宅基地使用权一旦发生变更一律登记，但是对于已经登记的宅基地使用权转让或者消灭的，则明确规定了应当及时办理变更或者注销登记。本条规定既切合了我国物权制度发展的大方向，也有利于从实际出发，未雨绸缪，防患于未然。

【条文精解】

根据国土资源部颁布的《不动产登记操作规范（试行）》，已经登记的宅基地使用权及房屋所有权，有下列情形之一的，当事人可以申请转移登记：（1）依法继承；（2）分家析产；（3）集体经济组织内部互换房屋；（4）因人民法院、仲裁委员会的生效法律文书等导致权属发生变化的；（5）法律、行政法规规定的其他情形。已经登记的宅基地使用权及房屋所有权，有下列情形之一的，当事人可以申请办理注销登记：（1）不动产灭失的；（2）权利人放弃宅基地使用权及房屋所有权的；（3）依法没收、征收、收回宅基地使用权及房屋所有权的；（4）因人民法院、仲裁委员会的生效法律文书导致宅基地使用权及房屋所有权消灭的；（5）法律、行政法规规定的其他情形。申请宅基地使用权及房屋所有权转移或者注销登记，提交的材料包括：（1）不动产登记申请书；（2）申请人身份证明；（3）不动产权属证书；（4）宅基地使用权及房屋所有权转移或者消灭的材料；（5）法律、行政法规以及《实施细则》规定的其他材料。

本条对宅基地使用权变更登记和注销登记的规定，将随着我国的土地使用制度和宅基地使用权制度的发展完善，逐渐发挥其应有的作用。

第十四章　居住权

> ### 第三百六十六条 【居住权人享有的权利】
>
> 居住权人有权按照合同约定，对他人的住宅享有占有、使用的用益物权，以满足生活居住的需要。

【立法背景】

居住权制度起源于罗马法，最早产生于古罗马的婚姻家庭关系中，作为人役权的一种形式，其产生与当时罗马社会家庭状况及概括继承制有着密切联系，是社会发展到一定阶段的产物。

【条文精解】

居住权是大陆法系传统的物权形态，是指居住权人对他人住宅的全部或者部分及其附属设施，享有占有、使用的权利。

本条规定，居住权人有权按照合同约定，对他人的住宅享有占有、使用的用益物权，以满足生活居住的需要。根据本条规定，居住权有以下法律特征：

1. 居住权是在他人住宅上设立的物权

居住权是在他人所有的住宅上设立的物权。设立居住权是住宅所有权人处分自己财产的一种方式，住宅所有权人根据自己的意思自由在自己所有的住宅的全部或者部分上为他人设立居住权。此外，根据本条的规定，居住权只能在他人所有的住宅上设立，其他类型的房屋上不能设立居住权。

2. 居住权是一种用益物权

用益物权，是指以支配标的物的使用价值为内容的物权。我国的用益物权主要包括土地承包经营权、建设用地使用权、宅基地使用权、居住权和地役权等。根据本法的规定，居住权是一种用益物权。特别需要注意的是，并非所有居住他人住宅的权利均是本条规定的居住权。如果当事人之间存在抚养、扶养、赡养、租赁、借用等关系，也同样可能享有居住他人住宅的权利。但由此而享有的权利不具有物权的排他效力，不是本条所规定的居住权，不能适用本章的规定。

3. 居住权是为特定自然人设定的

居住权是住宅所有权人为特定自然人的利益在自己所有的住宅上设定的权利，法人或其他组织不能享有居住权。享有居住权的主体范围具有有限性，居住权人以外的人一般不能享有居住权，但有的国家允许居住权人的家庭成员居住，并详细规定了可以居住的自然人的范围。

4. 居住权是为特定自然人生活居住的需要而设定的权利

居住权人只能将享有居住权的住宅用于满足其生活居住的需要，一般情况下，居住权人不能将其享有居住权的住宅出租，但是当事人另有约定的除外。根据《民法典》第 369 条的规定，居住权不得转让、继承。

5. 居住权人按照合同约定对他人的住宅享有占有、使用的权利

一般情况下，当事人通过订立居住权合同并对居住权进行登记后设立居住权。居住权人对他人的住宅享有的占有、使用的具体权利义务，根据所有权人和居住权人之间订立的居住权合同确定。居住权人为充分地使用其居住的住宅，对住宅的各种附属设施亦有使用权。

第三百六十七条　【居住权合同形式和内容】

设立居住权，当事人应当采用书面形式订立居住权合同。

居住权合同一般包括下列条款：

（一）当事人的姓名或者名称和住所；

（二）住宅的位置；

（三）居住的条件和要求；

（四）居住权期限；

（五）解决争议的方法。

【立法背景】

住宅所有权人为满足他人生活居住的需要想在自己所有的住宅上为他人设立居住权的，途径之一就是通过住宅所有权人与他人订立居住权合同，再按照订立的居住权合同向登记机构申请居住权登记。

【条文精解】

1. 居住权合同的形式

根据本法的规定，居住权既可以基于当事人的约定设立，也可以基于被继承人的遗嘱设立。本条是对通过居住权合同设立居住权的合同形式和内容的规定。因设立居住权需明确一些具体的权利义务，因此本条第1款的规定，设立居住权的，当事人应当采用书面形式订立居住权合同。

2. 居住权合同的内容

本条第2款规定是2019年4月民法典物权编草案二次审议稿增加规定的内容。2019年12月民法典草案在二次审议稿的基础上又作了修改完善。根据本条第2款的规定，居住权合同一般包括下列条款：

（1）当事人的姓名或者名称和住所。当事人的姓名或者名称和住所，是合同中最基本的要件。如果不写明当事人，合同由谁履行就不明确，当事人的权利和义务更无从谈起。居住权合同的当事人一般为住宅的所有权人和居住权人。2019年4月审议的民法典物权编草案二次审议稿本项规定的是"当事人的姓名和住所"，有的意见提出，存在有的老年人以房养老，可能将住宅出售给法人或者非法人组织，购买住宅的法人或者非法人组织在住宅上给老年人设立居住权的情况，建议增加当事人的名称的规定，2019年12月审议的民法典草案将本项修改为"当事人的姓名或者名称和住所"。

（2）住宅的位置。居住权合同中应当明确住宅的具体位置，以确定当事人设立居住权的住宅。一般情况下，合同中明确的住宅的位置应与住宅房屋产权证上的位置一致。

（3）居住的条件和要求。居住权合同中可以约定居住的条件和要求，主要包括当事人的权利义务。设立居住权的合同应当尽可能清晰地确定当事人之间的权利义务关系，避免纠纷的发生，或者在发生纠纷时有明确的规则可供遵循。在权利方面，当事人可以协商约定居住权人占有使用的具体权利，如是否可以与其家属共同居住，是否可以让其所雇佣的保姆等为其生活所需的服务、护理人员居住。在义务方面，当事人可以协商约定双方的义务，如不得改变房屋的结构、用途，保管房屋的义务，承担房屋的日常负担及返还房屋等。

（4）居住权期限。民法典物权编草案二次审议稿未规定本项，是2019年12月审议的民法典草案增加规定的内容。有的意见提出，为扩大居住权的适用范围，应该允许当事人对居住权期限进行约定。居住权制度创设初始，为达到保护居住权人的目的，赋予居住权长期性的特点，一般持续至居住权人终生。为保障当事人设立居住权的意思自由，扩大居住权制度的适用性，根据本法的规定，当事人可以就居住权的存续期限作出约定。当事人可以根据不同情况、不同需求在居住权合同中约定居住权的期限。如给未成年人设立居住权的，可以约定居住权期限存续至未成年人成年之时。如果当事人未对居住权期限作出约定，根据本法的规定，居住权人死亡的，居住权消灭。

（5）解决争议的方法。居住权合同可以就合同履行发生争议的解决方法作出约定。因履行居住权合同发生争议的，所有权人和居住权人可以双方协商解决，协商不成的，提交双方当事人指定的仲裁委员会仲裁，或者依法向人民法院起诉。

需要注意的是，本条第2款所规定的内容并非全部都是居住权合同必须约定的内容。当事人应当对第1项"当事人的姓名或者名称和住所"、第2项"住宅的位置"作出明确约定，如果欠缺这两项内容将导致居住权的主体和客体不明，不可能设立居住权。其他各项均非合同必须约定的内容，如果当事人未作约定，不影响居住权的设立。

第三百六十八条 【居住权设立】

> 居住权无偿设立，但是当事人另有约定的除外。设立居住权的，应当向登记机构申请居住权登记。居住权自登记时设立。

【立法背景】

居住权制度产生初始，是房屋所有权人为与其有特定人身关系的人设立的，无偿性是居住权制度的特征之一。设立居住权一般情况下带有扶助、友善、帮助的性质。按照本条的规定，居住权无偿设立，即居住权人无须向房屋的所有人支付对价。

【条文精解】

1.居住权一般情况下无偿设立

居住权是用益物权的一种，一般情况下具有无偿性，其与房屋租赁存在本质区别。主要表现在：一是保护方式存在区别。居住权是一种支配权，租赁权是一种请求权。居住权作为一种独立的用益物权，具有物权的所有特征：对世性、绝对性、直接支配性等。租赁法律关系属于债权，具有相对性，租赁权人只能对抗特定的债务人。尽管房屋租赁权的效力强化后，租赁权人也具有对抗第三人的效力，但与作为物权的居住权对抗效力和对抗范围存在区别。二是设立方式存在区别。居住权需要经过登记才发生物权的效力，租赁权只需要双方的合意就发生法律效力，其设立不以登记为条件。三是期限存在区别。租赁权的租期由合同双方当事人约定，但不得超过20年，超过20年的部分无效，如果双方未约定租期，为不定期租赁，对于不定期租赁，任何一方当事人都可以随时解除合同。居住权的期限具有长期性的特点，除当事人另有约定外，通常至居住权人死亡时居住权消灭。四是取得权利支付的对价存在区别。取得居住权一般是无偿的，带有扶助、友善、帮助的性质。居住权人即便在特殊情况下需要向房屋的所有人支付费用，费用也是很少的；而租赁合同则是一种双务、有偿合同，取得租赁权，以支付租金为条件。

但是，本条规定，居住权无偿设立，但是当事人另有约定的除外。根据本条的规定，居住权以无偿设立为原则，当事人可以就是否无偿设立作出约定。

2.设立居住权的，应当向登记机构申请居住权登记

我国物权制度有"登记生效"与"登记对抗"两种物权变动模式。对居住权的设立，采用登记生效的物权变动模式。不动产登记簿是确定居住权的根本依据。居住权的设立登记，是指将设立居住权的事实依法记载于不动产登记簿的

行为。根据本条的规定，当事人签订居住权合同后，居住权并未设立，当事人需持居住权合同到不动产登记机构申请居住权登记。不动产登记机构将设立居住权的情况登记在不动产登记簿上时，居住权设立。如果仅就住宅的部分设立居住权，应当对此在居住权合同中予以明确，并在不动产登记簿上予以明确。

第三百六十九条 【居住权限制】

居住权不得转让、继承。设立居住权的住宅不得出租，但是当事人另有约定的除外。

【立法背景】

居住权一般为满足特定自然人生活居住的需要设立，通常只具有占有、使用的权能，一般情况下居住权人不得利用房屋进行收益。居住权不得转让、继承，设立居住权的住宅不能出租是居住权的权利特征之一。因此，本条规定，居住权不得转让、继承。设立居住权的住宅不得出租，但是当事人另有约定的除外。

【条文精解】

根据本法规定，居住权受到限制的情形主要包括：

一是居住权不得转让。居住权人对他人的住宅享有占有、使用的权利，但只能由居住权人本人享有，居住权人不得将其享有的居住权转让。

二是居住权不得继承。居住权人死亡的，居住权消灭，居住权人的继承人不能继承居住权人对住宅享有的居住权。

三是设立居住权的住宅不得出租。居住权是占有、使用他人住宅的权利，其目的是满足权利人生活居住的需要。因此，一般情况下，居住权人对设立居住权的住宅不享有收益权。本条规定，设立居住权的住宅不得出租，但是当事人另有约定的除外。一般情形下，居住权人不能将住宅出租给他人以收取租金，但如果当事人根据需要达成协议，也可以将设立居住权的住宅出租。

第三百七十条 【居住权消灭】

居住权期限届满或者居住权人死亡的，居住权消灭。居住权消灭的，应当及时办理注销登记。

【立法背景】

由于居住权制度设计的目的是保障居住权人的生活居住的需要，其期限一般具有长期性、终生性。本条规定，居住权期限届满或者居住权人死亡的，居住权消灭。

【条文精解】

根据本条的规定，居住权消灭主要包括两种情形：

一是居住权期限届满。当事人可以根据自己的意思自由在居住权合同中约定居住权期限，居住权期限界满的，居住权消灭。例如，住宅所有权人给未成年人设立居住权的，可以约定居住权至居住权人成年时消灭，作出如此约定的，居住权人成年时，居住权即消灭。再如，当事人可以约定自合同签订之日起20年居住权消灭，作出如此约定的，约定期限届满的，居住权消灭。居住权因期限届满消灭的，居住权人有返还房屋的义务。

二是居住权人死亡。当事人可以根据意思自由约定居住权期限，如果没有约定，居住权一般至居住权人死亡时消灭。

根据本条的规定，居住权消灭的，当事人应当及时到不动产登记机构办理注销登记，将登记于不动产登记簿的居住权信息注销。

第三百七十一条　【以遗嘱方式设立居住权】

以遗嘱方式设立居住权的，参照适用本章的有关规定。

【立法背景】

《民法典》第366条规定了以合同方式设立居住权。

【条文精解】

1. 关于居住权的设立方式

根据本法的规定，设立居住权，有以下几种方式，不同的设立方式，居住权设立的时间不同。

一是合同。当事人订立居住权合同是设立居住权最主要的形式。通过订立居住权合同设立居住权的，必须到登记机构申请居住权登记，居住权自登记时设立。

二是遗嘱。住宅所有权人可以以遗嘱的方式为他人设立居住权，即住宅所有权人在自己的遗嘱里明确为他人设立居住权。

三是法院判决。除本章规定的以合同和遗嘱方式设立居住权的外，居住权还可以通过法院判决的形式设立。《民法典》第229条规定，因人民法院、仲裁机构的法律文书或者人民政府的征收决定等，导致物权设立、变更、转让或者消灭的，自法律文书或者征收决定等生效时发生效力。最高人民法院《关于适用〈中华人民共和国婚姻法〉若干问题的解释（一）》第27条第3款规定，离婚时，一方以个人财产中的住房对生活困难者进行帮助的形式，可以是房屋的居住权或者房屋的所有权。司法实践中，如离婚判决时，法官可以依法将居住权判给一些有特殊需要的人，这也是依法律规定设定居住权的一种方式。

2. 以遗嘱方式设立居住权的，参照适用本章的有关规定

《民法典》第366条至370条对居住权概念、居住权合同内容、居住权的设立、居住权的限制、居住权的消灭作了规定。当事人以遗嘱方式设立居住权的，本章的相关规定如居住权的限制和消灭等都参照适用。

第十五章　地役权

第三百七十二条 【地役权定义】

地役权人有权按照合同约定，利用他人的不动产，以提高自己的不动产的效益。

前款所称他人的不动产为供役地，自己的不动产为需役地。

【立法背景】

关于地役权的含义，在不少国家的民法典中均有类似规定。《日本民法典》第280条规定，地役权人，按设定行为所确定的目的，享有用他人土地为自己土地提供便益的权利，但不得违反关于公共秩序的规定。

【条文精解】

地役权是传统民法用益物权中的一项重要权利，是指按照合同约定利用他人的不动产，以提高自己不动产效益的权利。地役权具有以下特点：

第一，地役权的主体为不动产的权利人。地役权人是为了提高自己不动产的效益而设立地役权。供役地人就是在自己的不动产上设置地役权而便利

他人行使不动产权利。因此，二者都是不动产的权利人，既可以是不动产的所有权人，如集体土地所有权人、建筑物的所有权人；也可以是不动产的使用权人，如土地承包经营权人、建设用地使用权人、宅基地使用权人。

第二，地役权是按照合同设立的。地役权合同是地役权人和供役地权利人之间达成的以设立地役权为目的和内容的合同。设立地役权，当事人应当采取书面形式订立地役权合同。

第三，地役权是利用他人的不动产。在地役权关系中，需役地和供役地属于不同的土地所有权人或者土地使用权人。利用他人的不动产来提高自己不动产的效益，是地役权设立的主要目的。所谓利用他人的不动产，并不以实际占有他人不动产为要件，而是对他人的不动产设置一定的负担。

第四，地役权是为了提高自己不动产的效益。地役权的设立，必须是以增加需役地的利用价值和提高其效益为前提。此种"效益"既包括生活上得到的便利，也包括经营上获得的效益。

第五，地役权具有从属性。地役权虽然为独立的一种用益物权，但是与其他用益物权相比，地役权从属于需役地，其目的是提高需役地的效益，必须与需役地相结合而存在。这种从属性主要体现在地役权的存续以需役地的存在为前提，与需役地的所有权或者其他物权相伴相随。本章中的许多相关规定都充分体现了地役权的从属性，比如一般而言，地役权不得单独转让，土地承包经营权、建设用地使用权等转让的，地役权一并转让。

第三百七十三条 【地役权合同】

设立地役权，当事人应当采用书面形式订立地役权合同。

地役权合同一般包括下列条款：

（一）当事人的姓名或者名称和住所；

（二）供役地和需役地的位置；

（三）利用目的和方法；

（四）地役权期限；

（五）费用及其支付方式；

（六）解决争议的方法。

【立法背景】

一般而言，法律对民事法律行为的形式不会有严格的要求，但在特殊情形下，会专门作出要求。如《瑞士民法典》第732条规定，关于设定地役权的契约，须用书面形式，始生效力。

【条文精解】

本条第1款作了同样的规定，明确设立地役权，当事人应当采用书面形式订立地役权合同。因此，根据本款规定，设立地役权的民事法律行为属于要式法律行为，必须采用书面方式这一特定形式。

本条第2款对地役权合同的主要条款作了详细规定。根据第2款的规定，地役权合同一般包括以下条款：

1. 当事人的姓名或者名称和住所

按照我国土地制度，地役权合同的双方当事人可以是土地所有人、建设用地使用权人、宅基地使用权人和土地承包经营权人等权利人。在订立地役权合同时，要尽量写清楚双方当事人的有关信息。

2. 供役地和需役地的位置

签订地役权合同，应当标明供役地和需役地具体位置，包括如地块名称、地块编码、面积、东南西北四至等内容。

3. 利用目的和方法

地役权的内容表现为对供役地设定一定的负担。地役权合同当事人应当在合同中约定所设立地役权的目的为何。如需役地一方是为了通行目的，则应在合同中明确地役权为通行而设。除了在合同中明确设立地役权的目的外，实现此目的的具体方法也应当明确，因为不同的方法对供役地的影响是不同的。

4. 地役权期限

地役权作为一种他物权，属于有期限物权。因此，有必要明确地役权的存续期限，即利用供役地的具体起止时间。地役权的期限是地役权存续的依据，应有明确的约定。在地役权合同中，应当将地役权期限尽量明确，如自某年某月某日至某年某月某日。

5. 费用及其支付方式

地役权设立可以是有偿的，也可以是无偿的，均由双方当事人约定。对于有偿设立的地役权，地役权人与供役地权利人在合同中应当明确约定费用及其支付方式。

6. 解决争议的方法

解决争议的方法指合同争议的解决途径和方式。双方当事人可以通过和解、调解、仲裁、诉讼等途径解决争议。在签订地役权合同时，当事人双方应当选择一种双方都接受的争议解决方法。

第三百七十四条　【地役权的设立与登记】

地役权自地役权合同生效时设立。当事人要求登记的，可以向登记机构申请地役权登记；未经登记，不得对抗善意第三人。

【立法背景】

《民法典》第 136 条第 1 款规定："民事法律行为自成立时生效，但是法律另有规定或者当事人另有约定的除外。"《民法典》第 502 条第 1 款规定："依法成立的合同，自成立时生效，但是法律另有规定或者当事人另有约定的除外。"

关于地役权登记的效力，立法过程中对于是否必须登记，有不同意见。一种意见认为，地役权应当登记，如果该权利不通过登记予以公示，必然会损害第三人的利益。另一种意见认为，应将地役权登记生效作为基本原则，登记对抗作为例外。为了方便群众，减少成本，物权法对地役权实行登记对抗主义。

【条文精解】

根据第 373 条规定，设立地役权必须签订书面地役权合同。根据本条规定，地役权自地役权合同生效时设立。要判断地役权何时设立，必须知道地役权合同何时生效。

根据法律规定，一般而言，地役权合同的成立以双方当事人均签名、盖章或者捺手印之时为准，如果一方先签名另一方后签名，应以后签名的时间为成立之时。一般而言，地役权合同成立之时就生效，地役权即告设立。当然，当事人可以在地役权合同中附生效条件或者附生效期限。比如双方约定，地役权合同自需役地一方当事人支付价款后方生效。在当事人有约定生效时间或者生效条件时，只有到了约定的时间或者满足了生效的条件时，地役权合同方能生效。这就是本条规定的当事人另有约定的情形。

地役权实行登记对抗主义。所谓登记对抗主义，主要是指不登记不得对抗不知道也不应知道土地设有地役权，而受让了该土地使用权的第三人。为了更好地维护自己的地役权，地役权最好进行登记。关于地役权登记的具体程序和要求，土地登记办法有详细的要求。办理地役权登记应当按照规定的条件提交相应的材料，到相应的登记机关办理。

第三百七十五条 【供役地权利人义务】

供役地权利人应当按照合同约定，允许地役权人利用其不动产，不得妨害地役权人行使权利。

【立法背景】

地役权作为一种用益物权，是地役权人对他人物权所享有的一种权利。要实现地役权的用益目的，提高需役地的效用，就会对供役地形成某种限制。这也就是供役地权利人的核心义务。地役权并非法定物权，法律并没有强制规定其权利的具体内容。因此，地役权的具体内容需要借助当事人之间所签订的地役权合同确定。《民法典》第373条第2款第3项规定，地役权合同应当包括利用目的和方法的条款。此项内容为地役权合同的核心条款，双方当事人应当按照合同约定各自的义务，行使各自的权利。

【条文精解】

本条规定了供役地权利人的两方面的主要义务。

1. 允许地役权人利用其土地

供役地权利人承担的首要义务就是允许地役权人利用其土地。在地役权人利用供役地时，多多少少会给供役地权利人带来不便。对于供役地权利人来说，必须按照合同的约定，向地役权人提供所涉土地，并要容忍供役地上的负担。在供役地上设定的负担可能有不同的类型：（1）允许他人利用自己的土地。比如允许地役权人在自己的土地上挖沟排水，或者铺设管线，或者铺路等。（2）对自己行使土地的权利进行的某种限制。比如甲乙双方设立地役权，需役地权利人乙需在甲所有的土地上架设高压电线，双方约定甲不得在供役地上种植树木，仅能种植水稻等低矮粮食作物。地役权设立后，甲必须按照合同约定，限制自己所有权的行使方式，不能随意种植作物。（3）放弃部分使用自己土地的权利。比如设定通行的地役权，地役权人在供役地上铺设道路通行，供役地权利人就需要放弃利用该部分土地的权利。（4）容忍对供役地造成某种程度上的损害。只要地役权人按照合同约定的目的和方法行使地役权，即便在一定程度上对供役地造成损害，供役地权利人也得允许。

2. 不得妨害地役权人行使权利

一方面，供役地权利人得容忍地役权人使用其土地；另一方面，在地役权人利用其土地时，也不得妨害。妨害地役权人行使地役权有不同的表现形式。可能是妨害地役权人行使主要权利，如供役地权利人甲与需役地权利人乙为了排水目的设立地役权，双方签订地役权合同后，为了实现此目的，乙必须在甲的土地上铺设水管，而甲却阻止乙铺设水管，此时甲就侵害了乙的地役权。妨碍地役权也可能是妨碍附属性权利。地役权人为利用供役地，实现地役权的内容，在权利行使的必要范围内，有权在供役地上修建必要的附属设施或者从事某项必要的附属行为。这时，供役地权利人就不得妨害地役权人行使这些权利。这种妨碍可能是以积极作为的方式进行，也可能是以消极不作为的方式进行。比如，供役地权利人甲与需役地权利人乙就采光便利设定地役权，如果甲放任供役地上的林木自由生长，势必将影响地役权人的采光权。为了实现地役权，甲有义务对林木生长予以控制。

第三百七十六条 【地役权人权利义务】

地役权人应当按照合同约定的利用目的和方法利用供役地，尽量减少对供役地权利人物权的限制。

【立法背景】

地役权这一用益物权，与其他用益物权有很大的不同，其他用益物权的权利内容大多由法律明确规定，物权权利人能做什么，其他人不能做什么，都很明确具体。而地役权则不同，地役权的核心内容由地役权合同设定，地役权的具体内容、地役权的行使目的和方法由双方当事人约定。地役权人作为用益物权的权利人，同时又是地役权合同的当事人，其行使地役权既要按照法律规定行使，同时也得按照合同约定行使权利，履行约定的义务。

【条文精解】

本条概括规定了地役权人行使地役权的权利和义务。

1. 按照合同约定的利用目的和方法利用供役地

地役权人的主要权利就是利用供役地，以提高自己土地的效益。地役权人利用供役地的目的和方法都必须按照合同约定。一般而言，常见的地役权的利用目的和方法有：（1）通行目的。需役地交通不便，需要借助供役地提供交通便利，方能实现需役地的经济价值。（2）通过目的。需役地因利用之需，必须从远处输入电力、燃气等能源或者有线电视信号、网络数据等，需要利用供役地实现铺设管线的目的。（3）排水目的。需役地因生产或者生活排水的目的，得借助供役地挖设沟渠或者铺设管道，确保所排出的水流安全通过。（4）通风目的。需役地权利人要求供役地权利人在一定范围，不得修建建筑物或其他障碍物，以实现需役地权利人的土地或建筑物顺畅通风的目的。（5）采光目的。需役地权利人为了确保自己土地光照充足，要求供役地人限制供役地的利用。实现采光的目的，可以有不同的方法，比如要求供役地权利人在一定范围内不得修建建筑物或其他障碍物，供役地上修建建筑物应当使用透明材料，供役地上不得修建超过多高的建筑物等。（6）取水目的。需役地权利人为了生活或者生产之需，必须在供役地上的水源取水。取水的方法，可以是地役权人在需要时，每次到供役地的水源汲取；也可以是地役权人通过渠道、水管引水。双方当事人还应当在合同中明确约定取水的时间和取水量、取水顺序等事项。（7）眺望目的。需役地权利人为了保持自己所有土地的开阔视野，要求供役地权利人不得在一定范围内修建建筑物或其他障碍物。实现此目的，当事人也可以在合同中约定不同的方法，比如维持现状，不种植高大乔木等。

地役权人在行使地役权的时候，必须按照合同约定的目的和方法行使，不得超越合同约定的范围。

2. 尽量减少对供役地权利人物权的限制

地役权的实现，是供役地权利人为了需役地的便利而承受的负担。因此，地役权人按照合同约定的利用目的和方法利用供役地时，应当采取对供役地损害最小的方法为之，在利用供役地的同时，不要过分损害其利益。在某些情况下，为了实现地役权设定的目的，地役权人在供役地上需要修筑一些必要的附属设施，比如为了取水权的实现，在供役地上修建水泵；或者为了通行权的实现，在供役地上设置路灯而修筑电线杆等。地役权人从事这些行为必须是必要的、不得已的，不修建附属设施，地役权就不能有效实现。尽管必要，但也要求地役权人要采取适当的方法，尽量选择对供役地损害最少的方法行之，尽可能减少对供役地权利人物权的限制。

第三百七十七条 【地役权期限】

地役权期限由当事人约定；但是，不得超过土地承包经营权、建设用地使用权等用益物权的剩余期限。

【立法背景】

地役权作为用益物权，属于他物权的一种。他物权与所有权的一个区别就是，所有权属于永久物权，他物权一般而言都属于有期限物权。地役权也是如此，地役权属于有期限的他物权。

【条文精解】

本条首先规定，地役权期限由当事人约定。因此，双方当事人应当在签订地役权合同时协商确定地役权的期限。当事人协商确定的地役权期限，应当写入书面合同中。根据本条规定，当事人只要协商一致，即可以设定地役权的期限。

在地役权合同中，当事人应当尽量将地役权期限条款约定得明确具体。当事人应结合地役权设立的具体需要，视情况作出规定：（1）对于为一次性、临时性目的设立的地役权，当事人应当尽量明确地役权行使的具体日期、时间点或者时间段。比如甲乙双方为了临时通行目的设立的地役权，应明确需役地权利人乙于何年何月何日几时将从甲的供役地上通过。（2）对于长期性的地役权，当事人则应当写明地役权行使的期限，从何时开始到何时终止。（3）对于附解除条件的地役权，所附条件不仅要合法有效，还得具体明确，确保地役权解除的条件能够很好确定。（4）对于附终止期限的地役权，也应明确约定所附期限，否则将徒增纠纷。当然，当事人在合同中对地役权的期限没有约定或者约定不明确的，可以事后作出补充协议。

本条同时规定，地役权期限不得超过土地承包经营权、建设用地使用权等用益物权的剩余期限。这是对涉及特殊类型用益物权的地役权期限作出的特别规定。由于用益物权属于他物权，属于有期限物权。地役权具有从属性，地役权必须依附于所涉不动产权利。比如供役地属于用益物权，所设定的地役权不能脱离该用益物权，供役地的用益物权消灭的，在其上所设的地役权自然消灭。同样，需役地权利人对土地所享有的如果并非所有权，那么需役地权利人所享有的权利到期终止后，为该权利所设立的地役权也就失去意义，固然应当终止。

第三百七十八条 【地役权与新设用益物权】

土地所有权人享有地役权或者负担地役权的，设立土地承包经营权、宅基地使用权等用益物权时，该用益物权人继续享有或者负担已经设立的地役权。

【立法背景】

根据我国宪法和有关法律规定，我国农村的土地属于农民集体所有。在农村，由于实行农村土地承包经营制度和宅基地制度，从集体所有的农业用地上可以派生出土地承包经营权这一用益物权，从集体所有的建设用地上可以派生出宅基地使用权这一用益物权。因此，由于集体所有的土地可能会依法提供给集体成员使用，此时，对涉及集体所有土地的地役权如何处理，需要立法予以明确。

【条文精解】

本条针对这种情况专门作出了规定，土地所有权人享有地役权或者负担地役权的，设立土地承包经营权、宅基地使用权等用益物权时，该用益物权人继续享有或者负担已设立的地役权。

1. 集体所有土地为需役地

土地所有人享有地役权，就是该土地作为需役地，在他人土地上设立了地役权。如 A 地块和 B 地块分别属于甲乙两村集体所有，且两地相邻，均为农业用地，因地理位置的不同，A 地缺水干涸，B 地上有一片湖泽。甲村为了给本村 A 地浇灌的目的，与乙村在 B 地上设立期限为 20 年的取水地役权，两村签订书面合同并进行了登记，约定在 B 地上挖较宽的河道引水，并每年支付一定的费用。10 年后甲村将 A 地块承包给了村民丙，丙获得 A 地块的土地承包经营权，根据本条规定，设立土地承包经营权等用益物权时，该用益物权人可以继续享有地役权。丙作为 A 地块的用益物权人，可以继续享有地役权，丙仍可以从 B 地块取水。如果丙的土地承包经营权期限为 30 年。根据甲村与乙村所签订的地役权合同，地役权期限为 20 年。丙承包 A 地块时已过 10 年，因此，丙只能再继续享有剩余 10 年的地役权。再过 10 年，如果丙想继续设立地役权，则需与乙村再行签订地役权合同。

集体所有的建设用地可以设立宅基地使用权。根据本条规定，集体所有的土地享有地役权，如果在该集体土地上设立宅基地使用权，宅基地使用权人作为用益物权人，也可以继续享有该地役权。

2.集体所有土地为供役地

集体所有土地为供役地，就是在集体所有土地上添加了地役权负担。土地所有人负担地役权的，设立用益物权时，用益物权人需要继续负担已设立的地役权。

集体所有的农业用地在设立土地承包经营权时，已设立的地役权需要由土地承包经营人继续负担。集体所有的建设用地在设立宅基地使用权时，已设立的地役权需要由宅基地使用权人继续负担。如甲村所有的A地块农业用地和乙村所有的B地块建设用地相邻，因A地块缺水，需要从B地块铺设水管，故甲村与乙村签订地役权合同，约定在B地块上设立地役权，供甲村取水之用。同时，因信息化建设需要，乙村需要在A地块上架设光缆，故乙村与甲村签订了地役权合同，约定乙村享有地役权，可以在A地块上架设通讯光缆。后甲村村民丙承包了A地块，取得了土地承包经营权。乙村村民丁经审批获得了B地块上的宅基地使用权。根据本条规定，丙和丁需要继续负担已经设立的地役权，即丙仍应允许乙村在其所承包的农业用地上架设光缆，而丁则仍应继续允许甲村在B地块上铺设取水管道。

第三百七十九条　【用益物权与新设地役权】

土地上已经设立土地承包经营权、建设用地使用权、宅基地使用权等用益物权的，未经用益物权人同意，土地所有权人不得设立地役权。

【立法背景】

用益物权是一种他物权，用益物权人对他人所有的不动产或者动产，依照法律享有占有、使用和收益的权利。用益物权是一种独立的物权，用益物权一旦设立，用益物权人便独立地对标的物享有占有、使用和收益的权利。用益物权人不仅对所用益的标的物享有支配的权利，而且可以排除包括土地所有权人在内的一切人的干涉，这是用益物权的本质特征之一。根据物权编的规定，用益物权包括土地承包经营权、建设用地使用权、宅基地使用权等。

【条文精解】

根据本条规定，用益物权具有一定的优先效力，这种效力还可以对抗所有权人的所有权。第一，用益物权设立在先。土地所有权人此前已经为他人设立了用益物权。比如国有建设用地已经出让给他人，或者集体所有的农业用地已经发包给村民，或者集体所有的建设用地已经划定给村民作为宅基地使用。此时他人在先取得用益物权。用益物权人对所涉土地即享有占有、使用、收益的权利。这种占有是排他性的占有，包括排除所有权人。第二，未经在先用益物权人同意，所有权人不得设立地役权。根据本条规定，如果用益物权在先设立，土地所有权人应当尊重用益物权人的权利。如果所有权人想以所涉地块为供役地为他人设立地役权，必须征得用益物权人的同意。不论所有人想设立哪种地役权，这种地役权对在先用益物权影响或大或小，都必须取得用益物权人的同意。所有权人不能因为所设立的用益物权影响不大，而不征得用益物权人的同意。比如在农田上架设通信光缆的通过地役权，虽然对承包者的农业生产不会造成太大的影响，仍应获得该承包地的土地承包经营权人的同意方可设立。

第三百八十条 【地役权转让】

地役权不得单独转让。土地承包经营权、建设用地使用权等转让的，地役权一并转让，但是合同另有约定的除外。

【立法背景】

用益物权为独立物权。用益物权一旦设立，用益物权人便独立地享有对标的物的使用权、收益权，亦即该权利是独立存在的，依当事人之间设立用益物权的行为或者法律的直接规定而发生。用益物权是一种主权利，而不是从属于其他物权的权利。因此，作为用益物权的土地承包经营权、建设用地使用权都是一种独立的权利，不从属于其他权利。而地役权作为一种为了需役地的便利而产生的用益物权，与需役地的关系又极为密切，由此发生了主从权利的关系，即地役权从属于需役地的使用权。地役权不能与需役地分离而单独转让，它必须随着需役地的使用权转移而一同转移。当需役地的使用权发生转让时，地役权也应当随之发生转让。

【条文精解】

由于地役权的成立必须有需役地与供役地同时存在，因此在法律属性上地役权与其他物权不同。地役权虽然是一种独立的用益物权，但它仍然应当与需役地的所有权或者使用权共命运，必须与需役地所有权或者使用权一同移转，不得与需役地分离而单独让与，这就是地役权的从属性，主要表现在三种情形：第一，地役权人不得自己保留需役地的所有权或者用益物权，单独将地役权转让；第二，地役权人不得自己保留地役权，而单独将需役地的使用权转让；第三，地役权人也不得将需役地的使用权与地役权分别让与不同的人。这也是地役权从属性的表现之一。

根据本条规定，土地承包经营权、建设用地使用权等转让的，地役权一并转让，但是合同另有约定的除外。首先，当设立了地役权的土地承包经营权、建设用地使用权转让时，以该等土地承包经营权、建设用地使用权的土地为需役地的地役权须一并转让。其次，当事人在合同中有不同约定的，地役权并不必然一并转让。如果当事人在设立地役权合同时，明确约定地役权仅为特定权利主体设立，则需役地的所有权或者使用权转移时，地役权消灭。法律尊重当事人的意思自治。此时，如果需役地的所有权或者使用权转移，并不会导致地役权的转移。

第三百八十一条 【地役权抵押】

地役权不得单独抵押。土地经营权、建设用地使用权等抵押的，在实现抵押权时，地役权一并转让。

【立法背景】

地役权是一种财产权利，但与其他财产权不同的是，地役权不得与土地承包经营权、建设用地使用权等用益物权分离而单独存在。地役权是为了提高土地利用的便利设立的，脱离建设用地使用权、土地承包经营权等用益物权，地役权也就失去了存在的意义。对于受让地役权的主体来说，没有取得土地承包经营权和建设用地使用权，地役权也就无从发挥作用。地役权作为土地使用权的物上权利或者物上负担，与土地使用权紧紧联系在一起，因此应一并转让，否则受让的土地价值就会降低或者丧失。

【条文精解】

地役权具有从属性，是为了提升需役地的使用价值而设定的，脱离需役地，地役权一般情况下无独立价值，地役权单独抵押没有现实意义。因此，本条规定，地役权不得单独抵押。但在特殊情形下，有些地役权对于特定当事人而言有一定的经济价值。

本条还规定，土地经营权、建设用地使用权等抵押的，在实现抵押权时，地役权一并转让。可以从两个方面来理解此规定：第一，需役地的相关权利抵押时，不需单独再就地役权设定抵押权。如对 A 地块享有国有土地使用权的甲公司与乙公司签订了地役权合同，约定甲公司可以在乙公司享有国有土地使用权的 B 地块上铺设燃气管道。甲公司因为融资需要将 A 地块的国有土地使用权抵押给丙银行，故甲公司与丙银行签订国有土地使用权抵押合同。双方在抵押合同中无须就甲公司对 B 地块享有的地役权作出特别约定。第二，抵押权实现时，地役权一并转让。上述案例中，如果甲公司到期未能偿还丙银行的债务，需要处置其抵押的 A 地块的国有土地使用权。丙银行遂申请法院拍卖 A 地块的国有土地使用权，丁公司取得了该地块的国有土地使用权。此时，根据本条规定，甲公司对 B 地块享有的地役权应当一并转让给丁公司。

第三百八十二条 【需役地部分转让】

需役地以及需役地上的土地承包经营权、建设用地使用权等部分转让时，转让部分涉及地役权的，受让人同时享有地役权。

【立法背景】

地役权具有不可分性，地役权的享有和存在及于需役地和供役地的全部，不能分割为数个不同部分或者仅仅以一部分而存在。即使供役地或者需役地被分割，地役权在被实际分割后的需役地和供役地的各个部分上仍然存在。地役权的不可分性体现在两个不同方面：需役地部分转让时，地役权的权利不变；供役地部分转让时，地役权约束也不受影响。

本条规定的是第一种情况，即需役地以及需役地上的土地承包经营权、建设用地使用权等部分转让时，转让部分涉及地役权的，受让人同时享有地役权。需役地以及需役地上的土地承包经营权、建设用地使用权部分转让，产生了分属不同权利人的两个或者多个用益物权时，地役权在部分转让后的需役地的各个部分上依然存续。这是因为地役权是为整个需役地提供便利，如果土地的用益物权已经部分转让为各个部分，这种为需役地的便利而使用供役地的需要与权利，也应当继续存在于已经被部分转让的需役地上。所以，地役权也应当在需役地被部分转让后的各个部分继续存在。

【条文精解】

理解本条规定，需要注意以下几个方面：

一是部分转让的标的。本条规定的部分转让包括两种情况：第一种是需役地部分转让。所谓需役地部分转让，是指需役地的所有权部分转让。由于我国的土地所有权属于国家所有或者集体所有，因此，土地所有权的转让应该包括集体所有的土地变为国家所有（也就是国家通过征收方式取得土地所有权），或者不同集体之间土地所有权的转让。第二种是需役地上的土地承包经营权、建设用地使用权等的部分转让。这种情况主要是在国有土地上设定了建设用地使用权，或者在集体土地上设定了土地承包经营权、宅基地使用权、土地经营权等用益物权。这些需役地上的用益物权部分转让时也涉及地役权的效力问题。

二是转让部分需涉及地役权。不论是土地所有权的转让，还是用益物权的转让，只有在转让部分涉及地役权时，才涉及地役权的效力问题。如果所转让的部分不涉及地役权，则不享有地役权。

三是受让人的权利。根据本条规定，受让人同时享有地役权。所谓同时，即只要受让人所受让的土地使用权、用益物权与地役权有关，即可以享有该地役权。受让人享有地役权是基于法律的规定享有的，并不需要当事人就此另行签订协议。

第三百八十三条　【供役地部分转让】

供役地以及供役地上的土地承包经营权、建设用地使用权等部分转让时，转让部分涉及地役权的，地役权对受让人具有法律约束力。

【立法背景】

地役权的不可分性的第二个方面体现在供役地及其权利部分变动时，地役权的约束力也不受影响。本条规定，供役地以及供役地上的土地承包经营权、建设用地使用权等部分转让时，转让部分涉及地役权的，地役权对受让人具有法律约束力。与需役地部分转让时，地役权可以由受让方享有一样，供役地部分转让的，地役权的约束力对受让方也有约束力。原因也就在于，地役权为整个供役地的负担，而不仅仅只是部分供役地的负担。也就是说，应有部分的变化不应影响地役权的存在。

【条文精解】

供役地的所有权部分转让时，转让部分涉及地役权的，地役权对受让人具有法律约束力。如甲村所有的某地块与乙村的 A 地块相邻，因灌溉需要，遂与乙村签订以取水为目的的地役权合同，约定甲村可以在 A 地块埋设供水管道，期限为 50 年。20 年后，乙村将其所有的 A 地块部分转让给了丙村，丙村欲在该地块上建筑厂房，故要求甲村拆除该地块上的供水管道。根据本条规定，虽然乙村将供役地 A 地块的部分所有权转让了，此时，受让方仍需要受地役权的约束，故丙村不得要求甲村拆除供水管道。

供役地上的土地承包经营权、国有土地使用权等部分转让时，地役权对受让人有约束力。供役地上的国有土地使用权等用益物权部分转让时，如果所转让部分涉及地役权的，因地役权的不可分性，受让人仍需要负担地役权的义务。如甲乙两公司享有国有土地使用权的两地块相邻，甲公司为供电需要，在乙公司的地块上设立了地役权，乙公司允许甲公司架设高压电线，并办理了地役权登记。后乙公司将设立了地役权的部分地块的国有土地使用权转让给了丙公司。根据本条规定，丙公司仍应允许甲公司的高压线在该地块上通过。

供役地以及供役地上的用益物权部分转让时，转让部分不涉及地役权的，地役权对受让人不再具有约束力。如甲承包了村里 100 亩的农业用地，其中包括 20 亩养殖水塘。乙也是该村承包户，因乙所承包的土地缺水，遂与甲约定，乙可以定期到甲的水塘取水灌溉，并向甲支付费用，双方签订了地役权合同并办理了登记。后甲将养殖水塘之外的 80 亩承包地的土地承包经营权转让给丙。因丙受让的承包地与甲乙双方就取水设定的地役权并无关系，故丙不受此地役权约束。

第三百八十四条　【地役权消灭】

地役权人有下列情形之一的，供役地权利人有权解除地役权合同，地役权消灭：

（一）违反法律规定或者合同约定，滥用地役权；

（二）有偿利用供役地，约定的付款期限届满后在合理期限内经两次催告未支付费用。

【立法背景】

地役权消灭，是指地役权因法定事由而归于灭失。地役权与其他物权相比的一个重要区别就是，地役权的权利内容是由双方当事人通过合同约定。地役权合同是地役权的基础，双方当事人可以在合同中就地役权的设立、存续、消灭等作出约定。本条针对地役权合同中供役地权利人单方解除权作了特别规定，在出现法定事由时，供役地权利人有权依法行使单方解除权，使地役权归于消灭。

【条文精解】

根据本条规定，供役地权利人行使单方解除权的法定事由包括：

第一，地役权人违反法律规定或者合同约定，滥用地役权。认定地役权人是否滥用地役权，可以从两个方面判断：一是根据合同约定判断。一般而言，地役权合同会就供役地和需役地的位置、地役权的利用目的和方法等作出约定。如果地役权人违反合同约定的目的、方法等行使地役权，即可以认定为构成滥用地役权，此时供役地权利人可以单方解除地役权合同。二是根据法律规定判断。根据法律判断地役权人是否滥用地役权，所依据的法律既包括民法典的规定，也包括其他与行使地役权相关的法律。

第二，有偿利用供役地的，地役权人在约定的付款期限届满后在合理期限内经两次催告仍未支付费用。地役权合同是否有偿，由地役权人和供役地权利人约定。如果地役权为有偿，则地役权人必须按照合同的约定履行付款义务。如果地役权人无正当理由，在合同约定的履行期限届满后，仍没有按照合同约定支付供役地权利人费用的，而且在一个合理期限内经两次催告，地役权人仍不履行付款义务的，表明地役权人没有履行合同的诚意，或者根本不可能再履行合同，供役地权利人可以解除地役权合同。否则，不仅对供役地权利人不公平，而且还会给其造成更大的损失。供役地权利人解除地役权合同的，地役权消灭。

本条规定的地役权消灭的两项法定事由，是专门为供役地权利人设立的权利。当然，供役地权利人除了可以根据本条规定的法定解除事由解除地役权合同之外，还可以基于当事人的约定行使解除权。如果在地役权合同履行过程中，发生了约定的特定情形，此时，供役地权利人就可以根据约定行使单方解除权。

地役权除了因当事人行使法定解除权或者约定解除权，解除地役权合同导致消灭外，还存在其他消灭事由，包括地役权合同消灭、地役权期限届满、地役权合同中所附地役权终止期限到来等。

第三百八十五条 【地役权变动登记】

已经登记的地役权变更、转让或者消灭的，应当及时办理变更登记或者注销登记。

【立法背景】

不动产物权由于某种原因发生变动时，应当将其变更、转让或者消灭的情形记载于不动产登记簿上，以防止纠纷的发生。公示对于市场经济秩序的建立和维护具有十分重要的意义。登记制度是市场经济社会国家维护秩序，保障交易安全的重要法律手段。地役权变更、转让或者消灭都是物权变动的内容。如果地役权已经发生了变动，但没有办理变更登记或者注销登记，则在法律上并没有真正完成物权的变动。从法律效果上来看，只要作为公示内容的物权现状没有变动，便可以视为物权变动没有发生过。例如，当地役权人取得供役地的用益物权，因混同而导致地役权消灭时，就应当及时办理地役权的注销登记，使供役地负担的变化情况及时向公众公示。之所以要求当事人及时办理变更登记或者注销登记，是因为该供役地的用益物权有可能会转让给第三人，有负担的不动产和没有负担的不动产在价值上是完全不同的，对于受让人而言，受让了具有负担的不动产之后，将会使受让人的权利行使受到一定的限制，这样对受让人是不公平的。因此，为了维护登记簿的公示力、公信力，必须在地役权人办理变更、转让或者注销该地役权登记后，地役权变动才能生效，否则地役权仍然存在。同时，向公众公开不动产负担的情况，对保护受让人的利益、防止纠纷都具有十分重要的作用。

【条文精解】

根据本条规定，已经登记的地役权变更、转让或者消灭的，应当及时办理变更登记或者注销登记。可以从以下几个方面理解本条：

第一，需要办理变动登记的地役权范围。《物权法》第158条规定，地役权设立不以登记为要件，登记仅具有对抗善意第三人的效力。因此，并非所有的地役权都会办理登记。没有办理登记的地役权变更、消灭之后，也不可能再去办理变更、注销登记。只有当事人自己申请办理了登记的地役权，为了确保地役权的公示公信力，便于第三人知晓物权状态，才有必要去办理变更、注销登记。

第二，变动登记的类型。根据本条规定，两种情况需要办理地役权变动登记：一是变更登记。地役权变更、转让的，应当办理变更登记。二是注销登记。地役权消灭的，应当办理注销登记。地役权消灭可能因为地役权合同约定的期限届满，可能是由于供役地权利人行使单方解除权消灭等。只要地役权消灭的，都应当依法办理地役权注销登记。

第三，办理地役权变动登记的主体。办理地役权变动登记，应当由地役权合同的双方当事人共同办理。办理地役权登记的机构也是负责地役权变更和注销登记的机关。

第四，办理地役权变动登记的程序。《不动产登记暂行条例实施细则》第61条规定，经依法登记的地役权有法定情形的，当事人应当持地役权合同、不动产登记证明和证实变更的材料等必要材料，申请地役权变更登记。第62条规定，已经登记的地役权因土地承包经营权、建设用地使用权转让发生转移的，当事人应当持不动产登记证明、地役权转移合同等必要材料，申请地役权转移登记。第63条规定，已经登记的地役权，有法定情形的，当事人可以持不动产登记证明、证实地役权发生消灭的材料等必要材料，申请地役权注销登记。

第五，地役权变动登记的法律效果。根据《物权法》第158条规定，地役权登记具有对抗善意第三人的效力。因此，如果地役权变更、转让未办理变更登记，地役权消灭未办理注销登记的，当事人不得对抗善意第三人。

第四分编　担保物权

第十六章　一般规定

> **第三百八十六条**【担保物权含义】
> 　　担保物权人在债务人不履行到期债务或者发生当事人约定的实现担保物权的情形，依法享有就担保财产优先受偿的权利，但是法律另有规定的除外。

【立法背景】

担保物权是以直接支配特定财产的交换价值为内容，以确保债权实现为目的而设定的物权。担保物权制度是现代民法的一项重要制度，在社会经济生活中发挥着确保债权实现、促进社会融资等作用。本条对担保物权的含义作了规定。

【条文精解】

根据本条规定，担保物权具有以下特征：

第一，担保物权以确保债权人的债权得到清偿为目的。因此，在担保物权设立时，要有被担保债权的存在，这是担保物权的一个重要属性：从属性，从属于所担保的债权。担保物权的从属性体现在担保物权的设立上，还体现在担保物权的转让、消灭等方面。债权人在其债权无法获得清偿时，便可以要求实现担保物权。担保物权人在两种情况下可以实现担保物权：一是债务履行期届满时，债务人不履行债务的；二是发生当事人约定的可以实现担保物权的情形的。

第二，担保物权具有优先受偿的效力。优先受偿，是指在债务人到期不清偿债务或出现当事人约定的实现担保物权的情形时，债权人可以对担保财产进行折价或拍卖、变卖担保财产，以所得的价款优先实现自己的债权。担保物权的优先受偿性主要体现在两方面：一是优先于其他不享有担保物权的普通债权；二是有可能优先于其他物权，如后顺位的担保物权。需要注意的是，担保物权的优先受偿性并不是绝对的，如果本法或其他法律有特别的规定，担保物权的优先受偿效力会受到影响。

第三，担保物权是在债务人或第三人的财产上成立的权利。债务人既可以以自己的财产，也可以第三人的财产为债权设立担保物权。可以用于担保的财产范围比较广，既包括现在的财产也包括将来的财产；既包括不动产也包括动产，在特定情形下还包括权利。

第四，担保物权具有物上代位性。债权人设立担保物权并不以使用担保财产为目的，而是以取得该财产的交换价值为目的，因此，担保财产即使毁损、灭失，只要代替该财产的交换价值还存在，担保物权的效力仍存在，此时担保物权的效力转移到了该代替物上。这就是担保物权的物上代位性。

第三百八十七条 【担保物权适用范围及反担保】

债权人在借贷、买卖等民事活动中，为保障实现其债权，需要担保的，可以依照本法和其他法律的规定设立担保物权。

第三人为债务人向债权人提供担保的，可以要求债务人提供反担保。反担保适用本法和其他法律的规定。

【立法背景】

担保物权的适用范围，是指担保物权可以适用的领域。反担保，是指替债务人提供担保的第三人，无论该第三人是提供人的担保还是物的担保，为了保证自己的追偿权得到实现，可以要求债务人为自己追偿权的实现提供担保。

【条文精解】

对本条第1款的理解，应注意以下几点：第一，担保物权适用于民事活动，不适用于国家行政行为、司法行为等不平等主体之间产生的关系。担保物权是平等民事主体之间为确保债权的实现而设定的。第二，为了引导当事人设定担保物权，本法列举了借贷、买卖两种典型的可以设定担保物权的民事活动，但可以设定担保物权的民事活动很广泛，并不仅限于这两种民事活动。第三，因侵权行为产生的债权不能用事先设定担保物权的方式加以保障，但因侵权行为已产生的债权，属于普通债权，可以用设定担保物权的方式确保该债权实现。第四，本条第 1 款中的"其他法律"，主要指海商法、农村土地承包法等对船舶抵押、土地经营权抵押作了规定的法律，也为今后相关特别法规定担保物权留下接口。

本条第 2 款对反担保作了规定。在由第三人提供担保物权的债权债务关系中，在债务人未清偿到期债务或出现当事人约定的可以实现担保物权的情形时，提供担保财产的第三人应当承担担保责任，债权人可以就第三人提供的担保财产实现自己的债权。第三人基于担保合同以及替代债务人清偿债务这一法律事实，有权向债务人追偿。第三人为保障自己追偿权的实现，可以要求债务人向自己提供担保，这里的担保可以是债务人或其他人提供的担保物权，也可以是其他人提供的保证。反担保的法律性质、具体规则适用等方面与设立担保物权一样，因此，本款规定，反担保适用本法和其他法律的规定。

第三百八十八条 【担保合同从属性以及担保合同无效后法律责任】

设立担保物权，应当依照本法和其他法律的规定订立担保合同。担保合同包括抵押合同、质押合同和其他具有担保功能的合同。担保合同是主债权债务合同的从合同。主债权债务合同无效的，担保合同无效，但是法律另有规定的除外。

担保合同被确认无效后，债务人、担保人、债权人有过错的，应当根据其过错各自承担相应的民事责任。

【立法背景】

担保物权的一个重要特点是其附随性，没有主债权债务关系的存在，担保关系也就没有了存在以及实现的可能和价值。体现主债权债务关系的主要是主债权债务合同，体现担保关系的主要是担保合同。担保关系必须以主债权债务关系的存在为前提。担保合同是主债权债务合同的从合同，其效力受到主债权债务合同效力的影响。

【条文精解】

我国的法律和司法实践，对于意定担保物权的设立均要求采用书面形式订立合同。本条规定，设立担保物权，应当依照本法和其他法律的规定订立担保合同。担保合同属于民事合同的一种，其成立和生效应当符合合同编的有关规定。担保合同除了包括本编规定的抵押合同、质押合同外，还包括其他具有担保功能的合同。

在担保物权中，主债权债务关系无效后，其约定的权利义务关系就不存在了。根据担保关系的附随性，作为从合同的担保合同自然也归于无效。本条第1款规定，担保合同是主债权债务合同的从合同。主债权债务合同无效，担保合同无效，但是法律另有规定的除外。需要指出的是，担保合同随主债权债务合同的无效而无效只是一般规则，并不是绝对的，在法律另有规定的情况下，担保合同可以作为独立合同存在，不受主债权债务合同效力的影响。

在主债权债务合同无效导致担保合同无效时，虽然不存在履行担保义务的问题，但债务人、担保人或债权人并非不承担任何法律后果。在主债权债务合同无效，担保合同也无效的情况下，如果债务人、担保人或债权人对合同的无效有过错的，应当根据其过错各自承担相应的民事责任。所谓"相应的民事责任"，是指当事人只承担与其过错程度相当的民事责任。

需要强调的是，导致担保合同无效的原因很多，主债权债务合同无效导致担保合同无效只是原因之一。在主债权债务合同有效的情况下，担保合同也可能无效。判断担保合同是否有效，不能仅以主债权债务合同是否有效为标准，还要看担保合同本身是否有存在无效的情形。在主债权债务合同有效，担保合同无效的情形下，债务人、担保人或债权人对担保合同无效有过错的，也应当各自承担相应的民事责任。

【实践中需要注意的问题】

主债权债务合同无效，担保合同无效的除外情形，只能由法律规定。当事人之间不能约定主债权债务合同无效，担保合同仍有效。

第三百八十九条 【担保物权的担保范围】

担保物权的担保范围包括主债权及其利息、违约金、损害赔偿金、保管担保财产和实现担保物权的费用。当事人另有约定的，按照其约定。

【立法背景】

担保物权的担保范围，是指担保人所承担的担保责任范围。担保范围可以由当事人约定，当事人没有约定的，担保范围依据本条规定来确定。

【条文精解】

根据本条规定，担保物权的担保范围包括：

1. 主债权

主债权，是指债权人与债务人之间因债的法律关系所发生的原本债权，例如金钱债权、交付货物的债权或提供劳务的债权。主债权是相对于利息和其他附随债权而言，不包括利息以及其他因主债权而产生的附随债权。

2. 利息

利息，是指实现担保物权时主债权所应产生的一切收益。利息可以按照法律规定确定，也可以由当事人自己约定，但当事人不能违反法律规定约定过高的利息，否则超过部分的利息无效。

3. 违约金

违约金，是指按照当事人的约定，一方当事人违约时，应当根据违约情况向另一方支付的一定数额的金钱。在担保行为中，只有因债务人的违约行为导致产生支付违约金的义务时，违约金才可以纳入担保物权的担保范围。此外，当事人约定了违约金，一方违约时，应当按照该约定支付违约金。如果约定的违约金低于或高于造成的损失时，当事人可以请求人民法院或仲裁机构予以调整，此时应当以人民法院或仲裁机构最终确定的违约金数额为准。

4. 损害赔偿金

损害赔偿金，是指一方当事人因违反合同或因其他行为给债权人造成的财产、人身损失而给付的赔偿额。损害赔偿金的范围可以由法律直接规定，或由双方当事人约定，在法律没有特别规定或当事人没有约定的情况下，应按照完全赔偿原则确定具体赔偿数额。赔偿全部损失，既包括赔偿直接损失，也包括赔偿可得利益损失。

5. 保管担保财产的费用

保管担保财产的费用，是指债权人在占有担保财产期间因履行善良保管义务而支付的各种费用。在担保期间，质权人和留置权人有妥善保管担保财产的义务，但保管的费用应当由债务人或提供担保的第三人承担，该费用可以纳入担保物权的担保范围。

6. 实现担保物权的费用

实现担保物权的费用，是指担保物权人在实现担保物权过程中所花费的各种实际费用，如对担保财产的评估费用、拍卖或变卖担保财产的费用、向人民法院申请强制变卖或拍卖的费用等。

对担保物权所担保的债权范围，当事人之间可以自行约定。本条规定的"担保物权的担保范围包括主债权及其利息、违约金、损害赔偿金、保管担保财产和实现担保物权的费用"，属于担保物权的法定担保范围，当事人另有约定的，其效力优先于法定担保范围。

第三百九十条 【担保物权物上代位性】

担保期间，担保财产毁损、灭失或者被征收等，担保物权人可以就获得的保险金、赔偿金或者补偿金等优先受偿。被担保债权的履行期限未届满的，也可以提存该保险金、赔偿金或者补偿金等。

【立法背景】

担保物权的物上代位性，是指担保物权的效力及于担保财产因毁损、灭失所得的赔偿金等代位物上，是担保物权的重要特征。由于担保物权人设立担保物权并不以占有和使用担保财产为目的，而是以支配担保财产的交换价值为目的，所以，即使担保财产本身已经毁损、灭失，只要该担保财产交换价值的替代物还存在，该担保物权的效力就自动移转到了该替代物上。

【条文精解】

根据本条规定，担保财产的代位物包括：第一，赔偿金。担保财产因第三人的侵权行为或其他原因毁损、灭失时，担保人所获得的损害赔偿金可以作为担保财产的代位物。但是，如果是由于债权人的原因导致担保财产毁损、灭失的，债权人向担保人支付的损害赔偿金不能作为担保财产的代位物。第二，保险金。担保人为担保财产投保的，因保险事故发生而致使担保财产毁损、灭失时，担保人可以请求保险人支付保险金。该保险金可以作为代位物。第三，补偿金。这里的补偿金主要指担保财产被国家征收时，担保人从国家得到的补偿金。

担保期间，担保财产毁损、灭失或者被征收等产生的法律后果就是担保物权人可以就担保人所得的损害赔偿金、保险金或者补偿金等优先受偿，并且担保物权的受偿顺位不受影响，各担保物权人依照其对担保财产的受偿顺位对代位物行使权利。在因担保财产毁损、灭失或者被征收产生代位物，可能会出现两种情况：一种情况是担保物权人的债权已经到期或出现当事人约定的可以实现担保物权的情形。此时，担保物权人可以立即在代位物上实现自己的优先受偿权。另一种情况是担保物权人的债权还没有到期。在这种情况下，担保物权人可以提前在代位物上实现自己的债权，如果担保物权人还希望保留自己的期限利益，也可以不立即在代位物上实现担保物权，而等到债权履行期限届满或出现当事人约定的可以实现担保物权的情形，再在代位物上优先受偿。担保人可以自己或应担保物权人的要求向提存机构提存该保险金、赔偿金或补偿金等。

第三百九十一条【债权人未经担保人同意允许债务人转移债务的法律后果】

第三人提供担保，未经其书面同意，债权人允许债务人转移全部或者部分债务的，担保人不再承担相应的担保责任。

【立法背景】

债务人将债务的全部或者部分转移给第三人的，应当经债权人同意。在有第三人提供担保的债权债务关系中，涉及的主体有债权人、债务人和担保人，债务人转移债务的，还应当经担保人书面同意。第三人提供担保一般是基于其与债务人之间的信任关系或对债务人的资产、信誉有所了解。在担保关系中，一旦未经担保人同意，债务人擅自转移债务的，将给担保人带来较大风险，因为担保人对新的债务人可能一无所知。设立担保物权虽然主要是为保障债权的实现，但也要照顾担保人利益，特别是担保人是债务人以外的第三人时，如何平衡担保人、担保权人和债务人三者的利益就很重要。

【条文精解】

正确理解本条应当注意以下几点：一是本条只适用于第三人提供担保财产的情况，如果担保财产是由债务人自己提供的，除非债权人明确放弃担保物权或债的受让人明确表示愿意代为提供新的担保，否则债权人同意债务人转移债务的行为并不意味着债务人担保责任的免除。二是债权人允许债务人转移债务必须要经提供担保的第三人的书面同意。设立担保需要书面形式，担保人如果继续为新的债务人担保，这种变更也应当秉承书面的原则，否则视为不存在担保人的同意。三是本条规定的债务转移既包括债务人将债务全部转移给他人，也包括将部分债务转移给他人。债权人许可债务人部分转移的，原债务人并不退出债务关系，只是其所应承担的债务额减少，新债务人与原债务人共同向债权人承担债务。部分转移债务的也必须经担保人同意，否则担保人对转移出去的部分债务不承担担保责任。四是未经担保人书面同意，债权人许可债务人转移全部债务的，可以免除担保人全部担保责任；债权人许可债务人转移部分债务的，可以免除担保人部分的担保责任，担保人还要对债务人未转移的债务承担担保责任。

第三百九十二条 【物的担保与人的担保的关系】

被担保的债权既有物的担保又有人的担保的，债务人不履行到期债务或者发生当事人约定的实现担保物权的情形，债权人应当按照约定实现债权；没有约定或者约定不明确，债务人自己提供物的担保的，债权人应当先就该物的担保实现债权；第三人提供物的担保的，债权人可以就物的担保实现债权，也可以请求保证人承担保证责任。提供担保的第三人承担担保责任后，有权向债务人追偿。

【立法背景】

物的担保是以物担保债务的履行，包括本编规定的抵押权、质权和留置权；人的担保是以人的信誉担保债务的履行，指合同编规定的保证。对于被担保的债权上既有物的担保又有人的担保的情况下，应如何处理物的担保与人的担保的关系问题，《物权法》第176条区分三种情况对物的担保与人的担保的关系作了规定，本条沿用了该规定。

【条文精解】

应当从以下几个方面理解本条：

第一，在当事人对物的担保和人的担保的关系有约定的情况下，应当尊重当事人的意思自治，按约定实现担保权。

第二，在没有约定或者约定不明确，债务人自己提供物的担保的情况下，应当先就物的担保实现担保物权。因为，如果担保权人先行使债务人提供的物的担保，就可以免去提供担保的第三人日后再向债务人行使追索权的烦琐，减少债权实现的成本和费用。在债务人自己提供物的担保的情况下，请求债务人先承担担保责任，也符合公平原则。

第三，在没有约定或者约定不明确，第三人提供物的担保，又有人的担保的情况下，应当允许当事人进行选择。这是因为，在没有约定或者约定不明确的情况下，提供物的担保的第三人与保证人处于担保人的平等地位，都不是偿还债务的最终义务人。因此，债权人无论是先实现物的担保还是先实现人的担保，物的担保人或保证人都存在向债务人追索的问题。为保障债权人的债权得以实现，法律应当尊重债权人的意愿，允许担保权人享有选择权。

第三百九十三条【担保物权消灭原因】

有下列情形之一的，担保物权消灭：

（一）主债权消灭；

（二）担保物权实现；

（三）债权人放弃担保物权；

（四）法律规定担保物权消灭的其他情形。

【立法背景】

担保物权的消灭原因因担保物权种类的不同而有所区别。《物权法》第177条在担保法的基础上，对担保物权消灭的共同原因作了归纳，本条沿用了物权法的规定。

【条文精解】

根据本条规定，在下列情形下担保物权消灭：

第一，因主债权的消灭而消灭。担保物权是从属于主债权的权利，主债权消灭的，担保物权也随之消灭。这里的"主债权消灭"，是指主债权的全部消灭，根据担保物权的不可分性，主债权部分消灭，担保物权仍然存在，担保财产仍担保剩余的债权，直到债务人履行全部债务时为止。债务人自己清偿债务或第三人代债务人清偿债务导致主债权消灭的，担保物权均消灭。

第二，担保物权实现导致担保物权消灭。这里的"担保物权实现"，是指债务人到期不履行债务时，债权人与担保人约定以担保财产折价或拍卖、变卖担保财产，以拍卖、变卖担保财产所得的价款优先受偿。担保物权是为担保债权而设定的，担保物权实现就意味着担保物权人权利的实现，担保物权自然就归于消灭。担保物权一旦实现，无论其所担保的债权是否全部清偿，担保物权都消灭。

第三，债权人放弃担保物权导致担保物权消灭。这里的"放弃"，是指债权人的明示放弃，明示放弃主要包括两种情形：一是债权人用书面的形式明确表示放弃担保物权。二是债权人以行为放弃。例如，因债权人的行为导致担保财产毁损、灭失的，视为债权人放弃担保物权。

第四，法律规定的其他导致担保物权消灭的情形。这是一个兜底条款，主要是指本法或其他法律规定的担保物权消灭的特殊情形。

第十七章　抵押权

第一节　一般抵押权

第三百九十四条 【抵押权基本概念】

为担保债务的履行，债务人或者第三人不转移财产的占有，将该财产抵押给债权人的，债务人不履行到期债务或者发生当事人约定的实现抵押权的情形，债权人有权就该财产优先受偿。

前款规定的债务人或者第三人为抵押人，债权人为抵押权人，提供担保的财产为抵押财产。

【立法背景】

对于抵押权的基本概念，本条沿用了《物权法》第179条的规定。

【条文精解】

抵押权，是指为担保债务的履行，债务人或者第三人不转移财产的占有，将该财产抵押给债权人，债务人不履行到期债务或者发生当事人约定的实现抵押权的情形，债权人有权就该财产优先受偿。

抵押法律关系的当事人为抵押人和抵押权人，客体为抵押财产。抵押人，是指为担保债务的履行而提供抵押财产的债务人或者第三人。抵押权人，是指接受抵押担保的债权人。抵押财产，是指抵押人提供的用于担保债务履行的特定的物。

抵押权具有以下几个特征：

第一，抵押权是担保物权。抵押权以抵押财产作为债权的担保，抵押权人对抵押财产享有的权利，可以对抗物的所有人以及第三人。这主要体现在抵押权人对抵押财产有追及、支配的权利。追及权，表现在抵押财产转让的，抵押权不受影响。支配权，表现在抵押权人在抵押财产担保的债权已届清偿期，或发生当事人约定的实现抵押权的情形时，有权依法以抵押财产折价或以拍卖、变卖抵押财产的价款优先受偿。

第二，抵押权是债务人或者第三人以其所有的或者有权处分的特定的财产设定的物权。作为抵押权客体的财产，必须是债务人或第三人所有的或者依法有权处分的财产。债权人自己所有的财产不能作为抵押财产。抵押财产可以为不动产和动产，用于抵押的财产应当是特定的，即是确定的或是有具体指向的。

第三，抵押权是不转移标的物占有的物权。抵押权设定后，抵押人不必将抵押财产转移于抵押权人占有，抵押人仍享有对抵押财产的占有、使用、收益和处分的权利，这是抵押权区别于质权、留置权的特征。抵押权无须转移抵押财产占有有下列优势：一是设定抵押权后，抵押人仍能占有抵押财产而进行使用、收益和处分；二是抵押权人无需承担保管抵押财产的义务；三是由于抵押财产仍然保存在抵押人处，抵押人可以对其抵押财产进行保值增值，充分发挥物的价值。

第四，抵押权人有权就抵押财产优先受偿。优先受偿，是指当债务人有多个债权人，其财产不足以清偿全部债权时，有抵押权的债权人，可以优先于其他无抵押权的债权人而受到清偿。

实现抵押权应当具备以下条件之一：一是债务清偿期限届满，债务人不履行义务。二是发生当事人约定的实现抵押权的情形。当双方约定的实现抵押权的条件成就，即使债务清偿期限没有届满，抵押权人也有权实现抵押权。

第三百九十五条 【抵押财产范围】

债务人或者第三人有权处分的下列财产可以抵押：

（一）建筑物和其他土地附着物；

（二）建设用地使用权；

（三）海域使用权；

（四）生产设备、原材料、半成品、产品；

（五）正在建造的建筑物、船舶、航空器；

（六）交通运输工具；

（七）法律、行政法规未禁止抵押的其他财产。

抵押人可以将前款所列财产一并抵押。

【立法背景】

本条基本保留了《物权法》第 180 条关于抵押财产范围的规定，由于农村土地承包法等对土地经营权的抵押作了特别规定，删去了该条第 3 项"以招标、拍卖、公开协商等方式取得的荒地等土地承包经营权"，并结合实际需要，增加了海域使用权可以抵押的规定。

【条文精解】

根据本条的规定，财产抵押必须符合两个条件：

1. 债务人或者第三人对抵押财产有处分权

包括：（1）债务人或者第三人是抵押财产的所有权人。（2）债务人或者第三人对抵押财产享有用益物权，法律规定该用益物权可以抵押。（3）债务人或者第三人根据法律、行政法规的规定，或经过政府主管部门批准，可以将其占有、使用的财产抵押。比如，依据《全民所有制工业企业转换经营机制条例》，企业根据生产经营的需要，对一般固定资产，可以自主决定出租、抵押或者有偿转让；对关键设备、成套设备或者重要建筑物，经政府主管部门批准，也可以抵押、有偿转让。

2. 抵押财产属于本条规定的可以抵押的财产

（1）建筑物和其他土地附着物。建筑物包括住宅、体育馆等，但并非所有的建筑物都可以抵押，只有抵押人有权处分的建筑物才可以抵押。例如，依照城市房地产管理法，依法取得的房屋所有权可以设定抵押权。因此，私人建造或者购买的住宅、商业用房、集体所有的乡镇企业厂房等，只要取得了所有权，就可以抵押。对于产权属于全民所有的房屋，未经依法批准，使用单位不得抵押。

其他土地附着物，指附着于土地之上的除房屋以外的不动产，包括桥梁、隧道、大坝、道路等构筑物，以及林木、庄稼等。

（2）建设用地使用权。建设用地使用权，是指权利主体依法对国家所有的土地享有的占有、使用和收益的权利。按照现行法律规定，取得建设用地使用权主要有以下几种方式：①通过无偿划拨取得；②通过出让取得；③通过有偿转让取得。建设用地使用权取得的方式不同，权利人享有的处分权也不同，建设用地使用权可否抵押，取决于法律是否赋予权利人处分的权利。比如，依照城市房地产管理法，依法取得的房屋占用范围内的土地使用权，以及以出让方式取得的土地使用权，可以设定抵押权。

（3）海域使用权。海域属于国家所有，国家是海域所有权的唯一主体。单位和个人使用海域，必须依法取得海域使用权。海域使用权是一种用益物权，本法规定，依法取得的海域使用权受法律保护。根据海域使用管理法的规定，海域使用权取得的方式主要有三种：一是单位和个人向海洋行政主管部门申请；二是招标；三是拍卖。海域使用权作为一项重要的财产权利，可以依法转让、继承。对于海域使用权能否抵押，海域使用管理法没有作出规定，物权法关于可以抵押的财产范围中也没有明确列出海域使用权。

充分发挥海域使用权的使用价值及交换价值有利于大力发展海洋经济。目前，《海域使用权管理规定》《不动产登记暂行条例》及其实施细则就海域使用权的抵押登记作了具体规定。本条在吸收相关意见的基础上，在抵押财产的范围中增加了海域使用权。

（4）生产设备、原材料、半成品、产品。生产设备包括：工业企业的各种机床、计算机、化学实验设备、仪器仪表设备，海港、码头、车站的装卸机械，农用机械等。原材料，是指用于制造产品的原料和材料，比如，用于炼钢的铁矿石，用于造纸的纸浆，用于建设工程的砖、瓦、沙、石等。半成品，是指尚未全部生产完成的产品，比如，尚未组装完成的汽车，尚未缝制纽扣的服装。产品，是指生产出来的物，比如，汽车、轮船等交通工具，仪表、机床等生产设备，电视机、电冰箱等生活用品。

对于是否限定动产抵押的范围，本编保留了物权法的规定，但在动产抵押的具体制度设计上，对于动产浮动抵押的客体作了限制，即只能为"现有的以及将有的生产设备、原材料、半成品、产品"，而对于一般的动产抵押，没有对其客体作出限制，即只要不是法律禁止抵押的动产，都可以作为抵押财产。

（5）正在建造的建筑物、船舶、航空器。以正在建造的建筑物、船舶、航空器作为贷款的担保，对于解决建设者融资难、保证在建工程顺利完工具有重要作用。物权法规定了在建的建筑物、船舶、航空器可以抵押，本条保留了该规定。

（6）交通运输工具。交通运输工具包括：飞机、船舶、火车、各种机动车辆等。

（7）法律、行政法规未禁止抵押的其他财产。这是一项兜底性规定，以适应不断变化的经济生活需要。这项规定表明，以前六项规定以外的财产抵押，必须同时具备两个条件：①不是法律、行政法规规定禁止抵押的财产；②债务人或者第三人对该财产有处分权。

抵押人可以将第1款所列财产一并抵押。这是关于企业财产集合抵押的规定。根据该规定，企业可以将企业的动产、不动产及其某些权利作为一个整体进行担保，比如，将厂房、机器设备、库存产成品、工业产权等财产作为总资产向银行抵押贷款。但是，企业将财产一并抵押时，各项财产的名称、数量等情况应当是明确的。

第三百九十六条 【浮动抵押】

企业、个体工商户、农业生产经营者可以将现有的以及将有的生产设备、原材料、半成品、产品抵押，债务人不履行到期债务或者发生当事人约定的实现抵押权的情形，债权人有权就抵押财产确定时的动产优先受偿。

【立法背景】

浮动抵押，是指权利人以现有的和将有的全部财产或者部分财产为其债务提供抵押担保。债务人不履行到期债务或者发生当事人约定的实现抵押权的情形，债权人有权就抵押财产确定时的动产优先受偿。企业以现有的以及未来可能买进的机器设备、库存产成品、生产原材料等动产担保债务的履行，抵押权设定后，抵押人可以将抵押的原材料投入产品生产，可以买入新的机器设备，也可以卖出产品，抵押财产处于一种浮动的状态。然而，抵押权人实现抵押权时，抵押财产应当是确定的，抵押财产需要从之前浮动状态变为固定状态。《民法典》第411条规定了浮动抵押财产确定的事由，当发生该条规定的情形时，抵押财产确定，也就是说此时抵押人有什么财产，这些财产就是抵押财产。

浮动抵押具有不同于一般动产抵押的两个特征：第一，浮动抵押设定后，抵押的财产不断发生变化，直到约定或法定的事由发生，抵押财产才确定；第二，浮动抵押期间，抵押人处分抵押财的，抵押权人对抵押财产无追及的权利，只能就抵押财产确定时的动产优先受偿。

《物权法》在第181条规定了浮动抵押制度，本条删去了物权法中的"经当事人书面协议"，以避免立法重复，并将"债权人有权就实现抵押权时的动产优先受偿"修改为"债权人有权就抵押财产确定时的动产优先受偿"。

【条文精解】

按照本条以及相关规定，设立浮动抵押应当符合下列条件：

第一，设立浮动抵押的主体限于企业、个体工商户、农业生产经营者。考虑到我国设立浮动抵押，主要是为了解决中小企业和农民贷款难的问题，本条将设定浮动抵押的主体规定为企业、个体工商户和农业生产经营者。除了上述三种主体，非营利的法人和非法人组织、特别法人以及非从事生产经营的自然人等不可以设立浮动抵押。

第二，设立浮动抵押的财产限于生产设备、原材料、半成品、产品。对除此以外的动产不得设立浮动抵押，对不动产也不得设立浮动抵押。

第三，实现抵押权的条件是不履行到期债务或者发生当事人约定的实现抵押权的事由。

第四，浮动抵押优先受偿的效力范围为抵押财产确定时的动产。《物权法》第181条规定，当实现浮动抵押权的条件成就时，"债权人有权就实现抵押权时的动产优先受偿"。有的意见提出，"实现抵押权时"可能会被理解为当事人协议以折价、拍卖、变卖的方式实现抵押权或请求法院拍卖、变卖抵押财产，然而，浮动抵押优先受偿的效力范围应当为浮动抵押转化为固定抵押时所及的财产范围，即浮动抵押确定时的财产范围，抵押财产确定时的财产范围与实现抵押权时的财产范围很可能不一致。为了避免产生歧义，本法将物权法中的"实现抵押权时"修改为"抵押财产确定时"。抵押财产如何确定，《民法典》第411条作了明确规定。

【实践中需要注意的问题】

动产浮动抵押是特殊的动产抵押，尽管其具有不同于一般动产抵押的特征，但也适用动产抵押的一般规则。如在抵押财产范围、抵押合同、抵押权的设立与对抗效力、抵押权的优先受偿顺位等方面都适用动产抵押的一般规则。

> **第三百九十七条　【建筑物与其占用范围内的建设用地使用权抵押关系】**
> 以建筑物抵押的，该建筑物占用范围内的建设用地使用权一并抵押。以建设用地使用权抵押的，该土地上的建筑物一并抵押。
> 抵押人未依据前款规定一并抵押的，未抵押的财产视为一并抵押。

【立法背景】

建筑物所有权和建筑物占用范围内的建设用地使用权各为独立的不动产权利。由于房屋具有依附土地存在的天然特性，房屋所有权依法转让，必然产生建设用地使用权是否一并转让的问题；同样，建设用地使用权依法转让，也会产生该土地上的建筑物所有权是否一并转让的问题。由于房地产的不可分性，我国在处理房地产关系时的一个重要原则就是"地随房走或房随地走"原则。所谓"地随房走"，就是转让房屋的所有权时，建设用地使用权同时转让；所谓"房随地走"，就是转让建设用地使用权时，该土地上的房屋所有权也应一并转让。这一原则也同样适用于抵押。

【条文精解】

在设定抵押权时，房屋的所有权和建设用地使用权应当一并抵押，只有这样，才能保证实现抵押权时，房屋所有权和建设用地使用权同时转让。对于实践出现的一些将房屋抵押，但不抵押建设用地使用权，或抵押建设用地使用权，但不抵押房屋所有权的情况，本条第2款规定："抵押人未依据前款规定一并抵押的，未抵押的财产视为一并抵押。"也就是说，即使抵押人只办理了房屋所有权抵押登记，没有办理建设用地使用权抵押登记，实现房屋抵押权时，建设用地使用权也一并作为抵押财产。同样，只办理了建设用地使用权抵押登记，没有办理房屋所有权抵押登记的，实现建设用地使用权的抵押权时，房屋所有权也一并作为抵押财产。如果将房屋所有权和建设用地使用权分别抵押给不同的债权人，根据本条规定，前者的抵押效力及于建设用地使用权，后者的抵押效力及于房屋所有权，债权人在实现抵押权时，要以抵押登记的先后顺序确定优先受偿顺序。

第三百九十八条 【乡镇、村企业的建筑物和建设用地使用权抵押】

乡镇、村企业的建设用地使用权不得单独抵押。以乡镇、村企业的厂房等建筑物抵押的，其占用范围内的建设用地使用权一并抵押。

【立法背景】

乡镇、村企业的建设用地使用权为集体所有的土地上设立的土地使用权。我国对耕地实行特殊保护，严格限制农用地转化为建设用地。在 2019 年土地管理法修改之前，除兴办乡镇、村企业，村民建设住宅和建设乡镇、村公共设施和公益事业经依法批准使用农民集体所有的土地的以外，任何组织和个人进行建设需要使用土地的，必须依法申请使用国有土地。2019 年土地管理法修改时，创新性地改变了过去农村土地必须征为国有土地才能进入市场的问题，允许土地利用总体规划、城乡规划确定为工业、商业等经营性用途并经依法登记的集体经营性建设用地，通过出让、出租等方式交由单位或者个人使用、建设。除法律另有规定或当事人另有约定外，通过出让等方式取得的集体经营性建设用地使用权可以转让、互换、出资、赠与或抵押。集体经营性建设用地使用权的出租、出让及其转让、互换、出资、赠与、抵押的，参照同类用途的国有建设用地执行。

【条文精解】

乡镇、村企业的建设用地与入市的集体经营性建设用地在使用主体、审批程序等方面有不同。将乡镇、村企业的建设用地使用权抵押的，抵押权的实现可能会带来建设用地使用权出让的效果，即入市的效果。由于集体经营性建设用地入市有严格的要求，必须符合规划、符合用途管制、经依法登记确权、通过集体的决议程序等，如果对乡镇、村企业的建设用地使用权抵押不作任何限制，可能出现规避法律，以抵押为名，使不符合入市要求的集体所有的土地流入市场的情形。为此，本条规定："乡镇、村企业的建设用地使用权不得单独抵押。以乡镇、村企业的厂房等建筑物抵押的，其占用范围内的建设用地使用权一并抵押。"也就是说，乡镇、村企业不能仅以集体所有的建设用地使用权抵押，但可以将乡镇、村企业的厂房等建筑物抵押，以厂房等建筑物抵押的，其占用范围内的建设用地使用权一并抵押。法律虽然允许乡镇、村企业的建设用地使用权随厂房等建筑物一并抵押，但对实现抵押权后土地的性质和用途作了限制性规定。《民法典》第 418 条规定："以集体所有土地的使用权依法抵押的，实现抵押权后，未经法定程序，不得改变土地所有权的性质和土地用途。"也就是说，即使乡镇、村企业的建设用地使用权随其厂房等建筑物被拍卖、变卖了，受让的土地仍然属于农村集体所有，如果该土地原为工业用途，买受人应当严格按照该用途使用土地，未经有关部门批准，买受人不能将该土地用于商业、旅游和住宅建设。

第三百九十九条　【禁止抵押的财产】

下列财产不得抵押：

（一）土地所有权；

（二）宅基地、自留地、自留山等集体所有土地的使用权，但是法律规定可以抵押的除外；

（三）学校、幼儿园、医疗机构等为公益目的成立的非营利法人的教育设施、医疗卫生设施和其他公益设施；

（四）所有权、使用权不明或者有争议的财产；

（五）依法被查封、扣押、监管的财产；

（六）法律、行政法规规定不得抵押的其他财产。

【立法背景】

《物权法》第184条规定了禁止抵押的财产。本条根据承包地"三权分置"的改革要求，删除了物权法中关于耕地使用权不得抵押的规定。同时，考虑到民办学校、民办医院等已经进行了分类管理改革，结合本法关于法人分类的规定，将物权法中"学校、幼儿园、医院等以公益为目的的事业单位、社会团体的教育设施、医疗卫生设施和其他社会公益设施"修改为"学校、幼儿园、医疗机构等为公益目的成立的非营利法人的教育设施、医疗卫生设施和其他公益设施"。

【条文精解】

根据本条规定，下列财产不得抵押：

1.土地所有权

土地所有权包括国有土地的所有权和集体所有土地的所有权。我国法律没有规定国有和集体所有的土地所有权可以抵押。如果允许土地所有权抵押，实现抵押权后，必然带来土地所有权归属的改变，从而违反宪法和其他法律关于我国土地只能归国家或集体所有的规定，因此，土地所有权不得抵押。

2.宅基地、自留地、自留山等集体所有土地的使用权，但是法律规定可以抵押的除外

近些年来，我国农村土地制度改革不断深化，对于集体所有土地的使用权能否抵押的问题，法律和国家政策经历了一系列变化。

物权法规定，耕地、宅基地、自留地、自留山等集体所有的土地使用权不得抵押，但法律规定可以抵押的除外；乡镇、村企业的建设用地使用权不得单独抵押，以乡镇、村企业的厂房等建筑物抵押的，其占用范围内的建设用地使用权一并抵押；以招标、拍卖、公开协商等方式取得的荒地等土地承包经营权可以抵押。为了避免集体土地的公有制性质被改变、耕地红线被突破、农民利益受到损害，基于当时的社会发展状况，物权法对耕地、宅基地、自留地、自留山等集体所有的土地使用权的抵押作了禁止性的规定。

随着社会实践的发展，禁止集体所有的土地使用权的抵押，不利于盘活农民土地财产、破解农村金融缺血和农民贷款难等问题。然而，集体所有的土地使用权又是农民最重要的土地财产权利，事关农民衣食所依和家人所居，对相关权利进行抵押可能会有农民陷入失地困境的风险，因此相关改革必须慎重稳妥。

为了给稳步推进农村土地制度改革提供经验和模式，十二届全国人大常委会第十八次会议授权在部分试点地区，分别暂时调整实施物权法、担保法关于集体所有的耕地使用权、集体所有的宅基地使用权不得抵押的规定。十二届全国人大常委会第三十一次会议又将上述授权决定的期限延长了一年。

经过三年试点，对于集体所有的耕地使用权的抵押，农村承包土地的经营权抵押已经取得显著成效，适时修改农村土地承包法，将承包土地的经营权抵押通过立法加以确认，已经时机成熟。十三届全国人大常委会第七次会议表决通过了《关于修改〈中华人民共和国农村土地承包法〉的决定》，落实了中央关于承包地"三权分置"的改革要求，对以家庭承包方式取得的承包地，农村土地承包法规定，承包方、受让方可以用土地经营权向金融机构融资担保。与此相衔接，本条删除了物权法关于耕地使用权不得抵押的规定。

对于集体所有的宅基地使用权的抵押，从试点情况看出，目前我国宅基地使用权的抵押条件尚不成熟。为了维护现行法律和现阶段国家有关农村土地政策，本条沿袭了物权法的规定，禁止以宅基地使用权抵押。

自留地、自留山是农民作为生活保障的基本生产资料，带有社会保障性质，从保护广大农民根本利益出发，本条沿袭了物权法的相关规定，禁止以自留地、自留山的使用权抵押。

虽然宅基地、自留地、自留山等集体所有土地的使用权不得抵押，但也有一些集体所有的土地的使用权依法可以抵押，例如，土地管理法规定的通过出让等方式取得的集体经营性建设用地使用权等。为此，本条第2项规定"但是法律规定可以抵押的除外"。

3. 学校、幼儿园、医疗机构等为公益目的成立的非营利法人的教育设施、医疗卫生设施和其他公益设施

《物权法》第184条规定，学校、幼儿园、医院等以公益为目的的事业单位、社会团体的教育设施、医疗卫生设施和其他社会公益设施不得抵押。在民法典立法过程中，有的意见认为，应当将学校、幼儿园、医疗机构分为公办或民办，允许民办学校、医疗机构的教育设施、医疗卫生设施和其他公益设施抵押。

经对上述意见反复研究，考虑到民办学校、民办医院等已进行了分类管理改革，结合总则编关于法人分类的规定，本条对物权法上述规定作了相应修改，即对于属于非营利法人的学校、幼儿园、医疗机构等的教育设施、医疗卫生设施和其他公益设施不得抵押。主要理由为属于非营利法人的学校、幼儿园、医疗机构等不论是公办的，还是民办的，都是为社会公益目的而设立的；如果允许以教育设施、医疗卫生设施抵押，一旦实现抵押权，不仅公益目的难以达到，严重的可能造成学生失学、公众无法看病就医，影响社会安定。而对于属于营利法人的民办学校、民办医疗机构等，其教育设施、医疗卫生设施等可以依法抵押。

除学校、幼儿园、医疗机构外，其他以公益为目的成立的非营利法人的社会公益设施也不得抵押，比如，不得将公共图书馆、科学技术馆、博物馆、少年宫、敬老院等用于社会公益目的的设施抵押。

4. 所有权、使用权不明或者有争议的财产

如果一项财产的所有权或使用权不明确，甚至是有争议的，将其抵押不仅可能侵犯所有权人或使用权人的合法权利，而且可能引起矛盾和争议，危害交易安全。因此，所有权、使用权不明或者有争议的财产不得抵押。

5. 依法被查封、扣押、监管的财产

依法查封、扣押财产，是指人民法院或行政机关采取强制措施将财产就地贴上封条或运到另外的处所，不准任何人占有、使用或处分。依法监管的财产，是指行政机关依照法律规定监督、管理的财产。依法被查封、扣押、监管的财产，其合法性处于不确定状态，法律不能予以确认和保护。因此禁止以依法被查封、扣押、监管的财产抵押。

6. 法律、行政法规规定不得抵押的其他财产

这是一项兜底性规定。除本条前五项所列不得抵押的财产外，在设定抵押权时，还要看其他法律、行政法规有无禁止抵押的规定。

第四百条 【订立抵押合同】

设立抵押权，当事人应当采用书面形式订立抵押合同。

抵押合同一般包括下列条款：

（一）被担保债权的种类和数额；

（二）债务人履行债务的期限；

（三）抵押财产的名称、数量等情况；

（四）担保的范围。

【立法背景】

订立书面合同是抵押权设立的必备要件，物权法对订立抵押合同作了规定。本条基本保留了物权法的规定，但出于简化抵押合同一般条款的考虑，将《物权法》第 185 条第 2 款第 3 项规定的抵押合同包括"抵押财产的名称、数量、质量、状况、所在地、所有权归属或者使用权归属"修改为"抵押财产的名称、数量等情况"，允许当事人对担保财产进行一般性或者概括性描述。

【条文精解】

设立抵押权不仅要求当事人双方意思表示一致，还要求通过一定的法律形式表现出来，该种法律形式就是合同。合同有口头和书面之分，对于比较重大、容易发生纠纷或者需经一段时间才能终结的民事法律行为，应当采用书面形式。抵押涉及的财产数额较大，法律关系比较复杂，而且要在一段时间内为债权担保，因此，本条要求采用书面形式订立抵押合同。

本条对于合同内容的要求是指导性的，而不是强制性的。根据本条规定，抵押合同一般包括以下内容：

1. 被担保债权的种类和数额

被担保债权的种类，是指主债权属于财物之债还是劳务之债。被担保债权的数额，指主债权的财物金额，或者对劳动者支付的工资、劳务费的金额。

2. 债务人履行债务的期限

履行债务的期限，是指债务人履行债务的最终日期。超过债务履行期限债务人未履行债务的，就产生实现抵押权以偿还债务的法律后果。由于履行债务的期限是抵押权人可以实现抵押权的起算点，因此，抵押合同对此应有明确规定。

3. 抵押财产的名称、数量等情况

抵押财产的名称，是指抵押的是何种标的物。数量，指抵押财产有多少。物权法规定抵押合同的条款包括"抵押财产的名称、数量、质量、状况、所在地、所有权归属或者使用权归属"。在民法典立法过程中，有的意见提出，为进一步改善营商环境，赋予当事人更大自主权，建议允许担保合同对担保财产作概括性的描述。据此，本条简化规定了抵押合同的一般条款，将该项修改为"抵押财产的名称、数量等情况"。

4. 担保的范围

抵押财产担保的范围，包括主债权及其利息、违约金、损害赔偿金和实现抵押权的费用。当事人可以在合同中约定抵押担保的范围只包括上述一项或者几项，也可以约定对上述各项都承担担保责任。担保范围依当事人的约定而确定；当事人对担保的范围没有约定的，抵押人应当对主债权及其利息、违约金、损害赔偿金和实现担保物权的费用承担担保责任。

【实践中需要注意的问题】

抵押合同除包括上述四项内容外，当事人可能还有其他需要约定的事项，这些内容也可以在协商一致的情况下在抵押合同中进行约定。

第四百零一条 【流押条款效力】

抵押权人在债务履行期限届满前，与抵押人约定债务人不履行到期债务时抵押财产归债权人所有的，只能依法就抵押财产优先受偿。

【立法背景】

流押条款，是指债权人在订立抵押合同时与抵押人约定，债务人不履行债务时抵押财产归债权人所有。物权法出于平等、公平原则以及平衡抵押人、抵押权人以及其他债权人利益的考虑，不允许当事人约定流押条款。

在民法典编纂过程中，一些意见提出，物权法规定当事人不得约定流押条款，但未明确规定如果约定了流押条款其效力如何。一些意见认为，应当明确规定流押条款无效，这才符合禁止流押的宗旨。另一些意见认为，如果当事人约定了流押条款，当事人之间抵押担保的法律关系的效力须进一步明确。

经研究认为，抵押权属于担保物权，抵押权人设立抵押权的目的在于支配抵押财产的交换价值而使债权获得清偿，而不是取得抵押财产的所有权。如果承认流押条款的效力，债务人届期不履行债务时，债权人不经清算程序即可获得抵押财产所有权，有违抵押权的担保物权本质，应当否认抵押权人可以取得抵押财产所有权的事先约定的效力。然而，当事人之间订立流押条款，存在为债权进行担保的意思表示，如果否认该抵押权的效力会使债权人的债权变成无担保的普通债权，这既不符合债权人与抵押人之间的意思表示，也会造成债权人的利益失衡。为此，本条对物权法的规定作了修改，明确了流押条款的效力，即抵押权人在债务履行期限届满前，与抵押人约定债务人不履行到期债务时抵押财产归债权人所有的，只能依法就抵押财产优先受偿。

【条文精解】

根据本条规定，当事人订立流押条款的，发生实现抵押权的情形时，抵押财产不能直接归债权人所有，而是应当根据本法实现抵押权的规定就抵押财产优先受偿。抵押人与抵押权人可以就实现抵押权的方式协议，当事人可以采用以抵押财产折价或者拍卖、变卖抵押财产的方式。折价实际上就是将抵押财产的所有权转让给抵押权人，在以抵押财产折价时，抵押财产的价格要参照当时的市场价格确定，这比流押条款依订立时的抵押财产价格确定更公平合理，因而也更容易为双方当事人接受。达不成协议的，抵押权人可以直接请求人民法院拍卖、变卖抵押财产。

【实践中需要注意的问题】

当事人之间订有流押条款的，债权人依法就抵押财产优先受偿，需要满足抵押权设立的前提条件，即不动产抵押权经登记设立；动产抵押权经抵押合同生效设立，未登记的不得对抗善意第三人。

第四百零二条 【不动产抵押登记】

以本法第三百九十五条第一款第一项至第三项规定的财产或者第五项规定的正在建造的建筑物抵押的，应当办理抵押登记。抵押权自登记时设立。

【立法背景】

抵押登记，便于债权人查看抵押财产的权属关系以及是否负担其他的权利，以决定是否接受该财产抵押担保；可以使得实现抵押权的顺序清楚、明确，防止纠纷发生；可以产生对抗第三人的效果，有利于保护债权人的合法权益，有利于经济活动的正常进行。

对于抵押登记的效力，《担保法》第41条规定："当事人以本法第四十二条规定的财产抵押的，应当办理抵押物登记，抵押合同自登记之日起生效。"《物权法》第187条将上述条文中的"抵押合同自登记之日起生效"修改为"抵押权自登记时设立"，主要考虑到抵押合同的订立是发生物权变动的原因行为，属于债权关系范畴，其成立、生效应当依据合同法确定。抵押权的效力，除了要求抵押合同合法有效这一要件外，还必须符合物权法的公示原则。将抵押合同的效力和抵押权的效力混为一谈，不利于保护抵押合同当事人的合法权益，还会助长恶意损害他人权益的行为，不利于社会经济秩序的维护。因此，物权法区分了抵押合同效力和物权变动效力。本条沿袭了物权法的上述规定，对于以本条规定的不动产设立抵押的，应当办理抵押登记，抵押权自登记时设立。

【条文精解】

财产抵押是重要的民事法律行为，法律除要求设立抵押权要订立书面合同外，还要求对某些财产办理抵押登记，不经抵押登记，抵押权不发生法律效力。这类财产主要是不动产，本法规定，不动产物权的设立、变更、转让和消灭，经依法登记，发生效力；未经登记，不发生效力，但是法律另有规定的除外。根据本条规定，需要进行抵押登记的财产为：（1）建筑物和其他土地附着物；（2）建设用地使用权；（3）海域使用权；（4）正在建造的建筑物。抵押权的效力，除了要求抵押合同合法有效这一要件以外，还必须符合物权法的公示原则。对于以本条规定的不动产设立抵押的，应当办理抵押登记，抵押权自登记时设立。

第四百零三条 【动产抵押效力】

以动产抵押的，抵押权自抵押合同生效时设立；未经登记，不得对抗善意第三人。

【立法背景】

对于动产抵押，抵押权不以登记为生效要件，登记仅具有对抗效力，主要原因在于：第一，对于某些交通运输工具的抵押，如民用航空器、船舶等，有关法律都采用了登记对抗制度。对于其他价值相对较小的动产抵押，更没有必要实行登记生效主义。第二，如果对动产抵押要求抵押登记才能生效，可能会对当事人造成不方便，增加抵押人的交易成本。此外，动产具有便于移动、流动性强的特点，即使办理了抵押登记，也不能保证所有权人不将已抵押的动产转让给他人。因此，本条对以动产抵押的没有采用登记生效制度。

【条文精解】

根据本法规定，生产设备、原材料、半成品、产品，正在建造的船舶、航空器，交通运输工具等动产都可以成为抵押的客体。此外，企业、个体工商户、农业生产经营者还可以以现有的以及将有的生产设备、原材料、半成品、产品抵押。对于动产抵押的效力，本条规定："以动产抵押的，抵押权自抵押合同生效时设立；未经登记，不得对抗善意第三人。"需要说明的是，本条既适用于一般的动产抵押，也适用于浮动抵押。

当事人以这些动产抵押的，可以办理抵押登记，也可以不办理抵押登记，抵押权不以登记为生效条件，而是自抵押合同生效时设立。合同生效后，即使当事人没有办理登记，债务人不履行债务时，抵押权人仍然可以就实现抵押权的价款优先受偿。但是，办理与不办理抵押登记的法律后果是不同的，未办理抵押登记的，不得对抗善意第三人。所谓善意第三人，是指不知道也不应当知道该财产已经被抵押的事实的人。所谓不得对抗善意第三人，包括两方面含义：一是合同签订后，如果抵押人将抵押财产转让，对于善意取得该财产的第三人，抵押权人无权追偿，抵押权人将失去在该财产上的抵押权。二是抵押合同签订后，如果抵押人以该财产再次设定抵押或质押，而后位抵押权人进行了抵押登记或后位质权人因交付取得了对该动产的占有，那么，实现抵押权时，后位抵押权人和质权人可以优先于前面未经抵押登记的抵押权人受偿。办理抵押登记的，抵押权具有对抗第三人的法律效力，也就是说，抵押财产登记后，不论抵押财产转移到谁手中，抵押权具有追及效力，在满足实现抵押权的条件时抵押权人可以就该抵押财产实现抵押权。同时，在受偿顺序上，已登记的抵押权优先于未登记的抵押权、后设立的抵押权和质权受偿。

第四百零四条 【动产抵押不得对抗正常经营活动中的买受人】

以动产抵押的，不得对抗正常经营活动中已经支付合理价款并取得抵押财产的买受人。

【立法背景】

对于正常经营活动中的买受人的保护，《物权法》第189条规定，企业、个体工商户、农业生产经营者以现有的以及将有的生产设备、原材料、半成品、产品抵押的，不得对抗正常经营活动中已支付合理价款并取得抵押财产的买受人。物权法规定的正常经营活动中的买受人的保护只限于浮动抵押，主要因为浮动抵押是以现有的和将有的财产设定担保，标的物通常是原材料、库存产成品，为了保证抵押人的经营活动的正常进行，法律允许浮动抵押人在抵押期间处分抵押财产，且不必通知抵押权人，因此需要对浮动抵押财产的买受人给予一定的保护。否则，所有动产的买受人为避免买受的货物被在先设立的抵押权追及，在每次交易前都必须查阅登记看该货物上是否设有浮动抵押，这样会增加交易成本，不能适应现代商业的需要。

在民法典编纂过程中，有些意见提出，物权法的正常经营活动中的买受人的保护规则仅适用于浮动抵押的情形。但依据物权法的规定，在原材料、半成品、产品上也可以设定一般的动产抵押，而这些财产在性质上属于存货，常常在正常经营活动中被卖出，如果正常经营活动中的买受人的保护规则不适用于一般的动产抵押的情形，那么一般的动产抵押权人可以对抗正常经营活动中该抵押财产的买受人，这意味着买受人在交易之前都需要查阅所要购买的物品上是否存在抵押以及该抵押是一般的动产抵押还是浮动抵押，这既不合交易习惯，也会降低交易效率。此外，国外立法例中无论是一般的动产抵押还是浮动抵押，都不得对抗正常经营活动中的买受人，着眼点在于是否为正常经营活动。建议将正常经营活动中的买受人的保护规则的适用范围扩大至一般的动产抵押。本条吸收了上述意见，规定："以动产抵押的，不得对抗正常经营活动中已经支付合理价款并取得抵押财产的买受人。"

【条文精解】

按照本条规定，受到保护的买受人必须符合以下条件：第一，买受人是在正常经营活动中买受抵押财产，即出卖人出卖抵押财产是其正常的经营活动。买受人取得的标的物应当是出卖人通常销售的动产，而出卖人也一般以销售该类动产为业。第二，买受人必须已经支付合理价款。在判断买受人支付价款是否合理时，应当根据转让标的物的性质、数量以及付款方式等具体情况，参考转让时交易地市场价格以及交易习惯等因素综合认定。第三，买受人已取得抵押财产，即抵押财产的所有权已通过交付转让给买受人。具备这三个条件，无论该动产抵押是否登记，抵押财产的买受人可以对抗抵押权人，买受人可以取得抵押财产的所有权并且不受抵押权人的追及。

第四百零五条 【抵押权和租赁权关系】

抵押权设立前，抵押财产已经出租并转移占有的，原租赁关系不受该抵押权的影响。

【立法背景】

为了保护承租人尤其是不动产承租人的利益，现代各国民法都逐渐采取增强租赁权的做法，规定了"买卖不破租赁"规则，即租赁关系成立后，即使出租人将租赁物转卖给第三人，该原已存在的租赁关系仍然对买受人有效，承租人仍然可以向买受人主张租赁权，买受人取得的是一项有租赁关系负担的财产所有权。设定抵押也属于处分行为，在实现抵押权时会导致租赁物所有权的变动，可能影响到事先存在的租赁关系，为了保障承租人权利，落实"买卖不破租赁"原则，《物权法》第190条中规定："订立抵押合同前抵押财产已出租的，原租赁关系不受该抵押权的影响。"即因实现抵押权而将抵押财产转让时，抵押人与承租人之间原有的租赁关系不当然终止，承租人可以在租赁合同的有效期内继续享有承租的权利。

在民法典编纂过程中，有些意见提出，仅凭订立抵押合同与租赁合同的时间来认定抵押权和租赁关系的先后，容易滋生道德风险。在实践中存在一些当事人恶意串通，通过虚构、倒签租赁合同的方式，侵害抵押权人利益，为抵押权人实现抵押权制造障碍。建议在认定抵押权和租赁关系的先后时规定较为严格的条件。本条吸收了以上意见，将物权编中的"订立抵押合同前"修改为"抵押权设立前"，将"抵押财产已出租的"修改为"抵押财产已经出租并转移占有的"。

《物权法》第190条中还规定："抵押权设立后抵押财产出租的，该租赁关系不得对抗已登记的抵押权。"在民法典编纂过程中，一些意见提出，抵押权成立在先时，出于物权的公示效力，抵押权经登记当然优先于后设立的租赁关系，该租赁关系不能对抗抵押权，抵押权实现时租赁关系应当终止。对于未登记的动产抵押权，可以适用动产抵押权未经登记不得对抗善意第三人的规则。为此，本条删除了物权法的该规定。

【条文精解】

在判断租赁关系受不受抵押权的影响时，要看在抵押权设立前抵押财产是否已出租并转移占有。不动产抵押权在登记时设立，动产抵押权在订立抵押合同时设立，认定抵押权设立的时间分别以抵押登记和订立合同的时间为准。要求已出租的抵押财产须在抵押权设立前转移占有，主要是考虑到保护承租人的权利要以承租人对租赁物有一定的支配利益为前提，如果承租人尚未取得对租赁物的占有，在设定抵押时债权人没有理由知道该租赁关系的存在，此时，如果主张在先订立的租赁关系不受抵押权的影响，则对抵押权人不公平。

第四百零六条 【抵押期间转让抵押财产】

抵押期间，抵押人可以转让抵押财产。当事人另有约定的，按照其约定。抵押财产转让的，抵押权不受影响。

抵押人转让抵押财产的，应当及时通知抵押权人。抵押权人能够证明抵押财产转让可能损害抵押权的，可以请求抵押人将转让所得的价款向抵押权人提前清偿债务或者提存。转让的价款超过债权数额的部分归抵押人所有，不足部分由债务人清偿。

【立法背景】

抵押权是不转移财产占有的物权。传统理论认为，抵押期间，抵押人不丧失对物的占有、使用、收益和处分的权利。抵押人转让抵押财产的，抵押权人对转让的抵押财产具有物上追及的法律效力。根据社会实践的发展，我国民法中关于抵押期间抵押财产的转让规则经历了以下变化：

1. 物权法的有关规定

《物权法》第191条规定："抵押期间，抵押人经抵押权人同意转让抵押财产的，应当将转让所得的价款向抵押权人提前清偿债务或者提存。转让的价款超过债权数额的部分归抵押人所有，不足部分由债务人清偿。抵押期间，抵押人未经抵押权人同意，不得转让抵押财产，但受让人代为清偿债务消灭抵押权的除外。"

该条表明：一是抵押期间，抵押人转让抵押财产的，应当经抵押权人同意，同时，要将转让所得的价款向抵押权人提前清偿债权或者提存；二是抵押期间，未经抵押权人同意，不得转让抵押财产，除非受让人替抵押人向抵押权人偿还了债务消灭了抵押权。转让抵押财产，必须消除该财产上的抵押权，因此也就不存在物上追及的问题。

2. 民法典物权编对抵押期间抵押财产转让规则的修改

物权法没有规定抵押权的物上追及效力，而是要求将转让价款向抵押权人提前清偿债务或者提存。在民法典立法过程中，有的意见提出，物权法的规定存在以下问题：一是抵押权是存在于抵押财产上的权利，是属于权利人的绝对权，追及效力是其物权属性的体现，应当予以明确规定；二是要求抵押人将转让抵押财产的价款提前清偿债务，违背了抵押权作为担保物权的或然性特征，提前清偿债务损害抵押人的期限利益，在第三人作为抵押人的情形中尤不公正，立法只需考虑抵押人处分抵押财产时是否会损害抵押权，再赋予抵押权人相应的救济手段；三是转让抵押财产，必须消除该财产上的抵押权，影响了交易实践的发展，增加了交易成本。

对于上述立法建议，有的意见认为，允许抵押财产不经抵押权人同意而转让可能有以下不利影响：一是增加了债务人的道德风险，抵押财产转让后的所有人与债务人无直接关联，将削弱因财产担保对债务人产生的约束，进而影响债务的偿还；二是影响抵押权的实现，虽然该建议明确了抵押权的追及效力，但抵押权人对因抵押财产转让给第三人而导致的抵押财产处置困难的情况缺乏控制力，可能增加抵押权人的权利行使成本。

经研究认为，如果当事人设立抵押权时进行了登记，受让人可以知悉财产上是否负担抵押权，受让人知道或应当知道该财产上设有抵押权仍受让的，应当承受相应的风险；如果当事人设立抵押权时没有进行登记，则不能对抗善意的受让人，受让人将获得没有抵押负担的财产所有权。随着我国不动产统一登记制度的建立以及动产抵押登记制度的完善，抵押人转让抵押财产时抵押权人和抵押财产的买受人可能承担的风险大大降低，为了充分发挥物的效用，促进交易便捷，应当允许抵押人在抵押期间转让抵押财产，并承认抵押权的追及效力。同时，应当允许当事人对抵押期间能否转让抵押财产另行约定，以平衡抵押人与抵押权人之间的利益，保护抵押权人为行使抵押权而作的预先安排，尊重当事人之间的意思自治。为此，本条对物权法抵押期间抵押财产的转让规则作了修改，允许抵押人转让抵押财产，但是当事人之间另有约定的除外。

【条文精解】

根据本条规定，抵押人对其所有的抵押财产享有占有、使用、收益、处分的权利，抵押期间抵押人可以转让抵押财产，而不需经过其他人的同意。如果抵押权人与抵押人在设立抵押权时，约定抵押人在抵押期间不得转让抵押财产，那么抵押人不能转让抵押财产，但是该约定不得对抗善意受让人。抵押财产转让的，抵押权不受影响，即无论抵押财产转让到哪里，也无论抵押财产的受让人是谁，抵押权人对该抵押财产享有抵押权，在实现抵押权的条件成就时，可以追及该抵押财产，并就抵押财产进行变价和优先受偿。

由于抵押权人并不占有、控制抵押财产，因此对于抵押财产的状态和权属状况不可能随时知悉，因此本条对抵押人规定了在转让抵押财产时及时通知抵押权人的义务。抵押人如果在转让抵押财产时未及时通知抵押权人，虽然不影响抵押权的效力，但如果因未及时通知造成抵押权人损害的，应当承担赔偿责任。抵押人转让抵押财产的，抵押权人虽然对该财产具有追及效力，但在一些情况下抵押财产的转让有可能损害抵押权人的利益。在这种情况下，本条规定，抵押权人能够证明抵押财产转让可能损害抵押权的，可以请求抵押人将转让所得价款提前清偿债务或提存。

第四百零七条　【抵押权转让或作为其他债权担保】

抵押权不得与债权分离而单独转让或者作为其他债权的担保。债权转让的，担保该债权的抵押权一并转让，但是法律另有规定或者当事人另有约定的除外。

【立法背景】

担保物权的一个重要特点就是其附随性，没有主债权债务关系的存在，担保关系也就没有了存在、实现的可能性和价值。作为担保物权的一种，抵押权以其所担保的债权存在为前提。由于抵押权不具有独立存在的特性，因此本条规定："抵押权不得与债权分离而单独转让或者作为其他债权的担保。"这一规定延续了物权法的规定。

【条文精解】

根据本条规定，抵押权的转让或以抵押权为其他债权设定担保，应当与抵押权所担保的债权一同进行。抵押权人转让抵押权的，抵押权应当与其所担保的债权一同转让；抵押权人以抵押权向他人提供担保的，抵押权应当与其所担保的债权一同向他人提供担保。单独转让抵押权或单独以抵押权作为其他债权的担保的行为无效。这里所讲的抵押权不得与债权分离而单独转让，是指抵押权人不得将抵押权单独让与他人而自己保留债权。抵押权人也不得单独将抵押权作为其他债权的担保而自己保留债权，抵押权只有在与其所担保的债权一同作为其他债权的担保时才有意义。

由于抵押权的附随性，被担保债权转让的，抵押权应当随被担保债权的转让而移转于受让人，因此本条规定："债权转让的，担保该债权的抵押权一并转让。"需要注意的是，关于这一规定，本条还有一项但书规定："但是法律另有规定或者当事人另有约定的除外。""法律另有规定"，是指法律规定在一些情况下，债权转让的，抵押权不一并转让，例如本法规定，最高额抵押担保的债权确定前，部分债权转让的，最高额抵押权不得转让。"当事人另有约定"，既可以是抵押权人在转让债权时，与受让人约定，只转让债权而不转让担保该债权的抵押权，这种情形大多发生在债权的部分转让时；也可以是第三人专为特定的债权人设定抵押的，该第三人与债权人约定，被担保债权的转让未经其同意的，抵押权因债权的转让而消灭。在上述情形下，债权转让的，担保该债权的抵押权不一并转让。

第四百零八条 【抵押财产价值减少时如何处理】

抵押人的行为足以使抵押财产价值减少的，抵押权人有权请求抵押人停止其行为；抵押财产价值减少的，抵押权人有权请求恢复抵押财产的价值，或者提供与减少的价值相应的担保。抵押人不恢复抵押财产的价值，也不提供担保的，抵押权人有权请求债务人提前清偿债务。

【立法背景】

抵押权设立后，抵押权人并不实际占有抵押财产，抵押期间，抵押财产价值有可能因抵押人的行为减少。抵押权是为抵押权人的利益设定的，抵押权人的目的在于支配抵押财产的交换价值而使债权获得清偿，当抵押人的行为使抵押财产价值减少从而侵害抵押权人利益时，应当给予抵押权人保全抵押财产价值、维护抵押担保效力的权利。

【条文精解】

本条规定："抵押人的行为足以使抵押财产价值减少的，抵押权人有权请求抵押人停止其行为……"如果抵押人对抵押权人的请求不予理睬、不停止其行为的，抵押权人可以请求人民法院强制抵押人停止其侵害行为。

实践中，很多时候即使抵押人停止其行为，也已经造成抵押财产价值减少，使抵押权人的利益受到损害，对此，抵押权人有权请求抵押人恢复抵押财产的价值。抵押财产的价值难以恢复或恢复的成本过高的，抵押权人也可以请求抵押人提供与减少的价值相应的担保。经抵押权人请求，抵押人既不恢复抵押财产的价值也不提供担保的，抵押权人为保护自己的利益，防止抵押财产的价值进一步减少，有权请求债务人提前清偿债务。

【实践中需要注意的问题】

本条规定的抵押财产价值减少，均是由于抵押人的行为造成的，即只有在抵押人对抵押财产价值减少有过错的，才按照本条规定处理。对于抵押人对抵押财产价值减少无过错时如何处理的问题，本条没有作出规定。对于非可归责于抵押人的原因致使抵押财产价值减少的，如果请求抵押人恢复抵押财产的价值或者提供与减少的价值相当的担保，对抵押人有失公正。如果抵押人因抵押财产的毁损、灭失获得了赔偿金、保险金等，根据本法规定，抵押权人可以就获得的保险金、赔偿金等优先受偿，被担保债权的履行期限未届满的，也可以提存该保险金、赔偿金等。当然，此时原抵押财产仍应当作为债权的担保。对于非因抵押人的过错致使抵押财产价值减少，抵押人又不能获得保险金、赔偿金的情形，抵押权人不能请求抵押人恢复抵押财产的价值或者提供与减少的价值相应的担保，更不能请求债务人提前清偿债务，还是应当以原抵押财产作为债权的担保。

第四百零九条 【抵押权人放弃抵押权、抵押权的顺位以及变更抵押权】

　　抵押权人可以放弃抵押权或者抵押权的顺位。抵押权人与抵押人可以协议变更抵押权顺位以及被担保的债权数额等内容。但是，抵押权的变更未经其他抵押权人书面同意的，不得对其他抵押权人产生不利影响。

　　债务人以自己的财产设定抵押，抵押权人放弃该抵押权、抵押权顺位或者变更抵押权的，其他担保人在抵押权人丧失优先受偿权益的范围内免除担保责任，但是其他担保人承诺仍然提供担保的除外。

【立法背景】

　　抵押权人能否放弃抵押权或者抵押权的顺位？抵押权变更时，如何保护同一抵押财产上其他抵押权人的合法利益？被担保的债权既有以债务人自己的财产作抵押担保又有其他担保的，抵押权人放弃抵押权、抵押权的顺位或者变更抵押权时，其他担保人如何承担担保责任？本条针对这些问题作出了规定。

【条文精解】

　　抵押权作为抵押权人的一项权利，抵押权人可以放弃。抵押权人不行使抵押权或怠于行使抵押权的，不得推定抵押权人放弃抵押权。抵押权人放弃抵押权，不必经过抵押人的同意。抵押权人放弃抵押权的，抵押权消灭。

　　抵押权的顺位是抵押权人优先受偿的顺序。抵押权的顺位作为抵押权人享有的一项利益，抵押权人可以放弃，即放弃优先受偿的次序利益。抵押权人放弃抵押权顺位的，该抵押权人将处于最后顺位，所有后顺位抵押权人的顺位依次递进。

　　本条规定："抵押权人与抵押人可以协议变更抵押权的顺位以及被担保的债权数额等内容。"所谓抵押权顺位的变更，是指将同一抵押财产上的数个抵押权的清偿顺序调换。抵押权的顺位变更后，各抵押权人只能在其变更后的顺位上行使优先受偿权。对抵押权顺位以及被担保的债权数额等内容的变更，如果在同一抵押财产上还有其他抵押权人的，可能对这些抵押权人产生不利的影响。为了保护同一财产上其他抵押权人的合法利益，本条特别规定："抵押权的变更未经其他抵押权人书面同意的，不得对其他抵押权人产生不利影响。"未经其他抵押权人书面同意变更抵押权，对其他抵押权人产生不利影响的，变更无效。如果抵押权的变更，对其他抵押权人不会产生不利影响，那么即使未经其他抵押权人的书面同意，该变更有效。

　　本条第 2 款规定："债务人以自己的财产设定抵押，抵押权人放弃该抵押权、抵押权顺位或者变更抵押权的，其他担保人在抵押权人丧失优先受偿权益的范围内免除担保责任，但是其他担保人承诺仍然提供担保的除外。"这一规定是针对被担保的债权既有以债务人自己的财产作抵押担保又有其他担保的情形而作的特别规定。这里的"其他担保人"既包括保证人，也包括提供抵押、质押担保的第三人。

《民法典》第392条规定，被担保的债权既有物的担保又有人的担保的，债务人不履行到期债务或者发生当事人约定的实现担保物权的情形，债务人自己提供物的担保的，如果没有特别的约定，债权人应当先就债务人的物实现债权。根据这一规定，债务人以自己的财产设定抵押的，如果当事人之间没有特别约定，要首先就该财产行使抵押权来实现债权。如果因行使抵押权而实现全部债权，那么其他担保人就不用承担担保责任了；如果行使了抵押权却只实现部分债权，那么其他担保人就只对未实现的那部分债权承担担保责任。债务人以自己的财产设定抵押，如果抵押权人放弃抵押权、抵押权的顺位或变更抵押权而使自己失去优先受偿的权利或减少优先受偿的范围，那么因债权人丧失优先受偿的权益而未能受偿的债权，就要由其他担保人来承担担保责任，这就会加大其他担保人的担保责任。为了保护其他担保人的合法利益，本法特别规定："其他担保人在抵押权人丧失优先受偿权益的范围内免除担保责任"，但是如果其他担保人承诺仍然提供担保的，应当尊重当事人的意思表示，为此本条规定"但是其他担保人承诺仍然提供担保的除外"。

第四百一十条　【抵押权实现的条件、方式和程序】

债务人不履行到期债务或者发生当事人约定的实现抵押权的情形，抵押权人可以与抵押人协议以抵押财产折价或者以拍卖、变卖该抵押财产所得的价款优先受偿。协议损害其他债权人利益的，其他债权人可以请求人民法院撤销该协议。

抵押权人与抵押人未就抵押权实现方式达成协议的，抵押权人可以请求人民法院拍卖、变卖抵押财产。

抵押财产折价或者变卖的，应当参照市场价格。

【立法背景】

在设立抵押权并且达到实现抵押权的条件时，最主要的问题在于如何实现抵押权，使债权获得清偿。对于抵押权的实现问题，如果当事人能够以协议的方式对抵押权的实现方式达成一致，在不损害其他债权人利益的前提下，法律应当尊重当事人之间的意思自治。如果双方未达成协议，应当允许抵押权人请求人民法院拍卖、变卖抵押财产。本条保留了物权法的规定。

【条文精解】

本条第1款对抵押权人实现抵押权的条件作出了规定：一是债务履行期限届满，债务人不履行债务；二是发生了当事人约定的实现抵押权的情形。允许抵押权人与抵押人约定提前实现抵押权的情形，抵押权人就可以在抵押合同中对抵押人的某些行为进行约束，一旦抵押人违反约定从事了该行为，满足了实现抵押权的条件，抵押权人就可以提前实现抵押权，以保障自己的权利。满足上述任一条件，抵押权人就可以依照本条规定的方式和程序处理抵押财产，以实现其债权。

债务人不履行到期债务或者发生当事人约定的实现抵押权的情形的，抵押权人可以与抵押人就如何处理抵押财产进行协商，如果双方达成协议，可以按照协议的方式实现抵押权。本条提供了三种抵押财产的处理方式供抵押权人与抵押人协议时选择：

1. 折价方式

在实现抵押权的条件成就时，抵押权人可以与抵押人协议，以折价的方式实现抵押权。折价的方式为参照市场价格确定一定的价格，将抵押财产的所有权转移给抵押权人，以实现债权。对于流押条款，本法规定抵押权人只能依法就抵押财产优先受偿，这是为了避免债务履行期限届满前，抵押权人利用其优势地位，将价值高于被担保债权的抵押财产直接转归其所有，从而对抵押人造成不公平。本法限制的只是在债务履行期限届满前作出将来转移所有权的协议，在需要实现抵押权的时候，已不存在可能给抵押人造成不利的情势了，这时双方可以协议以折价的方式来清偿抵押权人的债权。如果双方确定的抵押财产的价款高于被担保的债权时，超出的部分要归抵押人所有，这样抵押权人与抵押人的权益就都得到了保护。

2. 拍卖方式

拍卖是抵押权实现的最为普通的一种方式。拍卖，是指以公开竞争的方法将标的物卖给出价最高的买者。以拍卖的方式实现抵押权有很大优点，因为拍卖是以公开竞价的方式出卖标的物，拍卖的价款能够最大限度地体现拍卖财产的价值，从而充分发挥抵押财产对债权的担保作用。

3. 变卖方式

除前述两种方式外，本条规定双方还可以协议以变卖的方式实现抵押权。

变卖就是以生活中一般的买卖形式出让抵押财产，以变卖抵押财产的价款来实现债权。为了保障变卖的价格公允，变卖抵押财产应当参照市场价格。

抵押权人与抵押人协议处理抵押财产时，可能涉及抵押人的其他债权人的利益，如果抵押财产折价过低或拍卖、变卖的价格远低于市场价格，在该抵押权人就变价款优先受偿后，可供后顺位的抵押权人以及其他债权人实现债权的数额就会大大减少，从而损害他们的利益。为保障其他债权人的利益，本条规定："协议损害其他债权人利益的，其他债权人可以请求人民法院撤销该协议。"

在抵押权人与抵押人不能就抵押权的实现方式达成协议时，抵押权人可以请求人民法院拍卖、变卖抵押财产，从而就法院拍卖、变卖抵押财产的变价款优先受偿，以实现债权。

> **第四百一十一条** 【浮动抵押中抵押财产确定的情形】
>
> 依据本法第三百九十六条规定设定抵押的，抵押财产自下列情形之一发生时确定：
>
> （一）债务履行期限届满，债权未实现；
>
> （二）抵押人被宣告破产或者解散；
>
> （三）当事人约定的实现抵押权的情形；
>
> （四）严重影响债权实现的其他情形。

【立法背景】

根据本法规定，企业、个体工商户、农业生产经营者可以在现有的以及将有的生产设备、原材料、半成品和产品上设定浮动抵押，当达成实现抵押权的条件时，债权人有权就抵押财产确定时的动产优先受偿。浮动抵押区别于固定抵押的一个重要特征就是抵押财产的范围不确定，浮动抵押设定后，抵押人仍然有权继续占有、经营管理并自由处分其财产，这样就使抵押财产不固定，在抵押期间不断发生变化。但是，当抵押权人行使抵押权时，抵押财产应当是确定的；只有抵押财产被确定，抵押权人才能将抵押财产折价或拍卖、变卖以实现抵押权。因此，抵押财产的确定是抵押权实现的前提条件。

【条文精解】

依据本条规定，抵押财产确定的情形有以下四种：

第一，债务履行期限届满，债权未实现的，抵押财产确定。这种情况下，无论抵押权人是否向抵押人提出实现抵押权的要求，抵押财产均应确定，自债务履行期限届满之日起，抵押人不得再处分抵押财产。

第二，抵押人被宣告破产或者解散的，抵押财产确定。这一规定主要适用于抵押人为法人或非法人组织的情形。抵押人被宣告破产或者解散所产生的直接法律后果就是抵押人依法进行清算程序、完成注销登记后终止。由于抵押人的主体将要终止，有必要在主体终止前将抵押财产确定下来，从而依法进入相关的清算程序，通过清偿了结权利义务关系。因此，本条规定，抵押人被宣告破产或者解散是浮动抵押财产确定的事由。

第三，发生当事人约定的实现抵押权的情形的，抵押财产确定。抵押权人为保障自己的债权得到清偿，可以与抵押人约定提前实现抵押权的情形。当事人约定实现抵押权的情形的，一旦发生了该情形，抵押财产即被确定，抵押权人可以要求实现抵押权。

第四，发生严重影响债权实现的其他情形的，抵押财产确定。严重影响债权实现的情形，范围比较广泛，既可以是因经营不善导致抵押人经营状况恶化或严重亏损；也可以是因抵押人放弃其债权、无偿转让财产、以明显不合理的低价转让财产等，致使其设立浮动抵押的财产价值明显减少；还可以是抵押人为逃避债务而隐匿、转移财产。抵押人有上述行为，严重影响债权实现的，抵押权人为保全抵押财产达到一定的数额，可以向抵押人要求确定抵押财产，以实现抵押权。

上述四种情形为抵押财产确定的法定情形，发生其中任一情形的，自该情形发生时，浮动抵押即转化为固定抵押，抵押财产确定，抵押人不得再处分抵押财产，抵押权人可以依法实现抵押权。

第四百一十二条 【抵押财产孳息】

债务人不履行到期债务或者发生当事人约定的实现抵押权的情形，致使抵押财产被人民法院依法扣押的，自扣押之日起，抵押权人有权收取该抵押财产的天然孳息或者法定孳息，但是抵押权人未通知应当清偿法定孳息义务人的除外。

前款规定的孳息应当先充抵收取孳息的费用。

【立法背景】

抵押财产的孳息，是指由抵押财产而产生的收益。孳息分为天然孳息和法定孳息。抵押权设立后，抵押财产仍由抵押人占有、使用、收益和处分，因抵押财产的使用而产生的孳息应当归抵押人所有，抵押权的效力不及于该孳息。

但是，债务人不履行到期债务或者发生当事人约定的实现抵押权的情形，因抵押权人行使抵押权致使抵押财产被人民法院依法扣押的，如果抵押财产的孳息仍为抵押人收取，则会使抵押人为收取孳息而拖延处理抵押财产，不利于保护抵押权人的利益。此时剥夺抵押人对抵押财产孳息的收取权，有利于抵押权人顺利实现抵押权，也能够充分发挥抵押财产担保债权受偿的功能。针对这种情况，本条对抵押财产孳息的收取作出了特别规定。

【条文精解】

本条规定，抵押财产被人民法院扣押的，抵押权的效力及于抵押财产的孳息，自扣押之日起，抵押权人有权收取该抵押财产的天然孳息或法定孳息。需要说明的是，抵押权的效力及于抵押财产的孳息须具备两个条件：（1）必须是抵押财产被扣押后，抵押权人才能收取孳息；（2）抵押财产被扣押后，抵押权人已经通知应当给付法定孳息的义务人。因为法定孳息如租金的取得，取决于义务人的给付行为，通常情况下，义务人负有向抵押人给付孳息的义务，如果抵押权人未将扣押事实通知义务人，义务人就无法将孳息交付给抵押权人，抵押权的效力也就无法及于该孳息，因此本条规定"但是抵押权人未通知应当清偿法定孳息义务人的除外"。

由于收取孳息可能要付出一些费用，如收取果实的劳务费等，这些费用应当首先得到满足，也就是说，孳息应当先充抵收取孳息的费用，再用于清偿抵押权人的债权。

第四百一十三条 【抵押财产变价款归属原则】

抵押财产折价或者拍卖、变卖后，其价款超过债权数额的部分归抵押人所有，不足部分由债务人清偿。

【立法背景】

抵押财产按照本法规定的方式和程序折价或者拍卖、变卖后，所变现的价款可能超出其所担保的债权数额或不足清偿债权，超过的部分归谁所有，不足部分由谁来清偿，本条对这些问题作了规定。

【条文精解】

抵押权的实现是抵押权的根本效力所在，也是抵押权人最重要的权利。抵押权的实现就是将抵押财产的交换价值兑现，抵押权人以变价款优先受偿。抵押财产价值的最初估算与最终的变价款可能并不一致，这与当事人在设定抵押权时对抵押财产价值的估值是否准确以及市场价格不断变化有关。因此，抵押财产按照本法规定的方式和程序折价或拍卖、变卖后，其价款可能超出其所担保的债权数额或不足清偿债权。但是，无论抵押财产的变价款如何，设定抵押权时的主债权是清楚的，实现抵押权应当以清偿抵押担保范围的债权为界。抵押财产作为债权的担保，仅以最终实现债权为目的，抵押财产折价或拍卖、变卖所得的价款如果超过债权数额，由于债权已经得到清偿，超过部分应当归抵押人所有。如果抵押财产的变价款不足以清偿债权，抵押权人也只能以该变价款优先受偿，不能要求抵押人恢复抵押财产的价值或提供与减少的价值相应的担保，除非抵押财产的价值减少是由抵押人的行为造成的。在抵押权人实现抵押权后，抵押人已就其抵押财产承担了担保责任，抵押权因实现而消灭，但是未清偿的部分债权，仍然在债权人与债务人之间存在，只是不再是抵押权担保的债权，债务人仍然负有清偿债务的义务，如果债务人与抵押人不是同一人时，抵押财产的变价款不足清偿的债务由债务人承担，抵押人不再承担责任。

第四百一十四条 【同一财产上的多个抵押权及其他可以登记的担保物权的清偿顺序】

同一财产向两个以上债权人抵押的，拍卖、变卖抵押财产所得的价款依照下列规定清偿：

（一）抵押权已经登记的，按照登记的时间先后确定清偿顺序；

（二）抵押权已经登记的先于未登记的受偿；

（三）抵押权未登记的，按照债权比例清偿。

其他可以登记的担保物权，清偿顺序参照适用前款规定。

【立法背景】

担保物权的设定以确保债权的实现为目的，其注重的是对担保财产交换价值的支配，这使得同一担保财产上可能存在不同的担保物权。抵押权作为担保物权的一种，同一个抵押财产上可以同时设定多个抵押权。关于同一财产上设定的多个抵押权的清偿顺序，《物权法》第199条规定："同一财产向两个以上债权人抵押的，拍卖、变卖抵押财产所得的价款依照下列规定清偿：（一）抵押权已登记的，按照登记的先后顺序清偿；顺序相同的，按照债权比例清偿；（二）抵押权已登记的先于未登记的受偿；（三）抵押权未登记的，按照债权比例清偿。"

本条在规定同一财产上多个抵押权的清偿顺序时，在物权法上述条文的基础上作了一些修改，主要有以下两个方面：

一是将《物权法》第199条第1项"抵押权已登记的，按照登记的先后顺序清偿；顺序相同的，按照债权比例清偿"修改为"抵押权已经登记的，按照登记的时间先后确定清偿顺序"，删去了抵押权登记顺序相同的按照债权比例清偿的规定。主要理由为：随着不动产统一登记制度的全面实行，同一个不动产上设立的多个抵押权都登记在一个登记簿上，可以对各个抵押权登记的先后顺序作出判断。对于动产而言，当前的现状是不同种类的动产抵押由不同的行政管理部门登记，在同一动产上设定多个抵押时要根据动产类别在同一个登记部门办理抵押登记，也可以区分各个抵押权之间的先后顺序。目前，国家也在推动建立统一的动产和权利担保登记公示系统，逐步实现市场主体在一个平台上办理动产和权利担保登记。为此，本法删除了物权法中多个抵押权登记的顺序相同时按照债权比例清偿的规定。

二是增加了一款规定"其他可以登记的担保物权，清偿顺序参照适用前款规定"。在民法典立法过程中，一些意见提出，物权法仅规定了多个抵押权之间以及抵押权或质权与留置权之间的清偿顺序，应当补充规定其他担保物权的清偿顺序。经研究认为，有的权利质权在办理出质登记时设立，以登记为公示方法的权利质权，就同一权利上多个质权之间的清偿顺序，可以参照适用同一财产上多个抵押权之间清偿顺序的规则。为此，本条增加了一款准用条款，为以登记为公示方法的担保物权之间的清偿顺序提供了法律依据。

【条文精解】

根据本条规定，同一财产向两个以上债权人抵押的，拍卖、变卖抵押财产所得的价款按照以下原则清偿：

首先，抵押权已登记的，按照登记的时间先后确定清偿顺序。本法规定，以不动产抵押的，应当办理抵押登记，抵押权自登记时发生效力；以动产抵押的，抵押权自抵押合同生效时发生效力，未经登记，不得对抗善意第三人。本条规定的按照抵押权登记的时间先后确定清偿顺序的原则，既适用于不动产抵押，也适用于动产抵押，数个已登记的抵押权，都按照登记的先后顺序清偿。

其次，抵押权已登记的先于未登记的受偿。这一原则是针对动产抵押而言的。根据本法规定，当事人以动产抵押的，可以自愿办理抵押登记，而不要求必须办理登记，动产抵押权自抵押合同生效时发生效力。但是，当事人是否办理抵押登记，在法律效力上还是有差别的，办理抵押登记的，抵押权人可以对抗第三人。这是因为办理抵押登记的，公示性较强，所以法律给予已登记的抵押权以特别的保护。在清偿顺序的问题上，抵押权已登记的先于未登记的受偿。

最后，抵押权未登记的，按照债权比例清偿。这一原则也是针对动产抵押而言的。在同一抵押财产上设定数个抵押权时，各抵押权人互为第三人，为保障其清偿顺位应当及时进行登记。如果每一个抵押权都没有办理登记，那么无论各抵押权设立先后，相互间均不得对抗。因此，各抵押权人对抵押财产拍卖、变卖所得的价款享有同等的权利，按照各自的债权的比例受清偿。

第四百一十五条 【同一财产上既有抵押权又有质权时清偿顺序】
　　同一财产既设立抵押权又设立质权的，拍卖、变卖该财产所得的价款按照登记、交付的时间先后确定清偿顺序。

【立法背景】

动产既可以成为抵押权的标的，也可以成为质权的标的。由于动产抵押不需要转移标的物的占有，且在抵押合同生效时设立，与动产质权的设立要件不同，因此，同一动产上可能既设有抵押权，又设有质权。同一财产上存在不同类型的担保物权时，需要确立担保物权优先次序所应遵循的原则，理顺担保物权竞合时的清偿顺序。

【条文精解】

本条规定对于同一财产既设立抵押权又设立质权的，拍卖、变卖该财产所得的价款按照登记、交付的时间先后确定清偿顺序，即以权利公示的时间先后决定清偿顺序。本条在具体适用时，主要有以下几种情况：

1. 先质押后抵押的情形

在动产上先设立质权后设立抵押权的，由于质权以动产的交付作为生效要件，并且交付具有公示效力，因此先设立的质权应当优先受偿。后设立的抵押权无论是否登记，都不影响在先设立的质权的优先受偿顺序。在动产质权和动产抵押权中，交付和登记都是公示方式，本身并不存在效力强弱之分，都具有对抗后产生的权利的效力。质权因交付行为设立并取得对抗效力，而抵押权因抵押合同生效设立，如果进行登记则取得向后的对抗效力，由于质权的公示时间即动产交付的时间先于抵押权的设立时间，质权优先于抵押权受偿。

2. 先抵押后质押的情形

在动产上先设立抵押权后设立质权的，抵押权和质权的清偿顺序会因先设立的抵押权是否登记而有所不同。

（1）已登记的动产抵押权与动产质权。如果在先设立的抵押权进行了抵押登记，该抵押权便具有了对抗第三人的效力，而质权是设立在后的权利，虽然动产的交付也具有公示效力，但该质权不能对抗设立在先的具有对抗效力的抵押权人。抵押权登记时间在前，质权的交付时间在后，根据本条规定，抵押权优先于质权受偿。

（2）未登记的动产抵押权与动产质权。如果在签订抵押合同后未进行抵押登记，之后在该动产上设立质权的，由于同一个财产上并存的抵押权和质权的清偿顺序取决于权利公示的时间先后，抵押权没有登记即没有公示，质权因交付行为而设立并取得公示效力，质权优先于抵押权受偿。抵押权人在取得动产抵押权后应当及时进行登记，否则可能会失去优先清偿的顺位。

第四百一十六条　【买卖价款抵押权】

动产抵押担保的主债权是抵押财产的价款，标的物交付后十日内办理抵押登记的，该抵押权人优先于抵押物买受人的其他担保物权人受偿，但是留置权人除外。

【立法背景】

现代商业社会中，以赊购或贷款方式购买生产设备、原材料、半成品、产品等动产的商业活动非常普遍，这种方式对于增加生产、促进资金融通有巨大作用。为了保障在上述买卖活动中提供融资的出卖人或贷款人的债权，特别是平衡该类债权人与债务人的其他担保物权人之间的优先受偿顺位，本法参考国外的相关制度，规定了买卖价款抵押权制度。买卖价款抵押权，是指为了担保债务人买入动产时对出卖人或贷款人支付价款的债务的履行，在买入的该动产上为出卖人或贷款人设定的，经依法登记取得法律规定的优先受偿权的抵押权。该抵押权人可以优先于债务人在该动产上的除留置权人以外的其他担保物权人受偿。

【条文精解】

1.买卖价款抵押权的设立

买卖价款抵押权的设立需要符合下列条件：

一是买卖价款抵押权所担保的主债权是抵押财产的价款。买卖价款抵押权设立时，主债权为债务人买入动产时需要支付的价款，即本条规定的"主债权是抵押财产的价款"。根据债权人主体的不同，主债权可以分为两类：一类是动产出卖人请求动产买受人支付价款的债权；另一类是贷款人请求动产买受人返还其发放的用于支付动产价款的贷款债权。后者涉及三方当事人，即动产买受人、动产出卖人和贷款人，买受人与贷款人协商，约定以贷款人发放的贷款向出卖人支付价款，买受人为担保贷款人的债权，在买受的动产上为该债权设定抵押。可见，买卖价款抵押权所担保的债权有其特殊性，必须是债务人应当支付的买受动产的价款。

二是买卖价款抵押权的客体是买受的动产。在买卖价款抵押权的设立过程中，必须以债务人买受的动产作为抵押财产，以担保买受该动产所应支付的价款，作为抵押财产的动产要与所担保的价款债权具有对应关系。

三是买卖价款抵押权的标的物所有权须转移给买受人。抵押权是在债务人或第三人的财产上设立的担保物权，在买卖价款抵押权的设立过程中，只有买受的标的物的所有权转移于买受人即债务人时，抵押权才能有效设立。因此，本条规定买受的标的物须经交付。

四是买卖价款抵押权须办理抵押登记。由于买卖价款抵押权人对抵押财产具有优先于债务人的除留置权人以外的其他担保物权人受偿的效力，为了向相关交易主体公示存在优先权，保障交易安全，本条明确了其在规定的期限内进行抵押登记的要求，如果未在动产交付后10日内办理抵押登记，该抵押权仅构成一般的动产抵押权，不具有本条规定的优先受偿的效力。

2.买卖价款抵押权的优先受偿效力

对于买卖价款抵押权的优先受偿效力，本条规定"该抵押权人优先于抵押物买受人的其他担保物权人受偿"。买卖价款抵押权经登记优先于在其后设立的担保物权。根据本条规定，买卖价款抵押权具有的特殊优先受偿效力还体现在其优先于在先设立的担保物权，这主要指债务人先前为他人设定了浮动抵押的情形。设定浮动抵押以后，浮动抵押权人对于抵押人现有的及将有的动产享有抵押权，抵押人嗣后取得的动产，将自动成为抵押财产的一部分。这时就产生了在先设立的浮动抵押权与在后设立的买卖价款抵押权竞存的情形。根据本条规定，后设立的买卖价款抵押权优先于先设立的动产浮动抵押权，而不适用《民法典》第414条规定的按照登记时间先后确定清偿顺序。

赋予买卖价款抵押权特殊的优先受偿效力，主要基于以下考虑：从抵押人的角度来说，在先设立并登记的浮动抵押可能会减弱其他贷款人的贷款意愿，如果买卖价款抵押权能够优先受偿，便能解决浮动抵押的存在给抵押人后续经营带来的融资困境。从买卖价款抵押权人的角度来说，买卖价款抵押权优先受偿，出卖人、贷款人不需要事先调查债务人的财产上是否存在浮动抵押，降低交易成本，促进货物的销售及资金的融通。从浮动抵押权人的角度来说，浮动抵押制度的特征在于赋予抵押人在正常经营活动中自由处分财产的权利，从而以抵押人在经营过程中取得的收益偿还债权。抵押人出于生产经营的需要，以买卖价款抵押权的形式获得融资，有利于生产经营的顺利进行，并且买卖价款抵押权的优先受偿效力仅及于买受的新动产，并不会影响在抵押人其他财产上设立的浮动抵押权。

3. 买卖价款抵押权优先受偿效力的限制

买卖价款抵押权并不是在任何情况下都具有最优先受偿的效力，《民法典》第456条规定："同一动产上已经设立抵押权或者质权，该动产又被留置的，留置权人优先受偿。"从理论上讲，留置权属于法定担保物权，其直接依据法律规定产生，而抵押权与质权均为意定担保物权，法定担保物权优先于意定担保物权为公认的物权法原则。因此，在同一个动产上同时存在买卖价款抵押权和留置权时，留置权优先受偿。

第四百一十七条　【建设用地使用权抵押后新增建筑物的处分】

建设用地使用权抵押后，该土地上新增的建筑物不属于抵押财产。该建设用地使用权实现抵押权时，应当将该土地上新增的建筑物与建设用地使用权一并处分。但是，新增建筑物所得的价款，抵押权人无权优先受偿。

【立法背景】

依照《民法典》第395条和第397条的规定，债务人或第三人有权处分的建设用地使用权可以抵押。以建设用地使用权抵押的，该土地上现有的建筑物一并抵押，抵押人未一并抵押的，未抵押的建筑物视为一并抵押。建设用地使用权抵押后，抵押人仍然有权依法对该土地进行开发，建造建筑物。那么，该土地上新增的建筑物是否属于抵押财产？需要拍卖建设用地使用权时，应当如何处理这些新增的建筑物？本条为解决这些问题作出了特别规定。

【条文精解】

对于在抵押的建设用地使用权上新增的建筑物，由于其不在抵押合同约定的抵押财产的范围内，因此不属于抵押财产。

为了实现抵押权，需要处分抵押的建设用地使用权时，如果该土地上已存在建筑物，只有将建筑物与建设用地使用权一并处分，才能实现建设用地使用权的使用价值和交换价值，这就是"房随地走"原则。因此，本条规定，处分抵押的建设用地使用权实现抵押权时，虽然新增的建筑物不属于抵押财产，仍可以将其与建设用地使用权一并处分。但处分后，由于新增的建筑物不属于抵押财产，处分新增建筑物所得的价款，抵押权人没有优先受偿的权利，只能以处分建设用地使用权所得的价款优先受偿。

第四百一十八条 【实现以集体所有土地的使用权抵押的特别规定】

以集体所有土地的使用权依法抵押的，实现抵押权后，未经法定程序，不得改变土地所有权的性质和土地用途。

【立法背景】

根据我国法律规定，可以依法抵押的集体所有土地的使用权有农村土地的土地经营权，乡镇、村企业的建设用地使用权，集体经营性建设用地使用权。对于以上述集体所有土地的使用权抵押的，实现抵押权后，能否改变土地所有权的性质和土地用途？本条针对这一问题作出了规定。

【条文精解】

以家庭承包或其他方式承包的农村土地，属于农民集体所有或国家所有，依法由农民集体使用，乡镇、村企业的建设用地、集体经营性建设用地属于农民集体所有。为了保护我国农村集体土地，防止农业用地的流失，促进农村经济的发展，集体所有土地的使用权的流转应当坚持土地所有权的性质和土地用途不变的原则。以集体所有土地的使用权抵押的，实现抵押权后，未经法定程序，土地的所有权不得转移，仍归国家所有或集体所有，也不得擅自改变土地的原有用途，即对农村土地的土地经营权实现抵押权时，未经依法批准不得将承包地用于非农建设；对依照法律可以抵押的集体建设用地使用权实现抵押权时，不得改变土地利用总体规划、城乡规划确定的土地用途。

第四百一十九条　【抵押权存续期间】

抵押权人应当在主债权诉讼时效期间行使抵押权；未行使的，人民法院不予保护。

【立法背景】

根据本法规定，在主债权消灭、抵押权实现、债权人放弃抵押权以及法律规定抵押权消灭的其他情形下，抵押权消灭。那么，在上述任何一种情形都没有发生时，抵押权应当一直存续下去还是应当有一定的存续期间呢？这是本条要解决的问题。《物权法》第202条规定："抵押权人应当在主债权诉讼时效期间行使抵押权；未行使的，人民法院不予保护。"本条对抵押权存续期间的问题，保留了物权法的上述规定。

【条文精解】

在民法典立法过程中，对如何规定抵押权存续期间的问题，存在不同意见。

有的意见认为，抵押权所担保的债权的诉讼时效期间届满后，抵押权人在两年内不行使抵押权的，抵押权应当消灭。有的意见认为，抵押权人未在主债权诉讼时效期间行使抵押权的，抵押权应当消灭。有的意见认为，应当在担保物权一般规定一章中规定，主债权诉讼时效期间届满未行使担保物权的，担保物权消灭，将抵押权、质权和留置权的存续期间都包含进去。

对于以上三种意见，经研究，都有一些不妥之处：

第一种意见提出主债权的诉讼时效期间届满后，抵押权还有两年的存续期间。在抵押人为第三人的情况下，抵押人在这两年期间内承担担保责任后，应当有权向债务人追偿。但由于主债权已过诉讼时效，债务人对抵押权人清偿债务的请求享有抗辩权，这种抗辩权能否对抗抵押人的追偿权？如果不能对抗，诉讼时效对债务人来说就失去了意义，债务人实际上还要履行债务；如果能够对抗，抵押人的追偿权就无法得到保障。

第二种意见为主债权的诉讼时效期间届满后，抵押权消灭，有以下几个方面的问题：一是主债权在诉讼时效期间届满后并不产生消灭的后果，担保物权具有从属于所担保债权的特征，如果诉讼时效期间届满后，主债权没有消灭而抵押权消灭的，与抵押权从属性特征不符。二是在主债权的诉讼时效期间届满后，抵押人承担了责任，能否反悔请求债权人返还？如果规定主债权的诉讼时效期间届满则抵押权消灭，抵押人可以主张抵押权已消灭要求债权人返还，但是这不符合诚实信用原则。该意见的出发点主要在于如果不规定抵押权消灭，则会对抵押财产的流转产生障碍，但是本法对抵押财产的转让规则已经转变为抵押财产原则上可以转让、抵押权对抵押财产有追及效力，尽管抵押权未消灭，但是不影响抵押财产的转让。

第三种意见为质权和留置权也设定了存续期间。根据这一意见，主债权诉讼时效期间届满，质权人、留置权人未行使质权、留置权的，质权、留置权消灭，质权人、留置权人应当向出质人、债务人返还担保财产，这对已经实际占有担保财产的质权人、留置权人是不公平的。关于质权、留置权的问题，本法根据各自权利的特点单独作了规定。出质人、债务人可以请求质权人、留置权人在债务履行期限届满后及时行使质权、留置权；质权人、留置权人不行使的，出质人、债务人可以请求人民法院拍卖、变卖担保财产。

本法规定抵押权人未在主债权诉讼时效期间行使抵押权的，人民法院不予保护。这样规定的主要考虑是，随着市场经济的快速运转，如果允许抵押权一直存续，可能会使抵押权人怠于行使抵押权，不利于发挥抵押财产的经济效用，制约经济的发展。因此，规定抵押权的存续期间，能够促使抵押权人积极行使权利，促进经济的发展。本条规定抵押权人在主债权诉讼时效期间内未行使抵押权的，人民法院不予保护。也就是说，过了主债权诉讼时效期间后，抵押权人丧失的是抵押权受人民法院保护的权利即获得司法强制执行的权利，而抵押权本身并没有消灭，如果抵押人自愿履行担保义务的，抵押权人仍可以行使抵押权。

第二节　最高额抵押权

第四百二十条　【最高额抵押权的概念】

为担保债务的履行，债务人或者第三人对一定期间内将要连续发生的债权提供担保财产的，债务人不履行到期债务或者发生当事人约定的实现抵押权的情形，抵押权人有权在最高债权额限度内就该担保财产优先受偿。

最高额抵押权设立前已经存在的债权，经当事人同意，可以转入最高额抵押担保的债权范围。

【立法背景】

担保法、物权法适应社会主义市场经济发展的需要确立最高额抵押制度，民法典物权编在担保法、物权法的基础上对最高额抵押制度作了完善。本条沿袭了物权法的规定，对最高额抵押权的概念作了规定。

【条文精解】

根据本条规定，最高额抵押权，是指为担保债务的履行，债务人或者第三人对一定期间内将要连续发生的债权提供抵押担保，债务人不履行到期债务或者发生当事人约定的实现抵押权的情形的，抵押权人有权在最高债权额限度内就该担保财产优先受偿。

最高额抵押权具有以下特征：

首先，最高额抵押权是限额抵押权。设定抵押时，抵押人与抵押权人约定抵押财产担保的最高债权限额，无论将来实际发生的债权如何增减变动，抵押权人只能在最高债权额范围内对抵押财产享有优先受偿权。实际发生的债权超过最高限额的，以抵押权设定时约定的最高债权额为限优先受偿；不及最高限额的，以实际发生的债权额为限优先受偿。

其次，最高额抵押权是为在抵押期间将要发生的债权提供担保。最高额抵押权设定时，不以主债权的存在为前提，是典型的担保将来债权的抵押权。

再次，最高额抵押权所担保的最高债权额是确定的，但实际发生额不确定。设定最高额抵押权时，债权尚未发生，为担保将来债权的履行，抵押人和抵押权人协议确定担保的最高数额，在此额度内对债权担保。

最后，最高额抵押权是对一定期间内连续发生的债权作担保。对一定期间内连续发生的债权作担保，是指在担保的最高债权额限度内，对某一确定期间内连续多次发生的债权作担保，无论发生多少次债权，只要在最高债权额限度内，这些债权都可以就抵押财产优先受偿。

根据本条规定，最高额抵押是对将要发生的债权提供担保，那么，最高额抵押权设立前已经存在的债权，能否被转入最高额抵押担保的债权范围内呢？最高额抵押权的本质特征不在于其所担保的债权为将来债权，而在于所担保的债权为不特定债权，且具有最高限额。因此，只要最终实际发生的债权总额不超过双方约定的最高债权额，即使该债权发生在最高额抵押权设立前，也应当被允许增补到最高额抵押所担保的债权范围内。是否将已经存在的债权转入最高额抵押担保的债权范围，是当事人自己的权利，只要双方协商同意，法律应当允许。为此，本条第2款规定："最高额抵押权设立前已经存在的债权，经当事人同意，可以转入最高额抵押担保的债权范围。"

第四百二十一条 【最高额抵押所担保的债权以及最高额抵押权转让】

最高额抵押担保的债权确定前，部分债权转让的，最高额抵押权不得转让，但是当事人另有约定的除外。

【立法背景】

关于最高额抵押所担保的债权能否转让的问题，《担保法》第61条规定："最高额抵押的主合同债权不得转让。"在当时我国市场机制尚未完善的情况下，担保法作出最高额抵押的主合同债权不得转让的特别规定，是必要的。但随着我国市场经济的发展和市场机制的完善，最高额抵押担保的债权的转让与否，应当按照当事人意思自治的原则，由债权人自己决定。因此，物权法规定，最高额抵押所担保的债权是可以转让的。本条沿袭了物权法的精神，没有对最高额抵押所担保的债权的转让作出限制。

【条文精解】

关于最高额抵押权是否随其所担保的债权的转让而转让的问题，应当区别不同情况分别对待。最高额抵押所担保的债权确定后，债权在约定的最高限额内就抵押财产优先受偿，此时最高额抵押与一般抵押没有什么区别。根据一般抵押权随债权的转让而转让的原则，债权转让的，最高额抵押权一并转让。最高额抵押担保的债权确定前，最高额抵押权是否随部分债权的转让而转让呢？对此，本条主要考虑，由于最高额抵押是对一定期间内连续发生的所有债权作担保，而不是单独对其中的某一个债权作担保。因此，最高额抵押权并不从属于特定债权，而是从属于主合同关系。部分债权转让的，只是使这部分债权脱离了最高额抵押权的担保范围，对最高额抵押权并不发生影响，最高额抵押权还要在最高债权额限度内，对已经发生的债权和将来可能发生的债权作担保。因此，最高额抵押担保的债权确定前，部分债权转让的，最高额抵押权并不随之转让，除非当事人另有约定。

根据本条但书的规定，当事人可以约定在最高额抵押担保的债权确定前，最高额抵押权随部分债权的转让而转让。当事人的约定主要有以下两种情形：（1）部分债权转让的，抵押权也部分转让，原最高额抵押所担保的债权额随之相应减少。在这种情况下，转让的抵押权需要重新办理抵押登记，原最高额抵押权需要办理变更登记。（2）部分债权转让的，全部抵押权随之转让，未转让的部分债权成为无担保债权。

第四百二十二条 【抵押权人与抵押人协议变更最高额抵押有关内容】

最高额抵押担保的债权确定前，抵押权人与抵押人可以通过协议变更债权确定的期间、债权范围以及最高债权额。但是，变更的内容不得对其他抵押权人产生不利影响。

【立法背景】

最高额抵押担保的债权确定前，抵押权人与抵押人能否协议变更最高额抵押的有关内容，变更的内容包括哪些，有什么注意事项，本条对此作了规定。

【条文精解】

最高额抵押担保的债权确定前，抵押权人与抵押人可以通过协议变更最高额抵押的有关内容。当事人可以协议变更的内容主要包括：

一是债权确定的期间。抵押权人与抵押人一般会在最高额抵押合同中约定债权确定的期间。最高额抵押担保的债权确定前，当事人可以协议延长或缩短债权确定的期间。

二是债权范围。当事人可以协议变更最高额抵押权担保的债权范围。例如，某家电经销商与某家电制造商签订一份最高额抵押合同，对一定期间内连续购进该家电制造商生产的电视机所要支付的货款提供担保。抵押期间，双方可以约定在最高额抵押担保范围内，同时为家电制造商的电冰箱的货款提供担保。

三是最高债权额。当事人可以协议提高或降低抵押财产担保的最高债权额。

是否变更债权确定的期间、债权范围以及最高债权额，取决于当事人的协商一致；但是在同一抵押财产上还有其他抵押权人特别是后顺位的抵押权人时，变更的内容可能对他们产生一定的影响，甚至损害他们的合法权益。为防止抵押权人与抵押人的变更损害其他抵押权人的利益，本条以但书的形式特别规定："变更的内容不得对其他抵押权人产生不利影响。"根据这一规定，抵押权人与抵押人的变更对其他抵押权人产生不利影响的，该变更无效。

第四百二十三条 【最高额抵押权所担保的债权的确定事由】

有下列情形之一的，抵押权人的债权确定：

（一）约定的债权确定期间届满；

（二）没有约定债权确定期间或者约定不明确，抵押权人或者抵押人自最高额抵押权设立之日起满二年后请求确定债权；

（三）新的债权不可能发生；

（四）抵押权人知道或者应当知道抵押财产被查封、扣押；

（五）债务人、抵押人被宣告破产或者解散；

（六）法律规定债权确定的其他情形。

【立法背景】

最高额抵押权的实现除了需要符合实现抵押权的条件外，还需要担保债权额的确定。最高额抵押权担保的债权额之所以需要确定：一是最高额抵押权是对一定期间内将要连续发生的债权提供抵押担保。最高额抵押权所担保的最高债权额是确定的，但实际发生的债权额在抵押期间具有不确定性和变动性。但债权终需要清偿，在清偿条件出现时，债务人具体应清偿多少债权，应有一个确定数额。二是最高额抵押权仍属于抵押权的一种，抵押权人在实现优先受偿权时，具体优先受偿的范围为多大，应当有一个定额。物权法对最高额抵押权所担保债权的确定事由作了详细规定。本法在吸收司法实践经验及借鉴国外立法例的基础上作了一些完善。

【条文精解】

本条规定，具有下列情形之一的，最高额抵押权所担保的债权确定：

1. 约定的债权确定期间届满

债权确定的期间，是指确定最高额抵押权所担保的债权实际数额的时间。对债权确定的期间进行约定是最高额抵押合同的重要内容。当事人约定的债权确定期间届满，最高额抵押权所担保的债权额即自行确定。

2. 没有约定债权确定期间或者约定不明确，抵押权人或者抵押人自最高额抵押权设立之日起满两年后请求确定债权

实践中，当事人可能没有约定债权确定的期间，或即使有约定，但约定的期间不明确。在这种情况下，如何决定最高额抵押所担保债权的确定时间？本法明确规定，没有约定债权确定期间或者约定不明确，抵押权人或者抵押人自最高额抵押权设立之日起满两年后请求确定债权。主要理由：一是设立最高额抵押权的目的主要是对连续性的交易提供担保，连续性交易一般会持续一段时间，如果允许当事人随时要求确定最高额抵押权所担保的债权额，就意味着一方当事人特别是抵押人有可能在很短时间内就要求确定债权额，这与设立最高额抵押权的目的不相符合；二是在当事人对确定债权额的期间没有约定或约定不清楚的情况下，规定一个法定的确定债权额的期间，可以使最高额抵押权因法定期间的存在而较为安稳，抵押权人不必时时顾虑抵押人行使债权确定请求权。

3. 新的债权不可能发生

在新的债权不可能发生的情况下，最高额抵押权所担保的债权额确定。"新的债权不可能发生"主要包括两种情形：一是连续交易的终止；二是最高额抵押关系的基础法律关系消灭而导致新的债权不可能发生。在上述情况下，债权额的确定时间不受当事人约定的或法定确定期间的影响。

4. 抵押权人知道或者应当知道抵押财产被查封、扣押

在最高额抵押权存续期间，抵押财产被法院查封、扣押的，其有可能被拍卖或变卖。抵押财产被拍卖、变卖的价格直接影响到最高额抵押权人债权利益的实现。查封、扣押抵押财产，实际上隔断了抵押财产与担保债权的关

系，也脱离了最高额抵押人、抵押权人对抵押财产的影响和控制。因此，无论是从保护最高额抵押权人、其他债权人利益的角度，还是从稳定担保关系的角度，都应当确定最高额抵押所担保的债权额。《物权法》第206条对最高额抵押权所担保债权的确定事由作了规定，其中第4项为"抵押财产被查封、扣押"。在民法典立法过程中，司法实务界认为对此项存在两种理解：一是主观说，认为只有在抵押权人收到查封通知或知道查封事实时，债权才能确定；二是客观说，认为人民法院一旦完成查封手续，债权即确定。经研究，主观说更为合理，理由如下：一是采纳主观说有利于保护当事人利益，由于查封、扣押财产完全取决于执行申请人及法院单方面的行为，若以法院完成查封手续作为最高额抵押权所担保债权的确定时点，将导致最高额抵押权人因对查封事实不知情而放的款得不到抵押权的保护。二是采纳主观说有利于合理分配义务，就抵押财产被查封、扣押信息的获取而言，法院、抵押人的通知比起抵押权人的查询成本更低、效率更高。三是采纳主观说有利于节约交易成本，抵押权人不必在每次放款前都查询抵押财产状态，便利了当事人的连续交易。物权法规定的"抵押财产被查封、扣押"，对抵押权人债权的确定，并没有附加抵押权人收到通知或知情等条件。为此，本条第4项将上述规定修改为"抵押权人知道或者应当知道抵押财产被查封、扣押"。

5.债务人、抵押人被宣告破产或者解散

在最高额抵押权存续期间，债务人、抵押人有可能被宣告破产或者解散。债务人、抵押人被宣告破产或者解散所产生的直接后果就是债务人、抵押人依法进行清算程序、完成注销登记后终止。由于债务人或抵押人的主体将要终止，有必要在主体终止前将最高额抵押所担保的债权额确定下来，从而依法进入相关的清算程序，通过清偿了结权利义务关系。

6.法律规定债权确定的其他情形

本项为保底性规定。除了本条第1项至第5项所规定的可以确定债权额的法定事由外，在本法其他条款或其他法律中也有可能规定确定债权的其他情形。如发生当事人约定的实现最高额抵押权的事由时，最高额抵押权人有权在最高债权额限度内就该担保财产优先受偿，此时就意味着担保债权额的确定。

> **第四百二十四条 【最高额抵押权适用一般抵押权有关条款】**
>
> 最高额抵押权除适用本节规定外，适用本章第一节的有关规定。

【立法背景】

与一般抵押权相比，最高额抵押权具有特殊性：一是最高额抵押权具有一定独立性。在一般抵押权中，抵押权完全从属于主债权，附随于主债权而设立、转让和消灭。最高额抵押权的设立、转让和消灭在一定程度上独立于主债权。在设立上，没有债权存在，不能设立一般抵押权；但最高额抵押权往往为将来债权而设，不需要依附于现成的债权。在转让上，一般抵押权要求债权转让的，抵押权也随之转让；但在最高额抵押权中，除当事人另有约定外，最高额抵押权担保的债权确定前，部分债权转让的，最高额抵押权不得转让。在消灭上，一般抵押权要求主债权消灭的，抵押权也消灭；但是在最高额抵押权中，只要产生最高额抵押权的基础关系还存在，部分债权的消灭不影响最高额抵押权的存在。二是最高额抵押权所担保的债权在设立时具有不确定性。在一般抵押权设立时，所担保的债权是特定的，所担保的债权额是明确的；但是最高额抵押权设立时，所担保的债权额是不确定的，一直到本法规定的确定债权额的事由出现时，所担保的债权额才确定。三是在最高额抵押权中，当事人必须约定抵押权人得以优先受偿的最高债权数额。当事人约定的享有担保的最高债权数额并非最高额抵押权所担保的实际债权额，因为实际债权额到底是多少，只有依法确定后才清楚。当实际发生的债权额超过最高限额时，以最高限额为准实现抵押权；实际发生的债权额低于最高限额的，以实际发生的数额为准实现抵押权。在一般抵押权中，当事人并不需要约定优先受偿的最高债权数额。以上三点是一般抵押权与最高额抵押权的主要区别。但从性质上讲，最高额抵押权仍属于抵押权的一种，与一般抵押权具有许多共性。除本节规定的条文外，本法关于一般抵押权的许多规定都可以适用于最高额抵押权。为避免内容重复，本条规定："最高额抵押权除适用本节规定外，适用本章第一节的有关规定。"

【条文精解】

最高额抵押权可以适用本编第十七章第一节"一般抵押权"的规定，主要有：一是关于抵押权设立的规定。关于最高额抵押权设立的当事人、设立程序、可用于抵押的财产等内容与一般抵押权基本相同。二是关于抵押权登记与生效时间的规定。三是关于抵押权与其他权利的关系的规定。如抵押权与租赁权的关系、同一财产上多个抵押权的清偿顺序、同一财产上抵押权与质权的清偿顺序等规定。四是关于抵押权的实现。最高额抵押权的实现程序和方式均可适用一般抵押权的实现程序和方式。五是关于抵押财产保全的规定。此外，抵押权人放弃抵押权或抵押权顺位的规定、抵押权存续期间的规定也可适用于最高额抵押权。

第十八章　质　权

第一节　动产质权

第四百二十五条　【动产质权基本概念】

　　为担保债务的履行，债务人或者第三人将其动产出质给债权人占有的，债务人不履行到期债务或者发生当事人约定的实现质权的情形，债权人有权就该动产优先受偿。

　　前款规定的债务人或者第三人为出质人，债权人为质权人，交付的动产为质押财产。

【立法背景】

　　本条是对动产质权基本概念的规定，详细规定了动产质权的成立要件以及设立动产质权的主体、客体以及权利义务关系。

【条文精解】

　　债务人或者第三人将其动产移转给债权人占有作为债权的担保，当债务人不履行到期债务或者当事人约定的实现质权的情形出现时，债权人享有以该动产折价或者就拍卖、变卖该动产的价款优先受偿的权利。

　　质押法律关系的当事人为质押人和出质人，客体为质押财产。出质人，是指为担保债务的履行而提供质押财产的债务人或者第三人。质权人，是指接受质押担保的债权人。质押财产，是指出质人提供的用于担保债务履行的特定的动产。

质权具有以下法律特征：

一是动产质权是担保物权。债务人或第三人将质押财产交由债权人占有，是为了担保债权的实现。质权人占有质押财产实际上是取得了质押财产上的交换价值。在一般情况下，其只能占有质押财产，而不能使用、收益。质权是为了保证特定债权的实现而设定，附随于债权而存在。

二是动产质权是在他人的财产上设立的物权。动产质权是在债务人或第三人的动产上设定的担保物权，因此属于他物权。质权的标的可以是债务人自己的财产，也可以是第三人的财产。

三是动产质权由债权人占有质押财产为生效条件。质权人只有占有质押财产才享有质权，移转质押财产的占有是质权与抵押权的根本区别。

四是动产质权是就质押财产价值优先受偿的权利。由于动产质权的设定是以担保特定债权的实现为目的，因此，当债务履行期限届满或出现当事人约定的实现质权的情形时，质权人有权就质押财产折价或以拍卖、变卖该质押财产的价款优先受偿。

第四百二十六条 【禁止出质的动产】

法律、行政法规禁止转让的动产不得出质。

【立法背景】

对于可以出质的动产范围，本法没有作出逐一规定，但是这不意味着任何动产均可以出质。可以出质的动产除了需要符合一般的物的特征外，还必须是依法可以流通和让与的动产，如果以法律、行政法规禁止转让的动产出质的，则该设立质权的民事法律行为无效。

【条文精解】

1. 依法可以转让的动产均可以设定动产质权

哪些财产可以作为质权标的物，各国规定不尽相同。有的国家规定，各种财产上均可以设立质权；有的国家规定，质权的标的限于动产。对于哪些动产可以设定质权，则大多不做列举。根据民法的法理，法律不禁止的，都应当是允许的；而法律未明确规定禁止转让的动产，都可以作为设定质权的标的物。

合法拥有的并且依法可以转让的动产可以设定质权。因此，可以设定质权的动产应当是十分宽泛的。但是，法律、行政法规规定禁止流通的动产不得设定质权，如毒品、管制枪支。

2. 规定禁止转让的动产的依据应当是法律、行政法规

设定动产质权是一种民事权利，对于禁止性的限定是十分严格的。规定禁止转让的动产的依据只能是全国人大及其常委会制定的法律、国务院制定的行政法规。其他规范性文件，不能作为规定禁止转让动产的依据。

第四百二十七条 【质押合同】

设立质权，当事人应当采用书面形式订立质押合同。

质押合同一般包括下列条款：

（一）被担保债权的种类和数额；

（二）债务人履行债务的期限；

（三）质押财产的名称、数量等情况；

（四）担保的范围；

（五）质押财产交付的时间、方式。

【立法背景】

订立合同是质权设立的必备要件，物权法根据实践需要，对订立质押合同作了规定。本条基本保留了物权法的规定，但是出于简化规定质押合同一般条款的考虑，将物权法规定的质押合同包括"质押财产的名称、数量、质量、状况"修改为"质押财产的名称、数量等情况"，允许当事人对质押财产进行一般性或概括性描述。同时，增加规定了质押财产交付的方式。

【条文精解】

1. 订立质押合同应当采用书面形式

设定质权的行为为要式行为，应当采用书面的形式进行。虽然口头合同简单、易行，但一旦发生争议，不易证明其存在及具体内容，为了便于确定当事人的权利义务、民事责任等法律关系，减少纠纷的发生，法律规定应当采用书面形式订立质押合同。

对于设立动产质押合同未采用书面形式的，依据本法规定，法律、行

政法规规定或当事人约定合同应当采用书面形式订立，当事人未采用书面形式，但是一方已经履行主要义务，对方接受时，该合同成立。

2.质押合同的一般内容

当事人在订立质押合同时，对权利义务应尽可能约定清楚、明确。本条关于合同内容的规定是指导性的。合同的内容是当事人双方真实意思的表示，应当由当事人自己确定，如果双方签订的质押合同的条款与本条规定不一致，不会必然导致该质押合同无效。根据本条规定，动产质押合同一般包括的内容主要有：

（1）被担保债权的种类和数额。被担保债权，通常被称为主债权。主债权的种类，有金钱债权、特定物给付债权、种类物给付债权以及以作为或不作为为标的的债权等。数额，是指主债权的财务金额；不属于金钱债权的，可以明确债权标的额的数量、价款等。被担保债权的种类和数额，是确定质权发生的依据，也是质权人实现质权时优先受偿的范围的确定基础。

（2）债务人履行债务的期限。债务人履行债务的期限，是指债务人偿付债务的时间。质押合同订立后，在主债权清偿期限届满前，质权人享有的只是占有质押财产的权利。质权人对质押财产的变价受偿，必须要等到债务履行期限届满且债务人没有履行债务，或当事人在合同中约定的实现质权的情形实际发生。质押合同规定债务人履行债务的期限，可以准确确定债务人清偿债务的时间，明确质权人实现质权的时间。

（3）质押财产的名称、数量等情况。质权最终要以质押财产的变价来实现，所以在动产质押合同中要对质押财产的相关情况有所描述，包括质押财产的名称、数量等情况，以确定质押财产为何种标的物以及价值量。

（4）担保的范围。质权担保的范围应当由当事人协商确定。但是当事人对担保范围未作约定或约定不明确时，质权的担保范围包括主债权及其利息、违约金、损害赔偿金、保管担保财产和实现担保物权的费用。

（5）质押财产交付的时间、方式。质押财产的交付直接关系到质权的生效。当事人在质押合同中约定质押财产的交付时间，就可以明确出质人应当在何时将质押财产移转给质权人，以确定质权的效力。质押财产交付的方式除了现实交付外，还有简易交付、指示交付等方式，约定质押财产的交付方式可以明确质押合同的履行方式。

第四百二十八条 【流质条款的效力】

质权人在债务履行期限届满前，与出质人约定债务人不履行到期债务时质押财产归债权人所有的，只能依法就质押财产优先受偿。

【立法背景】

流质条款，是指债权人在订立质押合同时与出质人约定，债务人到期不履行债务时质押财产归债权人所有。担保法、物权法均禁止当事人约定流质条款。这样规定，主要是为了保证担保活动的平等、自愿、公平和诚实信用。大多数国家和地区的立法例也一般禁止以流质条款处分质押财产，以保证质押合同当事人间的公平。

在民法典编纂过程中，一些意见提出，物权法规定当事人在债务履行期届满前，不得约定债务人不履行到期债务时质押财产归债权人所有，但是没有明确规定如果进行这样的约定该约定的效力如何。一些意见认为，应当明确规定流质条款无效。另一些意见认为，如果当事人约定了流质条款，那么质押担保法律关系的效力如何须进一步明确。经研究认为，质权性质上属于担保物权，质权人设立质权的目的在于支配质押财产的交换价值而使债权获得清偿，而不是取得质押财产的所有权。如果承认流质条款的效力，债务人届期不履行债务时，债权人不经过任何清算程序即可获得质押财产所有权，有违质权的担保物权本质。然而，当事人之间订立流质条款时，存在为债权进行担保的意思表示，如果否认该质权的效力会使债权人的债权变成完全无担保的普通债权，这会造成债权人的利益失衡。为此，民法典物权编对物权法的规定进行了修改，明确了流质条款的效力，规定："质权人在债务履行期限届满前，与出质人约定债务人不履行到期债务时质押财产归债权人所有的，只能依法就质押财产优先受偿。"

【条文精解】

根据本条规定，当事人订立流质条款的，当债务履行期限届满时，不发生质押财产所有权转移的效力，而是应当根据本法规定的实现质权的方式就质押财产优先受偿。需要注意的是，当事人之间订有流质条款的，债权人依法就质押财产优先受偿，需要满足质权设立的前提条件，即存在合法有效的质押合同，并且通过交付或登记设立了质权。如果质权没有有效设立，质权人不能对质押财产享有优先受偿权。

第四百二十九条　【动产质权设立】

质权自出质人交付质押财产时设立。

【立法背景】

动产质权自动产交付时发生法律效力，即出质人将质押财产交到质权人时质权生效。订立质押合同而不交付质押财产的，质权不发生效力。

【条文精解】

1. 交付质押财产是质权的生效要件

动产质权的标的是动产。动产具有易于转移、难以控制的特点。为了保障动产质权的实现，也为了保护善意第三人的合法权益，本条规定动产质权的设立以交付质押财产为生效要件。

2. 质权自出质人交付质押财产时设立

出质人与质权人订立动产质押合同，该合同自成立时生效。但是在移转质押财产的占有之前，并不发生担保物权的效力；出质人只有将质押财产通过交付的形式实际移转给质权人占有时，质权才发生效力。质押财产是否移转是质权是否生效的判断标准：当事人没有移转质押财产，质权无效。其质押合同是否有效要根据合同编的有关规定判断，质权无效并不当然导致合同无效。

第四百三十条　【质权人孳息收取权】

质权人有权收取质押财产的孳息，但是合同另有约定的除外。

前款规定的孳息应当先充抵收取孳息的费用。

【立法背景】

关于质权的效力是否及于孳息，各国立法并不相同。考虑到质权人占有质押财产，由其收取质押财产所产生的孳息最为简便可行；同时，收取的孳息用于清偿债务，对于出质人也无损害。为此，本条规定了质权人的孳息收取权。

【条文精解】

根据本条的规定，除合同另有约定外，质权人有权收取质押财产所产生的孳息，质权的效力及于孳息。

1. 质权人孳息收取权的依据

质权人能否收取孳息有两种情况：一是如果当事人在合同中明确约定质权人无权收取质押财产所产生的孳息，则质权人不能收取质押财产的孳息作为债权的担保；二是如果当事人对质权人能否收取孳息没有约定或约定不明的，质权人有权依照本条的规定收取质押财产所产生的孳息。质押财产所产生的孳息包括自然孳息和法定孳息。质权人依法收取孳息时，并不当然取得所有权，而是取得对孳息的质权，孳息成为质权的标的。如果孳息是金钱，质权人可以直接用于清偿；如果孳息是物，可以由质权人与出质人协议以该孳息折价或拍卖、变卖，以所得价款优先受偿。

2. 孳息的充抵顺序

依法收取的孳息首先应当充抵收取孳息的费用，然后充抵主债权的利息和主债权。例如，以母牛作为质押财产的，如果母牛产幼畜，债务清偿期限届满，债务人没有清偿债务，那么质权人可以将幼畜折价或拍卖、变卖，所得价款先充抵幼畜的接生费用等。

第四百三十一条 【质权人对质押财产使用、处分的限制及法律责任】

质权人在质权存续期间，未经出质人同意，擅自使用、处分质押财产，造成出质人损害的，应当承担赔偿责任。

【立法背景】

当事人设定质权的目的在于担保质权人的债权能够得到清偿，质权人取得质押财产、控制质押财产是为了质押财产不被出质人随意处分而使担保落空，质权人使用、处分质押财产显然不是设定质权的目的。因此，质权人非经出质人同意，不得擅自使用、处分质押财产。

【条文精解】

非经出质人同意，质权人在质权存续期间不得擅自使用、处分质押财产；质权人违反本条规定，擅自使用或者处分质押财产的，应当承担赔偿责任。禁止质权人擅自使用、处分质押财产的规定体现了动产质权的设定目的及其特征。

质权人未经出质人同意，擅自使用质押财产、处分质押财产，一旦造成质押财产毁损、灭失给出质人造成损害的，质权人要根据法律规定承担民事责任。

第四百三十二条　【质权人妥善保管质押财产义务】

质权人负有妥善保管质押财产的义务；因保管不善致使质押财产毁损、灭失的，应当承担赔偿责任。

质权人的行为可能使质押财产毁损、灭失的，出质人可以请求质权人将质押财产提存，或者请求提前清偿债务并返还质押财产。

【立法背景】

质权人在占有质押财产的同时即产生妥善保管质押财产的义务。质权人该项义务的承担，一是因为质押财产虽然质押合同由质权人占有，但是其所有权仍是出质人的，因质权人未尽妥善保管义务致使质押财产灭失或者毁损，是对出质人的质押财产所有权的侵害；二是因为质权人占有质押财产是为了自己债权的实现，如果质押财产毁损、灭失，不仅侵害出质人的利益，同时还影响了自己的权益。

【条文精解】

质权人对质押财产负有妥善保管的义务，所谓妥善保管，是指以善良管理人的注意义务加以保管。善良管理人的注意义务，是指依照一般交易上的观念，认为有相当的知识经验及诚意的人所应负的注意义务来保管质押财产。如果达不到应当注意的保管标准的，就不是妥善保管。质权人违反保管义务造成质押财产毁损、灭失的，应当承担赔偿责任，该项赔偿责任是基于出质人的所有权而产生的请求权。

如果出质人认为质权人的行为可能使质押财产毁损、灭失的，出质人可以请求质权人将质押财产提存，或请求提前清偿债务并返还质押财产。这是为了更好地保护质押财产，以保护出质人与质权人双方的利益。"可能"，即也许、或许，而不是已经发生。这种可能性是否产生，不能仅凭出质人的想象，要有一定的事实发生。如字画出质后，出质人发现质权人存放字画的房屋漏雨可能危及字画。"提存"，就是将质押财产放到出质人与质权人约定的第三人处存放。目前，我国主要是公证机构在做此类业务。出质人提前清偿债权的，质权人应当返还质押财产。

第四百三十三条 【质押财产保全】

因不可归责于质权人的事由可能使质押财产毁损或者价值明显减少，足以危害质权人权利的，质权人有权请求出质人提供相应的担保；出质人不提供的，质权人可以拍卖、变卖质押财产，并与出质人协议将拍卖、变卖所得的价款提前清偿债务或者提存。

【立法背景】

由于质权人的优先受偿权体现在质物的价值上，质押财产出现损毁或者价值明显减少时，直接损害质权人的担保权益。为了保护质权人的权益不受损害，当质押财产有损坏或者价值明显减少的情况出现时，本条规定了相应的救济措施。

【条文精解】

1. 质押财产毁损或者价值减少的事由

因不能归责于质权人的事由可能使质押财产毁损或者价值明显减少，是指质押财产可能毁损或者价值明显减少产生的原因不是质权人保管不善，而是自然原因等。这种可能使质押财产毁损和价值明显减少的事由应当是已经发生的事实；价值减少的状态应当是明显的，因为一般的物都存在价值减少的可能性，正常的价值减少应当在质权人的预想之内。

2. 替代担保

当质押财产可能存在损坏或者价值明显减少的事实足以危害质权人的利益时，质权人为保全其质权不受损害，可以要求出质人提供相应的担保。规定质押财产的替代担保，主要是由于质押是以质押财产所具有的交换价值确保债权的实现。如果质押财产的价值可能明显减少或者质押财产毁损，将直接危害到质权人的利益，法律应当赋予质权人维护其担保利益的救济手段，允许质权人要求出质人提供相应的担保。"相应的担保"，是指与毁损或者价值明显减少的数额相当的担保。

3. 提前清偿债务或者提存

当质押财产有可能损坏或者价值明显减少的情况出现时，质权人请求出质人提供相应的担保，但出质人不提供的，质权人可以拍卖或者变卖质押财产，并与出质人通过协议将拍卖或者变卖所得的价款提前清偿债权，也可以将处分质押财产的价款提存。此时质权人拍卖、变卖质押财产无需经过出质人同意。拍卖、变卖所得的价款，性质上属于质押财产的替代物，质权人不当然取得价款的所有权，出质人可以用该价款提前向质权人清偿债务；如果以该价款提存的，则要等债务履行期限届满，以提存的价款清偿债务。

第四百三十四条 【转质权】

质权人在质权存续期间，未经出质人同意转质，造成质押财产毁损、灭失的，应当承担赔偿责任。

【立法背景】

在物权法立法过程中对是否允许转质有不同意见。有的认为，应当允许转质。转质具有融通资金和保全债权的双重功能，质权人因质权的设定而投入的融资，有通过转质再度流动的可能性。动产质权在现代社会中本身就存在着不利于发挥物的使用价值的缺陷，如果承认转质，就可以使物再次发挥交换价值和使用价值，有助于促使物的价值实现最大化。有的认为，转质引起的权利义务关系较为复杂，容易产生纠纷，允许转质则可能损害出质人的利益。物权法既没有提倡转质，也没有禁止转质，本法保留了物权法的规定。

【条文精解】

质权人为担保自己或他人的债务，在占有的质押财产上再次设定质权的行为称为转质，所成立的质权为转质权。因转质而取得质权的人为转质权人。转质既可以适用于动产质权，也可以适用于权利质权。本法不提倡转质，也没有禁止转质。为了保护出质人的利益，本条规定的原则是，未经出质人同意不允许转质，质权人擅自转质造成质押财产毁损、灭失的要承担赔偿责任。

第四百三十五条 【质权放弃及其他担保人责任承担原则】

质权人可以放弃质权。债务人以自己的财产出质，质权人放弃该质权的，其他担保人在质权人丧失优先受偿权益的范围内免除担保责任，但是其他担保人承诺仍然提供担保的除外。

【立法背景】

放弃质权是质权人对自己的权利进行处分的一种形态。质权人放弃质权的，会对其他担保人的权益造成影响，因此，本条对质权人放弃质权情形下其他担保人担保责任的承担作了规定。

【条文精解】

1.质权的放弃

质权人放弃质权，是指质权人放弃其因享有质权而就质押财产优先于普通债权人受清偿的权利的行为。质权人有权处分自己的质权。当质权人以放弃质权的方式处分质权时，应当符合法律的规定。质权人放弃质权应当明示作出意思表示。质权人不行使质权或怠于行使质权的，不能推定为质权人放弃质权。质权人放弃质权如果是质权人单方的意思表示，无须取得出质人的同意。质权因质权人的放弃而消灭。

2.其他担保人责任承担原则

质权人放弃质权，不得有损于其他利害关系人的利益。有时，在同一债权上既有质权担保又有其他担保，质权人放弃质权时，则直接影响其他担保人的利益。为了确保其他担保人的利益不因质权人放弃质权的行为而受到影响，本条规定，质权人放弃质权时，如果是债务人以自己的财产出质的，其他担保人在质权优先受偿的范围内，不再承担担保责任；但是其他担保人承诺仍然承担担保责任的，法律并不干涉。例如，某项债权既有以债务人自己的财产质押担保，又有第三人保证的，在债务人不履行债务的情形下，如果质权人放弃了在债务人的财产上设定的质权，担保责任将由保证人全部承担，加重了保证人的负担。本着公平的原则，在质权担保主债权的全部时，质权人放弃质权的，保证人免除全部保证责任；在质权担保的是主债权的部分责任时，质权人放弃质权的，保证人在质权所担保的债权范围内免除担保责任。在质权人放弃在债务人的财产上设定的质权的情形下，如果其他担保人承诺仍然提供保证的，应当尊重当事人自愿的意思表示，其他担保人的担保责任不予免除。

━━ 第四百三十六条【质押财产返还及质权实现】━━

债务人履行债务或者出质人提前清偿所担保的债权的，质权人应当返还质押财产。

债务人不履行到期债务或者发生当事人约定的实现质权的情形，质权人可以与出质人协议以质押财产折价，也可以就拍卖、变卖质押财产所得的价款优先受偿。

质押财产折价或者变卖的，应当参照市场价格。

【立法背景】

债务履行期限届满，将产生两种情况：一是质权因其所担保的债权受清偿或者其他原因的发生而消灭；二是债务未受清偿。根据这两种不同情况本条规定了两种法律后果，即质押财产返还或者质权的实现。

【条文精解】

1. 质押财产返还

债务人于债务履行期限届满时履行了债务或者出质人清偿了所担保的债权，质权消灭，质权人对其占有的质押财产负有返还的义务。质权人依质押合同有权占有质押财产，但在质权消灭时，质权人就丧失了继续占有质押财产的依据，应当将质押财产返还出质人。出质人因清偿债务，使质押财产上存在的担保物权消灭，出质人可以依法请求质权人返还质押财产；质权人拒不返还的，应当承担民事责任。

2. 质权的实现

质权人实现质权，是指在债权已届清偿期而债务人不履行债务或发生当事人约定的实现质权的情形时，处分占有的质押财产并优先受偿的行为。质押担保的目的在于确保债权的清偿。当债务人不履行债务或者违约时，质权人有权将占有的质押财产以折价、拍卖、变卖等方式变价后优先受偿。

折价，是指债务人在履行期限届满未履行其债务时，经出质人与质权人协议，依据质押财产的品质、市场价格等因素，把质押财产的所有权由出质人转移给质权人，从而实现质权的一种方式。折价必须由出质人与质权人协商一致，否则只能拍卖或变卖。折价与流质不同：折价是发生在债务履行期限届满，债务人不履行债务，质权人实现质权时；流质是债权人在债务履行期间届满前与出质人约定，债务人届期不履行债务时质押财产归债权人所有。

拍卖，是指按照拍卖程序，以公开竞价的方式将质押财产卖给出价最高者的买卖。变卖，是指直接将质押财产变价卖出的行为。变卖没有公开竞价等形式与程序上的限制，方便、快捷、变价成本小。本条规定实现质权时，仅要求质押财产折价时双方当事人达成协议，没有要求拍卖、变卖质押财产需要协议，也没有对拍卖、变卖质押财产的主体作出限定。在实现质权时，质权人可以自行拍卖、变卖其占有的质押财产。

与拍卖财产相比，对财产进行折价或者变卖由于没有公开的竞价模式，可能会与财产的实际价值偏离较大。为了保护出质人的利益，避免出质人的财产以较低价格折价或者变卖，本法规定对质押财产折价或者变卖的，应当参照市场价格。

第四百三十七条 【及时行使质权请求权及怠于行使质权的责任】

出质人可以请求质权人在债务履行期限届满后及时行使质权；质权人不行使的，出质人可以请求人民法院拍卖、变卖质押财产。

出质人请求质权人及时行使质权，因质权人怠于行使权利造成出质人损害的，由质权人承担赔偿责任。

【立法背景】

为了督促担保物权人及时行使权利，稳定交易秩序，本法对抵押权规定了存续期间。质权同样存在主债权到期而及时行使质权的问题。但质权与抵押权不同：一是抵押权并不移转抵押财产，而质权移转质押财产，质押财产由质权人占有；二是抵押权人由于不占有抵押财产，往往积极行使抵押权，以保证债权的实现，而质权人由于控制着质押财产，往往不急于行使质权。对于是否与抵押权一样规定动产质权的存续期间，有意见提出，如果参照抵押权的规则，规定质权超过主债权诉讼时效期间未行使则法院不予保护则有失公允，因为质押财产在质权人处占有，债务人不还债，过了主债权的诉讼时效期间依仗法律的规定，强行把质押财产从质权人手中要回，对质权人不公。

根据抵押权与质权的不同，本法未规定质权的存续期间，但是为了避免质权人滥用权利、怠于行使权利，本条赋予了出质人针对质权人的质权行使请求权以及质权人怠于行使质权的责任。

【条文精解】

1. 质权行使请求权

出质人在债务履行期限届满，债务人不能偿还债务时，有权请求质权人及时行使质权；如果质权人经出质人请求后仍不行使的，出质人有权向人民法院申请拍卖、变卖质押财产，以清偿债务。

2. 质权人怠于行使质权的责任

质押财产存在着毁损、灭失以及价值下跌的风险。因此，一旦债务履行期限届满，而债务人未清偿债务的，质权人应当及时行使质权，以免给出质人造成损失，出质人也有权请求质权人行使权利。质权人怠于行使权利致使质押财产价格下跌，或者发生其他毁损、灭失等情形，质押财产无法获得与原有价值相当的变价款。在此情形下，质权人对于出质人的损失要承担赔偿责任。需要注意的是，根据本款规定，出质人首先要有请求质权人及时行使质权的行为；其次要有证据证明造成损害是由于质权人怠于行使质权造成的，损害的事实应当与质权人怠于行使质权有直接因果关系。

第四百三十八条　【质押财产变价款归属原则】

质押财产折价或者拍卖、变卖后，其价款超过债权数额的部分归出质人所有，不足部分由债务人清偿。

【立法背景】

质权的实现是质权的根本效力所在，也是质权人最重要的权利。质权实现就是将质押财产的交换价值兑现，质权人以变价款优先受偿。质押财产价值的最初估算值与最终的变价值可能并不一致，这与当事人在设定质权时对质押财产的估算是否准确以及市场价格不断变化有关。但是，无论质押财产的变价款如何，设定质权时的主债权是清楚的。因此，实现质权应当以清偿质押担保范围的债权为界，质押财产折价、拍卖、变卖后，超过所担保的债权数额的，超出部分归出质人所有，不足部分由债务人清偿。

【条文精解】

根据本条规定，质权人在实现质权时，应当注意以下几种情况：

首先，如果数个可分的质押财产为同一债权担保时，各个质押财产都担保债权的全部，但在实现质权时，如果质权人折价、拍卖或者变卖部分质押财产的价款足以清偿质押担保范围的债权，则应停止折价、拍卖或者变卖其余的质押财产。因为质押财产的所有权归出质人，出质人只是以质押财产担保质权人的债权，一旦债权受清偿，质权也就消灭了，剩余的质押财产应当归还出质人。

其次，如果以一个质押财产作为债权担保的，质押财产的变价款超出所担保的债权的，应当将剩余价款还给出质人。

最后，如果质押财产的变价款不足以清偿所担保的债权的，出质人以全部变价款交给质权人后，质权消灭。担保债权未清偿的部分，仍然在债权人与债务人之间存在，但不再是质权担保的债权，而是无质权担保的普通债权，债务人仍负有清偿债务的义务。如果债务人和出质人不是同一人时，未偿还的债务由债务人承担，出质人不再承担责任。

第四百三十九条 【最高额质权】

出质人与质权人可以协议设立最高额质权。

最高额质权除适用本节有关规定外，参照适用本编第十七章第二节的有关规定。

【立法背景】

最高额质权，是指为担保债务的履行，债务人或者第三人对一定期间内将要连续发生的债权提供质押财产担保的，债务人不履行到期债务或者发生当事人约定的实现质权的情形，质权人有权在最高债权额限度内就该质押财产优先受偿。最高额质权制度对于配合继续性交易的发展，扩大担保融资，促进社会经济的繁荣，具有重要的作用。本条沿袭了物权法的规定。

【条文精解】

与动产质权相比，最高额质权有自己的特征；但就根本属性而言，其仍属于质权，本节关于动产质权的许多规定可以适用于最高额质权。比如，最高额质权的设立、最高额质权的实现、质押财产的保全等内容都可以适用本节关于动产质权的相关规定。

最高额质权与最高额抵押权具有许多相同之处，主要体现在：一是两者在设立、转移和消灭上均在一定程度独立于主债权；二是两者担保的债权都是不特定债权；三是两者均有最高担保额的限制；四是在实现担保物权时，均需要对担保的债权进行确定。基于以上相同点，本条规定，最高额质权可以参照适用本编第十七章第二节"最高额抵押权"的有关规定。最高额质权所担保债权的转让、最高额质权的变更以及最高额质权所担保债权的确定、最高额质权设立前已存在的债权经当事人同意以转入最高额质押担保的债权范围等都可以参照适用最高额抵押权的相关规定。这里之所以强调"参照"适用，主要是考虑到最高额质权与最高额抵押权性质不同：最高额质权需要质权人占有担保财产，其本质属于质权；最高额抵押权不需要抵押权人占有担保财产，其本质属于抵押权。因此，只宜"参照"，不宜直接适用。

第二节　权利质权

第四百四十条　【可以出质的权利范围】

债务人或者第三人有权处分的下列权利可以出质：

（一）汇票、本票、支票；

（二）债券、存款单；

（三）仓单、提单；

（四）可以转让的基金份额、股权；

（五）可以转让的注册商标专用权、专利权、著作权等知识产权中的财产权；

（六）现有的以及将有的应收账款；

（七）法律、行政法规规定可以出质的其他财产权利。

【立法背景】

权利质权，是指以出质人提供的财产权利为标的而设定的质权。权利质权与动产质权有一些相同的特征，都是以担保债权实现为目的，性质都是价值权、担保权。但是，由于标的物不同，权利质权与动产质权相比又具有一定的特殊性。随着经济高度发展，以票据、有价证券及其他财产凭证替代有形财产和货币流通越加广泛。充分利用这些财产凭证所体现的无形财产权，对促进资金融通和商品流通、发展经济有着重要作用。设立权利质权的目的和意义即在于此。本条对哪些权利可以出质，采取了列举的方式，除这些权利外，其他权利均不得出质。

【条文精解】

权利质权的标的是出质人提供的作为债权担保的权利。但并不是所有的权利都可以作为权利质权的标的，可以出质的权利必须是财产权、具有让与性且必须是适于设定质权的权利。按照本条的规定，可以出质的权利包括：

1.汇票、本票、支票

汇票，是指出票人签发的，委托付款人在见票时或者在指定日期无条件支付确定的金额给收款人或者持票人的票据。

本票，是指出票人签发的，承诺自己在见票时无条件支付确定的金额给收款人或者持票人的票据。

支票，是指出票人签发的，委托办理支票存款业务的银行或者其他金融机构在见票时无条件支付确定的金额给收款人或者持票人的票据。

2. 债券、存款单

债券，是指由政府、金融机构或者企业为了筹措资金而依照法定程序向社会发行的，约定在一定期限内还本付息的有价证券。

存款单，是指存款人在银行或者储蓄机构存了一定数额的款项后，由银行或者储蓄机构开具的到期还本付息的债权凭证。

3. 仓单、提单

仓单，是指仓储保管人应存货人的请求而填发的提取仓储物的凭证。仓单是提取仓储物的凭证。存货人或者仓单持有人在仓单上背书并经保管人签字或者盖章的，可以转让提取仓储物的权利。

提单，是指用以证明海上货物运输合同和货物已经由承运人接收或者装船，以及承运人保证据以交付货物的单证。

4. 可以转让的基金份额、股权

基金份额，是指向投资者发行的，表示持有人按其所持份额对基金财产享有收益分配权、清算后剩余财产取得权和其他相关权利，并承担相应义务的凭证。

股权，是指股东因向公司直接投资而享有的权利。在我国，公司包括有限责任公司和股份有限公司。有限责任公司股东的股权是通过公司签发的出资证明书来体现的，股份有限公司股东的股权是通过公司签发的股票来体现的。出资证明书和股票就是股东享有股权的法定凭证，股东凭此证券就可以享有相应的股权。

只有可以转让的基金份额和股权才可以作为权利质权的标的。有的基金份额和股权依法不得转让，则不能出质；有的基金份额和股权有转让限制，这些股票和基金份额在出质时也需要遵守相应的限制。

5. 可以转让的注册商标专用权、专利权、著作权等知识产权中的财产权

知识产权，是指人们对于自己的创造性智力活动成果和经营管理中的标记所依法享有的权利，包括注册商标专用权、专利权和著作权等。知识产权主要是一种财产权利；但某些知识产权如著作权既具有人身权部分又具有财

产权部分，只有财产权部分才能作为权利质权的标的。

注册商标专用权，是指注册商标所有人依法对注册商标享有的独占使用权。根据商标法的规定，注册商标所有人享有注册商标转让权和注册商标许可权。这两者都是注册商标专用权中的财产权，都可以作为权利质权的标的。

专利权，是指由国家专利主管机关授予专利申请人或其继受人在一定期限内实施其发明创造的专有权，包括发明专利权、实用新型专利权及外观设计专利权。根据专利法的规定，专利权人享有专利转让权和专利实施许可权。这两者都是专利权中的财产权，都可以作为权利质权的标的。

著作权，是指文学、艺术和科学作品的创作者对其创作完成的作品所享有的权利。根据著作权法的规定，著作权可分为人身权和财产权两部分。人身权包括发表权、署名权、修改权和保护作品完整权；财产权，是指著作权人对作品的使用权和获得报酬权。只有著作权中的财产权才可以作为权利质权的标的。

6. 现有的以及将有的应收账款

《物权法》第 223 条规定了可以出质的权利范围，其中第 6 项为"应收账款"。应收账款实质上属于一般债权，包括尚未产生的将来的债权，但是仅限于金钱债权。需要注意的是，物权法中应收账款的概念包括了"公路、桥梁等收费权"。

在民法典编纂过程中，有意见提出，尽管一些部门规章对应收账款的定义和范围作了规定，但在实践中对应收账款还是有不同理解，如在会计实务操作领域，应收账款仅指已经实际发生的债权，而不包含将来发生的债权，建议对"应收账款"的表述作相应修改。还有一些意见提出，企业等主体可以将现有的以及将有的生产设备等动产抵押，法律也应当明确可以以现有的以及将有的债权质押。经对上述意见研究，本条将物权法上述条文中的"应收账款"修改为"现有的以及将有的应收账款"，明确将来发生的债权可以作为质押的客体。

7. 法律、行政法规规定的可以出质的其他财产权利

这是对可以出质的权利作的兜底规定。随着经济的发展和融资需求的扩大，在平衡风险和利益的前提下，可用于担保的财产范围也会发生变化。本条前六项规定并不能涵盖所有可以出质的权利范围，为此本条作了一个授权性规定，根据现实需要、权利质押的可行性、市场风险等因素，法律、行政

法规可以规定其他权利可以出质；只要在法律、行政法规中明确规定可以出质的，也适用本节权利质权的有关规定。

第四百四十一条 【以汇票、本票、支票、债券、存款单、仓单、提单出质的权利质权设立】

以汇票、本票、支票、债券、存款单、仓单、提单出质的，质权自权利凭证交付质权人时设立；没有权利凭证的，质权自办理出质登记时设立。法律另有规定的，依照其规定。

【立法背景】

汇票、支票、本票、债券、存款单、仓单、提单有的有权利凭证，有的没有权利凭证，以这些权利出质的，其质权设立的条件也因此而有所区别。在十三届全国人大三次会议审议民法典草案时，有的意见提出，票据法对汇票质押等有专门规定，建议与之相衔接。为此，本条增加规定："法律另有规定的，依照其规定。"

【条文精解】

根据质权设立的一般要求，以汇票、本票、支票、债券、存款单、仓单、提单出质的，双方当事人应当订立书面质押合同。以汇票、本票、支票、债券、存款单、仓单、提单出质的，其质权设立的情形可以分为两种：

一是有权利凭证的，质权自权利凭证交付质权人时设立。权利凭证，是指记载权利内容的象征性证书，通常采用书面形式，如汇票、本票、支票、存款单、仓单、提单和一部分实物债券等都有权利凭证。此时出质人需要将该权利凭证交付给质权人，质权自交付时设立。

二是没有权利凭证的，质权自有关部门办理出质登记时设立。在我国，部分债券如记账式国库券和在证券交易所上市交易的公司债券等都已经实现无纸化，这些债券没有权利凭证，如果要出质，就必须到法律、法规规定的有关登记部门办理出质登记，质权自登记时设立。

票据法等特别法对于以汇票、本票、支票等出质的权利质权的设立要件有特别规定的，依照其规定。

第四百四十二条　【以汇票、本票、支票、债券、存款单、仓单、提单出质的权利质权人行使质权的特别规定】

汇票、本票、支票、债券、存款单、仓单、提单的兑现日期或者提货日期先于主债权到期的，质权人可以兑现或者提货，并与出质人协议将兑现的价款或者提取的货物提前清偿债务或者提存。

【立法背景】

载明兑现日期或者提货日期的汇票、本票、支票、债券、存款单、仓单、提单的兑现日期或者提货日期届至时，原则上必须兑现或者提货，以免除第三债务人的债务。如果不按时兑现或者提货，有可能会给债务人自身带来损失，最终影响所担保的主债权的实现。本条便是针对这一情况所作的特殊规定。

【条文精解】

本条规定，汇票、本票、支票、债券、存款单、仓单、提单的兑现日期或者提货日期先于主债权到期的，质权人可以不经过出质人同意，有权将汇票、本票、支票、债券或者存款单上所载款项兑现，有权将仓单或者提单上所载货物提货。但是质权人兑现款项或者提取货物后不能据为己有，必须通知出质人，并与出质人协商，或者用兑现的款项或提取的货物提前清偿债权，或者将兑现的款项或提取的货物提存。提前清偿债权的，质权消灭；提存的，质权继续存在于提存的款项或者货物上，在主债权到期时可以以该提存的款项或者货物优先受偿。出质人只能在提前清偿债权和提存中选择，不能既不同意提前清偿债权也不同意提存。

第四百四十三条　【以基金份额、股权出质的权利质权设立和出质人处分基金份额、股权的限制】

以基金份额、股权出质的，质权自办理出质登记时设立。

基金份额、股权出质后，不得转让，但是出质人与质权人协商同意的除外。出质人转让基金份额、股权所得的价款，应当向质权人提前清偿债务或者提存。

【立法背景】

《物权法》第226条中规定："以基金份额、证券登记结算机构登记的股权出质的，质权自证券登记结算机构办理出质登记时设立；以其他股权出质的，质权自工商行政管理部门办理出质登记时设立。"在民法典的立法过程中，一些意见建议在物权编中规定动产和权利担保统一登记制度。考虑到动产和权利担保涉及的财产种类众多、情况复杂，且涉及到国务院各部门的工作职能，具体规则宜由国务院规定，物权编未对动产和权利担保统一登记制度作出规定，但是为了回应相关意见，物权编删除了物权法中动产抵押、权利质押有关具体登记机构的规定，为以后建立统一的动产和权利担保登记制度留下空间。本条规定删除了物权法中具体登记机关的规定。

【条文精解】

以基金份额、股权出质的，双方当事人应当订立书面质押合同。在订立质押合同后，质权并不当然设立。以基金份额、股权出质的，应当到有关部门办理出质登记，质权自登记时设立。

本条第2款规定的是对出质人处分基金份额和股权的限制。基金份额和股权出质后，原则上不能转让。一方面，出质人的基金份额和股权虽然被出质了，但是质权人无权转让作为债权担保的基金份额和股权，否则构成对基金份额持有人和股东权利的侵害。另一方面，基金份额和股权虽然为出质人所有，但是其作为债权的担保，是有负担的，如果随意转让，可能会损害质权人的利益，不利于担保债权的实现。所以，原则上基金份额和股权出质后，不能转让；但如果出质人与质权人协商一致，都同意转让已出质的基金份额和股权，这属于双方当事人对自己权利的自由处分，法律自然允许。转让基金份额和股权所得的价款，并不当然用于清偿所担保的债权，因为此时债务清偿期限尚未届至，出质人应当与质权人协商，将所得的价款提前清偿所担保的债权或者提存。提前清偿债权的，质权消灭；提存的，质权继续存在于提存的价款上，在债务履行期限届满时，质权人可以对该价款优先受偿。出质人只能在提前清偿债权和提存中选择，不能既不同意提前清偿债权，也不同意提存。

第四百四十四条　【以知识产权中的财产权出质的权利质权的设立和出质人处分知识产权的限制】

以注册商标专用权、专利权、著作权等知识产权中的财产权出质的，质权自办理出质登记时设立。

知识产权中的财产权出质后，出质人不得转让或者许可他人使用，但是出质人与质权人协商同意的除外。出质人转让或者许可他人使用出质的知识产权中的财产权所得的价款，应当向质权人提前清偿债务或者提存。

【立法背景】

《物权法》第227条规定，以注册商标专用权、专利权、著作权等知识产权中的财产权出质的，质权自有关主管部门办理出质登记时设立。为了给以后建立统一的动产和权利担保登记制度留下空间，本条规定删除了物权法有关登记机构的规定。

【条文精解】

以注册商标专用权、专利权、著作权等知识产权中的财产权出质的，双方当事人应当订立书面质押合同。订立质押合同后，质权并不当然设立，须办理出质登记时才能设立。这主要是因为知识产权是一种无形财产权，无法以占有的方式来公示，所以知识产权出质必须以登记的方式来公示。

本条第2款规定了对出质人处分知识产权的限制。以注册商标专用权、专利权、著作权等知识产权中的财产权出质的，权利虽然仍属于知识产权人，但由于该知识产权是有负担的权利，因此，出质人不能自由转让或者许可他人使用，否则可能会损害质权人的利益。因为一方面，转让的费用和许可他人使用的费用都要归出质人收取；另一方面，出质人有权无限制地转让其注册商标专用权、专利权、著作权等知识产权中的财产权，必然导致该质押财产价值下降，损害质权人的利益，不利于担保债权的实现。但是如果经出质人与质权人协商同意，可以转让或者许可他人使用出质的注册商标专用权、专利权、著作权等知识产权中的财产权。因为经过质权人同意，是否会损害其利益可以由质权人自己判断，法律不加干涉。

按照第2款规定，转让或者许可他人使用出质的注册商标专用权、专利权、著作权等知识产权中的财产权所得的价款，不当然用于清偿所担保的债权。因为此时债务清偿期限尚未届至，出质人应当与质权人协商，将所得的价款提前清偿所担保的债权或者提存。提前清偿债权的，质权消灭；提存的，质权继续存在于提存的价款上，在债务履行期限届满时，质权人可以对该价款优先受偿。出质人只能在提前清偿债权和提存中选择，不能既不同意提前清偿债权，也不同意提存。

第四百四十五条【以应收账款出质的权利质权设立和出质人转让应收账款的限制】

以应收账款出质的，质权自办理出质登记时设立。

应收账款出质后，不得转让，但是出质人与质权人协商同意的除外。出质人转让应收账款所得的价款，应当向质权人提前清偿债务或者提存。

【立法背景】

《物权法》第228条规定，以应收账款出质的，质权自信贷征信机构办理出质登记时设立。为了给以后建立统一的动产抵押和权利质押登记制度留出空间，本条删除了具体登记机构的规定。

【条文精解】

以应收账款出质的，双方当事人应当订立书面质押合同。在订立质押合同后，质权并不当然设立，双方当事人还须到有关部门办理出质登记后质权才设立。

第2款规定了应收账款出质后对出质人权利的限制，即出质人不得随意转让应收账款。这主要是为了保护质权人的利益，防止出质人随意处置应收账款，保证债权的实现。出质人只有在取得质权人同意的情况下才能转让应收账款。转让应收账款所得的价款，并不当然用于清偿所担保的债权。因为此时债务清偿期限尚未届至，出质人应当与质权人协商，将所得的价款提前清偿所担保的债权或者提存。提前清偿债权的，质权消灭。提存的，质权继续存在于提存的价款上，在债务履行期限届满时，质权人可以对该价款优先受偿。出质人只能在提前清偿债权和提存中选择，不能既不同意提前清偿债权，也不同意提存。

> **第四百四十六条　【权利质权适用动产质权有关规定】**
> 权利质权除适用本节规定外，适用本章第一节的有关规定。

【立法背景】

权利质权与动产质权都是以客体的交换价值的取得为目的的担保物权，并不因客体是有体物还是无体物而性质不同，两者共同构成质权的组成部分，在很多内容上是相同的。但是权利质权的标的物为权利，动产质权的标的物为动产，因此两者在某些具体方面如权利的生效上还存在一定的区别。

【条文精解】

本章第一节对动产质权是作为质权的一般形式加以规定的，本节对权利质权仅在某些内容上作了特殊规定，其他没有规定的内容可以适用动产质权的规定，如关于质押合同的订立以及质押合同的一般条款、流质条款的效力、质权人的权利和义务、质权的保全、质权的放弃、质权的实现方式和最高额质权等。

第十九章　留置权

> **第四百四十七条　【留置权定义】**
> 债务人不履行到期债务，债权人可以留置已经合法占有的债务人的动产，并有权就该动产优先受偿。
> 前款规定的债权人为留置权人，占有的动产为留置财产。

【立法背景】

留置权是经济生活中较为普遍存在的一种担保形式。留置权设定的目的在于维护公平原则，督促债务人及时履行义务。物权法制定之前我国的一些法律就对留置权作了规定，如《民法通则》第89条第42项规定："按照合同约定一方占有对方的财产，对方不按照合同给付应付款项超过约定期限的，占有人有权留置该财产,依照法律的规定以留置财产折价或者以变卖该财产的价款优先得到偿还。"担保法则专设"留置"一章,共7条。合同法也分别规定了承揽合同、运输合同和保管合同中债权人享有的留置权。

【条文精解】

留置权,是指在债务人不履行到期债务时,债权人有权依照法律规定留置已经合法占有的债务人的动产,并就该动产优先受偿的权利。这时,债权人便为留置权人,占有的动产便为留置财产。

留置权成立的要件包括:

第一,债权人已经合法占有债务人的动产。债权人要行使留置权,必须已经合法占有债务人的动产。此要件包含三层意思:其一,必须是动产。留置权的标的物只能是动产,债权人占有的不动产上不能成立留置权。其二,必须债权人占有动产。债权人的这种占有可以是直接占有,也可以是间接占有。但单纯的持有不能成立留置权。如占有辅助人虽持有动产,却并非占有人,因此不得享有留置权。其三,必须合法占有动产。债权人必须基于合法原因而占有债务人动产,如基于承揽、运输、保管合同的约定而取得动产的占有。如果不是合法占有债务人的动产,不得留置,如债权人以侵权行为占有债务人的动产。

第二,债权人占有的动产,应当与债权属于同一法律关系,但企业之间留置的除外。除了企业之间留置的以外,留置财产必须与债权的发生处于同一法律关系中。比如,保管合同中寄存人不按期交付保管费,保管人可以留置保管物,此时留置权成立。如果保管人对寄存人享有的是保管合同之外的其他债权而留置保管物,或者保管人留置的是债务人的其他财产,则该留置权不能成立。

第三,债务人不履行到期债务。债权人对已经合法占有的动产,并不能当然成立留置权,留置权的成立还须以债权已届清偿期而债务人未全部履行为要件。如果债权未到期,那么债务人仍处于自觉履行的状态中,还不能判断债务人到期能否履行债务,这时留置权还不能成立。只有在债务履行期限届满,债务人仍不履行债务时,债权人才可以将其合法占有的债务人的动产留置。

第四百四十八条　【留置财产与债权的关系】

债权人留置的动产，应当与债权属于同一法律关系，但是企业之间留置的除外。

【立法背景】

留置权人可以留置债务人的哪些财产，这些财产与债权之间是否需要有某种关系，在理论上有不同的观点。第一种观点认为，只要是合法占有的财产，债权人便有权留置；第二种观点认为，留置财产应当与债权的发生有牵连关系；第三种观点认为，留置财产应当与债权的发生有牵连关系，但企业之间留置的除外；第四种观点认为，留置财产应当与债权属于同一法律关系，但企业之间留置的除外。

【条文精解】

本条首先明确，债权人留置的动产，应当与债权属于同一法律关系。因此，一般而言，留置财产的范围仅限于与债权属于同一法律关系的动产。所谓同一法律关系，就是留置财产应当债权所形成的债权债务关系属于同一个民事法律关系。根据债法的基本原理，债通常包括合同之债，还包括侵权之债，以及不当得利、无因管理之债。同一法律关系最为常见的就是因合同产生的债权债务关系。如甲将手表交由乙修理，手表修理好后，甲拒绝支付修理费，乙依法可以留置该手表。此时，因定作人甲与承揽人乙之间形成了承揽合同关系，基于此承揽关系乙占有了甲交付的动产即手表，甲未支付的修理费也是基于双方的承揽关系产生的报酬，乙留置的动产与乙享有的债权（即甲所欠报酬）就属于同一承揽合同关系。同一法律关系还可以是因侵权形成的同一债权债务关系。如甲开着货车运输货物，途中由于货物捆绑不严，其中一箱货物遗落将乙砸伤，甲未向乙支付合理的医疗费用，乙遂将该箱货物留置，要求甲支付医疗费用方肯返还。此时，乙要求支付医疗费用的侵权债权，与甲遗落的货物（造成侵权的原因），即属于同一侵权法律关系。

本条还有但书的例外规定，即"但是企业之间留置的除外"。根据本条但书的内容，在一般民事主体之间留置财产与债权应属于同一法律关系，而在企业之间行使留置权，留置财产与债权则没有此限制，这意味着企业之间，只要债权人合法占有债务人的动产，债务人不履行债务，债权人即可留置其动产，而不论该动产是基于何种法律关系占有。这么规定，主要是考虑到，在商业实践中，企业之间相互交易频繁，追求交易效率，讲究商业信用，如果严格要求留置财产必须与债权的发生具有同一法律关系，则有悖交易迅捷和交易安全原则。

第四百四十九条 【留置权财产范围】

法律规定或者当事人约定不得留置的动产，不得留置。

【立法背景】

关于留置权的适用范围，我国立法有一个逐渐变化的过程。担保法将留置权的适用范围限于特定合同法律关系，该法第 84 条规定："因保管合同、运输合同、加工承揽合同发生的债权，债务人不履行债务的，债权人有留置权。法律规定可以留置的其他合同，适用前款规定。当事人可以在合同中约定不得留置的物。"根据担保法的此规定，留置权仅限适用于保管合同、运输合同、加工承揽合同等法律有明确规定的合同类型中，在其他债权债务关系中，则不得行使留置权。

在物权法起草过程中，对是否保留担保法的此规定，存在不同意见。有的意见认为，为避免滥用留置权的情况发生，应该维持担保法的规定，即只有因保管合同、运输合同、加工承揽合同和法律规定可以留置的其他合同发生的债权，才能适用留置权。有的意见认为，担保法规定的留置权的适用范围过窄，不符合经济实践需要，不利于保护债权人的利益，应当扩大范围。在制定物权法时，在总结担保法规定的立法经验基础上，考虑到随着市场经济的发展，相关市场规则和法律制度的完善，将留置权的适用范围扩大到因无因管理、仓储合同及其他服务合同发生的债权中是必要和合适的。且其他国家和地区留置权立法，也未逐一列举留置权的适用范围。因此，物权法没有明文列举留置权的适用范围，而只是对留置权的适用范围作出限制，规定了不得留置的情形。只要不属于不得留置的两种情形，又符合留置权成立的条件，均可以成立留置权。

物权编保留了物权法的立法模式，在上一条中规定了留置权可以行使的财产范围，同时在本条中规定不得留置的范围，即法律规定或者当事人约定不得留置的动产，不得留置。

【条文精解】

本条首先规定，法律规定不得留置的动产，不得留置。首先，如果法律明确有规定，对特定动产，任何人不得留置。民事主体从事民事活动时，有义务遵守法律的此类规定，不得对此类动产行使留置权。其次，行使留置权，也不能违反公序良俗。比如，因当地发生重大传染病疫情，甲公司遂紧急从外地采购大量医疗物资用于本公司办公场所防治疫情，并委托乙运输公司将该等医疗物资运回，尚未支付运费。医疗物资运抵后，乙公司欲留置所承运的医疗物资。由于甲公司采购的医疗物资属于防治传染病疫情所急需的物资，如果乙公司留置该等物资，势必影响公共卫生秩序，危及公共卫生安全，有悖公序良俗，故乙公司不得行使留置权。

留置权属于法定担保物权。法律之所以规定留置权，主要是基于公平原则，为了保护债权人的利益，确保债权人债权的实现，并不涉及公共利益或者其他第三人的利益。如果债权人基于意思自治而自愿放弃这种法律规定的民事权利，法律自然不会予以干涉。因此，本条同时规定，当事人约定不得留置的动产，不得留置。根据此规定，当事人已经明确约定不得留置的动产，都不能成立留置权。比如，承揽合同当事人事先在合同中约定排除留置权，则在定作人未向承揽人支付报酬或者材料费等价款时，承揽人也不得留置完成的工作成果，而应当依债权本身的效力提起追索价款及违约金的诉讼。当事人既可以在订立合同之时约定，并写入合同条款，也可以在合同履行过程中达成协议。当事人约定的方式既可以是书面约定，也可以是口头约定。当然，从利于举证的角度而言，当事人约定限制留置权的行使条款，最好以书面方式在相关合同中明确规定。

第四百五十条　【可分物留置财产】

留置财产为可分物的，留置财产的价值应当相当于债务的金额。

【立法背景】

根据物权法律的基本原理，留置权具有不可分性，此种不可分性表现在两个方面：一方面，留置权所担保的是债权的全部，而不是部分，即多担保的债权具有不可分性。另一方面，留置权的效力具有不可分性，留置权及于债权人所留置的全部留置财产，留置权人可以对留置财产的全部行使留置权，而不是部分。因此，从理论上而言，只要债权人基于同一法律关系占有了债务人的不动产，就可以行使留置权，而不论留置财产价值与债权数额是否相当。但是，如果将留置权的不可分性绝对化，则可能造成立法上的不公平。本条规定："留置财产为可分物的，留置财产的价值应当相当于债务的金额。"

【条文精解】

理解本条需要从以下三个方面把握：

第一，可分物与不可分物的划分。这是从物的分割是否影响其价值或效用的角度对物进行的划分。不可分物，就是将其分割的话将影响其价值或者失去其效用的物。如一块手表，如果将手表拆分成零件，将失去手表作为计时器的功能。可分物，是指经分割而不损害其经济用途或者失去其价值的物。如一袋大米，将其分割成数小袋，大米经济价值和作为粮食的效用并不受到影响。正是因为可分物和不可分物在是否可以分割属性上的差异，在行使留置权时，有必要加以区分，针对物的不同属性，设计更为合理的权利义务结果，确保留置权的行使更加公平合理。

第二，对可分物行使留置权。根据本条规定，留置财产为可分物的，留置财产的价值应当相当于债务的金额。因此，如果涉案动产为可分物，债权人在行使留置权时，就需要受到本条的限制，即行使留置权时，仅能留置与债务金额相当价值的财产，而不得超越此范围行使留置权，否则构成权利滥用。

第三，对不可分物行使留置权。如果留置财产为不可分物，由于该物的分割会减损其价值，因此不适用本条的规定，留置权人可以留置整个物。

第四百五十一条 【留置权人保管义务】

留置权人负有妥善保管留置财产的义务；因保管不善致使留置财产毁损、灭失的，应当承担赔偿责任。

【立法背景】

行使留置权的前提是债权人合法占有债务人的不动产。因此，留置财产此时已经脱离了债务人的控制，而由债权人合法控制。民事主体享有权利的同时，也应当履行法律规定或者合同约定的义务。债权人在行使留置权的同时，也是如此。留置权人占有、控制着债务人的动产。由于留置财产的所有权仍属于债务人，作为所有权人，债务人对留置财产享有利益。因此，法律有必要为留置权人设定义务，避免留置财产陷于灭失风险之中，危及债务人的所有权。如果留置财产毁损或者灭失，不仅损害了债权人的所有权，也不利于实现留置权。

【条文精解】

1. 留置权人的保管义务

本条首先规定，留置权人负有妥善保管留置财产的义务。

关于留置权人是否尽到妥善保管义务的认定，理论上有不同的认识。有的意见提出，所谓妥善保管，就是要求留置权人以善良管理人的注意保管留置财产。如果留置权人对保管未尽到善良管理人的注意，就可以认定为保管不善。有的意见认为，不管基于何种原因，除非是由于不可抗力造成留置财产毁损、灭失外，留置权人对留置财产的毁损、灭失都可以认定为保管不善，都需要承当相应的赔偿责任。一般而言，只要留置权人尽到了善良管人的注意义务，妥善保管了留置财产，非因留置权人的重大过失导致留置财产的毁损或者灭失，就不能认定为保管不善。

2. 留置权人的赔偿责任

为了使留置权人能够履行其妥善保管留置财产的义务，本条还规定，留置权人因保管不善致使留置财产毁损、灭失的，应当承担赔偿责任。根据此规定，如果留置权人未保管好留置财产，是需要承担赔偿责任的。当然，如果留置权人尽到了妥善保管义务，因保管不善之外的其他原因造成留置财产的损失的，则不应承担赔偿责任。

第四百五十二条 【孳息收取】

留置权人有权收取留置财产的孳息。

前款规定的孳息应当先充抵收取孳息的费用。

【立法背景】

留置财产属于动产，有些动产由于其自然属性或者基于特定法律关系会产生额外的收益，这就是物的孳息。留置权人留置的物为原物，有些留置财产会产生孳息。孳息包括两类：一类是天然孳息，就是因物自身的自然属性或者自身变化规律即可以取得收益。比如，苹果树上结出的苹果。另一类是法定孳息，就是原物由于特定的法律关系所产生的利益。比如，甲的房屋因出租，因此能获得房租收入。这种房租收入就是由于房屋的租赁法律关系而获得收益。虽然有的留置财产会产生孳息，但是这种孳息需要有人收取，不然就可能造成孳息无法获得。如果园中果树的果子无人收取，果子可能成熟后掉落而腐烂，造成损失。因留置财产孳息的收取可能需要承担一定的费用，法律应当合理规定留置财产孳息的收取，才能平衡好各方的权利义务。

【条文精解】

根据本条第1款的规定，留置权人有权收取留置财产的孳息。之所以规定留置权人有权收取留置财产孳息，主要是考虑到留置财产由债权人控制，留置财产的孳息由其收取更为便利，更为可行。且根据法律规定，留置权人有义务妥善保管留置财产，规定由留置权人收取，也是有恰当的。

首先，收取留置财产的孳息属于留置权人的权利。既然是留置权人的权利，那么留置权人既可以行使，也可以放弃。只有在留置权人放弃不行使时，债务人才可以自行收取留置财产的孳息。在特殊情形下，妥善收取孳息也是留置权人保管义务的内容。

其次，留置权人收取的孳息仅限于留置财产的孳息，不能超出此范围收取。留置权人既可以收取留置财产的法定孳息，也可以收取留置财产的天然孳息。但留置权人不能收取债务人其他财物的孳息。

最后，留置权人的权利仅仅是收取孳息，并非直接能获得孳息的所有权。所谓收取，就是通过事实行为或者法律行为获得并控制留置财产的孳息。收取之后，留置财产的孳息所有权归属需要根据法律的规定或者当事人约定判断。一般而言，各国物权法会对物的孳息的归属作出规定。物权编也对孳息的归属作了规定，第321条第1款规定："天然孳息，由所有权人取得；既有所有权人又有用益物权人的，由用益物权人取得。当事人另有约定的，按照其约定。"第2款规定："法定孳息，当事人有约定的，按照约定取得；没有约定或者约定不明确的，按照交易习惯取得。"因此，除非法律另有规定或者当事人有约定外，留置财产的孳息的所有权归属应该根据物权编的此规定确定。如果债务人和留置权人并未就留置财产的孳息的归属作出明确约定，孳息的所有权应当属于债务人。

虽然留置权人不能取得留置财产孳息的所有权，但是由于留置权具有不可分性，留置权的法律效力自然及于孳息。留置权人在收取孳息后，有权控制、占有孳息，且此种权利可以对抗作为所有人的债务人，债务人在未履行债务之前不能要求留置权人返还留置财产的孳息。

本条第2款规定："前款规定的孳息应当先充抵收取孳息的费用。"因此，如果债务人在收取留置财产时，支付了费用，此种费用应当以孳息冲抵。

第四百五十三条 【实现留置权】

留置权人与债务人应当约定留置财产后的债务履行期限；没有约定或者约定不明确的，留置权人应当给债务人六十日以上履行债务的期限，但是鲜活易腐等不易保管的动产除外。债务人逾期未履行的，留置权人可以与债务人协议以留置财产折价，也可以就拍卖、变卖留置财产所得的价款优先受偿。

留置财产折价或者变卖的，应当参照市场价格。

【立法背景】

留置权的实现，是指留置权人对留置财产进行处分，以优先受偿其债权的行为。关于留置权的实现，各个国家和地区的规定有所不同。《瑞士民法典》第898条第1款规定，债务人不履行义务时，债权人经事先通知债务人，得变卖留置物。但此规定仅限于债权人未得到充分担保的情形。《物权法》第236条规定："留置权人与债务人应当约定留置财产后的债务履行期间；没有约定或者约定不明确的，留置权人应当给债务人两个月以上履行债务的期间，但是鲜活易腐等不易保管的动产除外。债务人逾期未履行的，留置权人可以与债务人协议以留置财产折价，也可以就拍卖、变卖留置财产所得的价款优先受偿。留置财产折价或者变卖的，应当参照市场价格。"物权编继续沿用了此规定。

【条文精解】

根据本条的规定，留置权人实现留置权必须具备两个条件：

第一，留置权人须给予债务人以履行债务的宽限期。债权已届清偿期债务人仍不履行债务，留置权人并不能立即实现留置权，而必须经过一定的期间后才能实现留置权。这个一定的期间，称为宽限期。根据实践经验和公平原则，本条规定，留置权人与债务人应当约定留置财产后的债务履行期间；没有约定或者约定不明确的，留置权人应当给债务人60日以上履行债务的期间，但鲜活易腐等不易保管的动产除外。

第二，债务人于宽限期内仍不履行义务。债务人在宽限期内履行了义务，留置权归于消灭，留置权人当然不能再实现留置权。如果债务人仍不履行义务，留置权人便可以按法律规定的方法实现留置权。债务人未履行债务，包括债务人不完全履行债务。比如，债务人本应偿还 100 万元，其仅偿还 80 万元。

根据本条的规定，留置权实现的方法有三种，即折价、拍卖和变卖。第一种是折价。折价，是指留置权人与债务人协议确定留置财产的价格，留置权人取得留置财产的所有权以抵销其所担保的债权。这种方法比较简单，但必须双方当事人协商一致，否则就应当采取拍卖或者变卖的方法。第二种是拍卖。拍卖，是指依照拍卖法规定的拍卖程序，于特定场所以公开竞价的方式出卖留置财产的方式。拍卖的公开性和透明度都比较高，但同时费用也较高。第三种是变卖。变卖，是指以一般的买卖形式出卖留置财产的方式。由于拍卖的费用较高，有的双方当事人不愿意负担这一费用，因此采取费用较为低廉的变卖方式。

本条第 2 款还规定，如果采取折价或者变卖方式处置留置财产的，应当参照市场价格，而不能随意降低该留置财产的价格。

第四百五十四条 【请求行使留置权】

债务人可以请求留置权人在债务履行期限届满后行使留置权；留置权人不行使的，债务人可以请求人民法院拍卖、变卖留置财产。

【立法背景】

债务人在债务履行宽限期不履行债务的，留置权人有权处置留置财产以实现自己的债权。留置权为物权，其不受所担保的债权的诉讼时效的限制。因此，留置权人在其所担保的债权的诉讼时效完成后，仍可以对留置财产行使留置权。理论上说，留置权可以长期不灭，其行使并无时间限制。但是，如果留置权人长期持续占有留置财产而不实现，不符合"物尽其用"的原则，也会对社会、经济生活产生不利影响。而且，在有的情况下，留置财产会有自然损耗或者贬值的可能，如果长期不实现留置权，留置财产的价值会受影响，对债务人不利。因此，为避免留置权人无限期地占有、控制留置财产而不行使留置权，有必要适当限制留置权人的权利。故本条规定："债务人可以请求留置权人在债务履行期限届满后行使留置权；留置权人不行使的，债务人可以请求人民法院拍卖、变卖留置财产。"

【条文精解】

根据本条规定,债务人首先有权请求留置权人行使留置权。法律赋予债务人的此项权利,也是基于对债务人对留置财产享有所有权的保护。因为留置财产的所有权仍归属于债务人,如果留置权人一直不行使留置权,对债务人的所有权构成威胁。比如,甲因为乙未按时支付修理费,留置了乙所有的的贵重设备。该设备的价值远远高于应支付的修理费。乙公司已陷入经营困难,无法支付修理费。乙公司所有的设备在市场上很畅销,如果甲不及时处置所留置的设备,可能造成该设备贬值,大大影响乙公司利用该设备变现的能力,从而导致乙公司资金损失。当然,债务人请求留置权人行使留置权必须是债务履行宽限期届满后。因为在债务履行宽限期,留置权人尚无法判断债务人是否能够履行其债务。债务人请求留置权人行使留置权后,留置权人应当在合理期间行使留置权,而不能仍迟迟不作为,损害债务人利益。

为了防止留置权人怠于行使留置权。本条进一步规定:“留置权人不行使的,债务人可以请求人民法院拍卖、变卖留置财产。”因此,如果留置权人不及时行使留置权,债务人可以依法请求法院实现债权人的留置权,法院即可以依法拍卖或者变卖留置财产。

第四百五十五条 【留置权实现】

留置财产折价或者拍卖、变卖后,其价款超过债权数额的部分归债务人所有,不足部分由债务人清偿。

【立法背景】

债权人留置债务人的动产,根本目的就是要实现自己的债权。根据《民法典》第453条的规定,债务人逾期未履行债务的,留置权人可以与债务人协议以留置财产折价,也可以就拍卖、变卖留置财产所得的价款优先受偿。根据《民法典》第454条的规定,债务人可以请求留置权人在债务履行期间届满后行使留置权;留置权人不行使的,债务人也可以请求人民法院拍卖、变卖留置财产。

【条文精解】

留置权人实现留置权的目的就是通过拍卖、变卖留置财产取得对价,以冲抵自己的债权,或者以折价的方式换算出相应的金额,以实现自己的债权。

但是留置财产毕竟是动产，并非是现金，留置财产的价值是变动的，在留置财产被折价或者拍卖、变卖后，可能出现三种情况：

第一，留置财产的价值与债权金额相等，即留置财产折价或者被拍卖、变卖所得的价款刚好满足留置权人的债权，留置权的债权完全得以实现，债务人的留置权财产也因为折价或者拍卖、变卖而被处分，不存在剩余价款返还的问题。两者的债权债务关系以及担保关系均告消灭。

第二，留置财产的价值高于债权金额，即留置财产折价或者被拍卖、变卖所得的价款超过了留置权人的债权数额，超过的部分应当归债务人所有。如果是留置权人处分留置财产的，留置权人在扣除自己应得部分后，应当将剩余部分返还给债务人，不得占为己有，否则就构成不当得利。如果是人民法院根据《民法典》第454条的规定对留置财产进行拍卖、变卖的，人民法院在扣除留置权人的债权额后，应当将剩余部分及时返还给债务人。

第三，留置财产的价值低于债权金额，即留置财产折价或者被拍卖、变卖所得的价款不足以清偿留置权人的债权。由于留置财产不能完全满足留置权人的债权，所以留置权人与债务人之间的债权债务关系并不因实现留置权而完全消灭，留置权人仍可以就留置财产不足以清偿的部分要求债务人偿还。只不过剩余债权就变成了无担保物权的普通债权，留置权人也成了普通债权人，留置权人可以普通债权人的身份要求债务人偿还剩余债务；债务人拒绝偿还的，留置权人可以向人民法院起诉。

第四百五十六条 【留置权优先】

同一动产上已经设立抵押权或者质权，该动产又被留置的，留置权人优先受偿。

【立法背景】

留置权行使的对象为动产。动产具有可移动性，且根据我国法律规定，动产的很多物权公示不以登记为要件。因此，难免存在同一动产上设定了相互冲突的物权。在同一动产上，可能同时存在不同性质的担保物权，在权利相互冲突时，需要法律规则明确不同权利之间的效力关系。比如，同一动产上已设立了抵押权或者质权，该动产又被留置的，应当如何处理留置权与抵押权或者质权的关系？根据本条规定，同一动产上已设立抵押权或者质权，该动产又被留置的，留置权人优先受偿。因此，同一动产同时存在留置权与抵押权或者质权的，留置权的效力优先于抵押权或者质权。这样规定，主要是基于以下考虑：首先，总结了我国立法经验和司法实践经验。我国的一些法律已明确规定，同一标的物上同时存在抵押权与留置权的，留置权优先于抵押权。例如我国《海商法》第25条规定："船舶优先权先于船舶留置权受偿，船舶抵押权后于船舶留置权受偿。前款所称船舶留置权，是指造船人、修船人在合同另一方未履行合同时，可以留置所占有的船舶，以保证造船费用或者修船费用得以偿还的权利。"人民法院的审判实践也承认了留置权优先于抵押权这一原则。最高人民法院在《关于适用〈中华人民共和国担保法〉若干问题的解释》中规定，同一财产上抵押权与留置权并存时，留置权人优先于抵押权人受偿。其次，从法理上讲，留置权属于法定担保物权，其直接依据法律规定而产生，而抵押权与质权均为约定担保物权。法定担保物权优先于约定担保物权为公认的物权法原则。

【条文精解】

可以从以下两个方面理解本条：

一是留置权的效力绝对优先。在同一动产上，无论留置权是产生于抵押权或者质权之前，还是产生于抵押权或者质权之后，留置权的效力都优先于抵押权或者质权。也就是说，留置权对抵押权或者质权的优先效力不受其产生时间的影响。

二是留置权对抵押权或者质权的优先效力不受留置权人在留置动产时是善意还是恶意的影响。理论上，有的观点认为，为了防止当事人利用留置权的优先效力，恶意在已设有抵押权的动产上行使留置权，妨碍或者排除动产上抵押权的行使，应当明确规定，同一动产上留置权产生于抵押权或者质权之后的，只有留置权人属于善意时，留置权效力才优先于已存在的抵押权或者质权。需要指出的是，这里的"善意"，是指留置权人对同一动产已存在的抵押权或者质权不知情；与之相对应的"恶意"，是指留置权人对同一动产上已存在的抵押权或者质权知情，而并非恶意串通的意思。留置权产生的基础是公平原则，在适用留置权规则的许多情况下，留置权人一般都使被留置动产的价值得到保全，且留置权人的债权与被留置动产的价值相比往往是微不足道的。在这种情况下，仅仅以留置权人知道或者应当知道该动产上存在抵押权或者质权就否定其优先效力，对留置权人是不公平的。实践中，留置权人留置某一动产时，往往知道该动产上存在抵押权或者质权。例如，某一汽车所有人将该汽车送到某一修理厂修理，修理厂可能对该汽车上存在抵押权是知情的，但这并不妨碍修理厂在汽车所有人不支付修理费的情况下留置该汽车，且以该留置权对抗存在的抵押权或者质权。基于以上考虑，本条并没有强调留置权优先于抵押权或者质权的效力以留置权人善意作为前提。当然，如果留置权人与债务人恶意串通成立留置权，其目的就是排除在动产上的抵押权或者质权的，这已经超出了"恶意和善意"的范畴，属于严重违反诚实信用原则的恶意串通行为。在这种情况下，不但留置权不能优先于抵押权或者质权，该留置权也应当视为不存在。

第四百五十七条 【留置权消灭】

留置权人对留置财产丧失占有或者留置权人接受债务人另行提供担保的，留置权消灭。

【立法背景】

留置权作为一种物权，其消灭的原因是多样的：可因物权消灭的共同原因而消灭，如因留置标的物的灭失、被征收等原因而消灭；也可因担保物权消灭的共同原因而消灭，如因被担保债权的消灭、留置权的行使以及留置权被抛弃等原因而消灭。

【条文精解】

留置权行使的前提就是债权人合法占有了债务人的财产，如果留置权人因某种原因丧失了这种占有，留置权是否还存在呢？同时，留置权作为法定的担保物权，当事人是否可以自己的意思表示使其消灭呢？这些问题都涉及留置权的特殊消灭事由。本条规定："留置权人对留置财产丧失占有或者留置权人接受债务人另行提供担保的，留置权消灭。"

1.因留置权人对留置财产丧失占有而消灭

留置权人对留置财产丧失占有的，留置权消灭。立法这么规定，首先符合法理。因为留置权产生的前提条件是债权人对债务人财产的合法占有。留置权人的这种占有应当为持续不间断的占有，如果丧失占有，留置权人对留置财产不再控制，则不宜再享有此权利。其次，符合我国的立法经验和司法实践。我国《海商法》第25条第2款规定，船舶留置权在造船人、修船人不再占有所造或者所修的船舶时消灭。我国的司法实践也承认，留置权人对留置财产丧失占有时，留置权消灭。例如，最高人民法院曾在《关于适用〈中华人民共和国担保法〉若干问题的解释》第 114 条中明确规定，留置权人将留置物返还给债务人后，以其留置权对抗第三人的，人民法院不予支持。最后，此种做法也与不少其他立法例相似。

理解此规定，需注意的是，若留置权人非依自己的意愿暂时丧失对留置财产占有的，留置权消灭；但这种消灭并不是终局性的消灭，留置权人可以依占有的返还原物之诉要求非法占有人返还留置物而重新获得留置权。比如，甲留置了乙的财产，但丙非法占有了留置财产。根据占有保护的规定，甲有返回占有的权利，此时甲并不丧失留置权。

2. 因留置权人接受债务人另行提供担保而消灭

留置权作为一种法定担保物权，其功能主要是通过留置权人留置合法占有债务人的动产，促使债务人尽快偿还债务。如果债务人为清偿债务另行提供了相当的担保，该担保就构成了留置权的替代，债权人的债权受偿得到了充分的保障，原留置财产上的留置权理应消灭。而且，在债务人提供相当担保的情况下，如果留置财产上的留置权仍然存在，就对债务人的利益限制过多，妨碍了债务人对留置财产的利用，不符合诚实信用原则和公平原则。因此，本条同时规定，留置权人接受债务人另行提供担保的，留置权消灭。

根据本条的规定，债务人另行提供担保导致留置权消灭的，应当满足以下条件：一是债务人另行提供的担保应当被债权人接受；若债权人不接受新担保的，留置权不消灭。二是债务人另行提供的担保所能担保的债权应当与债权人的债权额相当。由于留置权是以先行占有的与债权有同一法律关系的动产为标的物，留置物的价值有可能高于被担保的债权额，但债务人另行提供的担保所能担保的债权不以留置物的价值为标准，一般应与被担保的债权额相当。当然在双方当事人协商一致的情况下，债务人另行提供的担保所能担保的债权也可以低于或者高于债权人的债权额。

第五分编　占　有

第二十章　占　有

第四百五十八条　【占有法律适用】

　　基于合同关系等产生的占有，有关不动产或者动产的使用、收益、违约责任等，按照合同约定；合同没有约定或者约定不明确的，依照有关法律规定。

【立法背景】

　　占有是对物的一种事实上的控制与支配。根据占有是否具备法律上的原因，可以分为有权占有和无权占有。有权占有，是指基于合同等债的关系而产生的占有，如根据运输或者保管合同，承运人或者保管人对托运或者寄存货物发生的占有；无权占有，主要发生在占有人对不动产或者动产的占有无正当法律关系，或者原法律关系被撤销或无效时占有人对占有物的占有，包括误将他人之物认为己有或者借用他人之物到期不还等。两种占有发生的原因虽然各不相同，但法律后果的处理不外乎两类情形：一是在占有过程中，被占有的不动产或者动产的使用、收益以及损害赔偿责任该如何确定；二是当被占有的不动产或者动产遭到第三方侵夺或者妨害时，占有人能够行使哪些权利保护自己对不动产或者动产的占有。

【条文精解】

　　理解本条，可以从两个问题入手：

　　一是占有过程中，被占有的不动产或者动产的使用、收益以及损害赔偿责任该如何确定。对此，因有权占有和无权占有的区别而存在差别。对于因合同等债的关系而产生的占有，本条明确规定，有关被占有的不动产或者动产的使用、收益、违约责任等，按照合同约定；合同没有约定或者约定不明确的，依照合同法等有关法律的规定。比如，甲承租乙的商业房产用于经营，交付后，甲即有权占有乙所有的房产。对于甲在经营过程中，如何使用此房产、如何获得收益，由双方当事人根据租赁合同约定即可。当事人如果没有约定的，则可以根据法律规定确定。如《民法典》第720条规定："在租赁期限内因占有、使用租赁物获得的收益，归承租人所有，但是当事人另有约定的除外。"关于无权占有情形下，有关不动产或者动产的使用、收益及损害赔偿责任等，《民法典》第459条至第461条作了具体规定，无权占有是本编规定的重点。

二是被占有的不动产或者动产被侵夺的，该如何处理。对此，不因有权占有和无权占有的区别而有不同，它们都可适用《民法典》第462条的规定，即"占有的不动产或者动产被侵占的，占有人有权请求返还原物；对妨害占有的行为，占有人有权请求排除妨害或者消除危险；因侵占或者妨害造成损害的，占有人还有权请求损害赔偿。"

第四百五十九条　【无权占有】

占有人因使用占有的不动产或者动产，致使该不动产或者动产受到损害的，恶意占有人应当承担赔偿责任。

【立法背景】

善意占有人使用占有物致使物遭受损害的，各国立法例一般都规定无需承担责任，背后的立法逻辑就是，法律对于占有赋予了几种法律效力，其一就是权利的推定效力，占有人于占有物上行使的权利，推定其适法有此权利，而善意占有人在使用占有物时即被法律推定为物的权利人，具有占有使用的权利。因此，对于使用被占有的物而导致的物的损害，不应负赔偿责任。对于恶意占有则不同，各国立法一般都明确规定，恶意占有人应当承担赔偿责任。

【条文精解】

占有人占有动产或者不动产，在使用过程中可能会发生损耗或者损害，这种风险需要在当事人之间合理分配。

1.有权占有时的责任分担

在有权占有的情况下，如基于租赁或者借用等正当法律关系而占有他人的不动产或者动产时，当事人双方多会对因使用而导致不动产或者动产的损害责任作出约定。大多数情况下，对于因正常使用而导致不动产或者动产的损耗、折旧等，往往由所有权人负担，因为有权占有人所支付的对价就是对不动产或者动产因正常使用而发生损耗的补偿。

实践中，在有权占有情况下，被占有的不动产或者动产因使用而产生损害，其责任确定和解决方法并不棘手。按照一般的惯例，如果要把自己的不动产或者动产租给他人使用，应当先收取一定的押金，作为不动产或者动产被他人损坏后的担保。此外，相关的法律也会对特定情形下占有物损害的责任作出规定。如《民法典》第784条规定："承揽人应妥善保管定作人提供的材料以及完成的工作成果，因保管不善造成毁损、灭失的，应当承担赔偿责任。"

2.无权占有时的责任承担

对于无权占有时，无权占有人需要承担何种责任，需要根据无权占有的具体情况判断。根据占有人的主观状态，可以分为善意占有和恶意占有。所谓善意占有，就是占有人在主观上认为自己有权占有标的物。所谓恶意占有，指明知或者因重大过失不知自己为无权占有而仍然进行的占有。物权法和本条都作了相同规定，即占有人因使用占有的不动产或者动产，致使该不动产或者动产受到损害的，恶意占有人应当承担赔偿责任。

第四百六十条 【返还请求权】

　　不动产或者动产被占有人占有的，权利人可以请求返还原物及其孳息；但是，应当支付善意占有人因维护该不动产或者动产支出的必要费用。

【立法背景】

关于请求占有人返还的标的物除原物之外，是否应当包括孳息。对于恶意占有人，理应包括孳息。对于善意占有人而言，是否应包括孳息，各国立法有所不同。

【条文精解】

本条规定，不动产或者动产被占有人占有的，权利人可以请求返还原物及其孳息。根据此规定：首先，不论被侵占的标的物是动产还是不动产，权利人都有权请求返还。其次，有返还请求权的人是权利人。这里的权利人既可以是所有权人，也可以是依法对标的物享有占有使用权的人。比如，抵押权人占有抵押物，后被他人非法侵占，此时，抵押权人有权要求其返还。再次，无论善意占有人还是恶意占有人，都有义务返还。最后，应当返还的既包括原物，也包括孳息。

关于请求占有人返还的标的物除原物之外，是否应当包括孳息。对于恶意占有人，理应包括孳息。对于善意占有人，考虑到既然善意占有人被法律推定为适法享有权利的人，善意占有人对占有物的使用及收益得到法律的承认，对于占有物的收益，善意占有人有权保留。同时考虑到，国外关于善意占有可以保留孳息的规定，是同必要费用返还请求权相关的。如果保留孳息，则善意占有人不得向权利人请求返还其为维护该动产或者不动产而支出的必要费用。因此，本条明确规定，权利人可以请求返还原物及其孳息，但应当支付善意占有人因维护该不动产或者动产支出的必要费用。

根据本条规定，占有人返还原物及其孳息之后，善意占有人因维护该不动产或者动产而支出的必要费用，有权请求权利人支付。

第四百六十一条　【损害赔偿请求权】

占有的不动产或者动产毁损、灭失，该不动产或者动产的权利人请求赔偿的，占有人应当将因毁损、灭失取得的保险金、赔偿金或者补偿金等返还给权利人；权利人的损害未得到足够弥补的，恶意占有人还应当赔偿损失。

【立法背景】

当占有的不动产或者动产毁损、灭失时，如果占有人和占有返还请求权人之间，有寄托、租赁等关系或者有其他正当的法律关系时（即有权占有的情形），占有人就被占有的不动产或者动产所负的责任等，均各依其基础法律关系去解决；但如果不具备寄托、租赁等此种正当法律关系，或者外形上虽有此类关系但实为无效或者被撤销时，则占有人同占有返还请求权人间的责任义务如何确定，不免发生问题。虽然关于这一情形，可以适用有关侵权行为或者不当得利的规定，但仅仅有此不足以充分解决问题。所以本条规定此种情形下，占有人应当将因毁损、灭失取得的保险金、赔偿金或者补偿金等返还给权利人；权利人的损害未得到足够弥补的，恶意占有人还应当赔偿损失。

【条文精解】

可以从以下三个方面理解本条规定：

1. 毁损、灭失的含义

毁损的含义易于理解，它使得被占有的不动产或者动产的使用价值或者交换价值降低。所谓灭失，是指被占有的不动产或者动产对于占有人来说，不复存在；这包括物的实体消灭和丧失下落，或者被第三人善意取得而不能返还。

2. 善意占有人对占有物毁损、灭失的责任

善意占有人在占有物上所行使的权利，被推定为其合法享有，其对被占有物的使用被规定为占有人的权利。但该物毕竟在法律上不属于占有人所有，如果造成占有物毁损、灭失的，占有人还应当对物的真正权利人承担赔偿责任。但法律还应当考虑减轻善意占有人的责任，以贯彻法律对善意占有人的保护。因此，在确定善意占有人的责任时，应当依照不当得利的返还原则，即只有善意占有人因物的毁损、灭失而获得利益时，才对物的权利人承担赔偿责任；如果未获得利益，则不必赔偿。所谓因物的毁损、灭失而获得利益，指占有人所受积极利益，如当物的毁损灭失由第三人造成时，占有人取得的赔偿金或者替代物；而消极利益，指占有人因物的毁损灭失而减少支出的费用，则不在此列。

3. 恶意占有人对占有物毁损、灭失的责任

恶意占有，是指占有人明知或者因重大过失不知自己为无权占有，而仍然进行的占有。是否为恶意占有，依占有人取得占有时的具体情况而进行判断。取得时为善意，而后得知自己为无权占有的，自其知道之时起，变为恶意占有人。恶意占有人明知自己无权而仍然占有他人之物，其占有不仅缺乏法律上的正当根据，道德上也乏善可陈，因此各国立法均对恶意占有人苛以较重的责任。

恶意占有人通常系由侵权行为取得占有，因此在决定恶意占有人责任时，应参考侵权损害赔偿的原则，损失多少赔多少，除去占有物的价值外，还包括物的权利人所失的利益。此外，占有物的价值，以物的实际价值为准；恶意占有人取得占有时的价值与物的权利人请求返还时的价值不同的，以较高价值的为准。

第四百六十二条 【占有保护】

占有的不动产或者动产被侵占的，占有人有权请求返还原物；对妨害占有的行为，占有人有权请求排除妨害或者消除危险；因侵占或者妨害造成损害的，占有人有权依法请求损害赔偿。

占有人返还原物的请求权，自侵占发生之日起一年内未行使的，该请求权消灭。

【立法背景】

占有人对于他方侵占或者妨害自己占有的行为，可以行使法律赋予的占有保护请求权，如返还原物、排除妨害或者消除危险。占有保护的理由在于，已经成立的事实状态，不应受私力而为的扰乱，而只能通过合法的方式排除，这是一般公共利益的要求。例如，甲借用乙的自行车，到期不还构成无权占有，乙即使作为自行车的物主也不可采取暴力抢夺的方式令甲归还原物；而对于其他第三方的侵夺占有或者妨害占有的行为等，甲当然可以依据本条的规定行使占有的保护。因此可以看出，占有人无论是有权占有还是无权占有，其占有受他人侵害，即可行使法律赋予的占有保护请求权；而侵害人只要实施了本条所禁止的侵害行为，即应承担相应的责任，法律不问其是否具有过失，也不问其对被占有的不动产或者动产是否享有权利。

【条文精解】

占有保护请求权以排除对占有的侵害为目的，因而属于一种物权的请求权。根据占有受侵害的不同情形，分别发生占有物返还请求权、占有妨害排除请求权和占有危险消除请求权。

1. 占有物返还请求权

占有物返还请求权发生于占有物被侵夺的情形。此种侵夺占有而构成的侵占，是指非基于占有人的意思，采取违法的行为使其丧失对物的控制与支配。需要注意的是，非因他人的侵夺而丧失占有的，如因受欺诈或者胁迫而交付的，不享有占有物返还请求权。此种情形下，原占有人要恢复占有，必须依法律行为的规定，主张撤销已经成立的法律关系等去解决。此外，还需说明一点，即本条所规定占有物返还请求权的要件之一为侵占人的行为必须是造成占有人丧失占有的直接原因，否则不发生依据本条规定而产生的占有物返还请求权。例如，遗失物之拾得人，虽然拾得人未将遗失物交送有关机关而据为己有，但此种侵占非本条所规定的情形。拾得人将遗失物据为己有的行为，并非是失主丧失占有的直接原因（失主最初丧失对物的占有，可能是由于疏忽大意遗忘物品等），因此失主对于拾得人不得依占有物返还请求权为据提起诉讼，而应依其所有权人的地位提请行使返还原物请求权。

2. 占有排除妨害请求权

占有被他人妨害时，占有人得请求妨害人除去妨害。妨害除去请求权的相对人，为妨害占有的人。数人相继为妨害的，以现为妨害的人为请求权的相对人；继续妨害的，占有人可请求相对人停止妨害；一次妨害的，占有人可请求相对人除去妨害。排除妨害的费用应由妨害人负担。占有人自行除去妨害的，其费用可依无因管理的规定向相对人请求偿还。

3. 占有消除危险请求权

消除危险请求权中的危险，应为具体的事实的危险；对于一般抽象的危险，法律不加以保护。具体的事实的危险，指其所用的方法，使外界感知对占有的妨害。例如，违反建筑规则建设高危建筑、接近邻地开掘地窖等，而产生对邻地的危险。需要说明的是：首先，危险消除请求权中的危险，必须持续存在；请求权行使之时危险已经消失的，不得请求防止。其次，必须有客观的产生危险的事实；被请求人有无故意或者过失，法律在所不问。

占有虽非一种权利，但也属法律所保护的一种财产利益，不受他人非法的任意侵害。侵害占有的，应负侵权的损害赔偿责任。侵害占有可能发生的损害主要有：（1）使用收益的损害，即占有人不能使用收益占有物而生的损害；（2）支出费用的损害，即占有人对占有物支出费用，本可向物的权利人请求偿还，却因该物被侵夺而毁损灭失不能求偿；（3）责任损害，即占有人因占有物被第三人侵夺而发生毁损灭失后，产生对物的权利人的损害赔偿责任。

本条最后规定了占有保护请求权中的返还原物请求权，自侵占发生之日起一年内未行使的，该请求权消灭。这里需要说明两个问题：

首先，占有保护请求权中的排除妨害请求权和消除危险请求权，原则上同妨害或者危险的持续状态紧密相连。如果妨害已经消失或者危险已经不存在，自然没有排除妨害或者消除危险请求权提请的必要；如果此种妨害或者危险造成了实际的损害，占有人当然可以提起损害赔偿请求权，而此项损害赔偿请求权应当受两年普通诉讼时效的限制；如果妨害或者危险持续发生，那么此项排除妨害或者消除危险的请求权自然没有受时效限制的道理。

其次，占有人返还原物请求权可因一定期间内不行使而消灭。此项期间，其他立法如德国、瑞士、日本及我国台湾地区"民法典"，大多规定为一年。该期间有的国家明定为消灭时效，有的规定为除斥期间。但是从占有保护制度的设立目的和实际功能上讲，此项期间设为除斥期间更妥。其理由在于消灭时效可因事实而中断或者中止，而且它以受侵害人知道或者应当知道受侵害之时开始起算，如果按照消灭时效来规定，此项期间可能远比一年要长，那么将使权利处于长期不稳定的状态。并且通常情况下，占有物返还请求权因除斥期间经过而未行使的，占有人如果对物享有其他实体权利（如所有权），自然可以依照其实体权利提出返还请求，因此也没有必要在本条中规定更长的期间进行保护。

立法者说·权威读本

中华人民共和国民法典
立法精解

—— 中 ——

主　编

石　宏

（全国人民代表大会常务委员会法制工作委员会民法室副主任）

撰稿人

黄　薇　杨明仑　杜　涛　石　宏　贾东明　王雷梦

叶林娟　李恩正　朱广新　宋江辉　朱孔阳

罗鑫灏　魏超杰　王　扛　朱　虎　武腾　杜　璐

中国检察出版社

总 目 录

目 录（中）

第三编

合　同

第三章

同 合

第一分编　通　则

第一章　一般规定

> **第四百六十三条　【合同编调整范围】**
>
> 本编调整因合同产生的民事关系。

【立法背景】

合同是民事主体之间设立、变更、终止民事法律关系的协议。合同编的调整范围是因合同产生的民事关系。合同编第一分编通则从合同各方享有的民事权利、承担的民事义务或者责任的角度，分别对合同的订立与效力、合同的履行、合同的保全、合同的变更和转让、合同的权利义务终止、违约责任等内容作总括性、系统性规定。合同编第二分编典型合同，则针对 19 类典型合同的各自特点，对这些典型合同各方主体享有的民事权利、承担的民事义务或者责任作具体规定。至于合同编第三分编准合同，则主要是从民法典整体体例结构考虑，民法典不设债法总则，而将无因管理和不当得利这些属于债法主要规则的内容放到合同编予以规定。

【条文精解】

合同编属于民法典的一个分编，调整的是民事关系，不属于民事关系的其他活动，不适用合同编。（1）政府对经济的管理活动，属于行政管理关系，不适用合同法。例如，贷款、租赁、买卖等民事关系，适用合同编；而财政拨款、征用等，是政府行使行政管理职权，属于行政关系，适用有关行政法，不适用合同编。（2）企业、单位内部的管理关系，是管理与被管理的关系，不是平等主体之间的关系，也不适用合同法。例如，加工承揽是民事关系，适用合同编；而工厂车间内的生产责任制，是企业的一种管理措施，不适用合同编。

第四百六十四条 【合同定义和身份关系协议的法律适用】

合同是民事主体之间设立、变更、终止民事法律关系的协议。

婚姻、收养、监护等有关身份关系的协议，适用有关该身份关系的法律规定；没有规定的，可以根据其性质参照适用本编规定。

【立法背景】

本条关于合同定义的规定，是在《合同法》第2条第1款基础上修改而来的。《合同法》第2条第1款规定："本法所称合同是平等主体的自然人、法人、其他组织之间设立、变更、终止民事权利义务关系的协议。"本条第1款主要是对《合同法》第2条第1款作了两处修改：

一是将"平等主体的自然人、法人、其他组织"修改为"民事主体"。这样修改是基于本法第2条已经对民法的调整范围作了总括性规定。本法第2条规定："民法调整平等主体的自然人、法人和非法人组织之间的人身关系和财产关系。"本条没有必要再重复规定"平等主体的自然人、法人和非法人组织"，直接以"民事主体"概括即可。

二是将"民事权利义务关系"修改为"民事法律关系"，这样修改也是为了与本法第5条的表述相统一。第5条即采用了"设立、变更、终止民事法律关系"的表述。第5条规定："民事主体从事民事活动，应当遵循自愿原则，按照自己的意思设立、变更、终止民事法律关系。"

【条文精解】

合同编所规定的"合同"是民事主体之间的协议，即平等主体的自然人、法人和非法人组织之间的协议。首先，"平等主体"是民事关系的核心特征。从行政管理的角度，行政机关与行政相对人之间系不平等主体；从企业管理角度，企业与职工也系不平等主体，这些都不属于"民事主体"。其次，民事主体包括自然人、法人和非法人组织三类。民法典总则编对这三类民事主体都作了规定。

本条第2款是关于身份关系协议参照适用合同编的规定。合同编主要调整财产关系，婚姻、收养、监护等有关身份关系的协议有其特殊性，相关法律对这些身份关系作出规定的，适用该相关法律规定；如果对这些身份关系没有相关法律规定，可以根据婚姻、收养、监护这类身份关系协议的性质，参照适用合同编的相关规定。本款是对身份关系协议特定情况下可以参照适用合同编所作的原则性规定，对某一具体的身份关系协议是否可以以及如何参照适用合同编的相关规定，法律无法作统一性规定，只能根据该身份关系协议的性质，具体情况具体判断。

第四百六十五条 【合同受法律保护以及合同相对性原则】

依法成立的合同，受法律保护。

依法成立的合同，仅对当事人具有法律约束力，但是法律另有规定的除外。

【立法背景】

第 1 款是关于依法成立的合同受法律保护的规定。合同制度是社会主义市场经济的基本法律制度，党的十八届四中全会即是把编纂民法典的重大立法任务作为加强市场法律制度建设的重要内容提出的。社会财富的创造和生成离不开一个个的合同，贯彻全面深化改革的精神，使市场在资源配置中起决定性作用，必须坚持维护契约、平等交换、公平竞争。对当事人依法成立的合同予以法律保护，有利于维护契约精神，鼓励交易，是加强市场法律制度建设的重要内容，是使市场在资源配置中起决定性作用的需要。

第 2 款是关于合同相对性原则的规定。实践中，当事人基于交易的实际情况，自愿选择订立合同的对方当事人、自愿约定合同的内容，对交易具有明确预期。法律设定合同相对性原则，使合同仅对当事人产生法律约束力，是对民法自愿原则即意思自治原则的体现和保障，有利于保护并实现合同当事人的交易预期，进而达到鼓励交易的目的。若没有合同相对性原则，交易将处于一种不确定的状态，极大地阻碍交易发展。合同相对性原则在整个合同制度中具有重要的基础地位。

【条文精解】

对第 1 款规定，依法成立的合同受法律保护，包含两个层面的意思：

一是对当事人而言，合同依法成立后，不管是否实际生效，均对当事人产生法律约束力。本法第 502 条规定，依法成立的合同，自成立时生效，但是法律另有规定或者当事人另有约定的除外。已成立并生效的合同对当事人具有法律约束力体现在当事人必须尊重该合同，并通过自己的行为全面履行合同所设定的义务；除非当事人另有约定或者法律另有规定，不允许任何一方当事人擅自解除或者变更合同。对于依法成立，但还不具备生效要件的合同，在生效要件尚不具备前，除非当事人另有约定或者法律另有规定，任意一方当事人不得擅自变更或者解除民事法律行为。例如，对于附条件的民事法律行为，在条件未成就前，其虽还没有生效，但任何一方当事人不得擅自解除或者变更，也不得为自己的利益不正当地阻止条件成就。这时的法律约束力主要体现在当事人的这种不作为义务上。

二是对当事人之外的第三人而言，合同依法成立后，当事人之外的任何组织或者个人均不得非法干预合同，例如非法阻止合同的正常履行、强迫当事人变更或者解除合同等。

本条第 2 款可以从合同相对性及其例外两个方面来理解：

1. 关于合同相对性原则

本条第 2 款规定，依法成立的合同，仅对当事人具有法律约束力，该规定明确确立了合同相对性原则。合同相对性原则是指合同项下的权利与义务只由合同当事人享有或者承担，合同仅对当事人具有法律约束力，对合同当事人之外的第三人不具有法律约束力。具体而言，对于依法成立的合同，只能由合同当事人享有合同上的权利，当事人之外的任何第三人不能向合同债务人主张合同上的权利；合同义务由合同当事人承担，合同债权人不得要求当事人之外的第三人承担合同义务，当事人之外的第三人也不得代为履行合同义务；合同债务人不履行合同义务或者履行合同义务不符合约定的，应当向债权人承担违约责任，而非向当事人之外的第三人承担违约责任。

合同相对性原则在整个合同制度中具有重要的基础地位，合同编将合同相对性原则在第一章一般规定中予以明确，确立了合同相对性原则在合同编中的基础地位，并在相关制度中得到具体体现。例如，本法第 522 条第 1 款关于不真正第三人利益合同的规定、本法第 523 条关于由第三人履行合同的规定。

2. 合同相对性原则的例外

依据本条第 2 款的规定，合同相对性原则只有一个例外，即"法律另有规定"。民事活动纷繁复杂，当事人之间订立的合同，不可避免地与第三人产生各种联系，合同当事人与第三人存在各式各样的利益关系，在法律确立合同相对性原则的前提下，也有必要针对个别情形作出例外规定，允许在这些特定情形下突破合同相对性原则。目前，法律对合同相对性原则的例外规定主要有以下几种：一是合同的保全。二是真正利益第三人合同制度。三是当事人之外的第三人对履行债务具有合法利益情形时的代为履行制度。四是"买卖不破租赁"制度。

第四百六十六条 【合同解释】

当事人对合同条款的理解有争议的，应当依据本法第一百四十二条第一款的规定，确定争议条款的含义。

合同文本采用两种以上文字订立并约定具有同等效力的，对各文本使用的词句推定具有相同含义。各文本使用的词句不一致的，应当根据合同的相关条款、性质、目的以及诚信原则等予以解释。

【立法背景】

合同条款是基于合同当事人意思表示一致而订立的，但在实践中由于种种原因，当事人可能会对合同某些条款的理解发生争议。对争议条款含义的确定，应当探究当事人双方（或者多方）订立合同时真实的意思表示。当事人对合同条款的理解有争议的，可以直接适用本法第142条第1款确定争议条款的含义，合同编没有必要再作重复性规定，仅是予以指引。本法第142条第1款规定，有相对人的意思表示的解释，应当按照所使用的词句，结合相关条款、行为的性质和目的、习惯以及诚信原则，确定意思表示的含义。

【条文精解】

本条第1款是关于合同争议条款解释的规定。本法第142条第1款的适用具体到合同领域，对合同争议条款的解释规则，可作以下理解：

第一，要按照条款所使用的词句进行解释。一些词句在不同的场合可能表达出不同的含义，对条款中词句的理解首先应当按照一个合理人通常的理解来进行。也就是说，法官应当考虑一个合理的人在通常情况下对有争议的条款所能理解的含义作为解释词句含义的标准。

第二，对条款中词句的理解不能孤立进行，也要结合其他相关条款、行为的性质和目的、习惯以及诚实信用原则，综合判断、确定争议条款的含义。

本条第2款是不同文字文本解释的规定。依据本款规定，合同文本采用两种以上文字订立并约定具有同等效力的情况下，应当对各文本使用的词句推定具有相同的含义。但在各文本使用的词句不一致的情况下，如何对合同文本进行解释？《合同法》第125条第2款规定，该种情况下，应当根据合同目的予以解释，即根据当事人订立合同的目的予以解释。在民法典合同编起草过程中，有的意见提出，诚信原则作为民法的基本原则，在不同文字的合同文本解释中也应当遵循，甚至对合同目的本身的解释，也要遵循诚信原则；合同的性质也可能直接影响到对合同文本的理解。此外，合同条款之间有着密切联系，因此在不同文字的合同文本解释中也要结合合同相关条款进行分析判断，整体考虑合同的上下文来进行解释。因此，建议在不同文字合同文本的解释中增加根据"合同的相关条款""合同的性质"以及"诚信原则"予以解释。经研究，本条第 2 款采纳了该意见，规定不同文字各文本使用的词句不一致的，应当根据合同的相关条款、性质、目的以及诚信原则等予以解释。

第四百六十七条　【非典型合同及特定涉外合同的法律适用】

本法或者其他法律没有明文规定的合同，适用本编通则的规定，并可以参照适用本编或者其他法律最相类似合同的规定。

在中华人民共和国境内履行的中外合资经营企业合同、中外合作经营企业合同、中外合作勘探开发自然资源合同，适用中华人民共和国法律。

【立法背景】

民事活动纷繁复杂，合同交易类型多种多样。现实经济社会生活中，大量合同类型既没有在合同编中予以规定，其他相关法律也没有明文规定，对这些非典型合同如何适用现有法律进行约束和指导，是十分重要的。

【条文精解】

本条第 1 款是关于非典型合同法律适用规则的规定。合同编通则的规定是针对所有合同的共性规定。因此，非典型合同应当适用合同编通则的规定。合同编第二分编规定的典型合同，虽然是对某类合同的专门性规定，但其他一些合同可能会与合同编规定的典型合同存在着共同之处或者相近之处。例如，买卖合同是典型的有偿合同，非典型合同中也有许多有偿合同，这些有偿合同可以参照适用买卖合同的有关规定。基于合同编关于买卖合同的规定在有偿合同中的指引、示范作用较强，本法第 646 条还对此专门作了规定，即"法律对其他有偿合同有规定的，依照其规定；没有规定的，参照适用买卖合同的有关规定"。同样的道理，其他非典型合同也可以参照适用本编或者其他法律最相类似合同的规定，本条对此予以明确。

本条第 2 款还对特定涉外合同的法律适用作了规定，即在中华人民共和国境内履行的中外合资经营企业合同、中外合作经营企业合同、中外合作勘探开发自然资源合同，适用中华人民共和国法律。

第四百六十八条　【非因合同产生的债权债务关系的法律适用】

> 非因合同产生的债权债务关系，适用有关该债权债务关系的法律规定；没有规定的，适用本编通则的有关规定，但是根据其性质不能适用的除外。

【立法背景】

民法典不设债法总则编，为更好规范各类债权债务关系，合同编通则在合同法总则的基础上作了相关调整，使合同编通则能够充分发挥债法总则的作用。本条规定即是为了使合同编通则发挥债法总则作用所作的调整之一，属于指引性规定，对非因合同产生的债权债务关系可以适用合同编通则的有关规定予以指引。

【条文精解】

对本条的规定，可以从以下三个方面理解：

（1）非因合同产生的债权债务关系，首先适用有关该债权债务关系的法律规定。民法典总则编第五章民事权利从债权发生原因的角度，对"债权"的概念作了界定。本法第118条规定，债权是因合同、侵权行为、无因管理、不当得利以及法律的其他规定，权利人请求特定义务人为或者不为一定行为的权利。由此可以看出，非因合同产生的债权债务关系，包括侵权之债、无因管理之债、不当得利之债以及因法律的其他规定产生的债权债务关系。对这些非因合同产生的债权债务关系，首先适用有关该债权债务关系的法律规定。具体来说，对于侵权之债，民法典侵权责任编对侵权之债作了较为系统的规定，其他法律例如产品质量法、消费者权益保护法、民用航空法等，对相关领域的侵权之债也作出了相关规定。对于因侵权产生的债权债务关系首先适用民法典侵权责任编和其他有关法律对侵权责任所作的规定。合同编第三分编准合同对无因管理和不当得利的一般性规则作了规定，对因无因管理和不当得利产生的债权债务关系，首先适用该分编的有关规定。对于因法律的其他规定，例如上面列举的因婚姻家庭有关的法律规定所产生的给付抚养费或者赡养费的债权债务关系，首先适用这些法律的有关规定。

（2）对于非因合同产生的债权债务关系，有关该债权债务关系的法律规定没有对相关内容作出特别规定的，直接适用合同编通则的有关规定。值得注意的是，本条规定的是"适用"本编通则的有关规定，而不是"参照适用"，这主要是基于合同编通则的规定，除了合同的订立与效力、合同的解除等规则仅适用于合同外，关于合同的履行、合同的保全、合同的变更和转让、合同的权利义务终止的大量规则，甚至违约责任中的有关规则，都可以直接适用于侵权之债、无因管理之债和不当得利之债等其他债权债务关系，而不是再由裁判者斟酌具体情况"参照适用"。

（3）将合同编通则适用于非因合同产生的债权债务时，还应当考虑该债权债务关系的性质，因此本条还规定"根据其性质不能适用的除外"。作为意定之债，合同之债的产生与内容均由当事人双方自主自愿决定，贯彻了民法的自愿原则。而侵权之债、无因管理之债、不当得利之债等法定之债的产生与内容，都是由法律予以规定。合同编通则总体上是以合同之债为中心构建的规则，合同之债是合同编通则的基准规范。在判断合同编通则的某一法律规定是否适用于非因合同产生的债权债务关系时，要注意把握意定之债与法定之债在性质上的不同，结合该法律规定所规范的内容，根据该债权债务关系的性质作具体判断。例如，根据法定之债的性质，关于合同订立、合同解除的有关规则就不能适用于这些法定之债。再如，合同编通则关于违约金的规定，也不适用于法定之债。

第二章 合同的订立

第四百六十九条 【合同形式】

当事人订立合同，可以采用书面形式、口头形式或者其他形式。

书面形式是合同书、信件、电报、电传、传真等可以有形地表现所载内容的形式。

以电子数据交换、电子邮件等方式能够有形地表现所载内容，并可以随时调取查用的数据电文，视为书面形式。

【立法背景】

合同基于当事人双方意思表示一致而成立，是双方民事法律行为。本条关于合同形式的规定，与民法典总则编关于民事法律行为形式的规定保持一致，即当事人订立合同，可以采用书面形式、口头形式或者其他形式。

【条文精解】

根据本条第 1 款的规定，合同可以采用书面形式、口头形式或者其他形式。所谓书面形式是指可以有形地表现所载内容的形式，包括合同书、信件、电报、电传、传真等。以口头订立合同的特点是直接、简便、快速，数额较小的或者现款交易通常采用口头形式，如在自由市场买菜、在商店买衣服等。除了书面形式和口头形式，合同还可以其他形式订立。例如，可以根据当事人的行为或者特定情形推定合同的成立，也被称为默示合同。例如，当乘客乘上公共汽车并到达目的地时，尽管乘车人和承运人之间没有形成书面形式或者口头形式的合同，但可以依当事人的行为推定双方的运输合同成立。

本条第 2 款对书面形式的定义作了界定。依据本条第 1 款的规定，书面形式的核心特征是可以有形地表现所载内容。合同书、信件、电报、电传、传真是"可以有形地表现所载内容的形式"，但也不限于这几类。合同的书面形式有多种，凡是"可以有形地表现所载内容的形式"都可以作为合同的书面形式。

本条第 3 款对符合书面形式的数据电文作了规定。依据第 3 款的规定，数据电文要符合书面形式，必须满足两个条件：一是能够有形地表现所载内容；二是可以随时调取查用。第一个条件是书面形式的本质特征，不管采用哪种方式订立合同，都要符合这一条件；第二个条件，是针对数据电文所作的专门要求。如果采取的数据电文形式不能保存下来，以供随时调取查用，就丧失了书面形式所具备的易于取证、易于分清责任的优点，也就不宜作为书面形式。

第四百七十条 【合同内容】

合同的内容由当事人约定，一般包括下列条款：

（一）当事人的姓名或者名称和住所；

（二）标的；

（三）数量；

（四）质量；

（五）价款或者报酬；

（六）履行期限、地点和方式；

（七）违约责任；

（八）解决争议的方法。

当事人可以参照各类合同的示范文本订立合同。

【立法背景】

合同的内容是由当事人约定的，体现为一系列合同条款。合同条款是合同中经双方当事人协商一致、规定双方当事人权利义务的具体条文。合同的权利义务，除法律规定的以外，主要由合同的条款确定。合同的条款是否齐备、准确，决定了合同能否成立以及能否顺利地履行、实现订立合同的目的。

【条文精解】

合同的条款非常重要，但并不是说当事人签订的合同中缺了其中任何一项就会导致合同的不成立或者无效。主要条款的规定只具有提示性与示范性。本条第 1 款列举了合同的主要条款，包括当事人的姓名或者名称和住所、标的、数量、质量、价款或者报酬、履行期限、履行地点和方式、违约责任、解决争议的方法等。不同的合同，由其类型与性质决定，其主要条款或者必备条款可能是不同的。比如，买卖合同中有价格条款，而在无偿合同如赠与合同中就没有此项。

第 2 款是关于合同示范文本的规定。实践中，经济贸易活动具有多样性，合同的示范文本对于提示当事人在订立合同时更好地明确各自的权利义务起到了积极作用。因此，本条第 2 款规定订立合同可以参照各类合同的示范文本，其目的与第 1 款一样，就是为了使当事人订立合同更加认真、更加规范，尽量减少合同规定缺款少项、容易引起纠纷的情况。示范文本只是作为当事人订立合同时的参考，并不是要强制当事人采用。

第四百七十一条 【合同订立方式】

当事人订立合同，可以采取要约、承诺方式或者其他方式。

【立法背景】

合同是当事人之间设立、变更、终止民事法律关系的协议。合同本质上是一种合意。使合同得以成立的合意是指当事人对合同必备条款达成一致意见。合同订立方式，就是当事人达成合意的方式。

【条文精解】

依照本条规定，合同订立方式，可以采取要约、承诺方式，也可以采取其他方式。

1. 关于要约、承诺方式

要约、承诺方式是最为典型的合同订立方式。当事人合议的过程，是对合同内容协商一致的过程，很多都是经过要约、承诺完成的。向对方提出合同条件作出签订合同的意思表示称为"要约"，而另一方如果表示接受就称为"承诺"。一般而言，一方发出要约，另一方作出承诺，合同就成立了。但是，有时要约和承诺往往难以区分。许多合同是经过了一次又一次的讨价还价、反复协商才得以达成。

2. 关于合同订立的其他方式

在民法典合同编起草过程中，有的意见提出，除了要约、承诺这一典型的合同订立方式外，法律应当对实践中存在的其他缔约方式予以认可，不能排除在外。例如证券场内交易，每一瞬间都有大量的买方和卖方的报价发出，交易系统按照价格优先、时间优先的规则由电脑自动撮合、逐笔不断成交，这种缔约方式就有别于要约、承诺方式。经研究，对于合同订立方式，本条在合同法规定的"要约、承诺方式"基础上增加"其他方式"，为实践情况及其发展留下空间。

第四百七十二条 【要约的定义】

要约是希望与他人订立合同的意思表示，该意思表示应当符合下列条件：

（一）内容具体确定；

（二）表明经受要约人承诺，要约人即受该意思表示约束。

【立法背景】

要约在不同的情况下可以称为"发盘""发价"等，发出要约的人称为"要约人"，接收要约的人称为"受要约人"。法律有必要对要约的定义作出规定。

【条文精解】

本条采取的是最通常和最简单的定义方式：要约是希望与他人订立合同的意思表示。一项订约的意思表示要成为一个要约，要取得法律效力，必须具备一定的条件。如不具备这些条件，作为要约在法律上就不能成立。根据本条规定，要约应当符合下列条件：

一是要约的内容具体确定。要约的内容必须具备足以使合同成立的主要条件，这要求要约的内容必须是具体的和确定的，必须明确清楚，不能模棱两可、产生歧义。要约的效力在于，一经受要约人承诺，合同即可成立。因此，如果一个订约的意思表示含混不清、内容不具备一个合同的最根本的要素，是不能构成一个要约的。即使受要约人作出承诺，也会因缺乏合同的主要条件而使合同无法成立。

二是要约必须表明一经受要约人承诺，要约人即受该意思表示拘束。这一点很重要，很多类似订约意思表示的表达实际上并不表示如果对方接受就成立了一个合同，如"我打算五千元把我的钢琴卖掉"，尽管是特定当事人对特定当事人的陈述，也不构成一个要约。能否构成一个要约要看这种意思表示是否表达了与被要约人订立合同的意愿。这要根据特定情况和当事人所使用的语言表达来判断。当事人在合同中一般不会采用诸如"如果承诺，合同就成立"这样明确的词语来表示，所谓"表明"并不是要有明确的词语进行说明，而是整个要约的内容表明了这一点。

第四百七十三条 【要约邀请】

要约邀请是希望他人向自己发出要约的表示。拍卖公告、招标公告、招股说明书、债券募集办法、基金招募说明书、商业广告和宣传、寄送的价目表等为要约邀请。

商业广告和宣传的内容符合要约条件的,构成要约。

【立法背景】

要约邀请又称要约引诱,是指邀请或者引诱他人向自己发出要约的表示,可以是向特定人发出的,也可以是向不特定的人发出的。要约邀请在实践中较为常见。

【条文精解】

依照本条第1款的规定,要约邀请只是邀请他人向自己发出要约,自己再视情予以承诺。要约邀请处于合同的准备阶段,虽然也是一种表示行为,但本身不具有使民事法律关系发生变动的内心意图,也不产生民法上的效果,没有法律约束力。从性质上来说,要约邀请可以归属于事实行为。基于此,本条修改了合同法的规定,不再将要约邀请界定为"意思表示",将合同法规定的"要约邀请是希望他人向自己发出要约的意思表示"中的"意思表示"修改为"表示"。但要约邀请也并不是单纯地建议他人与自己进行有关合同的讨论,而是明确提出订立合同的建议,只不过没有提出合同的具体内容。

本条第1款列举了几种比较典型的要约邀请类型,包括拍卖公告、招标公告、招股说明书、债券募集办法、基金招募说明书、商业广告和宣传、寄送的价目表等。其中,债券募集办法与基金招募说明书是应实践需求在合同法基础上新增加的要约邀请类型。公司发行公司债券,应当按照规定公告公司债券募集办法,对投资者作出投资决策有重大影响的信息予以记载并披露。投资者根据债券募集办法记载的情况决定是否购买债券。基金招募说明书是基金发起人公开发售基金时,为基金投资者提供的对基金情况进行说明的文件。投资者根据基金招募说明书载明的情况判断是否申购基金。债券募集办法和基金招募说明书,在性质上与招股说明书类似,都是具有法律意义的说明性文件,归属于要约邀请。

本条第2款规定,商业广告和宣传的内容符合要约条件的,构成要约。一般的商业广告和宣传并不能构成一个要约,但也不排除有些内容确定的商业广告和宣传构成要约。例如一项商业广告称："我公司现有某型号的水泥1000 吨，每吨价格 200 元，在 10 月 1 日前保证现货供应，欲购从速。"该商业广告的内容具体确定，"在 10 月 1 日前保证现货供应"的内容可能会被认定为其表明了一经承诺即受拘束的意思，从而被视为要约。

第四百七十四条 【要约生效时间】

要约生效的时间适用本法第一百三十七条的规定。

【立法背景】

本法第 137 条对有相对人的意思表示的生效时间作了专门规定。要约属于有相对人的意思表示，要约生效的时间自然应当适用本法第 137 条规定。本法第 137 条区分以对话方式作出的意思表示与非对话方式作出的意思表示，对其生效时间分别作出规定，并对以非对话方式作出的采用数据电文形式的意思表示时间作了专门规定。

【条文精解】

依照本法第 137 条的规定，要约生效的时间可以从以下几个方面理解：

一是以对话方式发出的要约。所谓以对话方式发出的要约，是指要约人采取使相对方可以同步受领的方式进行意思表示，如面对面交谈、电话等方式。在以这种方式进行的意思表示中，要约人作出意思表示和相对人受领意思表示是同步进行的，没有时间差。因此，要约人作出意思表示，相对人知道其内容时，要约生效。

二是以非对话方式发出的要约。对于以非对话方式发出的要约，要约人作出意思表示的时间与相对人受领意思表示的时间不同步，二者之间存在时间差。非对话的意思表示在现实生活中存在的形式多样，如传真、信函等。本法第 137 条规定以非对话方式作出的意思表示，到达相对人时生效。要约也属于一种意思表示，那么以非对话方式发出的要约，自然是到达相对人时生效。

三是以非对话方式作出的采用数据电文形式的要约。依照本法第 137 条第 2 款规定，可以分三个层次对以数据电文形式发出的要约的生效时间予以理解：第一，对以非对话方式发出的采用数据电文形式的要约，相对人指定特定系统接收数据电文的，该数据电文进入该特定系统时生效。第二，未指定特定系统的，相对人知道或者应当知道该数据电文进入其系统时生效。第三，当事人对采用数据电文形式发出的要约的生效时间另有约定的，按照其约定。

第四百七十五条 【要约撤回】

要约可以撤回。要约的撤回适用本法第一百四十一条的规定。

【立法背景】

要约的撤回，是指在要约发出之后但在要约生效以前，要约人欲使该要约不发生法律效力而作出的意思表示。要约之所以可以撤回，是因为要约尚未发生法律效力，不会对受要约人产生任何影响，也不会危害交易秩序。因此，在此阶段，应当允许要约人撤回要约，使尚未生效的要约不产生预期的效力，这也是对行为人意愿的充分尊重。要约属于有相对人的意思表示，在本法第141条对意思表示的撤回已经作了规定的前提下，合同编没有必要再作重复性规定，要约的撤回直接适用本法第141条的规定即可。

【条文精解】

适用本法第141条规定可以得出，撤回要约的条件是撤回要约的通知在要约到达受要约人之前或者同时到达受要约人。如果撤回要约的通知在要约到达受要约人以后到达，则要约已经生效，是否能够使要约失效，就要看是否符合撤销的条件。因此，要约人如欲撤回要约，必须以快于要约的方式向受要约人发出撤回的通知，使之能在要约到达之前或者同时到达受要约人。根据本法第474条和第137条的规定，以对话方式作出的要约，受要约人知道其内容时生效。以非对话方式作出的要约，到达受要约人时生效。也就是说，对于以对话方式作出的要约，因为受要约人知道其内容时就生效，相当于即时生效，要约人很难作出撤回的通知，这种情况下适用撤回的规定空间比较小。以非对话方式作出的要约，是到达受要约人时生效，则要约人发出撤回要约的通知，且该通知在要约到达受要约人之前或者同时到达受要约人的，可以适用本条撤回的规定。

【实践中需要注意的问题】

要约的撤回与要约的撤销是不同的。根据本条和本法第141条的规定，要约的撤回是在要约未生效前使其不发生效力；而要约的撤销是指在要约作出并生效之后，要约人又作出取消其意思表示的表示。要约的撤回是使一个未发生法律效力的要约不发生法律效力，要约的撤销是使一个已经发生法律效力的要约失去法律效力。

第四百七十六条 【要约不得撤销的情形】

要约可以撤销，但是有下列情形之一的除外：

（一）要约人以确定承诺期限或者其他形式明示要约不可撤销；

（二）受要约人有理由认为要约是不可撤销的，并已经为履行合同做了合理准备工作。

【立法背景】

要约的撤销，是指要约人在要约发生法律效力之后而受要约人作出承诺之前，欲使该要约失去法律效力的意思表示。《国际商事合同通则》第 2.1.4 条规定，在合同订立之前，要约得予撤销，如果撤销通知在受要约人发出承诺之前送达受要约人。但是，在下列情况下，要约不得撤销：（1）要约写明承诺的期限，或以其他方式表明要约是不可撤销的；（2）受要约人有理由信赖该项要约是不可撤销的，且受要约人已依赖该要约行事。

【条文精解】

《合同法》第 19 条借鉴了《国际商事合同通则》的做法，规定了不可撤销的两种例外情形：一是要约人确定了承诺期限或者以其他形式明示要约不可撤销；二是受要约人有理由认为要约是不可撤销的，并已经为履行合同作了准备工作。就第一项例外情形，要约人确定了承诺期限，是不是就等同于要约不可撤销的明示，我国理论和实践中有一些争议。一般来说，确定承诺期限可以视为要约不可撤销的明示，但在一些情况下，例如要约人可能既确定了承诺期限，又在要约中明确指出要约也是可以撤销的，此时就不宜直接以要约确定了承诺期限为由认为要约不得撤销。因此，即使要约人确定了承诺期限，也宜根据具体情况判断要约人确定承诺期限是不是就表明要约不可撤销。为了更为符合实践情况，本条将《合同法》第 19 条规定的第一项例外情形"要约人确定了承诺期限或者以其他形式明示要约不可撤销"修改为"要约人以确定承诺期限或者其他形式明示要约不可撤销"。对于《合同法》

第 19 条规定的第二项例外情形，受要约人所作的"准备工作"也有程度差别，为了更好平衡要约人与受要约人之间的利益，本条将合同法中的"作了准备工作"修改为"做了合理准备工作"。

第四百七十七条　【撤销要约的条件】

撤销要约的意思表示以对话方式作出的，该意思表示的内容应当在受要约人作出承诺之前为受要约人所知道；撤销要约的意思表示以非对话方式作出的，应当在受要约人作出承诺之前到达受要约人。

【立法背景】

要约生效后，受要约人已经知悉了要约的内容，甚至可能已经基于对要约的信赖做出了某些行为。为了保障受要约人的合理信赖利益，要约人应当在受要约人作出承诺之前撤销要约。如果受要约人已经作出承诺，要约人不得撤销要约。

【条文精解】

对本条规定，可以从以下两个方面理解：

一是本条区分撤销要约的意思表示是以对话方式作出的还是非对话方式作出的，对撤销要约的条件分别规定。本条规定对《合同法》第 18 条关于要约撤销条件的规定作了一定修改，主要是考虑到与本法第 137 条的协调。《合同法》第 18 条规定，撤销要约的通知应当在受要约人发出承诺通知之前到达受要约人，没有区分撤销要约的意思表示是以对话方式作出的还是以非对话方式作出的。撤销要约的目的在于使已经生效的要约丧失法律效力，撤销要约本身也属于一种意思表示。撤销要约的意思表示的生效时间自然适用本法第 137 条的规定。本法第 137 条对意思表示的生效时间区分意思表示是以对话方式作出的还是以非对话方式作出的分别规定，即以对话方式作出的意思表示，相对人知道其内容时生效；以非对话方式作出的意思表示，到达相对人时生效。根据该规定，撤销要约的意思表示的生效时间分别为：撤销要约的意思表示以对话方式作出的，受要约人知道该意思表示的内容时生效；撤销要约的意思表示以非对话方式作出的，该意思表示到达受要约人时生效。为了保障受要约人的合理信赖利益，要约人应当在受要约人作出承诺之前撤销要约，也即要约人撤销要约的意思表示的生效时间应当是在受要约人作出承诺之前。因此，本条规定，撤销要约的意思表示以对话方式作出的，该意思表示的内容应当在受要约人作出承诺之前为受要约人所知道；撤销要约的意思表示以非对话方式作出的，应当在受要约人作出承诺之前到达受要约人。

二是要约人应当在"受要约人作出承诺之前"撤销要约。依照《合同法》第18条的规定，要约人应当在"受要约人发出承诺通知之前"撤销要约。本条将《合同法》第18条规定的"受要约人发出承诺通知之前"修改为"受要约人作出承诺之前"，主要是考虑到与本法第480条规定相协调。依照本法第480条的规定，承诺应当以通知的方式作出，但是根据交易习惯或者要约表明可以通过行为作出承诺的除外。本法第480条是认可特定情形下受要约人通过行为作出承诺的。基于此，本条将《合同法》第18条规定的"受要约人发出承诺通知之前"修改为"受要约人作出承诺之前"。"受要约人作出承诺之前"，既包括受要约人发出承诺通知之前，也包括受要约人根据交易习惯或者要约的要求作出承诺的行为之前。

第四百七十八条 【要约失效的情形】

有下列情形之一的，要约失效：

（一）要约被拒绝；

（二）要约被依法撤销；

（三）承诺期限届满，受要约人未作出承诺；

（四）受要约人对要约的内容作出实质性变更。

【立法背景】

要约的失效，也可以称为要约的消灭或者要约的终止，是指要约丧失法律效力，要约人与受要约人均不再受其约束。要约人不再承担接受承诺的义务，受要约人亦不再享有通过承诺使合同得以成立的权利。

【条文精解】

本条规定了要约失效的几种情形，包括：

一是要约被拒绝。受要约人接到要约后，通知要约人不同意与之签订合同，则拒绝了要约。要约被拒绝的，该要约即失去法律效力。

二是要约被依法撤销。要约被依法撤销，当然使要约失效。要约被依法撤销，指的是要符合撤销要约的条件。本法第477条对撤销要约的条件作了具体规定。此外，如果属于本法第476条规定的要约不可撤销的情形，即使要约人作出了撤销要约的意思表示，也不发生要约被撤销的效力。

三是承诺期限届满，受要约人未作出承诺。要约中确定了承诺期限的，表明要约人规定了要约发生法律效力的期限，受要约人超过这个期限不承诺，要约的效力当然归于消灭。

四是受要约人对要约的内容作出实质性变更。受要约人对一项要约的内容作出实质性变更的，为新要约。新要约使原要约失去效力，要约人即不受原要约的拘束。

第四百七十九条　【承诺定义】

承诺是受要约人同意要约的意思表示。

【立法背景】

所谓承诺，是指受要约人同意接受要约的全部条件以缔结合同的意思表示。从性质上来说，承诺与要约一样，都属于意思表示。在商业交易中，与要约称作"发盘""发价"相对称，承诺称作"接受"。

【条文精解】

对承诺的定义，可以从以下几个方面理解：

一是承诺须由受要约人作出。要约是要约人向受要约人发出的，受要约人是要约人选定的交易相对方，只有受要约人才具有作出承诺的资格，受要约人以外的第三人不具有承诺的资格。因此，第三人进行承诺不是承诺，只能视作对要约人发出了要约。如果订约的意思表示是向不特定人发出的，并且该订约的意思表示符合要约条件，构成要约，则不特定人中的任何人均可以作出承诺，其一旦作出承诺，受要约人即为特定。

二是承诺须向要约人作出。承诺是对要约的同意，受要约人意在与要约人订立合同，当然要向要约人作出。如果承诺不是向要约人作出，则作出的承诺意思表示不视为承诺，不能达到与要约人订立合同的目的。

三是承诺的内容须与要约的内容保持一致。这是承诺最核心的要件，承诺必须是对要约完全的、单纯的同意。因为受要约人如想与要约人订立合同，必须在内容上与要约的内容保持一致，否则要约人就可能拒绝受要约人而使合同不能成立。如果受要约人在承诺中对要约的内容加以扩张、限制或者变更，便不能构成承诺，并可能构成一项新的要约。判断承诺的内容是否与要约的内容一致并非易事，受要约人对要约简单地回答同意并不多见，因此，必须对受要约人的承诺进行分析。如果仅仅是表述的形式不同，而不是实质的不一致，则不应当否定承诺的效力。如果承诺中提出了一些新的条件，就要分析这些新的条件是否从实质上改变了要约的内容。如果没有从实质上改变要约的内容，则应当认为是对要约的承诺。如果从实质上改变了要约的内容，则不应认为是一项承诺，而构成了一项新要约。

第四百八十条 【承诺方式】

承诺应当以通知的方式作出；但是，根据交易习惯或者要约表明可以通过行为作出承诺的除外。

【立法背景】

承诺方式，是指受要约人将其承诺的意思表示传达给要约人所采用的方式。对一项要约作出承诺即可使合同成立，因此承诺以何种方式作出是很重要的事情。

【条文精解】

依照本条规定，承诺应当以通知的方式作出，根据交易习惯或者要约表明也可以通过行为作出承诺。本条中"通知的方式"是典型的明示方式。"通过行为作出承诺"属于默示的方式，这里的"行为"通常是指履行行为，比如预付价款、装运货物或在工地上开始施工等。以通知方式作出承诺具有直接、明确、不易产生纠纷的特点，因此承诺一般应以通知的方式作出。但是商业实践中往往还存在一些交易习惯，根据这些交易习惯，承诺也可以通过行为作出。这些交易习惯一般为从事该项交易的当事人所知晓，"通过行为作出承诺"的方式在要约人的预期之内，不会损害要约人的利益，因此本条对此予以认可。除了交易习惯外，如果要约人在要约中表明了可以通过行为作出承诺，那么受要约人通过行为作出承诺的，符合要约人的意愿，自然也应当予以认可。

第四百八十一条 【承诺到达时间】

承诺应当在要约确定的期限内到达要约人。

要约没有确定承诺期限的，承诺应当依照下列规定到达：

（一）要约以对话方式作出的，应当即时作出承诺；

（二）要约以非对话方式作出的，承诺应当在合理期限内到达。

【立法背景】

本条区分要约是否确定了承诺期限，对承诺的到达时间分别作了规定。要约确定了承诺期限的，受要约人自然应当尊重要约人的意愿，承诺应当在该承诺期限内到达要约人。要约没有确定承诺期限的，根据要约是以对话方式作出还是非对话方式作出，承诺到达时间又有所不同。

【条文精解】

对本条规定可以从以下两个方面理解：

一是关于要约以对话方式作出的。所谓以对话方式作出的要约，是指采取使受要约方可以同步受领的方式作出的要约，如面对面交谈、电话等方式。在以这种方式作出的要约中，要约人作出要约和受要约人受领要约是同步进行的，没有时间差，受要约人可以即时决定是否接受。依据本条规定，对于以这种方式作出的要约，如果要约本身没有确定承诺期限，受要约人应当即时作出承诺，对话结束后再作出的承诺对要约人不具有拘束力。《合同法》第23 条也规定："要约以对话方式作出的，应当即时作出承诺，但当事人另有约定的除外。""当事人另有约定"不仅指要约人在要约中规定了承诺期限，也指事先约定好的情况。本条删去了合同法的"但当事人另有约定的除外"，意在使条文表述更为简洁，如果当事人另有约定，自然应当尊重当事人约定，无须特别强调。即使本条删去了合同法的"但当事人另有约定的除外"，但条文规范的内涵没变，如果要约人在要约中规定了承诺期限，或者双方事先有约定的情况，自然应当尊重当事人意愿。

二是关于要约以非对话方式作出的。要约本身没有确定承诺期限，如果要约以非对话方式作出，如何确定承诺期限？本条将要约以非对话方式作出情形下的承诺期限规定为"合理期限"，即承诺应当在合理期限内到达要约人。史尚宽先生对于"依通常情形可期待承诺达到时期"有过解释，可以作为参考。解释说，相当的期间，可分为三段：第一，要约到达于受要约人的期间；第二，为承诺所必要的期间；第三，承诺的通知达到要约人所必要的期间。第一段与第三段的期间，依通讯方式确定，如依邮寄或电报为要约或回答通常所必要的期间。如果要约及承诺的通知，途中有非常事变（火车障碍、暴风雨等）的迟延，要约人如果知道该情况的发生，应当斟酌以定其达到所必要的期间。此承诺达到所必要的期间，依其通知的方法而有不同。要约人如特别限定其承诺通知的方法，须以其方法为承诺。否则得依通常交易上所用的方法。以电报为要约时，是否必须以电报作为回答，应依要约的性质及特别的情势确定。第二段的期间，是自要约达到时以至发送承诺通知的期间，是受要约人审查考虑是否承诺所必要的时间。这个时间可以通常人为标准确定，但依要约的内容不同有所差异，内容复杂，审查考虑的时间就长，如果还要经过法定代表人或者董事会的批准，可能时间还会更长。此三段期间为"依通常情形可期待承诺达到时期"，也就是"合理期间"。

第四百八十二条 【承诺期限起算点】

要约以信件或者电报作出的，承诺期限自信件载明的日期或者电报交发之日开始计算。信件未载明日期的，自投寄该信件的邮戳日期开始计算。要约以电话、传真、电子邮件等快速通讯方式作出的，承诺期限自要约到达受要约人时开始计算。

【立法背景】

如何确定承诺期限的起算点，对受要约人是否作出承诺、何时作出承诺、以何种方式作出承诺，以及作出的承诺是否有效等具有重要意义。因此，法律有必要对承诺期限的起算点确定一个统一的标准，以尽量减少可能发生的争议。《联合国国际货物销售合同公约》第20条规定："发价人在电报或信件内规定的接受期间，从电报交发时刻或信上载明的发信时起算，如信上未载明发信日期，则从信封上所载日期起算。发价人以电话、电传或其他快速通讯方法规定的接受期间，以发价送达被发价人时起算。"

【条文精解】

本条参考了《联合国国际货物销售合同公约》，区分要约的作出方式，分别规定了承诺期限起算点的不同标准。一是要约以信件或者电报作出的，承诺期限自信件载明的日期或者电报交发之日开始计算。如果信件未载明日期，自投寄该信件的邮戳日期开始计算。二是要约以电话、传真、电子邮件等快速通讯方式作出的，承诺期限自要约到达受要约人时开始计算。

第四百八十三条 【合同成立时间】

承诺生效时合同成立，但是法律另有规定或者当事人另有约定的除外。

【立法背景】

合同是当事人之间设立、变更、终止民事法律关系的协议，本质上是当事人之间的合意。本法第 134 条规定，民事法律行为可以基于双方意思表示一致成立。采用要约、承诺方式订立的合同属于典型的双方民事法律行为。要约人发出要约，受要约人作出承诺；承诺生效之时，要约人与受要约人之间的意思表示达成一致。所以，原则上承诺生效时，就是合同成立之时。

【条文精解】

本条规定，承诺生效时合同成立，原则上将"承诺生效时"作为采用要约、承诺方式所订合同的成立时间。民事活动应当充分尊重当事人之间的意愿，合同成立时间也应当允许当事人双方另行约定。本条在原则上将"承诺生效时"作为合同成立时间的同时，还作了但书规定"法律另有规定或者当事人另有约定的除外"。这样，既为法律另行规定留下空间，也有利于当事人根据实际情况对合同成立另行约定。比如依照法律规定，实践性合同自实际交付标的物时成立。本法第 586 条规定，定金合同自实际交付定金时成立。第 679 条规定，自然人之间的借款合同，自贷款人提供借款时成立。第 905 条规定，仓储合同自保管人和存货人意思表示一致时成立。此外，要约人与受要约人也可能会对合同成立时间作出另行约定。例如，要约人与受要约人约定，承诺生效后还要制作专门的合同书，只有当事人均签名、盖章时合同始成立。那么在这种情况下，就不能将承诺生效时间直接作为合同成立时间，而是应当尊重当事人之间的约定，以当事人均签名、盖章时作为合同成立时间。

第四百八十四条 【承诺生效时间】

以通知方式作出的承诺，生效的时间适用本法第一百三十七条的规定。

承诺不需要通知的，根据交易习惯或者要约的要求作出承诺的行为时生效。

【立法背景】

承诺生效的时间即为合同成立的时间，合同一成立即对当事人双方都产生法律约束力。承诺何时生效还直接影响承诺生效地点的确定。本法第492条规定，承诺生效的地点为合同成立的地点。因此，承诺何时生效与合同成立的地点也密切相关，与管辖法院的确定以及法律的选择适用都有密切联系。确定承诺生效的时间非常重要。

【条文精解】

本条区分以通知方式作出的承诺与通过行为作出的承诺，对承诺的生效时间分别作了规定。

1. 以通知方式作出的承诺的生效时间

承诺是一种有相对人的意思表示，以通知方式作出的承诺自然应当适用本法第137条的规定。本法第137条规定区分意思表示是以对话方式作出的还是非对话方式作出的，分别对意思表示的生效时间作了规定。据此，对于以通知方式作出的承诺的生效时间，也应当区分承诺是以对话方式作出的还是以非对话方式作出的，分别对待。

（1）承诺是以对话方式作出的，即受要约人通过面对面交谈、电话等方式向要约人作出承诺的，受要约人作出承诺和要约人受领承诺是同步进行的，没有时间差。受要约人作出承诺并使要约人知道时即发生效力。

（2）承诺是以非对话方式作出的，比如受要约人通过信函、传真、电子邮件等方式向要约人作出承诺的，受要约人作出承诺的时间与要约人受领承诺的时间不同步，二者之间存在时间差。根据本法第137条的规定，以非对话方式作出的承诺，到达要约人时生效。以非对话方式作出的采用数据电文形式的承诺，要约人指定特定系统接收数据电文的，该数据电文进入该特定系统时生效；未指定特定系统的，要约人知道或者应当知道该数据电文进入其系统时生效。要约人与受要约人对采用数据电文形式的承诺的生效时间另有约定的，按照其约定。

2.通过行为作出的承诺的生效时间

根据本条规定，承诺不需要通知的，根据交易习惯或者要约的要求作出承诺的行为时，承诺生效。该规定与《国际商事合同通则》的规定基本一致。《国际商事合同通则》第2.1.6条第3款规定："如果根据要约本身，或依照当事人之间建立的习惯做法，或依照惯例，受要约人可以通过做出某种行为来表示同意，而无须向要约人发出通知，则承诺于做出该行为时生效。"

第四百八十五条 【承诺的撤回】

承诺可以撤回。承诺的撤回适用本法第一百四十一条的规定。

【立法背景】

承诺的撤回是指受要约人阻止承诺发生法律效力的意思表示。承诺是一种能够产生法律效果的意思表示，承诺作出后如果要撤回必须满足一定的条件。

【条文精解】

本条关于承诺的撤回条件的规定，只是基于体例的考虑，作了转引性规定。本法第141条对意思表示的撤回条件作了规定，即撤回意思表示的通知应当在意思表示到达相对人前或者与意思表示同时到达相对人。承诺是一种意思表示，承诺的撤回条件应当适用本法第141条关于意思表示撤回条件的规定。据此，承诺的撤回条件可以概括为，撤回承诺的通知应当在承诺通知到达要约人之前或者与承诺通知同时到达要约人。如果撤回承诺的通知晚于承诺通知到达要约人，则承诺已经生效，合同已经成立，受要约人撤回承诺的通知不生效力。

第四百八十六条 【逾期承诺的法律效果】

受要约人超过承诺期限发出承诺，或者在承诺期限内发出承诺，按照通常情形不能及时到达要约人的，为新要约；但是，要约人及时通知受要约人该承诺有效的除外。

【立法背景】

本条与本法第481条规定关联较为密切。本法第481条是从正面对有效承诺的时间要件作出规定，即要约确定了承诺期限的，承诺应在该承诺期限内到达要约人；要约没有确定承诺期限的，承诺应当在合理的期限内到达要约人。本条从反面对逾期承诺，即承诺到达要约人时超过承诺期限的情形予以规定，明确了逾期承诺的法律效果。

【条文精解】

对本条的规定可以从以下两个层面理解：

一是逾期承诺视为新要约。本条的"承诺期限"不但指要约人在要约中确定的承诺期限，也指要约人未确定承诺期限，而根据实际情况推断的合理期限。逾期承诺包括两类情形：第一类情形是，受要约人超过承诺期限发出承诺。这种情况下，承诺到达要约人时肯定也已经超过承诺期限。第二类情形是，承诺虽然是在承诺期限内发出的，按照通常情形不能及时到达要约人，并且也确实没有在承诺期限内到达要约人。《合同法》第28条仅对逾期承诺的第一类情形作了明确规定，即受要约人超过承诺期限发出承诺的，除要约人及时通知受要约人该承诺有效的以外，为新要约。当然也有的观点认为，从解释学的角度，《合同法》第28条也可以理解为包含第二类情形。为了统一理解，更有利于实践运用，本条明确将第二类情形纳入逾期承诺予以规定。根据本条规定，在以上两类情形下，承诺到达要约人时，要约的承诺期限已过，受要约人发出的承诺对要约人不产生拘束力，此承诺已不能作为一项有效承诺，只能作为一项新的要约。对该项新要约，原受要约人成为新要约的要约人，原要约人成为新要约的受要约人，双方位置互换，可以按照要约、承诺规则作新的处理。

二是虽然承诺已经迟延到达要约人，但是如果要约人及时通知受要约人该承诺有效，该承诺仍为有效。这体现了对要约人意愿的尊重，也符合受要约人的利益，有利于促进交易。何谓"及时"，要根据交易的实际情况予以判断。

第四百八十七条 【因传递迟延造成的逾期承诺的法律效果】

受要约人在承诺期限内发出承诺，按照通常情形能够及时到达要约人，但是因其他原因致使承诺到达要约人时超过承诺期限的，除要约人及时通知受要约人因承诺超过期限不接受该承诺外，该承诺有效。

【立法背景】

本条针对的是在承诺期限内发出并且依通常情形可于承诺期限内到达要

约人，但因传递过程中的原因造成承诺到达要约人时超过承诺期限。本条规定的情形再加上本法第487条规定的逾期承诺的一般情形，在逻辑上涵盖了承诺超过承诺期限到达要约人的所有情形，与本法第481条规定可以说是正反面的关系。本法第481条是从正面对有效承诺的时间要件作出规定，第487条是关于逾期承诺的法律效果的一般性规定，本条是对因传递迟延造成逾期承诺的法律效果的特别规定。

【条文精解】

依照本条规定，受要约人在承诺期限内发出承诺，按照通常情形能够及时到达要约人，但是因其他原因致使承诺到达要约人时超过承诺期限的，该承诺有效。同时为了保护要约人的利益，本条对此作了除外规定，允许要约人及时否定该承诺的效力，即如果要约人及时通知受要约人因承诺超过期限不接受该承诺，则该承诺对要约人不产生拘束力。如果要约人没有及时通知受要约人不接受该承诺，则该承诺有效，合同成立。

第四百八十八条 【承诺对要约内容作出实质性变更】

承诺的内容应当与要约的内容一致。受要约人对要约的内容作出实质性变更的，为新要约。有关合同标的、数量、质量、价款或者报酬、履行期限、履行地点和方式、违约责任和解决争议方法等的变更，是对要约内容的实质性变更。

【立法背景】

承诺的内容原则上必须与要约的内容一致，不得作更改。但要求承诺与要约的内容绝对一致，不利于合同的成立，也不利于鼓励交易。

【条文精解】

依照本条规定，承诺的内容应当与要约的内容一致，但承诺对要约的内容并非绝对不可以改变，对非实质内容可以变更，改变实质内容则是一个新要约。《联合国国际货物销售合同公约》第19条第3款规定："有关货物价格、付款、货物质量和数量、交货地点和时间、一方当事人对另一方当事人的赔偿责任范围或解决争端等等的添加或不同条件，均视为在实质上变更发价的条件。"但是，除了列举的这些项目，其他项目如合同的标的、合同所适用的法律等是不是实质性的内容？就列出的项目来说，是否任何一点改变就是实质性改变呢？

《国际商事合同通则》第2.1.11条也规定了实质性改变合同构成反要约，但没有具体列项规定什么条款是实质性条款。《国际商事合同通则》在注释中提出，对于什么能构成实质性变更，无法抽象确定，必须视个案的具体情况而定。如果添加条款或差异条款的内容涉及价格或支付方式、非金钱债务的履行地点和时间、一方当事人对对方当事人承担责任的限度或争议的解决方式等问题，则通常（但不是必然）构成对要约的实质性变更。对此应予考虑的一个重要因素是，变更条款或差异条款在有关的贸易领域中是否广泛适用，因而不出乎要约人的意料。《国际商事合同通则》举两例予以说明。第一个例子：甲向乙订购一台机器，如果乙在订单确认书中，增加了仲裁条款。那么，除非情况有相反的表示，这一条款构成了对要约的实质性变更，其结果是乙的所谓承诺构成反要约。第二个例子：甲向乙订购一定数量的小麦。在订单确认书中，乙增加了一项仲裁条款，该条款是相关商品交易中的标准做法。因为甲对这种条款不会感到意外，因此它不构成对要约的实质性变更。除非甲毫不迟延地拒绝，否则，该仲裁条款构成合同的一部分。

本条对实质性条款作了列举，有关合同标的、数量、质量、价款或者报酬、履行期限、履行地点和方式、违约责任和解决争议方法，为实质性条款。但是，实质性条款不限于所列这些项目，例如对合同所适用的法律的选择一般也可以归为实质性条款。本条对于实质性条款项目的开列具有提示性质，在实际交易的具体合同中，哪些条款内容的变更构成实质性变更，还需就个案进行具体分析。

第四百八十九条 【承诺对要约内容作非实质性变更】

承诺对要约的内容作出非实质性变更的，除要约人及时表示反对或者要约表明承诺不得对要约的内容作出任何变更外，该承诺有效，合同的内容以承诺的内容为准。

【立法背景】

对于要约的内容作非实质性变更的承诺是否有效，《联合国国际货物销售合同公约》第19条第2款规定："对发价表示接受但载有添加或不同条件的答复，如所载的添加或不同条件在实质上并不变更该项发价的条件，除发价人在不过分迟延的期间内以口头或书面通知反对其间的差异外，仍构成接受。如果发价人不作出这种反对，合同的条件就以该项发价的条件以及接受通知内所载的更改为准。"《国际商事合同通则》与《联合国国际货物销售合同公约》的规定是一致的。《国际商事合同通则》第2.1.11条规定："对要约意在表示承诺但载有添加或不同条件的答复，如果所载的添加或不同条件没有实质性地改变要约的条件，则除非要约人毫不迟延地表示拒绝这些不符，此答复仍构成承诺。如果要约人不做出拒绝，则合同的条款应以该要约的条款以及承诺所载有的变更为准。"《国际商事合同通则》还举例予以说明：甲向乙订购一台机器，并提出在甲的工地上调试。在订单确认书中，乙声明接受要约的条款，但增加了乙希望参加检验机器的条款。该添加条款不是对要约的实质性变更，因此将作为合同内容的一部分内容，除非甲毫不迟延地拒绝。

　　本条参考了《联合国国际货物销售合同公约》以及《国际商事合同通则》的规定，内容基本一致。

【条文精解】

　　根据本条规定，如果承诺对要约的内容作出非实质性变更，该承诺有效，合同的内容以承诺的内容为准。但是如果要约人及时表示反对或者要约表明承诺不得对要约的内容作出任何变更，承诺对要约人不产生拘束力；如果要约人没有及时表示反对，要约也没有表明承诺不得对要约的内容作出任何变更，则该承诺仍为有效承诺，合同的内容以承诺的内容为准。

第四百九十条　【采用书面形式订立的合同成立时间】

　　当事人采用合同书形式订立合同的，自当事人均签名、盖章或者按指印时合同成立。在签名、盖章或者按指印之前，当事人一方已经履行主要义务，对方接受时，该合同成立。

　　法律、行政法规规定或者当事人约定合同应当采用书面形式订立，当事人未采用书面形式但是一方已经履行主要义务，对方接受时，该合同成立。

【立法背景】

　　书面形式是当事人订立合同的形式之一，具体包括合同书、信件、数据电文等形式。采用合同书形式订立合同，为民事主体之间订立合同所经常采用。合同书记载着全部内容，当事人的姓名或者名称和住所、当事人各方的权利义务等都在合同书中作出明确约定。采用合同书形式订立的合同，一般来说，合同的内容比较复杂，合同条款也比较多。为了保护交易安全，有利于预防和解决纠纷，本条对采用合同书形式所订立合同的特别成立要件作了规定。

【条文精解】

本条第 1 款规定，当事人采用合同书形式订立合同的，自当事人均签名、盖章或者按指印时合同成立。在合同书中当事人的签名、盖章或者按指印是十分重要的，没有各方当事人的签名、盖章或者按指印，就不能最终确认当事人对合同的内容协商一致，也就不能认定合同成立。经过各方当事人签名、盖章或者按指印的合同，其证据效力是最强的，在当事人发生纠纷时，合同书是判断当事人各方权利义务、责任的最基础证据。除法律、行政法规要求必须签订合同书外，当事人要求签订合同书的，应当在承诺生效之前提出。因在承诺生效时，合同即成立，之后再提出签订合同书的，合同书只是作为合同成立的证明，合同并非从签名、盖章或者按指印时成立。

本法第 5 条将自愿原则作为民法的基本原则。合同成立的核心要素是双方当事人意思表示一致。如果一个以合同书形式订立的合同已经履行，而仅仅是没有签名、盖章或者按指印，就认定合同不成立，则违背了当事人的真实意愿。当事人既然已经履行主要义务，对方也接受的，合同当然成立。依照本条第 1 款的规定，当事人采用合同书形式订立合同的，在签名、盖章或者按指印之前，当事人一方已经履行主要义务，对方接受时，应视为合同成立符合双方当事人的共同意愿，该合同成立。

法律、行政法规规定或者当事人约定合同应当采用书面形式订立，一般来说，主要是考虑到有些合同类型各方权利义务关系比较复杂，采用书面形式订立合同对明确各方当事人的权利义务、责任至关重要，对促进合同履行、预防和处理纠纷都具有重要意义。如果法律、行政法规规定或者当事人约定合同应当采用书面形式订立，当事人就应当采用书面形式订立合同。但是，并不能反推，当事人未采用书面形式的，合同一定不成立。本条第 2 款规定就属于当事人未按照规定或者约定采用书面形式但合同仍成立的一种情形。即使合同没有按照法律、行政法规规定或者当事人约定采用书面形式订立，但是一方已经履行主要义务，对方接受时，应视为合同成立符合双方当事人的共同意愿，该合同成立。

第四百九十一条　【签订确认书的合同及电子合同成立时间】

当事人采用信件、数据电文等形式订立合同要求签订确认书的，签订确认书时合同成立。

当事人一方通过互联网等信息网络发布的商品或者服务信息符合要约条件的，对方选择该商品或者服务并提交订单成功时合同成立，但是当事人另有约定的除外。

【立法背景】

本条第 1 款对当事人要求签订确认书情形下合同的成立时间作了规定，该规定适用于所有采用信件、数据电文等形式订立合同要求签订确认书的情形。

近年来信息网络技术及其应用发展迅速，当事人通过信息网络销售商品或者提供服务已经较为普遍，"线上交易"成为合同交易中的重要类型。为了回应信息网络技术的发展，适应实践需要，本条第 2 款吸收了电子商务法的规定，对电子合同的成立时间作了规定。

【条文精解】

依照本条第 1 款规定，当事人采用信件、数据电文等形式订立合同要求签订确认书的，签订确认书时合同成立。这一规定虽然没有明确何时可以提出签订确认书的要求，但不能理解为允许当事人在承诺生效后再提出签订确认书的要求，因为按照本编规定的要约、承诺规则，承诺生效后合同即已成立。在合同成立后，如果一方当事人提出签订确认书的要求，对合同的成立不产生任何影响。

依照本条第 2 款的规定，电子合同的成立需要具备两个基本条件：

一是当事人一方通过互联网等信息网络发布的商品或者服务信息符合要约条件。对于传统交易，当事人往往会通过商店橱窗展示货物及其价格，也可能会通过商业广告和宣传、寄送价目表等形式发布商品或者服务信息，当事人的这些行为一般视为要约邀请，目的在于希望他人向自己发出要约，展示或者发布信息的人不受约束。欲与发布信息的该当事人订立合同，要先向发布信息的该当事人发出要约。而对于"线上交易"，当事人发布商品或者服务信息的信息网络系统，往往具有互动性，相对方不仅可以浏览商品或者服务的价格、规格等具体信息，还可以网上直接选择交易标的、提交订单，这种情况下当事人通过信息网络发布商品或者服务信息的行为就不能简单地认为是要约邀请，该行为符合要约条件的，应当作为要约对待。符合要约条件，是指符合本法第 472 条规定的要约条件。本法第 472 条规定，"要约是希望与他人订立合同的意思表示，该意思表示应当符合下列条件：（一）内容具体确定；（二）表明经受要约人承诺，要约人即受该意思表示约束"。"内容具体确定"，是指当事人通过信息网络发布的商品或者服务信息要达到内容具体确定的程度，比如对商品的名称、数量、质量、规格、价格、运费等都作了明确表述。"表明经受要约人承诺，要约人即受该意思表示约束"这一要约条件需要根据实践中的具体情况进行判断，一般来说可以从相对方是否能够直接选择商品或者服务并提交订单等情况进行综合判断。

二是相对方选择该商品或者服务并提交订单成功。当事人通过信息网络发布的商品或者服务信息符合要约条件的，相对方可以直接作出承诺达成交易。相对方选择该商品或者服务并成功提交订单，即属于作出承诺。订单一旦提交成功，合同即成立，订单提交成功的时间即为合同成立的时间。合同成立后，对双方当事人均产生法律约束力，发布商品或者服务信息的当事人应当按时交付商品或者提供服务。

以上是电子合同成立的一般规则。合同法奉行合同自愿原则，允许当事人对此作出另外约定。

【实践中需要注意的问题】

实践中，通过信息网络发布商品或者服务信息的当事人往往通过设置格式条款的方式作出特别的意思表示，相对方必须勾选同意该格式条款方能提交订单。通过信息网络发布商品或者服务信息的当事人提供的格式条款是否成立、是否有效，要根据民法典合同编、消费者权益保护法、电子商务法等法律关于格式条款规制的规定，结合具体情况进行判断。

第四百九十二条 【合同成立地点】

承诺生效的地点为合同成立的地点。

采用数据电文形式订立合同的，收件人的主营业地为合同成立的地点；没有主营业地的，其住所地为合同成立的地点。当事人另有约定的，按照其约定。

【立法背景】

承诺生效时合同成立，而承诺生效地点为合同成立地点是国际上普遍认可的规则。对于以数据电文形式订立的合同成立地点，难以按照承诺生效的地点为合同成立地点的一般规则予以认定。《合同法》第34条第2款规定，采用数据电文形式订立合同的，收件人的主营业地为合同成立的地点；没有主营业地的，其经常居住地为合同成立的地点。当事人另有约定的，按照其约定。本条第2款规定基本延续了合同法的规定，但作了一处修改，将收件人没有营业地情形下合同成立的地点由"其经常居住地"修改为"其住所地"。这主要是为了与民法典规定的自然人、法人住所制度相协调。民法典中对民事主体已经不再使用"经常居住地"的概念，而是明确规定了自然人、法人的住所制度。本法第25条规定，自然人以户籍登记或者其他有效身份登记记载的居所为住所；经常居所与住所不一致的，经常居所视为住所。本法第63条规定，法人以其主要办事机构所在地为住所。

【条文精解】

依照本条第1款的规定，一般来说，承诺生效时合同成立，承诺生效的地点为合同成立的地点。而当事人采用特定形式订立合同的，特定形式完成地点为合同成立的地点。例如，依照本法第493条规定，当事人采用合同书形式订立合同的，一般来说，当事人最后签名、盖章或者按指印的地点为合同成立的地点。此外，本条虽然没有明确规定，但基于民法的自愿原则，合同成立的地点也可以由双方当事人自行约定。

依照本条第2款的规定，采用数据电文形式订立的合同，原则上以收件人的主营业地为合同成立的地点。这里的收件人是指要约人，即收到承诺的人。如果收件人没有主营业地，其住所地为合同成立的地点，即收件人是自然人的，合同成立的地点以自然人的住所地为准；收件人是法人的，合同成立的地点以法人的主要办事机构所在地为准。本条规定的"数据电文形式"与本法第137条第2款规定的"数据电文"应作同一理解，指经由电子手段、电磁手段、光学手段或类似手段生成、发送、接收或存储的信息，这些手段包括但不限于电子数据交换、电子邮件、电报、电传或传真。此外，合同成立地点的确定应当尊重当事人的意愿，对于采用数据电文形式订立的合同，也应当允许当事人对合同成立地点作另外约定。当事人作出另外约定的，按照其约定确定合同成立地点。

第四百九十三条 【采用合同书形式订立的合同成立地点】

当事人采用合同书形式订立合同的，最后签名、盖章或者按指印的地点为合同成立的地点，但是当事人另有约定的除外。

【立法背景】

非要式的合同，一般以承诺生效的地点为合同成立的地点。要式合同，以要式达成的地点为合同成立的地点。采用合同书形式订立的合同是一种要式合同。

【条文精解】

当事人采用合同书形式订立合同的，以签名、盖章或者按指印的地点为合同成立的地点；如果各方当事人签名、盖章或者按指印的时间不同步，则以最后签名、盖章或者按指印的地点为合同成立的地点。当然，如果当事人对合同成立的地点另有约定，则应当尊重当事人的意愿，以当事人之间的约定确定合同成立的地点。如果当事人以要约与承诺达成合意后又协商签订合同书，除非当事人另有约定，合同已于承诺生效时成立，承诺生效的地点为合同订立的地点，不适用本条的规定。

第四百九十四条 【强制缔约义务】

国家根据抢险救灾、疫情防控或者其他需要下达国家订货任务、指令性任务的，有关民事主体之间应当依照有关法律、行政法规规定的权利和义务订立合同。

依照法律、行政法规的规定负有发出要约义务的当事人，应当及时发出合理的要约。

依照法律、行政法规的规定负有作出承诺义务的当事人，不得拒绝对方合理的订立合同要求。

【立法背景】

根据民法上的自愿原则，民事主体可以自己决定要不要订立合同、与谁订立合同，可以自主决定合同内容。但民法上的自愿原则并不是无限制的，为了维护国家利益、社会公共利益或者照顾弱势一方利益等政策考量，有必要在特定情形下对民法自愿原则予以适当限制。民事主体的强制缔约义务即属于对民法自愿原则的限制。民法典将强制缔约义务作为一项基本民事制度作总括性规定，有利于使具体情形下强制缔约义务的设定有民法上的依据，强化法律制度之间的衔接，也有利于促使民事主体在特定情形下积极履行缔约义务。

【条文精解】

本条规定了三类强制缔约义务：

一是按照国家订货任务、指令性任务订立合同。国家根据抢险救灾、疫情防控或者保证国防军工、重点建设以及国家战略储备等需要，下达国家订货任务、指令性任务的，必须予以充分保障，有关民事主体不得以合同自愿为借口而不落实国家下达的订货任务、指令性任务。因此，本条第1款明确规定，国家根据抢险救灾、疫情防控或者其他需要下达国家订货任务、指令性任务的，有关民事主体之间应当依照有关法律、行政法规规定的权利和义务订立合同。

二是关于强制发出要约义务。一般情况下，民事主体可以自行决定是否发出要约、向谁发出要约、何时发出要约，自行决定要约内容等，但在特定情形下，要约人必须发出要约，并且发出要约的时间、相对人、内容等还要受到一定限制。本条第2款规定，依照法律、行政法规的规定负有发出要约义务的当事人，应当及时发出合理的要约。此处的"法律"是指狭义的法律，即全国人民代表大会和全国人民代表大会常务委员会制定的法律；"行政法规"是由国务院制定。对于负有发出要约义务的当事人来说，首先，发出要约是其义务，不得拒绝；其次，发出要约要"及时"；最后，发出的要约内容要"合理"。至于何谓"及时""合理"，要根据法律、行政法规的规定视具体情况进行判断。目前我国法律、行政法规中，对发出要约义务作出规定的主要是证券法。《证券法》第65条至第70条、第73条对强制投资者、收购人向上市公司所有股东发出收购要约作了具体规定。证券法设立强制要约收购制度，是对投资者、收购人从事上市公司股份收购交易的重大限制，有其特殊的政策考量，即保证收购的公平性，保护上市公司广大中小股东在公司并购过程中的利益，避免中小股东因持有股份份额较小、获取的信息不对称等原因而利益受损，使中小股东也可以分享上市公司因控制权转移而获得的股份溢价，为中小股东提供一个以合理价格退出上市公司的选择。

三是强制作出承诺义务。强制作出承诺义务，是强制缔约义务中的典型类型。根据民法自愿原则，民事主体对他人发出的要约或者提出的订立合同的要求，有权自主决定是接受还是拒绝。但在特定情形下，例如，基于保护社会公共利益的需要，民事主体这种自主决定的权利有必要受到限制。本条第3款明确规定，依照法律、行政法规的规定负有作出承诺义务的当事人，不得拒绝对方合理的订立合同要求。目前我国法律、行政法规中，对作出承诺义务的规定主要集中于具有公共服务属性的行业，这些行业与社会公众利益密切相关。例如，本法第648条规定，向社会公众供电的供电人，不得拒绝用电人合理的订立合同要求。对于公共运输行业，本法第810条规定，从事公共运输的承运人不得拒绝旅客、托运人通常、合理的运输要求。此外，有些情形下强制缔约义务的设立是为了促进行政管理制度的落实，维护社会公共利益。例如，《机动车交通事故责任强制保险条例》第10条规定，投保人在投保时应当选择从事机动车交通事故责任强制保险业务的保险公司，被选择的保险公司不得拒绝或者拖延承保。

第四百九十五条 【预约合同】

当事人约定在将来一定期限内订立合同的认购书、订购书、预订书等，构成预约合同。

当事人一方不履行预约合同约定的订立合同义务的，对方可以请求其承担预约合同的违约责任。

【立法背景】

随着经济社会的发展，预约合同在实践中的适用越来越广泛。最高人民法院相关司法解释在买卖合同领域中对预约合同已经作了一定的探索。为了应对实践需求，本条在吸收有关司法解释规定的基础上，明确将预约合同作为一项基本的民事制度予以规定，适用于各种交易活动。本条界定了预约合同的定义，并对预约合同的违约责任作了原则性规定。

【条文精解】

本条第1款对预约合同的定义作了界定。预约合同最本质的内涵是约定将来一定期限内订立合同。当事人就将来一定期限内订立合同达成合意，即可构成预约合同。将来应当订立的合同可以称为本约或者本约合同，约定订立本约的合同称为预约或者预约合同。预约合同在实践中经常表现为认购书、订购书、预订书等，当然不仅仅表现为这三种形式。

本条第 2 款是关于预约合同的违约责任的规定。预约合同既然是一项以订立本约为目的的独立合同，当事人违反约定，不履行订立本约的义务，也应当承担违约责任。但违反订立本约的义务与违反本约义务毕竟不同，预约合同的违约责任与本约合同的违约责任也有所差别。基于此，本条采用了"预约合同的违约责任"的表述，第 2 款规定，当事人一方不履行预约合同约定的订立合同义务的，对方可以请求其承担预约合同的违约责任。当然，如果一方违约，符合合同编规定的解除合同条件的，非违约方也可以请求解除预约合同。依据合同编第八章关于违约责任的规定，违约责任的形式主要有违约金责任、定金责任、继续履行和赔偿损失等。预约合同的违约责任原则上也可以包括以上几种责任形式。当事人就预约合同约定违约金或者定金的，当事人违反预约合同义务的，可以适用违约金责任或者定金责任，理论和实务中已经形成共识，不存在问题。但对于是否可以请求违约方继续履行以及损害赔偿的范围仍然存在一定争议。

本条在合同编通则中予以规定，广泛适用于买卖、租赁等各种市场交易。涉及的交易形态多种多样，即使同一交易形态，涉及的具体情况也可能差异较大，因此本条第 2 款仅是原则性规定违约方应当承担预约合同的违约责任，使制度设计保持一定的灵活性，以便为实践留下空间。从关于预约合同违约责任各种不同的观点和争议中，我们可以有所启发，对于预约与本约的理解，应当放在整个的交易链条中予以考虑，预约虽然是独立的合同，但与本约存在着紧密的内在联系，应将预约放在从预约订立到本约得到履行的整个交易链条中予以考虑。如果当事人在预约阶段就对整个交易的主要内容通过谈判达成一致，本约的内容不需要再作过多协商，那么对于预约合同，要求当事人承担"继续履行"的违约责任，即订立本约的责任也就有实现的空间。在此基础上更进一步，如果预约合同阶段在整个交易环节中的位置非常重要，预约合同的订立及预约合同的履行（预约合同的履行即本约合同的订立）就完成了整个交易的绝大部分，使整个交易达到比较高的成熟度，本约合同义务的履行在整个交易环节中只是占有非常小的分量，非常容易实现，那么对预约合同的违约损害赔偿范围就可以很接近于本约合同的违约损害赔偿范围。预约合同阶段在整个交易环节中的位置，预约合同的订立及履行使整个交易所达到的成熟度，都应当在计算预约合同违约损害赔偿范围中予以体现。

第四百九十六条 【格式条款】

格式条款是当事人为了重复使用而预先拟定，并在订立合同时未与对方协商的条款。

采用格式条款订立合同的，提供格式条款的一方应当遵循公平原则确定当事人之间的权利和义务，并采取合理的方式提示对方注意免除或者减轻其责任等与对方有重大利害关系的条款，按照对方的要求，对该条款予以说明。提供格式条款的一方未履行提示或者说明义务，致使对方没有注意或者理解与其有重大利害关系的条款的，对方可以主张该条款不成为合同的内容。

【立法背景】

格式条款是自 19 世纪以来发展起来的，是某些行业在进行频繁的、重复性的交易过程中为了简化合同订立的程序而形成的。使用格式条款的好处是，简捷、省时、方便、降低交易成本，但其弊端在于，一方往往利用其优势地位，制定有利于自己而不利于交易对方的条款，这一点在消费者作为合同相对方时特别突出。因此，有必要在立法上予以限制。

【条文精解】

本条第 1 款规定了格式条款的定义。格式条款最实质的特征在于"未与对方协商"。按照自愿原则，当事人有权自主选择与谁订立合同、自主决定合同的内容。但格式条款的提供方为了追求交易便捷、高效等，利用自己的优势地位，事先拟定合同，相对方往往只能选择接受或者拒绝，不能实质上影响合同内容。相对方虽然在合同上签字予以确认，但并不一定是真正的内心意愿表达。"未与对方协商"就是指格式条款提供方没有就条款内容与相对方进行实质上的磋商，相对方对条款内容并没有进行实际修改的余地。本条对格式条款的定义还用了"为了重复使用"，从格式条款的通常外在形貌予以描述。格式条款的提供方通常是基于重复使用进而提高交易效率的目的拟定格式条款。正是因为要重复使用，相对方往往对格式条款内容没有进行实质磋商并修改的余地。但此处的"为了重复使用"，不能作僵化理解，不是要当事人去证明真正实际重复使用了多次，只要格式条款提供方具有重复使用的目的，不论使用的次数多少，都可认为是"为了重复使用"。

本条第 2 款规定了格式条款提供方的提示、说明义务，并明确了违反该义务的法律效果。格式条款是优势一方当事人单方提供的，并没有经过与相对方的充分磋商。民事活动应当遵循公平原则，为了防止格式条款提供方利用单方拟定格式条款的机会，设计不公平的条款内容，本条明确规定，提供格式条款的一方应当遵循公平原则确定当事人之间的权利和义务。

因为格式条款未与相对方进行实际磋商，相对方对条款的内容并不充分了解，对与自己有重大利害关系的条款并不一定能注意到，即使注意到了，也不一定真正理解。为了让相对人在缔约时，能够充分注意并理解格式条款的内容，从而对合同订立的效果作出合理的判断，本条规定了格式条款提供方对与对方有重大利害关系条款的提示、说明义务。依照本条规定，格式条款提供方应当采取"合理的方式"提示对方注意免除或者减轻其责任等与对方"有重大利害关系的条款"，还要按照对方的要求，对该条款予以说明、解释，使相对方真正理解该条款的含义。采用"合理的方式"，目的在于使相对方充分注意。例如实践中一些格式条款采用特别的字体予以提示。对于采取"合理的方式"具体指采用什么方式，要视具体情况而定，要能引起相对方的注意。"有重大利害关系的条款"，一般来说主要包括但不限于格式条款提供方免除或者减轻其责任、加重对方责任、限制或者排除对方主要权利等。"有重大利害关系的条款"的认定要视格式条款的具体情况而定。

对于格式条款提供方未履行提示或者说明义务，致使对方没有注意或者理解与其有重大利害关系的条款的，会产生什么样的法律效果，合同法未作规定，本条第 2 款规定为"对方可以主张该条款不成为合同的内容"，总体上将该制度归属于合同订立的范畴。这也是本条第 2 款与本法第 497 条相区别之处。本法第 497 条规定的格式条款无效情形，属于合同成立后的效力评价层面，归属于合同效力制度。还需要强调一点，本条第 2 款规定的"该条款不成为合同的内容"，只能由相对方主张，格式条款提供方无权主张，这也是从制度设计上对相对方所作的倾斜性保护。

第四百九十七条 【格式条款无效】

有下列情形之一的，该格式条款无效：

（一）具有本法第一编第六章第三节和本法第五百零六条规定的无效情形；

（二）提供格式条款一方不合理地免除或者减轻其责任、加重对方责任、限制对方主要权利；

（三）提供格式条款一方排除对方主要权利。

【立法背景】

格式条款无效情形，属于合同成立后的效力评价层面。格式条款在哪些情形下无效，法律有必要予以规定。

【条文精解】

本条总括性地规定了格式条款无效的情形：

一是与其他民事法律行为通用的无效情形，即具有本法第六章第三节和本法第 506 条规定的无效情形。本法第六章第三节对民事法律行为的无效情形作了总括性规定，包括无民事行为能力人实施的民事法律行为，限制民事行为能力人超出其年龄、智力、精神健康状况实施的民事法律行为，以虚假意思表示实施的民事法律行为，违反法律、行政法规的强制性规定的民事法律行为，违背公序良俗的民事法律行为等。如果格式条款具有本法第六章第三节规定的民事法律行为的无效情形，该格式条款也是无效的。本法第 506 条是对合同中免责条款无效情形的规定，如果合同中有免除"造成对方人身伤害的"或者"因故意或者重大过失造成对方财产损失的"责任的条款，则该条款无效。如果格式条款具有本法第 506 条规定的情形，当然也是无效的。

二是格式条款特有的无效情形。格式条款是单方提供，对方并没有就条款进行实际磋商的机会，格式条款提供方可能会恣意追求自己的单方利益，违背公平原则，不合理地分配合同交易中的风险和负担。其中，本条第 2 项规定的"不合理地免除或者减轻其责任、加重对方责任、限制对方主要权利"，以及第 3 项规定的"提供格式条款一方排除对方主要权利"，均属于违背公平原则的情形。格式条款具有这些情形的，该格式条款无效。该规定是在合同法的基础上修改而来。《合同法》第 40 条规定，提供格式条款一方"免除其责任、加重对方责任、排除对方主要权利"，该条款无效。本条规定根据实践需求，在增加"减轻其责任""限制对方主要权利"的同时，还对这些无效情形作了区分性规定，主要考虑是：本条规定的格式条款适用范围较为广泛，具体情况也较为复杂。实践中也存在这样的格式条款，即综合交易的性质以及双方当事人承担的交易风险和负担等各方面情况来看，虽然存在"免除或者减轻其责任、加重对方责任、限制对方主要权利"的内容，但没有超出合理的范围，没有违背公平原则，这种情况下就不宜认定格式条款无效。因此本条第 2 项对于"免除或者减轻其责任、加重对方责任、限制对方主要权利"的情形加上了限定词"不合理地"。但提供格式条款一方"排除对方主要权利"的情形，本身就严重违背了公平原则，可以直接认定格式条款无效。

【实践中需要注意的问题】

民法典与消费者权益保护法是一般法和特别法的关系。消费者权益保护法对格式条款有特别规定的，适用该特别规定。对于格式条款无效情形，《消费者权益保护法》第 26 条规定，经营者不得以格式条款作出排除或者限制消费者权利、减轻或者免除经营者责任、加重消费者责任等对消费者不公平、不合理的规定；格式条款含有这些内容的，其内容无效。《消费者权益保护法》第 26 条基于有利于保护消费者的考虑，对格式条款无效情形作了特别规定，这些特别规定相对于合同编的规定优先适用，即格式条款中存在的"排除或者限制消费者权利、减轻或者免除经营者责任、加重消费者责任"的内容，可以直接认为是不合理、不公平的，应当认定无效。

第四百九十八条 【格式条款解释】

对格式条款的理解发生争议的，应当按照通常理解予以解释。对格式条款有两种以上解释的，应当作出不利于提供格式条款一方的解释。格式条款和非格式条款不一致的，应当采用非格式条款。

【立法背景】

当事人双方对格式条款的理解发生争议时，就需要对格式条款进行合理的解释，以平衡双方利益。格式条款具有为了重复使用、单方事先拟定、对方未参与协商等特点，相对于一般合同条款有其特殊性。基于此，格式条款的解释规则也具有不同于一般合同条款的特殊之处。

【条文精解】

本条针对格式条款的特点，对格式条款规定了专门的解释规则。

一是按照通常理解予以解释。格式条款是为了重复使用而拟定的，因此对格式条款也应当按照通常理解予以解释，即既不按照提供格式条款一方的理解予以解释，也不按照个别的相对方的理解予以解释，而是按照可能订立该格式条款的一般人的理解予以解释，这对保护相对方的利益是公平的。

二是不利解释规则。对格式条款有两种以上解释的，应当如何处理？格式条款提供方往往处于优势地位，相对方不能实际参与格式条款内容的拟定与磋商，无法对格式条款内容施加影响，因此在对格式条款内容有两种以上解释时，有必要给予相对方倾斜性的保护，即作出不利于提供格式条款一方的解释。

本条还对格式条款与非格式条款不一致时的处理作了规定。合同既有格式条款，也有非格式条款的，如果格式条款和非格式条款不一致，应当如何处理？非格式条款优先采信规则已经成为国际上普遍采用的规则。格式条款由单方拟定并提供给相对方使用，相对方未实际参与协商，不能充分体现相对方的真实意愿。而非格式条款是双方当事人自由协商的结果，与格式条款相比，更能体现双方当事人的真实意愿。优先采用非格式条款更符合民法上的自愿原则，对当事人也更为公平。据此，本条规定，格式条款和非格式条款不一致的，应当采用非格式条款。

第四百九十九条 【悬赏广告】

悬赏人以公开方式声明对完成特定行为的人支付报酬的，完成该行为的人可以请求其支付。

【立法背景】

悬赏广告在经济社会中较为常见。合同编参考其他立法例，在吸收司法实践经验的基础上，对悬赏广告制度的基本规则作了规定，为规范悬赏广告行为、处理悬赏广告纠纷提供了基本依据，并为悬赏广告制度的丰富和发展奠定了民事基本法上的基础。

【条文精解】

依据本条规定，悬赏广告的构成要满足以下几个条件：一是要以公开的方式作出声明。公开的具体方式，可以是通过广播电视、报纸期刊或者互联网等媒介发布，也可以是在公众场所发传单、在公开的宣传栏张贴广告等。二是悬赏人在声明中提出明确的要求，即要完成特定行为。声明对于该要求，要有具体、明确的表达，不能含混不清。三是悬赏人具有支付报酬的意思表示，即对完成特定行为的人给付一定报酬。悬赏人应当对报酬的形式、给付方式等作出明确的表达；如果报酬是给付金钱，应当明确金钱的币种、数额等。对于满足以上条件的悬赏广告，完成该特定行为的人可以请求悬赏人支付报酬，悬赏人不得拒绝。

第五百条 【缔约过失责任】

当事人在订立合同过程中有下列情形之一，造成对方损失的，应当承担赔偿责任：

（一）假借订立合同，恶意进行磋商；

（二）故意隐瞒与订立合同有关的重要事实或者提供虚假情况；

（三）有其他违背诚信原则的行为。

【立法背景】

缔约过失责任指当事人在订立合同过程中，因违背诚信原则而给对方造成损失的赔偿责任。缔约过失责任是以诚信原则为基础的民事责任。诚信原则贯穿合同交易的各个环节，当事人在订立合同过程中进行协商、谈判也要遵循诚信原则，当事人负有相互协助、照顾、保护以及重要情况的告知义务等。在这个阶段，合同尚未成立，但一方对另一方在协商、谈判中实施的行为已经产生了合理信赖。如果当事人在这个阶段实施了违背诚信原则的行为，例如隐瞒了重要事实和情况等，使对方的信赖利益受损，缔约过失责任即成立。

【条文精解】

根据本条规定，有下列情况之一，给对方当事人造成损失的，应当承担缔约过失责任：

一是假借订立合同，恶意进行磋商。指根本没有与对方订立合同的目的，与对方进行谈判协商只是个借口，目的是损害对方或者第三人的利益。例如，甲知道乙有转让餐馆的意图，甲并不想购买该餐馆，但为了阻止乙将餐馆卖给竞争对手丙，却假意与乙进行了长时间的谈判。当丙买了另一家餐馆后，甲中断了谈判，导致乙只能以比丙出价更低的价格将餐馆予以转让。

二是故意隐瞒与订立合同有关的重要事实或者提供虚假情况。这也是合同订立过程中比较典型的违背诚信原则的行为。根据诚信原则的要求，当事人在订立合同过程中，对有关的重要事实和情况负有告知义务。当事人故意隐瞒重要事实和情况，造成对方损失的，应当承担缔约过失责任。

三是其他违背诚信原则的行为。在合同订立过程中，当事人依照诚信原则进行谈判，有谈成的，有谈不成的，中途停止谈判也是正常的。但如果当事人违反了诚信原则要求的互相协助、照顾、保护、通知等义务，实施了违背诚信原则的行为，造成对方损失的，就要承担缔约过失责任。

在合同订立过程中，当事人基于对对方的信赖，为合同的成立做了一些前期准备工作，对方当事人违背诚信原则的行为损害了当事人的信赖利益，应当予以赔偿。缔约过失责任的赔偿范围以受损害的当事人的信赖利益的损失为限，包括直接利益的减少，如谈判中发生的费用，还包括受损害的当事人因此失去与第三人订立合同机会的损失。具体的损失额根据案件实际情况进行计算，但不得超过合同履行利益即合同成立并得到履行后所获得的利益。

第五百零一条 【合同订立过程中当事人的保密义务】

当事人在订立合同过程中知悉的商业秘密或者其他应当保密的信息，无论合同是否成立，不得泄露或者不正当地使用；泄露、不正当地使用该商业秘密或者信息，造成对方损失的，应当承担赔偿责任。

【立法背景】

当事人在合同订立过程中，可能会知悉对方的商业秘密或者其他应当保密的信息，对此当事人负有保密义务。当事人在订立合同过程中的保密义务基于诚信原则。本条根据诚信原则，将当事人在订立合同过程中的保密义务明确予以法定化，将其作为当事人的一项法定义务。

【条文精解】

依照本条规定，无论合同是否成立，当事人均不得泄露或者不正当地使用应当保密的信息。按照我国《反不正当竞争法》第9条的规定，商业秘密，是指不为公众所知悉、具有商业价值并经权利人采取相应保密措施的技术信息、经营信息等商业信息。商业秘密中的技术信息涉及有关技术数据、技术知识，表现为产品配方、工艺流程、设计图纸等，可以给权利人带来很大的经济利益。商业秘密中的经营信息涵盖广泛，包括管理方法、销售策略、发展规划、客户名单等，对其经营活动意义重大，往往是其立足市场、保持竞争力的重要基础。当事人为达成协议，可能会将自身掌握的商业秘密告知对方，但一般也会提请对方不得泄露、使用。在这种情况下，对方当事人负有不予泄露的义务，也不能不正当使用。在有些情况下，虽然一方当事人没有明确告知对方当事人有关信息是商业秘密，但基于此种信息的特殊性质，按照一般的常识，对方当事人也不得泄露或者不正当地使用，否则有悖诚信原则。比如，乙与丙是两个主要的轿车生产商。甲有意与乙或者丙达成一合资企业协议。在与乙的谈判过程中，甲收到了乙关于新型车设计方案的详细资料。尽管乙没有明确要求甲将该信息作为商业秘密予以保密，但因为这是一种新车的设计方案，甲负有不向丙披露的义务，也不能将该设计方案用于自己的生产程序。

此外，还有其他一些信息虽然不构成商业秘密，但也对当事人的经营活动具有重大意义，也属于应当保密的信息。根据诚信原则，当事人在订立合同过程中知悉这些信息的，无论合同是否成立，也不得泄露或者不正当地使用。当然有些情况下，当事人双方在合同谈判的过程中交换的信息可能很有用、也很有价值，但也不一定都属于应当保密的信息。比如当事人要购买一种机器，可以向很多生产或者出售这种机器的商家发出要约邀请，邀请他们发出要约，介绍所生产或者出售的机器的价格、性能、技术指标等基本信息。在这个过程中，当事人会了解到这些基本信息，这些基本信息对于更好地选择商家订立合同很有价值，但一些情况下也可能不属于应当保密的信息。

根据本条规定，当事人泄露、不正当地使用该商业秘密或者其他应当保密的信息造成对方损失的，应当承担赔偿责任。违法泄露或者不正当地使用商业秘密的，不仅限于承担民事赔偿责任，还有可能承担行政责任甚至刑事责任。

第三章　合同的效力

第五百零二条 【合同生效时间以及未办理影响合同生效的批准等手续的法律后果】

依法成立的合同，自成立时生效，但是法律另有规定或者当事人另有约定的除外。

依照法律、行政法规的规定，合同应当办理批准等手续的，依照其规定。未办理批准等手续影响合同生效的，不影响合同中履行报批等义务条款以及相关条款的效力。应当办理申请批准等手续的当事人未履行义务的，对方可以请求其承担违反该义务的责任。

依照法律、行政法规的规定，合同的变更、转让、解除等情形应当办理批准等手续的，适用前款规定。

【立法背景】

合同依法成立后，对内而言即在当事人之间产生法律约束力，非依法律规定或者经当事人同意，任何一方当事人均不得擅自变更或者解除合同；对外而言，其他任何组织和个人均不得非法干预合同，侵犯合同当事人的权益。合同生效也具有这样的对内与对外效果。合同生效与合同成立的区别在于，合同生效后，当事人才可以请求对方履行合同主要义务，而合同成立但未生效的，当事人不得请求对方履行合同主要义务。

【条文精解】

本条第1款对合同的生效时间作了规定。该规定是本法第136条关于民事法律行为生效时间在合同领域的体现。本法第136条规定，民事法律行为自成立时生效，但是法律另有规定或者当事人另有约定的除外。

本条第2款对未办理批准等手续影响合同生效情形的法律效果作了规定。

1.关于未办理批准等手续影响合同生效的情形

法律、行政法规对合同规定了批准等手续的，当事人应当依法办理批准等手续。法律、行政法规对相当一些合同规定了批准等手续，但不是所有的批准等手续都能影响合同的生效。"未办理批准等手续影响合同生效"，是指只有办理了批准等手续，合同才能生效；反之，未办理批准等手续，合同不生效。目前来看，规定合同应当办理批准等手续的法律、行政法规较多，但明确规定必须办理批准等手续合同才生效的，只有国务院颁布的行政法规《探矿权采矿权转让管理办法》。其第 10 条规定，审批管理机关批准当事人转让探矿权、采矿权的，转让合同自批准之日起生效。除该规定之外，其他的法律、行政法规仅是规定一些合同应当办理批准等手续，但没有明确未办理批准等手续影响合同生效。法律、行政法规要求某些合同应当办理批准等手续，是国家基于社会管理的需要，对特定的合同交易活动进行管理和控制的一种手段。当事人未办理批准等手续是否影响合同生效，涉及法律、行政法规设定有关批准等手续进行社会管理的性质、目的判断问题，需要结合具体情况，在设定批准等手续的社会管理政策与合同法保障意思自治、鼓励交易之间作平衡性判断。

2. 未办理批准等手续影响合同生效情形的法律效果

对于未办理批准等手续影响合同生效的情形，如果当事人未办理批准等手续，该合同不生效。但此类合同中往往存在履行报批等义务条款及相关条款，这些条款对报批等义务的履行甚至违反报批义务的责任等作了专门约定。这类报批条款的履行是整个合同生效的前提和基础，合同生效后，才能进入合同的履行环节，当事人一方才能请求对方履行合同义务。据此，若本条规定的此类合同因未办理批准等手续整体来说不生效，当事人就无法请求相对方履行合同义务，当然也不能请求对方按照合同约定履行报批义务。这显然不符合当事人的真实意愿，也违背合同法鼓励交易的立法目的。本条在总结司法实践经验的基础上，明确将履行报批等义务条款以及相关条款作为一种特殊的条款予以独立对待，即使合同整体因未办理批准等手续不生效，也不影响合同中履行报批等义务条款以及相关条款的效力。也即合同中履行报批等义务条款以及相关条款的效力不受合同整体不生效的影响。

既然合同中履行报批等义务条款以及相关条款独立生效，负有报批义务的一方当事人未履行义务的，对方也就可以单独就违反报批义务要求其承担责任。基于此，本条第 2 款规定，应当办理申请批准等手续的当事人未履行义务的，对方可以请求其承担违反该义务的责任。从责任形式上来说，本条"违反该义务的责任"可以参照合同违约责任，可以包括继续履行、赔偿损失等责任形式。

总体来说，根据办理批准等手续才能生效的合同的具体情况不同，违反报批义务的损害赔偿额也会有所不同。在确定损害赔偿额时，要将报批义务放到交易整体中予以考虑，综合考量办理报批手续在整个交易中的重要性、报批后批准的难易度、报批义务履行后整个交易的完成度和成熟度等因素。如果办理报批手续是整个交易最关键的环节，并且报批后予以批准的可能性非常高，报批义务履行后当事人之间就完成了整个交易的绝大部分，整个交易就能达到很高的完成度和成熟度，那么违反报批义务的损害赔偿额就应当更高甚至可以很接近于整体合同的履行利益，但不能超过整体合同的履行利益。

第五百零三条 【被代理人以默示方式追认无权代理行为】

无权代理人以被代理人的名义订立合同，被代理人已经开始履行合同义务或者接受相对人履行的，视为对合同的追认。

【立法背景】

本条在总结司法实践经验的基础上，在总则编所规定的代理制度的框架下，针对无权代理在合同领域中反映出来的问题，对被代理人以默示方式追认无权代理行为作出了具体规定。

【条文精解】

本条的适用前提是无权代理人以被代理人的名义订立合同，指行为人没有代理权、超越代理权或者代理权终止后，仍然以被代理人的名义与他人订立合同的情形。

无权代理人以被代理人的名义订立合同后，被代理人对该无权代理行为享有追认和拒绝的权利。一般情况下，被代理人实际进行追认的，都是以口头或者书面等明示的方式作出追认的意思表示。但在一些情况下，被代理人没有以明示的方式作出追认或者拒绝的意思表示，但已经开始履行合同义务或者接受相对人履行。这是对无权代理行为的正面反馈，属于一种积极的作为。本条在总结司法实践经验的基础上，将被代理人开始履行合同义务或者接受相对人履行的行为，归属于以默示的方式对无权代理行为作出追认的意思表示。

第五百零四条 【法定代表人或者负责人超越权限订立的合同法律效果】

法人的法定代表人或者非法人组织的负责人超越权限订立的合同，除相对人知道或者应当知道其超越权限外，该代表行为有效，订立的合同对法人或者非法人组织发生效力。

【立法背景】

在日常经济社会生活中，法人或者非法人组织的民事活动是经过其法定代表人、负责人进行的。但是实践中存在一些法定代表人、非法人组织的负责人超越权限订立合同的情形，如何对待此类合同的效力？法人的法定代表人或者非法人组织的负责人是代表法人或者非法人组织行使职权的，一般说来，法人的法定代表人或者非法人组织的负责人本身就是法人或者非法人组织的组成部分，其行为就是法人或者非法人组织的行为，因此，他们执行职务的行为所产生的法律后果都应当由法人或者非法人组织承受。对此，本法第61条第2款作了明确规定，法定代表人以法人名义从事的民事活动，其法律后果由法人承受。法人的法定代表人或者非法人组织的负责人以法人或者非法人组织的名义与相对人订立合同的，相对人一般认为法定代表人或者非法人组织的负责人就是代表法人或者非法人组织，相对人往往并不知道也难以知道、一般也没有义务知道法定代表人或者非法人组织的负责人的权限到底有多大，法人或者非法人组织的内部管理规定也不应对合同的相对人形成约束力。如果法人的法定代表人或者非法人组织的负责人超越权限订立合同，代表行为无效，所订立的合同对法人或者非法人组织不发生效力，将会严重损害合同相对人的利益，不利于保护交易的安全，也会助长一些法人或者非法人组织借此逃避责任，谋取不当利益。

【条文精解】

依照本条规定，法人的法定代表人或者非法人组织的负责人超越权限订立合同的，一般情况下代表行为有效，所订立的合同对法人或者非法人组织发生效力。如果合同的相对人在订立合同时知道或者应当知道法人的法定代表人或者非法人组织的负责人的行为是超越权限，而仍与之订立合同，则具有恶意，此时没有对合同的相对人加以保护的必要。本条立足于维护交易安全，应当保护的是善意相对人的利益。因此，本条在规定法定代表人、负责人超越权限订立的合同一般对法人或者非法人组织发生效力的同时，排除了相对人知道或者应当知道其超越权限的情形。

第五百零五条 【超越经营范围订立的合同效力】

当事人超越经营范围订立的合同的效力，应当依照本法第一编第六章第三节和本编的有关规定确定，不得仅以超越经营范围确认合同无效。

【立法背景】

经营范围是市场主体从事经营活动的业务范围。我国在相当一段时间内对市场主体经营范围的管控还是比较严格的。1986 年公布、1987 年施行的《民法通则》第 42 条规定，企业法人应当在核准登记的经营范围内从事经营。第 49 条规定，企业法人超出登记机关核准登记的经营范围从事非法经营的，除法人承担责任外，对法定代表人可以给予行政处分、罚款，构成犯罪的，依法追究刑事责任。1993 年颁布的《公司法》第 11 条规定"公司应当在登记的经营范围内从事经营活动"，对经营范围的管理仍然比较严格。相应的，超越经营范围而订立的合同往往会被认定为无效合同。随着我国社会主义市场经济的快速发展，这种做法越来越不能适应实践需求，不利于保障交易安全，不利于促进市场交易和激发市场活力。1999 年合同法颁布后，司法实践对超出经营范围订立的合同的效力作了进一步探索。最高人民法院 1999 年公布施行的《关于适用〈中华人民共和国合同法〉若干问题的解释（一）》第 10 条规定："当事人超越经营范围订立合同，人民法院不因此认定合同无效。但违反国家限制经营、特许经营以及法律、行政法规禁止经营规定的除外。"该规定原则上确立了当事人超越经营范围订立合同一般不影响合同效力。2005 年修订后的《公司法》第 12 条规定，公司的经营范围由公司章程规定，并依法登记；公司可以修改公司章程，改变经营范围，但是应当办理变更登记。至此，我国对于公司法人的经营范围已经基本放开。理论和实务中对于超越经营范围订立的合同的效力也取得了趋于一致的认识，即合同效力一般不因超越经营范围而受到影响。

【条文精解】

本条在总结司法实践经验的基础上，对当事人超越经营范围订立的合同的效力问题予以明确。本法总则编第六章第三节和本编对合同的效力问题作了全面、系统的规定。对当事人超越经营范围订立的合同效力的判断，应当依照这些规定确定，例如，要看是否有违反法律、行政法规强制性规定的情形等，而不得仅以超越经营范围确认合同无效。

第五百零六条 【免责条款的效力】

合同中的下列免责条款无效：

（一）造成对方人身损害的；

（二）因故意或者重大过失造成对方财产损失的。

【立法背景】

合同中的免责条款，是指双方当事人在合同中约定的免除或者限制一方或者双方当事人责任的条款。当事人经过充分协商确定的免责条款，只要是完全建立在当事人自愿的基础上，且不违反社会公共利益，法律就承认其效力。但是，对于严重违反诚信原则和社会公共利益的免责条款，法律是禁止的，否则不但将造成免责条款的滥用，而且还会严重损害一方当事人的利益，也不利于保护正常的合同交易。

【条文精解】

本条规定了以下两种免责条款无效：

一是造成对方人身伤害的条款无效。对于人身的健康和生命安全，法律是给予特殊保护的。如果允许免除一方当事人对另一方当事人人身伤害的责任，那么就无异于纵容当事人利用合同形式对另一方当事人的生命健康进行摧残，这与保护公民的人身权利的宪法原则是相违背的。在实践当中，这种免责条款一般也都是与另一方当事人的真实意思相违背的。所以本条对于这类免责条款加以禁止。

二是因故意或者重大过失给对方造成财产损失的免责条款。将免除因故意或者重大过失造成对方财产损失的条款确认无效，是因为这种条款严重违反了诚信原则，如果允许这类条款的存在，就意味着允许一方当事人利用这种条款不公平地对待对方当事人，损害对方当事人的权益，这是与合同制度的设立目的相违背的。

第五百零七条 【解决争议方法条款效力的独立性】

合同不生效、无效、被撤销或者终止的，不影响合同中有关解决争议方法的条款的效力。

【立法背景】

合同不生效、无效、被撤销或者终止，虽不能产生当事人所预期的法律效果，但并不是不产生任何法律后果。对于如何解决双方之间的民事争议，双方当事人在合同中往往订有解决争议的条款，当事人希望用约定的方法来解决双方之间的争议。这些条款的效力是独立于合同的效力的，合同的生效与否、有效与否或者终止与否都不影响其效力。

【条文精解】

"合同不生效"是相对于合同法新增加的，典型的情形包括两种：一是依照本法第 502 条规定须办理批准等手续生效的合同，当事人未办理批准等手续，虽然报批等义务条款以及相关条款独立生效，但合同整体不生效；二是附生效条件的合同，所附条件确定无法具备，合同确定不发生效力。合同不生效的情形也面临着确定责任承担、解决争议的问题。

本条所说的有关解决争议方法的条款包括仲裁条款，选择受诉法院的条款，选择检验、鉴定机构的条款，法律适用条款等。

第五百零八条 【合同效力适用指引】

本编对合同的效力没有规定的，适用本法第一编第六章的有关规定。

【立法背景】

合同属于一种民事法律行为，合同的效力也适用本法总则编关于民事法律行为效力的规定。

【条文精解】

本法第一编总则第六章对民事法律行为的效力作了全面、系统的规定。

合同属于双方或者多方民事法律行为，本编即合同编没有规定的，自然应当适用总则编第六章的有关规定。

第四章　合同的履行

第五百零九条　【合同履行原则】

当事人应当按照约定全面履行自己的义务。

当事人应当遵循诚信原则，根据合同的性质、目的和交易习惯履行通知、协助、保密等义务。

当事人在履行合同过程中，应当避免浪费资源、污染环境和破坏生态。

【立法背景】

本条第1款是关于全面履行原则的规定。当事人在合同中都会对合同义务作出约定。当事人履行合同义务，应当以全面履行为原则。

本条第2款是关于诚信履行原则的规定。诚信原则被称为民法的"帝王条款"，是各个国家和地区民法公认的基本原则。我国民法典也明确将诚信原则作为民法的基本原则。本法第7条规定，民事主体从事民事活动，应当遵循诚信原则，秉持诚实，恪守承诺。

本条第3款是关于绿色原则的规定。绿色原则是落实党中央关于建设生态文明、实现可持续发展理念的要求，是贯彻宪法关于保护环境的要求。本法第9条将绿色原则上升至民法基本原则的地位，全面开启了环境资源保护的民法通道，有利于构建人与自然的新型关系。

【条文精解】

按照第1款关于全面履行原则的要求，当事人应当按照约定全面履行自己的义务。例如，房产买卖合同中，出卖人不但要履行转移房产所有权给买受人这一合同主要义务，还要按照约定与买受人办理物业交割手续等。

按照本条第2款的规定，合同履行也应当遵循诚信原则，当事人应当按照诚信原则行使合同权利，履行合同义务。诚信履行原则，又导出履行的附随义务。当事人除应当按照合同约定履行自己的义务外，也要履行合同未作约定但依照诚信原则应当履行的通知、协助、保密等义务。本款就附随义务列举了通知、协助、保密这三项比较典型的义务，但附带义务的范围不局限于此。在某一合同的履行中，当事人应当履行哪些附随义务，应当依照诚信原则，根据该合同的性质、目的和交易习惯作具体判断。

本条第3款的规定是绿色原则在合同履行中的体现。依照本款规定，当事人在履行合同过程中，应当避免浪费资源、污染环境和破坏生态。

第五百一十条 【约定不明时合同内容的确定】

合同生效后，当事人就质量、价款或者报酬、履行地点等内容没有约定或者约定不明确的，可以协议补充；不能达成补充协议的，按照合同相关条款或者交易习惯确定。

【立法背景】

合同内容一般包括合同主体即当事人的姓名或者名称和住所、标的、数量、质量、价款或者报酬、履行期限、履行地点和方式等。一般来说，合同的标的、数量是合同的必备条款，需由当事人明确约定。当事人对合同的标的、数量没有约定或者约定不明确的，合同内容无法确定，合同不成立。但当事人就质量、价款或者报酬、履行期限、履行地点和方式等没有约定或者约定不明，一般并不影响合同成立，可以就这些内容进行补充。这也体现了合同法应当尽可能鼓励交易、促成交易达成的立法目的。

本条关于合同内容补充规定适用的前提是，合同已经依法成立并生效。如果合同尚未成立、生效，此时合同没有进入履行阶段，自然没有进行内容补充的必要。

【条文精解】

对本条规定，可以从以下两个方面理解：

一是当事人协议补充。按照民法自愿原则，当事人有权自主决定合同内容。在当事人就合同有关内容没有约定或者约定不明确时，由当事人通过协商的方式达成补充协议，是对民法自愿原则的体现和落实，也是最有效的补充合同内容、保障合同得以履行的方式。

二是按照合同有关条款或者交易习惯确定。如果当事人就有关内容不能达成补充协议，则按照合同有关条款或者交易习惯确定。合同各条款都是当事人协商一致的结果，体现了当事人的真实意愿。合同条款之间在表达上往往存在一定的关联，在合同欠缺有关内容或者对有关内容约定不明确时，可以结合相关条款探寻当事人真实的意图，进而补充所欠缺的内容或者将不明确的内容予以明确。交易习惯在一定范围内被普遍接受和采用，或者在特定当事人之间经常使用。在合同欠缺有关内容或者对有关内容约定不明确时，交易习惯也可以用来对合同内容进行补充。

第五百一十一条 【确定合同中质量、价款、履行地点等内容的规定】

当事人就有关合同内容约定不明确，依据前条规定仍不能确定的，适用下列规定：

（一）质量要求不明确的，按照强制性国家标准履行；没有强制性国家标准的，按照推荐性国家标准履行；没有推荐性国家标准的，按照行业标准履行；没有国家标准、行业标准的，按照通常标准或者符合合同目的的特定标准履行。

（二）价款或者报酬不明确的，按照订立合同时履行地的市场价格履行；依法应当执行政府定价或者政府指导价的，依照规定履行。

（三）履行地点不明确，给付货币的，在接受货币一方所在地履行；交付不动产的，在不动产所在地履行；其他标的，在履行义务一方所在地履行。

（四）履行期限不明确的，债务人可以随时履行，债权人也可以随时请求履行，但是应当给对方必要的准备时间。

（五）履行方式不明确的，按照有利于实现合同目的的方式履行。

（六）履行费用的负担不明确的，由履行义务一方负担；因债权人原因增加的履行费用，由债权人负担。

【立法背景】

当事人在合同中对质量、价款或者报酬、履行地点、履行期限、履行方式、履行费用没有约定或者约定不明确，既不能通过协商达成补充协议，又不能按照合同的有关条款或者交易习惯确定的，适用本条规定确定合同相关内容。

【条文精解】

本条从六个方面对合同内容的确定作了具体规定：

1. 质量要求不明确的

根据《标准化法》第2条的规定，标准是指农业、工业、服务业以及社会事业等领域需要统一的技术要求；标准包括国家标准、行业标准等；国家标准分为强制性标准和推荐性标准，行业标准属于推荐性标准；强制性标准必须执行，国家鼓励采用推荐性标准。根据《标准化法》第10条至第12条的规定，对保障人身健康和生命财产安全、国家安全、生态环境安全以及满足经济社会管理基本需要的技术要求，应当制定强制性国家标准；对满足基础通用、与强制性国家标准配套、对各有关行业起引领作用等需要的技术要求，可以制定推荐性国家标准；对没有推荐性国家标准、需要在全国某个行业范围内统一的技术要求，可以制定行业标准。根据《标准化法》第21条的规定，推荐性国家标准、行业标准的技术要求不得低于强制性国家标准的相关技术要求。一般来说，推荐性国家标准、行业标准的技术要求都是高于强制性国家标准的。国家标准、行业标准均由相关部门根据严格的程序制定，具有标准要求明确、认知度高、权威性的特点。

根据本条规定，在当事人对作为合同重要内容的质量要求不明确，通过合同相关条款或者交易习惯均不能确定的情况下，优先按照国家标准、行业标准履行。对于国家标准、行业标准，优先按照强制性国家标准履行；没有强制性国家标准的，按照推荐性国家标准履行；没有推荐性国家标准的，按照行业标准履行，没有国家标准、行业标准的，再按照同类产品或者服务的市场通常质量标准或者符合合同目的的特定标准履行。这里讲的通常标准，一般指的是同一价格的中等质量标准。

2. 价款或者报酬不明确的

除依法应当执行政府定价、政府指导价的以外，按照同类产品或者同类服务订立合同时履行地的市场价格履行。

3. 履行地点不明确的

如果是给付货币，在接受给付一方的所在地履行。交付不动产的，在不动产所在地履行。其他标的，在履行义务一方所在地履行。

4. 履行期限不明确的

债务人可以随时向债权人履行义务，债权人也可以随时请求债务人履行义务，但都要给对方必要的准备时间。

5.履行方式不明确的

对于不同的合同，履行方式多种多样、差别较大，很难确定一般性的标准。合同目的是当事人双方订立合同所共同追求的，履行方式不明确的，就按照有利于实现合同目的的方式履行。

6.履行费用的负担不明确的

合同法规定，履行费用的负担不明确的，由履行义务一方负担。为了平衡债权人与债务人之间的利益，本条在确立由履行义务一方负担履行费用为原则的基础上，增加规定，因债权人原因增加的履行费用，由债权人负担。

第五百一十二条　【电子合同交付商品或者提供服务的方式、时间】

通过互联网等信息网络订立的电子合同的标的为交付商品并采用快递物流方式交付的，收货人的签收时间为交付时间。电子合同的标的为提供服务的，生成的电子凭证或者实物凭证中载明的时间为提供服务时间；前述凭证没有载明时间或者载明时间与实际提供服务时间不一致的，以实际提供服务的时间为准。

电子合同的标的物为采用在线传输方式交付的，合同标的物进入对方当事人指定的特定系统且能够检索识别的时间为交付时间。

电子合同当事人对交付商品或者提供服务的方式、时间另有约定的，按照其约定。

【立法背景】

电子合同成立并生效后，即进入了合同履行阶段。本条根据电子合同履行中的实践情况，吸收电子商务法的有关规定，区分电子合同的标的为交付商品或者提供服务分别作出规定，并有针对性地对采用在线传输方式交付标的物的情形作出专门规定。

【条文精解】

一是关于电子合同标的为交付商品的情形。商品的交付时间具有重要的法律意义。商品的交付时间是判断动产所有权是否转移以及标的物毁损、灭失的风险由哪一方当事人承担的依据。

通过互联网等信息网络订立的电子合同生效后，当事人负有交付商品的义务。实践中，交付方式主要有两种：其一，门店自取；其二，采用快递物流方式交付。其中，采用快递物流方式更为常见。门店自取的方式交付商品，属于面对面交付，交付时间不会产生纠纷。采用快递物流方式交付商品的，如果电子合同商品销售方自备物流服务，以收货人签收时间作为交付时间也没有争议。但是，如果电子合同商品销售方将物品交给第三方快递物流公司，再由第三方快递物流公司将商品交给购买方，商品交付时间是以销售方将物品交给第三方快递物流公司的时间为准，还是以第三方快递物流公司将商品送到、收货人签收时间为准，存在一定的争议。《电子商务法》第51条采用了收货人签收时间为交付时间的标准。本条吸收了电子商务法的规定，明确电子合同标的为交付商品并采用快递物流方式交付的，收货人的签收时间为交付时间。

二是关于电子合同标的为提供服务的情形。实践中，电子合同标的为提供服务的情况也比较常见，涉及教育培训、文化娱乐、交通出行等各个领域。对此，本条规定，电子合同的标的为提供服务的，原则上生成的电子凭证或者实物凭证中载明的时间为提供服务时间。但是，实践中有的电子凭证或者实物凭证没有载明时间，也有的电子凭证或者实物凭证载明的时间与实际提供服务时间不一致，这些情况下，以实际提供服务的时间为准。

三是关于采用在线传输方式交付标的物的情形。电子合同的有些标的物，例如一些数字产品，通常采用在线传输方式交付。采用在线传输方式交付标的物的交付时间在实践中容易产生争议，法律有必要对交付时间的判断标准予以明确。我国加入的《联合国国际合同使用电子通信公约》第10条规定，电子通信的收到时间是其能够由收件人在该收件人指定的电子地址检索的时间。电子商务法参考《联合国国际合同使用电子通信公约》，对采用在线传输方式交付标的物的情形，将合同标的物进入对方当事人指定的特定系统且能够检索识别的时间规定为交付时间。本条作出了与电子商务法一致的规定。从表述上看，本条关于交付时间的规定不但要求合同标的物"进入对方当事人指定的特定系统"，还要求"能够检索识别"，目的在于使交付时间的判断标准更明确具体，更有利于保护相对方利益，避免纠纷。如果进入相对方指定的特定系统的电子合同标的物本身不能够检索识别，例如当事人发送的是已经感染病毒的标的物，则不能直接将标的物进入相对方指定的特定系统的时间作为交付时间，应当由负有交付义务的当事人承担不利的法律后果。

本条第1款和第2款的规定是对电子合同当事人交付商品、提供服务的方式与时间的一般规则，当事人可以对交付商品或者提供服务的方式、时间另行约定。当事人作出另外约定的，按照其约定。

第五百一十三条 【执行政府定价、政府指导价】

执行政府定价或者政府指导价的，在合同约定的交付期限内政府价格调整时，按照交付时的价格计价。逾期交付标的物的，遇价格上涨时，按照原价格执行；价格下降时，按照新价格执行。逾期提取标的物或者逾期付款的，遇价格上涨时，按照新价格执行；价格下降时，按照原价格执行。

【立法背景】

价格是决定价金的重要因素，我国实行宏观经济调控下主要由市场形成价格的机制，价格分为市场调节价、政府指导价和政府定价。市场调节价，是指由经营者自主制定，通过市场竞争形成的价格。政府指导价，是指由政府价格主管部门或者其他有关部门按照定价权限和范围规定基准价及其浮动幅度，指导经营者定价的价格。政府定价，是指由政府价格主管部门或者其他有关部门按照定价权限和范围制定的价格。

【条文精解】

合同交易中，价格通常按照市场调节价由当事人共同商定。国家对合同交易规定有政府指导价的，当事人应当在指导价的幅度内商定价格。国家对合同交易规定了政府定价的，当事人均应当遵守，一方违反价格管理规定的，另一方可以请求其退还多收的价金。

合同执行政府定价、政府指导价的，如果合同约定的履行期间政府定价、政府指导价调整，则按标的物交付时的价格计价。逾期交付的，遇价格上涨时，按原价格执行；价格下降时，按新价格执行。逾期提取标的物或者逾期付款的，遇价格上涨时，按新价格执行；价格下降时，按原价格执行。

第五百一十四条 【以实际履行地的法定货币履行金钱债务】

以支付金钱为内容的债，除法律另有规定或者当事人另有约定外，债权人可以请求债务人以实际履行地的法定货币履行。

【立法背景】

法定货币依国家规定成为一定地域内合法流通的货币。《中国人民银行法》第16条规定，中华人民共和国的法定货币是人民币。我国香港、澳门特别行政区的法定货币分别为港币、澳门币。美国的法定货币为美元、英国的法定货币为英镑。

【条文精解】

在合同交易中，对于以支付金钱为内容的债务，当事人可以约定以某一币种履行。如果法律没有特别规定，当事人也没有约定的，债权人可以请求债务人以实际履行地的法定货币履行。

第五百一十五条 【选择之债中选择权的归属】

标的有多项而债务人只需履行其中一项的，债务人享有选择权；但是，法律另有规定、当事人另有约定或者另有交易习惯的除外。

享有选择权的当事人在约定期限内或者履行期限届满未作选择，经催告后在合理期限内仍未选择的，选择权转移至对方。

【立法背景】

基于民法典不设债法总则编，需要将债法的一般性规则纳入合同编，使合同编通则在一定程度上发挥债法总则的作用。其他国家和地区的民法典普遍将选择之债作为债法总则的内容予以规定。本法合同编借鉴其他立法例，立足我国国情，对选择之债的基本内容作了规定，包括选择权的归属主体、选择之债标的的确定等。

【条文精解】

本条第1款确立了选择权归属的一般原则。选择之债的标的有多项，而债务人只需履行其中一项，选择之债首先要解决的问题就是哪一方当事人享有选择权。本条采用了一般原则加除外规定的方式，对选择权的归属主体作出规定。依照本条规定，标的有多项而债务人只需履行其中一项的，原则上选择权归属于债务人。将选择权赋予债务人，有利于债务人根据自身情况作出最适宜债务履行的选择，能够更大程度地确保交易实现。同时，本条规定了法律另有规定、当事人另有约定或者另有交易习惯三种例外。一是法律对选择权的归属主体另有规定的，应当按照该规定确定享有选择权的主体。二是民事活动应当遵循自愿原则，在当事人对选择权的归属主体作出特别约定的情况下，应当尊重当事人的选择，按照当事人的约定确定。三是交易习惯在某一地域、某一领域、某一行业等范围内被普遍接受和采用，或者在特定当事人之间经常使用的，适用交易习惯确定选择权的归属主体。这符合当事人的预期，有利于公平、合理地平衡当事人之间的利益。对于选择之债中选择权的归属主体，在法律没有特别规定、当事人没有约定的情况下，如果有相关交易习惯存在，即适用该交易习惯确定选择权的归属主体。

本条第 2 款是关于选择权转移的规定。债的标的之确定，有赖于享有选择权的当事人行使选择权。享有选择权的当事人不行使选择权，债的标的就无法确定。具体来说，如果享有选择权的当事人是债权人，债权人不行使选择权，因债的标的不能确定，债务人也就无法履行债务；如果享有选择权的当事人是债务人，债务人不行使选择权，因债的标的不能确定，债权人主张权利也会受到妨碍。在享有选择权的当事人不行使选择权的情况下，法律有必要通过制度设计，使债的标的得以确定，使债务的履行步入正常轨道，促进交易的完成。

依照第 2 款的规定，享有选择权的当事人应当在约定期限内作出选择；当事人未对选择权行使约定期限的，应当在履行期限届满前作出选择。同时，考虑到选择权的行使直接关系到债的标的的确定，选择权转移对当事人影响重大，因此本条在行使选择权的约定期限和履行期限届满后，又设定了一个催告期间以作缓冲，使不及时行使选择权的一方予以充分注意。依照第 2 款的规定，享有选择权的当事人在约定期限内或者履行期限届满未作选择的，相对方可以催告其在合理期限内作出选择。这就意味着，即使当事人对选择权的行使期限作了约定，在约定期限届满未作选择的，相对方都要先进行催告。只有当有选择权的当事人在催告后的合理期限内仍未选择的，选择权才转移至对方。

第五百一十六条 【选择权行使】

当事人行使选择权应当及时通知对方，通知到达对方时，标的确定。标的确定后不得变更，但是经对方同意的除外。

可选择的标的发生不能履行情形的，享有选择权的当事人不得选择不能履行的标的，但是该不能履行的情形是由对方造成的除外。

【立法背景】

一是关于选择权的行使方式和法律效果。选择之债的选择权属于形成权的一种。选择权一旦经当事人行使，将直接导致民事权利义务关系的变动，债的标的得以确定，债务人应当按照确定后的标的履行义务，债权人有权按照确定后的标的请求债务人履行义务。

二是关于标的不能履行。如果选择之债可选择的多项标的中有不能履行的情形，选择权是否受到影响，当事人如何选择标的，有必要通过立法予以明确。

【条文精解】

依照第1款的规定，有选择权的当事人行使选择权应当采用通知的方式，通知到达对方时，标的即确定，不需要经过相对方同意。标的一旦确定，对双方当事人均产生拘束力。除非经过相对方同意，享有选择权的当事人也不得再自行变更标的。

第2款从尽可能促成债务履行的角度出发，规定可选择的标的之中发生不能履行情形的，享有选择权的当事人不得选择不能履行的标的，即只能从剩余的标的中选择。同时，为了公平、合理地平衡当事人双方之间的利益，作了除外规定，即"但是该不能履行的情形是由对方造成的除外"。意思就是，如果该不能履行的情形是由相对方即无选择权的当事人造成的，享有选择权的当事人既可以在剩余标的中选择，也可以选择该不能履行的标的进而主张相应的法律效果。例如，在一项合同交易中约定了多项可选择的标的，如果债权人享有选择权，标的不能履行是由债务人造成的，那么债权人也可以选择该不能履行的标的，进而依法主张解除合同或者要求债务人承担违约责任。

第五百一十七条 【按份债权和按份债务的定义】

债权人为二人以上，标的可分，按照份额各自享有债权的，为按份债权；债务人为二人以上，标的可分，按照份额各自负担债务的，为按份债务。

按份债权人或者按份债务人的份额难以确定的，视为份额相同。

【立法背景】

很多国家的民法典在债法总则中对按份之债和连带之债作了规定，这些规定不仅适用于合同之债，还适用于非因合同产生的债权债务，包括侵权之债、不当得利之债、无因管理之债等。我国民法典不设债法总则编，为了使合同编通则在一定程度上发挥债法总则的作用以满足实践需求，本法第517条至第521条共5个条文对按份之债和连带之债的基本规则作了规定。

我国民法通则对按份债权与按份债务作了规定。其第 86 条规定，债权人为两人以上的，按照确定的份额分享权利；债务人为两人以上的，按照确定的份额分担义务。

【条文精解】

本条第 1 款在总结我国立法和司法实践经验的基础上，对按份债权和按份债务的定义作了界定。按份债权和按份债务的标的都是可分的，标的不可分不能成立按份债权或者按份债务。当然，标的可分的债权并不都是按份债权，标的可分的债务并不都是按份债务，标的可分的债权或者债务也可依照法律规定或者当事人约定成立连带债权或者连带债务。依照第 1 款的规定，按份债权的债权人为两人以上，按照份额各自享有债权，每个债权人只能就自己的份额向债务人主张债权，不得超过自己份额行使债权。按份债务的债务人为两人以上，按照份额各自负担债务，每个债务人只就自己应当承担的份额向债权人履行债务，对超过自己份额的债务有权拒绝。由此可以看出，第 1 款对按份债权和按份债务的定义所作的界定，同时包含了按份债权和按份债务的内外部效力，即各债权人之间对内按照份额分享权利，对外按照各自份额行使权利；各债务人之间对内按照份额分担债务，对外按照各自份额履行债务。

本条第 2 款对份额难以确定的情形作了规定。按份债权人的份额或者按份债务人的份额，法律有规定或者当事人有约定的，依照法律的规定或者当事人的约定。如果法律没有规定，当事人也没有约定或者约定不明确，难以确定按份债权人或者按份债务人的份额的，视为份额相同，每个债权人平均分享债权，每个债务人平均分担债务。

第五百一十八条　【连带债权和连带债务的定义】

债权人为二人以上，部分或者全部债权人均可以请求债务人履行债务的，为连带债权；债务人为二人以上，债权人可以请求部分或者全部债务人履行全部债务的，为连带债务。

连带债权或者连带债务，由法律规定或者当事人约定。

【立法背景】

连带之债是相对于按份之债而言的，与按份之债同属于复数主体债权债务。但相对于按份之债，连带之债的内外部关系更为复杂。连带之债具体又分为连带债权与连带债务。连带债务设立的目的是最大程度地保障债权人的利益，每一个债务人对全部债务均负有履行义务，实际上相当于以全体债务人的全部财产担保债务履行。就连带债权而言，每一个债权人均可以请求债务人履行全部债务，这就会存在某一债权人受领全部给付后并没有按照内部份额返还其他债权人的情况，其他债权人的利益有受到损害的风险。由此可见，连带债权对债权人而言并不有利。实践中，连带债务比连带债权也更为常见。

我国民法通则对连带债权和连带债务的内容作了规定。其第87条规定，债权人或者债务人一方人数为两人以上的，依照法律的规定或者当事人的约定，享有连带权利的每个债权人，都有权要求债务人履行义务；负有连带义务的每个债务人，都负有清偿全部债务的义务。

【条文精解】

本条第1款延续了民法通则的规定，对连带债权和连带债务的基本内涵作了界定。连带债权的债权人为两人以上，部分或者全部债权人均可以请求债务人履行债务。连带债务的债务人为两人以上，不管债务人之间的内部份额如何划分，债权人既可以请求全部债务人履行全部债务或者部分债务，也可以请求部分债务人履行全部债务或者部分债务。全部或者部分债务人履行一部分债务的，未履行的债务部分仍然是各债务人的连带债务，债权人有权请求全部债务人或者部分债务人履行。

本条第2款对连带之债的成立作了规定。连带债务的成立对债权人相当有利，但对各债务人影响重大，对其成立有必要作严格的限制。因此，本条第2款规定，连带债务由法律规定或者当事人约定。既没有法律规定，也没有当事人约定，不可成立连带债务。连带债权的各债权人共享同一债权，但可以由某一债权人单独行使该债权，这种情况也要有法律的明确规定或者当事人之间的特别约定。

第五百一十九条 【连带债务人之间份额确定以及追偿】

连带债务人之间的份额难以确定的，视为份额相同。

实际承担债务超过自己份额的连带债务人，有权就超出部分在其他连带债务人未履行的份额范围内向其追偿，并相应地享有债权人的权利，但是不得损害债权人的利益。其他连带债务人对债权人的抗辩，可以向该债务人主张。

被追偿的连带债务人不能履行其应分担份额的，其他连带债务人应当在相应范围内按比例分担。

【立法背景】

连带债务人之间的份额如何确定、实际承担债务的连带债务人如何向其他连带债务人追偿，都属于连带债务中的重要问题。本条立足中国国情，对此作了规定。

【条文精解】

本条共分3款，其中，第1款是关于连带债务人之间份额确定的规定，第2款和第3款是关于连带债务人追偿权的规定。

1.关于连带债务人之间份额的确定

债权人有权要求任一连带债务人履行全部债务，这是就各连带债务人与债权人之间的关系而言的。至于在连带债务人内部关系中如何确定各自应当承担的债务份额，有法律规定或者当事人约定的，按照法律规定或者当事人约定；如果既没有法律规定，也没有当事人约定，难以确定各连带债务人的债务份额的，依照本条第1款的规定，视为份额相同，即由各连带债务人平均分担债务。

2.关于连带债务人的追偿权

（1）追偿权的成立条件和范围。连带债务人的追偿权，是指一个连带债务人因履行债务、抵销债务等使连带债务人对债权人的债务在一定范围内消灭的，该连带债务人享有向其他连带债务人追偿的权利。我国《民法通则》第87条对连带债务人的追偿权作了规定，即负有连带义务的每个债务人，都负有清偿全部债务的义务，履行了义务的人，有权要求其他负有连带义务的人偿付他应当承担的份额。本法第178条就连带责任人的追偿权作了规定，即实际承担责任超过自己责任份额的连带责任人，有权向其他连带责任人追偿。

本条在总结我国立法和司法实践经验的基础上，对连带债务人追偿权的成立条件作了规定。依照第 2 款的规定，连带债务人实际承担的债务须超过自己的债务份额，才能向其他连带债务人行使追偿权，并且行使追偿权的范围限于实际承担债务超过自己份额的部分。连带债务人向债权人履行债务后，债权相应消灭，连带债务人与债权人之间的外部关系转化为该连带债务人与其他连带债务人之间的内部关系。连带债务在外部关系上表现为各债务人对债权人均负有全部清偿的义务，但在内部关系上表现为各债务人按照各自的份额分担债务。基于此，本条规定，该连带债务人就超出部分在其他连带债务人未履行的份额范围内行使追偿权，即只能主张其他连带债务人各自应当承担的债务份额内未履行的部分，而不是就该超出部分要求其他债务人承担连带债务。

（2）行使追偿权的连带债务人享有债权人的权利。依照第 2 款的规定，连带债务人有权就超过部分在其他连带债务人未履行的份额范围内向其追偿，并相应地享有债权人的权利。连带债务人所享有的债权人的权利，比较典型的是债权所附的担保等从权利。连带债务人之一通过清偿债务使债权人对连带债务人的债权消灭的，由作出清偿的连带债务人在一定范围内取得原债权人的地位，取得原债权人所享有的担保权等权利。同时，考虑到连带债务规则设立的目的主要是保护债权人，合理平衡债权人与享有追偿权的连带债务人之间的利益，本条还规定，实际承担债务的连带债务人享有债权人的权利，但是不得损害债权人的利益。举一例予以说明：某一债权人对连带债务人甲、乙、丙享有 100 万元债权，连带债务人甲、乙、丙内部约定了各自份额，甲承担 50 万元、乙承担 30 万元、丙承担 20 万元，丁以自己的财产为债务人乙就连带债务向债权人设定了抵押。现甲向债权人清偿了 70 万元债务，乙、丙未向债权人清偿。依照本条规定，甲不仅享有追偿权，还享有债权人的权利，即甲就超过自己份额的部分即 20 万元有权向乙、丙追偿，同时还取得了债权人对丁提供的抵押财产所享有的抵押权。但是，本案中债权人还有 30 万元未获清偿，依照本条规定，连带债务人享有债权人的权利不得损害债权人的利益，那么债权人就未获清偿的 30 万元债务对丁提供的抵押财产所享有的抵押权，在顺位上要优先于甲就抵押财产所取得的抵押权。

此外，为了合理平衡享有追偿权的连带债务人与其他连带债务人之间的利益，本条还规定，其他连带债务人对债权人的抗辩，可以向该债务人主张。比如，其他连带债务人对债权人的债权数额有异议的，本可以向债权人提出抗辩，现可以向享有追偿权的连带债务人提出抗辩。再如，实际承担债务的连带债务人甲向其他连带债务人乙追偿，并行使债权人对连带债务人乙所享有的抵押权时，为债权人设定抵押的连带债务人乙认为抵押权未依法设立、已经变更或者消灭的，本可以向债权人提出抗辩，现可以向进行追偿的连带债务人主张抗辩。

（3）特定情形下连带债务人之间的债务份额二次分担规则。实际承担债务超过自己份额的连带债务人在向其他连带债务人进行追偿时，只能要求其他连带债务人在各自未履行的份额范围内分担债务。如果其他连带债务人之一发生了破产等情形致使不能履行其应当分担的份额，实际承担债务的连带债务人的追偿权就难以全部实现。本条第3款基于公平考虑，规定被追偿的连带债务人不能履行其应分担份额的，其他连带债务人应当在相应范围内按比例分担。该规定中的"其他连带债务人"，是指除不能履行其应分担份额的连带债务人之外的所有连带债务人，包括实际承担债务后行使追偿权的连带债务人。

第五百二十条 【部分连带债务人与债权人之间发生的事项对其他连带债务人的效力】

部分连带债务人履行、抵销债务或者提存标的物的，其他债务人对债权人的债务在相应范围内消灭；该债务人可以依据前条规定向其他债务人追偿。

部分连带债务人的债务被债权人免除的，在该连带债务人应当承担的份额范围内，其他债务人对债权人的债务消灭。

部分连带债务人的债务与债权人的债权同归于一人的，在扣除该债务人应当承担的份额后，债权人对其他债务人的债权继续存在。

债权人对部分连带债务人的给付受领迟延的，对其他连带债务人发生效力。

【立法背景】

一个连带债务人与债权人之间发生的事项是否对其他连带债务人发生效力是连带债务中的基本问题。在理论上，如果一个连带债务人与债权人之间发生的事项对其他连带债务人也发生效力，被称为连带债务的绝对效力；如果一个连带债务人与债权人之间发生的事项仅对该连带债务人发生效力，不对其他连带债务人发生效力，被称为连带债务的相对效力。关于一个连带债务人与债权人之间发生的哪些事项具有绝对效力、哪些事项具有相对效力，各个国家和地区的立法存在一定差异，但总体上都认为，各个连带债务人对债权人所承担的债务具有相对独立性，一个连带债务人与债权人之间发生的事项原则上仅具有相对效力，只有在例外情形下才具有绝对效力。

【条文精解】

本条参考其他立法例，立足中国国情和实际，对部分连带债务人与债权人之间可能发生的典型事项对其他债务人的效力问题作了规定。

1. 关于履行、抵销债务或者提存

本条第 1 款是关于部分连带债务人履行、抵销债务或者提存标的物对其他连带债务人发生效力的规定。部分连带债务人向债权人履行债务，或者以债权人对自己所负债务与连带债务人对债权人所负债务相抵销，或者提存标的物，均可使债权人的债权全部或者部分得到满足，其他债务人对债权人的债务也就在相应范围内消灭。

2. 关于免除债务

本条第 2 款是关于部分连带债务人的债务被债权人免除对其他债务人发生效力的规定。债权人向全体连带债务人表示免除连带债务的，自然发生连带债务消灭的效果，这种情形较为简单、明确，法律无须单独规定。但是，如果债权人仅免除部分连带债务人的债务，对其他债务人产生什么效力，法律有必要予以明确规定。根据本条规定，债权人免除其中一个或者部分连带债务人的债务的，债权人仍可向其他债务人请求履行，但是其他债务人承担的连带债务数额要扣除被免除的连带债务人应当承担的内部份额。例如，债权人对连带债务人甲、乙、丙享有 100 万元债权，就连带债务人内部而言，甲承担 20 万元、乙承担 30 万元、丙承担 50 万元。现债权人表示免除甲的债务。此时，债权人仍可向乙、丙主张债权，但是要扣除甲承担的份额 20 万元，即乙、丙对债权人只承担 80 万元连带债务。

3. 关于混同

在发生混同时，即部分连带债务人的债务与债权人的债权同归于一人的，对其他债务人产生什么效力，在立法例上主要有三种做法：第一种是产生相对效力。第二种是产生绝对效力。第三种是产生限制绝对效力。本条立足中国国情，参考其他立法例，采取了限制绝对效力的做法。根据本条第 3 款的规定，部分连带债务人的债务与债权人的债权同归于一人的，混同后的债权人（或者发生混同的连带债务人）仍然可以以债权人的地位，向其他连带债务人请求承担连带债务，但是连带债务的数额要扣除发生混同的连带债务人应当承担的内部份额。

4. 关于债权人迟延受领

债权人受领迟延指债权人无正当理由对于债务人的给付未及时受领。债权人迟延受领的，会产生一定的法律效果。例如，依照本法第 589 条的规定，债权人迟延受领的，债务人可以请求债权人赔偿增加的费用；在债权人受领迟延期间，债务人无须支付利息。依照本法第 605 条的规定，因买受人的原因致使标的物未按照约定的期限交付的，买受人应当自违反约定时起承担标的物损毁、灭失的风险。

本条第 4 款规定，债权人对部分连带债务人的给付受领迟延的，对其他连带债务人发生效力。例如，对于债权人受领迟延期间的利息，作出给付行为的连带债务人有权拒绝，其他连带债务人根据本款规定也有权拒绝。

第五百二十一条 【连带债权内外部关系】

连带债权人之间的份额难以确定的，视为份额相同。

实际受领债权的连带债权人，应当按比例向其他连带债权人返还。

连带债权参照适用本章连带债务的有关规定。

【立法背景】

连带债权人之间的份额如何确定，实际受领债权的连带债权人如何向其他连带债权人返还，部分连带债权人与债务人之间发生的事项对其他连带债权人产生什么样的效力等，都属于连带债权中的重要问题。本条立足中国国情，参考其他立法例，对此作了规定。

【条文精解】

本条第 1 款是关于连带债权人之间份额确定的规定。在连带债权内部关系中，如何确定各连带债权人的份额，有法律规定或者当事人约定的，按照法律规定或者当事人约定；既没有法律规定，也没有当事人约定，难以确定各连带债权人的份额的，依照本条第 1 款的规定，视为份额相同，即由各连带债权人平均分享债权。

本条第 2 款是关于实际接受给付的连带债权人向其他连带债权人进行返还的规定。依照本款规定，实际受领债权的连带债权人应当向其他连带债权人返还，返还的数额按照连带债权人的份额比例计算。

本条第3款是关于连带债权参照适用连带债务的规定。本款的"参照适用"主要是就外部关系而言，部分连带债权人与债务人之间发生的事项对其他连带债权人产生的效力，参照适用本法第520条的规定。

第五百二十二条 【利益第三人合同】

当事人约定由债务人向第三人履行债务，债务人未向第三人履行债务或者履行债务不符合约定的，应当向债权人承担违约责任。

法律规定或者当事人约定第三人可以直接请求债务人向其履行债务，第三人未在合理期限内明确拒绝，债务人未向第三人履行债务或者履行债务不符合约定的，第三人可以请求债务人承担违约责任；债务人对债权人的抗辩，可以向第三人主张。

【立法背景】

为了适应复杂的交易实践需求，现代民法对涉他合同予以认可。涉他合同，又称为涉及第三人的合同，包括利益第三人合同和由第三人履行的合同。本条规定的是利益第三人合同，本法第523条规定的是由第三人履行的合同。本条第1款是关于不真正利益第三人合同的规定，该规定延续了《合同法》第64条的规定，未作修改。实践中涉及第三人利益的合同不断增多，为了更好地实现合同缔结方的意愿，加强对第三人利益的保护，本条参考其他立法例，在保留《合同法》第64条的基础上，增加规定了第2款，明确了第三人对债务人的履行请求权。这对于满足实践需求和消除理解分歧都具有重要意义。

【条文精解】

1. 不真正利益第三人合同

本条第1款是关于不真正利益第三人合同的规定。本款规定坚守了合同相对性原则。所谓合同相对性原则，是指合同项下的权利与义务只由合同当事人享有或者承担，合同仅对当事人具有法律约束力，对合同当事人之外的第三人不具有法律约束力。合同相对性原则在整个合同制度中具有重要的基础地位，本法第465条第2款对合同相对性原则作了规定，即依法成立的合同，仅对当事人具有法律约束力，但是法律另有规定的除外。对于本款规定的不真正利益第三人合同，由债务人向第三人履行债务，是债权人与债务人之间所作的约定，该约定不对第三人产生法律约束力。第三人不享有请求债务人履行的权利，履行请求权仍然属于作为合同当事人的债权人。债务人未向第三人履行债务或者履行债务不符合约定的，债务人应当向债权人承担违约责任，而不是向第三人承担违约责任。第三人没有享受到预期利益的，可以依据其与债权人之间的约定等另作处理。

2. 真正利益第三人合同

本条第2款对真正利益第三人合同中的第三人取得履行请求权的条件及相关法律效果作了规定。

（1）第三人取得履行请求权的条件。首先，第三人取得履行请求权要有法律规定或者当事人约定。依照本条规定，只有在法律规定或者当事人约定第三人可以直接请求债务人向其履行债务的，才构成真正利益第三人合同，第三人才能取得履行请求权。根据合同相对性原则，合同项下的权利与义务只由合同当事人享有或者承担，履行请求权只归债权人享有。而真正利益第三人合同赋予合同当事人之外的第三人履行请求权，这是对合同相对性原则的突破，应当严格掌握，要以有法律规定或者当事人约定为前提。有的法律对特定的合同直接赋予第三人履行请求权，例如依据保险法的规定，对于投保人与保险人订立的保险合同，被保险人或者受益人即使不是投保人，在保险事故发生后，也享有向保险人请求赔偿或者给付保险金的权利。除了法律规定，更多情形下的真正利益第三人合同是合同当事人双方以合意的形式赋予第三人履行请求权。本条规定以当事人约定的方式设立真正利益第三人合同，赋予第三人履行请求权，体现了民法的自愿原则，是对当事人双方意愿的尊重。真正利益第三人合同的结构是基本合同加第三人约款。在第三人约款中，债权人与债务人特别约定，债务由债务人向第三人履行，第三人可以直接请求债务人向其履行。如果合同当事人仅是约定由债务人向第三人履行债务，没有赋予第三人履行请求权的，不属于本款规定的真正利益第三人合同，可以按照本条第1款规定的不真正利益第三人合同处理。其次，利益第三人合同是为第三人的利益而设置，按照民法的自愿原则，即使是为他人赋予利益，他人也有权拒绝。因此，本条第2款规定了第三人的拒绝权，第三人在合理期限内可以拒绝，未在合理期限内明确拒绝的，第三人就取得了直接请求债务人履行的权利，可以直接请求债务人向其履行。

（2）真正利益第三人合同的法律效果。债务人未向第三人履行债务或者履行债务不符合约定的，第三人可以请求债务人承担继续履行、赔偿损失等违约责任。一般认为，第三人对债务人虽取得履行请求权，但由于其不是合同当事人，合同本身的权利，如解除权、撤销权等，第三人不得行使。

（3）债务人的抗辩。债务人基于债务人地位对债权人所享有的抗辩，不因向第三人履行而受到影响。因此，本条规定，债务人对债权人的抗辩，可以向第三人主张。

第五百二十三条　【由第三人履行合同】

当事人约定由第三人向债权人履行债务，第三人不履行债务或者履行债务不符合约定的，债务人应当向债权人承担违约责任。

【立法背景】

由第三人履行的合同，又称第三人负担的合同，指双方当事人约定债务由第三人履行的合同。例如，甲和乙约定，甲欠乙的钱由丙偿付，即由第三人履行的合同；再如，某一产品的经销商与买受人订立买卖合同，双方约定由该产品的生产商直接向买受人交付产品，也属于比较典型的由第三人履行的合同。由第三人履行的合同，往往具有减少交易环节、提高交易效率的功能。

【条文精解】

本条根据实践需求，对由第三人履行的合同作了规定。根据本条规定，由第三人履行的合同，具有几个特点：

一是合同是在债权人与债务人之间订立，以债权人、债务人为合同双方当事人，第三人不是合同当事人。第三人向债权人履行债务的原因，可能基于第三人与债务人之间存在的法律关系（例如，第三人与债务人存在交易、委托等合同关系），也可能基于非法律关系（例如，第三人基于与债务人之间的情谊，自愿向债权人履行债务）等。第三人向债权人履行债务是基于什么原因，不属于由第三人履行的合同的问题，不影响由第三人履行的合同的成立和生效。

二是合同标的是第三人向债权人的履行行为。由第三人履行的合同，不是由债务人直接向债权人履行债务，而是由第三人向债权人履行债务。根据合同相对性原则，合同仅对合同当事人产生法律约束力。对于由第三人履行的合同，虽然合同债权人与债务人约定由第三人向债权人履行债务，但是由于第三人不是合同当事人，合同对该第三人并没有法律约束力。第三人不向债权人履行债务的，可能会向债务人承担责任，但这是基于债务人与第三人的约定，而不是基于由第三人履行的合同。

三是第三人不履行债务的违约责任，由债务人承担，而不是由第三人承担。债务人是合同当事人，而不是第三人的代理人。第三人不履行债务或者履行债务不符合约定的，由债务人向债权人承担违约责任。

第五百二十四条 【具有合法利益的第三人代为履行】

债务人不履行债务，第三人对履行该债务具有合法利益的，第三人有权向债权人代为履行；但是，根据债务性质、按照当事人约定或者依照法律规定只能由债务人履行的除外。

债权人接受第三人履行后，其对债务人的债权转让给第三人，但是债务人和第三人另有约定的除外。

【立法背景】

债具有相对性，债务本应由债务人履行，但实践中基于各种原因，第三人履行债务的情况也比较多见。第三人履行债务，有的出于债权人与债务人的事先约定，有的基于其他原因。第三人履行债务及其法律效果属于债法的一般性规则内容。第三人履行债务大体上可以分为两种情况：就债务履行有合法利益的第三人（法国民法典、日本民法典称之为"有正当利益"，我国台湾地区称之为"有利害关系"）和非就债务履行有合法利益的第三人。总体上，非就债务履行有合法利益的第三人履行债务，不得违反债务人的意思和债权人的意思，这也是由债的相对性原则所决定的。在法律效果上，一般都认可就债务履行有合法利益的第三人代为履行后，债权人的债权即移转至该第三人。

我国民法典不设债法总则编，为了使合同编通则发挥债法总则的作用，有必要补充债法的一般性规则。本条参考其他立法例，就第三人对履行该债务具有合法利益而履行债务及其法律效果作了规定。

【条文精解】

为了保护就债务履行有合法利益的第三人，本条规定打破了债的相对性，赋予该第三人代为履行的权利。该第三人代为履行债务，不需要考虑是否违反债务人的意思，债权人也不得拒绝。何谓"对债务履行具有合法利益的第三人"，本条未作具体规定，需要根据实践情况的需要和发展进行判断并归纳总结。考虑到本条就对债务履行具有合法利益的第三人履行债务后的法律效果规定为法定的债权移转，对第三人的利益保护较强，在具体认定是否属于"对债务履行具有合法利益的第三人"时，也要注意考量各方利益的平衡问题。举例来说，本条规定可能适用于租赁合同的转租情形。本法第719条的规定可以视为本条第三人代为履行制度的一个具体体现。承租人拖欠租金的，次承租人有稳定租赁关系、继续占有和使用租赁物的需要，属于对支付租金具有合法利益的第三人，享有代承租人向出租人支付租金的权利，可以代承租人支付其欠付的租金和违约金。同时，为了合理平衡出租人和次承租人的利益，第719条还作了但书规定，即如果转租合同对出租人不具有法律约束力，那么次承租人就不属于"对债务履行具有合法利益的第三人"，次承租人代为支付租金的，出租人有权拒绝。

当然，具有合法利益的第三人并不是在所有情况下都享有代为履行的权利，本条对此作了除外规定，即根据债务性质、按照当事人约定或者依照法律规定只能由债务人履行的，第三人即使具有合法利益，也不能代为履行。何谓"根据债务性质"，要根据具体情况进行判断。例如，对于育儿保姆提供的劳务，一般来说就属于根据债务性质只能由债务人履行的情况，第三人不得代为履行。此外，自愿原则是民法的基本原则，如果债权人与债务人特别约定只能由债务人履行的，应当尊重该特别约定，排除第三人的履行。法律对此作出特别规定的，依照法律规定。

本条第2款对有合法利益的第三人代为履行的法律效果作了规定，将其作为一种法定的债权移转。有合法利益的第三人代为履行后，债权人的债权得以实现，债权人与债务人之间的债权债务关系终止。对于第三人与债务人之间的关系，根据本条规定，债权人接受第三人履行后，其对债务人的债权转让给第三人。

第五百二十五条 【同时履行抗辩权】

当事人互负债务，没有先后履行顺序的，应当同时履行。一方在对方履行之前有权拒绝其履行请求。一方在对方履行债务不符合约定时，有权拒绝其相应的履行请求。

【立法背景】

同时履行抗辩权，是指在没有先后履行顺序的双务合同中，一方当事人在对方当事人未为履行或者履行不符合约定的情况下，享有拒绝对待给付的权利。同时履行抗辩权针对的是当事人互负债务，但是没有先后履行顺序的情况。从公平角度考虑，这种情况下当事人应当同时履行，当事人可以同时履行抗辩权对抗对方当事人的履行请求权。同时履行抗辩权制度并非追求双方当事人债务的同时履行，并不是非要促成当事人按照"一手交钱、一手交货"的简单交易方式履行债务。同时履行抗辩权是一种防御性权利，从制度设计上来说，"防御"不是目的，而在于打破僵局，促使债务履行。

【条文精解】

本条对同时履行抗辩权的成立要件和效力作了规定。

1.关于同时履行抗辩权的成立要件

根据本条规定，同时履行抗辩权的成立，要具备以下几个要件：

一是须基于同一双务合同互负债务，在履行上存在关联性。例如，买卖合同中，卖方负有交付货物的义务，买方负有交付货款的义务。租赁合同中，出租人负有提供租赁物的义务，承租人负有交付租金的义务。单务合同仅一方负有债务，另一方享有权利，自然不适用同时履行抗辩权。

二是当事人的债务没有先后履行顺序。如果当事人互负债务，但是依照当事人约定等能够确定先后履行顺序的，自无同时履行抗辩权的适用余地，可能会适用的是后履行抗辩权和不安抗辩权制度。

三是须双方所负的债务均已届履行期。如果一方当事人的债务尚未到期，在对方当事人请求履行时，该当事人可以主张债务履行期尚未届至的抗辩，无须适用同时履行抗辩权制度。

四是对方当事人未履行自己所负的债务或者履行债务不符合约定仍然提出履行请求。履行债务不符合约定的情况，包括部分履行、瑕疵履行等。例如，1万吨大米的买卖合同，卖方交付了8000吨大米，尚缺2000吨，或卖方交付的1万吨大米的质量不符合约定，但卖方仍然要求买方支付全部货款。再如，房屋租赁合同的出租人提供的房屋，存在屋顶漏水等严重问题，仍然请求承租人支付全部租金。

2.关于同时履行抗辩权的效力

对于同时履行抗辩权的效力，本条规定，对方不履行债务的，当事人在对方履行之前有权拒绝其履行请求；对方履行债务不符合约定的，当事人有权拒绝其相应的履行请求。例如，1万吨大米的买卖合同，卖方交付了8000吨大米，尚缺2000吨，买方可以只支付8000吨大米的货款，有权拒绝支付尚缺的 2000 吨大米的货款。

同时履行抗辩权属延期的抗辩权，只是暂时阻止对方当事人请求权的行使，非永久的抗辩权。对方当事人完全履行了合同义务，同时履行抗辩权消灭，当事人应当履行自己的义务。当事人行使同时履行抗辩权致使合同迟延履行的，该当事人不承担违约责任。

第五百二十六条 【后履行抗辩权】

当事人互负债务，有先后履行顺序，应当先履行债务一方未履行的，后履行一方有权拒绝其履行请求。先履行一方履行债务不符合约定的，后履行一方有权拒绝其相应的履行请求。

【立法背景】

后履行抗辩权，是指在双务合同中应当先履行的一方当事人未履行或者履行债务不符合约定的，后履行的一方当事人享有拒绝对方履行请求或者拒绝对方相应履行请求的权利。合同法制定过程中，就对是否规定后履行抗辩权存在不同意见。有的意见认为，应当规定后履行抗辩权，因我国司法实践中存在一方当事人因应当先履行的另一方当事人不履行而没有履行，被法院认为属于违约的情况。有的意见认为，后履行抗辩权可以包括在同时履行抗辩权制度范畴内。还有的意见认为，后履行抗辩权与同时履行抗辩权可以细分出来，可以作出有针对性的规定。合同法最终参考《国际商事合同通则》，在规定了同时履行抗辩权的同时，又规定了后履行抗辩权。《国际商事合同通则》第 7.1.3 条第 1 款规定："当事人各方应同时履行合同义务的，任何一方当事人可在另一方当事人提供履行前拒绝履行。"第 2 款规定："凡当事人各方应相继履行合同义务的，后履行的一方当事人可在应先行履行的一方当事人完成履行之前拒绝履行。"在本法制定过程中，有的意见认为，大陆法系传统民法有同时履行抗辩权和不安抗辩权，没有后履行抗辩权，后履行抗辩权制度没有单独规定的必要。有的意见认为，同时履行抗辩权和后履行抗辩权二者合在一起，大致相当于德国等民法典的不履行合同抗辩权制度，但既然合同法选择了同时履行抗辩权和后履行抗辩权分开的模式，并且也已被司法实践广为接受，没有必要再作大的修改而删除后履行抗辩权制度。经研究，本法对此未作改动，仍然保留后履行抗辩权制度。

【条文精解】

本条对后履行抗辩权的成立要件及效力作了规定。

1. 关于后履行抗辩权的成立要件

依照本条规定，后履行抗辩权的成立，需具备以下要件：

一是须基于同一双务合同。双方当事人因同一合同互负债务，在履行上存在关联性。后履行抗辩权不适用于单务合同。

二是当事人的债务有先后履行顺序。当事人互负债务，并且能够确定先后履行顺序。这种履行顺序的确立，或依法律规定，或按当事人约定，或按交易习惯。一些法律对双务合同的履行顺序作了规定。当事人在双务合同中也可以约定履行顺序，谁先履行，谁后履行。在法律未有规定、合同未有约定的情况下，双务合同的履行顺序可依交易习惯确立。例如，在饭馆用餐，先吃饭，后交钱；旅店住宿，先住宿，后结账；乘飞机、火车，先购票，后乘坐。合同也可采用其他一些方法确立谁先履行。例如，在一项买卖合同中，谁也不愿先履行，卖方不愿先交货，怕买方收货不交钱。在这种情况下，当事人可以约定由银行协助双方履行，买方先将货款打入银行，由银行监管此款，卖方即行发货，买方验收后，银行将款项拨付卖方。

三是应当先履行的当事人不履行债务或者履行债务不符合约定。例如，对于应先交付租赁物再付租金的租赁合同，出租方不按时交付租赁物或者交付的租赁物不符合约定。再如，对于先供货再付款的买卖合同，供货方不交付商品或者交付的商品不符合约定。

四是后履行一方当事人的债务已届履行期。如果后履行一方当事人的债务尚未到期，在对方当事人请求履行时，后履行一方当事人可以主张债务履行期尚未届至的抗辩，无须适用后履行抗辩权制度。

符合上述条件，后履行的一方当事人可以行使后履行抗辩权，对抗应先履行债务的对方当事人的履行请求。应先履行债务的当事人不能行使后履行抗辩权。

2. 关于后履行抗辩权的效力

后履行抗辩权属延期的抗辩权，只是暂时阻止对方当事人请求权的行使，非永久的抗辩权。对方当事人履行了合同义务，后履行抗辩权消灭，当事人应当履行自己的义务。后履行一方当事人行使后履行抗辩权致使合同迟延履行的，该当事人不承担违约责任，迟延履行的责任由对方承担。后履行一方当事人行使后履行抗辩权，不影响追究应当先履行一方当事人的违约责任。

第五百二十七条 【不安抗辩权】

应当先履行债务的当事人，有确切证据证明对方有下列情形之一的，可以中止履行：

（一）经营状况严重恶化；

（二）转移财产、抽逃资金，以逃避债务；

（三）丧失商业信誉；

（四）有丧失或者可能丧失履行债务能力的其他情形。

当事人没有确切证据中止履行的，应当承担违约责任。

【立法背景】

不安抗辩权，是指双务合同成立后，应当先履行的当事人有确切证据证明对方不能履行义务，或者不履行合同义务的可能性较高时，在对方恢复履行能力或者提供担保之前，中止履行合同义务的权利。双务合同中，在后履行债务一方丧失或者可能丧失债务履行能力的情况下，仍然要求应先履行债务一方先作出给付，有悖公平，因此法律设立不安抗辩权制度，赋予应先履行债务一方在这些情况下中止履行债务的权利。不安抗辩权制度属于大陆法系民法中的制度，大陆法系国家和地区的民法典普遍对不安抗辩权制度作了规定。

【条文精解】

本条立足中国实践需求，参考其他立法例，规定了不安抗辩权制度。依照本条规定，不安抗辩权的成立，要具备以下要件：

一是当事人基于同一双务合同互负债务。这也是合同编规定的三大抗辩权，即同时履行抗辩权、后履行抗辩权和不安抗辩权共同的成立要件。三大抗辩权均不适用于单务合同。

二是当事人互负的债务有先后履行顺序。这也是不安抗辩权和后履行抗辩权共同的成立要件，只是不安抗辩权由应当先履行债务的一方当事人享有，后履行抗辩权由后履行债务的一方当事人享有。当事人互负的债务没有先后履行顺序的，属于同时履行抗辩权的成立要件。

三是后履行的当事人发生了丧失或者可能丧失债务履行能力的情形。这些情形包括经营状况严重恶化，转移财产、抽逃资金以逃避债务，丧失商业信誉和其他丧失或者可能丧失履行债务能力的情形。例如，某商业银行根据其与某企业之间的借款合同发放贷款前，由于市场骤然变化致使该企业产品难以销售，很可能导致无力还贷，商业银行有权行使不安抗辩权，中止发放贷款。又如，某娱乐文化公司邀请一明星歌手演唱，约定先付演出费若干，因歌手生病住院可能难以如期演唱，娱乐文化公司即可以行使不安抗辩权，不向歌手预付约定的演出费。

【实践中需要注意的问题】

对于后履行的当事人发生了丧失或者可能丧失债务履行能力的情形，应当先履行债务的当事人必须有确切的证据证明。如果有确切的证据证明，则属于正当行使不安抗辩权，可以中止履行顺序在先的债务；如果没有确切的证据证明而中止履行的，则属于违约行为，应当先履行债务的当事人要承担违约责任。由此可以看出，有无确切的证据证明是非常关键的因素，直接决定中止履行行为是正当行使不安抗辩权，还是属于违约行为。"有确切的证据证明"，不是由先履行债务的当事人单方决定的。如果事后双方当事人对"有确切的证据证明"产生争议，由应当先履行债务的一方当事人承担举证责任，由仲裁机构或者法院作出最终裁断。因此，应当先履行债务的当事人要根据自己掌握的对方丧失或者可能丧失债务履行能力的证据情况慎重行使不安抗辩权。

第五百二十八条 【不安抗辩权的效力】

当事人依据前条规定中止履行的，应当及时通知对方。对方提供适当担保的，应当恢复履行。中止履行后，对方在合理期限内未恢复履行能力且未提供适当担保的，视为以自己的行为表明不履行主要债务，中止履行的一方可以解除合同并可以请求对方承担违约责任。

【立法背景】

不安抗辩权具有两个层次的效力。在第一个层次上，符合不安抗辩权成立要件的，应当先履行债务的当事人可以中止履行。但不安抗辩权属延期抗辩权，中止履行只是一个暂时的状态。在第二个层次上，当事人行使不安抗辩权中止履行后，往往会给对方当事人一个"补救"机会，即要求对方当事人在一定期限内提供担保。对方未提供担保的，应当先履行债务的一方可以解除合同；对方提供担保的，应当先履行债务的一方恢复履行。本条对不安抗辩权第二个层次的效力作了规定。

【条文精解】

本条首先对当事人行使不安抗辩权的通知义务作了规定。不安抗辩权的行使，对对方当事人影响重大，应当让对方及时知晓，以便作出相应安排。从诚信原则出发，法律有必要规定应当先履行债务一方的通知义务。依照本条规定，应先履行的一方当事人行使不安抗辩权中止履行后，应当及时通知对方当事人。

关于不安抗辩权的效力，本条根据对方是否提供担保规定了不同的法律效果：

一是应当先履行的一方行使不安抗辩权中止履行并及时通知对方后，如果对方提供了适当担保，消除了影响应当先履行债务的一方当事人债权实现的情形，应当先履行债务的一方自然应当恢复履行。何谓"适当担保"，只能在具体案件中作具体判断，法律无法划定统一的标准。

二是为了协调不安抗辩权与法定解除制度、预期违约制度之间的关系，本条将不安抗辩权第二个层次的效力与预期违约制度相衔接，将不安抗辩权中对方在合理期限内未恢复履行能力且未提供适当担保的行为，视为默示预期违约行为，并可以主张默示预期违约的法律效果。依照本条规定，当事人行使不安抗辩权中止履行后，对方在合理期限内未恢复履行能力并且未提供适当担保的，视为以自己的行为表明不履行主要债务。中止履行的一方，即行使不安抗辩权的一方不但可以解除合同，还可以请求对方承担赔偿损失等违约责任。

第五百二十九条 【债权人变更住所等致使债务履行困难时中止履行】

债权人分立、合并或者变更住所没有通知债务人，致使履行债务发生困难的，债务人可以中止履行或者将标的物提存。

【立法背景】

法人分立包括存续分立和新设分立。存续分立，是指法人分出一部分财产设立新法人，原法人不因分出财产而终止。新设分立，是指一个法人分成几个法人，原法人终止。法人合并包括新设合并和吸收合并。新设合并，是指几个法人合为一个新法人，原法人终止。吸收合并，是指一个法人将其财产移交给另一个法人，移交出财产的法人终止。债权人分立、合并或者变更住所，如果没有通知债务人，可能会给债务人履行债务造成困难。

【条文精解】

债权人分立、合并或者变更住所应当及时通知债务人，以便债务人履行债务。如果没有通知债务人，致使债务人履行债务发生困难，此时债务人可以中止履行或者将标的物提存，这种情形下，不能视作债务人违约。债权人分立、合并或者变更住所没有通知债务人，但并不会使债务履行发生困难的，债务人不得以此为由中止履行或者将标的物提存，否则属于债务人违约。

第五百三十条 【提前履行债务】

债权人可以拒绝债务人提前履行债务，但是提前履行不损害债权人利益的除外。

债务人提前履行债务给债权人增加的费用，由债务人负担。

【立法背景】

本法将全面履行作为合同履行的原则。本法第 509 条规定，当事人应当按照约定全面履行自己的义务。当事人全面履行自己的义务就包括按照约定的履行期限履行债务。履行期限是债权人和债务人双方根据自身经济活动的情况和需要而作出的约定，属于合同的重要内容。债务人提前履行债务，属于违反合同约定的行为，可能会给债权人带来不便，甚至会损害债权人的利益。例如，甲订购了乙家具公司的沙发、桌椅准备在新购的住房中使用，并约定了送货时间，现乙家具公司要提前送货，而此时甲新购的住房仍然在装修中，乙家具公司提前履行债务的行为就会损害甲的利益。

【条文精解】

从贯彻合同全面履行原则和保护债权人利益考虑，本条规定，债权人可以拒绝债务人提前履行债务。提前履行债务，是相对于合同约定的履行期限而言的。例如，合同约定 6 月 6 日履行，债务人 6 月 5 日履行即为提前履行。但如果合同约定 6 月份履行，没有具体到 6 月份的哪一天履行，则债务人在 6 月份的任何一天履行都不算提前履行。

基于诚信原则，如果债务人提前履行不损害债权人利益的，债权人应当接受债务人提前履行，不得拒绝，本条对此予以明确规定。但是，债务人提前履行给债权人增加额外的费用，例如仓储费用等，由债务人负担。例如，甲与乙约定，由乙于 3 月 15 日向甲交付货物，但乙于 3 月 10 日提前向甲交付货物，提前交付货物除了导致甲要支付额外的储存费用外并不会损害甲的利益，甲接受了乙于 3 月 10 日交付货物，那么甲因乙提前交货而额外支付的 5 天储存费用，要由乙承担。

第五百三十一条 【部分履行债务】

债权人可以拒绝债务人部分履行债务，但是部分履行不损害债权人利益的除外。

债务人部分履行债务给债权人增加的费用，由债务人负担。

【立法背景】

部分履行债务的规则在国际示范法中有所体现。《国际商事合同通则》第 6.1.3 条第 1 款规定，履行期限到来时，债权人可拒绝任何部分履行的请求，无论该请求是否附有对未履行部分的担保，除非债权人这样做无合法利益。该规定确立了债权人有权拒绝部分履行的一般原则，并作了例外规定，即除非债权人这样做无合法利益。

【条文精解】

本条立足诚信原则，参考《国际商事合同通则》的规定，对部分履行规则作了规定。

按照全面履行原则，债务人履行部分债务，属于违反合同约定的行为，原则上属于违约行为。本条明确规定，债权人可以拒绝债务人部分履行债务。如果债务人部分履行不损害债权人的利益，基于诚信原则，债权人应当接受债务人部分履行债务，不得拒绝。例如，一家航空公司承诺在某一确定日期一次性地将 10 辆汽车从 A 地运往 B 地。履行期限到来时，某些情况使该航空公司很难（尽管不是不可能）在一次航班中找到足够的舱位。航空公司提议在一周内连续两次将这批汽车运走。有证据表明，航空公司这样做并不会对汽车购买人造成不方便，因为在下个月之前并不需要实际使用这些汽车。在这种情况下，债权人拒绝部分履行没有合法利益。

债权人接受债务人部分履行，可能会额外增加一些费用，这些费用由债务人负担。上述例子中，汽车购买人分两次到机场提货承担的额外费用，应当由航空公司承担。

第五百三十二条 【当事人不得因姓名、名称变更等不履行合同义务】

合同生效后，当事人不得因姓名、名称的变更或者法定代表人、负责人、承办人的变动而不履行合同义务。

【立法背景】

合同生效后，当事人的姓名变更、法人或者非法人组织的名称变更，并没有实质上改变合同主体。法人或者非法人组织的法定代表人、负责人、承办人，是代表法人或者非法人组织从事民事活动，合同的权利义务由法人或者非法人组织承受，合同一方当事人是法人或者非法人组织，而不是其法定代表人、负责人、承办人。

【条文精解】

本条明确规定，合同生效后，当事人不得因姓名、名称的变更或者法定代表人、负责人、承办人的变动而不履行合同义务。当事人以此为由不履行合同义务的，应当承担违约责任。

第五百三十三条 【情势变更制度】

合同成立后，合同的基础条件发生了当事人在订立合同时无法预见的、不属于商业风险的重大变化，继续履行合同对于当事人一方明显不公平的，受不利影响的当事人可以与对方重新协商；在合理期限内协商不成的，当事人可以请求人民法院或者仲裁机构变更或者解除合同。

人民法院或者仲裁机构应当结合案件的实际情况，根据公平原则变更或者解除合同。

【立法背景】

情势变更制度，是指合同依法成立后，客观情况发生了无法预见的重大变化，致使原来订立合同的基础丧失或者动摇，如继续履行合同则对一方当事人明显不公平，因此允许变更或者解除合同以维持当事人之间的公平。

合同法未规定情势变更制度。在民法典合同编草案起草过程中，对是否规定情势变更制度也有一些争论，但总体来看，多数意见认为有必要规定情势变更制度。

【条文精解】

本条根据国际立法趋势，参考其他立法例，在总结我国司法实践经验的基础上，明确规定了情势变更制度，对情势变更制度的适用条件及法律效果作了规定。

1. 情势变更制度的适用条件

依照本条规定，情势变更制度的适用需要满足以下基本条件：

一是合同成立后，合同的基础条件发生了重大变化。第一，这种重大变化是一种客观情况，要达到足以动摇合同基础的程度。哪些客观情况能称为该"重大变化"，要根据客观情况本身及其对合同基础的影响等进行具体判断。第二，这种重大变化应发生在合同成立后至履行完毕前的期间内。如果这种重大变化发生在履行完毕后，合同权利义务因履行完毕而终止，自然没有调整合同权利义务的必要和可能。第三，这种重大变化应当是当事人在订立合同时无法预见的。如果当事人在订立合同时能够预见或者应当预见但没有预见到，或者虽然预见到但没有反映到合同权利义务关系的设定上，由此产生的不利后果均由该当事人自己承受，不能适用情势变更制度对合同关系进行调整。第四，这种重大变化不能属于商业风险。对于合同履行过程中的商业风险，按照独立决定、独立负责的原则，遭受不利的当事人应当自行承担不利后果。某一客观情况的变化是属于正常的商业风险，还是属于可引起情势变更制度适用的"重大变化"，法律无法划定统一的标准，只能在具体个案中综合各方面情况作具体判断，不能单纯以价格涨跌幅度大小、合同履行难易等作简单判断。

二是继续履行合同对于当事人一方明显不公平。意思自治是合同法的基石，当事人之间的合同是双方当事人意思自治的产物，应当得到双方当事人的严格遵守。情势变更制度是为了实现合同正义，对当事人意思自治所作的调整，但这种调整必须限制在非常必要的情形内。合同严守是原则，情势变更制度只能是例外。只有在继续履行合同对一方当事人明显不公平时，才可以适用情势变更制度，对当事人之间的权利义务关系进行干预和调整。

2. 情势变更制度的法律效果

满足以上情势变更制度适用条件的，可以产生以下法律效果：

一是受不利影响的当事人有权请求与对方重新协商。对于因情势变更造成的双方权利义务严重失衡的状态，受不利影响的当事人请求与对方协商的，对方应当积极回应，参与协商。双方当事人应本着诚信、公平原则，重新调整权利义务关系，变更或者解除合同。

二是双方当事人在协商过程中，就合同的变更或者解除达不成一致意见，协商不成的，当事人可以请求法院或者仲裁机构作最终裁断。人民法院或者仲裁机构应当结合案件的实际情况，判断是否符合情势变更制度的适用条件。人民法院或者仲裁机构应当严格掌握，避免当事人以情势变更制度作为逃避履行合同的借口，损害合同的效力和权威，破坏正常的交易秩序。符合情势变更制度适用条件的，人民法院应当根据公平原则，就变更合同还是解除合同，如何变更合同、解除合同后的法律后果等作出裁断。尤其需要注意的是，适用情势变更制度变更或者解除合同，与当事人依照本法第563条和第564条的规定主张解除合同，存在实质不同。当事人依照本法第563条和第564条的规定分别享有的是法定解除权和约定解除权，是当事人本身所享有的民事实体权利。当事人行使合同解除权，可以直接通知对方解除，通知到达对方时，合同解除；当事人依法提起诉讼主张解除合同的，法院判决解除合同是对当事人本身所享有的合同解除权的确认，系确认之诉。而情势变更制度是对当事人权利义务显著失衡状态所作的必要调整，当事人本身并不享有实体法意义上的合同解除权或者变更权，当事人仅在程序上可以向法院或者仲裁机构提出请求，仅是对变更或者解除合同存有一种可能性，最终是否变更或者解除合同，是否有必要对当事人的权利义务进行调整，如何调整，由人民法院或者仲裁机构审酌判定。

第五百三十四条 【对利用合同实施危害国家利益、社会公共利益行为进行监督处理】

对当事人利用合同实施危害国家利益、社会公共利益行为的，市场监督管理和其他有关行政主管部门依照法律、行政法规的规定负责监督处理。

【立法背景】

本法第5条规定，民事主体从事民事活动，应当遵循自愿原则，按照自己的意思设立、变更、终止民事法律关系。意思自治原则是合同法的基石，是发展社会主义市场经济的基本要求。民事主体有权自主决定民事法律关系的内容、自主决定民事法律关系的变动，其他任何组织和个人均不得任意干预，要保障当事人享有充分的合同自由。对自愿原则即意思自治原则的限制，有的需要司法介入，例如对于合同效力的判断，而本条是从行政监督管理的角度对当事人利用合同实施危害国家利益、社会公共利益的行为进行监督处理。

【条文精解】

依照本条规定，市场监督管理部门和其他有关行政主管部门的监督处理，应当符合下列条件：第一，监督处理的对象是当事人利用合同实施危害国家利益、社会公共利益的违法行为，不得干涉当事人依法享有的合同权利。第二，应当依照法律、行政法规规定负责监督处理。法律、行政法规对需要监督处理的事项作出明确的规定，同时也对有关部门实施监督处理的具体权限和程序作出规定。有关部门应当依法行政，不得超越法定权限，不得违反法定程序。

第五章　　合同的保全

第五百三十五条【代位权行使要件】

因债务人怠于行使其债权或者与该债权有关的从权利，影响债权人的到期债权实现的，债权人可以向人民法院请求以自己的名义代位行使债务人对相对人的权利，但是该权利专属于债务人自身的除外。

代位权的行使范围以债权人的到期债权为限。债权人行使代位权的必要费用，由债务人负担。

相对人对债务人的抗辩，可以向债权人主张。

【立法背景】

代位权，是指债务人怠于行使权利，债权人为保全债权，以自己的名义代位行使债务人对相对人的权利。合同法立足中国实际需要规定了代位权制度。本法基本上延续了合同法的规定，同时根据实践发展作了一定修改。最主要的修改有两点：

一是修改了代位权的客体。合同法将代位权的客体限定为"债务人的到期债权"，本条将代位权的客体规定为"债权或者与该债权有关的从权利"。"与该债权有关的从权利"主要是指担保权利（包括担保物权和保证）。此外，还有一点需要注意，本条中的"代位行使债务人对相对人的权利"，用的是"相对人"而不是"次债务人"，主要也是与扩大代位权的客体范围有关。因为"次债务人"指的是债务人的债务人，不能包括为债务人的债权提供担保的抵押人、质押人、保证人等担保人，而使用"相对人"的概念则涵盖范围可以更广。

二是将代位权的行使要件从"对债权人造成损害的"修改为"影响债权人的到期债权实现的"，除了将"造成损害"修改为"影响债权实现"，使表述更为精准之外，更为实质的修改是明确了应当影响"到期债权"的实现。依照合同法，因债务人怠于行使其到期债权，对债权人造成损害的，债权人可以行使代位权。"对债权人造成损害"是否包括"未到期债权"的实现受到影响，理论和实践中存在一定争议。经认真研究，将债权人的债权未到期情形下的"保存行为"单列一条予以规定，即本法第536条，而将本条的行使要件明确限定为影响债权人"到期债权"的实现，这两个条文合起来组成完整的代位权适用范围。

【条文精解】

依照本条规定，债权人行使代位权应当符合以下条件：

一是债务人享有对外的债权。这是代位权存在的基础。倘若债务人没有对外的债权，就无所谓代位权。

二是债务人怠于行使其债权或者与该债权有关的从权利。"怠于行使"，是指债务人应当行使其权利，且能够行使而不行使。如果债务人已经行使了权利，不管行使权利的实际效果如何，债权人都不能行使代位权。代位权的客体，即债务人怠于行使的权利，不能是专属于债务人自身的权利。专属于债务人自身的权利，例如基于扶养关系所产生的抚养费、赡养费、扶养费请求权只能由债务人自己行使，债权人不能代位行使。

三是债务人怠于行使自己的权利，已影响债权人到期债权的实现。债务人怠于行使权利若不影响债权人到期债权的实现，则不发生代位权。例如，虽然债务人怠于行使某一债权，但债务人的其他资产充足，足以清偿对债权人所负的债务，在这种情况下，债权人不得代位行使债务人的债权。

四是债务已陷于迟延履行。债务人的债务履行期限未届满的，债权人不能行使代位权。债务履行期限已届满，债务陷于迟延履行，债权人方可行使代位权。

具备上述条件，债权人即可代位行使债务人对相对人的债权或者与该债权有关的从权利。债权人行使代位权的范围，以债务人的债权额和债权人的债权额为限，超越此范围，债权人不能行使。

债权人行使代位权，债务人的相对人的地位不应受到影响，债务人的相对人对债务人的抗辩（不限于抗辩权），如同时履行抗辩权、后履行抗辩、时效届满的抗辩、虚假表示可撤销的抗辩等，同样可以对抗债权人。对此，本条专门增加规定"相对人对债务人的抗辩，可以向债权人主张"。

债权人行使代位权会支出一定的费用，本条第3款规定，债权人行使代位权的必要费用，由债务人负担。

【实践中需要注意的问题】

债权人可以通过提起代位权诉讼避免自己的债权受到损害。当然，债权人也可以不行使代位权，直接向债务人提起诉讼，再申请对债务人的债权进行执行。具体通过这两种途径的哪一种来保护自己的债权，给了当事人选择的自由，由债权人视具体情况而定。

第五百三十六条　【保存行为】

　　债权人的债权到期前，债务人的债权或者与该债权有关的从权利存在诉讼时效期间即将届满或者未及时申报破产债权等情形，影响债权人的债权实现的，债权人可以代位向债务人的相对人请求其向债务人履行、向破产管理人申报或者作出其他必要的行为。

【立法背景】

债权人的债权到期，债务人怠于行使其权利，影响债权人的债权实现的，债权人可以直接向法院提起代位权诉讼。但是，债权人的债权未到期，债务人怠于行使权利的行为也可能影响债权人债权的将来实现，例如，债务人的债权诉讼时效期间即将届满而债务人仍不积极主张权利、债务人的相对人破产而债务人怠于申报破产债权等。为了保护债权人的利益，即使债权人的债权未到期，也应当允许债权人代位行使债务人的权利，作出中断诉讼时效、申报债权等必要的行为，该行为在理论上称为"保存行为"。设立代位权制度的一些国家的立法例也对保存行为作了规定，如《日本民法典》第423条第2款。

【条文精解】

本条参考其他立法例，根据我国的实践需求，对保存行为作了规定。本条列举了保存行为的两种典型类型：一是债权人可以代位债务人作出中断诉讼时效的行为。针对的是债权人的债权到期前，债务人的债权或者与该债权有关的从权利存在诉讼时效期间即将届满的情况。例如，债权人甲对债务人乙享有债权，债务人乙对丙享有债权，保证人丁为乙对丙的债权提供了保证担保，丙自身无财产。现债务人乙对保证人丁所享有的保证债权的诉讼时效期间即将届满仍不积极主张权利，影响甲对乙的债权将来实现的，甲可以依照本条规定，代位向丁主张保证债权，请求丁向乙履行保证债务。二是债权人可以代位向破产管理人申报破产债权。针对的是债务人的相对人破产，债务人不积极申报破产债权，影响债权人的债权将来实现的，债权人可以代位向债务人的相对人的破产管理人申报破产债权。保存行为不限于以上两种类型，本条在"未及时申报破产债权"后还有一个"等"字，并规定了"作出其他必要的行为"，以适应实践发展需求。

第五百三十七条 【代位权行使效果】

人民法院认定代位权成立的，由债务人的相对人向债权人履行义务，债权人接受履行后，债权人与债务人、债务人与相对人之间相应的权利义务终止。债务人对相对人的债权或者与该债权有关的从权利被采取保全、执行措施，或者债务人破产的，依照相关法律的规定处理。

【立法背景】

债权人行使代位权，对债务人、债务人的相对人和债权人都会产生一定的法律效果。行使代位权的债权人可否优先于其他债权人受偿，在理论和实践中存在一定争议。传统民法坚持"入库规则"，即从债的平等性原则出发，债权人行使代位权应当把代位权所取得的财产"入库"，即归属于债务人，然后所有债权人再从债务人处平等受偿。但"入库规则"在实践中也产生了打击债权人行使代位权的积极性，不利于发挥制度功能等问题，因此很多意见建议要改变传统的"入库规则"。在本法编纂过程中，对于代位权的行使效果是采取"入库规则"，还是采取"直接受偿规则"，产生了较大的争议。通过总结我国司法实践经验并参考其他立法情况，经过认真研究，反复权衡，为了有利于调动债权人行使债权的积极性，强化对债权实现的保护力度，本条对于代位权的行使效果采纳了"直接受偿规则"，使代位权制度既具有防止债务人责任财产减少的保全功能，又能在一定程度上达到促成债权人的债权实现的效果。

【条文精解】

根据本条规定，债权人提起代位权诉讼，人民法院认定代位权成立的，由债务人的相对人向债权人履行义务，债权人接受履行后，债权人与债务人、债务人与相对人之间相应的权利义务终止。需要注意的是，本条规定的是"相应的"权利义务终止，即债权人与债务人、债务人与相对人之间权利义务只是就相对人向债权人履行债务的这一数额部分终止。

本条还对代位权之诉与债权（或与该债权有关的从权利）的保全、执行、债务人破产之间的关系作了规定。

1. 关于债务人对相对人的债权（或者与该债权有关的从权利）被采取保全、执行措施

代位权行使的"直接受偿规则"秉持先到先得，谁先提起代位权诉讼，谁就可以直接接受相对人的履行，先实现债权，而担保物权、建设工程价款优先权不论行使权利的时间先后，都优先于其他债权受偿。再进一步讲，代位权行使的"直接受偿规则"使代位权制度不仅具有保全的功能，还具有了一定的债权实现功能，在这种意义上，代位权诉讼也可以理解为实现债权的一种途径。除这种途径之外，一些债权人可能会选择直接起诉债务人再申请强制执行债务人的债权的途径，在直接起诉债务人的同时，也可能对债务人的债权申请采取保全措施。债权人提起代位权诉讼与直接起诉债务人，这两种途径并不存在优先顺位问题，不能认为提起代位权诉讼的债权人要优先于直接起诉债务人的债权人受偿。债权人提起代位权诉讼，不影响其他债权人直接起诉债务人。即使债权人已经提起代位权诉讼，其他债权人直接起诉债务人的，仍然可以按照民事诉讼法的规定，对债务人的债权采取保全措施；直接起诉债务人的债权人拿到生效判决的，可以执行债务人对相对人的债权。代位权诉讼中，人民法院判决由债务人的相对人向债权人履行债务的，提起

代位权诉讼的债权人也可以申请强制执行。提起代位权诉讼的债权人与直接起诉债务人的债权人，在执行程序中平等对待，按照有关强制执行的法律规定确定各债权人的债权受偿问题。

2. 关于债务人破产

对债务人破产情形的主要误解是，在人民法院受理破产申请前6个月内，债务人的相对人已经按照代位权诉讼判决向提起代位权诉讼的债权人履行债务的，排除适用《企业破产法》第32条的规定，管理人不得请求撤销。《企业破产法》第32条规定，人民法院受理破产申请前6个月内，债务人有该法第2条第1款规定的情形，仍对个别债权人进行清偿的，管理人有权请求人民法院予以撤销。《企业破产法》第2条第1款规定，企业法人不能清偿到期债务，并且资产不足以清偿全部债务或者明显缺乏清偿能力的，依照该法规定清理债务。

依照本条规定，债权人提起代位权诉讼，债务人的相对人向债权人履行债务，债权人接受履行后，债权人的债权得到事实上的清偿，虽然并不是由债务人直接向债权人履行债务使债权得到清偿，但并不能排除《企业破产法》第32条的适用；符合《企业破产法》第32条规定情形的，管理人仍然可以请求人民法院撤销债务人的相对人对债权人的清偿。

第五百三十八条 【撤销债务人无偿行为】

债务人以放弃其债权、放弃债权担保、无偿转让财产等方式无偿处分财产权益，或者恶意延长其到期债权的履行期限，影响债权人的债权实现的，债权人可以请求人民法院撤销债务人的行为。

【立法背景】

撤销权亦称废罢诉权，是指债务人有积极减少责任财产，影响债权实现的行为，债权人享有撤销该行为的权利。债权人的撤销权与代位权都具有保全债务人责任财产的功能，但又有所差异。债权人行使代位权是防止债务人消极行使权利而听任责任财产不当减少，债权人行使撤销权是通过撤销债务人积极减少责任财产的不当行为来达到债权保全的目的。本章将债务人积极减少责任财产的不当行为区分为两种类型，分别对债权人撤销权的成立要件予以规定。本条规定的是撤销权的第一种类型，主要是针对债务人无偿处分财产的行为。另一种类型，主要是针对债务人有偿处分财产的行为，本法第

539 条对此作出了规定。

【条文精解】

本条对债务人无偿处分财产情形下撤销权的成立要件及其行使作了规定。

1. 债务人无偿处分财产情形下撤销权的成立要件

一是债务人要有无偿处分财产的行为。本条对几种比较典型的无偿处分财产的行为予以列举，包括债务人放弃其债权、放弃债权担保、无偿转让财产等。此处的"放弃其债权""放弃债权担保"与怠于行使债权或者怠于行使担保权不同。"放弃其债权""放弃债权担保"一般要通过民事法律行为作出，并且该债务人的债权可能已届清偿期，也可能未届清偿期，债权人都可以通过撤销权制度予以撤销。如果债务人没有放弃债权、放弃债权担保的民事法律行为，仅是怠于行使债权或者担保权，债权人通过代位权制度保全债务人责任财产即可，无须提起撤销权诉讼。无偿转让财产的行为，既包括无偿转让动产或者不动产等有形财产的行为，也包括无偿转让股权、债权、知识产权、网络虚拟财产等财产权益的行为；既可以是双方民事法律行为，如债务人通过赠与合同处分财产，也可以是单方民事法律行为。除了以上几种比较典型的无偿处分财产行为外，本条还用了一个"等"字以涵盖其他各种无偿处分财产的行为。对于无偿处分财产的行为，不问债务人的主观动机如何，均可予以撤销。无偿处分财产的行为主要是民事法律行为。对于债务人作出的无效民事法律行为直接主张无效即可，无须撤销。对于事实行为，如债务人毁损责任财产，则无从撤销。对于债务人的身份行为，如结婚、离婚、收养等，也可能会影响到债务人的财产状况，但不能成为撤销权行使的对象，否则就构成了对债务人人身权利的不当限制。此外，本条还借鉴吸收司法实践经验，规定债权人也可以撤销债务人恶意延长其到期债权的履行期限的行为。"恶意"，是指债务人知道其延长到期债权履行期限的行为会影响债权人的债权实现仍然实施。债务人的债权履行期限届满后，债务人的相对人暂无力履行债务而与债务人就履行期限问题重新协商，债务人付出适当代价以换取履行期限延长的，则不属于本条撤销权行使的对象。

二是债务人的行为要影响债权人债权的实现。债务人无偿处分财产等行为，要影响到债权人债权的实现，方有予以撤销的必要。本条并不要求债务人必须要有损害债权的主观过错，从强化对债权实现的保护力度出发，只要债务人的行为在客观上影响到债权人债权的实现，就可以行使撤销权。一般来说，债务人的不当行为要发生在债权人的债权设立后；如果债务人的不当行为发生在先、债权成立在后，一般很难说是债务人的不当行为与影响债权人债权实现之间存在联系。当然，也不排除个别情况下，债务人知道债权即将设立，为了损害将来的债权提前故意作出不当行为。本条规定的是债务人的行为是无偿的情形下撤销权的成立要件，也不要求利益受到影响的债务人的相对人主观上存在过错，不管债务人的相对人对于其与债务人之间的行为影响债权人的债权实现是否知情，都不影响撤销权的成立。这一点与债务人的行为是有偿的情形下的撤销权的成立有所不同。至于如何认定"影响债权人债权的实现"，要结合债权人的债权情况、债务人的责任财产状况等在个案中具体判断，不可僵化理解，既要防止对债务人行为的不当、过分干预，也要防止设定过于严苛的条件损害撤销权的正常行使。

2.关于撤销权的行使

撤销权的行使主体，是指因债务人的行为影响其债权实现的债权人。债权人有多个的，每个债权人都享有撤销权，但多个债权人都提起撤销权诉讼的，法院一般合并审理。债权人的撤销权不同于合同解除等普通的形成权。享有解除权的当事人可以通知的方式解除合同，通知一般自到达对方时解除。债权人的撤销权在学理上被称为"形成诉权"，即只能以提起诉讼的方式行使。本条要求只能以诉讼的方式行使撤销权，原因在于撤销权是对债务人行为自由的干预，打破了合同相对性原则，直接影响到第三人的利益，由法院对撤销权的行使予以审查，有利于防止撤销权的不当使用，并有利于使各方的法律关系及时得以明确，使被打破的秩序及时稳定下来。债权人的撤销权也不能通过仲裁的方式行使。

第五百三十九条 【撤销债务人有偿行为】

债务人以明显不合理的低价转让财产、以明显不合理的高价受让他人财产或者为他人的债务提供担保，影响债权人的债权实现，债务人的相对人知道或者应当知道该情形的，债权人可以请求人民法院撤销债务人的行为。

【立法背景】

若债务人的行为是有偿行为，债务人的相对人取得利益也付出了代价，与债务人的行为是无偿行为相比，在设计撤销权成立要件时，需要更重视对交易安全因素的考量，需要更加严格适用。

【条文精解】

根据本条规定，债务人的行为有偿情形下的撤销权的成立要件包括：

一是要有以明显不合理的低价转让财产、以明显不合理的高价受让他人财产或者为他人的债务提供担保的行为。债务人以明显不合理的低价转让财产、以明显不合理的高价受让他人财产的，虽然债务人的相对人也付出了一定代价，但因其明显不合理，实际上减少了债务人的责任财产，可以成为撤销权行使的对象。至于何谓"明显不合理的低价""明显不合理的高价"，需要结合具体交易情况，在个案中作具体判断。"为他人的债务提供担保"的行为是在合同法的基础上增加的。为他人的债务提供担保的行为，既包括为他人的债务担任保证人，也包括为他人的债务以自己的财产设定抵押、质押等，这些行为都会对债权人的债权实现造成重大影响，因此本条将其纳入撤销权行使的对象。

二是债务人的行为影响债权人的债权实现。债务人以明显不合理的低价转让财产、以明显不合理的高价受让他人财产或者为他人的债务提供担保的行为，要在客观上影响债权人债权的实现，方能撤销。至于如何认定"影响债权人债权的实现"，要结合债权人的债权情况、债务人的责任财产状况等在个案中予以具体判断。此外，不论债务人的行为是影响债权人的到期债权实现，还是影响债权人的未到期债权将来实现，债权人均可以行使撤销权。

三是债务人的相对人主观上存在恶意。这一要件是与债务人的行为是无偿行为时行使撤销权的不同之处。债务人的相对人在主观上存在恶意，是指债务人的相对人知道或者应当知道债务人的行为影响债权人的债权实现。该要件的举证责任由行使撤销权的债权人承担。如果债务人的相对人在主观上并不存在恶意，对债务人的有偿行为或者债务人提供担保的行为影响债权人的债权实现的情况并不知情，那么债权人也不得撤销债务人的行为。

第五百四十条 【撤销权行使范围】

撤销权的行使范围以债权人的债权为限。债权人行使撤销权的必要费用，由债务人负担。

【立法背景】

债权人向人民法院提起诉讼，行使撤销权的目的在于恢复债务人的责任财产而保全债权，这在一定程度上限制了债务人自由处分财产的权利，突破了合同相对性原则，也会对债务人的相对人的利益产生一定影响。因此，债权人行使撤销权的范围不宜过宽。

【条文精解】

依照本条规定，债权人行使撤销权的范围应以自己的债权为限。例如，债权人对债务人享有 50 万元的金钱债权，债务人无偿或者低价处分财产的行为有多项，既将自己价值 50 万元的汽车赠与他人，又将房产以低于市价 50 万元的价格出售于他人，那么债权人应当在债务人减少责任财产 50 万元的额度范围内请求撤销债务人的行为，可以选择撤销债务人的汽车赠与行为或者低价出售房产的行为之一，但不得请求将汽车赠与行为和低价出售房产行为这两项行为一并撤销。当然，如果债务人的行为无法分割，即使债务人减少责任财产的数额超过了债权人的债权额，债权人也可以请求撤销。两个或者两个以上债权人同时提起撤销权诉讼，请求撤销债务人的行为的，人民法院可以合并审理，以各债权人为原告，债务人为被告，此时撤销权的行使范围以作为原告的各债权人的债权额总和为限。债权人行使撤销权会支付一定的费用。依照本条规定，债权人行使撤销权的必要费用，由债务人负担。

第五百四十一条 【撤销权行使期间】

撤销权自债权人知道或者应当知道撤销事由之日起一年内行使。自债务人的行为发生之日起五年内没有行使撤销权的，该撤销权消灭。

【立法背景】

债权人行使撤销权，是对债务人行为的限制，债务人影响债权人的债权实现的行为被撤销的，自始没有法律约束力。因此，债权人撤销权的行使足以改变既存秩序，也会对交易安全制度带来一定的挑战。为了维护社会秩序的相对稳定，应当对撤销权的行使期间作一定的限制。

【条文精解】

依照本条规定，撤销权的行使期间为除斥期间。撤销权原则上应在债权人知道或者应当知道撤销事由之日起一年内行使，但自债务人的行为发生之日起 5 年内没有行使的，撤销权消灭。将撤销权行使期间起算点规定为"债权人知道或者应当知道撤销事由之日起"，有利于保护债权人的利益，防止其因不知撤销事由存在而错失撤销权的行使。同时规定"自债务人的行为发生之日起五年"的客观期间，有助于稳定民事法律关系，维护交易秩序。

第五百四十二条 【债务人行为被撤销的法律效果】

债务人影响债权人的债权实现的行为被撤销的，自始没有法律约束力。

【立法背景】

合同法未对债务人影响债权人的债权实现的行为被撤销的法律效果作出规定，一些意见提出，法律有必要对此予以明确。

【条文精解】

依照本条规定，债权人的撤销权成立，债务人的行为被人民法院撤销的，债务人的行为自始没有法律约束力。债务人放弃其债权、放弃债权担保的行为被撤销后，债务人的相对人仍对债务人负有债务、担保人仍对债务负有担保责任。债务人无偿或者低价转让财产的行为、高价受让财产的行为被撤销后，债务人尚未给付的，不得再向相对人给付，相对人也不再享有请求债务人给付的权利；债务人已经向相对人给付的或者已经互相给付的，债务人、债务人的相对人负有返还财产、恢复原状的义务，不能返还的应当折价补偿。债务人为他人的债务提供担保的行为被撤销后，债务人不再负有担保责任；债务人已经承担担保责任的，担保权人对债务人负有返还义务。

第六章　合同的变更和转让

第五百四十三条 【当事人协商变更合同】

当事人协商一致，可以变更合同。

【立法背景】

本条是关于当事人协商一致变更合同的规定，来源于《合同法》第77第

1 款，未修改。

【条文精解】

合同的变更，是指合同成立后，当事人对合同的内容进行修改或者补充。本条规定的合同变更，不包括合同当事人或者合同主体的改变，债权人和债务人的改变，是通过本章债权转让、债务转移等制度调整的。

合同是当事人经协商一致达成的，合同成立后，就对当事人具有法律约束力，任何一方未经对方同意，都不得改变合同的内容。但是，当事人在订立合同时，有时无法对涉及合同的所有问题都作出明确的约定；合同订立后，也会出现一些新的情况，导致合同内容需要调整。因此，当事人可以本着协商的原则，依据合同成立的规定，确定是否就变更事项达成协议。如果双方当事人就变更事项达成了一致意见，变更后的内容就取代了原合同的内容，当事人就应当按照变更后的内容履行合同。

合同变更，首先，要求存在已成立的有效合同关系。其次，要求对合同的内容进行变更。这些内容包括但不限于数量、履行地点、履行方式、违约责任等内容。最后，要求当事人就变更事项协商一致。当事人的协商一致，可能是事先协商约定一定条件下的变更权，也可能是事后协商。

如果双方当事人就变更事项达成了一致意见，变更后的内容就取代了原合同的内容，当事人就应当按照变更后的内容履行合同，合同没有发生变更的部分对当事人仍具有法律约束力。

【实践中需要注意的问题】

第一，当事人之间的合同变更，未经第三人同意，不得对该第三人产生不利影响，否则对第三人不发生效力；第二，要注意区分合同变更与合同更新，根据当事人的意思表示看合同是否丧失了同一性，注意合同债权所附着的担保、抗辩等利益和瑕疵是否继续存在。

第五百四十四条 【合同变更内容约定不明】

当事人对合同变更的内容约定不明确的，推定为未变更。

【立法背景】

本条是关于合同变更的内容约定不明确的规定，来源于《合同法》第78

条，未修改。

【条文精解】

合同变更的过程，就是当事人协商一致的过程。因此，本法中关于要约、承诺的规定也适用于合同变更的情况。当事人在变更合同的过程中，可能出现对需要变更的内容达不成完全一致意见的情况。合同变更会改变当事人之间的权利义务，直接关系到当事人的利益。为了减少在合同变更时可能发生的纠纷，本条规定，当事人对于合同变更的内容约定不明确的，推定为未变更。即使当事人对变更形成合意，在对变更的内容约定不明确的情况下，也推定为未变更，除非当事人可以举证推翻该推定。此时，当事人只需按照原有合同的规定履行即可，任何一方不得要求对方履行变更中约定不明确的内容。

【实践中需要注意的问题】

当事人在约定合同变更时，对部分条款的变更的约定是明确的，对另一部分条款的变更的约定不明确，如果这两部分条款在内容上可以分开，则约定明确的部分有效，而约定不明确的部分推定为未变更；但如果这两部分条款在内容上不可分割，则应当认为，整个合同条款的变更约定不明确，应当推定为未变更。

第五百四十五条 【债权转让】

债权人可以将债权的全部或者部分转让给第三人，但是有下列情形之一的除外：

（一）根据债权性质不得转让；

（二）按照当事人约定不得转让；

（三）依照法律规定不得转让。

当事人约定非金钱债权不得转让的，不得对抗善意第三人。当事人约定金钱债权不得转让的，不得对抗第三人。

【立法背景】

本条是关于债权转让的规定，来源于《合同法》第79条。同时，本条借鉴比较经验，新增第2款规定，对于禁止债权转让特约的效力，区分债权属金钱债权还是非金钱债权、受让人的善恶意予以不同处理。

【条文精解】

债权转让，是指不改变债权的内容，由债权人通过合同将债权转让给第三人。从鼓励交易、促进市场经济发展的目的看，法律应当允许债权人的转让行为，承认债权的经济价值，使债权具有流通性，实现担保融资、托收、贴现、保理、资产证券化等多种交易模式的构建可能。因此，债权原则上具有可转让性，债权人可以转让其债权，无论该债权是现有的还是将有的债权，只要债权可以被特定化。

但是，为了维护社会公共利益或者特定主体的私人利益，法律又对债权的可转让性进行了一定限制。在吸取有关国家和地区的立法经验并总结我国实践经验的基础上，本条明确有以下情形之一的，债权人不得转让其权利：

1. 根据债权性质不得转让的权利

根据债权性质不得转让的权利，主要包括以下类型：（1）当事人基于信任关系订立的委托合同、赠与合同等产生的债权。（2）债权人的变动必然导致债权内容的实质性变更。例如，要求医院进行手术或者要求律师提供咨询的债权。（3）债权人的变动会危害债务人基于基础关系所享有的利益，实质性地增加了债务人的负担或风险，或实质性地损害了债务人的利益。例如，承租人请求交付租赁物的债权。

2. 按照当事人约定不得转让的权利

当事人可以对债权的转让作出特别约定，禁止债权人将权利转让给第三人。这种约定只要是有效的，债权人就应当遵守该约定，不得再将权利转让给他人，否则其行为构成违约，造成债务人利益损害的，债权人应当承担违约责任。

3. 依照法律规定不得转让的权利

我国一些法律中对某些权利的转让作出了禁止性规定。对于这些规定，当事人应当严格遵守，不得违反法律的规定，擅自转让法律禁止转让的权利。例如，《信托法》第11条第4项规定，专以诉讼或者讨债为目的设立的信托无效，因此，不得专以诉讼或者讨债为目的设立信托而进行债权转让。

按照当事人约定不得转让的权利中，债权人违反约定未经债务人同意而转让债权的，应当依法对债务人承担违约责任。但是，受让人能否取得债权，对此存在不同观点和立法例。经研究，考虑到债务人利益保护和债权流通性之间的平衡，在通过民事法律行为转让该类债权时，如果被转让的债权是非金钱债权，区分受让人的善恶意予以不同处理。在受让人为善意时，受让人取得债权，债务人不能对受让人主张债权禁止转让的抗辩，以保护善意的受让人并保障债权的流通价值；在受让人为恶意时，受让人仍然取得债权，但债务人有权向受让人主张债权禁止转让的抗辩。金钱债权的转让对债务人所造成的影响较小，而金钱债权的流通性价值在实践中却非常重要，其与融资之间的关系更为密切，实践中的债权转让也主要是金钱债权的转让。如果被转让的债权是金钱债权，受让人无论善意还是恶意，都能取得债权，债务人不能对受让人主张债权禁止转让的抗辩，债务人因此所遭受的损失，有权请求让与人承担违约损害赔偿责任。据此，本条增加了第 2 款规定。

第五百四十六条 【债权转让通知】

债权人转让债权，未通知债务人的，该转让对债务人不发生效力。

债权转让的通知不得撤销，但是经受让人同意的除外。

【立法背景】

本条是关于债权转让通知的规定，来源于《合同法》第 80 条，同时为了表述更加精确，作了一些文字上的修改。

【条文精解】

债权人转让债权有利于债权的流通性，发挥债权的经济价值。但是，债权人转让债权的行为会给债务人的利益造成一定的影响，因此，为了保护债务人的利益，本条规定了债权转让的通知。

关于债权人转让权利，不同国家的法律规定有所区别。考虑到债权流通性和债务人利益保护之间的平衡，本法在债权转让的问题上确立了债权转让只需通知债务人的原则。

立法过程中，有的意见认为，《合同法》第 80 条关于债权转让通知的效力并不清晰，债权转让通知是不是受让人取得债权的条件，应当予以明确。经研究认为，债权转让通知的目的是保护债务人，据此，是否通知债务人不影响受让人对转让债权的取得。因此，本条对合同法的上述条文进行了修改，以更为明确，在让与人和受让人之间的关系上，受让人取得转让债权不以通知债务人作为条件，债权转让合同的效力不因未通知债务人而受影响。

债权转让通知债务人后，按照有效的债权转让合同，为保护受让人的利益，让与人对受让人负有不得撤销转让通知的义务。如果让与人在转让通知后有权随意单方撤销转让通知，则债务人即有权拒绝受让人的履行请求，在债务人向让与人作出履行后，债务人的债务消灭，此时受让人仅能向让与人请求，会因此而遭受讼累、承受让与人的破产风险等不利益，不利于受让人地位的保障和债权的流通。因此，原债权人无权撤销转让权利的通知，只有在受让人同意的情况下，债权人才能撤销其转让权利的通知。同时，这也有助于保护债务人的利益，避免债权人单方撤销转让通知时债务人的审查困难。

第五百四十七条　【受让人取得转让债权的从权利】

债权人转让债权的，受让人取得与债权有关的从权利，但是该从权利专属于债权人自身的除外。

受让人取得从权利不因该从权利未办理转移登记手续或者未转移占有而受到影响。

【立法背景】

本条是关于受让人取得转让债权的从权利的规定，来源于《合同法》第81条，并在此基础上新增第2款，对从权利移转是否需要登记的问题予以明确。

【条文精解】

从权利，是指附随于主权利的权利。抵押权、质权、保证等担保权利以及附属于主债权的利息等孳息请求权，都属于主权利的从权利。由于从权利是从主权利派生出来的，从权利从属于主权利，这也包括转让上的从属性。

根据本条第1款的规定，债权人转让主权利时应当将从权利一并转让，受让人在取得主权利的同时，也取得与债权有关的从权利。考虑到有的从权利的设置是针对债权人自身的，与债权人有不可分离的关系，本条第1款在确立从权利随主权利转让原则的同时，规定专属于债权人自身的从权利不随主权利的转让而转让。在法律另有规定或者当事人另有约定时，受让人可能也会在取得主债权时未取得从权利。例如，本法第421条、

第 696 条第 2 款的规定。

抵押权、质权等从权利随着主债权的转让而转让，但关于受让人对这些从权利的取得是否以办理转移登记手续或者转移占有为前提，存在不同观点。经研究，本条在合同法的基础上增设第 2 款，认为债权受让人取得这些从权利是基于法律的规定，并非基于法律行为的物权变动，并且有利于保障主债权顺利实现。在债权转让前，这些从属性的担保权利已经进行了公示，公示公信的效果已经达成，因此没有进一步保护第三人进而维护交易安全的必要。此时，在物和权利担保的顺位上，仍是以设定担保的公示时间为依据而确定顺位。

第五百四十八条 【债权转让中债务人的抗辩】

债务人接到债权转让通知后，债务人对让与人的抗辩，可以向受让人主张。

【立法背景】

本条是关于债权转让中债务人抗辩的规定，来源于《合同法》第 82 条，未修改。

【条文精解】

债权人转让债权，不需要经债务人同意，因此债务人的利益不应因债权人转让权利的行为而遭受损害，受让人所享有的权利也不应优于让与人曾经享有的权利，而是享有和让与人同样的权利；同时，受让人较之债务人也更有能力控制由此所产生的风险。为了保障债务人的利益，应当保证债权人的变化不影响债务人所享有的抗辩和其他权利。

根据本条规定，债务人接到债权转让通知后，债务人对让与人的抗辩，可以向受让人主张。首先是债务人在接到债权转让通知后，可以向受让人主张债务人对让与人的抗辩。关于该抗辩产生的时间点，存在不同的立法例。有的将该抗辩限制在债务人接到转让通知时可以向让与人主张的抗辩；有的不限制抗辩产生的时点，只要是债务人可以对让与人主张的抗辩都可以对受让人主张。经研究认为，如果采取前一种观点，则可能会产生不合理的结果。例如，甲作为卖方与乙签订买卖合同，约定甲先交货，乙再付钱，在交货期限届满之前，甲将对乙的价金债权转让给丙并通知了乙，在丙向乙主张债权时，乙可否对丙主张因甲未交货所产生的抗辩？如果严格采取第一种方式，则因为此抗辩的产生时间是在乙接到转让通知之后，所以不能向丙主张，这显然是不合理的。因此，这些立法例通常认为，并非抗辩在债务人接到债权转让通知后才发生，只要在此之前已经存在抗辩发生的法律基础或者依据即可。这与另一种立法例区别已经不大了，因此本条采取了第二种观点。

其次，债务人可以向受让人主张其对让与人的抗辩。债务人接到债权转让通知后，可以行使抗辩来保护自己的利益，债务人的抗辩并不随债权的转让而消灭，所以，在债权转让的情况下，债务人可以向作为新债权人的受让人行使该抗辩。这些抗辩包括阻止或者排斥债权的成立、存续或者行使的所有事由所产生的一切实体抗辩以及程序抗辩。

【实践中需要注意的问题】

"债务人接到债权转让通知后"并非抗辩产生的时点，只要是债务人可以对让与人主张的抗辩都可以对受让人主张。但是，在受让人取得债权，债务人接到转让通知后，因债务人和让与人之间的民事法律行为所产生的债务人对让与人的抗辩，未经受让人同意，一般对受让人不发生效力。

第五百四十九条 【债务人的抵销权】

有下列情形之一的，债务人可以向受让人主张抵销：

（一）债务人接到债权转让通知时，债务人对让与人享有债权，且债务人的债权先于转让的债权到期或者同时到期；

（二）债务人的债权与转让的债权是基于同一合同产生。

【立法背景】

本条是关于债权转让中债务人的抵销权的规定。来源于《合同法》第83条，并区分两种情形对债务人的抵销权作出规定。

【条文精解】

债权人转让债权不需要经债务人同意，因此债务人的利益不应因债权人转让债权的行为而遭受损害。如果债务人对债权人也享有债权，那么，在这种情况下，债务人可以依照法律的规定向受让人行使抵销权。

根据本条第1项的规定，债务人对受让人主张抵销权的条件如下：首先，债务人必须对让与人享有债权，且标的物种类、品质相同。其次，债务人对让与人享有债权的法律原因必须在债务人接到债权转让通知时已经存在。这是为了避免债务人在接到债权转让通知后才紧急从他人处低价取得对让与人的债权，进而损害受让人的利益，受让人此时也无法预防此种情形的出现。最后，债务人对让与人的债权先于转让的债权到期或者同时到期。

根据本条第2项的规定，债务人对受让人主张抵销权的条件如下：首先，债务人必须对让与人享有债权，且标的物种类、品质相同。其次，债务人对让与人的债权与转让的债权是基于同一合同产生的。由于这两个债权是基于同一合同产生的，具有密切的联系，受让人就应当认识到债务人对让与人可能基于该合同享有债权，因此受让人能够在订立债权转让合同时针对种抵销可能性作出预先安排。

债务人向受让人主张此种抵销的，应当依据第568条第2款的规定通知受让人，并且抵销不得附条件或者附期限。

【实践中需要注意的问题】

如果债务人在接到债权转让通知时，债务人的抵销权依照法律规定已经产生，其可以行使抵销权但尚未行使，即使在债权转让后，债务人原本可以主张抵销的利益此时也应加以保护，因此在债务人接到转让通知后，仍可以向受让人主张该抵销。

第五百五十条 【债权转让增加的履行费用负担】

因债权转让增加的履行费用，由让与人负担。

【立法背景】

本条是关于因债权转让增加的履行费用负担的规定，属于新增规定。

【条文精解】

因债权转让而额外增加的债务人的履行费用，有约定的按约定处理；无约定的，基于保护债务人利益的考虑，当然不应由债务人自行负担，债务人有权在受让人要求履行时相应地依法主张抵销或者行使履行抗辩权。债务人或者受让人先负担了增加的履行费用的，除另有约定外，可以要求让与人最终负担该增加的履行费用。这也与本法第 511 条第 6 项的规定保持一致，即当事人就有关履行费用的负担约定不明确并且无法确定的，因债权人原因增加的履行费用，由债权人负担。

【实践中需要注意的问题】

若当事人对债务人增加的履行费用另有约定，则遵从当事人约定。

第五百五十一条　【债务转移】

债务人将债务的全部或者部分转移给第三人的，应当经债权人同意。

债务人或者第三人可以催告债权人在合理期限内予以同意，债权人未作表示的，视为不同意。

【立法背景】

本条是关于债务转移的规定，来源于《合同法》第 84 条，并新增第 2 款规定，就债权人的沉默视为不同意作出专门的规定。

【条文精解】

债务转移，是指不改变债务的内容，债务人将债务全部或者部分地转移给第三人。债务转移分为两种情况：一种情况是债务的全部转移；另一种情况是债务的部分转移。

合同债务中，债权人和债务人的合同关系产生于相互了解的基础上，在订立合同时，债权人一般要对债务人的资信情况和偿还能力进行了解，而对于取代债务人或者加入债务人的第三人的资信情况及履行债务的能力，债权人不可能完全清楚。所以，如果债务人不经债权人的同意就将债务转移给了第三人，那么，对于债权人来说显然是不公平的，不利于保障债权人合法利益的实现。转移债务要经过债权人的同意，这也是债务转移制度与债权转让制度最主要的区别。

在债务转移中，首先，要求存在债务。债务原则上具有可转移性，同时根据债务的性质、当事人的约定或者法律规定也存在不得转移的情形，例如，著名画家作画的义务。其次，要求有效的债务转移合同。最后，按照本条第 1 款的规定，该债务转移需要经过债权人的同意。如果债务人与第三人订立的债务转移合同未征得债权人同意，则此时可以认为是由第三人代为履行债务而非债务转移，债务人仍负有向债权人履行的义务，债权人仍有权向债务人请求履行债务，但不能请求第三人履行债务。在债务转移经过债权人同意后，第三人向债权人履行债务时，债权人不能拒绝受领。债务人、第三人可以和债权人三方共同签订债务转移合同。债权人的同意也可以事先作出，此时债务转移仅需要通知债权人即可对债权人发生效力。债权人的同意可以采取明示或默示的方式。基于保护债权人利益的考虑，本条第2款规定，债务人或者第三人可以催告债权人在合理期限内予以同意，债权人未作表示的，视为不同意。

> **第五百五十二条　【债务加入】**
>
> 　　第三人与债务人约定加入债务并通知债权人，或者第三人向债权人表示愿意加入债务，债权人未在合理期限内明确拒绝的，债权人可以请求第三人在其愿意承担的债务范围内和债务人承担连带债务。

【立法背景】

本条是关于债务加入的规定，属于新增规定。在立法过程中，关于是否应当规定债务加入存在不同意见，分歧在于如何理解免责的债务移转和债务加入之间的关系。经研究认为，债务加入与免责的债务转移在构成要件、法律效果等方面存在不同，对债务加入予以明确规定，有利于明确两者的不同，有利于法律适用的清晰，有利于债权人权利的实现，也在一定程度上减轻了其他债务人的负担。

【条文精解】

债务加入，即第三人加入债务中，作为新债务人和原债务人一起向债权人负有连带债务。债务加入与债务转移的区别在于：债务转移中，原则上原债务人不再作为债务人，而由第三人作为债务人，因此债务转移又被称为免责的债务转移；但债务加入中，第三人和原债务人一起对债权人负有连带债务，因此债务加入也被称为并存的债务转移。可以看出，较之债务转移，债务加入对债权人更为有利。在究竟是债务转移还是债务加入意思不清晰时，考虑到债权人对债务人资力和履行能力的信赖，基于保护债权人利益的价值，债务人不应轻易地从债务中摆脱，可以推定为债务加入。

同样应当区分的是债务加入和连带保证。两者均增加了担保债权实现的责任财产，但不同在于：第一，保证债务是债务人不履行债务时，保证人承担保证责任的从属性债务，而债务加入时第三人作为连带债务人，没有主从关系；第二，连带保证具有保证期间和诉讼时效的限制，而债务加入后产生的连带债务仅具有诉讼时效的限制；第三，连带保证人承担保证责任后，可以向债务人追偿，而债务加入人作为连带债务人履行债务后，是否对债务人有追偿权，取决于其与债务人之间的约定。

在债务加入中，同样首先要求存在债务，其次要求存在债务加入合同。该债务加入合同可以是第三人和债务人的约定，也可以是第三人直接向债权人表示愿意加入。是否需要债权人的同意，不同立法例存在不同观点：有的规定同样需要债权人的同意；有的规定无须债权人的同意；有的规定无须债权人同意，但债权人有权拒绝。考虑到债务加入一般对债权人不会造成损失，但是，任何人均有权拒绝获利，且在例外情形中也可能对债权人增加不便，因此本条规定，债权人有权在合理期限内对此予以明确拒绝。

债务人、第三人也可以和债权人三方共同签订债务转移合同，此时债权人已经表示了同意。当然，在第三人向债权人表示愿意加入债务，或者债权人和第三人之间签订债务加入合同，与债务转移合同中的情形相同，该类债务加入合同至少应当通知债务人，债务人应当能够拒绝债权人和第三人之间签订的债务转移合同对其发生效力，这同样类似于本法第522条第2款规定的真正利益第三人合同的构建方案。

构成债务加入后，除另有约定外，第三人和债务人负有同一内容的债务，但债务人并不因此而免负债务，而是与第三人一起对债权人负有连带债务，当然，连带债务的范围应当限制在第三人愿意承担的债务范围内。此时，本法关于连带债务的规定应当在债务加入中被适用。应当指出的是，当事人也可以通过约定作出不同于连带债务的其他选择。

第五百五十三条 【债务转移中新债务人抗辩和抵销】

债务人转移债务的，新债务人可以主张原债务人对债权人的抗辩；原债务人对债权人享有债权的，新债务人不得向债权人主张抵销。

【立法背景】

本条是关于债务转移中新债务人抗辩和抵销的规定。本条前半句源自《合同法》第85条，未修改，后半句属于新增规定。在立法过程中，有意见提出，在债务转移中，因债权人对原债务人承担的债务而产生的抵销权，新债务人不能行使，否则无异于承认新债务人可以处分债权人的权利。经研究，新增了后半句规定。

【条文精解】

债务人转移债务的，新的债务人取代了原债务人的地位，承担其履行义务的责任。这意味着新债务人和原债务人具有相同的法律地位，因此原债务人享有的对债权人的抗辩，不因债务的转移而消灭，新债务人可以继续向债权人主张。

这些抗辩只要是基于债权人和原债务人之间的法律关系所产生的，阻止或者排斥债权的成立、存续或者行使的所有事由所产生的一切实体抗辩和程序抗辩，均可由新债务人向债权人主张。

在立法过程中，有意见提出，在债务转移中，因债权人对原债务人承担的债务而产生的抵销权，新债务人不能行使，否则无异于承认新债务人可以处分债权人的权利。经研究，在抵销这个问题上，债务转移和债权转让有所不同，故本条规定"原债务人对债权人享有债权的，新债务人不得向债权人主张抵销"，以凸显债务转移与债权转让在抵销问题上的不同。

第五百五十四条 【债务转移中新债务人承担从债务】

债务人转移债务的，新债务人应当承担与主债务有关的从债务，但是该从债务专属于原债务人自身的除外。

【立法背景】

本条是关于债务转移中新债务人承担从债务的规定，来源于《合同法》第86条，未修改。

【条文精解】

债务人转移主债务的，与主债务有关的从债务随着主债务的转移而转移，新债务人应当承担与主债务有关的从债务。所谓从债务，是指附随于主债务的债务。从债务与主债务密切联系在一起，不能与主债务相互分离而单独存在。所以当主债务发生移转以后，从债务也要发生转移，新债务人应当承担与主债务有关的从债务。但是，有的从债务是专属于债务人本身的，这些从债务不随主债务的转移而转移。

【实践中需要注意的问题】

本条仅规定了新债务人应当承担与主债务有关的从债务，并未规定新债务人当然享有与主债务有关的从权利。

第五百五十五条【合同权利义务一并转让】

当事人一方经对方同意，可以将自己在合同中的权利和义务一并转让给第三人。

【立法背景】

本条是关于合同权利和义务一并转让的规定，来源于《合同法》第88条，未修改。

【条文精解】

合同权利和义务的一并转让，又被称为概括转让或者合同地位转让，是指合同关系的一方当事人将其合同权利和义务一并转移给第三人，由第三人全部地承受这些权利和义务。合同权利和义务的一并转让不同于债权转让、债务转移的是，它是一方当事人对其当事人地位的转让，其转让的内容实际上包括但不限于债权转让和债务转移，并非债权转让和债务转移的简单组合，而是第三人成为新的当事人，与当事人地位联系在一起的撤销权、解除权等权利，也均转移给第三人。

在立法过程中，有观点认为本条规定不应限于合同权利和义务，而应包括所有的债权债务，故应当将"合同中的权利和义务"修改为"债权和债务"。经研究，债权和债务除了合同权利和义务之外，确实还包括其他法定的债权和债务。但是，合同权利和义务通过约定一并转让，涉及与当事人地位联系在一起的撤销权、解除权等权利也随之转让，因此有必要作出特别规定。

根据本法规定，债权人转让债权应当通知债务人；债务人转移债务必须经债权人的同意。合同权利和义务的一并转让既包括债权的转让，又包括债务的转移，这可能对对方当事人产生不利，因此，当事人一方将合同权利和义务一并转让时，应当经对方当事人的同意。当事人一方未经对方当事人同意，将自己的权利和义务一并转让的，对对方当事人不发生效力。

合同权利和义务的一并转让，除当事人另有约定外，原则上转让的当事人一方退出合同关系，其当事人地位被第三人所取代，第三人成为新的当事人，享有当事人的所有权利，承担当事人的所有义务。这并未排除当事人的其他约定，例如，当事人可以约定，转让方继续对债务承担连带债务和对债权享有连带债权，或者转让方对债务承担约定的担保责任。

【实践中需要注意的问题】

合同当事人一方经对方同意将其在合同中的权利和义务一并转让给受让人，对方与受让人因履行合同发生纠纷诉至人民法院，对方就合同权利和义务提出抗辩的，可以将出让方列为第三人。

第五百五十六条 【合同权利和义务一并转让应当适用有关条款】

合同的权利和义务一并转让的，适用债权转让、债务转移的有关规定。

【立法背景】

本条是关于合同权利和义务一并转让应当适用有关条款的规定，来源于《合同法》第 89 条，未修改。

【条文精解】

合同权利和义务一并转让时，应当遵守本法有关债权转让和债务转移的其他规定。

具体而言，在涉及债权转让的范围内，适用以下规定：

（1）不得转让的债权的规定。（第 545 条）

（2）债权受让人取得与债权有关的从权利的规定。（第 547 条）

（3）债务人对让与人的抗辩可以继续向受让人主张的规定。（第 548 条）

（4）债务人对受让人主张抵销的规定。（第 549 条）

（5）债权转让增加的履行费用的负担的规定。（第 550 条）

（6）债权转让批准的规定。（第 502 条第 3 款）

在涉及债务转移的范围内，适用以下规定：

（1）新债务人的抗辩和抵销的规定。（第 553 条）

（2）新债务人承担与主债务有关的从债务的规定。（第 554 条）

（3）债务转移批准的规定。（第 502 条第 3 款）

第七章　合同的权利义务终止

第五百五十七条　【债权债务终止情形】

有下列情形之一的，债权债务终止：

（一）债务已经履行；

（二）债务相互抵销；

（三）债务人依法将标的物提存；

（四）债权人免除债务；

（五）债权债务同归于一人；

（六）法律规定或者当事人约定终止的其他情形。

合同解除的，该合同的权利义务关系终止。

【立法背景】

本条是关于债权债务终止情形的规定。本条源自《合同法》第91条。该条自颁布以来争议较大，经研究，本条将"合同解除"单列于第2款。

【条文精解】

债权债务终止，是指有效的债权债务因具备法定情形和当事人约定的情形而归于消灭，债权人不再享有债权，债务人也不必再履行债务。按照本条第1款的规定，有下列情形之一的，债权债务终止：

1.债务已经履行

债务已经履行，是指债务人按照债的标的、质量、数量、价款或者报酬、履行期限、履行地点和方式正确地、适当地全面履行了债务。

以下情况也属于债务的全面履行：（1）第三人按照债权人和债务人之间的约定或者依照法律规定履行；（2）债务人按照约定或者依照法律规定向第三人履行；（3）债权人和债务人协商一致以他种给付代替原定给付。

2.债务相互抵销

债务相互抵销，是指当事人互负债务、互享债权，以自己的到期债权抵充对方的债权,使自己的债务与对方的债务在等额内消灭。本法第568条至第569条规定了抵销的具体条件和后果。

3. 债务人依法将标的物提存

提存,是指由于法律规定的原因,债务人无法向债权人交付合同标的物时,债务人将该标的物交给提存部门而消灭债务的制度。本法在第570至第574条规定了提存的条件、程序和法律效力。

4. 债权人免除债务

债权人免除债务,是指债权人放弃自己的债权。债权人可以免除债务的部分,也可以免除债务的全部。本条第575条具体规定了此种事由。

5. 债权债务同归于一人

债权和债务同归于一人,是指由于某种事实的发生,使原本由一方当事人享有的债权,而由另一方当事人负担的债务,统归于一方当事人,使该当事人既是债权人,又是债务人。本法第576条具体规定了此种终止事由。

6. 法律规定或者当事人约定终止的其他情形

除了前述债权债务终止的情形,出现了法律规定的终止的其他情形的,合同的权利义务也可以终止。比如,本法第977条规定,合伙人死亡、丧失民事行为能力或者终止,构成合伙合同的特殊终止事由。此外,当事人也可以约定债权债务终止的情形。

本条第2款规定了合同解除导致该合同的权利义务关系终止。合同的解除,是指合同成立对当事人具有法律约束力后,当具备法律规定的或者当事人约定的合同解除事由时,或者当事人协商一致时,因当事人一方或双方的意思表示而使整体的合同关系终止。解除导致合同整体权利义务关系的终止,而非合同关系中单个债权债务的终止,并且在合同权利义务终止后,还涉及解除后的各种权利义务关系。同时,解除仅能适用于合同的权利义务关系,而不能适用于其他法定的债权债务关系。据此,本条在合同法规定的基础上将合同解除单独作为一款。本法第562条至第566条对合同解除作了具体的规定。

第五百五十八条　【后合同义务】

债权债务终止后，当事人应当遵循诚信等原则，根据交易习惯履行通知、协助、保密、旧物回收等义务。

【立法背景】

本条是关于后合同义务的规定。本条源自《合同法》第92条。立法过程中，有意见提出，这些义务不仅在合同的权利义务终止后会发生，在其他法定之债的债权债务终止后，也会存在。经研究，因无因管理等发生的法定之债中，在债权债务终止后，也同样可能发生协助、保密等义务，因此，将合同法中的"合同的权利义务"修改为"债权债务"。同时，根据本法第9条的规定，本条新增"旧物回收"的后合同义务。

【条文精解】

后合同义务，是指合同的权利义务终止后，当事人依照法律的规定，遵循诚信等原则，根据交易习惯履行的各项义务。

后合同义务具有以下特点：(1)后合同义务是合同的权利义务终止后产生的义务。合同成立前，当事人承担的是先合同义务；合同的权利义务未终止，当事人履行的是合同义务。(2)后合同义务主要是法律规定的义务，有别于合同中的约定义务。(3)后合同义务是诚信等原则派生的义务。合同的权利义务终止后，当事人应当履行哪些义务，并没有一定之规，依诚信原则应履行的义务，均应为后合同义务的范围。当事人主观方面的要求也可以根据诚信等原则予以确定。(4)后合同义务的内容根据交易习惯确定。合同的内容不同，后合同义务也不同，法律不可能针对个案确定后合同义务的内容，但按照交易习惯，某类合同终止后，当事人通常的行为准则应作为后合同义务。所谓交易习惯，一方面指一般的民商事活动应遵循的习惯，另一方面指当事人双方长期交易关系中形成的习惯。

遵循诚信等原则，根据交易习惯，债权债务终止后的义务通常有以下几方面：(1)通知的义务。债权债务终止后，一方当事人应当将有关情况及时通知另一方当事人。(2)协助的义务。债权债务终止后，当事人应当协助对方处理与原合同有关的事务。(3)保密的义务。保密，是指保守国家秘密、商业秘密和合同约定不得泄露的事项。(4)旧物回收的义务。本法第9条规定了绿色原则，经研究，为进一步落实该项原则的要求，当事人在债权债务终止后，还依法负有旧物回收的义务，本条予以增补。

【实践中需要注意的问题】

后合同义务的具体范围需要根据具体个案作具体的判断，不宜以结果倒推后合同义务的范围。要考虑诚信原则所要求的不同价值之间的平衡，要考虑交易习惯的举证，结合当事人主观方面的要求、履行的对价、成本和收益的对比、当事人约定的可能性等，在个案中具体判断后合同义务的具体范围、强度、地域、内容、期限等。

第五百五十九条 【从权利随主权利消灭而消灭】

债权债务终止时，债权的从权利同时消灭，但是法律另有规定或者当事人另有约定的除外。

【立法背景】

本条是关于从权利随主权利消灭而消灭的规定，属于新增规定。

【条文精解】

从权利，是指附随于主权利的权利。抵押权、质权、保证等权利都属于主权利的从权利。由于从权利是从主权利派生出来的，从权利从属于主权利，这也包括消灭上的从属性。当主债权债务终止时，从权利一般也就没有了存在的价值，同时随之消灭。据此，本法第393条第1项就规定，主债权消灭的，担保物权也消灭。

但是，法律可能作出不同的规定。例如，主债权部分消灭的，作为从权利之一的担保物权并不在相应范围内部分消灭，而是根据担保物权的不可分性，主债权部分消灭的，担保物权仍然存在，担保财产仍然担保剩余的债权，直到债务人履行全部债务时为止。

【实践中需要注意的问题】

本条也允许当事人另有约定，如果当事人约定债权债务终止时，债权的从权利并不消灭而是独立存在，一般应当允许当事人的此种约定发生效力，但法律另有规定的除外。

第五百六十条 【数项债务的清偿抵充顺序】

债务人对同一债权人负担的数项债务种类相同，债务人的给付不足以清偿全部债务的，除当事人另有约定外，由债务人在清偿时指定其履行的债务。

债务人未作指定的，应当优先履行已经到期的债务；数项债务均到期的，优先履行对债权人缺乏担保或者担保最少的债务；均无担保或者担保相等的，优先履行债务人负担较重的债务；负担相同的，按照债务到期的先后顺序履行；到期时间相同的，按照债务比例履行。

【立法背景】

本条是关于数项债务的清偿抵充顺序的规定。本条在最高人民法院《关于适用〈中华人民共和国合同法〉若干问题的解释（二）》第20条的基础上，参酌国外立法例对清偿抵充作出规定。

【条文精解】

清偿抵充，指的是债务人对同一债权人负担的数项债务种类相同，债务人的给付不足以清偿全部债务时，确定该给付抵充这些债务中某项或者某几项债务；或者债务人在履行主债务外还应当支付利息和实现债权的有关费用，其给付不足以清偿全部债务的，确定该给付抵充该项债务中的某个或者某几个部分。

本条规定了清偿抵充的第一种情形，即数项债务的清偿抵充。本条的适用，首先要求债务人对同一债权人负担数项债务，其次要求债务人负担的数项债务的种类相同，最后要求债务人的给付不足以清偿全部债务。如果债务人的给付不足以清偿数项债务中的某一项，则可以将本条规定和下一条规定结合适用，通过下一条确定该项债务中有关费用、利息和主债务履行的顺序。

确定清偿抵充顺序的基本原则是：有约定从约定，无约定从指定，无指定从法定。

在当事人对抵充顺序没有约定且债务人在清偿时未指定的，则直接依据法定的顺序。在本条第1款已经承认债务人指定权的情况下，法定的抵充顺序应更多考量债权人的利益，采取债权人利益优先、兼顾债务人利益的原则确定。依据本条第2款的规定，依次依据下列方式确定抵充顺序：

（1）已到期债务。如果到期的债务和未到期的债务并存，应当先抵充已到期的债务。

（2）缺乏担保或者担保最少的债务。该规定旨在保护债权人的利益，使债权人未清偿的债务尽量存在担保。如果某债务有担保，另一债务无担保或者缺乏担保，则优先履行缺乏担保的债务。在债务均存在担保的情形下，则优先履行担保最少的债务。应当注意的是，此处的"担保最少"并非担保的绝对数额最少，而是对债权人而言，担保利益最少或者担保状况最低，否则某些情况下容易导致和本规定目的相违背的情形。

（3）债务人负担较重的债务。该规定旨在保护债务人的利益，优先清偿负担较重的债务，使债务人因清偿而获益最多。比如，无利息的债务对比有利息的债务，前者显然对债务人的负担较轻；在本金相同的情况下，低利息的债务对比高利息的债务，前者对债务人的负担较轻。在一些情形中同样也需要综合判断。

（4）先到期的债务。

（5）债务比例。

第五百六十一条 【费用、利息和主债务的清偿抵充顺序】

债务人在履行主债务外还应当支付利息和实现债权的有关费用，其给付不足以清偿全部债务的，除当事人另有约定外，应当按照下列顺序履行：

（一）实现债权的有关费用；

（二）利息；

（三）主债务。

【立法背景】

本条是关于费用、利息和主债务的清偿抵充顺序的规定。本条源自最高人民法院《关于适用〈中华人民共和国合同法〉若干问题的解释（二）》第21条。

【条文精解】

本条的适用，首先要求债务人在履行主债务外还应当支付利息和实现债权的有关费用，其次要求债务人的给付不足以清偿主债务、利息和实现费用。确定清偿抵充顺序的基本原则是：有约定按约定，无约定按法定。如果当事人就抵充的顺序协商一致，这是合同自由的表现，此时，该约定应当优先。

在当事人对抵充顺序没有约定时，其他立法例与本条的规定基本一致，采取有利于债权人的立场，依次按照下列顺序抵充：（1）实现债权的有关费用，包括保管费用、诉讼费用、执行费用等。（2）利息。利息是债权人预期应有的收益，是资金占有的成本，应当先于主债务或者本金而抵充。（3）主债务。

【实践中需要注意的问题】

本条规定更着重于对债权人利益的保护，与前条规定不同，本条排除了债务人指定的权利，否则，与本条的债权人利益保护立场相违背。

第五百六十二条【协商解除合同和约定解除权】

当事人协商一致，可以解除合同。

当事人可以约定一方解除合同的事由。解除合同的事由发生时，解除权人可以解除合同。

【立法背景】

本条是关于协商解除合同和约定解除权的规定，来源于《合同法》第93条，作了文字上的修改。

【条文精解】

合同解除是对当事人进行救济的方式之一。通过合同解除，能够使当事人在其合同目的不能实现的情形中摆脱现有合同权利义务关系的约束，重新获得交易的自由。合同解除包括当事人协商解除、行使约定解除权和行使法定解除权。本条规定了当事人协商解除合同和约定解除权。

根据自愿原则，当事人在法律规定范围内享有自愿解除合同的权利。当事人约定解除合同包括两种情况：

1. 协商解除

协商解除，是指合同产生法律约束力后，当事人以解除合同为目的，经协商一致，订立一个解除原来合同的协议。协商解除是双方的民事法律行为，是通过订立一个新的合同而解除原来的合同，因此应当遵循民事法律行为和合同的一般规定。

2. 约定解除权

约定解除权，是指当事人约定，合同履行过程中出现某种情况时，当事人一方或者双方有解除合同的权利。当约定解除合同的事由发生时，享有解除权的当事人可以行使解除权解除合同，而不必再与对方当事人协商。

当事人行使约定解除权，应当通知对方，合同解除的时间根据本法第565条的规定处理，除非当事人另有约定。合同解除的效果首先根据当事人的约定确定，当事人没有约定或约定不明时，适用本法关于合同解除效果的规定。

第五百六十三条 【一般法定解除权】

有下列情形之一的，当事人可以解除合同：

（一）因不可抗力致使不能实现合同目的；

（二）在履行期限届满前，当事人一方明确表示或者以自己的行为表明不履行主要债务；

（三）当事人一方迟延履行主要债务，经催告后在合理期限内仍未履行；

（四）当事人一方迟延履行债务或者有其他违约行为致使不能实现合同目的；

（五）法律规定的其他情形。

以持续履行的债务为内容的不定期合同，当事人可以随时解除合同，但是应当在合理期限之前通知对方。

【立法背景】

本条是关于法定解除事由的规定。本条第1款沿袭《合同法》第94条，同时增加了第2款。

【条文精解】

法定解除，是指合同具有法律约束力后，当事人在法律规定的解除事由出现时，行使解除权而使合同权利义务关系终止。

本条第1款规定的解除合同的事由有：

1. 因不可抗力致使不能实现合同目的

本法第180条第2款规定，不可抗力是不能预见、不能避免且不能克服的客观情况。不能预见、不能避免且不能克服是对不可抗力范围的原则规定，至于哪些可作为影响合同履行的不可抗力事件，我国法律没有具体规定，各国法律规定也不尽相同，一般说来，以下情况被认为属于不可抗力：（1）自然灾害。（2）战争。（3）社会异常事件。（4）政府行为。

不可抗力事件的发生，对履行合同的影响可能有大有小，有时只是暂时影响到合同的履行，可以通过延期履行实现合同的目的，对此不能行使法定解除权。只有不可抗力致使合同目的不能实现时，当事人才可以解除合同。

2. 在履行期限届满之前，当事人一方明确表示或者以自己的行为表明不履行主要债务

在合同履行期限届满之前，当事人一方明确表示或者以自己的行为表明不履行主要债务的，对方当事人可以解除合同。当事人一方明确表示或者以自己的行为表明不履行主要债务，当然要求其不享有履行抗辩权等正当理由，并且不履行的是主要债务，因此是根本性预期违约。预期违约分为明示违约和默示违约。所谓明示违约，是指合同履行期到来之前，一方当事人明确肯定地向另一方当事人表示他将不履行主要债务。所谓默示违约，是指合同履行期限到来前，一方当事人有确凿的证据证明另一方当事人在履行期限到来时，明显将不履行主要债务。

3. 当事人一方迟延履行主要债务，经催告后在合理期限内仍未履行

当事人一方迟延履行主要债务，经催告后在合理期限内仍未履行的，对方当事人可以解除合同。这有助于降低对方当事人证明迟延履行致使不能实现合同目的的难度。债务人迟延履行债务是违反合同约定的行为，但并非就可以因此解除合同。只有符合以下条件，才可以解除合同：（1）迟延履行主要债务。所谓主要债务，应当依照合同的个案进行判断，一般说来，影响合同目的实现的债务，应为主要债务。（2）经催告后债务人仍然不履行债务。债务人迟延履行主要债务的，债权人一般应当催告债务人履行。合同的解除将导致合同权利义务关系的终止，一旦解除将会消灭一项交易，如果允许债权人在债务人任何迟延履行主要债务的情况下都可以直接解除合同，会造成财产的不必要的损失和浪费，因此，债权人一般应当进行催告，并且指定一个确定的合理期限。

4. 迟延履行债务或者有其他违约行为致使不能实现合同目的

迟延履行债务致使不能实现合同目的，是指履行期限对于债权的实现至关重要，超过了合同约定的期限履行合同，合同目的就将落空。如果迟延履行致使合同目的不能实现，则不需要经过催告，而可以直接解除合同。通常，

以下情况可以认为构成根本违约的迟延履行：（1）当事人在合同中明确约定超过期限履行合同，债权人将不接受履行，而债务人履行迟延。（2）履行期限构成合同的必要因素，超过期限履行将严重影响订立合同所期望的经济利益。比如季节性、时效性较强的标的物，如中秋月饼，过了中秋节交付，就没有了销路。（3）继续履行不能得到合同利益。比如由于债务人迟延时间过长，市场行情发生重大变化，继续履行将使债权人蒙受重大损失，应允许解除合同。

致使不能实现合同目的的其他违约行为，主要指违反的义务对合同目的的实现十分重要，如果一方不履行这种义务，将剥夺另一方当事人根据合同有权期待的利益。该种违约行为主要包括：（1）不能履行主要债务。（2）拒绝履行。（3）履行质量与约定严重不符，无法通过修理、替换、降价的方法予以补救，致使不能实现合同目的。（4）履行主要债务之外的其他合同义务不适当，致使不能实现合同目的。

5.法律规定的其他解除情形

除了上述四种情形外，本法还规定了其他产生法定解除权的情形。例如，本法第 533 条第 1 款、第 634 条等。

除了本法外，其他法律也规定了一些合同的法定解除权事由。例如，《旅游法》第 66 条第 1 款、《保险法》第 15 条等。

本条第 2 款规定了以持续履行的债务为内容的不定期合同中当事人的解除权。这首先要求合同必须是以持续履行的债务为内容的合同，这类合同又被称为继续性合同；其次要求是不定期的合同。

根据本款规定，以持续履行的债务为内容的不定期合同，当事人在合理期限之前通知对方后可以解除。首先，双方当事人都有解除权，而非仅当事人一方享有解除权。其次，应当在合理期限之前通知对方。这是为了给予对方必要的准备时间。合理期限的确定可以考虑当事人之间合作时间和合同关系已经持续时间的长短、另一方当事人为履行合同所付出的努力和投资、寻找新的合同对方所可能需要的时间、双方履行之间的时间间隔等。当事人没有在合理期限之前通知对方的，并非解除通知无效，而是不影响合同解除的效力，但要赔偿因未在合理期限前通知对方而给对方造成的损失，或者解除通知延至合理期限之后才发生效力。

第五百六十四条 【解除权行使期限】

法律规定或者当事人约定解除权行使期限，期限届满当事人不行使的，该权利消灭。

法律没有规定或者当事人没有约定解除权行使期限，自解除权人知道或者应当知道解除事由之日起一年内不行使，或者经对方催告后在合理期限内不行使的，该权利消灭。

【立法背景】

本条是关于解除权行使期限的规定。本条源自《合同法》第95条，新增自解除权人知道或者应当知道解除事由之日起一年内不行使的，解除权消灭的规定。

【条文精解】

无论是约定解除权，还是法定解除权，解除权的行使，是法律赋予当事人保护自己合法权益的手段，但该权利的行使不能毫无限制。解除权作为形成权，应当在一定期间内行使，以促使法律关系尽早确定为目标。该期间是解除权的行使期限、存续期间或者除斥期间。按照本条规定，解除权的行使期限分为三种情况：

1. 按照法律规定或者当事人约定的解除权的行使期限行使

法律规定或者当事人约定解除权行使期限的，期限届满当事人不行使的，该权利消灭。法律规定的行使期限，例如，《保险法》第16条第3款的规定。基于自愿原则，当事人也可以约定解除权的行使期限。

2. 在对方当事人催告后的合理期限内行使

法律没有规定或者当事人没有约定解除权行使期限的，对方当事人为明确自己义务是否还需要履行，可以催告享有解除权的当事人行使解除权，享有解除权的当事人超过合理期限不行使解除权的，解除权消灭，合同关系仍然存在，当事人仍要按照合同约定履行义务。

3. 自解除权人知道或者应当知道解除事由之日起一年内不行使

法律没有规定或者当事人没有约定解除权行使期限的，另一方当事人未催告的，或者另一方当事人在很长时间之后才进行催告的，如果解除权长期存在，就可能在很长时间之后仍然行使解除权，这不利于合同关系的尽快确定和稳定。合同法对此未作规定，实践中做法不一。经研究，考虑到其他形成权的一般除斥期间，本条明确规定，自解除权人知道或者应当知道解除事由之日起一年内不行使的，解除权消灭。该期间的起算时间并非解除权发生之日，而是自解除权人知道或者应当知道解除事由之日起计算，这也与本法第199条规定的"自权利人知道或者应当知道权利产生之日起计算"保持了一致。

第五百六十五条 【解除权行使】

当事人一方依法主张解除合同的，应当通知对方。合同自通知到达对方时解除；通知载明债务人在一定期限内不履行债务则合同自动解除，债务人在该期限内未履行债务的，合同自通知载明的期限届满时解除。对方对解除合同有异议的，任何一方当事人均可以请求人民法院或者仲裁机构确认解除行为的效力。

当事人一方未通知对方，直接以提起诉讼或者申请仲裁的方式依法主张解除合同，人民法院或者仲裁机构确认该主张的，合同自起诉状副本或者仲裁申请书副本送达对方时解除。

【立法背景】

本条是关于解除权行使的规定。本条在《合同法》第96条的基础上，总结既有司法裁判经验和形成权理论作了修改。

【条文精解】

当事人一方依照本法第562条第2款、第563条的规定行使解除权解除合同的，应当遵守下列规定：

1. 必须享有解除权

本法第562条第2款和第563条对约定解除权和法定解除权作了规定。

2. 行使解除权应当通知对方当事人

当事人一方行使解除合同的权利，必然引起合同权利义务的终止。但是，解除权产生之后，并不导致合同自动解除，为了防止一方当事人因不确定对方已行使合同解除权而仍为履行的行为，避免债权人的消极反应使得债务人误解债权人会接受其履行，从而对己方给付作出必要的安排以避免遭受损害，解除权人必须行使解除权才能使合同解除。本条规定，当事人根据约定解除权和法定解除权主张解除合同的，应当通知对方。同时，自解除通知到达对方当事人时，合同解除。

在实践中，解除权产生后，解除权人为了给对方一个纠正自己违约的机会，可能会向对方发出催告，载明要求对方履行，并且在合理期限内若对方仍不履行，合同就自动解除。这对对方当事人并不会产生任何不利，反而是对其有利，获得了纠正自己违约的机会。此时，如果对方在催告要求的合理期限内仍然未履行，合同就自动解除，无须解除权人在此之后另发一份解除通知。因此，本条第 1 款中在合同法规定的基础上增加规定，通知载明债务人在一定期限内不履行债务则合同自动解除，债务人在该期限内未履行债务的，合同自通知载明的期限届满时解除。

解除权的行使可以直接向对方发出解除通知，而无须一定通过人民法院或者仲裁机构行使。但是，毕竟诉讼和仲裁能够最终确定当事人之间的关系，避免进一步发生争议。因此，如果一方当事人向对方当事人发出了解除通知，对方对解除合同有异议，认为解除通知的发出人不享有解除权的，为防止随意解除合同导致己方利益受损，对方自然可以请求人民法院或者仲裁机构确认解除合同的效力。解除通知发出人为了使得争议最终确定，也可以在向对方发出解除通知之后，再请求人民法院或者仲裁机构确认解除行为的效力。较之《合同法》第 96 条第 1 款 "对方有异议的，可以请求人民法院或者仲裁机构确认解除合同的效力" 的规定，本条第 1 款更为明确：首先，双方都有请求人民法院或者仲裁机构确认解除行为效力的权利；其次，对方的异议与向请求人民法院或者仲裁机构确认解除行为的效力并不等同，对方提出异议不见得必须以请求人民法院或者仲裁机构确认解除行为的效力这种方式提出，也可以更为简便地提出。这有助于对方异议方式的简便，同时也有利于双方的相互制约，以尽快确定双方之间的法律关系。

当然，解除权人也可以在解除权产生后，不向对方发出解除通知，而直接以提起诉讼或者申请仲裁的方式依法主张解除合同。如果人民法院或者仲裁机构确认解除权人享有解除权，则解除权人提起诉讼或者申请仲裁是解除权人意思表示的一种表达方式，只不过不是解除权人直接通知对方解除合同，而是通过法院或者仲裁机构向对方送达载明解除合同的意思表示的法律文书。这种情形下，合同自起诉状副本或者仲裁申请书副本送达对方时解除。

第五百六十六条 【合同解除后的法律后果】

合同解除后，尚未履行的，终止履行；已经履行的，根据履行情况和合同性质，当事人可以请求恢复原状或者采取其他补救措施，并有权请求赔偿损失。

合同因违约解除的，解除权人可以请求违约方承担违约责任，但是当事人另有约定的除外。

主合同解除后，担保人对债务人应当承担的民事责任仍应当承担担保责任，但是担保合同另有约定的除外。

【立法背景】

本条是关于合同解除后的法律后果的规定。合同解除后债权债务如何处理，我国法学界有不同认识，这集中体现为合同解除是否具有溯及力、解除与违约责任之间的关系和合同解除后担保责任是否存续等问题。为此，本条在《合同法》第 97 条的基础上新增两款规定。

【条文精解】

本条第 1 款从实际出发，借鉴国外经验，遵循经济活动高效的原则，对合同解除的效力作了比较灵活的规定。

针对尚未履行的部分，由于解除终止了合同权利义务关系，因此本条第 1 款规定，尚未履行的，终止履行。

针对已经履行的部分，本条第 1 款规定，根据履行情况和合同性质，当事人可以要求恢复原状、采取其他补救措施，并有权要求赔偿损失。如果当事人互负恢复原状或者采取其他补救措施的义务，可以行使同时履行抗辩权。

所谓根据履行情况，是指根据履行部分对债权的影响。如果债权人的利益不是必须通过恢复原状才能得到保护，不一定采用恢复原状。

所谓根据合同性质，是指根据合同标的的属性。根据合同的属性不可能或者不容易恢复原状的，不必恢复原状。这类情况主要包括：（1）以持续履行的债务为内容的合同。（2）涉及第三人利益或者交易秩序的合同。

所谓恢复原状，是指恢复到订约前的状态。恢复原状时，因合同而取得的财产，应当返还财产，财产不存在的，如果原物是种类物，可以用同一种类物返还。

所谓采取其他补救措施，主要指的是财产因不可归责于债务人的原因而发生毁损、灭失、添附或者其他事由，导致不能恢复原状的，或者受领的标的为劳务或者物的使用而无法恢复原状的，或者虽然能够恢复原状但因为成本过高等原因而没有必要恢复原状的，应当折价补偿。

本条第2款在合同法规定的基础上进一步明确，合同因违约解除的，解除权人可以请求违约方承担违约责任，但是当事人另有约定的除外。本款适用的前提是合同因违约而被解除。

尤其是赔偿损失。其既包括法定的违约损失赔偿，也包括约定的违约损失赔偿。在没有约定的情况下，存在不同观点，分歧在于赔偿的范围是信赖利益还是履行利益。经过研究，合同解除情形中的损失赔偿请求权是因合同解除之前的违约行为而发生的，并非因合同解除才产生，损失赔偿的对象是因违约行为而产生的损失；合同解除与损失赔偿都是违约的救济措施，但两者目的和功能不同，可以同时采用。因此，在合同因违约解除后，损失赔偿额依据本法第584条确定，即赔偿履行利益。

本条第3款在合同法规定的基础上明确规定，主合同解除后，担保人对债务人应当承担的民事责任仍应当承担担保责任，但是担保合同另有约定的除外。主合同解除后，债务人对于已经履行的债务应当恢复原状或者采取其他补救措施，对债权人利益的损失应当予以赔偿，此时债权人对债务人仍然享有请求权。担保本来就为保障主债务的履行而设立，合同因主债务未履行而被解除后所产生的债务人的责任，同样是因主债务未履行而导致的，因此担保人对债务人应当承担的民事责任仍应当承担担保责任。

第五百六十七条 【结算和清理条款不受合同终止影响】

合同的权利义务关系终止，不影响合同中结算和清理条款的效力。

【立法背景】

本条是关于结算和清理条款不受合同终止影响的规定，源自《合同法》第98条，未修改。

【条文精解】

合同权利义务关系终止，合同权利义务条款的效力也终止，但是，如果当事人事先约定了有关合同终止后的结算和清理条款，因为这些条款本身就涉及对合同终止后事务的处理，故应当尊重当事人的此种约定。本条即规定，合同的权利义务关系终止，不影响合同中结算和清理条款的效力。

结算是经济活动中的货币给付行为，主要方式有：（1）银行汇票结算；（2）商业汇票结算；（3）银行本票结算；（4）支票结算；（5）汇兑；（6）委托收款。

清理，是指对债权债务进行清点、估价和处理。关于违约责任的违约金和定金的约定也可以被认为是结算和清理条款。

【实践中需要注意的问题】

根据本法第 507 条，合同不生效、无效、被撤销或者终止的，不影响合同中有关解决争议方法的条款的效力。

第五百六十八条　【法定抵销】

当事人互负债务，该债务的标的物种类、品质相同的，任何一方可以将自己的债务与对方的到期债务抵销；但是，根据债务性质、按照当事人约定或者依照法律规定不得抵销的除外。

当事人主张抵销的，应当通知对方。通知自到达对方时生效。抵销不得附条件或者附期限。

【立法背景】

本条是关于法定抵销的规定。本条在《合同法》第 99 条的基础上作了修改，承认当事人之间特别约定不得抵销的效力。

【条文精解】

抵销，是指当事人双方互负债务，各以其债权抵充债务的履行，双方各自的债权和对应债务在对等额内消灭。抵销因其产生的根据不同，可分为法定抵销和约定抵销。法定抵销，是指法律规定抵销的条件，具备条件时依当事人一方的意思表示即发生抵销的效力。

法定抵销应当具备以下条件：

1. 当事人双方互负有效的债务、互享有效的债权

抵销发生的基础在于当事人双方既互负有效的债务，又互享有效的债权。

双方当事人互担的债权债务，可能因同一个法律关系而发生，也可能基于两个或两个以上的法律关系而发生。

2. 被抵销一方的债务已经到期

抵销具有相互清偿的作用，因此只有在提出抵销的一方所享有的主动债权的履行期限届至时，才可以主张抵销；否则，等于强制债务人提前履行债务，牺牲其期限利益。在符合其他条件的情况下，如果双方的债务均已经到期，则双方均可主张抵销，《合同法》第99条第1款即规定了"当事人互负到期债务"。在立法过程中，有意见提出，如果主动债权对应的债务履行期限届至，而被动债权对应的债务履行期限未届至，应当也允许主动债权人主张抵销。经研究，主动债权人此时应当也可以主张抵销，这实际上是其放弃了期限利益而提前履行，只要主动债权一方提前履行不损害另一方当事人的利益，这也是根据本法第530条得出的结论。为明确这一点，本条第1款对《合同法》第99条第1款的规定作了修改。

3. 债务的标的物种类、品质相同

种类相同，是指合同标的物本身的性质和特点一致。比如都是支付金钱，或者交付同样的种类物。品质相同，是指标的物的质量、规格、等级无差别，如都是一级天津大米。

当事人互负债务，该债务的标的物种类、品质相同的，任何一方可以将自己的债务与对方的到期债务抵销，但根据债务性质不得抵销、按照当事人约定不得抵销以及依照法律规定不得抵销的除外。

在当事人双方债权债务互为相等的情况下，抵销产生债权债务消灭的法律后果，但如果债务的数额大于抵销额，抵销不能全部消灭债务，而只是在抵销范围内使得债务部分消灭。

【实践中需要注意的问题】

主动债权数额较少，不足以抵销全部被动债权数额时，应当参照适用本法第560条至第561条的清偿抵充规则。

第五百六十九条 【约定抵销】

当事人互负债务，标的物种类、品质不相同的，经协商一致，也可以抵销。

【立法背景】

本条是关于约定抵销的规定，源自《合同法》第100条，未修改。

【条文精解】

约定抵销，是指当事人双方协商一致，使自己的债务与对方的债务在对等额内消灭。

法定抵销与约定抵销都是将双方的债务在对等额内消灭。但两者有不同，主要表现在：

1.抵销的根据不同

法定抵销是基于法律规定，只要具备法定条件，任何一方可将自己的债务与对方的债务抵销，无须对方当事人的同意；约定抵销，双方必须协商一致，不能由单方决定抵销。

2.对抵销的债务的要求不同

法定抵销要求标的物的种类、品质相同；约定抵销标的物的种类、品质可以不同。

3.对抵销的债务的期限要求不同

法定抵销要求提出抵销的当事人一方所享有的债权也即对方的债务已经到期；约定抵销，双方互负的债务即使没有到期，只要双方当事人协商一致，愿意在履行期到来前将互负的债务抵销，也可以抵销。

4.程序要求不同

法定抵销，当事人主张抵销的应当通知对方，通知未到达对方，抵销不生效；约定抵销，双方达成抵销协议，除双方另有约定外，即发生抵销的法律效力，不必履行通知义务。

【实践中需要注意的问题】

当事人约定抵销必须坚持自愿、公平的原则，防止以欺诈、胁迫的手段或者显失公平，使对方在违背真实意思的情况下作出同意抵销的表示，对此适用民事法律行为的一般规则。

第五百七十条 【提存条件】

有下列情形之一，难以履行债务的，债务人可以将标的物提存：

（一）债权人无正当理由拒绝受领；

（二）债权人下落不明；

（三）债权人死亡未确定继承人、遗产管理人，或者丧失民事行为能力未确定监护人；

（四）法律规定的其他情形。

标的物不适于提存或者提存费用过高的，债务人依法可以拍卖或者变卖标的物，提存所得的价款。

【立法背景】

本条是关于提存条件的规定，源自《合同法》第101条，未修改。

【条文精解】

提存，是指由于法律规定的原因导致债务人难以向债权人履行债务时，债务人将标的物交给提存部门而消灭债务的制度。

债务的履行往往需要债权人的协助，债务人已经按照约定履行债务，应当产生债务消灭的法律效力，但债权人拒绝受领或者不能受领，在此情形下虽然因债权人受领迟延可以减轻债务人的责任，但债务不能消灭。让债务人无期限地等待履行，并且要随时准备履行，对物予以保管，同时为履行提供的担保也不能消灭，承担债权人不受领的后果，显失公平。为此，本法将提存作为一种履行的替代，构成债权债务终止的原因之一，对提存制度作了规定。

根据本条规定，有下列情形之一，难以履行债务的，债务人可以将标的物提存：

1. 债权人无正当理由拒绝受领

债权人无正当理由拒绝受领，是指在债务履行期届至后，债务的履行需要债权人受领时，债务人提出了履行债务的请求，债权人能够接受履行，却无正当理由地不予受领。构成拒绝受领的正当理由可以是：（1）债权人受到了不可抗力的影响。（2）债权人遇到了难以克服的意外情况，无法受领。（3）债务人交付的标的物存在严重质量问题，甚至与合同约定根本不符。（4）债务人迟延交付致使不能实现合同目的。（5）合同被解除、被确认无效，等等。

2. 债权人下落不明

债权人下落不明，是指当事人离开自己的住所、不知去向，或因为债权人地址不详等原因无法查找。债权人下落不明，即使未被宣告失踪，债务人也无法履行，为消灭债权债务关系，债务人可以将标的物提存。债权人下落不明也包括债权人的代理人下落不明，如果债权人下落不明但其代理人确定，此时债务人可以向其代理人履行以清偿债务，不得将标的物提存。

3. 债权人死亡未确定继承人、遗产管理人或者丧失民事行为能力未确定监护人

债权人死亡或者丧失民事行为能力，并不必然导致债务人债务的消灭。当债权人死亡时，由于该债权人的继承人可以继承其债权，因此，债务人应当向债权人的继承人、遗产管理人履行债务。如果债权人死亡以后其继承人、遗产管理人未确定，造成债务人无法履行其债务的，债务人可以将标的物提存。

4. 法律规定的其他情形

除了上述三种由于债权人的原因导致难以履行债务的事由之外，还存在法律规定的其他事由。这主要指债务人非因过失而无法确切地知道谁是债权人，也即债权人不明的其他情形。比如，债权人和债权人的受让人之间就债权转让发生争议，此时，债务人无法确定谁是真正的债权人，债务人就可以提存。

具备提存的上述情形之一的，除法律另有规定外，必须是导致债务人难以履行债务的才可以提存。所谓难以履行，是指债权人不能受领给付的情形不是暂时的、无法解决的，而是不易克服的。以下情况不能认为是难以履行：（1）债权人虽然迟延受领，但迟延时间很短。（2）下落不明的债权人有财产代管人可以代为接受履行。（3）债权人的继承人、遗产管理人或者监护人很快可以确定。

提存的标的物主要是货币、有价证券、票据、提单、权利证书、贵重物品等适宜提存的标的物。标的物不适于提存或者提存费用过高的，债务人依法可以拍卖或者变卖标的物，提存所得的价款。所谓标的物不适于提存，是指标的物不适于长期保管或者长期保管将损害价值的，如易腐、易烂、易燃、易爆等物品。所谓标的物提存费用过高，一般指提存费与所提存的标的物的价额不成比例，如需要特殊设备或者人工照顾的动物。

第五百七十一条 【提存成立】

债务人将标的物或者将标的物依法拍卖、变卖所得价款交付提存部门时，提存成立。

提存成立的，视为债务人在其提存范围内已经交付标的物。

【立法背景】

本条是关于提存成立的规定，属于新增规定。

【条文精解】

根据本条第1款规定，债务人将标的物或者将标的物依法拍卖、变卖所得价款交付提存部门时，提存就成立。这有助于确定提存的成立时间，同时也与本法第890条的规定保持一致。具体而言：（1）提存货币的，以现金、支票交付提存部门的日期或提存款划入提存部门提存账户的日期为提存成立的日期。（2）提存的物品需要验收的，以提存部门验收合格的日期为提存成立的日期。（3）提存的有价证券、提单、权利证书或无须验收的物品，以实际交付提存部门的日期为提存成立的日期。

【实践中需要注意的问题】

提存成立的，则视为债务人在其提存范围内已经交付标的物，但并非必然、绝对地导致债务消灭。如果提存的标的物存在瑕疵，不能构成本法第557条第1款第3项规定的"债务人依法将标的物提存"，债务并不消灭。

第五百七十二条 【提存通知】

标的物提存后，债务人应当及时通知债权人或者债权人的继承人、遗产管理人、监护人、财产代管人。

【立法背景】

本条是关于提存通知的规定。本条在《合同法》第102条的基础上，将应通知的对象扩展至债权人或者债权人的继承人、遗产管理人、监护人、财产代管人。

【条文精解】

标的物提存成立后，视为债务人在其提存范围内已经交付标的物，但债权人还未现实地获得其债权利益。为了便于债权人领取提存物，债务人应当将提存的事实及时通知债权人或者债权人的继承人、遗产管理人、监护人、财产代管人。

通知应当告知提存的标的、提存的地点、领取提存物的时间和方法等有关提存的事项，并且应当及时通知。合同法将"债权人下落不明"作为免除债务人及时通知义务的事由。在立法过程中，有意见提出，在债权人下落不明从而无法向其通知时，债务人仍然应当申请提存部门作出公告通知债权人，故应当删除这一例外事由。经研究，在债权人下落不明时，如果债权人已经被宣告失踪并确定了财产代管人，则债务人可以向财产代管人履行，无须提存。如果没有确定财产代管人，债务人可以先提存，在确定财产代管人之后通知财产代管人；在确定财产代管人之前，债务人也可以申请提存部门采取公告等方式通知。因此，本条删除了"债权人下落不明"的例外事由。

第五百七十三条 **【提存期间风险、孳息和提存费用】**

标的物提存后，毁损、灭失的风险由债权人承担。提存期间，标的物的孳息归债权人所有。提存费用由债权人负担。

【立法背景】

本条是关于提存期间风险、孳息和提存费用的规定，源自《合同法》第103条，未修改。

【条文精解】

标的物提存后，不论债权人是否领取都视为债务人在其提存范围内已经交付标的物。按照本法第604条的规定，标的物毁损、灭失的风险，在标的物交付之前由出卖人承担，交付之后由买受人承担，但是法律另有规定或者当事人另有约定的除外。既然标的物提存后，即视为债务人在其提存范围内已经交付标的物，因此，标的物毁损、灭失的风险就由债权人承担。本法第605条规定，因买受人的原因致使标的物未按照约定的期限交付的，买受人应当自违反约定时起承担标的物毁损、灭失的风险；第608条规定，出卖人按照约定或者依据本法第603条第2款第2项的规定将标的物置于交付地点，买受人违反约定没有收取的，标的物毁损、灭失的风险自违反约定时起由买受人承担。本条适用于上述两条规定情形之外的其他情形。标的物提存后，因不可抗力、标的物的自然变化、第三人的原因或者提存人保管不当，都可能引起标的物的毁坏、损失，甚至标的物不复存在。标的物毁损、灭失的风险由债权人承担，一方面由债权人承担因不可抗力、标的物自身性质而产生的毁损、灭失的后果；另一方面债权人有权向造成标的物毁损、灭失责任的第三人或者提存部门索赔。

标的物的孳息，是指由标的物产生的收益，包括自然孳息和法定孳息。债权人对提存物享有收益的权利，提存期间，标的物的孳息归债权人所有。在提存期间，提存部门负责孳息的收取。

提存费用由债权人负担。提存费用并非债务人履行债务所必要的费用，故应由债权人负担，除非债权人和债务人另有约定。

第五百七十四条　【债权人领取提存物的权利和债务人取回提存物的权利】

债权人可以随时领取提存物。但是，债权人对债务人负有到期债务的，在债权人未履行债务或者提供担保之前，提存部门根据债务人的要求应当拒绝其领取提存物。

债权人领取提存物的权利，自提存之日起五年内不行使而消灭，提存物扣除提存费用后归国家所有。但是，债权人未履行对债务人的到期债务，或者债权人向提存部门书面表示放弃领取提存物权利的，债务人负担提存费用后有权取回提存物。

【立法背景】

本条是关于债权人领取提存物的权利和债务人取回提存物的权利的规定。《合同法》第104条并未规定债务人取回提存物的权利，不利于实现债权人和债务人利益的平衡，因此，本条第2款增加规定了债务人取回提存物的权利，同时明确规定了具体的条件，以避免损害债权人的利益。

【条文精解】

标的物提存后，视为债务人在其提存范围内已经交付标的物。债权人基于债权有权取得该标的物，此时提存可以被认为是为债权人利益的保管，债权人有权随时领取提存物。债权人领取提存标的物时，应当提供身份证明、提存通知书或公告，以及有关债权的证明，并承担因提存所支出的费用。

如果债权人对债务人也负有对待给付的义务，则当事人双方均需要履行各自的义务，债务人虽然依法将标的物提存，但与其互负到期债务的债权人并未履行对待给付的义务的，为避免先行履行可能发生的风险，保证债务人债权的实现，债务人针对债权人所享有的债权可以行使的抗辩，也可以针对债权人领取提存物的权利行使。因此，债务人办理提存时，可以列明提存物给付的条件，对提存部门给付提存物的行为附条件，即只有在债权人履行了对债务人的对待债务，或者为履行提供相应的担保后，才能领取提存物。

但是，抗辩是否行使是债务人的权利，应由债务人决定，如果债务人不行使，提存部门不得自行决定拒绝债权人领取提存物的权利请求，本条第1款中的"根据债务人的要求"即体现了这一点。

债权人虽然可以随时领取提存物，但该权利长期不行使，不仅使权利长期处于不稳定状态，也会给提存部门增加负担，同时也不符合物的有效利用的原则。因此，本条第2款中规定了领取提存物的权利的存续期间，即债权人领取提存物的权利，自提存之日起5年内不行使而消灭。债权人领取提存物的权利因5年内不行使消灭的，提存物扣除提存费用后归国家所有，债权人不能再对提存物主张权利。

根据本条第2款的规定，债务人行使取回提存物权利的前提是符合以下两种情形之一：（1）债权人未履行对债务人的到期债务。（2）债权人领取提存物的权利因为债权人向提存部门书面表示放弃领取提存物而消灭。符合上述条件，债务人行使取回提存物的权利，取回提存物的，视为未提存。因此产生的费用，由债务人承担。同时，提存物的孳息也归债务人所有。"负担提存费用后有权取回提存物"这个表述表明，债务人未支付提存费用前，提存部门有权留置价值相当的提存物。

【实践中需要注意的问题】

虽然债权人尚未领取提存物，但债务和债权已经因另为履行、抵销、免除等其他原因而消灭，债权人已经不再享有债权，债权人自然也丧失了领取提存物的权利，此时，也应当允许债务人取回提存物。

第五百七十五条 【免除债务】

债权人免除债务人部分或者全部债务的，债权债务部分或者全部终止，但是债务人在合理期限内拒绝的除外。

【立法背景】

本条是关于免除债务的规定，源自《合同法》第105条，同时考虑到给予他人好处的，无须他人同意，但他人可以拒绝，遂增加了债务人在合理期限内可以拒绝的规定。

【条文精解】

免除，是指债权人抛弃债权，从而全部或者部分地消灭债权债务。立法过程中，有意见提出，免除也应当尊重债务人的意思。经过研究，免除多对债务人有利，债务人一般不会反对，如果认为免除必须经双方当事人的明确同意才可，可能不效率；但是，基于自愿原则，债务人在合理期限内明确拒绝的，应当尊重债务人拒绝的意思，尤其是免除在一些情况下还会影响到债务人的利益。比如，债务人和投资人约定，如果债务人保持在一定的资产负债率的情况下，资产负债率不能太高也不能太低，投资人就给债务人投资，但是债权人的免除可能影响到债务人的资产负债率，进而影响到债务人获得投资的利益。因此，在《合同法》第105条的基础上，本条规定，债权人免除债务人债务的，无须债务人明确同意，即可发生免除效力；同时，增加了但书规定"但是债务人在合理期限内拒绝的除外"，即如果债务人在合理期限内拒绝的，免除效力自始不发生。

债权人免除债务应当向债务人作出免除的意思表示，适用意思表示的一般规定。该意思表示以债务人作为相对人，免除应当通知债务人或者债务人的代理人，向第三人为免除的意思表示不发生法律效力。

免除使得债权债务消灭。债权人免除部分债务的，债权债务部分消灭；免除全部债务的，债权债务全部消灭。

第五百七十六条 【债权债务混同】

债权和债务同归于一人的，债权债务终止，但是损害第三人利益的除外。

【立法背景】

本条是关于债权债务混同的规定，源自《合同法》第106条，作了一些文字上的修改。

【条文精解】

债权债务的混同，是指债权人和债务人同归于一人，致使债权债务终止。广义的混同，是指不能并立的两种法律关系同归于一人而使其权利义务归于消灭的现象，包括：（1）所有权与他物权同归于一人；（2）债权与债务同归于一人；（3）主债务与保证债务同归于一人。狭义的混同，也即债权债务的混同，仅指债权与债务同归于一人的情况。本条仅规定了债权债务的混同。混同是一种法律规定的事件，即因某些客观事实发生而产生的债权债务同归于一人，不必由当事人为意思表示。

混同发生的原因主要有：

1. 概括承受

概括承受是发生混同的主要原因。主要有以下几个方面：（1）合并。（2）债权人继承债务人。（3）债务人继承债权人。（4）第三人继承债权人和债务人。

2. 特定承受

特定承受主要包括：（1）债务人受让债权人的债权。（2）债权人承受债务人的债务。

债权债务的存在，必须有债权人和债务人，债权人和债务人双方混同，债权债务失去存在基础，自然应当终止，有关的从权利也应当消灭。

【实践中需要注意的问题】

如果债权消灭损害第三人利益，例如债权是他人权利的标的时，为保护第三人的利益，债权不能因混同而消灭。比如，甲将其对乙的债权出质给丙，此后甲乙之间的债权债务即使混同，为了保护质权人丙的利益，作为权利质权标的的债权也不消灭。

第八章 违约责任

第五百七十七条 【**违约责任基本规则**】

当事人一方不履行合同义务或者履行合同义务不符合约定的，应当承担继续履行、采取补救措施或者赔偿损失等违约责任。

【立法背景】

本条是关于违约责任基本规则的规定，源自《合同法》第107条，未修改。

【条文精解】

1. 违约责任是违反合同义务的民事责任

违约责任首先是一种民事责任，因此与民事义务之一的合同义务不同。合同义务是第一性义务，而违约责任是第二性义务，两者具有同一性，无合同义务即无违约责任。

违约责任，首先要求合同义务的有效存在，其次要求债务人不履行合同义务或者履行合同义务不符合约定。

本条按照违约行为的具体形态，将违约行为区分为不履行合同义务和履行合同义务不符合约定。不履行合同义务，即债务人不为当为之事，包括履行不能和履行拒绝。履行不能是债务人在事实上、法律上和经济上不能履行，有永久不能和一时不能、自始不能和嗣后不能、主观不能和客观不能、全部不能和部分不能的区别。即使自始客观不能也并非合同无效的原因，而仅仅是违约的原因。履行拒绝，即债务人能够履行合同义务却无正当理由拒绝履行，拒绝可以是明示的，也可以是默示的。

履行合同义务不符合约定，即债务人为不当为之事，也就是债务人虽然履行了债务，但其履行不符合约定，包括一般的瑕疵履行和加害履行。

2. 违约责任的归责原则

所谓归责，就是将责任归属于某人；所谓归责原则，就是将责任归属于某人的正当理由。归责原则包括过错原则、过错推定原则和无过错原则。

在违约责任中，英美法系往往仅考虑是否存在违约事实，而大陆法系则以过错责任或者过错推定责任为出发点。但大陆法系在实践中会通过过错的范围和过错的标准扩展过错可能性，并对一些情形采取无过错归责。本条规定，在违约责任的一般构成中不考虑过错，非违约方只需要证明违约方的违约行为即可，不因为违约方的无过错而免除违约方的违约责任，这有利于减轻非违约方的举证负担，保护非违约方的利益，方便裁判，增强当事人的守约意识。

但是，为了妥当地平衡行为人的行为自由和受害人的法益保护这两个价值，避免由违约方绝对承担违约责任所导致的风险不合理分配，本法规定了一些相关的规则：（1）违约责任的免除和减轻。本法第590条第1款规定了不可抗力责任免除规则。第591条第1款规定了减损规则。第592条规定了双方违约和与有过错规则。（2）具体合同类型中的特殊归责和免责事由。本法在一些典型合同中规定了特殊的归责事由。比如，第662条第2款、第824条第1款、第841条、第897条的规定等。（3）允许当事人约定免责或限制责任。根据自愿原则，本法承认当事人之间自愿协商一致的免责或者限责条款的效力，仅在特殊情况下限制这些条款的效力，比如，本法第506条规定的情形。

3.违约责任的形式

本条规定了违约责任的形式包括继续履行、采取补救措施或者赔偿损失等。具体而言，包括：（1）继续履行；（2）修理、重作、更换；（3）采取其他补救措施，包括退货、减少价款或者报酬等；（4）赔偿损失，包括法定的赔偿损失和违约金、定金等约定的赔偿损失。本章对此作了详细的规定。

【实践中需要注意的问题】

虽然违约责任一般不以违约方的过错为前提，但是仍然需要以合同义务的违反为前提。在不同类型的合同中，合同义务的具体内容是不同的，需要结合当事人的约定、合同的类型、合同的目的、诚信原则、交易习惯等因素判断，在当事人之间合理分配交易的风险。

第五百七十八条 【预期违约】

当事人一方明确表示或者以自己的行为表明不履行合同义务的，对方可以在履行期限届满前请求其承担违约责任。

【立法背景】

本条是关于预期违约责任的规定，源自《合同法》第108条，未修改。

【条文精解】

按照违约行为发生的时间，可分为预期违约和届期违约。违约行为发生于合同履行期限届满之前的，为预期违约，又称为先期违约。预期违约包括明示预期违约和默示预期违约。应当注意的是，本条规定的预期违约的违约责任，不同于本法第563条第1款第2项所规定的预期违约的解除。在预期违约的解除中，当事人一方明确表示或者以自己行为表明其不履行的是主要债务，一般只有主要债务的不履行才会致使不能实现合同目的，此时当事人才有法定解除权。但是，本条规定的预期违约包括当事人一方明确表示或者以自己行为表明其不履行合同义务，无论该合同义务是不是主要义务，即使是从给付义务或者附随义务等，对方都有权请求其承担违约责任。

预期违约降低了另一方享有的合同权利的价值，构成对债权人权利的侵害和对合同关系的破坏，必将影响交易的正常进行。如果在一方当事人预期违约的情况下，仍然要求另一方当事人在履行期限届满后才能请求违约责任，将给另一方造成损失。因此，当事人一方明确表示或者以自己的行为表明不履行合同义务的，即使在履行期限届满前，对方也可以请求其承担违约责任，而无须等到履行期限届满后，这有利于保护守约方的合法权益。

第五百七十九条 【金钱债务继续履行】

当事人一方未支付价款、报酬、租金、利息，或者不履行其他金钱债务的，对方可以请求其支付。

【立法背景】

本条是关于金钱债务继续履行的规定。本条在《合同法》第109条的基础上进一步抽象出"金钱债务"，并增列了租金、利息。

【条文精解】

所谓金钱债务，是指以债务人给付一定货币作为内容的债务，包括以支付价款、报酬、租金、利息，或者以履行其他金钱债务为内容的债务。本条在合同法规定的基础上进一步明确适用前提是金钱债务，以与下一条相对应。

当事人一方未按照合同约定履行金钱债务的，对方可以请求其履行。货币具有高度流通性和可替代性，一般不会出现法律上或者事实上不能履行，或者不适于强制履行、履行费用过高的情形，一般也不会出现因为不可抗力而完全不能继续履行的情形，因此违约方应当继续履行，对方可以请求其支付。本条要求金钱债务的继续履行，有利于强化诚信原则，防止交易当事人以各种不正当理由拒绝继续履行金钱债务。

第五百八十条 【非金钱债务继续履行】

当事人一方不履行非金钱债务或者履行非金钱债务不符合约定的，对方可以请求履行，但是有下列情形之一的除外：

（一）法律上或者事实上不能履行；

（二）债务的标的不适于强制履行或者履行费用过高；

（三）债权人在合理期限内未请求履行。

有前款规定的除外情形之一，致使不能实现合同目的的，人民法院或者仲裁机构可以根据当事人的请求终止合同权利义务关系，但是不影响违约责任的承担。

【立法背景】

本条是关于非金钱债务继续履行的规定，源自《合同法》第110条，同时增加第2款规定，在无法请求继续履行且合同陷入僵局时，应当允许司法终止合同。

【条文精解】

所谓继续履行，也称为实际履行，就是按照合同的约定继续履行义务。当事人订立合同都是追求一定的目的，这一目的直接体现在对合同标的的履行，义务人只有按照合同约定的标的履行，才能实现权利人订立合同的目的。所以，继续履行合同是当事人一方违反合同后应当承担的一项重要的民事责任。

如果当事人一方不履行非金钱债务或者履行非金钱债务不符合约定，且非金钱债务能够继续履行，守约方可以请求违约方继续履行，除此之外，还可以请求违约方承担赔偿损失等其他民事责任。

债权人请求继续履行，必须以非金钱债务能够继续履行为前提，如果非金钱债务不能继续履行，对方就不能请求继续履行，或者其提出继续履行的请求，债务人能够依据本条第1款提出抗辩。不能请求继续履行具体包括以下情形：

1. 法律上或者事实上不能履行

所谓法律上不能履行，指的是基于法律规定而不能履行，或者履行将违反法律的强制性规定。比如，如果一定合同的履行行为必须经过有关机关的批准，在未批准前，不得请求继续履行。所谓事实上不能履行，是指依据自然法则已经不能履行。比如，合同标的物是特定物，该特定物已经毁损、灭失。

2. 债务的标的不适于强制履行或者履行费用过高

债务的标的不适于强制履行，是指依据债务的性质不适合强制履行，或者执行费用过高。比如：（1）基于高度的人身依赖关系而产生的合同。（2）对于许多提供服务、劳务或者不作为的合同来说，如果强制履行会危害到债务人的人身自由和人格尊严，或者完全属于人身性质，比如需要艺术性或者科学性的个人技能。

履行费用过高，是指履行仍然可能，但会导致履行方负担过重，产生不合理的过大的负担或者过高的费用。比如，一艘邮轮沉入海中，尽管将该邮轮打捞出来是可能的，但邮轮所有人因此支出的费用大大超过了所运石油的价值，托运人不能请求其继续履行。在判断履行费用是否过高时，需要对比履行的费用和债权人通过履行所可能获得的利益、履行的费用和采取其他补救措施的费用，还需要考量守约方从其他渠道获得履行进行替代交易的合理性和可能性。

3. 债权人在合理期限内未请求履行

履行合同义务需要债务人做特定的准备和努力，如果履行期限已过，并且债权人未在合理期限内请求债务人继续履行，债务人则可能会推定债权人不再坚持继续履行。因此，如果债权人在合理期限内未请求继续履行的，不能再请求继续履行。

合理期限首先可以由当事人事先约定；如果没有约定或者约定不明确，

当事人可以协议补充；无法协议补充的，按照合同有关条款或者交易习惯确定。

在债务人违约但符合本条第 1 款规定的情形之一，因此债权人不能请求继续履行的情况下，合同状况如何？

经认真研究，在债权人无法请求债务人继续履行主要债务，致使不能实现合同目的时，债权人拒绝解除合同而主张继续履行，由于债权人已经无法请求债务人继续履行，合同继续存在并无实质意义，当事人均可以申请人民法院或者仲裁机构终止合同，最终由人民法院或者仲裁机构结合案件的实际情况，根据公平原则决定终止合同的权利义务关系。在保障债权人合理利益的前提下，这有利于双方当事人重新获得交易的自由，提高整体的经济效率。据此，本条第 2 款规定："有前款规定的除外情形之一，致使不能实现合同目的的，人民法院或者仲裁机构可以根据当事人的请求终止合同权利义务关系，但是不影响违约责任的承担。"

本条第 2 款适用的前提，首先是对方当事人不能请求违约方继续履行，其次是致使不能实现合同目的。这意味着如果不能请求继续履行的仅仅是非主要的债务，则不履行一般不会导致不能实现合同目的，无论是哪一方当事人都不能申请终止。

本条第 2 款适用的法律后果包括：第一，人民法院或者仲裁机构可以终止合同权利义务关系。当事人根据本款所享有的仅仅是申请司法终止合同的权利，而非终止合同的权利，本款并未规定当事人的终止权或者形成诉权，规定的是司法的终止权。人民法院或者仲裁机构有权结合案件的实际情况，根据诚信和公平原则决定是否终止合同。此时，可以考虑债务人是否已经进行了部分履行、债务人是否恶意违约、不能继续履行的原因、债务人是否因合同不终止而遭受了严重损失、债权人是否能够以成本较低的方式获得替代履行、债务人是否对他人有赔偿请求权、债权人拒绝解除合同是否为获得不相当的利益而违反诚信原则、合同不终止是否会导致双方的权利义务或者利益关系明显失衡等因素。第二，不影响违约方承担除继续履行之外的其他违约责任。合同被终止后，违约方自然无须继续履行，但其仍然要依法承担除继续履行之外的其他违约责任，尤其是赔偿损失的责任，以保障对方当事人的利益。

【实践中需要注意的问题】

并非当事人提出请求后，人民法院或者仲裁机构就必须或者应当终止合同，在当事人提出终止合同的请求后，由人民法院或者仲裁机构最终判断是否终止合同。

第五百八十一条　【替代履行费用】

当事人一方不履行债务或者履行债务不符合约定，根据债务的性质不得强制履行的，对方可以请求其负担由第三人替代履行的费用。

【立法背景】

本条是关于替代履行费用的规定，属于新增规定。

【条文精解】

本条适用的前提是，当事人一方不履行债务或者履行债务不符合约定，并且该债务根据性质不得强制履行。此时，债权人可以请求债务人负担由第三人替代履行的费用。如果该债务是以作为为标的，则债权人可以请求债务人负担由第三人替代履行的费用。比如，本法第713条第1款规定，承租人在租赁物需要维修时可以请求出租人在合理期限内维修，出租人未履行维修义务的，承租人可以自行维修，维修费用由出租人负担。如果该债务是以不作为为标的，且表现为有形状态的持续，则债权人同样可以请求债务人负担由第三人替代履行的费用。例如，债务人负有不搭建建筑物的义务，债务人搭建后则负有拆除的义务，债务人不拆除的，债权人也可以请求债务人负担由第三人拆除该建筑物的费用。

第五百八十二条　【履行不符合约定的补救措施】

履行不符合约定的，应当按照当事人的约定承担违约责任。对违约责任没有约定或者约定不明确，依据本法第五百一十条的规定仍不能确定的，受损害方根据标的的性质以及损失的大小，可以合理选择请求对方承担修理、重作、更换、退货、减少价款或者报酬等违约责任。

【立法背景】

本条是关于履行不符合约定的补救措施的规定，源自《合同法》第111条，同时将适用范围扩大至当事人一方履行合同义务不符合约定的所有情形。

【条文精解】

债务人履行合同义务不符合约定的，主要是品质、数量等不符合约定，可以考虑一些补救措施，主要包括修理、重作、更换以及退货、减少价款或者报酬。这有利于尽量维持当事人之间的合同关系。

如果债务人和债权人事先对此有约定，应当按照当事人的约定承担违约责任。如果当事人对违约责任没有约定，或者虽有约定但约定不明确，就应当依据本法第 510 条的规定予以确定。

当事人对此既无约定，也无法依据本法第 510 条的规定确定的，受损害方根据标的的性质以及损失的大小，可以合理选择请求对方承担修理、重作、更换、退货、减少价款或者报酬等违约责任。

本条规定的修理、重作、更换同样也适用本法第 580 条第 1 款的规定，当这些方式事实上不能履行、履行费用过高以及债权人未在当事人约定的期限或者合理期限内要求的，债权人不能再请求这些方式或者这些方式中的某一种，而只能请求对方承担其他违约责任。

债务人予以修理的，应当自行承担修理费用和因修理产生的运输费用等合理费用。如果债务人未按要求予以修理，或者因情况紧急，债权人自行或者通过第三人修理标的物后，有权主张债务人负担因此发生的合理费用。在更换或者重作的情况下，债务人有权要求债权人退回标的物，但债务人应当负担取回的必要费用。

修理、重作、更换不可能、不合理或者没有效果的，或者债务人拒绝或在合理期限内仍不履行的，债权人可以请求退货、减少价款或者报酬。退货是债权人将已经获得的履行退还给债务人。退货是一种中间状态，依据具体情形，可能导致更换或重作，也可能导致合同解除。

减少价款或者报酬，可以简称为"减价"，即债权人接受了债务人的履行，但主张相应减少价款或者报酬，其目的在于通过调整价款或者报酬使合同重新恢复到均衡的等价关系上。

第五百八十三条 【履行义务或者采取补救措施后赔偿损失】

当事人一方不履行合同义务或者履行合同义务不符合约定的，在履行义务或者采取补救措施后，对方还有其他损失的，应当赔偿损失。

【立法背景】

本条是关于履行义务或者采取补救措施后赔偿损失的规定，源自《合同法》第 112 条，未修改。

【条文精解】

当事人一方不履行合同义务或者履行合同义务不符合约定，因此承担继续履行或者采取补救措施的违约责任的，在其履行完毕前，债权人有权拒绝其相应的履行请求。债务人未能在约定的期限或者合理期限内继续履行的，或者不能采取有效的补救措施的，债权人可以采取任何救济措施。尽管债务人在约定期限或者合理期限内已经继续履行或者采取了有效的补救措施，债权人还有其他损失的，债权人仍然可以请求债务人依法赔偿。这些损失主要包括：（1）债务人最初的不履行合同义务或者履行合同义务不符合约定给债权人造成的损失；（2）嗣后的不继续履行或者继续履行不符合约定给债权人造成的损失；（3）债务人继续履行或者采取补救措施完毕前的迟延履行给债权人造成的损失；（4）补救措施本身给债权人造成的损失；（5）补救措施仍然无法弥补的债权人的损失。

第五百八十四条 【法定的违约赔偿损失】

当事人一方不履行合同义务或者履行合同义务不符合约定，造成对方损失的，损失赔偿额应当相当于因违约所造成的损失，包括合同履行后可以获得的利益；但是，不得超过违约一方订立合同时预见到或者应当预见到的因违约可能造成的损失。

【立法背景】

本条是关于法定的违约赔偿损失的规定，源自《合同法》第 113 条第 1 款，未修改。

【条文精解】

1. 一般原则

违约赔偿损失，是指行为人违反合同约定造成对方损失时，行为人向受害人支付一定数额的金钱以弥补其损失，是运用较为广泛的一种责任方式。赔偿的目的，最基本的是补偿损害，使受到损害的权利得到救济，使受害人能恢复到未受到损害前的状态。违约的赔偿损失包括法定的赔偿损失和约定的赔偿损失，本条规定的是法定的违约赔偿损失。

承担违约赔偿损失责任的构成要件包括：一是有违约行为。二是违约行为造成了对方的损失。三是违约行为与对方损失之间有因果关系。四是无免责事由。

违约赔偿损失的范围可由法律直接规定，或由双方约定。当事人可以事先约定免除责任和限制责任的条款，在不违反法律规定的前提下，该免责或者限制责任条款是有效的。在法律没有特别规定和当事人没有另行约定的情况下，应按完全赔偿原则，即因违约方的违约使受害人遭受的全部损失均应当由违约方承担赔偿责任。具体而言，假定违约方按照约定履行了合同义务时非违约方所能获得的利益，在扣除违约情形下非违约方现在的利益后，就是赔偿的数额。

2. 赔偿的种类

按照完全赔偿原则，违约损失赔偿额应当相当于因违约所造成的损失，包括对实际损失和可得利益的赔偿。实际损失，即所受损害，是因违约而导致现有利益的减少，是现实利益的损失，又被称为积极损失。

较之可得利益，实际损失一般比较容易确定。实际损失包括：（1）信赖利益的损失，包括费用的支出、丧失其他交易机会的损失以及因对方违约导致自己对第三人承担违约赔偿的损失等。（2）固有利益的损失。这体现在债务人违反保护义务的情形中。例如，债务人交付了病鸡，导致债权人养鸡场现有的鸡也生病，此时，债务人不仅应当赔偿债权人费用的支出，还应当赔偿债权人现有的鸡生病造成的损失。

在违约赔偿中，由于证明可得利益的困难性，债权人可以选择请求债务人赔偿信赖利益。但是，信赖利益的赔偿一般不得大于履行利益。如果信赖利益大于可得利益，表明债权人订立的合同是亏本的，如果债务人按照约定履行了合同，反而会给债权人造成更大的损失，此时允许债权人请求赔偿大于可得利益的信赖利益，无异于债权人将自己的亏损转嫁给债务人。但是，对于固有利益的赔偿可以大于可得利益。

可得利益是合同履行后债权人所能获得的纯利润。可得利益也可能与信赖利益中的丧失其他交易机会的损失存在重合。根据交易的性质、合同的目的等因素，可得利益损失主要分为生产利润损失、经营利润损失和转售利润损失等类型。

3. 违约赔偿数额的限制

按照本条规定，违约赔偿的数额不得超过违反合同一方订立合同时预见到或者应当预见到的因违反合同可能造成的损失，这不仅适用于对可得利益的限制，也适用于对实际损失的限制。

债务人对于在订立合同时无法预见到的损失，不可能采取足够的预防措施，因而，通过可预见性限制赔偿数额，有助于双方沟通信息，并以此为基础评估风险，采取预防措施，避免损失的发生。

根据本条规定，可预见性规则的适用应当注意以下问题：第一，预见的主体是违约方，而不是非违约方。第二，预见的标准是客观的理性人标准，是一个正常勤勉的人处在违约方的位置所能合理预见到的。第三，预见的时点是订立合同之时，而不是违约之时。第四，预见的内容是损失的类型或者种类，而无须预见到损失的具体范围。

第五百八十五条　【约定违约金】

当事人可以约定一方违约时应当根据违约情况向对方支付一定数额的违约金，也可以约定因违约产生的损失赔偿额的计算方法。

约定的违约金低于造成的损失的，人民法院或者仲裁机构可以根据当事人的请求予以增加；约定的违约金过分高于造成的损失的，人民法院或者仲裁机构可以根据当事人的请求予以适当减少。

当事人就迟延履行约定违约金的，违约方支付违约金后，还应当履行债务。

【立法背景】

本条是关于约定违约金的规定，源自《合同法》第114条，并作了文字上的修改。

【条文精解】

1.一般界定

违约金是当事人在合同中约定的或者由法律直接规定的一方违反合同时应向对方支付一定数额的金钱。这是违反合同可以采用的承担民事责任的方式，只适用于当事人有违约金约定或者法律规定违反合同应支付违约金的情形。违约金依据产生的根据，可以分为法定违约金和约定违约金。

法定违约金是由法律直接规定违约的情形和应当支付的违约金数额。只要当事人一方发生法律规定的违约情况，就应当按照法律规定的数额向对方支付违约金。如果违约金是由当事人约定的，为约定违约金。本条仅规定了约定的违约金。约定违约金主要适用于合同之债，但就法定之债也不妨约定违约金。

根据约定违约金的目的，可以区分为赔偿性的违约金、惩罚性的违约金和责任限制性违约金。本条规定的违约金以赔偿性的违约金为原则，当事人无约定或者约定不明时，推定为赔偿性的违约金。

2.约定违约金的调整

（1）司法酌增。本条第2款关于"约定的违约金低于造成的损失的，人民法院或者仲裁机构可以根据当事人的请求予以增加"的规定，对比《合同法》第114条中的"当事人可以请求人民法院或者仲裁机构予以增加"，更加明确了本法确立的是司法酌增规则。本法并未采取1981年《经济合同法》第35条将违约金作为违约赔偿最低额的预定，因此，如果违约金数额低于损失数额，则人民法院或者仲裁机构可以增加，而非允许当事人在违约金之外另行请求法定的赔偿损失，增加违约金之后，债权人无权请求对方赔偿损失。

司法酌增适用的前提是：第一，约定的违约金低于造成的损失。此处并未如同下一分句中的司法酌减规则那样使用"过分"一词，以体现对债权人或者守约方更强的保护，因此，至少酌增的标准不应比酌减的标准更为严苛。第二，债权人提出申请，并应当对违约金低于造成的损失举证。

此时，人民法院或者仲裁机构可以增加，但并非应当增加。

（2）司法酌减。本条第2款关于"约定的违约金过分高于造成的损失的，人民法院或者仲裁机构可以根据当事人的请求予以适当减少"的规定，对比《合同法》第114条中的"当事人可以请求人民法院或者仲裁机构予以适当减少"，更加明确了本法确立的是司法酌减规则。

司法酌减的前提是：第一，约定的违约金过分高于造成的损失。这意味着，如果约定的违约金虽然高于造成的损失，但并未"过分"高于，就不应当适用司法酌减。第二，债务人提出申请，并就约定的违约金高于造成的损失举证。

此时，人民法院或者仲裁机构可以适当减少违约金数额，但并非应当适当减少。

应当注意的是，当事人关于定金的约定，适用定金罚则后也可能出现过分高于造成的损失的情形，此时可以参照适用本款规定，人民法院或者仲裁机构可以根据当事人的请求予以适当减少。

3. 迟延履行违约金和继续履行之间的关系

本条第 3 款规定，当事人就迟延履行约定违约金的，违约方支付违约金后，还应当履行债务。如果当事人专门就迟延履行约定违约金，除另有约定外，该种违约金仅针对违约方对其迟延履行所承担的赔偿责任，违约方支付违约金后还应当继续履行义务。

本款规定，违约方支付迟延履行违约金后，还应当履行债务，对此不应反面解释认为，如果债权人先主张继续履行或先行受领了继续履行，即不得请求迟延履行违约金或者视为放弃迟延履行违约金。债权人受领了债务人迟延后的继续履行，仍可并行主张迟延履行违约金，此并行主张不以受领给付时作特别保留为必要。

【实践中需要注意的问题】

本条第 3 款仅规定了迟延履行违约金和继续履行之间的关系，并未具体规定违约金和其他违约责任形式之间的关系，也未具体规定在其他违约类型中违约金和继续履行之间的关系。关于这些关系的处理，需要结合具体情形予以考量。

第五百八十六条 【违约定金】

当事人可以约定一方向对方给付定金作为债权的担保。定金合同自实际交付定金时成立。

定金的数额由当事人约定；但是，不得超过主合同标的额的百分之二十，超过部分不产生定金的效力。实际交付的定金数额多于或者少于约定数额的，视为变更约定的定金数额。

【立法背景】

本条是关于违约定金的规定，源自《担保法》第 89 条至第 91 条。考虑到本法生效后，担保法被废止，因此本法吸收了其中有关定金的规定。

【条文精解】

所谓定金，就是指当事人约定的，为保证债权的实现，由一方在履行前预先向对方给付的一定数量的货币或者其他代替物。定金是担保的一种，由于定金是预先交付的，定金惩罚的数额在事先也是明确的，因此通过定金罚则的运用可以督促双方自觉履行，起到担保作用。

实践中定金的种类也非常多。最为常见的是违约定金，即在接受定金以后，一方当事人不履行债务或者履行债务不符合约定，致使不能实现合同目的的，应按照定金罚则予以处理。除了违约定金之外，常见的还有立约定金、成约定金、证约定金、解约定金。

定金合同是民事法律行为的一种，适用民事法律行为的一般规则，可以在合同的主文中载明，也可以单独设立。但是，按照本条第 1 款的规定，定金合同是实践性合同，自实际交付定金时才成立，当然定金交付的时间由双方当事人约定。

按照本条第 2 款的规定，定金的数额由当事人约定。但是，在能够确定主合同标的额的前提下，约定的数额不得超过主合同标的额的 20%。如果超过，则超过的部分不产生定金的效力，应当予以返还或者按照约定抵作价款，但未超过的部分仍然产生定金效力。

第五百八十七条 【违约定金效力】

债务人履行债务的，定金应当抵作价款或者收回。给付定金的一方不履行债务或者履行债务不符合约定，致使不能实现合同目的的，无权请求返还定金；收受定金的一方不履行债务或者履行债务不符合约定，致使不能实现合同目的的，应当双倍返还定金。

【立法背景】

本条是关于违约定金效力的规定，源自《合同法》第 115 条，并增加了"致使不能实现合同目的的"条件，表述更加严谨。

【条文精解】

按照本条规定，债务人按照合同约定履行债务的，定金应当抵作价款或者收回。但如果债务人不履行债务或者履行债务不符合约定，致使不能实现合同目的，违约定金最为重要的效力是定金罚则，即定金合同约定的条件成就时，双倍返还定金或者扣收。

适用定金罚则的前提条件首先是按照当事人的约定和法律的规定，当法律对定金有特别规定时，应当适用特别规定；当事人另有约定时，根据自愿原则，应尊重当事人的特别约定。在不存在法律另有规定或者当事人另有约定的情形中，适用定金罚则的前提条件是，当事人一方不履行债务或者履行债务不符合约定，并且该违约行为要达到致使合同目的不能实现，即根本违约的程度。

适用定金罚则的效果是，给付定金的一方无权请求返还定金，收受定金的一方应当双倍返还定金。

【实践中需要注意的问题】

违约方必须因违约行为承担违约责任，才能适用定金罚则。如果违约方因不可抗力而免责，则不能适用定金罚则。

第五百八十八条 【定金与违约金、法定赔偿损失之间适用关系】

当事人既约定违约金，又约定定金的，一方违约时，对方可以选择适用违约金或者定金条款。

定金不足以弥补一方违约造成的损失的，对方可以请求赔偿超过定金数额的损失。

【立法背景】

本条是关于定金与违约金、法定赔偿损失之间适用关系的规定，源自《合同法》第 116 条，并新增第 2 款规定。

【条文精解】

本条第 1 款规定了定金和违约金之间的适用关系，合同当事人既约定了违约金，又约定了定金，在当事人不存在明确的特别约定的情况下，如果一方违约，对方当事人可以选择适用违约金或者定金条款，即对方当事人享有选择权，可以选择适用违约金条款，也可以选择适用定金条款，但二者不能并用。

本条第 2 款规定了定金和法定赔偿损失之间的适用关系。与违约金不同，定金的数额不得超过主合同标的额的 20%，但是，违约行为造成的损失可能超过适用定金罚则的数额；并且，对于违约金，本法 585 条第 2 款规定了司法酌增的规则，而对于定金并未明确规定类似规则。因此，本款规定，不足以弥补一方违约造成的损失的，对方可以请求赔偿超过定金数额的损失。据此，约定的定金不足以弥补一方违约造成的损失的，守约方可以请求定金，同时也可以就超过定金数额的部分请求法定的赔偿损失，此时，定金和损失赔偿的数额总和不会高于因违约造成的损失。这既有助于对守约方利益的充分保护，又避免了守约方获得超过其损失的利益。

【实践中需要注意的问题】

违约金与定金不能并用的前提是针对同一违约行为，如果违约金和定金是针对不同的违约行为，在这些违约行为都存在的前提下，仍然存在并用的可能性，但无论如何不应超过违约行为所造成的损失总额。

第五百八十九条 【债权人无正当理由拒绝受领的法律后果】

债务人按照约定履行债务，债权人无正当理由拒绝受领的，债务人可以请求债权人赔偿增加的费用。

在债权人受领迟延期间，债务人无须支付利息。

【立法背景】

本条是关于债权人无正当理由拒绝受领的法律后果的规定，属于新增规定。

【条文精解】

债权人无正当理由拒绝受领，是指债务人按照约定履行了债务或者提出了履行债务的请求，债权人无理由地不予受领或者协助。债权人无正当理由拒绝受领，构成的要件包括：（1）债务人按照约定现实履行了债务，或者提出了履行债务的请求，即债务人已经现实履行或者言辞提出履行。（2）债务内容的实现以债权人的受领给付或者其他协助为必要。（3）债权人拒绝受领。这里的拒绝受领是广义的，即不受领，包括迟延受领、明确或者以自己的行为表明拒绝受领等情形。（4）债权人无正当理由。

债权人无正当理由拒绝受领，不影响债务人的给付义务，并不会使债务人的给付义务消灭。债权人受领债务人的履行，既是受领人的权利，也是债权人的义务，但是该义务仅仅是一种不真正义务，除非法律另有规定或者当事人另有约定。本条第1款即规定，债权人无正当理由拒绝受领的，对于由此给债务人增加的费用，债务人可以请求债权人赔偿。所谓给债务人增加的费用，包括：（1）债务人提出给付的费用；（2）保管给付物的必要费用；（3）其他费用，如对不宜保存的标的物的处理费用。

同时，本条第 2 款规定，在债权人受领迟延期间，债务人无须支付利息。

【实践中需要注意的问题】

债权人无正当理由拒绝受领，除了本条规定的法律后果之外，还可能具有其他法律后果，如孳息返还、提存和特殊的风险负担等。

第五百九十条 【不可抗力后果】

当事人一方因不可抗力不能履行合同的，根据不可抗力的影响，部分或者全部免除责任，但是法律另有规定的除外。因不可抗力不能履行合同的，应当及时通知对方，以减轻可能给对方造成的损失，并应当在合理期限内提供证明。

当事人迟延履行后发生不可抗力的，不免除其违约责任。

【立法背景】

本条是关于不可抗力后果的规定。本条整合自《合同法》第 117 条和 118 条。

【条文精解】

因不可抗力免责需要满足以下要求：（1）发生了不可抗力的事件。（2）债务人因不可抗力事件的发生不能履行合同。

在符合上述两个条件下所产生的法律后果上，要根据不可抗力的影响，部分或者全部免除债务人的责任。首先要注意的是，应当根据不可抗力对合同履行的具体影响，判断免责的范围和程度。在有些情况下，不可抗力会导致债务根本无法履行；但有时，不可抗力仅仅会导致迟延履行。如果不可抗力仅仅是暂时的，仅会导致迟延履行，则只能在不可抗力存续期间以及可能的合理期限内发生免责效力；但是，如果迟延履行构成了根本违约，对债权人而言，可以依法解除合同。

此处要注意法律的特别规定。通常情况下，因不可抗力不能履行民事合同的，根据不可抗力的影响，部分或者全部免除责任。但法律规定因不可抗力不能履行合同，也要承担责任的，则需要依法承担责任。故本条第 1 款规定了"但是法律另有规定的除外"。具体什么情况下应承担民事责任、承担责任的程度等要依照法律的规定确定。如《邮政法》第48条、《民用航空法》第124条的规定。

本条第1款第2句规定，因不可抗力不能履行合同的，应当及时通知对方，以减轻可能给对方造成的损失，并应当在合理期限内提供证明。这意味着，根据诚信原则，债务人有义务在合理的期限内就不可抗力的发生以及对债务履行的影响，通知债权人，以便债权人能够采取措施减轻可能遭受的损失。

本条第2款规定，当事人迟延履行后发生不可抗力的，不免除其违约责任。如果债务人没有迟延履行，则不可抗力的发生就不会导致债务的不能履行进而发生损害，因此债务人的迟延履行与债权人的损害之间具有因果关系，债务人应当就不可抗力负责。

【实践中需要注意的问题】

不可抗力事件的发生必须导致债务人不能履行合同，不能履行合同义务并非狭义的履行不能情形，而是包括所有不履行合同义务或者履行合同义务不符合约定的情形。

第五百九十一条 【减损义务】

当事人一方违约后，对方应当采取适当措施防止损失的扩大；没有采取适当措施致使损失扩大的，不得就扩大的损失请求赔偿。

当事人因防止损失扩大而支出的合理费用，由违约方负担。

【立法背景】

本条是关于债权人防止损失扩大的减损义务的规定，源自《合同法》第119条，未修改。

【条文精解】

债务人违约的，债权人不能无动于衷，任凭损失扩大，而应当积极采取适当的措施，防止损失扩大，这样有助于激励债权人采取措施减少损失，有助于增进整体效益。据此，本条第1款首先规定，当事人一方违约后，对方应当采取适当措施防止损失的扩大。

本条第1款进一步规定，没有采取适当措施致使损失扩大的，不得就扩大的损失请求赔偿。适用的前提包括：（1）债务人违反义务导致损失的发生；（2）债权人没有采取适当措施，以限制损失的程度或者避免损失的增加；（3）发生的损失扩大；（4）债权人未采取适当措施与损失的扩大具有因果关系。关键是债权人是否采取了防止损失扩大的适当措施。措施是否适当，主要考虑债权人是否按照诚信原则的要求尽自己的努力采取措施避免损失扩大，如果采取的措施将严重损害债权人自身的利益，或者有悖商业道德，或者所支付的代价过高，不应认为债权人未采取适当的措施。措施适当还要考虑采取措施的期限是否合理。债权人所采取的适当措施根据具体的情形可能有所不同。例如：其一，债权人停止进一步履行。其二，合理的替代交易。其三，接受债务人变更合同的合理要约，此时要注意斟酌考虑合同的性质、变更的程度以及要约的合理性等因素。

本条第 2 款规定，当事人因防止损失扩大而支出的合理费用，由违约方负担。需要注意的是，违约方负担该费用的前提是，该费用是债权人因为防止损失扩大而支出的，并且根据当时的情况是合理的。

第五百九十二条 【双方违约和与有过错】

当事人都违反合同的，应当各自承担相应的责任。

当事人一方违约造成对方损失，对方对损失的发生有过错的，可以减少相应的损失赔偿额。

【立法背景】

本条是关于双方违约和与有过错的规定。本条第 1 款源自《合同法》第 120 条，未修改。第 2 款源自最高人民法院《关于审理买卖合同纠纷案件适用法律问题的解释》第 30 条。

【条文精解】

本条第 1 款规定了双方违约。违约可以区分为单方违约和双方违约。仅当事人一方违约的，称为单方违约；双方当事人都违约的，称为双方违约。在双方各自违反了相互独立的合同义务时，实际上是两个独立的违约行为，因此各自都要向对方承担相应的违约责任。据此，本条第 1 款规定，当事人都违反合同的，应当各自承担相应的责任。

本条第 2 款规定了与有过错。与有过错，又称为过错相抵、混合过错，是指受损害一方对于损害结果的发生存在过错的，在计算损失赔偿额时应当予以相应减少。

与有过错与双方违约不同。与有过错中，仅发生一个损害，只是对该损害的发生，债权人也有过错；而在双方违约的情形中，双方都违反了相互独立的合同义务，故存在两个违约行为，由此发生两个损害。与有过错与本法第591条规定的减损义务也有不同。理论中，有的将减损义务作为与有过错的一种，有的将两者分开。本法分别规定了与有过错和减损义务，其区分是根据时间阶段，与有过错解决的是损失发生的阶段，而减损规则解决的是损失扩大的阶段，因此两者发挥作用的场合是不同的。

与有过错适用的前提是：（1）债权人因债务人违约遭受损失。（2）债务人的违约行为导致了损失的发生，但是，债权人的过错也是导致损失发生的原因。（3）债权人具有过错。此处并非固有意义上的过错，而是属于"自己对自己的过错"，这可能是因债权人自身的行为部分导致了损害的发生。与有过错适用的法律后果是，扣减债务人相应的损失赔偿额。具体扣减的数额要结合当事人的过错程度、原因力的强弱等因素考虑。

【实践中需要注意的问题】

在有些情形中，即使债权人对损害的发生也有过错，但因造成损失的风险本身就在于债务人所负义务的涵盖范围内时，一般不能以与有过错为由减少债务人的损失赔偿额。例如，出卖人卖给买受人一辆机动车，该车的安全气囊存在质量问题，买受人交通违章时，气囊无法打开，导致买受人损失，同样不能因为买受人的交通违章减少出卖人的损失赔偿额。

第五百九十三条 【第三人原因造成违约】

当事人一方因第三人的原因造成违约的，应当依法向对方承担违约责任。当事人一方和第三人之间的纠纷，依照法律规定或者按照约定处理。

【立法背景】

本条是关于因第三人原因造成违约的规定，源自《合同法》第121条，并增加"依法"二字，以限制其适用范围。

【条文精解】

违约是由第三人造成的，即因第三人原因造成的违约，例如第三人迟延交货造成一方当事人迟延履行。基于合同的相对性，此时一般应当由债务人向债权人承担违约责任。排除债务人以违约是第三人原因造成的作为免责事由的抗辩，有助于保护债权人的合理期待，进而保障交易的安全。至于债务人和第三人之间的纠纷，依照法律规定或者债务人与第三人之间的约定处理。

但是，本法对违约责任实行无过错责任原则。如果是当事人一方因第三人的原因造成违约，不论第三人的原因的具体情况，都应当向对方承担违约责任，由于实践中当事人一方因第三人原因造成违约的情况较为复杂，一概要求当事人一方承担违约责任，可能对其过于严苛。因此，在合同法的基础上，本法对因第三人的原因造成违约所应承担的违约责任作了适当限缩，给司法实践留下空间。增加的"依法"二字，是指依据本法第 577 条的规定。

一般而言，因第三人的原因造成债务人违约而应当由债务人向债权人承担违约责任的，主要包括但并不限于以下第三人：（1）履行辅助人；（2）与债务人有其他合同关系的第三人；（3）债务人一方的上级机关。

【实践中需要注意的问题】

本条与本法第 1198 条第 2 款关于安全保障义务的规定在适用时应当予以协调。一般而言，这两个规定中的"第三人"有所不同。本条规定的"第三人"如上所述，而安全保障义务之中的第三人则主要指与安全保障义务人并无关系的第三人。

第五百九十四条【国际货物买卖合同和技术进出口合同争议的时效期间】

因国际货物买卖合同和技术进出口合同争议提起诉讼或者申请仲裁的时效期间为四年。

【立法背景】

本条是关于国际货物买卖合同和技术进出口合同争议的时效期间的规定，源自《合同法》第 129 条，因理论和实践中争议较小，本法予以沿袭。

【条文精解】

本条规定的提起诉讼或者仲裁的 4 年时效期间，只适用于因国际货物买卖合同和技术进出口合同发生的争议。其他合同争议提起诉讼或者申请仲裁的期限，不适用本条规定。

【实践中需要注意的问题】

本条仅规定了特别的时效期间，关于时效期间的起算、届满后的效力、时效的中止、时效的中断等，在法律无其他特别规定的情况下，适用本法第 188 条以下关于诉讼时效的一般规定。

第二分编 典型合同

第九章 买卖合同

> **第五百九十五条【买卖合同的定义】**
> 买卖合同是出卖人转移标的物的所有权于买受人，买受人支付价款的合同。

【立法背景】

买卖合同的定义对买卖合同章的内容具有提纲挈领的作用，本条源自《合同法》第130条，未修改。

【条文精解】

买卖合同是出卖人转移买卖标的物的所有权给买受人，买受人支付价款的合同。买卖关系的主体是出卖人和买受人。转移买卖标的物的一方为出卖人，也就是卖方；受领买卖标的物，支付价款的一方是买受人，也就是买方。买卖合同是最重要的合同之一，其重要之处在于：一是买卖合同为市场经济活动中市场主体经常运用的商品交换的基本和普遍的形式；二是买卖合同是典型的有偿合同，对其他有偿合同具有补充指导作用，当其他有偿合同没有法律规范时，可以参照适用关于买卖合同的法律规范。

1. 买卖合同的法律特征

（1）买卖合同是典型合同。买卖合同是本法明确规定的合同，因而属于典型合同，即通常所谓的有名合同。买卖合同是最基本的典型合同。

（2）买卖合同是卖方转移财产所有权、买方支付价款的合同。首先，买卖合同是卖方转移财产所有权的合同。卖方不仅要将标的物交付给买方，而且要将标的物的所有权转移给买方。转移所有权，这使买卖合同与一方也要交付标的物的其他合同，如租赁合同、借用合同、保管合同等区分开来。其次，买卖合同是买方应支付价款的合同，并且价款是取得标的物所有权的对价。这又使买卖合同与其他转移财产所有权的合同，如易货交易合同、赠与合同区别开来。

（3）买卖合同是双务合同。出卖人与买受人互为给付，双方都享有一定的权利，又都负有相应的义务。卖方负有交付标的物并转移其所有权给买方的义务，买方也同时负有向卖方支付价款的义务。一方的义务也正是对方的权利。因此，买卖合同是一种典型的双务合同。

（4）买卖合同是有偿合同。出卖人与买受人有对价关系，卖方取得价款是以转移标的物的所有权为代价的，买方取得标的物的所有权是以给付价款为代价的。买卖合同的任何一方从对方取得物质利益，都须向对方付出相应的物质利益。因此，买卖合同是典型的有偿合同。

（5）买卖合同多是诺成合同。一般当事人就买卖达成合意，买卖合同即成立，而不以标的物或者价款的现实交付为成立的要件。这在有的国家的法律中是明确规定的，如法国民法典规定，当事人就标的物及其价金相互同意时，即使标的物尚未交付、价金尚未支付，买卖亦可成立。但是，买卖合同的当事人也可以在合同中作出这样的约定，即标的物或者价款交付时，买卖合同始为成立。此时的买卖合同即为实践合同，或者称要物合同。

（6）买卖合同为要式或者不要式合同。从法律对合同形式的要求区分，既可有要式合同，又可有不要式合同，如房屋买卖需采用书面形式，是要式合同，而即时清结买卖为不要式合同。法律对合同的形式一般不作要求。

2. 买卖合同的种类

买卖合同除可按合同一般标准分类外，依其特点，还可有多种分类。大致可分为以下八类：（1）一般买卖和特种买卖；（2）特定物买卖与种类物买卖；（3）批发买卖与零售买卖；（4）即时买卖和非即时买卖；（5）一时买卖与连续交易买卖；（6）自由买卖与竞价买卖；（7）动产买卖与不动产买卖；（8）国内货物买卖与国际货物买卖。

第五百九十六条 【买卖合同的主要内容】

买卖合同的内容一般包括标的物的名称、数量、质量、价款、履行期限、履行地点和方式、包装方式、检验标准和方法、结算方式、合同使用的文字及其效力等条款。

【立法背景】

在本法编纂过程中，对于合同编中典型合同内容的规定，均进行了统一化处理，即进行具体化的列举规定，不仅有利于合同编相应条文的一致性，也方便学习了解买卖合同的主要内容。

【条文精解】

本条规定的含义是，在买卖合同中，当事人可以根据具体合同的实际情况，约定标的物的名称、数量、质量、价款、履行期限、履行地点和方式、包装方式、检验标准、检验方法、结算方式、合同使用的文字及其效力等条款。该条只是起到一种提示性的作用，不具有强制约束力，对于买卖合同的成立及效力，对于买卖合同的当事人的具体权利义务等并无实质性的影响。

买卖合同的当事人在订立买卖合同时，通常应包括以下条款内容：

1. 标的物的名称

标的物是买卖合同的当事人权利义务指向的对象，作为对象的具体的不动产或者动产即为标的物的名称，是买卖合同不可或缺的内容。

2. 标的物的数量

数量是对买卖合同标的物的计量要求，包括计量单位和计量方法。

3. 标的物的质量

质量是对买卖合同标的物标准和技术方面的要求。标的物的质量也是买卖合同中的重要条款，为了准确表示，当事人应当就标的物的品种、规格、品质等级、型号、级别等作出明确约定。

4. 标的物的价款

标的物的价款又称价金，是指买卖合同中买受人为了得到标的物向出卖人支付的货币。

5. 履行期限

履行期限，是指买卖合同的当事人所约定的履行合同义务的时间界限，包括交货时间和付款时间。

6. 履行地点和方式

履行地点，是指买卖合同的当事人所约定的履行合同义务的具体地点，比如合同的提货地点、付款地点等。履行方式，是指买卖合同当事人履行合同义务的具体方式，比如在交付标的物方式上是送货式、自提式还是代办托运式等。

7. 包装方式

标的物的包装，有两种含义：一种是指盛标的物的容器；另一种是指包装标的物的操作过程。

8. 检验标准和方法

检验标准，当事人没有特殊要求的，可以依据国家标准或者行业标准进行检验；有特殊要求的，则应在合同中作出明确的约定，以防止出现纠纷。关于检验的方法，有国家标准或者行业标准的，应当执行该标准；没有标准或者特殊要求的，应当作出约定，以防止在合同履行过程中产生纠纷。

9. 结算方式

合同的结算是当事人之间因履行合同发生款项往来而进行的清算和了结。主要有两种方式：一是现金结算；二是转账结算。

10. 合同使用的文字及其效力

合同使用的文字及其效力条款主要涉及涉外合同。涉外合同常用中外文两种文字书写，且两种文本具有同样的效力。

第五百九十七条 【买卖合同的标的物】

因出卖人未取得处分权致使标的物所有权不能转移的，买受人可以解除合同并请求出卖人承担违约责任。

法律、行政法规禁止或者限制转让的标的物，依照其规定。

【立法背景】

本条对《合同法》第51条、第132条以及最高人民法院《关于审理买卖合同纠纷案件适用法律问题的解释》第3条等作了修改、综合、完善。首先，《合同法》第51条规定："无处分权的人处分他人财产，经权利人追认或者无处分权的人订立合同后取得处分权的，该合同有效。"该规定在理论和实践中就权利人未追认及出卖人未取得处分权时合同效力的状态产生了三种观点：合同无效、合同有效以及效力待定。基于这种争论，导致司法实践中极少依据该条规定进行裁判。其次，《合同法》第132条第1款规定，出卖的标的物，应当属于出卖人所有或者出卖人有权处分。该规定不符合市场中大量存在的未来产品的交易实践，故在实践中大多将该条作为倡导性规定。最后，《物权法》第15条规定："当事人之间订立有关设立、变更、转让和消灭不动产物权的合同，除法律另有规定或者合同另有约定外，自合同成立时生效；未办理物权登记的，不影响合同效力。"该规定明确不动产物权效力的有无，不影响合同的效力。因此，针对上述规定，最高人民法院《关于审理买卖合同纠纷案件适用法律问题的解释》第3条规定："当事人一方以出卖人在缔约时对标的物没有所有权或者处分权为由主张合同无效的，人民法院不予支持。出卖人因未取得所有权或者处分权致使标的物所有权不能转移，买受人要求出卖人承担违约责任或者要求解除合同并主张损害赔偿的，人民法院应予支持。"这一规定在司法实践层面认可了当事人无处分权不影响合同效力。

在本法编纂过程中，不少意见建议吸收上述司法解释的规定，删除《合同法》第51条和第132条第1款的规定。经研究认为：第一，原规定的内容在理论和实践中产生了不少争议，在一定程度上导致了法律适用的不统一。第二，原规定的内容与市场交易的实际情况不相吻合，尤其是在未来产品的交易方面。买卖标的可以是现实存在的物，也可以是将来产生的物，比如《美国统一商法典》第2-105条就规定，货物可以包括尚未出生的动物幼仔、生长中的农作物。第三，原规定的内容与司法实践的处理不一致，且司法实践依据司法解释来处理的结果较为理想。第四，删除这两个条款不会使善意取得制度无处衔接，善意取得制度仍按其独立的规范体系进行判断适用。第五，原规定的内容与域外的通行规定不符，不利于对外贸易往来。最终，删去了《合同法》第51条和第132条第1款的规定，同时在本条第1款规定，因出卖人未取得处分权致使标的物所有权不能转移的，买受人可以解除合同并请求出卖人承担违约责任。这样修改，既确保了物权人对标的物的所有权，也保护了善意买受人的权益，彰显了合同对当事人的约束力，有利于倡导诚信价值并维护交易安全。

【条文精解】

无权处分，是指没有处分权而处分他人财产。无权处分行为是现代社会生活中的常见现象，在买卖交易关系中尤为普遍。依据买卖合同的定义，出卖人负有交付买卖标的物并移转所有权的义务，因此，出卖人为保证买卖合同的履行，应当对买卖的标的物具有处分权。当出卖人对买卖合同的标的物不具有处分权时，意味着买受人无法获得标的物的所有权，也就是不能实现合同的目的，根据本法第563条和第566条的规定，买受人可以解除其与出卖人之间订立的买卖合同并要求出卖人承担违约责任。

1. 处分他人之物所订立合同的效力

尽管在本条中没有明确出卖人处分他人之物所订立的合同是否为有效合同，实质上对此是持肯定态度的，主要理由有：（1）买卖当事人订立的合同只要不违反法律、行政法规的强制性规定并且不违背公序良俗，原则上均属有效，有利于交易的正常开展。（2）为保护善意买受人的利益，也应当认定处分他人之物所订立的合同有效，从而有利于交易的安全。从善意的受让人角度而言，认定合同有效，其可以追究相对人的违约责任，若不认定有效，则只能主张缔约过失责任，不符合公平原则。（3）司法实践中已普遍认为，处分他人之物所订立的合同原则上有效，且行之有效，故立法不应当与实际情况相违背。（4）本法第215条规定："当事人之间订立有关设立、变更、转让和消灭不动产物权的合同，除法律另有规定或者当事人另有约定外，自合同成立时生效；未办理物权登记的，不影响合同效力。"从另一侧面显示出卖人对标的物没有所有权或者处分权时所订立的合同，原则上从合同的成立时生效。（5）域外规定通常认为处分他人之物所订立的合同有效。《国际商事合同通则》规定，合同订立时一方当事人无权处置与该合同相关联之财产的事实本身，并不影响合同的效力；《欧洲合同法原则》规定，合同订立时不可能履行所承担之义务，或一方当事人无权处分与合同有关的财产的，不影响合同的效力。

2. 与善意取得制度的衔接

在本法编纂过程中，有意见提出，认可无处分权所订立合同的效力，可能引发不诚信或者导致犯罪行为得不到有力追究。经研究认为，首先，对于实践中可能出现的盗卖、骗卖和误卖等情形，构成犯罪的，应当通过刑事追赃处理，即善意取得的前提是不得构成犯罪，若构成犯罪，则不能适用善意取得制度。其次，对于无处分权人的行为不构成犯罪的，依据本条第1款以及本法第311条善意取得制度的规定，就无权处分标的物的行为，即使合同有效，标的物原所有权人和善意买受人的权利会仍然可以依法受到保护：（1）买受人善意取得标的物所有权的，原权利人有权请求无处分权人承担违约责任或者侵权责任；（2）买受人不能依据善意取得制度取得标的物所有权的，原权利人则依法取回标的物所有权，买受人可以根据实际情况，因履行不能无法达到合同目的，可以请求解除买卖合同，进而要求无处分权人承担违约责任，或者直接要求无处分权人承担违约责任。

3. 其他合同的参照适用

在本法编纂过程中，有意见提出将处分他人之物所订立的合同有效仅仅规定在买卖合同中，将无法适用于处分他人债权或者赠与他人财产以及无权出资等情形的问题。解决思路是，依据本法第646条的规定："法律对其他有偿合同有规定的，依照其规定；没有规定的，参照适用买卖合同的有关规定。"因此，其他情形是可以参照本条进行适用的。

法律禁止流通的物不得作为买卖标的物，如淫秽书刊。法律限制流通的物，只能在限定的领域流通，如枪支的买卖。国家对枪支的买卖实行特别许可制度，未经许可，任何单位和个人不得买卖枪支。购买民用枪支，须持公安部门核发的民用枪支配购证件。出售民用枪支，应当核对配购证件，按照配购证件载明的品种、型号、数量配售。

第五百九十八条　【出卖人的基本义务】

出卖人应当履行向买受人交付标的物或者交付提取标的物的单证，并转移标的物所有权的义务。

【立法背景】

买卖合同的买受人的目的就是取得标的物的所有权，所以交付标的物并转移标的物所有权是出卖人最基本的义务。这在各国或者地区的民法中都是一致的。

【条文精解】

买卖合同中买受人的目的是取得标的物的所有权，不言而喻，将标的物的所有权转移给买受人，同样是出卖人的基本义务。标的物所有权的转移方法，依法律的规定而定。动产以占有为权利的公示方法，因此，除法律另有特别规定或者当事人另有约定以外，动产所有权依交付而转移。不动产以登记为权利公示的方法，因此，其所有权的转移须由所有权人办理转让登记。无论合同是否作出约定，出卖人都应当协助买受人办理所有权的转让登记手续，并将有关的产权证明文书交付买受人。前面提到的在买卖合同成立时出卖人尚未取得标的物所有权的情况下，出卖人就应当在合同订立后取得该标的物的所有权，以将其转移给买受人。

第五百九十九条　【出卖人交付单证和资料义务】

出卖人应当按照约定或者交易习惯向买受人交付提取标的物单证以外的有关单证和资料。

【立法背景】

除了标的物的仓单、提单这些用于提取标的物的单证外，现实生活中关于买卖的标的物，尤其是国际贸易中的货物，还有其他一些单证和资料，比如商业发票、产品合格证、质量保证书、使用说明书、产品检疫书、产地证明、保修单、装箱单等。对于这些单证和资料，如果买卖合同中明确约定了出卖人交付的义务，或者按照交易的习惯出卖人应当交付，则出卖人就有义务在履行交付标的物的义务以外，向买受人交付这些单证和资料。

【条文精解】

结合我国的实际情况，对于何为"提取标的物单证以外的有关单证和资料"，最高人民法院《关于审理买卖合同纠纷案件适用法律问题的解释》第7条作了明确，主要应当包括保险单、保修单、普通发票、增值税专用发票、产品合格证、质量保证书、质量鉴定书、品质检验证书、产品进出口检疫书、原产地证明书、使用说明书、装箱单等，实践中应当据此理解、执行。

此外，出卖人向买受人交付提取标的物单证以外的有关单证和资料，有一个前提条件，即应当有合同的约定或者交易习惯的要求。也就是说，如果合同没有约定或者交易习惯没有要求，出卖人可以不履行这项义务。需要进一步说明的是，只要合同作了约定或者交易习惯有具体要求，出卖人就不能拒绝履行，否则就属于违约行为，应当承担违约责任。

【实践中需要注意的问题】

关于出卖人向买受人交付提取标的物单证以外的有关单证和资料是不是具有普遍约束力的问题，如果仅是基于约定才需要交付的，则不具有普遍约束力。但如果是基于交易习惯，即通常是当事人之间因长期交易而形成的习惯做法，或者是被地区、行业公认的不言而喻的习惯做法，抑或是国际贸易中国际惯例，均是合同履行过程中诚信原则的要求，依据本法第10条以及第509条第2款的规定，则具有普遍约束力，出卖人不能抗辩为交易习惯而拒绝履行。

第六百条 【买卖标的物中知识产权的归属】

出卖具有知识产权的标的物的，除法律另有规定或者当事人另有约定外，该标的物的知识产权不属于买受人。

【立法背景】

本法第123条第2款规定了知识产权："知识产权是权利人依法就下列客体享有的专有的权利：（一）作品；（二）发明、实用新型、外观设计；（三）商标；（四）地理标志；（五）商业秘密；（六）集成电路布图设计；（七）植物新品种；（八）法律规定的其他客体。"出卖具有知识产权的标的物的，其中知识产权的归属有一定的特殊性。

【条文精解】

在买卖合同中，有些标的物本身可能是知识产权的载体，如计算机软件等。本条规定的意旨在于说明作为知识产权的载体的买卖与知识产权转让的不同。知识产权的转让是权利买卖的一种。涉及权利主体转变的合同法律关系，在有关法律中一般称为权利的转让，如专利权转让合同。除了这种权利转让的合同，我国有关法律还规定了一种权利客体的许可使用合同，如专利实施许可合同。这种合同与专利权转让合同的区别在于，后者是以专利所有权的转移为目的，而前者是以转让技术使用权为目的，所以也可理解为专利技术使用权的转让合同，转让人并不因专利技术使用权的转让而丧失专利所有权。

在权利买卖中，当事人所追求的合同目的与一般的货物买卖是不同的。尽管从根本上说，一般货物买卖也是权利，即货物所有权的转移，但是，货物的所有权是建立在现实的、可见的实物之上，其所有权是一个法律上的抽象概念，当事人所追求的是物的实用性。而权利的买卖或者转让则不同，当事人所追求的是权利本身所体现的利益。作为买卖对象的权利，尽管也有一定的载体，但买卖当事人看重的显然不是该载体本身，而是通过它表现的一定技术以及对这一技术享有支配的权利而能带来的利益。因此，如果一个买卖合同的标的物本身体现着一定的知识产权，除非当事人明确表示，或者法律有相关规定，买卖可以影响知识产权（如著作权法规定美术作品的展览权随作品原件转移），那么，该标的物所体现的知识产权就不转移于买受人。另举一例来说，某人购买了一台计算机，其中计算机内包括了各种软件，作为买受人来讲，只是对计算机这一物体享有了所有权，但是计算机内所包括的作为软件的知识产权不属于买受人，买受人只有使用权，没有权利处分该计算机中所包含的知识产权。

第六百零一条 【出卖人的交付期限】

出卖人应当按照约定的时间交付标的物。约定交付期限的，出卖人可以在该交付期限内的任何时间交付。

【立法背景】

买卖标的物的交付时间，在买卖合同的履行过程中十分重要。本条规定借鉴了《联合国国际货物销售合同公约》第 33 条的规定。

【条文精解】

这里出卖人具体交付标的物的时间，可以区分两种情况：（1）合同约定在某确定时间交付。除对交付的时间有精确要求的合同外，一般落实到日即是合理的，出卖人应当按照约定的时间履行标的物交付义务。迟于此时间，即为迟延交付，属于违约；早于此时间，即为提前履行，严格意义上也是一种违约。按照本编通则部分的规定，买受人可以拒绝出卖人提前履行债务，但提前履行不损害买受人利益的除外。出卖人提前履行债务给债权人增加的费用，由出卖人承担。（2）现实生活中大量的合同约定了交付的期限。交付期限通常指的是一个时间段。具体的合同纷繁复杂，这一时间段是某几年、某几个月或者某几天都有可能。这种情况下，依照本条规定，出卖人就可以在该交付期限内的任何时间交付，这也是符合当事人意图的。

需要补充说明的是，出卖人按照约定的期限交付标的物，是出卖人的一项义务，期限包括具体的日期和期间。约定有具体的交付日期的，应当按照约定的具体日期交付；没有约定具体日期而约定了交付期限的，出卖人可以在该交付期限内的任何时间交付。由于按照约定期限交付是出卖人的义务，不履行或者不正确履行这一义务须承担违约责任。不按照合同约定的期限履行义务包括两种情况：一是出卖人提前交付标的物，买受人接货后，仍可按合同约定的交货时间付款；合同约定自提的，买受人可以拒绝提货。二是出卖人逾期交付标的物，应在发货前与买受人协商，买受人仍需要的，出卖人应当照数补交，并负逾期交货责任；买受人不再需要的，应当依法办理解除合同手续。

第六百零二条 【未约定交付期限的处理规则】

当事人没有约定标的物的交付期限或者约定不明确的，适用本法第五百一十条、第五百一十一条第四项的规定。

【立法背景】

标的物交付的时间不确定时需要有处理规则。从条文本身的内容以及合同编的体例安排和立法技术上看，本法第 510 条和第 511 条是两个十分重要的条文，对于合同内容的确定和合同的履行具有重要的意义。典型合同各章中经常要引用总则的这两条以确定各有关合同约定不明时的解决规则。

【条文精解】

如果买卖合同的当事人没有约定交付时间，根据我国的司法实践，通常可以依据下列情形进行判断：第一种情形，约定由买受人自提货物的，以出卖人通知买受人提货时间为交付时间。但是，出卖人的通知一般应当采用书面形式，而且应当给买受人留有必要的准备时间。第二种情形，合同约定由出卖人送货的，出卖人在交货地点将标的物交付买受人实际占有并点收完毕，即视为交付。但是，如果买受人对货物的质量或者数量等提出异议而拒绝接受的，则不能视为交付。第三种情形，出卖人因买受人无正当理由拒绝接受而将标的物提存的，提存时间即为交付时间。第四种情形，出卖人提前交付而买受人接受的，以买受人实际接受的时间为交付时间。第五种情形，当事人约定由出卖人代办托运或者邮寄货物的，出卖人将货物交给第一承运人或者邮局的时间为交付时间。

第六百零三条 【买卖标的物的交付地点】

出卖人应当按照约定的地点交付标的物。

当事人没有约定交付地点或者约定不明确，依据本法第五百一十条的规定仍不能确定的，适用下列规定：

（一）标的物需要运输的，出卖人应当将标的物交付给第一承运人以运交给买受人；

（二）标的物不需要运输，出卖人和买受人订立合同时知道标的物在某一地点的，出卖人应当在该地点交付标的物；不知道标的物在某一地点的，应当在出卖人订立合同时的营业地交付标的物。

【立法背景】

买卖合同对标的物的交付地点有约定的，出卖人应当按照约定履行交付的义务。本条所要解决的问题主要是合同对交付地点没有约定或者约定不明确时应当如何确定的规则。

【条文精解】

与交付期限没有约定或者约定不明确的情形一样，合同没有约定交付地点或者约定不明确的，首先仍然要适用本法第 510 条的规定，即合同生效后，当事人可以重新协商达成补充协议，不能达成补充协议的，按照合同相关条款或者交易习惯确定交付地点。

与确定交付期限不同的是，如果这样仍然不能确定交付地点，不是适用本法第 511 条的规定，即第 511 条第 3 项所规定的，"履行地点不明确，给付货币的，在接受货币一方所在地履行；交付不动产的，在不动产所在地履行；其他标的，在履行义务一方所在地履行"。本条的规定，提出了适用于买卖合同的特别规则。这些特别规则与第 511 条第 3 项的规定是不同的，对于买卖合同，首先要适用本条的规则。但不是说本条与第 511 条第 3 项根本上是冲突的，如本条也有在债务人所在地履行的内容。并且，对于本条未规定的情形，由于第 511 条第 3 项属于本编通则的内容，所以仍要适用该项的规定。也就是说，就买卖合同的交付地点没有约定或者约定不明确时，首先应当适用本条第 2 款的规定；在本条第 2 款无法适用或者没有规定时，才适用本法第 511 条第 3 项的规定。

本条所确定的规则可以从以下三个层次把握：

（1）如果买卖合同标的物需要运输，无论运输以及运输工具是出卖人安排联系的，还是买受人安排联系的，出卖人的交付义务就是将标的物交付给第一承运人。即使在一批货物需要经过两个以上的承运人才能运到买方，出卖人也只需把货物交给第一承运人，这时即认为出卖人已经履行了交付义务。因此，出卖人交付的地点应当是将标的物交付给第一承运人的地点。

这里需要注意的是，不论第一承运人是由出卖人还是买受人安排联系的，该承运人必须是独立于买卖双方的运输业经营者，而不应当是出卖人或者买受人自己的运输工具，否则将和本条第 2 款第 2 项规定的情形重复。最高人民法院《关于审理买卖合同纠纷案件适用法律问题的解释》第 11 条也对此作出了明确规定。

（2）标的物不需要运输，即合同中没有涉及运输的事宜，如果出卖人和买受人订立合同时知道标的物在某一地点，出卖人应当在该地点交付标的物。双方当事人知道标的物在某一地点，一般在以下情况中较为常见：买卖合同的标的物是特定物；标的物是从某批特定存货中提取的货物，如指定存放在某地的小麦仓库中提取若干吨小麦作为交付的货物；尚待加工生产或者制造的未经特定化的货物，如买卖的定货将在某地某家工厂加工制造。

（3）在不属于以上两种情况的其他情况下，出卖人的义务是在其订立合同时的营业地把标的物交付给买受人。出卖人应当采取一切必要的行动，让买受人能够取得标的物，如做好交付前的准备工作，将标的物适当包装，刷上必要的标志，并向买受人发出通知让其提货等。至于本条第2款第2项中的"营业地"该如何理解，实践中也并非没有争议，因为出卖人有多个"营业地"也属正常。对此问题，《联合国国际货物销售合同公约》第10条规定："（a）如果一方当事人有一个以上的营业地，则应该将那个与合同、合同的履行具有最密切联系的营业地视为其营业地；在确定最密切联系营业地时，应考虑到双方当事人在订立合同前任何时候或订立合同时所知道或所考虑的情况；（b）如果一方当事人没有营业地，则以其惯常居住地为准。"经研究认为，该规定具有合理性，可以作为认定"营业地"的依据。

第六百零四条 【买卖标的物的风险承担】

标的物毁损、灭失的风险，在标的物交付之前由出卖人承担，交付之后由买受人承担，但是法律另有规定或者当事人另有约定的除外。

【立法背景】

本条也是买卖合同章最重要的条文之一。风险承担是指买卖的标的物在合同生效后因不可归责于当事人双方的事由，如地震、火灾、飓风等致使发生毁损、灭失时，该损失应当由哪方当事人承担。风险承担制度具有三个主要特点：一是风险承担发生在双务合同之中。单务合同没有对待给付问题，即使可能存在标的物毁损、灭失的风险，但不存在价金风险的问题。二是风险承担是因为标的物的毁损、灭失而引起，不是因当事人的违约行为而引起。三是风险承担是因为不可归责于双方当事人的事由而产生的损失的分配制度，风险的发生具有极大的不可预测性。风险承担的关键是风险转移的问题，也就是说，如何确定风险转移的时间。转移的时间确定了，风险由谁来承担也就清楚了。由于它涉及买卖双方当事人最根本的利益，所以从来都是各国、各地区有关买卖合同法律规范中要解决的一个重要问题。

【条文精解】

通常来讲，标的物风险转移的时间可以由双方当事人在合同中作出约定。当事人在这方面行使合同自愿的权利，法律是没有理由干预的。这在各国法律规定中都是一致的，即在风险承担的问题上尊重当事人的意思自治。然而，法律必须确定一个规则，以解决合同当事人对此问题未作约定或者约定不明确时，确定标的物的风险从何时起转移。各个国家的法律一般对此都有具体规定，但规定不尽一致，主要可以分为三种情况：（1）风险自合同订立时转移。目前，采用该模式的主要有瑞士等国。（2）风险随所有权转移。这一模式最早为罗马法所采纳，目前的英国和法国就属于此类。（3）风险随交付转移。这一模式最早为德国民法典所采纳。目前，德国、日本以及《联合国国际货物销售合同公约》等都是采用这种模式。

1999年合同法起草过程中参考比较了上述三种模式，最终确定采纳第三种模式作为我国处理这一问题的办法。理由是风险转移是一个很现实的问题，而所有权的转移则是抽象的，因而以所有权的转移来确定风险转移的做法不可取。标的物的交付是一个事实问题，易于判断，清楚明了，以它作为标准有利于明确风险的转移。因此，本条规定，标的物毁损、灭失的风险，交付前由出卖人承担，交付后由买受人承担。这里要注意一个问题，除法律另有规定或者当事人另有约定以外，本法第224条规定了"动产物权的设立和转让，自交付时发生效力"的内容，而本条又规定标的物的风险自交付时起转移，似乎区分风险承担的所有权原则与交付原则没有意义，这种看法是不对的。因为，第224条规定的所有权自交付时起转移是在法律没有另外规定或者当事人没有相关约定的情况下才发生效力的。如果当事人约定自合同成立或者自标的物价款支付完毕时起所有权转移，那么所有权的转移就依当事人的约定；而对于标的物的风险，如果当事人没有专门约定，则要自交付时起转移。对于法律规定须办理一定手续标的物所有权才能转移的情况，与此道理相同。

【实践中需要注意的问题】

本条确立的规则属于买卖合同风险承担的一般性规则，如果特别法或者本法另有特别的规定，则应当适用该特别规定。

第六百零五条 【买受人违约时的风险负担】

因买受人的原因致使标的物未按照约定的期限交付的，买受人应当自违反约定时起承担标的物毁损、灭失的风险。

【立法背景】

依据前条规定，标的物的风险自交付时起，由出卖人转移至买受人。在合同履行中发生交付迟延的情况下，就要考虑按此规则处理是否会导致对当事人各方的不公平。如果有，就需要作出相应的补充规定。在标的物迟延交付是由买受人的原因造成的情况下，如果仍然坚持标的物的风险自交付时起转移，则显然对出卖人是不公平的。因为他已经为标的物的交付做好了准备，标的物已处于可交付的状态，而买受人则违反了及时接收标的物的合同义务。因此，本条规定由于买受人的原因致使出卖人不能按约定时间交付的，标的物自买受人违反约定时起发生风险转移，是合情合理的，同域外的通行做法也是一致的。

【条文精解】

对于由于买受人的原因致使出卖人不能交付标的物产生与交付相同的效果，买受人承担标的物毁损、灭失的风险责任的条件，可以简单概括为四个方面：一是买受人须有原因。这里的原因，一般来讲是指买受人的过错，该过错应该包括故意和过失两种情况。二是须有出卖人不能按照约定的期限交付标的物的事实存在。如果没有这一事实的存在，也不会出现本条的情况。三是出卖人不能按照约定的期限交付标的物的事实是由买受人引起的。也就是说，必须有因果关系。四是买受人承担风险的期限为自约定交付之日至实际交付之时。

第六百零六条 【路货买卖的风险负担】

出卖人出卖交由承运人运输的在途标的物，除当事人另有约定外，毁损、灭失的风险自合同成立时起由买受人承担。

【立法背景】

路货买卖是指标的物已在运输途中，出卖人寻找买主，出卖在途中的标的物。它可以是出卖人先把标的物装上开往某个目的地的运输工具（一般是船舶）上，然后再寻找适当的买主订立买卖合同，也可以是一个买卖合同的买受人未实际收取标的物前，再把处于运输途中的标的物转卖给另一个买受人。实践中，路货买卖以后一种形式为多，往往是在 CIF 条件下买方取得卖方交付的有关提取货物的单证后转卖货物。事实上，本条规定的情形是第 604 条规定的特殊情况，而第 604 条规定的风险转移时间点为"交付时"，本条规定的风险转移时间点为"合同成立时"。这是因为路货买卖的双方当事人均未实际控制货物，只能根据双方当事人已经确定的合同关系来确定，即以"合同成立时"来确定最为合理。

【条文精解】

出卖在运输途中的货物，一般在合同订立时，出卖人就应当将有关货物所有权的凭证或者提取货物的单证等交付买方，货物也就处在了买方的支配之下。根据上述分析，从订立合同时起转移货物的风险承担也是合理的。但实际问题是，以合同订立之时来划分路货买卖的风险承担有时是比较困难的。因为在订立买卖合同时，货物已经装在运输工具上，处于运输的途中，在收集不到确切证据的情况下，买卖双方都难以搞清楚风险到底是发生在运输途中的哪一段，是在合同订立之前还是在之后。所以《联合国国际货物销售合同公约》第68条规定，如果情况表明有此需要，从货物交付给签发载有运输合同单据的承运人时起，风险就由买方承担。这就把风险转移的时间提到了货物交付承运人之时，也就是说，从货物交付运输之时起，货物风险就由买受人承担了。之所以这么处理是因为在路货买卖中一般出卖人要转移货物有关单证给买受人，而货物的保险单一般也是同时转让的，当货物发生风险时，买受人就可以凭保险单向保险公司索赔。这样就不会造成对买受人的不公平。所以，在适用"如果情况表明有此需要"的条件时，就要综合考虑上述的情况，即是否难以确定风险发生的时间，以及买受人是否享有保险利益等。从我国《保险法》第49条第1款"保险标的的转让的，保险标的的受让人承继被保险人的权利和义务"和第2款"保险标的的转让的，被保险人或者受让人应当及时通知保险人，但货物运输保险合同和另有约定的合同除外"的规定来看，如果买卖标的物在运输途中发生保险事故，作为买受人享有保险利益是没有问题的。

【实践中需要注意的问题】

就路货买卖中的标的物，如果出卖人在订立合同时已经知道或者应当知道其已经灭失或者损坏却向买受人隐瞒这一事实，根据公平和诚信的原则，这种灭失或者损坏的责任应当由出卖人承担，这是很合理的。最高人民法院《关于审理买卖合同纠纷案件适用法律问题的解释》第13条规定："出卖人出卖交由承运人运输的在途标的物，在合同成立时知道或者应当知道标的物已经毁损、灭失却未告知买受人，买受人主张出卖人负担标的物毁损、灭失的风险的，人民法院应予支持。"这样的处理方式应当予以肯定。

第六百零七条 【标的物风险自交付第一承运人时转移】

出卖人按照约定将标的物运送至买受人指定地点并交付给承运人后，标的物毁损、灭失的风险由买受人承担。

当事人没有约定交付地点或者约定不明确，依据本法第六百零三条第二款第一项的规定标的物需要运输的，出卖人将标的物交付给第一承运人后，标的物毁损、灭失的风险由买受人承担。

【立法背景】

本条规定是要解决标的物在运输中的风险由谁承担的问题。

【条文精解】

本法第 604 条的规定是一个原则性的规定，核心是依交付确定风险承担。但是，实际情况中有些问题难以确定"交付"界线，本条就是典型例子。为预防和减少纠纷，本条针对经常出现的运输途中的货物的风险承担划分问题作出了规定，确定了法定的交付界线。

本法第 603 条第 2 款第 1 项规定，当事人未约定交付地点或者约定不明确，依照本法第 510 条的规定仍不能确定时，如果标的物需要运输，出卖人应当将标的物交付给第一承运人以运交给买受人。这项规定实际上确定了在这种情况下，出卖人将标的物交付给第一承运人就是履行了合同的交付义务。根据上述分析，本条规定在这种情况下出卖人将标的物交付给第一承运人后，标的物的风险由买受人承担是符合逻辑的。

大量的买卖合同，尤其是国际贸易都涉及货物的运输，而在运输过程中又容易发生各种风险导致标的物的毁损、灭失。所以，确定货物运输中的风险由谁承担是一个非常重要并且十分现实的问题。规定其风险由买方承担的理由是买方所处的地位使他能在目的地及时检验货物，在发现货物受损时便于采取必要的措施，包括减轻损失，及时向有责任的承运人请求赔偿以及向保险人索赔等。一些国际贸易惯例也确定了这样的原则，如采取 FOB、CIF 和 CFR 条件订立买卖合同时，都是由买方承担货物在运输过程中的风险。

《合同法》第 145 条只规定了本条第 2 款的内容，并无第 1 款的内容。当出现买卖合同双方约定出卖人应当将货物交付到买受人指定的地点再交由承运人运输的情形时，风险如何承担就会出现无法可依的情况。基于此，在本法编纂过程中，有意见提出，最高人民法院《关于审理买卖合同纠纷案件适用法律问题的解释》第 12 条 "出卖人根据合同约定将标的物运送至买受人指定地点并交付给承运人后，标的物毁损、灭失的风险由买受人负担，但当事人另有约定的除外" 的规定，正好可以填补合同法的立法缺漏。经研究认为，该条规定公平合理，有助于解决实际中的问题，且与本条第 2 款在逻辑上衔接，故对该规定作适当文字修改后吸收为本条的第 1 款。

第六百零八条 【买受人不履行接收义务时的风险负担】

出卖人按照约定或者依据本法第六百零三条第二款第二项的规定将标的物置于交付地点，买受人违反约定没有收取的，标的物毁损、灭失的风险自违反约定时起由买受人承担。

【立法背景】

本条规定同上一条不一样，是要解决标的物在非运输途中的风险由谁承担的问题。同时，本条细化了第 604 条的规定，针对货物的风险承担划分问题作出具体规定，确定了法定的交付界线。

【条文精解】

本法第 603 条第 2 款第 2 项规定，当事人未约定交付地点或者约定不明确，依照本法第 510 条的规定仍不能确定的，如果标的物不需要运输，出卖人和买受人订立合同时知道标的物在某一地点，那么出卖人应当在该地点交付标的物；不知道标的物在某一地点的，应当在出卖人订立合同时的营业地交付标的物。总之，这种情况就是出卖人有义务在某一地点将标的物交付给买受人。在合同约定的交付期限届至时，如果标的物已经置于合同项下的特定地点而且出卖人已经完成了必要的交付准备工作，让买受人能够取得标的物，如将标的物适当包装，打上必要的标志，并向买受人发出通知让其提货等，标的物就处在了可以交付买受人处置的状态，亦即出卖人已经完成了一部分的交付行为。如果这时买受人违反合同的约定不接收标的物，那么按照本条的规定，买受人就从违反约定之日起承担标的物毁损、灭失的风险。

【实践中需要注意的问题】

本法第 605 条和本条规定的法律后果均是买受人应当自违反约定时起承担标的物毁损、灭失的风险，但是二者却存在四点不同之处，实践中需要正确把握：一是二者承担风险的适用原则不同。前者是交付转移风险原则的例外，而本条适用交付转移风险原则。二是买受人的主观原因不同。前者要求买受人存在故意或者过失的原因，而本条则不论买受人是否存在故意或者过失的原因。三是出卖人履行交付义务的状态不同。前者的出卖人没有也无法履行交付义务，而本条的出卖人已经履行了部分交付行为。四是买受人开始承担风险责任的时间点不同。前者的时间点是出卖人交付标的物之前，而本条的时间点是出卖人履行部分交付标的物的行为之后。

第六百零九条 【交付单证与风险负担的关系】

出卖人按照约定未交付有关标的物的单证和资料的，不影响标的物毁损、灭失风险的转移。

【立法背景】

本条是对前三条在标的物转移前后风险承担的相关规定的补充。

【条文精解】

本条的内容主要包括两个方面：一是出卖人已经将标的物交付给买受人并由买受人占有，只是按照约定没有履行交付有关标的物的单证和资料的义务。二是没有交付有关单证和资料，不影响标的物毁损、灭失风险的转移，即此时的风险由买受人承担。需要说明的是，本条中所称的"有关标的物的单证和资料"，既可能是提取标的物的单证，也可能是提取标的物单证以外的有关单证和资料。

依据本法第 641 条的规定，当事人可以在买卖合同中约定买受人未履行支付价款或者其他义务的，出卖人交付标的物后保留标的物所有权的内容。在标的物交付过程中，出卖人不向买受人移交有关标的物的单证或者资料，其性质可以由当事人在合同中约定，当事人可以约定这就是出卖人保留标的物所有权的表示。在合同对此没有约定时，各国解决的办法不尽一致。若依据英国法律可能就认为这表明卖方保留了所有权，而依据美国统一商法典则认为这对卖方只是作为买方支付价款的担保，但并不影响标的物所有权的转移。但是，本法确立的标的物风险转移的原则是以标的物的交付作为标准，而不与标的物的所有权相联系。交付标的物就转移风险，这主要是因为占有人已经占有了标的物，有能力维护标的物的安全和防范标的物的风险。

出卖人没有按照约定交付有关标的物的单证和资料，并不影响标的物的交付占有。

因此，无论出卖人不交付标的物的单证是否意味着所有权的保留，都不影响标的物的风险从交付时起由出卖人转移给买受人。这与《联合国国际货物销售合同公约》第 67 条规定的"卖方有权保留控制货物处置权的单据，并不影响风险的转移"相一致。

第六百一十条【出卖人根本违约时的风险负担】

因标的物不符合质量要求，致使不能实现合同目的的，买受人可以拒绝接受标的物或者解除合同。买受人拒绝接受标的物或者解除合同的，标的物毁损、灭失的风险由出卖人承担。

【立法背景】

本条是参考美国统一商法典作出的规定。

【条文精解】

对于买卖合同交付的标的物质量不合格而导致标的物毁损、灭失的风险由出卖人承担，应当具备以下三个条件：

1. 出卖人交付的标的物质量不符合质量要求

比如，出卖人交付的产品不符合质量标准，或者不具备产品应当具备的使用性能等。如果当事人虽然就标的物的质量发生了争议，但是并不能确定交付的产品不符合要求，则不适用本条规定。

2. 因标的物质量不合格致使不能实现合同目的

比如，出卖人向买受人交付了 1000 公斤香蕉，其中有 10 公斤变质，此时的出卖人已经构成违约，但这种违约程度是轻微的，并没有达到不能实现合同目的的程度，买受人不能因此主张解除合同。但是，如果交付的 1000 公斤香蕉中有 900 公斤变质而无法食用，那么就属于不能实现合同目的，在这种情况下，买受人当然可以拒收或者在接收后依据本法第 563 条第 4 项的规定解除合同，由此导致风险的发生，才引发风险的分担问题。出卖人的履行不合格构成根本违约，表明出卖人的交付不构成真正的交付，由此产生的标的物毁损、灭失的风险应由出卖人承担。

3.买受人拒绝接受标的物或者解除合同

尽管出卖人交付的标的物不符合质量要求且已经导致买受人无法实现合同目的，也不一定会产生标的物的风险负担问题。因为买受人可能会接收标的物而要求出卖人承担违约责任，此时标的物毁损、灭失的风险应当由买受人承担。但是，如果在出卖人交付的标的物质量不合格且导致买受人订立合同的目的落空时，买受人拒绝接受标的物或者解除合同，则应当视为标的物没有交付，在此情况下所产生的标的物毁损、灭失的风险自然应当由出卖人承担。这里需要进一步说明的是，因出卖人交付的标的物的质量无法实现合同目的，买受人拒绝接受，或者买受人接收后向出卖人发出解除合同的通知，该期间内标的物客观上由买受人临时代为照管，该期间的风险如何承担可能会产生争议。我们的意见是，由于代为保管并没有构成真正的交付，因而也不能发生风险的转移，出卖人仍然应当承担风险。

另外需要指出的是，本条关于风险负担的规则属于任意性规范，当事人可以通过协议加以改变；如果当事人之间没有特别约定，则应当适用本条的规定。

第六百一十一条 【买受人承担风险与出卖人违约责任的关系】

标的物毁损、灭失的风险由买受人承担的，不影响因出卖人履行义务不符合约定，买受人请求其承担违约责任的权利。

【立法背景】

本条是参考《联合国国际货物销售合同公约》作出的规定。

【条文精解】

本条的规定表明，在出卖人违约的情况下，买受人虽然按照本法的规定承担了标的物风险，但并不影响因出卖人的违约行为，买受人请求其承担违约责任的权利，如请求损害赔偿。主要的理由在于：标的物毁损、灭失的风险由买受人承担的根据是买受人已经收到了出卖人交付的标的物，但并不表明买受人认可出卖人已经完全履行了债务，也不表明出卖人没有违约行为；如果出卖人存在违约行为，买受人自然可以要求出卖人承担违约责任。

【实践中需要注意的问题】

本条规定可能与前条的规定存在交叉。比如，在出卖人向买受人交付的标的物质量不符合要求，致使不能实现合同目的的情况下，买受人可以依据前条的规定主张权利。即买受人既可以通过拒收标的物或者解除合同而不承担标的物毁损、灭失的风险，也可以进一步要求出卖人承担相应的违约责任。

第六百一十二条 【出卖人的权利担保义务】

出卖人就交付的标的物，负有保证第三人对该标的物不享有任何权利的义务，但是法律另有规定的除外。

【立法背景】

买卖合同中出卖人对标的物的权利担保义务，指的是出卖人应当保证对标的物享有合法的权利，没有侵犯任何第三人的权利，并且任何第三人就该标的物不享有任何权利。买卖合同根本上就是标的物所有权的转让，因此，出卖人的这项义务也就是其一项最基本的义务。本条所规定的义务是买卖合同中出卖人的一项法定义务，即使合同中对其未作约定，出卖人也必须履行。其他国或地区大多都对此作了明确规定，本条内容系参考德国、美国、英国以及我国台湾地区相关规定的结果。

【条文精解】

具体到本条的规定而言，出卖人的权利担保义务包括：（1）出卖人对出卖的标的物享有合法的权利，其须对标的物具有所有权或者处分权。出卖人作为代理人替货主出售货物，即出卖人具有处分权的情形。而出卖人将其合法占有或者非法占有的他人财产作为出卖的标的物，或者出卖自己只有部分权利的标的物，如与他人共有的财产等，都是对本项义务的违反。（2）出卖人应当保证标的物上不存在他人实际享有的权利，如抵押权、租赁权等。（3）出卖人应当保证标的物没有侵犯他人的知识产权。

出卖人未能履行权利担保义务，使得合同订立后标的物上的权利缺陷没有去除，属于出卖人不履行债务的一种情况，出卖人应当承担相应的法律责任。首先，买受人可以依照本编第八章违约责任的有关规定，请求出卖人承担违约责任。其次，在标的物的部分权利属于他人的情况下，也可以认为出卖人的行为构成根本违约，即严重影响了买受人订立合同的目的，买受人可以单方解除合同。如果买受人不想解除合同，则可以请求出卖人减少标的物的价款。

至于本条规定中的"法律另有规定",主要包括以下三个方面:(1)如果有关专门立法对有权利缺陷标的物的买卖作出特别规定,则首先要依照其规定。例如,本法第431条规定:"质权人在质权存续期间,未经出质人同意,擅自使用、处分质押财产,造成出质人损害的,应当承担赔偿责任。"在这种情况下,即使有关质押物的买卖合同有效,作为出卖人的质权人也应当向出质人承担违约责任。(2)如果有关涉及知识产权的立法就出卖人的权利有特殊规定的,应当按该特殊规定处理。例如,本法第600条规定:"出卖具有知识产权的标的物的,除法律另有规定或者当事人另有约定外,该标的物的知识产权不属于买受人。"据此,买受人就不能主张享有标的物的知识产权。(3)如果买受人明知第三人对标的物享有权利的,应当受其约束。例如,本法第613条规定:"买受人订立合同时知道或者应当知道第三人对买卖的标的物享有权利的,出卖人不承担前条规定的义务。"

【实践中需要注意的问题】

本章关于权利担保义务的规定,只是明确买卖合同中当事人的权利义务关系,而不解决买卖合同对货物所有权所产生的影响问题。因此,如果出卖人将其根本没有所有权或者处分权的财产拿来出售,而买方并不知情购买之后,一旦财产的真正所有人向买方提出索回财产时,该善意(即不知情)的买受人能否在法律上得到保护,能否取得财产的所有权而不返还给原所有人,这个问题属于本法第311条规定的善意取得制度调整的范畴,具体请参考该条及相关的规定。

第六百一十三条 【出卖人权利担保义务的免除】

买受人订立合同时知道或者应当知道第三人对买卖的标的物享有权利的,出卖人不承担前条规定的义务。

【立法背景】

依照前条规定,买卖合同的出卖人对于买受人应当承担权利担保义务。但是,在订立合同时,如果买受人已知或者应知标的物在权利上存在缺陷,而合同没有约定相反的意思,就应当认为买受人抛弃了对出卖人的担保权。因为买受人在订立合同时明知这种情况就等于表示愿意购买有权利缺陷的标的物。这与买受人明知货物有质量上的瑕疵仍愿意购买的道理是一样的。

【条文精解】

根据本条规定，出卖人不承担权利担保义务须具备两个条件：（1）买受人须了解情况。第一，买受人知道或者应当知道。也就是说，买受人订立合同时知道或者应当知道存在权利瑕疵。第二，第三人应当是买卖合同当事人以外的人。第三，这里的权利包括所有权及与所有权有关的其他权利，比如抵押权、质权和租赁权等。（2）买受人知道或者应当知道第三人对买卖的标的物享有权利，应当在订立合同时，包括订立合同的过程中和合同签字之时。如果在合同订立之后，则不属于本条规定的情况。

【实践中需要注意的问题】

第一，就买受人是否知情发生争议，出卖人如果主张买受人在订立合同时明知标的物的权利缺陷，则对此举证的责任在出卖人，而非买受人。第二，出卖人不承担权利担保义务，意味着买受人无权请求出卖人就其不能取得完整的标的物所有权承担违约责任。第三，本条规定只是一个原则性的规定，并没有否定当事人以协议的方式排除这一规定。也就是说，买卖合同的当事人在合同中约定应当由出卖人承担权利瑕疵担保责任的，出卖人就应当承担权利瑕疵担保责任。

第六百一十四条 【买受人的中止支付权】

买受人有确切证据证明第三人对标的物享有权利的，可以中止支付相应的价款，但是出卖人提供适当担保的除外。

【立法背景】

本条规定的买受人可以中止支付相应价款的权利，是指暂时不支付还没有支付的价款，等到权利瑕疵不存在时再予以支付，比如在"出卖人提供适当担保"后再支付。这种情况下，买受人的权利不会受到损害。由于中止支付相应价款是买受人的权利，所以规定"可以"中止支付相应价款。也就是说，买受人可以选择行使这项权利，也可以选择不行使这项权利。

【条文精解】

本条规定赋予买受人中止支付价款权，主要是考虑到，在买卖合同中，买受人支付价款的直接对价就是取得标的物的所有权，如果标的物存在第三人享有相应权利的瑕疵，则有可能使其不能取得或者不能取得完整的所有权，此时买受人也不应取得支付价款的对价。这就需要以法律的形式即中止支付相应价款的权利来保护买受人的权利。

依据本条规定，买受人中止支付相应价款必须符合如下条件：第一，买受人必须有确切证据。这就是说，买受人不能凭猜疑认为第三人对标的物享有权利，就中止支付价款。这里的证据包括买卖标的物的所有权凭证、他项权证、租赁合同书等。第二，买受人有丧失标的物部分权利的可能。第三人所提供的证据或者买受人自己查到的证据，均表明第三人对标的物享有权利。《合同法》第152条规定："买受人有确切证据证明第三人可能就标的物主张权利的，可以中止支付相应的价款，但出卖人提供适当担保的除外。"该条规定的"可能"主张权利的第三人也可能不是真正的权利人，在这样的情况下若允许买受人中止支付相应价款，对出卖人明显不公，因此经研究在本条作了修改完善。第三，中止支付与受影响的标的物之间具有牵连性，也就是说，买受人中止支付的，应当是标的物的"相应"价款，并非一定是全部价款，具体要看证据所能反映的第三人就标的物享有的权利大小而定。第四，出卖人未提供适当担保。如果出卖人提供了相应的担保，足以消除买受人的疑虑，那么买受人自然不能再中止价款的支付。实践操作中，在买受人要求提供担保之后，出卖人拒绝提供的，买受人方可中止支付价款。至于适当担保的程度判断，则要依据交易的具体情形而定，具体情况具体分析。

第六百一十五条 【标的物的质量要求】

出卖人应当按照约定的质量要求交付标的物。出卖人提供有关标的物质量说明的，交付的标的物应当符合该说明的质量要求。

【立法背景】

买卖标的物的质量瑕疵担保责任，对买受人而言极为重要。本条来自合同法的规定，未修改。

【条文精解】

1. 出卖人应当按照约定的质量要求交付标的物

按照约定的质量要求交付标的物，是出卖人的一项基本义务。需要说明的是，本条是一个原则性的规定，究竟是不是按照要求履行了义务，还需要看当事人的具体约定。为减少纠纷及方便合同的履行，建议双方当事人在缔约时就标的物的质量要求作出具体、明确的约定。

2. 交付的标的物应当符合标的物说明的质量要求

出卖人提供有关标的物的质量说明的，交付的标的物应当符合该说明的质量要求。这是对按约定的质量要求交付标的物的进一步规定，属于该义务的范畴。质量说明是对标的物质量的具体说明，包括规格、等级、所含主要成分的名称和含量、有效使用期等。这里需要强调两点。第一，要求交付质量说明的，当事人应当交付质量说明并符合要求。具体分为两种情形：一种情形是法律规定的商品必须有质量说明的，其标的物必须有标的物质量说明，交付标的物时也须有标的物质量说明；另一种情形是法律没有要求有质量说明，当事人约定需要有质量说明的，交付标的物时也需要有质量说明。对上述两种情形，当事人交付的标的物，应当符合质量说明；不符合质量说明的，属于违约行为。但是，需要指出的是，这一要求是符合合同要求基础上的一项附加要求，除符合质量说明的要求外，标的物还必须符合合同的具体要求。第二，没有要求交付质量说明的，当事人可以不交付质量说明。这是指没有法律规定和没有约定的情形。在这种情形下，当事人可以不交付标的物质量说明，但是交付的标的物的质量，必须符合合同的具体要求。

第六百一十六条 【标的物的法定质量担保义务】

当事人对标的物的质量要求没有约定或者约定不明确，依据本法第五百一十条的规定仍不能确定的，适用本法第五百一十一条第一项的规定。

【立法背景】

本条解决的中心问题是买卖双方如果在合同中对标的物的质量要求问题没有约定或者约定不明确时怎么办。与合同的其他条款一样，首先要依照本法第510条的规定予以确定。确定不了的，接着适用本法第511条的一般性规定，即"质量要求不明确的，按照强制性国家标准履行；没有强制性国家标准的，按照推荐性国家标准履行；没有推荐性国家标准的，按照行业标准履行；没有国家标准、行业标准的，按照通常标准或者符合合同目的的特定标准履行"。

【条文精解】

质量要求问题是买卖合同中必须解决的问题，大陆法系的有关制度称为瑕疵担保制度，英美法系则称为默示担保制度。本条借鉴了以上两种制度的合理规定，主要是以英美法的默示担保制度作为参考。

本条关于出卖人法定质量担保义务的规定是一种比较原则的表述。实际生活中买卖合同的情况纷繁复杂，涉及的标的物以及合同标的额千差万别，试图在法律中作出具体、明确的规定不仅很难做到且反而不利于调整具体的合同关系。对本条的适用要结合个案进行具体的分析，以确定"通常标准"或者"特定标准"的内容，即在具体问题的处理过程中体现法律规定的原则和精神。

第六百一十七条 【标的物不符合质量要求的违约责任】

出卖人交付的标的物不符合质量要求的，买受人可以依据本法第五百八十二条至第五百八十四条的规定请求承担违约责任。

【立法背景】

在出卖人交付的标的物不符合质量要求时，买受人的权利救济规则显得尤为重要。本条在合同法规定的基础上，作了适当修订完善。

【条文精解】

1. 出卖人承担标的物质量不符合要求的违约责任的条件

本条系出卖人交付标的物质量不符合要求应当承担违约责任的条款。出卖人承担责任应当具备四个条件。一是交付的标的物有瑕疵。认定标的物瑕疵的原则为：合同关于标的物质量有约定的，从其约定；没有约定的，补充协商；协商不成的，依据本法第 511 条第 1 项的规定确定。但如果当事人约定的质量要求低于法定的强制性标准，约定无效，应以法定要求为准。二是标的物瑕疵在标的物风险转移时存在。只要标的物在交付给买受人之时存在瑕疵，出卖人即应承担责任，因为买受人在受领标的物时才有检查的可能，而出卖人在标的物交付之前有机会去除瑕疵。三是买受人为善意且无重大过失。如果买受人在与出卖人达成合意时主观明知瑕疵的存在或者当事人特别约定免除出卖人的瑕疵担保责任，则表明出卖人的履行行为是符合约定的，不属于不适当履行。同时，除出卖人故意隐瞒瑕疵外，如果买受人因为重大过失而忽略了对自己利益的保护，同样不受标的物瑕疵担保责任制度的保护。四是买受人须在异议期间内履行瑕疵的通知义务。买受人在合理期限或者法定期限内未通知出卖人标的物存在瑕疵的，视为标的物不存在瑕疵。

2. 买受人有权请求出卖人对交付的不符合质量要求的标的物承担违约责任

本条是为了保护买受人的合同权益而作出的规定，系买受人的一项权利。买受人行使这一权利须注意以下四点：第一，前提是买卖合同为有效合同。依据本法的有关规定，依法成立并生效的合同，对当事人具有法律约束力，受法律保护，当事人方可要求违约方承担违约责任。如果合同为无效合同，则不存在违约责任的问题。第二，出卖人交付的标的物不符合质量要求。标的物不符合质量要求具体包括两种情况，一是不符合本法第 615 条规定的情况，即出卖人交付的标的物不符合合同约定的质量要求；二是不符合本法第 616 条规定的情况，即在没有约定标的物质量要求的情况下，不符合标的物的法定质量要求，具体可表现为不符合强制性国家标准、行业标准、通常标准或者合同目的的特定标准等。第三，买受人应当及时向出卖人提出。相应的具体法律依据为本法第 620 条和第 621 条规定的买受人的及时通知义务，也就是说，买受人没有依据该两条规定及时向出卖人提出的，不能行使本条所规定的权利，即使行使，法律也不保护买受人的权利。第四，买受人没有处置或者使用该标的物。买受人收到标的物后，发现问题应依法及时提出质量异议，不能随意使用或者处置该标的物。如果随意使用或者处置该标的物，表明其对该标的物的认可，责任应由买受人自己负担。此种情况下，如果再追究出卖人的违约责任是不公平的。

3. 出卖人承担违约责任的方式

《合同法》第 155 条规定："出卖人交付的标的物不符合质量要求的，买受人可以依照本法第一百一十一条的规定要求承担违约责任。"即赋予买受人的权利只有"可以合理选择要求对方承担修理、更换、重作、退货、减少价款或者报酬等违约责任"，没有明确买受人可以请求赔偿损失。在本法编纂过程中，有意见提出应当补充买受人有权要求出卖人承担赔偿损失的责任。最终采纳了该意见，即买受人可以依据第582条至第584条3个条文的规定要求出卖人承担违约责任，而不是之前的买受人只能依据一个条文要求出卖人承担违约责任。

第六百一十八条 【瑕疵担保责任的减免特约效力】

当事人约定减轻或者免除出卖人对标的物瑕疵承担的责任，因出卖人故意或者重大过失不告知买受人标的物瑕疵的，出卖人无权主张减轻或者免除责任。

【立法背景】

在买卖合同订立及履行过程中，如果出卖人和买受人作出约定，减轻或者免除出卖人对标的物瑕疵的担保责任，按照本法第5条规定的自愿原则，应当尊重当事人的意思自治，即应当尊重出卖人和买受人作出的约定。但是出卖人因故意或重大过失未告知买受人标的物瑕疵的，属于隐瞒事实真相的欺诈行为，有悖诚信原则，所以不少国家和地区大多都倾向于保护买受人的利益，不支持出卖人根据减免特约减轻或者免除责任。至于出卖人是否有欺诈的目的，买受人是否因出卖人未告知标的物瑕疵而订立合同，则在所不问。

【条文精解】

在买卖合同的订立和履行过程中，买卖双方可以约定免除出卖人对标的物的瑕疵担保责任。但在一些特殊情况下，出卖人存在主观过错，导致买受人对标的物的瑕疵状况不了解，最终致使买受人收到的标的物存在瑕疵。在这种情况下，买卖合同双方订立合同的基础有失公平，损害了买受人的权利，依据诚信原则以及本法第506条第2项"因故意或者重大过失造成对方财产损失的"合同中的免责条款无效的规定，对出卖人主张减轻或者免除责任的请求，不应予以支持。

本条中的出卖人的过错包括故意或者重大过失两类。出卖人故意不告知买受人标的物存在瑕疵，意味着出卖人明知标的物存在瑕疵。例如，出卖人销售的是伪劣产品，却告知买受人产品符合质量标准，显然构成故意隐瞒标的物质量瑕疵。再如，出卖人将标的物一物二卖，又不告知第二个买受人实际情况，显然构成故意隐瞒标的物权利瑕疵。在这种情形下，不免除出卖人的违约责任当无争议。而在特约免除瑕疵担保责任的出卖人有重大过失的场合，其并无故意致使买受人受损的目的，但客观上造成了买受人利益的损害，该约定是否无效确实存有争议。例如，出卖人委托拍卖公司拍卖一块土地，由于疏忽导致拍卖公告中载明的土地面积大于实际面积，同时约定该土地以现状拍卖，出卖人不担保标的物的实际状况及瑕疵。在买受人拍得土地后发现土地面积不对，因此就出卖人是否可以免除瑕疵担保责任发生争议。在这种情况下，如果允许出卖人免除瑕疵担保责任，将使拍卖人无须调查了解拍卖物的任何情形，竞买人只能自行了解标的物，其结果不但破坏了市场的诚信，也大大增加了市场的交易成本。因而，结合本法第506条第2项的规定，对于出卖人存在重大过失的免责约定的效力，应当持否定评价。

【实践中需要注意的问题】

在适用本条的过程中，主张出卖人存在故意或者重大过失的情形，应当由买受人承担举证责任。而对于特约免除瑕疵担保责任的形式，由于该约定对双方的权利义务都存在重大影响，因此无论采取什么形式约定，都应当以明示的方式作出，而不能以默示的方式作出。

第六百一十九条 【标的物的包装义务】

出卖人应当按照约定的包装方式交付标的物。对包装方式没有约定或者约定不明确，依据本法第五百一十条的规定仍不能确定的，应当按照通用的方式包装；没有通用方式的，应当采取足以保护标的物且有利于节约资源、保护生态环境的包装方式。

【立法背景】

随着绿色发展理念的不断深入，对买卖合同标的物的包装要求务必坚持可持续的观念，故本条在合同法规定的基础上，增加了民事活动应当坚持绿色原则的相关内容。

【条文精解】

1. 包装方式的含义

标的物的包装方式包括包装材料的具体要求和包装的具体操作方式。包装材料和具体的操作方式，一般根据标的物的性质和运输的方式来确定。就包装的具体操作方式来讲，包括运输包装方式和商品的销售包装方式。包装方式是否在合同中进行约定，应当根据买卖合同的具体情况来确定。需要约定包装方式的，当事人应以条款的形式对此作出下述具体明确的约定：包装的规格、包装的材料、包装费用、包装的标识、包装的具体方式等。

2. 包装方式为买卖合同的条款之一

在买卖合同中，就一些易腐、易碎、易爆、易燃、易潮以及化学物品等标的物来讲，包装方式对于标的物品质的保护具有重要的意义。对有些标的物来说，质量标准的一部分可能就是通过包装本身来表现的。因此，本章特设一条对标的物的包装方式作出规定。本条主要是借鉴了《联合国国际货物销售合同公约》第35条的有关规定："卖方交付的货物必须与合同所规定的数量、质量和规格相符，并须按照合同所规定的方式装箱或包装。除双方当事人业已另有协议外，货物除非符合以下规定，否则即为与合同不符：……货物按照同类货物通用的方式装箱或包装，如果没有此种通用方式，则按照足以保全和保护货物的方式装箱包装。"

3. 出卖人不按约定的包装方式交付标的物为违约

出卖人应当按照约定的包装方式交付标的物，这是本条规定的出卖人的义务，如果出卖人不履行或者不正确履行这一义务，则属于违约行为，应当依法承担违约责任。

4. 包装方式没有约定或者约定不明确时的处理方式

对于包装方式，合同中没有约定或者约定不明确时如何履行，本条规定了两种解决方案：一是按照本法第510条的规定确定。即由当事人协商解决，重新订立包装条款或者按照交易习惯确定包装方式，一经重新协商确定，则应照此执行。二是依据本法规定直接确定。依据本法第510条的规定不能确定的，应当采用通用的方式包装，没有通用的包装方式的，应当采取足以保护标的物且有利于节约资源、保护生态环境的包装方式。至于何为"通用的包装方式"，一般理解为，有强制性国家标准、推荐性国家标准、行业标准的，这些标准应当理解为"通用的包装方式"。至于何为"足以保护标的物的包装方式"，则需根据具体的买卖合同标的物作出判断。至于为何加上"节约资源、保护生态环境"的内容，主要是基于我国电子商务蓬勃发展的实际情况，有大量的包装物需要得到科学处理，为贯彻本法的绿色原则，特地加上了该内容，以引导人们培养可持续发展的生活方式。

第六百二十条 【买受人的标的物检验义务】

买受人收到标的物时应当在约定的检验期限内检验。没有约定检验期限的，应当及时检验。

【立法背景】

买卖合同的履行过程中，在出卖人交付标的物后，接着的一个重要问题就是买受人对标的物的检验。检验的目的是查明出卖人交付的标的物是否与合同的约定相符，因此它密切关系着买受人的合同利益，《联合国国际货物销售合同公约》、美国统一商法典、英国货物买卖法都作了相应规定。

【条文精解】

在国际贸易中，大都采用交单付款方式。买方通常都是在卖方移交提单时支付货款，等货物运达目的地后再进行检验。在这种情况下，买方虽已按合同约定支付了货款，但并不构成对货物的接受，也不影响买方检验的权利以及对卖方违约采取各种法律补救措施的权利。

同时，对标的物的及时检验，可以尽快地确定标的物的质量状况，明确责任，及时解决纠纷，有利于加速商品的流转。否则，就会使合同当事人之间的法律关系长期处于不稳定的状态，不利于维护健康、正常的交易秩序。所以，本条要求买受人收到标的物后应当及时进行检验。此处的"及时"，通常应当理解为：有法定期限的依据法定期限进行检验；没有法定期限的应在收货时或者收货后合理期限内进行检验。

为使买受人能够正常地对标的物进行检验，出卖人有提供技术资料的义务。本法第599条规定："出卖人应当按照约定或者交易习惯向买受人交付提取标的物单证以外的有关单证和资料。"其中的产品合格证、质量保证书、质量鉴定书、品质检验证书、产品进出口检疫书、原产地证明书、使用说明书等，是出卖人应当向买受人提交的主要技术资料。至于具体的检验方法，原则上应当在合同中作出具体的约定，没有约定的应当依据国家有关规定进行。

第六百二十一条 【买受人对标的物的异议通知】

当事人约定检验期限的，买受人应当在检验期限内将标的物的数量或者质量不符合约定的情形通知出卖人。买受人怠于通知的，视为标的物的数量或者质量符合约定。

当事人没有约定检验期限的，买受人应当在发现或者应当发现标的物的数量或者质量不符合约定的合理期限内通知出卖人。买受人在合理期限内未通知或者自收到标的物之日起二年内未通知出卖人的，视为标的物的数量或者质量符合约定；但是，对标的物有质量保证期的，适用质量保证期，不适用该二年的规定。

出卖人知道或者应当知道提供的标的物不符合约定的，买受人不受前两款规定的通知时间的限制。

【立法背景】

买受人的异议通知义务，其主要目的为：一是及时确立交易关系，促进商品的高速流转；二是确保出卖人的合法权益。

【条文精解】

1. 约定通知期限的通知义务

当事人如果约定了检验期限，买受人就应当在检验期限内将标的物的数量或者质量不符合约定的情形通知出卖人。买受人怠于通知的，视为标的物的数量或者质量符合约定，即法律认可标的物的数量或者质量符合约定。在"视为标的物的数量或者质量符合约定"的情况下，即使标的物实际上不符合合同约定，出卖人也不用承担违约责任，其不利后果由买受人承担。该结论的主要的理由是：买受人没有履行通知义务，属于违约行为。

2. 没有约定通知期限的通知义务

对于没有约定检验期限的情况，法律未对质量违约的情形进行分类并相应地规定买受人提出异议的期限，而是规定了买受人收取标的物开始检验之后发现或者应当发现标的物的质量或者数量不符合约定之日起的合理期限。这个时间段，需要根据商业习惯和具体的标的物来确定，法律不可能也不应当具体地规定出来，而要针对不同的买卖合同、不同的标的物、不同的质量违约情形进行个案分析确定。买受人如果在发现或者应当发现标的物的质量或者数量不符合约定时起的合理期限内没有向出卖人发出异议通知，依照法律规定，就视为标的物的质量或者数量符合约定，即从法律上认为买受人认可了标的物。

3. 买受人的最长异议通知期限

本条规定了买受人的两年最长异议通知时间。前面所讲的是买受人在发现或者应当发现标的物的质量或者数量不符合约定时起的合理期限内通知，"买受人发现或者应当发现"可能是在收到标的物的当时，也可能是在之后的几天，甚至可能是之后的几年。而在市场经济条件下为便捷和加快商品的流转，当事人之间的法律关系不应长时间地处于不稳定的状态。正是从这种考虑出发，本条规定，买受人自收到标的物之日起两年内未通知出卖人的，视为标的物的质量或者数量符合约定。也就是说，在这两年内，无论买受人是否发现或者应当发现标的物不符合约定，只要未向出卖人提出异议，就都视为他认可接受了标的物。两年的时间基本上是可以适用于绝大多数的买卖合同的。如果合同对标的物的质量保证期作了约定，如某啤酒在标识中注明保质期180天，就应当认为，这构成了当事人对最长的异议通知时间的约定。这时就不适用本条"二年"法定期限的规定。

4. 买受人的异议通知义务豁免

本条第3款规定，"出卖人知道或者应当知道提供的标的物不符合约定的，买受人不受前两款规定的通知时间的限制"。本条规定的目的是促进和加速商品交易，但客观上是有利于出卖人的。出卖人故意提供不符合约定的标的物属于欺诈行为，对于实施欺诈的人，不应当让他享有这种法律规定的利益，所以这实际上是对出卖人欺诈行为的一种惩罚，是民法的公平原则和诚信原则在买卖合同履行中的具体体现。

第六百二十二条 【约定检验期限过短的处理规则】

当事人约定的检验期限过短，根据标的物的性质和交易习惯，买受人在检验期限内难以完成全面检验的，该期限仅视为买受人对标的物的外观瑕疵提出异议的期限。

约定的检验期限或者质量保证期短于法律、行政法规规定期限的，应当以法律、行政法规规定的期限为准。

【立法背景】

前条规定的买受人通知义务，没有区分消费合同和商事合同，导致实践中，在买卖合同当事人一方为普通消费者时，经营者以格式条款方式约定了较短的检验期限，消费者无法在该期限内对商品质量是否合格作出判断，比如含有三聚氰胺的奶粉，消费者根本没有能力在短时间内对奶粉质量作出检验鉴定。在这种情况下，如果仍然适用前条的规定，以约定的检验期间或者合理期限已经过去为由，认定标的物质量符合约定，显然违背了公序良俗。因此，本条规定是为了弥补前条规定的不足。

【条文精解】

1. 约定的过短的检验期限视为外观瑕疵检验期限

瑕疵具体包括外观瑕疵和隐蔽瑕疵。外观瑕疵的检验相对容易，而隐蔽瑕疵的检验则需要借助于专业的知识和设备。据此逻辑，隐蔽瑕疵的检验期限会长于外观瑕疵。所以，本条第 1 款规定，买受人根据标的物的性质和交易习惯在约定检验期限内难以完成检验的，该期限视为对外观瑕疵的异议期限，是符合交易常态的实事求是的选择。

2. 排除适用约定检验期限应当具备法定条件

判断当事人约定的检验期限是否过短，我们认为应主要从三个方面加以考虑：一是应当根据标的物的性质和交易习惯，在综合考虑的情况下，判断约定的检验期限对于隐蔽瑕疵的检验是否过短。二是买受人是否存在怠于通知的行为。如果买受人在约定的检验期限内发现隐蔽瑕疵却没有及时通知出卖人，应当视为标的物的质量符合约定。三是买受人对不能及时检验隐蔽瑕疵是否存在过失。买受人依法应当在收货后及时检验标的物，但是其没有采取适当的措施发现隐蔽瑕疵的存在的，则不能认定检验期限过短。

3. 当事人约定的检验期限和质量保证期短于法定期限时的法律适用

在实践中，对于检验期限和质量保证期，除了当事人的约定之外，还可能存在法律、行政法规或者部门规章等对此作出规定。在当事人约定的检验期限或者质量保证期短于法律、行政法规规定的期限时，究竟以哪种期限为准，合同法并无规定，导致实践中就应当采用约定期限还是法定期限产生争议。通俗来讲，质量检验期限所解决的是标的物在交付时是否存在质量瑕疵的问题，而质量保证期所要解决的是标的物按照正常质量要求可以使用多长时间的问题。例如《建设工程质量管理条例》规定，在正常使用的条件下，屋面防水工程、有防水要求的卫生间、房间和外墙面的防渗漏的最低保修期限为 5 年。因为涉及社会公共利益，行政法规对质量检验期限采取强制性的要求，一旦违反，必将承担相应的法律后果。据此，该法定要求应当被遵守，不能通过约定降低。因此，当事人约定的检验期限或者质量保证期短于法律、行政法规规定的期限时，应当以法定期限为准。从另一个角度看，如果约定的检验期限或者质量保证期长于法律、行政法规规定的期限，这是出卖人自愿加重义务，且不违反法律或者行政法规的规定，故应当尊重约定的期限。

另外，在当事人没有约定质量检验期限但有约定或者法定质量保证期时，我们认为可以将质量保证期作为约定的检验期限来对待。而当约定的检验期限和质量保证期不一致时，应当将较长的期限作为检验期限，更加符合公平和诚信原则。

第六百二十三条 【标的物数量和外观瑕疵的检验规则】

当事人对检验期限未作约定，买受人签收的送货单、确认单等载明标的物数量、型号、规格的，推定买受人已经对数量和外观瑕疵进行检验，但是有相关证据足以推翻的除外。

【立法背景】

本条规定以问题为导向，着重为交易过程中经常发生的纠纷提供解决方案。

【条文精解】

1. 当事人未约定检验期限的，签收载明数量、型号、规格的收货单据，即推定对数量和外观瑕疵进行了检验

当事人虽未对检验期限进行约定，但这并非意味着买受人对收到的物品不履行验收义务。实践中，由于数量和外观瑕疵的检验无须借助物理、化学、生物等专门的学科知识，仅凭当事人的自身能力即可实现，且从日常生活经验出发，买受人在签收时一般都会对标的物的数量和外观进行核查。当前，现实生活中的买卖交易大多采用买方预付定金或者部分货款，货到后结清余款的方式进行，但买受人在收到货物后往往不能及时支付剩余款项。在出卖人请求支付时，买受人往往以质量存在瑕疵进行抗辩，迫使出卖人降低价款，或者在诉讼中对没有质量瑕疵或者轻微瑕疵以反诉的方式恶意拖延诉讼，以达到迟延支付价款的目的。在此种情况发生时，诉讼效率将会受到很大影响，且会形成恶意诉讼之风；但若简单地以诉讼效率为由拒绝受理反诉，可能导致诉讼资源的浪费且不能有效保护出卖人的合法权益。针对这一情况，本条

规定了签收即推定为检验合格的一般原则，可以避免实践中发生一些没有实际意义的抗辩或者反诉。

2. 有相反证据足以证明当事人没有对数量和外观瑕疵进行检验的除外

由于电子商务在我国的迅猛发展，促进了物流业的更新换代和迅猛发展。新型物流在方便群众生活的同时，也出现了新的问题，其中电子商务中快递公司送货的"先签后验"还是"先验后签"之争最为典型。网络卖家要求消费者先拆开包装检验货物后再签收，而快递公司要求消费者必须先签收才能拆开包装验收，两者的要求相互冲突，进而导致消费者处于两难的境地。目前施行的《〈快递服务〉邮政行业标准》仍然没有解决好这个问题，因为该标准规定的可先验收后签字，是指查看包装是否完好，并非打开包装查看内件物品。本法对于"先签后验"还是"先验后签"的问题，无法提供尽善尽美的方案，原则上引导并认可"先验后签"，同时允许通过反证来否定。至于详细方案，留待以后的司法解释逐步完善。

【实践中需要注意的问题】

一是为敦促买卖双方尽快结算，买受人负有的异议和通知义务原则上不受交付的数量和约定偏离程度的影响；二是出卖人明知或者应知实际交付的标的物的数量与约定不符的，买受人不承担异议和通知义务；三是买受人对出卖人的部分履行行为可以接受或者拒绝，但是并不影响买受人可以追究出卖人违约责任的权利。

第六百二十四条 【出卖人向第三人履行时的检验标准】

出卖人依照买受人的指示向第三人交付标的物，出卖人和买受人约定的检验标准与买受人和第三人约定的检验标准不一致的，以出卖人和买受人约定的检验标准为准。

【立法背景】

在市场交易中，行使检验义务的验货人并不限于买受人及其代理人，在出卖人直接向买卖合同当事人以外的第三人履行的场合，如果合同没有明确约定买受人是唯一的验货人，且买受人和第三人之间可能存在特殊约定，就会面临双重检验标准的问题，需要在立法上加以明确。

【条文精解】

债权贯彻相对性原则，具体到合同领域中的涉他合同，其中向第三人履行的合同，相对于普通合同而言，内容中附加了一项第三人约款。也就是说，在缔结向第三人履行的合同时，必然存在两个法律行为：一是基本行为（原因行为），二是第三人约款（向第三人给付之契约）。例如，当事人在买卖合同中约定将标的物交给买受人以外的第三人，或将价款付给出卖人以外的第三人时，买卖合同就是基本行为，而向第三人给付的约定，则为第三人约款。在学理上，根据第三人在合同中的地位，即第三人是否有权直接享有履行请求权的不同，向第三人履行的合同可以分为纯正的向第三人履行合同和不纯正的向第三人履行合同。前者是指在第三人约款中含有合同权利直接归属于第三人的合同，又称为向第三人给付之契约；后者是指合同当事人仅约定向第三人给付，而不使第三人对债务人取得直接请求给付的权利，又称为经由被指令人而为给付。

本条规定的内容，根据上述分析，属于经由被指令人而为给付的情形，属于合同履行的一种常见的特殊形式，即买受人应出卖人的要求，将合同标的物向第三人交付。对于交付的标的物质量的判断标准，有主观标准和客观标准两种。主观标准，是指标的物的质量应符合当事人双方约定的标准，如不符合则视为标的物具有瑕疵。客观标准，是指标的物应符合该物所应具备的通常性质及客观上应有之特性，如不符合则视为标的物具有瑕疵。本法采用的判断标准，与其他国家的民法典大致相同，即以主观标准为主、客观标准为辅。以买卖合同当事人之间关于标的物质量的约定作为质量判断的首要标准，是出于对当事人意思自治的尊重。结合本法第510条、第511条、第515条以及第616条的具体规定，为当事人确立了六个层次的质量判断标准：一看当事人约定的标的物质量标准；二看样品或者有关质量说明；三看协商一致的标的物质量标准；四看有关条款或交易习惯所确定的标准；五看国家或者行业标准；六看通常标准或符合合同目的的特定质量标准。

结合合同履行的实际情况，需要指出的是，在经由被指令人而为给付的场合，特别是转手买卖或连环购销的情况下，由于存在两个合同（一是出卖人与买受人之间的买卖合同，二是买受人与第三人之间的买卖合同），如果因两份合同约定的检验标准不一致而引发争议，则会形成同一产品的质量纠纷，买受人和第三人会分别提起诉讼，可能出现不同的裁判结果。就此问题，本条规定给出了明确答案：一是严守合同相对性，如果两份合同约定的质量标准不一致，应根据主观标准优先的原则，以出卖人和买受人之间合同约定的质量标准为依据判断质量标准；二是在合同约定的质量标准不明确时，应当借助于其他五个层次的判断标准，正确确定标的物是否存在质量问题。在此前提下，能够确保审判尺度保持统一，对于当事人权利的保护和司法秩序的维护，都有相当重要的意义。

第六百二十五条 【出卖人的回收义务】

依照法律、行政法规的规定或者按照当事人的约定，标的物在有效使用年限届满后应予回收的，出卖人负有自行或者委托第三人对标的物予以回收的义务。

【立法背景】

本法第9条规定了绿色原则。本条规定是该原则在买卖合同中的具体体现。

【条文精解】

出卖人对于标的物在有效使用年限后的回收义务，需要基于法律、行政法规的规定和当事人的约定。本条的规定，首先，是出于法律的引领作用，对普通民众的行为规范进行指引，以践行绿色的发展理念。其次，对于违反本条的回收义务，除当事人有明确约定外，法律、行政法规规定的回收义务，不能一概认为是民法上的义务，也有可能是公法上的义务。是否一律承担违约责任以及如何承担违约责任，都应基于法律的具体规定和当事人的具体约定而定，即具体情况具体分析。随着绿色发展理念的不断拓展和深入人心，此类规范会越来越多，也会越来越具体、明确。

第六百二十六条 【买受人支付价款及其支付方式】

买受人应当按照约定的数额和支付方式支付价款。对价款的数额和支付方式没有约定或者约定不明确的，适用本法第五百一十条、第五百一十一条第二项和第五项的规定。

【立法背景】

合同法只对买卖标的物价款的数额作了规定，并未就价款的支付方式作出规定，在本法编纂过程中，对此进行了修改完善。

【条文精解】

1. 支付价款及其支付方式的含义

支付价款是买卖合同中买受人的最基本义务，是出卖人交付标的物并转移其所有权的代价条件。这在各国法律中都是一致的。买卖合同对标的物的价款作出约定的，买受人应当依照约定履行义务，这是没有疑问的。有时合同可能并未直接约定价款的数目，而是约定了计算价款的方法，如果该方法清晰、明确，同样属于对价款有约定的情形。支付方式，是指买受人完成履行价款支付义务的具体方法，与买卖双方的权益有密切关系。支付方式不符合约定的，也要承担相应的违约责任。在实践中，尤其是国际贸易中，支付方式主要有付现（通常指买方需在卖方交货前若干天付清全部货款）、交货付款（通常指买方在卖方交货时付款）、交单付款（通常指买方在收到卖方交付合格的提取货物凭证时付款）三种方式，细分下来还有一次总付、分期支付及现金、转账、信用证、票据等方式。鉴于价金支付方式的重要性，现实中买卖双方通常会在合同中作出约定。

2. 未约定支付价款时的处理规则

买卖合同的当事人未就价款作出约定或者约定不明确的，并不导致合同不成立。合同中未约定价款的情况在实践中也时有发生。本法第511条第2项规定，价款或者报酬不明确的，按照订立合同时履行地的市场价格履行；依法应当执行政府定价或者政府指导价的，依照规定履行。由法律确定价款是为了弥补当事人订立合同时的考虑不周，而依订立合同时的市场价格确定是合理地反映当事人心理状态的办法。

3. 未约定支付方式时的处理规则

买卖合同的当事人未就价款的支付方式作出约定或者约定不明确，这在实践中是经常发生的，但是通常不会发生纠纷，因为当事人之间的补充协议或者交易惯例可以解决这类纠纷。如果交易惯例解决不了，就需要法律规定解决的原则，以便维护交易的秩序和提高交易的效率。例如《美国统一商法典》第2-307条规定："除非另有协议，买卖合同项下的所有货物必须一次全部提示交付，且只有卖方作此种提示交付，买方才有义务支付价款。但是，如果客观情况使卖方有权分批交货或使买方有权分批提货，则在价款可按比例分开计算时，卖方可以要求在每次交货后取得相应价款。"显然，它是以一次全部支付价款为原则的，也不排除在特定条件下的分期交货分期付款。这与本法第 511 条第 5 项"履行方式不明确的，按照有利于实现合同目的的方式履行"的内涵相一致，也与本法第 628 条的规定相协调。

第六百二十七条 【标的物价款的支付地点】

买受人应当按照约定的地点支付价款。对支付地点没有约定或者约定不明确，依据本法第五百一十条的规定仍不能确定的，买受人应当在出卖人的营业地支付；但是，约定支付价款以交付标的物或者交付提取标的物单证为条件的，在交付标的物或者交付提取标的物单证的所在地支付。

【立法背景】

买卖合同中标的物价款的支付地点，就合同的正常履行来讲，属于必不可少的内容。本条来源于合同法，未修改。

【条文精解】

买受人应按约定的地点支付价款。按照约定地点支付价款，是买受人的一项具体义务，是买受人支付价款义务中一项必不可少的内容。支付地点一般分为约定的地点和约定地点以外的法律规定的地点。为避免发生纠纷，合同当事人应当对买受人支付价款的地点作出具体约定。

没有约定支付价款的地点或者约定不明确时依本法规定的原则确定。尽管支付价款的地点很重要，需要合同当事人作出具体的约定，但由于种种原因，当事人没有作出具体约定或者虽有约定但约定不明确的情况，实践中时常发生。为减少纠纷，确保买卖合同的正常履行，本条规定了两项原则。第一，依据本法第 510 条的规定确定。依据该规定，由当事人重新订立补充条款或者买受人按照合同的有关条款、交易习惯自行确定。这一规定实际上是基于当事人的自愿原则，是自愿原则在支付价款义务中的具体体现。第二，直接依据本条规定确定。在依据第 510 条的规定不能确定支付地点的前提下，本条规定了两种情况：一是买受人应当在出卖人的营业地支付，这与本法第 511 条第 3 项规定的"给付货币的，在接受货币一方所在地履行"是一致的；二是如果约定支付价款以交付标的物或者交付提取标的物单证为条件，那么买受人应当在交付标的物或者交付提取标的物单证的所在地支付。

第六百二十八条 【标的物价款的支付时间】

买受人应当按照约定的时间支付价款。对支付时间没有约定或者约定不明确，依据本法第五百一十条的规定仍不能确定的，买受人应当在收到标的物或者提取标的物单证的同时支付。

【立法背景】

买卖合同中标的物价款的支付时间，就合同的正常履行来讲，属于必不可少的内容。本条来源于合同法，未修改。

【条文精解】

买受人应当按照约定的时间支付价款。按照约定时间支付价款，是买受人的一项具体义务，是买受人支付价款义务中一项必不可少的内容。支付时间一般分为合同约定的时间和约定的时间以外的法律规定的时间。为避免发生纠纷，合同当事人应当对买受人支付价款的时间作出具体约定。当然，如果买受人不按时支付价款，属于违约行为，应当承担相应的违约责任。

没有约定支付价款的时间或者约定不明确时依本法规定的原则确定。本条规定了两项原则：第一，依据本法第510条的规定确定。依据该规定，由当事人重新订立补充条款或者买受人按照合同的有关条款、交易习惯自行确定。根据目前的规定，买受人可以随时支付价款；出卖人也可以随时请求买受人支付，但是应当给买受人一定的准备时间。第二，直接依据本条规定确定。在依据第510条的规定不能确定支付时间的前提下，买受人应当在收到标的物或者提取标的物单证的同时支付，也就是平常所说的"一手交钱，一手交货"。

第六百二十九条 【出卖人多交标的物的处理规则】

出卖人多交标的物的，买受人可以接收或者拒绝接收多交的部分。买受人接收多交部分的，按照约定的价格支付价款；买受人拒绝接收多交部分的，应当及时通知出卖人。

【立法背景】

本条内容借鉴了《联合国国际货物销售合同公约》第52条的相关规定，

另外也参考了我国原《工矿产品购销合同条例》第10条第3款第1项以及第35条第6项的规定。

【条文精解】

出卖人多交标的物，在实际生活中并不鲜见。对于出卖人多交标的物的情况，在当事人约定具体处理方法之外，本条规定了两种法定处理方法：一是买受人接收多交的部分。出卖人多交，买受人接收，在一定程度而言系在原买卖合同的基础上，就产品的数量达成了事实的补充条款。也就是说，在执行原合同其他条款的基础上，可以收取多交的部分。由于买受人接收了多交的部分，又对多收部分价款没有提出异议，等于同意以原价格购买该部分标的物。二是拒绝接收。对于拒绝接收的，买受人应当履行通知和保管的义务，至于通知的具体方式，可以是书面的，也可以是非书面的，比如电话通知等。如果不通知则可能会产生买受人接收的假象。因此，为了避免发生纠纷，买受人负有通知的义务。

按照约定的数量交付标的物是出卖人的一项义务，出卖人应当严格履行。不履行这一义务，出卖人应当承担相应的违约责任。需要说明的是，这种情况是针对出卖人少交付标的物来讲的。至于出卖人多交付标的物是否属于违约，该承担什么责任，法律不作规定，由当事人协商来解决。现实中造成出卖人多交付标的物的原因复杂，需要具体问题具体分析。

第六百三十条　【买卖合同标的物的孳息归属】

标的物在交付之前产生的孳息，归出卖人所有；交付之后产生的孳息，归买受人所有。但是，当事人另有约定的除外。

【立法背景】

在买卖合同中，标的物孳息的归属是一个很重要的问题，一般在法律上会有一个确定归属的原则。对此，立法上有两种主张。一种主张认为，标的物所产生的孳息属于所有权人。即标的物所有权转移，其孳息就转移；标的物的所有权没有转移，其孳息也就没有转移。也就是说，孳息是和所有权联系在一起的。这种主张的理论基础是所有权理论。另一种主张认为，标的物所产生的孳息根据标的物交付占有来确定。即标的物转移或者交付给对方，其孳息就转移给对方；标的物没有转移或者交付给对方，其孳息也就没有转移给对方。也就是说，标的物的孳息属于占有方，所有权不是判断孳息归属的根据。这种主张的理论基础是和风险的归属联系在一起的，也就是风险和利益共担。

【条文精解】

孳息是"原物"的对称，是由物或者权利而产生的收益，分为天然孳息和法定孳息。天然孳息，是指物依自然规律产生的收益，如土地生长的稻麦、树木的果实、牲畜的幼畜、挤出的牛乳、剪下的羊毛等。法定孳息，是指依民事法律关系产生的收益，如有利息的借贷或租赁、出借人有权收取的利息、出租人有权收取的租金等。买卖合同中标的物涉及的孳息，一般为天然孳息。但如果买卖的不是一般的货物，则也有可能涉及法定孳息，如买卖正被出租的房屋即是。

本条规定采取的是风险和利益共担的原则。本条规定是和本法第 604 条"标的物毁损、灭失的风险，在标的物交付之前由出卖人承担，交付之后由买受人承担"的规定相联系的。第 604 条的规定是交付划分风险的原则，根据这一原则，本条也将孳息和风险联系在一起，因此规定"标的物在交付之前产生的孳息，归出卖人所有；交付之后产生的孳息，归买受人所有"。从另一个角度而言，孳息之产生与原物占有人的照料大有关系，故很多国家的买卖合同都规定孳息收益人的确定与标的物的交付相联系。如大陆法系的《日本民法典》第 575 条规定："未交付的买卖标的物产生孳息时，孳息属于出卖人。"《德国民法典》第 446 条规定："自交付买卖标的物时起，物的收益归属于买受人。"这里需要说明的是，本条规定的交付确定孳息归属是一个原则性的规定，如果当事人另有约定，根据民事权利可以依法自由处分的原则，应当按照约定执行。因此，在本法编纂过程中，根据有关方面的意见和建议，在《合同法》第 163 条规定的基础上，增加了"但是，当事人另有约定的除外"的内容。

第六百三十一条【主物和从物的解除效力】

因标的物的主物不符合约定而解除合同的，解除合同的效力及于从物。因标的物的从物不符合约定被解除的，解除的效力不及于主物。

【立法背景】

本条规定的内容，主要借鉴的是我国台湾地区"民法典"的有关规定。

其第362条规定：因主物有瑕疵而解除契约者，其效力及于从物；从物有瑕疵者，买受人仅得就从物之部分为解除。

【条文精解】

1. 主物和从物

民法上的物，是指人们可以支配和利用的物质财富，一般和物权联系在一起。物根据其性质，有不同的分类标准：根据移动是否会影响其价值，可以分为不动产和动产；根据主从关系，可以分为主物和从物。主物是"从物"的对称，是指独立存在，与同属于一人的他物合并使用而起主要经济效用的物。如汽车对于附带的必需的维修工具、自划游船对于船桨、保险箱对于钥匙都为主物。反之，从物也是"主物"的对称，是指独立存在，与同属于一人的他物合并使用而起辅助经济效用的物。除有特别情况外，从物的归属依主物的归属而定，主物所有权转移，从物所有权也随其转移。也就是说，主物能够决定从物的命运，而从物一般不能决定主物的命运。

2. 主物和从物在解除合同时效力的相互影响力

本条的规定分为两个方面：一方面规定，因标的物的主物不符合约定而解除合同的，解除合同的效力及于从物。也就是说，因主物不符合约定而解除的合同，涉及从物的合同自然也就解除，当事人不必在从物问题上再作明确的意思表示，除非当事人另有约定或者法律另有规定。这就是主物决定从物理论的具体体现。另一方面规定，因标的物的从物不符合约定被解除的，解除的效力不及于主物。也就是说，当涉及标的物从物的合同被解除时，并不影响涉及主物的合同，涉及主物的合同仍然具有法律效力，当事人不能因为涉及从物的合同因不符合合同要求被解除，而提出解除主物的合同。这是从物不能决定主物理论的具体体现。

第六百三十二条 【数物中的一物不符导致的解除】

标的物为数物，其中一物不符合约定的，买受人可以就该物解除。但是，该物与他物分离使标的物的价值显受损害的，买受人可以就数物解除合同。

【立法背景】

本条规定的内容，主要参考了我国台湾地区的有关规定。

【条文精解】

1. 数物

本条所讲的"数物",是指主从物以外的其他相互独立存在的物。不同的标的物中的"数物"一般是独立存在的,和其他独立存在的物并不互相制约。一般来讲,一个物的不能使用,并不能影响其他物的使用。

2. 买受人的合同解除权

本条规定的买受人有权解除合同分为两种情形:一种情形是,买受人解除一物不影响其他数物。在标的物为数物的买卖合同中,出卖人交付的标的物中的一物不符合约定不被买受人接受,而出卖人交付的作为标的物的其他物符合要求又被买受人所接受时,买受人可以仅仅就不符合约定的物解除合同,但不影响符合要求的其他物。例如,买受人向出卖人购买大米和面粉,买卖大米 50 袋,价款 500 元;面粉 50 袋,价款 500 元。如果买受人发现面粉质量不符合约定,可以就面粉部分解除合同,而只买受大米。如果大米与面粉是以总价款 1000 元购买的,买受人只能请求减少与面粉相当的价款,而不能解除全部合同。另一种情形是,买受人解除一物影响到数物。买受人购买了数物,其中一物的质量不符合约定,而该物又不宜与数物中的其他物分离,否则将明显受到损害,那么买受人可以要求就数物解除合同,即解除合同的全部。例如,买卖标的物是古对联一副,其中一联不符合约定的标准,显然该副对联就失去了悬挂的价值。这种情况下,买受人有权就整副对联行使解除权。

3. 本条规定的解除权由买受人选择决定

本条使用了"可以"二字,即出现依法可以解除合同的情形时,完全由买受人自己决定。实践中,对《合同法》第 165 条"但该物与他物分离使标的物的价值显受损害的,当事人可以就数物解除合同"中的"当事人"是否包括违约方有争议。有人提出,赋予出卖人对于合同全部的解除权,即赋予了违约方解除权,与本法第 563 条规定的只有守约方才享有合同解除权的规定不符。为了避免这种争议,在本法编纂的过程中,将"当事人"改为了"买受人",这样更加符合民法的公平原则。从另一角度而言,即使出现一物不符合约定影响数物价值的情形,以上面的对联为例,如果买受人出于某种考虑不愿意解除整副对联的合同,那么出卖人也就无权解除合同。综合上述考虑,本条规定的合同解除权只能由买受人选择决定。

第六百三十三条 【标的物分批交付不符时的解除】

出卖人分批交付标的物的，出卖人对其中一批标的物不交付或者交付不符合约定，致使该批标的物不能实现合同目的的，买受人可以就该批标的物解除。

出卖人不交付其中一批标的物或者交付不符合约定，致使之后其他各批标的物的交付不能实现合同目的的，买受人可以就该批以及之后其他各批标的物解除。

买受人如果就其中一批标的物解除，该批标的物与其他各批标的物相互依存的，可以就已经交付和未交付的各批标的物解除。

【立法背景】

本条规定的内容，主要参考了美国统一商法典和《联合国国际货物销售合同公约》的有关规定。

【条文精解】

对于长期供货合同分批交付标的物的情况，如果出现出卖人不适当履行的情况，买受人要求解除合同的，应当受本条规定调整，表现为以下三个层次：

第一，一般情况下，出卖人不适当履行某一批标的物的交付，买受人可以针对该批标的物不适当履行的情况，要求出卖人承担违约责任。如果出卖人对该批不适当履行构成了根本违约，即达到了本条所规定的"出卖人对其中一批标的物不交付或者交付不符合约定，致使该批标的物不能实现合同目的的"，买受人有权以该批标的物的交付违约为由，解除长期供货合同的该部分内容。例如，买受人为酿酒与出卖人约定了 10 年期的稻谷供应合同，在执行到第五年时，出卖人提供的稻谷由于某种原因不能达到酿酒的品质要求，导致无法达到买受人该年购买稻谷的合同目的，因此，买受人有权解除第五年的稻谷买卖合同。

第二，出卖人就某批标的物的交付构成根本违约，即交付的结果将导致该批以及之后其他各批标的物的交付不能实现合同目的的，买受人有权以该批标的物的交付违约为由，解除长期供货合同的该部分及之后应当交付部分的内容。法律并未明确说明属于这类情形的具体情况，因为合同实践是复杂的，立法只能作出一个原则性的规定，具体适用的尺度把握应当具体问题具体分析。但是需要明确指出的是，某批标的物交付的根本违约，将致使今后各批的交付也构成根本违约的情况必须十分明显，才能适用这一规定。

第三，某批标的物的交付与整个长期供货合同的其他各批标的物的交付可能是相互依存的，或者说是不可分的，否则整个合同的履行将不可能或者没有意义，即某批标的物的不适当履行导致整个合同无法实现合同目的。在这种情况下，买受人如果依法可以就该批标的物解除，那么他就有权解除整个长期供货合同。例如，买卖双方约定了成套机械设备买卖合同，分三批交付。在交付第二批设备后，买受人发现该批设备存在严重的质量问题，结果必将导致成套机械设备的买卖无法实现设定的合同目的。因此，买受人有权就包括已经交付和未交付的机械设备在内，要求解除全部合同。

第六百三十四条 【分期付款买卖】

分期付款的买受人未支付到期价款的数额达到全部价款的五分之一，经催告后在合理期限内仍未支付到期价款的，出卖人可以请求买受人支付全部价款或者解除合同。

出卖人解除合同的，可以向买受人请求支付该标的物的使用费。

【立法背景】

分期付款买卖在某种意义上也属于一种赊购，但买受人在接受标的物之后，不是在一定期限内一次性地支付价款，而是在一定期限内分批次地支付。分期付款买卖中，当事人双方可以自由约定付款的期限和次数，也可以约定买受人在接受标的物前先支付或者先分期支付若干价款，但在出卖人交付标的物后买受人原则上至少应当再分两次向出卖人支付价款，否则就不属于分期付款的买卖。分期付款买卖一般在买卖标的物价金较高，买受人一次性筹款支付有困难时适用。由于价金是陆续支付，会使买受人在心理上、履行上不感到有过重的负担，因此分期付款买卖能促进商品房、高档汽车等昂贵品的消费。

【条文精解】

1. 有关分期付款买卖合同解除的特别规定

本编在通则部分规定了对于所有合同均适用的关于合同解除的制度。包括当事人可以在合同中约定解除合同的条件，解除合同的条件成就时，合同解除。当事人也可以事后经协商一致解除合同。当事人一方迟延履行主要债务，经催告后在合理期限内仍未履行的，对方可以解除合同。当事人一方迟延履行债务或者有其他违约行为致使不能实现合同目的的，对方可以不经催告解除合同。这些是合同解除的一般性规则，本编典型合同部分如果针对具体合同规定了一些特殊性的规则，那么就应适用特殊优于一般的原则。本条关于分期付款买卖合同解除的规定就是对通则有关规定的具体化。

首先，合同当事人可以在合同订立前或者订立后，协商设立合同解除的条件。而根据本条的规定，对期限利益丧失特别约定的限制，同样适用于合同的协议解除，合同的有关约定不得低于法律规定的对保护买受人有利的标准。

其次，达到法定的条件时，合同一方当事人有权单方解除合同。通则规定的这些条件中，违约行为"致使不能实现合同目的"，是一个核心和关键。但通则这一规定只是一般性的原则表述，至于什么是不能实现合同目的，需要根据不同种类的合同以及具体的个案来判断。按照本条的规定，在分期付款买卖合同中，买受人未支付到期价款的金额已经达到全部价款的1/5，且经催告后在合理期限内仍未支付到期价款的，即法律规定的具体适用"致使不能实现合同目的"的标准。也就是说，只有达到了这样的条件，分期付款买卖的出卖人才有权行使合同的单方解除权。

2. 分期付款买卖合同解除的法律后果

在合同解除后，买卖当事人应当将从对方取得的财产予以返还，违约的一方还应当赔偿对方因此而受到的损失。因此，有时出卖人也会考虑提出对解除合同后损害赔偿进行特别约定的方式来追求自己的最大利益。因为分期付款买卖的标的物已经交付给买受人，所以在因买受人的原因而由出卖人解除合同时，买受人在占有标的物期间的利益也就是出卖人的损失。出卖人可能提出自己因买受人的违约而解除合同时有权抵扣已收取的价款，或者请求买受人支付一定金额的赔偿款。如果这种约定过于苛刻，就会对买受人不利。为了维持当事人之间利益的均衡，法律应当进行适当限制。除已有的违约金过高可以请求适当减少的规定外，本条第2款规定，出卖人解除合同的，可以向买受人请求支付该标的物的使用费。也就是说，一般情况下，出卖人因买受人的原因解除合同时，出卖人向买受人请求支付或者抵扣的金额，不得超过相当于该标的物的使用费的金额。如果标的物有毁损，那么出卖人当然还可以请求相应的赔偿。

【实践中需要注意的问题】

由于本条没有对合同解除后买受人已经交付的价款如何处理作出规定，当事人应当在合同中对此问题作出约定，以防止发生不必要的纠纷。若没有约定，原则上应当适用本编通则关于合同解除后果的相关规定。

第六百三十五条 【凭样品买卖中标的物的要求】

凭样品买卖的当事人应当封存样品，并可以对样品质量予以说明。出卖人交付的标的物应当与样品及其说明的质量相同。

【立法背景】

凭样品买卖的情形客观存在，本条源自合同法的规定，未修改。

【条文精解】

1.凭样品买卖合同的含义

凭样品买卖合同，又称货样买卖，是指买卖双方根据货物样品而订立的由出卖人按照样品交付标的物的合同。凭样品买卖合同属于一种特殊的买卖合同，其特殊性主要表现在三个方面：一是合同标的物的质量、属性等是根据样品确定的，并且该样品应当是订立合同时存在的样品。二是当事人基于对样品的信赖而订约。三是交付的标的物以样品来衡量，即当事人在合同中明确规定以样品来确定标的物的品质。需要特别说明的是，如果出卖人先向买受人提示样品，而后双方订立合同时未明确表示进行的是凭样品买卖，则双方不成立凭样品买卖。所以，按照商店中摆列的商品购物不属于凭样品买卖。

2.凭样品买卖合同的样品要求

本条对样品的要求有两个：一是凭样品买卖的当事人应当封存样品；二是可以对样品质量予以说明。

（1）封存样品要求。样品是凭样品买卖的核心问题。本条规定的"当事人应当封存样品"，包括三层意思：一是样品必须是订立合同时的样品；二是样品的封存必须为双方所认可，包括对封存地点、数量、时间以及保存人的认可等；三是双方当事人应当对封存的样品盖章或者签字。至于封存的具体方法，当事人可以根据具体情况作出具体的约定。

（2）对样品质量予以说明的要求。这是为了进一步保证样品的质量、减少纠纷而作出的一项具体的规定，对双方当事人均具有约束力，双方当事人均需要高度重视。这一规定同样包括三层意思：一是对样品的质量的说明应为双方当事人所认可；二是对质量的说明应当根据样品具体情况来确定，一般包括外观、型号、技术要求等；三是对样品质量国家有强制性规定的，须遵守强制性规定，不得违反，比如国家有关安全卫生的强制性的要求就必须遵守。

（3）封存样品和对样品质量的说明对当事人均有益处。本条是一项保护双方当事人合法权益的义务性规定，双方当事人均应执行这一规定。现实中，由于双方当事人不注意这一问题，产生的纠纷很多，以致有理难以讲清楚。对双方当事人来讲，封存了样品，能对样品质量进行说明，如发生了纠纷，也容易分清责任，可以减少争执，有利于纠纷的解决，对保护双方当事人的合法权益均有益处。

3. 出卖人应当以符合样品的质量交货

凭样品买卖合同的一个基本特点就是加强出卖人的责任，视为出卖人担保交付的买卖标的物与样品具有同一品质。因此，本条规定，"出卖人交付的标的物应当与样品及其说明的质量相同"。这是对出卖人的一项义务性的规定，出卖人必须履行这一义务。实践过程中，为了检验标的物是否与样品质量相同，通常采取封存货样的办法，以待验证；同时由出卖人对样品质量予以说明，进而确保出卖人交付的标的物与样品及其说明的质量相同。如果出卖人未履行这项义务，会出现下列法律后果：一是出卖人应承担违约责任；二是因出卖人的交付行为不能实现合同目的的，买受人有权解除合同。另外需要说明的是，从第636条的规定可以看出，本条规定只适用于存在非隐蔽瑕疵即表面瑕疵的情况。

第六百三十六条 【凭样品买卖中隐蔽瑕疵的处理规则】

凭样品买卖的买受人不知道样品有隐蔽瑕疵的，即使交付的标的物与样品相同，出卖人交付的标的物的质量仍然应当符合同种物的通常标准。

【立法背景】

凭样品买卖难免存在隐蔽瑕疵，本条源自合同法的规定，未修改。

【条文精解】

1. 瑕疵

瑕疵分为质量瑕疵和权利瑕疵。本条指的是质量瑕疵，即出卖人交付的标的物存在不符合规定或者通用质量要求的缺陷，或者影响使用效果等方面的情况。质量瑕疵又可分为表面瑕疵和隐蔽瑕疵。表面瑕疵，是指存在于标的物表面凭一般买受人的经验就可以发现的无须经过专门检验的质量缺陷。隐蔽瑕疵，是指存在于标的物内部凭一般买受人的经验难以发现的必须经过专门检验的质量缺陷。由于表面瑕疵凭一般买受人的经验就能发现，而隐蔽瑕疵凭一般买受人的经验难以发现，所以本条专门针对隐蔽瑕疵作出了特别规定。

2. 样品存在隐蔽瑕疵属于质量要求不明确

出卖人交付的标的物质量存在隐蔽瑕疵，而隐蔽瑕疵不为当事人所知道，因此可以理解为当事人约定的质量要求不明确。依据本法第 616 条的规定，"当事人对标的物的质量要求没有约定或者约定不明确，依据本法第五百一十条的规定仍不能确定的，适用本法第五百一十一条第一项的规定"。即首先应当重新协商或者依照合同的条款、交易习惯确定标的物的质量要求，仍不能确定的，则应当适用本法第 511 条第 1 项的规定："质量要求不明确的，按照强制性国家标准履行；没有强制性国家标准的，按照推荐性国家标准履行；没有推荐性国家标准的，按照行业标准履行；没有国家标准、行业标准的，按照通常标准或者符合合同目的的特定标准履行。"也就是说，在不能明确标的物质量要求的情况下，出卖人应当担保标的物没有质量瑕疵。

3. 凭样品买卖的样品存在隐蔽瑕疵应负的责任属于加重责任

在凭样品买卖中，出卖人交付的标的物应当与样品的质量相同。那么这一规定是否也适用于样品存在隐蔽瑕疵的情况呢？答案显然是否定的。因为在标的物存在隐蔽瑕疵的情况下，出卖人存在违约行为，将可能影响到买受人无法享受购买该标的物应有的使用价值，若以出卖人交付的标的物与样品相符而可以免责，必将违背公平和诚信原则，因此本条的规定就是为了保护买受人的利益，针对前条的规定作出的特别规定，即加重出卖人对标的物的质量担保责任。这里需要特别指出两点：一是为了减少纠纷，合同中应当对买受人了解样品的程序作出规定，特别是对于买受人所了解到的样品存在的隐蔽瑕疵的情况要规定清楚；如果合同中没有规定，则需要由出卖人提供证据证明买受人知道该情况。二是本条所讲的"同种物的通常标准"，不同于本法第 616 条的规定。首先，省去了重新协商或者依照合同的条款、交易习惯确定标的物质量要求的程序；其次，"同种物的通常标准"应理解为同种物的强制性国家标准、推荐性国家标准、行业标准或者同种物的通常标准、符合合同目的的特定标准，若出现这几类标准竞合的情况，原则上应适用对标的物质量要求更高的标准。

【实践中需要注意的问题】

对于样品的隐蔽瑕疵，如果出卖人明知该瑕疵而故意隐瞒，则可认为是对买受人的欺诈，买受人依法可以撤销合同。如果买受人知道样品存在隐蔽瑕疵，则不享有本条规定的权利。

第六百三十七条 【试用买卖中的试用期限】

试用买卖的当事人可以约定标的物的试用期限。对试用期限没有约定或者约定不明确，依据本法第五百一十条的规定仍不能确定的，由出卖人确定。

【立法背景】

本条的规定参考了美国统一商法典和我国台湾地区的有关内容。

【条文精解】

所谓试用买卖合同，也称试验买卖合同，是指出卖人和买受人约定，由买受人对标的物进行试用，并由买受人决定是否购买标的物的一种特殊的买卖合同。在试用买卖中，买卖当事人双方约定由买受人使用或者试验标的物，以买受人经过一段时间后认可标的物为合同生效条件。因此，标的物的试用期限是试用买卖合同中的重要条款，基于合同的自愿原则，合同当事人可以就标的物的试用期限进行约定。所以，本条首先规定试用买卖的当事人可以约定标的物的试用期限。如果当事人在试用买卖合同中对试用期限没有约定或者约定不明确，自然应当依据本法第 510 条的规定，通过重新协商或者根据合同的条款、交易习惯来确定。也就是说，当事人双方可以协议补充；双方不能达成补充协议的，按照试用买卖合同中的有关条款进行确定；仍然无法确定的，按照交易习惯确定。如果还不能确定，则由出卖人来确定试用的期限，以避免试用期限一直处于不确定的状态。

试用买卖作为买卖的一种，除法律另有规定外，应当适用一般买卖的有关规定。但是，试用买卖作为一种特殊的买卖，与一般买卖相比，其特点主要在于：（1）当事人约定由买受人试用或者检验标的物。（2）试用买卖是以买受人认可标的物为生效条件的买卖。（3）买受人享有决定是否购买标的物的权利。（4）标的物所有权在试用期内并没有发生转移。

【实践中需要注意的问题】

由于试用期限对买受人具有约束力，买受人在大多数情况下实际占有标的物，为结束不确定状态，应当尽快依约向出卖人作出是否同意购买的意思表示。对买受人而言，基本的要求是，应当在约定的试用期限内作出是否同意购买标的物的意思表示。比如《德国民法典》第 455 条第 1 款规定："关于试验买卖或检验买卖，其标的物之承认，仅得于约定期间内表示之，其无约定期间者，仅得于出卖人对买受人所定之相当期间内为之。"

第六百三十八条 【试用买卖中买受人的选择权及其对标的物的认可行为】

试用买卖的买受人在试用期内可以购买标的物，也可以拒绝购买。试用期限届满，买受人对是否购买标的物未作表示的，视为购买。

试用买卖的买受人在试用期内已经支付部分价款或者对标的物实施出卖、出租、设立担保物权等行为的，视为同意购买。

【立法背景】

试用期内，对买受人就标的物所实施的行为性质需要给予正确认定。本条在合同法规定的基础上，增加了司法解释的相关内容，条文的内容因此更加周延。

【条文精解】

1. 试用期内买受人对是否购买标的物享有选择权

本条规定试用买卖的买受人在试用期内可以同意购买标的物，也可以拒绝购买标的物，是为了明确试用买卖合同中买受人享有选择权。买受人对标的物的认可，完全取决于自己的意愿，而不受其他任何人的意志的干预。这里需要说明的是，在试用买卖合同中，标的物的质量问题不完全是买受人作出决定的根据，买受人对于标的物符合合同要求的，只要是在合同约定的试用期限内也可以拒绝购买。在试用期限内，买受人是否决定购买，应当向出卖人作出意思表示，如果合同中对于意思表示有要求的，则应按照要求办理；如果对于意思表示没有要求的，买受人可以以口头的形式作出，也可以以书面等形式作出。

2.买受人超过试用期限不作决定时，应当购买标的物

买受人对试用买卖合同的标的物是否认可，应当及时作出表示，以免当事人之间的法律关系过久地处于不稳定的状态。因此，本条规定，试用期限届满，买受人对是否购买标的物未作表示的，视为购买。具体到实际生活，例如，出卖人规定电视机试看3天，3天后买受人既未通知出卖人接受标的物，也未通知拒绝认可标的物，并且未将电视机退还出卖人，则视为买受人认可标的物。

3.试用期内买受人的处分行为，应当视为同意购买标的物

试用买卖自买受人试用或者检验标的物后表示认可时，条件才成就，合同才发生法律效力，买受人才因此支付价款。在实际生活中，时常发生买受人在试用或者检验后虽未表示认可或者拒绝，却作出了一些类似认可的行为，比如买受人在试用期内支付了部分价款，按照日常生活经验法则，自然可以认为买受人以支付部分价款的形式来表示对标的物认可。在另外一些情形下，买受人虽未支付价金，但对标的物实施了试用或者检验以外的行为，比如在试用期内对标的物实施出卖、出租、设立担保物权等行为，因为买受人在试用期内对标的物并无处置的权利，其实施试用以外的出卖、出租等行为，显然是将标的物视为自己之物，自然也可以视为其对标的物表示了认可。

第六百三十九条　【试用买卖标的物的使用费】

试用买卖的当事人对标的物使用费没有约定或者约定不明确的，出卖人无权请求买受人支付。

【立法背景】

本条规定是在司法解释的基础上，参考美国统一商法典的规定作出的。

【条文精解】

本条的基本含义是，对于是否支付试用买卖标的物的使用费，买卖双方作出明确约定的，应当按照约定处理；买卖双方没有作出约定或者约定不明

确的，出卖人无权要求买受人支付。

试用买卖的买受人在试用期限内明确表示拒绝购买标的物的，双方之间不发生买卖合同的权利义务关系。但是，在买受人明确拒绝购买之前，买受人确实使用了标的物。使用了标的物却不必支付使用费，这其中的原因究竟为何，需要从试用买卖合同的法律关系的性质说起。

本法第637条的释义中已经提到，试用买卖以买受人认可标的物为生效条件，买受人认可标的物，为条件成就，买卖合同生效；买受人不认可标的物，则为条件不成就，买卖合同不生效。即我们认为，试用买卖是附生效条件的合同。通常来讲，附生效条件的合同只有在条件成就之日起合同才生效，在此之前当事人之间不存在任何的权利义务关系。尽管只有待买受人决定购买标的物时合同才生效，但之前的试用过程（也可以称为正式买卖合同的缔约过程）中，出卖人基于其特定的经营目的，自愿承担将标的物交付买受人试用或者检验的义务，同时同意买受人不承担支付相应使用费的责任，以便于促成双方之间正式买卖合同的订立。在此前提下，出卖人将标的物交付给买受人使用，买受人使用标的物自然不必支付使用费，这是出卖人自愿承担的附加义务，对出卖人自身具有约束力。在买受人同意购买后，即试用买卖合同生效后，试用期间的法律关系被合同生效后的法律关系所取代或者吸收，不会发生争议，买卖双方按照合同的约定履行，便是双方的真实意思表示。

【实践中需要注意的问题】

即使出卖人无权向买受人要求支付使用费，但是，如果买受人在试用期限内没有尽到一般注意义务，未能按照规定的用途或者标的物的通常性能进行试用，导致标的物发生毁损、灭失的，由于试用买卖采用的是附生效条件理论，当事人在试用期间并不存在权利义务关系，因此，出卖人无法向买受人主张违约责任。但是，出卖人可以依据本法侵权责任编的相关规定，在买受人的行为符合侵权责任构成要件的前提下，要求买受人承担赔偿损失等侵权责任。

第六百四十条 【试用期间标的物的风险负担】

标的物在试用期内毁损、灭失的风险由出卖人承担。

【立法背景】

本条规定是参考美国统一商法典的规定作出的。

【条文精解】

本条的基本含义是，在试用标的物期间，标的物发生不可归责于买卖双方当事人的原因发生毁损、灭失时，应当由出卖人承担该风险，出卖人无权要求买受人承担赔偿责任。

在试用买卖合同的履行过程中，试用期内的标的物是否实际交付给买受人，存在两种情况：一种情况是标的物不实际交付给买受人，但是由买受人进行试用。这种情形下标的物发生意外毁损、灭失时，由于标的物未经交付，该风险由出卖人负担是不言而喻的，实践中也不会引发争议。另一种情况是标的物已经实际交付给买受人试用，依据本条的规定，在试用过程中标的物发生意外毁损、灭失的，该风险也由出卖人承担。这似乎与本法第604条规定的标的物风险承担适用交付主义原则不符，因此在实践中常常引发争议。例如，汽车销售公司甲与自然人乙签订了汽车试用买卖合同，在甲将一辆汽车交付乙试用期间，乙在开车上班过程中遇到下冰雹，结果导致车辆发生毁损，由于甲乙双方未对该毁损的承担进行约定，双方都认为车辆毁损的后果应该由对方承担，因此发生了很大的争议。

本条之所以规定试用买卖标的物在试用期内发生毁损、灭失的风险由出卖人负担，主要是出于以下几点考虑：一是由试用买卖合同的目的决定的。因为所谓的试用买卖，是出卖人基于其特定的经营目的考虑，自愿且主动地将标的物交付给买受人试用或者检验，同时买受人也无须承担标的物使用费，即出卖人是为了达到订立买卖合同的最终目的而放弃自身的某些利益，其中放弃要求由买受人承担试用期内的风险责任，当是试用买卖合同的应有之义。二是由试用买卖合同中买受人的优势地位决定的。结合市场实践，在采用试用买卖合同的场合，大多是买方市场，即卖方急着卖而买方不急于买。倘若试用买卖合同的试用期内由买方来承担标的物意外毁损、灭失的风险，那么这个合同将很难达成。三是由出卖人所实施的"交付"性质所决定的。本法第604条规定的风险随交付时转移，原则上是指当事人按照合同约定的义务而进行的交付，因而标的物的风险随交付转移。而本条中的交付，并非出卖人基于合同约定义务的交付，而是出卖人自愿承担的附加义务，对方无须支付相应对价。因此，试用买卖合同中的标的物交付不应适用本法第604条规定的风险负担的交付主义原则。

第六百四十一条 【标的物所有权保留条款】

当事人可以在买卖合同中约定买受人未履行支付价款或者其他义务的，标的物的所有权属于出卖人。

出卖人对标的物保留的所有权，未经登记，不得对抗善意第三人。

【立法背景】

各国法律都允许当事人通过约定这样的条款来明确标的物所有权转移的时间，而且在合同实务中，尤其是在国际贸易中，这种条款也是很多见的。所有权保留条款是有利于出卖人的条款。它的主要功能是可以使出卖人避免不能取得标的物价款的风险。在买受人未履行支付价款或者其他出卖人认为重要的义务以前，出卖人仍然享有标的物的所有权。这样就可以免去在出卖人已交付标的物而买受人不履行其主要义务时，因所有权已转移可能给自己造成的损害。

【条文精解】

1. 买卖合同的标的物所有权可以保留

通常来讲，买卖合同标的物的所有权自标的物交付时起转移，但法律另有规定或者当事人另有约定的，则应当依照法律规定或者当事人的约定确定所有权转移的时间。本条的规定即体现了当事人另外约定的一种情形。因此，本条实际上是一个提示性的条款，当事人可以根据实际情况运用这样的约定确定相互的权利义务关系，而这种约定是当事人根据合同自愿原则确定合同内容的表现，是受法律保护的。

2. 登记和所有权保留

所有权保留买卖制度是一项古老的担保制度，通过在所有权移转效力上附加生效条件（付清价款或者其他义务）的方式，实现担保标的物价款债权的效果。早期观点一般将保留的所有权当成真正的所有权看待，然而随着实践和理论的发展，人们逐步认识到被保留的所有权并非真正的所有权，在各个属性上与担保物权越来越接近。据此，在本法编纂过程中，增加了本条第2款的规定："出卖人对标的物保留的所有权，未经登记，不得对抗善意第三人。"之所以作出这一修改，是由于整个民法典所期望实现的目标之一是消灭隐形担保。按照《合同法》第134条的规定，出卖人对买卖的标的物虽然享有名义上的所有权，这个名义上的所有权并不对外公示，但其可以行使真正所有权人的权利，甚至在破产中享有取回权。这种做法使这种没有公示的权利获得了一个最强大的效力，必然会给交易安全造成巨大的影响，尤其是在同一标的物上可能同时存在动产抵押、浮动抵押、融资租赁、所有权保留、动产质押等各种竞存的担保物权情形时。当发生以上权利冲突时，按照《合同法》第134条的规定，出卖人借助于未公示的所有权即可享有一个最强大、最完整的权利，这样就会使其他按照现有法律规范进行权利公示的当事人反而得不到保障。上述做法有违现代担保交易的基本原理，同时也会给交易中的当事人产生巨额的调查成本，对交易安全造成较大损害。

自2020年1月1日起施行的《优化营商环境条例》第47条第2款规定："国家推动建立统一的动产和权利担保登记公示系统，逐步实现市场主体在一个平台上办理动产和权利担保登记。纳入统一登记公示系统的动产和权利范围另行规定。"目前，已经由中国人民银行牵头在北京市和上海市开展动产担保统一登记试点。同时，为了配合本法和《优化营商环境条例》的实施，中国人民银行也相应修改了《应收账款质押登记办法》，其第35条规定："权利人在登记公示系统办理其他动产和权利担保登记的，参照本办法的规定执行。本办法所称动产和权利担保包括当事人通过约定在动产和权利上设定的、为偿付债务或以其他方式履行债务提供的、具有担保性质的各类交易形式，包括但不限于融资租赁、保证金质押、存货和仓单质押等，法律法规另有规定的除外。"上述行政法规和部门规章的颁布实施为逐步建立全国统一的动产与权利担保登记系统奠定了基础。

所以，基于实现优化营商环境、消灭隐形担保的总目标，本条规定出卖人对标的物享有的所有权未经登记不得对抗善意第三人，明确必须登记后才能取得对抗第三人的效力。从功能上讲，本条中保留的所有权实质上属于"可以登记的担保权"。基于此，所有权保留同样可以适用本法第414条的规定："同一财产向两个以上债权人抵押的，拍卖、变卖抵押财产所得的价款依照下列规定清偿：（一）抵押权已经登记的，按照登记的时间先后确定清偿顺序；（二）抵押权已经登记的先于未登记的受偿；（三）抵押权未登记的，按照债权比例清偿。其他可以登记的担保物权，清偿顺序参照适用前款规定。"

【实践中需要注意的问题】

最高人民法院《关于审理买卖合同纠纷案件适用法律问题的解释》规定，关于所有权保留的内容不适于不动产。这是因为：第一，是否允许不动产所有权保留很大程度上取决于不动产物权的变动模式，本法物权编确立了债权形式主义的不动产物权变动模式，即不动产物权的变动除了需要买卖双方达成合意外，还需要进行转移所有权的变更登记，只有变更登记完成后所有权才发生转移。在这种模式下，原则上无不动产所有权保留之必要。第二，不动产所有权保留的制度功能可以被预告登记、不动产物权变更登记等制度所取代，没有必要多此一举。第三，从实践层面来看，不动产主要是指土地和房屋，我国土地所有权属于公有，私人间不存在土地所有权买卖，所以就土地所有权买卖设定所有权保留的空间较小；而房屋买卖中，通常采用的方式是买受人从银行按揭贷款，银行对房屋享有抵押权，这一制度运作顺畅，也没有必要创设房屋所有权保留的方式来保障银行利益。综上，我们认为司法解释的规定具有合理性，应当继续得到贯彻。

第六百四十二条 【出卖人的取回权及其行使方式】

当事人约定出卖人保留合同标的物的所有权，在标的物所有权转移前，买受人有下列情形之一，造成出卖人损害的，除当事人另有约定外，出卖人有权取回标的物：

（一）未按照约定支付价款，经催告后在合理期限内仍未支付；

（二）未按照约定完成特定条件；

（三）将标的物出卖、出质或者作出其他不当处分。

出卖人可以与买受人协商取回标的物；协商不成的，可以参照适用担保物权的实现程序。

【立法背景】

本条是参照最高人民法院《关于审理买卖合同纠纷案件适用法律问题的解释》作出的规定。我国台湾地区"动产担保交易法"对此也有明确的规定。

【条文精解】

对于出卖人可以行使取回权的具体条件，现分述如下：

第一，买受人未按照约定支付价款。通常情况下，出卖人在买受人未支付价款达到何种程度可以取回标的物，应当由合同约定。如果合同没有约定，出卖人在买受人未支付价款达到何种程度可以取回，《瑞士附条件买卖法》第226条规定，只有在买受人连续拖欠两期付款，且欠款达到货款总额的1/10时，或者欠款达到货款总额1/4时，或者拖欠最后一期付款时，出卖人才有权行使取回权。我国最高人民法院《关于审理买卖合同纠纷案件适用法律问题的解释》第 36 条第 1 款规定："买受人已经支付标的物总价款的百分之七十五以上，出卖人主张取回标的物的，人民法院不予支持。"这意味着如果买受人已经支付的价款达到总价款的 75%，出卖人无论如何都不可以行使取回权。但是，该出卖人不能行使取回权所涉及的买受人已支付的法定价款比例，在已经违反当事人约定的情况下，其合理性并不充分，也和本法第 416 条的规定不相吻合。因此在本法编纂过程中，没有采纳上述司法解释的内容，而是在买受人未按照约定支付价款的同时增加规定出卖人的催告程序，即出卖人在决定行使对标的物的取回权时，应当先向买受人催告，在催告期满后买受人仍不支付价款的，出卖人才可以行使取回权，以保障当事人之间的利益平衡。

第二，买受人未按照约定完成特定条件。如汽车买卖的当事人约定买受人应当在购买车辆一个月内更换刹车系统并购买车辆交强险及商业险，否则出卖人有权取回汽车。这个约定是公平合理的，因为涉及作为保留所有权的出卖人的权益，不完成该特定条件，可能使出卖人承担不利后果。所以，如果在车辆交付买受人后两个月时出卖人仍然没有完成上述事宜，那么出卖人便依法享有取回汽车的权利。

第三，买受人在占有标的物期间擅自处分标的物且标的物未被第三人善意取得。在买卖双方未就出卖人何时可以取回标的物作出约定时，买受人就标的物实施了转卖、出质等行为的，将严重侵害出卖人的所有权，故出卖人依法有权行使取回权。但是，第三人依据本法第 311 条的规定已经善意取得标的物所有权或者其他物权的，出卖人无权取回标的物，否则将严重损害交易的安全和交易的秩序。司法实践中，依照最高人民法院《关于审理买卖合同纠纷案件适用法律问题的解释》第 36 条第 2 款的规定，在第三人基于善意取得制度取得所有权的情况下，出卖人无权行使取回权，只能向买受人请求赔偿损失。

在符合上述出卖人可以行使取回权条件的前提下，出卖人应当以何种程序取回，将影响到出卖人取回标的物的效率。因此，本条第 2 款规定，出卖人可以与买受人协商取回标的物；协商不成的，可以参照适用担保物权的实现程序。这表明取回的程序首先尊重当事人之间的协商结果，在协商不成的前提下，为提高出卖人行使取回权的效率，出卖人可以参照民事诉讼法第十五章特别程序第七节实现担保物权案件的规定行使取回权。《民事诉讼法》第 196 条规定："申请实现担保物权，由担保物权人以及其他有权请求实现担保物权的人依照物权法等法律，向担保财产所在地或者担保物权登记地基层人民法院提出。"第 197 条规定："人民法院受理申请后，经审查，符合法律规定的，裁定拍卖、变卖担保财产，当事人依据该裁定可以向人民法院申请执行；不符合法律规定的，裁定驳回申请，当事人可以向人民法院提起诉讼。"实践中照此操作，出卖人可以省去诉讼环节，直接向法院申请执行，达到降低交易成本、提高效率的目的。

第六百四十三条 【买受人回赎权与出卖人再出卖权】

出卖人依据前条第一款的规定取回标的物后，买受人在双方约定或者出卖人指定的合理回赎期限内，消除出卖人取回标的物的事由的，可以请求回赎标的物。

买受人在回赎期限内没有回赎标的物，出卖人可以以合理价格将标的物出卖给第三人，出卖所得价款扣除买受人未支付的价款以及必要费用后仍有剩余的，应当返还买受人；不足部分由买受人清偿。

【立法背景】

本条是参照最高人民法院《关于审理买卖合同纠纷案件适用法律问题的解释》及我国台湾地区"动产担保交易法"作出的规定。

【条文精解】

所谓买受人回赎权，是指所有权保留买卖中出卖人对标的物行使取回权后，在一定期间内，买受人可以通过履行支付价金义务或者完成其他条件后享有的重新占有标的物的权利。

回赎期是出卖人可以行使回赎权的期间，一般包括法定期间和意定期间。法定期间由法律明确规定。意定期间是当事人确定的期间，包括买卖双方约定的期间和出卖人指定的期间。双方约定的期间属于当事人的自由意思表示，应当予以准许；而出卖人单方指定的期间，并未事先与买受人协商，若出卖人指定买受人应在几十分钟或者几个小时内完成回赎，通常情况下，显然有悖于公平和诚信原则，不能用来约束买受人。因此，本条规定出卖人单方指定的回赎期限必须是合理期限，即主要根据标的物的性质来确定期限，应当具体情况具体分析。如果出卖人取回的标的物是即将发生腐败变质的物品，那么出卖人指定几十分钟的回赎期，也是具有合理性的。另外需要指出的是，本条第 1 款并未规定回赎的法定期间，我们的主要考虑是：第一，所有权保留制度是属于当事人可以自由选择的制度，具体到出卖人回赎期，也应当尊重当事人的自由意思，在立法上应赋予当事人最大的自治空间。第二，买受人回赎期的长短问题，只影响当事人的权益，一般不会涉及或者影响到第三人的利益或者社会公共利益，因此法律不应主动干预。第三，从其他国家和地区的立法经验来看，在买受人回赎期这个问题上，大多属于当事人可以自由选择的制度。

买受人在双方约定的回赎期限内或者出卖人指定的回赎期限内没有履行相应义务而丧失回赎期的，出卖人就取得了对标的物的再出卖权，可以再次出卖标的物。

关于出卖人如何行使再出卖权，我国台湾地区"动产担保交易法"作出了比较具体的规定，第 29 条规定："买受人得于出卖人取回占有标的物后十日内，以书面请求出卖人将标的物再行出卖。出卖人纵无买受人之请求，亦得于取回占有标的物后三十日内将标的物再行出卖。出卖人取回占有标的物，未受买受人前项再行出卖之请求，或于前项三十日之期间内未再出卖标的物者，出卖人无偿还买受人已付价金之义务，所订附条件买卖契约失其效力。"第 19 条规定："抵押权人出卖占有抵押物，除前条第三项但书情形外，应于占有后三十日内，经五日以上之揭示公告，就地公开拍卖之，并应于拍卖十日前，以书面通知债务人或第三人。抵押物为可分割者，于拍卖得价足以清偿债务及费用时，应即停止，债权人本人或其家属亦得参加拍卖，买受抵押物。"第 20 条规定："抵押物卖得价金，应先抵充费用，次充利息，再充原本，如有剩余，应返还债务人，如有不足，抵押权人，得继续追偿。"上述条文就原买卖合同的效力、再出卖的形式、出卖后所得价款的处分作出了具体规定。

本条就出卖人的再出卖权规定，出卖人可以以合理价格出卖标的物，出卖所得价款扣除买受人未支付的价款以及必要费用后仍有剩余的，应当返还买受人；不足部分由买受人清偿。意味着出卖人可以再次出卖标的物，但必须以合理的价格卖出；卖出后所得价款在满足出卖人自身应得价款及所需费用后，剩余的部分应当返还买受人；出卖后所得价款无法满足出卖人自身应得价款及所需费用的，出卖人有权继续向买受人主张。

第六百四十四条 【招投标买卖】

招标投标买卖的当事人的权利和义务以及招标投标程序等，依照有关法律、行政法规的规定。

【立法背景】

招标投标买卖是买卖合同的特殊形式，在社会经济活动中发挥着重要作用。本条源自合同法的规定，未修改。

【条文精解】

招标投标买卖，是指招标人公布买卖标的物的出卖条件，投标人参加投标竞买，招标人选定中标人的买卖方式。作为招标投标买卖法律关系主体的出卖人，又可称为招标人和竞买人；作为招标投标买卖法律关系主体的买受人，又可称为投标人和中标人。招标投标除可作为一种特种买卖形式外，还适用于承揽、建设工程、运输、服务等合同的订立。在涉及招投标的合同时，招标投标法有具体规定的，首先适用该法的规定；该法没有规定的，才适用本法的相关规定。

第六百四十五条 【关于拍卖的规定】

拍卖的当事人的权利和义务以及拍卖程序等，依照有关法律、行政法规的规定。

【立法背景】

拍卖是买卖合同的特殊形式，在社会经济活动中发挥着重要作用。本条源自合同法的规定，未修改。

【条文精解】

拍卖，是指以公开竞价的形式，将特定物品或者财产权利转让给最高应价者的买卖方式。拍卖的类别，按拍卖性质可分为强制拍卖和任意拍卖。强制拍卖是依据法律规定而必须发生的拍卖，是由国家机关通过强制执行程序所进行的拍卖；任意拍卖则是根据委托人的意愿来决定，而不是通过强制执行程序进行的拍卖。在涉及拍卖时，拍卖法有具体规定的，如拍卖人资格、竞价及拍定等，首先适用该法的规定；该法没有规定的，才适用本法的相关规定。

第六百四十六条 【买卖合同可准用于其他有偿合同】

　　法律对其他有偿合同有规定的，依照其规定；没有规定的，参照适用买卖合同的有关规定。

【立法背景】

　　立法对社会经济活动无法做到穷尽，采用准用的立法模式可以在一定程度上解决无法可依的情况。本条源自合同法的规定，未修改。

【条文精解】

　　1. 有偿合同的基本含义

　　以当事人享有合同权利是否需偿付代价为标准，可以把合同分为有偿合同和无偿合同。当事人享有合同权利时必须向对方支付一定代价的合同，称为有偿合同。大多数合同都是有偿合同，如买卖合同、租赁合同、承揽合同等。当事人享有合同权利而不必向对方偿付代价的合同，称为无偿合同。赠与合同是典型的无偿合同，在此合同中，受赠人取得赠与物无须向赠与人支付任何代价。有些合同，则既可以是有偿合同，又可以是无偿合同，全在于合同当事人之间是否有偿付代价的约定，如委托合同、保管合同、自然人之间的借贷合同等。

　　2. 买卖合同以外的其他有偿合同的法律适用

　　依据本条的规定，买卖合同以外的其他有偿合同的法律适用，分为两种情况：第一种情况是，法律对其他有偿合同有规定的，依照其规定。本条所讲的法律，包括本法以及本法以外的法律。对于其他有偿合同，本法和其他法律有特别规定的，适用本法和其他法律的特别规定，而不适用买卖合同章的规定。这是特别法优先适用原则的具体体现。第二种情况是，法律对其他有偿合同没有规定的，参照适用买卖合同的有关规定。由于买卖合同是属于最为典型的有偿合同，买卖合同的一些原则基本上能够适用其他有偿合同；同时，由于市场交易活动的纷繁复杂，各种类型的有偿合同无穷无尽，本编的典型合同部分不可能都作出规定，也无法都作出规定。因此，规定其他有偿合同参照适用买卖合同的规定，在立法技术上既是科学的，也是可行的。本编典型合同分编的买卖合同一章，条文结构最为完整、详细，其中的一些规定属于有偿合同的共通性规则。为避免重复立法，有关条款就不再规定于其他各有偿合同的相关章节之中，所以本条规定，其他有偿合同"没有规定的，参照适用买卖合同的有关规定"。

第六百四十七条 【易货交易合同的法律适用】

当事人约定易货交易，转移标的物的所有权的，参照适用买卖合同的有关规定。

【立法背景】

易货交易合同是以物易物早期商品交换的合同形态，货币产生后，买卖合同渐居统治地位，易货交易合同越来越少。但是，即使在当今社会易货交易仍有存在空间，所以一般各国立法都给易货交易合同留有一席之地。由于易货交易合同与买卖合同最为相似，因此易货交易合同原则上参照适用买卖合同的有关规定。

【条文精解】

易货交易合同又称互易合同，一般是指当事人相互交换货币以外的标的物，转移标的物所有权的合同。互易人包括自然人、法人或者非法人组织，互易人各自享有取得对方互易标的物的权利，负有将本人的标的物转移交付对方的义务。因此，易货交易合同是双务、有偿合同。易货交易合同的当事人可以是双方，也可以是三方以上的当事人，如三角互换。易货交易合同的当事人互为互易人。

易货交易合同属于转让标的物所有权的合同，与买卖合同相似，具有买卖合同的一般特征，比如该合同属于诺成合同、双务合同、有偿合同。同时，易货交易合同和买卖合同又有四点明显区别：（1）易货交易合同以给付物为对价，而买卖合同则是以给付金钱为对价。（2）易货交易合同是一方将自己的标的物给付对方并转移所有权，另一方也同时将自己的标的物给付对方并转移所有权；而买卖合同则是出卖人单方转移标的物的所有权给买受人。（3）易货交易合同交换的标的物不一定是完全的等价，交易过程中，当事人不仅仅考虑对方标的物的价格问题，还要考虑到自己的需要程度来最终确定是否达成交易；而买卖合同的买卖双方则是等价交易，否则就无法订立合同。（4）除混合易货交易合同外，其他易货交易合同的当事人负有相互对等的权利义务，且该权利义务性质相同；而买卖合同当事人的权利义务则相互对立，买方的权利为卖方的义务，买方的义务为卖方的权利。

第十章　供用电、水、气、热力合同

> **第六百四十八条 【供用电合同的定义及供电人的强制缔约义务】**
> 供用电合同是供电人向用电人供电，用电人支付电费的合同。
> 向社会公众供电的供电人，不得拒绝用电人合理的订立合同要求。

【立法背景】

在社会主义市场经济条件下，供用电双方签订供用电合同，明确双方的权利义务关系，按照合同的约定并根据市场规律供应与使用电力，是十分必要的。

【条文精解】

1. 供用电合同的概念和种类

供用电合同是供电人与用电人订立的，由供电人供应电力、用电人使用该电力并支付电费的合同。供用电合同是一种常见的民事合同。合同的标的，是一种特殊的商品"电"，由于其具有客观物质性并能为人们所使用，因而属于民法上"物"的一种。供电人将自己所有的电力供应给用电人使用，用电人支付一定数额的价款，双方当事人之间的关系实际上是一种买卖关系，故供用电合同本质上属于一种特殊类型的买卖合同。基于这一原因，供用电合同的适用可以依据本法第646条的规定："法律对其他有偿合同有规定的，依照其规定；没有规定的，参照适用买卖合同的有关规定。"但同时必须明确，供用电合同与买卖合同存在三点明显区别：一是供用电合同的标的物具有特殊性，即为无形的电，而买卖合同的标的物是有体物；二是供用电合同具有一定的社会公益性，而买卖合同原则上不涉及社会公共利益；三是供用电合同是持续性的合同，而买卖合同大多并不如此。由于电力供应的连续性，合同的履行方式呈持续状态，供电人在发、供电系统正常的情况下，负有连续向用电人供电的义务；用电人在合同约定的时间内，享有连续用电的权利。因此，供用电合同作为特殊的合同类型，不能够直接适用有关买卖合同的内容，而必须优先适用关于供用电合同的规则。

2. 供用电合同的法律特征

通常来讲，供用电合同具有以下法律特征：（1）合同的主体是供电人和用电人。（2）合同的标的是一种无形物质——电力，虽然客观存在，却看不见，只有在连续使用的过程中才能表现出来。（3）供用电合同属于持续供给合同。（4）供用电合同一般按照格式条款订立。（5）电力的价格实行统一定价原则。（6）供用电合同为诺成、双务、有偿合同。

3. 供用电合同中供电人的强制缔约义务

供用电合同涉及千家万户，关系到基本民生，供用电合同不仅关系到当事人的利益，而且关系到社会公共利益。如果作为供电人的供电企业拒绝向某个当事人提供供电服务，则用电人将很可能无法得到这些服务，进而影响到最基本的生产和生活，需要法律对此类合同作出特别规定，对供电人的自由进行适当限制。因此，法律上有必要规定强制缔约义务。

所谓强制缔约，是指只要一方提出订立合同的要求，负有强制缔约义务的人依法不得拒绝，必须与之订立合同。我国《电力法》第26条第1款规定："供电营业区内的供电营业机构，对本营业区内的用户有按照国家规定供电的义务；不得违反国家规定对其营业区内申请用电的单位和个人拒绝供电。"这就是供电人的强制缔约义务。在本法编纂过程中，考虑到用电的普遍性和对民众生活的必需性，经研究认为，有必要在电力法的基础上，进一步在民法典中对供用电合同当事人的强制缔约义务作出规定，以在更广范围指引社会、经济生活。因此，本条第2款规定："向社会公众供电的供电人，不得拒绝用电人合理的订立合同要求。"

本章从现实出发，本着合同自愿订立的原则，把供用电双方作为平等的民事主体，着重从当事人合同关系的角度，对供用电合同的有关内容、供用电双方的权利义务及违约责任等作出规定，以适应社会主义市场经济体制发展和完善的需要。

第六百四十九条 【供用电合同的内容】

供用电合同的内容一般包括供电的方式、质量、时间，用电容量、地址、性质，计量方式，电价、电费的结算方式，供用电设施的维护责任等条款。

【立法背景】

当事人订立供用电合同，应当约定哪些内容是一个十分重要的问题。为指导当事人订立供用电合同，国家有关部门还制定了供用电合同示范文本，就当事人订立合同应当约定哪些内容，作了详细的规范。

【条文精解】

除本法第 470 条规定的合同内容一般应当包括的条款外，本条根据供用电合同的特点，规定了供用电合同还应当包括的具体内容。

1. 供电的方式、质量和时间

供电方式，是指供电人以何种方式向用电人供电，包括主供电源、备用电源、保安电源的供电方式以及委托转供电等内容。供电质量，是指供电频率、电压和供电可靠性三项指标。供电时间，是指供电人提供电力的起止时间。

2. 用电容量、地址和性质

用电容量，是指供电人认定的用电人受电设备的总容量，以千瓦（千伏安）表示。用电地址，是指用电人使用电力的地址。用电性质包括用电人行业分类和用电分类。

3. 计量方式和电价、电费的结算方式

计量方式，是指供电人如何计算用电人使用的电量。电价即电网销售电价，是指供电企业向用电人供应电力的价格。电费是电力资源实现商品交换的货币形式。供电企业应当按照国家核准的电价和用电计量装置的记录，向用电人计收电费；用户应当按照国家核准的电价和用电计量装置的记录，按时交纳电费。

4. 供用电设施的维护责任

在供用电合同中，双方应当协商确认供电设施运行管理责任的分界点，分界点电源侧供电设施属于供电人，由供电人负责运行维护管理，分界点负荷侧供电设施属于用电人，由用电人负责运行维护管理。供电人、用电人分管的供电设施，除另有约定外，未经对方同意，不得操作或更动。

供用电合同是双方法律行为，除前述合同应当具备的条款外，当事人还可以在协商一致的情况下在合同中约定其他认为需要明确的事项，如合同的有效期限、违约责任等条款。

第六百五十条 【供用电合同的履行地点】

供用电合同的履行地点，按照当事人约定；当事人没有约定或者约定不明确的，供电设施的产权分界处为履行地点。

【立法背景】

合同的履行地点，是合同的主要条款之一，是指当事人双方行使其权利、履行其义务的地点。履行地点往往是确定验收地点的依据，是确定运输费用由谁负担、风险由谁承担的依据，也是确定标的物所有权是否转移的依据。

【条文精解】

本条中的"供用电合同的履行地点"，具体是指供电人将电力的所有权转移给用电人的转移点。根据合同自愿的原则，供用电双方可以在供用电合同中约定该履行地点，供用电合同约定了履行地点的，供电人应当按照该约定履行供电义务。

如果供用电双方对履行地点没有约定或者约定不明确，根据本法第510条的规定，可以协议补充；不能达成补充协议的，按照合同有关条款或者交易习惯确定。如果仍不能确定履行地点的，本法第511条第3项规定："履行地点不明确，给付货币的，在接受货币一方所在地履行；交付不动产的，在不动产所在地履行；其他标的，在履行义务一方所在地履行。"但是，由于电力系统具有网络性，供电人与用电人由网络相联结，电力的生产、供应与使用同时完成，且具有连续性，这就使供用电合同的履行地点具有一定的特殊性，很难适用本法第511条的规定。基于电力市场的实际情况，在电力供应与使用过程中，由于用电人参与电力设施的投资建设，电力设施投资多元化已呈发展趋势，供用电双方根据这一特殊性，在实践中形成并确定了以供电设施的产权分界处作为合同的履行地点。据此，本条规定："当事人没有约定或者约定不明确的，供电设施的产权分界处为履行地点。"供电设施的产权分界处是划分供电设施所有权归属的分界点，分界点电源侧的供电设施归供电人所有，分界点负荷侧的供电设施归用电人所有。在用电人为单位时，供电设施的产权分界处通常为该单位变电设备的第一个磁瓶或开关；在用电人为散用户时，供电设施的产权分界处通常为进户墙的第一个接收点。上述供电设施的产权分界处为供用电合同的履行地点。

以供电设施的产权分界处作为供用电合同的履行地点，对于履行供用电合同、确定供电设施的维护管理责任，具有重要的作用。供用电双方应当根据供电设施的产权归属，承担供电设施的安装、维护、检修和管理责任。

第六百五十一条 【供电人的安全供电义务及其违约责任】

供电人应当按照国家规定的供电质量标准和约定安全供电。供电人未按照国家规定的供电质量标准和约定安全供电，造成用电人损失的，应当承担赔偿责任。

【立法背景】

除按照国家规定的标准外，供电人还应当按照合同的约定供电。合同是当事人的意思表示的合意，合同依法成立后，就在当事人之间产生一定的法律拘束力，当事人应当按照合同的约定行使权利和履行义务，即合同必须遵守的原则。

【条文精解】

1. 供电人按照国家规定的供电质量标准安全供电

本条强调供电人应当正确地履行供用电合同约定的义务，按照国家规定的供电质量标准和合同的约定安全供电。《供电营业规则》对供电质量标准作了具体规定，供电人只有按照国家规定的供电质量标准供电，才能保证供电的安全，维护用电人的合法权益。这里的"安全供电"，是指按照国家有关安全供电的规章制度供应电力，电压要稳定，频率要达到标准，输电线路要安全畅通等。

2. 供电人按照供用电合同的约定安全供电

在供用电合同中，按照约定供电，具体是指按照供用电合同约定的数量、质量、时间和方式等要求供电。

3. 供电人违反安全供电义务的违约责任

只要供电人没有按照国家规定的供电质量标准和约定安全供电，并造成用电人损失，就应当承担损害赔偿责任。

第六百五十二条 【供电人因故中断供电的通知义务】

供电人因供电设施计划检修、临时检修、依法限电或者用电人违法用电等原因，需要中断供电时，应当按照国家有关规定事先通知用电人；未事先通知用电人中断供电，造成用电人损失的，应当承担赔偿责任。

【立法背景】

供用电合同是一种持续供给合同，供电人在发电、供电系统正常的情况下，应当连续向用电人供电，不得中断，否则应当承担违约责任。

【条文精解】

供电人负有连续供电的义务，但是在某些法定情形下，供电人可以中断供电。根据本条和《电力法》第29条的规定，这些情形主要包括：

（1）供电设施检修。为了保障安全、及时供电，供电人应当加强对供电设施的检修，从公平合理的角度来讲，检修供电设施自然可以中断供电。本条对供电设施检修未加法定限制条件，因此，不管是计划检修还是临时检修，只要依照规定事先通知了用电人，供电人都可以根据需要中断供电。

（2）依法限电。这是指依照有关法律、行政法规对一个地区中的部分地区、部分用户、用电大户的部分用电设施中断供电，使其用电总量减少的一种措施。既然是依法进行的限电，供电人根据需要中断供电是应有之义。

（3）用电人违法用电。具体包括违章用电、窃电、超计划用电、不安全用电以及其他违反法律、行政法规用电的行为。《电力法》第32条第1款规定："用户用电不得危害供电、用电安全和扰乱供电、用电秩序。"其中的"危害供电、用电安全"，是指用户违反供用电安全的有关规定，故意采取不正当手段，威胁供用电安全，或由于管理、使用不当，引发电气设施损坏事故、火灾事故、人身伤亡事故、停电事故等情况。"扰乱供电、用电秩序"，则主要包括违章用电行为、窃电行为、超计划用电行为及故意冲击供电企业、变电设施所在地行为等。供电人在上述情形下中断供电，不承担违约责任，但前提是应当按照国家有关规定事先通知用电人。

因供电设施计划检修停电，供电企业应当提前7天通知用户或者进行公告；因供电设施临时检修停电，供电企业应当提前24小时通知重要用户；因发电、供电系统发生故障需要停电、限电时，供电企业应当按照事先确定的限电序位进行停电或者限电。但限电序位应事前公告用户。引起停电或者限电的原因消除后，供电企业应当尽快恢复供电。但是，如果因供电设施检修、依法限电或者用户违法用电等原因中断供电，供电企业没有按照国家有关规定事先通知用户，比如遇到计划检修时，没有提前7天通知用户或者进行公告，依法限电时，没有按照事先确定的限电序位进行限电，因此给用电人造成损失的，应当承担损害赔偿责任。

第六百五十三条 【供电人的抢修义务】

因自然灾害等原因断电，供电人应当按照国家有关规定及时抢修；未及时抢修，造成用电人损失的，应当承担赔偿责任。

【立法背景】

虽然不可抗力是合同的免责事由，但在不可抗力发生以后，当事人仍应以诚实善意的态度去努力克服，最大限度地减少因不可抗力所造成的损失，以符合合同履行的诚信原则。

【条文精解】

本条中的"自然灾害等原因"，主要是指不可抗力的原因。我国法律规定不可抗力为合同的免责事由。本法第180条第1款规定："因不可抗力不能履行民事义务的，不承担民事责任。法律另有规定的，依照其规定。"本法第590条第1款规定："当事人一方因不可抗力不能履行合同的，根据不可抗力的影响，部分或者全部免除责任，但是法律另有规定的除外。因不可抗力不能履行合同的，应当及时通知对方，以减轻可能给对方造成的损失，并应当在合理期限内提供证明。"不可抗力，是指不能预见、不能避免且不能克服的客观情况。不可抗力独立于人的行为之外、不受当事人的意志所支配。不可抗力包括某些自然现象（如地震、台风、洪水）和某些社会现象（如战争）。本条所指的自然灾害等原因，主要包括：（1）自然因素造成的事故损害，如风、雪、霜、雾、空气污染等造成的断电。（2）一些不能预见，又不可避免的外力破坏，如鸟害。

根据诚信原则的要求，在因自然灾害等原因断电后，供电人应当按照国家有关规定及时抢修，尽早恢复供电，减少用电人因断电所造成的损失。如果供电人没有及时抢修，给用电人造成损失，供电人应当就没有及时抢修而给用电人造成的损失部分承担赔偿责任。

至于供电人是否尽到了及时抢修的义务，则应当结合实际情况，以国家的有关规定为标准进行认定。

第六百五十四条 【用电人的付费义务及其违约责任】

用电人应当按照国家有关规定和当事人的约定及时支付电费。用电人逾期不支付电费的，应当按照约定支付违约金。经催告用电人在合理期限内仍不支付电费和违约金的，供电人可以按照国家规定的程序中止供电。

供电人依照前款规定中止供电的，应当事先通知用电人。

【立法背景】

电力的价款即电费，是电力资源实现其商品价值的货币形式，是供电人出卖电力的对价，用电人只有按照国家有关规定和双方当事人的约定履行支付电费的义务，才能实现电力的商品价值，完成一次电力资源的买卖过程。

【条文精解】

供用电合同是供电人向用电人供给电力，用电人支付电费的合同。供用电合同实际上是一种特殊买卖合同，即用电人向供电人购买电力以供使用，同时向供电人支付该电力的价款，双方买卖的标的物是电力。在供用电合同中，支付价款是用电人的主要义务。

用电人按照国家有关规定支付电费，主要是按照有关电力供应与使用的法律法规的规定履行交费的义务。《电力法》第33条第3款规定，用户应当按照国家核准的电价和用电计量装置的记录，按时交纳电费；对供电企业查电人员和抄表收费人员依法履行职责，应当提供方便。《电力供应与使用条例》第27条第2款规定，用户应当按照国家批准的电价，并按照规定的期限、方式或者合同约定的办法，交付电费。用电人按照约定支付电费，主要是按照约定的电费结算方式、交付期限等履行交费的义务。

用电人在合同约定的期限内未支付电费，应当承担迟延支付的违约责任。如果供用电双方就迟延支付电费约定了违约金，则用电人应当按照约定支付违约金。违约金作为一种违约责任形式，是指当事人在合同中约定的、在一方违约时生效的独立于履行行为之外的金钱给付。约定违约金主要在于补偿一方当事人因对方违约所造成的损失。有关电力供应与使用的行政法规和规章对迟延支付的违约金作出了规定。《电力供应与使用条例》第39条规定，用户逾期未交付电费的，供电企业可以从逾期之日起，每日按照电费总额的1‰至3‰加收违约金，具体比例由供用电双方在供用电合同中约定。《供电营业规则》第98条规定，用户在供电企业规定的期限内未交清电费时，应承担电费滞纳的违约责任；电费违约金从逾期之日起计算至交纳日止。

如果用电人没有依照国家有关规定和当事人的约定及时支付电费，逾期又不支付违约金，那么，供电人可以依据本条的规定催告用电人在合理的期限内支付电费和违约金。"合理期限"为多长时间，本条未作明确规定，供电人可以根据用电人的用电量、用电时间、用电方式、未支付电费的情形和影响，以及用电人支付电费需要的准备时间等予以确定。

综上所述，本条规定的供电人中止供电应当符合下列四个条件：一是用电人未按照国家规定和当事人的约定支付电费；二是用电人逾期不按照约定支付违约金；三是经催告用电人在合理期限内仍不支付电费和违约金；四是按照国家有关规定履行了批准和通知用电人的程序。上述四个条件同时具备时，供电人才可以停止供电。用电人支付电费和违约金后，供电人应当及时恢复供电。

需要特别指出的是，在本法编纂过程中，有意见提出现实生活中存在用电人未收到通知而被停电的现象，给用电人造成了损失。经研究，本条特意增加第2款规定："供电人依照前款规定中止供电的，应当事先通知用电人。"这是对中止供电前通知程序的强化规定，具体如何通知，应当按照国家规定的程序进行。

第六百五十五条 【用电人的用电义务及其违约责任】

用电人应当依照国家有关规定和当事人的约定安全、节约和计划用电。用电人未按照国家有关规定和当事人的约定用电，造成供电人损失的，应当承担赔偿责任。

【立法背景】

本条原来只是规定了用电人的安全用电义务。有意见提出，由于供用电合同适用广影响大，建议把本法第9条规定的"民事主体从事民事活动，应当有利于节约资源、保护生态环境"，即绿色原则在供用电合同中体现出来。经研究，结合《电力法》第24条第1款"国家对电力供应和使用，实行安全

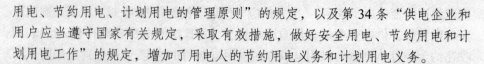

用电、节约用电、计划用电的管理原则"的规定,以及第34条"供电企业和用户应当遵守国家有关规定,采取有效措施,做好安全用电、节约用电和计划用电工作"的规定,增加了用电人的节约用电义务和计划用电义务。

【条文精解】

供用电合同一经成立,就对当事人产生法律效力,用电人应当按照国家有关规定和合同的约定安全用电、节约用电、计划用电。这是因为,虽然供用电合同是供用电双方就电力的供应与使用订立的买卖合同,但它与一般买卖合同不同。一般买卖合同在标的物交付后,买受人取得该标的物的所有权,可以对其任意处分,出卖人无权干涉,国家也没有必要对该物的使用作出规定。电力的供应与使用则不同,由于电力系统具有网络性,电力的生产、供应和使用由网络联结,相互影响,并且同时完成,任何一个用户能否安全、合理地使用电力,都将关系到电力的运行安全,关系到千千万万用户的用电安全,关系到整个社会的公共安全,任何一种违章、违约用电行为,都可能造成人身和财产的重大损害。因此,不仅双方当事人有必要在供用电合同中对如何使用电力作出约定,而且应当按照国家的有关规定用电。

根据本条规定,用电人的安全用电、节约用电和计划用电主要表现在以下两个方面:

第一,用电人应当依照国家有关规定用电。国家在这方面的规定主要有:(1)用电人应当安装用电计量装置。用电人使用的电力电量,以计量检定机构依法认可的用电计量装置的记录为准。(2)用电人应当按照国家核准的电价和用电计量装置的记录,按时交纳电费;对供电企业查电人员和抄表收费人员依法履行职责,应当提供方便。(3)用电人受电装置的设计、施工安装和运行管理,应当符合国家标准或者电力行业标准。(4)用电人应当安全用电、节约用电和计划用电。(5)用电人用电不得危害供电、用电安全和扰乱供电、用电秩序。具体主要是指不得擅自改变用电类别,不得擅自超过合同约定的容量用电,不得擅自超过计划分配的用电指标,不得擅自使用已经在供电企业办理暂停使用手续或者已被查封的电力设备,不得擅自迁移、更动或者擅自操作供电企业的各类装置以及约定由供电企业调度的用户受电设备,不得擅自引入、供出电源或者将自备电源并网。(6)用电人不得窃电等。

第二,用电人应当按照供用电合同的约定用电。通常主要包括:(1)用电人应当按照合同中约定的用电容量、用电地址、用电时间、用电质量、用电方式、用电类别和用电指标等约定用电。（2）用电人应当按照合同中约定的用电计量方式和电价、电费结算方式缴纳电费。（3）用电人应当按照合同中约定的用电人一方对供用电设施的维护责任做好对供用电设施的维护工作。

用电人违章用电，应当承担一定的法律责任，有关电力供应与使用的法律法规对违章用电的法律责任作出了规定。从合同关系考虑，违反国家有关规定和当事人的有关约定用电，属于违约用电行为，对此，应当承担违约责任。故本条规定，用电人未依照国家有关规定和当事人的约定用电，造成供电人损失的，应当承担赔偿责任。具体而言，用电人承担哪种违约责任，承担多大的违约责任，均由当事人根据本编通则有关违约责任的规定加以确定，通常包括采取补救措施、支付违约金、供电人中止供电等；造成供电人损失的，应当给予赔偿。

第六百五十六条　【供用水、气、热力合同参照适用供用电合同的规定】

供用水、供用气、供用热力合同，参照适用供用电合同的有关规定。

【立法背景】

供用水、供用气、供用热力合同，与供用电合同一样，是持续供给合同，且都是一种常见的民事合同。这些合同的标的，即水、气、热力，既是国民经济中的重要能源，也是一种特殊的商品。其合同都是供应人向使用人供应水、气或者热力，使用人支付价款的合同，双方当事人的关系都是一种买卖关系。因此，供用水、供用气、供用热力合同在本质上都属于特殊类型的买卖合同。

【条文精解】

供用水、供用气、供用热力合同与供用电合同具有以下共同点：

第一，供应方是特殊主体，只能是依法取得特定营业资格的供应企业，该类企业一般为公用事业，其他任何组织或者个人都不得作为供应方。如供应水合同的供应方只能是自来水公司。

第二，属于持续供给合同。由于电、水、气、热力的供应与使用均是连续的，因此合同的履行方式都处于一种持续状态。供应方在正常情况下，应当连续向使用方供应，不得中断；使用方在合同约定的期限内，享有连续使用的权利。

第三，合同一般按照格式条款订立。供用电、水、气、热力都是具有社会公益性的公用事业，关系到千千万万个使用者的日常生活。供应方为了适应大量交易的需要，预先拟定格式条款，双方当事人按照格式条款订立合同，这样既有利于降低交易成本，又有利于供应方集中精力提高供应质量。但同时也存在如何限制供应方利用其垄断地位产生的不公平问题。对供用方式有特殊要求的使用方，也可以采用非格式条款订立合同。

第四，对用户的责任都有特殊要求。由于电、水、气、热力系统都具有网络性，其生产、供应与使用都由网络联结，相互影响，任何一个用户的使用，都可能关系到整个系统的运行，关系到其他用户的利益，如一个用户的暖气管道发生泄漏，可能影响相邻用户的正常供暖。因此，要求用户按照有关规定和约定安全、合理地使用供应的电、水、气、热力，并承担相应的法律责任。

鉴于供用水、气、热力合同与供用电合同有许多共同点，因此，本条规定："供用水、供用气、供用热力合同，参照适用供用电合同的有关规定。"例如，供用水合同中供水方的责任，就可以参照本法第651条的规定，供水方应当按照国家规定的供水质量标准和约定供水；如果供应的水没有达到国家规定的质量标准，给用户的健康造成损害的，供水方应当承担赔偿责任。同时，供用水、供用气、供用热力合同，又各有其特性，与供用电合同并不完全相同。比如，供热与供水、供电、供气存在一个明显区别，即供热不达标或者报停仍需缴纳基础费用，而供水、供电和供气不存在这个问题。因此，本条规定的是"参照供用电合同的有关规定"，而不是完全适用。至于如何进一步体现供用水、气、热力合同的特殊性，还有待相关立法的不断细化和完善。

第十一章　赠与合同

第六百五十七条 【赠与合同的定义】

赠与合同是赠与人将自己的财产无偿给予受赠人，受赠人表示接受赠与的合同。

【立法背景】

赠与具有相当的社会意义，有利于弘扬文明友善的社会主义核心价值观。可以说，赠与虽较少经济作用，然而作为现代理智性社会生活关系的调剂，仍是必不可少的。因此，各国或者地区都在立法上对赠与加以规定。

【条文精解】

赠与合同，是指赠与人将自己的财产无偿给予受赠人，受赠人愿意接受赠与的合同。我们可以从赠与合同的概念中看出如下内涵：

1. 赠与是一种合意，是双方的法律行为

赠与合同虽为单务、无偿合同，也需有当事人双方一致的意思表示才能成立。如果一方有赠与意愿，而另一方无意接受该赠与的，赠与合同不能成立。在现实生活中，也会出现一方出于某种考虑而不愿接受对方赠与的情形，如遇此情况，赠与合同不成立。

2. 赠与合同是转移财产所有权的合同

赠与合同是以赠与人将自己的财产给予受赠人为内容的合同，是赠与人转移财产所有权给受赠人的合同。这是赠与合同与借用合同的主要区别。

3. 赠与合同为无偿合同

所谓"无偿合同"，是指仅由当事人一方为给付，另一方不必向对方偿付相应代价的合同。在赠与合同中，仅由赠与人无偿地将自己的财产给予受赠人，而受赠人取得赠与的财产，无须向赠与人偿付相应的代价。这是赠与合同与买卖等有偿合同的主要区别。

4. 赠与合同是单务合同

所谓"单务合同"，是指仅由当事人一方负债务，另一方不负债务，或者另一方虽负有债务但无对价关系的合同。在一般情况下，赠与合同仅由赠与人负有将自己的财产给予受赠人的义务，而受赠人并不负有义务。在附义务的赠与中，赠与人负有将其财产给予受赠人的义务，受赠人按照合同约定负担某种义务，但受赠人所负担的义务并非赠与人所负义务的对价，受赠人的义务通常远远小于赠与人的义务，二者间的义务并不是相互对应的，因此，赠与合同为单务合同。

5. 赠与合同为诺成合同

赠与合同是实践合同还是诺成合同，与赠与合同自何时成立直接相关。赠与合同是否以交付标的物为成立要件，国外立法例上有不同规定，我国法学界也有不同认识。所谓"实践合同"，又称"要物合同"，是指除当事人间的意思表示一致以外，还需交付标的物才能成立的合同。它以当事人的合意和交付标的物为成立要件。所谓"诺成合同"，又称"非要物合同"，是指当事人之间意思表示一致，即能成立的合同。它以当事人的合意为成立要件。赠与合同是诺成合同，自受赠人作出赠与的意思表示时成立。

6. 赠与合同为不要式合同

赠与合同是要式合同还是不要式合同，与赠与合同是否成立也有关联。所谓"要式合同"，是指法律要求必须采用一定的形式的合同。所谓"不要式合同"，是指法律没有要求必须具备特定的形式的合同。不要式合同不排斥合同采用书面、公证等形式，只是合同的形式不影响合同的成立。依照本章的规定，赠与合同为不要式合同。赠与合同既可采用口头形式，又可采用书面形式或者在合同订立后办理公证证明。无论采用何种形式，也无论是否经过公证，都不影响赠与合同的成立。

第六百五十八条 【赠与的任意撤销及其限制

赠与人在赠与财产的权利转移之前可以撤销赠与。

经过公证的赠与合同或者依法不得撤销的具有救灾、扶贫、助残等公益、道德义务性质的赠与合同，不适用前款规定。

【立法背景】

法律规定赠与的任意撤销，源于赠与是无偿行为。即便赠与合同已经成立，也可以允许赠与人因自身的某种事由撤销赠与，这也是赠与合同与其他有偿合同的显著区别。只有在特殊情形下，赠与人才不可以撤销赠与，以维护公序良俗。

【条文精解】

1. 赠与的任意撤销

赠与的任意撤销，是指赠与合同成立后，赠与财产的权利转移之前，赠与人可以根据自己的意思不再为赠与行为。尤其是有的赠与合同的订立，是因一时情感因素而欠于考虑，如果绝对不允许赠与人撤销，则对赠与人太过苛刻，也有失公允。因此本条第 1 款规定："赠与人在赠与财产的权利转移之前可以撤销赠与。"这里需要特别说明的是，该款用来表述赠与财产可撤销的时间点是"权利转移"而不是"交付"。这是因为，"交付"仅指实物的实际交付并归受赠人占有，赠与物的所有权并不一定随交付发生转移，即受赠人不一定享有对赠与物的处分权。而"权利转移"则是不管赠与物是否已实际交付，其所有权已移转于受赠人，即受赠人已享有对赠与物的处分权。两相比较，受赠人显然享有"权利转移"较之"交付"的涵盖性要宽，且更为确切，因此条文中采用"权利转移"表述。举个例子说明：赠与人甲计划将某一房屋赠给乙，并已将房屋交付给乙实际居住，但是并未办理房屋产权过户登记手续，甲在这个时候反悔，由于房屋的所有权没有发生转移，甲依照本款规定可以任意撤销房屋赠与合同。

2. 任意撤销赠与的限制

尽管原则上允许赠与人任意撤销赠与，但如果对任意性不加限制，则等同于赠与合同无任何约束力，既对受赠人不公平，也违背诚信原则，对公序良俗也是一种冲击。因此，对赠与的任意撤销应有适当限制，故本条第 2 款对赠与的任意撤销作了如下限制：第一，赠与合同订立后经公证证明的，赠与人不得任意撤销。第二，具有公益、道德义务性质的赠与合同，不论当事人以何种形式订立，不论是否经过公证，也不问赠与的财产是否已转移其权利，赠与人均不得任意撤销。第三，依法不得任意撤销的其他情形。

【实践中需要注意的问题】

如果赠与的财产的权利已被转移，赠与人自然不得任意撤销赠与。如果赠与的财产一部分已交付并已转移其权利，任意撤销赠与仅限于未交付并未转移其权利的部分，以维护赠与合同当事人权利义务关系的稳定。

第六百五十九条 【赠与财产的法定手续】

赠与的财产依法需要办理登记或者其他手续的，应当办理有关手续。

【立法背景】

合同当事人只有在办理完登记等有关手续后，受赠人的受赠财产才能受到法律的充分保护。因此本条规定，赠与的财产依法需要办理登记或者其他手续的，应当办理有关手续。

【条文精解】

赠与合同中，赠与财产的交付有的比较简单，如赠与金钱可以将现金或者支票交付给受赠人即可。但是，有些赠与财产的交付除了直接交由受赠人占有外，还需依法办理登记等有关手续，如房屋、汽车、股权等作为赠与财产，需要到相应的部门办理有关手续。需要办理登记等手续的规定，主要是针对特殊的赠与财产规定的，如房屋、汽车和股权等。

第六百六十条 【法定不得撤销的赠与及其责任】

经过公证的赠与合同或者依法不得撤销的具有救灾、扶贫、助残等公益、道德义务性质的赠与合同，赠与人不交付赠与财产的，受赠人可以请求交付。

依据前款规定应当交付的赠与财产因赠与人故意或者重大过失致使毁损、灭失的，赠与人应当承担赔偿责任。

【立法背景】

结合日常生活，众所周知，在发生各种灾情之后，有的部门、组织募捐活动，社会各界会通过各种形式捐赠款物，其中有通过电话口头认捐的，有通过捐赠活动现场口头确认捐赠的，也有以盖有公章的认捐书形式表示捐赠的。认捐后是否实际兑现，通常会成为争议的话题。对此，在1999年制定合同法的过程中，就明确规定，具有救灾等公益、道德义务性质的赠与合同，赠与人不交付赠与财产的，受赠人可以要求交付。本条在合同法的规定上作了进一步完善。

【条文精解】

将赠与的财产按照赠与合同约定交付受赠人并转移其所有权，是赠与人的义务。赠与人不交付赠与财产是否构成违约行为，并承担违约责任，应当依照赠与合同的性质来区分。如果是任意撤销赠与，依据第658条第1款"赠与人在赠与财产的权利转移之前可以撤销赠与"的规定，那么赠与人不交付赠与财产不构成违约，因为赠与人在转移赠与财产的权利之前可以撤销赠与。所以，对这类赠与合同，赠与人不给付赠与财产的，受赠人也就不能请求赠与人给付赠与的财产，赠与人不承担违约责任。如果是法定不得撤销赠与，依据第658条第2款的规定："经过公证的赠与合同或者依法不得撤销的具有救灾、扶贫、助残等公益、道德义务性质的赠与合同，不适用前款规定。"赠与人不交付赠与财产的，构成违约，如果受赠人要求这类赠与人交付赠与财产，赠与人就应当交付，否则将依法应当承担违约责任。结合本条第1款的规定，经过公证的赠与合同或者依法不得撤销的具有救灾、扶贫、助残等公益、道德义务性质的赠与合同，法律规定赠与人不得任意撤销赠与，这是因为任意撤销有悖于诚信原则，也违背了公序良俗，更与社会主义核心价值观不符。在赠与人迟延履行或者不履行给付赠与财产的义务时，即为违约行为，应当承担违约责任。承担责任的具体方式是，在受赠人要求赠与人给付赠与的财产，赠与人仍不给付的，受赠人可以向人民法院起诉要求其履行赠与义务，人民法院依法将支持受赠人的诉讼请求。

需要特别指出的是，在民法典编纂过程中，有意见提出在助残活动，时常出现虚假助残的现象，需要对此进行纠正和规范。经研究，助残活动属于公益性质，作出承诺理当履行，因此在"救灾、扶贫"之后增加了"助残"类型，目的在于规范和引领赠与人的助残行为。另有意见提出，《合同法》第189条规定："因赠与人故意或者重大过失致使赠与的财产毁损、灭失的，赠与人应当承担损害赔偿责任。"这和通常的赠与人在赠与物权利移转之前可以任意撤销的规定存在冲突，应当仅限于法定不得任意撤销的情形。经研究认为，《合同法》第189条的本意应当是适用于具有公益和道德义务性质的赠与合同，但是单独一条规定在立法本意上显得不清晰，故决定将《合同法》第189条作为本条的第2款，并修改为："依据前款规定应当交付的赠与财产因赠与人故意或者重大过失致使毁损、灭失的，赠与人应当承担赔偿责任。"意味着具有救灾、扶贫、助残等公益、道德义务性质的赠与合同，在赠与财产的权利移转给受赠人之前，由于赠与人的故意或者重大过失致使赠与财产发生毁损、灭失，因而无法实际交付赠与财产的，赠与人应当向受赠人赔偿因其故意或者重大过失所造成的损失。

第六百六十一条 【附义务赠与】

赠与可以附义务。

赠与附义务的，受赠人应当按照约定履行义务。

【立法背景】

对于受赠人应依约履行赠与所附义务，一些国家和我国台湾地区均有规定，本条系参考相关立法的结果。

【条文精解】

1. 附义务赠与的概念及其特征

附义务的赠与，也称附负担的赠与，是指以受赠人对赠与人或者第三人为一定给付为条件的赠与，也即使受赠人接受赠与后负担一定义务的赠与。例如，某企业家向某大学捐款，要求所捐款项用于修建图书馆和体育场馆。附义务的赠与不同于一般的赠与，而属一种特殊的赠与。其特殊性在于：

（1）一般的赠与，受赠人仅享有取得赠与财产的权利，不承担任何义务。而附义务的赠与，赠与人对其赠与附加一定的条件，使受赠人承担一定的义务。

（2）附义务的赠与，其所附义务不是赠与的对价，即所附义务不能大于或者等于受赠人所获得的利益，通常是低于赠与财产的价值。

（3）除当事人另有约定外，通常情况下，在赠与人履行了赠与义务后，才发生受赠人义务的履行问题。例如，某捐款人应当先将捐款实际交付某大学，该大学拿到捐款后才开始动工建造捐款人希望建造的图书馆和体育场馆。

（4）赠与所附义务，可以约定向赠与人履行，也可以约定向第三人履行，还可以约定向不特定的多数人履行。

（5）履行赠与所附的义务，依照当事人的约定，可以是作为，也可以是不作为。

（6）赠与所附义务，是赠与合同的组成部分，而不是另外的独立合同。

（7）附义务的赠与，其义务不能违反法律或者违背公序良俗，如赠与人提出受赠人只能用赠款去还赌债，这个附义务的赠与就是不合法的，因为赌债是不合法的债务。

2. 附义务赠与的效力

（1）受赠人应当按照合同约定履行义务。赠与人向受赠人给付赠与财产后，受赠人应依约履行其义务。受赠人不履行的，赠与人有权要求受赠人履行义务或者撤销赠与。赠与人撤销赠与的，受赠人应将取得的赠与财产返还赠与人。

（2）受赠人仅在赠与财产的价值限度内有履行其义务的责任。赠与本为无偿合同，其目的在于使受赠人获益。所附义务如果超出赠与财产的价值，则使受赠人蒙受不利，也与赠与的本旨不相符合。因而如果赠与的财产不足以抵偿其所附义务，则受赠人仅就赠与财产的价值限度内，有履行其义务的责任。换句话说，如果赠与所附义务超过赠与财产的价值，受赠人对超过赠与财产价值部分的义务没有履行的责任。

（3）在附义务的赠与中，赠与的财产如有瑕疵，赠与人在赠与所附义务的限度内，应当承担与出卖人相同的瑕疵担保责任（详见下一条叙述）。

第六百六十二条 【赠与财产的瑕疵担保责任】

赠与的财产有瑕疵的，赠与人不承担责任。附义务的赠与，赠与的财产有瑕疵的，赠与人在附义务的限度内承担与出卖人相同的责任。

赠与人故意不告知瑕疵或者保证无瑕疵，造成受赠人损失的，应当承担赔偿责任。

【立法背景】

对赠与人的瑕疵担保责任，国外民法典及我国台湾地区"民法典"都有规定，但又有所差别。

【条文精解】

由于赠与合同为无偿合同，赠与是为了受赠人的利益而为的行为，因而赠与人对赠与财产的瑕疵担保责任，与有偿合同有所不同。本条的内涵有三个方面：

第一，赠与的财产有瑕疵的，赠与人原则上不承担责任。这是因为在赠与合同中，受赠人是纯获利益的，赠与人与受赠人双方当事人之间不是双务合同的对待给付关系，因而赠与人对赠与财产的瑕疵，原则上不承担赠与财产物的瑕疵和权利瑕疵的担保责任。例如，甲送给乙一台笔记本电脑，该电脑的键盘反应不是很灵敏，对此，甲对该笔记本电脑没有维修的义务，也不负担修理费等其他责任。

第二，在附义务的赠与中，赠与的财产如有瑕疵，赠与人需在受赠人所附义务的限度内承担与出卖人相同的责任。就一般的赠与而言，赠与人原则上不承担瑕疵担保责任。但对于附义务的赠与，受赠人虽受有利益，但又需履行约定的义务。如赠与的财产有瑕疵，必然导致受赠人所受利益有所减损，这便与赠与合同约定的权利与义务不相对应，使受赠人遭受损失。为保护受赠人的利益，并求公允，应由赠与人承担瑕疵担保责任。就受赠人履行的义务而言，有如买卖合同中买受人的地位，因此，赠与人应在受赠人所附义务的限度内，承担与买卖合同中的出卖人同一的瑕疵担保责任。至于出卖人在买卖合同中的瑕疵担保责任，具体请见本法第612条至第619条的相关规定。

第三，赠与人故意不告知瑕疵或者保证无瑕疵，并且造成受赠人损失的，应当承担损害赔偿责任。赠与人故意不告知赠与的财产有瑕疵的，是有主观上的恶意，也有违诚信原则。因赠与财产的瑕疵给受赠人造成其他财产损失或者人身伤害的，应负赔偿责任。如果赠与人故意不告知瑕疵，但没有给受赠人造成损失，则不承担赔偿责任。赠与人保证赠与物无瑕疵，给受赠人造成损失的，也应承担赔偿责任。

第六百六十三条 【法定撤销情形】

受赠人有下列情形之一的，赠与人可以撤销赠与：

（一）严重侵害赠与人或者赠与人近亲属的合法权益；

（二）对赠与人有扶养义务而不履行；

（三）不履行赠与合同约定的义务。

赠与人的撤销权，自知道或者应当知道撤销事由之日起一年内行使。

【立法背景】

赠与本是使受赠人取得利益的行为，如果受赠人对赠与人有加害行为或者其他忘恩负义行为，法律应赋予赠与人有撤销赠与的权利，这样才符合本法的公平和诚信原则，也有利于弘扬社会主义核心价值观。赠与合同的法定撤销情形，均为受赠人的违法行为或者违反赠与合同约定的行为。赠与人依法撤销赠与的权利，是法律对赠与人加以保护的重要内容。

【条文精解】

赠与合同的法定撤销，是指赠与合同成立后，在具备法律规定的情形时，撤销权人可以撤销赠与。赠与的法定撤销与任意撤销的不同之处在于：第一，撤销赠与须依法律规定的事由；第二，只要具备法定事由，不论赠与合同以何种形式订立以至经过公证证明，不论赠与的财产是否已经交付或已发生权利转移，也不论赠与是否属于社会公益或者道德义务性质，享有撤销权的赠与人均可以撤销赠与。

依本条规定，赠与人可以撤销赠与的应当是具有以下三种法定情形之一：

第一种情形，受赠人严重侵害赠与人或者赠与人的近亲属。其要点：一是受赠人实施的是严重侵害行为，而不是轻微的、一般的侵害行为。二是受赠人侵害的是赠与人本人或其近亲属，近亲属的范围应当适用本法第1045条第2款"配偶、父母、子女、兄弟姐妹、祖父母、外祖父母、孙子女、外孙子女为近亲属"的规定，如果侵害的是其他亲友则不在此列。

第二种情形，受赠人对赠与人有扶养义务而不履行。其要点在于：一是受赠人对赠与人有扶养义务；二是受赠人对赠与人有扶养能力，而不履行对赠与人的扶养义务。如果受赠人没有扶养义务或者丧失了扶养能力，则不产生赠与人撤销赠与的权利。需要特别指出的是，这里的"扶养"应当作广义解释，不应当仅仅理解为本法第1059条规定的"夫妻有相互扶养的义务"等同辈之间的照顾义务，也包括对长辈的"赡养"以及对晚辈的"抚养"等关系的照顾义务。

第三种情形，受赠人不履行赠与合同约定的义务。其要点在于：一是赠与合同约定了受赠人负有一定的义务。二是赠与人已将赠与的财产交付于受赠人。三是受赠人不履行赠与合同约定的义务。在附义务的赠与中，受赠人应当依约定履行其所负义务。在赠与人向受赠人交付了赠与的财产后，受赠人如果不依约履行其义务，赠与人可以撤销赠与。

赠与人的法定撤销权属于形成权，撤销权一经赠与人行使即发生效力，双方当事人的赠与关系即归于消灭。为了维护社会关系的稳定，尽快确定赠与的法律关系，撤销权人应当依法及时行使撤销权。赠与人行使撤销权的期间为一年，自知道或者应当知道撤销原因之日起计算。这一期间属于除斥期间，即法律对某种权利所预定的行使期间，不存在中止、中断和延长的问题。撤销权人如在法律规定的期间内不行使撤销权的，其撤销权即归于消灭。当然，依据本法第152条第2款的规定，"当事人自民事法律行为发生之日起五年内没有行使撤销权的，撤销权消灭"，赠与人的法定撤销权应受该5年期间的限制。

第六百六十四条 【继承人或法定代理人的法定撤销情形】

因受赠人的违法行为致使赠与人死亡或者丧失民事行为能力的，赠与人的继承人或者法定代理人可以撤销赠与。

赠与人的继承人或者法定代理人的撤销权，自知道或者应当知道撤销事由之日起六个月内行使。

【立法背景】

对赠与人的继承人行使撤销权的事由，其他立法例的规定尽管有所不同，但主要内容还是基本一致的。

【条文精解】

赠与的撤销权本应属于赠与人，但因受赠人的违法行为致赠与人死亡或使其丧失民事行为能力时，赠与人的撤销权事实上已无法行使。而由赠与人的继承人或法定代理人行使撤销权，才能实现赠与人撤销赠与的权利与意愿。同时，也只有在赠与人不能行使其撤销权时，赠与人的继承人或法定代理人才有撤销赠与的权利。因而，赠与人的继承人或法定代理人撤销赠与，必须基于赠与人因受赠人的违法行为而致死亡或者丧失民事行为能力这一法定情形。

赠与人的继承人或法定代理人行使撤销权的期间为6个月，自知道或者应当知道撤销原因之日起计算。其主要目的也是维护社会关系的稳定，相对于赠与人本人的撤销权而言，需要更快地确定赠与法律关系，故撤销权人应当依法及时行使撤销权。当然，依据本法第152条第2款的规定，"当事人自民事法律行为发生之日起五年内没有行使撤销权的，撤销权消灭"，赠与人的继承人或者法定代理人的法定撤销权应受该5年期间的限制。

第六百六十五条 【撤销权的行使效力】

撤销权人撤销赠与的，可以向受赠人请求返还赠与的财产。

【立法背景】

本条的规定和德国以及我国台湾地区的有关规定是一致的。《德国民法典》第531条规定："赠与撤销后，得依关于返还不当得利的规定，请求返还赠与物。"我国台湾地区"民法典"第 419 条规定："赠与撤销后，赠与人得依关于不当得利之规定，请求返还赠与物。"

【条文精解】

赠与的法定撤销权应为形成权，一经撤销权人依据前两条的规定行使撤销权即发生效力，使赠与人与受赠人的赠与关系自始解除。赠与的法定撤销权的效力主要表现在以下几种情形：

第一种情形，赠与的财产未交付给受赠人，也未转移财产所有权之前撤销赠与的，赠与一经撤销即自始无效，赠与人不再负有赠与的义务。第二种情形，赠与的财产已经交付给受赠人，但并未转移财产所有权时撤销赠与的。第三种情形，赠与的财产已经交付给受赠人，并且已经转移财产所有权于受赠人时撤销赠与的。

本条所规定的是指后两种情形，赠与财产的所有权或者赠与财产的实物已经转移到受赠人，而赠与被撤销后，赠与合同便自始没有法律效力，受赠人取得的赠与财产便失去合法依据。因此，本条规定，撤销权人撤销赠与的，可以向受赠人请求返还赠与的财产。这实质是依据本法第 122 条和本编第二十九章不当得利的法律规定，请求受赠人返还赠与人的财产。同时，本条的规定与本法第 157 条和第 566 条规定的逻辑结果是相同的。

第六百六十六条 【赠与人可不再履行赠与义务的法定情形】

赠与人的经济状况显著恶化，严重影响其生产经营或者家庭生活的，可以不再履行赠与义务。

【立法背景】

本条在理论上称为"穷困抗辩权"，是指在赠与合同成立后，因赠与人的经济状况严重恶化，如果继续履行赠与合同将造成赠与人生产经营或家庭生活受到严重的影响，赠与人因此享有拒绝履行赠与义务的权利。本条的规定表明，在赠与合同订立后或者赠与人已经部分履行赠与义务后，赠与人的经济状况显著恶化，严重影响其生产经营或者家庭生活的，赠与人可以不再履行赠与合同约定的赠与义务或者不再履行赠与合同约定的但尚未履行的部分赠与义务。该规定与我国慈善法的有关内容相似，彼此规定之间相互衔接，《慈善法》第 41 条第 2 款规定："捐赠人公开承诺捐赠或者签订书面捐赠协议后经济状况显著恶化，严重影响其生产经营或者家庭生活的，经向公开承诺捐赠地或者书面捐赠协议签订地的民政部门报告并向社会公开说明情况后，可以不再履行捐赠义务。"

【条文精解】

根据本条的规定，赠与人不再履行赠与义务，应当符合三个条件：一是赠与合同已经成立，但是赠与财产的权利尚未完全转移。赠与合同没有成立的，对赠与人没有约束力，自然无须履行任何赠与义务；本条规定的"可以不再履行赠与义务"，表明合同已经成立并已部分履行，只是没有全部履行。如果赠与人已经转移了赠与物的全部权利，则赠与行为已经完成，赠与人也就无法反悔自己的行为，否则会严重影响到受赠人的生产生活，也不利于社会财产关系的稳定。二是赠与人的经济状况显著恶化。所谓显著恶化，是指在赠与合同成立之后，赠与人的经济状况出现明显恶化的状态。状态恶化的时间应当是在赠与合同成立之后，而不是成立之前。如果自身的经济状况本已十分不好，仍向他人表示赠与意思，实际上其赠与的意思表示多无诚意，赠与合同也无履行基础。三是经济状况显著恶化达到严重影响其生产经营或者家庭生活的程度。比如，经济状况恶化致使严重影响赠与人企业的生产经营，若强制履行赠与义务，将无法继续正常经营；或者经济状况显著恶化使赠与人的家庭生活发生困难，不能维持自己的正常生计，不能履行扶养义务等。符合上述条件的，不论赠与合同以何种方式订立，不论赠与的目的性质如何，赠与人可以不再履行尚未履行的赠与义务。

第十二章　借款合同

第六百六十七条　**【借款合同的定义】**

借款合同是借款人向贷款人借款，到期返还借款并支付利息的合同。

【立法背景】

借款合同的定义对借款合同章的内容具有提纲挈领的作用，本条源自《合同法》第 196 条，未修改。

【条文精解】

1. 借款合同相关概念的定义及分类

借款合同，是指贷款人向借款人提供借款，借款人到期返还借款，并向贷款人支付利息的合同。

借款合同和传统民法借贷合同的概念有所区别。借贷合同是贷与人交付金钱或者其他种类物并转移其所有权供借用人消耗使用，借用人向贷与人返还种类、质量、数量相同的种类物的合同，一般分为使用借贷和消费借贷。其中，使用借贷是指当事人约定，当事人一方将物品借给对方使用，对方无偿使用后将物品返还的合同，又称为借用合同。消费借贷是指当事人约定，当事人一方有偿地将金钱或者其他代替物的所有权转移给对方，对方以相同物品返还的合同。德国民法典、意大利民法典、日本民法典以及我国台湾地区的"民法典"均对使用借贷和消费借贷作出规定。本法并无对使用借贷作出规定，本章的借款合同，仅指消费借贷中的金钱借贷的内容。

2. 借款合同的适用范围

本章借款合同适用的范围较之于合同法有所扩大。合同法借款合同仅适用于金融借款合同和自然人之间的借款合同；目前本章的借款合同适用于金融机构与自然人、法人、非法人组织之间的借款，也适用于自然人、法人、非法人组织相互之间的借款。因此，目前借款合同主要调整两部分内容：一部分是金融机构与自然人、法人和非法人组织的金融借款合同关系；另一部分是指自然人、法人、非法人组织相互之间的借款合同关系。以金融机构与自然人、法人和非法人组织之间的合同关系为主。

3. 借款合同的法律特征

（1）借款合同的主体是贷款人和借款人。贷款人也称出借人，是指将金钱贷与借款人的人，借款人是指接受贷款人贷款的人。贷款人包括两类：第一类是在中国境内设立的经营贷款业务的金融机构，包括政策性银行、商业银行、农村信用合作银行和外资银行等，原则上必须经人民银行或者银监部门批准经营贷款业务，持《金融机构法人许可证》或《金融机构营业许可证》，并经市场监管部门核准登记；第二类是以自有资金出借但并非以出借款项为业的自然人、法人或者非法人组织。借款合同的借款人可以是自然人、法人或者非法人组织。

（2）借款合同的标的是货币，包括可流通的各种货币。由于货币是种类物，因此，借款人在合同到期后返还相同数额的货币并支付约定的利息即可。

（3）借款合同是转移标的物所有权的合同。货币一经借出，所有权即转移于借款人。借款合同订立的目的，在于以货币供对方消费，任何消费都意味着原物的不再存在。例如借出的纸币，一经消费，原物便不可复得，也没有必要复得。所以借款合同的履行，必然会发生所有权转移的法律后果。

（4）借款合同可以是单务、无偿合同，也可以是双务、有偿合同。在借款合同中，如果当事人之间没有约定利息或者自然人之间约定的利息不清晰，那么就是没有利息，即借款人无须向贷款人支付利息，故此类借款合同是单务、无偿合同。如果借款合同当事人之间明确约定了支付利息，那么支付利息便是借款人向贷款人贷款的对价，双方当事人在合同中都享有一定的权利，又都负有相应的义务，故该类借款合同是双务、有偿合同。

（5）借款合同可以是诺成合同，也可以是实践合同。所谓诺成合同，是指当事人意思表示一致即成立的合同。所谓实践合同，是指除当事人之间的意思表示一致外，还需实际交付标的物才能成立的合同。根据本法第679条的规定："自然人之间的借款合同，自贷款人提供借款时成立。"意味着，自然人之间成立借款合同，不仅要当事人意思表示一致，还必须由贷款人实际向借款人交付借款，因此自然人之间的借款合同是实践合同。此外，本章规定的其他当事人之间的借款合同，无须以借款的实际交付为成立要件，故为诺成合同。

（6）借款合同可以是要式合同，也可以是不要式合同。所谓要式合同，是指法律对合同订立的形式有一定的要求，法律规定符合特定方式才能成立的合同；无须以特定方式合同即可成立的，为不要式合同。本法第668条第1款规定："借款合同应当采用书面形式，但是自然人之间借款另有约定的除外。"据此表明，采用书面形式的借款合同为要式合同，自然人之间的借款如果未采用书面形式的，为不要式合同。

第六百六十八条 【借款合同的形式和内容】

借款合同应当采用书面形式，但是自然人之间借款另有约定的除外。

借款合同的内容一般包括借款种类、币种、用途、数额、利率、期限和还款方式等条款。

【立法背景】

在民法典编纂过程中，对于合同编中典型合同内容的规定，均进行了统一化处理，即进行具体化的列举规定，不仅有利于合同编相应条文的一致性，也方便学习了解借款合同的主要内容。

【条文精解】

1. 借款合同的形式

合同的形式，是指合同当事人之间确定相互权利义务关系的表现方式。主要包括口头合同和书面合同两种形式。口头合同简便易行，但容易发生误解和遗忘，发生纠纷后难以取证。书面合同内容明确、责任清楚，有利于合同的履行，便于检查，发生纠纷后容易举证。在实践中，金融借款合同通常采用书面形式，既有利于合同的履行，避免当事人之间发生纠纷，也便于发生合同纠纷后举证，及时解决纠纷。而对于实践中时常出现自然人之间的小额短期借款，大多当事人之间较为熟悉，没有必要强制采用书面形式订立合同。因此，本条第 1 款规定，借款合同应当采用书面形式，但是自然人之间借款另有约定的除外，系针对借款合同实际情况作出的实事求是的规定。

2. 借款合同的内容

当事人订立借款合同，应当约定哪些内容是一个十分重要的问题。因为订立合同就是要设立、变更、终止民事权利义务关系，涉及各方当事人享有哪些权利，应当履行哪些义务等对当事人切身利益相关的问题。本法第 470 条第 1 款规定："合同的内容由当事人约定，一般包括下列条款：（一）当事人的姓名或者名称和住所；（二）标的；（三）数量；（四）质量；（五）价款或者报酬；（六）履行期限、地点和方式；（七）违约责任；（八）解决争议的方法。"这些内容是借款合同的当然主要内容，考虑到借款合同的特殊性质，主要内容还应当包括以下几个方面：（1）借款种类。主要是指金融机构作为贷款人的情况下，根据国家有关规定和资金市场的需求创设的货币商品种类。（2）币种，这主要是指借款合同标的是哪一种货币，是人民币还是其他国家或地区的货币。（3）用途，主要是指借款使用的目的和范围。为了落实国家产业政策，保证信贷资金的安全，国家和各金融机构根据不同种类的贷款，规定了不同的条件和监督措施，借款人可以根据不同的用途申请不同种类的贷款。（4）数额，是指借款数量的多少。数量是借款合同的重要内容，是确定资金的拨付和计算利息的依据，是借贷双方当事人权利义务的重要标志。（5）利率，是指借款人和贷款人约定的应当收的利息的数额与所借出资金的比率。利率的高低直接决定利息金额的大小。（6）期限，是指借款人在合同中约定能使用借款的时间。当事人一般根据借款人的生产经营周期、还款能力和贷款人的资金供给能力等，约定借款期限。（7）还款方式，是指贷款人和借款人约定以什么结算方式偿还借款给贷款人。

第六百六十九条 【借款人应当提供真实情况的义务】

订立借款合同，借款人应当按照贷款人的要求提供与借款有关的业务活动和财务状况的真实情况。

【立法背景】

我国《商业银行法》第7条第1款规定："商业银行开展信贷业务，应当严格审查借款人的资信，实行担保，保障按期收回贷款。"该法第35条规定："商业银行贷款，应当对借款人的借款用途、偿还能力、还款方式等情况进行严格审查。商业银行贷款，应当实行审贷分离、分级审批的制度。"《贷款通则》第19条第1项规定，借款人应当如实提供贷款人要求的资料（法律规定不能提供者除外），应当向贷款人如实提供所有开户行、账号及存贷款余额情况，配合贷款人的调查、审查和检查。这些规定要求，贷款人在决定是否贷款时，要按照有关规定了解借款人的资信情况，并对借款人是否符合特定种类的贷款进行审查。

【条文精解】

实践中借款人应当提供真实情况义务的习惯做法：一是借款人提出借款申请；二是贷款人进行审查；三是双方协商拟定借款合同书；四是签订借款合同。借款人要求借款首先应当提出申请，这是合同订立中的要约行为，申请提出后，贷款人要对借款人的有关情况进行审查以决定是否贷款给借款人。这就需要借款人提供与借款有关的业务活动和财产状况的真实情况，以便审查。故本条规定："订立借款合同，借款人应当按照贷款人的要求提供与借款有关的业务活动和财务状况的真实情况。"

依据本条规定，借款人在提出借款申请的同时，应当按照借款人的要求如实提供以下三方面资料：一是与借款人资格有关的基本情况；二是与借款有关的业务活动的真实情况；三是借款人财务状况的真实情况。

需要说明的是，对于非金融机构的法人、非法人组织和自然人之间的借款合同，借款人应当向贷款人提供哪些情况，由当事人协商确定，不一定必须提供本条所规定的"与借款有关的业务活动和财产状况的真实情况"。

第六百七十条 【借款利息不得预先扣除】

借款的利息不得预先在本金中扣除。利息预先在本金中扣除的,应当按照实际借款数额返还借款并计算利息。

【立法背景】

贷款人预先扣除利息的做法,一方面使贷款人的利息提前收回,减少了借款的风险;另一方面却损害了借款人的合法利益,使借款人实际上得到的借款少于合同约定的借款数额,影响其资金的正常使用,加重了借款人的负担,也容易引起借款合同双方当事人的纠纷。为了解决借款实践中经常出现的问题,体现合同当事人的公平原则,防止贷款人利用优势地位确定不平等的合同内容,需要禁止贷款人在提供借款时预先将利息从本金中扣除。

【条文精解】

支付借款利息,是借款人获取、使用借款的对价,也是贷款人将钱款借给借款人的重要目的之一。因此,借款的数额和利息是借款合同需要规定的主要内容,当事人在订立借款合同时,一般要对借款数额和利息的多少及支付期限作出明确的约定。一般来说,借款利息是在借款期限届满时或者合同履行期间按照约定分批偿付给贷款人。但是,现实中有的贷款人为了确保利息的收回,在提供借款时就将利息从本金中扣除,造成借款人借到的本金实质上为扣除利息后的数额。比如,借款人向贷款人借款 200 万元,借期一年,年利率为 5%,到期应当向贷款人支付的利息为 10 万元,贷款人在提供借款时就直接将利息扣除,仅向借款人支付 190 万元借款,这实际上是将 200 万元视为出借本金,并按年利率 5% 收取了利息。如果贷款人违反法律规定,仍在提供借款时将利息从本金中扣除,那么,借款人只需按照实际借款数额返还借款并计算利息。比如,上面例子中的借款人实际只得到了 190 万元的借款,那么,其借款数额即为 190 万元,借款人只需在借款期限届满时,向贷款人返还本金 190 万元并支付按照年利率 5% 计算利息,即贷款人应当向借款人返还本金 190 万元,支付利息 9.5 万元(190×5%=9.5 万元),合计199.5 万元(190+9.5=199.5 万元)。

就本条规定,在司法实践中,贷款人持有的借款人向其出具的借据等证据，通常没有反映贷款人在出借款项时就已收取了利息，使得在发生纠纷时，借款人通常处于不利境地。针对此情况，最高人民法院《关于审理民间借贷案件适用法律若干问题的规定》第27条规定，借据、收据、欠条等债权凭证载明的借款金额，一般认定为本金。预先在本金中扣除利息的，人民法院应当将实际出借的金额认定为本金。据此，在借款人对贷款人在出借款项时即已收取利息的事实提出证据后，法院便不会以借据等证据载明的借款金额为本金，而会以该本金减去贷款人已收取的利息后的数额为本金。作为借款人，在这一类事情中，切记在向贷款人预先支付利息时，获得贷款人签名加日期的利息收条。

> **第六百七十一条 【贷款人未依约提供贷款及借款人未依约收取借款的责任】**
>
> 贷款人未按照约定的日期、数额提供借款，造成借款人损失的，应当赔偿损失。
>
> 借款人未按照约定的日期、数额收取借款的，应当按照约定的日期、数额支付利息。

【立法背景】

借贷双方订立借款合同，建立信贷关系的目的，是满足各自生产、经营的需要，实现各自的经济目标。因此，只有合同当事人按照约定履行义务，才能实现各自订立合同的目的。如果有一方当事人不履行或者不正确履行合同义务，就会影响另一方当事人正常的资金周转和生产经营活动，既不能实现当事人订立借款合同的目的，也给社会经济活动造成不利的影响。因此，借贷双方当事人在合同订立后，应当切实履行合同约定的义务。

【条文精解】

借款合同依法成立后，即对当事人具有法律约束力。贷款人和借款人都应当全面、正确、及时履行合同约定的义务，任何一方不得擅自变更或者解除合同。对于贷款人来说，自借款合同成立后，按照约定的日期、数额向借款人提供借款，是其主要的合同义务。但是，贷款人由于资金周转或者其他原因，可能不能按照约定的日期提供借款，或者不能按照约定的数额提供借款。贷款人的这种违约行为会造成两个方面的重大影响：首先，贷款人逾期放贷会直接影响借款人对借款的使用，损害借款人的合法利益，给借款人造成损失。因为，贷款人按照约定的期限提供借款的，借款人就能将所得的资金按照计划投入正常的生产或者经营中，保证资金得到正常运转。贷款人不能在约定的期间内提供借款的，就会打乱借款人的资金使用计划，直接影响借款人的生产或者其他经营活动，甚至会出现因借款人资金不到位侵犯第三人的合法权益，引发三角债或者其他纠纷发生的情况，影响整个资金的良性周转和循环。其次，贷款人的逾期放贷行为也容易影响贷款人按期收回借款。由于借款人的借款期限往往就是其生产、经营活动对资金的正常需求时间，如果贷款人事先就违约，使借款人在约定的日期得不到借款，那么，借款人就容易出现在得到借款后拖延还款的情况，这样贷款人在合同约定的借款期限届满后就收不回借款。因此，贷款人的这种不按照合同约定的期限提供借款的行为，不仅损害了借款人的利益，而且也增加了自己经营的风险。所以本条第 1 款规定，贷款人未按照约定的日期、数额提供借款，造成借款人损失的，贷款人应当赔偿借款人的损失。这是在总结借款合同实践经验的基础上，对贷款人不按照合同约定发放贷款的违约责任作出明确规定，以督促贷款人遵守约定，及时放贷。根据该规定，贷款人的违约责任，可以在借款合同中约定；如果没有约定，贷款人又违约逾期放款造成借款人损失的，那么贷款人应当赔偿损失，损失赔偿额应当相当于因其违约所造成的损失，包括合同履行后可以获得的利益，但不得超过违反合同一方订立合同时预见到或者应当预见到的因违反合同可能造成的损失。

对于借款人来说，自借款合同成立后，应当按照约定的日期和数额收取借款，也是其主要的合同义务。借款人在订立借款合同后，生产经营可能会发生一些变化，或者借款人从其他渠道得到了所需的资金，因而借款人在合同约定的收取借款的日期，出现不需要或者暂时不需要借款或者合同约定的借款数额的情况。这种情况的发生主要是因为借款人在贷款人处没有开立账户，如果开立了账户，借款合同生效后，贷款人就会自动按照借款合同的约定，将借款人所借资金划入其账户。但是，当借款人没有在贷款人处开立账户时，贷款人为了履行合同约定的放贷义务，就要为借款人备足所借资金。那么，借款人不按合同约定的日期、数额收取借款，就会对贷款人的资金利用及资金使用的效率带来影响。因为贷款人主要是通过收取利息来营利的，所以，贷款人对自己的资金使用状况都有统一的安排和完整的计划，借款人如果未按约定的日期、数额收取借款，必然会影响贷款人资金的安排、计划的执行以及资金的正常周转，损害贷款人的合法利益。基于贷款人所受到的损失主要是利息的损失，因此，本条第 2 款明确规定，借款人未按照约定的日期、数额收取借款的，应当按照约定的日期、数额支付利息。这样一来，不论借款人是否按照约定的日期及数额收取借款，都必须按照合同约定向贷款人支付利息。这有利于促使借款人按照约定收取借款，确保借款合同得到切实的履行。

【实践中需要注意的问题】

需要特别指出的是，本条的规定，主要是针对金融机构作为贷款人的情况。由于自然人之间借款是贷款人实际交付借款时，借款合同才成立，所以自然人之间借款的，不适用本条的规定。

第六百七十二条 【借款使用情况的监督及配合】

贷款人按照约定可以检查、监督借款的使用情况。借款人应当按照约定向贷款人定期提供有关财务会计报表或者其他资料。

【立法背景】

为了保证贷款资金的合理使用和按期收回，减少甚至防止贷款资金的风险，借款人向贷款人申请贷款时，应当向贷款人提供与借款有关的业务活动和财务状况的资料，以便贷款人了解借款人的基本情况特别是资信情况，以判断借款人是否具有偿还借款能力，决定是否向借款人贷款。

【条文精解】

本法第 669 条规定，订立借款合同，借款人应当按照贷款人的要求提供与借款有关的业务活动和财务状况的真实情况。但是，该规定是要求借款人订立合同时履行的义务，现实中，借款人的财务状况不可能总处于订立合同时的状态，其经营状况会随着市场供求、经济环境等因素不断变化，而这种变化又会直接影响到其财务状况的好坏。所以，为了保证贷款人按照合同约定收回借款，借款合同成立后，贷款人也需要对借款的使用情况行使一定的监督权。金融机构还需要对所提供的借款进行跟踪检查，以防止借款人出现违反合同的行为。因此，本条规定，贷款人和借款人可以在合同中约定，贷款人有权检查、监督贷款的使用情况。这样贷款人就能及时了解借款人的生产经营情况，确定其借款的使用是否盈利，偿还借款的能力是否受到影响，以保证借款的合理使用和良性循环。此外，贷款人还可以协助借款人发现借款使用中存在的问题，提高借款的使用效益。但是，贷款人对借款人贷款资金的使用情况进行监督、检查，应当严格在合同约定的范围内进行，不得干预借款人正常的生产经营活动，干涉借款人的内容经营管理等。

在贷款人按照合同约定主动对借款人进行检查、监督的同时，借款人应当按照约定向贷款人定期提供有关的财务会计报表等资料。在具体的实践过程中，借款人应当主动向贷款人提供的主要资料包括：资产负债表、损益表、财务状况变动表、现金流量表、附表及会计报表附注和财务状况说明书等。这些资料能真实地反映借款人现阶段的生产经营及财务资信状况，有助于贷款人正确、全面地了解贷出资金的使用情况，确定贷款的使用是否盈利，借款人偿还借款的能力是否受到影响，借贷的资金是否安全等，以利于保护自己的合法权益。

第六百七十三条 【贷款人在借款人未依约使用借款时的权利】

借款人未按照约定的借款用途使用借款的，贷款人可以停止发放借款、提前收回借款或者解除合同。

【立法背景】

我国法律、行政法规中一直将借款用途作为金融机构借款合同的主要内容作出规定。《商业银行法》第 35 条、第 37 条以及《个人贷款管理暂行办法》第 14 条、《流动资金贷款管理暂行办法》第 11 条、《贷款通则》第 71 条等都对此有相关规定。

【条文精解】

本条明确借款人应当按照约定的用途使用借款，同时规定，借款人违反合同约定的借款用途使用借款的，贷款人可以采取以下三种措施：

1. 停止发放借款

即贷款人对尚未发出的贷款暂停发放。这主要是针对分期提供贷款或者根据资金使用进度提供贷款而采取的措施。如果借款合同约定贷款是分期贷出，或者是根据贷款资金使用进度提供贷款，贷款人一旦发现借款人未将先期已经贷出的款项用于合同约定的用途，就可以停止发放尚未发出的借款，实际上也就是停止履行合同中约定的尚未履行完毕的义务。

2. 提前收回借款

这种做法在贷款业务中称为"加速到期条款"，这是金融机构的通行做法。即贷款人将款项贷出后，发现借款人没有按照合同约定的用途使用借款，危及自己的合法权益时，可以将已经贷出的借款提前收回，也就是说，贷款人不必等到借款合同约定的还款日期，就有权要求借款人提前履行还款的义务。在民法典编纂过程中，有意见提出本条的"提前收回借款"措施是"解除合同"的应有之义，已经包含在"解除合同"之中，建议删去"提前收回借款"。经研究，我们的意见是，没有按照约定的用途使用借款，不是任何时候都可以采取"解除合同"的措施，只有当违约情况严重致使借款合同不能实现合同目的时才可以采取。而"提前收回借款"的措施，只要存在没有按照约定用途使用借款的情况，不管程度如何，贷款人便可以采取。单独保留"提前收回借款"的措施，可以增加贷款人选择的自由度，同时，有利于合同的保持。因此，我们决定保留"提前收回借款"的规定。

3. 解除合同

借款人不按照合同约定的用途使用借款，构成违约；当违约情况严重，致使借款合同不能实现其目的时，则构成根本违约。本法第 563 条第 1 款第 3 项对根本违约的法律后果的规定是，当事人一方迟延履行债务或者有其他违约行为致使不能实现合同目的的，另一方当事人有权解除合同。因此，借款人不按照合同的约定使用借款，构成根本违约时，贷款人有权解除借款合同。本法第 566 条第 1 款规定："合同解除后，尚未履行的，终止履行；已经履行的，根据履行情况和合同性质，当事人可以请求恢复原状或者采取其他补救措施，并有权请求赔偿损失。"该条第 2 款规定："合同因违约解除的，解除权人可以请求违约方承担违约责任，但是当事人另有约定的除外。"据此，一旦解除借款合同，贷款人可以对尚未履行的贷款终止履行（即停止发放借款），对已经履行的贷款要求恢复原状（即收回已经贷出的借款），而且还可以要求借款人承担相应的违约责任。

另外，非金融借款合同的当事人，比如是自然人之间借款的，对借款用途作出约定的，借款人也应当按照约定的用途使用借款。因改变借款用途造成贷款人损失的，贷款人依法可以采取相应的措施来保护自己的权利。

第六百七十四条 【借款人支付利息的期限】

借款人应当按照约定的期限支付利息。对支付利息的期限没有约定或者约定不明确，依据本法第五百一十条的规定仍不能确定，借款期间不满一年的，应当在返还借款时一并支付；借款期间一年以上的，应当在每届满一年时支付，剩余期间不满一年的，应当在返还借款时一并支付。

【立法背景】

借款合同到期后，贷款人收回贷款并按照合同约定的利率收取利息是贷款人的主要权利，也是贷款人与借款人订立借款合同的主要目的之一。借款人支付的利息是贷款人取得贷款的效益及利益所在，因此，向贷款人支付利息是借款人的主要义务，借款人不仅应当按照约定的数额支付利息，而且还应当在约定的期限向贷款人支付。支付利息期限的方式有多种，当事人既可以约定在借款期限届满时和本金一并支付，也可以约定在借款期间内分批向贷款人支付。为了预防就利息支付问题发生纠纷，最好在借款合同中就如何支付利息作出明确的约定。

【条文精解】

借款人应当按照约定向贷款人支付利息，这是借款合同的应有之义。但是，如果当事人对支付利息的期限没有约定，或者虽然约定却约定不明确，那么，借款人按照什么期限向贷款人支付利息呢？根据本条的规定，在当事人对支付利息的期限没有约定或者约定不明确的情况下，首先应当依据本法第510条的规定来确定，即当事人可以就支付利息的期限进行协议补充；不能达成协议的，则依据合同其他条款或者双方当事人之间的交易习惯来确定。如果依据以上原则仍不能确定支付利息的期限，那么，借款人按照以下规定的期限向贷款人支付利息：（1）借款合同期限在一年以内的，在返还借款时一并支付，即利息在借款合同期限届满时和本金一并支付。比如，甲向乙借款100万元，借款期间为6个月，未约定支付利息的期限。那么，甲向乙支付利息的时间为合同期间届满时和本金一起支付。（2）借款期限在一年以上的，在每届满一年时支付，剩余期间不满一年的，在返还借款时一并支付。比如，甲向乙借款100万元，借款期间为两年半，未约定支付利息的期限。那么，甲应当分三批向乙支付利息，第一次支付利息的时间为借款期间一年届满时。第二次支付利息的时间为借款期间两年届满时。由于合同剩余的履行期间不足一年，所以，第三次支付利息的时间为合同期限届满时和本金一起支付。

第六百七十五条 【借款人的还款期限】

借款人应当按照约定的期限返还借款。对借款期限没有约定或者约定不明确，依据本法第五百一十条的规定仍不能确定的，借款人可以随时返还；贷款人可以催告借款人在合理期限内返还。

【立法背景】

在借款合同中，按照合同的约定期限返还借款是借款人的主要义务，也是借款合同最主要的内容。贷款人之所以能够与借款人订立借款合同并将钱借给借款人，其中很重要的原因是信任借款人能够到期返还借款并支付利息，否则贷款人在通常情况下是不会将钱借给没有偿还能力或者不守信誉的人的。为了防范借款人到期不能返还借款的事情发生，在订立借款合同时，借贷双方应当将还款期限、还款方式等在合同中作出明确规定。

【条文精解】

借款人应当按照借款合同约定的期限，按时向贷款人返还借款，这是借款人的基本义务。但是，在当事人对借款期限没有约定或者约定不明确的情况下，借款人何时返还借款，实践中容易发生纠纷。因此，在当事人未约定返还期限的情况下，如何确定他们的权利和义务成为一些国家法律着重解决的问题。

根据本条的规定，当事人未约定还款期限的，第一，应当依据本法第510条的规定来确定，即当事人可以就还款期限一事进行协商，达成补充协议，确定还款期限；第二，对于不能达成补充协议的，可以按照合同有关条款或者当事人之间的交易习惯来确定还款期限；第三，如果当事人既不能达成补充协议，也不能按照合同有关条款或者交易习惯确定还款期限，那么，依据本法第511条第4项的规定，"履行期限不明确的，债务人可以随时履行，债权人也可以随时请求履行，但是应当给对方必要的准备时间"，借款人可以随时返还借款，贷款人也有权向借款人发出催告，要求其在合理期限内返还借款。本条对贷款人催告借款人还款的"合理期限"未作出明确的规定，主要的考虑是：金融机构和其他民事主体作为贷款人时，对借款的返还期限的要求是不同的，规定统一的还款期限不能适应不同的情况。因此，该合理期限由贷款人根据具体情况来确定。在发生纠纷时，司法机关亦可以根据具体的情况来判定该期限是否合理。

第六百七十六条　【借款人未按期还款的责任】

借款人未按照约定的期限返还借款的，应当按照约定或者国家有关规定支付逾期利息。

【立法背景】

明确逾期借款的借款人的法律责任，是各个国家或者地区在借款合同中着重解决的问题。一些国家及国际金融机构都在其借款合同中明确规定，逾期还款的，贷款人可以加收利息。就金融借款的逾期利息问题，我国《商业银行法》第 42 条有相关规定。

【条文精解】

借款人的主要义务就是还款付息，未按期返还借款的，是一种严重违约行为，会给债权人的合法权益造成严重损害。特别是金融机构作为贷款人的情况下，其出借资金的主要来源是存款，金融机构就是通过收回借款的本息来保证资金的正常周转的。如果借款人不按期返还借款，就会使贷款人无法保证存款的按期支付，造成存贷收支不平衡的局面，引发"三角债"等多种纠纷，影响国家经济的良性循环。因此，借款人应当对其违约行为承担相应的法律责任。

2003 年 12 月 10 日中国人民银行下发的《关于人民币贷款利率有关问题的通知》第 3 条第 1 款规定，逾期贷款（借款人未按合同约定日期还款的借款）罚息利率由按日万分之二点一计收利息，改为在借款合同载明的贷款利率水平上加收 30%—50%；借款人未按合同约定用途使用借款的罚息利率，由现行按日万分之五计收利息，改为在借款合同载明的贷款利率水平上加收 50%—100%。第 2 款规定，对逾期或未按合同约定用途使用借款的贷款，从逾期或未按合同约定用途使用贷款之日起，按罚息利率计收利息，直至清偿本息为止；对不能按时支付的利息，按罚息利率计收复利。就民间借贷的逾期利息问题，最高人民法院于 2015 年 6 月 23 日颁布并实施的《关于审理民间借贷案件适用法律若干问题的规定》第 29 条第 1 款规定，借贷双方对逾期利率有约定的，从其约定，但以不超过年利率 24% 为限。其第 2 款规定，未约定逾期利率或者约定不明的，人民法院可以区分不同情况处理：（1）既未约定借期内的利率，也未约定逾期利率，出借人主张借款人自逾期还款之日起按照年利率 6% 支付资金占用期间利息的，人民法院应予支持；（2）约定了借期内的利率但未约定逾期利率，出借人主张借款人自逾期还款之日起按照借期内的利率支付资金占用期间利息的，人民法院应予支持。该规定第 30 条规定，出借人与借款人既约定了逾期利率，又约定了违约金或者其他费用，出借人可以选择主张逾期利息、违约金或者其他费用，也可以一并主张，但总计超过年利率 24％的部分，人民法院不予支持。最高人民法院相关司法解释规定的上述民间借贷逾期利率标准也可能因中国人民银行的最新规定而发生变化。中国人民银行于 2019 年 8 月 17 日发布公告，决定改革完善贷款市场报价利率（LPR）形成机制，从 2019 年 8 月 20 日起，中国人民银行授权全国银行间同业拆借中心于每月 20 日 9 时 30 分公布贷款市场报价利率；之后于 2019 年 10 月 28 日，中国人民银行再发布公告，要求自 2020 年 1 月 1 日起，各金融机构不得签订参考贷款基准利率定价的浮动利率贷款合同。据了解，为与此利率改革政策相协调，最高人民法院正在进行修订民间借贷司法解释的有关工作，有的意见提出，建议将司法解释中的 24％和 6％分别修订为"合同订立时一年期贷款市场报价利率的四倍"和"合同订立时一年期贷款市场报价利率"。

考虑到实践中金融机构对逾期借款主要是通过加收利息的办法来追究借款人的违约责任的，本条规定借款人逾期返还借款的，应当按照约定或者国家规定支付逾期利息。根据该规定，当事人可以在合同中对逾期利息的问题作出约定，这种约定既可以是自然人之间对是否收取逾期利息或者逾期利率为多少的约定，也可以是金融机构与借款人在国家规定的幅度内对逾期利率的确定。如果金融机构借款时，对逾期利率未作出约定，按照国家有关规定向借款人收取逾期利息。

【实践中需要注意的问题】

借款人支付的逾期利息为何大于合同约定的借款期间的利息，就金融借款合同而言，主要基于两方面原因：一是为了惩罚借款人的违约行为，维护金融秩序。二是贷款人为了摆脱借款人不能按期返还借款所造成的资金周转困难，通常需要进行同业拆借，以解决资金调度问题，而拆借市场上的拆息一般高于贷款利息，因此，贷款人要求借款人对逾期借款支付的逾期利息大于借款期间的利息，是弥补其拆息成本的措施之一，既可以减少资金风险，又可以减少自己的损失。

第六百七十七条 【借款人提前还款】

借款人提前返还借款的，除当事人另有约定外，应当按照实际借款的期间计算利息。

【立法背景】

本条保留了 1999 年合同法的内容。

【条文精解】

在借款合同中，一般对返还借款的时间都有明确的规定，这一期限是贷款人与借款人根据借款人的生产周期、还款能力和贷款人的资金供给能力等情况，由借贷双方共同商议后确定的，借款人应当按照合同约定的期限返还借款。但是在有的情况下，因生产经营状况或者其他情况发生了变化，借款人在合同履行期间不需要所借的资金，出现借款人提前返还借款的情况。

根据本条规定，对于提前还款应当按照以下原则确定双方的权利和义务：首先，当事人可以在借款合同中对提前还款问题作出约定，按照约定确定是否经贷款人同意及利息如何计算等问题。实际履行中发生提前还款的，按照约定执行。其次，当事人在合同中对提前还款没有约定的，提前还款不损害贷款人利益的，可以不经贷款人同意，利息按照实际借款期间计算；提前还款损害贷款人利益的，贷款人有权拒绝借款人提前还款的要求。贷款人同意提前还款的，等于贷款人同意变更合同的履行期，因此，借款人应当按照变更后的期间向贷款人支付利息。在此前提下，需要特别指出两点：第一，借款人的提前还款行为不属于违约行为。这是因为还款期限原则上属于借款人的利益，提前还款是借款人放弃自己部分利益的行为，应当予以肯定。第二，如果提前还款损害了贷款人的利益，该利益不应当仅仅是指剩余借款期间的利息，而主要是指对贷款人经营秩序破坏超过利息损失的内容。剩余借款期间的利息损失可以由提前还款的借款人进行适当赔偿，而赔偿利息的多少，可以由人民法院或者仲裁机构根据具体情况按照公平原则确定。

第六百七十八条 【借款展期】

借款人可以在还款期限届满前向贷款人申请展期；贷款人同意的，可以展期。

【立法背景】

在借款合同履行过程中，借款人的经营情况可能发生变化，导致不能按照合同约定的期限返还借款，这就产生了借款人是否可以延长借款期限的问题，即本条所称的借款展期问题。借款展期实际上是对原合同的履行期限的变更，因此，借款展期应当遵循合同变更的有关规定。

【条文精解】

借款展期，是指借款人在合同约定的借款期限不能偿还借款，在征得贷款人同意的情况下，延长原借款的期限，使借款人能够继续使用借款，实质上属于合同变更的范畴。无论变更合同的哪一项内容，都必须由合同当事人协商一致确定。借款人延长借款期限必须与贷款人协商，经贷款人同意，才能迟于原合同约定的期限返还借款。

本条中的申请展期，是指借款人在借款合同约定的还款期限不能履行还款义务，向贷款人申请变更原合同约定的借款期限的行为。本条明确规定，借款人申请展期的，应当在还款期限届满之前向贷款人提出申请。因为贷款人尤其是金融机构作为贷款人，对每一笔贷款的发放都有一定的安排。如果借款人擅自延长还款期限，就会打乱贷款人的资金安排，影响资金流动和贷款人的效益。借款人在还款期限届满之前向贷款人申请展期，可以给贷款人作出是否同意展期决定留有充分准备和考虑的时间，以便贷款人根据申请，对借款人不能按期偿还借款的情况进行调查和了解，更改原有的资金安排。《贷款通则》第15条也规定，不能按期归还贷款的，借款人应当提前向贷款人申请贷款延期。由于延长借款期限直接涉及贷款人的利益，因此，本条没有强制规定贷款人必须同意展期申请，而是允许贷款人根据自己的情况，有权自行决定是否同意借款人延长借款期间。贷款人同意的，借款人才可以延期向贷款人返还借款。

第六百七十九条 【自然人之间借款合同的成立】

自然人之间的借款合同，自贷款人提供借款时成立。

【立法背景】

在实践中，自然人之间借款的情况经常出现。比如，某人因家中出现困难向同事借钱；某人因为要筹办一个公司向亲戚朋友筹备资金等，都属于自然人借款的情形。由于该情形的普遍性，需要法律对此作出相应的规定。

【条文精解】

本条系将《合同法》第210条"自然人之间的借款合同，自贷款人提供借款时生效"中的"生效"修改为"成立"的结果。之所以作此修改，主要考虑为：一是避免产生自然人之间借款合同是实践合同还是诺成合同的争议。实践合同，是指除当事人间的意思表示一致以外，还需交付标的物才能成立的合同，它以当事人的合意和交付标的物为成立要件。而诺成合同，是指当事人之间意思表示一致即能成立的合同，无须标的物的实际交付，它以当事人的合意为成立要件。由于立法的本意是将自然人之间的借款合同确定为实践合同，而《合同法》第210条中"生效"的表述，又容易使人产生系诺成合同的误解，故作出修改完善。二是与本法中定金合同和无偿保管合同条文的表述保持一致，统一表述为自实际交付时"成立"。三是可以给司法实践提供正确指引，即使均为自然人的贷款人与借款人签订了借款合同，借款人也无权申请强制执行，更不能要求对方承担违约责任。

在此需要特别说明的是，自然人之间的借款合同与金融机构作为主体的借款合同有所区别，其中最主要的一点就是金融借款合同是诺成合同，而自然人之间的借款合同为实践合同，主要理由有：（1）自然人之间的借款合同往往数额有限，内容也简单，而且当事人之间往往具有亲戚、同事、朋友等特别的关系；（2）自然人之间的借款合同也不存在金融借款合同中所必需的复杂程序；（3）自然人通常不是专业机构的人士，确立自然人之间的借款合同为实践性合同，可以给贷款人一定的思考时间，在实际提供借款之前，贷款人可以有反悔的机会；（4）自然人之间借款一般属于互助性质，无偿的情况也有不少，对合同的形式并不太注意，往往是一手交钱，一手写借条，应结合实际考虑当事人的真实意思表示，不宜给当事人赋予更重的责任。所以，本条规定，自然人之间借款的，自贷款人交付借款时成立。这样有利于确定当事人之间的权利和义务，进而预防或减少纠纷的发生。

【实践中需要注意的问题】

另外需要指出的是，本条规定的是自然人之间的借款，是指借贷双方均为自然人的情况，如果有一方当事人并非自然人，则不适用本条的规定。

第六百八十条 【借款的利率和利息】

禁止高利放贷，借款的利率不得违反国家有关规定。

借款合同对支付利息没有约定的，视为没有利息。

借款合同对支付利息约定不明确，当事人不能达成补充协议的，按照当地或者当事人的交易方式、交易习惯、市场利率等因素确定利息；自然人之间借款的，视为没有利息。

【立法背景】

本条规定，系在《合同法》第211条规定的基础上修改而来，该条规定："自然人之间的借款合同对支付利息没有约定或者约定不明确的，视为不支付利息。自然人之间的借款合同约定支付利息的，借款的利率不得违反国家有关限制借款利率的规定。"近年来，社会上出现大量非法金融、非法放贷、套路贷、校园贷等问题，严重扰乱社会经济秩序，严重损害人民群众合法权益和生活安宁。为解决民间借贷领域存在的突出问题，维护正常金融秩序，避免经济脱实向虚，本条第1款明确规定禁止高利放贷，借款的利率不得违反国家有关规定。

【条文精解】

1. 禁止高利放贷，借款的利率不得违反国家有关规定

法律能承认、法院能保护的借贷利息必须从严控制，不得违反国家有关规定。中国人民银行在2002年1月31日下发并于同日开始施行的《关于取缔地下钱庄及打击高利贷行为的通知》第2条规定："严格规范民间借贷行为。民间个人借贷活动必须严格遵守国家法律、行政法规的有关规定，遵循自愿互助、诚实信用的原则。民间个人借贷中，出借人的资金必须是属于其

合法收入的自有货币资金，禁止吸收他人资金转手放款。民间个人借贷利率由借贷双方协商确定，但双方协商的利率不得超过中国人民银行公布的金融机构同期、同档次贷款利率（不含浮动）的4倍。超过上述标准的，应界定为高利借贷行为。"

《合同法》第204条规定："办理贷款业务的金融机构贷款的利率，应当按照中国人民银行规定的贷款利率的上下限确定。"在1999年颁布施行合同法时，中国人民银行根据市场经济的发展及资金供求关系，一般在一定时期内对金融机构的贷款利率作出规定。根据中国人民银行的有关规定，国务院批准和国务院授权中国人民银行制定的各种利率为法定利率，其他任何单位和个人均无权变动。法定利率的公布、实施由中国人民银行总行负责。金融机构在中国人民银行总行规定的浮动幅度内，以法定利率为基础自行确定的利率为浮动利率。金融机构确定浮动利率后，须报辖区中国人民银行备案。金融机构可以对逾期贷款和被挤占挪用的贷款在原利率的基础上加收利息；对于加收利息的幅度、范围和条件，由中国人民银行总行确定。但是，由于目前中国人民银行正在推进利率市场化改革，所谓贷款利率的上限和下限，已经不复存在，该条已经没有实际价值，故在民法典编纂过程中，删去了《合同法》第204条的规定。

就"借款利率的国家规定"，依据《中国人民银行法》第5条的规定，中国人民银行就年度货币供应量、利率、汇率和国务院规定的其他重要事项作出的决定，报国务院批准后执行。因此，利率标准的制定，原则上是中国人民银行的职责。在实践中，中国人民银行制定的有关利率标准，均是与金融借款有关的利率，而与金融机构无关的借贷活动，中国人民银行并无相关规定。这样一来，最高人民法院每年审理的大量民间借贷纠纷案件，无法从中国人民银行制定的相关利率规定中找到裁量利率纷争的依据。为解决办理案件的实际需要，最高人民法院在1991年颁布了《关于人民法院审理借贷案件的若干意见》，其第6条规定，民间借贷的利率可以适当高于银行的利率，各地人民法院可根据本地区的实际情况具体掌握，但最高不得超过银行同类贷款利率的4倍（包含利率本数）。超出此限度的，超出部分的利息不予保护。此条规定的最高贷款利率司法保护标准，曾长期作为裁判民间借贷纠纷案件的依据。最高人民法院在2015年发布了《关于审理民间借贷案件适用法律若干问题的规定》，其中第26条规定了民间借贷利率的"两线三区"标准，作为近年来的裁判依据：借贷双方约定的利率未超过年利率24%，出借人请求借款人按照约定的利率支付利息的，人民法院应予支持；借贷双方约定的利率超过年利率36%，超过部分的利息约定无效；借款人请求出借人返还已支付的超过年利率36%部分的利息的，人民法院应予支持。目前，有不少意见提出该标准过高，建议最高人民法院修订该标准。

因此就目前的实际情况而言，金融借款领域执行的是中国人民银行公布的贷款市场报价利率标准，民间借贷领域执行的是司法解释规定的标准。在民法典编纂过程中，不少意见提出在本条第1款直接规定最高利率的具体标准，如不超过年利率12%、16%等，由于民法典作为基本法需要保持稳定性和兼容性，不适宜规定具体的利率标准。从借贷领域的规范角度而言，鉴于利率问题的重要性，应当由国家有关主管部门对借款的利率作出明确的规定。

2. 借款合同未约定利息的处理规则

本条第2款规定，借款合同对支付利息没有约定的，视为没有利息。相对于合同法的规定而言，有了较大突破。合同法只是规定自然人之间没有约定利息的，视为没有利息；而目前将没有约定支付利息的借贷情形，拓展到了所有借贷领域，即所有类型或者当事人之间订立的借贷合同，只要没有约定支付利息，就一律视为没有利息。之所以作出这样规定，主要理由有：一是从日常生活经验来看，通常情况下利息的计付是借款合同的核心内容，当事人之间不会不对此进行协商，在此前提下，若合同没有约定支付利息，原则上可推理为当事人协商确定无须计付利息。二是从纠纷处理的角度来看，有的借款合同没有约定利息确实是当事人协商确定无须支付，有的借款合同没有约定利息可能真的未经协商，两种情形下，不仅纠纷的事实难以完全查清，而且可以参照的利率标准也难以确定，很难作出相对统一的裁决。故法律拟制规定为没有利息，不仅有利于指引当事人的行为，也有利于统一裁决结果，最终有利于维护社会和经济秩序。

3. 借款合同利息约定不明时的处理规则

在借款合同实践中，支付利息约定不明确的问题，时有发生。究其原因，一是由于当事人之间过于熟悉亲密，因而对利息的支付约定草草了事；二是由于当事人之间的专业素养的欠缺，对支付利息的相关内容不能作出精确的约定。因此，本条第3款规定，借款合同对支付利息约定不明确，当事人不能达成补充协议的，按照当地或者当事人的交易方式、交易习惯、市场利率等因素确定利息；自然人之间借款的，视为没有利息。

对于借款合同当事人就支付利息约定不明确时的处理规则，首先，应当允许当事人就支付利息问题进行重新协商，经重新协商能够达成补充协议的，应当按补充协议的内容执行。其次，如果借款合同当事人就支付利息问题不能达成补充协议，依据本法第142条第1款以及第510条的规定，应当根据借款合同所使用的词句，结合合同的相关条款确定利息约定不明条款的含义，如果通过合同的文义解释和整体解释能够确定利息，可据此确定的利息标准执行。再次，如果通过上述两种方式均无法确定借款合同的利息标准，可以按照合同履行地或者当事人之间的交易方式、交易习惯补充确定利息。根据最高人民法院《关于适用〈中华人民共和国合同法〉若干问题的解释（二）》第7条的规定，下列情形，不违反法律、行政法规强制性规定的，人民法院可以认定为合同法所称"交易习惯"：（1）在交易行为当地或者某一领域、某一行业通常采用并为交易对方订立合同时所知道或者应当知道的做法；（2）当事人双方经常使用的习惯做法。对于交易习惯，由提出主张的一方当事人承担举证责任。广泛运用交易习惯确定当事人的真实意思表示，是合同规范的一个重要特色，可以在客观上达到当事人之间权利义务平衡的目的。但是，利用交易方式、交易习惯确定利息标准，必须接受四个限制：一是从客观条件而言，应为交易行为当地或者行业通常采用的做法；二是从主观条件而言，为交易对方知道或者应当知道，以加强对不了解当地习惯或者缺乏业内经验的相对人的保护；三是从交易习惯的时间节点来看，应为订立合同时知道或者应当知道的习惯做法；四是交易习惯本身不得违反法律、行政法规的强制性规定或者公序良俗，否则将影响借款合同本身的效力。最后，如果按照上述三种方法仍然无法确定利息标准，应当依据本法第511条第2项的规定，价款或者报酬不明确的，按照订立合同时履行地的市场价格履行；依法应当执行政府定价或者政府指导价的，依照规定履行，最终确定借款合同的利息计付标准。实践中，法院或者仲裁机构在当事人就利息问题约定不明时，可以以订立借款合同时合同履行地的商业银行同期同类贷款利率计算利息。

至于自然人之间的借款是否支付利息，原则上系由当事人自愿协商约定，加上自然人之间的借款数额通常不大，且大多属于临时性借用，故很少约定利息或者约定不明确；少数自然人之间进行大额借贷的，根据日常生活经验法则，原则上均会对支付利息作出明确约定。因此，根据实践情况，本条在第3款中规定，"自然人之间借款的，视为没有利息"。

第十三章 保证合同

第一节 一般规定

第六百八十一条 【保证合同的定义】

保证合同是为保障债权的实现，保证人和债权人约定，当债务人不履行到期债务或者发生当事人约定的情形时，保证人履行债务或者承担责任的合同。

【条文精解】

第一，关于保证的界定。保证，是指法人、非法人组织和公民以其信誉和不特定的财产为他们的债务提供担保，当债务人不履行其债务时，该第三人按照约定履行债务或者承担责任的担保方式。这里的第三人叫作保证人，保证人必须是主合同以外的第三人。债务人不得为自己的债务作保证，且保证人应当具有清偿债务的能力，必须具有足以承担保证责任的财产，具有代为清偿能力是保证人应当具备的条件。这里的债权人既是主合同等主债的债权人，又是保证合同中的债权人，"保证人履行债务或者承担合同"成为保证债务或保证责任。保证属于人的担保范畴，而不同于抵押、质押、留置等物的担保形式。保证不是用具体的财产提供担保，而是以保证人的信誉和不特定的财产为他人的债务提供担保。

第二，保证合同的概念分析。保证合同是单务合同、无偿合同、诺成合同、附从性合同。在保证合同中，只有保证人承担债务，债权人不负对待给付义务，故而保证合同为单务合同。在保证合同中，保证人对债权人承担保证债务，债权人对此不提供相应代价，所以保证合同为无偿合同。保证合同因保证人和债权人协商一致而成立，无须另交标的物，所以它为诺成合同。除涉外的不可撤销的保函等独立保证以外，主合同有效成立或将要成立，保证合同才发生效力。所以，主合同无效，不论什么原因使然，保证合同均为无效，从而表现出附从性。正因这种主从关系，保证合同无效，并不必然导致主合同无效，但当事人另有约定的，依其约定。

第三，保证合同的当事人。关于保证合同的当事人的界定主要有两种观点。一种观点认为，保证是保证人和债权人之间的合同关系。另一种观点则认为，保证是保证人、债权人和债务人之间的法律关系，是主合同、委托合同及保证合同三组关系的总和。此处采用通说观点，即第一种观点。理由在于，虽然保证一般是由主债务人委托保证人承保而产生的，但不能因此而改变保证关系的性质。主债务人和保证人之间的关系，一般属于委托合同关系，在个别情况下为无因管理关系，然而无论何者都不会是保证合同关系。主债务人和债权人是通过主合同相连接的，它们之间可能是买卖合同关系，也可能是借款合同关系等。主债务和保证债务之间的联系在于，主债务的不履行是保证债务履行的法律事实，但它们分属于不同的合同关系，属于不同的因果链条，不能依据这种联系就把主债务人视为保证合同的当事人。只不过债权人既是主合同的债务人，又是保证合同的债权人；主债务人既是主合同的债务人，又是委托合同的委托人，或是无因管理中的管理人。这种重叠和联系正反映了复杂的社会关系中人的角色的多重性，但多重性角色只能表明社会关系的复杂性，却证明不了几种合同关系变为一种合同关系。即证明不了主合同关系、委托合同关系变成保证合同关系。解决保证合同纠纷，应当适用保证合同规范，不应适用法律关于委托合同、无因管理等的规定。只有在处理保证人和主债务人之间的关系时，若有委托合同，才适用法律关于委托合同的规定；若无委托合同，则适用法律关于无因管理的规定，也可能适用本法侵权责任编的规定。

第六百八十二条 【保证合同的从属性及保证合同无效的法律后果】

保证合同是主债权债务合同的从合同。主债权债务合同无效的，保证合同无效，但是法律另有规定的除外。

保证合同被确认无效后，债务人、保证人、债权人有过错的，应当根据其过错各自承担相应的民事责任。

【立法背景】

在民法典编纂过程中存在是否彻底放开独立保证的争议，即是否所有的民事主体都有资格出具独立保证。立法过程中基于以下考虑作出了维持现状的选择：第一，为了防止普通民事主体利用主债权债务合同无效但保证合同有效的法律空间来进行非法交易。实践中，主债权债务合同无效的原因往往是违反法律、行政法规的规定或违反公序良俗，如果彻底放开开具独立保证的资格，在主债权债务合同无效的情况下，保证合同仍然有效，则可能存在当事人可以通过独立保证的形式使得某些违法交易的利益固定化的风险。目前仅允许银行和非银行金融机构具有出具独立保证的资格，是考虑到金融行业具有比较严格的金融监管秩序，金融机构一般不会为违法交易做背书，如果彻底放开则不得不考虑由此可能带来的风险。第二，为了尽可能避免国际交易中因各国法律规定不同导致当事人权利受损的情形。例如，在国际贸易中他国法律所允许的情形，在中国法律中可能被规定为违法行为，故为了避免出现因对他国法律的不够了解使得某种交易无效，从而导致当事人的权利得不到保障的风险，同时也为了避免因法律体系不同带来的风险，国际交易中有必要存在大量的独立保证以保障当事人权利的实现。此外，独立保证内部仍然可能存在欺诈，国际贸易中一项重要的风险防范就是防止独立保证中的各种商业欺诈，放开国内贸易中独立保证的开具主体资格的限制，会使得欺诈的风险大大增加，故这一问题仍然存在讨论空间。基于以上原因，民法典最终选择了一个比较稳妥的方案，仍然没有彻底放开开具独立保证的主体资格限制，只在法律另有规定时除外。值得一提的是，此处的"法律"采广义理解，包含法律、行政法规、司法解释等，所以最高人民法院发布的《关于审理独立保函纠纷案件若干问题的规定》可以作为此处"法律另有规定除外"中"另有规定"的内容，从而保持我国现有的格局不变。对于是否有必要彻底放开独立保证的问题，可以根据未来形势的进一步变化再展开研究。

【条文精解】

1. 保证合同的附从性

保证合同是主债权债务合同的从合同，保证合同具有附从性。保证债务以主合同的存在或将来可能存在为前提，随主合同的消灭而消灭。其范围不得超过主合同中的债务，不得与主合同债务分离而移转，其具体表现在以下几个方面：

首先，成立上的附从性。保证合同以主合同的成立为前提，于其存续中附从于主合同。保证虽对于将来或者附条件的合同也可成立，但这并非附从性原则的例外。

其次，范围和强度上的附从性。由保证合同的目的决定，保证合同的范围和强度原则上与主合同债务相同，不得大于或强于主合同债务。保证债务与主合同债务分属于两个债务，范围和强度可以有差异，但保证债务的附从性决定其不得超过主合同债务的范围和强度，如有超过，应随着主合同债务额的降低而降低。

再次，移转上的附从性。在保证期间，债权人依法将主债权转让给第三人的，保证人在原担保的范围内继续承担保证责任。保证合同另有约定的，按照约定。在保证期间，债权人许可债务人转让部分债务，保证人书面同意的，应当对此承担保证责任；未经保证人书面同意的，保证人对未经其同意转让的部分债务，不再承担保证之责任。但保证人仍应对未转让部分的债务承担保证责任。

最后，变更、消灭上的附从性。在主合同债务消灭时，保证债务也随之消灭。例如，在主债务因主合同解除而消灭、因适当履行而消灭时，保证债务也随之消灭。在主合同变更时，保证债务一般随之变更，但不得增加其范围和强度。

2. 独立保证的相关问题

"主债权债务合同无效，保证合同无效"规定了保证合同的效力的从属性，"但是法律另有规定的除外"的但书条款涉及是否应当承认独立保证的立法争议问题。独立保证常在国际贸易中运用，又被称为"见索即付的保函""独立保函"等，其独立于主债关系，不因主债的不成立、无效、被撤销等而归于消灭，保证人不享有和无权行使债务人对债权人所拥有的抗辩权，债权人许可债务人转让债务，以及债权人和债务人修改主合同，不构成保证人不负保证责任的原因。

是否承认独立保证在学界和司法实践中争议较大。1998 年最高人民法院在"上诉人湖南机械进出口（集团）公司、湖南国际租赁公司与被上诉人宁波东方投资有限公司代理进出口合同纠纷"一案中表明，"担保合同中虽然有本担保函不因委托人的原因导致代理进口协议无效而失去担保责任的约定，但在国内民事活动中不应采取此种独立保函方式，因此该约定无效"。这意味着当时最高人民法院对独立保证的态度是：区分国内和国际两种情形，承认独立保证在对外担保和外国银行、机构对国内机构担保上的效力，认为独立保证在国际上是当事人意思自治的领域，对于国内企业、银行之间的独立保证采取否定的态度，不承认当事人对独立保证的约定的法律效力。但 2016 年最高人民法院发布《关于审理独立保函纠纷案件若干问题的规定》改变了之前的规定，明确了在国内交易中也允许银行或非银行金融机构有资格开具独立保函。民法典在立法过程中作出了维持立法现状的决定。

3. 保证合同无效后的民事责任分配

本条第 2 款是对保证合同无效后责任分配的规定。根据本款规定，保证合同被确认无效后，债务人、保证人、债权人有过错的，应当根据其过错各自承担相应的民事责任。关于各个主体应当承担责任的具体份额，可以参照最高人民法院《关于适用〈中华人民共和国担保法〉若干问题的解释》第 7 条到第 10 条的规定：主合同有效而担保合同无效，债权人、担保人有过错的，担保人承担民事责任的部分，不应超过债务人不能清偿部分的 1/2；主合同无效而导致担保合同无效，担保人无过错的，担保人不承担民事责任；担保人有过错的，担保人承担民事责任的部分，不应超过债务人不能清偿部分的 1/3；担保人因无效担保合同向债权人承担赔偿责任后，可以向债务人追偿，或者在承担赔偿责任的范围内，要求有过错的反担保人承担赔偿责任。担保人可以根据承担赔偿责任的事实对债务人或者反担保人另行提起诉讼；主合同解除后，担保人对债务人应当承担的民事责任仍应承担担保责任。但是，担保合同另有约定的除外。

第六百八十三条 【不得担任保证人的民事主体】

机关法人不得为保证人，但是经国务院批准为使用外国政府或者国际经济组织贷款进行转贷的除外。

以公益为目的的非营利法人、非法人组织不得为保证人。

【条文精解】

总体而言，市场化主体才能成为保证人。机关法人等非以营利为目的的法人以及以公益为目的非营利法人并不是市场上的主体，不适合作为保证人。

第一，国家机关主要从事国家活动（包括立法活动、行政活动、司法活动等），其财产和经费来源于国家财政和地方财政的拨款，并主要用于符合其设立宗旨的公务活动。虽然国家机关也进行一些民事活动，如购置办公用品、兴建或购买公务员住宅等，但仍以必要和可能为前提。因此，国家机关的财产和经费若用于清偿保证债务，则不仅与其活动宗旨不符，也会影响其职能的正常发挥。此外，国家机关对外代表国家从事管理活动，所欠债务由国家承担责任；以机关法人名义从事民事活动，以财政所拨预算经费为限，而预算经费为其担负的国家职能活动所必需，在经费紧张的今日，一般无剩余可言。故国家机关一般不具有代偿能力，由其作为保证人并不能保证债权的实现。

但本条第1款后段规定，"但是经国务院批准为使用外国政府或者国际经济组织贷款进行转贷的除外"。外国政府贷款和国际经济组织贷款一般由国家有关主管机关负责借入，然后按有关规定转贷给国内有关单位。在转贷时，一般要求国内借款单位提供还款担保，这种担保得由国家机关提供。如外国政府贷款的转贷，就要求借款单位提交省、直辖市、自治区或计划单列市的还款担保。故国家机关作保证人应当同时符合以下两个条件：首先，接受的贷款应当是外国政府或者国际经济组织提供。只有接受外国政府或者世界银行、亚洲银行、国际货币基金组织等国际经济组织贷款，在转贷过程中需要国家机关担保的，国家机关才能作保证人。对于商业银行对地方政府的贷款，包括外国银行的商业性贷款，国家机关仍然不得作保证人。其次，需经国务院批准。只有经国务院批准后，国家机关才可以在转贷过程中作保证人。法律规定需经国务院批准，主要是为了严格控制国家机关作保证人的情况，防止地方政府或者有关部门擅自作保证。

第二，以公益为目的的事业单位、社会团体也不得作保证人。公益乃不特定之多数人的利益，一般是非经济利益。如果仍允许上述机构为债权人提供担保，那么这极有可能减损其用于公益目的的财产，无疑有违公益法人的宗旨。因此，法律不允许它们作保证人。但应看到，在实践中，有些事业单位利用本单位所拥有的技术或知识，向社会提供有偿服务，取得了一定的报酬。这些单位除了国家或地方的财政拨款外，尚有自己的经济收入。有些事业单位实行了企业化管理，自负盈亏；还有些事业单位按照有关规定既从事国家核拨经费的工作，又从事经营活动。因而，对事业单位法人可否充任保证人，不可一概而论。对那些领取《企业法人营业执照》或国家政策允许从事经营活动的事业单位法人，应当认为其有从事保证活动的权利能力，可以充任保证人，如无其他导致保证合同无效的情况，所签订的保证合同应当认定为有效。

【实践中需要注意的问题】

担保法中规定了企业法人的分支机构、职能部门不得作为保证人的情形，但民法典中删除了这一规定，其目的主要是与本法相衔接。本法第74条规定，法人可以依法设立分支机构。法律、行政法规规定分支机构应当登记的，依照其规定。分支机构以自己的名义从事民事活动，产生的民事责任由法人承担；也可以先以该分支机构管理的财产承担，不足以承担的，由法人承担。该条确立了法人的分支机构可以以自己的名义从事民事活动的规则；故法人的分支机构也可以以自己的名义担任保证人。但由于分支机构不是独立的法人主体，故不能独立承担责任，分支机构的责任最终仍由法人来承担。所以，没有必要依担保法的规定使得法人的分支机构不能以自己的名义成为保证人。

第六百八十四条 【保证合同的内容】

保证合同的内容一般包括被保证的主债权的种类、数额，债务人履行债务的期限，保证的方式、范围和期间等条款。

【条文精解】

保证合同的内容，是指保证人承担的保证债务（保证责任）和享有的抗辩权、债权人享有的请求保证人承担保证债务的债权。因为这些权利义务主要通过保证合同的条款来体现和固定（未通过合同条款体现的权利义务由法律规范直接规定或由法官补充），所以保证合同的内容也可指保证合同的条款。保证合同的内容或条款包含以下几点：

1. 保证的主债权种类和数额

被保证的主债权种类，如借款合同中的还本付息债权、买卖合同中的请求交付标的物或支付价款的债权等均属此类。此处还有专属性的问题需要讨论。与被担保债权相对应者为被担保的债务，对于该债务是否有非专属性的限制需要讨论。在我国法律中，连带责任保证虽然包括保证人与债务人承担连带债务和保证人就主债务承担连带民事责任两种形式，但最终均可归结为承担连带民事责任的方式。由于连带民事责任不存在专属性问题，在连带责任保证中，主债务既可以是非专属性的债务，也可以是专属性的债务。在一般保证方式中，我国法律未明确指出被担保的债务不得为专属性的债务。从最高人民法院《关于适用〈中华人民共和国担保法〉若干问题的解释》第13条关于"保证合同中约定保证人代为履行非金钱债务的，如果保证人不能实际代为履行，对债权人因此造成的损失，保证人应当承担赔偿责任"的规定来看，允许被担保的债务为专属性的债务。因债务人不履行专属性的债务可转化为赔偿责任，故保证人可承担该责任。

自然债务是否可以为保证的对象，应分两种情形而定：其一，在保证成立后主债务变为自然债务的，例如，在主债务因时效完成而变为自然债务时，保证虽不因之而失效，但保证人得主张主债务人的时效完成的抗辩，即使债务人抛弃该抗辩权，保证人也有权主张；其二，对时效已经完成的自然债务进行保证，其保证仍为有效，于此场合不得主张主债务的时效已经完成的抗辩（最高人民法院《关于适用〈中华人民共和国担保法〉若干问题的解释》第 35 条）。但学说认为，保证人不知时效完成的事实且无重大过失的，应有权抗辩。

被担保的债权，也可以是将来可能发生的债权。《民法典》第 690 条规定"保证人与债权人可以协商订立最高额保证的合同，约定在最高债权额限度内就一定期间连续发生的债权提供保证"，这就是所谓"最高额保证"。

保证担保的数额，保证合同有约定时依其约定，无约定时，《民法典》第 691 条的规定有适用的余地，另外可以结合个案案情予以确定。

2. 债务人履行债务的期限

债务人履行债务的期限是衡量债务人是否违约的标准之一，也是保证人是否实际承担保证责任的因素之一，因为债务人在合同规定的履行期限内不能履行债务时，保证人依据保证方式的不同承担保证责任，因而应该明确规定。它有两种情形：一为期日，二为期间。

3. 保证的方式

保证的方式是保证人如何承担保证责任的重要问题，包括一般保证方式和连带责任保证方式。不同的保证方式对当事人的利益有较大影响，应予明确规定。当事人对保障等方式没有约定或者约定不明确的，保证人按照一般保证承担责任。

4. 保证担保的范围

保证担保的范围，是指保证人对哪些债务承担保证责任。当事人可以根据保证合同中的约定确定，无约定或约定不明确时，应当按照《民法典》第 691 条的规定处理，即包括主债权及利息、违约金、损害赔偿金和实现债权的费用。

5. 保证期间

保证期间为保证人承担保证责任的期间，事关保证人和债权人之间的债权债务能否行使或履行，也是确定保证债务和诉讼时效关系的依据，保证合同应明确约定。无此约定或约定不明确的，应当按照《民法典》第 692 条的规定处理，债权人与保证人约定的保证期间早于主债务履行期限或者与主债务履行期限同时届满的，视为没有约定；没有约定或者约定不明确的，保证期间为主债务履行期限届满之日起 6 个月。最高额保证合同对保证期间没有约定或约定不明的，如最高额保证合同约定有保证人清偿债务期限的，由主从关系决定，此类约定大多无法律拘束力，于是，保证期间应当确定为自主债务履行期限届满之日起 6 个月。没有约定债务清偿期的，保证期间为自最高额保证终止之日或自债权人收到保证人终止保证合同的书面通知之日起 6个月。

6. 双方认为需要约定的其他事项

保证合同中除了可以对被保证的主债务种类、数额，债务人履行债务的期限以及保证的方式、范围、期间等内容作出规定外，保证人和债权人还可以就双方认为需要约定的其他事项，作出约定，主要指赔偿损失的范围及计算方法、是否设立反担保等。

【实践中需要注意的问题】

在一个具体的保证合同中，没有完全具备上述条款的，尚可补正，不影响保证合同的效力。保证人和债权人在保证合同订立后，可以根据具体情况协议增加有关内容，对订立保证合同时没有规定的内容加以补充。

第六百八十五条 【保证合同的形式】

保证合同可以是单独订立的书面合同，也可以是主债权债务合同中的保证条款。

第三人单方以书面形式向债权人作出保证，债权人接收且未提出异议的，保证合同成立。

【条文精解】

保证合同为要式合同。此要式为书面形式，即保证合同既可以是单独订立的书面合同，也可以是书面订立的主债权债务合同中的保证条款。而保证合同的成立方式也可以有所变通，债权人和保证人可以协议约定保证合同的成立方式和时间。但当第三人单方以书面形式向债权人作出保证时，只要债权人接收第三人的保证书或主债权债务中的保证条款且未提出异议的，保证合同也可成立，此时法律推定债权人默示同意，因为此时债权人无附加义务而增加了权利，对债权人只会有利。

值得注意的是，《民法典》物权编第388条对于"担保合同"的一般规定没有要求书面形式："设立担保物权，应当依照本法和其他法律的规定订立担保合同。担保合同包括抵押合同、质押合同和其他具有担保功能的合同。"当然这并不代表着具有担保功能的合同都不要求书面形式。从物权编和合同编规定的各种担保物权以及具有担保功能的制度来看，抵押合同要求书面形式（第400条第1款），质押合同要求书面形式（第427条第1款），融资租赁合同要求书面形式（第736条第2款），法律明文规定的具有担保功能的制度中，只有所有权保留的买卖合同（第641条）没有强制要求书面形式。

第六百八十六条　【保证的方式】

保证的方式包括一般保证和连带责任保证。

当事人在保证合同中对保证方式没有约定或者约定不明确的，按照一般保证承担保证责任。

【立法背景】

《担保法》第19条规定，保证合同中对保证方式没有约定或者约定不明确的，按照连带责任保证承担保证责任。民法典彻底修改了这一规定，主要原因有二：第一，从比较法上来看，在承认一般保证和连带责任保证区分的立法例中，绝大部分国家均规定在没有约定或者约定不明确时，按照一般保证承担保证责任。即承认保证人有先诉抗辩权是常态，而优先选择连带责任保证的立法例较为少见。第二，没有约定或者约定不明确的按照连带责任保证承担保证责任的方式在司法实践中已经引发一定程度的混乱。实践中，尤其是在民间借贷的案件中，很多当事人是出于人情关系为他人的借款提供保证，但因为债权人实现自己的债权时首先考虑的是债务人还是保证人的财产更有利于执行的问题，所以很可能出现主债务人下落不明或有财产但不便执行时，债权人往往直接请求保证人履行保证责任而非请求债务人履行债务的情况，这样导致保证人本来只是基于人情关系为他人提供保证，但最终主债务人的财产未被执行而保证人的财产先被执行，而相对于主债务人而言，保证人的财产往往更容易被执行或变现，这样使得保证人可能落入一个相当不利的境地。并且，当保证人承担保证责任之后，又需要保证人向主债务人追偿，很可能导致保证人与主债务人之间人情关系破裂。没有如此强的履行债务必要性的保证人履行了债务的主要部分，同时又恶化了保证人与主债务人之间的关系，引发了很多现实中的混乱。连带责任是一种加重责任，对于承担连带保证责任的当事人较为严厉，对于这种加重责任，原则上应当由当事人约定或者基于极为特殊的考虑，否则动辄让当事人承担连带保证责任也是不公平的。此外，从现实情况看，推定为保证人承担连带责任，对于实体经济影响较大，实践中因推定连带保证责任，导致连环债，三角债较多，一家企业倒闭，多家企业倒闭的现象不断现出，对企业正常的生产经营和整体经济造成了较大负面影响。

基于上述原因，民法典最终选择回归民法传统，使得当事人之间没有特别约定或者约定不明时，以一般保证来处理。同时，本条是任意性规范，如果当事人选择加强对债权实现的保护，可以特别约定保证人的保证方式为连带责任保证。连带责任保证需要特别约定相当于是否承担连带责任保证需要经过保证人同意，避免保证人因不懂法律而使自己落入一个相当不利的境地；而精通法律的商事主体没有这一问题，如有需求，自然会约定为连带责任保证。

【条文精解】

保证的方式被分为一般保证和连带责任保证。一般保证，是指当事人在保证合同中约定，在债务人不能履行债务时，保证人承担保证责任的保证。连带责任保证，是指当事人在保证合同中约定保证人与债务人对债务承担连带责任的保证。这两种保证之间最大的区别在于，保证人是否享有先诉抗辩权。在一般保证的情况下，保证人享有先诉抗辩权，即一般保证的保证人在就债务人的财产依法强制执行仍不能履行债务前，对债权人可以拒绝承担保证责任。而在连带责任保证的情况下，保证人不享有先诉抗辩权，即连带责任保证的债务人在主合同规定的债务履行期届满没有履行债务的，债权人可以要求债务人履行债务，也可以要求保证人在其保证范围内承担保证责任。

上述情况表明，保证人在不同的保证方式中所处的地位不同，其利益受到法律保护的程度也有差异。一般而言，保证人在一般保证中的地位较为优越，往往并不实际承担任何责任，债务人是债务履行的第一顺序人，保证人则是债务履行的第二顺序人，保证人在债务人履行不能或者不能完全承担责任时，对债务承担补充责任。保证人在连带责任保证中的地位不太有利，只要连带责任保证的债务人在主合同规定的履行期届满没有履行债务的，债权人既可以要求债务人履行债务，也可以要求保证人在其保证范围内承担保证责任。于此情形，法律对保证人和债务人同等要求。既然如此，保证人承担何种方式的保证责任就显得十分重要，需认真对待，最好是在保证合同中明确约定。但当事人对保证方式没有约定或者约定不明确的，按照一般保证承担保证责任。

第六百八十七条 【一般保证】

当事人在保证合同中约定，债务人不能履行债务时，由保证人承担保证责任的，为一般保证。

一般保证的保证人在主合同纠纷未经审判或者仲裁，并就债务人财产依法强制执行仍不能履行债务前，有权拒绝向债权人承担保证责任，但是有下列情形之一的除外：

（一）债务人下落不明，且无财产可供执行；

（二）人民法院已经受理债务人破产案件；

（三）债权人有证据证明债务人的财产不足以履行全部债务或者丧失履行债务能力；

（四）保证人书面表示放弃本款规定的权利。

【条文精解】

一般保证，是指当事人在保证合同中约定，在债务人不能履行债务时，保证人承担保证责任的保证。一般保证与连带责任保证之间最大的区别在于保证人是否享有先诉抗辩权。在一般保证的情况下，保证人享有先诉抗辩权，又称为检索抗辩权，是指一般保证的保证人在就债务人的财产依法强制执行仍不能履行债务前，对债权人可以拒绝承担保证责任的权利。如果保证人不行使先诉抗辩权，那么债权人可以对主债务人和保证人有效地行使两个请求权，并可以同时或先后请求其为全部履行或部分履行。当然，在任何一方为部分或全部清偿时，其债务（责任）因而缩减或消灭。

由于金钱债务不存在不能履行，种类债务也大多不构成不能履行，所以在种类之债及金钱之债中，一般保证会名存实亡，先诉抗辩权变成无条件的、永不消失的权利，这违背立法目的，故此处的"不能履行"应当解释为"就债务人财产依法强制执行无效果前，对债权人可以拒绝承担保证责任"。所谓依法"强制执行无效果"，包括执行结果不能清偿债务或不足清偿债务诸情形。例如，拍卖主债务人的财产无人应买，或拍卖所得价款仅能清偿一部分债务，或主债务人虽有财产却不知其所在等。不能清偿，应指对债务人的存款、现金、有价证券、成品、半成品、原材料、交通工具等可以执行的动产和其他方便执行的财产执行完毕后，债务仍未能得到清偿的状态。

先诉抗辩权既可以通过诉讼方式行使，也可以在诉讼外行使。但按照本条第2款的规定，在下列四种情况下不得行使：第一，债务人下落不明，且无财产可供执行。债务人下落不明致债权人请求主债务人履行债务发生重大困难，而对于重大困难的判断，应综合诉讼及执行的难易程度、债务人的财产状况等客观情况进行。第二，人民法院受理债务人破产案件。债权人和债务人的纠纷经人民法院审理或者仲裁机构仲裁后，依法进入了执行程序。在执行期间，由于债务人不能清偿到期债务的，债权人或者债务人向人民法院申请债务人破产。人民法院受理了债务人的破产案件后，应当依法中止执行程序，在这种情况下，债务人的财产实际上处于冻结状况，债权人在此期间不能从主债务人处实现其债权，并且将来也极有可能如此，只有保证人实际承担保证责任才会实现债权，故法律不允许保证人行使先诉抗辩权，如果破产的债务人有保证人提供保证，债权人可以不向破产组织申报债权，而直接要求保证人承担保证责任。为了保护保证人的利益，保证人可以在债权人未向人民法院申报债权的情况下，向人民法院申报债权，直接参加破产财产的分配，预先行使追偿权。第三，债权人有证据证明债务人的财产不足以履行全部债务或者丧失履行债务能力。在此情况下，债权人在一定期间内无法从主债务人处实现债权，故只能要求保证人承担保证责任。第四，保证人书面放弃本款规定的权利。既然保证人放弃权利，则法律务必要对其特别保护，故而不允许其再主张先诉抗辩权。先诉抗辩权的放弃应当以书面形式作出，主要是为了证明保证人确实放弃该权利，同时也可以防止债权人和保证人在先诉抗辩权是否放弃问题上发生争议。

第六百八十八条 【连带责任保证】

当事人在保证合同中约定保证人和债务人对债务承担连带责任的，为连带责任保证。

连带责任保证的债务人不履行到期债务或者发生当事人约定的情形时，债权人可以请求债务人履行债务，也可以请求保证人在其保证范围内承担保证责任。

【条文精解】

连带责任保证，是指当事人在保证合同中约定保证人与债务人对债务承担连带责任的保证。债务履行期届满债务人没有履行债务的，债权人既可以要求债务人履行债务，也可以要求保证人在其保证范围内履行债务。故在连带责任保证中，保证责任已届承担期，债权人请求保证人实际承担保证责任的，保证人没有先诉抗辩权，但有主债务已适当履行或相应责任已经承担的抗辩权。连带责任保证一方面对于保证人来说承担了较重的责任，另一方面有利于保护债权人的权益。

【实践中需要注意的问题】

值得注意的是，本条的连带责任保证（理论上简称为"连带保证"）要与第 699 条规定的共同保证中的多个保证人之间承担连带责任的情形（理论上简称为"保证连带"）进行区分。本条解决的是保证人和债务人之间的关系是否是连带责任的问题；第 699 条解决的是多个保证人之间是否是连带责任的问题。因此，实际上共同保证的情形，结合本条和第 699 条，可能会出现四种不同的责任形态的排列组合：按份共同一般保证、按份共同连带保证、连带共同一般保证、连带共同连带保证。共同保证时，民法典出台前的默认规则是连带共同连带保证，民法典出台后的默认规则是连带共同一般保证。

第六百八十九条 【反担保】

保证人可以要求债务人提供反担保。

【条文精解】

所谓反担保，是指在商品贸易、工程承包和资金借贷等经济往来中，为了换取担保人提供保证、抵押或质押等担保方式，由债务人或第三人向该担保人新设担保，以担保该担保人在承担了担保责任后易于实现其追偿权的制度。除了此条关于保证中的反担保规定外，本法第 387 条第 2 款对反担保亦有规定。

关于反担保提供者的范围，无论是本条还是本法第 387 条第 2 款，都仅仅规定债务人为反担保的提供者，忽视了债务人委托第三人向原担保人提供反担保的情形。按本条侧重保护原担保人的合法权益、换取原担保人立保的立法目的和基本思想衡量，法条文本涵盖的反担保提供者的范围过于狭窄，不足以贯彻其立法目的，构成法律漏洞。对该漏洞的弥补应采取目的性扩张解释方式，将第三人提供反担保的情形纳入本条的适用范围。最高人民法院《关于适用〈中华人民共和国担保法〉若干问题的解释》第2条第1款对反担保提供者作出了这样的规定，"反担保人可以是债务人，也可以是债务人之外的其他人"，这一解释值得肯定。民法典实施后，对于反担保提供者的范围，是否沿用原来的解释有待进一步研究。

关于反担保的方式，并不是所有担保常见的五种方式均可作为反担保的方式。首先，留置权不能为反担保方式。按本条规定，反担保产生于约定，而留置权却发生于法定。留置权在现行立法中一律以动产为客体，价值相对较小，在主债额和原担保额均为巨大的场合，把留置权作为反担保的方式实在不足以保护原担保人的合法权益。其次，定金虽然在理论上可以作为反担保的方式，但是因为支付定金会进一步削弱债务人向债权人支付价款或酬金的能力，加之往往形成原担保和反担保不成比例的局面，所以在实践中极少采用。在实践中运用较多的反担保形式是保证、抵押权，然后是质权。不过，在债务人亲自向原担保人提供反担保的场合，保证就不得作为反担保的方式。因为这会形成债务人既向原担保人负偿付因履行原担保而生之必要费用的义务，又向原担保人承担保证债务，债务人和保证人合二而一的局面，起不到反担保的作用。只有债务人以其特定财产设立抵押权、质权，作为反担保的方式，才会实际起到保护原担保人的合法权益的作用。但反担保的担保方式是抵押或质押的话，抵押人或者质押人一般是第三人，若主债务人自己为担保人提供抵押或质押，是否会对遭到"既然债务人可以用自己的财产为担保人设定抵押或质押，为什么不直接就此向主债权人设定担保呢"这样的诘问？其实不会，因为被担保人认可的抵押或者质押未必就会被主债权人认可；还有，本担保设定时主债务人可能没有可供抵押的财产，尔后取得了一些财产，自然只能在本担保设立后再向担保人设立反担保。

至于实际采用何种反担保的方式，取决于债务人和原担保人之间的约定。在第三人充任反担保人的场合，抵押权、质权、保证均可采用，究竟采取何者，取决于该第三人（反担保人）和原担保人之间的约定。

设立反担保的行为是法律行为，必须符合本法总则编关于民事法律行为有效的条件。而每种反担保的方式又各有其特定的成立条件，因此，尚需符合本法物权编和合同编于相应条款规定的特定成立要件。此外，依反担保设立的目的要求，反担保的实行，应于原担保实行之后。

第六百九十条 【最高额保证】

保证人与债权人可以协商订立最高额保证的合同，约定在最高债权额限度内就一定期间连续发生的债权提供保证。

最高额保证除适用本章规定外，参照适用本法第二编最高额抵押权的有关规定。

【条文精解】

最高额保证，是指保证人和债权人签订一个总的保证合同，为一定期限内连续发生的借款合同或同种类其他债权提供保证，只要债权人和债务人在保证合同约定的期限内且债权额限度内进行交易，保证人则依法承担保证责任的保证行为。最高额保证基于保证人与债务人双方约定而产生，属于人的担保中保证的一种特殊形式，是在最高债权额限度内对一定期间连续发生的不特定同种类债权提供的保证，为现实经济活动中，特别是银行融资业务中一种较为常用的担保方式。

最高额保证的适用范围具有特定性，即可实行最高额保证担保的主债权较之普通保证具有一定的特殊性，这也是最高额保证区别于普通保证的重要特征之一。其特征具体体现为以下几个方面：

1. 不特定性

在普通保证中，被担保的主债务是现实存在的债务，且保证合同的成立，须以主债务的存在为前提。而对未来债权为保证可谓是最高额保证的基本特征之一，对于未来之债务，无须于保证债务发生时既已现实地发生，以于将来有发生之可能性为已足。即最高额保证所担保的是尚未特定化的债权，不仅在保证合同成立之时尚未发生，而且在将来能否发生也不确定。从保证合同生效之时至被担保的债权确定时，该债权不断发生、消灭，具有变动性、代替性。因此，最高额保证担保的并非全部是尚未发生的债权，但至少有部分或全部是将来可能发生的债权，只要其所担保的债权在决算日前是不确定的即可。

2. 连续性

普通保证中，主债务的发生通常是基于一个合同，而最高额保证所担保的是连续发生的一系列债务。最高额保证所担保的主合同债权是由几个连续发生的合同债权组成，各个债权之间既具备内在的联系，又可以相互独立存在。

3. 期间性

根据债法基本原理，债务人承担债务的前提是债务的内容具有特定性。债务的内容由当事人协商确定，或者由法律规定。每一个具体的债务，都有具体和确定的标的及其质量、数量、履行期限等内容，使之特定化。由于最高额保证担保的主债务是属于未来的、连续性债务，具有不确定性，基于保证债务的从属性，如果不限制主债务的发生期间，不仅无法使保证债务特定化，也使得保证人好比被套上无期限的"法锁"，无法预知何时方能解脱，既不利于债权人获得清偿，对保证人也实为不利。因而最高额保证所担保的债权，须在规定期间内发生。

4. 同质性

最高额保证担保的债权系列并非多个任意债权的组合，它们必须是同种类债权，产生于同一性质的法律关系，在该法律关系中债务人对债权人承担同一性质的给付义务。

第二节　保证责任

第六百九十一条 【保证的范围】

保证的范围包括主债权及其利息、违约金、损害赔偿金和实现债权的费用。当事人另有约定的，按照其约定。

【条文精解】

保证责任范围，是指保证人所担保的债权范围，也是保证人承担保证责任的范围。本条内容包括以下两层含义：

1. 保证范围的一般界定（法定保证范围）

保证范围一般包括主债权及其利息、违约金、损害赔偿金和实现债权的费用。

主债权，即主合同所确立的债权，这是保证范围的主要部分，当事人设立保证合同，就是为了担保主债权的实现。一方面，主债权首先属于保证人担保责任的范围，因此，在主债务人不履行债务的情况下，保证人首先应当代主债务人履行债务。但这并不意味着，保证责任仅限于代主债务人履行债务，在债务人不履行债务的情况下，由保证人代主债务人赔偿债权人全部期待利益的损失，足以代替实际履行，也可以达到代主债务人履行债务的目的。另一方面，将保证人的责任仅限于代主债务人履行债务，可能会过分加重保证人的负担，也可能会增加各种履行费用和不必要的开支，也不利于法院的执行。因此，保证人的责任是担保主债权的实现，而主债权的实现方式可以是多样的，除一些必须履行是必要的情况以外，不必强制要求保证人代主债务人实际履行债务。

利息，即主债权所产生的利息，有法定利息和约定利息两种。法定利息是法律直接规定的利息，如迟延履行所生之利息，它由主债权所派生，当属保证范围之内；约定利息是当事人专门约定的利息，它也从属于主债权，并以主债权作为计息基础，当事人虽然可以自行约定利率，但是该利率必须符合法律规定，超过法律规定部分的利息无效，对于超出法定幅度的高利贷，法律不能予以保护，也不能成为保证的对象。

违约金，是指由当事人通过协商预先确定的、在违约后一方向另一方支付一定数额的金钱。违约金具有从合同的性质，它以主合同的生效为前提条件，违约金是违反有效合同所产生的责任，在合同根本不存在的情况下，自然谈不上违约金的适用问题，也不应使保证人承担此种责任。通常而言，合同当事人都会对违约金作出约定，违约金纳入保证担保的范围之内，这也是普通保证人可以预见到的。所以，在没有约定违约金的情况下，也应当推定保证人要对违约金负责。但是，当事人亦可在保证合同中将其排除在保证责任的范围之外。

损害赔偿金，是指一方违约时应当向另一方承担的损害赔偿责任。在担保关系中，担保的对象也包括损害赔偿金。因为损害赔偿金是在违约情况下对非违约方的重要补救方式，故而也应当将其纳入担保的范围。如果保证人是对侵权之债提供保证，则侵权损害赔偿金属于主债权的范畴，并不属于本条所规定的"损害赔偿金"。

实现债权的费用，包括诉讼费用，申请扣押、执行等的费用。实现债权的费用与主债权之间存在密切联系，而且是实现主债权过程中通常会产生的必要支出，所以，要求保证人对该费用负责并不会对保证人造成过重的负担。

2.保证合同对保证范围另有约定者，从其约定

保证范围是保证合同的一项内容，保证人可以随意约定保证范围，约定范围既可大于上述法定范围，也可等于或小于上述法定范围。约定范围与法定范围不一致的，适用约定范围，即约定范围优于法定范围。

第六百九十二条 【保证期间】

保证期间是确定保证人承担保证责任的期间，不发生中止、中断和延长。

债权人与保证人可以约定保证期间，但是约定的保证期间早于主债务履行期限或者与主债务履行期限同时届满的，视为没有约定；没有约定或者约定不明确的，保证期间为主债务履行期限届满之日起六个月。

债权人与债务人对主债务履行期限没有约定或者约定不明确的，保证期间自债权人请求债务人履行债务的宽限期届满之日起计算。

【立法背景】

在民法典立法过程中，是否应当保留保证期间制度是一个争议问题。基于以下考虑，最终选择保留现有的保证期间制度：第一，保证期间可以限制保证人的责任。保证期间确定了保证人承担责任的期限，这不仅有利于明确保证人的责任范围，而且有助于合理限制保证人的责任，从而避免保证人无限期地承担责任。第二，督促主债权人行使权利。保证期间直接关系到保证责任的承担，即保证人只需在保证期间内负保证责任，而债权人也只能在保证期间内请求保证人承担保证责任。保证期间经过，则债权人无权向保证人提出请求，债权人没有在该期间内主张权利，则保证人不再承担责任。

此外，根据最高人民法院《关于适用〈中华人民共和国担保法〉若干问题的解释》第32条的规定："保证合同约定的保证期间早于或者等于主债务履行期限的，视为没有约定，保证期间为主债务履行期届满之日起六个月。保证合同约定保证人承担保证责任直至主债务本息还清时为止等类似内容的，视为约定不明，保证期间为主债务履行期届满之日起二年。"民法典修正了这一规定，对于约定的保证期间早于主债务履行期限或者与主债务履行期限同时届满的"视为没有约定"情形与"约定不明确"的情形作了统一处理，两种情况下保证期间均为主债务履行期限届满之日起6个月。

【条文精解】

保证期间为确定保证人承担保证责任的期间，事关保证人和债权人之间的债权债务能否行使或履行，也是确定保证债务和诉讼时效关系的依据。保证期间可以是法定期间，也可以是约定期间。如果债权人请求保证人承担保证责任超过该期间，则保证人无须再承担保证责任。如果当事人没有就保证期间作出特别约定，则可以适用法定期间。保证合同中之所以要规定保证期间，是因为保证期间可以起到督促债权人主张权利、限制保证人责任的作用。

保证期间具有如下特征：第一，保证期间是就保证责任的承担所设定的期间。从性质上说，保证期间是确定保证人承担保证责任的期间，它既非保证合同的有效期间，也非附期限合同中的期限，而仅仅是针对保证责任的承担所设定的期限。第二，保证期间由当事人约定或法律规定。保证期间可以由法律作出明确规定，也可以由当事人通过特别约定确定，在当事人没有约定或约定不明时，才适用法律规定的保证期间。保证期间设立的目的在于限制保证人的责任、保障保证人的利益，当事人可以就保证期间作出特别约定，按照私法自治的原则，此种约定应当有效。第三，保证期间是保证合同的组成部分。保证合同的当事人可以就保证期间作出约定，只要此种约定不违反法律的强制性规定，该约定就是有效的，其应当成为保证合同的重要组成部分。

本条第 3 款规定了主债务履行期限没有约定或约定不明确的情况下保证期间的起算问题，此时保证期间自债权人请求债务人履行债务的宽限期届满之日起计算。

第六百九十三条 【保证责任的免除】

一般保证的债权人未在保证期间对债务人提起诉讼或者申请仲裁的，保证人不再承担保证责任。

连带责任保证的债权人未在保证期间请求保证人承担保证责任的，保证人不再承担保证责任。

【条文精解】

保证期间届满的法律效果，是指在保证期间内，如果债权人没有向保证人或者主债务人主张权利，将导致保证责任消灭，债权人无权请求保证人承担保证责任。但保证期间届满要产生此种效果，其前提是债权人没有在该期间内请求保证人承担保证责任，在此需要区分一般保证和连带责任保证。

对于一般保证而言，由于保证人依法享有先诉抗辩权，法律将债权人在保证期间内要求债务人偿债（提起诉讼或者申请仲裁）作为要求保证人承担保证责任的法定方式。如果债权人在合同约定的保证期间内或没有约定及约定不明时在 6 个月内不向主债务人提起诉讼或者申请仲裁，则保证人的保证责任免除。

而对于连带责任保证而言，本条规定连带责任保证的债权人未在保证期间对保证人主张承担保证责任的，保证人不再承担保证责任。这是由于在连带责任保证中，在主债务履行期间届满后，债权人可以直接请求保证人承担保证责任，保证人也必须承担保证责任，因而在连带责任保证期间以内，债权人未对保证人提出请求，保证期间经过的，保证责任将发生消灭。

保证期间届满将导致保证责任消灭。在此情形下，尽管主债务依然存在，但债权人只能向主债务人请求清偿债务，而不能请求保证人承担保证责任。由此可见，保证期间和诉讼时效的区别在于，保证期间届满会导致权利本身的消灭，而不仅仅导致抗辩权的产生；而时效届满的后果仅仅是义务人可以据此提出抗辩。无论是一般保证或是连带责任保证，保证期间的经过都发生保证责任消灭的后果。

> **第六百九十四条 【保证责任诉讼时效】**
>
> 一般保证的债权人在保证期间届满前对债务人提起诉讼或者申请仲裁的，从保证人拒绝承担保证责任的权利消灭之日起，开始计算保证债务的诉讼时效。
>
> 连带责任保证的债权人在保证期间届满前请求保证人承担保证责任的，从债权人请求保证人承担保证责任之日起，开始计算保证债务的诉讼时效。

【立法背景】

最高人民法院《关于适用〈中华人民共和国担保法〉若干问题的解释》第36条规定，"一般保证中，主债务诉讼时效中断，保证债务诉讼时效中断"，这一规定存在逻辑错误，在主债务诉讼时效中断的时候，保证债务的诉讼时效尚未计算，所以保证债务的诉讼时效中断一说无从谈起。故本条第1款对此作出修改。

【条文精解】

保证债务的诉讼时效，是指当债权人请求保证人履行保证债务，经过法定的时效期间即丧失获得法院强制执行保证人承担保证责任的权利。该时效期间适用本法总则编关于诉讼时效的规定。在本条中确认保证债务的诉讼时效的意义在于：债权人在保证期间内向主债务人或保证人主张权利后，保证期间即失去意义，保证人不能主张保证期间的抗辩，但在此情况下，保证债务也不能一直存续，否则将使保证人承担过重的责任，因此，法律上确认保证债务可适用单独的诉讼时效。从法理上而言，保证期间是债权人选择是否要求保证人承担保证责任的期间，如果债权人要求保证人承担保证责任，则导致保证之债的出现，保证之债与普通的债务无异，理应存在时效问题。

保证合同诉讼时效的设立，使保证人享有两种期限利益：一是保证期间利益；二是时效利益。如果债权人未在保证期间内向主债务人或保证人主张权利，保证人可以免责。如果债权人在保证期间内主张了权利，但在此后诉讼时效期间内未向保证人要求承担保证责任，则诉讼时效届满，保证人也可以行使保证合同时效抗辩权而无须承担责任。保证期间与保证合同诉讼时效虽然都是权利行使的期限，但两者之间存在以下区别：

第一，是否可以由当事人自由约定不同。保证期间既可以是约定的，也可以是法定的，如果当事人约定了保证期间，则该期间为约定期间，将优先于法定期间而适用；而诉讼时效是法定的，当事人不能另行约定。

第二，期限长短不同。诉讼时效期间一般是 3 年，而法定保证期间是 6 个月，当事人也可以自由约定保证期间。因为保证期间过长，对保证人也是极为不利的。保证期间短于时效期限，可以督促债权人向保证人及时主张权利，一旦债权人怠于行使权利，则保证人将被免责，这显然对保证人是有利的。

第三，期限是否可以变更不同。诉讼时效可能因为法定事由的存在而出现中止、中断的情形，而保证期间不发生中止、中断和延长。

第四，起算点不同。一般保证的债权人在保证期间届满前对债务人提起诉讼或者申请仲裁的，从保证人拒绝承担保证责任的权利消灭之日起算保证债务的诉讼时效。连带责任保证的债权人在保证期间届满前请求保证人承担保证责任的，从债权人请求保证人承担保证责任之日起算保证债务的诉讼时效。与保证之债诉讼时效的起算与保证方式有关不同，法定保证期间自主债务履行期限届满之日起计算，如果主债务履行期没有约定或约定不明，保证期间自债权人请求债务人履行债务的宽限期届满之日起计算。

第五，期限届满的后果不同。保证期间届满，债权人未在该期间内主张权利，保证责任消灭；而诉讼时效届满，如果债权人向保证人提出承担保证责任的请求，保证人有权提出时效抗辩。

本条第 2 款是对连带责任保证的保证债务诉讼时效起算的规定。不同于一般保证，连带责任保证中债权人对债务人或保证人主张债权并无先后次序之分，债权人可以要求债务人履行主债务，也可以要求保证人履行其保证责任，保证人不能以债权人尚未对债务人主张债务而拒绝履行保证责任。所以在连带责任保证中，债权人在保证期间届满前要求保证人履行保证责任之时，才系保证责任的诉讼时效开始之日。但此处有两点值得注意：第一，债权人要求保证人履行保证责任的方式，并不仅限于诉讼与仲裁，还包括其他的非司法途径，比如口头催告、书面告知等，但实务中一般采用书面的方式请求保证人履行保证责任，因为书面的方式更加易于举证；第二，债权人需要向保证人要求履行保证责任，才构成保证债务诉讼时效的开始，而债权人向债务人要求履行债务，并不构成保证债务诉讼时效的开始。

第六百九十五条 【主合同变更对保证责任的影响】

债权人和债务人未经保证人书面同意，协商变更主债权债务合同内容，减轻债务的，保证人仍对变更后的债务承担保证责任；加重债务的，保证人对加重的部分不承担保证责任。

债权人和债务人变更主债权债务合同的履行期限，未经保证人书面同意的，保证期间不受影响。

【条文精解】

合同变更，是债的变更的主要形式，它有广义和狭义两种含义。广义的合同变更，是指合同的内容和主体发生变化。狭义的合同变更，是指在合同的主体保持不变的情况下，合同的内容发生变更。具体来说，是指在合同成立以后，尚未履行或尚未完全履行之前，当事人就合同的内容达成修改和补充的协议，或者依据法律规定请求法院或者仲裁机构变更合同内容。本法所采纳的合同变更是狭义上的合同变更，即合同内容的变更。本法合同编第六章严格区分了合同的变更和转让，当事人的变更属于合同转让的范畴，而合同内容的变更属于合同的变更。

主债权债务合同变更后，原由保证人承担的保证范围可能发生变化，由此可能加大保证人的责任，这于保证人而言是十分不利的。因此，法律要求债权人与债务人协议变更主债权债务合同时，需要取得保证人的书面同意。保证人书面同意，意味着他愿意为变更后的合同内容提供保证。否则，在未取得保证人书面同意的情况下，减轻债务的，保证人仍对变更后的债务承担保证责任，而加重债务的，保证人对加重的部分不承担保证责任。这改变了

《担保法》第 24 条中协议变更主合同"未经保证人书面同意的，保证人不再承担保证责任"的规定，更加符合维护保证人利益的原则。

本条第 2 款规定主债权债务合同履行期限变更"未经保证人书面同意的，保证期间不受影响"，该款亦是对于保证人利益的维护。根据本法第 692 条的规定，保证期间与主债务履行期限密切相关。保证期间可以由当事人自主约定，但约定的保证期间如早于主债务履行期限或者与主债务履行期限同时届满的，视为没有约定；没有约定或者约定不明确的，保证期间为主债务履行期限届满之日起 6 个月。如果债权人和债务人在未经保证人书面同意的情况下变更主债权债务合同的履行期间，可能会对保证人的保证期间利益带来不利影响，因此作出了上述规定。但需要特别指出的是，未经保证人书面同意的主债权债务合同履行期限变更，未必一定给保证人带来保证期间上的不利影响，但本款未像第 1 款那样作出"有利变更则有效，不利变更则无效"的规定。

第六百九十六条 【债权转让对保证责任的影响】

债权人转让全部或者部分债权，未通知保证人的，该转让对保证人不发生效力。

保证人与债权人约定禁止债权转让，债权人未经保证人书面同意转让债权的，保证人对受让人不再承担保证责任。

【条文精解】

按照民法一般原理，合同当事人有权将合同的权利转让给第三人。合同的权利全部转让给第三人的，该第三人取代原当事人在合同中的法律地位。合同的权利部分转让给第三人的，该第三人相应取代原当事人在合同中的法律地位。

保证合同是主合同的从合同。保证人提供的保证是对主债权的担保。主合同当事人转让债权不因保证人提供保证而受影响。本法第 547 条第 1 款规定："债权人转让债权的，受让人取得与债权有关的从权利，但是该从权利专属于债权人自身的除外。"本条第 1 款规定债权人将全部或者部分债权转让给第三人，通知保证人后，保证人对受让人承担相应的保证责任。保证人对受让人所承担的保证责任，应该是在原保证范围内，除非保证人与受让人有另外的约定。这表明，债权人依法转让主债权的法律行为不影响保证人保证责任的承担。这是因为保证的法律效果是担保主债权的实现，而并非保证人专为特定主债权人作担保。原来的主债权人将债权转让给了第三人，虽然由该第三人全部或者部分地承受了原主债权人的法律地位，但是保证人所担保实现的主债权并未发生改变，债权的转让并不影响主债务人履行原有的债务，同时，保证人的保证责任也并未因此而加重。

但债权转让不影响保证责任的承担也并非没有限制。首先，主债权人向第三人转让债权的行为必须是在保证期间届满前作出的，否则，保证期间已经届满，保证人的保证责任也就归于消灭。其次，债权转让后，保证人是在原保证范围内继续承担保证责任。主债权转让时对主债权及其从属权利所作的改变，应遵守本法合同编第 695 条的规定。最后，参照本法合同编第 546 条第 1 款规定："债权人转让债权，未通知债务人的，该转让对债务人不发生效力。"债权人转让债权必须通知保证人，保证人接到转让通知后才能够向受让人承担保证责任。若未通知，保证人并不知道作为新的债权人的受让人的存在，对其当然不承担保证责任。

但本条规定并不排除保证合同当事人之间对此进行另外的约定，如本条的第 2 款即规定，保证人可以与债权人约定仅对特定的债权人承担保证责任或者禁止债权转让等。当保证人与债权人有这些约定时，债权人就要受到该意思自治的约束。"受意思自治的约束"并不意味着债权人不能转让主债权。债权人仍然可以将自己的债权转让给他人，只是这种行为违反了保证合同的约定，是对保证人的违约，若未能征得保证人的书面同意，其后果是保证人不再承担保证责任。本款同时也是本法第 547 条第 1 款"债权人转让债权的，受让人取得与债权有关的从权利，但是该从权利专属于债权人自身的除外"中但书部分的具体化情形。

第六百九十七条 【债务承担对保证责任的影响】

债权人未经保证人书面同意，允许债务人转移全部或者部分债务，保证人对未经其同意转移的债务不再承担保证责任，但是债权人和保证人另有约定的除外。

第三人加入债务的，保证人的保证责任不受影响。

【条文精解】

债务承担，是指在不改变债务内容的情况下移转债务，由第三人承担了原债务人的债务。债务承担可以分为免责的债务承担和并存的债务承担。免责的债务承担，即第三人代替原债务人成为新债务人，原债务人的债务消灭。并存的债务承担，即第三人成为连带债务人，与原债务人共同承担债务。两种债务承担都会对保证人的责任产生影响，本条第1款规定免责的债务承担对保证责任的影响，第2款规定并存的债务承担对保证责任的影响。

此条源自《担保法》第23条："保证期间，债权人许可债务人转让债务的，应当取得保证人书面同意，保证人对未经其同意转让的债务，不再承担保证责任。"第三人提供担保财产一般是基于其与债务人之间的特殊信任关系或者对债务人的资产、信誉有所了解。所以，在担保关系中，一旦未经保证人同意，债务人擅自转移债务的，将给保证人带来较大风险，因为提供担保财产的第三人对新的债务人可能一无所知。设立担保物权虽主要是为保障债权的实现，但也要照顾到保证人的利益，特别是当保证人是债务人以外的第三人时，如何平衡保证人、担保物权人和债务人三者的利益就很重要。本条对债权人的权利行使进行了限制，明确规定，未经保证人书面同意，债权人允许债务人转移全部或者部分债务的，保证人对未经其同意转移的债务不再承担保证责任。这种限制不但是对保证人利益的保护，同时也是对债权人利益的保护。本规定较好地平衡了保证人、债务人和债权人的利益。

正确理解本条应当注意以下几点：一是债权人允许债务人转移债务必须经保证人书面同意。如果不是书面形式，而是其他形式，视为不存在担保人的同意。根据法律规定，书面形式，是指合同书、信件和数据电文（包括电传、电报、传真、电子数据交换和电子邮件）等可以有形地表现所载内容的形式。二是本条规定的债务转移不但包括债务人将债务全部转移给他人，也包括将部分债务转移给他人。债权人许可债务人部分转移的，原债务人并不退出债务关系，只是其所应承担的债务额发生减少，新债务人与原债务人共同向债权人承担债务。部分转移债务的也必须经担保人同意，否则担保人对转移出去的部分债务不承担担保责任。三是未经担保人书面同意，债权人许可债务人转移全部债务的，可以免除担保人全部担保责任；债权人许可债务人转移部分债务的，可以免除担保人部分的担保责任，担保人不得要求免除全部担保责任。

债权让与只规定债务加重需要经过保证人书面同意，这是由于除了具有人身专属性的特别情形，对于保证人来说，对哪个债权人来承担保证责任，其实是没有那么重要的，因为债务人无法履行债务才是最关键的事情。但是在免责债务承担的情形下，债务转出的部分若要保证人继续承担保证责任需要经过保证人的书面同意，因为债务承担会影响保证人的权益，债务转移导致相应部分债务人更换，而债务人的偿债能力会影响保证人的权益。债务人的责任承担能力，对于保证人是否会承担保证责任以及最后的追偿权能否实现，都是极其重要的。

本条第 2 款应结合第 552 条进行解释，该条规定："第三人与债务人约定加入债务并通知债权人，或者第三人向债权人表示愿意加入债务，债权人未在合理期限内明确拒绝的，债权人可以请求第三人在其愿意承担的债务范围内和债务人承担连带责任。"第三人加入债务，债务人的整体责任承担能力只会增加而不会有所减损，对保证人的权益不会有影响，只会更有利于保证人，因此不需要保证人书面同意，保证人按照原来的约定继续承担保证责任。

第六百九十八条　【一般保证人保证责任的免除】

　　一般保证的保证人在主债务履行期限届满后，向债权人提供债务人可供执行财产的真实情况，债权人放弃或者怠于行使权利致使该财产不能被执行的，保证人在其提供可供执行财产的价值范围内不再承担保证责任。

【条文精解】

本条规定在保证人向债权人提供债务人可供执行财产的真实情况时，债权人放弃或怠于行使其债权，导致债务人财产无法执行时，保证人可以在相应范围内免责。此条是对保证人权利的重要保护，源自最高人民法院《关于适用〈中华人民共和国担保法〉若干问题的解释》第 24 条，该条规定："一般保证的保证人在主债权履行期间届满后，向债权人提供了债务人可供执行财产的真实情况的，债权人放弃或者怠于行使权利致使该财产不能被执行，保证人可以请求人民法院在其提供可供执行财产的实际价值范围内免除保证责任。"

此条适用于一般保证的情形。所谓一般保证，是指当事人在保证合同中约定，在债务人不能履行债务时，保证人承担保证责任的保证。区别于连带保证，一般保证情况下保证人享有先诉抗辩权，即一般保证的保证人在主合同纠纷未经审判或者仲裁，并就债务人财产依法强制执行仍不能履行债务前，对债权人可以拒绝承担保证责任。

一般保证情形下，债权人需要在对债务人财产执行不能之后，才能主张保证人承担保证责任，也就是说债务人财产执行不能时，保证人有承担责任的义务。本条规定如果债权人自己放弃或者怠于行使权利，致使债务人相应财产执行不能，此时是债权人自己的原因导致对债务人财产执行不能，因此保证人可以在相应范围内免责。

连带保证，是指当事人在保证合同中约定保证人与债务人对债务承担连带责任的保证。在连带保证中，由于债权人对债务人和保证人请求承担责任的主张没有先后顺序，债权人可自主决定请求债务人或是连带保证人承担全部或部分责任，因此本条规定不适用于连带保证的情形。

第六百九十九条 【共同保证】

同一债务有两个以上保证人的，保证人应当按照保证合同约定的保证份额，承担保证责任；没有约定保证份额的，债权人可以请求任何一个保证人在其保证范围内承担保证责任。

【条文精解】

共同保证，是指两个或两个以上的保证人为同一债务而向债权人所提供的担保。共同保证是相对于一人保证而言的，它是指数人为一人担保。例如，甲乙丙三人共同为债务人的借款提供担保。由于在共同保证中，有多个保证人为主债权提供担保，因而能够为债权的实现提供更有力的保障。具体来说，其特点主要表现在：第一，数个保证人为主债务人提供担保。共同保证的主要特点是保证人为数人，共同为同一债务提供保证。第二，数个保证人必须为同一债务提供担保。一方面，共同保证所担保的债务必须具有同一性，如果数个保证人虽然为同一债务人作保，但保证的债务不同，则仍然属于分别的保证。另一方面，共同保证强调债务的同一性，就债务人而言，既可以是单个的债务人，也可以是数个债务人，但债务应当是同一债务。第三，共同保证人的责任可以是连带的，也可以是按份的。共同保证既可以是按份共同保证，也可以是连带共同保证。这两种保证的主要区别在于：在债务人不履行债务时，债权人的选择权是否受到限制。如果采取连带责任保证，则债权人既可以选择向债务人行使权利，也可以向各个保证人行使权利。

【实践中需要注意的问题】

此条所规定的共同保证，不管是按份共同保证还是连带共同保证，与一般保证、连带责任保证是完全不同的概念。一般保证和连带责任保证定义的是保证人和主债务人之间的关系，而本条所涉及的共同保证是保证人之间的相互关系。一般保证的情形下，保证人享有先诉抗辩权，一般保证的保证人在主合同纠纷未经审判或者仲裁，并就债务人财产依法强制执行仍不能履行债务前，对债权人可以拒绝承担保证责任；连带责任保证情形下，保证人和主债务人是连带关系，债权人可以任意选择向主债务人或者保证人请求承担责任，保证人不享有先诉抗辩权。

此条所涉及的按份共同保证和连带共同保证定义的是多个保证人之间的关系，因此对于共同保证来说，多个保证人之间的关系有按份和连带两种可能。多个保证人之间的关系，结合保证人和主债务人之间的两种关系，会产生四种保证责任承担方式。

第一，连带共同连带保证。债务人和保证人之间的关系为连带责任保证，多个保证人之间也为连带共同保证，因此债务履行期限届满时，债权人既可以请求债务人承担全部或部分责任，也可以请求多个保证人中任何一个保证人承担全部或部分责任。

第二，连带共同一般保证。债务人和保证人之间为一般保证关系，保证人享有先诉抗辩权，因此债务履行期限届满时，债权人需要先请求债务人承担责任，在债务人财产执行不能时，可请求保证人承担责任，由于多个保证人之间的关系为连带共同保证，此时债权人可选择请求其中任意一个保证人承担全部或者部分责任。

第三，按份共同连带保证。债务人和保证人之间的关系为连带责任保证，多个保证人之间为按份共同保证，债务履行期限届满时，债权人可选择请求债务人或者保证人承担全部或者部分责任，但在请求多个保证人承担责任时，由于多个保证人之间为按份共同保证，债权人需要按照约定的份额请求保证人承担责任。

第四，按份共同一般保证。债务人和保证人之间为一般保证关系，保证人享有先诉抗辩权，多个保证人之间为按份共同保证。因此债务履行期限届满时，债权人需要先请求债务人承担责任，在债务人财产执行不能时，可请求保证人承担责任，且债权人需要按照约定的份额请求多个保证人按份额承担责任。

但是，连带共同保证的情形存在两种可能性，真正连带和不真正连带，两者区别在于多个保证人之间是否有相互追偿权，此处应和物权编关于混合共同担保的相关规则作一体化解释。民法典立法过程中，关于混合共同担保人之间是否有追偿权存在争议，也即提供物的担保的第三人和保证人之间是否有相互追偿权。比如一个担保人以房屋提供物的担保，另一个担保人提供人保，债权人请求其中任何一个担保人承担全部责任之后，提供物的担保的第三人是否可以向保证人追偿，反之亦然。物权法制定的时候，原则上就确定了混合共同担保人之间没有相互追偿权的规则。此次民法典编纂中曾经尝试在混合共同担保的多个保证人之间引入追偿权，但最终综合考虑，仍然延续了混合共同担保人之间没有相互追偿权的规则。

那么在此条所涉的人的担保中，多个保证人之间有无相互追偿权应与混合共同担保作体系化解释，人保中的多个保证人之间也不应该有相互追偿权，除非当事人特别约定。如何界定当事人之间的特别约定，可以结合本法第519条关于多数人之债的规定："连带债务人之间的份额难以确定的，视为份额相同。实际承担债务超过自己份额的连带债务人，有权就超出部分在其他连带债务人未履行的份额范围内向其追偿，并相应地享有债权人的权利，但是不得损害债权人的利益。其他连带债务人对债权人的抗辩，可以向该债务人主张。"这样，在连带共同保证情形下，若多个保证人之间明确约定为连带共同保证的时候，可以参照适用第519条关于连带债务的规则，保证人相互之间有追偿权；若当事人之间没有约定，则按照第699条的规定，"没有约定保证份额的，债权人可以请求任何一个保证人在其保证范围内承担保证责任"，此时为不真正连带，保证人之间不可相互追偿。也即若当事人之间明确约定为连带共同保证，才能适用关于连带债务追偿权的规则，若当事人之间未特别约定成连带共同保证，此时由于是不真正连带，保证人相互之间就没有追偿权。如此规定的原因在于：若多个保证人之间没有特别的意思联络，意味着他们之间偶然性共同为债权人提供担保，在相互之间没有特别意思联络的情况下，保证人之间相互追偿缺乏法律上的请求权基础。

故多个保证人之间的关系，实际上是三种情形：明确约定为按份共同保证；明确约定为连带共同保证，此时为真正连带；没有约定保证份额，但适用第699条所说"没有约定保证份额的，债权人可以请求任何一个保证人在其保证范围内承担保证责任"的不真正连带共同保证，债权人可以请求任何一个保证人要求其承担全部保证责任，保证人承担保证责任之后可以向债务人追偿，但是多个保证人之间没有相互追偿权。

第七百条 【保证人的追偿权】

保证人承担保证责任后，除当事人另有约定外，有权在其承担保证责任的范围内向债务人追偿，享有债权人对债务人的权利，但是不得损害债权人的利益。

【条文精解】

保证人的追偿权，又称保证人的求偿权，是指保证人在承担保证责任后，可以向主债务人请求偿还的权利。保证人承担保证责任，对债权人与保证人之间的关系来说，形式上属于清偿自己的债务，但对主债务人和保证人之间的关系而言，实质上仍然属于清偿他人（主债务人）的债务。于是，自然有保证人承担保证责任后向债务人追偿的必要。

保证人行使追偿权必须具备以下几项要件：

1. 必须是保证人已经对债权人承担了保证责任

此处所谓对债权人承担了保证责任，包括保证人代债务人向债权人为主债关系中的给付义务的清偿，或向债权人承担损害赔偿责任，保证人向债权人为代物清偿或以物抵债，或抵销，或提存。保证人的追偿，必须限于自己有所给付，致使有偿地消灭主债务人对于债权人的责任。假如自己毫无给付，仅因其尽力致使主债务消灭，如说服债权人，使债权人免除主债务人的债务，则不得向主债务人追偿。

2. 必须使主债务人对债权人因保证而免责

如果主债务人的免责不是由保证人承担保证责任的行为引起的，那么保证人就没有追偿权。再者，在保证人的给付额高于主债务人的免责额时，如以价值超过主债务数额之物抵债或者代物清偿，保证人只能就免责额追偿，在保证人的给付额低于主债务人的免责额时，保证人只能就给付额追偿。

3. 必须是保证人没有赠与的意思

这是保证人的追偿权的消极要件，保证人在形式追偿权时不必就此举证。

第七百零一条 【保证人的抗辩权】

保证人可以主张债务人对债权人的抗辩。债务人放弃抗辩的，保证人仍有权向债权人主张抗辩。

【条文精解】

保证人享有主债务人所享有的抗辩权，是指在主债权人请求保证人承担保证责任时，保证人有权主张主债务人对债权人享有的各项抗辩权，这也是保证从属性的重要体现。

依据本条规定，凡是主债务人所享有的抗辩权，保证人都能主张，这些抗辩包括：主合同未生效的抗辩、主合同无效的抗辩、主合同已经终止的抗辩、主合同已过诉讼时效的抗辩、抵销抗辩，以及主债务人享有的各类抗辩权（包括同时履行抗辩权、不安抗辩权和先履行抗辩权）。例如，如果保证所担保的主合同的债权人与债务人之间符合法定的抵销条件，或者双方经过约定形成抵销的合意，则债务人对债权人享有抵销权。在发生抵销的情形时，保证人有权向主债权人主张仅就剩余的债权承担保证责任。

应当指出的是，即使主债务人放弃这些抗辩权，保证人仍然可以主张。这是因为，这些抗辩权既是主债务人享有的抗辩权，也是法律赋予保证人的抗辩权，主债务人放弃此类抗辩权不应当对保证人的抗辩权产生影响。同时，保证人只有通过行使债务人的抗辩权，才能依法保护自己的权益。

第七百零二条 【保证人拒绝履行权】

债务人对债权人享有抵销权或者撤销权的，保证人可以在相应范围内拒绝承担保证责任。

【条文精解】

债务人享有对债权人的抵销权或者撤销权，保证人也可以在相应范围内免责。这是保证人所享有的权利之一。本条应与第701条作体系解释，都是对保证人权利的具体规定。

保证合同是单务、无偿的合同，保证人对债权人不享有请求给付的权利，所享有的是抗辩权或其他防御性权利，包括如下几种类型：

1. 主张债务人权利的权利

保证具有附从性，因而主债务人对于债权人所有的抗辩或其他类似的权利，保证人均主张。

（1）关于主债务人的抗辩权。该抗辩权主要有三类：第一，权利未发生的抗辩权。例如，主合同未成立，保证人对此不知情，于此场合，保证人可对债权人主张主债权未成立的抗辩。第二，权利已消灭的抗辩权。例如，主债权因适当履行而消灭。保证人可对债权人主张权利已消灭，拒绝债权人的履行请求。第三，拒绝履行的抗辩权。例如，时效完成的抗辩权同时履行抗辩权、不安抗辩权、先履行抗辩权等。即使债务人放弃上述抗辩权，保证人也有权主张，因为保证人主张主债务人的抗辩权并非代为主张，而是基于保证人的地位而独立行使。

（2）关于主债务人的其他类似权利。这里的其他类似权利包括撤销权和抵销权，在撤销权方面，例如，在主债务人对其主合同有抵销权时，保证人对债权人可以拒绝履行，也就是保证人可以把主债务人的撤销权作为自己抗辩的事由。

2. 基于保证人的地位而特有的抗辩权

基于保证人的地位而特有的抗辩权，在实体法上即先诉抗辩权，一般保证的保证人享有此权。在第 687 条部分对先诉抗辩权有详细阐释，此处不再赘述。

3. 基于一般债务人的地位应有的权利

在保证关系中，保证人是债务人，因而一般债务人应有的权利，保证人也应享有。例如，在保证债务已经单独消灭时，保证人有权主张；在保证债务未届清偿期场合，保证人有权抗辩；在保证合同不成立、无效或被撤销致使保证债务不存在时，保证人有权拒绝履行保证债务；在保证债务罹于诉讼时效时，保证人亦可拒绝负责。

第十四章 租赁合同

第七百零三条 【租赁合同的定义】

　　租赁合同是出租人将租赁物交付承租人使用、收益，承租人支付租金的合同。

【条文精解】

　　本条规定，租赁合同是出租人将租赁物交付承租人使用、收益，承租人支付租金的合同。从这条规定中可以看出，租赁合同有以下特征：

　　1. 租赁合同是转移财产使用权的合同

　　租赁合同是一方当事人（出租人）将租赁物有限期地交给另一方当事人（承租人）使用，承租人按照约定使用该租赁物并获得收益。在租赁的有效期内，承租人可以对租赁物占有、使用、收益，而不能任意处分租赁物。当租赁合同期满，承租人要将租赁物返还出租人。因此，租赁合同只是将租赁物的使用权转让给承租人，而租赁物的所有权或处分权仍属于出租人。租赁合同的这一特征区别于买卖合同和赠与合同。买卖合同是出卖人转移标的物的所有权于买受人的合同。赠与合同是赠与人将自己的财产给予受赠人。这两类合同都是以转移财产的所有权为基本特征的。

　　2. 承租人取得租赁物的使用权是以支付租金为代价

　　承租人使用租赁物是为了满足自己的生产或生活需要的，出租人出租租赁物是为了使租赁物的价值得以实现，取得一定的收益。承租人取得使用权不是无偿的，是要向出租人支付租金的。支付租金是租赁合同的本质特征。这一特征区别于借用合同，借用合同中虽然借用人取得了借用物的使用权，但是借用是无偿的，无须付出任何代价。同时这一特征也区别于借款合同，虽然两者都是有偿的，但借款合同支付的是利息。利息不同于租金，租金双方当事人可以约定，利息在很多情况下是法定的，当事人是不能约定的，即使是自然人之间的借款利息也有一个上限要求，不能放高利贷；租金可以不按租期的时间长短来计算，利息往往是根据借款时间的长短来计算。

3. 租赁合同的标的物是有体物、非消耗物

租赁物必须是有形的财产，这是租赁合同的特征之一。租赁可以是动产，如汽车、机械设备、计算机等，也可以是不动产，如房屋。但无论是动产还是不动产，它们都是有形的，都是能以一定的物质形式表现出来的。无形的财产不能作为租赁的标的物。这是与租赁合同中承租人占有、使用租赁物的特征紧密联系的。非消耗物，是指能够多次使用而不改变其形态和基本价值的物。一次性使用的物品或很快就消耗掉的物品不能作为租赁物，如洗涤用品、粮食等，因为这些物品一经使用，就已丧失其自身的价值，甚至物本身已经消失了，根本不可能再要求出租人返还。因此，消耗物不能作为租赁合同的标的物。

4. 租赁合同是双务、有偿合同

在租赁合同中，出租人和承租人均享有权利和承担义务，出租人须将租赁物交付承租人，并保证租赁物符合约定的使用状态。承租人须妥善保管租赁物并按约定按期向出租人支付租金。任何一方当事人在享有权利的同时都是以履行一定义务为代价的。因此，租赁合同是双务有偿的合同。它区别于赠与合同，赠与合同在通常情况下是单务合同，赠与人向受赠人赠与财物并不以对方承担一定义务为条件。

5. 租赁合同具有临时性

租赁合同是出租人将其财产的使用收益在一定期限内转让给承租人，因为不是所有权的转移，因此，承租人不可能对租赁物永久地使用，物的使用价值也是有一定期限的。各国法律一般都对租赁期限的最长时间有所限制。我国合同法规定，租赁期限最长不能超过20年。租赁合同根据租赁的不同可分为动产租赁和不动产租赁，不动产租赁在我国主要指房屋租赁。根据租赁合同是否约定期限可分为定期租赁和不定期租赁。定期租赁关系到租金的交付日期、租赁物的返还的日期、合同终止的时间等问题。不定期租赁赋予合同当事人随时解除合同的权利。

租赁合同是在人们的经济生活和日常生活中经常使用的一种合同。它可以在自然人、法人之间调剂余缺，充分发挥物的使用功能，最大限度地使用其价值。通过租赁，承租人与出租人双方的利益可以同时得到满足，因此，租赁是现实经济生活中较为重要的一种经济形式。

企业的租赁经营合同与本章规定的租赁合同是不同的，表现在以下五个方面：一是企业租赁的当事人一方是企业的所有人或管理人，另一方则是本企业的职工，他们之间本来就有一个内部管理的关系；二是合同订立是以公

开招标的形式进行的，有时还须由有关部门批准；三是租赁的标的是整个企业，而不是某一特定的财产，是人财物、产供销、资金、技术、经营等多种因素的综合体，承租人获得的不仅是对财产的使用权，而是一种经营权；四是承租人须以自己的财产向企业提供担保；五是按照合同的要求，合同终止时，企业的价值须大于租赁时的价值。从上述特征中可以看出，本章规定的租赁合同不适用于企业的租赁经营活动。

第七百零四条 【租赁合同的内容】

租赁合同的内容一般包括租赁物的名称、数量、用途、租赁期限、租金及其支付期限和方式、租赁物维修等条款。

【条文精解】

租赁合同的内容，是指在租赁合同中应当约定哪些条款。由于租赁合同的标的物不同或者租赁期限、租赁方式不同，合同的内容可能也不同，但一些主要条款都是应该具备的。本条的规定是一个指导性条款，是指在一般情况下，租赁合同应当具备的主要条款，包括如下事项：

1. 有关租赁物的条款

租赁物是租赁合同的标的物。租赁合同的当事人订立租赁合同的目的就是要使用租赁物或从他人使用租赁物中获取一定的利益，因此，租赁物是租赁合同的主要条款。有关租赁物的条款涉及这样几个方面：

（1）租赁物的名称。租赁物应以明确的语言加以确定，如汽车，是小轿车还是货车，要约定清楚。对租赁物本身的要求，租赁物应是有体物，非消耗物；应是流通物而不是禁止流通物，禁止流通物不能作为租赁物。如枪支是禁止制造、买卖、销售的，也是不能出租的。租赁物可以是种类物，也可以是特定物，对于种类物，一旦承租人对其选择完毕就已特定化。例如，承租人要租赁一辆汽车，他在出租人处指定了一辆车号为 B93468 白色桑塔纳轿车，这时此辆轿车已特定化，出租人只能将该轿车向承租人交付。租赁物约定明确关系到租赁物的交付、合同期限届满承租人返还租赁物、第三人对租赁物主张权利等问题。

（2）租赁物的数量。明确数量，出租人才能准确地履行交付租赁物的义务，它也是租赁期限届满时，承租人返还租赁物时的依据。

（3）租赁物的用途。租赁物的用途关系到承租人如何使用该租赁物，因为承租人负有按照约定使用租赁物的义务，租赁物的用途就必须约定清楚，否则当租赁物损坏时，出租人就难以行使其请求权。租赁物的用途应当根据租赁物本身的性质特征来确定。例如，用于载货的汽车不能用于载人，用于制造精密器件的车床不能用于制造一般的器件。约定租赁物的用途也可以明确承租人对租赁物使用过程中的消耗的责任归属问题。

2. 有关租赁期限的条款

租赁期限关系承租人使用租赁物的时间的长短、支付租金的时间、交还租赁物的时间等。如合同当事人对支付租金的期限没有约定时，可根据租赁期限来确定支付租金的期限。租赁期限的长短由当事人自行约定，但不能超过本章规定的最高期限。

租赁期限可以年、月、日、小时计算，要根据承租人的需要来确定。如果当事人对租赁期限没有约定或者约定不明确，可按照合同法的有关规定来确定。

3. 有关租金的条款

出租人出租租赁物的目的就是收取租金，租金同租赁物一样是租赁合同中必不可少的条款，支付租金是承租人的主要义务，收取租金是出租人的主要权利。租金多少、支付的方式；人民币支付还是外汇支付；现金支付还是支票支付；直接支付还是邮寄支付；按月支付还是按年支付；一次支付还是分次支付；预先支付还是事后支付，这些问题都应当在订立合同时约定明确，以避免事后发生争议。同时，这些约定也是合同当事人履行义务和行使权利的依据。

4. 有关租赁物维修的条款

承租人租赁的目的是获得使用收益，这就要求租赁物的状态必须符合使用的目的，同时，在使用租赁物时必然会有正常的消耗，这就有一个对租赁物的维修问题。对租赁物的维修义务应当由出租人承担，这是出租人在租赁合同中的主要义务。但并不排除在有些租赁合同中承租人负有维修义务。一般有几种情况：一是有些租赁合同，法律就规定承租人负有维修义务。例如，海商法规定，光船租赁由承租人负责维修、保养。有时为了能够对租赁物及时、更好地进行维护，保持其正常的使用功能，合同双方可以约定，维修义务由承租人负责。二是根据商业习惯，租赁物的维修义务由承租人负责。例如，在汽车租赁中，一般都是由承租人负责汽车的维修的。三是根据民间习俗，如在我国西南地区的房屋租赁中就有"大修为主，小修为客"的说法和习惯。

除了上述条款外，当事人还可以根据需要订立其他重要条款，如违约责任、解决争议的方式以及解除合同的条件等。

> ### 第七百零五条 【租赁期限】
>
> 租赁期限不得超过二十年。超过二十年的，超过部分无效。
>
> 租赁期限届满，当事人可以续订租赁合同；但是，约定的租赁期限自续订之日起不得超过二十年。

【条文精解】

租赁期限是租赁合同的存续期间，在性质上属于民事法律行为所附的终期。租赁期限一旦届满，租赁合同将失去效力。因此，租赁期限直接关系到租赁物的使用和返还时间、租金的收取期限，对合同双方当事人意义重大。

租赁转让的是租赁物的使用权，承租人使用租赁物是为了满足自己生活或经营的需要。承租人一般来说并不想长期占用租赁物，因为这种使用权是以支付租金为代价的，当承租人达到使用收益的目的后，需要将租赁物返还出租人。这里就有个租赁期限的问题。租赁期限的长短由当事人根据其使用租赁物的目的和租赁物的性质自主决定。应当说租赁期太长并不利于当事人权利的实现。因为客观情况总是在不断变化的，特别是不动产，其价格可能会因一个国家的经济形势变化而大起大落。但对此在民法典编纂过程中有不同观点认为，租赁期限的最高限制规定阻碍了商业实践的发展和长租交易的进行问题。但若对最长租赁期不加限制，可能会产生如下问题：其一，租赁时间太长，会阻碍对租赁物的改善，不利于资源的有效利用，也对公共利益产生不利影响；其二，超长期租赁容易对租赁物的返还状态问题产生争议，使租赁物使用价值完全丧失；其三，还可能产生租赁权的金融化问题。例如，在城市房地产领域，由于"买卖不破租赁""抵押不破租赁"制度的存在，租赁权被赋予了物权化的效力。超长期租赁关系某种程度上接近于买卖关系。通过这种超长期租赁可能会产生规避限购政策的行为，导致房源集中于大型中介企业，使得租赁市场金融化，不利于对普通承租人利益的保护。

很多国家和地区的法律都对租赁合同的最长期限作出限制。例如，日本民法典规定，租赁契约的存续期间不得超过20年，如果所订租赁契约比这个期间长，要缩短为20年。意大利民法典规定，租赁不得超过30年，如果约定期间超过30年或者永久的，则将被减至30年。德国民法典也规定最长租赁期30年。我国法律借鉴了这些规定。考虑到我国经济发展很快，变化也很快，为了更有效地保护租赁合同双方当事人的权益，对租赁期限的最高期限有所限制是有必要的。因此，本法作出了租赁合同的期限最长不得超过20年的规定。

通常情况下，当事人在确定租赁期限长短时，总是要根据租赁物的性质和承租人的使用目的来确定的。在动产租赁中，租赁期限是比较短的，一般都是临时使用。例如，租赁汽车，按照国家有关规定，汽车的使用寿命是10年，双方当事人不可能约定一个租赁期为20年的租赁合同。租赁期限较长的是不动产租赁即房屋租赁。在房屋租赁中，用于承租人居住需要和用于商业性租赁是不一样的。一般来讲，用于居住租赁的承租人希望租期长一些，使这种租赁关系相对稳定一些。商业租赁中，在订立合同时房屋的租价比较低的情况下，承租人就希望将租赁期限订得长一些，租金固定下来；在房屋的租价偏高的时候，出租人就希望租期订得长一些，这样就能保证其得到更多的租金。当双方当事人不能自己寻找一个公平的交点时，法律总是要在利益双方中找出平衡点的。这也是规定最高租赁期限的一个目的。

20年实际上并不是一个绝对的最高限，因为如果租赁合同双方当事人在20年期满时，仍然希望保持租赁关系，可以采取两个办法：一是并不终止原租赁合同，承租人仍然使用租赁物，出租人也不提出任何异议。这时法律规定视为原租赁合同继续有效，但租赁期限为不定期，即双方当事人又形成了一个不定期租赁的关系，如果一方当事人想解除合同随时都可以为之，这种情况被称为合同的"法定更新"。二是双方当事人根据原合同确定的内容再续签一个租赁合同，如果需要较长的租期，当事人仍然可以再订一个租期为20年的合同，这种情况被称为"约定更新"。

【实践中需要注意的问题】

本法物权编中土地经营权的出租期限不受本条最长期限的限制，而应受剩余承包期的影响。对土地经营权进行出租流转在性质上与本条中的租赁有所不同。出租的对象并非作为物的范畴内的土地的，不是所有人对其所有物的处分行为，而是承包经营权人对其享有的部分权利的限期转让。由土地承包经营权人从集体所有的土地中获得土地的经营使用权，在此基础上出租行为的期限应当受到土地承包期限的约束。土地承包经营权的客体是耕地、林地、草地，其利用方式和特点决定了需要较长期限才能实现使用收益的目的。

规模化经营也可以在更大程度上发挥土地资源的价值。本法第 332 条针对不同性质土地的承包经营权作了不同的最高期限限制，出租土地经营权的最长期限即应由该条规定的范围内剩余承包期来约束。若不加区别地按照 20 年来限制，没有考虑土地性质与利用的特性，将限制土地经营权发挥经济效益，也违背了制度设立的目的。此外，我国农村土地承包法也直接规定农村土地承包经营权可以依法出租，出租的最长期限为承包期的剩余期限，该剩余期限完全可能长于 20 年。依特别法优先于普通法的原则，农村土地承包经营权最长租赁期限也应受农村土地承包法的限制。

第七百零六条 【租赁合同登记备案手续对合同效力的影响】

当事人未依照法律、行政法规规定办理租赁合同登记备案手续的，不影响合同的效力。

【条文精解】

本条规定中的"法律、行政法规"，是指全国人大及其常委会制定的法律和国务院制定的行政法规。对租赁合同进行登记的规定主要体现在房屋租赁关系中，即当事人订立、变更、终止房屋租赁合同，应当向房屋所在地直辖市、市、县人民政府建设（房地产）主管部门办理登记备案。房屋租赁登记的对象是租赁合同的内容及变动情况。

房屋租赁登记的效力影响如何在过去存在争议。城市房地产管理法中规定了房屋租赁需要进行登记备案的要求，但未明确登记的效力影响问题。《城市房屋租赁管理办法》曾将《房屋租赁证》作为租赁行为合法有效凭证。但该法仅属于部门规章，且已随新法的出台而废止。《商品房屋租赁管理办法》进一步具体规定登记备案的时间、内容等具体要求及违反规定的相应责任，但仍未就登记对合同效力影响问题作明确规定。租赁权因当事人意思表示而产生，承租人只有请求使用房屋的权利，没有支配的权利，因而具有债权的性质。然而租赁权也具有某些物权特性。买卖、抵押不破租赁制度，赋予租赁权一定的对抗力；承租人在一定条件下可处分租赁权；基于租赁权请求排除妨碍、损害赔偿及承租人享有的优先购买权等。尽管房屋租赁权被赋予物权化的效力，但关于其性质界定问题，自罗马法以来即被认为属于债权。登记主要为不动产物权变动的公示制度，在我国采纳登记要件主义为原则，登记对抗主义为例外，因此登记在物权变动中或为变动的生效要件，或仅具对抗第三人的效力。而债权一般是不需要登记的，在租赁合同中要求进行登记备案，其法理依据、制度目的及必要性有进一步明确的空间。

房屋租赁合同的登记制度是为了保障租赁权的稳定性、保护承租人的利益、赋予国家有关部门对房屋租赁行为实施的一种行政管理职能。其设立之初的目的是便于行政机关履行行政许可、行政征收职能，随社会发展，该制度的作用逐渐转变为进行社会管理的手段。除了满足对城市流动人口管理的需要，政府还可以通过租赁登记掌握租赁市场的状况。登记机关对合同的审查，主要是审查合同的主客体是否合法、合同内容是否合法、是否按规定缴纳了税费等。因此登记备案是行政机关的事后审查行为，为了维护公共利益，行政权力采取宏观干预、参与、调控等基本手段以引导民事关系的发展方向是极为必要的，但若将其作为合同生效的要件，则会导致实践中大量租赁合同无效，严重影响交易安全及经济效率。只要租赁合同满足法律规定的合同生效要件，即可产生租赁权。本条规定否认了登记备案作为租赁合同生效要件的观点，确认未登记不影响合同效力。这不仅出于对合同当事人意思自治的尊重，同时也与租赁权的债权性质保持一致。

从比较法上看，多个国家和地区对不动产租赁作出相应登记的要求。日本民法典规定，不动产租赁一经登记，对之后就其不动产取得的物权者，亦发生效力。瑞士债务法中规定租赁经登记，亦具有对抗力，将登记作为赋予承租人租赁权对抗力的要件。法国民法典规定，租赁契约有公证书或者确定日期的证书的，原则上有对抗力。我国台湾地区也规定订立、变更、中止，应由租赁契约之出租人会同承租人申请登记。同时也指出"此非效力发生之要件"，并规定租赁登记对其后物权取得者具有对抗力。我国最高人民法院相关司法解释中规定，法律、行政法规未规定合同登记后生效的，当事人未办理登记手续不影响合同效力。本条即是登记非要件观点在租赁合同范围的具体确认。但与比较法不同的是，我国没有将登记备案作为赋予租赁权对抗力的要件。虽然未经登记对买卖不破租赁是会产生一定影响的，但买受人明知或应当知道承租人的存在时，这一规则仍然适用。这主要是因为我国当前关于租赁合同登记备案制度还不完善，为了保障社会弱势群体的基本居住权利，避免因疏于登记导致相对处于弱势一方承租人的租赁权处于不稳定状态。而在商事领域，承租人租赁房屋的目的不是居住而是经营，不存在保护居住权的问题，该领域内的租赁合同以登记为赋予对抗力的要件更具合理性。尽管在地区的司法实践中，有对登记备案的影响作扩大化规定的趋势，但依据本条法律规定，租赁权物权化的对抗力应当也不受未登记的影响。

然而规定登记备案不影响合同的效力也会造成一系列问题，造成制度实施困境，不利于制度设立目的实现。由于登记备案的行政许可作用消失，不合理的行政收费被取消，其行政监管目的本身已逐步减退。加上不对合同效力有实质影响，实践中当事人缺乏积极登记的动力，除了需要开具发票报销的情况，个人出租房屋进行备案的很少。即使承租人出于抵扣税费的目的要求承租人进行登记，出租人也可能会将其多付出的税费和成本通过租金转嫁于承租人，因此双方进行利益衡量，税费抵扣对促进登记备案的作用有限，行政征税难以起到预期效果。总之，租赁合同的登记备案制度的实施仍存在困境。

第七百零七条 【租赁合同的形式】

租赁期限六个月以上的，应当采用书面形式。当事人未采用书面形式，无法确定租赁期限的，视为不定期租赁。

【条文精解】

关于合同形式本法合同编通则部分已作出规定，即当事人订立合同有书面形式、口头形式和其他形式。法律并不特别规定合同当事人采用何种形式订立合同是有效的，但是法律、行政法规规定采用书面形式的，应当采用书面形式。这里的法律不仅指有关的专门的法律，也包括合同编分则中规定的对特定合同的特定的书面要求。书面形式可以是合同书、信件等有形表现所载内容的形式，也可以是能随时调查取用的数据电文，如电报、传真、电子邮件等形式。不定期租赁合同，最主要指的是在没有约定租赁期限或者租赁期限约定不明，而且在事后也不能够确定租赁期限的租赁合同。不定期租赁应是对双方意思表示不明情形下纠纷解决的一种法律拟制。但此处在租赁合同中的规定，并非必须存在期限不明的情况，而是根据租赁合同的特点，附条件地承认当事人约定的租赁期限。

本条所称的超过或低于 6 个月的租赁期限，应指当事人所约定的租赁期限。同一性质的租赁合同，出于当事人的不同目的和需求，订立的期限可能差异较大。若按照合同对象性质不同而进行划分，则一方面可能与当事人的意思相差甚远，造成过于刻板和僵化的判决；另一方面也无法穷尽各类租赁合同的具体情况。为了既便利交易又保证交易安全，本条对租赁合同的形式作了几个层次的规定：

第一，租赁期限不满 6 个月的租赁合同，可以采用口头形式也可以采用书面形式。这是因为租赁期限较短的合同一般来说租赁物价值不大（当然不排除大型的机械设备），租赁物使用后变化也不大，租金也较少，租赁关系结束得快，证据不易失散。一旦发生纠纷容易分清责任，因此，不必要求当事人必须以书面形式订立合同。但对于房屋租赁合同即使租赁期限不满 6 个月，因房屋的价值较高，租金多，按照我国城市房地产管理法规定，房屋租赁，出租人和承租人应当签订书面租赁合同，并向房产管理部门登记备案。此项规定可以一定程度上弥补短期租赁涉及金额较大情况下形式要件对交易安全的保护问题。

第二，租赁期限在 6 个月以上的应当采用书面形式。以租赁期限长短来划分是否应当采用书面形式，是考虑到租期长短与合同当事人双方的利益有直接关系，因为租期长的合同往往是租赁物价值较高，租金较多，对租赁物的使用消耗也多一些，如果以书面形式将双方的权利义务规定清楚，在将来发生争议时就有据可查，易于解决纠纷，保护当事人的合法权益。

第三，租赁期限 6 个月以上的，当事人没有采用书面形式，并非导致合同无效，而是产生约定的期限不予承认的效果。一般规定形式要件的条款，是为了提醒当事人尽到审慎义务，重视合同的订立。因而在法律规定需要以书面形式订立的合同，未采用书面形式的，合同无效。但本条降低了书面形式作为生效要件的影响，无论合同成立后，双方是否履行了主要义务，都承认合同效力。但未采用书面形式的，双方可以随时解除合同。该条的立法的目的是解决长期租赁情形下对期限争议问题，若否定非书面形式的长期租赁合同的效力，则违背立法初衷。以不定期租赁作为不采用书面形式的后果，促使欲保持交易的稳定性的当事人注重满足订立合同的形式要件，同时，使欲保持交易状态灵活性的当事人有从合同中摆脱的可能性。

第七百零八条 【出租人的基本义务】

出租人应当按照约定将租赁物交付承租人，并在租赁期限内保持租赁物符合约定的用途。

【条文精解】

本条规定的是出租人的两项义务：一是交付义务，二是对租赁物的瑕疵担保责任。这两项义务是出租人的重要义务。其他义务如维修义务、出卖租赁物的通知义务等是由这两个义务派生而来。

1. 出租人的交付义务

本条规定，出租人应当按照约定将租赁物交付承租人。所谓交付是将租赁物的转移占有至承租人。因为承租人要取得租赁物的使用权就必须对该租赁物占有，占有是能够使用的前提。因此，承租人有权要求出租人按照约定向其交付租赁物。所谓按照约定交付租赁物，包括按照约定的租赁物的名称、数量、交付方式、时间和地点向承租人交付租赁物。如果租赁物分主物和从物，在交付主物的同时应将从物一并交付承租人。例如，交付的租赁物为汽车时，在交付汽车的同时应将汽车钥匙一并交给承租人。交付的地点可以是承租人所在地，也可以是出租人所在地。这由合同的履行地点来决定，如一建筑企业租赁塔吊，出租人可将塔吊送到建筑工地，也可以由承租人到出租人处将塔吊拉走。出租人交付的租赁物必须符合合同约定的使用目的。

在交付方式上，动产与不动产有所不同。动产的交付方式包括现实交付与观念交付，若当事人以指示交付或占有改定的形式进行交付，实际上在完成交付时承租人并未取得对租赁物的实际占有。因此根据立法目的以及租赁合同的特性，即以使用收益为主要目的，此处应作限缩解释，认为若未对交付方式作特别约定，应将动产的占有实际转移才算完成义务。从法条的协调性来看，其后规定瑕疵担保的责任，也是强调在承租人直接占有后可能发生问题的情形，故而不应承认间接占有完成即完成交付义务。但当事人若特别约定，同意出租人以观念交付的任一种形式完成交付，则应尊重意思自治下当事人的选择。而不动产的交付，如租赁房屋的情形下，考虑到租赁合同的交付主要为满足承租人的使用收益需要，因此应当是出租人为承租人能进行入住所应完成的相应义务。如腾房、交付钥匙等系列行为。

2. 出租人对租赁物的瑕疵担保责任

瑕疵担保责任是买卖合同中的一个重要的法定责任，它是指出卖人就出卖的标的物的瑕疵应承担的责任，包括物的瑕疵担保和权利的瑕疵担保。租赁合同与买卖合同在性质上都属于有偿合同，其合同标的都是特定的物，存在一定的共性。依据本法 646 条，法律对其他有偿合同没有规定的，可参照买卖合同的有关规定，因此租赁合同可适用买卖合同的相关规定，出租人就租赁标的物负有权利瑕疵担保义务和物的瑕疵担保义务。由于租赁合同转移的是租赁物的使用权，而承租人租赁财产是为了使用和收益，因此，在租赁合同中的物的瑕疵担保责任主要是物的效用的瑕疵担保，且实务中将标的物受公法限制认定为物的瑕疵。如租赁房屋为办公之用，但其后得知该房只能用于居住需要，无法获得营业执照，即认为标的物存在瑕疵。

约定的用途，不仅包括租赁物本身的使用功能性用途，同时也应包含依据合同具体目的，当事人所约定的租赁物功能性外的其他用途。首先，出租人应保证租赁物具备应有的使用价值。例如，电脑能够正常地设定程序、进行文字编辑和处理以及上网使用；电冰箱能够正常地制冷且具备储藏作用等。其次，若双方约定了租赁物的特殊使用目的下的用途，出租人也应尽到相应的瑕疵担保义务。如租赁房屋来存放珍贵艺术品，若双方有相关约定，则出租人需要对房屋的储存条件如湿度等尽到维护义务。因此，在标的物存在轻微瑕疵影响租赁物的使用功能时，承租人可请求出租人进行维修补救等修缮义务。同时，由于标的物的用途与合同的订立目的紧密联系，若租赁物无法满足约定用途，以至于无法实现合同目的，承租人可适用关于瑕疵担保责任的相关规定请求由出租人承担违约责任。一般来讲，承租人订立合同时，知道租赁物有瑕疵的，出租人不负瑕疵担保责任，承租人无权要求出租人进行维修，减少租金或解除合同。我国司法实践中亦承认出租人对租赁标的在功能上的特别限制负有告知的义务。在特殊情况下，即使承租人知道租赁物有瑕疵，出租人也负有瑕疵担保责任。即本法第731条的规定，租赁物危及承租人的安全或者健康的，即使承租人订立合同时明知该租赁物质量不合格，承租人仍然可以随时解除合同。

本条规定出租人对租赁物的瑕疵担保责任在合同履行的两个阶段都有要求：一是在租赁物交付时保证交付的租赁物符合约定的用途，具有品质完整的使用价值，使承租人能够正常使用。二是在租赁期限内保持租赁物符合约定的用途。在租赁期间内，如果租赁物本身出现问题，承租人请求出租人进行维修时，出租人应对其进行及时的维修，以保证承租人的正常使用。出租人如不能及时予以维修，承租人可以自行维修，维修的费用应由出租人负担。因维修租赁物影响承租人使用时，承租人有权请求减少租金或延长租期。

第七百零九条　【承租人的基本义务】

　　承租人应当按照约定的方法使用租赁物。对租赁物的使用方法没有约定或者约定不明确，依据本法第五百一十条的规定仍不能确定的，应当根据租赁物的性质使用。

【条文精解】

　　承租人按约定使用租赁物是承租人的一项义务。承租人租赁该物并占有其主要目的就是使用收益。使用租赁物是承租人在租赁合同中的一项基本权利，但由于承租人对租赁物只是获得使用权和收益权，而并没有所有权，最终还应当将租赁物返还给出租人。因而承租人就有保证租赁物自始至终符合其本身的品质和效用的义务。即该条款在一定程度上限制承租人对租赁物的过度和任意使用，降低出租人转让使用权可能对物造成的风险。由于在物的用途和使用方法上，出租人可以通过与承租人进行事前的商议加以约束，故而体现出所有权的处分效能和支配效能，虽然租赁合同会使所有权人暂时性转让其对所有物的部分权利，但其仍可以在事前就他人对其物的利用的方式和程度加以限制，以保持所有物的功能效用，同时也体现对当事人的意思自治的尊重。然而租赁物经过使用会产生正常消耗，并且不断折旧，最后丧失其价值。且不同的物因其性质和使用方法的不同其折旧率也不同，因而需要规定承租人应当按照约定的方法或租赁物性质合理使用租赁物的义务。

　　承租人履行此项义务的条件是：第一，租赁物已由出租人按约定交付承租人，承租人对租赁物已实际占有，因此取得了对该租赁物的使用权。即该项义务产生的前提是承租人已经对租赁物享有实际控制权。第二，出租人交付的租赁物符合约定中的质量、数量、用途的要求，不存在瑕疵。如果出租人交付的租赁物本身质量就有问题，即使承租人按照约定使用也会损坏该租赁物，就不能要求承租人对此负责。第三，双方当事人能够约定租赁物的使用方法或者根据租赁物的性质可以确定其使用方法。如果难以确定其使用方法，很难要求承租人履行此项义务。根据租赁物的性质不同，其使用方法的明确性也有较大差异。若租赁物没有较为稳定一致的使用方法，且无法推知当事人是否就利用方式用途有所约定，则承租人的该项义务落实较为困难。

　　按约定的方法使用租赁物，首先，体现在如果是约定了租赁物用途的，必须按约定的用途使用租赁物。例如，合同约定租赁房屋为居住的，承租人就应自己和亲属居住，而不能将该房屋用于商业性使用，如开饭店、开商店等。其次，约定使用方法，还应包含对具体利用方式的约束。也就是在按照约定的用途进行使用情形下，当事人还可就具体的利用方式、利用手段等作出约定限制。

第七百一十条 【正当使用租赁物的责任】

承租人按照约定的方法或者根据租赁物的性质使用租赁物，致使租赁物受到损耗的，不承担赔偿责任。

【条文精解】

前条规定承租人应当按照约定的方法或者租赁物的性质使用租赁物，这就要求当事人在订立租赁合同时或者在合同成立后尽量将租赁物的使用方法明确下来，以规范承租人对租赁物的使用。承租人按照约定的方法或者租赁物的性质正常使用租赁物，租赁物因使用受到的损耗是一种合理的情况，因为任何物品随着它的使用，其价值都会逐渐变小，只要使用就会有一定的磨损和损耗。例如，一台彩电的显像管的寿命是 1 万小时，就意味着只要一开电视，随着时间的运行，彩电的显像管的寿命就会逐渐缩短，直到全部丧失。出租人在出租他的物品时，应当知道其正常损耗的情况，在合同中订立了使用方法，就意味着出租人认可了这种正常的损耗，并且实际上，出租人已把这种折旧的价值计入了租金中，因此，只要承租人按照约定的方法使用租赁物，对租赁物的正常损耗、价值的减少是不承担责任的。

据此对租赁物的使用可能分两种不同的情况：其一，双方约定的使用方法符合租赁物性质或依据租赁物性质使用租赁物，该租赁物的损耗乃正常使用不可避免。即该损耗不因承租人的不同而有所改变增减。这往往是租赁物本身功能性质所导致，即使是耐用品也会有使用寿命限制，因此造成的损耗不可归咎于承租人。其二，当事人约定的使用方法非依据租赁物性质的方法。由于尊重意思自治，双方可以约定不依据租赁物的性质使用租赁物。尽管此种情况为少数例外，但允许根据当事人意思多样化利用租赁物乃是该物所有人的自由处分权，也是合同的应有之义。在该种情况下，可能会造成租赁物非按照通常使用方式下的额外损耗。但依据本条，如果此种损耗依然是按照约定的方法使用必然会产生的，则出租人已经允许以该种方式进行，就需要承担额外损耗的后果。

第七百一十一条 【未正当使用租赁物的责任】

承租人未按照约定的方法或者未根据租赁物的性质使用租赁物，致使租赁物受到损失的，出租人可以解除合同并请求赔偿损失。

【条文精解】

本条是与前条相反的规定，前条是承租人按照约定或者租赁物的性质使用租赁物致使租赁物受到正常损耗的，承租人不承担责任。本条所要解决的问题是，承租人违反约定的方法使用租赁物致使租赁物受到损失的承租人的责任。

未按照约定的方法，既包括合同有约定情形下，未按照租赁合同约定的用途使用租赁物、未按照双方约定的具体使用方式使用租赁物；也包括合同未约定，或约定不明的情形下，未按照依据本法 510 条确定的使用方法使用租赁物，以及无法确定情形下未依据租赁物本身性质使用租赁物的情况。具备其中的情形，即认为承租人对租赁物的损失具有过错，对造成的损失负有赔偿损失的责任。

承租人没有按照约定或者租赁物的性质使用租赁物，使租赁物减少了价值，是一种损失，而不是损耗。损耗是合法的、正常的；损失是非正常的，是由于违约行为造成的。承租人不按约定的方法使用租赁物，是一种根本违约的行为。按约定或依据租赁物性质进行使用是承租人的一项基本义务，同时对租赁物的使用又是承租人的一项基本权利，权利与义务是相对应的，当事人享受权利的同时就相应承担一定的义务。承租人不仅对于自己的违约行为承担违约责任，而且对其允许的同居人和第三人的原因造成的租赁物的损失亦应当承担赔偿责任。因为承租人未按照约定或依据性质使用租赁物，其具备了承担责任的过错，在第三人造成损害的这种情况下，承租人对损害的发生具有可归责的理由。此处的"致使"损失发生，指的是未按约定或依据性质使用租赁物的行为对损失的产生具有因果关系。损失有可能并非必须承租人直接行为导致的。如当事人约定不可转租，但承租人违反该关于使用方法的约定，转租给第三人，第三人造成了房屋的损失，则承租人对此承担损害赔偿责任。

本条还规定了出租人对承租人违约行为的救济手段，即可以解除合同并请求赔偿损失。若承租人未履行善用义务，导致损害发生的情况下，根据造成损失的时间点不同，可采取不同救济方式。在租赁期限尚未届满时，出租人有权解除合同并要求承租人赔偿损失；在租赁期限届满时，出租人无须解除合同，可直接要求承租人赔偿损失。这里规定的是出租人可以行使解除权，赋予出租人自主决定的权利。如果出租人还愿意使该租赁合同继续下去，并且承租人的违约行为对租赁物造成的损失并不大，可以采取措施予以挽回，那么出租人可以先阻止承租人的违约行为，承租人予以及时改正的，又对损失进行了及时补救的，出租人也可以不解除合同。但已经造成的损失，承租人应当赔偿。如果承租人经出租人劝阻仍不加改正，出租人可以单方解除合同，对承租人给出租人造成的损失，出租人可以请求其进行赔偿。

第七百一十二条 【出租人的维修义务】

出租人应当履行租赁物的维修义务，但是当事人另有约定的除外。

【条文精解】

出租人的维修义务是出租人对物的瑕疵担保责任中派生的义务。维修义务，是指在租赁物出现不符合约定的使用状态时，出租人须对该租赁物进行修理和维护，以保证承租人能够正常使用该租赁物。维修义务也包括对租赁物的正常保养。从性质来看，维修义务既有义务属性也有权利属性。作为租赁物的所有人，尽管租赁期内并未直接占有，出租人对其所有物进行维修以保持其良好状态是应有的一项义务。同时，出租人负有按约定交付租赁物、维持租赁物用途的主给付义务。维修则是其派生的附随义务。但由于其并非主给付义务，所以产生该义务不必然意味着违约责任的产生。之所以原则上由出租人承担维修义务，主要是因为出租人负有使租赁物在租赁期间内保持其约定用途的主给付义务。当租赁物产生需要维修的情形时，承租人也可能通过主张损害赔偿或解除合同来寻求救济。

承租人使用租赁物就是要使租赁物发挥其效用，以满足自己的需要，这就要求租赁物本身应保持一个良好的状态，以便发挥它本身的效能，当该租赁物出现妨碍使用的情况时，就要对其进行维修。法律将维修的义务加诸出租人是从租赁合同的特点出发的：一是租赁物的所有人在绝大多数情况下是出租人，出租人要对自己的财产负责，要延长租赁物的使用期，对租赁物进行正常的养护和维修，维护的是自己的利益；二是出租人出租租赁物是为了收取租金，承租人支付租金是为了使用租赁物，如果租赁物不能使用了，承租人订立合同的目的就不能实现，再让他支付租金是不公平的。因此，各国法律都把对租赁物的维修义务归于出租人一方。出租人的维修义务并不是绝对的、无限的，应当满足如下要件：

其一，有维修的正当理由，即限于租赁物本身的缺陷造成，对承租人增添于租赁物的缺陷无维修的义务。出租人的维修义务一般是在承租人按约定正常使用租赁物的情况下出现的租赁物的损耗或者是由租赁物的性质所要求的对租赁物的正常的维护，如果是因为承租人的保管使用不善，造成租赁物损坏，出租人不负有维修的义务。

其二，须租赁物有维修的必要。有维修的必要，是指租赁物已出现影响正常使用、发挥效用的情况，不进行维修就不能使用，出租人应对租赁物进行及时的维修，以保证其正常使用。

其三，须租赁物有维修的可能。有维修的可能，是指租赁物损坏后能够将其修好以恢复或达到损坏前的状态。维修不能，包括事实不能与经济不能。事实不能，是指维修在技术上或物理上不可能，如承租人承租的房屋倒塌；经济不能，是指维修在事实上虽然可能，但在经济上则耗费过大，致使维修几乎等同于重建或者无法期待出租人维修。经济不能最直观的表现就是，维修所获效果显然不足以弥补修缮费用。无论事实不能还是经济不能，出租人皆无维修义务。此时出租人的维修义务就转化为承担一定的民事责任的义务，如减少租金等。

其四，当事人无相反的约定。基于租赁合同债权相对性，尊重当事人意思自治，允许当事人对维修义务的分配作出约定，即另有约定时也存在承租人承担维修义务的情况。

出租人的维修义务是需要承租人的协助来履行的。由于租赁期内，租赁物往往由承租人实际占有，其对租赁物的状况最为了解。当需要维修的情形出现，承租人需要将相关情形通知出租人。若承租人未进行通知，则出租人的维修义务难以实施。

法律虽然规定了在一般情况下出租人负有维修义务。但并非在所有的情况下维修的义务都由出租人承担。排除出租人维修义务的情况有几种：其一，法律、行政法规规定，由承租人承担维修义务的。如我国海商法规定，在光船租赁中，由承租人负责维修保养。有的国家的法律规定，在房屋租赁中，有些小的维修义务由承租人承担，如法国民法典就规定在房屋租赁中，承租人应当负担的修缮义务有：房间内的一部分破碎地砖的修补、窗户玻璃的修补、门锁的修缮等。意大利民法典规定，由房客负担的小修缮是属于因使用所引起的损坏。其二，双方约定维修义务由承租人负担。其三，依当地习惯或商业习惯。如在汽车租赁中对汽车的维修义务一般都由承租人负担。再如，前面曾提到的在我国民间实行的房屋租赁"大修为主，小修为客"的习俗。

第七百一十三条 【出租人不履行维修义务的法律后果】

承租人在租赁物需要维修时可以请求出租人在合理期限内维修。出租人未履行维修义务的，承租人可以自行维修，维修费用由出租人负担。因维修租赁物影响承租人使用的，应当相应减少租金或者延长租期。

因承租人的过错致使租赁物需要维修的，出租人不承担前款规定的维修义务。

【条文精解】

出租人负有保持租赁物适于使用、收益状态的义务，在租赁物存在瑕疵或被毁损的情况下，出租人应当承担维修义务，但是当事人另有约定的除外。出租人履行维修义务，可以由出租人主动作出，也可以由承租人提出。承租人请求出租人履行维修义务的，以租赁物有维修的必要及维修的可能为要件。租赁物有维修的必要，是指租赁物发生毁损等情事，如不维修将致使承租人对租赁物不能为使用、收益或不能圆满地为使用、收益，如出租的房屋因时日长久，遇雨渗漏，承租人无法居住等情形。并非一切与交付时不一致的状态都有维修的必要，租赁物虽有瑕疵，但不妨碍使用、收益的，则无维修的必要。租赁物是否具有维修的可能，不仅应以物理上或技术上是否可能作为判断标准，还应以社会一般观念或经济上的意义加以决定。因此，事实上不能维修；虽能维修，但维修已不能使租赁物恢复至适用于合同约定的使用、收益状态；虽能维修，但维修本身耗费过巨，而效果显然不足以弥补维修费用；维修无异于新造或重大改造等情形，均可视为维修不能。租赁物有维修的必要及可能时，承租人可以向承租人发出维修的请求，催告出租人在合理的期限内对租赁物进行维修。该合理期限应当根据租赁物的损坏程度、承租人需要维修的紧迫程度以及出租人的维修能力等具体情况确定。出租人应当在承租人提出的合理期限内履行对租赁物的维修义务，以满足承租人使用租赁物的需求。

出租人无正当理由在催告确定的合理期限内没有对租赁物进行维修的，构成不履行维修义务，承租人可以自行修理。由于维修租赁物是出租人的义务，出租人未尽其义务，由承租人代为履行的，由此支出的费用应当由出租人负担，承租人已经垫付的，有权要求出租人偿还或要求抵扣租金。同时，出租人不履行维修义务，任凭租赁物部分或全部毁损、灭失，致使承租人无法实现合同目的，构成根本违约，出租人可依据本法的有关规定，解除合同并请求出租人承担违约责任。

对于租赁物毁损的原因是否影响出租人的维修义务，法学理论界存在不同的看法。肯定说认为，承租人因违反保管义务或侵权行为对租赁物造成损害时，应当承担赔偿责任，但金钱赔偿不同于维修义务，故出租人仍负有维修义务，而承租人仅负有损害赔偿义务。否定说则指出，承租人正当使用租赁物发生毁损时，维修义务理应由出租人承担；但在承租人故意或过失毁损租赁物的情形下，如果仍由出租人负担维修义务，那么在出租人维修以前，承租人可以拒绝支付租金，这有悖于诚信原则，因此维修义务应由承租人承担。上述两种学说的根本差异在于，如何理解维修义务与维修费用以及损害赔偿义务之间的关系。否定说将维修义务的承担和维修费用的负担捆绑在一起考虑，而肯定说视维修义务为单纯的消除租赁物瑕疵的义务，至于维修费用，则由造成租赁物毁损的过错一方承担。由此，只要租赁物出现瑕疵，就应由出租人加以消除。目前中国学者多持否定说，认为在非因承租人的过错所致的情形下，出租人才负有维修租赁物的义务，因承租人的过错致使租赁物需要维修的，则由承租人承担维修义务，本条规定采用这一观点。承租人拒不履行维修义务，造成租赁物毁损、灭失的，应当按照本法的有关规定，承担损害赔偿责任。

第七百一十四条 【租赁物的保管】

承租人应当妥善保管租赁物，因保管不善造成租赁物毁损、灭失的，应当承担赔偿责任。

【条文精解】

妥善保管租赁物也是承租人的主要义务之一。保管的义务源自承租人对租赁物享有的占有和使用权，租赁物的所有权并不归属于承租人，出租人的财产在承租人的占有、使用之下，由此产生了承租人的保管义务。妥善保管租赁物，一方面，有利于承租人在租赁期间内对租赁物的充分使用；另一方面，承租人在使用完毕后要将租赁物返还出租人，返还时的租赁物应当符合租赁物在使用前的状态或者性能。所谓"妥善保管"，在比较法上叫作"尽善良管理人之注意"，意大利民法典叫作"奉行善良家父般的勤谨注意"。通俗地说，就是要把该租赁物当成自己的财产加以保管。承租人的保管义务应包括以下几个内容：

1. 按照约定的方式或者租赁物的性质所要求的方法保管租赁物

如租的是机器设备，就应将其放置在厂房里，而不应露天摆放。租赁物是电脑的，在使用后关掉电源开关等。

2. 按照租赁物的使用状况进行正常的维护

很多租赁物需要经常对其进行保养维护，如果不进行经常的维护，就难以保证正常的运转。例如，汽车应当经常加机油，经常进行保养，才能保证正常使用。对于租赁物正常维护的费用有两类：一是为维护物的使用收益能力所支付的费用，如机器设备上的润滑油，汽车使用的汽油、机油等，这部分费用一般应由承租人负担；二是为了维持租赁物使用收益状态所支出的费用，如房屋的维修费用、汽车换胎的费用、机器设备更换零部件的费用等，应当由出租人负担。

3. 通知和协助

租赁期间内，租赁物有瑕疵并影响承租人正常使用时，承租人应及时通知出租人，并采取积极措施防止损坏的扩大。有时租赁物发生故障来不及要求出租人维修，如果承租人有能力，也有可能先行对其进行维修，承租人应当先行维修，维修的费用由承租人先垫付，之后可向出租人追偿或者在租金里扣除。承租人绝不能因维修义务应由出租人负担，就对租赁物坐视不管，这样就没有尽到善良管理人的义务。

承租人如果没有对租赁物尽到上述妥善保管的义务，造成租赁物毁损、灭失的，应当承担损害赔偿责任。

第七百一十五条 【租赁物的改善】

承租人经出租人同意，可以对租赁物进行改善或者增设他物。

承租人未经出租人同意，对租赁物进行改善或者增设他物的，出租人可以请求承租人恢复原状或者赔偿损失。

【条文精解】

所谓改善，是指对租赁物并不改变其外观形状，而是对其性能进行改良。如租用的汽车由原来的化油器改装为电喷的，使汽车的性能更符合环保的要求。所谓增设他物，也叫添附，是指在原有的租赁物上又添加另外的物，如在汽车上安装音响设备、在房屋里安装空调等。

有时，承租人为了使租赁物充分有效地发挥作用，需要对租赁物进行改善或者添附，但承租人对租赁物只是享有占有、使用的权利，而不具有处分权，因此，他不能擅自在租赁物上进行拆改或者添附。承租人需要对租赁物进行改善或者添附时，须先同出租人协商，在征得出租人的同意后方能对租赁物进行改善或添附。如对租赁的房屋进行装修、为租用的汽车安装防盗器等。

承租人未经出租人同意对租赁物进行改善、增设他物的，承租人不但不能要求出租人返还所支付的费用，反过来出租人可以要求承租人恢复原状或者赔偿损失。

第七百一十六条 【转租】

承租人经出租人同意，可以将租赁物转租给第三人。承租人转租的，承租人与出租人之间的租赁合同继续有效；第三人造成租赁物损失的，承租人应当赔偿损失。

承租人未经出租人同意转租的，出租人可以解除合同。

【立法背景】

承租人是否有对租赁物的转租的权利，各国规定不尽一致，大致有三种类型：第一种类型，未经出租人同意不得将租赁物转租给第三人。如日本民法典规定，承租人未经出租人同意，不得将其权利出让或将其租赁物转租。采取这种规定的理由是，租赁物的所有权不属于承租人，承租人无权处分租赁物，如果他要处分须经有处分权的人同意，这是交易的最基本的条件，也是为了保护交易安全。因为无处分权的民事行为是一种效力待定的行为，它的效力是不确定的，一旦有处分权人予以否认，该行为立即归于无效，因此，允许承租人随意转租，既不利于保护出租人的利益，也不利于保护第三人的利益。第二种类型，承租人能否转租，因区分动产租赁和不动产租赁而不同，动产租赁的转租须经出租人同意，不动产租赁则另有规定。如意大利民法典规定，除有相反的约定，承租人有将租赁物让渡他人的转租权，但是未经出租人同意不得转卖契约。涉及动产物时，转租应当由出租人授权或者与惯例相符。第三种类型，规定除了当事人有不得转租的明确约定外，承租人都可以转租，但租赁契约有禁止的约定者，不在此限。采用这种规定的理由是，租赁合同并不以转移标的物所有权为内容，也并不以出租人对租赁物有所有权为必要。所以承租人可以将租赁物转租他人，除非当事人事先约定不准转租。

本法采用的是第一种类型，这是因为在我国实践中，尤其是在房屋租赁市场，有人为了谋取暴利，将租来的房屋层层转租，致使住房的租金过高，侵害了房屋所有人的利益。为了规范上述现象，本条规定，承租人将租赁物转租他人的必须经出租人同意。

【条文精解】

转租，是指承租人将租赁物转让给第三人使用、收益，承租人与第三人形成新的租赁合同关系，而承租人与出租人的租赁关系继续合法有效的一种交易形式。

转租包括经出租人同意和未经出租人同意两种情况：

1. 经出租人同意的转租

经出租人同意的转租包括两种情形：一是在租赁合同订立时明确约定承租人有权出租租赁物；二是在租赁期间内承租人征得出租人同意将租赁物转租。根据本法第718条的规定，承租人事前未经出租人同意，事后出租人知道或者应当知道，但是在6个月内未提出异议的，也可以视为经出租人同意的转租。

经出租人同意的转租是有效的，但由于在同一租赁物上出现了三个当事人、两个合同关系，即出租人、承租人、第三人（也可称为次承租人），这三人之间的法律关系必须明确。按照本条的规定经过转租的租赁合同的当事人的关系应为：第一，出租人与承租人之间的关系不因转租而受影响，继续有效，承租人仍然应向出租人承担支付租金，在租赁期限届满时返还租赁物的义务。因次承租人的行为造成租赁物损失的，承租人仍然要对出租人负责。第二，虽然次承租人与出租人之间没有合同关系，次承租人可以直接向出租人支付租金，出租人不得拒绝。第三，在租赁合同终止或者被解除时，承租人与次承租人之间的租赁关系也随之终止。因为这个次承租合同的订立是以前一个租赁合同为基础的。

2. 未经出租人同意的转租

本条规定，未经出租人同意转租的，出租人可以解除合同。因为承租人未经出租人同意擅自将租赁物转租他人，直接破坏了出租人对承租人的信任，也直接损害了出租人对租赁物的所有权或处分权，同时造成多层次的对租赁物的占有关系，增加了出租人要求返还租赁物的困难或使出租物的毁损程度加重，所以出租人有权解除合同。

第七百一十七条 【超过承租人剩余租赁期限转租的效力】

　　承租人经出租人同意将租赁物转租给第三人，转租期限超过承租人剩余租赁期限的，超过部分的约定对出租人不具有法律约束力，但是出租人与承租人另有约定的除外。

【条文精解】

承租人经出租人同意将租赁物转租给第三人后，出租人与承租人之间的原租赁合同仍然有效，承租人同样需要承担原租赁合同中约定的权利义务；转租人（承租人）与次承租人之间按照新租赁合同中的约定行使自己的权利义务。原则上，根据"一方不能把自己不享有的权利转给第三方"的法理，转租合同中对次承租人权利的约定不能超过原租赁合同中的承租人所享有的权利。

转租合同中，对于超过原租赁合同权利的部分是否有效，学界大致存在两种观点：绝对无效说和相对无效说。绝对无效说认为超过承租人所享有的权利进行违法转租的合同无效或部分无效，认为违法转租行为违背了出租人的利益，客观上加大了出租人的监督成本，因此在法律上规定违法转租的合同无效，有利于实现对承租人的震慑和对出租人利益的保护。相对无效说以日本学者我妻荣的观点为代表，他认为租赁权本身的构成具有两面性：债权债务的契约和用益租赁物的租赁权，转租必须以此为基础进行思考。认为转租合同可以有效成立，但次承租人对出租人是否能有效取得权利，则根据出租人的承诺的有无而定。也有学者从民法自治和合同效果方面来论述，主张违法转租行为有效对于次承租人能给予更好的保护，因为次承租人可以根据该合同向承租人主张违约责任。违法转租是承租人的权利瑕疵担保问题，不应由无过错的次承租人承担责任。

本条采用相对无效说，规定转租合同中约定的转租期限超过承租人剩余租赁期限的，该约定只要不存在本法规定的无效事由即为有效，次承租人也因此取得相应权利，但该权利仅对出租人不产生法律约束力。原租赁合同期限届满后，出租人可以要求次承租人限期返还租赁物，次承租人则可依据转租合同的约定向承租人主张违约责任。

第七百一十八条 【推定出租人同意转租】

出租人知道或者应当知道承租人转租，但是在六个月内未提出异议的，视为出租人同意转租。

【条文精解】

出租人同意承租人转租后，将对出租人、承租人和次承租人都产生一定的法律后果，因此出租人将该同意的意思表示于外的行为，属于意思表示。根据本法第 140 条的规定，行为人可以明示或者默示作出意思表示。沉默只有在有法律规定、当事人约定或者符合当事人之间的交易习惯时，才可以视为意思表示。所谓明示的意思表示，就是行为人以作为的方式使得相对人能够直接了解到意思表示的内容。以明示方式作出的意思表示具有直接、明确、不易产生纠纷等特征。所以实践中，明示的意思表示是运用得最为广泛的一种形式。比较典型的是表意人采用口头、书面方式直接向相对人作出的意思表示。所谓默示的意思表示，是指行为人虽没有以语言或文字等明示方式作出意思表示，但以行为的方式作出了意思表示。这种方式虽不如明示方式那么直接表达出意思表示的内容，但通过其行为可以推定出其作出一定的意思表示。例如，某人向自动售货机投入货币的行为即可推断其作出了购买物品的意思表示。又比如某人乘坐无人售票的公交车时，其投币行为就可以视为其具有缔结运输合同的意思表示。意思表示原则上都需要以明示或者默示的方式作出。但是在现实生活中也会出现一种特殊情形，即行为人作出意思表示时既无语言等明示方式，也无行为等默示方式，在一定条件下仍可视为意思表示。这种情形就是以沉默的方式作出的意思表示。沉默是一种既无语言表示也无为表示的纯粹的缄默，是一种完全的不作为，从法学理论上讲和比较法上来看，原则上纯粹的不作为不能视为当事人有意思表示，只有在有法律规定、当事人约定或者符合当事人之间的交易习惯时，才可以视为意思表示。本条规定的出租人明知承租人转租，但在 6 个月内不提出任何异议的不作为，就是一项法律关于沉默的意思表示的特殊规定。

房屋租赁关系的基础是出租人对承租人的了解和信任。如果承租人擅自转租，不仅会破坏出租人对承租人的信任，而且还将减弱出租人对租赁物的控制，增加租赁物被毁损以及不能收取租金的风险，因此本法规定承租人转租应当经过出租人的同意或追认。但是，如果出租人明知承租人转租的事实，却不明确表示追认或提出异议，将使承租人和次承租人的利益长期陷入不稳定状态，不利于社会的和谐、稳定和发展。同时也要考虑到，租赁物在租赁期限内完全处于承租人的实际控制下，出租人往往难以及时发现租赁物被违法转租的事实。对于价值较高的租赁物，出租人往往还需要考察次承租人的资质、能力和背景等方能作出是否同意转租的决定。基于此，本条规定赋予了出租人一定的期限，即自知道或应当知道承租人转租的事实之日起6个月。在6个月内未提出异议的，视为出租人同意转租。

第七百一十九条 【次承租人代位求偿权】

承租人拖欠租金的，次承租人可以代承租人支付其欠付的租金和违约金，但是转租合同对出租人不具有法律约束力的除外。

次承租人代为支付的租金和违约金，可以充抵次承租人应当向承租人支付的租金；超出其应付的租金数额的，可以向承租人追偿。

【条文精解】

承租人经出租人同意转租的，承租人与次承租人之间形成新的租赁关系，而出租人与承租人之间的原租赁关系不受影响，继续合法有效。根据严格的合同的相对性原则，承租人向出租人承担支付租金的义务，次承租人向承租人承担支付租金的义务。次承租人与出租人之间不存在合同关系，故而次承租人本不应向出租人支付租金。但是，本法第524条第1款规定："债务人不履行债务，第三人对履行该债务具有合法利益的，第三人有权向债权人代为履行；但是，根据债务性质、按照当事人约定或者依照法律规定只能由债务人履行的除外。"也就是说，第三人对债之履行有利害关系时，无须债务人或债权人的同意即可代为履行债务，债权人不得拒绝。这一规定是由债权的财产性决定的，债权人要满足其债权，没有必要必须限于债务人本人作出履行，只要给付可以满足债权的财产价值即可。

由于在承租人无正当理由未支付或者延迟支付租金时，出租人享有法定解除合同的权利，因此次承租人对租赁物的占有、使用和收益的权利是否能够得到保障，完全取决于承租人对出租人义务的履行，此时次承租人承担着过大的风险。承租人是否向出租人履行支付租金的义务，直接关系着次承租人对租赁物的占有、使用和收益，出租人因承租人未支付租金而解除与承租人订立的租赁合同后，要求收回租赁房屋，这对次承租人对占有物的继续使用造成了障碍，也妨碍了合同目的的实现。出租人解除合同后收回租赁房屋对次承租人有权占有并使用该租赁房屋形成了利害关系，即次承租人对该债务的履行具有"合法利益"，应解释于第三人清偿范围内。并且租金属于金钱之债，不具有只能由承租人履行的性质，次承租人有权向出租人代为履行，出租人不得拒绝。因此，次承租人代为支付承租人拖欠的租金和违约金的行为，属于第三人清偿之债的具体类型。

实际上，法定解除权的设置主要在于维护出租人在租赁合同中的重大利益，即保障出租人能够如约收取租金，因而本条规定由完全具备支付能力的次承租人代为支付，不仅可以增加次承租人权利的稳定性，增强对出租人收取租金的权利的保障，还可以防止出租人和承租人恶意串通损害次承租人的利益。

根据本法第 524 条第 2 款的规定，债权人接受第三人履行后，其对债务人的债权转让给第三人，但是债务人和第三人另有约定的除外。次承租人代承租人向出租人支付拖欠的租金和违约金后，依据债权转让规则，出租人对承租人的租金债权转让给次承租人，次承租人应当通知承租人，次承租人可以要求承租人减少租金、在承租人的剩余租赁期限内延长租期或要求承租人偿还该租金和违约金。

当然，未经出租人同意转租的，在租赁合同未解除的情况下，转租合同对出租人不具有法律约束力。第三人对租赁物的占有属于无权占有，作为所有权人的出租人有权随时要求该第三人返还租赁物，故该第三人对租赁物并不具有合法权利，对该租金债务的履行不具有"合法利益"，出租人有权拒绝其代为履行的请求。

第七百二十条　【租赁物收益的归属】

在租赁期限内因占有、使用租赁物获得的收益，归承租人所有，但是当事人另有约定的除外。

【条文精解】

本条中的收益，是指承租人因占有、使用租赁物而获得的效益。收益包括两类：一类是因为占有租赁物而产生的收益；另一类是使用租赁物而产生的收益，如承租人从房屋租赁的转租中收取的超额租金，承租人租用汽车经营货物运输获得的收益等。除当事人在合同中另有约定外，租赁期限内承租人占有使用租赁物获得的收益归承租人所有。这样规定是由租赁合同的性质决定的。租赁合同是出租人将租赁物交付承租人使用、收益，承租人支付租金的合同，承租人不仅享有租赁物的使用权，还包括收益权。在有些情况下，承租人重视的是租赁物的使用价值，租赁本身并不产生收益，如承租人为居住而租赁房屋、家具等；但在有些情况下，承租人租赁的直接目的就在于收益，如为生产经营租赁机器设备、租赁房屋等。在意大利民法典中专门规定了一类叫作产生孳息的物品租赁，即以能产生孳息的动产或不动产为租赁的标的物的。承租人对租赁物的使用是以支付租金为代价的，所以就其租赁物的占有、使用而获得的收益，应当享有所有权。

第七百二十一条 【租金支付期限】

承租人应当按照约定的期限支付租金。对支付租金的期限没有约定或者约定不明确，依据本法第五百一十条的规定仍不能确定，租赁期限不满一年的，应当在租赁期限届满时支付；租赁期限一年以上的，应当在每届满一年时支付，剩余期限不满一年的，应当在租赁期限届满时支付。

【条文精解】

支付租金是承租人的主要义务。租金支付期限是出租人能够及时收取租金的依据。为避免在合同履行中发生纠纷，一般租赁合同中应明确约定租金支付期限。租金的支付期限是合同的主要条款，关系到租金支付的时间，当事人在合同中应当尽量约定明确。租金的支付期限可以按年、月、日计算，也可以小时计算。租金的支付可以是一次支付，也可以是分期支付；一次支付可以是事前支付，也可以在租赁期限届满之后一次支付，这些都由双方当事人在合同中约定。当事人应当严格按照合同约定的期限支付租金。

在实际生活中，一些当事人在订立合同时由于种种原因，未约定租金支付期限或约定得不明确，给合同的履行带来了一定的困难，这就需要当事人进行进一步的协商。如果能够达成协议，承租人应当按照补充协议中约定的支付期限支付租金。如果不能达成协议，且依据合同的有关条款和交易习惯也不能确定，按照本条的规定可依据下述方法确定支付期限：

（1）租赁期限不满1年的，租金应当在租赁期限届满时支付。如当事人在租赁合同中约定租期为6个月，则承租人应当在6个月届满时支付全部租金。

（2）租赁期限1年以上的，应当在每届满1年时支付，剩余期限不满1年的，应当在租赁期限届满时支付。如当事人在2005年5月订立了一个房屋租赁合同，租期为4年6个月，承租人就应在今后4年的每年5月向出租人支付租金，到2009年5月为第4年时，租期还有6个月，最后一次租金的支付应为2009年11月。

第七百二十二条 【承租人违反支付租金义务的法律后果】

　　承租人无正当理由未支付或者迟延支付租金的，出租人可以请求承租人在合理期限内支付；承租人逾期不支付的，出租人可以解除合同。

【条文精解】

承租人应当按照合同约定的时间、金额、方式向出租人支付租金，这是因为承租人取得租赁物的使用权是以支付租金为代价的。出租人出租租赁物的目的就是收取租金，承租人能按时足额支付租金，出租人通过让渡财产使用权而获得租金收入的合法权利才能得到保障。

本条规定，承租人在租赁期限内无正当理由不得拒付和迟延支付租金。所谓正当理由包括几种情况：一是不可抗力或意外事件，使租赁物部分或者全部毁损、灭失的，承租人已无法对租赁物使用、收益，承租人可以请求不支付租金。二是因出租人没有履行义务，如交付的租赁物不符合约定的使用要求；在租赁期限内租赁物出现质量问题，出租人不尽维修义务的。三是因承租人本身发生一些意外事件致使其暂时无力支付租金。例如，用于居住的房屋租赁的承租人因生重病住院，经济上出现暂时困难，无力支付到期租金。在这种情况下，可以请求出租人适当延缓交付。

承租人无正当理由未支付或迟延支付租金的是一种违约行为，当然要承担一定的违约责任。承租人不支付租金虽然是一种根本违约行为，但出租人并不一定要马上解除合同，为了保持合同的稳定性，可以给承租人对违约的补救机会。因此，本条规定，出租人通知承租人，要求其在合理的期限内支付。该合理期限应当根据到期租金的数额、承租人的支付能力以及出租人的经济状况等因素来确定。承租人经催告后在合理的期限内仍不支付租金的，出租人可以解除合同。对迟延交付租金的，各国法律一般都规定出租人的一个催告时间，在经催告后承租人仍不交付的，出租人可以解除合同。

租赁合同被解除后，租赁期限尚未届满的，合同终止履行，承租人应返还租赁物，承租人欠付的租金以及对出租人造成的损害，应当进行清算。

第七百二十三条　【出租人的权利瑕疵担保责任】

因第三人主张权利，致使承租人不能对租赁物使用、收益的，承租人可以请求减少租金或者不支付租金。

第三人主张权利的，承租人应当及时通知出租人。

【条文精解】

所谓出租人的权利瑕疵担保，是指出租人担保第三人不能就租赁物主张任何权利。权利瑕疵担保责任，是指当第三人对租赁物主张权利时，出租人所应承担的责任。权利瑕疵担保责任的构成要件为：第一，权利瑕疵在合同成立时已存在；第二，相对人不知有权利瑕疵的存在，如果在订立合同时相对人明知行为人对该物无处分权而与之订立合同，相对人不能作为善意相对人而享有要求对方承担权利瑕疵担保责任的权利；第三，权利瑕疵在合同成立后仍未能排除，如果在合同成立时，虽有权利瑕疵，但在合同成立后，行为人取得了该物的处分权，则应视为权利瑕疵已经除去。

出租人承担权利瑕疵担保责任的条件为：

（1）因第三人向承租人主张权利。第三人主张权利可以是第三人作为租赁物的所有人主张出租人对租赁物无处分权，该租赁合同无效；也可以是第三人作为租赁物的抵押权人，在义务人不履行义务时，要求实现其抵押权。在这种情况下，势必影响承租人对租赁物的使用、收益。

（2）第三人主张权利妨碍承租人对租赁物的使用和收益。如第三人主张抵押权的实现时，因其涉及对租赁物实体的处置，会妨碍承租人对租赁物的使用。

（3）承租人在订立合同时不知有权利瑕疵，如承租人在订立合同时明知出租人对该租赁物没有处分权，而自愿承担第三人主张权利的风险，出租人不负瑕疵担保责任。

在第三人主张权利时，除出租人已经知道第三人主张权利外，承租人应当及时通知出租人，如承租人怠于通知致使出租人能够救济而未能及时救济的，则出租人对承租人的损失不负赔偿责任。承租人及时通知出租人，出租人对第三人主张权利不能排除的，承租人事实上对租赁物已无法使用、收益，这时，承租人有权请求减少租金或不支付租金。

> **第七百二十四条 【非因承租人原因致使租赁物无法使用时承租**
> **人的请求权】**
>
> 有下列情形之一，非因承租人原因致使租赁物无法使用的，承租人可以解除合同：
>
> （一）租赁物被司法机关或者行政机关依法查封、扣押；
>
> （二）租赁物权属有争议；
>
> （三）租赁物具有违反法律、行政法规关于使用条件的强制性规定情形。

【条文精解】

根据解除权行使主体不同分为承租人享有法定解除权和出租人享有法定解除权的情形，本条规定的是承租人享有法定解除权的情形。综合本法的相关规定，承租人享有法定解除权的情形如下：一是因不可抗力致使不能实现合同目的的；二是出租人未按约定交付租赁物，经承租人催告在合理期限内仍拒不交付租赁物的；三是因不可归责于承租人的事由致使租赁物部分或全部毁损、灭失，致使合同目的不能实现的；四是不定期租赁，承租人有权随时解除合同；五是租赁物危及承租人安全或健康的，即使承租人订立合同时明知该租赁物质量不合格，承租人仍有权随时解除合同；六是司法机关或者行政机关依法查封租赁房屋导致承租人不能使用的；七是租赁物权属有争议导致承租人不能使用的；八是不符合建筑法、消防法等法律关于房屋使用条件的强制性规定并导致承租人不能使用的；九是一物数租之有效合同不能实际履行的。

在出现租赁房屋被司法机关或者行政机关依法查封、权属有争议，或者具有违反法律、行政法规（主要包括建筑法、消防法等）关于房屋使用条件强制性规定情况任何一种情形时，承租人的合同解除权并非任意的，还须具备一个必要前提，即该情形的出现导致"租赁房屋无法使用"。所谓"无法使用"，是指无法按照租赁房屋的约定用途使用，或者无法按照租赁房屋的性质使用。

当租赁物是房屋时，司法机关对房屋的查封，实务中有"活封"和"死封"之分，其中"死封"是指房屋被查封后不仅其处分权受到限制，而且丧失了使用、管理权，权利人只有妥善保管的义务；而"活封"则相反，房屋被查封后，权利人仍享有对房屋的使用、管理和收益权，仅处分权受限。实践中，租赁房屋被查封，如果是由于出租人的原因，承租人在要求解除合同的同时也可要求出租人赔偿损失；如果是由于承租人的原因，出租人因此遭受损失的，出租人除了可以提起反诉要求承租人赔偿损失以外，也可另行起诉要求承租人赔偿损失。当租赁物是动产的，查封、扣押动产的，人民法院可以直接控制该项财产。人民法院将查封、扣押的动产交付其他人控制的，应当在该动产上加贴封条或者采取其他足以公示查封、扣押的适当方式。

当租赁物的权属存在争议时，意味着出租人可能不是租赁物的所有权人，即使租赁合同可以拘束名义上的出租人，但是无法拘束真正的所有权人。尽管也存在出租人可能是真正的所有权人的情形，但是承租人也许不想冒这个险，因此法律上应允许其合理规避风险，解除合同。

第七百二十五条　【买卖不破租赁】

租赁物在承租人按照租赁合同占有期限内发生所有权变动的，不影响租赁合同的效力。

【立法背景】

我国《合同法》第 229 条中对买卖不破租赁也作出规定："租赁物在租赁期间发生所有权变动的，不影响租赁合同的效力。"但该条规定存在一个重大问题，即租赁合同的真实签订时间难以确定，司法实践中出现了大量的倒签租赁合同去损害房屋买受人（所有权人）利益的情形，所以以租赁合同签订的时间点来确认承租人和所有权人的权利何者优先，会存在极大的道德风险，引发司法实践中的诸多问题。

所以为了避免这一问题的发生，民法典对这一问题进行了修改，修改的核心在于使买卖不破租赁规则中租赁的时间点显形化，必须是一个有对外公示可能性的时间点。但在处理这一问题时候引发了争议，争议点在于租赁合同对外公示的时间点到底以何种规则确定，立法过程中存在两种观点：第一种方案是以承租人占有使用租赁物的时间点作为租赁合同对外公示的起算点，第二种方案以我国正在推行中的房屋租赁备案登记为起算点。这两种方法都能解决前述问题，第二种方案更便于确认时间点，相比第一种方案来说登记的时点更易于确认。但假如采用第二种方案会使得我国司法实践面临难题，即现阶段我国绝大部分房屋租赁都未进行备案登记。如果在民法典中直接采用第二种方案将会导致我国现阶段绝大部分承租人不再受"买卖不破租赁"规则的保护，如此则可能引发社会问题。虽然民法典为了优化营商环境，在融资租赁、所有权保留等环节中都引入了登记，但那些环节中要求进行登记的主体都是商人，如果在"买卖不破租赁"规则中也引入登记，可能会对普通百姓造成过重的负担。经过平衡取舍后，选择了相对折中的方案，即前述第一种方案。

这一改动实际上也间接对房屋买受人提出了一个新的要求，即在签订买卖合同之前实地调查房屋的实际占有使用状况，否则其权利就有可能被在先占有适用的租赁期所限制。这一选择固然增加了买受人的调查成本，但从另一方面表现出房屋更强的住宅属性，而非金融属性，这和"房子是用来住的，不是用来炒的"的定位也是相符的。

【条文精解】

本条的规定体现了租赁权的物权化。所谓物权化，是指在承租人依据租赁合同占有租赁物期限内，承租人对租赁物的占有使用可以对抗第三人，即使是该租赁物所有权人或享有其他物权的人也不例外。

本条主要规定的是租赁物的所有权发生变动时，租赁合同的效力问题。在租赁合同中有一个基本的原则叫"买卖不破租赁"。买卖不破租赁，是指当出租人在租赁合同有效期内将租赁物的所有权转让给第三人时，租赁合同对新所有权人有效。关于这个原则，各国或地区民法都有所体现，但不尽相同。有的国家规定，只有对不动产租赁或经过登记的动产租赁才适用该项原则。如意大利民法典规定，如果在租赁物转让前已有明确的租赁契约，则租赁契约得对抗第三买受人。在买受人善意取得占有的情况下，前款规定不适用于不在公共登记处登记的动产。在一些国家和地区，"买卖不破租赁"只适用于不动产。如法国民法典规定，如出租人出卖租赁物时，买受人不得辞退经公证作成或有确定日期的租赁契约的房屋或土地承租人。日本民法典也规定，不动产的租赁契约进行登记后对于其不动产取得物权者，也生效。有的规定，不论是动产租赁还是不动产租赁，都适用"买卖不破租赁"的原则。如我国台湾地区"民法典"规定，出租人于租赁物交付后，纵将其所有权付让与第三人，其租赁契约，对于受让人仍继续存在。

"买卖不破租赁"并不限于出租人出售租赁物的行为，还应包括赠与以及遗赠、互易，甚至将租赁物作为合伙投资等情况，上述情况都会涉及租赁物的所有权变动问题。本条规定中"不影响租赁合同的效力"，是指承租人依据租赁合同占有期限内发生所有权变动后，其设定在该租赁物上的租赁权仍然存在，承租人与受让人之间无须另行订立租赁合同，受让人在受让该租赁物的所有权时就与承租人产生了租赁合同关系，成为一个新的出租人，继承原出租人的权利和义务，受让人要受该租赁合同的约束。如果出租人没有将所有权变动的事项通知承租人，承租人向原出租人支付的租金效力及于受让人。

特别需要指出的是，本条规定与第405条"抵押不破租赁"规则形成呼应，两者按同一思路修改。

第七百二十六条 【房屋承租人的优先购买权】

出租人出卖租赁房屋的，应当在出卖之前的合理期限内通知承租人，承租人享有以同等条件优先购买的权利；但是，房屋按份共有人行使优先购买权或者出租人将房屋出卖给近亲属的除外。

出租人履行通知义务后，承租人在十五日内未明确表示购买的，视为承租人放弃优先购买权。

【条文精解】

优先购买权，是指民事主体在特定买卖的同等条件下，依法享有优先于他人购买财产的权利。实践中其主要包括以下几种类型，共有人的优先购买权、专利委托人及合作人的优先购买权、公司股东的优先购买权以及房屋承租人优先购买权等。由此可见，房屋承租人优先购买权是优先购买权中的一种。承租人的优先购买权，则是指承租人在出租人出卖租赁物时，在同等条件下优先购买该租赁物的权利。本条规定明确了房屋承租人优先购买权的权利主体是特定的人，即租赁了房屋的承租人，权利客体是承租人所租赁的房屋，行使权利的时间是在承租人知道出租人向外出售其所租赁的房屋之时。

承租人优先购买权的适用条件包括以下几个方面：

1. 存在合法有效的房屋租赁合同关系

即两者之间的房屋租赁合同依法成立并生效。根据本法对合同成立的相关规定，房屋租赁合同依法成立并生效一般需要满足以下几个条件：其一，房屋租赁合同签订时，房屋出租人与承租人均属于完全民事行为能力人；其二，房屋出租人有权出租该房屋，且该房屋不属于未经政府建设行政相关部门批准或未按照其批准范围所建设的临时建筑、不属于未取得建设工程规划许可证或未按照该许可证规划而建立的房屋，如果房屋出租人在法院一审庭审辩论之前能够补正上述批准、获得或者变更建设许可证，则仍然将该房屋视为可出租房屋；其三，房屋租赁合同的内容系房屋出租人及承租人真实的意思表示，且合同内容不属于民法典规定的无效情形。在审查房屋租赁合同是否成立并有效时，除了对房屋租赁合同进行外观形式审查之外，还需要对双方当事人之间是否存在房屋租赁意思表示进行审查，双方当事人之间并不存在真实的房屋租赁意思表示，则双方之间不存在房屋租赁关系，此种情形下房屋租赁合同中的承租人并不当然享有在同等条件下对该租赁房屋的优先购买权。此外，实践中存在房屋出租人与多个承租人签订房屋租赁合同的"一房数签"情况。在此种情况下，只要不存在合同无效的情形，房屋出租人与承租人之间房屋租赁合同均有效。但并非所有承租人均享有出租人出售房屋时以同等条件优先购买的权利，承租人优先购买权应由实际房屋承租人享有，不能取得租赁房屋的承租人要求房屋出租人按照租赁合同约定承担违约损害赔偿责任，而不得主张优先购买权。

2. 在同等条件下行使

所谓同等条件，是指承租人与其他购买人在买卖条件上等同，要综合考虑价格的多少、付款期限的长短、一次付清还是分期付款、有无担保等因素。在非同等条件下，承租人不能享有优先购买权。房屋承租人优先购买权制度的初衷是在不损害房屋出租人实质利益的情况下，维护承租人居住或生产经营的稳定。

3. 必须在一定期限内行使

如果出租人通知承租人将要出卖租赁的房屋，并提出了一定的期限，而承租人在合理期限内没有购买的意思表示，优先购买权丧失。这说明承租人并不想购买该房屋，也就没有保护的必要了。对承租人优先购买权的行使期限加以限制，是基于促进经济正常运转、交易安全的同时，以保护出租人和承租人双方各自利益为考虑。

同时，本条也规定了房屋承租人优先购买权行使的限制情形：

1. 共有人的优先购买权与承租人优先购买权行使的竞合

共有分为按份共有和共同共有，在共同共有关系中，房屋出租人未经全体共有人同意不得出售该共有房屋，共同共有人无行使优先购买权的必要。而在按份共有关系中，若房屋出租人所占份额超过 2/3，则其有权决定出售该共有房屋，此时必然会对其他按份共有人的利益造成一定影响。同时，本法物权编第 306 条规定，按份共有人在同等条件下也享有优先购买权。从表面上看，似乎有可能出现同一标的物上承租人的优先购买权和按份共有人的优先购买权的冲突。但是仔细分析会发现，两种优先购买权针对的标的物是不同的。按份共有人的优先购买权针对的是其他共有人的共有份额；而承租人的优先购买权针对的是租赁标的物本身。所以实际上，二者并不会真正发生冲突。当涉及按份共有人的优先购买权时，此时讨论的是份额买卖问题，根本就不会触发承租人的优先购买权。当然，仅从结果上看，确实是按份共有人的优先购买权可以优先行使。本条将按份共有人行使优先购买权作为承租人行使优先购买权的例外，直接在条文文字层面点明此点，从而避免实践中引发不必要的争议。

2.近亲属之间的房屋买卖具有浓厚的人身色彩，与纯粹的买卖关系有很大区别

我国是亲情和人情关系极为浓厚的熟人社会，在社会主义市场经济往来中，人们既注重经济效益，也注重人与人之间的情感关系，出租人将租赁房屋出售给近亲属时同样也会夹杂这种情感关系，其与纯粹意义上的买卖关系之间存在区别，主要体现在低于正常价格出售房屋、延长交易付款期限等，其无法作为承租人优先购买权行使的同等条件。故本条确认出租人将租赁房屋出卖给近亲属的，承租人不得主张优先购买权。

承租人享有优先购买权就要求出租人在出卖租赁房屋时应当在出卖之前的合理期限内通知承租人，给承租人考虑是否购买该房屋的时间。承租人在接到通知后应及时答复，若承租人接到通知后 15 日内未明确表示购买的，则自动丧失优先购买权，这是基于不动产交易秩序和交易安全所作的考虑。

第七百二十七条 【委托拍卖租赁房屋时承租人的优先购买权】

出租人委托拍卖人拍卖租赁房屋的，应当在拍卖五日前通知承租人。承租人未参加拍卖的，视为放弃优先购买权。

【条文精解】

拍卖的特质导致其与承租人的优先购买权存在一定冲突，由于优先购买权，有一定的优先效力，在拍卖程序亦不例外。最高人民法院《关于人民法院民事执行中拍卖、变卖财产的规定》第 16 条规定："拍卖过程中，有最高价时，优先购买权人可以表示以该最高价买受，如无更高应价，则拍归优先购

买权人；如有更高应价，而优先购买权人不作表示的，则拍归该应价最高的竞买人。"此所谓"跟价法"。

在拍卖负担有优先购买权的租赁房屋时一般遵循如下程序：

（1）拍卖通知，出租人在拍卖5日前以书面或者其他能够确认收悉的适当方式，通知优先购买权人于拍卖日到场。

（2）优先购买权人应按照拍卖通知或拍卖公告的要求，与其他竞买人一样进行竞买登记、缴纳竞买保证金，在拍卖日到场参加竞拍。

（3）举牌应价，若优先购买权人在出现最高应价时表示以该最高价买受，如无更高应价，则拍归优先购买权人；若优先购买权人未作出以该价格购买的意思表示，则拍卖房屋由最高应价人购买。

本条规定一方面对承租人优先购买权进行程序性保障，保证其在房屋拍卖的情况下正常行使优先购买权，同时又通过对承租人优先购买权的限制以避免因承租人怠于行使优先购买权而降低房屋交易的效率，同时能够减少或避免房价波动给出租人造成的损失。

第七百二十八条 【承租人优先购买权受侵害的法律后果】

出租人未通知承租人或者有其他妨害承租人行使优先购买权情形的，承租人可以请求出租人承担赔偿责任。但是，出租人与第三人订立的房屋买卖合同的效力不受影响。

【条文精解】

关于优先购买权性质的认定，本条采纳了请求权说的观点，理由在于：第一，承租人所享有的对抗第三人的效力是有限的，因为其毕竟不是物权，不能直接产生对抗第三人的效力。尤其是在第三人是善意的情况下，采形成权说对于第三人的保护极为不利。第二，如果认可其为形成权，则实际上给出卖人强加了一种就合同的内容必须作出承诺的义务，这和强制缔约没有本质差异。此种观点显然给出租人施加了不合理的义务，且与出租人所享有的所有权存在冲突，如此甚至将导致优先购买权具有优于所有权的效力。第三，从我国司法实践经验来看，并没有承认其为形成权，侵害优先购买权的后果只是赔偿损失，而不是要直接在出租人和承租人之间形成合同关系。所以，优先购买权的实质就是法律赋予承租人享有的、在出租人出卖房屋时优先于其他人定约的请求权。第四，承租人已经享有本法第725条赋予的"买卖不破租赁"的权利以及第 734 条优先承租权，此时若再设立一个物权性的优先购买权会导致出租人和承租人之间保护的失衡。

而在侵害优先购买权的情况下，究竟应当产生何种效力，理论上也存在两种不同的观点：一是无效说，此种观点认为，承租人可以请求转让合同无效，要求将已经转让出去的应有份额归于自己。最高人民法院《关于贯彻执行〈中华人民共和国民法通则〉若干问题的意见（试行）》第 118 条后段规定："出租人未按此规定出卖房屋的，承租人可以请求人民法院宣告该房屋买卖无效。"显然，该意见采纳无效说。二是损害赔偿说，此种观点认为，在优先购买权受到侵害的情况下，不应当确定转让合同无效，而应当由优先购买权人请求出租人承担损害赔偿责任。但关于优先购买权人请求赔偿的依据和范围，存在不同的看法。有人认为，应基于缔约过失责任，赔偿优先购买权人的费用损失。也有人认为，应当基于违约责任，赔偿优先购买权人的利润损失。

本条规定采纳了损害赔偿说，理由主要在于：一方面，无效说增加了交易成本。房屋所有人已经与第三人就房屋买卖达成了协议，并支出了交易成本，如果宣告合同无效，可能导致财富的浪费。另一方面，无效说不符合鼓励交易原则。如果认定买卖合同无效，就导致恢复原状等后果，不符合效率原则，也与合同法鼓励交易的宗旨不符。从房屋买卖市场看，只要承租人可以证明损失存在，通过赔偿其损失，就足以保障其权益，而不必使其获得特定的房屋。不过，如果承租人确有足够证据证明买受人与出租人恶意串通，则可以按照合同无效的相关规定主张合同无效。另外，此处所说的赔偿的范围是实际损失，即优先购买权人要获得类似房屋所多支出的价款损失，以及在购买房屋过程中支出的费用损失。这些损失都是因为出租人侵害承租人优先购买权而造成的，所以出租人应当赔偿。

第七百二十九条 【租赁物的灭失】

因不可归责于承租人的事由，致使租赁物部分或者全部毁损、灭失的，承租人可以请求减少租金或者不支付租金；因租赁物部分或者全部毁损、灭失，致使不能实现合同目的的，承租人可以解除合同。

【条文精解】

本条规定的是在承租人已尽了善良管理人的义务的情况下，由于其他原因，造成租赁物的毁损、灭失的，承租人享有何种权利。

不可归责于承租人的事由有下列几种情况：

1.因不可抗力的原因造成租赁物毁损、灭失的

不可抗力的条件是不能预见、不能避免，并且不能克服。如承租人租赁房屋的，由于发生洪水，大水冲进房屋，使屋内的墙皮脱落，这种损坏是承租人难以克服的。按照本法的规定，不可抗力是免责的事由，因此，在出现不可抗力时，租赁物毁损、灭失了，承租人不承担责任。

2.因意外事件造成租赁物毁损、灭失的

例如，承租人租用汽车在路上正常行驶，被一辆违反交通规则的汽车撞坏，经过认定承租人本人无过错，汽车的损害是由于第三人违反交通规则的行为造成的。

3.因出租人不履行义务造成租赁物毁损、灭失的

例如，承租人租赁的房屋，由于雨季下雨太多出现屋顶漏雨，承租人要求出租人进行维修，但出租人迟迟不予维修，最后导致房屋倒塌。倒塌的原因就是出租人没有对房屋进行及时的维修。

上述前两种情况，不可抗力和意外事件都是租赁合同双方当事人均无过错，既不可归责于承租人，也不可归责于出租人，而出现了租赁物毁损、灭失的情况。在这种情况下，应当维护哪一方当事人的利益，是法律所要解决的问题。按照民法上的一般原则，对物的风险责任是以谁享有所有权为标准的，即所有权人承担对物的毁损、灭失的风险。本法在买卖合同中规定了买卖合同标的物的风险责任交付后转移至买受人的一般原则。在租赁合同中，多数情况下，出租人是租赁物的所有人至少是可以支配租赁物的人，当发生不可归责于双方当事人的事由的情况，租赁物毁损、灭失了，这个风险责任应当由出租人来承担。在第三种情况下，由于出租人有过错，造成租赁物的毁损、灭失，当然应当由其承担损失的责任。

在上述三种情况下，由于承租人对租赁物已不能使用或使用的效能受到了影响，本条规定承租人可行使以下权利：

1.要求减少租金或不支付租金

减少租金，一般适用于租赁物部分毁损，但还能够使用，或者是承租人已经支付了部分租金，租赁物全部毁损、灭失了，已支付的租金不再返还，未支付的租金不再支付。不支付租金，一般是指租赁物虽然部分毁损，但已失去其效用或者租赁物全部毁损、灭失，承租人已不能使用该租赁物，当然可以要求不支付租金。不支付租金的法律后果实际上是合同已不可能履行，

当承租人不支付租金时，如果出租人同意，合同实际上是协议解除，合同终止。

2. 解除合同

解除合同的条件是不能实现合同目的。这里规定的解除条件比本法第563 条规定的"因不可抗力致使不能实现合同目的"的范围要宽。即使不是不可抗力，只要承租人没有过错，租赁物毁损、灭失了，实际上已经不可能再履行合同了，这时承租人可以行使解除权。这种解除权不同于上面所说的协议解除，它是法定解除，也不是请求权，而是一种形成权，即承租人主张解除合同的，只要通知到达出租人，合同即行解除，如果出租人对此有异议，提请诉讼或仲裁，人民法院或者仲裁机构也只是对承租人行使解除权的效力进行确认。

第七百三十条　【租赁期限不明的处理】

当事人对租赁期限没有约定或者约定不明确，依据本法第五百一十条的规定仍不能确定的，视为不定期租赁；当事人可以随时解除合同，但是应当在合理期限之前通知对方。

【条文精解】

租赁合同是出租人与承租人之间定期或者不定期地转移租赁物的占有权、使用权的合同。从是否规定有租赁期限来看，租赁合同分为定期租赁合同和不定期租赁合同两种。定期租赁合同的当事人在合同中约定了租赁期限，合同于约定的租赁期限届满时终止。一般租赁合同都要明确约定租赁期限，以便确定租赁价值的回收、租金构成等问题。

租赁合同当事人也可以不约定期限，这就是不定期租赁合同。与约定有期限的租赁合同相比，未约定期限或者约定期限不明确的合同在履行时有一定困难，容易酿成纠纷。根据本条规定，当事人对租赁期限没有约定或者约定不明确时，应首先依照本法第510 条的规定进行协议补充，即由出租人和承租人就租赁期限进行再磋商，如果能够达成协议，合同即按照补充协议的期限履行。仍不能达成补充协议的，则依照合同有关条款或者交易习惯加以确定。如果合同双方当事人既不能就租赁期限达成补充协议，又不能根据合同条款或者交易习惯加以确定，只要出租人没有收回租赁物的意思，同时也没有收回行为并且继续收取租金，就表明租赁关系仍然存在，但这时的租赁视为不定期租赁，双方当事人可以随时解除合同。如果承租人在使用租赁物后已达到了其预期目的，同时履行了其义务，可以提出终止合同的履行；如果出租人对租赁物有客观原因需要利用，而非出于其他恶意，可以在保障承租人利益不受损害的情况下，收回租赁物。但出租人解除合同时，应依诚信原则，在一个合理期限之前通知承租人。

第七百三十一条 【租赁物质量不合格时承租人的解除权】

租赁物危及承租人的安全或者健康的，即使承租人订立合同时明知该租赁物质量不合格，承租人仍然可以随时解除合同。

【条文精解】

租赁合同为有偿合同，各国立法一般都规定，对于租赁合同准用买卖合同的有关规定，租赁合同的出租人如同买卖合同的出卖人一样，对租赁物负有瑕疵担保责任。出租人的瑕疵担保责任包括物的瑕疵担保责任（也称质量瑕疵担保责任）和权利瑕疵担保责任。出租人的权利瑕疵担保，是指出租人应担保不因第三人对承租人主张权利而使承租人不能为使用收益。出租人的物的瑕疵担保，是指出租人应担保所交付的租赁物能够为承租人依约正常使用收益。构成出租人的物的瑕疵担保责任的条件有两个：（1）租赁物有瑕疵。租赁物有瑕疵亦即标的物的品质或者数量不符合约定的标准，或者不符合标的物的通常使用状态。租赁物无论是在交付前还是交付后发生瑕疵的，出租人均负有瑕疵担保责任。（2）承租人于合同订立时不知租赁物有瑕疵，也不存在可以免除出租人责任的情形。

但是，为保证承租人一方的人身安全或者健康，许多国家和地区的法律规定前述第二个条件不适用于房屋租赁。如《德国民法典》第544条规定："住房或者其他房屋处于其使用显然有害于健康的状况时，即使承租人在订立合同时已知有此种有害状况，或者已放弃行使因此种有害状况而享有的权利，仍可以不遵守预告解约通知期限而通知终止租赁关系。"我国台湾地区"民法典"第424条规定："租赁物为房屋或其他供居住之处所者，如有瑕疵，危及承租人或其同居人之安全或健康时，承租人虽于订约时已知其瑕疵，或虽已抛弃其终止契约之权利，仍得终止契约。"之所以这样规定，是因为房屋为重要的不动产，各国和地区立法对不动产租赁都有特别规定。同时，由于房屋是一种非常特殊的商品，尤其是住房，它用于满足公民"住"

这一基本生活需要。对于住房租赁予以特别的法律调整，有利于稳定社会秩序和安定人民生活。因此，在住房租赁中，出租人对于房屋的质量应负严格的产品责任，也就是说，只要房屋的质量不合格，危及承租人的人身安全或者健康时，无论承租人在订立合同时知道与否，承租人均有权随时解除合同。我国在制定合同法时，扩大了这一原则的适用范围。该原则不仅适用于房屋租赁，还适用于所有租赁物。根据本条规定，租赁物危及承租人的安全或者健康的，即使承租人订立合同时明知该租赁物质量不合格，承租人仍然可以随时解除合同。

第七百三十二条 【房屋承租人死亡时的法律后果】

承租人在房屋租赁期限内死亡的，与其生前共同居住的人或者共同经营人可以按照原租赁合同租赁该房屋。

【条文精解】

房屋租赁合同是以房屋为租赁物的租赁合同，是指出租人和承租人之间关于出租人将房屋交付承租人使用，承租人支付租金并于合同终止时将租用的房屋返还出租人的协议。

房屋为重要的不动产，它既可以作为生产资料，又可以作为生活资料。作为生活资料，房屋是满足公民"住"这一基本生活需要的物质条件，从而住房租赁也就成为解决公民居住条件的重要法律手段。"住"一般是以户为单位的，所以，虽然承租人为一人，也会有其他共同居住人的利益。因此在调整租赁关系时，不能不考虑承租人死亡后其他共同居住人的居住利益。在住房租赁中，承租人取得的只是房屋使用权，原则上其承租权不得继承。承租人死亡后，生前未与其共同生活的亲属或者法定继承人，如果确需继续租用住房，享有优先承租权，可以与出租人另行签订房屋租赁合同。但是，在租赁期限内，与承租人共同居住的人有在租赁的房屋内居住的权利，出租人不得干涉。承租人死亡后，生前与承租人共同居住的人可以继续租赁原住房，但应与出租人办理续租手续，变更承租人。承租人死亡后无共同居住之人的，租赁关系终止。原共同居住之人另有住房的，也可以终止租赁关系。

第七百三十三条 【租赁物的返还】

租赁期限届满，承租人应当返还租赁物。返还的租赁物应当符合按照约定或者根据租赁物的性质使用后的状态。

【条文精解】

租赁期限届满，承租人应向出租人返还租赁物，这是租赁合同中承租人的一项主要义务，它主要包括以下三方面的内容：

1. 承租人应于租赁关系终止时向出租人返还租赁物

租赁关系终止的原因多种多样。一般情况下，租赁期限届满，租赁关系即终止。但也可因当事人一方行使解除或者终止合同的权利，或者因其他原因而终止。在租赁关系终止时，只要租赁物还存在，承租人就应当返还原租赁物；只有当租赁物不存在时，承租人才不负返还义务。例如，在租赁物灭失的情况下，租赁关系也当然终止，但承租人无返还租赁物的义务。如果租赁物系承租人的原因而灭失，承租人应负损害赔偿责任；租赁物非因承租人的原因灭失，承租人不负责任。

2. 承租人返还的租赁物应当符合按照约定或者租赁物的性质使用后的状态

由于租赁合同是转让财产使用权的合同，标的物所有权并不发生转移，承租人于租赁期限届满须返还原租赁物，从本质上讲，承租人应在不消费租赁物的条件下达到使用目的，所以租赁物应当是有体物、非消费物。所谓有体物，一般是指有一定形状，能够为人们视觉、感觉所认知的物，而且应是不易腐烂、变质、消化、消灭其价值的非消费物。只有这样，才能体现其作为租赁物的价值，否则，看不见、摸不着或者一经使用就消失殆尽的物，将无以体现财产租赁合同的使用权转让属性。但在特殊情况下，消费物也可以成为租赁物，但以承租人以非消费方式使用租赁物为限，如租赁食品供展览之用。因此，原则上讲，只要承租人返还的租赁物符合合同约定状态，或者符合承租人正常使用收益后合理损耗的状态，其返还义务的履行就是适当的。承租人未经出租人同意对租赁物改建、改装或者增加附着物的，于返还租赁物时应当恢复原状；如果承租人的行为是经出租人同意的，承租人可以不恢复原状，并可以在现有增加价值的范围内向出租人请求偿还费用。

3. 租赁期限届满，承租人应当及时向出租人返还租赁物

合同期限届满，双方当事人的权利义务关系即告终止，承租人即无权再继续使用租赁物，故应及时返还租赁物。承租人不及时返还租赁物，应负违

约责任，出租人既可以基于租赁关系要求承租人返还，也可以基于所有权要求承租人返还，因为租赁关系终止后，承租人已没有占有租赁物的合法依据。承租人不仅应当支付逾期返还租赁物的租金，偿还违约金或赔偿损失，还应承担租赁物逾期返还期间意外灭失的风险。

> **第七百三十四条 【租赁期限届满承租人继续使用租赁物以及优先承租权】**
>
> 租赁期限届满，承租人继续使用租赁物，出租人没有提出异议的，原租赁合同继续有效，但是租赁期限为不定期。
>
> 租赁期限届满，房屋承租人享有以同等条件优先承租的权利。

【条文精解】

从是否约定有租赁期限看，租赁可分为定期租赁和不定期租赁。在不定期租赁中，当事人在合同中未约定租赁期限，因此任何一方当事人均可以随时解除合同。定期租赁合同的当事人在合同中约定了租赁期限，合同于租赁期限届满即告终止。但是当事人于合同约定的期限届满时也可以续订合同。续订合同又称为期限更新，它不同于一般合同中履行期限的变更。前者是两个合同关系，后者只是一个合同关系。租赁合同期限更新只能发生于租赁期限（约定或者法定的期限）届满之时。

租赁双方当事人更新期限续订合同有两种方式：约定更新和法定更新。约定更新，又称明示更新，是指合同当事人于租赁期限届满后另订一合同，约定延长租赁期限。法定更新又称默示更新，是指租赁期限届满后，合同当事人的行为表明其租赁关系继续存在。本条即是对法定更新的规定。根据本条规定，租赁期限届满，承租人仍继续对租赁物为使用收益，出租人亦不反对；承租人继续支付租金，而出租人也接受了。当事人有此行为即可以推定双方有继续租赁关系的意向，租赁期限视为更新。但在这种情况下，当事人之间的定期租赁更改为不定期租赁，任何一方当事人均可以随时解除合同。

本条第 2 款是关于承租人的优先承租权的规定。优先承租权，是指承租人依法或者依约享有的，在租赁期限届满后的同等条件下优先承租原租赁物的权利。对于优先承租权的性质，理论界观点主要有两种：一部分学者持"法定权利说"，认为法律应当直接规定承租人享有优先承租权，而不以当事人的约定为存在前提；而另一部分学者坚持"立法留白说"，认为优先承租权并非承租人的法定权利，承租人对优先承租权的享有及其行使，取决于出租人与承租人之间的约定，立法无须进行干涉。本条的优先承租权应该理解为一种形成权，是在保护弱势群体的理念之上对于承租人优先承租权利的强化，一般是指在租赁期限届满之后，出租人未与承租人续租，却与第三人签订了租赁合同，那么在相同的条件下，承租人可以直接与出租人成立一个相同的租赁合同，要求出租人直接将房子继续出租给自己。优先承租权的确立，对承租人的权益进行了一定程度的保护，防止出租人随意变更租赁关系从而影响承租人的生活经营，有效防范纠纷的产生。长远来看，对于社会市场秩序的稳定发展，优先承租权制度具有一定积极意义。

第十五章　融资租赁合同

> **第七百三十五条　【融资租赁合同的定义】**
>
> 　融资租赁合同是出租人根据承租人对出卖人、租赁物的选择，向出卖人购买租赁物，提供给承租人使用，承租人支付租金的合同。

【条文精解】

融资租赁这一名称是从英文 finance lease 翻译过来的。finance 一词意为财政、金融，也可译为筹集资金、提供资金。因此，finance lease 通常译为融资租赁，也有的译为金融租赁。融资租赁是一种新兴的租赁形式，自 20 世纪 50 年代首先在美国出现至今，已有七十余年的发展历史。20 世纪 80 年代初，融资租赁在我国的经济生活中开始出现。1981 年，我国成立了第一批专业租赁公司，包括中国东方租赁有限公司和中国租赁有限公司等。

融资租赁是一种贸易与信贷相结合、融资与融物为一体的综合性交易。鉴于其复杂的法律关系，不同国家和地区对融资租赁有着不同的理解和定义。一般来说，融资租赁要有三方当事人（出租人、承租人和出卖人）参与，通常由两个合同（融资租赁合同、买卖合同）或者两个以上的合同构成，其内容是融资，表现形式是融物。我国在借鉴《国际融资租赁公约》和其他国家对融资租赁的定义的基础上，结合我国融资租赁界对融资租赁比较一致的看法后，对融资租赁作出规定。典型的融资租赁合同具有以下三方面的含义：

第一，出租人须根据承租人对出卖人和租赁物的选择出资购买租赁物。这是融资租赁合同不同于租赁合同的一个重要特点。租赁合同的出租人是以自己现有的财物出租，或者根据自己的意愿购买财物用于出租。而融资租赁合同是出租人按照承租人的要求，主要是对出卖人和租赁物的选择，出资购买出租的财物，使承租人不必付出租赁物的价值，即可取得租赁物的使用收益，从而达到融资的效果。正是从这一意义上，这种合同被冠以"融资"的称号。

第二，出租人须将购买的租赁物交付承租人使用收益。在融资租赁合同中，出租人虽然须向第三人购买标的物，但其购买的直接目的是交付承租人使用收益，而不是自己使用收益。这是融资租赁合同中出租人的买卖行为不同于买卖合同之处。

第三，承租人须向出租人支付租金。融资租赁合同的承租人对出租人购买租赁物为使用收益，并须支付租金。也正是在这种意义上，该种合同的名称中含有"租赁"一词。

比较法上的新趋势是将融资租赁视为保留所有权交易的一种，从而纳入动产担保体系之中。融资租赁交易在法律结构上虽与传统的所有权担保方式存在一些差异，但其经济作用与传统的所有权担保方式并无差别，属于所有权担保方式的现代形式，融资租赁中的标的物在相当程度上承担的是担保的功能。

第七百三十六条 【融资租赁合同的内容和形式】

融资租赁合同的内容一般包括租赁物的名称、数量、规格、技术性能、检验方法，租赁期限，租金构成及其支付期限和方式、币种，租赁期限届满租赁物的归属等条款。

融资租赁合同应当采用书面形式。

【条文精解】

典型的融资租赁交易涉及三方当事人（出租人、承租人、出卖人）和两个合同（融资租赁合同和买卖合同）。在签订合同时，通行的做法是：当某个企业需要某种设备又缺少所需资金时，可以向租赁公司提出，要求租赁公司出资购买并租给其使用，双方达成一个租赁意向。租赁公司根据承租人对设备和出卖人的要求，与出卖人签订一个买卖合同，由出卖人将设备直接送交承租人，由承租人验收。出租人凭承租人的验收合格通知书向出卖人支付货款。出租人付款前，与承租人正式签订一份融资租赁合同。由此可以看出，融资租赁交易行为所包含的融资租赁合同和买卖合同是相互联系、相互影响的，各自虽具有独立性，但又并不完全独立，而是在一定意义上以对方的存在为条件。

在实践中，由于租赁方式的不同，融资租赁合同的内容往往也不同，本条是对典型的融资租赁合同内容的规定，主要包括以下几方面内容：

1. 有关租赁物的条款

融资租赁合同的标的物是承租人要求出租人购买的设备，是合同当事人双方权利和义务指向的对象，因此，融资租赁合同首先应就租赁物作出明确约定。此条款应写明租赁物的名称、质量、数量、规格、型号、技术性能、检验方法等。由于关于租赁物的说明多涉及工程技术内容，专业性很强，而且繁杂具体，所以，一般只在合同正文中作简明规定，另附表详细说明，该附表为合同不可缺少的附件。

2. 有关租金的条款

租金是合同的主要内容之一。合同对租金的规定包括租金总额、租金构成、租金支付方式、支付地点和次数、租金支付期限、每期租金额、租金计算方法、租金币种等。

3. 有关租赁期限的条款

租赁期限一般根据租赁物的经济寿命、使用及利用设备所产生的效益，由双方当事人商定。此条款应当明确租赁起止日期。租赁期限对于明确租赁双方权利义务的存续期间具有非常重要的法律意义，由于融资租赁合同的一个很重要的特性就是合同的不可中途解约性，因此，此条款应当明确规定，在合同有效期内，当事人双方无正当、充分的理由，不得单方要求解约或退租。

4. 有关租赁期限届满租赁物的归属的条款

租赁期限届满，租赁物的所有权归出租人享有。租赁期限届满，承租人一般有三种选择权，即留购、续租或退租。在留购情况下，承租人取得租赁物的所有权。在续租和退租情况下，租赁物仍归出租人所有。

除上述条款外，融资租赁合同一般还应包括租赁物的交付、使用、保养、维修和保险、担保、违约责任、合同发生争议时的解决方法、合同签订日期和地点等条款。

第七百三十七条 【融资租赁合同通谋虚伪表示】
当事人以虚构租赁物方式订立的融资租赁合同无效。

【条文精解】

该条款是总则编通谋虚伪表示规定的具体化，根据本法第146条，行为人与相对人以虚假的意思表示实施的民事法律行为无效。以虚假的意思表示隐藏的民事法律行为的效力，依照有关法律规定处理。在交易实践中，当事人可能会为了逃脱金融监管，如某些不符合金融放贷资质的金融机构以融资租赁的名义来进行金融放贷，或者贷款的利息违反了利率管制的要求，从而选择以虚构租赁物的形式进行贷款，所以这是以虚假的意思表示实施的民事法律行为。正确认识虚构租赁物之"融资租赁合同"，应从法律关系定性、法律关系效力、担保效力、当事人权利义务关系四个角度进行分析。

第一，法律关系定性是指法院通过查明合同主要条款、履行情况、交易背景等案件事实，依法归纳案涉法律关系性质的司法裁判方法。虚构租赁物，不构成融资租赁法律关系，应定性为借款合同，因此融资租赁合同无效。

第二，法律关系定性与法律效力相互独立，定性不会影响效力。"名为融资租赁实为借贷"如无特别情形，不违反法律、行政法规强制性规定，一般属于有效的民事法律关系，涉及借贷等问题按照相应的法律法规处理。

第三，法律关系定性不会影响被担保债务的同一性。如有人为融资租赁的债权提供保证时，若无特别约定，保证人不能仅以法律关系另行定性为由，要求免除己方之保证责任。保证人缔约时不知道案涉法律关系性质的，除"融资租赁合同"当事人串通骗保、债务人欺诈、胁迫保证人且债权人明知该事实以及债权人欺诈、胁迫保证人外，保证人不能因此免除其责任。

第四，"名为融资租赁实为借贷"不能产生融资租赁的法律效果，法院应适用借款合同的相关法律规定，依法认定借款本金与利率。"名为融资租赁实为借贷"中约定收取保证金、首付款等的，如该款项不构成法定金钱质押的，应当在借款本金中扣除。在"名为融资租赁实为借贷"中，当事人对借款总额以及还款总额达成了一致的意思表示，法院应根据相关合同条款和法律规定，参考租赁利率或内部收益率等标准，结合案件的具体情况，判定借款利率。关于借款期限，应当平衡出借人的可得利益与借款人的期限利益，结合当事人的过错，综合予以认定。

第七百三十八条 【行政许可对融资租赁合同效力的影响】

依照法律、行政法规的规定，对于租赁物的经营使用应当取得行政许可的，出租人未取得行政许可不影响融资租赁合同的效力。

【条文精解】

本条规定体现了融资租赁合同的融资性特点。融资租赁具有融资功能，在设立融资租赁时，出租人（通常是专业的融资租赁公司或者金融公司）支付了标的物的全额价款，应承租人的要求购买标的物。实际上，这相当于是出租人贷款给承租人，用以购买后者所需要的租赁物，出租人拥有租赁物的所有权事实上形成了一种担保。

在传统租赁中，对租赁物的经营使用需要取得行政许可的，应由出租人取得行政许可，即法律、法规要求的是租赁物的所有权人即出租人取得行政许可，方可进行相关经营使用行为。而在融资租赁中，租赁物的所有权和使用权几乎是永久性地分离，出租人表面上是租赁物的所有权人，实质上只是满足承租人融资的需要，只享有观念上的所有权，但对租赁物的支配色彩已经非常淡化，而承租人是租赁物的占有、使用、收益人，租赁物主要发挥的是担保功能。出租人实质上是为承租人购买租赁物提供资金，真正的经营使用者是承租人，因此，法律法规限制租赁物的经营使用活动的主体应该是承租人，承租人对于租赁物的经营使用应当依法获得行政许可。对于出租人来说，租赁物的经营使用与其没有直接关系，出租人只需要具备相应的融资租赁资质即可。只要承租人依法取得行政许可，就可以达到监管租赁物经营使用的目的。因此，出租人未取得行政许可不影响融资租赁合同的效力。

第七百三十九条 【融资租赁标的物交付】

出租人根据承租人对出卖人、租赁物的选择订立的买卖合同，出卖人应当按照约定向承租人交付标的物，承租人享有与受领标的物有关的买受人的权利。

【条文精解】

出卖人按照约定向承租人交付标的物，承租人享有与受领标的物有关的买受人的权利，是融资租赁与传统租赁的一个重要区别。在传统租赁中，出租人是将自己现有的物或者根据自己的意愿购买的物出租给承租人，承租人与出卖人之间不存在任何法律关系，出租人对租赁物负有瑕疵担保责任。而在融资租赁中，融资租赁合同的租赁物即是买卖合同的标的物。融资租赁合同最重要的法律特征就是融资与融物相结合，融资为融物服务。买卖合同是出租人根据承租人对出卖人和租赁物的选择订立的，作为买受人的出租人只负支付货款的义务，而承租人是租赁物的占有、使用、收益人，且了解租赁物。出租人实质上是为承租人购买租赁物提供资金，真正的买卖双方是承租人和出卖人，因此，出卖人应直接向承租人交付标的物。

出卖人不仅应向承租人直接交付标的物，而且应承担租赁物的瑕疵担保责任。这是因为之所以会有租赁物的质量问题，根本原因是出卖人没有按照合同约定的内容履行交付符合国家规定或者当事人约定的质量标准的标的物的义务。因此，在融资租赁合同中，出租人一般不负瑕疵担保责任，也不负迟延履行的责任。

承租人应当按照合同约定的时间、地点、验收方法接收标的物。接收标的物，既是承租人的权利，也是承租人的义务。作为义务，承租人无正当理由不接收的，构成受领迟延；作为权利，承租人有权接收标的物，出卖人不得拒绝将标的物交付给承租人。

第七百四十条　【承租人拒绝受领标的物的条件】

出卖人违反向承租人交付标的物的义务，有下列情形之一的，承租人可以拒绝受领出卖人向其交付的标的物：

（一）标的物严重不符合约定；

（二）未按照约定交付标的物，经承租人或者出租人催告后在合理期限内仍未交付。

承租人拒绝受领标的物的，应当及时通知出租人。

【条文精解】

承租人对于租赁物存在瑕疵或租赁物的交付存在瑕疵时拥有拒绝受领权。在融资租赁中，存在两个合同和三方当事人，即出卖人与出租人之间的买卖合同、出租人与承租人之间的融资租赁合同。在融资租赁合同中，承租人与出卖人之间并没有直接的法律关系。当租赁物出现严重不符合约定的情况或者租赁物未按约定交付的时候，依照合同相对性原则，由于出卖人与承租人之间并没有直接的合同关系，承租人只能按照合同请求出租人向出卖人行使拒绝受领的权利，而无权直接向出卖人拒绝受领租赁物。但由于融资租赁合同的特殊性，在买卖合同中，作为买受人的出租人的主要义务就是支付价款，而租赁物是由承租人指定购买的，对其性能和生产要求等，出租人往往缺乏了解，很难对出卖人提供的租赁物作检验和判断，同时，租赁物的用益权也属于承租人，为了保证租赁物符合要求，便于解决租赁物的使用中出现的问题，在实践中，出租人往往将选择由谁来提供何种品质、规格的租赁物的决定权赋予承租人，由承租人与出卖人就租赁物直接进行交流，由承租人负责收货验收。出租人往往关心的是如何以租金的形式收回全部投资并获得相应利润，并不想参与承租人与出卖人之间就租赁物产生的纠纷。因此，对由于租赁物的质量瑕疵或交付瑕疵，如租赁物质量不合格或者迟延供货的原因，需要对租赁物行使拒绝受领权的，由承租人行使更为合适。

本条规定赋予承租人直接向出卖人拒绝受领瑕疵给付或者迟延给付的权利，使出卖人与承租人之间建立法律上的关系，故而本条规定突破了合同相对性的约束，属于本法第 465 条第 2 款所述的法律另有规定的情形。

承租人依照本条规定拒绝受领租赁物的，应当及时通知出租人。承租人迟延通知或无正当理由拒绝受领租赁物造成出租人损失的，出租人有权请求承租人承担损害赔偿责任。

第七百四十一条 【承租人行使索赔权】

出租人、出卖人、承租人可以约定，出卖人不履行买卖合同义务的，由承租人行使索赔的权利。承租人行使索赔权利的，出租人应当协助。

【条文精解】

所谓索赔权，是指当义务人不履行义务而给权利人造成损失时，权利人依法享有向义务人索赔因此而造成的损失的权利。

法律作出此种规定的主要原因在于：第一，因承租人受领标的物，并对标的物进行验收，因此，承租人对于标的物是否符合合同约定的情况最为了解，应当由承租人行使索赔的权利；第二，因承租人对标的物进行实际使用，如果标的物存在瑕疵或功能上的缺陷，承租人持有第一手资料，只有其才能够提出不合格的证据，而出租人一般是融资租赁公司，对于标的物的具体性能、使用方法、操作规范等情况并不了解，因此出租人应当协助承租人行使索赔的权利；第三，有利于简化索赔权的行使程序，因为按照合同相对性规则，此种索赔的权利应当由出租人行使，如果不移转索赔权，则需要形成两个诉讼，即首先由承租人向出租人主张权利，然后再由出租人起诉出卖人，而如果法律直接允许承租人起诉出卖人，则极大地简化了索赔权的行使程序，节约了权利行使的成本。因此，出租人、出卖人、承租人三方可以在买卖合同和融资租赁合同中明确规定，出卖人不履行买卖合同义务的，由承租人行使索赔的权利，直接向出卖人索赔。承租人行使索赔权的，出租人应协助承租人索赔。

承租人直接向出卖人行使索赔权的内容主要有两种。第一，出卖人交付的标的物质量不符合约定时，承租人可以要求：（1）减少价金。如果出卖人交付的标的物虽不符合合同约定，但不影响使用，而承租人也愿意继续使用，可以按质论价，要求出卖人减少价金。（2）修理、调换。当出卖人交付的标的物不能利用时，根据标的物的具体情况，承租人可以请求出卖人负责修理或者另行交付无瑕疵的标的物，并承担因修理、调换而支付的实际费用。（3）支付违约金。在出卖人交付的标的物不符合质量要求时，承租人可以请求出卖人支付约定的或者法定违约金。在违约金不足以抵偿损失时，承租人还可以要求出卖人支付损害赔偿金。（4）解除合同并赔偿损失。当出卖人交付的标的物由于质量问题无法使用时，承租人不仅可以要求解除合同，而且可以要求赔偿损失。第二，出卖人未交付或者迟延交付标的物的，承租人可以请求出卖人继续履行交付义务，并请求因迟延履行导致的损害赔偿，构成第563条第1款的情形之一的，可以解除合同并请求替代履行的损害赔偿。

第七百四十二条　【承租人行使索赔权利时的租金支付义务】

承租人对出卖人行使索赔权利，不影响其履行支付租金的义务。但是，承租人依赖出租人的技能确定租赁物或者出租人干预选择租赁物的，承租人可以请求减免相应租金。

【条文精解】

根据本法第741条的规定，出租人、出卖人、承租人可以约定，出卖人不履行买卖合同义务的，由承租人行使索赔的权利。承租人依据合同的约定对出卖人行使索赔权，不影响承租人向出租人承担支付租金的义务。这是因为，与一般的租赁不同，在融资租赁中，租金并非融物的对价而是融资的对价。在实践中，融资租赁的出租人对于出卖人和租赁物一般没有选择权，而是依赖于承租人自行选择，出租人主要承担提供资金的功能，因此不负租赁物的瑕疵担保义务，在承租人占有租赁物期限内，租赁物的毁损或者灭失的风险由承租人负担。既然风险应当由承租人负担，出租人有权要求承租人继续履行合同义务。也就是说，在租赁物存在瑕疵时，承租人可以依照约定向出卖人请求其承担瑕疵担保责任，但即使因租赁物有瑕疵致使承租人不能为使用、收益，也不影响承租人向出租人承担支付租金的义务，承租人仍应按照约定支付租金。因此，承租人对出卖人行使索赔权，并不影响其履行融资租赁合同项下支付租金的义务。

但是，在例外情形下，即承租人依赖出租人的技能确定租赁物或者出租人干预选择租赁物时，承租人有权主张减轻或者免除相应的租金支付义务。具体来说，在出租人存在以下情形时，承租人可以请求减免相应租金：（1）在承租人选择出卖人、租赁物时，出租人利用自己的专业技能、经验判断对承租人提供帮助，并对租赁物的选定起决定作用的。（2）出租人直接干预或要求承租人按照出租人意愿选择出卖人或者租赁物的。（3）出租人擅自变更承租人已经选定的出卖人或者租赁物的。

在承租人依赖出租人的技能确定租赁物或出租人干预选择租赁物的情况下，租赁物不符合约定或不符合使用目的的，出租人承担瑕疵担保责任，因此承租人得请求减免相应租金。但是，出租人根据承租人的要求，提供与供应商、租赁物有关的信息，但未对相关信息进行筛选或未给承租人选定供应商、租赁物提供意见，承租人无权要求减免相应租金。

对于承租人依赖出租人的技能确定租赁物或出租人干预选择租赁物的事实，由承租人负举证责任。

第七百四十三条 【索赔失败的责任承担】

出租人有下列情形之一，致使承租人对出卖人行使索赔权利失败的，承租人有权请求出租人承担相应的责任：

（一）明知租赁物有质量瑕疵而不告知承租人；

（二）承租人行使索赔权利时，未及时提供必要协助。

出租人怠于行使只能由其对出卖人行使的索赔权利，造成承租人损失的，承租人有权请求出租人承担赔偿责任。

【条文精解】

出租人有以下情形之一，致使承租人对出卖人行使索赔权利失败的，承租人有权请求出租人承担相应的责任：

1.明知租赁物有质量瑕疵而不告知承租人

在融资租赁关系存续期间，承租人权利的行使都有赖于出租人的协助，这实际上是基于诚信原则所产生的附随义务。依据本法第747条的规定，出租人原则上不承担租赁物的瑕疵担保责任，但是，如果出租人明知租赁物有质量瑕疵，而没有告知承租人，则违反了附随义务，因此致使承租人对出卖人行使索赔权利失败的，承租人有权请求出租人承担相应的责任。

2.承租人行使索赔权利时，未及时提供必要协助

在融资租赁关系存续期间，如果承租人按照约定向出卖人行使索赔权，出租人应当协助，如出租人提供买卖合同的文本、提供出卖人的地址和联系方式等。

本法第741条规定，出租人、出卖人、承租人可以约定，出卖人不履行买卖合同义务的，由承租人行使索赔的权利。承租人行使索赔权利的，出租人应当协助。依据这一规定，当事人之间可以通过约定的方式确定由承租人行使索赔的权利。为了保证承租人能够行使该项权利，承租人行使索赔权利的，出租人应当协助。此处的"协助"主要包括如下几个方面的内容：一是帮助寻找出卖人。在一些融资租赁中，出卖人是承租人指定的，承租人很容易找到；而在另一些融资租赁中，承租人只是确定了租赁物，而没有确定出卖人，由出租人具体确定出卖人，在发生争议后，出租人就应当帮助承租人寻找出卖人。二是帮助提供证据。在买卖合同的签约过程中，主要是出租人和出卖人之间磋商谈判，所以，出租人应当提供合同文本、订约资料等证据材料。三是诉讼过程中的协助义务，例如，出租人要出庭作证等。

承租人行使索赔权时，出租人未及时提供必要的协助，导致承租人损失的，承租人有权请求出租人承担相应的责任。

3. 怠于行使融资租赁合同或买卖合同中约定的只能由出租人行使对出卖人的索赔权

依据本法第 741 条的规定，对出卖人的索赔权可由承租人主张，但如果当事人未作出由承租人行使索赔权的约定，或约定相关的索赔权只能由出租人主张而出租人怠于主张索赔，则按照合同相对性原则，出卖人可以拒绝承租人主张的索赔权利，承租人因而无法直接向出卖人主张索赔。规定出租人怠于行使只能由其行使的索赔权时应承担赔偿责任，可以促使出租人积极配合承租人主张基于租赁物的索赔权利，同时赋予承租人对出租人怠于行使索赔权利造成损害的求偿权。因此，本条规定，出租人怠于行使只能由其对出卖人行使的索赔权利，造成承租人损失的，承租人有权请求出租人承担赔偿责任。

第七百四十四条　【出租人不得擅自变更买卖合同内容】

出租人根据承租人对出卖人、租赁物的选择订立的买卖合同，未经承租人同意，出租人不得变更与承租人有关的合同内容。

【条文精解】

融资租赁本身是由融资租赁合同与买卖合同两部分构成的，因此，为融资租赁而订立的融资租赁合同和买卖合同，均不同于传统的租赁合同与买卖合同。此处的融资租赁合同与买卖合同是融资租赁交易中相互联系、相互影响的两部分，各自具有独立性，但又不完全独立，而是在一定意义上以对方的存在为条件的。就租赁与买卖的关系而言，融资租赁合同自当事人双方签订合同之日起成立，但合同自承租人收到出卖人交付的标的物时起生效。因此，若买卖合同不成立、无效或者解除，则融资租赁合同也就因标的物的履行不能而解除。同时，买卖合同虽由出租人与出卖人订立，但关于买卖的条件却是由承租人指定的，买卖的标的物是出租人用于租赁的物，因此，买卖合同在标的物交付前，若融资租赁合同不成立、无效或者解除，买卖合同可以解除，但在当事人协议变更、解除买卖合同时，除合同另有约定外，须出租人、承租人及出卖人三方当事人同意。

在融资租赁交易中，先签订的买卖合同是租赁物的依据，后签订的融资租赁合同是买卖合同成立的前提。两者缺一不可，构成联立联动关系。出租人与承租人和出卖人均形成正式合同关系，出卖人与承租人之间形成准合同关系。买卖合同虽是由出租人与出卖人订立的，在买卖合同未履行或者未完全履行前，出租人与出卖人只要协商一致，就可以对合同进行修改、补充。但由于买卖合同与融资租赁合同关系密切，出租人订立买卖合同的目的是承租人，而且买卖合同的条款往往是经承租人确认的，出租人和出卖人在变更买卖合同时，不得损害承租人的利益。未经承租人同意，出租人不得擅自变更与承租人有关的买卖合同的内容。

与承租人有关的买卖合同的内容的变更主要涉及以下几个方面：

1. 主体的变更

买卖合同的主体是出租人与出卖人。由于出卖人是由承租人预先选择的，是承租人在融资租赁合同中指定的，因此，未经承租人同意，出租人不得擅自变更买卖合同的另一方当事人。

2. 标的物的变更

由于买卖合同的标的物是融资租赁合同的租赁物，两者是一致的，它也是由承租人预先选择并在融资租赁合同中约定的，它必须符合承租人指定的条件，因此，未经承租人同意，出租人不得擅自变更买卖合同的标的物。

3. 标的物的交付

由于买卖合同的标的物是由出卖人直接交付于承租人的，如果出租人与出卖人协商变更标的物的交付时间、地点和方式，应当征得承租人的同意。如果因此而增加承租人的费用，应由出租人和出卖人协商分担。

出租人按照承租人要求与出卖人订立的买卖合同，未经承租人同意擅自变更与承租人有关的合同内容的，即构成对承租人的违约，承租人首先可以要求出租人支付违约金。其次承租人还可以拒收租赁物，并通知出租人解除合同。如果因此给承租人造成损失，承租人还有权要求出租人赔偿损失。

第七百四十五条 【出租人对租赁物所有权】

出租人对租赁物享有的所有权，未经登记，不得对抗善意第三人。

【立法背景】

本条规定是融资租赁合同一章在本法编纂过程中修订的重点条文。《合同法》第 242 条规定："出租人享有租赁物的所有权。承租人破产的，租赁物不属于破产财产。"之所以对出租人对租赁物所有权的规定作出这一修改，是由于整个民法典所期望实现的目标之一是消灭隐形担保。融资租赁合同表面上是一个有关租赁的合同，但实际上承担着担保的功能。按照《合同法》第242条规定，出租人对租赁物虽然享有名义上的所有权，但是这个名义上的所有权却产生了一个真正所有权的效果，使得出租人在承租人破产的时候可以行使取回权。这种设计构造所引发的一个最大的问题是，出租人对租赁物享有的所有权并不对外公示，但却可以行使真正所有权人的权利，甚至在破产中享有取回权。这种做法使得这种没有公示的权利取得了一个最强大的效力，必然会给交易安全造成巨大的影响，尤其是在同一标的物上可能同时存在动产抵押、浮动抵押、融资租赁、所有权保留、动产质押等各种竞存的担保物权情形时。当发生以上权利冲突时，按照《合同法》第242条的规定，出租人借助于未公示的所有权即可享有一个最强大最完整的权利，这样就会使得其他按照现有法律规范进行真正公示的权利的当事人反而得不到保障。上述做法有违现代担保交易的基本原理，同时也会给交易中的商人产生巨额的调查成本。所以，对于《合同法》第242条的规定，民法典在立法过程中决定进行修正。

【条文精解】

自2020年1月1日起施行的《优化营商环境条例》第47条第2款规定："国家推动建立统一的动产和权利担保登记公示系统，逐步实现市场主体在一个平台上办理动产和权利担保登记。纳入统一登记公示系统的动产和权利范围另行规定。"目前，已经由中国人民银行牵头在北京市和上海市开展动产担保统一登记试点。同时，为了配合民法典和《优化营商环境条例》的颁布实施，中国人民银行也相应修改了《应收账款质押登记办法》，其中第35条规定："权利人在登记公示系统办理其他动产和权利担保登记的，参照本办法的规定执行。本办法所称的动产和权利担保包括当事人通过约定在动产和权利上设定的、为偿付债务或以其他方式履行债务提供的、具有担保性质的各类交易形式，包括但不限于融资租赁、保证金质押、存货和仓单质押等，法律法规另有规定的除外。"上述行政法规和部门规章的颁布实施为逐步建立全国统一的动产与权利担保登记系统奠定了基础。

所以，基于实现优化营商环境、消灭隐形担保的总目标，本条规定出租人对租赁物享有的所有权未经登记不得对抗善意第三人，明确了必须登记了才能取得对抗第三人的效力。除了上述总目标的实现以外，由于民法典已经确立了融资租赁中出租人的所有权本质上起到了担保的作用，事实上是担保的具体形式之一，所以，对于融资租赁同样也要适用本法第414条的规定："同一财产向两个以上债权人抵押的，拍卖、变卖抵押财产所得的价款依照下列规定清偿：（一）抵押权已登记的，按照登记的时间先后确定清偿顺序；（二）抵押权已登记的先于未登记的受偿；（三）抵押权未登记的，按照债权比例清偿。其他可以登记的担保物权，清偿顺序参照适用前款规定。"对于融资租赁而言，不论是同一标的物上存在多个融资租赁，或者出现融资租赁与抵押权的竞存，这些情形都要适用本法第414条的规定处理清偿顺序问题。

第七百四十六条 【融资租赁合同租金的确定】

融资租赁合同的租金，除当事人另有约定外，应当根据购买租赁物的大部分或者全部成本以及出租人的合理利润确定。

【条文精解】

租金是融资租赁合同中一项非常重要的内容。由于租赁双方均以营利为目的，而租金又直接影响到利润，所以租金的确定是融资租赁交易中至关重要的问题。

在融资租赁交易中，承租人负有支付租金的义务。但因其为"融资"租赁，所以承租人支付的代价并非租赁物使用收益的代价，而是融资的代价，因此，融资租赁合同中租金标准的确定，与租赁合同中租金的确定标准是不同的，它高于传统租赁中的租金。

与商品价格概念相对应，租金以出租人消耗在租赁物上的价值为基础，同时依据租赁物的供求关系而波动。通常情况下，出租人消耗在租赁物上的价值包括三部分，即租赁物的成本、为购买租赁物向银行贷款而支付的利息、为租赁业务而支付的营业费用。

1. 租赁物的成本

租赁物成本是构成租金的主要部分。出租人购买租赁物所支付的资金，将在租赁业务成交后，从租金中得以补偿。同时，在购置过程中，出租人所支付的运输费、保险费、调试安装费等也要计入租赁物成本中，一起从租金中分期收回。所以，租赁物成本包括租赁物购买价金及其运输费、保险费等，也称租赁物总成本。

2. 利息

出租人为购买租赁物向银行贷款而支付的利息，是租金构成的又一重要因素。利息按租赁业务成交时的银行贷款利率计算且一般以复利率来计算。

3. 营业费用

营业费用，是指出租人经营租赁过程中所支出的费用，包括业务人员工资、办公费、差旅费和必要的盈利。

通常情况下，融资租赁合同的租金应根据购买租赁物的大部分或者全部成本以及出租人的合理利润来确定，但目前国际和国内融资租赁领域，除保留传统的固定租金方式外，已越来越多地采用灵活的、多形式的、非固定的租金支付方式，以适应日趋复杂的融资租赁关系和当事人双方的需要。在融资租赁交易中，当事人经常根据承租人对租赁物的使用或者通过使用租赁物所获得的收益来确定支付租金的大小和方式，也可以按承租人现金收益的情况确定一个计算公式来确定租金，或由当事人约定并在融资租赁合同中规定以其他方式来确定租金。

第七百四十七条 【租赁物质量瑕疵担保责任】

租赁物不符合约定或者不符合使用目的的，出租人不承担责任。但是，承租人依赖出租人的技能确定租赁物或者出租人干预选择租赁物的除外。

【条文精解】

租赁物瑕疵分为物的瑕疵（也称质量瑕疵）和权利瑕疵两种。对于租赁物质量瑕疵，确定其担保责任的承担主体是至关重要的，因为它直接关系到融资租赁交易本质特征能否体现，关系到融资租赁与传统租赁能否明确区分。在传统租赁中，出租人与买卖合同中的出卖人一样负有质量瑕疵担保责任，须使租赁物合于合同约定的使用收益的状态。而在融资租赁合同中，一般都明确规定，出卖人迟延交付租赁物或者租赁物的规格、式样、性能等不符合合同约定或者不符合使用目的的，出租人不承担责任，由承租人直接向出卖人索赔，并承担索赔不成时的损害后果。此即所谓出租人瑕疵担保的免责特约。这种约定既符合融资租赁交易的理论和实践，同时也不违背现行法律的规定。其理由如下：

　　第一，虽然根据传统的民法理论，所有权人应对其货物承担质量瑕疵担保责任，但民法对瑕疵担保责任的规定为任意性规范，允许合同双方当事人以特约予以变更。因此，出租人与承租人在合同中约定免除出租人的质量瑕疵担保责任是有效的。

　　第二，融资租赁的经济意义在于出租人以融物的方式向承租人提供融资，具有金融的性质。出租人的主要义务就是支付购买租赁物的货款，其权利是收取租金从而收回投资，并取得利润。除此之外，几乎所有关于购买租赁物的权利义务均应由承租人承受，出租人只拥有名义上的所有权，不承担包括质量瑕疵担保责任在内的任何实体义务和责任。

　　第三，在融资租赁合同中，通常情况下，承租人完全基于自己的知识和经验选定租赁物的制造商、租赁物的种类、数量、规格等，由出租人按照承租人的指定出资购买租赁物。承租人作为买卖合同标的物的选择权人，自然应对行使选择权的不利后果承担责任。

　　第四，作为出租人的租赁公司，其机能仅在向承租人提供融资购买租赁物，不可能对所有承租人选定的租赁物都有充分的了解。如果由出租人承担风险，必然导致出租人聘请专家检验，这就意味着增加费用。而所增加的费用最后必然通过租金的形式由承租人负担。而作为租赁物的最终用户，承租人对租赁物具有专门的知识。为避免增加成本，减少承租人的负担，应由承租人承担质量瑕疵责任。

　　第五，融资租赁合同一般在规定出租人瑕疵担保免责的同时，往往订有索赔权转让条款，即在租赁物实际使用中，如发生质量问题，承租人可以向出卖人提出赔偿请求。这就保证了出租人和承租人之间权利义务的平衡。也只有这样，融资租赁交易才是公平的。

　　当然，并不是在任何情况下，出租人都能免除其质量瑕疵担保责任。当承租人完全依赖出租人的技能和判断选择租赁物，或者出租人干预选择租赁物时，如出租人为承租人确定租赁物或者擅自变更承租人已选定的租赁物，出租人应承担全部或者部分租赁物的质量瑕疵担保责任。此外，在以下几种特殊情况下，租赁物的质量瑕疵担保责任也应由出租人负担：（1）出租人明知租赁物有瑕疵而未告知或者因重大过失不知有瑕疵的；（2）出租人与出卖人有密切关系的；（3）承租人无法或者不能直接向出卖人索赔的。

> 第七百四十八条 【出租人保证承租人占有和使用租赁物】
>
> 出租人应当保证承租人对租赁物的占有和使用。
>
> 出租人有下列情形之一的，承租人有权请求其赔偿损失：
>
> （一）无正当理由收回租赁物；
>
> （二）无正当理由妨碍、干扰承租人对租赁物的占有和使用；
>
> （三）因出租人的原因致使第三人对租赁物主张权利；
>
> （四）不当影响承租人对租赁物占有和使用的其他情形。

【条文精解】

出租人负有保证承租人对租赁物的占有和使用的义务，此项义务也被称为保障承租人和平占有的义务。也就是说，在出卖人将租赁物交付给承租人后，出租人应当保障承租人能够持续、和平地占有和使用租赁物。具体而言，应当包括以下几个方面：

第一，出租人不得妨碍承租人依照融资租赁合同所拥有的承租权，也不得擅自变更原承租条件。

第二，承租人在租赁期限内，对租赁物拥有独占使用权。在融资租赁合同中，虽然承租人是通过租赁公司融通资金的，但承租人订立融资租赁合同的根本目的是要取得租赁物的使用权。所以，承租人在接受出卖人交付的标的物后，在租赁期限内，承租人对租赁物享有独占使用权，对使用租赁物所取得的收益可以独立处分。从买卖的角度看，出租人为买受人，出卖人虽将标的物直接交付给承租人，但标的物的所有权属于出租人，承租人则取得标的物的占有权、使用权和收益权。

第三，出租人应保证承租人在租赁期限内对租赁物的占有和使用，不受第三人的干扰。例如，出租人转让租赁物所有权的，融资租赁合同对新的所有权人继续有效，新所有权人不得解除合同，取回租赁物。此即所谓"买卖不破租赁"原则。出租人将租赁物设定抵押时，出租人的抵押行为不得影响承租人的使用收益权。承租人的使用收益权可以对抗抵押权人的抵押权。

当然，如果在融资租赁合同期间出现本条第 2 款列举的因出租人原因不当影响承租人对租赁物占有和使用的，承租人有权请求出租人赔偿损失。

第七百四十九条 【租赁物致人损害的责任承担】

承租人占有租赁物期间，租赁物造成第三人人身损害或者财产损失的，出租人不承担责任。

【条文精解】

依据本条规定，承租人应当承担租赁物造成第三人损害的赔偿责任。其构成要件包括以下几个方面：

第一，租赁物造成了第三人的损害。这种损害既包括人身损害，也包括财产损害。严格地说，租赁物造成的损害包括两类情况：一是租赁物在正常使用过程中对第三人造成了损害，例如，承租人租赁汽车，因为交通事故造成他人损害，在此种情况下应当由承租人承担责任。二是租赁物自身固有的缺陷造成了第三人的损害，在此情况下，如果租赁物的缺陷是制造者造成的，那么承租人在承担责任后还可以向制造者追偿。对租赁物属于高度危险作业设备而导致第三人损害的情形，出租人不负损害赔偿责任。无论是何种情形，都属于本条中所说的租赁物造成第三人的损害。

第二，租赁物造成损害发生于承租人占有租赁物期间。通常来说，它是指租赁物自交付承租人之日起，至租赁期限届满租赁物被返还给出租人之日止。承租人的占有既包括直接占有，也包括间接占有。

第三，租赁物造成第三人损害，此种损害包括人身或财产损害两种类型，但如果租赁物是因为第三人原因造成损害（如有人擅自将承租人的汽车开走撞伤他人），则应由第三人负责。

第七百五十条 【承租人对租赁物的保管、使用和维修义务】

承租人应当妥善保管、使用租赁物。

承租人应当履行占有租赁物期间的维修义务。

【条文精解】

本条第 1 款是关于承租人妥善保管和使用义务的规定。作出此种规定的原因是：承租人不享有标的物的所有权，而只是享有占有和使用租赁物的权利，在租赁期限届满以后，其原则上应当返还租赁物。所以，承租人应当妥善保管和合理使用标的物，避免因保管不善而损害承租人的权益。所谓"妥善"保管，是指应当根据善良管理人的标准来进行保管，它要求比处理自己的事务更为谨慎。例如，承租人没有按照惯例将其租赁的船舶停靠在港口进行必要的维护，就是没有尽到其妥善保管的义务。所谓合理使用，是指承租人应当按照租赁物的性质和通常方法进行使用。例如，租赁他人的载人小轿车，不能用于货物运输。如果标的物在租赁期限内毁损、灭失，应当由承租人承担损失，且不能免除其支付租金的义务。

本条第2款是关于承租人维修义务的规定。在一般的租赁合同中，出租人负有维修租赁物、保证承租人对租赁物使用的义务。但是，在融资租赁合同之中，出租人并不负有维修义务，而应当由承租人承担该义务。法律上作出此种规定的原因在于：一方面，融资租赁中承租人享有实质意义上的所有人权益，与此相适应，其也应当负有维修租赁物的义务。另一方面，承租人对标的物和出卖人进行了选择，而且具有专业技术，因此承租人才最有能力对标的物进行维修。此外，由承租人负担此种义务，有利于促使其妥善保管和使用标的物，从而更能达到融资租赁合同的缔约目的。依据上述规定，承租人的维修义务限于占有租赁物期间，这就意味着，只有在占有租赁物期间，承租人才负有此种义务，而在租赁物交付之前以及租赁物返还给出租人之后，承租人就不再负有此种义务。而且，如果在租赁期限内，租赁物被出租人取回或因其他原因而丧失占有，承租人也不再负有维修义务。

第七百五十一条 【租赁物毁损、灭失对租金给付义务的影响】

承租人占有租赁物期间，租赁物毁损、灭失的，出租人有权请求承租人继续支付租金，但是法律另有规定或者当事人另有约定的除外。

【条文精解】

所谓融资租赁中的风险负担，是指租赁物意外毁损、灭失的风险应当由何人承担的问题。对这一问题，首先应当考虑当事人是否通过合同作出约定，如果作出了约定，就应当尊重当事人的约定。在当事人没有约定，而在租赁期间内发生租赁物意外毁损、灭失的情况下，承租人仍然负有继续支付租金的义务。

法律作出此种考虑的主要理由在于：

第一，出租人享有的所有权主要具有担保功能，不能因此要求其承受标的物毁损、灭失的风险。融资租赁合同具有融资的功能，出租人所享有的所有权主要具有担保功能，因此，不能简单地认为，出租人享有所有权，其就应当负担标的物毁损、灭失的风险。在这一点上，融资租赁合同与租赁合同是不同的，不能类推适用租赁合同的一般规则。

第二，承租人占有标的物，并对其进行了实际控制。在融资租赁关系存续期间，标的物置于承租人的占有、控制和管领之下，承租人更容易知悉标的物所面临的风险，以及如何消除此种危险。由承租人负担风险规则，从效率的角度来看，有利于减少事故预防的成本，例如，承租人可以通过投保防范风险。此外，由承租人负担标的物毁损、灭失的风险，也有利于避免和防范承租人的道德风险。如果承租人占有、使用标的物，却又不必负担标的物毁损、灭失的风险，则极易引发承租人恶意导致标的物毁损、灭失的道德风险。

第三，虽然从原则上说，物的风险由所有人负担，但是在融资租赁的合同关系中，承租人实际上享有了相对于所有人的权益，仅仅是缺少名义上的所有权。因此，要求承租人承担风险，符合权利义务对等的原则。

第四，从比较法的经验来看，有关的国际公约和示范法对此也作出了规定。例如，国际统一私法协会《租赁示范法草案》第11条第1款规定，融资租赁中，（租赁物）灭失风险由承租人承担；同条第2款规定融资租赁之外的其他租赁，灭失风险仍由出租人承担，并不移转于承租人。

既然风险应当由承租人负担，那么，在承租人占有租赁物期间，租赁物毁损或者灭失，出租人有权要求承租人继续履行合同义务。也就是说，在租赁期间内，租赁物毁损或者灭失的风险应由承租人承担。租赁物毁损或者灭失的，不影响承租人按照融资租赁合同应承担的义务，即其仍然应当继续支付租金。

第七百五十二条　【承租人支付租金的义务】

承租人应当按照约定支付租金。承租人经催告后在合理期限内仍不支付租金的，出租人可以请求支付全部租金；也可以解除合同，收回租赁物。

【条文精解】

在租赁期限内，承租人应当按照合同约定向出租人支付租金，这是承租人的基本义务。由于融资租赁合同中的租金并非租赁物的对价，而是融资的对价，所以当租赁物存在瑕疵时，承租人不得以此为理由拒付租金。

承租人未按照约定支付租金时，出租人可以规定一个合理期限，要求承租人支付。经出租人催告，承租人在规定的期限内仍不支付租金的，即构成违约，出租人可以采取以下两种救济措施：

1. 要求承租人支付全部租金

所谓全部租金，是指融资租赁合同中所规定的全部已到期而承租人未支付的租金，以及其他依约定未到期的租金。在融资租赁合同规定的每期租金支付期限到期之前，出租人无权请求承租人支付。但在融资租赁合同中往往约定，承租人不支付租金或者有其他违约行为时，出租人有权要求承租人付清全部租金，此即所谓期限利益丧失约款。出租人之所以要在合同中约定期限利益丧失约款，是因为在融资租赁合同中，租赁物是为了承租人的特殊需要，由承租人选定，出租人出资购买的，此类租赁物专用性较强，在承租人不支付租金时，出租人即使收回租赁物，也难以通过重新转让或出租收回所投资金。同时，在融资租赁交易中，出租人与承租人互负的义务并非是同时履行的，而是有先后层次的，出租人支付租赁物价款的义务履行在先，承租人支付租金的义务履行在后，出租人的利益缺乏一种相互制衡或者保障。由于一般情况下，承租人在迟延支付一期租金时，很有可能也无力支付剩余未到期的租金，所以此时出租人如果不能一次性主张全部租金或者不能收回租赁物，将使自己处于默视损失扩大却无能为力的被动局面。因此，在承租人违约不支付租金时，出租人有权要求承租人支付全部租金，这有利于保护出租人的利益，同时，承租人丧失了期限利益，也是对承租人违约行为的一种惩罚，有利于促使承租人更好地履行自己的义务。

2. 解除合同，收回租赁物，并请求赔偿损失

出租人不选择要求承租人支付全部租金的，可以解除合同，收回租赁物。因为出租人对租赁物享有所有权，这一所有权具有担保其租金债权的功能，所以当承租人违约，出租人解除合同时，出租人可以收回租赁物。

第七百五十三条　【出租人解除融资租赁合同】

承租人未经出租人同意，将租赁物转让、抵押、质押、投资入股或者以其他方式处分的，出租人可以解除融资租赁合同。

【条文精解】

本条规定出租人一方可以解除融资租赁合同的情形，以承租人违约作为

解约的前提条件，针对承租人擅自处分租赁物的行为，这类行为对出租人的租赁物所有权和租金债权的实现均构成严重威胁，属于承租人的严重违约。

出租人对租赁物名义上享有所有权，而本质上这种所有权起到的是担保作用。在出租人与承租人的内部关系上，中途不可解约性是融资租赁合同的一个重要特征。由于租赁物系承租人选定或为承租人定制，如果允许承租人中途解约，即使将租赁物返还给出租人，一般也难以再次转让并弥补出租人的损失；而租赁物一般价值较大，系承租人长期使用的资产，如允许出租人任意解约，也将给承租人的生产经营带来不利影响，因此，各国一般均规定融资租赁合同不得中途解约。同时，由于融资租赁合同这一特殊性，在合同条款中通常也会明确规定在合同有效期内，当事人双方无正当、充分的理由，不得单方要求解约或退租；而融资租赁的交易形式又使得承租人通常具有权利外观，因此承租人无权处分租赁物的风险始终存在。融资租赁合同租赁期限届满之前租赁物由承租人占有、使用，并且实践中为了便于承租人账务处理或获得一定的税收优惠，出租人购买租赁物时往往让出卖人出具以承租人为购买人的税务发票，或将一些融资租赁资产登记在承租人名下。在此情况下，承租人可能凭借其对租赁物的实际控制和相关证明材料，在未经出租人同意的情况下，将租赁物转让、转租、抵押、质押、投资入股或者以其他方式处分。由于融资租赁合同租赁期限届满之前，租赁物归出租人所有，承租人的上述行为显然构成无权处分。

承租人未经出租人同意，将租赁物转让、抵押、质押、投资入股或者以其他方式处分的，侵犯了出租人对租赁物的所有权，符合本法第563条第1款第4项"有其他违约行为致使不能实现合同目的"时当事人可以解除合同的规定，出租人有权解除合同。

而在对外关系上，为了消灭隐形担保物权，优化营商环境。依照本法第745条，出租人对租赁物享有的所有权，未经登记，不得对抗善意第三人。即在融资租赁合同下，承租人无权处分租赁物的应当依照本法第414条关于担保领域权利竞合的清偿顺序的规定依次实现权利：首先，租赁物上已登记的所有权及其他担保物权，按照登记的时间先后确定清偿顺序；其次，租赁物上已登记的所有权及其他担保物权优先于未登记的受偿；最后，租赁物上的所有权及其他担保物权未登记的，按照债权比例清偿。

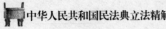

第七百五十四条 【出租人或者承租人解除融资租赁合同】

有下列情形之一的，出租人或者承租人可以解除融资租赁合同：

（一）出租人与出卖人订立的买卖合同解除、被确认无效或者被撤销，且未能重新订立买卖合同；

（二）租赁物因不可归责于当事人的原因毁损、灭失，且不能修复或者确定替代物；

（三）因出卖人的原因致使融资租赁合同的目的不能实现。

【条文精解】

本法第562条和第563条分别规定了合同约定解除和合同法定解除的一般情形，本条是基于第563条法定解除的情形针对融资租赁合同作出的特别规定。

与一般租赁合同一样，融资租赁合同也得基于特定的原因解除。但基于交易模式的特殊性，融资租赁合同的一个很重要的特性就是合同的不可中途解约性，因此，合同条款通常约定当事人双方无正当、充分的理由，不得单方要求解约或退租。作为合同双方均可解约的情形，本条规定并未考虑出租人或承租人是否存在违约行为或主观上的过错，而是以融资租赁合同客观上的履行不能作为解除的前提。本条前两项情形均以承租人无法继续占有、使用租赁物作为合同解除的条件，至于合同解除后的返还及赔偿责任则可以依双方的过错由人民法院作出裁决。第三项是将出卖人的原因纳入双方均可解约的情形，理由有两个：一是融资租赁的合同目的无法实现，客观履行不能；二是在因出卖人的原因导致融资租赁合同无法继续履行时，给承租人以解除融资租赁合同的方式进行救济的权利，避免因出租人不解除买卖合同，导致承租人非因自身过错仍要持续负担融资租赁合同义务的情形。以上三种情形具体分析如下：

1. 出租人与出卖人订立的买卖合同解除、被确认无效或者被撤销，且未能重新订立买卖合同

一般来说，融资租赁要有三方当事人（出租人、承租人和出卖人）参与，通常由两个合同（融资租赁合同、买卖合同）或者两个以上的合同构成。由此产生了融资租赁交易中因买卖合同中产生的诉争及损失是否可以通过融资租赁合同予以救济，以及如何救济的问题。融资租赁合同和买卖合同是相互联系、相互影响的，各自虽具有独立性，但又并不完全独立，而是在

一定意义上以对方的存在为条件。在典型的融资租赁交易中，买卖合同系为融资租赁合同而订立，融资租赁合同是买卖合同订立的前提，因此，买卖合同与融资租赁合同的效力、履行与解除必然影响到另一个合同。一方面，融资租赁交易中的涉及买卖合同的诉争应当依据本法合同编买卖合同章及买卖合同司法解释的规定予以解决。另一方面，若出租人与出卖人订立的买卖合同被解除、确认无效或者被撤销，承租人与出租人间的融资租赁合同可能即因此丧失履行的基础和意义，因此，出租人与承租人均可解除融资租赁合同。

2. 租赁物因不可归责于当事人的原因毁损、灭失，且不能修复或者确定替代物

在融资租赁中，融资租赁合同的租赁物即是买卖合同的标的物。融资租赁合同最重要的法律特征就是融资与融物相结合，目的为融资，形式为融物，融资为融物服务。因此，当租赁物毁损、灭失，且不能修复或者确定替代物时，融资租赁合同不再具有履行的可能性及意义；在上述毁损、灭失不可归责于当事人时，承租人及出租人均可解除融资租赁合同。

不可归责于当事人的事由有下列几种情况：第一，因不可抗力的原因造成租赁物毁损、灭失的。不可抗力的条件是不能预见、不能避免，并且不能克服。如承租人租赁生产设备的，由于发生洪水，大水冲进设备致使设备损坏，这种损坏是当事人双方难以克服的。第二，因意外事件造成租赁物毁损灭失的。例如，承租人租赁飞机正常航行，被一飞鸟撞毁，经过认定承租人本人无过错，飞机的损害是由飞鸟撞击的意外事件造成的。

3. 因出卖人的原因致使融资租赁合同的目的不能实现

因出卖人的原因致使融资租赁合同的目的不能实现，与不可归责于融资租赁合同当事人的不可抗力、意外事件致使不能实现合同目的的合同解除事由系依照相似事务相同处理的原则进行规定。一方面，出卖人或因其过失或其他原因导致提供的租赁物不符合融资租赁合同的要求或者无法实现融资租赁合同目的，而融资租赁合同最重要的法律特征就是融资与融物相结合，目的为融资，形式为融物，融资为融物服务；另一方面，对于融资租赁合同而言，出卖人的原因属于不能归责于融资租赁合同双方当事人的事由。因此出租人和承租人均可解除融资租赁合同。

第七百五十五条 【融资租赁合同因买卖合同解除、被确认无效或者被撤销而解除后的损失赔偿】

融资租赁合同因买卖合同解除、被确认无效或者被撤销而解除，出卖人、租赁物系由承租人选择的，出租人有权请求承租人赔偿相应损失；但是，因出租人原因致使买卖合同解除、被确认无效或者被撤销的除外。

出租人的损失已经在买卖合同解除、被确认无效或者被撤销时获得赔偿的，承租人不再承担相应的赔偿责任。

【条文精解】

融资租赁合同因买卖合同被解除、被确认无效或者被撤销而解除的，属于因融资租赁合同当事人以外的原因导致合同解除，承租人虽无违约行为，但如果买卖合同的出卖人、租赁物系由承租人选择，承租人亦应当对选择的后果负责，即对由此而给出租人造成的损失承担赔偿责任。需要注意的是，买卖合同如因出租人的过错而被解除、被撤销或被确认无效，承租人对融资租赁合同的解除不承担损失赔偿责任，出租人应自担其责。

由于融资租赁合同解除对出租人造成的损失与买卖合同被解除、被撤销或被确认无效对出租人造成的损失往往存在一定的交叉和重合，为保护承租人的合法权益，避免出租人通过在不同法律关系中分别求偿而获得双重利益，本条规定出租人在买卖合同中已经获得赔偿的，应在融资租赁合同的索赔中相应予以扣减。

【实践中需要注意的问题】

第一，出租人求偿的适用条件。出租人主张损失赔偿的前提是其对买卖合同的无效、被撤销或被解除均不具有可归责事由，否则，如出租人因其行为或过错导致买卖合同存在瑕疵并进而导致融资租赁合同被解除，其不享有求偿权。实践当中，出租人存在可归责事由的情形包括：出租人不履行价款支付义务，导致买卖合同被解除的；因出租人单独或与出卖人的共同过错，导致买卖合同无效或被撤销的；出租人干预选择出卖人、租赁物，或承租人依赖出租人的技能确定租赁物；等等。上述情形下，出租人或者对买卖合同的缔结施加了影响，或者对买卖合同的无效、被撤销、被解除存在过错，自然应承担由此产生的不利后果，而不应再转嫁风险，向承租人主张赔偿。

第二，出租人赔偿损失的抵扣。出租人作为买卖合同的买受人，如其损失已经通过买卖合同的救济得到补偿，则此部分受偿金额应当在其以此为由再向承租人主张时予以抵减，以免造成出租人因同一损失而双重赔偿。

第七百五十六条 【租赁物意外毁损灭失】

融资租赁合同因租赁物交付承租人后意外毁损、灭失等不可归责于当事人的原因解除的，出租人可以请求承租人按照租赁物折旧情况给予补偿。

【条文精解】

本法第 751 条规定了租赁物意外毁损、灭失时的风险负担规则，同时又在第 754 条规定了租赁物意外毁损、灭失时的合同解除权，从体例上看，这延续了我国合同法时期关于风险负担规则和合同解除的二元立法体例，因此，同样会产生风险负担与合同解除竞合的问题。当二者竞合时，是依据风险负担规则进行处理，由承租人继续向出租人支付租金，还是根据合同解除制度对合同关系进行处理？

租赁物意外毁损、灭失，当事人均不具有可归责性，不存在违约损失赔偿问题，故风险负担规则与合同解除相竞合时，需要平衡和协调的关键问题是租赁物的所有者——出租人可以获得多大范围的利益补偿：按风险负担的一般原则，融资租赁合同中的风险由承租人负担，出租人可以主张全部租金利益（包括了租赁物本身的价值和利润）；但若解除合同，则只能根据本法第566 条的规定，对合同解除的后果进行清理。因融资租赁合同为持续性合同，合同解除不具有溯及力，故当事人已经履行的不再返还和恢复原状，但尚未履行的可以终止履行。对出租人而言，尚未支付的租金可以不再支付，相应地，承租人对租赁物也无权继续占有，应返还给出租人。因租赁物已经毁损、灭失，造成了客观上的返还不能，所以承租人应承担代物返还义务，将租赁物折价后的价值金额返还给出租人，即此时出租人能够获得的仅为租赁物自身的价值。由此可见，适用风险负担规则还是合同解除制度，主要差异在于对出租人的利润损失是否予以补偿。

对于出租人的利益补偿标准的差异，法律应如何取舍始终存在两种理论意见：第一种意见认为融资租赁合同中的风险即为租金风险，既然风险由承租人负担，则承租人应对出租人的全部损失予以补偿，包括租金在内的可得利益损失均属补偿范围，这是风险负担原则的应有之义。这种意见实际上是主张二者竞合时应适用风险负担制度。第二种意见认为，承租人对租赁物损毁、灭失并无过错，让承租人承担出租人的全部租金损失，相当于使承租人负担了与严重违约而解除合同时相同的损失赔偿法律后果，这样既不利于公平分配双方损失，也不利于引导当事人诚信守约。因此，两者竞合时应按照合同解除的后果进行处理，承租人仅需补偿出租人的实际损失即可。

经权衡研究，民法典最终采纳了第二种意见，根据利益平衡原则，对规范竞合时的法律适用和出租人利益如何补偿问题作出了规定，以统一司法尺度。作出此种选择的主要考虑是：（1）风险负担和合同解除竞合时，如何选择和适用规则，涉及价值衡量问题，需要考量在融资租赁这种特殊的交易形式下，适用哪一项制度更有利于保障和实现公平。从规则设立的初衷考察，风险负担规则和合同解除制度无疑都体现了公平的价值，都具有制度上的合理性，但在具体适用于融资租赁交易时，二者确实存在程度上的差异。风险负担规则体现的是风险与利益相一致原则，但在出租人和承租人双方均无归责事由的情况下，如无特殊约定，让承租人承担全部租金风险，则其不但要承受租赁物自身的损失，而且还要负担出租人的利润损失，而出租人却不承担租赁物意外损毁、灭失的任何不利后果，这对承租人不免过于严苛，负担过重。如果适用合同解除制度，承租人承担的是返还原物义务，因返还不能而代之以折价补偿，利润损失则由出租人合理分担，兼顾平衡了双方的利益，避免了风险负担规则下，对出租人完全保护、承租人完全负担损失的极端处理方式。因此，二者相比，适用合同解除制度更能体现公平原则。（2）租赁物意外毁损、灭失而导致合同目的落空时，如果采用风险负担规则，由承租人承担租金损失，实际上是支持了出租人的全部可得利益，这与承租人违约而解除合同时，承租人应承担的可得利益损失赔偿范围完全一致，即无论承租人是否违约、是否具有可归责事由，其承担的损失后果却是完全相同的，这显然不利于引导人们诚实守信，因而不合理、不公平。故对于融资租赁合同而言，两者竞合时，按照合同解除制度进行处理更具有合理性。

综上，通盘考虑本法相关规定可知，当租赁物意外毁损、灭失时，融资租赁合同可以解除时，法律赋予当事人可以自由选择的两种处理方式：如果当事人不行使解除权，则按风险负担规则处理，承租人应当继续支付租金，实际上是承担了租金的风险，但可以避免合同解除后一次性补偿出租人的资金压力，从而获得分期支付的期限利益；如果当事人行使解除权，则风险负担规则不再适用，而代之以合同解除制度的登场，承租人应承担返还租赁物的义务，并承担返还不能时的代物清偿义务，即按租赁物的价值对出租人给予补偿。

合同解除时，承租人补偿出租人的租赁物价值中包含了剩余租赁期限内租赁物的价值和租赁期限届满后租赁物的残值两部分，如果融资租赁合同事先约定租赁期限届满后租赁物的残值属于承租人所有，则承租人可以在支付的补偿金额中扣除应属于自己的残值部分。

第七百五十七条 【租赁期限届满租赁物归属】

出租人和承租人可以约定租赁期限届满租赁物的归属；对租赁物的归属没有约定或者约定不明确，依据本法第五百一十条的规定仍不能确定的，租赁物的所有权归出租人。

【条文精解】

在传统租赁中，承租人的一项主要义务就是于租赁期限届满时，将租赁物返还给出租人。而在融资租赁中，租赁期限届满，承租人一般可以有三种选择权：留购、续租或退租。留购，是指租期届满，承租人支付给出租人一笔双方商定的设备残值（名义货价），取得租赁物的所有权。续租，是指租期届满，承租人与出租人更新合同，继续承租租赁物，承租人按新合同支付租金；或者承租人未退回租赁物，出租人同意合同继续有效至承租人退回租赁物或者留购租赁物，承租人按原合同支付租金，直至合同终止。退租，是指租期届满，承租人负责将处于良好工作状态的租赁物按出租人要求的运输方式运至出租人指定的地点。由此而产生的一切支出，如包装、运输、途中保险等费用均由承租人承担。在这三种租赁物的处理方式中，出租人更愿意选择留购这一处理方式。实践中，出租人关心的是如何收回其投入以及盈利，而对租赁物的使用价值没有多大兴趣，大多数融资租赁交易均把承租人留购租赁物作为交易的必要条件。如果选择另外两种方式处理租赁物，仍面临着租赁物的最终处理问题，出租人并不希望保留租赁设备。

如果当事人双方对于租赁物的归属没有约定或者约定不明确，可以依照本法第 510 条的规定协议补充；不能达成补充协议时，应依照合同有关条款或者交易习惯加以确定。如果合同双方当事人就租赁物的归属既不能达成补充协议，又不能根据合同有关条款或者交易习惯确定，租赁物的所有权归出租人享有。这是因为，融资租赁与传统租赁一样，在租赁期限内，租赁物的所有权归出租人。租赁期限届满时，如果承租人未支付名义货价，即使名义货价只值一分钱，承租人也不能取得租赁物所有权，租赁物所有权仍归出租人享有。

第七百五十八条 【租赁物价值返还及租赁物无法返还】

当事人约定租赁期限届满租赁物归承租人所有，承租人已经支付大部分租金，但是无力支付剩余租金，出租人因此解除合同收回租赁物，收回的租赁物的价值超过承租人欠付的租金以及其他费用的，承租人可以请求相应返还。

当事人约定租赁期限届满租赁物归出租人所有，因租赁物毁损、灭失或者附合、混合于他物致使承租人不能返还的，出租人有权请求承租人给予合理补偿。

【条文精解】

根据本法第 752 条的规定，承租人不支付租金时，出租人有权解除合同，收回租赁物，这是由出租人享有的租赁物所有权所决定的。但是出租人所有权是一项受其租金债权严格制约的权利，在融资租赁交易中，与租赁物所有权有关的风险与收益实质上都转移给承租人了，出租人的所有权仅具担保的意义。因此，当承租人违约时，出租人有权解除合同，收回租赁物，并要求承租人赔偿损失。融资租赁中租金的本质为还本付息，进而赎回租赁物实现担保物权，因此禁止流质流押情形的发生。但鉴于出租人对租赁物享有的权利实质为担保物权，仅在形式上表现为所有权，出租人于承租人不能支付租金的情形下，解除融资租赁合同收回租赁物无须经过人民法院同意，但应当进行强制清算。租赁物的价值超过剩余欠款的，出租人应当予以返还。因为在融资租赁实践中，损害赔偿金是以相当于残存租金额或者以残存租金额减去中间利息计算的。这样出租人不仅收回了租赁物，而且可以获得一笔相当于残存租金额的损害赔偿金。而在融资租赁合同完全履行时，出租人仅可取得全部租金及期满后取得租赁物的残余价值。由此可以看出，如果不进行强制清算，出租人中途解约取得的利益，比合同全部履行本应得到的利益还要多。这不仅不公平，而且由于利益驱动，会使出租人尽量使用解除合同的办法，不利于融资租赁合同关系的稳定。

为了解决上述问题，本条规定，当事人约定租赁期限届满租赁物归承租人所有，承租人已经支付大部分租金，但无力支付剩余租金，出租人因此解除合同收回租赁物的，收回的租赁物的价值超过承租人欠付的租金以及其他费用的，承租人可以请求部分返还。也就是说，出租人因收回租赁物而所得，无论按所评估的公允价值，还是按公开拍卖的实际所得，都不直接归出租人所有。这一所得必须与出租人这时的租金债权，即承租人尚未付清的租金及其他费用作比较。只有出租人收回租赁物的所得等于出租人的租金债权的部分时，才归出租人所有，超出租金债权部分，是出租人多得的利益，应返还给承租人，或者充作承租人支付的损害赔偿金，不足部分仍应由承租人清偿。

当事人约定了租赁期限届满，租赁物归属于出租人的，租赁物在承租人处因毁损、灭失或者附合、混合于他物致使承租人不能返还的，因为风险应该由承租人负担，所以承租人应该向出租人补偿租赁物的残值。

第七百五十九条 【支付象征性价款时租赁物的归属】

当事人约定租赁期限届满，承租人仅需向出租人支付象征性价款的，视为约定的租金义务履行完毕后租赁物的所有权归承租人。

【条文精解】

在传统租赁中，承租人的一项主要义务就是于租赁期限届满时，将租赁物返还给出租人。而在融资租赁中，鉴于租赁物对于出租人和承租人的价值不同，合同双方通常会约定租赁期限届满租赁物的归属。合同双方未约定的，承租人一般可以有三种选择权：留购、续租或退租。留购，即指租期届满，承租人支付给出租人象征性价款，于租赁义务履行完毕后取得租赁物的所有权。一方面，在上述三种租赁物的处理方式中，出租人更愿意选择留购这一处理方式。实践中，出租人关心的是如何收回其投入以及盈利，而对租赁物的使用价值兴趣不大，大多数融资租赁交易均把承租人留购租赁物作为交易的必要条件。如果选择另外两种方式处理租赁物，仍面临着租赁物的最终处理问题，出租人并不希望保留租赁设备。另一方面，融资租赁的域外实践中，通常采取约定支付象征性价款的方式来确定租赁期限届满租赁物的归属。在我国融资租赁业务发展的初期对此有所借鉴，也因此保留、发展成为实践中融资租赁合同的通常条款。所以，这种租赁期限届满，承租人仅需向出租人支付象征性价款的约定，实际上使得在租赁物归属约定不明的情形下，在依照本法第 757 条规定判断顺序之前，承租人即通过支付象征性价款的方式于租金义务履行完毕后取得租赁物的所有权。因此，本条兼顾法律逻辑与融资租赁实际业态作出明确规定。

第七百六十条 【融资租赁合同无效时租赁物归属】

> 融资租赁合同无效，当事人就该情形下租赁物的归属有约定的，按照其约定；没有约定或者约定不明确的，租赁物应当返还出租人。但是，因承租人原因致使合同无效，出租人不请求返还或者返还后会显著降低租赁物效用的，租赁物的所有权归承租人，由承租人给予出租人合理补偿。

【条文精解】

合同法规范在本质上属于任意性、补充性的规范，合同法也更多地体现出了约定优先的指导思想。商人是自身利益的最好判断者，融资租赁合同是平等市场主体之间签订的合同，合同条款的约定本身就包含了出租人和承租人双方对履约成本、履约收益和履约风险的判断。因此，鼓励融资租赁双方当事人以市场化的方式对合同的履行和解除、租赁物的风险负担、租赁物清算等问题作出约定，以减少诉讼风险和损失的不确定性。融资租赁合同无效的，应当依照当事人间就租赁物归属的约定履行。当事人没有约定或约定不明的，出租人作为租赁物的所有权人应当收回租赁物。但是实践中，租赁物通常为承租人所选，且为承租人生产经营所需，租赁物在出租人手中不能发挥其效用，不利于租赁物价值的实现和承租人、出租人利益的最大化。因此，在融资租赁合同无效的事由系承租人导致的情形下，可以由承租人取得租赁物的所有权，并由承租人根据合同履行情况和租金支付情况向出租人作出经济补偿。

第十六章　保理合同

第七百六十一条　【保理合同概念】

保理合同是应收账款债权人将现有的或者将有的应收账款转让给保理人，保理人提供资金融通、应收账款管理或者催收、应收账款债务人付款担保等服务的合同。

【立法背景】

为了明确保理合同的典型特征，本条参考中国银行业监督管理委员会《商业银行保理业务管理暂行办法》（中国银行业监督管理委员会令2014年第5号）第6条、中国银行业协会《中国银行业保理业务规范》（银协发〔2016〕127号）第4条的规定，对保理合同的概念予以规定。

【条文精解】

保理合同，是以债权人转让其应收账款为前提，集资金融通、应收账款催收或者管理、付款担保等服务于一体的综合性金融服务合同。

保理法律关系，涉及保理商与债权人、保理商与债务人之间不同的法律关系，债权人与债务人之间的基础交易合同是成立保理的前提，而债权人与保理商之间的应收账款债权转让则是保理关系的核心。这与单纯的借款合同有显著区别，故不应将保理合同简单视为借款合同。

按照本条规定，保理合同必须具备的要素是应收账款债权的转让，没有应收账款的转让就不能构成保理合同。所谓应收账款，是指权利人因提供一定的货物、服务或设施而获得的要求债务人付款的权利以及依法享有的其他付款请求权，包括现有的和未来的金钱债权，但不包括因票据或其他有价证券而产生的付款请求权，以及法律、行政法规禁止转让的付款请求权。

除了必须具备的应收账款转让之外，保理合同还需要保理人提供资金融通、应收账款管理或者催收、应收账款债务人付款担保等服务。资金融通，是指保理人应债权人的申请，在债权人将应收账款转让给保理人后，为债权人提供的资金融通，包括贷款和应收账款转让预付款。应收账款催收，是指保理人根据应收账款账期，主动或应债权人要求，采取电话、函件、上门等方式直至运用法律手段等对债务人进行催收。应收账款管理，又称为销售分户账管理，是指保理人根据债权人的要求，定期或不定期向其提供关于应收账款的回收情况、逾期账款情况、对账单等财务和统计报表，协助其进行应收账款管理。付款担保，是指保理人与债权人签订保理合同后，为债务人核定信用额度，并在核准额度内，对债权人无商业纠纷的应收账款，提供约定的付款担保。除了这些服务之外，保理合同中，保理人提供的服务通常还包括资信调查与评估、信用风险控制等其他可认定为保理性质的金融服务。这些服务均有对应的或者类似的合同类型供参照适用，例如，如果保理人提供应收账款债权的管理和催收服务，则保理人负有相当于一般委托合同受托人或者信托合同受托人的义务，在管理和催收债权时应当尽到注意义务，如应当及时催收诉讼时效期间即将届满的债权；就付款担保而言，提供担保的保理人居于担保人的地位，可参照担保的一般规则处理。

【实践中需要注意的问题】

保理合同必备的要素是应收账款转让，除此之外，构成保理合同，还要保理人提供资金融通、应收账款管理或者催收、应收账款债务人付款担保等服务，但是保理人并非必须提供上述所有各项的服务，要求提供一项即可。

> **第七百六十二条 【保理合同的内容和形式】**
>
> 保理合同的内容一般包括业务类型、服务范围、服务期限、基础交易合同情况、应收账款信息、保理融资款或者服务报酬及其支付方式等条款。
>
> 保理合同应当采用书面形式。

【立法背景】

本条第1款结合实践情况，参考中国银行业监督管理委员会《商业银行保理业务管理暂行办法》第10条的规定，对保理合同中一般应包含的内容进行倡导性的规定。由于保理合同较为复杂，出于保护交易安全、避免纠纷的需要，本条第2款明确规定保理合同应当采用书面形式。

【条文精解】

本条第 1 款规定了保理合同中一般所包含的内容。保理合同的内容一般包括业务类型、服务范围、服务期限、基础交易合同情况、应收账款信息、保理融资款或者服务报酬及其支付方式等条款。保理合同的具体内容由保理人和应收账款债权人具体约定，本款仅仅是倡导性的规定，仅是对保理合同通常所包含内容的总结。

需要具体说明的是其中的业务类型。保理业务按照不同的标准可以被区分为不同的类型。按照保理人在债务人破产、无理拖欠或无法偿付应收账款时，是否可以向债权人反转让应收账款，或者要求债权人回购应收账款、归还融资，可以区分为有追索权保理和无追索权保理。该分类是保理业务的基础性分类，本法第 766 条和第 767 条分别规定了有追索权保理和无追索权保理。按照是否将应收账款转让的事实通知债务人，可分为公开型保理和隐蔽型保理。按照基础交易的性质和债权人、债务人所在地，保理可分为国际保理和国内保理。

另外还需要说明的是基础交易合同。基础交易合同，是应收账款债权人与债务人签订的据以产生应收账款的有关销售货物、提供服务或出租资产等的交易合同及其全部补充或者修改文件。基础交易合同的存在是保理合同订立的前提，虽然两者有关权利义务关系的约定存有牵连，但两者并非主从合同关系，而是相对独立的两个合同。

本条第 2 款明确规定了保理合同应当采用书面形式。由于口头形式没有凭证，容易发生争议，发生争议后，难以取证，不易分清责任，而保理合同较为复杂，出于保护交易安全、避免纠纷的需要，保理合同应当采用书面形式。

【实践中需要注意的问题】

在基础交易合同与保理合同的关系上，首先，基础交易合同的效力不影响保理合同的效力。其次，保理人以保理合同为依据向基础交易合同债务人主张债权的，如果保理合同中对债权内容也即债务人债务的约定与基础交易合同中的约定不同，除债务人同意或者法律另有规定外，保理合同中关于债务人债务的约定并不能约束债务人。这也是债权转让的一般规则在保理合同中的具体应用。

第七百六十三条 【保理中虚构应收账款】

应收账款债权人与债务人虚构应收账款作为转让标的，与保理人订立保理合同的，应收账款债务人不得以应收账款不存在为由对抗保理人，但是保理人明知虚构的除外。

【立法背景】

应收账款虚假，是保理实践中的突出问题。此时，债权转让合同或者保理合同并非因此当然无效，但保理人有权依法以欺诈为由请求撤销其与债权人之间的合同，同时依据本法第157条的规定，有权请求债权人承担撤销后的返还财产、赔偿损失责任。但是，债务人是否以及如何向保理人承担责任，在实践中争议较大，因此本条对此予以明确规定。

【条文精解】

针对保理中虚构应收账款的情形，其他各国家和地区的法律存在不同的规定方式。无论采取哪一种立法方式，共识是债务人应当向保理人（受让人）承担责任，区别在于所承担的责任是债务人不得以债权不存在为由对保理人提出抗辩，而必须履行本不存在的债权所对应的债务，还是对保理人承担侵权赔偿责任，但是最终的结果并无实质区别。经研究，对此种情形明确予以规定，并采取债务人不得以债权不存在为由对保理人提出抗辩的方式，有助于实践中对债务人承担责任的数额的确定，能够对保理人的利益予以充分保护。

本条适用的前提，首先是作为转让标的的应收账款不存在。所谓应收账款不存在，包括应收账款全部不存在和部分不存在。其次是应收账款不存在是因为应收账款债权人与债务人虚构。虚构的方式是多样的，可能是：（1）应收账款债权人与债务人通谋以虚假的意思表示制造了虚假应收账款的外观。（2）债务人向保理人确认应收账款的真实性，制造了虚假应收账款的外观。最后是保理人因此对应收转款存在产生了合理的信赖，从而签订了保理合同。保理人必须因应收账款债权人与债务人的虚构对应收转款存在产生了合理的信赖。同时，保理人的信赖必须是合理的。本条中的应收账款不包括因票据或其他有价证券而产生的付款请求权，而仅仅是普通的债权。保理人调查核实债权真实性有时成本较高。因此，在实践中，保理人通常会向债务人调查核实。如果债务人确认了债权的真实性，虽然不应因此而完全免除保理人的调查核实义务，但此时，保理人一般能够相信债务人不存在债权真实性的抗辩，这会使得保理人对债权真实性的审核义务降低，保理人的合理信赖更容易构成。因此，本条规定了在保理人明知债权不存在的情形下，保理人就不存在合理信赖，不能适用本条予以保护。

【实践中需要注意的问题】

本条适用的法律后果是，应收账款债务人不得以应收账款不存在为由对抗保理人。这意味着，在债务人虚构或者确认债权的范围内，保理人仍有权请求债务人履行如同债权存在时相对应的债务，债务人不得以应收账款实际上不存在为由对保理人提出抗辩。

第七百六十四条 【保理人发出转让通知】

保理人向应收账款债务人发出应收账款转让通知的，应当表明保理人身份并附有必要凭证。

【立法背景】

在保理合同实践中，为了避免债务人在转让发生后仍向债权人履行债务，保理人更有动力主动发出通知。为了避免增加债务人审核负担，本条结合具体实践，规定保理人向应收账款债务人发出应收账款转让通知的，应当表明保理人身份并附有必要凭证。

【条文精解】

保理合同的核心是应收账款债权转让，在此应当适用本法关于债权转让的一般规则，即债权人转让债权，未通知债务人的，该转让对债务人不发生效力。因此，只有通知了债务人，才可以在最大程度上保护保理人的利益。

但是，保理人是否有权单独向债务人发出转让通知？在一般的债权转让中，转让通知的发出主体，不同的立法例有不同的规定。经研究，不同立法例存在的共识是，让与人可以发出转让通知，因为此时债务人无须对债权是否转让予以审核，不会增加债务人的负担；而受让人发出转让通知的，债务人并无充分理由予以相信。因此，允许受让人发出转让通知的观点和立法例，往往同时认为受让人此时应当提出其已经取得债权的必要凭证。

但真正的问题在于何为必要凭证以及债务人对这些凭证的审核义务程度。对于债务人而言，过高或者过低的审核义务都会导致价值权衡上的进退维谷。因此，在一般的债权转让中，发出转让通知的主体原则上应当仅限于让与人。

而保理合同实践中的大多数情形都是保理人发出通知，因为其对此具有重大利益，可避免债务人在转让发生后仍向债权人履行债务，保理人更有动力主动发出通知。因此，本条规定，保理人向应收账款债务人发出应收账款转让通知的，应当表明保理人身份并附有必要凭证。此时最为重要的是对必要凭证的认定，对此应当采取较为严格的认定方式。如果保理人提交了书面的债权转让合同或者保理合同，或者债权人签字、盖章的书面转让通知，考虑到我国当前的信用环境，这些凭证的伪造可能性较高，且对于债务人来说，其收到债权转让通知后可能审查的时间往往并不充足，仍有可能无法判断合同或者转让通知的真实性，故并不必然构成充分的必要凭证，需要结合其他具体情况予以具体判断。但是，如果保理人提交了经过公证的债权转让合同、保理合同或者转让通知等，由于公证书的证明力较强，此时债务人无须审核，因此保理人向债务人发出转让通知的，如果表明了保理人的身份并且附有经过公证的债权转让合同、保理合同或者转让通知等必要凭证，可以认为具有同债权人发出转让通知同等的效力。

第七百六十五条 【基础交易合同协商变更或者终止对保理人效力】

应收账款债务人接到应收账款转让通知后，应收账款债权人与债务人无正当理由协商变更或者终止基础交易合同，对保理人产生不利影响的，对保理人不发生效力。

【立法背景】

依据保理合同，为保障保理人地位，应收账款债权人负有不减损该应收账款债权价值的义务，因此，债权人不能通过与债务人协商，作出任何使得转让的应收账款债权价值落空或者减损的行为，债权人违反该义务时，保理人有权依法解除保理合同并请求债权人承担违约责任。但问题是，这些行为是否对保理人发生效力。为保护保理人的利益，本条对此作出明确规定。

【条文精解】

关于本条的适用有以下几个前提：

首先，应收账款债权人和债务人协商作出了有关转让债权的民事法律行为，该民事法律行为必须是关于转让债权的，如果不涉及转让债权，不会对保理人发生影响，就不适用本条。

其次，该民事法律行为对保理人产生不利影响。这里意味着债权人和债务人通过协商使得应收账款债权的价值落空或者减损，而对保理人产生不利影响。

再次，该民事法律行为发生在债务人接到债权转让通知后。债务人接到债权转让通知前，由于债权转让对债务人不发生效力，债务人有权主张债权人仍然对债权有处分权，此时债权人和债务人协商一致作出的民事法律行为，即使导致保理人利益受损，该行为仍然对保理人发生效力，保理人所取得的债权发生相应变动，保理人仅能依法解除保理合同并请求债权人承担违约责任。

最后，对保理人产生不利影响的民事法律行为无正当理由。这里所谓的正当理由，首先是指经过了保理人的同意。其次是指该民事法律行为符合诚信原则且保理人并无合理理由反对的情形，具体可能包括：（1）基础交易合同已约定可变更或者终止的情形。（2）政府合同和复杂的合同安排中，尤其对于数额尚未最终确定的债权。例如，建筑商将对业主的付款请求权转让给保理人并且通知之后，建筑商和业主变更约定业主向建筑商预付款项，以使得建筑商有能力支付工资、购买原料等，从而继续进行建筑工程，如果此种预付是必要的，否则建筑商可能就会资金链断裂，进而涉及更换建筑商，交易无法进行，业主拒绝付款，对转让债权的实现最终发生不利影响，则应当允许如此变更。

本条的法律后果是该民事法律行为对保理人不发生效力。这意味着，保理人仍然可以根据该民事法律行为成立之前的债权状况请求债务人履行支付应收债款的债务。

第七百六十六条 【有追索权保理】

当事人约定有追索权保理的，保理人可以向应收账款债权人主张返还保理融资款本息或者回购应收账款债权，也可以向应收账款债务人主张应收账款债权。保理人向应收账款债务人主张应收账款债权，在扣除保理融资款本息和相关费用后有剩余的，剩余部分应当返还给应收账款债权人。

【立法背景】

有追索权保理和无追索权保理是保理业务的基础分类。各国立法例中，有的以有追索权保理为原型；有的以无追索权保理为原型；还有的同时规定有追索权保理和无追索权保理，由当事人自己选择。经研究，基于我国当前的保理实践，当事人一般都会在保理合同中就有无追索权作出约定，因此本法同时规定有追索权保理和无追索权保理，以供当事人自己选择。

【条文精解】

按照保理人在债务人破产、无理拖欠或无法偿付应收账款时，是否可以向债权人反转让应收账款，或者要求债权人回购应收账款或归还融资，可以区分为有追索权保理和无追索权保理。有追索权保理，是指保理人不承担为债务人核定信用额度和提供坏账担保的义务，仅提供包括融资在内的其他金融服务，有追索权保理在应收账款到期无法从债务人处收回时，保理人可以向债权人反转让应收账款，或要求债权人回购应收账款或归还融资，又称为回购型保理。

我国目前的保理交易实践中，就有追索权的保理，当事人通常会明确约定，保理人有权而非有义务同时要求应收账款债务人和债权人清偿各自所负债务，保理人并有权自主决定将已受让的应收账款转让给其他第三人，或者明确约定，债权人负有融资款到期后无条件足额偿还的义务。因此，基于保理业务的通常实践，在保理人和债权人无特别约定或者约定不明确时，本条规定，保理人可以向应收账款债权人主张返还保理融资款本息或者回购应收账款债权，也可以向应收账款债务人主张应收账款债权。

按照本条规定，在追索权保理中，在当事人无特别约定或者约定不明确时，保理人有权选择向应收账款债权人主张返还保理融资款本息或者回购应收账款债权，或者向应收账款债务人主张应收账款债权。

同时，在有追索权保理中，保理人向应收账款债务人主张应收账款债权的，在获得债务人的履行后，首先应当扣除保理融资款本息和相关费用，具体包括：保理融资款本息、保理商未受清偿的应收账款融资额度承诺费、保理手续费、保理首付款使用费，以及其他债权人到期未付款等。在扣除后仍有剩余的这部分保理余款应当返还给应收账款债权人。

【实践中需要注意的问题】

按照本条规定，在有追索权保理中，在当事人无特别约定或者约定不明确时，保理人有权选择向应收账款债权人主张返还保理融资款本息或者回购应收账款债权，或者向应收账款债务人主张应收账款债权；保理人也可以同时向应收账款债权人和债务人主张权利。当然，保理人不能从债权人和债务人处获得重复清偿。

第七百六十七条 【无追索权保理】

当事人约定无追索权保理的，保理人应当向应收账款债务人主张应收账款债权，保理人取得超过保理融资款本息和相关费用的部分，无需向应收账款债权人返还。

【立法背景】

有追索权保理和无追索权保理是保理业务的基础分类。因此，本条对于无追索权保理作出专门的规定。

【条文精解】

无追索权保理，指保理人根据债权人提供的债务人核准信用额度，在信用额度内承购债权人对债务人的应收账款并提供坏账担保责任，债务人因发生信用风险未按基础合同约定按时足额支付应收账款时，保理人不能向债权人追索，又称为买断型保理。无追索权保理在性质上属于应收账款债权买卖，保理人受让债权并享有债权的全部清偿利益、负担债权不能受偿的风险，作为债权转让对价的融资款实际上是通过买卖取得债权的价款。

按照本条规定，当事人约定无追索权保理的，保理人应当向应收账款债务人主张应收账款债权，而不能向应收账款债权人主张返还保理融资款本息或者回购应收账款债权。这适用于债务人发生了信用风险的情形，即债务人未按照基础交易合同约定履行债务或者履行债务不符合约定，包括债务人破产、无正当理由不按照约定履行债务等。

同时，在无追索权保理中，保理人向应收账款债务人主张应收账款债权，在获得债务人的履行后，对保理人的超过保理融资款本息和相关费用的这部分保理余款的归属，首先由保理人和债权人在保理合同中约定。保理合同对此无约定或者约定不明确时，基于无追索权保理在性质上属于应收账款债权买卖，因此与有追索权保理不同，本条规定了另外的默认规则，即这部分保理余款应当归属于保理人，无须向应收账款债权人返还。该默认规则符合无追索权保理的特性，且在无追索权保理中，较之有追索权保理，保理人的风险更高，因此将这部分保理余款归属于保理人，也符合风险与收益相一致的基本原理。

【实践中需要注意的问题】

无追索权保理并非意味着在任何情形下保理人对债权人均无追索权，一旦发生债务人未及时全额付款，保理人需要根据债务人违约的具体原因来判断追索对象，保理人不再追索应收账款债权人是具有一定前提的，即债务人未及时全额付款系源于其自身信用风险，而非其他原因。

第七百六十八条 【应收账款重复转让】

应收账款债权人就同一应收账款订立多个保理合同，致使多个保理人主张权利的，已经登记的先于未登记的取得应收账款；均已经登记的，按照登记时间的先后顺序取得应收账款；均未登记的，由最先到达应收账款债务人的转让通知中载明的保理人取得应收账款；既未登记也未通知的，按照保理融资款或者服务报酬的比例取得应收账款。

【立法背景】

本条是关于保理中应收账款债权重复转让的规定。经研究，本条首先采取了登记在先的方式确定多个保理人之间的优先顺位；其次采取了通知在先的顺位确定方式；既未登记也未通知的，按照保理融资款或者服务报酬的比例取得应收账款。

【条文精解】

以何种方式确定多个保理人之间的优先顺位，取决于哪种方式能够使得债权交易的公示成本、事先的调查成本、事中的监督防范成本、事后的债权实现的执行成本等各种成本更低，对第三人和社会整体的外部成本也更低。在转让合同成立在先、通知在先和登记在先三种方式中，采取登记在先的方式，保理人调查成本、监督防范成本、实现债权的执行成本都是最低的，并且有助于防止债权人和其他人串通损害保理人的道德风险，提高债权的流通和担保价值，最终降低债权人的融资成本。建立在电子化的通知登记程序系统上的债权转让登记，由于电子化登记簿、自助登记和登记机构的审核程度低，因此登记成本非常低，并且其他第三人对登记的查询成本也较低，是最为便捷、安全、高效、可靠的公示方法。同时，采取登记在先的方式，对保理人的地位保障最为充分，有利于保护交易安全，提升营商环境，便利企业的融资实践。同一债权向多个保理人多重转让的情形，在利益衡量上类似于同一财产向两个以上债权人抵押的情形，对后一种情形，本法第414条第1款规定，抵押权已经登记的，按照登记的时间先后确定清偿顺序，抵押权已经登记的先于未登记的受偿；第2款中规定，其他可以登记的担保物权，清偿顺序参照适用前款规定。因此，为了提升营商环境，保护交易安全，便利融资，在利益结构相似的情形中保持规则的一致，提高裁判的统一性，本条首先采取了登记在先的方式确定多个保理人之间的优先顺位，即应收账款债权人就同一应收账款订立多个保理合同，致使多个保理人主张权利的，已经登记的先于未登记的取得应收账款；均已经登记的，按照登记时间的先后顺序取得应收账款。

对于保理人都未进行债权转让登记的情形，考虑到通知在先虽然较之登记在先社会成本要高，但较之合同成立时间仍然成本要低，因此，此时采取通知在先的顺位确定方式，最先到达债务人的转让通知中载明的受让人顺位在先。

对于保理人既未登记也未通知债务人的情形，有些立法例采取了以合同成立时间的先后确定优先顺位，本条则规定，既未登记也未通知的，按照保理融资款或者服务报酬的比例取得应收账款。这与本法第414条第1款第3项中采取的按照所担保的债权比例清偿的方式一致，同时区分了担保性的保理和非担保性的其他服务性保理。在担保性的保理中，涉及保理融资款，此时按照保理融资款的比例取得应收账款；而在服务性的保理中，并不涉及保理融资款，此时按照服务报酬的比例取得应收账款。

第七百六十九条 【保理适用债权转让规则】

本章没有规定的，适用本编第六章债权转让的有关规定。

【立法背景】

本章对保理合同作出明确规定，提供清晰的交易规则和司法裁判规则，一方面针对保理合同的特殊问题予以规定，另一方面补充债权转让的一般性规则。但保理的核心是应收账款债权的转让，因此本条规定，本章没有规定的，应当适用债权转让的一般性规则。

【条文精解】

保理必须具备的要素是应收账款债权的转让，没有应收账款的转让就不能构成保理合同，而应收账款是债权的一种，应收账款债权转让属于债权转让，应收账款债权人就是债权转让中的让与人，保理人就是债权转让中的受让人，应收账款债务人就是债权转让中的债务人。因此，在本章没有特别规定的情形中，应当适用本法合同编第六章关于债权转让的一般规定，具体而言，在涉及债权转让的范围内，适用以下规定：

（1）不得转让的债权的规定。（第545条）

（2）关于债权转让通知的效力和撤销的规定。（第546条）

（3）债权受让人取得与债权有关的从权利的规定。（第547条）

（4）债务人对让与人的抗辩可以继续向受让人主张的规定。（第548条）

（5）债务人对受让人主张抵销权的规定。（第549条）

（6）债权转让增加的履行费用的负担的规定。（第550条）

当然，本编第六章债权转让中未规定，而在本法其他地方对债权转让有规定的，也要在保理中予以适用，例如，本法第502条第3款中关于债权转让批准的规定。

第十七章　承揽合同

第七百七十条【承揽合同的定义和种类】

承揽合同是承揽人按照定作人的要求完成工作，交付工作成果，定作人支付报酬的合同。

承揽包括加工、定作、修理、复制、测试、检验等工作。

【立法背景】

承揽合同是承揽人按照定作人的要求完成一定的工作，并将工作成果交付给定作人，定作人接受该工作成果并按照约定向承揽人支付报酬的合同。承揽合同的主体是承揽人和定作人。承揽人就是按照定作人指示完成特定工作并向定作人交付该工作成果的人；定作人是要求承揽人完成承揽工作并接受承揽工作成果、支付报酬的人。承揽人和定作人可以是法人或者非法人组织，也可以是自然人。承揽合同的客体是完成特定的工作。承揽合同的对象为承揽标的，承揽标的是有体物的，合同的标的物又可以称为承揽物或者定作物。承揽工作具有特定性，如修理汽车、裁剪制作衣服等。承揽人完成的承揽工作需有承揽工作成果，该工作成果可以是有形的，如加工的零部件、印刷的图书、录制的磁带、检验的结论；也可以是无形的，如测试仪器的运行。

【条文精解】

承揽合同是一大类合同的总称，传统民法中承揽合同包括加工承揽合同和建设工程合同两大类。由于建设工程合同在发展中形成了许多独特的行业特点，原经济合同法将建设工程合同独立于加工承揽合同加以规定，因此本章所指的承揽合同主要是指加工承揽合同而不包括建设工程合同。根据本条第2款的规定，承揽合同包括加工、定作、修理、复制、测试、检验等多种形式。

第七百七十一条 【承揽合同的一般条款】

　　承揽合同的内容一般包括承揽的标的、数量、质量、报酬，承揽方式，材料的提供，履行期限，验收标准和方法等条款。

【立法背景】

　　本条规定的是承揽合同中一般所包含的条款，也就是说，承揽合同不是一定要具备这些条款，当事人可以根据合同性质和双方的需要对上述规定的条款进行增减。这些内容包括承揽标的、数量、质量、报酬、承揽方式、材料提供、履行期限、验收标准和方法等。

【条文精解】

　　所谓承揽的标的，是指承揽合同权利义务所指向的对象，也就是承揽人按照定作人要求所应进行的承揽工作。数量与质量是确定合同标的的具体条件，是该合同标的区别于同类另一标的的具体特征。报酬，主要是指定作人应当支付承揽人进行承揽工作所付出的技能、劳务的酬金。材料，是指完成承揽工作所需的原料。当事人应当约定由哪一方提供材料，并且应当明确提供材料的时间、地点、材料的数量和质量等。承揽合同中的履行期限，主要是指双方当事人履行义务的时间，对承揽人而言，是指承揽人完成工作，交付工作成果的时间；对定作人而言，是指定作人支付报酬或者其他价款的时间。当事人在承揽合同中可以约定验收标准和方法。验收的标准，是指检验材料、承揽工作质量的标准。

第七百七十二条 【对承揽人完成主要工作的要求】

　　承揽人应当以自己的设备、技术和劳力，完成主要工作，但是当事人另有约定的除外。

　　承揽人将其承揽的主要工作交由第三人完成的，应当就该第三人完成的工作成果向定作人负责；未经定作人同意的，定作人也可以解除合同。

【立法背景】

　　承揽合同的标的是定作人所要求的、由承揽人所完成的工作成果。该工作成果既可以是体力劳动成果，也可以是脑力劳动成果；可以是物，也可以是其他财产。但其必须具有特定性，是按照定作人的特定要求，只能由承揽人为满足定作人特殊需求通过自己与众不同的劳动技能而完成的。如果定作人所需的标的能够从市场上任意买到，定作人就不必通过订立承揽合同要求承揽人来完成。因此，承揽合同的本质特点决定了该合同是建立在对承揽人的工作能力信任的基础上的，承揽人应当以自己的设备、技术和劳力完成承揽的主要工作。

【条文精解】

承揽人设备、技术和劳力是决定其工作能力的重要因素，也是定作人选择该承揽人完成工作的决定性因素。所谓的设备，是指承揽人进行工作所使用的工具。所谓的技术，是承揽人进行工作所需的技能，包括专业知识、经验等。所谓的劳力，指承揽人完成工作所付出的劳动力。这里的"主要工作"，一般是指对工作成果的质量起决定性作用的工作，也可以说是技术要求高的那部分工作，如订制服装，量体裁剪和整体裁制是其主要工作。主要工作的质量、数量将决定工作成果是否符合定作人的要求，因此，承揽人作为定作人选择的对象，应当以自己的设备、技术和劳力完成主要工作，否则会影响定作人订立合同的目的。

第七百七十三条 【承揽人对辅助工作的完成】

承揽人可以将其承揽的辅助工作交由第三人完成。承揽人将其承揽的辅助工作交由第三人完成的，应当就该第三人完成的工作成果向定作人负责。

【立法背景】

根据本法第772条的规定，承揽合同中，承揽人应当以自己的设备、技术和劳力完成承揽工作的主要部分，如果将主要工作交由第三人完成，必须经过定作人的同意，否则，承揽人应当承担违约责任。根据本条规定，与承揽的主要工作不同，承揽人可以将承揽的辅助工作交由第三人完成，并且可以不经定作人同意。但是，如果承揽人将承揽的辅助工作交由第三人完成，那么必须就第三人完成的工作成果向定作人负责。

【条文精解】

本条中的"辅助工作",是指承揽工作中主要工作之外的部分,是相对于"主要工作"而言的。"主要工作",一般是指对工作成果的质量起决定性作用的工作,也可以说是技术要求高的那部分工作。主要工作之外的工作就可以理解为辅助性工作。如订制服装合同,量体裁剪和整体缝制是承揽人的主要工作,缝扣子、熨烫是其辅助性工作。对于辅助工作,承揽人是可以交由第三人完成而不必经过定作人的同意,承揽人的这种行为实际上是将其部分工作义务转由第三人完成,根据本法合同编通则关于合同的变更和转让的规定,债务人转移债务的,原则上应当经债权人同意。但在承揽工作中,考虑到辅助工作对工作成果的整体质量没有太大的影响,因此承揽人将辅助工作交由第三人完成的,可以不经定作人同意,这样规定符合承揽工作的交易习惯,也有助于提升承揽工作的效率。同时,尽管承揽人可以根据工作需要,自行决定将辅助工作交由第三人完成,但是承揽人应当根据诚信原则,认真考察第三人的工作能力,合理地选择第三人。确定第三人后,如果第三人同意完成该部分工作,承揽人应当将定作人对工作的要求或者是合同中的质量、数量、交付期限的约定如实告知第三人,第三人应当根据承揽人提供的情况,按质按量,按时完成工作。承揽人应当保证第三人完成的工作成果符合定作人的要求。

第七百七十四条 【承揽人依约提供材料】

承揽人提供材料的,应当按照约定选用材料,并接受定作人检验。

【立法背景】

承揽合同的本质在于承揽人根据定作人要求提供工作成果,定作人支付报酬。在双方关系中,定作人通过支付报酬,取得让自己满意的工作成果;承揽人则按照定作人对工作成果的要求,最终提供出这一成果,从而获得报酬。因此,承揽人的劳务自始至终都应符合定作人的要求,在承揽人提供材料的情形下,必须按照合同的事先约定或者双方事后达成的补充协议提供材料,定作人对于提供的材料是否符合要求,则拥有检验的权利。

【条文精解】

根据本条,如果当事人在承揽合同中约定由承揽人提供材料,并约定了提供材料的时间、材料的数量和质量，承揽人应当按照约定准备材料。如果合同中未明确由哪一方提供材料，但根据合同条款或者通过补充协议、交易习惯等方式确定应当由承揽人提供材料，合同中约定了材料提供的时间、数量和质量的，承揽人应当按照约定提供材料。承揽人准备材料时，还应当备齐有关的资料，如发票、质量说明书等说明文件。

如果明确由承揽人提供材料，但是合同中未约定材料提供的时间、数量和质量，事后又未就此达成补充协议，承揽人应当根据承揽工作的性质和定作人对交付工作成果的要求，及时准备材料。数量不明确的，承揽人应当根据通常情况下完成该类工作成果所需的工作量，合理地确定材料的数量。质量不明确的，承揽人应当根据定作人对工作成果的质量要求，合理选用适合该工作成果的材料，定作人对工作成果的质量未有特别要求的，承揽人应当根据价款数额的大小以及工作性质，合理确定质量标准，合理选用材料。根据以上条件仍不能确定材料质量的，承揽人应当按照通常标准准备材料。

承揽人准备好材料后，应当及时通知定作人检验，并如实提供发票以及数量和质量的说明文件。定作人接到通知后，应当及时检验该材料，认真查看承揽人提供的材料以及有关文件。定作人认为承揽人选用的材料符合约定的，应当告知承揽人，或者根据承揽人的要求以书面形式确认。经检验，定作人发现材料数量缺少的，应当及时通知承揽人补齐；数量超出的，应当及时通知承揽人超出的数额。定作人发现材料质量不符合约定的，应当及时通知承揽人更换，因此发生的费用，由承揽人承担。合同中未约定材料数量、质量的，定作人检验后，表示认可的，应当告知承揽人，或者根据承揽人的要求以书面形式确认。定作人认为材料不适合的，应当通知承揽人，并且还应当通知承揽人其对材料数量、质量的要求。承揽人接到通知后，应当及时选用符合定作人要求的材料。

经定作人检验后，承揽人应当以定作人确认后的材料完成工作。承揽人以次充好或者故意隐瞒材料瑕疵而造成工作成果质量不符合约定的，定作人有权要求重作、修理、减少价款或者解除合同。定作人未及时检验的，应当顺延工期，并赔偿承揽人因此受到的损失。定作人在接到检验通知后，在合理期限内，未作检验的，视为承揽人提供的材料符合要求，定作人不得再对该材料提出质量异议。

第七百七十五条 【定作人提供材料时的双方义务】

定作人提供材料的，应当按照约定提供材料。承揽人对定作人提供的材料应当及时检验，发现不符合约定时，应当及时通知定作人更换、补齐或者采取其他补救措施。

承揽人不得擅自更换定作人提供的材料，不得更换不需要修理的零部件。

【立法背景】

承揽合同中，根据承揽工作性质或者交易习惯，双方当事人可以约定由定作人提供材料，并且应当约定提供材料的时间、数量和质量。定作人应当在合同约定的时间向承揽人提供符合约定数量和质量的材料。该材料主要指承揽工作所必需的原材料，如制作家具的木材，制作衣服的面料等。承揽工作的对象（亦称为工作基底），如修理电视合同中的电视，印刷合同中的原稿等，也属于材料范围。

【条文精解】

根据本条规定，当定作人按约定提供原材料后，承揽人应当立即检验原材料。检验的内容主要包括原材料的数量是否符合合同约定，原材料的质量是否达到合同约定的质量要求。如果经承揽人检验，定作人提供的原材料符合约定，承揽人应当确认并通知定作人；如果经检验，定作人提供的原材料不足，承揽人应当通知定作人补齐；定作人提供的原材料质量不符合约定的，承揽人应当及时通知定作人更换以达到合同要求。因承揽人原因，未及时通知定作人原材料不符合约定，进而影响完成工作时间的，承揽人应当承担违约责任。承揽人发现定作人提供的原材料不符合约定而未通知定作人的，视为原材料符合约定，因该原材料数量、质量原因造成承揽工作不符合约定的，由承揽人承担违约责任，定作人有权要求承揽人修理、更换、减少报酬或者解除合同，造成定作人损失的，承揽人应当赔偿损失。这里需要特别强调的是，承揽人所负的检验及通知义务必须及时履行，这样可以最大程度地提高承揽合同的履行效率，节约履约成本，符合合同双方当事人的利益。

承揽人经对定作人提供的材料检验之后，如果发现材料不符合约定，应当及时通知定作人。定作人在接到原材料不符合约定的通知后，应当及时采取措施，补齐或者更换原材料使其达到合同约定的要求。因定作人迟延补齐、更换的，工期顺延；定作人未采取措施补齐、更换的，承揽人有权解除合同，因此造成承揽人损失的，由定作人承担损害赔偿责任。如果经承揽人检验，定作人提供的原材料符合约定，承揽人应当妥善保管该原材料，因承揽人保管不善，造成原材料损失的，由承揽人承担赔偿责任。

根据本条第 2 款的规定，定作人提供的原材料符合约定的，承揽人在工作中应当以该原材料完成工作，不得擅自更换原材料。如因承揽人擅自更换材料致使工作成果不符合约定质量，定作人有权要求承揽人修理、更换、减少报酬或者解除合同；造成定作人损失的，承揽人承担赔偿责任。承揽人使用定作人提供的原材料应当符合合同中约定或者合理的损耗量，由于承揽人的原因造成材料浪费的，承揽人应当进行赔偿；造成材料短缺的，由承揽人负责补齐。如果完成承揽工作后，定作人提供的材料有剩余，承揽人应当返还给定作人。此外，对于由定作人提供工作基底的，承揽人应当妥善保管。在修理合同中，承揽人应当按照约定修理物品损坏的部分，并保持其他部分的完整性，不得更换不需要修理部分的零部件。如定作人将损坏的进口照相机交承揽人修理，承揽人经检查后，发现是一个齿轮磨损的，承揽人应当更换该磨损的齿轮而不得以次充好，更换其余的齿轮。承揽人更换应修理以外的零部件的，承揽人应当恢复原状并承担赔偿责任。

第七百七十六条 【定作人要求不合理时双方的义务】

承揽人发现定作人提供的图纸或者技术要求不合理的，应当及时通知定作人。因定作人怠于答复等原因造成承揽人损失的，应当赔偿损失。

【立法背景】

承揽工作的性质就是承揽人按照定作人的要求进行工作，定作人一般通过提供图纸或者技术要求的方式对承揽人的工作提出要求。承揽人应当严格按照定作人的要求进行工作。如果承揽人在工作之前或者工作之中发现定作人提供的图纸或者技术要求不合理，即按此图纸或者技术要求难以产生符合合同约定的工作成果，在此情况下，承揽人应当及时将该情况通知定作人。

承揽人未及时通知定作人的，怠于通知期间的误工损失由承揽人自己承担，造成工期拖延、给定作人造成损失的，承揽人应当赔偿定作人损失。如果承揽人发现定作人提供的图纸或者技术要求不合理而未通知定作人，仍然按照原图纸或者技术要求进行工作致使工作成果不符合合同约定的，由承揽人承担违约责任，定作人有权要求承揽人修理、更换、减少价款或者解除合同。造成定作人损失的，承揽人应当赔偿损失。

【条文精解】

根据本条规定，定作人在接到承揽人关于图纸或者技术要求不合理的通知后，应当立即采取措施，修改图纸和技术要求。修改完成后，定作人应当及时答复承揽人，并提出修改意见。在承揽人发出通知至收到定作人答复期间，承揽人可以停止工作，工期顺延，定作人还应当赔偿承揽人在此期间的误工以及其他损失。如果定作人在接到通知后，未能及时答复承揽人并提出修改意见，承揽人有权要求定作人赔偿其误工等损失；定作人怠于答复的，承揽人可以催告定作人在合理期限内予以答复并提出修改意见，在合理期限内承揽人仍未收到定作人答复的，承揽人有权解除合同，并通知定作人，因此造成的损失，由定作人赔偿。

第七百七十七条 【定作人变更承揽工作时的义务】

定作人中途变更承揽工作的要求，造成承揽人损失的，应当赔偿损失。

【立法背景】

承揽工作的性质是承揽人按照定作人的要求进行工作，提供符合定作人特殊需要的工作成果。定作人对承揽工作的要求通过提供图纸、技术要求或者通过对承揽工作数量、质量的特别约定，在合同中体现自己对承揽工作的要求。承揽人只有严格按照合同约定工作要求完成工作，才能满足定作人订立合同的目的。如果定作人在承揽人工作期间认为按照原先的要求，不能满足自己的需要，定作人可以中途变更承揽工作的要求。这也是承揽工作的性质决定的，承揽工作的目的就是满足定作人的特殊需要，如果承揽工作的成果不能满足定作人的需要，承揽合同就不会实现定作人订立合同时所期望的利益，因此，定作人可以根据自己的需要，随时变更对合同的要求。这里的变更与一般合同的变更不同，一般情况下，合同的变更需经当事人双方协商一致，一方提出变更要求，如果对方不同意，则不发生变更，当事人仍然按照原合同履行。在承揽合同中，承揽人应当按照定作人的要求进行工作，如果定作人中途变更对承揽工作要求，如修改设计图纸，提出新的质量要求等，承揽人应当按照定作人的新要求工作。承揽人认为定作人提出的新要求不合理的，应当及时通知定作人，定作人接到通知后，应当及时答复承揽人并提出修改意见。定作人不予修改的，承揽人不应当按照原要求履行，否则会导致损失的扩大，在此情况下，承揽人可以解除合同。

【条文精解】

根据本条规定，定作人可以中途变更承揽工作的要求，但根据公平原则，定作人中途变更对承揽工作的要求，造成承揽人损失的，应当赔偿承揽人的损失。承揽人按照原要求完成部分工作的，定作人应当支付该部分工作的报酬。由承揽人提供材料的，定作人应当支付完成该部分工作所耗费的材料的价款和保管费。按照新要求，需增加材料的，由定作人负担费用。新要求使原承揽工作质量、难度提高的，定作人应当相应增加报酬。因定作人中途变更合同，使工期顺延，因此造成承揽人误工损失的，由定作人赔偿损失。

第七百七十八条 【定作人的协作义务】

承揽工作需要定作人协助的，定作人有协助的义务。定作人不履行协助义务致使承揽工作不能完成的，承揽人可以催告定作人在合理期限内履行义务，并可以顺延履行期限；定作人逾期不履行的，承揽人可以解除合同。

【立法背景】

根据承揽工作的性质、交易习惯或者诚信原则，定作人有协助义务的，定作人应当协助承揽人完成工作。例如，应当由定作人提供工作场所的，定作人应当及时提供适于工作的工作场所；应当由定作人提供承揽人完成工作所需生活条件和工作环境的，定作人应当及时提供符合完成工作所要求的生活条件和工作环境。定作人的协助，是承揽合同适当履行的保障。在有的情形之下，定作人不协助承揽人进行工作，承揽合同将不能顺利履行，甚至无法履行，双方当事人订立合同的目的难以实现。因此，如果承揽合同需要定作人协助，即使合同未明确规定定作人协助，定作人也应当履行协助义务。

【条文精解】

根据本条规定，如果定作人的协助义务是完成承揽合同的前提条件，而定作人不履行，承揽人应当催告定作人在合理期限内履行，并可以顺延完成工作的期限。如果在合理期限内定作人仍未履行协助义务，将构成本条所称的逾期不履行，定作人的逾期不履行将导致合同不能继续履行，承揽工作无法按约完成，合同目的无法实现，此时，承揽人可以解除合同。承揽人解除合同的，应当通知定作人，通知到达定作人时，解除生效。解除合同能恢复原状的，双方当事人应当恢复原状。当然，合同的解除并不能免除定作人不履行协助义务的责任，由此给承揽人造成损失的，定作人应当赔偿损失。

第七百七十九条 【定作人的监督检验】

承揽人在工作期间，应当接受定作人必要的监督检验。定作人不得因监督检验妨碍承揽人的正常工作。

【立法背景】

根据承揽工作的性质，承揽人是按照定作人的特定要求完成一定工作的，因此，定作人有权在工作期间对承揽的工作进行必要的监督检验，这也是保证工作质量，预防工作成果瑕疵的必要措施。监督检验，主要是指对进度、材料的使用、技术要求等方面是否符合合同约定和定作人的要求。

【条文精解】

根据本条规定，定作人在承揽人工作期间享有监督检验权，但定作人行使这一权利需符合以下两个条件：一是定作人的监督检验必须是必要的。这里"必要"，是指如果合同中已经约定定作人监督检验的范围，定作人应当按照约定的内容按时进行检验；如果合同中未约定检验范围，定作人应当根据承揽工作的性质，对承揽工作质量进行检验，如承揽人是否使用符合约定的材料、承揽人是否按照定作人提供的图纸或者技术要求工作等。如果定作人发现承揽人的工作不符合约定，可以要求承揽人返工、修理或者更换。二是定作人的监督检验行为不得妨碍承揽人的正常工作。定作人有权对承揽工作进行监督检验，但根据公平原则，定作人的监督检验行为不得给承揽人带来不合理的负担，不得影响承揽人正常的工作秩序。具体而言，承揽合同中约定监督检验时间的，定作人应当按照约定的时间进行检验；合同中未约定监督检验的，定作人在监督检验承揽工作前应当与承揽人协商确定监督检验的方式、时间和内容；未达成协议的，定作人在检验前，应当通知承揽人监督检验的时间和内容，以便于承揽人对自身工作作出适当的安排。定作人的监督检验行为妨碍承揽人正常工作的，承揽人可以拒绝定作人的监督检验；定作人的监督检验行为给承揽人造成损失的，应当承担损害赔偿责任。

> **第七百八十条 【承揽工作成果的交付】**
> 承揽人完成工作的，应当向定作人交付工作成果，并提交必要的技术资料和有关质量证明。定作人应当验收该工作成果。

【立法背景】

在承揽合同中，承揽人一般有两个主要义务，即按照定作人的要求完成一定工作，并且在工作完成时将工作成果交付给定作人。工作成果的所有权属于定作人，而事实上往往在工作完成时，承揽人实际占有工作成果，只有将工作成果转移于定作人占有，才能保证定作人对工作成果行使所有权，实现定作人订立承揽合同的经济目的。此时，定作人应当对工作成果进行验收。

【条文精解】

完成承揽工作并交付工作成果，是承揽人的一项义务；定作人在承揽人交付时，应当验收该工作成果，这既是定作人的权利也是定作人的义务。

根据本条规定，承揽人交付工作成果包括两方面内容：一是将工作成果交给定作人；二是向定作人提交必要的技术资料和有关质量证明。承揽人按照合同约定的时间完成工作后，应当按照合同约定的时间、地点和方式将工作成果交给定作人占有。合同约定由定作人自提的，承揽人应当在工作完成后，通知定作人提货，在工作完成的地点或者定作人指定的地点，将工作成果交给定作人占有，承揽人完成工作的地点或者定作人指定的地点为交付地点，承揽人通知定作人提货的日期为交付日期，但承揽人在发出提取工作成果的通知中，应当给定作人留下必要的准备时间和在途时间。合同约定由承揽人送交的，承揽人在工作完成后，自备运输工具，将工作成果送到定作人指定的地点并通知定作人验收，定作人指定的地点为交付地点，定作人实际接受的日期为交付日期。约定由运输部门或者邮政部门代为运送的，承揽人应当在工作完成后，将工作成果交到运输部门或者邮政部门，办理运输手续，运输部门或者邮政部门收货的地点为交付地点，运输部门或者邮政部门接受工作成果的日期为交付日期。如果合同中未约定交付的时间、地点和方式，承揽人可以与定作人协议补充；不能达成补充协议的，承揽人按照合同有关条款、合同性质、合同目的或者交易习惯交付。按照合同有关条款、合同性质、合同目的或者交易习惯仍不能确定交付时间、地点、方式的，承揽人应当在工作完成时，通知定作人取货。承揽人通知取货的地点为交付地点，承揽人确定的合理取货时间为交付时间。根据承揽合同性质，承揽工作无须特别交付的，如粉刷一面墙，承揽人完成工作即为交付，完成工作的时间为交付时间。如果承揽人履行交付义务时，定作人迟延验收、定作人下落不明或者定作人死亡或丧失行为能力而未确定继承人或者监护人，承揽人可以依法将工作成果提存，定作人未支付报酬、材料费等费用的，承揽人可以留置该工作成果。工作成果附有所有权凭证的，承揽人应当在交付工作成果时，一同交付所有权凭证。

根据本条规定，为了便于定作人的验收和检验，承揽人在交付工作成果的同时，还应当提交必要的技术资料和有关质量证明。技术资料主要包括使用说明书、结构图纸、有关技术数据。质量证明包括有关部门出具的质量合格证书以及其他能够证明工作成果质量的数据、鉴定证明等。承揽人在交付工作成果、必要的技术资料和质量证明外，还应当交付工作成果的附从物，如工作成果必备的备件、配件、特殊的维护工具等。如果定作人提供的材料尚有剩余，承揽人也应当退还定作人。

承揽人交付工作成果的，定作人应当积极配合，由承揽人运送工作成果的，定作人应为承揽人的交付创造条件，提供方便。需要定作人自提的，定作人应当按照合同的约定和承揽人的通知，及时提取工作成果。根据工作性质无须承揽人实际交付的，定作人应当对承揽人完成的工作作出承认。定作人无正当理由拒绝接收工作成果的，承揽人可以催告定作人接收工作成果并进行验收。定作人超过合理期限受领工作成果的，承揽人可以按照本法的规定提存或者留置工作成果，并有权要求定作人支付未付的报酬、材料费以及保管费等费用，并可以要求其承担违约责任。定作人拒绝受领后，应当承担工作成果毁损、灭失的风险。

根据本条规定，定作人在接收承揽人交付，也就是在定作人实际收到工作成果时，应当对工作成果及时进行验收。验收的目的主要是检验工作成果的质量、数量是否符合合同约定或者定作人的要求。

第七百八十一条 【承揽人违约责任的承担】

承揽人交付的工作成果不符合质量要求的，定作人可以合理选择请求承揽人承担修理、重作、减少报酬、赔偿损失等违约责任。

【立法背景】

承揽合同中，承揽人的主要义务之一就是遵守合同约定和定作人的要求，按质按量地完成工作成果。也就是说，承揽人应当保证其完成的工作成果符合合同约定，在质量上要达到合同约定的标准。承揽人所交付的工作成果不符合质量标准的，承揽人应当对工作成果负瑕疵担保责任，定作人有权要求承揽人承担相应的违约责任。

【条文精解】

根据本条规定以及本章的有关规定，承揽人承担瑕疵担保责任，应具备两个条件：

一是承揽人交付的工作成果不符合质量要求。承揽合同中当事人约定了质量标准和要求的，承揽人交付的工作成果质量不符合该约定的，即可认定工作成果不符合质量要求。如果当事人未约定质量标准或者约定不明确，则工作成果应当符合根据合同有关条款、合同性质、合同目的或者交易习惯所确定的质量标准；不符合的，则可认定工作成果不符合质量要求。如果根据合同有关条款、合同性质、合同目的或者交易习惯难以确定质量标准，工作成果应当具备通常使用的效用；如果不具备，则可认定工作成果不符合质量要求。导致工作成果不符合质量要求的原因可以来自多个方面，如可能是承揽人偷工减料，以次充好，不按照合同约定的图纸、技术要求或者技术条件进行工作，或者违反国家法律规定的技术工作规程进行工作等；可能是材料瑕疵的原因，如在承揽人提供材料的情况下，承揽人故意隐瞒瑕疵；可能是定作人提供的材料不符合约定时，承揽人未检验或者检验后未通知定作人调换；还可能是定作人提供的图纸、技术要求不合理，承揽人发现后未通知定作人更改等。无论出于何种原因，由于承揽合同中按照约定完成工作并交付工作成果是承揽人的法定义务，承揽人有义务为工作成果的品质负责，保证工作成果的质量符合要求，否则承揽人就应当承担违约责任。

二是定作人在合理的期间内提出质量异议。承揽人交付工作成果后，定作人应当及时进行验收，检验工作成果是否符合质量要求。如经验收发现工作成果不符合约定，定作人应当在约定的期限内通知承揽人；当事人未约定异议期限的，定作人应当在收到工作成果后的合理期间内将工作成果不符合质量要求的情况及时通知承揽人。定作人未及时检验，或者在检验发现问题后怠于通知，或者在收到工作成果之日起两年内未通知承揽人的，视为工作成果的数量或者质量符合要求，即使事实上工作成果不符合质量要求，定作人也无权向承揽人主张违约责任。

承揽人提供的工作成果不符合质量要求，定作人在合理期间内提出质量异议的，定作人可以请求承揽人承担违约责任。违约责任的类型主要包括：（1）修理。工作成果有轻微瑕疵的，定作人可以要求承揽人进行修整、修补，使工作成果符合质量标准。因修理造成工作成果迟延交付的，承揽人仍应承担逾期交付的违约责任。（2）重作。工作成果有严重瑕疵的，定作人可以拒收，要求承揽人返工重新制作或者调换。因重作造成工作成果迟延交付的，承揽人仍应承担逾期交付的违约责任。（3）减少报酬。工作成果有瑕疵，而定作人同意利用的，可以按质论价，相应地减少所应付的报酬。（4）赔偿损失。由于工作成果不符合质量标准，给定作人造成人身伤害或者财产损失的，定作人有权要求承揽人赔偿因此造成的损失。除上述四种类型的违约责任外，定作人可以根据合同约定要求承揽人承担其他类型的违约责任。如合同中约定违约金的，承揽人应当向定作人支付违约金；承揽人按约向定作人支付定金的，工作成果不符合质量标准的，定作人有权不返还定金；定作人向承揽人支付定金的，工作成果不符合质量标准的，定作人有权要求承揽人双倍返还所付的定金等。

第七百八十二条 【定作人支付报酬的期限】

定作人应当按照约定的期限支付报酬。对支付报酬的期限没有约定或者约定不明确，依据本法第五百一十条的规定仍不能确定的，定作人应当在承揽人交付工作成果时支付；工作成果部分交付的，定作人应当相应支付。

【立法背景】

承揽人从事工作，其主要目的在于获取报酬。这里的"报酬"，是指定作人通过承揽合同获得承揽人技术、劳务所应当支付的对价，一般指金钱。向承揽人支付报酬是定作人最基本的义务。定作人支付报酬的前提是承揽人交付的工作成果符合合同约定的质量和数量，不符合质量、数量要求的，定作人可以不支付报酬或者相应减少报酬。定作人应当按照合同约定的期限，以合同约定的币种、数额，向承揽人支付报酬。

【条文精解】

根据本条规定，如果承揽合同对支付报酬的期限没有约定或者约定不明确，依照本法第510条的规定，当事人可以协议补充约定报酬支付期限，定作人按照补充约定的期限向承揽人支付报酬。当事人不能达成补充协议的，定作人按照合同有关条款、合同性质、合同目的或者交易习惯确定的支付期限，向承揽人支付报酬。如果合同对报酬支付期限未作约定，根据本法第510条仍不能确定的，定作人应当在承揽人交付工作成果的同时支付，也就是承揽人将其完成的工作成果交给定作人占有的时间，为定作人支付报酬的时间。合同约定由定作人自提的，承揽人应当在工作完成后，通知定作人提货，在工作完成的地点或者定作人指定的地点，将工作成果交给定作人占有，承揽人通知定作人提货的日期为交付日期，定作人应当在该日期支付报酬。合同约定由承揽人送交的，承揽人在工作完成后，自备运输工具，将工作成果送到定作人指定的地点并通知定作人验收。定作人实际接受的日期为交付日期，定作人在接受工作成果时支付报酬。约定由运输部门或者邮政部门代为运送的，承揽人应当在工作完成后，将工作成果交到运输部门或者邮政部门，办理运输手续。运输部门或者邮政部门接受工作成果的日期为交付日期。承揽人将运输部门或者邮政部门收运的日期通知定作人，定作人在收到该通知时，支付报酬。

如果合同中未约定交付内容，承揽人可以与定作人协议补充；不能达成补充协议的，承揽人按照合同有关条款、合同性质、合同目的或者交易习惯交付。按照合同有关条款、合同性质、合同目的或者交易习惯仍不能确定交付时间的，承揽人应当在工作完成时，通知定作人取货。承揽人确定的合理取货时间为交付时间，定作人应当在收到取货通知时支付报酬。根据承揽合同性质，承揽工作无须特别交付的，如粉刷一面墙，承揽人完成工作即为交付，完成工作的时间为交付时间，定作人在承揽人完成工作时，支付报酬。

根据本条规定，工作成果部分交付的，定作人验收该部分工作成果，并根据已交付部分的工作，向承揽人支付报酬。

> **第七百八十三条 【承揽人的留置权】**
>
> 定作人未向承揽人支付报酬或者材料费等价款的，承揽人对完成的工作成果享有留置权或者有权拒绝交付，但是当事人另有约定的除外。

【立法背景】

定作人应当按照约定支付报酬，这是承揽合同中定作人的一项基本义务。由承揽人提供材料完成工作成果的，定作人还应当向承揽人支付材料费。在报酬及材料费之外，承揽人为完成工作而垫付的其他费用，定作人同样应当偿还。如果定作人无正当理由不履行支付报酬、材料费等价款义务，承揽人对完成的工作成果享有留置权或者有权拒绝交付。

【条文精解】

根据本条规定，定作人未向承揽人支付报酬或者材料费等价款的，承揽人首先可以对工作成果享有留置权。所谓留置权，根据本法第447条的规定，是指债务人不履行到期债务时，债权人可以留置已经合法占有的债务人的动产，并就该动产优先受偿的权利。留置权具有以下几个特征：第一，留置权以担保债权实现为目的；第二，留置权人有权从留置的债务人的财产的价值中优先受偿；第三，留置权是一种法定担保方式，它依法律规定而发生，非依当事人之间的协议成立。付款期限届满时，定作人未向承揽人支付报酬或者材料等价款的，承揽人有权留置工作成果，并通知定作人在不少于两个月的期限内支付报酬以及其他应付价款，定作人逾期仍不履行的，承揽人可以与债务人协议将留置的工作成果折价，也可以依法拍卖、变卖该工作成果，以所得价款优先受偿。受偿的范围包括定作人未付的报酬及利息、承揽人提供材料的费用、工作成果的保管费、合同中约定的违约金以及承揽人的其他损失等。工作成果折价或者拍卖、变卖后，其价款超过定作人应付款项数额的，归定作人所有，不足部分由定作人清偿。

根据本条以及本法关于留置权的规定，承揽人行使留置权应当符合以下两个前提条件：第一，定作人无正当理由不履行支付报酬、材料费等费用。第二，承揽人合法占有本承揽合同的工作成果。根据本法关于留置权的规定，留置的财产是债权人合法占有的债务人的动产。

第七百八十四条 【承揽人的妥善保管义务】

承揽人应当妥善保管定作人提供的材料以及完成的工作成果，因保管不善造成毁损、灭失的，应当承担赔偿责任。

【立法背景】

承揽合同约定由定作人提供材料的，定作人应当按照约定的质量和数量提供。定作人按照约定提供材料后，该材料处在承揽人的占有之下，因此承揽人有义务妥善保管定作人提供的材料，保持材料的质量状态，防止材料非正常损耗，从而保证工作成果的质量。

【条文精解】

本条所谓的"妥善保管"，是指承揽人在没有特别约定的情况下，须按照本行业的一般要求，根据物品的性质选择合理的场地、采用适当的保管方式加以保管，防止物品毁损和灭失。在具体的保管方式上，承揽人可以自己保管材料，也可以将材料交由第三人保管。承揽人将材料交由第三人保管的，不得给定作人增加不合理的费用。由于承揽人未尽妥善保管义务，致使材料毁损、灭失的，承揽人应当承担赔偿责任，自负费用补齐、更换与定作人提供材料同质同量的材料，因此造成定作人损失的，应当赔偿损失；造成迟延交付的，应当承担违约责任。如果材料属于不可替代物，由于承揽人的原因致使材料毁损、灭失的，承揽人应当赔偿定作人材料损失，并承担违约责任；材料交给第三人保管的，承揽人对第三人的保管行为向定作人负责；材料因自身性质产生自然损耗的，承揽人已尽妥善保管责任的，不承担损害赔偿责任。定作人隐瞒材料瑕疵的，承揽人在尽妥善保管义务的前提下，对材料的毁损、灭失以及因材料产生的工作成果的瑕疵不承担责任；材料因为不可抗力而发生毁损、灭失的，承揽人已尽妥善保管责任的，承揽人不承担损害赔偿责任。

根据本条规定，承揽人妥善保管的对象除定作人提供的材料外，还包括已经完成的工作成果。在承揽合同中，承揽人的主要义务是完成并交付工作成果。在交付前，工作成果处于承揽人的占有之下，承揽人应当妥善保管工作成果，保证工作成果如期交付。工作成果须实际交付的，交付前，承揽人应当妥善保管工作成果。如果承揽人未尽妥善保管义务，造成工作成果毁损、灭失，承揽人应当自负费用准备材料，重新完成工作并交付工作成果；因重作而迟延交付的，承揽人应当承担迟延履行的违约责任并赔偿因此给定作人造成的损失。如果工作完成后，承揽人按照约定交付工作成果而定作人迟延受领，定作人承担迟延受领期间工作成果毁损、灭失的风险，即在承揽人交付至定作人实际受领期间，工作成果发生毁损、灭失的，定作人仍有义务按照约定向承揽人支付报酬及其他费用。

需要强调的是，本条规范的是承揽人对于定作人提供材料以及所完成工作成果的妥善保管义务。这主要是考虑到定作人向承揽人交付材料以及承揽人根据材料完成工作成果后，承揽人实际占有控制材料及工作成果，处于保管财产的最佳地位。无论从合同的诚信原则还是从节约资源、避免浪费的角度出发，承揽人都应对材料及工作成果妥善保管。如果没有尽到妥善保管义务，即承揽人在保管过程中未以善良管理人的标准要求自己，造成了材料及工作成果的毁损、灭失，承揽人需要承担相应的赔偿责任。反之，如果承揽人已经尽了妥善保管材料及工作成果的义务，就不能根据本条要求承揽人承担责任。此时，如果导致材料及工作成果毁损、灭失的结果系由于意外或者不可抗力所致，则应根据本编有关合同风险负担的规则予以处理，这不属于本条的调整范围，承揽人也不构成违约。

第七百八十五条 【承揽人的保密义务】

承揽人应当按照定作人的要求保守秘密，未经定作人许可，不得留存复制品或者技术资料。

【立法背景】

根据本条的规定，承揽人有保密的义务。承揽人的保密义务体现在不同方面，比如，承揽人在订立合同过程中知悉的定作人的商业秘密，定作人要求保密的，承揽人应当保密，不得泄露或者不正当地使用。这一点本法已经作了规定。本法第 501 条规定，当事人在订立合同过程中知悉的商业秘密或者其他应当保密的信息，无论合同是否成立，不得泄露或者不正当地使用。泄露、不正当地使用该商业秘密或者信息造成对方损失的，应当承担赔偿责任。再如，承揽合同成立后，定作人要求承揽人对承揽工作保密的，承揽人应当在进行承揽工作中保守秘密；在工作完成后，应当将涉密的图纸、技术资料等一并返还定作人。未经定作人的许可，承揽人不得留存复制品或者技术资料。关于缔约过程中的保密义务，本法第 501 条已经作了规定，本条的规定主要侧重于在承揽合同成立后，承揽人在工作中以及工作完成后的保密义务。

【条文精解】

承揽合同成立后，承揽人的主要义务就是按照定作人的要求完成工作。定作人可以要求承揽人对承揽的工作保密。定作人保密的要求可以通过合同约定，也可以在合同履行期间，要求承揽人保守秘密。定作人应当明确承揽人保密的内容、期限。保密的内容包括技术秘密也包括商业秘密，如具有创造性的图纸、技术数据，或者是专利技术的工作成果，也包括其他定作人不愿他人知晓的信息，如定作人的名称、工作成果的名称等。保密的期间不限于承揽合同履行期间，在承揽合同终止后的一段期间内，承揽人仍应当保守有关秘密。

承揽人在工作中，应当妥善保管有关图纸、技术资料及其他应保密的信息，不得将秘密泄露给他人，也不得不正当地利用保密信息，如承揽人在履行合同中知悉技术秘密的，不得擅自将该技术秘密以自己的名义申请专利。定作人提供图纸、技术资料、样品的情况下，承揽人未经定作人许可不得擅自复制工作成果。如定作人与承揽人订立加工承揽合同，要求承揽人根据图纸加工出一台定作人设计的新型汽车发动机的样机，承揽人不得根据图纸多加工几台以便供研究或者投放市场。此外，非经定作人许可，承揽人不得保留技术资料和复制品。承揽工作完成后，承揽人在交付工作成果的同时，也应当把定作人提供的图纸、技术资料返还定作人。承揽人根据定作人的要求，在工作中自己制作出的图纸、技术资料、模具等是否可以留存，有约定，按照约定；无约定，则视情况而定。如定作人要求承揽人生产某一型号车床，该车床型号是公开的，并且属于承揽人产品系列，这种情况下，承揽合同类似于买卖，承揽人可以留存该车床的生产技术资料而不必承担保密义务。如果定作人要求承揽人生产一特大车床，该车床以前没有生产过，承揽人根据定作人提出的要求设计、生产，其费用由定作人负责，那么承揽人就应当在完成工作后，将图纸及有关技术资料交给定作人，并不得留存复制品。

承揽人未尽保密义务，泄露秘密，给定作人造成损失的，承揽人承担损害赔偿责任。如果定作人已经公开秘密，承揽人可以不再承担保密义务，但不能不正当地利用已公开的秘密。如定作人将其工作成果申请专利的，承揽人不得未经定作人许可，擅自生产与工作成果同样的产品。

第七百八十六条 【共同承揽人的连带责任】
共同承揽人对定作人承担连带责任，但是当事人另有约定的除外。

【立法背景】

共同承揽，是指由两个或者两个以上的人共同完成承揽工作的合同。共同完成承揽工作的人称共同承揽人。共同承揽可以由共同承揽人与定作人共同订立承揽合同，也可以根据承揽人的约定由其中一个承揽人代表所有共同承揽人与定作人订立承揽合同。立法需要对共同承揽行为作出规定。

【条文精解】

根据共同承揽的性质，本条规定共同承揽人对定作人承担连带责任。共同承揽人应当按照约定完成工作，将工作成果交付给定作人。每一个共同承揽人都应当对承揽的全部工作向定作人负责。如果交付的工作成果不符合要求，定作人可以要求共同承揽中的任何一个承揽人承担违约责任，任何一个共同承揽人都应当无条件承担违约责任。承担责任的共同承揽人，可以向其他共同承揽人追偿超出其实际应承担的责任份额，也就是说，任何一个共同承揽人向定作人承担责任后，共同承揽人再根据约定或者过错大小承担相应责任。例如，甲乙二人共同与丙订立一个大型船舶建造合同，约定由甲、乙共同完成，两年后交货，并约定迟延交付的，每天向定作人交纳违约金1000美元。如果由于甲的工作迟延致使交付比约定晚了30天，丙可以要求甲或乙承担迟延交付的违约责任，如果丙要求乙支付3万美元违约金，乙应当向丙如数支付，支付后再向甲追偿。

根据权利义务相对等的原则，共同承揽人对定作人承担连带责任，也意味着共同承揽人对定作人也享有连带权利，任何一个共同承揽人都可以根据法律规定或者合同约定向定作人主张权利，再根据约定或者工作比例分享。例如，甲与乙共同承揽制作一部大型车床，如果定作人未按照约定支付报酬和材料费，甲或乙都有权留置该车床，以折价或者变卖、拍卖获取价款，取得价款后，再根据约定或者各自工作份额优先受偿。

本条从尊重当事人意思自治出发，规定了当事人可以约定共同承揽的责任承担。如定作人与共同承揽人约定，共同承揽人各自承担责任；也可以约定，指定其中一个承揽人承担合同责任。有当事人约定，共同承揽人根据约定向定作人承担责任。无约定或者约定不明确的，共同承揽人承担连带责任。

第七百八十七条 【定作人的任意解除权】

定作人在承揽人完成工作前可以随时解除合同，造成承揽人损失的，应当赔偿损失。

【条文精解】

根据本条规定，定作人在承揽人完成工作前可以随时解除合同。解除合同，是指在合同成立后，因当事人一方或者双方的意思表示而使合同关系消灭的行为。根据本法合同编的有关规定，双方当事人可以协商解除合同，当事人一方解除合同的，只限于两种情况。一是在发生不可抗力致使合同目的无法实现。二是对方当事人严重违约，包括在履行期限届满之前，当事人一方明确表示或者以自己的行为表明不履行其主要债务；当事人一方迟延履行主要债务，经催告后在合理期限内仍未履行的；对方当事人迟延履行债务或者其他违约行为致使不能实现合同目的等。除这些法定解除权外，当事人擅自解除合同的，应当承担违约责任。但在承揽合同中，定作人除了享有合同编所规定的合同解除权外，还可以享有在承揽人完成工作前随时解除合同的权利，这是承揽合同的一大特点，也是由于承揽合同的性质所决定的。承揽合同是定作人为了满足其特殊需求而订立的，承揽人根据定作人的指示进行工作，如果定作人于合同成立后由于各种原因不再需要承揽人完成工作，则应当允许定作人解除合同。

根据本条，定作人解除合同的前提是赔偿承揽人的损失。这样处理，既可以避免给定作人造成更大的浪费，也不会给承揽人造成不利。定作人依据本条行使随时解除权的，应当符合以下要求：第一，定作人应当在承揽人完成工作前提出解除合同。与合同法的规定相比，本条对于定作人的任意解除权增加了"在承揽人完成工作前"的限制。即虽然本条规定的是定作人的任意解除权，定作人可以随时解除合同，但"随时"实际是指合同成立生效后，承揽人完成工作前的任何时间。之所以增加这一规定，主要是考虑到承揽合同往往具有较强的专属性，承揽人工作的展开及成果的交付都需要按照定作人的要求进行。如果允许定作人在承揽人完成工作以后仍然可以解除合同，则很可能由于定作成果的专属性而造成浪费，承揽人很难再将原本为定作人完成的工作成果进行处置，这与民法典所倡导的绿色原则、充分发挥物的效用的理念都不相符。因此，通过将定作人解除合同的时点限制在"承揽人完成工作前"，可以在定作人的任意解除权与避免资源浪费、践行绿色原则之间取得平衡，是较为妥当的做法。第二，定作人根据本条解除合同的，应当通知承揽人。解除通知到达承揽人时，解除生效，合同终止，承揽人可以不再进行承揽工作。这也与本法第565条有关合同解除须通知对方的规定保持一致。第三，定作人根据本条解除承揽合同造成承揽人损失的，应当赔偿损失。这些损失主要包括承揽人已完成的工作部分所应当获得的报酬、承揽人为完成这部分工作所支出的材料费以及承揽人因合同解除而受到的其他损失。

合同解除后，承揽人应当将已完成的部分工作交付定作人。定作人提供材料的，如有剩余，也应当返还定作人。定作人预先支付报酬的，在扣除已完成部分的报酬外，承揽人也应当将剩余价款返还定作人。

第十八章　建设工程合同

第七百八十八条 【建设工程合同的定义和种类】
　　建设工程合同是承包人进行工程建设，发包人支付价款的合同。
　　建设工程合同包括工程勘察、设计、施工合同。

【立法背景】

　　建设工程通常具有资金投入量大、工程复杂、技术含量高、专业性强的特点，建设工程的质量不仅涉及发包人的利益，而且更是关系到社会上不特定第三人的人身和财产安全，甚至关系到国计民生和社会稳定，因而，建设工程合同也体现出一定的国家干预特征。基于其特殊性，本章对建设工程合同进行了规定。

【条文精解】

　　建设工程合同，是指承包人进行工程建设，发包人支付价款的合同。建设工程合同的客体是工程。这里的工程，是指土木建筑工程和建筑业范围内的线路、管道、设备安装工程的新建、扩建、改建及大型的建筑装修装饰活动，主要包括房屋、铁路、公路、机场、港口、桥梁、矿井、水库、电站、通信线路等。建设工程的主体是发包人和承包人。发包人，一般为建设工程的建设单位，即投资建设该项工程的单位，通常也称作"业主"。建设工程实行总承包的，总承包单位经发包人同意，在法律规定的范围内对部分工程项目进行分包的，工程总承包单位即成为分包工程的发包人。建设工程的承包人，即实施建设工程的勘察、设计、施工等业务的单位，包括对建设工程实行总承包的单位、勘察承包单位、设计承包单位、施工承包单位和承包分包工程的单位。

　　本条第1款规定的建设工程合同的定义，体现了合同双方当事人即发包人和承包人的基本义务。承包人的基本义务就是按质按期地进行工程建设，包括工程勘察、设计和施工。发包人的基本义务就是按照约定支付价款。

本条第2款规定了建设工程合同的主要内容。一项工程一般包括勘察、设计和施工等一系列过程，因此建设工程合同通常包括工程勘察、设计、施工合同。

勘察合同，是指发包人与勘察人就完成建设工程地理、地质状况的调查研究工作而达成的协议。建设工程勘察，通常需要根据建设工程的要求，查明、分析、评价建设场地的地质地理环境特征和岩土工程条件，并编制建设工程勘察文件。勘察合同就是反映并调整发包人与受托地质工程单位之间权利义务关系的依据。

设计合同，是指发包人与设计人就完成建设工程设计工作而达成的协议。建设工程设计，通常需要根据建设工程的要求，对建设工程所需的技术、经济、资源、环境等条件进行综合分析、论证，并编制建设工程设计文件。建设工程设计一般涉及方案设计、初步设计以及施工图设计，它们之间还具有一定的关联性。按照国务院《建设工程勘察设计管理条例》的规定，编制的方案设计文件，应当满足编制初步设计文件和控制概算的需要。编制的初步设计文件，应当满足编制施工招标文件、主要设备材料订货和编制施工图设计文件的需要。编制的施工图设计文件，应当满足设备材料采购、非标准设备制作和施工的需要，并注明建设工程合理使用年限。

施工合同，是指发包人与施工单位就完成建设工程的一定施工活动而达成协议。施工合同主要包括建筑和安装两方面内容，这里的建筑，是指对工程进行营造的行为。安装，主要是指与工程有关的线路、管道、设备等设施的装配。建设工程施工合同是工程建设质量控制、进度控制、投资控制的主要依据。

第七百八十九条 【建设工程合同的形式】

建设工程合同应当采用书面形式。

【立法背景】

建设工程合同一般具有合同标的额大，合同内容复杂、履行期较长等特点，为慎重起见，应当采用书面形式。此外，建设工程的质量涉及社会上不特定第三人的人身和财产安全，采用书面形式，也便于建设工程相关监督管理工作的开展。为此，本条明确规定建设工程合同应当采用书面形式。

【条文精解】

合同按照其订立方式可分为口头合同、书面合同以及采用其他方式订立的合同。凡当事人的意思表示采用口头形式而订立的合同，称为口头合同；凡当事人的意思表示采用书面形式而订立的合同，称为书面合同。书面形式的合同对当事人之间约定的权利义务有明确的文字记载，能够提示当事人适时、正确地履行合同义务，当发生合同纠纷时，也便于分清责任，正确、及时地解决纠纷。因此，本条规定，建设工程合同应当采用书面形式，以明确双方的权利、义务以及责任。依照本法规定，书面形式是合同书、信件等可以有形地表现所载内容的形式。在实践中，较大的工程建设一般采用合同书的形式订立合同。

第七百九十条 【建设工程的招标投标】

建设工程的招标投标活动，应当依照有关法律的规定公开、公平、公正进行。

【立法背景】

招标投标是市场经济条件下进行大宗货物买卖或者建设工程发包与承包时通常采用的竞争交易方式。

采用招标投标方式进行建设工程的发包与承包，其最显著的特征是将竞争机制引入建设工程的发包与承包活动之中，与采用"一对一"谈判的办法进行的建设工程的发包与承包相比，具有明显的优越性，这主要表现在以下两点：第一，招标方通过对各投标竞争者的报价和其他条件进行综合比较，从中选择报价低、技术力量强、质量保障体系可靠、具有良好信誉的承包人作为中标者，与之签订建设工程合同，这显然有利于保证工程质量、缩短工期、降低工程造价、提高投资效益；第二，招标投标活动要求依照法定程序公开进行，有利于堵住建设工程发包与承包活动中行贿受贿等腐败和不正当竞争行为的"黑洞"。正因为招标投标具有明显的优越性，符合市场竞争的要求，也就成为我国建设工程发包与承包活动中大力推广的主要方式，尤其是对于使用国有资金建设的工程项目。

【条文精解】

所谓建设工程招标投标活动，是指建设工程的发包人作为招标方采用适当的方式，发布拟建工程的有关信息，如工程的内容和主要的技术条件，对承包人的资质要求等，但不标明工程的造价，通过这些行为表明发包人将选择符合条件的承包人并与之订立建设工程合同的意向，由各有意承包该工程项目的承包人作为投标方向招标方提出自己的工程报价和其他承包条件，参加投标竞争，经招标方对各投标方的报价和其他条件进行审查比较后，从中择优选定中标者，并与之签订建设工程合同的活动。

我国建筑法规定建筑工程应当依法实行招标发包，对不适于招标发包的才可以直接发包。因而，依据建筑法和其他法律、行政法规的规定，工程建设需要采取招标投标的方式订立合同的，当事人必须采用招标投标方式订立合同。法律没有规定的，发包人可以采取招标投标方式进行发包，也可以直接发包。依据我国招标投标法的规定，需要进行招标的项目主要包括：（1）大型基础设施、公用事业等关系社会公共利益、公众安全的项目；（2）全部或者部分使用国有资金投资或者国家融资的项目；（3）使用国际组织或者外国政府贷款、援助资金的项目；（4）法律或者国务院规定的其他必须招标的项目。招标投标法及其实施条例还对可以不进行招标的特殊情形进行了规定。必须进行招标的工程建设项目的勘察、设计、施工、监理以及与工程建设有关的重要设备、材料等的采购等都必须进行招标。招标分为公开招标和邀请招标。公开招标，是指招标人以招标公告的方式邀请不特定的法人或者非法人组织投标。邀请招标，是指招标人以投标邀请书的方式邀请特定的法人或者非法人组织投标。法律、行政法规还对必须进行公开招标的项目进行了规定。

依据本条的规定，建设工程的招标投标应当按照公开、公平和公正的原则进行。所谓的公开，是指进行招标投标活动的有关信息要公开，招标方应当通过在新闻媒体上刊发广告或者以其他适当形式，发布建设工程招标信息，并在公开提供的招标文件中，载明招标工程的主要技术要求以及投标人的资格要求等内容，使所有符合条件的承包商都能有机会参与投标竞争。同时，招标投标的程序要公开，包括领取招标文件的时间、地点，投标的截止日期，开标的时间、地点以及评标与定标的标准、方法等，都应当公开透明，以便各方面监督，不允许进行"暗箱操作"。所谓的公平，就是指招标方要平等地对待每一份投标，投标方也要以正当手段进行竞争，不得有向投标方及其工作人员行贿、提供回扣等不正当竞争行为，以保证竞争的平等。所谓的公正，是指招标方在招标过程中要严格按照公开的招标文件和程序办事，严格按照既定的评标标准评标和定标，公平地对待每一个投标者，不得厚此薄彼。

【实践中需要注意的问题】

本条是关于建设工程招标投标的一般规定，至于需要招标的建设工程的范围、招标投标的程序和招标投标过程中当事人双方的权利义务，还需要依照招标投标法、建筑法等法律以及其他国家相关规定的具体规定确定。

第七百九十一条 【发包与承包】

发包人可以与总承包人订立建设工程合同，也可以分别与勘察人、设计人、施工人订立勘察、设计、施工承包合同。发包人不得将应当由一个承包人完成的建设工程支解成若干部分发包给数个承包人。

总承包人或者勘察、设计、施工承包人经发包人同意，可以将自己承包的部分工作交由第三人完成。第三人就其完成的工作成果与总承包人或者勘察、设计、施工承包人向发包人承担连带责任。承包人不得将其承包的全部建设工程转包给第三人或者将其承包的全部建设工程支解以后以分包的名义分别转包给第三人。

禁止承包人将工程分包给不具备相应资质条件的单位。禁止分包单位将其承包的工程再分包。建设工程主体结构的施工必须由承包人自行完成。

【立法背景】

目前，我国建筑市场中存在支解发包的乱象。一些发包单位往往将按其性质和技术联系应当由一个承包单位整体承包的工程，支解成若干部分，分别发包给几个承包单位，使得整个工程建设在管理和技术上缺乏应有的统筹协调，造成施工现场秩序混乱、责任不清，严重影响工程建设质量，出了问题也很难找到责任者。从实际情况看，支解发包往往还与发包单位的工作人员徇私舞弊、利用支解发包多拿回扣等违法行为有关。因此，为了杜绝支解发包乱象，本条第1款中明确规定："发包人不得将应当由一个承包人完成的建设工程支解成若干部分发包给数个承包人。"

在我国建筑市场上还存在转包行为，转包行为存在着较大的质量风险隐患和纠纷隐患，因为：（1）在实践中，一些单位为了谋取不正当利益，会将其承包的工程压价转包给他人，形成"层层转包、层层扒皮"的现象，最后实际用于工程建设的费用大为减少，导致严重偷工减料；一些建设工程转包后落入不具备相应资质条件的包工队中，留下严重的工程质量隐患，甚至造成重大质量事故。（2）承包人擅自将其承包的工程项目转包，还破坏了合同关系应有的稳定性和严肃性。在建设工程合同订立过程中，发包人往往经过慎重选择，确定与其所信任并具有相应资质条件的承包人订立合同，承包人将其所承包的工程转包给他人，违背了发包人的意志，损害发包人的利益。因此，本条明确规定承包人不得将其承包的全部建设工程转包给第三人或者将其承包的全部建设工程支解以后以分包的名义分别转包给第三人。禁止建设工程的转包，建筑法也有相应的规定，在国际上也是通例，不少国家都对建设工程的转包作了禁止性规定。如日本和韩国都规定，除经发包人书面同意外，建筑业从业者不得以任何形式将其承包的建筑工程一并转包给他人。因此，本条关于禁止转包的规定，既符合我国的实际情况，也与国际通行做法相一致。

为了保证工程的质量，本条第3款规定，禁止承包人将工程分包给不具备相应资质条件的单位。为避免因层层分包造成责任不清以及因中间环节过多造成实际用于工程的费用减少的问题，本条第3款规定，分包人不得将其承包的工程再分包，建设工程的主体结构必须由承包人自行完成。

【条文精解】

建设工程合同发包承包根据订约双方的不同，可以分为直接承包和分包两大类。直接承包，是指发包人直接将工程承包给承包人，包括工程总承包和单项工程承包两种方式。分包，是指总承包人、勘察、设计、施工承包人经发包人同意，可以将自己承包的部分工作交由第三人完成。

建设工程的总承包，又称为"交钥匙承包"，是指建设工程任务的总承包，即发包人将建设工程的勘察、设计、施工等工程建设的全部任务一并发包给一个具备相应的总承包资质条件的承包人，由该承包人负责工程的全部建设工作，直至工程竣工，向发包人交付经验收合格符合发包人要求的建设工程的发包承包方式。与总承包方式相对应的，是单项任务的承包，即发包人将建设工程中的勘察、设计、施工等不同工作任务，分别发包给勘察人、设计人、施工人，与其签订相应的承包合同。

建设工程的发包承包是采取总承包方式还是单项工程承包方式，可以由发包人根据实际情况自行确定。但是不论发包人采取何种方式与承包人签订合同，都应当遵守本条的规定，不得将建设工程支解发包，即不得将应当由一个承包人完成的建设工程支解成若干部分发包给几个承包人。至于如何确定是否应当由一个承包人完成的建设工程，需要由国务院有关主管部门根据实际情况作出具体规定。如对一幢房屋的供水管线建设工程，发包人就不应将其分成若干部分发包给几个承包单位。而对一幢房屋中的供水管线和空调设备的安装，尽管都属于同一建筑的设备安装，但因各有较强的专业性，发包人可以将其分别发包给不同的承包人。

所谓建设工程的分包，是指工程总承包人、勘察承包人、设计承包人、施工承包人承包建设工程后，将其承包的某一部分工程或某几部分工程，再发包给其他承包人，与其签订承包合同项下的分包合同。总承包人、勘察承包人、设计承包人、施工承包人在分包合同中即成为分包合同的发包人。总承包人、勘察承包人、设计承包人、施工承包人分包建设工程的，应当符合以下条件：（1）总承包人、勘察承包人、设计承包人、施工承包人只能将部分工程分包给具有相应资质条件的分包人；（2）为防止总承包人、勘察承包人、设计承包人、施工承包人擅自将应当由自己完成的工程分包出去或者将工程分包给发包人所不信任的第三人，分包工程的，必须经过发包人的同意。

在承包与分包相结合的承包形式中，存在承包合同与分包合同两个不同的合同关系。承包合同是发包人与总承包人或者勘察人、设计人、施工人之间订立的合同，总承包人或者勘察、设计、施工承包人应当就承包合同的履行向发包人承担全部的责任，即使总承包人或者勘察、设计、施工承包人根据合同约定或者经发包人同意将承包合同范围内的部分建设项目分包给他人，总承包人或者勘察、设计、施工承包人也得对分包的工程向发包人负责。分包合同是承包合同中的总承包人或者勘察、设计、施工承包人与分包人之间订立的合同，通常来说，分包人仅就分包合同的履行向总承包人或者勘察、设计、施工承包人负责，并不直接向发包人承担责任，但为了维护发包人的利益，保证工程的质量，本条适当地加重了分包人的责任，即第三人（分包人）就其完成的工作成果与总承包人或者勘察、设计、施工承包人向发包人承担连带责任。分包的工程出现问题，发包人既可以要求总承包人或者勘察、设计、施工承包人承担责任，也可以直接要求分包人承担责任。

所谓转包，是指建设工程的承包人将其承包的建设工程倒手转让给第三人，使该第三人实际上成为该建设工程新的承包人的行为。转包与分包的根本区别在于：转包行为中，原承包人将其工程全部倒手转给他人，自己并不实际履行合同约定的义务；而在分包行为中，承包人只是将其承包工程的某一部分或几部分再分包给其他承包人，承包人仍然要就承包合同约定的全部义务的履行向发包人负责。依照本法和其他法律规定，承包人经发包人同意将其部分工程分包给他人的行为是允许的，但承包人的转包行为是被禁止的。本条明确规定承包人不得将其承包的全部建设工程转包给第三人或者将其承包的全部建设工程支解以后以分包的名义分别转包给第三人。

为了保证工程的质量，本条第3款规定，禁止承包人将工程分包给不具备相应资质条件的单位。禁止分包单位将其承包的工程再分包。依据本款规定，工程的分包人必须具备相应的资质条件。依照我国有关法律的规定，从事建设活动的勘察人、设计人和施工人必须具备以下资质条件：（1）有符合国家规定的注册资本；（2）有与其从事的建设活动相适应的具有法定执业资格的专业技术人员；（3）有从事相关建设活动所应有的技术装备；（4）法律、行政法规规定的其他条件。从事工程建设活动的勘察人、设计人和施工人，按照其拥有的注册资本、专业技术人员、技术装备和已完成的建设工程业绩等资质条件，划分为不同的资质等级，经资质审查合格，取得相应等级的资质证书后，方可在其资质等级许可的范围内从事建设活动。承包人在将工程分包时，应当审查分包人是否具备承包该部分工程建设的资质条件。承包人将工程分包给不具备相应资质条件的分包人的，该分包合同无效。为避免因层层分包造成责任不清以及因中间环节过多造成实际用于工程的费用减少的问题，依据本款的规定，分包人不得将其承包的工程再分包，即对工程建设项目只能实行一次分包。实行施工承包的，建设工程的主体结构必须由承包人自行完成，不得分包，即承包人承包工程全部施工任务的，该工程的主体结构必须由承包人自行完成，即使经发包人同意，也不得将主体工程的施工再分包给第三人，承包人违反本款规定，将工程主体部分的施工任务分包给第三人的，该分包合同无效。

【实践中需要注意的问题】

建设工程是采取总承包方式还是单项工程承包方式，本条并未作出强制性规定，除其他法律另有规定外，可以由发包人根据实际情况自行确定。无论采用何种承包方式，承包人都必须具有相应资质，这是保证工程质量的必然要求。转包是绝对禁止的，经发包人同意的部分工程的分包是允许的。但是，禁止分包人再分包，以及承包人将全部建设工程支解以后以分包的名义分别转包给第三人。实行施工承包的，建设工程的主体结构必须由承包人自行完成。禁止将应当由一个承包人完成的建设工程支解发包。至于如何确定是否是应当由一个承包人完成的建设工程，需要由国务院有关主管部门根据实际情况作出具体规定。

第七百九十二条 【国家重大建设工程合同的订立】

国家重大建设工程合同，应当按照国家规定的程序和国家批准的投资计划、可行性研究报告等文件订立。

【立法背景】

为了规范国家重大工程的建设，保证国家投资计划得以实现，保证质量，避免资源浪费，保证投资效益，减少投资风险，本条对国家重大建设工程合同订立提出了更严格的依据，即国家重大建设工程合同，应当按照国家规定的程序和国家批准的投资计划、可行性研究报告等文件订立。

【条文精解】

依据本条规定，国家重大建设工程合同，应当按照国家规定的程序和国家批准的投资计划、可行性研究报告等文件订立。一般在实践中，国家重大建设工程在事先应当进行可行性研究，对工程的投资规模、建设效益进行论证分析，并编制可行性研究报告，然后到申请立项。立项批准后，再根据立项制订投资计划并报国家有关主管部门批准，投资计划批准后，有关建设单位根据工程的可行性研究报告和国家批准的投资计划，遵照国家规定的程序进行发包，与承包人订立建设工程合同。这里规定的国家规定的程序，是指建筑法等有关法律、法规规定的重大工程建设项目订立的程序。国家重大建设工程合同一般必须实行公开招标发包，必须进行公开招标的，发包人应当按照法定的程序和方式进行招标。国家重大工程建设项目一般都属于国家强制监理的建设工程，发包人应当委托具有相应资质条件的工程监理单位对工程建设进行监理。

【实践中需要注意的问题】

本条属于衔接性规定，对于哪些建设工程属于国家重大建设工程，并没有具体规定，需要结合工程的具体情况确定。如果其他法律、行政法规以及国务院行政主管部门将来对相关内容作出明确规定，则国家重大建设工程合同的订立的具体程序和要求应当按照相关规定执行。

第七百九十三条 【折价补偿】

建设工程施工合同无效，但是建设工程经验收合格的，可以参照合同关于工程价款的约定折价补偿承包人。

建设工程施工合同无效，且建设工程经验收不合格的，按照以下情形处理：

（一）修复后的建设工程经验收合格的，发包人可以请求承包人承担修复费用；

（二）修复后的建设工程经验收不合格的，承包人无权请求参照合同关于工程价款的约定折价补偿。

发包人对因建设工程不合格造成的损失有过错的，应当承担相应的责任。

【立法背景】

建设工程施工合同具有投资数额大、建设周期长、建设完工后不宜轻易恢复原状等特点，加之，特定情形下还涉及农民工等弱势群体利益保护。因而，有必要结合建设工程施工合同的特点，在一般合同无效的处理规则之外，对建设工程施工合同无效时的特殊处理规则进行细化规定。基于此，本条明确了相关规定。

【条文精解】

本条是关于建设工程施工合同无效时对承包人补偿的相关规定。

本法第157条规定，民事法律行为无效、被撤销或者确定不发生效力后，行为人因该行为取得的财产，应当予以返还；不能返还或者没有必要返还的，应当折价补偿。有过错的一方应当赔偿对方由此所受到的损失；各方都有过错的，应当各自承担相应的责任。法律另有规定的，依照其规定。依据该规定，合同无效后，对于因该行为取得的财产应当返还或折价补偿，因自己的过错给对方造成损失的，应当赔偿由此给对方所造成的损失。这是合同无效时的一般处理规则，在建设工程施工合同领域也应当适用。但是，建设工程施工合同的履行过程就是承包人将劳务及建筑材料物化到建设工程的过程，建设工程施工过程完成会有建筑物等不动产的产生。基于这一特殊性，合同无效时，发包人既无法向承包人返还建设工程，也无法向承包人返还已经付出的劳务和使用的建筑材料，因此，只能折价补偿。

折价补偿的前提是建设工程本身具有价值。本法第799条规定，建设工程竣工经验收合格后，方可交付使用；未经验收或者验收不合格的，不得交付使用。《建筑法》第61条也有类似规定。建设工程质量是建设工程的生命。建设工程质量不合格便无使用价值，甚至会危害人民群众生命安全。对发包人来说建设工程质量不合格不仅没有价值，甚至可能还有危害，需要拆除重建，给发包人带来损失。因此，建设工程施工合同无效后，对承包人进行折价补偿的前提是建设工程经验收合格。对于经验收不合格，但是具有修复可能的建设工程，基于节约社会资源原则和当事人之间的公平，应当在确保工程质量安全的前提下，充分科学评估建设工程在技术上和经济上是否具有修复可能或者修复必要。如果可以通过修复使建设工程重新达到验收合格，应当提倡进行修复，并由承包人承担修复费用，不宜一概要求恢复原状推倒重建，造成社会资源的浪费。如果从技术和经济上判断确属没有修复可能或修复成本明显过高，进行修复显著不经济、不合理，则没有必要要求必须进行修复，徒增不合理的负担和成本。因此，本条第2款规定，建设工程施工合同无效，且建设工程经验收不合格，修复后经验收合格的，发包人可以请求承包人承担修复费用。修复后验收仍不合格的，则无须对承包人进行折价补偿。本条内容来自我国司法实践经验的积累，在以往司法实践中各种观点和做法很不统一。一种观点认为，按照合同法、建筑法的规定，建设工程必须经竣工验收合格方能交付使用，否则便不能使用，因此，合同无效，建设工程经竣工验收不合格或者未经竣工验收，承包人要求支付工程款的，人民法院应依据合同法等法律关于建设工程必须经竣工验收合格方能交付使用的规定，驳回承包人的请求。另一种观点认为，按照合同法规定的合同无效处理的一般规则，合同无效，无论工程是否竣工，是否经验收合格，建设工程都要归发包人，因此，发包人应对承包人予以折价补偿。对于第一种观点，反对的意见认为，如此处理会导致发包人不用支付对价即可接受建设工程，如果建设工程具有利用价值，发包人将依据无效合同取得利益，而承包人则不能依据其投入得到相应报酬，双方利益不平衡，不符合民法公平原则，案件审理的社会效果不好。对于第二种观点，反对的意见认为，无论建设工程是否经验收合格，均要求建设工程归发包人，并要求发包人就接受的建设工程支付承包人工程款，如果建设工程确属无法修复，没有实际使用价值的情况，则会导致合同无效时建设工程不合格的风险和损失完全由发包人承担，这不符合公平原则。因此，最高人民法院结合我国建筑市场实际，从统一司法裁判标准和提高案件处理社会效果出发，最终在《关于审理建设工程施工合同纠纷案件适用法律问题的解释》（法释〔2004〕14号）中规定以经竣工验收合格作为承包人请求折价补偿的前提条件，经修复后验收合格的，承包人可以请求折价补偿工程款，但发包人可以请求承担修复费用，否则，承包人请求折价补偿工程款的，人民法院不予支付。这一规定在司法实践中已经适用十余年，具有一定的实践基础，基于确保建设工程质量安全、合同当事人之间公平和节约社会资源等价值考量，本条规定吸收了司法实践的成果。

关于折价的标准，在我国以往的司法实践中存在不同的观点。第一种意见认为，建设工程施工合同无效，建设工程经竣工验收合格的，发包人应当向承包人返还建设工程的造价成本。造价成本与合同价款的差额为损失，按照过错责任原则承担责任。第二种意见认为，建设工程施工合同无效，建设工程经竣工验收合格，承包人可以请求参照合同约定支付工程款。对于发包人应当向承包人返还建设工程的造价成本的意见，司法实践认为，该观点存在造价成本计算的难题。对造价成本的计算也有不同的观点。有观点认为，造价成本应按照建筑行政主管部门颁布的当年适用的工程定额标准由鉴定机构计算；有观点认为，建筑行政主管部门颁布的工程定额标准跟不上市场价格变化，造价成本应按照建筑行政主管部门发布的市场价格信息计算；还有观点认为，造价成本为合同约定的工程款中的直接费与间接费，不包含利润与税金。对于以上三种关于造价成本计算的观点，司法实践认为，在我国建筑市场属于发包人市场的背景下，发包人在签订合同时往往会把工程款压得很低，常常低于当年适用的工程定额标准和政府公布的市场价格信息标准，如果合同无效时按照当年适用的工程定额标准和政府公布的市场价格信息计算，可能会出现最终计算出的折价数额超出合同约定的价款的不合理结果，使承包人不合理地获得超出合同有效时应得的利益，给承包人带来负面激励。同时，采用当年适用的工程定额标准和政府公布的市场价格信息标准，还需要进行鉴定，会增加鉴定成本，导致诉讼时间和费用成本增加，因此，不宜采用这两种计算造价成本的方式进行计算。对于按照合同约定的直接费和间接费计算造价成本的观点，司法实践认为，承包人将不能主张利润与税金，该计算方式在最终结果上也可能会出现从整个建设过程和最终清算结果来看发包人获得了不当利益的现象，这也不符合当事人不应从无效合同中获得不当利益的精神。因而，司法实践结合建筑市场的实际情况，总结经验，采用了第二种意见，即建设工程施工合同无效，建设工程经竣工验收合格的，承包人可以请求参照合同约定支付工程款。司法实践认为，第二种意见有利于保证工程质量，符合当事人真实意思，平衡了当事人双方之间的利益，且可以适当简化程序，减少当事人讼累，便于法院掌握施行，从实践经验来看取得了良好的社会效果。建设工程施工具有一定的周期性和复杂性，当事人双方在合同中的约定一定程度上代表了当事人双方对于合同签订和履行的合理预期以及对于相关合同风险的预先安排，在建设工程施工合同无效，没有更加科学、合理、简便有效的折价补偿标准的情况下，参照建设工程合同关于工程价款的约定折价补偿承包人具有一定的合理性。此种确定折价补偿的方式可以在保证建设工程质量的前提下，确保双方当事人均不能从无效合同中获得超出合同有效时的利益，符合当事人预期和我国建筑市场实际，且有助于提升案件的社会效果。结合各方面意见以及我国建筑市场的实际情况，考虑到建设工程施工合同无效时，折价补偿问题的复杂性，本条规定吸收了司法实践的成果。

法律行为无效后，对于因该行为取得的财产应当返还或折价补偿，因自己的过错给对方造成损失的，应当赔偿由此给对方所造成的损失。建设工程施工合同无效时，当事人有过错的也应赔偿因此给对方造成的损失。建设工程施工合同无效，建设工程经验收不合格，修复后，建设工程经验收仍不合格的，承包人不能请求参照合同关于工程价款的约定补偿，但是，发包人对因建设工程不合格造成的损失也有过错的，也应根据其过错承担相应的责任。例如，发包人提供有瑕疵的设计、提供不合格的材料等，在具体案件中人民法院应当根据发包人的过错程度判定其责任承担。

【实践中需要注意的问题】

折价补偿的前提是建设工程本身具有价值。本条规定的建设工程施工合同无效，建设工程经验收合格的，可以参照建设工程合同关于工程价款的约定折价补偿承包人的规定，只是规定了一种相对易于掌握和施行的折价补偿参照标准，即参照合同关于工程价款的约定折价补偿。对于工程建设中大规模改变设计，施工合同的约定却未进行相应变更等无法参照建设工程合同关于工程价款的约定进行折价补偿的情况，仍需要法院根据实际情况来认定。

建设工程施工合同无效，虽然依据本条规定可以对承包人参照建设工程合同关于工程价款的约定折价补偿，但是，折价补偿并不影响承包人承担违反法律的行政法律责任和其他法律责任。

第七百九十四条 【勘察、设计合同的主要内容】

勘察、设计合同的内容一般包括提交有关基础资料和概预算等文件的期限、质量要求、费用以及其他协作条件等条款。

【立法背景】

勘察、设计合同，是指勘察人、设计人完成工程勘察、设计任务，发包人支付勘察、设计费的协议。勘察、设计合同明确了发包人与勘察、设计人之间的权利义务关系。为了规范勘察、设计合同，本条规定了勘察、设计合同的主要内容。

【条文精解】

提交有关勘察或者设计基础资料和文件是发包人的义务，勘察或者设计的基础资料，是指勘察人、设计人进行勘察、设计工作所依据的基础文件和情况。勘察基础资料包括可行性报告，工程需要勘察的地点、内容，勘察技术要求及附图等。设计的基础资料包括工程的选址报告等勘察资料以及原料（或者经过批准的资源报告），燃料、水、电、运输等方面的协议文件，需要经过科研取得的技术资料等。为了保证勘察、设计工作的顺利进行，合同中应当明确提交有关基础资料的期限。

提交勘察、设计文件（包括概预算）是勘察、设计人的基本义务。勘察文件一般包括对工程选址的测量数据、地质数据和水文数据等。勘察文件往往是进行工程设计的基础资料，勘察文件的交付进度能够影响设计工作的进度，因此，当事人应当在勘察合同中明确勘察文件的交付期限。设计文件的期限，是指设计人完成设计工作，交付设计文件的期限。设计文件主要包括建设设计图纸及说明、材料设备清单和工程的概预算等。设计文件是工程建设的依据，工程必须按照设计文件进行施工，因此，设计文件的交付期限会直接影响工程建设的期限。当事人在设计合同中应当明确设计文件的交付期限。

这里的质量要求，主要是指发包人对勘察、设计工作提出的标准。勘察人和设计人应当按照确定的质量要求进行勘察、设计，按时提交符合质量要求的勘察、设计文件。勘察、设计质量要求条款明确了勘察、设计成果的质量，也是确定勘察人、设计人工作责任的重要依据。

这里的费用，是指勘察人、设计人完成勘察、设计工作的报酬。支付勘察、设计费是发包人在勘察、设计合同中的主要义务，因此，在勘察、设计费用条款中应当明确勘察、设计费用的数额或者计算方法，勘察、设计费用的支付方式、地点、期限等内容。

其他协作条件，是指双方当事人为了保证勘察、设计工作顺利完成所应当履行的相互协助的义务。发包人的主要协作义务是在勘察、设计人员入场工作时，为勘察、设计人员提供必要的工作条件和生活条件，以保证其正常开展工作。勘察、设计人的主要协作义务是配合工程建设的施工，进行设计交底，解决施工中的有关设计问题，负责设计变更和修改预算，参加试车考核和工程验收等。对于大中型工业项目和复杂的民用工程应当派现场设计，并参加隐蔽工程的验收等。

【实践中需要注意的问题】

本条规定的内容是建议性的。勘察、设计合同不只是包括这些条款，当事人的名称或者姓名和住所、履行地点和方式、勘察、设计工作的范围与进度、违约责任、解决争议的方法等条款，也是勘察、设计合同所应当具备的条款。此外，根据合同的性质和具体情况，当事人还可以协商确定其他必要的条款。本条规定只是根据勘察、设计合同的性质作出的一般性规定，当事人签订的勘察、设计合同中不具备上述内容的，并不因本条规定导致该合同的无效。

第七百九十五条 【施工合同的主要内容】

施工合同的内容一般包括工程范围、建设工期、中间交工工程的开工和竣工时间、工程质量、工程造价、技术资料交付时间、材料和设备供应责任、拨款和结算、竣工验收、质量保修范围和质量保证期、相互协作等条款。

【立法背景】

施工，主要是指工程的建筑与安装。施工合同主要是指施工人完成工程的建筑、安装工作，发包人验收后，接受该工程并支付价款的合同。本条为了规范施工合同，根据工程施工的一般特点，规定了施工合同中一些主要内容，即工程范围、建设工期、中间交工工程的开工和竣工时间、工程质量、工程造价、技术资料交付时间、材料和设备供应责任、拨款和结算、竣工验收、质量保修范围和质量保证期、相互协作等条款。

【条文精解】

本条是关于施工合同主要内容的规定。

工程范围，是指施工的界区，是施工人进行施工的工作范围。工程范围是施工合同的必备条款。

建设工期，是指施工人完成施工任务的期限。每个工程根据性质的不同，所需要的建设工期也各不相同。建设工期能否合理确定往往会影响到工程质量的好坏。实践中，有的发包人由于种种原因，常常要求缩短工期，施工人为了赶进度，只好偷工减料，仓促施工，结果导致出现严重的工程质量问题。为了保证工程质量，双方当事人应当在施工合同中确定合理的建设工期。

中间交工工程，是指施工过程中的阶段性工程。为了保证工程各阶段的交接，顺利完成工程建设，当事人应当明确中间交工工程的开工和竣工时间。

工程质量，是指工程的等级要求，是施工合同中的核心内容。工程质量往往通过设计图纸和施工说明书、施工技术标准加以确定。工程质量条款是明确对施工人的施工要求，确定施工人责任的依据，是施工合同的必备条款。工程质量必须符合国家有关建设工程安全标准的要求，发包人不得以任何理由，要求施工人在施工中违反法律、行政法规以及建设工程质量、安全的标准，降低工程质量。

工程造价，是指施工建设该工程所需的费用，包括材料费、施工成本等费用。当事人应根据工程质量要求，根据工程的概预算，合理地确定工程造价。实践中，有的发包人为了获得更多的利益，往往会压低工程造价，施工人为了盈利，则不得不偷工减料，以次充好，结果导致出现工程质量不合格的现象，甚至导致严重的工程质量事故的发生。因此，为了保证工程质量，双方当事人应当合理地确定工程造价。

技术资料，主要是指勘察、设计文件以及其他施工人据以施工所必需的基础资料。技术资料的交付是否及时往往会影响到施工的进度，因此，当事人应当在施工合同中明确技术资料的交付时间。

材料和设备供应责任，是指由哪一方当事人提供工程建设所必需的原材料以及设备。材料一般包括水泥、砖瓦石料、钢筋、木料、玻璃等建筑材料和构配件。设备一般包括供水、供电管线和设备、消防设施、空调设备等。在实践中，材料和设备有的由发包人负责提供，有的则由施工人负责采购。

材料和设备的供应责任由双方当事人在合同中作出明确约定。合同中如果约定由承包人（施工人）负责采购建筑材料、构配件和设备，则施工人完成采购任务，既是施工人应当履行的义务，也是施工人应当享有的权利。发包人有权对施工人提供的材料和设备进行检验，发现材料或设备不合格的，有权要求施工人调换或者补齐。但是，发包人不得利用自己有利的合同地位，指定施工人购入的建筑材料、构配件或设备，包括不得要求施工人必须向其指定的生产厂家或供应商购买建筑材料、构配件或设备。因为，由发包人指定供应厂商，容易导致发包人与供应厂商之间出现腐败行为，此外，在建设工程造价固定的情况下，发包人如指定施工人购买高价的建筑材料、构配件或设备，也会损害到施工人的利益。

拨款，是指工程款的拨付。结算，是指工程交工后，计算工程的实际造价以及其与已拨付工程款之间的差额。拨款和结算条款是施工人请求发包人支付工程款和报酬的依据。一般来说，除"交钥匙工程"外，施工人只负责建筑、安装等施工工作，由发包人提供工程进度所需款项，保证施工顺利进行。现实中，发包人往往利用自己在合同中的有利地位，要求施工人垫款施工。施工人垫款完成施工任务后，发包人却常常不进行及时结算，拖延支付工程款以及施工人所垫付的款项，这是实践中欠付工程款中常见的现象，因此，当事人在合同中应明确相应的拨款和结算条件，并避免在合同中约定垫款施工。

竣工验收是工程交付使用前的必经程序，也是发包人支付价款的前提。竣工验收条款一般包括验收的范围和内容、验收的标准和依据、验收人员的组成、验收方式和日期等内容。建设工程竣工后，发包人应当根据施工图纸及说明书、国家颁布的施工验收规范和质量检验标准及时进行验收。

建设工程的保修范围通常包括地基基础工程、主体结构工程、屋面防水工程和其他工程，以及电气管线、上下水管线的安装工程，供热、供冷工程等项目。质量保证期，是指工程各部分正常使用的期限，在实践中也称质量保修期。质量保证期应当与工程的性质相适应。当事人应当按照保证工程在合理寿命年限内的正常使用，维护使用者合法权益的原则确定质量保证期，但是，当事人确定的质量保证期不得低于国家规定的最低保证期限。

双方相互协作条款一般包括双方当事人在施工前以及施工过程中应当相互提供的必要协助。双方当事人的协作是施工过程的重要组成部分，是工程顺利施工的重要保证。

第七百九十六条 【建设工程监理】

建设工程实行监理的，发包人应当与监理人采用书面形式订立委托监理合同。发包人与监理人的权利和义务以及法律责任，应当依照本编委托合同以及其他有关法律、行政法规的规定。

【立法背景】

建设工程的发包人为了能够取得良好的投资效益，保证工程质量，合理控制工期，需要对承包人的工程建设活动实施必要的监督。但是，多数发包人并不擅长工程建设的组织管理和技术监督。因而，由具有工程建设方面的专业知识和实践经验的人员组成的专业化的工程监理单位，接受发包人的委托，代表发包人对工程的质量、工期和投资使用情况等进行监督，在维护发包人的利益，协调发包人与承包人之间的关系，保证工程质量，规范建设市场秩序等方面，都具有很大的优越性。建设工程的监理制度在国际上已有较长的发展历史，西方发达国家已经形成了一套完整的工程监理制度，可以说，建设工程监理已成为建设领域的一项国际惯例，随着改革开放进程的发展，我国在工程建设中也推行了监理制度。因此，本条对监理作出了规定。

【条文精解】

本条所称的建设工程监理，是指由具有法定资质条件的工程监理单位，根据发包人的委托，依照法律、行政法规以及有关的建设工程技术标准、设计文件和建设工程合同，代表发包人对工程建设过程实施监督的专门活动。工程监理单位通常需要代表发包人对承包人在施工质量、建设工期和建设资金使用等方面进行监督。

建设工程监理是建设项目的发包人为了保证工程质量、控制工程造价和工期，维护自身利益而采取的监督措施，因此，对建设工程是否实行监理，原则上应由发包人自行决定。但是，为了加强对项目建设的监督，保证投资效益，维护国家利益和公共利益，国家对于特定的项目规定了强制监理，明确了强制监理的范围。例如，按照国务院 2000 年颁布的《建设工程质量管理条例》的规定，国家重点建设工程、大中型公用事业工程、成片开发建设的住宅小区工程、利用外国政府或者国际组织贷款、援助资金的工程以及其他国家规定必须实行监理的工程必须实行监理。属于实行强制监理的工程，发包人必须依法委托工程监理单位实施监理，对于其他建设工程，发包人则可自行决定是否实行工程监理。对需要实行工程监理的，发包人应当委托具有相应资质条件的工程监理单位进行监理。受委托的监理单位应在其资质等级许可的监理范围内，承担工程监理业务。发包人与其委托的工程监理人应当订立书面委托监理合同。监理合同是工程监理人对工程建设实施监督的依据。发包人与工程监理人之间的关系在性质上是平等主体之间的委托合同关系，工程监理人是代表发包人，在发包人授予的监理权限范围内行使监理职责，因此，发包人与监理人的权利和义务关系以及法律责任，应当依照委托合同以及建筑法等其他法律、行政法规的有关规定确定。

实施工程监理的，在进行工程监理前，发包人应当将委托的监理人的名称、资质等级、监理人员、监理内容及监理权限，书面通知被监理的建设工程的承包人。建设工程监理人应当依照法律、行政法规及有关的技术标准、设计文件和建设工程合同，对承包人在工程建设质量、建设工期和建设资金使用等方面，代表发包人对工程建设进行监督。工程监理人员发现工程设计不符合建设工程质量标准或者合同约定的质量要求的，应当报告发包人要求设计人改正；工程监理人员认为工程施工不符合工程设计要求、施工技术标准和合同约定的，有权要求施工人改正。工程监理人在监理过程中，应当遵守客观、公正的执业准则，不得与承包人串通，为承包人谋取非法利益。工程监理单位与被监理工程的承包单位或与建筑材料、建筑构配件和设备的供应单位不得有隶属关系或者其他利害关系。

工程监理人不按照委托监理合同的约定履行监理义务，对应当监督检查的项目不检查或者不按照法律、行政法规和有关技术标准、设计文件和建设工程合同规定的要求和检查方法规定进行检查，给发包人造成损失的，应当承担相应的赔偿责任。工程建设质量不合格，通常既与承包人不按照要求施工有关，也与监理人不按照合同约定履行监理义务有关，在这种情况下，如造成发包人损失的，承包人与监理人都应当承担各自的赔偿责任。至于如何确定监理人相应的赔偿责任，应当由人民法院或者仲裁机构根据案件具体情况予以确定。工程监理人与承包人串通，为承包人谋取非法利益，给发包人造成损失的，应当与承包人承担连带赔偿责任。

【实践中需要注意的问题】

按照本条的规定，发包人与监理人的权利和义务以及法律责任，应当依照本编委托合同以及其他有关法律、行政法规的规定。实践中，关于强制实行工程监理的范围，发包人与监理人的权利和义务以及法律责任等需要依照建筑法等法律、行政法规以及委托合同的有关规定确定。

第七百九十七条 【发包人的检查权】

发包人在不妨碍承包人正常作业的情况下，可以随时对作业进度、质量进行检查。

【立法背景】

为了提高工程的建设水平，保证施工进度和质量，充分发挥投资效益，保障建设工程承包合同的履行，保护发包人的利益，本条规定了发包人可以随时对工程作业的进度和质量进行检查。

【条文精解】

发包人对工程作业的检查一般通过两种方式进行。一种是委派具体管理人员作为工地代表；另一种是发包人委托监理人实施对工程建设过程的检查。国家规定强制监理的工程，发包人应当委托监理人对工程实施监理。除此之外，发包人也可以自愿委托监理人对工程进行监理。

依据本条的规定，发包人可以随时对工程作业的进度和质量进行检查。工地代表、监理人在检查过程中发现工程设计不符合建设工程质量要求的，应当报告发包人要求设计人改正。如果发现工程的施工不符合工程设计要求、施工技术标准和合同约定的，工地代表和监理人有权要求承包人改正。承包人应当接受发包人的检查，为工地代表和监理人的工作提供方便和协助，并应发包人的要求，及时向发包人提供月份作业计划、月份施工统计报表、施工进度报告表、工程事故报告等文件。如果承包人的勘察、设计、施工等工作不符合工程质量的要求，当发包人或工地代表、监理人提出改正要求时，承包人应当立即改正，不得拒绝。

【实践中需要注意的问题】

发包人有权对承包人的工程作业进行检查，但是，发包人的检查行为要合理，不能因此妨碍承包人的正常作业。因此，本条规定了"发包人在不妨碍承包人正常作业的情况下"这个前提。如果因为发包人或者工地代表、监理人的不当行为致使承包人无法进行正常作业，承包人有权要求顺延工期，造成承包人停工、返工、窝工等损失的，承包人还有权要求发包人承担损害赔偿责任。

第七百九十八条 【隐蔽工程】

隐蔽工程在隐蔽以前，承包人应当通知发包人检查。发包人没有及时检查的，承包人可以顺延工程日期，并有权请求赔偿停工、窝工等损失。

【立法背景】

由于隐蔽工程在隐蔽后，如果发生质量问题，还得重新覆盖和掩盖，会造成返工等非常大的损失，为了避免资源的浪费和当事人双方的损失，保证工程的质量和工程顺利完成，本条规定了承包人在隐蔽工程隐蔽以前，应当通知发包人检查，发包人检查合格的，方可进行隐蔽工程。

【条文精解】

为了保证工程质量，本条规定承包人在隐蔽工程隐蔽以前，应当通知发包人检查。实践中，当工程具备覆盖、掩盖条件时，承包人应当先进行自检，自检合格后，在隐蔽工程进行隐蔽前及时通知发包人或发包人派驻的工地代表对隐蔽工程的条件进行检查并参加隐蔽工程的作业。通知包括承包人的自检记录、隐蔽的内容、检查时间和地点。发包人或其派驻的工地代表接到通知后，应当在要求的时间内到达隐蔽现场，对隐蔽工程的条件进行检查，检查合格的，发包人或者其派驻的工地代表在检查记录上签字，承包人方可进行隐蔽施工。发包人检查发现隐蔽工程条件不合格的，有权要求承包人在一定期限内完善工程条件。隐蔽工程条件符合规范要求，发包人检查合格后，发包人或者其派驻工地代表拒绝在检查记录上签字的，在实践中可视为发包人已经批准，承包人可以进行隐蔽工程施工。

发包人不进行检查，承包人就无法进行隐蔽施工，因此，工程具备覆盖、掩盖条件，承包人通知发包人检查，而发包人未能及时进行检查的，承包人有权暂停施工。承包人可以顺延工期，并要求发包人赔偿因此造成的停工、窝工、材料和构件积压等损失。

如果承包人未通知发包人检查而自行隐蔽工程，事后，发包人有权要求对已隐蔽的工程进行检查，承包人应当按照要求进行剥露，并在检查后重新隐蔽，需要修复的，在修复后重新隐蔽。如果经检查隐蔽工程不符合要求，承包人应当返工，并于返工经验收合格后重新进行隐蔽。在这种情况下，检查隐蔽工程所发生的费用，如检查费用、返工费用、材料费用等费用应由承包人负担，承包人还应承担因此出现的工期延误的违约责任。

第七百九十九条 【竣工验收】

建设工程竣工后，发包人应当根据施工图纸及说明书、国家颁发的施工验收规范和质量检验标准及时进行验收。验收合格的，发包人应当按照约定支付价款，并接收该建设工程。

建设工程竣工经验收合格后，方可交付使用；未经验收或者验收不合格的，不得交付使用。

【立法背景】

建设工程质量不仅是关系发包人和承包人双方利益的事情，还关系到不特定第三人的利益和安全，建设工程的竣工验收是工程建设全过程的最后一道程序，是对工程质量实行控制的最后一个重要环节。因而，本条对建设工程竣工验收作出了规定。

【条文精解】

建设工程的竣工验收，是指建设工程已按照设计要求完成全部工作任务，准备交付给发包人投入使用前，由发包人或者有关主管部门依照国家关于建设工程竣工验收制度的规定，对该项工程是否合乎设计要求和工程质量标准所进行的检查、考核工作。

实践中，建设工程竣工后，承包人应当按照国家工程竣工验收有关规定，向发包人提供完整的竣工资料和竣工验收报告，并按照合同约定的日期和份数向发包人提交竣工图。

发包人接到竣工验收报告后，应当根据施工图纸及说明书、国家颁发的施工验收规范和质量检验标准及时组织有关部门对工程进行验收。验收的内容主要是：第一，工程是否符合规定的建设工程质量标准。建设工程的质量标准包括依照法律、行政法规的有关规定制定的保证建设工程质量和安全的强制性国家标准和行业标准及国家颁发的施工验收规范，建设工程合同中约定的对该项建设工程特殊的质量要求，以及为体现法律、行政法规规定的质量标准和建设工程合同约定的质量要求而在工程设计文件、施工图纸和说明书中提出的有关工程质量的具体指标和技术要求。按照国务院2000年颁布的《建设工程质量管理条例》的规定，质量验收合格的，还应当有勘察、设计、施工、工程监理等单位分别签署的质量合格文件。第二，承包人是否提供了完整的工程技术经济资料。这里的工程技术经济资料，一般应包括建设工程合同、建设用地的批准文件、工程的设计图纸及其他有关设计文件、工程所用主要建设材料、建筑构配件和设备的进场试验报告，申请竣工验收的报告书及有关工程建设的技术档案，完整的施工管理资料等。第三，承包人是否有建设工程质量检验书等凭证。工程竣工交付使用后，承包人应当对其施工的建设工程质量在一定期限内承担保修责任，以维护使用者的合法权益。为此，承包人应当按规定提供建设工程质量保修证书，作为其向用户承诺承担质量保修责任的书面凭证。第四，工程是否具备国家规定的其他竣工条件。例如，按照国务院建设行政主管部门的规定，城市住宅小区竣工综合验收，还应做到住宅及公共配套设施、市政公用基础设施等单项工程全部验收合格，验收资料齐全；各类建筑物的平面位置、立面造型、装饰色调等符合批准的规划设计要求；施工工具、暂设工程、建筑残土、剩余构件全部拆除运走，达到场清地平；有绿化要求的已按绿化设计全部完成，达到树活草青等。

发包人应在验收后及时批准或者提出修改意见。承包人应当按照发包人提出的修改意见进行相应修理或者改建，并承担因自身原因增加的修理、改建费用。为防止发包人为了拖延支付工程款而迟延进行验收，在实践中，如发包人在收到承包人送交的竣工验收报告后，无正当理由不组织验收，或者在验收后的合理期间内既不批准又不提出修改意见的，应视为发包人已批准竣工验收报告，承包人可以要求发包人办理结算手续，支付工程款。这只是防止发包人为了拖延支付工程款而迟延进行验收，虽然承包人在这种情况下可以要求发包人办理结算手续，但是，这并不能免除工程质量存在问题时承包人应当承担的责任。发包人未能按照合同约定的期限对工程进行验收的，应从合同约定的期限的最后一天的次日起承担保管费用。

竣工验收合格后，发包人应当按照约定支付价款。在工程建设实践中，竣工报告批准后，承包人应当按照国家有关规定或合同约定的时间、方式向发包人提出结算报告，办理竣工结算。发包人在收到结算报告后，应当及时给予批准或者提出修改意见，在合同约定的时间内将拨款通知送经办银行由经办银行支付工程款，并将副本送承包人。承包人在收到工程款后将竣工的工程交付发包人，发包人接收该工程。现实中有的发包人为了拖延支付工程款，在验收后迟迟不进行工程结算。发包人无正当理由在收到结算报告后迟延办理结算的，应当承担相应的违约责任。

建设工程质量不仅关系到发包人和承包人双方的利益，还关系到不特定第三人的利益和安全，因而，建设工程必须经竣工验收合格后，方可交付使用；没有经过竣工验收或者经过竣工验收确定为不合格的建设工程的，不得交付使用。

【实践中需要注意的问题】

建设工程施工质量原则上应由承包人负责，但是，如果发包人在竣工验收前，擅自使用工程，发生质量问题的，发包人也应承担相应的责任。此外，除了民事责任，按照国务院 2000 年颁布的《建设工程质量管理条例》的规定，未组织竣工验收，擅自交付使用；验收不合格，擅自交付使用；对不合格的建设工程按照合格工程验收的，建设单位还会受到相应行政处罚。

第八百条 【勘察、设计人的质量责任】

勘察、设计的质量不符合要求或者未按照期限提交勘察、设计文件拖延工期，造成发包人损失的，勘察人、设计人应当继续完善勘察、设计，减收或者免收勘察、设计费并赔偿损失。

【立法背景】

建设工程的勘察，担负着为工程建设提供地质资料的任务。建设工程的设计，直接为工程施工提供据以遵循的技术依据。勘察、设计的质量是整个建设工程质量的基础。如果勘察、设计的质量存在问题，整个建设工程质量也就没有保障。因此，本条对勘察、设计人的责任作出了规定。

【条文精解】

本条是关于勘察、设计人对勘察、设计质量责任的规定。

建设工程的勘察，担负着为工程建设提供地质资料的任务，建设工程的勘察人应当按照现行的标准、规范、规程和技术条例，开展工程测量、勘测工程地质和水文地质等工作，并按照合同约定的进度及时提交符合质量要求的勘察成果。建设工程的设计，是直接为工程施工提供据以遵循的技术依据的工作。建设工程的设计人应当根据设计技术经济协议文件、设计标准、技术规范、规程、定额等提出勘察技术要求和进行设计，并按照合同约定的进度及时提交符合质量要求的设计文件（包括概预算文件、材料设备清单）。

勘察、设计的质量是整个建设工程质量的基础，如果勘察、设计的质量存在问题，整个建设工程质量也就没有保障，因此，工程的勘察、设计必须符合质量要求。依据本法及其他有关法律的规定，建设工程的勘察人、设计人必须对其勘察、设计的质量负责，其所提交的建设工程的勘察、设计文件应当符合以下要求：

一是符合有关法律、行政法规的规定。这里讲的符合法律、行政法规的规定，既包括要符合本法的规定，也包括要符合建筑法、城市规划法、土地管理法、环境保护法以及其他相关的法律、行政法规的规定。

二是符合建设工程质量、安全标准。这里的建设工程质量、安全标准，是指依照标准化法及有关行政法规的规定制定的保证建设工程质量和安全的技术标准。按照标准化法的规定，对保障人身健康和生命财产安全、国家安全、生态环境安全以及满足经济社会管理基本需要的技术要求，应当制定强制性国家标准。强制性国家标准必须执行。建设工程涉及保障人身、财产的安全、生态环境安全，勘察人、设计人的勘察、设计必须符合国家有关建设工程安全标准的要求，保证其勘察、设计的质量。国务院2000年颁布的《建设工程质量管理条例》第19条规定："勘察、设计单位必须按照工程建设强制性标准进行勘察、设计，并对其勘察、设计的质量负责。"第22条规定："设计单位在设计文件中选用的建筑材料、建筑构配件和设备，应当注明规格、型号、性能等技术指标，其质量要求必须符合国家规定的标准。"

三是符合建设工程勘察、设计的技术规范。建设工程勘察、设计的技术规范，通常是以标准的形式制定、发布的。对有关建设工程勘察、设计规范的强制性标准，勘察、设计人必须遵照执行。建设工程的勘察文件应当反映工程的地质、地形地貌、水文地质状况，符合规范、规程，做到勘察方案合理、评价准确、数据可靠。建设工程设计文件的深度应当满足相应设计阶段的技术要求，施工图应当配套，细节点应当交待清楚，标注说明应当清晰、完整。

四是符合合同的约定。勘察、设计文件在符合法律、行政法规的规定和有关质量、安全标准的前提下，还应当符合勘察、设计合同约定的特殊质量要求。

勘察人、设计人提交的勘察、设计文件不符合上述要求的，根据本条的规定，发包人可以请求勘察人、设计人承担以下违约责任：继续完善勘察、设计，减收或者免收勘察、设计费，赔偿损失。需要指出的是，如果勘察、设计质量只有轻微的质量瑕疵，则发包人可以请求勘察人、设计人继续完善勘察、设计。如果勘察人、设计人不具备完成符合要求的勘察、设计工作的能力或者提交的勘察、设计质量严重不符合约定，则发包人可以解除合同，重新委托其他勘察人、设计人完成勘察、设计工作。如果勘察、设计不符合约定导致出现工程质量问题或者给发包人造成其他损失，勘察人、设计人还应当承担相应的赔偿责任。

勘察人、设计人未按照合同约定的期限提交勘察、设计文件的，发包人可以催告勘察人、设计人尽快提交勘察、设计文件。如果勘察、设计文件的迟延致使工期拖延给发包人造成了损失，发包人可以请求勘察人、设计人赔偿损失。如果勘察人、设计人在催告后的合理期限内仍未能提交勘察、设计文件，严重影响工程进度，发包人可以解除合同，并委托其他勘察人、设计人完成勘察、设计工作。

【实践中需要注意的问题】

本条是关于勘察、设计人责任的规定。主要是规定因勘察、设计人的原因导致勘察、设计的质量不符合要求或者未按照期限提交勘察、设计文件导致工期延误产生的责任。当然，勘察、设计合同的履行也离不开建设单位相应的协助和配合，如果是因为建设单位未及时提供与建设工程相关的原始资料或其他相应应提供的协作条件而影响勘察、设计工作的进行，勘察、设计人可以相应顺延期限，并要求发包人承担相应责任。本法第805条对发包人的相关责任进行了规定。

第八百零一条　【施工人的质量责任】

因施工人的原因致使建设工程质量不符合约定的，发包人有权请求施工人在合理期限内无偿修理或者返工、改建。经过修理或者返工、改建后，造成逾期交付的，施工人应当承担违约责任。

【立法背景】

建设工程的施工，是指根据工程的设计文件和施工图纸的要求，通过施工作业最终形成建设工程实体的建设活动。在建设勘察、设计的质量没有问题的情况下，整个建设工程的质量状况最终取决于施工质量。在现实中，不少建设工程的质量问题都与建设工程的施工有关。小的施工问题，如屋面漏水、墙面开裂、管道阻塞，会给用户带来很大的生活不便；大的质量问题，则可能导致恶性事故的发生，造成人身伤亡和重大财产损失。建设工程的施工人必须以对国家和人民人身、财产安全高度负责的态度，严格按照工程设计文件和技术标准进行施工，严把质量关，做好工程施工的各项质量控制与管理工作。因此，本条对施工人的责任作出了规定。

【条文精解】

本条是关于施工人建设工程质量责任的规定。

这里所说的施工质量既包括各类工程中土建工程的质量，也包括与其配套的线路、管道和设备安装工程的质量。依据本条规定，建设工程的施工人对工程的施工质量负责。

建设工程的施工人为保证工程的施工质量，必须做到严格按照工程设计图纸和施工技术标准施工，不得偷工减料。工程设计图纸是建设设计单位根据工程的功能、质量等方面的要求所完成的设计工作的最终成果，其中的施工图是对建设工程的建筑物、设备、管线等工程对象的尺寸、布置、选用材料、构造、相互关系、施工及安装质量要求的详细图纸和说明，是指导施工的直接依据。进行建设工程的各项施工活动，包括土建工程的施工，给排水系统的施工，供热、供暖系统的施工等，都必须按照相应的施工图纸的要求进行。工程设计的修改应由原设计单位负责，建筑施工企业不得擅自修改工程设计。施工单位在施工过程中发现设计文件和图纸有差错的，应当及时提出意见和建议。建设工程施工人除必须严格按照工程设计图纸施工外，还必须按照建设工程施工的技术标准的要求进行施工。施工技术标准是施工作业人员进行每一项施工操作的技术依据，包括对各项施工准备、施工操作工艺流程和应达到的质量要求的规定。按照我国相关法律规定，建筑施工企业还必须按照工程设计要求、施工技术标准和合同的约定，对建筑材料、建筑构配件和设备进行检验，不合格的不得使用。建设单位不得明示或者暗示施工单位使用不合格的建筑材料、建筑构配件和设备。对于建设单位提出的违反法律、行政法规和建筑工程质量、安全标准，降低工程质量的要求，建设工程施工企业应当予以拒绝。

如果因施工人的原因导致工程质量不符合约定，发包人可以请求施工人在合理期限内无偿对工程进行修理或者返工、改建以使工程达到约定的质量要求。如果经过修理或者返工、改建，工程迟延交付，施工人应当承担逾期交付的违约责任。这里的违约责任，包括发包人可以要求承包人赔偿因逾期交付所受到的损失，要求按照约定支付违约金，要求减少价款，要求执行定金罚则等。发包人可以根据施工人的违约程度和自己的损失大小，按照合同约定及法律规定合理选择请求施工人承担相应的违约责任。

【实践中需要注意的问题】

凡是因施工原因造成的工程质量问题，都要由施工人承担责任。这些责任包括由建设施工人对存在质量问题的工程进行修理、返工或改建并承担赔偿损失等民事责任；由有关行政机关对违法施工人依法给予行政处罚的行政责任；对造成重大质量事故、构成犯罪的，由司法机关依照刑法的规定追究刑事责任。本条则是规定了施工人因施工质量不符合约定所应承担的民事责任。

第八百零二条 【承包人的质量保证责任】

因承包人的原因致使建设工程在合理使用期限内造成人身损害和财产损失的，承包人应当承担赔偿责任。

【立法背景】

承包人是建设工程的建造人，应当对建设工程在合理使用期间的质量安全承担责任。

【条文精解】

本条是关于承包人在建设工程合理使用期限内的质量保证责任的规定。

根据本条的规定，承包人承担损害赔偿责任应当具备以下条件：

（1）因承包人的原因引起的建设工程对人身、财产的损害。建设工程的承包人应当按照法律的规定认真履行工程质量保证义务。建设工程的勘察人应当为建设工程提供准确的有关工程地质资料；建设工程的设计人应当按照有关保证工程质量安全的法律、法规和设计规范的规定进行设计，保证建设工程的设计安全可靠；建设工程的施工人必须严格按照工程设计和施工技术标准进行施工，不得使用不合格的建筑材料，不得有任何偷工减料的行为。不履行法定质量保证义务，造成工程质量安全问题的，承包人应当承担法律责任。如果不属于承包人的原因，例如，是因用户使用不当等原因造成人身、财产损害的，承包人不承担责任。现实中，有的发包人违法发包（如非法压价、接收回扣）选择不具备相应资质的承包人，如因此引起质量事故，造成他人人身、财产损害，发包人也应当承担相应的责任。

（2）人身、财产损害是发生在建设工程合理使用期限内。建设工程，一旦建成，一般都将长期使用，这就要求在建设工程合理使用期限内，不能有危及使用安全的质量问题，否则，将会对使用人等的人身和财产安全构成威胁，对在合理使用期限内造成人身和财产损害的，承包人应当承担损害赔偿责任。为此，首先需要确定"合理使用期限"，即建设工程的承包人对其建设产品承担质量责任的责任期限。该合理期限一般自交付发包人时起算。一般产品的生产者对其产品的质量缺陷承担损害赔偿责任的责任期限，通常最长不超过自产品交付使用最初用户起10年。本条中的"合理使用期限"与此不同，建设工程的承包人应当在该建设工程合理使用期限内对整个工程质量安全承担责任。关于合理使用期限是多少，本法未作具体规定。这需要根据各类建设工程的不同情况，如建筑物结构、使用功能、所处的自然环境等因素，由有关技术部门作出判断，按照国务院有关主管部门制订的标准进行认定。如果该建设工程已过合理使用期限，原则上不允许继续使用，用户继续使用后，因该建设工程造成人身、财产损害的，承包人不承担损害赔偿责任。

（3）造成了人身和财产损害。这里的受损害方，不仅仅指建设工程合同的对方当事人即发包人，也包括建设工程的最终用户以及因该建设工程而受到损害的其他人。

依据本条规定，在合理使用期限内，因承包人原因发生建设工程质量事故，造成人身、财产损害的，承包人应当承担赔偿责任。如果是造成发包人的人身或者财产损害的，发包人可以选择请求承包人承担违约责任或者侵权责任。

【实践中需要注意的问题】

原则上，施工合同承包人应当对建设工程的质量负责，但是，如果质量责任是因发包人原因造成的，或者是因勘察、设计人的原因造成的，则应由相应责任主体承担责任。本条仅为对因发包人原因产生的质量责任的规定。

第八百零三条 【发包人原因的停工、窝工责任】

发包人未按照约定的时间和要求提供原材料、设备、场地、资金、技术资料的，承包人可以顺延工程日期，并有权请求赔偿停工、窝工等损失。

【立法背景】

基于建设工程合同的特殊性，承包人工作的正常进行往往依赖于发包人的配合和一定条件的提供，发包人不提供相应工作条件或者配合，承包人便无法正常开展工作，为了确保工程建设的顺利进行，本条对发包人未提供相关工作条件的违约责任进行了规定。

【条文精解】

本条是关于发包人未按约定的时间和要求提供原材料、设备、场地、资金、技术资料的违约责任的规定。

如果工程承包合同中约定由发包人提供原材料、设备，发包人应当按照约定的原材料、设备的种类、规格、数量、单价、质量等级和提供的时间、地点的清单，向承包人提供建设所需的原材料、设备及其产品合格证明。承包人与发包人一起对原材料、设备进行检验、验收后，由承包人妥善保管，发包人支付相应的保管费用。对于必须经过试验才能使用的材料，承包人应当按照约定进行测燃等测试。不具备测试条件的，可以委托专业机构进行测试，费用由发包人承担。如果经检验，发现发包人提供的原材料、设备的种类、规格、型号、质量等级与约定不符，承包人有权拒绝接收，并可以要求发包人运出施工现场予以更换。如果发包人未按照约定时间提供原材料、设备，承包人可以中止施工并顺延工期，因此造成承包人停工、窝工损失的，由发包人承担赔偿责任。

由发包人提供场地的，发包人应当按照合同约定向承包人提供承包人施工、操作、运输、堆放材料设备的场地以及建设工作涉及的周围场地（包括一切通道）。具体工作包括：（1）发包人应当在承包人工作前及时办理有关批件、证件和临时用地等的申报手续，包括工程地址和临时设施范围内的土地征用、租用，申请施工许可证和占道、爆破及临时铁道专用岔线许可证。（2）确定建设工程及有关道路、线路、上下水道的定位标桩、水准点和坐标控制点。（3）发包人在提供场地前，应当清除施工现场内一切影响承包人施工的障碍，并向承包人提供施工所需水、电、热力、电讯等管道线路，保证承包人施工期间的需要。发包人未能提供符合约定、适合工作的场地致使承包人无法开展工作的，承包人有权要求发包人排除障碍、顺延工期，并可以暂停工作，因此造成承包人停工、窝工损失的，承包人可以要求发包人承担赔偿责任。

由发包人提供工程建设所需资金的，发包人应当按照约定的时间和数额向承包人支付。这里的资金一般是指工程款。在现实中，由发包人提供的工程款包括预付工程款和按工程进度支付的工程款两种，具体可由双方当事人在建设工程合同中约定。如果建设工程合同约定由发包人预付工程款的，发包人应当按照约定的时间和数额向承包人预付工程款，开工后按合同约定的时间和比例逐次扣回。发包人未按照合同约定预付工程款的，承包人可以向发包人发出预付工程款的通知，发包人在收到通知后仍不按照约定预付工程款的，承包人可以停止工作并顺延工期，发包人应当从应付之日起向承包人支付应付款的利息，并赔偿因此给承包人造成的停工、窝工损失。如果建设工程合同约定发包人按工程进度付款的，发包人应当按照合同约定的进度支付工程款。实践中，完成约定的工程部分后，由发包人确认工程量，以构成合同价款相应项目的单价和取费标准计算出工程价款，经发包人签字后支付。发包人在计算结果签字后的合理期限内不按照约定支付工程款的，承包人可以向发包人发出支付工程款的通知，发包人在收到通知后仍不按照约定支付工程款的，承包人可以停止工作并顺延工期，发包人应当从应付之日起向承包人支付应付价款的利息，并赔偿因此给承包人造成的停工、窝工损失。

由发包人提供有关工程建设技术资料的，发包人应当按照合同约定的时间和份数向承包人提供符合约定要求的技术资料。这里的技术资料主要包括勘察数据、设计文件、施工图纸以及说明书等。因为根据法律、行政法规的规定，承包人必须按照国家规定的质量标准、技术规程和设计图纸、施工图等技术资料进行施工，如果发包人未能按照约定提供技术资料，承包人就不能正常进行工作，在这种情况下，承包人可以要求发包人在合理期限内提供建设工程所必需的技术资料并有权暂停工作，顺延工期，因此给承包人造成损失的，承包人还有权要求发包人赔偿因停工、窝工所造成的损失。

第八百零四条 【发包人原因的停建、缓建责任】

因发包人的原因致使工程中途停建、缓建的，发包人应当采取措施弥补或者减少损失，赔偿承包人因此造成的停工、窝工、倒运、机械设备调迁、材料和构件积压等损失和实际费用。

【立法背景】

实践中，建设工程可能因各种原因中途停建、缓建，如果是因为承包人原因造成的，承包人应当承担违约责任。但是，如果是因为发包人原因造成的，也可能因停建、缓建给承包人造成损失，因此，本条对因发包人原因造成工程停建、缓建时，发包人的义务和违约责任作出了规定。

【条文精解】

本条是关于因发包人原因造成工程停建、缓建所应承担的责任的规定。

这里的"因为发包人的原因"在实践中一般指下列情况：（1）发包人变更工程量；（2）发包人提供的设计文件等技术资料有错误或者因发包人原因变更设计文件；（3）发包人未能按照约定及时提供建设材料、设备或者工程进度款；（4）发包人未能及时进行中间工程和隐蔽工程条件的验收并办理有关交工手续；（5）发包人不能按照合同的约定保障建设工作所需的工作条件致使工程建设无法正常进行等。发生上述情况，致使工程建设无法正常进行的，承包人可以停建、缓建、顺延工期，并及时通知发包人。承包人在停建、缓建期间应当采取合理措施减少和避免损失，妥善保护好已完成工程和做好已购材料、设备的保护和移交工作，将自有机械和人员撤出施工现场，发包人应当为承包人的撤出提供必要的条件。承包人应当就停建、缓建过程中发生的经济支出和实际发生的其他费用向发包人提出报告。

发包人因自身原因致使工程停建、缓建的，发包人应当承担违约责任。首先，发包人应当采取必要措施，弥补或者减少损失，同时应当排除障碍，使承包人尽快恢复建设工作。如承包人在施工中发现设计有错误和不合理之处的，应当及时通知发包人，发包人在接到通知后，应当及时同设计人等有关单位研究确定修改意见或者变更设计，并及时将修订后的设计文件送交承包人。其次，发包人还应当赔偿因停建、缓建给承包人造成的损失，包括停工、窝工、倒运、机械设备调迁、材料和构件积压所造成的损失和实际发生的费用。

第八百零五条 【发包人原因的勘察、设计返工、停工或者修改设计责任】

因发包人变更计划，提供的资料不准确，或者未按照期限提供必需的勘察、设计工作条件而造成勘察、设计的返工、停工或者修改设计，发包人应当按照勘察人、设计人实际消耗的工作量增付费用。

【立法背景】

发包人的要求是开展勘察、设计工作的重要依据，发包人提供必要的资料和工作条件是勘察人、设计人正常开展工作的前提，发包人变更计划或者不按照合同目的提供资料、条件必然影响勘察人、设计人的正常工作，因此，本条对发包人变更计划或不按照合同目的提供资料和条件，应当承担的增付费用责任作出了规定。

【条文精解】

本条是关于因发包人原因造成勘察、设计的返工、停工或者修改设计的责任的规定。

在工程勘察、设计合同中，发包人应当按照合同约定，向勘察人、设计人提供开展勘察、设计工作所需要的基础资料、技术要求，并对提供的时间、进度和资料的可靠性负责。

委托勘察的，在勘察工作开展前，发包人应当向勘察人明确技术要求和勘察阶段，按时提供勘察工作所需要的勘察基础资料和附图并满足勘察人编写纲要和编制工程预算的基本要求。在勘察前，发包人应当根据勘察人提出的用料计划，按时准备好各种材料，并承担费用。发包人应当为勘察人开展工作提供必要的条件，包括派员协助勘察人与有关部门的工作联系。及时为勘察人创造勘察现场所需的条件并排除存在的障碍，如征购土地、拆除障碍物、平整施工现场、修好通行道路、接通电源、水源等，并承担其费用。按照合同为勘察人员准备好食宿、办公等生活工作条件等。

委托设计的，发包人应当按照合同的约定向设计人提供设计的基础资料、设计的技术要求。在初步设计前，发包人应当向设计人提供经过批准的可行性研究报告、选址报告以及原料（或经过批准的资源报告）、燃料、水、电、运输等方面的协议文件和能满足初步设计要求的勘察资料、需要经过科研取得的技术资料等；在施工设计前，发包人应当提供经过批准的初步设计文件和能满足施工图设计要求的勘察资料、施工条件以及有关设备的技术资料等。

同时，发包人在设计人员入场工作时，还应当为其提供必要的工作条件和生活条件，以保证其正常开展工作。

发包人向勘察人、设计人提供有关技术资料的，发包人应当对该技术资料的质量和准确性负责。

发包人变更勘察、设计项目、规模、条件需要重新进行勘察、设计的，应当及时通知勘察人、设计人，勘察人、设计人在接到通知后，应当返工或者修改设计，并有权顺延工期。发包人应当按照勘察人、设计人返工或修改设计后实际消耗的工作量增加支付勘察费、设计费。

勘察人、设计人在工作中发现发包人提供的技术资料不准确的，勘察人、设计人应当通知发包人修改技术资料，在合理期限内提供准确的技术资料。如果该技术资料有严重错误致使勘察、设计工作无法正常进行的，在发包人重新提供技术资料前，勘察人、设计人有权停工、顺延工期，停工的损失应当由发包人承担。发包人重新提供的技术资料有重大修改，需要勘察人、设计人返工、修改设计的，勘察人、设计人应当按照新的技术资料进行勘察、设计工作，发包人应当按照勘察人、设计人实际消耗的工作量相应增加支付勘察费、设计费。

发包人未能按照合同约定提供勘察、设计工作所需的工作条件的，勘察人、设计人应当通知发包人在合理期限内提供，如果发包人未提供必要的工作条件致使勘察、设计工作无法正常进行，勘察人、设计人有权停工、顺延工期，并要求发包人承担勘察人、设计人停工期间的损失。

第八百零六条 【法定解除】

承包人将建设工程转包、违法分包的，发包人可以解除合同。

发包人提供的主要建筑材料、建筑构配件和设备不符合强制性标准或者不履行协助义务，致使承包人无法施工，经催告后在合理期限内仍未履行相应义务的，承包人可以解除合同。

合同解除后，已经完成的建设工程质量合格的，发包人应当按照约定支付相应的工程价款；已经完成的建设工程质量不合格的，参照本法第七百九十三条的规定处理。

【立法背景】

建设工程合同一般具有标的额大、交易安排复杂、权利义务关系复杂等特点，甚至还会涉及建筑工人等弱势群体权利的保护，维护交易的稳定性显得更为重要。因此，本条对特定情况下建设工程合同的法定解除进行了细化规定，以期在给予建设工程合同守约方当事人必要救济，赋予当事人必要的合同解除权的同时，尽力维护建设工程合同法律关系的稳定性。

【条文精解】

本条是关于建设工程合同法定解除的规定。

本法第 791 条第 2 款规定，承包人不得将其承包的全部建设工程转包给第三人或者将其承包的全部建设工程支解以后以分包的名义分别转包给第三人。第 3 款规定，禁止承包人将工程分包给不具备相应资质条件的单位。禁止分包单位将其承包的工程再分包。建设工程主体结构的施工必须由承包人自行完成。建筑法也禁止承包人将建设工程转包、违法分包。建设工程转包、违法分包不仅违反了法律的禁止性规定，影响承包人与接受转包方和接受违法分包方的利益，也违反了发包人与承包人之间的合同，损害发包人利益，承包人对发包人构成重大违约。发包人将建设工程发包给承包人，一般是基于对承包人技术和能力的信赖，承包人应当自行履行建设工程合同约定的义务。承包人转包和违法分包，不仅使当事人之间的信赖丧失，而且还有可能影响建设工程的质量，使建设工程合同的目的落空。因此，承包人转包、违法分包的，有必要赋予发包人法定解除权，允许发包人解除合同。本法第 772 条规定，承揽人应当以自己的设备、技术和劳力，完成主要工作，但是当事人另有约定的除外。承揽人将其承揽的主要工作交由第三人完成的，应当就该第三人完成的工作成果向定作人负责；未经定作人同意的，定作人也可以解除合同。本条第 1 款的规定，也类似于本法第 772 条中规定的承揽合同的定作人解除权。

根据我国建筑法的规定，建筑施工企业对工程的施工质量负责。建设单位不得以任何理由，要求建筑设计单位或者建筑施工企业在工程设计或者施工作业中，违反法律、行政法规和建筑工程质量、安全标准，降低工程质量。建筑设计单位和建筑施工企业对建设单位违反前款规定提出的降低工程质量的要求，应当予以拒绝。建筑施工企业必须按照工程设计要求、施工技术标准和合同的约定，对建筑材料、建筑构配件和设备进行检验，不合格的不得使用。如果合同约定由发包人提供建设工程所需的建筑材料、建筑构配件和设备，而发包人提供的主要建筑材料、建筑构配件和设备不符合强制性标准的，承包人将无法使用，影响工程施工的正常进行。在建设工程施工合同中，根据合同约定及建设工程施工本身的需要，施工人进行施工有时需要发包人进行协助。例如，需要发包人办理临时停水、停电、爆破作业、临时占用规划批准范围以外的场地等的审批手续，需要发包人提供所需的相关资料、图纸等必要的协助，发包人不提供协助义务，将影响承包人施工的正常开展。如果发包人提供的主要建筑材料、建筑构配件和设备不符合强制性标准或者不履行协助义务，致使承包人无法施工，经承包人催告，在合理期限内发包人仍未履行相应义务，无法施工的状态将一直持续。虽然，此时承包人可以要求顺延工期，主张因此造成的停工、窝工损失，但是，在已经给予发包人合理宽限期后，继续强制要求承包人维持履行无望的合同关系，而不能从已无履行可能的合同中解脱出来，对承包人也过于苛刻，因此，本条规定赋予了承包人在此情形下的合同解除权。

根据本法第 566 条规定，合同解除后，尚未履行的，终止履行；已经履行的，根据履行情况和合同性质，当事人可以请求恢复原状或者采取其他补救措施，并有权请求赔偿损失。合同因违约解除的，解除权人可以请求违约方承担违约责任，但是当事人另有约定的除外。建设工程施工合同解除后，尚未履行的，双方终止履行。对于已经履行的，前面第 793 条已经述及，建设工程由于其特殊性，在有使用价值的情况下，一概要求恢复原状，一方面将导致已经完成的建设工程被推倒重建，造成巨大的人力、物力、财力等社会资源的浪费；另一方面会带来各种复杂的责任认定和赔偿计算问题。因此，基于建设工程施工合同的特殊性以及物尽其用、节约社会资源的原则和价值导向，本条第 3 款特别作出规定，合同解除后，已经完成的建设工程质量合格的，发包人应当按照约定支付相应的工程价款。已经完成的建设工程质量不合格的，包括经修复后可以达到质量合格以及经修复后仍不能达到质量合格两种情况，相应地参照本法第 793 条的规定处理。

【实践中需要注意的问题】

本条第 3 款是法律基于建设工程施工合同的特殊性，就建设工程合同解除时建设工程的处理作出的特殊规定。本条第 3 款对于建设工程合同解除的法律后果没有规定的，仍应根据其性质适用一般合同解除的相关规定。

第八百零七条 【发包人的支付工程价款责任】

发包人未按照约定支付价款的，承包人可以催告发包人在合理期限内支付价款。发包人逾期不支付的，除根据建设工程的性质不宜折价、拍卖外，承包人可以与发包人协议将该工程折价，也可以请求人民法院将该工程依法拍卖。建设工程的价款就该工程折价或者拍卖的价款优先受偿。

【立法背景】

从 20 世纪 90 年代初到现在，随着固定资产投资规模的增长，拖欠工程款的现象一直存在，并成为广受关注的社会问题。不少地区的工程款拖欠数额庞大，有的工程拖欠付款期限很长，问题相当突出，不仅严重地影响建设企业的生产经营，制约了建设企业的发展，也影响了工程建设进度，制约了投资效益的提高。为了切实解决拖欠工程款的问题，保障承包人价款债权的实现，本条规定了发包人未按照约定支付价款的，承包人可以催告发包人在合理期限内支付价款。发包人逾期不支付的，除根据建设工程的性质不宜折价、拍卖外，承包人可以与发包人协议将该工程折价，也可以请求人民法院将该工程依法拍卖。建设工程的价款就该工程折价或者拍卖的价款优先受偿。

【条文精解】

本条是关于发包人未支付工程价款的责任的规定。

发包人在工程建设完成后，对竣工验收合格的工程应当按照合同约定的方式和期限进行工程决算，支付价款，在向承包人支付价款后接收工程。发包人未按照约定支付价款的，承包人可以催告发包人在合理期限内支付价款并承担逾期付款的违约责任。经催告后，发包人在合理期限内仍不支付的，除根据建设工程的性质不宜折价、拍卖外，承包人可以与发包人协议将该工程折价，也可以请求人民法院将该工程依法拍卖。建设工程的价款就该工程折价或者拍卖的价款优先受偿。承包人按照本条规定行使优先受偿权，应当注意以下几点：

（1）应当达到付款条件。本条适用的前提是，按照合同约定已经达到付款条件。如果是出现了建设工程质量不合格或者其他承包人违约的情形，发包人依法主张抗辩不进行付款或者有其他未达到合同约定的付款条件的情况，则发包人本身即无立即付款的义务，更不可能有优先受偿权的存在空间。

（2）发包人不支付价款的，承包人不能立即将该工程折价、拍卖，而是应当催告发包人在合理期限内支付价款。如果在该期限内，发包人已经支付了价款，则承包人只能要求发包人承担支付约定的违约金或者支付逾期的利息、赔偿其他损失等违约责任。如果在催告后的合理期限内，发包人仍不支付价款，承包人才能与发包人协商将该工程折价或者请求人民法院将该建设工程拍卖以优先受偿。

（3）承包人对工程依法折价或者拍卖的，应当遵循一定的程序。承包人对工程折价的，应当与发包人达成协议，参照市场价格确定一定的价款把该工程的所有权由发包人转移给承包人，从而使承包人的价款债权得以实现。承包人因与发包人达不成折价协议而采取拍卖方式的，应当请求人民法院依法将该工程予以拍卖。承包人不得委托拍卖公司或者自行将建设工程予以拍卖。

（4）建设工程折价或者拍卖后所得的价款如果超出发包人应付的价款数额的，该超过的部分应当归发包人所有；如果折价或者拍卖所得的价款还不足以清偿承包人的价款债权，承包人可以请求发包人支付不足部分。

（5）根据本条规定，按照工程的性质不宜折价、拍卖的，承包人不能将该工程折价或者拍卖。如国家重点工程、具有特定用途的工程等不宜折价或者拍卖。应当拆除的违章建筑，无法折价或者拍卖。建设工程价款的优先受偿权本质上是一种变价的优先受偿权，所以，建设工程折价、拍卖的前提是按照法律规定和建设工程性质，其本身可以转让。

【实践中需要注意的问题】

在确定优先受偿时，应注意区分建设工程处置的价款与建设用地使用权处置的价款。虽然按照我国法律规定，建设用地使用权应当与建筑物一并处置，但是在处置后，建设工程价款和建设用地使用权处置价款仍应区分开来。承包人有权就折价、拍卖的建设工程处置价款优先受偿，但不应及于建设用地使用权一并处置的价款部分，否则，将损及发包人其他债权人的利益。

第八百零八条 【补充适用承揽合同的规定】

本章没有规定的，适用承揽合同的有关规定。

【立法背景】

建设工程合同在性质上属于完成工作的合同。完成工作的合同是在传统民法的承揽合同的基础上发展起来的一大类合同，一般包括承揽合同、技术服务和技术开发合同。传统的承揽合同一般包括承揽和建设工程合同，一些国家的民法典中都专章规定了承揽，并把建设工程纳入规范。我国原《经济合同法》第18条和第19条分别规定了建设工程承包合同、加工承揽合同。在合同法起草时，考虑到经济合同法、涉外经济合同法和技术合同法三法合一，经济合同法中规定的有名合同应当保留并专章予以规定，原经济合同法已将建设工程合同作为不同于承揽合同的一类新的合同，同时又考虑到建设工程不同于其他工作的完成，具有与一般承揽合同不同的一些特点。因此，在合同法第十五章规定了承揽合同，在第十六章规定了建设工程合同。在本法起草时，继续保留了合同法的这种区分，第十七章规定了承揽合同，第十八章规定了建设工程合同。按照本法的规定，承揽合同是承揽人按照定作人的要求完成工作，交付工作成果，定作人支付报酬的合同。承揽包括加工、定作、修理、复制、测试、检验等工作。建设工程合同是承包人进行工程建设，发包人支付价款的合同。建设工程合同的主体是发包人和承包人。建设工程合同的客体是建设工程，包括建设房屋、公路、铁路、桥梁、隧洞、水库等工程。建设工程合同原为承揽合同中的一种，属于承揽完成不动产工程项目的合同。建设工程合同也具有一些与一般承揽合同相同的特征：都是诺成合同、双务合同、有偿合同，都以完成一定工作为目的，标的都具有特定性。因此，本条规定，本章没有规定而承揽合同一章有规定的，可以根据建设工程合同的性质适用承揽合同中的有关规定。

【条文精解】

本条是关于适用承揽合同的规定。

建设工程合同中的发包人相当于承揽合同中的定作人，承包人相当于承揽合同中的承揽人。经过对本章与第十七章承揽合同一章的比较，我们大致可以看出以下条款是本章没有规定而在承揽合同中有规定的：

本法第774条规定："承揽人提供材料的，应当按照约定选用材料，并接受定作人检验。"根据本条规定，如果当事人在建设工程合同中约定由承包人提供材料、构配件和设备，并约定了提供材料、构配件和设备的时间、数量和质量，承包人就应当按照约定准备材料、构配件和设备。承包人准备材料、构配件和设备时，还应当备齐有关的资料，如发票、质量说明书等说明文件。承包人准备好材料、构配件和设备后，应当及时通知发包人检验，并如实提供发票以及数量和质量的说明文件。发包人接到通知后，应当及时检验该材料、构配件和设备，认真查看承包人提供的材料、构配件和设备以及有关文件。如果发包人认为承包人选用的材料、构配件和设备符合约定，应当告知承包人，或者根据承包人的要求以书面形式确认。经检验，发包人发现材料、构配件和设备数量缺少的，应当及时通知承包人补齐。发包人发现材料、构配件和设备质量不符合约定的，应当及时通知承包人更换，因此发生的费用，由承包人承担。

第775条第1款规定，"定作人提供材料的，应当按照约定提供材料。承揽人对定作人提供的材料应当及时检验，发现不符合约定时，应当及时通知定作人更换、补齐或者采取其他补救措施"；第2款规定，"承揽人不得擅自更换定作人提供的材料，不得更换不需要修理的零部件"。根据本条规定，建设工程合同中，当事人可以约定由发包人提供材料、构配件和设备。发包人应当在合同约定的时间向承包人提供符合约定数量和质量的材料、构配件和设备。当发包人提供材料、构配件和设备后，承包人应当及时检验。如果经承包人检验，发包人提供的材料、构配件和设备符合约定，承包人应当确认并通告发包人。如果经检验，发包人提供的材料、构配件和设备数量不足，承包人应当通知发包人补齐。如发包人提供的材料、构配件和设备质量不符合约定，承包人应当及时通知发包人更换以达到合同要求。发包人提供的材料、构配件和设备经检验符合约定的，承包人应当妥善保管该材料、构配件和设备并且应当以该材料、构配件和设备完成建设工程，不得擅自更换。

第776条规定："承揽人发现定作人提供的图纸或者技术要求不合理的，应当及时通知定作人。因定作人怠于答复等原因造成承揽人损失的，应当赔偿损失。"根据本条规定，如果承包人在建设工程开始之前或者在工程之中发现发包人提供的图纸或者技术要求不合理，也就是说，按此图纸或者技术要求难以产生符合合同约定的建设工程的，在此情况下，承包人应当及时将该情况通知发包人。发包人在接到承包人关于图纸或者技术要求不合理的通知后，应当立即采取措施，修改图纸和技术要求。

第784条规定："承揽人应当妥善保管定作人提供的材料以及完成的工作成果，因保管不善造成毁损、灭失的，应当承担赔偿责任。"根据本条规定，发包人按约提供材料构配件和设备后，承包人有义务妥善保管发包人提供的材料、构配件和设备，保持材料、构配件和设备的质量状态，防止材料、构配件和设备非正常损耗，从而保证工程的质量。在工程未交付以前，承包人应当妥善保管工程。如果承包人未尽妥善保管义务，造成材料、构配件和设备或者工程毁损、灭失的，承包人应当承担赔偿责任。

第 785 条规定:"承揽人应当按照定作人的要求保守秘密,未经定作人许可,不得留存复制品或者技术资料。"根据本条规定,承包人有保密的义务。承包人的保密义务体现在,承包人在订立合同过程中知悉的发包人的商业秘密,发包人要求保密的,承包人应当保密,不得泄露或者不正当地使用。在建设工程完成后,承包人应当将涉密的图纸、技术资料等一并返还发包人,未经发包人的许可,承包人不得留存图纸以及其他技术资料。

【实践中需要注意的问题】

本条规定在适用时,首先,应当注意的是,只有在本章无规定时才可适用承揽合同的有关规定;其次,还应注意,只有在根据建设工程合同的性质可以适用承揽合同的相关规定时,才可适用承揽合同的相关规定。本法第 796 条规定:"建设工程实行监理的,发包人应当与监理人采用书面形式订立委托监理合同。发包人与监理人的权利和义务以及法律责任,应当依照本编委托合同以及其他有关法律、行政法规的规定。"第 796 条是关于监理合同的特殊规定,其已经明确规定发包人与监理人的权利和义务以及法律责任,应当依照本编委托合同以及其他有关法律、行政法规的规定,便不能依据本条规定援引适用承揽合同的相关规定。

第十九章　运输合同

第一节　一般规定

第八百零九条【运输合同的定义】

运输合同是承运人将旅客或者货物从起运地点运输到约定地点,旅客、托运人或者收货人支付票款或者运输费用的合同。

【立法背景】

运输合同又称运送合同,合同法对运输合同作了明确定义,其第 288 条规定:"运输合同是承运人将旅客或者货物从起运地点运输到约定地点,旅客、托运人或者收货人支付票款或者运输费用的合同。"本条规定沿袭了合同法的这一规定。

【条文精解】

根据本条规定,运输合同的定义包含了以下几方面的内容:

(1)运输合同的主体是承运人和旅客、托运人。运输合同主体是运输合同权利义务的承担者,即运输合同的当事人。根据运输合同是双务合同的特性,当事人一方是享受收取运费或者票款权利承担运送义务的承运人,另一方是享受运送权利并支付运费的旅客和托运人,双方当事人的数目视具体合同关系而定。在运输合同中,承运人作为一方当事人,可以是一人或者数人,如在相继运输中承运人可分为缔约承运人和实际承运人,在多式联运合同中有多式联运经营人和各区段承运人。承运人多为法人或者组织,但也可以是个人。托运人,是指与承运人订立货物运输合同的一方当事人。在旅客运输合同中,旅客具有双重身份,其既是运输合同的一方当事人,又是运输合同权利义务所指向的对象。

(2)运输合同中的托运人有时就是收货人,但在多数情况下,另有收货人,此时,收货人不是运输合同的一方当事人。外国和国际公约一般都规定,货物送达目的地后,承运人有通知收货人的义务,经收货人请求交付后,取得托运人因运输合同所产生的权利。在存在收货人的情况下,托运人与承运人订立运输合同是为了收货人的利益,承运人应当依照运输合同向收货人交付,但收货人的权利产生于请求交付之时,而非运输合同订立时,收货人是运输合同的第三人,也是运输合同中重要的关系人。

(3)运输合同是承运人将旅客或者货物运输到约定地点的合同。由此可见,运输合同的客体是承运人的运送行为,不是货物和旅客。

(4)在运输合同中,承运人的义务是将旅客或者货物运输到约定地点,权利是收票款或者运费;而旅客、托运人的权利和义务与其对应,权利是要求承运人将其运输到约定地点,义务是向承运人支付票款或者运费。这里的票款,是指在旅客运输合同中,旅客向承运人支付的报酬;这里的运费,是指在货物运输合同中,托运人向承运人支付的报酬。

第八百一十条 【从事公共运输的承运人强制缔约义务】

从事公共运输的承运人不得拒绝旅客、托运人通常、合理的运输要求。

【立法背景】

公共运输，是指面向社会公众的，由取得营运资格的营运人所从事的商业运输的行为，主要包括班轮、班机和班车运输，还包括其他以对外公布的固定路线、固定时间、固定价格进行商业性运输的运输行为。公共运输一般具有以下特征：

（1）公共运输的服务对象具有不特定性。公共运输的服务对象并不是特定的某些人，而是社会公众。因此，公共运输直接关系到人民的日常工作和生活，具有公益性的一面。

（2）公共运输的承运人要有专门的运输许可。根据相关法律规定，我国对从事公共运输的经营人要求取得特许资格，否则，不得从事公共运输业务。

（3）从事公共运输的承运人一般都制定了固定的路线、固定的时间、固定的价格，这是公共运输最为显著的特征。从法律的意义上讲，从事公共运输的承运人与旅客或者托运人之间的合同的内容确定化了。这种合同的基本内容不是由具体合同当事人双方协商确定的，而是由公共运输的承运人单方制定的，当然公共运输的承运人对外公布的固定的价格不是随便制定的，而是在遵守有关法律如价格法、铁路法、民用航空法等的前提下，考虑到我国的实际收入状况而制定的，并且还要经过有关主管部门的同意。

（4）从事公共运输的承运人与旅客或者托运人之间的运输合同的形式一般都是格式化的。公共运输合同的格式化形成的原因是公共运输的承运人一般都具有垄断性质，且运输事务的频繁发生，具体合同双方协商在实践中不可能实现。只有公平合理的，并且依照法律的具体规定而产生的格式化合同才更符合旅客或者托运人的利益。为了防止公共运输合同内容的不平等，保护和促进运输经济的发展，公共运输合同一般都要经过国家运输主管部门的审查批准。所以一般来说对于从事公共运输的承运人，我国的国务院或者行政主管部门都制定了行政法规或者行政规章等加以规范，如政府部门制定的《公路货物运输合同实施细则》《航空货物运输合同实施细则》等都对公共运输行为作了一定的规范。

【条文精解】

合同自由是合同法的基本原则，本来不允许强制缔约，但是，由于公共运输的特殊性，本条规定明确了从事公共运输的承运人的强制缔约义务，即从事公共运输的承运人不得拒绝旅客、托运人通常、合理的运输要求。本条强调的是不得拒绝旅客或者托运人"通常、合理"的运输要求，对这里的"通常、合理"要有一个正确的理解，首先，在不同情况下，其内涵是不同的，如在海上旅客运输中，旅客坐的是头等舱，旅客要求提供空调服务就是"通常、合理"，而对散舱的旅客来说，要求提供空调就不是"通常、合理"的；其次，判断是否为"通常、合理"，不是依单个旅客或者托运人的判断，而是依一般旅客或者托运人的判断；最后，这里的"通常、合理"意味着从事公共运输的承运人不得对旅客或者托运人实行差别待遇，如同为乘坐普通舱位的旅客，承运人就不能对其中的一些旅客提供免费餐，而对另一些旅客不提供。

【实践中需要注意的问题】

如果旅客、托运人的运输要求不是"通常、合理"的，则承运人有权拒绝。如果从事公共运输的承运人有正当理由的，也可以免除其强制缔约义务，比如，在运输工具已满载的情况下，从事公共运输的承运人可以拒绝旅客的乘坐要求；又如，由于不可抗力导致不能正常运输的情况下，从事公共运输的承运人也可以拒绝旅客或者托运人要求按时到达目的地的要求。

第八百一十一条 【承运人及时安全送达义务】

承运人应当在约定期限或者合理期限内将旅客、货物安全运输到约定地点。

【立法背景】

按照约定时间进行安全运输是承运人的一项主要义务。运输合同是承运人与旅客或者托运人就运输事宜所作的一致的意思表示，一般都会对运输时间、到达地点和运输的安全等作出约定，承运人据此进行运输，否则就要承担违约责任。

【条文精解】

本条所规定的承运人及时安全送达义务主要包含了以下三层意思：

1.承运人应当在约定的期限内或者合理的期限内进行运输

如果合同对运输期限有明确规定，应当在合同约定的期限内进行运输；如果合同没有规定明确期限，则应当在合理期限内进行运输。承运人应当在约定期限或者合理期限内，将旅客或者托运人托运的货物运到目的地。如果由于承运人的原因造成旅客或者货物不能按时到达目的地，承运人就要承担运输迟延的违约责任。

2.承运人在运输过程中，应当保证旅客或者货物的安全

运输行为是一项带有危险性的活动，特别是航空运输更是高风险的行业，它直接关系到人民的生命和财产的安全，因此强调运输活动的安全性是运输行业的一项基本原则，也是运输合同立法的基本原则。安全运输就是承运人要确保被运输的旅客和货物以及所使用的运输设备完好无损。有关法律对此也都有专门规定，如《铁路法》第10条等。

3.承运人应当将旅客或者货物运到约定的地点

正如前面所述，运输合同实质上是旅客或者货物从一个地点到另一个地点的位移，旅客或者托运人与承运人订立合同就是希望承运人把旅客或者货物运到约定地点。如果承运人不按合同约定的地点运输，将旅客或者货物错运到另一个地点，如运输合同中约定承运人应当将旅客或者货物运到上海，承运人却将旅客或者货物运到了南京，承运人就应当承担违约责任。

第八百一十二条 【承运人按照约定或者通常运输路线运输的义务】

承运人应当按照约定的或者通常的运输路线将旅客、货物运输到约定地点。

【立法背景】

运输合同是从起运地点到目的地的位移，所以承运人运输时都要按照约定的或者通常的运输路线进行运输，这也是承运人的一项义务。其他特别法对此也有类似规定，比如《海商法》第49条第1款规定，承运人应当按照约定的或者习惯的或者地理上的航线将货物运往卸货港。

【条文精解】

根据本条规定，在运输中，承运人首先应当按照合同约定的运输路线进行运输。约定的运输路线，是指运输合同当事人在合同中明确约定的运输路线。只要是双方约定好的路线，即使是舍近求远的路线，承运人也应当按照这一路线进行运输，否则就要承担违约责任。如果当事人没有约定运输路线，承运人应当按通常的运输路线进行运输，不得无故绕行。通常的运输路线，是指一般的、惯常运输的路线。之所以要规定承运人要按照通常的运输路线进行运输，主要是为了规避一些危险。我们知道通常的运输路线一般都是经过多次运输行为的检验，并被证明是很安全的，如果不按通常的运输路线进行运输，就有可能给运输活动带来危险，对旅客或者货物带来危害。例如，在民用航空运输中，航空运输路线一般都是经过精心测航的，选择的路线一般都是比较安全的（如少风暴的发生、少强气流的出现等恶劣天气出现），在国际民用航空运输中，通常的运输一般还要经过航线所经国家的特别准许，如果民用航空运输承运人不按通常的运输路线运输，就有可能对旅客的生命安全造成危害。

承运人如果不按照本条规定履行其义务，应当依法承担违约责任。本法第813条就明确规定，"承运人未按照约定路线或者通常路线运输增加票款或者运输费用的，旅客、托运人或者收货人可以拒绝支付增加部分的票款或者运输费用"。

【实践中需要注意的问题】

在有的情况下，承运人不按通常的运输路线运输，进行合理的绕行也是准许的，一般不按违约处理。这主要包括以下几种情况：一是由于运输合同中列明的一些具体的事由出现而发生的绕行。如合同中明确约定，在出现风暴的情况下，航空承运人可以绕行。二是法律规定的情形下，承运人也可以绕行。例如，《海商法》第49条第2款规定，船舶在海上为救助或者企图救助人生命或财产而发生的绕航或者其他合理绕航，不属于违反前款规定的行为。三是在运输中遇到危险，为了运输工具、旅客或者货物的安全，承运人也可不按通常的运输路线进行运输，可以进行绕行。即使这种危险是运输前承运人没有做到谨慎处理使运输工具处于适运的状态所致，承运人运输必须绕行，这种绕行也是合理的。四是因不可抗力的原因致使承运人不能按照通常的运输路线进行运输的，承运人也可以合理绕行。

第八百一十三条 【旅客、托运人或者收货人支付票款或者运输费用的义务】

旅客、托运人或者收货人应当支付票款或者运输费用。承运人未按照约定路线或者通常路线运输增加票款或者运输费用的，旅客、托运人或者收货人可以拒绝支付增加部分的票款或者运输费用。

【立法背景】

支付票款或者运费是旅客、托运人或者收货人的主要义务。承运人履行完成运输行为的义务，相应的，旅客、托运人或者收货人应当完成相应的支付票款或者运输费用的义务。

【条文精解】

在客运合同中，旅客支付票款的义务一般是在购买旅客运输票证时履行，旅客没有支付票款一般是不能取得运输票证的。在货运合同中，一般由托运人支付运输费用，如果是由收货人支付运费的，则应当在运输单证上载明。比如，《海商法》第69条就明确规定："托运人应当按照约定向承运人支付运费。托运人与承运人可以约定运费由收货人支付；但是，此项约定应当在运输单证中载明。"如果在运输单证中没有载明应由收货人支付运费，收货人一般可以拒绝支付运费。

在货运合同中，按运费的支付时间可以分为"运费预付"和"运费到付"两种。"运费预付"，是指承运人在签发单据之前就已经收到运费。这种支付方式是受承运人欢迎的，因为他们无须承担运费的风险，但因不可抗力灭失的除外。"运费到付"就是在货物到达目的地后，承运人才能收到运费。这种支付方式对于承运人来讲，承担的风险比较大，但是这种支付方式在运输中时常出现。例如，海上的国际货物运输中，在FOB价格条件下，买方才是真正的托运人，所以就有可能采用运费到付的方式。但此时，应当在运输单证中注明，运费由收货人支付。

本条规定旅客、托运人或者收货人有向承运人支付票款或者运费的义务，同时也规定，承运人未按照约定路线或者合理路线运输而增加票款或者运费的，旅客、托运人或者收货人可以拒绝支付增加部分的票款或者运费。本法第812条明确规定："承运人应当按照约定的或者通常的运输路线将旅客、货物运输到约定地点。"但在日常的生活和经济活动中，常常出现这样一些情况，承运人不按照运输合同中约定的运输路线或者合理的运输路线进行运输，向旅客要求增加票款，向货物的托运人或者收货人要求增加运费。承运人没有正当理由不按照约定的路线或者合理的路线进行运输，是其自己的过错，旅客、托运人或者收货人没有任何过错，因此在此种情况下，旅客、托运人或者收货人可以拒绝支付增加部分的票款或者运费。

第二节　客运合同

第八百一十四条　【客运合同成立时间】

客运合同自承运人向旅客出具客票时成立，但是当事人另有约定或者另有交易习惯的除外。

【立法背景】

客运合同，是指将旅客送达目的地，旅客支付票款的合同。客运合同和货运合同是运输合同最主要的分类，两者之间的区别主要在于运输对象的不同。在客运合同中，承运人运输的通常是旅客本身。而在货运合同中，承运人运输的对象则是托运人所交付的货物。由于客运合同运输对象的特殊性，涉及旅客生命健康安全，所以在具体规则适用上与货运合同存在很大的不同。

【条文精解】

客运合同的成立时间和地点，涉及合同当事人受合同约束的开始时间和案件管辖问题，而国际客运合同的成立往往还涉及法律适用问题。客运合同的成立时间与普通民事合同不同，本条明确规定："客运合同自承运人向旅客出具交付客票时成立，但是当事人另有约定或者另有交易习惯的除外。"在普通情况下，客票是客运合同成立的凭据，也就是说，承运人向旅客签发的客票证明了承运人和旅客之间订立了合同。所以客运合同的成立时间一般是旅客客票的取得时间，即承运人向旅客交付客票时成立。《合同法》第293条就是这样规定的。但随着互联网技术的发展，传统的购票方式发生了很大变化，客票的无纸化成为普遍趋势。旅客在客运合同订立过程中，可以通过网上购票的方式与承运人达成出行日期、票价等事项的合意，一旦意思表示一致，承运人出具电子票据合同即宣告成立，有时甚至旅客都不需要接收电子票据，出示身份证件即可乘坐。因此，本条将合同法规定的"交付客票时成立"修改为"出具客票时成立"。

但是，在运输合同的当事人另有约定的情况下，旅客运输合同的成立时间可以不是在承运人出具客票时成立。例如，在航空运输中，旅客与承运人约定航空运输合同从旅客登上飞机时成立，则该航空运输合同的成立时间即为旅客登上飞机那一刻。本条还规定，在另有交易习惯的情况下，客运合同的成立时间也可以不在出具客票时成立。例如，在出租车运输中，客票的交付时间一般在运输行为完成后，但按出租车运输的交易习惯，该运输合同在旅客登上出租车时就成立了。

第八百一十五条 【旅客按有效客票记载内容乘坐义务】

旅客应当按照有效客票记载的时间、班次和座位号乘坐。旅客无票乘坐、超程乘坐、越级乘坐或者持不符合减价条件的优惠客票乘坐的，应当补交票款，承运人可以按照规定加收票款；旅客不支付票款的，承运人可以拒绝运输。

实名制客运合同的旅客丢失客票的，可以请求承运人挂失补办，承运人不得再次收取票款和其他不合理费用。

【立法背景】

客票是客运合同的证明，旅客持有的客票一般也就意味着其与承运人之间有运输关系的存在，旅客凭客票就可以要求承运人履行运输的义务，但是由于客票如铁路运输中的火车票，具有流通性和一次性的特点，所以旅客也必须履行持有效的客票乘坐的义务。因此，《合同法》第294条曾对此作了明确规定："旅客应当持有效客票乘运。"近年来，客运合同领域出现不少新问题，旅客"霸座"频频在各种媒体上曝光，引发社会各界广泛关注。针对这一问题，本条专门规定："旅客应当按照有效客票记载的时间、班次和座位号乘坐。"

在旅客运输中还常常出现旅客无票进行乘坐、越级乘坐、超程乘坐或者持不符合减价条件的优惠客票进行乘坐的现象。所谓越级乘坐，是指旅客自行乘坐超过客票指定的等级席位，如在海上旅客运输合同中，旅客买的是四等舱的客票，但他在船上自行占了三等舱的席位。所谓超程乘坐，是指旅客自行乘坐的到达地超过了客票指定的目的地，例如在铁路运输中，旅客购买的客票上的目的地是长沙，而该旅客却持该客票坐到了广州。持不符合减价条件的优惠客票乘坐，是指旅客不符合国家规定或者承运人确定的可以以优惠价格购买客票的减价条件，仍持该客票乘坐。比如，旅客已经不是学生，仍借用别人的学生证或者持已过期的学生证购买学生票。

【条文精解】

对于旅客无票乘坐、超程乘坐、越级乘坐或者持不符合减价条件的优惠客票乘坐的行为，应当如何处理？参考铁路法、海商法等立法例和实际情况，本条第1款规定，承运人对旅客这种行为的处理可以分为两个层次。首先，旅客无票乘坐、超程乘坐、越级乘坐或者持不符合减价条件的优惠客票乘坐的，应当向承运人补交票款。同时根据本条的规定，承运人或者有关主管部门有权颁布规定，旅客无票乘坐、超程乘坐、越级乘坐或者持不符合减价条件的优惠客票乘坐的，承运人可以按规定加收票款。补足票款是乘客的义务，所以本条用了"应当"，至于是否按规定向乘客加收票款，则由承运人自己酌情处理，所以用了"可以"二字。其次，旅客不支付票款的，承运人可以拒绝运输。这里的拒绝运输，是指承运人有权在适当的地点令其离开运输工具。当然，在旅客拒不支付票款，承运人在适当地点令其离开运输工具后，承运人仍有权向旅客追偿。

这次民法典编纂过程中，有一些意见还提出，实践中客运合同很多已经实行了实名制，这些购买了实名制客票的旅客由于一些原因丢失客票的，申请挂失补办客票时，有的承运人却再次收取票款或者要求缴纳高额手续费等不合理费用，建议民法典对此作出明确规定，维护旅客合法权益。基于此，本条第2款新增规定："实名制客运合同的旅客丢失客票的，可以请求承运人挂失补办，承运人不得再次收取票款和其他不合理费用。"根据这一规定，客运合同如果是实名制的，旅客丢失客票时，凭自己的有关身份证件可以向承运人申请挂失补办，承运人在确认旅客的真实身份后，也应当为其办理挂失补办手续，在办理这些手续时，不得乘机再次收取票款或者高额手续费等不合理费用。

第八百一十六条【旅客办理退票或者变更乘运手续】

旅客因自己的原因不能按照客票记载的时间乘坐的，应当在约定的期限内办理退票或者变更手续；逾期办理的，承运人可以不退票款，并不再承担运输义务。

【立法背景】

客票是旅客运输合同的凭证，在客票上通常都载明了班次、运输开始的时间、客位的等级和座位号、票价等内容。承运人应当按照客票记载的时间乘运，并且要保证旅客在载明的时间内到达目的地。但是旅客自己也应当在客票载明的时间内乘坐。如果旅客因自己的原因不能按照客票记载的时间乘坐的，一般都允许旅客在一定的时间内退票或者变更客票。本条就是对旅客办理退票或者变更乘运手续的规定。

【条文精解】

根据本条规定，客运合同成立后，旅客可以办理退票或者变更手续。所谓退票，是指旅客解除客运合同；所谓变更，是指旅客变更合同的内容，如由坐席改为卧铺，由公务舱改为经济舱，或者由上午 9 点的票改为下午 3 点的票等。在客票载明的乘坐时间前，承运人或者有关部门规定一般都给予了旅客单方解除运输合同或者单方变更运输合同的权利。但要注意的是，本条规定的旅客可以办理退票或者变更手续是有条件的：第一，必须是旅客因自己的原因不能按照客票记载的时间乘坐。"因自己的原因"，是指旅客因自身的健康状况、计划变动等原因造成的不能按照约定时间乘坐，是旅客自己主动终止或者变更运输合同。如果旅客不能按照客票的时间乘坐的原因是由于承运人造成的，则应当适用本法第 820 条的规定，即承运人应当及时告知和提醒旅客，采取必要的安置措施，并根据旅客的要求安排改乘其他班次或者退票；由此造成旅客损失的，承运人应当承担赔偿责任，但是不可归责于承运人的除外。第二，必须在约定的时间内办理。旅客办理退票或者变更手续的这种权利是有时间限制的，如果旅客在约定的时间内不办理退票或者变更手续，则超过该时间后，承运人可以不退票款，并且也不再承担运输旅客的义务。实践中，一般在客运合同中对于办理退票或者变更手续的时间都有明确规定，而且，在不同的时间办理退票或者变更手续所需要支付的手续费等也是不一样的。

第八百一十七条 【旅客携带行李】

旅客随身携带行李应当符合约定的限量和品类要求；超过限量或者违反品类要求携带行李的，应当办理托运手续。

【立法背景】

旅客运输合同中，承运人的主要义务是将旅客从起运地运到目的地，而不是为了专门运输行李。但一般情况下，旅客有权携带必备的行李。为了旅客乘坐途中的方便，承运人或者有关部门一般也允许旅客随身携带一定品种、数量、质量和重量的行李。至于旅客在乘坐过程中可以随身携带多少数量以及重量、何种品类的行李，旅客与承运人一般在运输合同中都有约定。但如果旅客所携带的行李超过合同约定，则会加重承运人的运输负担，对承运人履行运输合同造成一定的不便。对旅客随身携带的行李进行限制，并不违背客运合同的目的。

【条文精解】

本条明确规定，旅客随身携带行李应当符合约定的限量和品类要求。例如，在航空旅客运输中，航空承运人一般规定每位旅客随身携带的行李数量不得超过几件、重量不得超过多少千克等。不同的运输方式、不同的承运人，乃至不同等级的客票，所能携带的行李要求都可能不一样。对于旅客超过限量或者违反品类要求携带行李的，本条明确规定应当办理托运手续。如果旅客拒不办理托运手续，一定要随身携带的，承运人可以拒绝运输。

【实践中需要注意的问题】

对于旅客随身携带的行李和托运的行李，承运人所应承担的责任是有所区别的，本法第824条对此有明确规定："在运输过程中旅客随身携带物品毁损、灭失，承运人有过错的，应当承担赔偿责任。旅客托运的行李毁损、灭失的，适用货物运输的有关规定。"

第八百一十八条 【旅客不得携带危险物品或者违禁物品】

旅客不得随身携带或者在行李中夹带易燃、易爆、有毒、有腐蚀性、有放射性以及可能危及运输工具上人身和财产安全的危险物品或者违禁物品。

旅客违反前款规定的，承运人可以将危险物品或者违禁物品卸下、销毁或者送交有关部门。旅客坚持携带或者夹带危险物品或者违禁物品的，承运人应当拒绝运输。

【立法背景】

安全对于旅客运输有着特别重要的意义。在旅客运送过程中，承运人对于旅客的生命财产安全负有义务；同时，旅客在旅行过程中自身亦负有安全注意义务，最典型的就是本条规定的不得携带危险物品或者违禁物品的义务。

【条文精解】

在旅客运输活动中，因为旅客随身携带或者在行李中夹带违禁物品或者易燃、易爆、有毒、有腐蚀性等危险物品而导致出现严重后果的例子并不少见。特别在铁路运输中，由于旅客随身携带危险物品而造成人身伤害和财产损害的事件屡屡出现。这里的危险物品，是指危及人身安全和财产安全的物品，具体就是本条提到的易燃、易爆、有毒等物品，如烟花爆竹、炸药等。这里的违禁物品，是指有可能对国家利益和整个社会的利益造成影响的物品，如枪支、毒品等。承运人所进行的客运多具有公共运输的性质，旅客携带危险物品或者违禁物品不仅会对旅客自身的生命健康、安全造成威胁，还会对承运人的运输安全以及其他旅客的生命健康、安全造成威胁。因此，本条规定所设立的这一义务是对旅客规定的强制性义务，是旅客不得违反的法定义务。其他特别法对此也有明确规定，比如，《铁路法》第 28 条、《民用航空法》第 100 条第 3 款等。

在旅客运输中，旅客在登上运输工具之前，承运人一般都要对旅客进行安全检查，以防止旅客把危险物品或者违禁物品带上运输工具。但是在有的情况下，还是有旅客违反本条第 1 款的规定把危险物品或者违禁物品带上了运输工具，对于此种情况应当如何处理？根据本条第 2 款的规定，旅客违反前款规定的，承运人可以将危险物品或者违禁物品卸下、销毁或者送交有关部门。例如在海上旅客运输中，旅客随身携带烟花爆竹上船，在航行途中被承运人发现，为了航行的安全，承运人有权将烟花爆竹抛弃投入海中。在承运人将危险物品或者违禁物品卸下、销毁或者送交有关部门的情况下，承运人可以不负赔偿责任。同时，如果旅客由于违反本条第 1 款的规定对其他旅客的人身和财产或者对承运人的财产造成损害，旅客还应当负赔偿责任。本条第 2 款还规定，如果旅客坚持要携带或者夹带危险物品或者违禁物品，承运人应当拒绝运输。这里用的是"应当"二字，与本章第 828 条的货物运输安全的规定不一样，这主要是由于在旅客运输中，对人身安全的保护要采取更为严格的措施。

第八百一十九条 【承运人告知义务和旅客协助配合义务】

承运人应当严格履行安全运输义务，及时告知旅客安全运输应当注意的事项。旅客对承运人为安全运输所作的合理安排应当积极协助和配合。

【立法背景】

承运人在运输过程中，应当保证旅客的安全。运输行为是一项带有危险性的活动，特别是航空运输更是高风险的行业，它直接关系到人民的生命和财产的安全，因此强调运输活动的安全性是运输行业的一项基本原则，也是运输合同立法的基本原则。在客运合同中，安全运输就是承运人要确保被运输的旅客完好无损，本条再次强调承运人应当严格履行安全运输义务。为更好地履行安全运输义务，承运人在运输过程中很重要的一项义务就是告知义务，即及时告知旅客安全运输应当注意的事项。

【条文精解】

正如前文所述，运输活动是一项比较危险的活动，保证运输的安全是承运人最大的义务。旅客作为一个个体，对于运输当中的安全乘运知识可能了解不多，为了让旅客安全乘坐，安全到达目的地，作为具有这方面专业知识的承运人就应当向旅客及时告知安全运输应当注意的事项。例如在民用航空运输中，航空承运人就应当在起飞前向乘客告知系上安全带、如何保持正确的乘姿、在发生紧急情况下如何使用氧气袋和安全舷梯等知识。如果由于承运人的过错没有告知旅客安全运输应当注意的事项，造成旅客的人身或者财产损害，承运人应当负赔偿责任。

近年来，客运合同领域出现不少新问题，不时发生一些强抢方向盘、不配合承运人采取安全运输措施等严重干扰运输秩序和危害运输安全的恶劣行为，不少意见建议对此作出有针对性的规定。这次编纂民法典，特意在本条明确了旅客的协助配合义务，即"旅客对承运人为安全运输所作的合理安排应当积极协助和配合"。承运人为了安全运输会根据有关规定和实际情况作出一些合理安排，旅客对于这些合理安排应当积极协助和配合，否则，要依照有关法律规定予以处理，直至对其予以行政处罚乃至追究刑事责任。

【实践中需要注意的问题】

承运人应当"及时"告知旅客安全运输应当注意的事项。这里的"及时"

是一个弹性要求，应当视具体情况来决定承运人的告知是否及时。例如民用航空运输中，航空承运人在起飞前告知乘客有关安全运输应当注意的情况就为及时；如果在起飞后才告知这些情况，就为不及时。

第八百二十条 【承运人迟延运输或者有其他不能正常运输情形】

承运人应当按照有效客票记载的时间、班次和座位号运输旅客。承运人迟延运输或者有其他不能正常运输情形的，应当及时告知和提醒旅客，采取必要的安置措施，并根据旅客的要求安排改乘其他班次或者退票；由此造成旅客损失的，承运人应当承担赔偿责任，但是不可归责于承运人的除外。

【立法背景】

客票是承运人与旅客之间订立运输合同的凭证，同时客票上也对合同的很多内容作了记载，如运输时间、运输的班次等，旅客购买了客票后，旅客运输合同也就成立。承运人按照有效客票记载的时间、班次和座位号对旅客进行运输是其义务，否则就是对运输合同的违反。比如，《铁路法》第12条规定，铁路运输企业应当保证旅客按车票载明的日期、车次乘车，并到达目的站。因铁路运输企业的责任造成旅客不能按照车票载明的日期、车次乘车的，铁路运输企业应当按照旅客的要求，退还全部票款或者安排改乘到达相同目的站的其他列车。

【条文精解】

迟延运输或者出现不能正常运输的情形是旅客运输中的较为常见的现象。在旅客运输中，常常会出现一些异常情况导致运输行为不能正常进行。例如，发生不可抗力致使承运人不能将旅客按时运到目的地；在运输途中，运输工具突然发生故障，致使运输行为不能进行等。在这些造成迟延运输或者不能正常运输的重要事由中，有的是承运人的过错造成的，有的则不是承运人的过错造成的，而是由于不可抗力、意外事件或者第三人的原因造成的。本条明确规定，承运人迟延运输或者有其他不能正常运输情形的，应当及时告知和提醒旅客，采取必要的安置措施，并根据旅客的要求安排改乘其他班次或者退票；由此造成旅客损失的，承运人应当承担赔偿责任，但是不可归责于承运人的除外。根据这一规定，承运人应当履行以下义务：

一是履行告知和提醒义务。一旦迟延运输或者有其他不能正常运输的情形发生，承运人首先应当向旅客告知有关具体事宜，提醒旅客作出出行准备或者修改出行方案等。

二是采取必要的安置措施。比如，由于天气、突发事件、空中交通管制、安检以及旅客等原因，造成航班延误或者取消的，承运人应当采取各种必要的安置措施，包括协助旅客安排餐食和住宿等。

三是根据旅客的要求安排改乘其他班次或者退票。在承运人迟延运输的情况下，如何处理的选择权在旅客手中。旅客可以要求退票；如果旅客还要求继续乘坐运输工具的，承运人应当根据旅客的要求安排旅客改乘其他班次以到达目的地。

四是由此造成旅客损失的，承运人应当承担赔偿责任，但是不可归责于承运人的除外。如果由于承运人迟延运输，造成旅客损失的，承运人应当依法承担相应的赔偿责任。当然，如果造成迟延运输的原因不能归责于承运人的，比如由于地震等不可抗力造成的，那么承运人可以不承担赔偿责任。

第八百二十一条 【承运人变更服务标准】

承运人擅自降低服务标准的，应当根据旅客的请求退票或者减收票款；提高服务标准的，不得加收票款。

【立法背景】

在旅客运输中，承运人应当按照客运合同中约定的服务标准来提供服务。实践中最典型的就是擅自变更运输工具进行运输。比如，在汽车运输中，承运人在运输合同中承诺用豪华公共汽车运输旅客，但是在实际运输中却用一般公共汽车进行运输；再如，承运人将旅客运到中途，要求旅客换乘到另一辆公共汽车上。承运人这种擅自降低服务标准的行为，没有经过旅客的同意，违背了旅客的意志，是对运输合同的违反，有时会对旅客的利益造成损害。

【条文精解】

承运人擅自降低服务标准的行为实质上是对旅客要求按合同的约定获得相应服务权利的侵害，所以在这种情况下，应当尊重旅客的选择权，旅客要求退票的，承运人应当退还旅客的全部票款；旅客要求减收票款的，承运人应当按照旅客的要求减收票款。但是在有的情况下，承运人反倒提高了对旅客的服务标准。例如，在汽车运输中，承运人在合同中承诺用一般的公共汽车进行运输，但在实际运输中，却用豪华客车进行了运输，这无疑提高了对旅客的服务标准。在这种情况下，虽然承运人提高了旅客的服务标准，但是没有经过旅客的同意，所以即使提高了服务标准，承运人也不应当加收旅客的票款。

第八百二十二条 【承运人尽力救助义务】

承运人在运输过程中，应当尽力救助患有急病、分娩、遇险的旅客。

【立法背景】

在承运人与旅客的运输合同中，运送为承运人的主要义务，承运人应当将旅客安全运输到约定地点。在此之外，承运人还负有衍生于诚信原则的一些附随义务，本条规定的尽力救助的义务就是其中之一。

【条文精解】

根据本条规定，在运输过程中，对于患有急病、分娩、遇险的旅客，承运人应当尽力救助。对于急病、分娩、遇险的旅客，其生命健康受到威胁，迫切需要得到救助，作为承运人，很多情况下具有提供必要救助服务的条件，如果其有能力对旅客的急病、分娩、遇险等情况进行救助，而对旅客的安危采取不闻不问的态度，是有悖于一般的善良道德风俗的，也是与合同的基本原则——诚信原则是相违背的。所以本条规定，承运人在运输过程中，应当对患有急病、分娩、遇险的旅客尽力采取措施救助。这是承运人在运输过程所应承担的道德义务，也是法律规定的法定义务。如果未尽此义务，要承担责任。

【实践中需要注意的问题】

承运人需要负担的是"尽力"救助的义务。所谓"尽力"，是指承运人尽到自己最大的努力，采取各种合理措施，以帮助照顾旅客或者对旅客进行救援等。承运人的救助义务并不是无限的，而是在自己的最大能力范围内来救助旅客，超出承运人的能力范围的，承运人可以免责。

第八百二十三条 【承运人对旅客伤亡的赔偿责任】

承运人应当对运输过程中旅客的伤亡承担赔偿责任；但是，伤亡是旅客自身健康原因造成的或者承运人证明伤亡是旅客故意、重大过失造成的除外。

前款规定适用于按照规定免票、持优待票或者经承运人许可搭乘的无票旅客。

【立法背景】

运输行为的需求在于高速和安全，当代运输虽然安全程度越来越高，但社会经济发展要求的速度越来越高，在速度和安全之间，存在对立统一的关系。现代任何一种运输生产活动都存在与其他社会经济活动不同的风险，保障旅客在运输途中的安全也就成了旅客运输承运人最大的义务。承运人未尽到对旅客的安全运输义务造成旅客伤亡的，就应当承担相应的赔偿责任。本条就是关于承运人对旅客伤亡的赔偿责任的规定。

【条文精解】

理解本条规定，要注意以下三方面的内容：

1. 归责原则

根据本条规定，在旅客运输活动中实行无过错责任制度，即承运人即使在没有过错的情况下，也应当承担损害赔偿责任。

2. 免责事由

法律在对旅客实行严格保护的同时，也明确规定了承运人的免责事由。根据本条规定，在两种情况下承运人可以免除责任：（1）旅客自身健康原因造成的伤亡。如旅客在运输途中突发重病而死亡的。（2）承运人证明伤亡是旅客故意、重大过失造成的。如旅客自己寻短见从火车上跳车自杀的，承运人就不承担赔偿责任。但是这里需要注意的是，只有旅客有重大过失的情况下，承运人才可以免责。如果旅客对伤亡的造成只有一般过失，承运人仍应当负赔偿责任。在上述两种情形下，承运人对于旅客的伤亡不承担赔偿责任。

3. 本条规定的适用范围

持有有效客票的旅客在运输过程中伤亡的，承运人当然须依法承担赔偿责任，但实践中还存在一些特殊情况，为了避免争议，本条第2款明确规定："前款规定适用于按照规定免票、持优待票或者经承运人许可搭乘的无票旅客。"即这三类旅客享有与普通旅客相同的权利，其在运输过程中伤亡的，承运人同样要承担赔偿责任。

【实践中需要注意的问题】

由于运输方式的不同，风险的程度也不一样，所以各专门法对旅客运输中承运人的免责事由的规定有所不同。根据特别法优于普通法的原则，特别法有不同的规定时，应当适用特别法的规定。例如，《民用航空法》第124条规定的免责事由只有旅客的健康原因。同样，各专门运输法对承运人的赔偿的数额基本上都作了限制性规定。如《海商法》第117条规定，旅客人身伤亡的，除法定情形外，每名旅客的赔偿责任限额为不超过46666计算单位，承运人和旅客可以书面约定高于这一赔偿责任限额。所以各专门法对赔偿限额有特别规定的，应当依照其规定。

第八百二十四条 【承运人对旅客随身携带物品和托运的行李毁损、灭失的赔偿责任】

在运输过程中旅客随身携带物品毁损、灭失，承运人有过错的，应当承担赔偿责任。

旅客托运的行李毁损、灭失的，适用货物运输的有关规定。

【立法背景】

在旅客运输中，旅客一般都会有行李，分为随身携带物品和托运行李两类。对于这些行李，承运人都负有妥善保管、注意其安全的义务，行李毁损、灭失的，承运人依法负有赔偿责任。根据本条规定，这种赔偿责任因为携带物品和托运行李的不同而有所区别。

【条文精解】

根据本条第1款的规定，对于旅客随身携带物品，如果其毁损、灭失承运人有过错，应当承担赔偿责任。这对承运人实行的是过错责任原则，也就是说，在发生旅客自带物品毁损、灭失的情况下，承运人对自带物品的毁损、灭失有过错时，才承担赔偿责任。这主要是因为旅客随身携带物品处于旅客的直接控制之下，而不是处于承运人的保管之下，旅客也应对其随身携带的物品负有一定的保管责任，其也应当尽足够的注意保护这些物品，因而承运人对旅客随身携带物品负有相对较轻的注意保管义务。

根据本条第 2 款的规定，对于旅客托运的行李，其毁损、灭失的，适用货物运输的有关规定。主要是适用本法第 832 条的规定："承运人对运输过程中货物的毁损、灭失承担赔偿责任。但是，承运人证明货物的毁损、灭失是因不可抗力、货物本身的自然性质或者合理损耗以及托运人、收货人的过错造成的，不承担赔偿责任。"这对承运人实行的是无过错责任原则。这是因为托运的行李不是旅客随身携带的，其从实质上讲，是货物运输合同，所以应当适用货物运输的有关规定，对承运人的要求要高于旅客随身携带物品。

第三节　货运合同

第八百二十五条　【托运人如实申报情况义务】

托运人办理货物运输，应当向承运人准确表明收货人的姓名、名称或者凭指示的收货人，货物的名称、性质、重量、数量，收货地点等有关货物运输的必要情况。

因托运人申报不实或者遗漏重要情况，造成承运人损失的，托运人应当承担赔偿责任。

【立法背景】

货运合同，是指将特定的货物运送至约定地点，由托运人或者收货人支付费用的合同。货运合同与客运合同的最大区别在于运输对象的不同，其效力与客运合同有很大差异。

在承运人托运货物之前，往往需要托运人在办理货物运输之时向承运人准确地表明一些运输当中必要的情况，以便于承运人准确、安全地进行运输。在货物运输业务中，一般都是采用由托运人填写运单的方式（如在海上货物运输中，一般是提单；在民用航空货物运输中，一般是航空货运单；在铁路货物运输中，一般是货运单）来进行申报的，而承运人也一般是凭借托运人填写的内容来了解货物的情况，并且采取相应的措施对货物进行运输中的保护；同时，承运人也是根据运单上填写的收货人的名称或者地址，向收货人交货。如果托运人不向承运人准确、全面地表明这些运输必要的情况，就有可能造成承运人无法正确地进行运输，甚至有可能对承运人造成损失。为了避免这种情况的出现，本条强调了托运人在办理货物运输时，应当准确地向承运人表明有关货物运输的必要情况。

【条文精解】

根据本条第1款的规定，托运人办理货物运输，一般应当向承运人准确表明以下内容：

（1）收货人的名称或者姓名或者凭指示的收货人。这在货物运输合同中是很重要的，因为在运输合同中签订合同的一方托运人很多时候不是货物的接收方，接收方往往是与承运人并不相识的第三方，为了便于承运人及时交货，就需要托运人在运输开始之前向承运人在运单上或者以其他方式表明收货人的名称或者姓名。本条还规定，托运人在有的情况下，还应当向承运人表明"凭指示的收货人"的意思。这主要是针对在海上货物运输的情况下，托运人在交付货物进行运输时，还没有确定货物给谁时，就在提单上写明"凭指示交付"的字样，也就是承运人凭托运人的指示交付或者提单持有人的指示交付货物。

（2）货物的名称、性质、重量、数量等内容。这些因素都涉及货物本身的情况。一方面，托运人必须向承运人告知货物的具体情况，才能使承运人采取适当的措施，确保货物在运输过程中不发生意外。另一方面，承运人收取运费、装卸货物的方式等都依赖于托运人所表明的货物的具体情况。

（3）收货地点。这对承运人的正确运输也是非常重要的，如果承运人不知道收货人的收货地点，也就无法在某个确定的地点交付货物，也就无法完成运输任务。

（4）有关货物运输的其他必要情况。除了上面列举的几种情况外，托运人还应当向承运人准确提供货物运输必要的其他情况，如货物的表面情况、包装情况等。

托运人应当向承运人准确表明以上内容，如果托运人申报不实即托运人所提供的情况与实际情况不符合，或者托运人遗漏重要的情况即托运人应当向承运人提供一些有关运输的重要情况，却没有提供，往往会造成两种结果：

一是因为托运人申报不实或者遗漏重要情况，致使承运人按照托运人申报的情况进行运输，结果给托运人造成损失。对于这种情况，应当如何处理？向承运人准确、全面地表明运输必要的情况是托运人的义务，如果因为托运人不履行这项义务或者履行这项义务不符合合同的约定给自己造成损失，证明托运人对损失的产生是有过错的，那么理应由托运人自己承担损失，承运人可以不负任何责任。

二是因为托运人的申报不实或者遗漏重要情况给承运人造成损失。对于这种情况，应当如何处理？本条第2款明确规定，因托运人申报不实或者遗漏重要情况，造成承运人损失的，托运人应当承担损害赔偿责任。比如，托运人把5吨重的货物误报为3吨，承运人的起重机负荷仅为3吨，造成机毁货损，损及承运人船舶，对此，托运人应当承担损害赔偿责任。

第八百二十六条 【托运人办理审批、检验等手续的义务】

货物运输需要办理审批、检验等手续的，托运人应当将办理完有关手续的文件提交承运人。

【立法背景】

货物的运输往往会涉及各种手续，如国际货物运输合同，就必须向海关办理出口货物的报关，同时还必须为出口的货物办妥检疫、检验等手续；有些货物的运输还必须经过有关政府主管部门审批和同意。货物运输中所涉及的各种手续是运输所必需的，如果没有这些手续，承运人不能进行正常运输。所以在运输前，承运人一般都要求托运人办理这些手续，并且应当将办理完这些手续的文件提交给承运人，以便于承运人运输。我国的各专门法基本上都强调了托运人的这项义务。

【条文精解】

本条对托运人应当办理的手续列举了审批、检验两种，但是托运人在货物运输前应当办理的手续不限于这两种，一般还包括检疫、港口准入等，在危险品的运输时，还包括危险品运输的许可手续。托运人一般应当在承运人进行货物运输前向承运人及时提供这些手续，如果不及时向承运人提供这些手续，就有可能造成运输的迟延，或者对承运人造成损失。对于托运人没有向承运人提供这些手续，或者提供的手续不完备，或者没有及时提供这些手续，给承运人造成损失的，托运人应当赔偿损失。

第八百二十七条 【托运人包装货物义务】

托运人应当按照约定的方式包装货物。对包装方式没有约定或者约定不明确的，适用本法第六百一十九条的规定。

托运人违反前款规定的，承运人可以拒绝运输。

【立法背景】

在货物运输中，对货物进行包装是很重要的，我们知道，货物的运输实际上就是货物在两地之间的位移，其一般都要经过长时间的移动，而移动的过程中可能遇到各种地形、气候以及运输工具本身的影响，这种影响可能对货物的安全构成威胁，所以对货物进行妥善包装就涉及运输过程中运输货物的安全。例如，对于易腐烂变质的货物，如不对其进行包装，有可能在运输过程中就腐烂变质了。并不是说，任何货物的运输都必须进行包装，货物是否需要包装要根据货物本身的特性、运输路程的情况以及所使用的运输工具来决定。例如，运输的货物是硬货，并且运输的路程很短，不包装对货物的安全不构成任何问题，此时不包装也是可以的。提出货物包装要求的一般是承运人或者主管运输的部门，运输合同的当事人一般在运输合同中对包装的方式也会作出约定。

【条文精解】

运输合同的当事人对货物的包装标准可以进行约定，但是当事人对包装的约定不得违反国家对包装标准的强制性规定，在当事人对包装约定的标准不违反国家规定的强制性标准的情况下，托运人应当按照约定的包装标准对货物进行包装。但是在有的情况下，托运人与承运人对包装的方式并没有进行约定，或者虽有约定，但约定得不清楚，在这种情况下，本条第1款规定，对包装方式没有约定或者约定不明确的，适用本法第619条的规定。

按照本条第2款的规定，如果按照规定货物需要包装，而托运人违反本条第1款的规定没有进行包装的，或者包装不符合约定或者运输安全需要，承运人可以拒绝运输。这是因为包装托运货物是托运人的义务，如果其不愿包装或者包装不符合约定，就是托运人不愿履行自己的义务，承运人当然有拒绝履行运输义务的权利。对于因此给托运人造成的损失，承运人不负赔偿责任；对于因此给承运人造成损失的，托运人应当向承运人赔偿损失。

第八百二十八条 【托运人托运危险物品应履行义务】

托运人托运易燃、易爆、有毒、有腐蚀性、有放射性等危险物品的，应当按照国家有关危险物品运输的规定对危险物品妥善包装，做出危险物品标志和标签，并将有关危险物品的名称、性质和防范措施的书面材料提交承运人。

托运人违反前款规定的，承运人可以拒绝运输，也可以采取相应措施以避免损失的发生，因此产生的费用由托运人负担。

【立法背景】

在货物运输中，托运人往往会托运一些易燃、易爆、有毒、有腐蚀性、有放射性等危险物品。在运输这些危险物品时往往会涉及安全问题，如果在运输过程中对这些危险物品不进行妥善处理，就有可能对货物、运输工具等财产或者人身安全造成极大的威胁，所以对危险物品的安全运输作出强制性规定就显得极为重要。

【条文精解】

本条是在借鉴各专门运输法规定的基础上对危险货物的运输作出了规定，在本条第1款的规定中，对托运人规定了三项义务：

（1）对危险物品进行妥善包装。这里的妥善包装应当按照有关危险物品运输的规定进行，这些规定在国务院的行政法规或者运输主管部门的规章中基本上都有规定。

（2）托运人应当在危险物品上做出标志和标签。例如，在易爆的物品上标上"危险物品，请注意"的标签；在易燃的物品上贴上"火"的标志。在危险物品上作出标志和标签的目的是便于人们识别、提醒人们注意，也是为了承运人进行安全运输。

（3）托运人还应当将有关危险物品的名称、性质和防范措施的书面材料提交承运人。要求托运人提供这些材料的目的是为承运人采取措施进行安全运输，同时也是为了让承运人了解危险物品后，决定是否进行运输。托运人不得将危险物品报成非危险物品的名称，否则就要承担责任。

本条第2款规定，如果托运人没有对危险物品妥善进行包装，或者没有对危险物品做出标志和标签，或者没有将有关危险物品的名称、性质和防范措施的书面材料及时提交承运人，承运人可以拒绝进行运输；如果是在运输过程中发现托运人托运的是危险物品，承运人也可以采取各种措施避免损失的发生，这些措施包括承运人可以在任何地点、任何时间根据情况将货物卸下、销毁或者使之不能为害。如果因为承运人采取的措施对托运人造成损失的，承运人可以不负赔偿责任。但如果因此而给承运人造成损失的，托运人应当向承运人负赔偿责任，同时承运人因为采取措施而产生的各种费用也应当由托运人承担。

【实践中需要注意的问题】

即使托运人没有违反本条第 1 款规定的义务，承运人也知道危险物品的性质并且同意运输的，在运输过程中该危险货物对于运输工具、人员的安全和其他货物造成危险时，承运人仍可以采取各种相应的措施以避免损失的发生。在这种情况下，即使给托运人造成损失，承运人也可以不承担损害赔偿责任。

第八百二十九条 【托运人变更或者解除运输合同权利】

在承运人将货物交付收货人之前，托运人可以要求承运人中止运输、返还货物、变更到达地或者将货物交给其他收货人，但是应当赔偿承运人因此受到的损失。

【立法背景】

所谓托运人的变更或者解除权，就是货物运输合同成立后，托运人有权变更或者解除合同。这种变更或者解除可以不经过承运人同意，承运人也无权过问相对方变更和解除合同的原因，只要托运人提出变更或者解除合同，均应予以变更或者解除。其他专门法对此也有明确规定。

【条文精解】

根据本条规定，在承运人将货物交付收货人之前，托运人享有如下权利：一是中止运输、返还货物。中止运输，是指托运人要求承运人立即停止运输托运的货物；返还货物，是指托运人要求承运人将已经办理托运手续的货物返还给托运人或者提货凭证持有人。这实际上就是解除货运合同。二是变更到达地。变更到达地，是指托运人在货物交付给收货人之前，改变原来约定的到达地。对此承运人不得拒绝变更。三是将货物交给其他收货人。这实际上就是变更收货人。在承运人将货物交付收货人之前，托运人享有以上权利，承运人不得拒绝变更后的运输义务，应当按照托运人的要求中止运输、返还货物，或者按照托运人变更后的要求将货物安全、及时地运送至新的到达地或者交给新的收货人。当然，如果因为托运人单方变更或者解除合同给承运人造成损失的，应当赔偿其损失，包括承担因变更或者解除合同而产生的各种费用等。

但是这里需要注意的是，在提单运输中（主要在海上货物运输中），由于提单具有物权凭证、可以转让的性质，托运人的权利义务等全部内容一并转移到了提单持有人。所以在提单运输中，在货物已经起运后，托运人如果已经转让了提单，托运人就没有权利单方变更或者解除合同。但是在这种情况下，提单持有者可以单方变更或者解除合同。

【实践中需要注意的问题】

（1）如果托运人或者提单持有人的指示不能执行的，承运人应当立即通知托运人或者提单持有人。（2）托运人或者提单持有人的这种单方变更或者解除权只能在货物交付收货人之前行使，如果货物已经交付给收货人，则托运人或者提单持有人的这种变更或者解除合同的权利即告终止。但是收货人拒绝接受货物的，或者承运人无法同收货人联系的，托运人或者提单持有人可以恢复行使这种权利。（3）本条的单方变更或者解除权只能由托运人或者提单持有人享有，承运人在运输合同成立后，不得单方变更或者解除合同，除非对方严重违约或者发生不可抗力。

第八百三十条 【提货】

货物运输到达后，承运人知道收货人的，应当及时通知收货人，收货人应当及时提货。收货人逾期提货的，应当向承运人支付保管费等费用。

【立法背景】

承运人将货物安全运到目的地后，并没有完成所有的运输义务，其还应当按照约定将货物交付给收货人。这是承运人的一项主要义务。

【条文精解】

承运人将货物安全运到目的地后，如果知道收货人，应当及时通知收货人，以便于收货人及时提货，因为收货人对于货物何时到达目的地一般是不知道的。但是在有的情况下，货物到达目的地后，承运人并不知道收货人是谁，而托运人又没有及时告知承运人，在此时，承运人就没有及时通知收货人的义务。例如，在海上货物运输中，托运人并没有告诉承运人收货人是谁，而只是在单证上写明"凭提示交付货物"，则承运人将货物运到目的地后，就可能不知道收货人是谁。所以本条才强调"承运人知道收货人的，应当及时通知收货人"。在货物到达目的地后，如果承运人不知道收货人是谁时，承运人应当通知托运人在合理期限内就运输的货物的处分作出指示。

一旦收货人接到承运人的通知，应当及时提货。这是收货人的主要义务。如果收货人在收到承运人的提货通知后的规定时间内或者没有规定时间而在合理时间内没有提取货物，而逾期提货的，应当向承运人支付逾期的保管费用，因为逾期提货给承运人造成损失，收货人应当承担损失。如果在逾期期间，货物因发生不可抗力而毁损、灭失，承运人不负赔偿责任。收货人提货时，应当将提单或者其他提货凭证交还给承运人，承运人一般也只有在收货人出示了提货凭证后，才能向收货人交付货物。如果按照运输合同的规定或者提货凭证的规定，应当由收货人交付全部或者部分运费，收货人应当向承运人履行交付运费的义务后，才有权利提取货物。

第八百三十一条 【收货人检验货物】

收货人提货时应当按照约定的期限检验货物。对检验货物的期限没有约定或者约定不明确，依据本法第五百一十条的规定仍不能确定的，应当在合理期限内检验货物。收货人在约定的期限或者合理期限内对货物的数量、毁损等未提出异议的，视为承运人已经按照运输单证的记载交付的初步证据。

【立法背景】

在货物运输合同中，承运人交付货物，收货人提货时，一个重要的问题就是收货人对货物的检验。货物经过运输后，其质量和数量很有可能发生变化，检验的目的是查明承运人交付的货物是否完好，是否与合同的约定相符合，因此对货物进行检验密切关系着收货人的利益。同时对货物进行检验，可以尽快地确定货物的质量状况和数量情况，明确责任，及时解决纠纷，有利于加速商品的流转。否则，就会使当事人的法律关系长期处于不稳定的状态，不利于维护健康正常的合同秩序。所以，本条强调收货人在提货时应当及时对货物进行检验，这是收货人的权利，也是其义务。

【条文精解】

对于收货人的检验时间，如果运输合同对检验时间有约定的，根据本条的规定，收货人应当在约定的期限内对货物进行检验。如果对检验货物的时间没有约定或者约定不明确的，应当依据本法第510条的规定来确定。如果依据第510条的规定仍不能确定的，则应当在合理期限内检验货物。这里的"合理期限"是一个弹性的规定，应当视实际情况确定具体的时间。对于货物的数量、较易发现的货物的毁损，收货人就应当在较短的时间内进行检验。例如，如果货物是易腐烂变质的东西，则收货人就应当在极短的时间内对货物进行检验。如果货物的毁损不是立即就能发现的，则收货人对货物进行检验的时间就会长一些。

如果收货人未在约定的期限内或者未在合理的期间内对货物的数量、毁损等提出异议时，其法律后果为何，制定合同法时曾有两种不同的意见：一种意见认为，应当视为承运人交付的货物与运输单证上记载的完全一样，承运人就不承担责任了。另一种意见认为，只能视为承运人已经按照运输单证的记载交付的初步证据。最终合同法基本上采纳了第二种意见，民法典继续维持这一规定未变。根据这一规定，收货人即使未在约定或者合理的期限内提出异议，但以后他仍可以提出据此进行异议和索赔的相反的证据，一旦有证据证明货物的毁损、灭失是发生在运输期间的，承运人仍应当赔偿。

第八百三十二条 【承运人对于货损的赔偿责任】

承运人对运输过程中货物的毁损、灭失承担赔偿责任。但是，承运人证明货物的毁损、灭失是因不可抗力、货物本身的自然性质或者合理损耗以及托运人、收货人的过错造成的，不承担赔偿责任。

【立法背景】

在货物运输中，承运人应当将货物安全运输到目的地，因此，承运人应当对自接受货物时起至交付货物时止所发生的货物的毁损、灭失承担损害赔偿责任。这里的"毁损"，是指运输的货物因损坏而价值减少；"灭失"，是指承运人无法将货物交付给收货人，既包括货物物质上的灭失，也包括占有的更新丧失及法律上不能回复占有的各种情形。本条明确规定，承运人对运输过程中货物的毁损、灭失承担赔偿责任，此种赔偿责任属于无过错责任，即该赔偿责任的成立，不以承运人在运输过程中存在过错为前提条件。

运输行为是风险作业，同时在运输过程中损害发生的原因也是极其复杂的，法律在强调保护托运人或者收货人利益的同时，也必须对承运人的利益作适当的保护，以体现公平的原则。法律对承运人的保护就体现在免责事由上。《铁路法》第18条规定，由于下列原因造成的货物、包裹、行李损失的，铁路运输企业不承担赔偿责任：（1）不可抗力；（2）货物或者包裹、行李中的物品本身的自然属性，或者合理损耗；（3）托运人、收货人或者旅客的过错。《海商法》第51条也规定了承运人在12种情况下，可以免除赔偿责任。合同法对运输合同中承运人的免责事由的规定借鉴了这些规定，民法典维持这一规定不变。

【条文精解】

根据本条规定，承运人可以免除赔偿责任的三种情况是：

1. 不可抗力

根据本法第180条的规定，不可抗力是当事人不能预见、不能避免且不能克服的客观情况。不可抗力包括地震、台风、洪水等自然灾害，也包括战争等社会现象。如果货物的毁损、灭失是因不可抗力造成的，承运人不承担赔偿责任。

2. 货物本身的自然性质或者合理损耗

货物本身的自然性质，主要是指货物的物理属性和化学属性。例如，运输的货物是气体，而气体的自然属性就是易挥发，如果由于挥发造成的损失，承运人就不承担损失。货物的合理损耗，主要是指一些货物在长时间的运输过程中，必然会有一部分损失，对于这一部分损失，承运人也不负赔偿责任。

3. 托运人、收货人的过错

这主要是指由于托运人或者收货人自身的原因造成的货物损失。根据本章的规定，包括以下几种情况：（1）由于托运人对货物包装的缺陷，而承运人在验收货物时又无从发现；（2）托运人自己装上运输工具的货物，加固材料不符合规定的条件或者违反装载规定，交付货物时，承运人无法从外部发现的；（3）托运人应当采取而未采取保证货物安全措施的；（4）收货人负责卸货造成的损失；（5）托运人应当如实申报，而没有如实申报造成损失，导致承运人没有采取相应的保护措施造成的；等等。

【实践中需要注意的问题】

承运人要求免除赔偿责任的，其应当负举证责任。如果承运人自己不能证明有不可抗力、货物本身的自然性质或者合理损耗以及托运人、收货人的过错的情形存在，其就要承担损害赔偿责任。

第八百三十三条 【确定货物赔偿额】

货物的毁损、灭失的赔偿额，当事人有约定的，按照其约定；没有约定或者约定不明确，依据本法第五百一十条的规定仍不能确定的，按照交付或者应当交付时货物到达地的市场价格计算。法律、行政法规对赔偿额的计算方法和赔偿限额另有规定的，依照其规定。

【立法背景】

在货物发生毁损、灭失的情况下，对于如何确定货物的赔偿额，本条作了明确规定。

【条文精解】

具体说来，应当根据以下规则来确定货物的损害赔偿额：

一是当事人对货物毁损、灭失的赔偿额有约定的，就应当按约定数额进行赔偿。当事人在合同中可能规定了一个总的赔偿数额，也有可能规定了一个赔偿额的计算方法。但有的情况下，当事人办理了保价运输，这也实际上是对赔偿额的一种约定。但是，要注意在保价运输的情况下，货物受损的赔偿。所谓保价运输，就是承运人处理托运人、收货人提出赔偿要求的一种方式，即托运人在办理托运货物的手续时或者与承运人签订合同时，向承运人要求进行保价运输，声明货物的价格，并支付保价费。这实际上是当事人之间对货物损害赔偿额的一种约定。一般情况下，保价额相当于货物的价值。托运人办理保价运输的，承运人应当按照实际损失进行赔偿，但最高不得超过保价额。实际损失低于保价额的，按照实际损失进行赔偿。

二是当事人对赔偿额没有约定或者约定不明确的，则承运人赔偿的数额应当依照本法第 510 条的规定进行确定。

三是如果依照本法第 510 条的规定仍不能确定的，则按照交付或者应当交付时货物到达地的市场价格计算。本条之所以要规定此时以交付时或者应当交付时货物到达地的市场价格来计算货物的赔偿额，目的在于使托运人或者收货人获得假如货物安全及时到达并按合同交付时所获得的利益，有利于保护托运人或者收货人的利益。这里的"交付时"，是指货物按时到达了目的地，但是货物有毁损的情况下，计算市场价格的起算时间；"应当交付时"，是指货物没有按时到达，而货物有毁损的或者货物根本就灭失了的情况下，市场价格的起算时间。

四是法律、行政法规对赔偿额的计算方法和赔偿限额另有规定的，应当依照其规定进行赔偿。我国各专门法对承运人的赔偿责任范围基本上都作了规定。对于法律、行政法规的这些规定，在计算承运人的赔偿额时应当遵守。

【实践中需要注意的问题】

如果托运人在托运货物时自愿办理了货物运输保险，在发生货物的毁损、灭失等保险事故时，得根据保险合同向保险人索赔。但保险人给付保险赔偿金后取得对承运人的赔偿金的代位求偿权。

第八百三十四条 【相继运输责任承担】

两个以上承运人以同一运输方式联运的，与托运人订立合同的承运人应当对全程运输承担责任；损失发生在某一运输区段的，与托运人订立合同的承运人和该区段的承运人承担连带责任。

【立法背景】

所谓相继运输，又称"连续运输"，就是多个承运人以同一种运输方式共同完成货物运输的一种运输方式。在相继运输中，托运人只与数个承运人中的某一个承运人签订运输合同，在实践中，主要是与第一承运人签订运输合同。相继运输中，一方面，同一运输方式的运输路线分为不同的运输区段，而完成这一运输过程必须经过若干运输区段、由不同运输区段的承运人完成；另一方面，运输关系要求特定的货物运输从起点到终点具有连续性、不能中断、不可分割的特性。在运输活动中，普遍存在的转车、转机、转船就是典型的相继运输，其主要特征就是"一票到底"，托运人只要与第一承运人签订运输合同，就可以享受全程所有区段的运输。

【条文精解】

本条规定包括两方面的内容：

一是在单式联运中，与托运人订立合同的承运人应当对全程运输承担责任。这就是说，订约的第一承运人应当对货物安全及时送达目的地负责，如果货物因为其他承运人的原因而未能安全及时送达目的地，订约的第一承运人应当就此对托运人或者收货人负责。

二是损失发生在某一运输区段的，与托运人订立合同的承运人和该区段的承运人承担连带责任。也就是说，如果查明货物的毁损、灭失是发生在某一具体运输区段的，由该区段的承运人和订约的第一承运人承担连带责任。

这有利于保障托运人的利益，使其可以对所受损失直接追偿。

第八百三十五条 【货物因不可抗力而灭失时运费处理】

货物在运输过程中因不可抗力灭失，未收取运费的，承运人不得请求支付运费；已经收取运费的，托运人可以请求返还。法律另有规定的，依照其规定。

【立法背景】

在运输活动中，常常出现这样一种情况，即托运的货物在运输过程中因不可抗力灭失了，货物的这种灭失不是因为承运人的原因造成的，也不是因为托运人、收货人的过错造成的。在这种情况下，对于货物灭失的风险根据本法第832条的规定，承运人不承担货物的损害赔偿责任，但是对于运费的支付风险应当如何处理呢？本条规定参考了海商法的规定，并借鉴了我国台湾地区"民法典"的规定。

【条文精解】

根据本条规定，运费的风险应当由承运人负担。即货物在运输过程中因不可抗力灭失，未收取运费的，承运人不得请求支付运费；已收取运费的，托运人可以请求返还。在立法过程中，对此曾有一定争议。有人认为，已经收取运费的，由于承运人已经运输了一段时间，所以承运人可以不返还运费。我们认为，托运人已经因货物的灭失而遭受了极大的损失，如果其还要负担运费，就意味着要承担双重损失，从公平和诚信的角度来讲，法律应当允许托运人请求承运人返还已支付的运费，使风险得以合理分担。所以，本条规定，已收取的运费，托运人可以请求返还。当然，如果其他法律对于运费的处理另有特别规定的，依照其规定处理。

第八百三十六条 【承运人留置权】

托运人或者收货人不支付运费、保管费或者其他费用的，承运人对相应的运输货物享有留置权，但是当事人另有约定的除外。

【立法背景】

收取运费、保管费以及其他运输费用（如承运人为托运人或者收货人垫付的报关费等）是承运人的主要权利。但是，托运人或者收货人不交付运费、保管费以及其他运输费用的，承运人可以采取什么措施保护自己的权利呢？对此本条明确规定，托运人或者收货人不支付运费、保管费或者其他运输费用的，承运人对相应的运输货物享有留置权。

【条文精解】

承运人在行使留置权时，应当注意下列事项：

第一，除法律另有规定外，承运人可以自行留置货物，不必通过法定程序留置货物。

第二，本条所指的对"相应的运输货物"享有留置权包括两层含义。一是对于可分的货物，承运人留置的货物应当合理和适当，其价值应包括未支付的运费、保管费或者其他运输费用加上可能因诉讼产生的费用，而不能留置过多的货物。当然，如果承运人根本就没有获得任何费用，他也可以对全部货物行使留置权。二是对于不可分的货物，承运人可以对全部货物进行留置，即使承运人已取得了大部分运费、保管费以及其他费用。

第三，本条还规定"但是当事人另有约定的除外"，此句包含了两层意思。一是指当事人如果在合同中约定即使在运费、保管费或者其他费用没有付清的情况下，承运人也不能留置货物的，承运人就不能留置货物。二是指如果托运人或者收货人提供了适当的担保，则承运人也不能留置货物。

第八百三十七条 【货物提存】

收货人不明或者收货人无正当理由拒绝受领货物的，承运人依法可以提存货物。

【立法背景】

在实际运输业务中，常因贸易合同纠纷或者其他原因，造成承运人将货物运输到目的地后，无法向收货人交货的情况，在这时应当如何处理？其他专门法对此有规定，比如《海商法》第86条规定，在卸货港无人提取货物或者收货人迟延、拒绝提取货物的，船长可以将货物卸在仓库或者其他适当场所，由此产生的费用和风险由收货人承担。民法典参考这些立法例作了本条规定。

【条文精解】

本条中的"收货人不明"既包括收货人下落不明，也包括在货物运输终止时，托运人并没有向承运人指明收货人是谁，而承运人向托运人通知请求其作出指示，而托运人逾期没有作出指示的情况。例如，在海上货物运输中，托运人有时在提单上注明"凭指示交付"的字样，而没有具体写明收货人是谁。

【实践中需要注意的问题】

（1）如果运输的货物不适于提存或者提存费用过高的，承运人应当可以依法拍卖或者变卖货物，然后提存所得的价款。例如，货物是易于腐烂的食品，则承运人就不能直接提存该食品。（2）在货物被提存后，承运人应当及时通知托运人，在收货人明确的情况下，应当及时通知收货人。（3）如果货物在提存后毁损、灭失的，则承运人不承担该货物毁损、灭失的风险。（4）如果承运人应得的运费、保管费以及其他费用加上提存的费用没有付清的，承运人可以依照规定留置该货物，将该货物拍卖或者折价，从中扣除运费和其他各种费用后，再提存剩余的价款或者没有被留置的相应货物。

第四节　多式联运合同

第八百三十八条　【多式联运经营人应当负责履行或者组织履行合同】
多式联运经营人负责履行或者组织履行多式联运合同，对全程运输享有承运人的权利，承担承运人的义务。

【立法背景】

随着国际贸易中越来越多地使用集装箱运送货物，实践中出现了一种新的运输方式——货物的多式联运。多式联运是至少以两种不同的运输方式将货物从接管的地点运至指定地点交付。与传统的单一运输方式相比，多式联运，特别是在成组运输的情况下，大大简化和加速了货物的装卸、搬运程序，运输服务从过去的港到港一直延伸到了门至门，减少了货损货差，降低了成本和费用，为贸易提供了一个更为理想、畅通、安全、经济、便利的运输方式。

以多式联运方式进行货物的运输在我国的贸易实践中已经大量出现，并且随着社会主义市场的发展，以多式联运的方式进行运输的行为会越来越普遍。这就需要有关多式联运合同方面的法律来对多式联运行为进行规范，海商法第四章第八节对多式联运合同虽然作了规定，但其在第102条明确规定，该法有关多式联运合同的规定只针对其中一种，必须是海上运输方式的多式联运合同，对其他不涉及海上运输方式的多式联运合同并不适用。同时，多式联运合同与其他一般运输合同相比有着许多特殊之处。为了适应运输贸易发展的需要和规范多式联运合同关系，民法典在运输合同一章专门设置了本节——多式联运合同。

本法所称的多式联运合同，是指多式联运经营人以两种以上的不同运输方式，负责将货物从接收地运至目的地交付收货人，并收取全程运费的合同。可见，以两种以上的不同运输方式进行运输是多式联运合同区别于传统运输合同的最大特征。

【条文精解】

在多式联运合同中，多式联运经营人处于一个比较特殊的位置。本条所指的多式联运经营人，是指本人或者委托他人以本人名义与托运人订立多式联运合同的人。他是事主，而不是托运人的代理人或者代表人，也不是参加多式联运的各承运人的代理人或者代表人。从本条的规定可知，多式联运经营人要根据多式联运合同履行运输义务或者组织承运人履行运输义务。多式联运经营人可分为两种类型：第一种是多式联运经营人自己拥有运输工具，并且直接参加了运输合同的履行。第二种是多式联运经营人自己不拥有运输工具或者不经营运输工具，也不直接从事运输活动，而是在签订多式联运合同后，通过双边合同与各运输方式承运人又单独签订各区段运输合同，组织其他承运人进行运输。但是不管多式联运经营人是属于哪一种情形，根据本条的规定，多式联运经营人都要对与之签订合同的托运人或者收货人承担全程运输的义务，同时根据本章的规定，多式联运经营人要承担全程运输所发生的责任和风险。当然，他也享有作为全程运输承运人的权利，例如，有向托运人或者收货人要求运输费用的权利等。

第八百三十九条 【多式联运经营人责任承担】

多式联运经营人可以与参加多式联运的各区段承运人就多式联运合同的各区段运输约定相互之间的责任；但是，该约定不影响多式联运经营人对全程运输承担的义务。

【立法背景】

多式联运应当规定什么样的责任制度？一种意见认为，在多式联运中，应当实行分散责任制度，也就是说，多式联运经营人无须对全程运输负责，有关责任由发生责任的区段上的实际承运人负责并适用该区段的相应法律。另一种意见认为，多式联运运输中应当实行统一责任制度，即多式联运经营人对全程运输负责，多式联运经营人与实际承运人之间可另以合同约定相互之间的责任。分散责任制度不利于保护托运人或者收货人的利益，不利于托运人或者收货人索赔。同时，托运人只与多式联运经营人签订合同，其一般不知道也无须知道货物的运输会由其他承运人来进行。从承担责任的依据上讲，在多式联运运输中实行统一责任制度更合理。

【条文精解】

本条规定，多式联运经营人可以与参加多式联运的各区段承运人就多式联运合同的各区段运输约定相互之间的责任；但是，该约定不影响多式联运经营人对全程运输承担的义务。也就是说，多式联运经营人对全程运输中所发生的责任对托运人或者收货人负全责，但是多式联运经营人可以与参加多式联运的各区段运输的实际承运人约定相互之间的责任。例如，在一个海陆空的多式联运合同中，多式联运经营人与海上运输区段的承运人、陆路运输区段的承运人、航空运输区段的承运人分别对每一段的运输责任约定，在多式联运经营人对托运人或者收货人负全程的运输责任后，可以依据其与每一区段的运输承运人签订的合同，向其他承运人追偿。

第八百四十条 【多式联运单据】

多式联运经营人收到托运人交付的货物时,应当签发多式联运单据。按照托运人的要求,多式联运单据可以是可转让单据,也可以是不可转让单据。

【立法背景】

在多式联运中,当多式联运经营人收到托运人交付的货物时,应当向托运人签发多式联运单据。所谓多式联运单据,就是证明多式联运合同存在及多式联运经营人接管货物并按合同条款提交货物的证据。多式联运单据应当由多式联运经营人或者经他授权的人签字,这种签字可以是手签、盖章、符号,或者用任何其他机械或者电子仪器打出来的。

【条文精解】

多式联运单据一般包括以下 15 项内容:(1)货物品类、标志、危险特征的声明、包数或者件数、重量;(2)货物的外表状况;(3)多式联运经营人的名称与主要营业地;(4)托运人名称;(5)收货人名称;(6)多式联运经营人接管货物的时间、地点;(7)交货地点;(8)交货日期或者期间;(9)多式联运单据可转让或者不可转让的声明;(10)多式联运单据签发的时间、地点;(11)多式联运经营人或其授权人的签字;(12)每种运输方式的运费、用于支付的货币、运费由收货人支付的声明等;(13)航线、运输方式和转运地点;(14)关于多式联运遵守《联合国国际货物多式联运公约》的规定的声明;(15)双方商定的其他事项。但是以上一项或者多项内容的缺乏,不影响单据作为多式联运单据的性质。如果多式联运经营人知道或者有合理的根据怀疑多式联运单据所列的货物品类、标志、包数或者数量、重量等没有准确地表明实际接管货物的状况,或者无适当方法进行核对的,多式联运经营人应在多式联运单据上作出保留,注明不符合之处及怀疑根据或无适当核对方法。如果不加批注,则应视为已在多式联运单据上注明货物外表状况的良好。

根据本条的规定,多式联运单据依托运人的要求,可以是可转让的单据,也可以是不可转让的单据。在实践中,只有单据的签发人(即多式联运经营人)承担全程责任时,多式联运单据才有可能作为可转让的单据。此时,多式联运单据具有物权凭证的性质和作用。在作为可转让的多式联运单据时,应当列明按指示或者向持票人交付。如果是凭指示交付货物的单据,则该单据经背书才可转让；向持票人交付货物时，则该单据无须背书即可以转让。当签发一份以上可转让多式联运单据正本时，应当注明正本份数，收货人只有提交可转让多式联运单据时才能提取货物，多式联运经营人按其中一份正本交货后，即履行了交货人的义务；如果签发副本，则应当注明"不可转让副本"字样。如果多式联运经营人按托运人的要求签发了不可转让多式联运单据，则应当指明记名的收货人，多式联运承运人将货物交给不可转让单据所指明的记名收货人才算履行了交货的义务。

第八百四十一条 【托运人应当向承运人承担过错责任】

因托运人托运货物时的过错造成多式联运经营人损失的，即使托运人已经转让多式联运单据，托运人仍然应当承担赔偿责任。

【立法背景】

在多式联运中，托运人一般应当承担以下三方面的责任：

一是保证责任。即在多式联运经营人接管货物时，发货人应视为已经向多式联运经营人保证他在多式联运单据中所提供的货物品类、标志、件数、重量、数量及危险特性的陈述的准确无误，并应对违反这项保证造成的损失负赔偿责任。

二是对凡是因为托运人或者其受雇人或者代理人在受雇范围内行事时的过失或者大意而给多式联运经营人造成损失的，托运人应当向多式联运经营人负赔偿责任。

三是运送危险物品的特殊责任。托运人将危险品交多式联运经营人时，应当告知多式联运经营人危险物品的危险特性，必要时应告之应采取的预防措施。否则，其要对多式联运经营人因运送这类货物所遭受的损失负赔偿责任。

【条文精解】

在多式联运中，即使托运人已经转让多式联运单据，如果托运人因自己的过错给多式联运经营人造成损失的，托运人仍然应当承担损害赔偿责任。也就是说，托运人赔偿多式联运经营人的损失不受多式联运单据是否转让的影响，只要因托运人的过错造成多式联运经营人损失的，不管多式联运单据在谁手中，多式联运经营人都可向托运人要求赔偿，而不能向持票人或者收货人要求赔偿。

第八百四十二条 【多式联运经营人承担赔偿责任所适用法律】

货物的毁损、灭失发生于多式联运的某一运输区段的，多式联运经营人的赔偿责任和责任限额，适用调整该区段运输方式的有关法律规定；货物毁损、灭失发生的运输区段不能确定的，依照本章规定承担赔偿责任。

【立法背景】

在传统的单一运输方式中，对于承运人的赔偿问题基本上都有专门的运输法或者行政法规作了规定。但在多式联运中，由于其最大的特点就是用不同的运输方式进行运输，而我国的各专门运输法或者行政法规对不同的运输方式中的赔偿责任和赔偿限额的规定是不相同的，所以就存在一个问题，即一旦货物发生毁损、灭失，多式联运经营人根据什么法律或者行政法规承担赔偿责任和确定赔偿限额？

【条文精解】

本条规定就此确立了两个规则：

第一，如果货物发生毁损灭失的区段是确定的，多式联运经营人的赔偿责任和责任限额，适用调整该区段运输方式的有关法律的规定。该原则体现了目前国际通行的多式联运经营人的"网状责任制"。例如，托运人与多式联运经营人签订了一项从北京至纽约的多式联运合同。全程运输分为三个区段，首先是从北京至天津的公路运输，其次是天津到旧金山的国际海运，最后是从旧金山到纽约的铁路运输。如果货物的毁损、灭失能够确定发生在中国的公路运输区段，则多式联运经营人的赔偿责任和责任限额就按中国的公路运输方面的法律或者行政法规进行办理；如果发生在国际海运区段则按我国海商法的有关规定进行赔偿；如果发生在美国的铁路运输区段，就应按照美国的铁路法的规定进行办理。本条规定的网状制度的主要缺点是责任制度不确定，随发生损失的区段而定，事先难以把握。它的优点是多式联运经营人承担的赔偿责任与发生损坏区段承运人所负责任相同，使组织多式联运的经营人不承担不同责任的风险，便利了多式联运的组织工作和多式联运的发展。这也是国际上通行此项责任制度的主要原因。

第二，对于货物发生毁损、灭失的运输区段不能确定的，多式联运经营人应当依照本章的规定承担损害赔偿责任。在多式联运中，货损发生的运输区段有时不易查清，网状责任制通常用"隐蔽损害一般原则"规定多式联运经营人的责任，即对这一类货损采用某项统一规定的办法确定经营人的责任。本条规定，对于隐蔽货损，即货损发生区段不能确定时，多式联运经营人应当按照本章关于承运人赔偿责任和责任限额的规定负赔偿责任。

【实践中需要注意的问题】

本条没有涉及多式联运经营人如何向各区段承运人追偿此项赔偿金的问题。在货损区段能够确定时，多式联运经营人可以向其承运人追偿。如果是隐蔽货损，除合同另有约定外，多式联运经营人是无法向任何人追偿的。因此，如果多式联运经营人要摆脱这种损失，唯一的办法就是通过与参加多式联运的各区段承运人之间订立的运输合同获得适当解决方案。对此本节第839条作了规定，即多式联运经营人可以与参加多式联运的各区段承运人约定相互之间的责任。

第二十章 技术合同

第一节 一般规定

第八百四十三条 【技术合同定义】

技术合同是当事人就技术开发、转让、许可、咨询或者服务订立的确立相互之间权利和义务的合同。

【立法背景】

在民法典编纂征求意见时，许多意见提出，现实生活中，对技术的使用不仅仅是开发、转让、咨询或者提供技术服务，更多是许可他人使用技术。《合同法》第322条对技术合同的定义中没有规定技术许可合同，导致实践中当事人就技术许可订立合同没有法律依据，产生的纠纷不好解决，建议补充这一内容。持这一意见的人还提出，现行许多法律特别是涉及知识产权的法律已明确规定当事人对自己拥有的技术，或者享有的知识产权的智力成果可以许可他人使用。考虑到技术许可与技术转让具有不同的法律含义，立法部门决定将技术许可的内容在技术合同一章单独作出规定，对此，本条也在保留《合同法》第322条内容的基础上，增加技术合同包括当事人就技术许可确立相互之间权利和义务的合同这一内容。

【条文精解】

根据本条规定，技术合同是当事人就技术开发、转让、许可、咨询或者服务订立确立相互之间权利和义务的合同。根据本条规定，技术合同具有以下特征：

其一，技术合同属于民法典规定的一种有名合同，具有合同的一般特征。

其二，技术合同的主体是平等主体的自然人、法人、非法人组织。

其三，技术合同的标的是技术开发、技术转让、技术许可、技术咨询、技术服务。技术合同的标的是凝聚着人类智慧的创造性的劳动成果，或者是利用劳动成果为社会提供的服务。技术合同的标的既可以是物，也可以是行为。

其四，技术合同的内容是当事人就技术开发、技术转让、技术许可、技术咨询、技术服务所确立的相互之间权利和义务关系。这种权利义务关系，有自己的特殊性。比如，技术合同履行过程中常常出现相关权利（发明权、专利权、非专利权使用权等）的归属问题；技术合同的标的多数是无形的，特别是技术转让合同的一方当事人允许他方使用自己的技术多数是无形的；使用技术合同标的的主体可以是一个主体，也可以是多个主体。而在我们实际生活中，合同的标的多为有形物，标的为多个主体同时占有、使用的也很少。另外，由于技术是一种知识性的商品，其价款没有统一的、现成的标准，技术商品如何计价就突显其复杂性。

其五，技术合同是双务、有偿合同。在技术合同中，当事人双方都各自承担着相应的义务并享有相应的权利，一方当事人权利的取得，需要以履行自己的义务为代价。

其六，技术合同是技术商品生产和消费之间的一个媒介。技术成果不被运用难以体现其自身的价值，技术成果的持有者只有与需求方联合才可以将技术成果转化为现实的生产力，而这种联合往往是通过技术合同这种形式实现的。

第八百四十四条 【订立技术合同应当遵循的原则】

订立技术合同，应当有利于知识产权的保护和科学技术的进步，促进科学技术成果的研发、转化、应用和推广。

【立法背景】

科学技术是第一生产力，是经济和社会发展的首要推动力量，是国家强盛的决定性因素。当今世界蓬勃发展的新科技革命，使科学技术空前广泛地渗透到人类社会的各个领域，不仅促使社会生产力的巨大飞跃，而且引起世界格局的深刻变化。基础研究、应用研究与技术开发之间出现了叠合和交叉，技术成果转化为商品的生产周期不断缩短，科技、教育和生产之间的联系更加密切。由于科学技术具有上述巨大作用，我们必须充分利用科学技术，而科学技术利用的媒介之一就是要通过订立技术合同来完成，为此本条规定了订立技术合同应当遵循的原则。

【条文精解】

订立技术合同，应当遵循以下原则：

1. 有利于知识产权保护的原则

知识产权制度通过对智力成果完成人民事权利的保护，体现了国家发展科技、鼓励创新、促进产业发展，保持国家竞争力的政策意志和战略目标。随着当代科学技术日新月异，高新技术及其产业迅猛发展，世界范围内的经济竞争呈现信息化、知识化趋势，知识产权保护在国家经济、社会发展和科技进步中的战略地位进一步增强，成为国家技术创新体系的重要组成部分，故本次编纂民法典规定了技术合同，同时，对订立该合同应有利于保护知识产权作出明确规定，以适应加强知识产权保护的需要。

2. 有利于科学技术的进步，促进科学技术成果的研发、转化、应用和推广的原则

技术合同是技术成果商品化的法律形式，实行技术合同的目的，是将技术成果推向市场，创造更大的经济效益和社会效益。因此，当事人在订立技术合同时，应当从推动科学技术进步、促进科技与经济发展出发，确定权利义务，努力研究开发新技术、新产品、新工艺、新材料及其系统，促进先进适用的科技成果在生产实践中获得应用，使科学技术更好地为社会主义现代化建设服务。规定这一原则的目的，在于鼓励和引导当事人正确运用技术合

同这一有效的法律形式，在科研和生产之间架起一座桥梁，促使技术成果尽快向生产领域转移，形成新的生产力。

第八百四十五条 【技术合同条款的内容】

技术合同的内容一般包括项目的名称，标的的内容、范围和要求，履行的计划、地点和方式，技术信息和资料的保密，技术成果的归属和收益的分配办法，验收标准和方法，名词和术语的解释等条款。

与履行合同有关的技术背景资料、可行性论证和技术评价报告、项目任务书和计划书、技术标准、技术规范、原始设计和工艺文件，以及其他技术文档，按照当事人的约定可以作为合同的组成部分。

技术合同涉及专利的，应当注明发明创造的名称、专利申请人和专利权人、申请日期、申请号、专利号以及专利权的有效期限。

【立法背景】

订立技术合同的当事人应当在平等、自愿的基础上，协商确定合同内容。技术合同的内容即合同条款是当事人权利和义务的体现，也是当事人履行合同、判明违约责任的主要依据。技术合同条款一般由合同双方当事人协商约定，不需要由法律作出具体规定。但是，考虑到我国法律知识尚不普及，技术合同的内容比较复杂，有必要在法律中作一些规定，以指导当事人订立技术合同。

【条文精解】

通常来说，技术合同的一般包括以下内容：（1）项目名称；（2）标的的内容、范围和要求；（3）履行的计划、进度、期限、地点、地域和方式；（4）技术情报和资料的保密；（5）风险责任的承担；（6）技术成果的归属和收益的分成办法；（7）验收标准和方法；（8）价款、报酬或者使用费及其支付方式；（9）违约金或者损失赔偿的计算方法；（10）解决争议的方法；（11）名词和术语的解释。

上述技术合同的内容是指导性条款，不要求订立技术合同的当事人必须采用，也不限制当事人在合同中约定其他权利义务，如当事人可以约定对技术合同的担保等。

技术合同涉及专利的，还应当遵守专利法的有关规定，合同中应当注明发明创造的名称、专利申请人和专利权人、申请日期、申请号、专利号以及专利权的有效期限。本条第 3 款的规定是一个义务性规定，对双方当事人具有一定的约束力，如果当事人订立技术合同时，合同标的涉及专利的，就应当按照本款的规定执行。

第八百四十六条 【技术合同价款、报酬和使用费支付方式】

技术合同价款、报酬或者使用费的支付方式由当事人约定，可以采取一次总算、一次总付或者一次总算、分期支付，也可以采取提成支付或者提成支付附加预付入门费的方式。

约定提成支付的，可以按照产品价格、实施专利和使用技术秘密后新增的产值、利润或者产品销售额的一定比例提成，也可以按照约定的其他方式计算。提成支付的比例可以采取固定比例、逐年递增比例或者逐年递减比例。

约定提成支付的，当事人可以约定查阅有关会计账目的办法。

【立法背景】

价款、报酬和使用费是技术作为技术合同标的的价金，也是一方当事人获取、使用技术所应支付的代价。通常这种代价，在技术转让合同中称为价款，在技术开发合同、技术服务合同中称为报酬，在技术转让合同（如专利技术转让合同）中称为使用费。价款、报酬和使用费是技术作为知识形态的商品价值的货币表现形式，也是技术作为商品进行等价交换的结果。

由于技术在形成过程中所耗费的人类劳动、使用的资金、运用的科技知识、信息、经验、技能和研究方法的不同，以及技术产生的经济效益和社会效益的不同，技术没有统一的市场价格，也不能由国家根据经济理论和价格政策确定，所以技术合同的价款、报酬和使用费由当事人协商确定。当事人应当根据技术成果的经济效益和社会效益、研究开发技术的成本、技术成果的工业化开发程度、当事人享有的权益和承担的责任等，在订立合同时协商议定。当事人除在合同中约定技术合同价款、报酬或者使用费外，还应当约定技术合同价款、报酬或者使用费的支付方式。

【条文精解】

1. 技术合同价款、报酬和使用费的支付方式

（1）一次总算、一次总付。这种方式是技术合同的一方当事人在合同成立后，将合同约定的全部价款、报酬或者使用费向另一方当事人一次付清。

（2）一次总算、分期支付。这种方式是技术合同的当事人将技术合同的价款、报酬、使用费在合同中一次算清，一方当事人在合同成立后，分几次付清合同约定的价款、报酬或者使用费。

（3）提成支付。这种方式是技术合同的一方当事人在接受技术成果或者其他智力劳动成果后，从付诸实施的技术成果或者技术服务后所获得的收益中，按照约定的比例提取部分收入交付给另一方当事人作为技术合同的价款、报酬或者使用费。这种方式的价款、报酬、使用费取决于实施方实际取得的收益，较为科学，在实践中适用较为普通。

（4）提成支付附加预付入门费。这种方式是指接受技术的一方当事人在合同成立后或者在取得技术成果后先向另一方当事人支付部分价款、报酬或者使用费（称为入门费或初付费），其余部分按照合同约定的比例提成，并按照合同约定的时间支付。这笔入门费将来抵作技术合同的价款、报酬或者使用费的一部分。实践中，这笔入门费通常占技术合同的价款、报酬或者使用费的 10% 到 20%。

2. 提成支付的计算方式

本条第 2 款规定，当事人约定提成支付的，可以按照产品价格、实施专利和使用技术秘密后新增的产值、利润或者产品销售额的一定比例提成，也可以按照约定的其他方式计算。具体如下：

（1）按照产品的价格提成，是指按照已经利用的技术成果或者技术服务生产的产品的售价的一定比例作为技术合同的价款、报酬或者使用费。

（2）按照新增产值提成，是指按照已经利用的技术成果或者技术服务后新增加的产值的一定比例作为技术合同的价款、报酬或者使用费。

（3）按照新增利润提成，是指按照已经利用的技术成果或者技术服务后新增加的利润的一定比例作为技术合同的价款、报酬或者使用费。

（4）按照产品销售额提成，是指按照已经利用的技术成果或者技术服务后产生的销售额的一定比例作为技术合同的价款、报酬或者使用费。

（5）按照其他方式提成。例如，最低提成费，即支付方每年支付的提成不得低于某一个固定的金额。

提成支付的比例可以采取固定比例，也可采取逐年递增比例或者逐年递减比例确定。

3. 提成支付时，接受价款、报酬或者使用费的一方当事人有权查阅账目

当事人约定提成支付的，由于这种支付方式存在计算、监督、检查复杂等问题，因此，本条第3款规定，约定提成支付的，当事人可以约定查阅有关会计账目的办法。这一规定是为了保护提成支付方式中接受价款、报酬或者使用费一方当事人的合法权益而作出的规定，对于接受价款、报酬或者使用费一方当事人是一项权利，对于支付价款、报酬或者使用费一方当事人是一项义务。

第八百四十七条 【职务技术成果及职务技术成果财产权归属】

职务技术成果的使用权、转让权属于法人或者非法人组织的，法人或者非法人组织可以就该项职务技术成果订立技术合同。法人或者非法人组织订立技术合同转让职务技术成果时，职务技术成果的完成人享有以同等条件优先受让的权利。

职务技术成果是执行法人或者非法人组织的工作任务，或者主要是利用法人或者非法人组织的物质技术条件所完成的技术成果。

【立法背景】

技术成果，是指利用科学技术知识、信息和经验作出的产品、工艺、材料及其改进等技术方案。包括专利、专利申请、技术秘密、计算机软件、集成电路布图设计、植物新品种等。

技术成果的财产权，即使用和转让技术成果的权利。技术成果财产权的归属要根据技术成果是职务技术成果还是非职务技术成果来决定。

【条文精解】

一项技术成果，根据完成技术成果的个人的研究开发活动与岗位职责及法人或者非法人组织的物质技术投入的关系，可以划分为职务技术成果和非职务技术成果。

职务技术成果是执行法人或者非法人组织的工作任务或者主要是利用法人或者非法人组织的物质技术条件所完成的技术成果。依据这一规定，确认职务技术成果的标准有两条：一是执行法人或者非法人组织的工作任务；二

是主要是利用法人或者非法人组织的物质技术条件。

执行法人或者非法人组织的任务，主要是指承担法人或者非法人组织的科学研究和技术开发课题或者履行本岗位的职责。利用法人或者非法人组织的物质技术条件，是指利用法人或非法人组织提供的资金、设备、器材、未公开的技术情报和资料。但是，利用法人或者非法人组织提供的物质技术条件，按照事先约定，返还资金或交纳使用费的不在此限。调动工作的人员既执行了原法人或者非法人组织的任务，又利用了所在法人或者非法人组织的物质技术条件所完成的技术成果，由其原法人或者非法人组织和所在法人或者非法人组织合理分享。确认技术成果是不是职务技术成果，并不要求同时具备上述两个条件，只要具备一个条件就可以认定是职务技术成果。

职务技术成果的使用权、转让权属于法人或者非法人组织，法人或者非法人组织可以就该项职务技术成果订立技术合同。个人未经法人或者非法人组织同意，擅自以生产经营为目的使用、转让法人或者非法人组织的职务技术成果，是侵犯法人或者非法人组织技术权益的侵权行为。

第八百四十八条 【非职务技术成果财产权归属】

非职务技术成果的使用权、转让权属于完成技术成果的个人，完成技术成果的个人可以就该项非职务技术成果订立技术合同。

【立法背景】

未执行法人或者非法人组织的工作任务，也未利用法人或非法人组织的物质技术条件所完成的技术成果，是非职务技术成果。本条对其财产权归属作了明确规定。

【条文精解】

非职务技术成果的使用权、转让权属于完成技术成果的个人。完成技术成果的个人有权就该项非职务技术订立技术合同，转让或者许可他人使用非职务技术成果，有权获得因使用或者转让该项技术成果所取得的收益。本条规定对非职务技术成果的完成人订立合同使用、转让技术成果的权利给予充分的法律保护，对于调动人们从事科学技术的研发、转化、运用和推广的积极性，促进科学技术的进步，具有重要意义。非职务技术成果如何使用，或者如何转让，完全由完成该项非职务技术成果的个人依法自行支配，法人或者非法人组织不得干涉。

法人或者非法人组织擅自以生产经营目的使用或者转让属于个人的非职务技术成果，是侵犯个人合法权益的行为。

第八百四十九条 【技术成果人身权】

完成技术成果的个人享有在有关技术成果文件上写明自己是技术成果完成者的权利和取得荣誉证书、奖励的权利。

【立法背景】

技术成果财产权的归属要根据技术成果是职务技术成果还是非职务技术成果来决定，本法前两条对此作了明确规定。本条是关于技术成果人身权的规定，不区分是职务技术成果还是非职务技术成果。

【条文精解】

技术成果的人身权，即在有关技术成果文件上署名，以及取得国家荣誉证书、奖章和其他奖励的权利。这一权利与技术成果的完成者人身紧密相连，因此，这一权利应当属于对完成技术成果作出了创造性贡献的个人。因技术成果产生的人身权利专属于完成该项技术成果的个人，其他任何人无权分享。故本条规定完成技术成果的个人享有在有关技术成果文件上写明自己是技术成果完成者的权利和取得荣誉证书、奖励的权利。

第八百五十条 【技术合同无效情形】

非法垄断技术或者侵害他人技术成果的技术合同无效。

【立法背景】

合同的无效，是指合同虽然已经成立，但因其违反法律、行政法规或社会公共利益而被确认为不具有法律效力。订立合同是当事人的一种民事法律行为。民法典在总则第六章民事法律行为第三节对民事法律行为的效力和合同编第三章对合同的效力都作了详细规定，当事人在订立技术合同时当然也应当遵循这些规定，以避免所签订的技术合同无效。

除此之外，本条根据技术合同的特点明确了技术合同无效的两种情形，即非法垄断技术或者侵害他人技术成果的技术合同无效。

【条文精解】

非法垄断技术，是指合同的一方当事人通过合同条款限制另一方当事人在合同标的技术的基础上进行新的研究开发，限制另一方当事人从其他渠道吸收技术，或者阻碍另一方当事人根据市场的需求，按照合理的方式充分实施专利和使用技术秘密。非法垄断技术条款与正常的合同中约定限制对方当事人不得为某些行为的条款不同。在符合法律规定的情况下，当事人可以约定技术情报资料的保密义务，约定实施专利或者使用非专利技术的范围，也可以采取限定的几种许可形式实施技术。

侵害他人技术成果，是指侵害另一方或者第三方的专利权、专利申请权、专利实施权、技术秘密使用权和转让权或者发明权、发现权以及其他科技成果权的行为。主要是未经拥有者或者持有技术成果的个人或者法人、非法人组织的许可，而与他人订立自己无权处分技术成果的技术合同，或者订立侵害技术成果完成人身份权、荣誉权的技术合同。

第二节　技术开发合同

第八百五十一条 【技术开发合同定义和种类】

技术开发合同是当事人之间就新技术、新产品、新工艺、新品种或者新材料及其系统的研究开发所订立的合同。

技术开发合同包括委托开发合同和合作开发合同。

技术开发合同应当采用书面形式。

当事人之间就具有实用价值的科技成果实施转化订立的合同，参照适用技术开发合同的有关规定。

【立法背景】

本条规定源自《合同法》第330条，这次编纂民法典对这一规定主要有两处修改：一是增加"新品种"为技术开发合同的标的，目的是为鼓励推出技术新品种，研究开发新品种。二是在第4款将具有"产业应用"价值的科技成果修改为具有"实用"价值的科技成果，目的是扩大科技成果实施转化

【条文精解】

1. 技术开发合同的概念和特点

技术开发合同是当事人之间就新技术、新产品、新工艺、新品种或者新材料及其系统的研究开发所订立的合同。技术开发合同具有以下特点：

（1）技术开发合同通常是双务合同、有偿合同。

（2）技术开发合同是一种要式合同。本条第3款规定当事人订立技术开发合同应当采用书面形式。

（3）技术开发合同的标的（新技术、新产品、新工艺、新品种或者新材料）应有相对新的特点。新技术、新产品、新工艺、新产品或者新材料及其系统，一般是指当事人在订立技术合同时尚未掌握的产品、工艺、品种、材料及其系统等技术方案，但是在技术上没有创新的现有产品改型、工艺变更、品种更新、材料配方调整以及技术成果的检验、测试和使用除外。

（4）技术开发合同风险性较大。由于技术开发是一项探索未知的活动，受各方面条件的限制，可能双方尽了很大的努力，也难以达到订立合同的目的，因此订立技术开发合同必须依据本法的有关规定，明确合同各方的责任和所承担的风险。

2. 技术开发合同的种类

根据本条第2款的规定，技术开发合同包括委托开发合同和合作开发合同。

委托开发合同，是指当事人一方委托另一方进行研究开发所订立的合同。即委托人向研究开发人提供研究开发经费和报酬，研究开发人完成研究开发工作并向委托人交付研究成果。委托开发合同的特征是研究开发人以自己的名义、技术和劳务独立完成研究开发工作，委托人不得非法干涉。

合作开发合同，是指当事人各方就共同进行研究开发所订立的合同。即当事人各方共同投资、共同参与研究开发活动、共同承担研究开发风险、共享研究开发成果。合作开发合同的各方以共同参加研究开发中的工作为前提，可以共同进行全部研究开发工作，也可以约定分工，分别承担相应的部分。当事人一方仅提供资金、设备、材料等物质条件或者承担辅助协作事项，由另一方进行研究开发工作的合同，是委托开发合同。

3. 技术开发合同的内容

技术开发合同的内容由双方当事人在平等、自愿的基础上协商确定。合同的内容一般应当具备下列条款：（1）项目名称；（2）标的技术的内容、形式和要求；（3）研究开发计划；（4）研究开发经费或者项目投资的数额及其支付、结算方式；（5）利用研究开发经费购置的设备、器材、资料的权利归属；（6）履行的期限、地点和方式；（7）风险责任的承担；（8）技术成果的归属和分享；（9）验收的标准和方法；（10）报酬的计算和支付方式；（11）违约金或者损失赔偿额的计算方法；（12）技术协作和技术指导的内容；（13）争议的解决办法；（14）名词和术语的解释。

4. 科技成果实施转化合同参照适用技术开发合同

当事人之间就具有实用价值的科技成果实施转化订立的合同，是指当事人之间就具有实用价值但尚未实现工业化应用的科技成果包括阶段性技术成果，以实现该科技成果工业化应用为目标，约定后续试验、开发和应用等内容的合同。实践中，当事人就科技成果实施转化订立的合同逐渐增多，为适应技术创新和科技产业化的需要，本条第4款规定这些合同参照适用技术开发合同的规定。

第八百五十二条 【委托开发合同的委托人主要义务】

委托开发合同的委托人应当按照约定支付研究开发经费和报酬，提供技术资料，提出研究开发要求，完成协作事项，接受研究开发成果。

【立法背景】

委托开发合同为双务合同，作为当事人一方的委托人需承担的主要义务为支付研究开发经费和报酬、提出研究开发要求、接受研究开发成果等，而提供技术资料、完成协作事项等，为委托人应尽的附随义务，本条对此作了明确规定。

【条文精解】

根据本条规定，委托开发合同的委托人主要义务有：

1. 支付研究开发经费和报酬

研究开发经费，是指完成研究开发工作所需要的成本。除合同另有约定外，委托人应当提供全部研究开发工作所需要的经费，包括购买研究必需的设备仪器、研究资料、试验材料、能源、试制、安装以及情报资料等费用。研究开发经费是委托开发合同履行所必需的费用，一般应当在合同成立后，研究工作开始前支付，也可以根据研究的进度分期支付，但不得影响研究开发工作的正常进行。当事人应当在合同中约定研究开发经费的结算办法。

委托人向研究开发人支付的报酬，是指研究开发成果的使用费和研究开发人员的科研补贴。与研究开发经费不同，它是研究开发人获得的劳动收入。合同约定研究开发经费的一定比例作为使用费和科研补贴的，可以不单列报酬。

2. 提供技术资料

委托开发工作是研究开发人根据委托人的要求进行的，只有委托人提供完备的技术资料，以及研究开发人所要求的必要的技术背景资料，研究开发人的研究开发才能更好地满足其要求、研究开发工作才能顺利地进行。因此，合同成立后，委托人负有按照合同约定提供研究开发工作必要的技术资料的义务。在研究开发过程中，委托人还应当及时应研究开发人的要求，补充必要的背景资料，但应以研究开发人为履行合同所需要的范围为限。

3. 提出研究开发要求

委托开发，是委托人有研发新技术、新产品、新工艺、新品种、新材料的要求，委托给开发人进行研究开发。开发人必须按照委托的要求，开展研究开发工作，只有这样完成的开发工作成果才能符合委托人的预期。因此，委托开发合同的委托人应当明确具体地提出研究开发要求，提出对研究开发的具体愿望是什么，目标是什么，希望研究开发工作成果是什么样子，达到什么标准，符合什么条件等，技术要求、时间要求、质量要求等是什么。委托人提出的研究开发要求要有可操作性。

4. 完成协作事项

委托开发合同是研究开发方按照委托人的要求进行研究开发工作的，为了保证研究开发工作的顺利进行，取得预期的成果，委托方除了按照合同的约定支付研究开发经费和报酬，提供技术资料外，还必须配合研究开发方的研究开发工作，做好必要的协助工作，即委托人负有完成委托开发合同的协作义务。但是，委托人为研究开发人完成协作事项，只是为研究开发工作提供的辅助性劳动，不能因此认为是参加了开发研究，将委托开发合同变为合作开发合同。研究开发人需要委托人提供哪些协作、辅助事项，最好在委托开发合同中作出明确的约定，合同一旦约定，委托人必须履行。

5. 接受研究开发成果

委托开发合同履行后，委托人享有接受该项研究开发成果的权利。这也是委托人的义务。委托人应当按期接受这一成果。当事人可以在合同中约定委托人接受研究开发成果的方式、时间或者期限，便于合同及时履行。

技术开发成果通常体现在一定的载体上，规定申请认定登记的技术合同，当事人约定提交有关技术成果的载体，不得超出合理的数量范围。

第八百五十三条 【委托开发合同的研究开发人主要义务】

委托开发合同的研究开发人应当按照约定制定和实施研究开发计划，合理使用研究开发经费，按期完成研究开发工作，交付研究开发成果，提供有关的技术资料和必要的技术指导，帮助委托人掌握研究开发成果。

【立法背景】

委托开发合同为双务合同，作为当事人一方的研究开发人负有与合同性质相应的义务，本条对此作了明确规定。

【条文精解】

根据本条规定，委托开发合同的研究开发人主要义务有：

1. 制定和实施研究开发计划

委托开发合同是委托人委托研究开发人进行研究开发的一种合同。为保证研究开发成果符合委托人的要求，研究开发人应当按照委托人的要求、合同的约定制定和实施研究开发计划。研究开发计划是委托开发合同的研究开发人就合同标的的研究开发而事先拟定的需要经过委托人同意的研究开发工作的具体步骤、具体内容、具体程序等，是指导研究开发工作的基本文件，是完成开发工作的前提，对保证研究开发工作的顺利完成具有根本性的作用。研究开发计划一般包括研究开发的基本目标、研究开发的方法与方案、研究开发的速度、研究开发的试验方法等。

2. 合理使用研究开发经费

研究开发经费是委托人支付给研究开发人专为研究开发工作使用的，用于研究开发合同标的所需要的费用。该费用通常是在委托开发合同中约定使用范围的。因此，研究开发人应当按照合同的约定，本着专款专用的原则，根据开发项目的实际需要，合理有效地使用委托人支付的研究开发经费，不应浪费，不得擅自挪作他用。委托人有权检查研究开发经费的使用情况，但不能妨碍研究开发人的正常工作。当事人可以在合同中约定研究开发经费使用、检查等有关事项。

3. 按期完成研究开发工作，交付研究开发成果

交付研究开发成果，是订立委托开发合同的根本目的，也是研究开发人最基本的义务。因此，研究开发人应当按照合同的约定，按期完成研究开发工作，并及时将研究开发成果交付委托人。

4. 提供有关的技术资料和必要的技术指导，帮助委托人掌握研究开发成果

研究开发人按照合同约定，完成研究开发工作并交付工作成果时，还应当向委托人提供有关的技术资料，并给予必要的技术指导，帮助委托人掌握该技术成果，使之尽快在生产实践中应用。为了减少纠纷，当事人双方应当在合同中约定技术资料和技术指导的范围。如果合同中没有约定或者约定不明确，则应当按照同行业一般专业技术人员能够掌握研究开发成果所需要的技术资料和技术服务履行。

第八百五十四条 【委托开发合同的当事人违约责任】

委托开发合同的当事人违反约定造成研究开发工作停滞、延误或者失败的，应当承担违约责任。

【立法背景】

本条源自《合同法》第 333 条、第 334 条的规定。合同法用两个法律条文，分别规定了委托人、研究开发人违反委托开发合同的约定应当承担违约责任。此次编纂民法典将这两条规定合并为一条，统一规定委托开发合同的当事人违反委托开发合同应当承担违约责任。

【条文精解】

1. 委托人违反委托开发合同的违约责任

委托人违反约定造成研究开发工作停滞、延误或者失败的，应当承担违约责任。

委托人迟延支付研究开发经费，造成研究开发工作停滞、延误的，研究开发人不承担责任。委托人逾期不支付研究开发经费或者报酬的，研究开发人有权解除合同，返还技术资料；委托人应当补交应付的报酬，赔偿因此给研究开发人造成的损失。

委托人按照合同约定提供技术资料和协作事项或者所提供的技术资料和协作事项有重大缺陷，导致研究开发工作停滞、延误、失败的，委托人应当承担责任，委托人逾期不提供技术资料和协作事项的，研究开发人有权解除合同，委托人应当赔偿因此给研究开发人造成的损失。

委托人逾期不接受研究开发成果的，研究开发人有权处分研究开发成果。所获得的收益在扣除约定的报酬、违约金和保管费后，退还委托人。所得收益不足以抵偿有关报酬、违约金和保管费的，有权请求委托人赔偿损失。

2. 研究开发人违反委托开发合同的违约责任

研究开发人违反约定，造成研究开发工作停滞、延误或者失败的，应当承担违约责任。

研究开发人未按计划实施研究开发工作的，委托人有权要求其实施研究开发计划并采取补救措施。研究开发人逾期不实施研究开发计划的，委托人有权解除合同。研究开发人应当返还研究开发经费，赔偿因此给委托人造成的损失。

研究开发人将研究开发经费用于履行合同以外的目的的，委托人有权制止并要求其退还相应的经费用于研究开发工作。因此，造成研究开发工作停滞、延误或者失败的，研究开发人应当支付违约金或者赔偿损失。经委托人催告后，研究开发人逾期未退还经费用于研究开发工作的，委托人有权解除合同。研究开发人应当返还研究开发经费，赔偿因此给委托人造成的损失。

由于研究开发人的过错，造成研究开发成果不符合合同约定条件的，研究开发人应当支付违约金或者赔偿损失；造成研究开发工作失败的，研究开发人应当返还部分或者全部研究开发经费，支付违约金或者赔偿损失。

第八百五十五条 【合作开发合同当事人主要义务】

合作开发合同的当事人应当按照约定进行投资，包括以技术进行投资，分工参与研究开发工作，协作配合研究开发工作。

【立法背景】

合作开发合同为双务合同。合作开发技术需要各方当事人的投资、参与及协作配合，本条对各方当事人的义务作了明确规定。

【条文精解】

根据本条规定，在合作开发合同中，当事人各方的主要义务是：

1. 进行投资，包括以技术进行投资

共同投资是合作开发合同的重要特征，也是合作开发合同各方当事人的主要义务。合同当事人各方应当依照合同的约定投资。这里的"投资"，是指合作开发合同当事人以资金、设备、材料、场地、试验条件、技术情报资料、专利权、技术秘密成果等方式对研究开发项目所作的投入。采取资金以外的形式进行投资的，应当折算成相应的金额，明确当事人在投资中所占的比例。双方当事人应当在合同中约定投资的具体形式，并将投资比例约定清楚。

2. 分工参与研究开发工作

合作开发合同的各方当事人虽然都要出钱，进行投资，但各方还必须出人直接参与研究开发工作。所以按照合同约定的分工参与研究开发工作是合作开发合同的特征。参与研究开发工作，包括按照约定的计划和分工共同进行或者分别承担设计、工艺、试验、试制等研究开发工作。双方当事人如何分工参与研究开发工作应当在合同中规定清楚。需要说明的是，当事人一方提供资金、设备、材料等物质条件，承担辅助协作事项，另一方进行研究开发工作的合同，不属于合作开发合同，应当按委托开发合同处理。

3. 协作配合研究开发工作

合作开发是以双方的共同投资和共同劳动为基础的，各方在合作研究中的配合是取得研究开发成果的关键。因此，合作各方可以在合同中约定成立由双方代表组成的指导机构，对研究开发工作中的重大问题进行决策、协调和组织研究开发活动，保证研究开发工作的顺利进行。

第八百五十六条 【合作开发合同当事人违约责任】

合作开发合同的当事人违反约定造成研究开发工作停滞、延误或者失败的，应当承担违约责任。

【立法背景】

合作开发合同各方当事人互负合同义务，违反合同的约定义务时就要承担违约责任，本条对此作了明确规定。

【条文精解】

1. 违反约定的情形

本条中所讲"合作开发合同的当事人违反约定"的情形，主要是指违反本法第855条所约定的情形，即不按照约定进行投资，包括不以技术进行投资；不按照约定分工参与研究开发工作；不按照约定协作配合研究开发工作。除此之外，还包括当事人违反合作开发合同中约定的其他情形。例如，当事人在合同中约定，合作开发合同的委托方应当按照合同确定的时间和要求，提供符合国家要求的技术开发成果的验收标准，委托方未按照合同约定提供验收标准，致使技术开发合同不继续进行下去。

2. 承担违反约定责任的前提条件

依据本条的规定，合作开发合同的当事人违反约定承担违约责任的条件有二：一是合作开发合同的当事人存在违约行为；二是由于违约行为造成研究开发工作停滞、延误或者失败。研究开发工作停滞，主要是指由于当事人的违约行为使研究开发工作受到阻碍，不能顺利地进行或继续下去。研究开发工作延误，是指由于当事人的违约行为使研究开发工作缓慢前行或行动，不能按照预期的进度、时间进行，或使预期的工作停下有可能不能完成。研究开发工作失败，是指由于当事人的违约行为使研究开发工作根本不能继续开展下去，研究开发工作没有达到预期的目的。

【实践中需要注意的问题】

本条规定，合作开发合同的当事人违反约定造成研究开发工作停滞、延误或者失败的，应当承担违约责任。违约方承担什么样的违约责任，承担几种违约责任，本条没有明确的规定。通常，当事人应当在订立合同时约定违约责任及其违约责任的承担方式，本法也有相关规定。

第八百五十七条 【解除技术开发合同条件】

作为技术开发合同标的的技术已经由他人公开，致使技术开发合同的履行没有意义的，当事人可以解除合同。

【立法背景】

在法律起草时，许多科研部门及有关同志提出，技术开发合同的标的虽然已经公开，但合同订立后，技术研究开发人已经有所投入并付出了一定的劳动，在这种情况下，合同可以解除，但应当明确规定赔偿技术研究开发人已经付出的有关费用。还有的同志建议，从实际情况出发，对合同订立后，技术开发合同的标的已经由他人公开的两种不同情况分别规定赔偿责任。第一，合同订立后立即发现技术开发合同的标的已经公开，对此，合同的另一方当事人可以不赔或者少赔研究开发人的损失。第二，技术开发人在实施技术开发工作过程中，技术开发合同的标的被公开，对此，合同的另一方当事人应当根据研究开发人的实际损失进行赔偿。考虑到合同解除后产生的不仅仅是赔偿问题，还有解除权的行使等问题，本法对合同解除后产生的问题已有明确规定，故对此不再在技术合同一章中重复规定。

【条文精解】

合同的解除，是指合同有效成立后，当具备合同解除条件时，因当事人一方或者双方的意思表示而使合同关系消灭的一种行为。合同的解除分为约定解除合同和法定解除合同。本法合同编第七章合同的权利义务终止中对合同解除作了较为详细具体的规定。根据技术开发合同的特点，本条规定了技术开发合同可以解除的另一种情形，即作为技术开发合同标的的技术已经由他人公开，致使履行技术开发合同没有意义，当事人可以解除合同。

第八百五十八条 【技术开发合同风险责任】

技术开发合同履行过程中，因出现无法克服的技术困难，致使研究开发失败或者部分失败的，该风险由当事人约定；没有约定或者约定不明确，依据本法第五百一十条的规定仍不能确定的，风险由当事人合理分担。

当事人一方发现前款规定的可能致使研究开发失败或者部分失败的情形时，应当及时通知另一方并采取适当措施减少损失；没有及时通知并采取适当措施，致使损失扩大的，应当就扩大的损失承担责任。

【立法背景】

技术开发是一项探索性活动，蕴藏着开发不出来的风险。在技术研究开发过程中，如果当事人一方或者双方已尽了最大努力，仍然由于现有的科技知识、知识水平、技术水平或者试验条件等客观因素的限制，出现无法克服的技术困难，导致研究开发全部或者部分失败，未能实现合同约定的预期目的，即为技术开发合同的风险。

【条文精解】

由于技术开发存在风险，风险一旦出现，将使技术开发合同无法履行，给当事人造成损失。因此，当事人应当在订立合同时明确约定风险责任的承担。合同标的的质量、价款或者报酬、履行地点、风险责任的分担等通常是合同的主要内容，当事人在订立合同时应当对合同的这些内容作出明确的约定。但是有的时候，当事人在订立合同时没有对合同中的主要内容进行约定或者约定不明确，风险承担不明，责任不清，导致合同的履行发生困难。如果当事人对风险责任的承担等合同的主要内容在订立合同时没有约定或者约定不明确，那么在合同生效后甚至在合同履行开始后可以依本法第510条的规定，确定风险责任。

为避免技术开发风险出现后损失的扩大，本条第2款规定了防止损失扩大的义务，即当事人一方发现可能导致研究开发失败或者部分失败的情况时，应当及时通知另一方并采取适当措施减少损失。有的国家将这一义务称为减轻损失的义务。这一款的规定确定了技术开发合同的一方当事人的义务有二：一是通知的义务。即一方当事人发现有可能导致研究开发失败或者部分失败的情况时，应当立即通知对方，通知可以是口头形式的，也可以是书面形式的，为减少纠纷以书面形式通知为宜。二是采取适当措施减少损失的义务。具体是什么措施，如果当事人在合同中已经有约定，就按照合同中约定的措施实施。如当事人在合同中约定，如果出现本条第2款规定的风险情形，可以立即停止试验。如果合同中没有事先约定减少风险损失的措施，则由当事人一方视具体情况决定采取减少损失的措施。如果一方当事人未能及时通知对方当事人，也未能及时采取措施制止损失的扩大或者减少损失，那么应当就扩大的损失承担责任。这里需要注意的是，一方当事人采取减少损失的措施应当是适当的和合理的。不能采取耗费过高费用和过多时间的措施。如果采取的措施所耗费的费用超过了可以减少的损失，则此种措施就是无益的，不可取的。规定本款的目的是，防止技术合同的一方当事人发现有可能致使研究开发失败或者部分失败的情形时，消极等待，而不去采取积极措施，以避免或减少本来可以避免或者减少的损失。

第八百五十九条 【履行委托开发合同完成的发明创造的归属和分享】

委托开发完成的发明创造，除法律另有规定或者当事人另有约定外，申请专利的权利属于研究开发人。研究开发人取得专利权的，委托人可以依法实施该专利。

研究开发人转让专利申请权的，委托人享有以同等条件优先受让的权利。

【立法背景】

依据专利法的规定，发明创造，是指发明、实用新型和外观设计。本条对委托开发完成的发明创造的技术成果的归属与分享作了明确规定。

【条文精解】

第一，法律没有规定或者当事人没有约定时，发明创造的专利申请权属于研究开发人。本条所讲的属于研究开发人，是指在不存在法律另有规定或者当事人另外约定的情况下，委托开发完成的发明创造只有研究开发人才有申请专利的权利。这一规定与专利法的规定也是一致的。《专利法》第8条规定，"两个以上单位或者个人合作完成的发明创造、一个单位或者个人接受其他单位或者个人委托所完成的发明创造，除另有协议的以外，申请专利的权利属于完成或者共同完成的单位或者个人"。在这种情况下，根据公平原则，研究开发人取得专利权后应当对委托人实行以下两项优惠：一项是研究开发人取得专利权的，委托人可以依法实施该专利；另一项是研究开发人转让专利申请权的，委托人享有以同等条件优先受让的权利。据此，本条在第2款中规定，研究开发人可以转让专利申请权。转让后，受让人成为新的专利申请权人，继受取得原专利申请权人的全部权利和义务。这里需要说明的是，后一项优惠有一个前提条件，即同等条件，如果条件不同即低于其他人的条件，委托人则没有优先受让的权利。

第二，另有约定时，委托开发完成的发明创造的专利申请权依照约定履行。也就是说，双方当事人可以约定专利申请权不属于研究开发人，比如，可以约定专利申请权属于委托人或者委托人与研究开发人共有。

第三，法律另有规定的，专利申请权依照法律规定履行。比如，《专利法》第6条第3款规定，"利用本单位的物质技术条件所完成的发明创造，单位与发明人或者设计人订有合同，对申请专利的权利和专利权的归属作出约定的，从其约定"。

第八百六十条 【履行合作开发合同完成的发明创造专利申请权的归属和分享】

合作开发完成的发明创造，申请专利的权利属于合作开发的当事人共有；当事人一方转让其共有的专利申请权的，其他各方享有以同等条件优先受让的权利。但是，当事人另有约定的除外。

合作开发的当事人一方声明放弃其共有的专利申请权的，除当事人另有约定外，可以由另一方单独申请或者由其他各方共同申请。申请人取得专利权的，放弃专利申请权的一方可以免费实施该专利。

合作开发的当事人一方不同意申请专利的，另一方或者其他各方不得申请专利。

【立法背景】

合作开发合同当事人共同投资、共享成果、共担风险，因此其权利归属和分享不同于委托开发合同，本条对此作了明确规定。

【条文精解】

1. 合作开发完成的发明创造专利申请权原则上属于合作开发合同的各方当事人共有

在技术开发过程中技术成果的取得，是合作各方当事人共同进行研究开发的结果，合作各方都为技术的完成付出了自己的努力，因此，本条规定合作开发完成的发明创造，除当事人另有约定外，申请专利的权利属于合作开发的当事人共有。

2. 对共有的申请专利权的处分原则

根据公平原则，本条在规定合作开发完成的发明创造申请专利的权利属于合作开发的当事人共有的情况下，还规定了三项处分原则：

一是当事人一方转让其共有的专利申请权的，其他各方享有以同等条件优先受让的权利。通常情况下，当事人一方转让其共有的专利申请权的，无须得到其他共有人的同意，但是该转让不得损害其他共有人的利益。当事人一方转让其共有的专利申请权的，其他各方享有以同等条件优先受让的权利。

二是合作开发的当事人一方声明放弃其共有的专利申请权的，可以由另一方单独申请或者由其他各方共同申请。申请人取得专利权的，放弃专利申请权的一方可以免费实施该专利。

三是合作开发的当事人一方不同意申请专利的，另一方或者其他各方不得申请专利。

3. 当事人可以约定合作开发完成的发明创造的专利申请权的归属与享有

也就是说，合作开发的双方当事人可以在合同中约定合作开发完成的发明创造的专利申请权不属于当事人共有，约定只属于合同的一方当事人所有。如果当事人在合同中明确约定完成发明创造的专利申请权只归一方所有，那么当事人就要按照约定履行，不能再援用本条共有的规定。如果当事人在合同中没有约定或者约定不明确，那么，合作开发完成的发明创造，申请专利的权利属于合作开发的当事人共有。本条第 2 款还规定，合作开发的当事人可以约定放弃其共有的专利申请权。

第八百六十一条 【技术秘密成果的使用权、转让权以及收益的分配办法】

委托开发或者合作开发完成的技术秘密成果的使用权、转让权以及收益的分配办法，由当事人约定；没有约定或者约定不明确，依据本法第五百一十条的规定仍不能确定的，在没有相同技术方案被授予专利权前，当事人均有使用和转让的权利。但是，委托开发的研究开发人不得在向委托人交付研究开发成果之前，将研究开发成果转让给第三人。

【立法背景】

本条规定适用于"委托开发"和"合作开发"所完成的技术秘密。这里讲的技术秘密，是指当事人不愿意公开的不为公众所知悉、能为权利人带来经济利益、具有实用性并经权利人采取保密措施的技术信息。

【条文精解】

关于技术秘密成果的使用权、转让权以及收益的分配办法，本条规定了如下三种：

1. 当事人自行约定解决

委托开发合同的当事人或者合作开发合同的当事人自行协商，在合同中明确约定技术秘密成果的使用权、转让权以及收益的分配办法。这是最基本、最行之有效、矛盾最少的分配办法。当事人自行确定技术秘密成果的使用权、转让权以及收益的分配办法，可以避免以后产生不必要的纠纷。

2. 依据本法第 510 条的规定解决

这种解决办法是当事人对技术秘密成果的使用权、转让权以及收益的分配办法没有约定或者约定不明确。按照本法第 510 条的规定，当事人首先应当在原有合同约定的基础上进行协商，作出补充规定，也可以废除原有合同的约定重新作出约定。当事人在合同生效后或者在合同履行开始后达成的补充协议，与原合同条款具有同等的效力，当事人应当遵守履行。如果在合同生效后或者在合同履行开始后通过协商仍不能达成补充协议，那么依据本法第 510 条的规定，可以按照合同有关条款或者交易习惯确定技术秘密成果的使用权、转让权以及收益的分配办法。

3. 依据本条确定的原则解决

这种解决办法是当事人对技术秘密成果的使用权、转让权以及收益的分配办法没有约定或者约定不明确，依据本法第 510 条的规定仍不能确定。本条规定，这种情况下，在没有相同技术方案被授予专利前，当事人均有使用和转让技术秘密成果的权利。

在委托开发中，由于技术秘密的成果是由委托人出资委托研究开发人开发的，所以本条规定，委托开发的研究开发人不得在向委托人交付研究开发成果之前，将研究开发成果转让给第三人。也就是说，研究开发人如果转让委托人委托开发的技术秘密成果，必须是在向委托人交付该项成果之后进行。

第三节　技术转让合同和技术许可合同

第八百六十二条【技术转让合同和技术许可合同定义】

技术转让合同是合法拥有技术的权利人，将现有特定的专利、专利申请、技术秘密的相关权利让与他人所订立的合同。

技术许可合同是合法拥有技术的权利人，将现有特定的专利、技术秘密的相关权利许可他人实施、使用所订立的合同。

技术转让合同和技术许可合同中关于提供实施技术的专用设备、原材料或者提供有关的技术咨询、技术服务的约定，属于合同的组成部分。

【立法背景】

本条是新增加的条文。

【条文精解】

根据本条规定，技术转让合同是合法拥有技术的权利人，将现有特定的专利、专利申请、技术秘密的相关权利让与他人所订立的合同。技术许可合同，是合法拥有技术的权利人，将现有特定的专利、技术秘密的相关权利许可他人实施、使用所订立的合同。

技术转让合同和技术许可合同具有如下特点：

1. 标的的特点

一是必须是特定的完整的技术内容。该内容构成一项产品、工艺、材料及其系统的技术方案；该方案须有特定的名称、技术指标、功能和适用范围。如果标的仅为一般的商业秘密和数据，不构成一项完整的技术方案，或者标的为依靠个人技能和经验掌握的技术决窍，无法认定其内容的，不属于技术合同转让和许可的标的。二是转让和许可的标的应当是当事人已经掌握的、特定的、现有的技术成果，包括专利权、专利申请权、技术秘密使用权和转让权，不包括尚待研究开发的技术成果或者不涉及专利或者技术秘密的知识、技术、经验和信息。

2. 当事人应当对转让和许可标的拥有权属

技术的转让和许可是技术权利的转让和许可，转让人和许可人应当保证自己是所提供的技术的合法拥有者，否则该技术不属于技术转让和许可合同可以转让的标的。例如，当事人享有的专利权已经终止，则不能转让。

3. 技术商品不同于一般的商品，可以多次转让和许可

编纂民法典应当遵循的指导思想和基本原则有，既要坚持问题导向，着力解决社会生活中纷繁复杂的问题，又要着重立法规律，讲法理、讲体系；既要尊重民事立法的历史延续性，又要适应当前经济发展的客观要求。在分编编纂过程中，要深入分析现行民事法律的实施情况，系统梳理、科学整理现行民事法律规范，对实践证明正确、可行的民事规范，能保留的尽量保留，可适用的继续适用。本着这一立法指导思想，本条第3款将相关司法解释内容吸收进民法典，上升为法律，规定"技术转让合同和技术许可合同中关于提供实施技术的专用设备、原材料或者提供有关的技术咨询、技术服务的约定，属于合同的组成部分"。

第八百六十三条 【技术转让合同与技术许可合同种类及合同形式】

技术转让合同包括专利权转让、专利申请权转让、技术秘密转让等合同。

技术许可合同包括专利实施许可、技术秘密使用许可等合同。

技术转让合同和技术许可合同应当采用书面形式。

【立法背景】

这次编纂民法典，将合同法原有的技术转让区分为技术转让合同与技术许可合同两种，本条在此基础上分别列举了技术转让合同与技术许可合同的几种类型。

【条文精解】

1. 技术转让合同的种类

本条第 1 款规定，技术转让合同包括专利权转让、专利申请权转让、技术秘密转让等合同：

（1）专利权转让合同，是指专利权人作为让与人将其发明创造专利的所有权或者持有权移交受让人，受让人支付约定价款所订立的合同。

（2）专利申请权转让合同，是指让与人将其就特定的发明创造申请专利的权利移交给受让人，受让人支付约定价款所订立的合同。

（3）技术秘密转让合同，是指让与人将拥有的技术秘密成果提供给受让人，明确相互之间技术秘密成果使用权、转让权，受让人支付约定使用费所订立的合同。

2. 技术许可合同的种类

本条第 2 款规定，技术许可合同包括专利实施许可、技术秘密使用许可等合同。

（1）专利实施许可合同，是指专利权人或者其授权的人作为让与人许可受让人在约定的范围内实施专利，受让人支付约定使用费所订立的合同。

（2）技术秘密使用许可合同，是指让与人将拥有的技术秘密成果提供给受让人，明确相互之间技术秘密成果使用权、转让权，受让人支付约定使用费所订立的合同。

3. 技术转让合同与技术许可合同的形式要件

技术转让合同、技术许可合同的内容复杂，涉及转让技术、许可技术的范围，转让、许可的对象，受让人与许可使用人使用转让、许可技术的范围和方式，技术的保密，使用费、转让费的支付，以及对使用技术产生的新的技术成果的归属等，技术转让合同、技术许可合同涉及专利的，还要明确专利申请日、申请号、专利号和专利权的有效期限。因此，本条第3款规定，技术转让合同和技术许可合同应当采用书面形式。

第八百六十四条 【技术转让和技术许可合同限制性条款】

技术转让合同和技术许可合同可以约定实施专利或者使用技术秘密的范围，但是不得限制技术竞争和技术发展。

【立法背景】

一切技术，只要是能够促进经济建设和社会发展，都可以依法转让。但属于国家机密的技术，其转让应当经主管部门批准；涉及国家安全和社会公共利益的，由有关部门指定单位实施的技术、国家实行许可证制度的技术，其转让应当符合主管部门的规定；违反法律和社会公共利益的技术，不得转让。这是我国关于技术转让的基本政策。这一政策对于进一步调动广大职工，特别是科学技术人员的积极性、主动性、创造性，使科学技术成果、专门技能、专业知识迅速地应用于实际生产、生活，有效地贯彻经济建设依靠科学技术、科学技术面向经济建设的方针，具有重要的意义。

【条文精解】

依据本条的规定，技术转让合同和技术许可合同可以约定让与人和受让人实施专利或者使用技术秘密的范围。实施专利或者使用技术秘密的范围，是指实施专利的期限、实施专利或者技术秘密的地区和方式。

在允许当事人约定实施专利或者使用技术秘密范围的同时，本条还对这种约定作了限制规定，即不得限制技术竞争和技术发展。技术转让合同的当事人不得以合同条款限制技术竞争和技术发展，主要包括：（1）不得通过合同条款限制另一方在合同标的技术的基础上进行新的研究开发；（2）不得通过合同条款限制另一方从其他渠道吸收技术，或者阻碍另一方根据市场的需求，按照合同的方式充分实施专利和使用技术秘密。这一规定是强制性规定，当事人订立技术转让合同时必须遵守这一规定，如不遵守这一规定，在合同中约定了这些内容，也属于无效条款，不发生法律效力。同样，技术许可合同也应当遵循这一规定，不得在合同中约定限制技术竞争和技术发展的条款。

第八百六十五条　【专利实施许可合同有效期限】

专利实施许可合同仅在该专利权的存续期限内有效。专利权有效期限届满或者专利权被宣告无效的，专利权人不得就该专利与他人订立专利实施许可合同。

【立法背景】

专利权，是指依法取得的在法律规定的有效期限内享有的独占利益的权利。专利权的有效期间，是指法律规定的保护该专利权的期间。专利权只有在法定的期间内才能获得法律的保护。

【条文精解】

专利权超过法定期间，或者因法定情形失去专利权后，法律就不予保护，专利权人就失去了法律所保护的独占利益的权利，该技术也就成为公开的任何人均可以免费使用的技术。专利实施许可合同也只在该项专利权的存续期间内有效。在专利权有效期限终止或者专利权宣布无效后，专利权人不得就该项专利与他人订立专利实施许可合同。

由于专利实施许可合同的标的是专利，该标的有效，由此订立的合同自然受到法律的保护；该标的无效，由此订立的合同自然也会失去效力，不能受到法律的保护。专利权有效期届满或者专利权被宣告无效时，专利权就不受法律保护了，因此本条规定：专利权人不得就该专利与他人订立专利实施许可合同。这一规定属于强制性规定，订立专利实施许可合同的当事人必须执行。如果专利权人违反这一规定，给他人造成损失的，应当承担相应的法律责任。

专利实施许可合同的让与人应当在合同有效期内维持专利的有效性。在合同有效期内，专利权被终止的，合同同时终止，让与人应当支付违约金或者赔偿损失。专利权被宣布无效的，让与人应当赔偿由此给受让人造成的损失。

第八百六十六条 【专利实施许可合同许可人主要义务】

专利实施许可合同的许可人应当按照约定许可被许可人实施专利，交付实施专利有关的技术资料，提供必要的技术指导。

【立法背景】

专利实施许可合同的许可人应当允许被许可人根据合同约定的期限、地域、条件和方式实施专利技术，许可人必须遵守合同的约定，不得干涉被许可人使用该专利，不得侵害被许可人的专利实施权。因此，专利实施许可合同许可人需要承担一些约定和法定义务。

【条文精解】

根据本条和有关规定，专利实施许可合同许可人的义务有：

第一，保证自己是所提供的专利技术的合法拥有人，并且保证所提供的专利技术完整、无误、有效，能够达到合同约定的目的。

第二，按照合同的约定，许可被许可人实施专利，交付实施专利有关的技术资料，提供必要的技术指导，使被许可人的专业人员能够掌握、实施该专利技术。

第三，排他实施许可合同的许可人不得在已经许可被许可人实施专利的范围内，就同一专利与第三人订立专利实施许可合同。独占实施许可合同的许可人不得在已经许可被许可人实施专利的范围内实施该专利。独占实施许可合同，即许可人将在一定地域或期限内实施专利技术的权利授予被许可人后，自己不再享有在该范围、该期限内实施专利技术的权利，不再享有向第三人发放实施许可该项专利技术的权利。

第四，依法缴纳专利年费和应对他人提出宣告专利权无效的请求。

第八百六十七条 【专利实施许可合同被许可人主要义务】

专利实施许可合同的被许可人应当按照约定实施专利，不得许可约定以外的第三人实施该专利，并按照约定支付使用费。

【立法背景】

专利实施许可合同被许可人得到专利许可后，需要按照合同约定承担一些义务，本条对此作了明确规定。

【条文精解】

根据本条和有关规定，专利实施许可合同被许可人的主要义务是：

一是按照约定实施专利。即专利实施许可合同的被许可人应当按照约定的范围、方式、期限等实施专利技术，并按照约定支付使用费。

二是按照合同的约定，不得许可合同约定以外的第三人实施该项专利技术。这里所讲的不得许可合同约定以外的第三人实施该项专利技术，是指被许可人无权允许合同以外的第三人实施该专利技术。如果被许可人需要将该项专利技术交给合同以外的第三人实施，则必须经过专利实施许可合同的许可人同意，未经许可人同意，将合同约定的专利技术许可给第三人使用，要承担违约责任。

三是按照合同的约定，支付使用费。即被许可人按照合同约定的数额、期限、支付方式、支付地点等支付实施专利的使用费。

四是承担合同约定的其他义务以及本法合同编规定的法律义务。

第八百六十八条 【技术秘密让与人和许可人主要义务】

技术秘密转让合同的让与人和技术秘密使用许可合同的许可人应当按照约定提供技术资料，进行技术指导，保证技术的实用性、可靠性，承担保密义务。

前款规定的保密义务，不限制许可人申请专利，但是当事人另有约定的除外。

【立法背景】

本条源自《合同法》第347条，修改之处有二：一是增加了技术秘密使用许可合同的许可人的主要义务的规定；二是增加了第2款的规定。

【条文精解】

根据本条的规定，技术秘密转让合同的让与人和技术秘密使用许可合同的许可人的主要义务是：第一，保证自己是所提供技术的合法拥有者，并且保证所提供的技术完整、无误、有效，能够达到合同约定的目标；第二，按照合同的约定，提供技术资料，进行技术指导，保证技术的实用性、可靠性；第三，承担保密义务；第四，承担受让人按照约定使用技术秘密侵害他人合法权益的责任；第五，使用技术秘密不得超出约定的范围；第六，不得擅自许可第三人使用该项技术秘密。

第八百六十九条 【**技术秘密转让合同受让人和技术秘密使用许可合同被许可人的主要义务**】

技术秘密转让合同的受让人和技术秘密使用许可合同的被许可人应当按照约定使用技术，支付转让费、使用费，承担保密义务。

【立法背景】

本条源自《合同法》第 348 条，主要修改是增加了技术秘密使用许可合同的被许可人主要义务的规定。

【条文精解】

根据本条的规定，技术秘密转让合同受让人和技术秘密使用许可合同的被许可人的主要义务是：第一，按照合同的约定使用技术，即按照合同约定的期限、约定的时间、约定的方式、约定的方法、约定的条件等实施、使用技术秘密。第二，按照合同的约定支付使用费，即按照合同约定的期限、约定的时间、约定的支付方式、约定的币种、约定的支付次数等支付技术秘密的使用费。第三，承担保密义务。保密，是指不得将技术秘密中的技术资料、数据、样品、相关文件等泄露给第三人。第四，使用技术秘密不得超越合同约定的范围。第五，未经让与人同意，不得擅自许可第三人使用该项技术秘密。

第八百七十条 【**技术转让合同让与人和技术许可合同许可人的保证义务**】

技术转让合同的让与人和技术许可合同的许可人应当保证自己是所提供的技术的合法拥有者，并保证所提供的技术完整、无误、有效，能够达到约定的目标。

【立法背景】

《民法典（草案）》在征求意见时，有意见反映，技术许可合同的许可人也应当承担保证义务。考虑到技术许可合同许可人的保证义务与技术转让合同的让与人的保证义务是一致的，故本条在《合同法》第 349 条规定的基础上增加了技术许可合同许可人保证义务的规定。

【条文精解】

根据本条的规定，技术转让合同的让与人的保证义务主要是：

1. 保证自己是所提供的技术的合法拥有者

向受让人转让技术是技术转让合同让与人的基本义务。这种转让导致技术权属在让与人和受让人之间的变动，而这种变动必须是以让与人对技术的合法拥有为前提，也就是说，只有技术的合法所有人或者持有人才有权转让技术，因此，让与人转让的技术必须是自己合法拥有的。让与人应当保证自己是所提供技术的合法拥有者，或者保证自己有权转让或者有权许可、使用、实施该项技术，否则，为非法转让，属于无效行为。

2. 保证所提供的技术完整、无误、有效

订立技术转让合同的目的，就是使受让人能够得到可应用的技术，为此本条规定，技术转让合同的让与人应当保证所提供的技术完整、无误、有效，能够达到约定的目标。这里讲的技术完整，是指一个产品、工艺、材料及其系统或者改进的技术的一整套方案或者一整套文件资料。这里讲的技术无误，是转让给受让方的产品、工艺、材料及其系统或者改进的技术应当准确，没有误差。这里讲的技术有效，是转让给受让方的产品、工艺、材料及其系统或者改进的技术不存在争议，受让方可以依据合同进行操作，能够解决受让方的技术问题，能够达到订立合同预期的目标。

受让人使用让与人转让或者许可的技术生产或者销售产品，如果被第三人指控侵权，应当承担责任。

技术许可合同的许可人与技术转让合同的让与人的保证义务内容一致，不再赘述。

第八百七十一条 【技术转让合同受让人和技术许可合同被许可人的保密义务】

技术转让合同的受让人和技术许可合同的被许可人应当按照约定的范围和期限，对让与人、许可人提供的技术中尚未公开的秘密部分，承担保密义务。

【立法背景】

《民法典（草案）》在征求意见时，有意见反映，技术许可合同的被许可人也应当承担保密义务。考虑到技术许可合同被许可人的保密义务与技术转让合同的受让人的保密义务是一致的，故本条在《合同法》第350条规定的基础上增加了技术许可合同被许可人保密义务的规定。

【条文精解】

技术转让合同的让与人和技术许可合同的许可人对受让人、被许可人转让的技术，有的是处于保密状态的技术，有的技术虽已公开，但是相关的背景材料、技术参数等未曾公开，这些技术及相关材料有可能涉及国家利益或者让与人的重大经济利益。因此，受让人、被许可人对让与人、许可人提供或者传授的技术和有关技术资料，应当按照合同约定的范围和期限承担保密义务。对超过合同约定范围和期限仍需保密的技术，受让人、被许可人应当遵循诚信原则，履行合同保密的附随义务。

第八百七十二条 【技术许可合同许可人与技术转让合同让与人的违约责任】

许可人未按照约定许可技术的，应当返还部分或者全部使用费，并应当承担违约责任；实施专利或者使用技术秘密超越约定的范围的，违反约定擅自许可第三人实施该项专利或者使用该项技术秘密的，应当停止违约行为，承担违约责任；违反约定的保密义务的，应当承担违约责任。

让与人承担违约责任，参照适用前款规定。

【立法背景】

技术许可合同的许可人与技术转让合同的让与人违反合同约定，应当承担违约责任，本条对此作了明确规定。

【条文精解】

根据本条规定，技术许可合同中许可人的违约责任主要是：

1.违反专利权许可合同的责任

许可人不履行合同义务，迟延办理专利权移交手续，未提供有关的技术资料，许可的专利不是许可人合法拥有的专利或者违反保密义务的，应当返还部分或者全部使用费，并且应当承担违约责任。

2.违反专利申请权许可合同的责任

许可人不履行合同，迟延提供技术情报和资料的，或者所提供的技术情报和资料没有达到使该领域一般专业技术人员能够实施发明创造的程度的，应当承担违约责任。违反保密义务的，应当承担违约责任。

3.违反专利实施许可合同的责任

许可人未按约定许可实施专利技术，应当返还部分或者全部使用费，并且承担违约责任；使用专利技术超越约定的范围，违反约定擅自许可第三人使用该项专利技术，应当停止违约行为，承担违约责任；违反保密义务的，承担违约责任；承担被许可人按照约定使用专利技术侵害他人合法权益的责任。

4.违反技术秘密许可合同的责任

许可人未按照合同约定许可人他使用技术秘密的，应当返还部分或者全部使用费，并且承担违约责任；使用技术秘密超越合同约定的范围，违反约定擅自许可第三人使用该项技术秘密，应当停止违约行为，承担违约责任；技术秘密成果达不到合同约定的技术指标，承担违约责任。违反保密义务，泄露技术秘密，使被许可人遭受损失的，承担违约责任。承担被许可人按照约定使用技术秘密侵害他人合法权益的责任。

技术让与合同让与人的违约责任，参照适用本条第1款技术许可合同许可人违约责任的规定。

第八百七十三条 【**技术许可合同被许可人和技术转让合同受让人的违约责任**】

被许可人未按照约定支付使用费的，应当补交使用费并按照约定支付违约金；不补交使用费或者支付违约金的，应当停止实施专利或者使用技术秘密，交还技术资料，承担违约责任；实施专利或者使用技术秘密超越约定的范围的，未经许可人同意擅自许可第三人实施该专利或者使用该技术秘密的，应当停止违约行为，承担违约责任；违反约定的保密义务的，应当承担违约责任。

受让人承担违约责任，参照适用前款规定。

【立法背景】

技术许可合同的被许可人和技术转让合同的受让人违反合同约定，应当承担违约责任，本条对此作了明确规定。

【条文精解】

根据本条规定，技术许可合同被许可人的违约责任主要是：

1.违反专利权许可合同的责任

被许可人未按照约定支付价款，应当补交并按照约定支付违约金，不补交价款或者支付违约金的，应当停止实施专利，交还技术资料，承担违约责任；违反保密义务的，承担违约责任。

2.违反专利申请权许可合同的责任

被许可人不履行合同，迟延支付价款的，承担违约责任。未按照约定支付价款，应当补交并承担违约责任；不补交价款或者不支付违约金的，应当返还专利申请权，交还技术资料，并承担违约责任。违反保密义务的，承担违约责任。

3.违反专利实施许可合同的责任

被许可人未按照约定支付使用费，应当补交使用费并按照约定支付违约金；不补交使用费或者支付违约金的，应当停止使用专利技术，交还技术资料，承担违约责任；使用专利技术超出约定范围，未经许可人同意擅自许可第三人使用该专利技术的，应当停止违约行为，承担违约责任；违反保密义务的，应当承担违约责任。

4.违反技术秘密许可合同的责任

被许可人不按照合同约定支付使用费的，应当补交使用费并按照约定支付违约金；不补交使用费或者支付违约金的，应当停止使用技术秘密，交还技术资料，承担违约责任；使用技术秘密超越约定的范围，未经许可人同意擅自许可第三人实施使用该技术秘密的，应当停止违约行为，承担违约责任；违反保密义务，泄露技术秘密，给许可人造成损失的，应当承担违约责任。

技术转让合同中受让人的违约责任，参照适用本条第1款技术许可合同中被许可人违约责任的规定。

第八百七十四条 【实施专利、使用技术秘密侵害他人合法权益责任承担】

受让人或者被许可人按照约定实施专利、使用技术秘密侵害他人合法权益的，由让与人或者许可人承担责任，但是当事人另有约定的除外。

【立法背景】

让与人或者许可人作为专利权人或者技术秘密的权利人，负有担保其专利、技术秘密没有权利瑕疵的义务，即担保不侵害第三人权利、担保第三人不就专利权或者技术秘密主张权利的义务，否则要承担相应法律后果，本条对此作了明确规定。

【条文精解】

技术转让合同的实质是科学技术知识、信息和生产实践经验在不同法律关系主体之间的传递和扩展。这种传递和扩展同时也是技术权益的转移，即采用合同形式把专利权、专利申请权、专利使用权和技术秘密的使用权转移给受让人或者许可给被许可人。让与人转让的或者许可人许可的是某一项技术成果，不是利用公知的技术知识为对方提供咨询服务，因此，转让人或者许可人有义务保证受让人或者被许可人按照合同约定实施专利、使用技术秘密不会导致侵害他人的合法权益。如果受让人或者被许可人按照合同约定实施专利、使用技术秘密引起侵害他人合法权益的，该侵权责任则应当由让与人或者许可人承担，但是合同当事人另有约定的除外。本条之所以规定由让与人或者许可人承担侵权责任是因为，侵权行为的发生是让与人让与受让人或者许可人许可被许可人使用的专利、技术秘密具有不合法性，而受让人、被许可人并不了解此情况，就一般的知识及通常掌握的技能也不能判断其所接受的专利、技术秘密具有不合法性，为善意受让人、善意被许可人。此时由让与人或者许可人承担侵权责任是合情、合法、合理的。需要说明的是，根据本条的规定，如果当事人作出了由受让人、被许可人承担责任或者由受让人与出让人、被许可人与许可人共同承担责任的约定，那么，在受让人或者被许可人按照约定实施专利、使用技术秘密侵害他人合法权益的情况下，侵权责任则要按照当事人的约定承担，即当事人的约定优于法律规定。

第八百七十五条 【技术转让合同、技术许可合同中后续改进技术成果分享办法】

当事人可以按照互利的原则，在合同中约定实施专利、使用技术秘密后续改进的技术成果的分享办法；没有约定或者约定不明确，依据本法第五百一十条的规定仍不能确定的，一方后续改进的技术成果，其他各方无权分享。

【立法背景】

技术转让合同、技术许可合同所让与、许可实施或者使用的技术，双方均有可能进行新的改进和发展。法律有必要为此类后续改进的技术成果的权利归属作出规定，以避免纠纷。

【条文精解】

1. 技术成果的后续改进

本条中所讲的后续改进，是指在技术转让合同、技术许可合同的有效期内，一方或双方对作为合同标的的专利技术或者技术秘密成果所作的革新和改良。技术转让合同或者技术许可合同的订立和履行，不仅实现了现有技术的转移、推广和应用，而且也是当事人进行改良、革新和进行新的研究开发的基础。合同订立后，当事人一方或者双方在技术转让合同标的技术或者技术许可合同标的技术基础上作出创新和改良是常见的现象。这种创新和改良推动了科学技术迅速发展。

2. 后续改进的技术成果的分享原则

后续改进的技术成果的分享原则为互利的原则，这一原则表明当事人可以在合同中约定实施专利、使用技术秘密后续改进的技术成果的分享办法及其归属，但是这一约定应当对双方当事人是有利的，一方利益的取得不得以损害对方利益为代价，双方当事人在约定中必须注意这一原则。例如，可以约定彼此免费或有偿提供后续改进的技术成果的情报、资料和信息，按优惠条件或者最优惠的价格许可或者转让给另一方实施或者使用等。

3. 后续改进的技术成果的分享方式

（1）在合同中约定。依据本条的规定，技术转让合同的当事人或者技术许可合同的当事人双方可以按照互利的原则，在合同中约定实施专利、使用技术秘密后续改进的技术成果的分享办法。可以约定双方当事人共同享有所有权，也可以约定由合同的一方当事人享有所有权。

（2）协商研究、补充确定。如果技术转让合同的当事人或者技术许可合同的当事人没有在合同中约定实施专利、使用技术秘密后续改进的技术成果的分享办法，那么依据本条的规定，可以按照本法第510条的规定确定后续改进的技术成果的权属与分享办法。

（3）法律明确规定权属。如果当事人没有按照互利的原则，在合同中约定实施专利、使用技术秘密后续改进的技术成果的权属与分享办法，或者约定不明，在合同生效或者合同履行后，依据本法第510条的规定通过协商，或依据合同有关条款、交易习惯仍不能确定的，本条明确规定，实施专利、使用技术秘密后续改进的技术成果，归完成该项后续改进技术成果的一方，其他各方无权分享。

第八百七十六条 【其他知识产权的转让和许可】

集成电路布图设计专有权、植物新品种权、计算机软件著作权等其他知识产权的转让和许可，参照适用本节的有关规定。

【立法背景】

本条是新增加的条文，专门对集成电路布图设计专有权、植物新品种权、计算机软件著作权等其他知识产权的转让和许可的法律适用作了明确规定。

【条文精解】

合同法技术合同一章对技术成果中的专利、专利申请、技术秘密的转让与许可作了专节规定，但对计算机软件、集成电路布图设计、植物新品种的转让与许可没有作出规定。对此，在《民法典（草案）》征求意见中，社会公众、一些部门提出意见认为，2017年公布实施的《民法总则》第123条第2款规定，"知识产权是权利人依法就下列客体享有的专有的权利：（一）作品；（二）发明、实用新型、外观设计；（三）商标；（四）地理标志；（五）商业秘密；（六）集成电路布图设计；（七）植物新品种；（八）法律规定的其他客体"。民法总则已经明确规定了民事主体对一些新出现的知识产权如集成电路布图设计、植物新品种等享有知识产权。专利、专利申请、技术秘密是知识产权，技术合同一章对专利、专利申请、技术秘密的转让与许可作了规范，计算机软件、集成电路布图设计、植物新品种也是知识产权，随着科学技术的发展，这些新类型的知识产权会越来越多，技术合同一章也应当对计算机软件、集成电路布图设计、植物新品种等的转让与许可作出规定，以促进科学技术成果的研发、转化、应用和推广，促进科学技术的进步，保护知识产权。司法实践部门的同志也反映，在实际生活中，签订计算机软件、集成电路布图设计、植物新品种的转让与许可的合同日益突显，由此引发的纠纷也明显增多，对此情形法律不作文明规定，不利于人民法院或者仲裁机构审理、裁判这类纠纷，也不利于知识产权的保护，建议在技术合同一章对计算机软件、集成电路布图设计、植物新品种等的转让与许可作出规定，或者在法律中作原则指引性规定，以对人民法院、仲裁机构适用法律提供明确的指导。立法部门经过深入的调查研究，广泛听取了各方面的意见，在本条中规定，集成电路布图设计专有权、植物新品种权、计算机软件著作权等其他知识产权的转让和许可，参照适用本节的有关规定。

第八百七十七条 【技术进出口合同或者专利、专利申请合同的特殊规定】

　　法律、行政法规对技术进出口合同或者专利、专利申请合同另有规定的，依照其规定。

【立法背景】

　　有的单行法或者行政法规对一些特殊的合同作了特殊规定，根据特别法优先于一般法的规定，应优先适用特别法的规定。

【条文精解】

　　1. 技术进出口合同

　　我国境内的自然人、法人或者非法人组织从国外引进或者向国外输出技术与技术输出国或者技术引进国的当事人订立的合同，称为技术进出口合同。

　　近几年，随着我国对外科学技术交流的发展，我国的自然人、法人或者非法人组织不仅从国外引进技术，并且也向国外输出技术。其所借助的法律形式是订立技术进出口合同。因此，在民法典起草中，有的提出，随着改革开放的不断深入，技术进出口越来越多，为了适应这一形势的需要，国家有关部门制定了《技术引进合同管理条例》等规定，这次编纂民法典合同编，应当把技术进出口合同作为技术转让合同的内容加以规定。对此，《民法典（草案）》曾就技术进出口合同的内容作出规定，在广泛征求意见后，许多部门和同志认为，技术进出口的情况比较复杂。订立技术进出口合同，虽然是市场主体的自主行为，但对涉及产业发展或者国计民生的重大技术进出口合同，还要经有关主管部门审批，须由国家有关部门制定相关的法律法规对此加以规范。技术进出口实质上是技术转让，当事人在订立技术进出口合同时，对涉及技术转让的问题，可以依据民法典合同编中的技术转让合同的有关规定办理，对涉及技术进出口的管理问题，依据其他法律或者行政法规的规定。因此，本条规定法律、行政法规对技术进出口合同另有规定的，依照其规定。

　　2. 专利、专利申请合同

　　专利权转让、专利申请权转让涉及专利问题，因此，当事人订立专利权转让合同或者专利申请权转让合同，不仅要遵守本章的有关规定，还要遵守专利法等其他法律、法规的规定。例如，《专利法》第 10 条规定，专利申请权和专利权可以转让。中国的单位或者个人向外国人、外国企业或者外国其他组织转让专利申请权或者专利权的，应当依照有关法律、行政法规的规定办理手续。转让专利申请权或者专利权的，当事人应当订立书面合同，并向国务院专利行政部门登记，由国务院专利行政部门予以公告。专利申请权或者专利权的转让自登记之日起生效。因此，本条规定法律、行政法规对专利、专利申请合同另有规定的，依照其规定。

第四节　技术咨询合同和技术服务合同

第八百七十八条【技术咨询合同和技术服务合同定义】

技术咨询合同是当事人一方以技术知识为对方就特定技术项目提供可行性论证、技术预测、专题技术调查、分析评价报告等所订立的合同。

技术服务合同是当事人一方以技术知识为对方解决特定技术问题所订立的合同，不包括承揽合同和建设工程合同。

【立法背景】

技术咨询合同和技术服务合同是比较常见的两种合同类型，特设专章规定。

【条文精解】

1. 技术咨询合同

技术咨询合同，是指一方当事人通常是科技人员作为受托人运用自己的技术知识，对委托人提出的特定技术项目进行可行性论证、技术预测、专题技术调查、分析评价等所订立的合同。技术咨询合同的基本特点有：

（1）技术咨询合同的一方当事人即受托人必须拥有一定的技术知识。受托人要具有一定的技术知识是这次民法典编纂时新增加的内容，目的是强调提供技术咨询的一方应当有一定资质。

（2）技术咨询合同的标的是对技术项目的咨询。这里所讲的咨询，是指对技术项目的可行性论证、技术预测、专题技术调查、分析评价报告。可行性论证，是指对特定技术项目的经济效果、技术效果和社会效果所进行的综合分析和研究的工作。技术预测，是指对特定技术项目实施后的发展前景及其生命力所进行的判断。专题技术调查，包括技术难题、技术障碍和技术事故的咨询，是指根据委托人的要求所进行的资料、数据的考察收集工作。分析评价报告，包括工程技术项目的可行性论证、科学技术规划的可行性论证和知识产权战略实施的可行性论证，是指通过对特定技术项目的分析、比较得出的书面报告。

（3）技术咨询的范围是与技术有关的项目。这里的项目较为广泛，主要分为三类：①有关科学技术与经济、社会协调发展的软科学研究项目；②促进科技进步和管理现代化，提高经济效益和社会效益的技术项目；③其他专业性技术项目。

（4）技术咨询合同履行的结果是由提供咨询的一方（受托方）向委托方提供尚待实践检验的报告或者意见。这一报告或者意见不是其他技术合同所要求的某一技术成果。需要注意的是，当事人一方委托另一方就解决特定技术问题提出实施方案、进行实施指导所订立的合同，是技术服务合同，不适用有关技术咨询合同的规定。

（5）技术咨询合同风险责任的承担有其特殊性。对这种合同，除合同另有约定外，因委托人实施咨询报告或者意见而造成的风险，受托方不承担风险。这与技术开发、技术转让合同的风险责任的承担有所不同。

2. 技术服务合同

技术服务合同，是指当事人一方以技术知识为另一方解决特定技术问题所订立的合同，不包括建设工程合同和承揽合同。这里所讲的特定技术问题，是指需要运用科学技术知识解决专业技术工作中有关改进产品结构、改良工艺流程、提高产品质量、降低产品成本、节约资源能耗、保护资源环境、实现安全操作、提高经济效益和社会效益等问题。

本条规定技术服务合同不包括承揽合同和建设工程合同。这就是说，建设工程的勘察、设计、施工合同和以常规手段或者为生产经营目的进行一般加工、定作、修理、修缮、广告、印刷、测绘、标准化测试等订立的加工承揽合同，不属于技术服务合同。但是以非常规技术手段解决复杂、特殊技术问题而单独订立的合同除外。本法之所以将承揽合同和建设工程合同排除在技术服务合同之外，是为了划清它们的界线，避免法律适用上的冲突。

第八百七十九条 【技术咨询合同的委托人主要义务】

技术咨询合同的委托人应当按照约定阐明咨询的问题，提供技术背景材料及有关技术资料，接受受托人的工作成果，支付报酬。

【立法背景】

技术咨询合同中，委托人应当全面履行合同约定的义务，本条对此作了明确规定。

【条文精解】

技术咨询合同的委托人应当全面履行合同约定的各项义务：

1. 阐明咨询问题

这项义务是保证受托人完成咨询任务的条件之一。本条所讲的阐明咨询问题，是指委托人按照合同的约定向受托人讲清所要咨询的技术问题的基本要求、基本要点等。

2. 提供技术背景材料及有关技术资料

这项义务也是保证受托人完成咨询任务必不可少的条件。本条所讲的提供技术背景材料及有关技术资料，是指受托人完成咨询任务所需要的合同中约定的有关技术背景、技术材料、技术资料等，还包括应受托人的要求在咨询过程中及时补充的有关材料、资料等。

3. 接受受托人的工作成果

接受工作成果是委托人的义务。本条中所讲的工作成果，是指受托人根据委托人的要求完成的咨询报告或者意见。

4. 支付报酬

这是为顺利完成咨询合同，委托人必须履行的最基本的义务，也是受托人完成咨询合同的主要目的。本条中所讲的支付报酬，是指委托人按照合同约定的报酬的计算方法、支付方式、支付期间、支付地点、支付币种等，给付受托人履行完咨询合同的劳动对价。

第八百八十条 【技术咨询合同的受托人主要义务】

技术咨询合同的受托人应当按照约定的期限完成咨询报告或者解答问题，提出的咨询报告应当达到约定的要求。

【立法背景】

技术咨询合同中，受托人应当全面履行合同约定的义务，本条对此作了明确规定。

【条文精解】

技术咨询合同的受托人应当全面履行合同约定的各项义务，主要有：

1. 按照约定的期限完成咨询报告或者解答问题

受托人订立技术咨询合同后，应当利用自己的技术知识、技术手段和人才优势，按照合同的约定完成咨询报告或者解答问题。按照约定的期限完成委托任务，这是技术咨询合同中受托人应当履行的最基本的、最主要的义务。这里所讲的"完成"，实际上是一个交付义务，即受托人利用自己的专业知识、技术技能、技术手段、人才优势等按照合同约定的时间完成咨询报告或者提供咨询意见或者解答问题等，并交给委托人。

2.提出的咨询报告应当达到约定的要求

这一义务的核心是咨询报告要达到要求，即保证咨询报告和意见符合合同约定的要求。这里所讲的要求，实际上是质量要求。该质量要求应当是属于合同所约定的并被受托人所接受的先进的、具有可操作性、具有极大的参考价值的咨询报告或者对问题的解答。

第八百八十一条 【技术咨询合同当事人违约责任和涉及决策风险责任】

技术咨询合同的委托人未按照约定提供必要的资料，影响工作进度和质量，不接受或者逾期接受工作成果的，支付的报酬不得追回，未支付的报酬应当支付。

技术咨询合同的受托人未按期提出咨询报告或者提出的咨询报告不符合约定的，应当承担减收或者免收报酬等违约责任。

技术咨询合同的委托人按照受托人符合约定要求的咨询报告和意见作出决策所造成的损失，由委托人承担，但是当事人另有约定的除外。

【立法背景】

技术咨询合同的当事人违反合同约定，应当依照合同约定的违约条款以及民法典合同编有关违约责任的规定，承担违约责任。本条对此作了明确规定。

【条文精解】

1.技术咨询合同当事人的违约责任

（1）委托人违反技术咨询合同

①委托人违反技术咨询合同的违约行为

本条规定了委托人的两种违约行为：

一是未按照合同约定提供必要的资料。这一违约行为包括以下四种情况。其一，委托人根本没有提供必要的资料；其二，委托人迟延提供必要的资料；

其三，委托人提供的必要资料不足；其四，委托人提供的必要资料有严重缺限等。委托人未按照合同约定提供必要的资料，应当导致影响了受托人的技术咨询，影响了工作进度和质量。

二是不接受或者逾期接受工作成果。不接受工作成果，是指受托人按照合同的约定提出咨询报告、咨询意见或者对问题进行了解答，对此，委托人在没有符合法律规定的理由下拒绝接受；逾期接受工作成果，是指委托人超过合同约定的时间接受受托人交付的咨询报告、咨询意见或者对问题作出的解答。

②委托人违反技术咨询合同的违约责任

委托人未按期支付报酬的，应当补交报酬，并承担违约责任；未按照约定提供必要的资料，或者所提供的资料有严重缺陷，影响工作进度和质量的，已支付的报酬不得追回，未支付的报酬应当支付。给受托人造成损失的，应当承担违约责任。委托人逾期不提供或者不补充有关技术资料和工作条件，导致受托人无法开展工作的，受托人有权解除合同，委托人承担违约责任。但合同另有约定的除外。委托人不接受或者逾期不接受工作成果的，向受托人支付的报酬不得追回，未支付的报酬应当支付，并且还应当支付受托人因保管工作成果所支出的费用。

（2）受托人违反技术咨询合同

①受托人违反技术咨询合同的违约行为

根据本条规定，受托人违反技术咨询合同的违约行为有二：

一是未按照合同约定的期限提出咨询报告。受托人订立技术咨询合同后，应当利用自己的技术知识、技术手段和人才优势，按照合同约定的期限完成咨询报告或者解答问题。按照期限完成委托任务，这是技术咨询合同中受托人应当履行的最基本的、最主要的义务。

二是提出的咨询报告不符合合同约定。受托人提出的咨询报告、咨询意见或者对问题解答应当符合合同的约定。这是对受托人在技术咨询合同中必须承担的核心义务，是对受托人最基本的要求。如果受托人提出的咨询报告和意见不符合合同约定的要求，则为典型的违约行为。

②受托人违反技术咨询合同的违约责任

受托人迟延提交咨询报告和意见的，应当减收或者免收报酬，并承担违约责任；提供的咨询报告和意见不符合合同约定条件的，应当减收或者免收报酬，并承担违约责任；不提交咨询报告和意见，或者所提交的咨询报告和意见水平低劣，无参考价值的，应当免收报酬，并承担违约责任；受托人在接到委托人提交的技术资料和数据后，不进行调查论证，委托人有权解除合同，受托人应当返还委托人已付的报酬，并承担违约责任，但是合同另有约定的除外。

2. 技术咨询合同涉及的决策风险责任

当事人可以在技术咨询合同中约定对咨询报告和意见的验收或者评价办法。合同没有约定的，按照合乎实用的一般要求组织鉴定。咨询报告和意见经验收合格后，合同即告终止。委托人是否采纳以及如何采纳受托人作出的咨询报告或者意见，由委托人自行决策。受托人对委托人实施咨询报告或意见所受到的损失，不负赔偿责任，除非合同另有约定。这就是技术咨询合同涉及的决策风险责任。

本条关于技术咨询合同涉及的决策责任的规定，目的是鼓励受托人积极向委托人提供咨询意见，但是受托人不能因此对委托人委托的技术项目不作调查研究，对咨询报告和意见不负责。如果受托人提供的咨询报告和意见没有科学依据，或者有明显的缺陷甚至错误，应当承担违约责任。

第八百八十二条 【技术服务合同的委托人主要义务】

技术服务合同的委托人应当按照约定提供工作条件，完成配合事项，接受工作成果并支付报酬。

【立法背景】

技术服务合同的委托人应当全面履行合同约定的义务，本条对此作了明确规定。

【条文精解】

技术服务合同的委托人应当履行的义务主要有：

1. 按照合同的约定提供工作条件，完成配合事项

技术服务合同的受托人解决的是委托人要求的特定的技术问题，而这一特定的技术问题是由委托人根据自己的特定情况提出的，委托人本身了解一些情况，因此需要委托人根据其所了解的情况，为受托人提供工作条件，只有双方的互相配合，才能保证合同的顺利完成。本条所讲的提供工作条件，不仅仅是通常大众所理解的物质条件，还应当包括提供下述具体条件或者具体事项：相关数据、图纸、资料、样品、场地等，以及技术进展或者已经完

成的情况。这些条件都应当根据履行合同的需要在合同中约定清楚。合同一经约定，委托人就应当积极配合受托人完成。

2. 接受工作成果

受托人完成的工作成果是根据委托人的要求作出的，因此，在合同履行过程中，受托人当然有义务接受受托方已经完成的部分工作成果，在合同全部履行完毕后，接受全部所有的工作成果。如果委托人不接受工作成果，在一定程度上会加重受托人的保管义务。故本条特别规定了委托人接受工作成果这一义务。

3. 支付报酬

本条中所讲的支付报酬，是指委托人按照合同约定的报酬的计算方法、支付方式、支付期间、支付地点、支付币种等，给付受托人履行完合同的劳动对价。

第八百八十三条 【技术服务合同的受托人主要义务】

技术服务合同的受托人应当按照约定完成服务项目，解决技术问题，保证工作质量，并传授解决技术问题的知识。

【立法背景】

技术服务合同的受托人应当全面履行合同约定的义务，本条对此作了明确规定。

【条文精解】

技术服务合同的受托人应当履行的义务主要有：

1. 按照约定完成服务项目，解决技术问题，保证工作质量

本义务的核心是，受托人应当向委托人提供真正解决问题的技术。什么是真正解决问题的技术，这就需要双方当事人在合同中作出明确的约定。合同一经约定，受托人就应当按照合同约定的时间、数量、质量等要求完成委托人交付的工作，使委托人的技术问题得以解决。

2. 传授解决技术问题的知识

本义务的核心是受托人的传授。委托人订立合同的目的是得到技术，而这一技术是运用科学技术知识完成的特定的技术工作，这一工作的成果，有的表现为数据、图纸、软件、光盘等可以体现在一定载体上的信息，有的则

表现为一种特殊的技能，需要口传心授，委托人才能掌握运用，如果没有受托人的传授，委托人难以掌握、应用。因此，本条规定受托人应当按照约定完成服务项目，并传授解决技术问题的知识。什么是传授，如何传授，为避免不必要的纠纷，也便于合同的履行，当事人应当在合同中作出具体、详细的约定。

第八百八十四条 【技术服务合同的当事人违约责任】

技术服务合同的委托人不履行合同义务或者履行合同义务不符合约定，影响工作进度和质量，不接受或者逾期接受工作成果的，支付的报酬不得追回，未支付的报酬应当支付。

技术服务合同的受托人未按照约定完成服务工作的，应当承担免收报酬等违约责任。

【立法背景】

技术服务合同的当事人违反合同约定，应当依照合同约定的违约条款以及民法典合同编有关违约责任的规定，承担违约责任。本条对此作了明确规定。

【条文精解】

1. 委托人的违约责任

委托人不履行合同义务或者履行合同义务不符合约定，影响工作进度和质量，不接受或者逾期接受工作成果的，支付的报酬不得追回，未支付的报酬应当支付。具体如下：

委托人未按照合同约定提供有关技术资料、数据、样品和工作条件，影响工作质量和进度的，应当如实支付报酬。委托人逾期不提供约定的物质技术条件的，受托人有权解除合同，委托人应当支付违约金或者赔偿由此给受托人造成的损失。

委托人逾期不支付报酬或者违约金的，应当交还工作成果，补交报酬，支付违约金或者赔偿损失。

委托人迟延接受工作成果的，应当支付违约金和保管费。委托人逾期不领取工作成果的，受托人有权处分工作成果，从所获得的收益中扣除报酬、违约金和保管费后将剩余部分返还委托人，所获得的收益不足以抵偿报酬、违约金和保管费的，有权请求委托人赔偿损失。

此外，委托人还应当承担在接到受托人关于提供的技术资料、数据、样品、材料或者工作条件不符合合同约定的通知后，未能在约定的期限内补充、修改、更换或者不按期作出答复的责任；承担在履行合同期间，接到受托人因发现继续工作将对材料、样品或者设备等有发生损坏危险而中止工作或者处理建议的通知后，未在约定的期限内作出答复的责任；承担违反保密义务，泄露受托人完成的需要保密的工作成果的责任。

2.受托人的违约责任

技术服务合同的受托人未按照合同约定完成服务工作的，应当承担免收报酬等违约责任。具体包括：

受托人迟延交付工作成果的，应当支付违约金。受托人逾期不交付工作成果的，委托人有权解除合同，受托人应当交还技术资料和样品，返还委托人已付的报酬，支付违约金或者赔偿损失。

受托人的工作成果、服务质量有缺陷，委托人同意利用的，受托人应当减收报酬并采取适当补救措施；工作成果、服务质量有严重缺陷，没有解决合同约定的技术问题的，受托人应当免收报酬，支付违约金或者赔偿损失。

受托人对委托人交付的样品、技术资料保管不善，造成灭失、缺少、变质、污染或者损坏的，应当支付违约金或者赔偿损失。

此外，受托人还应当承担发现委托人提供的技术资料、数据、样品、材料或者工作条件不符合合同约定，未能及时通知委托人的相应责任；承担在履行合同期间，发现继续工作会对材料、样品或者设备等有损坏危险而中止工作后，不及时通知委托人并未采取适当措施的相应责任；承担违反保密义务，泄露委托人提供的需要保密的技术资料、数据、样品的相应责任。

第八百八十五条 【技术咨询、技术服务合同履行过程中产生的技术成果的归属和分享】

技术咨询合同、技术服务合同履行过程中，受托人利用委托人提供的技术资料和工作条件完成的新的技术成果，属于受托人。委托人利用受托人的工作成果完成的新的技术成果，属于委托人。当事人另有约定的，按照其约定。

【立法背景】

技术咨询合同履行过程中，受托人在对委托人提供的数据、资料和背景材料进行研究分析、论证时，可能会产生新的技术成果；委托人根据受托人提供的咨询报告，在分析、论证的基础上，也可能会开发出新的技术成果。同样，技术服务合同的受托人有时会基于委托人提供的有关背景材料、技术资料、数据、样品和工作条件等派生出新的技术成果。委托人也可能在取得受托人的技术服务成果后，进行后续研究开发，利用所掌握的知识，创造出新的技术成果。

新的技术成果，是指技术咨询合同或者技术服务合同的当事人在履行合同义务之外派生完成的或者后续发展的技术成果。新的技术成果中不仅包含着受托人的技术知识、技术技能、智慧智力、劳动心血等，也包含着委托人提供的一些数据、资料、样品、背景材料、支付的费用，有的还可能提供了一些场地、建议、观点等，由此产生的新的技术成果，可以讲双方当事人都有贡献，为此，如果对新的技术成果没有约定或者约定不明确，就会产生权属纠纷。为了减少纠纷，本条对技术咨询、技术服务合同履行过程中产生的技术成果的归属和分享作了明确的规定。

【条文精解】

根据本条规定，处理这类技术成果的归属和分享的基本原则是：第一，谁完成谁拥有；第二，允许当事人作特别约定。

依据本条规定，当事人可以在技术咨询合同或者技术服务中约定这种可能产生的技术成果的归属和分享办法。当事人对履行技术咨询合同、技术服务合同所产生的新的技术成果的归属和分享办法的特别约定，优于法律的一般原则性规定。如果当事人在合同中对新产生的技术成果的归属和分享办法没有约定，或者约定不明确，那么，受托人利用委托人提供的技术资料和工作条件完成的新的技术成果，属于受托人。委托人利用受托人的工作成果完成的新的技术成果，属于委托人。另一方无权参与分享新的技术成果。

第八百八十六条 【技术咨询合同和技术服务合同受托人履行合同费用负担】

技术咨询合同和技术服务合同对受托人正常开展工作所需费用的负担没有约定或者约定不明确的，由受托人负担。

【立法背景】

技术咨询合同和技术服务合同的受托人在履行合同的过程中，会产生费用，这些费用由谁负担在实践中有一定争议，本条对此作了明确规定。

【条文精解】

在《民法典（草案）》征求意见中，许多意见反映，特别是司法实务部门的同志反映，在实际生活中，当事人在签订技术咨询合同或者技术服务合同时，往往遗漏约定受托人开展正常工作所需要的费用由谁负担的问题，这类纠纷还很多，为解决这一问题，对人民法院适用法律提供明确的指导，最高人民法院《关于审理技术合同纠纷案件适用法律若干问题的解释》第31条第1款对此作了规定。建议立法部门将最高人民法院的这一司法解释规定，上升为法律作出规定。经过研究讨论，最终立法部门采纳了这一建议，在本条规定，技术咨询合同和技术服务合同对受托人正常开展工作所需费用的负担没有约定或者约定不明确的，由受托人负担。

第八百八十七条 【技术中介合同和技术培训合同的法律适用】

法律、行政法规对技术中介合同、技术培训合同另有规定的，依照其规定。

【立法背景】

技术中介合同和技术培训合同具有一定特殊性，本条对其法律适用作了规定。

【条文精解】

技术中介合同，是指当事人一方以知识、技术、经验和信息为另一方与第三方订立技术合同进行联系、介绍、组织工业化开发并对履行合同提供服务所订立的合同。技术培训合同，是指当事人一方委托另一方对指定的专业技术人员进行特定项目的技术指导和专业训练所订立的合同，不包括职业培训、文化学习和按照行业、单位的计划进行的职工业余教育。

考虑到技术培训合同、技术中介合同与技术服务合同的内容大体相似，但对技术培训合同与技术中介合同的特殊性问题还需进一步研究，故本条规定，法律、行政法规对技术中介合同、技术培训合同另有规定的，依照其规定。这一规定包括两层含义：一是本法之外的法律、行政法规对技术中介合同、技术培训合同另外有规定的，应当优先适用该规定；二是本法之外的其他法律、行政法规对技术中介合同、技术培训合同没有作出规定的，适用本章的有关规定。

第二十一章　保管合同

第八百八十八条　【保管合同的定义】

保管合同是保管人保管寄存人交付的保管物，并返还该物的合同。

寄存人到保管人处从事购物、就餐、住宿等活动，将物品存放在指定场所的，视为保管，但是当事人另有约定或者另有交易习惯的除外。

【立法背景】

保管合同是一种重要的典型合同，在比较法上，大多数国家的民法典中都规定了保管合同。保管合同始于罗马法，在罗马法上被称为寄托。

【条文精解】

保管合同又称寄托合同或者寄存合同，是指双方当事人约定一方将物交付他方保管，尔后他方返还保管物的合同。保管物品的一方称为保管人，或者称为受寄人；其所保管的物品称为保管物，或者称为寄托物；交付物品保管的一方称为寄存人，或者称为寄托人。

相比合同法，本条增加了第 2 款规定，将保管义务扩大到以购物、就餐和住宿等活动为业的经营者。现实生活中，保管合同主要是社会成员之间相互提供帮助，或者服务部门、公共场所向社会提供服务的一种方式。如商场、车站、饭店、宾馆等场所，都设置了供人们寄存物品的特定场所，现在已经非常普遍。在这些场合，当事人之间往往没有达成书面的甚至是口头的合同，如果没有当事人特别约定或者存在交易习惯，一般认为当事人之间订立了保管合同。

此处规定的视为保管的情形需要具备两个条件：一是需要到购物中心、饭店、宾馆等场所从事购物、就餐、住宿等活动。二是需要将物品存放在指定的场所。购物中心、饭店、宾馆等，对于存放车辆或者其他物品，往往都设置了专门的停车场、寄存柜等设施，只有将车停放在其指定的停车场，或者将物品寄存在指定的寄存柜中，才能构成保管合同。如果擅自存放在其他区域，如饭店有内部停车场供就餐人员停车，亦要求来就餐的人员将车辆停放在该停车场，该停车场仍有停车位供客户使用时，客人未将车辆停放在该停车场内，而是为图方便停在饭店门口，此种情形下，双方之间不成立保管合同，即使车辆丢失，车辆所有人也不能以双方存在保管合同为由主张饭店承担赔偿责任。

第八百八十九条 【保管费的支付】

寄存人应当按照约定向保管人支付保管费。

当事人对保管费没有约定或者约定不明确，依据本法第五百一十条的规定仍不能确定的，视为无偿保管。

【立法背景】

保管合同可以是有偿合同，也可以是无偿合同。寄存人和保管人可以约定保管是有偿的，也可以约定保管是无偿的。如果约定保管是有偿的，寄存人应当按照约定的数额、期限、地点向保管人支付报酬，否则承担违约责任。有偿保管中，保管费是保管人所提供的保管服务的对价，支付保管费是寄存人的主要义务。在无偿保管合同中，寄存人不负有支付保管费的义务。

【条文精解】

寄存人和保管人没有就是否支付报酬作出约定，或者约定不明确的，双方可以协议补充；不能达成补充协议的，按照合同相关条款或者交易习惯确定。所谓没有约定，是指在合同中完全没有提及保管费事宜。所谓约定不明确，是指虽然在保管合同中对保管费的问题有所涉及，但是并没有确定费用的具体数额或者计算方法等内容，导致无法确定具体的费用。所谓按照合同相关条款或者交易习惯确定，要考虑的问题主要有以下几点：一是当事人之间是否存在交易习惯或者惯例。二是根据保管人是否从事保管这个职业。三是依其他情形应当推定保管是有偿的。如就保管物的性质、保管的时间、地点和方式而言，一般人的判断都是有偿的，则应推定保管是有偿的。如果推定保管是有偿的，寄存人应当向保管人支付报酬。

当事人可以在合同中明确约定保管是无偿的。除此之外，在当事人未约定保管费的情况下，依照本法第 510 条的规定仍不能确定是有偿的，则保管是无偿的，即当事人未约定保管是有偿的或者是无偿的，按照合同相关条款或者交易习惯不能确定保管是有偿的情况下，保管就应推定是无偿的。确定保管合同的有偿与无偿，是保管合同的重要问题。我国民法典处理这个问题的基本原则就是依双方当事人意思自治，即双方当事人可以在合同中明确约定保管是有偿的或者是无偿的，并应按照约定办事。在双方当事人没有约定保管是否支付报酬的情况下，允许双方当事人协议补充，这也是当事人意思自治原则的体现。在双方当事人不能达成补充协议的情况下，即双方当事人在履行合同时就此问题发生纠纷，人民法院或者仲裁机构可以依据合同中的相关条款或者交易习惯确定。

第八百九十条 【保管合同的成立】

保管合同自保管物交付时成立，但是当事人另有约定的除外。

【立法背景】

《合同法》第 367 条规定："保管合同自保管物交付时成立，但当事人另有约定的除外。"民法典延续了此规定。

【条文精解】

根据本条规定，保管合同原则上属于要物合同，当事人意思表示一致，合同也不能成立，必须交付标的物，保管合同才能成立。具体来说，第一，双方当事人达成合意，但还没有交付保管物，此时，仍处于缔约阶段。所以，在形成合意之后，如果一方当事人反悔，并不承担违约责任，仅可能承担缔约过失责任。第二，寄存人将保管物交付给保管人。此处说的交付应当限于现实交付，而且，应当交付给保管人。保管物的交付属于合同成立的要件，如果没有交付，应当认定合同不成立。第三，如果当事人有特别约定，自双方当事人达成合意时合同成立并生效，则该合同可以成为诺成合同。此时，保管物的交付就成为合同规定的义务。

保管合同尽管以保管物的交付为成立要件，但当事人另有约定的除外。例如，当事人在合同中明确约定"自双方在合同上签名时合同成立""自合同签名之日起即生效力"，如果有这样的约定，则双方当事人自合同签名之日起即受合同约束，双方应当按照合同的约定履行自己的义务，不得擅自变更或者解除合同，否则承担违约责任。双方当事人在合同中作这样的约定，多是由于保管是有偿的，特别是保管人为了实现获得保管费的目的而订立的。当寄存人不交付保管物时，保管人就可以依法追究寄存人的违约责任。

第八百九十一条 【保管凭证】

寄存人向保管人交付保管物的，保管人应当出具保管凭证，但是另有交易习惯的除外。

【立法背景】

现实生活中，人们为了互相协助而发生的保管行为，多是无须出具保管凭证的，因为这是基于寄存人与保管人之间的互相信任。但是出具保管凭证在现实社会生活和经济生活中具有重要意义。保管合同为不要式合同，多数情况下只有口头形式，因此，保管凭证对确定保管人与寄存人、保管物的性质和数量、保管的时间和地点等具有重要作用。一旦双方发生纠纷，保管凭证将是最重要的证据。

【条文精解】

寄存人向保管人交付保管物后，保管合同成立。保管人应当向寄存人出具保管凭证。出具保管凭证不是保管合同成立的形式要件，如果当事人另有约定或者依交易习惯无须出具保管凭证的，也可以不出具保管凭证，不影响保管合同的成立。

关于保管凭证与保管合同的关系，有的学者主张，在有保管凭证的保管中，保管人出具保管凭证后，保管合同始为成立。在无保管凭证的保管中，保管合同自寄存人交付保管物时起成立。这种观点的前提还是承认保管合同是实践合同，只是在有保管凭证的保管合同成立的时间上提出了不同的主张。这种观点没有解决在有保管凭证的保管合同中，在寄存人交付保管物后，一旦保管人应当出具而未出具保管凭证，合同是否成立的问题。所以不能把出具保管凭证作为合同成立的形式要件，而是以寄存人交付保管物作为合同成立的形式要件，只要寄存人交付了保管物，即使保管人应当出具保管凭证而未出具，也应当认定保管合同成立，否则极不利于保护寄存人的利益。

第八百九十二条 【妥善保管义务】

保管人应当妥善保管保管物。

当事人可以约定保管场所或者方法。除紧急情况或者为维护寄存人利益外，不得擅自改变保管场所或者方法。

【立法背景】

保管人负有返还保管物的义务，即保管合同只是转移物的占有而不转移物的所有权。保管合同的目的是为寄存人保管保管物，即维持保管物的现状并予以返还。因此，保管人为返还保管物并实现合同目的，应当妥善保管保管物，这是保管人应负的主要义务之一。

【条文精解】

所谓"妥善保管"，是指保管人应当按照法律规定和当事人约定，并根据保管物的性质，提供适当的保管场所，采取适当的保管方法，使保管物处于完好状态。具体来说，"妥善保管"应当包括以下几个方面的内容：一是提供适当的保管场所。这就是说，保管人所提供的场地，应当符合当事人的约定。如果合同没有约定，保管人应当根据保管物的性质，提供适于保管该物品的场所。如果保管物具有特殊的性质，保管人应当提供相应的保管条件。例如，保管人保管冰冻的海鲜产品，应当提供能够达到冷冻所要求的低温之冷库，用于存放该海鲜产品。二是采取适当的保管方法。在保管过程中，保管人要根据保管物的性质、特点等，采取适当的保管方法。而且，保管人应当掌握相关的保管技术，从而实现妥善保管。例如，寄存人所寄存的是鲜活的鱼虾等海鲜，那么保管人不仅需要提供相应的场所，还需要掌握相关技术，采取适当方法，使鱼虾等得以存活，实现保管之目的。三是除紧急情况或者为了维护寄存人利益外，不得擅自改变保管场所或者方法。在保管合同中，当事人为了实现保管的目的通常会就保管场所或者方法进行约定，除了出现紧急情况，或者为了维护寄存人的利益之外，保管人不得擅自变更合同约定的保管场所或者方法。而且，即使是在紧急情况下或者为了维护寄存人之利益而改变保管场所或者方法的，也应当及时通知寄存人。例如，因地震导致仓库即将坍塌的，保管人可以将保管物转移至安全地带。四是保管人应当采取合理的预防措施，防止保管物的毁损、灭失。保管人要按合同约定的要求、保管物的性质等，采取积极妥当的措施，维护保管物的良好状态。因保管不善导致保管物毁损、灭失的，保管人应承担赔偿责任。例如，寄存的保管物为烟花爆竹等易燃易爆物品的，应当避免高温、明火环境，还应当设置明显标识，提示该保管物为易燃易爆物品，并严禁烟火，以防止发生爆炸。五是当出现不利于保管物之保管的情事，可能导致合同目的不能实现时，应当采取必要合理之措施，避免保管物受到损害，或者将损害降低到最低限度。例如，当保管人发现存放保管物的仓库着火时，应当第一时间予以扑灭；当发现存放易燃易爆物品的仓库中有人吸烟时，应当立即进行制止。

依据本条第2款的规定，当事人可以约定保管场所或者保管方法。当事人已经约定的，应当从其约定；当事人无约定的，保管人应当依保管物的性质、合同目的以及诚信原则，妥善保管保管物。当事人约定了保管场所或者保管方法的，除紧急情况或者为了维护寄存人利益的以外，不得擅自改变保管场所或者方法。所谓紧急情况，如保管物因第三人的原因或者因自然原因，可能发生毁损、灭失的危险时，保管人除应当及时通知寄存人外，为了维护寄存人的利益，可以改变原来约定的保管场所或者保管方法。

寄存人寄存金钱、有价证券、珠宝或者其他贵重物品的，保管人应当按照贵重物品的保管要求保管寄存的贵重物品。例如，将寄存的贵重物品存放到保险箱中，以防止丢失或者被盗。

第八百九十三条 【寄存人的告知义务】

寄存人交付的保管物有瑕疵或者根据保管物的性质需要采取特殊保管措施的，寄存人应当将有关情况告知保管人。寄存人未告知，致使保管物受损失的，保管人不承担赔偿责任；保管人因此受损失的，除保管人知道或者应当知道且未采取补救措施外，寄存人应当承担赔偿责任。

【立法背景】

如果需要对保管物采取特殊的保管措施，寄存人应当在交付前或者交付时告知保管人，这样保管人才能够采取相应的措施对保管物进行妥善保管。如果未采取相应措施，可能导致保管物毁损、灭失，使寄存人和保管人受到损失。

【条文精解】

寄存人对保管人负有告知的义务，包括以下两种情况：一是如果保管物有瑕疵，应当将真实情况如实告知保管人。二是按照保管物的性质需要采取特殊保管措施的，寄存人应当告知保管人。之所以要对这类物品进行特殊保管，一方面，是因为这些保管物的性质决定了必须对其进行特殊的保管，否则将会造成这些保管物自身受损甚至灭失。例如，对于需要保持干燥的物品，就必须进行防潮防湿处理，保存在干燥的环境中。另一方面，对于这些物品的特殊保管，也是为了避免这些物品因保管不善造成其他物品的损害。例如，对于烟花爆竹等易燃易爆物品的保管，必须避免高温和明火。对于此类危险物品的保管，如果因为没有事先告知而没有采取适当的保管方式，不仅可能导致保管物或者其他物品的损害，甚至可能导致保管人的生命安全或者健康受到损害。

寄存人违反前述义务，使保管物本身遭受损失的，保管人不承担赔偿责任，即寄存人未履行相应的告知义务的，将使保管人免责。此处所说的免责，仅指因为寄存人未履行告知义务而造成保管财产自身损毁、灭失的，保管人对此免于承担赔偿责任。例如，对于易挥发的物品，由于寄存人未告知其特性，保管人未将该物品密封保存，导致保管物挥发殆尽，则保管人在没有其他过错的情况下，对此损失不承担赔偿责任。

寄存人违反前述义务，使保管人的人身、财产遭受损失的，寄存人应当承担赔偿责任。但保管人知道或者应当知道且未采取补救措施的除外。所谓"知道或者应当知道"，是指对保管物存在瑕疵或者需要采取特殊保管措施的情况，寄存人已事先明确告知，或者寄存人虽未明确告知，但在保管物上以明显的警示标识等显著方式提示保管人；又或者保管人根据双方的交易惯例以及以往的经验来看应当知道；等等。例如，寄存人寄存物品为玻璃酒杯，虽未明确告知保管人，但是在包装盒上已标注所装物品为玻璃酒杯，且在包装盒上设置了"易碎物品，轻拿轻放"的明显标识，则可推定保管人应当知道保管物为易碎物品的情况。所谓"保管人知道或者应当知道且未采取补救措施"，是指保管人在接受寄存人交付的保管物时或者在保管期间，尽管寄存人违反了告知义务而没有告知，但保管人已经发现了保管物存在瑕疵、不合理的危险或者易变质等情况，没有将发现的情况及时通知寄存人并要求寄存人取回，或者没有主动采取一些特殊的保管措施，以避免损失的发生或扩大。法律规定在这种情况下保管人无权要求寄存人承担赔偿责任。

第八百九十四条 【亲自保管义务】

保管人不得将保管物转交第三人保管，但是当事人另有约定的除外。

保管人违反前款规定，将保管物转交第三人保管，造成保管物损失的，应当承担赔偿责任。

【立法背景】

在合同没有特别约定的情况下，保管人都应当亲自保管保管物。在保管合同的履行过程中，按照诚信原则和本法第551条的规定，保管人在未征得寄存人同意的前提下，不得将保管物转交第三人保管，即应当亲自保管保管物。当事人另有约定的，不在此限。例如，双方当事人约定，当保管人因患病而不能亲自保管时，可以不经寄存人同意将保管物转交第三人保管。

【条文精解】

保管人亲自保管保管物是保管人的一项义务。亲自保管义务包括两个方面的内容：

一方面，保管人应当按照合同的约定，为实现合同目的而亲自保管保管物。亲自保管不仅包括保管人自己保管，也包括保管人使用辅助人进行保管。当然，保管人要对其选择的辅助人向寄存人负责，即如果因辅助人的行为导致没有实现保管的目的，保管人亦应当对此负责。

另一方面，未经寄存人的同意，保管人不得将保管物交给第三人保管。保管人将保管物交由第三人保管，在学理上一般称为"转保管"，该第三人可称为"次保管人"。在比较法上，许多国家的法律都禁止转保管。而本条规定，"保管人不得将保管物转交第三人保管，但是当事人另有约定的除外"。从字面意思理解，只有经过寄存人同意，保管人才能转保管。对此，有的学者提出，应当作出例外规定。因为在紧急情况下，为了寄存人的利益需要转保管，但又无法与寄存人取得联系的，应当允许保管人将保管物交给第三人保管。根据保管合同双方当事人之间的信任关系，原则上确实不允许保管人擅自进行转保管，主要是考虑擅自转保管可能损害寄存人的利益，如果保管人随意转保管，自己从中渔利，那么次保管人所获得之报酬自然低于寄存人支付保管人之报酬，可能降低保管的条件，使其不能妥善保管该保管物，导致保管物的毁损、灭失，造成寄存人的损失。

保管人违反该义务，擅自将保管物转交第三人保管，使保管物因此造成损害的,保管人应当承担赔偿责任。对保管物造成的损害强调的是基于保管人转保管的过错造成的损害。即如果保管人不将保管物转交第三人保管,而是自己亲自保管,就不会发生这种损害。在没有征得寄存人同意的情况下,第三人也即次保管人只是与保管人之间形成了合同关系,如果因次保管人的过错造成了保管物毁损、灭失,次保管人应当对保管人负责,而保管人应当对寄存人负责。责任的根据主要是违约,即没有取得寄存人的同意而进行转保管,应当由保管人承担违约责任。本条规定并未要求保管人或者次保管人在承担责任时必须具有过错。不论保管人是否经寄存人同意而进行转保管,亦不论保管人或者次保管人是否具有过错,只要没有实现合同之目的而出现违约,保管人都要承担相应的赔偿责任。

第八百九十五条 【不得使用保管物】

保管人不得使用或者许可第三人使用保管物,但是当事人另有约定的除外。

【立法背景】

保管合同,寄存人只转移保管物的占有给保管人,而不转移使用权和收益权,更不转移处分权,即保管人只有权占有保管物,而不能利用保管过程中占有之便,擅自使用保管物。这是保管合同的一般原则。

【条文精解】

本条规定,保管人不得使用或者许可第三人使用保管物,但是当事人另有约定的除外。保管人不得使用或者许可他人使用保管物的规定,为任意性规定,当事人可以通过约定排除其适用。此规定有利于保护寄存人的利益。保管合同的目的是为寄存人保管保管物,一般要求是维持保管物的现状,保管人虽然没有使保管物升值的义务,但负有尽量避免减损其价值的义务。如果允许保管人随意使用保管物,则容易造成保管物的折旧甚至毁损、灭失,从而损害寄存人的利益。因此,法律规定禁止保管人使用或者许可第三人使用保管物。当事人另有约定的不在此限。因为保管合同的目的还是使保管物保持原状并予以返还。在某些特殊情况下,如果保管人是为寄存人的利益或者妥善保管保管物的需要,未来得及征得寄存人同意,或者因为特殊原因不能及时与寄存人取得联系的,可以不经寄存人同意而使用保管物。

当事人没有在合同中预先约定保管人可以使用保管物，或者保管人未经寄存人同意而擅自使用或者许可第三人使用保管物，造成保管物损坏的，保管人应当承担赔偿责任。有些国家还规定，即使没有造成保管物损坏的，也应当按照保管物的使用之价值，对寄存人给付相当之报酬补偿。

第八百九十六条 【保管物返还义务及危险通知义务】

第三人对保管物主张权利的，除依法对保管物采取保全或者执行措施外，保管人应当履行向寄存人返还保管物的义务。

第三人对保管人提起诉讼或者对保管物申请扣押的，保管人应当及时通知寄存人。

【立法背景】

保管人返还保管物是保管人的一项基本义务。依据本法第899条的规定，无论当事人是否约定保管期间，寄存人均享有随时领取保管物的权利，保管人得应寄存人的请求随时负有返还保管物的义务。保管人保管货币的，应当返还相同种类、数量的货币。保管其他可替代物的，应当按照约定返还相同种类、品质、数量的物品。

【条文精解】

保管人负有返还保管物的义务，但由于第三人的原因而使履行返还义务发生危险时，保管人应当及时通知寄存人。按照本条第2款之规定，第三人对保管物主张权利而对保管人提起诉讼或者对保管物申请扣押的，保管人应当及时通知寄存人。这是法律规定在此种情形之下保管人的通知义务，有的学者将其称为保管人的危险通知义务。通知的目的在于使寄存人及时参加诉讼，以维护自己的合法权益。保管人可以请求法院更换寄存人为被告，因为保管人根本不是所有权人，这是第三人与寄存人之间的争议。如果第三人向法院申请对保管物采取财产保全措施，请求扣押保管物，法院在扣押保管物后，保管人应当及时通知寄存人，以便寄存人及时向法院交涉，或者提供担保以解除保全措施。

第三人对保管物主张权利，除保管物已经被法院采取财产保全措施或者已经被法院强制执行而不能返还的以外，保管人仍应当履行向寄存人返还保管物的义务。这一规定明确了在第三人对保管物主张权利时，保管人应当将保管物返还给寄存人而不是第三人。

"第三人对保管物主张权利",是指第三人主张保管物并非属于寄存人所有等可能引发保管物的权属争议的情形,包括第三人认为该保管物是属于他所有而被他人非法占有时,向人民法院起诉,请求法院依法强令不法占有人返还原物。财产保全,是指人民法院在案件受理前或者诉讼过程中,为保证将来生效判决的顺利执行,对当事人的财产或者争议的标的物采取的强制措施。我国《民事诉讼法》第100条和第101条对诉讼财产保全和诉前财产保全规定了应当具备的条件。财产保全限于给付之诉,目的是防止因当事人一方的不当行为(如出卖、转移、隐匿、毁损争议标的物等行为)使判决不能执行或者难以执行。财产保全的措施有查封、扣押、冻结或法律规定的其他方法。执行的措施就保管合同的保管物而言,主要是强令交付,即强令将保管物交付所有权人,或者先由法院采取扣押的措施,再转交给所有权人。

第八百九十七条 【保管不善的责任】

保管期内,因保管人保管不善造成保管物毁损、灭失的,保管人应当承担赔偿责任。但是,无偿保管人证明自己没有故意或者重大过失的,不承担赔偿责任。

【立法背景】

保管人应当对保管物尽到妥善保管的义务。保管期间,因保管人保管不善造成保管物毁损、灭失的,原则上保管人都应当承担赔偿责任。根据保管是否有偿,保管人责任的大小(或者轻重)应有所区别。

【条文精解】

根据本条规定,保管是有偿的,保管人应当对保管期间保管物的毁损、灭失承担赔偿责任,但是保管人能够证明自己没有过错的除外。所谓"保管人能够证明自己没有过错",是指保管人能够证明已经尽到了妥善保管义务。此外,保管物的毁损、灭失是由于保管物自身的性质或者包装不符合约定造成的,保管人也不承担责任。例如,因寄存人的过错,对保管物包装不良,致使寄存的汽油挥发的,保管人不承担赔偿责任。

保管是无偿的,保管人仅对其故意或者重大过失造成保管物毁损、灭失的情形承担赔偿责任。保管人故意造成保管物毁损、灭失的，尽管保管是无偿的，保管人承担赔偿责任也是理所应当的。此外，在保管是无偿的情况下，保管人对因重大过失造成保管物毁损、灭失的后果也应当承担赔偿责任。所谓"重大过失"，是指保管人对保管物明知可能造成毁损、灭失而轻率地作为或者不作为。没有故意或者重大过失的举证责任在于保管人一方。如其能证明自己无故意或者重大过失的，即可认为已尽到妥善保管之义务，对保管物之损失可以免责。

总的来说，无偿保管与有偿保管的区别是：在有偿的情况下，无论保管人是故意还是过失，保管人都应对保管物的毁损、灭失负责；在无偿的情况下，保管人只对故意或者重大过失造成保管物毁损、灭失的后果负责，一般轻微过失不负责。二者的相同点是：凡是因不可归责于保管人的事由造成保管物毁损、灭失的，保管人都不承担赔偿责任。

第八百九十八条　【寄存贵重物品】

寄存人寄存货币、有价证券或者其他贵重物品的，应当向保管人声明，由保管人验收或者封存；寄存人未声明的，该物品毁损、灭失后，保管人可以按照一般物品予以赔偿。

【立法背景】

寄存人对货币等贵重物品的寄存应当负有声明义务。实践中，人们寄存的物品品类各异、价值不一，一般而言，寄存人不必将其寄存的物品一一向保管人进行告知，不仅费时费事，保管人可能也并不关心其寄存物品的具体内容。然而，当寄存人寄存的是贵重物品时，寄存人负有向保管人声明的义务。

【条文精解】

寄存人单就货币、有价证券或者如珠宝等贵重物品进行寄存的，应当向保管人声明，声明的内容是保管物的性质及数量，保管人在验收后进行保管，或者以封存的方式进行保管。这主要是因为：第一，对寄存贵重物品收取的保管费可能不同。第二，保管人对其承担的风险和责任有合理预期。第三，妥当保管贵重物品的需要。

如果寄存人履行了这种声明义务，寄存的贵重物品损毁、灭失的，保管人应当承担全部赔偿责任；如果寄存人违反了寄存贵重物品的声明义务，保管人可以只按照一般物品予以赔偿。寄存人将货币、有价证券或者其他贵重物品夹杂于其他物品之中，按一般物品寄存，且在寄存时未声明其中有贵重物品并未经保管人验收或者封存的，如果货币、有价证券或者其他贵重物品与一般物品一并毁损、灭失，保管人不承担货币、有价证券或者其他贵重物品损毁、灭失的赔偿责任，只按照一般物品予以赔偿。此处所说的"一般物品"，应当结合具体案情进行考虑，如考虑当事人的实际情况、保管的场所等因素。

【实践中需要注意的问题】

本条规定的保管需要明确两个问题：第一，本条规定的寄存货币不属于消费保管，而是要求保管人返还原物的合同。如客人将金钱交由旅店保管，旅店之主人验收后予以封存，并负返还原物的义务。第二，寄存货币、有价证券、珠宝等贵重物品而形成的保管合同与商业银行的保管箱业务或者饭店提供的保险箱服务不同。

第八百九十九条 【寄存人领取保管物】

寄存人可以随时领取保管物。

当事人对保管期限没有约定或者约定不明确的，保管人可以随时请求寄存人领取保管物；约定保管期限的，保管人无特别事由，不得请求寄存人提前领取保管物。

【立法背景】

保管的目的是为寄存人保管财物，当寄存人认为保管的目的已经实现时，尽管约定的保管期间还未届满，为了寄存人的利益，寄存人可以提前领取保管物。而且寄存人随时领取保管物，也不问保管为有偿或无偿。保管是无偿的，寄存人提前领取保管物，可以提早解除保管人的义务，对保管人实为有利；保管是有偿的，只要寄存人认为已实现保管目的而要求提前领取的，保管人也无阻碍之理。

【条文精解】

保管合同未约定保管期限的，寄存人可以随时领取保管物；保管合同约定了保管期限的，寄存人也可以随时领取保管物。这是寄存人的权利，同时又是保管人的义务，即保管人得应寄存人的请求，随时返还保管物。

在这一点上，保管合同与仓储合同不同。在仓储合同中，只有在对仓储期限没有约定或者约定不明确的情况下，寄存人才能随时提取。对于保管合同而言，则不存在这种限制。但这并不意味着期限的规定毫无意义。期限的主要意义在于：一方面，保管期限对保管人具有约束力，在保管期限届满前，保管人无特别事由，不得违反期限的约定，要求寄存人提前领取保管物。但是如果保管合同对保管期限没有约定或者约定不明确的，保管人可以随时要求寄存人提取保管物。另一方面，超过约定的保管期限后，保管人有权要求寄存人提取保管物。如果没有规定期限，保管人可以随时要求寄存人提取保管物。如果寄存人不及时领取，需要支付额外的费用。此外，在保管合同规定了保管期限的情况下，如果寄存人提前领取保管物的，则应当支付相应的费用，这种费用的计算要考虑到保管人需要支付的人力、物力等成本。

当事人未约定保管期限的，根据本法第 511 条第 4 项的规定，当事人不能达成补充协议，且按照合同相关条款或者交易习惯仍不能确定的，保管合同自然可以随时终止。不但寄存人可以随时领取保管物而终止合同，保管人也可以随时请求寄存人领取保管物而终止合同，但是保管人应当给予寄存人必要的准备时间。

当事人约定保管期限的，保管人在保管期限届满后，应当按时返还保管物。寄存人如未及时领取保管物的，保管人应当通知寄存人领取。领取时间依合同约定，领取地点一般为保管物所在地。保管期限主要是为了寄存人的利益而设立的，而且有偿保管的保管人收取了与该保管期限相应的保管费，即便是无偿保管的保管人，基于诚信原则，如果保管人没有特别事由，亦不得请求寄存人提前领取保管物。所谓"特别事由"，主要是指因不可抗力，或者保管人的原因，导致其难以继续履行保管义务，如因地震导致保管库房部分坍塌，不再具备相应的保管条件，或者保管人患病、丧失行为能力等。

第九百条 【返还原物及孳息】

保管期限届满或者寄存人提前领取保管物的，保管人应当将原物及其孳息归还寄存人。

【立法背景】

保管期限届满保管人返还保管物，或者应寄存人的要求随时返还保管物，是保管人的一项基本义务。在一般的保管合同中，保管人并不取得保管物的所有权，因此，在保管期限届满或者寄存人提前领取保管物时，保管人应当将保管物予以返还。

【条文精解】

就保管人返还原物的义务而言，主要针对的是一般保管合同。在一般保管合同中，保管物具有特定性，保管人所返还的应当是寄存人所交付的原物，而不应是相同种类、数量、品质的物。但是，在特殊保管合同即消费保管中，则不要求保管人必须返还原物，对消费保管将在本法第901条中详细论述。

保管人还应当将保管物的孳息一并返还寄存人。根据物权的一般原则，除法律或合同另有约定外，孳息归原物所有人所有。在保管合同中，保管物仅是转移了占有，保管人并不享有保管物的所有权，所有权仍归寄存人享有，保管期间保管物所生孳息的所有权亦归属于寄存人。因此，保管人除返还保管物外，如果保管物有孳息的，还应一并返还孳息。

第九百零一条 【消费保管】

保管人保管货币的，可以返还相同种类、数量的货币；保管其他可替代物的，可以按照约定返还相同种类、品质、数量的物品。

【立法背景】

消费保管也称为不规则保管，是指保管物为可替代物时，如约定将保管物的所有权移转给保管人，保管期限届满由保管人以同种类、品质、数量的物返还的保管。

【条文精解】

消费保管合同与一般保管合同有以下几点不同：

第一，消费保管合同的保管物必须为可替代物，即种类物。种类物是相对于特定物而言的，是指以品种、质量、规格或度量衡确定，不需要具体指定的转让物，如标号相同的水泥，相同品牌、规格的电视机等。货币是一种特殊的种类物。消费保管合同的保管物不能是特定物。特定物，是指具有独立特征或被权利人指定，不能以他物替代的物，包括独一无二的物和从一类物中指定而特定化的物，如齐白石的画、从一批解放牌汽车中挑选出来的某一辆。寄存人就特定物寄存，保管人只能返还原物。

第二，并不是所有种类物的寄存都属于消费保管合同。例如，本法第898条规定的寄存货币的情形，就属于需返还原货币的一般保管合同，而不属于消费保管合同。消费保管合同必须是当事人约定将保管物的所有权移转给保管人，保管人在接受保管物后享有占有、使用、收益和处分的权利。不过，在保管物为货币的情况下，则不需要特别约定将货币所有权转移给保管人，因为货币作为特殊种类物，具有高度可替代性，一般适用"占有即所有"的原则。寄存人将货币交付给保管人，货币的所有权也就自然转移给保管人。而一般的保管合同，保管人只是在保管期间占有保管物，原则上不转移保管物的所有权，保管人也不能使用保管物，这是消费保管与一般保管的重要区别之一。

第三，既然保管物的所有权转移至保管人，因此从寄存人交付时起，保管人就享有该物的利益，并承担该物的风险。在一般保管中，保管物的所有权不发生转移，该物的利益如孳息由寄存人享有，风险由寄存人承担，即保管物在保管期间因意外发生损毁、灭失的风险由寄存人承担。

第四，消费保管的保管人仅须以同种类、品质、数量的物返还即可。而一般保管的保管人须返还原保管物。当保管人不履行返还义务时，一般保管的寄存人可以行使返还原物请求权，而消费保管的寄存人则只能请求保管人承担违约责任。

第九百零二条　【保管费的支付期限】

有偿的保管合同，寄存人应当按照约定的期限向保管人支付保管费。

当事人对支付期限没有约定或者约定不明确，依据本法第五百一十条的规定仍不能确定的，应当在领取保管物的同时支付。

【立法背景】

在有偿的保管合同中，支付保管费是寄存人的基本义务。

【条文精解】

有偿的保管合同，寄存人应当按照约定的期限向保管人支付保管费。有关保管费的支付标准、支付时间、支付地点等都应当遵守合同的约定。合同约定了保管费的具体数额，寄存人就应当按照合同约定进行支付。合同约定一次性支付，就不能分期支付。

保管合同中对支付期限没有约定或者约定不明确的，当事人可以协议补充，不能达成补充协议的，按照合同相关条款或者交易习惯确定。例如，甲与存车处的合同中没有约定保管费的支付期限，但是按照存车处与其他寄存人的合同约定的支付期限都是每月的 1 日至 4 日，这就是交易习惯，甲也应在每月的 1 日至 4 日内交费。

如果依据本法第 510 条的规定仍然无法确定保管费支付的期限，则应当在领取保管物的同时支付。因为在一般情况下，保管人都是先提供服务，寄存人后支付保管费。在这点上，保管和买卖存在区别。

第九百零三条 【保管人的留置权】

寄存人未按照约定支付保管费或者其他费用的，保管人对保管物享有留置权，但是当事人另有约定的除外。

【立法背景】

当事人可以在合同中约定寄存人向保管人给付报酬，以及给付报酬的数额、方式、地点等。当事人有此约定的，寄存人应当按照约定向保管人支付报酬，即保管费。

【条文精解】

本条规定的"其他费用"，是指保管人为保管保管物而实际支出的必要费用。必要费用，是保管人为了实现物的保管目的，以维持保管物之原状而支出的费用。必要费用不同于保管费。保管费，是指寄存人应当支付给保管人的报酬，只存在于有偿保管中。而必要费用，则指保管人为实现保管合同的目的，在保管过程中所支付的必要的花销，如保管人支付的电费、场地费用、交通运输费用等。这些费用即便是在无偿保管的过程中也会产生。

法律没有明确规定必要费用的负担者，首先应当尊重当事人的意思自治，有约定的从其约定。具体来说，对必要费用的处理应当区分有偿保管和无偿保管主要有以下几种情况：第一，当事人约定是有偿保管，保管人为保管保管物而实际支出的费用往往已经包含在报酬（保管费）之内，当然，当事人也可以约定在支付保管费之外，另行支付必要费用；第二，当事人约定是无偿保管，但可以约定寄存人应当支付为保管而支出的实际费用。如有此约定，寄存人应依约定行事。即使无此约定，按照公平原则，寄存人也应当支付为保管而支出的实际费用。在此情形下，当寄存人不支付必要费用时，无偿保管的保管人亦可以请求寄存人承担违约责任。

依据本条规定，在寄存人没有按期支付保管费或者其他费用的情况下，保管人对保管物享有留置权，以此作为因保管产生的保管费和其他费用的担保。保管人享有留置权必须符合如下要件：第一，寄存人到期未支付保管费及其他费用。根据本法第902条的规定，寄存人应当按照约定的期限支付保管费，没有约定或者约定不明确，依据本法第510条的规定仍不能确定保管费支付期限的，应当在领取保管物的同时支付。如果在这些期限届满时，寄存人未支付保管费，则保管人有权留置保管物。第二，保管人占有保管物。留置权的发生要求权利人合法占有留置物，因此，在保管合同中，如果保管人将保管物交付给寄存人，则无法取得对保管物的留置权。第三，寄存人与保管人没有事先约定不得留置保管物。保管人的留置权虽然是法定的担保物权，但是当事人仍然可以通过合同约定排除可以留置的财产。本法第449条亦规定："法律规定或者当事人约定不得留置的动产，不得留置。"本条关于保管人留置权的规定属于任意性规定，当事人可以通过约定排除其适用。保管人对保管物的留置权，亦适用本法第二编物权编第十九章关于留置权的规定。

第二十二章　仓储合同

第九百零四条　【仓储合同的定义】

仓储合同是保管人储存存货人交付的仓储物，存货人支付仓储费的合同。

【立法背景】

仓储合同，是指当事人双方约定由保管人（又称仓管人或仓库营业人）为存货人保管储存的货物，存货人支付仓储费的合同。

【条文精解】

仓储合同的定义确定了保管人和存货人的主要义务。保管人的主要义务是储存存货人交付的仓储物，而存货人的主要义务是支付仓储费。

储存存货人交付的仓储物是保管人的主要义务，换言之，就是要妥善保管仓储物。这种义务主要包括以下几个方面的内容：第一，保管人应当具备储存仓储物的相应资质，并能提供符合约定的保管条件。本法第 906 条第 3 款规定："保管人储存易燃、易爆、有毒、有腐蚀性、有放射性等危险物品的，应当具备相应的保管条件。"第二，保管人应当亲自保管，不得擅自转交他人保管。存货人之所以选择特定的保管人进行保管，是基于对保管人的设备、技能和专业经验的信赖，如果保管人将仓储物交由他人保管，也会使存货人的这种信赖落空，从而有损存货人的利益。仓储合同对保管人的资质可能有特别的要求，如果允许保管人委托他人保管，受托人可能不具备相应的保管资质。第三，保管人应当尽到善良管理人的义务。保管人对仓储物有妥善保管的义务，保管人应当按照有关规定和保管合同中约定的保管条件与保管要求妥善进行保管。

支付仓储费是存货人的主要义务。如果存货人拒绝支付仓储费，则保管人有权留置仓储物。

第九百零五条 【仓储合同的成立】

仓储合同自保管人和存货人意思表示一致时成立。

【立法背景】

我国《合同法》第 382 条规定："仓储合同自成立时生效。"该条规定了仓储合同生效的时间，至于仓储合同何时成立，没有作出明确规定。学界对仓储合同是实践合同还是诺成合同一直存在争议。有的学者主张仓储合同为实践合同。多数学者则认为仓储合同是诺成合同。

【条文精解】

本条规定明确了仓储合同是诺成合同。这是仓储合同与保管合同的重要区别之一。

仓储合同为诺成合同，有利于保护保管人的利益。因为在仓储合同订立后，存货人交付仓储物前，保管人往往要做很多准备工作。例如，采购相应的设施设备，准备可供储存相应仓储物的仓库，搜集仓储物相关资料，招聘特定的保管人员以及对保管人员进行技术培训等，需要付出大量的人力物力财力。如果仓储合同订立后，存货人在交付仓储物前反悔，保管人无法就前期准备工作的费用向存货人主张，可能遭受较大的损失。这种损失不仅包括前期准备工作的费用，还包括因为与存货人订立仓储合同而放弃或者丧失与其他人订立合同的机会。仓储合同为诺成合同，也有利于保护存货人的利益。在仓储合同中，存货人存放的一般都是大宗商品。在交付时，如果保管人反悔，或者不能提供足够的储存场所，可能使存货人的货物因无处存放而毁损、灭失，给存货人造成巨大损失。如果仓储合同为实践合同，则存货人交付货物前合同尚未成立。只有在保管人实际接收了货物以后，仓储合同才成立，保管人才要对存货人负责，对于保管人反悔或者不能提供足够储存场所，导致货物因不能入库发生毁损、灭失，造成存货人的损失，保管人无须承担责任，这对于存货人来说显然也是不公平的。如果仓储合同为诺成合同，一方面，保管人在仓储合同签订后，可以安心地为履约开展各种准备工作，以保证能够提供足够的储存场所，提供相应的保管条件，无须担心存货人届时不交付货物。如果保管人已经做好充分准备，而存货人却不交付货物，即构成违约，保管人可以就其损失向存货人主张赔偿。另一方面，存货人也无须担心在合同签订后、交付货物前，监督考查保管人是否开始做好充分准备，以在交付时能够提供足够的储存场所和相应的保管条件，是否有能力对其货物进行妥善保管。如果交付货物时保管人不能提供必要的储存场所，或者提供的场所等条件不符合约定，给存货人造成损失，存货人可以请求保管人承担违约责任。可见，仓储合同为诺成合同，不仅有利于保护存货人和保管人的合法权益，也有利于维护交易安全和稳定。在民法典编纂过程中，有的意见提出，应当明确规定仓储合同为诺成合同。经认真研究，最终采纳了这一建议。因此本条规定："仓储合同自保管人和存货人意思表示一致时成立。"仓储合同只需要双方当事人意思表示一致即可成立，不以存货人交付货物为要件。

第九百零六条 【储存危险物品和易变质物品】

储存易燃、易爆、有毒、有腐蚀性、有放射性等危险物品或者易变质物品的，存货人应当说明该物品的性质，提供有关资料。

存货人违反前款规定的，保管人可以拒收仓储物，也可以采取相应措施以避免损失的发生，因此产生的费用由存货人负担。

保管人储存易燃、易爆、有毒、有腐蚀性、有放射性等危险物品的，应当具备相应的保管条件。

【立法背景】

仓储物如果是易燃易爆等危险物品或者易变质物品，如果不采取特殊的保管措施，提供相应的保管条件，不仅会造成仓储物本身的损害，而且其具有的巨大危险性可能还会导致人身伤亡或者重大财产损害等严重的后果。因此在比较法上，大多数国家都规定了存货人负有这种说明义务，应当向保管人说明仓储物的特殊性质。

【条文精解】

存货人储存易燃、易爆、有毒、有腐蚀性、有放射性等危险物品或者易变质物品，负有向保管人说明的义务，即应当向保管人说明该物的性质。这是诚信原则的必然要求。如果存货人在订立合同后或者在交付仓储物时才予以说明，那么保管人根据自身的保管条件和技术能力，不能保管的，则可以拒收仓储物或者解除合同。无论当事人是否在合同中约定，存货人都负有这种说明义务。

存货人除应当对需要储存的危险物品及易变质物品的性质作出说明外，还应当提供有关资料，以便保管人进一步了解该危险物品的性质，为储存该危险物品做必要的准备。提供的资料主要是关于仓储物本身的性质、特点，以及保管该仓储物的注意事项。

存货人没有说明所储存的货物是危险物品或易变质物品，也没有提供有关资料，保管人在入库验收时，发现是危险物品或易变质物品的，保管人可以拒收仓储物。保管人在接收仓储物后发现是危险物品或易变质物品的，除及时通知存货人外，也可以采取相应措施，以避免损害的发生，例如，将危险物品搬出仓库转移至安全地带，由此产生的费用由存货人承担。如果存货人没有对仓储物的性质作出说明并提供有关资料，导致仓储物毁损、灭失的，保管人不承担赔偿责任。而如果存货人没有对危险物品的性质作出说明并提供有关资料，从而给保管人的财产或者其他存货人的货物造成损害的，存货人还应当承担赔偿责任。

保管人储存易燃、易爆、有毒、有腐蚀性、有放射性等危险物品的，应当具备相应的保管条件。如果保管人不具备相应的保管条件，就对上述危险物品予以储存，对自身造成的损害，存货人不负赔偿责任。

第九百零七条 【仓储物的验收】

保管人应当按照约定对入库仓储物进行验收。保管人验收时发现入库仓储物与约定不符合的，应当及时通知存货人。保管人验收后，发生仓储物的品种、数量、质量不符合约定的，保管人应当承担赔偿责任。

【立法背景】

验收就是指保管人对仓储物的数量、规格、品质等进行检验，以确定是否属于合同约定的仓储物。保管人验收仓储物有利于其妥善保管仓储物，还具有保存证据的作用。验收是接收的前提，只有在验收之后，保管人才能决定是否接收仓储物。保管人验收之后，同意接收货物的，保管人就应当开始对仓储物进行妥善保管。

【条文精解】

本条确立了保管人入库验收的义务。保管人和存货人应当在合同中对入库货物的验收问题作出约定。验收问题的主要内容有三项：一是验收项目；二是验收方法；三是验收期限。

保管人的正常验收项目：货物的品名、规格、数量、外包装状况，以及无须开箱拆捆即直观可见可辨的质量情况。包装内的货物品名、规格、数量，以外包装或货物上的标记为准；外包装或货物上无标记的，以供货方提供的验收资料为准。散装货物按国家有关规定或合同规定验收。

验收方法：全部验收和按比例验收。

验收期限：验收期限自货物和验收资料全部送达保管人之日起，至验收报告送出之日止。

保管人应当按照合同约定的验收项目、验收方法和验收期限进行验收。保管人验收时发现入库的仓储物与约定不符的，如发现入库的仓储物的品名、规格、数量、外包装状况与合同中的约定不一致的，应当及时通知存货人。由存货人作出解释，或者修改合同，或者将不符合约定的货物予以退回。

保管人验收后发生仓储物的品种、数量、质量不符合约定的，保管人应当承担赔偿责任。验收之后，保管人接收货物，已经实际占有仓储物，开始承担保管义务。如果发生仓储物的品种、数量、质量不符合约定的情况，则可以推定保管人未尽到妥善保管义务，由其承担相应的赔偿责任。

第九百零八条 【出具仓储凭证】

存货人交付仓储物的，保管人应当出具仓单、入库单等凭证。

【立法背景】

仓单或者入库单是保管人收到仓储物后给存货人开具的表示其收到仓储物的凭证，也是存货人提取仓储物的凭证。保管人在验收完毕之后，应当及时向存货人出具仓单或者入库单等凭证。保管人向存货人出具仓单或者入库单等凭证，就表明其已经接收了货物。如果保管人在检验货物时发现与合同约定不符合的，应当及时通知存货人。

【条文精解】

仓单、入库单等凭证的作用表现在以下几点：

一是仓单、入库单等凭证可以证明保管人已收到仓储物，以及保管人和存货人之间仓储关系的存在。

二是仓单、入库单等是提取仓储物的凭证。存货人或者仓单持有人应当凭仓单、入库单等凭证提取仓储物。

此外，仓单还是有价证券的一种，其性质为记名的物权证券。物权证券是以物权为证券权利内容的证券。仓单是提取仓储物的凭证，也是存货人对仓储物享有所有权的凭证。仓单发生转移，仓储物的所有权也发生转移。存货人在仓单上背书并经保管人签名或者盖章，可以转让提取仓储物的权利。仓单作为一种有价证券、权利凭证，根据本法第440条的规定，仓单可以出质。仓单持有人既可以通过背书转让仓单项下货物的所有权，也可以将仓单出质。而入库单没有背书转让或者出质的功能。这是仓单和入库单等其他凭证的重要区别。

仓单不能代替仓储合同。无论当事人采用书面形式还是采用口头形式，当事人订立合同后即受合同约束。存货人交付仓储物是履行合同，而保管人出具仓单也是履行合同。尽管仓单中记载了仓储合同中的主要内容，但仓单不是仓储合同，只是作为仓储合同的凭证。仓单与仓储合同的关系如同提单与海上货物运输合同的关系一样。依据我国《海商法》第44条的规定，提单是作为海上货物运输合同的凭证。

第九百零九条 【仓单记载事项】

保管人应当在仓单上签名或者盖章。仓单包括下列事项：

（一）存货人的姓名或者名称和住所；

（二）仓储物的品种、数量、质量、包装及其件数和标记；

（三）仓储物的损耗标准；

（四）储存场所；

（五）储存期限；

（六）仓储费；

（七）仓储物已经办理保险的，其保险金额、期间以及保险人的名称；

（八）填发人、填发地和填发日期。

【立法背景】

仓单是收取仓储物的凭证和提取仓储物的凭证，仓单还可以通过背书转让或出质，因此，仓单应当具备一定的形式。

【条文精解】

无论仓单是转让还是出质，受让人和质权人并不了解存货人和保管人之间的合同的具体内容，因此，法律规定了仓单应当记载的事项，以便受让人或质权人明确自己的权利范围和行使自己的权利。

第一，仓单上必须有保管人的签名或者盖章，否则不具有仓单应有之效力。保管人的签名或者盖章，是仓单发生效力的必备条件，其签名和盖章才能表明保管人认可存货人已经交付了仓储物的事实，也表明其已经验收并接收了符合约定的仓储物。这有利于保证仓单的真实性，保护保管人的合法权益。

第二，仓单是记名证券，因此，仓单上应当记载存货人的名称或者姓名及住所，否则不符合记名证券的本质特征。

第三，仓单可经背书而产生物权移转之效力，因此，对仓储物详细情况的记载是必须的，仓单上应明确记载仓储物的品种、数量、质量、包装、件数和标记。

第四，仓单上应记载仓储物的损耗标准。仓储物可能在储存的过程中发生自然损耗，确定自然损耗的标准可以区别于因保管人保管不善所导致的仓储物的损失。这对提取仓储物和转让仓储物是至关重要的，可以避免很多纠纷的发生。

第五，仓单上应记载储存场所。如果仓单经背书转让，则仓单持有人就可以明确仓储物的储存场所。储存场所不仅是保管人实际储存仓储物的地点，也是存货人或者仓单持有人提取仓储物的地点，对于确定合同履行地具有重要意义。

第六，仓单上应记载储存期限。储存期限届满时，存货人或者仓单持有人应当提取仓储物。如果仓单经背书转让，则仓单持有人就可以明确应在多长时间内提取仓储物。当事人对储存期限没有约定或者约定不明确，并不会影响仓储合同和仓单的效力，只是存货人或者仓单持有人可以随时提取仓储物，保管人也可以随时请求存货人或者仓单持有人提取仓储物。

第七，仓单上应记载仓储费。支付仓储费是存货人的主要义务。如果当事人约定提取仓储物时支付仓储费，仓单经背书而转让，则仓单持有人在提取仓储物时应支付仓储费。

第八，仓储物已经办理保险的，其保险金额、期间以及保险公司的名称应在仓单上注明。仓储物已经办理保险的，如果存货人转让仓储物，则保险费可以计入成本。转让以后，受让人享受保险利益，一旦发生保险合同中约定的保险事故，受让人可以找保险公司索赔。因此，仓单上记载上述事项是非常必要的。

第九，仓单上应记载填发人、填发地和填发日期。这是任何物权证券的基本要求，提单也是如此。

第九百一十条 【仓单转让和出质】

仓单是提取仓储物的凭证。存货人或者仓单持有人在仓单上背书并经保管人签名或者盖章的，可以转让提取仓储物的权利。

【立法背景】

我国民法典对仓单采一券主义，仓单既可以依法转让，也可以依法出质。仓单作为有价证券，可以流通。流通的形式有两种：一是转让仓单，即转让仓单项下仓储物的所有权；二是以仓单出质，质权人即享有提取仓单项下仓储物的权利。仓单转让的，仓单持有人即成为所有权人，可以依法提取仓储物。以仓单出质的，适用本法物权编中关于质权的规定。依据本法第442条的规定，仓单上载明提货日期的，如果提货日期先于债务履行期到期的，质权人可以在债务履行期届满前提货，并与出质人协议将提取的货物用于提前清偿所担保的债权或者向与出质人约定的第三人提存。

【条文精解】

无论是仓单转让还是仓单出质，都应当通过法定的形式才能生效。仓单的转让或者出质，必须由存货人或者仓单持有人在仓单上背书。所谓"背书"，是指存货人在仓单的背面或者粘单上记载被背书人（受让人）的名称或姓名、住所等有关事项的行为。因为仓单是有价证券，其转让应当符合有价证券转让的一般要求，即需要进行背书。而且，多次转让仓单的，背书还要有连续性。背书的连续性主要是为了保证每个背书人都是有权转让仓单项下权利的人。有权提取仓储物的权利人是最后一个被背书人，即最终的受让人或者质权人。

存货人转让仓单不仅需要在仓单上背书，还要经保管人签名或者盖章始生效力。如果只在仓单上背书但未经保管人签名或者盖章，即使交付了仓单，转让行为也不发生效力。为什么要经保管人签名或者盖章呢？因为保管人是仓储物的合法占有人，而仓储物的所有权仍归存货人，为保护存货人的所有权，防止其他人以不法途径获得仓单，从而损害存货人的利益，也使保管人自己免于承担不应有的责任，因此，存货人转让仓单的，除存货人应当在仓单上背书外，还应当由保管人在仓单上签名或者盖章，仓单转让的行为才发生效力。

存货人以仓单出质的，应当与质权人签订质押合同，在仓单上背书并经保管人签名或者盖章，并将仓单交付质权人，质权才能设立。因为一旦债务人不能在债务履行期限届满前履行债务，质权人就享有提取仓储物的权利。因此，如果没有存货人（出质人）在仓单上背书和保管人在仓单上签名或者盖章，质权人就不能提取仓储物，同样，也只有存货人（出质人）在仓单上背书和保管人的签名或者盖章，才有助于保护存货人的所有权和保管人的合法占有。

第九百一十一条 【检查仓储物】

保管人根据存货人或者仓单持有人的要求，应当同意其检查仓储物或者提取样品。

【立法背景】

存货人或者仓单持有人有权了解仓储物的储存状况，因此，享有对仓储物进行检查的权利，保管人应当配合。存货人或者仓单持有人可以实地检查，也可以抽取样品进行检查。

【条文精解】

存货人将货物存置于仓库，为了了解仓库堆藏及保管的安全程度与保管行为，可向保管人要求，进入仓库检查仓储物或者提取样品。存货人或者仓单持有人提出检查仓储物或者提取样品的要求，应当在必要的限度和适当的时间内进行，不应不当地增加保管人的管理成本。

由于仓单是物权证券，存货人可以转让仓单项下仓储物的所有权，也可以对仓单项下的仓储物设定担保物权，即出质。仓单经背书并经保管人签名或者盖章而转让或出质的，仓单受让人或质权人即成为仓单持有人。无论是转让仓单还是出质仓单，仓单持有人与存货人一样，都有检查仓储物或者提取样品的权利。

第九百一十二条 【损坏通知义务】

保管人发现入库仓储物有变质或者其他损坏的，应当及时通知存货人或者仓单持有人。

【立法背景】

保管人对仓储物有妥善保管的义务，保管人应当按照保管合同中约定的保管条件和保管要求妥善进行保管。保管人因保管不善造成仓储物变质或者其他损坏的，应当承担赔偿责任。

【条文精解】

保管人在符合合同约定的保管条件和保管要求进行保管的情况下，因仓储物的性质、包装不符合约定或者超过有效储存期，造成仓储物变质、损坏的，尽管不承担责任，但是保管人应当及时将此种情况通知存货人或者仓单持有人。即使仓储物没有变质或其他损坏，但有发生变质或其他损坏的危险时，保管人也应当及时通知存货人或者仓单持有人。这是对保管人的更进一步要求。

本法第509条前两款规定："当事人应当按照约定全面履行自己的义务。当事人应当遵循诚信原则，根据合同的性质、目的和交易习惯履行通知、协助、保密等义务。"也就是说，当事人除按合同约定履行自己的义务以外，还应当按照诚信原则及合同的性质、目的和交易习惯履行合同中没有约定的通知、协助、保密等义务。本条的规定就是第509条精神的具体化。

保管人在储存仓储物的过程中，发现仓储物有变质或者其他损坏，或者有发生变质、损坏的危险时，应当及时通知存货人或者仓单持有人，以使其尽快采取相应措施，避免发生更大的损失。如果仓储物的变质、损坏或者可能导致仓储物变质、损坏的危险是由于保管人未尽到妥善保管之义务，则其不仅要承担相应的赔偿责任，还应当及时采取必要合理的补救措施防止损失的扩大。即便仓储物的变质、损坏或者可能导致仓储物变质、损坏的危险并非由于可归责于保管人的原因，如由于仓储物的性质、包装不符合约定，保管人发现仓储物的变质、损坏或者可能导致仓储物变质、损坏的危险时，基于善良管理人之义务，亦应当及时通知存货人或者仓单持有人，并采取必要措施以防止损失的扩大。

此种通知义务，主要适用于保管人发现仓储物有变质或者其他损坏时，包括发现仓储物有变质或者其他损坏的危险时，如保管人发现货物包装破损可能造成仓储物的变质或者其他损坏。

第九百一十三条 【发现损坏的处理】

保管人发现入库仓储物有变质或者其他损坏，危及其他仓储物的安全和正常保管的，应当催告存货人或者仓单持有人作出必要的处置。因情况紧急，保管人可以作出必要的处置；但是，事后应当将该情况及时通知存货人或者仓单持有人。

【立法背景】

依据本法第912条的规定，保管人对入库仓储物发现有变质或者其他损坏，不论是否可归责于保管人，保管人均应当及时通知存货人或者仓单持有人。而仓储物的变质或者其他损坏，有可能进一步危及其他仓储物的安全和正常保管，此时就需要催告存货人、仓单持有人进行处置，或者由保管人作出必要处置。

【条文精解】

保管人发现入库仓储物有变质或者其他损坏，这种变质或损坏是非可归责于保管人的原因造成的，如因仓储物的性质、包装不符合约定造成仓储物本身的变质或损坏，保管人除及时通知存货人或者仓单持有人外，如果该仓储物已经危及其他仓储物的安全和正常保管的，还应当催告存货人或者仓单持有人作出必要的处置。因情况紧急，保管人也可以作出必要的处置，但事后应当将该情况及时通知存货人或者仓单持有人。保管人承担催告义务的条件，一是保管人发现入库仓储物有变质或者其他损坏；二是仓储物的变质或者其他损坏已经危及其他仓储物的安全和正常保管。如果只是轻微的变质或者损坏，保管人可以自行处理，也就无须通知存货人或者仓单持有人。如果仓储物的变质或者损坏比较严重，可能危及其他仓储物的安全和正常保管时，就必须及时催告存货人或者仓单持有人作出必要处置，以避免给其他仓储物或者保管人造成损失。催告必须是针对存货人或者仓单持有人，催告的内容是要求存货人或者仓单持有人对仓储物作出必要的处置。

存货人或者仓单持有人在接到保管人的通知或催告后，应当及时对变质的仓储物进行处置，这是存货人或仓单持有人应尽的义务。因为变质或损坏的仓储物已经危及其他仓储物的安全和正常保管，如果存货人或仓单持有人不尽此义务，由此给其他仓储物或者保管人的财产造成损害的，存货人应当承担赔偿责任。

保管人发现入库仓储物有变质或者其他损坏，危及其他仓储物的安全和正常保管的，一般都应当先催告存货人或者仓单持有人作出必要的处置。但是如果情况紧急，保管人来不及催告存货人或者仓单持有人进行处置的，保管人可以作出必要的处置，事后还是应当将该情况及时通知存货人或者仓单持有人。

保管人对变质货物的这种紧急处置权，类似于对危险货物的紧急处置权。存货人储存危险货物没有向保管人说明并提供有关资料，保管人在接收后发现的，可以对该仓储物进行紧急处置，由此产生的费用由存货人承担。因此，保管人紧急处置变质或者其他损坏的仓储物，由此产生的费用也应该由存货人承担。无论是危险货物还是变质货物，都是在危及其他仓储物的安全和正常保管，保管人已来不及通知存货人或者仓单持有人进行处置的情况下，或者存货人或仓单持有人对保管人的通知置之不理的情况下，保管人才可以对该仓储物进行紧急处置，并且在事后应当将该情况及时通知存货人或者仓单持有人。因此，保管人的紧急处置权不是随意行使的，而是为了其他仓储物的安全和正常的保管秩序，在不得已的情况下才行使的。

第九百一十四条　【储存期限不明确】

当事人对储存期限没有约定或者约定不明确的，存货人或者仓单持有人可以随时提取仓储物，保管人也可以随时请求存货人或者仓单持有人提取仓储物，但是应当给予必要的准备时间。

【立法背景】

一般来说，当事人应当在仓储合同中对储存期限作出明确约定。但是，实践中可能出现当事人对储存期限没有约定或者约定不明确的情况，此时应当如何处理，法律应当给予明确指引。

【条文精解】

当事人对储存期限没约定或者约定不明确的，存货人或者仓单持有人可以随时提取仓储物。在这种情况下，存货人或者仓单持有人可以根据自己的意愿确定提取仓储物的时间。保管人根据自己的储存能力和业务需要，也可以随时要求存货人或者仓单持有人提取仓储物，但应当给予必要的准备时间。所谓"给予必要的准备时间"，是指保管人预先通知提货，然后确定一个合理的期限，以给存货人或者仓单持有人留出必要的准备时间，在期限届满前提货即可。并不是在通知的当时就必须提取仓储物。因为仓储物往往为大宗货物，存货人或者仓单持有人提取后需要相应的场所存放，或者找买家将仓储物进行处分，这都需要一定的时间。

第九百一十五条 【提取仓储物】

储存期限届满，存货人或者仓单持有人应当凭仓单、入库单等提取仓储物。存货人或者仓单持有人逾期提取的，应当加收仓储费；提前提取的，不减收仓储费。

【立法背景】

如前所述，仓单、入库单等的主要特征或重要作用之一就是作为提取仓储物的凭证。因此，存货人或者仓单持有人应当凭仓单或者入库单等凭证提取仓储物。

【条文精解】

当事人在合同中约定储存期间的，存货人或者仓单持有人应当在储存期限届满时凭仓单、入库单等凭证提取仓储物，并按约定支付仓储费；存货人或者仓单持有人也可以提前提取仓储物，但是不减收仓储费；存货人或者仓单持有人逾期提取仓储物的，应当加收仓储费。当事人约定储存期限的，在储存期限内，如果存货人或者仓单持有人要求提前提取仓储物，一般不会造成保管人的损失，可以允许其提前提取。但是保管人已经做好了约定的储存期限的准备，提前提取不仅不符合当事人之间的约定，还有可能打乱保管人的经营计划，还可能因此丧失其他交易机会，因此，存货人或者仓单持有人提前提取仓储物的，不减收仓储费。如果存货人或者仓单持有人逾期不提取，将会增加保管人的保管成本，甚至因为该仓储物挤占保管人的仓储空间，打乱保管人正常的经营计划，所以保管人对于逾期不提取仓储物的存货人或者仓单持有人，有权加收仓储费。

当事人在仓储合同中明确约定储存期限的，在储存期限届满前，保管人不得要求存货人或者仓单持有人提取仓储物，法律另有规定或者当事人另有约定的除外。

第九百一十六条　【逾期不提取的处理】

储存期限届满，存货人或者仓单持有人不提取仓储物的，保管人可以催告其在合理期限内提取；逾期不提取的，保管人可以提存仓储物。

【立法背景】

储存期限届满，存货人或者仓单持有人提取仓储物，既是存货人或者仓单持有人的权利，也是存货人或者仓单持有人的义务。

【条文精解】

如果储存期限届满，存货人或者仓单持有人不能或者拒绝提取仓储物，保管人可以确定一个合理的期限，催告存货人或者仓单持有人在此期限内提取。如果逾期仍不提取的，保管人可以依照本法第570条的规定将仓储物提存。保管人将仓储物提存后，如果存货人或者仓单持有人未支付仓储费的，依照本法第577条的规定，可以请求其支付仓储费。存货人或者仓单持有人迟延给付的，还可以按照约定要求存货人或者仓单持有人给付违约金。没有约定违约金的，可以要求支付迟延给付的逾期利息。

在存货人或者仓单持有人逾期未提取仓储物的情况下，保管人有权提存仓储物，终止仓储合同，这有利于督促存货人或者仓单持有人及时提取仓储物。保管人将仓储物提存应当具备较为严格的条件。一是储存期限届满。只有在仓储合同期限届满后，存货人才负有提取仓储物的义务。储存期限届满前，保管人不得要求存货人提取仓储物，更不能提存仓储物。二是储存期限届满存货人或者仓单持有人不提取仓储物。三是保管人催告存货人或者仓单持有人在一定期限内提取。一般来说，保管人在提存仓储物前要催告存货人或者仓单持有人，再给予一定时间进行提取，因为存货人或者仓单持有人不及时提取可能出于某种原因，可能是由于不可抗力，也可能只是疏忽忘记提取。四是催告的期限届满后存货人或者仓单持有人仍不提取仓储物。如果保管人催告的期限届满，存货人或者仓单持有人还是不提取，此时保管人就可以将仓储物提存。

第九百一十七条 【保管不善的责任】

储存期内，因保管不善造成仓储物毁损、灭失的，保管人应当承担赔偿责任。因仓储物本身的自然性质、包装不符合约定或者超过有效储存期造成仓储物变质、损坏的，保管人不承担赔偿责任。

【立法背景】

储存期限内，保管人负有妥善保管仓储物的义务。所谓"妥善保管"，主要应当是按照仓储合同中约定的保管条件和保管要求进行保管。保管条件和保管要求是双方约定的，大多数情况下是存货人根据货物的性质、状况提出保管的条件和要求。只要是双方约定的，保管人就应当按照约定的保管条件和保管要求进行保管。保管人没有按照约定的保管条件和保管要求进行保管，造成仓储物毁损、灭失的，保管人应当承担赔偿责任。

【条文精解】

保管人对仓储物有妥善保管的义务，保管人应当按照有关规定和保管合同中约定的保管条件和保管要求妥善保管。保管人因保管不善造成仓储物变质或者其他损坏的，应当承担赔偿责任。

保管人除应当按照约定的保管条件和保管要求进行保管外，还应当尽到善良管理人的义务。在一般保管合同中，区分有偿保管和无偿保管的注意义务，对有偿保管合同，保管人应当尽到善良管理人的注意义务。仓储合同是特殊的有偿保管合同，其保管人亦应当尽善良管理人的义务。甚至有的观点认为，仓储合同中的保管人所从事的保管活动具有专业性、营利性，仓储合同的存货人要支付仓储费，且仓储费的标准往往高于一般保管的保管费，因此仓储合同的保管人应尽的注意义务应当高于有偿保管合同中保管人的注意义务。

仓储合同的保管人应当采取一定的措施，防止仓储物的毁损、灭失或者贬值。对于危险物品和易变质物品等，必须按照有关规定和合同约定进行保管。保管人应当经常对储存设施和储存设备进行维修和保养，还应当经常对仓储物进行巡视和检查，注意防火防盗。此外，为了存货人的利益，保管人在符合约定的保管条件和保管要求的情况下，发现仓储物变质、损坏，或者有变质、损坏的危险时，及时通知存货人或者仓单持有人作出处置，这其中包括临近失效期的仓储物。在仓储物遭受损害之后，无论损害是由保管人还是第三人造成的，保管人都应当尽量避免损害的扩大，采取合理措施避免和减少不必要的损失，如果保管人未采取必要措施防止损害扩大的，应当对扩大的损失承担赔偿责任。这是诚信原则的要求。

仓储物在毁损、灭失的情况下，如果是出于保管人保管不善的原因，保管人就应当承担赔偿责任。所谓"保管不善"，就是指保管人没有尽到上述的妥善保管义务，没有按照有关规定和当事人约定，提供相应的保管条件和设备，没有采取相应的保管措施，没有尽到善良管理人的义务。保管人保管不善的行为导致了仓储物的毁损、灭失，二者之间需要存在因果关系，保管人才应承担赔偿责任。如果保管人能够证明仓储物的毁损、灭失是因仓储物本身性质的原因，或者因包装不符合约定，或者因仓储物超过有效储存期，而造成的，不承担赔偿责任。也就是说，对于非可归责于保管人原因导致的仓储物毁损、灭失，可以免责。另外，保管人还可以基于法定的免责事由或者合同约定的其他免责事由而免除责任。如因地震、台风等不可抗力造成仓储物毁损、灭失，或者因存货人的行为导致仓储物的毁损、灭失等。

保管人在符合合同约定的保管条件和保管要求进行保管的情况下，因仓储物的性质、包装不符合约定或者超过有效储存期，造成仓储物变质、损坏的，尽管保管人不承担责任，但是根据本法第912条的规定，保管人应当及时将此种情况通知存货人或者仓单持有人。即使仓储物没有变质或其他损坏，但有发生变质或其他损坏的危险时，存货人也应当及时通知存货人或者仓单持有人。

第九百一十八条 【适用保管合同规定】
本章没有规定的，适用保管合同的有关规定。

【立法背景】

仓储合同与保管合同有几项重要区别，如保管合同是实践合同，而仓储合同为诺成合同；再如，保管合同是否有偿由当事人约定，而仓储合同均为有偿契约；等等。但仓储合同与保管合同的本质是一样的，即都是为他人保管财物。有些学者认为，仓储合同就是特殊的保管合同。

【条文精解】

在本章中没有特别规定的，适用保管合同的有关规定。例如，仓储合同的保管人负有亲自保管的义务。在一般的保管合同中，要求保管人应当亲自保管，不得擅自将保管物交给第三人。仓储合同同样要求保管人亲自保管。因为一方面，将仓储物交由第三人保管，可能会加大仓储物毁损、灭失的风险，同时也可能导致保险公司拒绝赔付，这就不利于维护存货人的利益。另一方面，仓储合同对保管人资质可能有特别的要求，如果允许保管人委托他人保管，受托人可能不具备相应的保管资质。此外，存货人之所以选择特定的保管人进行保管，是基于对保管人的设备、技能和专业经验的信赖，如果保管人将仓储物交由他人保管，也会使存货人的这种信赖落空，从而有损存货人的利益。因此，未经存货人的同意，保管人不得将仓储物转交他人保管。

第二十三章　委托合同

第九百一十九条【委托合同的定义】

委托合同是委托人和受托人约定，由受托人处理委托人事务的合同。

【立法背景】

委托合同又称委任合同，是指当事人双方约定一方委托他人处理事务，他人同意为其处理事务的协议。在委托合同关系中，委托他人为自己处理事务的人称委托人，接受委托的人称受托人。

【条文精解】

1. 委托合同的特征

（1）委托合同的标的是劳务。委托人和受托人订立委托合同的目的，在于通过受托人办理委托事务来实现委托人追求的结果，因此，该合同的客体是受托人处理委托事务的行为。委托事务的范围十分广泛，凡是与人们生活有关的事务，除依法不得委托他人处理的事务外，都可以委托他人处理。

（2）委托合同是诺成、非要式合同。委托人与受托人在订立委托合同时，不仅要有委托人的委托意思表示，而且还要有受托人接受委托的承诺，即承诺与否决定着委托合同是否成立。委托合同自承诺之时起成立，无须以履行合同的行为或者物的交付作为委托合同成立的条件。换言之，委托合同自当事人意思表示一致时成立。委托合同是非要式合同，法律并未对委托合同的形式提出特别要求，即口头、书面等方式都可以。

（3）委托合同可以是有偿的，也可以是无偿的。委托合同是建立在双方当事人彼此信任的基础上。委托人之所以选择特定的受托人处理其事务，是基于对受托人的能力、资格、品行等方面的信任。在罗马法中，委托是无偿的。法国民法典和德国民法典沿袭了罗马法中委托为无偿的原则。委托合同是否有偿，应当尊重当事人的意愿，由当事人双方根据委托事务的性质与难易程度协商决定，因此，我国民法典对此不作强制规定，即委托合同可以是有偿的，也可以是无偿的。

（4）委托合同可以是双务合同，也可以是单务合同。委托合同经要约承诺后成立，无论合同是否有偿，委托人与受托人都要承担相应的义务。一方面，对受托人来说，受托人有向委托人报告委托事务、亲自处理委托事务、转交委托事务所取得财产等义务。另一方面，对委托人来说，如果是无偿委托，委托人无须支付受托人报酬，甚至可能并不涉及向受托人支付处理委托事务的费用（委托事务不产生相关费用），这种情况下的无偿委托合同自然属于单务合同。例如，甲委托乙向丙赠与一些生活用品。即便委托人有向受托人支付处理委托事务费用的义务，但是委托人的这种义务与受托人的义务并不构成对待给付。所以在无偿委托合同中，委托人可能要向受托人支付处理委托事务的相关费用，但是仍属于单务合同。而当委托合同为有偿合同时，委托人还负有支付受托人报酬的义务，受托人有请求获得报酬的权利。委托人支付报酬的义务与受托人处理委托事务等义务构成对待给付，属于双务合同。因此，委托合同可以是双务合同，也可以是单务合同。

2.关于委托事务的范围

委托合同的目的在于受托人处理委托人的事务。本条虽然未对受托人办理事务的内容作具体解释，但只要能够产生民事权利义务关系的任何事务，委托人均可请受托人办理，既包括实体法规定的买卖、租赁等事项，也包括程序法规定的办理登记、批准等事项，还包括代理诉讼等活动。但委托人所委托的事务不得违反法律的有关规定，如委托他人代为销售、运输毒品、淫秽物品等，或者按照事务的性质不能委托他人代理的事务，如与人身密切联系的婚姻登记、立遗嘱、收养子女等。

3. 受托人以谁的名义处理委托事务

在合同法起草过程中，对于委托合同是否要以委托人的名义处理委托事务，有不同的看法。一种观点认为，委托合同应当规定受托人以委托人而非自己的名义进行活动，这样，也能够划清和行纪合同的关系。另一种观点认为，委托合同不应规定受托人以谁的名义处理委托事务。委托只涉及委托人与受托人之间的法律关系，不涉及第三人；代理则涉及代理人、被代理人及第三人三方的法律关系。委托是产生一切委托事务的基础，如代理、行纪、居间等均由委托而产生。委托合同是一种基础合同，法律应予专门规定。合同法基本采纳了后一种观点，侧重解决委托人和受托人之间的权利义务问题。在民法典的编纂过程中，对这一问题没有争议，故本条没有作出修改。依据《民法典》第925条和第926条的规定可知，受托人也可以以自己的名义处理委托事务。

4. 处理委托事务是受托人的主要合同义务

根据委托合同的定义，受托人要按照约定处理委托事务，这是受托人的主要义务。委托人和受托人应当在合同中明确约定委托事项，委托人还应当就委托事务中应该注意的问题向受托人告知说明。受托人处理委托事务的过程中，也有很多需要尽到的义务。受托人应当按照合同约定和委托人的指示处理委托事务，需要变更委托人指示的，应当经委托人同意。受托人应当亲自处理委托事务，须经委托人同意才可以进行转委托，不得擅自将委托事务转委托给第三人。受托人应当按照委托人的要求报告委托事务的处理情况，在委托合同终止时向委托人报告委托事务的结果。受托人处理委托事务取得的财产，应当转交给委托人。受托人处理委托事务不得超越权限，超越权限造成委托人损失的应当进行赔偿。受托人在处理委托事务过程中，还应当尽到一定的注意义务。例如，在需要变更委托人指示，又因情况紧急难以和委托人取得联系的情形下，应当妥善处理委托事务，事后再将该情况及时向委托人报告。

第九百二十条 【委托权限】

委托人可以特别委托受托人处理一项或者数项事务，也可以概括委托受托人处理一切事务。

【立法背景】

受托人在处理委托事务时，应以委托人指示的委托事务范围为准。以受托人处理委托事务的范围为标准把委托划分为两大类，即特别委托和概括委托。

【条文精解】

特别委托，是指双方当事人约定受托人为委托人处理一项或者数项事务的委托。特别委托一般有以下几种情况：（1）不动产出售、出租或者就不动产设定抵押权。（2）赠与。由于赠与属于无偿行为，所以需要有委托人的特别授权。（3）和解。在发生纠纷后，有关人员在处理问题时需要双方当事人彼此作一定的妥协与让步，以终止争执或者防止争执的扩大，它包括民法上的和解或者诉讼法上的和解，以及破产法上的和解。（4）诉讼。当事人就有关事宜向法院提起诉讼，请求法院依照法定程序进行审判。（5）仲裁。仲裁，是指当事人发生争执时，不诉请法院判决，而是提请仲裁机构裁判，其效力同法院的判决一样。受托人接受特别委托时，对于委托事务的处理，可以采取一切为维护委托人的合法权益而必要的合法行为。

概括委托，是指双方当事人约定受托人为委托人处理某个方面或者范围内的一切事务的合同。例如，委托人委托受托人处理其买卖业务或租赁业务的所有事宜，即是概括委托。

划分特别委托与概括委托的意义在于，使受托人能够明确自己可以从事哪些活动，也使第三人知道受托人的身份和权限，使之有目的、有选择地订立民事合同，以防止因委托权限不明确而引起不必要的纠纷，如果发生了纠纷，也便于根据委托权限确定当事人之间的责任。委托人可以根据自己的需要选择特别委托还是概括委托。委托人选择特别委托来委托他人处理一项或者数项事务，更有针对性，也可以防止受托人权限过大而损害委托人利益。委托人也可以选择概括委托他人处理其一切事务。

第九百二十一条 【处理委托事务的费用承担】

委托人应当预付处理委托事务的费用。受托人为处理委托事务垫付的必要费用，委托人应当偿还该费用并支付利息。

【立法背景】

受托人在处理事务过程中往往需要花费一定的费用，如交通费、通讯费等，无论委托合同是否有偿，委托人都有义务事先提供处理委托事务的费用和补偿受托人为处理委托事务所垫付的必要的费用。

【条文精解】

委托人要么先预付处理委托事务的费用，要么在受托人垫付有关费用后再偿还费用及利息，也就是说，如果没有特别约定，委托人负有支付处理委托事务之费用的义务。而且，不论委托事务是否完成，因处理委托事务而支出的费用，委托人都应当支付。各国立法都规定了委托人负有承担委托有关费用的义务。

1. 委托人预付费用的义务

由于委托合同的特点是受托人用委托人的费用处理委托事务，因此，受托人对于费用没有垫付的义务，预付费用可以说是委托人的义务。受托人处理委托事务，如委托律师向法院提起诉讼，就应当先预付诉讼费。因为费用是为了委托人的利益而需要支出的，它与合同约定的报酬不是一个概念。如果委托人未预付处理委托事务的费用，受托人要先垫付相关费用，当委托人无力偿还这些费用时，受托人的利益可能难以得到保障。

2. 委托人偿还受托人支出的必要费用的义务

由于受托人处理委托事务应当由委托人事先预付费用，受托人就没有垫付费用的义务，当然，受托人可以自愿为委托人垫付相关费用，或者在委托人预付的费用不足以处理委托事务时先垫付不足的部分。如果受托人垫付了，则有请求偿还的权利，即受托人为处理委托事务所垫付费用，委托人应当偿还。应当把委托人支付报酬与偿还处理委托事务所应负担的费用相区别。偿还处理委托事务的费用不是对价关系，与受托人履行处理委托事务的义务不构成对待给付。所谓必要费用，是指完成委托事务必须支付的费用，如差旅费用、有关财产的运输费、仓储费、交通费、邮费等。受托人处理事务所支出的费用，不仅会有金钱支出，有时也会有物的消耗。至于判断费用的支出是否必要，应当依据所委托事务的性质及处理时的具体情况来定。何为"必要"，其标准是什么，我们认为，支出费用的合理原则应从以下三个方面考虑：其一，直接性原则。受托人支出的费用应与所处理的事务有直接联系。其二，有益性原则。受托人支出的必要费用应有利于委托人，目的是让委托人受益。其三，经济性原则。受托人在直接支出费用时，应尽善良管理人的义务，采用尽量节约、适当的方法处理事务。也就是说，必须是客观上确有必要，才可以请求偿还，以防其滥用。不能以受托人主观上是否认为有支出必要为标准，而应以受托人实施行为时的客观状态作为标准。

3．委托人偿还利息的义务

偿还费用还应包括自受托人暂付费用之日起的利息。如果双方当事人在订立合同时对利率有约定的，事后就应按其约定；如果对利率没有约定或者约定的不明确时，就应当依照法定利率计算。

第九百二十二条 【按委托人的指示活动】

受托人应当按照委托人的指示处理委托事务。需要变更委托人指示的，应当经委托人同意；因情况紧急，难以和委托人取得联系的，受托人应当妥善处理委托事务，但是事后应当将该情况及时报告委托人。

【立法背景】

受托人按照委托人的指示处理委托事务，这是受托人首要的义务。委托合同是受托人接受委托人的委托而订立的，因此，受托人应当一丝不苟地按照委托人的指示，在委托人授权的范围内认真维护委托人的合法权益，想方设法完成委托事务。

【条文精解】

委托人的指示主要是委托人就委托事务的处理方式方法或者欲达到的效果等提出的具体要求。委托合同订立的目的是维护委托人的利益，委托人选择受托人是基于对受托人的信任。在委托事务的处理过程中，具体应当如何处理，取得何种结果才最符合委托人的利益，委托人有权决定，自然也有权对受托人发出相关指示。例如，委托人委托受托人销售家电，有权指示受托人以特定的价格出售家电。受托人原则上不得变更委托人的指示，如果受托人在处理委托事务的过程中，因客观情况发生变化，为了维护委托人的利益而需要变更委托人的指示时，法律规定应当经委托人同意。这样可以防止受托人得到授权后任意行事，损害委托人的利益。如当委托人指示受托人以特定价格出售家电的，受托人不得擅自改变商品价格。如果该类家电的市场价格出现上涨或者下跌，受托人不能擅自作主进行涨价或降价出售，需经委托人的同意才可以为之。即使受托人认为委托人的指示明显不符合委托人之利益时，原则上亦不得不经委托人同意而擅自变更委托人的指示。

受托人只有在具备以下条件的情况下才可以不按这些指示办事：（1）因情况紧急，需要立即采取新的措施；（2）由于客观上的原因，难以和委托人取得联系；（3）依据情况这样办是为了委托人的利益所必须。

第九百二十三条 【亲自处理委托事务】

受托人应当亲自处理委托事务。经委托人同意，受托人可以转委托。转委托经同意或者追认的，委托人可以就委托事务直接指示转委托的第三人，受托人仅就第三人的选任及其对第三人的指示承担责任。转委托未经同意或者追认的，受托人应当对转委托的第三人的行为承担责任；但是，在紧急情况下受托人为了维护委托人的利益需要转委托第三人的除外。

【立法背景】

委托合同的订立和履行是以当事人双方之间的相互信任为基础，委托人选择受托人是以对其能力（业务能力、专门知识）和信誉的信赖为前提，该合同的订立，既体现了委托人对于受托人的办事能力和信誉的信任，也表明受托人了解委托人和愿意为其办理委托事务的意志。这种彼此信任是委托合同赖以订立和存续的基础。

【条文精解】

受托人往往具有处理委托事务所需要的能力，或者有一定的资质条件，尤其是受托人为从事某方面事务的专业人士时，更需要受托人亲自处理委托事务。若受托人擅自转委托给第三人，第三人可能并不具有处理委托事务的相应资质或者能力，从而导致委托事务不能完成或者影响委托事务的完成质量、效果，损害委托人的利益。例如，当事人甲了解到律师乙是婚姻家庭法方面的博士，具有扎实的婚姻家庭法知识，且从事20年的离婚诉讼案件代理工作，具有丰富的实践经验，于是委托乙作为其离婚诉讼的代理人，并支付了高额的律师费。这种情况下，乙不能擅自将该案件转委托给刚拿到律师执业证入所的年轻律师丙，否则，将损害委托人甲的利益。因此，委托合同强调当事人的人身属性。这就要求受托人应当亲自办理委托事务，不得擅自将自己受托的事务转托他人处理。

但是在特殊情况下受托人可以进行转委托，如受托人经过委托人的同意转委托；或者在紧急情况下，为了维护委托人的利益而进行的转委托。实践中，受托人可能由于各种情况的变化，或者发现自己缺乏处理委托事务的能力，不能完成委托事务，此时，为了保护委托人的利益，经过委托人的同意，受托人将委托事务转委托给合适的第三人来处理，也不失为一个好的选择。例如，当事人甲委托律师乙代理某一个案件，而乙因为家中老父亲病逝，要回老家，不能继续代理该案件，遂和甲商议将该案件转委托给在这方面案件具有丰富经验的律师丙，甲同意后，由丙继续接手处理该案件，可以较好地维护甲的利益。

民法典对于转委托的情况作了如下规定：第一，转委托须事先取得委托人的同意。法律上之所以不许任意转委托，是为了防止损害委托人的利益。但如果委托人同意转委托时，则法律就没有禁止的必要，因为合同是以双方当事人自愿为原则，当事人意思表示一致，受托人才可以再委托第三人代为处理委托事务。委托人同意转委托，是基于其认为转委托是符合其利益才作出的决定，对于委托事务的处理自然是有利的。委托人对于转委托的同意也包括追认，追认具有与事先同意一样的法律效果。第二，在紧急情况下受托人为了维护委托人的利益，也可以进行转委托。例如，委托人临时患急病，不能前去处理，又不能及时与委托人取得联系，由于情况紧急，如果不立即转托第三人代为处理，就会使委托人受到很大的损失。

受托人将委托事务转委托是否经过委托人的同意或者追认，其法律效果以及受托人所负担的义务和承担的责任是不一样的。转委托经委托人同意或者追认的，委托人可以就委托事务直接指示转委托的第三人，受托人只要就第三人的选任及其对第三人的指示承担责任。也就是说，委托人可以跳过受托人，直接对接受转委托的第三人（学理上又称为次受托人）下达指示。受托人如果在选任接受转委托的第三人上没有过错，选择了具有处理委托事务相应能力的第三人，且对第三人的指示也都是恰当的，那么受托人对第三人的行为造成委托人的损失，不承担赔偿责任。

转委托未经委托人同意或者追认的，受托人应当对转委托的第三人的行为承担责任。也就是说，如果转委托未经同意或者追认，尽管受托人就转委托的第三人之选任以及对第三人下达的指示，都是合理、恰当的，也要对第三人的所有行为负责。但是，在紧急情况下，受托人可以为了委托人的利益进行转委托。需要注意的是，这种情况下，受托人可以不经委托人同意而转委托，但是仍然要对转委托的第三人之选任以及对第三人的指示向委托人负责，如果因选任或者指示不当造成委托人损失的，依然要承担相应的责任。

第九百二十四条 【受托人报告义务】

受托人应当按照委托人的要求，报告委托事务的处理情况。委托合同终止时，受托人应当报告委托事务的结果。

【立法背景】

委托合同是委托人委托受托人处理委托事务的合同，受托人处理委托事务是为了委托人的利益，因此，委托人有权了解委托事务的处理情况，而受托人则负有向委托人报告有关事项的义务。

【条文精解】

受托人在办理委托事务的过程中，应当根据委托人的要求，向委托人报告事务处理的进展情况、存在的问题和应对措施等，以使委托人及时了解事务的状况。如果委托合同约定了报告的时间，受托人应按时进行报告。受托人在办理委托事务的过程中向委托人报告处理情况，委托人才能了解委托事务的具体情况，并根据最新的具体情况调整原来的指示、作出新的指示。

委托合同终止，不论委托事务是否完成、委托合同的目的是否实现，委托人都有权全面了解有关委托合同的所有情况，不论委托人是否提出受托人进行报告的要求，受托人都负有报告的义务。委托合同终止时，受托人应就办理委托事务的情况，向委托人全面报告办理经过和结果，如处理委托事务的始末、各种账目、收支计算等，并要提交必要的书面材料和证明文件。

第九百二十五条 【直接约束委托人和第三人】

受托人以自己的名义，在委托人的授权范围内与第三人订立的合同，第三人在订立合同时知道受托人与委托人之间的代理关系的，该合同直接约束委托人和第三人；但是，有确切证据证明该合同只约束受托人和第三人的除外。

【立法背景】

代理与委托合同关系十分密切，主要表现在：一方面，本法第 163 条规定，代理包括委托代理和法定代理。委托代理人按照被代理人的委托行使代理权，法定代理人依照法律的规定行使代理权。在委托代理中，被代理人常常通过委托合同授予代理人代理权。另一方面，在代理中，代理人在代理权限范围内，以被代理人的名义从事行为，由此产生的法律效果，直接由被代理人承担。而在委托合同中，受托人根据委托人的授权，与第三人进行的民事活动，其后果最终也是由委托人承担。从这个角度上看，代理人和受托人都只是扮演了中间人的角色。

虽然委托合同和代理关系密切，但是两者之间还是存在区别。代理和委托合同的区别主要体现在以下几个方面：第一，委托只涉及委托人与受托人之间的法律关系，不涉及第三人；代理则涉及代理人、被代理人及第三人三方的法律关系。委托是产生一切委托事务的基础，如代理、行纪、居间等均由委托而产生。委托合同是代理关系发生的一种基础合同，但是并不等同于代理关系。第二，代理包括委托代理和法定代理。代理权的产生可以基于当事人约定，也可以基于法律的规定。委托合同是一种基础合同，委托合同可以产生代理关系。但是代理关系的产生，除了基于委托合同外，还可以基于劳动合同、合伙合同、身份关系等。简单地说，委托合同并不必然产生代理关系，代理关系的产生也不一定基于委托合同。第三，在代理关系中，代理人须以被代理人的名义处理代理事务，否则不构成直接代理。而委托合同的受托人，既可以以委托人的名义，也可以以受托人的名义处理委托事务。受托人无论是以委托人还是受托人的名义处理委托事务，均不影响委托合同的性质。第四，代理事务和委托事务的范围不同。根据本法第 161 条的规定，代理的范围限于民事法律行为，即民事主体通过意思表示设立、变更、终止民事法律关系的行为。而委托合同中的委托人委托受托人处理的事务，既可以是民事法律行为，也可以是事实行为。

行纪合同的有关规定可以适用经济贸易中的特殊情况，但不能适用受托人以自己的名义从事活动的所有情况。英美法系有关间接代理的规定，以及大陆法系有关商事代理的规定，都允许在一定的条件下，受托人以自己的名义从事的活动，其活动后果直接由委托人承担。我国在对外开放过程中，因外贸经营权以及其他原因，也出现受托人以自己的名义从事贸易代理活动。根据代理制度的原理，适应经济贸易中有关代理的不同要求，兼顾委托人、受托人以及第三人的合法权益，我国合同法借鉴《国际货物销售代理公约》等有关规定，对间接代理以及委托人的介入权、第三人的选择权作出了规定。民法典沿袭了合同法的规定。

【条文精解】

依照本条的规定，在下列条件下，受托人以自己的名义与第三人订立的合同，该合同不是直接约束受托人和第三人，而是直接约束委托人和第三人：第一，委托人和受托人之间应当存在代理关系，这是前提。从代理的角度看，受托人是委托人的代理人，则受托人基于代理权与第三人订立的合同，法律效果直接由委托人承担。第二，受托人与第三人订立合同，必须在委托人的授权范围内。第三，第三人清楚地知道受托人与委托人之间的代理关系，也就是说，第三人知道受托人是委托人的代理人，也知道委托人即被代理人具体是谁。这是受托人与第三人订立的合同可以产生直接约束委托人与第三人之法律效力、突破合同相对性原则的关键。《民法典》第465条第2款规定："依法成立的合同，仅对当事人具有法律约束力，但是法律另有规定的除外。"第三人知道委托人与受托人之代理关系，仍然选择与受托人订立合同，表明其实际上亦认可与委托人缔约。第四，第三人"知道"应当以订立合同的时间为准，即第三人是在订立合同时就知道受托人与委托人之间的代理关系，如果是订立合同的当时不知道，而是事后知道，不适用本条的规定。第五，如果有确切证据证明该合同只约束受托人与第三人，则不能适用本条的一般规定。这里讲的有证据证明该合同只约束受托人与第三人的情形，比如，受托人与第三人明确约定该合同只约束第三人与受托人，不涉及其他人；受托人与第三人虽未明确约定该合同只约束受托人与第三人，但是根据合同解释规则明显可以得到这种结论的；有交易习惯表明该合同只约束受托人与第三人，如行纪合同；有证据证明如果委托人作为该合同的当事人，第三人就不会订立该合同等。

本条规定的"该合同直接约束委托人和第三人"，主要是指委托人介入受托人与第三人的合同关系，取代受托人在该合同中的地位，委托人可以直接向第三人行使（受托人对第三人的）权利，第三人也可以直接向委托人行使（第三人对受托人的）权利。

第九百二十六条 【委托人的介入权、第三人的选择权】

受托人以自己的名义与第三人订立合同时，第三人不知道受托人与委托人之间的代理关系的，受托人因第三人的原因对委托人不履行义务，受托人应当向委托人披露第三人，委托人因此可以行使受托人对第三人的权利。但是，第三人与受托人订立合同时如果知道该委托人就不会订立合同的除外。

受托人因委托人的原因对第三人不履行义务，受托人应当向第三人披露委托人，第三人因此可以选择受托人或者委托人作为相对人主张其权利，但是第三人不得变更选定的相对人。

委托人行使受托人对第三人的权利的，第三人可以向委托人主张其对受托人的抗辩。第三人选定委托人作为其相对人的，委托人可以向第三人主张其对受托人的抗辩以及受托人对第三人的抗辩。

【立法背景】

受托人以自己的名义与第三人订立合同，第三人可能知道受托人与委托人之间存在代理关系，也有可能不知道该关系。受托人因第三人的原因对委托人不履行义务时，委托人可以行使介入权；受托人因委托人的原因对第三人不履行义务时，第三人可以行使选择权。

【条文精解】

委托人的介入权，指在受托人与第三人的合同关系中，委托人取代受托人的地位，介入原本是受托人与第三人的合同关系。委托人行使介入权的条件是：第一，受托人以自己的名义与第三人订立合同。如果受托人以委托人的名义与第三人订立合同，则该合同本来就直接约束委托人与第三人，不适用本条规定。第二，第三人不知道受托人与委托人之间的代理关系，也就是说受托人与第三人是该合同的当事人，该合同对受托人与第三人具有约束力。如果第三人知道受托人与委托人之间的代理关系，则适用本法第925条的规定，合同可以直接约束委托人和第三人。第三，当第三人不履行合同义务，导致受托人也不能履行完成委托事务的义务，间接影响到委托人的利益，这时受托人应当向委托人披露第三人。受托人对委托人不履行义务是因为第三人不按约定履行义务。如果是因为受托人自身的原因对委托人不履行义务，则委托人只能向受托人主张权利，而不能向第三人主张。第四，因受托人的披露，委托人可以行使介入权。委托人行使介入权的，应当通知受托人与第三人。第三人接到通知后，除第三人与受托人订立合同时如果知道该委托人就不会订立合同的以外，委托人取代受托人的地位，该合同对委托人与第三人具有约束力。另外，因受托人的披露，委托人也可以选择不行使介入权，仍然由受托人处理因第三人违约而产生的问题，此时委托人只能向受托人主张权利，而不能直接向第三人主张权利。

第三人的选择权，是指在受托人与第三人的合同关系中，因委托人的原因造成受托人不履行义务，受托人应当向第三人披露委托人，第三人因此可以选择受托人或者委托人作为相对人主张其权利，即第三人可以选择请求委托人承担违约责任，也可以请求仍然由受托人承担违约责任。但第三人只能选择其一，而且选定后不得变更。第三人行使选择权的条件有：第一，受托人以自己的名义与第三人订立合同。第二，第三人不知道受托人与委托人之间的代理关系。第三，受托人对第三人不履行合同义务，是基于委托人的原因，此时受托人应当向第三人披露委托人。如果是因为受托人自身的原因对第三人不履行义务，则第三人只能向受托人主张权利，而不能向委托人主张权利。第四，受托人向第三人披露后，第三人可以行使选择权。如果受托人不向第三人披露委托人，第三人只能向受托人主张其权利。受托人披露委托人后，第三人作出选择的，应当作出明确表示，并通知受托人与委托人。第三人既可以选择向受托人主张权利，也可以选择向委托人主张权利，但是二者只能选其一，选定后被选择的委托人或者受托人就是第三人的相对人，第三人不得变更，即使该相对人无力承担责任，第三人亦不得变更其选择。

规定委托人的介入权、第三人的选择权，有利于更好地保护委托人或者第三人的合法权益，有利于解决因代理产生的合同纠纷，有利于贸易代理制度更好地为经济建设服务，但委托人的介入权、第三人的选择权是有条件的，不能滥用。

委托人行使介入权或者第三人行使选择权后，权利义务的相对人发生变化，也就会产生相应的法律效果。委托人行使介入权的，委托人取代受托人的地位，成为第三人的相对人，产生的效果除了委托人可以行使受托人对第三人的权利外，第三人自然也可以向委托人主张其对受托人的抗辩。第三人行使选择权，选择委托人作为其相对人的，委托人取代受托人的地位，则第三人可以向委托人主张权利，而委托人也可以向第三人主张其对受托人的抗辩以及受托人对第三人的抗辩。委托人对受托人的抗辩权，是基于双方之间的委托合同；受托人对第三人的抗辩，是基于受托人与第三人之间的合同关系。

第九百二十七条　【受托人转移利益】

受托人处理委托事务取得的财产，应当转交给委托人。

【立法背景】

受托人在处理委托事务过程中，可能会取得一定的财产，受托人基于委托合同占有取得的财产，但其并非该财产的所有权人。处理委托事务取得的财产所有权属于委托人，受托人应当将其转交给委托人。

【条文精解】

受托人应当将自己因处理委托事务而取得的各种利益及时转交给委托人。这是受托人的义务。这里所说的"取得的财产"，包括取得的金钱、实物、金钱与实物所生的孳息，以及其他财产权利。例如，受托人因出售委托人的物品而取得的价金，或为委托人出租房屋所取得的租金等。因为受托人在处理委托事务的过程中，不论其是否以自己的名义从事活动取得的财产，权利人都是委托人，受托人应当将该财产转交给委托人。受托人转移利益的义务，不仅适用于受托人，还适用于转委托的第三人。

第九百二十八条　【委托的报酬】

受托人完成委托事务的，委托人应当按照约定向其支付报酬。

因不可归责于受托人的事由，委托合同解除或者委托事务不能完成的，委托人应当向受托人支付相应的报酬。当事人另有约定的，按照其约定。

【立法背景】

委托合同可以是有偿合同，也可以是无偿合同。如果当事人在合同中约定了处理委托事务的报酬，在委托事务完成后，委托人应当按照约定向受托人支付报酬。即使是委托合同中并没有约定报酬的，但依据习惯或者依据委托事务的性质应该由委托人给付报酬的，委托人仍然有支付受托人报酬的义务。

【条文精解】

在有偿委托中，按照约定向受托人支付报酬，是委托人的主要义务。

一般委托事务处理完毕，委托关系才终止。但在委托事务未全部处理完毕之前合同提前终止的情况也很多，可能是因为委托人的原因，也可能因为受托人的原因，还有可能因为不可抗力等不可归责于任何一方的原因。因不可归责于受托人的事由导致委托合同解除或者委托事务不能完成，其原因主要来自以下两个方面：第一，是因委托人的原因，如委托人有本法第563条规定的情形，受托人依法解除合同的；或者委托人不给付处理事务的费用，致使事务无法进行的。第二，由于客观原因，如发生不可抗力，或者委托人死亡、破产，委托合同终止的，或者受托人死亡、丧失行为能力，无法使委托事务完成的等。

上述事由都不是因受托人的过错造成的，不能归责于受托人，委托人应当履行向受托人支付报酬的义务。本条第2款规定，"因不可归责于受托人的事由，委托合同解除或者委托事务不能完成的，委托人应当向受托人支付相应的报酬"。根据该规定，在这种情况下，委托人并不需要向受托人支付约定的所有报酬，而只需要支付"相应的报酬"，具体来说就是根据受托人处理委托事务所付出的工作时间的长短或者所处理事务的大小及完成情况，向受托人支付相应的报酬。上述规定是任意性规定，当事人可以另行约定这种情况下受托人的报酬请求权，如当事人可以约定，因不可归责于受托人的原因，委托合同解除或者委托事务不能完成的，委托人依然向受托人支付事先约定的所有报酬。但是，如果是因可归责于受托人的原因导致委托合同解除或者委托事务不能完成，受托人可能丧失报酬请求权。因此造成委托人损失的，受托人甚至还可能要承担相应的赔偿责任。

第九百二十九条 【受托人的赔偿责任】

> 有偿的委托合同，因受托人的过错造成委托人损失的，委托人可以请求赔偿损失。无偿的委托合同，因受托人的故意或者重大过失造成委托人损失的，委托人可以请求赔偿损失。
>
> 受托人超越权限造成委托人损失的，应当赔偿损失。

【立法背景】

受托人在处理委托事务的过程中，要尽到必要的注意义务，否则可能需要承担相应的责任。受托人的注意义务，还因为委托合同是有偿还是无偿而有所不同。在无偿委托合同中，受托人仅负有一般的注意义务。而在有偿合同中，受托人可以从委托人处获取一定的报酬，按照权利义务对等原则，其所负有的注意义务要比一般注意义务高，有的学者认为有偿合同的受托人应尽到善良管理人的义务。对有偿委托和无偿委托中受托人注意义务的区分，类似于有偿保管和无偿保管中保管人的注意义务。

【条文精解】

在有偿的委托合同中，受托人负有较高的注意义务，受托人在处理委托事务时只要有过错，即存在故意、重大过失或者一般过失，并给委托人造成损失，就要承担赔偿责任。在无偿的委托合同中，受托人在一般过失下并不承担赔偿责任，只有在故意和重大过失的情况下，才对损害承担赔偿责任。故意，是指受托人明知或者应当知道损失可能发生，并主动促使或者放纵损失的发生。重大过失，是指一般人对该行为所产生的损害后果都能预见到，而行为人却因疏忽大意没有预见到，致使损害后果发生。由于无偿委托合同中受托人没有报酬，因此，其承担的责任相比有偿委托合同要轻一些。

受托人享有处理委托人之委托事务的权利，这种权利来自委托人的授权，也是为了委托人的利益。所以，受托人必须按照委托人的指示处理委托事务，在委托人的委托范围内处理事务，不得擅自超越权限。所谓"超越权限"，包括没有相应的权限、超出委托人的授权以及权限终止后继续处理委托事务。受托人超越权限给委托人造成损失的，无论委托合同是否有偿，都应当赔偿损失。

第九百三十条 【委托人的赔偿责任】

受托人处理委托事务时，因不可归责于自己的事由受到损失的，可以向委托人请求赔偿损失。

【立法背景】

受托人在委托权限范围内认真处理委托事务，在自己毫无过错和过失的情况下，使自己的财产或者人身受损害的，有向委托人请求赔偿的权利。

【条文精解】

受托人在处理委托事务过程中因不可归责于自己的事由遭受损害的情况有很多，例如，委托人在受托人无过错的情况下，解除委托合同的；委托人未经受托人同意，又委托第三人处理同一事务致使受托人报酬减少的等。

本条规定的受托人的损失，不仅包括上述可归责于委托人的事由，还应当包括因为意外事故等不可归责于受托人的原因而导致受托人受到损害的情形。因为委托人在享受委托事务所带来的利益的同时，也应当承担相应的风险。受托人是为委托人处理事务，受托人的损失是在处理委托事务的过程中造成的，与处理委托事务具有关联性，按照利益风险一致的原则，应当由委托人承担相应责任。而且，如果委托人并未委托受托人处理事务，而是亲自处理委托事务，那受到损失的可能就是委托人自己。

受托人向委托人请求赔偿其损失，需要具备以下条件：一是受托人受到损失。受托人在按照委托人指示处理委托事务时遭受了损害，包括人身损害和财产损害。例如，律师代理当事人出庭应诉，在去法庭的路上遇到山体滑坡，导致律师身体受伤、车辆受损。二是受托人的损失基于不可归责于受托人的原因。不可归责于受托人，主要是指受托人对于损失的发生没有过错，不存在主观上的故意或者过失。如果损失的发生是由于可归责于受托人的事由，则受托人不享有向委托人主张赔偿的权利。例如，律师代理当事人出庭应诉，在去法庭的过程中，该律师不遵守交通规则，闯红灯造成交通事故，负交通事故的全部责任的，对于律师在交通事故中受到的人身和财产损失，委托人均无须赔偿。三是受托人的损失发生在处理委托事务的过程中。因为在处理委托事务时，受托人是按照委托人的指示进行活动，实际以"受托人"之身份行事，与委托事务及委托人产生直接关联。所以，受托人的赔偿请求权是以其损失发生在处理委托事务的过程中为要件。如果受托人受到损失，并非发生在处理委托事务的过程中，也并非由于可归责于委托人的事由，则与委托人无关，受托人无权向委托人请求赔偿。例如，当事人的代理律师，并非在出庭应诉当事人之案件的路上，而是在去超市购买生活用品的路上遇到山体滑坡，造成人身和财产的损害，则不能向委托人请求赔偿。

第九百三十一条 【委托人另行委托他人】

委托人经受托人同意，可以在受托人之外委托第三人处理委托事务。因此造成受托人损失的，受托人可以向委托人请求赔偿损失。

【立法背景】

相互信任是委托合同双方当事人订立合同的基础，它具有严格的人身属性，委托合同订立后，受托人就已经开始着手处理委托事务，为此付出人力物力财力，如果委托人擅自委托他人，不仅可能增加受托人处理委托事务的成本，甚至可能给受托人造成损失。因此，委托人如果要把委托事务再委托他人处理，需要征得受托人的同意。如果受托人不同意，委托人或者受托人都可以解除合同，因解除合同给对方造成损失的需要承担相应的赔偿责任。当然，如果委托人未经受托人同意，擅自将委托事务重复委托给第三人，不仅需要向受托人支付全部报酬，给受托人造成损失的，受托人亦可以向委托人请求赔偿。

【条文精解】

本条规定的委托人在受托人之外委托第三人处理的委托事务，应当与受托人处理的委托事务内容相同，也就是委托人将同一事项先后委托两个受托人，存在两个委托合同。有的学者将这种情况称为"重复委托"。如果受托人和第三人处理的委托事务不同，则委托人委托第三人处理事务，与受托人并无直接关系，无须经过受托人的同意。例如，甲委托乙在某商场销售电视机，后来又委托丙在该商场销售洗衣机，两项委托事务并不相同，则甲对丙的委托无须经乙同意。

重复委托不同于本法第932条规定的共同委托。共同委托是委托人将委托事务同时委托给两个以上的受托人，由受托人共同处理委托事务，委托人和受托人之间只有一个委托合同。而重复委托则是委托人将相同的委托事务先后委托给不同的受托人，各受托人分别处理委托事务，存在两个以上的委托合同。

委托人另行委托第三人处理委托事务，可能给受托人造成损失，如报酬减少。由于委托人重复委托造成受托人损失的，受托人可以向委托人请求赔偿损失。

第九百三十二条 【共同委托】

两个以上的受托人共同处理委托事务的，对委托人承担连带责任。

【立法背景】

共同委托，是指委托人委托两个以上的受托人共同行使代理权处理事务。但是，如果委托人为两个以上，而受托人只有一个人时，则不是共同委托。因为有的委托事务，一个受托人可能无法处理或者不能较好地完成，为了提高委托事务的处理效率，提高委托事务的完成质量，有时就需要委托给两个以上的受托人。例如，有的复杂疑难案件，当事人可能委托给两个以上的律师，甚至是一个律师团队来处理。

【条文精解】

共同委托的特点是：

1. 共同委托的代理权必须是由数个受托人共同行使的

所谓共同行使，是指数个受托人享有共同的权利义务，即平等、共同享有代理权，处理事务时只有经过全体受托人的共同同意，才能行使代理权。并不是说一个委托人同时委托了两个以上的受托人，都产生共同委托的问题，如委托人在受托人之外另行委托他人处理委托事务的情况。又如，有时受托人虽然为数人，却不能认定是共同委托。只有委托人同时委托两个以上的受托人，共同处理同一项或者数项委托事务，才构成共同委托。

2. 受托人承担连带责任

共同委托中的一个受托人与其他受托人协商后或者数个受托人共同协商后，单独或者共同实施的委托行为，其实施的委托行为应该被认为是全体受托人的共同行为，由此造成损失的，若干个受托人依法应当对委托合同的履行承担连带责任。但是，如果共同受托人中的一个受托人或者数个受托人没有经过协商而擅自单独行使代理权，由此造成的损失，共同受托人仍然承担连带责任。当然，委托人与各受托人事先约定了按份责任的除外，即合同中无特别规定，他们应对委托人承担连带责任。也就是说，不论委托人的损失是出于哪个受托人的过错，也不论各个受托人内部是否约定了对委托事务的处理权限和责任承担，除委托人与受托人有特别约定外，所有受托人都应当对委托人承担连带责任。受托人在承担连带责任后，可以按照受托人之间的约定、各受托人的过错来处理内部关系。

第九百三十三条 【任意解除权】

委托人或者受托人可以随时解除委托合同。因解除合同造成对方损失的，除不可归责于该当事人的事由外，无偿委托合同的解除方应当赔偿因解除时间不当造成的直接损失，有偿委托合同的解除方应当赔偿对方的直接损失和合同履行后可以获得的利益。

【立法背景】

委托合同是以双方信任为存在的条件，如果一方不守信用，失信于另一方，继续履行合同已无必要，法律赋予了双方当事人解除合同的权利，即只要一方想终止合同，就可以随时解除合同，而且无需任何理由。

【条文精解】

本条规定赋予了委托人和受托人对委托合同的任意解除权，以及因解除合同给对方造成损失的责任承担。

1.委托人可以随时撤销委托

如果互相没有信任或者已不再需要办理委托的事项，委托人即可单方解除委托合同，无须征得受托人的同意即可发生效力。但是受托人可以就其损失要求委托人承担相应的赔偿责任。

2.受托人可以随时辞去委托

委托合同的成立既需要委托人对受托人的了解和信任，也需要受托人对委托人的信任。如果受托人不愿意办理受委托的事务，受托人无须表明任何理由，即可解除合同。

委托合同的一方当事人在不利于对方当事人的时期解除委托合同而造成

对方损失的，应当承担赔偿责任。这是对任意解除权的一种限制。如果当事人可以任意解除委托而无须赔偿对方损失，显然是不公平的。所谓不利于对方当事人的时期，就不利于委托人方面而言，是指当受托人在未完成委托事务的情况下解除合同时，委托人自己不可能亲自处理该项事务，而且又不能及时找到合适的受托人代他处理该委托事务而发生损害的情形；就不利于受托人方面而言，是指由于委托人在受托人处理委托事务尚未完成前解除了合同，使受托人因不能继续履行义务而少获得报酬。委托人除对受托人已履行的部分给付报酬外，对在不可归责于受托人的情况下，因解除委托合同给受托人造成的报酬减少承担赔偿责任。

但是受托人处理事务未尽注意义务，怠于委托事务的处理，委托人无奈而解除委托合同，虽会给受托人造成一定损失，但因解除合同事由不可归责于委托人或者不能完全归责于委托人，委托人对受托人因合同终止而遭受的损失不予赔偿或者只赔偿其部分损失。

我国《合同法》第410条规定了委托合同的任意解除权，即委托人或者受托人可以随时解除合同。关于委托合同的任意解除权，争议较大的问题是如何合理确定合同一方行使任意解除权后的赔偿范围。《合同法》第410条只是笼统规定，合同一方行使任意解除权的，除不可归责于当事人的事由外，应当赔偿对方损失。一方当事人任意解除委托合同，给对方造成的直接损失，解除方应当进行赔偿，这点应无疑义。但是，对于任意解除委托合同给对方造成的间接损失即合同履行后可以获得的利益，解除方是否应当赔偿，学界还有争议。在编纂民法典的过程中，有的意见提出，应当区分有偿委托和无偿委托。在有些委托合同尤其是在有偿的商事委托合同中，如果委托人在受托人处理事务快完毕时，行使任意解除权，受托人起诉要求委托人赔偿时，法院往往依据《合同法》第410条判决委托人仅赔偿受托人处理事务的费用，不足以弥补受托人损失。有偿委托大多是商事委托，受托人一般都是专门从事委托事务的人，受托人处理委托事务可以得到一定的报酬。如果一方当事人可以随意解除委托合同，可能给对方造成较大的损失，也不利于合同的稳定性。所以，有偿委托的当事人随意地解除委托合同，给对方造成损失的，应该承担更加严苛的责任。

据此，民法典对合同法的规定作出了修改完善，区分无偿委托合同与有偿委托合同，对赔偿范围作出不同的规定。本条规定："无偿委托合同的解除方应当赔偿因解除时间不当造成的直接损失，有偿委托合同的解除方应当赔偿对方的直接损失和合同履行后可以获得的利益。"一方当事人在行使任意解除权时，给对方造成损失的，除不可归责于解除一方的事由外，所要承担的赔偿责任范围，在有偿委托中和无偿委托中是不同的。在无偿委托中，解除方的责任范围仅限于直接损失；而在有偿委托中，解除方的责任范围不仅包括直接损失，还包括间接损失，即可以获得的利益。一般来说，可以获得的利益，不得超过解除方可以预见到或者应当预见到的因解除合同可能造成的损失。

第九百三十四条 【委托合同终止】

委托人死亡、终止或者受托人死亡、丧失民事行为能力、终止的，委托合同终止；但是，当事人另有约定或者根据委托事务的性质不宜终止的除外。

【立法背景】

委托合同的成立，是以双方信任为基础，如果当事人一方死亡、丧失行为能力或者终止，其继承人、遗产管理人、法定代理人或者清算人与合同的另一方当事人能否取得互相信任还是未知数，为了避免不必要的纠纷出现，法律规定在这些情况下，委托合同可以终止。"死亡""丧失民事行为能力"是对自然人而言，"终止"则是对法人和非法人组织而言。

【条文精解】

本条规定的委托合同终止的原因从当事人的角度可以分为两类：第一，委托人死亡或者终止。第二，受托人死亡、丧失民事行为能力或者终止。之所以对委托人和受托人作出不同规定，是因为受托人一旦死亡、丧失民事行为能力或者终止，就无法再继续处理委托事项，委托关系只能终止。如果受托人的继承人或者法定代理人等愿意也有能力继续处理该委托事项，可以与委托人协商，双方订立新的委托合同。而委托人丧失民事行为能力，一般情况下并不影响受托人继续处理委托事务，受托人依然可以完成委托事务。而且，依据本法第 173 条的规定，委托代理因代理人丧失民事行为能力而终止，并不因被代理人丧失民事行为能力而当然终止。

根据本条规定，委托人死亡、终止或者受托人死亡、丧失民事行为能力、终止这几种法定事由发生时合同应当终止，但也有以下例外情况：

1. 合同另有约定时除外

当事人可以另行约定即使有委托人死亡、终止或者受托人死亡、丧失行为能力、终止的情况发生，委托关系仍不消灭，有此约定的，当然依照其约定。

2. 因委托事务的性质不宜终止的

在一些特殊的委托合同中，根据委托事务的性质，不能因以上事由之发生而终止，受托人或者其继承人、遗产管理人、法定代理人应当继续处理委托事务。例如，甲委托乙企业生产医疗物资，用于某地抗击新冠肺炎疫情，情况十分紧急。如果此时委托人甲因病不幸逝世，由于委托事务是生产抗击疫情急需的医疗物资，性质十分特殊，在这种情况下，这批医疗物资不能停止生产，委托合同不能因委托人甲的死亡而终止。

委托合同终止后，可能也会因为特殊事由，要求受托人或者其继承人等履行继续处理委托事务或者采取必要措施的义务。本法第935条和第936条对此作出了相应规定。

第九百三十五条【因委托人原因终止后的处理】

因委托人死亡或者被宣告破产、解散，致使委托合同终止将损害委托人利益的，在委托人的继承人、遗产管理人或者清算人承受委托事务之前，受托人应当继续处理委托事务。

【立法背景】

委托人发生死亡或者被宣告破产、解散的事由时，一般来说，委托关系终止。但是，如果出现了本条规定的情况，即发生上述法定事由，致使委托合同终止将损害到委托人的利益时，委托合同不能终止，受托人还应当负有继续处理委托事务的义务，应当采取必要的措施保护对方当事人的利益，直至委托人的继承人、遗产管理人或者清算人承受了委托事务为止。

【条文精解】

受托人继续处理事务，如果委托合同是有偿的，则受托人仍得向委托人的继承人、遗产管理人或者清算人请求报酬。因此，对委托人来说，并未增加负担，对受托人的利益则起到防止损害发生的作用。

受托人负有继续处理委托事务的义务，但是，继续处理委托事务应到何时为止？一般认为，应继续到委托人的继承人、遗产管理人、清算人能接受时为止。例如，委托人死亡，委托人的继承人有时因远在国外，一时不能赶回来，如果受托人不继续处理其事务，势必损害委托人的继承人的利益。受托人应继续处理至委托人的继承人能够接受时为止。

第九百三十六条 【因受托人原因终止后的处理】

因受托人死亡、丧失民事行为能力或者被宣告破产、解散，致使委托合同终止的，受托人的继承人、遗产管理人、法定代理人或者清算人应当及时通知委托人。因委托合同终止将损害委托人利益的，在委托人作出善后处理之前，受托人的继承人、遗产管理人、法定代理人或者清算人应当采取必要措施。

【立法背景】

因受托人死亡、丧失民事行为能力或者被宣告破产、解散，致使委托合同终止的，受托人的继承人、遗产管理人、法定代理人或者清算人负有两项义务：一是及时通知委托人的义务。因受托人死亡、丧失民事行为能力或者被宣告破产、解散，导致委托合同终止的，委托人可能对委托终止的事由并不知情，如果不将该情况及时告知委托人，可能给委托人造成损失。二是委托合同终止将损害委托人利益的情况下，受托人的继承人、遗产管理人、法定代理人或者清算人不仅应当及时告知委托人，还应当采取必要的措施保护委托人的利益。例如，保存好委托事务有关的单证和资料；保管好委托事务的财产，以便交付给委托人。

【条文精解】

本条规定的"采取必要措施"与本法第935条规定的"继续处理委托事务"不同，只是采取必要的措施以维护委托人的利益，减少委托人因委托合同终止产生的损失，实际上委托已经终止，受托人的继承人等没有义务继续处理委托事务。法律规定受托人的继承人、遗产管理人、法定代理人或者清算人承担上述通知义务和采取必要措施的义务，是因为受托人死亡后，继承人有继承其财产的权利，在遗产分割前由遗产管理人接管相关财产、处理被继承人的债权债务；受托人丧失民事行为能力后，由法定代理人代理其民事活动；法人被宣告破产或者解散后，由清算人接管，对财产清理、保管、估价、处理和分配，清算人可以进行必要的民事活动。继承人、遗产管理人、法定代理人、清算人，在承受受托人遗产或者处理受托人事务时，应当遵循诚信原则，妥善处理受托人的有关事宜。

采取必要措施的义务应到何时为止？一直处理到委托人作出善后处理时为止。委托人在知道受托人死亡、丧失民事行为能力或者被宣告破产、解散，需要有一段时间进行善后处理，如需要找新的受托人代替前一受托人的工作，寻找的过程需要时间等，在委托人处理好以前，受托人的继承人、遗产管理人、法定代理人或者清算人有义务采取必要的、有效的措施，以维护委托人的利益。

第二十四章　物业服务合同

第九百三十七条　【物业服务合同的定义和物业服务人】

物业服务合同是物业服务人在物业服务区域内，为业主提供建筑物及其附属设施的维修养护、环境卫生和相关秩序的管理维护等物业服务，业主支付物业费的合同。

物业服务人包括物业服务企业和其他管理人。

【立法背景】

传统合同法理论中并没有物业服务合同这种合同类型，我国合同法也没有对该合同作出规定。民法典合同编将物业服务合同明确规定为一种典型合同。

【条文精解】

1.关于物业服务合同的定义

学界对物业服务合同的定义有广义和狭义之分。广义的物业服务合同，主要可以分成两类，即前期由建设单位与物业服务人订立的前期物业服务合同，以及后期业主通过业主委员会或者业主大会与物业服务人订立的物业服务合同。狭义的物业服务合同仅指后者，也可称为普通物业服务合同。

2.关于物业服务合同的特征

（1）物业服务合同是平等主体之间的民事合同。物业服务合同是一种民事合同，毫无疑义，这本无须强调。但是，"物业服务合同"的前身为"物业管理合同"，而"物业管理合同"具有强烈的行政管理色彩。"物业服务"区别于"物业管理"。物业管理是我国计划经济时代行政管理的称谓的延续，其理念强调物业公司按照类似行政命令的方式对物业进行管理，显然不符合现代物业服务合同主体的平等理念。从"物业管理"到"物业服务"，体现了物业管理理念的转变，强调的是物业服务人与业主之间是平等的关系。物业服务合同回归了"服务"的本质，体现了合同主体之间是平等地位，突出了物业服务合同的服务性而非管理性。

（2）合同主体具有特殊性。物业服务合同的当事人为业主和物业服务人。根据本条第2款的规定，物业服务人又包括物业服务企业和其他物业管理人。物业服务合同的主体应当是业主，而且是全体业主。虽然与物业服务人签订物业服务合同的可能是业主，也可能是业主委员会甚至是建设单位，但是物业服务合同的当事人是全体业主，由全体业主享有物业服务合同的权利，承担合同义务。当独门独栋的业主自己聘请物业服务人时，业主直接与物业服务人签订物业服务合同，这是极少数的。但是，现在的住宅小区往往不止一栋楼房，而且每栋楼房里面又有很多住户，整个小区业主人数众多，具有集合性的特点。

（3）客体是物业服务人提供的物业服务行为。物业服务合同的客体是物业服务人提供的物业服务，物业服务合同与委托合同、行纪合同、中介合同等类似，所给付的内容都不是具体的标的物，而是行为，而且提供服务的行为还具有持续性和重复性的特点，比如，检修建筑物内的电梯，做好小区保洁工作维护环境卫生等。物业服务合同注重彼此之间的人身信任关系，一旦此种信任关系不存在，合同的履行将会面临困难，这也可能成为当事人解除合同的法定事由。

（4）服务内容的综合性和专业性。相比于一般的民事合同，物业服务人提供物业服务的内容较为复杂，物业服务人既要管理物业服务区域内的建筑物及其附属设施等物，也要管理进出小区以及建筑物内的人员。物业服务的内容十分庞杂，既包括物的管理，也包括人的管理，包括卫生、环保、安全、消防等方方面面，具有综合性和全面性。就物业服务的每项具体内容来说，又具有一定的专业性。

（5）订立程序的特殊性。物业服务合同的一方当事人为全体业主，具有集合性的特点。如果由物业服务人与业主逐一签订合同，不仅效率极低，而且无法实现。为了提高订约效率、避免发生纠纷，在物业服务合同的订立方面，需要设置一定的程序性要求，也就是物业服务合同的订立需要遵循法定的程序，业主需要通过一定的方式来作出决定。

（6）物业服务合同属于双务、有偿、要式、继续性合同。

第九百三十八条【物业服务合同的内容和形式】

物业服务合同的内容一般包括服务事项、服务质量、服务费用的标准和收取办法、维修资金的使用、服务用房的管理和使用、服务期限、服务交接等条款。

物业服务人公开作出的有利于业主的服务承诺，为物业服务合同的组成部分。

物业服务合同应当采用书面形式。

【立法背景】

合同的内容从形式上看就是合同的条款，其实质则是当事人之间的权利义务。物业服务合同来源于当事人约定、法律规定以及交易习惯等，主要来源是当事人的约定。当事人的约定只要不违反法律法规的强制性规定，不违背公序良俗，就为有效的约定，双方当事人都要遵守约定，享有合同权利，履行合同义务。

【条文精解】

1.物业服务合同的内容

（1）物业服务合同的主要条款

①物业服务事项。本法第942条规定："物业服务人应当按照约定和物业的使用性质，妥善维修、养护、清洁、绿化和经营管理物业服务区域内的业主共有部分，维护物业服务区域内的基本秩序，采取合理措施保护业主的人身、财产安全。对物业服务区域内违反有关治安、环保、消防等法律法规的行为，物业服务人应当及时采取合理措施制止、向有关行政主管部门报告并协助处理。"该条规定仅列举了一些主要的、基本的物业服务事项，当事人可以在合同中对这些事项作出更为具体、细化的约定。

②服务质量。服务质量的标准因人而异，人们可能会有不同的理解和要求，法律难以作出明确界定，一般都是由当事人在合同中作出特别约定。服务质量的标准往往还因不同的服务费用标准而有所区别，高档小区收取高额物业费，自然对其服务质量也提出了高于一般小区的要求。服务质量比较抽

象，当事人应当对物业服务事项的质量进行具体约定，有利于明确双方的权利义务，避免产生不必要的纠纷。

③服务费用的标准和收取办法。服务费用也称物业费，是业主对物业服务人提供的服务所支付的报酬。物业服务合同应当对服务费用的标准和收取办法进行约定。物业服务人不得违反法律、法规和部门规章的规定，擅自提高收费标准或者重复收费。

④维修资金的使用。维修资金是由业主共同出资形成的，属于业主共有，且只能用于特定的目的，不能用于物业服务过程中的其他各项支出。业主委员会与物业服务人订立物业服务合同时，可以就专项维修资金申请使用的具体事项作出约定。实践中，专项维修资金一般登记在以业主或者业主委员会名义开设的专用账户下，通常由有关部门指导、监督其使用。

⑤服务用房的管理和使用。物业服务用房属于业主共有。在物业服务人开始为业主提供物业服务时，就可以使用物业服务用房。但是，物业服务用房的用途是特定的，物业服务人不得擅自改变用途。物业服务用房只限用于物业服务，而不得擅自改变物业服务用房的用途，如出租给商户用于开设餐馆等，但是经过业主大会同意的除外。

⑥服务期限。业主与物业服务人应当在合同中约定确定的物业服务期限，或者约定为不定期合同。如果对服务期限没有约定或者约定不明确，双方当事人可以协议补充；不能达成补充协议的，应当视为不定期合同，当事人可以随时解除该合同，但在解除合同前应当给对方必要的准备时间。服务期限届满后，物业服务合同终止，物业服务人应当在一定期限内退出物业服务区域，并做好有关交接工作。

⑦服务交接。因为物业服务合同涉及的服务事项较多，是继续性合同，一般服务期限较长，原物业服务人不仅长期占有物业服务用房，而且掌握了小区内相关设施、物业服务的很多相关资料，物业服务合同终止时，这些物业服务用房及相关资料应当交还给业主委员会、决定自行管理的业主或者其指定的人；如果已经选定了新物业服务人，原物业服务人还应当配合新物业服务人做好交接工作，如实告知物业的使用和管理情况。具体如何进行交接，双方可以在物业服务合同中进行约定。

（2）物业服务人公开作出的有利于业主的服务承诺为物业服务合同的组成部分

物业服务承诺，是指物业服务人为保证物业服务的质量和效益，向全体业主公开作出的有关物业服务内容和标准的单方意思表示。实践中，物业服务人会在其宣传中公开作出某种服务承诺，以吸引业主选聘其作为物业服务人，或者在提供物业服务的过程中作出某种承诺，以提高服务质量和业主满意度，这事实上经常成为业主选聘物业服务人的重要依据。为了规范物业服务人的行为，充分保护业主的利益，本条第2款将"物业服务人公开作出的有利于业主的服务承诺"作为物业服务合同的组成部分，即也属于物业服务合同的内容。这是对物业服务人义务范围的合理扩充，对实践中处理好此类纠纷案件具有重要的指导意义。

（3）其他内容

物业服务合同的内容，除了物业服务合同中明确约定的内容，以及物业服务人公开作出的有利于业主的服务承诺以外，还应当包括如下几个方面：第一，法律法规的规定。一些法律、行政法规对物业服务人和业主的权利义务作出了规定。第二，地方性规定。有的地方性法规、地方政府规章等对物业服务人及业主的权利义务作出了规定。

2.物业服务合同是要式合同

本条第3款规定，"物业服务合同应当采用书面形式"。之所以规定物业服务合同应当采用书面形式，主要是为了明确物业服务人与业主之间的具体权利义务关系，同时也有利于避免纠纷的发生，因为物业服务合同为双务有偿合同，涉及物业费的收取范围、标准和办法，而且合同内容较为复杂，服务事项和服务质量等都需要当事人作出明确约定。

第九百三十九条　【前期物业服务合同和物业服务合同对业主的约束力】

　　建设单位依法与物业服务人订立的前期物业服务合同，以及业主委员会与业主大会依法选聘的物业服务人订立的物业服务合同，对业主具有法律约束力。

【立法背景】

广义的物业服务合同，包括建设单位与物业服务人订立的前期物业服务合同，也包括业主或者业主委员会与物业服务人订立的物业服务合同。

【条文精解】

1.关于建设单位依法与物业服务人订立的前期物业服务合同

前期物业服务合同，是指在物业区域内的业主或者业主大会选聘物业服务人之前，由房地产开发建设单位与物业服务人之间订立的，双方约定由物业服务人提供物业服务，对前期的物业服务事项进行处理的合同。从建设单位开发建设好房屋及其附属设施、开始销售商品房，到召开业主大会选聘物业服务人，需要一段时间。在这段时间内，入住的业主人数较少，还不能召开业主大会并进而成立业主委员会，因而只能先由建设单位与物业服务人订立前期物业服务合同，以满足业主的生活需要，保护全体业主的利益。在物业开发建设完成后，开发建设单位将房屋销售给业主，逐步地将物业交给业主和物业服务人，自己则退出该物业服务区域。

根据本条规定，建设单位依法与物业服务人订立的前期物业服务合同，对业主具有法律约束力。虽然前期物业服务合同是由建设单位与建设单位所选定的物业服务人订立的合同，业主并不能选择物业服务人，也无法决定物业服务合同的内容，但是前期物业服务合同对业主也具有法律约束力，业主不得以其未参加合同的订立或者未认可为由而否定合同的效力。

2.关于业主委员会与业主大会依法选聘的物业服务人订立的物业服务合同

实践中，通常是由业主委员会与物业服务人订立物业服务合同。但是，业主委员会并不是合同当事人，只是因为业主无法一一与物业服务人订立合同而代表全体业主订立物业服务合同而已。就业主委员会而言，其不应成为物业服务合同的当事人。

物业服务合同的当事人是物业服务人和业主。而物业服务合同中的"业主"往往是以"全体业主"的形式出现的。全体业主作为合同主体的主要理由在于：第一，物业服务合同的内容涉及全体业主的共同利益。物业服务合同订立的目的就是为业主提供物业服务，为的是全体业主的共同利益。物业服务人所处理的事务是全体业主的事务，物业服务人管理的财产是全体业主的共同财产。第二，全体业主是物业服务合同实质上的权利享有者和义务承担者。业主依据物业服务合同享有权利并承担义务。实践中，业主委员会具有诉讼主体的资格，可以成为诉讼的原告或者被告，但是诉讼的结果依然是由全体业主来承担。第三，承认全体业主的当事人地位，全体业主便可以享有合同约定的权利，同时须履行合同约定的义务，这样才能保证物业服务合同的履行。物业服务人所提供的服务涉及全体业主的共有部分和共同利益。单个业主不能够代表全体业主与物业服务人订立物业服务合同，也无法完全履行整个物业服务合同中全体业主的义务。

3.关于物业服务合同对业主具有法律约束力的具体表现

不论是前期物业服务合同还是普通物业服务合同，都对业主具有法律约束力，这种法律约束力主要体现在，业主基于物业服务合同享有合同中约定的相关权利，同时也要履行合同约定的相关义务。业主享有的主要合同权利是享受物业服务人提供的物业服务，并对物业服务人提供服务进行监督。

物业服务合同对业主具有法律约束力，业主就不能以不是合同当事人为由提出抗辩，也不能仅以未享受或者无须接受相关物业服务作为拒绝缴纳物业费的抗辩理由。当业主违约时，物业服务人有权直接向违约的业主提出相应请求。

第九百四十条 【前期物业服务合同的终止】

建设单位依法与物业服务人订立的前期物业服务合同约定的服务期限届满前，业主委员会或者业主与新物业服务人订立的物业服务合同生效的，前期物业服务合同终止。

【立法背景】

为了便于物业服务企业统筹安排工作，降低交易成本，防范经营风险、维护物业管理秩序，前期物业服务合同可以约定期限。但是，前期物业服务合同具有过渡性质，一般来说约定的服务期限较短。

【条文精解】

前期物业服务合同约定的服务期限届满后，如果双方当事人没有订立新的物业服务合同或者通过约定延长物业服务合同的服务期限，则前期物业服务合同终止，物业服务人应当退出物业服务区域，并和新的物业服务人或者决定自行管理的业主进行交接。

前期物业服务合同终止的原因包括：一是双方当事人约定的服务期限届满；二是前期物业服务合同的服务期限虽然未届满，但是全体业主通过召开业主大会，选聘新的物业服务人并订立新的物业服务合同，该合同生效时，前期物业服务合同终止。

第九百四十一条 【物业服务转委托】

物业服务人将物业服务区域内的部分专项服务事项委托给专业性服务组织或者其他第三人的，应当就该部分专项服务事项向业主负责。

物业服务人不得将其应当提供的全部物业服务转委托给第三人，或者将全部物业服务支解后分别转委托给第三人。

【立法背景】

物业服务区域内的建筑物及其附属设施的正常有效运转，离不开良好的物业服务。物业服务涉及每个业主的切身利益，关系到业主居住环境的安宁与和谐。如前所述，物业服务的内容十分庞杂，既包括物的管理，也包括人的管理。基于物业服务内容的综合性和专业性，物业服务人难以应对如此庞大、复杂而又专业的工作，所有服务事项难以都由物业服务人自己亲自完成，而且也无法保障物业服务的质量。此时，物业服务人将某些服务事项，交给其他更具专业性的机构或者人员来具体实施，也是为了业主的利益，本质上受益的是业主。

【条文精解】

物业服务人可以将管理区域内的专项服务事项委托给第三人，但不得将全部物业服务转委托给第三人，或者支解后分别转委托给第三人。之所以如此规定，主要目的是保护业主的合法权益，并促进物业服务行业的健康发展。允许对部分专项服务转委托是基于上述考虑，禁止全部转委托也是出于此原因。这类似于建设工程合同中，为禁止承包方违法转包给第三人从中谋取非法利益，法律规定承包人不得将其承包的全部建设工程转包给第三人，或者将其承包的全部建设工程支解以后以分包的名义分别转包给第三人。通过转包非法渔利的合同，司法实践中通常认定为无效合同。

而规定物业服务人不得将全部物业服务支解后分别转委托给第三人，也是考虑到若物业服务人只为从中谋取利益，自己不亲自处理任何事务，将导致业主对物业服务人的信任落空，无法保障物业服务质量，最终损害全体业主的共同利益，不能实现物业服务合同的目的。

如果物业服务人擅自将全部物业服务转委托给第三人，或者将全部物业服务支解后分别转委托给第三人，业主可以依照法定程序解聘物业服务人，解除物业服务合同。物业服务人因此给业主造成损失的，业主可以请求物业服务人承担违约责任。

第九百四十二条 【物业服务人的主要义务】

物业服务人应当按照约定和物业的使用性质，妥善维修、养护、清洁、绿化和经营管理物业服务区域内的业主共有部分，维护物业服务区域内的基本秩序，采取合理措施保护业主的人身、财产安全。

对物业服务区域内违反有关治安、环保、消防等法律法规的行为，物业服务人应当及时采取合理措施制止、向有关行政主管部门报告并协助处理。

【立法背景】

物业服务合同是双务、有偿合同，业主的主要义务是支付物业费；而物业服务人的主要义务，则是按照合同的约定、法律法规的规定和物业的使用性质，为业主提供物业服务。

【条文精解】

具体来说物业服务人的主要义务包括以下内容：

1. 对业主共有部分的管理和维护

物业服务人的义务首先就是对物业服务区域内的建筑物及其附属设施等共有财产进行管理和维护，这是物业服务人最重要的合同义务之一，也是保障业主正常生活、改善业主生活品质的重要基础。学界常把物业服务人的服务管理分为对物的管理和对人的管理。物业服务人的此项义务主要涉及对物的管理，即管理物业服务区域内的业主的共有财产，主要包括小区内的道路、绿地、广场等公共场所，电梯、消防设施、公共照明设施和共有的车位车库等公共设施，以及物业服务用房等。

2. 维护物业服务区域内的基本秩序

物业服务区域内的基本秩序，是业主正常生活的重要方面。物业服务人应当负有维护小区内共同生活秩序的义务，该项义务主要涉及对人的管理。例如，对外来人员的管理、对小区内停车位使用的管理等。为了维护物业服务区域内的基本秩序，可能会对业主的权利进行一定的限制，业主有义务配合物业服务人的管理。而当业主损害其他业主的利益时，物业服务人还应当对其行为进行制止。

3. 保护业主的人身、财产安全

保护业主的人身和财产安全，是物业服务合同对物业服务人的基本要求，可以说是最为重要的内容。具体来说，此项义务主要包括两个方面的内容：一是物业服务人应当采取合理措施保护业主的人身及财产安全，消除安全隐患，预防损害的发生。二是如果出现可能危害或者已经危害到业主人身、财产安全的情形时，物业服务人应当及时制止相关行为，并且视情况采取必要措施以尽量保障业主的人身、财产安全。

4. 对违法行为的制止、报告义务

本条第2款规定，对物业服务区域内违反有关治安、环保、消防等法律法规的行为，物业服务人应当及时采取合理措施制止、向有关行政主管部门报告并协助处理。作出该规定主要还是为了更好地为业主提供物业服务，履行前述的几项基本义务，妥善管理、维护物业服务区域内的相关设施，维护物业服务区域内的基本秩序，保护业主的人身、财产安全。

第九百四十三条　【物业服务人的公开、报告义务】

物业服务人应当定期将服务的事项、负责人员、质量要求、收费项目、收费标准、履行情况，以及维修资金使用情况、业主共有部分的经营与收益情况等以合理方式向业主公开并向业主大会、业主委员会报告。

【立法背景】

物业服务人应当将与物业服务有关的服务事项等情况定期向业主公开，并向业主大会、业主委员会报告，这些情况主要包括服务的事项、负责人员、质量要求、收费项目、收费标准、履行情况，以及维修资金使用情况、业主共有部分的经营与收益情况等。

【条文精解】

有关物业服务人公开及报告的具体内容、范围、方式、时间等，当事人可以在物业服务合同中加以约定。业主要对常规事项进行定期公开，向业主大会或者业主委员会进行报告，并接受业主的监督，特别是有关维修资金的使用情况、业主共有部分的经营与收益等财务情况，应当定期公布。本法第282条规定，建设单位、物业服务企业或者其他管理人等利用业主的共有部分产生的收入，在扣除合理成本之后，属于业主共有。然而在实践中，业主往往无从知晓这些情况，而物业服务人常常擅自利用业主共有部分来进行牟利，如在电梯张贴商业广告或者安装广告显示屏，或者将车位对外出租等，损害业主的利益，对此，应当要求物业服务人公开、报告相关情况。除了对常规事项定期公开，涉及业主共同财产或者共同利益的重要情况，物业服务人也应当及时向业主公开，向业主大会或者业主委员会报告，依法应当由业主决定的，由业主按照法定程序作出决定。例如，物业服务人打算将物业服务区域内部分空地用于规划建设停车位，需要及时向业主进行公示，并向业主大会或者业主委员会报告。这涉及改变共有部分的用途，依据本法第278条的规定，应当由业主共同决定。另外，根据本法第285条的规定，物业服务人应当接受业主的监督，并及时答复业主对物业服务情况提出的询问。因此，业主也有权就上述事项向物业服务人提出询问，物业服务人应当及时予以答复。物业服务人违反上述公开及报告义务，给业主造成损失的，应当承担相应的违约责任。

第九百四十四条 【物业费的支付】

业主应当按照约定向物业服务人支付物业费。物业服务人已经按照约定和有关规定提供服务的，业主不得以未接受或者无需接受相关物业服务为由拒绝支付物业费。

业主违反约定逾期不支付物业费的，物业服务人可以催告其在合理期限内支付；合理期限届满仍不支付的，物业服务人可以提起诉讼或者申请仲裁。

物业服务人不得采取停止供电、供水、供热、供燃气等方式催交物业费。

【立法背景】

物业费，即物业服务费用，是指物业服务人按照物业服务合同的约定，对物业服务区域内的建筑物及其附属设施、相关场地进行维修、养护、管理，维护相关区域内的环境卫生和秩序，而向业主收取的报酬。物业服务合同是有偿合同，业主与物业服务人应当在物业服务合同中对业主支付物业费作出约定。

【条文精解】

1.关于业主应当按照约定支付物业费的义务

业主应当按照物业服务合同的约定向物业服务人支付物业费，是其最基本、最核心的合同义务。业主违反该义务的，应当承担相应的法律责任。

物业费的缴纳和收取需要注意以下几点，这些同时也是实践中比较容易产生物业费纠纷的问题。

（1）物业费的缴纳主体。对于前期物业服务合同，物业费的缴纳义务人应当是建设单位或者业主。对于普通物业服务合同，物业费的缴纳义务人是业主。一般认为，不论是前期物业服务合同还是普通物业服务合同，都应当以房屋交付作为业主开始承担物业费的时间点。

（2）物业费收取的范围、标准和办法。物业费的收费范围、收费标准和收取办法通常应当在物业服务合同中作出约定。收费范围，也即物业费中所包含的收费项目，一般包括建筑物及其附属设施的维修养护、小区环境的清洁绿化等有关费用，如电梯使用费、车辆管理费、垃圾清运费等。收费标准，即应当缴纳的物业费数额的计算标准。根据本法第 283 条的规定，建筑物及其附属设施的费用分摊、收益分配等事项，有约定的，按照约定；没有约定或者约定不明确的，按照业主专有部分面积所占比例确定。

（3）物业服务人不得违规收费。物业服务人有权依据合同约定收取物业服务费用，但物业服务人不仅应当按照合同约定收取物业费，还应当符合法律法规、部门规章的规定。当事人应当在物业服务合同中对物业服务收费范围、收取标准和收取办法作出明确约定。物业费的收取范围、标准必须合理，物业服务人不得擅自单方不合理定价。

（4）物业服务合同终止后物业费的缴纳。由于种种原因，物业服务期限届满后，或者物业服务合同被解除，导致物业服务合同终止的，物业服务人可能还继续为业主提供物业服务。此时，物业服务人是否有权主张业主缴纳物业费，应当根据具体情况来进行判断。根据本法第 950 条的规定，物业服务合同终止后，在业主或者业主大会选聘的新物业服务人或者决定自行管理的业主接管之前，原物业服务人继续提供物业服务，而业主也继续接受物业服务的，即使当事人在此期间没有订立正式的物业服务合同，业主仍有义务支付相应的报酬。

2. 业主违反约定逾期不支付物业费的违约责任

业主应当按照合同约定缴纳物业费，业主无正当理由逾期不支付物业费构成违约的，应当承担相应的违约责任。实践中，业主拖欠物业费的现象较为普遍。业主拖欠物业费的行为构成违约的要件主要有：第一，业主逾期没有支付物业费。第二，业主欠缺正当理由。第三，物业服务人进行了催告。

3. 物业服务人不得采取停止供电、供水、供热、供燃气等方式催交物业费

在审议《民法典（草案）》的过程中，有的代表提出，实践中，有的物业服务人采取断水、断电等方式催交物业费，对业主的基本生活造成严重影响，建议予以规范。为了规范物业服务人的行为，保护业主的合法权益，本条第 3

款规定，物业服务人不得采取停止供电、供水、供热、供燃气等方式催交物业费。业主逾期不支付物业费的，物业服务人可以通过诉讼或者仲裁等合法途径主张权利，但是无权采取停止供电、供水等措施。如果物业服务人为催交物业费，采取停止向业主供电、供水、供热、供燃气等措施，造成业主损失的，应当承担相应的赔偿责任。

第九百四十五条 【业主的告知义务】

业主装饰装修房屋的，应当事先告知物业服务人，遵守物业服务人提示的合理注意事项，并配合其进行必要的现场检查。

业主转让、出租物业专有部分、设立居住权或者依法改变共有部分用途的，应当及时将相关情况告知物业服务人。

【立法背景】

业主作为区分所有权人，对其专有部分享有专有权，可以行使对其专有部分的占有、使用、收益和处分的权利，自然就包括对自己房屋进行装饰装修的权利，他人无权干涉。但是由于业主的专有部分与其他业主的专有部分以及全体业主的共有部分紧密结合或者相邻，业主在进行装饰装修的过程中，会影响到其他业主的利益甚至是全体业主的共同利益。

【条文精解】

业主装饰装修房屋，不仅应当在动工前告知物业服务人，而且应当遵守物业服务人提示的合理注意事项，并配合其进行必要的现场检查。这主要是因为物业服务人比较了解物业的实际情况，可能向业主提供必要的信息，并提示合理的注意事项，以免业主在装饰装修的过程中对建筑物尤其是建筑物的共有部分造成损害，造成其他业主的损失，且在损害发生时，物业服务人能够第一时间掌握相关情况并采取措施进行补救。例如，在需要进行装饰装修的业主事先告知物业服务人后，物业服务人可以将物业的相关信息告知业主，如建筑物的承重墙、管道及电线线路等，以免业主因不知情错把承重墙拆除，破坏建筑物结构，或者破坏管道线路等，引起一定的安全隐患，影响全体业主正常的生产、生活秩序，造成其他业主的损失。当损害发生时，如破坏自来水管道导致业主不能正常用水时，物业服务人能够第一时间发现并安排人员进行抢修，将损失降低到最小。

业主装饰装修房屋，除了应当遵守合同有关约定，还应当遵守法律、行政法规、部门规章等有关规定。

业主转让、出租物业专有部分，设立居住权或者依法改变共有部分用途的，也应当及时将相关情况告知物业服务人。业主转让其房屋的，原业主将退出物业服务合同，由新业主替代原业主成为物业服务合同的当事人，享受合同权利，履行合同义务。如果原业主不将转让的情况告知物业服务人，将导致物业服务人不知新业主为新的合同相对人，不了解房屋的权利归属，不便于物业服务人的服务和管理，也可能使物业费的收取难以进行，损害全体业主的利益。而业主将其物业专有部分出租、设立居住权的，将导致物业使用人和物业所有人不一致的情况，会导致物业服务人不了解物业使用情况，给物业服务人的服务和管理带来不便。如果物业所有人与物业使用人约定由物业使用人缴纳物业费，物业使用人没有按时缴纳的情况下，将使得物业服务人收取物业费变得更加困难，因为物业所有人并不在小区居住，而物业使用人与物业服务人之间又没有直接的合同关系，不能直接向物业使用人请求支付物业费。业主改变共有部分的用途，应当由全体业主依照法律规定的程序共同作出决定，并及时将情况告知物业服务人。这主要还是为了便于物业服务人及时掌握物业服务区域内的情况，便于物业服务人对小区的服务和管理，维护全体业主的共同利益。例如，业主依法共同决定将小区内一块空地改做停车场的，应当及时通知物业服务人，方便物业服务人对停车场及小区内车辆进行管理。

第九百四十六条 【业主的任意解除权】

业主依照法定程序共同决定解聘物业服务人的，可以解除物业服务合同。决定解聘的，应当提前六十日书面通知物业服务人，但是合同对通知期限另有约定的除外。

依据前款规定解除合同造成物业服务人损失的，除不可归责于业主的事由外，业主应当赔偿损失。

【立法背景】

任意解除权不是所有民事合同当事人都享有的，必须只有在法律明确规定或者当事人特别约定的情况下，合同当事人才能享有任意解除权。物业服务合同的当事人是否应当享有任意解除权，各个国家和地区的法律规定差异较大，学界也存在不同观点。

【条文精解】

所谓业主一方的任意解除权，此处的"业主"并非单个业主，而是指全体业主。单个业主是不能行使这种任意解除权的，必须由全体业主"依照法定程序共同决定解聘物业服务人"，才能解除物业服务合同。根据本法第278条的规定，解聘物业服务企业或者其他管理人由业主共同决定。而该"法定程序"，也就是通过业主大会的形式，而且对参与表决和同意的业主数量有所要求，即应当由专有部分面积占比 2/3 以上的业主且人数占比 2/3 以上的业主参与表决，并经参与表决专有部分面积过半数的业主且参与表决人数过半数的业主同意。

此外，业主最终决定解聘的，还应当提前 60 日书面通知物业服务人，但是合同对通知期限另有约定的除外。因为在业主决定解聘物业服务人后，物业服务人退出物业服务用房、交接物业及其相关资料都需要一定的时间，应当给予其一定的合理期限，做好退出、交接工作。

不过，业主行使任意解除权解除合同造成物业服务人损失的，除不可归责于业主的事由外，应当赔偿物业服务人的损失。物业服务合同成立之后，物业服务人为了提供约定的物业服务，通常要进行大量的准备工作，投入大量的人力财力物力，而且可能和其他主体订立一系列涉及物业服务的合同。业主行使任意解除权，可能会给物业服务人造成较大损失。如果不对受到损失的物业服务人进行赔偿，则有失公允。当然，如果该损失之发生是因为不可归责于业主的事由，如因为不可抗力，或者物业服务人自己违约导致合同被解除，则业主不需要赔偿该损失。

第九百四十七条 【续聘物业服务人】

物业服务期限届满前，业主依法共同决定续聘的，应当与原物业服务人在合同期限届满前续订物业服务合同。

物业服务期限届满前，物业服务人不同意续聘的，应当在合同期限届满前九十日书面通知业主或者业主委员会，但是合同对通知期限另有约定的除外。

【立法背景】

物业服务合同的成立基于业主与物业服务人之间的信任。在物业服务期限届满前，业主将面临一个选择，即续聘物业服务人，或者重新选聘其他物业服务人。当然，物业服务人同样也面临两个选择，即同意业主的续聘或者不同意续聘。

【条文精解】

物业服务期限届满前，如果业主选择续聘物业服务人，应当与其续订物业服务合同。如果物业服务期限届满后，业主没有依法作出续聘或者另聘物业服务人的决定，物业服务人继续提供物业服务的，依据本法第948条的规定，原物业服务合同继续有效，但是服务期限为不定期。

如果物业服务人愿意接受续聘，业主也依法共同决定续聘的，双方应当在合同期限届满前续订物业服务合同；业主在物业服务期限届满前没有依法作出续聘决定的，或者选聘其他物业服务人的，物业服务期限届满时，物业服务合同即终止。如果物业服务人不同意业主续聘的，应当在合同期限届满前90日书面通知业主或者业主委员会。之所以这样规定，主要是因为如果物业服务人不同意续聘，业主就需要重新选聘新的物业服务人。物业服务人的选择关系到全体业主的共同利益，业主需要多方考察对比，选择值得信任、服务到位、收费合理的物业服务人，而且还要通过法定的程序作出选聘的决定，这往往需要较长的一段时间。因此，原物业服务人如果不愿意接受续聘，就应当在服务期限届满前给予业主充分的时间重新选择新的物业服务人。本条规定物业服务人应当在合同期限届满前90日内通知业主或者业主委员会，而且应当以书面的形式明确告知。

第九百四十八条 【物业服务期限届满后合同继续有效】

物业服务期限届满后，业主没有依法作出续聘或者另聘物业服务人的决定，物业服务人继续提供物业服务的，原物业服务合同继续有效，但是服务期限为不定期。

当事人可以随时解除不定期物业服务合同，但是应当提前六十日书面通知对方。

【立法背景】

物业服务合同约定的服务期限届满后，如果当事人没有订立新的物业服务合同或者通过约定延长原物业服务合同的服务期限，该物业服务合同终止。但是，如果业主没有依法作出续聘或者另聘物业服务人的决定，那么小区的物业将处于无人管理的状态，将影响到全体业主的正常生活，损害全体业主的共同利益。

【条文精解】

基于诚信原则，从保护全体业主共同利益的角度出发，继续为业主提供物业服务的，原物业服务合同继续有效，只是服务期限变为不定期。此时，双方当事人都可以随时解除物业服务合同，只要需要提前60日书面通知对方。业主在此期间解除合同的，提前60日告知对方，可以让物业服务人有足够的时间做好退出的准备；物业服务人决定解除合同的，提前60日告知对方，可以让业主利用这段时间去重新寻找合适的其他物业服务人。所以规定在此期间当事人解除不定期物业服务合同须提前60日通知对方是很有必要的。

第九百四十九条 【合同终止后物业服务人的义务】

物业服务合同终止的，原物业服务人应当在约定期限或者合理期限内退出物业服务区域，将物业服务用房、相关设施、物业服务所必需的相关资料等交还给业主委员会、决定自行管理的业主或者其指定的人，配合新物业服务人做好交接工作，并如实告知物业的使用和管理状况。

原物业服务人违反前款规定的，不得请求业主支付物业服务合同终止后的物业费；造成业主损失的，应当赔偿损失。

【立法背景】

物业服务合同终止后，物业服务人没有继续留在物业服务区域进行服务和管理的正当理由的，就应当及时退出物业服务区域。但是在实践中，物业服务合同终止后，物业服务人无正当理由，拒绝退出物业服务区域，拒绝移交物业服务用房等相关设施设备以及物业服务所必需的相关资料，或者不配合新物业服务人做好交接工作的现象也时有发生，导致新物业服务人无法进场或者决定自行管理的业主无法接管，不仅影响业主的正常生产生活，损害业主的共同利益，严重的甚至可能引发群体性事件。

【条文精解】

物业服务合同终止后，当事人仍然负有一定的后合同义务。所谓后合同义务，属于附随义务的一种，是指在合同关系终止后，当事人依据法律法规的规定，以及诚信原则的要求，对另一方负有保密、协助等义务。本法第558条规定，"债权债务终止后，当事人应当遵循诚信等原则，根据交易习惯履行通知、协助、保密、旧物回收等义务"。因为物业服务合同涉及的内容方方面面，十分复杂，物业服务人对该物业服务区域内的业主情况、物业使用和管理情况都了解和掌握，基于诚信原则，为了保护全体业主的共同利益，实现物业的顺利交接，本条规定了物业服务人的一些后合同义务。物业服务人在合同终止后所应承担的后合同义务主要包括以下内容：第一，在约定期限或者合理期限内退出物业服务区域。第二，妥善交接义务，包括移交物业服务用房和相关设施，以及物业服务所必需的相关资料，配合新物业服务人做好交接工作。第三，如实告知物业的使用和管理状况。

物业服务人违反上述义务，不仅不得请求业主支付物业服务合同终止后的物业费；如果造成业主损失的，还应当赔偿损失。

第九百五十条　【物业服务人继续服务的物业费】

物业服务合同终止后，在业主或者业主大会选聘的新物业服务人或者决定自行管理的业主接管之前，原物业服务人应当继续处理物业服务事项，并可以请求业主支付该期间的物业费。

【立法背景】

在物业服务合同期限届满或者被解除，物业服务合同终止后，原物业服务人在业主或者业主大会选聘的新物业服务人或者决定自行管理的业主接管之前，应当继续为业主提供物业服务。

【条文精解】

之所以作出该规定，主要有以下几个理由：一是出于保护业主利益的考虑。物业服务合同终止后，如果在业主或者业主大会选聘的新物业服务人或者决定自行管理的业主接管之前，原物业服务人就已完全退出，将导致该物业服务区域陷入无人服务和管理的境地。比如，小区内无人进行保洁工作使得垃圾成山，影响全体业主的日常生活，损害全体业主的共同利益。二是基于诚信原则。物业服务人与业主之间存在合同关系，由物业服务人为业主提供物业服务，当合同终止后，在他人接管之前，物业服务人也应当按照诚信原则的要求，继续为业主处理物业服务事项，这属于物业服务人的后合同义务。三是符合公平与效率原则。在物业服务合同终止后，物业服务人交给他人接管前，显然由物业服务人继续为业主提供服务是最为简便快捷的做法，而且物业服务人可以请求业主支付相应的报酬，也符合公平的原则。

在这种情况下，物业服务人可以请求业主支付在其继续为业主提供物业服务期间的物业费。在物业服务人继续处理物业服务事项，业主实际接受物业服务人所提供的服务的情形下，即使当事人没有订立正式的书面的物业服务合同，业主也应当向物业服务人支付相应的报酬。

第二十五章　行纪合同

第九百五十一条 【行纪合同的定义】

行纪合同是行纪人以自己的名义为委托人从事贸易活动，委托人支付报酬的合同。

【立法背景】

改革开放前受计划经济的限制，我国行纪业很不发达，只有一些国营和集体的信托商店、旧货寄售商店和贸易货栈等，主要是公民的寄售业务。改革开放后，全国各地相继恢复和新建许多贸易信托、行纪等机构，包括房地产中介机构独家销售公司等。行纪人往往在一定领域内从事专门性行纪活动，比较了解行情，熟悉业务和供求关系，且手段简便、灵活，可以为委托人提供有效的服务，对扩大商品流通、促进贸易发展起着重要的作用。

【条文精解】

行纪合同，是指行纪人接受委托人的委托，以自己的名义，为委托人从事贸易活动，委托人支付报酬的合同。接受委托的一方为行纪人，而另一方则为委托人。

行纪合同具有以下特征：

1.行纪人从事贸易行为

根据行纪合同的定义，行纪人从事的活动限于贸易行为，这是行纪合同和委托合同的重要区别。就行纪合同的适用范围来说，如何界定"贸易行为"是关键。传统的"贸易"，主要是指商品买卖、交易。有的观点认为，贸易的客体应当是商品，不包括不动产，也不包括知识产权等无形财产。新中国成立以来，尤其是改革开放以来，我国经济迅速发展。随着经济社会的不断发展，贸易的范围或者客体也在不断扩大。现代社会的贸易已经不再限于动产的商品交易，行纪活动也不应当再限于传统的商品贸易，而是可以包括更多财产权益的管理、处分，如房地产买卖、证券交易、期货交易和信托等。

2. 行纪人应当具有相应的资质

在现代社会，行纪被广泛运用于各种商业活动中，行纪人从事的某种贸易行为具有专业性的特点，往往需要具备相应的资质。行纪人一般专门从事贸易活动，其开业和经营往往需要经过国家有关部门的审批或者登记，并不是所有民事主体都可以无条件地成为行纪人从事行纪业务。

3. 行纪人的行为是以自己的名义

根据行纪的定义，行纪人必须以自己的名义为委托人从事贸易行为，而非委托人的名义。这也是行纪人和受托人、代理人的重要区别。受托人可以委托人的名义，也可以自己的名义进行民事活动。代理人则只能以被代理人的名义进行民事法律行为，其在代理权限内从事的代理行为的法律后果直接由被代理人承担。行纪人从事的贸易行为的法律效果由行纪人承担，委托人可能不知道行纪人的相对人是谁，相对人也可能不知道委托人是谁，委托人和行纪人的相对人之间并不发生直接的法律关系。在行纪中一般存在两个法律关系，即委托人和行纪人之间的行纪关系，以及行纪人与第三人之间的合同关系。

4. 行纪合同为诺成合同、不要式合同、有偿合同、双务合同

行纪合同是诺成合同，只要委托人和行纪人意思表示一致即可成立；是不要式合同，可以采用口头形式、书面形式或者其他形式；是有偿合同，委托人负有向行纪人支付报酬的义务；也是双务合同，行纪人受委托人之委托从事贸易行为，委托人需要向行纪人支付相应的报酬。

根据行纪合同的定义可知，行纪人的主要义务是以自己的名义为委托人的利益从事贸易活动。行纪人与第三人订立合同，行纪人是当事人即权利义务主体，委托人与第三人不发生直接的法律关系。委托人的主要义务则是向行纪人支付报酬。

第九百五十二条 【行纪费用的承担】

行纪人处理委托事务支出的费用，由行纪人负担，但是当事人另有约定的除外。

【立法背景】

行纪人在处理委托事务的过程中会产生一定的费用，如交通费、差旅费等。行纪人是专门经营行纪业务的人，既然是经营，就必然会有商业风险。所谓风险，就行纪合同来说，反映在行纪人为委托人处理委托事务，不仅需要尽职尽力，而且行纪的活动经费还需要行纪人自己负担。

【条文精解】

本条确定了行纪人负有承担行纪费用的义务。行纪人所支出的有关费用，应该说是处理委托事务的成本。只有当行纪合同履行完毕，才能由委托人支付报酬，报酬包括成本与利润。行纪人作为从事为委托人处理委托事务的专业机构或者人员，是可以预估处理委托事务所需费用的。所以一般来说，双方约定由委托人支付的报酬肯定是超过行纪人处理委托事务支出的费用，也就是成本的，只有这样，行纪人才有为委托人进行贸易活动的动力。另外，规定由行纪人负担处理委托事务的费用，还可以促使行纪人节省费用，降低成本，以提高自己在行纪活动中可以获得的利润。如果行纪人没有处理好委托事务，他所付出的代价，即支出的成本费用，就算是商业风险，则由其自己负担。但是也有例外情形，如委托人与行纪人事先有约定，不论事情成功与否，行纪人为此支出的活动费用，都由委托人偿还。行纪人处理委托事务的费用由行纪人自己负担也是行纪合同与委托合同的不同之处。

第九百五十三条 【行纪人保管义务】

行纪人占有委托物的，应当妥善保管委托物。

【立法背景】

在行纪中，有的委托人自行保管委托物，也有的委托人将委托物交由行纪人保管。行纪合同的性质决定了其为有偿合同，行纪人妥善保管自己占有的为委托人购进或者出售的物品等委托物，应当是行纪人的一项重要义务。

【条文精解】

占有委托物是行纪人负有妥善保管义务的前提，只有行纪人实际占有委托物，行纪人才负有该项义务。本条规定的"委托物"不仅包括一般意义上的物，还应当包括委托人交付给行纪人的金钱和权利凭证等。行纪人应选择对委托人最有利的条件，采取最有利于委托物的措施，并应当尽到善良管理人的注意义务来进行保管。例如，行纪人接受委托进行理财的，对于委托人的财产一般都要求设立独立的账户进行管理，以和自己的财产严格区分，不得随意挪用委托人的财产，而且应当以善良管理人的标准来尽力管理、处分委托人的财产。

寄售商品通常以积压商品、旧物品等居多，由此行纪人有义务尽心尽力尽职地妥善保管好这些物品，如果因保管不善造成物品损坏灭失、缺少、变质、污染，造成委托物的价值贬损，甚至导致委托物无法出售的，行纪人应承担赔偿责任，除非行纪人能证明已经尽了善良管理人的注意义务。对于灭失、毁损的财物，如果是由于不可抗力或物品本身的自然损耗等不可归责于行纪人的事由造成的，行纪人可以免除责任，由委托人自己承担损失。如果委托人对财物的管理有特别指示，如委托人支付投保费，请行纪人代委托人投保财物保险，行纪人没有投保的，损失的责任理应由行纪人承担。但行纪人在既无约定又无指示的情况下，对其占有的财物投保，如果其保险是为了委托人的利益且不违反委托人明示或可推定的意思，有权请求委托人支付保险费及自支出时起的利息。

第九百五十四条 【行纪人处置委托物义务】

委托物交付给行纪人时有瑕疵或者容易腐烂、变质的，经委托人同意，行纪人可以处分该物；不能与委托人及时取得联系的，行纪人可以合理处分。

【立法背景】

行纪人是为了满足委托人所追求的经济利益而为其处理事务的，所以行纪人应当按照委托人的指示，从维护委托人利益的角度出发，选择最有利于委托人的条件完成行纪事务。行纪合同的目的决定了行纪人应当遵从委托人指示的义务。委托人指示行纪人处分委托物的，行纪人应当及时处分；如果委托人没有作出处分委托物的指示，则行纪人不得擅自处分。

【条文精解】

在行纪合同的履行过程中，委托出卖的物品，在委托人交付给行纪人的时候，行纪人应当对委托物进行检查，如果委托物已表现出有瑕疵或者根据物品的性质是属于容易腐烂、变质的，行纪人为了保护委托人的利益，有义务及时通知委托人，在征得委托人同意的前提下，行纪人可以按照委托人的指示对委托物进行处置，如拍卖、变卖。如果行纪人发现委托物有瑕疵或者容易腐烂、变质，未经委托人同意就自行处置，其决定可能违背委托人的意志，给委托人造成损失，引起纠纷。例如，在交付委托物时行纪人发现委托物有瑕疵，但是可能并不影响委托物出售，如果行纪人此时未经委托人同意即擅自决定低价处理，则会给委托人造成损失。

一般情况下，行纪人不得擅自改变委托人的指示办理行纪事务。但是在紧急情况下，委托物在交付时有瑕疵将造成委托物毁损、灭失，或者快要腐烂、变质了，行纪人又无法与委托人取得联络，如通讯中断、委托人远行等原因，致使行纪人不可能征得委托人的同意，如果不及时合理地处置，就会使委托人的利益遭受更大的损失。紧急情况下行纪人进行合理处分需要具备几个要件：第一，发现委托物有瑕疵，或者容易腐烂、变质。委托物的瑕疵应该是可能影响委托物价值，或者将导致委托物毁损、灭失的瑕疵。第二，应当是委托物交付给行纪人时就存在的瑕疵，或者委托物容易腐烂、变质，而不是在交付后出现的情况。第三，行纪人欲通知委托人作出指示，但是不能及时和委托人取得联系。在这种情况下，为了保护委托人的利益，法律赋予行纪人以合理的方式来处置委托物的权利。所谓"合理"，即应以善良管理人的标准来衡量，根据委托物的实际情况决定处分的价格和方式等，尽量减少委托人的损失，维护委托人的利益，而不能随意处分。

第九百五十五条 【按照委托人指定价格买卖】

行纪人低于委托人指定的价格卖出或者高于委托人指定的价格买入的，应当经委托人同意；未经委托人同意，行纪人补偿其差额的，该买卖对委托人发生效力。

行纪人高于委托人指定的价格卖出或者低于委托人指定的价格买入的，可以按照约定增加报酬；没有约定或者约定不明确，依据本法第五百一十条的规定仍不能确定的，该利益属于委托人。

委托人对价格有特别指示的，行纪人不得违背该指示卖出或者买入。

【立法背景】

行纪人应当遵照委托人的指示从事行纪活动，尤其是按照委托人的指示买入或者卖出委托物。行纪人接受委托人的委托，为委托人的利益从事贸易活动，不论行纪活动是买入还是卖出，都应当按照委托人的指示进行交易。

【条文精解】

行纪人应当依照委托人已明确指定的价格操作，行纪人违反委托人指示的交易而进行买卖的，委托人可以拒绝承受，因此而造成的损害，由行纪人赔偿。

行纪人不按指示价格处理事务无非有以下两种情况：

一是行纪人以低于指示价格卖出或者以高于指示价格买入。商场如战场，风云变化莫测，价格此一时彼一时，行情不利于委托人时，行纪人为了避免损失扩大，以劣于委托人的指示从事行纪活动的，即以低于委托人指定的价格卖出或者高于指定的价格买入时，将会减少委托人的利润甚至造成亏损，或者增加委托人购买委托物的成本，给委托人造成损失，应当及时取得委托人的同意；在没有征得委托人同意的情况下，行纪人擅自作主变更指示而作为的，行纪人卖出或者买入委托物的行为对委托人不发生效力，对于违背委托人利益而带来的后果，委托人有权拒绝接受对其不利的法律后果，并有权要求行纪人赔偿损失。

二是当执行委托任务的结果比合同规定的条件更为优越时，即行纪人以高于委托人的指示卖出或者以低于指定价格买入，使委托人增加了收入或者节约了开支，其增加的利益（高价卖出多出的价款或低价买入结余的价款），应当归属于委托人，但行纪人可以按照约定要求增加报酬。如果行纪合同没有约定或者约定不清楚的，双方可以协商解决；如果还不能达成补充协议的，按照合同有关条款、合同性质或者按照商业交易的习惯确定；还不能确定的，利益归委托人，行纪人不能取得额外报酬。

一般情况下，行纪人低于委托人指定的价格卖出或者高于委托人指定的价格买入，将给委托人带来损失，委托人不会同意。而如果行纪人以高于委托人指定的价格卖出或者低于委托人指定的价格买入，如无特别约定，额外获得的利益归属于委托人，委托人自然愿意接受。但是，在委托人对价格有特别指示时，行纪人就不得违背委托人的指示卖出或者买入。

第九百五十六条 【行纪人的介入权】

行纪人卖出或者买入具有市场定价的商品，除委托人有相反的意思表示外，行纪人自己可以作为买受人或者出卖人。

行纪人有前款规定情形的，仍然可以请求委托人支付报酬。

【立法背景】

行纪人可以作为买受人或者出卖人，卖出或者购买委托人的委托物。这就是通常说的行纪人的介入权，即行纪人按照委托人的指示实施行纪行为时，有权以自己作为买受人或者出卖人与委托人进行交易活动。行纪人的介入权由商业习惯发展而来，最早出现于德国商法典，此后，日本商法等纷纷效仿。

【条文精解】

行纪人行使介入权，实际上就是行纪人自己作为买受人或出卖人与委托人之间直接订立买卖合同。买卖合同的双方当事人是委托人和行纪人。一般认为介入是实施行纪行为的一种特殊方法，行纪人虽然介入到买卖合同中来，但依然是行纪人。此时存在两个独立的合同关系，委托人同时也是出卖人或者买受人，与之对应，行纪人同时也是买受人或者出卖人。

行纪合同的委托物必须是有市场价格的商品，这是介入权构成的要件。这一要件既是行纪人产生介入权的要件，又是判定行纪人是否在对委托人不利时实施介入以及行纪人实施介入对委托人不利时赔偿的标准。行纪人所依据的价格应当明确，以便能公平地行使介入权。

既然行纪人仍然是行纪合同的一方当事人，委托人就应当按照行纪合同约定的报酬支付给行纪人，而不能以行纪人是买卖合同的买受人或者出卖人为由，拒绝支付报酬。因为买卖合同和行纪合同是两个合同关系，就应当分别由这两个合同关系的法律调整，不能混合。

但是，如果在订立行纪合同或者行纪人在履行义务时告知委托人自己想作为买受人或者出卖人，委托人明确表示不同意的，行纪人则不能实施该行为。

第九百五十七条 【委托人的受领、取回义务和行纪人提存】

行纪人按照约定买入委托物，委托人应当及时受领。经行纪人催告，委托人无正当理由拒绝受领的，行纪人依法可以提存委托物。

委托物不能卖出或者委托人撤回出卖，经行纪人催告，委托人不取回或者不处分该物的，行纪人依法可以提存委托物。

【立法背景】

行纪人按照委托人的指示和要求为其购买的委托物，委托人应当及时受领，并支付报酬，从而终止合同。如果委托人不及时受领，将会加重行纪人保管委托物的负担，既可能是其自行保管会增加成本，也可能是交给他人保管要支付相应的保管费，甚至还可能导致委托物毁损、灭失，如发生腐烂、变质等，造成委托人的损失。因此，一旦行纪人按照约定或者委托人的指示买入了委托物，委托人就应当及时受领。委托人在受领委托物时，应当对委托物进行检查验收，以免日后因委托物不符合双方约定而发生纠纷。

【条文精解】

1. 委托人无正当理由拒绝受领买入商品时，行纪人的提存权

行纪人行使提存权的条件是：第一，行纪人应当催告委托人在一定期限内受领，催告期应当与委托人进行约定，或者行纪人根据委托物的性质决定催告期的时间，如为易腐烂、变质的委托物，应当催告委托人在较短的时间内受领。催告是提存的前置程序，如果没有进行催告，不得直接将委托物提存。因为委托人没有及时受领可能存在很多种的原因，例如，在外地一时无法赶回，或者发生不可抗力的事由，或者委托人一时疏忽忘记。第二，委托人无正当理由逾期仍拒绝受领买入物。如果行纪人没有按照约定买入委托物，违反委托人的指示，买入的委托物不符合约定的，委托人可以拒绝受领。如果委托人有正当理由一时无法受领，比如，身在国外一时无法回国，或者发生地震、台风等不可抗力的事由，则可以与行纪人协商受领的期限，受领前

由行纪人暂时代为保管，不论行纪人自行保管还是交给他人保管，相关费用都应当由委托人负担。第三，行纪人应当依法提存买入物，主要是按照本法合同编通则中关于提存的规定行使提存权。例如，委托人委托行纪人购入一批水果，行纪人按照委托人的指示购入后，委托人拒绝受领，经行纪人催告后仍不受领，行纪人担心该批水果将腐烂、变质，可以依照法律规定予以提存，将该批水果交给有关部门进行提存以妥善保管。行纪人提存委托物的，提存费用由委托人负担。

2. 委托人不处分、不取回不能出卖的委托物时，行纪人的提存权

不能卖出，主要是指因委托人定价过高、市场供过于求等因素导致委托物在约定时间内没有卖出。在行纪人卖出委托物之前，委托人有权随时作出新的指示撤回出卖委托物。在不能卖出或者撤回出卖的情况下，委托人负有取回委托物的义务，或者对委托物另行处分。委托行纪人出卖的委托物，如果不能卖出或者委托人不撤回出卖委托物，行纪人应当通知委托人取回，行纪人虽然可以暂时代为保管，但行纪人没有继续保管委托物的义务。行纪人代为保管期间产生的相关费用应当由委托人负担。委托人取回委托物，可以减轻行纪人的保管负担，委托人自己也可以继续利用委托物，或者对委托物作出其他处分。经过行纪人的催告，在合理期限内委托人逾期仍不取回或者不处分委托物的，行纪人可以依法行使提存权。

3. 行纪人享有拍卖权

拍卖权，是指委托人无故拒绝受领或者不取回出卖物时，法律赋予行纪人依照法定程序将委托物予以拍卖的权利，并可以优先受偿，即从拍卖后的价款中扣除委托人应付的报酬、偿付的费用以及赔偿金等，如果还有剩余，行纪人应当交给有关部门进行提存。

第九百五十八条 【行纪人直接享有权利承担义务】

行纪人与第三人订立合同的，行纪人对该合同直接享有权利、承担义务。

第三人不履行义务致使委托人受到损害的，行纪人应当承担赔偿责任，但是行纪人与委托人另有约定的除外。

【立法背景】

行纪合同的法律关系较之其他要复杂一些，这当中有两层法律关系，既

有行纪人与委托人之间的行纪合同关系，又有行纪人与第三人之间的买卖合同关系；同时涉及三方主体，即委托人、行纪人与第三人。而在行纪人与第三人订立的买卖合同中，行纪人是作为合同一方的当事人为委托人的利益行事。既然行纪人是合同的当事人，就必须自己直接对合同享有权利，承担义务。

【条文精解】

在从事买卖事务时，不论行纪人是否告诉第三人自己行纪人的身份，或者第三人是否知道委托人的姓名，都不影响行纪人以自己的名义参与的买卖合同的法律效力。由于委托人与第三人之间不产生直接的法律关系，委托人无权对行纪人与第三人之间的买卖关系提出自己的异议。

行纪人是为委托人的利益，受委托人的委托以自己的名义与第三人订立合同，委托人与第三人并不发生直接的法律关系。如果第三人不履行义务，将导致行纪人不能完成委托事务，违背行纪人与委托人订立的行纪合同；而委托人不履行行纪合同的义务，如不按约定交付委托物，也会导致行纪人不能履行与第三人的买卖合同的义务。在因委托人的原因发生合同违约行为、追究违约责任时，第三人不得直接对委托人主张赔偿请求权，而只能向行纪人主张权利，行纪人也不得以自己没有过错为由而拒绝承担违约责任，行纪人只能先承担责任后，再向委托人行使追偿权。同样的，如果第三人违约，委托人不得直接对第三人行使请求权，而只能向行纪人主张权利，行纪人此时也不得以自己无过错为由而拒绝承担自己的责任。行纪人向委托人承担责任后，再行使向第三人的追偿权。

第九百五十九条 【行纪人的报酬请求权和留置权】

行纪人完成或者部分完成委托事务的，委托人应当向其支付相应的报酬。委托人逾期不支付报酬的，行纪人对委托物享有留置权，但是当事人另有约定的除外。

【立法背景】

行纪合同是双务、有偿合同，行纪人负有完成委托事务的义务，与之相对应，委托人则负有向行纪人支付相应报酬的义务。行纪人就自己处理委托事务的不同情况，可以按照合同的约定请求委托人支付报酬。

【条文精解】

1. 请求报酬的权利

一般而言，有以下几种情况：（1）行纪人按照委托人的指示和要求履行了全部合同的义务，有权请求全部报酬；（2）因委托人的过错使得合同义务部分或者全部不能履行而使委托合同提前终止的，行纪人可以请求支付全部报酬；（3）行纪人部分完成委托事务的，可以就已履行的部分的比例请求给付报酬。委托人和行纪人也可以另行约定，如双方约定，只要因非可归责于行纪人的原因导致委托事务不能完成的，委托人都应当支付全部报酬。

报酬数额以及支付报酬的时间和方式，一般由合同双方事先约定，如有国家规定，则应当按照国家规定执行。原则上，委托人应当于委托事务完成之后支付报酬，但是完成委托事务后支付报酬的规定属于任意性规定，当事人可以另行约定报酬的支付时间和方式。当事人约定预先支付或分期支付的，也可以按约定执行；如果寄售物品获得比原约定更高的价金，或者代购物品所付费用比原约定低，也可以约定按比例增加报酬。

2. 行纪人享有留置权

委托人不按照约定支付报酬时，行纪人对其占有的委托物可以行使留置权。留置期届满后，以留置物折价或者从变卖留置物所得价款中优先受偿。行纪人留置委托物需具备以下几个条件：

（1）已合法占有委托物。行纪人行使留置权，必须是行纪人已经合法占有委托物，非法占有委托物的不得行使留置权。

（2）委托人无正当理由拒绝支付报酬。行纪人行使留置权，必须具有委托人不能按照约定支付报酬的事实存在。

（3）行纪合同中没有事先约定不得留置的条款。如果委托人与行纪人在行纪合同订立时已经约定，不得将委托物进行留置的，行纪人就不得留置委托物，但是，行纪人可以要求委托人提供其他担保。

委托人向行纪人支付报酬超过了合同约定的履行期限的，应当承担逾期不支付报酬的责任，此时行纪人对占有的委托物品享有留置权。

第九百六十条 【参照适用委托合同规定】

本章没有规定的，参照适用委托合同的有关规定。

【立法背景】

行纪合同与委托合同有许多共同点，行纪关系中委托人与行纪人的关系就是委托关系，只不过委托的事项特殊、固定，但是，如前所述，行纪合同与委托合同又有诸多不同之处，在本章没有规定的情况下，也不能一概直接适用委托合同的有关规定，应视具体情况而定。

【条文精解】

本条规定，本章没有规定的，参照适用委托合同的有关规定。例如，行纪人应当按照委托人的指示处理委托事务。行纪合同可以参照本法第922条的规定，即在行纪合同中，行纪人也应当按照委托人的指示处理委托事务。需要变更委托人指示的，行纪人应当经过委托人的同意。如果因为情况紧急，行纪人难以和委托人取得联系的，行纪人应当妥善处理委托事务，而且在事后还应当将所有情况及时向委托人报告。行纪人应当按照委托人指定的价格卖出或者买入委托物，不得擅自改变价格卖出或者买入，损害委托人的利益。

第二十六章　中介合同

第九百六十一条 【中介合同的定义】

中介合同是中介人向委托人报告订立合同的机会或者提供订立合同的媒介服务，委托人支付报酬的合同。

【立法背景】

居间制度源于古希腊、古罗马帝国时期，当时的社会发展处于简单商品经济形态，任何人都可为居间活动。到了欧洲中世纪，居间活动受到了一定的限制，从自由经营主义转为干涉主义，国家对其行业进行了控制，使居间人带有公职人员的性质。

【条文精解】

1. 中介合同的概念

中介合同，传统理论一般将其称为居间合同，是指当事人双方约定一方接受他方的委托，并按照他方的指示要求，为他方报告订立合同的机会或者为订约提供媒介服务，委托人给付报酬的合同。在中介合同中，接受委托报告订立合同机会或者提供交易媒介的一方为中介人，也称为居间人，给付报酬的一方为委托人。在中介合同中，中介人的主要义务就是提供中介服务以促成委托人和第三人订立合同，包括提供订约信息、据实报告的义务等；而委托人的主要义务是在其与第三人的合同因中介人提供的中介服务成立后向中介人支付约定的报酬。

中介的宗旨是中介人把同一商品的买卖双方联系在一起，以促成交易后取得合理佣金的服务。无论何种中介，中介人都不是委托人的代理人，而只是居于交易双方当事人之间起介绍、协助作用的中间人。中介人是独立的民事主体，是完全民事行为能力人，可以自己作出意思表示，实施民事法律行为。但是在中介人促成的交易中，中介人不是合同的当事人，也不是任何一方的代理人，不代表任何一方向对方作出意思表示或者实施民事法律行为，只是为委托人提供订约的机会，或者在双方之间进行周旋，为他们提供媒介服务，努力促成双方的交易。

中介合同的主体是委托人和中介人（居间人）。委托人可以是任何自然人、法人或者非法人组织。关于中介人的主体资格有无限制，我国学者有不同的看法。我国民法典并没有对中介人的资格进行限制，自然人也可以进行中介服务，但是中介合同较多地运用在商业交易中，一般都是专业的中介服务机构作为中介人。对特定行业的中介活动，可能由特别法、行政法规或者部门规章作出详细规定。比如，对于商业上的中介服务，法律、行政法规或者部门规章可能会作出特别规定，要求中介机构或者中介人员具有从事某种中介业务的资质，经过有关部门的审批或者登记，并具有相应的专业能力和知识等。

中介业务根据中介人所接受委托内容的不同，既可以是只为委托人提供订约机会的报告中介，也可以是为促成委托人与第三人订立合同进行介绍或提供机会的媒介中介，还可以是报告中介与媒介中介兼而有之的中介活动。

我国1999年制定的合同法设立了专章对居间合同进行了规定。其中关于中介合同的定义是从契约的角度来进行阐述的。民法典基本延续了合同法的规定，并在其基础上，增加了两条内容，另外将"居间合同"修改为"中介合同"。在本章内容中，"中介"与"居间""中介合同"与"居间合同""中介人"与"居间人"为同义词。

2. 中介合同的法律特征

（1）中介合同以促成委托人与第三人订立合同为目的。在中介合同中，中介人是为委托人提供服务的，这种服务表现为报告订约的机会或作为订约的媒介。中介合同的标的是中介人进行中介活动的结果，其目的在于通过中介活动获取报酬。不论报告中介还是媒介中介，其目的都是促成委托人和第三人订立合同。中介人的活动只有促成委托人与第三人之间建立起有效的合同关系才有意义。

（2）中介人在合同关系中处于介绍人的地位。中介合同的客体是中介人依照合同的约定实施中介服务的行为。无论何种中介，中介人都不是委托人的代理人或当事人一方，中介人只是按照委托人的指示，为委托人报告有关可以与委托人订立合同的第三人，为委托人提供订立合同的机会，或者在当事人之间充当"牵线搭桥"的媒介，并不参加委托人与第三人之间具体的订立合同的过程，他的角色只是一个中介服务人，只在交易双方当事人之间起介绍、协助作用。

（3）中介合同为诺成合同、双务合同、有偿合同、不要式合同。

第九百六十二条 【中介人报告义务】

中介人应当就有关订立合同的事项向委托人如实报告。

中介人故意隐瞒与订立合同有关的重要事实或者提供虚假情况，损害委托人利益的，不得请求支付报酬并应当承担赔偿责任。

【立法背景】

委托人有权了解与订立合同有关的事项，中介人应当如实报告。中介人的报告义务是中介人在中介合同中承担的主要义务，中介人应依诚信原则履行此项义务。

【条文精解】

1. 关于中介人的报告义务

订立合同的有关事项，包括相对人的资信状况、生产能力、产品质量以及履约能力等与订立合同有关事项。订立合同的有关事项，根据不同的合同还有许多不同。对中介人来说，不可能具体了解，只需就其所知道的情况如实报告委托人就可以了。但中介人应当尽可能掌握更多的情况，提供给委托人，以供其选择。当然，委托人可以与中介人就报告义务作出特别约定要求中介人报告特别的事项。例如，双方约定中介人应当按照委托人的指示，调查了解潜在交易对象某方面的情况，如潜在交易对象的为人品行，或者近期与哪些人订立过合同，以及这些合同的履约情况等，并向委托人如实报告。

中介人报告义务的履行对象是委托人。不论是报告中介还是媒介中介，中介人都负有如实报告的义务。如果是媒介中介，中介人在委托人和第三人之间斡旋，除了要向委托人报告第三人的情况，可能还需要向第三人报告有关情况。如果委托人不止一人时，中介人应当向每个委托人都进行报告。中介人还可能同时接受交易双方的委托提供中介服务，以促成双方订立合同，此时，两个委托人互为相对人，中介人应当就交易的具体类型向双方如实报告对方与订立合同有关的情况。

2. 故意隐瞒有关事实或者提供虚假情况的后果

中介人有如实报告的义务，如果中介人故意隐瞒与订立合同有关的重要事实或者提供虚假情况，损害委托人利益的，不得要求支付报酬并应当承担相应的赔偿责任。本条第 2 款规定应当从以下几个方面理解：第一，中介人主观上具有故意。就是中介人明知与订立合同有关的重要事实或者其他真实情况，但是有意进行隐瞒或者提供虚假情况。至于因为中介人的过失给委托人造成损失的，并不适用本条规定，中介人是否需要承担责任，可以适用本法合同编通则部分的规定进行判断；如果中介人的行为构成侵权的，委托人还可以基于中介人的侵权行为向其主张赔偿。第二，中介人客观上没有将与订立合同有关的重要事实向委托人报告，或者提供了虚假的情况。并非与订立合同有关的所有事项都是重要的，所谓"重要事实"就是能够直接影响委托人作出是否订立合同之决定的事实，这种事实因订立合同类型的不同而不同。第三，中介人隐瞒重要事实或者提供虚假情况的行为损害了委托人的利益，给委托人造成了损失。第四，中介人违反如实报告义务，损害委托人利益的，会产生两个法律后果，一是中介人丧失报酬请求权，二是中介人应当就委托人的损失承担相应的赔偿责任。

第九百六十三条 【促成合同成立的报酬和费用承担】

中介人促成合同成立的，委托人应当按照约定支付报酬。对中介人的报酬没有约定或者约定不明确，依据本法第五百一十条的规定仍不能确定的，根据中介人的劳务合理确定。因中介人提供订立合同的媒介服务而促成合同成立的，由该合同的当事人平均负担中介人的报酬。

中介人促成合同成立的，中介活动的费用，由中介人负担。

【立法背景】

在中介合同中，向中介人支付报酬是委托人的主要义务。中介人的报酬，通常也被称为"佣金"或者"居间费"，是中介人完成中介服务后委托人向其支付的酬劳。中介合同是有偿合同，中介人是以提供中介服务赚取报酬为业的营业者，其为委托人提供订约机会或者媒介服务的目的就是获取报酬。所以，委托人和中介人应当在中介合同中约定报酬的数额和支付方式等。当中介人促成委托人与第三人之间的合同成立，委托人就应当按照约定向中介人支付报酬。

【条文精解】

在以提供服务或者劳务为内容的各种合同中，一般都规定了当事人的报酬请求权。例如，承揽合同的承揽人、委托合同的受托人、行纪合同的行纪人等，均有权请求按照合同约定支付报酬，但是都是在完成一定事项后才有权请求报酬。中介合同的特殊性在于，中介合同中委托人的给付义务是附条件的。给付义务，有的是针对给付行为，有的是针对给付效果（结果）。在中介合同中，中介人的给付内容是给付效果，即促成委托人与第三人合同缔结；而委托人给付义务的主要内容是支付报酬，该义务的履行以中介人促成交易为前提，是附条件的。

由于中介是以报告订约机会或提供订立合同的媒介服务为内容，所以中介人是否促成委托人与他人之间成立交易，就是委托人支付报酬与否的明确标准。可见，中介人是就其"劳务的结果"而非"劳务的给付"而享受报酬请求权。这是中介合同与其他劳务合同的不同之处。中介人取得报酬必须具备三个要件：第一，所介绍的合同必须成立；第二，合同的成立与中介人的介绍有因果关系，是由中介人的中介活动促成的；第三，中介人促成的契约必须与中介合同中的约定具有同一性。只有三者同时具备，委托人才负有支付报酬的义务。如果委托人与第三人没有订立合同，或者合同并非因中介人的活动而成立，或者中介人最终促成的合同并非中介合同约定之合同，中介人都不能请求委托人支付报酬。

1. 关于中介人的报酬

（1）支付报酬的前提，须是中介人促成委托人与第三人的合同成立。

委托人支付报酬是以中介人已为委托人提供了订约机会或经介绍完成了中介活动，并促成了合同的成立为前提条件。对此，应该从以下几个方面去理解：第一，委托人与第三人之间的合同成立，是指合同合法、有效成立，如果所促成的合同属无效合同，或者属于可撤销的合同而被撤销的，不能视为促成合同成立，中介人仍不能请求支付报酬。第二，委托人与第三人之间合同成立，是由中介人促成的，也就是与中介人的中介服务具有因果关系。第三，中介人促成的契约必须与中介合同中的约定具有同一性，也就是说，中介人委托人与第三人最终订立的合同，应当是委托人委托中介人时欲订立的合同。

委托人是否给付中介人报酬及其支付数额，原则上应按照中介合同的约定。这里合同的约定，可以是以书面形式或者口头形式明确的。中介人的报酬数额由当事人自主约定，虽然符合合同自由原则，但是在有些情况下可能会导致显失公平的结果，因此，有的国家和地区规定了"报酬数额酌减制度"。

根据本法规定，只要中介人促成合同成立的，原则上就可以向委托人请求支付报酬。如果中介合同中对中介人的报酬没有约定或者约定的不明确，委托人和中介人可以协议补充；如果仍然达不成补充协议的，应当按照合同的相关条款或者商业交易习惯来确定；如果还是解决不了，可以根据中介人的劳务合理确定，应考虑诸多因素，如中介人所付出的时间、精力、物力、财力、人力、中介事务的难易程度以及中介人的行为对于合同成立所起到的作用等因素，根据公平原则来合理确定。

（2）受益的当事人平均负担报酬的义务。

支付报酬因中介事务的不同而有不同的标准。报告中介，因中介人仅向委托人报告订约机会，中介人不与委托人的相对人发生关系，因此，中介人的报酬应当由委托人给付。在媒介中介合同中，中介人不仅向委托人提供报告订约机会，而且还要找第三人促成合同订立，由于有了中介人的中介活动，使得委托人与第三人双方发生了法律关系，委托人与第三人都因此而受益，因此，一般情况下，除合同另有约定或另有交易习惯外，中介人的报酬原则上应由因媒介中介而订立合同的委托人与第三人双方平均负担。实践中，房屋中介在其提供的房屋买卖或者房屋租赁的中介服务中，一般都是从出卖人和买受人、出租人和承租人双方收取佣金的，双方各担一半。

2.关于中介活动的费用

中介活动的费用，主要是指中介人为从事中介行为而支出的一些费用，如交通费、住宿费等。中介人促成合同成立的，中介活动的费用由中介人负担。中介人促成合同成立的，可以向委托人请求支付报酬，中介人的报酬中就包括了成本和利润。因为中介活动的费用已作为成本计算在报酬之内，所以中介人不得再另外请求委托人负担费用。和行纪人一样，中介人一般都是专门从事中介业务的经营者，作为专业机构或者人员，是可以预估从事中介行为所需费用的。所以一般来说，双方约定由委托人支付的报酬肯定是超过中介活动的费用也就是成本的，这也是中介人从事中介业务的根本动力。而且，规定由中介人负担中介活动的费用，还可以促使中介人节省费用，降低成本，以提高自己可以获得的利润。

中介人未促成合同成立的，则可以按照约定请求委托人支付从事中介活动支出的必要费用。如果没有特别约定，则由中介人自行负担从事中介活动的费用。

第九百六十四条 【未促成合同成立的费用承担】

中介人未促成合同成立的，不得请求支付报酬；但是，可以按照约定请求委托人支付从事中介活动支出的必要费用。

【立法背景】

对于中介人未促成合同成立时，中介活动的费用由谁负担，《合同法》第427条规定，"居间人未促成合同成立的，不得要求支付报酬，但可以要求委托人支付从事居间活动支出的必要费用"。中介活动费用是中介人在促使合同成立的活动中支出的必要费用，与报酬不是一个概念。因此，有时中介人虽然为促成合同成立付出了劳务和费用，但合同未促成，仍不能请求支付报酬，但是依据《合同法》第427条的规定，中介人可以请求委托人支付从事中介活动支出的必要费用，如中介活动中支出的交通费等。也就是说，中介人未促成合同成立，委托人虽然不承担支付报酬的义务，但是应当承担返还或者偿还中介人为中介活动支出的必要费用的义务。

【条文精解】

本条是关于合同未成立时，中介人的中介费用的规定。相比《合同法》第427条的规定，本条规定增加了"按照约定"。所谓"按照约定"，也就是说，在合同未成立的情况下，中介人向委托人请求支付从事中介活动的必要费用，须以中介人和委托人之间存在合同未成立中介人亦享有费用请求权的约定为前提。反过来理解，在委托人与中介人没有约定委托人与第三人合同未成立而中介人仍可以主张返还从事中介活动的必要费用的情况下，中介人无权向委托人请求返还，委托人也没有义务向中介人支付该费用。结合本条规定和本法第963条第2款的规定可知，中介活动的费用原则上由中介人自己负担。在没有特别约定的情况下，不论中介人是否促成合同成立，中介人都要自己负担从事中介活动的费用。这和行纪合同由行纪人负担处理委托事务的费用是相似的。因为中介人和行纪人都是以营利为目的的经营者，中介人是专门从事提供中介服务的人。既然是经营，就必然会有商业风险。就中介合同来说，只有当中介人促成合同成立，才能向委托人请求支付报酬。如果中介人没有促成交易，不得请求报酬，他所付出的代价，即支出的成本费用，也就算商业风险，由其自己负担了。

第九百六十五条 【跳单行为】

委托人在接受中介人的服务后，利用中介人提供的交易机会或者媒介服务，绕开中介人直接订立合同的，应当向中介人支付报酬。

【立法背景】

本条规定的是委托人实施"跳单"行为须承担向中介人支付报酬的法律后果。本条规定的"跳单"，是指委托人接受中介人的服务后，利用中介人提供的订约信息或者媒介服务，绕开中介人直接与第三人签订合同的行为，其目的是规避向中介人支付报酬的义务。学界对中介合同的研究也多集中在"跳单"行为，但是学界所探讨的"跳单"不仅包括本条规定的行为，还包括委托人接受中介人服务后，绕过中介人，另行委托他人提供中介服务的行为。有的学者将"跳单"分为可归责的"跳单"和不可归责的"跳单"。在编纂民法典的过程中，有的意见建议，明确规定"跳单"以及"跳单"行为的法律后果。实践中，"跳单"现象频繁发生，已经成为中介合同纠纷案件中的一种常见纠纷类型。"跳单"行为违背诚信和公平原则，严重损害中介人的利益，扰乱市场秩序，阻碍中介行业的健康发展。经过认真研究，在民法典中作出了本条规定。"跳单"行为中，委托人实质上利用了中介人提供的订约信息或者机会，但是在订立合同时却避开中介人，自行与第三人订立合同，以此来逃避向中介人支付报酬的义务。对于"跳单"行为，司法实践一般认为，委托人与第三人订立合同，只要委托人实质上利用了中介人提供的劳动，即中介人通过中介行为向委托人提供的订约信息或者媒介服务，就应当认定该交易是由中介人促成的，委托人就应当向中介人支付约定的报酬。如果委托人并未利用中介人提供的订约信息或者机会，则中介人无权主张报酬请求权。

【条文精解】

委托人的行为构成本条规定的"跳单"应当具备以下要件：第一，委托人接受了中介服务。中介人接受委托后，履行了向委托人报告订约机会或者提供媒介服务的义务，委托人接受了中介人提供的服务，这是中介人获取报酬的权利来源。中介合同是双务、有偿合同，委托人支付报酬须以中介人提供约定的、有价值的中介服务为对价。第二，委托人绕开中介人直接与第三人订立合同。委托人与第三人私下订立合同，并未通过中介人，或者委托人在中介人之外，又委托其他人从事中介服务，通过其他中介人与第三人订立了合同。也就是说，客观上，委托人实施了"跳"过中介人的行为。"跳"的形式有两种，一是委托人直接与第三人私下订立合同，二是委托人通过其他中介人与第三人订立合同。第三，委托人与第三人合同的订立，主要是由于委托人利用了中介人提供的交易机会或者媒介服务，或者说合同订立与中介人的中介服务具有因果关系。这是判断委托人的行为构成"跳单"并应当向中介人支付报酬的关键。不论委托人是私下与第三人直接订立合同，还是通过其他中介人与第三人订立合同，只要委托人利用了中介人提供的交易机会或者媒介服务，就构成"跳单"，是否存在其他中介人并不是关键因素。一般而言，只要委托人实际接受了中介人的中介服务，又与第三人订立了合同，就可以推定该合同之成立与中介人提供的服务有因果关系。如果委托人认为其没有利用中介人的交易机会或者媒介服务，应当承担举证责任。实践中，委托人可能自己事先也通过各种渠道搜集了一些信息，知晓第三人的情况，而中介人又向委托人重复报告了该第三人的情况，例如，中介人提供的信息是公开的、委托人可以轻易获得的信息，中介人的报告对委托人来说可能是毫无价值的，委托人与第三人订立合同，就不能认为利用了中介人提供的交易机会或者媒介服务。但是，委托人要对其在中介人提供订约信息前就已知晓第三人的有关情况且并未利用中介人提供的交易机会或者媒介服务，承担举证责任。

实践中还存在一种情况，委托人委托多个中介人从事中介活动，多个中介人为其提供交易信息或者媒介服务，委托人最后选择其中一个中介人，通过其与第三人订立合同。此时对其他中介人来说，并不构成"跳单"，因为委托人具有选择最满意、最合适的中介人为其提供的优质服务并通过该中介人与第三人订立合同的权利。这就和买东西一样，消费者有自主选择的权利，很多时候都是货比三家之后才决定在哪一家购买。这也需要委托人证明，其与第三人订立合同，并非利用中介人提供的交易机会或者媒介服务，而是通过其他中介人提供的服务使得合同得以成立。

第九百六十六条 【参照适用委托合同规定】

本章没有规定的，参照适用委托合同的有关规定。

【立法背景】

中介合同与委托合同都属于服务合同，都是当事人接受委托人委托从事一定事务的合同，只不过中介合同委托的事项特殊、固定。中介合同和委托合同有很多共同之处。有的观点认为，中介合同就是一种特殊的委托合同。

【条文精解】

在本章没有规定的情况下，可以参照适用委托合同的有关规定。例如，中介人应当亲自处理中介事务，不得擅自将中介事务交给他人处理；两个以上的中介人共同处理委托事务的，对委托人承担连带责任等。

需要特别说明的是，中介合同可以参照适用委托合同任意解除权的规定，但并不是完全适用。中介合同的委托人享有任意解除权，应无疑义。一般认为，委托合同中委托人的任意解除权，其法理基础在于委托合同是基于特殊信赖而成立的合同。另外，就委托人一方来说，委托事项可能随时发生变化，这就产生了随时解除的需求。以上观点也可应用于中介合同。类似于委托合同，中介合同的委托人委托中介人从事一定的中介事务，在中介事务完成之前，情况发生变化，委托人又不再需要中介人的中介服务的，可以随时解除中介合同。中介合同委托人的任意解除权还有更多的理由。如前所述，类似于消费者，中介合同的委托人有权选择更优的服务。同时，这也避免了依附现象的弊端。而且，委托人没有与第三人缔约的义务，委托人不缔约的实际效果，与行使任意解除权是相同的。而行使任意解除权，反而使中介得到了通知，能避免其进一步为完成中介事务继续付出人力、财力和物力，还能向委托人请求相应的赔偿。报告中介的任意解除，是在委托人获得信息之前，之后就没有解除的必要了。媒介中介的任意解除，是在委托人与第三人的合同成立之前。如果委托人与第三人之间成立的合同是附生效条件（停止条件）的合同，在条件成就之前，中介人不得请求报酬，但在合同成立之时，委托人的任意解除权终止。中介合同中委托人的任意解除权更接近于承揽合同中定作人的随时解除权。本法第787条规定："定作人在承揽人完成工作前可以随时解除合同，造成承揽人损失的，应当赔偿损失。"中介合同是有偿合同，委托人解除合同给中介人造成损失的，除不可归责于委托人的事由外，委托人还是应当赔偿中介人的损失。至于中介人是否应当享有任意解除权，学界还存在不同认识。

中介合同有许多区别于委托合同的特点，所以委托合同的规定，有的也不适用于中介合同。例如，本法第931条规定，委托人经受托人同意，可以在受托人之外委托第三人处理委托事务。因此造成受托人损失的，受托人可以向委托人请求赔偿损失。一般认为，委托人在中介人之外又委托第三人处理中介事务的，无须经过中介人的同意。实践中，很多打算出售房屋的房主，都是委托多个房屋中介机构来寻找买家的，哪个房屋中介机构能够实际促成交易，房主就向其支付中介的报酬。委托人和中介人订立中介合同后，委托人再委托他人如果须经过中介人同意，中介人基于自己的利益考虑，都想成为独家中介，一般而言是不会同意的，这样委托人就丧失了自由选择的权利，对委托人来说是不公平的，委托人的利益将受到损害。

第二十七章　合伙合同

第九百六十七条　【合伙合同的定义】

合伙合同是两个以上合伙人为了共同的事业目的，订立的共享利益、共担风险的协议。

【立法背景】

实践中，大量存在当事人签订合伙合同而成立的、没有设立合伙企业的合伙，其需要通过法律的规定来进行规范，以保护合伙人的合法权益，促进经济社会的发展。因此，民法典合同编设立专章规定了"合伙合同"，确立了合伙合同的基本规则，使得我国关于合伙的法律规定更加科学和完善。

【条文精解】

合伙合同，是指两个以上合伙人为了共同的事业目的，订立的共享利益、共担风险的协议。合伙合同，是以共同出资为基础，以共同事业为目的，以共享利益、共担风险为本质的协议。

作为一种新增的典型合同，合伙合同与其他类型的合同有很多不同之处。合伙合同主要有以下几个特征：

第一，对合伙人有所限制。根据合伙合同的定义，合伙合同的主体为两个以上的合伙人。合伙人的数量要求两个以上，只有一个则无法成立合伙。当因合伙人死亡、丧失民事行为能力、终止等原因，合伙人数量减少到一个时，合伙合同终止。作为合伙合同主体的合伙人，可以是自然人、法人或者非法人组织。但是，合伙人并不是没有完全限制，不是所有民事主体都可以成为合伙人。《合伙企业法》第3条规定："国有独资公司、国有企业、上市公司以及公益性的事业单位、社会团体不得成为普通合伙人。"普通合伙人是对合伙企业债务承担无限连带责任的合伙人。而合伙合同中的合伙人，对合伙债务承担无限连带责任。国有独资公司、国有企业、上市公司如果成为合伙人，就要以其全部财产对合伙债务承担责任，这不利于保护国有资产和上市公司股东的利益。从事公益性活动的事业单位、社会团体，因其从事的活动涉及公共利益，其自身财产也不宜对外承担无限连带责任。因此，国有独资公司、国有企业、上市公司以及公益性的事业单位、社会团体不得成为合伙企业的普通合伙人，原则上也不得与他人订立合伙合同成为合伙人。

第二，为了共同目的或者共同利益。合伙人订立合伙合同是为了达到共同的事业目的，实现共同的利益，这是合伙合同最重要的特征，也是合伙合同与其他类型的合同最重要的区别之一。所谓"共同的事业目的"，可以是营利性的目的，也可以是非营利性的目的，如公益目的。"共同的利益"，可以是物质上、经济上的利益，也可以是其他方面的利益。就一般的合同而言，合同的双方或者多方当事人总体目标是一致的，都是为了实现合同目的，例如，买卖合同中的出卖人和买受人都希望交易达成。但是，从当事人的角度出发，他们的目的或者权利义务又可能是不一致甚至是完全相对的。出卖人的目的是以标的物的所有权换取相应的价款，其权利是获取买受人支付的价款，义务是交付标的物，转移所有权；而买受人的目的是以一定的价款换取标的物的所有权，权利是取得标的物所有权，义务是支付标的物的价款。双方的目的或者权利义务是相对的关系，当事人之间处于对立或者竞争的关系。而合伙合同中，所有合伙人的目的具有一致性，权利义务的内容或者说方向也具有一致性，都是为了实现共同的事业目的，原则上都享有表决权、执行权、监督权等权利，都负有出资等义务，都要对合伙债务承担连带责任，完全是一种合作关系而非对立关系。通俗地说，一般合同当事人之间的权利义务是"此消彼长"的关系，而合伙合同的所有合伙人之间则是"共消共长"的关系。

第三，共享利益、共担风险。如前所述，合伙合同的所有合伙人之间具有共同的事业目的，是合作共赢的关系。因此，所有合伙人就应当共享合伙经营之利益，共担合伙经营之风险。可以说，合伙合同中的全体合伙人是"一荣俱荣，一损俱损"的关系。目的的共同性决定了所有合伙人共享利益、共担风险，不能只由部分合伙人享受利益或者承担风险，否则有违合伙合同之目的。

第四，合伙具有较强的人合性和一定的组织性。合伙合同的成立是基于合伙人之间的互相信任，合伙人之间可以互为代理人，且全体合伙人对合伙债务承担连带责任。合伙人具有共同的事业目的，共享利益，共担风险。因此，合伙具有较强的人合性。这决定了合伙人不得擅自处分自己在合伙财产中的份额，以及合伙人的债权人不得代位行使合伙人对合伙的权利等。

基于本章规定的合伙合同形成的合伙，具有一定的组织性，但又不是完全独立的组织体，不具有民事主体资格。这是基于本章规定的合伙合同成立的合伙与合伙企业的重要区别。合伙企业具有民事主体资格，属于民法典总则编中规定的非法人组织，具有民事权利能力和民事行为能力，可以依法享有民事权利和承担民事义务。合伙企业包括依照合伙企业法在中国境内设立的普通合伙企业和有限合伙企业，有普通合伙人和有限合伙人之分。合伙企业是完全独立的、组织严密的组织体。合伙企业有自己的财产，合伙企业对其债务应先以其全部财产进行清偿；当合伙企业的财产不足以清偿到期债务时，再由合伙人承担无限连带责任。而本章规定的契约型合伙，具有一定的组织性，但是其组织性相对于合伙企业来说较为松散，即使基于合伙人的出资和合伙事务可以形成合伙财产，也并不是必须先以合伙财产承担合伙债务，合伙的债权人可以对所有合伙人的所有财产（包括合伙财产以内和以外的财产）提出请求权。一些学者将合伙企业称为"企业型合伙"或者"组织型合伙"，将基于合伙合同成立的未形成组织的合伙称为"契约型合伙"或者"协议型合伙"。

第五，合伙合同是不要式合同、继续性合同。

第九百六十八条 【合伙人出资义务】

合伙人应当按照约定的出资方式、数额和缴付期限，履行出资义务。

【立法背景】

合伙人的出资，是指合伙人基于合伙合同，为了实现共同事业目的而进行投资。合伙人的出资是合伙得以形成和正常经营的基础。

【条文精解】

合伙合同应当对合伙人的出资方式、数额和缴付期限等作出约定。所有合伙人都应当按照合同的约定履行出资义务。按约定履行出资义务，是指合伙人按照合伙合同约定的出资方式、数额与缴付期限出资。出资义务是合伙人的根本义务，也是合伙得以成立的前提。

1. 出资方式

合伙人的出资方式是合伙人向合伙投入资本的具体形式，合伙人的出资可以是货币形式，也可以是非货币形式。非货币形式包括除货币外的各种有形财产和无形财产，如实物、股权、土地使用权、知识产权等，还可以包括劳务。具体来说，合伙人的出资方式主要包括以下几类：（1）货币；（2）实物；（3）知识产权，主要包括商标权、专利权、著作权（版权）以及技术秘密等；（4）土地使用权；（5）劳务；（6）其他出资方式。

2. 出资数额

出资数额，即用以出资的财产的价值额，以非货币资产出资的要按商定的或者法定评估机构进行评估的价值来计算并约定数额。各合伙人的出资数额，由所有合伙人协商决定。合伙人的出资数额决定了合伙人之间的出资比例，合伙人之间的出资比例往往决定了合伙的利润分配和亏损分担。所以，合伙人的出资数额和出资比例，应当由所有合伙人自行约定。一般来说，这是合伙合同最重要的事项之一，合伙合同应当作出约定。

3. 缴付期限

缴付期限，即合伙人对用于出资的资产进行缴付的期限。对于合伙的出资，并不要求必须一次性完全缴付。合伙人可以采取实际缴付或者认缴的方式进行缴付。所谓认缴，就是合伙人承诺向合伙进行的出资。法律允许出资人对其出资实行承诺制，分期缴付，分批到位，通过协议明确各类出资的期限。合伙合同应当对合伙人出资的缴付期限作出规定，所有合伙人都应当按照合伙合同中约定的缴付期限进行缴付。

4. 不按约定履行出资义务的责任

合伙人不按合伙合同的约定履行出资义务的，首先应当按照合同的约定承担责任，合同对此没有约定的，再依照法律的规定承担相应的违约责任。未按约定履行出资义务的合伙人，应当赔偿其给其他合伙人造成的损失，该损失可以包括合伙人迟延缴付的利息。

第九百六十九条　【合伙财产】

合伙人的出资、因合伙事务依法取得的收益和其他财产，属于合伙财产。

合伙合同终止前，合伙人不得请求分割合伙财产。

【立法背景】

合伙合同是合伙人为了共同的事业目的而订立的。合伙人成立合伙，为了实现共同的事业目的，共同从事生产经营等活动，需要一定的财产以保证合伙事务的进行，促进合伙目的的实现。如果没有提供一定的合伙财产作为物质保障，合伙经营也就无法正常开展。

【条文精解】

1. 合伙财产的范围

合伙财产包括两个部分，一是合伙人对合伙的出资，也就是合伙的原始财产；二是所有因合伙事务依法取得的收益和其他财产，如合伙经营的收入、债权、因他人违约或者侵权向合伙作出的赔偿或者补偿等。

2. 合伙财产的归属

合伙财产是合伙赖以存在和发展的基础。契约型合伙具有一定的组织性，但是不具有独立的民事主体资格，不能成为合伙财产的所有权人。因此，合伙财产的所有权人应当为全体合伙人，需要登记的合伙财产应当登记在全体合伙人名下。这与合伙企业不同。依法成立的合伙企业，属于本法总则编中规定的非法人组织，具有民事主体资格，可以独立地享有民事权利、承担民事义务，当然也就可以成为合伙企业财产的所有权人。成立合伙企业后，合伙人的出资等财产都归合伙企业所有，需要登记的财产，应当登记在合伙企业名下。

合伙财产应当归全体合伙人共有，对此应无疑义。各国法律一般都规定合伙财产归全体合伙人共有。对合伙财产的所有权应当区分内部关系和外部关系进行分析。于内部关系而言，对于合伙财产，全体合伙人之间是共同共有关系，还是按份共有关系？对此学界存在不同观点。有的认为应当是共同共有，有的认为是按份共有。合伙合同的订立是为了共同的事业目的，全体合伙人共享利益、共担风险，且对合伙债务承担连带责任。合伙具有高度的人合性，合伙人之间互相信任才使合伙得以成立。全体合伙人共同经营，共同管理合伙财产，共同对所有合伙财产享有占有、使用、收益和处分的权利。对于合伙财产的处分，应当按照合伙合同的约定，或者全体合伙人的共同决定进行。因此，全体合伙人对合伙财产享有共同共有权。

从外部关系来看，合伙财产由全体合伙人共有，只有根据合伙合同的约定或者所有合伙人同意才可以对合伙财产进行处分。但是合伙人之间对处分合伙财产的内部约定不能对抗善意第三人。合伙财产中的某个具体财产可能实际为某个合伙人占有，或者仅登记在某个合伙人名下。此时，如果该合伙人将该财产转让给并不知晓该财产为合伙财产的善意第三人，第三人可以依据本法第311条的规定取得财产的所有权。

3. 合伙财产在合伙终止前不得分割

合伙财产是合伙得以成立和存续、发展的重要条件，因此，必须保证合伙财产的稳定性。契约型合伙虽然不是独立的民事主体，但是也具有一定的组织性，财产一旦进入合伙财产的范围，就与合伙人相对分离，归全体合伙人共同共有。在共有关系终止前，合伙人不得分割合伙财产。合伙人在合伙合同终止前分割合伙财产，往往会影响到合伙的正常经营，甚至可能导致共同目的的落空。为避免这种现象的发生，维护合伙的正常经营和全体合伙人的利益，本条第2款规定，"合伙合同终止前，合伙人不得请求分割合伙财产"。

第九百七十条　【合伙事务的决定和执行及合伙人的监督权和异议权】

合伙人就合伙事务作出决定的，除合伙合同另有约定外，应当经全体合伙人一致同意。

合伙事务由全体合伙人共同执行。按照合伙合同的约定或者全体合伙人的决定，可以委托一个或者数个合伙人执行合伙事务；其他合伙人不再执行合伙事务，但是有权监督执行情况。

合伙人分别执行合伙事务的，执行事务合伙人可以对其他合伙人执行的事务提出异议；提出异议后，其他合伙人应当暂停该项事务的执行。

【立法背景】

合伙人为了共同的事业目的订立合伙合同，共享利益、共担风险。合伙的正常运转，需要就合伙事务作出各种决定并执行。合伙人可以就合伙事务的决定和执行进行约定，没有约定时应当按照法律的规定处理。

【条文精解】

1. 关于合伙事务的决定

本条第1款规定，合伙人就合伙事务作出决定的，除合伙合同另有约定外，应当经全体合伙人一致同意。由于合伙事务关系到全体合伙人的共同利益，原则上应当由全体合伙人共同决定，尤其是关于合伙事务或者合伙财产的重要事项，例如，改变合伙的事业目的或者经营范围，转让、处分合伙财产中的不动产等，必须由全体合伙人一致同意才能进行，不能由部分合伙人或者执行事务合伙人自行决定，也不能适用少数服从多数的原则。

当然，合伙合同可以对此作出特别约定。合伙人之间存在相互信任关系，合伙事务的表决应当更多地体现合伙人意思自治的原则和协商原则。合伙合同相当于合伙的章程，所有合伙人都应当按照合伙合同的约定享有权利，承担义务。一般而言，所有合伙人应当在合伙合同中对合伙事务的决定进行约定，对不同的合伙事务可以约定不同的参与和表决程序。例如，对合伙事务中的重要事项约定由所有合伙人参与表决并一致同意，对一般事项仅须半数以上合伙人同意即可。全体合伙人在订立合伙合同时，应尽可能详细地就合伙事务的表决方式，包括是按出资份额，还是按合伙人人数，或是两者相结合的表决方式，及表决决定的计票办法等作出明确规定。

2. 关于合伙事务的执行

合伙不仅由各合伙人共同出资而设立，还通常由合伙人共同经营和管理。合伙人通常人数较少，相互间十分信任，其从事经营活动具有法律上的相互代理关系，因此无须和公司法人一样设立严密的组织管理机构。灵活性是合伙的优点之一，可以在很大程度上提高合伙的决策效率和经营效率。合伙人对执行合伙事务享有同等的权利，即每一个合伙人对企业的经营管理和其他事务的执行不但有参与权，而且权利平等。无论出资多少，出资方式是否相同，都不影响这一法定权利，不影响各合伙人在执行合伙事务时的平等资格。据此，本条第2款规定，合伙事务由全体合伙人共同执行。

但是，如果所有合伙事务都由全体合伙人共同执行，则程序将变得十分繁琐，容易导致经营效率低下，不利于合伙事务的执行、处理。因此，合伙人可以在合伙合同中约定，或者在订立合伙合同后由全体合伙人共同决定，委托一个或者数个合伙人来执行合伙事务。合伙人分工协作，不仅有利于发挥各个合伙人的专长，也有利于提高合伙的决策和经营效率，促进合伙经营的发展。针对合伙事务重要程度的不同，一般来说，合伙合同应当对合伙事务的决定作出具体约定，如涉及重要事务必须由全体合伙人一致同意，合伙人在执行合伙事务时必须按照合伙人一致同意的决定行事。执行合伙事务既可以由全体合伙人共同执行，也可以按照合同约定或者全体合伙人的决定，委托个别合伙人单独执行。全体合伙人共同执行合伙事务，是指根据合伙合同的约定，各合伙人都可以对内负责管理事务，对外分别代表合伙，以合伙的名义从事经营活动。由于谁来执行合伙事务对内关系到合伙生产经营的安排，对外涉及由谁来代表合伙对外发生联系，对维护交易安全有一定的影响。因此，法律要求委托部分合伙人执行合伙事务须由全体合伙人共同决定。据此，本条第2款中也规定，按照合伙合同的约定或者全体合伙人的决定，可以委托一个或者数个合伙人执行合伙事务。

3. 关于非执行事务合伙人的监督权

不执行合伙事务的合伙人虽然不直接参与合伙日常事务的经营管理，但是仍然享有对合伙重大事务的参与权和决定权，如参加合伙人会议、对重大事务行使表决权等。

合伙事务执行权委托于一个或数个合伙人代为行使后，其他合伙人因不负责事务执行，难以了解合伙的经营情况。但是作为合伙的投资者和受益者，他们应当享有了解所投资金的运用情况、合伙财产的具体情况以及合伙的经营效益的基本权利。同时，如果没有必要的监督和制约，执行事务合伙人可能会滥用权力，损害合伙及其他合伙人的合法权益。因此，本条第2款还赋予了非执行事务合伙人对合伙事务执行人执行合伙事务的监督权。该监督权的内容主要包括：执行事务的合伙人要向不执行事务的合伙人报告业务经营情况；必要时，不执行事务合伙人有权查阅企业的有关会计账册，查看合伙财产的实际状况等。

4. 关于合伙人对其他合伙人执行事务的异议权

合伙人分别执行合伙事务，使合伙生产经营活动变得灵活而有效，但不可避免地会发生执行事务合伙人考虑问题不周，执行事务不当的情况，还可能出现个别合伙人不尽忠诚义务和勤勉义务，甚至损害其他合伙人的利益，谋取自身利益的情况。对这些行为，不执行合伙事务的合伙人难以在经营过程中随时发现并予纠正，而由执行事务合伙人互相监督，是保证合伙正常经营、防止权利滥用的较好的方式。从这个角度上来说，各执行事务合伙人既是事务执行人，也是他人执行事务的监督人。他们均既有义务认真尽职地将自己负责的业务执行好，也有权利和义务对他人执行企业事务的情况进行监督。如果执行事务合伙人的行为有损合伙的利益、不当或有错误，其他执行事务的合伙人可以提出异议。一旦提出异议，就应暂停该项事务的执行。

第九百七十一条 【合伙人不得请求执行事务报酬】

合伙人不得因执行合伙事务而请求支付报酬，但是合伙合同另有约定的除外。

【立法背景】

合伙事务的执行，是指合伙的经营管理及对内对外关系中的事务处理等活动。按照合伙合同的约定或者全体合伙人的决定，可以委托一个或者数个合伙人执行合伙事务，其他合伙人不再执行合伙事务。

【条文精解】

合伙人执行合伙事务，既是其权利，也是其义务。合伙人既是合伙的投资者也是经营者，有权参与合伙事务的执行。合伙人应当共同执行合伙事务，处理合伙事务也是其作为合伙人应尽的义务。合伙人执行合伙事务也就是在处理自己的事务，因此，原则上合伙人不得以执行合伙事务为由请求支付报酬。

但是，在合伙事务委托给一个或者数个合伙人执行的情况下，有的合伙人可以不直接参与合伙的经营管理。执行合伙事务不仅需要付出大量的时间、精力，还需要一些专业技能和管理才能等。如果不对执行事务合伙人的付出进行补偿或者奖励，可能是不公平的，这也将影响其执行事务的积极性，可能影响合伙经营的效率和质量，进而损害全体合伙人的共同利益，不利于合伙共同事业目的的实现。为了体现公平原则，保护对合伙作出更多贡献的合伙人的积极性及合法权益，应当允许其从合伙经营利润中获得补偿。合伙合同可以约定在委托部分合伙人执行合伙事务的情况下，对执行事务合伙人的报酬或者奖励办法，这种报酬或者奖励通常应与其劳务提供量、业绩和难易程度挂钩。

第九百七十二条 【合伙的利润分配和亏损分担】

合伙的利润分配和亏损分担，按照合伙合同的约定办理；合伙合同没有约定或者约定不明确的，由合伙人协商决定；协商不成的，由合伙人按照实缴出资比例分配、分担；无法确定出资比例的，由合伙人平均分配、分担。

【立法背景】

合伙的利润分配，是指合伙的生产经营获得的收入，在扣除成本后所得的利润，在各合伙人之间进行的分配。合伙的亏损分担，是指合伙经营过程中发生的在一定时期内各种收入减去各项费用后出现负差额，即发生亏损时，就这种亏损在各合伙人之间进行的分别承担。合伙经营既可能为投资者带来收益，也可能因经营等多方面原因而产生亏损。

【条文精解】

本条规定了合伙的利润分配和亏损分担的方法，具体来说是：首先，合伙的利润分配、亏损分担，应当按照合伙合同的约定办理。合伙合同是合伙的章程，是合伙从事经营活动的准则和合伙人据以享受权利、承担义务的重要依据。而合伙的利润分配和亏损分担是合伙人重要的权利义务，理应由合伙合同作出约定，因此，本条确认了合伙合同约定优先的原则。其次，合伙合同对此没有约定或者约定不明确时，还是应当尊重合伙人的意思，尽量由合伙人共同协商作出决定，充分体现意思自治原则。再次，如果合伙人经过协商仍未能作出决定，则应当按照各合伙人的实缴出资比例进行分配、分担。需要注意的是，这里的出资比例应当是实缴出资的比例，合伙人承诺出资或者应当出资而未实际缴付的，以实际缴付的出资为准。最后，合伙人之间的出资比例也无法确定的，只能由各合伙人平均分配和分担。这里需要指出的是，前两种程序是合伙人之间协议、协商解决，后两种程序是由法律直接规定的一般原则。

在未约定损益分配比例的情况下，以合伙人的出资比例来确定利益分配和亏损分担，符合人们对于合伙经营、对于投资的期待，符合常理，也符合公平原则。据此，本条也规定在合伙人没有约定且协商不成时，以出资比例来确定利润分配和亏损分担的比例。

确定合伙的利益分配和亏损分担办法，最重要的是应当体现公平。合伙的一个重要特征是合伙人共享收益，共担风险。每一个合伙人无论出资多少，以何种方式出资，都有分配利润的权利，也有分担亏损的义务。虽然合伙合同可以自行约定利润分配和亏损分担的办法，自主调节相互间的利益关系，但行使这一权利必须遵循公平的原则，不能明显有失公允。因此，一般来说，合伙的利润分配和亏损分担，应当由全体合伙人共同决定，但是合伙合同不得约定将全部利润分配给部分合伙人或者由部分合伙人承担全部亏损。

第九百七十三条 【合伙人的连带责任及追偿权】

合伙人对合伙债务承担连带责任。清偿合伙债务超过自己应当承担份额的合伙人，有权向其他合伙人追偿。

【立法背景】

合伙从事生产经营，对外从事民事活动，与他人发生权利义务关系，就会产生各种债权债务。合伙债务，是指合伙事业经营过程中产生的应当由合伙承担的债务。合伙的债务不同于合伙人的债务，合伙财产由全体合伙人所有，合伙债务也应当由合伙人共同承担。

【条文精解】

本条规定，合伙人对合伙债务承担连带责任。这是对合伙人的外部关系作出的规定。合伙人对合伙债务承担连带责任，是指全体合伙人以自己的所有财产向债权人承担连带责任，债权人可以请求任何一个或者数个合伙人清偿所有合伙债务。之所以如此规定，主要是由合伙合同的性质和目的所决定的。合伙合同的订立是为了实现共同事业目的，共享利益、共担风险。对合伙人来说，合伙具有很强的人合性，合伙人之间互相信任，共同投资，共同经营管理，对合伙财产共同共有。规定合伙人的连带责任虽然增大了合伙人的风险，但同时也增加了合伙的对外信誉，使合伙获得了更强的偿债能力。合伙虽然具有一定的组织性，但是并不具有民事主体资格，合伙人之间可以互为代理人，这对债权人来说意味着较大的交易风险，而规定合伙人承担连带责任，可以扩大合伙人对合伙债务的履行担保，有利于实现债权人的债权，保护债权人的利益。因此，由合伙人对合伙债务承担连带责任，对合伙人和债权人来说都是公平合理的。

关于合伙财产和合伙人的个人财产清偿合伙债务的顺序，本条规定的合伙与合伙企业是不同的。《合伙企业法》第38条规定，合伙企业对其债务，应先以其全部财产进行清偿。第39条规定，合伙企业不能清偿到期债务的，合伙人承担无限连带责任。由此可见，合伙企业中的合伙人，对合伙企业的债务承担"无限"连带责任。也就是说，合伙企业必须先以合伙企业的财产清偿合伙企业债务，当合伙企业的财产不足以清偿到期债务时，再由合伙人以其所有的其他财产来进行清偿。无限连带责任，实际是无限责任与连带责任的结合。所谓无限责任，即在合伙财产不足以清偿债务时，合伙人要以自己的其他财产偿付自己承担的债务份额，直到清偿完毕为止；所谓连带责任，即指当债权人追究各合伙人的无限责任，某一合伙人无力承担这种责任时，其他合伙人有连带承担其偿付债务的义务。因此，当合伙企业的财产不足以清偿债务时，债权人即可向任何一个普通合伙人主张权利，要求其偿付债务。该合伙人负有代合伙企业偿付债务的责任，这种责任既包括他自己应承担的债务份额，也包括其他合伙人应承担的部分。而本章规定的契约型合伙，虽然具有一定的组织性，却是松散型的合伙，并不具有独立的民事主体资格，其财产还是由全体合伙人共有，合伙财产与合伙人的其他财产难以厘清，因此，并不要求对合伙债务先以合伙财产进行清偿，债权人可以直接请求所有合伙人以包括合伙财产在内的所有财产来履行合伙债务。这是契约型合伙与企业型合伙的重要区别之一。

对于经营利润的分配和亏损的分担，《民法典》第972条已明确规定，这是对合伙人内部责任划分的依据。合伙债务在合伙人之间的划分应当按照亏损分担的方法。如果合伙合同约定了具体的亏损分担或者债务承担办法，或者全体合伙人协商确定的，应当按照合伙合同的约定或者合伙人协商确定的办法承担合伙债务。如果未约定且协商不成的，应当按实缴出资比例分担债务，将所有合伙债务按出资比例分成若干份额，各合伙人按其比例所分担的份额以其合伙财产中的份额以及其他个人财产偿付债务。如果连出资比例也无法确定的，应将合伙债务按合伙人人数平均分为若干份额，每个合伙人分别承担自己的债务份额。简单地说，合伙人对于合伙债务的承担应由合伙合同约定，或者按出资比例分担或者平均分担。无论按何种方式，合伙人所承担的都只是全部债务的一部分。需要注意的是，合伙人之间对于合伙债务承担、亏损分担的内部约定，不能对抗债权人，对合伙的债权人不具有法律约束力，全体合伙人对外还是应当承担连带责任。

各合伙人因各自的经济实力不同，承担债务的能力也有区别。在合伙人按一定比例分担合伙债务的情况下，就可能发生有的合伙人因财力所限，一时难以承担债务偿付份额的情况。对此情况，任何合伙人都要对合伙债务承担连带责任，即除对自己分担的债务份额承担责任外，还应对其他合伙人应承担而无力承担的部分进行清偿。当合伙人实际偿付的合伙债务超过其应承担的份额时，就该超过部分，应当允许其向其他合伙人进行追偿。据此，本条规定，清偿合伙债务超过自己应当承担份额的合伙人，有权向其他合伙人追偿。

第九百七十四条 【财产份额的转让及追偿权】

除合伙合同另有约定外，合伙人向合伙人以外的人转让其全部或者部分财产份额的，须经其他合伙人一致同意。

【立法背景】

合伙财产属于全体合伙人共同共有，对合伙财产的处分应当按照合伙合同约定，或者经过全体合伙人同意。而不论是对所有合伙财产，还是对合伙财产中每个具体的财产，从内部关系上看，每个合伙人都占有一定的份额。

【条文精解】

实践中由于各种原因，合伙人可能需要将其投在合伙中的财产份额变现。为此，合伙人有权将其持有的合伙财产份额转让。该转让包括向合伙内部的其他合伙人转让和向合伙人以外的人转让。但是合伙人转让其财产份额并不可以任意为之。合伙具有很强的人合性，是基于合伙人之间的相互信任才得以成立的。合伙人的数量一般不多，而且彼此间互相信任和了解，每个合伙人都有对外代表合伙的权利，各合伙人之间可以互相代理。这种合伙的人合性决定了合伙人的加入和退出都必须受到严格的限制。合伙人将其合伙财产中的全部或者部分份额向合伙人以外的人转让，实际上就相当于合伙人的地位全部或者部分被合伙人以外的人所取代，发生该财产份额的受让者加入合伙成为新的合伙人的效果。而且，基于共同共有的理论，合伙人转让共同共有的合伙财产中的份额，自然也需经过其他共有人的同意。因此，一般来说，合伙财产份额的转让必须经其他合伙人一致同意。

不过，合伙人可以向其他合伙人转让自己的财产份额，也就是合伙人可以将自己持有的合伙财产份额，部分或全部转让给合伙中的一个或数个其他合伙人。由于这种转让属内部关系，只关联到各合伙人财产份额的变化，既没有新的合伙人加入，也不影响合伙财产总额的变化，因此一般来说，无须征得其他合伙人的同意，也没有其他事前程序，只需通知他们知晓即可。

【实践中需要注意的问题】

本条中所说的合伙人转让其合伙财产中的份额，并不等同于转让合伙财产中具体的某个财产，而是将所有合伙财产看成一个抽象的整体，合伙人将其所占的份额全部或者部分转让给他人。如果是转让给合伙人以外的人，受让人就得以加入该合伙。如果合伙人将其全部财产份额转让给他人，那么该合伙人就退出合伙。当然，任何合伙人均不得私自转移或者处分合伙财产，但是合伙人处分合伙财产的，不能对抗善意相对人，这在第969条的释义中已经有所阐述。如果没有特别约定，合伙人将其全部或者部分合伙财产份额转让给合伙人以外的人，必须经过其他合伙人一致同意，并不存在善意相对人可以善意取得的问题。

第九百七十五条　【债权人代位行使合伙人权利的限制】

　　合伙人的债权人不得代位行使合伙人依照本章规定和合伙合同享有的权利，但是合伙人享有的利益分配请求权除外。

【立法背景】

　　合伙人在合伙以外以自己名义，为自己的目的所从事的经营或交易等民事活动产生的有关债务，属于其个人债务，与合伙无关，应由合伙人自行偿还。如前所述，合伙具有很强的人合性，是基于合伙人之间的相互信任才得以成立的。合伙人的数量一般不多，彼此间互相信任和了解，每个合伙人都有对外代表合伙的权利，各合伙人之间可以互相代理。这种合伙的人合性也决定了合伙人不得随意将合伙的权利转让给合伙人以外的人，合伙人的债权人一般不得主张合伙人对合伙或者合伙财产的权利。但是，对合伙人自身的债权人来说，其债权应予实现，债务也需清偿，在合伙人自身无其他财产可供清偿债务的情况下，可以要求该合伙人依法转让其合伙财产的份额，也可以等待合伙人取得合伙收益后清偿，还可以申请法院强制执行该合伙人在合伙中的财产份额。

【条文精解】

　　合伙人的债权人是否可以代位行使合伙人对合伙的权利？当债务人享有对第三人的权利而怠于行使，使债务人的收益或财产遭受损失，从而损害债权人利益时，债权人便可代位行使债务人应行使的权利，以保护债权的实现。依据《民法典》第535条的规定，代位权的行使应当符合以下条件：债权人享有对债务人的到期债权；债务人须享有对第三人的财产权利，包括但不限于债权；债务人怠于行使该权利；债务人迟延履行其债务等。

　　合伙人在合伙中不仅享有财产性质的利益分配请求权，还包括其在合伙中的表决权等身份权及合伙事务执行权、监督权等其他权利。合伙人的债权人要求合伙人偿还债务，只能通过与合伙人签订合同或通过诉讼的方式，获得对合伙人在合伙中利益分配的请求权或者分割其在合伙财产中的份额以实现债权，而对合伙人的其他具有人身属性的权利，如合伙事务执行权、重大事务表决权、对合伙的监督权等均没有请求权。此外，合伙还具有一定的组织性，合伙人一旦出资就成为合伙财产，合伙人的出资和其他因合伙取得的财产都是合伙财产，属于所有合伙人共同共有。基于共同共有的理论，在合伙合同终止前，合伙人不得请求分割合伙财产，也不得随意处分合伙财产以及合伙人在合伙财产中的份额。如果允许合伙人的债权人代位行使合伙人对合伙的权利，那就相当于变相分割或者处分了合伙财产。基于以上理由，本条规定合伙人的债权人原则上不得代位行使合伙人在合伙中的权利。

但是，当合伙人的自有财产不足清偿其债务时，还是可以基于合伙产生的其他财产性权利来进行清偿。合伙财产是由合伙人投入合伙的原始出资、出资收益及其他财产收益形成的。合伙人将其出资投入合伙即变成合伙财产，是合伙经营的必要条件，如允许合伙人以这部分财产清偿自身债务就意味着要对这种财产进行处分，势必要求对合伙财产进行分割，并按份额予以减出，其结果必然对合伙经营造成负面影响，因此不允许合伙人直接以其在合伙财产中的份额清偿自身债务。合伙人对合伙享有的权利，既包括具有人身属性的权利，也包括财产权利，如利益分配请求权。为了既维护合伙的利益，又考虑到合伙人的债权人实现债权的要求，本条规定允许合伙人的债权人代位行使该合伙人基于合伙享有的利益分配请求权。债权人行使合伙人的利益分配请求权，并不影响合伙的人合性和组织性，也不减少合伙财产，对合伙经营来说并无害处，应当允许。

第九百七十六条 【不定期合伙的解除】

合伙人对合伙期限没有约定或者约定不明确，依据本法第五百一十条的规定仍不能确定的，视为不定期合伙。

合伙期限届满，合伙人继续执行合伙事务，其他合伙人没有提出异议的，原合伙合同继续有效，但是合伙期限为不定期。

合伙人可以随时解除不定期合伙合同，但是应当在合理期限之前通知其他合伙人。

【立法背景】

合伙期限，即合伙合同的存续期限。合伙合同应当对合伙期限作出约定，如约定合伙期限为 3 年、5 年，或者约定为不定期合伙。合伙期限届满后，合伙合同也就终止了。

【条文精解】

实践中，基于各种原因，合伙合同可能对合伙期限并没有作出约定或者约定不明确。对于这种情况，合伙人可以补充协议；不能达成补充协议的，则按照合同相关条款或者交易习惯确定。例如，合伙人之间已经连续多次签订合伙期限为两年的合伙合同，最后一次订立合伙合同时，没有对合伙期限作出约定。在这种情况下，可以推定该合伙合同的合伙期限仍是两年。按照合同相关条款或者交易习惯仍无法确定的，视为不定期合伙。

本条第 2 款规定，合伙期限届满，合伙人继续执行合伙事务，其他合伙人没有提出异议的，原合伙合同继续有效，但是合伙期限为不定期。一般来说，合伙期限届满，合伙合同即告终止。但是，如果合伙人在合伙期限届满后，仍继续执行合伙事务，且其他合伙人也没有提出异议的，可以推定全体合伙人均具有使合伙继续存续的意思，因此，法律规定这种情况下视为原合伙合同继续有效。但是由于约定的合伙期限已经届满，合伙人都没有约定新的合伙期限或者延长的期限，此时合伙合同的期限变为不定期。

合伙合同是继续性合同，对于不定期的合伙合同，合伙人均有任意解除权。本法第 563 条第 2 款规定："以持续履行的债务为内容的不定期合同，当事人可以随时解除合同，但是应当在合理期限之前通知对方。"与不定期的物业服务合同一样，不定期合伙的合伙人也有任意解除权。但是，合伙人解除合同，应当尽量不损害合伙及其他合伙人的利益，给予其他合伙人必要的准备时间，以便对合伙事务及时作出安排和调整。据此，本条第 3 款规定，合伙人可以随时解除不定期合伙合同，但是应当在合理期限之前通知其他合伙人。合伙人解除合伙合同后，合伙关系终止。合伙合同为继续性合同，其解除仅向将来发生效力。

第九百七十七条 【合伙合同的终止】

合伙人死亡、丧失民事行为能力或者终止的，合伙合同终止；但是，合伙合同另有约定或者根据合伙事务的性质不宜终止的除外。

【立法背景】

合伙合同的当事人可以是自然人、法人或者非法人组织等民事主体。一般来说，作为合伙人的自然人，应当具有完全民事行为能力。因为合伙合同的成立是为了共同的事业目的，对于合伙事务合伙人应当共同决定、共同执行，因此，合伙人应当具有符合进行合伙经营之要求的相应能力。合伙具有很强的人合性，全体合伙人共享利益、共担风险，对合伙债务承担连带责任，这就要求合伙人具有一定的财产或者偿债能力。

【条文精解】

本条规定也与合伙企业法不同。因为合伙企业是独立的民事主体，是组织型合伙，属于依法成立的非法人组织，成立和终止都应当具备较为严格的条件，不到迫不得已不宜随意终止。因此，法律对合伙企业区分了退伙和终止的规定，当某合伙人出现死亡、丧失民事行为能力等事由时，仅发生该合伙人退出合伙企业的法律效果，合伙企业则继续存续。根据《合伙企业法》第48条的规定，作为合伙人的自然人死亡，或者作为合伙人的法人、其他组织由于依法被吊销营业执照、责令关闭、撤销，或者被宣告破产等原因终止的，该合伙人退伙。如果合伙人被依法认定为无民事行为能力人或者限制民事行为能力人，经其他合伙人一致同意，可以依法转为有限合伙人，普通合伙企业依法转为有限合伙企业；其他合伙人未能一致同意的，该无民事行为能力或者限制民事行为能力的合伙人退伙。与合伙企业不同，契约型合伙不具有独立的民事主体资格，是松散型的合伙，具有很强的人合性，全体合伙人都要对合伙债务承担连带责任，因此对契约型合伙则不区分退伙和终止。当作为自然人的合伙人死亡、丧失民事行为能力，或者作为合伙人的法人、非法人终止的，合伙合同也应当终止。据此，本条规定，合伙人死亡、丧失民事行为能力或者终止的，合伙合同终止。当然，如果其他合伙人仍有意继续合伙事业，也可以订立新的合伙合同。

需要说明的是，合伙合同对此有所约定的，应当按照约定。例如，合伙合同可以特别约定此种情况下不终止合伙合同，而是由承受死亡、丧失民事行为能力或者终止的合伙人权利义务的民事主体，如继承人、法定代理人等，作为新的合伙人，也可以约定该合伙人退出合伙关系，其他合伙人之间的合伙关系继续存续。此外，如果根据合伙事务的性质不宜终止的，发生合伙人死亡、丧失民事行为能力或者终止时，合伙也并不当然终止，这类似于本法第934条关于委托合同的规定。

当合伙人死亡、丧失民事行为能力或者出现被宣告破产、解散等法定终止原因时，为了最大程度地保护全体合伙人的利益，合伙人的继承人、遗产管理人、法定代理人或者清算人应当及时通知其他合伙人，如果合伙事务的执行不宜停止，或者停止将给合伙人造成不可弥补之损失的，在通知后或者一时无法通知其他合伙人的情况下，还应当继续执行原合伙人未完成的有关事务。

合伙合同的终止原因，除了合伙人死亡、丧失民事行为能力或者终止以外，还包括以下几种：一是合伙期限届满。合伙合同确定的合伙期限届满，合伙合同自然终止。二是合伙合同约定的终止事由发生。三是全体合伙人的同意。全体合伙人一致同意终止合伙的，合伙合同终止。四是合伙人依法解除合伙合同。如不定期合伙的合伙人行使任意解除权解除合伙合同。五是合伙的共同事业目的已经实现或者不可能实现。

当发生合伙合同终止的原因时，合伙合同是否立即终止？一般认为，原则上合伙合同立即终止，但是由于某些特殊原因也可能还需要暂时维持合伙关系，如为了全体合伙人的利益而暂时不得终止的情形。此外，在终止原因发生后、清算结束前，或者执行事务合伙人在并不知晓的情况下继续执行合伙事务时，合伙还可以在必要的范围内存续。

第九百七十八条 【剩余财产的分配】

合伙合同终止后，合伙财产在支付因终止而产生的费用以及清偿合伙债务后有剩余的，依据本法第九百七十二条的规定进行分配。

【立法背景】

合伙合同因各种原因终止后，应当对合伙财产以及因合伙产生的所有债权债务进行结算，先是清偿各项费用和合伙债务，清偿后有剩余财产的才能分配给合伙人。而如果合伙财产不足以清偿有关费用和合伙债务，合伙人应当对不足部分承担连带责任，以所有合伙人的个人财产进行清偿。

【条文精解】

本条规定，合伙合同终止后，合伙财产在支付因终止而产生的费用以及清偿合伙债务后有剩余的，依据本法第972条的规定进行分配。合伙合同终止，不论合伙财产有多少、是否足以清偿有关费用和合伙债务，应当按照以下顺序处理：一是支付因终止产生的费用。因终止产生的费用，包括合伙财产的评估、保管、变卖等所需要的费用，以及有关的律师费用、诉讼费用、仲裁费用等。二是清偿合伙债务。在支付完因终止产生的费用后，应当对合伙债务进行清偿，以保护合伙的债权人的利益。三是支付因终止产生的费用和清偿合伙债务后，如果有剩余财产，在全体合伙人之间进行分配。合伙的一切债权都应当优先于合伙人的财产分配请求权，只有上述所有债权都得到清偿后，才可以分配剩余的合伙财产。虽然合伙人要对合伙债务承担连带责任，但是，如果合伙人在清偿合伙债务之前分配合伙财产，再由合伙的债权人向合伙人请求偿还，不仅不符合效率原则，而且可能使债权人的债权难以实现。从实际情况来看，若允许合伙人先分配合伙财产，更便利了合伙人分配完合伙财产后潜逃或者转移、隐匿财产，使债权人无从追索。因此，本条规定了"先偿债，后分配"的原则。

对于剩余财产，应按照本法第972条规定的利益分配规则进行分配，即首先按照合伙合同的约定办理；合伙合同没有约定或者约定不明确的，由合伙人协商决定；协商不成的，由合伙人按照实缴出资比例分配；无法确定出资比例的，由合伙人平均分配。

第三分编　准合同

第二十八章　无因管理

第九百七十九条【无因管理构成要件及管理人主要权利】

管理人没有法定的或者约定的义务，为避免他人利益受损失而管理他人事务的，可以请求受益人偿还因管理事务而支出的必要费用；管理人因管理事务受到损失的，可以请求受益人给予适当补偿。

管理事务不符合受益人真实意思的，管理人不享有前款规定的权利；但是，受益人的真实意思违反法律或者违背公序良俗的除外。

【立法背景】

无因管理制度作为债的主要发生原因之一，是一种重要的民事制度。该制度的历史渊源流长，早在古罗马法中就规定了该制度。设立该制度的主要目的，一是鼓励人们见义勇为、互助互帮，促进社会中助人为乐的传统道德观念；二是为合法干涉他人事务的行为确立评价标准，明确管理人与本人之间的权利义务关系，有利于维护和保障良好社会关系的形成，有利于维护社会公平与正义。所以，无因管理制度是立法鼓励助人为乐、危难相助和见义勇为行为的产物，它厘清了管理人的哪些行为属于合法的无因管理，哪些属于侵权行为或者不当得利。正是因为无因管理制度所具有的独特功能和价值，不少国家和地区的民法典都规定了该制度，将其作为债的重要发生原因。我国 1986 年的民法通则就明确规定了无因管理制度。2017 年通过的民法总则承继了民法通则的规定。考虑到无因管理制度所具有的功能和价值符合社会主义核心价值观，对于形成良好的社会道德风尚具有重要意义，民法典总则编延续了民法总则的规定。《民法典》第 121 条明确规定，没有法定的或者约定的义务，为避免他人利益受损失而进行管理的人，有权请求受益人偿还由此支出的必要费用。本章关于无因管理的规定是对总则编规定的进一步具体化，确立了我国无因管理制度的基本规则。本章中的"管理他人事务",既包括对他人事项的管理,也包括为了他人利益为其提供服务的管理;管理事务的当事人被称为管理人,事务被管理的一方当事人被称为本人,因本人一般从管理事务中受益,所以本章中又被称为受益人。

【条文精解】

无因管理虽是法律所鼓励的合法行为,但毕竟具有干涉他人事务的特征,为了避免被滥用,应当对其构成要件作出明确规定,让其在社会观念许可的限度和范围内发挥积极作用。根据本条的规定,无因管理应当满足以下要件:

首先,管理人对所管理的事务没有法定或者约定的义务。管理人对管理他人事务是否有法定或者约定义务,是认定是否构成无因管理的前提条件。这里的法定义务,是指法律法规直接规定的义务,不限于本法规定的义务。约定的义务,是指因当事人之间约定而产生的义务,如合同编中的委托合同、运输合同、保管合同等典型合同中约定的义务。管理人管理事务不论是履行法定义务,还是履行约定义务,均不构成无因管理。无因管理制度是一种民事制度,只调整平等民事主体之间的关系,不调整公法上的义务。对于行政机关履行行政法等公法上的义务,如公安机关救人就是履行公法上的义务,虽客观上是管理他人事务,但不构成无因管理行为。管理人在进行管理时没有法定或者约定的义务,既包括在开始管理时没有任何法定或者约定的义务,也包括在管理过程中没有法定或者约定的义务。例如,在开始管理前无义务的,则可成立无因管理。在开始管理时有义务,但根据义务进行管理的过程中义务消失的,则从义务消失时开始构成无因管理。需要特别强调的是,本条中的"管理人没有法定的或者约定的义务",是指管理人既没有法定的义务,也没有约定的义务,而非二者居其一。也就是说,管理人没有约定义务,但依据法定义务应管理他人事务的,不构成无因管理;管理人没有法定义务,但依据约定的义务应管理他人事务的,也不构成无因管理;只有在既没有法定义务,也没有约定义务的情况下,对他人事务进行的管理,才构成本法所规定的无因管理。

其次,管理人管理他人的事务。这里的他人事务,是指有关人们生活利益并能成为债务目的的一切事项,既可以是涉及他人经济利益的事项,也可以是涉及他人非经济利益的事项;既可以是管理财产的事项,也可以是提供服务的事项。属于自己的事务或者不适宜由他人管理的事务,不得作为无因管理的事项。一般情况下,下列事项不宜作为无因管理的事项:一是违法行为，如为他人销赃等；二是必须经受益人授权、同意或者必须由受益人亲为的行为，如股东的投票权，演员亲自表演节目等；三是违反公序良俗的行为；四是单纯属于管理人自己的事项。本规定中的"管理"，是指处理事务的行为，是广义的，既包括对财产的保管、利用、改良或者处分行为，也包括提供劳务、服务等行为。至于管理他人事务的目的是否最终达到，不影响无因管理的成立。也就是说，即使受益人未因管理人的管理行为而获得利益，或者甚至因此还受到损失，也不影响无因管理的成立。这里的"事务"应当是他人事务。如果不是为他人事务或者误信为他人事务，则不构成真正的无因管理，但管理人在管理他人事务时可以同时兼顾自己的利益。在合同无效、被撤销或者不成立的情形下，双方当事人之前互为的行为因都自认为是履行约定的义务，而非为管理他人事务，所以不构成无因管理，但属于不当得利的，双方当事人可以根据不当得利制度处理各自的权利义务关系。好意施恩惠的行为虽表面具有管理他人事务的行为，但因管理人没有受约束的意思，如实践中的好意同乘行为、代某人投信等行为，属于社会应酬行为，原则上受道德规范，不纳入无因管理范围。

最后，管理人具有管理他人事务的意思，即管理人有为他人谋取利益的意思或者有使管理行为所生的利益归于他人的意思。无因管理制度中的管理人客观上干涉了他人事务，若其主观上没有为他人利益进行管理的意思，必将损害他人权益，管理人也有可能从中获得利益，这违背了无因管理制度设立的目的，所以管理人有无管理意思是区分无因管理与侵权行为、不当得利的重要标准。管理人的这种意思无须明确表示出来，只要其认识到所管理的事务属于他人事务，并且没有将其作为自己事务进行管理的想法和意思，就可以认定为具有管理他人事务的意思。管理人是否具有管理意思，可以从管理人是否具有"为避免受益人利益受损害"的目的、效果等因素综合判断。管理人要具有管理他人事务的意思，并不意味着要明确知道他人具体是谁，即使不知道他人具体是谁，也不影响无因管理的成立。但是，若管理人与受益人就是否具有管理意思产生争议时，原则上应当由管理人承担举证责任。

根据本条第1款的规定，是否符合受益人的意愿虽不影响无因管理的构成，但是自愿原则是民法的基本原则，根据该原则，应当充分尊重民事主体处分自己权利的意愿，只要该处分行为不损害公共利益或者第三人利益。无因管理本质是为他人牟利的行为，但若管理行为完全违背了受益人的意愿，如违背受益人的意愿替受益人偿还自然债务等，则损害了受益人处理自己事务的自由和权利，构成对受益人事务的不当干预，若认可其正当性，将会给任何人提供任意干涉他人事务的理由和借口，对民法的自愿原则造成冲击。对于这种情况，不少国家和地区的立法例都不认可管理人有要求受益人偿还费用和赔偿的权利。所以，虽然管理人的管理行为构成需满足前述三个要件，但如果管理行为违背了受益人的真实意思，且管理人知道或者应当知道受益人的真实意愿的，则其管理行为构成不适当的无因管理，其不享有向受益人请求偿还必要费用和请求损害补偿的权利。本人的真实意愿可以是明示的，这种明示可以向管理人直接作出，也可以不直接向管理人作出，只要管理人可以通过其他途径了解或者知道这种意思即可。受益人的真实意思也可以是默示的，即可以推定的意思，就是依据一般社会观念或者根据一般人处于同样的情形，都可以判断出管理行为是符合受益人的真实意思或者有利于保护受益人利益的。需要注意的是，管理人的行为虽违背本人的意思，但其管理的事务是为本人履行公益性或者法定义务的，即使不符合受益人的意思，仍享有请求受益人偿还管理事务所支付的必要费用的权利；因管理事务受到损失的，也可以请求受益人给予适当补偿。因此，本条第2款规定，管理事务不符合受益人真实意思的，管理人不享有本条第1款规定的权利，但是受益人的真实意思违反法律或者违背公序良俗的除外。需要强调的是，管理人管理事务的行为若不符合受益人的真实意思，其虽不享有向受益人请求偿还必要费用和请求损害补偿的权利，但是根据本法第980条的规定，受益人最终享有管理利益的，则其应当在获得的利益范围内向管理人承担偿还必要费用和补偿损失的义务。所以，对本款的含义，不应进行孤立理解，而应结合本条第1款和本章的其他条款整体进行理解。

根据本条的规定，对于满足前述条件的适当的无因管理，管理人享有以下权利：一是请求受益人偿还必要费用的权利。管理人为管理受益人事务支出的必要费用及其利息，有权请求受益人偿还。这里所谓的必要费用，是指一个理性的管理人在完成管理事务时所支出的合理费用。对于管理事务无益的支出费用，管理人无权请求受益人偿还。受益人偿还必要费用及其利息，并不以本人是否获得管理利益为前提条件，即使受益人没有因管理人的管理事务而获得管理收益，但只要管理人为管理其事务尽到了合理义务，且没有违背受益人真实意愿的，受益人也应当向管理人偿还必要的费用支出。如果管理人在管理事务过程中，因管理事务的必要而对外欠有债务，也可以请求受益人偿还。这种费用支出可以是管理人以自己名义对外所负担的，也可以是以受益人名义对外所负担的。在以受益人名义对外所负担的情况下，其可以要求债权人直接请求受益人偿还，但这时可能面临无因管理制度与无权代理或者表见代理制度之间的竞合，这时可依无权代理或者表见代理制度处理本人与第三人之间的关系，依无因管理制度处理受益人与管理人之间的关系。二是补偿管理人因此所受到的损失。管理人为管理受益人事务而受到损害的，若损害的发生与其管理行为之间具有因果关系，管理人有权向受益人请求给予赔偿。管理人对损害的发生有过错的，应当适当减轻受益人的赔偿责任，这就要求管理人在管理他人事务时衡量自己的状况和能力，量力而行。但这种赔偿是完全赔偿还是补偿有不同意见，通说认为应当是补偿。本条采纳了通说的观点，也即受益人对管理人的损害赔偿不以过错为要件，即使受益人对损害的发生没有过错，也要承担补偿性的赔偿责任。这主要是因为管理人是为了受益人的利益而受到的损害，于情于理，受益人都应当承担一定的赔偿义务。只要管理人实施管理行为的过程和方法是适当的，管理人就享这种损害补偿请求权，至于是否给受益人带来实际的效果和利益则在所不问。但需要注意的是，管理人在管理事务过程中因第三人的原因受到损害的，管理人原则上得向第三人请求损害赔偿，管理人请求补偿的，受益人才应当给予适当补偿。《民法典》第183条规定，因防止、制止他人民事权益被侵害而使自己受到损害的，由侵权人承担责任；侵权人逃逸或者无力承担责任，受害人请求补偿的，受益人应当给予适当补偿。理论界和实务界对于无因管理的管理人能否向受益人请求报酬有争议。主流观点认为，无因管理是社会善良行为，法律规定无因管理制度的目的是鼓励大家互帮互助，有利于弘扬社会主义核心价值观，但若鼓励管理人通过无因管理为自己谋取报酬，就与设置无因管理的目的相违背。

第九百八十条 【不适当无因管理】

管理人管理事务不属于前条规定的情形，但是受益人享有管理利益的，受益人应当在其获得的利益范围内向管理人承担前条第一款规定的义务。

【立法背景】

根据管理人的管理行为是否符合受益人的真实意思，本章所规定的无因管理可以分为适当的无因管理和不适当的无因管理两类，其法律后果存在区别。

【条文精解】

所谓适当的无因管理，就是管理人没有法定的或者约定的义务，为避免他人利益受损失而管理他人事务，并且符合受益人真实意思的管理行为。根据本法第979条的规定，适当的无因管理的管理人享有请求受益人偿还必要费用和补偿损失的权利。所谓不适当的无因管理，就是管理人没有法定的或者约定的义务，为避免他人利益受损失而管理他人事务，但不符合受益人真实意思的管理行为。例如，某自然人代朋友保管一古董花瓶，其朋友明确告之该花瓶为传家宝，属于非卖品，但该自然人在保管期间发现该花瓶在古董市场的价格有可能下跌，为了朋友的利益不受损，其将花瓶及时卖掉。对于不适当无因管理的后果，根据本法第979条第2款的规定，除受益人的真实意思违反法律或者违背公序良俗的外，不适当无因管理的管理人原则上不享有请求受益人偿还必要费用和补偿损失的权利。然而，现实生活是复杂的，实践中，不适当无因管理的管理行为虽不符合受益人的真实意思，但是受益人事实上却享有了管理人在管理过程中所获得的管理利益。从公平的角度讲，且考虑到这种管理的管理人仍有为受益人利益进行管理的意愿，受益人在享受管理利益的同时也有义务偿还管理人在管理事务中所支付的必要费用；管理人因管理事务受到损失的，也可以请求受益人给予适当补偿。但是，受益人向管理人偿还的费用和补偿的损失不超过其在管理中获得的利益，对超出所得利益范围的费用和损失，其不承担偿还和补偿责任。基于此，本条规定，管理人管理事务不属于前条规定的情形，但是受益人享有管理利益的，受益人应当在其获得的利益范围内向管理人承担前条第1款规定的责任。

第九百八十一条 【适当管理义务】

管理人管理他人事务，应当采取有利于受益人的方法。中断管理对受益人不利的，无正当理由不得中断。

【立法背景】

管理人在管理他人事务时，应当履行一定的义务，其中最主要的是按照善良管理人的注意义务管理他人事务。

【条文精解】

按照善良管理人的注意义务管理他人事务，主要体现在两个方面：一是管理人依受益人明示的或者可推知的意思进行管理。这里的明示的或者可推知的意思表示并非对管理人的意思，而是对如何管理事务的意思。实践中，通常是依平常人或者一般人的经验得以推知受益人的意思。二是管理人应当以利于受益人的方法进行管理。是否有利于受益人应当以客观上能否避免受益人利益受损为标准，一般都认为管理人应当以像管理自己事务一样进行管理。管理人未以善良管理人的注意尽到恰当管理义务造成受益人损害的，原则上要承担过错的损害赔偿责任，但是若管理人为受益人管理的是公共利益上的事务或者紧急事务，仅就其故意或者重大过失管理行为承担损害赔偿责任，例如，为受益人履行法定抚养义务；又如，为了使受益人的财产免受紧迫的损害而进行的管理行为等。因为管理人管理事务是为了公共利益或者紧急事务，所以，其管理人需要履行的注意义务要低于管理一般事务需要履行的注意义务，否则不利于鼓励人们从事这类有利于公共利益的无因管理行为，或者有可能贻误时机不利于保护受益人的利益。本法第184条特别规定，因自愿实施紧急救助行为造成受助人损害的，救助人不承担民事责任。三是管理人还应当履行继续管理义务。根据本法第980条的规定，无因管理应当符合受益人的意思，如果受益人可以自己管理其事务时，管理人仍继续管理他人事务，将很有可能与受益人的意思相冲突。因此，原则上讲，管理人在受益人自己能进行管理时，可以停止管理行为，并将管理事务移交给受益人，但是管理人在开始管理后，其中途停止管理行为较不管理对受益人更为不利的，若放任管理人中止管理事务，既与设立无因管理制度的目的不符，也不符合诚信原则，所以在这种情况下，管理人不得中断对事务的管理，应当继续管理事务。管理人违反该义务导致受益人的利益受到损害的，管理人应当承担损害赔偿责任。

第九百八十二条 【通知义务】

管理人管理他人事务，能够通知受益人的，应当及时通知受益人。管理的事务不需要紧急处理的，应当等待受益人的指示。

【立法背景】

之所以规定管理人的通知义务，一方面是考虑到管理人如果不将管理的事实通知受益人，有可能漠视受益人的存在，对于履行善良管理人的义务是不利的；另一方面是考虑到如果管理人不通知受益人，受益人就很有可能不知道自己的事务被管理人管理的事实，也就很有可能造成管理人管理事务不符合受益人的本意。因此，为了促使管理人更好地履行管理中的义务，更好地保护受益人的利益，管理人在开始管理时，若有可能和必要的情况下应当通知受益人。

【条文精解】

根据本条的规定，管理人在管理事务时对受益人有通知的义务。在实践中，通知是认定管理人有为他人管理事务意思的重要方式。在可能和必要的情况下，管理人没有履行通知义务的，有可能要承担过错损害赔偿责任。但如果管理人因客观原因没有可能或者没有必要通知的，则管理人没有通知义务。例如，管理人虽为他人管理事务，但并不知道他人具体是谁，或者根本不知道他人的具体地址和联系方式的，管理人可以不履行通知义务；又如，受益人在已经知道管理人管理其事务的情况下，管理人就没有必要通知受益人。管理人通知的事项主要是开始管理的事实，通知的方式既可以是书面方式，也可以是口头或者其他方式。

管理人发出通知后应当中止管理行为，等待受益人的指示。受益人指示同意管理人管理其事务的，管理人可以继续管理；管理人没有指示或者虽有指示但拒绝其管理的，管理人不得再继续管理。但是如果管理人管理的事务属于紧急事务，如管理人管理的事务是处置受益人所有的即将变质的海鲜食品，若不继续管理可能对受益人的利益造成现实的重大损害，管理人可在收到受益人指示前继续管理事务。

第九百八十三条 【报告和移交财产义务】

管理结束后，管理人应当向受益人报告管理事务的情况。管理人管理事务取得的财产，应当及时转交给受益人。

【立法背景】

管理人在管理事务结束后，如果不将管理事务的结果或者状况告知受益人，受益人将无法知道管理人是否履行了管理中应当履行的各项义务，无法知道管理人管理的结果如何。对于管理人来说，如果其不向受益人报告管理的后果和状况，其也无法向受益人请求必要费用的偿还，也无法请求受益人补偿其在管理事务中受到的损失。因此，为了更好地保护受益人及管理人自己的利益，避免发生不必要的争议，管理人应当在管理事务结束后向受益人报告管理情况，并向受益人提供涉及管理的相关资料。

【条文精解】

根据本条的规定，管理人报告管理事务情况的时间，原则上是在管理事务结束后，但在管理人中断管理事务或者本人提出请求时，也应当将中断前管理事务的情况报告给受益人。管理人向受益人报告管理事务时，可以采用书面形式，也可以采用口头形式或者其他方式。报告的内容原则应当包括管理的过程、结果等，且报告的内容应当真实，不得欺瞒受益人，否则管理人应当承担责任。此外，管理人在履行报告义务时，还应当将其持有的与管理事务相关的所有资料交付给受益人，以确保受益人全面了解管理的过程和结果。对于管理人因履行报告义务而产生的必要费用，属于管理人有权请求受益人偿还的必要费用的组成部分，受益人应当偿还。管理人履行报告义务的前提是管理人可以确定受益人的情况，管理不知道受益人具体是谁或者不知道受益人的联系方式的，管理人可以暂不履行该义务，而将因管理他人事务而获得的收益予以提存。但是一旦知道了具体受益人及其联系方式，管理人仍应向受益人报告管理情况。

无因管理制度设立的目的就是鼓励民事主体为他人利益而从事管理，因此，管理人不得因无因管理而获取利益，而应将因管理事务而获得的利益返还给他人。因此，在管理事务结束后，管理人除了要履行报告义务外，还应当将因管理事务所收取的金钱、物品及其孳息等财产，返还给受益人；管理人以自己的名义为受益人所取得的权利，也应当转移给受益人。管理人在为受益人管理事务期间，第三人所给付的所有财产，包括物、权利、金钱等，只要应当归属于受益人的，管理人都应当移交给受益人。管理人拒绝移交的，受益人可以根据合同编第二十九章规定的不当得利制度要求管理人返还；管理人因拒绝移交给受益人造成损害的，应当承担损害赔偿责任。如果管理人在管理事务期间为了自己的利益使用了应交付给受益人的金钱的，应当自使用之日起支付利息，如果有损失的还应当赔偿损失。基于此，本条明确规定，管理人管理事务取得的财产，应当及时转交给受益人。该规定与通行做法是一致的，例如，我国台湾地区"民法典"规定，管理人应当将收取的金钱、物品及孳息，应交付于受益人。我国澳门地区民法典规定，管理人应当将在从事管理期间自第三人所受领之一切，或有关结余，并将自交付时起计之有关款项之法定利息，一并交付于受益人。

第九百八十四条 【受益人对管理事务追认】

管理人管理事务经受益人事后追认的，从管理事务开始时起，适用委托合同的有关规定，但是管理人另有意思表示的除外。

【立法背景】

在管理人进行管理的过程中，受益人可以通过追认方式对管理人管理自己的事务予以追认。这种追认原则上应当以明示方式进行，在一定情况下也可以用默示方式进行，但受益人请求管理人返还因管理所获利益的行为本身不构成追认。对于追认的无因管理类型，有的国家和地区，如瑞士民法典规定，受益人可以追认所有类型的无因管理，但排除了不真正的无因管理。我国台湾地区"民法典"的规定与瑞士民法典的规定基本相同。但有的国家和地区则对可以被追认的无因管理类型作了进一步限制，如德国民法典规定，受益人的追认仅限于不符合本人意愿和利益的无因管理。本法赞同瑞士和我国台湾地区的做法。

【条文精解】

对于适当的无因管理行为而言，受益人通过追认行为，不但表明了其认可管理人的管理行为符合自己的意思，而且事实上授权管理人对自己的事务继续进行管理。对于不适当的无因管理行为而言，受益人通过追认，补正了管理人的行为不符合受益人真实意思这个不足，使不适当的无因管理成为适当的无因管理；同时，通过追认也事实上正式授权管理人对自己的事务继续进行管理。不真正的无因管理本质上不属于本章调整的无因管理的范围，受益人追认与否及效果如何不适用本章的规定，应当适用民法典的其他相关规定。

对于本人对管理人的管理事务进行追认后产生什么样的效力，根据本条的规定，适用委托合同的有关规定。也就是说，管理人自管理事务开始后，一旦受益人追认，管理人与受益人之间的权利义务法律关系就由无因管理制度来调整为由委托合同制度来调整，双方均应按本编委托合同的规定履行各自的义务，享受各自的权利。受益人的追认具有溯及既往的效力，即一旦受益人事后对管理人的管理事务进行追认，从管理人开始管理事务时起，双方当事人就应当按照委托合同的规定从事。所以本条规定，管理人管理事务经受益人事后追认的，从管理事务开始时起，适用委托合同的有关规定。但是根据本编委托合同的规定，受托人履行的注意义务程度要高于无因管理制度中管理人的注意义务程度，受托人的损害赔偿责任要高于无因管理制度中管理人的损害赔偿责任，一旦追认后按委托合同调整受益人与管理人的关系，会让管理人处于更为不利的地位，因此，管理人有可能并不愿意受益人追认后依照委托合同处理其与受益人的关系。在这种情况下，应当尊重管理人的意愿。基于此，本条还规定，管理人另有意思表示的除外。也就是说，即使受益人事后对管理人的管理事务进行了追认，但管理人用书面或者口头等方式表明自己不愿意按照委托合同调整其与受益人的权利义务关系时，仍应当按照无因管理制度调整二者之间的关系。

【实践中需要注意的问题】

对于追认的范围是限于管理行为，还是包括管理结果，各国和地区的法律规定也是不相同的，有的国家认为追认是对管理行为的追认，不是对管理结果的追认，若管理人的管理对受益人造成损害，受益人仍可以要求管理人赔偿；有的国家则认为追认既是对管理行为的追认，也是对管理结果的追认。因此，对管理人采取的管理方法不适当造成的损害，受益人追认后就无权要求管理人承担损害赔偿责任。学者对这一问题也是见仁见智。经研究认为，受益人的追认是对管理人管理行为的追认，这一点应无疑问，但是否当然包括对管理结果的追认则不能一概而论，应根据具体情形来进行判断。在受益人追认时有特别声明的，则要按声明中的意思来确定追认的范围。在受益人追认时没有特别声明的情况下，则要看管理人管理结果的严重程度和过错程度来判断追认的范围，若损害结果是管理人故意或者重大过失行为导致的，则不宜当然将受益人的追认视为对这种管理结果的承认。

第二十九章　不当得利

第九百八十五条　【不当得利效力及不得请求返还的不当得利】

　　得利人没有法律根据取得不当利益的，受损失的人可以请求得利人返还取得的利益，但是有下列情形之一的除外：

　　（一）为履行道德义务进行的给付；

　　（二）债务到期之前的清偿；

　　（三）明知无给付义务而进行的债务清偿。

【条文精解】

　　不当得利，是指没有法律根据，取得不当利益，造成他人损失的情形。不当得利制度对民事主体之间的财产流转关系有调节作用，目的在于恢复民事主体之间在特定情形下所发生的非正常的利益变动。因不当得利产生的债称为不当得利之债。本条规定，因得利人没有法律根据，取得不当利益，受损失的人有权请求其返还不当利益。关于不当得利的类型存在不同的认识，理论上一般区分为给付型不当得利和非给付型不当得利。虽然这两种不当得利在构成要件的表述上没有区别，请求权的基础都是相同的法条，但是在构成要件的解释上却存在差异。

　　1.给付型不当得利

　　给付型不当得利，是指基于给付而产生的不当得利。构成给付型不当得利，有以下几个要件：

　　一是基于给付而取得利益。所谓给付，是指有意识地基于一定目的而增加他人的财产。如果一方当事人取得利益并非出于他人的意思，不构成给付型不当得利，可能成立非给付型不当得利。例如，甲误将乙的房屋作为自己的而修缮，因无增加乙的财产的意思，所以，甲不能根据给付型不当得利请求返还，只能基于非给付型不当得利请求返还。基于给付而取得的利益表现为以下形态：（1）财产权的取得。具有财产价值的权利，可成为给付型不当得利的客体，如所有权、定限物权、知识产权、债权、期待权、票据上的请求权、担保物权的顺位。（2）占有或登记。占有、登记具有财产价值，也可以成为不当得利的客体。例如，乙无权占有了甲的自行车，甲既可以向乙主张物的返还请求权，也可以基于占有的不当得利请求返还该自行车，因为乙对该自行车的占有本身即构成利益。（3）债务消灭。债务免除，对于债务人来说显然受有利益。第三人清偿，债务人所负的债务因之消灭，同样受有利益。（4）劳务的提供。劳务的提供，使相对人受益。在合同无效或被撤销等场合，劳务的提供者无法基于合同请求相对人支付酬金，可依据不当得利请求受益人返还该项利益。（5）物的使用。使用物而取得利益，在该使用丧失合同依据时，该利益可构成不当得利中的获益。

在对利益进行个别具体的判断时，可不必在任何情况下都固守"利益"必须是个别具体财产利益的理论，在一定情况下承认就受领人整个财产状态抽象计算的观点，承认在一个债的关系中两种给付的差额即为利益，可按利益变形理论，成立不当得利。例如，在合同解除无溯及力的场合，受领人取得给付物的所有权具有合法根据，那就是解除生效之前的合同关系及其债权，但他因未为对待给付或未为完全的对待给付而取得的利益，没有法律根据，构成不当得利。

二是他方当事人遭受损失。在损害赔偿制度中，损失（损害）是指权利或利益受到侵害时所发生的不利益，即行为发生前的财产状态和行为发生后的财产状态两相比较，受害人所受的不利益。此类损失（损害）有积极损失（损害）和消极损失（损害）所失利益和所受损害的问题。与此有别，不当得利制度的目的及功能，不在于填补损害，而在于使受领人返还没有合法根据而取得的利益，所以，构成不当得利的受损失，不具有损害赔偿制度上的损失（损害）的意义，而是另有所指。它不以积极损失（损害）和消极损失（损害）为要件。在给付型不当得利中，一方当事人因他方当事人为给付而取得的利益，就是他方当事人的损失。例如，甲出售 A 车给乙，并依约交付了，乙所取得的利益，是甲的给付，即 A 车的所有权。

三是具有因果关系。构成不当得利，需要一方当事人取得的利益与他方当事人受到的损失之间具有因果关系，以决定谁得向谁主张不当得利。构成不当得利所需要的因果关系，在学说上有直接因果关系说和非直接因果关系说的分歧。德国的传统见解为了适当限制不当得利当事人请求权的范围，使受害人不得对间接获利的第三人请求返还其所受的利益，而采取直接因果关系说，主张构成不当得利所需要的因果关系必须是直接的。该因果关系是否直接存在，应当以受益的原因事实与受损的原因事实是否同一为判断。

在给付型不当得利中，因果关系的要件已由给付关系取而代之，即以给付人为不当得利的请求权人（债权人），以受领人为债务人。给付人无权处分第三人的物品场合，也是如此认定。例如，甲擅自将从乙处借阅的 A 书出卖给善意的丙，并依交付而移转了所有权。在该买卖合同无效的场合，应由甲（给付人）对丙（受领人）请求返还 A 书。在丙将 A 书所有权移转返还给甲时，该书的所有权当然复归于乙。直接因果关系的类型包括双重瑕疵、间接代理、处分基于合同受领的给付三种类型。属于双重瑕疵类型的，如甲出售 A 车给乙，乙将之转售于丙，并依约定交付了。在甲和乙之间、乙和丙之间的买卖合同均不成立无效或被撤销的情况下，甲不得向丙主张不当得利请求权，因甲已将 A 车所有权移转给乙了，丙取得 A 车所有权的利益，来自乙的财产及其交付，与甲所受损失没有直接的因果关系。属于间接代理类型的，如丙委托乙，以乙的名义向甲购书，乙取得该书所有权后，再移转给丙。在买卖合同不成立、无效或被撤销的情况下，甲也不得向丙主张不当得利的返还，因甲已将该书的所有权移转给乙了，丙所受有该书所有权的利益，来自乙的财产，与甲的受损失并无直接因果关系。属于处分基于合同受领的给付类型的，如乙向甲购买水泥修缮丙的房屋，在乙无力支付价款时，甲仍不得向丙主张不当得利的返还，因为甲已将水泥的所有权移转给乙了，丙所受利益来自乙的财产，与甲所受损失并无直接因果关系。

非直接因果关系说认为，一方当事人若无法律上的原因而受利益，致他方因之受有损失，则对于因果关系存在与否的判断，也应当基于公平理念，依社会上的一般观念加以决定。如损益之间有第三人的行为介入，若该财产价值的移动，依社会观念认为不当时，应当适用不当得利的规定，使之返还。例如，甲从乙处骗取 1000 元，用以向丙为非债清偿。若依直接因果关系说，则乙只能向甲主张不当得利返还，而不能向丙直接行使不当得利返还请求权，亦即丙对乙无返还其利益的义务。若果真如此，在甲逃亡时，乙就徒受损失，而丙却坐享其利益，显失公平。如果采取非直接因果关系说，则会使丙承担返还不当得利的义务，方为合理。对给付型不当得利是否应适用直接因果关系的问题，理论探讨不多，究竟是固守直接因果关系说，还是兼采非直接因果关系说，需要继续研究。在个别类型中采取非直接因果关系可能有助于问题的适当解决。

四是没有法律根据。即欠缺给付目的，其内容即给付目的的内容，为给付所关联的债的关系及其缘由。此处所谓缘由，是指给付人和欲将其给付与哪个债的关系发生关联的缘由，主要指履行目的。该履行目的，由给付人的目的表示一方确定，明示的或默示的均可，但须彰显给付所欲履行的债的关系。给付目的的内容，一般说来，除给付人主观上的目的以外，尚须客观上为一定的表示，才发生法律上的效力。给付目的主要有两类：（1）清偿债务。此处所谓债务，或为法定债务，如因侵权行为而产生的损害赔偿；或为因基础行为而产生的债务，如基于买卖合同所产生的交付买卖物的债务。（2）直接创立一种债的关系。例如，没有约定的或法定的义务而为他人修缮房屋，成立无因管理。给付目的通常基于当事人的合意，但在单独行为的场合，可由给付人一方为意思表示为之。当事人一方基于一定目的而为给付时，其目的在客观上即为给付行为的原因，从而给付欠缺其原因时，他方当事人受领给付即无法律上的原因，应成立不当得利。

给付行为欠缺目的，分为自始无给付目的、给付目的嗣后不存在和给付目的不达三种，相应的，给付行为因欠缺目的而构成的不当得利也分为三类。

（1）自始无给付目的。给付自始欠缺给付目的的不当得利，主要有两种：一是狭义的非债清偿，如不知所欠之债业已清偿仍为履行；二是作为给付的原因行为未成立无效或被撤销，如买卖交付买卖物，但买卖合同却未成立。

（2）给付目的嗣后不存在。其一，合同所附解除条件成就，该合同消灭，基于该合同所为的给付可构成不当得利。例如，甲赠与 A 车给乙，约定乙移民他国时，赠与合同失其效力。如今，乙已经移民加拿大，所受 A 车的原因即失其效力。于此场合，在德国民法典和我国台湾地区的"民法典"中，构成利益为 A 车所有权的不当得利，也成立利益为占有 A 车的不当得利；在我国大陆地区的民法中，只能成立利益为占有人 A 车的不当得利，以及所有物返还请求权。其二，合同所附终期届至，该合同消灭，基于该合同所为的给付，可构成不当得利。其道理如同合同所附解除条件成就，不再赘述。其三，依当事人一方的意思表示，撤销或不追认合同，基于该合同所为的给付，可构成不当得利。例如，某国土资源管理部门将 A 宗建设用地使用权出让给甲，并办理完毕过户登记（变更登记），后依欺诈或重大误解等理由将该出让合同撤销。于此场合，该建设用地使用权的登记即为不当得利构成要件中的利益，该国土资源管理部门可基于不当得利制度请求甲注销该项登记。其四，合同解除，基于该合同所为的给付，可构成不当得利。在合同解除无溯及力的场合，受领人取得给付物的所有权具有合法根据，那就是解除生效之前的合同关系及其债权，在德国民法典和我国台湾地区的"民法典"中，受领人所受领的给付具有法律上的原因，不成立不当得利。但是，这在不成立违约责任的情况下，显失公平，不如改采如下的观点：受领人因未为对待给付或未为完全的对待给付而取得的利益，没有合法根据，构成不当得利。其五，为证明债务而交付证书，其后债务因清偿或其他事由而消灭，导致失去证明目的。于此场合，成立利益表现为占有的不当得利。

（3）给付目的不达。拟实现将来某种目的而为给付，但日后并未达成其目的，属于给付目的不达。例如，附停止条件的债务，预期条件能够成就而先行交付标的物，结果是条件并未成就。在德国民法典、我国台湾地区的"民法典"中，认为成立不当得利，但给付人若违反诚信原则而妨碍目的达成的，不得依不当得利的规定请求返还。在我国大陆地区的民法中，可成立占有的不当得利请求权，也产生所有物返还请求权，给付人可选择其一而行使。

2. 非给付型不当得利

非给付型不当得利，是因给付以外的事由而发生的不当得利。其事由包括受益人的行为、受害人的行为、第三人的行为、自然事件以及法律的直接规定。

一是基于受益人的行为而生的不当得利。有以下几个要件：

（1）因侵害他人的权益而取得利益。基于受益人的行为而生的不当得利，以侵害他人的权益而取得利益为基本要件。无权出卖他人之物而取得价款，出租他人之物而收取租金，占用消费他人之物等为其典型表现。

（2）使他人受损失。基于受益人的行为而生的不当得利，其构成所要求的"使他人受损失"，只要因侵害应归属于他人的权益而取得利益，就可认为基于同一原因事实"使他人受损失"，不以有财产移转为必要。例如，甲擅自在乙的屋顶设置广告牌时，因使用乙的屋顶而取得利益，使乙受到损失，至于乙有无使用计划或其屋顶是否受到毁坏，在所不问。甲和乙之间虽无财产的转移，但不影响不当得利的成立。

（3）没有法律根据。在德国民法典中，侵害应归属于他人的权益范畴而取得利益，使他人受损失，欠缺正当性，就构成无法律上的原因；在我国，应构成没有法律根据。

二是基于受害人的行为而生的不当得利。基于受害人的行为而生的不当得利，有的是给付型不当得利，有的是非给付型不当得利，究竟如何，需要根据个案予以确定。这种类型的不当得利主要有如下两种类型：

（1）支出费用的不当得利。例如，甲误将乙的奶牛为自己的而饲养，可向乙请求返还不当得利。在这种类型的不当得利领域，可能发生"强迫得利"，即对他人之物支出费用，增加其价值，但违反受益人的意思，不符合其计划的情形。例如，不知他人的围墙即将拆除而加以装修。对于强迫得利，存在不同意见。主观说认为，就受益人的整个财产，依其经济上的计划认定应偿还的价值额。例如，油漆他人即将拆除的围墙，其应偿还的价值额为零，不必返还。客观说则主张，不宜为解决这种特殊问题而将价值额的计算主观化。强迫得利应如何返还，属于所受利益是否存在的问题。就油漆围墙而言，因该围墙预定拆除，在整个财产上并无存留的利益，善意的受领人免负返还或偿还价值额的责任。

（2）因清偿他人的债务而发生的所谓"求偿不当得利请求权"。例如，甲向乙购买 A 车，分期付款，约定在价款付清前由乙保留对 A 车的所有权。在履行过程中，甲的债权人丙对 A 车请求强制执行，于是为自己的利益而代甲清偿后几期的价款，消灭 A 车买卖合同关系。于此场合，丙对甲可主张"求偿不当得利请求权"。

三是基于第三人的行为而生的不当得利。基于第三人的行为而生的不当得利，是指受益人因第三人的行为取得应当归属于他人（受害人）的利益，而成立的不当得利。例如：（1）第三人以受害人的饲料饲养受益人的家禽；（2）债务人善意地向收据持有人为清偿，导致债权人丧失其债权；（3）债务人善意地向准占有人（如负债字据的持有人）为清偿；（4）法院在拍卖程序中将价款分配于无权利接受分配的人；（5）债务人在收到债权让与通知之前向债权人为给付，其清偿有效，致使债权消灭，债权受让人因此遭受损失；（6）登记部门在办理登记时，误将抵押权的顺序颠倒，致使后顺序的抵押权所担保的债权优先取得清偿。

四是基于法律规定而生的不当得利。其中的法律规定，应从广义上理解，指法律秩序，包括法院的判决和行政处分。如果法律规定的目的是在使受益人终局地、实质地保有利益，以维护财产状态的新秩序为目的，则不成立不当得利；反之，该法律规定的目的仅仅在技术上谋取方便，形式上使该项利益归属于某人，实质上并不使其终局地保有该项利益时，则可成立不当得利。基于法律规定而生的不当得利，主要发生在添附、善意取得等场合：

（1）添附与不当得利。在添附制度中，法律使原物的所有权人中的一人取得因添附而产生的新物的所有权，是为避免社会经济的不利，保全物的使用价值，以及防止共有的不便，于是，一方面使该新物取得人终局地取得所有权，另一方面不允许新物取得人终局地实质地保有其价值利益，使因添附丧失所有权而受损失的动产所有权人，可基于不当得利请求新物所有权人予以返还。

（2）善意取得与不当得利。甲将乙的 A 车擅自出卖给丙，丙善意取得 A

车，甲对乙负有不当得利返还车款的义务，或承担损害赔偿责任。至于丙是否承担不当得利返还的义务，在德国民法典和我国台湾地区"民法典"中，一种理论认为，丙善意取得 A 车系基于甲的给付，具有法律上的原因，不构成不当得利；换个角度说，善意取得制度为保护交易安全而设，有使受让人终局地保有其取得的权利的目的，因此，丙取得 A 车不成立不当得利。在我国大陆地区，丙善意取得场合，他和甲之间的买卖合同有效，不成立不当得利；在该买卖合同无效时，丙仍负不当得利返还的义务，只是返还的利益是 A 车的所有权或占有，还是差价款，存在争议。如果彻底贯彻善意取得制度使受让人终局地保有其取得的权利这种立法目的，则不应使丙返还 A 车，而应返还差价款，即采用差额说返还不当得利；假如沿袭德国关于给付型不当得利的规则，丙就必须依不当得利制度返还 A 车，甲向丙返还（全部或部分的）车款。前者更加合理。

（3）终局确定判决与不当得利。债权人基于法院的确定判决，请求对债务人的财产为强制执行，取得了钱款，该确定判决如未经其后的确定判决予以废弃，纵使该确定判决的内容不当，亦非无法律上的原因而取得利益。不过，在该确定判决被其后的确定判决撤销时，则债权人依据该确定判决取得的该笔钱款丧失法律根据，债务人可基于不当得利请求债权人予以返还。

五是基于自然事件而生的不当得利。取得利益出于自然事件的结果，可成立不当得利。例如，甲放养的羊群进入乙承包的牧场，乙取得占有利益，甲可基于占有的不当得利请求乙返还该羊群。当然，在甲能够证明哪些羊属于他所有的情况下，也可以基于物的返还请求权请求乙返还。

3. 给付型不当得利请求权与非给付型不当得利请求权的关系

（1）排除非给付型不当得利。如果认定当事人之间存在给付关系，就概念而言，当然排除非给付关系。只有在当事人之间没有给付关系时，才发生非给付型不当得利请求权。例如，甲受雇喂养乙的马，雇用合同无效时，甲对乙有给付型不当得利请求权。如果甲和乙之间没有雇用关系，甲误认乙的马为自己的马而喂养，因无给付关系，应成立非给付型不当得利。

（2）非给付型不当得利的成立。需要注意的是，第三人介入损益变动过程而与受益人或受害人具有给付关系时，受益人和第三人之间可能欠缺法律上的原因（法律根据），该财产损益变动被赋予"不当性"的特征，因而成立非给付型不当得利。例如，承揽人将其所盗油漆用于为定作人完成的工作物上，在该承揽合同关系中，一方面，承揽人对定作人的给付和定作人取得该工作物所有权的同时一并取得该油漆的所有权，均有法律上的原因（法律根据），无"不当性"可言。但另一方面，定作人取得油漆所有权的利益系直接出自该油漆原所有权人的财产，并且定作人对该油漆原所有权人而言，乃系违反法律上权益归属而取得油漆所有权的利益，因而，在定作人和该油漆原所有权人的关系中，定作人取得油漆所有权的利益即无法律上的原因（法律根据），构成不当得利。

（3）给付型不当得利返还请求权原则上优先。第三人介入损益变动过程而与受益人或受害人具有给付关系时，基本上可以采取给付型不当得利返还请求权优先性作为判断的出发点，即因给付而取得利益时，对第三人原则上不成立非给付型不当得利，给付关系不成立、无效或被撤销时，仅须对给付人负不当得利返还义务。此外，还应参酌各个法律规定的规范目的（如民法关于善意取得的规定），作为判断依据。

4.不当得利请求权的客体

（1）原物返还。不当得利的返还方法，以返还所受利益的原状（学说称作原物返还）为原则，以价值额偿还为例外。原物返还，包括所受利益，以及本于该利益更有所取得。

所受的利益，是指受领人因给付或非给付所取得的权利、物的占有、不动产的登记、债务免除等财产上的利益。关于返还的方法，对于权利，应按照各个权利的移转方法，将其权利移转给受害人（债权人）。例如，对于物的占有，应依交付的方法为之；对于不动产的登记，可请求移转登记（变更登记）的途径予以返还；经设立的物权（用益物权或担保物权）应予废止；经废止的物权应予复原；经成立的债权应予免除；经抛弃的债权应予回复。

本于该利益更有所取得，可分为三类：一是原物的用益，是指原物所得的孳息（天然孳息和法定孳息）和使用利益（如房屋的使用）；二是基于权利的所得，如原物为债权的，所受到的清偿；三是原物的代偿物，如原物因毁损而从第三人处取得的损害赔偿金或保险金。

（2）价值额偿还。取得的利益依其性质或其他情形不能返还的，应偿还其价值额。所谓依其性质，如取得的利益为劳务、物的使用或消费、免除他人的债务等。所谓其他情形，主要有取得利益本身（如花瓶）的灭失、被盗或遗失，受领人将受领的标的物出售、赠与或与他人之物互易而移转其所有权等。还有，受领之物部分毁损时，也属于不能返还原物，就其毁损部分也应以价值额偿还。对此类不能原物返还的情形，受领人有无过失，在所不问。受领的利益为代替物的，应予返还的，仍为价值额，而非其他代替物。

关于价值额的计算，客观说认为，所谓价值额，应依客观交易的价值予以确定。主观说则主张，所谓价值额，应就受益人的财产加以判断，在财产总额上有所增加的，皆应予以返还。例如，受领人的利益为 A 花瓶的所有权，市场价格为 5 万元，受益人将之出售给他人时，不能将 A 花瓶返还，应偿还其价值额。按照客观说，无论其价款多少，受领人应偿还的均为 5 万元。依主观说，受领人应偿还的为所得价款，若所得价款为 6 万元，应偿还 6 万元；若所得价款为 4 万元，应偿还 4 万元。客观说为通说。

在受领的利益为劳务时，所应偿还的，为取得该项劳务的相当报酬。消费他人之物时，所应偿还的，系该物的市场价格。在使用他人之物的情形下，所应偿还的为"物的使用"本身。

在无权使用他人著作权、专利权等情况下，所获利益不能原物返还，应偿还其价值额。该项价值额应按照使用该项权利通常必须支付的报酬加以计算。问题在于，债权人可否进一步请求债务人返还超过该项客观价值额的获利？换句话说，债务人所应返还的，究竟为价值额还是取得的利益？这涉及不当得利制度的功能、侵权损害赔偿和无因管理制度的适用，系民法上争论的一个重要问题。通说认为，损失大于利益时，应以利益为准，利益大于损失时，则应以损失为准。所以，在侵害他人著作权或专利权时，仅应偿还其客观价值额，在无权处分他人之物时，亦然。其理由在于，若返还超过损失的利益，则受害人反而取得不当得利。不过，不法侵害他人权利，能由侵害取得利益，不合事理，亦不妥当，于是，通说又主张受害人可类推适用无因管理的规定，向受益人请求返还不法管理他人事务所得的利益。

5. 不当得利请求权的排除

本条后面是关于不得请求返还的不当得利的规定。从前述理论构成看，主要针对的是给付型不当得利。

本条第 1 项排除事由是不当给付系履行道德上义务。这一项规定旨在调和法律与道德的关系，使法律规定符合一般道德观念。所谓道德上的义务应以社会观念加以认定，例如：（1）对于无扶养义务的亲属。如侄子女对于叔伯父，以为有扶养义务而进行扶养，但实际上没有扶养义务。这种扶养行为虽然导致叔伯父没有法律根据而获利，但是也不会构成不当得利，因为这是为了履行道德上的义务，这种行为我们应该加以鼓励。（2）对于救助其生命的无因管理人给予报酬。依据无因管理，本来是没有报酬请求权的，管理人因履行道德上的义务而取得报酬，本身虽然欠缺法律上的原因，但是对于此行为，我们也没有必要否认其效力，因此，这也成为排除不当得利的事由。

本条第 2 项排除事由是债务到期之前的清偿。债务到期之前的清偿，因为债务并非不存在，所以债权人受领给付，不能视为缺乏法律上的原因。并且债务因清偿而消灭，债权人也没有什么得利可言。从本质上来说，该项并不是不当得利请求权的例外，而是不当得利请求权不发生的问题。但是为了避免实践中产生异议，所以，特别规定此时也不能请求返还。

有争议的问题是，在有偿的借款合同中，提前清偿和按期清偿之间会有一个利息差，假如债务人误以为到期而进行了提前清偿，并且支付了合同约定的全部利息，那么债权人多取得的那一部分利息是否属于不当得利应该返还呢？债权人提前得到清偿，本来不应该取得到期的全部利息，从这个意义上来说，多出来的这一部分利息缺乏法律根据；但是从另一个角度来看，如果将这部分多出来的利息都认定为不当得利，那么也就意味着债务人可以通过单方面提前清偿的方式，迫使债权人放弃一部分利息，从而达到单方面变更合同的效果。正因如此，对此问题，比较法上也无统一解决方案：日本法中以债务人的清偿系出于错误为限，债务人可以向债权人请求返还中间利息；但是德国民法典则明定不能请求返还。我国《民法典》第677条规定：借款人提前返还借款的，除当事人另有约定外，应当按照实际借款的期间计算利息。

本条第3项排除事由是明知无给付义务而进行的债务清偿。非债清偿属于典型的不当得利，本来是可以请求返还的，但是法律对于明知无债务而进行的清偿，特别设置了本项这个例外。这一例外的理论根据在于禁止反言原则，也就是说，明知没有给付义务而进行给付，再请求返还，则构成了前后矛盾，有违诚信原则，所以不允许。关于此项的构成要件有三个方面：

（1）无债务存在。受领人和清偿人之间必须没有债务存在，如果有债务存在，则根本不可能构成非债清偿，也就没有不当得利的问题了。判断有无债务存在的时间点为给付的时候。值得注意的是，当债务具有撤销原因的时候，在撤销前债务存在，但一经撤销债务关系就溯及既往地失去效力，债务也就溯及既往地不存在。因此，如果明知撤销原因的存在而继续进行的给付，也属于明知无债务而进行的清偿。这种情况下通常可以认为，承认了可以撤销的法律行为，所以丧失了撤销权。

（2）因清偿债务而进行了给付。需要注意的是，这里的给付必须是彻底的给付，如果债务人在进行给付的时候有所保留，那么，不当得利返还请求权并不因为本项而被排除。比如，债务人虽然明知已经清偿了债务，但是因为找不到收据，债权人又来催收，所以不得已进行了给付，但是同时表示，如果我找到了清偿收据，那么这次的给付应该返还给我。在这一情况之下，虽然债务人在清偿债务的时候明知债务不存在，但是因为他在清偿的时候作出了保留，明确说了如果找到收据就应该返还，因此就不适用本项，并不构成返还请求权的排除。

（3）给付时明知无给付义务。对于有无债务，如果属于心存怀疑而进行的给付，最后发现无债务，原则上仍然应该允许其请求返还。需要注意的是，这里的主观要件是明知，因过失而不知并不包含在内。这是一项非常严格的主观要件，只有明确违反禁止反言原则的行为，才受此项的约束。实践中常见的汇错款的行为，即使汇款的人有重大的过失，也不能认为构成了此项的排除事由。

第九百八十六条 【善意得利人返还义务的免除】

得利人不知道且不应当知道取得的利益没有法律根据，取得的利益已经不存在的，不承担返还该利益的义务。

【条文精解】

受领人为善意时，仅负返还现存利益的义务，如果该利益已不存在，则不必返还原物或偿还价值额。法律旨在使善意受领人的财产状态不因发生不当得利而受不利的影响。这里的"善意"，是指受领人非因过失不知（不知且不应知）没有法律根据（无法律上的原因）。

特别需要说明的是，这里的"取得的利益"有无的判断，不同于不当得利中的个别判断标准，应抽象、概括地就受领人的整个财产加以判断，以取得利益的过程而产生的现有财产总额与若无其事时应有财产的总额比较，来决定有无利益的存在。这种按照经济考察方法认定的利益概念，学说上称为差额说，不当得利过程中出现的利益（积极项目）与不利益（消极项目）均应纳入计算，以其结算的余额，作为应返还的利益。

关于利益不存在的认定，存在以下情形：

1. 受领标的本身不存在

就受领标的物而言，所谓利益不存在，可以若干典型案例加以说明：

（1）原来取得的利益（如 A 车所有权）因毁损、灭失、被盗或其他事由不能返还时，取得相应的损害赔偿金、补偿金或保险金等补偿，属于因为该利益而取得的利益，应予返还；若未取得此类补偿，就构成利益不存在，受领人免负返还义务或偿还价值额的责任。

（2）受领人就取得的利益（如 A 车所有权）为法律行为上的交易，所取得的对价（如价款或互易物），属于原物不能返还，应负返还价值额的责任。例如，受领人将时值 10 万元的 A 车以 9 万元出卖，其财产总额的增加现在尚存的为 9 万元，所以，善意受领人仅负 9 万元的返还责任。如果受领人将 A 车赠与他人，实际上所获财产并未增加，取得的利益不存在，免负返还义务或价值额偿还的责任。

（3）取得的利益为金钱时，因金钱具有高度的可代替性和普遍使用性，只要移入受领人的财产，就难以识别，原则上无法判断其存在与否。但受领人若能证明确实以该项金钱赠与他人，可主张取得的利益不存在。

（4）使用消费他人之物，如甲、乙二人同名同姓同日生且同住于 A 宿舍，各有姓名相同的女友丙、丁。甲生日，其女友丙寄来蛋糕，乙误以为是其女友丁所送，遂举行庆祝会，与其他同学共同享用。假设乙家境清贫，一向没有食用生日蛋糕的习惯和支出该项费用的计划，则其使用消费的利益并未曾留存于财产上，按照差额说，可主张取得的利益不存在。

2. 受领人其他财产上的损失

在差额说的理论架构中，通说强调，与取得利益的事实有因果关系的损失，均可列入扣除的范围；就该扣除的数额，受领人可主张利益不存在。其道理在于，受领人只能于受益的限度内将该利益还尽为止，不能因返还更受损失。同时应强调受领人可主张扣除的，限于其因信赖取得利益具有法律依据而遭受的损失。其理由有二：一是因果关系说过于广泛，应作适当限制；二是恶意受领人之所以应负加重责任，乃因其必须计及受领利益的返还，善意受领人之所以得减轻其责任，乃基于信赖其受利益具有法律上的原因，法律旨在保护善意受领人的信赖，而其主张扣除的，亦应以信赖损失为限。依此见解，受领人就其财产上损失可以主张扣除的，有如下几种：其一，因取得该利益所支出的费用，如运费、关税等；其二，对受领物所支出的必要费用和有益费用，如动物的饲料费用；其三，受领人的权利因该项利益的受领而消灭，或其价值减少所产生的损失，如第三人丙因其错误向债权人甲清偿乙的债务，甲误信该清偿有效而受领，导致毁损了债权证书，抛弃担保时，其原有债权受损害，也可主张扣除。当然，在此情形下，为了平衡丙的利益，应该由甲保留受领的给付，而以甲对乙的债权让与丙。

第九百八十七条　【恶意得利人的返还义务】

得利人知道或者应当知道取得的利益没有法律根据的，受损失的人可以请求得利人返还其取得的利益并依法赔偿损失。

【条文精解】

此处所说的恶意，是指受领人明知没有法律根据（无法律上的原因），包括受领时明知和其后明知，以及因过失而不知晓的情形。由于认定是否知道或者应当知道有没有法律根据（欠缺法律原因的认识）较为困难，受领人依其对事实的认识和法律上的判断知晓或者应当知晓其欠缺保有所获利益的正当根据（依据常识判断即可）时，就足够了，不以确实了解或者应当了解整个法律关系为必要。受领人为法人机关时，该机关的明知或者应知即为法人的明知或者应知。代理人的明知或者应知，应归被代理人负责。受领人为限制行为能力人的，应依其法定代理人的明知或者应知加以认定。

1. 自始恶意的受领人的返还责任

（1）加重的返还责任。恶意受领人应将受领时取得的利益，附加利息，一并返还。

一是受领时取得的利益。受领时取得的利益，不仅包括该利益的本体，还包括本于该利益更有所取得。受领时取得的利益依其性质或其他情形而不能返还时，应偿还其价值额。恶意受领人不得主张所取得的利益不存在而免负返还责任。

二是就取得的利益附加利息。受领的利益为金钱时，应附加利息。受领的利益为金钱以外的形态时，可转变为损害赔偿。

三是损害赔偿。恶意受领人返还取得的利益（含利息），若仍不能填补受害人的损失，就其不足部分，应另负损害赔偿责任。该种损害赔偿，系基于不当得利制度上的请求权，而非侵权责任法上的损害赔偿，不以受害人对损失的发生具有过错为要件。

（2）受领人的支出费用请求权。恶意受领人不得主张所取得的利益不存在，故因取得利益所支出的费用，如运费、税费等，不得主张扣除。

2. 嗣后恶意的受领人的返还责任

受领人如果是嗣后知道或者应当知道欠缺法律上的根据，那么在知道或者应当知道欠缺法律上的根据之前，依据本法第986条的规定，仅就现存利益负返还义务，若所取得的利益不存在，亦可主张不负返还责任；在知道或者应当知道欠缺法律上的根据之后，才开始承担本条的加重责任。

第九百八十八条 【第三人返还义务】

得利人已经将取得的利益无偿转让给第三人的，受损失的人可以请求第三人在相应范围内承担返还义务。

【条文精解】

第三人所受利益来自得利人，并未导致受损人受损害，不成立本法第985条规定的不当得利。但是对当事人的利益加以衡量，一方面受领人免负返还义务；另一方面第三人无偿取得利益，不合情理且显失公平。为了达到保护债权人的利益的目的，本条规定得利人将所取得的利益无偿转让给第三人时，第三人于受领人免负返还义务的限度内，承担返还义务。

需要注意的是"受损失的人"，如果请求权人已经依据本法第986条或者第987条取得了完全的不当得利返还，那么就不是这里的"受损失的人"；只有没有依据第986条或者第987条取得完全的不当得利返还（或者没有选择第986条或者第987条，这里允许请求权的选择），才属于这里"受损失的人"。也就是说，"受损失"这一要件排除了不当得利请求权人多重获利的可能性。

关于"无偿转让给第三人"，应当注意：（1）须为无偿转让，如赠与或遗赠。只要是有偿转让，不论是否支付合理对价，都不能要求第三人承担返还义务。在半卖半送的廉价买卖（混合赠与）中，赠与部分仍可要求第三人承担返还义务。（2）须为原受领人所应返还的赠与物，包括所受利益以及基于该利益更有所得者。例如，受领人占有的A物品被他人毁损，他人以B物品代偿，善意受领人将B物品赠与第三人时，第三人对受损人仍负有返还B物品的义务。

立法工作者编写 · 权威版本

中华人民共和国民法典
立法精解
—— 下 ——

主 编

石 宏

（全国人民代表大会常务委员会法制工作委员会民法室副主任）

撰稿人

黄 薇　杨明仑　杜 涛　石 宏　段京连　庄晓泳

孙娜娜　李恩正　朱书龙　宋江涛　孙艺超　马吾叶

罗鑫煌　魏超杰　王 灯　朱 虎　龙 俊　许 灿

中国检察出版社

总 目 录

目　录（下）

第四编

人格权

第一章 一般规定

第九百八十九条 【人格权编调整范围】

本编调整因人格权的享有和保护产生的民事关系。

【立法背景】

人格权的概念在民法中的确立经历了较长过程。罗马法中并不存在现代的人格权概念，但其在"侵辱之诉"中包括了对身体、名誉和尊严的保护。近代的民法典也多以财产法为中心构建，对人格权的保护是不足的。随着社会的发展和技术的创新，人格权保护领域出现了很多新情况、新问题，突出表现在以下几个方面：一是人格权益的类型越来越多样；二是人格权保护涉及的法律关系越来越复杂，对人格权的保护往往需要平衡不同利益主体的利益诉求；三是侵害人格权的方式越来越多样，后果越来越严重。司法实践中关于人格权保护的问题也越来越突出；同时，各国宪法也越来越重视对人格尊严的保护。

所有这些促使了人格权概念的形成和发展。我国《民法通则》在"民事权利"一章中专节规定了人身权，包含生命健康权、姓名权、名称权、肖像权、名誉权、荣誉权、婚姻自主权等人格权。民法典总则编延续了这一方式，第109条、第110条和第111条对人格权作了一般性规定。据此，本条明确规定，本编调整因人格权的享有和保护产生的民事关系。

【条文精解】

首先，本编的调整范围与人格权有关。所谓人格权，是指民事主体对其特定的人格利益所享有的排除他人侵害，以维护和实现人身自由、人格尊严为目的的权利。

应当注意的是，本编调整范围所涉及的是人格权而非人格。人格，指的是民事主体享有民事权利、承担民事义务的法律资格。我国自《民法通则》制定以来，就严格区分了人格与人格权的概念。与"人格"相对应的概念是民事权利能力，而人格权是民事权利的一种，权利主体是具有民事权利能力的民事主体，不具有民事权利能力，就不享有人格权；但人格权所涉及的是人格利益而非作为民事权利能力的人格。

其次，本编所涉及的是人格权的享有和保护。人格权是与生俱来的，而法律对民事主体享有人格权予以确认，并对其予以保护，有助于通过法律手段加强对人格权的保障。本编所涉及的是人格权的享有和保护，并非意味着人格权的享有和保护仅能通过本编实现。《民法典》第109条至第111条对人格权作了一般性规定，同时其他各编，尤其是侵权责任编，也涉及人格权的保护。

最后，本编调整的是因人格权的享有和保护产生的民事关系。这意味着：第一，民事关系是法律调整的对象，民事法律关系是法律调整之后的结果；第二，调整的是民事关系，而非其他关系。人格权的享有和保护涉及多个法律部门的共同调整，有宪法、民法、行政法、刑法等，本编仅涉及其中的民事关系。

【实践中需要注意的问题】

本编对人格权的规定并不包含宪法所规定的公民的所有基本权利，而主要是公民所享有的关于人格的民事权利，是从民事法律规范的角度规定自然人和其他民事主体人格权的内容、边界和保护方式，不涉及公民政治、社会等方面的基本权利。

第九百九十条 【人格权类型】

人格权是民事主体享有的生命权、身体权、健康权、姓名权、名称权、肖像权、名誉权、荣誉权、隐私权等权利。

除前款规定的人格权外，自然人享有基于人身自由、人格尊严产生的其他人格权益。

【立法背景】

本条第1款列举了民事主体所享有的人格权的具体类型，第2款规定了一般人格权。采取这种立法方案的目的是协调好人格权的法定性与开放性之间的关系。

【条文精解】

1. 人格权的具体类型

本条第 1 款列举了民事主体所享有的人格权的具体类型，与《民法典》第 110 条规定类似。具体包括：

（1）生命权，是指自然人享有的以生命安全和生命尊严为内容的权利。

（2）身体权，是指自然人享有的以身体完整和行动自由为内容的权利。

（3）健康权，是指自然人享有的以身心健康为内容的权利。

（4）姓名权，是指自然人享有的依法决定、使用、变更或者许可他人使用自己姓名的权利。

（5）名称权，是指法人和非法人组织享有的依法使用、变更、转让或者许可他人使用自己名称的权利。

（6）肖像权，是指自然人享有的依法制作、使用、公开或者许可他人使用自己肖像的权利。

（7）名誉权，是指自然人、法人和非法人组织就其品德、声望、才能、信用等所获得的社会评价，所享有的保有和维护的权利。

（8）荣誉权，是指自然人、法人和非法人组织对其获得的荣誉及其利益所享有的保持、自主决定的权利。

（9）隐私权，是指自然人享有的私人生活安宁与不愿为他人知晓的私密空间、私密活动、私密信息等依法受到保护，不受他人刺探、侵扰、泄露和公开的权利。

关于人格权的主体，自然人当然享有人格权，关于法人和非法人组织是否享有人格权，理论中存在不同观点。经研究，法人、非法人组织所享有的名称、名誉和荣誉具有保护的现实必要性，民法通则也规定了其享有名称权、名誉权和荣誉权，《民法典》第 110 条第 2 款作了同样规定。但是，应当注意的是，法人和非法人组织不能享有生命权、身体权、健康权等专属于自然人的权利；对自然人的人格权保护具有充分的伦理价值，而法人和非法人组织享有一定范围的人格权，更多是基于现实的法律技术的需要，更多涉及财产利益，或者间接地保护组织背后的自然人。人格权最为重要的目的是维护自然人的人身自由和人格尊严，是以自然人的人格权为规范的重心。

关于所列举的人格权的具体类型，《民法典》第 110 条第 1 款还规定了自然人享有婚姻自主权。婚姻自主权，是指自然人享有的结婚、离婚自由不受他人干涉的权利。该权利属于自然人人格权的一种，但对其的确认和保护主要体现在民法典婚姻家庭编中。因此，本条未具体列举自然人享有的婚姻自主权，可以包含在第1款规定的"等"中。

2. 人格权益的一般条款

对于人格权类型的具体列举，通过法律明确人格权的类型、保护对象、内容等，有助于法律适用的统一和便利。但是，随着社会的发展，自然人的人格权保护需求必然会更为多元化，立法中难以穷尽，不断会有新的人格权益纳入法律的保护范围，具体的列举必然会导致人格权保护的漏洞，即使不断根据实践需求，将值得法律保护的新的人格权益，通过扩张，纳入到已经明确列举的人格权的类型和内容中，仍然可能会不敷其用。

《民法典》第3条和第126条规定的目的都是避免法律保护可能出现的漏洞。据此，本条第2款规定，除前款规定的人格权外，自然人享有基于人身自由、人格尊严产生的其他人格权益。这能够回应社会发展所产生的新型人格权益保护需求，避免具体列举人格权所产生的封闭性，有助于使得人格权益保护的体系更为完整，保护的范围也更为周延，适应社会的不断发展，发挥对人格权益进行兜底性保护的功能，保持人格权制度发展的开放性。

适用本条第2款的前提如下：

首先，被侵犯的人格权益没有法律的明确规定，并且无法纳入具体列举的人格权的保护范围。该款规定是为了弥补法律规定和人格权的具体列举所出现的不足。因此，当法律对此有明确规定时，应当首先适用法律的明确规定；虽然法律没有明确规定，但可以适用具体列举的人格权予以保护时，则应当适用具体的规定。这样，才能避免法律适用的不安定和不统一。

其次，被侵犯的人格权益是基于人身自由、人格尊严产生的，因此需要法律保护。人身自由，包括身体行动的自由和自主决定的自由，是自然人自主参加社会各项活动、参与各种社会关系、行使其他人身权和财产权的基本保障，是自然人行使其他一切权利的前提和基础。人格尊严，包括静态和消极的人格尊严以及动态和积极的人格尊严，也即人格形成和人格发展。人格尊严不受侵犯，是自然人作为人的基本条件之一，也是社会文明进步的一个基本标志。由于人身自由和人格尊严的含义非常广泛，所以也能够包含通常所说的人格独立和人格平等。人格尊严和人格自由所有的人格权都以人身自由和人格尊严为价值基础，是这两种价值的具体表现，以维护和实现人身自由和人格尊严为目的。人身自由和人格尊严是人格权获得法律保护的价值依据，也是认定新型人格权益的根本标准。人格权益是不断发展、变化的，随着社会的发展、科技的进步，必然会出现一些新的人格利益，这些利益能否适用人格权保护，缺乏必要的法律标准。而有了人身自由和人格尊严这一价值指引，新的人格权益就能得到识别和保护。可以说，人身自由和人格尊严是认定值得法律保护的新型人格权益的法律标准，正是通过它们的补充作用，人格权益具有了功能弹性，能包容新型的人格权益。因此，对人格权益而言，人身自由和人格尊严具有权利创设、价值指引和兜底保护等多重功能。

最后，只有自然人的人格权益才能通过本款予以保护，法人和非法人组织不能适用本款。

【实践中需要注意的问题】

应当注意的是，由于本条第1款列举了人格权的具体类型，而第2款规定了人格权益的一般条款，所以，人格权编第一章关于人格权的一般规定中，所出现的"人格权"这个语词，一般就包括了法律所明确列举的人格权，也包括了自然人所享有的除明确列举的人格权之外的，基于人身自由、人格尊严产生的其他人格权益。

第九百九十一条 【人格权受法律保护】

民事主体的人格权受法律保护，任何组织或者个人不得侵害。

【立法背景】

民事权利及其他合法权益受法律保护是民法的基本精神，是民事立法的出发点和落脚点。人格权作为民事权利及其他合法权益的一种，自然也是如此，因此，民事主体的人格权受法律保护。本条对此予以明确。

【条文精解】

人格权受法律保护，就要求任何组织或者个人不得侵犯。不得侵犯就是任何组织或者个人不得非法侵害、限制、剥夺他人的人格权，也不得干涉他人合法行使人格权，否则就要依据本法承担民事责任。民事主体按照自己的意愿依法保护和行使人格权，不受干涉。但这并非意味着民事主体的人格权可以毫无限制，是绝对自由的。当然，对人格权的限制，或者是基于法律的明确规定，或者是基于其他价值而在合理范围内予以限制，不得随意为之。

第九百九十二条 【人格权的人身专属性】

人格权不得放弃、转让或者继承。

【立法背景】

本条是关于人格权不得放弃、转让或者继承的规定。人格权只能为特定的权利人所享有，与权利主体不可分离。人格权具有人身专属性，是人格权与财产权的重要区别。本条对人格权的人身专属性予以明确，强调人格权不得放弃、转让或者继承。

【条文精解】

首先，人格权不得放弃。作为专属于权利人享有的权利，人格权始终由权利主体享有，禁止权利主体随意加以放弃。如果人格权被一般性地、概括地放弃，人格必然受到损害。对某项人格权的一般性放弃，如生命权，意味着他人可以任意剥夺其生命，这也是违背公序良俗的。

其次，人格权不得转让。人格权作为整体必须由权利人享有，而不能转让给他人。人格权不得转让，需要与许可他人使用姓名、名称、肖像等相区分。许可他人使用自己的姓名、名称、肖像等，人格权仍然属于权利主体，被许可使用的也仅仅是自己的姓名、名称和肖像等特定的人格要素或者人格标识，而非人格权的整体转让。

最后，人格权不得继承。能够被继承的只能是个人的合法财产，而不能是人格权。《民法典》第994条的规定，仅仅是死者的近亲属有权保护死者的姓名、肖像、名誉、荣誉、隐私、遗体等不被他人侵害，而并非是人格权的继承。

第九百九十三条 【姓名、名称、肖像等的许可使用】

民事主体可以将自己的姓名、名称、肖像等许可他人使用，但是依照法律规定或者根据其性质不得许可的除外。

【立法背景】

人格权本质上并非财产权，但是，随着经济社会的发展、科技进步以及大众传媒、广告行业的发达，一些人格权已经不再只是消极防御性的权利，对民事主体的姓名、名称和肖像等的许可使用已经成为现实和可能，现实中也有大量需求。例如，肖像权人允许公司使用其肖像作广告，姓名权人允许公司以自己的姓名作为公司名称。此种许可使用的现象日益增多，产生的纠纷也越来越多。经认真研究，本条对姓名、名称、肖像等的许可使用作出了明确规定。其目的在于回应社会发展、提升对人格尊严的保护水平，遏制不当的许可使用。

【条文精解】

在本条的适用中，首先要注意的是，许可他人使用，是许可他人在商品、商标或者服务等上面使用，因此，不包括他人正当使用别人的姓名等情形，姓名本身就是让他人使用的，否则无法发挥区别于他人的目的。同时，许可他人不仅仅限于以营利为目的的使用，也包括非以营利为目的的使用，如未经权利人同意而在教学楼上使用权利人的姓名等。

其次要注意的是，许可使用也是民事法律行为的一种，应当适用本法有关民事法律行为的一般性规定。

最后要注意的是，依照法律规定或者根据其性质不得许可使用的限制。本条基于人格尊严保护的要求，规定了对许可使用的限制，这为许可使用设置了界限，更有利于推进对人格尊严的保护，避免因许可使用而损害人格尊严。这些限制主要如下：（1）依照法律规定不得许可使用。例如，《人类辅助生殖技术管理办法》第3条第2款规定了医疗机构和医务人员不得实施任何形式的代孕技术。（2）根据其性质不得许可使用。这主要指的是人格尊严以及公序良俗的限制。许可使用的目的是更好地保护人格尊严，但是如果许可使用损及了人的存在，就背离了上述目的，不应当被允许，这主要指的是生命权、身体权和健康权等物质性的人格权，同时也包括名誉权等纯粹精神性的人格权。

第九百九十四条 【死者人格保护】

死者的姓名、肖像、名誉、荣誉、隐私、遗体等受到侵害的，其配偶、子女、父母有权依法请求行为人承担民事责任；死者没有配偶、子女且父母已经死亡的，其他近亲属有权依法请求行为人承担民事责任。

【立法背景】

为回应社会现实，本条借鉴既有的司法经验，参酌比较法，对死者的人格利益保护进行了明确规定。

【条文精解】

1. 适用本条的前提

第一，被侵害者已经死亡。如果被侵害者并未死亡，而是丧失民事行为能力的人，就不应适用本条，他们仍然具有民事权利能力，有权依法请求侵权人承担民事责任，不具有民事行为能力的，可以由监护人代理请求。

第二，死者的姓名、肖像、名誉、荣誉、隐私、遗体等受到侵害。这包括但不限于以下情形：（1）未经许可而擅自使用死者的姓名、肖像等；（2）以侮辱、诽谤、贬损、丑化等方式，侵害死者的名誉、荣誉；（3）以非法披露、利用等方式侵害死者的隐私和个人信息；（4）以非法利用、损害等方式侵害死者的遗体等。

2. 本条的具体适用

第一，有权提出请求的主体是近亲属。对此《民法典》第 1045 条第 2 款设有明文规定。如果对请求主体不加以限制，过于泛化，不利于社会关系的稳定。一般而言，近亲属与死者具有在共同生活中形成的感情、亲情或者特定的身份关系，最关心死者人格利益保护的问题，死者人格利益被侵害时受到的伤害最大、感到的痛苦最深，最需要慰藉和赔偿。因此，本条将请求主体限于近亲属。

第二，近亲属提出请求具有顺位限制。配偶、子女、父母是第一顺位，如果死者的配偶、子女或者父母存在的，则由配偶、子女和父母提出请求。在死者没有配偶、子女且父母已经死亡的情形中，其他近亲属有权提出请求。

第三，近亲属依法请求行为人承担民事责任。首先，"依法"意味着本条并非完全规范，近亲属请求行为人承担民事责任要符合法律规定的责任构成要件和责任后果。例如，请求行为人赔偿财产损失的，一般要符合《民法典》第 1165 条第 1 款的规定；赔偿数额，也应当适用《民法典》1182 条的规定。其次，"民事责任"包括所有的民事责任。死者的姓名、肖像、名誉、荣誉、隐私、遗体等受到侵害的，请求人当然有权依法请求行为人承担停止侵害、排除妨碍、消除危险、恢复名誉、消除影响和赔礼道歉等民事责任；但是，如果请求人遭受到了财产损失或者精神损害，也有权依法请求行为人承担赔偿损失的责任。

> **第九百九十五条 【人格权保护和不适用诉讼时效的人格权请求权类型】**
>
> 人格权受到侵害的,受害人有权依照本法和其他法律的规定请求行为人承担民事责任。受害人的停止侵害、排除妨碍、消除危险、消除影响、恢复名誉、赔礼道歉请求权,不适用诉讼时效的规定。

【立法背景】

《民法典》第 196 条第 1 项规定了请求停止侵害、排除妨碍、消除危险不适用诉讼时效的规定。侵害人格权、物权等权益所产生的这三类请求权,其构成都要求现实存在对权益的妨害和危险,行为或状态处于现实持续之中,对这种现实存在的妨害和危险无需考虑之前的事实状况,且在侵害人格权的情形中,这三类请求权对于维持人格完整性至关重要,故本款据此进一步明确规定,因人格权受侵害而提出的停止侵害、排除妨碍、消除危险请求权,不适用诉讼时效的规定。同时增加消除影响、恢复名誉、赔礼道歉请求权,也不适用诉讼时效的规定。

【条文精解】

本条第一句规定,人格权受到侵害的,受害人有权依照本法和其他法律的规定请求行为人承担民事责任。但是,具体的责任构成要件和责任后果由本法和其他法律规定。本法所规定的违约责任、侵权责任等都涉及对人格权的保护,当人格权受到侵害时,受害人有权依照本法的这些规定请求行为人承担相应的民事责任。

其他法律也有规定对于侵犯人格权的具体责任构成要件和责任后果作出明确规定。例如,道路交通安全法、铁路法、民用航空法对交通事故责任作了规定;产品质量法、药品管理法、消费者权益保护法中对产品责任作了规定。这些都可能会涉及侵害人格权的具体责任构成和责任后果。

根据《民法典》第 179 条第 1 款的规定,侵害人格权的民事责任具体承担方式包括多种,最主要的是恢复原状、赔偿损失和支付违约金等损害赔偿责任。为了进一步加强对人格权的保护,侵害人格权的民事责任承担方式还包括停止侵害、排除妨碍、消除危险等防御性的责任方式。理论上,就其与侵权责任的关系,有的认为是侵权责任的具体方式,有的将之称为不同于侵权责任请求权的绝对权请求权。无论是认为这些防御性的请求权是独立的请求权,抑或是侵权责任请求权的一种,但共识在于,这些防御性的请求权与侵权损害赔偿请求权不同，目的存在差别，在构成上不要求过错和损害。

根据本条第二句规定，受害人因人格权受侵害而提出的停止侵害、排除妨碍、消除危险、消除影响、恢复名誉、赔礼道歉请求权，不适用诉讼时效的规定。民法典总则编第九章规定了诉讼时效，在侵害人格权的情形中，损害赔偿请求权应当适用诉讼时效。

《民法典》第196条第1项规定请求停止侵害、排除妨碍、消除危险不适用诉讼时效。侵害人格权、物权等权益所产生的这三类请求权，其构成都要求现实存在对权益的妨害和危险，行为或状态处于现实持续之中，对这种现实存在的妨害和危险无需考虑之前的事实状况，且在侵害人格权的情形中，这三类请求权对于维持人格完整性至关重要，故本款据此进一步明确规定，因人格权受侵害而提出的停止侵害、排除妨碍、消除危险请求权，不适用诉讼时效的规定。关于消除影响、恢复名誉、赔礼道歉请求权，有很多意见认为不适用诉讼时效的规定，但也有意见认为应当适用诉讼时效的规定。经认真研究，吸收了多数人的意见，规定消除影响、恢复名誉、赔礼道歉请求权，也不适用诉讼时效的规定。对很长时间之前发生的侵害人格权行为，如受害人认为对自身仍然有影响，有消除影响和恢复名誉的必要，可以不受诉讼时效期间的限制提出消除影响、恢复名誉、赔礼道歉请求权，以加强对人格权的保护。

【实践中需要注意的问题】

《民法典》第191条仅规定未成年人遭受性侵害的损害赔偿请求权的诉讼时效期间，自受害人年满18周岁之日起计算。因此，未成年人遭受性侵害所产生的不同于损害赔偿请求权的其他请求权，也应当适用本条规定。

第九百九十六条 【损害人格权责任竞合情形下的精神损害赔偿】

因当事人一方的违约行为，损害对方人格权并造成严重精神损害，受损害方选择请求其承担违约责任的，不影响受损害方请求精神损害赔偿。

【立法背景】

比较法上多认为在责任竞合的情况下，精神损害赔偿也可以在违约责任中主张。经认真研究，反复斟酌，在违约责任与侵权责任存在竞合的情形中，允许受损害方请求行为人承担违约责任时，可以在违约责任请求中请求精神损害赔偿，有利于为受害人提供不同救济渠道的选择，拓展在此类情形下精神损害的救济方法，符合加强人格权保护的比较法发展趋势，是一个重要的进步。

【条文精解】

精神损害赔偿，是受害人因人格利益或身份利益受到损害或者遭受精神痛苦而获得的金钱赔偿。侵害人格权的情形中，经常会产生违约责任和侵权责任的竞合，受害人因此遭受到严重的精神损害。典型情形就是加害给付。

合同义务中也包括了对当事人的人格权这种固有利益予以保护的义务，不履行此种合同义务，就应当对此承担违约责任，但也可能会同时要承担侵权责任。侵权责任与违约责任在构成要件、举证责任、法律后果等方面存在着相当的差别，在目前的实践中，一般认为违约赔偿损失的责任不包括精神损害赔偿。因此，对于精神损害，如果受损害方选择请求违约方承担违约责任，其无法请求精神损害赔偿；相反，如果受损害方选择请求违约方承担侵权责任，虽然可以请求精神损害赔偿，但受害人必须放弃主张违约责任，如违约金、定金条款的主张以及举证责任的便利等，不利于保护人格权受害人的利益。但是，损害赔偿的基本宗旨在于填补当事人遭受的损害，其中也包括精神损害，毕竟是同一行为导致了精神损害，受损害方不同的选择不应导致结果上的不同，并且这会导致受损害方必须要在对其都有所不利的请求权中选择，难以获得周全的救济，不利于受损害方的人格权保护。

适用本条的前提，首先是损害人格权的违约责任和侵权责任的竞合。这要求当事人一方的违约行为同时构成了损害对方人格权的侵权行为。其次是因当事人一方的违约行为损害对方自然人的人格权并造成严重精神损害。本条的适用要符合《民法典》第1183条第1款的规定。最后是受损害方选择请求违约方承担违约责任。责任竞合的情形中，依据《民法典》第186条的规定，受损害方有权选择请求其承担违约责任或者侵权责任。只有在受损害方选择请求违约方承担违约责任时，才有本条的适用。如果受损害方选择请求违约方承担侵权责任，则可以直接依据《民法典》第1183条第1款的规定，请求精神损害赔偿，无需适用本条。

【实践中需要注意的问题】

适用本条的法律后果是，不影响受损害方请求精神损害赔偿。这意味着，受损害方请求行为人承担违约责任时，可以请求违约方承担精神损害赔偿责任。此时，第一，受损害方应当证明行为人不履行合同义务或者履行合同义务不符合约定，同时也应当证明行为人的违约行为损害了自己的人格权并造成严重精神损害。第二，与侵权责任中的情形相同，确定精神损害赔偿的数额应当考虑行为人的主观过错程度，侵害的手段、场合、行为方式等具体情节，侵权行为所造成的后果等情形。随着社会经济的发展变化，精神损害赔偿的数额也会随之发生变化。第三，要适用《民法典》第577条以下关于违约责任的规定，尤其是关于违约责任的限制性规定。如《民法典》第584条规定的可预见性规则、第590条的不可抗力免责规则、第591条的减损规则、第592条第2款的与有过错规则等，这些规则能够防止精神损害赔偿的范围过于宽泛。

第九百九十七条 【申请人民法院责令行为人停止侵害人格权行为】

民事主体有证据证明行为人正在实施或者即将实施侵害其人格权的违法行为，不及时制止将使其合法权益受到难以弥补的损害的，有权依法向人民法院申请采取责令行为人停止有关行为的措施。

【立法背景】

侵害人格权的一些行为，如果无法及时被制止，尤其是当前的网络时代，其损害后果不可逆转，甚至造成难以弥补的损害。因此，对于人格权保护而言，事前预防比事后救济更加重要。为实现对人格权更有力的保护，不必然伴随着之后通过诉讼程序请求人民法院判决，使得权利人通过除请求人民法院判决之外的其他程序较为方便地获得及时救济，避免和预防人格权侵害行为造成损害的发生和扩大，本条规定了权利人申请人民法院责令行为人停止有关行为的措施的权利。

【条文精解】

适用本条的前提，首先是行为人正在实施或者即将实施侵害其人格权的违法行为。行为人即将实施侵害其人格权的违法行为，是指未来有可能发生侵害人格权的现实危险，例如，法院可依法禁止侵害他人名誉权的文章刊载。其次，不及时制止将使权利人的合法权益受到难以弥补的损害的。这主要是指，不及时制止行为人正在实施或者即将实施侵害其人格权的行为，则权利人的合法权益受到的损害具有不可逆性，难以通过其他方式予以弥补，事后的恢复已经属于不可能或者极为困难。最后，民事主体有证据证明。民事主体必须提出相关的证据，证明已经具备了申请责令停止有关行为的前提条件，即行为人正在实施或者即将实施侵害其人格权的行为，不及时制止将使其合法权益受到难以弥补的损害。由于涉及行为人的行为自由，因此，通过除请求人民法院判决之外的其他程序，向人民法院申请采取责令行为人停止有关行为的措施，为避免过分损害被申请人的行为自由，应当达到有证据能够使人相信，行为人正在实施或者即将实施侵害其人格权的行为，并且不及时制止将使其合法权益受到难以弥补的损害，人民法院结合当事人的说明及相关证据，认为有关事实存在的可能性较大的，此时可以采取措施。

本条适用的法律效果是，权利人有权依法向人民法院申请采取责令行为人停止有关行为的措施。首先，权利人必须是向人民法院提出申请，申请的内容也必须具体明确，包括明确的对方当事人、申请采取的具体措施等。其次，申请的程序要依照法律的规定。本条规定的是通过除请求人民法院判决之外的其他程序，申请人民法院采取责令行为人停止有关行为的措施，且仅规定了此种申请的实体法基础。如何通过程序而具体实现，其他法律对此有规定的，应当适用其他法律的规定。

应当注意的是，人民法院采取的措施应当符合比例原则，根据所欲追求的合法目的，其所采取的措施是合理的。例如，持续性的责令行为人停止有关行为，可以根据保护人格权的必要程度而有一定的合理期限限制。

第九百九十八条 【认定行为人承担责任时的考量因素】

认定行为人承担侵害除生命权、身体权和健康权外的人格权的民事责任，应当考虑行为人和受害人的职业、影响范围、过错程度，以及行为的目的、方式、后果等因素。

【立法背景】

保护人格权是尊重和保护人格尊严的要求。但是，如果对人格权的保护过于绝对和宽泛，则难免会产生与其他权利，如新闻报道权等的冲突。人格权保护的价值并非在所有情形中，总是一般性地、抽象地高于其他价值，而必须在个案和具体情形中对所有这些价值进行综合权衡。尽管承认个案中权衡的必要性，仍然会出现如何对个案权衡进行合理限制，以实现同等情况同等对待的裁判统一性的要求。

在人格权保护中，比较法多采取动态系统理论，即通过立法划出寻求合理解决方案时的相关考量因素，在个案适用时则需要对各个因素进行综合考量，具体结果取决于各个考量因素相比较后的综合权衡，此时，摆脱了僵硬的全有或者全无的方式，由此实现弹性而非固定、开放而非封闭的方式。

经研究，为妥当平衡好人格权保护和其他权利之间的关系，本条规定了认定行为人承担侵害人格权责任时的考量因素。

【条文精解】

1. 适用本条的人格权范围

生命权、身体权和健康权是自然人赖以生存的最基本的人格权，具有特殊性和最重要性，对这些权利应当进行最高程度的保护，据此，本条排除了在认定侵害生命权、身体权和健康权是否需要承担民事责任时的权衡，体现了对此类人格权的特殊保护。但是，对生命权、身体权和健康权之外的人格权的保护，有必要进行妥当的权衡。

2. 对具体考量因素的把握

首先，主体方面的因素。本条所规定的"行为人和受害人的职业、影响范围"就是关于主体方面因素的一些列举。在行为人方面，如果行为人从事新闻报道和舆论监督的职业，则必须协调新闻报道、舆论监督与人格权保护之间的关系，认定行为人构成侵害人格权，需要更为谨慎的权衡。如果行为人是具有较大社会影响力的人物，其行为应当比普通行为人更为谨慎一些。

受害人方面的因素，则更为复杂：（1）受害人是自然人还是法人或者非法人组织。如果受害人是法人或者非法人组织，需要特别考虑它们的社会功能和公开性、透明性等因素。（2）法人或者非法人组织的不同类型。对营利性、非营利性和特别法人类型以及每种类型内更具体的类型，要予以更为细致的考量。（3）是否是公众人物以及何种类型的公众人物。（4）特殊主体。例如，未成年人、残疾人这些特殊主体，人格权保护的程度可能就会较高。

其次，主观的过错程度。主观过错程度越高，则越可能构成侵害人格权而承担民事责任。但在主观过错程度较低的情况下，要更为谨慎。

最后，行为方面的因素。本条所规定的"行为的目的、方式、后果"是对行为方面因素的列举，这包括诸多可以被考量的因素。例如：（1）目的。行为的目的是新闻报道或者舆论监督，涉及公共性的议题，则应受到更多的保护。（2）方式。是自己创作还是转载，是主动提供新闻材料还是被动采访而提供新闻材料，是创作新闻作品、批评作品还是文学作品，在认定中都要采取不同的标准。（3）后果。造成人格权受侵权的程度越高，人格权受保护的强度就越大。对社会通常行为造成的人格权的轻微损害，权利人要负有社会通常容忍的义务。此时还要考虑行为的时间。

为了在具体情形中进一步明确，民法典据此作出了一些更为具体的规定。例如，其第 1000 条第 1 款、第 1020 条、第 1026 条等规定。

【实践中需要注意的问题】

在认定行为人承担侵害人格权的民事责任时，无论是关于责任构成，还是责任后果，都需要对上述因素进行综合考量，各个具体因素之间也会强度互补。

第九百九十九条 【特定人格利益的合理使用】

为公共利益实施新闻报道、舆论监督等行为的，可以合理使用民事主体的姓名、名称、肖像、个人信息等；使用不合理侵害民事主体人格权的，应当依法承担民事责任。

【立法背景】

为遵循宪法精神，合理平衡新闻报道、舆论监督与人格权保护之间的关系，本条对实施新闻报道、舆论监督等行为时使用民事主体特定人格利益作出了规定。

【条文精解】

本条首先规定，为公共利益实施新闻报道、舆论监督等行为的，可以合理使用民事主体的姓名、名称、肖像、个人信息等。新闻报道是新闻单位对新近发生的事实的报道，包括有关政治、经济、军事、外交等社会公共事务的报道以及有关社会突发事件的报道。舆论监督是社会公众运用各种传播媒介对社会运行过程中出现的现象表达信念、意见和态度，从而进行监督的活动。舆论监督与新闻报道有密切的关系，但两者存在不同。新闻不一定是舆论，新闻报道只是传播意见进而形成舆论的工具；新闻单位通过报道进行的监督仅是舆论监督的一种，舆论只是借助于传播工具实现其监督的目的。在新闻报道和舆论监督中，为了保障人民的知情权、维护国家利益和社会公共利益，可以合理使用民事主体的姓名、名称、肖像、个人信息等，无需民事主体的同意。

据此，民法典作出了一些具体规定。例如，第 1020 条第 2 项、第 5 项和第 1036 条第 3 项的规定。

本条同时明确，实施新闻报道、舆论监督等行为的，对民事主体的姓名、名称、肖像、个人信息等使用不合理侵害民事主体人格权的，应当依法承担民事责任。虽然在新闻报道和舆论监督中，可以不经民事主体的同意，使用其姓名、名称、肖像、个人信息等，但是，为了保护民事主体的人格权，这种使用必须是合理的。此时，应当依据《民法典》第 998 条的规定，综合考量权衡多种因素，运用比例原则，分析目的是否妥当、使用是否有助于实现目的、使用是否是在必要范围内等，对使用是否具有合理性作出判断。如果经判断认为使用是不合理的，则应当依法承担民事责任。

第一千条 【消除影响、恢复名誉、赔礼道歉等责任方式】

行为人因侵害人格权承担消除影响、恢复名誉、赔礼道歉等民事责任的，应当与行为的具体方式和造成的影响范围相当。

行为人拒不承担前款规定的民事责任的，人民法院可以采取在报刊、网络等媒体上发布公告或者公布生效裁判文书等方式执行，产生的费用由行为人负担。

【立法背景】

消除影响、恢复名誉、赔礼道歉，能够防止财产损失、精神损害的扩大或者进一步发生，弥补受害人所遭受的精神痛苦，类似于精神上的恢复原状，符合我国的传统文化，连接了法律与道德。多年来，无论在立法上还是在司法实践中，均被证明是行之有效的针对人格权侵害的救济形式，实践中被广泛采用。

【条文精解】

本条第 1 款首先明确，行为人因侵害人格权承担消除影响、恢复名誉、赔礼道歉等民事责任的，应当与行为的具体方式和造成的影响范围相当。这意味着，首先在是否适用这些民事责任时，应当考虑到侵害人格权行为的具体方式和造成的影响范围。在考虑行为的具体方式和造成的影响范围时，应当将被侵权人的心理感受及所受煎熬、痛苦的程度纳入考虑范围。例如，如果被侵权人极度痛苦，而赔偿损失、消除影响和恢复名誉这些责任方式不足够的，可以判决行为人承担赔礼道歉这种民事责任。其次，这些民事责任的具体方式也应当考量行为的具体方式和造成的影响范围。在通常情况下，如果是在特定单位内传播侵害人格权的信息的，应当在特定单位内予以消除影响、恢复名誉、赔礼道歉。如果是在特定网络媒体上传播侵权信息的，应当在该网络媒体上予以澄清事实；而在特定网络媒体上传播的侵权信息又被其他网络媒体转载的，也可以考虑在其他网络媒体上予以澄清事实。

当人民法院作出判决后，行为人拒不消除影响、恢复名誉、赔礼道歉的，依然存在如何执行的问题。目前，对于消除影响和恢复名誉而言，执行并不是难题。民事诉讼法对此规定了替代执行措施，第252条和255条设有明文规定。但是，赔礼道歉与行为人的自由有着密切关系。赔礼道歉当然可以缓解人格权被侵犯主体的精神痛苦，具有弥补损害的功能。但应该看到，赔礼道歉包含认错并向对方表示歉意的内涵，这涉及行为人内在的精神自由，也涉及纯粹消极层面的不表达的自由。因此，对于受害人或者法院以被告名义拟定道歉启事并予以公布这种道歉广告或者道歉启事方式，是否符合比例原则存在争议。

就我国的司法实践而言，最高人民法院《关于审理名誉权案件若干问题的解答》中规定，侵权人拒不执行生效判决，不为对方恢复名誉、消除影响的，人民法院可以采取公告、登报等方式，将判决的主要内容和有关情况公布于众，费用由被执行人负担。最高人民法院《关于审理利用信息网络侵害人身权益民事纠纷案件适用法律若干问题的规定》中也明确规定，侵权人拒不履行的，人民法院可以采取在网络上发布公告或者公布裁判文书等合理的方式执行，由此产生的费用由侵权人承担。此时，并非采取受害人或者法院以被告名义拟定道歉启事并予以公布这种道歉广告或者道歉启事方式，而是采取在报刊、网络等媒体上发布公告或者公布生效裁判文书这种替代方式。这种替代方式将对行为人内在精神自由和不表达自由的限制转变为了对行为人财产权的限制，符合最小损害的比例原则精神，有助于实现消除影响、恢复名誉的客观效果。

根据第2款规定，对行为人拒不承担消除影响、恢复名誉、赔礼道歉民事责任的，执行的方式是在报刊、网络等媒体上发布公告或者公布生效裁判文书等方式。但是，在报刊、网络等媒体上发布公告或者公布生效裁判文书仅仅是执行的例示方式，除了此种方式之外，还有一个"等"字，以涵盖其他执行方式，人民法院可以根据案件的具体情况，采取合理的其他执行方式。

【实践中需要注意的问题】

对于本条第 2 款规定，需要注意，人民法院是"可以"而非"应当"采取。鉴于侵害人格权的情形较为复杂，有时发布公告或者公布裁判文书可能会导致后续的损害，因此，赋予人民法院根据情况加以酌定处理的必要。

第一千零一条 【身份权利保护的参照适用】

对自然人因婚姻家庭关系等产生的身份权利的保护，适用本法第一编、第五编和其他法律的相关规定；没有规定的，可以根据其性质参照适用本编人格权保护的有关规定。

【立法背景】

立法过程中，有观点提出，自然人因婚姻家庭关系产生的身份权利，与人格权在保护上具有一定相似性，对这些身份权利的保护，除了适用婚姻家庭编的规定外，还应当参照适用人格权保护的相关规定。经研究，为完善身份权利的保护，体现民法典编纂的体系性，本条规定，对自然人因婚姻家庭关系等产生的身份权利的保护，适用本法第一编、第五编和其他法律的相关规定；没有规定的，可以根据其性质参照适用本编人格权保护的有关规定。

【条文精解】

因婚姻家庭关系等产生的身份权利，包括自然人因婚姻关系产生的身份权利和因家庭关系产生的身份权利。前者是夫妻之间的身份权利；后者是因家庭关系产生的身份权利，例如父母对子女的亲权和履行监护职责产生的权利。

根据本条规定，对自然人因婚姻家庭关系等产生的身份权利的保护，按下列情形适用法律：

首先，应当适用民法典总则编、婚姻家庭编和其他法律的相关规定。

其次，没有特别规定的，本编人格权保护的有关规定可以被参照适用于身份权利的保护。在对身份权利的保护没有明确的特殊规定时，可以根据其性质参照适用人格权保护的规定以弥补保护的漏洞，这有助于通过人格权保护的规定补充完善身份权利的保护。例如，《民法典》第 990 条第 2 款、第 995 条、第 996 条、第 997 条、第 998 条、第 999 条、第 1000 条等。

再次，能够被参照适用于身份权利保护的只能是本编人格权保护的有关规定。例如,《民法典》第993条规定的特定人格权的许可使用规则并非人格权保护的规定,而是关于特定人格利益许可使用的规定。但是,在身份权利中,不存在此种许可使用的问题,因此也不存在参照适用的可能性。

最后,人格权保护的规定是被参照适用而非直接适用于身份权利的保护。人格权的保护不是以保护身份权利为出发点,而是以保护个人的人身自由和人格尊严为基本价值追求,与身份权利以保护婚姻和家庭共同体的价值追求不同。

第二章　生命权、身体权和健康权

第一千零二条 【生命权】

自然人享有生命权。自然人的生命安全和生命尊严受法律保护。任何组织或者个人不得侵害他人的生命权。

【立法背景】

本条是关于生命权的规定。生命权,是指自然人享有的以维护生命安全和生命尊严为内容的权利。《民法通则》第98条规定,公民享有生命健康权。但是,因为生命权和健康权在权利内容上存在区别,并且生命的丧失不可逆转,因此《侵权责任法》第2条第2款已经将生命权和健康权区分为两种不同的民事权利予以规定。本法延续了侵权责任法的规定,区分规定生命权和健康权。

【条文精解】

本条首先明确,自然人享有生命权。自然人只有享有生命权,才能作为一个主体在社会中生存并与他人交往,追求自己存在的价值。生命权是自然人最为重要的人格权,是其他人格权和其他权利的前提,是从事民事活动和其他一切活动的前提和基本要求。

其次,本条规定,生命权的内容是生命安全和生命尊严受法律保护。在自然人的生命权遭受侵害或者面临危险时,权利人可以依法采取相应的保护措施，以维护自己的生命安全。生命尊严受法律保护，是指自然人有权基于人格尊严，在消极意义上禁止他人侵害自己作为生命主体者的尊严，在积极意义上要求自己作为生命主体者的尊严获得应有的尊重，提升生命的尊严和品质。生命尊严使得生命权的保障在生命安全之外，扩展到生命过程中生命主体者的尊严获得应有的尊重。

最后，本条从反面进一步规定，任何组织或者个人不得侵害他人的生命权。不能把自然人的生命作为实现其他目的的手段，任何人都不得非法剥夺他人的生命。

【实践中需要注意的问题】

本条仅规定了生命安全和生命尊严受法律保护，但并未承认决定自己生命的权利，任意地决定自己的生命是违背公序良俗的。

第一千零三条 【身体权】

自然人享有身体权。自然人的身体完整和行动自由受法律保护。任何组织或者个人不得侵害他人的身体权。

【立法背景】

自然人的身体权是自然人重要的人格权。作为生命的载体，自然人的身体受法律保护，任何人不得侵害。《民法典》第110条第1款将身体权作为独立的人格权，本条在此强调对身体权的保护。

【条文精解】

身体权，是指自然人享有的以身体完整和行动自由受法律保护为内容的权利。身体权与生命权、健康权密切相关，侵害自然人的身体往往导致对自然人健康的损害，甚至剥夺自然人的生命。但生命权、健康权和身体权所保护的自然人的具体人格利益有区别，生命权以保护自然人生命的延续为内容之一，健康权以保护身体各组织及整体功能正常为内容之一，而身体权以保护身体组织的完整为内容之一。当他人侵害自然人的身体已经达到使自然人的组织和功能不正常时，侵害的是自然人的健康权，而非身体权；当他人侵害自然人的身体，但未侵害自然人的组织和功能正常时，侵害的仅是自然人的身体权，而非健康权。

依照本条规定，身体权的内容是身体完整和行动自由受法律保护。任何组织或者个人不得侵害他人的身体权。侵害身体权的行为是多样的。身体包括头颈、躯干、四肢、器官以及毛发指甲等各种人体细胞、人体组织、人体器官等，例如剪掉头发或者眉毛，构成了对身体权的侵害。

【实践中需要注意的问题】

应当注意的是，虽然自然人死亡之后就不再享有身体权，但是，自然人死亡后的遗体、遗骨和骨灰也应当受到尊重。

第一千零四条【健康权】

自然人享有健康权。自然人的身心健康受法律保护。任何组织或者个人不得侵害他人的健康权。

【立法背景】

《民法典》第110条规定，自然人享有健康权，本条在此对健康权的内容予以明确。

【条文精解】

健康权是自然人享有的以身心健康受法律保护为内容的权利，是自然人重要的人格权。本条规定的健康权是民事权利。国家对于公民健康，在公法意义上的保护义务是通过其他法律予以实现的。

本条首先明确健康权的内容是身心健康受法律保护。身心健康包括身体健康和心理健康。本条从反面进一步规定，任何组织或者个人不得侵害他人的健康权。因此，任何组织或者个人不得以殴打、推搡、撞击、撕咬、肉体折磨、威吓、精神折磨或者不作为等方式侵害他人的健康权。

【实践中需要注意的问题】

值得注意的是，本条所说的健康包括身体健康和心理健康，但不包括一个人在社会适应方面的良好状态以及道德健康等。作为身心统一体的人，身体和心理是紧密依存的两个方面，身体健康和心理健康具有密切的联系。

第一千零五条 【法定救助义务】

自然人的生命权、身体权、健康权受到侵害或者处于其他危难情形的，负有法定救助义务的组织或者个人应当及时施救。

【立法背景】

为了保护自然人的生命权、身体权和健康权，弘扬社会主义核心价值观，在自然人的生命权、身体权、健康权受到侵害或者处于其他危难情形中，法律应当鼓励和支持对自然人的适当救助。这种鼓励和支持体现在两个层面：第一，对不负有法定救助义务的救助人的保护。对此，《民法典》第183条和第184条设有明文规定。第二，规定特定主体在特定情况下的积极救助义务。本条即规定了在自然人的生命权、身体权、健康权受到侵害或者处于其他危难情形中特定主体的救助义务。

【条文精解】

本条适用的前提，首先是自然人的生命权、身体权、健康权受到侵害或者处于其他危难情形。只有在自然人的生命权、身体权、健康权处于非常紧急的需要救助的情形，不立即实施救助将会使得自然人的生命、身体或者健康遭受重大的损害时，才可能存在法定的救助义务，此时要考虑到急迫性、危险性、其他救助措施获得的难度等因素。

其次是特定的组织或者个人负有法定的救助义务。关于法定救助义务的范围的确定，经认真研究，为避免道德义务和法律义务的混淆而提出过高的行为要求，本条将负有救助义务限定在法律规定的前提下。法律对救助义务的规定，包括两种：第一种是条文中明确规定了救助义务。例如，《民法典》第822条、《执业医师法》第24条、《医疗机构管理条例》第31条的规定等。第二种是法律虽然没有明确规定救助义务，但规定中包含了救助义务。例如，《民法典》第942条第1款、第1198条等规定。

本条适用的法律效果是，负有法定救助义务的组织或者个人应当及时施救。首先应当是及时施救，不得以未付费等为由拒绝或者拖延救助。其次，施救的措施包括亲自救助或者通过联系国家机关、急救机构等方式。

第一千零六条 【人体捐献】

完全民事行为能力人有权依法自主决定无偿捐献其人体细胞、人体组织、人体器官、遗体。任何组织或者个人不得强迫、欺骗、利诱其捐献。

完全民事行为能力人依据前款规定同意捐献的，应当采用书面形式，也可以订立遗嘱。

自然人生前未表示不同意捐献的，该自然人死亡后，其配偶、成年子女、父母可以共同决定捐献，决定捐献应当采用书面形式。

【立法背景】

捐献的人体可以用于移植，也可能用于医学研究。经研究，考虑到遗体捐献有利于医学研究和救治他人，应当予以鼓励。为了给人体捐献和移植提供一个有序的、符合伦理标准并且可接受的框架，规范人体捐献，保证医疗质量，保障人体健康，发扬人道主义精神，引导民众移风易俗，促进社会主义物质文明和精神文明建设，有利于移植临床救治和医学的发展，为目前的有关规定提供效力层级较高的规范基础，在综合考虑多方面意见的基础上，本法吸收了国务院人体器官移植条例的相关内容，借鉴比较立法例，对人体捐献予以规定，并设定了严格的条件。

【条文精解】

人体捐献包括人体细胞的捐献、人体组织的捐献、人体器官的捐献、遗体的捐献等。人体由有机质和无机质构成细胞，由细胞与细胞间质组成组织，由组织构成器官。

本条规定的主要内容如下：

第一，自然人享有捐献或者不捐献人体细胞、人体组织、人体器官和遗体的自主决定权。人体捐献与自然人的人格尊严密切相关，获得人体捐赠者的同意是人体捐赠最为重要的前提。

第二，人体捐献的意愿必须真实合法，任何组织或者个人不得强迫、欺骗、利诱捐献。人体捐献意愿必须是捐献人的真实意愿，捐献意愿不是因为强迫、欺骗、利诱而做出的。

同时，人体捐献的意愿也必须是合法的，不得违反法律规定和违背公序良俗。例如，基于医学伦理原则，捐献不得危及捐献人自身的生命或者严重损害捐献人自身的健康，以防止出现职业捐献者群体和变相的买卖，这是从维护捐献者的人格尊严和身体健康出发，对其捐献行为的限制。

第三，完全民事行为能力人才有权依法自主决定。人体捐赠者必须对捐赠行为具有充分的判断和辨认能力，这要求捐赠者必须具备完全的民事行为能力。未成年人以及不能辨认或者完全辨认自己行为的成年人这些限制民事行为能力人和无民事行为能力人，不能作出人体捐献的有效同意。

应当注意的是，关于不具有完全民事行为人的人体捐献，受到了严格的控制。据此，未成年人和其他不具有完全民事行为能力人的活体人体细胞、人体组织、人体器官一般不得被捐献用于移植。因此，在本条的适用中，需要注意，在做出活体捐献时，本条中的完全民事行为人不包括《民法典》第18条第2款规定的情形，即16周岁以上的未成年人，以自己的劳动收入为主要生活来源的，视为完全民事行为能力人。

第四，完全民事行为能力人依据前款规定同意捐献的，应当采用书面形式，也可以订立遗嘱。捐献可能对人体造成损害，涉及生命权、身体权、健康权等最基本的人格权利，同时要确定捐献的意愿是真实的，因此应当对同意捐献的形式做严格限制。同时，考虑到通常在遗嘱中表达死体捐献的意愿，民法典继承编对遗嘱的形式进行了严格的限定，足以确保捐献意愿的真实，因此，本条规定，同意捐献除了采取书面形式外，也可以订立遗嘱。

第五，自然人生前未表示不同意捐献的，该自然人死亡后，其配偶、成年子女、父母可以共同决定捐献，决定捐献应当采用书面形式。从世界上来看，关于死体捐献有两种方式：一种方式是明确同意方式，即死者必须在生前依法表示了同意捐献的意愿；另一种方式是推测同意方式，即只要死者没有在生前表示不同意捐献的意愿，其配偶、成年子女、父母就可以捐献。我国的人体器官捐赠条例采取了后一种方式。经研究，死体捐献不会对捐献者的生命或者健康造成严重损害，且能够发扬人道主义精神，引导民众移风易俗，促进社会主义物质文明和精神文明建设，有利于移植临床救治和医学的发展，本条延续了现有的规定，采取了推测同意方式。

据此，如果自然人生前表示不同意捐献的，应当尊重自然人的自主决定权，其他任何人，包括配偶、成年子女、父母，都不能在自然人死亡后同意捐献。但是，如果自然人生前未表示不同意捐献，该自然人死亡后，其配偶、成年子女、父母可以共同决定捐献。

【实践中需要注意的问题】

应当注意的是，死体捐献和活体捐献在很多问题上都是不同的。活体捐献要受到严格的限制，死体捐献受到的限制相比较而言要少一些。

第一千零七条 【禁止买卖人体】

禁止以任何形式买卖人体细胞、人体组织、人体器官、遗体。

违反前款规定的买卖行为无效。

【立法背景】

基于人格尊严的理念，每一个自然人的身体应当受到尊重，避免仅仅将人体组成部分作为客体；同时，在实践中，人体的买卖很可能会不公平地利用最贫穷和最脆弱的群体，导致牟取暴利和贩卖人口。据此，本条对禁止人体买卖作出规定。

【条文精解】

本条首先明确，人体捐赠只能是无偿的，禁止以任何形式买卖人体细胞、人体组织、人体器官、遗体。买卖人体的形式在实践中多种多样，任何形式只要构成实质上的买卖，都应当被禁止。

本条进一步明确，违反前款规定的买卖行为无效。《民法典》第153条规定，违反法律、行政法规的强制性规定或者违背公序良俗的民事法律行为无效。据此，本条进一步明确，上述买卖行为是无效的，违反第1款的规定必然导致民事法律行为无效，第1款规定不属于《民法典》第153条第1款中的"但是该强制性规定不导致该民事法律行为无效的除外"。如果买卖行为无效，买方无权请求卖方承担违约责任。如果买卖的人体组成部分已经被移植，此时就属于《民法典》第157条中规定的不能返还的情形。这并不影响行为人依据法律的规定承担行政责任和刑事责任。

【实践中需要注意的问题】

应当注意的是，应将人体买卖和依据法律规定对捐赠人或者其近亲属的补偿或者救助、各种成本的补偿区分开。

第一千零八条 【人体临床试验】

为研制新药、医疗器械或者发展新的预防和治疗方法，需要进行临床试验的，应当依法经相关主管部门批准并经伦理委员会审查同意，向受试者或者受试者的监护人告知试验目的、用途和可能产生的风险等详细情况，并经其书面同意。

进行临床试验的，不得向受试者收取试验费用。

【立法背景】

人体临床试验，又称为人体试验，是指在病人或健康志愿者等受试者的人体上进行系统性研究，以了解新药、医疗器械或者发展新的预防和治疗方法的疗效与安全性。为研制新药、医疗器械或者发展新的预防和治疗方法，在研发阶段时，通常会先进行动物试验，动物试验通过之后进行人体试验。人体试验是确保其有效性和安全性必不可少的环节，对促进医疗科研事业的发展意义重大，因此，允许开展人体试验活动是必要的。但是，人体试验关系到受试者的生命健康，涉及其人格尊严，要符合伦理要求，有必要对此设定较为严格的条件。

经研究，为了保护人的生命和健康，维护受试者的人格尊严，尊重和保护受试者的合法权益，促进人体临床试验的规范开展，在综合考虑多方面意见的基础上，民法典吸收了相关规定内容，对人体试验予以规定。

【条文精解】

本条规定的主要内容如下：

第一，人体临床试验应当依法经相关主管部门批准并经伦理委员会审查同意。例如，《疫苗管理法》第16条第1款规定："开展疫苗临床试验，应当经国务院药品监督管理部门依法批准。"同时，伦理委员会是保障受试者权益的主要措施之一。关于伦理委员会的职责、组成、伦理审查的具体程序、监督管理等问题，由特别法予以规定。

第二，受试者享有是否参加试验的自主决定权。基于受试者的人格尊严，尊重和保护受试者的合法权益，应当尊重和保障受试者是否参加研究的自主决定权。同时，应当允许受试者在任何阶段无条件退出研究。

第三，受试者同意参加临床试验的意愿必须真实合法。这首先意味着任何组织或者个人不得使用欺骗、利诱、胁迫等手段使受试者同意参加研究。其次意味着，应当依法告知试验目的、用途和可能产生的风险等详细情况，以使得受试者充分了解后表达同意的意愿。

第四，知情同意权由受试者或者监护人依法行使。如果受试者是完全民事行为能力人，能够单独有效地行使知情同意权。但是，在受试者不具备完全的民事行为能力时，情况比较复杂，本法仅做出了原则性规定，具体由特别法进一步规定。基本的共识是，受试者具有一定自主决定能力或者具有限制民事行为能力，除了监护人的同意之外，还需要考虑受试者本人的意愿，需要取得受试者本人的同意。

第五，知情同意必须是书面形式。

第六，进行临床试验的，不得向受试者收取试验费用。这是总结了我国现行的相关规范而作出的规定。

【实践中需要注意的问题】

应当注意的是，本条仅对知情同意做出规定，而未涉及其他层面，而由其他特别规范予以进一步规定。

第一千零九条 【与人体基因、人体胚胎等有关的医学科研活动】

从事与人体基因、人体胚胎等有关的医学和科研活动，应当遵守法律、行政法规和国家有关规定，不得危害人体健康，不得违背伦理道德，不得损害公共利益。

【立法背景】

为了使我国与人体基因、人体胚胎等有关的医学和科研活动符合生命伦理规范，保证国际公认的生命伦理准则和我国的相关规定得到尊重和遵守，促进这些活动的规范有序开展，本条规定了从事与人体基因、人体胚胎等有关的医学和科研活动的法律底线。

【条文精解】

本条规定，从事与人体基因、人体胚胎等有关的医学和科研活动的，应当遵守法律、行政法规和国家有关规定，不得危害人体健康，不得违背伦理道德，不得损害公共利益。主要包括以下内容：

第一，尊重人格尊严。从事与人体基因、人体胚胎等有关的医学和科研活动，必须建立在尊重人格尊严的基础上，具体包括：一是禁止基于个人遗传特征的歧视；二是禁止对自然状态下的人类基因组或者胚胎进行商业化利用；三是要求人类基因数据等在使用时，不得用于意在侵犯或造成侵犯某一个人的人权、基本自由或人类尊严的歧视的目的，或导致对某一个人、家庭、群体或社区造成任何侮辱的目的。这同时意味着，应当禁止违背人格尊严、生命保护的一切行为。

第二，尊重知情同意权。从事与人体基因、人体胚胎等有关的医学和科研活动，应当尊重人们在负责并尊重他人自主权的前提下自己作出决定的自主权，事先征得有关人员自愿、知情和明确表示的同意，向其提供清楚、公正、充分和适当的信息。

第三，尊重当事人的隐私，保护相关的个人信息。从事相关活动时，应尊重当事人的隐私，对与个人有关的遗传信息应加以保密。

第四，正当程序等保障。包括研究活动的专业谨慎、诚实正直与决策的透明理性，伦理委员会的评估，利益共享，团结互助与国际合作。

第一千零一十条 【性骚扰】

违背他人意愿，以言语、文字、图像、肢体行为等方式对他人实施性骚扰的，受害人有权依法请求行为人承担民事责任。

机关、企业、学校等单位应当采取合理的预防、受理投诉、调查处置等措施，防止和制止利用职权、从属关系等实施性骚扰。

【立法背景】

性骚扰行为会影响受骚扰者的学习、工作和生活，侵害其人格尊严、自由，损害其形象和自尊，严重的性骚扰甚至造成被骚扰者的恐惧、自闭和盲目依赖，还可能涉及社会中的性别歧视，引起社会的较大关注。经研究，对性骚扰行为，需要各个领域和各个层次的法律，共同形成相互协调、相互补充的多层次综合治理机制，其中民法的方式必不可少，其能够为防制性骚扰奠定坚实的法律基础，为受害人提供民法上的救济。据此，民法典在总结既有立法和司法实践经验的基础上，对性骚扰问题予以回应，明确了性骚扰的认定标准，并规定了相应的行为义务。

【条文精解】

性骚扰行为可能采取触碰受害人身体私密部位的行为方式，这会涉及身体权；也可能采取言语、文字、图像等方式，影响受害人心理健康甚至身体健康，这会涉及健康权。立法过程中，对性骚扰行为侵害的是受害人的何种权利存在争论。但是，不同观点的共识在于性骚扰的侵害行为侵害了他人的人格尊严，构成了人格权的侵害行为。因此，民法典是从性骚扰行为的角度予以规定。

本条第 1 款规定了性骚扰的一般性构成。根据实践的情形，性骚扰一般包括以下条件：

（1）性骚扰中受害人是所有的自然人。实践中，性骚扰的受害人多为女性；但是，本款所规定的性骚扰不区分性别、年龄，无论是男性还是女性、成年人还是未成年人都可能成为性骚扰的受害人，也不区分行为人与受害人是同性还是异性。

（2）行为与性有关。行为人具有性意图，以获取性方面的生理或者心理满足为目的。因此，本款的适用强调性骚扰行为与性有关。实践中，具体的方式是多种多样的，包括言语、文字、图像、肢体行为，等等。

（3）性骚扰构成的核心是违背他人意愿。性骚扰与两厢情愿的调情、约会等不同，是因为此类行为违背了他人意愿。

（4）行为一般具有明确的针对性。性骚扰行为所针对的对象一般是具体的、明确的，此时才可能会承担民事责任。无论是长时间还是短时间的性骚扰，均是针对某个具体的对象。行为是否具有明确的针对性，要在个案中结合具体情况加以判断。

（5）行为人主观上一般是故意的。本条第 1 款同时规定，如果行为人实施性骚扰行为，受害人有权依法请求行为人承担民事责任。受害人有权依法请求行为人承担民事责任，这意味着，如果民法典和其他法律的规定对行为人承担民事责任，要求具备其他的责任构成要件，或者进一步对责任后果予以细致规定的，应当依照其规定。例如，如果受害人请求精神损害赔偿的，应当符合《民法典》第 1183 条第 1 款的规定。

本条第 1 款是对性骚扰的一般性规定。但是，在实践中，利用职权、从属关系的性骚扰的情形较多，此种性骚扰并非只能发生于工作场所，也可能发生在工作场所之外，行为方式也是多样的，比较典型的方式，例如，利用职务、从属关系以明示或者暗示方式对他人施加压力，向他人索取性服务，或者以录用、晋升、奖励等利益作为交换条件，诱使他人提供性方面的回报。因此，本条第 2 款针对此种情形，特别规定了机关、企业、学校等单位的义务。依照本款规定，首先，这些单位负有为防止和制止利用职权、从属关系等实施性骚扰而采取措施的义务。其次，这些单位应当采取合理的预防、受理投诉、调查处置等措施。这些措施涵盖了事前的预防、事中的受理投诉和事后的调查处置各个层面。

应当注意的是，单位除了应当负有采取合理措施防止和制止利用职权、从属关系等实施性骚扰而采取措施的义务，也负有采取合理措施防止和制止其他性骚扰的义务。例如，单位的客户到单位对单位的工作人员实施性骚扰，单位也负有采取合理措施的义务。

第一千零一十一条 【非法剥夺、限制他人行动自由和非法搜查他人身体】

以非法拘禁等方式剥夺、限制他人的行动自由，或者非法搜查他人身体的，受害人有权依法请求行为人承担民事责任。

【立法背景】

对此《宪法》第37条设有明文规定。为进一步落实宪法的规定和精神，加强对自然人人身自由的保护，协调与其他法律相关规定之间的关系，本条规定了非法剥夺、限制他人行动自由和非法搜查他人身体的，受害人有权依法请求行为人承担民事责任。

【条文精解】

首先是非法剥夺、限制他人行动自由。本条所谓的行动自由，指的是身体行动的自由，不包括意志的自由或者精神活动的自由。非法剥夺、限制他人行动自由在实践的方法多种多样，如非法拘禁、非法逮捕、拘留、非法强制住院治疗等。英美法中，甚至在受害人因睡眠、醉酒等原因陷入无意识状态时被监禁也构成侵害行动自由。

同时，剥夺、限制他人行动自由必须是非法的。如果国家机关依据法律规定的权限和程序限制或者剥夺人身自由的，不构成非法剥夺或者限制他人行动自由。逮捕和其他限制人身自由的强制措施和处罚，只能由法律规定。

其次是非法搜查他人身体。实践中，发生了超市、商场等非法搜查他人身体的行为，这些行为往往以限制行动自由为前提，同时涉及自然人对自己身体的权利，侵害了自然人的人格尊严。

本条进一步规定，以非法拘禁等方式剥夺、限制他人的行动自由，或者非法搜查他人身体的，受害人有权依法请求行为人承担民事责任。这意味着，如果本法和其他法律规定行为人承担民事责任，要求具备其他的责任构成要件，或者进一步对责任后果予以细致规定的，应当依照其规定。

第三章 姓名权和名称权

第一千零一十二条 【姓名权】

自然人享有姓名权，有权依法决定、使用、变更或者许可他人使用自己的姓名，但是不得违背公序良俗。

【立法背景】

姓名是一个自然人在社会中区别于其他人的标志和符号。姓名的产生与社会的形成密不可分，人作为社会中的一员，需要与社会中的其他成员进行社会交往，产生各种各样的关系。进行社会交往就需要让成员之间能相互区别开来，姓名就是为了适应这种社会交往而产生的。

【条文精解】

民法典在继承我国民法通则规定的基础上，将姓名权作为一种重要的具体人格权纳入人格权编，并明确规定，自然人享有姓名权。该规定有以下几层含义：一是姓名权的主体只能是自然人。根据民法典总则编的规定，我国的民事主体包括自然人、法人和非法人组织三类。法人或者非法人组织享有的是名称权，不享有姓名权，姓名权专属于自然人。二是任何一个自然人都享有姓名权。每个自然人自出生之时就享有这种权利，有权依法决定、使用、变更或者许可他人使用自己的姓名，任何组织和个人都无权剥夺自然人的这种权利，也不得以干涉、盗用、假冒等方式侵害自然人这种姓名权。三是任何一个自然人都平等地享有姓名权。自然人对姓名权的享有不因民族、性别、年龄等因素的不同而有差别，也不因民族、性别、年龄等因素的不同而受到不同保护。

根据本条规定，姓名权的内容主要包括四项权能：

一是决定姓名的权能。一个自然人有权决定自己的姓名是姓名权最为基本的内容，是自然人人格发展和自我决定的重要表现形式，也是其变更、使用或者许可他人使用自己姓名的前提和基础，任何组织或者个人不得非法干预。需要强调的是，自然人有权决定自己的姓名，但这种决定权应当依法进行。

二是使用姓名的权能。使用自己的姓名是自然人享有姓名权的重要内容，也是姓名权的本质特征。姓名权人有权按照自己意志决定自己的姓名如何使用，在何处使用自己的姓名，例如可以允许商业公司以自己的姓名冠名某一场活动，或者冠名某一公司，任何组织或者个人不得干涉或者妨碍，也不得盗用或者假冒姓名权人的姓名。

三是变更姓名的权能。自然人有权变更自己的姓名是其姓名权的应有之义。自然人出生后，由于其为无民事行为能力人，其姓名由监护人决定，本人在具备完全民事行为能力后，有权对自己的姓名进行变更。但是自然人对姓名的变更权能不是任意行使的。自然人变更自己的姓名不但会影响自己的权利义务关系，也会对国家管理以及社会公共利益造成影响。正因为基于对公共利益的考虑，我国现行的居民身份证法、户口登记条例等法律法规都对自然人变更姓名作了一定限制，要求自然人变更姓名要遵循一定的程序。

四是许可他人使用姓名的权能。《民法典》第992条规定，人格权不得放弃、转让或者继承。姓名权作为一种重要的人格权，与自然人的人身密不可分，它本身不具有直接的财产内容，也不得被转让、赠与或者继承。但是随着社会的发展，姓名商业利用问题日益突出，一些自然人姓名中的财产利益凸显，例如姚明作为著名的运动员，其姓名具有巨大的广告效应和商业价值。姓名权人在一定程度上可以对自己的姓名进行商业利用，允许他人使用自己的姓名并取得一定的经济收益，实践中这样的案件已经很多很多，例如袁隆平作为著名的科学家，其许可一家上市公司"隆平高科"使用自己的姓名作为公司名称的一部分。

【实践中需要注意的问题】

这里需要注意几点：一是姓名权人许可他人使用自己的姓名不是转让姓名权。姓名权作为一种人格权，本身与姓名权人不可分割，不可被转让。姓名权人许可他人使用的是姓名中的非人格利益。二是许可他人使用并非指姓名在社会交往中的正常使用。对于人与人之间进行正常的社会交往使用他人的姓名，例如日常交往中称呼他人的姓名，会议举办方将与会人员的姓名打印成桌签等，不需要取得姓名权人的许可就可以使用。这里的姓名权人许可他人使用，是指超出正常社会交往中的使用，例如使用他人的姓名打广告、促销，借用他人的名义召开会议，等等。三是自然人行使自己的姓名权不是绝对的，不是没有任何限制的。自然人在决定、使用、变更或者许可他人使用姓名的过程中，不得违反法律行政法规的相关规定，不得违背公序良俗。

第一千零一十三条 【法人、非法人组织名称权】

法人、非法人组织享有名称权，有权依法决定、使用、变更、转让或者许可他人使用自己的名称。

【立法背景】

名称是法人或者非法人组织在社会活动中用以代表自己并区别于其他法人或者非法人组织的文字符号和标记。其功能与意义和自然人的姓名类似，是法人或者非法人组织区别于其他民事主体的重要标识，是法人或者非法人组织从事民事活动的前提和基础。任何合法设立的法人或者非法人组织都享有名称权。

【条文精解】

本条规定，法人或者非法人组织享有名称权，有权依法决定、使用、变更、转让或者许可他人使用自己的名称。根据该规定，名称权的内容包括五个方面：

一是决定名称的权能。法人、非法人组织对名称的权利首先体现为名称的决定权，即其有权决定本组织取什么样的名称。法人或者非法人组织通过决定名称对外表征其行业、组织形式等相关信息。

二是使用名称的权能。法人或者非法人组织对自己享有的名称享有独占使用的权利，任何组织或者个人都不得非法干涉其使用。与自然人对自己姓名的使用不完全相同。在同一地区，法律并不禁止自然人取与其他自然人相同的姓名，但在同一地区，法律原则上不允许法人或者非法人在同行业取相同的名称。需要强调的是，法人或者非法人组织对自己名称的独占使用，并不排除不同行业使用这一名称，但是使用时必须标明行业。

三是变更名称的权能。法人或者非法人组织在使用名称的过程中，有权按照自己的意愿变更自己的名称，任何组织或者个人不得非法干预。但是除了法律、行政法规另有规定外，变更名称必须依照法定程序进行变更登记。变更登记后，原名称就被依法撤销，法人或者非法人应当在从事各项民事活动中使用新的名称，不得再继续使用原名称从事民事活动。

四是转让名称的权能。法人或者非法人组织对其名称享有转让的权能，这是名称权与姓名权的重要区别。法人或者非法人组织可以将其对名称享有的权利全部转让给其他法人或者非法人组织，受让人成为该名称权的主体，转让人则对名称丧失名称权。需要指出的是，并非所有法人或者非法人组织的名称权都可以转让，原则上只有营利法人或者营利非法人组织的名称权可以转让。对于营利性法人或者营利性非法人组织而言，名称权具有较强的财产性，其可以通过转让名称权获得转让费。对于名称权的转让，由于在我国采用绝对转让主义，即法人或者非法人组织转让名称时得将营业一并转让，所以就会发生转让人的债权债务在名称转让后如何处理的问题。从理论上讲，受让人受让该名称时实际上同时也就成了转让人营业的新主体，其在受让名称时，应当就转让人的债权债务与转让人进行约定处理，有约定的，依照其约定；没有约定的，受让人在受让名称时，也应当一并承受债权债务。即使在有约定的情况下，若没有以通知或者登记等方式告知于债权人，为了保护债权人的利益，债权人也可以请求受让人承担转让人的债务。

五是许可使用的权能。法人或者非法人组织享有在一定范围和期限内允许其他法人或者非法人组织使用自己名称的权利。法人或者非法人组织许可他人使用自己名称的同时，自己仍可以继续使用该名称，在没有特别约定的情况下，还可以允许多家主体使用该名称，这是许可使用名称与转让名称最大的区别。许可使用名称这种情形主要是针对营利性法人或者营利性的非法人组织而言的。名称权人可以有偿许可他人使用，也可以无偿许可他人使用。法人或者非法人组织许可他人使用自己的名称一般都要签订名称使用合同，对使用的期限、范围、报酬等事项作出约定。

【实践中需要注意的问题】

适用本条需要注意的是：一是根据《民法典》第58条的规定，法人应当依法成立。法人成立的实质要件是应当有自己的名称、组织机构、住所、财产或者经费。民法典中对非法人组织的成立也有类似的要求。也就是说，法人、非法人组织的名称并非在法人、非法人成立后才决定，而是在成立前就决定的,一般是由法人或者非法人组织的设立人行使这种决定权,例如,根据公司法的规定,公司的名称在公司完成设立前由设立人在设立阶段决定,而非由公司成立后决定。但这并不能因此否定法人、非法人的名称决定权,只是因法律法规对成立的要求,该决定权由设立人在设立阶段代法人、非法人组织行使这一权利,正如自然人出生后,其不能自己行使对姓名的决定权,只能由其父母代为行使对姓名的决定权的道理一样。二是我国现行法律、行政法规和部门规定对名称权的决定、使用、变更、转让和许可他人使用都作了不少规定,且不同性质的法人和非法人组织其名称权的决定、使用、变更和许可他人使用的规则也不完全相同,例如《民法典》第1016条规定,民事主体决定、变更自己的名称,或者转让自己的名称的,应当依法向有关机关办理登记手续,但是法律另有规定的除外。民事主体变更名称的,变更前实施的民事法律行为对其具有法律约束力。名称权人决定、使用、变更、转让和许可他人使用名称均不得违反这些规定。因此,本条明确规定,名称权人有权"依法"决定、使用、变更、转让和许可他人使用名称。

第一千零一十四条 【禁止以干涉、盗用、假冒等方式侵害他人的姓名权或者名称权】

任何组织或者个人不得以干涉、盗用、假冒等方式侵害他人的姓名权或者名称权。

【立法背景】

自然人对自己的姓名享有姓名权,法人、非法人组织对自己的名称享有名称权。自然人享有的姓名权除了体现在对姓名有权依法决定、使用、变更或者许可他人使用方面外,学理上称为姓名权的积极权能;还体现在任何组织或者个人不得以干涉、盗用、假冒等方式侵害自己的姓名权,学理上称为姓名权的消极权能。同理,法人、非法人组织享有的名称权也体现在这两个方面。本章在前两条分别对姓名权和名称权的积极权能作了规定,为了更好地保护姓名权人和名称权人的权益,本条对姓名权和名称权的消极权能也作了规定。

【条文精解】

实践中，侵害姓名权、名称权的方式很多，本条列举了几种较为典型的侵害方式：

一是非法干涉，即无正当理由干涉他人对姓名的决定、使用、变更或者许可他人使用的权利，无正当理由干涉法人或者非法人组织对其名称的使用、变更或者许可他人使用的权利。例如子女成年后，其父母没有正当理由不允许其变更姓名；养父母没有正当理由不允许养子女随其生父母的姓，等等。

二是盗用，即未经姓名权人、名称权人同意或者授权，擅自以姓名权人、名称权人的姓名或者名称实施有害于他人或者社会的行为。例如，打着经过某著名人士同意或者授权的幌子，以该著名人士的名义开办会所。这种侵害方式的核心是侵权人的行为让他人误以为姓名权人、名称权人同意或者授权侵权人以其名义从事民事活动，但并没有宣称其就是该姓名权人或者名称权人。

三是假冒，即侵权人假冒姓名权人或者名称权人之名进行活动，表现为民事主体从事民事活动时不用自己的姓名或者名称而使用他人姓名或者名称。实践中，已出现了不少假冒他人姓名或者名称的冒名顶替案，例如著名的齐玉苓案中，侵权人就假冒齐玉苓上大学。需要注意是，实践中存在同名同姓的情况，是国家法律法规允许的，仅仅因为登记的姓名与他人相同，不构成假冒侵权行为。但是，民事主体的行为足以使他人误认或者混淆的，则有可能构成侵权。

【实践中需要注意的问题】

需要注意的是，干涉、盗用、假冒只是实践中较为典型的侵害姓名权或者名称权的行为，但侵害姓名权或者名称权的行为不仅限于这三种，例如将他人的姓名作为商品名称或者作为某一动物的名称等不正当使用姓名的行为，正是基于此，本条在非法干涉、盗用、假冒外加了个"等"字。任何组织或者个人以干涉、盗用、假冒等方式侵害他人的姓名权或者名称权的，都应当承担一定的法律后果。

第一千零一十五条 【自然人姓氏选取规则】

自然人应当随父姓或者母姓，但是有下列情形之一的，可以在父姓和母姓之外选取姓氏：

（一）选取其他直系长辈血亲的姓氏；

（二）因由法定扶养人以外的人扶养而选取扶养人姓氏；

（三）有不违背公序良俗的其他正当理由。

少数民族自然人的姓氏可以遵从本民族的文化传统和风俗习惯。

【立法背景】

姓氏选取与每位公民密切相关，《民法通则》第 99 条和《婚姻法》第 22 条分别规定了公民享有姓名权及子女可以随父姓或者母姓的问题。近年来，司法机关、有关行政部门和一些社会公众反映，民法通则和婚姻法的上述规定较为原则，对于公民能否在父姓和母姓之外选取姓氏，实践中有关部门和当事人存在理解不一致的情况；且相关法律制定较早，不能有效应对当前公民创姓、改姓等新情况、新问题。基于理论界和实务界对于自然人如何选择姓氏存在较大的争议，国外的做法也不完全相同，为了解决实践中的争议和难题；同时，鉴于姓氏选取问题不仅涉及现代社会的公民私权与国家公权、个人自由与社会秩序，还关乎中华民族的文化传统、伦理观念和社会主义核心价值观，问题重大，为了对社会生活中公民的姓氏选取行为有所引领，使行政机关、人民法院在履行职能和处理纠纷时有所遵循，有必要作出专门的规定，以指导实践。

【条文精解】

2014 年全国人大常委会专门对此作出了一个立法解释。该立法解释明确规定，自然人应当随父姓或者母姓，但是有下列情形之一的，可以在父姓和母姓之外选取姓氏：（1）选取其他直系长辈血亲的姓氏；（2）因由法定扶养人以外的人扶养而选取扶养人姓氏；（3）有不违背公序良俗的其他正当理由。少数民族自然人的姓氏可以从本民族的文化传统和风俗习惯。该立法解释这样规定的主要理由是：姓氏文化是中华传统文化的重要组成部分。中华文明源远流长，姓氏文化在中华五千多年连绵不断的文明史中占有重要地位。世界上的很多国家都通过立法明确子女应当从父姓或者母姓。通过立法解释，明确公民原则上应当在父姓或者母姓中选取姓氏，对于维护中华民族的文化传统、伦理观念和社会主义核心价值观，至关重要。从婚姻法当初的立法本意看,《婚姻法》第22条的规定主要为了突出父母对子女姓氏决定权的平等,进一步体现男女平等和夫妻家庭地位平等的原则,不涉及公民是否可以在父姓、母姓之外选取其他姓氏的问题。姓氏选取主要适用《民法通则》第6条、第7条和第99条的规定。社会各方面普遍认为,子女承父姓、母姓在我国有深厚的传统文化伦理基础,社会普遍遵循。现实生活中,随意取姓的现象比较少见,老百姓一般也难以接受。姓氏选取不能毫无限制,应当有一定之规。同时,鉴于社会生活和民事活动的复杂性以及各民族因历史文化传统、民族习惯和宗教信仰等体现的姓氏文化差异性,法律应当考虑一些公民在父姓和母姓之外选取姓氏的合理需求以及不同民族的风俗习惯,力求找到最佳平衡点,作出既符合多数人利益、也能兼顾少数人利益的解决方案,使法律规则既保持稳定性、又富有灵活性。考虑到一些公民在父姓、母姓之外选取姓氏的合理需求以及不同民族的风俗习惯,该立法解释规定了三种例外情形:第一种"选取其他直系长辈血亲的姓氏",主要是涉及中国传统认可的认祖归宗;第二种"因由法定扶养人以外的人扶养而选取扶养人姓氏",主要涉及收养的情形;第三种"有不违背公序良俗的其他正当理由"是一个兜底条款,主要是指还俗,在姓本身具有侮辱性等情形时,可以在不违反公序良俗的情形下改姓。此外,考虑到不少少数民族的姓名决定或者变更具有自己的文化传统和风俗习惯,有较强的特殊性,该立法解释还明确规定,少数民族自然人的姓氏可以遵从本民族的文化传统和风俗习惯。自该立法解释正式实施以来,从实践情况看,较好地平衡了尊重自然人的自由决定或者变更姓名权利与尊重中国优秀传统文化以及伦理道德之间的关系,也得到了多数人的认同,有利于解决现实中的争议。基于此,本法典完全继承和吸收了该立法解释的规定。

第一千零一十六条 【民事主体决定、变更姓名、名称或者转让自己名称应当遵守的程序以及产生的法律效力】

自然人决定、变更姓名，或者法人、非法人组织决定、变更、转让名称的，应当依法向有关机关办理登记手续，但是法律另有规定的除外。

民事主体变更姓名、名称的，变更前实施的民事法律行为对其具有法律约束力。

【立法背景】

根据《民法典》第 1012 条、第 1013 条的规定，自然人有权决定、变更自己的姓名，法人或者非法人组织有权决定、变更或者转让自己的名称。这两条规定的姓名和名称都是指法定姓名或者名称，是自然人或者法人、非法人组织法定人格和身份的体现，对内对外都会产生一定的法律效果，因此其决定、变更等都必须依法进行。

【条文精解】

自然人的姓名的决定关系到该自然人参与社会经济活动，特别是涉及从事民事法律行为的问题，因此自然人决定姓名除了需要以有民事行为能力为前提外，还需要遵循法定的程序，办理法定的手续。根据我国《户口登记条例》第 7 条的规定，婴儿的姓名由父母、亲属、抚养人或者其他监护人在婴儿出生 1 个月内向婴儿常住地户口登记机关申报出生登记，将其姓名记入户籍登记簿，在户籍登记簿上登记的姓名为正式姓名，受法律保护，并可以用于签署正式的法律文件。所以，自然人的正式姓名以登记簿上记载的为准。自然人在确定姓名后，可能出于各种原因而需要变更自己的姓名。但由于其已经使用原姓名进行了各种民事活动，参加了不同的民事法律关系，其改变自己的姓名必然会影响到他人的利益和社会公共利益，因此自然人变更姓名也必须遵守相关法律法规规定，遵循法定程序进行，不得擅自变更。根据我国户口登记条例的规定，自然人变更自己的姓名必须到当地派出所进行变更登记。当然这里的姓名指的是法定姓名（即正式姓名）的决定或者变更，并不包括《民法典》第 1017 条规定的笔名、艺名等的决定或者变更，笔名、艺名等非法定姓名的决定或者变更并不需要进行登记。

考虑到法人或者非法人组织对于社会的影响较大，任何一个国家都会对法人或者非法人进行管理。为了维护正常的社会秩序和健康的市场经济秩序，我国法律法规以及规章对法人、非法人组织的设定、变更或者转让也作了不少规定，设定了一定的程序，特别是登记程序。原则上法人或者非法人组织变更自己的名称或者转让自己的名称权都需要进行变更或者转让登记。例如，根据我国企业名称登记管理条例及其实施细则的规定，企业名称转让时，由转让方与受让方签订书面转让合同，按照工商企业申请登记程序，报工商企业行政管理机关批准，办理转让登记。法律规定需要主管部门批准的，按照其规定由主管部门批准。需要指出的是，根据我国相关法律法规的规定，并非所有法人或者非法人组织变更或者转让自己的名称都需要登记，例如本法典总则编规定的机关法人的决定或者变更就不需要办理登记手续。因此，本条特别规定"但是法律另有规定的除外"。

自然人的姓名，法人、非法人组织的名称，是民事主体的外在标识，姓名权人或者名称权人以其参与各种民事活动，为自己设定权利义务，对自己对他人都有重大影响。自然人变更自己的姓名，法人、非法人变更自己的名称，都是其外在标识改变，其实质并没有发生改变，其权利义务的归属也不应发生改变，否则会对他人甚至社会公共利益产生重大影响。而现实生活中，却不时发生债务人通过变更姓名或者名称的方式逃避债务的现象，损害了社会经济秩序。为了防止这种新人不理旧账的现象出现，保护原法律关系的相对方，本条第2款特别规定，民事主体变更姓名、名称的，变更前实施的民事法律行为对其具有法律约束力。

第一千零一十七条 【保护笔名、艺名、网名、字号等】

具有一定社会知名度，被他人使用足以造成公众混淆的笔名、艺名、网名、译名、字号、姓名和名称的简称等，参照适用姓名权和名称权保护的有关规定。

【立法背景】

广义上的姓名和名称除了包括正式姓名和正式名称外，还包括姓名和名称的简称、笔名、艺名、网名、字号等。一些文学家、艺术家常常用笔名、艺名代替本名，这些笔名、艺名甚至比其本名更为社会和公众所熟知，例如，著名作家莫言的本名是管谟业，莫言只是其笔名，但多数读者只知其笔名莫言，并不知道其本名。除笔名、艺名外，根据我国的传统，一些自然人还喜欢给自己起"字"或者"号"，例如唐代大诗人李白，字太白，号青莲居士，现在仍有一些人继承了这一传统。随着现代网络社会的发展，不少自然人在网络世界里给自己起了网名，在网络世界里很多情况下网民之间只知道网名，并不知道其真实的本名。还有的外国人在中国，或者中国人在外国都会面临译名是否保护的问题，例如美国著名球星 Jordan 在中国的译名"乔丹"就面临侵权的问题。对于法人或者非法人组织来说，也存在类似的情况，例如在日常的民事活动中，除了使用在登记机关登记的正式名称外，有时也会使用名称的简称或者字号，例如阿里巴巴网络技术有限公司是其登记的名称，其简称阿里巴巴或者阿里巴巴集团。在本法典编纂过程中，对于是否保护姓名和名称简称、笔名、网名、艺名、译名、字号等有不同意见。有的意见认为，只宜保护经过登记的正式姓名和名称，不宜保护姓名和名称简称、笔名、网名、艺名、译名、字号等，否则有可能限制他人的行为自由。经研究认为，姓名和名称简称、笔名、网名、艺名、译名、字号等虽没有经过法定机关登记，不属于正式的姓名或者名称，但是在不少情况下，这些姓名和名称简称、笔名、网名、艺名、译名、字号等也能够起到确定和代表某一自然人或者法人、非法人组织的作用，能够体现民事主体的人格特征。这些姓名和名称简称、笔名、网名、艺名、字号等若被他人滥用或者导致他人混淆，也会有损自然人的人格尊严，对该民事主体造成重大损害。因此，保护姓名和名称简称、笔名、网名、艺名、译名、字号等，有利于更好地保护民事主体的人格利益。

【条文精解】

姓名和名称简称、笔名、网名、艺名、译名、字号等毕竟不是登记的正式姓名或者名称，并非任何姓名和名称简称、笔名、网名、艺名、字号等都应当受到保护，只有满足一定条件的姓名和名称的简称、笔名、艺名、网名、译名、字号等才受法律保护。根据本条规定，需要满足以下条件：一是具有一定社会知名度或者为相关公众所知悉；二是被他人使用足以致使公众混淆的。基于此，本条规定，具有一定社会知名度、为相关公众所知悉的姓名和名称的简称、笔名、艺名、网名、译名、字号等，被他人使用足以导致公众混淆的，参照姓名和名称保护的相关规定。

【实践中需要注意的问题】

还有一个问题涉及自然人艺名的归属问题，即艺名是归艺人所有还是归艺人所在的公司所有。在立法过程中，对这个问题也是有不同意见的。考虑到艺名是针对特定自然人的，其他民事主体盗用、假冒艺名直接损害的是特定自然人的利益，因此，艺名应当属于使用该艺名的自然人。至于公司在艺名的推广过程中所付出的代价则可由艺人与公司的合同解决，若他人使用艺人的艺名同时损害公司权益的，艺人所在的公司可以基于不正当竞争等事由进行救济。

第四章　肖像权

第一千零一十八条　【肖像权】

自然人享有肖像权，有权依法制作、使用、公开或者许可他人使用自己的肖像。

肖像是通过影像、雕塑、绘画等方式在一定载体上所反映的特定自然人可以被识别的外部形象。

【立法背景】

肖像与姓名和名称一样，都是民事主体的外在表征，彰显民事主体的社会存在。从理论上划分，肖像权与姓名权和名称权也一样，都属于标表型人格权，是民事主体不可缺少的一种具体人格权。随着社会的发展和科学技术的进步，特别是手机摄影技术、传播技术和名人现象的发展，肖像越来越容易被获取，其具有的商业价值也越来越巨大（特别是公众人物的肖像就更是如此），肖像被他人以非法利用等手段进行侵害的情形越来越多，产生的纠纷也越来越多。因此，进一步加强对肖像权保护的立法也越来越迫切。近现代以来，不少国家和地区的法律都对肖像权作了规定。我国自 20 世纪 80 年代开始就高度重视对肖像权的保护。1986 年的《民法通则》第 100 条规定，公民享有肖像权，未经本人同意，不得以营利为目的使用公民的肖像。《妇女权益保障法》第 42 条规定，妇女的名誉权、荣誉权、隐私权、肖像权等人格权受法律保护。2009 年的侵权责任法和 2017 年的民法总则更是明确将肖像权作为一种重要的民事权利加以明确规定。根据司法实践的需要，最高人民法院还出台了一系列与肖像权保护有关的司法解释。为了更好地保护自然人的肖像权，人格权编在我国现有法律和司法解释的基础上，借鉴国外立法经验，专设本章对肖像权的内容和保护作了规定。

【条文精解】

本条第1款规定，自然人享有肖像权，有权依法制作、使用、公开或者许可他人使用自己的肖像。根据该规定，任何自然人都享有肖像权，肖像权的内容包括四个方面：

一是依法制作自己肖像的权能。制作肖像权能又称形象再现权能，即自然人有权自己或者许可他人通过造型艺术形式或者其他形式再现自己的外部形象。这项权能是肖像权的基本权能，也是肖像权中的其他权能的基础和前提。根据本条第2款的规定，肖像只有再现在一定载体上才具有法律意义。但是否制作自己的肖像是肖像权人的权利，肖像权人有权根据自己的需要或者他人的需要，自己或者许可他人通过影像、雕塑、绘画等方式制作自己的肖像，任何组织或者个人都不得干涉或者侵犯。

二是依法使用肖像的权能。肖像权人有权基于合法目的利用自己的肖像，这种目的既可以是精神上的愉悦，也可以是获得一定的财产利益。肖像权人使用肖像的方式可以是多样的，既可以用复制、展示的方式使用，也可以以销售的方式使用。需要强调的是，肖像权虽然是一种重要的具体人格权，但其肖像使用权能体现了一定的财产利益并可以与肖像权人相分离。根据本条的规定，他人利用肖像权人的肖像应当获得肖像权人的同意或者许可。

三是依法公开肖像的权能。肖像权人对于已经制作的肖像，可以自己对外公开或者许可他人公开，禁止他人擅自公开。例如将自己拍摄或者他人拍摄的照片公开等。需要注意的是，从实质上讲，公开肖像应当属于广义上的使用权能的内容。但是考虑到公开肖像这种形式对于肖像权的重要性，肖像公开与否对肖像权人的影响是极大的，所以本条特别将其从广义上的使用权能中分离出来加以单独规定。

四是许可他人使用肖像的权能。如前所述，肖像权人对于自己的肖像是否使用、如何使用享有完全的权利，其可以通过授权或者同意等方式许可他人使用自己的肖像。这是肖像权人对自己肖像的自主决定权的重要体现。这种许可使用可以是有偿的，也可以是无偿的。但其他人无论是有偿使用还是无偿使用肖像权人的肖像，都必须经过肖像权的许可同意，任何组织或者个人未经肖像权人的许可擅自使用其肖像都构成侵权。

何为肖像？这是规定肖像权的首要问题。经研究认为，首先，肖像的范围不应限于自然人的面部特征。肖像是一个自然人形象的标志，除面部特征外，任何足以反映或者可以识别特定自然人的外部形象若不纳入肖像权的保护范围，都很有可能对该自然人的人格尊严造成威胁。肖像的范围过小，不利于保护肖像权的利益。例如著名篮球运动员姚明的形象极具特色，其虽未露出面部，但整体形象具有极强的识别性，多数人不看其面部，就可以识别其是姚明。还例如某一模特的手具有极强的识别性，很多人都可识别出，则该模特的手部形象也可以纳入肖像的范围。其次，肖像是指通过一定载体所能够客观真实地反映出的自然人外部形象，这种载体可以是艺术作品，艺术作品是典型的形式，但并不限于艺术作品，任何可以反映自然人外部形象的物质手段都可以纳入这种载体，可以体现为图片、照片、绘画、雕塑等任何形式。最后，肖像应当具有较为清晰的可识别性。法律保护自然人肖像的目的是保护其外部形象不被他人混淆从而贬损或者滥用，因此通过一定载体所呈现出的外部形象应当具有较为清晰的指向性和识别性，如果通过载体呈现出的外部形象无法指向或者识别出特定自然人则不应纳入肖像的范围。也就是说，肖像由自然人外部形象、外部形象载体和可识别性三个要件构成。基于此，本条第2款规定，肖像是通过影像、雕塑、绘画等方式在一定载体上所反映的特定自然人可以被识别的外部形象。

【实践中需要注意的问题】

这里需要注意三点：（1）本条只强调有权制作自己的肖像是肖像权人的权利，但如果该权利人从未制作过自己的肖像，只是表明其从未行使过这项权能，并不影响其享有这项权能，其在以后任何时候都可以行使这项权能。（2）根据本条第2款的规定，肖像需要以一定的物质载体体现出来，但肖像本身并不等同于该物质载体。（3）未经肖像权人的同意非营利使用其肖像也构成侵权。这与1986年《民法通则》第100条的规定有所不同。根据民法通则的规定，未经肖像权人的同意，不得以营利为目的使用肖像权人的肖像，即以他人是否营利性使用肖像作为判断是否构成侵权的要件。从近40年的实践看，该规定是不完备的，不利于保护肖像权人的权益，需要修改完善。本章对此作了修改，不再以他人的使用是否营利作为判断是否侵犯肖像权的要件。肖像特别是名人的肖像一般具有较大的经济价值，例如将名人的肖像用于广告宣传等，所以实践中，不少名人，特别是演艺明星常常通过签证肖像许可使用合同的方式允许商家使用自己的肖像，以获取一定的利益，例如广告费。《民法典》第1021条至第1022

条对肖像许可使用合同专门作了规范。

第一千零一十九条 【禁止任何组织或个人侵犯他人肖像权】

任何组织或者个人不得以丑化、污损，或者利用信息技术手段伪造等方式侵害他人的肖像权。未经肖像权人同意，不得制作、使用、公开肖像权人的肖像，但是法律另有规定的除外。

未经肖像权人同意，肖像作品权利人不得以发表、复制、发行、出租、展览等方式使用或者公开肖像权人的肖像。

【立法背景】

肖像权作为自然人享有的一种重要人格权，其具有人格权共有的绝对性、专属性、排他性等特征，肖像权人对其肖像既享有依法制作、使用、公开或者许可他人使用的权利，也享有排除他人侵害的权利。任何组织或者个人都不得以任何形式侵害肖像权人的肖像权。

【条文精解】

本条从三个方面对禁止任何组织或者个人侵犯他人肖像权的情形作了规定：

一是明确规定，任何组织或者个人不得以丑化、污损，或者利用信息技术手段伪造等方式侵害他人的肖像权。肖像权涉及肖像权人的人格尊严，是具有极强精神属性的权利，以丑化、污损，或者利用信息技术手段伪造等方式侵害他人的肖像权，都有可能对肖像权人的精神造成严重损害，必须禁止。这里的"丑化"，是指通过艺术加工或者改造的方法，对他人的肖像加以歪曲、诬蔑、贬低，例如在他人的肖像上划叉或者画上胡须等；"污损"，是指将他人的肖像损害且搞脏，例如往他人的照片上泼墨水或者焚烧、撕扯他人的照片等行为；"利用信息技术手段伪造"，是指利用信息技术手段编造或者捏造他人肖像，以假乱真，以达到利用不存在的事物来谋取非法利益，例如利用人工智能技术将他人的肖像深度伪造到特定场景中或者移花接木到其他人的身体上以达到非法目的。本规定只列举了比较典型的、有可能会对肖像权人造成严重后果的几种侵害肖像权的情形，但现实生活中侵害肖像权的形式多种多样，远不止这几种，例如倒挂他人的照片等。

二是明确规定，未经肖像权人同意，不得制作、使用、公开肖像权人的肖像，但是法律另有规定的除外。根据《民法典》第1018条的规定，自然人享有肖像权，有权依法制作、使用、公开或者许可他人使用自己的肖像。也就是说，制作、使用、公开肖像是肖像权人的专属性权利，其他任何组织或者个人未经肖像权人的同意都不得擅自制作、使用、公开他人肖像。在立法过程中，有的意见提出，某一组织或者个人制作、使用、公开他人肖像，虽未经肖像权人同意，但并没有丑化、污损，或者利用信息技术手段伪造他人的肖像，因此不构成侵害他人肖像。这种观点是不正确的。根据本条的规定，除了法律另有规定外，制作、使用、公开他人肖像都必须经过权利人同意。即使是经过肖像权人的同意，可以制作、使用、公开其肖像，但是构成丑化、污损，或者利用信息技术手段伪造肖像等情形的，同样构成侵害他人肖像权，也是本法所不允许的。本条还规定，在法律另有规定的情况，可以不经肖像权人同意，制作、使用、公开肖像权人的肖像。本条中的"法律另有规定"主要是指《民法典》第1020条规定的几种可以合理使用的情形。

三是明确规定，未经肖像权人同意，肖像作品权利人不得以发表、复制、发行、出租、展览等方式使用或者公开肖像权人的肖像。正如前所述，肖像权人的肖像往往都是通过一定的载体表现出来的，这种载体在多数情况下都构成艺术作品，例如为他人拍摄的艺术照，为模特画的艺术像等。从著作权的角度看，这些艺术作品也都构成著作权法上的肖像作品。在现实生活中，这些肖像作品的权利人有时与肖像权人是合一的，但有时却是不同的民事主体。若肖像权人与肖像作品权利人并非同一主体时，肖像作品权利人虽享有肖像作品的著作权，但未经肖像权人同意，也不得以发表、复制、发行、出租、展览等方式使用或者公开肖像权人的肖像。这样规定，既强化了对肖像权的保护，也明确了肖像权与肖像作品著作权的关系。

第一千零二十条 【合理使用肖像的情形】

合理实施下列行为的，可以不经肖像权人同意：

（一）为个人学习、艺术欣赏、课堂教学或者科学研究，在必要范围内使用肖像权人已经公开的肖像；

（二）为实施新闻报道，不可避免地制作、使用、公开肖像权人的肖像；

（三）为依法履行职责，国家机关在必要范围内制作、使用、公开肖像权人的肖像；

（四）为展示特定公共环境，不可避免地制作、使用、公开肖像权人的肖像；

（五）为维护公共利益或者肖像权人合法权益，制作、使用、公开肖像权人的肖像的其他行为。

【立法背景】

本条是关于合理使用肖像的情形的规定。肖像权是自然人享有的一项重要人格权。但同其他民事权利一样，这项人格权并非绝对的权利。肖像不仅对本人意义重大，对他人甚至对全社会都具有重大价值，一些正常的社会活动都离不开对他人肖像的合理使用，如果任何制作、使用、公开肖像的行为都需要经过权利人同意，会给正常的社会活动带来影响，甚至影响到公共利益。因此，法律应当在保护个人肖像权和保护社会公共利益间进行平衡和协调。本法典在强调加强对肖像权保护的同时，也设置了肖像权保护的例外情形。在这些例外情形下，制作、使用、公开肖像权人的肖像并不会构成侵权。

【条文精解】

根据本条的规定，实施以下几种行为的，不需要肖像权人的同意：

一是为个人学习、艺术欣赏、课堂教学或者科学研究，在必要范围内使用肖像权人已经公开的肖像。为了个人学习、艺术欣赏的目的使用他人已经公开的肖像，是个人从事的正常社会活动，且这种使用并不会对权利人的肖像权造成损害。若不允许民事主体在个人学习、艺术欣赏时使用他人已经公开的肖像，必然对个体的自由造成严重的妨碍，对于提升个人的文化修养水平也是很不利的。同理，课堂教学和科学研究对于促进社会进步和文化发展具有重大意义，特别是对于将我国建设成为一个文化强国、科技强国更是必不可少。因此，为了课堂教学和科学研究合理使用他人的肖像是基于社会公共利益对肖像权所作的合理限制，例如，为了课堂教学的需要，在课堂上使用了某一著名科学家的肖像。但是，需要强调的是，即便为个人学习、艺术欣赏、课堂教学或者科学研究目的使用肖像权人的肖像，也不得滥用，例如不得以科技研究为幌子，对肖像权人的生活造成严重影响；更不得以从事艺术欣赏为名，将他人的肖像用于营利目的。基于此，本条第1项明确规定了两个限制条件：（1）为个人学习、艺术欣赏、课堂教学或者科学研究，只能在必要范围内使用他人肖像，超出必要范围使用的，也造成侵权。（2）为个人学习、艺术欣赏、课堂教学或者科学研究，只能使用他人已经公开的肖像；权利人尚未公开的肖像，即使使用人是出于个人学习、艺术欣赏、课堂教学或者科学研究的目的，且在必要范围内使用，也是不允许的。

二是为实施新闻报道，不可避免地制作、使用、公开肖像权人的肖像。实施新闻报道就是对新近发生的客观事实进行报道和传播。新闻报道的主要功能是报道新闻信息、反映和引导舆论，具有极强的社会公共利益性质，是一个社会文明发展和进步必不可少的。基于此，《民法典》第999条规定，为公共利益实施新闻报道、舆论监督等行为的，可以合理使用民事主体的姓名、名称、肖像、个人信息等；使用不合理侵害民事主体人格权的，应当承担民事责任。本项规定实际上是对该条规定的进一步落实和细化。从法理上讲，新闻报道的一般都是集会、庆典等公开性的活动和事件，而这些活动和事件一般都具有较强的新闻价值，自然人参加这类活动或者参与到这些事件中，就应当意识到这些活动或者事件有可能被记载或者被公开报道，就意味着在一定程度上自愿处分了自己的肖像权，是用行为体现的一种默示同意，因此这种新闻报道从本质上讲也没有违背肖像权人的真实意愿。当然在现实中也存在肖像权人在公开场合被新闻报道中"被动入镜"的情形，可能肖像权人本身并不愿意入镜，更不愿意被报道，但考虑到新闻报道本身的及时性和真实性，更为了社会公共利益的考虑，新闻报道者也可以不经肖像权人同意而制作、使用、公开肖像权人的肖像。这是多数国家和地区的普遍做法，我国现行著作权法对著作权的合理使用也遵循同样的规则。但因新闻报道而制作、使用、公开肖像权人的肖像，必须是不可避免的，或者在新闻报道中完全可以避免使用、公开他人的肖像，就应当避免使用、公开他人的肖像，否则也有可能构成侵犯他人的肖像权。

三是为依法履行职责，国家机关在必要范围内制作、使用、公开肖像权人的肖像。国家机关依法履行职责属于行使公权力，履行公权力要么是为了维护社会秩序，要么是为了保护公众安全，要么是为了维护其他国家利益和社会公共利益，例如为了调查具有高度传染性的传染病患者、通缉罪犯等行为。为了维护国家利益和社会公共利益，国家机关在依法履行职责的过程中，可以在必要范围内制作、使用、公开肖像权人的肖像。但是国家机关也不得滥用这种权力，对肖像权的使用应当符合行政行为的比例原则。本项明确规定了两个限制条件：（1）国家机关必须是在依法履行职责时才可以，若履行职责没有明确的法律依据，则不得制作、使用、公开肖像权人的肖像；（2）国家机关必须在必要范围内制作、使用、公开肖像权人的肖像，超出必要范围的，即使是依法履行职责，也构成对肖像权的侵犯。

四是为展示特定公共环境，不可避免地制作、使用、公开肖像权人的肖像。这种合理使用的情形较为特殊，但也是民事主体进行社会活动必不可少的。对这种情形要求取得肖像权人的同意才可以制作、使用、公开其肖像，不可行，也将限制人们的行动自由。例如将某人在公共场所实施不文明的形象拍摄下来。这些情形都是为了展示特定公共环境，不可避免地制作、使用了肖像权人的肖像。但是这种合理使用也有严格的条件限制。根据本条的规定：（1）制作、使用、公开肖像权人的肖像的目的是展示特定的公共环境；（2）即使是为了展示特定公共环境，也必须是"不可避免"地制作、使用、公开肖像权人的肖像，若在展示特定公共环境中可以避免制作、使用、公开肖像权人的肖像，则不构成合理使用。

五是为维护公共利益或者肖像权人的合法权益，制作、使用、公开肖像权人的肖像的其他行为。本项规定实际上是一个兜底条款。因为在现实中，涉及公共利益和肖像权人本人利益的事项有可能不仅限于前四种情形，例如对先进人物的照片进行展览；例如当事人在诉讼过程中，确有必要为主张自己的权利或者证明案件的事实，而在举证中使用、公开了他人的肖像。本项规定，为司法实践的发展留出了一定的空间。但需要特别强调的是，本项规定并不等于法院可以随意自由裁量，法院更不得滥用本项规定或者将本项规定泛化。根据本条规定，要适用本项规定的情形，应当符合以下条件：（1）必须是为了公共利益或者为了肖像权人本人的利益；（2）必须是在必要范围内使用、公开，例如寻人启事上的肖像只得用于寻人之用，不得用于商业促销。

【实践中需要注意的问题】

实践中需要注意的是，即使构成本条规定的五种情形之一，也必须合理实施制作、使用、公开他人肖像的行为。因此，本条开宗明义就规定，合理实施下列行为的，才可以不经肖像权人同意。

> **第一千零二十一条 【肖像许可使用合同条款的解释】**
>
> 当事人对肖像许可使用合同中关于肖像使用条款的理解有争议的，应当作出有利于肖像权人的解释。
>
> **第一千零二十二条 【肖像许可使用期限】**
>
> 当事人对肖像许可使用期限没有约定或者约定不明确的，任何一方当事人可以随时解除肖像许可使用合同，但是应当在合理期限之前通知对方。
>
> 当事人对肖像许可使用期限有明确约定，肖像权人有正当理由的，可以解除肖像许可使用合同，但是应当在合理期限之前通知对方。因解除合同造成对方损失的，除不可归责于肖像权人的事由外，应当赔偿损失。

【立法背景】

前述两条规定的都是肖像许可使用合同，但实际上都涉及对肖像的经济利用问题。在本法典编纂过程中，对是否允许权利人许可他人对肖像权、姓名权、名称权等标表型的人格权进行经济利用，有不同意见。一种意见认为，人格权不可以被经济利用，否则是对人格权保护的矮化；另一种意见则认为，对肖像权、姓名权、名称权等标表型人格权进行经济利用是现实发展的需要，也是新型人格权发展的需要，规定这些内容恰恰是为了更好地规范这个问题。民法典采纳了第二种观点，之所以采纳第二种观点，主要基于以下几点考虑：一是现实的需要。实践中不少自然人特别是名人都在许可他人使用自己的肖像，例如商家将明显的肖像用于广告促销，这不但产生了巨大的经济价值，而且这种使用也不违背公序良俗。二是立法的延续和传承。2009年通过的《侵权责任法》第20条就明确规定，侵害他人人身权益造成财产损失的，按照被侵权人因此受到的损失赔偿；被侵权人的损失难以确定，侵权人因此获得利益的，按照其获得的利益赔偿；侵权人因此获得的利益难以确定，被侵权人和侵权人就赔偿数额协商不一致，向人民法院提起诉讼的，由人民法院根据实际情况确定赔偿数额。该规定实际上明确认可了肖像权等标表型人格权可以被许可使用产生经济收益。三是借鉴了国外的经验。近现代以来，无论是英美法系和大陆法系，基本上都认可对肖像进行经济利用。大陆法系国家和地区采取了人格利益商品化的方法；英美法系中的美国则采用了"公开权"的模式认可了对肖像的经济利用。基于此，《民法典》第993条规定，民事主体可以将自己的姓名、名称、肖像等许可他人使用，但是依照法律规定或者根据其性质不得许可的除外。《民法典》第1018条也明确规定，自然人享有肖像权，有权依法许可他人使用自己的肖像。肖像权人可以许可他人使用自己的肖像，是指肖像权这种人格权可以附带产生经济利益，并没有改变肖像权的人格权基本性质。本章关于肖像权许可合同的这两条规定就是建立在这个基础之上的。需要特别注意的是，许可使用合同中的"许可"，是许可他人在商品、商标或者服务等上面使用肖像，不包括以区别于他人的目的正当使用肖像。

【条文精解】

肖像许可使用合同是肖像权人许可他人使用自己肖像的最为典型的同意方式，是指肖像权人与他人通过签订合同的方式约定他人在特定期限、特定范围以特定方式使用自己的肖像。这种合同可以是有偿的，也可以是无偿的。肖像许可使用合同作为一种合同，与本法典合同编规定的其他合同具有不少共同点，也需要适用总则编和合同编规定的一些基本原则和基本规则，例如合同自愿原则、公序良俗原则、诚信原则、民事法律行为无效情形等。例如根据《民法典》第153条的规定，违反公序良俗的民事法律行为无效，权利人如果签订合同许可他人将其肖像制成色情图片或者视频予以销售，则这种合同因违反公序良俗，应当无效。但是，与一般的合同相比，这种合同又具有一些特殊的地方，最为特殊的地方就是肖像许可使用合同涉及肖像权人的人格利益。因此，在许可使用中，就会涉及人格利益和财产利益的冲突，尤其在许可使用合同的解释、解除等问题上，合同编的既有体系无法完全容纳这些内容，人格权编有必要对此作出特殊规定，以更好地平衡人格利益和财产利益的冲突，加强对人格利益的保护。前述两条规定就是关于肖像许可使用合同特殊规则的规定。根据《民法典》第1021条的规定，当事人对肖像许可使用合同中关于肖像使用条款的理解有争议的，应当作出有利于肖像权人的解释。这与一般合同的解释规则是不同的。根据《民法典》第466条的规定，当事人对一般合同条款的理解有争议的，应当按照所使用的词句，结合相关条款、行为的性质和目的、习惯以及诚信原则，确定合同条款的含义。而根据《民法典》第1021条的规定，对肖像许可使用条款的理解产生争议的，则不需要考虑《民法典》第466条所规定的因素，原则上应当直接作出有利于肖像权人的解释，除非这种解释严重不公平。之所以这样规定，是为了加强对肖像权的保护。本条中规定的"关于肖像使用条款的理解有争议"，是指因合同条款的内容模糊不清等原因导致双方理解不一，发生争议的情况，并非当然是指对肖像许可的范围、方式等约定不明确。相关内容没有约定或者约定不明确的情况下，只要双方当事人同意，仍可以适用《民法典》第510条、第511条的规定确定相关内容，且根据《民法典》第1022条第1款的规定，当事人对肖像许可使用期限没有约定或者约定不明确的，任何一方当事人可以随时解除肖像许可使用合同，但是应当在合理期限之前通知对方。

《民法典》第1022条针对肖像许可使用合同的使用期限问题作了特别规定。根据第1022条第1款的规定，当事人对肖像许可使用期限没有约定或者约定不明确的，任何一方当事人可以随时解除肖像许可使用合同，但是应当在合理期限之前通知对方。这实际上赋予了双方当事人在肖像许可使用合同对许可使用期限没有约定或者约定不明确的情况下任意解除合同的权利，但任何一方当事人行使这种任意解除权，应当在合理期限之前通知对方当事人，至于"合理期限"有多长，应当根据个案处理。这与一般合同的期限约定不明或者没有约定的情况下的处理规则不完全相同，根据《民法典》第510条、第511条的规定，一般合同生效后，当事人就合同内容没有约定或者约定不明确的，可以协议补充；不能达成补充协议的，按照合同相关条款或者交易习惯确定。仍不能确定履行期限的，债务人可以随时履行，债权人也可以随时请求履行，但是应当给对方必要的准备时间。当然，本条只是赋予了双方当事人在没有约定期限或者约定不明的情况下享有任意解除权，但双方当事人并非一定要解除合同，若愿意放弃这种权利，继续履行合同的，仍可以依据《民法典》第510条、第511条的规定对合同进行补充。

根据第1022条第2款的规定，当事人对肖像许可使用期限有明确约定，肖像权人有正当理由的，可以解除肖像许可使用合同。这实际上赋予了肖像权人在许可使用期限即使约定明确的情况下，也可以享有单方解除肖像许可使用合同的权利。赋予肖像权人单方解除权也是为了更好地保护肖像权人的人格利益。但肖像权人行使这种单方解除权是有条件限制的：一是要有正当理由，这种正当理由可以是《民法典》第563条规定的情形，也可以是第563条规定情形之外的其他正当理由，例如被许可使用人的违约行为即使不构成第563条所需要的重大违约，只是一般违约，肖像权人也可以单方解除合同。二是肖像权人行使单方解除权应当在合理期限之前通知对方当事人有一定的准备和缓冲时间。三是肖像权人因解除合同造成对方损失的，除不可归责于肖像权人的事由外，应当赔偿损失。

第一千零二十三条 【对姓名等的许可使用和对声音的保护】

对姓名等的许可使用，参照适用肖像许可使用的有关规定。

对自然人声音的保护，参照适用肖像权保护的有关规定。

【立法背景】

姓名、名称与肖像一样都是民事主体的外在标识和特征，从理论上讲，都属于标表型人格权。这些标表型人格权的客体都具有一定的经济价值，可以被许可使用。近现代的不少国家和地区基本上都允许这几种标表型人格权的客体被许可使用。

在本编的编纂过程中，对于是否将肖像权的保护延伸到对声音的保护也有不同意见。

【条文精解】

根据《民法典》第 993 条的规定，民事主体可以将自己的姓名、名称、肖像等许可他人使用，但是依照法律规定或者根据其性质不得许可的除外。《民法典》第 1012 条、第 1013 条更是明确规定，自然人有权依法许可他人使用自己的姓名；法人、非法人组织有权依法许可他人使用自己的名称。人格权编第三章"姓名权和名称权"并没有对姓名、名称被许可使用的规则作出具体规定，考虑到姓名、名称与肖像被许可使用的相似性，所以本条第 1 款规定，对姓名等的许可使用，参照适用肖像许可使用的有关规定。之所以在"姓名"后加个"等"，主要是考虑到还有名称等也可以被许可使用；之所以规定"参照"适用肖像许可使用的有关规定，而非直接适用肖像许可适用的有关规定，主要是考虑到姓名、名称与肖像虽都可以被许可使用，但毕竟是不同的人格权，还存在不同之处，例如姓名具有较强的伦理和身份性，但肖像却不具有这些特征，因此还不能完全适用肖像许可使用的相关规定，只能"参照"适用。从本章的规定看，姓名等的许可使用，可以参照适用的肖像许可使用规则主要是《民法典》第 1021 条和第 1022 条的规定，即肖像许可使用合同中关于肖像使用条款的理解有争议的，应当作出有利于肖像权人的解释。当事人对肖像许可使用期限没有约定或者约定不明确的，任何一方当事人可以随时解除肖像许可使用合同，但是应当在合理期限之前通知对方。当事人对肖像许可使用期限有明确约定，肖像权人有正当理由的，可以解除肖像许可使用合同，但是应当在合理期限之前通知对方。因解除合同造成对方损失的，除不可归责于肖像权人的事由外，应当赔偿损失。

对于是否将肖像权的保护延伸到对声音的保护，有观点认为，声音的识别性不是很明显，还不足以构成一种具体人格权的客体，不宜将肖像权的保护延伸到声音上，否则容易被滥用，对他人的行动自由和表达自由产生影响。但不少意见认为，声音表示一个自然人的人格特征，特别是对于一些声音特殊的配音演员、播音员等自然人来说，声音更是彰显了其人格特征，如播音员赵忠祥、评书表演艺术家单田芳的声音等。对这些具有一定识别性的声音若不加以保护，就有可能对该自然人的人格尊严造成损害。经研究认为，声音虽还不足以构成一种具体的人格权，但若对声音一概不予保护，任由他人随意复制、模仿、伪造特定自然人的声音，确有可能对该自然人的人格尊严造成较大的损害，特别是随着人工智能技术和大数据技术的发展，利用信息技术手段"深度伪造"他人声音的情形不但会严重损害该自然人的人格尊严，而且还具有极大的社会危害性。基于此，《民法典》第 1023 条第 2 款规定，对自然人声音的保护，参照适用肖像权保护的有关规定。根据该规定，对自然人的声音应当加以保护，但受到保护的声音应当足以识别到特定自然人，且考虑到声音毕竟还不能构成一种具体人格权，所以只能参照适用肖像的保护规则，不能完全适用肖像保护的规则。单纯模仿他人的声音并不构成侵权，例如现在不少电视节目举办的声音"模仿秀"原则上就不构成侵权，不宜适用肖像保护的规则，否则会对一般人的行为自由和表达意愿带来严重的限制。但是若以侮辱性或者其他违背公序良俗的方式模仿或者伪造他人的声音的，则可以适用肖像权保护的相关规定，予以禁止。

第五章　名誉权和荣誉权

第一千零二十四条　【名誉权及名誉】

民事主体享有名誉权。任何组织或者个人不得以侮辱、诽谤等方式侵害他人的名誉权。

名誉是对民事主体的品德、声望、才能、信用等的社会评价。

【立法背景】

名誉权是民事主体所享有的一种重要人格权，关系到一个民事主体在社会经济生活中所处的地位以及应受到的信赖和受到尊重的程度，是民事主体进行民事活动，乃至其他社会活动的基本条件。对于自然人而言，名誉权更是关乎其人格尊严；对于法人、非法人组织而言，名誉权关乎其社会信誉，这种信誉是法人、非法人组织在比较长的时间内，在他的整个活动中逐步形成的，特别是企业法人、非法人组织的名誉，反映了社会对他在生产经营等方面表现的总的评价，往往会对其生产经营和经济效益发生重大的影响。因此，对于民事主体而言，名誉权的地位极为重要。名誉权作为民事权利在世界各国和地区的立法和司法实践中很早就得到承认。自改革开放以来，我国就相当重视名誉权的保护，《宪法》第 38 条规定，中华人民共和国公民的人格尊严不受侵犯。禁止用任何方法对公民进行侮辱、诽谤和诬告陷害。这为保护名誉权提供了宪法依据。1986 年的《民法通则》第 101 条规定，公民、法人享有名誉权，公民的人格尊严受到法律保护，禁止用侮辱、诽谤等方式损害公民、法人的名誉。2009 年的《侵权责任法》第 2 条更是强调了名誉权作为一种重要民事权利的地位。2017 年的《民法总则》第 110 条则明确了名誉权的人格权地位。此外，我国还有不少单行法律对名誉权的保护作了规定，例如，《妇女权益保障法》第 39 条规定，妇女的名誉权和人格尊严受法律保护。禁止用侮辱、诽谤、大众传播媒介等方式损害妇女的名誉和人格。本条第 1 款在吸收和借鉴我国现行法律规定以及借鉴国外立法经验的基础上，明确规定，民事主体享有名誉权。任何组织或者个人不得以侮辱、诽谤等方式侵害他人的名誉权。

【条文精解】

实践中，侵害名誉权的行为主要表现为侮辱、诽谤行为。侮辱行为，是指公然以暴力、谩骂等方式公开贬损他人名誉的行为。侮辱行为既包括行为方式，例如强令受害人吃自己的屎便；也包括语言方式，例如以口头语言对他人进行嘲笑；还包括文字方式，例如以文字或者图画形式辱骂他人。诽谤行为，是指以散布捏造或者夸大的事实故意损害他人名誉的行为。诽谤既可以是口头诽谤，也可以是文字诽谤。侮辱、诽谤是比较典型且较恶劣的侵害名誉权的行为，但实践中侵害名誉权的行为并不限于这两种，例如过失地误将他人视为罪犯并将该信息予以公开，等等。基于此，本条第 1 款规定。任何组织或者个人不得以侮辱、诽谤等方式侵害他人的名誉权。

确定名誉的内涵是保护名誉权的前提和基础。本条第 2 款明确规定，名誉是对民事主体的品德、声望、才能、信用等的社会评价。根据本款规定，自然人的名誉感是一种内心的主观感受，不属于社会评价，不纳入名誉权的保护范围。如果自然人认为自己的名誉感受到了他人的侵害，且有证据证明他人的行为有过错、过错行为与自己名誉感受损之间存在因果关系的，可以以自己的人格尊严受到侵害为由，要求对方承担民事责任。

第一千零二十五条 【实施新闻报道、舆论监督等行为与保护名誉权关系】

行为人为公共利益实施新闻报道、舆论监督等行为，影响他人名誉的，不承担民事责任，但是有下列情形之一的除外：

（一）捏造、歪曲事实；

（二）对他人提供的严重失实内容未尽到合理核实义务；

（三）使用侮辱性言辞等贬损他人名誉。

【立法背景】

实施新闻报道、舆论监督等行为，是保障媒体监督权、公民知情权和维护社会公平正义的重要手段和方式，对于公民参政议政、推进我国的民主法制建设以及推进国家治理体系和治理能力现代化具有重要意义。现代社会和现代国家均强调新闻报道、舆论监督的重要性，并从立法的角度加以保障。我国宪法也对此作了明确规定，《宪法》第35条规定，中华人民共和国公民有言论、出版等自由。第41条规定，公民对于国家机关及其工作人员有批评监督权。但是行为人在实施新闻报道、舆论监督等行为，常常不可避免地会影响到他人的名誉。在人格权编的立法中，特别是在本章的立法中，如何处理好实施新闻报道、舆论监督等行为与保护名誉权的关系是一个重点难点问题。经过反复研究，本条规定，行为人实施新闻报道、舆论监督等行为，影响他人名誉的，不承担民事责任。也就是说，行为人实施新闻报道、舆论监督等行为，影响他人名誉的，原则上不承担民事责任。之所以这样规定，主要考虑是：新闻报道涉及社会利益与公众利益，关系到党和国家新闻事业、新闻媒体社会责任以及新闻工作者的权利，关系到言论自由等宪法权利，还关系到人民的知情权；并且，新闻报道具有激浊扬清，针砭时弊等非常重要的社会功能。国家对新闻报道的要求、法律对新闻报道的要求，就是内容的真实性和客观性。我们党和国家一向强调，要"把党内监督、法律监督和群众监督结合起来，发挥舆论监督的作用"。因此，对新闻报道、舆论监督侵害名誉权案件，不能按照一般的侵权案件处理，除了应当在权衡加害人与被害人的权益之外，还须特别考虑到新闻报道、舆论监督等行为是促进和保护公共利益的行为，对于维护一个社会的公平正义，保障公民知情权必不可少，若动辄让从事新闻报道、舆论监督等行为的行为人承担民事责任，有可能产生"寒蝉效应"，对国家和社会的发展和进步是极为不利的。

【条文精解】

本条虽对实施新闻报道、舆论监督等行为规定了特别保护条款，但是实施新闻报道、舆论监督等行为并非在任何情况下都不承担民事责任。根据本条的规定，有下列情形之一的，实施新闻报道、舆论监督等行为的行为人仍应当承担民事责任：

一是捏造、歪曲事实。客观真实是对新闻报道、舆论监督最基本的要求，行为人在从事新闻报道、舆论监督中应当力求所报道的情况，所反映或者检举控告的情况客观真实。但是，若行为人在新闻报道、舆论监督中捏造或者歪曲事实，不但是对新闻报道、舆论监督最基本要求的违反，而且为假借新闻报道、舆论监督之名行诬告、陷害之实打开了方便之门，会对他人的名誉造成损害，实际上是滥用新闻报道、舆论监督的行为。对于捏造、歪曲事实这种主观恶意大，后果一般都较为严重的侵权行为，法律必须禁止，行为人也必须承担法律责任。

二是对他人提供的严重失实内容未尽到合理核实义务。理论上将言论分为对事实的描述和对意见的陈述。对事实的描述是对客观发生的事实进行的具体描述，其判断的标准是"真实性"；对意见的陈述是对已经发生事实的性质、价值、意义等方面的主观评论，其无所谓真实不真实，原则上不会构成侵权。对于实施新闻报道、舆论监督等行为的行为人而言，对事实的报道和反映应当通过实地采访或者充分核实等方式力求客观真实。对于他人提供的情况，特别是二手材料，更应当进行核实，绝不能道听途说，否则行为人就应当对因严重错误或者失实的报道损害他人名誉的行为承担民事责任。基于此，本条规定，实施新闻报道、舆论监督等行为的行为人，对他人提供的严重失实内容未尽到合理审查义务损害他人名誉的，应当承担民事责任。

三是使用侮辱性言辞等贬损他人名誉。正前所述，新闻报道、舆论监督的内容应当尽量真实，评论也应当尽量客观公正，原则上满足了这个要求，行为人就不构成侵权。现实生活中，行为人从事新闻报道、舆论监督时报道或者反映的情况虽然都是真实的，但是在陈述该事实时却使用了侮辱性的言语，例如某媒体在报道某女明星作为第三者破坏他人婚姻这一事实时，对该女明星用了"荡妇""破鞋"等具有侮辱性的言词，尽管报道的事实是真实的，但所用言词贬损了该女明星的名誉，该媒体也应当承担民事责任。

第一千零二十六条 【合理核实义务的认定】

认定行为人是否尽到前条第二项规定的合理核实义务，应当考虑下列因素：

（一）内容来源的可信度；

（二）对明显可能引发争议的内容是否进行了必要的调查；

（三）内容的时限性；

（四）内容与公序良俗的关联性；

（五）受害人名誉受贬损的可能性；

（六）核实能力和核实成本。

【立法背景】

本条是关于如何判断行为人是否履行了合理审核义务的规定。根据前条的规定，行为人实施新闻报道、舆论监督等行为时，对他人提供的基本内容应当履行合理核实义务；若对他人提供的严重失实内容未尽到合理核实义务，则可能会承担民事责任。可见，对他人提供的信息尽合理核实义务是从事新闻报道等工作的行为人的职业道德和法定义务。从司法实践看，新闻报道、舆论监督的内容严重失实基本上都是因为行为人未尽到合理审核义务导致的，例如，新闻媒体的工作人员单方信任他人提供的信息，未对该信息内容作必要的审核，使得报道的基本内容脱离实际或者完全与事实相背离，从而产生了名誉权侵权。实践中如何判断行为人是否履行了合理审核义务却是一个难点，为了有利于实务操作，本条借鉴国外的立法经验，规定了判断行为人是否履行合理审核义务可以考虑的若干因素。

【条文精解】

根据本条规定，判断行为人是否履行合理审核义务可以考虑以下因素：

一是内容来源的可信度。若提供信息内容的来源可信度高，行为人审核的义务就低，若提供信息内容的来源可信度低，行为人审核的义务就高。例如，若信息内容来源于国家机关依职权制作的公开文书和实施的公开职权行为，则新闻媒体对这些信息内容履行的审核义务就很低，因为国家机关依职权制作的公文和实施的公开职权行为具有较高的公信力，新闻媒体不需要再履行很高的审核义务；但若信息内容由社会上的一个普通人或者与信息内容有关的利害关系人所提供，则新闻媒体在报道这些内容前应当慎重，需要进行反复核实。

二是对明显可能引发争议的内容是否进行了必要的调查。从事新闻报道的媒体或者从事舆论监督的行为人接收到他人提供的信息后应当对该信息内容进行分析判断，若发现该内容明显可能引发争议时，就应当进行必要的调查以核实该内容是否属实；若明知该内容很可能引发争议却不进行必要的调查就进行报道，就可认定该行为人未尽到合理审核义务。例如，新闻媒体收到他人提供的关于某学者学术造假的信息内容，该内容明显可能引发争议，新闻媒体在正式报道前应当对此进行必要的调查，亲自采访相关人员，或者对提供的信息内容亲自进行核对等。

三是内容的时限性。新闻报道一般都讲究时效性。如果他人提供的信息内容需要及时予以报道，来不及亲自实地采访或者核实的，行为人的审核义务就较低。在新闻报道中，时效性越强，对事实的核实义务就越低。如对公众人物的人格权的限制，也要考虑时间因素，如果经过长久的时间，所涉及的公共事件不再受公众关注，此时对他们人格权的保护，就应当恢复到一般人的水平。报道已经判决过的案件和正在审理中的案件，也会存在不同的要求。又如对于突发性的公共安全事件的报道，由于时效性相当强，媒体在根据他人提供的信息内容进行报道时审核义务就相对低些。

四是内容与公序良俗的关联性。若他人提供的信息内容与公序良俗密切相关，则新闻媒体等行为人承担的审核义务就低一些；若与公序良俗不相关，则新闻媒体等行为人承担的核实义务就相对高一些。例如，他人提供的信息内容涉及公众人物，则新闻媒体承担核实义务就相对低一些；若他人提供的信息内容只涉及某一普通公民，则新闻媒体则应当进行详尽的核实。

五是受害人名誉受贬损的可能性。若他人提供的信息内容对第三人的名誉造成损害的可能性很大，新闻媒体等行为人就要承担相对较高的核实义务；反之，承担的审核义务就相对较低。例如，他人提供的信息涉及某学者学术造假，这些信息内容涉及学者的重大声誉，对该学者的名誉造成贬损的可能性较高，新闻媒体对该信息内容应当承担较高的核实义务。

六是核实能力和核实成本。不同的行为人对他人提供的信息内容进行核实的能力是不同的，所花的核实成本也是不同的。新闻媒体的核实能力就明显高于个体，对于信息内容进行核实的成本也要明显低于个体进行核实的成本。因核实成本和核实能力的不同，不同行为人承担的核实义务也不完全相同。

【实践中需要注意的问题】

对如何判断行为人是否履行了合理核实义务，本条列举了前述六项应当考虑的因素，但在实践中进行判断时并非要考虑所有因素，至于到底要考虑几项因素以及哪几项因素，应当根据具体情况来决定。此外，本条规定的因素仍然较为抽象，需要在个案中结合具体情况进行判断；同时，本条规定的六项因素也为实践中的案例类型化和司法实践提炼更具体的规则提供了依据和基础。

第一千零二十七条　【文学艺术作品创作可能产生的名誉侵权问题】

行为人发表的文学、艺术作品以真人真事或者特定人为描述对象，含有侮辱、诽谤内容，侵害他人名誉权的，受害人有权依法请求该行为人承担民事责任。

行为人发表的文学、艺术作品不以特定人为描述对象，仅其中的情节与该特定人的情况相似的，不承担民事责任。

【立法背景】

本条是关于文学艺术作品创作可能产生的名誉侵权问题的规定。文学艺术创作对于提高人民文化水平，繁荣我国文化，坚定文化自信具有重要意义。从事文学艺术创作是公民的一项权利，我国《宪法》第47条规定，中华人民共和国公民有进行科学研究、文学艺术创作和其他文化活动的自由。国家对于从事教育、科学、技术、文学、艺术和其他文化事业的公民的有益于人民的创造性工作，给予鼓励和帮助。文学艺术作品来源于生活，依托于现实，但往往又高于生活，具有一定的虚构性。例如文学作品的种类多样，包括小说、纪实文学、报告文学等多种形式，纪实文学作品往往是以事实为基础的，虚构性的成分较少；报告文学一般介于虚和实之间，既有现实的内容也有虚构的内容；小说则基本上以虚构为主。正是由于文学艺术作品这种来源于生活同时又具有虚构性的特征，作者创作的文学艺术作品就有可能会对他人名誉造成侵害。实践中，因文学艺术创作而产生的名誉权侵权纠纷日益增多。

作者的创作自由需要保护，但这种自由不能被滥用，特别是不能放任这种自由严重损害他人的名誉权。因此，如何在保护作者创作自由和名誉权保护之间划定一个界限是本编立法需要面对的问题。

【条文精解】

考虑到文学艺术作品的多样性，本条区分两种情况作了规定：

一是行为人发表的文学、艺术作品以真人真事或者特定人为描述对象的情形。这主要是针对依赖于原型人物和现有事实创作出来的纪实类作品。由于这类作品是以真人真事或者特定人为描述对象，所以只要作品的描述以事实为基础，原则上就不会构成名誉权侵权；但是，若行为人发表的文学、艺术作品虽以真人真事或者特定人为描述对象，使用的也是被描述对象的真实姓名、真实地址，却以谣言和捏造的事实为基础，对被描述对象进行侮辱、诽谤，从而造成其社会评价降低的，作者就应当依法承担民事责任。基于此，本条第 1 款规定，行为人发表的文学、艺术作品以真人真事或者特定人为描述对象，含有侮辱、诽谤内容，侵害他人名誉权的，受害人有权依法请求该行为人承担民事责任。这里需要强调的是，行为人发表的文学、艺术作品虽以真人真事或者特定人为描述对象，但作者并未向第三人公开该作品的情形下，由于该作品无法为第三人所知悉，所以即使该作品含有侮辱、诽谤内容，也不会降低被描述对象的社会评价，自然也不会损害其名誉权。所以适用本条第 1 款规定的前提条件是该作品已被公开。

二是行为人发表的文学、艺术作品不以特定人为描述对象。这主要是针对作者创作的以想象虚构为主的小说等文学艺术类作品。由于这类作品是以想象虚构的内容为基础创作的，没有使用真人真姓，并不是以特定人为描述对象，所以就很难对某人的名誉权造成侵害，即使该作品中的情节与某特定人的情况相似的，也不构成侵害名誉权。也就是说，行为人发表的文学、艺术作品不以特定人为描述对象，仅是其中的情节与某人相似的情况下，不宜对号入座，不构成名誉权侵害。基于此，本条第 2 款规定，行为人发表的文学、艺术作品不以特定人为描述对象，仅其中的情节与该特定人的情况相似的，不承担民事责任。

【实践中需要注意的问题】

现实生活是复杂多样的，作品创作也是如此，有的作品虽没有指名道姓，但一般读者通过阅读不可避免地会将作品中的人物与现实中的某一特定人"对号入座"的，此时就不构成本款所规定的"不以特定人为描述对象"条件，这种情形不应适用本款的规定，而应适用本条第 1 款的规定。因此，判断某一作品是否以特定人为描述对象，关键不在于该作品是否指名道姓，而要从实质上认定该作品所描述的对象是否合理地指向现实中的真实人物。

第一千零二十八条 【更正权】

民事主体有证据证明报刊、网络等媒体报道的内容失实，侵害其名誉权的，有权请求该媒体及时采取更正或者删除等必要措施。

【立法背景】

本条是关于名誉权人所享有的更正权的规定。报刊、网络等媒体的报道具有传播速度快、传播范围广、传播影响大等特点，再加上报刊、网络等媒体进行新闻报道时往往又要追求时效性、爆炸性等效果，其报道的内容一旦失实，造成的后果将是十分严重的，对涉及的民事主体的名誉影响也是十分巨大的。因此，发现报刊、网络等媒体的报道失实后，采取措施及时切断这些失实报道内容的传播就极为必要。实践中，报刊、网络等媒体自己发现报道内容失实，自己及时采取措施进行更正当然是天经地义的，若自己发现报道失实后，还不采取措施更正的，就是明知报道失实还仍然报道，构成了恶意对他人名誉造成损害的，应当承担侵权责任。此时，报刊、网络等媒体不可再援引《民法典》第 1025 条的规定进行抗辩。若名誉权人发现报刊、网络等媒体报道的内容失实，能否直接要求报刊、网络等媒体更正呢？对于这个问题，从国外的立法看，瑞士等一些国家明确规定，名誉权人发现报刊、网络等媒体报道的内容失实的，有权要求媒体予以更正。我国的《出版管理条例》第 27 条规定，出版物的内容不真实或者不公正，致使公民、法人或者其他组织的合法权益受到侵害的，其出版单位应当公开更正，消除影响，并依法承担其他民事责任。报纸、期刊发表的作品内容不真实或者不公正，致使公民、法人或者其他组织的合法权益受到侵害的，当事人有权要求有关出版单位更正或者答辩，有关出版单位应当在其近期出版的报纸、期刊上予以发表；拒绝发表的，当事人可以向人民法院提起诉讼。

【条文精解】

根据本条规定，名誉权人有权请求媒体对不实报道内容进行更正，但前提是其有证据证明该媒体报道的内容是失实的。若名誉权人没有确切的证据证明媒体的报道失实，其无权要求媒体进行更正。之所以强调这一点，是因为更正权是名誉权人未经过法院的诉讼程序直接向媒体提出的一种权利，若允许其没有确切证据就可以行使这一权利，将对报刊、网络等媒体的正常报道行为造成严重干扰，影响媒体正常功能的发挥。名誉权人向媒体提供了确切证据足以证明媒体的报道不实的，媒体应当及时予以更正。媒体仍拒不采取更正措施的，就是明知报道失实还仍然报道，构成了恶意对他人名誉造成损害的，应当承担侵权责任。此时，媒体无权再援引《民法典》第1025条的规定进行抗辩。对于名誉权人而言，其有确切证据证明媒体的报道失实，要求媒体更正，但媒体拒不更正的，其还有权请求人民法院责令该媒体限期更正。需要注意的是，名誉权人要求媒体更正并非是其请求人民法院责令该媒体限期更正的前置程序。名誉权人在有确切证据证明媒体报道失实的情况下，也可以直接请求人民法院责令该媒体限期更正。所以，本条规定实际上也是《民法典》第997条规定的特别禁令制度在本章的进一步具体化。

第一千零二十九条 【信用评价】

民事主体可以依法查询自己的信用评价；发现信用评价不当的，有权提出异议并请求采取更正、删除等必要措施。信用评价人应当及时核查，经核查属实的，应当及时采取必要措施。

【立法背景】

本条是关于信用评价的规定。信用，是指对一个民事主体履行义务能力，特别是经济能力的一种社会评价。根据《民法典》第1024条的规定，信用是名誉的重要组成部分。市场经济既是法治经济，也是信用经济。只有在诚信的基础上，市场主体才能坦诚地进行交易，交易安全才有保障，才有利于促进商品流通，推动经济和社会的发展进步。建立良好的信用环境和信用制度，对于促进我国社会主义市场经济健康有序发展极为重要。我国当前的社会信用环境还存在不少问题，例如信用意识不强，信用失范现象时有发生等，亟需建立和完善相关的信用制度。信用评估制度就是提高信用环境的一种重要制度。信用评估是银行等信用评估机构对借款人等民事主体的信用情况进行评估的一种活动。例如，银行贷款的最基本条件是信用，信用好就容易取得银行贷款支持，信用差就难以取得银行贷款支持。而借款人信用是由多种因素构成的，包括借款人资产负债状况、经营管理水平、产品经济效益及市场发展趋势，等等。为了对借款人信用状况有一个统一的基本的正确的估价，以便正确掌握银行贷款，就必须对借款人信用状况进行评估。在信用评估中，依法成立的信用评估机构，收集有关民事主体的偿债能力、责任财产、过往还债记录和市场声誉的资料，按照规定的信用评级制度，对相关民事主体的信用情况评级，并为进行投资和交易等民事活动的民事主体提供信用报告、公布信用等级。如果信用评估机构对被评估对象的信用状况作出了消极评价，则该被评估对象从事民事活动特别是从事经济活动就会受到限制，例如出行受限、消费受限、借款受限，等等；有时信用评估甚至可以决定一个市场主体的经济命运，例如一个企业信用级别的高低，不但影响到其融资渠道、规模和成本，更反映了该企业在社会上的形象和生存与发展的机会，是企业综合经济实力的反映，是企业在经济活动中的身份证。正因为信用评估对一个民事主体的名誉影响巨大，信用评估机构在进行信用评估时应当履行高度的注意义务，审慎、尽责、客观、公正地进行信用评估，否则就应当对民事主体的名誉权造成损害承担民事责任。信用评估机构在评估中尽到了高度注意义务的，则可以免责。

【条文精解】

正因为信用评估会对一个民事主体的名誉造成重大影响，所以信用评估机构只能依照法律及行政法规的规定或者经信用评估结果涉及的民事主体同意，才能向其他机构和部门出示信用评估结果。民事主体也有权依法查询自己的信用评价结果，信用评估机构不得拒绝该民事主体查询自己的信用评估结果的要求。民事主体通过自己查询等方法发现信用评价与事实不符或者明显不当的，有权向信用评估机构提出异议并要求采取更正、删除等必要措施。当然，民事主体请求信用评估机构采取更正、删除等必要措施时，应当提供相应的证据证明该信用评估结果与事实不符或者明显不当。信用评估机构接到民事主体的异议和更正、删除等请求后，信用评价人应当及时对民事主体提供的证据进行核查，经核查属实的，应当及时采取更正、删除等必要措施。若信用评估机构接到民事主体的请求后，不进行核查，或者经核查属实后并未采取更正、删除等必要措施的，就构成过错，应当对民事主体承担侵害名誉权的民事责任。对于信用评估机构采取更正、删除等必要措施前对民事主体造成的名誉权损害，其是否承担民事责任，关键是看信用评估机构对形成与事实不符或者明显不当的信用评估是否有过错，原则上讲，信用评估机构有过错的，其就应当对损害后果承担民事责任。

【实践中需要注意的问题】

需要说明的是，并非任何组织或者个人都可以对民事主体的信用状况进行评估，本条中的信用评估人必须是依法成立的机构。目前，我国的信用评估人主要是依法成立的征信机构，根据《征信业管理条例》的规定，征信机构是指依法设立，主要经营征信业务的机构。

第一千零三十条【处理信用信息应遵循的规则】

民事主体与征信机构等信用信息处理者之间的关系，适用本编有关个人信息保护的规定和其他法律、行政法规的有关规定。

【立法背景】

本条是关于处理信用信息所应遵循的规则的规定。正如前条所言，名誉权人的信用是社会公众对其经济能力的评价和信赖，其对于名誉权人的影响极为重大。正因为如此，信用评估应当具有客观性和公正性，不应带有任何偏见。要确保信用评估的客观性和公正性，信用评估就必须建立在真实的信用信息基础上。因此，信用评估人在对某民事主体进行信用评估前应当尽量全面准确地掌握该民事主体的资产状况、还债记录等信用信息，这是进行信用评估的前提和基础。

【条文精解】

信用信息属于民事主体的个人信息。考虑到个人信息在现代社会对于个人的重要性和易受侵害性，我国加强了对个人信息的保护，民法典人格权编第六章和网络安全法、消费者权益保护法、电子商务法、征信业管理条例等多部法律法规对个人信息的保护问题作了规定。征信机构等信用信息处理者在处理信用信息时，也应当遵守这些规则。基于此，本条规定，民事主体与征信机构等信用信息处理者之间的关系，适用民法典人格权编有关个人信息保护的规定和其他法律、行政法规的有关规定。

第一千零三十一条 【荣誉权】

民事主体享有荣誉权。任何组织或者个人不得非法剥夺他人的荣誉称号，不得诋毁、贬损他人的荣誉。

获得的荣誉称号应当记载而没有记载的，民事主体可以请求记载；获得的荣誉称号记载错误的，民事主体可以请求更正。

【立法背景】

本条是关于荣誉权的规定。荣誉是国家和社会对在社会生产生活中作出突出贡献或者有突出表现的民事主体所给予的积极的正式评价。荣誉的外在表现形式可以是物质奖励，例如奖金、奖杯、奖牌；也可以是精神奖励，如光荣称号等。授予荣誉的主体可以是政府，也可以是单位，还可以是社会组织。荣誉权就是民事主体对自己所获得的荣誉及其利益所享有的保持、支配的权利。

【条文精解】

实践中，侵犯荣誉权的形式多种多样，最为典型的是非法剥夺他人的荣誉称号或者诋毁、贬损他人的荣誉。正如前所言，荣誉是政府、单位或者社会组织依据一定程序授予民事主体的一种正式评价，若没有正当理由且没有通过严格的程序，这种正式评价不被剥夺。任何组织或者个人若对某民事主体所获得的荣誉有异议，都应当通过一定程序向荣誉授予机关提出，由授予机关通过严格程序作出是否撤销或者剥夺该民事主体所获荣誉的决定。除此之外，任何组织或者个人都不得非法剥夺他人的荣誉称号。任何组织或者个人诋毁、贬损他人荣誉的，应当依法承担民事责任。荣誉权不仅包括精神利益，还附随着一定的物质利益，例如奖金、奖品等。民事主体有权获得因其荣誉所产生的物质利益，禁止任何组织或者个人非法剥夺民事主体因其荣誉产生的物质利益。此外，实践中，还存在两种损害民事主体荣誉权的特殊情形：一是民事主体获得的荣誉称号应当记载而没有记载的情形。荣誉称号是民事主体享有荣誉权的主要表现形式和载体，应当被相关单位记载入民事主体的档案等正式材料中，这是对民事主体荣誉的承认，对其荣誉权的尊重。但是，实践中，民事主体的荣誉称号常有没有被记载的情形发生，这实际上变相剥夺了民事主体的荣誉称号，实质上损害了民事主体的荣誉权。基于此，第 1031 条第 2 款特别强调，民事主体获得的荣誉应当记载而没有记载的，其有权请求记载。二是民事主体获得的荣誉称号被记载错误的情形。正如前所述，荣誉称号是荣誉权的重要体现，若被错误记载，将对荣誉造成贬损，损害民事主体的荣誉权。因此，相关单位有义务准确记载民事主体的荣誉称号。荣誉权人发现自己的荣誉称号被错误记载的，其也有权请求义务人予以更正。

【实践中需要注意的问题】

在实践中，需要处理好荣誉权与名誉权的关系问题，名誉与荣誉确实具有相同之处，例如二者都属于一种社会评价，但二者还具有不少不同之处：一是荣誉是国家和社会给予民事主体的一种正式评价，其授予、剥夺或者撤销一般都需要依照严格的程序进行，特别是剥夺某民事主体的荣誉必须依照严格程序进行，否则就是侵犯民事主体的荣誉权；而名誉这种社会评价是由社会公众随意进行的，没有严格程序要求，也没有专门的格式要求。二是荣誉是政府、单位或者社会组织给予的评价，而非一般的社会评价；而名誉来源于社会公众，是社会公众的一般评价。三是荣誉是国家和社会给予民事主体的积极、褒奖性的评价，非消极评价；而名誉是社会对民事主体的综合评价，既包括积极的褒奖，也包括消极的批评，还包括中性的评价。且名誉是民事主体在社会经济生活活动中自然产生的，而荣誉不可能自然产生。基于此，本条将荣誉权独立于名誉权单独加以规定。

第六章　隐私权和个人信息保护

第一千零三十二条【隐私权及隐私】

自然人享有隐私权。任何组织或者个人不得以刺探、侵扰、泄露、公开等方式侵害他人的隐私权。

隐私是自然人的私人生活安宁和不愿为他人知晓的私密空间、私密活动、私密信息。

【立法背景】

本条是关于隐私权内容以及隐私定义的规定。隐私权是一种重要的人格权。隐私权的概念于 1890 年由美国人瓦伦和布兰代斯在《论隐私权》一文中最早提出，自该概念被正式提出后，隐私权保护就在美国蓬勃发展起来，在世界各国也呈同样的发展趋势。隐私权制度之所以受到各国的高度重视，主要基于两方面的原因：一是隐私权制度本身具有的功能和价值。理论界普遍认为，隐私权制度具有维护人格尊严、维护个人安宁、提高个人安全感、保护个人自由等功能和作用。隐私权制度所具有的这些功能和价值，对于促进人的全面发展，促进社会的和谐稳定具有重要意义。二是现实方面的需要。在现代社会，一方面，随着人类文明的发展，个人意识在不断加强，个人主义也在加强，人们通过加强隐私保护来保护个人自由的意识也在不断加强；另一方面，随着科技的发展、大众传媒的发展、公共权力的膨胀以及消费主义的盛行，人们的隐私受到侵犯的风险越来越大，以至于有的学者提出，在现代社会，我们每个人都是一个"透明人"，"无私可隐"。现实状况进一步凸显了加强隐私权保护的重要性。隐私权制度在我国出现比较晚，直到 2005 年修改后的妇女权益保障法才正式承认了隐私权制度，2009 年侵权责任法才首次将隐私权作为一种民事权利加以规定，但是司法实践很早就开始将隐私纳入名誉的范围内，以名誉权的名义加以保护。例如 1988 年最高人民法院就在《关于贯彻执行〈民法通则〉若干问题的意见（试行）》中明确规定，以书面、口头等形式宣扬他人的隐私，或者捏造事实公然丑化他人人格，以及用侮辱、诽谤等方式损害他人名誉，造成一定影响的，应当认定为侵害公民名誉权的行为。1993 年的最高人民法院《关于审理名誉权案件若干问题的解答》规定，对未经他人同意，擅自公布他人的隐私材料或者以书面、口头形式宣扬他人隐私，致使他人名誉受到损害的，按照侵害他人名誉权处理。本条在现行法律和司法解释的基础上，借鉴国外立法经验，明确规定，自然人享有隐私权。任何组织或者个人不得以刺探、侵扰、泄露、公开等方式侵害他人的隐私权。

【条文精解】

本条从两个层面对隐私权作了规定。第 1 款明确确认了任何一个自然人均享有隐私权。自然人对隐私的权利，主要体现在以下几个方面：一是隐私享有权，即自然人有权对自己的私密信息、私密活动和私密空间进行隐匿，有权享有生活安宁状态，有权保护自己的隐私不受他人的非法披露和公开，禁止任何个人和组织非法披露、公开。当然这种隐私享有权会受到公共利益的限制，例如公安机关为侦查犯罪的需要，可以根据法律的明确授权对犯罪嫌疑人的活动进行跟踪或者监听。二是隐私维护权，即自然人维护自己的隐私不受侵犯的权利。在自己的隐私权受到侵害后，有权直接请求行为人停止侵害、排除妨碍，也有权请求司法机关予以保护。三是隐私公开权，即自然人在法律和公序良俗所允许的范围内有权公开自己的隐私。公开的方式可以是自己亲自公开，也可以是允许他人公开，但需要强调的是，根据《民法典》第1033条的规定，他人公开自然人的隐私，必须经权利人明确同意。对于是否允许对隐私进行商业化利用，在立法过程中，各方对此有不同意见，但主流观点认为，隐私权不完全等同于肖像权、姓名权等标表型人格权，其具有相当的伦理性和情感性，不宜鼓励自然人将自己的隐私用于商业目的。本法基本赞同这一观点。

本条第2款对隐私的定义进行了界定。界定隐私是规定隐私权的前提和基础。根据本条第2款的规定，隐私包括四部分内容：

一是私人生活安宁。私人生活的安定宁静是个人获得自尊心和安全感的前提和基础，自然人有权排除他人对其正常生活的骚扰。将私人生活安宁纳入隐私的范围，对于保护自然人的人格尊严极为重要。侵犯私人生活安宁的行为主要指《民法典》第1033条规定的"以电话、短信、即时通讯工具、电子邮件、传单等方式侵扰他人的生活安宁"的行为。例如向他人发送垃圾邮件、垃圾微信或者进行电话骚扰；再比如在民事主体明确拒绝的情况下，还反复向他人发送小广告、散发传单等。

二是私密空间。私密空间，是指个人的隐秘范围，包括个人居所、私家车、日记、个人邮箱、个人的衣服口袋、身体的隐私部位以及旅客居住的宾馆客房等。自然人有权排除他人对自己私密空间的侵入。我国《宪法》第39条规定，中华人民共和国公民的住宅不受侵犯。禁止非法搜查或者非法侵入公民的住宅。本条规定将宪法的规定以隐私权的方式予以落实，不但强调了公民的住宅作为一种物权应当受到保护，更强调了对公民住宅的保护是对自然人人格权的保护。这里需要强调的是本条所规定的"私密空间"不仅包括住宅等物理意义上的特定空间，还包括电子邮箱、微信群等虚拟空间。

三是私密活动。私密活动，是指自然人所进行的与公共利益无关的个人活动，例如日常生活、家庭活动、婚姻活动、男女之间的性生活等活动。每个自然人都享有私密活动不受他人侵扰的权利。自然人的私密活动是一种动态隐私，具有一个产生发展和变化的过程，有的私密活动随着时间的推移可能会变成非隐私，有的非隐私活动也有可能随着时间的发展成为私密活动。自然人的私密活动受法律保护，根据《民法典》第1033条的规定，除经权利人同意外，任何组织或者个人不得拍摄、录制、公开、窥视、窃听他人的私密活动。婚外恋和婚外性生活，从道德上应当受到谴责，也可能受到党纪政纪的处分，但除了法律另有规定或者当事人同意外，也属于私密活动，不得向社会公布。

四是私密信息。私密信息，是指通过特定形式体现出来的有关自然人的病历、财产状况、身体缺陷、遗传特征、档案材料、生理识别信息、行踪信息等个人情况。这些个人情况是自然人不愿为他人所知晓的信息。自然人的私密信息受法律保护，根据《民法典》第1033条的规定，除经权利人同意外，任何组织或者个人不得获取、删除、泄露、买卖他人的私密信息。私密信息与《民法典》第1034条规定的个人信息有联系也有区别，有联系的是私密信息对特定自然人具有极强的识别性，所以私密信息也属于个人信息；有区别的是个人信息既包括私密信息，也包括非私密信息，范围大于私密信息。此外，私密信息与本条中的私密活动也有一定联系。私密活动是种动态的隐私，但若其以静态的形式体现出来，则就变成了私密信息，例如记录某一自然人在某宾馆房间与另一人约会是私密活动，但若其用手机将约会的过程记录留存下来，则手机上留存的记录就变成了私密信息，而非私密活动；某人的通信行为为私密活动，但通信记录则为私密信息。

第一千零三十三条 【禁止实施的侵害他人隐私权的主要行为】

除法律另有规定或者权利人明确同意外，任何组织或者个人不得实施下列行为：

（一）以电话、短信、即时通讯工具、电子邮件、传单等方式侵扰他人的私人生活安宁；

（二）进入、拍摄、窥视他人的住宅、宾馆房间等私密空间；

（三）拍摄、窥视、窃听、公开他人的私密活动；

（四）拍摄、窥视他人身体的私密部位；

（五）处理他人的私密信息；

（六）以其他方式侵害他人的隐私权。

【立法背景】

本条是关于禁止实施的侵害他人隐私权的主要行为的规定。隐私权是一种重要的人格权，根据《民法典》第1032条的规定，自然人享有隐私权，任何组织或者个人不得以刺探、侵扰、泄露、公开等方式侵害他人的隐私权。

本条在前条规定的基础上，为了进一步加强对隐私权的保护，作了细化规定。

【条文精解】

本条明确规定，除法律另有规定或者权利人明确同意外，任何组织或者个人不得实施下列行为：

一是以电话、短信、即时通讯工具、电子邮件、传单等方式侵扰他人的生活安宁。这是对前条所规定的隐私中私生活安宁的保护。实践中，对自然人生活安宁的侵扰主要是以短信、电话、即时通讯工具、电子邮件、传单等方式进行的，例如向他人发送垃圾短信、垃圾微信、垃圾邮件，散发传单等。

二是进入、窥视、拍摄他人住宅、宾馆房间等私密空间。住宅、宾馆房间等私密空间是自然人隐私的核心部分。实践中，进入、窥视、拍摄他人的住宅、宾馆房间等私密空间是三种最为典型的侵犯隐私的行为。这里的"进入"，是指未经权利人同意或者没有法律授权擅自闯入他人住宅或者他人居住的宾馆房间。这里的"窥视"，是指非法暗中观察、偷看他人的住宅或者宾馆房间。这里的"拍摄"，是指非法通过手机、相机或者通过在住宅或者宾馆房间安装摄像头等设备将他人住宅或者他人所居住的宾馆内的人、物、布局、摆设等记录下来。非法进入、窥视、拍摄他人住宅、宾馆房间等私密空间，会对自然人的隐私权造成较为严重侵害，也会对社会秩序造成较大破坏。

三是拍摄、窥视、窃听、公开他人的私密活动。在现实生活中，每个人每天都会从事各种各样的社会活动，其中不少社会活动都是其不愿为他人所知晓的私密活动，特别是有的私密活动一旦被他人窥视、窃听，其将处于恐惧当中，个人人格尊严也将受到严重侵害。所以在现代社会，每一个人都有权依法进行各种各样的社会活动，国家也有责任保证每个公民的私密活动不受非法侵扰，这既是个人自由权的体现，也是现代文明的标志。基于此，本条明确规定，任何组织或者个人都不得非法拍摄、窥视、窃听、公开他人的私密活动。

四是拍摄、窥视他人身体的私密部位。自然人身体的私密部位属于其私密空间的范围，身体的私密部位对于自然人来讲都是极为敏感，一旦被暴露于外，将是对自然人的极大羞辱。隐私的观念根源于人天生的羞耻本能，而这种羞耻本能又来自于对身体私密部位的保护。人类在发展过程中从用树叶、兽皮蔽体到穿衣服遮身，对自然人身体私密部位的保护就是人类的这种"知羞耻、掩外阴"观念发展起来的。恶意拍摄、窥视自然人身体的私密部位，是一种严重侵犯他人隐私权的行为，所以本条明确规定，任何组织或者个人都不得拍摄、窥视他人身体的私密部位。

五是处理他人的私密信息。每个自然人都拥有不少私密信息,这些私密信息可能涉及该自然人的财产状况,可能涉及其社交状况,也可能涉及其生理状况,还可能涉及其身世经历,等等。这些私密信息都是自然人不愿公开或者不愿为他人所知晓的信息。违背当事人意愿处理其私密信息构成对隐私权的侵犯,例如,擅自公开患者的病历、擅自收集他人的聊天记录等都是对权利人隐私权的侵犯。所以,本条规定,任何组织或者个人都不得非法处理他人的私密信息。

六是以其他方式侵害他人的隐私权。本条规定的前述五项情形只是可能侵犯自然人隐私权的典型方式,现实生活中,有可能侵犯隐私权的方式多种多样,远不止这五种情形,特别是随着现代科技的发展,不少新型的侵犯隐私权的方式不断出现,例如利用定位 App 软件对他人的行踪进行跟踪、利用高精度、高分辨率的仪器对人体的私密部位进行扫描等。为了避免挂一漏万,本条规定了这一兜底条款。

最后还需要强调一点,除了权利人明确同意外,经过法律的明确授权,也可以对自然人的隐私权作一定限制,例如,公安机关根据刑法、刑事诉讼法等相关法律的规定,可以对犯罪嫌疑人的行踪进行跟踪,也可以对犯罪嫌疑人的住宅进行搜查等;医院根据传染病防治法等相关法律的规定,可以处理相关患者的医疗信息,等等。

第一千零三十四条 【个人信息】

自然人的个人信息受法律保护。

个人信息是以电子或者其他方式记录的能够单独或者与其他信息结合识别特定自然人的各种信息,包括自然人的姓名、出生日期、身份证件号码、生物识别信息、住址、电话号码、电子邮箱、健康信息、行踪信息等。

个人信息中的私密信息,适用有关隐私权的规定;没有规定的,适用有关个人信息保护的规定。

【立法背景】

本条是关于个人信息的规定。信息社会,人的存在不仅涉及生物体征方面的信息(如身高、性别等),也涉及人作为社会成员的基本社会文化信息

（如姓名、职业、宗教信仰、消费倾向、生活习惯等）。有的专家提出，几乎所有的人类活动都具有信息形式的记录，当个人信息累积到一定程度，就构成与实际人格相似的"信息人格"或者"数据人格"。近年来，网络技术、信息技术的发展和经济全球化的趋势一定程度上改变了传统的营销方式和消费方式，传统条件下，由于信息搜集技术的限制，经营者无法有效获取消费者有关消费需求、消费倾向等方面的信息，其商品或者服务的提供带有很大的盲目性，而在当前信息技术发达、个人信息流通便捷的情况下，经营者可以低成本、高效率地利用各种信息搜集方式获取并分析消费者的消费习惯、消费倾向，从而有效为特定消费者提供个性化服务，进而取得市场竞争优势。个人信息在金融领域发挥的作用更为巨大。通过掌握个人信用信息，使用个人信用评分技术，银行业可以更加有的放矢地发放贷款。对个人信息的有效利用，不仅给经营者带来了利益，对消费者也带来了诸多便利：消费倾向和消费兴趣被商家掌握的消费者，在选择商品和服务时可以节省更多搜索成本；经营者对消费信息的有效掌握可以使其不再向没有该类消费倾向的消费者滥发邮件，减少众多消费者收到垃圾邮件的数量；有良好信用记录的消费者可以更方便取得贷款。个人信息的利用节约社会发展成本，固然能为经济社会带来巨大的利益，但如果对其不作任何限制，利用技术手段滥用个人信息侵犯个人利益的事件必然增多。

近年来，我国高度重视个人信息相关立法，从民事、行政、刑事各方面，加强个人信息保护，保障个人信息安全。2012 年全国人大常委会通过的关于加强网络信息保护的决定、2013 修改的消费者权益保护法、2016 年通过的网络安全法和 2018 通过的电子商务法等法律，确立了个人信息保护的规则及网络运营者保障个人信息安全的义务与责任，明确了个人对其信息收集、使用的知情权、删除权、更正权。2017 年通过的民法总则，将个人信息受法律保护作为民事权利的重要内容予以规定，并对数据作为财产权的客体作出原则规定。制定个人信息保护法也已列入十三届全国人大常委会立法规划和 2020 年度立法工作计划。立法机关正在抓紧开展个人信息保护法的研究起草工作。此外，一些司法解释和规范性文件对个人信息保护问题作了规定。在本法典编纂过程中，各方提出，随着信息技术的快速发展，非法获取、非法公开或者非法向他人提供个人信息的违法行为泛滥，社会危害严重，加强对个人信息的保护对于保护公民的人格尊严，使公民免受非法侵扰，维护正常的社会秩序具有重要的现实意义；建议在人格权编中确立个人信息民事保护的基本规则，以进一步加强对个人信息的保护。经研究认为，个人信息权利是自然人在现代信息中的重要权益，明确对个人信息的保护对于保护自然人的人格尊严，使自然人免受非法滋扰，维护社会的正常秩序意义重大。基于此，在我国现有规定的基础上，借鉴国际上的立法经验，《民法典》第111条对个人信息保护作了原则性规定。本章在总则编规定的基础上确立了个人信息保护的基本原则和规则。本条第1款即开宗明义地规定，自然人的个人信息受法律保护。就民法典与单行立法在个人信息保护上的关系问题而言，既要有分工，又要有衔接协调。民法典人格权编本章关于个人信息保护的规定是立足于现行法律法规所做的修改完善。同时，考虑到将来还有专门的个人信息保护法，所以就民法典这一长期稳定适用的民事基本立法而言，不能做出太多细致具体的规定，而只需做出基础性、原则性的规定。这样一来，既可以对其他的立法有所指引，又为将来的发展留有空间。

【条文精解】

本条明确了个人信息的定义以及隐私信息与个人信息的关系。

1. 个人信息的定义

本条第2款规定，个人信息，是指以电子或者其他方式记录的能够单独或者与其他信息结合识别自然人个人身份的各种信息，包括自然人的姓名、出生日期、身份证件号码、生物识别信息、住址、电话号码、电子邮箱、健康信息、行踪信息等。根据本款的规定，构成个人信息要满足三个要件：

一是具有识别性，这是核心要件。所谓识别，就是通过该信息可以直接或者间接地将某一自然人"认出来"。识别包括直接识别和间接识别，所谓直接识别，是指通过该信息可以直接确认某一自然人的身份，不需要其他信息的辅助，例如某人的身份证号、基因信息等；所谓间接识别，是指通过该信息虽不能直接确定某人的身份，但可以借助其他信息确定某人的身份。任何可以直接或者间接识别特定自然人的信息都是个人信息。

二是要有一定的载体，这是个人信息的形式要件。个人信息必须是要以电子或者其他方式记录下来。没有以一定载体记录的信息不是个人信息。

三是个人信息的主体只能是自然人，法人或者非法人组织不是个人信息的主体。个人信息类型众多，包括但不限于自然人的身份信息、生理信息、社会信息、财产信息等，本款列举的具体个人信息只是最为典型也最为常见的类型，现实生活中的具体个人信息远不止列举的类型。与现行网络安全法列举的个人信息的情形相比，本条增加了电子邮箱和行踪信息等类型，这是为了让个人信息的定义能够更加适应互联网时代和大数据时代的发展需要。对于某一类本款没有列举到的信息是否为个人信息时，可以根据前述三个要件进行判断。

2. 个人信息与隐私的关系

在立法过程中，有的意见提出，隐私比个人信息范围更宽，包括隐私信息、隐私活动和隐私空间，建议以隐私权的保护涵盖对个人信息的保护。经反复研究认为，个人信息与隐私确实有紧密联系，例如隐私中的私密信息就属于个人信息，侵犯个人信息和侵犯隐私权的最主要方式都是非法泄露或者公开，也正是因为隐私与个人信息的联系较为紧密，人格权编将二者放在同一章加以规定。但是，二者的区别也非常明显，尤其是考虑到民法典作为民事基本法律，既需要保护个人信息中体现的人格利益，又要促进信息作为信息社会一种重要资源的合理流通，因此，本编并未采取传统民法以姓名权、肖像权及隐私权为框架保护个人信息的方式，而是明确将个人信息保护的权利在隐私权等具体人格权外单独加以规定，主要基于以下五点考虑：

第一，二者的构成要件不同，隐私强调私密性，而个人信息强调识别性。

第二，"隐私"与"个人信息"二者的范围有重合（重合部分可以称为隐私信息，即权利主体不愿为他人知晓的个人信息，如病史、犯罪记录等），但"个人信息"不仅包括不愿为外人知晓的"隐私信息"，还包括可以公开的"非隐私信息"（如姓名、性别等）；并且，"隐私"带有主观色彩，如身高、住址、电话号码等个人信息，有些人视为隐私，有些人视为可公开信息。此外，我国现有法律制度中涉及的"隐私权"，是与"生命权、健康权、姓名权、名誉权、荣誉权、肖像权"等并列的概念，范围比美国法窄得多。美国法中的"隐私权"范围极广，几乎囊括了私人活动的各个领域，而不仅局限于私生活秘密，有学者认为该权利在美国已经发展为一般人格权。但是，在我国现有法律制度中的隐私权，范围要窄得多。一些侵犯个人信息的行为，未必构成侵犯"隐私"：如自然人的"姓名"，当然属于个人信息，但却不是"隐私权"的保护客体；又如肖像也属于个人信息，但不当利用他人肖像，构成对"肖像权"而非"隐私权"的侵害；再如不当删除、不完整记录或者错误记录他人信息，或者根据不实信息对他人信用作出错误评级等，这些都属于侵犯他人信息权利的行为，但一般不涉及侵犯隐私。

第三，法律既要保护自然人对其个人信息享有的人格权益，又要兼顾社会对个人信息的合理利用。鉴于信息自由流通具有的巨大社会效益和经济效益，民法典对个人信息权利的规定，应当兼顾自然人个人信息权益和信息资源有效利用的双重目的。而隐私权的保护，一般多着眼于权利主体的人格权益，更倾向于限制对个人信息的搜集与利用。因此，"个人信息"比"隐私"更适宜现代信息社会民法所要调整的法律关系。

第四，从权利内容和救济方式而言，隐私权作为一种私生活受尊重的权利，多表现为消极被动和防御性的特点，它以侵害行为或侵害可能为前提，以维护人格尊严为目的，一般不具有财产利益。而个人信息得到保护的权利，从世界主要国家的立法来看，表现为一种积极主动的请求权，不仅包括个人信息不受非法收集、处理的内容，还包括权利主体对其个人信息的积极控制：如权利人有权决定其个人信息能否被他人收集、处理和利用以及如何利用，有权要求信息处理者修改不正确、不完整的个人信息以保证信息质量，有权针对商业目的的个人信息利用获取报酬等。从德国、日本等国家在有关个人信息保护立法方面的发展趋势来看，"个人信息得到保护的权利"兼顾权利人的人格尊严与信息资源的有效利用，比"隐私权"更符合现代信息社会的发展需求。

第五，对二者的保护程度不同。对隐私权的保护程度要高于对个人信息的保护程度。基于此，本章虽将个人信息保护与隐私权放在同一章，但仍将两者作为两种不同的制度加以规定。需要注意的是，私密信息既是隐私的重要组成部分，也是个人信息的重要组成部分，个人信息保护与隐私权的保护范围具有一定的重合之处。个人信息受保护的权利并非要替代隐私权对秘密信息的保护，而是对其保护的补充。原则上，若个人信息可以为隐私权、名誉权、姓名权、肖像权等具体权所保护时，可以优先适用这些人格权的规则，这些具体人格权没有规定的情况下，可以适用个人信息的相关规定。但隐私权中的私密信息与信息主体的人格尊严联系更为紧密，所以民法典对隐私权的保护程度更高一些，对私密信息的处理要求更严一些。根据《民法典》第1033条的规定，处理他人的私密信息需要获得隐私权人的明确同意。基于此，本条第3款规定，个人信息中的私密信息，适用有关隐私权的规定；没有规定的，适用有关个人信息的规定。

第一千零三十五条 【处理个人信息应遵循的原则】

处理个人信息的，应当遵循合法、正当、必要原则，不得过度处理，并符合下列条件：

（一）征得该自然人或者其监护人同意，但是法律、行政法规另有规定的除外；

（二）公开处理信息的规则；

（三）明示处理信息的目的、方式和范围；

（四）不违反法律、行政法规的规定和双方的约定。

个人信息的处理包括个人信息的收集、存储、使用、加工、传输、提供、公开等。

【立法背景】

本条是关于处理个人信息应当遵循的原则的规定。我国《网络安全法》第41条规定，网络运营者收集、使用个人信息，应当遵循合法、正当、必要的原则，公开收集、使用规则，明示收集、使用信息的目的、方式和范围，并经被收集者同意。网络运营者不得收集与其提供的服务无关的个人信息，不得违反法律、行政法规的规定和双方的约定收集、使用个人信息，并应当依照法律、行政法规的规定和与用户的约定，处理其保存的个人信息。消费者权益保护法和我国的一些司法解释和规范性文件也对处理个人信息应当遵循的原则和条件作了一些规定。本条在我国现行有关法律法规和个人信息保护实践的基础上，借鉴吸收国际上的通行规定，对处理个人信息应当遵循的基本原则并应当满足的条件作了规定。本条规定是关于个人信息保护的核心内容。

【条文精解】

根据本条规定，处理个人信息应当遵循以下原则：

1. 合法原则

所谓合法原则，是指信息处理者处理个人信息必须要有合法的依据，且处理的方法应当符合法律的规定。合法的依据主要来自两个方面：第一，法律法规的明确规定。除本章的相关规定，目前我国还有网络安全法、消费者权益保护法、电子商务法等多部法律和多部行政法规，都对处理个人信息作了相关规定。相关主管部门也依法制定了一些部门规章，例如工业和信息产业部制定的《电信和互联网用户个人信息保护规定》，信息收集者、信息控制者应当严格遵守这些规定，不得违反。立法机关正在起草的个人信息保护法也将对此作出规定。所以，本条第 1 款第 4 项明确规定，处理个人信息不得违反法律、行政法规的规定和双方的约定。该项规定是对合法原则的具体化。对于处理个人信息，法律法规未作规定的事项，信息处理者还应当遵守相关行业规范，目前一些行业组织已制定了相关的个人信息保护自律规范。第二，信息主体的同意。收集、处理个人信息取得信息主体的同意是个人信息保护的核心原则。根据本条第 1 款第 1 项的规定，除法律、行政法规另有规定外，收集、处理个人信息原则上应当征得该自然人或者其监护人同意。本项规定将自然人或者其监护人的知情同意作为合法处理个人信息的主要合法性前提，充分体现了信息主体在个人信息处理中的主导地位，可以有效保障信息主体对自身个人信息的控制。本项中的"其监护人同意"，是指自然人因年龄、精神等原因为无民事行为能力或者限制民事行为能力人时，由其监护人决定是否同意他人处理其个人信息。这突出强调了对未成年人等行为能力欠缺者的特别保护。信息主体同意的方式多样，可以是通过与信息处理者签订协议的方式，也可以是单方授权的方式，还可以是其他方式。但是，针对个人信息敏感度的不同，对同意的要求程度不同，处理某些个人信息应当取得信息主体明示同意，例如对于信息主体敏感度较高的信息或者隐私信息，根据《民法典》第 1033 条第 5 项的规定，任何组织或者个人未取得权利人明确同意，不得处理他人的私密信息。本条第 1 款第 1 项中的"但是法律、行政法规另有规定的除外"，是指收集、处理个人信息可以不取得信息主体同意的例外情形，但这些例外情形必须由法律、行政法规作出明确规定，例如《民法典》第 1037 条规定的情形既是处理他人个人信息可以免除民事责任的情形，实际上也是处理他人个人信息无须取得信息主体同意的情形。此外，我国正在制定中的个人信息保护法也可以对处理个人信息无须取得信息主体同意的具体情形作出更为详细的规定。

2. 正当原则

所谓正当原则，是指处理个人信息除了要遵循合法原则外，信息处理的目的和手段还要正当，应当尊重公序良俗和遵守诚实信用，并且要尽量满足透明的要求，以便当事人能够充分了解情况，自主行使自己的权利。这就要求信息处理者对处理个人信息的行为进行自我管理，确保处理个人信息行为的正当性。特别是在收集、处理个人信息过程中不得强迫用户授权，或者以捆绑服务、强制停止使用等不正当手段变相诱导、胁迫用户提供个人信息，更不得欺骗、窃取或者其他非法手段处理他人的个人信息。实践中的"大数据杀熟"就是一种典型的违反正当原则的行为。

3.必要原则

所谓必要原则，是指处理个人信息的目的应当特定，处理应当受限制。处理个人信息应当有特定目的，并且应当依据该特定的、明确的目的进行，通常不得超出目的范围处理个人信息，与实现所涉目的无关的个人信息不得处理。例如，医疗机构收集患者的疾病信息目的是用于分析患者病情或者分析疾病之用，不得将其用于非医疗目的；电商承诺只将收集到的消费者个人信息用于研究分析消费发展趋势目的的，就不得将其用于其他目的。此外，必要原则还包括即使按照特定目的收集、处理个人信息，也应当按照对信息主体影响最小的方式进行，应当在必要的限度内进行。这就要求信息处理者在收集信息时不应当收集对提供服务没有必要的个人信息，只有那些对开展相关服务而言非收集不可或者不收集就无法满足用户服务需要的信息，才可被收集；在处理个人信息时，处理的内容和范围不应过于宽泛，只有在不得不处理时才可以处理个人信息。不得过度处理个人信息本应是必要原则的应有之义，但是在立法过程中，不少意见提出，针对实践中不少网络服务提供商，特别是一些手机 App 应用服务提供商过度收集处理个人信息的现象比较普遍，严重损害了信息主体的权益，建议明确规定，不得过度处理个人信息。本条采纳了这一意见，特别强调不得"过度处理"个人信息。这一规定针对性是较强的。

4.公开透明原则

所谓公开透明原则，是指信息处理者在处理个人信息时应当公开处理信息的规则，并明示处理信息的目的、方式和范围，确保信息主体享有知情权。公开透明原则极为重要，是确保信息主体知情同意的前提。只有让信息主体充分知悉和了解处理个人信息的规则、目的、方式和范围，了解个人信息被处理的后果和可能的影响，才可以保护信息主体的意思判断是自主、真实和合理的。这里的公开透明并非指个人信息内容公开，而是指处理个人信息的过程和规则应当公开。这就要求信息处理者在处理个人信息时要主动增强透明度，用通俗易懂、简洁明了的语言说明处理个人信息的目的、方式和范围，并将处理个人信息的规则予以公开。由于这些规则是由个人信息处理者单方制定的，属于格式条款，因此应当受本法典合同编和其他相关法律关于格式条款规定的规范。

需要说明的是，本章中的处理内涵极为丰富，并不限于使用行为，还包括个人信息的收集、存储、使用、加工、传输、提供、公开等行为。本条第 2款之所以这样规定，主要是为了表述上的方便，与国际上通行的做法也能基本保持一致。

第一千零三十六条 【处理个人信息可免责情形】

处理个人信息，有下列情形之一的，行为人不承担民事责任：

（一）在该自然人或者其监护人同意的范围内合理实施的行为；

（二）合理处理该自然人自行公开的或者其他已经合法公开的信息，但是该自然人明确拒绝或者处理该信息侵害其重大利益的除外；

（三）为维护公共利益或者该自然人合法权益，合理实施的其他行为。

【立法背景】

本条是关于处理个人信息可以免责情形的规定。任何权利的行使都是有其界限的，自然人对个人信息所享有的权益也不例外，特别是在信息时代，信息的自由流通十分重要，信息时代给人类社会所创造的巨大价值就是建立在信息的自由流通基础上的，如果信息处理者对于任何信息进行任何处理都要花费不合理的成本来确定是否侵害他人的个人信息权益，或者允许信息主体频频打断信息的流通和传播，将严重影响信息产业的发展，整个社会也将会付出高昂的代价，因此，在个人信息保护立法中，一定要处理好保护个人信息与促进信息自由流通之间的关系，在进一步加强对个人信息保护的同时，也要高度重视信息的自由流通问题。

【条文精解】

为了处理好个人信息保护与信息自由流通这二者之间的关系，本条明确规定了行为人处理个人信息不须承担民事责任的三种情形：

一是在该自然人或者其监护人同意的范围内合理实施的行为。自然人或者其监护人同意是处理个人信息行为获得合法性的重要依据，也是自然人处分自己个人信息权益的重要方式。自然人或者其监护人的同意，实际上就是允许他人处理自己的个人信息。因此，行为人在自然人或者其监护人同意的范围内实施的行为即使对该自然人的权益造成了影响，也是符合信息主体意愿的，行为人不须承担民事责任。但是，行为人在自然人或者其监护人同意的范围内实施的行为应当合理，例如消费者允许电商处理自己的消费记录并向自己发送精准广告，但电商在处理该消费者的消费记录后，却不分白天黑夜频频向该消费者推送各种商品广告，对其生活造成了极大干扰，这种行为虽是在该消费者同意的范围内实施的行为，但不合理，并不能完全免除电商的民事责任。

二是合理处理该自然人自行公开的或者其他已合法公开的信息，但是该自然人明确拒绝或者处理该信息侵害其重大利益的除外。"自然人自行公开"自己的个人信息就是自然人主动将自己的某些个人信息向社会公开，例如患者主动向社会公开自己的生病经历，还比如某自然人主动向社会公开自己的性取向或者宗教信仰。自然人自行公开自己的个人信息意味着其在一定程度上同意他人对这些个人信息的处理。"其他已合法公开"的个人信息是指除自然人自行公开的以外，以其他合法形式公开的个人信息，例如媒体在新闻报道中依法公开的个人信息；还比如国家机关依法公开的个人信息。合理处理这些已公开的个人信息，即使对某自然人造成了影响，行为人原则也不承担民事责任。但是有两种情形例外：第一，该自然人明确拒绝他人处理自己公开的个人信息。个人信息虽然是自然人自己主动公开或者被以其他方式合法公开，但若该自然人明确表示拒绝他人处理这些个人信息的，应当尊重该自然人的意愿，行为人不得擅自处理，除非有明确的法律法规授权。第二，处理该信息侵害自然人重大利益的。在有的情况下，自然人的个人信息虽然是自己主动公开或者是通过其他合法方式公开的，但若处理这些个人信息的行为损害该自然人重大利益的，行为人仍不能免除责任。例如某自然人对外公开了自己的电话号码，但行为人却频频向该自然人发送垃圾短信或者拨打垃圾电话，严重滋扰了该自然人的生活安宁，此时，行为人仍应承担民事责任。本项的"但书"规定是公开使用的例外情形，保证了信息主体的最终决定权，并体现了权利行使的比例原则。

三是为维护公共利益或者该自然人的合法权益，合理实施的其他行为。这是一个兜底性的规定。公共利益涉及国家利益和不特定多数人的利益，任何国家和地区一般都规定，基于公共利益，可以对权利的行使进行限制。自然人对个人信息享有的权益也不例外。例如欧盟《一般数据保护条例》就明确规定，为了国家安全、公共健康等公共利益，可以合理处理信息主体的个人信息。我国《宪法》第51条规定，中华人民共和国公民在行使自由和权利的时候，不得损害国家的、社会的、集体的利益和其他公民的合法的自由和权利。基于此，本条规定，行为人为了维护公共利益，在必要范围内可以合理处理自然人的个人信息。但由于公共利益是一个弹性极大的概念，为避免被滥用，应当严格适用，例如为了公众的健康安全或者为了追查犯罪行为可以作为公共利益。此外，为了该自然人自己的合法权益，也可以在必要范围内处理其个人信息，例如在患者处于病重昏迷状态时，医院为了该患者的生命安全，处理该患者的个人健康信息。需要强调一点，无论是为了维护公共利益还是为了维护自然人的合法权益，行为人在必要范围内实施的收集、处理个人信息行为都应当是合理的，不能借维护公共利益之名，行侵害自然人合法权益之实，否则仍不能免除侵权责任。

第一千零三十七条 【信息主体查阅复制和更正删除权】

自然人可以依法向信息处理者查阅或者复制其个人信息；发现信息有错误的，有权提出异议并请求及时采取更正等必要措施。

自然人发现信息处理者违反法律、行政法规的规定或者双方的约定处理其个人信息的，有权请求信息处理者及时删除。

【条文精解】

个人信息涉及自然人的人格尊严，根据本章的规定，自然人的个人信息受法律保护。自然人对自己的个人信息享有一系列权能，包括知情同意权、查阅复制权、更正删除权、受保护权等内容。《民法典》第1035条规定了自然人的知情同意权，第1038条规定了自然人的受保护权，本条则对自然人的查阅复制权和更正删除权作了规定。

自然人对个人信息的查阅复制权，是指信息主体有权查询其个人信息被处理的情况，并有权对处理的个人信息进行复制的权利。查阅复制权在个人信息保护体系中的地位很重要。自然人要行使自己对个人信息的其他权利，必须首先了解自己的哪些个人信息被处理，以及被处理的情况如何，特别是要能了解在此过程中其个人信息是否被保持得完整准确。只有这样，才能判断信息处理者的处理活动是否符合信息主体的预期，信息主体也才能够决定是否有必要对相关信息进行更正、删除。所以，信息查阅复制权是确保自然人能够实现这些权利的重要内容，任何组织或者个人都不得非法剥夺。基于此，本条第1款规定，自然人可以向信息处理者依法查阅或者复制其个人信息。

个人信息更正权，简称更正权，是指信息主体有权请求信息处理主体对不正确、不全面的个人信息进行改正与补充的权利。更正权具体包括：个人信息错误更正权，即对于错误的个人信息本人有更正的权利；个人信息补充权，即对于遗漏或新发生的个人信息，本人有补充的权利；个人信息更新权，即本人要求对于过时的个人信息及时更新的权利。确保个人信息的准确性、完整性和及时更新，信息处理者才能确保提供服务的质量，才能有效维护信息主体的合法权益。赋予信息主体更正权是国际上的通行做法，例如欧盟的

《一般数据保护条例》第 16 条规定，数据主体有权要求数据控制者对其错误的个人数据进行更正。我国《网络安全法》第 43 条也规定，个人发现网络运营者收集、存储的其个人信息有错误的，有权要求网络运营者予以更正，网络运营者应当采取措施予以更正。因此，本条规定，自然人发现信息有错误的，有权提出异议并要求及时采取更正等必要措施。

个人信息删除权，简称删除权，是指信息主体在法定或约定的事由出现时，有权请求信息控制者删除其个人信息的权利。我国《网络安全法》第 43 条规定，个人发现网络运营者违反法律、行政法规的规定或者双方的约定收集、使用其个人信息的，有权要求网络运营者删除其个人信息。本条在网络安全法规定的基础上规定，自然人发现信息持有者违反法律、行政法规的规定或者双方的约定处理其个人信息的，有权要求信息持有者及时删除其个人信息。根据本条的规定，信息主体一般在下列情形下可以请求删除个人信息：一是处理个人信息的行为不合法。例如信息处理者处理个人信息未取得信息主体的同意，并且也没有法律法规的明确授权；还比如信息处理者的处理行为超出了法定或者约定的范围。二是信息处理者处理个人信息的目的已不存在，其没有必要再保存个人信息。三是信息主体与信息处理者约定的处理个人信息的期限已届满，根据约定，信息主体有权要求删除。需要强调的是，本条规定的个人信息删除权并非欧盟《一般数据保护条例》所规定的所谓"个人信息被遗忘权"。目前各方对是否规定欧盟版的"个人信息被遗忘权"争议极大，对这一问题宜继续研究，因此，本法对此未作规定。

第一千零三十八条 【信息处理者的安全保护义务】

信息处理者不得泄露或者篡改其收集、存储的个人信息；未经自然人同意，不得向他人非法提供其个人信息，但是经过加工无法识别特定个人且不能复原的除外。

信息处理者应当采取技术措施和其他必要措施，确保其收集、存储的个人信息安全，防止信息泄露、篡改、丢失；发生或者可能发生个人信息泄露、篡改、丢失的，应当及时采取补救措施，依照规定告知自然人并向有关主管部门报告。

【立法背景】

本条是关于信息处理者对个人信息安全保护义务的规定。信息处理者对处理的个人信息负安全保护义务是确保个人信息安全的重要保障。随着人工智能、大数据技术、拍照技术等科学技术的快速发展，个人信息被泄露、被复制、被窃取的风险越来越大，特别是随着互联网应用的普及和人们对互联网的依赖，互联网的安全问题也日益凸显，黑客攻击和大规模的个人信息窃取案件频发，大量网民因个人信息被窃取导致的人身财产损害后果严重。此外，目前网站攻击与技术窃取个人信息的行为正在向批量化、规模化方向发展，用户个人信息权益遭到侵害，特别是一些重要数据信息甚至流向他国，信息安全威胁已经上升至国家安全层面。实践中，因信息处理者未履行对个人信息的安全义务，导致自然人的个人信息被大规模泄露的事件时有发生，例如美国脸书公司泄露众多客户个人信息案。如果信息处理者不采取有力措施保护个人信息，会对个人信息主体造成严重滋扰，严重损害其人格尊严，对社会秩序也会造成严重冲击。因此，明确信息处理者对个人信息的安全义务对于个人信息保护至关重要。世界各国和相关地区的个人信息保护立法均强调信息处理者对个人信息负有安全保护义务。我国现行的网络安全法、电子商务法、消费权益保护法等法律和多部行政法规均对个人信息的安全保护义务作了规定。为了更好地保护个人信息，本条专门对信息处理者的安全保护义务作了规定。

【条文精解】

本条在现行法律法规的基础上，从三个方面对信息处理者应当履行的安全保护义务作了规定：

一是信息处理者不得泄露或者篡改其收集、存储的个人信息；未经自然人同意，不得向他人提供个人信息，但是经过处理无法识别特定个人且不能复原的除外。这是对信息处理者自身不得泄露或者篡改其收集、存储的个人信息、非法提供个人信息的要求。信息处理者自己主动泄露、篡改或者非法提供个人信息的行为是极为严重地违反安全保护义务的行为，也是一种故意侵犯个人信息权益的行为，不但要承担民事责任，造成严重后果的，还有可能承担刑事责任。《民法典》第1034条明确规定，除法律、行政法规另有规定外，处理自然人个人信息的，应当征得该自然人或者其监护人同意。根据这一规定的逻辑，信息处理者未经信息主体的同意就向他人提供个人信息，就属于泄露个人信息的具体情形。根据该条第2款的规定，本章中的"处理"包括向他人提供个人信息的行为，因此，信息处理者向他人提供个人信息必须经信息主体同意，否则将承担侵权责任。

二是信息处理者应当采取技术措施和其他必要措施，确保其收集、存储的个人信息安全，防止信息泄露、篡改、丢失。信息收集者、控制者除了自己不得主动泄露、篡改、非法提供其收集、存储的个人信息外，还要积极采取措施确保其收集、存储的个人信息安全。这要求信息处理者要为个人信息的储存提供必要的安全环境。虽然本条并没有将这些具体措施作具体化的规定，但原则上要求信息处理者在合理限度内采取必要措施保证信息安全。这些措施主要是技术手段，例如设置多重密码，设置防火墙以防止病毒入侵等。在确定具体采取哪些必要措施时，可以结合安全措施的成本和个人信息的性质内容来决定和判断。

三是发生或者可能发生个人信息泄露、篡改丢失的情况的，应当及时采取补救措施，按照规定告知自然人并向有关主管部门报告。如果信息处理者没有采取措施或者采取的措施不力，导致发生或者可能发生个人信息泄露、篡改丢失的情况的，其既有及时采取补救措施的义务，同时还有按照规定告知自然人并向有关主管部门报告的义务，以防止个人信息进一步被泄露、篡改、丢失，避免损害的进一步扩大。判断是否构成本款规定的"及时"，要结合个人信息被处理和传播的速度，是否能使损害最小化。本款规定的补救措施，可以是本法典侵权责任编关于防止网络侵权的删除、断开连接、屏蔽措施，还包括其他可以减少损害的所有合理措施。本款所规定的"告知"和"报告"义务，必须是将相关的危险情况以可以理解的方式，清晰、明确、全面地告知当事人。

【实践中需要注意的问题】

本条规定，个人信息经过加工无法识别特定个人且不能复原的，信息处理者可以不经信息主体同意向他人提供。经过加工无法识别特定个人且不能复原的信息就是经过匿名化处理的信息。随着大数据时代、人工智能时代的到来，海量的个人信息数据成为了具有重大价值的资产，若对这些信息资产利用得当，必将产生巨大的社会效益，必将有力地推动经济的发展。而通过匿名化技术消除个人信息的信息主体身份特征后加以利用，成为利用这些信息数据的重要手段。个人信息通过匿名化技术处理后，信息主体很难再被识别出来，对其人格尊严也就不会产生损害，此时的匿名化信息已失去了个人信息最本质的特征，已不再属于个人信息，因此也就不需要适用个人信息保护的相关规则，信息处理者自然也就可以不经信息主体同意向他人提供这些匿名化的信息。由于本法典属于民事基本法，对于判断"无法识别特定个人且不能复原的信息"的具体规则和要求，本法典并未作规定，这可以由将来的个人信息保护法等特别法或者专门的行政法规、部门规章作出规定。

第一千零三十九条 【国家机关、承担行政职能的法定机构及其工作人员对个人信息的保密义务】

国家机关、承担行政职能的法定机构及其工作人员对于履行职责过程中知悉的自然人的隐私和个人信息，应当予以保密，不得泄露或者向他人非法提供。

【条文精解】

本条是关于国家机关、承担行政职能的法定机构及其工作人员对个人信息的保密义务的规定。国家机关、承担行政职能的法定机构及其工作人员在依法履行职责的过程中常常会接触到自然人的隐私和个人信息，这可以体现在两个方面：一是根据法律、行政法规的授权，国家机关、承担行政职能的法定机构及其工作人员主动处理他人的个人信息，或者进入、搜查、监视他人的私密场所，跟踪他人的私密活动等。例如，公安机关对犯罪嫌疑人进行监视或者跟踪，医疗卫生行政主管部门为了防治传染病处理一些患者的疾病信息等。二是国家机关、承担行政职能的法定机构及其工作人员在履行职责过程中被动地、不可避免地知悉或者了解到他人的隐私和个人信息。例如，公安机关在对犯罪嫌疑人进行监视或者跟踪时会不可避免地知悉或者了解到与犯罪嫌疑人相关的其他自然人的一些隐私和个人信息。无论是根据法律行政法规授权主动知悉的隐私和个人信息，还是在履行职责过程中被动知悉的隐私和个人信息，国家机关、承担行政职能的法定机构及其工作人员都必须予以保密，这是其应遵守的基本法定义务。之所以强调这一点，一是从现实情况看，国家机关、承担行政职能的法定机构及其工作人员在履行职责过程中知悉的隐私和个人信息量多面广，据统计，国家机关、承担行政职能的法定机构知悉或者掌握的自然人隐私和个人信息量远超一般的企业等商事主体；二是国家机关、承担行政职能的法定机构及其工作人员在履行职责过程中知悉或者掌握的自然人隐私和个人信息一般都私密程度较高或者敏感度较大。若国家机关、承担行政职能的法定机构及其工作人员没有强烈的保密意识，导致这些隐私和个人信息被泄露或者公开，有可能对相关自然人的权益造成极大的损害，社会后果也是极为严重的。基于此，本条明确规定，国家机关、承担行政职能的法定机构及其工作人员对于履行职责过程中知悉的自然人的隐私和个人信息，应当予以保密，不得泄露或者向他人非法提供。这就要求国家机关、承担行政职能的法定机构及其工作人员对履行职责中知悉的隐私和个人信息不但要有强烈的保密意识，自己不主动泄露、公开或者非法提供这些隐私和个人信息，还要采取有力的措施防止确保这些隐私和个人信息不被泄露、不被公开。除了本条规定，我国的一些单行法对此已作了相关规定，例如，《监察法》第18条第2款规定了监察机关及工作人员对履行职责过程中掌握的信息负有保密义务。

【实践中需要注意的问题】

需要注意的是，民法典主要调整的是作为平等主体的自然人、法人、非法人组织之间的人身关系和财产关系。人格权编作为民法典的一部分，主要调整的也是平等主体之间因人格权的享有和保护产生的民事关系。本章对于个人信息保护的规范也主要限于平等主体之间。所以，从严格意义上讲，本条关于国家机关、承担行政职能的法定机构及其工作人员在履行职责过程中承担对自然人的隐私或者个人信息保密义务的规定不属于民法典规定的内容，但由于国家机关、承担行政职能的法定机构及其工作人员在履行职责过程中掌握了大量个人的隐私和个人信息，且多数为敏感重要的个人信息，一旦被泄露，将对个人造成严重损害，后果也将极为严重，所以，这个问题对于个人信息的保护极为重要，本章从强调的角度对此作了规定。若国家机关、承担行政职能的法定机构或者其工作人员在履行职责过程中违反保密义务，侵害了自然人的权益，权利人可以根据国家赔偿法或者其他相关法律的规定要求国家机关、承担行政职能的法定机构承担法律责任。

第五编

婚姻家庭

第一章　一般规定

第一千零四十条　【婚姻家庭编调整范围】

本编调整因婚姻家庭产生的民事关系。

【立法背景】

家庭生活关系在民法上称作婚姻家庭关系或亲属关系，调整婚姻家庭关系或亲属关系的民法规范称作婚姻家庭法或亲属法，属于身份法。婚姻家庭法或亲属法规范的婚姻家庭关系或亲属关系是基于两性关系、血缘关系和扶养关系而形成的人与人之间的关系。血缘关系也包括法律拟制的血缘关系，这是对家庭生活中自然血缘关系的必要补充。

【条文精解】

婚姻是男女两性的结合，这种结合形成当时社会制度所确认的夫妻关系。婚姻从不同角度，有多种分类。例如，依婚姻史，分为乱婚、群婚、对偶婚和一夫一妻制婚；依结婚是否为要式行为，分为法律婚、宗教婚和事实婚；依结婚是否出于当事人的意愿，分为自主婚和买卖婚、包办婚、胁迫婚、抢夺婚；依男娶女嫁还是男到女家，分为聘娶婚和赘婚；依婚姻当事人之间有无亲属关系，分为中表婚、远亲婚和非亲婚；依当事人结婚时的年龄，分为童婚、早婚和晚婚；依结婚的次数，分为初婚和再婚；依当事人是否同时具有数个婚姻关系，分为单婚和重婚；依婚姻是否具有法律效力，分为有效婚和无效婚；依婚姻是否为男女异性间的行为，分为两性婚和同性婚。

家庭，或可称家，为以永久共同生活为目的而同居的亲属团体。现代家庭多是以父母子女为中心的"核心家庭"。现代家庭男女平等、夫妻平等，"家长"一词通常是指小孩子的父母。每户有"户主"，通常只用于户口登记。过去的四世同堂、五世同堂的大家庭现在已很少有。"家"与"家庭"概念的异同在现代汉语已与过去不同。"家"通常与居所户籍相连，一人亦可成家。"家庭"则是指家庭成员的团体。通常来说，婚姻是家庭成立的基础前提，因此"家庭"也称"婚姻家庭"。因婚姻产生"婚姻关系",因家庭产生"家庭关系",合称"婚姻家庭关系"。"婚姻家庭关系"是民事关系,受民法调整。本条表述为:"本编调整因婚姻家庭产生的民事关系"。家庭成员之间是亲属,所以"婚姻家庭关系"也可称为"亲属关系",为夫妻关系、父母子女关系和其他亲属关系。

第一千零四十一条 【婚姻家庭关系基本原则】

婚姻家庭受国家保护。

实行婚姻自由、一夫一妻、男女平等的婚姻制度。

保护妇女、未成年人、老年人、残疾人的合法权益。

【立法背景】

本条规定了婚姻家庭关系的几个基本原则,包括婚姻家庭受国家保护原则、婚姻自由原则、一夫一妻制原则、男女平等原则和保护妇女、未成年人、老年人、残疾人合法权益原则。

【条文精解】

1. 婚姻家庭受国家保护原则

婚姻家庭受国家保护,首先是一项宪法原则。我国《宪法》第 49 条第 1 款规定:"婚姻、家庭、母亲和儿童受国家的保护。"民法要落实这一宪法原则。我国 1986 年的《民法通则》第 104 条第 1 款规定:"婚姻、家庭、老人、母亲和儿童受法律保护。"2017 年的《民法总则》第 112 条规定:"自然人因婚姻、家庭关系等产生的人身权利受法律保护。"这些规定都是宪法原则的具体化表述。我国的婚姻法是婚姻家庭的专门立法,更是宪法原则的具体化。《婚姻法》第 2 条第 2 款规定:"保护妇女、儿童和老人的合法权益。"不少同志认为,婚姻法应当更为明确地规定体现宪法保护婚姻家庭的原则。这次民法典的制定过程中,有些代表提出,民法典草案物权编、合同编、人格权编、继承编都在"一般规定"一章中规定了物权、合同、人格权、继承权受国家或者法律保护的内容,建议在婚姻家庭编的"一般规定"一章也增加类似规定,既有利于体现国家对婚姻家庭的重视和保护,也有利于各编体例的统一。经研究采纳这一意见,依据宪法的规定,在本条中增加一款作为第 1 款,规定"婚姻家庭受国家保护"。

2. 婚姻自由原则

婚姻自由又称婚姻自主，是指婚姻当事人享有自主地决定自己的婚姻的权利。婚姻当事人按照法律规定，有权基于本人的意志，自主自愿地决定自己的婚姻问题，不受他人的干涉和强制。

婚姻自由包括结婚自由和离婚自由。结婚自由，就是结婚须男女双方本人完全自愿，禁止任何一方对他方加以强迫，禁止任何组织或者个人加以干涉。保障婚姻自由，是为使男女双方能够依照婚姻家庭法的规定，基于自己的意愿结成共同生活的伴侣，建立幸福美满的家庭。所谓离婚自由，是指婚姻当事人有权自主地处理离婚问题。双方自愿离婚的，可以协商离婚。一方要求离婚的，可以诉至法院解决。保障离婚自由，是为使无法维持的婚姻关系得以解除，当事人免受婚姻名存实亡的痛苦。结婚自由和离婚自由是统一的，二者相互结合缺一不可。

婚姻自由既与包办、买卖婚姻相对立，又与轻率地对待婚事毫无共同之处。实行婚姻自由，并不是一个人在自己的婚姻问题上可以随心所欲，放任自流，想结就结，想离就离，而是必须依照法律的规定处理婚姻大事。每一个自然人都应当在法律规定的范畴内正确行使婚姻自由的权利。

3. 一夫一妻制原则

一夫一妻制是一男一女结为夫妻的婚姻制度。也就是说，一个男人只能娶一个妻子，一个女人只能嫁一个丈夫，不能同时与两个以上的人缔结婚姻。一夫一妻制是社会主义婚姻制度的基本原则，是在婚姻关系上实现男女平等的必要条件，也是男女真心相爱、建立美满婚姻的要求。

4. 男女平等原则

男女平等，是指妇女在政治、经济、文化、社会和家庭生活各个方面，有同男子平等的权利和义务。男女平等是婚姻家庭法的一项基本原则，根据这个原则，男女两性在婚姻关系和家庭生活的各个方面，均平等享有权利，平等承担义务。婚姻家庭法中男女平等原则在内容上很广泛，包括男女双方在结婚、离婚问题上的权利义务是平等的，夫妻双方在家庭中的地位是平等的，其他男女家庭成员之间的权利义务也是平等的。夫妻间、其他家庭成员间的平等关系，是我国男女两性法律地位平等在婚姻家庭领域中的体现，它是建立美满的婚姻关系和发展和睦的家庭生活的重要保障。

5. 保护妇女、未成年人、老年人、残疾人合法权益原则

保护妇女、未成年人、老年人、残疾人的合法权益，是婚姻家庭法的一项重要原则。

（1）保护妇女的合法权益和实行男女平等是一致的。社会主义制度使妇女获得了同男子平等的权利，但重男轻女的旧习俗不可能在短时期内完全消除。因此，法律不仅要规定男女平等，还要根据生活的实际情况，对妇女的合法权益给予特殊的保护。本编中规定保护妇女的内容十分广泛。如本编特别规定"女方在怀孕期间、分娩后一年内或者终止妊娠后六个月内，男方不得提出离婚"。特别保护妇女合法权益，对于促进妇女的彻底解放，发挥她们在现代化建设中的"半边天"作用，有着重要意义。

（2）保护未成年人，就是保护国家的未来。为了孩子们的健康成长，本法规定：父母对未成年子女负有抚养、教育和保护的义务。离婚后，父母对于子女仍有抚养、教育和保护的义务。保障婚生子女、非婚生子女、养子女、继子女的权益，禁止溺婴、弃婴和其他残害婴儿的行为。禁止借收养名义买卖未成年人。总则编为未成年人设立监护制度。这些都是对未成年人的法律保护。抚育子女，是父母不可推诿的天职。父母要关心子女的身心健康，履行抚养职责，使子女在德智体美诸方面全面发展。民法典还规定了对未成年人的特别保护。本编规定，收养应当遵循最有利于被收养人的原则；还规定，对离婚后子女的抚养，父母双方协议不成的，由人民法院按照最有利于未成年子女的原则判决。这些体现了未成年人利益最大化原则。

（3）保护老年人的合法权益，是社会主义家庭的重要任务。赡养老年人，是我国人民的美德。父母为了子女的健康成长，长期付出了辛勤的劳动，尽了自己的职责。当他们年老多病，丧失劳动能力或生活发生困难的时候，子女就要承担起赡养的义务。社会主义社会的赡养与封建社会的孝道，有着本质的不同。在社会主义制度下，对老年人的生活照顾，首先是由国家、集体承担的，但国家、集体的物质帮助，不能取代家庭成员对老年人的赡养责任。作为子女要自觉履行赡养义务，尊老养老，使老年人安度晚年。

（4）保护残疾人合法权益。这次编纂民法典，特别增加规定了保护残疾人的原则。特殊保护残疾人历来是我国宪法法律的一个基本原则。《宪法》第45条中规定："中华人民共和国公民在年老、疾病或者丧失劳动能力的情况下，有从国家和社会获得物质帮助的权利。国家发展为公民享受这些权利所需要的社会保险、社会救济和医疗卫生事业。""国家和社会帮助安排盲、聋、哑和其他有残疾的公民的劳动、生活和教育。"残疾人保障法在此基础上作了具体规定。我国还有四五十部法律在相关条款中规定了保护残疾人权益的内容。保护残疾人也是民事法律的一个基本原则。《民法通则》第104条第2款规定："残疾人的合法权益受法律保护。"民法典总则编规定了适用于对残疾人保护的监护制度，第 128 条还特别规定："法律对未成年人、老年人、残疾人、妇女、消费者等的民事权利保护有特别规定的，依照其规定。"民法典婚姻家庭编作为家庭生活的基本规范，也应当突出对残疾人权益的特别保护。保护残疾人权益符合婚姻家庭规范的特点和立法目的，体现了婚姻家庭的功能。保护残疾人婚姻家庭权益，能够促进家庭和谐安定，也体现了公平和正义。家庭是人的主要生活场所，是人生的避风港，更是残疾人的主要生活场所和避风港。家庭对残疾人的关爱、关照和保护是一切社会福利政策不能取代的。因此，本条增加规定特殊保护残疾人的合法权益。

第一千零四十二条 【婚姻家庭中的禁止行为】

禁止包办、买卖婚姻和其他干涉婚姻自由的行为。禁止借婚姻索取财物。

禁止重婚。禁止有配偶者与他人同居。

禁止家庭暴力。禁止家庭成员间的虐待和遗弃。

【立法背景】

本条对婚姻家庭中的禁止行为作了明确具体的规定。

【条文精解】

1. 禁止包办、买卖婚姻和其他干涉婚姻自由的行为，禁止借婚姻索取财物

坚持婚姻自由原则，就要反对包办婚姻和买卖婚姻等，禁止借婚姻索取财物。包办婚姻，是指第三人违反婚姻自主的原则，包办强迫他人婚姻的违法行为。买卖婚姻，是指第三人以索取大量财物为目的，强迫他人婚姻的违法行为。买卖婚姻往往表现为第三人向男方要嫁女的身价以及贩卖妇女与人为妻。借婚姻索取财物，是指除买卖婚姻以外的其他以索取对方财物为结婚条件的违法行为。

包办婚姻和买卖婚姻都是违反婚姻自由原则、强迫他人婚姻的行为。它们的区别在于是否以索取钱财为目的。包办婚姻、买卖婚姻是和社会主义婚姻制度根本不相容的，必须坚决禁止。其他干涉婚姻自由的行为也在法律禁止之列。对于以暴力干涉他人婚姻自由的人和拐卖妇女的人贩子，要严加惩办。

买卖婚姻和借婚姻索取财物都是以索取一定数量的财物为结婚的条件，

二者的区别是：买卖婚姻是把妇女的人身当作商品，索取嫁女的身价或者贩卖妇女，包办强迫他人的婚姻；借婚姻索取财物，则不存在包办强迫他人婚姻的问题。借婚姻索取财物有多种表现，譬如，双方婚事基本上是自愿的，但女方认为不要彩礼就降低了"身价"，于是就向男方索要许多东西。又如，有的女方父母向男方索取一定财物，作为同意女儿出嫁的条件。借婚姻索取财物的行为往往给当事人的婚姻和婚后生活带来困难，也腐蚀了人们的思想，败坏了社会风气，故亦为婚姻法所禁止。至于父母、亲友或者男女双方出于自愿的帮助、赠与，则不能认为是买卖婚姻和借婚姻索取财物的行为，因为这种赠与不是婚姻成立的条件。

2. 禁止重婚

实行一夫一妻制就必须反对重婚。《刑法》第258条规定："有配偶而重婚的，或者明知他人有配偶而与之结婚的，处二年以下有期徒刑或者拘役。"所谓重婚，是指有配偶的人又与他人结婚的违法行为，或者明知他人有配偶而与他人登记结婚的违法行为。有配偶的人，未办理离婚手续又与他人登记结婚，即是重婚；虽未登记结婚，但事实上与他人以夫妻名义而公开同居生活的，亦构成重婚。明知他人有配偶而与之登记结婚，或者虽未登记结婚，但事实上与他人以夫妻名义同居生活，也构成重婚。不以夫妻名义共同生活的姘居关系，不能认为是重婚。法律明令禁止重婚，对于重婚的，不仅要解除其重婚关系，还应追究犯罪者的刑事责任。

3. 禁止有配偶者与他人同居

除重婚外，其他有配偶者与他人同居的行为也在禁止之列。其他有配偶者与他人同居的行为指有配偶者与第三人未以夫妻名义共同生活，如姘居关系。在有些地方"包二奶"、养情人现象呈增多趋势，已严重破坏一夫一妻的婚姻制度，严重违背社会主义道德风尚，败坏社会风气，导致家庭破裂，甚至发生情杀、仇杀、自杀事件，严重影响社会安定。2001年修改婚姻法时，增加规定禁止有配偶者与他人同居，同时增加规定有配偶者与他人同居导致离婚的，无过错方有权请求损害赔偿。对于其他违反一夫一妻制的行为，由于情况比较复杂，还应当通过党纪、政纪、道德、教育等多种手段、多种渠道予以解决。这样规定，有利于加大对上述现象的遏制力度，更好地保护受害人的合法权益，切实维护一夫一妻的婚姻制度。

4. 禁止家庭暴力，禁止家庭成员间的虐待和遗弃

建立和维护平等、和睦、文明的婚姻家庭关系，就必须禁止家庭成员间的虐待和遗弃，禁止一切形式的家庭暴力。

家庭成员间的虐待，是指用打骂、冻饿、有病不给治疗等方法摧残、折磨家庭成员，使他们在肉体上、精神上遭受痛苦的行为。虐待家庭成员，破坏了家庭的和睦生活，违背了社会主义道德准则，亦为法律所不容。虐待家庭成员，情节恶劣的，即构成虐待罪，要受刑法所制裁。

除禁止家庭成员的虐待外，也要禁止其他形式的家庭暴力。将家庭暴力含于虐待中禁止，还是禁止一切形式的家庭暴力，曾是立法过程中有争议的问题。考虑到虐待和家庭暴力虽有重合之处，但虐待不能包括有的家庭暴力行为，如夫妻之间吵架，丈夫一怒之下失手打死妻子，像这种行为，属于家庭暴力，但不属于虐待，在刑法上适用过失致人死亡罪，不适用虐待罪。因此，单独规定禁止家庭暴力。

家庭成员间的遗弃，是指对于年老、年幼、患病或其他没有独立生活能力的人，负有赡养、抚养或扶养义务的人不履行其义务的行为。家庭成员间的遗弃，主要包括子女不履行赡养义务而遗弃老人，父母不履行抚养义务而遗弃子女，丈夫不履行扶养义务而遗弃妻子或者妻子不履行扶养义务而遗弃丈夫等行为。遗弃家庭成员是极端个人主义思想的反映，是违反社会公德的可耻行为。遗弃家庭成员情节恶劣构成遗弃罪的，要依法承担刑事责任。

第一千零四十三条 【婚姻家庭道德规范】

家庭应当树立优良家风，弘扬家庭美德，重视家庭文明建设。

夫妻应当互相忠实，互相尊重，互相关爱；家庭成员应当敬老爱幼，互相帮助，维护平等、和睦、文明的婚姻家庭关系。

【立法背景】

《民法典》第 1 条规定了"弘扬社会主义核心价值观"。这是社会主义核心价值观与现代民法精神相辅相成、相得益彰的重要体现，也是新时代推进"德法共治"建设的具体举措。在民法领域一要贯彻法治，二要贯彻德治。在婚姻家庭领域，调整婚姻家庭关系，要特别强调弘扬社会主义核心价值观，特别强调法治和德治的结合，两者相辅相成、相互促进、缺一不可。

婚姻家庭关系十分复杂，涉及保障自然人人身权、财产权，维护社会主义秩序等问题应当依靠法治的权威性和强制性手段来规范人们的行为；涉及思想品行、生活习俗等问题应当依靠德治的感召力和劝导力提高人们的思想认识和道德觉悟。树立正确的世界观、人生观、价值观，实行继承优良传统与弘扬时代精神相结合，遵行社会主义核心价值观。尊重个人合法权益与承担社会责任相统一，努力形成健康和谐、积极向上的思想道德规范。大力倡导树立优良家风，弘扬家庭美德，加强家庭文明建设，如倡导尊老爱幼、男女平等、夫妻和睦、勤俭持家、邻里团结等优良家风和家庭美德，建立文明家庭。这些对于建立和维护平等、和睦、文明的婚姻家庭关系是至关重要的，也是法治所不能包办代替的。因此，婚姻家庭法必须弘扬社会主义核心价值观，坚持法治和德治相结合。

【条文精解】

编纂民法典婚姻家庭编，就要把弘扬社会主义核心价值观融入其中。民法典婚姻家庭编作为调整因婚姻家庭产生的民事关系的专编，必须大力弘扬社会主义核心价值观，大力弘扬夫妻互敬、孝老爱亲、家庭和睦的中华民族传统家庭美德，建立和维护平等、和睦、文明的婚姻家庭关系。在立法过程中，也有很多意见认为，为更好地贯彻落实习近平总书记关于加强家庭文明建设的讲话精神，更好地体现社会主义核心价值观，应当增加有关树立良好家风、弘扬家庭美德和建设文明家庭的规定。所以本条第1款规定："家庭应当树立优良家风，弘扬家庭美德，重视家庭文明建设。"

家风作为一个家庭的风气、风格与风尚，为家庭成员树立了无形的却又无处不在的价值准则。优良的家风支撑着家庭的和谐与平安，塑造着家庭成员的高尚品格和良好行为。传承和弘扬中华民族传统家庭美德，为家庭文明建设注入新的时代精神。家风同样是社会风气的重要组成部分，家风正则民风淳，好家风促进社会好风气。近年来，不少被查处领导干部的违纪违法问题都是因为不重视家风建设，对配偶子女失管失教。所以，家风建设意义重大。作为调整婚姻家庭关系的民法典婚姻家庭编，就要旗帜鲜明地倡导优良家风建设、文明家庭建设，使婚姻家庭道德规范法律化。

《婚姻法》第4条规定："夫妻应当互相忠实，互相尊重；家庭成员间应当敬老爱幼，互相帮助，维护平等、和睦、文明的婚姻家庭关系。"有的意见认为，夫妻之间除应互相忠实、互相尊重外，还应当互相关爱。经研究，采纳了这一意见，在表述中增加"互相关爱"，作为本条第2款，修改为："夫妻应当互相忠实，互相尊重，互相关爱；家庭成员应当敬老爱幼，互相帮助，维护平等、和睦、文明的婚姻家庭关系。"树立优良家风，弘扬家庭美德，重视家庭文明建设，不是一句空话，夫妻之间，家庭成员之间都必须遵守我国的基本道德规范，坚持社会主义核心价值观。这一规定对于树立优良家风，弘扬家庭美德，建立和维护平等、和睦、文明的婚姻家庭关系具有强有力的推动作用。婚姻以夫妻共同生活为目的，夫妻双方应当互相忠实，互相尊重，互相关爱。家庭成员之间应当敬老爱幼，互相帮助。家庭是社会的细胞，家庭和睦是社会安定的重要基础。要提倡文明婚俗，勤俭持家，互爱互助，邻里团结，共同建立和维护平等、和睦、文明的婚姻家庭关系。

第一千零四十四条 【收养原则】

收养应当遵循最有利于被收养人的原则，保障被收养人和收养人的合法权益。

禁止借收养名义买卖未成年人。

【立法背景】

本条来自于《收养法》第2条和第20条。《收养法》第2条规定："收养应当有利于被收养的未成年人的抚养、成长，保障被收养人和收养人的合法权益。遵循平等自愿的原则，并不得违背社会公德。"《收养法》第20条规定："严禁买卖儿童或者借收养名义买卖儿童。"这次编纂民法典，将这两条合并修改为一条，作为原则条款规定在第一章中。"最有利于被收养人的原则"的根据是"儿童权利公约"的儿童利益最大化原则，我国是公约参加国，应当贯彻公约规定的原则。收养法规定的"平等自愿原则""不得违背社会公德"，民法典总则有规定，这里不再重复规定。"买卖儿童"的问题由有关法律规定，这里也不再重复规定。

【条文精解】

我国收养法强调被收养的未成年人的权利，收养法规定"收养应当有利于被收养的未成年人的抚养、成长"，本条规定"收养应当遵循最有利于被收养人的原则"。这一原则是贯穿于整个收养规定之中的。如本编第1093条规定，丧失父母的孤儿、查找不到生父母的未成年人（包括弃婴）和生父母有特殊困难无力抚养的子女这三种未成年人可以被收养，这些儿童若不被收养，可能影响他们的健康成长。《民法典》第1107条规定："孤儿或者生父母无力抚养的子女，可以由生父母的亲属、朋友抚养；抚养人与被抚养人的关系不适用本章的规定。"这是以法律形式对我国扶助幼孤的优良传统予以肯定，以适应社会上多种情形的需要。孩子的父母双亡，或者父母有特殊困难无力抚养子女，父母的亲属、朋友就可以抚养这些孩子，使他们得到家的温暖。这种抚养关系不产生收养关系的权利义务。抚养人与被抚养人的关系称谓不变，不产生父母子女间的权利义务关系。

婚姻家庭法的收养规定在突出保护被收养的未成年人的同时，也兼顾保护收养人的利益。所以本条规定"保障被收养人和收养人的合法权益"。收养关系的当事人主要包括收养人、被收养人。除保护被收养人外，收养人的权利也要维护。国家设立收养制度，可以使某些无父无母的孤儿，以及出于某种原因不能随父母生活的儿童，得到家的温暖，在养父母的抚育下健康成长。同时，也满足某些无子女的人希望得到子女的合理愿望，他们通过收养子女，得到生活上的安慰，并在年老时有所依靠。被收养人和收养人的权利义务是统一的，收养人抚育被收养人，使之幼有所育；收养人年迈时，被收养人就应当尽赡养义务，使之老有所养。收养法维护被收养人和收养人双方的利益，但重在保护被收养人的权利。最有利于被收养的未成年人的原则与有利于收养人的原则在收养关系中并不是并行的，前者为主，后者为辅。

被收养的儿童不是商品，不容买卖。借收养名义买卖儿童实质是买卖而不是收养，必须旗帜鲜明地反对并予以禁止。所以本条第 2 款规定："禁止借收养名义买卖未成年人。"《收养法》第 31 条还规定："出卖亲生子女的，由公安部门没收非法所得，并处以罚款；构成犯罪的，依法追究刑事责任。"买卖儿童的行为是严重的犯罪行为，不是民事行为，我国已有相关刑事法律的规定，可依这些法律予以制裁。民事法律不宜重复规定刑事规范，《收养法》第31 条的上述内容本编没有规定。

第一千零四十五条 【亲属、近亲属及家庭成员】

亲属包括配偶、血亲和姻亲。

配偶、父母、子女、兄弟姐妹、祖父母、外祖父母、孙子女、外孙子女为近亲属。

配偶、父母、子女和其他共同生活的近亲属为家庭成员。

【立法背景】

亲属、近亲属及家庭成员是婚姻家庭法律中的基本概念，民法典之前的法律对此没有作出专门规定，为便于司法实践适用，本条作了规定。

【条文精解】

1. 亲属及其种类

亲属为有血缘关系或者婚姻关系的人。血缘关系中包括法律拟制的血缘关系，如收养形成的父母子女关系。

（1）配偶。男女因结婚互称配偶。配偶，亦即夫妻，是男女因结婚而形成的亲属关系。配偶在亲属关系中具有重要的特殊地位。与血亲、姻亲相比，配偶之间无亲系、亲等之说。没有男女结婚及夫妻生育的事实，便不能形成血亲关系。没有婚姻的中介，也不能形成姻亲关系。配偶是产生血亲和姻亲的基础，是亲属的独立类型。结婚是发生配偶关系的法律事实。结婚必须是一男一女，同性之间不能结婚。

（2）血亲。血亲，是指因自然的血缘关系而产生的亲属关系，包括因法律拟制而产生的血亲关系。有自然血缘联系的亲属，称为自然血亲；因法律拟制的抚养关系而形成的亲属，称为拟制血亲。

亲生父母子女、祖孙、曾祖孙等之间，为直系血亲。养父母子女、有抚养关系的继父母子女之间，为拟制直系血亲。

同胞、半同胞兄弟姐妹，堂、表兄弟姐妹，伯、叔、姑、舅、姨与侄、甥之间为旁系血亲。拟制直系血亲关系的一方与对方的旁系血亲之间，为拟制旁系血亲。

自然血亲关系因出生而发生，因死亡而终止。拟制血亲关系因收养或者继父母与继子女形成抚养关系而发生，因一方死亡或者养父母子女关系、继父母子女关系依法解除而终止。"直系""旁系"的"系"指亲系，亲系指亲属间的联系脉络。除配偶外，在血亲和姻亲之间都有一定的亲系可循。姻亲的亲系准用配偶一方与其血亲的亲系。亲属法根据亲属血缘联系的直接与否，将血亲的亲第分为直系血亲和旁系血亲。直系血亲，是指彼此之间有着直接血缘联系的血亲，己身所出和己身所从出的亲属，即生育自己和自己所生育的上下各代亲属，如父母子女、祖父母与孙子女、外祖父母与外孙子女。旁系血亲，是指与自己有着共同血缘，但彼此之间没有直接生育关系的血亲，如同胞兄弟姐妹之间、堂表兄弟姐妹之间、伯叔姑与侄之间、舅姨与甥之间。血亲是根据自然生殖，以出生的事实引起的存在遗传上的血缘关系的亲属。但法律意义上的血亲，还包括拟制血亲。拟制血亲指养父母子女关系、有抚养关系的继父母子女关系，以及非亲生子女与父母其他血亲的关系。拟制血亲是社会的需要，其与自然血亲的社会关系属性几无差别，所以需要法律的认可与规范。

（3）姻亲。姻亲是因婚姻为中介形成的亲属，但不包括己身的配偶。一类是配偶的血亲，如岳父母、公婆。另一类是血亲的配偶，如儿媳、女婿、兄嫂、弟媳、姐夫、妹夫。姻亲也有亲等计算问题。己身与配偶的血亲的亲等，依己身从配偶与其血亲的亲等；己身与血亲的配偶的亲等，依己身与血亲的亲等。换句话说，配偶的血亲的亲等与配偶同，血亲的配偶的亲等与血亲同。如父母与子女是一亲等的直系血亲，儿媳、女婿是一亲等的直系姻亲。兄弟姐妹是二亲等的旁系血亲，兄嫂、弟媳、姐夫、妹夫是二亲等的旁系姻亲。

2. 近亲属

我国许多法律都使用"近亲属"的概念。如在刑事类法律中规定，刑事自诉案件的自诉人可以委托其近亲属为代理人参加诉讼，在致人死亡的人身伤害赔偿案件中，其近亲属有权要求赔偿。在诉讼回避制度中，近亲属关系可以成为诉讼中回避的理由等。法院的司法解释也经常使用近亲属的概念。但不同的法律或者司法解释对其范围界定宽窄不同。所以，有必要界定其范围。本条规定，配偶、父母、子女、兄弟姐妹、祖父母、外祖父母、孙子女、外孙子女为近亲属。

3. 家庭成员

"家庭成员"在日常生活中使用广泛，我国的法律法规经常出现这一概念，但对家庭成员的范围却没有统一认识。因此，许多意见建议在婚姻家庭编确定家庭成员范围。但是，家庭成员的范围究竟包括哪些亲属，有不同的意见，有的建议规定家庭成员为共同生活的近亲属，有的建议规定配偶、子女和其他共同生活的近亲属为家庭成员；有的认为，家庭成员除了配偶、父母、子女还应当包括兄弟姐妹、祖父母、外祖父母，有的认为还应当包括伯叔姑舅姨、侄、甥。

经过认真研究，本条规定，配偶、父母、子女和其他共同生活的近亲属为家庭成员。家庭成员应是近亲属。有的近亲属如配偶、父母、子女，当然是家庭成员，即使已经不再在一起共同生活，也仍是家庭成员。比如自己成家后不再与父母一起生活，但与父母的权利义务关系不断，赡养父母的义务不断，所以仍应是家庭成员。自己与子女也是这个道理，所以自己的子女也应是家庭成员。其他近亲属，如兄弟姐妹、祖父母、外祖父母、孙子女、外孙子女，如在一个家庭中共同生活，应当属于家庭成员，如不在一起共同生活，就不属于家庭成员。这个"共同生活"，应是长久的同居在一起的共同生活，而不是短期的、临时性的共同生活。

第二章 结 婚

第一千零四十六条 【结婚自愿】

结婚应当男女双方完全自愿，禁止任何一方对另一方加以强迫，禁止任何组织或者个人加以干涉。

【立法背景】

婚姻是男女双方以永久共同生活为目的，以夫妻的权利义务为内容的结合。婚姻关系是一种身份关系，夫妻双方在财产上的权利义务是附随于人身上的权利义务的。创设夫妻关系的婚姻行为是身份法上的行为。男女须有结婚的合意，但婚姻的成立条件与程序，婚姻的效力及解除都是法定的，而不是当事人意定的。因此，将婚姻视为合同是不相宜的。婚姻行为是民事法律行为，与其他民事法律行为具有共同点，但各种民事法律行为又有各自不同的本质属性，婚姻行为与合同行为中虽都要求有合意，但婚姻行为却不能也无法适用合同行为规则。

【条文精解】

根据本条规定，结婚应当男女双方完全自愿，这是婚姻自由原则在结婚上的具体体现。该规定的核心是，男女双方是否结婚、与谁结婚，应当由当事者本人决定。它包括两层含义：第一，应当是双方自愿，而不是一厢情愿。婚姻应以互爱为前提，任何一方都不得强迫对方成婚。第二，应当是当事人自愿，而不是父母等第三者采用包办、买卖等方式强迫男女双方结为夫妻。任何组织和个人都不得强迫当事人结婚或者不结婚。结婚是男女之间以建立家庭、互为配偶为目的的两性结合，这种结合从本质上讲，是以爱情为基础的，而爱情只能产生于当事人自身，其他人决定男女情感的命运是违背婚姻本质的。当然，法律要求本人自愿，并不排斥男女双方就个人的婚事征求父母、亲友的意见，也不排斥父母、亲友等第三人出于对当事人的关心和爱护对他们的婚姻提出看法和建议。

第一千零四十七条 【法定结婚年龄】

结婚年龄，男不得早于二十二周岁，女不得早于二十周岁。

【立法背景】

婚姻的自然属性和社会属性要求，结婚只有达到一定的年龄，才能具备适合的生理条件和心理条件，也才能履行夫妻义务，承担家庭和社会的责任。所以，尽管我国法律赋予每个公民结婚的权利，但并非所有公民都可以成为婚姻法律关系的主体，只有达到法律规定的结婚年龄的人，才享有结婚的权利。

【条文精解】

法定婚龄的确定，一方面要考虑自然因素，即人的身体发育和智力成熟情况，另一方面要考虑社会因素，即政治、经济、文化及人口发展等情况。因此，各国关于法定婚龄的规定有所不同。我国 1950 年婚姻法规定的法定婚龄为男 20 岁，女 18 岁。这与当时的政治、经济、文化发展水平以及人民群众的接受能力是相适应的。1980 年修改婚姻法时，一方面考虑适当提高法定婚龄有利于广大青年的身心健康、工作和学习，以及计划生育工作；另一方面也注意到法定婚龄过高，不符合自然规律的要求，也脱离群众、脱离农村实际。因此规定"男不得早于二十二周岁，女不得早于二十周岁"。2001 年修改婚姻法时，有的意见建议将男女的结婚年龄统一为一个标准，或均为 22 周岁，或均为 20 周岁；也有意见建议降低法定婚龄。考虑到 1980 年确定的婚龄执行情况基本是可行的，因此没有作出修改。在这次编纂婚姻家庭编征求意见的过程中，多数意见同意维持原婚姻法规定的法定婚龄，也有少数意见认为应统一结婚年龄、适当降低法定婚龄。立法部门就此问题专门征求了有关部门意见，同时还委托国家统计局对公民结婚意向年龄开展了调查。从调查情况看，我国老百姓的实际平均结婚年龄和意向结婚年龄都高于法定婚龄。在上述工作的基础上，进行了认真研究，综合考虑各方面因素，仍维持婚姻法规定的法定婚龄不变。

本条关于婚龄的规定，不是必婚年龄，也不是最佳婚龄，而是结婚的最低年龄，是划分违法婚姻与合法婚姻的年龄界限，只有达到了法定婚龄才能结婚，否则就是违法。法定婚龄不妨碍男女在自愿基础上，根据本人情况确定结婚时间。婚姻家庭法规定的婚龄具有普遍适用性，但特殊情况下，法律也允许对婚龄作例外规定。比如，考虑我国多民族的特点，《婚姻法》第 50

条规定："民族自治地方的人民代表大会有权结合当地民族婚姻家庭的具体情况，制定变通规定……"这一条本编没有规定，因为《立法法》第 75 条统一规定了民族自治地方对法律和行政法规的变通规定问题，本法不需要再作规定。目前，我国一些民族自治地方的立法机关对婚姻法中的法定婚龄作了变通规定。比如，新疆、内蒙古、西藏等自治区和一些自治州、自治县，均以男 20 周岁，女 18 周岁作为本地区的最低婚龄。但这些变通规定仅适用于少数民族，不适用生活在该地区的汉族。

第一千零四十八条 【禁止结婚的情形】

直系血亲或者三代以内的旁系血亲禁止结婚。

【立法背景】

血亲主要指出于同一祖先，有血缘关系的亲属，即自然血亲；也包括法律拟制的血亲，即虽无血缘联系，但法律确认其与自然血亲有同等的权利义务的亲属，比如养父母与养子女，继父母与受其抚养教育的继子女。

禁止血亲结婚是优生的要求。人类两性关系的发展证明，血缘过近的亲属间通婚，容易把双方生理上的缺陷遗传给后代，影响家庭幸福，危害民族健康。而没有血缘亲属关系的氏族之间的婚姻，能繁衍出在体质上和智力上都更加强健的人种。因此，各国法律都禁止一定范围内的血亲结婚。

【条文精解】

根据本条规定，禁止结婚的血亲有两类：

一是直系血亲。包括父母子女间，祖父母、外祖父母与孙子女、外孙子女间。即父亲不能娶女儿为妻，母亲不能嫁儿子为夫。爷爷（姥爷）不能与孙女（外孙女）婚配，奶奶（姥姥）不能与孙子（外孙子）结合。

二是三代以内旁系血亲。包括：(1) 同源于父母的兄弟姊妹（含同父异母、同母异父的兄弟姊妹），即同一父母的子女之间不能结婚。(2) 不同辈的叔、伯、姑、舅、姨与侄（女）、甥（女），即叔叔（伯伯）不能和兄（弟）的女儿结婚；姑姑不能和兄弟的儿子结婚；舅舅不能和姊妹的女儿结婚；姨妈不能和姊妹的儿子结婚。

第一千零四十九条 【结婚程序】

要求结婚的男女双方应当亲自到婚姻登记机关申请结婚登记。符合本法规定的，予以登记，发给结婚证。完成结婚登记，即确立婚姻关系。未办理结婚登记的，应当补办登记。

【立法背景】

结婚除必须符合法律规定的条件外，还必须履行法定的程序。根据本条规定，结婚登记是结婚的必经程序。

结婚登记是国家对婚姻关系的建立进行监督和管理的制度。登记制度可以保障婚姻自由、一夫一妻原则的贯彻实施，避免违法婚姻，预防婚姻家庭纠纷的发生，同时也是在婚姻问题上进行法制宣传的重要环节。认真执行关于结婚登记的各项规定，对于巩固和发展社会主义婚姻家庭制度具有重要意义。

【条文精解】

1. 婚姻登记机关

根据国务院婚姻登记条例的规定，内地居民办理婚姻登记的机关是县级人民政府民政部门或者乡（镇）人民政府，省、自治区、直辖市人民政府可以按照便民原则确定农村居民办理婚姻登记的具体机关。中国公民同外国人，内地居民同香港特别行政区居民（以下简称香港居民）、澳门特别行政区居民（以下简称澳门居民）、台湾地区居民（以下简称台湾居民）、华侨办理婚姻登记的机关是省、自治区、直辖市人民政府民政部门或者省、自治区、直辖市人民政府民政部门确定的机关。中国公民同外国人在中国内地结婚的，内地居民同香港居民、澳门居民、台湾居民、华侨在中国内地结婚的，男女双方应当共同到内地居民常住户口所在地的婚姻登记机关办理结婚登记。

《婚姻登记条例》第19条规定："中华人民共和国驻外使（领）馆可以依照本条例的有关规定，为男女双方均居住于驻在国的中国公民办理婚姻登记。"

2. 结婚登记程序

结婚登记大致可分为申请、审查和登记三个环节。

（1）申请

① 中国公民在中国境内申请结婚。内地居民结婚，男女双方应当共同到一方当事人常住户口所在地的婚姻登记机关办理结婚登记。办理结婚登记的

内地居民应当出具下列证件和证明材料：a.本人的户口簿、身份证；b.本人无配偶以及与对方当事人没有直系血亲和三代以内旁系血亲关系的签字声明。

离过婚的，还应当持离婚证。离婚的当事人恢复夫妻关系的，必须双方亲自到一方户口所在地的婚姻登记机关申请复婚登记。

② 香港居民、澳门居民、台湾居民在中国境内申请结婚。办理结婚登记的香港居民、澳门居民、台湾居民应当出具下列证件和证明材料：a.本人的有效通行证、身份证；b.经居住地公证机构公证的本人无配偶以及与对方当事人没有直系血亲和三代以内旁系血亲关系的声明。

③ 华侨在中国境内申请结婚。办理结婚登记的华侨应当出具下列证件和证明材料：a.本人的有效护照；b.居住国公证机构或者有权机关出具的、经中华人民共和国驻该国使（领）馆认证的本人无配偶以及与对方当事人没有直系血亲和三代以内旁系血亲关系的证明，或者中华人民共和国驻该国使（领）馆出具的本人无配偶以及与对方当事人没有直系血亲和三代以内旁系血亲关系的证明。

④ 外国人在中国境内申请结婚。办理结婚登记的外国人应当出具下列证件和证明材料：a.本人的有效护照或者其他有效的国际旅行证件；b.所在国公证机构或者有权机关出具的、经中华人民共和国驻该国使（领）馆认证或者该国驻华使（领）馆认证的本人无配偶的证明，或者所在国驻华使（领）馆出具的本人无配偶的证明。

申请婚姻登记的当事人，应当如实向婚姻登记机关提供规定的有关证件和证明，不得隐瞒真实情况。

（2）审查

婚姻登记机关应当对结婚登记当事人出具的证件、证明材料进行审查并询问相关情况。对当事人符合结婚条件的，应当当场予以登记，发给结婚证；对当事人不符合结婚条件不予登记的，应当向当事人说明理由。

（3）登记

① 予以登记。婚姻登记机关对符合结婚条件的，应当即时予以登记，发给结婚证；对离过婚的，应注销其离婚证。

② 不予登记。申请人有下列情形之一的，婚姻登记机关不予登记：a.未到法定结婚年龄的；b.非自愿的；c.已有配偶的；d.属于直系血亲或者三代以内旁系血亲的。

婚姻登记机关对当事人的婚姻登记申请不予登记的，应当以书面的形式说明理由。当事人认为符合婚姻登记条件而婚姻登记机关不予登记的，可以依法申请行政复议，对复议不服的，可以依法提起行政诉讼，也可以直接提起行政诉讼。

3. 事实婚姻问题

事实婚姻，指没有配偶的男女，未进行结婚登记，便以夫妻关系同居生活，群众也认为是夫妻关系的两性结合。

事实婚姻的效力，历来是法学界争论的重要问题。有的认为，承认事实婚姻，必然破坏婚姻登记制度，因此，凡不登记结婚的，应一律明确规定为无效婚姻。最高人民法院颁布的《关于人民法院审理未办结婚登记而以夫妻名义同居生活案件的若干意见》规定："1986 年 3 月 15 日婚姻登记办法施行前，未办结婚手续即以夫妻名义同居生活，群众也认为是夫妻关系的，如同居时或者起诉时双方均符合结婚的法定条件，可认定为事实婚姻；如同居时或者起诉时一方或者双方不符合结婚的法定条件，应认定为非法同居关系。""新婚姻登记管理条例施行之日（1994 年 10 月 1 日）起未办结婚登记即以夫妻名义同居生活，按非法同居关系对待。"不登记"结婚"的人不少，未办理登记的原因很复杂，有的是不符合结婚条件，更多的是符合结婚条件，因收费过高或登记不便利造成的。对没有进行结婚登记的，应区别情况分别处理。对违反结婚实质条件的，本法已规定为无效婚姻；对符合结婚实质要件，只是没有办理登记手续的，一律简单宣布为无效婚姻，对保护妇女的权益不利，应当通过加强法制宣传和完善登记制度等工作，采取补办登记等办法解决。因此，本条规定，"符合本法规定""未办理结婚登记的，应当补办登记"。这一规定从积极角度重申了办理结婚登记的必要性，那些符合本法规定的结婚条件，举行了结婚仪式或已经以夫妻名义共同生活，但未办理结婚登记的男女，应尽早补办登记，以使自己的婚姻行为合法化。

第一千零五十条 【男女结婚后组成家庭】

登记结婚后，按照男女双方约定，女方可以成为男方家庭的成员，男方可以成为女方家庭的成员。

【立法背景】

通常，结婚登记后，举办了婚礼，男女双方就开始了共同生活。根据双方的约定，男女可以到自己的住所，建立小家庭；或者一方到另一方家庭中去，成为其家庭成员，即女方可以到男方家去，男方也可以到女方家去落户。

【条文精解】

1980 年《婚姻法》第 8 条规定："登记结婚后，根据男女双方约定，女方可以成为男方家庭的成员，男方也可以成为女方家庭的成员。"这一规定体现了男女平等的原则，是对旧的婚姻习俗的改革，其立法精神是提倡男到女家落户的婚姻。这条规定，对破除封建思想和旧习俗，十分有利。2001 年婚姻法修改时，根据有的同志的审议意见，删去了 1980 年婚姻法规定的"男方也可以成为女方家庭的成员"中的"也"字，进一步体现男女平等的婚姻家庭原则。这次编纂民法典，保持原规定不变。

第一千零五十一条 【无效婚姻】

有下列情形之一的，婚姻无效：

（一）重婚；

（二）有禁止结婚的亲属关系；

（三）未到法定婚龄。

【立法背景】

无效婚姻，是指欠缺婚姻成立的法定条件而不发生法律效力的男女两性的结合。

结婚应当符合一定的条件，如结婚必须男女双方完全自愿；结婚年龄，男不得早于 22 周岁，女不得早于 20 周岁；直系血亲和三代以内旁系血亲不得结婚等。

但现实生活中，由于当事人弄虚作假、欺骗婚姻登记机关或者婚姻登记机关不依法履行职责等原因，使某些不符合结婚条件的男女当事人也经婚姻登记机关办理了结婚登记手续成为夫妻。对这些不符合本法规定的婚姻，当然不能承认其具有法律上的婚姻效力。因此，从完备我国婚姻家庭法律制度的角度出发，本条对无效婚姻作出明确规定。

【条文精解】

根据本条规定，有下列情形之一的，婚姻无效：

1. 重婚

我国实行一夫一妻的婚姻制度。因此，一夫一妻是我国婚姻家庭的基本制度。一夫一妻制是一男一女结为夫妻的婚姻制度。也就是说，一个男人只能娶一个妻子，一个妇女只能嫁一个丈夫。一个人不能同时与两个或两个以上的人缔结婚姻。换句话说，任何人都只能有一个配偶，不能同时有两个或更多的配偶。一夫一妻制是社会主义婚姻家庭制度的基本原则，是在婚姻关系上实现男女平等的必要条件，也是男女真心相爱、建立美满婚姻的要求。实行一夫一妻制就必须反对重婚。

所谓重婚，是指有配偶的人又与他人登记结婚的违法行为，或者明知他人有配偶而与他人登记结婚的违法行为。由于重婚违反了我国一夫一妻的婚姻家庭制度，严重违背了社会主义道德风尚，影响家庭稳定和社会安定，导致腐败，败坏党风，因此本条明确规定重婚(即指重婚者的第二个婚姻)是无效婚姻。

2. 有禁止结婚的亲属关系

禁止近亲结婚，是人类长期生活经验的结晶，是人类婚姻的总结。男女近亲结婚，很容易把双方精神上和肉体上的弱点和缺点集中起来，遗传给下一代，有损于下一代的健康，不仅不利于下一代在社会中生活，也给国家、民族的兴旺和社会的发展带来不利的后果。因此，禁止近亲结婚是古今中外法律的通例。本条中规定的"有禁止结婚的亲属关系"，是指有《民法典》第1048条规定的禁止结婚的情形，即结婚的男女双方是直系血亲或者是三代以内旁系血亲。

3. 未到法定婚龄

《民法典》第1047条规定，结婚年龄，男不得早于22周岁，女不得早于20周岁。男22周岁，女20周岁，是男女可以结婚的法定年龄。法定结婚年龄是指法律规定的男女双方可以结婚的最低年龄，也就是说，男女双方不到这个年龄就不能结婚，只有达到或高于这个年龄才能结婚。男女当事人结婚，未达到法定结婚年龄，违反了法定结婚年龄的规定，因此将其规定为无效婚姻。

【实践中需要注意的问题】

这里需要注意的是，有关部门在确认某一个婚姻是否有效时，只能对男女当事人在有关部门确认其婚姻是否有效时仍未达到法定结婚年龄的婚姻，确认为无效婚姻。如果男女双方在结婚时的实际年龄低于法定结婚年龄一两岁，等一两年后，当事人或利害关系人申请确认婚姻无效，或有关部门要确认其婚姻无效时，男女双方当事人已达到法定结婚年龄的，不能确认其婚姻为无效婚姻。简而言之，对未到法定结婚年龄的婚姻，应当在男女当事人的法定结婚年龄届至前提出或确认其婚姻无效。

第一千零五十二条 【因胁迫的可撤销婚姻】

因胁迫结婚的，受胁迫的一方可以向人民法院请求撤销婚姻。

请求撤销婚姻的，应当自胁迫行为终止之日起一年内提出。

被非法限制人身自由的当事人请求撤销婚姻的，应当自恢复人身自由之日起一年内提出。

【立法背景】

可撤销婚姻，是指当事人因意思表示不真实而成立的婚姻，或者当事人成立的婚姻在结婚的要件上有欠缺，通过有撤销权的当事人行使撤销权，使已经发生法律效力的婚姻关系失去法律效力。

【条文精解】

因胁迫而结婚，主要是指婚姻关系中的一方当事人或者婚姻关系之外的第三人，对婚姻关系中的另一方当事人，予以威胁或者强迫，使婚姻中的另一方当事人违背自己的意愿而缔结婚姻关系的婚姻。胁迫婚姻违反了结婚须男女双方完全自愿的原则，是违法婚姻，考虑到被胁迫的一方在结婚时，虽然是违背了自己的意愿与他人缔结了婚姻关系，但在和他人结婚后，组建了家庭，经过一段时间生活，有可能与对方建立了一定的感情，婚姻关系还不错，特别是在有了孩子的情况下，与对方、与孩子更有一种难以割舍的关系，在这种情况下，法律明确规定胁迫婚姻为无效婚姻，不一定适当，所以将因胁迫而缔结的婚姻，规定为可撤销婚姻，把是否认其婚姻效力的申请请求权交给受胁迫方。如果受胁迫方不想维持因胁迫而缔结的婚姻，可以向人民法院请求撤销该婚姻，人民法院经审查核实，宣告该婚姻没有法律效力；如果当事人最初受胁迫，但后来愿意共同生活，则可以放弃申请撤销婚姻效力的请求权，人民法院不能主动撤销当事人的婚姻关系。

本条对提出请求撤销婚姻效力的申请规定如下：

1. 提出撤销婚姻效力的请求权人

有权提出撤销婚姻效力的申请人只能是因胁迫结婚的被胁迫人。这是由于因胁迫而缔结的婚姻，受胁迫方在缔结婚姻关系时，不能真实地表达自己的意愿，婚姻关系违背受胁迫方的意志。为了贯彻执行婚姻自由的基本原则，保护当事人的合法权益，让受胁迫方能充分地表达自己的婚姻意志，本法规定尽管胁迫的婚姻已经成立，但是受胁迫方仍可以在胁迫的婚姻成立后向人民法院提出撤销其婚姻效力的申请。由于胁迫婚姻的另一方当事人在缔结婚姻关系时，并没有违背自己真实的婚姻意思，换句话说，当事人一方在结婚时已经明确知道自己将与被胁迫方结婚，且愿意与其结婚，因此胁迫婚姻的这方当事人在婚姻关系成立后，没有提出撤销婚姻效力的请求权。

2. 提出撤销婚姻效力申请的时间

因胁迫而结婚的，受胁迫方虽然具有撤销该婚姻效力的请求权，但是这一请求权的行使不是没有任何限制的。本条规定，受胁迫的一方撤销婚姻的请求，应当自胁迫行为终止之日起一年内提出。被非法限制人身自由的当事人请求撤销婚姻的，应当自恢复人身自由之日起一年内提出。这个规定表明，受胁迫方必须在法律规定的时间内行使撤销其婚姻效力的请求权。这是因为，因胁迫而缔结的婚姻往往是受胁迫方违背了自己的意愿而缔结的婚姻，如果结婚后受胁迫方自愿接受了已经成立的婚姻关系，那么法律就会让这个婚姻关系继续有效。如果结婚后受胁迫方不愿维持已经成立的婚姻关系，就可以请求人民法院撤销其婚姻效力，使已经缔结的婚姻关系失效。然而，如果受胁迫方长期不行使这个权利，不主张撤销婚姻的效力，就会使得这一婚姻关系长期处于一种不稳定的状态，不利于保护婚姻双方当事人的合法权益，特别是双方当事人所生子女的利益，也不利于家庭、社会的稳定；同时还可能使人民法院在审查是否撤销当事人婚姻效力时，由于时间太长而无法作出准确的判断。因此本条规定，受胁迫方提出撤销婚姻效力的请求权必须在法律规定的时间内行使，如果超过了法律规定的期限还不行使，受胁迫方就失去了请求撤销婚姻效力的权利，其所缔结的婚姻为合法有效的婚姻，受胁迫方不得再以相同的理由申请撤销该婚姻。

依据本条规定，受胁迫方行使请求撤销婚姻效力的请求权期限是一年，也就是说在这一年期限内，受胁迫方必须决定是否提出请求撤销婚姻效力的申请，否则，受胁迫方就失去了提出申请撤销婚姻效力的权利。那么，这一年的期限从何时起算呢？本条规定的这一年期限的起算时间有两种情形：第一，自受胁迫方胁迫行为终止之日起算，即受胁迫方应当在胁迫行为终止之日起一年内决定是否申请撤销其婚姻的效力。第二，自受胁迫方恢复人身自由之日起算，即受胁迫方自恢复人身自由之日起一年内决定是否申请撤销其婚姻的效力。这种情况主要考虑到在胁迫的婚姻中，有的受胁迫方是被非法限制人身自由的，如被绑架、拐卖的妇女被迫与他人缔结婚姻关系，这些妇女在被他人限制人身自由，有关部门未解救前，是无法提出撤销婚姻效力的申请的，故被非法限制人身自由的受胁迫方提出撤销婚姻效力的申请时间必须待其恢复人身自由之日起算。

3.有权撤销婚姻效力的机关

根据本条规定，有权撤销婚姻关系的机关为人民法院，这与婚姻法的规定不同。《婚姻法》第11条规定，因胁迫结婚的，受胁迫的一方可以向婚姻登记机关或者人民法院请求撤销该婚姻。这次编纂民法典，只保留了向人民法院请求撤销婚姻的规定，删除了向婚姻登记机关请求撤销婚姻的规定。这是因为，因受胁迫撤销婚姻的问题非常复杂，是否存在胁迫，撤销婚姻后如何处理双方的财产关系和可能的子女抚养问题，都是需要经过审理才能弄清楚和作出合理的裁判。这个工作由婚姻登记机关进行不合适，应当由人民法院处理。因此，经过认真研究，决定删除有关受胁迫一方向婚姻登记机关请求撤销婚姻的规定，此类可撤销婚姻的纠纷由人民法院处理。

第一千零五十三条 【因隐瞒重大疾病的可撤销婚姻】

一方患有重大疾病的，应当在结婚登记前如实告知另一方；不如实告知的，另一方可以向人民法院请求撤销婚姻。

请求撤销婚姻的，应当自知道或者应当知道撤销事由之日起一年内提出。

【立法背景】

本条源自规定禁婚条件的《婚姻法》第7条。《婚姻法》第7条第2项规定的禁止结婚的情形是"患有医学上认为不应当结婚的疾病"。这次编纂民法典婚姻家庭编没有保留此项禁止结婚的条件，将"隐瞒重大疾病"作为撤销婚姻的条件作了专门规定。

【条文精解】

男女结婚组成家庭后，不仅开始了两个人的共同生活，夫妻互相依存、互相帮助、互相扶养，而且还承担着养育子女的义务。如果婚前患有医学上认为不应当结婚的疾病，结婚后则可能传染给对方或者传染、遗传给下一代，不利于家庭的和睦、幸福。因此，为了配偶和子女的身体健康，如果婚前患有重大疾病，就不能隐瞒，应当在结婚登记前如实告知另一方；结婚登记前不如实告知的，结婚登记后另一方可以向人民法院请求撤销婚姻。

本条规定，请求撤销婚姻的，应当自知道或者应当知道撤销事由之日起一年内向人民法院提出。所谓"知道"，是指有直接和充分的证据证明当事人知道对方患病。"应当知道"，是指虽然没有直接和充分的证据证明当事人知道，但是根据生活经验、相关事实和证据，按照一般人的普遍认知能力，运用逻辑推理可以推断当事人知道对方患病。如果不能在知道或者应当知道撤销事由之日起一年内提出，就只能通过协议离婚或者诉讼离婚的程序解除婚姻关系。

构成欺诈需在主观和客观方面均为重大或重要。在主观方面，结婚时关于疾病的事项，如不因被隐瞒而发生错误认知，如果知道疾病事项，就可能不会结婚，即从隐瞒到错误认识再到结婚是一连串的因果关系，如果没有隐瞒就没有结婚，隐瞒的疾病事项对婚姻有着决定性影响。在客观方面，也必须相当重大或重要。有的解释为涉及"婚姻要素"，有的解释为涉及"婚姻本质"。如本条规定的"重大疾病"，瑞士民法典规定的"严重危害其或其后代的健康的疾病"，而不是一般的感冒发烧等小病症。当然，主观方面和客观方面是相联系的。

【实践中需要注意的问题】

在立法过程中，有的意见认为，应当明确规定隐瞒了哪些重大疾病才作为撤销婚姻的事由。1950年婚姻法规定了"花柳病""精神失常未经治愈""麻风病"为禁婚条件。1980年婚姻法规定"麻风病"为禁婚条件。2001年婚姻法规定的禁婚条件没有具体列举疾病名称。母婴保健法规定了婚前医学检查的"严重遗传性疾病""指定传染病""有关精神病"三类疾病。本条没有具体列明哪些疾病属于"重大疾病"，主要是考虑到技术在进步，医疗水平在提高，在不同的历史时期，认定的重大疾病完全可能是不同的。重大疾病具体是什么病，或者某种疾病是不是重大疾病，需要司法机关和有关的部门、单位在司法实践中进行认定。

第一千零五十四条 【无效或者被撤销婚姻的法律后果】

无效的或者被撤销的婚姻自始没有法律约束力，当事人不具有夫妻的权利和义务。同居期间所得的财产，由当事人协议处理；协议不成的，由人民法院根据照顾无过错方的原则判决。对重婚导致的无效婚姻的财产处理，不得侵害合法婚姻当事人的财产权益。当事人所生的子女，适用本法关于父母子女的规定。

婚姻无效或者被撤销的，无过错方有权请求损害赔偿。

【立法背景】

本条对无效或者被撤销的婚姻的法律后果作了规定，即无效或者被撤销的婚姻，自始没有法律约束力。子女和财产处理规则和婚姻法相同。无效婚姻和可撤销婚姻虽然在法律后果上是一致的，但无效婚姻和可撤销婚姻还是有些不同点：（1）无效婚姻是违反禁止结婚条件的，当事人或是已有配偶，或是有不能结婚的亲属关系，或是不到法定年龄；可撤销婚姻是因为胁迫，本不自愿，或者因为受隐瞒重大疾病使认识错误，如果知道就不会结婚。（2）对于无效婚姻，当事人、利害关系人和相关组织都可以申请无效，人民法院可依法宣告无效；受胁迫和受隐瞒重大疾病的两类可撤销婚姻，只有当事人可以申请撤销，人民法院必须依当事人的申请撤销。（3）无效婚姻的宣告没有时间上的限制，人民法院根据实际情况裁判是否宣告无效；可撤销婚姻要求当事人必须在规定的时间内提出，超出规定的时间则不能再提出撤销申请，如要解除婚姻关系只能走离婚程序。

【条文精解】

按照本条规定，无效或者被撤销的婚姻，婚姻关系自始不发生法律约束力，即从当事人结婚之时，婚姻就没有法律效力。即使当事人骗取婚姻登记，该婚姻也是自始无效，而不是从人民法院宣告之时起婚姻才没有法律效力。这种婚姻关系不论结婚的事实是否发生，结婚时间是否长久，婚姻关系被法律确认自始不存在，不受法律保护。

无效或者被撤销的婚姻，当事人之间不具有夫妻的权利和义务。民法典规定，夫妻有互相扶养的义务。一方不履行扶养义务时，需要扶养的一方，有要求对方给付扶养费的权利。夫妻有相互继承遗产的权利。夫妻一方因抚育子女、照料老人、协助另一方工作等负担较多义务的，离婚时有权向另一方请求补偿。另一方应当给予补偿。离婚时，如一方生活困难，有负担能力的另一方应当给予适当帮助。因一方重婚或者与他人同居、实施家庭暴力、虐待、遗弃家庭成员或者其他重大过错而导致离婚的，无过错方有权请求损害赔偿。民法典有关夫妻权利义务的规定，前提是合法婚姻，是有效婚姻。由于无效婚姻、可撤销婚姻欠缺婚姻成立的法定条件，是不合法婚姻，有关夫妻权利义务的规定对无效婚姻、被撤销婚姻的当事人都不适用。

无效或者被撤销的婚姻，当事人所生子女的权利义务关系适用本法有关父母子女间的权利义务的规定。无效婚姻、可撤销婚姻不具有法律效力，但由于男女当事人的同居关系，可能产生生儿育女的事实，随之而来的是对无效婚姻、可撤销婚姻所生子女法律地位的确定。从逻辑上讲，由于无效婚姻、可撤销婚姻的男女双方没有合法的夫妻关系，他们在共同生活期间所生的子女应为非婚生子女，但从世界各国的立法规定及司法实践看，许多国家都从保护子女利益出发，对无效婚姻、可撤销婚姻当事人共同生活期间所生的子女，采取保护的原则，承认其子女的合法地位。我国婚姻家庭法确立的基本原则之一是保护妇女、未成年人、老年人和残疾人的合法权益。《民法典》第1071条规定，非婚生子女享有与婚生子女同等的权利，任何组织或者个人不得加以危害和歧视。因此在规定无效婚姻、可撤销婚姻当事人所生子女的法律地位时，坚持并贯彻了这一基本原则，规定无效或者被撤销的婚姻当事人所生子女的权利义务，与合法婚姻当事人所生子女的权利义务一样。如父母对未成年子女有抚养、教育和保护的义务，成年子女对父母有赡养、扶助和保护的义务。父母不履行抚养义务的，未成年子女或者不能独立生活的成年子女，有要求父母给付抚养费的权利。成年子女不履行赡养义务的，缺乏劳动能力或者生活困难的父母，有要求成年子女给付赡养费的权利。父母有教育、保护未成年子女的权利和义务，未成年子女造成他人损害的，父母应当依法承担民事责任。婚姻关系被确认为无效或者被撤销后，父母对子女仍有抚养和教育的权利和义务，一方抚养子女，另一方应负担部分或者全部抚养费。不直接抚养子女的父或母，有探望子女的权利，另一方有协助的义务。

无效或者被撤销的婚姻，当事人同居期间所得的财产，由当事人协议处理；协议不成的，由人民法院根据照顾无过错方的原则判决。对重婚导致的无效婚姻的财产处理，不得侵害合法婚姻当事人的财产权益。

在2001年婚姻法修改过程中，对如何规定无效婚姻、可撤销婚姻当事人同居期间所得财产的处理原则，存在着不同的看法。一种意见认为，无效婚姻、可撤销婚姻是违法婚姻，在解除其违法婚姻关系时，对当事人同居期间所得财产的处理应当与解除合法婚姻关系时财产处理的原则有所区别。处理无效或者被撤销婚姻当事人同居期间所得财产的原则应当是:(1)双方当事人同居期间各自的收入,认定为个人财产。双方各自继承和受赠的财产,按照个人财产对待。无效婚姻、可撤销婚姻被解除时,当事人一方个人的财产归个人所有。(2)同居期间当事人双方共同所得的收入和购置的财产,按照按份共有处理。婚姻被确认为无效或婚姻关系被撤销后,双方当事人都有权请求从共有财产中分割出属于自己的份额。(3)对同居期间为共同生产、生活而形成的债权、债务,债权按照按份共有处理,债务由双方协议偿还,协议不成时由人民法院依法判决,双方对债务互负连带责任。

另一种意见认为,无效婚姻、可撤销婚姻虽然不符合法定的结婚条件,当事人之间不是合法的夫妻关系,但是,对当事人同居期间所得财产的处理原则,不宜完全按照民法通则按份共有的原则分割。对于无效婚姻或者可撤销婚姻,当事人在同居期间,如果一方挣的比另一方多,按照按份共有分割当事人同居期间所得的财产,那么,收入多的一方分得的财产必定比另一方多,而另一方虽然收入少,但在抚育子女、照料老人等家务上付出了大量的劳动,有的还协助另一方工作,并付出较多的义务,因此,在分割当事人同居期间所得财产时,不能按照按份共有的原则分割,否则不利于保护妇女、儿童和老人的合法权益。

在广泛听取各方面意见的基础上,经过认真研究,多次修改,婚姻法规定无效的或者被撤销的婚姻,当事人同居期间所得的财产,在婚姻被确认无效或者婚姻关系被依法撤销时,由当事人协议处理。如果无效婚姻或者可撤销婚姻当事人在同居期间对财产的归属有约定的,要依据当事人的约定分割当事人同居期间的财产。如果当事人对同居期间财产的归属没有约定,又达不成协议时,人民法院对当事人同居期间所得的财产,根据照顾无过错方的原则予以分割,即对无效婚姻或者可撤销婚姻的无过错一方当事人可以多分财产。但是,对因重婚导致婚姻无效的财产的处理,不得侵害合法婚姻当事人的财产权益,即多分重婚导致的无效婚姻当事人同居期间所得财产给无过错方,不得侵害重婚一方合法婚姻的配偶一方当事人的财产权益。例如,甲有配偶又与乙登记结婚,人民法院根据照顾无过错方的原则,分割甲乙在无效婚姻期间所得财产时,不能将本应是甲第一个合法婚姻的夫妻共同财产分给乙。民法典继续维持了这一规定。

在立法过程中,有的专家学者和社会公众提出,无效婚姻和可撤销婚姻给无过错的当事人带来极大伤害,仅规定根据照顾无过错方的原则分配财产是远远不够的。受到伤害就应有权请求赔偿，伤害他人就得承担赔偿责任。婚姻无效和被撤销的，还应当赋予无过错方请求损害赔偿的权利，以有利于保护无过错方的权益。一些国家和地区也有这方面的立法例。如我国台湾地区"民法典"第999条规定："当事人之一方因结婚无效或被撤销而受有损害者，得向他方请求赔偿。但他方无过失者，不在此限。"我们经研究采纳了这一意见。本条第2款规定："婚姻无效或者被撤销的，无过错方有权请求损害赔偿。"

第三章　家庭关系

第一节　夫妻关系

第一千零五十五条 【夫妻地位平等】

夫妻在婚姻家庭中地位平等。

【立法背景】

夫妻双方在婚姻家庭关系中的地位，总是与男女两性的社会地位相一致。规定夫妻地位平等，是男女平等原则在婚姻家庭关系中的集中体现，是社会主义夫妻关系的根本要求和主要特征。

【条文精解】

对本条规定，可以从以下几个方面理解：

第一，夫妻在婚姻家庭中地位平等的规定，是处理夫妻关系的指导原则，是确定夫妻之间各项权利义务的基础。夫妻地位平等意味着夫妻在共同生活中平等地行使法律规定的权利，平等地履行法律规定的义务，共同承担对婚姻、家庭和社会的责任。家庭关系一章只有21条，而现实生活是复杂的，涉及婚姻家庭关系会出现各种各样的情况。司法实践中，要解决矛盾、解决纠纷，要依法作出裁判，在法律没有具体规定的情况下，对夫妻关系的处理，就要依据夫妻在婚姻家庭中地位平等这一规定作出判断。因此，本条规定也为司法实践中处理夫妻之间的权利义务纠纷提供了依据。

第二，规定夫妻在婚姻家庭中地位平等，主要意义在于强调夫妻在人格上的平等以及权利义务的平等。夫妻双方应当互相尊重对方的人格独立，不得剥夺对方享有的权利，夫妻任何一方不得只享有权利不尽义务，或者只尽义务而不享有权利。

第三，规定夫妻在婚姻家庭中地位平等，不是指夫妻的权利义务一一对等，更不是指夫妻要平均承担家庭劳务等。平等不是平均，权利义务可以合理分配和承担，家庭劳务也可以合理分担。对于婚姻家庭事务，夫妻双方均有权发表意见，应当协商作出决定，一方不应独断专行。

第一千零五十六条 【夫妻姓名权】
夫妻双方都有各自使用自己姓名的权利。

【立法背景】

姓名权，是指自然人依法享有的决定、使用、变更或者许可他人使用自己的姓名并排除他人干涉或者非法使用的权利。姓名权是自然人的一项重要人格权，是自然人独立人格的重要标志。

【条文精解】

夫或者妻有无独立的姓名权是夫或者妻在婚姻家庭中有无独立人格的重要标志。

新中国成立后，1950年《婚姻法》第11条规定："夫妻有各用自己姓名的权利。"废除在姓名问题上歧视妇女的旧法，代之以夫妻在姓名权上完全平等的规定。1980年和2001年修改的婚姻法重申了这一规定。这次编纂民法典，对这一条仅作了文字上的修改，实质内容没有变化。根据本条规定，自然人的姓名权不受婚姻的影响，男女双方结婚后，其婚前姓名无须改变，妇女结婚后仍然有权使用自己的姓名。这对于保障已婚妇女的独立人格，促进夫妻在婚姻家庭关系中地位平等，具有积极意义。

第一千零五十七条 【夫妻人身自由权】

夫妻双方都有参加生产、工作、学习和社会活动的自由，一方不得对另一方加以限制或者干涉。

【立法背景】

人身自由权是每个自然人最基本的权利，夫妻的人身自由权是自然人人身自由权的具体体现，是夫妻在婚姻家庭关系中地位平等的重要标志。夫妻的人身自由权，是指夫妻双方从事社会职业、参加社会活动和进行社会交往的权利和自由，强调自然人的人身自由权不因结婚而受限制。这一权利对男女双方都适用，但实际上重点是保障妇女在婚后仍然享有独立人格、具有独立身份，能够按照自己的意愿从事社会职业、参加社会活动和进行社会交往，禁止丈夫或者其他人对妻子人身自由权利的干涉。

【条文精解】

根据本条规定，夫妻人身自由权主要包括以下三个方面的内容：

1. 夫妻双方都有参加生产、工作的权利

所谓生产、工作，是指自然人从事的一切社会职业和社会劳动。我国妇女参加生产、工作非常积极，国家与社会也提供了有力的保障，妇女权益保障法中对保护妇女的劳动权益作了详尽规定。妇女享有参加生产、工作的自由权而不受干涉，是妇女享有与丈夫平等地位的前提。

2. 夫妻双方都有参加学习的权利

这里的学习，不仅包括正规的在校学习，也包括扫盲学习、职业培训以及其他各种形式的专业知识与专业技能的学习。保证妇女学习的自由权，对于提高妇女的文化素质、提高妇女的就业率，进而保障妇女在家庭中与丈夫的平等地位都是必不可少的。而且，保证妇女学习的自由权，对于子女的培养、对于全民族文化素质的提高，也具有重要意义。

3. 夫妻双方都有参加社会活动的权利

所谓社会活动，包括参政、议政活动，科学、技术、文学、艺术和其他文化活动，各种群众组织、社会团体的活动，以及各种形式的公益活动等。参加社会活动的自由权来自公民依法享有的民主权利，是社会主义条件下对夫妻关系的要求。婚姻法对夫妻参与社会活动自由权的规定主要是保护妇女的。旧中国妇女被排斥在社会生活之外，新中国成立以后，妇女全面参与国家和社会事务管理，在政治、经济、教育、科技文化、体育、卫生等社会生活的各个方面都取得了令人瞩目的发展。明确妇女参与社会活动的自由，是夫妻人格独立，享有人身自由的重要体现。

【实践中需要注意的问题】

要注意的是，本条规定了夫妻的人身自由权，并不意味着夫妻可以不顾家庭、为所欲为。夫妻行使人身自由的权利，必须符合法律与社会主义道德的要求，不得滥用权利损害家庭和他人的合法权益。自然人婚前与婚后截然不同，对配偶、子女、家庭有不可推卸的义务和责任。夫妻任何一方在行使自己的人身自由权的同时，还必须履行自己对家庭应承担的义务和责任，两者应当协调统一起来。夫妻有参加社会活动的自由，但是夫妻也有相互扶养的义务，有抚养、教育子女的义务，有赡养老人的义务。如果夫妻一方对家庭、子女漠不关心，不顾一切地参加各种社会活动，与本条的立法精神是不相符合的。夫妻之间应当互相尊重、互谅互让、互相协商，处理好参加生产、工作、学习和社会活动与尽到家庭责任之间的关系。只有这样，家庭才能幸福和睦。

第一千零五十八条 【夫妻双方平等享有和共同承担对未成年子女抚养、教育和保护的权利和义务】

夫妻双方平等享有对未成年子女抚养、教育和保护的权利，共同承担对未成年子女抚养、教育和保护的义务。

【立法背景】

《民法典》第26条第1款规定："父母对未成年子女负有抚养、教育和保护的义务。"抚养，是指父母抚育子女的成长，并为他们的生活、学习提供一定的物质条件。教育，是指父母要按照法律和道德要求，采取正确的方法，对其未成年子女进行教导，并对其行为进行必要的约束，其目的是保障未成年子女的身心健康。保护，是指父母应当保护其未成年子女的人身安全和合法权益，预防和排除来自外界的危害，使其未成年子女的身心处于安全状态。抚养、教育和保护子女既是父母应尽的义务，也是父母应有的权利。

需要强调的是，父母对子女的抚养、教育和保护的权利和义务，由父母双方平等享有、共同承担，而非一方的单方权利和义务。这是现代各国几乎都确立的父母共同亲权原则。

【条文精解】

共同亲权原则实际上是男女平等原则的体现。根据本条规定，对未成年子女抚养、教育和保护的权利由该子女的父母即夫妻双方平等享有，如何行使这一权利，夫妻双方应当共同决定，不允许任何一方剥夺对方的这一权利；同样，对未成年子女抚养、教育和保护的义务由夫妻双方共同承担，不允许任何一方不履行这一义务。

第一千零五十九条 【夫妻相互扶养义务】

夫妻有相互扶养的义务。

需要扶养的一方，在另一方不履行扶养义务时，有要求其给付扶养费的权利。

【立法背景】

夫妻相互扶养义务是指夫妻之间相互供养和扶助的法定义务，对保障夫妻正常生活，维护婚姻家庭关系的稳定，具有重要意义。夫妻相互扶养义务与夫妻人身关系密不可分，夫妻之间接受对方扶养的权利和履行扶养对方的义务是基于夫妻间的配偶身份关系而产生的，也会随着夫妻间的配偶身份关系的消灭而消灭。即这一义务始于婚姻关系确立之日，终止于婚姻关系解除之日。

夫妻之间的相互扶养既是权利又是义务，而且这种权利义务是相互对应和平等的，夫妻互为权利主体和义务主体。也就是说，丈夫有扶养其妻子的义务，妻子也有扶养其丈夫的义务；反之，夫妻任何一方均享有受对方扶养的权利。夫妻相互扶养义务与夫妻地位平等是相适应的。

【条文精解】

夫妻互相扶养义务是法定义务，具有强制性，夫妻之间不得以约定形式改变这一法定义务。有扶养能力的一方，对于因失业、残疾、患病、年老等原因没有固定收入，缺乏生活来源的另一方，必须主动履行扶养义务。即使根据《民法典》第1065条规定，有的夫妻实行分别财产制，约定各自的工资或者收入归各自所有，也不意味着夫或妻只负担各自的生活费用而不承担扶养对方的义务，如当一方患有重病时，另一方仍有义务尽力照顾，并提供有关治疗费用。目前，在我国的一些家庭中，夫妻双方的经济收入还有一定差距，往往是丈夫收入多于妻子，在扶养问题上，丈夫应多承担一些义务。司法实践中，在处理夫妻互相扶养问题上，也应更注重保护女方的合法权益。

但在实践生活中，有的夫妻只能同富贵，不能共患难，对自己的配偶，在生活困难时不主动履行扶养义务，甚至无情地抛弃。因此，为了保障夫妻相互扶养义务的履行，本条第2款规定明确了对不履行扶养义务的一方，另一方有追索扶养费的请求权。当夫或妻一方不履行扶养义务时，需要扶养的一方可以根据本条第2款的规定，要求对方给付扶养费。应当给付扶养费的一方拒绝给付或者双方就扶养费数额、支付方式等具体内容产生争议的，需要扶养的另一方可以直接向人民法院提起诉讼，或者向人民调解组织提出调解申请，要求获得扶养费。如果夫或妻一方患病或者没有独立生活能力，有扶养义务的配偶拒绝扶养，情节恶劣，构成遗弃罪的，还应当承担刑事责任。

第一千零六十条 【夫妻日常家事代理权】

夫妻一方因家庭日常生活需要而实施的民事法律行为，对夫妻双方发生效力，但是夫妻一方与相对人另有约定的除外。

夫妻之间对一方可以实施的民事法律行为范围的限制，不得对抗善意相对人。

【立法背景】

夫妻日常家事代理权，是指夫妻一方因家庭日常生活需要而与第三方为一定民事法律行为时互为代理的权利。夫妻一方在日常家庭事务范围内，与第三方所实施的一定民事法律行为，视为依夫妻双方的意思表示所为的民事法律行为，另一方也应承担因此而产生的法律后果。

在日常生活中，夫妻需要处理的家庭事务很多，参与社会经济生活非常频繁，需要实施不少民事法律行为。这些民事法律行为由夫妻双方共同处理当然更能充分体现其共同意愿，但如果要求所有民事法律行为都必须由夫妻双方共同实施，必然加大婚姻生活成本，加大社会经济活动成本，客观上是不必要甚至是不可能的。为了方便经济交往和婚姻家庭生活，保护夫妻双方和相对人的合法权益，维护社会交易安全，有必要赋予夫妻双方日常家事代理权。

【条文精解】

理解本条规定，需要注意以下几个方面的问题：

第一，夫妻日常家事代理权的权利主体。法律设立夫妻日常家事代理权这一权利的目的在于扩张夫妻双方的意思自治，使得夫妻双方在日常家庭事务的处理中无须事必躬亲，从而突破夫妻各自在时间、精力上的局限性，满足夫妻共同生活的需要。因此，夫妻日常家事代理权为夫妻双方同等享有，夫妻双方在处理日常家庭事务中互相为代理人，各自都可以行使夫妻日常家事代理权。

第二，夫妻日常家事代理权的存续期间。夫妻日常家事代理权由法律直接规定，以夫妻身份的存在为前提。因此，夫妻日常家事代理权只存在于具有合法婚姻关系的配偶之间，始于婚姻关系的确立，终于婚姻关系的解除。在婚姻关系存续期间，夫妻日常家事代理权始终存在。

第三，夫妻日常家事代理权的行使方式。夫妻日常家事代理权的行使方式与一般代理不同。本法总则编规定的代理包括委托代理和法定代理，代理人都必须以被代理人的名义实施民事法律行为。而对于夫妻日常家事代理权，夫妻任何一方在日常家事范围内与第三人为民事法律行为时，不必明确其代理权，可直接以自己名义、另一方名义或者双方名义为之。

第四，夫妻日常家事代理权的行使范围。夫妻日常家事代理权的行使范围仅限于"因家庭日常生活需要而实施的民事法律行为"，通说概括为"日常家庭事务"或者"日常家事"。日常家事，是指为满足正常夫妻共同生活和家庭生活所必需的，非属人身性的一切事务，比如购买食物、衣服等生活用品，正常的娱乐、保健、医疗费用，通常的子女教育费用，等等。国家统计局有关统计资料显示，我国城镇居民家庭消费种类主要分为八大类，分别是食品、衣着、家庭设备用品及维修服务、医疗保健、交通通信、文娱教育及服务、居住、其他商品和服务。对"家庭日常生活需要"的范围，我们认为，可以参考上述八大类家庭消费的分类，根据夫妻共同生活的状态（如双方的职业、身份、资产、收入、兴趣、家庭人数等）和当地一般社会生活习惯予以认定。鉴于我国东、中、西部经济发展不平衡，城乡差异较大，家庭日常生活的范围在不同地区、不同家庭有很大差异，目前还难以确定一个统一的具体标准。

第五，夫妻日常家事代理权的行使限制。通常情况下，夫妻任何一方都可以在日常家事的范围内行使日常家事代理权。但在实际生活中，基于种种考虑，如一方时间、精力、知识、能力上的原因，一方滥用代理权的原因，等等，有时候夫妻双方会对一方可以实施的民事法律行为有所限制。这种限制在夫妻双方之间是有效的，法律无须加以规制，但为了保护正常交易安全，保护第三人的合法权益，法律明确规定这种限制不能对抗善意相对人。所谓"善意"，是指相对人不知道或者不应当知道夫妻之间对一方可以实施的民事法律行为的限制。比如，妻子与丈夫约定，丈夫不得购买一条以上的香烟，结果丈夫到小卖部购买了两条香烟，小卖部无从知晓夫妻双方对于购买香烟的约定，则该买卖行为是有效的。

第六，夫妻日常家事代理权的法律效力。夫妻任何一方行使夫妻日常家事代理权所实施的民事法律行为，对夫妻双方都发生效力，即该民事法律行为所产生的法律效果归属于夫妻双方。夫妻任何一方基于夫妻日常家事代理权所实施的民事法律行为所设立、变更、终止民事法律关系的一切结果都归属于夫妻双方，取得的权利由夫妻双方共同享有，产生的义务也由夫妻双方共同承担。但是，如果夫妻一方在行使夫妻日常家事代理权的同时，与相对人就该民事法律行为另有约定的，则法律效力依照该约定。比如，丈夫在购买家具时，与家具商约定，该家具购买合同只约束自己，不涉及妻子，则该家具合同所产生的债权债务关系仅在家具商与丈夫之间有效。

【实践中需要注意的问题】

需要强调的是，家庭日常生活需要的支出，是指通常情况下必要的家庭日常消费，主要包括正常的衣食消费、日用品购买、子女抚养教育、老人赡养等各项费用，是维系一个家庭正常生活所必需的开支，立足点在于"必要"。随着我国经济社会和人们家庭观念、家庭生活方式的不断发展变化，在认定是否属于家庭日常生活需要支出时，也要随着社会的发展变化而不断变化。

第一千零六十一条 【夫妻相互遗产继承权】
夫妻有相互继承遗产的权利。

【立法背景】

继承是自然人死亡后，按照法律规定或者遗嘱处理分配其所遗留的个人财产的制度。继承要解决的核心问题就是所有权人死亡后私人财产的移转问题。继承权是民事权利的一种，是自然人依法享有继承被继承人死亡时遗留的遗产的权利。

【条文精解】

夫妻互相享有遗产继承权，是夫妻双方在婚姻家庭关系中地位平等的一个重要标志。根据本法的规定，理解夫妻相互遗产继承权，应注意把握以下问题：

第一，夫妻相互遗产继承权以合法的夫妻关系为前提。夫妻间的继承权是基于婚姻的法律效力产生的，只有具备合法婚姻关系的夫妻双方，才能以配偶身份继承对方的遗产。

第二，夫妻互为第一顺序的法定继承人。根据《民法典》第1127条的规定，第一顺序的法定继承人包括配偶、子女、父母。除了《民法典》第1125条规定的丧失继承权等情形外，不得以任何理由剥夺、限制或者干涉生存一方对死亡配偶所享有的继承权。

第三，要正确确定继承遗产的范围，不得侵害生存配偶的合法财产权。夫或妻一方死亡时，继承开始，首先要确定哪些财产属于被继承人的遗产。被继承人的财产一般包括在夫妻共同财产中的份额以及其个人财产。《民法典》第1153条第1款规定："夫妻共同所有的财产，除有约定的以外，遗产分割时，应当先将共同所有的财产的一半分出为配偶所有，其余的为被继承人的遗产。"也就是说，对于婚姻关系存续期间所得的夫妻共同财产，除夫妻双方另有约定外，在配偶一方死亡时，应当先对夫妻共同财产进行认定和分割，并分出一半为生存配偶所有，一半作为死者遗产进行继承。要严格防止将夫妻共同财产都作为遗产继承，侵犯生存配偶的合法财产权益。被继承人的个人财产和共同财产的一半为其所有遗产，如果死者生前没有立遗嘱，其生存的配偶与其他第一顺序的继承人，包括被继承人的子女、父母按照法定继承均分其遗产。

第四，注意保障生存配偶对分得遗产的所有权。夫妻一方死亡后，生存的另一方依法继承死者遗产后，就取得了该财产的所有权，有权根据自己的意愿和利益在法律允许的范围内占有、使用和处理该财产，如果再婚，有权带走或处分其继承的财产。实践中，有的寡妇因再婚离开原家庭时，将其继承其亡夫的财产带走的，有时会受到个别近亲属的阻挠，引发各种纠纷。对此，《民法典》第1157条也作了明确规定："夫妻一方死亡后另一方再婚的，有权处分所继承的财产，任何组织或者个人不得干涉。"

第一千零六十二条 【夫妻共同财产】

夫妻在婚姻关系存续期间所得的下列财产，为夫妻的共同财产，归夫妻共同所有：

（一）工资、奖金、劳务报酬；

（二）生产、经营、投资的收益；

（三）知识产权的收益；

（四）继承或者受赠的财产，但是本法第一千零六十三条第三项规定的除外；

（五）其他应当归共同所有的财产。

夫妻对共同财产，有平等的处理权。

【立法背景】

所谓夫妻财产制，是规定夫妻财产关系的法律制度，包括夫妻婚前财产和婚后所得财产的归属、管理、使用、收益和处分，以及家庭生活费用的负担，夫妻债务的清偿，婚姻终止时夫妻财产的清算和分割等内容，其核心是夫妻婚前财产和婚后所得财产的所有权归属问题。法律设立夫妻财产制，调整夫妻财产关系，对保护夫妻的合法权利和财产利益，维护平等、和睦的家庭关系，并保障夫妻与第三人交易安全，具有重要意义。

【条文精解】

本条第 1 款规定，夫妻在婚姻关系存续期间所得的财产，如工资和奖金，从事生产、经营的收益等，为夫妻的共同财产，归夫妻共同所有。这一规定表明，我国的夫妻共同财产制采用的是婚后所得共同制，即在婚姻关系存续期间，除个人特有财产和夫妻另有约定外，夫妻双方或者一方所得的财产，均归夫妻共同所有，夫妻双方享有平等的占有、使用、收益和处分权利的财产制度。这里的共同所有指的是共同共有，不是按份共有。

关于夫妻共同财产的范围，本条第 1 款作了列举式的规定：

（1）工资、奖金、劳务报酬，即夫妻的劳动收入。这既包括工资、奖金，也包括各种津贴、补贴等劳务报酬。

（2）生产、经营、投资的收益。这包括夫妻一方或者双方从事生产、经营所得的各种收入和投资所得的收入，如农村中的农业生产和城市里的工业生产以及第三产业等各行各业的生产经营投资收益，有劳动收入，也有资本收益，如股票债券收入、股份、股权等资本利得，亦是夫妻共同财产的一种形式。

（3）知识产权的收益。知识产权是一种智力成果权，它既是一种财产权，也是一种人身权，具有很强的人身性，与人身不可分离，婚后一方取得的知识产权权利本身归一方专有，权利也仅归权利人行使，比如作者的配偶无权在其著作中署名，也不能决定作品是否发表。但是，由知识产权取得的经济利益，则属于夫妻共同财产，如因发表作品取得的稿费，因转让专利获得的转让费等，归夫妻共同所有。

（4）继承或者受赠的财产，但是遗嘱或者赠与合同中确定只归一方的财产除外。夫妻任何一方继承或者受赠的财产属于夫妻共同财产，但如果遗嘱或者赠与合同中指明财产归夫妻一方所有的，是立遗嘱人或者赠与人根据自己意愿处分财产的表现，基于意思自治，应当尊重其对财产的处分权，该财产归一方所有。

（5）其他应当归共同所有的财产。这项规定属于概括性规定。随着社会经济的发展和人们生活水平的提高，夫妻共同财产的范围在不断地扩大，共同财产的种类在不断地增加，目前，夫妻共同财产已由原来简单的生活用品发展到汽车、房产、股票、债券乃至整个公司、企业等，今后还将出现一些新的财产类型。上述四项只是列举了现已较为明确的共同财产的范围，但难以列举齐全，因此，作了这项概括性规定。

本条第2款规定："夫妻对共同财产，有平等的处理权。"这是关于夫妻如何对共同财产行使所有权的规定。如前所述，夫妻共同财产的性质是共同共有，不是按份共有，因此夫妻对全部共同财产，应当不分份额地享有同等的权利，承担同等的义务。不能根据夫妻双方经济收入的多少来确定其享有共同财产所有权的多少。夫妻双方对共同财产享有平等的占有、使用、收益和处分的权利。夫妻一方对共同财产的使用、处分，除另有约定外，应当在取得对方的同意之后进行，尤其是重大财产问题，未经对方同意，任何一方不得擅自处分。夫妻一方在处分共同财产时，另一方明知其行为而不作否认表示的，视为同意，事后不得以自己未参加处分为由否认处分的法律效力。夫妻一方未经对方同意擅自处分共同财产的，对方有权请求宣告该处分行为无效，但不得对抗善意第三人，即如果第三人不知道也无从知道夫妻一方的行为属于擅自处分行为的，该处分行为有效，以保护第三人的利益，维护交易安全。

第一千零六十三条 【夫妻个人财产】

下列财产为夫妻一方的个人财产：

（一）一方的婚前财产；

（二）一方因受到人身损害获得的赔偿或者补偿；

（三）遗嘱或者赠与合同中确定只归一方的财产；

（四）一方专用的生活用品；

（五）其他应当归一方的财产。

【立法背景】

所谓夫妻个人财产，又称夫妻特有财产、夫妻保留财产，是指夫妻在实行共同财产制的同时，依照法律规定或者夫妻约定，夫妻各自保留的一定范围的个人所有财产。根据产生的原因不同，个人财产可分为法定的个人财产和约定的个人财产。法定的个人财产，是指依照法律规定所确认的夫妻双方各自保留的个人财产，本条即属于法定个人财产的规定。

个人财产是夫妻在婚姻关系存续期间分别保留的独立于夫妻共同财产之外的财产，夫妻双方对各自的个人财产，享有独立的管理、使用、收益和处分权利，他人不得干涉。夫妻可以约定将各自的个人财产交由一方管理；夫妻一方也可以将自己的个人财产委托对方代为管理。对家庭生活费用的负担，在夫妻共同财产不足以负担家庭生活费用时，夫妻应当以各自的个人财产分担。

【条文精解】

关于我国夫妻个人财产的范围，本条作了列举式的规定，下面逐一进行介绍：

（1）一方的婚前财产。婚前财产是指夫妻在结婚之前各自所有的财产，包括婚前个人劳动所得财产、继承或者受赠的财产以及其他合法财产。婚前财产归各自所有，不属于夫妻共同财产。

（2）一方因受到人身损害获得的赔偿或者补偿。这些财产是指与生命健康直接相关的财产，具有人身专属性，对于保护个人权利具有重要意义，因此应当专属于个人所有，而不能成为共同财产。这样有利于维护受害人的合法权益，保证受害人的身体康复和生活需要。

（3）遗嘱或者赠与合同中确定只归一方的财产。根据《民法典》第1062条第4项的规定，因继承或者受赠的财产，属于夫妻共同财产。但为了尊重遗嘱人或者赠与人的个人意愿，保护个人对其财产的自由处分权，如果遗嘱人或者赠与人在遗嘱或者赠与合同中明确指出，该财产只遗赠或者赠给夫妻一方，另一方无权享用，那么，该财产就属于夫妻个人财产，归一方个人所有。这样规定的另一个意义在于，防止夫妻另一方滥用遗产或者受赠的财产，如妻子的朋友赠送一笔钱资助孩子上学，而丈夫有酗酒恶习，如果这笔钱属于夫妻共同财产，丈夫就有可能利用它买酒，在这种情况下，赠与人可以在赠与时确定这笔现金只赠送给妻子，属于妻子个人所有，丈夫就无权将其用来酗酒了。

（4）一方专用的生活用品。一方专用的生活用品具有专属于个人使用的特点，如个人的衣服、鞋帽等，应当属于夫妻个人财产。我国司法实践中，在处理离婚财产分割时，一般也将个人专用的生活物品，作为个人财产处理。在编纂民法典过程中，有一种意见认为，用夫妻共同财产购买的且价值较大的生活用品，如贵重的首饰等，即使为一方专用，也应当属于夫妻共同财产。这一意见未被采纳。价值较大的生活用品，因其具有个人专用性，仍应当归个人所有，这也符合夫妻双方购买该物时的意愿。况且，夫妻对共同财产有平等的处理权，多数情况下，夫妻双方都有价值较大的生活用品。当然，不同经济状况的家庭，"价值较大"的含义不同。

（5）其他应当归一方的财产。这项规定属于概括性规定。夫妻个人财产除前四项的规定外，还包括其他一些财产和财产权利。随着社会经济的发展、新的财产类型的出现以及个人独立意识的增强，夫妻个人财产的范围也将有所增加。

第一千零六十四条 【夫妻共同债务】

夫妻双方共同签名或者夫妻一方事后追认等共同意思表示所负的债务，以及夫妻一方在婚姻关系存续期间以个人名义为家庭日常生活需要所负的债务，属于夫妻共同债务。

夫妻一方在婚姻关系存续期间以个人名义超出家庭日常生活需要所负的债务，不属于夫妻共同债务；但是，债权人能够证明该债务用于夫妻共同生活、共同生产经营或者基于夫妻双方共同意思表示的除外。

【立法背景】

夫妻共同债务问题，事关夫妻双方特别是未举债一方和债权人合法权益的保护，事关婚姻家庭稳定和市场交易安全的维护，是民法典编纂过程中各方面较为关注，争议也较大的问题。

【条文精解】

本条分两款，规定了三类比较重要的夫妻共同债务，即基于共同意思表示所负的夫妻共同债务、为家庭日常生活需要所负的夫妻共同债务、债权人能够证明的夫妻共同债务。

1. 基于共同意思表示所负的夫妻共同债务

本条第1款明确规定，"夫妻双方共同签名或者夫妻一方事后追认等共同意思表示所负的债务"，属于夫妻共同债务。这就是俗称的"共债共签""共签共债"。多个民事主体基于共同签字等共同意思表示所形成的债务属于共同债务，这不存在任何争议，本条规定对这一内容加以强调，意在引导债权人在形成债务尤其是大额债务时，为避免事后引发不必要的纷争，加强事前风险防范，尽可能要求夫妻共同签名。这种制度安排，一方面，有利于保障夫妻另一方的知情权和同意权，可以从债务形成源头上尽可能杜绝夫妻一方"被负债"现象发生；另一方面，也可以有效避免债权人因事后无法举证证明债务属于夫妻共同债务而遭受不必要的损失，对于保障交易安全和夫妻一方合法权益，具有积极意义。实践中，很多商业银行在办理贷款业务时，对已婚者一般都要求夫妻双方共同到场签名。一方确有特殊原因无法亲自到场，也必须提交经过公证的授权委托书，否则不予贷款，这种操作方式最大限度地降低了债务不能清偿的风险，保障了债权人的合法权益，也不会造成对夫妻一方权益的损害。

虽然要求夫妻"共债共签"可能会使交易效率受到一定影响，但在债权债务关系形成，增加一定交易成本和夫妻一方的知情权、同意权产生冲突时，因夫妻一方的知情权、同意权，关系到地位平等、意思自治等基本法律原则和公民基本财产权利、人格权利，故应优先考虑。事实上，适当增加交易成本不仅有利于保障交易安全，还可以减少事后纷争，从根本上提高交易效率。

2. 为家庭日常生活需要所负的夫妻共同债务

本条第1款规定，"夫妻一方在婚姻关系存续期间以个人名义为家庭日常生活需要所负的债务"，属于夫妻共同债务。也就是基于夫妻日常家事代理权所产生的债务属于夫妻共同债务。

夫妻日常家事代理权，是指夫妻一方因家庭日常生活需要而与第三方为一定民事法律行为时互为代理的权利。夫妻一方在日常家庭事务范围内，与第三方所实施的一定民事法律行为，视为依夫妻双方的意思表示所为的民事法律行为，另一方也应承担因此而产生的法律后果。《民法典》第 1060 条明确规定："夫妻一方因家庭日常生活需要而实施的民事法律行为，对夫妻双方发生效力，但是夫妻一方与相对人另有约定的除外。夫妻之间对一方可以实施的民事法律行为范围的限制，不得对抗善意相对人。"根据这一规定，夫妻任何一方行使夫妻日常家事代理权所实施的民事法律行为，对夫妻双方都发生效力，即该民事法律行为所产生的法律效果归属于夫妻双方。夫妻任何一方基于夫妻日常家事代理权所实施的民事法律行为所设立、变更、终止民事法律关系的一切结果都归属于夫妻双方，取得的权利由夫妻双方共同享有，产生的义务包括债务也由夫妻双方共同承担。当然，如果夫妻一方在行使夫妻日常家事代理权的同时，与相对人就该民事法律行为另有约定的，则法律效力依照该约定。

本条第 1 款规定"夫妻一方在婚姻关系存续期间以个人名义为家庭日常生活需要所负的债务"属于夫妻共同债务，实际上已经包括在《民法典》第 1060 条规定的内容之中，这里是再次加以强调。如何认定为家庭日常生活需要等，可以参考前述条文的释义，这里不再赘述。

3. 债权人能够证明的夫妻共同债务

本条第 2 款规定，夫妻一方在婚姻关系存续期间以个人名义超出家庭日常生活需要所负的债务，不属于夫妻共同债务；但是，债权人能够证明该债务用于夫妻共同生活、共同生产经营或者基于夫妻双方共同意思表示的除外。这一类夫妻共同债务情形最为复杂，实践中如何认定争议最大。

夫妻双方共同签名或者夫妻一方事后追认等共同意思表示所负的债务，以及夫妻一方在婚姻关系存续期间以个人名义为家庭日常生活需要所负的债务，属于夫妻共同债务。但如果不是基于夫妻共同意思表示、夫妻一方以个人名义所负的超出家庭日常生活需要所负的债务，是否就不属于夫妻共同债务？根据本条第 2 款规定，如果债权人能够证明该债务用于夫妻共同生活、共同生产经营的，则该债务也属于夫妻共同债务。

用于夫妻共同生活、共同生活经营的债务属于夫妻共同债务，这个争议不大，主要问题在于怎么认定，即由谁来举证证明。

随着我国经济社会的发展，城乡居民家庭财产结构、类型、数量、形态以及理财模式等发生了很大变化，人们的生活水平不断提高，生活消费日趋多元，很多夫妻的共同生活支出不再局限于以前传统的家庭日常生活消费开支，还包括大量超出家庭日常生活范围的支出。这些支出系夫妻双方共同消费支配，或者用于形成夫妻共同财产，或者基于夫妻共同利益管理共同财产产生的支出，性质上均属于夫妻共同生活的范围。夫妻共同生活包括但不限于家庭日常生活，本条第2款所指的需要债权人举证证明的夫妻共同生活的范围，指的就是超出家庭日常生活需要的部分。

夫妻共同生产经营的情形非常复杂，主要是指由夫妻双方共同决定生产经营事项，或者虽由一方决定但另一方进行了授权的情形。判断生产经营活动是否属于夫妻共同生产经营，要根据经营活动的性质以及夫妻双方在其中的地位作用等综合认定。夫妻共同生产经营所负的债务一般包括双方共同从事工商业、共同投资以及购买生产资料等所负的债务。

夫妻一方在婚姻关系存续期间以个人名义超出家庭日常生活需要所负的债务，如果债权人能够证明该债务用于夫妻共同生活、共同生产经营或者基于夫妻双方共同意思表示的，就属于夫妻共同债务，否则，不属于夫妻共同债务，应当属于举债一方的个人债务。这里强调债权人的举证证明责任，能够促进债权人尽到谨慎注意义务，引导相关主体对于大额债权债务实行"共债共签"，体现从源头控制纠纷、更加注重交易安全的价值取向，也有利于强化公众的市场风险意识，从而平衡保护债权人和未举债夫妻一方的利益。

【实践中需要注意的问题】

要注意的是，本条只规定了三类比较重要的夫妻共同债务，但在实践中还存在依据法律规定产生的其他种类的夫妻共同债务。比如，《民法典》第1168条规定："二人以上共同实施侵权行为，造成他人损害的，应当承担连带责任。"因此，夫妻因共同侵权所负的债务也属于夫妻共同债务。《民法典》第1188条规定："无民事行为能力人、限制民事行为能力人造成他人损害的，由监护人承担侵权责任……"因此，夫妻因被监护人侵权所负的债务，也属于夫妻共同债务。

第一千零六十五条 【夫妻约定财产制】

男女双方可以约定婚姻关系存续期间所得的财产以及婚前财产归各自所有、共同所有或者部分各自所有、部分共同所有。约定应当采用书面形式。没有约定或者约定不明确的，适用本法第一千零六十二条、第一千零六十三条的规定。

夫妻对婚姻关系存续期间所得的财产以及婚前财产的约定，对双方具有法律约束力。

夫妻对婚姻关系存续期间所得的财产约定归各自所有，夫或者妻一方对外所负的债务，相对人知道该约定的，以夫或者妻一方的个人财产清偿。

【立法背景】

所谓约定财产制，是指法律允许夫妻用协议的方式，对夫妻在婚前和婚姻关系存续期间所得财产的所有权的归属、管理、使用、收益、处分以及对第三人债务的清偿、婚姻解除时财产的分割等事项作出约定，从而排除或者部分排除夫妻法定财产制适用的制度。约定财产制是相对于法定财产制而言的，它是夫妻以契约的方式依法选择适用的财产制，而法定财产制是依照法律直接规定而适用的财产制。约定财产制是法律对婚姻关系双方当事人就双方之间的财产关系进行约定的意思自治的尊重，约定财产制具有优先于法定财产制适用的效力，只有在当事人未就夫妻财产作出约定，或者所作约定不明确，或者所作约定无效时，才适用夫妻法定财产制。约定财产制与法定财产制相比较而言，其灵活性更强，更能适应复杂多样的夫妻财产关系，更能适应现代社会丰富多样的生活方式，也更能体现当事人的真实意愿和个性化的需要。

【条文精解】

根据本条的规定，我国夫妻约定财产制的内容主要包括以下几个方面：

1. 约定的条件

夫妻对财产关系进行约定是一种双方民事法律行为，它不仅要符合民事法律行为的一般要件，还要符合婚姻法的有关规定，因为该约定是基于配偶这一特殊身份发生的。夫妻对财产关系的约定需要符合下列要件：（1）缔约双方必须具有合法的夫妻身份，未婚同居、婚外同居者对他们之间财产关系的约定，不属于夫妻财产约定。（2）缔约双方必须具有完全民事行为能力。（3）

约定必须双方自愿。夫妻对财产的约定必须出于真实的意思表示，以欺诈、胁迫等手段使对方在违背真实意思的情况下作出的约定，对方有权请求撤销。（4）约定的内容必须合法，不得违反法律、行政性法规的强制性规定，不得违背公序良俗，不得利用约定恶意串通、损害他人合法权益，约定的内容不得超出夫妻财产的范围，如不得将其他家庭成员的财产列入约定财产的范围，不得利用约定逃避对第三人的债务以及其他法定义务。

2. 约定的方式

关于约定的方式，本条第1款明确规定"约定应当采用书面形式"。这样规定的目的，在于更好地维护夫妻双方的合法权益以及第三人的利益，维护交易安全，避免发生纠纷。当然如果夫妻以口头形式作出约定，事后对约定没有争议的，该约定也有效。夫妻以书面形式对其财产作出约定后，可以进行公证。

3. 约定的时间

本条对约定的时间未作规定。根据我国的实际情况，对约定的时间不必作更多的限制。约定可以在婚前进行也可以在婚后进行。约定生效后，因夫妻一方或者双方的情况发生，只要双方合意，也可以随时变更或者撤销原约定。

4. 约定的内容

关于约定的内容，本条第1款规定"男女双方可以约定婚姻关系存续期间所得的财产以及婚前财产归各自所有、共同所有或者部分各自所有、部分共同所有"。这一规定的范围是比较宽的，根据这一规定，夫妻既可以对婚姻关系存续期间所得的财产进行约定，也可以对婚前财产进行约定；既可以对全部夫妻财产进行约定，也可以对部分夫妻财产进行约定；既可以概括地约定采用某种夫妻财产制，也可以具体地对某一项夫妻财产进行约定；既可以约定财产所有权的归属或者使用权、管理权、收益权、处分权的行使，也可以约定家庭生活费用的负担、债务清偿责任、婚姻关系终止时财产的分割等事项。关于当事人可以约定采用哪种夫妻财产制，本条未作规定，即没有对当事人可以选择的财产制进行限制。

5. 约定的效力

约定的效力，分为优先效力、对内效力和对外效力。

（1）关于优先效力。约定财产制的优先效力是指约定财产制的效力优先于法定财产制。本条第1款规定："没有约定或者约定不明确的，适用本法第一千零六十二条、第一千零六十三条的规定。"根据这一规定，约定财产制具有优先于法定财产制适用的效力，只有在当事人未就夫妻财产作出约定，或者所作约定不明确，或者所作约定无效时，才适用夫妻法定财产制。

（2）关于对内效力。约定财产制的对内效力是指夫妻财产约定对婚姻关系当事人的效力。本条第 2 款规定："夫妻对婚姻关系存续期间所得的财产以及婚前财产的约定，对双方具有法律约束力。"夫妻对财产关系的约定，对双方具有法律约束力，双方按照约定享有财产所有权以及管理权等其他权利，并承担相应的义务。

（3）关于对外效力。约定财产制的对外效力是指夫妻财产约定对婚姻关系当事人以外的第三人即相对人的效力。主要考虑的是在夫妻对财产进行约定，保护夫妻财产权的同时，要保障相对人的利益，维护交易安全。夫妻之间对财产关系的约定，如何对相对人产生效力？如前所述，目前我国没有建立夫妻财产登记制度，为了保障相对人的利益不因夫妻财产约定而受到损害，本条第 3 款规定："夫妻对婚姻关系存续期间所得的财产约定归各自所有，夫或者妻一方对外所负的债务，相对人知道该约定的，以夫或者妻一方的个人财产清偿。"

这一规定以"相对人知道该约定"为条件，即在相对人与夫妻一方发生债权债务关系时，如果相对人知道其夫妻财产已经约定归各自所有的，就以其一方的财产清偿；相对人不知道该约定的，该约定对相对人不生效力，夫妻一方对相对人所负的债务，按照在夫妻共同财产制下的清偿原则进行偿还。关于相对人如何知道该约定，既可以是夫妻一方或双方告知，也可以为相对人曾经是夫妻财产约定时的见证人或者知情人。如何判断相对人是否知道该约定，夫妻一方或者双方负有举证责任，夫妻应当证明在发生债权债务关系时，相对人确已知道该约定。本款中的"夫或者妻一方对外所负的债务"，是指夫妻一方以自己的名义与相对人之间产生的债务，至于是为夫妻共同生活所负的债务，还是个人债务，在所不问，即无论是为子女教育所负的债务，或者个人从事经营所负的债务，还是擅自资助个人亲友所负的债务，都适用本款的规定。

第一千零六十六条 【婚姻关系存续期间分割夫妻共同财产】

婚姻关系存续期间，有下列情形之一的，夫妻一方可以向人民法院请求分割共同财产：

（一）一方有隐藏、转移、变卖、毁损、挥霍夫妻共同财产或者伪造夫妻共同债务等严重损害夫妻共同财产利益的行为；

（二）一方负有法定扶养义务的人患重大疾病需要医治，另一方不同意支付相关医疗费用。

【立法背景】

民法典婚姻家庭编实行的是以法定财产制为主、约定财产制为辅的夫妻财产制度。约定财产制具有优先于法定财产制适用的效力。夫妻双方根据实际情况，可以在婚前或者婚姻存续任一时间约定婚姻关系存续期间所得的财产以及婚前财产归各自所有、共同所有或者部分各自所有、部分共同所有。只要双方合意，也可以随时变更或者撤销原约定。如果夫妻双方未就夫妻财产作出约定，或者所作约定不明确，或者所作约定无效时，就适用夫妻法定财产制。在夫妻法定财产制下，夫妻双方对于夫妻共同财产享有共同所有权，即对夫妻共同财产不分份额地共同享有权利并承担义务。

夫妻共同财产制有利于保障夫妻中经济能力较弱一方的权益，有利于实现真正的夫妻地位平等，符合我国文化传统和当前绝大多数人对夫妻财产制的要求，有利于维系更加平等、和睦的家庭关系。但在现实生活中，存在一些夫妻一方通过各种手段侵害另一方的共有财产权益的情况，这时，如果夫妻双方离婚，进而分割共同财产，彻底解决问题，当然是最好的。可由于种种原因，夫妻双方或者一方不愿意离婚，只是要求人民法院解决财产问题，此时应如何处理，是否允许夫妻分割共同财产，是这次编纂民法典婚姻家庭编中的一个争议较大的问题。

【条文精解】

根据本条规定，婚姻关系存续期间，夫妻双方一般不得请求分割共同财产，只有在法定情形下，夫妻一方才可以向人民法院请求分割共同财产，法定情形有两项：

一种情形是一方有隐藏、转移、变卖、毁损、挥霍夫妻共同财产或者伪造夫妻共同债务等严重损害夫妻共同财产利益的行为。

夫妻共同财产主要指夫妻双方在婚姻关系存续期间所得的财产。夫妻共同财产从性质上说，属于共同共有。夫妻在婚姻关系存续期间，无论属于双方或者一方的收入，无论各自收入的数量多少，也无论其中一方有无收入，夫妻作为共同生活的伴侣，对共同财产享有平等的所有权。对共同财产，夫妻双方均有依法占有、使用、收益和处分的权利。夫妻在处分共同财产时，应当平等协商，取得一致意见，任何一方不得违背另一方的意志，擅自处理。特别是对共有财产作较大的变动时，如出卖、赠与等，更应征得另一方的同意，否则就侵犯了另一方对共有财产的所有权。实践中，比较典型的就是夫妻一方隐藏、转移、变卖、毁损、挥霍夫妻共同财产或者伪造夫妻共同债务等行为，这些都属于严重损害了夫妻共同财产利益的行为。隐藏，是指将财产藏匿起来，不让他人发现，使另一方无法获知财产的所在从而无法控制。转移，是指私自将财产移往他处，或者将资金取出移往其他账户，脱离另一方的掌握。变卖，是指将财产折价卖给他人。毁损，是指采用打碎、拆卸、涂抹等破坏性手段使物品失去原貌，失去或者部分失去原来具有的使用价值和价值。挥霍，是指超出合理范围任意处置、浪费夫妻共同财产。伪造夫妻共同债务，是指制造内容虚假的债务凭证，包括合同、欠条等，意图侵占另一方财产。上述违法行为，在主观上只能是故意，不包括过失行为，如因不慎将某些共同财产毁坏，只要没有故意，不属于本条规定之列。

另一种情形是一方负有法定扶养义务的人患重大疾病需要医治，另一方不同意支付相关医疗费用。

这里所指的扶养是广义上的扶养，即一定范围的亲属之间互相供养和扶助的法律关系。广义的扶养包括抚养、赡养和狭义的扶养。抚养是就长辈对晚辈而言，主要指父母对未成年子女，祖父母对孙子女、外祖父母对外孙子女的供养；赡养是就晚辈对长辈而言，主要指子女对父母，孙子女对祖父母、外孙子女对外祖父母的供养；扶养是就平辈而言，主要指夫妻之间和兄弟姐妹之间的供养。

扶养还可以分为法定扶养、协议扶养和遗嘱扶养。法定扶养是指基于法律强制性规定的扶养；协议扶养是指基于合同而产生的扶养；遗嘱扶养是指基于遗嘱产生的扶养。本条规定明确仅指法定扶养。应当根据有关法律规定来确定夫妻一方是否负有法定扶养义务。

【实践中需要注意的问题】

关于第2项中的"重大疾病"，本条没有作出明确界定，疾病是否认定为重大，在司法实践中应当参照医学上的认定，借鉴保险行业中对重大疾病的划定范围，一般认为，某些需要长期治疗、花费较高的疾病，如糖尿病、肿瘤、脊髓灰质炎等，或者直接涉及生命安全的疾病属于重大疾病。"相关医疗费用"主要指为治疗疾病需要的必要、合理费用，不应包括营养、陪护等费用。

第二节 父母子女关系和其他近亲属关系

第一千零六十七条 【父母与子女之间抚养和赡养义务】

父母不履行抚养义务的，未成年子女或者不能独立生活的成年子女，有要求父母给付抚养费的权利。

成年子女不履行赡养义务的，缺乏劳动能力或者生活困难的父母，有要求成年子女给付赡养费的权利。

【立法背景】

依据《民法典》第26条的规定，父母对未成年子女的抚养、教育和保护的义务，主要包括进行生活上的照料，保障未成年人接受义务教育，以适当的方式、方法管理和教育未成年人，保护未成年人的人身、财产不受到侵害，促进未成年人的身心健康发展等。成年子女对父母的赡养、扶助和保护义务，主要包括子女对丧失劳动能力或者生活困难的父母，要进行生活上的照料和经济上供养，从精神上慰藉父母，保护父母的人身、财产权益不受侵害。

《民法典》第26条是对父母子女之间法律义务的一般性规定。民法典婚姻家庭编以及未成年人保护法、老年人权益保障法等对此作出了更为具体的规定。本条规定就是对第26条中有关父母与子女之间抚养和赡养义务的细化规定。

【条文精解】

1. 父母对子女的抚养义务

抚养子女既是父母应尽的义务，也是子女应享有的权利。抚养是指父母抚育子女的成长，并为他们的生活、学习提供一定的物质条件。父母对未成年子女的抚养是无条件的，在任何情况下都不能免除；即使父母已经离婚，对未成年的子女仍应依法履行抚养的义务。对成年子女的抚养是有条件的，在成年子女没有劳动能力或者出于某种原因不能独立生活时，父母也要根据需要和可能，负担其生活费用或者给予一定的帮助。对有独立生活能力的成年子女，父母自愿给予经济帮助，法律并不干预。

父母对子女的抚养既然是法定义务，父母作为义务人就应当积极主动履行此项义务。但实践中由于种种原因，有的父母没有履行抚养义务，基于此，本条第1款明确规定："父母不履行抚养义务的，未成年子女或者不能独立生活的成年子女，有要求父母给付抚养费的权利。"因父母不履行抚养义务而引起的纠纷，可由有关部门调解或者向人民法院提出追索抚养费的诉讼。人民法院应根据子女的需要和父母的抚养能力，通过调解或者判决，确定抚养费的数额、给付的期限和方法。对拒不履行抚养义务，恶意遗弃未成年子女已构成犯罪的，还应当根据我国刑法的有关规定追究其刑事责任。

2. 子女对父母的赡养义务

父母对子女有抚养的义务，同时子女对父母也有赡养的义务。赡养是指子女在物质上和经济上为父母提供必要的生活条件。父母抚养教育了子女，也为社会创造了财富，为民族培养了后代，他们理应得到社会和家庭的尊敬和照顾。但是，在我国发展的现阶段，赡养老人还是家庭的一项重要职能。国家和社会对老年人的物质帮助，还不能完全取代家庭在这方面的作用。子女对父母履行赡养扶助义务，是对家庭和社会应尽的责任。儿子和女儿都有义务赡养父母，已婚妇女也有赡养其父母的义务和权利。

一切有经济能力的子女，对丧失劳动能力，无法维持生活的父母，都应予以赡养。对不在一起生活的父母，应根据父母的实际生活需要和子女的负担能力，给付一定的赡养费用。赡养费用一般不低于子女本人或者当地的普通生活水平，有两个以上子女的，可依据不同的经济条件，共同负担赡养费用。经济条件较好的子女应当自觉、主动地承担较大的责任。赡养人之间也可以就履行赡养义务签订协议，但不得违反法律的规定和老年人的意愿。基层群众性自治组织、老年人组织或者赡养人所在单位监督协议的履行。

如果子女不履行赡养义务，需要赡养的父母可以通过有关部门进行调解或者向人民法院提起诉讼。人民法院在处理赡养纠纷时，应当坚持保护老年人的合法权益的原则，通过调解或者判决使子女依法履行赡养义务。本条第2款就专门对赡养费作出规定："成年子女不履行赡养义务的，缺乏劳动能力或者生活困难的父母，有要求成年子女给付赡养费的权利。"对负有赡养义务而拒绝赡养，情节恶劣构成遗弃罪的，还应当承担刑事责任。

【实践中需要注意的问题】

适用本条时，应当注意本条适用于婚生父母子女之间、非婚生父母子女之间、构成抚养教育关系的继父母子女之间和养父母子女之间的关系。

第一千零六十八条【父母教育、保护未成年子女的权利和义务】

父母有教育、保护未成年子女的权利和义务。未成年子女造成他人损害的，父母应当依法承担民事责任。

【立法背景】

《民法典》第26条规定："父母对未成年子女负有抚养、教育和保护的义务。成年子女对父母负有赡养、扶助和保护的义务。"对未成年子女的教育和保护是父母的重要职责。

【条文精解】

所谓"教育"，是指父母要按照法律和道德要求，采取正确的方法，对其未成年子女进行教导，并对其行为进行必要的约束，其目的是保障未成年子女的身心健康。未成年子女是未满18周岁的人，不论在生理上还是在心理上，都处在未完全成熟时期，他们的人生观、世界观也尚未完全形成，辨别是非的能力和控制自己行为的能力都很弱。在这个时期，他们极易接受外界的不良影响，养成不良习惯，实施不良行为。因此父母应当加强对其未成年子女的教育，提高他们的心理素质，培养他们的良好品行，增强他们辨别是非的能力，保证他们的心理健康。对未成年子女的管教，应当从小抓起。儿童时期正是开始学知识、长见识的时期，也正是思想活跃，但是非观念模糊的时期，容易接受好的东西，也容易接受坏的东西。从这个时期开始对未成年子女进行理想、道德、法制和爱国主义、集体主义、社会主义教育，这样就可以用好的、美的、正确的思想观念，去充实他们的内心世界，保障他们身心健康地成长。当前，在社会上仍然存在不少妨害未成年人勤学向上、健康成长的消极因素。如一些企业和场所违法经营，渲染暴力、淫秽、色情内容的非法出版物屡禁不止，吸毒、卖淫等社会丑恶现象沉渣泛起等。这些丑恶的社会现象，不仅严重地污染了社会风气，危害了未成年人的心理健康，也为未成年人误入歧途，走上犯罪，提供了不良土壤。父母应当就不良行为的性质、范围、危害等对未成年子女进行专门教育，使其树立防范意识；对于已有不良行为的未成年子女，则应当加强教育约束，制止和纠正其不良行为。对未成年子女的管教应当尊重其人格尊严，根据适应未成年人身心发展的特点，通过多种形式进行教育和管束。虽然在管教过程中，父母可以对未成年子女使用适当的惩戒手段，但不得对其使用暴力或以其他形式进行虐待。

父母对子女有教育义务。教育子女是家庭的一项重要职能，家庭教育对子女的成长有很大的影响。父母子女间的亲密关系，为教育子女提供了有利的条件。因此，教育好子女是父母双方在法律上应尽的义务，也是社会道德的必然要求。那种对子女只抚养不教育，或者只顾眼前利益让子女"弃学务农""弃学从商"的做法，是不符合民法典婚姻家庭编的精神的，同时也违反了义务教育法和未成年人保护法等法律规定，应当承担相应的法律责任。

所谓"保护"，是指父母应当保护其未成年子女的人身安全和合法权益，预防和排除来自外界的危害，使其未成年子女的身心处于安全状态。父母对其未成年子女的保护主要包括人身保护和财产保护。对未成年子女的人身保护主要包括：照顾未成年子女的生活，保护其身体健康；保护未成年子女的人身不受侵害；为未成年子女提供住所等。对未成年子女的财产保护主要指为未成年子女的利益管理和保护其财产权益，除为未成年子女的利益外，不得处理属于该未成年子女的财产。如果父母未履行监护职责或者侵害未成年子女合法权益，造成未成年子女损失的，应当赔偿损失。父母对未成年子女的保护还体现在，父母代理其未成年子女实施民事法律行为。当未成年子女的权益受到侵害时，其父母有权以法定代理人身份提起诉讼，维护未成年子女的合法权益。

要注意的是，父母作为未成年子女的法定代理人和监护人，其对未成年子女的教育和保护既是权利又是义务，《民法典》第34条第2款就明确规定："监护人依法履行监护职责产生的权利，受法律保护。"

本条还明确规定："未成年子女造成他人损害的，父母应当依法承担民事责任。"这是为了充分保护受害一方的合法权益，增强父母对其未成年子女教育的责任感。至于承担民事责任的条件、方法等，应当适用相关法律规定。《民法典》第1188条对此作了明确规定："无民事行为能力人、限制民事行为能力人造成他人损害的，由监护人承担侵权责任。监护人尽到监护职责的，可以减轻其侵权责任。有财产的无民事行为能力人、限制民事行为能力人造成他人损害的，从本人财产中支付赔偿费用；不足部分，由监护人赔偿。"第1189条规定："无民事行为能力人、限制民事行为能力人造成他人损害，监护人将监护职责委托给他人的，监护人应当承担侵权责任；受托人有过错的，承担相应的责任。"

第一千零六十九条 【保障父母婚姻权利】

子女应当尊重父母的婚姻权利，不得干涉父母离婚、再婚以及婚后的生活。子女对父母的赡养义务，不因父母的婚姻关系变化而终止。

【立法背景】

《民法典》第1041条规定的"婚姻自由"是我国婚姻家庭制度中的首要内容。婚姻自由既然包含了年轻人的婚姻自由，自然也包括老年人的婚姻自由，这一内涵本来是不言而喻的。然而现实生活中反映出的突出问题是，丧偶或者离异的老人不在少数，而老年人再婚是障碍多、麻烦大、难上难。因此本条专门作出有针对性的规定，进一步使"婚姻自由"在老年人婚姻问题上有具体的体现，以达到保障老年人再婚自由的目的。

【条文精解】

本条规定主要强调了两个方面的内容：

一是老年人的婚姻自由受法律保护，子女应当尊重父母的婚姻权利，包括离婚和再婚的自主权利，尤其是不得因一己私利和世俗偏见阻挠干涉父母再婚。父母是否再婚，与谁结婚应由其自主决定。父母再婚后，子女不得干涉父母婚后的生活，比如子女不得干涉父母选择居所或者依法处分个人财产。

二是子女对父母的赡养义务，不因父母的婚姻关系变化而终止。《民法典》第26条规定，成年子女对父母负有赡养、扶助和保护的义务。《民法典》第1067条规定，成年子女不履行赡养义务的，缺乏劳动能力或者生活困难的父母，有要求成年子女给付赡养费的权利。子女对父母的赡养义务，包括对老年人经济上的供养、生活上的照料和精神上的慰藉义务，并应当照顾老年人的特殊需要。比如提供生活费或实物、体力上给予帮助和精神上予以尊敬、关怀等，对患病的老年人还应当提供医疗费用和进行护理。子女对父母的赡养义务是无期限的，只要父母需要赡养，子女就应当履行这一义务。父母婚姻关系的变化不导致子女赡养义务的解除，子女不能因父母再婚而对父母不闻不问，相互推诿，不尽赡养义务。在有赡养能力的子女不履行赡养义务时，没有劳动能力或生活困难的父母，有要求子女给付赡养费的权利。父母可以直接向子女索要赡养费，也可以请求有关组织，如子女所在单位、居民委员会、村民委员会调解，还可以直接向人民法院起诉要求给付赡养费。

第一千零七十条 【父母子女之间的相互遗产继承权】

父母和子女有相互继承遗产的权利。

【立法背景】

父母、子女是被继承人的最近的直系血亲，他们之间有极为密切的人身关系和财产关系。根据《民法典》第 1127 条的规定，子女、父母都是第一顺序的继承人。

【条文精解】

根据本条的规定，子女可以继承其父母的遗产，父母可以继承其子女的遗产。也可以理解为，父母与子女之间相互有继承权。这种权利是以双方之间的身份为依据的。

这里所讲的享有继承权的父母，包括生父母、养父母和有抚养关系的继父母。被继承人的父和母，继承其死亡子女的财产的权利是平等的。

这里所讲的享有继承权的子女，包括亲生子女、养子女和有抚养关系的继子女。

第一千零七十一条 【非婚生子女和父母间的权利、义务】

非婚生子女享有与婚生子女同等的权利，任何组织或者个人不得加以危害和歧视。

不直接抚养非婚生子女的生父或者生母，应当负担未成年子女或者不能独立生活的成年子女的抚养费。

【立法背景】

非婚生子女是指没有婚姻关系的男女所生的子女，包括未婚男女双方所生的子女或者已婚男女与婚外第三人发生两性关系所生的子女。对于无效婚姻或者被撤销婚姻的当事人所生子女，有的国家将其视为非婚生子女，有的国家则基于保护子女权益的需要仍然规定其为婚生子女。

【条文精解】

根据民法典的规定,对非婚生子女的保护主要有以下几个方面:

1. 对非婚生子女不得歧视和危害

对于非婚生子女的歧视和危害主要有两方面:一方面是来自家庭内部的歧视和迫害。当非婚生子女的生母或者生父与第三方结婚,非婚生子女一般也会随父亲或者母亲来到新的家庭。由于非婚生子女的加入涉及家庭财产的分割等若干利益冲突,非婚生子女往往受到新家庭成员的歧视和虐待。另一方面是来自社会各方面的歧视和迫害。虽然近些年来人们对非婚生子女的认识有了很大的改变,但仍然有一些人还是将对非婚生子女生父母行为的异议和鄙视,发泄在非婚生子女身上,致使一些非婚生子女的身心受到了极大的伤害。因此,对于非婚生子女而言,其所在的幼儿园、学校、工作单位及住所地对其成长都会产生很大的影响,各方面不仅不得歧视和迫害非婚生子女,还应当认识到非婚生子女是无辜的,他们的身份不是自己所选择的,社会各界应当对于当事人的隐私给予应有的尊重和保护,给非婚生子女更多的关爱,以弥补他们在家庭生活中的缺憾。总之,给非婚生子女一个健康的生存环境,应当成为社会文明程度的标志。

2. 非婚生子女的生父、生母都应当负担子女的抚养费

1980 年婚姻法仅规定非婚生子女的生父应当负担其子女生活费和教育费的一部分或全部。这主要是由于当时非婚生子女一般都是随生母生活,因此,法律上需要强调生父应当承担的责任。但是,社会生活中有不少非婚生子女随生父生活的情况,这就要求法律对这种情况作出规定,明确其生母在此情况下应当承担的责任,否则,会造成非婚生子女父母双方法律地位的不平等,无法充分保障非婚生子女的健康成长。因此,2001 年修改婚姻法时对此问题作出了规定,明确只要不与非婚生子女生活在一起,未直接抚养非婚生子女的,不论是生父还是生母,都应当负担子女的生活费和教育费,直到该子女独立生活时为止。本次编纂民法典,对这一规定作了进一步的完善,明确不直接抚养非婚生子女的生父或者生母,应当负担未成年子女或者不能独立生活的成年子女的抚养费。如果不与非婚生子女生活在一起的一方拒绝履行该抚养义务的,非婚生子女有权向人民法院起诉要求其承担相应的义务。

3. 非婚生子女与生父母间有相互继承遗产的权利

《民法典》第 1127 条规定:"遗产按照下列顺序继承:(一)第一顺序:配偶、子女、父母;(二)第二顺序:兄弟姐妹、祖父母、外祖父母。继承开始

后，由第一顺序继承人继承，第二顺序继承人不继承；没有第一顺序继承人继承的，由第二顺序继承人继承。本编所称子女，包括婚生子女、非婚生子女、养子女和有扶养关系的继子女。本编所称父母，包括生父母、养父母和有扶养关系的继父母。本编所称兄弟姐妹，包括同父母的兄弟姐妹、同父异母或者同母异父的兄弟姐妹、养兄弟姐妹、有扶养关系的继兄弟姐妹。"继承编的这一规定，使我国的非婚生子女在继承时与婚生子女完全享有相同的权利和义务，使非婚生子女不会因为其出生问题受到不公平的待遇，在继承财产时不分或者少分。同样，在非婚生子女的父母继承非婚生子女的财产时，他们之间的权利和义务也完全等同于父母子女之间的权利和义务。

> **第一千零七十二条 【继父母与继子女间的权利义务】**
>
> 继父母与继子女间，不得虐待或者歧视。
>
> 继父或者继母和受其抚养教育的继子女间的权利义务关系，适用本法关于父母子女关系的规定。

【立法背景】

继父母是指子女母亲或者父亲再婚的配偶；继子女是指夫或者妻一方与前配偶所生的子女。继父母和继子女的关系是因子女的生父或者生母再婚而形成的，即生父母一方死亡，另一方再婚，或者生父母离婚，生父或者生母再婚。这次编纂民法典没有对现行法律中有关继父母和继子女的规定作出改动。

【条文精解】

1. 继父母和继子女之间不能相互虐待或者歧视

本条第1款明确规定："继父母与继子女间，不得虐待或者歧视。"由于我国长期处于封建社会，所以，继子女的社会地位一直很低下，他们受到家庭和社会的虐待和歧视的情况比比皆是。虽然新中国成立以来，对继子女权利的保护有了充分的法律依据，但封建残余思想仍影响着一些人的头脑。有的继父母不仅在生活上不给继子女提供应有的保障，而且还以种种理由剥夺继子女受教育的权利；有的继父母对继子女采取打骂、体罚等手段从各方面来折磨和摧残继子女。而反过来，继子女长大后或者一些成年的继子女，出于报复等心理又对继父母进行打骂和虐待，使一些继父母晚年的生活极为不幸，得不到继子女的赡养。因此，一方面应当加大对继子女的保护力度，使他们不能因为父母婚姻状况的改变而受到不公正的待遇，另一方面也应当重视对继父母权利的保护，保障他们能老有所养。继父母和继子女之间不能相互虐待和歧视的条款，不仅适用于因生父母与继父母结婚而形成的单纯的姻亲关系，而且也包括已形成抚养关系的继父母与继子女。

2. 继父母子女之间的权利义务关系

我国法律中的父母子女关系可分为婚生父母子女关系、非婚生父母子女关系、养父母子女关系和继父母子女关系四种。前三种父母子女关系都适用民法典关于父母子女关系权利义务的有关规定，只有继父母子女关系不能一概适用，而是有条件地适用父母子女关系权利义务的规定。

根据第 2 款的规定，继父母与接受其抚养教育的继子女之间，属于法律上的拟制血亲关系，产生父母子女间的权利义务关系，而未形成抚养关系的继父母和继子女之间则不发生父母子女的权利义务关系。但这种拟制血亲关系又和继父母收养继子女有所不同，它不以解除继子女与其生父母间的权利和义务关系为前提。继父或者继母和受其抚养教育的继子女间的权利义务关系，适用本法关于父母子女关系的有关规定，主要包括以下几层含义：一是继父母对继子女有抚养和教育的义务。继父母不仅要保证继子女的生活所需，而且要保证继子女能接受正常的教育。对于不履行抚养义务的继父母，未成年的继子女或者不能独立生活的继子女，有要求给付抚养费的权利。二是继子女对继父母有赡养和扶助的义务。在通常情况下，受继父母抚养成人并独立生活的继子女，应当承担赡养继父母的义务。继子女不履行赡养义务时，缺乏劳动能力或者生活困难的继父母，有要求继子女支付赡养费的权利。三是继父母和继子女之间有相互继承财产的权利。《民法典》第 1127 条规定："遗产按照下列顺序继承：（一）第一顺序：配偶、子女、父母；（二）第二顺序：兄弟姐妹、祖父母、外祖父母。……本编所称子女，包括婚生子女、非婚生子女、养子女和有扶养关系的继子女。本编所称父母，包括生父母、养父母和有扶养关系的继父母。"四是继父母有教育、保护未成年继子女的权利和义务。未成年继子女造成他人损害的，继父母应当依法承担民事责任。

第一千零七十三条 【亲子关系异议之诉】

对亲子关系有异议且有正当理由的，父或者母可以向人民法院提起诉讼，请求确认或者否认亲子关系。

对亲子关系有异议且有正当理由的，成年子女可以向人民法院提起诉讼，请求确认亲子关系。

【立法背景】

亲子关系确立制度，是指有关子女与父母之间是否确立亲子关系的制度。传统的亲子关系确立制度包括亲子关系的推定、否认、认领和非婚生子女的准正等。不同国家和地区的亲子关系确立制度基于社会经济状况、文化传统、宗教道德、社会习惯等的不同而有一定的差异。在亲子关系确立制度上，各国都根据自己国家的国情等实际情况来构建具体制度。

【条文精解】

本条规定分为两款，根据提起诉讼主体的不同，分别规定了父或者母作为提起诉讼主体的亲子关系之诉和成年子女作为提起诉讼主体的亲子关系之诉。

本条第1款规定："对亲子关系有异议且有正当理由的，父或者母可以向人民法院提起诉讼，请求确认或者否认亲子关系。"理解本款规定，注意以下几个问题：

第一，关于提起诉讼的主体。本款规定的提起诉讼的主体限于"父或者母"。

第二，关于诉讼请求。根据本款规定，父或者母向人民法院提起的诉讼请求为"确认或者否认亲子关系"。

第三，关于提起诉讼的条件。根据本款规定，父或者母向人民法院请求确认或者否认亲子关系的诉讼请求，必须满足"对亲子关系有异议且有正当理由"的条件。"对亲子关系有异议"是指父或者母认为现存的亲子关系是错误的，自己不是或者才是他人生物学意义上的父或者母。对亲子关系有异议，进而请求人民法院确认或者否认亲子关系，这是当然之义。在2018年8月提交全国人大常委会审议的民法典各分编草案中对于提起诉讼的条件只作了"对亲子关系有异议"这一要求，在审议过程中，不少地方、专家学者和社会公众提出，亲子关系问题涉及家庭稳定和未成年人的保护，作为民事基本法律，草案对此类诉讼进行规范是必要的。同时，建议进一步提高此类诉讼的门槛，明确当事人需要有正当理由才能提起，以更好地维护家庭关系和亲子关系的和谐稳定。因此，在 2019 年 6 月提交常委会审议的民法典婚姻家庭编草案二审稿中增加了"有正当理由"这一条件。亲子关系对婚姻家庭关系影响巨大，更可能涉及未成年人合法权益的保护，如果任凭当事人的怀疑或者猜测就允许其提起亲子关系之诉，不利于夫妻关系和社会秩序的稳定，不利于构建和谐社会的总体要求。父或者母对亲子关系有异议时，还需举证证明其"有正当理由"，才能提起亲子关系之诉。如何认定"有正当理由"，本款没有作出具体界定，实践中应当由人民法院根据案件的具体情况来作出判断。比如，当事人应当提供初步证据证明其提出的确认或者否认亲子关系的主张，如丈夫提供的医院开具其无生殖能力的证明，又如有权机构开具的其与某人不存在亲子关系的亲子鉴定书等。人民法院根据当事人提供的初步证据，经审查符合"有正当理由"的条件的，对其提起的亲子关系之诉才能予以受理。

本条第 2 款规定："对亲子关系有异议且有正当理由的，成年子女可以向人民法院提起诉讼，请求确认亲子关系。"理解本款规定，注意以下几个问题：

第一，关于提起诉讼的主体。本款规定的提起诉讼的主体限于"成年子女"。这里的"子女"仅指生子女，即不包括养子女和继子女。

第二，关于诉讼请求。根据本款规定，成年子女向人民法院提起的诉讼请求为"确认亲子关系"。与第 1 款规定不同的是，成年子女不能请求人民法院否认亲子关系。这主要是因为在审议过程中，有的地方、部门和专家学者提出，允许成年子女提起亲子关系否认之诉，可能会导致其逃避对父母的赡养义务，建议对成年子女提起此种诉讼予以限制。从调研的情况来看，实践中，成年子女提起否认亲子关系之诉，主要的目的是逃避法律规定的对父母的赡养义务，即使被否认的"父母"已对其尽了抚养义务，这不符合社会主义核心价值观的要求，因此，本款规定对这种情形作了限制，不允许成年子女提起否认亲子关系之诉。

第三，关于提起诉讼的条件。根据本款规定，成年子女向人民法院请求确认亲子关系的诉讼请求，必须满足"对亲子关系有异议且有正当理由"的条件。这与第 1 款的规定相同，不再赘述。

第一千零七十四条 【祖父母、外祖父母与孙子女、外孙子女之间的抚养和赡养义务】

有负担能力的祖父母、外祖父母，对于父母已经死亡或者父母无力抚养的未成年孙子女、外孙子女，有抚养的义务。

有负担能力的孙子女、外孙子女，对于子女已经死亡或者子女无力赡养的祖父母、外祖父母，有赡养的义务。

【立法背景】

祖父母、外祖父母与孙子女和外孙子女是隔代的直系血亲关系，他们之间在具备法律条件的情况下，可以形成抚养和赡养关系。就我国目前情况看，虽然三代同居家庭的数量在逐步减少，但由于我国人口基数较大，所以三代同居的家庭仍占着不小的比例。随着经济的发展，人的寿命在普遍延长，人口的老龄化已成为一个不容忽视的社会性问题。虽然我国的社会保障体系在逐步完善，但仅靠社会的力量还不能完全承担对老年人的扶养。同样，对于父母已经死亡或者无力抚养的孙子女、外孙子女，社会福利机构也没有能力完全承担起抚养的义务。因此，隔代扶养可以说是我国在相当长的时间内将面临的一个问题，扶老育幼不仅是中华民族需要发扬光大的优良传统，而且也需要法律对此问题作出明确的规定。

【条文精解】

根据本条的规定，祖孙之间抚养或者赡养关系的形成应当具备以下条件：

1. 被抚养、赡养人的父母、子女死亡或者无抚养、赡养能力

主要包括两种情况：（1）子女在未成年时父母双亡，或者父母丧失抚养能力；（2）子女在成年后死亡或者丧失扶养能力，无法赡养其父母。在第一种情况下，需要被抚养人的祖父母和外祖父母来承担抚养的义务；第二种情况则需要被扶养人的孙子女和外孙子女来承担赡养的义务。

2. 被抚养、赡养人确实有困难需要被抚养、赡养

祖孙之间扶养关系的形成必须建立在一方确实有困难的基础上，如果被扶养人有一定的经济收入或者经济来源，完全能负担自身的生活所需，那么，就不能要求祖父母、外祖父母或者孙子女、外孙子女来承担其抚养或者赡养义务。当然，作为一个文明古国，我国有着尊老爱幼的优良传统，如果祖孙之间完全基于亲情，在对方没有困难的情况下仍愿承担一定的抚养或者赡养义务，是一种值得发扬和提倡的美德。

3. 承担抚养、赡养义务的人有一定的抚养、赡养能力

如果法律意义上的抚养、赡养义务人没有一定的抚养、赡养能力，那么就不能再要求其承担相应的法律责任。此外，如果抚养或者赡养义务人有多个人时，比如，被赡养人既有孙子又有外孙女，那么需要当事人协商决定其应当承担的义务。同样，如果抚养或者赡养权利人有多个人时，在抚养或者赡养义务人的经济能力不足以承担全部抚养或者赡养义务时，那么，对于经济状况和身体状况最差者应当优先被抚养或者被赡养。

关于抚养或者赡养的方式，民法典对此没有作出专门规定，只规定对不履行抚养或者赡养义务的人，权利人有要求其履行义务的权利。实践中抚养或者赡养的方式主要有以下两种，当事人可以根据自身的情况来选择：一是共同生活抚养或者赡养，即被抚养或者赡养人与抚养或者赡养义务人共同居住在一起，进行直接的抚养或者赡养；二是通过给付抚养或者赡养费、探视、扶助等方式完成扶养义务。

抚养或者赡养义务人在履行抚养或者赡养义务时，往往需要和被抚养或者赡养人就抚养或者赡养义务的程序、抚养或者赡养的具体方式等内容进行协商，达成对当事人均具有约束力的抚养或赡养协议。如果当事人之间达不成协议，那么，可以请求人民法院通过判决来确定权利和义务。

抚养或者赡养协议达成后或者人民法院的判决生效后，当事人的经济和生活状况往往会出现一些新的变化，如果仍然要求当事人按照原有的抚养或者赡养协议或者判决来执行，可能会使一方当事人利益受到损害，因此，当事人需要通过一定的途径来变更抚养或者赡养权。所谓变更抚养或者赡养权，是指抚养或者赡养义务人、抚养或者赡养权利人以及抚养或者赡养程序和方法的变更。在抚养或者赡养当事人一方或者双方在经济和生活状况发生变化时，抚养或者赡养权利人和抚养或者赡养义务人都有权要求变更原抚养或者赡养协议或者有关抚养或者赡养的判决。当事人首先可以在自愿、平等的基础上进行协商，协商不成时，可以向人民法院起诉，来重新确定双方的权利和义务。

第一千零七十五条 【兄弟姐妹间扶养义务】

有负担能力的兄、姐，对于父母已经死亡或者父母无力抚养的未成年弟、妹，有扶养的义务。

由兄、姐扶养长大的有负担能力的弟、妹，对于缺乏劳动能力又缺乏生活来源的兄、姐，有扶养的义务。

【立法背景】

我国 1950 年婚姻法没有对兄弟姐妹间的扶养关系作出规定，但在实际生活中，兄、姐扶养教育弟、妹却是常见的现象。1980 年的《婚姻法》第 23 条规定："有负担能力的兄、姐，对于父母已经死亡或父母无力抚养的未成年的弟、妹，有抚养的义务。"此后，1984 年最高人民法院《关于贯彻执行民事政策法律若干问题的意见》第 26 条作出解释："由兄、姐扶养长大的有负担能力的弟、妹，对丧失劳动能力、孤独无依的兄、姐，有扶养的义务。"2001 年婚姻法把在实际生活中和司法实践中认为是可行的做法以法律形式加以规范，补充规定："由兄、姐扶养长大的有负担能力的弟、妹，对于缺乏劳动能力又缺乏生活来源的兄、姐，有扶养的义务。"这次编纂民法典，维持了 2001 年婚姻法的这一规定。

【条文精解】

理解本条规定，要注意以下问题：

1. 负有扶养义务的兄弟姐妹的范围

兄弟姐妹包括同胞兄弟姐妹、同父异母或同母异父兄弟姐妹、养兄弟姐妹和继兄弟姐妹。在一般情况下，兄弟姐妹应由他们的父母抚养，因而他们相互之间不发生扶养与被扶养的权利义务关系。但是在特定条件和特定情况下，兄、姐与弟、妹之间会产生有条件的扶养义务。当然，法律对兄弟姐妹间扶养义务的规定，主要是从同胞兄弟姐妹之间的关系来确定的，因为他们是血缘关系最密切的同辈旁系血亲。对于半血缘的同父异母或者同母异父兄弟姐妹，以及没有血缘关系的养兄弟姐妹和继兄弟姐妹，如果符合法律规定的条件和情形，其相互之间也将产生扶养与被扶养的权利义务关系。

2. 兄弟姐妹形成扶养义务的条件

兄、姐扶养弟、妹，或者弟、妹扶养兄、姐不是必然发生的法定义务，而是有条件的。简而言之，就是应尽抚养或者赡养或者扶养义务的父母、子女或者配偶不能尽其抚养或者赡养或者扶养义务时，由有能力的兄弟姐妹来承担扶养义务。兄弟姐妹间的扶养义务是第二顺序的，具有递补性质。但兄弟姐妹间一旦形成扶养义务，那么该义务又是不可推卸的法定义务，义务人应当自觉履行。

（1）兄、姐扶养弟、妹需具备的条件

产生兄、姐对弟、妹的扶养义务，应当同时具备下述三个条件：

第一，弟、妹须为未成年人，即不满18周岁。如果弟、妹已经成年，虽无独立生活能力，兄、姐亦无法定扶养义务。

第二，父母已经死亡或者父母无力抚养。这里包含了两种情况：一是父母均已经死亡，没有了父母这第一顺序的抚养义务人。如果父母一方尚在且有抚养能力，仍应由尚在的父或母承担抚养义务。二是父母均尚在或者一方尚在但都没有抚养能力，比如父母在意外事故中致残没有了劳动能力和生活来源，便产生了由有负担能力的兄、姐扶养弟、妹的义务。

第三，兄、姐有负担能力。在前述两项条件具备时，兄、姐对弟、妹的扶养义务并不必然发生，只有这项条件也具备时，即兄、姐有负担能力时，才产生扶养弟、妹的义务。

（2）弟、妹扶养兄、姐需具备的条件

产生弟、妹对兄、姐的扶养义务，亦应当具备下述三个条件：

第一，兄、姐缺乏劳动能力又缺乏生活来源。如果兄、姐虽缺乏劳动能力但并不缺少经济来源，比如受到他人经济上的捐助或自己有可供生活的积蓄的，则不产生弟、妹的扶养义务。同时，如果兄、姐虽缺少生活来源，但有劳动能力，兄、姐可通过自己的劳动换取生活来源，在此情况下，弟、妹亦无扶养兄、姐的义务。

第二，兄、姐没有第一顺序的扶养义务人，或者第一顺序的扶养义务人没有扶养能力。比如兄、姐没有配偶、子女，或者兄、姐的配偶、子女已经死亡或配偶、子女没有扶养能力。如果兄、姐的配偶尚在或者有子女且有扶养能力，应由这些第一顺序的扶养义务人承担扶养义务。

第三，弟、妹由兄、姐扶养长大且有负担能力。这里包含两方面的因素：一是弟、妹是由兄、姐扶养长大的。这表明在弟、妹未成年时，父母已经死亡或父母无抚养能力，兄、姐对弟、妹的成长尽了扶养义务。按照权利义务对等原则，弟、妹应承担对兄、姐的扶养责任。二是弟、妹有负担能力。若无负担能力则不负扶养义务。

第四章 离 婚

第一千零七十六条 【协议离婚】

夫妻双方自愿离婚的，应当签订书面离婚协议，并亲自到婚姻登记机关申请离婚登记。

离婚协议应当载明双方自愿离婚的意思表示和对子女抚养、财产以及债务处理等事项协商一致的意见。

【立法背景】

我国的离婚制度，分为协议离婚和诉讼离婚两种。由于婚姻关系当事人对离婚所持的态度不同，在处理程序上也不大相同。

协议离婚也叫"双方自愿离婚"，是指婚姻关系当事人达成离婚合意并通过婚姻登记程序解除婚姻关系的法律制度。其主要特征，一是当事人双方在离婚以及子女和财产问题上意愿一致，达成协议；二是按照婚姻登记程序办理离婚登记，取得离婚证，即解除婚姻关系。

【条文精解】

根据本条规定，只有符合下列条件的，才能协议离婚：

（1）协议离婚的当事人双方应当具有合法夫妻身份。以协议离婚方式办理离婚的，仅限于依法办理了结婚登记的婚姻关系当事人，不包括未婚同居和有配偶者与他人同居的男女双方，也不包括未办理结婚登记的"事实婚姻"中的男女双方。

（2）协议离婚的当事人双方均应当具有完全民事行为能力。只有完全民事行为能力人才能独立自主地处理自己的婚姻问题。一方或者双方当事人为限制民事行为能力或者无民事行为能力的，例如精神病患者、痴呆症患者，不适用协议离婚程序，只能适用诉讼程序处理离婚问题，以维护没有完全民事行为能力当事人的合法权益。

（3）协议离婚当事人双方必须具有离婚的共同意愿。"双方自愿"是协议离婚的基本条件，协议离婚的当事人应当有一致的离婚意愿。这一意愿必须是真实而非虚假的；必须是自主作出的而不是受对方或第三方欺诈、胁迫或因重大误解而形成的；必须是一致的而不是有分歧的。对此本条规定"男女双方自愿离婚"，对于仅有一方要求离婚的申请，婚姻登记机关不予受理，当事人只能通过诉讼离婚解决争议。

（4）双方要签订书面离婚协议。本条第2款对双方书面离婚协议的具体内容作了明确要求，即离婚协议应当载明双方自愿离婚的意思表示和对子女抚养、财产及债务处理等事项协商一致的意见。据此，离婚协议应当具有如下内容：

① 有双方自愿离婚的意思表示。双方自愿离婚的意思必须要以文字的形式体现在离婚协议上。

② 有对子女抚养、财产及债务处理等事项协商一致的意见。"对子女抚养、财产及债务处理等事项协商一致的意见"是协议离婚的必备内容。如果婚姻关系当事人不能对子女抚养、财产及债务处理等事项达成一致意见的话，则不能通过婚姻登记程序离婚，而只能通过诉讼程序离婚。

a.子女抚养等事项。双方离婚后有关子女抚养、教育、探望等问题，在有利于保护子女合法权益的原则下应当作合理的、妥当的安排，包括子女由哪一方直接抚养，子女的抚养费和教育费如何负担、如何给付等等。由于父母与子女的关系不因父母离婚而消除，协议中最好约定不直接抚育方对子女探望权利行使的内容，包括探望的方式、时间、地点等。

b.财产及债务处理等事项。主要包括两种：一是在不侵害任何一方合法权益的前提下，对夫妻共同财产作合理分割，对给予生活困难的另一方以经济帮助作妥善安排，特别是切实解决好双方离婚后的住房问题；二是在不侵害他人利益的前提下，对共同债务的清偿作出清晰、明确、负责的处理。

（5）双方应当亲自到婚姻登记机关申请离婚。申请离婚的当事人双方，必须亲自到婚姻登记机关办理离婚登记手续，是我国的一贯做法，我国先后几次颁布与修改的婚姻法也是这样明确规定的，实践中也是这样做的。

【实践中需要注意的问题】

符合以上协议离婚条件的，婚姻登记机关才受理当事人协议离婚的申请。这只是协议离婚的第一步，最终是否可以通过协议达到离婚的目的，还要看是否符合《民法典》第1077条、第1078条的规定。

第一千零七十七条 【离婚冷静期】

自婚姻登记机关收到离婚登记申请之日起三十日内，任何一方不愿意离婚的，可以向婚姻登记机关撤回离婚登记申请。

前款规定期限届满后三十日内，双方应当亲自到婚姻登记机关申请发给离婚证；未申请的，视为撤回离婚登记申请。

【立法背景】

离婚冷静期，是指夫妻离婚协议时，政府给要求离婚的双方当事人一段时间，强制当事人暂时搁置离婚纠纷，在法定期限内冷静思考离婚问题，考虑清楚后再行决定是否离婚。法律规定当事人冷静思考离婚问题的期限为离婚冷静期。

在编纂民法典过程中，有些意见反映，自 2001 年修正婚姻法颁布实施以来，我国的协议离婚问题突出，表现有：一是离婚率呈持续上升趋势；二是协议登记的离婚比例逐渐提高；三是离婚当事人婚龄短，冲动型、轻率、草率型离婚屡见不鲜，数量增加。2003 年婚姻登记条例的修改，进一步简化了当事人在民政部门办理离婚登记的条件和审查程序，婚姻登记部门缺乏必要的调解和限制措施，导致冲动型、轻率、草率型离婚的数量增加，由此出现新中国成立以来第三次离婚高峰。

为防止轻率离婚，几届全国人大代表、全国政协委员纷纷提出议案、建议或者提案建议全国人大修改法律，对此问题予以解决。社会各界呼声也很高。对此全国人大立法部门十分重视，就该问题进行了深入的调查，开展了广泛的论证研究。在形成民法典婚姻家庭编征求意见稿时，就增加了离婚冷静期的规定。2018年 8 月宪法和法律委员在向全国人大常委会提交关于《民法典各分编（草案）》几个主要问题中提到：实践中，由于离婚登记手续过于简便，轻率离婚的现象增多，不利于家庭稳定，为此，草案规定了 1 个月的离婚冷静期，在此期间，任何一方可以向登记机关撤回离婚申请。这一规定，在征求意见中得到了多数赞成。这一内容经过草案的几次修改更加完善。本条就是关于离婚冷静期的具体规定。

【条文精解】

依据本条规定，申请协议离婚的当事人自向婚姻登记机关申请离婚之日起 30 日内，应当冷静、理智地对自己的婚姻状况和今后的生活进行充分的考虑，重新考虑是否以离婚方式解决夫妻矛盾，考虑离婚对自身、对子女、对双方家庭、对社会的利与弊，避免冲动行为。本条中规定的 30 日即为离婚冷静期，在此期间，任何一方或者双方不愿意离婚的，可以向婚姻登记机关撤回离婚登记申请。国外许多国家有离婚冷静期的规定，只是名称有所不同，英国叫离婚反省期，法国叫离婚考虑期，韩国叫离婚熟虑期，美国叫离婚等候期，其目的是对离婚进行干预，降低离婚率，这对婚姻的瓦解起到了一个缓冲作用。在冷静期间，婚姻登记机关并不是坐视不理，可以对当事人进行心理咨询，谈心谈话，了解当事人的婚姻实际状况，判定是危急婚姻还是死亡婚姻，哪方责任大，过错在谁等，积极调解，既可以促使双方当事人平息怨恨、减少敌对，珍惜自己与配偶的婚姻关系；也为以后审查当事人提交的离婚协议作了充分的准备。

依据本条规定，在 30 日离婚冷静期内，任何一方不愿意离婚的，应当在该期间内到婚姻登记机关撤回离婚申请，婚姻登记机关应当立即终止登记离婚程序。如果离婚冷静期届满，当事人仍坚持离婚，双方应当在离婚冷静期届满后的 30 日内，亲自到婚姻登记机关申请发给离婚证。婚姻登记机关查明双方确实是自愿离婚，并已对子女抚养、财产及债务处理等事项协商一致的，予以登记，发给离婚证。如果在离婚冷静期届满后的 30 日内，当事人双方没有亲自到婚姻登记机关申请发给离婚证，则视为撤回离婚申请。

第一千零七十八条 【婚姻登记机关对协议离婚查明】

婚姻登记机关查明双方确实是自愿离婚，并已经对子女抚养、财产以及债务处理等事项协商一致的，予以登记，发给离婚证。

【立法背景】

自愿离婚的夫妻双方向婚姻登记机关提交离婚协议后 30 日内，未向婚姻登记机关申请撤回离婚协议，并在提交离婚协议 30 日后的 30 日内，亲自到婚姻登记机关申请发给离婚证，对此，婚姻登记机关应当对当事人提交的离婚协议进行查明。

【条文精解】

自愿离婚的夫妻双方向婚姻登记机关提交离婚协议后 30 日内，未向婚姻登记机关申请撤回离婚协议，并在提交离婚协议 30 日后的 30 日内，亲自到婚姻登记机关申请发给离婚证，对此，婚姻登记机关应当对当事人提交的离婚协议进行查明：

一是查明当事人双方是否是自愿离婚，是否是真实而非虚假的离婚，查明离婚是否存在被胁迫的情形，查明是否因重大误解而导致的离婚。

二是查明要求离婚的双方当事人是不是对子女抚养问题已协商一致。例如，审查双方对离婚后有关子女抚养、教育、探望等问题是如何规定的，包括子女由哪一方直接抚养，子女的抚养费和教育费如何负担、如何给付等。对不直接抚养子女一方对子女探望权利如何行使，探望的方式、时间、地点等是否协商确定等。

三是审查对财产及债务处理的事项是否协商一致。例如，审查当事人双方在不侵害任何一方合法权益的前提下，对夫妻共同财产是如何作出了合理分割；对有生活困难的一方当事人，另一方当事人是否给予了必要的经济帮助，是如何落实的；查明双方离婚后各自的住房等问题。对债务问题，则可以审查双方当事人是否在不损害他人利益的前提下，对共同债务的清偿作出清晰、明确、负责的处理。

经婚姻登记机关查明双方确实是自愿离婚，并已对子女抚养、财产及债务处理等事项协商一致的，应当进行离婚登记，发给离婚证。

第一千零七十九条 【诉讼离婚】

夫妻一方要求离婚的，可以由有关组织进行调解或者直接向人民法院提起离婚诉讼。

人民法院审理离婚案件，应当进行调解；如果感情确已破裂，调解无效的，应当准予离婚。

有下列情形之一，调解无效的，应当准予离婚：

（一）重婚或者与他人同居；

（二）实施家庭暴力或者虐待、遗弃家庭成员；

（三）有赌博、吸毒等恶习屡教不改；

（四）因感情不和分居满二年；

（五）其他导致夫妻感情破裂的情形。

一方被宣告失踪，另一方提起离婚诉讼的，应当准予离婚。

经人民法院判决不准离婚后，双方又分居满一年，一方再次提起离婚诉讼的，应当准予离婚。

【立法背景】

诉讼离婚，是婚姻当事人向人民法院提出离婚请求，由人民法院调解或判决而解除其婚姻关系的一项离婚制度。诉讼离婚制度，适用于当事人双方对离婚有分歧的情况，包括一方要求离婚而另一方不同意离婚而发生的离婚纠纷；或者双方虽然同意离婚，但就子女抚养、财产及债务处理等事项不能达成一致意见、作出适当处理的情况。

【条文精解】

1. 诉讼外调解

诉讼外调解，其依据来源于本条规定的"男女一方要求离婚的，可由有关组织进行调解"。这种调解属于民间性质。"有关组织"在实践中一般是当事人所在单位、群众团体、基层调解组织等。由这些部门进行调解，符合当事人的非诉心理和社会生活中的传统习惯，易为当事人认可和接受。也由于调解人一般对当事人的情况比较了解，便于做好思想开导工作，缓解夫妻间的矛盾，有助于妥善、及时地化解离婚争议。

对于离婚纠纷，诉讼外调解并不是当事人要求离婚的必经程序，也不是诉讼前的必经程序。当事人可以直接向人民法院起诉，也可以在接受调解后随时退出调解。调解前不能"强拉硬拽"，调解中也不能"强加于人"。

2. 诉讼离婚

（1）诉讼中的调解和判决

① 诉讼中的调解。本条第2款中规定，"人民法院审理离婚案件，应当进行调解"。这表明调解是人民法院审理离婚案件的必经程序。适用调解程序，其目的在于防止当事人草率离婚，以及在双方当事人不能和解时，有助于平和、妥善地处理离婚所涉及的方方面面的问题。

② 判决。调解不能久调不决，对于调解无效的案件，人民法院应当依法判决。判决应当根据当事人的婚姻状况，判决准予离婚或者判决不准离婚。

（2）诉讼离婚的条件

本条第2款中规定，"如果感情确已破裂，调解无效，应准予离婚"。根据这一规定，"感情确已破裂"成为诉讼离婚的基本条件和司法尺度，是准予或者不准予离婚的原则界限。夫妻感情是婚姻关系的基础，离婚争议的产生，归根到底可以归结到感情的变化。如果感情确已破裂，婚姻已经"名存实亡"，就应当依法予以解除。准予或不准予离婚，只能以夫妻的感情状况为客观依据。社会主义制度下夫妻间的婚姻是要以感情为基础，如果夫妻感情确实已经难以弥合，那么，解除婚姻关系对于双方、对于社会都会成为一种幸事。感情确已破裂应准予离婚，是婚姻自由的重要内容，充分体现了当事人离婚自由的权利。如果用法律手段强行维持感情确已破裂的婚姻关系，与婚姻自由的原则不相吻合。将感情确已破裂，作为准予离婚的法定条件，表明人民法院准予当事人离婚，并不以当事人有否违背夫妻义务或导致夫妻关系解体的特定过错为标准，而是看婚姻关系有无继续维系的可能。不能将不准离婚作为对过错一方的惩罚手段，而且，以判决不准离婚维持已破裂的婚姻，实际上使无过错方也付出了代价。

（3）调解无效，判决准予离婚的主要情形

根据本条规定，调解无效，判决准予离婚的主要情形具体是：

①重婚或与他人同居。重婚是指有配偶者又与他人结婚的违法行为。其表现为法律上的重婚和事实上的重婚。前者是指有配偶又与他人登记结婚，后者是指有配偶者又与他人以夫妻名义同居生活。有配偶者与他人同居，也称姘居，是指有配偶的人与他人过着隐蔽的同居生活，不以夫妻名义，也无永久共同生活目的的行为。重婚和有配偶者与他人同居的行为，严重违反了我国一夫一妻制的婚姻制度，严重伤害夫妻感情，是导致离婚的情形之一。

②实施家庭暴力或虐待、遗弃家庭成员。家庭暴力和虐待，是指发生在家庭成员之间，以殴打、捆绑、残害身体、禁闭、冻饿、凌辱人格、精神恐吓、性暴虐等手段，对家庭成员从肉体上、精神上进行伤害、摧残、折磨的行为。遗弃是指对于需要扶养的家庭成员，负有扶养义务而拒绝扶养的行为。表现为经济上不供养，生活上不照顾，使被扶养人的正常生活不能维持，甚至生命和健康得不到保障。近年来，因家庭暴力、虐待和遗弃家庭成员而导致离婚的案件增多，甚至发生毁容、杀夫杀妻等恶性案件。

人民法院处理因家庭暴力或者虐待、遗弃家庭成员而导致的离婚案件，应当查明夫妻及其他家庭成员之间的感情状况，实施暴力、虐待和遗弃行为的事实和情节。如平时感情不好，实施上述行为是经常的、一贯的、恶劣的，已严重伤害了夫妻感情，调解无效的，应准予离婚。如果平时感情尚好，上述行为是一时而为之且情节不严重的，应当责其改过并着重进行调解，化解纠纷。

③有赌博、吸毒等恶习屡教不改的。因有赌博、吸毒以及酗酒等恶习而导致的离婚案件不在少数。沾染上这些恶习的人好逸恶劳，不务正业，不但不履行家庭义务，反而常常引发家庭暴力，消耗家庭的经济积蓄，使家庭的安宁、正常的生活难以为继。身染恶习，屡教不改，夫妻不堪同居生活。

对于这类案件，人民法院应当查明有赌博、吸毒、酗酒等行为一方的一贯表现和事实情况。对情节较轻，有真诚悔改表现，对方也能谅解的，应着眼于调解和好。对于恶习难改，一贯不履行家庭义务，夫妻感情难以重建，夫妻难以共同生活的，经调解无效，应准予离婚。

④ 因感情不和分居满 2 年。夫妻因感情不和分居满 2 年，一般来说可以构成夫妻感情破裂的事实证明。分居，是指夫妻间不再共同生活，不再互相履行夫妻义务，包括停止性生活，生活上不再互相关心、互相扶助等。具有分居 2 年的情形，说明夫妻关系已徒具形式，名存实亡。当事人以此事由诉请人民法院离婚的，如经调解无效，应准予当事人离婚。

⑤ 其他导致夫妻感情破裂的情形。导致夫妻感情破裂的原因复杂多样，比如一方犯有强奸罪、奸淫幼女罪、侮辱妇女罪等罪行，严重伤害夫妻感情的；再比如一方婚后患严重的精神疾病，久治不愈，夫妻生活无法维持的。这些情形在婚姻法中难以逐一列举，人民法院应当本着保障离婚自由、防止轻率离婚的原则，根据本法的立法精神和案件的具体情况，作出正确判定。

（4）一方被宣告失踪的离婚

本条第 4 款规定："一方被宣告失踪，另一方提起离婚诉讼的，应当准予离婚。"在夫妻一方被宣告失踪的情形下，婚姻关系已名存实亡，当事人已经不能达到婚姻的目的，对此如果另一方提出离婚请求，人民法院即应判决准予离婚。

（5）判决不准离婚后又分居 1 年的离婚

在编纂民法典征求意见过程中，司法部门普遍反映，在审判实践中，经法院判决不准离婚后再次起诉离婚的现象比较普遍，建议将法院判决不准离婚后的分居情况作为认定可否离婚的依据之一在法律中作出规定。立法部门经过深入调研，反复论证，吸收了这一建议，在本条第 4 款规定：经人民法院判决不准离婚后，双方又分居满 1 年，一方再次提起离婚诉讼的，应当准予离婚。这一规定，可操作性比较强，有利于审判实践工作的展开，可以解决现实生活中久拖不决的离婚案件。

【实践中需要注意的问题】

在此需要重申的是，第 3 款所列举的准予离婚的几种主要情形，并非判决当事人诉讼离婚的必备条件、法定情形。一方面，婚姻当事人在婚姻生活中，如无以上情况发生，但有其他因素导致夫妻感情破裂、调解无效的，人民法院亦应判决准予离婚。另一方面，即使婚姻关系当事人之间有上述情形发生，但未导致夫妻感情破裂，或虽给夫妻感情造成裂痕，但可以经过调解和好的，人民法院则不能判决解除婚姻关系。

第一千零八十条 【婚姻关系解除时间】

完成离婚登记，或者离婚判决书、调解书生效，即解除婚姻关系。

【立法背景】

《民法典》第 1049 条规定，完成结婚登记，即确立婚姻关系。那么，婚姻关系什么时候解除，婚姻法没有作出明确规定，这次编纂民法典，新增了本条规定，本条规定的意义在于明确离婚在夫妻双方人身和财产方面的效力，有助于双方当事人依据法律规定，处理离婚后的人身关系和财产关系，进而维护当事人的合法权益。

【条文精解】

根据本条的规定，解除婚姻关系的时间是：

第一，完成离婚登记时。登记离婚又称协议离婚，是我国法定的一种离婚形式，即婚姻关系当事人达成离婚合意并通过婚姻登记程序解除婚姻关系。按照本法的有关规定，夫妻双方自愿离婚的，应当订立书面离婚协议，并亲自到婚姻登记机关申请离婚登记。离婚协议应当载明双方自愿离婚的意思表示和对子女抚养、财产及债务处理等事项协商一致的意见。自婚姻登记机关收到离婚登记申请之日起 30 日内，任何一方不愿意离婚的，可以向婚姻登记机关撤回离婚登记申请。该 30 日届满后，夫妻双方仍然坚持离婚的，应当在该期间届满后的 30 日内，双方亲自到婚姻登记机关申请发给离婚证。婚姻登记机关查明双方确实是自愿离婚，并已对子女抚养、财产及债务处理等事项协商一致的，予以登记，发给离婚证。完成离婚登记，取得离婚证的当事人基于配偶身份而产生的人身关系和财产关系即行终止。至此，离婚的一方当事人才可以重新选择对象登记结婚。如果双方当事人又想以婚姻的形式生活在一起，那么需要办理复婚登记。

第二，离婚调解书、判决书生效时。诉讼离婚是我国法定的另一种离婚形式，即婚姻当事人向人民法院提出离婚请求，由人民法院调解或判决而解除其婚姻关系的一种离婚方式。《民法典》第 1079 条第 2 款规定，人民法院审理离婚案件，应当进行调解。这表明调解是人民法院审理离婚案件的必经程序。由法院进行调解，可以促使双方当事人平息怨恨、减少敌对情绪，对自己的婚姻状况和今后的生活进行充分的考虑，珍惜自己与配偶的婚姻关系。人民法院的调解有可能促成双方和好。即使调解和好不成，双方还是坚持离婚的，也可以调解离婚。对调解离婚的，人民法院应当制作调解书。调解书应当写明诉讼请求、案件事实和调解结果。调解书由审判人员、书记员署名，加盖人民法院印章，送达双方当事人；经双方当事人签收后，即具有法律效力，男女双方的婚姻关系随即解除。

人民法院对审理的离婚案件，经调解无效的，应当依法作出判决。判决应当根据当事人的婚姻状况，判决准予离婚或者判决不准离婚。一审判决离婚的，当事人不服有权依法提出上诉。双方当事人在 15 日的上诉期内均不上诉的，判决书发生法律效力。当事人在一审判决发生法律效力前不得另行结婚。二审人民法院审理上诉案件可以进行调解。经调解双方达成协议的，自调解书送达时起原审判决即视为撤销。二审人民法院作出的判决是终审判决。诉讼离婚的当事人在接到发生法律效力的离婚判决书后，双方的婚姻关系随即解除。

登记离婚或者判决离婚生效后，当事人解除婚姻关系，双方基于配偶产生的身份关系消灭，基于配偶身份而产生的人身关系和财产关系即行终止。

第一千零八十一条 【现役军人离婚的特别规定】

现役军人的配偶要求离婚，应当征得军人同意，但是军人一方有重大过错的除外。

【立法背景】

从 1950 年婚姻法的制定，到 1980 年、2001 年的修改，我国的婚姻法都对现役军人的婚姻问题作了特殊规定。这种特别规定，体现了军人婚姻历来受到党和国家的高度重视和特别保护。

对军人婚姻实行特别保护并不违背婚姻自由的原则。实行婚姻自由，是我国婚姻法确立的一项基本原则。同时，由于军队担负的特殊任务和军人职业特点，国家对军人婚姻，又有一些特殊的法律规定和政策，它既体现在"现役军人配偶要求离婚，须得军人同意"，也体现在军人择偶必须遵守国家和军队的有关规定，军人配偶也享受国家和社会给予军婚家庭的优待和照顾。

【条文精解】

适用本条规定应注意以下问题：

（1）本条适用的主体。本规定适用的主体是现役军人和现役军人的配偶。现役军人，指有军籍的人，包括在中国人民解放军服现役、具有军籍和军衔的军官、士兵。现役军人的配偶，指同现役军人履行了结婚登记手续，并领取结婚证的非军人一方，也是本条的主体。

（2）须征得军人同意的例外情况。"但军人一方有重大过错的除外"，是针对"应当征得军人同意"而说。"应当征得军人同意"不是绝对的，如果夫妻感情破裂是由于军人一方的重大过错造成的，非军人配偶一方也可以提出离婚，但过错限定在"重大过错"而非一般的过错。

【实践中需要注意的问题】

《民法典》第 1079 条第 2 款规定，如果感情确已破裂，调解无效的，应当准予离婚。这一规定的法律意义在于：夫妻感情是否确已破裂，是判决准予或不准予离婚的原则界限。法定离婚理由属于普通条款的范畴，这一原则界限，广泛适用于一般的离婚案件，人民法院应准确地区分和认定夫妻感情是否确已破裂，从而在调解无效的情况下，通过判决的形式决定是否准予离婚。而本条是只适用于"现役军人的配偶要求离婚"案件的特别条款，是从维护军队稳定的大局出发，作出的对军人婚姻的特殊保护的规定，在处理非军人要求与军人离婚的诉讼案件中，应首先适用本条的规定。

第一千零八十二条 【男方离婚请求权的限制性规定】

女方在怀孕期间、分娩后一年内或者终止妊娠后六个月内，男方不得提出离婚；但是，女方提出离婚或者人民法院认为确有必要受理男方离婚请求的除外。

【立法背景】

本条规定是对保护妇女、儿童身心健康的特别规定，它在一定条件下限制了男方提出离婚的请求权。

【条文精解】

女方怀孕期间和分娩后 1 年内或终止妊娠后 6 个月内，身体、身心都处在康复、调理、休养期，为特殊时期，属于特殊情况：一方面胎儿或婴儿正处在发育阶段，正需要父母的合力抚育；另一方面妇女也需要身心的康复，如果此时男方提出离婚请求，对妇女的精神刺激过重，既影响妇女的身体健康，也不利于胎儿或婴儿的保育。在上述期间内禁止男方提出离婚，不仅是出于事实上的需要，也是社会主义道德的要求。法律不仅要保护胎儿和婴儿，同时也要保护妇女的权益。为了保护胎儿、婴儿和妇女的身心健康、维护妇女和子女的正当利益，法律禁止男方在女方怀孕期间、分娩后 1 年内或终止妊娠后 6 个月内提出离婚请求是完全必要的。故本条规定女方在怀孕期间、分娩后 1 年内或者终止妊娠后 6 个月内，男方不得提出离婚；但是，女方提出离婚或者人民法院认为确有必要受理男方离婚请求的除外。

本条规定限制的主体是男方，而不是女方；限制的是男方在一定期限内的起诉权，而不是否定和剥夺男方的起诉权，只是推迟了男方提出离婚的时间，并不涉及准予离婚与不准予离婚的实体性问题。也就是说，只是对男方离婚请求权暂时性的限制，超过法律规定的期限，不再适用此规定。但是，男方在此期间并不是绝对的没有离婚请求权，法律还有例外规定，即人民法院认为"确有必要"的，也可以根据具体情况受理男方的离婚请求。所谓"确有必要"，一般是指比本条特别保护利益更为重要的利益需要关注的情形。"确有必要"受理男方离婚请求的案例是非常少的，哪些情形"确有必要"受理，由人民法院认定。

在本条规定中，法律还规定了另一种例外情形，即在此期间，女方提出离婚的，不受此规定的限制。女方自愿放弃法律对其的特殊保护，说明其本人对离婚已有思想准备，对此，法院应当根据当事人婚姻的实际情况判决是否准予离婚。

第一千零八十三条 【复婚】

离婚后，男女双方自愿恢复婚姻关系的，应当到婚姻登记机关重新进行结婚登记。

【立法背景】

本条对婚姻法的规定作了一些文字修改。

【条文精解】

复婚，是指离了婚的男女重新和好，再次登记结婚，恢复婚姻关系。男女双方离婚后又自愿复婚，可以通过办理恢复结婚登记，重新恢复夫妻关系。《婚姻登记条例》第 14 条规定，离婚的男女双方自愿恢复夫妻关系的，应当到婚姻登记机关办理复婚登记。复婚登记适用本条例结婚登记的规定，即复婚登记手续与结婚登记手续一致，男女双方应当亲自到一方户籍所在地的婚姻登记机关申请复婚登记。在办理复婚登记时，应提交原离婚证，以备婚姻登记机关审查。婚姻登记机关按照结婚登记程序办理复婚登记。在办理复婚登记时，应当收回双方当事人的离婚证后，重新发给结婚证。收回离婚证的目的，是防止当事人重婚。对于复婚的当事人一般不再要求进行婚前健康检查。

第一千零八十四条 【离婚对父母、子女关系的影响及离婚后的子女抚养】

父母与子女间的关系，不因父母离婚而消除。离婚后，子女无论由父或者母直接抚养，仍是父母双方的子女。

离婚后，父母对于子女仍有抚养、教育、保护的权利和义务。

离婚后，不满两周岁的子女，以由母亲直接抚养为原则。已满两周岁的子女，父母双方对抚养问题协议不成的，由人民法院根据双方的具体情况，按照最有利于未成年子女的原则判决。子女已满八周岁的，应当尊重其真实意愿。

【立法背景】

夫妻关系和父母子女关系是两种不同性质的关系。夫妻关系是男女两性基于自愿而结成的婚姻关系，可依法律程序而成立，亦可依法律行为而消除；而父母子女关系是基于出生事实而形成的自然血亲关系，不能人为解除。离婚后，子女无论随父母哪一方生活，仍是父母双方的子女，本法关于父母子女权利义务的规定仍然适用，不能因父母离婚而受到影响。

【条文精解】

1.离婚后父母与子女的关系

婚姻关系的解除，只是夫妻双方的基于婚姻而存在的人身关系和财产关系归于消灭，但父母与子女之间存有的血亲关系不因父母离婚而消除。为了子女的合法利益，不致因父母离婚而受到损害，本条第1款规定："父母与子女间的关系，不因父母离婚而消除。离婚后，子女无论由父或母直接抚养，仍是父母双方的子女。"这是离婚后父母子女身份关系在法律上的基本界定。

2. 离婚后父母对女子的权利义务

父母离婚后，父母与子女间的关系，不因父母离婚而消除，子女仍是父母双方的子女。那么，离婚后父母对女子有哪些权利与义务呢，对此本条第2款规定"离婚后，父母对于子女仍有抚养、教育、保护的权利和义务"。依据本款规定，离婚后父母对未成年子女有抚养、教育和保护的权利与义务，主要包括进行生活上的照料，保障未成年人接受义务教育，以适当的方式、方法管理和教育未成年人，保护未成年人的人身、财产不受到侵害，促进未成年人的身心健康发展等。实际生活中，父母还可以按照本法婚姻家庭编的有关规定、未成年人保护法等法律的有关规定行使对子女的抚养、教育、保护的权利，履行对子女抚养、教育、保护的义务。

3. 离婚后父母对子女的直接抚养

离婚虽然不能消除父母与子女之间的关系，但父母对子女的抚养方式却会因离婚而发生变化，即由父母双方共同抚养子女变成由父或母一方直接抚养子女。现实中，离婚时"争养"或"推养"子女抚养的纠纷比较多。有的夫或妻把子女作为"命根子"，非要直接抚养子女不可，并以此作为离婚的前提条件；有的则把直接抚养子女作为包袱或再婚的障碍，都不愿抚养，由此而闹得你死我活，甚至出现有的当事人把子女丢在法院里或留在双方的单位、有关组织暂时代养等情况。为便于确定夫妻离婚后子女由哪方直接抚养，本条第3款规定："离婚后，不满两周岁的子女，以由母亲直接抚养为原则。已满两周岁的子女，父母双方对抚养问题协议不成的，由人民法院根据双方的具体情况，按照最能利于未成年子女的原则判决。子女已满八周岁的，应当尊重其真实意愿。"这一规定是从有利于保护未成年人权益原则、保障子女合法权益角度出发，为有利于子女身心健康，结合父母双方的抚养能力和抚养条件，综合审判实践等具体情况，对离婚后的子女直接抚养问题作出的具体规定。

（1）确定子女直接抚养主体的基本考量

有利于子女身心健康，保障子女的合法权益，儿童利益最大化的原则，是贯穿于本法的基本原则，也是处理离婚后子女直接抚养归属问题的出发点，在此前提下，再结合父母双方的抚养能力和抚养条件等具体情况妥善解决。

（2）确定子女抚养的具体办法

① 对不满两周岁子女的抚养。本条规定："离婚后，不满两周岁的子女，以由母亲直接抚养为原则。"这是因为不满两周岁的子女多数还在母乳喂养期。用母乳哺养，对婴儿的生长发育最为有利。从婴儿的生长发育的利益考

虑，夫妻离婚后，凡是正处于用母乳喂养的子女，应由母亲直接抚养。现实生活中，也有一些孩子出生后，是不用母乳喂养的；还有一些孩子由于各种原因很早就断了母乳喂养。对于这样的情况，当夫妻离婚时，如何判定孩子的抚养归属？司法实践中审判人员通常掌握的标准是以两周岁为界线。两周岁以下的子女，一般裁决随母亲生活，由母亲直接抚养。因为，两周岁以下的子女年纪太小，事多，带起来较为复杂、麻烦，宜由有细心、耐心的人直接抚养比较好；两周岁以下的子女表达能力很差，而孩子是从母亲体内生出，母亲与孩子有着一种天然的联系与感觉，此时期孩子由母亲直接抚养为宜。但是这一原则也不是一成不变的，实际生活中如果母亲有下列情形之一的，也可以由父亲直接抚养：一是母亲患有久治不愈的传染性疾病或其他严重疾病，子女不宜与其共同生活的；二是母亲有抚养条件不尽抚养义务，而父亲要求子女随其生活，并对子女健康成长没有不利影响的；三是因其他原因，子女确无法随母方生活的，如母亲的经济能力及生活环境对抚养子女明显不利，或母亲的品行不端不利于子女成长，或因违法犯罪被判服刑不可能抚养子女的，等等。

② 两周岁以上未成年子女的抚养。本条规定："已满两周岁的子女，父母双方对抚养问题协议不成的，由人民法院根据双方的具体情况，按照最有利于未成年子女的原则判决。"夫妻离婚后，对两周岁以上的未成年子女，由父亲还是母亲直接抚养，首先应由父母双方协议决定。当父母双方对由谁直接抚养未成年子女发生争议时，法院应当进行调解，尽可能争取当事人以协议方式解决。在当事人双方自愿、合法的前提下，协商决定未成年子女由父亲直接抚养，或者由母方直接抚养，或者在有利于保护子女利益的前提下，由父母双方轮流抚养，对这几种抚养方式，法院都是准许的。

如果当事人双方因子女抚养问题达不成协议时，法院应结合父母双方的抚养能力和抚养条件等具体情况，按照最有利于未成年子女的原则妥善地作出裁决。

③ 已满8周岁子女的抚养。本条规定："子女已满八周岁的，应当尊重其真实意愿。"联合国《儿童权利公约》规定了对儿童自主意识的尊重，其第12条第1款规定：缔约国应确保有主见能力的儿童有权对影响到其本人的一切事项自由发表自己的意见，对儿童的意见应按照其年龄和成熟程度给予适当的看待。未成年人保护法落实了《儿童权利公约》的这一原则。《未成年人保护法》第14条规定，父母或者其他监护人应当根据未成年人的年龄和智力发

展状况，在作出与未成年人权益有关的决定时告知其本人，并听取他们的意见。《民法典》第35条第2款吸收了《儿童权利公约》和未成年人保护法规定的精神，将尊重未成年人的真实意愿作为监护人履行监护职责的基本原则之一。未成年人抚养权的确定，与其自身权益密切相关，在实践中确定由谁来抚养子女，更应当尊重子女的真实意愿，以更有利于未成年人的健康成长。已满8周岁的子女属于限制民事行为能力人，已有一定的自主意识和认知能力，因此本条明确规定子女已满8周岁的，应当尊重其真实意愿。在离婚时，不管是父母协商确定由谁抚养，还是人民法院判决决定，都要事先听取8周岁以上子女的意见，在子女提出自己的意见后，再根据其年龄、社会经验、认知能力和判断能力等，探求、尊重其真实的意愿。

【实践中需要注意的问题】

应当注意的是，离婚后，一方要求变更子女直接抚养关系的，双方对此不能达成协议时，应另行起诉。因为这是在新情况下提出的诉讼请求，不涉及原离婚案件的离婚问题和夫妻财产的处理问题，而是出现了处理原离婚案件之时不存在（或已解决）的子女抚养方面的新情况。这既不是原离婚案件诉讼程序的继续，也不是对原离婚案件子女抚养问题的判决、调解协议错误的纠正，所以，应当作为新的案件另行起诉。

第一千零八十五条 【离婚后子女抚养费的负担】

离婚后，子女由一方直接抚养的，另一方应当负担部分或者全部抚养费。负担费用的多少和期限的长短，由双方协议；协议不成的，由人民法院判决。

前款规定的协议或者判决，不妨碍子女在必要时向父母任何一方提出超过协议或者判决原定数额的合理要求。

【立法背景】

夫妻离婚后，父母与子女间的关系，不因父母离婚而消除，父母对于子女仍有抚养和教育的权利和义务。因此，离婚后的夫妻双方都有平等地负担子女生活费和教育费的经济责任。这是法律规定父母对未成年子女的抚养和抚育费负担的强制性的、无条件的、双方平等的义务，当事人都应当自觉遵照执行。至于其经济负担数额和期限等问题，应从子女的实际需要和父母双方所能负担的能力量力而定，合理解决。

【条文精解】

1. 抚养费的范围

抚养费应当包括：生活费、教育费和医疗费等。子女无论由母亲还是由父亲抚养，另一方都应负担必要的抚养费。最高人民法院《婚姻法司法解释（一）》第 21 条规定，抚养费，包括子女生活费、教育费、医疗费等费用。

2. 抚养费给付的一般原则

抚养费如何给付，应当首先由父母双方协议，或者经人民法院调解，当事人达成协议的，按照协议确定；达不成协议的，由法院判决。无论是协议还是判决，既要考虑子女的实际需要，也要考虑父或母给付的实际能力。实践中对具体问题的解决，应当掌握以下几个问题：

（1）抚养费的数额。子女抚养费的数额，可根据子女的实际需要、父母双方的负担能力和当地的实际生活水平确定。

（2）抚养费的给付方法。可依父母的职业情况而定，原则上应定期给付。通常，有工资收入的，应按月或定期给付现金，农民可按收益季度或年度给付现金、实物。有条件的也可以一次性给付，但对于一方要求一次性给付的要慎重处理，确有必要采取一次性给付的，要注意掌握条件。

（3）抚养费的给付期限。父母抚养费的给付截止到什么时间？是到孩子18岁成人为止呢，还是到子女独立生活？独立生活的界限如何掌握？本法总则编中规定："十八周岁以上的自然人是成年人。成年人为完全民事行为能力人，可以独立实施民事法律行为。不满十八周岁的自然人为未成年人。十六周岁以上未成年人，以自己的劳动收入为主要生活来源的，视为完全民事行为能力人。"《民法典》第 26 条规定："父母对未成年子女负有抚养、教育和保护的义务。"第 1067 条规定："父母不履行抚养义务的，未成年子女或者不能独立生活的成年子女，有要求父母给付抚养费的权利。"义务教育法规定，国家、社会、家长必须为未成年人完成九年义务教育负有责任，至于九年以后的教育，父母就没有必然的义务支付学费。最高人民法院《婚姻法司法解释（一）》第 20 条规定，不能独立生活的子女，是指尚在校接受高中及其以下学历教育，或者丧失或未完全丧失劳动能力等非主观原因而无法维护正常生活的成年子女。司法解释还曾规定：① 16 周岁以上不满 18 周岁，以其劳动收入为主要生活来源，并能维持当地一般生活水平的，父母可停止给付抚育费。② 尚未独立生活的成年子女有下列情形之一，父母又有给付能力的，仍应负担必要的抚育费：a. 丧失劳动能力或虽未完全丧失劳动能力，但其收入不足以维持生活的；b. 尚在校就读的；c. 确无独立生活能力和条件的。

法律没有对抚养费的给付期限作硬性规定，实践中应根据具体情况个案处理。法院可依据上述法律和司法解释的规定酌情确定。

3. 抚养费的变更

无论是登记离婚还是判决离婚，其给付子女抚养费的数额，一般是根据父母离婚的当时，子女所需的必要费用和给付者的经济能力而确定的。但随着社会经济的发展以及人们具体情况的不断变化，不仅每个人的经济状况有时会随着社会的变化而变化，而且，随着人们对物质生活要求的提高，以及消费水平的增长，子女在各方面的需求，使得原抚养费的数额也要随之有所变化。因此，法律赋予子女可根据实际情况向父母任何一方提出超过原定数额的要求，也就是抚养费数额在一定条件下是可以变更的。子女生活费和教育费无论是在协议离婚时达成的还是由法院判决的，都不妨碍子女在必要时向父母任何一方提出增加数额的合理要求。至于费用是否增加，增加多少，不能仅凭子女单方面的要求而确定，应经相应的程序予以解决。其程序可由子女与父母协议解决，协议不成的，可由法院依诉讼程序处理。对此本条第 2 款作了明确规定，即关于子女抚养费的协议或者判决，不妨碍子女在必要时向父母任何一方提出超过协议或者判决原定数额的合理要求。

第一千零八十六条 【离婚后不直接抚养子女的父母一方探望子女权利】

离婚后，不直接抚养子女的父或者母，有探望子女的权利，另一方有协助的义务。

行使探望权利的方式、时间由当事人协议；协议不成的，由人民法院判决。

父或者母探望子女，不利于子女身心健康的，由人民法院依法中止探望；中止的事由消失后，应当恢复探望。

【立法背景】

探望子女的权利是亲权的一项内容，最早可溯至罗马法中的家长权。婚姻家庭中的亲权是以主体间特定的亲属身份为发生依据的，父母婚姻关系的终结并不改变父母与子女的血缘身份关系。对此《民法典》第 1084 条规定：

"父母与子女间的关系，不因父母离婚而消除。离婚后，子女无论由父或者母直接抚养，仍是父母双方的子女。离婚后，父母对于子女仍有抚养、教育、保护的权利和义务。离婚后，不满两周岁的子女，以由母亲直接抚养为原则。已满两周岁的子女，父母双方对抚养问题协议不成的，由人民法院根据双方的具体情况，按照最有利于未成年子女的原则判决。"这一规定明确了父母与子女间的关系，不因父母离婚而消除。离婚后，子女无论由父或母直接抚养，仍是父母双方的子女。离婚后父母对于子女仍有抚养、教育和保护的权利和义务。

【条文精解】

为了便于离婚后不直接抚养子女的父或者母行使对子女抚养、教育的权利，履行对子女抚养、教育和保护的义务，本条第1款对父或者母赋予了对子女探望的权利：即离婚后，不直接抚养子女的父或者母，有探望子女的权利。通常情况下，探望权在夫妻协议离婚或者诉讼离婚时一并解决确定。如果夫妻在离婚时对探望权未作明确约定，或者法院没有明确作出判决，那么，当事人可以就探望权问题单独提起诉讼。为了保证不直接抚养子女的父或者母行使好探望子女的权利，本条第1款同时还规定另一方有协助的义务。例如，法院判决不直接抚养子女的一方每周六下午陪伴子女，那么直接抚养子女的一方则有义务在规定的时间内，将子女安全地送到双方指定或者法院判决确定的地点，交由不直接抚养子女的一方照看半天，由此实现不直接抚养子女的一方对女子的探望。

行使探望权利的方式、时间、地点等通常宜由当事人协议确定。双方不应囿于夫妻离异后的冲突纷争，应从有利于子女健康成长的角度出发，对探望的时间、探望的方式、探望的地点、探望期间双方对子女的安排等作出协商。当双方无法就诸上事宜达成一致时，尤其在直接抚养子女的一方无故拒绝不直接抚养子女的一方探望子女时，享有探望权的一方可依民事诉讼法的有关规定提起诉讼，请求人民法院作出判决。对此本条第2款规定行使探望权利的方式、时间由当事人协议；协议不成的，由人民法院判决。

本条第3款规定了对探望权的限制。父或者母探望子女，不利于子女身心健康的，由人民法院依法中止探望。不直接抚养子女的父母一方的探望权，只有在特殊的情况下才能被加以限制。这种特殊情况主要是指探望有可能不利于子女的身心健康，如父母一方患精神疾病、传染性疾病，有吸毒等行为或对子女有暴力行为、骚扰行为等。当一方以探望子女为由，教唆、胁迫、引诱未成年子女实施不良行为则足以构成不利于子女身心健康的要件，可由人民法院依法中止其探望的权利；当不利于子女身心健康的情形消除后，非直接抚养子女的一方原享有的探望权利应当恢复。对此本条第3款规定，中止的事由消失后，应当恢复探望的权利。无论是探望权利的中止或者恢复，都应有权利人的主张，具体程序由人民法院根据民事诉讼法的相关规定处理。

第一千零八十七条【离婚时对夫妻共同财产的分割】

离婚时，夫妻的共同财产由双方协议处理；协议不成的，由人民法院根据财产的具体情况，按照照顾子女、女方和无过错方权益的原则判决。

对夫或者妻在家庭土地承包经营中享有的权益等，应当依法予以保护。

【立法背景】

离婚时对夫妻的共同财产进行分割是离婚所产生的法律后果之一。法律允许夫妻双方在离婚时就财产问题自行协商处理。对于不能协商或者未达成协议的，本条规定由法院根据财产的具体情况，按照照顾子女、女方和无过错方权益的原则判决。法院按这一原则判决的前提是财产为夫妻共同所有。如果财产分别是夫妻的个人财产，则不能用本条的规定进行分割，作出判决。不同财产制下共同财产的范围不同，在分割、判决前首先应对财产的性质作出界定。

【条文精解】

根据本条的规定，人民法院在分割夫妻共同财产时，既要考虑照顾子女权益和女方权益，也要兼顾照顾无过错的权益，三者缺一不可。司法实践中，多数女方权益与无过错权益是一致的，但是也有不一致的情况，法官要具体问题具体分析。

对夫妻共同财产的分割，还需要说明的是，《民法典》第1092条规定，夫妻一方隐藏、转移、变卖、毁损、挥霍夫妻共同财产，或者伪造夫妻共同债务企图侵占另一方财产的，在离婚分割夫妻共同财产时，对该方可以少分或者不分。离婚后，另一方发现有上述行为的，可以向人民法院提起诉讼，请求再次分割夫妻共同财产。此项请求权的行使要受到民法典诉讼时效的限制，即权利人自知道或应当知道权利被侵害时起计算，3年后再向人民法院提起诉讼则丧失胜诉权。

在农村，夫妻共同财产的分割主要涉及房屋、承包的土地、果园等。1992年《妇女权益保障法》第30条规定，农村划分责任田、口粮田等，以及批准宅基地，妇女与男子享有平等的权利，不得侵害妇女的合法权益。妇女结婚、离婚后，其责任田、口粮田和宅基地等，应当受到保障。农村地区，土地、果园大部分实行家庭联产承包责任制，每个家庭承包的面积是根据家庭人口按本村人均面积分配的，因此，女方在土地承包上同样享有承包经营权。但是中国的婚姻习俗多数是女方落户到男方，承包土地多数以男方为户主名义承包，双方一旦离婚，女方的承包经营权难以保障。因此本条第2款规定，对夫或妻在家庭土地承包经营中享有的权益等，应当依法予以保护。

第一千零八十八条 【离婚经济补偿】

夫妻一方因抚育子女、照料老年人、协助另一方工作等负担较多义务的，离婚时有权向另一方请求补偿，另一方应当给予补偿。具体办法由双方协议；协议不成的，由人民法院判决。

【立法背景】

本条的规定实质上是对家务劳动价值的认可，使经济地位较弱而承担较多家务劳动的一方（大多为女性）在离婚时享有经济上的补偿。

【条文精解】

本条规定是遵循权利和义务对等的原则作出的。只有在一方为婚姻共同体尽了较多义务，如抚养子女、照料老人、协助另一方工作的情况下才可向对方请求补偿。夫妻离婚时，一方对承担较多家务劳动的另一方给予经济补偿，首先应当由要求离婚的夫妻自行协商确定，这种协商可以是在协议离婚时确定，也可以在诉讼离婚中确定。如果在协议离婚时双方达成了一致的协议，则可以向婚姻登记部门提交；婚姻登记部门查明确属自愿，且不违反法律规定的，给予离婚登记，双方应自觉履行协议。在诉讼离婚中，双方对离婚补偿达成一致意见，交由法院以调解书或者判决书的形式予以确认；如果双方达不成协议，人民法院则依据本条的规定进行判决确定。

第一千零八十九条 【离婚时夫妻共同债务清偿】

离婚时，夫妻共同债务应当共同偿还。共同财产不足清偿或者财产归各自所有的，由双方协议清偿；协议不成的，由人民法院判决。

【立法背景】

《民法典》第 1064 条对夫妻共同债务的认定作出了明确规定。夫妻共同债务属于连带债务，对外夫妻双方应当依法对债权人承担连带清偿责任，但在内部夫妻双方应当如何确定清偿责任，本条对此作了明确规定。

【条文精解】

根据本条规定，首先婚姻关系终结时，夫妻共同债务清偿应当遵循的原则是共同债务共同清偿。依法属于夫妻共同债务的，夫妻应当以共同财产共同偿还，这是一个基本原则。但是，如果夫妻共同财产不足致使不能清偿的，或者双方约定财产归各自所有的没有共同财产清偿的，夫妻双方对共同债务如何偿还以及清偿比例等，可以由双方当事人协商确定，如果双方协商不能达成一致意见的，由人民法院考虑双方当事人的具体情况依法判决确定。

【实践中需要注意的问题】

要注意的是，不论是双方当事人协商确定，还是人民法院判决确定的清偿方式、清偿比例等内容，仅在离婚的双方当事人之间有效，对债权人是没有法律效力的，债权人可以依照《民法典》第 178 条 "二人以上依法承担连带责任的，权利人有权请求部分或者全部连带责任人承担责任" 的规定来要求双方履行其债务。

第一千零九十条 【离婚经济帮助】

离婚时，如果一方生活困难，有负担能力的另一方应当给予适当帮助。具体办法由双方协议；协议不成的，由人民法院判决。

【立法背景】

离婚后，对生活困难的一方给予帮助，是我国婚姻法一直坚持和贯彻的基本原则。

【条文精解】

当一个婚姻关系终结时，无论是协议离婚还是法院判决离婚，婚姻关系一经解除，丈夫和妻子在法律上相互扶助的权利义务已经消灭，双方没有互相扶养的义务，也没有共享婚姻财产的权利，除去可能因子女抚养而涉及子女生活费、教育费的给付以及探望权利的行使外，双方在法律上已无任何特殊的联系。但是，法律却规定在一方生活困难的情况下，有负担能力的另一方应当对另一方给予适当帮助，要求原本不承担义务的一方负担义务，原因何在呢？当一对男女结为合法夫妻，法律推定双方建立了一种相互信赖、相互扶助的特殊社会关系，夫妻关系存续期间，双方都为维持这个婚姻共同体作了努力，这其中包括个人的自我损失和自我牺牲；当婚姻关系终结时，若一方生活困难，法律则要求另一方尽到扶助的责任，将道德上的义务上升为法律，因为我们不能排除一方的生活困难可能是其在婚姻关系存续期间为了家庭利益而放弃个人发展机会所造成的。当然在这种情况下，离婚时，为家庭付出较多义务的一方可以依据《民法典》第1088条的规定，请求另一方给予补偿。但是离婚时的补偿与本条规定的困难帮助的内容有很大区别。离婚经济补偿只有当一方对婚姻承担了较多义务时，才有权提请；而本条关于困难帮助适用条件则是，无论夫妻哪一方是否对婚姻共同体尽了较多义务，作了较大贡献，只要在离婚时本人存在生活困难的情况，就可以向对方请求经济帮助。

【实践中需要注意的问题】

本条只是原则性规定，法院在判决时，还应考虑到以下几个问题：（1）生活困难的界定。一般认为，若一方离婚后分得的财产不足以维持其合理的生活需要，或者不能通过从事适当的工作维持其生活需要等，均可认为是生活困难的体现。（2）给予帮助的方式。法院应考虑双方的收入和财产，双方就业能力、子女抚养，婚姻期间的生活水平等因素，合理确定扶助的数额和方式。（3）需要说明一点的是，婚姻关系中的过错不应在考虑之列，意味着有过错的一方若存在生活困难的情形，也可要求无过错方给予适当经济帮助。《婚姻法司法解释（一）》第27条规定，《婚姻法》第42条所称"一方生活困难"，是指依靠个人财产和离婚时分得的财产无法维持当地基本生活水平。一方离婚后没有住处的，属于生活困难。离婚时，一方以个人财产中的住房对生活困难者进行帮助的形式，可以是房屋的居住权或者房屋的所有权。

第一千零九十一条 【离婚赔偿制度】

有下列情形之一，导致离婚的，无过错方有权请求损害赔偿：

（一）重婚；

（二）与他人同居；

（三）实施家庭暴力；

（四）虐待、遗弃家庭成员；

（五）有其他重大过错。

【立法背景】

离婚损害赔偿制度，可以填补无过错方的损害。通过补偿损害，使无过错方得到救济和慰藉，保护无过错方的合法权益。损害赔偿作为侵权者应当承担的一种民事责任，还具有制裁实施重婚、有配偶者与他人同居的、家庭暴力、虐待、遗弃家庭成员的当事人和预防违法行为的功能。离婚损害赔偿制度通过填补损害，慰抚受害方、惩罚过错方，起到伸张正义、明辨是非的警示和预防作用。

【条文精解】

1.可以提起离婚损害赔偿的情形

对因夫妻一方的过错致使婚姻关系破裂，无过错方可以提起离婚损害赔偿的情形，婚姻法规定了四种：一是重婚；二是有配偶者与他人同居；三是实施家庭暴力；四是虐待、遗弃家庭成员。在民法典婚姻家庭编征求意见时，有的意见提出，鉴于目前我国因过错方导致家庭破裂的离婚案件增多，婚姻关系中的过错行为远不止婚姻法所列举的几种情形，法律应当扩大离婚损害赔偿的情形，更好地发挥离婚损害赔偿制度的制裁、预防作用，促进婚姻关系的稳定；建议采取列举性规定与概括性规定相结合的立法方式规定离婚损害赔偿制度。对此立法部门采纳了这一建议，在本条中增加了离婚损害赔偿的兜底条款，即第5项有其他重大过错的情形，将其他一些确实给无过错方造成严重损害的情形纳入损害赔偿范围，完善了离婚损害赔偿制度。

2.法院不能依职权判决离婚损害

本条虽然规定了离婚损害赔偿制度，但并不是说法院在审理离婚案件时必须审理及判决过错方对无过错方以予赔偿。在离婚案件中无过错方对确实有过错的另一方是否行使赔偿请求权，由受损害的无过错方自行决定，法院不能主动判决离婚损害赔偿。

3. 离婚损害赔偿的范围

离婚损害赔偿既包括过错方给无过错方造成的财产损害的赔偿，也包括过错方给无过错方造成的人身损害、精神损害的赔偿。人民法院应当根据过错方对无过错方造成的损害程度以及婚姻当事人的经济状况等判定赔偿数额。《婚姻法司法解释（一）》第28条规定，《婚姻法》第46条规定的"损害赔偿"，包括物质损害赔偿和精神损害赔偿。涉及精神损害赔偿的，适用最高人民法院《关于确定民事侵权精神损害赔偿责任若干问题的解释》的有关规定。

第一千零九十二条【夫妻一方擅自处分共同财产或伪造债务侵占另一方财产的法律责任】

夫妻一方隐藏、转移、变卖、毁损、挥霍夫妻共同财产，或者伪造夫妻共同债务企图侵占另一方财产的，在离婚分割夫妻共同财产时，对该方可以少分或者不分。离婚后，另一方发现有上述行为的，可以向人民法院提起诉讼，请求再次分割夫妻共同财产。

【立法背景】

实践中夫妻一方有的实施了侵害夫妻共同财产或者侵占另一方财产的违法行为，对于这些违法行为，法律严格加以禁止。为保护另一方的合法权益，本条对其法律后果作了明确规定。

【条文精解】

根据本条规定，夫妻一方实施的违法行为主要有两类：

1. 侵害夫妻共同财产

夫妻共同财产从性质上说，属于共同共有。夫妻在婚姻关系存续期间，无论属于双方或一方的收入，无论各自收入的数量多少，也无论其中一方有无收入，夫妻作为共同生活的伴侣，对共同财产享有平等的所有权。对共同财产，夫妻双方均有依法占有、使用、收益和处分的权利。例如妇女权益保障法就规定，妇女对依照法律规定的夫妻共同财产享有与其配偶平等的占有、使用、收益和处分的权利，不受双方收入状况的影响。在共有关系消灭之前，财产权利是一个整体，只有在婚姻关系消灭（离婚或一方死亡）或双方有特别约定时，才能对共同财产进行分割。

处分权是所有权的最高表现，如果没有平等的处分权，平等的所有权就是一句空话。所以，《民法典》第1062条第2款规定，夫妻对共同所有的财产，有平等的处理权。所谓平等的处理权，依照民法关于共同共有的原理，是指夫妻在处分共同财产时，应当平等协商，取得一致意见，任何一方不得违背另一方的意志，擅自处理。特别是对共有财产作较大的变动时，如出卖、赠与等，更应征得另一方的同意，否则就侵犯了另一方对共有财产的所有权。根据有关司法解释的规定，在共同共有关系存续期间，部分共有人擅自处分共有财产的，一般认定无效。如果对其他共有人造成损失，由擅自处分共有财产的人赔偿。因此，隐藏、转移、变卖、毁损、挥霍夫妻共同财产的行为，是一种侵犯共同财产所有权的民事侵权行为。

隐藏、转移、变卖、毁损、挥霍夫妻共同财产是违法行为的客观表现。隐藏是指将财产藏匿起来，不让他人发现，使另一方无法获知财产的所在从而无法控制。转移是指私自将财产移往他处，或将资金取出移往其他账户，脱离另一方的掌握。变卖是指将财产折价卖给他人。毁损是指采用打碎、拆卸、涂抹等破坏性手段使物品失去原貌，失去或者部分失去原来具有的使用价值和价值。挥霍是指对夫妻共有的财产没有目的，不符合常理的耗费致使其不存在或者价值减损。上述违法行为，在主观上只能是故意的，不包括过失行为，如因不慎将某些共同财产毁坏，只要没有故意，不属于本条规定之列。夫妻一方如果实施了上述行为，就属于对夫妻共同财产的侵害。

2.侵占另一方财产

夫妻一方对属于自己个人的财产享有占有、使用、支配的权利。在不违背法律规定的情况下，可以依据自己个人的意愿处分自己的财产。但是《民法典》第1089条规定，离婚时，夫妻共同债务应当共同偿还。共同财产不足清偿或者财产归各自所有的，由双方协议清偿；协议不成的，由人民法院判决。这一规定，意味着夫妻在离婚时，如果共同财产不足以清偿共同债务时，有可能以夫妻一方的个人财产来承担夫妻共同债务，具体数额由人民法院判决确定。对此，有的夫妻一方就有可能利用这一法律规定，伪造夫妻共同债务，企图侵占另一方财产。伪造债务是指制造内容虚假的债务凭证，包括合同、欠条等。伪造债务是违法行为的客观表现，在主观上是故意，不是过失行为，是以侵占夫妻另一方财产为目的。只要夫妻一方实施伪造夫妻共同债务的行为，就属于对另一方财产的侵害。

对通过实施隐藏、转移、变卖、毁损、挥霍手段侵害夫妻共同财产的违法行为，以及伪造夫妻共同债务企图侵占另一方财产的违法行为，本条规定，在离婚分割夫妻共同财产时，对该方可以少分或者不分。本条所指的在离婚分割夫妻共同财产时，是指在离婚诉讼期间。

夫妻共同财产属于夫妻共同共有，依照民法共同共有的理论，原则上，在共同体解体时，对共同共有的财产应当均等分割。但是由于夫妻中的一方存在以隐藏、转移、变卖、毁损、挥霍手段侵害夫妻共同财产的违法行为，以及伪造夫妻共同债务企图侵占另一方财产的违法行为，所以本条规定对实施上述违法行为的一方，在分割夫妻共同财产时，可以少分或不分。对他们少分或不分夫妻共同财产，是违法行为实施者理应承担的法律责任。

本条还对离婚后，即离婚案件已审理终结，人民法院对离婚双方有关财产分割的调解书、判决书已发生法律效力后，又发现一方有隐藏、转移、变卖、毁损、挥霍夫妻共同财产或者伪造夫妻共同债务侵占另一方财产行为的处理作了规定，明确离婚后，另一方发现夫妻一方有上述违法行为的，可以向人民法院提起诉讼，请求再次分割夫妻共同财产。在离婚案件审理过程中，这部分共同财产由于被一方隐藏、转移、变卖、毁损、挥霍，或伪造债务所侵占而未能发现，因而法院也未能将其作为夫妻共同财产予以分割。夫妻共同财产是共同共有财产，任何一方未经另一方同意而擅自予以隐藏、转移、变卖、毁损、挥霍，或通过伪造债务等非法手段据为己有的，都是对另一方财产所有权的侵害，是一种民事侵权行为。另一方可以依据本条规定，向人民法院起诉，请求对这一部分财产进行再次分割。在分割时，关于对隐藏、转移、变卖、毁损、挥霍夫妻共同财产或伪造夫妻共同债务侵占另一方财产的可以少分或者不分的原则仍应适用。

【实践中需要注意的问题】

需要说明的是，本条对少分的具体份额或比例以及在何种情况下可以不分、少分，没有作出明确规定，只是规定了"可以"少分或者不分。法院在审判实践中，应当根据违法行为的情节和案件的具体情况作出处理。该规定同本法规定的在分割共同财产时按照照顾子女、女方和无过错方权益的原则是否矛盾呢？照顾子女和女方权益原则的确定，是由我国目前广大妇女的经济能力和男子仍有一定差距的国情决定的，同时也是宪法关于保护妇女、儿童合法权益原则和我国社会主义制度优越性在婚姻法上的具体体现。在婚姻家庭生活中，无过错一方遵守法律规定，对另一方配偶尊重、关爱、忠实，对家庭成员关心帮助，尊老爱幼，为维护平等、和睦、文明的婚姻家庭做出了自己的努力和贡献，对这种合法的民事法律行为的主体法律必须要给予保护。当然，在现实生活中，也不排除有女方实施本条所列举的违法行为的可能；如果出现，也应当依照本法、本条的规定处理。两者没有矛盾，并行不悖。

第五章　收　养

第一节　收养关系的成立

> **第一千零九十三条　【被收养人条件】**
>
> 下列未成年人，可以被收养：
> （一）丧失父母的孤儿；
> （二）查找不到生父母的未成年人；
> （三）生父母有特殊困难无力抚养的子女。

【立法背景】

收养是自然人领养他人子女为自己子女的一种法律行为，能够产生依法变更亲子关系、转移亲子间权利义务关系的法律效力。作为家庭制度的必要补充，养父母子女关系也属于亲子关系的重要类型之一。基于收养这一要式法律行为的独特特点及其能够产生的独特法律效力，各国立法均对收养关系的成立有着程序及实体上的明确要求。其中，被收养人与收养人应当具备哪些条件，无疑是最为重要的收养成立要件之一。不符合条件的被收养人与收养人，会导致收养行为的无效。

【条文精解】

综合考量各方面意见，经慎重研究，收养一章将被收养人的年龄限制由14周岁放宽到18周岁，即符合相关条件的未成年人都可以作为被收养人。

除年龄限制的变化之外，收养一章对于被收养人条件的规定基本沿袭了收养法的规定，未作大的修改。即包括丧失父母的孤儿、查找不到生父母的未成年人以及生父母有特殊困难无力抚养的子女。

第一千零九十四条 【送养人条件】

下列个人、组织可以作送养人：

（一）孤儿的监护人；

（二）儿童福利机构；

（三）有特殊困难无力抚养子女的生父母。

【立法背景】

在收养法律关系中，何种主体可以作为送养人，是一个非常重要的问题。一般认为，送养人适格是收养法律关系成立的实质要件，即只有送养人符合相关条件，收养才能有效成立。总的来看，本条对于送养人条件的确定意义重大。首先，收养涉及送养人、收养人、被收养人等多方主体，收养关系的最终成立导致不同主体间发生法律关系的根本变化。只有明确了送养人条件，收养关系的合法有效成立才成为可能。其次，有利于进一步规范收养法律关系。本条采用集中规定的方式明确了哪些主体可以作为送养人，只要送养人符合本条规定，在符合收养法律关系成立的其他条件下，相应的收养关系即受到法律保护。最后，送养人的条件确定后，围绕不同类型的送养主体制定具体规则便具备了可能。事实上，收养涉及多方主体，法律关系较为复杂。在宏观方面确定好送养人条件后，才可以在微观层面针对不同的送养主体制定具体规则。

【条文精解】

关于"孤儿的监护人"。所谓孤儿，是指其父母死亡或人民法院宣告其父母死亡的不满14周岁的未成年人。但是，由于前条关于被收养人的规定已经将被收养人的年龄限制扩展到18周岁，与此相应，此处的"孤儿"是指其父母死亡或人民法院宣告其父母死亡的未成年人。

关于"儿童福利机构"。《收养法》第5条第2项规定的可以作送养人的主体是"社会福利机构"。所谓社会福利机构，是指国家设立的对于孤儿、弃儿等进行监管看护的机构。从实践情况看，我国的社会福利机构主要是指各地民政部门主管的收容、养育孤儿和查找不到生父母的未成年人的社会福利院。

关于"有特殊困难无力抚养子女的生父母"。本项是将特定情形下的生父母作为送养人的规定。生父母作为子女的法定监护人，在一般情况下都要履行作为父母的监护人职责，不得随意将应由自己承担的责任转由他人承担。但在特殊情况下，生父母因存在特殊困难无力承担这一责任时，从有利于未成年人健康成长的角度，可以由生父母将未成年人送养，从而为其创造更有利于成长的家庭环境，这也符合本次在收养领域确立的最有利于被收养人的原则要求。

第一千零九十五条【未成年人的监护人送养】

未成年人的父母均不具备完全民事行为能力且可能严重危害该未成年人的，该未成年人的监护人可以将其送养。

【立法背景】

根据民法典总则编的规定，通常情况下，未成年人的父母是其法定监护人。但是，在父母已经死亡或者没有监护能力的情况下，为保护未成年子女的利益，需要由其他主体担任监护人，实现对未成年子女的监护，保护其人身和财产权益。这些主体包括祖父母、外祖父母、兄、姐以及其他愿意担任监护人的个人或者组织。那么，在这些主体担任监护人的情形下，是否一概有权决定送养未成年人呢？

【条文精解】

与收养法的规定相比，本条关于监护人送养未成年子女的表述发生了变化，即"未成年人的父母均不具备完全民事行为能力且可能严重危害该未成年人的，该未成年人的监护人可以将其送养"。

第一千零九十六条【监护人送养孤儿】

监护人送养孤儿的，应当征得有抚养义务的人同意。有抚养义务的人不同意送养、监护人不愿意继续履行监护职责的，应当依照本法第一编的规定另行确定监护人。

【立法背景】

根据《民法典》第1094条的规定，孤儿的监护人可以作为送养人对被监护人进行送养。孤儿因其父母死亡或者被宣告死亡，需要由其他法定主体担任监护人对其人身和财产权益进行保护。根据《民法典》第27条的规定，未成年人的父母已经死亡或者没有监护能力的，由下列有监护能力的人按顺序担任监护人：（1）祖父母、外祖父母；（2）兄、姐；（3）其他愿意担任监护人的个人或者组织，但是须经未成年人住所地的居民委员会、村民委员会或者民政部门同意。父母之外的其他主体担任监护人时，由于主客观方面的不同原因，可能会产生不想再履行监护职责，并将被监护人送养的想法。比如，监护人承担监护职责一段时间后，生活发生变故，不想继续担任孤儿的监护人。此时，如果监护人送养未成年人，有何限制？

【条文精解】

根据本条规定，监护人送养孤儿的，应当征得有抚养义务的人同意。这里的"有抚养义务的人"，是指孤儿的有负担能力的祖父母、外祖父母、兄、姐。《民法典》第1074条规定，有负担能力的祖父母、外祖父母，对于父母已经死亡或者父母无力抚养的未成年孙子女、外孙子女，有抚养的义务。第1075条规定，有负担能力的兄、姐，对于父母已经死亡或者父母无力抚养的未成年弟、妹，有扶养的义务。如果上述主体不同意监护人对孤儿进行送养，而监护人又不愿意继续履行监护职责的，为使被监护人不致处于无人监护的状态，应当依照民法典总则编的规定另行确定监护人。

第一千零九十七条 【生父母送养子女】

生父母送养子女，应当双方共同送养。生父母一方不明或者查找不到的，可以单方送养。

【立法背景】

根据《民法典》第1094条的规定，有特殊困难无力抚养子女的生父母可以作为送养人，送养其子女。一般而言，生父母作为未成年子女的法定监护人，不应轻易转嫁本应由其承担的监护职责。但在其确因特殊困难无力抚养子女时，允许其送养未成年子女，更有利于未成年子女在良好的家庭环境中健康成长，体现出对未成年子女利益的保护。本条即是对生父母送养子女的规定。根据本条规定，生父母送养子女，原则上要求双方共同送养，只有在生父母一方不明或者查找不到的情形下，才可以由生父或者生母单方送养。

无论是多数国家和地区立法例，还是我国收养法的规定，都将生父母送养子女时应双方共同送养作为原则。这主要是考虑到，收养关系一旦成立，虽然在客观上不能改变生父母与其子女的血亲关系，但是生父母却不能继续抚养子女。尤其是在我国只承认完全收养的制度背景下，收养关系成立后，生父母与其子女的亲子关系将因收养而消除。如果生父或者生母一方未经其配偶同意即送养子女，无异于剥夺了其配偶对于子女的亲权，显然对不知情的配偶一方是不公平的。当然，在生父母一方不明或者查找不到时，则允许另一方单方送养，这主要是为了更好地保护未成年子女的利益。

【条文精解】

本条与《收养法》第10条相比，内容基本没有变化。理解本条，需要明确以下两点：

第一，生父母送养子女应当双方共同送养，这是原则要求。基于父母双方对于抚养子女的平等地位，送养应当双方共同进行。在实践操作层面，可以双方共同表示送养的意思，也可以由一方表达出送养意愿，另一方表示同意。在后一种情况下，这种同意的表示应是明确的、具体的。

第二，生父母送养子女可以单方送养，这是例外规定，应当严格限于法律规定的两种情形，即生父母一方不明或者查找不到。所谓生父母一方不明，是指不能确认被送养人的生父或者生母为谁的情况。比如，生母曾因自身的特殊经历，不知其所生子女的生父是谁。在这种情况下，如果生母无力抚养所生子女，应当允许其送养该子女，给子女提供一个更好的成长环境。所谓查找不到，是指经过一定期间，无法查找到生父或者生母的情况。比如，未成年子女的生母无故离家出走，经过有关机关在一定期间查找仍查找不到，此时，为尽快使未成年子女获得稳定、良好的成长环境，应当允许无力独自抚养子女的生父送养。

第一千零九十八条 【收养人条件】

收养人应当同时具备下列条件：

（一）无子女或者只有一名子女；

（二）有抚养、教育和保护被收养人的能力；

（三）未患有在医学上认为不应当收养子女的疾病；

（四）无不利于被收养人健康成长的违法犯罪记录；

（五）年满三十周岁。

【立法背景】

收养是在收养人与被收养人之间建立拟制亲子关系的一种法律制度，其核心是为了更好地促使被收养人健康成长，同时也满足收养人的收养需求。由于收养制度的这一定位，使得保障被收养人利益成为收养制度需要遵循的首要原则。《民法典》第1044条规定，收养应当遵循最有利于被收养人的原则，保障被收养人和收养人的合法权益。在这一原则的要求下，需要对收养人设定必要的条件要求，以确保收养制度功能的实现，保障被收养人的合法权益。本条即是对一般情况下收养人应当具备的条件的规定。

【条文精解】

本条关于收养人年龄的规定与《收养法》第6条第4项规定保持一致，仍然要求收养人须年满30周岁。收养人只有达到一定年龄，才可能在经济能力、心智完善程度方面满足一定标准，从而具备承担抚养被收养人的义务，更好地保障被收养人的利益。当然，此处关于收养人年龄的规定仅是收养人条件中的一项，其即使满足了这一要求，也并不意味着必然具备抚养、教育被收养人的能力，还需要同时满足本条关于收养人条件的其他要求，才可担任收养人。

除须年满30周岁外，按照本条规定，收养人还须同时具备其他四项条件：（1）无子女或者只有一名子女；（2）有抚养、教育和保护被收养人的能力；（3）未患有在医学上认为不应当收养子女的疾病；（4）无不利于被收养人健康成长的违法犯罪记录。

第一千零九十九条 【收养三代以内同辈旁系血亲的子女以及华侨收养的放宽规定】

收养三代以内旁系同辈血亲的子女，可以不受本法第一千零九十三条第三项、第一千零九十四条第三项和第一千一百零二条规定的限制。

华侨收养三代以内旁系同辈血亲的子女，还可以不受本法第一千零九十八条第一项规定的限制。

【立法背景】

本章一开始即对收养关系成立的基本条件作了规定，这些基本条件均是对收养关系当事人所作的一般性规定，也就是说，如果收养关系要有效成立，各方当事人原则上需要具备这些基本条件。然而，收养关系涉及收养人、送养人、被收养人等多方当事人，法律关系较为复杂，而且收养涉及各方主体之间的情感联系及未成年人的利益保护，如果在任何情形下均严格适用收养的一般性条件来判定收养行为的效力，可能并不有利于收养制度功能的发挥。因此，有必要在收养的基本条件之外，针对特殊情形作出特别规定。基于此，本条针对收养三代以内旁系同辈血亲的子女以及华侨收养三代以内旁系同辈血亲的子女的条件作了特别规定，主要是在收养一般条件的基础上，作了放宽规定。

【条文精解】

本条第 1 款是对收养三代以内旁系同辈血亲的子女的条件规定。根据本款规定，如果收养三代以内旁系同辈血亲的子女，可以在收养基本条件的基础上，不受以下几项条件的限制：一是被收养人生父母有特殊困难无力抚养子女。根据《民法典》第 1093 条的规定，除丧失父母的孤儿以及查找不到生父母的未成年人外，其他未成年人只有在其生父母有特殊困难无力抚养时，才能被纳入被收养人的范围。而根据本条规定，收养人如果收养的是三代以内旁系同辈血亲的子女，可以不受这一限制，即便该子女的父母并未因特殊困难丧失抚养能力，该子女仍可以成为被收养的对象。二是有特殊困难无力抚养子女的生父母。根据《民法典》第 1094 条规定，除孤儿的监护人、儿童福利机构外，未成年人的生父母只有在有特殊困难无力抚养子女时，才能成为送养人。而根据本条规定，收养三代以内旁系同辈血亲的子女，即使未成年人的生父母并未因特殊困难而丧失抚养能力，其仍可以成为适格的送养人，因此成立的收养关系仍然有效。三是无配偶者收养异性子女的。根据《民法典》第 1102 条的规定，无配偶者收养异性子女的，需要受到收养人与被收养人 40 周岁年龄差的限制。而根据本条规定，收养三代以内旁系同辈血亲的子女，即使收养人与被收养人的年龄相差不到 40 周岁，依然可以成立有效的收养关系。此外，还有一点需要指出的是，《收养法》第 7 条还规定了"收养三代以内同辈旁系血亲的子女可以不受被收养人须不满 14 周岁的限制"。由于本章对于被收养人的年龄限制已经放宽到 18 周岁，因此，本款不再保留"被收养人不满 14 周岁"的限制。当然，被收养人依然要受到收养关系一般条件的限制，即须为未满 18 周岁的未成年人。

本条第 2 款是对华侨收养三代以内旁系同辈血亲子女的条件规定，即在一般主体收养三代以内旁系同辈血亲子女放宽条件的基础上，对于华侨收养，进一步放宽了关于收养人子女数量的限制。本条第 2 款规定，华侨收养三代以内旁系同辈血亲的子女，还可以不受《民法典》第 1098 条第 1 项规定的限制。

第一千一百条 【收养子女的数量】

无子女的收养人可以收养两名子女；有子女的收养人只能收养一名子女。

收养孤儿、残疾未成年人或者儿童福利机构抚养的查找不到生父母的未成年人，可以不受前款和本法第一千零九十八条第一项规定的限制。

【立法背景】

《收养法》第 8 条第 1 款规定，收养人只能收养一名子女。该规定对于收养人收养子女的数量作了限制性规定，即收养人原则上只能收养一名子女。收养法对于收养子女数量的限制，主要基于两方面考虑：一是从保障被收养人的利益出发，收养人收养的子女数量越多，其所能够提供的抚养条件就相对越差。因此，原则上允许收养人收养一名子女，可以更加确保被收养人的生活条件，有利于其成长。二是收养法制定之时，从计划生育的角度出发，规定收养人原则上只能收养一名子女也与计划生育的政策要求相一致。

【条文精解】

本条规定与收养法的规定相比，在收养子女数量方面，作了重大修改。根据本条第 1 款规定，无子女的收养人可以收养两名子女；有一名子女的收养人只能收养一名子女。换言之，如果收养人无子女，其可以收养子女的数量已经不再限于一名，最多可以收养两名；仅是对于已有一名子女的收养人而言，只能再收养一名子女。本条作出修改的主要理由，同收养人条件放宽对收养人子女数量的限制一样，也是基于我国人口生育政策的重大变化，即从"提倡一对夫妻生育一个子女"到"国家提倡一对夫妻生育两个子女"。这里的"无子女"包括自己没有生育子女、已生育但子女死亡等不同情况。这样一来，无论是无子女的收养人，还是已经有一名子女的收养人，都可以基于自身情况进行收养，当然，收养子女的数量最多不超过两名。

在上述原则规定的基础上，对于那些属于特殊群体的被收养人，是否可以不受收养人数的特定限制呢？本条第 2 款对此作了规定。根据本条第 2 款规定，收养孤儿、残疾未成年人或者儿童福利机构扶养的查找不到生父母的未成年人，可以不受前款和《民法典》第 1098 条第 1 项规定的限制。根据本款规定，对于被收养人属于孤儿、残疾未成年人以及儿童福利机构抚养的查找不到生父母的未成年人这三类之一的被收养人，首先，可以不受第 1 款的限制，即"无子女的收养人可以收养两名子女；有子女的收养人只能收养一名子女"。其次，收养这三类群体中的任何一类，还可以不受《民法典》第 1098 条第 1 项规定的限制，即可以不受收养人无子女或者只有一名子女的限制。由此可见，对于收养人收养三类特定群体的被收养人，本条从收养人子女数量、可以收养的被收养人数量两方面均作了放宽规定。之所以这样规定，主要是体现对于这三类群体的特别保护。

第一千一百零一条 【有配偶者收养子女】

有配偶者收养子女，应当夫妻共同收养。

【立法背景】

收养在收养人与被收养人之间建立了法律拟制的父母子女关系。收养关系有效成立后，收养人与被收养人之间的亲子关系成立，被收养人与其生父母的亲子关系消除。由于收养所带来的这种亲子关系的根本变化，在收养人有配偶的情况下，收养是否需要取得配偶的同意而共同为收养行为，就成为立法必须回应的问题。

【条文精解】

本条与收养法的规定相比，基本未作修改，即有配偶者收养子女，应当夫妻共同收养。从本条规定看，我国对于有配偶者收养所采取的原则，同世界上多数国家和地区的立法相似，即要求夫妻共同收养。这里的"共同收养"，既可以是夫妻双方共同为收养的意思表示，也可以是一方有收养子女的意思表示，另一方对此表示明确同意。这样规定，体现了双方对于收养行为共同的合意，在形成有效的收养关系后，也有助于共同履行抚养子女的义务，创造和睦、温暖的家庭环境，从而促进被收养人的健康成长。立法过程中，有的意见认为，本条在收养法规定的基础上，应当增加夫妻共同收养的除外情形，即在特定情形下，有配偶者也可以单方收养。比如，在配偶一方为无民事行为能力人或者查找不到时，应当允许另一方单独收养。我们经反复研究、慎重考虑后，没有在本条增加上述除外规定。理由是：第一，收养应当体现配偶双方合意，这是夫妻进行收养的基本原则。在配偶一方为无民事行为能力人的情况下，如果允许另一方单独为收养行为，亲子关系成立后，被收养人有可能在成年后承担较重的赡养义务，尤其是对于无民事行为能力的父或母的赡养义务，这显然对其不利。第二，在配偶一方查找不到的情况下，由于这种事实状态并不确定，如果允许另一方单独收养，配偶重新出现后可能对收养行为并不同意，这显然不利于被收养人的成长。因此，本条维持了收养法的规定，对于有配偶者收养子女的，仍然要求夫妻双方共同收养。

第一千一百零二条 【无配偶者收养异性子女】

无配偶者收养异性子女的，收养人与被收养人的年龄应当相差四十周岁以上。

【立法背景】

收养在收养人与被收养人之间成立了拟制的亲子关系。对于有配偶者，《民法典》第1101条规定应当夫妻共同收养。那么，对于无配偶者，是否允许其收养？如果允许，需要受到何种约束和限制？本条即是对无配偶者收养异性子女时，须与被收养人具备一定年龄差的规定。

《收养法》第9条规定，无配偶的男性收养女性的，收养人与被收养人的年龄应当相差40周岁以上。收养法作出这一规定，主要是考虑到，收养作为成立拟制血亲关系的一种方式，无配偶男性收养女性时，有可能出现在两性关系方面侵害被收养人的情况。也就是说，收养人实施收养的目的并非单纯出于抚育被收养人，而是借收养之名行侵害之实。在这种情况下，收养不仅不能发挥其原有的有利于未成年人健康成长的制度功能，反而可能沦为不法分子侵害未成年人权益的工具。因此，有必要对无配偶男性收养女性规定一定的年龄差，以尽可能在客观上消除这种侵害情况的发生。据此，收养法规定了无配偶的男性收养女性的，收养人与被收养人的年龄应当相差40周岁以上。这里的"无配偶男性"，既包括该男性一直未婚单身的情况，也包括离异、丧偶等导致没有配偶的情况。关于这一规定，在收养法实施多年以来，经常被提出的问题是：无配偶的女性收养男性时，二者的年龄差是否需要相差40周岁以上呢？有的意见认为，无配偶的女性收养男性的，二者的年龄差也应当在40周岁以上，否则有违男女平等原则，也不符合我国的实际情况。因为从实践来看，并没有证据表明被收养人在两性方面遭受无配偶的收养人侵犯只限于被收养人为女性、收养人为男性这一情形，因此，基于男女平等原则，应当对收养法的这一规定作出修改，将40周岁以上年龄差的限制扩展规定到一切无配偶者收养异性子女的情况。

【条文精解】

本条采纳了上述意见，在《收养法》第9条的基础上修改为："无配偶者收养异性子女的，收养人与被收养人的年龄应当相差四十周岁以上。"从本条规定看，首先，在无配偶者收养子女的情况下，收养人与被收养人须有40周岁以上年龄差的限制已经不仅限于收养人为男性、被收养人为女性的情况。在收养人为无配偶女性、被收养人为未成年男性的情况下，同样应当受到收养人与被收养人须年龄相差40周岁以上的限制。这一规定体现了男女平等的原则，也使得实践中可能出现的无配偶女性侵害被收养男性的情况得到遏制。其次，在年龄差方面，虽然有的意见认为，无配偶女性收养男性，是否需与无配偶男性收养女性时的年龄差保持一致还值得研究，但本条从男女平等的角度出发，依然保持了40周岁的年龄差。最后，无论是无配偶男性收养女性，还是无配偶女性收养男性，40周岁以上的年龄差是否合适？从本条的规范意旨看，主要是通过划定一定的年龄差，避免无配偶者收养异性子女时对子女的性侵害。从这个规范目的来看，40周岁的年龄差是合适的。然而，在符合这一标准的前提下，收养人往往年龄也相对较大，能否很好地承担起对未成年子女的抚养、教育和保护义务，也值得考虑。假设被收养的子女13周岁，在符合40周岁年龄差的前提下，无配偶的收养人至少已经53周岁了，此时其能否独自一人负担起监护职责？尽管我们在收养人条件中规定了收养人必须具有抚养、教育和保护被收养人的能力，但不容否认的是，收养人年龄较大势必会在一定程度上影响其监护职责的承担。对于是否应当适当降低年龄差，在保护未成年人的合法权益与保证收养人的抚养教育能力之间，还应取得平衡与兼顾。本条尽管维持了收养法原来的规定，但其最终的效果如何，还要经受实践的检验。

第一千一百零三条 【继父母收养继子女】

继父或者继母经继子女的生父母同意，可以收养继子女，并可以不受本法第一千零九十三条第三项、第一千零九十四条第三项、第一千零九十八条和第一千一百条第一款规定的限制。

【立法背景】

在收养关系中，存在一类特殊主体之间的收养，即继父母对继子女的收养。子女跟随生父或生母再婚时，即使没有经过收养程序，子女与生父或生母的再婚配偶之间，也会因为再婚事实的存在而可能形成抚养教育关系。在这种情况下，就既存在着子女与共同生活一方的生父或生母之间的父母子女关系，又存在着子女与共同生活一方的生父或生母的再婚配偶之间的继父母子女关系。继父或者继母则可以通过收养继子女，在双方之间形成养父母子女关系，同时因收养关系的成立，子女与生父母之间的亲子关系得以消除。这样一来，收养便使得继父或者继母与继子女之间的双重关系简单化，权利义务更为清晰。正是基于这方面考虑，立法对于继父母收养继子女，规定了较为宽松的收养条件。

【条文精解】

根据本条规定，继父或者继母收养继子女的，应当满足以下条件：

一是必须经过子女的生父母同意。继父或者继母收养继子女的，一般而言，与继子女共同生活的生母或者生父会表示同意。因为无论最终收养是否成立，继子女与其共同生活的生母或者生父之间的父母子女关系是始终存在的。在这种情况下，与子女共同生活的生母或者生父如果同意其再婚配偶收养自己的子女，有利于在法律上尽快确定子女与其配偶之间的养父母子女关系，从而进一步稳定再婚后的家庭关系，使子女得到家庭关爱。相对而言，未与继子女共同生活的生父或者生母对于收养的意见更为重要，因为一旦继父或者继母与继子女之间的收养关系成立，就同时意味着子女与未共同生活的生父或者生母之间的父母子女关系消除，双方尽管在血缘上仍是亲子，但在法律上的父母子女关系将不复存在。因此，收养关系若要成立，必须首先得到生父母的同意。

二是鉴于继父母收养继子女能够使亲子关系更为清晰，因此立法对于这种情况下的收养，同其他类型的特殊收养一样，在许多方面放宽了收养条件的限制。包括：（1）可以不受《民法典》第1093条第3项的限制，即继父或者继母收养继子女的，继子女不必属于生父母有特殊困难无力抚养的子女。根据被收养人范围的一般要求，只有丧失父母的孤儿、查找不到生父母的未成年人以及生父母有特殊困难无力抚养的子女可以被收养，但在继父母收养继子女的情况下，继子女不必属于生父母有特殊困难无力抚养的子女。这相当于放宽了对于生父母经济或身体条件方面的要求，无论是否存在特殊困难，只要其主观上同意送养，都可以成立有效的收养关系。（2）可以不受《民法典》第1094条第3项的限制，即生父母作为送养人时不必属于有特殊困难无力抚养子女的情形。同第1项的放宽条件相似，本项限制的放宽是从送养人角度作出的规定。一般而言，担任送养人的主体包括三类，即孤儿的监护人、儿童福利机构以及有特殊困难无力抚养子女的生父母。在继父母收养继子女的情况下，生父母作为送养人，即使不属于有特殊困难无力抚养的情形，根据本项规定，依然可以送养子女，成立其与继父或者继母之间的收养关系。（3）可以不受《民法典》第1098条规定的限制。《民法典》第1098条是对收养人应当具备条件的规定，包括子女数量、抚养能力、疾病情况、违法犯罪记录以及年龄等多个方面。在继父母收养继子女的情况下，可以不受这些条件的限制。客观而言，这一项条件的放宽是非常重大的，但考虑到继父母收养继子女后，毕竟尚有生父或者生母一方与其共同生活，同时亦有未共同生活一方生母或者生父的同意，因此这种条件的放宽，我们认为是可以接受的，也有助于鼓励更多的继父母与继子女间形成收养关系，尽快稳定家庭关系。（4）可以不受《民法典》第1100条第1款规定的限制。《民法典》第1100条第1款是对收养人收养子女数量的规定，即无子女的收养人可以收养两名子女；有一名子女的收养人只能收养一名子女。在继父母收养继子女的情况下，可以不受这种数量的限制。放宽收养子女数量的限制，有助于所有与生父或生母共同生活的子女同时被继母或者继父收养，使得这些子女同在一个家庭成长，更有助于其身心健康。

第一千一百零四条 【收养、送养自愿】

收养人收养与送养人送养，应当双方自愿。收养八周岁以上未成年人的，应当征得被收养人的同意。

【立法背景】

收养是在收养人与被收养人之间成立拟制父母子女关系的法律制度，其牵涉送养人、收养人、被收养人等多方主体的权益。从本质上看，收养属于民事法律行为，需要体现当事人的意思自治，最大程度遵从当事人的自愿。根据本法有关收养制度的规定，这种意思自治须体现在送养人、收养人以及被收养人等各方主体是否同意收养的主观意志方面。《民法典》第1093条、第1094条、第1098条分别对被收养人、送养人及收养人的范围或条件作了规定。这些主体在成立有效的收养关系时，必须真实、明确地表达收养意愿，如果这种意愿的表达非出于内心真意，则会影响收养关系的效力。

【条文精解】

本条与收养法的规定相比，仅在征得被收养人自己同意的年龄标准方面作了修改，其他未作实质修改。根据本条规定，收养人收养与送养人送养，应当双方自愿。收养8周岁以上未成年人的，应当征得被收养人的同意。

第一千一百零五条 【收养登记、收养协议、收养公证、收养评估】

收养应当向县级以上人民政府民政部门登记。收养关系自登记之日起成立。

收养查找不到生父母的未成年人的，办理登记的民政部门应当在登记前予以公告。

收养关系当事人愿意签订收养协议的，可以签订收养协议。

收养关系当事人各方或者一方要求办理收养公证的，应当办理收养公证。

县级以上人民政府民政部门应当依法进行收养评估。

【立法背景】

所谓收养登记，根据《民政部婚姻司谈收养登记的意义、范围和程序》（1992年4月1日发布）的解释，是国家通过主管部门对申请建立收养关系的当事人，依照收养法规定的收养条件进行审查，对符合法定收养条件的准予登记，收养关系随之成立的一项制度。它是中国公民收养查找不到生父母的弃婴、儿童以及社会福利机构抚养的孤儿和外国人收养中国儿童取得合法收养关系的必经程序。从这一规定看，收养登记属于一种行政确认行为，行政机关只负责对当事人遵循平等自愿原则所建立收养关系的合法性及其结果进行审查确认。国家建立收养登记制度意义重大，通过这一制度，国家能够对收养关系的建立进行监督，及时发现和纠正违反收养制度的行为，依法保护收养关系当事人尤其是被收养人的合法权益，促进家庭和睦和社会稳定。从另一方面讲，国家要求对收养关系进行登记，还体现了国家对公民收养子女的关心，通过收养登记，亦可对公民进行有关收养的法制宣传，防止违反收养法律规定的行为发生。除收养登记外，收养关系当事人愿意订立收养协议的，可以订立收养协议；收养关系当事人各方或者一方要求办理收养公证的，应当办理收养公证；县级以上人民政府民政部门应当依法进行收养评估。

【条文精解】

本条第1款首先对收养登记作出规定。根据本款规定，收养应当向县级以上人民政府民政部门登记。收养关系自登记之日起成立。负责代表国家进行收养登记的职能部门是民政部门，且在部门层级上必须是县级以上人民政府的民政部门。因此，办理收养登记的法定机关是县级以上人民政府的民政机关。

　　本条第 2 款规定，收养查找不到生父母的未成年人的，办理登记的民政部门应当在登记前予以公告。本款是 1998 年修改收养法新增加的条款，是对于收养查找不到生父母的未成年人的登记程序的特殊要求。对于查找不到生父母的未成年人而言，尽管在送养人提交申请文件及材料环节已经要求其提交相关的原始记录、报案证明等，但为了在正式办理登记前再次确认该未成年人确属查找不到生父母的状况，本款对办理登记的民政部门附加了应予公告的义务，其目的在于最大努力地查找未成年人的生父母，尽可能使未成年人回归原始家庭，以最大程度保护其合法权益。根据《中国公民收养子女登记办法》第 7 条规定，收养查找不到生父母的弃婴、儿童的，收养登记机关应当在登记前公告查找其生父母；自公告之日起满 60 日，弃婴、儿童的生父母或者其他监护人未认领的，视为查找不到生父母的弃婴、儿童。公告期间不计算在登记办理期限内。因此，对于查找不到生父母的未成年人的收养，除遵从一般的程序性要求外，还必须按要求进行公告。

　　本条第 3 款是关于收养协议的规定，即收养关系当事人愿意签订收养协议的，可以签订收养协议。与收养登记不同，本法对于收养协议的签订并非强制性规定，而是可以由当事人根据具体情况自愿选择是否签订。鉴于收养是变更身份的民事法律行为，如果当事人选择签订收养协议，必须由收养人与送养人双方亲自进行，不得由他人代理。收养协议中，无论是收养人、送养人还是被收养人，必须符合法律规定的条件要求，其内容也必须符合相关的规定。如果被收养人已年满 8 周岁，收养协议中还必须包含被收养人同意收养的意思表示。从形式上讲，收养协议应当采用书面形式，双方当事人各执一份，协议自双方当事人签字盖章之日起生效。

　　本条第 4 款是关于收养公证的规定，即收养关系当事人各方或者一方要求办理收养公证的，应当办理收养公证。从这一规定看，收养公证并非收养的必经程序，只有收养关系的各方当事人或者一方当事人提出办理收养公证的要求时，才依法予以办理。从办理顺序上看，公证一般应当在签订收养协议并且办理收养登记后进行；如果尚未办理收养登记，仅就收养协议进行公证，只能证明协议是真实合法的，并不能证明收养关系已经成立。

　　本条第 5 款是关于收养评估的规定，即县级以上人民政府民政部门应当依法进行收养评估。关于收养评估的标准、程序、条件、范围等，可由国务院有关部门根据本款的规定制定具体的实施办法。

第一千一百零六条 【被收养人户口登记】

收养关系成立后，公安机关应当按照国家有关规定为被收养人办理户口登记。

【立法背景】

收养关系成立后，收养人与被收养人之间就成立了拟制的父母子女关系，适用一切同父母子女关系有关的规定。从户籍管理的角度，既然在法律上被收养人已经成为收养人的子女，理应将被收养人纳入收养人的户籍之中。根据《中国公民收养子女登记办法》第8条的规定，收养关系成立后，需要为被收养人办理户口登记或者迁移手续的，由收养人持收养登记证到户口登记机关按照国家有关规定办理。

【条文精解】

围绕本条，需要明确以下几点：第一，为被收养人办理户口登记的前提是必须成立收养关系。根据《民法典》第1105条的规定，收养关系自登记之日起成立。只有通过合法的收养登记成立收养关系后，收养人才能申请公安机关为被收养人办理有关的户口登记。第二，办理登记的职能部门是公安机关。这一点是由我国的户籍管理体制所决定的，无须多言。第三，根据被收养人的不同情况，需要办理的户口登记类型既包括原始的户口登记，也包括户口迁移。第四，为被收养人办理户口登记，需要依照国家有关规定进行。

第一千一百零七条 【孤儿或者生父母无力抚养子女的抚养】

孤儿或者生父母无力抚养的子女，可以由生父母的亲属、朋友抚养；抚养人与被抚养人的关系不适用本章规定。

【立法背景】

《民法典》第1093条规定了被收养人的范围，包括丧失父母的孤儿、查找不到生父母的未成年人以及生父母有特殊困难无力抚养的子女。也就是说，这三类主体可以通过收养制度来实现权益保护的目的。那么，除了适用收养制度之外，是否还可以通过别的方式来对该类主体的权益保护呢？根据本条规定，通过抚养的方式，也可以实现对于孤儿以及生父母无力抚养的子女的照顾养育，只是抚养人与被抚养人之间的关系不适用本章关于收养的规定。

所谓抚养，是指无民事行为能力或者限制民事行为能力的未成年人的亲属或者其他主体对未成年人所承担的供养、保护和教育的责任。一般来说，引起抚养权变更的原因大致包括以下几点：一是与未成年子女共同生活并负有抚养义务的一方患有严重疾病或因伤残等丧失继续抚养未成年子女的条件。二是与未成年子女共同生活的一方未尽到抚养义务或者在共同生活期间有虐待行为的发生，对于未成年子女的身心健康产生了不利的影响。三是共同生活的未成年子女在满 8 周岁以后，要求并愿意与另一方生活的。根据本法规定，抚养包括的范围较广，首先，父母对子女有抚养的义务。《民法典》第 26 条规定，父母对未成年子女负有抚养、教育和保护的义务。其次，祖父母、外祖父母在一定情形下对孙子女、外孙子女也负有抚养义务。《民法典》第 1074 条规定，有负担能力的祖父母、外祖父母，对于父母已经死亡或者父母无力抚养的未成年孙子女、外孙子女，有抚养的义务。最后，兄姐与弟妹在一定条件下，也相互负有扶养的义务。《民法典》第 1075 条规定，有负担能力的兄、姐，对于父母已经死亡或者父母无力抚养的未成年弟、妹，有扶养的义务；由兄、姐扶养长大的有负担能力的弟、妹，对于缺乏劳动能力又缺乏生活来源的兄、姐，有扶养的义务。与抚养的适用范围较广不同，收养只能是在收养人与被收养人之间成立父母子女关系，且收养成立后，被收养人与其生父母及其近亲属之间的权利义务关系因收养的成立而消除。本条最主要的规范目的，即在于说明抚养关系与收养关系的不同以及抚养不能适用收养的有关规定。

【条文精解】

根据本条规定，当孤儿或者生父母有特殊困难无力抚养的子女没有通过收养重新确立父母子女关系时，生父母的亲属、朋友可以通过抚养未成年人来实现对其权益的保护，其实质是未成年人的抚养权发生了变更。这不仅涉及未成年人今后的生活环境及成长条件的改变，而且关系到各方面关系人的抚养权问题。首先，抚养权的变更，受影响最为直接的是未成年人本人。基于未成年人利益最大化的原则，当原先的抚养人死亡或者丧失抚养条件时，变更抚养权能够有效维护未成年人良好的成长环境。其次，允许生父母的亲属、朋友在有抚养能力及抚养意愿时承担抚养未成年人的义务，充分考虑到了生父母与其亲属、朋友之间的情感联系，也在实现未成年人利益保护的同时，避免了有可能出现的法律冲突。最后，生父母的亲属、朋友抚养未成年人时，不受本章有关收养规定的限制。因此，本章有关收养条件、收养人数、收养登记等一系列规定，均不适用于生父母的亲属、朋友抚养未成年人的情形。

第一千一百零八条 【祖父母、外祖父母的优先抚养权】

配偶一方死亡，另一方送养未成年子女的，死亡一方的父母有优先抚养的权利。

【立法背景】

根据《民法典》第 1094 条的规定，生父母在因特殊困难无力抚养子女时，可以作为送养人，将子女送给他人收养。同时，《民法典》第 1087 条对于生父母送养子女的原则性要求作了规定，即生父母送养子女的，应当双方共同送养。那么，在配偶一方死亡的情形之下，另一方可能因存在特殊困难无力抚养子女而有送养子女的需求，此时，这种送养行为是否应当受到一定限制呢？这里首先需要指出的是，对于监护人送养孤儿的，《民法典》第 1096 条是作出了限制性规定的。根据该条，监护人送养孤儿的，应当征得有抚养义务的人同意。有抚养义务的人不同意送养、监护人不愿意继续履行监护职责的，应当依照有关规定另行确定监护人。那么，对于配偶一方死亡，另一方决定送养未成年子女的，会受到何种限制性要求呢？

【条文精解】

根据本条规定，配偶一方死亡，另一方送养未成年子女的，死亡一方的父母有优先抚养的权利。在我国的国情下，一般而言，祖父母、外祖父母对于自己的孙子女、外孙子女都疼爱有加，所谓"隔代亲"即指此义。尤其是，当自己的子女死亡后，无论是基于对孙子女、外孙子女的疼爱，还是基于对自己子女情感的延续，祖父母、外祖父母一般都愿意承担起抚养孙子女、外孙子女的责任。在这一背景下，本条赋予他们在未成年人被送养时优先抚养的权利，这对于未成年人而言，无疑是有利的，也尊重了老人对自己子女、对孙子女、外孙子女的情感需求。依据本条，如父亲死亡，母亲因特殊困难送养未成年子女的，祖父母可以不同意送养，而主张由自己抚养孙子女。同样，母亲死亡，父亲因特殊困难送养未成年子女的，外祖父母也可以不同意送养，主张由自己抚养外孙子女。本条赋予祖父母、外祖父母对于孙子女、外孙子女优先抚养的权利，能够使未成年人在充满关爱的熟悉环境中健康成长，有助于保护未成年人的利益。

第一千一百零九条【外国人在中国收养子女】

外国人依法可以在中华人民共和国收养子女。

外国人在中华人民共和国收养子女，应当经其所在国主管机关依照该国法律审查同意。收养人应当提供由其所在国有权机构出具的有关其年龄、婚姻、职业、财产、健康、有无受过刑事处罚等状况的证明材料，并与送养人签订书面协议，亲自向省、自治区、直辖市人民政府民政部门登记。

前款规定的证明材料应当经收养人所在国外交机关或者外交机关授权的机构认证，并经中华人民共和国驻该国使领馆认证，但是国家另有规定的除外。

【立法背景】

关于外国人在我国收养子女，即涉外收养，在 1978 年改革开放以前，数量是非常少的。1978 年改革开放以后，中国涉外收养的数量逐步增加，但关于涉外收养的法律仍然是一片空白。1988 年，政府放宽了收养政策，我国涉外收养的规模逐步呈增长之势。其时，从国际上看，涉外收养已经得到了广泛的认可和推行。我国在 1991 年正式颁布了收养法，该法对于涉外收养作出了明确规定。紧接着，司法部、民政部 1993 年又联合发布了《外国人在中华人民共和国收养子女实施办法》，对于涉外收养从具体实施层面作了规定。2011 年 4 月 1 日实施的《涉外民事关系法律适用法》对涉外收养的法律适用作了规定。从目前世界各国和地区涉外收养的情况看，中国已经成为涉外收养最大的送养国之一，有必要对外国人在中国收养子女作出规定。

【条文精解】

本条第 1 款规定，外国人依法可以在中华人民共和国收养子女。这里的"依法"是指依照我国有关收养的法律法规进行收养行为。从这一表述看，外国人在我国为收养行为，在法律适用方面采取的是属地主义，即必须依照中国有关收养的法律法规进行。同时，该条第 2 款规定，外国人在中华人民共和国收养子女，应当经其所在国主管机关依照该国法律审查同意。这说明，除了遵守我国的法律之外，外国人在中国收养子女的，还需要遵守所在国的法律规定。按照本章有关被收养人、送养人以及收养人条件的规定，外国人在我国收养子女的，必须符合这些实质性条件的要求。

本条第2款主要是对外国人收养的形式要件的规定。根据规定，收养人应当提供由其所在国有权机构出具的有关其年龄、婚姻、职业、财产、健康、有无受过刑事处罚等状况等证明材料，并与送养人订立书面协议，亲自向省、自治区、直辖市人民政府民政部门登记。截至目前，与我国建立收养合作关系的国家有17个，包括美国、加拿大、英国、法国、西班牙、意大利、荷兰、比利时、丹麦、挪威、瑞典、芬兰、冰岛、爱尔兰、澳大利亚、新西兰、新加坡。

根据本条第3款规定，上述证明材料应当经收养人所在国外交机关或者外交机关授权的机构认证，并经中华人民共和国驻该国使领馆认证，但是国家另有规定的除外。与收养法的规定相比，本条增加了"国家另有规定的除外"的规定。这主要是考虑到，目前我国正在认真考虑、积极推动加入《关于取消外国公文书认证的公约》，增加除外规定能够为将来加入该公约、履行条约义务留下空间。

第一千一百一十条 【保守收养秘密】

收养人、送养人要求保守收养秘密的，其他人应当尊重其意愿，不得泄露。

【立法背景】

收养在收养人与被收养人之间成立了拟制的父母子女关系，涉及送养人、收养人、被收养人等多方主体。收养的成立，势必会对收养家庭、原生家庭以及被收养人本身产生影响。从当事人的角度考虑，在收养成立、家庭关系重新稳定之后，可能会希望保守有关收养的秘密。这里既包括被收养人被收养的事实应予保密，也包括收养家庭、原生家庭的情况的保密。相较于原生家庭父母子女之间的亲子关系，收养所形成的拟制父母子女关系更容易受到外界的影响。实践中，有很多原本相处和谐融洽的养父母与养子女，在收养事实被披露后，心生隔阂，关系淡化，甚至最终导致收养关系的解除。

【条文精解】

根据本条规定，在收养人、送养人要求保守收养秘密时，其他人应当尊重其意愿，不得泄露。对于被收养人而言，保守收养秘密有助于稳定收养关系，避免对其心理产生影响，从而有利于被收养人的健康成长；对于收养家庭而言，保守收养秘密可以使其免受原生家庭的干扰，维护收养家庭与被收养人之间和睦稳定的家庭关系；对于原生家庭而言，也有助于保护其隐私，使生父母彻底与过去告别，开始新生活，避免被收养人对生父母现有生活的打扰。

第二节　收养的效力

第一千一百一十一条　【收养的拟制效力】

自收养关系成立之日起，养父母与养子女间的权利义务关系，适用本法关于父母子女关系的规定；养子女与养父母的近亲属间的权利义务关系，适用本法关于子女与父母的近亲属关系的规定。

养子女与生父母以及其他近亲属间的权利义务关系，因收养关系的成立而消除。

【立法背景】

收养在收养人与被收养人之间成立了拟制的父母子女关系。收养关系成立后，这种后天通过法律拟制形成的父母子女关系，是否与自然形成的父母子女关系同样适用法律？养子女与养父母的近亲属之间的权利义务关系，应当如何确定？收养关系成立后，养子女与生父母及其他近亲属之间的权利义务关系，是继续维持还是自此消除？这些属于本条的规范内容。

【条文精解】

首先，关于养父母与养子女间的权利义务关系。根据本条规定，自收养关系成立之日起，养父母与养子女间的权利义务关系，适用本法关于父母子女关系的规定。本法关于父母子女关系的规定主要集中在民法典总则编及婚姻家庭编。比如，《民法典》第26条规定，父母对未成年子女负有抚养、教育和保护的义务；第1067条规定，父母不履行抚养义务的，未成年子女或者不能独立生活的成年子女，有要求父母给付抚养费的权利；第 1070 条规定，父母和子女有相互继承遗产的权利。这些规范父母子女权利义务关系的规定，都可在收养关系成立后，适用于养父母子女之间。换言之，尽管收养形成的是拟制血亲，但在法律适用方面，其与自然血亲之间并无差别。

其次，关于养子女与养父母的近亲属间的权利义务关系。由于收养关系成立后，养父母子女之间同自然形成的父母子女关系并无二致，因此，在养子女与养父母近亲属关系方面，也同样适用本法关于子女与父母的近亲属之间关系的规定。比如，根据《民法典》第 1074 条规定，有负担能力的祖父母、外祖父母，对于父母已经死亡或者父母无力抚养的未成年孙子女、外孙子女，有抚养的义务。

最后，本条第 2 款规定了收养关系成立后，养子女与生父母及其他近亲属间的权利义务关系相应得以消除。收养关系成立后，养父母与养子女间形成了拟制的父母子女关系。此时，如果养子女与生父母的关系继续维持，则会出现双重的父母子女关系，这将使得亲子关系变得较为复杂，也与人们的普遍认知不符。因此，本条作了上述规定。只要收养关系成立，养子女与生父母及其他近亲属间的权利义务关系就得以消除。

第一千一百一十二条 【养子女姓氏选取】

养子女可以随养父或者养母的姓氏，经当事人协商一致，也可以保留原姓氏。

【立法背景】

根据《民法典》第 1106 条的规定，收养关系成立后，公安机关应当按照国家有关规定为被收养人办理户口登记。在办理登记的过程中，养子女的姓氏选取应当如何确定，是一个值得思考的问题。是沿用自己原来的姓氏，还是随养父或者养母的姓氏？是尊重当事人意愿，还是由国家作出统一规定？

【条文精解】

本条对此确定的原则是，养子女可以随养父或者养母的姓氏，经当事人协商一致，也可以保留原姓氏。从这一规定看，在收养关系成立后养子女姓氏的选取方面，立法还是充分尊重了各方当事人的意愿。

本条规定养子女可以随养父或者养母的姓氏，这与本法人格权编有关子女姓氏选取的规定也是一致的。《民法典》第1015条规定，自然人应当随父姓或者母姓，但是有下列情形之一的，可以在父姓和母姓之外选取姓氏：（1）选取其他直系长辈血亲的姓氏；（2）因由法定扶养人以外的人扶养而选取扶养人姓氏；（3）有不违背公序良俗的其他正当理由。收养关系成立后，养父母与养子女间成立了法律拟制的父母子女关系，允许养子女选取养父或者养母的姓氏，既有助于增强养子女与养父或者养母之间相互的情感认同，便于其更好更快融入收养家庭，也有利于对他人保守收养秘密，维护当事人的隐私权。当然，从另一方面来说，送养人与收养人在收养关系成立时也可能早已约定好未成年子女的姓氏问题，如果双方协商一致，法律也并不禁止未成年人保留原姓氏。比如，在生父母因特殊困难无力抚养而送养子女时，基于情感方面的考虑，生父母可能希望子女在被他人收养之后仍保留原姓氏。此时，如果收养人对此不持异议，当然是允许的。这充分体现了对于收养关系当事人意思自治的尊重，在实践中也不会有操作上的困难。

第一千一百一十三条 【收养行为无效】

有本法第一编关于民事法律行为无效规定情形或者违反本编规定的收养行为无效。

无效的收养行为自始没有法律约束力。

【立法背景】

收养关系成立之后，在一般情形下，是有效的收养。那么，在哪些情形下收养行为有可能被认定无效，实际上体现了公权力对于收养行为的干预。其中的原因在于，尽管收养是一种具有人身性质的民事法律行为，其核心是当事人的合意，但作为民事法律行为，收养还必须受到民事法律行为效力判断一般原则的约束，同时也要接受国家在收养领域的一些强制性干预，以确保行为自身的合法性、正当性。本条基于以上考虑，对于无效收养行为作了规定，即有民法典第一编总则关于民事法律行为无效规定情形或者违反本编规定的收养行为无效。

【条文精解】

本条对于收养效力问题，采取了与收养法一致的做法，只规定了收养行为的无效。根据本条规定，在两种情形之下，收养行为将被认定为无效。

第一，有民法典总则编关于民事法律行为无效规定的情形。民法典总则编第六章"民事法律行为"专设第三节规定了民事法律行为的效力。其第143条首先从正面规定了民事法律行为有效应当具备的条件，包括行为人具有相应的民事行为能力、意思表示真实以及不违反法律、行政法规的强制性规定、不违背公序良俗。在此基础上，如果不具备或者不完全具备这些条件的民事法律行为，其效力将受到影响，可导致无效、可撤销、效力待定等多种效力形态。其中，属于无效民事法律行为的情形包括：(1)无民事行为能力人实施的民事法律行为无效；(2)行为人与相对人以虚假的意思表示实施的民事法律行为无效；(3)违反法律、行政法规的强制性规定的民事法律行为无效，但是，该强制性规定不导致该民事法律行为无效的除外；(4)违背公序良俗的民事法律行为无效；(5)行为人与相对人恶意串通，损害他人合法权益的民事法律行为无效。从总则编的规定看，这些无效情形涵盖了行为人行为能力欠缺、意思表示不真实、违法性等各个方面，是总则编对于民事法律行为效力否定性评价的主要依据。收养作为具有人身性质的民事法律行为，自然应当受到总则编有关民事法律行为效力评价规定的约束。如果送养人与收养人之间的收养行为具有上述情形的，则行为应属无效。

第二，违反本编规定的收养行为无效。除具有总则编无效情形的收养行为应属无效收养之外，如果收养行为违反了婚姻家庭编的规定，也应属于无效的收养行为。例如，收养行为违反了有关被收养人、送养人、收养人的条件，以及收养人数的限制、无配偶者收养异性子女的年龄限制等；又如，未依法向县级以上民政部门办理收养登记；再如，违反有关收养应当遵循最有利于被收养人的原则，保障被收养人和收养人的合法权益的规定，违反禁止借收养名义买卖未成年人的规定等，均为无效收养。

本条第2款规定，无效的收养行为自始没有法律约束力。根据《民法典》第155条规定，无效的民事法律行为自始没有法律约束力。收养作为具有人身性质的民事法律行为，也应遵循法律行为制度的基本原理，一旦被认定无效，也应当是从行为一开始便没有法律约束力。

第三节　收养关系的解除

第一千一百一十四条　【协议及诉讼解除收养关系】

收养人在被收养人成年以前，不得解除收养关系，但是收养人、送养人双方协议解除的除外。养子女八周岁以上的，应当征得本人同意。

收养人不履行抚养义务，有虐待、遗弃等侵害未成年养子女合法权益行为的，送养人有权要求解除养父母与养子女间的收养关系。送养人、收养人不能达成解除收养关系协议的，可以向人民法院提起诉讼。

【立法背景】

收养是在收养人、被收养人之间成立拟制父母子女关系的制度。收养关系自成立之日起，就需要遵循最有利于被收养人的原则，保障被收养人和收养人的合法权益。可以说，最有利于被收养人的原则，需要贯穿收养行为的始终。收养关系成立后，收养人与被收养人之间成立了父母子女关系，收养人作为养父母，应当依法承担起抚养、教育、保护未成年子女的义务，尽心竭力履行监护职责，为未成年子女的健康成长创造良好的条件。同时，这种职责的承担也使得收养人能够真正分享为人父母的快乐，符合收养的初衷。因此，从有利于未成年子女成长的角度考虑，本条确立了原则上在被收养人成年之前，收养人不得单方解除收养关系的规定。这主要是出于确保被收养人能够正常获得生活来源得以健康成长的考虑。如果允许收养人在被收养人成年之前随意解除收养关系，就有可能出现被收养人无人抚养的情形，势必会影响被收养人的生活及成长。当然，这种对收养关系解除的禁止也并非绝对，如果作为收养关系双方当事人的收养人与送养人能够就解除收养关系达成一致协议，被收养人就不会陷入无人抚养的境地，此时，是可以解除收养关系的。但对于被收养人达到8周岁以上的，还需要征得被收养人本人的同意。这里要求征得8周岁以上的被收养人同意，同样也是出于未成年人利益最大化的考虑。未成年的被收养人尽管不是订立收养协议的当事人，但是对于已满8周岁的被收养人而言，其已经具备了一定的认知能力，在决定是否解除收养关系的时候，要求征得被收养人的意见，充分体现了对于未成年子女利益的重视和尊重。

在有的情形下，收养人不履行抚养义务，甚至可能存在虐待、遗弃等损害未成年养子女合法权益的现象。在这种情况下，如果不允许解除收养关系，可能更不利于未成年子女的健康成长。同时，送养人作为送养主体，尽管在收养关系成立后就与被收养人不再具有抚养与被抚养的关系，但赋予送养人必要的"监督"职责，仍是必要的。送养人在收养人具有上述情形时，可以向收养人提出解除收养关系；如果送养人与收养人无法就解除收养关系达成协议，可以通过向法院提起诉讼的方式申请解除。

【条文精解】

从本条第 1 款规定看，协议解除收养关系存在以下特点，需要准确把握：一是原则上，在被收养人成年以前，收养人不得单方解除收养关系。这一规定主要是出于对未成年人利益的保护，防止因收养人推卸责任而致使未成年人无人抚养的状况出现。二是收养人与送养人经协商一致，可以解除收养关系。在收养人不得随意解除收养关系的原则要求之下，如果收养人与送养人能够协商一致，意味着对未成年人的抚养不会出现问题，从尊重双方当事人意思自治的角度出发，可以允许解除收养关系。三是养子女 8 周岁以上的，应当征得其同意。在送养人、收养人就解除收养关系达成一致的前提下，如果养子女属于 8 周岁以上的限制行为能力人，则还需要征得养子女的同意才可解除收养关系。这是因为，收养关系的解除不能只考虑送养人、收养人的意愿。养子女 8 周岁以上的，能够基于被抚养经历及情感联系选择最有利于自己的成长环境，此时就需要征得其同意方可解除收养关系。四是收养人、送养人协商解除收养关系只能通过协议解除的方式，不能通过诉讼方式解除。

本条第 2 款是通过诉讼解除收养关系的规定。理解本款需要注意以下几点：一是适用本款规定的前提是被收养人尚未成年。二是本款适用的对象仅为送养人，不适用于收养人或者被收养人。其立法初衷在于，为保护被收养人的合法权益，赋予送养人在一定条件下提起解除收养关系之诉的权利。三是本款的适用情形有严格限制，即收养人不履行抚养义务，有虐待、遗弃等侵害未成年养子女合法权益的行为。如果收养人不存在这些行为，则送养人无权提起解除收养关系的诉讼。

第一千一百一十五条 【养父母与成年养子女收养关系的解除】

养父母与成年养子女关系恶化、无法共同生活的，可以协议解除收养关系。不能达成协议的，可以向人民法院提起诉讼。

【立法背景】

收养在收养人与被收养人之间成立了拟制的父母子女关系。收养关系成立后，收养人作为养父母承担起抚养、教育和保护未成年养子女的职责，能够为养子女提供温暖的家庭氛围及良好的成长环境，养子女在这样的氛围和环境中，获得了来自身体、心理各方面的抚慰和照顾，同时，收养人作为养父母也能够通过自己的付出，体会为人父母的幸福，感受天伦之乐。此外，不可否认的一点是，我国的收养制度还是养老制度的重要补充。许多养父母收养子女的初衷，除了为国家和社会减轻负担，自愿承担抚养、教育下一代的重任之外，也是为了今后自己能够老有所依、老有所养。然而，家庭生活是复杂的，所谓"家家有本难念的经"。收养关系成立后，尤其是在养父母含辛茹苦，付出巨大时间、金钱、精力将被收养人抚养成年后，被收养人却可能因为各种原因与养父母交恶，以致无法共同生活。原本养父母所抱有的被收养人成年后能够履行对自己的赡养、扶助义务的期待，也会因这种关系的恶化而化为泡影。在这种情形之下，收养就失去了其原本的意义。此时，允许双方协商解除收养关系，是对于彼此都有益的做法。如果经过协商，无法就解除收养关系达成协议，比如一方坚决要求解除收养关系而对方不同意解除时，要求解除收养关系的一方可以向人民法院提起诉讼，来解除收养关系。

【条文精解】

正确理解和适用本条，需要注意以下几点：第一，本条解决的是养父母与成年养子女关系恶化、无法共同生活时收养关系的解除，不包括养子女为未成年人时的情形。根据《民法典》第1114条的规定，收养人在养子女成年以前，不得解除收养关系，除非收养人、送养人协议解除。如果收养人因无法解除收养关系而对未成年子女不履行抚养义务，甚至虐待、遗弃未成年子女的，送养人可以要求解除收养关系。第二，本条所规范的养父母与成年养子女之间收养关系的解除，既包括协议解除，也包括诉讼解除。当养父母与成年养子女双方关系恶化、无法共同生活时，可以由一方提出解除收养关系的意思表示，另一方如果同意，则双方就可以协议解除。如果一方提出解除，另一方不同意解除或者对解除收养关系的具体内容不认可，则可以通过向法院提起诉讼的方式解除收养关系。无论是养父母还是成年养子女，均享有诉权。第三，养父母与成年养子女解除收养关系的原因是双方关系恶化、无法共同生活，至于引起关系恶化的具体原因在所不问。实践中，成年养子女既可能因为生活方式、价值理念的不同而与养父母关系恶化，也可能存在成年后为逃避赡养义务而故意与养父母交恶，无论出于何种原因，此时勉强维持收养关系都于双方无益，应允许解除收养关系。对于解除收养关系后养父母的生活保障，《民法典》第1118条作了规定，即经养父母抚养的成年养子女，对缺乏劳动能力又缺乏生活来源的养父母，应当给付生活费。

第一千一百一十六条 【协议解除收养关系登记】

当事人协议解除收养关系的，应当到民政部门办理解除收养关系登记。

【立法背景】

根据《民法典》第1105条的规定，收养应当向县级以上人民政府民政部门登记，收养关系自登记之日起成立。作为一种在收养人与被收养人之间成立拟制父母子女关系的民事法律行为，收养需要经登记成立。那么，在收养关系解除后，作为一种民事法律行为的终止方式，也应当在程序上通过登记予以确认。根据《中国公民收养子女登记办法》第9条的规定，收养关系当事人协议解除收养关系的，应当持居民户口簿、居民身份证、收养登记证和解除收养关系的书面协议，共同到被收养人常住户口所在地的收养登记机关办理解除收养关系登记。该办法第10条还规定，收养登记机关收到解除收养关系登记申请书及有关材料后，应当自次日起30日内进行审查；对符合收养法规定的，为当事人办理解除收养关系的登记，收回收养登记证，发给解除收养关系证明。

【条文精解】

理解本条，需要注意以下几点：第一，本条的规范对象是协议解除收养关系。根据《民法典》第1114条、第1115条的规定，协议解除收养关系包括以下几种情形：一是收养人与送养人协议解除收养关系。如果被收养人8周岁以上的，解除收养关系还须得到被收养人本人的同意。二是收养人不履行抚养义务，有虐待、遗弃等侵害未成年养子女合法权益行为的，送养人有权要求解除养父母与养子女之间的收养关系。此种情况下，送养人与收养人也可以通过协议的方式解除收养关系。三是养父母与成年养子女关系恶化、无法共同生活的，养父母与成年养子女可以通过协议的方式解除收养关系。因此，在上述三种情形下，如果双方达成了解除收养关系的协议，应当到民政部门办理解除收养关系登记。第二，按照有关程序要求，双方应携带必要的材料，共同到民政部门办理解除收养关系登记。同收养关系成立一样，收养关系的协议解除体现的也是双方的共同合意，只有双方同时到民政部门办理解除收养关系登记，才便于民政部门准确查明双方合意，正确办理登记。第三，民政部门查明双方的协议解除符合有关规定，依法办理登记，收养关系自登记之日起解除。民政部门在办理解除收养关系登记时，应当按照收养的有关规定进行审核，只有符合规定的，才可以办理解除登记。同时，与收养关系自登记之日起成立一样，收养关系的解除效力也应自解除收养关系登记之日起算。

第一千一百一十七条 【收养关系解除的法律后果】

收养关系解除后，养子女与养父母以及其他近亲属间的权利义务关系即行消除，与生父母以及其他近亲属间的权利义务关系自行恢复。但是，成年养子女与生父母以及其他近亲属间的权利义务关系是否恢复，可以协商确定。

【立法背景】

收养关系解除后，面临的首要问题就是未成年养子女的抚养、教育和保护。因为收养关系一旦解除，收养人与被收养人之间拟制的父母子女关系即告消除。从收养人的角度来说，其不可能再自愿承担起对被收养人的抚养、教育和保护义务。即使法律作了强制性规定，也无法再像收养关系存在时那般尽心竭力。因此，为了保护收养关系解除后被收养人的抚养教育问题，立法需要作出规定。

【条文精解】

考虑到生父母与被收养人之间始终存在无法割舍的血缘联系，在收养关系解除后，立法要求生父母承担起对于未成年子女的抚养教育责任，以确保未成年子女的利益不受侵犯。因此，本条规定了在收养关系解除后，养子女与养父母及其他近亲属的权利义务关系即行消除，而与生父母以及其他近亲属的权利义务关系自行恢复，无须办理任何手续。同时，也不区分协议解除还是诉讼解除，均产生此种法律后果。这样一来，对于未成年被收养人的抚养、教育就不会出现真空，能够自动得以接续，未成年人可以继续在良好的环境下健康成长。另外，如果收养关系解除后，养子女已经成年，意味着该子女已经具备完全行为能力，具有独立的思考和认知能力，可以自主决定未来的生活安排，能够依据自己的所思所想规划未来，包括与谁确立亲子关系等。因此，立法有必要赋予成年养子女与生父母及其他近亲属在收养关系解除后是否恢复权利义务关系的选择权，尊重双方的自由意志和选择。这既体现了对成年养子女及其生父母独立人格的尊重，也在一定程度上体现了权利义务相对等的原则：一方面，成年养子女会对生父母将自己送养别人而未尽抚养教育之责心有不满；另一方面，成年养子女长期与养父母共同生活，与生父母之间没有太多生活经历，双方很难建立深厚的情感。

第一千一百一十八条 【收养关系解除后生活费、抚养费的支付】

收养关系解除后，经养父母抚养的成年养子女，对缺乏劳动能力又缺乏生活来源的养父母，应当给付生活费。因养子女成年后虐待、遗弃养父母而解除收养关系的，养父母可以要求养子女补偿收养期间支出的抚养费。

生父母要求解除收养关系的，养父母可以要求生父母适当补偿收养期间支出的抚养费；但是，因养父母虐待、遗弃养子女而解除收养关系的除外。

【立法背景】

收养关系存续期间，收养人除了付出时间和精力尽心照顾未成年子女之外，还要为子女的健康成长支出生活费、教育费、医疗费等各方面费用。在收养关系一直维持的情况下，收养人在精神和物质方面的付出可以通过将来养子女成年后履行赡养、扶助义务得到回报和补偿。但是，在收养关系解除后，收养人在收养关系存续期间所付出的各项费用便无法通过被收养人将来履行赡养义务的方式进行补偿。此时，从权利义务相对等的角度出发，立法需要对双方进行利益上的平衡。

【条文精解】

本条第 1 款即是对此所作的针对性规定：收养关系解除后，经养父母抚养的成年养子女，对缺乏劳动能力又缺乏生活来源的养父母，应当给付生活费。因养子女成年后虐待、遗弃养父母而解除收养关系的，养父母可以要求养子女补偿收养期间支出的抚养费。作出这样的规定，主要是为了保护收养人的合法权益，妥善处理解除收养关系后的事宜。对于生父母要求解除收养关系的，本条第 2 款作出规定，养父母可以要求生父母适当补偿收养期间支出的抚养费，但是因养父母虐待、遗弃养子女而解除收养关系的除外。正确理解和适用本条，需要注意以下几点：

一是收养关系解除后，成年养子女应对抚养过自己的缺乏劳动能力又缺乏生活来源的养父母给付生活费。这里不区分协议解除还是诉讼解除，只要养父母尽了对于养子女的抚养义务，养子女成年后，对于缺乏劳动能力又缺乏生活来源的养父母，都应当给付生活费。这里需要满足几项条件：（1）收养关系已经解除。既包括协议解除，也包括诉讼解除。（2）养父母须实际抚养过养子女。如果收养关系成立后，养父母并未对养子女尽抚养义务，则其无权在养子女成年后要求支付生活费。这里体现的，仍然是权利义务相对等的原则。（3）养父母具有缺乏劳动能力又缺乏生活来源的情形。由于收养关系解除后，养父母与养子女间已经不再具有父母子女关系。此时，要求成年养子女向养父母给付生活费，更多是基于养父母之前的抚养事实。因此，对这一情形应该加以限制，即只有在养父母既缺乏劳动能力又缺乏生活来源时，成年养子女才有给付生活费的义务。

二是根据《民法典》第 1115 条规定，养父母与成年养子女关系恶化、无法共同生活的，既可以协议解除收养关系，不能达成协议的，可以向人民法院提起诉讼。此种情况下收养关系的解除，既可能确因双方生活观念不符所致，也可能是因成年养子女虐待、遗弃养父母而解除。在后一种情况下，尽管收养关系最终解除，但养父母可以要求养子女补偿收养期间支出的抚养费。这种补偿，一方面是考虑权利义务的对等，另一方面也是体现对养子女虐待、遗弃养父母行为的一种惩戒，是合理的。

三是生父母提出解除收养关系要求的，养父母可以要求生父母适当补偿收养期间支出的抚养费。在生父母提出解除收养关系要求的情形下，考虑到养父母对于养子女的成长付出了经济、时间等各方面的巨大成本，赋予养父母对于生父母抚养费的补偿请求权是合适的，但这种请求权有两方面限制：第一，养父母可以要求适当补偿抚养费支出。在长期的收养关系存续期间，养父母的具体支出是难以准确计算的。因此，养父母可以结合自己抚养教育养子女的具体情况，提出一个适当、大致的补偿标准。第二，解除收养关系的请求虽由生父母提出，但原因在于养父母虐待、遗弃养子女的，由于养父母自身存在过错，其无权提出补偿抚养费的请求。

第六编

继 承

第一章　一般规定

第一千一百一十九条 【继承编调整范围】

本编调整因继承产生的民事关系。

【立法背景】

民法典总则编规定的是民事行为的普遍性、共通性规范。民法典其他各编所调整的都是特定领域的民事关系。继承编所调整就是继承领域的民事关系，即因继承产生的民事关系。继承是自然人死亡后，按照法律规定或者遗嘱处理分配其所遗留的个人财产的制度。继承是一种古老的法律制度，可以说自有财产私有制起，就涉及自然人死亡后其生前所积累财产的分割与处分问题。继承要解决的核心问题就是所有权人死亡后私人财产的移转问题。

【条文精解】

继承编所调整的就是因继承产生的民事关系。因继承产生的民事关系就是继承关系。继承法律关系包括三个方面内容：一是继承法律关系的主体，即依法享有继承权利、承担相应义务的人，主要包括被继承人和继承人、受遗赠人。被继承人就是死亡时遗留财产的自然人。被继承人只能是自然人。继承人就是继承遗产或者有权继承遗产的人。受遗赠人就是根据被继承人的遗嘱接受其赠与的人。二是继承法律关系的客体，就是遗产，即被继承人死亡时所遗留的个人合法财产。继承法律关系所指向的对象，就是被继承人的遗产。继承法律关系围绕遗产的分割与处分展开。三是继承法律关系的内容，就是继承法律关系当事人之间的权利义务关系。在继承法律关系中，继承人享有继承权，同时也承担着相应的法律义务，如在遗产分割前妥善保管存有的遗产，根据遗嘱的要求履行被继承人对继承所附加的义务等。

第一千一百二十条 【继承权受保护】

国家保护自然人的继承权。

【立法背景】

《民法典》第 124 条规定："自然人依法享有继承权。自然人合法的私有财产，可以依法继承。"需要注意的是，《民法典》第 124 条是从权利享有的角度规定，本条重点突出的是继承权的保护，二者的立法侧重点不同。

【条文精解】

继承权是民事权利的一种，是自然人依法享有继承被继承人死亡时遗留的遗产的权利。继承权的取得与实现需要依赖于两个条件：一是被继承人死亡，这是继承权的前提条件。如果被继承人没有死亡，就不会发生继承的问题，继承人在法律上所享有的仅仅是一种继承期待权；二是继承人没有丧失继承权。继承人的继承权可能由于法定事由丧失，在继承人丧失继承权时，继承权在法律上也就无从谈起。

继承权的具体内容包括：一是接受与放弃继承的权利。继承权作为一种财产性权利，继承人有权接受继承，也有权放弃继承。任何人不能强迫继承人接受、放弃继承。根据《民法典》第 1124 条的规定，继承人放弃继承的应当以书面形式作出表示，没有作出放弃表示的即视为接受继承。二是取得遗产的权利。继承人如果不放弃继承，即可依法取得被继承人所遗留的遗产。至于继承人取得遗产的份额多少，则需要根据法律规定或者遗嘱内容判断。三是继承权受到侵害时获得救济的权利。继承人的继承权作为财产权利，在受到不法侵害时，当然有权依法寻求救济，可以根据侵权责任编的有关规定主张权利。理论上此种权利被称为继承恢复请求权。继承人根据继承恢复请求权可以要求法院确认自己依法享有继承权，并可以请求返还其依法应得的遗产。

保护自然人的继承权不仅是民法典的重要内容，而且也是民法典继承编的基本原则之一。继承权同样也是我国宪法规定的公民基本权利之一。《宪法》第 13 条第 2 款规定，国家依照法律规定保护公民的私有财产权和继承权。民法典继承编保护继承权的规定是落实宪法规定的具体体现。不仅如此，在其他有关法律中也有相关的规定。如《妇女权益保障法》第 34 条规定，妇女享有的与男子平等的财产继承权受法律保护。在同一顺序法定继承人中，不得歧视妇女。丧偶妇女有权处分继承的财产，任何人不得干涉。

第一千一百二十一条 【继承开始的时间】

继承从被继承人死亡时开始。

相互有继承关系的数人在同一事件中死亡，难以确定死亡时间的，推定没有其他继承人的人先死亡。都有其他继承人，辈份不同的，推定长辈先死亡；辈份相同的，推定同时死亡，相互不发生继承。

【立法背景】

大多国家、地区的民法典都对继承开始的时间有规定。如《法国民法典》第 718 条规定，继承因自然的死亡和民事上的死亡开始。《德国民法典》第 1922 条第 1 款规定，在某人死亡（继承开始）时，其财产（遗产）作为总体转移给一人或两个以上的他人（继承人）。各国的立法一般也对死亡时间的推定有规定。如《俄罗斯联邦民法典》第 1114 条第 2 款规定，在同一日死亡的公民，在继承的权利继受上被认为是同时死亡，不相互继承。每个死亡人的继承人均参加继承。

【条文精解】

本条第 1 款规定，继承从被继承人死亡时开始。继承的开始意味着继承法律关系的形成。继承开始的时间非常重要，决定着继承人、受遗赠人范围，遗产的范围，遗产所有权的转移，遗嘱的效力，继承权的放弃。

继承始于被继承人死亡的时间，因此如何确定被继承人死亡的时间至关重要。死亡从法律上而言，包括自然死亡与宣告死亡。《民法典》第 15 条对出生时间和死亡时间有明确的规定，自然人的出生时间和死亡时间，以出生证明、死亡证明记载的时间为准；没有出生证明、死亡证明的，以户籍登记或者其他有效身份登记记载的时间为准；有其他证据足以推翻以上记载时间的，以该证据证明的时间为准。总则编对宣告死亡的时间也作了规定，第48 条规定，被宣告死亡的人，人民法院宣告死亡的判决作出之日视为其死亡的日期；因意外事件下落不明宣告死亡的，意外事件发生之日视为其死亡的日期。

本条第 2 款规定，相互有继承关系的数人在同一事件中死亡，难以确定死亡时间的，推定没有其他继承人的人先死亡。都有其他继承人，辈份不同的，推定长辈先死亡；辈份相同的，推定同时死亡，相互不发生继承。之所以这么规定，是从有利于保护继承人利益的角度考虑的。相互有继承关系的数人在同一事件中死亡的，根据本款规定，确定死亡时间需要根据具体情况判断：首先，在同一事件中死亡的相互有继承关系的数人，他们的死亡时间如果可以确定的，应当根据客观证据来确定。其次，如果没有证据能证明他们的死亡时间的先后的，则需要根据各自的具体情况进一步作出推定。第一种情况，如果有人没有其他继承人，仅有的继承人都在同一事件中死亡的，推定此人先死亡。这样规定就可以使其遗产能够依法被继承，而不会造成无人继承的状况。第二种情况，如果他们都有其他继承人，就需要再进一步根据他们之间的辈份情况来推定。具体而言：其一，辈份不同的，推定长辈先死亡。例如，甲乙爷孙二人在同一事件中死亡，两人均有其他继承人，则推定爷爷甲先死亡，其孙子乙后死亡。其二，辈份相同的，推定同时死亡，相互之间不发生继承。例如，兄弟丙丁在同一事件中死亡，两人也都有其他继承人，则推定二人同时死亡，相互之间不继承对方的遗产。

第一千一百二十二条 【遗产】

遗产是自然人死亡时遗留的个人合法财产。

依照法律规定或者根据其性质不得继承的遗产，不得继承。

【立法背景】

关于遗产的范围，有不同立法例。在立法过程中，就如何规定遗产的范围，也有不同意见。在继承法起草制定时，我国的市场经济尚未确立，人民群众拥有的财产有限，私人财产观念也不强，继承法列明遗产的范围在技术上易操作，也有利于提高人民群众的权利意识。随着社会主义市场经济的不断发展，经济生活中财产的种类丰富多样，新的财产类型不断出现。考虑到民法典总则编已规定了各种财产权的种类，没有必要在继承编重复列明各种财产类型为遗产的范围。因此，本条概括规定了遗产的范围，即遗产是自然人死亡时遗留的个人合法财产。

【条文精解】

本条第1款规定，遗产是自然人死亡时遗留的个人合法财产。遗产是继承法律关系的客体，也是继承权的标的。遗产作为特殊的财产，与一般财产存在诸多不同：首先，遗产仅存于特定时间段。遗产是自然人死亡后所遗留的财产。遗产是在自然人死亡之后到被分割之前特定时间阶段的财产状态。其次，遗产在性质上属于财产。遗产为被继承人遗留的财产，即财产性权利和义务。再次，遗产是自然人死亡时遗留的所有个人财产。最后，遗产是自然人死亡时遗留的合法的财产。只有自然人身前合法取得的财产才能成为遗产。

理解遗产的范围需要从三个方面把握：第一，遗产首先是财产或财产性权益，非财产性权利（人格权、人身权或相关权益）不得作为遗产继承；第二，遗产必须是合法的财产权，非法的财产权也非遗产的范围；第三，遗产必须是被继承人个人的财产，非个人财产不属于遗产的范围。我国有些财产性权益属于家庭共有，而非属于个人的。比如土地承包经营权、宅基地使用权等，根据农村土地承包法、土地管理法的相关规定，获得土地承包经营权、宅基地使用权的主体是以户为单位，并不是属于某个家庭成员。我国的很多相关法律都规定了特定类型的财产性权益可以继承。如《著作权法》第19条规定："著作权属于公民的，公民死亡后，其本法第十条第一款第（五）项至第（十七）项规定的权利在本法规定的保护期内，依照继承法的规定转移。"

本条第2款规定，依照法律规定或者根据其性质不得继承的遗产，不得继承。原因在于，能被继承的遗产应当是能够转由他人承受的财产，有些个人财产性权益虽然合法，但由于法律上的特殊性质，不宜或者不能由他人承继，在这种情况下，法律有必要将其排除在可继承的遗产范围外。根据本款规定，不得继承遗产主要有两类：第一类是根据其性质不得继承的遗产，这主要是与被继承人人身有关的专属性权利，如被继承人所签订的劳动合同上的权利义务，被继承人所签订的演出合同上的权利义务。第二类是根据法律规定不得继承的遗产。根据《民法典》第8条的规定，民事主体从事民事活动不得违反法律。如果法律有明确规定某些财产不得继承的，继承人自然不得继承。

第一千一百二十三条 【法定继承、遗嘱继承和遗赠、遗赠扶养协议间的效力】

继承开始后，按照法定继承办理；有遗嘱的，按照遗嘱继承或者遗赠办理；有遗赠扶养协议的，按照协议办理。

【立法背景】

在继承编起草审议过程中，有的意见提出，应当明确遗赠扶养协议、遗赠继承和遗赠、法定继承之间的效力关系，建议将《继承法》第5条修改为

"继承开始后，有遗赠扶养协议的，按照遗赠扶养协议处理。有遗嘱的，按照遗嘱继承或者遗赠处理。没有遗赠扶养协议和遗嘱的，按照法定继承处理"。考虑到继承法的规定意思很清楚，也是遗赠扶养协议效力优于遗嘱继承和遗赠，遗嘱继承和遗赠的效力优于法定继承。只是表述的逻辑是按照从最为常见的法定继承先写，到较为常见的遗嘱继承或者遗赠，再到用适用较少的遗赠扶养协议。因此，继续沿用了《继承法》第5条的规定。

【条文精解】

《民法典》第5条规定自愿原则（意思自治原则），民事主体可以按照自己的意思、设立、变更、终止民事法律关系。意思自治原则在继承领域的具体体现就是自然人的遗嘱自由。法律要充分尊重民事主体的意思自治，在涉及遗产的处理问题上，同样要贯彻意思自治的民法基本原则，根据这一原则处理涉及遗产继承的相关问题。本条规定，继承开始后，按照法定继承办理；有遗嘱的，按照遗嘱继承或者遗赠办理；有遗赠扶养协议的，按照协议办理。

首先，继承开始后，按照法定继承办理。在通常情况下，如果被继承人生前没有留有有效的遗嘱，继承开始后，就需要启动法定继承制度，根据继承编所规定的继承人范围、顺序、遗产分配方法等，确定各继承人之间所得遗产的数额。这是最为常见的继承方式。

其次，有遗嘱的，按照遗嘱继承或者遗赠办理。如果被继承人生前留下了合法有效的遗嘱，被继承人的财产就需要优先根据遗嘱的内容来分配。有遗嘱的包括两种情况：第一种就是遗嘱指定了特定的继承人继承，此时，就需要启动遗嘱继承程序，按照遗嘱的要求来分配遗产；第二种就是被继承人通过遗嘱将遗产赠与继承人以外的个人或者组织，处理遗产就必须尊重被继承人的意思。被继承人的遗嘱可能是处理了自己的所有遗产，也可能是处理了部分遗产。不管哪种情况，只要有遗嘱，就优先按照遗嘱的指示来分配所涉及的部分遗产。遗嘱继承的效力之所有优先于法定继承，原因就在于遗嘱体现了被继承人的意思自治。法定继承是在被继承人意思缺位的时，立法按照男女平等、养老育幼、权利义务相一致等公平合理的规则分配被继承人的遗产。

最后，有遗赠扶养协议的，按照协议办理。遗赠扶养协议是自然人身前与继承人以外的个人或者组织签订的协议。当事人之间签订的协议，双方当事人都必须遵守。在遗赠扶养协议中，扶养人有负责被扶养人生养死葬的义务，同时享有获得遗赠的权利；被扶养人生前有权要求扶养人照顾自己，同时也有义务在死亡后将自己的遗产赠与扶养人。从法律性质上讲，遗赠扶养协议是一种双务合同。这种协议也体现了被扶养人生前的自主意思，也应当尊重，同时这种双务合同体现了双方当事人的意思，理应比仅体现一方意思的遗嘱效力优先。因此，在自然人生前与他人签订了遗赠扶养协议时，应当以遗赠扶养协议优先处理所涉遗产。由于双方当事人可以事先约定扶养人受遗赠的财产范围，超过此范围的遗产，如果被扶养人立有遗嘱，则应当按照遗嘱处理，如果没有遗嘱，则应当按照法定继承办理。需要注意的是，如果对于同一财产，遗赠扶养协议和遗赠都涉及时，应当优先按照遗赠扶养协议处理。

第一千一百二十四条　【继承、受遗赠的接受与放弃】

继承开始后，继承人放弃继承的，应当在遗产处理前，以书面形式作出放弃继承的表示；没有表示的，视为接受继承。

受遗赠人应当在知道受遗赠后六十日内，作出接受或者放弃受遗赠的表示；到期没有表示的，视为放弃受遗赠。

【立法背景】

《继承法》第 25 条第 1 款规定，继承开始后，继承人放弃继承的，应当在遗产处理前，作出放弃继承的表示。没有表示的，视为接受继承。

【条文精解】

本条第 1 款基本保留了《继承法》第 25 条第 1 款的规定，仅对放弃的形式作了修改，规定继承开始后，继承人放弃继承的，应当在遗产处理前，以书面形式作出放弃继承的表示；没有表示的，视为接受继承。

放弃继承就是继承人做出不接受继承、不参与遗产分割的意思表示。放弃继承的继承人既可以是遗嘱继承人，也可以是法定继承人。放弃继承的意思表示可以是继承人本人做出，也可以通过其代理人做出。继承权是继承人依法享有的一种权利，继承人可以放弃，也可以不放弃，应当尊重继承人的内心意思，任何人不得胁迫、欺诈他人放弃继承。根据本条第 1 款的规定，放弃继承必须在特定时间作出，即继承开始后，遗产处理前。继承人放弃继承必须此时间段作出，既不能在继承尚未开始前放弃，也不能在遗产分割之后放弃。《民法典》第1121条第1款规定，继承从被继承人死亡时开始。因此，放弃继承必须在被继承人死亡后放弃。如果继承人尚未死亡，被继承人就做出放弃继承的意思表示，这种放弃是无效的。放弃必须在遗产处理前做出，在遗产处理之后，遗产的所有权已经转移给继承人，此时继承人放弃的不是继承，而是所继承遗产的所有权。

继承人放弃继承，必须以书面方式作出。要求继承人放弃继承以书面方式作出的原因：一方面，放弃继承意味着继承人不参与遗产分割，是对自己权利的重大处分，要求继承人以书面方式作出，也可以让继承人三思而行，谨慎作出；另一方面，放弃继承后，继承人不再参与遗产分割，其他继承人将可以获得更多的遗产份额，为了避免当事人之间就遗产分割发生争议，以书面方式作出，更有利于保留证据。继承人放弃继承的书面意思表示，可以向遗产管理人作出，也可以在涉遗产的诉讼中向人民法院作出，也可以向其他继承人做出。放弃继承还必须以明示方式作出，不得以默示方式作出。根据本款规定，继承人在继承开始后遗产处理前，对是否接受继承，如果没有表示的，视为接受继承。

本条第2款规定，受遗赠人应当在知道受遗赠后60日内，作出接受或者放弃受遗赠的表示。到期没有表示的，视为放弃受遗赠。

作出接受或者放弃受遗赠的期限为60日，即从受遗赠人知道受遗赠后的60日内作出。接受遗赠必须以明示的方式作出意思表示，受遗赠人在法定期限不作意思表示的视为放弃。在本编起草审议过程中，有的意见提出，受遗赠人作出接受与放弃的意思表示也应当以书面方式作出，不作出的视为接受遗赠。自然人以遗嘱方式作出遗赠虽然是单方行为。但从法律的本质上而言，遗赠行为在某种程度上应当视为一种双方法律行为，遗赠人作出赠与的意思表示，受遗赠人需要接受方可，这就需要双方意思达成一致方能成立，遗赠人不得将自己的意思强加给另一方。因此，如果受遗赠人在法定期限内不作任何意思表示，赠与的合意难以形成，法律不宜强迫当事人达成合意，故不宜规定受遗赠人不作出接受表示即视为接受。同时，考虑到接受遗赠属于行使权利的行为，不宜对当事人要求过高，在形式上法律不宜作硬性规定，只要受遗赠人作出意思表示即可，不必非得以书面方式作出。

第一千一百二十五条 【继承权丧失和恢复】

继承人有下列行为之一的，丧失继承权：

（一）故意杀害被继承人；

（二）为争夺遗产而杀害其他继承人；

（三）遗弃被继承人，或者虐待被继承人情节严重；

（四）伪造、篡改、隐匿或者销毁遗嘱，情节严重；

（五）以欺诈、胁迫手段迫使或者妨碍被继承人设立、变更或者撤回遗嘱，情节严重。

继承人有前款第三项至第五项行为，确有悔改表现，被继承人表示宽恕或者事后在遗嘱中将其列为继承人的，该继承人不丧失继承权。

受遗赠人有本条第一款规定行为的，丧失受遗赠权。

【立法背景】

域外不少民法典都对继承权丧失有类似规定，各国的名称略有不同。如《日本民法典》第 891 条规定："下列人等，不能成为继承人。一、故意致使被继承人或在继承上处于先顺位或同顺位的人于死亡，或因要致其死亡而被处以刑罚的人；二、已知被继承人被杀害而不去告发或控告的人；但该人不能辨别是非时，或杀害者为自己的配偶或直系血亲时，不在此限；三、以诈欺或胁迫妨碍被继承人订立、撤回或变更被继承人关于继承的遗嘱的人；四、以诈欺或胁迫致使被继承人订立、撤销或变更关于继承的遗嘱的人；五、伪造、变造、销毁或隐匿被继承人关于继承的遗嘱的人。"

【条文精解】

继承权丧失，是指继承人因对被继承人或者其他继承人实施了法律所禁止的行为，而依法被取消继承被继承人遗产的资格。继承权丧失意味着继承人不再享有获得被继承人遗产的权利，继承人在继承开始后可以自主决定放弃继承权，但继承权丧失是法律规定取消继承权的情形。

1.丧失继承权的法定事由

根据第 1 款规定，丧失继承权的法定事由包括五种：

一是故意杀害被继承人。所谓故意杀害就是故意剥夺他人生命。首先，在主观上，继承人存在杀人的故意。但不包括过失犯罪，也不包括过失或者因正当防卫致被继承人死亡。犯罪动机上，不论继承人是否为了取得被继承人的遗产。其次，故意犯罪的对象必须是被继承人。最后，在客观上实施了杀害行为。只要继承人实施了故意杀害被继承人的犯罪行为，不论犯罪是既遂还是未遂，都将丧失继承权。

二是为争夺遗产而杀害其他继承人。首先，在主观上，必须有杀害的故意，且动机为争夺遗产。其次，在客体上，所侵害的必须是其他继承人的生命。最后，在客观上，也是实施了杀害的行为，当然不论这种犯罪行为是否既遂，都构成丧失继承权的法定事由。

三是遗弃被继承人，或者虐待被继承人情节严重。本项包括两种情况：第一种就是遗弃被继承人。需要注意的是，只要行为人实施了遗弃被继承人的行为，而不论这种行为是否严重，即依法将失去继承权。第二种是虐待被继承人，如果继承人虐待被继承人情节严重，则构成丧失继承权的法定事由。需要注意的是，实施本项规定的两种行为的，只要实施了遗弃行为、虐待被继承人情节严重的，就可以认定丧失继承权，而不需要继承人必须达到构成遗弃罪和虐待罪的程度。

四是伪造、篡改、隐匿或者销毁遗嘱，情节严重。遗嘱是遗嘱人处分自己遗产的意思表示。自然人有处分自己财产的权利，有遗嘱自由，如果遗嘱被他人篡改、隐匿或者销毁，这歪曲了立遗嘱人的真实意思，伪造遗嘱更是如此。因此，为尊重被继承人的遗愿，本项规定伪造、篡改、隐匿或者销毁遗嘱情节严重的，也构成丧失继承权的法定事由。

五是以欺诈、胁迫手段迫使或者妨碍被继承人设立、变更或者撤回遗嘱，情节严重。不论继承人是采取欺诈手段、还是通过胁迫手段，只要导致被继承人的真实意思受到歪曲，情节严重的，就构成丧失继承权的法定事由。

2. 继承权的恢复

本条第2款规定，继承人有前款第3项至第5项行为，确有悔改表现，被继承人表示宽恕或者事后在遗嘱中将其列为继承人的，该继承人不丧失继承权。根据本款的规定，继承人虽然实施了某些丧失继承权的行为，但只要被继承人对其表示宽恕或者在遗嘱中仍列为继承人，其丧失的继承权即可以恢复。继承权恢复的前提条件是：第一，继承人是因为实施了前款第3项至第5项的行为而丧失继承权；第二，继承人确有悔改；第三，被继承人作出了恢复继承权的意思表示。

3. 丧失受遗赠权

本条第3款规定，受遗赠人有本条第1款规定行为的，丧失受遗赠权。赠与虽然是单方法律行为，受赠人无须有积极的作为义务，但是根据合同法原理，如果受赠人实施了某些不利于赠与人或赠与人近亲属的行为，赠与人是可以撤销赠与的。遗赠同样如此，根据本款规定，如果受遗赠人实施了第 1 款的行为，受遗赠人将丧失受遗赠权。需要注意的是，丧失受遗赠权属于绝对丧失，受遗赠人一旦实施了第 1 款规定的行为，即永久丧失受遗赠权，不得再恢复。

第二章　　法定继承

第一千一百二十六条　【继承权男女平等】

继承权男女平等。

【立法背景】

《继承法》第 9 条规定，继承权男女平等。在民法典编纂过程中，有的意见提出，继承法上述规定仅具有宣示意义，建议删去。考虑到实践中可能还存在一些重男轻女现象，为了彰显立法平等保护男女权益的价值导向，发挥法律引导和规范现实生活和司法实践的作用，继承编保留了继承法的规定。

【条文精解】

"继承权男女平等"原则体现在以下几个方面：

（1）继承权的取得不因自然人的性别不同而不同。妇女同男子享有平等的继承权，不因妇女的婚姻、工作状况而有所差别。

（2）确定法定继承人的范围及继承顺序、继承份额不因自然人的性别不同而不同。继承编规定的法定继承人范围中，既有男性又有女性。继承顺序不因男女而有差别，在同一亲等内，适用于男性的继承顺序同样适用于女性。在继承份额上，如果没有法律规定的多分、少分或者不分遗产的情形，同一顺序的继承人继承遗产的份额一般应当均等，不能以性别不同作为划分遗产多少的依据。

（3）代位继承不因自然人的性别不同而不同。对于代位继承，凡适用于男性的继承，同样适用于女性；适用于父系的继承，也同样适用于母系。

（4）在夫妻财产继承中，夫妻继承地位平等，处分所继承的财产的权利平等。夫妻彼此是对方的第一顺位法定继承人。根据本编规定，夫妻共同所有的财产，除有约定的外，遗产分割时，应当先将共同所有的财产的一半分出为配偶所有，其余的为被继承人的遗产。即在没有另外约定时，夫妻共同财产的一半为被继承人的遗产，不因性别不同而有所差异。夫妻一方死亡后另一方再婚的，有权处分所继承的财产，任何组织或者个人不得干涉。

第一千一百二十七条 【法定继承人范围及继承顺序】

遗产按照下列顺序继承：

（一）第一顺序：配偶、子女、父母；

（二）第二顺序：兄弟姐妹、祖父母、外祖父母。

继承开始后，由第一顺序继承人继承，第二顺序继承人不继承；没有第一顺序继承人继承的，由第二顺序继承人继承。

本编所称子女，包括婚生子女、非婚生子女、养子女和有扶养关系的继子女。

本编所称父母，包括生父母、养父母和有扶养关系的继父母。

本编所称兄弟姐妹，包括同父母的兄弟姐妹、同父异母或者同母异父的兄弟姐妹、养兄弟姐妹、有扶养关系的继兄弟姐妹。

【立法背景】

法定继承，是指继承人范围、继承顺序、继承份额等均由法律直接规定的继承方式。在没有遗赠扶养协议和遗嘱的情况下，被继承人的遗产按照法定继承处理。法定继承人范围及继承顺序是法定继承的重要内容，本条基本保留了《继承法》第10条的规定，对法定继承人的范围和继承顺序作了规定。

【条文精解】

1. 关于法定继承人的范围

法定继承人的范围，是指应当赋予哪些人以法定继承权从而使其依法定继承方式继承被继承人的遗产。对于法定继承人的范围，各国、各地区一般都以婚姻和血缘关系为基础，但具体范围宽窄不一。我国法定继承人的范围包括：配偶、子女、父母、兄弟姐妹、祖父母、外祖父母。根据《民法典》第1129条的规定，丧偶儿媳对公婆，丧偶女婿对岳父母，尽了主要赡养义务的，作为第一顺序继承人

2. 关于法定继承的顺序

法定继承的顺序，是指法律规定的法定继承人继承遗产的先后次序。由于法定继承人通常为多人，法律需要明确法定继承人之间应当优先取得继承的人选。被继承人与继承人之间血缘关系的远近及共同生活关系的密切程度是各国法律确定法定继承顺序的主要依据。法定继承顺序具有优先性和排他性，只有在没有前一顺序的继承人继承时，后一顺序的继承人才能继承遗产。

根据本条规定，在继承开始后，由被继承人的配偶、子女、父母继承，只要第一顺序继承人中有人继承遗产的，第二顺序继承人就不能继承。在第一顺序继承人中，子女继承还有特殊性，如果子女先于被继承人死亡，根据代位继承制度，子女的直系晚辈血亲可以代位继承。在这种情况下，视为第一顺序继承人继承，第二顺序继承人不能继承。在没有第一顺序继承人继承时，由第二顺序继承人继承。"没有第一顺序继承人继承"包括第一顺序继承人不存在、死亡、丧失继承权、放弃继承等，且不存在适用代位继承的情形。

3. 对子女、父母和兄弟姐妹的界定

本编规定的子女、父母和兄弟姐妹的范围有其特殊性，因此这些界定子女、父母和兄弟姐妹范围的规定只适用于继承编。

（1）子女。根据第 3 款规定，子女，包括婚生子女、非婚生子女、养子女和有扶养关系的继子女。根据婚姻家庭编的规定，非婚生子女与其生父母、养子女与其养父母、受继父或继母抚养教育的继子女与其继父母的权利义务关系与婚生子女与其父母的权利义务关系没有区别，根据父母和子女有相互继承遗产的权利的规定，非婚生子女、养子女、受继父或继母抚养教育的继子女可以继承其生父母、养父母和继父母的遗产。需要说明的是，本条界定的子女的范围，要比婚姻家庭编宽泛，因为本条规定为"有扶养关系的继子女"，这包括继子女受继父母抚养的情形，也包括继子女赡养继父母的情形。

（2）父母。根据第 4 款规定，父母包括生父母、养父母和有扶养关系的继父母。婚姻家庭编规定父母和子女有相互继承遗产的权利，父母有权继承子女的遗产。根据婚姻家庭编的规定，生父母与其非婚生子女、养父母与其养子女、继父母与受其抚养教育的继子女的权利义务关系适用父母子女关系的规定。需要说明的是，本条界定的父母的范围要比婚姻家庭编的宽泛，本条规定的"有扶养关系的继父母"既包括继父母抚养继子女的情形，也包括继父母被继子女赡养的情形。

（3）兄弟姐妹。根据第 5 款规定，兄弟姐妹包括同父母的兄弟姐妹、同父异母或者同母异父的兄弟姐妹、养兄弟姐妹、有扶养关系的继兄弟姐妹。

同父异母或同母异父的兄弟姐妹、养兄弟姐妹与同父母的兄弟姐妹继承顺序相同、继承份额也相同。本条承认"有扶养关系的继兄弟姐妹"享有继承权，这既包括受被继承人生前扶养的继兄弟姐妹，也包括扶养被继承人的继兄弟姐妹。

第一千一百二十八条 【代位继承】

被继承人的子女先于被继承人死亡的，由被继承人的子女的直系晚辈血亲代位继承。

被继承人的兄弟姐妹先于被继承人死亡的，由被继承人的兄弟姐妹的子女代位继承。

代位继承人一般只能继承被代位继承人有权继承的遗产份额。

【立法背景】

《继承法》第11条规定了代位继承制度，即被继承人的子女先于被继承人死亡的，由被继承人的子女的晚辈直系血亲代为继承。代位继承人一般只能继承他的父亲或者母亲有权继承的遗产份额。根据该规定，被代位继承人仅限于被继承人的子女，代位继承人仅限于被继承人子女的直系晚辈血亲。考虑到一些意见认为我国法定继承人范围狭窄，容易出现无人继承的遗产，而兄弟姐妹是被继承人血缘关系最近的旁系血亲，兄弟姐妹的子女即被继承人的侄子女、甥子女，与被继承人在血缘和情感上有较为紧密的联系，让侄子女、甥子女继承遗产符合遗产向晚辈流传的原则，也符合民间传统上继承遗产的习惯。为此，本条在《继承法》第11条的基础上，扩大了被代位继承人的范围，被继承人的兄弟姐妹也可作为被代位继承人，在其先于被继承人死亡时，其子女可以代位继承。

【条文精解】

代位继承是法定继承中的一项重要制度，对于保障遗产在各支系中合理分配、发挥遗产育幼功能等方面具有重大作用。代位继承也被称为"间接继承"，指具有法定继承权的人因主客观原因不能继承时，由其直系晚辈血亲按照该继承人的继承地位和顺序，继承被继承人遗产的制度。在代位继承中，具有法定继承权的人称为被代位继承人；按照被代位继承人的地位和顺序继承遗产的人称为代位继承人。

根据本条规定，我国的代位继承制度有以下主要特征：

第一，代位继承的发生原因为被代位继承人先于被继承人死亡。本法规定的代位继承的发生原因为被代位继承人先于被继承人死亡，主要有两种情况：一种是被继承人的子女先于被继承人死亡，另一种是被继承人的兄弟姐妹先于被继承人死亡。本条仅以被代位继承人先于被继承人死亡为代位继承发生的唯一原因，在继承人丧失继承权或放弃继承时不发生代位继承。

第二，被代位继承人为被继承人的子女或者兄弟姐妹。本法规定的被代位继承人的范围为被继承人的子女或者兄弟姐妹。根据本法规定，子女包括婚生子女、非婚生子女、养子女和有扶养关系的继子女，兄弟姐妹包括同父母的兄弟姐妹、同父异母或者同母异父的兄弟姐妹、养兄弟姐妹、有扶养关系的继兄弟姐妹。

第三，代位继承人为被继承人的子女的直系晚辈血亲或者被继承人的兄弟姐妹的子女。本法规定的代位继承人的范围为被继承人的子女的直系晚辈血亲或者被继承人的兄弟姐妹的子女。需要注意的是：一是被继承人子女的代位继承人为其直系晚辈血亲，不受辈份的限制，但是在代位继承时以辈份大者优先。被继承人的兄弟姐妹的代位继承人仅限于其子女。二是代位继承人要根据被代位继承人的地位和顺序继承遗产。被继承人的子女为第一顺序继承人，因此被继承人的子女的直系晚辈血亲在代位继承时是以第一顺序继承人的身份参与继承。被继承人的兄弟姐妹为第二顺序继承人，被继承人的兄弟姐妹的子女在代位继承时是以第二顺序继承人的身份参与继承，只有在没有第一顺序继承人继承且没有被继承人的子女的直系晚辈血亲代位继承时，才能依法代位继承。

第四，代位继承的份额一般为被代位继承人有权继承的遗产份额。代位继承的份额，是指代位继承人通过代位继承的方式能够取得的遗产份额。本法规定代位继承人一般只能继承被代位继承人有权继承的遗产份额，即被代位继承人如果健在能继承多少份额，代位继承人也一般只能继承多少份额。这是代位继承人取得遗产份额的一般原则，但在存在法律规定的多分、少分或者不分等情况时，其继承遗产的份额可能会有所变化。

第一千一百二十九条 【尽了主要赡养义务的丧偶儿媳、丧偶女婿的继承地位】

丧偶儿媳对公婆，丧偶女婿对岳父母，尽了主要赡养义务的，作为第一顺序继承人。

【立法背景】

《继承法》第12条规定，丧偶儿媳对公、婆，丧偶女婿对岳父、岳母，尽了主要赡养义务的，作为第一顺序继承人。

在民法典立法过程中，对于这一规定争议较大，一些意见认为应当取消这一规定，主要理由为法定继承人一般为配偶和血亲，儿媳与公婆、女婿与岳父母是姻亲关系，姻亲不应属于法定继承人。儿媳对公婆、女婿对岳父母在法律上无赡养义务，通过立法规范本属于道德范畴的问题不科学。丧偶儿媳和丧偶女婿基于此条规定成为法定继承人，他们的子女又可以根据代位继承的规定参与继承，丧偶一方可以取得两份遗产，对被继承人的其他子女有失公平。

我们研究认为，继承法除了高度重视血亲、婚姻关系外，还高度重视扶养关系在继承中所起的作用。尽了主要赡养义务的丧偶儿媳和丧偶女婿可以作为第一顺序继承人参与继承，被认为是我国法定继承制度的一个重要特色，符合社会主义核心价值观，符合中华民族传统家庭美德和公序良俗，有利于弘扬优良家风，促进家庭内部互助友爱、团结和睦。同时，这一规定符合权利义务相一致的原则。在相关调研中，基层群众普遍认为这一规定在实践中效果好，具有倡导性作用，应当坚持。为此，本条对《继承法》第12条予以保留。

【条文精解】

根据本条规定，对公婆尽了主要赡养义务的丧偶儿媳和对岳父母尽了主要赡养义务的丧偶女婿，属于法定继承人，并且为第一顺序继承人。是否尽了主要赡养义务，需要结合相关因素判断：一是在时间上，要对公婆或者岳父母有长期性、经常性的赡养，直至其身故；二是在程度上，这种赡养是公婆或者岳父母的主要生活支柱。

第一千一百三十条 【法定继承中遗产份额的分配原则】

同一顺序继承人继承遗产的份额，一般应当均等。

对生活有特殊困难又缺乏劳动能力的继承人，分配遗产时，应当予以照顾。

对被继承人尽了主要扶养义务或者与被继承人共同生活的继承人，分配遗产时，可以多分。

有扶养能力和有扶养条件的继承人，不尽扶养义务的，分配遗产时，应当不分或者少分。

继承人协商同意的，也可以不均等。

【立法背景】

《继承法》第13条第1款规定："同一顺序继承人继承遗产的份额，一般应当均等。"第13条第2款至第5款规定了在某些特殊的情况下，同一顺序继承人继承遗产的份额可以不均等。

在民法典立法过程中，大多认为继承法上述规定基于继承权平等原则，规定继承份额原则上应当均等，同时在具体分配遗产时，考虑到特别需要遗产的人以及对被继承人所尽义务较多的人，防止了绝对平均主义，体现出真正的公平保护。为此，本条沿袭了《继承法》第13条的规定。

【条文精解】

如果在继承遗产时存在多个同一顺序的法定继承人，就应当确定各个法定继承人所应继承的遗产份额，这就涉及法定继承中遗产份额的分配问题。根据本条，对于法定继承遗产份额的分配应当遵循以下原则：

1. 一般情况下同一顺序继承人继承遗产的份额应当均等

第1款为法定继承中分配遗产份额应当遵循的一般原则，即遗产按照同一顺序继承人的人数平均分配，各继承人取得的遗产份额均等，不因其他因素而有所不同。继承遗产的份额均等是继承权平等原则的体现。

2. 特殊情况下同一顺序继承人继承遗产的份额可以不均等

本条第2款至第5款规定了在某些特殊情况下，同一顺序继承人继承遗产的份额可以不均等，主要有以下四种情况：

（1）对生活有特殊困难的缺乏劳动能力的继承人，分配遗产时，应当予以照顾。应当予以照顾的继承人必须满足以下两个条件：一是生活有特殊困难，例如继承人生活上没有独立的经济来源或者经济收入难以维持当地最低生活水平而导致生活有特殊困难；二是缺乏劳动能力，无法通过参加劳动改变生活困难的局面。对于此类继承人，在分配遗产时应当予以照顾，这实际上也为其他继承人施加了予以照顾的义务。

（2）对被继承人尽了主要扶养义务或者与被继承人共同生活的继承人，分配遗产时，可以多分。对被继承人尽了主要扶养义务的继承人，是指对被继承人在经济上提供主要来源或者在生活上给予主要照顾的继承人，在遗产分配时给予这类继承人适当倾斜。与被继承人共同生活的继承人，与被继承人在经济上、生活上、情感上存在更为密切的关系，因此也可以多分遗产，这一般符合被继承人的意愿。

（3）有扶养能力和有扶养条件的继承人，不尽扶养义务的，分配遗产时，应当不分或者少分。对于这类继承人不分或者少分遗产必须符合以下两个条件：一是继承人有扶养能力和扶养条件。如果继承人自身无生活来源或者缺乏劳动能力等，不具备扶养被继承人的能力和条件，则不属于应当不分或者少分遗产的情形。二是继承人不尽扶养义务。继承人是否尽到扶养义务一般是从客观上来判断，但实践中也存在继承人有扶养能力和扶养条件，愿意尽扶养义务，但是被继承人因有固定收入和劳动能力，明确表示不要求其扶养的情形。在这种情况下，在分配遗产时，一般不应以此为据对该继承人不分或者少分遗产。如果被继承人生前需要继承人扶养，继承人有扶养能力和扶养条件却不尽扶养义务的，不仅违反公序良俗原则，而且还违反法律规定，情节严重的甚至构成刑事犯罪，对这部分继承人，应当不分或者少分遗产。

（4）继承人协商同意的，也可以不均等。法定继承人之间本着互谅互让、和睦团结的精神，可以协商分配被继承人的遗产。各法定继承人经协商一致，同意不均分遗产的，继承份额也可以不均等。

第一千一百三十一条 【酌情分得遗产权】

对继承人以外的依靠被继承人扶养的人，或者继承人以外的对被继承人扶养较多的人，可以分给适当的遗产。

【立法背景】

法定继承具有身份性特征，一般将被继承人的遗产分配给与被继承人具有血缘、婚姻关系的人。然而，如果将继承活动仅限定在有血缘、婚姻关系的人之间，有时可能会不公平，特别是如果与被继承人形成扶养关系的人不属于继承人，即使其与被继承人有非常密切的联系，在被继承人没有立遗嘱时，不能继承任何遗产。《继承法》第14条规定，对继承人以外的依靠被继承人扶养的缺乏劳动能力又没有生活来源的人，或者继承人以外的对被继承人扶养较多的人，可以分给他们适当的遗产。在民法典立法过程中，多数意见认为对继承人以外的与被继承人之间具有扶养关系的人分给适当遗产的制度具有重要意义和价值，应当予以保留。为此，本条规定："对继承人以外的依靠被继承人扶养的人，或者继承人以外的对被继承人扶养较多的人，可以分给适当的遗产"。

在民法典立法过程中，一些意见提出，继承法对依靠被继承人扶养的继承人以外的人分给适当遗产条件严苛，要求既缺乏劳动能力又没有生活来源，这实质上排除了大部分受被继承人扶养的人分得适当遗产的机会。我们研究认为，以我国目前的社会保障情况来看，既缺乏劳动能力又没有生活来源的人已经很少。如果严格按照继承法规定的条件确定可以适当分得遗产的人，可能会使很多受被继承人扶养的继承人以外的人分不得任何遗产，使依靠被继承人扶养的人生活水平大幅下降，也不符合被继承人的意愿。为此，本条删去了继承法规定的依靠被继承人扶养的继承人以外的人分得适当遗产须符合"缺乏劳动能力又没有生活来源"这一条件。

【条文精解】

对于本条，要从以下几方面进行理解：

1. 可以分给适当遗产的人为继承人以外的人

本条的宗旨即在于创造一种新的遗产取得方式，使继承人以外的其他人基于正义、扶助的理念获得一定数量的遗产，因此可以分给适当遗产的人为继承人以外的人。

2. 可以分给适当遗产的条件为继承人以外的人与被继承人之间具有扶养关系

不是继承人的人，只要其与被继承人之间具有扶养关系，可以依据本条分得适当的遗产。与被继承人之间具有扶养关系，既包括依靠被继承人扶养的情形，也包括对被继承人扶养较多的情形。"扶养"指经济来源的提供、劳务帮助等方面的扶助，包括扶养、抚养、赡养三种类型。

3. 可以分给适当遗产的份额不具有确定性

本条规定，对于与被继承人之间具有扶养关系的继承人以外的人，可以分给适当的遗产，而没有对可以分得的遗产份额作明确规定。这主要是考虑到实践中情况复杂，无法规定统一标准，在分配遗产时，对于被继承人以外的人，可以综合考虑其与被继承人之间扶养关系的程度、遗产数额以及法定继承人的具体情况等因素，由当事人协商确定或者由法院确定适当的遗产份额。

4.可以分给适当遗产的适用情形为遗产按照法定继承办理时

本条规定在法定继承这章，因此与被继承人有扶养关系的继承人以外的人仅在遗产按照法定继承办理时可以分得适当遗产。如果被继承人生前以有效的遗嘱等处分了其全部遗产，而没有为与其有扶养关系的继承人以外的人保留遗产份额，则应尊重被继承人的意思表示，不能以本条取代被继承人已明示的意思表示。如果被继承人立了遗嘱或者遗赠扶养协议，但是有部分遗产按照法定继承办理的，该部分遗产可以适用本条规定。

第一千一百三十二条 【处理继承问题的精神和遗产分割方式】

继承人应当本着互谅互让、和睦团结的精神，协商处理继承问题。遗产分割的时间、办法和份额，由继承人协商确定；协商不成的，可以由人民调解委员会调解或者向人民法院提起诉讼。

【立法背景】

在法定继承中，如果继承人为多人，就需要在继承过程中平衡相互间的利益关系。一般而言，法定继承人之间具有亲属关系，为了避免继承人之间因争夺遗产而影响家庭和睦与社会安定，本条规定继承人应当以互谅互让、和睦团结为指导原则协商处理继承相关的问题。

继承从被继承人死亡时开始，在法定继承中，法定继承人直接取得被继承人的遗产。当法定继承人为二人以上时，遗产属于各个继承人共同所有。继承遗产的目的是将遗产的所有权分配并转移给各继承人。在这一过程中，遗产分割发挥着重要作用。遗产分割，是指继承开始后，依据法律或者按照遗嘱在各继承人之间进行遗产分配的民事法律行为。只有在遗产分割后，各继承人才能对所分配的遗产享有实际的所有权。遗产分割主要涉及的问题为遗产分割的时间、办法和份额。

【条文精解】

遗产分割的时间，一般由继承人之间协商确定，既可以在继承开始后请求分割，也可以约定在一定期间后或者特定条件成就时再分割遗产。

遗产分割的办法，主要有四种，即实物分割、变价分割、折价补偿分割、保留共有。实物分割，一般适用于可分物的遗产，即对作为遗产的原物直接进行分割并分配给各继承人。变价分割，既可以用于不宜进行原物分割的遗产，也可以用于继承人均不愿意取得该遗产的情况，此时可以将该遗产变卖后换取变价款，各继承人对变价款进行分割。折价补偿分割，适用于继承人中有人愿意取得某项不宜进行原物分割的遗产的情况，由该继承人取得该项遗产所有权，然后由取得遗产所有权的继承人分别向其他继承人补偿相应的价款。保留共有，适用于遗产不宜进行原物分割，继承人又均愿意取得遗产，或者各继承人基于某种目的愿意保持共有状态的情形，此时各继承人可以对该遗产按份共有。对遗产进行分割时，无论选择哪种办法，都应当遵循"遗产分割应当有利于生产和生活需要，不损害遗产的效用"的原则。

遗产分割的份额，应当以法律规定的或者当事人协商的各继承人应当继承的遗产份额为依据。继承人应当以本法规定的分配遗产份额的原则协商确定各自应当取得的遗产份额，并以此为基础分割遗产。

在遗产分割时主要有两种方式：一种为继承人协商确定的方式，另一种为人民调解委员会调解或者法院裁判的方式。在遗产分割时，由于涉及继承人之间的利益关系，法律鼓励当事人通过协商方式确定遗产分割的时间、办法和份额。如果继承人之间协商不成的，任一继承人都可以向人民调解委员会申请调解或者向人民法院提起诉讼，通过调解或者裁判的方式，确定遗产分割的时间、办法和份额。

第三章　遗嘱继承和遗赠

第一千一百三十三条　【可以以遗嘱方式处理个人财产】

自然人可以依照本法规定立遗嘱处分个人财产，并可以指定遗嘱执行人。

自然人可以立遗嘱将个人财产指定由法定继承人中的一人或者数人继承。

自然人可以立遗嘱将个人财产赠与国家、集体或者法定继承人以外的组织、个人。

自然人可以依法设立遗嘱信托。

【立法背景】

《继承法》第16条第1款规定，公民可以依照本法规定立遗嘱处分个人财产，并可以指定遗嘱执行人。

关于遗嘱继承和遗赠，继承法根据遗产取得人的身份来区分二者：如果按照遗嘱的内容，遗产取得人为法定继承人中的人，则属于遗嘱继承；如果遗产取得人为法定继承人以外的人，则属于遗赠。多数意见认为这种立法例在逻辑上不失严谨，符合我国的实际情况，且已被民众所熟悉，因此继承编沿用了该标准，以取得遗产的人的身份来区分遗嘱继承和遗赠。

第十三届全国人大第三次会议在审议民法典草案时，有的意见提出，设立遗嘱信托是自然人生前对自己的财产进行安排和处理的一种重要制度，建议在本条增加规定遗嘱信托的内容。由于信托法对遗嘱信托已经作了规定，遗嘱信托应主要适用信托法进行规范，民法典作为民事领域基本法，可以对此作衔接性规定。据此，本条增加一款规定，即自然人可以依法设立遗嘱信托。

【条文精解】

立遗嘱是自然人生前依照法律规定预先处分其个人财产，安排与此有关事务，并于其死亡后发生效力的单方民事法律行为。在自然人立有合法有效的遗嘱时，优先适用遗嘱分配遗产。依遗嘱处分遗产，可以由自然人自主决定如何对其个人财产分配与处置，在分配的对象、方式、份额、条件等方面具有较大自由度和灵活性。

自然人想要通过立遗嘱的方式实现财产在其死后的分配，所立的遗嘱必须符合本法的规定。为了确保遗嘱的真实性、可靠性，本法对遗嘱的类型、形式要件、效力等作了规定。自然人可以在遗嘱中指定遗嘱执行人。遗嘱执行人是遗嘱人指定的负责实现遗嘱的财产处分内容的人，主要职责为遗产管理、处理遗嘱人的债权债务、按照遗嘱内容分割与交付遗产等。在继承开始后，遗嘱执行人即为遗产管理人，适用本法遗产管理人的相关规定。

对于遗嘱继承，本条第2款规定，自然人可以立遗嘱将个人财产指定由法定继承人中的一人或者数人继承。对于遗赠，本条第3款规定，自然人可以立遗嘱将个人财产赠与国家、集体或者法定继承人以外的组织、个人。对于遗嘱信托，本条第4款规定，自然人可以依法设立遗嘱信托，遗嘱人设立遗嘱信托的，应当遵守本法以及信托法等法律的有关规定。

第一千一百三十四条 【自书遗嘱】

自书遗嘱由遗嘱人亲笔书写，签名，注明年、月、日。

【立法背景】

《继承法》在第17条规定了五种遗嘱的形式，即公证遗嘱、自书遗嘱、代书遗嘱、录音遗嘱和口头遗嘱。在民法典立法过程中，一些意见提出，随着信息技术的发展与普及，人们的书写、记录方式发生较多改变，应当增加新的遗嘱形式。由于遗嘱形式的增加，只用一个条文难以容纳相关规则，建议对遗嘱形式分条加以规定。本编吸收了上述意见，在第1134条至第1139条分条规定了自书遗嘱、代书遗嘱、打印遗嘱、录音录像遗嘱、口头遗嘱、公证遗嘱六种遗嘱的形式。

《继承法》第17条第2款规定："自书遗嘱由遗嘱人亲笔书写，签名，注明年、月、日。"本条保留了继承法的规定。

【条文精解】

自书遗嘱，是指遗嘱人本人将处分遗产的意思表示亲自用手写出来的遗嘱。自书遗嘱由于是遗嘱人本人亲笔书写，容易鉴别真伪，因此形式要求较为简单，可以随时设立，不需要有见证人在场见证，是最简便易行的遗嘱形式。自书遗嘱要有效成立，在形式上需要符合以下三个条件：

1. 遗嘱人必须亲笔书写

自书遗嘱必须由遗嘱人本人亲自用笔书写遗嘱的全部内容。亲笔书写意味着不能由他人代写遗嘱，也不能用打印等其他方式。遗嘱的全部内容都必须由遗嘱人亲笔书写，如果有部分内容由他人书写，则不构成自书遗嘱。

2. 遗嘱人必须签名

自书遗嘱必须由遗嘱人签名，即亲笔书写其姓名。遗嘱人亲笔签名既可以将遗嘱与遗嘱人联系起来，表明遗嘱人的身份，又可以表示遗嘱人对遗嘱内容的确认。因此，任何形式的书面遗嘱都要求遗嘱人签名。在自书遗嘱中，尽管遗嘱的内容可能确实是由遗嘱人亲笔书写，但是如果没有签名，无法判断遗嘱人只是书写了草稿还是作出了最终决定。因此，没有签名的自书遗嘱无效。

3. 遗嘱人必须注明年、月、日

遗嘱人在自书遗嘱中必须注明其设立遗嘱的具体时间，即必须注明年、月、日。遗嘱中必须注明年、月、日主要有以下作用：一是注明年、月、日可以确定遗嘱设立时间，如果在遗嘱设立后遗嘱人撤回、变更了该遗嘱，或者实施了与该遗嘱内容相反的民事法律行为，那么该遗嘱的部分或者全部内容将不发生法律效力。二是在遗嘱人立有数份遗嘱时，如果遗嘱之间内容相抵触的，以最后的遗嘱为准。三是遗嘱中注明的年、月、日，还可以用来确定遗嘱人在立遗嘱时是否具有遗嘱能力，从而判断该遗嘱是否有效。

第一千一百三十五条 【代书遗嘱】

代书遗嘱应当有两个以上见证人在场见证，由其中一人代书，并由遗嘱人、代书人和其他见证人签名，注明年、月、日。

【立法背景】

代书遗嘱，是指根据遗嘱人表达的遗嘱内容，由他人代为书写的遗嘱。代书遗嘱通常适用于遗嘱人由于一些特殊的原因，不能亲笔书写遗嘱，故委托他人代为书写遗嘱的情形。《继承法》第 17 条第 3 款规定："代书遗嘱应当有两个以上见证人在场见证，由其中一人代书，注明年、月、日，并由代书人、其他见证人和遗嘱人签名。"本条对继承法的规定作了一些文字修改并予保留。

【条文精解】

遗嘱人应当亲自立遗嘱，遗嘱不适用代理制度，不能由他人代为设立。法律虽然允许遗嘱人在特殊情形下由他人代为书写遗嘱，但是代书遗嘱不是代理遗嘱人设立遗嘱，遗嘱人虽不能亲笔书写遗嘱，但是要亲自、独立作出处分个人财产的意思表示，代书人的职责为如实地记录遗嘱人的意思表示，不能在记录过程中干涉、扭曲、篡改遗嘱人的意思表示。

根据本条规定，代书遗嘱如果要有效成立需要符合以下条件：

1. 有两个以上见证人在场见证

见证人，是指证明遗嘱真实性的第三人。为了保证遗嘱的真实性、可靠性，各国继承法普遍规定对于一些特定形式的遗嘱必须有一定数量的见证人。与自书遗嘱相比，代书遗嘱除了书写人不同外，有关见证人的要求也跟自书遗嘱具有显著区别。法律之所以认可遗嘱人在没有见证人下亲笔书写的自书遗嘱的有效性，是亲笔书写的遗嘱具有独特性、不可复制性，可以通过笔迹鉴定辨别真伪。代书遗嘱则是通过无利害关系的见证人来佐证遗嘱人的意思表示，以确保遗嘱人是在自愿状态下作出真实意思表示。

在代书遗嘱中，见证人需符合一定条件。首先，见证人需要符合一定的资格条件，本法规定，无民事行为能力人、限制民事行为能力人以及其他不具有见证能力的人，继承人、受遗赠人以及与继承人、受遗赠人有利害关系的人，不能作为见证人。其次，见证人还需符合数量方面的要求，本法规定代书遗嘱等都需要两个以上的见证人在场见证。最后，见证人须在场见证，即必须在场全程参与立遗嘱的过程。因此，如果不符合上述见证人的资格、数量、在场见证等方面的要求，则代书遗嘱无效。

2. 由见证人中的一人代书

代书人为见证人中的一人，需要符合见证人的资格条件。代书人在代书遗嘱时，只能用亲笔手写的方式，不能用打印等其他方式。代书人在书写遗嘱时要严格忠实于遗嘱人的意思表示，将遗嘱人表达的遗嘱内容准确无误地记录在遗嘱中。

3. 遗嘱人、代书人和其他见证人签名

代书人在书写完遗嘱后，应当交给遗嘱人和其他见证人核对，遗嘱人和其他见证人确认无误后，遗嘱人、代书人和其他见证人均须在遗嘱上亲笔书写姓名，这既表明了自己的身份，也表明了对遗嘱内容以及立遗嘱过程的确认。

4.注明年、月、日

在代书遗嘱中必须注明立遗嘱的具体日期，即注明年、月、日。遗嘱上注明的日期对于认定遗嘱的真实性和有效性具有重要作用，代书遗嘱中未注明日期或者所注明的日期不具体的，遗嘱不能生效。

第一千一百三十六条 【打印遗嘱】

打印遗嘱应当有两个以上见证人在场见证。遗嘱人和见证人应当在遗嘱每一页签名，注明年、月、日。

【立法背景】

打印遗嘱，是指遗嘱的内容由打印机等机器设备打印而成的遗嘱。随着科学技术的发展以及信息技术的普及，打印方式部分替代了传统的书写方式。近些年来，司法实践中出现了以打印的方式立遗嘱的情况，由于继承法没有对打印遗嘱作出规定，对打印遗嘱的效力产生了一些争议。

在民法典的编纂过程中，大多数意见认为法律应当允许通过打印的方式立遗嘱，将打印遗嘱作为一种遗嘱形式。但是由于难以判断打印遗嘱的具体制作人，且打印遗嘱容易被伪造、篡改，应当规定符合打印遗嘱特点的形式要件。为此，本条具体规定了打印遗嘱的形式要件。

【条文精解】

打印遗嘱是一种书面遗嘱，遗嘱内容以数据电文形式存储在计算机等设备上的不构成遗嘱，遗嘱人须将遗嘱内容从电子数据形式通过打印机等转换为书面形式。

根据本条规定，打印遗嘱有效成立须符合下列要件：一是打印遗嘱应当有两个以上见证人在场见证。见证人须符合本法规定的资格、数量、在场见证等方面的要求。二是遗嘱人和见证人应当在遗嘱每一页签名。当遗嘱有多页时，如果仅在一页签名，其他页的内容容易被篡改或者替换，为了保证遗嘱的真实性，遗嘱人和见证人应当对遗嘱的每一页仔细核对并签名。如果遗嘱人、见证人只在遗嘱最后一页签名，没有在每一页签名，则不能认定打印遗嘱全部内容的有效性。三是注明年、月、日。由于遗嘱的设立时间为判断遗嘱有效性的重要因素，因此未注明年、月、日的打印遗嘱没有法律效力。

第一千一百三十七条 【录音录像遗嘱】

以录音录像形式立的遗嘱，应当有两个以上见证人在场见证。遗嘱人和见证人应当在录音录像中记录其姓名或者肖像，以及年、月、日。

【立法背景】

《继承法》第 17 条第 4 款规定，以录音形式立的遗嘱，应当有两个以上见证人在场见证。在民法典的立法过程中，一些意见提出，随着科学技术的发展，除了录音之外，录像以及其他电子形式都可以成为制作遗嘱的载体，有必要明确录像遗嘱这种形式。我们研究认为，用录像形式制作而成的音像资料，比起单纯的音频资料能更加直观地表达所记录的内容。继承法规定的录音遗嘱的适用范围较为有限，不能满足科技发展与生活丰富化需求。为此，本条将继承法中的录音遗嘱修改为录音录像遗嘱。

【条文精解】

录音录像遗嘱分为录音遗嘱与录像遗嘱。录音遗嘱是遗嘱人口述遗嘱内容并用录音方式记录而成的遗嘱。录像遗嘱是遗嘱人表达遗嘱内容并用录像方式记录而成的遗嘱，遗嘱人在表达遗嘱内容时可以通过口述的方式从而同时记录其声音，在特殊情况下无法用口述方式的，例如遗嘱人为聋哑人的，可以通过打手语方式表达遗嘱内容。无论采用哪种形式，遗嘱人都应该亲自表达遗嘱内容，不能由他人转述。

鉴于录音录像遗嘱容易被伪造或者篡改，本条对于录音录像遗嘱规定了一些形式要件：（1）录音录像遗嘱应当有两个以上符合本法规定的资格要求的见证人在场见证，参加录音录像遗嘱制作的全过程。（2）遗嘱人和见证人应当在录音录像中记录其姓名或者肖像。由于录音录像遗嘱不是书面遗嘱，遗嘱人和见证人无法签名，因此要用符合录音录像遗嘱形式特点的方式表明遗嘱人和见证人的身份、确认遗嘱内容以及表明在场见证。在录音遗嘱中，遗嘱人和见证人应当用口述方式记录其姓名。在录像遗嘱中，遗嘱人和见证人应当展示其肖像，在记录肖像的同时可以用口述或者其他方式表明其姓名。（3）遗嘱人和见证人应当在录音录像中记录年、月、日。在以录音录像的形式立遗嘱时，遗嘱人和见证人应当在录音录像的过程中用口述或者其他方式记录遗嘱设立的时间，否则录音录像遗嘱不能发生法律效力。

第一千一百三十八条 【口头遗嘱】

遗嘱人在危急情况下，可以立口头遗嘱。口头遗嘱应当有两个以上见证人在场见证。危急情况消除后，遗嘱人能够以书面或者录音录像形式立遗嘱的，所立的口头遗嘱无效。

【立法背景】

口头遗嘱，是指遗嘱人用口述方式表达其处分遗产的意思表示的遗嘱形式。与其他形式的遗嘱相比，口头遗嘱简便易行，在一些危急情况下，遗嘱人来不及或者没有条件立其他形式的遗嘱时，口头遗嘱成为满足遗嘱人立遗嘱愿望的可行方式。《继承法》第17条第5款规定了口头遗嘱："遗嘱人在危急情况下，可以立口头遗嘱。口头遗嘱应当有两个以上见证人在场见证。危急情况解除后，遗嘱人能够用书面或者录音形式立遗嘱的，所立的口头遗嘱无效。"本条在继承法的基础上，将该款中的"录音形式"修改为"录音录像"形式，并做了一些文字修改。

【条文精解】

1. 口头遗嘱的形式要件

（1）遗嘱人处在危急情况下。危急情况主要指遗嘱人生命垂危或者遇到了重大灾害或者意外等紧急情况，随时有生命危险而来不及或者没有条件立其他形式的遗嘱。遗嘱人处在危急情况下是立口头遗嘱的前提条件，在非危急情况下设立的口头遗嘱无效。

（2）口头遗嘱应当有两个以上见证人在场见证。遗嘱人在危急的情况下用口述的方式表达其处分遗产的意思表示，由于没有记录的载体，因此需要有两个以上见证人在场见证。见证人须符合本法规定的资格、数量、在场见证等方面的要求。

2. 口头遗嘱的失效

遗嘱是死因行为，遗嘱在遗嘱人死亡时发生效力。处在危急情况中的遗嘱人在立口头遗嘱后死亡的，如果遗嘱符合口头遗嘱的形式要件，口头遗嘱即发生法律效力。如果危急情况解除后，遗嘱人没有死亡，口头遗嘱不发生法律效力，但是该口头遗嘱是否可以有效成立直到遗嘱人死亡后再发生效力呢？考虑到口头遗嘱的内容完全依靠见证人的表述证明，准确性与证明力低，容易发生纠纷，本条规定，危急情况消除后，遗嘱人能够以书面或者录音录像形式立遗嘱的，所立的口头遗嘱无效。也就是说，遗嘱人在危急情况下所立的口头遗嘱，在危急情况消除后，遗嘱人在世并且能够以其他形式立遗嘱的，该口头遗嘱失效。

第一千一百三十九条 【公证遗嘱】

公证遗嘱由遗嘱人经公证机构办理。

【立法背景】

公证遗嘱是遗嘱人经公证机构办理的遗嘱。《继承法》第17条第1款规定：“公证遗嘱由遗嘱人经公证机关办理。”民法典继承编沿袭了继承法关于公证遗嘱的规定。

【条文精解】

公证遗嘱的有效成立，除了需要遵守本法关于遗嘱效力的规定外，还需要遵守我国有关公证的法律规定。司法部颁布的《遗嘱公证细则》对设立公证遗嘱的程序作了具体规定。根据该规章的相关规定，公证遗嘱必须由遗嘱人本人亲自办理，不得委托他人办理公证。公证遗嘱应当由两名公证人员共同办理，由其中一名公证员在公证书上署名。因特殊情况由一名公证员办理时，应当有一名见证人在场，见证人应当在遗嘱和笔录上签名。遗嘱人在办理公证遗嘱时，应当向公证机构提供书面遗嘱或者向公证机构表述遗嘱内容。公证人员在办理遗嘱公证时，要依法对遗嘱人立遗嘱行为的真实性、合法性予以审查。经审查认为遗嘱人立遗嘱行为符合法律规定的条件的，公证机构应当出具公证书。公证遗嘱采用打印形式。遗嘱人根据遗嘱原稿核对后，应当在打印的公证遗嘱上签名、盖章或者按指印。

第一千一百四十条 【不能作为遗嘱见证人的人员】

下列人员不能作为遗嘱见证人：

（一）无民事行为能力人、限制民事行为能力人以及其他不具有见证能力的人；

（二）继承人、受遗赠人；

（三）与继承人、受遗赠人有利害关系的人。

【立法背景】

遗嘱见证人，是指在现场亲历遗嘱人立遗嘱的过程，能够证明遗嘱真实性的人。为了保障遗嘱的真实性，法律要求一些形式的遗嘱必须要有一定数量的见证人在场见证。遗嘱是死因行为，即在遗嘱人死亡时发生效力，对遗嘱真实性的认定要依靠见证人的证明。为了确保遗嘱见证人是客观公正的，《继承法》第18条规定："下列人员不能作为遗嘱见证人：（一）无行为能力人、限制行为能力人；（二）继承人、受遗赠人；（三）与继承人、受遗赠人有利害关系的人。"在民法典立法过程中，一些意见提出，在一些情况下见证人虽然是完全民事行为能力人，但是可能不具有事实上的见证能力，如文盲以及对遗嘱所使用的语言掌握不充分的人等，这些人员对遗嘱具体内容的理解存在一定欠缺，如果承认此类见证人的资格，对遗嘱的真实性会产生影响。经研究，本条在《继承法》第18条第1项的基础上增加规定"其他不具有见证能力的人"。

【条文精解】

根据本条规定，以下人员不能作为遗嘱见证人：

1. 无民事行为能力人、限制民事行为能力人以及其他不具有见证能力的人

遗嘱见证人要在场见证立遗嘱过程，并在事后对遗嘱的内容、订立情形等作出证明，遗嘱见证人的证明对遗嘱效力具有重要影响，因此见证人必须具有完全民事行为能力。无民事行为能力人、限制民事行为能力人对事物缺乏足够的认识能力和判断能力，不能作为遗嘱见证人。遗嘱见证人除了完全民事行为能力人外，还需要具有见证能力，见证能力的有无要根据具体事实情况进行判断。

2. 继承人、受遗赠人

为了确保见证人能够公正客观地对遗嘱真实性作出证明，法律一般要求

见证人与遗嘱内容没有利害关系。继承人、受遗赠人的利益会直接因遗嘱内容而受益或者受损。由继承人、受遗赠人担任见证人，可能会给遗嘱人造成影响，导致其立的遗嘱并非出于真实意愿。此外，继承人、受遗赠人在知晓遗嘱内容后还可能为了自己利益作出不真实的证明。因此，继承人、受遗赠人不能担任见证人。

3. 与继承人、受遗赠人有利害关系的人

与继承人、受遗赠人有利害关系的人虽然不是遗嘱继承、遗赠法律关系的当事人，但由于其与继承人、受遗赠人有利害关系，可能会因遗嘱而间接地获得利益，因此有可能受利益驱动作不真实的证明，不宜担任遗嘱见证人。与继承人、受遗赠人有利害关系的人的情况比较复杂，其具体范围无法通过立法明确规定，应当具体情况具体分析。

第一千一百四十一条 【必留份】

遗嘱应当为缺乏劳动能力又没有生活来源的继承人保留必要的遗产份额。

【立法背景】

遗嘱自由原则是当事人意思自治原则以及保护私有财产原则在继承法领域的具体化，是各国继承法普遍确立的重要原则。但遗嘱自由不是完全无限制的自由，由于继承制度还发挥遗产的扶养功能和维护基本的家庭伦理的功能，因此各国继承立法普遍对遗嘱自由设有一定的限制。《继承法》第19条规定了必留份制度，即"遗嘱应当对缺乏劳动能力又没有生活来源的继承人保留必要的遗产份额"，对遗嘱人以遗嘱处分财产的权利进行了一定的限制。本条保留了继承法关于必留份的规定。

【条文精解】

根据本条规定，必留份权利人为同时具备缺乏劳动能力和没有生活来源两个条件的法定继承人，该继承人既可以是第一顺序继承人，也可以是第二顺序继承人。本法没有对必留份规定具体的份额，在实践中要根据个案的具体情况而确定，以满足必留份权利人的生活需要。必留份是法定继承人基本生活的保障，对于缺乏劳动能力又没有生活来源的继承人的必留份，在分割遗产时如果不足清偿被继承人应当缴纳的税款和债务的，也应当为其保留必要的遗产。

第一千一百四十二条 【遗嘱的撤回和变更】

遗嘱人可以撤回、变更自己所立的遗嘱。

立遗嘱后，遗嘱人实施与遗嘱内容相反的民事法律行为的，视为对遗嘱相关内容的撤回。

立有数份遗嘱，内容相抵触的，以最后的遗嘱为准。

【立法背景】

《继承法》第 20 条规定："遗嘱人可以撤销、变更自己所立的遗嘱。立有数份遗嘱，内容相抵触的，以最后的遗嘱为准。自书、代书、录音、口头遗嘱，不得撤销、变更公证遗嘱。"本条对《继承法》第 20 条作了以下三个方面的修改完善：

1. 将遗嘱的"撤销"修改为"撤回"

民法上的"撤回"与"撤销"是不同概念。"撤回"是对未生效的意思表示予以撤回，使其不发生法律效力，而"撤销"是对已经生效的意思表示予以撤销，使其具有溯及力的消灭。遗嘱行为是死因行为，遗嘱在遗嘱人死亡时生效，遗嘱人只能在其死亡前即遗嘱生效前取消其意思表示，用"撤回"遗嘱更加准确。

2. 增加规定视为撤回遗嘱的情形

在一些情况下，遗嘱人虽然没有以明示的意思表示撤回遗嘱，但是其行为已经表明撤回遗嘱时，应当承认遗嘱人具有撤回遗嘱的意思表示。本法在借鉴国外立法例和吸收相关司法解释的基础上，增加规定了遗嘱视为撤回的情形，即"立遗嘱后，遗嘱人实施与遗嘱内容相反的民事法律行为的，视为对遗嘱相关内容的撤回"。

3. 删除了公证遗嘱优先效力的规定

《继承法》第 20 条第 3 款规定，自书、代书、录音、口头遗嘱，不得撤销、变更公证遗嘱，突出了公证遗嘱的优先效力。在民法典立法过程中，对于是否要继续赋予公证遗嘱优先效力有不同意见。我们研究认为，公证遗嘱具有证明力更强的特点，然而继承法赋予公证遗嘱在适用效力上的优先性，不允许遗嘱人以其他形式的遗嘱撤回或者变更公证遗嘱，存在使遗嘱人的最终意愿不能实现，不当限制遗嘱自由等弊端，有悖于遗嘱制度的宗旨。为此，本条删除了继承法关于自书、代书等形式的遗嘱不得撤销、变更公证遗嘱的规定，保留了继承法"立有数份遗嘱，内容相抵触的，以最后的遗嘱为准"的规定。

【条文精解】

遗嘱的撤回，是指遗嘱人在立遗嘱后又对该遗嘱加以取消。遗嘱的变更，是指遗嘱人在立遗嘱后又对该遗嘱作出修改。遗嘱的撤回和变更产生的法律后果为遗嘱中被撤回、被变更的内容不发生效力。

根据本条规定，遗嘱人可以在生前变更、撤回所立的遗嘱。在一些情况下，遗嘱人虽然没有以明示的意思表示撤回遗嘱，但是其行为已经表明撤回遗嘱时，应当承认遗嘱人具有撤回遗嘱的意思表示。本条强调遗嘱人实施的行为是民事法律行为，即遗嘱人要有设立、变更和终止民事法律关系的意思表示，如果遗嘱人的行为并非出于自己的意愿，不构成对遗嘱的撤回。对遗嘱人所立的内容相抵触的数份遗嘱，以立遗嘱的时间作为认定遗嘱有效的判断标准，遗嘱人最后所立的遗嘱具有优先适用的效力。

第一千一百四十三条　【遗嘱无效】

无民事行为能力人或者限制民事行为能力人所立的遗嘱无效。

遗嘱必须表示遗嘱人的真实意思，受欺诈、胁迫所立的遗嘱无效。

伪造的遗嘱无效。

遗嘱被篡改的，篡改的内容无效。

【立法背景】

遗嘱有效除了需要符合法律规定的形式要件外，还需要具备民事法律行为有效的条件，这既包括总则编规定的一般条件，也包括继承编规定的特别条件。本条沿袭了《继承法》第22条，规定了遗嘱无效的情形。

【条文精解】

根据本条规定，下列情形下遗嘱无效：

1. 遗嘱人不具有遗嘱能力

遗嘱能力，是指自然人依法享有的可以用遗嘱形式处分个人财产的能力或资格。继承法以及本法没有对遗嘱人的遗嘱能力作出专门规定，主要是适用民事行为能力的规定，即只有完全民事行为能力人才可以立遗嘱，无民事行为能力人或者限制民事行为能力人所立的遗嘱无效。

2. 遗嘱并非遗嘱人真实的意思表示

为了保障遗嘱人的财产处分权以及遗嘱自由，法律要求遗嘱必须是遗嘱人的真实意思，这体现在两方面：一是遗嘱必须出于遗嘱人的自愿，受欺诈、胁迫所立的遗嘱无效；二是遗嘱的内容真实可靠，伪造的遗嘱、遗嘱被篡改的部分无效。

欺诈、胁迫均构成对当事人意思表示自由的干涉，对于因受欺诈、胁迫而实施的民事法律行为，本法总则编规定受欺诈方、受胁迫方有权请求人民法院或者仲裁机构予以撤销。法律赋予受欺诈方、受胁迫方撤销权，可以使其对自己实施的民事法律行为的效力作出选择，最大程度地尊重其意思自治。撤销权针对已经生效的民事法律行为，使其具有溯及力的消灭，立遗嘱虽然也是一种民事法律行为，但是遗嘱自被继承人死亡时生效，遗嘱人无法撤销其有瑕疵的意思表示，为此本法规定受欺诈、胁迫所立的遗嘱无效，区别于一般的因受欺诈、胁迫而实施的民事法律行为的效力。

伪造的遗嘱与遗嘱被篡改的内容属于虚假的遗嘱，遗嘱人并未作出相应的意思表示，因此无效。伪造与篡改有所区别，伪造的遗嘱是整个遗嘱的意思表示都为假，因此遗嘱全部无效，而篡改是在真实遗嘱的基础上对遗嘱的部分内容进行改动，由于遗嘱内容可能是多方面的，并且各项内容之间可能互相独立，因此遗嘱被篡改的，只是篡改的内容无效，不必然导致整个遗嘱无效。

第一千一百四十四条 【附有义务的遗嘱继承或者遗赠】

遗嘱继承或者遗赠附有义务的，继承人或者受遗赠人应当履行义务。没有正当理由不履行义务的，经利害关系人或者有关组织请求，人民法院可以取消其接受附义务部分遗产的权利。

【立法背景】

《继承法》第21条规定："遗嘱继承或者遗赠附有义务的，继承人或者受遗赠人应当履行义务。没有正当理由不履行义务的，经有关单位或者个人请求，人民法院可以取消他接受遗产的权利。"本条将继承法规定的法院可以取消不履行义务的继承人或者受遗赠人"接受遗产的权利"，修改为"接受附义务部分遗产的权利",将可以取消的接受遗产范围界定得更明确。

【条文精解】

附有义务的遗嘱继承或者遗赠,是指遗嘱继承人或者受遗赠人在继承遗嘱人的财产时需要履行遗嘱人对其附加的特定义务,否则其接受附义务部分遗产的权利可能被法院取消的遗嘱继承或者遗赠。

遗嘱人用遗嘱将财产指定给他人继承时,可以要求继承其财产的人履行特定义务。只要遗嘱附加的义务不违反法律的强制性规定以及公序良俗,遗嘱人的这种安排是法律所允许的。

在理解本条规定时,需要注意以下几个方面:

一是遗嘱继承人或者受遗赠人履行遗嘱所附义务的前提为接受继承或者遗赠。立遗嘱是单方民事法律行为,遗嘱人在遗嘱中为遗嘱继承人或者受遗赠人附加义务时,并不需要和遗嘱继承人或受遗赠人达成合意。在遗嘱生效后,遗嘱继承人和受遗赠人可以通过接受或放弃继承和遗赠的方式选择是否履行遗嘱所附加的义务。

二是遗嘱继承人或者受遗赠人不履行遗嘱所附义务的法律后果为被法院取消其接受附义务部分遗产的权利。遗嘱人在遗嘱中为继承人或者受遗赠人接受遗产附加了义务,实际上为继承人或者受遗赠人取得遗产设置了条件。如果继承人或者受遗赠人无正当理由不履行遗嘱所附义务的,就不符合取得遗产的条件。本条规定,对于没有正当理由不履行义务的遗嘱继承人或者受遗赠人,经相关主体申请,法院可以取消其接受附义务部分遗产的权利。

三是可以向法院申请取消义务人接受遗产的权利的主体为利害关系人或者有关组织。由于遗嘱生效时遗嘱人已经死亡,为了保障遗嘱中所附义务的履行,就需要相关主体监督义务人履行义务。本法规定利害关系人或者有关组织可以向法院申请取消不履行义务的义务人接受附义务部分遗产的权利。利害关系人或者有关组织可以为法定继承人、遗嘱执行人、因遗嘱所附义务的履行而受益的自然人和组织等。

第四章　遗产的处理

第一千一百四十五条 【遗产管理人的选任】

继承开始后，遗嘱执行人为遗产管理人；没有遗嘱执行人的，继承人应当及时推选遗产管理人；继承人未推选的，由继承人共同担任遗产管理人；没有继承人或者继承人均放弃继承的，由被继承人生前住所地的民政部门或者村民委员会担任遗产管理人。

【立法背景】

遗产管理人是在继承开始后遗产分割前，负责处理涉及遗产有关事务的人。被继承人死亡后，如何处理遗产不仅涉及继承人之间的利益分配，还涉及被继承人生前的债权人的利益。因此，需要有人妥善保管遗产，并在不同主体之间分配好遗产。继承法未规定遗产管理人，随着我国经济的快速发展，人民群众的财富不断增加，自然人死亡后，留下的遗产往往很多，很多被继承人在留下巨额遗产的同时，还有很多债务需要偿还，因此，建立遗产管理人制度显得越来越有必要。

【条文精解】

根据本条的规定，可以由以下主体担任遗产管理人：

（1）由遗嘱执行人担任遗产管理人。遗嘱执行人是遗嘱人在遗嘱中指定的执行遗嘱事务的人。一般而言，遗嘱执行人都是被继承人信任之人，否则被继承人是不会在遗嘱中指定其为遗嘱执行人。

（2）由继承人推选出遗产管理人。所谓推选，就是全体继承人共同推举出其中一名或者数名继承人为遗产管理人。至于全体继承人之间按照何种规则推选，是按照少数服从多数的规则还是全体一致同意的规则，则由继承人共同协商确定。

（3）由继承人共同担任遗产管理人。如果继承人未推选遗产管理人，则由全体继承人共同担任遗产管理人。没有推选可能是由于以下两种情况之一：

第一，继承人人数少，没必要推选遗产管理人，或者继承人达成一致由全体共同管理遗产；第二，继承人之间无法推选出一致认可的遗产管理人。在全体继承人担任遗产管理人时，就涉及全体继承人如何做出决策的问题，此时也需要由全体继承人协商达成一致。

（4）由民政部门或者村民委员会担任遗产管理人。被继承人死亡后，如果没有继承人或者继承人均放弃继承时，遗产就属于无人继承的遗产，根据继承编的规定，此种遗产的归属需要根据被继承人的身份作不同的处理：如果被继承人是集体所有制组织成员的，遗产归其生前所在的集体所有制组织所有；如果被继承人并非集体所有制组织成员的，则其遗产归国家所有并用于公益事业。因此，为了妥善保管并更好处理被继承人的遗产，城镇的无人继承遗产由民政部门担任遗产管理人更为妥当，农村居民身前作为集体所有制组织成员，享受了集体所有制组织的很多权益，遗产由其所在的村民委员会管理也是合理的。

第一千一百四十六条 【法院指定遗产管理人】

对遗产管理人的确定有争议的，利害关系人可以向人民法院申请指定遗产管理人。

【立法背景】

上条规定了遗产管理人选任的规则，如果遗嘱执行人、继承人之间就遗嘱管理事务达成一致，按照法律规定的顺序选任遗产管理人即可。但是遗产管理毕竟涉及诸多人的利益，难免会因为选任谁担任而发生争议。因遗产管理人确定发生的争议，可能有三种：第一种是遗嘱执行人不愿意参与遗产管理，或者多个遗嘱执行人之间因遗产管理发生纠纷；第二种是继承人之间因为遗产管理发生纠纷；第三种是其他利害关系人对遗产管理人的确定有异议。所谓其他利害关系人，是指遗嘱执行人、继承人之外的对遗产有利害关系的当事人，比如受遗赠人。

【条文精解】

理解本条，需要把握以下三个方面：

（1）管辖法院。《民事诉讼法》第33条第3项规定，因继承遗产纠纷提起的诉讼，由被继承人死亡时住所地或者主要遗产所在地人民法院管辖。根据该规定，涉及继承遗产的纠纷应当由特定法院专属管辖。确定遗产管理人的纠纷也属于因继承遗产引发的纠纷，故也应由被继承人死亡时的住所地或者主要遗产所在地法院管辖。由这两类法院管辖，主要是被继承人死亡时的住所地和主要遗产所在地的法院，与遗产存在密切联系，便于了解案情，能够更便利地审理此类纠纷。

（2）提起诉讼的主体。本条规定利害关系人如果就遗产管理人有疑义，均可以请求人民法院指定。这里的利害关系人一般包括遗嘱执行人、继承人、被继承人生前住所地的民政部门或者村民委员会，以及受遗赠人等与遗产有利害关系的人。

（3）人民法院指定遗产管理人的范围。《民法典》第1145条规定遗产管理人选任的范围包括遗嘱执行人、继承人、民政部门或者村民委员会。因此，人民法院也在这些主体中指定遗产管理人。人民法院确定遗产管理人应当结合被继承人生前所立遗嘱等有关文件，尽量尊重被继承人的内心意愿，同时应当根据候选人的能力水平、与被继承人的关系亲疏程度、公信力等来确定。

第一千一百四十七条 【遗产管理人的职责】

遗产管理人应当履行下列职责：

（一）清理遗产并制作遗产清单；

（二）向继承人报告遗产情况；

（三）采取必要措施防止遗产毁损、灭失；

（四）处理被继承人的债权债务；

（五）按照遗嘱或者依照法律规定分割遗产；

（六）实施与管理遗产有关的其他必要行为。

【立法背景】

不少国家、地区的民法典中都有遗产管理人职责的相关规定。如我国台湾地区"民法典"第1179条。

【条文精解】

遗产管理人选任之后，就要承担起管理遗产的职责。遗产管理人管理遗产就要实施各种管理遗产的行为，法律也就有必要明确遗产管理人的职责范围。遗产管理人应当在法律规定的权限范围内实施管理遗产的行为。

根据本条规定，遗产管理人的职责包括以下几个方面：

一是清理遗产并制作遗产清单。遗产管理人要管理遗产，首先必须掌握被继承人所遗留的遗产有哪些。因此，遗产管理人的首要职责就是清理遗产。清理遗产就是要清查整理所有的遗产。遗产管理人在清理遗产后，应当制作书面的遗产清单，详细列明被继承人遗留的所有财产情况、债权债务情况等。

二是向继承人报告遗产情况。继承人是有权参与遗产分割的人，与遗产有密切的利害关系。遗产管理人清理遗产并制作遗产清单后，应当向继承人报告遗产情况。

三是采取必要措施防止遗产毁损、灭失。遗产管理人不仅需要清点遗产，还需要承担起积极妥善保管遗产的职责。在发现遗产存在毁损、灭失的风险时，应采取必要的措施防止遗产毁损、灭失。遗产管理人在接受遗产后，应当妥善保管遗产，这是遗产管理人最为基本的职责。

四是处理被继承人的债权债务。遗产不仅包括各种动产不动产，还包括被继承人所享有的各种债权。遗产管理人的职责之一就是处理被继承人的债权债务。首先是处理债权。遗产管理人在清理遗产时，发现被继承人生前有债权的，应当依法向债务人主张债权，这种债权既包括合同之债，也包括侵权之债，还包括不当得利和无因管理之债。其次是处理债务。遗产管理人如果发现被继承人生前负有债务的，应当以遗产偿还债务。遗产管理人处理完债权债务后，还应当将处理情况向继承人报告，以便继承人掌握遗产的实际情况。

五是按照遗嘱或者依照法律规定分割遗产。遗产管理人分割遗产的依据包括：（1）遗嘱要求。如果被继承人生前留下了遗嘱，遗产管理人先要根据被继承人所立遗嘱处理遗产。（2）法律规定。如果被继承人生前没有留下遗嘱的，遗产管理人则要按照法定继承的相关规则来分割遗产。当然，如果被继承人生前签订了遗赠扶养协议，遗产管理人就应当优先按照遗赠扶养协议的约定来处理遗产。

六是实施与管理遗产有关的其他必要行为。遗产管理人除了实施前面五项管理遗产的必要行为之外，还应当实施其他与管理遗产有关的必要行为，比如对遗产情况开展必要的调查等。

第一千一百四十八条 【遗产管理人的责任】

遗产管理人应当依法履行职责，因故意或者重大过失造成继承人、受遗赠人、债权人损害的，应当承担民事责任。

【条文精解】

遗产管理人在管理遗产过程中，应当依法履行职责。遗产管理人在管理遗产时，首先应当遵守继承编的相关规定。按照上条规定的权限实施管理遗产的各项行为，包括清理遗产、制作遗产清单、报告遗产情况、处理债权债务、分割遗产等。不管遗产管理人实施哪种行为，都应当尽职尽责，不得滥用管理权限。其次，遗产管理人在管理遗产时，不得违反法律，也不得违背公序良俗。

遗产管理人如果未依法履行职责，根据本条规定，因故意或者重大过失造成继承人、受遗赠人、债权人损害的，应当承担民事责任。因此，遗产管理人承担民事责任的构成要件包括：第一，遗产管理人在客观上实施了不当的遗产管理行为。遗产管理人必须是在实施遗产管理过程中给利害关系人造成了损害。如果不是因为遗产管理行为损害了继承人、受遗赠人、债权人的利益，则不属于本条规定的范畴，应当按照侵权责任编或者其他法律的规定承担责任。第二，遗产管理人在主观上有故意或者重大过失。所谓故意，就是明知会侵害他人权益而为之。所谓重大过失，就是违反一般正常管理者应尽的谨慎注意义务。第三，遗产管理人的行为给继承人、受遗赠人、债权人造成了损害，也就是遗产管理人的不当管理行为造成遗产的损失，进而损害了继承人、受遗赠人、债权人的利益。遗产管理人的前述行为造成继承人、受遗赠人、债权人损害的，需要承担民事责任，即赔偿损失等。

第一千一百四十九条 【遗产管理人的报酬】

遗产管理人可以依照法律规定或者按照约定获得报酬。

【立法背景】

有的国家的民法典也规定遗产管理人有权获得报酬。如《德国民法典》第1987条规定："（遗产管理人的报酬）遗产管理人可以为其职务的执行而请求适当的报酬。"遗产管理人管理遗产必然需要耗费时间和精力，特别是对于遗留下巨额财产的被继承人的管理人而言，需要花费更多的精力。遗产管理人不仅要履行法律规定的职责，还需要承担因过错造成利害关系人损失的责任。权利应当与义务相匹配，赋予遗产管理人获得报酬的权利是有必要的，也是合理的。

【条文精解】

本条规定，遗产管理人可以依照法律规定或者按照约定获得报酬。首先，遗产管理人可以获得报酬，也可以不收取报酬。是否获得报酬，需要视具体情况而定，遗产管理人可以要求获得报酬，也可以不要求获得报酬。其次，如果法律规定遗产管理人有权获得报酬的，遗产管理人可以要求获得报酬；如果当事人之间约定遗产管理人可以获得报酬的，根据此约定，遗产管理人也可以获得报酬。最后，遗产管理人报酬的多少可以由当事人约定，如果是人民法院指定遗产管理人，人民法院可以酌情确定遗产管理人的报酬。

第一千一百五十条 【继承开始的通知】

继承开始后，知道被继承人死亡的继承人应当及时通知其他继承人和遗嘱执行人。继承人中无人知道被继承人死亡或者知道被继承人死亡而不能通知的，由被继承人生前所在单位或者住所地的居民委员会、村民委员会负责通知。

【立法背景】

关于继承通知，不少民法典都有规定。如我国台湾地区"民法典"第1212条规定："遗嘱保管人，知有继承开始之事实时，应即将遗嘱提示于亲属会议。无保管人而由继承人发现遗嘱者亦同。"

【条文精解】

本条规定，继承开始后，知道被继承人死亡的继承人应当及时通知其他继承人和遗嘱执行人。首先，负有继承开始通知义务的人是继承人。通常来说，与被继承人共同生活的继承人最先知道被继承人死亡的事实。因此，继承人知道被继承人死亡时，有义务及时通知其他继承人和遗嘱执行人。

本条还规定，继承人中无人知道被继承人死亡或者知道被继承人死亡而不能通知的，由被继承人生前所在单位或者住所地的居民委员会、村民委员会负责通知。被继承人死亡时，有可能没有继承人知道被继承人死亡的事实，或者因为继承人是无民事行为能力人而无法通知，在此情况下，法律规定被继承人生前所在单位或者住所地的居民委员会、村民委员会有通知义务。因此，负有继承开始通知义务的主体还包括被继承人生前所在单位、住所地的居民委员会或者村民委员会。被继承人生前所在单位就是被继承人生前最后工作的单位，可能是被继承人尚在服务的单位，也可能是被继承人退休的单位。由于很多企业的人员退休后，养老都转入社保保障部门，与单位不再有联系，所以被继承人生前所在单位也未必知道其死亡的事实，在这种情况下，就由被继承人住所地的居民委员会或者村民委员会负责通知。

根据本条规定，继承人等通知义务人知悉被继承人死亡的事实后，应当及时通知其他继承人、遗嘱执行人。所谓及时通知，就是立刻而不迟延地发出继承开始的通知。发出继承开始通知的方式，既可以是口头通知，也可以是书面通知。随着现代信息技术的发展，通知方式可以灵活多样，可以是电话通知、短信通知或者借助其他互联网即时通讯工具发出通知。

第一千一百五十一条 【遗产保管】

存有遗产的人，应当妥善保管遗产，任何组织或者个人不得侵吞或者争抢。

【立法背景】

遗产是被继承人遗留的个人财产，是被继承人生前享有所有权的财产。被继承人死亡后，遗产的所有权随之转移。被继承人生前可能占有控制着自己所有的财产，这些财产也可能被其他人占有控制。继承人死亡后，就涉及遗产的保管问题。遗产保管问题，不少民法典都有类似规定。如《日本民法典》第918条。

【条文精解】

本条规定，存有遗产的人，应当妥善保管遗产，任何组织或者个人不得侵吞或者争抢。

1. 妥善保管遗产

根据本条规定，只要是存有遗产的人，都有义务妥善保管遗产。一是负有保管义务的主体是存有遗产的人。不管什么人，只要存有遗产，都有保管义务。二是必须妥善保管。存有遗产的人，必须向善良管理人一样保管好遗产，确保遗产不被损害、毁损或者灭失。存有遗产的人如果不愿意保管遗产，在遗产管理人确定之后，就应当将遗产交给遗产管理人保管。

2. 不得侵吞或者争抢遗产

本条还规定，任何组织和个人都不得侵吞或者争抢遗产。存有遗产的人有妥善保管遗产的义务，而对于其他人而言，则不得侵害遗产。一方面，对于存有遗产的人来说，其必须妥善保管遗产，但不得侵吞遗产。所谓侵吞，就是不能据为己有，不论谁存有遗产，都必须如实告知遗产管理人其存有遗产的事实，在其不愿意继续保管时，还应当将遗产交由遗产管理人。即便根据继承人所留下的遗嘱，该遗产由其继承或者受遗赠，存有遗产的继承人或者受遗赠人也必须告知遗产管理人，遗产由其存有。另一方面，不论遗产由谁保管，其他任何组织和个人都不得争抢遗产。所谓争抢，就是非法争夺。虽然遗产最终由继承人分割，但只要遗产不是继承人存有，任何继承人都不得争抢，继承人之外的人也不得争抢遗产。不仅个人不得争抢遗产，任何组织也不得争抢遗产。当然，如果遗产被依法征收、征用的，需要享有法定权限的机关按照法定程序实施，并依法给予补偿。

任何人侵吞或者争抢遗产，都需要依法承担责任。不仅可能需要承担相应的民事责任，甚至可能因为其实施的行为构成犯罪而承担刑事责任。当然，如果遗产管理人因为清理、管理遗产的需要，要求存有遗产的人交出遗产，存有遗产的人就应当将遗产交由遗产管理人统一管理，以便遗产管理人清理遗产、制作遗产清单并依法对遗产进行分割。

第一千一百五十二条 【转继承】

继承开始后，继承人于遗产分割前死亡，并没有放弃继承的，该继承人应当继承的遗产转给其继承人，但是遗嘱另有安排的除外。

【立法背景】

根据继承人本人是否实际继承，继承可以分为本继承、代位继承和转继承。本继承就是继承人自己在继承顺序之中直接继承被继承人财产。代位继承就是在继承顺位之中的继承人先于被继承人死亡前死亡，而由其直系卑亲属或者其兄弟姐妹的子女代为继承。被代位继承的人称为被代位继承人，实际继承的人称为代位继承人。转继承就是继承人本人在遗产分割前死亡时，其应得的遗产份额转由其继承人继承。被转位继承的人称为被转继承人,实际继承的人称为转继承人。关于转继承,不少国家地区的民法典中都有规定。如《法国民法典》第781条。

【条文精解】

本条规定,继承开始后,继承人于遗产分割前死亡,并没有放弃继承的,该继承人应当继承的遗产转给其继承人;但是遗嘱另有安排的除外。根据本条规定,发生转继承的条件包括:一是被转继承人在被继承人死亡后,遗产分割前死亡。被转继承人只有在此特定的时段死亡才发生转继承的问题。如果在被继承人死亡前死亡,则可能发生代位继承的问题;如果在遗产分割之后死亡的,则是一个新的继承问题,不存在转继承。二是被转继承人未放弃继承。如果被继承人死亡后,继承人放弃继承的,继承人的继承权已经不复存在,所谓的转继承也就无从谈起。三是遗嘱没有其他安排。所谓遗嘱没有其他安排,就是被继承人在其遗嘱中,没有特别说明所留遗产仅限于给继承人本人,不得转继承给其他人。

转继承的法律后果是,继承人应当继承的遗产转给其继承人。所谓继承人应当继承的遗产,就是不管根据法定继承还是遗嘱继承,只要应由继承人继承的财产,都适用转继承。转给其继承人,就是被转继承人应得到的一切遗产都转由其继承人继承。如被继承人甲有两个儿子,大儿子乙和小儿子丙。甲死亡后,留有遗嘱指定将其中的一古董宋青花瓷瓶传给其长子乙,对于其他财产未做处理。在遗产分割前,乙不幸身故,生前未作任何放弃继承的意思表示。乙的继承人中仅有已出嫁的女儿丁。在分割遗产时,丁欲取走该青花瓷瓶。丙认为该古董系传家之宝,应当由其继承,故拒绝交给已经外嫁的丁。根据转继承的有关规定,由于甲在遗嘱中明确指定该古董由乙继承,虽然乙在遗产分割前死亡,但因其并未放弃继承,故其应得的遗产通过转继承处理。作为乙的继承人丁,有权经转继承权取得该青花瓷瓶。

【实践中需要注意的问题】

代位继承与转继承有一定的相似之处,代位继承和转继承发生的前提都是继承人死亡,但二者也有诸多不同:一是基础事实不同,虽然代位继承与转继承中继承人死亡是基础,但代位继承中继承人是先于被继承人死亡,而转继承中继承人是后于被继承人死亡。二是继承人的范围不同。代位继承的继承人范围限于被继承人子女的直系晚辈血亲及被继承人兄弟姐妹的子女；转继承中所转位的继承人包括所有法定继承人。三是适用范围不同。代位继承仅限法定继承；转继承则既可以适用于法定继承，也适用于遗嘱继承。

第一千一百五十三条 【遗产的确定】

夫妻共同所有的财产，除有约定的外，遗产分割时，应当先将共同所有的财产的一半分出为配偶所有，其余的为被继承人的遗产。

遗产在家庭共有财产之中的，遗产分割时，应当先分出他人的财产。

【立法背景】

遗产是被继承人死亡时遗留的个人合法财产。确定个人遗产时，对于所有权明确属于被继承人个人所有的财产，自然属于遗产范畴。比如，被继承人生前个人使用的珠宝、图书等。但在大多数情况下，被继承人都不是独自生活的，而是与其他继承人共同生活，财产也往往是共同使用、共同所有。本条规定就是针对被继承人与其他人共有财产时应当如何确定遗产的问题。

【条文精解】

本条第 1 款规定，夫妻共同所有的财产，除有约定的外，遗产分割时，应当先将共同所有的财产的一半分出为配偶所有，其余的为被继承人的遗产。因此，对于共同生活的夫妻而言，首先要区分个人财产与夫妻共同财产。这需要根据夫妻财产制来判断。如果夫妻实行分别财产制，由于夫妻双方约定财产归各自所有，任何一方的财产都比较好确定；如果实行的是夫妻共同财产制，那就需要根据财产的状况来判断属于共同财产还是个人财产。《民法典》第 1063 条规定了属于夫妻一方财产的情形，第 1062 条规定了夫妻共同财产的范围。对夫妻共同财产，除非被继承人与其配偶另有约定，应当按各分一半的原则予以分割，故需要将其中的一半分给其配偶，剩下的一半才属于被继承人的遗产。

本条第 2 款规定，遗产在家庭共有财产之中的，遗产分割时，应当先分出他人的财产。被继承人与家庭成员共同生活，势必与其他家庭成员有家庭共同财产，在分割遗产时，必须将其个人的共有份额划分出来，确定为遗产。

比如，在土地承包经营的农户中有一家庭成员死亡，由于土地承包经营是以家庭为单位承包的，在分割遗产时，就需要根据农村土地承包法的规定予以分割。《农村土地承包法》第32条第1款规定："承包人应得的承包收益，依照继承法的规定继承。"因此，可以继承的仅为被继承人应得的承包收益，即开展承包经营获得的部分收益。再比如，甲一家四口在城市购买商品房一套，该房产的所有权属于按份共有产权，其中甲享有70%的所有权，其余三口人各占10%的所有权份额。甲死亡后，就应当将其所有的70%的产权划分出来，只有这70%的商品房的建筑物区分所有权属于遗产。

第一千一百五十四条 【按法定继承办理】

有下列情形之一的，遗产中的有关部分按照法定继承办理：

（一）遗嘱继承人放弃继承或者受遗赠人放弃受遗赠；

（二）遗嘱继承人丧失继承权或者受遗赠人丧失受遗赠权；

（三）遗嘱继承人、受遗赠人先于遗嘱人死亡或者终止；

（四）遗嘱无效部分所涉及的遗产；

（五）遗嘱未处分的遗产。

【立法背景】

根据《民法典》第1123条的规定，在涉及遗产处理的各种方式中，遗赠扶养协议最具优先效力，如果被继承人生前签订了遗赠扶养协议，应当先按遗赠扶养协议处理遗产；如果被继承人立了遗嘱，则应该再按照遗嘱的内容处理遗产；最后才是按照法定继承来处理遗产。但是遗赠扶养协议、遗嘱都可能因为种种原因而无法或者不用执行，这就涉及这些遗产如何处理的问题。

【条文精解】

法定继承作为法律规定的继承方式，能够填补被继承人的遗愿空白。因此，在被继承人未就遗产作处分或者所作处分因特定原因而不实际发生效力时，就需要按照法定继承处理被继承人的遗产。根据本条规定，在以下几种情况下，应当按照法定继承处理被继承人的遗产：

一是遗嘱继承人放弃继承或者受遗赠人放弃受遗赠。根据《民法典》第1124条的规定，继承开始后，继承人可以放弃继承，受遗赠人可以放弃受遗赠。如果遗嘱继承人放弃遗嘱继承，那么遗嘱所涉及的部分遗产，就转为根据法定继承办理；同样如此，如果受遗赠人在知道受遗赠后明确表示放弃受遗赠的，或者在 60 日内未作接受遗赠的意思表示的，视为放弃受遗赠，被继承人遗赠的那部分遗产按照法定继承办理。

二是遗嘱继承人丧失继承权或者受遗赠人丧失受遗赠权。《民法典》第 1125 条规定了继承人丧失继承权、受遗赠人丧失受遗赠权的法定事由。遗嘱继承人如果实施了法律规定的会导致丧失继承权的行为，丧失继承权后也未得到被继承人的宽恕，继承权未能恢复，本来根据遗嘱应由其继承的遗产，因其丧失继承权而转为按照法定继承办理。同样，如果受遗赠人实施了特定行为，丧失了受遗赠权，本应由其接受的遗产也需要法律明确应当如何处理。继承法未对丧失受遗赠权作出规定，《民法典》在第 1125 条第 3 款增加规定后，本项作了相应修改，明确受遗赠人丧失受遗赠权的，有关部分遗产也应按照法定继承办理。

三是遗嘱继承人、受遗赠人先于遗嘱人死亡或者终止。遗嘱继承人先于遗嘱人死亡的，遗嘱人可能并不知道这一事实，此时，遗嘱所指定的继承人已经死亡，丧失民事主体资格，也就无法获得遗嘱继承权。需要注意的是，在法定继承情况下，继承人先于被继承人死亡的，可能将会发生代位继承，继承人的特定卑亲属将因代位继承而获得遗产。受遗赠的自然人先于遗嘱人死亡的，受遗赠的组织先于遗嘱人死亡即已终止，在遗嘱人死亡后，因为受遗赠人已经死亡或者终止，不再具有民事主体资格，也就无法就是否接受遗赠作出意思表示，同样不能获得遗赠的遗产。此时，遗嘱人所遗赠的此部分遗产，同样需要按照法定继承办理。

四是遗嘱无效部分所涉及的遗产。遗嘱继承优先于法定继承，但遗嘱继承优先的前提是遗嘱合法有效，如果遗嘱无效，遗嘱就不具有执行的法律效力，遗嘱继承也就无从谈起。《民法典》第 1143 条规定了遗嘱无效的法定情形，包括无民事行为能力人和限制民事行为能力人所立的遗嘱，遗嘱人受欺诈、胁迫所立遗嘱，伪造的遗嘱，遗嘱被篡改的部分。不论遗嘱是因为哪种原因导致无效，遗嘱所涉及的那部分遗产都必须按照法定继承办理。同样，因为遗嘱还存在部分无效的情形，此时，仅所涉部分遗产应按照法定继承办理。

五是遗嘱未处分的遗产。被继承人死亡时如果立遗嘱了，遗嘱可能会处分全部遗产，此时就应按遗嘱执行。如果遗嘱仍有部分未处分的遗产，对这部分遗产就应按照法定继承办理。

以上所指的按照法定继承办理，就是根据本编第二章"法定继承"所规定的继承人范围、顺序、份额等依法对遗产进行分割。

第一千一百五十五条 【胎儿继承份额的保留】

遗产分割时，应当保留胎儿的继承份额。胎儿娩出时是死体的，保留的份额按照法定继承办理。

【立法背景】

《民法典》第 16 条规定，涉及遗产继承、接受赠与等胎儿利益保护的，胎儿视为具有民事权利能力。但是，胎儿娩出时为死体的，其民事权利能力自始不存在。因此，根据本条的规定，胎儿在遗产继承方面是具有民事权利能力的。

【条文精解】

根据《民法典》第 16 条的规定，既然视胎儿具有继承方面的权利能力，也就意味着胎儿可以享有继承权。因此，只要受孕在身，作为具有权利能力的一份子，胎儿就享有依法获得遗产的权利。但毕竟胎儿尚未出生，为了确保胎儿的继承权不受影响，本条专门进行规定。

首先，遗产分割时，应当保留胎儿的继承份额。胎儿享有继承权，但是毕竟胎儿尚未出生，无法确认胎儿是否能够正常出生。因此本条规定在遗产分割的时候，需要保留胎儿的继承份额。所谓保留胎儿的继承份额，就是在计算参与遗产分割的人数时，应该将胎儿列入计算范围，作为参与分割的一份子，将其应得的遗产划分出来。需要注意的是，这里的继承份额，既包括法定继承时的继承份额，也包括遗嘱继承时的份额。在法定继承时，如果胎儿在继承人范围和顺序之内，应当按照法定或者协商确定的分割原则、比例计算胎儿的应继承遗产份额。在遗嘱继承时，如果遗嘱中明确哪些遗产属于受孕之胎儿的，那么在分割遗产时，就应将此部分遗产予以保留，而不得以胎儿尚未出生为由予以瓜分。保留的是胎儿应得的遗产份额，就是将胎儿按照一个普通继承人计算所应获得的遗产。如果遗产是不动产，对不动产实行价值分割时，就要保留胎儿应得的那份价值；如果是对动产进行实物分割，就应保留胎儿应得的那部分实物。

其次，本条同时规定，胎儿娩出时是死体的，保留的份额按照法定继承办理。胎儿毕竟尚未出生，能否顺利分娩尚未可知。在胎儿分娩时可能有两种情况：第一种情况是顺利分娩，即顺利出生，胎儿即成为活的婴儿，也就成为独立的民事主体。这时，为胎儿所保留的遗产即成为出生之婴儿的遗产，当然继承；第二种情况就是分娩失败，娩出的胎儿为死体。根据《民法典》第16条规定，胎儿娩出时为死体的，其民事权利能力自始不存在。这种情况下，胎儿的民事权利能力自始不存在，包括继承的权利能力在内的所有权利能力都溯及地消灭，所保留的遗产自然无法取得。此时，根据本条规定，胎儿娩出时是死体的，为胎儿所保留的遗产份额，就需要按照法定继承办理，即由被继承人的法定继承人继承。

第一千一百五十六条 【遗产分割】

遗产分割应当有利于生产和生活需要，不损害遗产的效用。

不宜分割的遗产，可以采取折价、适当补偿或者共有等方法处理。

【立法背景】

为了处理好继承人之间分割遗产问题，域外的民法典也都会对遗产分割的规则予以规定。如《日本民法典》第906条、第908条。

【条文精解】

继承人在大多数情况下都不是只有一人，所以遗产往往有数人参与继承。遗产的分割就是在共同参与继承的数个继承人之间，按照继承人应当继承的份额予以分配。遗产分割前由全体继承人共有，分割之后，各继承人所获得的遗产即转为其个人财产。

1.遗产分割的原则

本条第1款规定，遗产分割应当有利于生产和生活需要，不损害遗产的效用。不管分割什么遗产，都要遵循这一原则，即有利于生产和生活、物尽其用。

首先，遗产分割要有利于生产。这是对生产资料型的遗产分割而言。此类遗产在分割时，就应该按照有利于生产的原则进行。有利于生产可以从两个方面考虑：一方面是不能损害遗产本身的生产性用途，确保遗产分割后还能用于正常的生产经营；另一方面，就是在分割遗产时，还得考虑继承人的能力、职业等因素，确保遗产分割后能得到继承人的合理充分利用。

其次，遗产分割要有利于生活。对于生活性用途的遗产，则应该考虑如何分割更便利于继承人的生活。总之，继承人之间应当相互体谅，从有利于生产、生活的角度考虑各种遗产的分割。

最后，遗产分割要物尽其用。所谓物尽其用，就是要根据物本身的属性、特征来分割，确保实现遗产的使用价值、经济价值最大化，充分实现遗产的效用。

2. 遗产分割的方法

本条第 2 款规定，不宜分割的遗产，可以采取折价、适当补偿或者共有等方法处理。有些遗产可以直接分割，就需要按照遗产分割的原则进行分割。但是毕竟有些遗产不适宜分割，或者分割后会损害其效用，导致价值贬损，就需要采取其他方式予以分割。

一般而言，遗产分割的方式包括四种：一是实物分割。实物分割就是对遗产进行物理上的分离，继承人按照各自份额分别占有不同部分。比如，被继承人遗留有贵重首饰若干，即可以采取实物分割的方法，由每个继承人各分得若干件首饰。二是变价分割。有的遗产不适合进行实物分割，进行实物分割可能导致该遗产失去价值，或者所有继承人都不想取得该遗产的实物，就可以变卖该遗产取得价款，由继承人按照各自的继承份额对价款进行分割。三是补偿分割。对于不宜进行实物分割的遗产，如果其中有继承人愿意取得该遗产，就可以由该继承人取得遗产的所有权，再由其根据其他继承人对该遗产的价值所应取得的比例，支付相应的价金，对其他继承人予以补偿。四是保留共有。有的遗产不宜进行实物分割，所有继承人都愿意取得该遗产的，或者继承人基于某种生产或生活的目的，愿意继续维持遗产的共有状况，就可以由继承人对该遗产继续共有。这时的共有属于按份共有，即根据各继承人应继承的份额共同享有所有权。保留共有的可能是对家庭具有特殊纪念意义的物品。

第一千一百五十七条 【配偶再婚对所继承财产的处分权】

夫妻一方死亡后另一方再婚的，有权处分所继承的财产，任何组织或者个人不得干涉。

【立法背景】

在遗产分割之后，继承人所分得的遗产就属于个人财产，即便是保留共有遗产，共有人之间也是按份共有。因此，从理论上而言，不论被继承人生前与继承人是何种法律关系，在被继承人死亡后，被继承人的民事权利能力消灭，民事主体资格丧失，继承人与其的法律关系即告消灭。同样，在遗产分割之后，继承人之间对遗产的共有关系也发生变化，继承人通过遗产分割取得的遗产，作为个人所有的财产，当然依法享有处分权。即便继承人不再婚，也是可以自由处分自己所继承的财产。因此，在继承编起草审议过程中，有的意见提出，本条没有必要规定，可以删除。考虑到我国的特殊国情，在有的地方还有些落后习俗，"寡妇带产改嫁"仍受到一定的限制，保留本条规定还是有必要的。

【条文精解】

本条规定，夫妻一方死亡后另一方再婚的，有权处分所继承的财产，任何组织或者个人不得干涉。首先需要说明的是，夫妻任何一方死亡，另一方均有再婚的权利。原因在于，自然人死亡的，其民事主体资格消灭，其他人与其的身份关系也告终止。因此，夫妻关系随着一方的死亡也就消灭了，在世一方有权再婚，与其他人缔结新的婚姻关系。这种婚姻自主权是受到法律保护的。其次，在世的配偶一方不论是否再婚，都有权处分自己继承取得的财产。继承的遗产不管是动产，还是不动产，在法律上而言都是其个人所有的财产。根据法律的规定，所有人有权处分自己的财产。再次，如果在世配偶一方再婚，有权依法处分自己继承所获得的财产。这里的处分，既可以是转移占有、抛弃，也可以是赠与、出售，甚至销毁。总之，当事人可以按照自己的意志自由处分。最后，其他任何组织或者个人都不得干涉。不论是再婚者的子女、公婆或者岳父母、兄弟姐妹，还是妯娌或者其他姻亲、血亲，以及其他家族人员等，都不得干涉。所谓干涉，就是施加影响力，包括阻止、破坏、阻挠等。

第一千一百五十八条 【遗赠扶养协议】

自然人可以与继承人以外的组织或者个人签订遗赠扶养协议。按照协议，该组织或者个人承担该自然人生养死葬的义务，享有受遗赠的权利。

【立法背景】

遗赠扶养制度是具有中国特色的一种法律制度。遗赠扶养协议制度源于我国农村地区的"五保户"制度。遗赠扶养协议在特定历史时期曾发挥着实现老有所养的功能。在新时期，随着我国人口结构步入老龄化，人民群众的养老需求多样化，养老模式不断变化，养老产业不断发展。继承编适应我国养老形式多样化的需要，对继承法中的遗赠扶养协议的规定进行了适当修改，扩大了供养人的范围，进一步完善了遗赠扶养协议制度。

【条文精解】

根据本条规定，自然人可以与继承人以外的组织或者个人签订遗赠扶养协议。需要注意的是，遗赠扶养协议的双方当事人比较特殊：一方为自然人，即受扶养人。受扶养的自然人不论基于何种原因，只要其本人欲通过此种方式养老，即可以采取，而不论其是否有法定的扶养义务人；另一方必须为继承人以外的组织或者个人。因此，法定继承人是不能与被继承人签订遗赠扶养协议的。在继承编起草制定过程中，有的意见提出，应当允许继承人与被继承人签订继承协议。考虑到赡养老人是中华民族的传统美德，如果允许一部分继承人与另一部分继承人签订协议，部分继承人放弃继承而不承担赡养义务，另一部分继承人赡养被继承人而继承遗产，这有悖于法律规定的赡养义务，也不符合传统美德。故本条规定，遗赠扶养协议必须是受扶养人与继承人之外的人签订。继承法规定扶养人只能是个人或者集体经济组织，本条规定扶养人除了是继承人之外的个人外，将集体经济组织扩大到各种组织。这里的组织既可以是法人，也可以是非法人组织。当然，应当是具备承担养老职能的组织。

本条规定，遗赠扶养协议就是按照协议，作为扶养人的组织或者个人承担受扶养人生养死葬的义务，享有受遗赠的权利。根据合同法的一般原理，遗赠扶养协议应当包括以下主要内容：

一是协议双方当事人。协议应当载明受扶养人的姓名、公民身份号码、住址等基本信息，以及扶养人的姓名、公民身份号码、住址或者组织的名称、住所等基本信息。

二是扶养人的义务和受扶养人的权利。扶养的主要义务包括两个方面：第一个方面就是"生养"。在受扶养人生存期间，扶养人需要承担对受扶养人生活上的照料和扶助义务，特别是在受扶养人生病时应当提供照护，在协议中应尽量写明照料的标准和水平。第二个方面就是"死葬"。在受扶养人死亡后，扶养人应当负责办理受扶养人的丧事，包括按照受扶养人的遗愿办理遗体火化、埋葬等事宜。这是扶养人的义务，同时也是受扶养人的权利。

　　三是受扶养人的义务，也就是扶养人的权利。扶养人的权利主要就是根据协议取得受扶养人所赠与的遗产。因此，双方应当在协议中写明，受扶养人拟将哪些遗产赠与扶养人，同时还应约定受扶养人在世期间不得擅自处分协议所涉及的财产。

　　四是协议的解除。双方可以在协议中约定，如果一方违反约定，另一方有权要求解除遗赠抚养协议，并要求对方承当相应的补偿责任。比如，约定如果扶养人拒绝履行抚养义务，受抚养人有权解除合同，且不必向扶养人支付费用；还可以约定如果受扶养人擅自处分协议所涉及的财产，扶养人可以解除协议，并要求受扶养人支付相应的供养费用。

　　五是争议解决条款。双方可以在协议中约定一旦发生争议，可以通过哪些途径解决，通过仲裁还是调解，抑或是诉讼方式。同时应尽量明确约定争议解决的具体机构。

第一千一百五十九条 【遗产分割时的义务】

　　分割遗产，应当清偿被继承人依法应当缴纳的税款和债务；但是，应当为缺乏劳动能力又没有生活来源的继承人保留必要的遗产。

【立法背景】

　　遗产是被继承人遗留的合法财产，一般而言，被继承人在生前不仅会留有财产，有的被继承人还会留下债务或者其他义务。被继承人生前所负担的各种债务，理论上称为遗产债务。遗产债务是被继承人个人所欠的债务。这种债务可能完全是被继承人个人的债务，也可能是共同债务中被继承人应当分担的那部分债务。遗产债务是被继承人生前所欠的，被继承人死亡后因处理善后事务而发生的各种费用不属于遗产债务。遗产债务需要用遗产来偿还。

【条文精解】

　　遗产管理人的职责之一就是清点并处理被继承人的债权债务。故本条首先规定，分割遗产，应当清偿被继承人依法应当缴纳的税款和债务。

　　（1）清偿应缴纳的税款。如果被继承人生前有未缴纳的税款，所欠的税款可以视为其对国家所欠的债务。被继承人死亡后，就需要用其遗产来清偿所欠税款。税款，可能是被继承人生前未缴纳的个人所得税，也可能是其出售不动产应缴纳的印花税、增值税，等等。

（2）清偿债务。债务就是被继承人生前对其他民事主体所负的私法上的各种债务。债务包括合同之债，也包括侵权之债，还可以是不当得利或者无因管理之债；债务可能是主债务，也可能是因为提供保证、抵押、质押而形成的从债务；债务可能纯属个人债务，也可能是与他人形成的共同债务、连带债务。不论是哪种类型的债务，只要是被继承人生前所负，都需要以遗产清偿。

清偿被继承人生前所欠税款和债务，应当在分割遗产之前予以清偿。遗产管理人在清理被继承人的债权债务后，需要及时予以处理，该缴纳的税款应当缴纳，该清偿的债务必须及时清偿。如果在分割遗产之前，不知道被继承人存在遗产债务的，在遗产分割之后，仍需要依法以遗产予以清偿。

（3）保留必要的遗产。本条中的但书规定，清偿依法应当缴纳的税款和债务，应当为缺乏劳动能力又没有生活来源的继承人保留必要的遗产。根据此规定，不论是以遗产清偿所欠税款还是偿还所负债务，需要注意的是，必须为缺乏劳动能力又没有生活来源的继承人保留必要的遗产。

保留必要遗产具有优先于税款和债务的效力，只要被继承人的遗产可能不足以清偿所欠税款和债务，就必须予以保留。这也是我国很多立法所坚持的一贯立场。比如《民事诉讼法》第 243 条规定："被执行人未按执行通知履行法律文书确定的义务，人民法院有权扣留、提取被执行人应当履行义务部分的收入。但应当保留被执行人及其所扶养家属的生活必需费用。"

第一千一百六十条 【无人继承遗产的归属】

无人继承又无人受遗赠的遗产，归国家所有，用于公益事业；死者生前是集体所有制组织成员的，归所在集体所有制组织所有。

【立法背景】

不论基于何种原因，只要被继承人的遗产实际上无人受领，就会形成无人继承遗产，此种情况下，遗产不能任由他人先占取得。对此，各国、各地区立法都有所规定。如《法国民法典》第 768 条规定："如无继承人时，遗产归属于国家。"我国台湾地区"民法"第 1185 条规定："〔剩余遗产之归属〕第 1178 条所定之期限届满，无继承人承认继承时，其遗产于清偿债权并交付遗赠物后，如有剩余，归属国库。"

【条文精解】

1. 无人继承遗产

无人继承遗产就是没有继承人或者受遗赠人接收遗产。被继承人的遗产无人接收，原因可能是多种多样的：第一，无人继承的遗产，可能客观上既没有继承人，也没有受遗赠人。没有法定继承人就是法律规定的第一顺序、第二顺序继承人都没有，被继承人也未留有遗嘱指定受遗赠人。第二，虽然被继承人有继承人或者通过遗嘱确定了受遗赠人，但是继承人全部放弃继承，受遗赠人也都放弃受遗赠。第三，被继承人死亡后，虽然有继承人，但继承人全部丧失继承权且未得以恢复。第四，被继承人死亡后，没有法定继承人或者法定继承人丧失继承权，仅在遗赠中处理了部分遗产，其余遗产也构成无人继承遗产。

2. 无人继承遗产的归属

为了明确我国无人继承遗产的归属，本条规定，无人继承又无人受遗赠的遗产，归国家所有，用于公益事业；死者生前是集体所有制组织成员的，归所在集体所有制组织所有。根据此规定，在我国无人继承的遗产需要根据不同情况分别处理：如果死者生前是集体所有制组织成员的，其遗产归集体所有制组织所有；如果死者生前为其他人员的，则其遗产归国家所有，应用于公益事业。

（1）归国家所有，用于公益事业。一般情况下，如果死者为城镇居民而非农村居民，其遗留的无人继承遗产归国家所有。归国家所有就是收归国库，由政府有关部门负责处理。但政府主管部门处理无人继承遗产需要坚持一个原则，即将这些财产用于公益事业。这项要求是继承法没有的，在继承编起草过程中，考虑到无人继承遗产由国家无偿取得，为了充分发挥这部分财产的价值，更好地体现"取之于民用之于民"的宗旨，故明确必须用于公益事业。这里的公益事业可以是教育事业、医疗事业、慈善事业等。用于公益事业就不能用于非公益事业，比如用于行政办公经费支出。至于具体用于何种公益事业，则由政府主管部门具体分配。

（2）归集体所有制组织所有。如果死者生前是集体所有制组织成员的，因其生前一般都会从集体获得土地承包经营权、分红等经济利益，将其遗产确定归集体所有制组织也合情合理，且土地承包收益、宅基地上的房产等具有特殊性质的财产，规定由集体所有制组织所有，也便于集体所有制组织根据本集体的具体情况作出妥善处理。

第一千一百六十一条 【继承人清偿遗产债务规则】

继承人以所得遗产实际价值为限清偿被继承人依法应当缴纳的税款和债务。超过遗产实际价值部分，继承人自愿偿还的不在此限。

继承人放弃继承的，对被继承人依法应当缴纳的税款和债务可以不负清偿责任。

【立法背景】

关于继承人对遗产债务所承担的责任问题，各国的立法模式有所不同。如《日本民法典》第920条规定："〔单纯承认的效果〕继承人为单纯承认时，无限承继被继承人的权利义务。"第922条规定："〔限定承认的效果〕继承人，得保留只在因继承而取得的财产限度内清偿被继承人的债务及遗赠，而为承认。"

【条文精解】

一般来说，应当在遗产分割前偿还遗产债务。但是，也可能因为遗产分割之后，债权人才知道被继承人死亡的事实，由于此时遗产已经分割，债权人无法再直接从遗产中实现债权，这时就涉及如何偿还遗产债务的问题，是由全体继承人共同偿还，还是部分继承人偿还，继承人之间对遗产债务承担何种责任。

1. 继承人对遗产债务的清偿责任

本条第1款规定，继承人以所得遗产实际价值为限清偿被继承人依法应当缴纳的税款和债务；超过遗产实际价值部分，继承人自愿偿还的不在此限。根据本款规定，我国的继承原则上属于限定继承，继承人对被继承人的遗产债务不负无限清偿责任，而仅以所继承遗产的实际价值为限负清偿责任。也就是说，继承人继承多少遗产，其偿还遗产债务的限额也就是多少。继承人并不会因为继承遗产而需要无限清偿被继承人的遗产债务。

限定继承是基本原则，但本条作了例外规定，即对超过遗产实际价值部分的债务，继承人自愿偿还的不在此限。也就是说，继承人继承的遗产不足以清偿被继承人的遗产债务时，如果继承人自愿替被继承人偿还其他债务，法律尊重当事人的这种自主选择。但这种选择必须是继承人自愿、自主作出的，债权人不可以强制要求继承人偿还超出所获得遗产部分的被继承人生前所欠债务。

2. 继承人对遗产债务不负清偿责任的情形

本条第 2 款规定，继承人放弃继承的，对被继承人依法应当缴纳的税款和债务可以不负清偿责任。这里放弃继承，是指既放弃了遗嘱继承，也放弃了法定继承。因此，如果继承人放弃了继承，就无须对被继承人的债务承担偿还责任。原因在于，继承了遗产的继承人仅需对遗产债务承担有限清偿责任，如果继承人放弃了继承，并没有从被继承人的遗产中获得任何利益，要求其对债务人的债务承担清偿责任，相当于将他人的民事责任强加于继承人，这有违民法的意思自治原则，显然不合适。

如果一部分继承人参与遗产分割获得了遗产，另外一部分继承人放弃了继承，在清偿被继承人的遗产债务时，则参与遗产分割的部分继承人负有清偿责任，需要以所得遗产的实际价值为限予以偿还，放弃了继承的继承人无须承担任何清偿责任。

第一千一百六十二条 【遗赠与遗产债务】

执行遗赠不得妨碍清偿遗赠人依法应当缴纳的税款和债务。

【条文精解】

遗赠是遗赠人无偿赠与受遗赠人遗产的行为，虽然遗产属于遗赠人的个人财产，其有权处分，但这种无偿处分行为不应损害债权人的利益。根据《民法典》第 538 条的规定，债务人以无偿转让财产等方式无偿处分财产权益，影响债权人的债权实现的，债权人可以请求人民法院撤销债务人的行为。债务人无偿处分财产的行为不应危及债权人利益，如果法律允许债务人这么做，债务人将会借此逃债，不利于保护债权人利益。本条也作了类似规定，要求执行遗赠不得妨碍清偿遗赠人依法应当缴纳的税款和债务。所谓执行遗赠不得妨碍清偿遗赠人依法应当缴纳的税款和债务，就是遗嘱执行人或者遗产管理人在执行遗赠时，不应使遗赠人的遗产债务无法得到偿还。在执行遗赠之前，应当先用遗产偿还遗赠人所欠税款和债务，清偿之后，如果遗产尚有剩余则再执行遗赠；同样，如果执行遗赠之后，债权人才知道遗赠人死亡、遗产被分割的事实，债权人有权要求受赠人将所得遗产用于偿还债务。

第一千一百六十三条 【清偿遗产债务的规则】

既有法定继承又有遗嘱继承、遗赠的，由法定继承人清偿被继承人依法应当缴纳的税款和债务；超过法定继承遗产实际价值部分，由遗嘱继承人和受遗赠人按比例以所得遗产清偿。

【立法背景】

《民法典》第1123条规定了遗赠扶养协议、遗嘱继承和法定继承之间的优先效力，遗赠扶养协议优先于遗嘱继承，遗嘱继承优先于法定继承。在遗产债务未得到有效清偿，遗产却已经分割时，就涉及从已经分割的遗产中如何清偿债务的问题，即遗产债务如何在受遗赠人、遗嘱继承人、法定继承人之间分配清偿。本条针对的就是这种情形。

【条文精解】

本条规定，由法定继承人清偿被继承人依法应当缴纳的税款和债务；超过法定继承遗产实际价值部分，由遗嘱继承人和受遗赠人按比例以所得遗产清偿。根据此规定，即遗产债务应先由法定继承人负责清偿，不足部分由遗嘱继承人、受遗赠人按比例清偿。

（1）法定继承人的清偿责任。本条首先规定，由法定继承人清偿被继承人依法应当缴纳的税款和债务。因此，如果遗产已经分割，清偿遗产债务需要先以法定继承人获得的遗产清偿。假如被继承人甲死亡后遗留有遗产100万元，负债60万元。其中甲在遗嘱中将其中的40万元指定由继承人乙继承，其余遗产未做安排。遗产分割时，乙根据遗嘱继承获得了40万元；其余遗产按照法定继承分割，继承人丙和丁各分得30万元。遗产分割之后，甲的债权人戊发现遗产已经被分割，遂向甲的继承人主张债权。此时，即应先由丙和丁从经法定继承所获得的60万元遗产予以清偿。

（2）遗嘱继承人和受遗赠人的清偿责任。本条还规定，超过法定继承遗产实际价值部分，由遗嘱继承人和受遗赠人按比例以所得遗产清偿。所谓超过法定继承遗产实际价值部分，就是法定继承人所获得遗产的实际价值不足以偿还被继承人的遗产债务。遗嘱继承人和受遗赠人按比例清偿，是指由遗嘱继承人和受遗赠人按照所获得遗产的实际价值的比例来清偿。如果只有多个遗嘱继承人时，则由各遗嘱继承人之间按比例清偿；如果只有多个受遗赠人时，则由各受遗赠人按比例清偿。如甲死亡后留有价值500万元的遗产，在遗嘱中指定由继承人乙继承价值 50 万元的遗产；将其中 150 万元赠与好友丙。其余遗产未做处理。遗产分割时，将遗产中的 150 万给了丙，乙按照遗嘱继承获得了 50 万元，其余 300 万元由继承人乙、丁各分得 150 万元。后来发现甲尚有 400 万元的债务未偿还。此时，就需要先由乙、丁经法定继承取得的 300 万元偿还，其余 100 万元，则应由受遗赠人丙和遗嘱继承人乙按比例分担。因为乙遗嘱继承了 50 万元，丙受遗赠为 150 万元，所以乙和丙需要按照 1∶3 的比例清偿剩余的 100 万元债务，即乙偿还其中的 25 万元，丙偿还其中的 75 万元。

第七编

侵权责任

第一章　一般规定

第一千一百六十四条 【侵权责任编的调整范围】

本编调整因侵害民事权益产生的民事关系。

【立法背景】

侵权责任编的保护对象为"民事权益"。在民法典的编纂过程中，有的意见提出，侵权责任编首先应当明确法律保护什么权利和利益。《侵权责任法》第2条第2款的规定，清晰明确地指出了侵权责任法的保护对象，建议侵权责任编中保留。经研究认为，一是《侵权责任法》第2条第2款的规定，与民法典总则编关于民事权利权益的逻辑分类和表述不尽一致。如果保留侵权责任法的表述，则与总则编的表述存在矛盾，一部法律中不应如此；如果按照总则编的逻辑分类再表述一遍，则形成赘述，立法技术不高。二是对侵权责任编的保护对象，应当放在民法典的宏观角度看待和把握。总则编规定了民事权利权益，侵权责任编保护哪些民事权利权益可看总则编的规定，不需要再行规定。

【条文精解】

首先，从民法典总则编第五章"民事权利"的规定可以看出，民事主体享有的权益主要有：生命权、身体权、健康权、姓名权、肖像权、名誉权、荣誉权、隐私权、婚姻自主权等权利；法人、非法人组织享有的名称权、名誉权和荣誉权；自然人的个人信息；自然人因婚姻家庭关系等产生的人身权利；财产权利；物权；债权；知识产权；继承权；股权和其他投资性权利；法律规定的其他民事权利和利益；数据、网络虚拟财产。

其次，在保护程度和侵权构成要件上，侵权责任编对民事权利和民事利益没有作区分。考虑实践中，权利和利益的界限较为模糊，很难清楚地加以划分；对于什么是权利，意见纷纭。从权利的形式上看，法律明确规定某某权的当然属于权利，但法律没有明文规定某某权而又需要保护的，不一定不是权利。而且，权利和利益本身是可以相互转换的，有些利益随着社会发展纠纷增多，法院通过判决将原来认定为利益的转而认定为权利，即将利益"权利化"。所以，本条没有区分权利和利益，而是统一规定"本编调整因侵害民事权益产生的民事关系"。

最后，侵权责任编不调整违约责任问题。合同债权也是一种民事权益，但它原则上不属于侵权责任编的保护范围。本条规定"侵害民事权益"不涉及违约责任问题。对于第三人侵害债权是否受侵权责任编调整，没有形成共识，因此仍没有明确规定。我们认为，对第三人侵害债权的行为，如果行为足够恶劣，有了过错，能够构成相应的侵权行为的，可以适用本编规定。

第一千一百六十五条 【过错责任和过错推定责任归责原则】

行为人因过错侵害他人民事权益造成损害的，应当承担侵权责任。

依照法律规定推定行为人有过错，其不能证明自己没有过错的，应当承担侵权责任。

【立法背景】

民法通则确认了过错责任原则，侵权责任法重申过错责任原则是侵权责任法的基本归责原则。民法典侵权责任编编纂过程中，有的意见提出，侵权责任法对过错责任的规定，在构成要件上不完整，建议补充上关于行为后果的表述。侵权责任编草案二审稿采纳了这一建议，将侵权责任法的规定修改为"行为人因过错侵害他人民事权益造成损害的"。2020年5月民法典草案提请第十三届全国人大第三次会议审议过程中，有的意见提出，本条第2款用了两个"行为人"，略显重复。经研究，将第二个"行为人"修改为"其"。

【条文精解】

根据本条第1款的规定，只要同时满足以下条件，行为人就应承担侵权责任：

一是行为人实施了某一行为。这里的行为包括作为和不作为。

二是行为人行为时有过错。这是确定行为人是否承担侵权责任的核心要件。过错是行为人行为时的一种应受谴责的心理状态，正是由于这种应受谴责的心理状态，法律要对行为人所实施的行为作否定性评价，让其承担侵权责任。过错分为故意和过失。故意，是指行为人预见到自己的行为会导致某一损害后果而希望或者放任该后果发生的一种主观心理状态。过失，是指行为人因疏忽或者轻信而使自己未履行应有注意义务的一种心理状态。故意与过失的主要区别是，故意表现为行为人对损害后果的追求、放任心态，而过失表现为行为人不希望、不追求、不放任损害后果的心态。

三是受害人的民事权益受到损害，即要求有损害后果，这一点是民法典侵权责任编与以往立法相比的重大变化。损害，是指行为人的行为对受害人的民事权益造成的不利后果，通常表现为：财产减少、生命丧失、身体残疾、名誉受损、精神痛苦等。需要强调的一点是，这里的"损害"是一个比较广的概念，不但包括已经存在的"现实损害"，还包括构成现实威胁的"不利后果"，如某人的房屋倾斜，若不采取防范措施，房屋随时有可能倒塌损害他人的人身、财产安全。实践中，受害人大多数情况下受到的是现实损害，这种损害相对容易被认定和证明。但在一些情况下，行为人的行为也可能对受害人的民事权益造成现实威胁，为防止其转化成现实损害，行为人也应当承担侵权责任，这有利于保护受害人，体现了侵权责任编预防侵权行为的立法目的，也是现代侵权责任法的发展趋势，《民法典》第1167条规定的内容就包含了这层意思。根据该规定，侵权行为危及他人人身、财产安全的，被侵权人可以请求侵权人承担停止侵害、排除妨碍、消除危险等侵权责任。但是，必须明确，排除妨碍、消除危险等侵权责任的承担方式，是基于物权、人格权等绝对权而产生的保护性请求权，不要求有损害结果。而本条第1款中的过错针对的是损害赔偿，因此要"造成损害"。

四是行为人的行为与受害人的损害之间有因果关系。因果关系，是指行为人的行为作为原因，损害事实作为结果，在二者之间存在的前者导致后者发生的客观联系。因果关系是侵权责任的重要构成要件，在行为与损害事实之间确定存在因果关系的，就有可能构成侵权责任，没有因果关系就必然地不构成侵权责任。

在过错责任原则中，通常由受害人证明行为人是否有过错，但在一些情况下也适用过错推定。所谓过错推定，是指根据法律规定推定行为人有过错，行为人不能证明自己没有过错的，应当承担侵权责任。过错推定实质就是从侵害事实中推定行为人有过错，免除了受害人对过错的举证责任，加重了行为人的证明责任，更有利于保护受害方的利益，也可更有效地制裁侵权行为。对行为人而言，这是一种较重的责任，不宜被滥用，需要由法律对适用范围作严格限定，否则就有可能限制人们的行动自由。为此，本条第2款强调，法律规定行为人有过错，行为人不能证明自己没有过错的，才应当承担侵权责任。法律没有规定过错推定的，仍应由受害方承担过错的证明责任。

第一千一百六十六条 【无过错责任规则原则】

行为人造成他人民事权益损害，不论行为人有无过错，法律规定应当承担侵权责任的，依照其规定。

【立法背景】

无过错责任，是指不以行为人的过错为要件，只要其活动或者所管理的人、物损害了他人的民事权益，除非有法定的免责事由，否则行为人就要承担侵权责任。

《民法通则》第 106 条第 3 款确立了无过错责任原则。《侵权责任法》第 7 条沿用了民法通则的规定，并在此基础上进一步明确了无过错责任原则的内涵。民法典侵权责任编基本沿用了侵权责任法的规定，仅将"行为人损害他人民事权益"修改为"行为人造成他人民事权益损害"，以与过错责任的表述相一致。

【条文精解】

根据本条规定，无过错责任的构成要件有四个：一是行为；二是受害人的损害；三是行为与损害之间具有因果关系；四是法律规定应当承担侵权责任，即不存在法定的免责情形。

这里需要强调以下几点：

一是设立无过错责任原则的主要政策目的，绝不是要使"没有过错"的人承担侵权责任，而主要是为了免除受害人证明行为人过错的举证责任，使受害人易于获得损害赔偿，使行为人不能逃脱侵权责任。

二是无过错责任并不是绝对责任，在适用无过错责任原则的案件中，行为人可以向法官主张法定的不承担责任或者减轻责任的事由。法律根据行为的危险程度，对适用无过错责任原则的不同侵权类型规定了不同的不承担责任或者减轻责任的事由。

三是在适用无过错责任原则的侵权案件中，只是不考虑行为人过错，并非不考虑受害人过错。如果受害人对损害的发生也有过错的，在有的情况下可减轻，甚至免除行为人的侵权责任。

四是本条关于无过错责任原则的规定，是为了在一些特定领域排除过错责任原则的适用。

五是适用无过错责任原则在赔偿数额上可能存在限制。如果法律对这些领域发生的事故赔偿数额没有限制，就有可能过分加重行为人的负担，阻碍经济发展和企业壮大，且无过错责任原则往往与责任保险相连，责任保险可以确保无过错责任制度得以顺利实施，若赔偿额度过高，保险人的负担过于沉重，就可能放弃责任保险，不利于无过错责任制度的顺利实施。

第一千一百六十七条 【危及他人人身、财产安全的责任承担方式】

侵权行为危及他人人身、财产安全的，被侵权人有权请求侵权人承担停止侵害、排除妨碍、消除危险等侵权责任。

【立法背景】

本条规定来源于《侵权责任法》第21条。因为本条也是对责任构成要件的规定，民法典侵权责任编编纂时，将本条移至"一般规定"中，体系上更为科学。

【条文精解】

理解本条规定的"危及"应注意三点：

第一，侵权行为正在实施和持续而非已经结束。

第二，侵权行为已经危及被侵权人的人身、财产安全而非不可能危及。

第三，侵权行为系侵权人所为，而非自然原因造成。对正在危及他人的人身、财产安全的侵权行为，赋予被侵权人请求停止侵害、排除妨碍、消除危险等责任方式。

（1）停止侵害。当侵权人正在实施侵权行为人时，被侵权人可依法请求其停止侵害。停止侵害适用于各种正在进行的侵权行为，对于已经终止和尚未实施的侵权行为不适用停止侵害的民事责任方式。

（2）排除妨碍。排除妨碍，是指侵权行为人实施某种行为妨害他人正常行使权利或者妨害他人合法利益的，被侵权人请求人民法院排除侵权人的侵权行为。

（3）消除危险。消除危险，是指在负有责任的人支配下的物对他人人身和财产安全构成威胁，或者存在侵害他人人身或者财产现实可能性的情况下，受到威胁的人有权请求法院责令构成危险的责任人采取有效措施，消除侵害他人人身或者财产的威胁和现实可能性的承担民事责任的方式。请求消除危险，又称请求防止侵害，是指侵害虽未发生，但其人身、财产面临遭受侵害的可能，对于这种可能发生的侵害，可能被侵权的人有权请求相对人为一定行为或者不为一定行为，防止侵害，消除既存的危险，以避免侵害的发生。例如，住宅小区的树木出现树枝将要断裂，随时可能掉下来砸到行人或者停在树下的车辆上，在这种情况下，可以请求树木管理责任人消除隐患，避免损害的发生；又如，住宅小区内的下水井盖丢失，极易造成人身伤害，负责井盖管理的人，有责任补上井盖，防止侵害的发生。

【实践中需要注意的问题】

《民法典》第1165条规定了过错责任原则，第1166条规定了无过错责任原则，第1167条规定了危及他人人身、财产安全侵权责任的承担方式。三条内容相互衔接、相互补充、相互协调，组成了我国民事侵权责任的基本制度。

第1165条规定的过错责任原则是最常见的侵权责任归责原则，民法典侵权责任编在侵权责任法第二章"责任构成和责任方式"的基础上，修改为"损害赔偿"一章，这意味着在适用该条时，必须有造成损害的后果。相比之下，第1166条是无过错责任的规定，只有在法律有明确规定时，才能适用该条规定。第1167条是基于物权、人格权等绝对权而产生的保护性请求权，不要求有损害结果。

第一千一百六十八条 【共同侵权】

二人以上共同实施侵权行为，造成他人损害的，应当承担连带责任。

【立法背景】

共同侵权，是指数人共同不法侵害他人权益造成损害的行为。对共同侵权行为，有的学者称为"共同致人损害"，有的学者称为"共同过错"，还有的学者称为"共同不法行为"。

《民法通则》第130条规定首次在立法上使用了"共同侵权"这一制度性概念。《侵权责任法》第8条规定："二人以上共同实施侵权行为，造成他人损害的，应当承担连带责任。"民法典侵权责任编沿用了侵权责任法的规定，未作修改。

【条文精解】

在数人侵权情形下，如果构成一般侵权，数个行为人分别根据各自行为造成损害后果的可能性承担按份责任；如果构成共同侵权，数个行为人对受害人承担连带责任，受害人可以要求任一行为人承担全部侵权责任，法律后果更重。连带责任的重要意义在于增加责任主体的数量，加强对受害人请求权的保护，确保受害人获得赔偿。

根据本条规定，构成共同侵权行为需要满足以下几个要件：

一是主体复数。共同侵权行为的主体必须是两人或者两人以上，行为人可以是自然人，也可以是法人。

二是共同实施侵权行为。这一要件中的"共同"主要包括三层含义：其一，共同故意；其二，共同过失；其三，故意行为与过失行为相结合。需要特别强调的是，上述三种形态均可以构成本条所说的"共同实施"，不能狭义理解为本条所指的共同实施只有共同故意实施。

三是侵权行为与损害后果之间具有因果关系。在共同侵权行为中，有时各个侵权行为对造成损害后果的比例有所不同，但必须存在法律上的因果关系，如果某个行为人的行为与损害后果之间没有因果关系，不应与其他行为人构成共同侵权。

四是受害人具有损害。这是受害人请求加害人承担侵权责任的一个基本要件。无损害，则无救济，如果没有损害，根本不可能产生侵权责任。

【实践中需要注意的问题】

需要说明的是，在我国，共同侵权与连带责任的适用范围并不完全重合，两者并不是一一对应关系。根据《民法典》第178条第3款的规定，连带责任由法律规定或者当事人约定。在法律规定方面，除了共同侵权行为外，还有其他情形。例如，侵权责任编第五章规定的拼装或者已经达报废标准的机动车的转让人和受让人承担连带责任；第八章规定的高度危险物的所有人与管理人承担连带责任等。

第一千一百六十九条 【教唆侵权和帮助侵权】

教唆、帮助他人实施侵权行为的，应当与行为人承担连带责任。

教唆、帮助无民事行为能力人、限制民事行为能力人实施侵权行为的，应当承担侵权责任；该无民事行为能力人、限制民事行为能力人的监护人未尽到监护职责的，应当承担相应的责任。

【立法背景】

《侵权责任法》第9条对教唆侵权和帮助侵权作了具体规定。民法典侵权责任编沿用了侵权责任法的规定，未作变更。

【条文精解】

教唆和帮助行为属于法定的共同侵权行为中的一种类型。

1. 对本条第1款的理解及行为的构成要件

第1款中的"他人"，指的是完全民事行为能力人。教唆、帮助完全民事行为能力人实施侵权行为需要满足以下构成要件：

（1）教唆人、帮助人实施了教唆、帮助行为。教唆行为，是指对他人进行开导、说服，或通过刺激、利诱、怂恿等方法使其从事侵权行为。教唆行为只能以积极的作为方式作出，消极的不作为不能成立教唆行为。帮助行为，是指给予他人以帮助，如提供工具或者指导方法，以便使其易于实施侵权行为。帮助行为通常是以积极的作为方式作出。

（2）教唆人、帮助人具有教唆、帮助的主观意图。

（3）被教唆人、被帮助人实施了相应的侵权行为。

2. 对本条第2款的理解及行为的构成要件

（1）教唆人、帮助人明知被教唆人、被帮助人为无民事行为能力人或者限制民事行为能力人时，仍然实施教唆、帮助行为的，应当承担侵权责任。即便教唆人、帮助人主观上不知道被教唆人、被帮助人是无民事行为能力人或者限制民事行为能力人，为了体现法律对教唆、帮助行为的否定性评价，也应当适用本款规定，由教唆人、帮助人承担侵权责任。

（2）如果被教唆、被帮助的无民事行为能力人或者限制民事行为能力人的监护人未尽到监护职责的，应当承担相应的责任。监护是为保护无民事行为能力人和限制民事行为能力人的人身和财产权利，而由特定公民或组织对其予以监督、管理和保护的制度。如果监护人未尽到教育和照顾被监护人的职责，疏于履行监护责任，应当对被监护人给他人造成的损害承担侵权责任。

在侵权责任法起草和民法典编纂过程中，有意见提出，应当对教唆帮助无民事行为能力人实施侵权行为和教唆帮助限制民事行为能力人实施侵权行为的责任作出区分规定。我们研究认为，本款"教唆、帮助无民事行为能力人、限制民事行为能力人实施侵权行为的，应当承担侵权责任"是从侵权人与被侵权人相互关系的角度上考量的，即侧重外部关系。即使要考虑侵权人的内部关系，教唆人、帮助人的责任，不因其教唆或者帮助的对象不同，而体现出主观故意的区别。上述意见虽然有一定道理，但并未被立法采纳。

第一千一百七十条 【共同危险行为】

二人以上实施危及他人人身、财产安全的行为，其中一人或者数人的行为造成他人损害，能够确定具体侵权人的，由侵权人承担责任；不能确定具体侵权人的，行为人承担连带责任。

【立法背景】

共同危险行为，是指数人的危险行为对他人的合法权益造成了某种危险，但是对于实际造成的损害无法查明具体由何人所为，法律为保护被侵权人的利益，数个行为人均被视为侵权行为人。

《侵权责任法》第 10 条规定了共同危险行为。民法典侵权责任编沿用了《侵权责任法》第 10 条的规定，未作变更。

【条文精解】

根据本条规定，构成共同危险行为应当满足下列几个要件：

一是二人以上实施危及他人人身、财产安全的行为。行为主体是复数才有可能不能确定谁是具体加害人。在侵权责任法起草及民法典编纂过程中，有意见提出，建议加上"共同"二字，即"二人以上共同实施侵权行为"。我们认为，我国侵权责任制度共同侵权规定中的"共同"不要求时空上的共同性。本条没有采取"共同实施"的表述。

二是其中一人或者数人的行为造成他人损害。虽然实施危及他人人身、财产行为的是数人，但真正导致受害人损害后果发生的只是其中一个人或者几个人的行为。

三是不能确定具体侵权人。在共同危险行为制度中，数个行为人实施的危及行为存在偶合性，事实上只有其中一个或几个行为人的行为造成了损害后果。但是，由于受害人无法掌握各个行为人的行为动机、行为方式等证据，无法准确判断哪个行为才是真正的加害行为，为了保护受害人的合法权益，降低受害人的举证难度，避免其因不能指认真正加害人而无法行使请求权，同时由于每个行为人都实施了危及行为，所以规定由所有实施危及行为的人承担连带责任是合理的。

本条还规定，能够确定具体侵权人的，由侵权人承担责任；不能确定具体侵权人的，由行为人承担连带责任。换言之，只有在确定具体侵权人的情形下，其他行为人才可以免除责任。共同危险行为不仅在一般过错责任中适用，在过错推定责任、无过错责任中也有适用余地。

第一千一百七十一条 【承担连带责任的无意思联络的分别侵权行为】

二人以上分别实施侵权行为造成同一损害，每个人的侵权行为都足以造成全部损害的，行为人承担连带责任。

【条文精解】

适用本条规定需要符合以下构成要件：

一是二人以上分别实施侵权行为。行为主体的复数性是最基本的条件，每个人的行为都必须是侵权行为。相比《民法典》第1168条规定的共同侵权行为，本条要求数个侵权行为之间相互独立。本条中的"分别"，是指实施侵权行为的数个行为人之间不具有主观上的关联性，各个侵权行为都是相互独立的。每个行为人在实施侵权行为之前以及实施侵权行为过程中，没有与其他行为人有意思联络，也没有认识到还有其他人也在实施类似的侵权行为，这就是所谓的"无意思联络"。如果行为人主观具有关联性，存在共同故意或者共同过失，应当适用第1168条共同侵权行为的规定，而不能适用本条。

二是造成同一损害后果。同一损害，是指数个侵权行为所造成的损害的性质是相同的，都是身体伤害或者财产损失，并且损害内容具有关联性。如甲的侵权行为造成了丙左腿受伤，乙的侵权行为也造成了丙左腿受伤；如果乙的侵权行为造成了丙右腿受伤，那么，甲、乙两人的侵权行为造成的就不是同一损害，而是不同损害。本条强调损害的同一性。本条与共同侵权制度是有区别的。在共同侵权制度中，即便每个侵权行为所造成的损害后果不同，如甲的侵权行为造成了丙身体上的伤害，乙的侵权行为造成了丙的财产损失，只要数个行为人主观上具有关联性，同样构成共同侵权，由数个行为人对受害人的全部损失承担连带责任。此外，如果各个行为人对受害人所造成的损害是不同的，即便因偶然原因而同时发生在一个人身上，行为人也应当就各自所致的损害承担赔偿责任。

三是每个人的侵权行为都足以造成全部损害。判断每个侵权行为是否足以造成全部损害是适用本条的关键。本条中的"足以"并不是指每个侵权行为都实际上造成了全部损害，而是指在没有其他侵权行为的共同作用的情况下，独立的单个侵权行为也有可能造成全部损害。如甲、乙两人分别从不同方向向同一房屋放火，将该房屋烧毁，根据两个方向的火势判断，如果不存在另一把火，每把火都有可能将整栋房屋烧毁，但事实上两把火共同作用烧毁了该房屋，所以只能说每把火都"足以"烧毁整栋房屋。

根据本条规定，一旦满足本条规定的上述三个构成要件，数个行为人必须对造成的损害承担连带责任。

第一千一百七十二条 【承担按份责任的无意思联络的分别侵权行为】

二人以上分别实施侵权行为造成同一损害，能够确定责任大小的，各自承担相应的责任；难以确定责任大小的，平均承担责任。

【立法背景】

民法通则没有对无意思联络的分别侵权行为作出规定，侵权责任法吸收了最高人民法院司法解释的规定，在第12条规定了无意思联络的分别侵权行为承担按份责任的情形。民法典侵权责任编沿用了侵权责任法的规定，对个别字词作了调整。

【条文精解】

1. 适用本条的构成要件

一是二人以上分别实施侵权行为。这一要件与《民法典》第1171条中"二人以上分别实施侵权行为"的含义相同，要求数个侵权行为相互之间是独立的，不存在应当适用第1168条共同侵权制度的情形。

二是造成同一损害后果。这一要件与《民法典》第1171条中"造成同一损害"的含义一样。如果数个侵权行为造成的损害后果不同，可以明显区分，应当适用《民法典》第1165条或者第1166条的规定。本条与第1171条同属

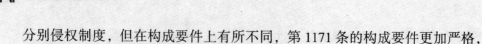
分别侵权制度，但在构成要件上有所不同，第1171条的构成要件更加严格，要求"每个人的侵权行为都足以造成全部损害"。

2.适用本条的法律后果

在法律后果上，本条数个行为人的责任与第1171条有本质区别，第1171条要求各个行为人承担连带责任，更为严厉。本条确定各个行为人应当承担的责任，分两个层次规定：

一是能够确定责任大小的。虽然数个侵权行为结合造成了同一损害，但是在大部分案件中，可以根据各个侵权行为对造成损害后果的可能性（盖然性）来确定责任份额。判断这种可能性，可以综合各个行为人的过错程度、各个侵权行为与损害后果因果关系的紧密程度、公平原则以及政策考量等因素。有的学者将这种可能性称为"原因力"，即在构成损害结果的共同原因中，每一个原因对于损害结果发生或扩大所发挥的作用力。法律不可能脱离具体案件，事先抽象出各种确定责任份额的标准，只能由法官在具体案件中综合考虑各种因素来确定。

二是难以确定责任大小的。责任分配的尺度很难有一个可以数量化的标准，在某些情形下，由于案情复杂，很难分清每个侵权行为对损害后果的作用力究竟有多大。我们可以借鉴其他国家和地区在确定各个连带责任人内部份额时的做法，在有疑问的情况下，推定所有人的责任相同。本条也作出了类似规定，难以确定责任大小的，各个行为人平均承担责任。《侵权责任法》第12条规定的是"平均承担赔偿责任"。民法典侵权责任编编纂过程中，考虑到侵权责任的承担方式除了最常适用的赔偿损失以外，还有赔礼道歉、消除影响、恢复名誉等其他方式，因此将"赔偿"二字删除，规定为"平均承担责任"。

【实践中需要注意的问题】

一是本条与第1168条共同侵权的规定在适用范围上呈现互补关系。第1168条要求数个行为人共同实施侵权行为，而本条要求数个行为人分别实施侵权行为。德国民法典当初规定共同侵权制度时，要求只有主观上具有共同故意才能构成共同侵权，除此之外，其他类型的数人侵权都属于分别侵权。但随着共同侵权制度的适用范围不断变宽，一些国家和地区对共同侵权逐渐采用客观说，将部分原属于分别侵权范畴的无意思联络的数人侵权纳入共同侵权范畴，现代民法中"共同"与"分别"的区别越来越模糊。

二是在处理数人实施侵权行为的具体案件时，首先需要看是否满足第

1168 条共同侵权制度规定的构成要件；不符合的，看其是否满足第 1171 条的构成要件；还不符合的，再看能否适用本条规定。需要特别强调的是，在逻辑关系上，并不存在不适用第 1168 条、第 1171 条，就一定适用本条的关系。

第一千一百七十三条 【与有过失】

被侵权人对同一损害的发生或者扩大有过错的，可以减轻侵权人的责任。

【立法背景】

被侵权人对于损害的发生也有过错的情况下，使侵权人承担全部侵权责任有失公允。因此，侵权人可以以被侵权人的过错为由进行抗辩，要求减轻自己的侵权责任，实践中主要是减少损害赔偿的数额。严格来说，"与有过失"制度与"损益相抵"制度是不同的两项制度。"与有过失"中的"与"指的是侵权人与被侵权人双方，该制度是双方均有过错的情况下如何承担责任。《侵权责任法》第 26 条一个"也"字说明一切。损益相抵，是指被侵权人因同一侵权行为受到损害又获得利益的，计算损害赔偿额时，除非利益的性质或者依照法律的规定不得扣除的除外，应当扣除所获利益。侵权责任法与民法典侵权责任编均没有规定"损益相抵"制度，主要考虑侵权行为中极少有侵权人因同一侵权行为受到损害又获得利益的情形。

【条文精解】

1. 关于本条的适用

民法典侵权责任编对侵权责任法与有过失制度作了拓展，主要变化有两点：

一是对损害作了限定，必须是"同一"损害才能适用本条。对"同一"的理解，在一部法律中是一脉相承的，指对一个性质相同的损害结果的发生，侵权人与被侵权人均有责任。这次作出修改，主要是有意见提出，实践中不同法院对《侵权责任法》第 26 条的理解和适用不一，为了维护司法裁判的统一性，应当有所限定。

二是增加了损害的"扩大"。《侵权责任法》第 26 条中"被侵权人对损害的发生"的表述，"发生"是包含扩大的含义的，扩大是后续的损害，是新发生的损害，也是损害的一种形态，正确理解侵权责任法的规定，必须明确这一点。民法典编纂过程中，有意见提出，损害发生后，其范围并非立即确定，而是有可能随着时间的推移而变化。从损害发生到损害范围扩大的全部阶段，都有可能发生受害人违反对自己的不真正义务，故受害人过错制度适用的范围，不限于损害的发生，也应包括损害的扩大。经研究，民法典侵权责任编将"扩大"从"损害的发生"中独立出来了。侵权人造成了损害，被侵权人因为自己的原因，致使同一损害扩大，对扩大的部分，可以减轻侵权人的责任。

2. 与有过失与受害人故意造成损害的关系

在侵权责任法立法和民法典编纂过程中，有的建议将本条中的"过错"改为"过失"。民法典没有采纳上述意见，理由主要是，如果损害完全是由于受害人故意造成的，即损害发生的唯一原因是受害人的故意，应完全免除行为人的责任。只有在侵权人对于损害的发生有故意或者重大过失，受害人对于同一损害的发生或者扩大也有责任时，才能减轻侵权人责任的问题。

立法过程中还有的建议将本条"可以减轻侵权人的责任"中的"可以"修改为"应当"。我们研究认为，在损害主要是由侵权人造成，被侵权人对同一损害仅有轻微责任的情况下，就不一定要减轻侵权人的责任。例如，责任认定上，侵权人占99%的原因，被侵权人占1%的原因。这种情况下，如果规定"应当"减轻侵权人的责任，是不公平的。因此立法没有采纳上述建议。

第一千一百七十四条 【受害人故意】

损害是因受害人故意造成的，行为人不承担责任。

【立法背景】

受害人故意造成损害，是指受害人明知自己的行为会发生损害自己的后果，而希望或者放任此种结果的发生。受害人故意分为直接故意和间接故意。直接故意，是指受害人从主观上追求损害自己的结果发生，如受害人摸高压线自杀；间接故意，是指受害人已经预见到自己的行为可能发生损害自己的结果，但也不停止该行为，而是放任损害结果的发生，如受害人盗割高压线，导致自己伤亡。

【条文精解】

本条规定对行为人免责，是指损害完全是因为受害人的故意造成的，即受害人故意的行为是其损害发生的唯一原因。例如，《民法典》第1238条规定，民用航空器造成他人损害的，民用航空器的经营者应当承担侵权责任；但是，能够证明损害是因受害人故意造成的，不承担责任。

本条规定适用于过错责任自不待言，从现有法律规定来看，本条也适用于无过错责任，上述第1238条的规定即是无过错责任的一例。此外，本编第八章"高度危险责任"的很多条文都规定了受害人故意造成损害，行为人免责。侵权责任法中，本条规定在不承担责任和减轻责任的情形一章中。民法典侵权责任编整合了侵权责任法第一章至第三章的内容，因此本条被吸收到了侵权责任编第一章"一般规定"中。

第一千一百七十五条 【第三人过错】

损害是因第三人造成的，第三人应当承担侵权责任。

【立法背景】

第三人过错的概念往往在诉讼中出现，指受害人起诉被告以后，被告提出该损害完全或者部分不是由自己造成，是第三人的过错造成，从而提出免除或者减轻自己责任的抗辩事由。第三人的过错包括故意和过失。第三人应当与被告不存在任何隶属关系，比如用人单位的工作人员在工作过程中造成他人损害的，用人单位不能以其工作人员作为第三人，提出"第三人过错"的抗辩。用人单位应当对工作人员造成的损害，承担替代责任。

【条文精解】

本条规定的"第三人过错"与第1168条共同侵权行为、第1170条共同危险行为、第1171条无意思联络承担连带责任的侵权行为、第1172条无意思联络承担按份责任的侵权行为等多数人侵权制度有着紧密的联系，同时也极易造成混淆。对在何时、何种条件下，被告可以援用"第三人过错"而要求减轻自己责任的问题，侵权责任法立法过程中也有不少争论，侵权责任法颁布以来，司法实践中也有不少错误认识。因此，有必要对以下几个问题进行澄清：

一是与第1168条共同侵权行为的关系。例如，甲和乙合谋将丙打伤，丙将乙起诉到法院，乙不能以甲参与了侵权为由，要求适用本条的规定。即构成共同侵权行为的，应当适用第1168条的规定，由侵权人承担连带责任，被侵权人有权要求侵权人中的一人承担全部责任，而不能适用第三人过错免责。

二是与第1170条共同危险行为的关系。例如，甲在农田耕作时遭受枪伤，甲将其受伤时发现的非法狩猎人乙告上法庭。乙在庭上陈述，其在开枪的同时，还有另一名非法狩猎人丙也开了枪。但甲的枪伤只有一处，乙提出枪伤可能是自己所为，但也可能是丙的行为所致。这种情况下，依照第1170条的规定，乙的行为和丙的行为构成共同危险行为，在不能确定具体加害人的情况下，乙和丙承担连带责任，乙不能以第三人丙的行为为由，对受害人甲进行抗辩，要求与丙分担甲的损失，免除或者减轻自己的责任。当然，乙在承担连带责任后，可以起诉丙，以进一步分清二者的责任，但那是另一个法律关系。

三是与第1171条无意思联络承担连带责任的侵权行为的关系。例如，甲、乙二人分别在丙的房舍的东西两面放火烧荒，二人没有意思联络，但两股火同时向丙的房舍蔓延，致使丙的房舍焚毁。丙将甲起诉到法院，甲提出乙的放火行为也是房屋被焚的原因之一，要求减轻自己的责任。本案中，甲、乙的行为直接结合，是构成丙的损害的共同原因，依照第1171条的规定，甲乙应对丙承担连带责任。甲以第三人侵权行为造成损害为由的抗辩不能成立。

四是与第1172条无意思联络承担按份责任的侵权行为的关系。这两种情形最难以区分。本条规定"损害是因第三人的原因造成的，第三人应当承担责任"，这种情况下，被告是否仍然要承担部分责任，法律对此没有明确规定。这就需要结合个案进行仔细分析，在"被告的过错"与"第三人的过错"分别构成同一损害的原因的情况下，被告可以以造成的损害还有"第三人的过错"为由，向原告行使抗辩权，要求减轻自己的责任。

第一千一百七十六条 【自甘风险】

　　自愿参加具有一定风险的文体活动，因其他参加者的行为受到损害的，受害人不得请求其他参加者承担侵权责任；但是，其他参加者对损害的发生有故意或者重大过失的除外。

　　活动组织者的责任适用本法第一千一百九十八条至第一千二百零一条的规定。

【立法背景】

　　侵权责任法立法过程中，有的建议规定自甘风险作为免责事由。对于是否规定，各方面有过激烈争论，没有达成一致意见。民法典编纂过程中，有建议提出，参加对抗性较强的体育等活动容易发生受伤等情况，实践中，对伤害由谁承担责任经常产生纠纷。如参加马拉松竞赛活动中参赛者去世，要求组织者承担侵权责任等。为了满足具有风险性的体育竞技等方面的需要，建议增加规定自甘风险制度。我们研究认为，参加者自愿参与这些活动应当充分认识到其危险性，由此产生的正常风险原则上应当由参加者自己承担。在法律中确立"自甘风险"规则，对于自愿参加对抗性、风险性较强的体育活动，以及学校等机构正常组织开展体育课等活动学生受伤发生纠纷时，明确责任的界限是有利的。据此，民法典侵权责任编草案二审稿增加了一条规定：自愿参加具有危险性的活动受到损害的，受害人不得请求他人承担侵权责任，但是他人对损害的发生有故意或者重大过失的除外。活动组织者的责任适用《民法典》第1198条的规定，即活动组织者就未尽到安全保障义务承担侵权责任。

　　对上述规定，各方面提出了很多意见，主要是建议自甘风险的适用范围不宜过宽，应限定为体育比赛等具有一定风险的文体活动。同时，建议明确教育机构在组织这类活动时应当如何承担责任。因此，民法典侵权责任编草案三审稿对自甘风险的规定作了修改：一是自愿参加具有一定风险的文体活动，因其他参加者的行为受到损害的，受害人不得请求其他参加者承担侵权责任，但是其他参加者对损害的发生有故意或者重大过失的除外。二是如果活动组织者为学校等教育机构，应当适用学校等教育机构在学生受到人身损害时的相关责任规定。

【条文精解】

　　适用本条应把握以下几点问题：

一是受害人必须意识到所参加的文体活动的风险。这种风险必然存在，但是否会产生损害结果不确定。例如，参加篮球运动一定会存在冲撞，参加足球运动必然有铲球，这些行为都有可能会造成参加者倒地，发生骨折的风险，但是否必然出现这样的后果是不一定的，运动的剧烈程度、冲撞的角度、铲球的力度、双方是否遵守规则、运动护具的穿戴、参加者运动技能和身体素质等因素的不同，会产生很大的变数。本质上讲，参加任何文体活动都有可能存在风险、造成损害。侵权责任编本着谨慎的精神，仅规定了"自愿参加具有一定风险的文体活动"中才能适用自甘风险制度。"具有一定风险"，应当理解为风险性较高、对自身条件有一定要求、对抗性较强等的文体活动。

二是在正常情况下，因为其他参加者的行为受到损害的，其他参加者不承担侵权责任。具有一定风险的文体活动的参加者在了解风险的前提下，仍自愿参加，在文体活动中受到损害的，其他参加者不承担侵权责任，也就说法律规定这种情况下直接免责。但是，其他参加者对损害的发生有故意或者重大过失的，这种情形下损害是由于行为人的侵权行为造成的，已经超过其自甘风险的范围，法律规定了除外条款，对此应当根据双方的过错程度，确定损害的承担。为了防止侵权人不当地援用"自甘风险"条款免责，应限定其适用范围，这也是本条将侵权人承担责任的主观要件限定于故意或者重大过失的重要原因。

三是活动组织者的责任承担上，法律规定适用安全保障义务的规定。应当明确，有些文体活动需要组织者详细明确告知参加者各种风险；有些活动是按照经验不需要组织者告知参加者风险的，因为这些活动的固有危险已经为社会一般人所知晓，更为参加者所熟知。这在确定文体活动组织者责任时，应当予以考虑。但是，固有风险之外的意外损害，应当由组织者承担。例如参加马拉松活动，正常跑步过程中的晒伤、膝关节损伤、碰撞等运动伤害，是不需要组织者特别告知的。此外，在整个活动过程中，组织者是否尽到了必要的安全保障义务、采用了足够安全的措施、设计了突发情况的预案、损害发生后及时采取了合理措施等，是考虑活动组织者是否尽到了责任的因素。当然，还要考虑受害人是否有过错以及过错程度。

四是适用本条规定需要结合具体案件，从案件的具体情况出发，审慎确定文体活动是否具有一定的风险性，是否属于自甘风险的情况，当事人双方、活动组织者是否有过错以及过错程度，综合各方面从严认定和把握。

第一千一百七十七条 【自力救济】

合法权益受到侵害，情况紧迫且不能及时获得国家机关保护，不立即采取措施将使其合法权益受到难以弥补的损害的，受害人可以在保护自己合法权益的必要范围内采取扣留侵权人的财物等合理措施；但是，应当立即请求有关国家机关处理。

受害人采取的措施不当造成他人损害的，应当承担侵权责任。

【立法背景】

民法典编纂过程中，有的建议规定自力救济制度，主要理由有：一是司法最终解决是现代法治的基本要求，但司法最终解决不等于唯一解决，只有纠纷达到一定的条件或标准后，才会纳入司法的视野。有些私力救济方式经过长期的演化已经形成一定的习惯和规范，有时候更能实现公正。二是我国法律中规定的正当防卫、紧急避险等制度，在性质上应当属于自力救济的范围。因此，将这一制度进一步扩大有法律、理论和实践基础。三是实践中，自力救济行为广泛存在，会导致滥用自力救济的情况，引发更大的纠纷，反而不利于社会的稳定。实践中就出现了在合法权益受到侵害，来不及请求国家机关保护的情况下，受害人自己采取措施保护权益，反而被他人起诉侵权的案件。

我们研究认为，"自助行为"制度可以赋予了公民在一定条件下的自我保护权利，是对国家权力在维护社会秩序和保护公民权益不及时情况下的有益补充。明确规定这种制度，对保护公民人身、财产权益安全具有重要的现实意义，也有利于对这种自力救济行为进行规范。因此，在民法典侵权责任编草案二审稿中增加了该制度，对二审稿的规定，各方面提出了很多意见和建议。有的建议对"合法权益"进行限定，将"合法权益受到侵害"修改为"因自己的合法权益受到侵害"，以进一步明确实施自助行为的前提条件，防止被滥用。有的意见提出，自助行为人只有在侵权人逃跑或转移财产、日后难以查找等紧迫情况下，为保全或恢复自己的权利，而对他人财产采取的予以扣留等措施，否则完全可以在事后通过民事诉讼等其他方式向国家寻求救济，建议明确"情况紧迫"的内涵，在"情况紧迫且不能及时获得国家机关保护的"后增加规定"如不采取自助行为，则以后权利无法实现或难以实现"。

针对这些意见和建议，民法典侵权责任编三审稿作了修改完善，规定合法权益受到侵害，情况紧迫且不能及时获得国家机关保护，不立即采取措施将使其权益受到难以弥补的损害的，受害人可以在必要范围内采取扣留侵权人的财物等合理措施，但是应当立即请求有关国家机关处理。受害人采取的措施不当造成他人损害的，应当承担侵权责任。2019年12月形成民法典草案时，在三审稿的基础上进一步修改完善，将"不立即采取措施将使其权益"修改为"不立即采取措施将使其合法权益"。此后，根据各方面的意见，又在民法典草案的基础上进一步完善，主要是进一步明确受害人可以实施自助行为的情形为"在保护自己合法权益的"的必要范围内。

【条文精解】

根据本条规定，行使自救权利，必须满足以下条件：

一是情况紧迫且不能及时获得国家机关保护，这是前提条件。例如，走在路上发现自己被盗的自行车，此时不马上扣下自行车，以后将很难找到；马上去报案或者拨打110，时间来不及。

二是不立即采取措施将使其合法权益受到难以弥补的损害的，这是必要条件。如前例所述，如果不马上扣下自行车，骑车人骑着车走了，以后再去寻找车在哪里就很困难了。我国民事诉讼法、专利法等法律均使用了"难以弥补"的表述，为保持法律之间的一致性，本条使用了该表述。

三是只能在保护自己合法权益的必要范围内采取扣留侵权人的财物等合理措施，这是范围条件。"保护自己合法权益"揭示了自助行为的目的，即实施自助行为不能超越保护自己合法权益这个范围；"必要范围"、"合理措施"，主要是自助行为扣留的财物应当与保护的利益在价值上大体相当。例如，餐馆老板发现有人吃霸王餐，不交钱准备离去，为了维护自己的合法权益，可以扣留与餐费价值差不多的物品，要求将来送餐费时再归还物品。

四是应当立即请求有关国家机关处理，这是合法条件。自助行为结束后，行为人必须及时寻求公权力机关救济。若行为人怠于寻求公权力机关救济，或被公权力机关驳回，或被公权力机关认定行为超出必要限度，则不排除其行为不法性，仍需依侵权行为承担相应后果。"立即请求"指自助行为完成后，"情况紧迫"的阻却事由消失，受害人应当立刻、无迟延地向有关国家机关报告自己实施了自力救济的事实，由公权力及时介入处理。只有这样，自力救济才具有正当性，成为民法上的免责事由。受害人采取的措施不当造成他人损害的，就突破了自力救济的必要性，本条明确规定应当承担侵权责任。

第一千一百七十八条 【特别规定优先适用】

本法和其他法律对不承担责任或者减轻责任的情形另有规定的，依照其规定。

【立法背景】

民法典编纂过程中，对《侵权责任法》第 5 条的规定进行了必要的拓展，除侵权责任编以外，民法典总则编、物权编、合同编、继承编等编，以及其他法律中对不承担或者减轻责任的情形均有明确规定，本条兜底囊括了这些情形。

【条文精解】

适用过错责任归责原则和无过错责任归责原则的侵权行为，能否以及如何适用本条，需要分别讨论。

（1）过错责任是侵权责任领域中最常见的归责原则，除了民法典外，所有规范和涉及民事生活的民法基本法、民事单行法、各特别法中，都有大量的除外情形。本章规定的这几种不承担责任或者减轻责任的情形，适用过错责任归责原则的侵权行为当然要适用，但是，如果本法和其他法律另有规定的，也要依照其规定。

（2）《民法典》第 1166 条对无过错责任作了规定，能否适用本条，需要区分两种情形：一是法律在相应条文中对责任的免除或者减轻事由作了明确规定的，应当适用该条中的相关规定。换句话说，本章规定的这几种不承担责任或者减轻责任的情形，在该规定中就不能全部适用。二是法律规定某行为适用无过错责任归责原则，但是在相应条文中对责任的免除或者减轻责任事由未作规定，则不适用本条规定，其不承担责任或者减轻责任的情形，适用本章规定的这几种情形。

第二章　损害赔偿

第一千一百七十九条【人身损害赔偿范围】

　　侵害他人造成人身损害的，应当赔偿医疗费、护理费、交通费、营养费、住院伙食补助费等为治疗和康复支出的合理费用，以及因误工减少的收入。造成残疾的，还应当赔偿辅助器具费和残疾赔偿金；造成死亡的，还应当赔偿丧葬费和死亡赔偿金。

【立法背景】

　　人身损害赔偿，是指行为人侵犯他人的生命健康权益造成伤残、死亡等后果，承担金钱赔偿责任的一种民事法律救济制度。本条在侵权责任法等法律规定的基础上作了完善。

【条文精解】

　　本条规定的人身损害赔偿的范围，分以下情形：

　　1. 侵害他人造成人身损害的一般赔偿范围

　　这是指侵犯他人生命健康权益造成人身损害一般都要赔偿的项目。无论是致伤、致残还是致死，凡是有一般赔偿范围内所列项目的费用支出，行为人均应赔偿。本条在侵权责任法的基础上，吸收了最高人民法院司法解释，增加"营养费"、"住院伙食补助费"这两项赔偿项目；为了与残疾人保障法的表述一致，将"残疾生活辅助具"修改为"辅助器具"。行为人的行为造成他人人身伤害但并未出现残疾或者死亡后果的，原则上行为人仅需赔偿本条规定的一般赔偿范围内的赔偿项目。这里需强调的是，本条所列举的一般赔偿范围内的赔偿项目仅是几种比较典型的费用支出，实践中并不仅限于这些赔偿项目，只要是因为治疗和康复所支出的所有合理费用，都可以纳入一般赔偿的范围，但前提是合理的费用才能予以赔偿，否则既会增加行为人不应有的经济负担，也会助长受害人的不正当请求行为，有失公正。因此，司法实践中，法官必须在查清事实的基础上，结合医疗诊断、鉴定和调查结论，准确确定人身损害的一般赔偿范围。对人身损害的赔偿要坚持赔偿与损害相一致的原则，既要使受害人获得充分赔偿，又不能使其获得不当利益。基于这一原则,对医疗费、护理费、交通费、营养费、住院伙食补助费等为治疗和康复支出的合理费用,以及因误工减少的收入的赔偿,因一般都有具体衡量的标准,应当全部赔偿,即损失多少就赔偿多少。

2.造成残疾的赔偿范围

民法典侵权责任编在造成残疾的赔偿范围上,与侵权责任法保持一致,只是将"残疾生活辅助具"的表述修改为"辅助器具"。

3.造成死亡的赔偿范围

侵权责任法在立法和司法实践经验基础上,借鉴国外做法,规定侵害他人造成死亡的,除应当赔偿一般人身损害赔偿项目外,还应当赔偿丧葬费和死亡赔偿金。民法典侵权责任编在这一方面与侵权责任法的规定一致。

第一千一百八十条 【以相同数额确定死亡赔偿金】

因同一侵权行为造成多人死亡的,可以以相同数额确定死亡赔偿金。

【立法背景】

民法典编纂过程中,有的建议删除本条规定。经过研究,民法典侵权责任编保留了侵权责任法的规定。主要考虑在因同一侵权行为造成多人死亡的案件中,以相同数额确定死亡赔偿金有以下好处:

一是在因同一侵权行为造成多人死亡引发的众多诉讼中,对众多的损害项目和考虑因素逐一举证比较繁琐,而且有时证明较为困难。以相同数额确定死亡赔偿金可以避免原告的举证困难,并防止因此而导致的诉讼迟延,让其可以及时有效地获得赔偿。

二是考虑每个死者的具体情况分别计算死亡赔偿金,不但未必能计算到损害的全部内容,而且让法院面临较为沉重的负担,不利于节省司法资源。以相同数额确定死亡赔偿金不但可将受害人及其亲属受到的肉体、社会生活、精神生活等损害覆盖其中,有效避免挂一漏万,更好地保护受害人利益,还可以减轻法院负担,节约司法资源。

三是以相同数额确定死亡赔偿金可以维护众多原告之间的团结。在处理导致多人死亡的侵权案件时,以同一数额确定死亡赔偿金,既迅速救济了原告,也防止了原告之间相互攀比,避免同一事故中的众多原告之间赔偿数额差距过大引发社会争论。实际上,从我国近些年的司法实践看,在一些因同一事故导致多人死亡的侵权案件中,由于法院最终判决的死亡赔偿金在众多原告之间差异较大，引起了当事人不满，社会效果也不是很好。

【条文精解】

本条规定包含以下四方面内容：

一是以相同数额确定死亡赔偿金并非确定死亡赔偿金的一般方式，若分别计算死亡赔偿金较为容易，则可以不采用这种方式。

二是根据本法的规定，以相同数额确定死亡赔偿金原则上仅适用于因同一侵权行为造成多人死亡的案件。

三是本条特别强调，对因同一侵权行为造成多人死亡的，只是"可以"以相同数额确定死亡赔偿金，而不是任何因同一侵权行为造成多人死亡的案件都"必须"或者"应当"以相同数额确定死亡赔偿金。至于什么情况下可以，什么情况下不可以，法院可以根据具体案情，综合考虑各种因素后决定。实践中，原告的态度也是一个重要的考虑因素，多数原告主动请求以相同数额确定死亡赔偿金的，当然可以；原告没有主动请求，但多数原告对法院所提以相同数额确定的死亡赔偿金方案没有异议的，也可以适用这种方式。

四是以相同数额确定死亡赔偿金的，原则上不考虑受害人的年龄、收入状况等个人因素。

【实践中需要注意的问题】

这里还需强调一点，本条只是规定因同一侵权行为造成多人死亡的，可以对"死亡赔偿金"以相同数额确定，对死者在死亡前产生的医疗费、护理费等合理费用支出，以及丧葬费支出，宜根据实际支出情况单独计算，损失多少，赔偿多少。

第一千一百八十一条 【请求权主体确定】

被侵权人死亡的，其近亲属有权请求侵权人承担侵权责任。被侵权人为组织，该组织分立、合并的，承继权利的组织有权请求侵权人承担侵权责任。

被侵权人死亡的，支付被侵权人医疗费、丧葬费等合理费用的人有权请求侵权人赔偿费用，但是侵权人已经支付该费用的除外。

【立法背景】

被侵权人仅仅受到伤害、残疾，或者被侵权人作为组织仍存在的情况下，请求权人原则上是被侵权人本人。但是，被侵权人死亡的，其权利能力消灭，法律主体资格不复存在，死者不可能以权利主体资格请求侵权人承担侵权责任。同样地，被侵权人为组织，其分立、合并的，被侵权人的法律主体资格也消失，也不可能以权利主体资格请求侵权人承担侵权责任。因此，在这两种情况下，请求权人都只能是被侵权人以外的主体。

民法典侵权责任编在沿用《侵权责任法》第18条的基础上，将"单位"修改为"组织"。

【条文精解】

根据本条第1款规定，被侵权人死亡的，其近亲属有权请求侵权人承担侵权责任。《民法典》第1045条对近亲属的范围作了明确规定，包括配偶、父母、子女、兄弟姐妹、祖父母、外祖父母、孙子女、外孙子女。

根据本条第2款规定，被侵权人死亡，支付被侵权人医疗费、丧葬费等合理费用的人有权请求侵权人赔偿费用，但是侵权人已经支付该费用的除外。司法实践中，支付被侵权人死亡前的医疗费等合理费用的，不一定是被侵权人本人，而是其亲属、朋友或者其他人；对于丧葬费，由于被侵权人已经死亡，只能是其亲属、朋友或者其他人支付。若支付这些费用的是被侵权人的近亲属，这些近亲属当然可以依据本条第1款的规定请求侵权人赔偿这些费用；若支付这些费用的并非其近亲属，而是其朋友、其他人或者某一组织的，实际支付费用的主体也可以作为独立的请求权人请求侵权人赔偿这些费用，但若侵权人已将这些费用赔偿给被侵权人近亲属的，实际支付这些费用的主体就不能再向侵权人请求赔偿，而只能要求获得赔偿的近亲属返还这些费用。赋予实际支付医疗费、丧葬费等费用的主体独立请求权，有利于弘扬帮扶帮衬的社会美德，保护善良的社会风俗，也可以防止侵权人获得不当利益。

第一千一百八十二条 【侵害他人人身权益造成财产损失的赔偿】

侵害他人人身权益造成财产损失的，按照被侵权人因此受到的损失或者侵权人因此获得的利益赔偿；被侵权人因此受到的损失以及侵权人因此获得的利益难以确定，被侵权人和侵权人就赔偿数额协商不一致，向人民法院提起诉讼的，由人民法院根据实际情况确定赔偿数额。

【立法背景】

人身权益是民事主体最基本的权益，侵害他人人身权益应当依法承担侵权责任。本条在《侵权责任法》第20条的基础上，增加了被侵权人的选择，对于侵害他人人身权益如何计算财产损失作了较为具体的规定。

【条文精解】

1. 按照被侵权人受到的损失赔偿

根据侵害行为及侵害人身权益内容的不同，侵害他人的人身权益造成财产损失的赔偿范围也不尽相同。主要包括：

（1）侵害他人生命、健康、身体等权益造成的财产损失的赔偿范围，一般包括积极的财产损失和可得利益的损失。

（2）侵害他人名誉权、荣誉权、姓名权、肖像权和隐私权等人身权益造成的财产损失，可以根据不同的侵权行为和相关证据具体判断处理，有实际财产损失的，按照实际损失赔偿，没有实际损失的，可以根据法律的相关规定给予救济。

2. 按照侵权人因此获得的利益赔偿

一些侵害人身权益的行为财产损失难以确定，尤其是在被侵权人的名誉受损、知识产权被侵害等情况下，可将侵权人的获利情况作为司法实践中确定赔偿数额的重要因素考虑。侵权责任编编纂过程中，有的意见提出，建议不在规定先后顺序，赋予被侵权人一定的选择权，在被侵权人因侵权行为受到的损失或者侵权人因侵权行为获得的利益赔偿中进行选择，这样即能有效获得赔偿实现公平正义，又能有效遏制与震慑侵权行为。我们慎重研究后认为，从总体上考虑，本条赋予被侵权人一定的选择权比较好。一是这样便于被侵权人选择对自己有利的赔偿方案，从而有利于保护受害人的权益。二是这样规定便于案件争议迅速有效地解决。三是从理论上讲，这里构成了侵权损害赔偿和不当得利损害赔偿的竞合。既然是竞合，显然是选择赔偿的问题，被侵权人肯定选择最能弥补其损害的计算方式，不违反填平原则。

3. 由人民法院根据实际情况确定赔偿数额

这一规定包括三层含义：一是侵权人损人没有获利或者获利难以计算的情况下，当事人可以就赔偿数额进行协商；二是赋予被侵权人获得赔偿的请求权，侵权人不能因为没有获利或者获利难以计算就不负赔偿责任；三是如何确定赔偿数额，由法院根据侵权人的过错程度、具体侵权行为和方式、造成的后果和影响等确定。

第一千一百八十三条 【精神损害赔偿】

侵害自然人人身权益造成严重精神损害的，被侵权人有权请求精神损害赔偿。

因故意或者重大过失侵害自然人具有人身意义的特定物造成严重精神损害的，被侵权人有权请求精神损害赔偿。

【立法背景】

精神损害赔偿是受害人因人格利益或身份利益受到损害或者遭受精神痛苦而获得的金钱赔偿。德国民法典首先确立了精神抚慰金。需要特别指出的是，德国民法典规定的"精神抚慰金"，在翻译成汉语时，很多译者将其翻译成"精神损害赔偿金"，在民法学界一般能理解两者是同一术语，但"精神损害赔偿金"这一术语在社会上反复流传使用，再结合我国语言文字的使用习惯与社会公认认知，其内涵与外延上产生了远超德国民法典"精神抚慰金"意义上的含义。这也导致了司法实践中对"精神损害赔偿金"的误读误用，有的案例中原告起诉被告要求支付几百万乃至上千万的"精神损害赔偿金"。精神损害无法用金钱与物质量化衡量，也无法以赔偿的方式填平这一损害。因此，德国民法典使用"精神抚慰金"的表述，仅能以赔偿的方式进行抚慰，是精确适当的。

侵权责任法第一次在民事法律中对精神损害赔偿作了规定，2013年修改的消费者权益保护法作了进一步规定。为满足实践需要，在侵权责任编编纂过程中，结合各方面提出的意见和建议，作出修改完善：一是将"他人"修改为"自然人"，明确我国精神损害赔偿的主体只能是自然人；二是将"被侵权人可以请求精神损害赔偿"修改为"被侵权人有权请求精神损害赔偿"，在侵权责任编中统一规范请求权术语的表达；三是扩大了精神损害赔偿的适用范围，增加一款，规定"因故意或者重大过失侵害自然人具有人身意义的特定物造成严重精神损害的，被侵权人有权请求精神损害赔偿"。

【条文精解】

正确理解适用本条规定，需要把握以下五点：

第一，精神损害赔偿的范围是人身权益，侵害财产权益不在精神损害赔偿的范围之内。

第二，需要造成严重精神损害。强调"严重"，是为了防止精神损害赔偿被滥用。

第三，被侵权人有权请求精神损害赔偿。一般来说，请求精神损害赔偿的主体应当是直接遭受人身权侵害的本人。被侵权人因侵权行为死亡而导致近亲属受到严重的精神损害的，此时，本条第1款中规定的"侵害自然人人身权益"中"自然人"就是被侵权人的近亲属。

第四，"具有人身意义的特定物"的范围，在实践中主要涉及的物品类型为：（1）与近亲属死者相关的特定纪念物品（如遗像、墓碑、骨灰盒、遗物等）；（2）与结婚礼仪相关的特定纪念物品（如录像、照片等）；（3）与家族祖先相关的特定纪念物品（如祖坟、族谱、祠堂等）。这些物品对被侵权人具有人身意义。

第五，关于精神损害赔偿的数额，精神损害本身无法用金钱数额进行衡量，但是精神损害赔偿的数额应该与精神损害的严重程度相一致。精神损害赔偿的数额，宜在具体案件中，结合个案情况灵活处理。随着社会经济的发展变化，精神损害赔偿的数额也会随之发生变化。

第一千一百八十四条 【财产损失的计算】

侵害他人财产的，财产损失按照损失发生时的市场价格或者其他合理方式计算。

【立法背景】

财产权益是民事权益的重要组成部分，包括物权、知识产权、股权和其他投资性权利、网络虚拟财产等具有财产性质的权益。

因侵权行为导致财产损失的，一般按照财产损失发生时的市场价格计算。也就是以财产损失发生的那个时间，该财产在市场上的价格为计算标准，完全毁损、灭失的，要按照该物在市场上所对应的标准全价计算，如果该物已经使用多年的，其全价应当是市场相应的折旧价格。例如，一辆已经开了5年的汽车被毁坏，其全价应当是二手车市场与该种车型及使用年限相对应的价格；财产部分毁损的，应当按照由于毁损使该物价值减损的相应的市场价格标准计算。如果该财产没有在市场上流通，没有市场的对应价格，可以采用其他合理方式计算，包括评估等方式。如家传的古董，没有市场价格，就可以按照有关部门的评估价格计算。

【条文精解】

本条沿用了《侵权责任法》第19条的规定，未作变更。在民法典侵权责任编编纂过程中，有的意见提出，实践中，从财产受到损失到法院作出判决一般都会经历较长时间，财产价格因市场因素很可能会发生较大变化，若只能按照损失发生时的市场价格计算赔偿额，对被侵权人不是很公平。还有的建议明确"其他合理方式"的具体类型是什么，以增强可操作性。

我们经研究认为，一般说来，市场价格会有上升或下降的可能，一个侵权案件审判终结需要一段时日，如果对于价格标准不作确定，则可能在司法实践中引起混乱，侵权行为发生时、诉讼开始时、诉讼终结时等都可能成为法官考虑的时间点，由于市场价格的波动，不同的时间点赔偿的数额可能就会不同。为了避免司法实践中可能出现的规则运用上的不统一，本条需要明确财产损失的计算标准，最终规定以财产损失发生的时间点计算赔偿价格，主要考虑两点：一是这个时间点相比较其他时间点最容易固定和掌握。其他时间点上，例如起诉之日、立案之日、判决作出之日等均有各种诉讼法上的不确定性，有可能存在同一类型案件确定时间不同的情况，不利于统一财产损失的计算点。二是本条还规定了"或者其他合理方式计算"确定损失的方法。当价格波动较大时，为了使被侵权人获得充分的救济，法官可以以其他合理方式确定损失。社会不断发展，实践极其复杂，法律没有限定"其他合理方式"的范围，由法官结合具体案情自由裁量。

第一千一百八十五条 【故意侵害他人知识产权的惩罚性赔偿】

故意侵害他人知识产权，情节严重的，被侵权人有权请求相应的惩罚性赔偿。

【立法背景】

惩罚性赔偿也称惩戒性赔偿，是侵权人给付给被侵权人超过其实际受损害数额的一种金钱赔偿。作为一种集补偿、制裁、遏制等功能于一身的制度，在一些国家和地区得到了广泛运用。

2018年8月，民法典各编草案提请第十三届全国人大常委会第五次会议一审后，有的意见提出，加强知识产权保护是完善产权保护制度的重要内容，建议进一步加大对知识产权的保护力度。我们研究认为，以习近平同志为核心的党中央高度重视知识产权保护工作，多次指示和批示要求加强对侵犯知识产权行为的惩罚力度。为了切实加强对知识产权的保护，必须显著提高侵犯知识产权的违法成本，把法律的威慑作用充分发挥出来。据此，2018年12月提请第十三届全国人大常委会第七次会议审议的民法典侵权责任编草案二审稿增加一条规定："故意侵害知识产权，情节严重的，被侵权人有权请求相应的惩罚性赔偿。"2019年8月提请第十三届全国人大常委会第十二次会议审议的民法典侵权责任编草案三审稿，在二次审议稿的基础上作了文字完善，规定故意侵害"他人"知识产权，情节严重的，被侵权人有权请求相应的惩罚性赔偿。这一规定沿用至民法典本条最终的表述。

【条文精解】

目前，我国知识产权法律主要是著作权法、专利法和商标法。此外，国务院颁布的《商标法实施条例》、《集成电路布图设计保护条例》和《植物新品种保护条例》分别对地理标志、集成电路布图和植物新品种作出规定和保护。现行著作权法没有规定惩罚性赔偿制度，著作权法修改已列入第十三届全国人大常委会立法规划第一类项目，著作权法修正案草案于2020年4月提请第十三届全国人大常委会第十七次会议进行了审议。专利法修改正在进行中，草案对于故意侵犯专利权情节严重的，拟规定惩罚性赔偿。商标权法规定了1倍以上5倍以下的惩罚性赔偿数额。地理标志、集成电路布图和植物新品种规定在国务院行政法规中，因行政法规不宜规定惩罚性赔偿，对这三种知识产权的保护可以适用本条的规定。

第一千一百八十六条 【公平分担损失】

受害人和行为人对损害的发生都没有过错的，依照法律的规定由双方分担损失。

【立法背景】

《侵权责任法》第24条规定了这一规则。在民法典侵权责任编编纂过程中，有的意见提出，本条适用范围不明确，实践中争议大、裁判不统一，出现了一些问题。一是适用范围宽泛化。一些法院出现了对行为人与受害人都有过错，受害人有过错或行为人、第三人有过错的案件，依据该条予以判决的情况。二是自由裁量空间过大。"实际情况"的确定体现了对多重因素的综合考虑，一般包括受害人所受损失的严重程度、受害人与行为人的具体情况、社会道德准则与和谐等因素。司法判决中，由于侵权责任法的规定有些抽象，法官自由裁量的过程中，出现了认定过于随意、标准失之宽松的情况，导致了公平分担损失原则的滥用。因此，必须予以妥当限定。为进一步明确公平分担损失原则的适用范围，统一裁判尺度，避免自由裁量尺度过宽等弊端，侵权责任编草案一审稿将侵权责任法规定的"可以根据实际情况，由双方分担损失"修改为"可以依照法律的规定，由双方分担损失"。对此规定，有的意见提出，受害人和行为人对损害的发生都没有过错的情况下，要求分担损失只能依照法律规定，因此不应再规定"可以"依照法律规定。经研究，我们在侵权责任编草案三审稿开始，采纳这这一建议，删除"可以"。

【条文精解】

本条规定可以从以下几个方面把握：

（1）公平分担损失的规定是侵权责任编根据实际情况作出的特别规定，与过错责任原则和无过错责任原则均有不同。

（2）公平分担适用于行为人和受害人对损害的发生均无过错的情况。如果损害由受害人过错造成，应当由其自己负责；如果由行为人或者第三人过错造成，应当由行为人或者第三人负责；如果行为人和受害人对损害的发生都有过错，应当根据他们的过错程度和原因力分配责任。也就是说，只要有过错责任人，都不适用本条规定。公平分担不是说加害人与受害人各打五十大板，平均分担损失。确定损失分担，应当考虑行为的手段、情节、损失大小、影响程度、双方当事人的经济状况等实际情况，达到公平合理、及时化解矛盾、妥善解决纠纷、促进社会和谐的目的。

（3）"法律的规定"可以是本法的规定。例如，"因紧急避险造成损害的，由引起险情发生的人承担民事责任。危险由自然原因引起的，紧急避险人不承担民事责任，可以给予适当补偿。""完全民事行为能力人对自己的行为暂时没有意识或者失去控制造成他人损害有过错的，应当承担侵权责任；没有过错的，根据行为人的经济状况对受害人适当补偿。"除了本法外，"法律的规定"还可以是其他法律根据实践需要作出的相应规定。

第一千一百八十七条 【赔偿费用支付方式】

　　损害发生后，当事人可以协商赔偿费用的支付方式。协商不一致的，赔偿费用应当一次性支付；一次性支付确有困难的，可以分期支付，但是被侵权人有权请求提供相应的担保。

【立法背景】

　　侵权责任制度的一项重要功能就是填补受害人的损失。有的侵权人拿不出钱，有的侵权人财富充裕。因此，赔偿费用的支付方式成为能否有效地保护受害人利益的重要问题。

　　侵权责任法借鉴有关国家和地区的立法经验，结合中国法律已有规定和司法实践做法，作了规定。民法典侵权责任编沿用了侵权责任法的这一规定。

【条文精解】

　　本条对赔偿费用的支付方式作了三个层面的规定：

　　（1）由当事人协商确定赔偿费用的支付方式。由当事人协商确定赔偿费用的支付方式，一是有利于赔偿费用的按时支付；二是有利于合理确定赔偿费用的数额；三是有利于预防纠纷。当事人协商确定支付方式后，侵权行为人应当按照约定的方式支付赔偿费用，不能将协商作为拖延给付赔偿费用的手段。如果以合法形式掩盖非法目的，违反约定到期不履行支付赔偿费用的义务，受害人有权请求人民法院宣告该约定无效，强制侵权人履行付款义务。

　　（2）协商不一致的一次性支付。侵权行为发生后，受害人的损失应当得到全面和及时的弥补，因此，如果当事人就赔偿费用的支付方式协商后，受害人不同意分期支付，侵权人就应当一次性支付全部赔偿费用。一次性支付，可以彻底了结纠纷，避免受害人对侵权人未来能否按照约定支付的担心。

　　（3）一次性支付确有困难的，可以分期支付，但是被侵权人有权请求提供相应的担保。虽然本条规定当事人就赔偿费用支付协商不成的应当一次性支付，但在实践中确实存在行为人一次支付确有困难的情况。比如，有的侵权人生活困难；有的侵权人虽可竭尽全力一次支付，但支付后不能保证自己的基本生活需要，或者造成企业停业甚至破产，带来新的社会问题。侵权责任法虽然要填补受害人损失，但也要兼顾侵权人的合法权益。民事诉讼法也规定，强制执行被执行人的财产，应当保留被执行人及其所扶养家属的生活必需品。因此，本条规定一次性支付确有困难的，可以分期支付。分期支付应当具备以下两个条件：一是一次性支付确有困难。确有困难应当由侵权人举证证明，由人民法院作出判断。二是被侵权人有权请求提供相应的担保。该担保是应被侵权人请求提供的，可以是保证人提供的保证，也可以是侵权人以自己的财产抵押、质押。

第三章 责任主体的特殊规定

第一千一百八十八条 【监护人责任的一般规定】

无民事行为能力人、限制民事行为能力人造成他人损害的，由监护人承担侵权责任。监护人尽到监护职责的，可以减轻其侵权责任。

有财产的无民事行为能力人、限制民事行为能力人造成他人损害的，从本人财产中支付赔偿费用；不足部分，由监护人赔偿。

【立法背景】

设立监护制度的目的是保护被监护人的人身、财产及其他合法权益不受损害，同时监护人也要承担起管教好未成年人和无行为能力人、限制行为能力的精神病人的责任，对于被监护人给他人造成损害的，监护人应当承担责任。侵权责任编沿袭了《侵权责任法》第32条的规定。

【条文精解】

本条第1款主要规定责任能力和监护人承担监护责任的问题。监护责任是无过错责任还是过错责任，一直以来都有争议。本条第1款规定，无民事行为能力人和限制民事行为能力人造成他人损害的，由监护人承担民事责任，这是监护人的职责所决定。由于大多数监护人与被监护人有血缘等密切关系，监护人有责任通过教育、管理等方式来减少或者避免被监护人侵权行为的发生。无民事行为能力或者限制民事行为能力人造成他人损害的，应当由监护人承担侵权责任。

依照本条第2款的规定，在具体承担赔偿责任时，如果被监护人有财产的，比如未成年人接受了亲友赠与的财产或者拥有其他价值较大的财产等，那么应当首先从被监护人的财产中支付赔偿费用，不足的部分再由监护人承担赔偿责任。虽然从我国的情况来看，无民事行为能力人或者限制民事行为能力人有自己独立财产的情况不多，但是随着经济和社会的多元化发展，无民事行为能力人或者限制民事行为能力人通过创作、接受赠与或者继承等方式取得独立财产的情况将会越来越多。因此，无民事行为能力人或者限制民事行为能力人以自己的财产对自己造成他人的损害承担赔偿责任，也是公平的。在侵权责任法立法和民法典编纂过程中，一直有意见质疑本款的合理性。本款的一个重要意义，在于解决父母等亲属之外的人员或者单位承担监护人的情况下，被监护人造成他人损害的，如果要求监护人承担责任，实践中很多个人或者组织就可能不愿意担任监护人，这对被监护人的成长、生活会造成负面影响。为了打消这种顾虑，考虑到父母等亲属之外的人员或者组织承担监护人的情况下，被监护人可能会有独立财产。在这种情况下，先从被监护人的财产中支付赔偿费用更有制度安排上的意义。当然，从被监护人的财产中支付赔偿费用的，应当保留被监护人基本的生活费用，保障其正常的生活和学习不受影响。被监护人的财产不足以支付赔偿费用的，其余部分由监护人承担。

第一千一百八十九条 【委托监护时监护人的责任】

　　无民事行为能力人、限制民事行为能力人造成他人损害，监护人将监护职责委托给他人的，监护人应当承担侵权责任；受托人有过错的，承担相应的责任。

【立法背景】

　　侵权责任法并未规定监护人将监护职责委托给他人时，无民事行为能力人、限制民事行为能力人造成他人损害的，如何承担责任的问题。最高人民法院《关于贯彻执行〈中华人民共和国民法通则〉若干问题的意见（试行）》第22条规定，监护人可以将监护职责部分或者全部委托给他人。因被监护人的侵权行为需要承担民事责任的，应当由监护人承担，但另有约定的除外；被委托人确有过错的，负连带责任。这一规定确定了委托监护中监护人承担无过错责任、受托人在有过错时承担连带责任的规则，司法实践中一直沿用，较好地保护了被侵权人的利益，有利于督促监护人履行监护职责。但该司法解释的规定存在两个问题：一是"另有约定的除外"为监护人规避监护人责任提供了借口，不利于监护人责任的承担，且"约定"具有对内性，不能对抗被侵权人的损害赔偿请求；二是监护人是承担监护职责的第一责任人，享有履行监护职责产生的权利。实践中，委托监护大量存在于在亲朋好友之间，且基本是无偿的。承担义务时要求其"确有过错的，负连带责任"，过分强调了对被侵权人的保护而没有平衡委托人与受托人的利益，使监护的权利与义务失衡。

因此，民法典侵权责任编在吸收司法解释规定和有关意见的基础上，在本条对委托监护情形下责任承担进行了明确，以突出权利与义务的一致性。2019 年 12 月的民法典草案曾规定，"监护人将监护职责委托给他人的，由监护人承担侵权责任；受托人有过错的，承担相应的责任"。对此，有的意见提出，本条在语言逻辑上有瑕疵，既然"由监护人承担侵权责任"了，受托人有过错的情况下，为何"承担相应的责任"？经研究，将民法典草案该条中"由监护人承担侵权责任"修改为"监护人应当承担侵权责任"，表明有可能由监护人承担，也有可能有其他人承担，这样与后面一句"受托人有过错的，承担相应的责任"在逻辑上更加清楚，避免误解和语言逻辑问题。

【条文精解】

委托监护，是指监护人委托他人代行监护的职责，是一种双方的民事法律行为，是被监护人的监护人与受托人之间关于受托人为委托人履行监护职责、处理监护事务的协议，须有监护人委托与受委托人接受委托的意思表示一致才能成立。因此，很多学者将委托监护认定为一种合同关系。

委托监护当事人之间的委托协议一旦成立，受托人即负有依约定为委托人履行监护职责的义务；委托人负有依其约定支付必要费用的义务，如果合同中约定了支付报酬的内容，则还应当向受托人支付办理受托事务的报酬。委托人和受托人任何一方违反义务，都应当向对方负违约责任。但实践中，我国委托监护一般发生在亲朋好友之间，所以这种合同往往是口头的，也基本上是无偿的。

在委托监护中，委托人可以将部分监护职责委托给受托人行使，也可以将全部监护职责委托给受托人行使。最高人民法院《关于贯彻执行〈中华人民共和国民法通则〉若干问题的意见（试行）》第 10 条规定，监护人的职责包括：保护被监护人的身体健康，照顾被监护人的生活，管理和保护被监护人的财产、代理被监护人进行民事活动，对被监护人进行管理和教育，在被监护人合法权益受到侵害或者与人发生争议时，代理其进行诉讼。这些行为都可以由他人来行使，而并非必须由监护人本人亲自行使不可。受托人可以和应当行使何种职责，应完全由当事人之间的委托监护协议确定。

需要特别说明的是，委托监护不同于意定监护。意定监护是在监护领域对自愿原则的贯彻落实，是具有完全民事行为能力的成年人对自己将来的监护事务，按照自己的意愿事先所作的安排。《民法典》第33条规定了这一制度，即具有完全民事行为能力的成年人，可以与其近亲属、其他愿意担任监护人的个人或者组织事先协商，以书面形式确定自己的监护人，在自己丧失或者部分丧失民事行为能力时，由该监护人履行监护职责。两者主要有以下不同点：

第一，委托监护是监护人与非监护人之间确定非监护人代行监护职责的协议，而意定监护是法定监护人之间确定监护人的协议。

第二，委托监护中，尽管委托人可以将监护职责全部委托给受托人，但即使在此情况下，受托人也不是监护人。也就是说，监护人不能依照委托监护的协议将监护人的资格转让给他人，他人也不能通过委托监护的协议来取得监护资格。因此，在委托监护中即使监护职责全部由受托人行使，监护人的监护资格也不丧失。在意定监护中，依当事人之间的协议所确定的监护人对被监护人负监护人责任，其就是被监护人的监护人。

第三，委托监护适用于无民事行为能力人、限制民事行为能力人的未成年人或者成年人，意定监护只适用于具有完全民事行为能力的成年人。

根据本条规定，无民事行为能力人、限制民事行为能力人造成他人损害，监护人将监护职责委托给他人的，监护人应当承担侵权责任。这意味着，实行监护人责任首负原则。除了监护人外，如果受托人有过错的，也要承担相应的责任。具体承担责任的范围，由司法机关结合具体案件情况依法裁量。

第一千一百九十条 【完全民事行为能力人暂时丧失意识后的侵权责任】

完全民事行为能力人对自己的行为暂时没有意识或者失去控制造成他人损害有过错的，应当承担侵权责任；没有过错的，根据行为人的经济状况对受害人适当补偿。

完全民事行为能力人因醉酒、滥用麻醉药品或者精神药品对自己的行为暂时没有意识或者失去控制造成他人损害的，应当承担侵权责任。

【立法背景】

过错是行为人承担侵权责任的要件，过错的前提是行为人有意识能力。过错导致完全民事行为能力人暂时丧失意识造成他人损害的，原则上行为人需要承担侵权责任。此外，在赔偿的问题上会考虑各方当事人的经济状况，根据衡平原则来处理。

《侵权责任法》第33条对完全民事行为能力人暂时没有意识或者失去控制造成他人损害的责任作了规定。民法典侵权责任编沿袭了该条规定。

【条文精解】

考虑到导致完全民事行为能力人丧失意识的情况比较复杂，本条根据不同的情形，规定了完全民事行为能力人的责任。

（1）完全民事行为能力人对于自己丧失意识存在过错。如果是因为自己的过错，丧失了意识后造成了他人的损害，那么行为人应当根据其过错承担赔偿责任。本条第1款中的"过错"，是指"过错"导致其丧失意识，因为失去意识之后确实没有过错可言。完全民事行为能力人是由于其过错导致意识丧失，那么对于丧失意识后的行为造成他人损害的，则要承担相应的侵权责任。

（2）完全民事行为能力人对于自己的行为暂时没有意识或者失去控制没有过错。如果行为人暂时没有意识或者失去控制不是由于自己的过错造成，而是由于其他原因导致发生，在这种情况下，行为人可以不承担侵权责任，不过需要根据公平分担的规定，适当分担被侵权人的损失。需要说明的是，这里对受害人是"补偿"而不是"赔偿"。因为赔偿原则上采取"填平"的原则，受害人损失多少赔多少，而补偿通常行为人没有过错，是根据行为人的经济能力，适当弥补受害人的损失。本条第1款的规定是第1186条公平分担损失在具体制度中的体现。

（3）完全民事行为能力人因醉酒、滥用麻醉药品或者精神药品导致自己暂时没有意识或者失去控制造成他人损害的。醉酒的人在醉酒状态中，对本人有危险或者对他人的人身、财产或者公共安全有威胁的，应当对其采取保护性措施约束至酒醒。目前，一些侵权行为都是发生在行为人醉酒、滥用麻醉药品或者精神药品后，特别是在交通事故中。作为完全民事行为能力人，应当预见到醉酒或者滥用麻醉药品或者精神药品后会难以控制自己的行为，可能会危害公共安全和他人的生命健康，但行为人放任结果的发生，仍然驾车或者采取其他方式造成他人人身权和财产权的损害。虽然侵权行为发生时，行为人已经丧失意识，似乎没有"过错"可言，但是，其行为本身具有违法性，应当对此发生的侵权行为承担责任。本条第2款规定"醉酒、滥用麻醉药品或者精神药品导致自己暂时没有意识或者失去控制造成他人损害"，其实也属于第1款"有过错"的一种情形。为了强调醉酒、滥用麻醉药品或者精神药品的行为和一般的过错相比，具有违法性，且危害性较大，第 2 款对醉酒、滥用麻醉药品或者精神药品导致自己暂时没有意识或者失去控制造成他人损害的责任专门作出了规定。

> ### 第一千一百九十一条 【用人单位责任、劳务派遣单位和劳务用工单位责任】
>
> 用人单位的工作人员因执行工作任务造成他人损害的，由用人单位承担侵权责任。用人单位承担侵权责任后，可以向有故意或者重大过失的工作人员追偿。
>
> 劳务派遣期间，被派遣的工作人员因执行工作任务造成他人损害的，由接受劳务派遣的用工单位承担侵权责任；劳务派遣单位有过错的，承担相应的责任。

【立法背景】

用人单位的工作人员因工作造成他人损害的，由用人单位对外承担侵权责任，这种责任在理论上被称为替代责任，即由他人对行为人的行为承担责任。由于工作人员是为用人单位工作，用人单位可以从工作人员的工作中获取一定的利益，因此，工作人员因工作所产生的风险，需要用人单位承担。用人单位与工作人员相比，一般经济能力较强，让用人单位承担责任，有利于更好地保护被侵权人的合法权益，也有利于用人单位在选任工作人员时能尽到相当的谨慎和注意义务，加强对工作人员的监督和管理。

我国民法通则和司法解释都对用人单位的责任作出过规定。侵权责任编编纂过程中，有意见提出增加用人单位追偿权。我们经过考虑，认为增加追偿权会促进工作人员在工作时认真负责，也有利于在用人单位与工作人员之间公平分配责任，因此，在第 1 款增加了用人单位追偿权的规定。

【条文精解】

我国对用人单位采取的是无过错责任，用人单位不能通过证明自己在工作人员选任或者监督方面尽到了相应的义务来免除自己的责任。

1. 本条第 1 款的理解和适用

本款中的"用人单位"，包括企业、事业单位、国家机关、社会团体等，也包括个体经济组织等。"工作人员"既包括用人单位的正式员工，也应当包括临时在单位工作的员工。

用人单位承担侵权责任的前提是工作人员的行为与"执行工作任务"有关。为了更准确地界定工作人员的行为与职务之间的关系，本款明确用人单位承担侵权责任的前提是工作人员"因执行工作任务"造成他人损害。

2.本条第2款的理解和适用

劳务派遣，是指劳动派遣机构与员工签订劳务派遣合同后，将工作人员派遣到用工单位工作。劳务派遣的主要特点是员工的雇用和使用分离。

在劳务派遣期间，被派遣的工作人员是为接受劳务派遣的用工单位工作，接受用工单位的指示和管理，同时由用工单位为被派遣的工作人员提供相应的劳动条件和劳动保护，所以，被派遣的工作人员因工作造成他人损害的，其责任应当由用工单位承担。劳务派遣单位在派遣工作人员方面存在过错的，应当承担相应的责任。

侵权责任法规定劳务派遣单位承担的是"相应的补充责任"。民法典侵权责任编编纂过程中，有的意见提出，劳务派遣单位的责任类型大致有三种情形：一是在用工单位承担了全部赔偿责任的情况下，劳务派遣单位对被侵权人就不再承担赔偿责任；二是在用工单位财力不足，无法全部赔偿的情况下，剩余的部分由劳务派遣单位来承担；三是劳务派遣单位存在过错，应当按照过错程度直接承担侵权责任。《侵权责任法》第34条第2款"相应的补充责任"的表述涵盖不了第三种情形，建议修改为"承担相应的责任"。经研究，我们采纳了这一建议。

第一千一百九十二条 【个人之间劳务关系的损害责任】

个人之间形成劳务关系，提供劳务一方因劳务造成他人损害的，由接受劳务一方承担侵权责任。接受劳务一方承担侵权责任后，可以向有故意或者重大过失的提供劳务一方追偿。提供劳务一方因劳务受到损害的，根据双方各自的过错承担相应的责任。

提供劳务期间，因第三人的行为造成提供劳务一方损害的，提供劳务一方有权请求第三人承担侵权责任，也有权请求接受劳务一方给予补偿。接受劳务一方补偿后，可以向第三人追偿。

【立法背景】

劳务关系，是指提供劳务一方为接受劳务一方提供劳务服务，由接受劳务一方按照约定支付报酬而建立的一种民事权利义务关系。本条中"接受劳务一方"仅指自然人，个体工商户、合伙的雇员因工作发生的纠纷，按照本法用人单位的规定处理。

【条文精解】

1. 本条第 1 款的理解和适用

侵权责任法对接受劳务一方承担责任后，能否向提供劳务一方追偿的问题没有作出规定。民法典侵权责任编编纂过程中，有的建议增加规定此种情形下的追偿权。我们研究认为，个人之间形成的劳务关系，双方经济能力都较为有限，接受劳务一方对外承担责任后，原则上是可以向有过错的提供劳务一方追偿的，因此，本条第 1 款在侵权责任法的基础上，增加了接受劳务一方承担侵权责任后的追偿权，但仅限于可以向有故意或者重大过失的提供劳务的一方追偿。

本款还规定了提供劳务一方因劳务受到损害时双方责任的承担。根据本款规定，提供劳务一方因劳务受到损害的，根据双方各自的过错承担相应的责任。这一规定和工作人员在用人单位受到损害的规定有所不同。个人之间的劳务关系的损害，跟雇主情形下损害不一样，个人之间的劳务，提供劳动一方有较大的自主权，不像雇主对雇员的控制力那么强。造成损害的，接受劳务一方承担无过错责任太重。所以提供劳务一方因劳务受到损害的，不宜采取无过错责任的原则，要求接受劳务的一方无条件地承担赔偿责任。实践中因劳务受到损害的情况比较复杂，应当区分情况，根据双方的过错来处理比较合理。所以，本条规定双方根据各自的过错承担责任，比较公平，也符合现实的做法。

2. 本条第 2 款的理解和适用

在个人之间形成的劳务关系中，提供劳务一方是在为接受劳务一方工作过程中受伤的，能否请求接受劳务一方承担责任。有的意见提出，个人之间形成劳务关系一般不购买相应的工伤保险，这与第 1191 条规定的用人单位责任有较大不同。因此，要求接受劳务一方承担不真正连带责任，责任分配过重。经研究，我们采纳了这一意见，将上述方案修改为"提供劳务一方有权请求第三人承担侵权责任，也有权请求接受劳务一方给予补偿。接受劳务一方补偿后，可以向第三人追偿"。

第一千一百九十三条 【承揽关系中侵权责任】

承揽人在完成工作过程中造成第三人损害或者自己损害的，定作人不承担侵权责任。但是，定作人对定作、指示或者选任有过错的，应当承担相应的责任。

【立法背景】

在履行承揽合同的过程中，承揽人对第三人造成损害或者自身遭受损害的侵权责任如何承担，我国法律没有规定。

【条文精解】

考虑到在大多数情况下，承揽人主要依靠自己的技术和专业技能独立完成承揽工作，不受定作人的支配，承揽人对第三人造成损害或者造成自身损害时，不应要求定作人承担侵权责任。但是，定作人对定作、指示或者选任存在过错的，需要承担相应的过错责任，这是指定作人的指示过失责任。

定作人的指示过失责任，源自英美法的"独立契约人"责任理论，指不属于合同相对方的被用工人，在执行合同中规定的工作时，用工人对其不具有很强的控制力，基本上是依靠自己的技术和判断来完成工作的人，属于该概念范围的主要有承揽人、建筑工程的承包人、运输承运人、委托、行纪、居间合同中的受托人等。大陆法系国家中，日本民法从英美法中借鉴这一理论，在《日本民法典》第719条规定，定作人对承揽人就其工作加于他人的损害，不负赔偿责任。但是，定作人对定作或者指示有过失时，不在此限。我国台湾地区借鉴日本民法典的规定，在"民法典"第189条规定，承揽人因执行承揽事项，不法侵害他人之权利者，定作人不负损害赔偿责任。但定作人于定作或指示有过失者，不在此限。之所以作这样的规定，是认为选任承揽人时，定作人对承揽人是否具备相应的资质和具备安全生产条件有义务进行审查，如果选任不当，对承揽人的工作人员在执行工作任务中所受到的损害，应该承担过错责任。在吸收司法解释和境外立法例的基础上，本条对承揽关系中的侵权责任作了规定。

【实践中需要注意的问题】

需要指出的是，《民法典》第1192条个人之间形成劳务关系因提供劳务造成他人损害和自己损害的责任的规定，不适用本条因承揽关系产生的纠纷。根据合同编的规定，承揽合同是承揽人按照定作人的要求完成工作，交付工作成果，定作人给付报酬的合同。承揽包括加工、定作、修理、测试、检验等工作。承揽合同与劳务合同的区别在于：承揽合同的劳动者所交付的标的是劳动成果，而劳务合同的劳动者交付的标的是劳动，定作人与承揽人之间不存在劳务关系。

第一千一百九十四条 【网络侵权责任】

网络用户、网络服务提供者利用网络侵害他人民事权益的，应当承担侵权责任。法律另有规定的，依照其规定。

【立法背景】

2009 年通过的《侵权责任法》第一次在我国民法中规定网络侵权制度，施行近 10 年来，对解决网络民事侵权问题提供了有效方案，发挥了重要作用。但随着互联网的快速发展，网络侵权行为越来越复杂，起草民法典侵权责任编过程中，不少意见建议进一步完善、充实网络侵权责任制度，细化相关规定。为了更好地保护权利人的利益，同时平衡网络用户和网络服务提供者之间的利益，侵权责任编在侵权责任法规定的基础上，细化了网络侵权责任的具体规则：一是修改完善了网络侵权的通知和反通知以及声明发送规则，规定"通知应当包括构成侵权的初步证据及权利人的真实身份信息"，以减少或者避免恶意通知损害网络用户正当利益的情况。增加反通知程序，规定"网络用户接到转送的通知后，可以向网络服务提供者提交不存在侵权行为的声明"。对权利人行使权利作出时间要求，规定"网络服务提供者在转送声明到达权利人后的合理期限内，未收到权利人已经投诉或者提起诉讼通知的，应当及时终止所采取的措施"，以平衡权利人、网络用户、网络服务提供者之间的权利义务关系。二是现实中滥用"通知—删除"程序进行不正当竞争的情形时有发生，不仅给网络用户造成损害，也造成网络服务提供者的流量损失和广告收入损失。对网络服务提供者的合法权益也应当加以保护，增加规定"权利人因错误通知造成网络用户或者网络服务提供者损害的，应当承担侵权责任。法律另有规定的，依照其规定"。三是将《侵权责任法》第 36 条中的"知道"修改为"知道或者应当知道"，以指导人民法院更好地适用法律，力求法院公正裁判和保护当事人合法权益。

在侵权责任编起草过程中，有的意见提出，本条不是裁判规范，只具有宣示性作用，建议删去。这一意见早在起草《侵权责任法》第 36 条第 1 款时就存在。经研究，没有删除这一规定，将其作为一条单独规定，并增加规定"法律另有规定的，依照其规定"，主要是考虑到相比 10 年前，互联网技术的发展和应用已经深入到社会生活各个方面，一部手机具有交友、购物、支付等多种功能，网络侵权行为有增无减，日益成为社会突出问题，有必要继续维持一般性规定，突出显示网络并非法外之地。

【条文精解】

本条主要从两个方面规定利用网络侵害他人民事权益的，应当承担侵权责任。

1. 网络用户利用网络侵害他人民事权益

网络用户利用网络侵害他人民事权益，大体可以分为以下几种类型：

一是侵害人格权。主要表现为：（1）盗用或者假冒他人姓名，侵害姓名权；（2）未经许可使用他人肖像，侵害肖像权；（3）发表攻击、诽谤他人的文章，侵害名誉权；（4）非法侵入他人电脑、非法截取他人传输的信息、擅自披露他人个人信息、大量发送垃圾邮件，侵害隐私权和个人信息受保护的权利。

二是侵害财产利益。基于网络活动的便捷性，通过网络侵害财产利益的情形较为常见，如窃取他人网络银行账户中的资金，而最典型的是侵害网络虚拟财产，如窃取他人网络游戏装备、虚拟货币等。

三是侵害知识产权。主要表现为侵犯他人著作权、商标权和专利权等知识产权：（1）侵犯著作权。如擅自将他人作品进行数字化传输，规避技术措施，侵犯数据库等。（2）侵犯商标权。如恶意抢注与他人商标相同或相类似的域名，在电商平台上销售假冒他人商标或者使用足以使消费者混淆的商标的商品等。（3）侵犯专利权。如未经专利人授权，在网站上销售专利产品。

2. 网络服务提供者利用网络侵害他人民事权益

网络服务提供者是一个概括性表述，既包括提供接入、缓存、信息存储空间、搜索以及链接等服务类型的技术服务提供者，也包括主动向网络用户提供内容的内容服务提供者，还包括在电子商务中为交易双方或者多方提供网络经营场所、交易撮合、信息发布等服务，供交易双方或者多方独立开展交易活动的电子商务平台经营者。

不同类型的网络服务提供者通过网络实施侵权行为的表现也不一样。根据"技术中立"原则，技术服务提供者一般无需对他人通过网络侵犯他人民事权益的行为承担责任，如中国移动、中国电信、中国联通等电信服务运营商无需对经由其网络传输的信息承担责任，百度等搜索引擎提供者无需对搜索结果负责，但若其行为高度介入传输行为、编排搜索结果等，则需对其行为承担责任，电子商务平台经营者一般无需对其平台出现的侵权行为承担责任。此外，破坏他人技术保护措施、利用技术手段攻击他人网络、窃取他人个人信息的，也要承担侵权责任。内容服务提供者应当对所上传内容的真实性与合法性负责，如果提供了侵权信息，如捏造虚假事实诽谤他人、发布侵犯著作权的影视作品等，应当承担侵权责任。

本条在《侵权责任法》第36第1款的基础上增加"法律另有规定的，依照其规定"，是为了与著作权法、专利法、商标法、电子商务法等法律的衔接，根据侵害客体的不同，适用不同的法律规定和归责原则。

> **第一千一百九十五条** 【网络用户及网络服务提供者侵权补救措施与责任承担方式】
>
> 网络用户利用网络服务实施侵权行为的，权利人有权通知网络服务提供者采取删除、屏蔽、断开链接等必要措施。通知应当包括构成侵权的初步证据及权利人的真实身份信息。
>
> 网络服务提供者接到通知后，应当及时将该通知转送相关网络用户，并根据构成侵权的初步证据和服务类型采取必要措施；未及时采取必要措施的，对损害的扩大部分与该网络用户承担连带责任。
>
> 权利人因错误通知造成网络用户或者网络服务提供者损害的，应当承担侵权责任。法律另有规定的，依照其规定。

【立法背景】

"通知与取下"制度首先规定在美国《千禧年数字版权法》（以下简称DMCA）中，被侵权人在获知侵权事实后，可以向提供信息存储空间和信息定位服务的网络服务提供者发出符合DMCA规定的侵权通知，网络服务提供者在接到侵权通知后，应当迅速移除或屏蔽对侵权信息的访问。

最高人民法院2000年发布的《关于审理涉及计算机网络著作权纠纷案件适用法律若干问题的解释》（现已失效）首次引入"通知与取下"程序。国务院2006年出台的《信息网络传播权保护条例》对在著作权领域适用这一程序作出了详细规定。2009年《侵权责任法》第一次在民法中确立这一制度。2018年《电子商务法》则在电子商务平台经营者侵权责任领域中适用这一制度。

【条文精解】

本条主要从四个方面规定了"通知与取下"程序：

1. 通知的要件

根据本条规定，通知应当包括构成侵权的初步证据及权利人的真实身份信息。实践中，大多数网络服务提供者都非常重视通知书的形式和内容，很多网站提供了格式化的通知模板、专门的投诉途径，极大地简化了通知流程，提高了处理效率。一般而言，一份合格的权利通知应当包括两方面内容：

（1）权利人的真实身份信息，包括但不限于权利人的姓名、名称、住址、联系方式、电话、电子邮箱等等，没有真实身份信息和有效联系方式，网络服务提供者无法与其取得联系，也无法发送网络用户声明不存在侵权行为的通知。

（2）构成侵权的初步证据，通知是权利人主张权利的重要依据，应当附有证明其权利的证据或者相关信息涉嫌侵权的初步证据，如著作权登记证书、专利证书、商标权证书、明显超出正常言论自由范围的诽谤、攻击等言词。另外，通知中一般还应当附有涉嫌侵权信息的网址链接或其他可以定位侵权商品或信息的有效方法等。曾有权利人向网络服务提供者发送书面通知，将包含上千个字符的 URL 打印出来，给网站造成不必要的负担，这显然不是正常的维权方式。

2. 网络服务提供者的义务

权利人一旦发出合格通知，就触发了网络服务提供者的义务。根据本条规定，网络服务提供者接到通知后，应当及时将该通知转送相关网络用户，并根据构成侵权的初步证据和服务类型采取必要措施。

（1）及时将该通知转送相关网络用户。"通知与取下"程序不是孤立的，而是与其他制度配合而生的，权利人有权发出通知主张权利，要求网络服务提供者采取相应措施，这只是权利人的一面之词，是"自称"，无法确定相关信息是否侵犯了权利人的权利，上传相关信息的网络用户有权提出申辩。所以，网络服务提供者应当及时将该权利人发出的通知转送相关网络用户，使其知晓，要求其作出回应。

（2）根据构成侵权的初步证据和服务类型采取必要措施。根据所提供网络服务的类型不同，不同类型的网络服务提供者在接到侵权通知后所应承担的义务也应当有所区别，对此，本条没有采取一刀切的方法，而是由网络服务提供者根据其掌握的证据以及提供服务的类型采取必要措施，所取得的效果应当是在技术能够做到的范围内避免相关信息进一步传播。对于提供信息存储空间、搜索、链接服务的网络服务提供者，其在接到侵权通知后，应当对侵权信息采取删除、屏蔽、断开链接等必要措施。对于电子商务平台经营者，其在接到侵权通知后，应当根据电子商务法的要求，对相关商品或者服务采取删除、屏蔽、断开链接、终止交易和服务等必要措施。对于提供接入、缓存服务的网络服务提供者，其在接到侵权通知后，应当在技术可能做到的范围内采取必要措施，如果采取这些措施会使其违反普遍服务义务，在技术和经济上增加不合理的负担，该网络服务提供者可以将侵权通知转送相应网站。由于所有网络信息都须经由接入服务进行传输，很多权利人都会要求接入服务提供者删除侵权信息，如果不对此类服务提供者采取必要措施的义务进行必要的限制，可能会妨碍网络产业的正常发展。目前互联网技术的发展日新月异，新技术不断得到应用，网络服务提供者提供的服务类型也在不断拓宽，通知与取下程序是否能够一体适用需要进一步探索和研究，应当正确看待技术与法律的关系，运用法律解释方法，智慧解决各种新型问题，需要通过修改法律解决的，可以及时提出修改意见和建议。

3. 网络服务提供者的责任

根据本条规定，未及时采取必要措施的，对损害的扩大部分与该网络用户承担连带责任。这一规定的关键在于如何认定"及时"。

实践中，以淘宝、京东、百度、新浪等为代表的网络服务提供者每天收到大量的侵权通知，需要耗费大量人力物力对这些通知进行整理、甄别和审查，这就涉及对"及时"的理解，最高人民法院在《关于审理侵害信息网络传播权民事纠纷案件适用法律若干问题的规定》中要求权利人提交通知的形式，通知的准确程度，采取措施的难易程度，网络服务的性质，所涉作品、表演、录音录像制品的类型、知名度、数量等因素综合判断。在《关于审理利用信息网络侵害人身权益民事纠纷案件适用法律若干问题的规定》中要求，根据网络服务的性质、有效通知的形式和准确程度，网络信息侵害权益的类型和程度等因素综合判断。以著作权为例，实践中，有的法院认为应当考虑作品的知名度和传播范围。例如，热门的电视剧或者电影，很短的侵权时间就可能给权利人造成巨大损失，对于热门作品，其合理删除期限应当较短，对于非热门作品，期限可以适当放宽。

4. 权利人错误通知的法律后果

"通知与取下"制度在我国实施以来，对于维护权利人合法权益，打击网络侵权违法行为，净化网络空间，起到重要作用，但是权利人错误通知甚至恶意通知的事件也时常出现，甚至有人将这一制度作为打击竞争对手的重要手段，有人借用特殊销售节点，以投诉方式达到下架竞争对手的商品的目的，使其短期内丧失经营资格。2016年仅阿里巴巴知识产权投诉平台上就共发现疑似恶意投诉方账号5862个，因其恶意投诉行为造成的卖家资损约1.07亿元。

为此，本条在《侵权责任法》第36条基础上，特别增加这一规定，警示权利人不得滥用"通知与取下"程序，促使权利人维权行为更为理性，因错误通知造成网络用户、网络服务提供者损失的，权利人应当承担侵权责任。增加"法律另有规定的，依照其规定"这一衔接性表述，主要是考虑到本条为一般规定，根据被侵害的权利类型的不同，其他法律可能作出细化或者特别规定。如2018年《电子商务法》第42条第3款规定："因通知错误造成平台内经营者损害的，依法承担民事责任。恶意发出错误通知，造成平台内经营者损失的，加倍承担赔偿责任。"

第一千一百九十六条 【不存在侵权行为的声明】

网络用户接到转送的通知后，可以向网络服务提供者提交不存在侵权行为的声明。声明应当包括不存在侵权行为的初步证据及网络用户的真实身份信息。

网络服务提供者接到声明后，应当将该声明转送发出通知的权利人，并告知其可以向有关部门投诉或者向人民法院提起诉讼。网络服务提供者在转送声明到达权利人后的合理期限内，未收到权利人已经投诉或者提起诉讼通知的，应当及时终止所采取的措施。

【立法背景】

本条是此次编纂民法典新增加的条文，《侵权责任法》第36条没有规定反通知制度。在起草侵权责任编过程中，有些意见提出，反通知制度对于平衡权利人与网络用户之间的利益至关重要，权利人有权发出侵权通知，相对应地，网络用户应当有权进行申辩。反通知程序是通知与取下制度的重要组成部分，美国以出台DMCA为契机，将判例法中的通知与取下程序发展为通知与反通知规则，并得到了很多国家和地区的借鉴。简而言之，设置反通知制度，就是赋予网络用户以抗辩的权利。未经正当程序，仅凭自称权利人的一纸通知，就将涉嫌侵权的信息从网络上取下，是对网络用户合法权益的重大限制，若不对权利人的权利加以适当限制，将会对信息自由流动构成极大威胁。因此，为了平衡和保障网络用户的合法权益，本条增加规定了反通知制度。

【条文精解】

本条主要从两个方面规定了反通知制度：

1. "反通知"的要件

根据本条规定，网络用户提交的声明应当包括不存在侵权行为的初步证据及网络用户的真实身份信息。

（1）不存在侵权行为的初步证据。有的意见对这一要件提出不同看法，认为根据民事诉讼一般举证规则，积极的构成要件由原告提出证据，被告没有义务提出消极的构成要件，有时也难以拿出证据。这一意见有一定道理，但在大部分权利类型下，初步证据是可以提出的，比如著作权、专利权、商标权等，涉嫌侵权的网络用户可以提供文章底稿、著作权登记证书、专利证书、商标权证书、原产地证明、授权法律文书等，证明其具有相应的权利；诚然，有些情形下确实难以提出，比如权利人主张某篇文章侵犯了其隐私权，这既是一个事实问题，更是一个法律问题，即使在法庭上，也不是三言两语能够判断清晰的。

（2）网络用户的真实身份信息。不少网络用户对外表现为昵称、笔名，而非其真实身份，实践中，这使得很多权利人在起诉时，无法准确确定被告，维权十分困难。网络不是法外之地，每个人都需要对自己的行为负责，在网络上也是一样。在权利人表明自己真实身份，指称其涉嫌侵权时，网络用户有义务表明其真实身份，这也是当然之意。

2. 网络服务提供者的义务

（1）转送义务。根据本条规定，网络服务提供者接到声明后，应当将该声明转送发出通知的权利人，并告知其可以向有关部门投诉或者向人民法院提起诉讼。

纠纷主要发生在权利人与网络用户之间，网络服务提供者接到反通知后，立即产生转送义务，应当及时将反通知转送发出通知的权利人，让权利人及时知道网络用户提出了抗辩；同时履行告知义务，让权利人知晓应当及时向有关部门投诉或者向法院起诉，以解决纠纷。

（2）及时终止所采取的措施。根据本条规定，网络服务提供者在转送声明到达权利人后的合理期限内，未收到权利人已经投诉或者提起诉讼通知的，应当及时终止所采取的措施。

网络用户的声明到达权利人后，权利人应当作出适当反应，可以表示认可，也可以表示反对，可以明示，也可以默示。如果在合理期限内，权利人通知网络服务提供者，其已经向有关部门投诉或者向法院起诉，表明权利人以明示方式对反通知的内容表示反对，网络服务提供者应当继续维持此前采取的必要措施，直至有关部门或者法院有进一步指令；如果权利人在合理期限内没有投诉或者起诉，表明权利人默示认可反通知，网络服务提供者应当及时终止所采取的措施，恢复相关信息。这样规定，既是为了促使权利人尽快行使权利，避免相关权利纠纷长期处于不确定状态，也是为了尽量减少因错误通知给网络用户和网络服务提供者增加负担。

【实践中需要注意的问题】

需要说明的是，通知与反通知程序只是为快速应对纠纷而采取的一种程序性救济手段，网络服务提供者并非司法机关，其没有能力具体判断当事人之间的争议。即便权利人在合理期限内没有采取相应的法律行动，也不影响其实体权利，权利人仍然可以在合理期限届满后向有关部门投诉或者向法院起诉。

第一千一百九十七条 【网络服务提供者与网络用户的连带责任】

网络服务提供者知道或者应当知道网络用户利用其网络服务侵害他人民事权益，未采取必要措施的，与该网络用户承担连带责任。

【立法背景】

此次编纂民法典，将《侵权责任法》第36条规定的"知道"修改为"知道或者应当知道"。

我国在互联网技术发展和运用上成功实现弯道超车，从20世纪90年代末起，大量涉及互联网技术和网站的案件进入法院，经过20多年的司法实践，我国法院已经建立起符合我国国情的审判制度，在过错责任归责原则上也早已取得共识。《侵权责任法》第36条中使用的是"知道"，从解释上，包括"明知"和"应知"两种主观状态，多年来，法院在审判实践中也是这样操作的。在编纂民法典过程中，有的意见建议将"知道"修改为"知道或者应当知道"，表述更清楚。经研究采纳了这个建议，这样修改内涵没有变化，但更清楚明了，也保持了不同法律之间用语的统一。

【条文精解】

根据本条规定，网络服务提供者与网络用户承担连带责任的主观构成要件为"知道或者应当知道"，采用的是过错责任。

1."知道"的含义

在新的语境下，"知道"即为"明知"。明知是一种主观状态，表明行为人的内心对侵权行为这一事实的发生具有明确而充分的认识，甚至放任或者积极追求损害后果的发生。如何证明行为人的主观状态为"明知"？一般有两种途径：一是行为人自认。行为人明确表示其主观状态为"明知"，当然可以认定，只是这种情形实践中较少出现。二是通过通知与取下程序来证明。这也是多数国家和地区司法机关判断网络服务提供者主观状态的核心标准，权利人发送的合格通知到达网络服务提供者时，即视为网络服务提供者知晓了存在通知中所指出的侵权事实，网络服务提供者有义务采取必要措施，未采取必要措施的，即属于本条知道而未采取必要措施的情形，需要对损害扩大部分承担连带责任。最高人民法院《关于审理侵害信息网络传播权民事纠纷案件适用法律若干问题的规定》第13条也有类似规定："网络服务提供者接到权利人以书信、传真、电子邮件等方式提交的通知，未及时采取删除、屏蔽、断开链接等必要措施的，人民法院应当认定其明知相关侵害信息网络传播权行为。"

2."应当知道"的含义

如前所述，目前各国都不要求网络服务提供者承担普遍审查义务，但这并不意味着网络服务提供者可以完全躲进"避风港"。美国国会众议院在DMCA立法报告中提出"红旗规则"，也为我国学者广泛接受。所谓"红旗规则"，是指当侵权事实在网络空间中像红旗一样明显时，我们便可以根据侵权事实发生的具体环境推定网络服务提供者对侵权事实应当知晓并要求其承担采取必要措施制止侵权行为的义务。这也是本条中"应当知道"的含义。

但是，"红旗规则"如何适用，"应当知道"如何判断？这是一个极具实务操作的难题，法官在具体案件中应当综合各种因素，以一个合理标准去判断，需要在促进网络行业健康发展与保护权利人合法权益之间寻找合适的平衡点，既不能失之过严，也不能操之过宽，法律难以规定一个普遍适用的标准。在掌握判断标准时大体应当遵循以下三大原则：

第一，根据提供技术服务的网络服务提供者的类型不同，判断标准应当有所不同。相比提供其他类型技术服务的网络服务提供者，认定提供接入、缓存服务的网络服务提供者"应当知道"的标准应当更加严格。接入服务连接着网站和网络用户，所有网络信息包括侵权信息都需要通过接入服务才能得以传输，但这种传输是即时的，信息量十分庞大，该类型网络服务提供者无法一一核实，如果认定标准过于宽泛，可能会使接入服务提供者承担过重的责任，影响普遍接入服务。随着互联网技术的创新和运用不断发展，网络服务提供者提供的服务类型也在不断拓展，"应当知道"的适用标准也应当随之发展。

第二，根据保护对象的不同，判断标准也应当有所不同。对于著作权而言，只要网络服务提供者没有对网络用户上传的信息进行人工编排等，一般不应认定构成侵权行为；同时还要考虑涉案作品的知名度、影响力等因素，专业视频网站应当具备甄别当前热播影视作品的能力。对于专利权而言，专利权侵权判断技术性较强，非专业人士难以作出准确判断，当前利用通知与取下程序打击竞争对手的现象仍然存在，具体如何适用，还有不同意见，有待进一步探讨与完善。对于商标权而言，商标权侵权判断不似专利权那样复杂，但也并非一目了然，不应令网络服务提供者承担过高的审查义务。涉嫌诋毁他人名誉、不当使用他人肖像、违法公布他人个人信息等行为，不经法院审理，有时难以准确判断是否为侵权行为，网络服务提供者不是司法机关，不应当要求其具有专业的法律素养，更不能要求其对用户发布的信息一一核实，通常人认为不应属于侵权信息即可免除责任。

第三，提供技术服务的网络服务提供者没有普遍审查义务。在审判实践中，应当谨慎认定此类网络服务提供者"应当知道"网络用户利用其网络服务实施侵权行为。如果判断标准过宽，可能会使网络服务提供者实际上承担了普遍审查的义务。事实上，由于网络具有开放性的特质，网络信息十分庞杂，要求此类网络服务提供者逐一审查，可能大量增加网络服务提供者的运营成本，阻碍网络产业的发展。美国DMCA以及欧盟电子商务指令也都规定，网络服务提供者不具有监视其传输或储存信息的义务，也不应赋予其寻找不法活动的事实或情况的义务。但同时也要寻找促使网络服务提供者适当履行监管义务的平衡点，比如是否通过成熟的技术手段对网站传输的特定信息进行监控，是否建立了较为完善的投诉响应机制，是否对多次侵权人建立黑名单制度等等。

第一千一百九十八条 【安全保障义务】

> 宾馆、商场、银行、车站、机场、体育场馆、娱乐场所等经营场所、公共场所的经营者、管理者或者群众性活动的组织者，未尽到安全保障义务，造成他人损害的，应当承担侵权责任。
>
> 因第三人的行为造成他人损害的，由第三人承担侵权责任；经营者、管理者或者组织者未尽到安全保障义务的，承担相应的补充责任。经营者、管理者或者组织者承担补充责任后，可以向第三人追偿。

【立法背景】

侵权责任法颁布之前，安全保障义务的概念在我国的法律中从未出现过。侵权责任编编纂过程中，有的意见提出，侵权责任法的规定，与此后修改的消费者权益保护法等法律的表述略有不同，建议统一。我们研究认为，按照后法优于先法、特别法优于一般法的规则，在表述上我们向消费者权益保护法靠拢。

【条文精解】

1. 安全保障义务人的范围

本条明确安全保障义务人为下列两类人：第一，宾馆、商场、银行、车站、机场、体育场馆、娱乐场所等经营场所、公共场所的经营者、管理者；第二，群众性活动的组织者，如体育比赛活动，演唱会、音乐会等文艺演出活动。

2. 保护对象的范围

在法律中明确哪些人属于保护对象较为困难，因此，本条对安全保障义务的保护对象规定为"他人"，没有明确具体的范围，实践中哪些人属于保护对象，应根据具体情况判断。

3. 安全保障义务的内容和判断标准

安全保障义务的目的在于保护他人的人身和财产安全，其主要内容是作为，即要求义务人必须采取一定的行为来维护他人的人身或者财产免受侵害。

4. 未尽到安全保障义务的侵权责任

根据安全保障义务的内容不同，可以将安全保障义务分为两类：一是防止他人遭受义务人侵害的安全保障义务。这是指安全保障义务人负有不因自己的行为而直接使他人的人身或者财产受到侵害的义务。二是防止他人遭受第三人侵害的安全保障义务。这是指安全保障义务人负有的不因自己的不作为而使他人的人身或者财产遭受自己之外的第三人侵害的义务。二者之间的区别主要是造成损害后果的直接侵害人不同，未尽到前一类义务造成他人损害的，其直接加害人就是安全保障义务人，没有第三人的介入；未尽到后一类义务的并不必然导致他人的损害，只有当这种未尽到义务的行为与第三人的侵权行为相互结合时才导致了他人的损害。本条规定根据所未尽到的义务种类的不同，规定了安全保障义务人不同的侵权责任。

（1）安全保障义务人未尽到防止他人遭受义务人侵害的安全保障义务的，应当承担侵权责任。如果损害结果的发生没有第三人的介入，安全保障义务人就应当自己承担全部侵权责任。

（2）安全保障义务人未尽到防止他人遭受第三人侵害的安全保障义务的，应当承担相应的补充责任。这是本条第2款规定的情形。实践中，存在不少第三人的侵权行为和安全保障义务人未尽到安全保障义务两个因素结合在一起而造成他人损害的情形。理解这一规定，应当注意以下两点：第一，第三人的侵权责任和安全保障义务人的补充责任有先后顺序。如果第三人已经全部承担侵权责任，则安全保障义务人不再承担责任。第二，侵权责任编编纂过程中，不少建议增加追偿权的规定。第三人因为距离损害更近，属于终局责任人，安全保障义务人可以向其追偿。

第一千一百九十九条 【幼儿园、学校或者其他教育机构对无民事行为能力人的侵权责任】

无民事行为能力人在幼儿园、学校或者其他教育机构学习、生活期间受到人身损害的，幼儿园、学校或者其他教育机构应当承担侵权责任；但是，能够证明尽到教育、管理职责的，不承担侵权责任。

【立法背景】

幼儿园、学校和其他教育机构的侵权责任，是指在幼儿园、学校和其他教育机构的教育、教学活动中或者在其负有管理责任的校舍、场地、其他教育教学设施、生活设施中，由于幼儿园、学校或者其他教育机构未尽教育、管理职责，致使学习或者生活的无民事行为能力人和限制民事行为能力人遭受损害或者致他人损害的，学校、幼儿园或者其他教育机构应当承担侵权责任。

【条文精解】

1. 本条采用过错推定原则

采用这一原则的主要考虑是：无民事行为能力人智力发育还很不成熟，对事物的认知和判断上存在较大不足，不能辨认或者不能充分理解自己行为的后果，必须加以特别保护，这就要求学校更多地履行保护孩子身心健康的义务。无民事行为能力人在幼儿园、学校或者其他教育机构学习、生活期间，超越了监护人的控制范围，如果受到人身损害，基本无法对事故发生的情形准确地加以描述，此时要让无民事行为能力人或者其监护人来证明学校的过错，几乎是不可能的。采用过错推定原则，学校也能举证反驳，可以通过证明已经尽到了相当的注意义务并且实施了合理的行为，以达到免责的目的。同时，学校等教育机构更有可能通过保险等方式来向社会转移风险。

2. 承担责任的范围

由幼儿园、学校和其他教育机构承担侵权责任的侵权行为的范围，应当限于发生在幼儿园、学校和其他教育机构的教育、教学活动中或者其负有管理责任的校舍、场地、其他教育教学设施、生活设施中的侵权行为。

3. 如何确定责任

教育法、未成年人保护法以及其他法规和规章中，对于幼儿园、学校和其他教育机构的教育、管理职责已经作了广泛、具体的规定，出现纠纷时，应当参考这些规定结合具体情况由人民法院作出最终判断，法律中对此没有也很难作出具体规定。

4. 关于免责事由

在制定侵权责任法和编纂民法典的过程中，有的建议明确幼儿园、学校和其他教育机构不承担赔偿责任的具体情形，如在自行上学、放学、返校、离校途中发生损害的，学生参加体育锻炼正常对抗中造成的损害，等等。我们研究认为，这些情形有的根据本法规定明显不属于幼儿园、学校和其他教育机构的责任，有的在侵权责任编"一般规定"一章中已经有所规定，没有必要再作重复规定。

第一千二百条 【学校或者其他教育机构对限制民事行为能力人的侵权责任】

限制民事行为能力人在学校或者其他教育机构学习、生活期间受到人身损害，学校或者其他教育机构未尽到教育、管理职责的，应当承担侵权责任。

【立法背景】

《民法典》第 1199 条规定了在受侵害人是无民事行为能力人的情况下，幼儿园、学校或者其他教育机构应当承担的侵权责任。本条则规定了在受侵害人是限制民事行为能力人的情况下，学校或者其他教育机构应当承担的侵权责任。

【条文精解】

本条采用了过错责任原则，主要是考虑：与无民事行为能力人相比，限制民事行为能力人的心智已渐趋成熟，对事物已有一定的认知和判断能力，能够在一定程度上理解自己行为的后果，对一些容易遭受人身损害的行为也有了充分认识，应当在构建和谐的成长环境的同时，鼓励其广泛地参加各类学校活动和社会关系，以利于其更好、更有效地学习、成长。如果适用过错推定原则，课以学校较重的举证负担，为避免发生意外事故，有的学校会采取消极预防的手段，如减少学生体育活动、劳动实践，不再组织春游、参观等校外活动，严格限制学生在校时间，甚至不允许学生在课间互相追逐打闹等，一些措施甚至与素质教育目标背道而驰，成为推行素质教育的一大障碍，最终不利于学生的成长、成熟。同时，在判断学校尽到教育、管理职责时也可以通过采用客观化的判断标准，如学校的各种教学设施是否符合安全要求，对存在的各种安全隐患是否及时排除、是否已采取必要的防范措施，学校是否制定了合理、明确的安全规章制度等来缓和举证责任，减轻被侵权人的举证负担，以利于对学生的救济。

教育法、未成年人保护法以及其他法规和部门规章中，对于学校和其他教育机构的教育、管理职责已经作了广泛、具体的规定，只要能够证明学校或者其他教育机构违反了这些职责，使限制民事行为能力人在学习、生活期间受到人身损害的，学校或者其他教育机构就要承担责任。

第一千二百零一条 【校外人员的侵权责任】

无民事行为能力人或者限制民事行为能力人在幼儿园、学校或者其他教育机构学习、生活期间，受到幼儿园、学校或者其他教育机构以外的第三人人身损害的，由第三人承担侵权责任；幼儿园、学校或者其他教育机构未尽到管理职责的，承担相应的补充责任。幼儿园、学校或者其他教育机构承担补充责任后，可以向第三人追偿。

【立法背景】

本条规定了幼儿园、学校或者其他教育机构以外的第三人侵权时的责任承担问题。原则上，由第三人承担侵权责任，但幼儿园、学校或者其他教育机构未尽到管理职责的，应当承担相应的补充责任。

【条文精解】

1. 幼儿园、学校或者其他教育机构以外的人员承担侵权责任

在某些情况下，幼儿园、学校或者其他教育机构以外的人员可能进入校园内或者在幼儿园、学校或者其他教育机构组织学生外出活动期间直接造成学生人身伤害，如社会人员进入学校殴打学生，校外车辆在校园内撞伤学生等。在这种情况下，该幼儿园、学校或者其他教育机构以外的人员的侵权行为直接造成人身损害后果的发生，其作为侵权人就应当依法承担侵权责任。

2. 幼儿园、学校或者其他教育机构承担相应的补充责任

由于此时受到人身损害的无民事行为能力人或者限制民事行为能力人仍在幼儿园、学校或者其他教育机构监管之下，幼儿园、学校或者其他教育机构仍负有管理职责，如果幼儿园、学校或者其他教育机构未尽到管理职责的，对损害的发生也具有过错，其未尽到管理职责的行为是造成损害发生的间接原因，应当承担补充责任。幼儿园、学校或者其他教育机构是否尽到管理职责，要根据人身损害发生时的具体情况判断，如幼儿园、学校或者其他教育机构的安全管理制度是否有明显疏漏，或者是否管理混乱，存在重大安全隐患。如果幼儿园、学校或者其他教育机构的安全保卫工作存在过失，如学校门卫管理制度欠缺或者门卫管理不严，导致校外人员随意进入学校殴打学生，或者学校为改善经济条件将学校校舍、场地租给他人使用，甚至将学校操场辟为停车场，致使校内常有车辆来往，出现车辆撞伤、撞死学生等情况的，学校就应承担补充责任。理解这一规定应当注意第三人的侵权责任和安全保障义务人的补充责任有先后顺序。首先由第三人承担侵权责任，在无法找到

第三人或者第三人没有能力全部承担侵权责任时，才由幼儿园、学校或者其他教育机构承担侵权责任。如果第三人已经全部承担侵权责任，则幼儿园、学校或者其他教育机构不再承担侵权责任。

3. 向第三人追偿

侵权责任法没有规定幼儿园、学校或者其他教育机构的追偿权。侵权责任编编纂过程中，不少建议增加追偿权的规定。我们研究认为，第三人因为距离损害更近，属于终局责任人，安全保障义务人可以向其追偿。因此，在本条增加规定幼儿园、学校或者其他教育机构承担补充责任后，可以向第三人追偿。

第四章　产品责任

第一千二百零二条 【生产者责任】

因产品存在缺陷造成他人损害的，生产者应当承担侵权责任。

【立法背景】

《侵权责任法》第41条采用了无过错责任的归责原则。民法典本条规定沿袭了侵权责任法的归责原则及规定。

【条文精解】

依据本条的规定，构成产品责任须具备三个要件：第一，产品具有缺陷；第二，须有缺陷产品造成受害人损害的事实；第三，缺陷产品与损害事实之间存在因果关系。

1. 关于产品缺陷

侵权责任法没有对产品缺陷作出定义性的规定。实践中可以《产品质量法》第46条关于缺陷的规定为标准判断产品是否为缺陷产品。民法典侵权责任编沿袭了侵权责任法的规定，也没有规定缺陷的含义。

2. 关于缺陷产品造成受害人损害的事实

缺陷产品造成受害人损害的事实，是指缺陷产品的使用人或者第三人因缺陷产品造成损害的客观存在。损害事实包括人身损害、财产损害。财产损害是否包括缺陷产品本身的损失，在立法中存在争论。有的观点认为，多数国家产品责任中的财产损害仅指缺陷产品以外的其他财产的损失，不包括缺陷产品本身；缺陷产品本身的损害，属于合同责任问题，应当通过合同解决，缺陷产品以外的其他财产损害，才是本章所称的财产损害。有的观点认为，财产损害应当包括缺陷产品本身的损害。为此，有意见提出，立法应当从我国国情出发，从保护用户、消费者的角度出发，财产损害不应区分缺陷产品本身的损害及缺陷产品以外的其他财产的损害。我们认为本条的财产损害，既包括缺陷产品以外的其他财产的损害，也包括缺陷产品本身的损害，这样有利于及时、便捷地保护用户、消费者的合法权益。

3. 关于缺陷产品与损害事实之间的因果关系

产品责任中的因果关系，是指产品的缺陷与受害人损害事实之间存在引起与被引起的关系。在一般侵权案件中，原则上是谁主张谁举证。产品责任是一种特殊的侵权，考虑到用户、消费者与生产者之间存在信息上的不对称，特别是对于高科技产品致害原因不易证明等特点，通常要求生产者就缺陷不存在，或缺陷与损害之间不存在因果关系举证。如果生产者不能举证证明，则认定产品存在缺陷及缺陷与损害之间存在因果关系。

第一千二百零三条 【被侵权人的求偿途径、先行赔偿人的追偿权】

因产品存在缺陷造成他人损害的，被侵权人可以向产品的生产者请求赔偿，也可以向产品的销售者请求赔偿。

产品缺陷由生产者造成的，销售者赔偿后，有权向生产者追偿。因销售者的过错使产品存在缺陷的，生产者赔偿后，有权向销售者追偿。

【立法背景】

被侵权人因产品存在缺陷造成损害后，往往不清楚这一缺陷究竟是谁造成的，因此也就不知道应当向谁请求赔偿。为解决实践中这一问题，使得被侵权人尽快得到赔偿，本条旨在解决这一问题。

【条文精解】

本条所讲被侵权人，是指因产品存在缺陷造成人身、财产损害之后，有权要求获得赔偿的人，包括直接购买并使用缺陷产品的人，也包括非直接购买使用缺陷产品但受到缺陷产品损害的其他人。

本条从方便被侵权人维护自己合法权益的角度出发，规定了被侵权人请求赔偿的两个途径：一个是可以向产品的生产者请求赔偿；另一个是可以向产品的销售者请求赔偿。也就是说，只要是缺陷产品引起的损害，被侵权人可以向生产者和销售者中的任何一方提出赔偿请求。

根据本条规定，生产者、销售者中先行赔偿的一方有权向应当承担责任的一方追偿自己已经向被侵权人垫付的赔偿费用。预先垫付了赔偿费用的一方有权要求有责任的一方支付自己已经垫付的费用。需要明确的是，生产者和销售者承担产品责任的原则是不同的，生产者承担无过错责任，销售者承担过错责任。先行垫付赔偿费用的一方只有在另一方符合承担产品侵权责任条件的情形下，才可以向对方行使追偿权。

侵权责任编编纂过程中，有的意见提出，《侵权责任法》第42条对销售者责任的归责原则表述模糊，"因销售者的过错"的表述易产生歧义，并且第42条的实际意义是解决销售者与生产者的内部最终责任承担问题。我们研究认为，侵权责任法对产品责任中生产者、销售者责任的归责原则是不同的，销售者承担产品责任采用过错责任原则。但是，该条第1款"因销售者的过错使产品存在缺陷，造成他人损害的，销售者应当承担侵权责任"的表述确实与第43条第3款的表示重复；第42条第2款也主要解决责任内部分配的问题，并且第43条第2款、第3款能够涵盖第42条的内容。由此看出，删除第42条并不影响侵权责任编关于产品责任的严密规定。为了使表述更加清晰简洁、上下文逻辑更加通顺，民法典侵权责任编编纂过程中，删除了侵权责任法第42条的规定。

第一千二百零四条 【第三人责任中先行赔偿人的追偿权】
因运输者、仓储者等第三人的过错使产品存在缺陷，造成他人损害的，产品的生产者、销售者赔偿后，有权向第三人追偿。

【立法背景】

产品在运输流通过程中，运输者、仓储者等应当按照有关规定和产品包装上标明的储藏、运输等标准进行储存、运输。如果运输者、仓储者等不按上述规定运输或者仓储，有可能造成产品缺陷。对此有过错的，行为人应当对因自己的过错产生的损害负赔偿责任，因此，因运输者、仓储者等第三人导致产品缺陷造成他人损害的，应当按照过错责任原则承担赔偿责任。

【条文精解】

现实生活中，产品从生产到使用人手中，要经过生产、储存、运输、销售等许多环节，被侵权人往往不知道运输者、仓储者是谁，也不清楚产品缺陷究竟是谁造成的，损害发生后，找生产者或者销售者请求赔偿最简单、方便。因为产品使用人通常清楚从何处购买的产品，即使非直接购买者，也容易找到产品生产者。为了充分保护被侵权人的利益，方便被侵权人请求赔偿，根据本条的规定，即使是因运输者、仓储者等第三人的过错使产品存在缺陷造成损害，被侵权人仍然可以先找产品的生产者或者销售者请求赔偿。生产者、销售者承担赔偿责任后，可以依据本条规定，向造成产品缺陷的有过错的运输者、仓储者等第三人行使追偿权，要求其支付赔偿费用。

本条沿袭了《侵权责任法》第44条的规定，未作修改。

第一千二百零五条 【产品缺陷侵权责任】

因产品缺陷危及他人人身、财产安全的，被侵权人有权请求生产者、销售者承担停止侵害、排除妨碍、消除危险等侵权责任。

【立法背景】

产品存在缺陷对他人可能产生两种影响：一是造成他人损害，这种损害是已经发生的，是现实存在的，被侵权人有权请求生产者、销售者承担停止侵害、排除妨碍等侵权责任。二是对他人人身、财产安全产生一种危险，存在不安全因素。从某种角度说，这是一种尚未发生，非现实存在的损害，如果不采取相应措施，这种潜在的损害随时都有可能发生，造成受害人的实际损害。为了避免这种潜在损害实际发生，给受害人造成真正的损害，杜绝、减少或者减轻受害人的损失，也为了便利被侵权人请求损害赔偿，因产品缺陷危及他人人身、财产安全的，被侵权人有权要求生产者、销售者承担排除妨碍、消除危险等侵权责任。

【条文精解】

排除妨碍、消除危险是承担产品侵权责任的两种方式。妨碍，是指侵权人实施的妨碍他人合法权益的行为或者造成的妨碍他人合法权益正常行使的某种有害状况。排除妨碍，是指依据被侵权人的请求，侵权人以一定的积极行为除去妨碍，以使被侵权人正常行使合法权益的民事责任方式。被侵权人在请求排除妨碍时，应当注意以下几个问题：第一，妨碍必须是不法的。至于妨碍人主观是否预见妨碍后果，均不影响被侵权人提出请求。但如果妨碍是合法的，即正当行使权利的行为，则妨碍人可以拒绝当事人的请求。第二，妨碍既可以是已经发生的，也可以是可能出现的。被侵权人不仅可以对已经发生的妨碍要求排除，对尚未发生但又确有可能发生的妨碍也有请求排除的权利。第三，妨碍是权利人行使权利的障碍，只要不法行为妨碍他人行使物权、人身权等，被侵权人均可请求排除妨碍。

侵权人的侵权行为或者其他行为构成对他人人身、财产的现实威胁，为侵权责任法规定的危险。这里的危险是指现实威胁，即随时可能发生的、发生概率极大的危险，而不是遥不可及的危险。消除危险，是指人身或者财产受到现实威胁的当事人请求造成危险或对危险负有责任的人消除危险状况，保障请求权人人身、财产安全的民事责任方式。适用这种责任方式，能有效地防止损害的发生，充分保护民事主体的民事权利。

【实践中需要注意的问题】

需要明确的是，产品责任中，被侵权人承担排除妨碍、消除危险侵权责任有两个条件：一是产品存在缺陷，二是危及他人人身、财产安全。在这两个条件同时具备的情况下，被侵权人可以要求产品生产者或者销售者承担包括但不限于停止侵害、排除妨碍、消除危险的侵权责任。此外，还可以依据民法典总则编的规定，要求生产者或者销售者以其他方式承担侵权责任，如恢复原状等。

第一千二百零六条 【生产者、销售者的补救措施及承担费用】

产品投入流通后发现存在缺陷的，生产者、销售者应当及时采取停止销售、警示、召回等补救措施；未及时采取补救措施或者补救措施不力造成损害扩大的，对扩大的损害也应当承担侵权责任。

依据前款规定采取召回措施的，生产者、销售者应当负担被侵权人因此支出的必要费用。

【立法背景】

产品投入流通时，生产者、销售者可能因某种原因或者技术水平等未能发现产品有缺陷，在产品售出已经进入流通后才发现产品存在缺陷。对此本条规定，产品投入流通后发现存在缺陷的，生产者、销售者应当及时采取停止销售、警示、召回等补救措施。

【条文精解】

停止销售是对正在销售的产品采取下架、封存等不再出售的措施。停止销售可以避免侵权行为的扩大化，最大限度做到减少新产生损失。

警示是对产品有关的危险或产品的正确使用给予说明、提醒，提请使用者在使用该产品时注意已经存在的危险或者潜在可能发生的危险，避免危险的发生，防止或者减少对使用者的损害。

召回是产品的生产者、销售者依法定程序，对其生产或者销售的缺陷产品以换货、退货、更换零配件等方式，及时消除或减少缺陷产品危害的行为。

《侵权责任法》第46条规定，未及时采取补救措施或者补救措施不力造成损害的，应当承担侵权责任。民法典侵权责任编编纂过程中，有的意见提出，因产品存在缺陷造成他人损害的，生产者应当承担侵权责任；因销售者的过错使产品存在缺陷，造成他人损害的，销售者应当承担侵权责任，这些内容已经在本章其他条款中明确规定了。本条应当旨在解决生产者、销售者对产品跟踪服务的义务，要求生产者、销售者对投入流通后的产品不能撒手不管。因此，有的意见提出建议将《侵权责任法》第46条"未及时采取补救措施或者补救措施不力造成损害的，应当承担侵权责任"修改为"未及时采取补救措施或者补救措施不力造成损害扩大的，对扩大的损害也应当承担侵权责任"。经研究，我们采纳了这一建议，在2018年12月提请审议的侵权责任编草案二审稿中作了相应的修改。

此外，还有的意见提出，为更好地保护被侵权人的权益，建议借鉴消费者权益保护法的相关规定，明确被侵权人因相关产品被召回支出的必要费用由生产者、销售者负担。我们研究认为，《消费者权益保护法》第19条规定，经营者发现其提供的商品或者服务存在缺陷，有危及人身、财产安全危险的，应当立即向有关行政部门报告和告知消费者，并采取停止销售、警示、召回、无害化处理、销毁、停止生产或者服务等措施。采取召回措施的，经营者应当承担消费者因商品被召回支出的必要费用。消费者权益保护法规定了召回费用承担的内容，对维护产品生产经营秩序、救济被侵权人具有积极意义，可以吸收到基本法里。因此，采纳了这一意见，在本条中增加了召回费用承担的规定。

第一千二百零七条 【产品责任中的惩罚性赔偿】

明知产品存在缺陷仍然生产、销售，或者没有依据前条规定采取有效补救措施，造成他人死亡或者健康严重损害的，被侵权人有权请求相应的惩罚性赔偿。

【条文精解】

根据本条的规定，产品责任中适用惩罚性赔偿的条件是：

第一，侵权人具有主观故意。明知是缺陷产品仍然生产或者销售，这一点在《侵权责任法》第46条中已经明确规定。民法典侵权责任编编纂过程中，有的意见提出，《侵权责任法》第46条要求生产者、销售者采取补救措施。实践中，有些企业、销售者置他人的生命财产安全于不顾，置法律规定于不顾，主观恶性极大，对这种行为应当予以严惩，建议规定惩罚性赔偿。我们采纳了这一建议，在本条增加规定，没有依照前条规定采取有效补救措施，造成他人死亡或者健康严重损害的，被侵权人有权请求相应的惩罚性赔偿。

第二，要有损害事实。这种损害事实不是一般的损害事实，而应当是造成严重损害的事实，即造成他人死亡或者健康受到严重损害。

第三，要有因果关系，即被侵权人的死亡或者健康严重受损害是因为侵权人生产或者销售的缺陷产品造成的，或者生产者、销售者没有依照前条规定采取有效补救措施。

本条还规定了惩罚性赔偿的适用范围，即在被侵权人死亡或者健康受到严重损害的范围内适用，除此之外的其他损害不适用惩罚性赔偿，如被侵权人的财产损害。为防止滥用惩罚性赔偿，避免被侵权人要求的赔偿数额畸高，本条规定，被侵权人有权请求相应的惩罚性赔偿。这里的"相应"，主要指被侵权人要求的惩罚赔偿金的数额应当与侵权人的恶意相当，应当与侵权人造成的损害后果相当，与对侵权人威慑相当，具体赔偿数额由人民法院根据个案判定。

【实践中需要注意的问题】

需要指出的是，惩罚性赔偿的主要目的不在于弥补被侵权人的损害，而在于惩罚有主观故意的侵权行为，并遏制这种侵权行为的发生。从赔偿功能上讲，其主要作用在于威慑，其次才是补偿。虽然从个案上看，被侵权人得到了高于实际损害的赔偿数额，但从侵权人角度来看，这种赔偿能够促使其提高注意义务，从而避免类似情况再次发生。

第五章 机动车交通事故责任

第一千二百零八条 【机动车交通事故归责原则】

　　机动车发生交通事故造成损害的，依照道路交通安全法律和本法的有关规定承担赔偿责任。

【条文精解】

　　1. 依照道路交通安全法律有关规定承担赔偿责任

　　本条所指道路交通安全法律，主要是道路交通安全法的规定。

　　（1）首先由保险公司在机动车第三者责任强制保险责任限额范围内予以赔偿。机动车第三者责任强制保险是解决道路交通事故赔偿问题的重要制度。机动车发生交通事故，包括机动车与机动车之间，机动车与非机动车驾驶人、行人之间，都是先由保险公司在机动车第三者责任强制保险责任限额内予以赔偿，不足的部分才由机动车一方承担赔偿责任。这对及时充分地使受害人获得赔偿，分散机动车驾驶人的风险，有重要意义。

　　（2）在强制保险责任限额范围内赔偿后不足部分的责任承担。① 机动车之间发生交通事故的赔偿责任，由有过错的一方承担赔偿责任；双方都有过错的，按照各自过错的比例分担责任。这一规定表明，机动车之间发生交通事故的，适用过错责任原则。② 机动车与非机动车驾驶人、行人之间发生交通事故，主要适用过错推定原则，同时，机动车一方还要承担一部分无过错责任。机动车一方没有过错的，承担不超过 10% 的赔偿责任。这是机动车在没有过错的情况下，也要承担一小部分的赔偿责任的规定。就此部分而言，机动车承担的是无过错责任。

　　（3）机动车一方不承担责任的情形。《道路交通安全法》第 76 条第 2 款规定，交通事故的损失是由非机动车驾驶人、行人故意碰撞机动车造成的，机动车一方不承担赔偿责任。这是关于机动车一方免责事由的规定。

　　2. 依照本法的有关规定承担赔偿责任

　　民法典总则编"民事责任"中规定了不可抗力、正当防卫、紧急避险等不承担责任的情形；侵权责任编"一般规定"中规定了与有过失、受害人故意、第三人侵权等减轻或者免除责任的情形。这些责任承担的特殊情况，需要在确定机动车交通事故责任时，结合具体案件考虑和适用。因此，民法典侵权责任编增加了依照"本法"有关规定承担赔偿责任的规定。

3. 一点说明

本条系在沿袭《侵权责任法》第48条规定的基础上进行的完善。本条规定的"依照道路交通安全法律"与侵权责任法该条规定"依照道路交通安全法"系同一含义，只是民法典编纂时根据立法技术规范进行了规范性表述。

第一千二百零九条 【租赁、借用等情形下的侵权责任】

因租赁、借用等情形机动车所有人、管理人与使用人不是同一人时，发生交通事故造成损害，属于该机动车一方责任的，由机动车使用人承担赔偿责任；机动车所有人、管理人对损害的发生有过错的，承担相应的赔偿责任。

【立法背景】

机动车发生交通事故，属于该机动车一方责任的，当机动车所有人、管理人与使用人是同一人时，损害赔偿责任由所有人承担，这是一种常态。在现实生活中，因出租、管理、出借等情形使机动车与其所有人、管理人分离，机动车承租人或者借用人为使用人、实际控制人的形态也是常见的。这就面临机动车发生交通事故后，是由机动车所有人、管理人还是使用人承担赔偿责任的问题。

【条文精解】

1. 本条删除了《侵权责任法》第49条"由保险公司在机动车强制保险责任限额范围内予以赔偿"的规定

《侵权责任法》第六章"机动车交通事故责任"在第49条、第50条都规定了机动车强制保险责任限额范围内予以赔偿的内容。为了使条文表述简练、避免重复，同时系统规定机动车发生交通事故造成损害的赔偿顺序，民法典将机动车强制保险责任限额范围内先行赔偿的内容单独写了一条。

本条中的"使用人"不仅包括承租人、管理人、借用人，还包括机动车出质期间的质权人、维修期间的维修人、由他人保管期间的保管人等。在机动车出质、维修和由他人保管期间，机动车由质权人、维修人和保管人占有，他们对机动车享有运行支配力，而所有人、管理人则丧失了运行支配力。质权人、维修人、保管人擅自驾驶机动车发生交通事故的，应由质权人、维修人、保管人承担赔偿责任。

2. 机动车所有人、管理人对损害的发生有过错的，承担相应的赔偿责任

机动车所有人在将机动车出租、出借时应当对承租人、借用人进行必要的审查，比如承租人、借用人是否有驾驶资格。同时，还应当保障机动车性能符合安全的要求，比如车辆制动是否灵敏等。机动车管理人在保管、占有机动车过程中，负有妥善保管、管理的义务，不得擅自使用或者许可他人使用机动车。机动车所有人、管理人没有尽到上述应有的注意义务，便有过错，该过错可能成为该机动车造成他人损害的一个因素，机动车所有人、管理人应当对因自己的过错造成的损害负相应的赔偿责任。

第一千二百一十条 【交付未办理登记机动车的侵权责任】

当事人之间已经以买卖或者其他方式转让并交付机动车但是未办理登记，发生交通事故造成损害，属于该机动车一方责任的，由受让人承担赔偿责任。

【立法背景】

根据《道路交通安全法》第12条的规定，机动车所有权发生转移的，应当办理登记。在现实生活中，存在机动车已经通过买卖、赠与等方式转让，也向买受人交付了机动车，但是没有办理登记手续，甚至还存在连环转让机动车但都没有办理登记的情形。本条正是针对这种情况，明确规定了承担赔偿责任的主体。

【条文精解】

对本条的理解和适用需要把握以下几点：

1.《侵权责任法》第50条规定了机动车强制保险责任限额范围内予以赔偿的内容

为了使条文表述简练、避免重复，同时系统规定机动车发生交通事故造成损害的赔偿顺序，民法典将机动车强制保险责任限额范围内先行赔偿的内容单独写了一条。因此，本条不再规定相关内容，但在适用上不受影响，根

据《民法典》第 1213 条的规定，机动车发生交通事故造成损害，属于该机动车一方责任的，仍然先由承保机动车强制保险的保险人在强制保险责任限额范围内予以赔偿；不足部分，如果机动车一方购买了商业保险的，由承保机动车商业保险的保险人按照保险合同的约定予以赔偿；仍然不足或者没有投保机动车商业保险的，由机动车使用人赔偿。

2.《侵权责任法》第 50 条规定的是"未办理所有权转移登记"

在编纂民法典的过程中，有的意见提出，根据物权编的有关规定，动产物权的设立和转让，自交付时发生效力，但是法律另有规定的除外。船舶、航空器和机动车等物权的设立、变更、转让和消灭，未经登记，不得对抗善意第三人。这些规定表明，机动车所有权的转移在交付时发生效力，未经登记，只是缺少公示而不产生社会公信力，在交易过程中不能对抗善意第三人。本条立法目的规范的情形，不是物权是否发生变动，事实上机动车所有权已经发生转移。即使在附所有权保留特别约定的分期付款买卖机动车的情形下，如果机动车已交付购买人，虽然出卖人仍保留机动车所有权，但并不影响购买人取得机动车的实际支配力和使用收益。该所有权仅在购买人不依约定支付价金时才发生效力，即要求购买人返还出卖人享有所有权的机动车。因此，在发生道路交通事故后，应当由购买人承担赔偿责任，保留机动车所有权的出卖人不承担赔偿责任。本条的情形应当只是行政管理上的登记没有变更，这种管理性登记不影响侵权责任的承担。因此，建议将《侵权责任法》第 50 条"所有权转移"删除。经研究，我们采纳了这一建议。当事人之间已经以买卖、赠与等方式转让并交付机动车但未办理登记的，原机动车所有人已经不是真正的所有人，更不是机动车的占有人，不具有机动车的实质所有权，丧失了对机动车运行支配的能力，不具有防范事故发生的控制力。在机动车发生事故后，仍然要求其承担赔偿责任，是不合理、不公平的。赔偿义务应当由买受人、受赠人等对机动车运行有实质影响力和支配力的机动车的实际所有人、占有人来承担。

3. 本条中的"交付"与物权编中的"交付"不应完全等同

物权理论中的拟制交付有简易交付、指示交付和占有改定等的区分。简易交付可以适用本条的规则；指示交付中，第三人不将机动车交给受让人，受让人无法实际控制机动车；占有改定中，出让人仍然继续占有该机动车，受让人无法实际控制机动车。但是，我国法律中并未出现实际交付、简易交付、指示交付和占有改定这些学理术语。因此，本条的"交付"主要是指

"实际交付"。

> ### 第一千二百一十一条 【挂靠形式机动车的侵权责任】
>
> 以挂靠形式从事道路运输经营活动的机动车，发生交通事故造成损害，属于该机动车一方责任的，由挂靠人和被挂靠人承担连带责任。

【立法背景】

机动车挂靠从事运输经营活动，是指为了交通营运过程中的方便，将车辆登记为某个具有运输经营权资质的经营主体名下，以该主体的名义进行运营，并由挂靠者向被挂靠主体支付一定的费用的形式。挂靠形式从事道路运输经营活动一般有三个特点：一是四证统一，即车辆行驶证、道路运输证、驾驶证、营业性道路运输驾驶员从业资格证上的车主、业户、单位、服务单位都统一为被挂靠主体的名称；二是挂靠机动车向被挂靠主体交纳费用；三是具有隐蔽性，虽然挂靠双方签订有关运输经营的合同或内部协议，但发生交通事故造成损害时，被侵权人无法从外观上区别挂靠机动车是否属于被挂靠主体。

【条文精解】

实践中以挂靠方式从事道路运输经营活动屡见不鲜。正因为这种方式涉及多个主体且具有隐蔽性，发生交通事故后极易引发纠纷，在吸收司法解释相关规定的基础上，本条作出了规定。一是被挂靠主体接受车辆挂靠，应当对该车辆有没有从事运输活动的能力进行核查和负责，从而控制风险；并且与挂靠机动车明确约定机动车发生交通事故造成损害时责任如何承担。二是在车辆挂靠时，有可能使乘客或者托运人因信赖被挂靠主体的管理能力及责任能力，而对挂靠机动车产生信赖，对这种信赖应当保护，被挂靠主体因为被信赖而有责任。三是区分经营性挂靠与行政强制性挂靠作出不同规定，可能导致受害人举证不能，而被挂靠人事先采取各种措施以便在诉讼中提出各项证据证明自己未收取任何费用进而达到免责的目的。

第一千二百一十二条 【未经允许驾驶他人机动车的侵权责任】

　　未经允许驾驶他人机动车，发生交通事故造成损害，属于该机动车一方责任的，由机动车使用人承担赔偿责任；机动车所有人、管理人对损害的发生有过错的，承担相应的赔偿责任，但是本章另有规定的除外。

【立法背景】

　　侵权责任法仅规定了盗窃、抢劫或者抢夺机动车发生交通事故造成损害时的责任规则。这些行为中，非法占有人均以取得机动车所有权为目的。实践中，尚存在非以取得所有权为目的而未经允许驾驶他人机动车，发生交通事故导致损害的情形。例如，亲朋好友有车辆的钥匙，没有告知机动车所有人的情况下驾车外出；机动车所有人将车辆送维修厂修理，修好后还没有取回时，维修厂工人擅自驾驶车辆。这些行为均不是犯罪行为，主观恶性显然较小。发生交通事故造成损害时，属于该机动车一方责任的，在承担赔偿责任方面应与盗抢机动车发生道路交通事故有较大区别。

　　在吸收借鉴司法解释的基础上，本条全面规定了未经允许驾驶他人机动车，发生交通事故造成损害，属于该机动车一方责任时的责任承担问题。

【条文精解】

　　本条规定包含以下三方面内容：

　　一是未经允许驾驶他人机动车，发生交通事故造成损害，属于该机动车一方责任的，由机动车使用人承担赔偿责任。未经允许驾驶他人车辆，车主对此不知情，因此一般不应承担侵权责任，由机动车使用人承担。

　　二是机动车所有人、管理人对损害的发生有过错的，承担相应的赔偿责任。此处的"对损害的发生有过错"可理解为机动车所有人、管理人没有履行一般人应有的谨慎注意义务。例如，机动车所有人将车停在路边，为图方便没有熄火即下车买东西，车上同行人在等待时闲极无聊，坐在驾驶位上操作，导致发生交通事故。这种情形下，机动车所有人是有过错的，应当在过错范围内承担相应的责任。

　　三是本条规定了但书，而且是仅限于"本章"另有规定的除外。该但书仅指一种情形，即《民法典》第1215条第1款规定的"盗窃人、抢劫人或者抢夺人与机动车使用人不是同一人，发生交通事故造成损害，属于该机动车一方责任的，由盗窃人、抢劫人或者抢夺人与机动车使用人承担连带责任"。

第一千二百一十三条 【赔偿责任的承担】

机动车发生交通事故造成损害，属于该机动车一方责任的，先由承保机动车强制保险的保险人在强制保险责任限额范围内予以赔偿；不足部分，由承保机动车商业保险的保险人按照保险合同的约定予以赔偿；仍然不足或者没有投保机动车商业保险的，由侵权人赔偿。

【立法背景】

实践中，不少机动车既投保了机动车强制保险又投保了商业保险，当发生交通事故造成损害时，如何确定机动车强制保险与商业保险的赔偿顺序是实践中急需解决的一个问题。《侵权责任法》第49条、第50条都规定了发生交通事故后属于该机动车一方责任的，由保险公司在机动车强制保险责任限额范围内予以赔偿；不足部分，由受让人承担赔偿责任的内容。虽然分散规定了机动车强制保险赔偿，但并未规定机动车商业保险，也没有规定强制保险与商业保险的赔偿顺序，实践中发生纠纷较多，适用法律存在空白。对此，有的意见建议民法典进行规定。

【条文精解】

根据本条规定，机动车发生交通事故造成损害的，按下列顺序承担赔偿责任：

一是先由承保机动车强制保险的保险人在强制保险责任限额范围内予以赔偿。机动车强制保险具有一定的公共政策性质，赔偿的范围比较广、赔付较为及时，其主要目的是及时、有效地救助机动车交通事故中的受害人。

二是机动车强制保险赔偿不足部分，由承保机动车商业保险的保险人根据保险合同的约定予以赔偿。机动车强制保险赔偿额度要与国民经济发展水平和消费者支付能力相适应，而且其公益性决定了赔偿额度不会太高，在一些较为严重的交通事故侵权案件中，机动车强制保险赔偿无法涵盖全部赔偿额。此时，如果机动车购买了商业保险，根据保险合同的约定予以赔偿。目前，我国机动车商业保险种类繁多，赔付标准、范围、额度有很大不同。商业保险合同往往约定了很多免责条款，列明了许多保险人不承担赔偿的情形。在被保险人无责任或者无过错的情况下，保险人不承担赔偿责任。因此，只能根据机动车购买的保险合同的约定进行赔偿。商业保险的成立基础在于契约自由，其主要目的在于分散机动车驾驶人的事故责任风险，由投保人自愿购买。因此，在赔偿的时候，由强制保险先行赔付，不足的部分再由商业保险赔付，是符合法理的。

三是机动车商业保险赔偿仍然不足的，由侵权人赔偿。这种保险前置、侵权人托底的规定，充分体现了保险的作用和及时救济受害人，分散机动车使用人风险的目的，符合强制保险的赔偿替代性和商业保险的补充性的性质，也在最大程度上平衡了强制保险、商业保险和侵权人的责任与义务。

第一千二百一十四条　【转让拼装或者已经达到报废标准的机动车侵权责任】

　　以买卖或者其他方式转让拼装或者已经达到报废标准的机动车，发生交通事故造成损害的，由转让人和受让人承担连带责任。

【立法背景】

根据道路交通安全法的规定，任何单位或者个人不得拼装机动车。国家实行机动车强制报废制度。

【条文精解】

研制、生产机动车，需要有很高的技术水平。而拼装车辆很难达到机动车应有的安全技术标准，这样的车上路行驶，会构成很大的事故隐患。国家对报废机动车的回收、拆解和机动车的修理实行严格的监督管理。报废汽车回收企业必须拆解回收的报废汽车；其中，回收的报废营运客车，应当在公安机关的监督下解体。拆解的"五大总成"应当作为废金属，交售给钢铁企业作为冶炼原料；拆解的其他零配件能够继续使用的，可以出售，但必须标明"报废汽车回用件"。禁止任何单位或者个人利用报废汽车"五大总成"以及其他零配件拼装汽车。禁止报废汽车整车、"五大总成"和拼装车进入市场交易或者以其他任何方式交易。禁止拼装车和报废汽车上路行驶。根据道路交通安全法的规定，生产、销售拼装的机动车的，没收非法生产、销售的拼装车，可以并处非法产品价值3倍以上5倍以下罚款；有营业执照的，由工商行政管理部门吊销营业执照，没有营业执照的，予以查封。构成犯罪的，依法追究刑事责任。出售已经达到报废标准的机动车的，没收违法所得，处销售金额等额的罚款，对该机动车予以收缴，强制报废。

根据《道路交通安全法》第100条的规定，驾驶拼装的机动车或者已经达到报废标准的机动车上道路行驶的，公安机关交通管理部门应当予以收缴，强制报废。对驾驶人处 200 元以上 2000 元以下罚款，并吊销机动车驾驶证。

拼装和已经达到报废标准的机动车，由于其不能达到机动车上路行驶的安全标准，上路行驶后极易造成其他机动车、非机动车驾驶人和行人的损害。转让拼装的或者已经达到报废标准的机动车，本身即具有违法性，上路行驶又具有更大的危险性，因此，对以买卖、赠与等方式转让拼装的或者已经达到报废标准的机动车，由买卖、赠与等转让人和受让人、赠与人和受赠人承担连带责任。这样规定有利于预防并制裁转让、驾驶拼装的或者已经达到报废标准的机动车的行为，更好地保护人民群众的生命财产安全；在受害人有损害时，也可以根据本条获得较为充分的损害赔偿。

第一千二百一十五条 【**盗窃、抢劫或者抢夺的机动车的侵权责任、垫付抢救费用的追偿权**】

盗窃、抢劫或者抢夺的机动车发生交通事故造成损害的，由盗窃人、抢劫人或者抢夺人承担赔偿责任。盗窃人、抢劫人或者抢夺人与机动车使用人不是同一人，发生交通事故造成损害，属于该机动车一方责任的，由盗窃人、抢劫人或者抢夺人与机动车使用人承担连带责任。

保险人在机动车强制保险责任限额范围内垫付抢救费用的，有权向交通事故责任人追偿。

【立法背景】

机动车被盗窃、抢劫或者抢夺，也是所有人与机动车相分离的形态之一。驾驶被盗窃、抢劫或者抢夺的机动车，又是擅自驾驶中最极端的情形。

【条文精解】

《侵权责任法》第 52 条规定，盗窃、抢劫或者抢夺的机动车发生交通事故造成损害的，由盗窃人、抢劫人或者抢夺人承担赔偿责任。该条没有规定机动车所有人的赔偿责任，主要考虑：一是机动车被盗窃、抢劫或抢夺后，机动车所有人丧失了对机动车的运行支配力，而这种支配力的丧失是盗抢者的违法行为造成的，是所有人不情愿的，有时还是所有人不知悉、未预想到的。二是在机动车被盗抢的情形下，即使所有人对机动车保管上的疏忽，导致机动车丢失，这也与机动车发生交通事故没有直接的因果关系。因此，应当由盗抢者承担发生交通事故后的损害赔偿责任，机动车所有人不承担赔偿责任。驾驶盗抢的机动车上道路行驶，通常会给他人的生命财产安全和公共安全带来极大的危害。由于盗抢人不是车辆的拥有者，自认为轻易可以逃脱法律的制裁，因此，常发生不遵守交通法规，任意违章，甚至有漠视他人生命财产安全的情况。法律在对机动车盗抢人科以刑罚的同时，规定其民事责任，有利于保护受害人的权益，制裁此类侵权行为。民法典侵权责任编在这方面沿袭了侵权责任法的规定，第1212条的但书，即是指本条规定的情形。

盗窃人、抢劫人或者抢夺人与机动车使用人不是同一人，发生交通事故造成损害，属于该机动车一方责任的，由盗窃人、抢劫人或者抢夺人与机动车使用人承担连带责任。这里规定的"机动车使用人"，指的是盗窃人、抢劫人或者抢夺人将机动车出售、出租、借用、赠送，从而实际使用该机动车的人。

机动车被盗抢后发生交通事故造成损害，保险人在机动车强制保险责任限额范围内垫付抢救费用的，有权向交通事故责任人追偿。为了预防和惩罚这类行为的发生，加强对生命健康的保护，营造良好的社会氛围，及时救济受害人，驾驶人无驾驶资格、醉酒、被盗期间肇事、故意制造交通事故等情形下，应当允许强制保险的保险人在承担赔偿责任后向驾驶人追偿。

第一千二百一十六条 【机动车逃逸后对受害人的救济、道路交通事故社会救助基金的追偿权】

机动车驾驶人发生交通事故后逃逸，该机动车参加强制保险的，由保险人在机动车强制保险责任限额范围内予以赔偿；机动车不明、该机动车未参加强制保险或者抢救费用超过机动车强制保险责任限额，需要支付被侵权人人身伤亡的抢救、丧葬等费用的，由道路交通事故社会救助基金垫付。道路交通事故社会救助基金垫付后，其管理机构有权向交通事故责任人追偿。

【条文精解】

1. 机动车驾驶人发生交通事故后逃逸情形下对受害人的救济

机动车肇事逃逸，是指发生道路交通事故后，道路交通事故当事人为逃避法律追究，驾驶车辆或者遗弃车辆逃离道路交通事故现场的行为。

（1）根据本条规定，机动车驾驶人发生交通事故后逃逸，该机动车参加强制保险的，由保险人在机动车强制保险责任限额范围内予以赔偿。这一规定表明，发生交通事故的机动车参加了机动车强制保险，并且发生交通事故后能够确定机动车的，由保险公司在机动车强制保险责任限额范围内予以赔偿。

（2）根据本条规定，机动车不明、该机动车未参加强制保险或者抢救费用超过机动车强制保险责任限额，需要支付被侵权人人身伤亡的抢救、丧葬等费用的，由道路交通事故社会救助基金垫付。

机动车不明，如机动车驾驶人驾车逃逸，一时难以查明是哪一辆机动车肇事。需要明确的是，法律规定的是机动车不明，而不是驾驶人不明。因为本条规定的前提是"机动车驾驶人发生交通事故后逃逸"，驾驶人已经不明了，此时如果交通事故现场有机动车，可以通过机动车号牌、发动机编号的信息反查机动车驾驶人、所有人或者管理人，从而确定肇事者。但是，当机动车也不明的情况下，很难确定肇事者，这才需要道路交通事故社会救助基金垫付费用。

机动车未参加强制保险，因此无法通过强制保险赔偿被侵权的损失，只能由道路交通事故社会救助基金垫付费用。

抢救费用超过机动车强制责任保险责任限额的，根据道路交通安全法的规定，由道路交通事故社会救助基金先行垫付超过限额部分的费用。

2.道路交通事故社会救助基金的追偿权

道路交通事故社会救助基金垫付后，其管理机构有权向交通事故责任人追偿。为体现公平原则，引导机动车参加强制保险，本条规定，道路交通事故社会救助基金垫付被侵权人人身伤亡的抢救、丧葬等费用后，其管理机构有权向逃逸的机动车驾驶人、应当购买而未购买强制责任保险的机动车所有人或者管理人等交通事故责任人追偿。道路交通安全法和机动车交通事故责任强制保险条例也作了同样的规定。

第一千二百一十七条 【好意同乘时的侵权责任】

非营运机动车发生交通事故造成无偿搭乘人损害，属于该机动车一方责任的，应当减轻其赔偿责任，但是机动车使用人有故意或者重大过失的除外。

【立法背景】

好意同乘，主要是指非营运机动车的驾驶人基于亲情或者友情在上下班、出游途中无偿搭载自己的亲朋好友、邻居同事的情形，生活中老百姓称之为"搭便车"。好意同乘可以缓解交通压力、实现资源最大化利用、节约资源等。但是，就好意同乘引发的损害赔偿问题，司法裁判结果不一，引发了较大争议。

【条文精解】

1. 好意同乘不适用于营运机动车

营运机动车不适用本条规定，但出租汽车在上班前或者下班后等非营运的时间，免费搭乘邻居、朋友的，应当适用本条规定。我们研究认为，"非营运机动车"包括"处于非营运状态的营运机动车"这一情形。

2. 减轻责任的理由

我们研究认为，一是好意同乘既然属于好意，如果不减轻被搭乘人的责任，有违民事活动应尊重公序良俗、社会公德的原则。二是出现交通事故后，往往驾驶人自己受伤、车辆受损，于此情况下还要求驾驶人对无偿乘客尽到严格的注意义务，完全赔偿无偿乘客损失，有些苛求。这样会导致机动车驾驶人拒绝无偿搭乘，亲戚、朋友、同事概不例外，造成社会的冷漠，世态炎凉。这不符合社会价值，也不符合公序良俗。为了维护社会公德，弘扬社会公平正义，也为了环保，减少汽车污染，好意同乘应当是社会赞许并值得提倡的互助行为。实践中被搭乘人多数是出于好心而做错了事，如果让做好事的人得不到好的结果，这其实与"公序良俗"原则相违背。

3. 责任承担规则

（1）只能减轻而不能免除机动车一方的责任。好意同乘者无偿搭乘的行为并不意味着其自甘冒险，机动车使用人对好意同乘者的注意义务不因为无偿而完全不存在，只是不同于无偿客运合同或者无偿委托合同中注意义务。好意同乘中，机动车使用人的责任适用过错责任原则。同时，也应明确区分，好意同乘不同于网络顺风车，网络顺风车的合乘者分摊部分合乘出行成本属于共享出行方式，是有偿的、营运性的。因此，好意同乘中发生交通事故造成无偿搭乘人损害，属于该机动车一方责任的，应当减轻其赔偿责任，却不可以完全免除，在鼓励人际友善利他与承担法律责任方面寻求平衡。

（2）对"无偿搭乘人"减轻赔偿责任。本章规定的侵权责任，除了本条以外均是对机动车外人员或者财产的责任，只有本条规定，是对机动车内责任分配的规定。根据本条，减轻的是对"无偿搭乘人"的赔偿责任。至于对机动车外人员或者财产的赔偿责任的承担，适用本法和其他法律的一般规定。

（3）好意同乘中，如果机动车使用人有故意或者重大过失的，不减轻其对无偿搭乘人的赔偿责任。

第六章　医疗损害责任

第一千二百一十八条【医疗损害责任归责原则】

患者在诊疗活动中受到损害，医疗机构或者其医务人员有过错的，由医疗机构承担赔偿责任。

【立法背景】

侵权责任法对医疗损害责任采用了过错责任归责原则。民法典侵权责任编沿袭了这一规定。

【条文精解】

"诊疗活动"，包括诊断、治疗、护理等环节，对此可以参考原国家卫生计生委 2017 年修改的《医疗机构管理条例实施细则》第 88 条的规定，"诊疗活动：是指通过各种检查，使用药物、器械及手术等方法，对疾病作出判断和消除疾病、缓解病情、减轻痛苦、改善功能、延长生命、帮助患者恢复健康的活动"。

《侵权责任法》第 54 条规定，患者在诊疗活动中受到损害，医疗机构"及其"医务人员有过错的，由医疗机构承担赔偿责任。在民法典侵权责任编编纂过程中，有的意见提出，医务人员是医疗机构的工作人员，依照第 1191 条第 1 款"用人单位的工作人员因执行工作任务造成他人损害的，由用人单位承担侵权责任"的规定，医疗机构有过错的，由医疗机构承担赔偿责任自不待言；医务人员有过错的，也应当由医疗机构承担赔偿责任。因此，建议将《侵权责任法》第 54 条中的"及其"修改为"或者"。经研究，我们采纳了这一意见。

还有一点需要说明，患者在诊疗活动中受到损害，除了医疗机构及其医务人员有过错的条件外，医疗机构或者其医务人员的过错还要与患者的损害具有因果关系，医疗机构才承担赔偿责任。

第一千二百一十九条 【医疗机构的说明义务、患者知情同意权】

医务人员在诊疗活动中应当向患者说明病情和医疗措施。需要实施手术、特殊检查、特殊治疗的，医务人员应当及时向患者具体说明医疗风险、替代医疗方案等情况，并取得其明确同意；不能或者不宜向患者说明的，应当向患者的近亲属说明，并取得其明确同意。

医务人员未尽到前款义务，造成患者损害的，医疗机构应当承担赔偿责任。

【立法背景】

现行法律、行政法规、规章中规定了有关医务人员告知说明义务和患者知情同意权的内容，这些规定普遍为医疗机构的诊疗活动所遵循，并取得了很好的实践效果。本条规定借鉴、吸收了这些现有规定。

【条文精解】

本条规定在《侵权责任法》第55条的基础上略作修改完善。一是医务人员"说明病情和医疗措施"应当具体、清楚，以便患者能够作出决定。二是如果追求"书面"形式而延误治疗，实乃逐本舍末。因此，建议将"书面"同意修改为"明确"同意。三是"不宜向患者说明"是否包括"不能向患者说明"的情形不清楚，在实践中常常引发争议，应当予以明确。在患者昏迷或者由于生理、精神状态无法作出有效判断时，属于"不能"向患者说明的情形。因此，将"不宜向患者说明"修改为"不能或者不宜向患者说明"。

本条第1款规定，医务人员在诊疗活动中应当向患者具体说明病情和医疗措施。这是医务人员在诊疗活动中一般应尽的义务。除此以外，如果需要实施手术、特殊检查、特殊治疗的，还应当及时向患者说明医疗风险、替代医疗方案等情况，并取得其明确同意；如果向患者说明将造成患者悲观、恐惧、心理负担沉重，不利于治疗的，就不能或者不宜向患者说明，这种情况下医务人员应当向患者的近亲属说明，并取得其明确同意。《侵权责任法》第55条即规定了"不宜向患者说明的，应当向患者的近亲属说明"的义务。应当明确，本条欲解决的问题，不是在法律逻辑上穷尽或者对应患者近亲属或者监护人，而是在于当出现"需要实施手术、特殊检查、特殊治疗的"情况时，医务人员应当揭示和说明这些情况，使得照顾患者有关的人员有相应的准备。一般而言，照顾患者的是其近亲属。对于没有近亲属的，例如居委会或者民政部门作监护人的情形，如何说明、如何征得其明确同意，往往与患者近亲属是不一样的。

本条第 2 款规定，医务人员未尽到前款义务，造成患者损害的，医疗机构应当承担赔偿责任。这里需要说明一点，不是说医务人员尽到了本条第 1 款规定的义务，在后续的诊疗活动中造成患者损害的，医疗机构就可以不承担赔偿责任了。《民法典》第 1221 条规定，医务人员在诊疗活动中未尽到与当时的医疗水平相应的诊疗义务，造成患者损害的，医疗机构应当承担赔偿责任。

第一千二百二十条 【紧急情况下实施医疗措施】

因抢救生命垂危的患者等紧急情况，不能取得患者或者其近亲属意见的，经医疗机构负责人或者授权的负责人批准，可以立即实施相应的医疗措施。

【条文精解】

本章前一条规定了医疗机构的说明义务和患者的知情同意权，本条是针对抢救危急患者等紧急情况所作的特殊规定。本条规定的"不能取得患者或者其近亲属意见"，主要是指患者不能表达意志，也无近亲属陪伴，又联系不到近亲属的情况。因此，不包括患者或者其近亲属明确表示拒绝采取医疗措施的情况。对患者或者其近亲属明确表示拒绝采取医疗措施的，如何处理，能否开展紧急医疗救治，侵权责任法立法过程中有过争论，分歧较大。

从境外的情况看，各国规定不尽相同。有的国家要求，疾病已危及生命时，为了保护患者的生命健康，即使代理人或者监护人不同意也应当进行治疗。有的国家规定，医生不能无视患者家属不同意治疗的表示，但可以请求法院裁定治疗。同时，这个问题还涉及法定代理权、监护权等基本民事法律制度，情况较为复杂，因此侵权责任法立法时提出，应当总结实践经验作进一步研究，待今后条件成熟时再作明确规定。

在民法典侵权责任编编纂过程中，有的意见提出，对实践中近亲属的意见明显不利于患者时，医疗机构是否有权采取相应医疗措施，法律没有规定。为了避免产生争议，建议在本条"不能取得患者或者其近亲属意见的"后增加规定"或者近亲属的意见明显不利于患者的"的表述。我们经过反复慎重研究后认为，在抢救生命垂危的患者等紧急情况下，"不能取得患者或者其近亲属意见的"情况是多种多样，比较复杂的。有的情况是近亲属的决策对患者不利；有的情况是患者病重，家庭负担较重，患者或者其近亲属不愿意继续治疗；还有的情况是，在患者意识清醒时曾经立下遗嘱或者对近亲属明确表示，生命临终要有尊严，不想遭受各种治疗上的痛苦；此外，肯定还有其他一些情形。因此，如果一概规定医疗机构可以实施强行治疗，不但违反了意思自治原则，同时对患者及其家庭也不一定有益。从国外立法例看，德国规定需要由法院作出判决，来判断什么情况下"近亲属的意见明显不利于患者"。我国法律中没有这一制度，并且人民法院是否能够作出这一判断、是否适宜作出这样的判断，也需要深入研究。故此，没有采纳这一建议。

第一千二百二十一条 【医务人员过错造成损害由医疗机构赔偿】

医务人员在诊疗活动中未尽到与当时的医疗水平相应的诊疗义务，造成患者损害的，医疗机构应当承担赔偿责任。

【立法背景】

如何界定过失是本条的主要着眼点。"尽到与当时的医疗水平相应的诊疗义务"体现了侵权责任法上的重要概念，即注意义务。如果行为人造成损害的行为违反了应对受害人承担的注意义务，则应当承担侵权责任。如果一个人能够合理地预见到其行为可能对其他人造成人身或者财产损害，那么一般情况下应对可能受其影响的人负有注意义务。

【条文精解】

尽到诊疗义务的一个重要方面，是诊疗行为符合法律、行政法规、规章以及诊疗规范的有关要求。需要说明的是，医务人员的注意义务并非与诊疗行为合法合规完全等同，这是两个概念。医务人员完全遵守了具体的操作规程，仍然有可能作出事后证明是错误的判断。医疗行为具有未知性、特异性和专业性等特点，不能仅凭事后证明错误这一点来认定医务人员存在诊疗过错，不能唯结果论；关键要看是不是其他的医务人员一般都不会犯这种错误。因此，本条规定的诊疗义务可以理解为一般情况下医务人员可以尽到的，通过谨慎的作为或者不作为避免患者受到损害的义务。

民法典侵权责任编编纂过程中，有的建议将本条中"当时的医疗水平"修改为"当时、当地、不同资质的医疗水平"。类似的建议在侵权责任法立法时曾经讨论过。侵权责任法立法时，草案曾经规定，"判断医务人员注意义务时，应当适当考虑地区、医疗机构资质、医务人员资质等因素"。后来考虑到诊疗行为的实际情况很复杂，删去了这一规定。我们认为，社会公众对本条的立法目的可能存在一定的误读。诚然，我国幅员辽阔、各地区之间的医疗资源分布不平均，各地区之间的医疗水平存在差异，这一点应当承认。本条的立法目的，在于医务人员造成患者损害发生医患纠纷时，具体地认定侵权责任的问题。换言之，承担侵权责任需要满足四个要件：医务人员实施了未尽到诊疗义务的行为，医务人员有过错，患者有损害，行为与损害之间有因果关系，本条就是解决医务人员过错的。理解了这一点，就能理解本条的条旨：医务人员的诊疗行为有行政法规、规章和医疗行业的操作规程，这些应当被普遍遵守，全国皆准。诊疗行为是否有过错，不因医疗机构处在何地、医疗机构资质如何而不同。同样的手术，不能在北京这样操作就没有过错，在西藏操作就有过错；不能在三级医院操作就没有过错，在二级医院操作就有过错。因此，在探究医务人员是否尽到诊疗义务时，不宜考虑地区、医疗机构资质的差异。同时，因为医疗纠纷解决的时间可能较长，特别是进入诉讼之后，历经一审、二审乃至再审，可能需要数年的时间。数年间诊疗水平肯定发生了进步，判断是否尽到诊疗义务，应当以诊疗行为发生时的诊疗水平为参照才公平合理。

医务人员有过错造成患者损害的，由医疗机构应当承担赔偿责任，这与《民法典》第 1219 条的规定是一致的。

第一千二百二十二条 【推定医疗机构有过错的情形】

患者在诊疗活动中受到损害，有下列情形之一的，推定医疗机构有过错：

（一）违反法律、行政法规、规章以及其他有关诊疗规范的规定；

（二）隐匿或者拒绝提供与纠纷有关的病历资料；

（三）遗失、伪造、篡改或者违法销毁病历资料。

【立法背景】

医疗损害一般适用过错责任归责原则，本条规定了例外情形，即推定医疗机构有过错。本条与侵权责任法相比，有三处变化：

一是《侵权责任法》第58条规定的帽子是"患者有损害，因下列情形之一的，推定医疗机构有过错"。考虑到《侵权责任法》第54条和《民法典》第1218条均规定"患者在诊疗活动中受到损害"，为了明确本条的适用情形，经研究将《侵权责任法》第58条帽子的相关表述修改为"患者在诊疗活动中受到损害"，使得条文之间避免矛盾、衔接紧密。

二是《侵权责任法》第58条规定的是"因"下列情形之一的……本法编纂过程中，有的意见提出，不是"因"本条列举的三种情形，推定医疗机构有过错，应当是医疗机构"有"这三种情形之一的，推定其有过错。经研究，我们采纳这一建议，将"因"修改为"有"。

三是《侵权责任法》第58条第3项规定了"伪造、篡改或者销毁"病历资料三种行为。考虑到原卫生计生委、国家中医药管理局2013颁布的《医疗机构病历管理规定》第29条明确了病例的保管的时间要求。实践中医疗机构不按照规定保管病例，或者谎称病例已经遗失而拒不提供的，应当推定医疗机构有过错。因此，本条第3款将"销毁病历资料"修改为"违法销毁病例资料"，并增加了"遗失"的情形。

【条文精解】

本条规定，患者在诊疗活动中受到损害，有下列情形之一的，推定医疗机构有过错，并非当然认定医疗机构有过错。也就是说，医疗机构可以提出反证证明自己没有过错。本条第1项规定的违反法律、行政法规、规章以及其他有关诊疗规范的规定，是医疗机构存在过错的表面证据，并且是一种很强的表面证据，因此，本条规定这种情形下推定存在过错。但医务人员有过错与违反法律、行政法规、规章以及诊疗规范的规定毕竟不是等同的概念。例如，遇有抢救危急患者等特殊情况，医务人员可能采取不太合规范的行为，但如果证明在当时情况下该行为是合理的，也达到了抢救的目的，就可以认定医疗机构没有过错。

本条第2项和第3项规定的情形，一方面反映了医疗机构的恶意；另一方面使患者难以取得与医疗纠纷有关的证据资料，这时再让患者举证已不合理。因此，推定医疗机构有过错。

第一千二百二十三条 【患者的损害赔偿请求权】

因药品、消毒产品、医疗器械的缺陷，或者输入不合格的血液造成患者损害的，患者可以向药品上市许可持有人、生产者、血液提供机构请求赔偿，也可以向医疗机构请求赔偿。患者向医疗机构请求赔偿的，医疗机构赔偿后，有权向负有责任的药品上市许可持有人、生产者、血液提供机构追偿。

【立法背景】

对药品、消毒产品、医疗器械等概念，法律法规中均有定义。2019年修订的《药品管理法》规定了药品上市许可持有人制度。对药品上市许可持有人的责任，《药品管理法》第144条作了规定。本条为了与药品管理法的最新规定相衔接，在侵权责任法的基础上增加了药品上市许可持有人责任的规定。

【条文精解】

药品、消毒产品、医疗器械、输入的血液都属于民法典规定的产品。因产品存在缺陷造成损害的，可以依照"产品责任"一章的规定确定请求赔偿的主体。侵权责任法考虑到当时的医疗管理体系情况，患者使用药品、消毒产品、医疗器械或者输入的血液绝大多数都是在医院进行的。对输入不合格的血液，医疗机构因过错致使患者受到输血损害的，应当承担侵权责任；无过错输血造成患者损害的，因医疗机构与其他销售者相比，更具专业性，对于血液和血液制品，医疗机构都应负有最终的把关责任，这种责任关系着患者的生死存亡，作为专业机构和专业人员，医院和医生有能力与责任对血液和血液制品进行鉴别，而患者比一般消费者而言，在专业性方面更处于劣势，医疗机构的责任不应当比一般销售者的责任更低。因此，也应当承担赔偿责任。所以，为了更好地维护患者的权益，便利患者受到损害后主张权利，《侵权责任法》第59条作了明确规定。民法典沿用了侵权责任法的规定，并结合药品管理法对药品上市许可持有人的规定，作了必要的补充完善。

民法典编纂过程中，有的意见提出，随着我国医药卫生体制改革，医疗机构仅是医疗用品的使用单位，而不应视为经营者。建议在"生产者"后增加"经营者"。有的建议将"患者可以向药品上市许可持有人、生产者、血液提供机构请求赔偿，也可以向医疗机构请求赔偿"修改为"患者可以向药品上市许可持有人、生产者、血液提供机构、医疗机构请求共同赔偿"，即列为共同被告，理由是实践中医疗机构承担的赔偿费用太高，追偿时有的生产者、经营者已经破产，只能自己承担相关费用。我们经反复研究后认为：一是本条是产品责任在医疗损害责任领域的细化与强调，是为在患者遭受损失时给予明确的、直接的法律指引。医疗机构使用了缺陷医疗产品或者不合格血液制品，患者面对的是医疗机构，产品上写明的是生产者，并不能知道谁是经营者。因此，本条并没有规定经营者。当然，对经营者并不是不能追责。依照《民法典》第1203条的规定，缺陷医疗产品或者不合格血液制品也属于产品，当然可以依据该条规定追究经营者的责任。二是本条的法理基础是给予患者两种选择权，是给患者多一条救济的渠道；同时也赋予医疗机构的追偿权，向真正的责任人进行追偿。

第一千二百二十四条 【医疗机构不承担赔偿责任的情形】

患者在诊疗活动中受到损害，有下列情形之一的，医疗机构不承担赔偿责任：

（一）患者或者其近亲属不配合医疗机构进行符合诊疗规范的诊疗；

（二）医务人员在抢救生命垂危的患者等紧急情况下已经尽到合理诊疗义务；

（三）限于当时的医疗水平难以诊疗。

前款第一项情形中，医疗机构或者其医务人员也有过错的，应当承担相应的赔偿责任。

【立法背景】

本条与侵权责任法相比，有三处变化：

一是考虑到《侵权责任法》第54条和《民法典》第1218条、第1222条均规定"患者在诊疗活动中受到损害"，为了明确本条的适用情形，将《侵权责任法》第60条的帽子的相关表述修改为"患者在诊疗活动中受到损害"，使得条文之间避免矛盾、衔接紧密。

二是《侵权责任法》第58条规定的是"因"下列情形之一的……本法编纂过程中，有的意见提出，不是"因"本条列举的三种情形，应当是医疗机构"有"这三种情形之一的，不承担赔偿责任。经研究，将"因"修改为"有"。

三是与《民法典》第1218条的表述保持一致，将"医疗机构及其医务人员"修改为"医疗机构或者其医务人员"。

【条文精解】

除了侵权责任编第一章规定的一般情况下免责和减责的情形，本条规定了三种医疗机构不承担责任的情形。

1. 患者或者其近亲属不配合医疗机构进行符合诊疗规范的诊疗

因患者一方不配合医疗机构进行符合诊疗规范的诊疗而导致患者损害的，是否可以完全免除医疗机构的赔偿责任，不能一概而论。尽管有患者或者其近亲属不配合医疗机构进行符合诊疗规范的诊疗行为，如果医疗机构或者其医务人员也有过错的，医疗机构仍应对患者的损害承担相应的责任；反之，若医务人员已经尽到相应义务，患者的损害是因患者或者其近亲属不配合的行为所致，则医疗机构对此不应当承担赔偿责任。

2. 医务人员在抢救生命垂危的患者等紧急情况下已经尽到合理诊疗义务

一是抢救生命垂危的患者等紧急情况。对患者的紧急救治是医疗机构及其医务人员的职责之一。判断是否构成紧急情况，除了依据法律、法规和规章的规定外，还需要考虑患者的生命健康受到伤病急剧恶化的威胁，患者生命受到的威胁是正在发生和实际存在的，不立即采取紧急救治措施必然导致患者死亡的后果。二是已经尽到合理诊疗义务。在理解本条第2项的内容时，必须同医疗事故处理条例的规定区别开来。《医疗事故处理条例》第33条第1项解决是否构成医疗事故的问题，本项解决是否承担赔偿责任的问题。

3. 限于当时的医疗水平难以诊疗的

法律对医务人员采取的诊疗行为是否存在过错的判断，只能基于当时的医学科学本身的发展，即是否尽到与当时的医疗水平相应的诊疗义务，尽到该项义务的，就视为医疗机构及其医务人员没有过错，对于患者的损害不承担赔偿责任。

【实践中需要注意的问题】

需要特别说明的两个问题：一是医疗机构及其医务人员对患者进行诊疗，并不负有保证治愈的义务。二是本条规定的几项免责事由，并不是单纯向医方利益倾斜的表现，而是考虑到广大患者利益以及整个医疗行业健康发展的需要，在法律制度上所作的平衡。对医疗机构的责任，如果法律规定得过于严格，可能会导致医务人员在诊疗活动中大量采取保守性甚至防御性治疗措施，对于存在风险的治疗方案畏首畏尾，最终牺牲的还是广大患者的利益。法律在制度上为医务人员在医学科学技术的探索和创新上提供保障，也是最终为广大患者利益服务的需要。

第一千二百二十五条 【医疗机构对病历的义务、患者对病历的权利】

医疗机构及其医务人员应当按照规定填写并妥善保管住院志、医嘱单、检验报告、手术及麻醉记录、病理资料、护理记录等病历资料。

患者要求查阅、复制前款规定的病历资料的，医疗机构应当及时提供。

【立法背景】

在发生医患纠纷时，病例是医疗侵权诉讼中极为关键的证据，必须在合理的限度内赋予患者查阅和复制这类资料的权利，以平衡双方在举证责任能力上的悬殊，《侵权责任法》第61条对此作了规定。

民法典侵权责任编编纂过程中，有的意见提出，实践中有些医疗机构以种种借口拖延向患者提供病例资料的时间，一是激化了医患双方的矛盾，二是导致患者提供证据不能，建议对医院向患者提供病历资料作时限方面的要求。我们研究认为，强调医疗机构履行提供病例资料义务的时限是必要的，但是究竟规定多长时间合适，还要考虑病例资料数量的多少、形成时间、病情等情况，以及相关诊疗规范、不同医疗机构习惯做法的差别。因此，在民法典中较难作统一规定，可原则性提出要求和上位法依据，由有关行政法规、规章、诊疗规范详细规定。因此，本条将《侵权责任法》第61条第2款"医疗机构应当提供"的规定修改为"医疗机构应当及时提供"。

【条文精解】

1. "病历资料"的含义和范围

2013年修订版《医疗机构病历管理规定》第19条作了规定。这一版本的《医疗机构病历管理规定》将"医疗费用"从病历资料中删除，因此本条在侵权责任法的基础上相应删除了"医疗费用"。

2. 患者查阅、复制权利的保障和行使

（1）查阅、复制权利的保障。对于诊疗活动中产生的病历资料，必须在公平、合理的限度内保障患者一方的查阅和复制权利。《医疗纠纷预防和处理条例》第16条第2款作了详细规定。

（2）查阅、复制权利的行使主体。患者本人当然是行使这一权利的主体。除患者本人外，《医疗纠纷预防和处理条例》第16条第3款、第17条规定了可以查阅、复制的其他主体。

（3）医疗机构向患者提供查阅、复制病历资料的范围。医疗机构病历管理规定、医疗纠纷预防和处理案例都作了明确和具体的规定。

（4）拒绝提供相关病历资料的法律后果。在民事责任上，依照《民法典》第1222条第2项的规定，患者在诊疗活动中受到损害，医疗机构隐匿或者拒绝提供与纠纷有关的病历资料的，推定医疗机构有过错。在推定过错的情况下，如果医疗机构没有相反证明，则"推定"的过错将被"认定"为过错，医疗机构将承担不利的法律后果。

第一千二百二十六条 【患者隐私和个人信息保护】

医疗机构及其医务人员应当对患者的隐私和个人信息保密。泄露患者的隐私和个人信息，或者未经患者同意公开其病历资料的，应当承担侵权责任。

【立法背景】

民法典在总则编第五章"民事权利"中规定了隐私权和个人信息，在人格权编第六章详细规定了隐私权和个人信息的保护的内容。基于医患关系的特殊性以及医患纠纷中的现实矛盾，本条对医疗领域的隐私和个人信息保护作了专门规定。

【条文精解】

正确理解本条规定，需要把握以下几个问题：

1. 医疗机构及其医务人员侵害患者隐私和个人信息的表现形式

医务人员在其执业活动中极易掌握患者的隐私和个人信息。医疗机构及其医务人员侵犯患者隐私权和个人信息的情况可大体分为两种：一是泄露患者的隐私和个人信息，二是未经患者同意公开其医学文书及有关资料。

2. 关于承担侵权责任的条件

《侵权责任法》第62条规定，无论是泄露患者隐私和个人信息，还是未经患者同意公开医学文书及有关资料，只有在造成患者损害的情况下，医疗机构才承担侵权责任。在民法典侵权责任编编纂过程中，有的意见提出，医疗机构及其医务人员泄露患者的隐私和个人信息，或者未经患者同意公开其病历资料是一种较为严重的侵权行为，有可能对患者的生活、工作和学习造成重大影响；为遏制这种行为，加强对诊疗活动中自然人隐私和个人信息的保护，法律应当明确规定，无论该行为对患者是否造成损害，医疗机构及其医务人员都应当承担侵权责任。经研究，我们采纳了该意见，删去《侵权责任法》第62条的"造成患者损害"才承担侵权责任的规定。

第一千二百二十七条 【不得违反诊疗规范实施不必要检查】

医疗机构及其医务人员不得违反诊疗规范实施不必要的检查。

【立法背景】

本条所针对的"不必要的检查行为"是社会上比较关注的"过度检查"问题。

【条文精解】

侵权责任法起草过程中，曾经使用了"过度检查"的表述。但是，有意见认为，"过度检查"非法律用语，并且何为"过度检查"，含义不明确，难以判断，建议删除。但也有意见认为，"过度检查"的现象当前确实存在，不仅给患者造成不必要的经济负担，有的过度检查甚至对患者身体带来不良影响。因此，为了维护患者的合法权益，对该问题作出禁止性规范是必要的。还有意见认为，不仅应当对"过度检查"作出禁止性规范，还应当规定其法律后果，如医疗机构应当退回不必要诊疗的费用，造成患者损害的，还应当承担赔偿责任；对此有不同意见认为，在何为"过度检查"不明确的情况下，退费问题难以操作，同时，建议以"不必要的检查"代替"过度检查"的表述，并进一步明确"不必要的检查"的判断标准。在对各方意见进行综合考量的基础上，《侵权责任法》第63条规定，医疗机构及其医务人员不得违反诊疗规范实施不必要的检查。民法典侵权责任编沿袭了侵权责任法的规定。判断"检查"是否为"不必要"，标准是是否符合诊疗规范，即诊疗需求。

过度检查一般是指由医疗机构提供的超出患者个体和社会保健实践需求的医疗检查服务，医学伦理学界把它称为"过度检查"。过度检查具有以下特征：（1）为诊疗疾病所采取的检查手段超出疾病诊疗的基本需求，不符合疾病的规律与特点。（2）采用非"金标准"的诊疗手段。所谓"金标准"，是指当前临床医学界公认的诊断疾病的最可靠方法。较为常用的"金标准"

有活检、手术发现、微生物培养、特殊检查和影像诊断，以及长期随访的结果等。（3）费用超出与疾病对基本诊疗需求无关的过度消费。有人错误地认为医疗改革就是赚钱，把医疗引入商业化道路；与医院服务相关的药品和医疗器材生产流通秩序混乱，价格虚高，这些都成为诱发过度检查问题的社会因素。过度检查不仅给患者造成过重经济负担，对其身体也带来不必要的风险和损害。

第一千二百二十八条 【维护医疗机构及其医务人员合法权益】

医疗机构及其医务人员的合法权益受法律保护。

干扰医疗秩序，妨碍医务人员工作、生活，侵害医务人员合法权益的，应当依法承担法律责任。

【立法背景】

当前医患矛盾属于社会关注的焦点问题之一，近年来医疗纠纷明显增多。当前医患双方的极度不信任导致医患关系紧张，这种紧张状态又促使医疗纠纷不断升级。法律介入医疗活动的目的是实现医患双方权利的平衡和利益的协调，并非去解释或者解决本属于医学理论和医疗科学方面的问题。因此，在法律制度设计上，既要考虑患者作为医疗活动中弱势一方的利益保护，也应兼顾到医学行业本身的特点，如医学科学的局限性、医疗行业的高风险性。法律不仅仅为遭受医疗过错损害的患者提供保护，同样，对于医疗机构及其医务人员的合法权益也要保护。医疗行业的健康、有序发展是整个社会公益的需要。因此，本条对医疗机构及其医务人员的合法权益的保护作了规范。立法过程中，不断有意见提出，本条规定属于行政法上的内容，与侵权责任法无关，建议本编不作规定。但是，也有意见认为，考虑到当前医患矛盾较为突出的现状，尤其是"医闹""伤医"事件屡有发生，已经严重干扰了正常的医疗秩序，对医务人员的生命财产安全、工作和生活安宁造成很大影响。在这种情况下，民法典不仅要对正在发生的权利义务关系作出调整和平衡，还应对将来可能发生的冲突作出法律上的指引，这也符合侵权责任法"预防和制裁侵权行为"的立法目的。

【条文精解】

本条在《侵权责任法》第64条的基础上，将"干扰医疗秩序，妨碍医务人员工作、生活，侵害医务人员合法权益的，应当依法承担法律责任"单作一款进行规定，以突出民法对医务人员人身财产安全的保护和重视。需要说明的是，干扰医疗秩序，妨碍医务人员工作、生活，侵害医务人员合法权益的，除了承担民事赔偿责任外，还涉及行政责任和刑事责任。2015 年，《刑法修正案（九）》已正式将"医闹"入刑；2016 年，原国家卫生计生委、中央综治办、公安部和司法部印发了《关于进一步做好维护医疗秩序工作的通知》；2019 年底，《基本医疗卫生与健康促进法》经全国人大常委会表决通过。暴力伤医是文明之耻，社会之伤，法律法规不断为医生撑起保护伞，但问题的关键在于：一是要采取必要措施防患于未然。例如，加强医生工作环境的安全防范系统建设，加强医院及周边巡逻防控，健全警医联动机制。二是要有法必依、执法必严，对各类伤医、闹医等行为依法果断处置，严厉打击伤害医务人员的违法犯罪行为。

第七章　环境污染和生态破坏责任

第一千二百二十九条【污染环境、破坏生态侵权责任的一般规定】
因污染环境、破坏生态造成他人损害的，侵权人应当承担侵权责任。

【立法背景】

当前，我国面临环境污染严重、生态系统退化的严峻形势，对此，人民群众反映强烈，党中央高度关注。党的十八大以来，以习近平同志为核心的党中央高度重视生态文明建设，把生态文明建设作为统筹推进"五位一体"总体布局和协调推进"四个全面"战略布局的重要内容，加快推进生态文明顶层设计和制度体系建设，党的十八届三中、四中全会和党的十九大、十九届四中全会通过的"决定"，均强调"用严格的法律制度保护生态环境"，相继出台《关于加快推进生态文明建设的意见》《生态文明体制改革总体方案》，制定了 40 多项涉及生态文明建设的改革方案，从总体目标、基本理念、主要原则、重点任务、制度保障等方面对生态文明建设进行全面系统部署安排。

2009 年通过的《侵权责任法》第 65 条规定:"因污染环境造成损害的,污染者应当承担侵权责任。"在侵权责任编草案征求意见过程中,一些单位和学者建议增加破坏生态侵权责任的内容。对此曾有不同意见,一种意见认为,《侵权责任法》第 65 条中的"环境"是广义上的环境,既包含狭义上的生活环境,也包括生态环境,没有必要作出修改。另一种意见认为,2013 年党的十八届三中全会通过的《中共中央关于全面深化改革若干重大问题的决定》提出"完善环境治理和生态修复制度";2014 年修订的《环境保护法》第 64 条规定,因污染环境和破坏生态造成损害的,应当依照侵权责任法的有关规定承担侵权责任;2017 年底中央正式发布《生态环境损害赔偿制度改革方案》也作同样的表述。这几个文件都将"环境"与"生态"两个词并列使用,为保持与中央文件及相关法律规定表述的一致性,作出修改为宜。经反复研究讨论,采纳后一种意见,将原"污染环境"修改为"污染环境、破坏生态"。污染环境,主要指向环境排放物质或能量超过了环境的自净能力,从而导致环境质量降低;破坏生态,大多是对自然资源的不合理开发利用行为,导致环境要素的数量减少或质量降低,破坏环境效能和生态平衡。

【条文精解】

根据本条规定,因污染环境、破坏生态造成他人损害的,侵权人应当承担侵权责任。"污染环境"指对生活环境的污染,"破坏生态"指对生态环境的破坏,既包括对大气、水体、海洋、土地等生活环境的污染,也包括对生物多样性的破坏、破坏生态环境和自然资源造成水土流失等生态环境的破坏;既包括水污染、大气污染、噪声污染等传统的污染,也包括光污染、辐射污染等新型污染。总而言之,侵权人因污染环境、破坏生态造成他人损害的,应当承担侵权责任。

根据本条规定,环境侵权责任作为一种特殊类型侵权责任,适用无过错责任归责原则。根据无过错责任原则,在受害人有损害、污染者的行为与损害有因果关系的情形下,不考虑侵权人是否存在过错,都应当对其污染行为造成的损害承担侵权责任。在起草侵权责任编过程中,对这一问题基本没有争议,学术界和实务界等各方面意见基本一致。主要考虑到,在环境侵权中,造成损害的污染物主要来源于现代工业生产排放的废水、废气、固体废物等污染物,受害人并不具有专业知识,很难证明加害人具有过错,只有实行无过错责任原则,才能有效保护受害人的合法权益。需要注意的是，本条主要规范因工业生产或者其他人为活动造成环境污染、生态破坏而对他人的人身、财产造成损害的行为，相邻关系人之间的生活污染行为不包括在内，相邻关系人的环境污染发生在相邻不动产所有人或者占有人之间，由物权法调整，造成损失主张赔偿的，适用侵权责任一般过错原则。

对环境侵权适用无过错责任原则，与其他环境单行法的规定也是一致的。《海洋环境保护法》第89条第1款规定："造成海洋环境污染损害的责任者，应当排除危害，并赔偿损失；完全由于第三者的故意或者过失，造成海洋环境污染损害的，由第三者排除危害，并承担赔偿责任。"《水污染防治法》第96条规定："因水污染受到损害的当事人，有权要求排污方排除危害和赔偿损失。"《放射性污染防治法》第59条规定："因放射性污染造成他人损害的，应当依法承担民事责任。"

【实践中需要注意的问题】

对企业排污符合规定的标准但造成损害的情况是否应当承担侵权责任的问题，在2009年制定侵权责任法时有不同意见，这次编纂民法典过程中也有意见提出这个问题。有的意见认为，企业排污符合规定的标准时应减轻或者免除企业的侵权责任，如果符合规定的标准也承担侵权责任，会削弱企业的环保意识，加重企业的负担，就有经营困难甚至破产的可能；如果符合排放标准仍造成损害，应由国家出台更高的标准，否则应由国家承担相应的责任。有的意见认为，即使排污符合规定的标准，造成损害也应当承担侵权责任。经研究认为，环境侵权责任采用无过错责任原则，侵权人承担责任的理由在于其从事的活动所具有的危险性，并不要求污染行为本身具有违法性；国家或者地方规定的污染物排放标准，是环境保护主管部门决定排污单位是否需要缴纳排污费和进行环境管理的依据，并不是确定排污者是否承担赔偿责任的界限；即使排污符合标准，给他人造成损害的，也应当根据有损害就要赔偿的原则，承担侵权责任。从侵权责任法到侵权责任编，对这一问题的看法是一致的。

第一千二百三十条 【污染环境、破坏生态侵权举证责任】

　　因污染环境、破坏生态发生纠纷，行为人应当就法律规定的不承担责任或者减轻责任的情形及其行为与损害之间不存在因果关系承担举证责任。

【立法背景】

　　我国对环境侵权实行因果关系的举证责任倒置。所谓举证责任倒置，是指在法律规定的一些特殊情形下，将通常应由提出事实主张的当事人所负担的举证责任分配给对方，由对方对否定该事实承担举证责任，如果该方当事人不能就此举证证明，则推定事实主张成立的一种举证责任分配制度。它是举证责任分配的一种特殊表现形式，是相对于一般举证责任分配规则的正常分配结果而言的。其实质便是免除本应由原告承担的举证责任，而就待证事实的反面事实，由被告承担举证责任。将污染行为与损害之间的因果关系的举证义务加于污染者，有利于保护受害人的合法权益。

【条文精解】

　　根据本条规定，行为人应当就两种情形承担举证责任：一是法律规定的不承担责任或者减轻责任的情形；二是其行为与损害之间不存在因果关系。

　　1. 行为人应当就法律规定的不承担责任或者减轻责任的情形承担举证责任

　　在起草过程中，有的意见提出，根据民事诉讼举证责任的分配规则，"法律规定的不承担或者减轻责任的情形"的举证责任本来就在污染者一方，建议删除这句话。实际上，这句话是有其内在意义的。一般而言，不承担或者减轻责任的情形当然由被告方承担举证责任，这不需要法律特别强调，但是环境侵权广义上属于高度危险作业，适用无过错责任归责原则，每种高度危险作业的免责事由是不一样的，多数情形不可抗力可以免责，有的则不可以，如根据《民法典》第1237条规定，民用核设施造成他人损害的，除战争、武装冲突、暴乱、受害人故意可以免责，因地震等不可抗力造成损害的，仍然应当承担侵权责任。所以，这句话实际上是明确了侵权人的免责事由。

　　2. 行为人应当就其行为与损害之间不存在因果关系承担举证责任

　　侵权责任构成中的因果关系，是指违法行为作为原因，损害事实作为结果，在它们之间存在的前者引起后者，后者被前者所引起的客观联系。环境侵权适用无过错责任原则，过错不是构成环境侵权责任的要件，所以，因果关系是确定环境侵权能否成立的最重要的要件。

在一般侵权关系中，加害行为与损害结果之间是否存在法律上的因果关系，学界通说主张采用相当因果关系说。其关键在于，作为原因被考察的事件是否通常会增加损害后果出现的客观可能性。法官依据一般社会见解，按照当时社会所达到的知识和经验，只要一般人认为在同样情形有发生同样结果之可能性即可，存在这种因果关系的举证责任由受害人承担。但是，在环境侵权责任中，由受害人对行为人的行为与其损害之间存在因果关系进行举证非常困难，如果仍然按照民事诉讼中"谁主张，谁举证"原则，由受害人承担因果关系的举证义务，则受害人很难获得救济，这是由环境污染侵权的特殊性决定的。

第一，环境污染损害一般具有长期性、潜伏性、持续性、广泛性的特点，有的环境污染损害地域广泛，污染源与损害结果地距离很远，有的损害结果往往不是即时完成的，而是日积月累慢慢形成的，所以即使产生损害，往往时过境迁，证据灭失，很难判断损害事实是否由某侵权行为造成，使因果关系的证明非常困难。比如日本的哮喘病事件，从1955年开始排出废气，到1961年开始出现哮喘病人发作，1964年才开始出现死亡病例，从开始排放到污染损害，历时近10年。

第二，环境污染造成损害的过程具有复杂性，损害并非总是由污染物直接作用人身和财产造成的，往往是污染物与各环境要素或者其他要素相互之间发生物理、化学、生物的反应，经过迁移、扩散、转化、代谢等一系列中间环节后才起作用。甚至有的时候，污染物本身是不会致害的，但和其他因素一起作用就产生了损害，使因果关系表现得十分隐蔽和不紧密，认定十分困难。

第三，有的环境污染侵权涉及一系列的物理、化学、生物、地理、医学等专业知识甚至一些高科技知识，要证明行为与损害事实之间的因果关系，必须具备相关的专门科学技术知识和仪器设备，这些知识、技术和仪器并非平常人所能具备。甚至在一些时候，在现在的科学技术条件下，一些环境污染损害的因果关系还无法认定。

第四，在确定因果关系时，多因一果的现象经常出现，如数家工厂向同一河流排污，河水被污染致使饮用该河水的居民感染疾病，在这种情况下，受害人很难或根本无法证明谁是致害人，证明因果关系更困难。

正因为环境污染侵权的这些特殊性，导致环境污染的因果关系链条十分复杂，所以要证明这些因果关系链条就更为复杂，由受害人承担因果关系的举证责任有非常大的难度。为了减轻环境侵权受害人的举证负担，更迅速地救济受害人，举证责任转移或倒置制度便应运而生。

【实践中需要注意的问题】

在环境侵权责任中适用因果关系举证责任倒置，并不意味着受害人就不用负担任何举证义务。诉讼中，受害人应当首先证明污染行为与损害结果之间存在联系，即存在因果关系的可能性和初步证据，只是这种可能性并不需要如相当因果关系理论要求的那样达到高度盖然性。

第一千二百三十一条 【两个以上侵权人的责任确定】

两个以上侵权人污染环境、破坏生态的，承担责任的大小，根据污染物的种类、浓度、排放量，破坏生态的方式、范围、程度，以及行为对损害后果所起的作用等因素确定。

【立法背景】

实践中，很多环境侵权往往不是由某一个企业排污造成的，而是多个企业排放污染共同造成的，这就是环境共同侵权行为。关于两个以上行为人污染环境、破坏生态造成损害，行为人对外是承担连带责任还是按份责任有不同意见。一种意见认为，应当规定污染者对外承担连带责任，再根据污染物排放量等因素确定排污者的内部责任，这样有利于救济受害人。另一种意见认为，应当规定污染者承担按份责任。经研究认为，环境共同侵权较为复杂，不能一概而论，本条主要规范两个以上侵权人造成他人损害时的内部责任划分，多个侵权人对外如何承担责任，应当根据侵权责任编一般规定确定。民法典侵权责任编一般规定对多人侵权分别不同情形作了规定，第1168条规定了共同侵权，第1171条规定了分别实施侵权行为承担连带责任的情形，第1172条规定了分别实施侵权承担按份责任的情形。

【条文精解】

适用本条环境共同侵权需要满足以下要件：一是存在多个侵权主体。有两个或者两个以上的行为人实施了污染环境、破坏生态行为。二是行为人实施了污染环境、破坏生态的行为。因环境侵权采用无过错责任，不需要考虑行为人的主观过错，行为人之间是否存在意思联络，都不影响适用本条。当然，如果受害人能够证明多个行为人之间存在"故意"的意思联络，根据《民法典》第1168条规定，二人以上共同实施侵权行为，造成他人损害的，应当承担连带责任。此种情形毫无疑问构成共同侵权。实践中，"共同故意"的情形极为罕见。三是数个侵权行为与损害有总体上的因果关系，并不是单个侵权行为与损害之间有因果关系。四是造成了同一损害。多个侵权人分别排放污染，造成不同种类的损害，如一个企业排放污水，另一个企业排放有毒气体，造成的损害存在明显区别，不构成环境共同侵权，而是根据各自行为造成的损害后果承担侵权责任。

环境共同侵权不仅要解决多个侵权人的外部责任，也要解决多个侵权人内部如何划分责任。从理论上讲，每个侵权人承担责任大小的依据是侵权人的污染行为在导致损害的结果中所占的原因力的比例。但是，环境污染中原因力的确定比较复杂，要综合根据污染物的种类、浓度、排放量，破坏生态的方式、范围、程度，以及行为对损害后果所起的作用等因素确定。排放污染物的种类是指导致损害结果的污染物的种类，如一家企业既排放A有害物质又排放B有害物质，在确定致害污染物只是A有害物质的情况下，只考虑A有害物质的排放来确定。污染物浓度是指单位体积内所含污染物的量。排放量是排放污染物总量乘以排放浓度，如一家企业排放污水10吨，浓度是0.1%，另一家企业排放污水5吨，浓度是0.2%，排放量的计算是排放污水总量乘以排放浓度，并非单指排放污水总量。破坏生态的方式包括但不限于乱捕滥猎、乱砍滥伐、毁林造田。范围指受到损害的生态环境因素，如动物种群、植物种群、植物覆盖等。程度指与物种种群数量、密度、结构等与生态环境基线的差异。

【实践中需要注意的问题】

除本条明确列举的外，排放物质的致害性、排放地与损害发生地的距离、排放时间、排放频率等多种因素也会对判断行为人的责任大小产生影响。最高人民法院《关于审理环境侵权责任纠纷案件适用法律若干问题的解释》第4条规定："两个以上污染者污染环境，对污染者承担责任的大小，人民法院应当根据污染物的种类、排放量、危害性以及有无排污许可证、是否超过污染物排放标准、是否超过重点污染物排放总量控制指标等因素确定。"

第一千二百三十二条 【污染环境、破坏生态侵权的惩罚性赔偿】

侵权人违反法律规定故意污染环境、破坏生态造成严重后果的，被侵权人有权请求相应的惩罚性赔偿。

【立法背景】

现代社会工业化快速发展，在创造大量社会财富的同时，也带来了巨大社会风险，环境污染和生态破坏就是这种发展带来的重大风险之一。总体上看，当前我国环境污染形势严峻，雾霾天气多发、城市河道水体黑臭、垃圾围城、土壤污染、危废处置污染等问题突出，给社会公众的人身和财产权利造成了巨大损失，环境和生态也受到重创。如何充分保护环境侵权受害者，是摆在民法面前的一道课题。

填平原则，又称补偿性赔偿原则，一直是民法特别是侵权损害赔偿坚持的基本原则，是指在确定损害赔偿时应以受害人的实际损失为准，损失多少赔多少，受害人不能从中获取超过损失的利益。环境侵权同样遵从这一原则，但在司法实践中，受害人多处于弱势地位，经济实力不足；由于环境侵权诉讼专业性较强，即便实行因果关系举证责任倒置，受害人只需证明污染行为与损害后果之间存在关联性，由于信息不对称，也是困难重重；损害鉴定评估周期长、费用高，有些案件中鉴定费用甚至超过赔偿金额。所以，总体而言，环境损害赔偿数额较低，往往不足以弥补实际损害，更难以震慑企业排污行为。在这种背景下，有必要在环境侵权中探索和逐步建立惩罚性赔偿制度，有利于充分救济受害人，有利于惩罚恶意侵权人，有利于警示他人不得实施类似行为。

【条文精解】

根据本条规定，环境侵权惩罚性赔偿的构成要件主要有：

1. 侵权人实施了不法行为

根据本条规定，侵权人的污染环境和破坏生态行为应当违反了法律规定。在侵权责任编起草过程中，有的学者认为将"违反法律规定"作为惩罚性赔偿的构成要件不合理，加重了受害人的举证负担，不利于对受害人的全面救济。有的学者提出，只有行为人的行为违反了国家环境行政法律法规的规定，才有可能构成惩罚性赔偿，如果民法惩罚合法排污行为，则与环境行政法律发生冲突，法律对企业行为的指引功能会发生错乱，企业将无所适从。

经研究认为，惩罚性赔偿不同于普通环境侵权，其赔偿数额更高，具有普通环境侵权不具备的惩罚功能，构成要件应当更为严格。企业的排污行为只要符合国家环境行政法律法规的要求，从行政法的角度看，那就是合法的，企业的正常生产经营活动不仅是社会正常发展所必需的，也应当为法律所保护和鼓励，对企业的合法排污行为施以惩罚，必须以企业违反法律规定为前提，否则不具有正当性。

2. 侵权人主观具有故意

根据本条规定，侵权人的主观状态应当是故意，这是惩罚性赔偿与普通环境侵权的又一点显著不同。本编起草过程中，大家一致认为，惩罚性赔偿制度的设计初衷就是针对恶意侵权人，但对如何定义恶意，也有不同看法。有的建议规定为故意或者重大过失，若仅规定故意，不恰当地缩小了惩罚性赔偿的适用范围，降低受害人主张的积极性。

经研究认为，在环境侵权引入惩罚性赔偿制度之初，不宜将范围扩得过大。"故意"作为一种主观状态，难以直接证明，实践中一般通过侵权人的行为来认定，如侵权人多次非法排污并受到行政机关处罚，侵权人将未经处理的废水废气废渣直接排放或者倾倒，侵权人关闭环境在线监测系统或者故意干扰监测系统，侵权人在正常排污设施外留有偷排孔等，这些都能证明侵权人对其排污行为所可能造成的后果，绝对不是因为疏忽大意，而是故意为之，放任严重后果的发生。经过一段时间的司法实践，司法机关可以总结审判经验，将"故意"的主观状态细化为具体行为，受害人只要证明侵权人有列举的几种情形，就可以认定其主观为故意，减轻受害人的举证负担。

3. 造成严重后果

根据本条，侵权人的行为造成严重后果的，才能适用惩罚性赔偿。惩罚性赔偿具有惩罚功能，在适用上应当遵循谦抑原则，不能对侵权人动辄就处以惩罚性赔偿。惩罚性赔偿制度应当聚焦于损害后果严重的侵权行为，不仅对受害人的人身、财产造成严重损害，还可能对生态环境造成严重损害甚至不可逆转的损害。

第一千二百三十三条 【因第三人过错污染环境、破坏生态的侵权责任】

因第三人的过错污染环境、破坏生态的，被侵权人可以向侵权人请求赔偿，也可以向第三人请求赔偿。侵权人赔偿后，有权向第三人追偿。

【立法背景】

本条规定的是如果污染环境造成损害是由于第三人的过错引起的，责任如何承担的问题。多数意见认为此种情形属于不真正连带责任。不真正连带责任，是指多数行为人违反法定义务，对一个受害人实施加害行为，或者不同行为人基于不同的行为而致使受害人的权利受到损害，各个行为人对产生的同一内容的侵权责任，各负全部赔偿责任，并因行为人之一的履行而使全体责任人的责任归于消灭的侵权共同责任形态。

【条文精解】

本条规定的第三人，是指除污染者与被侵权人之外的第三人，对被侵权人损害的发生具有过错，包括故意和过失。符合本条规定的第三人需具备两个条件：首先，第三人不属于被侵权人和污染者一方，第三人与受害者和污染者之间不存在法律上的隶属关系，如雇佣关系等。其次，第三人和污染者之间不存在意思联络。如果第三人与污染者有意思联络，则第三人与污染者构成共同侵权，不属于本条规范。

1. 被侵权人可以向侵权人请求赔偿

根据本编规定，环境侵权责任适用无过错责任归责原则，只要符合《民法典》第 1229 条的构成要件，侵权人就要承担侵权责任，不考虑其主观是否存在过错。根据《民法典》第 1175 条规定，损害是因第三人造成的，第三人应当承担侵权责任。一般而言，第三人就是真正的侵权人，被请求承担侵权责任的人可以因此而免责。但是，在环境侵权责任中，侵权人的环境侵权行为即便是因第三人行为介入引起的，如有人偷偷关闭污水、废气净化设施，企业采购的排污净化设备质量不合格等等，导致排污严重超标，侵权人无法据此主张免责。此前，单行法对侵权人是否因第三人过错行为而免责，有着不同的规定，如《水污染防治法》第 96 条第 4 款规定："水污染损害是由第三人造成的，排污方承担赔偿责任后，有权向第三人追偿"；1999 年《海洋环境保护法》第 90 条第 1 款规定："造成海洋环境污染损害的责任者，应当排除危害，并赔偿损失；完全由于第三者的故意或者过失，造成海洋环境污染损害的，由第三者排除危害，并承担赔偿责任"。2009 年制定侵权责任法时，对此进行了研究，认为第三人过错行为不应当是侵权人的免责事由。最高人民法院《关于审理环境侵权责任纠纷案件适用法律若干问题的解释》第 5 条第 3 款也作出类似规定："污染者以第三人的过错污染环境造成损害为由主张不承担责任或者减轻责任的，人民法院不予支持。"

2. 被侵权人也可以向第三人请求赔偿

侵权人承担环境侵权责任的同时，因第三人的过错行为与损害后果之间存在法律上的因果关系，被侵权人也可以直接请求第三人承担侵权责任。但需要注意的是，第三人承担责任与侵权人承担责任存在明显区别，侵权人承担的是无过错责任，被侵权人无须证明侵权人的主观过错，不存在因果关系的举证责任由侵权人承担；而请求第三人承担责任，适用过错责任，需要符合一般侵权的构成要件，即不法行为、主观过错、损害后果、不法行为与损害后果之间存在因果关系，都需要被侵权人承担举证责任，不适用举证责任倒置的规定。

3. 被侵权人可以选择请求对象

根据本条规定，被侵权人既可以向侵权人请求赔偿，也可以向第三人请求赔偿，也可以同时向侵权人和第三人请求赔偿。赋予被侵权人选择权，方便被侵权人主张权利，及时获得赔偿，有利于加强对被侵权人的保护，避免侵权人或者第三人其中一方没有赔偿能力而无法得到充分救济。但是，被侵权人对侵权人和第三人的赔偿请求权，只能择一行使，因其只有一个"损害后果"，向被侵权人主张权利或者向第三人主张权利，选择的一个请求权实现之后，另一个请求权消灭，不能分别行使两个请求权，获得双份赔偿。最高人民法院《关于审理环境侵权责任纠纷案件适用法律若干问题的解释》第5条第1款对此也有规定："被侵权人根据侵权责任法第六十八条规定分别或者同时起诉污染者、第三人的，人民法院应予受理。"

4. 侵权人有权向第三人追偿

根据本条规定，侵权人赔偿后，有权向第三人追偿。因第三人行为的介入发生环境侵权行为，第三人的行为与损害后果之间存在因果关系，基于"自己行为自己负责"的朴素道理，第三人应当对其不法行为承担相应的责任。通常情况下，被侵权人会首先向侵权人请求赔偿，侵权人赔偿后，有权请求第三人承担责任。但第三人行为介入的情形比较复杂，损害后果可能完全由第三人的故意或者过失行为引起，也可能是由第三人的故意或者过失行为与侵权人的过失行为共同引起，第三人行为对损害后果的原因力可能很大也可能很小。具体到个案，第三人最终应当承担多少份额的责任，需要结合具体案情具体分析，侵权人有权向第三人追偿。最高人民法院《关于审理环境侵权责任纠纷案件适用法律若干问题的解释》第5条第2款规定："被侵权人请求第三人承担赔偿责任的，人民法院应当根据第三人的过错程度确定其相应赔偿责任。"

第一千二百三十四条 【生态环境修复责任】

　　违反国家规定造成生态环境损害，生态环境能够修复的，国家规定的机关或者法律规定的组织有权请求侵权人在合理期限内承担修复责任。侵权人在期限内未修复的，国家规定的机关或者法律规定的组织可以自行或者委托他人进行修复，所需费用由侵权人负担。

【立法背景】

　　生态环境损害赔偿制度是生态文明制度体系的重要组成部分。2015年底，作为生态文明体制改革六大配套方案之一的《生态环境损害赔偿制度改革试点方案》出台，经过两年试点，2017年底中央正式发布《生态环境损害赔偿制度改革方案》，在全国试行生态环境损害赔偿制度，提出到2020年，力争在全国范围内初步构建责任明确、途径畅通、技术规范、保障有力、赔偿到位、修复有效的生态环境损害赔偿制度；体现环境资源生态功能价值，促使赔偿义务人对受损的生态环境进行修复。生态环境损害无法修复的，实施货币赔偿，用于替代修复。

【条文精解】

　　生态环境修复责任是生态环境损害赔偿制度的重要组成部分。

　　1.生态环境损害赔偿制度的构成要件

　　（1）违反国家规定

　　根据本条规定，违反国家规定是承担生态环境损害赔偿的要件之一。在起草过程中，对于是否将此作为构成要件，存在不同意见。经认真研究认为，生态环境损害赔偿与一般环境侵权不能等量齐观，两种制度的价值取向有所不同，一般环境侵权注重于私人权益的保护，国家规定的排污标准有可能滞后于社会经济发展，不能放任私人权益遭受侵害。而在生态环境侵权中，《环境保护法》第45条规定："国家依照法律规定实行排污许可管理制度。实行排污许可管理的企业事业单位和其他生产经营者应当按照排污许可证的要求排放污染物；未取得排污许可证的，不得排放污染物。"根据这一规定，只要经营者依法申请排污许可证并实现达标排放，便不应当承担行政法上的责任，生态环境损害赔偿的权利主体主要是国家机关，国家机关不能一方面发放排污许可证，一方面对排污行为主张损害赔偿，行政机关可以通过排污许可证制度实现污染物排放总量和生态环境标准控制，所以，不宜令其承担生态损害赔偿责任。从这个意义上讲，主流观点认为，生态环境侵权实行过错责任。

（2）生态环境损害

有损害才有赔偿，生态环境侵权依然要遵守民法这一基本原则。但生态环境损害与一般环境侵权中的损害多有不同。长期以来，环境侵权主要关注个体权益的损害，生态环境因其具有公共属性而被忽视。生态环境损害与个人权益损害既有关联也存在区别。关联主要表现在，个体权益受到损害很多是以生态环境受到损害为前提的，侵权人污染环境、破坏生态的行为，首当其冲受到损害的就是生态环境，如污染了空气、地下水、土壤，破坏了植物或动物种群等，以这些被污染的空气、水、土壤和被破坏的生态系统为媒介；侵害了个体权益，具体表现为人畜生病、种植物减产等。两者的区别主要表现在，个体权益有明确的权利人，有动力主张损害赔偿，可以用金钱来计算；而生态环境具有明显的公共属性，是人们赖以生存的基础，但在民法中，公共产品缺乏明确的权利主体，难以主张损害赔偿，而且生态环境损害的计算也并非易事，难以用金钱来补偿。

（3）因果关系

因果关系是构成侵权责任的必要条件，问题的关键在于由谁承担因果关系举证责任。有的意见提出，生态环境侵权本质上与环境侵权一样，因果关系举证责任应当由侵权人承担。对这一问题，改革方案没有明确规定，也没有现成的方案可循。主流意见认为由权利人承担更为合适，在环境侵权中，将因果关系举证责任分配给侵权人，主要是考虑到受害人在经济上和专业知识上的不足，侵权人更有举证能力，据此推论，在生态环境损害赔偿诉讼中，国家机关和有关组织作为原告，其实力与环境侵权人相比，显然更为强大，不仅有公共财政作为支撑，人员、技术能力也更为专业，完全有能力对因果关系进行举证。

2.民事生态环境修复责任

根据本条规定，生态环境能够修复的，应当予以修复。这里为何不用已有的"恢复原状"，而选择"生态环境修复"这个词？生态环境修复，是指将被污染或破坏的生态环境予以修复，恢复其内在功能。与恢复原状在理论上是相通的，都是通过修理等手段将受损害的客体予以复原。但恢复原状的内涵较窄，指恢复到利益受损害前的状态，不影响正常使用，而生态环境具有特殊性，一旦遭到污染或者破坏，不可能完全恢复到受损害前的状态，只能通过技术措施，尽可能地恢复其原有的生态功能、文化功能等，所以，生态环境修复概念的内涵更为宽泛，更有弹性。从这个意义上讲，生态环境修复实际上是传统恢复原状责任在生态环境侵权领域的具体表达。

根据本条规定，生态环境修复责任承担主要有两种方式：

（1）请求侵权人在合理期限内承担修复责任

环境修复并不是简单修补了事，具有很强的专业性、技术性和复杂性，修复的目的是使受损的生态环境复原至基线水平，是一种技术目标，一般企业或者个人难以完成，多数侵权人不具备修复生态环境的能力。侵权人作为始作俑者，是修复责任的当然承担者，权利人有权请求侵权人在合理期限内承担修复责任。这句话的意思并不是说侵权人必须独立完成修复工程，如果侵权人有能力有资质，可以凭一己之力完成；如果侵权人没有修复能力，可以出资请他人完成修复工程。

（2）自行或者委托他人进行修复

考虑到生态环境保护有及时性、有效性等特点，不能无限期等待侵权人履行修复责任，据此，本条规定，侵权人在期限内未修复的，权利人可以自行或者委托他人履行修复义务，这实际上借鉴了执行程序中代履行制度，所需费用由侵权人负担。从形式上看，完成生态环境修复工程的是权利人或者其委托的第三人，但修复责任仍然由侵权人承担。

第一千二百三十五条 【生态环境损害赔偿范围】

违反国家规定造成生态环境损害的，国家规定的机关或者法律规定的组织有权请求侵权人赔偿下列损失和费用：

（一）生态环境受到损害至修复完成期间服务功能丧失导致的损失；

（二）生态环境功能永久性损害造成的损失；

（三）生态环境损害调查、鉴定评估等费用；

（四）清除污染、修复生态环境费用；

（五）防止损害的发生和扩大所支出的合理费用。

【立法背景】

根据中共中央办公厅、国务院办公厅《生态环境损害赔偿制度改革方案》，生态环境损害赔偿范围包括清除污染费用、生态环境修复费用、生态环境修复期间服务功能的损失、生态环境功能永久性损害造成的损失以及生态环境损害赔偿调查、鉴定评估等合理费用。赔偿义务人自行修复或委托修复的，赔偿权利人前期开展生态环境损害调查、鉴定评估、修复效果后评估等费用由赔偿义务人承担。赔偿义务人造成的生态环境损害无法修复的，其赔偿资金作为政府非税收入，全额上缴同级国库，纳入预算管理。赔偿权利人及其指定的部门或机构根据磋商或判决要求，结合本区域生态环境损害情况开展替代修复。

【条文精解】

根据本条规定，国家规定的机关或者法律规定的组织有权请求侵权人赔偿下列损失和费用：

一是生态环境受到损害至修复完成期间服务功能丧失导致的损失。生态系统服务功能，是指生态系统通过自身的作用循环提供给人类的效益或者对生态环境的效益，包括生态物质提供功能、生态控制功能、生命维持功能与文化欣赏功能等。生态环境修复需要经历较长一段时间，在此期间生态环境服务功能是不完整的。根据《环境损害鉴定评估推荐方法（第Ⅱ版）》，期间损害界定为"生态环境损害发生至生态环境恢复到基线状态期间，生态环境因其物理、化学或生物特性改变而导致向公众或其他生态系统提供服务的丧失或减少，即受损生态环境从损害发生到其恢复至基线状态期间提供生态系统服务的损失量"。生态系统服务功能作为一项独立的价值也应当得到赔偿。

二是生态环境功能永久性损害造成的损失。并不是所有生态环境损害都是可以修复的，比如滥捕滥杀导致某些物种灭绝，这是不可逆转的，有些生态环境损害虽然可以修复，但无法修复到原来的状态。根据《环境损害鉴定评估推荐方法（第Ⅱ版）》，永久性损害，是指受损生态环境及其服务难以恢复，其向公众或其它生态系统提供服务能力的完全丧失。改革方案也规定，生态环境损害无法修复的，其赔偿资金作为政府非税收入，全额上缴同级国库，纳入预算管理，权利人结合本区域生态环境损害情况开展替代修复。生态系统功能的永久性损害只能通过价值估算予以赔偿。

三是生态环境损害调查、鉴定评估等费用。生态环境损害调查，是指生态环境损害发生后，权利人为了评估生态环境损害情况进行信息收集的过程。生态环境损害鉴定评估，是指鉴定评估机构通过技术方法对生态环境损害情况、赔偿费用、修复行为、修复效果等进行分析评价的行为。调查、鉴定评估等费用也是由生态环境侵权行为而衍生的费用，应由侵权人赔偿。

四是清除污染、修复生态环境费用。污染行为发生后，清除污染是当务之急，一般来说清除污染费用包括清污方案制定费用、清除污染操作费用。修复生态环境费用则复杂得多，包括修复方案制定费用、修复实施费用，司法实践对如何计算或确定作了大量探索，主要有环境违法利益计算法、以排污费一定比例计算法、危险消除计算法、鉴定机构确定法等，由于生态环境修复工作专业性强，有的时间跨度也比较长，法官很难作出精确计算，较为依赖司法鉴定，以鉴定机构评估的费用为基础，综合考虑若干因素计算而成。最高人民法院《关于审理环境民事公益诉讼案件适用法律若干问题的解释》第 20 条第 3 款规定："生态环境修复费用包括制定、实施修复方案的费用和监测、监管等费用。"第 23 条规定："生态环境修复费用难以确定或者确定具体数额所需鉴定费用明显过高的，人民法院可以结合污染环境、破坏生态的范围和程度、生态环境的稀缺性、生态环境恢复的难易程度、防治污染设备的运行成本、被告因侵害行为所获得的利益以及过错程度等因素，并可以参考负有环境保护监督管理职责的部门的意见、专家意见等，予以合理确定。"

五是防止损害的发生和扩大所支出的合理费用。生态环境损害发生后，必须及时采取合理预防、防止损害扩大的措施，将损害控制在最小范围内，也有利于后续治理与修复工作的开展。最高人民法院《关于审理环境民事公益诉讼案件适用法律若干问题的解释》第 19 条中也有规定："原告为停止侵害、排除妨碍、消除危险采取合理预防、处置措施而发生的费用，请求被告承担的，人民法院可以依法予以支持。"

第八章　高度危险责任

第一千二百三十六条 【高度危险责任的一般规定】

从事高度危险作业造成他人损害的，应当承担侵权责任。

【立法背景】

本条沿袭了《侵权责任法》第 69 条的规定。在起草本章时，首先考虑的一个问题是，需不需要规定高度危险责任的一般条款。我们研究认为，应当规定高度危险责任的一般条款。这样做的好处是，对目前已有法律规范的高度危险行为侵权责任的共性问题作出规定，可以为司法实践处理尚未有法律明确规范的高度危险行为提供一个指导性原则。

【条文精解】

1. 关于调整的范围

这里讲的"高度危险作业"，既包括使用民用核设施、高速轨道运输工具和从事高压、高空、地下采掘等高度危险活动，也包括占有、使用易燃、易爆、剧毒和放射性等高度危险物的行为。"高度危险作业"的表述是个开放性的概念，包括一切对周围环境产生高度危险的作业形式。一般认为，具体行为构成高度危险作业应具备三个条件：第一，作业本身具有高度的危险性。也就是说，危险性变为现实损害的概率很大。第二，高度危险作业即使采取安全措施并尽到了相当的注意也无法避免损害。第三，不考虑高度危险作业人对造成损害是否有过错。

2. 关于归责原则

高度危险作业造成他人损害的，承担无过错责任。

3. 关于减免责任事由

如果针对具体的高度危险责任，法律规定不承担责任或者减轻责任的，应当依照其规定。如《铁路法》第58条规定，因铁路行车事故及其他铁路运营事故造成人员伤亡的，铁路运输企业应当承担赔偿责任；如果人身伤亡是因不可抗力或者受害人自身原因造成的，铁路运输企业不承担赔偿责任。

4. 关于责任方式

本条规定，从事高度危险作业造成他人损害的，应当承担侵权责任。这里的"侵权责任"不仅仅是损害赔偿责任。由于高度危险作业一旦造成损害，可能对周围环境带来很大的危害，因此，作业人不仅在事后应向受害人进行损害赔偿，而且在事发时就应当积极采取停止侵害、消除危险等措施并积极救助受害人。因此，这里强调的是"侵权责任"，而不是仅要求高度危险作业人承担赔偿责任。

第一千二百三十七条 【民用核设施致害责任】

民用核设施或者运入运出核设施的核材料发生核事故造成他人损害的，民用核设施的营运单位应当承担侵权责任；但是，能够证明损害是因战争、武装冲突、暴乱等情形或者受害人故意造成的，不承担责任。

【立法背景】

《侵权责任法》第70条对民用核设施的致害责任作出明确规定，核安全法于 2017 年 9 月进行了修改。本条在沿袭《侵权责任法》第 70 条规定的基础上，结合核安全法的规定，作了必要的修改。

【条文精解】

1. 本条调整的主体是民用核设施或者运入运出核设施的核材料

《核安全法》第 2 条对核设施、核材料作了明确规定。

2. 针对的是民用核设施或者运入运出核设施的核材料发生核事故造成的损害

《核安全法》第 93 条对核事故作了明确规定。

3. 承担责任的主体是民用核设施的营运单位

《核安全法》第 93 条对核设施营运单位作了明确规定；第 5 条第 1 款规定核设施营运单位对核安全负全面责任；第 90 条对核事故责任作了明确规定。

4. 归责原则

民用核设施致害实行无过错原则，按照本条和《核安全法》第 90 条第 1 款的规定，只有在能够证明损害是因战争、武装冲突、暴乱等情形或者受害人故意造成的，才可以不承担责任。

关于不可抗力是否免责的问题，在侵权责任法起草和本法编纂过程中有不同意见。我们研究认为，为了更好地保护受害人，本条将受害人故意之外的不承担责任情形限制在"战争、武装冲突、暴乱等情形"，而没有一般规定为"不可抗力"，这与国际上的通行做法也是一致的。

5. 关于责任方式

本条规定，民用核设施的营运单位应当承担侵权责任，这里的"侵权责任"不仅仅是损害赔偿责任。由于发生核事故，可能对周围环境带来很大的危害，因此，民用核设施的经营者不仅在事后向受害人进行损害赔偿，而且在事发时就应当积极采取停止侵害、消除危险等措施并开展积极救助受害人。在损害赔偿责任上，由于核事故造成的危害面比较广，为了兼顾核工业的正常发展和保护受害人的权益，国际通行做法是通过立法规定民用核设施的赔偿限额。《民法典》也在第 1244 条对赔偿限额作了规定。

第一千二百三十八条 【民用航空器致害责任】

民用航空器造成他人损害的，民用航空器的经营者应当承担侵权责任；但是，能够证明损害是因受害人故意造成的，不承担责任。

【立法背景】

我国最早处理民用航空器致害责任的法律依据是 1986 年《民法通则》第 123 条。1995 年我国颁布了《民用航空法》，对民用航空器造成乘客人身、财产损害和对地面第三人损害的民事责任作了具体规定。考虑到民用航空器高速、高空带来的高风险，《侵权责任法》第 71 条在民法通则和民用航空法的基础上，对民用航空器致害责任作出了规定，本条沿用了侵权责任法的规定。

【条文精解】

1. 本条调整范围限定在民用航空器

民用航空器，是指除用于执行军事、海关、警察等飞行任务外的航空器。

2. 责任主体是民用航空器的经营者

这里的"经营者"主要包括从事运输旅客、货物运输的承运人和从事通用航空的民用航空器使用人。

3. 承担责任前提是民用航空器在使用中造成他人损害

民用航空器造成他人损害的，包括两种情形：一种情形是民用航空器在从事旅客、货物运输过程中，对所载运的旅客、货物造成的损害。按照民用航空法的规定，在从事公共运输航空中，因发生在民用航空器上或者在旅客上、下民用航空器过程中的事件，造成的旅客人身伤亡和其随身携带物品毁灭、遗失或者损坏的，承运人应当依法承担侵权责任。对托运的行李、货物而言，因发生在航空运输期间的事件，造成货物毁灭、遗失或者损坏的，承运人应当依法承担侵权责任。这里的"航空运输期间"，是指在机场内、民用航空器上或者机场外降落的任何地点，托运行李、货物处于承运人掌管之下的全部期间。另一种情形是，民用航空器对地面第三人的人身、财产造成的损害。具体说来，就是飞行中的民用航空器或者从飞行中的民用航空器上落下的人或者物，造成地面（包括水面）上的人身伤亡和财产损害。这里的"飞行中"，是指自民用航空器为实际起飞而使用动力时起至着陆冲程终了时止；就飞行于空气的民用航空器而言，"飞行中"是指自其离开地面时起至其重新着地时止。

需要特别说明的是，在侵权责任法适用及民法典编纂过程中，对本条一直有错误的认识。在这里，必须申明本条的立法原意：本条既适用于民用航空器在航空运输期间造成的损害，又适用于民用航空器在飞行中对地面、水面的损害；既适用于民用航空器机上的损害，也适用于民用航空器对机外的损害。

4.民用航空器的经营者承担无过错责任

民用航空器的经营者应当承担无过错责任。关于不承担责任的情形，根据本条规定，能够证明损害是因受害人故意造成的，民用航空器经营者不承担责任；即使是因为自然原因引起的不可抗力事件，造成他人损害的，民用航空器的经营者也要承担责任。当然，民用航空法针对不同情况，规定了较为详细的不承担责任和减轻责任情形的具体规定，仍然适用。

第一千二百三十九条 【高度危险物致害责任】

占有或者使用易燃、易爆、剧毒、高放射性、强腐蚀性、高致病性等高度危险物造成他人损害的，占有人或者使用人应当承担侵权责任；但是，能够证明损害是因受害人故意或者不可抗力造成的，不承担责任。被侵权人对损害的发生有重大过失的，可以减轻占有人或者使用人的责任。

【立法背景】

《侵权责任法》第72条在民法通则规定的基础上，结合实践经验，规定因易燃、易爆、剧毒、放射性等高度危险物造成他人损害的，应当承担无过错责任，并根据其危险性特点，明确限定了其不承担责任和减轻责任情形。本条在侵权责任法的基础上，加强高度危险物和生物安全管理，完善高度危险责任，将"放射性"修改为"高放射性"，并增加"强腐蚀性""高致病性"的列举。

【条文精解】

1.本条调整的范围涉及易燃、易爆、剧毒、高放射性、强腐蚀性、高致病性等高度危险物

本条调整的高度危险物，不仅仅涉及易燃、易爆、剧毒、高放射性、强腐蚀性、高致病性等这几类，其他因其自然属性极易危及人身、财产的物品也适用本条规定。

2.本条规范的行为是对高度危险物的占有或者使用，承担责任的主体是占有人和使用人

高度危险物本身具有危及他人人身、财产的自然属性，但往往是因为在

占有和使用当中造成他人损害。高度危险物的占有人和使用人必须采取可靠的安全措施，避免高度危险物造成他人损害。

3.占有人或者使用人承担无过错责任

这里的"侵权责任"并不限于赔偿损失，而且应当包括在事故发生后，占有人或者使用人应当迅速采取有效措施，如组织抢救，防止事故扩大，减少人员伤亡和财产损失等。

4.不承担责任和减轻责任情形

本条规定，能够证明损害是因受害人故意或者不可抗力造成的，占有人或者使用人不承担责任。本条规定这一免责事由主要有两点考虑：第一，高度危险物虽然本身具有危险属性，但危险程度不及民用核设施和民用航空器，因此，在不承担和减轻责任上，应有所区别。第二，本条规定不可抗力作为不承担责任情形，符合实践中的实际情况。需要指出的是，不承担责任情形的举证责任在于占有人或者使用人，由其来证明损害是因为受害人故意或者不可抗力引起的，才能依法不承担责任。

此外，本条还明确规定了减轻责任的情形：被侵权人对损害的发生有重大过失的，可以减轻占有人或者使用人的责任。本条将减轻责任的情形，严格限定在受害人的"重大过失"，受害人有一般过失的，不能减轻占有人或者使用人的赔偿责任。至于什么是"重大过失"，可以在实践中根据占有人或者使用人是否已经尽到注意义务、受害人行为方式、因果关系等因素作具体判断。

第一千二百四十条【从事高空、高压、地下挖掘活动或者使用高速轨道运输工具致害责任】

从事高空、高压、地下挖掘活动或者使用高速轨道运输工具造成他人损害的，经营者应当承担侵权责任；但是，能够证明损害是因受害人故意或者不可抗力造成的，不承担责任。被侵权人对损害的发生有重大过失的，可以减轻经营者的责任。

【立法背景】

从事高空、高压、地下挖掘活动和使用高速轨道运输工具，与使用民用核设施、民用航空器和占有、使用易燃、易爆、剧毒、放射性等高度危险物相比，危险性稍低，因此，被侵权人对损害的发生有"过失"而不是"重大过失"的情况下，可以减轻责任人的赔偿责任。在民法典编纂过程中，将

"对损害的发生有过失的"修改为"对损害的发生有重大过失的"。

【条文精解】

1. 高空作业及责任承担

高空作业又称为高处作业，根据高处作业分级规定，凡距坠落高度基准面2米及其以上，有可能坠落的在高处进行的作业，称为高处作业。根据这里的解释，民用航空运输不属于高空作业，在民用航空器飞行中因坠落物体造成地面人员损害的，应当适用民用航空法和本章关于民用航空器致人损害责任。如果是高空缆车造成他人损害的，则应属于高空作业，适用本条规定。

根据本条规定，从事高空活动造成他人损害的，应当承担无过错责任。如果能够证明损害因受害人故意或者不可抗力造成的，作业人不承担责任。如果从事高空活动的经营者能够证明被侵权人对损害的发生有重大过失的，可以减轻经营者的责任。

2. 高压作业及责任承担

本条里的"高压"则属于工业生产意义上的高压，包括高压电、高压容器等，在不同行业里认定高压的标准不同。

从事高压活动造成他人损害的，经营者应当承担侵权责任。民法典侵权责任编编纂过程中，有的意见提出，本条"经营者"内涵不清，既然民法典合同编已经明确供电设施产权的概念，为保持前后内容一致，建议将"经营者"修改为"产权人"。我们研究认为，产权人的范围比经营者窄，有些设施不属于产权人，但在经营人管理之下的，仍然属于本条规定的承担责任的主体，因此没有对此进行修改。

在责任免除方面，从事高压作业的经营者能够证明损害是由受害人故意或者不可抗力造成的，不承担责任。受害人对损害的发生有重大过失的，可以减轻经营者的责任。

3. 地下挖掘及责任承担

地下挖掘就是在地表下一定深度进行挖掘的行为。这里的"经营者"就是从事挖掘活动的作业单位。如果能够证明损害是因受害人故意或者不可抗力造成的，经营者不承担责任；能够证明被侵权人对损害的发生有重大过失的，可以减轻经营者的责任。需要指出的是，现实中，因地下挖掘如采矿而造成人员伤亡的，受害人多属于作业企业的职工。对受害职工的赔偿，应当依据工伤保险有关规定处理。

4.高速轨道运输工具及责任承担

高速轨道运输工具就是沿着固定轨道行驶的车辆。根据本条规定，责任主体是经营者，具体到高速轨道运输工具而言，经营者就是从事高速轨道运输的运输企业。如在铁路运输中，责任主体就是铁路运输企业。

根据本条规定，只有能够证明损害是因受害人故意或者不可抗力造成的，经营者才不承担责任。被侵权人对损害的发生有重大过失的，可以减轻经营者的责任。

第一千二百四十一条 【遗失、抛弃高度危险物致害责任】

遗失、抛弃高度危险物造成他人损害的，由所有人承担侵权责任。所有人将高度危险物交由他人管理的，由管理人承担侵权责任；所有人有过错的，与管理人承担连带责任。

【立法背景】

现实中，有些储存、使用高度危险物的单位的安全措施不到位，随意处置高度危险物，对周围的人民群众的生命健康和财产产生巨大威胁，并造成人员伤亡事故。因此，应当对遗失、抛弃高度危险物造成损害的侵权责任作出明确规定，并加重责任人的责任。考虑到现实中，高度危险物有些情况下是由所有人占有的，有些是由所有人交由他人管理的，所以，本条区分不同情况，规定了所有人、管理人的责任承担。

【条文精解】

1.遗失、抛弃高度危险物造成他人损害的，由所有人承担侵权责任

按照有关高度危险物的生产、储存和处置的安全规范，所有人应当采取必要的安全措施保管或者处置其所有的高度危险物。如果违反有关规定抛弃或者遗失高度危险物造成他人损害的，就应当承担侵权责任。这里的"侵权责任"不仅包括对受害人的赔偿，也包括应当积极采取补救措施，立即将抛弃的高度危险物妥善回收，防止损害扩大。如果遗失高度危险物的，应当立即组织力量追查寻找遗失的高度危险物，采取一切可能的警示措施，同时还要立即报告公安、环保等有关主管部门并配合采取应急措施。由于高度危险物本身的危险特性，这里的"侵权责任"是无过错责任。同时，考虑到遗失、抛弃高度危险物，其所有人往往是违反有关安全规范，本身有过错，因此，

这里的责任应当更严格。

2. 所有人将高度危险物交由他人管理的，由管理人承担侵权责任

现实中，所有人根据生产、经营需要，将其所有的高度危险物交由他人管理。如所有人可能不具备大量储存高度危险物的条件，将生产所需的高度危险物交由符合条件的储存单位保管。有的因生产、经营需要将高度危险物通过运输交由他人占有、使用。管理人在这里就是指根据所有人的委托，对高度危险物进行占有并进行管理的单位，如专业的危险化学品仓储公司、危险化学品运输公司等。高度危险物的管理人应当具有相应的资质，并应当按照国家有关安全规范，妥善管理他人所交付的高度危险物。如果因为管理不善，遗失、抛弃高度危险物的，管理人应当承担侵权责任。

3. 所有人有过错的，与管理人承担连带责任

所有人将高度危险物交由他人管理的，应当选择有相应资质的管理单位，并如实说明高度危险物的名称、性质、数量、危害、应急措施等情况。如果所有人未选择符合资质的管理人，或者未如实说明有关情况，所有人即有过错。如果管理人抛弃、遗失高度危险物造成他人损害的，所有人与管理人承担连带责任。被侵权人可以要求所有人承担侵权责任，或者要求管理人承担侵权责任，也可以要求所有人和管理人共同承担侵权责任。在对内关系上，所有人和管理人根据各自的责任大小确定各自的赔偿数额；难以确定的，平均承担赔偿责任。支付超出自己赔偿数额的连带责任人，有权向其他连带责任人追偿。

第一千二百四十二条 【非法占有高度危险物致害责任】

非法占有高度危险物造成他人损害的，由非法占有人承担侵权责任。所有人、管理人不能证明对防止非法占有尽到高度注意义务的，与非法占有人承担连带责任。

【立法背景】

高度危险物包括易燃、易爆、剧毒、放射性危险化学品，这些物品因为本身即具有对人身、财产极易造成损害的高度危险性。但在现实中，有些储存、使用高度危险物的所有人或者管理人的安全措施不到位，导致高度危险物被盗，对周围的人民群众的生命健康和财产产生巨大威胁，并造成人员伤亡事故。因此，本条对被非法占有的高度危险物造成损害的侵权责任作出明

确规定，并区分非法占有人、所有人、管理人的责任，明确侵权责任的承担。

【条文精解】

1.非法占有高度危险物造成他人损害的，由非法占有人承担侵权责任

非法占有，是指明知自己无权占有，而通过非法手段将他人的物品占为己有。现实中，盗窃、抢劫、抢夺都是非法占有的主要形式。按照高度危险物致害责任原理，一般由实际控制人承担侵权责任。在高度危险物被非法占有的情况下，高度危险物已经脱离所有人或者管理人的实际占有，由非法占有人实际控制。因此，应当由非法占有人承担侵权责任。为了加重非法占有人的责任，非法占有高度危险物造成他人损害的，非法占有人承担无过错责任。

2.所有人、管理人与非法占有人的连带责任

所有人或者管理人对其占有的高度危险物要尽到高度注意义务，采取严格的安全措施，妥善保管高度危险物，将高度危险物放置在特定的区域，并由专人看管，防止高度危险物被盗或者非法流失。如果所有人或者管理人未尽到高度注意义务，一旦导致高度危险物被非法占有，将对社会产生巨大危害，严重威胁周围人民群众的人身财产和公共安全。因此，应当加重所有人、管理人的责任，使其对自己的过失行为负责。此外，考虑到非法占有人可能没有赔偿能力，如果仅让其承担侵权责任，受害人得不到合理的赔偿，对受害人保护不力，也不利于促使高度危险物的所有人或者管理人加强管理，采取有效的安全措施。所以，所有人、管理人不能证明对防止非法占有尽到高度注意义务的，与非法占有人承担连带责任。如果是所有人自己的原因导致他人非法占有高度危险物的，由所有人与非法占有人承担连带责任。如果所有人将高度危险物交由他人管理，管理人的原因造成他人非法占有高度危险物的，由管理人与非法占有人承担连带责任。如果所有人和管理人都有过错的，所有人、管理人和非法占有人一起承担连带责任。需要指出的是，是否尽到高度注意义务的举证责任在所有人、管理人，如果他们不能证明已尽到高度注意义务，就推定其有过错，应当与非法占有人承担连带责任，受害人可以要求所有人、管理人、非法占有人中的任何人，部分或者全部承担侵权责任。

第一千二百四十三条 【未经许可进入高度危险活动区域或者高度危险物存放区域致害责任】

未经许可进入高度危险活动区域或者高度危险物存放区域受到损害，管理人能够证明已经采取足够安全措施并尽到充分警示义务的，可以减轻或者不承担责任。

【立法背景】

相对于高度危险源的控制者、高度危险作业人或者高度危险活动区域的管理人等，受害人往往处于弱势地位。世界多数国家的法律为保护这些处于弱势地位的受害人的利益，通过不同的形式确立了高度危险致人损害适用无过错责任或者严格责任的原则。

【条文精解】

高度危险责任中除了这一类对周围环境实施积极、主动危险活动的高度危险作业外，还包括另一类并非积极、主动实施对周围环境造成高度危险的活动，而是因其管理控制的场所、区域具有高度危险性，如果未经许可擅自进入该区域，则易导致损害的发生，即高度危险活动区域或者高度危险物存放区域责任。如果将对高度危险场所、区域的控制和管理也视为高度危险活动，这一类高度危险活动是静态的，不像高度危险作业活动一样对周围环境实施了积极、主动的危险。虽然二者都属于高度危险责任，但在免责和减责事由上，二者应有所区别。

本条在《侵权责任法》第76条的基础上修改完善而来：一是有的意见提出，侵权责任法"管理人已经采取安全措施并尽到警示义务的"的表述看不出举证责任是否应当由管理人负担。因此，本法将"管理人已经采取"修改为"管理人能够证明已经采取"，以明确举证责任，这并没有改变《侵权责任法》第76条的规则，只是更明确而已。二是有的意见提出，本章的高度危险责任针对的是高度危险行为，应当提高高度危险活动区域或者高度危险物存放区域的管理人的义务。经研究，将《侵权责任法》第76条中"采取安全措施"修改为"采取足够安全措施"，将"尽到警示义务"修改为"尽到充分警示义务"。这一修改意在突出行为的高度危险性，也系采纳学界和司法实践各方意见。

一般来说，高度危险活动区域或者高度危险物存放区域都同社会大众的活动场所相隔绝。如果在管理人已经采取足够安全措施并且尽到充分警示义务的情况下，受害人未经许可进入该高度危险区域这一行为本身就说明受害人对于损害的发生具有过错。例如，出于自杀的故意积极追求损害的发生；或者出于过失，虽然看到警示标识但轻信自己能够避免。上述两种情况下，高度危险活动区域或者高度危险物存放区域的管理人可以减轻或者不承担责任。

第一千二百四十四条 【高度危险责任赔偿限额】

承担高度危险责任，法律规定赔偿限额的，依照其规定，但是行为人有故意或者重大过失的除外。

【立法背景】

法律对于高度危险责任人的要求非常严格。但是，从行业的发展和权利义务平衡的角度来看，法律必须考虑在这种严格责任的前提下，有相应责任限额的规定。目前，我国主要在航空、铁路和核事故中规定了高度危险责任赔偿限额。

【条文精解】

1. 关于民用航空器致人损害的赔偿限额

《民用航空法》第 128 条至第 130 条规定了民用航空器致人损害的赔偿限额。除此之外，相关的规范性文件还有《国内航空运输承运人赔偿责任限额规定》第 3 条至第 5 条的规定。

2. 关于民用核设施发生核事故致人损害的赔偿限额

《国务院关于核事故损害赔偿责任问题的批复》第 7 项对此作了规定。

3. 高度危险责任赔偿限额的例外

《侵权责任法》第 79 条并未规定高度危险责任赔偿限额的例外。民法典编纂过程中，有的意见提出，高度危险责任是无过错责任，承担这种责任无须考虑侵权人的过错；但是，如果受害人举证证明侵权人存在过错，那么在受害人损失明显大于赔偿标准时，仍然适用限额标准存在不公平。我们对此研究认为，《民用航空法》第 132 条规定："经证明，航空运输中的损失是由于承运人或者其受雇人、代理人的故意或者明知可能造成损失而轻率地作为或者不作为造成的，承运人无权援用本法第一百二十八条、第一百二十九条有关赔偿责任限制的规定；证明承运人的受雇人、代理人有此种作为或者不作为的，还应当证明该受雇人、代理人是在受雇、代理范围内行事。"该条已经以立法的形式明确了，承担高度危险责任的人有过错时，不适用责任限额的规定。可以认为，此时受害人主张的是一般侵权责任，当适用无过错责任的责任限额会导致明显不公平时，应当允许对责任限额制度作出例外规定，即无过错责任与过错责任相互之间变通适用。如果被侵权人能够举证证明侵权人有过错，可以适用过错责任；而在被侵权人不能或者难以举证证明侵权人有过错时，可以适用严格责任要求依照赔偿限额标准获得赔偿。这种有限度的突破限额赔偿制度，使受害人权益之保护愈加完善，同时也能有效督促危险责任保有人尽安全注意义务，努力避免损害之发生。因此，本条在《侵权责任法》第76条的基础上增加了但书规定。

第九章　饲养动物损害责任

第一千二百四十五条　【饲养动物致人损害的一般规定】

饲养的动物造成他人损害的，动物饲养人或者管理人应当承担侵权责任；但是，能够证明损害是因被侵权人故意或者重大过失造成的，可以不承担或者减轻责任。

【立法背景】

饲养动物致人损害是间接侵权引发的直接责任的责任形态，加害行为是人的行为与动物的行为的复合。人的行为指人对动物的所有、占有、饲养或者管理。动物的行为是直接的加害行为。这两种行为相结合，才能构成侵权行为。

【条文精解】

1. 饲养的动物致人损害的归责原则

动物致人损害是过错推定责任，构成要件是：饲养的动物；动物的加害行为；造成他人损害的事实；动物加害行为与损害之间的因果关系。《侵权责任法》第78条同时规定法定抗辩事由。本条沿袭了《侵权责任法》第78条的规定。

2. "饲养的动物"范围

普遍认为，"饲养的动物"应同时具备：为特定的人所有或者占有；饲养人或者管理人对动物具有适当程度的控制力；依动物自身的特性，有可能对他人或者财产造成损害；该动物为家畜、家禽、宠物或者驯养的野兽、爬行类动物等。野生动物不能列入本法所说的"饲养的动物"。

3. 动物致害责任的赔偿主体

动物的饲养人或者管理人都是责任主体。动物的饲养人，是指动物的所有人，即对动物享有占有、使用、收益、处分权的人；动物的管理人，是指实际控制和管束动物的人，管理人对动物不享有所有权，而只是根据某种法律关系直接占有和控制动物。当动物的饲养人与管理人为不同人时，管束动物的义务由饲养人转移给管理人，这时的赔偿主体应为管理人。至于管理人是有偿管理还是无偿管理，是长期管理还是临时管理，在所不问。

4. 抗辩事由

因被侵权人自己故意或者重大过失造成损害的，动物的饲养人或者管理人可以不承担或者减轻责任。在动物致害中，有时被侵权人故意或者重大过失是诱发动物致害的直接原因，是引起损害的全部或者主要原因。也就是说，被侵权人致害，是因自己挑逗、刺激等诱发动物的行为直接造成的，如果被侵权人的行为不足以诱发动物，其过失只是引起损害的部分原因或者次要原因，则不能认为被侵权人在该损害中存在故意或者重大过失。

5. 举证责任倒置

动物饲养人或者管理人如果想要减轻或者不承担责任，就必须证明被侵权人的损害是因为他自己行为的故意或者重大过失造成的。如果举证不足或者举证不能，动物饲养人或者管理人就应承担动物致害的赔偿责任。

6. 动物饲养人或者管理人的义务

动物饲养人或者管理人应该谨慎管束，肩负起对自己、对社会、对公众负责任的义务，这样有利于切实保障广大人民群众的人身和财产安全，维护社会的稳定和正常秩序。

第一千二百四十六条 【未对动物采取安全措施致害责任】

违反管理规定，未对动物采取安全措施造成他人损害的，动物饲养人或者管理人应当承担侵权责任；但是，能够证明损害是因被侵权人故意造成的，可以减轻责任。

【立法背景】

随着饲养宠物人群的不断增多，社会上无序养宠物、违规养宠物的情况日益突出，动物伤人的事件逐年呈上升趋势。基于此问题的严重性，为维护人民群众的人身和财产安全，《侵权责任法》第79条对动物致人损害的侵权责任作了严格的规定。

【条文精解】

未对动物采取安全措施造成他人损害的，动物饲养人或者管理人应当承担侵权责任。这一条并未规定免责事由，即使被侵权人对损害的发生有过失，动物饲养人或者管理人也不能减轻或者不承担责任。例如，狗的主人携狗乘电梯，没有给狗戴嘴套，一个小孩子拿出香肠去喂小狗，被狗咬伤。这时就不得以小孩子的监护人没有尽到监护职责而认定监护人有过错，全部责任应由狗的主人承担，因为狗的主人没有采取安全措施，即没有给狗戴嘴套。民法典编纂过程中，有的意见提出，违反管理规定饲养动物，造成损害的，动物饲养人或者管理人承担的是无过错责任；但如果损害确系被侵权人的原因造成的，这种情况下动物饲养人或者管理人不能减免责任，会出现被侵权人因为没有责任，会主动挑逗、触摸动物，从而引发更多的损害情形发生。为了督促被侵权人正确认识自己的行为及可能产生的后果，应当规定责任减免条款。我们研究认为，在违反管理规定的情况下免除动物饲养人或者管理的责任显然是不合适的，但是可以适当减轻其责任。所以，在沿袭《侵权责任法》第79条的基础上，本条增加规定，能够证明损害是因被侵权人故意造成的，可以减轻责任。该规定同样是举证责任倒置。

第一千二百四十七条 【禁止饲养的危险动物致害责任】

禁止饲养的烈性犬等危险动物造成他人损害的，动物饲养人或者管理人应当承担侵权责任。

【立法背景】

饲养烈性动物有较大的危害性，对周围人的人身和财产具有的危险性不仅存在，有时甚至是巨大的。首先，许多动物在野性发作时或者发情时具有难以控制的破坏力，从而具有伤害人和损害财产的危险性。其次，动物的流动性可能形成难以控制的破坏力。动物的危险性不仅在于具有攻击性和难以预见性的行为，即使是温顺的奶牛或者绵羊卧倒在道路、轨道上也会引发交通事故，其动物饲养人也应当承担侵权责任。

【条文精解】

为确保群众人身安全，本条对动物伤人的侵权行为作出了非常严格的规定，只要违反管理规定饲养了烈性犬等危险动物，并造成他人损害的，动物饲养人或者管理人就应当承担侵权责任，没有任何的免责事由可以援引。在烈性犬等危险动物潜伏种种危险的情况下，让它的饲养人或者管理人承担更加严格的责任是对社会、对公众负责的态度。本条规定了如此严格的责任就是引导饲养危险动物的人认识到自己的社会责任和法律责任，为动物、为自己、为他人着想，不要违反规定饲养危险动物。

另外，需要说明一下属于大型犬的导盲犬问题。导盲犬作为一种特殊的工作犬，必须要具备非常严格的条件，不仅要性情温和，喜欢与人在一起，不具有攻击性，不会对他人安全产生威胁。在许多国家和地区，免费使用导盲犬是盲人享有的一项社会福利。对盲人使用导盲犬的权利，至少有30多个国家通过立法予以保障。盲人可以携带导盲犬出入所有公共场所和乘坐各种公共交通工具。拒绝盲人携带导盲犬出入者，要承担法律责任。

我国《残疾人保障法》强调对残疾人各项"自立生活"权利的保护。如第10条规定："国家鼓励残疾人自尊、自信、自强、自立，为社会主义建设贡献力量……"第58条专门规定："盲人携带导盲犬出入公共场所，应当遵守国家有关规定。"北京市养犬条例规定，对盲人养导盲犬和肢体重残人养扶助犬的，免收管理服务费。有的省市也作了规定，如济南市养犬管理条例规定，重点管理区内禁止个人饲养大型犬、烈性犬，但盲人饲养导盲犬、肢体重残的残疾人饲养扶助犬的除外。

第一千二百四十八条 【动物园的动物致害责任】

　　动物园的动物造成他人损害的，动物园应当承担侵权责任；但是，能够证明尽到管理职责的，不承担侵权责任。

【立法背景】

　　本条沿袭了《侵权责任法》第81条的规定。在侵权责任法起草过程中，对动物园的动物造成他人损害，动物园应当承担什么责任，就存在较大争论。有人认为，作为一个公共场所，动物园应承担比较严格的责任。有人提出，被侵权人的伤害，有些时候是因为自己不遵守动物园的规定，无视警示牌、不听工作人员的劝阻，擅自挑逗动物造成的，如果动物园已尽到管理责任的，应减轻或者不承担责任。

　　民法典编纂过程中，有的意见提出，本条为过错推定责任，但会造成动物园的动物致害责任与普通人饲养动物致害责任之间的评价矛盾。第一，动物园饲养的动物比普通人饲养的动物，可能更危险，能够证明尽到管理职责的，不承担侵权责任，根据第1245条的规定，普通动物饲养人能够证明损害是被侵权人故意或者重大过失造成的，只能不承担或者减轻责任，这样不够合理。第二，动物园拥有专业的设施和人员，相对于普通动物饲养人来说，风险防范能力更强。我们采纳了这一意见，作了相应修改。

【条文精解】

　　本条规定，动物园的动物造成他人损害的，动物园应当承担侵权责任，但能够证明尽到管理职责的，不承担责任。也就是说，本条适用过错推定责任，动物园负有高度注意义务，只有能够证明已经采取足够的安全措施，并尽到充分的警示义务，才能认定为没有过错。如果动物园能够证明设施、设备没有瑕疵、有明显的警示牌，管理人员对游客挑逗、投打动物或者擅自翻越栏杆靠近动物等行为进行了劝阻，该尽的管理职责已经做到了，那么动物园就可以不承担侵权责任。

【实践中需要注意的问题】

　　关于野生动物致人损害的问题，《野生动物保护法》第14条规定，各级野生动物保护主管部门应当监视、监测环境对野生动物的影响。由于环境影响对野生动物造成危害时，野生动物保护主管部门应当会同有关部门进行调查处理。第 19 条规定，因保护本法规定保护的野生动物，造成人员伤亡、农作物或者其他财产损失的，由当地人民政府给予补偿。具体办法由省、自治区、直辖市人民政府制定。有关地方人民政府可以推动保险机构开展野生动物致害赔偿保险业务。有关地方人民政府采取预防、控制国家重点保护野生动物造成危害的措施以及实行补偿所需经费，由中央财政按照国家有关规定予以补助。从上述规定可以看出，实践中对受到损害的单位和个人已经有了相关的救济措施。因此，民法典对野生动物致害问题就没有再作专门规定。

第一千二百四十九条 【动物在遗弃、逃逸期间致害责任】

遗弃、逃逸的动物在遗弃、逃逸期间造成他人损害的，由动物原饲养人或者管理人承担侵权责任。

【立法背景】

随着饲养动物的人越来越多，一些饲养的动物或者被抛弃，或者不慎走失。流浪动物不断增多，对人民的生活、健康也产生了严重危害。流浪动物多在垃圾桶周围觅食，在城乡的大街小巷里到处乱窜；身上携带各种病毒和寄生虫，成了流动的"生物武器"，遇上适当的时机很可能成为威胁市民健康的祸害；排泄物、呕吐物以及尸体可能带有病毒，很容易形成疾病的传染源，还可能污染水源，对公共卫生安全构成威胁。同时，流浪动物比较野性，容易对人产生仇视的情绪，攻击性强，危及人们的安全。

【条文精解】

对流浪动物的问题作出规定，明确饲养人和管理人的管理责任，有助于从源头遏制遗弃饲养的动物，看管好自己饲养的动物以防丢失的情况发生。鉴于流浪动物问题的严重性，《侵权责任法》第 82 条规定了遗弃、逃逸的动物在遗弃、逃逸期间造成他人损害的，由原动物饲养人或者管理人承担侵权责任。本条沿袭了《侵权责任法》第 82 条的规定。

动物的遗弃，是指动物饲养人抛弃了动物。逃逸的动物，是指饲养人暂时地丧失了对该动物的占有和控制。

对动物在失去饲养人或者管理人控制下造成他人损害的，法国、意大利等国民法典明确规定，动物的所有人或者使用人在使用期间，对走失或者逃脱的动物所造成的损害，应负赔偿责任。智利民法典规定，动物即使在逃逸或者迷失后造成损害，其所有权人亦负责任。阿根廷民法典规定，造成损害的动物非因看管者的过失而逃逸或迷失的，其所有权人的责任停止。动物的主人不得提出抛弃该动物的所有权而规避其损害的赔偿义务。英国判例对于丧失占有的动物造成损害的，如果尚能认为丧失占有的动物为被告之物，虽然该动物已恢复其天然状态，被告仍应负责。

无论动物饲养人或者管理人遗弃动物，还是未尽到管理责任致使动物逃逸，其行为都加剧了动物对人和社会的危险性，而损害的事实正是由于动物在失去人为的管理和控制下任意流动的危险性所导致。因此，为了社会公众利益，为了充分保护被侵权人利益，遗弃、逃逸动物的原饲养人或者管理人就应当对自己遗弃动物的行为，以及疏于管理没有尽到管理义务的行为承担责任。

第一千二百五十条 【第三人过错责任承担】

因第三人的过错致使动物造成他人损害的，被侵权人可以向动物饲养人或者管理人请求赔偿，也可以向第三人请求赔偿。动物饲养人或者管理人赔偿后，有权向第三人追偿。

【立法背景】

现实中经常发生的动物伤人事件，并非被侵权人自己有过错，也非动物独立行为致人伤害，很多情形是由于第三人的原因致使动物伤及他人。本条就是要解决因第三人的原因，造成动物伤害他人的赔偿问题。

【条文精解】

1. 第三人的过错

第三人的过错，是指被侵权人和动物饲养人或者管理人以外的人对动物造成损害有过错。第三人的过错在大多数场合表现为：有意挑逗、投打、投喂、诱使动物，其后果致使他人受到人身或者财产的损害，其实质是实施了诱发动物致害的行为。

2. 被侵权人救济的选择权

本条赋予了被侵权人的选择权。因第三人的过错致使动物造成被侵权人损害的，被侵权人既可以请求第三人承担赔偿责任，也可以请求动物饲养人或者管理人承担赔偿责任。这样规定，就可以使被侵权人根据具体情况要求赔偿。例如，甲饲养了一匹马，拴在自家的院内，乙路过此院看马很漂亮，便拿小棍子拍马，马受惊挣脱绳子冲出门，把正在路过的丙撞伤。这时被撞伤的丙既可以要求动物饲养人甲赔偿，也可以要求第三人乙赔偿。如果乙是个流浪汉，那么，作为第三人的乙与动物饲养人甲哪个更有赔偿能力就很明显了，被侵权人当然会选择经济实力强的动物饲养人甲进行赔偿。法律赋予被侵权人的选择权，一方面可使被侵权人获得法律救济、得到实际赔偿的可能性增大；另一方面也会使动物饲养人对动物的管理更加尽注意义务，从而减少动物伤人的机会。这样的设计可以让被侵权人受到更多的保护。

3. 动物饲养人或者管理人的追偿权

本条还赋予了动物饲养人或者管理人的追偿权。动物饲养人或者管理人对被侵权人赔偿后，有权向第三人追偿。动物饲养人或者管理人之所以享有追偿权，是因为动物饲养人或者管理人实际上是代替第三人履行的赔偿义务，在动物饲养人或者管理人与第三人之间，第三人仍然是责任的最终承担者。允许动物饲养人或者管理人在赔偿了被侵权人的损害后对第三人进行追偿，一方面有利于被侵权人及时获得救济，另一方面也是维护动物饲养人或者管理人自身权益的一项重要手段。

第一千二百五十一条 【饲养动物应当遵守法律】
饲养动物应当遵守法律法规，尊重社会公德，不得妨碍他人生活。

【立法背景】

按照规定饲养宠物本无可非议，但饲养的动物伤害别人、滋事扰民，污染环境，会对他人和社会造成侵扰。现实生活中，在居民小区，饲养的猫、狗很多，猫狗群叫，常常扰民。平日走在路上，居民们更是小心翼翼，不仅要防止踩上狗的排泄物，还要提防被冷不丁蹿出的猫狗吓着。有些狗不是虎视眈眈盯着路人，就是趴卧在路边，居民们经过时都是提心吊胆，放假期间也不敢让孩子们随意出门玩耍，生怕狗伤到孩子。

【条文精解】

动物的一切行为约束全部靠动物饲养人或者管理人的管制。本条规定，饲养动物应当遵守法律，尊重社会公德，不得妨碍他人生活。既然饲养了动物，饲养人就应该意识到自己担负着遵守社会公德和保护公共环境的双重社会责任，不能放任宠物侵扰他人的正常生活。动物饲养人应当自觉规范自己的行为，应该按照规定饲养动物：一是动物饲养人或者管理人在携犬出户时，应当对犬束犬链，由成年人牵领，并应当避让老年人、残疾人、孕妇和儿童。二是动物饲养人或者管理人不得让动物干扰他人正常生活。犬吠影响他人休息时，养犬人应当采取有效措施予以制止。三是不得携宠物进入市场、商店、商业街区、饭店、公园、公共绿地、学校、医院、展览馆、影剧院、体育场馆、社区公共健身场所、游乐场、候车室等公共场所；不得携宠物乘坐除小型出租汽车以外的公共交通工具；携宠物乘坐小型出租汽车时，应征得驾驶员的同意，并做好防护安全措施。四是饲养宠物要定期为其注射预防疾病疫苗、狂犬病疫苗和采取必要的医疗保健措施；不抛弃、不放弃饲养的宠物。五是携宠物出户时，对在户外排泄的粪便应当立即清除，等等。

人与宠物和谐相处，是社会和谐、社会安定的一种体现。一个社区鸡飞狗跳，人与宠物、宠物与环境冲突不断，老百姓如何安居乐业。饲养动物的问题可以说涉及千家万户，涉及不同群体的利益。因此，对于动物饲养人或者管理人来讲，应当严格履行饲养动物的一些必要义务，规范自己的行为，不要给他人的生活带来不便，要充分考虑到不饲养动物人的利益，要依法、科学、文明地饲养动物。如果动物饲养人或者管理人都能遵守规范，能设身处地的处理因养犬所造成的邻里纠纷，对社会的和谐、安宁也是一份不小的贡献。希望动物饲养人或者管理人为和谐社会的文明建设做出努力，为创造良好的社会环境尽到应尽的义务。

第十章　建筑物和物件损害责任

第一千二百五十二条【建筑物、构筑物或者其他设施倒塌、塌陷致害责任】

建筑物、构筑物或者其他设施倒塌、塌陷造成他人损害的，由建设单位与施工单位承担连带责任，但是建设单位与施工单位能够证明不存在质量缺陷的除外。建设单位、施工单位赔偿后，有其他责任人的，有权向其他责任人追偿。

因所有人、管理人、使用人或者第三人的原因，建筑物、构筑物或者其他设施倒塌、塌陷造成他人损害的，由所有人、管理人、使用人或者第三人承担侵权责任。

【立法背景】

《侵权责任法》第86条对建筑物、构筑物或者其他设施倒塌造成他人损害的情形作了规定。针对实践中有的地方发生地面坍塌致人损害问题，严重危害人民群众的人身财产安全。民法典本条在侵权责任法的基础上增加了"坍塌"这种情形。

【条文精解】

1.关于第1款

（1）连带责任。根据本款的规定，建筑物、构筑物或者其他设施倒塌、塌陷造成他人损害的，由建设单位与施工单位承担连带责任。实践中，房地产开发企业、机关和工厂是比较常见的建设单位；建筑公司是比较常见的施工单位。

（2）除外情形。建设单位与施工单位能够证明不存在质量缺陷的，不承担连带责任。

（3）建设单位和施工单位赔偿后，有其他责任人的，有权向其他责任人追偿。一般来讲，本条第1款规定的"其他责任人"，主要包括：一是勘察单位、设计单位等；二是监理单位；三是勘察、设计、监理单位以外的责任人，如负责颁发建筑工程施工许可证的部门。

2. 关于第2款

建筑物、构筑物或者其他设施倒塌、塌陷有多种原因，有的是因质量不合格，有的是由于年久失修，有的是业主擅自改变承重结构，不宜都由建设单位、施工单位承担责任。因此，本条第2款规定，造成他人损害的，由所有人、管理人、使用人或者第三人承担侵权责任。《侵权责任法》第86条规定的是因"其他责任人的原因"，民法典侵权责任编编纂过程中，有的提出，本条第1款、第2款均有"其他责任人"的表述，含义不同，容易引起误解。我们认为，第1款中的"其他责任人"主要是指与建筑物、构筑物或者其他设施的建设、施工相关的主体，如建设单位、施工单位、监理单位、勘察单位等。第2款中的"其他责任人"主要是指暴力装修的所有权人等房屋的使用人。为了避免误解与理解上出现混淆，我们将第2款中的"其他责任人"修改为"所有人、管理人、使用人或者第三人"。

第一千二百五十三条 【建筑物、构筑物或者其他设施及其搁置物、悬挂物发生脱落、坠落致害责任】

建筑物、构筑物或者其他设施及其搁置物、悬挂物发生脱落、坠落造成他人损害，所有人、管理人或者使用人不能证明自己没有过错的，应当承担侵权责任。所有人、管理人或者使用人赔偿后，有其他责任人的，有权向其他责任人追偿。

【立法背景】

建筑物、构筑物或者其他设施及其搁置物、悬挂物脱落、坠落造成他人损害责任，是侵权责任法律中的重要制度。

【条文精解】

1. 有关术语

（1）关于建筑物、构筑物或者其他设施及其搁置物、悬挂物

建筑物，是指人工建造的、固定在土地上，其空间用于居住、生产或者存放物品的设施，如住宅、写字楼等。

构筑物或者其他设施，是指人工建造的、固定在土地上、建筑物以外的

某些设施，如道路、桥梁等。

建筑物、构筑物或者其他设施上的搁置物、悬挂物，是指搁置、悬挂在建筑物、构筑物或者其他设施上，而非建筑物、构筑物或者其他设施本身组成部分的物品，如搁置在阳台上的花盆等。

建筑物、构筑物或者其他设施及其搁置物、悬挂物脱落、坠落，是指建筑物、构筑物或者其他设施的某一个组成部分以及搁置物、悬挂物从建筑物、构筑物或者其他设施上脱落、坠落，如房屋墙壁上的瓷砖脱落、房屋天花板坠落等。

（2）责任主体

建筑物、构筑物或者其他设施的所有人、管理人或者使用人应当对建筑物、构筑物或者其他设施及其搁置物、悬挂物进行合理的管理、维护，避免给他人造成损害。

本条规定了三个侵权责任主体：一是所有人，指对建筑物等设施拥有所有权的人。二是管理人，指对建筑物等设施及其搁置物、悬挂物负有管理、维护义务的人。我国国有资产一般由特定的机关或者单位进行管理。三是使用人，指因租赁、借用或者其他情形使用建筑物等设施的人。使用人承担责任有两种情形：第一，使用人依法对其使用的建筑物、构筑物或者其他设施负有管理、维护的义务时，因其管理、维护不当造成他人损害。第二，使用人对建筑物、构筑物或者其他设施的搁置物、悬挂物管理、维护不当，造成他人损害。

（3）归责原则

本条采用过错推定原则。损害发生后，被侵权人证明自己的损害是因建筑物等设施或者其搁置物、悬挂物脱落、坠落造成的，所有人、管理人或者使用人对自己没有过错承担举证责任，其不能证明自己没有过错的，应当承担侵权责任。

2.追偿权

实践中，有时损害的发生除了与所有人、管理人或者使用人的过错有关外，还与其他人有关，只是其他人不直接对被侵权人承担侵权责任。但是，所有人、管理人或者使用人向被侵权人赔偿后，有权向其他责任人追偿。

第一千二百五十四条 【从建筑物中抛掷物品或从建筑物上坠落的物品致害责任】

禁止从建筑物中抛掷物品。从建筑物中抛掷物品或者从建筑物上坠落的物品造成他人损害的，由侵权人依法承担侵权责任；经调查难以确定具体侵权人的，除能够证明自己不是侵权人的外，由可能加害的建筑物使用人给予补偿。可能加害的建筑物使用人补偿后，有权向侵权人追偿。

物业服务企业等建筑物管理人应当采取必要的安全保障措施防止前款规定情形的发生；未采取必要的安全保障措施的，应当依法承担未履行安全保障义务的侵权责任。

发生本条第一款规定的情形的，公安等机关应当依法及时调查，查清责任人。

【立法背景】

实践中，从建筑物上抛掷物、坠落物致人损害的情形时有发生，"头顶上的安全"引起社会的广泛关注。对《侵权责任法》第87条的规定，各方面有很大意见。经过反复研究、慎重考虑、大量调研、听取意见和建议后认为，从建筑物中抛掷物品或者从建筑物上坠落的物品造成他人损害的民事责任主要涉及两种情况：一是责任人容易明确的情形，《侵权责任法》第85条规定能够解决；二是责任人不容易明确的情形，对《侵权责任法》第87条作了重大修改。

【条文精解】

1. 禁止从建筑物中抛掷物品

我国的民事法律规范极少使用"禁止"性的表述，盖因民事法律是调整平等主体之间权利义务的规范，以自由意志为导向。本条规定禁止性规定，是对从建筑物中抛掷物品行为的严厉谴责和禁止。

2. 从建筑物中抛掷物品或者从建筑物上坠落的物品

如果物体并非从建筑物中抛掷或从建筑物上坠落，不适用该规定。

3. 由侵权人依法承担侵权责任

从建筑物中抛掷物品或者从建筑物上坠落的物品造成他人损害的，应当由侵权人依法承担侵权责任，这是过错责任的体现。只有难以确定具体侵权人的，才适用本条的补偿规定。

4.经调查难以确定具体侵权人

难以确定具体侵权人，是指无法确定物品具体是从哪一个房间抛掷、坠落的，因此无法确定具体的侵权人。本条在《侵权责任法》第87条的基础上，增加了"经调查"的表述。我们认为，从建筑物中抛掷物品或者从建筑物上坠落的物品，造成他人损害的，小区物业管理企业、公安等机关应及时、缜密的调查取证，尽量查明侵权人。

5.关于可能加害的建筑物使用人

按照社会生活实践经验、科学手段等方法，可以推测认为抛掷物、坠落物有可能是从某人使用的建筑物中抛掷或坠落的，则该使用人就是本条所说的"可能加害的建筑物使用人"。当然，这种可能性必须在一定的合理范围内。

6.除能够证明自己不是侵权人的外，由可能加害的建筑物使用人给予补偿

本条采用举证责任倒置，由建筑物使用人证明自己不是侵权人。建筑物使用人不能证明自己不是侵权人的，要对被侵权人受到的损害进行补偿。如果有证据能够确定具体的侵权人，则其他可能加害的建筑物使用人无须再举证证明自己不是侵权人。

7.发现真正侵权人后，承担了补偿的建筑物使用人具有追偿权

由可能加害的建筑物使用人对被侵权人给予补偿的，各个可能加害的建筑物使用人之间不承担连带责任，而是按份分别对被侵权人进行补偿。被侵权人不能要求某一个或一部分可能加害的建筑物使用人补偿其全部的损害，可能加害的建筑物使用人按照自己应承担的份额对被侵权人进行补偿后，也不能向其他可能加害的建筑物使用人追偿。但是，发现了真正侵权人的，可以向真正的侵权人进行追偿，以体现责任自负、社会公平。

8.物业服务企业等建筑物管理人的义务

物业服务企业与业主签订物业服务合同，应当履行合同约定的义务，及时采取合理措施制止、向有关行政主管部门报告并协助处理。因此，物业服务企业具有一定的安全保障义务，应当采取必要的安全保障措施。未采取必要的安全保障措施的，应当依法承担未履行安全保障义务的侵权责任。

9.公安等机关的及时调查义务

公安等机关应当积极履职、为民服务，调查清楚具体的侵权人，尽可能

减少难以确定具体侵权人的情形，不能推诿扯皮。

第一千二百五十五条 【堆放物致害责任】

堆放物倒塌、滚落或者滑落造成他人损害，堆放人不能证明自己没有过错的，应当承担侵权责任。

【立法背景】

本条在沿袭《侵权责任法》第88条的基础上，根据实践的需要和有关建议，增加列举了"滚落或者滑落"两种情形。

【条文精解】

堆放物，是指堆放在土地上或者其他地方的物品。堆放物须是非固定在其他物体上，如建筑工地上堆放的砖块、木料场堆放的圆木等。

本条所说的倒塌、滚落或者滑落，包括堆放物整体或者部分的倒塌、脱落、坠落、滑落、滚落等。例如，码头堆放的集装箱倒塌、建筑工地上堆放的建筑材料倒塌、伐木场堆放的圆木滚落等。

堆放人，是指将物体堆放在某处的人。堆放人可能是所有人，也可能是管理人。堆放人应当合理选择堆放地点、堆放高度，要堆放稳固并看管好堆放的物品，防止被他人随意挪动，防止他人特别是限制行为能力人和无行为能力人攀爬等。

本条采用过错推定原则。堆放人不能证明自己没有过错的，承担侵权责任。符合《民法典》第1178条规定的，可以不承担或者减轻责任。例如，最高人民法院《关于处理涉及汶川地震相关案件适用法律问题的意见（二）》第9条规定，因地震灾害致使堆放物品倒塌、滚落、滑落的，所有人或者管理人不承担赔偿责任。需要说明的是，在这些情形下，仍然需要堆放人举证证明自己对堆放物倒塌致人损害没有过错，堆放人不能证明自己没有过错的，仍然要承担侵权责任。

第一千二百五十六条 【公共道路上堆放、倾倒、遗撒妨碍通行的物品致害责任】

在公共道路上堆放、倾倒、遗撒妨碍通行的物品造成他人损害的，由行为人承担侵权责任。公共道路管理人不能证明已经尽到清理、防护、警示等义务的，应当承担相应的责任。

【立法背景】

侵权责任编编纂过程中，有的意见提出，应当对承担责任的主体作进一步细分。在公共道路上堆放、倾倒、遗撒妨碍通行的物品的主体大致可分为两类，一类是具体实施该行为的侵权人，另一类是对公共道路具有养护、管理职责的主体。本条在《侵权责任法》第89条的基础上，区分了直接侵权人和公共道路管理人两种情况，作了进一步细分和完善。公共道路管理人承担的是过错推定责任。

【条文精解】

1. 关于公共道路

根据道路交通安全法、公路法、公路管理条例等的规定，公共道路是指公共通行的道路。

2. 关于堆放、倾倒、遗撒妨碍通行物

本条规定的堆放、倾倒、遗撒妨碍通行物，是指在公共道路上堆放、倾倒、遗撒物品，影响他人对该公共道路正常、合理的使用。公共道路的使用关系到公众的利益，在道路上堆放、倾倒、遗撒妨碍通行物，会对他人的安全造成不合理的危险。《公路法》第46条规定，任何单位和个人不得在公路上及公路用地范围内摆摊设点、堆放物品、倾倒垃圾、设置障碍、挖沟引水、利用公路边沟排放污物或者进行其他损坏、污染公路和影响公路畅通的活动。《道路交通安全法》第48条规定，机动车载物的长、宽、高不得违反装载要求，不得遗撒、飘散载运物。

在公共道路上堆放、倾倒、遗撒妨碍通行物，既可以是堆放、倾倒、遗撒固体物，例如，在公共道路上非法设置路障、晾晒粮食、倾倒垃圾等；也可以是倾倒液体、排放气体，例如，运油车将石油泄漏到公路上、非法向道路排水、热力井向道路散发出大量蒸汽。

被侵权人被堆放、倾倒、遗撒的妨碍通行物损害有多种情形。例如，行人在公共道路上被妨碍通行物绊倒、滑倒；司机被公共道路上非法堆放的物体遮挡视线，驾驶机动车撞到路旁的建筑物上、发生交通事故，等等。

第一千二百五十七条 【林木致害责任】

因林木折断、倾倒或者果实坠落等造成他人损害，林木的所有人或者管理人不能证明自己没有过错的，应当承担侵权责任。

【条文精解】

1. 关于林木折断、倾倒或者果实坠落等情形

本条所说的林木，包括自然生长和人工种植的林木，林木造成他人损害，不仅包括林木枝蔓等的掉落造成他人损害，还包括其他情形，如实践中出现的椰树果实坠落砸伤路人、树木倒伏压坏路旁汽车等。侵权责任编编纂过程中，有的意见提出，侵权责任法的规定不够全面，没有规定兜底条款。本条在沿袭《侵权责任法》第90条的基础上，根据实践的需要和有关建议，增加列举了"倾倒或者果实坠落等"的情形。

2. 关于林木的所有人或者管理人

我国《森林法》第20条规定，国有企业事业单位、机关、团体、部队营造的林木，由营造单位管护并按照国家规定支配林木收益。农村居民在房前屋后、自留地、自留山种植的林木，归个人所有。城镇居民在自有房屋的庭院内种植的林木，归个人所有。集体或者个人承包国家所有和集体所有的宜林荒山荒地荒滩营造的林木，归承包的集体或者个人所有；合同另有约定的从其约定。其他组织或者个人营造的林木，依法由营造者所有并享有林木收益；合同另有约定的从其约定。

林木的所有人或者管理人应当对林木进行合理的维护，防止林木出现危害他人安全的情形。例如，所有人或者管理人应当固定好新栽的树木，在林木可能危害他人的安全时，要设置明显标志并采取相应的安全措施，及时消除危险状态；要及时修剪干枯的树枝、采伐干枯的树木，及时清理树上的积雪，及时采摘成熟的果实等。

3. 本条的归责原则

本条适用过错推定的归责原则，林木的所有人或者管理人不能证明自己没有过错的，应当承担侵权责任。

所有人或者管理人要证明自己没有过错，通常要证明其对林木已经尽

到了管理、维护的义务。需要说明的是，很多时候，林木的折断表面上是由于自然原因或者第三人等原因造成的，但实质上与所有人或者管理人的过错有关。所有人或者管理人不能证明自己没有过错的，仍然要承担侵权责任。

如果林木的折断完全是因自然原因、第三人或者受害人的过错造成，林木的所有人或者管理人能够证明自己没有过错的，不承担侵权责任。

第一千二百五十八条 【公共场所或者道路上挖坑、修缮安装地下设施等致害责任】

在公共场所或者道路上挖掘、修缮安装地下设施等造成他人损害，施工人不能证明已经设置明显标志和采取安全措施的，应当承担侵权责任。

窨井等地下设施造成他人损害，管理人不能证明尽到管理职责的，应当承担侵权责任。

【条文精解】

1.关于第 1 款规定的理解和适用

民法典侵权责任编在沿袭侵权责任法的基础上作了完善：一是调整了语序，明确了"造成他人损害"是"在公共场所或者道路上挖坑、修缮安装地下设施等"的后果；二是将"没有设置"修改为"施工人不能证明已经设置"，明确过错推定归责原则。

（1）在公共场所或者道路施工

在公共场所或者道路上施工，是指在公共场所或者道路上挖坑、修路、修缮安装地下设施等。

在公共场所或者道路上施工，应设置明显标志及采取安全措施。其要求为：第一，设置的警示标志必须具有明显性；第二，施工人要保证警示标志的稳固并负责对其进行维护，使警示标志持续地存在于施工期间；第三，仅设置明显的标志不足以保障他人的安全的，施工人还应当采取其他有效的安全措施。

（2）关于施工人

公共场所或者道路施工致人损害的责任人是施工人。施工人，是指组织施工的单位或者个人，而非施工单位的工作人员或者个体施工人的雇员。

（3）在公共场所或者道路上施工与在公共道路上设置妨碍通行物

本条第1款与《民法典》第1256条规定的情形，主要有如下区别：一是发生的原因不同。公共场所或者道路上施工致人损害责任，是施工人在施工过程中没有设置明显标志和采取安全措施，造成他人损害时应当承担的侵权责任。在公共道路上设置妨碍通行物致人损害责任，是在公共道路上堆放、倾倒、遗撒妨碍通行的物品造成他人损害，有关的单位和个人应当承担的侵权责任。二是责任主体不同。公共场所施工致人损害的责任主体是施工人，在公共道路上堆放、倾倒、遗撒妨碍通行的物品造成他人损害的责任主体是行为人和公共道路管理人。

（4）归责原则

本款采用过错推定归责原则，施工人不能证明已经设置明显标志和采取安全措施的，应当承担侵权责任。

2.关于第2款规定的理解和适用

（1）窨井、地下设施及其管理人

窨井，是指上下水道或者其他地下管线工程中，为便于检查或疏通而设置的井状构筑物。其他地下设施包括地窖、水井、下水道以及其他地下坑道等。

窨井等地下设施的管理人，是指负责对该地下设施进行管理、维护的单位或者个人。在损害发生后要明确具体的管理人，由相关的管理人依法承担侵权责任。

（2）归责原则

本款适用过错推定归责原则，这样有利于保护被侵权人的利益，也有利于促使地下设施的管理人认真履行职责，确保窨井等地下设施的安全，保护公众合法权益。

附　则

附则共 2 条，规定了民法有关术语的含义，民法典的施行日期和此前颁布的各单行民法的废止。

第一千二百五十九条 【法律术语含义】

民法所称的"以上"、"以下"、"以内"、"届满"，包括本数；所称的"不满"、"超过"、"以外"，不包括本数。

【条文精解】

本条沿用了《民法总则》第 205 条。在汉语词义的解释中，"以上"指的是位置或者数目等在某一点之上；"以下"指的是位置或者数目不高于某一点；"以内"指的是介于一定的时间、数量、范围之中；"届满"指的是规定的期限已满、到期；"不满"指的是不充满，量不足；"超过"指的是高出、超出；"以外"指的是一定的限制、界限或者范围之外。从上面的基本含义可以得知，"以上""以下""以内""届满"，应当包括本数；"不满""超过""以外"，不包括本数。

在民法典编纂过程中，有的建议将本条中"民法"修改为"本法"或者"民法典"。我们研究认为，本条关于法律术语的含义，不仅仅是在民法典中适用，在民法典外的民商事单行法中均应适用，体现的是民商事法律基本准则。《民法典》第 2 条规定的"民法调整平等主体的自然人、法人和非法人组织之间的人身关系和财产关系"使用的也是"民法"这一术语。因此，我们没有采纳上述意见。

第一千二百六十条 【施行日期与法律废止】

本法自 2021 年 1 月 1 日起施行。《中华人民共和国婚姻法》、《中华人民共和国继承法》、《中华人民共和国民法通则》、《中华人民共和国收养法》、《中华人民共和国担保法》、《中华人民共和国合同法》、《中华人民共和国物权法》、《中华人民共和国侵权责任法》、《中华人民共和国民法总则》同时废止。

【立法背景】

施行时间是一部法律的必备内容，是法律开始发生效力的时间。《立法法》第 57 条规定，法律应当明确规定施行日期。

【条文精解】

由于民法典在中国特色社会主义法律体系中具有非常重要的地位，是民事生活领域的基本法，有些制度是对过去各个时期民事单行法的重大修改完善，有些制度是创设性的全新制度，关系平等主体的日常生活、生产，内容丰富，涉及面广，需要在通过后留出一定的时间供社会各界学习、准备。因此，反复研究后，全国人大宪法和法律委员会建议民法典在 2020 年 5 月通过后，预留约 7 个月的时间，自 2021 年 1 月 1 日起施行，对此前的民事关系，民法典没有溯及力。

民法典系统编纂整合了《中华人民共和国婚姻法》等不同历史时期颁布的 9 部重要民事法律。自民法典施行之日起，婚姻法、继承法、民法通则、收养法、担保法、合同法、物权法、侵权责任法和民法总则将被替代，不再适用。需要说明的是，2014 年第十二届全国人大常委会第十一次会议通过的《全国人民代表大会常务委员会关于〈中华人民共和国民法通则〉第九十九条第一款、〈中华人民共和国婚姻法〉第二十二条的解释》，作为民法通则和婚姻法的立法解释，也同步废止。